◇ 中国建设年鉴 2016

《中国建设年鉴》编委会　编

中国建筑工业出版社

图书在版编目(CIP)数据

中国建设年鉴 2016/《中国建设年鉴》编委会编. —北京：中国建筑工业出版社，2016.12

ISBN 978-7-112-20137-2

Ⅰ.①中… Ⅱ.①中… Ⅲ.①城乡建设-中国-2016-年鉴 Ⅳ.①F299.2-54

中国版本图书馆 CIP 数据核字(2016)第 296100 号

责任编辑：马 红 边 琨
责任校对：焦 乐 赵 颖

中国建设年鉴 2016

《中国建设年鉴》编委会 编

*

中国建筑工业出版社出版、发行(北京海淀三里河路 9 号)

各地新华书店、建筑书店经销

北京天成排版公司制版

北京中科印刷有限公司印刷

*

开本：880×1230 毫米 1/16 印张：48¾ 插页：14 字数：1573 千字

2017 年 2 月第一版 2017 年 2 月第一次印刷

定价：**380.00** 元

ISBN 978-7-112-20137-2

(29619)

编辑说明

一、《中国建设年鉴》是由住房和城乡建设部组织编纂的大型工具性年刊，中国建筑工业出版社具体负责编辑出版工作。每年一卷，逐年编辑出版。

二、本年鉴力求综合反映我国建设事业发展与改革年度情况，属于大型文献史料性工具书。内容丰富，资料来源准确可靠，具有很强的政策性、指导性、文献性。可为各级建设行政主管领导提供参考，为地区和行业建设发展规划和思路提供借鉴，为国内外各界人士了解中国建设情况提供信息。本书具有重要的史料价值、实用价值和收藏价值。

三、本卷力求全面记述 2015 年我国房地产业、住房保障、城乡规划、城市建设、村镇建设、建筑业、建筑节能与科技和国家基础设施建设等方面的主要工作，突出新思路、新举措、新特点。

四、本年鉴记述时限一般为上一年度 1 月 1 日至 12 月 31 日。考虑有些条目内容的完整性和时效性，为服务住房城乡建设事业，个别记述在时限上有所上溯或下延。为方便读者阅读使用，选录的部分新闻媒体稿件，在时间的表述上，有所改动，如“今年”改为“2015 年”。

五、为传达党中央、国务院关于城市工作和住房城乡建设行业的指导方针，突出反映住房城乡建设中心工作和重点工作，准确权威地刊登住房城乡建设相关数据及分析，本卷内容力求全面、准确、重点突出，共分八篇，采用篇目、栏目、分目、条目依次展开，条目为主要信息载体。

六、我国香港特别行政区、澳门特别行政区和台湾地区建设情况暂未列入本卷。

七、本年鉴资料由住房和城乡建设部各司局，国务院有关部委司局，各省、自治区住房和城乡建设厅，直辖市住房城乡建设行政主管单位及有关部门，住房城乡建设部部属单位、社团等提供。稿件由供稿单位组织专人搜集资料并撰写、供稿单位负责人把关。

八、谨向关心支持《中国建设年鉴》的各地区、有关部门、各单位领导、撰稿人员和有关单位致以诚挚的感谢！

《中国建设年鉴 2016》编辑委员会

杜　翔　天津市市容和园林管理委员会主任

顾金山　上海市住房和城乡建设管理委员会主任

庄少勤　上海市规划和国土资源管理局局长

陆月星　上海市绿化和市容管理局党组书记、局长

程志毅　重庆市城乡建设委员会党组书记、主任

董建国　重庆市国土资源和房屋管理局党组书记、局长

曹光辉　重庆市规划局党组书记、局长

曹汝涛　河北省住房和城乡建设厅党组书记

李栋梁　山西省住房和城乡建设厅党组书记、厅长

秦　义　内蒙古自治区住房和城乡建设厅党组书记、厅长

杨占报　黑龙江省住房和城乡建设厅党组书记、厅长

商向东　辽宁省住房和城乡建设厅党组书记、厅长

邢文忠　吉林省住房和城乡建设厅副巡视员

周　岚　江苏省住房和城乡建设厅厅长

钱建民　浙江省住房和城乡建设厅党组书记、厅长

吴桂和　安徽省住房和城乡建设厅副厅长

龚友群　福建省住房和城乡建设厅厅长

陈　平　江西省住房和城乡建设厅党组书记、厅长

王玉志　山东省住房和城乡建设厅厅长

裴志扬　河南省住房和城乡建设厅厅长

尹维真　湖北省住房和城乡建设厅党组书记、厅长

蒋益民　湖南省住房和城乡建设厅党组书记、厅长

郭壮狮　广东省住房和城乡建设厅副厅长

严世明　广西壮族自治区住房和城乡建设厅党组书记、厅长

陈孝京　海南省住房和城乡建设厅副厅长

何　健　四川省住房和城乡建设厅党组书记、厅长

张　鹏　贵州省住房和城乡建设厅党组书记、厅长

李文冰　云南省住房和城乡建设厅党组书记、厅长

卓　嘎　西藏自治区住房和城乡建设厅党组书记

杨冠军　陕西省住房和城乡建设厅党组书记、厅长

杨咏中　甘肃省住房和城乡建设厅党组书记、厅长

姚宽一　青海省住房和城乡建设厅厅长

杨玉经　宁夏回族自治区住房和城乡建设厅党组书记、厅长

李学东　新疆维吾尔自治区住房和城乡建设厅党组副书记、厅长

刘　平　新疆生产建设兵团建设局党组书记、局长

马成恩　大连市城乡建设委员会主任

陈　勇　青岛市城乡建设委员会党委书记、主任

诸国平　宁波市住房和城乡建设委员会副主任

林德志　厦门市建设与管理局党组书记、局长

杨胜军　深圳市住房和建设局局长

刘世会　深圳市规划和国土资源委员会（市海洋局）党组成员、副主任（副局长）兼土地整备局局长

田锦尘　国家发展改革委员会西部开发司司长

周荣峰　交通运输部公路局副局长

姜明宝　交通运输部水运局副局长

陈立东　工业和信息化部信息通信发展司副司长
燕东升　文化部财务司副司长
张　辉　农业部发展计划司副司长
孙继昌　水利部建设与管理司司长
齐贵新　国家卫生计生委规划与信息司副司长
尤艳馨　环境保护部规划财务司巡视员
刁永海　中国民航局机场司司长
刘　东　中国铁路总公司建设管理部副主任
邵继江　中国建筑工程总公司副总经理
庄尚标　中国铁建股份有限公司总裁
姚桂清　中国铁路工程总公司总经理、董事、党委副书记
晏志勇　中国电力建设集团有限公司董事长、总经理、党委副书记
严弟勇　中国有色矿业集团有限公司副总经理
余　刚　中国城市科学研究会秘书长
冯　俊　中国房地产业协会副会长兼秘书长
张百平　中国建筑学会常务副秘书长
刘士杰　中国土木工程学会副理事长兼秘书长
陈晓丽　中国风景园林学会理事长
崔衡德　中国市长协会秘书长
王子牛　中国勘察设计协会副理事长兼秘书长
吴　涛　中国建筑业协会副会长兼秘书长
杨存成　中国安装协会副会长兼秘书长
刘　哲　中国建筑金属结构协会秘书长
修　璐　中国建设监理协会副会长兼秘书长
刘晓一　中国建筑装饰协会副会长兼秘书长
王德楼　中国工程建设标准化协会理事长
徐惠琴　中国建设工程造价管理协会理事长
朱　光　中国建设教育协会秘书长
王要武　哈尔滨工业大学教授

《中国建设年鉴 2016》工作执行委员会

陈少鹏　住房和城乡建设部办公厅综合处处长
成得礼　住房和城乡建设部办公厅秘书处调研员
王宏轩　住房和城乡建设部办公厅督办处处长
毕建玲　住房和城乡建设部办公厅宣传信息处处长
王秀娟　住房和城乡建设部办公厅档案处处长
贾四海　住房和城乡建设部法规司综合处处长
王凌云　住房和城乡建设部住房保障司综合处处长
赵永革　住房和城乡建设部城乡规划司综合处调研员
谭　华　住房和城乡建设部标准定额司综合处处长
朱文奇　住房和城乡建设部房地产市场监管司综合处处长
陈　波　住房和城乡建设部建筑市场监管司综合处处长
赵健溶　住房和城乡建设部城市建设司综合法规处处长
顾宇新　住房和城乡建设部村镇建设司综合处处长
宋梅红　住房和城乡建设部工程质量安全监管司综合处处长
王建清　住房和城乡建设部建筑节能与科技司综合处处长
姜　涛　住房和城乡建设部住房公积金监管司副巡视员
王彦芳　住房和城乡建设部计划财务与外事司综合处处长
袁　雷　住房和城乡建设部人事司综合处副处长
王　敏　住房和城乡建设部直属机关党委办公室主任
朱宇玉　住房和城乡建设部稽查办公室综合处副处长
浦　湛　住房和城乡建设部政策研究中心处长
高立新　住房和城乡建设部科技与产业化发展中心（住房和城乡建设部住宅产业化促进中心）总工
徐凌功　住房和城乡建设部人力资源开发中心办公室主任
单海宁　住房和城乡建设部执业资格注册中心办公室主任
马　红　中国建筑工业出版社中国建设年鉴编辑部主任
李　迎　中国建设报社新闻中心主任
刘忠昌　北京市住房和城乡建设发展研究中心主任
郭卫东　北京市市政市容管理委员会研究室调研员
陈建军　北京市规划国土委员会办公室调研员
王　军　北京市园林绿化局研究室主任
刘大根　北京市水务局研究室主任
任忠利　天津市建设工程技术研究所所长
李　蓓　天津市规划局办公室主任
俞晓群　天津市国土资源和房屋管理局办公室主任
许　朝　天津市市容和园林管理委员会规划处（研究室）处长
徐存福　上海市住房和城乡建设管理委员会政策研究室主任
王世营　上海市规划和国土资源管理局办公室（研究室）副主任

王永文	上海市绿化和市容管理局研究室主任
彭志辉	重庆市城乡建设委员会办公室主任
熊仪俊	重庆市国土资源和房屋管理局综合处处长
周海军	重庆市规划局办公室副主任
赵春旺	河北省住房和城乡建设厅办公室主任
贺　鑫	山西省住房和城乡建设厅办公室主任
刘文宇	内蒙古自治区住房和城乡建设厅办公室主任
李守志	黑龙江省住房和城乡建设厅办公室主任
李江波	辽宁省住房和城乡建设厅办公室主任
张久慧	吉林省住房和城乡建设厅行业发展处处长
赵庆红	江苏省住房和城乡建设厅办公室主任
包立奎	浙江省住房和城乡建设厅办公室主任
石　勇	安徽省住房和城乡建设厅办公室主任
王明炫	福建省住房和城乡建设厅办公室主任
王海涛	江西省住房和城乡建设厅办公室主任
周善东	山东省住房和城乡建设厅办公室主任
李新怀	河南省住房和城乡建设厅办公室主任
曾　龙	湖北省住房和城乡建设厅办公室主任
彭国安	湖南省住房和城乡建设厅办公室主任
李海涛	广东省住房和城乡建设厅办公室副主任
陈世山	广西壮族自治区住房和城乡建设厅办公室主任
何　谦	海南省住房和城乡建设厅改革与发展处处长
文技军	四川省住房和城乡建设厅副巡视员
袁晓虎	贵州省住房和城乡建设厅办公室副主任
李平辉	云南省住房和城乡建设厅综合处处长
李小兵	西藏自治区住房和城乡建设厅办公室主任
杜晓东	陕西省住房和城乡建设厅政策法规处处长
胡松涛	甘肃省住房和城乡建设厅总工程师兼办公室主任
薛长福	青海省住房和城乡建设厅办公室主任
杨　普	宁夏回族自治区住房和城乡建设厅办公室主任
陆青锋	新疆维吾尔自治区住房和城乡建设厅办公室副调研员
汪　祥	新疆生产建设兵团建设局办公室主任
毕军武	大连市城乡建设委员会办公室主任
刘　立	青岛市城乡建设委员政策法规处处长
王　勇	宁波市住房和城乡建设委员会办公室副主任
恒玲玲	厦门市建设局办公室主任
蒋国安	深圳市规划和国土资源委员会秘书处（信访办、信息办）副处长
王玉亭	深圳市住房和建设局办公室主任
韩振海	国家发展改革委员会西部开发司综合处处长
顾志峰	交通运输部公路局办公室主任
胡　明	交通运输部水运局建设市场监管处处长
王晓丽	工业和信息化部信息通信发展司建设处处长
王明亮	文化部财务司规划统计处处长
张永江	农业部发展计划司投资处处长
荆茂涛	水利部建设与管理司综合处处长
吴翔天	国家卫生计生委规划与信息司基建装备处处长
胡天木	中国民航局机场司建设处处长
张华平	环境保护部规划财务司综合处处长
刘俊贤	中国铁路总公司建设管理部综合处副处长
胡　勤	中国建筑工程总公司办公厅副主任
戴开扬	中国铁建股份有限公司办公室主任
常玉伟	中国铁路工程总公司办公厅副主任
魏立军	中国电力建设集团有限公司党委工作部副主任
徐和麟	中国有色矿业集团有限公司安监部主任
周兰兰	中国城市科学研究会办公室副主任
杨卫江	中国房地产业协会副秘书长
魏　巍	中国建筑学会综合部主任
李建钢	中国土木工程学会副秘书长
陈　重	中国风景园林学会秘书长
陈　欣	中国市长协会副秘书长
汪祖进	中国勘察设计协会副秘书长
王承玮	中国建筑业协会信息传媒部主任
顾心建	中国安装协会副秘书长兼办公室主任
庞　政	中国建设监理协会行业发展部主任
龚仰其	中国建筑装饰协会综合部主任

吕志翠　中国建筑金属结构协会办公室副主任

蔡成军　中国工程建设标准化协会副秘书长兼办公室主任

薛秀丽　中国建设工程造价管理协会副秘书长

张　晶　中国建设教育协会办公室主任

中国建设年鉴编辑部

主编兼编辑部主任： 马红

电　话： 010-58337053

地　址： 北京市海淀区三里河路9号院　住房和城乡建设部中国建筑工业出版社502室

2016卷主要撰稿人名单（排名不分先后）

贾四海　方　兴　邵凌宇　佘山川　孙毓泽　宋　涛　赵丽莉　牛大刚

宋梅红　朱　乐　黄海群　郭巧洪　范　婷　叶　笛　吕　蕊　亢　博

曲怡然　吕　青　冯蔓蔓　宾　帆　李芳馨　王　殊　陈海曦　邹永超

陆　嘉　孙长学　汪成钢　任　玮　武　斌　齐庆栓　刘　琼　李　菁

张丽燕　王春敏　高建静　严德华　章　竞　秦　磊　杨　帆　李　磊

黄　鸥　郭晓丽　李国红　米玉婷　班闻佑　于海生　崔英华　张艳春

施华伟　刘叶冲　曹丹勇　施德善　夏　萍　张殿方　王　放　顿德爱

韩　冬　周　娟　李　琳　孙文玺　向贵和　蒲名品　杨文俊　巴桑次仁

吴汉卫　彭　强　顾永宁　赵建明　陆青锋　曹　君　朱　军　刘静雯

陈　锋　黄基础　张致富　袁　媛　王要武　林　涌　徐凌功　单海宁

管　粟　周兰兰　胡安东　李　佳　李应斌　付彦荣　姜　洋　杨　柳

李雪菊　顾心建　吕志翠　庞　政　黄　白　王本明　邓凤琴　薛秀丽

李群高　方　楠　唐艳静　杨启燕　冯有维　张春燕

目　　录

特　　载

专　　论

建设综述

各地建设

法　　规

数据统计与分析

部属单位、社团及部分央企

附 录

2015年，在党中央、国务院坚强领导下，全国住房城乡建设系统迎难而上，奋力拼搏，全面完成中央交给的各项任务，实现了“十二五”的圆满收官。

2015年，迎来中央城市工作会议的胜利召开。习近平总书记、李克强总理在会上作了重要讲话，分析城市发展面临的形势，明确做好城市工作的指导思想、总体思路、重点任务，系统部署了今后一个时期的工作。中央城市工作会议使我国城市发展掀开了历史性的一页，住房城乡建设系统上下感到欢欣鼓舞、无比振奋。我们一定要竭尽全力，全面学习宣传贯彻会议精神。

2015年，实现了房地产市场企稳回升。认真落实了党中央、国务院决策部署，和有关部委密切配合出台了一系列措施，各地加大力度承担了调控主体责任，房地产市场呈现企稳回升态势。同时，2015年棚户区改造开工580万套，创造了历史新高，货币化安置比例达到28%，对去库存发挥了重要作用。

2015年，成功开辟了城市建设工作的新领域。启动城市地下综合管廊和海绵城市建设，大力开展“学习中卫经验，清洁城市环境”活动，打了治理城市违法建筑的攻坚战。继续深入推进工程质量治理两年行动，全国建筑工程质量总体可控、稳中有升。

2015年，在乡村建设方面有了新作为。完成432万户农村危房改造任务。在全国农村开展垃圾处理、污水治理、绿色村庄建设等十项工程，不断改善农村的面貌。

2015年，推动各项改革取得新进展。深入推进城市管理和城市执法体制改革、住房制度改革和住房公积金管理体制改革，稳步推进了城乡规划改革。

（摘编自住房城乡建设部网站 2015年12月28日）

江西九江长江公路大桥
（荣获2015年中国建筑工程鲁班奖）
（江西省住房城乡建设厅 提供）

2015 年 1 月，住房和城乡建设部部长陈政高看望内蒙古包头市北梁安置区北六区搬迁居民。（内蒙古自治区住房和城乡建设厅 提供）

9月17日，住房和城乡建设部副部长易军（前左）、陕西省副省长庄长兴（前右）代表住房和城乡建设部、陕西省政府在西安正式签署共建西安建筑科技大学协议。

（陕西省住房和城乡建设厅 提供）

5月8日，“张锦秋星”命名仪式暨“承继与创新”建筑学术报告会在西安举行，陕西省副省长王莉霞（右）、何梁何利基金会主席朱丽兰（左）与中国建筑西北设计研究院总建筑师张锦秋（中）合影。

（陕西省住房和城乡建设厅 提供）

保障性住房建设　棚改安居工程建设

位于北京市门头沟区龙泉镇大峪村的小白楼棚改安置房建设项目，建设规模 171800 平方米。

（北京市住房城乡建设委员会提供）

青海省西宁市海山桥 2011 ～ 2012 年公共租赁住房项目——百韵华居，截至 2015 年年底已分配入住 700 户。

（青海省住房和城乡建设厅 提供）

厦门市同安滨海公寓保障房。（张颜 摄）　　（厦门市建设与管理局 提供）

保障性住房建设 棚改安居工程建设

合肥京东方公租房。
（安徽省住房和城乡建设厅 提供）

青岛市北客站居民搬迁棚户区改造项目。
（青岛市城乡建设委员会 提供）

贵州省台江县城镇保障性住房建设体现民族特色。
（贵州省住房和城乡建设厅 提供）

城市风貌 城市建设

位于北京奥林匹克公园中心区东北部的瞭望塔工程，2015 年 4 月 1 日竣工。
（北京市住房城乡建设委员会 提供）

北京市长安街更换新型的果皮箱。（尹航 摄影）（北京市城市管理委员会 提供）

城市风貌 城市建设

内蒙古自治区呼和浩特市青城公园。（内蒙古自治区住房和城乡建设厅 提供）

大连市星海湾大桥，为中国首座海上地锚式悬索跨海大桥。全桥采用了“单元式多向变位伸缩装置”。2015年10月30日正式开通。（大连市城乡建设委员会 提供）

改造后的天津南开区红旗路153号、政通园小区。

（天津市国土资源和房屋管理局 提供）

城市规划 城市建设

宁夏回族自治区石嘴山市创建国家园林城市成果。

（宁夏回族自治区住房和城乡建设厅 提供）

海南省海口市城市规划建设新貌。

（海南省住房和城乡建设厅 提供）

新疆维吾尔自治区库尔勒市旧城改造后面貌一新。

（新疆维吾尔自治区住和房城乡建设厅 提供）

国家生态园林城市 国家园林县城、城镇

2015 年国家生态城市陕西省宝鸡市成为西部省份首个国家生态园林城市。

（陕西省住房和城乡建设厅 提供）

2015 年，河北省邢台市南和县被住房和城乡建设部命名为国家园林县城。

（河北省住房和城乡建设厅 提供）

江苏省常熟市碧溪镇 2015 年获得“国家园林城镇”称号。

（江苏省住房和城乡建设厅 提供）

城市地下综合管廊建设

厦门市集美城地下综合管廊建设。(张颜 摄影)　　(厦门市建设局 提供)

陕西省西咸新区是国家海绵城市建设试点，10 月 27 日，陕西省地下综合管廊和海绵城市建设推进会在沣西新城召开，代表们参观沣西新城秦皇路综合管廊。

(陕西省住房和城乡建设厅 提供)

济南市千佛山雨水景区保护及雨水增渗收集利用工程生物滞留设施。

（山东省住房和城乡建设厅 提供）

济南市英雄山多功能雨水调蓄利用工程渗透塘。

（山东省住房和城乡建设厅 提供）

青岛市台柳路园林绿化改造工程。 （青岛市城乡建设委员会 提供）

美丽乡村 传统村落

厦门市美丽乡村吕塘村。（张颜 摄影） （厦门市建设局 提供）

江苏省昆山市千灯镇 2015 年 获“国家园林城镇”称号。（陈树勋 摄影）
（江苏省住房和城乡建设厅 提供）

山西省晋中市灵石县董家岭村（传统村落）。
（山西省住房和城乡建设厅 提供）

贵州省安顺市西秀区浪塘村。（贵州省住房和城乡建设厅 提供）

江苏省高邮市菱塘回族乡集镇清真寺。（江苏省住房和城乡建设厅 提供）

建设科技 绿色建筑

南京禄口国际机场二期建设工程 2 号航站楼及停车场获得全国绿色建筑创新一等奖。（江苏省住房和城乡建设厅 提供）

福建省福州市海峡奥体片区体育场馆（绿色生态城区）。（福建省住房和城乡建设厅 提供）

福建省绿色与低能耗建筑综合示范楼（三星级绿色建筑）。（福建省住房和城乡建设厅 提供）

建设科技 绿色建筑

2015年3月17日，国家深海基地建成使用，载人深潜器“蛟龙号”成功入驻，首次停靠青岛母港。

（青岛市城乡建设委员会 提供）

大连国际会议中心获2014～2015年度中国建设工程鲁班奖、2015年度全国绿色建筑创新奖。

（大连市城乡建设委员会 提供）

南京万科上坊保障性住房6-05栋预制装配式住宅获得全国绿色建筑创新二等奖。

（江苏省住房和城乡建设厅 提供）

建筑新风采

北京市朝阳区望京 SOHO 中心 T3，获 2015 年度国家优质工程奖。

（北京市住房城乡建设委员会 提供）

位于北京朝阳区朝阳公园南路的凤凰传媒中心，获 2015 年度中国土木工程詹天佑奖。

（北京市住房城乡建设委员会 提供）

特 载

习近平：确保中央重大经济决策落地见效

中共中央总书记、国家主席、中央军委主席、中央财经领导小组组长习近平 2 月 10 日上午主持召开中央财经领导小组第九次会议，听取中央财经领导小组确定的新型城镇化规划、粮食安全、水安全、能源安全、创新驱动发展战略、发起建立亚洲基础设施投资银行、设立丝路基金等重大事项贯彻落实情况的汇报，审议研究京津冀协同发展规划纲要。

中共中央政治局常委、国务院总理、中央财经领导小组副组长李克强，中共中央政治局常委、中央书记处书记、中央财经领导小组成员刘云山，中共中央政治局常委、国务院副总理、中央财经领导小组成员张高丽出席会议。

习近平在会上发表重要讲话指出，两年来，中央财经领导小组已经召开了 8 次会议，确定了不少要办的大事，有必要检查一下这些事是不是落地见效了。总的看，各部门对贯彻落实中央财经领导小组确定的事项态度是坚决的、思路是清楚的、进度也是符合要求的。

习近平强调，城镇化是一个自然历史过程，涉及面很广，要积极稳妥推进，越是复杂的工作越要抓到点子上，突破一点，带动全局。推进城镇化的首要任务是促进有能力在城镇稳定就业和生活的常住人口有序实现市民化。农民工市民化，大中小城市有不同要求，要明确工作重点。推进城镇化不是搞成城乡一律化。城乡公共基础设施投资潜力巨大，要加快改革和创新投融资体制机制。

习近平指出，保障粮食安全，要加快转变农业发展方式，推进农业现代化，既要实现眼前的粮食产量稳定，又要形成新的竞争力，注重可持续性，增强政策精准性。保障水安全，关键要转变治水思路，按照“节水优先、空间均衡、系统治理、两手发力”的方针治水，统筹做好水灾害防治、水资源节约、水生态保护修复、水环境治理。保障能源安全，要明确责任、狠抓落实、抓出成效，密切跟踪当前国际能源市场出现的新情况新变化，趋利避害，加快完善石油战略储备制度，推进能源价格、石油天然气体制等改革，大力发展非常规能源。

习近平强调，实施创新驱动发展战略，要增强紧迫感，把更多精力用在研究增强创新能力上，着力破除制约创新驱动发展的体制机制障碍，完善政策和法律法规，创造有利于激发创新活动的体制环境。亚洲基础设施投资银行的主要任务是为亚洲基础设施和“一带一路”建设提供资金支持，是在基础设施融资方面对现有国际金融体系的一个补充，要抓紧筹建。丝路基金要服务于“一带一路”战略，按照市场化、国际化、专业化的原则，搭建好公司治理构架，尽快开展实质性项目投资。

习近平指出，疏解北京非首都功能、推进京津冀协同发展，是一个巨大的系统工程。目标要明确，通过疏解北京非首都功能，调整经济结构和空间结构，走出一条内涵集约发展的新路子，探索出一种人口经济密集地区优化开发的模式，促进区域协调发展，形成新增长极。思路要明确，坚持改革先行，有序配套推出改革举措。方法要明确，放眼长远、从长计议，稳扎稳打、步步为营，锲而不舍、久久为功。

习近平强调，中央财经领导小组是党领导经济工作的重要平台，落实中央财经领导小组确定的事项，要真抓实干。要明确主体责任，主动作为、形成合力。要重视抓实际成效，善于与时俱进开展工作，确保党中央各项决策落地生根。

中央财经领导小组成员出席，中央和国家有关部门负责同志列席会议。

（摘自新华网　2015 年 2 月 10 日）

习近平：健全城乡发展一体化体制机制 让广大农民共享改革发展成果

中共中央政治局4月30日下午就健全城乡发展一体化体制机制进行第二十二次集体学习。中共中央总书记习近平在主持学习时强调，加快推进城乡发展一体化，是党的十八大提出的战略任务，也是落实“四个全面”战略布局的必然要求。全面建成小康社会，最艰巨最繁重的任务在农村特别是农村贫困地区。我们一定要抓紧工作、加大投入，努力在统筹城乡关系上取得重大突破，特别是要在破解城乡二元结构、推进城乡要素平等交换和公共资源均衡配置上取得重大突破，给农村发展注入新的动力，让广大农民平等参与改革发展进程、共同享受改革发展成果。

学习会上，郭金龙、黄兴国、周本顺分别谈了近年来北京、天津、河北在健全城乡发展一体化体制机制方面所做工作，并谈了意见和建议。

中共中央政治局各位同志认真听取了他们的发言，并就有关问题进行了讨论。

习近平在主持学习时发表了讲话。他强调，推进城乡发展一体化，是工业化、城镇化、农业现代化发展到一定阶段的必然要求，是国家现代化的重要标志。改革开放以来，我们率先推进农村改革，农村面貌发生巨大变化。近年来，党中央坚持把解决好“三农”问题作为全党工作重中之重，不断加大强农惠农富农政策力度，农业基础地位得到显著加强，农村社会事业得到明显改善，统筹城乡发展、城乡关系调整取得重大进展。同时，由于欠账过多、基础薄弱，我国城乡发展不平衡不协调的矛盾依然比较突出，加快推进城乡发展一体化意义更加凸显、要求更加紧迫。

习近平指出，推进城乡发展一体化要坚持从国情出发，从我国城乡发展不平衡不协调和二元结构的现实出发，从我国的自然禀赋、历史文化传统、制度体制出发，既要遵循普遍规律、又不能墨守成规，既要借鉴国际先进经验、又不能照抄照搬。要把工业和农业、城市和乡村作为一个整体统筹谋划，促进城乡在规划布局、要素配置、产业发展、公共服务、生态保护等方面相互融合和共同发展。着力点是通过建立城乡融合的体制机制，形成以工促农、以城带乡、工农互惠、城乡一体的新型工农城乡关系，目标是逐步实现城乡居民基本权益平等化、城乡公共服务均等化、城乡居民收入均衡化、城乡要素配置合理化，以及城乡产业发展融合化。

习近平强调，当前，我国经济实力和综合国力显著增强，具备了支撑城乡发展一体化物质技术条件，到了工业反哺农业、城市支持农村的发展阶段。顺应我国发展的新特征新要求，必须加强发挥制度优势，加强体制机制建设，把工业反哺农业、城市支持农村作为一项长期坚持的方针，坚持和完善实践证明行之有效的强农惠农富农政策，动员社会各方面力量加大对“三农”的支持力度，努力形成城乡发展一体化新格局。

习近平指出，农村要发展，根本要依靠亿万农民。要坚持不懈推进农村改革和制度创新，充分发挥亿万农民主体作用和首创精神，不断解放和发展农村社会生产力，激发农村发展活力。要加快推进农业现代化，夯实农业基础地位，确保国家粮食安全，提高农民收入水平。要加快建立现代农业产业体系，延伸农业产业链、价值链，促进一二三产业交叉融合。要高度重视农村社会治理，加强基层党的建设和政权建设，增强集体经济组织服务功能，提高基层组织凝聚力和带动力。

习近平强调，要继续推进新农村建设，使之与新型城镇化协调发展、互惠一体，形成双轮驱动。要坚持以改革为动力，不断破解城乡二元结构。要完善规划体制，通盘考虑城乡发展规划编制，一体设计，多规合一，切实解决规划上城乡脱节、重城市轻农村的问题。要完善农村基础设施建设机制，推进城乡基础设施互联互通、共建共享，创新农村基础设施和公共服务设施决策、投入、建设、运行管护机制，积极引导社会资本参与农村公益性基础设施建设。要推动形成城乡基本公共服务均等化体制机制，特别是要加强农村留守儿童、妇女、老人关爱服务体系建设。要加快推进户籍制度改革，完善城乡劳动者平等就业制度，逐步让农业转移人口在城镇进得来、住得下、融得进、能就业、可创业，维护好农民工合法权益，保障城乡劳动者平等就业权利。

习近平指出，健全城乡发展一体化体制机制，是一项关系全局、关系长远的重大任务。各地区各部门要充分认识这项任务的重要性和紧迫性，加强顶层设计，加强系统谋划，加强体制机制创新，采取有针对性的政策措施，力争不断取得突破性进展，逐步实现高水平的城乡发展一体化。

（摘自新华网 2015 年 5 月 1 日）

李克强主持召开国务院常务会议 部署推进城市地下综合管廊建设

国务院总理李克强 7 月 28 日主持召开国务院常务会议，部署推进城市地下综合管廊建设，增加公共产品供给、提高新型城镇化质量等工作。

会议指出，针对长期存在的城市地下基础设施落后的突出问题，要从我国国情出发，借鉴国际先进经验，在城市建造用于集中敷设电力、通信、广电、给排水、热力、燃气等市政管线的地下综合管廊，作为国家重点支持的民生工程。这是创新城市基础设施建设的重要举措，不仅可以逐步消除“马路拉链”、“空中蜘蛛网”等问题，用好地下空间资源，提高城市综合承载能力，满足民生之需，而且可以带动有效投资、增加公共产品供给，提升新型城镇化发展质量，打造经济发展新动力。

会议确定，一是各城市政府要综合考虑城市发展远景，按照先规划、后建设的原则，编制地下综合管廊建设专项规划，在年度建设中优先安排，并预留和控制地下空间。二是在全国开展一批地下综合管廊建设示范，在探索取得经验的基础上，城市新区、各类园区、成片开发区域新建道路要同步建设地下综合管廊，老城区要结合旧城更新、道路改造、河道治理等统筹安排管廊建设。已建管廊区域，所有管线必须入廊；管廊以外区域不得新建管线。加快现有城市电网、通信网络等架空线入地工程。三是完善管廊建设和抗震防灾等标准，落实工程规划、建设、运营各方质量安全主体责任，建立终身责任和永久性标牌制度，确保工程质量和安全运行，接受社会监督。四是创新投融资机制，在加大财政投入的同时，通过特许经营、投资补贴、贷款贴息等方式，鼓励社会资本参与管廊建设和运营管理。入廊管线单位应交纳适当的入廊费和日常维护费，确保项目合理稳定回报。发挥开发性金融作用，将管廊建设列入专项金融债支持范围，支持管廊建设运营企业通过发行债券、票据等融资。通过城市集约高效安全发展提升民生福祉。

会议认为，通过改革创新促进旅游投资和消费，对于推动现代服务业发展、增加就业和居民收入、提升人民生活品质，具有重要意义。为此，要改善旅游消费环境。支持加强中西部地区支线机场、连通景区道路、停车场、旅游厕所等建设，规范旅游市场价格和经营秩序。

（摘自《中国建设报》 2015 年 7 月 31 日）

李克强：推动城市地下基础设施的建设

国务院总理李克强 9 日在大连与出席夏季达沃斯论坛的中外企业家代表座谈时说，我们将继续大规模推进棚户区改造，同时还要推动城市地下基础设施的建设。最近我们在推动地下综合管廊的建设。

在回答南非非洲彩虹矿业公司创始人及首席执行官帕特里斯·莫特赛比的问题时，李克强说，中国的城镇化率只有 55%，而且还有相当一部分人并不是完全固定生活在城市。中国的工业化伴随着城镇化还有一个长期的过程，这也是巨大的内需空间。中国在城镇化的快速发展当中，也不是说没有问题。比如说我们现在还有1亿人口居住在棚户区，我们必须给他们一个符合现代标准的居住条件。

李克强说，我们还要进一步改善城市的发展规划，中国和欧盟建立了城镇化伙伴关系。我们不仅愿意向发达国家学习经验，也愿意向发展中国家学习经验，在城镇化进程中加强合作。

（摘自新华网 2015年9月9日）

张高丽：统一思想 提高认识 加快推进棚户区改造工作

全国棚户区改造工作电视电话会议10日在京召开，中共中央政治局常委、国务院副总理张高丽出席会议并讲话。会议认真学习贯彻习近平总书记在中央经济工作会议上关于棚户区、城中村更新改造的重要讲话精神，传达李克强总理最近关于加快棚户区改造的重要批示要求，对进一步做好棚户区改造工作作出部署。

张高丽说，棚户区改造既是重大民生工程，也是重大发展工程，对稳增长、调结构、惠民生具有一举多得的作用。我们要进一步把思想和行动统一到党中央、国务院的决策部署上来，充分认识棚户区改造工作的重要性和紧迫性，加快推进棚户区改造工作。

张高丽强调，当前和今后一个时期棚户区改造的任务仍很繁重，要抓住关键、突出重点，扎实做好以下工作。一是确保完成今年棚户区改造目标任务，各省(区、市)已经签订目标责任书，要严格问责考核，对资金和土地不落实、政策措施不到位、建设进度缓慢的地方要进行约谈、限期整改。二是做好棚户区改造三年计划特别是2016年工作安排，各地都要明确改造目标、工作时序和完成时间。三是抓紧研究确定明后年棚户区改造融资渠道，国务院有关部门要继续加大补助力度，地方政府要积极筹措资金，国开行、农发行等金融机构要加大融资支持。四是切实管好用好棚户区改造专项资金，完善机制、堵塞漏洞、严格审计、加强监管，对挪用套取和闲置浪费资金的要追究责任。五是大力推进棚户区改造货币化安置工作，更好满足群众需要，促进房地产市场平稳健康发展。六是加强棚户区改造工程质量监管，严格终身质量责任追究，确保建成放心工程。

张高丽要求，各地区、各部门要发扬钉钉子精神，按照“三严三实”要求，把棚户区改造各项工作抓实抓好抓出成效。要转变工作作风，创新工作方法，加强协调配合，注重供需衔接，落实好“省级负总责、市县抓落实”责任制，真正把棚户区改造建成经得起群众和历史检验的民生工程、民心工程、发展工程。

国务委员兼国务院秘书长杨晶主持会议。

中央和国家机关有关部门、有关金融机构、企业负责同志在主会场参加会议。各省、自治区、直辖市和计划单列市、新疆生产建设兵团，部分市(地)、县(市)人民政府及有关部门、单位负责同志在各地分会场参加会议。住房城乡建设部、发展改革委、国家开发银行和浙江、河南、四川省政府负责同志在会上发言。

（摘自中国政府网　2015年10月10日）

张高丽：牢固树立绿色发展理念 促进人与自然和谐发展

中共中央政治局常委、国务院副总理、中国环境与发展国际合作委员会主席张高丽9日在北京出席国合会2015年年会开幕式并讲话。

本次年会以“绿色转型的国家治理能力”为主题。在国合会中外双方副主席致辞后，张高丽发表了讲话。他说，中国政府高度重视绿色发展。中国国家主席习近平强调，绿水青山就是金山银山，保护生态环境就是保护生产力，改善生态环境就是发展生产力。李克强总理指出，良好生态环境是提升人民生活质量的重要内容，也是全面建成小康社会的应有之义。当今中国，绿色发展理念已经深入人心，保护生态环境的认识高度、政策力度、实践深度不断提高，也取得显著成绩。

张高丽表示，“十三五”时期是中国全面建成小康社会的决胜阶段。小康全面不全面，生态环境很关键。中国将为人民提供更多优质生态产品，推动形成绿色发展方式和生活方式，协同推进人民富裕、国家富强、中国美丽。一是优化国土空间开发格局，落实主体功能区规划，构建科学合理的城市化格局、农业发展格局、生态安全格局、自然岸线格局，有度有序利用自然。二是全面节约和高效利用资源，对能源和水资源消耗、建设用地等实行总量和强度双控，实施全民节能行动计划，建设安全、清洁、低碳、高效的现代能源体系，推动绿色低碳循环发展。三是加大环境治理力度，打好大气、水、土壤污染防治“三大战役”，坚持城乡环境治理并重，实现环境质量总体改善。四是坚持保护优先、自然恢复为主，实施山水林田湖生态保护和修复工程，打造国家生态廊道和生物多样性保护网络，筑牢生态安全屏障。五是健全生态文明法律法规，严格生态环境监管制度和政绩考核制度，加快建立系统完整的生态文明制度体系，引导、规范和约束各类开发、利用、保护自然资源的行为。六是积极推进国际交流合作，努力承担负责任大国应尽的国际义务。中国愿意与相关各方一道，共同推动气候变化巴黎大会达成全面、均衡、有力度的新协议，成为全球气候治理进程中的一个里程碑。

张高丽表示，国合会是推动中国环境与发展事业的重要窗口、桥梁和双向平台。中国政府支持国合会长期发展的态度是一贯的，希望国合会发挥人才资源丰富、具有国际视野和战略思维的优势，面向中国生态文明建设的战略需要，努力打造环境与发展领域的高端国际智库，为促进中国与全球可持续发展作出积极贡献。

（摘自新华网 北京2015年11月9日 记者 侯丽军）

中央城市工作会议在北京召开

中央城市工作会议12月20日至21日在北京举行。中共中央总书记、国家主席、中央军委主席习近平，中共中央政治局常委、国务院总理李克强，中共中央政治局常委、全国人大常委会委员长张德江，中共中央政治局常委、全国政协主席俞正声，中共中央政治局常委、中央书记处书记刘云山，中共中央政治局常委、中央纪委书记王岐山，中共中央政治局常委、国务院副总理张高丽出席会议。

习近平在会上发表重要讲话，分析城市发展面临的形势，明确做好城市工作的指导思想、总体思路、重点任务。李克强在讲话中论述了当前城市工作的重点，提出了做好城市工作的具体部署，并作总结讲话。

会议指出，我国城市发展已经进入新的发展时期。改革开放以来，我国经历了世界历史上规模最大、速度最快的城镇化进程，城市发展波澜壮阔，取得了举世瞩目的成就。城市发展带动了整个经济社会发展，城市建设成为现代化建设的重要引擎。城市是我国经济、政治、文化、社会等方面活动的中心，在党和国家工作全局中具有举足轻重的地位。我们要深刻认识城市在我国经济社会发展、民生改善中的重要作用。

会议强调，当前和今后一个时期，我国城市工作的指导思想是：全面贯彻党的十八大和十八届三中、四中、五中全会精神，以邓小平理论、“三个代表”重要思想、科学发展观为指导，贯彻创新、协调、绿色、开放、共享的发展理念，坚持以人为本、科学发展、改革创新、依法治市，转变城市发展方式，完善城市治理体系，提高城市治理能力，着力解决城市病等突出问题，不断提升城市环境质量、人民生活质量、城市竞争力，建设和谐宜居、富有活力、各具特色的现代化城市，提高新型城镇化水平，走出一条中国特色城市发展道路。

会议指出，城市工作是一个系统工程。做好城市工作，要顺应城市工作新形势、改革发展新要求、人民群众新期待，坚持以人民为中心的发展思想，坚持人民城市为人民。这是我们做好城市工作的出发点和落脚点。同时，要坚持集约发展，框定总量、限定容量、盘活存量、做优增量、提高质量，立足国情，尊重自然、顺应自然、保护自然，改善城市生态环境，在统筹上下功夫，在重点上求突破，着力提高城市发展持续性、宜居性。

第一，尊重城市发展规律。城市发展是一个自然历史过程，有其自身规律。城市和经济发展两者相辅相成、相互促进。城市发展是农村人口向城市集聚、农业用地按相应规模转化为城市建设用地的过程，人口和用地要匹配，城市规模要同资源环境承载能力相适应。必须认识、尊重、顺应城市发展规律，端正城市发展指导思想，切实做好城市工作。

第二，统筹空间、规模、产业三大结构，提高城市工作全局性。要在《全国主体功能区规划》、《国家新型城镇化规划(2014－2020年)》的基础上，结合实施"一带一路"建设、京津冀协同发展、长江经济带建设等战略，明确我国城市发展空间布局、功能定位。要以城市群为主体形态，科学规划城市空间布局，实现紧凑集约、高效绿色发展。要优化提升东部城市群，在中西部地区培育发展一批城市群、区域性中心城市，促进边疆中心城市、口岸城市联动发展，让中西部地区广大群众在家门口也能分享城镇化成果。各城市要结合资源禀赋和区位优势，明确主导产业和特色产业，强化大中小城市和小城镇产业协作协同，逐步形成横向错位发展、纵向分工协作的发展格局。要加强创新合作机制建设，构建开放高效的创新资源共享网络，以协同创新牵引城市协同发展。我国城镇化必须同农业现代化同步发展，城市工作必须同"三农"工作一起推动，形成城乡发展一体化的新格局。

第三，统筹规划、建设、管理三大环节，提高城市工作的系统性。城市工作要树立系统思维，从构成城市诸多要素、结构、功能等方面入手，对事关城市发展的重大问题进行深入研究和周密部署，系统推进各方面工作。要综合考虑城市功能定位、文化特色、建设管理等多种因素来制定规划。规划编制要接地气，可邀请被规划企事业单位、建设方、管理方参与其中，还应该邀请市民共同参与。要在规划理念和方法上不断创新，增强规划科学性、指导性。要加强城市设计，提倡城市修补，加强控制性详细规划的公开性和强制性。要加强对城市的空间立体性、平面协调性、风貌整体性、文脉延续性等方面的规划和管控，留住城市特有的地域环境、文化特色、建筑风格等"基因"。规划经过批准后要严格执行，一茬接一茬干下去，防止出现换一届领导、改一次规划的现象。抓城市工作，一定要抓住城市管理和服务这个重点，不断完善城市管理和服务，彻底改变粗放型管理方式，让人民群众在城市生活得更方便、更舒心、更美好。要把安全放在第一位，把住安全关、质量关，并把安全工作落实到城市工作和城市发展各个环节各个领域。

第四，统筹改革、科技、文化三大动力，提高城市发展持续性。城市发展需要依靠改革、科技、文化三轮驱动，增强城市持续发展能力。要推进规划、建设、管理、户籍等方面的改革，以主体功能区规划为基础统筹各类空间性规划，推进"多规合一"。要深化城市管理体制改革，确定管理范围、权力清单、责任主体。推进城镇化要把促进有能力在城镇稳定就业和生活的常住人口有序实现市民化作为首要任务。要加强对农业转移人口市民化的战略研究，统筹推进土地、财政、教育、就业、医疗、养老、住房保障等领域配套改革。要推进城市科技、文化等诸多领域改革，优化创新创业生态链，让创新成为城市发展的主动力，释放城市发展新动能。要加强城市管理数字化平台建设和功能整合，建设综合性城市管理数据库，发展民生服务智慧应用。要保护弘扬中华优秀传统文化，延续城市历史文脉，保护好前人留下的文化遗产。要结合自己的历史传承、区域文化、时代要求，打造自己的城市精神，对外树立形象，对内凝聚人心。

第五，统筹生产、生活、生态三大布局，提高城市发展的宜居性。城市发展要把握好生产空间、生活空间、生态空间的内在联系，实现生产空间集约高效、生活空间宜居适度、生态空间山清水秀。城市工作要把创造优良人居环境作为中心目标，努力把城市建设成为人与人、人与自然和谐共处的美丽家园。要增强城市内部布局的合理性，提升城市的通透性和微循环能力。要深化城镇住房制度改革，继续完善住房保障体系，加快城镇棚户区和危房改造，加快老旧小区改造。要强化尊重自然、传承历史、绿色低碳等理念，将环境容量和城市综合承载能力作为确定城市定位和规模的基本依据。城市建设要以自然为美，把好山好水好风光融入城市。要大力开展生态修复，让城市再现绿水青山。要控制城市开发强度，划定水体保护线、绿地系统线、基础设施建设控制线、历史文化保护线、永久基本农田和生态保护红线，防止“摊大饼”式扩张，推动形成绿色低碳的生产生活方式和城市建设运营模式。要坚持集约发展，树立“精明增长”、“紧凑城市”理念，科学划定城市开发边界，推动城市发展由外延扩张式向内涵提升式转变。城市交通、能源、供排水、供热、污水、垃圾处理等基础设施，要按照绿色循环低碳的理念进行规划建设。

第六，统筹政府、社会、市民三大主体，提高各方推动城市发展的积极性。城市发展要善于调动各方面的积极性、主动性、创造性，集聚促进城市发展正能量。要坚持协调协同，尽最大可能推动政府、社会、市民同心同向行动，使政府有形之手、市场无形之手、市民勤劳之手同向发力。政府要创新城市治理方式，特别是要注意加强城市精细化管理。要提高市民文明素质，尊重市民对城市发展决策的知情权、参与权、监督权，鼓励企业和市民通过各种方式参与城市建设、管理，真正实现城市共治共管、共建共享。

会议强调，做好城市工作，必须加强和改善党的领导。各级党委要充分认识城市工作的重要地位和作用，主要领导要亲自抓，建立健全党委统一领导、党政齐抓共管的城市工作格局。要推进城市管理机构改革，创新城市工作体制机制。要加快培养一批懂城市、会管理的干部，用科学态度、先进理念、专业知识去规划、建设、管理城市。要全面贯彻依法治国方针，依法规划、建设、治理城市，促进城市治理体系和治理能力现代化。要健全依法决策的体制机制，把公众参与、专家论证、风险评估等确定为城市重大决策的法定程序。要深入推进城市管理和执法体制改革，确保严格规范公正文明执法。

会议指出，城市是我国各类要素资源和经济社会活动最集中的地方，全面建成小康社会、加快实现现代化，必须抓好城市这个“火车头”，把握发展规律，推动以人为核心的新型城镇化，发挥这一扩大内需的最大潜力，有效化解各种“城市病”。要提升规划水平，增强城市规划的科学性和权威性，促进“多规合一”，全面开展城市设计，完善新时期建筑方针，科学谋划城市“成长坐标”。要提升建设水平，加强城市地下和地上基础设施建设，建设海绵城市，加快棚户区和危房改造，有序推进老旧住宅小区综合整治，力争到 2020 年基本完成现有城镇棚户区、城中村和危房改造，推进城市绿色发展，提高建筑标准和工程质量，高度重视做好建筑节能。要提升管理水平，着力打造智慧城市，以实施居住证制度为抓手推动城镇常住人口基本公共服务均等化，加强城市公共管理，全面提升市民素质。推进改革创新，为城市发展提供有力的体制机制保障。

会议号召，城市工作任务艰巨、前景光明，我们要开拓创新、扎实工作，不断开创城市发展新局面，为实现全面建成小康社会奋斗目标、实现中华民族伟大复兴的中国梦作出新的更大贡献。

中共中央政治局委员、中央书记处书记，全国人大常委会有关领导同志，国务委员，最高人民法院院长，最高人民检察院检察长，全国政协有关领导同志以及中央军委委员等出席会议。

各省、自治区、直辖市和计划单列市、新疆生产建设兵团党政主要负责同志和城市工作负责同志，中央和国家机关有关部门主要负责同志，中央管理的部分企业和金融机构负责同志，军队及武警部队有关负责同志参加会议。

（新华网 北京 2015 年 12 月 22 日）

让城市和谐宜居更美好（社论）

城市是人类的智慧创造，是人类文明的鲜明标志，是人类活动的重要区域。让城市生活更美好，是城市建设、发展、治理的价值所在。

“建设和谐宜居、富有活力、各具特色的现代化城市”，在我国城市发展进入新时期之际，中央召开城市工作会议，对城市工作作出了战略部署。习近平总书记在会上发表重要讲话，站在协调推进“四个全面”战略布局、实现“两个一百年”

奋斗目标、贯彻“五大发展理念”的高度，深入阐述了做好城市工作的重要意义，深刻指明了解决城市发展问题的方法和路径，是我们做好城市工作的基本遵循。

“必须用极大的努力去学会管理城市和建设城市”，早在1949年，毛泽东同志这样号召全党。此后中央先后召开3次城市工作会议，研究解决城市发展的重大问题。改革开放以来，我国经历了世界历史上规模最大、速度最快的城镇化进程，从1978年到2014年，城镇化率年均提高1个百分点，城镇常住人口由1.7亿人增加到7.5亿人，城市数量由193个增加到653个。数据变化的轨迹，从一个侧面描绘出一个农耕古国向着城镇化、现代化不断迈进的精彩画卷。实践充分证明，城市发展带动了整个经济社会发展，城市建设成为现代化建设的重要引擎。

从发达国家城市化发展的一般规律看，我国现在开始进入城镇化较快发展的中后期。全国80%以上的经济总量产生于城市、50%以上的人口生活在城市，今后还将有大量人口不断进入城市，城市人口将逐步达到70%左右。在这样的情势下，我们尤其要保持清醒头脑，清醒认识我国城市发展的问题和不足，直面规划建设重外延轻内涵、用行政命令取代法治以及“城市病”等突出问题。只有致力于转变城市发展方式，完善城市治理体系，提高城市治理能力，走出一条中国特色城市发展道路，才能顺应城市工作新形势、改革发展新要求、人民群众新期待。

走出一条中国特色城市发展道路，根本是坚持以人民为中心的发展思想。“城，所以盛民也。”坚持人民城市为人民，是我们做好城市工作的出发点和落脚点。城市的核心是人，关键是12个字：衣食住行、生老病死、安居乐业。解决好人的问题，是城市工作的价值指向；让人民群众在城市生活得更方便、更舒心、更美好，是城市管理和服务的重要标尺。

走出一条中国特色城市发展道路，前提是尊重城市发展规律。城市发展是一个自然历史过程，有其自身规律。比如，城市和经济发展两者要相辅相成、相互促进，不能脱离经济发展而人为大搞“造城运动”；城市发展是农村人口向城市集聚、农业用地按相应规模转化为城市建设用地的过程，不能只要地不要人、只要白领不要蓝领；城市规模要同资源环境承载能力相适应，生态空间和建设空间比例失调，环境容量就不可避免变少，污染就必然加重。只有充分认识、尊重、顺应城市发展规律，端正城市发展指导思想，才能做好城市工作。

走出一条中国特色城市发展道路，关键是坚持好“五大统筹”。统筹好空间、规模、产业三大结构，以提高城市工作全局性；统筹好规划、建设、管理三大环节，以提高城市工作的系统性；统筹好改革、科技、文化三大动力，以提高城市发展持续性；统筹好生产、生活、生态三大布局，以提高城市发展的宜居性；统筹好政府、社会、市民三大主体，以提高各方推动城市发展的积极性。总之，城市工作是一个系统工程，坚持集约发展，在统筹上下功夫，在重点上求突破，才能让城市发展更可持续更宜居。

城市作为我国经济、政治、文化、社会等方面活动的中心，在党和国家工作全局中具有举足轻重的地位。深刻认识城市在我国经济社会发展、民生改善中的重要作用，充分认识城市工作的重要地位和作用，不断提升城市环境质量、人民生活质量、城市竞争力，不断开创城市发展新局面，我们就定能走出一条中国特色城市发展道路，让城市生活更加和谐宜居、更加幸福美好。

（摘自《人民日报》 2015年12月23日）

时隔37年中央缘何重启城市工作会议

2015年12月20日，时隔37年后，中央城市工作会议在北京召开。

此次中央城市工作会议是继1978年后首次召开最高规格的城市会议，在外界眼中被蒙上一层“神秘的面纱”。这究竟是场什么样的会议？中央为何37年后重启城市工作会？这次会议将给超过一半国人生活的城市带来怎样的影响?

这会不寻常——37 年“千呼万唤始出来”

中央城市工作会议，顾名思义是布局城市发展的顶层设计，其重要性不言而喻。然而记者梳理会议历史发现，除20世纪60和70年代开过中央层面的全国城市工作会议外，如此高规格的中央城市工作会还是1978年改革开放后的第一次。

记者从权威专家处获悉，此次会议最初基于重点关注城市规划、建设和管理，但几经酝酿最终上升为对城市发展的一次全方位部署，其内容与城市居民的衣食住行、生老病死、安居乐业等都息息相关。

要说这会的意义，历史纵轴上几次标志性会议就能看出。

早在1949年，新民主主义革命即将胜利，中共面临着管理城市的重任。当年3月在西柏坡举行的中共七届二中全会指出，党的工作重心由农村转移到城市，必须要用极大的努力学会管理城市和建设城市，描绘出了新中国的蓝图。

20世纪60年代初，为加强对城市的集中统一管理和解决当时城市经济生活的突出矛盾，1962年9月和1963年10月，中共中央、国务院先后召开全国第一次和第二次城市工作会议。

中国城市规划学会副理事长兼秘书长石楠说，这两次城市工作会主要是明确对城市的基本认识。当时有声音认为，城市是消费型的城市，农村是生产型的农村，这实际上是农业社会的典型特征。会议明确了城市定位，并强调城市工业要做好对农村的支持。

1978年3月，国务院在北京召开第三次全国城市工作会议，制定了关于加强城市建设工作的意见。

这次会议召开之际，恰逢我国城市发展进入一个新阶段，城镇数量大幅度增加，开始进入依照城市规划进行建设的科学轨道，城市建设出现了新中国成立以来从未有过的好形势。石楠说，这次会议主要讨论城市建设资金从哪里来，说白了，就是为什么要花钱建设城市。

1978年之后，就没有召开过中央城市工作会议。

为啥现在开——城市社会的大势所趋

这次中央城市工作会在“十三五”开局之际召开，正如会议指出，我国城市发展已经进入新的发展阶段。

改革开放以来，我国经历了世界历史上规模最大、速度最快的城镇化进程，城市发展波澜壮阔，取得了举世瞩目的成就。

一组数字见证了我国城市的快速发展：常住人口城镇化率从1978年的近18%上升到2014年的近55%；城市人口从1.7亿人增至7.5亿人；城市数量从193个增加到653个。每年城镇新增人口2100万人，相当于欧洲一个中等收入国家的人口。

今天的中国，正处在从乡村社会向城市社会转型的关键期。城镇化率30%到70%是城镇化快速发展的阶段，其中超过50%就意味着从农业社会向城市社会转型。

今天的中国，也面临城镇化进程中的各种城市病：雾霾污染、交通拥堵、垃圾围城、城市“摊大饼”、文化缺失……这些问题不断警示，城市规模要同资源环境承载能力相适应。必须认识、尊重、顺应城市发展规律，端正城市发展指导思想，切实做好城市工作。

石楠说，消除城市病，靠现在的管理条条框框难以解决，必须有一种顶层设计，需要一把进入城市社会、能解决城市矛盾的钥匙，也因此有必要重启最高规格的城市工作会议。

这会说了啥——为城市把脉治病开药方

今天的中国，大半人口生活在城市里。每天从一睁眼，生活用水、处理垃圾、公交出行、上学看病……我们的生活与城市管理和服务时刻发生着交集。未来的生活，也会因这次会议的部署而改变。

“我们生活在一个日益加速变化的全球化和多样化时代，城市问题几乎是人类面临所有问题的聚集点。”国务院参事、中国城市科学研究会理事长仇保兴说。

为城市把脉，开出药方，引导城市更健康成长，正是此次会议的核心内容，指出了城市发展的方向。

——让中西部地区广大群众在家门口也能分享城镇化成果。

——留住城市特有的地域环境、文化特色、建筑风格等“基因”。

——延续城市历史文脉，保护好前人留下的文化遗产。

——城市建设要以自然为美，把好山好水好风光融入城市。

——实现生产空间集约高效、生活空间宜居适度、生态空间山清水秀。

——树立“精明增长”“紧凑城市”理念，科学划定城市开发边界。

……

每个人心中都有自己的理想之城。对一个国家而言，理想的城市，在于用什么样的理念去经营。正如会议强调，城市工作是一个系统工程。城市工作要“坚持以人民为中心的发展思想，坚持人民城市为人民。这是我们做好城市工作的出发点和落脚点。”

城市的未来掌握在我们自己手中。正如会议所描绘，“让人民群众在城市生活得更方便、更舒心、更美好”。

（新华网 2015 年 12 月 22 日　记者　韩洁、仲蓓、王立彬、何雨欣）

全国住房城乡建设工作会议在京召开

12 月 28 日，全国住房城乡建设工作会议在京召开。住房城乡建设部部长陈政高全面总结了 2015 年住房城乡建设工作，对 2016 年工作任务作出部署。

陈政高指出，今年，在党中央、国务院坚强领导下，全国住房城乡建设系统迎难而上，奋力拼搏，全面完成了中央交给的各项任务，实现了“十二五”的圆满收官。

今年，我们迎来了中央城市工作会议的胜利召开。习近平总书记、李克强总理在会上作了重要讲话，分析城市发展面临的形势，明确做好城市工作的指导思想、总体思路、重点任务，系统部署了今后一个时期的工作。中央城市工作会议使我国城市发展掀开了历史性的一页，住房城乡建设系统上下感到欢欣鼓舞、无比振奋。我们一定要竭尽全力，全面学习宣传贯彻会议精神。

今年，我们实现了房地产市场企稳回升。由于我们认真落实了党中央、国务院决策部署，和有关部委密切配合出台了一系列措施，各地加大力度承担了调控主体责任，房地产市场呈现企稳回升态势。同时，今年棚户区改造开工 580 万套，创造了历史新高，货币化安置比例达到 28%，对去库存发挥了重要作用。

今年，我们成功开辟了城市建设工作的新领域。启动了城市地下综合管廊和海绵城市建设，大力开展了“学习中卫经验，清洁城市环境”活动，打响了治理城市违法建筑的攻坚战。继续深入推进了工程质量治理两年行动，全国建筑工程质量总体可控、稳中有升。

今年，我们在乡村建设方面有了新作为。完成了 432 万户农村危房改造任务。在全国农村开展了垃圾处理、污水治理、绿色村庄建设等十项工程，不断改善农村的面貌。

今年，我们推动各项改革取得了新进展。深入推进了城市管理和城市执法体制改革、住房制度改革和住房公积金管理体制改革，稳步推进了城乡规划改革。

在部署明年住房城乡建设工作时，陈政高强调，全系统务必全面落实党的十八大和十八届三中、四中、五中全会精神，落实中央经济工作会议精神，落实中央城市工作会议对住房城乡建设工作提出的新目标、新要求。牢固树立创新、协调、绿色、开放、共享五大发展理念，推动住房城乡建设事业再上新台阶。

一是贯穿一条工作主线。要把学习贯彻中央城市工作会议精神作为贯穿明年工作的主线，认真学习领会习近平总书记、李克强总理的重要讲话精神，贯彻落实会议提出的各项重大决策部署，根据会议确定的目标任务，绘出任务图，列出时间表，明确责任单位和责任人，真正把每项工作任务落到实处。

二是巩固房地产市场向好态势。要推进以满足新市民住房需求为主的住房体制改革，把去库存作为房地产工作的重点，建立购租并举的住房制度。大力发展住房租赁市场，推动住房租赁规模化、专业化发展。进一步用足用好住房公积金。继续推进棚改货币化安置，努力提高安置比例，明年新安排 600 万套棚户区改造任务。实现公租房货币化，通过市场筹集房源，政府给予租金补贴。改进房地产调控方式，促进房地产企业兼并重组。进一步落实地方调控的主体责任，实施分城施策、分类调控。

三是切实树立城市规划的权威。要提高规划的前瞻性、严肃性、强制性和公开性。集中全行业力量完成全国城镇体系规划，继续做好跨省级城市群规划编制工作。全面启动城市设计，抓紧制定实施城市设计管理办法和技术导则。推进城市修补、生态修复工作。进一步培育和规范建筑设计市场，提高建筑设计水平。把县城规划建设工作提上重要日程，改善县城人居生态环境。加大对规划违法行为的处罚力度，继续抓好城市违法建筑治理工作。

四是继续大力推进城市基础设施建设。加快地下综合管廊建设步伐，全面规划启动海绵城市建设，在城市黑臭水体整治工作上取得实质性进展。

五是全面加强城市管理工作。要理顺管理体制，推进综合执法，加强队伍建设，提高服务水平。

六是加快建筑业改革发展步伐。集中精力对建筑业进行全面深入的调研，梳理出亟待解决的问题，明确今后的重点工作。筹备召开全国建筑业大会。

七是推动装配式建筑取得突破性进展。在充分调研的基础上，制定出行动计划，在全国全面推广装配式建筑。

八是抓实抓好改善乡村人居环境工作。着重推进农村垃圾治理、污水治理和绿色村庄建设等工作；完成改造危房任务；进一步加大传统村落和民居保护力度。

最后，陈政高强调，住房城乡建设系统要紧密团结在以习近平同志为总书记的党中央周围，以敢于担当的勇气、坚韧不拔的毅力和雷厉风行的作风，努力开创住房城乡建设事业的新局面，为全面建成小康社会添砖加瓦，让党中央国务院放心，让人民群众满意！

住房城乡建设部副部长易军、王宁、陆克华、倪虹，中央纪委驻部纪检组组长石生龙出席会议，易军作总结讲话。各省、自治区住房城乡建设厅、直辖市建委及有关部门、计划单列市建委及有关部门主要负责人，新疆生产建设兵团建设局主要负责人，党中央、国务院有关部门司(局)负责人，总后基建营房部工程局负责人，中国海员建设工会有关负责人，部机关各司局、部属单位主要负责人以及部分地级以上城市人民政府分管住房城乡建设工作的副市长出席了会议。

（摘自住房城乡建设部网站　2015 年 12 月 28 日）

专　　论

在城市地下综合管廊规划建设培训班座谈会上的讲话

陈政高

（2015 年 10 月 10 日，根据录音整理）

同志们，这个培训班是我提议举办的。开班以前，我向高丽副总理做了汇报，他完全赞成。举办培训班，目的就是为了统一大家的思想，统一认识，也是想请大家到横琴岛来看一看比较现代化的城市地下综合管廊。同时，这个培训班也是一个誓师大会，一个动员大会。大力建设城市地下综合管廊，从现在就要在全国开始了！

一、统一认识，统一思想

第一，建设城市地下综合管廊是外国已经走过的路，事实证明是一条成功的路。世界第一条管廊是 1833 年在巴黎建设的，到现在已经运行了近 200 年，还在运行当中。到 1861 年，伦敦开始建设管廊，到 1890 年，德国开始建设管廊。到现在为止，发达国家的管廊不仅建了，而且基本建完了。

我认为，世界城市的发展是有着共同规律的，发达国家的前天、昨天就是我们的今天、明天。规律是不可违背的，人家都已经干完了，我们才开始干，还怕什么？还犹豫什么？还讨论什么？

第二，综合管廊的意义在于充分地利用了地下空间。我们常讲，城市是寸土寸金。这种认识主要还是停留在地上，忽视了地下。让我说应该叫“一寸土地两寸黄金”才对，而不是“一寸土地一寸金”，因为地下还有“一寸”，我们忽略了，没有拿到。俗话说，“树有多高，根有多深”，城市也是如此，地上有多少，地下就有多少，我这绝不是夸大其词。有人说东京人一半多活动在地下。请大家想一想，地下管线密布，而且情况也不清，怎么能利用地下空间？管线密布，不装进管廊，又怎么能够利用好地下空间？我们讲城市有很多浪费，大家说水泥用多了，钢筋用多了都是浪费，但我认为最大的浪费是空间的浪费。这个浪费再加上地上的浪费，是非常巨大的。架空线的浪费也是非常大的，一个城市如果有一条高压线，22 万伏、50 万伏的，底下能搞建筑吗？今天我上横琴岛看了，高压线下面节省的土地腾出来以后，卖地的钱建管廊是没问题的，我们不要说没钱建综合管廊。

第三，管廊的意义还在于它的综合性，所以我们叫综合管廊。综合管廊不仅能把管线全部入廊，还可以走雨水、污水。巴黎的雨水、污水，就全在地下走管廊。

第四，综合管廊的意义还在于节省投资。管廊的一次性投资确实较大，每公里大约 1.2 亿元，但这只是我们的估算。昨天我看了广州大学城的管廊，每公里才 3000 万元，所以这 1.2 亿元可能有点估高了。云南省保山市腾冲都干了，腾冲有什么条件？保山市有什么条件？你们还在讨论干不干这件事？就看怎么认识。如果按全生命周期考虑，把管线直埋的累计投资加起来，每公里比 1.2 亿元管廊的投资不知道大多少倍，造成的间接损失更没法计算。而且，管廊每公里 1.2 亿元投进去之后，要管几百年。巴黎的管廊已经运转 200 年了，现在还运行得很好，今后也不可能坏。你们说哪个合适？是直埋地下反复开挖合适，还是一次投资管几百年甚至上千年合适？我们经常讲千秋大业，这是真正的千秋大业。这里还有笔账，就是自来水的漏失率问题，现在全国平均 16%，北方城市经常都是 30%以上，这 30%以上自来水漏失以后，浪费多少钱呢？自来水管网要是进管廊，每天巡视一遍，就不会再漏了。所以我说综合管廊节省投资的优势是非常显著的，这个账大家好好算，好好研究这些问题。

第五，综合管廊建设将拉动经济增长。目前经济形势严峻复杂，下行压力越来越大。今天公布了三月份 CPI 增长 1.4%，环比下降 0.5%，PPI 是-4.6%，环比下降 0.1%。地方财政收入整体看是低速增长的。如果我们每年能建 8000 公里的管廊，每公里 1.2 亿元，就是 1 万亿投资。这还没包括间接拉动的投资，如果加上拉动的钢材、水泥、机械设备等方面的投资，以及大量的人力投入，拉动经济的作用那就更大了。前年全国固定资产投资 44 万亿，去年是50万亿。1万亿投资占到2%，2%比例也是不小的投资了。今天来了很多城市的市长，你们应该知道，现在可投资的地方还有多少，已经没有多少空间了。所以要想办法拉动投资，综合管廊建设是其中的一个办法。古人讲“疾风知劲草，板荡识诚臣”，这时候就需要我们给国家、给民族担当。

第六，综合管廊建设将改变城市面貌。为什么中国的城市马路很少有像发达国家一样平整？是因为我们地上全是井盖。我在沈阳工作的时候对井盖专门研究过。井盖底下用砖砌，汽车一压把它压下去了，如果用水泥砌，水泥比路面硬，路面压下去了，井盖就凸出来了。后来把日本的井盖拿回来研究，发现也不行。为什么？因为只要有井盖，一跑车，路面和井盖就会产生缝隙。如果建设地下综合管廊，把管线并在一起了，城市马路像高速公路一样，怎么会不平呢？另外，我们的城市哪个不是沟壑遍地？哪块没挖开过？因此，这个问题不彻底解决，居民苦不堪言，路挖开了居民怎么走？有的马路挖开后三、五个月干不完活儿，就在那儿放着，一堆堆土，一条条沟。管廊搞完以后，我想这些事情都不会存在了，有问题在管廊里修，不影响老百姓生活，不影响马路通行，也不影响城市面貌。尤其是架空线放到地下以后，城市的美观程度马上就不一样了。

第七，综合管廊将保障城市的安全。在座各位都生活在生产第一线，管线发生过多少事故？现在城市的事故相当大一部分都是管线引起的，老百姓家断水断电，北方供暖季断热，不堪其苦啊！管廊能从根本上杜绝管线各种事故的发生、人员的伤亡，城市的事故率将大大降低。

第八，要统一一个思想。就是我们建地下综合管廊，一定要一步达到国际先进标准。我们决不干后悔的工程，我们决不干让后人骂的工程，也不干现在干以后扒的工程，更不能建那些半截子、不达标的工程。我再强调一遍，没有钱我们宁可不建，也不能建成一批服务功能落后、容量不足的劣等过时工程。

第九，一定要有一个新体制。体制决定一切，体制是关键。我认为新的体制应该是社会化的，政府的任务就是制定规矩、监管和对运营进行适当补贴。我真的希望在全国产生一批专门搞管廊的企业，有这么一个产业、行业出现，专门干管廊。这里要有专业性，要有管理、要有连锁经营。如果政府大包大揽这件事是干不下去的。

第十，政府必须拿钱。大家要看到，不论如何向社会资本开放，如何吸引社会资本，政府拿钱是必须的，方式可以讨论，但必须出钱是不用讨论的。如果只让管线企业和管廊企业拿钱，这件事是做不下去的。但是政府怎么拿钱是体制问题。一定要研究好商量好这个事。我反对老体制，因为搞不下去。

第十一，建设综合管廊必须全力推进，但是如何推进必须认真考虑。我们认为在新区是可以全面推开的，没有矛盾；老区就要适情而定，要结合修地铁、河道改造、老区改造、道路改造来做。千万不要一哄而上，不能盲目。搞管廊必须长远考虑，没有三五十年搞不完，日本也搞了五十年，不可能是两年工程。

第十二，要培育一个综合管廊行业。包括工业构件的生产、施工设备，包括组装、管理、控制系统和建设管理的队伍等。如果要形成骨干企业的话，完全可以形成一个很大的行业，是一个新兴的行业，就业机会就来了。现在就业压力很大，登记失业率也在上升，一个城市要是有个新行业产生是了不得的好事。

二、看到建设综合管廊的有利条件

第一，党中央、国务院高度重视。习近平总书记、李克强总理多次提出明确要求，国务院连续发了基础设施和管线建设的两个文件。城市地下综合管廊建设不仅拉动了经济，还是我们城市建设的一个拐点，一个转折点。从此，中国将告别过去那种在地下乱拉乱设的状况，开始从传统走向现代，从落后走向先进。

第二，地方政府有很高的积极性。财政部和我们一起搞综合管廊建设试点，全国各地积极性很高。两会期间，省委书记、省长，市委书记、市长有的到部里来，有的写信申请搞综合管廊试点。两会刚结束，我专门请了广州、哈尔滨、武汉等10个城市的市长，10位市长纷纷请战要干管廊。他们提出两条要求，第一条就是管线全部进管廊，第二条就是要有开行贷款，这两条解决了之后，各城市搞管廊没有问题。这是真正的政绩观转变，建管廊是里子工程，不是面子工程，这种积极性我很受感动。

第三，具备经济实力。我们的国家，我们的城市，已具备了建管廊的经济实力，时候已经到了。以前我们建缺资金，现在建是可以了。现在再不建，我们就会错过时机。

第四，金融机构全力支持。国开行态度明确，一直在和我们研究这件事，七大行的态度也非常明确，表示全力支持地下综合管廊建设。这个我就不细说了。只要大家把管廊建设启动起来，银行贷款是没有问题的。

第五，企业有参与的愿望，也有参与的能力。这里包括国内外的各类企业，也包括国内的各类型的企业，都有这种愿望。为什么？这个市场是固定的，市场是明确的，是清楚的，回报也是明确的，也是固定的。所以基本上不用论证，没有风险的事，只要把合同谈好了，有什么问题？企业积极性要充分调动和利用好。

第六，广大市民非常支持这件事。管廊建设事关市民的切身利益，事关市民的生活和生产，是广大市民迫切的愿望和要求。所以说，我们干的事只要符合民心，肯定是可以干的，也肯定是能干成的。

第七，我们在城市综合管廊建设方面进行了许多积极的探索，取得了很好的经验。广州、珠海、昆明搞得是比较早的，规模是比较大的。还有，保山市不光市区建，连属地的五个县都干了。这些探索有经验，也有教训，但是不论是经验还是教训都是非常宝贵的，都是值得我们总结和借鉴的。

第八，建筑材料价格是这些年最低的时候。钢材、水泥的价格现在很低，对于降低管廊建设成本是个非常有利的条件。

第九，建设标准正在进行修订，为综合管廊建设提供重要依据。外国讲法制建设，包括标准。外国把标准也列入法的范围来管理，标准也是法。5 月底之前，我们城市地下综合管廊工程技术标准肯定出台，将为大家搞好综合管廊建设提供国家标准。

第十，我们住建系统有一支特别能战斗的队伍。我们住建系统这支队伍有优良的传统，只要一声令下，这支队伍就能冲得上去，就能够打胜仗，就能够把综合管廊的事干好。

三、抓好城市地下综合管廊建设的几点要求

第一，要树立起强烈的责任心。法国作家雨果说："下水道是城市的良心"。这句话讲得十分深刻。下水道也好，地下管网也好，虽然看不见，但是它的状态如何，却折射出一个城市的竞争力、一个城市领导者的责任心，乃至世界观。所以我说我们的城市领导一定要有强烈的责任心和正确的政绩观，只有这样，才能把这件事办好。

第二，要有开放的心态、改革的决心。建管廊根本上说是向国内外资本开放的问题，不开放推动不了，也实施不了。要利用社会资本就必须改革，我们要改革体制机制，改革投融资体制，改革市政公用企业。要搞综合管廊，公用企业不改革也是不行的。

第三，把综合管廊建设纳入法治轨道。管廊建设不仅是全新的事物，而且涉及方方面面，矛盾甚多，要想建好管好，特别是要实现长治久安，就必须纳入法治轨道。我们除了建议国务院要制定条例以外，各地可以结合贯彻立法法，推动城市地下综合管廊立法，可以请省人大搞立法，有些大城市也可以立法，大家可以先做起来，别等。我认为建设综合管廊只有一开始先在法治轨道上运行，我们才能做得好，做到成功。

第四，要加强学习。我们在座有不少主管城建的副市长，有住建系统厅长，还有搞规划、搞建设的同志。大家一定要看到现在有两个新的情况出现了，第一个就是我们住建系统不仅是城市规划建设管理的主角，越来越走到了经济发展舞台的中心。第二个是现在的城市规划建设管理，不仅是工程问题、钢筋水泥问题，还是一个经济学问题，是一个金融问题。所以我希望大家重新学习，才能胜任工作，才能把工作干好。

同志们，我们正在实现中华民族伟大复兴的中国梦。建设城市地下综合管廊是一个城市居民的梦，更是我们几代住建人的梦！我们从今天开始，将书写新篇章，历史将翻开新的一页，而这些，正是由我们亲自参与的。我们应该感到荣幸，感到自豪，更应该信心百倍地走向未来！

（陈政高：住房和城乡建设部党组书记、部长）

陈政高在全国棚改片区会上提出
统一思想主动作为全面完成今年棚改任务

为加快推进棚户区改造工作，全面完成 2015 年 580 万套棚改任务，4 月 23 日、25 日，住房城乡建设部会同国家开发银行分别在长春、南宁召开全国棚改片区工作会。住房城乡建设部部长陈政高主持会议并提出总体要求，住房城乡建设部副部长王宁、国家开发银行副行长张旭光出席会议，财政部、审计署有关负责人应邀参加会议。

陈政高强调，党中央国务院高度重视棚改工作，

各地要从战略和全局高度充分认识棚改的重要性。棚改既是重大民生工程，又是经济稳增长的重要拉动力。目前还有很多群众生活在条件艰苦的棚户区里，尽早改善这部分群众的居住环境，是各级政府部门的责任。

对下一步棚改工作，陈政高提出了明确要求：第一，各地要认清形势，统一思想，主动作为，不等不靠，千方百计完成今年棚改任务。第二，各地要加强与国家开发银行等相关金融机构做好项目对接，落实今年的棚改资金和新开工项目。第三，要探索多种融资渠道，拓展棚改资金来源。第四，要加大棚改货币化安置力度，提高货币化安置比例。第五，各地住房城乡建设部门要向当地党委政府主要负责人专题汇报棚改工作，争取更大的支持。

各省、自治区、直辖市及新疆生产建设兵团棚改主管部门主要负责人，国家开发银行及各省分行负责人参加了会议。

（摘自《中国建设报》　2015 年 4 月 27 日　记者　田子超）

陈政高在加强住房公积金管理电视电话会上要求统一思想提高认识用好用足公积金

3 月 20 日，住房城乡建设部召开全国加强住房公积金管理电视电话会议。住房城乡建设部部长陈政高在对住房公积金管理工作作出重要部署时强调，住房公积金是重大的民生工程，对于改善中低收入家庭住房条件、促进房地产市场平稳健康发展具有重要意义，各地要进一步统一思想，提高认识，增强工作的主动性，加大工作力度，发掘住房公积金的巨大潜力，用好用足住房公积金。

陈政高指出，住房公积金是重大的民生工程，正是有了住房公积金，才使 4700 万职工喜迁新居，改善了住房条件。住房公积金制度对提高缴存职工住房消费能力、解决住房问题、稳定房地产市场发挥了重要作用。截至 2015 年 1 月底，全国住房公积金缴存职工达到 1.1 亿人。2900 万缴存职工累计提取住房公积金 3.9 万亿元，其中住房消费类提取 2.9 万亿元。发放住房公积金个人住房贷款 2200 万笔，总额 4.3 万亿元。

陈政高强调，要提高资金使用效率，发挥住房公积金的潜力。希望各地更好地发挥主动性，采取多种措施，用好用足住房公积金。要进一步降低门槛，增加公积金贷款额度，简化手续，建立方便快捷的业务流程，缩短办理时限。各地要进一步采取公积金跨省、跨市异地支取使用的措施，使住房公积金在支持居民基本住房需求、改善民生方面发挥更大作用。

据介绍，住房城乡建设部进一步完善了住房公积金信息披露制度。城市每年 3 月底、省（区）每年 4 月底、全国每年 5 月底，通过政府公报、政府网站、住房公积金中心网站、新闻发布会以及报刊、广播、电视等渠道，对住房公积金管理机构概况、业务运行、财务数据、资产风险、效益分析以及需要披露的其他重要事项进行定期披露。

（摘自《中国建设报》　2015 年 3 月 23 日　记者　汪汀、刘丽媛）

让城市成为美好生活的有力依托

——访住房城乡建设部部长陈政高

30 日，《中共中央　国务院关于深入推进城市执法体制改革　改进城市管理工作的指导意见》正式公布。那么，今后城市管理将如何支撑城市生活更加美好？住房城乡城乡建设部部长陈政高接受了新华社记者的采访。

管理跟不上　城市功能和形象都会大打折扣

记者：这次改革的目的是什么？

陈政高：城市是现代文明的标志。目前，我国有一半以上人口生活在城市。城市环境好不好，城市竞争力高不高，既要靠建设，更要靠管理，建设提供硬环境，管理增强软实力。管理工作跟不上，城市功能和形象都会大打折扣。

当前，我国城市发展已开始转向规模扩张和质量提升并重阶段，城市管理工作也将迎来许多新任务，既要加强对城市空间资源、公共秩序、运行环境的管理，还要为城市居民宜居宜业提供服务保障。

这份意见的出台顺应城市转型发展的大势，推动城市管理和执法理念转变，改革城市管理体制机制，推进市、县两级政府规划、建设、管理部门综合执法，加快形成与城市发展相匹配的城市管理能力，创造良好人居环境。

城市执法体制和城市管理凸显六大“痛点”

记者：当前，我国城市执法体制和城市管理中存在哪些问题？

陈政高：当前，我国城市发展进入新的阶段，城市工作的重心由大规模的开发建设，转为建设与管理并重，加强对城市空间资源、公共秩序、运行环境的管理，为城市居民宜居宜业提供服务保障。但是，现有的城市执法体制和城市管理工作，已不适应新的形势和要求，主要表现在六个方面：

——管理理念落后。一些地方对城市发展和城市管理规律认识不足，城市管理的整体性和系统性不强。城市管理工作的定位存在偏差，在城市管理“为了谁”、“依靠谁”问题上认识模糊。

——管理体制不顺。国家和省级层面缺乏专门的城市管理主管部门，对各市、县城市管理工作缺乏必要的督促和指导。一些地方城市管理机构设置不科学，职责边界不清，城管执法机构与专业管理部门之间互相推诿扯皮。

——法律法规不健全。城市管理和执法工作缺乏专门的法律法规，执法主体资格不明确，执法程序不规范。据不完全统计，目前城管执法工作依据涉及 53 部法律法规，有的长期没有修订，有的存在交叉重叠，已不能满足新形势下城市管理和执法工作的需要。

——管理方式简单。一些地方习惯于运动式管理，热衷于突击性整治，缺乏有效的日常监督管理和评价考核机制。城市管理信息化水平不高，发现和解决问题的效能有待提升。部门协调机制不健全，联动配合难度大，难以形成整体合力。

——服务意识不强。一些地方过于依赖行政处罚手段，惠民便民服务不够，不能正确处理服务、管理、执法之间的关系。城市基础设施和公共服务设施配套不足、欠账较多，不能满足城市发展和市民的生产生活需要。

——执法行为粗放。多数地区城市管理执法队伍身份编制混乱，部分执法人员素质不高。全国执法制式服装、执法标志标识不统一，执法行为不规范，选择性执法、暴力执法等群众反映强烈的问题时有发生。

七大任务力促“管”好城市

记者：这项改革的核心任务是什么？

陈政高：意见从七个方面明确了深入推进城市执法体制改革、改进城市管理工作的重点任务：

——理顺管理体制。框定城市管理职责边界；明确部、省城市管理主管部门；推进市、县城市管理领域机构综合设置；推行城市管理领域综合执法；下移执法重心。

——强化队伍建设。优化执法力量配备，严格执法队伍管理，完善人才培养机制，加强协管队伍管理，塑造城市管理执法队伍的良好形象。

——提高执法水平。健全权力清单和责任清单制度，规范执法办案制度，改进执法方式，完善监督机制，将城市管理执法权力关进“制度的笼子”。

——完善城市管理。提高市政公用设施运行能力，规范城市公共空间秩序管理，优化城市交通管理，改善城市人居环境，提高城市应急管理水平。整合信息平台，构建智慧城市。

——创新治理方式。通过推进城市管理服务市场化，推进城市网格化综合管理，提高社区治理和服务能力，加大公众参与力度，提高全民城市文明意识，推动城市管理走向城市治理。

——完善保障机制。加强法制保障，建立健全法律法规和规范体系；加强财政保障，健全城市管理经费保障体制；加强城市管理执法与刑事司法的衔接，强化执法协作。

——加强组织领导。加强党对城市管理工作的组织领导，明确工作责任，严肃工作纪律，稳妥有序推进改革。建立综合协调机制和综合考核制度，加强宣传和舆论引导，推进信息公开，提高舆情应对能力。

改革中杜绝超编进人、超职数配备领导干部

记者：改革涉及面广，政策性强，调整难度大，如何落实好？

陈政高：要顺应城市工作新形势，牢固树立以人为本、为人民管理城市的工作理念。建立健全城市管理协调机制和考核机制，将城市管理和执法工作纳入经济社会发展综合评价体系和领导干部政绩考核体系。

各地城市管理工作情况千差万别，推行改革工作切忌“一刀切”。在城市执法体制改革过程中，应当给予地方充分的自主权，坚持试点先行，分类分层、稳妥有序推进改革。探索满足城市良性运行需要的城市管理执法模式。

城市执法体制改革涉及职责划转、机构和人员编制整合、调整，以及大量人、财、物的调整、划转，牵涉面广，社会关注度高。必须严肃工作纪律，严格执行有关编制、人事、财经有关规定，杜绝超编进人、超职数配备领导干部、突击提拔干部等现象发生。要严格按照有关规定处理好人、财、物问题，做好工作交接，保持工作的连续性和稳定性，并确保国有资产安全。

（摘自新华网　2015 年 12 月 30 日　记者　何雨欣、韩洁、仲蓓）

建 设 综 述

法 规 建 设

【法律、行政法规立法】 2015年，《建设工程勘察设计管理条例(修订)》发布实施。《住房公积金管理条例(修订送审稿)》上报国务院审议，国务院法制办向社会公开征求意见。研究形成《城市地下管线管理条例(征求意见稿)》，征求国务院有关部门和地方、科研院校的意见。协调住房城乡建设部有关司局推进《建筑法(修订)》工作。配合有关司开展《城市公园条例》、《建设工程抗震管理条例》的起草工作，对水利部起草的《节约用水条例》提出意见。对《国有土地上房屋征收和补偿条例》修订的必要性进行研究。根据国务院行政审批制度改革的决定，配合国务院法制办对《城乡规划法》、《风景名胜区条例》、《城镇燃气管理条例》、《物业管理条例》研究提出修改意见。

【规章立法工作】 2015年，发布《国家级风景名胜区规划编制审批办法》、《建筑业企业资质管理规定》、《城镇污水排入排水管网》、《住房城乡建设部关于修改〈房地产开发企业资质管理规定〉等部门规章的决定》等5项规章；配合国家发改委、监察部发布《基础设施和公用事业特许经营管理办法》、《关于修改〈城乡规划违法违纪行为处分办法〉的决定》2部联合规章；《住房城乡建设部、国家卫生计生委关于修改〈生活饮用水卫生监督管理办法〉的决定》、《住房城乡建设部 公安部关于废止〈城市出租汽车管理办法〉的决定》等6部规章经部常务会议审议通过，待有关部门会签后及时发布。《城市设计管理办法》、《工程造价咨询企业管理办法》、《城市总体规划编制审批办法》、《建筑工程设计招标投标管理办法》(修订)、《住房城乡建设稽查执法管理办法》等规章项目得到推进。

按照国务院行政审批制度改革进程、注册资本登记制度改革、"三证合一"登记制度改革需要以及住房城乡建设部党组对部1952年以来的规章进行清理的要求，2015年部署开展规章清理工作4轮次，共清理有效规章110部，修订废止规章25部，向商务部提出修改建议1部。

【简政放权审批改革】 2012年以来，住房城乡建设部行政审批事项由25项减为11项。部法规司对进一步减少行政审批事项提出了建议。配合国务院审改办对中央设定地方住房城乡建设部门实施的行政审批事项进行清理核对，研究提出初步改革意见，同意取消14项。按照投资审批改革组的要求，开展投资审批改革的有关工作，成立专门领导小组，由主管副部长任组长。向国家发改委报送了进一步简化整合建设工程投资项目报建手续的建议。贯彻国务院关于第一批清理规范行政审批中介服务的决定，下发《关于清理规范行政审批中介服务事项的通知》。规范行政审批行为，印发《关于规范行政审批行为改进行政审批工作的通知》，并按照要求向国务院审改办报送受理单、审批情况等相关材料。

【行政复议工作】 2015年共办理行政复议案件1060件。注重调查研究，对于涉及案件事实、证据不清的，案情疑难复杂的案件，加强实地调查，了解申请人真实诉求。对复杂案件法律适用等问题，充分征求住房城乡建设部法律顾问、全国人大、国务院法制办或相关法院的意见，做到事实清楚、依据准确。多次召开部门协调会议，建立会商协调机制，及时沟通案情，统一办案尺度和标准。进一步简化办案程序，提高办案效率，预防和化解潜在矛盾。

制定《住房城乡建设行政复议办法》，进一步落实细化受理条件和审理标准，规范行政复议案件答复、调查、听证、审理等程序。下发《关于贯彻落实〈住房城乡建设行政复议办法〉的通知》。

【行政应诉工作】 2015年5月1日新《行政诉讼法》实施后，住房城乡建设部机关收到887件行政诉讼案件，案件数量大幅上升，应诉案件数量高居国务院各部门之首，超过2008年住房城乡建设部组建以来历年行政诉讼案件总和。

【理顺城管执法体制】 十八届四中全会《决定》中由住房城乡建设部牵头的重要举措，部内由人事司牵头，城市建设司和法规司参加。按照《关于深入推进城市执法体制改革 改进城市管理工作的指导意见》(中发〔2015〕37号)提出的具体要求，全面梳理处罚事项和处罚依据，为明确城市管理执法范围和职能划定奠定基础。开展城市管理执法体制机制问题调研并形成调研报告，委托北京、江苏开展《城市管理执法立法研究》，研究提出《完善城市管理执法相关法律法规的方案》，向国务院法制办提出法规清理意见。编印《理顺城管执法体制工作情况交流》18期，参与有关文件研究起草、沟通协调和宣传解读工作。

【普法和执法监督】 (1) 加强普法宣传和验收工作。紧紧围绕学习贯彻四中全会精神和决定，深入开展法制宣传教育，掀起普法新高潮。按照全国普法办公室的统一要求，组织开展住房城乡建设系统“六五”普法总结验收工作，作出了专门部署。在各地自查的基础上，汇总形成《住房城乡建设系统“六五”普法总结验收情况报告》，报送全国普法办公室。举办住房城乡建设部机关立法法知识讲座，邀请中国人民大学教授冯立军讲解，普及立法法基本知识。举办住房城乡建设系统宪法和法律法规知识竞赛主题活动，全系统900多个单位统一组织参赛，7万多名干部职工踊跃参加，评选出个人优胜奖、单位组织奖和通报表扬单位名单，取得较好的法制宣传教育效果。认真开展12.4国家宪法日暨全国法制宣传日主题活动，召开普法工作座谈会听取意见建议，在《中国建设报》上发表评论员文章《加强法治宣传教育，大力弘扬法治精神》，开辟普法专栏宣传地方普法经验。

(2) 做好执法监督有关工作。按照住房城乡建设部部长陈政高指示精神，会同有关司局，研究制定了《住房城乡建设质量安全事故和重大事件督办处理办法》(建法〔2015〕37号)，规定现场核查、挂牌督办、通报批评、约谈、问责等处理方式的程序和相关规定。会同部工程质量安全监管司、建筑市场监管司，开展《住房城乡建设部工程建设行政处罚裁量基准》修订工作。做好规范性文件和行政处罚合法性审核，认真履职，严把法律关。办理规范性文件合法性审核65件，发出行政处罚决定书48件、行政处罚告知书60件，组织召开行政处罚听证会2人次。在天津组织召开了部行政执法责任制重点联系单位(城乡规划组)座谈会。

【其他业务工作】 (1) 积极做好十八届四中全会《决定》重要举措分工方案中住房城乡建设部参与的14项工作。按照国务院法制办、中央编办、监察部等牵头部门的要求，对落实执法责任制，完善执法人员持证上岗、法制审核、执法裁量权、执法公示等制度，及时了解、汇总有关情况，提出意见建议报送牵头部门，参加有关调研座谈。

(2) 开展国务院和部规范性文件清理。根据第21次部党组会议要求，会同各业务司，对住房城乡建设部自1952年以来发布的2128个规范性文件进行清理，拟有效1069件，拟修改40件，拟废止843件。对1162个规范性文件进行合法性审核，起草《现行有效规章目录》、《拟废止失效的规范性文件建议表》等5份目录以及《住房城乡部关于公布决定废止失效一批住房城乡建设部文件的公告》，于近期向社会公布。对国务院文件清理目录中126件需要住房城乡建设部提出清理意见的文件进行合法性审核。按照国务院“三证合一”改革工作要求，对部内有关文件进行清理。

(3) 认真办理全国人大议案、建议和政协提案72件，注重提高办理效率和质量，及时与全国人大代表和政协委员进行联系沟通，代表和委员都表示满意。

(4) 征求意见协调答复工作扎实进行。截至年底，已办理228件法规征求意见件，比上年增长34%。作为起草小组成员单位，参加了《资产评估法》、《土壤污染防治法》等法律法规的起草工作。按照全国人大要求，提供住房城乡建设部贯彻执行《水污染防治法》、《自然遗产保护法》的工作情况。应最高人民法院、国务院法制办、商务部等部门要求，提供有关法规情况和意见。立足住房城乡建设部“三定”职责，认真研究，积极协调，较好完成法规协调工作。

(5) 做好法律服务工作。健全法律顾问工作机制，聘请马怀德、王轶、周汉华、莫于川四位教授担任住房城乡建设部法律顾问，副部长倪虹出席聘任仪式，颁发聘书，并对进一步发挥法律顾问作用提出明确要求。及时办理地方住建部门的请示和答复部内外文件征求意见，总共200多件。配合部人事司开展城管执法援疆培训。

(住房和城乡建设部法规司)

住 房 保 障

住房保障政策文件

【国务院印发《国务院关于进一步做好城镇棚户区和城乡危房改造及配套基础设施建设有关工作的意见》(国发〔2015〕37号)】 总体要求。指导思想是深入贯彻党的十八大、十八届二中、三中、四中全会和中央城镇化工作会议精神，全面落实国务院决策部署，坚持走以人为核心的新型城镇化道路，以改善群众住房条件为出发点和落脚点，突出稳增长、惠民生，明确工作责任，创新体制机制，强化政策落实，加大城镇棚户区和城乡危房改造力度，加快配套基础设施建设，扩大有效投资，推动经济社会和谐发展。工作目标是制定城镇棚户区和城乡危房改造及配套基础设施建设三年计划。2015～2017年，改造包括城市危房、城中村在内的各类棚户区住房1800万套(其中2015年580万套)，农村危房1060万户(其中2015年432万户)，加大棚改配套基础设施建设力度，使城市基础设施更加完备，布局合理、运行安全、服务便捷。

加大改造建设力度。一是加快城镇棚户区改造。各地区要抓紧编制2015～2017年城镇棚户区改造实施方案并抓好组织落实，要加快棚改项目建设。建立行政审批快速通道，加强工程质量安全监管，确保完成三年计划确定的目标任务，把城市危房改造纳入棚改政策范围，要积极推进棚改货币化安置。二是完善配套基础设施。各地区要尽快编制2015～2017年棚改配套基础设施建设计划，确定棚改安置住房小区配套基础设施项目以及与棚改项目直接相关的基础设施项目。三是推进农村危房改造。各地区要抓紧编制2015～2017年农村危房改造实施方案，明确目标任务、资金安排和政策措施，确保年度任务按时完成。

创新融资体制机制。推动政府购买棚改服务。各省(区、市)应制定本地区政府购买棚改服务的管理办法。市、县人民政府要公开择优选择棚改实施主体，并与实施主体签订购买棚改服务协议。政府购买棚改服务的范围，限定在政府应当承担的棚改征地拆迁服务以及安置住房筹集、公益性基础设施建设等方面，不包括棚改项目中配套建设的商品房以及经营性基础设施。推广政府与社会资本合作模式。在城市基础设施建设运营中积极推广特许经营等各种政府与社会资本合作模式。构建多元化棚改实施主体。鼓励多种所有制企业作为实施主体承接棚改任务。各地原融资平台公司可通过市场化改制，建立现代企业制度，实现市场化运营，在明确公告今后不再承担政府融资职能的前提下，作为实施主体承接棚改任务。发挥开发性金融支持作用。承接棚改任务及纳入各地区配套建设计划的项目实施主体，可依据政府与社会资本合作合同进行市场化融资，开发银行等银行业金融机构据此对符合条件的实施主体发放贷款。鼓励农业发展银行在其业务范围内对符合条件的实施主体加大贷款支持，鼓励商业银行对符合条件的实施主体提供棚改及配套基础设施建设贷款。

加强组织领导。落实地方责任。各省(区、市)人民政府对本地区城镇棚户区和城乡危房改造及配套基础设施建设工作负总责。明确部门职责。住房城乡建设部要会同有关部门督促各地尽快编制和落实三年计划及相关实施方案。发展改革委、财政部要会同有关部门进一步加大中央预算内投资和中央财政支持力度。财政部要会同有关部门安排中央国有资本经营预算资金。人民银行、财政部、银监会要完善政策措施，支持开发银行、农业发展银行等金融机构加大信贷支持力度。强化监督检查。住房城乡建设部要会同有关部门建立有效的督查制度，对各地区城镇棚户区和城乡危房改造及配套基础设施建设三年计划实施情况进行督促检查。

【《住房城乡建设部　国家开发银行关于进一步推进棚改货币化安置的通知》(建保〔2015〕125号)】 落实棚改货币化安置目标和项目。各地区在安排棚改计划和项目时，应当结合地方实际，综合考虑当地商品住宅库存情况和居民意愿，按照原则上不低于50%的比例确定本地区棚改货币化安置目标，并把目标分解到市、县，落实到具体项目。商品住宅库存量大、消化周期长的市、县，要进一步提高货币化安置比例。

实行差别化信贷政策。国家开发银行对商品住宅库存量大、消化周期长的市、县，将从严控制对新建棚改安置住房项目的贷款支持，对实行货币化安置的棚改项目，国家开发银行将加大贷款支持力度。

完善政策措施。各省（区、市）尚未制定推进棚改货币化安置指导意见的，应抓紧研究明确相关政策措施，最迟于10月15日前出台。同时，各省（区、市）要督促市、县抓好落实，加快推进棚改货币化安置。

做好宣传指导。各省（区、市）住房城乡建设主管部门要加大棚改货币化安置的宣传力度，学习借鉴先行地区的好经验、好做法，指导市、县采取完善服务、组织团购、减免收费等方式，降低购房成本，让百姓多得实惠，积极引导和促进棚户区居民选择货币化安置方式。

【《住房城乡建设部 农业发展银行关于加大棚户区改造贷款支持力度的通知》（建保〔2015〕137号）】 建立合作机制，加大棚户区改造贷款力度。为充分发挥农发行开发性金融的支持作用，住房城乡建设部门与农发行建立棚户区改造贷款合作机制，发挥各自优势，合力推进棚户区改造工作。

突出支持重点，积极支持棚户区改造货币化安置。对商品住宅库存量大、消化周期长的市县，各地要从严控制新建棚户区改造安置住房项目，大力推进货币化安置。对大力推进棚户区改造货币化安置的市县，农发行将通过多种方式加大贷款支持力度；对符合贷款条件的采用货币化安置方式的棚户区改造项目，农发行要给予积极支持。

明确支持范围，运用多种融资模式支持棚户区改造。一是明确农发行棚改贷款支持范围，对列入当年年度计划的棚户区改造项目予以贷款支持，包括城中村、国有林区、国有垦区棚户区改造及其相关配套基础设施建设等，着重支持县域棚户区改造。二是明确融资模式，棚户区改造项目可以采取政府购买服务、政府授权公司自营、政府与社会资本合作(PPP)等融资模式。三是明确借款主体。农发行支持的棚户区改造项目借款主体包括：地方政府出资成立、未列入监管部门融资平台名单的国有独资及控股企业；符合国发〔2015〕37号文件要求，通过市场化改制，已建立现代企业制度，实现市场化运营，明确公告今后不再承担政府融资职能的原融资平台公司；中央企业及其所属企业；非国有上市企业与地方政府或(和)国有企业合资成立的项目公司。

落实优惠政策，构建棚户区改造贷款审批绿色通道。农发行要充分发挥其优势，适当简化贷款材料，优化贷款流程，建立棚户区改造贷款审批绿色通道，优先受理，优先审批，并统筹调配信贷规模，保障棚户区改造项目的融资需求。对符合条件的项目，贷款利率可执行人民银行同期同档次基准利率。贷款期限(含宽限期)一般不超过20年，最长不超过25年。贷款方式采用抵押、保证或质押担保方式，也可通过组合优化担保方案把控实质风险。

发挥行业优势，积极推进棚户区改造项目融资工作。住房城乡建设部门要协调推进立项、规划许可、土地使用、施工许可等审批手续的办理，切实做好土地征收、补偿安置等项目前期工作，联系相关部门解决项目融资、建设中存在的问题和困难。同时，要及时向农发行提供其所需棚户区改造年度计划和项目清单，配合做好棚户区改造项目贷款评审、发放等相关工作。

建立资金监管机制，加强棚户区改造项目贷款资金监督管理。要严格按照金融监管制度和农发行信贷管理要求，做好贷款资金的使用和偿还工作，督促借款主体及早落实贷款条件，按照进度使用贷款，加快资金使用，避免资金滞留。项目所在地农发行要会同住房城乡建设等有关部门，建立健全协同工作机制和监督机制，加大检查力度，全面监控贷款资金使用，确保专款专用。

【《国家发展改革委 住房城乡建设部关于加强保障性安居工程配套基础设施建设中央预算内投资管理的通知》（发改投资〔2015〕3001号）】 准确把握保障性安居工程配套基础设施的范围。保障性安居工程配套基础设施包括：棚改安置住房和公租房(以下简称“保障房”)小区内的道路、供排水、供电、供气、供暖、绿化、照明、围墙、物业服务等基础设施，保障房小区的教育、医疗卫生等公共服务设施，以及与保障房直接相关的城市道路和公共交通、通信、供电、供水、供气、供热、停车库(场)、污水与垃圾处理等城市基础设施。

尽快编制配套基础设施建设三年滚动计划。地方各级住房城乡建设、发展改革等部门，要根据当地实际情况，抓紧编制保障性安居工程配套基础设施建设三年滚动计划，建立项目储备库，为安排好中央预算内投资奠定基础。三年滚动计划中，既要包括为在建保障房配套的基础设施，也要包括为拟建保障房配套的基础设施。各地还要对已经建成的保障房小区配套基础设施情况进行排查，对配套基础设施不完备的项目要列出清单，纳入三年滚动计划。

切实推进配套基础设施项目前期工作。地方各级发展改革、住房城乡建设等部门，要加强协调配合，对纳入保障性安居工程配套基础设施建设三年滚动计划的项目，要督促和支持项目单位尽快开展前期工作。

管好用好配套基础设施建设中央预算内投资。保障性安居工程配套基础设施建设中央预算内投资专项实行分级管理。国家发展改革委会同住房城乡建设部，将投资计划切块下达到各省（区、市）；各省级发展改革委会同住房城乡建设等部门，将投资计划分解落实到具体建设项目。

多渠道筹措配套基础设施建设资金。加大地方政府投入力度。各级地方政府要按照国务院有关要求，切实加大资金投入，支持保障性安居工程及配套基础设施建设。积极利用企业债券融资。各级发展改革部门要按照有关规定，合理设定企业发债门槛，优化审核程序，提高审核效率，积极支持承担保障性安居工程建设任务的企业发行企业债券。充分发挥金融支持作用。鼓励开发性、政策性金融机构对保障性安居工程配套基础设施加大贷款力度。对符合条件的配套基础设施建设项目，优先安排专项建设基金予以支持。进一步创新投融资机制。各地要构建多元化棚改实施主体，鼓励多种所有制企业承接棚改任务。要建立健全城市基础设施建设财政投入与价格补偿统筹协调机制，积极推广政府购买服务、特许经营等政府与社会资本合作（PPP）模式，加快完善与棚改和公租房项目直接相关的城市基础设施。

加强配套基础设施投资计划执行监管。各省级发展改革委要与住房城乡建设等部门加强沟通协调，依据保障性安居工程配套基础设施建设三年滚动计划提前做好项目筛选工作，在上年底前初步确定当年拟支持建设的配套基础设施项目名单，并加快推进项目前期工作；收到切块下达的中央预算内投资计划后，尽快分解落实到具体建设项目，并按规定时限要求下达投资计划。市县发展改革、住房城乡建设等部门，要对申请中央预算内投资的配套基础设施项目联合进行审查，确保项目符合三年滚动计划、建设内容明确、投资概算真实，杜绝无关建设内容“搭车”申报投资、套取资金。要督促项目单位加快开工建设和投资计划执行，避免形成资金沉淀，对建设进度缓慢的项目要督促整改。国家发展改革委和住房城乡建设部将适时组织中央预算内投资计划执行情况检查，对投资计划分解、项目落地实施、配套资金保障、工程管理质量、计划执行进度、资金使用拨付等情况进行监督，督促各地对发现问题及时整改，并根据投资计划执行情况采取适当措施予以奖惩。

【《财政部　国土资源部　住房城乡建设部　中国人民银行　国家税务总局 银监会关于运用政府和社会资本合作模式推进公共租赁住房投资建设和运营管理的通知》(财综〔2015〕15号)】 运用政府和社会资本合作模式推进公共租赁住房投资建设和运营管理的基本目标和原则。基本目标：把政府的政策意图、住房保障目标和社会资本的运营效率结合起来，逐步建立“企业建房、居民租房、政府补贴、社会管理”的新型公共租赁住房投资建设和运营管理模式，有效提高公共租赁住房服务质量和管理效率。基本原则：政府组织，社会参与；权责清晰，各司其职；激励相容，提高效率。

公共租赁住房项目政府和社会资本合作条件。公共租赁住房政府和社会资本合作项目应当同时具备以下条件：1. 已纳入住房保障规划和年度计划。2. 项目规划所在区域交通便利，学校、医院等公共基础设施配套齐全。3. 户型建筑面积符合公共租赁住房条件。4. 承租公共租赁住房的保障对象数量稳定。5. 保障对象按市场租金水平向项目公司缴纳住房租金。6. 政府按保障对象支付能力给予分档补贴及其他政策支持。7. 公共租赁住房运营期限不少于15年。

公共租赁住房政府和社会资本合作项目的适用范围。适用政府和社会资本合作模式的公共租赁住房项目主要包括：政府自建自管项目；政府收购的符合公共租赁住房条件的存量商品住房项目；符合公共租赁住房条件且手续完备、债务清晰的停工未完工程项目；以企业为主建设管理的公共租赁住房项目。

规范运用政府和社会资本合作模式推进公共租赁住房投资建设和运营管理。一是建立公共租赁住房政府和社会资本合作项目库。二是做好项目前期论证和准备工作。三是按照《中华人民共和国政府采购法》、《财政部关于印发〈政府和社会资本合作项目政府采购管理办法〉的通知》（财库〔2014〕215号）等有关法律法规规定，综合考虑，择优选择公共租赁住房项目合作伙伴。四是按照“政府引导、企业主导、市场运作、利益分享、风险分担”的原则，由合作企业组建项目公司。五是签订合作合同，合同内容满足相关要求。六是建立监管和绩效评价机制。

构建政府支持政府和社会资本合作模式公共租

赁住房的政策体系。包括构建具体可操作性强的财政政策、税费政策、土地政策、收购政策、融资政策。

扎实做好政府和社会资本合作模式公共租赁住房项目实施工作。一是落实工作责任。二是建立工作机制。三是开展项目试点。

城镇保障性安居工程年度计划及资金安排

【明确年度计划】《政府工作报告》提出，2015年保障性安居工程新安排740万套，其中各类棚户区580万套。3月，住房城乡建设部代表保障性安居工程协调小组与各省、自治区、直辖市及新疆生产建设兵团签订目标责任书。各地及时将任务落实到市县和具体项目，并逐级签订目标责任书。

【年度资金安排】 中央分批下达补助资金共2180亿元，国家开发银行发放棚改贷款7509亿元，农业发展银行发放棚改贷款313亿元，发改委核准发行企业债券1332亿元(其中棚户区改造656亿元)，发改委安排棚改专项建设基金905亿元。

城镇保障性安居工程实施

【棚改及配套基础设施建设力度进一步加大】 住房城乡建设部认真贯彻落实《国务院关于加快棚户区改造工作的意见》(国发〔2013〕25号)、《国务院办公厅关于进一步加强棚户区改造工作的通知》(国办发〔2014〕36号)、《国务院关于进一步做好城镇棚户区和城乡危房改造及配套基础设施建设有关工作的意见》(国发〔2015〕37号)精神，指导地方加大棚改及配套基础设施建设力度，既改善了民生，又改变了城市面貌，为经济增长作出了积极贡献。

【棚改货币化安置比例进一步提高】 面对房地产市场进入调整期的新形势，住房城乡建设部按照党中央、国务院的部署要求，加大棚改货币化安置力度，2015年全国棚改货币化安置比例达到29.9%，比2014年提高21个百分点。

【工程质量总体可控】 按照国务院的部署和要求，住房城乡建设部把保障性住房的工程质量管理纳入对各地督查、约谈和问责的范围。各地普遍加强工程质量监管工作，在选址、设计、建材、施工、验收等环节严格把关。从检查情况看，保障性住房工程质量总体可控。

【城镇保障性安居工程建设进展顺利】 2015年城镇保障性安居工程开工783万套(其中棚户区改造601万套)，基本建成772万套，超额完成年度目标任务。

“十二五”期间住房保障工作主要成效

【任务目标完成情况】《中华人民共和国国民经济和社会发展第十二个五年规划纲要》提出，“十二五”期间，建设城镇保障性安居工程3600万套。2011～2015年，全国城镇保障性安居工程实际开工4013万套。

【棚改力度加大成效显著】 2013～2015年，国务院分别印发了《关于加快棚户区改造工作的意见》(国发〔2013〕25号)、《关于切实推进棚户区改造工作的通知》(国办发〔2014〕36号)、《关于进一步做好城镇棚户区和城乡危房改造及配套基础设施建设有关工作的意见》(国发〔2015〕37号)，部署加大棚改力度。各地区、各部门分别从棚户区改造规划、计划、建设、财税支持、金融服务等方面，出台了一系列政策，为棚户区改造任务目标的顺利实现提供有力支撑和坚强保障。“十二五”期间，全国改造各类棚户区2191万套，改善了居民居住环境，提升了城市面貌和综合承载能力，同时为稳增长、防风险、调结构发挥了重要作用。

【公共租赁住房保障取得积极进展】 2010年国务院决定大力发展公共租赁住房，2014年起廉租房、公租房并轨运行，2014年印发《住房城乡建设部 民政部 财政部关于做好住房救助有关工作的通知》(建保〔2014〕160号)，各地认真贯彻落实相关政策，将符合县级以上地方人民政府规定标准的、住房困难的最低生活保障家庭和分散供养的特困人员作为住房救助对象，并将城镇住房救助对象纳入公租房保障范围。“十二五”期间，全国公共租赁住房(含廉租住房)开工1359万套；截至2015年底，还有200多万户低收入住房困难家庭享受租赁住房补贴。通过实物筹集和发放租赁补贴等多种方式，帮助一大批城镇低收入和中等偏下收入住房困难家庭、新就业无房职工和在城镇稳定就业的外来务工人员解决了居住困难，城镇低保住房困难家庭基本实现了应保尽保。

(住房和城乡建设部住房保障司)

城 乡 规 划

【规划管理制度建设】 配合中组部制订出台《党政领导干部生态环境损害责任追究办法(试行)》，开展城市总规划师制度和规划委员会制度研究工作，强化城乡规划的地位和作用。会同国家人防办完成《城市地下空间规划管理办法(征求意见稿)》；下发《关于开展城市地下空间开发利用基本情况调查的通知》，对全国地下空间开发利用情况进行摸底调查；积极开展《城市地下空间“十三五”规划》编制工作。

【提高规划的严肃性和权威性】 在浙江召开全国违法建设治理现场会，推广浙江等省市违法建设治理经验；对北京盘古大观、陕西秦岭违规建别墅、腾格里沙漠地区工业园区污染等违法建设处理工作提出意见；开展重点图斑依法查处工作，确定 119 个重点图斑，并对 9 起违反城乡规划的典型案件进行挂牌督办；参加全国高尔夫球场整治工作。

【行政审批事项改革】 取消外商投资企业城市规划服务资格证书核发行政审批事项；将规划师执业资格认定依法交由相关行业协会实行管理；将直辖市、省(自治区)人民政府所在地城市以及国务院确定的城市的总体规划审批等 4 项非行政许可审批事项调整为政府内部审批事项。

【城乡规划编制单位资质管理】 2015 年有 83 家城乡规划编制单位取得甲级资质，通过注册规划师初始注册登记 319 人。

【全国城镇体系规划】 经国务院同意，住房城乡建设部会同国务院相关部门开展全国城镇体系规划编制工作。会同各部门成立了全国城镇体系规划编制领导小组(建规函〔2015〕293 号)，印发规划编制工作方案(建办规函〔2015〕1209 号)。组织开展专题研究和实地调研，部署各省(直辖市、自治区)开展配合研究工作。

【省域城镇体系规划】 经国务院同意，住房城乡建设部批复江苏、云南、贵州、江西、青海省城镇体系规划。组织专家组对内蒙古、甘肃、四川、宁夏、山东等省域城镇体系规划进行技术审查。

【市县“多规合一”试点】 与相关部门共同开展市县“多规合一”试点工作。印发《关于进一步推动市县“多规合一”试点工作的通知》(建规函［2015］11 号)。4 月，在福建省厦门市召开市县“多规合一”试点工作现场会。

【省域空间规划试点】 推动海南、宁夏等地开展省域空间规划试点。5 月，住房城乡建设部与海南省政府在海口共同举办《海南省总体规划》专家研讨会。8 月，在宁夏中卫召开省级空间规划座谈会。与国家发展改革委等部委共同下发《关于开展省级空间规划研究工作的通知》(发改规划〔2015〕3118 号)。

【城市群规划】 积极落实“一带一路”建设、京津冀协同发展、长江经济带发展等区域战略。编制完成京津冀城乡规划。与国家发展改革委共同完成长江三角洲、成渝、哈长城市群规划编制工作。

【中新天津生态城】 筹备组织召开中新天津生态城联合协调理事会第八次会议，协调各部门出台新的支持政策。

【城市总体规划】 组织召开 3 次城市总体规划部际联席会议，审议苏州、青岛、吉林等 8 个城市的总体规划；将青岛、南京、厦门等 36 个城市总体规划上报国务院待批。完成长春、辽阳、台州等 7 个城市总体规划修改的审查认定，并报请国务院同意正式启动修改工作；国务院批复福州、兰州等 7 个城市总体规划以及西宁等 3 个城市修订后的城市总体规划。

【历史文化名城(镇、村)保护及监督管理】

(1) 指导地方做好历史文化名城申报工作

2015 年，住房城乡建设部会同国家文物局组织专家考察江苏省常州市、浙江省温州市、湖南省永州市的国家历史文化名城申报工作，对三个城市进一步做好名城保护工作提出要求。

国务院于 2015 年将江苏省常州市、江西省瑞金市公布为国家历史文化名城。

截止到 2015 年底，国家历史文化名城达 128 个。

截止到 2015 年，中国历史文化名镇名村达 528 个(名镇 252 个，名村 276 个)。

(2) 利用国家专项资金补助国家历史文化名城和中国历史文化名镇名村基础设施改善 2015 年中央预算内投资约 1.18 亿元，补助 14 个省(自治区、直辖市）的国家历史文化名城中历史文化街区和中国历史文化名镇名村的基础设施改造和环境整治项目27个。

【"十二五"期间城乡规划工作主要成效】 完善规划管理制度。制定出台和实施《城乡规划编制单位资质管理规定》、《关于规范城乡规划行政处罚裁量权的指导意见》、《建设用地容积率管理办法》、《关于城乡规划公开公示的规定》、《城乡规划违法违纪行为处分办法》、《住房城乡建设部关于推广应用城乡规划管理廉政风险防控手册的通知》等部门规章和规范性文件，与住房城乡建设部稽查办公室共同制定《利用遥感监测辅助城乡规划督察工作管理办法》、《利用遥感监测辅助城乡规划督察工作重大违法案件处理办法》。

加强规划实施监督。会同监察部完成房地产开发领域违规变更规划调整容积率问题专项治理两年工作；开展《城乡规划违法违纪行为处分办法》贯彻落实专项检查，召开全国违法建设治理现场会推广违法建设治理经验；开展重大违法建设和重点图斑查处工作；参加全国高尔夫球场整治工作。

完成行政审批事项改革工作。取消外商投资企业城市规划服务资格证书核发行政审批事项；将规划师执业资格认定依法交由相关行业协会实行管理；将直辖市、省（自治区）人民政府所在地城市以及国务院确定的城市的总体规划的审批等4项非行政许可审批事项调整为政府内部审批事项。

稳步推进城市地下空间规划相关工作。会同国家人防办开展8省（市）的地下空间试点工作，积极开展全国城市地下空间开发利用基本情况的调查，完成《城市地下空间规划管理办法（征求意见稿）》。

（住房和城乡建设部城乡规划司）

标 准 定 额

【2015年工程建设标准、造价的基本情况】 2015年，在住房城乡建设部党组的正确领导下，标准定额司紧紧围绕党中央国务院决策部署及住房城乡建设中心工作，继续深化标准定额改革，完善标准定额体系，认真落实各项工作任务，积极开展"三严三实"专题教育活动，着力加强党风廉政建设，圆满完成各项任务，成果较为显著。截至12月底，共批准发布213项工程建设标准，其中工程建设国家标准110项，工程建设行业标准46项，产品行业标准53项，工程项目建设标准及方法参数4项。批准发布5套26册全国统一消耗量定额。备案水利、电力、煤炭等各领域工程建设行业标准178项，比上年减少27.6%；备案工程建设地方标准441项，比上年增长8.6%。

【推进工程建设标准化改革】 落实《国务院关于印发深化标准化工作改革方案的通知》（国发〔2015〕13号），明确改革方向，推进工程建设标准化改革工作。为适应全面深化改革形势，与国家标准委反复协调沟通，联合上报国务院并印发《深化标准化工作改革方案》，明确了工程建设标准的管理体制、模式，为工程建设标准体制改革和事业发展保留了空间。起草《关于深化工程建设标准化工作改革的意见》，明确工程建设标准化工作的改革方向，提出要坚持"放管结合、统筹协调、国际视野"三项重要原则；并初步提出"改革强制性标准、构建强制性标准体系、优化完善推荐性标准、培育发展团体标准、全面提升标准水平、强化标准质量管理和信息公开、推进标准国际化"等七项重点工作任务。启动构建"国家工程建设强制性标准体系"，组织水利、铁路、电力等21个行业，开展各行业强制性标准体系的研究编制工作。把强制性标准的范围限定在保障人身健康和财产安全、国家安全、生态环境安全等方面；把内容拓展到目标、功能、性能，以及关键技术节点；拟把类型细化为项目建设类技术规范、通用技术类技术规范两类，使其更有针对性。组织开展工程建设地方标准化、企业标准化的调查研究，开展工程建设强制性标准监督检查工作机制、国外标准及技术法规实施监督机制研究，编制《工程建设强制性标准执行情况检查要点》，开展施工现场标准员岗位设置试点和师资培训工作。

【深化工程造价管理改革】 全面贯彻落实《住房城乡建设部关于进一步推进工程造价管理改革的指导意见》（建标〔2014〕142号），重点做好以下工作。一是会同财政部修订《建设工程价款结算暂行办法》（财建〔2004〕369号）。调整质量保证金政策，推进结算及时办理，减轻企业负担。二是为贯彻国务院关于行政审批制度改革工作的部署，降低工程造价咨询企业资质标准、简化审批程序、加强监督管理，对《工程造价咨询企业管理办法》进行调研并数次修改。三是印发《建设工程定额管理办法》。规范全国定额管理工作，明确定额定位和作用，统一规划各类定额编制，提高定额科学性。四是为建立适应建筑市场发展的工程造价管理体系，组织推进市场决定造价立法调研和交流。五是开展工程造价管理改革任务落实情况检查，印发《住房城乡建设部办公厅关于组织开展工程造价管理改革任务落实情况检查的通知》（建办标函〔2015〕615号），会同部稽查办对8个省的工作进行抽查，督促改革任务落实。

【加强重点标准的编制】 为促进老龄产业发展，完成了《老年人居住建筑设计规范》编制，对老年人居住建筑的规划与环境设计、建筑设计、室内设计、设备安装、物理环境、日常居住安全、疾病救助和电梯的设置要求等提出要求。

为支持新能源汽车产业发展，发布《电动汽车电池更换站设计规范》，与已发布的《电动汽车充电站设计规范》，共同形成了对集中式的充电、换电设施建设完整的技术要求。对于分散式充电设施，在《城市停车规划规范》中，增加了预留充电设施建设条件的要求，适度超前，引导和支撑电动汽车发展。

为推广装配式建筑，发布了《工业化建筑评价标准》，配合已发布的《装配式混凝土结构技术规程》等标准，逐步完善建筑产业现代化相关标准体系，为推动建筑标准化设计、工厂化生产、装配化施工、一体化装修和信息化管理等提供技术支撑。

为落实绿色建筑行动方案，发布了《绿色医院建筑评价标准》、《既有建筑绿色改造评价标准》、《绿色商店建筑评价标准》，完善了绿色建筑评价标准体系。

为促进城市排水防涝设施建设，已完成《城市内涝防治技术规范》、《城市雨水调蓄工程技术规范》、《城镇排水管渠与泵站维护技术规程》的审查。

为促进光伏产业健康发展，发布《太阳能光伏玻璃幕墙电气设计规范》、《光伏压延玻璃工厂设计规范》、《建筑用光伏遮阳构件通用技术条件》、《建筑光伏系统 无逆流并网逆变装置》等标准。

为促进文化创意和设计服务与相关产业融合发展，发布《图书馆建筑设计规范》、《博物馆建筑设计规范》等标准。

【构建科学的清单定额体系】 发布《房屋建筑与装饰工程消耗量定额》等5套26册定额，并面向全国进行宣贯。经过3年的努力，完成建筑、安装、市政、机械、仪器仪表5套消耗量定额的修编，使全统定额真正体现市场实际，为各地各行业的定额修订奠定了基础。

发布《城市综合管廊工程投资估算指标》。为贯彻落实《国务院办公厅关于加强城市地下管线建设管理的指导意见》（国办发〔2014〕27号），推进城市综合管廊建设，完成投资估算指标。投资估算指标与新的管廊技术规范、规划编制指引等一起，推动了我国综合管廊建设。

完成建设工程工程量清单体系和定额体系。为加强清单和定额编修的顶层设计，减少交叉矛盾，更好地开展清单和定额的编修工作，已完成建设工程工程量清单体系和定额体系框架。

推行清单全费用综合单价。为使清单综合单价口径与市场保持一致，方便招投标计价，开展清单全费用综合单价的研究工作。同时，启动清单计价规范修订工作。

制定建筑业“营改增”后工程造价应对措施。在北京和湖北开展上海方案的试点。

修编《建设工程工期定额》。为适应工程建设发展需要，指导建设工程工期确定，启动了工期定额的修编工作。

组织编制绿色建筑和建筑产业现代化的工程定额。为贯彻落实《国务院办公厅关于转发发展改革委住房城乡建设部绿色建筑行动方案的通知》（国办发〔2013〕1号），推动绿色建筑和建筑产业现代化发展，印发了《关于加快绿色建筑计价依据编制工作的通知》。

制定《城市轨道交通工程概预算编制办法》。为与城市轨道交通工程概算、预算定额配套使用，更好地服务于城市轨道交通工程概预算编制，制定城市轨道交通工程概预算编制办法。

组织援助西藏自治区建设工程定额的修订。为落实中央第六次西藏工作会议精神，保证西藏“十三五”重大投资顺利实施，应西藏住房和城乡建设厅请求，下发了《住房城乡建设部标准定额司关于请协助开展2016版西藏定额修编工作的通知》，组织浙江、四川、湖北、北京等省市援助西藏定额的修订。

【紧密对接各方需求，科学编制标准计划】 3月，启动2016年标准制修订计划编制工作。通过网上公开征集项目、部内征集立项建议、网上征求意见、发函征求意见等环节，与部内有关司及相关单位充分协商研究，编制标准制定修订计划。一是为鼓励绿色出行，改善居民出行环境，启动《城市步行和自行车交通系统规划标准》、《城镇绿道工程技术标准》的制定修订。二是为落实海绵城市建设，启动《模块化雨水储水设施技术标准》、《城市水系规划规范》、《室外排水设计标准》、《城市道路工程设计规范》的制定修订。三是为推进建筑工业化，启动《钢结构住宅技术标准》、《工厂预制混凝土构件质量管理标准》、《装配式整体厨房应用技术标准》的制定修订。四是为推广更高水平的建筑节能技术，启动《近零能耗建筑技术标准》的制定修订。五是为规范农村污水处理设施建设，启动《农村生活污水处理设施技术标准》的制定修订。六是为积极应对老龄化社会，启动《养老设施智能化系统技术标准》的制定修订。

【开展标准复审】 根据《工程建设标准复审管理办法》，组织各工程建设标准化管理机构、各标准化技术委员会、各主编单位对2009～2010年发布的418项工程建设国家标准、城建建工行业标准、住房城乡建设部归口工业产品行业标准进行复审，全部给出了复审意见。同时，对已批准发布的建设标准项目进行梳理，提出修订、废止的初步建议，为构建科学合理的体系框架奠定基础。

【做好标准中译英工作】 以我国参与国际市场的重点领域和重大项目为目标，按照成体系、成规模、系列配套的工作原则，组织开展工程建设标准英文版整体翻译，为我国企业参与国际市场竞争提供技术支撑。继续开展城建、建工、水利、通信、电子等行业的标准翻译工作。

【规范工程造价咨询业监管】 制定《工程造价咨询行业信用信息管理办法》。指导各地建立造价咨询企业及注册造价师的信用信息档案，开展行业信用信息的记录、公开、管理工作。搭建工程造价咨询行业信用信息统一平台。将企业资质、人员资格、行业统计、信用信息等统一到一个平台，方便信用制度与资质资格制度的衔接。印发《住房城乡建设部办公厅关于甲级工程造价咨询企业审核有关问题的通知》（建办标〔2015〕20号）。将由地方负责监管的甲级工程造价咨询企业资质延续、变更的审核工作委托地方资质管理部门，简化资质审核程序，方便企业。推行电子化审批。完成2014年工程造价咨询行业统计报告。对2014年工程造价咨询企业数量、从业人员、产值等进行统计，发布统计公报和资料汇编。制定并发布《建设工程造价咨询规范》；编制《建设工程造价鉴定规范》和《建设项目工程结算编审规范》。修订《建设工程造价咨询合同(示范文本)》。为引导合同双方公平合理签订合同，引导合同双方明确各自权利义务，减少纠纷，会同国家工商总局对建设工程造价咨询合同(示范文本)进行了修订并宣贯。完成工程造价咨询企业乙级升甲级4批280家、甲级资质延续12批454家的审核工作，完成造价工程师初始注册5批共12000人的审核工作。与人力资源社会保障部专业技术司沟通，研究全国造价员执业资格取消后，纳入到造价工程师执业资格制度的方案，并对相关工作进行准备。

【改革工程造价信息化服务方式】 完成工程造价标准体系研究报告和工程造价管理标准体系表。为做好工程造价标准编制的顶层设计，处理好各项标准的衔接、交叉，使得工程造价管理相关标准编制更科学，启动了标准体系研究报告和标准体系表编制工作。编制《工程造价数据交换标准》。为使各类工程造价软件下数据的互联互通，开展国家标准《工程造价数据交换标准》的编制工作。编制《工程造价指标指数编制标准》。为开展工程造价数据指标指数编制发布工作，统一各类工程造价指标指数的含义、内容、表现形式，做到全国指数指标可对比，开展国家标准《工程造价指标指数编制标准》的编制工作。

【抓好规划培训和研究等工作】 制订《工程造价行业“十三五”规划》及建筑业“十三五”规划(工程造价部分)。按照住房城乡建设部统一安排，编制工程造价行业“十三五”规划，在住房城乡建设部建筑业“十三五”专项规划中，提供工程造价管理的内容。完成工程造价管理人员专业知识培训。为提高工程造价管理机构人员专业素质，组织全国工程造价管理业务骨干培训班，培训260余人，取得良好效果。开展多项重大课题研究。开展指数调价法、多层级清单、工程造价费用构成通则等多项重大课题研究，为下一步改革任务落实打好基础。

【加快标准实施与监督工作制度建设】 为修订《工程建设地方标准化工作管理规定》(建标〔2004〕20号)，组织具有代表性的地方标准化管理机构共同研究，开展覆盖全国各省区市的“地方标准化管理工作基本情况的调查”，对各地反馈的现状、问题以及政策需求进行汇总，分析新形势下地方标准化工作的职责、工作机制、重点任务及措施等，理顺地方标准在工程建设标准化工作中的关系，明确地方标准编制的边界。

在认真研究工程建设企业类型和业务特点的基础上，对房地产开发、勘察、设计、施工、监理、物业管理、构配件生产加工、技术研发及工程总承包等 9 大类企业的标准化现状和需求开展全国范围调查，对企业标准化工作现状、企业执行标准情况、企业面临的困难和障碍、企业标准化需求等方面进行详细的分析，完成《企业标准化制度研究》，为修订《关于加强工程建设企业标准化工作的若干意见》(建标〔1995〕352 号)奠定了基础。

【加大标准实施与监督工作力度】 对江西省、深圳市、海南省开展工程建设标准实施与监督信息化试点工作进行实地调研，三个省市对试点工作均高度重视，投入大量的人力、物力、财力，围绕强化工程安全质量监管、规范建筑市场秩序、提升政府服务水平，以法律法规和工程建设标准为基础，开发、应用管理信息系统，对建设活动全过程进行监管，并分析处理收集的信息，为主管部门提供决策支持。信息系统的应用实现了工程安全质量责任与各岗位人员“绑定”，并可追溯。同时，也进一步提高了标准实施的严肃性和有效性，在利用信息化手段强化强制性标准全过程实施监督方面取得了积极成效和宝贵经验。

开展施工现场标准员岗位设置的研究、试点及培训工作，在河南、山东、安徽、云南和重庆 5 个省市积极推进试点工作，总结经验，编制了标准员培训教材，组织全国标准员师资培训，其中河南省率先组织了免试标准员的岗前培训，培训人数超过 2000 人。

积极开展标准培训、解释，强化技术交底。为使有关技术人员更好地理解标准、熟悉标准、掌握标准，推动标准的贯彻实施，组织各省、各有关单位开展装配式混凝土结构、建筑设计防火、绿色施工、建筑施工安全等标准规范的宣传培训，组织编制公共建筑节能、既有建筑绿色改造、室外排水、建筑幕墙等重要标准实施指南。为落实国务院有关修改城乡规模划分的文件精神，及时开展城乡规划标准中涉及城市规模划分内容的适用性及实施对策研究。同时，加强了标准的解释服务，全年办理答复标准咨询解释的来信来函约 125 件。

【大力推进养老服务和无障碍设施建设】 开展创建无障碍环境市县检查验收。会同中国残联等部门印发《住房城乡建设部等部门关于创建无障碍环境市县检查验收工作安排的通知》、《关于印发创建无障碍环境市县检查细则和检查表的通知》。调整全国无障碍建设专家委员会成员，组织召开“全国无障碍设施建设工作座谈会”，指导创建全国无障碍环境市县检查验收工作。“十二五”期间，全国 23 个省、自治区、直辖市共创建 50 个无障碍建设示范市县，143 个无障碍建设市县。

推进养老服务设施建设工作。落实国务院加快发展养老服务业的若干意见的重点任务分工，加快《城镇养老设施规划规范》等标准的制定修订，基本完成“涉老设施规划建设标准关键技术和标准体系”研究，为各类涉老服务设施规划建设提供技术支撑。

指导村镇无障碍设施建设。印发《关于加强村镇无障碍环境建设的指导意见》，提出“十三五”村镇无障碍环境建设的基本目标，大力推进我国量大面广的村镇无障碍环境建设，进一步满足村镇残疾人、老年人对基本公共服务的需求，适应村镇残疾人、老年人平等参与社会生活的需要。

【指导产品质量认证工作】 完成《住房城乡建设领域认证认可制度政策研究》课题研究，对国内外认证认可制度进行了比较，研究住建领域质量管理和认证制度的需求、发展策略，提出住建领域认证制度的总体框架和建立认证制度的实施方案。按照国办《关于整合检验检测认证机构实施意见的通知》(国办发〔2014〕8 号)，根据《住房城乡建设部归口指导的国家级建筑工程检验检测认证机构整合工作方案》，指导相关机构开展工作，开展住房和城乡建设领域认证联盟运行机制与发展研究。中国工程建设检验检测认证联盟已按要求成立。按照《新型城镇化规划(2014—2020 年)》要求，开展基础研究。一方面，会同国家认监委研究建立适应我国建筑业特点的质量管理体系认证制度，根据《工程建设施工企业质量管理规范》，制定认证规则，提升认证绩效。另一方面，为完善绿色建筑认证体系，开展了绿色建材、绿色建筑与绿色生产认证协同发展研究。

【“十二五”期间标准定额主要工作及成效】 研究推进标准体制改革，确立了国家工程建设标准体系总框架及标准项目数据库。“十二五”时期，批准发布工程建设标准 1256 项，其中：国家标准 616 项，工程行业标准 294 项，产品行业标准 346 项。超过半数的现行国家标准和行业标准是在“十二五”时期制定修订的，适应了国家经济建设和社会发展需要。此外，批准发布工程项目建设标准和方法参数 30 项。

推进造价管理改革，完善建筑工程施工发承包计价管理、建设工程工程量清单计价规范等造价管理法规制度及计价依据，清单、定额等计价依据体系框架基本建立，清单 10 本，定额 1221 册；加强工程造价咨询业监管，造价咨询业营业额达到年均 10%以上的增长，产业规模在 2015 年末可望达到

1200亿元，影响工程投资达20多万亿元；造价人才队伍不断壮大，素质不断提高，造价师年均增长约1万人，造价员年均增长约5万人，在2015年末，造价师达15万人，造价人员达130万人。

初步建立标准实施指导监督工作的制度框架。出台标准解释管理、标准培训管理、标准备案等规范性文件。地方标准备案1591项，比“十一五”期间增长了32.58%；行业标准备案991项，比“十一五”期间增长了47.91%。

开展有关专项工作。落实国务院关于化解产能严重过剩矛盾部署及绿色行动方案，建筑工程中400兆帕及以上高强钢筋应用比例达70%以上，比2010年翻一番，超出“十二五”工作目标5个百分点，形成良好的高强钢筋推广应用工作机制。大力推进创建无障碍环境市县工作，全国23个省、自治区、直辖市共创建50个示范市县、144个达标市县。

【2015年批准发布的国家标准】 见表1。

2015年批准发布的国家标准 **表1**

序号	标准名称	标准编号	发布日期	实施日期	公告号
1	选矿机械设备工程安装规范	GB/T 51075—2015	2014.12.31	2015.9.1	701
2	煤炭矿井设计防火规范	GB 51078—2015	2014.12.31	2015.9.1	702
3	电子工业防微振工程技术规范	GB 51076—2015	2014.12.31	2015.9.1	703
4	电动汽车电池更换站设计规范	GB/T 51077—2015	2014.12.31	2015.9.1	704
5	混凝土结构工程施工质量验收规范	GB 50204—2015	2014.12.31	2015.9.1	705
6	城市消防规划规范	GB 51080—2015	2015.1.21	2015.9.1	724
7	工业建筑涂装设计规范	GB/T 51082—2015	2015.1.21	2015.9.1	725
8	城市供热规划规范	GB/T 51074—2015	2015.1.21	2015.9.1	726
9	低温环境混凝土应用技术规范	GB 51081—2015	2015.1.21	2015.9.1	727
10	煤炭工业露天矿设计规范	GB 50197—2015	2015.3.8	2015.11.1	770
11	建设工程造价咨询规范	GB/T 51095—2015	2015.3.8	2015.11.1	771
12	风力发电场设计规范	GB 51096—2015	2015.3.8	2015.11.1	772
13	制浆造纸厂设计规范	GB 51092—2015	2015.3.8	2015.11.1	773
14	城镇燃气规划规范	GB/T 51098—2015	2015.3.8	2015.11.1	774
15	水泥基灌浆材料应用技术规范	GB/T 50448—2015	2015.3.8	2015.11.1	775
16	工业企业湿式气柜技术规范	GB/T 51094—2015	2015.3.8	2015.11.1	776
17	钢铁企业喷雾焙烧法盐酸废液再生工程技术规范	GB 51093—2015	2015.3.8	2015.11.1	777
18	智能建筑设计标准	GB 50314—2015	2015.3.8	2015.11.1	778
19	防风固沙林工程设计规范	GB/T 51085—2015	2015.3.8	2015.11.1	779
20	试听室工程技术规范	GB/T 51091—2015	2015.3.8	2015.11.1	780
21	吹填土地基处理技术规范	GB/T 51064—2015	2015.3.8	2015.11.1	781
22	建筑地基基础工程施工规范	GB 51004—2015	2015.3.8	2015.11.1	782
23	水土保持林工程设计规范	GB/T 51097—2015	2015.3.8	2015.11.1	784
24	色织设备工程安装与质量验收规范	GB/T 51090—2015	2015.2.2	2015.10.1	730
25	丝绸设备工程安装与质量验收规范	GB/T 51088—2015	2015.2.2	2015.10.1	731
26	针织设备工程安装与质量验收规范	GB/T 51089—2015	2015.2.2	2015.10.1	732
27	有色金属工程设备基础技术规范	GB 51084—2015	2015.2.2	2015.10.1	733
28	输气管道工程设计规范	GB 50251—2015	2015.2.2	2015.10.1	734
29	医药实验工程术语标准	GB/T 51086—2015	2015.2.2	2015.10.1	735
30	橡胶工厂节能设计规范	GB 50376—2015	2015.2.2	2015.10.1	736

续表

序号	标准名称	标准编号	发布日期	实施日期	公告号
31	供暖通风与空气调节术语标准	GB/T 50155—2015	2015.2.2	2015.10.1	737
32	烧结厂设计规范	GB 50408—2015	2015.2.2	2015.10.1	738
33	公共建筑节能设计标准	GB 50189—2015	2015.2.2	2015.10.1	739
34	船厂既有水工构筑物结构改造和加固设计规范	GB/T 51087—2015	2015.2.2	2015.10.1	740
35	城市道路交通标志和标线设置规范	GB 51038—2015	2015.4.8	2015.12.1	795
36	城市节水评价标准	GB/T 51083—2015	2015.4.8	2015.12.1	796
37	房地产估价规范	GB/T 50291—2015	2015.4.8	2015.12.1	797
38	绿色商店建筑评价标准	GB/T 51100—2015	2015.4.8	2015.12.1	798
39	有色金属工业岩土工程勘察规范	GB 51099—2015	2015.4.8	2015.12.1	799
40	炼钢工程设计规范	GB 50439—2015	2015.4.8	2015.12.1	800
41	尾矿库在线安全监测系统工程技术规范	GB 51108—2015	2015.5.11	2016.2.1	811
42	电磁屏蔽室工程施工及质量验收规范	GB/T 51103—2015	2015.5.11	2016.2.1	812
43	取向硅钢生产线设备安装与验收规范	GB 51104—2015	2015.5.11	2016.2.1	813
44	挤压钢管工程设备安装与验收规范	GB 51105—2015	2015.5.11	2016.2.1	814
45	火力发电厂节能设计规范	GB/T 51106—2015	2015.5.11	2016.2.1	815
46	纤维增强硅酸钙板工厂设计规范	GB 51107—2015	2015.5.11	2016.2.1	816
47	针织工厂设计规范	GB 51112—2015	2015.5.11	2016.2.1	817
48	氨纶设备工程安装与质量验收规范	GB/T 51109—2015	2015.5.11	2016.2.1	818
49	洁净厂房施工及质量验收规范	GB 51110—2015	2015.5.11	2016.2.1	819
50	露天金属矿施工组织设计规范	GB/T 51111—2015	2015.5.11	2016.2.1	820
51	岩土锚杆与喷射混凝土支护工程技术规范	GB 50086—2015	2015.5.11	2016.2.1	821
52	工业建筑供暖通风与空气调节设计规范	GB 50019—2015	2015.5.11	2016.2.1	822
53	城市综合管廊工程技术规范	GB 50838—2015	2015.5.22	2015.6.1	825
54	种植塑料大棚工程技术规范	GB/T 51057—2015	2015.5.22	2015.2.1	829
55	《水泥窑协同处置工业废物设计规范》局部修订	GB 50634—2010	2015.6.30	2016.6.30	847
56	石油天然气工程设计防火规范	GB 50183—2015	2015.6.26	2016.3.1	858
57	高炉炼铁工程设计规范	GB 50427—2015	2015.6.26	2016.3.1	859
58	露天煤矿施工组织设计规范	GB 51114—2015	2015.6.26	2016.3.1	860
59	油气输送管道穿越工程施工规范	GB 50424—2015	2015.6.26	2016.3.1	861
60	河流悬移质泥沙测验规范	GB/T 50159—2015	2015.6.26	2016.3.1	862
61	光伏压延玻璃工厂设计规范	GB 51113—2015	2015.6.26	2016.3.1	863
62	河流流量测验规范	GB 50179—2015	2015.8.27	2016.5.1	885
63	光纤器件生产厂工艺设计规范	GB 51123—2015	2015.8.27	2016.5.1	886
64	集成电路封装测试厂设计规范	GB 51122—2015	2015.8.27	2016.5.1	887
65	通信局(站)防雷与接地工程验收规范	GB 51120—2015	2015.8.27	2016.5.1	888
66	冶金矿山排土场设计规范	GB 51119—2015	2015.8.27	2016.5.1	889
67	尾矿堆积坝排渗加固工程技术规范	GB 51118—2015	2015.8.27	2016.5.1	890
68	固相缩聚工厂设计规范	GB 51115—2015	2015.8.27	2016.5.1	891
69	数字同步网工程技术规范	GB/T 51117—2015	2015.8.27	2016.5.1	892
70	工业化建筑评价标准	GB/T 51129—2015	2015.8.27	2016.5.1	893

续表

序号	标准名称	标准编号	发布日期	实施日期	公告号
71	钢铁企业煤气储存和输配系统设计规范	GB 51128—2015	2015.8.27	2016.5.1	894
72	印刷电路板工厂设计规范	GB 51127—2015	2015.8.27	2016.5.1	895
73	地基动力特性测试规范	GB/T 50269—2015	2015.8.27	2016.5.1	896
74	波分复用(WDM)光纤传输系统工程验收规范	GB/T 51126—2015	2015.8.27	2016.5.1	897
75	通信局站共建共享技术规范	GB/T 51125—2015	2015.8.27	2016.5.1	898
76	马铃薯贮藏设施设计规范	GB/T 51124—2015	2015.8.27	2016.5.1	899
77	混凝土结构设计规范(局部修订)	GB 50010—2010	2015.9.22	2015.9.22	919
78	煤炭工业矿井设计规范	GB 50215—2015	2015.9.30	2016.3.1	925
79	薄膜晶体管液晶显示器工厂设计规范	GB 51136—2015	2015.9.30	2016.6.1	926
80	工业有色金属管道工程施工及质量验收规范	GB/T 51132—2015	2015.9.30	2016.6.1	927
81	煤矿瓦斯发电工程设计规范	GB 51134—2015	2015.9.30	2016.6.1	928
82	电子工业废水废气处理工程施工及验收规范	GB 51137—2015	2015.9.30	2016.6.1	929
83	尿素造粒塔工程施工及质量验收规范	GB 51138—2015	2015.9.30	2016.6.1	930
84	转炉煤气净化及回收工程技术规范	GB 51135—2015	2015.9.30	2016.6.1	931
85	医药工业环境保护设计规范	GB 51133—2015	2015.9.30	2016.6.1	932
86	纤维素纤维用浆粕工厂设计规范	GB 51139—2015	2015.9.30	2016.3.1	933
87	油气输送管道跨越工程施工规范	GB 50460—2015	2015.11.12	2016.6.1	950
88	液化天然气接收站工程设计规范	GB 51156—2015	2015.11.12	2016.6.1	951
89	通信线路工程设计规范	GB 51158—2015	2015.11.12	2016.6.1	952
90	海底光缆工程设计规范	GB/T 51154—2015	2015.12.3	2016.8.1	987
91	气田集输设计规范	GB 50349—2015	2015.12.3	2016.8.1	988
92	硝化甘油生产废水处理设施技术规范	GB/T 51146—2015	2015.12.3	2016.8.1	989
93	硝胺类废水处理设施技术规范	GB/T 51147—2015	2015.12.3	2016.8.1	990
94	门式刚架轻型房屋钢结构技术规范	GB 51022—2015	2015.12.3	2016.8.1	991
95	液化石油气供应工程设计规范	GB 51142—2015	2015.12.3	2016.8.1	992
96	海岸软土地基堤坝工程技术规范	GB/T 50943—2015	2015.12.3	2016.8.1	993
97	建筑电气工程施工质量验收规范	GB 50303—2015	2015.12.3	2016.8.1	994
98	煤矿电气设备安装工程施工与验收规范	GB 51145—2015	2015.12.3	2016.8.1	995
99	大体积混凝土温度测控技术规范	GB/T 51028—2015	2015.12.3	2016.8.1	996
100	既有建筑绿色改造评价标准	GB/T 51141—2015	2015.12.3	2016.8.1	997
101	防灾避难场所设计规范	GB 51143—2015	2015.12.3	2016.8.1	998
102	建筑节能基本术语标准	GB/T 51140—2015	2015.12.3	2016.8.1	999
103	油田采出水处理设计规范	GB 50428—2015	2015.12.3	2016.8.1	1000
104	煤炭工业矿井建设岩土工程勘察规范	GB 51144—2015	2015.12.3	2016.8.1	1001
105	数据中心基础设施施工及验收规范	GB 50462—2015	2015.12.3	2016.8.1	1002
106	绿色医院建筑评价标准	GB/T 51153—2015	2015.12.3	2016.8.1	1003
107	风力发电工程施工与验收规范	GB/T 51121—2015	2015.12.3	2016.8.1	1004
108	波分复用(WDM)光纤传输系统工程设计规范	GB/T 51152—2015	2015.12.3	2016.8.1	1005
109	民用建筑可靠性鉴定标准	GB 50292—2015	2015.12.3	2016.8.1	1006
110	油田油气集输设计规范	GB 50350—2015	2015.12.3	2016.8.1	1007

【2015 年批准发布的行业标准】 见表 2。

2015 年批准发布的行业标准 **表 2**

序号	标准名称	标准编号	发布日期	实施日期	公告号
1	排水工程混凝土模块砌体结构技术规程	CJJ/T 230—2015	2015.1.9	2015.9.1	694
2	钢筋套筒灌浆连接应用技术规程	JGJ 355—2015	2015.1.9	2015.9.1	695
3	外墙饰面砖工程施工及验收规程	JGJ 126—2015	2015.1.9	2015.9.1	696
4	风景园林制图标准	CJJ/T 67—2015	2015.1.9	2015.9.1	697
5	岩土工程勘察术语标准	JGJ/T 84—2015	2015.1.9	2015.9.1	698
6	城镇给水微污染水预处理技术规程	CJJ/T 229—2015	2015.02.05	2015.10.01	742
7	围护结构传热系数现场检测技术规程	JGJ/T 357—2015	2015.02.05	2015.10.01	743
8	喷泉水景工程技术规程	CJJ/T 222—2015	2015.02.05	2015.10.01	744
9	建筑抗震试验规程	JGJ/T 101—2015	2015.02.05	2015.10.01	745
10	民用建筑氡防治技术规程	JGJ/T 349—2015	2015.02.05	2015.10.01	746
11	非结构构件抗震设计规范	JGJ 339—2015	2015.02.10	2015.10.01	748
12	生活垃圾焚烧厂运行监管标准	CJJ/T 212—2015	2015.02.10	2015.10.01	749
13	工程网络计划技术规程	JGJ/T 121—2015	2015.3.13	2015.11.1	766
14	太阳能光伏玻璃幕墙电气设计规范	JGJ/T 365—2015	2015.3.13	2015.11.1	767
15	城市地下道路工程设计规范	CJJ 221—2015	2015.3.13	2015.11.1	768
16	建筑涂饰工程施工及验收规程	JGJ/T 29—2015	2015.3.13	2015.11.1	769
17	建筑地基检测技术规范	JGJ 340—2015	2015.3.30	2015.12.1	786
18	交错桁架钢结构设计规程	JGJ/T 329—2015	2015.3.30	2015.12.1	787
19	车库建筑设计规范	JGJ 100—2015	2015.3.30	2015.12.1	788
20	农村火炕系统通用技术规程	JGJ/T 358—2015	2015.3.30	2015.12.1	789
21	住宅室内装饰装修设计规范	JGJ 367—2015	2015.6.3	2015.12.1	830
22	建筑隔震工程施工及验收规范	JGJ 360—2015	2015.6.3	2015.12.1	831
23	建筑玻璃膜应用技术规程	JGJ/T 351—2015	2015.6.3	2015.12.1	832
24	保温防火复合板应用技术规程	JGJ/T 350—2015	2015.6.3	2015.12.1	833
25	国家重点公园评价标准	CJJ/T 234—2015	2015.6.30	2016.2.1	844
26	建筑反射隔热涂料应用技术规程	JGJ/T 359—2015	2015.6.30	2016.2.1	845
27	博物馆建筑设计规范	JGJ 66—2015	2015.6.30	2016.2.1	846
28	建筑玻璃应用技术规程	JGJ 113—2015	2015.8.21	2016.4.1	880
29	高性能混凝土评价标准	JGJ/T 385—2015	2015.8.21	2016.4.1	881
30	生活垃圾焚烧厂检修规程	CJJ 231—2015	2015.8.28	2016.5.1	902
31	钢绞线网片聚合物砂浆加固技术规程	JGJ 337—2015	2015.8.28	2016.5.1	903
32	导光管采光系统技术规程	JGJ/T 374—2015	2015.8.28	2016.5.1	904
33	钻芯法检测砌体抗剪强度及砌筑砂浆强度技术规程	JGJ/T 368—2015	2015.8.28	2016.5.1	905
34	垂直绿化工程技术规程	CJJ/T 236—2015	2015.8.28	2016.5.1	906
35	图书馆建筑设计规范	JGJ 38—2015	2015.8.28	2016.5.1	907
36	悬挂式竖井施工规程	JGJ/T 370—2015	2015.9.22	2016.5.1	916
37	城镇桥梁钢结构防腐蚀涂装工程技术规程	CJJ/T 235—2015	2015.9.22	2016.5.1	917
38	城镇桥梁检测与评定技术规范	CJJ/T 233—2015	2015.9.22	2016.5.1	918
39	房地产业基本术语标准	JGJ/T 30—2015	2015.10.21	2016.5.1	941
40	城市道路照明设计标准	CJJ 45—2015	2015.11.9	2016.6.1	946
41	钢板剪力墙技术规程	JGJ/T 380—2015	2015.11.9	2016.6.1	947

续表

序号	标准名称	标准编号	发布日期	实施日期	公告号
42	混凝土结构成型钢筋应用技术规程	JGJ 366—2015	2015.11.9	2016.6.1	948
43	无轨电车牵引供电网工程技术规范	CJJ/T 72—2015	2015.11.30	2016.5.1	982
44	高层民用建筑钢结构技术规程	JGJ 99—2015	2015.11.30	2016.5.1	983
45	动物园术语标准	CJJ/T 240—2015	2015.11.30	2016.5.1	984
46	建筑外墙外保温系统修缮标准	JGJ 376—2015	2015.11.30	2016.5.1	985

【2015年批准发布的产品标准】 见表3。

2015年批准发布的产品标准 **表3**

序号	标准名称	标准编号	发布日期	实施日期	公告号
1	铝塑复合压力管(搭接焊)	CJ/T 108—2015	2015.11.23	2016.4.1	965
2	燃气取暖器	CJ/T 113—2015	2015.1.20	2015.7.1	711
3	铝塑复合压力管(对接焊)	CJ/T 159—2015	2015.11.23	2016.4.1	964
4	导流型容积式水加热器和半容积式水加热器	CJ/T 163—2015	2015.1.20	2015.7.1	707
5	餐饮废水隔油器	CJ/T 295—2015	2015.11.23	2016.4.1	972
6	超高分子量聚乙烯钢骨架复合管材	CJ/T 323—2015	2015.1.20	2015.7.1	708
7	垃圾源臭气实时在线检测设备	CJ/T 465—2015	2015.1.20	2015.7.1	712
8	燃气热水器及采暖炉用热交换器	CJ/T 469—2015	2015.1.20	2015.7.1	709
9	瓶装液化二甲醚调压器	CJ/T 470—2015	2015.1.20	2015.7.1	710
10	法兰衬里中线蝶阀	CJ/T 471—2015	2015.1.20	2015.7.1	706
11	城镇供水管理信息系统 供水水质指标分类与编码	CJ/T 474—2015	2015.3.4	2015.9.1	761
12	微孔曝气器清水氧传质性能测定	CJ/T 475—2015	2015.3.4	2015.9.1	759
13	建筑机电设备抗震支吊架通用技术条件	CJ/T 476—2015	2015.3.4	2015.9.1	760
14	超声波燃气表	CJ/T 477—2015	2015.3.4	2015.9.1	756
15	餐厨废弃物油水自动分离设备	CJ/T 478—2015	2015.11.23	2016.4.1	969
16	燃气燃烧器具实验室技术通则	CJ/T 479—2015	2015.3.4	2015.9.1	757
17	土壤固化外加剂(原名：土壤固化剂)	CJ/T 486—2015	2015.11.23	2016.4.1	963
18	建筑产品分类和编码	JG/T 151—2015	2015.7.3	2016.1.1	852
19	塑料门窗及型材功能结构尺寸	JG/T 176—2015	2015.11.13	2016.4.1	959
20	建筑用混凝土复合聚苯板外墙外保温材料	JG/T 228—2015	2015.11.13	2016.4.1	958
21	建筑用遮阳天篷帘	JG/T 252—2015	2015.11.23	2016.4.1	975
22	建筑用曲臂遮阳篷	JG/T 253—2015	2015.11.23	2016.4.1	973
23	建筑用遮阳软卷帘	JG/T 254—2015	2015.11.23	2016.4.1	974
24	建筑光伏系统、无逆流并网逆变装置	JG/T 466—2015	2015.1.20	2015.7.1	715
25	墙体用界面处理剂	JG/T 468—2015	2015.1.20	2015.7.1	713
26	泡沫玻璃外墙外保温系统材料技术要求	JG/T 469—2015	2015.1.20	2015.7.1	717
27	菱镁防火门芯板	JG/T 470—2015	2015.1.20	2015.7.1	714
28	建筑门窗幕墙用中空玻璃弹性密封胶	JG/T 471—2015	2015.1.20	2015.7.1	716
29	钢纤维混凝土	JG/T 472—2015	2015.3.4	2015.9.1	758
30	建筑幕墙用硅酮结构密封胶	JG/T 475—2015	2015.11.23	2016.4.1	970
31	建筑遮阳产品抗冲击性能试验方法	JG/T 479—2015	2015.11.13	2016.4.1	953

续表

序号	标准名称	标准编号	发布日期	实施日期	公告号
32	外墙保温复合板通用技术要求	JG/T 480—2015	2015.11.13	2016.4.1	954
33	建筑用光伏遮阳构件通用技术条件	JG/T 482—2015	2015.11.13	2016.4.1	957
34	岩棉薄抹灰外墙外保温系统材料(原名：建筑用岩棉外墙外保温材料)	JG/T 483—2015	2015.11.13	2016.4.1	955
35	室内外陶瓷墙地砖通用技术要求	JG/T 484—2015	2015.11.13	2016.4.1	956
36	混凝土用复合掺合料	JG/T 486—2015	2015.4.22	2016.4.1	879
37	防腐木结构用金属连接件	JG/T 489—2015	2015.11.23	2016.4.1	971
38	住房城乡建设部关于发布行业产品标准《低挥发性有机化合物(VOC)水性内墙涂覆材料》的公告(15—12—03)	JG/T 481—2015	2015.11.23	2016.4.1	962
39	住房城乡建设部关于发布行业产品标准《给水排水用蝶阀》的公告(15—07—20)	CJ/T 261—2015	2015.7.3	2016.1.1	856
40	住房城乡建设部关于发布行业产品标准《埋地式垃圾收集装置》的公告(15—07—20)	CJ/T 483—2015	2015.7.3	2016.1.1	855
41	住房城乡建设部关于发布行业产品标准《铝塑复合管用卡压式管件》的公告(15—07—20)	CJ/T 190—2015	2015.7.3	2016.1.1	854
42	住房城乡建设部关于发布行业产品标准《城市轨道交通桥梁球型钢支座》的公告(15—07—20)	CJ/T 482—2015	2015.7.3	2016.1.1	853
43	住房城乡建设部关于发布行业产品标准《混凝土塑性阶段水分蒸发抑制剂》的公告(15—07—20)	JG/T 477—2015	2015.7.3	2016.1.1	851
44	住房城乡建设部关于发布行业产品标准《建筑用穿墙防水对拉螺栓套具》的公告(15—07—20)	JG/T 478—2015	2015.7.3	2016.1.1	850
45	住房城乡建设部关于发布行业产品标准《潜水排污泵》的公告(15—03—16)	CJ/T 472—2015	2015.3.4	2015.9.1	763
46	住房城乡建设部关于发布行业产品标准《排水管道闭气检验用板式密封管堵》的公告(15—03—16)	CJ/T 473—2015	2015.3.4	2015.9.1	762
47	住房城乡建设部关于发布行业产品标准《机械搅拌澄清池搅拌机》的公告(15—12—03)	CJ/T 81—2015	2015.11.23	2016.4.1	967
48	住房城乡建设部关于发布行业产品标准《高密度聚乙烯外护管聚氨酯发泡预制直埋保温复合塑料管》的公告(15—12—03)	CJ/T 480—2015	2015.11.23	2016.4.1	966
49	住房城乡建设部关于发布行业产品标准《机械搅拌澄清池刮泥机》的公告(15—12—03)	CJ/T 82—2015	2015.11.23	2016.4.1	968
50	住房城乡建设部关于发布行业产品标准《城镇供热管道用焊制套筒补偿器》的公告(15—12—03)	CJ/T 487—2015	2015.11.23	2016.4.1	979
51	住房城乡建设部关于发布行业产品标准《建筑用高温硫化硅橡胶密封件》的公告(15—12—03)	JG/T 488—2015	2015.11.23	2016.4.1	978
52	住房城乡建设部关于发布行业产品标准《外墙涂料二氧化碳渗透率的测定方法》的公告(15—12—03)	JG/T 485—2015	2015.11.23	2016.4.1	977
53	住房城乡建设部关于发布行业产品标准《生活垃圾渗沥液卷式反渗透设备》的公告(15—12—03)	CJ/T 485—2015	2015.11.23	2016.4.1	976

【2015年批准发布的工程项目建设标准(样图)】 见表4。

2015年批准发布的工程项目建设标准(样图) **表4**

序号	建设标准名称	批准文号	批准日期	施行日期
1	流浪乞讨人员救助管理站建设标准	建标〔2015〕77号	2015.6.4	2015.10.1
2	社区老年人日间照料中心标准设计样图	民函〔2015〕116号	2015.04.02	2015.04.02
3	儿童福利院标准设计样图	民函〔2015〕117号	2015.04.02	2015.04.02

(住房和城乡建设部标准定额司)

房地产市场监管

房地产市场调控政策及市场运行

【房地产市场调控】 2015年，按照党中央、国务院决策部署，各地区、各部门分类调控，因城施策，积极化解房地产库存，促进房地产市场平稳健康发展。

住房城乡建设部会同或配合有关部门，出台了稳定房地产市场的一系列政策措施。3月底，配合财政部、国土资源部、人民银行、银监会等有关部门降低第二套住房贷款首付款比例，实施住房及用地供应分类管理，将个人住房转让营业税征免年限由5年下调至2年，大力推行棚改和公租房货币化，用足用好住房公积金。8月下旬，放宽外资准入房地产和外国人购房限制，降低第二套住房公积金贷款首付比例，降低中小城市住房交易手续费，允许将个人购买首套普通商品住房的贷款最低首付款比例由30%降至25%(北京、上海、广州、深圳市除外)。各地积极落实调控主体权责，结合当地实际，出台了促进住房消费、稳定房地产市场的综合性政策措施。

【房地产市场运行】 2015年房地产交易企稳回升，市场保持向好势头。市场运行表现出以下几方面特点：

一是商品房销售量保持增长。据国家统计局数据，2015年，全国商品房销售面积12.8亿平方米，同比增长6.5%。其中，住宅销售面积11.2亿平方米，同比增长6.9%。商品房销售额8.7万亿元，同比增长14.4%。

二是商品房待售面积有所增加。据国家统计局数据，2015年12月底，全国已竣工商品房待售面积7.19亿平方米，同比增长15.6%，增幅比2014年底回落10.5个百分点。其中，住宅待售面积4.52亿平方米，同比增长11.2%。

三是房地产开发投资增速回落。据国家统计局数据，2015年，全国房地产开发投资9.6万亿元，同比增长1%，增幅比2014年回落9.5个百分点。其中，住宅投资6.46万亿元，同比增长0.4%。房屋新开工面积15.45亿平方米，同比下降14%。房地产开发企业土地购置面积2.28亿平方米，同比下降31.7%。

房屋交易与产权管理

【规范房屋交易行为】 印发《房屋交易与产权管理工作导则》，建立健全规则完善、职能明确、流程清晰、规范有序的房屋交易与产权管理制度。指导各地贯彻落实《商品房买卖合同示范文本》，加强房源核验和购房资格审核，严格实行购房实名制；强化交易资金监管制度，确保预售资金用于商品房项目工程建设；加强房屋交易与产权管理信息平台建设，推进与相关部门的信息共享。与国土资源部共同印发《关于做好不动产统一登记与房屋交易管理衔接的指导意见》，指导各地做好房屋交易与不动产统一登记衔接工作。

【积极推行商品房买卖合同网签备案制度】 指导各地积极推行商品房买卖合同网签备案制度，防止“一房多卖”、虚假交易恶意骗取银行贷款等行为。指导督促地方加强网签系统建设，地级及以上城市全面实施新建商品房、二手房买卖合同网签备案制度，加快实现网签业务系统行政区域全覆盖，不断提升信息化管理水平。

【规范外资购房管理】 会同商务部、国家发展改革委、中国人民银行、国家工商总局、国家外汇管理局印发《关于调整房地产市场外资准入和管理有关政策的通知》，对《关于规范房地产市场外资准入和管理的意见》相关政策进行调整，优化和改进外商投资房地产管理，进一步规范境外机构和外国人的购房管理。

【培育和发展住房租赁市场】 印发《关于加快培育和发展住房租赁市场的指导意见》，推进住房租赁信息政府服务平台建设，积极培育住房租赁经营机构，鼓励房地产企业经营租赁住房，支持从租赁市场筹集公共租赁房房源。

【加强房地产中介监管】 严格实行房地产经纪机构备案管理制度；取消房地产经纪人准入类职业资格，调整为水平评价类职业资格。建立健全房地产估价机构、经纪机构以及注册房地产估价师、房地产经纪人员信用档案。

物业管理发展

【推动物业管理行业持续健康发展】 贯彻落实服务业发展“十二五”规划，研究拟定物业服务业“十三五”发展思路，进一步健全物业管理法规体系并抓好制度的贯彻落实，规范物业服务行为和提升物业管理质量。监督指导北京、山东等地建立健全地方性政策法规，加快物业管理法制化、规范化进程；引导支持内蒙古、宁夏等地制定促进物业管理行业发展的扶持政策；赴山东、广西等地实地调查，书面调研上海、沈阳等十余个城市相关情况，专题研究物业管理行业发展情况。

【开展首次全国维修资金普查】 通过普查，初步了解维修资金缴存、使用、管理等基本情况。指导有关单位编制《住宅专项维修资金管理基础信息数据标准》和《住宅专项维修资金管理信息系统技术规范》。与财政部联合印发《关于进一步发挥住宅专项维修资金在老旧小区和电梯更新改造中支持作用的通知》，探索解决维修资金使用率低以及老旧小区、电梯更新改造资金不足问题。

【加强和改进物业服务市场监管】 落实国务院关于取消物业管理师注册执业资格认定的要求，停止物业管理师注册工作，配合国务院法制办修改《物业管理条例》相关规定。会同研究物业管理师制度改革方向，为物业管理师由职业准入调整为水平评价做好基础性工作。配合全国人大法工委研究业主大会法人资格问题，协助中央国家机关事务管理局起草完善关于职工住宅区物业管理和供热采暖改革的配套文件，配合证监会研究制定地震巨灾保险系列文件，配合国家能源局电力司研究电动汽车充电设施建设和管理问题，配合国家工商总局调研将住宅用于企业工商注册的可行性。赴北京、重庆、郑州等地调查物业服务企业收取光纤改造进场费的情况，会同起草《关于贯彻落实〈国务院办公厅关于加快高速宽带网络建设推进网络提速降费的指导意见〉的通知》；赴天津了解“8·12”特别重大火灾爆炸事故对房屋的影响情况，并指导天津市开展受损房屋的补偿工作；赴北京、广东督查调研电梯安全工作；赴抚顺、阜新、长春、辽源等地专题调研棚改小区管理现状，对棚改小区维修、管理问题提出了初步的政策措施建议。

【房屋使用安全和白蚁防治】 监督指导各地加强对房地产主管部门管理的直属公房的安全排查，配合开展全国老楼危楼安全排查，对湖南、福建两省老楼危楼安全排查工作进行实地督查，参与遵义、天津等地房屋倒塌事故的调查处理。赴上海、杭州等地调研旧住宅区情况，研究提出关于建立旧住宅区有机更新后的长效管理机制、将维修资金用于有机更新的意见建议。配合研究城市二次供水问题，并就如何加强和改进二次供水工作提出建议。按照白蚁防治事业“十二五”规划纲要总体要求，部署白蚁防治重点工作，开展修订白蚁防治法规政策、标准规范和调查白蚁区域分布等基础性工作，监督检查全国白蚁防治中心重点工作完成情况和科研实验室建设情况。

国有土地上房屋征收

【贯彻落实《国有土地上房屋征收与补偿条例》】 通过实地指导、召开座谈会等形式，对部分省份推进立法工作进行指导，督促地方在起草制定地方性法规规章过程中，按照上位法的有关规定和要求进行制定或修改完善，维护立法工作的严肃性和统一性。按照国务院法制办要求，研究《国有土地上房屋征收与补偿条例》（以下称《征收条例》）修订问题。

【起草补偿协议示范文本，规范房屋征收行为】 针对一些地方房屋征收补偿协议中存在内容不全面等问题，在研究分析各地协议的基础上，起草《国有土地上房屋征收补偿协议（示范文本）》（征求意见稿），拟在征求各方面意见建议并修改完善后，印发各地参考使用。

【推进征收信息公开，加强信息系统建设】 根据国务院办公厅要求，结合工作实际，提出房屋征收与补偿信息公开具体落实措施和进度安排；根据部里统一部署，督促各地按进度要求推进房屋征收与补偿信息系统建设。大部分省区市都制订了工作方案，内蒙古、吉林、湖南、广东、青海等省份采取全省（自治区）统一或分级建设的方式，推动省级和城市系统建设；北京、上海、宁波、长沙、成都等城市，在补偿协议网签、安置房源与市场房源统筹管理以及信息公开等方面进行积极探索。

【制定工作方案，开展征收业务培训】 结合棚改“三年计划”要求，围绕和服务部中心工作，研究制定《国有土地上房屋征收业务培训工作方案（2015-2017年）》，计划用3年时间，对棚户区改造任务重的地方政府分管领导和房屋征收部门、房屋征收实施单位负责人及相关工作人员进行房屋征收工作指导和业务培训。在重庆举办房屋征收管理干部培训班，对来自全国各地300多人进行了培训。

【破解征收拆迁难题，妥善处理遗留问题】 加强与最高人民法院的沟通协调，完善行政诉讼中的房屋征收强制执行司法解释，依法推进房屋征收强制执行工作。督促指导各地采取有效措施，创新工作机制，积极稳妥地处理好《征收条例》实施前已颁发拆迁许可证项目的收尾工作。对拆迁遗留项目进行逐一排查，研究提出切实可行的解决方案或通过司法途径解决。

【加大案件督查力度，维护群众合法权益】 对部分省市拆迁安置房质量等问题进行调查；对国家审计署重点抽查审计的32个建设开发项目中涉及住房城乡建设部工作职责的15个项目，责成辽宁、山东、山西、河南、重庆进行核查；参加中央信访联席办信访督查组对部分省市房屋征收拆迁信访事项进行实地督查，化解征收拆迁矛盾纠纷。

【课题调研及其他】 参加中央编办有关行政强制执行体制改革课题研究，起草了《国有土地上房屋征收行政强制执行体制改革中存在的问题》报告并参加实地调研；对《国务院办公厅关于控制城镇房屋拆迁规模严格拆迁管理的通知》等规范性文件进行清理。

“十二五”期间房地产市场监管工作主要成就

“十二五”时期，我国房地产市场迅速发展，市场规模不断扩大，市场秩序不断规范，在改善城镇居民居住条件、促进经济社会发展等方面发挥了重要作用。

【房地产市场总体保持平稳健康发展】 针对房地产市场出现的突出矛盾和问题，国务院及有关部门先后出台一系列政策措施，不断加强和改善房地产市场调控，强化分类指导，合理引导住房需求，促进了房地产市场平稳健康发展。2015年，全国房地产开发投资9.6万亿元，是2010年的近两倍；全国商品房销售面积12.8亿平方米，比2010年增长22.7%。

【城镇居民住房条件显著改善】 “十二五”时期，我国住房建设能力逐步提高，累计竣工商品住房38.7亿平方米，支持了更多家庭解决住房问题。同时，住房质量明显提高，配套设施日趋完善，规划布局趋于合理，居住条件明显改善。

【有效拉动了经济社会发展】 “十二五”期间，房地产业增加值占GDP的比重达6%，房地产开发投资和消费有效拉动了GDP增长。房地产相关税收和土地出让收入成为地方政府的重要收入来源。房地产业的发展扩大了就业，开发、中介、物业企业为社会提供了上千万个就业岗位。

（住房城乡建设部房地产市场监管司）

建筑市场监管

概况

2015年，住房城乡建设部建筑市场监管司认真贯彻落实党的十八大、十八届三中、四中、五中全会以及习近平总书记系列重要讲话精神，紧紧围绕深化建筑业改革发展的总体部署，以提升建筑业企业竞争力为核心，以规范建筑市场秩序和保障工程质量安全为主线，深入推进工程质量治理两年行动，不断优化建筑市场环境，深化行政审批制度改革，促进建筑业企业转型升级。

全面推动建筑业改革发展

【积极筹备全国建筑业改革发展会议】 深入开展建筑业改革发展调研，先后赴浙江、江西、陕西、重庆等省市及其工地一线开展建筑施工生产组织方式改革、推进工程总承包、建筑农民工转化为建筑产业工人等重点工作调研13次。在调研的基础上，起草完成《关于进一步深化建筑业改革发展的若干意见(征求意见稿)》、《关于进一步推进工程总承包发展的若干意见》及《关于深化建筑业改革有关问题的汇报》，梳理建筑业发展面临的问题，理清解决思路，提出深化建筑业改革的政策措施，为召开全国建筑业改革发展会议创造了条件。

【创新建筑设计市场管理机制】 完善设计招投标制度，开展建筑设计招投标与决策机制的研究，修订《建筑工程设计招投标管理办法》(建设部令第82号)，建立更适应建筑工程设计特点的招投标方式，在设计方案招标的基础上，增加设计单位招标方式，提高设计招投标监管效率。推进建筑师负责制。开展发挥建筑师在建筑工程中主导作用专题研究。通过广泛了解境外建筑师制度，对比境内外建筑师执业范围等工作，在上海自贸区内试点实行建筑师负责制，由建筑师提供项目前期咨询、设计服务、现场指导等全过程服务，为下一步改革建筑师制度积累了经验。

【促进监理行业改革发展】 深入开展监理行业调研，赴北京、湖南、重庆、吉林、四川、青海等省市开展调查研究，形成专题研究报告，起草完成《关于进一步推进工程监理行业改革发展的指导意见》，研究提出健全完善监理制度的改革思路，鼓励监理企业服务模式多元化，推进工程监理行业加快行业结构调整。

【“十三五”规划编制】 研究提出《国家“十三五”规划纲要(草案)》中建筑业相关内容建议。多次召开地方主管部门、行业协会、企业和专家学者座谈会，研究起草《建筑业发展“十三五”规划》和《工程勘察设计行业2016-2020年发展规划纲要》，全面总结建筑业、勘察设计行业“十二五”发展成果，明确“十三五”时期建筑业、勘察设计行业发展的指导思想、发展目标和主要任务。

深入开展工程质量治理两年行动

【严格落实建设单位和监理单位主体责任】 印发《建设单位项目负责人质量安全责任若干规定(试行)》和《建筑工程项目总监理工程师质量安全责任六项规定(试行)》，切实落实建设单位项目负责人和建筑工程项目总监理工程师质量安全责任。

【加强市场执法监督检查】 分四批对全国30个省区市(西藏除外)开展建筑市场监督执法检查，重点对建筑工程转包、违法分包等违法行为进行查处，共检查项目180个，对违法违规行为较为严重的26个项目下发了建筑市场执法建议书，并将违法违规典型案例进行通报。

【严厉打击建筑施工转包违法分包等违法行为】 会同部工程质量安全监管司，召开全国深入推进工程质量治理两年行动电视电话会议，对继续做好工程质量治理两年行动做出部署。督促各地加大对建筑施工转包违法分包等违法行为打击力度，并按月上报查处情况。2015年全年各地共检查项目412008个，检查建设单位299369家(次)，检查施工单位318491家(次)，发现存在违法行为的项目10539个。加大投诉举报查处力度，全年共收到有关建筑市场违法违规行为投诉举报信66封，已全部转地方或相关部门进行查处。

【加强建筑市场监管与诚信信息发布平台建设】 主动服务，靠前指导，督促各地加快建筑市场与诚信信息一体化平台建设，建立部省建筑市场监管与诚信信息共享机制。全国31个省区市全部完成省级建筑市场监管与诚信信息发布平台建设，并已实现与全国建筑市场监管与诚信信息发布平台的互通共享。平台自开通以来，累计访问量已达600多万人次。

大力加强建筑市场监管

【加强法规制度建设】 配合国务院法制办完成《建设工程勘察设计管理条例》修订工作；修订出台《建筑业企业资质管理规定》及其实施意见、《建设工程设计合同示范文本》；开展《建筑法》修订调研工作，对涉及建筑市场部分形成修订建议初稿报部法规司。此外，还开展工程监理资质管理规定及资质标准、注册建造师管理规定等部门规章和规范性文件的修订工作。

【优化建筑市场环境】 印发《关于推动建筑市场统一开放的若干规定》，重点解决企业反映强烈的地方要求设立分公司、重复备案、扣押相关证照资料等市场壁垒问题，推进建筑市场统一开放。深入调研，起草《涉及建筑业企业各类保证金情况报告》，梳理涉及建筑业企业的各类保证金，并提出规范各类保证金收取的政策建议。配合财政部做好建筑业“营改增”政策制订工作，积极反映行业诉求。

【推进建筑市场监管领域“先行先试”】 开展非国有资金投资项目发包方式改革试点，江苏、吉林、安徽、河南等地已出台相关规定，对于非国有资金投资项目不再强制招标，允许其自行选择发包方式。继续开展钢结构企业申请施工总承包试点工作，在上年16家企业试点的基础上，又部署27家钢结构企业开展试点。在上海自贸区、深圳前海蛇口自贸区开展建筑市场综合改革试点，涉及改革工程建设组织实施方式、培育市场多元化服务体系、转变政府对项目的监管模式、加强建筑市场事中事后监管等多个方面。

【加强建筑市场监管】 截至2015年底，住房城乡建设部共对2家涉及安全事故责任的企业处以吊销资质或停业整顿的行政处罚，对4名涉及安全事故责任的注册人员处以吊销注册证书、停业整顿的行政处罚，对提供虚假材料骗取资质资格或不符合资质标准条件的6家企业和31名注册人员撤回资质证书或撤销注册执业资格，对提供虚假材料申请资质资格的13家企业和63名注册人员处以通报批评。各地也加大了对违法违规行为的查处力度。2015年，各地共查处存在违法违规行为企业19898家、注册人员4022人。

持续推进行政审批制度改革

【进一步简政放权】 为方便服务企业，提高行政审批效率，对建筑业企业资质换证，采取简单换证方式，不再进行审查；取消设计与施工一体化资质；取消施工特级资质标准中关于工法、专利、标准等考核指标，取消特级、一级企业承包工程额下限限制，释放政策红利，激发市场活力。

【推进企业资质网上申报和审批工作】 除需转有关部门审查的以外，各地报住房城乡建设部审批的工程监理资质、工程勘察设计资质已全部实行网上申报和审批。印发《关于开展建筑业企业资质网上申报和审批系统试点工作的通知》，选取8个省市开展建筑业企业网上申报和审批试点。继续推进上海市建设工程企业资质电子化审批试点工作，探索全部数据电子上报，试行资质电子证书。

【清理与行政审批事项有关的中介服务】 按照《国务院关于第一批清理规范89项国务院部门行政审批中介服务事项的决定》要求，印发通知对企业资质和个人执业资格注册申报过程中涉及的企业财务审计报告和个人继续教育证明等事项进行清理和规范。

【规范行政审批行为】 贯彻落实国务院《关于规范国务院部门行政审批行为 改进行政审批有关工作的通知》精神，组织制定企业和注册人员资质资格审查服务指南，规范审批行为，提高审批效率，进一步方便企业及注册人员。

（住房和城乡建设部建筑市场监管司）

城 市 建 设

市政公用事业

【概况】 2015年，我国城市市政公用设施建设不断加快，设施供给能力与服务水平明显提高，城市功能不断完善。城市燃气普及率、污水处理率、垃圾无害化处理率等指标超额完成十二五规划目标。

【城市道路建设】 截至2015年，全国设市城市656个，城市道路长度36.9万千米，道路面积72.0亿平方米，人均道路面积15.64平方米。完成城市桥梁检测约3.9万座。轨道交通建设不断加快，全国共有39个城市轨道交通建设规划获得国家批复，规划线路总里程近6000千米。

【城市水务】 截至2015年，全国城市供水管道长度约66.1万千米，城市供水服务人口4.3亿，供水能力2.3亿立方米/日，用水普及率98.07%。在污水处理方面，全国建成污水处理厂1943座，日处理能力约1.4亿立方米。城市污水处理率达87.97%，年处理污水量达到410.5亿立方米。

【城市垃圾处理】 2015年，我国设市城市建有890座无害化处理厂。垃圾处理设施数量和能力有了较大增长，2015 年全国生活垃圾清运量为 1.91 亿吨，无害化处理率达到 94.1%。

【城市供气、供热】 截至 2015 年底，全国城市燃气普及率 95.26%，用气人口 4.38 亿，天然气供气总量为 1019.6 亿立方米，人工煤气供气总量 52.3 亿立方米，液化石油气供气总量 1092.3 万吨。城镇燃气供应能力不断加强，应急保障水平明显加强。城市集中供热面积达 64.2 亿平方米，集中供热能力达 47.3 万兆瓦(热水)和 80091 吨/小时(蒸汽)。

【城市园林绿化】 截至 2015 年底，全国城市建成区绿地面积 188.8 万公顷，城市公园绿地面积 60.6 万公顷，人均公园绿地面积 13.16 平方米，建成区绿地率 36.34%。城市绿地总量不断增加，城市园林绿化已从数量增长向数量适当增长、质量全面提升转变，人居生态环境不断改善。

推动城市建设政策制度建设

2015 年，国务院办公厅印发了由住房城乡建设部牵头起草的《关于推进城市地下综合管廊建设的指导意见》(国办发〔2015〕61 号)、《关于推进海绵城市建设的指导意见》(国办发〔2015〕75 号)，对综合管廊和海绵城市建设工作作出全面部署。

完善《城镇燃气管理条例》配套政策，制定《燃气经营企业从业人员专业培训考核合格证书样式》和《燃气经营企业从业人员专业培训考核大纲(试行)》，规范燃气经营企业从业人员管理。印发《城镇污水排入排水管网许可管理办法》、《关于印发城镇污水排入排水管网许可证格式文本和城镇污水排入排水管网许可申请表推荐格式的通知》，组织开展培训，指导各地加快城市排水许可制度实施。加强城市停车设施规划建设的指导，先后印发《城市停车设施规划导则》(建城〔2015〕129 号)、《城市停车设施建设指南》(建城〔2015〕142 号)和《关于加强城市停车设施管理的通知》(建城〔2015〕141 号)。印发部门规章《国家级风景名胜区规划编制审批办法》，报经国务院审定同意并印发《国家级风景名胜区总体规划大纲》和《国家级风景名胜区总体规划编制要求》，改进和规范规划编制审批。

印发《国家级风景名胜区管理评估和监督检查办法》，构建长效监管机制。制定《世界自然遗产、自然与文化双遗产申报和保护管理办法》，规范世界遗产申报，加强保护监督。研究制定《国家级风景名胜区门票收入和资源有偿使用费管理办法》，规范资金用途，强化保护管理。

加强城市综合管廊、供水、燃气、供热等市政公用设施建设管理

【大力推动地下综合管廊建设】 住房城乡建设部城市建设司会同有关部门出台了一系列配套政策措施，印发《城市地下综合管廊工程规划编制指引》(建城〔2015〕70 号)。制(修)订《城市综合管廊工程技术规范》、《城市综合管廊工程投资估算指标》。会同国家发展改革委印发《关于城市地下综合管廊实行有偿使用制度的指导意见》，建立地下综合管廊定价收费制度。与国家开发银行、中国农业发展银行签订推进地下综合管廊建设战略合作框架协议，推进开发性金融、政策性金融机构支持管廊建设。会同国家发展改革委，将地下综合管廊建设纳入专项建设基金支持范围。建立全国城市地下综合管廊建设项目信息系统。在广东珠海召开城市地下综合管廊规划建设培训班，部长陈政高出席，部署启动管廊建设。开展管廊工程建设标准定额培训、规划建设培训班、工程设计单位专业技术人员培训等，提升专业人员技术水平。会同财政部开展 2015 年中央财政支持地下综合管廊试点工作，通过竞争性评审，确定包头、沈阳、哈尔滨、苏州、厦门、十堰、长沙、海口、六盘水、白银等 10 个试点城市。与国家开发银行、吉林省政府签订三方合作框架协议，确定吉林省作为地下综合管廊试点省。

【加强城市道路桥梁照明指导】 印发《关于对城市桥梁检测加固改造和信息管理系统建设工作检查的函》，督促指导各地加快推进城市桥梁检测、加固改造和信息管理建立工作，及时掌握和监控桥梁安全受控状态，建成省级城市桥梁信息系统 15 个，地级及以上城市城市桥梁信息系统 175 个。推进全国城市绿色照明工作，提高城市照明节能管理水平。

【城镇燃气和供热管理】 督促指导各地加快推进城镇燃气老旧管网设施更新改造力度，及时排查和消除燃气安全隐患。不断推动城镇供热管理工作，组织开展北方采暖地区 2014 年度供热计量工作情况考核，推动实施供热分户计量。会同国家发展改革委印发《余热暖民工程实施方案》，启动地源热泵供热有关问题的研究。印发《关于切实做好供热采暖工作的通知》，指导地方抓好供热节能减排，做好供热采暖保障工作。

【强化城镇供水安全保障】 会同国家发展改革委、国家卫生计生委、公安部印发《关于加强和改进城镇居民二次供水设施建设与管理 确保水质安全的通知》，鼓励供水企业将服务延伸至用户计量水

表，对二次供水设施实施专业化管理。督促各地全面实施城镇供水规范化管理考核工作，并对河北等10省40个市(县)进行了现场抽查。继续对全国县城的所有自来水厂的出厂水和管网水实施水质督察，并对湖北等省(区)的约200个县城给予督察经费支持。指导四川省广元市成功应对嘉陵江锑污染事件，保证广元市城市供水不停水和水质达标。

【加强城市排水防涝工作的指导】 印发《住房城乡建设部办公厅关于加强2015年城市排水防涝汛前检查工作的通知》，要求各地加强城市排水防涝工程设施清淤维护和运行管理，切实做好内涝隐患排查治理和应急等工作。印发《关于加强城市内涝信息共享和预警信息发布工作的通知》，指导各地住房城乡建设、气象部门加强城市内涝信息共享，并在北京、上海等地开展试点示范工作。印发《关于开展城市排水防涝检查工作的通知》，从设施建设维护、工作机制建设等方面提出具体要求，建立城市排查、省级核查、部级督查的工作制度，督促各地加强城市内涝防治工作。印发《关于限期报送城市排水防涝设施建设规划的紧急通知》，督促各地加快编制排水防涝设施建设规划，并按国办要求，对全国各地排水防涝设施建设规划编制进行督查。会同环境保护部组织开展城镇污泥处理处置专项检查。

【加强城市交通规划建设的指导】 2015年，组织专家完成11个城市轨道交通建设规划的审核、会签工作。印发《城市轨道沿线地区规划设计导则》。组织制订《城市有轨电车规划设计导则》。组织开展主题为“绿色交通——选择·改变·融合”的2015年中国城市无车日活动，承诺开展无车日活动的城市(县)达到183个。做好第三批城市步行和自行车交通系统示范项目的验收工作。开展步行和自行车交通规划设计导则的培训工作。

推动城市人居生态环境改善

【全面加强市容环卫保洁工作】 7月，召开全国城市环卫保洁工作大会，推广宁夏中卫市在城市环卫保洁中提出的“双5”作业法，部署开展“学习中卫经验 清洁城市环境”活动，配合开展“大气十条”实施情况考核工作，督促各地利用现代化机械设备开展清扫保洁工作，提高城市清扫保洁效率和水平；加强施工工地管理，降低施工扬尘污染，全面提升城市环境卫生水平。

【加快污水处理设施建设和督查】 每季度对全国城镇污水处理设施建设和运行情况等进行通报，督促各地加快设施建设、提高运行效率。与国家发展改革委、财政部联合印发《关于制定和调整污水处理费收费标准等有关问题的通知》，指导督促各地合理制定和调整污水处理收费标准，加大污水处理收费力度。印发《关于全面开展城镇排水与污水处理检查的通知》，重点对贯彻落实条例的制度建设、执行及执法能力建设等方面进行检查。

【海绵城市建设】 与财政部组织开展试点，中央财政给予奖补资金支持，通过竞争性评选最终确定迁安、白城、镇江、嘉兴、池州、厦门、萍乡、济南、鹤壁、武汉、常德、南宁、重庆、遂宁、贵安新区、西咸新区等16个城市(新区)为试点城市。在广西南宁市举办全国海绵城市建设培训班，对各地住房城乡建设部门主要负责人、有关城市人民政府分管城建工作的副市长、城市规划建设主管部门负责人进行了培训。印发《海绵城市建设绩效评价与考核办法》，加强绩效评价与考核，确保海绵城市建设效果。会同国家开发银行、中国农业发展银行分别印发《关于推进开发性金融支持海绵城市建设的通知》、《关于推进政策性金融支持海绵城市建设的通知》，充分发挥开发性、政策性金融对海绵城市建设的支持作用。

【城市黑臭水体整治】 2015年，会同环保部印发《城市黑臭水体整治工作指南》，明确黑臭水体的判别标准、工作要求、技术体系和评估办法。开展黑臭水体整治工作培训，先后在北京、嘉兴、杭州、贵阳对主管部门及有关企事业单位1400余人进行了培训。会同环保部建立城市黑臭水体整治监管信息平台和手机微信公众监督系统，实时掌握各地黑臭水体治理情况，指导督促地级及以上城市完成建成区黑臭水体排查并向社会公布。

【城市节水】 会同国家发展改革委印发《关于命名第七批(2014年度)国家节水城市的通报》，命名江苏省常州市等8个符合《国家节水型城市考核标准》的城市为第七批国家节水型城市。组织对唐山等37个国家节水型城市进行复核。印发《关于做好2015年全国城市节约用水宣传周工作的通知》，组织开展了以“建设海绵城市，促进生态文明”为主题的城市节水宣传周活动。制定发布《城市节水评价标准》，明确城市节水的评价内容及具体指标的计算方法。

【生态园林绿化建设】 积极推进《城市公园条例》立法工作，印发《国家重点公园评价标准》、《垂直绿化工程技术规程》、《古树名木养护复壮技术规范》、《动物园术语标准》，编制完成《城市绿线划定技术规范》，促进园林绿化行业规范化、标准化发展。积极筹备和举办国际性会议和展览，2015 年第十届中国(武汉)国际园林博览会顺利开幕；全面启动郑州园博园建设及展会筹备工作。命名徐州等 7 个国家生态园林城市，江苏省常州市、宿迁市、河南省济源市获 2015 年中国人居环境奖城市，上海市嘉定区新城核心区生态系统规划建设项目等 31 个项目获 2015 年中国人居环境范例奖。命名孝义市胜溪湖湿地公园等 4 家国家城市湿地公园，推动城市规划区内生物多样性保护工作。进一步完善提升城市园林绿化企业资质核准管理系统，规范城市园林绿化一级企业资质的申报、审批和管理程序，完成 350 家城市园林绿化企业一级资质核准工作。

加强风景名胜区和世界遗产地保护

【开展国家级风景名胜区执法检查】 组织 8 个检查组对 69 处国家级风景名胜区进行抽查。根据检查结果，对各风景名胜区进行综合评分及分档定级，并形成检查报告，下发检查结果通报，对抽查发现突出问题的 31 处(含 9 处不达标)风景名胜区提出限期整改意见。

【加快推进审批进度】 完成第九批国家级风景名胜区申报项目审查，并上报国务院审定，将一批珍贵的自然文化遗产纳入到法定保护体系。落实新的总体规划编制要求，组织地方加快总体规划编制或修改，提高审查效率。完成国务院 2015 年批办的 18 处总体规划的征求部门和专家意见工作。完成 9 处总体规划审查并报国务院审批。完成 22 处国家级风景名胜区详细规划审查工作，其中 12 处已办结。组织做好国家级风景名胜区重大建设工程项目选址方案核准前符合经国务院批准的总体规划情况的审核工作，避免地方违规核准和造成资源破坏。

【推动建立国家公园体制】 参与制定《建立国家公园体制试点方案》并报请中央批准实施，决定在北京等 9 省市开展建立国家公园体制试点。参与指导 9 省市建立国家公园体制试点区试点实施方案编制审查工作。组织召开建立国家公园体制专题研讨会，邀请国内外专家、世界遗产地和风景名胜区管理机构共同就依托国家风景名胜区制度建立中国特色的国家公园体制进行深入研讨和交流。

【加强世界遗产申报和保护】 增补安徽天柱山等 8 个世界自然遗产、自然与文化双遗产项目列入联合国教科文组织“世界遗产预备清单”。组织完成神农架申遗项目世界自然保护联盟(IUCN)专家考察评估工作；组织审核可可西里、井冈山、梵净山 3 处申遗项目，并将青海可可西里作为 2017 年世界自然遗产申报项目提交联合国教科文组织世界遗产中心预审。派员参加第 39 届世界遗产大会，并组织做好会议对三江并流、武陵源世界自然遗产保护状况报告的提交和审议。组织有关地方编制《中国南方喀斯特世界自然遗产保护管理规划》。

(住房和城乡建设部城市建设司)

村 镇 建 设

概况

【基本情况】 2015 年末，全国共有建制镇 20515 个，乡(苏木、民族乡、民族苏木)11315 个。据 17848 个建制镇、11478 个乡(苏木、民族乡、民族苏木)、643 个镇乡级特殊区域和 264.46 万个自然村(其中村民委员会所在地 54.21 万个)统计汇总，村镇户籍总人口 9.57 亿。其中，建制镇建成区人口 1.6 亿，占村镇总人口的 16.73%；乡建成区人口 0.29 亿，占村镇总人口的 3.02%；镇乡级特殊区域建成区人口 0.03 亿，占村镇总人口的 0.33%；村庄人口 7.65 亿，占村镇总人口的 79.92%。

2015 年末，全国建制镇建成区面积 390.8 万公顷，平均每个建制镇建成区占地 219 公顷，人口密度 4899 人/平方千米(含暂住人口)；乡建成区 70.0 万公顷，平均每个乡建成区占地 61 公顷，人口密度 4419 人/平方千米(含暂住人口)；镇乡级特殊区域建成区 9.4 万公顷，平均每个镇乡级特殊区域建成区占地 146 公顷，人口密度 3906 人/平方千米(含暂住人口)。

2015 年末，全国已编制总体规划的建制镇 16798 个，占所统计建制镇总数的 94.1%，其中本年编制 1452 个；已编制总体规划的乡 9030 个，占所统计乡总数的78.7%，其中本年编制666个；已编制总体规划的镇乡级特殊区域479个，占所统计镇乡级特殊区域总数的74.5%，其中本年编制32个；已编制村庄规划的行政村328162个，占所统计行政村总数的60.5%，其中本年编制20216个。2015年全国村镇规划编制投入达32.25亿元。

【建设投资】 2015年，全国村镇建设总投入15673亿元。按地域分，建制镇建成区6781亿元，乡建成区559亿元，镇乡级特殊区域建成区129亿元，村庄8203亿元，分别占总投入的43.3%、3.6%、0.8%、52.3%。按用途分，房屋建设投入11945亿元，市政公用设施建设投入3728亿元，分别占总投入的76.2%、23.8%。

在房屋建设投入中，住宅建设投入8785亿元，公共建筑投入1310亿元，生产性建筑投入1850亿元，分别占房屋建设投入的73.5%、11.0%、15.5%。

在市政公用设施建设投入中，供水投入434亿元，道路桥梁投入1589亿元，分别占市政公用设施建设总投入的11.6%和42.6%。

【房屋建设】 2015年，全国村镇房屋竣工建筑面积11.36亿平方米，其中住宅8.56亿平方米，公共建筑1.13亿平方米，生产性建筑1.68亿平方米。2015年末，全国村镇实有房屋建筑面积381.02亿平方米，其中住宅320.68亿平方米，公共建筑24.49亿平方米，生产性建筑35.86亿平方米，分别占84.2%、6.4%、9.4%。

2015年末，全国村镇人均住宅建筑面积33.52平方米。其中，建制镇建成区人均住宅建筑面积34.61平方米，乡建成区人均住宅建筑面积31.17平方米，镇乡级特殊区域建成区人均住宅建筑面积34.33平方米，村庄人均住宅建筑面积33.37平方米。

【公用设施建设】 在建制镇、乡和镇乡级特殊区域建成区内，年末实有供水管道长度57.64万千米，排水管道长度18.17万千米，排水暗渠长度9.43万千米，铺装道路长度42.54万千米，铺装道路面积29.13亿平方米，公共厕所15.39万座。

2015年末，建制镇建成区用水普及率83.79%，人均日生活用水量98.69升，燃气普及率48.7%，人均道路面积12.8平方米，排水管道暗渠密度6.17千米/平方千米，人均公园绿地面积2.45平方米。乡建成区用水普及率70.37%，人均日生活用水量84.32升，燃气普及率21.4%，人均道路面积13.1平方米，排水管道暗渠密度4.18千米/平方千米，人均公园绿地面积1.10平方米。镇乡级特殊区域建成区用水普及率89.86%，人均日生活用水量82.80升，燃气普及率52.3%，人均道路面积16.29平方米，排水管道暗渠密度6.00千米/平方千米，人均公园绿地面积3.03平方米。

2015年末，全国65.6%的行政村有集中供水，11.4%的行政村对生活污水进行了处理，62.2%的行政村对生活垃圾进行处理。

（注："概况"数据来源为《2015年城乡建设统计公报》）

村镇建设工作进展

【农村人居环境改善】 (1)召开第二次全国改善农村人居环境工作会议。11月5日，经国务院同意，住房城乡建设部会同中央农村工作办公室、环境保护部、农业部在广西恭城县召开了第二次全国改善农村人居环境工作会议，国务院副总理汪洋出席会议并作重要讲话。会议总结了2013年在浙江召开的第一次全国会议以来的经验和成果，部署了今后两年的重点工作。各省、自治区、直辖市、新疆生产建设兵团负责人以及住房城乡建设、党委农村工作综合、环保、农业部门的负责人出席会议。通过这次会议，各地、各部门进一步提振了精神，增强了信心，明确了未来努力的方向。

(2)探索建立金融支持手段。为解决农村人居环境建设资金问题，住房城乡建设部会同中国农业发展银行，印发《关于切实做好改善农村人居环境信贷支持工作的通知》，农发行将提供长期低息政策性贷款，支持内容涵盖农村垃圾、污水治理，以及绿化、供水、村内道路建设等方面。

(3)组织开展系列基础性工作。组织编制改善农村人居环境"十三五"规划。开展覆盖所有行政村的全国农村人居环境调查，根据各地2014年调查和录入的数据，对全国农村人居环境现状进行了评价，有关数据多次用于呈报国务院的报告中。9月，召开全国农村人居环境调查工作电视电话会议，启动2015年调查工作。此外，组织农村人口、空间变动趋势，基础设施建设投入机制，规划管理体制创新等基础性课题研究。

(4)建立工作情况信息交流机制。2014年11月至2015年5月，每月向国务院办公厅报送落实《关于改善农村人居环境的指导意见》(国办发〔2014〕25号)情况。从2015年5月起，汇总相关部门、各省(区、市)工作情况以及部分县市经验，每月编印一期工作通讯，印发至各相关部门和各省(区、市)政府，不少地方经验和做法已被新华社、人民日报、中央电视台等媒体采用报道。

【农村垃圾治理】 2014年11月，住房城乡建设部召开全国农村生活垃圾治理工作电视电话会议，提出农村生活垃圾治理5年专项行动，各地普遍开展了这项工作。31个省(区、市)都提出5年内完成治理目标的打算。2015年11月，经国务院同意，住房城乡建设部会同国家发展改革委、财政部、环境保护部、农业部等共10部门印发了《关于全面推进农村垃圾治理的指导意见》，进一步明确治理的目标、任务和政策措施。组织新华社、人民日报等中央媒体深度解读指导意见，协调中央电视台经济半小时栏目专题报道如何破解垃圾围村难题。10部门还印发了《农村生活垃圾治理验收办法》。12月22日，住房城乡建设部等四部门在四川丹棱县召开四川省农村生活垃圾治理验收会议暨北京上海山东江苏4省市农村生活垃圾治理验收综合评审会议，宣布四川省作为全国第一个省份通过了农村生活垃圾全面治理的验收，新华社、中央电视台、人民日报等媒体做了宣传报道。

【农村生活污水治理】 2014年12月，习近平总书记在江苏镇江调研时，就强调解决好厕所问题在新农村建设中具有标志性意义，要因地制宜做好厕所下水道管网建设和农村污水处理。2015年7月，习近平在吉林延边调研时，强调要来个“厕所革命”，让农村群众用上卫生的厕所。为落实总书记的指示精神，住房城乡建设部启动了农村生活污水治理试点省和示范县工作；和中国农业发展银行分别与山东、宁夏、吉林、江苏、山西等5省区签订了农村生活污水治理部省行合作框架，在全国选择100个县(市、区)开展示范。12月15日，在江苏常熟举办农村生活污水治理工作培训班，对省级住房城乡建设部门和100个示范县负责人进行培训，并明确下一步工作要求。

【乡村规划编制和管理】 在总结历年乡村规划试点经验基础上，针对乡村规划覆盖率不高、实用性不强等问题，印发《住房城乡建设部关于改革创新、全面有效推进乡村规划工作的指导意见》(建村〔2015〕187号)，提出树立建设决策先行的乡村规划理念、确立县(市)域乡村建设规划的主导地位、建立部门统筹协调的乡村规划编制机制、推进以村委会为主体的村庄规划编制机制等4个创新，明确县域乡村建设规划和村庄规划的编制目标、内容。同时，《指导意见》也提出全面推进乡村建设规划许可制度，加强乡村规划管理工作等要求。公布全国村庄规划、镇规划和县域乡村建设规划示范名单，开展广西恭城县域乡村建设规划和村庄规划编制试点工作。开展2015年美丽宜居小镇、美丽宜居村庄示范建设工作。

【农村危房改造】 超额完成2015年农村危房改造中央任务。2015年安排农村危房改造任务432万户、中央资金365亿元，开工468.6万户，开工率为108.5%，竣工455.3万户，竣工率为105.4%。按国务院统一部署，开展涉农资金专项整治行动，召开全国会议部署农村危房改造资金规范管理工作，组织专家实地抽查，分析所查253个资金问题，督促各省问题整改并形成报告。指导地方探索创新农村危房改造方法，落实分类补助政策加大特困户支持力度，鼓励利用农村公租房建设，农村空置房和公房置换等方式保障特困户住房安全，支持部分省开展贴息贷款支持农村危房改造。开展2015年农村危房改造绩效评价工作。组织各地编制2015年～2017年三年实施计划。组织各地核实录入“十三五”期间危房改造对象信息，组织编制农村危房改造“十三五”规划。预拨2016年农村危房改造部分资金，指导各地提前备工备料。加大以船为家渔民上岸工程推进力度，在安徽召开现场推进会，会同国家发改委、农业部、国土资源部印发月度进展通报全国相关省。

【传统村落和民居保护】 会同财政部等部门共支持1495个中国传统村落开展保护，按每村平均300万元给予补助。对2015年获中央财政支持的保护项目实施情况进行专项督查，涉及25省、98个村落。组织开展第四批中国传统村落申报和评审工作，各地共申报7000多个村落。委托开发中国传统村落数字博物馆，建立传统村落保护项目监管信息系统，完成第一批9个省区传统建筑解析与传承研究和编撰工作，公布80项田园建筑优秀作品。联合国土资源部、公安部印发《关于制止和打击异地迁建传统建筑和盗卖构件行为的紧急通知》。

【片区扶贫联系和对口扶贫】 召开大别山片区区域发展与扶贫攻坚部际联席会议，部长陈政高亲自主持并协调推动重大项目落实。组织编制住房城乡建设部“十三五”扶贫工作计划。起草加强建档立卡贫困户危房改造指导意见。会同国务院扶贫办组织建档立卡贫困户危房改造对象核对工作，精准确定户数、各省分布情况。开展定点扶贫县调研，指导定点扶贫先制定精准脱贫计划，确定住房城乡建设部协调帮扶清单。召开住房城乡建设部定点扶贫会议，协调青海省湟中县、大通回族土族自治县，湖北省红安县和麻城市定点扶贫支持项目。会同有关部门下达4个定点扶贫县保障性安居工程中央补助资金约7.5亿元、安排农村危房改造中央补助5330万元。组织第三批大别山片区及定点扶贫县共37名干部赴东部发达地区挂职锻炼，派遣一名干部到红安县担任贫困村第一书记。参与编写《中国扶贫开发年鉴2015》。

【全国重点镇和特色小城镇建设】 2015年，会同国家旅游局公布第三批全国特色景观旅游名镇名村示范，共337个村镇，三批示范村镇共553个。为贯彻落实习近平总书记、李克强总理和张高丽副总理关于特色小镇和小城镇建设的指示，赴浙江、山东等5省31个镇开展特色小镇、小城镇建设的调研，完成《住房城乡建设部关于我国小城镇建设情况的报告》并呈报国务院。

（住房和城乡建设部村镇建设司）

工程质量安全监管

概况

2015年，工程质量安全监管司认真贯彻落实党的十八大、十八届三中、四中和五中全会精神，按照全国住房城乡建设工作会议部署要求，以工程质量治理为主线，以建筑安全生产为底线，以技术进步为支撑，夯实工程质量安全监管基础，努力推动全国工程质量安全水平稳步提升。

工程质量监管

【加强法规制度建设】 配合开展《建筑法》修订研究工作，梳理《建筑法》实施中存在的问题及原因，研究提出修订意见。印发《建设单位项目负责人质量安全责任八项规定(试行)》。印发《城镇房屋结构安全排查技术要点(试行)》和《住房城乡建设部关于加强既有房屋使用安全管理工作的通知》，建立老楼危楼排查整治情况月报制度。

【开展工程质量治理两年行动】 召开全国工程质量治理两年行动电视电话会议，总结情况，交流经验，部署下一阶段工作。会同住房城乡建设部建筑市场监管司，研究制定建设、勘察、设计、监理单位项目负责人质量安全责任规定，不断健全五方责任主体项目负责人质量安全责任体系。督促各地认真落实五方责任主体法定代表人授权书、项目负责人责任承诺书、永久性标牌、质量信息档案等制度。建立健全月报制度，定期通报各地工程质量终身责任制落实情况，并对全国工程质量治理两年行动开展半年、一年情况进行全国通报。会同中国建筑业协会、中国建设报等单位，持续深入开展工程质量治理两年行动万里行活动，宣传优秀典型，曝光违法违规企业和个人。

【开展监督执法检查】 组织开展2015年全国建设工程质量安全监督执法检查，在各地自查的基础上，对全国30个省、自治区、直辖市(西藏除外)开展以保障性安居工程为主的监督执法检查，共抽查在建工程180个，对34个违反工程建设强制性标准和存在质量安全隐患的工程项目下发了《建设工程质量安全监督执法建议书》。

【开展全国老楼危楼安全排查整治】 5～6月，全国接连发生多起房屋垮塌事故，遵照国务院领导批示和部领导指示，住房城乡建设部成立了全国老楼危楼安全排查整治工作领导小组，建立部内协调工作机制，召开全国老楼危楼安全排查电视电话会议，要求各地建立领导协调机制，组织开展全国老楼危楼安全排查，并对部分省市排查工作进行督查。

【调查处理工程质量事故质量问题】 牵头调查处理浙江杭州富阳区楼房坍塌事故等14起工程质量事故质量问题，受理工程质量投诉20起，均及时批转省级住房城乡建设主管部门调查处理，要求及时上报处理结果。

【夯实工程质量监管工作基础】 指导各地继续深入开展住宅工程质量常见问题专项治理工作，在安徽召开部分省市住宅工程质量常见问题专项治理观摩会，大力推进工程质量管理标准化，开展住宅工程质量常见问题专项治理示范工程创建活动，推行样板间制度。委托中国建筑业协会举办6期工程质量标准规范宣贯及质量常见问题防治专题培训班。组织开展工程质量保险制度等多个课题研究。

建筑施工安全监管

2015年，全国建筑施工安全生产形势保持稳定好转，全国共发生房屋市政工程生产安全事故442起、死亡554人，同比分别下降15.33%和14.51%。其中，较大事故22起、死亡85人，同比分别下降24.14%和19.05%，未发生重大及以上事故。

【加强工作部署】 组织召开部分地区建筑施工安全监管工作座谈会，传达贯彻中央领导同志批示要求和国务院有关会议精神，分析通报建筑施工安全生产形势，研究加强和改进工作的具体措施，全面部署建筑施工安全监管工作。按照国务院安委会的要求，结合建筑施工行业实际，印发《关于开展建筑施工安全生产大检查深化“打非治违”和专项整治工作的通知》，在全国范围内部署开展针对房屋市政工程的安全生产大检查和专项整治工作。

【完善规章制度】 启动部门规章《危险性较大的分部分项工程安全管理规定》制定工作，全面强化对房屋市政工程施工过程中危险性较大的分部分项工程的安全管理措施和要求。印发《住房城乡建设质量安全事故和其他重大突发事件督办处理办法》，强化建筑施工生产安全事故查处督办程序、内容及处罚措施等。印发《建筑施工企业主要负责人、项目负责人和专职安全生产管理人员安全生产管理规定实施意见》，完善建筑施工企业“三类”人员安全生产考核及专职安全生产管理人员的配备等规定，进一步加强和规范对“三类”人员的管理，强化企业和人员安全责任。

【强化事故通报督办】 按月度和季度通报全国房屋市政工程生产安全事故情况，督促事故多发地区强化安全监管。印发2015年房屋市政工程生产安全事故查处情况，督促各地切实加大事故查处力度，强化事故责任追究。对全年发生的22起较大事故进行通报督办，其中云南文山“2・9”模板坍塌事故、河北新乐“4・11”模板坍塌事故、西藏林芝“7・5”模板坍塌事故发生后，均派出事故督查组赶赴现场了解情况，并召开新闻发布会通报事故情况。建立约谈制度，约谈部分发生较大事故地区的住房城乡建设主管部门，督促有关地区认真进行事故查处，深刻吸取事故教训，进一步加强和改进建筑施工安全生产工作。

【开展监督检查】 全面开展全国建筑施工安全生产大检查、打非治违和专项整治活动，以打击转包、违法分包、无资质或超资质承揽工程等为重点，深入推动建筑施工领域“打非治违”专项行动，加强市场现场联动，严肃查处违法行为；以基坑支护、土方开挖、脚手架、模板支撑体系、起重机械等5类工程为重点，对安全专项施工方案编制、实施，从业人员持证上岗，建设、监理单位履责等情况进行深入整治，及时消除安全生产隐患，遏制和防范群死群伤事故发生。

【加强宣传培训】 按照国务院安委会的统一部署，在全国住房城乡建设系统开展以“加强安全法治、保障安全生产”为主题的“安全生产月”活动。强化舆论监督，在有关建筑施工安全监督检查及事故查处工作中邀请媒体记者跟踪报道，宣传优秀典型，曝光违法违规企业和个人。组织开展建筑施工安全监管人员培训班，对青海、宁夏、甘肃等地各级住房城乡建设主管部门、施工安全监管机构负责人、一线监督员及部分企业安全管理人员共计210余人进行培训。

【推进长效机制】 稳步推进安全生产监管信息化工程(一期)住房城乡建设部建设项目，组织编制报送项目环境影响评价、节能评估报告、可行性研究报告并通过审查。积极推动《建筑施工安全生产标准化考评暂行办法》的贯彻落实，督促企业实现建筑安全生产管理标准化、施工作业人员行为标准化，着力提升企业及工程项目安全水平。根据建筑业改革发展要求，结合建筑施工安全生产工作实际，组织开展建筑施工安全监管体制机制创新、建筑施工安全生产诚信体系建设等专题研究。

城市轨道交通工程质量安全监管

【加强制度建设和调研工作】 印发《城市轨道交通工程施工图设计文件审查要点》，统一审查标准，提高审查工作效率和质量。组织开展城市轨道交通工程质量安全管理办法规章立法、城市轨道交通工程质量安全管理标准化、隐患排查治理机制相关课题研究和调研工作。开展城市轨道交通建设全过程安全风险控制管理试点，进一步落实建设单位等参建主体风险控制主体责任。探索政府购买服务，弥补监管力量不足的现状。

【加大监督检查工作力度】 指导各地特别是新开工城市加强对轨道交通工程质量安全监管，部署各地全面开展在建城市轨道交通工程质量安全自查、整改工作，组织专家对11个在建轨道交通城市的39个项目进行监督检查，反馈书面检查意见529条，对4个违反工程建设强制性标准和存在严重质量安全隐患的项目下发《建设工程质量安全监督执法建议书》，督促整改落实，进一步落实法律法规、标准规范和质量安全责任。

【提供技术支持和对口指导】 按照国务院办公厅关于支持福建省进一步加快经济社会发展重点工作分工方案涉及住房城乡建设部有关任务分工要求，为福建省福州市、厦门市轨道交通质量安全管理工作提供对口技术支持，组织专家开展监督检查和专题授课，指导主管部门加强监督管理工作，帮助建设单位提高履约管理经验和能力，不断提高轨道交通工程建设风险防控能力。

【支持地方培训工作】 依托住房城乡建设部城市轨道交通工程质量安全专家委员会，加强对地方尤其是新建轨道交通城市的培训指导，针对地方的迫切需要，侧重于提高实际操作能力，组织专家编纂城市轨道交通工程常见质量问题控制指南、地质风险分析与对策、安全风险体系构建指南和设备安装调试作业指南等系列丛书，为各地培训工作提供参考依据。

【组织经验交流】 召开城市轨道交通工程质量安全联络员会议和专家委员会会议。总结2015年城市轨道交通工程质量安全工作，分析当前质量安全形势和面临的突出问题，部署2016年重点工作。组织专家解读2015年监督检查情况，研讨技术管理和改革创新问题，交流各地在全过程风险控制、隐患排查治理、保障质量水平方面好的经验和做法，促进各地交流学习互动，实现资源共享。

勘察设计质量监管

【开展勘察设计质量专项治理】 组织开展部分地区建筑工程勘察设计质量专项督查，共检查60个房屋建筑项目，下发11份《建设工程质量安全监督执法建议书》。组织召开主管部门和勘察设计单位工作座谈会，交流进一步加强勘察设计行业质量监管工作的措施和建议。调研全国勘察设计工作情况及改革发展思路。

【加强施工图审查管理】 与国务院审改办、中国气象局协调防雷设计审核和验收职能转移事宜。组织召开座谈会，研究施工图审查和消防设计审核工作。完善施工图审查信息统计工作，印发《2014年度施工图设计文件审查情况报告》。

【完善标准设计】 组织召开全国工程建设标准设计专家委员会2015年度工作会议，印发2015年国家建筑标准设计编制工作计划。批准发布55项国家建筑标准设计，废止28项国家建筑标准设计。

勘察设计行业技术进步

【推动建筑产业现代化】 开展建筑产业现代化调研，形成调研报告。印发建筑产业现代化国家建筑标准设计体系，发布12项国家建筑标准设计。组织召开建筑产业现代化工作座谈会，交流地方经验，推动产业现代化健康发展。开展装配式钢筋混凝土结构建筑工程设计文件编制深度规定、装配式钢筋混凝土结构设计施工图审查要点、建筑产业现代化发展年度报告等课题研究。

【推动行业技术进步】 印发《关于推进建筑信息模型应用的指导意见》。印发绿色建筑审查技术要点和减震隔震工程审查技术要点。组织召开推动工程技术进步工作研讨会，推广上海等地数字化审图工作经验。组织开展"2016～2020建筑业信息化发展纲要"、"工程设计数字化成果交付与使用标准研究"等课题研究。

【提高建筑设计水平】 发布第十四届全国优秀工程勘察设计奖获奖公告。印发《全国工程勘察设计大师评选和管理办法》，启动第八批全国工程勘察设计大师评选工作。

【审定国家级工法】 按照《工程建设工法管理办法》和《住房城乡建设部办公厅关于开展2013～2014年度国家级工法申报工作的通知》要求，通过专家网络初评和综合评审，审定发布2013～2014年度国家级工法404项。

城乡建设抗震防灾

2015年，我国大陆共发生14次里氏5级以上地震。4月25日尼泊尔8.1级地震波及我国西藏自治区、7月3日新疆皮山6.5级地震造成较大人员伤亡和财产损失。按照国务院统一部署，切实抓好抗震防灾工作，取得一定成效。

【加强法规制度建设】 按照国务院立法计划预备项目要求，完成《建设工程抗震管理条例》立项报告、框架草案及相关准备工作。起草完成城乡建设防灾减灾"十三五"规划初稿。

【加强建筑工程抗震设防管理】 印发《超限高层建筑工程抗震设防专项审查技术要点》，初步建成全国超限高层建筑工程抗震设防审查信息系统。开展基于抗倒塌风险的建筑抗震设防水准研究，制定修订《建筑抗震设计规范》等相关标准规范。

【继续推广减隔震技术应用】 在贯彻落实《关于房屋建筑工程推广应用减隔震技术的若干意见（暂行）》基础上，开展减震隔震工程典型案例编制，指导提升减震隔震技术应用水平。

【研究既有建筑抗震加固政策】 开展老旧小区

有机更新调研，研究提出既有建筑抗震加固政策措施和有关工作建议。运用大数据手段，对部分城市既有建筑抗震能力进行统计分析。

【积极应对地震灾害】 在4月25日尼泊尔8.1级地震波及我国西藏自治区、7月3日新疆皮山6.5级等地震发生后，第一时间启动应急响应，根据灾情及时赶赴灾区，配合、指导地方开展震后房屋建筑安全应急评估等工作。研究起草《震后房屋建筑安全应急评估指南》、《震后房屋建筑安全应急评估管理办法》等文件。

住房城乡建设部安全生产管理委员会办公室工作

【加强部安委办协调】 按照“管行业必须管安全、管业务必须管安全、管生产经营必须管安全”的要求，进一步明确部安委会机构设置和安全生产、应急管理工作职责分工。组织召开部安委会全体会议，学习贯彻党中央国务院领导批示指示和全国安全生产电视电话会议、国务院安委会全体会议精神，通报住房城乡建设系统安全生产工作开展情况，部署下一阶段重点工作。按照国务院安委办部署要求，牵头组织对云南、江苏两省油气输送管道安全隐患整治攻坚战专项督查。做好重大节假日、重点时段以及突发生产安全事故后的预警提醒，印发通知要求各地住房城乡建设主管部门和有关单位，针对当前安全生产形势特点，落实安全生产企业主体责任和政府监管责任，加大监督检查力度，确保安全生产保持平稳态势。

【加强部应急办协调】 及时报送2014年度突发事件应对工作总结评估报告以及2015年季度、半年工作信息。贯彻落实国务院应急办要求，部署部安委会各成员单位按照应急管理职责分工，落实好突发事件应对和信息报送工作。协调有关司局按照职责分工，落实《国务院办公厅关于加快应急产业发展的意见》和《应急产业发展协调机制2015年重点工作任务》中涉及住房城乡建设部的重点工作。

（住房和城乡建设部工程质量安全监管司）

建筑节能与科技

概况

2015年建筑节能与科技工作，按照党中央国务院关于深化改革、全面推进依法治国和推进新型城镇化发展的战略部署和住房城乡建设领域中心工作，遵循创新机制、整合资源、提高效率、突出重点、以点带面，积极探索集约、智能、绿色、低碳的新型城镇化发展道路，着力抓好建筑节能和绿色建筑的发展，努力发挥科技对提升行业发展水平的支撑和引领作用。

深入推动建筑节能，促进绿色建筑快速发展

【新建建筑执行节能强制性标准】 根据各地上报的数据汇总，2015年全国城镇新建建筑全面执行节能强制性标准，新增节能建筑面积16.04亿平方米，可形成1500万吨标准煤的节能能力。北方采暖地区、夏热冬冷及夏热冬暖地区全面执行更高水平节能设计标准，新建建筑节能水平进一步提高。全国城镇累计建成节能建筑面积121亿平方米，约占城镇民用建筑面积的42%，共形成11000万吨标准煤节能能力。

【既有居住建筑节能改造】 财政部、住房城乡建设部安排2015年度北方采暖地区既有居住建筑供热计量及节能改造计划1.6亿平方米，截至2015年底，各地共计完成改造面积1.6亿平方米。“十二五”期间累计完成改造面积9.6亿平方米，提前超额完成了国务院明确的“北方采暖地区既有居住建筑供热计量和节能改造4亿平方米以上”任务。夏热冬冷地区既有居住建筑节能改造，2015年共计完成改造面积1154万平方米。

【公共建筑节能监管体系建设】 截至2015年底，全国累计完成公共建筑能源审计10000余栋，能耗公示近10897栋建筑，对8000余栋建筑进行了能耗动态监测。在33个省区市(含计划单列市)开展能耗动态监测平台建设试点。天津、上海、重庆、深圳等公共建筑节能改造重点城市，完成节能改造3335万平方米，超额完成改造任务量。住房城乡建设部会同财政部、教育部在233所高等院校开展节

约型校园建设试点，将浙江大学等24所高校列为节能综合改造示范高校。会同财政部、国家卫计委在44个部属医院开展节约型医院建设试点，将17个医院列为节能综合改造示范医院。

【可再生能源建筑应用】 截至2015年底，全国城镇太阳能光热应用面积近30亿平方米，浅层地能应用面积近5亿平方米。

【绿色建筑与绿色生态城区建设】 截至2015年底，全国共有3979个项目获得绿色建筑评价标识，建筑面积超过4.5亿平方米，其中2015年度有1840个项目获得绿色建筑评价标识，建筑面积2.1亿平方米。

强化技术创新，发挥重大科技支撑引领作用

【组织实施“十二五”国家科技支撑计划项目】 对“村镇建筑节能与抗震关键技术研究与示范”、“高效组合建筑节能”等2个项目进行了课题验收，重点对研究内容和目标的完成情况，取得的成果、经费使用情况进行验收，并通过了科技部组织的项目验收。启动“城镇要害系统综合防灾关键技术研究与示范”项目，签订任务合同书，召开启动会对课题实施方案进行论证。

在绿色建筑技术研发方面，系统建立了绿色建筑标准规范体系及其建设维护方法，保证绿色建筑标准立项和研制的科学性、前瞻性；同时，提出了覆盖建筑生命期主要阶段并考虑不同建筑技术特点的绿色建筑评价指标体系。编制完成《绿色建筑评价标准》GB/T 50378—2014、《绿色商店建筑评价标准》GB/T 51100—2015、《绿色医院建筑评价标准》GB/T 51153—2015等3部国家标准，《绿色建筑运行维护技术规范》（报批）等行业标准，以及其他层级的绿色建筑标准；编写完成与前述标准配套使用的《绿色建筑评价技术细则》、《绿色商店建筑评价标准实施指南》、《绿色医院建筑评价标准实施指南》、《绿色建筑运行维护技术规范实施指南》等技术文件，可提高绿色建筑标准实施的能力和效果。

在装配式建筑技术研发方面，完成制定、修订多部国家标准、行业标准、地方标准和标准图集，成为我国新型装配式建筑标准体系的重要组成部分，为装配式混凝土结构的应用提供依据。主要包括：国家标准《混凝土结构工程施工质量验收规范》GB 50204—2015，于2015年9月实施；国家标准《工业化建筑评价标准》GB/T 51129—2015，于2016年5月实施；行业标准《钢筋套筒灌浆连接应用技术规程》JGJ 355—2015发布，于2015年9月实施；行业标准《装配式住宅建筑设计规程》通过审查；江苏省工程建设标准《预制装配整体式剪力墙结构体系技术规程》、黑龙江省地方标准《预制装配整体式房屋混凝土剪力墙结构技术规范》，完成修订并已送审；江苏省工程建设标准设计图集《钢筋桁架混凝土叠合板》已发布，江苏省工程建设标准设计图集《预制装配式住宅楼梯设计图集》已送审。

此外，还完成编制《预制混凝土结构技术体系应用指南》，启动编制《装配式混凝土建筑结构施工指南》、《装配式混凝土结构住宅建筑设计技术措施（剪力墙）》等的编制工作，为装配式混凝土结构的进一步推广应用提供了技术保障。

本年度的研究成果应用于新的试点、示范工程，推广、带动研究成果和优势技术的应用。主要包括：应用BIM技术完成了试点工程“合肥市董大水库水源保护区大杨镇湖畔新城复建点项目”的设计；集成保温与结构一体化的研究成果，开展上海城建集团3号试验楼的建设工作等。

【组织实施“高分辨率对地观测系统”国家科技重大专项“高分城市精细化管理遥感应用示范系统”项目】 继续实施“高分城市精细化管理遥感应用示范系统（一期）项目”。完成高分二号卫星在轨测试，卫星顺利交付使用。项目各项建设任务基本完成，遥感数据机房基础设施建设通过了初步验收，开通数据机房和办公区光纤网络和对外服务的外网网络，建成研判会商大屏幕系统。项目软件平台研发顺利，突破多项关键技术，数据管理系统、综合服务平台和应用服务平台已上线试运行，基础产品生产系统年初完成单机模式和服务器集群模式测试并投入试生产，已持续运行一年。

开展黄山风景名胜区、扬州、宁波、长春、阳江等示范地专题产品外业验证。项目顺利通过国防科工局重大专项工程中心组织的中期检查并获得好评。组织召开高分专项研究成果总结研讨会，面向行业用户进行高分专项平台系统和各类信息产品的介绍和使用培训。通过专项的实施，实现高分一号、二号卫星数据检索、下载、处理、存储的完整工作流程，全年共下载和处理了高分一号数据4600余景、550多万平方千米，下载高分二号数据4000余景、210多万平方千米，持续为部门城乡规划动态监测、风景名胜区动态监测、城市黑臭水体治理等业务提供稳定的遥感产品支持。

【组织实施“基于北斗高精度定位的建筑安全监

测应用服务平台”项目】 继续实施“基于北斗高精度定位的建筑安全监测应用服务平台”项目。北斗专项实施单位研发了北斗高精度静态接收机，该机配备兼容模块，支持北斗 BDS B1L，B2L，B3L，GPSL1C/A， L1P， L2P， L5， GLONASS G1C，G2C，G1P，G2P 三个星系系统，探索研发具有自主知识产权的北斗高精度定位芯片及板卡。开展建筑安全监测专用的物联网网关的研发。《基于北斗卫星导航系统的建筑安全监测技术导则》已立项编制，项目拟于 2016 年在建筑安全相关的沉降监测、位移监测、施工检查、危房监测、施工管理及工程机械安全控制等领域开展示范应用。

【贯彻落实《国家新型城镇化规划(2014—2020年)》目标任务，深入推进智慧城市建设】 联合科技部开展 2014 年度智慧城市试点和专项试点申报工作，通过评审确定了北京门头沟区等 84 个城市(区、县、镇)为 2014 年度新增试点，并确定了以企业为建设主体的城市公共信息平台、网格化管理、智慧社区、地下管线和智慧水务等方向 41 个专项试点。按照《国家新型城镇化规划(2014—2020 年)》2015 年度重点任务部门分工，研究起草了《关于深化拓展网格化管理 扎实推进智慧城市试点建设的指导意见》。

推进绿色建材的推广应用

【推广应用绿色建材】 12 月，中央召开的城市工作会议提出：推广绿色建筑和建材，完善绿色节能建筑和建材评价体系。8 月，住房和城乡建设部与工业和信息化部联合印发《促进绿色建材生产和应用行动方案》，提出建材工业绿色制造、绿色建材评价标识、水泥与制品性能提升、钢结构和木结构建筑推广、平板玻璃和节能门窗推广、新型墙体和节能保温材料革新、陶瓷和化学建材消费升级、绿色建材下乡、试点示范引领、强化组织实施等十大行动共 30 项重点任务。10 月，住房和城乡建设部与工业和信息化部联合出台了《绿色建材评价标识管理办法实施细则》和《绿色建材评价技术导则(试行)》，启动了砌体材料、保温材料、预拌混凝土、建筑节能玻璃、陶瓷砖、卫生陶瓷、预拌砂浆等 7 种绿色建材评价标识工作。

【大力发展装配式建筑】 中央城市工作会议提出：发展新型建造方式。大力推广装配式建筑，减少建筑垃圾和扬尘污染，缩短建造工期，提升工程质量。制定装配式建筑设计、施工和验收规范。完善部品部件标准，实现建筑部品部件工厂化生产。鼓励建筑企业装配式施工，现场装配。建设国家级装配式建筑生产基地。加大政策支持力度，力争用 10 年左右时间，使装配式建筑占新建建筑的比例达到 30%。积极稳妥推广钢结构建筑。在具备条件的地方，倡导发展现代木结构建筑。10 月，住房和城乡建设部组织开展建筑产业现代化示范项目申报评选工作。

国际科技合作深化和扩大

【超低能耗绿色建筑试点范围进一步扩大，相关技术研究进展顺利】 (1) 中美清洁能源联合研究中心“中美超低能耗建筑技术合作研究与示范”项目旨在落实中美两国关于中美清洁能源联合研究中心合作协定，围绕“超低能耗建筑”开展技术研究与工程示范，促进中美两国的科学家和工程师在建筑节能技术领域开展联合研究，共同努力应对全球气候变化。该项目于 2014 年 4 月 1 日正式开始执行，以建立成本可接受、形式可复制超低能耗建筑为目标，开展相关关键技术与政策研究，并在我国典型气候区建设 4～5 个超低能耗建筑示范工程，项目总体进展顺利。截至 2015 年 12 月 31 日，参加单位共发表高水平学术研究论文 11 篇、培养超低能耗建筑相关技术人员 21 名；开发了 1 套太阳能光伏制氢储能设备；完成低能耗建筑设计标准(建议稿)、《间接蒸发冷风冷水机组实验室性能测试及产品性能评价报告》、《建筑能耗数据分析与标准化研究报告》、《超低能耗建筑激励政策研究报告》、《中外超低能耗建筑调研报告》等多份报告；完成行业标准《商业建筑照明要求》1 项；申请了 7 项实用新型专利。完成中国建筑科学研究院超低能耗示范楼、兴业太阳能研发楼、江苏省建筑节能与绿色建筑研发楼、中国建筑股份有限公司技术中心试验楼改扩建工程等四个示范工程。

(2) 12 月，中德“公共建筑(中小学校和医院)节能项目”圆满完成。项目完成了天津朱唐庄中学、青岛市宁夏路小学、乌鲁木齐第五中学等高节能标准学校建筑示范，推广太阳墙采暖系统、新风系统等新的节能技术。

(3) 为扩大被动房宣传，9 月，在张家口、南京、长沙、成都、西安、临汾 5 个城市组织中德被动式超低能耗建筑绿色路演。通过在低碳生态城市国际合作试点中设立超低能耗绿色建筑示范工程等方式，继续扩大被动式超低能耗绿色建筑试点。截至 12 月，全国共有严寒、寒冷、夏热冬冷、夏热冬暖4个气候区12省60余个被动式超低能耗绿色建筑试点项目。

(4) 12月，住房和城乡建设部与加拿大联邦政府自然资源部及加拿大不列颠哥伦比亚省林业、土地和自然资源厅签署了《关于现代木结构建筑技术合作谅解备忘录》，从政策交流、技术发展、试点示范、宣传推广、技术培训5个方面为推广木结构建筑提供支持。

【深化低碳生态城市国际合作，确定合作试点城市】 (1) 为巩固扩展低碳生态城市合作平台，11月，住房和城乡建设部与德国联邦环境、自然保护、建筑与核安全部签署《关于落实中德城镇化伙伴关系合作谅解备忘录》，并召开第一次工作组会议，商讨确定了城市有机更新等优先合作领域。

(2) 1月，与欧盟驻华代表团共同评审确定了中欧低碳生态城市合作项目的试点城市：珠海、洛阳为综合试点城市；江苏省常州市，安徽省合肥市，山东省青岛市、威海市，湖南省株洲市，广西壮族自治区柳州市、桂林市，陕西省西咸新区等8个市(区)为专项试点城市，并确定各试点城市的示范工程。项目分别于10月和11月组织了以绿色交通、城市水环境、海绵城市为主题的3次城市交流培训。

(3) 在住房和城乡建设部与芬兰农业和环境部共同签署的《建设与环境合作谅解备忘录》的框架内容下，与芬方共同确定了内蒙古自治区阿尔山市、江苏省南京市南部新城、陕西省榆林市空港生态区作为中芬低碳生态城市试点。

【积极推动住房城乡建设领域应对气候变化工作，加强交流和宣传】 (1) 与国家发展改革委联合印发《城市适应气候变化行动方案》。9月和10月与国家发改委应对气候变化司联合开展城市适应气候变化调研，并召开片区座谈会，听取地方城市适应气候变化工作情况与建议。

(2) 截至12月，组织并制作了住房城乡建设领域可持续发展宣传片和画册；参与并完成2015年度国家《中国应对气候变化政策与行动》、《应对气候变化——中国在行动》电视宣传片及画册、《中国低碳年鉴》制作，积极宣传住房城乡建设领域应对气候变化行动和成效。

(住房和城乡建设部建筑节能与科技司)

住房公积金监管

2015年，住房公积金制度运行平稳，资金总体安全，制度覆盖范围进一步扩大，缴存人数平稳增长，归集额持续增加，提取额大幅上升，个人住房贷款额快速增长，利用住房公积金贷款支持保障性住房建设试点工作顺利推进。住房公积金制度在提高缴存职工支付能力、支持住房消费方面发挥了重要作用。

住房公积金业务

【缴存额平稳增长】 全年住房公积金实缴单位231.35万个，实缴职工12393.31万人，分别比上年净增24.85万个、515.92万人，增长12.03%和4.34%。

全年住房公积金缴存额14549.46亿元，比上年增长12.29%。年末，住房公积金缴存总额89490.36亿元、缴存余额40674.72亿元，分别比上年末增长19.56%和9.79%。表1为2015年住房公积金缴存情况表。

2015年住房公积金缴存情况表　　表1

地区	实缴单位数(万个)	实缴职工数(万人)	全年缴存额(亿元)	缴存总额(亿元)	缴存余额(亿元)
全国	231.35	12393.31	14549.46	89490.36	40674.72
北京	11.81	651.58	1297.39	7902.51	2899.75
天津	4.58	238.62	394.00	2634.29	1097.22
河北	5.83	497.53	444.66	2814.86	1353.46
山西	4.66	402.84	247.10	1739.69	600.63
内蒙古	3.51	193.56	288.50	1668.76	989.88
辽宁	8.05	476.41	632.05	4315.38	1899.00
吉林	3.38	231.56	237.75	1592.84	829.43
黑龙江	3.60	279.58	304.04	2109.88	1023.94
上海	26.99	714.36	880.96	6096.56	2822.57
江苏	29.97	1014.04	1160.09	7034.49	3042.27
浙江	15.44	564.30	887.40	5762.00	2345.70

续表

地区	实缴单位数（万个）	实缴职工数（万人）	全年缴存额（亿元）	缴存总额（亿元）	缴存余额（亿元）
安徽	5.22	357.99	519.91	3098.92	1307.63
福建	8.37	326.22	407.27	2543.63	1095.38
江西	4.14	233.30	248.73	1321.81	769.80
山东	10.67	849.59	814.55	4900.80	2528.61
河南	6.63	637.07	450.54	2751.05	1445.54
湖北	6.27	436.00	470.52	2797.06	1546.08
湖南	6.30	444.18	379.15	2205.69	1212.94
广东	26.24	1361.54	1612.97	9162.53	3637.73
广西	4.83	252.79	287.64	1788.04	786.57
海南	1.94	87.89	94.32	491.00	273.49
重庆	2.82	230.28	267.39	1455.95	667.86
四川	9.06	546.28	655.02	3771.08	1821.75
贵州	3.33	210.18	217.00	1105.87	605.63
云南	4.58	262.57	322.19	2109.03	1010.84
西藏	0.36	24.00	52.80	261.00	151.00
陕西	4.81	390.86	331.59	2016.51	889.09
甘肃	2.98	187.18	193.71	1208.22	705.95
青海	0.82	43.47	71.43	476.23	240.76
宁夏	0.85	54.50	78.29	508.46	226.06
新疆	2.92	169.47	272.83	1700.81	764.11
新疆生产建设兵团	0.39	23.57	27.67	145.41	84.05

缴存职工中，国家机关和事业单位职工占35.06%，国有企业职工占25.10%，城镇集体企业职工占3.77%，外商投资企业职工占7.82%，城镇私营企业及其他城镇企业职工占19.07%，民办非企业单位和社会团体职工占1.64%，其他占7.54%。见图1。

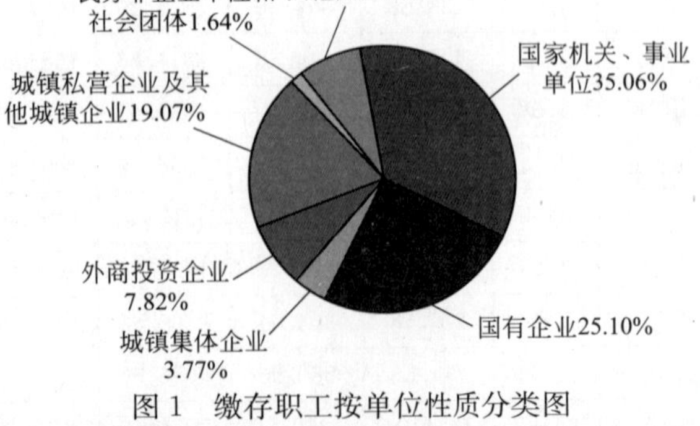

图1 缴存职工按单位性质分类图

【住房公积金提取额大幅上升】 2015年，住房公积金提取额10987.47亿元，比上年增长44.92%；占全年缴存额的75.52%，比上年提高17个百分点。提取总额48815.64亿元，占缴存总额的54.55%。

全年住房消费类提取9122.90亿元，占当年缴存额和提取额的62.70%和83.03%，分别比上年提高了4.18个百分点和7.66个百分点。其中，购买、翻建、大修自住住房占46.57%，偿还购房贷款本息占43.67%，租赁住房占3.66%，其他(如物业费提取等)占6.10%。见图2。

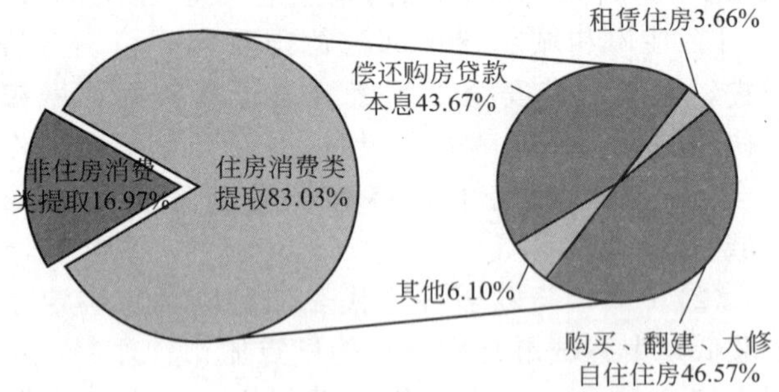

图2 住房公积金提取分类图

【个人住房贷款发放快速增长】 2015年，发放个人住房贷款312.50万笔、11082.63亿元，分别比上年增长40.44%、68.10%；全年回收个人住房贷款3810.02亿元，比上年增长36.71%。全年个人住房贷款新增余额7342.61亿元，市场占有率(全年住房公积金个人住房贷款新增余额占商业性个人住房贷款和住房公积金个人住房贷款新增余额总和的比例)为22.70%。

截至年末，累计发放个人住房贷款2499.33万笔、53349.74亿元，分别比上年末增长14.34%、26.29%。年末个人住房贷款余额32864.55亿元，个人住房贷款率(以下简称"个贷率")80.80%，比上年末提高11.91个百分点。

表2为2015年住房公积金个人住房贷款情况表。

2015年住房公积金个人住房贷款情况表 表2

地区	全年发放笔数（万笔）	全年发放额（亿元）	累计发放笔数（万笔）	累计发放额（亿元）	贷款余额（亿元）	个贷率（%）
全国	312.50	11082.63	2499.33	53349.74	32864.55	80.80
北京	10.14	848.86	85.55	3918.13	2491.69	85.93
天津	10.60	495.50	80.74	2177.60	1113.28	101.46
河北	10.60	304.28	74.88	1474.00	1001.90	74.03
山西	6.12	169.14	36.35	560.40	364.10	60.62
内蒙古	8.08	229.35	79.63	1141.26	609.94	61.62
辽宁	15.88	470.72	131.97	2553.08	1560.89	82.20

续表

地区	全年发放笔数（万笔）	全年发放额（亿元）	累计发放笔数（万笔）	累计发放额（亿元）	贷款余额（亿元）	个贷率（%）
吉林	6.08	176.54	50.15	905.26	592.66	71.45
黑龙江	6.51	187.55	65.11	1129.32	611.06	59.68
上海	19.96	1192.87	215.50	5288.23	2770.08	98.14
江苏	27.70	972.09	229.88	5205.67	3010.90	98.97
浙江	14.60	665.00	136.70	3747.60	2233.30	95.20
安徽	12.94	376.88	92.72	1760.36	1175.15	89.87
福建	7.61	315.10	76.77	1690.17	1062.59	97.01
江西	8.54	298.83	53.01	999.85	664.45	86.31
山东	17.37	506.95	142.98	2825.31	1776.47	70.25
河南	14.84	407.43	83.26	1583.73	1101.36	76.19
湖北	13.38	407.59	90.65	1866.93	1220.36	79.00
湖南	11.22	309.42	91.40	1480.87	953.54	78.61
广东	19.18	756.80	126.70	3744.51	2575.23	70.79
广西	6.43	166.12	48.31	844.08	576.77	73.33
海南	1.89	58.44	11.25	249.13	197.22	72.11
重庆	3.21	102.07	36.21	808.39	591.38	88.55
四川	17.47	521.86	104.25	2064.72	1456.36	80.70
贵州	7.68	203.56	45.32	818.31	580.82	95.90
云南	8.34	250.01	92.12	1358.34	735.86	72.80
西藏	0.80	32.80	4.90	118.30	64.50	42.70
陕西	7.01	186.57	47.40	793.54	538.39	60.55
甘肃	6.67	183.34	53.72	673.82	407.33	57.70
青海	1.44	39.78	19.47	250.21	99.80	41.45
宁夏	1.96	54.96	20.59	319.13	146.38	64.75
新疆	7.87	183.35	68.09	951.94	556.33	72.81
新疆生产建设兵团	0.38	8.87	3.75	47.55	24.46	29.10

完善住房公积金政策和监管制度

【全力推进《住房公积金管理条例》（简称《条例》）修订】 按中央的部署和要求，住房城乡建设部加快推进《条例》修订工作，于9月底将《条例(修订送审稿)》正式上报国务院审议。《条例(修订送审稿)》以维护缴存职工合法权益为基础，以更好地支持缴存职工解决住房问题为目标，从规范缴存政策、完善决策机制、规范机构设置、放宽提取条件、增强资金流动性、促进资金保值增值、加强风险防范、提高服务水平、强化监督检查、健全执法手段等10个方面，完善住房公积金制度。11月，国务院法制办将《条例(修订送审稿)》向社会公开征求意见。

【调整住房公积金提取使用政策】 围绕稳增长、调结构、促改革、惠民生大局，住房城乡建设部、财政部、人民银行先后出台《关于放宽提取住房公积金支付房租条件的通知》、《关于个人住房贷款政策有关问题的通知》、《关于调整住房公积金个人住房贷款购房首付比例的通知》、《关于住房公积金异地个人住房贷款有关操作问题的通知》和《关于切实提高住房公积金使用效率的通知》等5个政策文件，放宽租房提取，降低首套和二套自住住房贷款首付比例，全面推行异地贷款，适度提高贷款额度。住房城乡建设部召开四次全国电视会议，强调用足用好住房公积金，并组织开展专项检查。各地加大工作力度，加快释放结余资金，资金使用效率大幅提升，对稳定房地产市场发挥了积极作用。

【降低个人住房贷款利率】 中国人民银行分别于3月1日、5月11日、6月28日、8月26日、10月24日，5次下调人民币存、贷款利率，住房公积金存款利率相应调整，除最后一次住房公积金贷款利率保持不变外，其余4次住房公积金贷款利率相应下调。10月24日调整利率后，当年缴存的个人住房公积金存款利率为0.35%，上年结转的个人住房公积金存款利率为1.10%；住房公积金个人住房贷款5年以下(含5年)利率为2.75%，5年以上利率为3.25%。住房公积金贷款利率连续降低，节约了缴存职工购房成本，促进了缴存职工住房消费。

【健全信息披露制度】 住房城乡建设部、财政部、人民银行联合印发《关于健全住房公积金信息披露制度的通知》，加大住房公积金信息披露工作力度，组织全行业信息披露业务培训。各设区城市、省(自治区)和全国分别于3月底、4月底、5月底前向社会全面公布了2014年度住房公积金年度报告，提高住房公积金管理的透明度，对社会各界客观了解住房公积金管理运行情况、推进建立公开规范的住房公积金制度起到积极作用。

【完善住房公积金统计制度】 为准确、及时反映住房公积金业务运行状况，住房城乡建设部印发《住房公积金统计管理办法》，经国家统计局批准修订《住房公积金统计报表制度》，开发住房公积金统计信息系统。《住房公积金统计管理办法》拓展了统计工作内容，明确了工作原则，细化了职责分工，完善了统计指标，进一步加强对统计工作的监督管理。

【推进住房公积金信息化建设】 住房城乡建设部组织编制《住房公积金信息系统技术规范》和《住房公积金信息化建设导则》。加快推进《住房公积金基础数据标准》贯彻落实，推广使用住房公积金银行结算数据应用系统，提高风险防控能力。截至年底，已有18个城市住房公积金管理中心完成贯标和接入工作，达到住房公积金管理中心资金、业务、财务三账实时同步的工作要求。为落实国家"互联网+"行动计划，启动了集12329服务热线、短信、微信、微博、手机APP、网上业务大厅、自助服务终端等功能于一体的住房公积金综合服务平台建设，进一步提升住房公积金管理和服务水平。

住房公积金试点

2015年，住房公积金贷款支持保障性住房试点工作稳步推进，全年发放试点项目贷款65.50亿元。其中，经济适用住房15.61亿元，棚户区改造安置用房16.97亿元，公共租赁住房32.92亿元。应回收试点项目贷款本金118.64亿元，实际回收204.56亿元。

截至2015年末，累计发放试点项目贷款841.29亿元。其中，经济适用住房225.92亿元，棚户区改造安置用房331.04亿元，公共租赁住房284.33亿元。累计回收试点项目贷款本金530.86亿元，试点项目贷款余额310.44亿元。175个试点项目结清贷款本息。通过发放保障性住房建设项目贷款支持保障性住房建设项目369个，6985.79万平方米，住房公积金贷款金额占项目总投资的42.67%。其中，经济适用房项目121个，2115.20万平方米；棚户区改造安置用房项目133个，2884.30万平方米；公共租赁房项目115个，1986.29万平方米。可以解决约110万户职工家庭住房困难。

"十二五"期间住房公积金监管工作主要成效

"十二五"期间，住房城乡建设部会同财政部、人民银行等部门，认真贯彻落实《住房公积金管理条例》和十八届三中全会决定的要求，以保障和增进缴存职工权益为出发点和落脚点，加大住房公积金改革力度，加快释放结余资金，加强和改进服务工作，强化部门和社会监督，回应群众诉求，维护职工权益，各项工作取得积极进展，成效显著。

【有力支持了职工住房消费】 "十二五"期间，住房公积金作为我国住房货币化分配的主要途径，制度覆盖范围持续扩大，缴存金额不断增加，个人住房贷款快速发展，提高了职工住房支付能力，有力支持了职工住房消费。"十二五"期间，全国住房公积金提取和个人住房贷款总额达到6.9万亿元，约占全国商品住宅销售额的23%。按现行利差测算，一笔100万元20年期个人住房贷款，公积金贷款比银行商业贷款节省利息成本21万元，相当于贷款金额的五分之一，有效降低了职工购房融资成本。

(1) 归集方面。"十二五"期间，住房公积金缴存额56970.51亿元，年均增长15.74%。见图3。

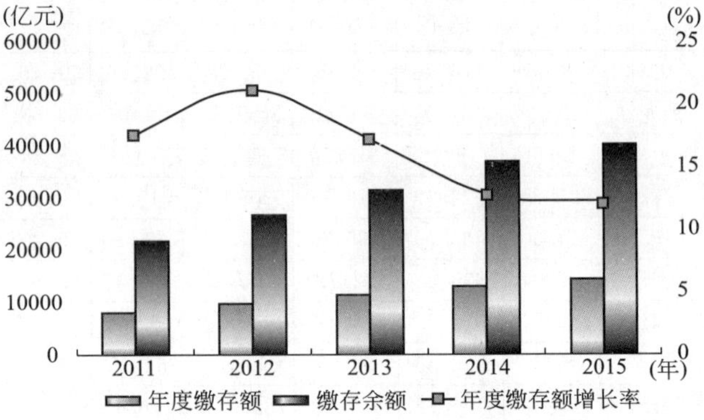

图3 "十二五"住房公积金缴存情况图

(2) 提取方面。"十二五"期间，住房公积金提取额34059.53亿元，年均增长29.32%。见图4。

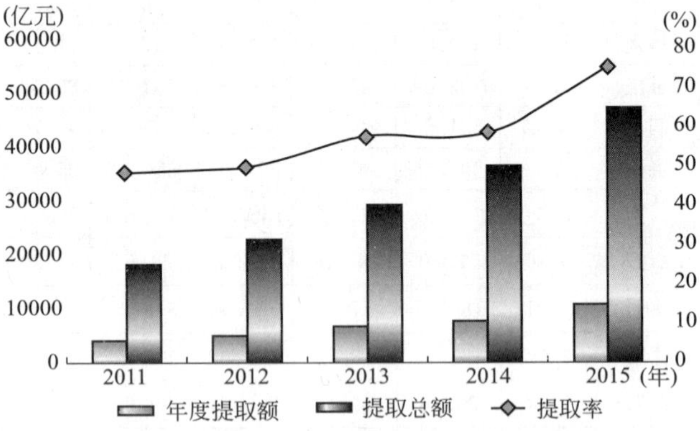

图4 "十二五"住房公积金提取情况图

(3) 个人住房贷款方面。"十二五"期间，共发放个人住房贷款1158.04万笔，34761.04亿元，年均分别增长18.01%、30.40%。期末个人住房贷款余额比"十一五"期末增长201.52%。个贷率从"十一五"期末的61.53%提高到80.80%。见图5。

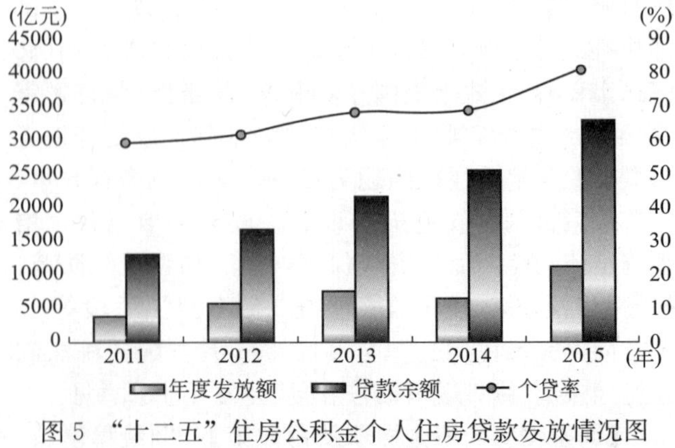

图5 "十二五"住房公积金个人住房贷款发放情况图

【切实提高了管理和服务水平】 2011年，住房城乡建设部会同财政部、人民银行、银监会印发《关于加强和改进服务工作的通知》，推动各地进一步优化业务流程、健全服务制度、完善服务设施、创新服务方式。不少地区响应职工需求，推出了一站式服务、网上业务大厅、休息日办公等便民措施。2012年和2014年，经工业和信息化部批准，住房城乡建设部先后印发《关于开通12329住房公积金热线的通知》和《关于开通12329住房公积金短消息服务的通知》，部署各地尽快开通全国统一的12329热线和短消息服务，丰富住房公积金服务手段，提升住房公积金管理和服务水平。2015年，指导和推进全国住房公积金综合服务平台建设。截至“十二五”期末，有301个城市开通12329热线、7个省开通12329短信、316个城市开通门户网站、125个城市开通网上大厅、195个城市开通自助终端、44个城市开通手机APP、149个城市开通官方微信、118个城市开通官方微博。

【有效管控了资金安全风险】 为从源头上防范资金风险，2011年住房城乡建设部会同财政、监察等部门印发《关于加强住房公积金廉政风险防控工作的通知》，确定了12种风险类型、34个风险点、70项防控措施。督促地方逐项落实责任人员，加强资金风险防控工作，风险防控取得初步成效。截至2015年底，全国住房公积金个人住房贷款逾期额仅为4.04亿元，逾期率0.01%。年末个人住房贷款风险准备金余额1240.12亿元，占个人住房贷款余额的3.77%。个人住房贷款逾期额与个人住房贷款风险准备金余额的比例为0.33%，风险准备充足。

“十二五”期间，住房城乡建设部会同国家审计署、国务院纠风办等部门，开展涉险资金专项清收工作，组织住房公积金督察员，督促地方加快清收涉险资金，对清收不力的地区，逐城进行实地督查和重点督查。“十二五”期间，共清收历史遗留风险资产28.21亿元，其中历史遗留项目贷款和挤占挪用资金12.79亿元，历史遗留逾期国债资金15.42亿元。截至2015年底，历史遗留风险资产余额仅为1.93亿元，其中项目贷款和挤占挪用资金0.38亿元，逾期国债资金1.55亿元。经过各方努力，涉险资金清收工作取得显著成效。

（住房和城乡建设部住房公积金监管司）

人 事 教 育

人事教育综述

【住房和城乡建设部村镇建设司内设机构调整】 1月12日，住房和城乡建设部印发《关于村镇建设司内设机构及编制调整的通知》，对住房和城乡建设部村镇建设司内设机构进行调整，将小城镇与村庄建设指导处分设为乡村建设处和小城镇建设处。调整后，村镇建设司设5个处：综合处、村镇规划处、乡村建设处、小城镇建设处、农房建设管理处。

【住房和城乡建设部科技与产业化发展中心（住宅产业化促进中心）内设机构调整】 1月22日，住房和城乡建设部印发《关于住房城乡建设部科技与产业化发展中心（住宅产业化促进中心）内设机构调整的批复》，对住房和城乡建设部科技与产业化发展中心（住宅产业化促进中心）内设机构进行调整，将产品认证处、墙材革新与结构技术处合并，成立绿色建材部品处；将规划发展处（科研管理处）调整为规划发展处、科研管理处（总工办）。调整后，住房和城乡建设部科技与产业化发展中心（住宅产业化促进中心）设17个内设机构：综合处、财务处、科研管理处（总工办）、规划发展处、信息处、建筑节能发展处、绿色建筑发展处、科技工程与技术咨询处、住宅示范工程处、建筑技术处、城乡减排技术处、绿色建材部品处、国际合作交流处、评估推广处、性能认定处、建筑节能数据监测分析处、房地产市场监测分析处。

【住房和城乡建设部中国建设报社内设机构调整】 2月12日，住房和城乡建设部印发《关于中国建设报社内设机构和中层领导干部职数调整的批复》，对住房和城乡建设部中国建设报社内设机构进行调整，增设大数据部、专版部、人力资源部。调整后，中国建设报社设16个内设机构：办公室、财务部、新闻中心、建设经济部、住房编辑部、建筑市场部、节能科技部、专刊部、记者发行部、信息推广部、出版技术部、政策研究部、新媒体部、大数据部、专版部、人力资源部。

【住房和城乡建设部城乡规划司内设机构调整】 3月5日，住房和城乡建设部印发《关于城乡规划司内设机构调整的批复》，对住房和城乡建设部城乡规划司内设机构进行调整，增设城市设计管理处。调整后，城乡规划司设6个处：综合处、规划管理处、城市规划处、历史名城保护处、区域规划处、城市设计管理处。

【住房和城乡建设部信息中心（住房信息管理中心）内设机构调整】 5月4日，住房和城乡建设部印发《关于住房城乡建设部信息中心（住房信息管理中心）内设机构调整的批复》，对住房城乡建设部信息中心（住房信息管理中心）内设机构进行调整，增设信息查核处，将规划发展处与统计分析处合并为规划与统计分析处，将建设管理处与运行维护处合并为建设与运维管理处。调整后，住房城乡建设部信息中心（住房信息管理中心）设13个内设机构：综合处、财务处、网络设施处、系统开发应用处、信息处、规划与统计分析处、建设与运维管理处、信息查核处、计算机安全保密处、行业工作处、科技与标准处、通讯处、编辑部。

【住房和城乡建设部房地产市场监管司内设机构调整】 5月18日，住房和城乡建设部印发《关于房地产市场监管司内设机构和行政编制调整的通知》，对住房和城乡建设部房地产市场监管司内设机构进行调整，增设房地产交易信息日报处。调整后，房地产市场监管司设7个处：综合处、房地产市场监测与开发管理处、房地产交易与权属管理处、物业管理处、房屋征收管理处、住房信息管理处、房地产交易信息日报处。

【住房和城乡建设部中国城市规划设计研究院内设机构调整】 5月19日，住房和城乡建设部印发《关于中国城市规划设计研究院内设机构和中层领导干部职数调整的批复》，对住房和城乡建设部中国城市规划设计研究院内设机构进行调整，成立城市设计研究分院，将风景园林规划研究所更名为风景园林和景观研究分院、城市交通专业研究院更名为城市交通研究分院、城镇水务与工程专业研究院更名为城镇水务与工程研究分院。调整后，中国城市规划设计研究院设23个内设机构：综合办公室、党委办公室、人事教育处、计划财务处、科技业务处、总工程师室、城市规划设计所、城市与区域规划设计所、城市规划与历史名城规划研究所、城市建设规划设计研究所、城市环境与景观规划设计研究所、城市与乡村规划设计研究所、住房与城乡规划研究所、城市设计研究分院、城市交通研究分院、城镇水务与工程研究分院、风景园林和景观研究分院、文化与旅游规划研究所、建筑设计所、院士工作室、城乡规划研究中心、城市规划学术信息中心、服务中心。派出机构9个：深圳分院、上海分院、西部分院、汕头分院、海南分院、厦门分院、惠州分院、北海分院、钦州办事处。

【住房和城乡建设部中国城市规划设计研究院内设机构再次调整】 6月3日，住房和城乡建设部印发《关于中国城市规划设计研究院内设机构调整的批复》，对住房和城乡建设部中国城市规划设计研究院内设机构进行调整，将城乡规划研究中心更名为规划研究中心、城市规划设计所更名为城市更新研究所、城市与区域规划设计所更名为区域规划研究所、城市规划与历史名城规划研究所更名为历史文化名城研究所、城市建设规划设计研究所更名为城乡治理研究所、城市环境与景观规划设计研究所更名为绿色城市研究所、城市与乡村规划设计研究所更名为村镇规划研究所、住房与城乡规划研究所更名为住房规划研究所，撤销惠州分院。调整后，中国城市规划设计研究院设23个内设机构：综合办公室、党委办公室、人事教育处、计划财务处、科技业务处、总工程师室、城市更新研究所、区域规划研究所、历史文化名城研究所、城乡治理研究所、绿色城市研究所、村镇规划研究所、住房规划研究所、城市设计研究分院、城市交通研究分院、城镇水务与工程研究分院、风景园林和景观研究分院、文化与旅游规划研究所、建筑设计所、院士工作室、规划研究中心、城市规划学术信息中心、服务中心。派出机构8个，包括：深圳分院、上海分院、西部分院、汕头分院、海南分院、厦门分院、北海分院、钦州办事处。

【住房和城乡建设部村镇建设司内设机构再次调整】 7月21日，住房和城乡建设部印发《关于村镇建设司内设机构调整的通知》，对住房和城乡建设部村镇建设司内设机构进行调整，设立农村污水治理处，将乡村建设处更名为农村垃圾治理处。调整后，村镇建设司设6个处：综合处、村镇规划处、小城镇建设处、农房建设管理处、农村污水治理处、农村垃圾治理处。

【住房和城乡建设部房地产市场监管司内设机构再次调整】 11月18日，住房城乡建设部印发《关于房地产市场监管司内设机构调整的通知》，对住房和城乡建设部房地产市场监管司内设机构进行调整，将房地产市场监测与开发管理处、房屋征收管理处整合后，设立政策协调指导处、市场监测处及开发和征收管理处，将房地产交易与权属管理处更名为交易租赁和产权管理处，物业管理处更名为物业服务市场监管处，将住房信息管理处与房地产交易信息日报处合并，成立房产信息处。调整后，房地产市场监管司设7个处：综合处、政策协调指导处、市场监测处、交易租赁和产权管理处、开发和征收管理处、物业服务市场监管处、房产信息处。

【住房和城乡建设部中国城市规划设计研究院内设机构第三次调整】 12月8日，住房和城乡建设部印发《关于同意中国城市规划设计研究院住房规划研究所更名的批复》，对住房和城乡建设部中国城市规划设计研究院内设机构进行调整，将住房规划研究所更名为住房与住区研究所。调整后，中国城市规划设计研究院设23个内设机构：综合办公室、党委办公室、人事教育处、计划财务处、科技业务处、总工程师室、城市更新研究所、区域规划研究所、历史文化名城研究所、城乡治理研究所、绿色城市研究所、村镇规划研究所、住房与住区研究所、城市设计研究分院、城市交通研究分院、城镇水务与工程研究分院、风景园林和景观研究分院、文化与旅游规划研究所、建筑设计所、院士工作室、规划研究中心、城市规划学术信息中心、服务中心。派出机构8个，包括：深圳分院、上海分院、西部分院、汕头分院、海南分院、厦门分院、北海分院、钦州办事处。

【住房和城乡建设部召开住房城乡建设系统人事处长座谈会】 3月26日，住房和城乡建设部印发《关于召开住房城乡建设系统人教处长座谈会的通知》，并于4月21日、22日在宁夏银川召开了全国住房城乡建设系统人教处长座谈会。会议通报了住房城乡建设部2014年教育培训工作情况和2015年工作思路，交流各地领导干部、专业人员、操作人员教育培训工作，落实职业标准，推进现场管理人员职业培训考核管理工作，研究部署加强建筑工人职业技能培训鉴定工作。住房城乡建设部人事司相关负责人及全国各省、自治区、直辖市和新疆生产建设兵团的住房城乡建设部门分管领导、人教处长、培训机构负责人等近100人参加了会议。

（*范婷*）

高等教育

【住房城乡建设部、陕西省人民政府签署共建西安建筑科技大学协议】 9月17日，住房城乡建设部、陕西省人民政府在西安签署共建西安建筑科技大学协议。根据协议，住房城乡建设部将在完善学校战略发展规划和学科建设规划，支持学校发挥特色优势特别是在绿色生态建筑、文化遗产保护、防灾减灾、水资源再生利用、建筑新材料等领域开展科学研究和技术成果推广等给予指导和扶持；陕西省将把学校作为陕西省重点建设的高水平大学，在重大科研项目评审、人才引进和学位点、重点学科、重点实验室、工程技术中心建设、教师队伍编制等政策、经费方面给予重点支持。住房城乡建设部副部长易军、陕西省副省长庄长兴分别代表部省签署共建协议。

【住房城乡建设部、北京市人民政府签署共建北京建筑大学协议】 10月9日，住房城乡建设部、北京市人民政府在北京签署共建北京建筑大学协议。根据协议，住房城乡建设部将在完善北京建筑大学战略发展规划和学科建设规划，以及特色专业、实践教学基地、工程技术研究中心建设等方面给予指导和支持，重点支持学校开展智慧城市、绿色生态建筑、工程防灾减灾、城市节水与水资源利用等领域的教学、科研和技术转化应用；北京市将把北京建筑大学作为北京市高等教育建设的重点，加大政策支持和经费投入，在重大科研项目、人才引进、重点学科建设、教师队伍编制等方面给予重点支持。住房城乡建设部副部长易军，北京市委常委、副市长陈刚分别代表部市签署共建协议。

【住房城乡建设部组织召开高等学校城市设计教学研讨会】 为贯彻落实习近平总书记重要指示精神，进一步加强高校城市设计人才培养，住房城乡建设部组织高等学校建筑学、城乡规划、风景园林学科专业指导委员会于7月30～31日，在天津联合召开高等学校城市设计教学研讨会。住房城乡建设部城乡规划司负责人，中国城市规划设计研究院、中国城市规划学会、天津市规划局、深圳市城市设计促进中心、清华大学、同济大学、东南大学、天津大学有关专家就加强城市设计管理和高校城市设计教学作专题发言。高等学校建筑学、城乡规划、风景园林学科专业指导委员会委员以及有关高校代表约180人参加研讨，并参观考察了天津城市设计典型案例。

【教育部组建全国住房和城乡建设职业教育教学指导委员会】 6月，教育部印发《关于公布全国行业职业教育教学指导委员会（2015—2019年）组成人员的通知》，组建相关行业职业教育教学指导委员会（行指委），任期四年，至2019年12月31日。其中，住房和城乡建设职业教育教学指导委员会负责住房和城乡建设职业教育的研究、指导、咨询和服务工作，由58人组成。主任委员由住房城乡建设部人事司陈宜明担任；副主任委员4名，由住房城乡建设部人事司赵琦、陈付，中国建设教育协会朱光，四川建筑职业技术学院吴泽担任；秘书长由四川建筑职业技术学院胡兴福担任；委员52名，名单如下：中国建设教育协会胡晓光，江苏城乡建设职业学院王伟，辽宁建筑职业学院王丽，广州中望龙腾软件股份有限公司王长民，河南省建筑工程学校王立霞，中国城市建设研究院有限公司王磐岩，山西省建筑工程技术学校任雁飞，广联达软件股份有限公司刘谦，中国建筑工程总公司刘晓初，湖北城市建设职业技术学院危道军，北京燃气集团燃气学院吕瀛，湖南城建职业技术学院朱向军，上海市城市建设工程学校朱迎迎，邢台职业技术学院许光，浙江建设职业技术学院何辉，江苏建筑职业技术学院吴光林，中国建设工程造价管理协会吴佐民，杨凌职业技术学院张迪，南京工业职业技术学院张小明，深圳市松大科技有限公司张彦礼，广州市交通运输职业学校张燕文，广州市市政职业学校杨玉衡，上海市建筑工程学校杨秀方，住房城乡建设部人力资源开发中心杨彦奎，同济大学沈晔，四川省绵阳水利电力学校肖伦斌，辽宁城市建设职业技术学院陈晓军，上海城市管理职业技术学院陈锡宝，广西城市建设学校陈静玲，江苏农林职业技术学院周兴元，江苏建筑职业技术学院季翔，武汉职业技术学院武敬，江西省建筑工业学校罗小毛，广州市土地房产管理职业学校郑细珠，中国建筑工业出版社咸大庆，中亿丰建设集团股份有限公司宫长义，河北城乡建设学校贺海宏，黑龙江建筑职业技术学院赵研，内蒙古建筑职业技术学院徐建平，上海市公用事业学校柴虹亮，常州工程职业技术学院袁洪志，国家开放大学郭鸿，山西建筑职业技术学院符里刚，内蒙古建筑职业技术学院银花，广州市建筑工程职业学校黄民权，江苏城乡建设职业学院黄志良，南宁职业技术学院黄春波，中国建筑业协会景万，黑龙江建筑职业技术学院景海河，河南省建筑工程学校韩应江，山东城市建设职业学院韩培江，云南建设学校廖春洪。

【全国住房和城乡建设职业教育教学指导委员会组建专业类指导委员会】 根据《教育部关于公布全国行业职业教育教学指导委员会（2015—2019年）组成人员的通知》及有关规定，全国住房和城乡建设职业教育教学指导委员会（行指委）组建了6个专业类指导委员会，分别是：建筑与规划类专业指导委员会、土建施工类专业指导委员会、建筑设备类专业指导委员会、工程管理类专业指导委员会、市政工程类专业指导委员会、房地产类专业指导委员会。

【全国住房和城乡建设职业教育教学指导委员会建筑与规划类专业指导委员会组成人员名单】 建筑与规划类专业指导委员会主持学校为江苏建筑职业技术学院，主任委员为江苏建筑职业技术学院季翔；副主任委员3人，分别为（按姓氏笔画排序）：湖南城建职业技术学院朱向军，上海市城市建设工程学校朱迎迎，江苏农林职业技术学院周兴元；委员23人，名单如下（按姓氏笔画排序）：江苏城乡建设职业学院王伟，广西建设职业技术学院甘翔云，山西建筑职业技术学院冯美宇，长沙环境保护职业技术学院吕文明，山西省建筑工程技术学校任雁飞，辽宁城市建设职业技术学院刘艳芳，宁波工程学院刘超英，上海城市管理职业技术学院李进，黑龙江建筑职业技术学院李宏，甘肃建筑职业技术学院李君宏，哈尔滨职业技术学院李晓琳，内蒙古建筑职业技术学院杨青山，重庆建筑工程职业学院吴国雄，黎明职业大学陈卫华，上海建峰职业技术学院周培元，杨凌职业技术学院赵建民，四川建筑职业技术学院钟建，浙江建设职业技术学院徐哲民，湖北城市建设职业技术学院高卿，江苏建筑职业技术学院黄立营（兼秘书），南宁职业技术学院黄春波，辽宁建筑职业学院鲁毅，山东城市建设职业技术学院解万玉。

【全国住房和城乡建设职业教育教学指导委员会土建施工类专业指导委员会组成人员名单】 土建施工类专业指导委员会主持学校为黑龙江建筑职业技术学院，主任委员为黑龙江建筑职业技术学院景海河；副主任委员4人，分别为（按姓氏笔画排序）：湖北城市建设职业技术学院危道军，上海市建筑工程学校杨秀方，杨凌职业技术学院张迪，黑龙江建筑职业技术学院赵研（兼秘书）；委员26人，名单如下（按姓氏笔画排序）：北京工业职业技术学院王强，黄河水利职业技术学院王付全，新疆建设职业技术学院石建平，成都航空职业技术学院冯光灿，黄冈职业技术学院刘晓敏，青海建筑职业技术学院刘海峰，辽宁建筑职业技术学院孙玉红，昆明冶金高等专科学校杜绍堂，内蒙古建筑职业技术学院李仙兰，绵阳职业技术学院肖伦斌，四川建筑职业技术学院吴明军，河南建筑职业技术学院吴承霞，浙江建设职业技术学院沙玲，山西建筑职业技术学院宋岩丽，深圳职业技术学院张伟，江苏建筑职业技术学院陈年和，泰州职业技术学院陈红秋，广东工程职业技术学院赵冬，广东建设职业技术学院赵鹏飞，内蒙古机电职业技术学院郝俊，石家庄铁路职业技术学院战启芳，邯郸职业技术学院钟芳林，浙江省建筑安装高级技工学校钱正海，上海建峰职业技术学院徐辉，广州市建筑工程职业学校黄民权，云南建设学校廖春洪。

【全国住房和城乡建设职业教育教学指导委员会建筑设备类专业指导委员会组成人员名单】 建筑设备类专业指导委员会主持学校为山西建筑职业技术学院，主任委员为山西建筑职业技术学院符里刚；副主任委员 3 人，分别为（按姓氏笔画排序）：江苏建筑职业技术学院吴光林，南京工业职业技术学院张小明，上海市公用事业学校柴虹亮；委员 21 人，名单如下（按姓氏笔画排序）：辽宁建筑职业学院王丽，贵州建设职业技术学院王昌辉，江苏城乡建设职业学院王建玉，江西建设职业技术学院朱繁，新疆建设职业技术学院汤万龙，成都航空职业技术学院杨婉，宁夏建设职业技术学院吴晓辉，青海建筑职业技术学院余增元，山西建筑职业技术学院张炯（兼秘书），内蒙古建筑职业技术学院张汉军，广州市交通运输职业学校张燕文，广东建设职业技术学院陈光荣，浙江交通职业技术学院金湖庭，山东城市建设职业学院高绍远，浙江建设职业技术学院黄亦沄，广西建设职业技术学院彭红圃，黑龙江建筑职业技术学院董娟，天津国土资源和房屋职业学院蒋英，河南建筑职业技术学院韩应江，新疆安装工程学校翟艳，四川建筑职业技术学院颜凌云。

【全国住房和城乡建设职业教育教学指导委员会工程管理类专业指导委员会组成人员名单】 工程管理类专业指导委员会主持学校为四川建筑职业技术学院，主任委员为四川建筑职业技术学院胡兴福，副主任委员 4 人，分别为（按姓氏笔画排序）：河北城乡建设学校贺海宏，国家开放大学郭鸿，江苏城乡建设职业学院黄志良，内蒙古建筑职业技术学院银花；委员 20 人，名单如下（按姓氏笔画排序）：辽宁城市建设职业技术学院王斌，河南建筑职业技术学院王立霞，广西建设职业技术学院文桂萍，山西建筑职业技术学院田恒久，湖北城市建设职业技术学院华均，江西建设职业技术学院刘小庆，山东科技职业学院齐景华，日照职业技术学院孙刚，黑龙江建筑职业技术学院吴耀伟，江西工业贸易职业技术学院何隆权，湖南高速铁路职业技术学院陈安生，黎明职业大学陈俊峰，常州工程职业技术学院郑慧虹，湖南城建职业技术学院胡六星，济南工程职业技术学院侯洪涛，四川建筑职业技术学院袁建新（兼秘书），深圳职业技术学院夏清东，江苏建筑职业技术学院郭起剑，重庆建筑工程职业学院黄春蕾，重庆工贸职业技术学院程媛。

【全国住房和城乡建设职业教育教学指导委员会市政工程类专业指导委员会组成人员名单】 市政工程类专业指导委员会主持学校为内蒙古建筑职业技术学院，主任委员为内蒙古建筑职业技术学院徐建平；副主任委员 3 人，分别为（按姓氏笔画排序）：邢台职业技术学院许光，辽宁城市建设职业技术学院陈晓军，山东城市建设职业学院韩培江；委员 21 人，名单如下（按姓氏笔画排序）：宁夏建设职业技术学院马精凭，深圳职业技术学院邓爱华，黑龙江建筑职业技术学院边喜龙，浙江建设职业技术学院朱勇年，包头铁道职业技术学院闫宏生，江西建设职业技术学院李汉华，广州市市政职业技术学院杨玉衡，四川建筑职业技术学院杨转运，甘肃建筑职业技术学院邱琴忠，上海城市管理职业技术学院张弘，河南交通职业技术学院张鹏，贵州交通职业技术学院张玉杰，江苏建筑职业技术学院张宝军，重庆建筑工程职业学院张银会，广西城市建设学校陈静玲，陕西铁路工程职业技术学院罗建华，上海市公用事业学校季强，青海建筑职业技术学院庾汉成，安徽交通职业技术学院章劲松，重庆工程职业技术学院游普元，内蒙古建筑职业技术学院谭翠萍(兼秘书)。

【全国住房和城乡建设职业教育教学指导委员会房地产类专业指导委员会组成人员名单】 房地产类专业指导委员会主持学校为浙江建设职业技术学院，主任委员为浙江建设职业技术学院何辉；副主任委员 3 人，分别为（按姓氏笔画排序）：上海城市管理职业技术学院陈锡宝，武汉职业技术学院武敬，广州市土地房产管理职业学校郑细珠；委员 18 人，名单如下（按姓氏笔画排序）：天津国土资源和房屋职业学院王钊，四川建筑职业技术学院邓培林，山西建筑职业技术学院冯占红，湖南城建职业技术学院刘霁，青岛市房地产职业中等专业学校刘合森，宁夏建设职业技术学院孙建萍，甘肃建筑职业技术学院杨晶，江苏建筑职业技术学院杨锐，上海建峰职业技术学院杨光辉，黑龙江建筑职业技术学院谷学良，浙江建设职业技术学院陈旭平（兼秘书），南京工业职业技术学院陈林杰，桂林师范高等专科学校陈慕杰，上海市房地产学校周建华，新疆建设职业技术学院孟庆杰，广东建设职业技术学院章鸿雁，内蒙古建筑职业技术学院斯庆，长沙民政职业技术学院谢希钢。

【2014～2015年度高等学校建筑学专业教育评估工作】 2015年，全国高等学校建筑学专业教育评估委员会对湖南大学、合肥工业大学、郑州大学、大连理工大学、武汉理工大学、厦门大学、安徽建筑大学、西安交通大学、烟台大学、天津城建大学、新疆大学、福建工程学院、河南工业大学等13所学校的建筑学专业教育进行了评估。评估委员会全体委员对各学校的自评报告进行了审阅，于5月派遣视察小组进校实地视察。之后，经评估委员会全体会议讨论并投票表决，做出了评估结论并报送国务院学位委员会。9月，国务院学位委员会印发《关于批准湖南大学等高等学校开展建筑学学士、硕士专业学位授予工作的通知》（学位〔2015〕31号），授权这些高校行使或继续行使建筑学专业学位授予权。2015年高校建筑学专业评估结论见表1。

2015年高校建筑学专业评估结论 表1

序号	学校	专业	授予学位	合格有效期		备注
				本科	硕士研究生	
1	湖南大学	建筑学	学士、硕士	7年（2015.5～2022.5）	7年（2015.5～2022.5）	复评
2	合肥工业大学	建筑学	学士、硕士	7年（2015.5～2022.5）	7年（2015.5～2022.5）	复评
3	郑州大学	建筑学	学士、硕士	4年（2015.5～2019.5）	4年（2015.5～2019.5）	复评
4	大连理工大学	建筑学	学士、硕士	7年（2015.5～2022.5）	7年（2015.5～2022.5）	复评
5	武汉理工大学	建筑学	学士、硕士	4年（2015.5～2019.5）	4年（2015.5～2019.5）	复评
6	厦门大学	建筑学	学士、硕士	4年（2015.5～2019.5）	4年（2015.5～2019.5）	复评
7	安徽建筑大学	建筑学	学士	4年（2015.5～2019.5）	—	复评
8	西安交通大学	建筑学	学士、硕士	4年（2015.5～2019.5）	4年（2015.5～2019.5）	复评
9	烟台大学	建筑学	学士	4年（2015.5～2019.5）	—	复评
10	天津城建大学	建筑学	学士、硕士	4年（2015.5～2019.5）	4年（2015.5～2019.5）	学士复评 硕士初评
11	新疆大学	建筑学	学士	4年（2015.5～2019.5）	—	初评
12	福建工程学院	建筑学	学士	4年（2015.5～2019.5）	—	初评
13	河南工业大学	建筑学	学士	有条件4年 （2015.5～2019.5）	—	初评

截至5月，全国共有56所高校建筑学专业通过专业教育评估，受权行使建筑学专业学位（包括建筑学学士和建筑学硕士）授予权，其中具有建筑学学士学位授予权的有55个专业点，具有建筑学硕士学位授予权的有35个专业点。详见表2。

高校建筑学专业教育评估通过学校和有效期情况统计表 表2

（截至2015年5月，按首次通过评估时间排序）

序号	学校	本科合格有效期	硕士合格有效期	首次通过评估时间
1	清华大学	2011.5～2018.5	2011.5～2018.5	1992.5
2	同济大学	2011.5～2018.5	2011.5～2018.5	1992.5
3	东南大学	2011.5～2018.5	2011.5～2018.5	1992.5
4	天津大学	2011.5～2018.5	2011.5～2018.5	1992.5
5	重庆大学	2013.5～2020.5	2013.5～2020.5	1994.5
6	哈尔滨工业大学	2013.5～2020.5	2013.5～2020.5	1994.5
7	西安建筑科技大学	2013.5～2020.5	2013.5～2020.5	1994.5
8	华南理工大学	2013.5～2020.5	2013.5～2020.5	1994.5
9	浙江大学	2011.5～2018.5	2011.5～2018.5	1996.5

续表

序号	学校	本科合格有效期	硕士合格有效期	首次通过评估时间
10	湖南大学	2015.5～2022.5	2015.5～2022.5	1996.5
11	合肥工业大学	2015.5～2022.5	2015.5～2022.5	1996.5
12	北京建筑大学	2012.5～2019.5	2012.5～2019.5	1996.5
13	深圳大学	2012.5～2016.5	2012.5～2016.5	本科 1996.5/硕士 2012.5
14	华侨大学	2012.5～2016.5	2012.5～2016.5	1996.5
15	北京工业大学	2014.5～2018.5	2014.5～2018.5	本科 1998.5/硕士 2010.5
16	西南交通大学	2014.5～2021.5	2014.5～2021.5	本科 1998.5/硕士 2004.5
17	华中科技大学	2014.5～2021.5	2014.5～2021.5	1999.5
18	沈阳建筑大学	2011.5～2018.5	2011.5～2018.5	1999.5
19	郑州大学	2015.5～2019.5	2015.5～2019.5	本科 1999.5/硕士 2011.5
20	大连理工大学	2015.5～2022.5	2015.5～2022.5	2000.5
21	山东建筑大学	2012.5～2019.5	2012.5～2016.5	本科 2000.5/硕士 2012.5
22	昆明理工大学	2013.5～2017.5	2013.5～2017.5	本科 2001.5/硕士 2009.5
23	南京工业大学	2014.5～2018.5	2014.5～2018.5	本科 2002.5/硕士 2014.5
24	吉林建筑大学	2014.5～2018.5	2014.5～2018.5	本科 2002.5/硕士 2014.5
25	武汉理工大学	2015.5～2019.5	2015.5～2019.5	本科 2003.5/硕士 2011.5
26	厦门大学	2015.5～2019.5	2015.5～2019.5	本科 2003.5/硕士 2007.5
27	广州大学	2012.5～2016.5	—	2004.5
28	河北工程大学	2012.5～2016.5	—	2004.5
29	上海交通大学	2014.5～2018.5	—	2006.6
30	青岛理工大学	2014.5～2018.5	2014.5～2018.5	本科 2006.6/硕士 2014.5
31	安徽建筑大学	2015.5～2019.5	—	2007.5
32	西安交通大学	2015.5～2019.5	2015.5～2019.5	本科 2007.5/硕士 2011.5
33	南京大学	—	2011.5～2018.5	2007.5
34	中南大学	2012.5～2016.5	2012.5～2016.5	本科 2008.5/硕士 2012.5
35	武汉大学	2012.5～2016.5	2012.5～2016.5	2008.5
36	北方工业大学	2012.5～2016.5	2014.5～2018.5	本科 2008.5/硕士 2014.5
37	中国矿业大学	2012.5～2016.5	—	2008.5
38	苏州科技学院	2012.5～2016.5	—	2008.5
39	内蒙古工业大学	2013.5～2017.5	2013.5～2017.5	本科 2009.5/硕士 2013.5
40	河北工业大学	2013.5～2017.5	—	2009.5
41	中央美术学院	2013.5～2017.5	—	2009.5
42	福州大学	2014.5～2018.5	—	2010.5
43	北京交通大学	2014.5～2018.5	2014.5～2018.5	本科 2010.5/硕士 2014.5
44	太原理工大学	2014.5～2018.5（有条件）	—	2010.5
45	浙江工业大学	2014.5～2018.5	—	2010.5
46	烟台大学	2015.5～2019.5	—	2011.5
47	天津城建大学	2015.5～2019.5	2015.5～2019.5	本科 2011.5/硕士 2015.5
48	西北工业大学	2012.5～2016.5	—	2012.5
49	南昌大学	2013.5～2017.5	—	2013.5
50	广东工业大学	2014.5～2018.5	—	2014.5
51	四川大学	2014.5～2018.5	—	2014.5

续表

序号	学校	本科合格有效期	硕士合格有效期	首次通过评估时间
52	内蒙古科技大学	2014.5～2018.5	—	2014.5
53	长安大学	2014.5～2018.5	—	2014.5
54	新疆大学	2015.5～2019.5	—	2015.5
55	福建工程学院	2015.5～2019.5	—	2015.5
56	河南工业大学	2015.5～2019.5（有条件）	—	2015.5

【2014～2015年度高等学校城乡规划专业教育评估工作】 2015年，住房城乡建设部高等教育城乡规划专业评估委员会对北京建筑大学、广州大学、北京大学、青岛理工大学、天津城建大学、四川大学、广东工业大学、长安大学、郑州大学等9所学校的城乡规划专业进行了评估。评估委员会全体委员对各校的自评报告进行了审阅，于5月派遣视察小组进校实地视察。经评估委员会全体会议讨论并投票表决，做出评估结论，见表3。

2014～2015年度9所高等学校城乡规划专业评估 **表3**

序号	学校	专业	授予学位	合格有效期		备注
				本科	硕士研究生	
1	北京建筑大学	城乡规划	学士	4年（2015.5～2019.5）	在有效期内	复评
2	广州大学	城乡规划	学士	4年（2015.5～2019.5）	—	复评
3	北京大学	城乡规划	学士	6年（2015.5～2021.5）	—	复评
4	青岛理工大学	城乡规划	学士	4年（2015.5～2019.5）	—	初评
5	天津城建大学	城乡规划	学士	4年（2015.5～2019.5）	—	初评
6	四川大学	城乡规划	学士	4年（2015.5～2019.5）	—	初评
7	广东工业大学	城乡规划	学士	4年（2015.5～2019.5）	—	初评
8	长安大学	城乡规划	学士	4年（2015.5～2019.5）	—	初评
9	郑州大学	城乡规划	学士	4年（2015.5～2019.5）	—	初评

截至5月，全国共有42所高校的城乡规划专业通过专业评估，其中本科专业点41个，硕士研究生专业点25个。详见表4。

高校城乡规划专业评估通过学校和有效期情况统计表 **表4**

（截至2015年5月，按首次通过评估时间排序）

序号	学校	本科合格有效期	硕士合格有效期	首次通过评估时间
1	清华大学	—	2010.5～2016.5	1998.6
2	东南大学	2010.5～2016.5	2010.5～2016.5	1998.6
3	同济大学	2010.5～2016.5	2010.5～2016.5	1998.6
4	重庆大学	2010.5～2016.5	2010.5～2016.5	1998.6
5	哈尔滨工业大学	2010.5～2016.5	2010.5～2016.5	1998.6
6	天津大学	2010.5～2016.5	2010.5～2016.5（2006年6月至2010年5月硕士研究生教育不在有效期内）	2000.6
7	西安建筑科技大学	2012.5～2018.5	2012.5～2018.5	2000.6
8	华中科技大学	2012.5～2018.5	2012.5～2018.5	本科2000.6/硕士2006.6
9	南京大学	2014.5～2020.5（2006年6月至2008年5月本科教育不在有效期内）	2014.5～2020.5	2002.7
10	华南理工大学	2014.5～2020.5	2014.5～2020.5	2002.6

续表

序号	学校	本科合格有效期	硕士合格有效期	首次通过评估时间
11	山东建筑大学	2014.5～2020.5	2014.5～2020.5	本科 2004.6/硕士 2012.5
12	西南交通大学	2010.5～2016.5	2014.5～2018.5	本科 2006.6/硕士 2014.5
13	浙江大学	2010.5～2016.5	2012.5～2016.5	本科 2006.6/硕士 2012.5
14	武汉大学	2012.5～2018.5	2012.5～2018.5	2008.5
15	湖南大学	2012.5～2018.5	2012.5～2016.5	本科 2008.5/硕士 2012.5
16	苏州科技学院	2012.5～2018.5	2014.5～2018.5	本科 2008.5/硕士 2014.5
17	沈阳建筑大学	2012.5～2018.5	2012.5～2018.5	本科 2008.5/硕士 2012.5
18	安徽建筑大学	2012.5～2016.5	—	2008.5
19	昆明理工大学	2012.5～2016.5	2012.5～2016.5	本科 2008.5/硕士 2012.5
20	中山大学	2013.5～2017.5	—	2009.5
21	南京工业大学	2013.5～2017.5	2013.5～2017.5	本科 2009.5/硕士 2013.5
22	中南大学	2013.5～2017.5	2013.5～2017.5	本科 2009.5/硕士 2013.5
23	深圳大学	2013.5～2017.5	2013.5～2017.5	本科 2009.5/硕士 2013.5
24	西北大学	2013.5～2017.5	2013.5～2017.5	2009.5
25	大连理工大学	2014.5～2020.5	2014.5～2018.5	本科 2010.5/硕士 2014.5
26	浙江工业大学	2014.5～2018.5	—	2010.5
27	北京建筑大学	2015.5～2019.5	2013.5～2017.5	本科 2011.5/硕士 2013.5
28	广州大学	2015.5～2019.5	—	2011.5
29	北京大学	2015.5～2021.5	—	2011.5
30	福建工程学院	2012.5～2016.5	—	2012.5
31	福州大学	2013.5～2017.5	—	2013.5
32	湖南城市学院	2013.5～2017.5	—	2013.5
33	北京工业大学	2014.5～2018.5	2014.5～2018.5	2014.5
34	华侨大学	2014.5～2018.5	—	2014.5
35	云南大学	2014.5～2018.5	—	2014.5
36	吉林建筑大学	2014.5～2018.5	—	2014.5
37	青岛理工大学	2015.5～2019.5	—	2015.5
38	天津城建大学	2015.5～2019.5	—	2015.5
39	四川大学	2015.5～2019.5	—	2015.5
40	广东工业大学	2015.5～2019.5	—	2015.5
41	长安大学	2015.5～2019.5	—	2015.5
42	郑州大学	2015.5～2019.5	—	2015.5

【住房城乡建设部颁布新版高等学校土木工程专业评估（认证）文件】 5月，住房城乡建设部印发《全国高等学校土木工程专业评估（认证）文件（2015年版）》，文件包括《住房城乡建设部高等教育土木工程专业评估委员会章程》、《高等学校土木工程专业评估（认证）标准》、《高等学校土木工程专业评估（认证）程序与方法》、《高等学校土木工程专业评估（认证）专家工作指南》、《高等学校土木工程专业评估（认证）学校工作指南》。

【2014～2015年度高等学校土木工程专业教育评估工作】 2015年，住房城乡建设部高等教育土木工程专业评估委员会对西南交通大学、广州大学、中国矿业大学、苏州科技学院、西安交通大学、南昌大学、重庆交通大学、西安科技大学、东北林业大学、南京航空航天大学、广东工业大学、河南工业大学、黑龙江工程学院、南京理工大学、宁波工程学院、华

东交通大学等16所学校的土木工程专业进行了评估。评估委员会全体委员对各校的自评报告进行了审阅，于5月派遣视察小组进校实地视察。经评估委员会全体会议讨论并投票表决，做出评估结论，见表5。

2014～2015年度高等学校土木工程专业教育评估结论 **表5**

序号	学校	专业	授予学位	合格有效期	备注
1	西南交通大学	土木工程	学士	6年（2015.5～2021.5）	复评
2	广州大学	土木工程	学士	6年（2015.5～2021.5）	复评
3	中国矿业大学	土木工程	学士	6年（2015.5～2021.5）	复评
4	苏州科技学院	土木工程	学士	6年（2015.5～2021.5）	复评
5	西安交通大学	土木工程	学士	中期检查通过（2012.5～2017.5）	中期检查
6	南昌大学	土木工程	学士	6年（2015.5～2021.5）	复评
7	重庆交通大学	土木工程	学士	6年（2015.5～2021.5）	复评
8	西安科技大学	土木工程	学士	6年（2015.5～2021.5）	复评
9	东北林业大学	土木工程	学士	6年（2015.5～2021.5）	复评
10	南京航空航天大学	土木工程	学士	3年（2015.5～2018.5）	初评
11	广东工业大学	土木工程	学士	3年（2015.5～2018.5）	初评
12	河南工业大学	土木工程	学士	3年（2015.5～2018.5）	初评
13	黑龙江工程学院	土木工程	学士	3年（2015.5～2018.5）	初评
14	南京理工大学	土木工程	学士	3年（2015.5～2018.5）	初评
15	宁波工程学院	土木工程	学士	3年（2015.5～2018.5）	初评
16	华东交通大学	土木工程	学士	3年（2015.5～2018.5）	初评

截至5月，全国共有85所高校的土木工程专业通过评估。详见表6。

高校土木工程专业评估通过学校和有效期情况统计表 **表6**

（截至2015年5月，按首次通过评估时间排序）

序号	学校	本科合格有效期	首次通过评估时间	序号	学校	本科合格有效期	首次通过评估时间
1	清华大学	2013.5～2021.5	1995.6	16	西南交通大学	2015.5～2021.5	1997.6
2	天津大学	2013.5～2021.5	1995.6	17	中南大学	2014.5～2020.5（2002年6月至2004年6月不在有效期内）	1997.6
3	东南大学	2013.5～2021.5	1995.6				
4	同济大学	2013.5～2021.5	1995.6				
5	浙江大学	2013.5～2021.5	1995.6	18	华侨大学	2012.5～2017.5	1997.6
6	华南理工大学	2010.5～2018.5	1995.6	19	北京交通大学	2009.5～2017.5	1999.6
7	重庆大学	2013.5～2021.5	1995.6	20	大连理工大学	2009.5～2017.5	1999.6
8	哈尔滨工业大学	2013.5～2021.5	1995.6	21	上海交通大学	2009.5～2017.5	1999.6
9	湖南大学	2013.5～2021.5	1995.6	22	河海大学	2009.5～2017.5	1999.6
10	西安建筑科技大学	2013.5～2021.5	1995.6	23	武汉大学	2009.5～2017.5	1999.6
11	沈阳建筑大学	2012.5～2020.5	1997.6	24	兰州理工大学	2014.5～2020.5	1999.6
12	郑州大学	2012.5～2017.5	1997.6	25	三峡大学	2011.5～2016.5（2004年6月至2006年6月不在有效期内）	1999.6
13	合肥工业大学	2012.5～2020.5	1997.6				
14	武汉理工大学	2012.5～2017.5	1997.6				
15	华中科技大学	2013.5～2021.5	1997.6	26	南京工业大学	2011.5～2019.5	2001.6

续表

序号	学校	本科合格有效期	首次通过评估时间	序号	学校	本科合格有效期	首次通过评估时间
27	石家庄铁道大学	2012.5～2017.5（2006年6月至2007年5月不在有效期内）	2001.6	55	西安科技大学	2015.5～2021.5	2010.5
				56	东北林业大学	2015.5～2021.5	2010.5
				57	山东大学	2011.5～2016.5	2011.5
28	北京工业大学	2012.5～2017.5	2002.6	58	太原理工大学	2011.5～2016.5	2011.5
29	兰州交通大学	2012.5～2020.5	2002.6	59	内蒙古工业大学	2012.5～2017.5	2012.5
30	山东建筑大学	2013.5～2018.5	2003.6	60	西南科技大学	2012.5～2017.5	2012.5
31	河北工业大学	2014.5～2020.5（2008年5月至2009年5月不在有效期内）	2003.6	61	安徽理工大学	2012.5～2017.5	2012.5
				62	盐城工学院	2012.5～2017.5	2012.5
				63	桂林理工大学	2012.5～2017.5	2012.5
32	福州大学	2013.5～2018.5	2003.6	64	燕山大学	2012.5～2017.5	2012.5
33	广州大学	2015.5～2021.5	2005.6	65	暨南大学	2012.5～2017.5	2012.5
34	中国矿业大学	2015.5～2021.5	2005.6	66	浙江科技学院	2012.5～2017.5	2012.5
35	苏州科技学院	2015.5～2021.5	2005.6	67	湖北工业大学	2013.5～2018.5	2013.5
36	北京建筑大学	2011.5～2016.5	2006.6	68	宁波大学	2013.5～2018.5	2013.5
37	吉林建筑大学	2011.5～2016.5	2006.6	69	长春工程学院	2013.5～2018.5	2013.5
38	内蒙古科技大学	2011.5～2016.5	2006.6	70	南京林业大学	2013.5～2018.5	2013.5
39	长安大学	2011.5～2016.5	2006.6	71	新疆大学	2014.5～2017.5	2014.5
40	广西大学	2011.5～2016.5	2006.6	72	长江大学	2014.5～2017.5	2014.5
41	昆明理工大学	2012.5～2017.5	2007.5	73	烟台大学	2014.5～2017.5	2014.5
42	西安交通大学	2012.5～2017.5	2007.5	74	汕头大学	2014.5～2017.5	2014.5
43	华北水利水电大学	2012.5～2017.5	2007.5	75	厦门大学	2014.5～2017.5	2014.5
44	四川大学	2012.5～2017.5	2007.5	76	成都理工大学	2014.5～2017.5	2014.5
45	安徽建筑大学	2012.5～2017.5	2007.5	77	中南林业科技大学	2014.5～2017.5	2014.5
46	浙江工业大学	2013.5～2018.5	2008.5	78	福建工程学院	2014.5～2017.5	2014.5
47	解放军理工大学	2013.5～2018.5	2008.5	79	南京航空航天大学	2015.5～2018.5	2015.5
48	西安理工大学	2013.5～2018.5	2008.5	80	广东工业大学	2015.5～2018.5	2015.5
49	长沙理工大学	2014.5～2020.5	2009.5	81	河南工业大学	2015.5～2018.5	2015.5
50	天津城建大学	2014.5～2020.5	2009.5	82	黑龙江工程学院	2015.5～2018.5	2015.5
51	河北建筑工程学院	2014.5～2020.5	2009.5	83	南京理工大学	2015.5～2018.5	2015.5
52	青岛理工大学	2014.5～2020.5	2009.5	84	宁波工程学院	2015.5～2018.5	2015.5
53	南昌大学	2015.5～2021.5	2010.5	85	华东交通大学	2015.5～2018.5	2015.5
54	重庆交通大学	2015.5～2021.5	2010.5	—	—	—	—

【2014～2015年度高等学校建筑环境与能源应用工程专业教育评估工作】 2015年，住房城乡建设部高等教育建筑环境与能源应用工程专业评估委员会对山东建筑大学、北京建筑大学、南京理工大学、西南科技大学、河南城建学院等5所学校的建筑环境与能源应用工程专业进行了评估。评估委员会全体委员对学校的自评报告进行了审阅，于5月份派遣视察小组进校实地视察。经评估委员会全体会议讨论并投票表决，做出评估结论，见表7。

2014～2015年度高等学校建筑环境与能源应用工程专业教育评估结论 **表7**

序号	学校	专业	授予学位	合格有效期	备注
1	山东建筑大学	建筑环境与能源应用工程	学士	5年（2015.5～2020.5）	复评
2	北京建筑大学	建筑环境与能源应用工程	学士	5年（2015.5～2020.5）	复评
3	南京理工大学	建筑环境与能源应用工程	学士	5年（2015.5～2020.5）	复评
4	西南科技大学	建筑环境与能源应用工程	学士	5年（2015.5～2020.5）	初评
5	河南城建学院	建筑环境与能源应用工程	学士	5年（2015.5～2020.5）	初评

截至5月，全国共有33所高校的建筑环境与能源应用工程专业通过评估。详见表8。

高校建筑环境与能源应用工程专业评估通过学校和有效期情况统计表 **表8**

（截至2015年5月，按首次通过评估时间排序）

序号	学校	本科合格有效期	首次通过评估时间	序号	学校	本科合格有效期	首次通过评估时间
1	清华大学	2012.5～2017.5	2002.5	17	南京工业大学	2012.5～2017.5	2007.6
2	同济大学	2012.5～2017.5	2002.5	18	长安大学	2013.5～2018.5	2008.5
3	天津大学	2012.5～2017.5	2002.5	19	吉林建筑大学	2014.5～2019.5	2009.5
4	哈尔滨工业大学	2012.5～2017.5	2002.5	20	青岛理工大学	2014.5～2019.5	2009.5
5	重庆大学	2012.5～2017.5	2002.5	21	河北建筑工程学院	2014.5～2019.5	2009.5
6	解放军理工大学	2013.5～2018.5	2003.5	22	中南大学	2014.5～2019.5	2009.5
7	东华大学	2013.5～2018.5	2003.5	23	安徽建筑大学	2014.5～2019.5	2009.5
8	湖南大学	2013.5～2018.5	2003.5	24	南京理工大学	2015.5～2020.5	2010.5
9	西安建筑科技大学	2014.5～2019.5	2004.5	25	西安交通大学	2011.5～2016.5	2011.5
10	山东建筑大学	2015.5～2020.5	2005.6	26	兰州交通大学	2011.5～2016.5	2011.5
11	北京建筑大学	2015.5～2020.5	2005.6	27	天津城建大学	2011.5～2016.5	2011.5
12	华中科技大学	2011.5～2016.5（2010年5月至2011年5月不在有效期内）	2005.6	28	大连理工大学	2012.5～2017.5	2012.5
				29	上海理工大学	2012.5～2017.5	2012.5
				30	西南交通大学	2013.5～2018.5	2013.5
13	中原工学院	2011.5～2016.5	2006.6	31	中国矿业大学	2014.5～2019.5	2014.5
14	广州大学	2011.5～2016.5	2006.6	32	西南科技大学	2015.5～2020.5	2015.5
15	北京工业大学	2011.5～2016.5	2006.6	33	河南城建学院	2015.5～2020.5	2015.5
16	沈阳建筑大学	2012.5～2017.5	2007.6	—	—	—	—

【2014～2015年度高等学校给排水科学与工程专业教育评估工作】 2015年，住房城乡建设部高等教育给排水科学与工程专业评估委员会对西安建筑科技大学、北京建筑大学、华东交通大学、浙江工业大学、河北建筑工程学院等5所学校的给排水科学与工程专业进行了评估。评估委员会全体委员对各校的自评报告进行了审阅，于5月派遣视察小组进校实地视察。经评估委员会全体会议讨论并投票表决，做出评估结论，见表9。

2014～2015年度高等学校给排水科学与工程专业教育评估结论 **表9**

序号	学校	专业	授予学位	合格有效期	备注
1	西安建筑科技大学	给排水科学与工程	学士	5年（2015.5～2020.5）	复评
2	北京建筑大学	给排水科学与工程	学士	5年（2015.5～2020.5）	复评
3	华东交通大学	给排水科学与工程	学士	5年（2015.5～2020.5）	复评

续表

序号	学校	专业	授予学位	合格有效期	备注
4	浙江工业大学	给排水科学与工程	学士	5年（2015.5～2020.5）	复评
5	河北建筑工程学院	给排水科学与工程	学士	5年（2015.5～2020.5）	初评

截至5月，全国共有33所高校的给排水科学与工程专业通过评估。详见表10。

高校给排水科学与工程专业评估通过学校和有效期情况统计表 **表10**

（截至2015年5月，按首次通过评估时间排序）

序号	学校	本科合格有效期	首次通过评估时间	序号	学校	本科合格有效期	首次通过评估时间
1	清华大学	2014.5～2019.5	2004.5	18	扬州大学	2013.5～2018.5	2008.5
2	同济大学	2014.5～2019.5	2004.5	19	山东建筑大学	2013.5～2018.5	2008.5
3	重庆大学	2014.5～2019.5	2004.5	20	武汉大学	2014.5～2019.5	2009.5
4	哈尔滨工业大学	2014.5～2019.5	2004.5	21	苏州科技学院	2014.5～2019.5	2009.5
5	西安建筑科技大学	2015.5～2020.5	2005.6	22	吉林建筑大学	2014.5～2019.5	2009.5
6	北京建筑大学	2015.5～2020.5	2005.6	23	四川大学	2014.5～2019.5	2009.5
7	河海大学	2011.5～2016.5	2006.6	24	青岛理工大学	2014.5～2019.5	2009.5
8	华中科技大学	2011.5～2016.5	2006.6	25	天津城建大学	2014.5～2019.5	2009.5
9	湖南大学	2011.5～2016.5	2006.6	26	华东交通大学	2015.5～2020.5	2010.5
10	南京工业大学	2012.5～2017.5	2007.5	27	浙江工业大学	2015.5～2020.5	2010.5
11	兰州交通大学	2012.5～2017.5	2007.5	28	昆明理工大学	2011.5～2016.5	2011.5
12	广州大学	2012.5～2017.5	2007.5	29	济南大学	2012.5～2017.5	2012.5
13	安徽建筑大学	2012.5～2017.5	2007.5	30	太原理工大学	2013.5～2018.5	2013.5
14	沈阳建筑大学	2012.5～2017.5	2007.5	31	合肥工业大学	2013.5～2018.5	2013.5
15	长安大学	2013.5～2018.5	2008.5	32	南华大学	2014.5～2019.5	2014.5
16	桂林理工大学	2013.5～2018.5	2008.5	33	河北建筑工程学院	2015.5～2020.5	2015.5
17	武汉理工大学	2013.5～2018.5	2008.5	—	—	—	—

【2014～2015年度高等学校工程管理专业教育评估工作】 2015年，住房城乡建设部高等教育工程管理专业评估委员会对华中科技大学、河海大学、华侨大学、深圳大学、苏州科技学院、兰州交通大学、河北建筑工程学院、解放军理工大学、广东工业大学等9所学校的工程管理专业进行了评估。评估委员会全体委员对各校的自评报告进行了审阅，于5月派遣视察小组进校实地视察。经评估委员会全体会议讨论并投票表决，做出了评估结论，见表11。

2014～2015年度高等学校工程管理专业教育评估 **表11**

序号	学校	专业	授予学位	合格有效期	备注
1	华中科技大学	工程管理	学士	5年（2015.5～2020.5）	复评
2	河海大学	工程管理	学士	5年（2015.5～2020.5）	复评
3	华侨大学	工程管理	学士	5年（2015.5～2020.5）	复评
4	深圳大学	工程管理	学士	5年（2015.5～2020.5）	复评
5	苏州科技学院	工程管理	学士	5年（2015.5～2020.5）	复评
6	兰州交通大学	工程管理	学士	5年（2015.5～2020.5）	复评
7	河北建筑工程学院	工程管理	学士	5年（2015.5～2020.5）	复评

续表

序号	学校	专业	授予学位	合格有效期	备注
8	解放军理工大学	工程管理	学士	5年（2015.5～2020.5）	初评
9	广东工业大学	工程管理	学士	5年（2015.5～2020.5）	初评

截至2015年5月，全国共有37所高校的工程管理专业通过评估。详见表12。

高校工程管理专业评估通过学校和有效期情况统计表　　表12

（截至2015年5月，按首次通过评估时间排序）

序号	学校	本科合格有效期	首次通过评估时间	序号	学校	本科合格有效期	首次通过评估时间
1	重庆大学	2014.5～2019.5	1999.11	20	山东建筑大学	2013.5～2018.5	2008.5
2	哈尔滨工业大学	2014.5～2019.5	1999.11	21	安徽建筑大学	2013.5～2018.5	2008.5
3	西安建筑科技大学	2014.5～2019.5	1999.11	22	武汉理工大学	2014.5～2019.5	2009.5
4	清华大学	2014.5～2019.5	1999.11	23	北京交通大学	2014.5～2019.5	2009.5
5	同济大学	2014.5～2019.5	1999.11	24	郑州航空工业管理学院	2014.5～2019.5	2009.5
6	东南大学	2014.5～2019.5	1999.11	25	天津城建大学	2014.5～2019.5	2009.5
7	天津大学	2011.5～2016.5	2001.6	26	吉林建筑大学	2014.5～2019.5	2009.5
8	南京工业大学	2011.5～2016.5	2001.6	27	兰州交通大学	2015.5～2020.5	2010.5
9	广州大学	2013.5～2018.5	2003.6	28	河北建筑工程学院	2015.5～2020.5	2010.5
10	东北财经大学	2013.5～2018.5	2003.6	29	中国矿业大学	2011.5～2016.5	2011.5
11	华中科技大学	2015.5～2020.5	2005.6	30	西南交通大学	2011.5～2016.5	2011.5
12	河海大学	2015.5～2020.5	2005.6	31	华北水利水电大学	2012.5～2017.5	2012.5
13	华侨大学	2015.5～2020.5	2005.6	32	三峡大学	2012.5～2017.5	2012.5
14	深圳大学	2015.5～2020.5	2005.6	33	长沙理工大学	2012.5～2017.5	2012.5
15	苏州科技学院	2015.5～2020.5	2005.6	34	大连理工大学	2014.5～2019.5	2014.5
16	中南大学	2011.5～2016.5	2006.6	35	西南科技大学	2014.5～2019.5	2014.5
17	湖南大学	2011.5～2016.5	2006.6	36	解放军理工大学	2015.5～2020.5	2015.5
18	沈阳建筑大学	2012.5～2017.5	2007.6	37	广东工业大学	2015.5～2020.5	2015.5
19	北京建筑大学	2013.5～2018.5	2008.5	—	—	—	—

（王柏峰）

干部教育培训

【领导干部和专业技术人员培训工作】 2015年，住房城乡建设部机关、直属单位和部管社会团体共组织培训班329项，721个班次，培训住房城乡建设系统领导干部和专业技术人员89235人次。受中组部委托，住房城乡建设部举办全国市长研究班6期（境内班4期、境外班2期），培训城市书记市长和有关部委负责人163名，其中省部级3名，厅局级121名，县处级39名。举办支援新疆培训班、支援青海玉树及定点帮扶的湟中、大通县干部培训班各1期，培训相关地区领导干部和管理人员261名，住房城乡建设部补贴经费43万元。

【举办全国专业技术人才知识更新工程高级研修班】 根据人力资源社会保障部全国专业技术人才知识更新工程高级研修项目计划，2015年住房城乡建设部在北京举办“建筑节能与低碳城市建设”、“村镇基础设施建设与农村垃圾治理”高级研修班，培训各地相关领域高层次专业技术人员125名，经费由人力资源社会保障部全额资助。

【住房和城乡建设部城乡规划管理中心获批设立博士后科研工作站】 根据博士后管理工作有关规定，2015年人力资源社会保障部、全国博士后管理委员会批准住房和城乡建设部城乡规划管理中心设立博士后科研工作站。住房和城乡建设部现有中国城市规划设计研究院、城乡规划管理中心2个博士后科研工作站。

【住房城乡建设部选派2名博士服务团成员到西部地区服务锻炼】 根据中央组织部、共青团中央关于第16批博士服务团成员选派工作安排，住房城乡建设部选派2名博士服务团成员赴西部地区服务锻炼。

（王柏峰）

职业资格

【住房城乡建设领域职业资格考试情况】 2015年，全国共有118.9万人次报名参加住房城乡建设领域职业资格全国统一考试（不含二级），当年共有12.3万人次通过考试并取得职业资格证书。详见表13。

2015年住房城乡建设领域职业资格全国统一考试情况统计表 **表13**

（部分专业2015年未组织考试）

序号	专业	2015年参加考试人数	2015年取得资格人数
1	一级建造师	993858	90535
2	注册监理工程师	57973	17906
3	造价工程师	120125	10898
4	房地产估价师	13633	2343
5	房地产经纪人	3959	1596
合计		1189548	123278

【住房城乡建设领域职业资格及注册情况】 截至2015年底，住房城乡建设领域取得各类职业资格人员共141.7万（不含二级），注册人数105.4万。详见表14。

住房城乡建设领域职业资格人员专业分布及注册情况统计表 **表14**

（截至2015年12月31日）

<table>
<tr><th>行业</th><th colspan="2">类别</th><th>专业</th><th>取得资格人数</th><th>注册人数</th><th>备注</th></tr>
<tr><td rowspan="15">勘察设计</td><td colspan="3">（一）注册建筑师(一级)</td><td>32542</td><td>32501</td><td></td></tr>
<tr><td rowspan="14">（二）勘察设计注册工程师</td><td rowspan="4">1. 土木工程</td><td>岩土工程</td><td>17159</td><td>15873</td><td></td></tr>
<tr><td>水利水电工程</td><td>8749</td><td>0</td><td>未注册</td></tr>
<tr><td>港口与航道工程</td><td>1782</td><td>0</td><td>未注册</td></tr>
<tr><td>道路工程</td><td>2411</td><td>0</td><td>未注册</td></tr>
<tr><td colspan="2">2. 结构工程(一级)</td><td>47683</td><td>45718</td><td></td></tr>
<tr><td colspan="2">3. 公用设备工程</td><td>29524</td><td>24934</td><td></td></tr>
<tr><td colspan="2">4. 电气工程</td><td>25028</td><td>18290</td><td></td></tr>
<tr><td colspan="2">5. 化工工程</td><td>7346</td><td>5667</td><td></td></tr>
<tr><td colspan="2">6. 环保工程</td><td>5913</td><td>0</td><td>未注册</td></tr>
<tr><td colspan="2">7. 机械工程</td><td>3458</td><td>0</td><td>未注册</td></tr>
<tr><td colspan="2">8. 冶金工程</td><td>1502</td><td>0</td><td>未注册</td></tr>
<tr><td colspan="2">9. 采矿/矿物工程</td><td>1461</td><td>0</td><td>未注册</td></tr>
<tr><td colspan="2">10. 石油/天然气工程</td><td>438</td><td>0</td><td>未注册</td></tr>
<tr><td colspan="2"></td><td></td><td></td><td></td></tr>
<tr><td rowspan="3">建筑业</td><td colspan="3">（三）建造师(一级)</td><td>643500</td><td>476580</td><td></td></tr>
<tr><td colspan="3">（四）监理工程师</td><td>251779</td><td>173187</td><td></td></tr>
<tr><td colspan="3">（五）造价工程师</td><td>142960</td><td>140315</td><td></td></tr>
<tr><td rowspan="3">房地产业</td><td colspan="3">（六）房地产估价师</td><td>53681</td><td>48691</td><td></td></tr>
<tr><td colspan="3">（七）房地产经纪人</td><td>54032</td><td>30664</td><td></td></tr>
<tr><td colspan="3">（八）物业管理师</td><td>63647</td><td>23149</td><td></td></tr>
<tr><td>城市规划</td><td colspan="3">（九）注册城市规划师</td><td>23191</td><td>18532</td><td></td></tr>
<tr><td colspan="4">总计</td><td>1417786</td><td>1054101</td><td></td></tr>
</table>

（王柏峰）

劳动与职业教育

【加强基础工作，规范培训标准】 会同住房城乡建设部人力资源开发中心完成住房城乡建设部承担的《国家职业分类大典》修订工作，涉及住建行业 82 个职业，306 个工种，历时五年，于 7 月底全部完成。组织修订建筑工程施工、建筑工程安装、建筑装饰装修、园林、城镇供水、白蚁防治等 40 个行业职业技能标准已形成报批稿。根据培训需求，组织编制、修订古建筑传统木工、古建筑传统瓦工、古建筑传统石工、古建筑传统油工、古建筑传统彩画工、弱电工、模板工、建筑门窗安装工等 8 个工种的职业技能标准，该项工作已经启动。

【做好建筑工人技能培训工作】 3 月，印发《住房城乡建设部关于加强建筑工人职业培训工作的指导意见》；6 月，印发《住房城乡建设部办公厅关于建筑工人职业培训合格证书有关事项的通知》，指导各地进一步推动建筑工人职业技能培训工作。12 月底，召开住房城乡建设行业一线从业人员职业技能培训工作座谈会，就各地落实《住房城乡建设部关于加强建筑工人职业培训工作的指导意见》情况进行交流研讨。印发《关于 2015 年全国建设职业技能培训与鉴定工作任务的通知》，计划 2015 年全年培训 157 万人，鉴定 115 万人。截至 2015 年 12 月底，共培训行业工人 267 万人次，鉴定 169 万人，培训鉴定均超额完成全年计划。

【做好高技能人才选拔培养工作】 加强职业技能竞赛工作的协调指导，印发《关于加强住房城乡建设行业职业技能竞赛组织管理工作的通知》。积极组织指导行业技能竞赛活动，促进高技能人才培养，委托中国建筑业协会选拔 2 名选手参加第 43 届世界技能大赛砌筑、瓷砖镶贴两个项目的比赛，均获得优胜奖，获奖选手及其团队受到了住房城乡建设部副部长易军的亲切接见。协调指导全国建设行业职业技能竞赛，指导中国城市燃气协会、中国安装协会举办行业国家二类技能竞赛。

【加强行业中等职业教育指导工作】 按照教育部的统一安排，完成"全国住房和城乡建设职业教育教学指导委员会"换届工作。组织开展住房城乡建设部中等职业教育专业指导委员会的换届工作，通过个人申报，专家推荐、遴选等形式，成立第六届住房城乡建设部中等职业教育专业指导委员会，壮大了部中等职业教育专家机构。积极开展现代学徒制研究、服务行业人才培养。协调教育部职业教育与成人教育司、中国建设教育协会等单位成功举办 2015 年全国职业院校技能大赛中职组建设职业技能比赛。

【继续做好建筑业农民工工作】 继续深入推进建筑工地农民工业余学校建设。年初协调中国建筑业协会开展全国建筑业企业创建农民工业余学校示范项目部的推荐活动，对全国 57 个在农民工业余学校创建、农民工教育培训等方面取得明显成效的典型企业、示范项目部进行了表扬，截至年底，各地累计创建农民工业余学校 28.3 万余所，培训农民工 4045.2 万人次。(郎迪)

（住房和城乡建设部人事司）

城 建 档 案

2015 年，是全面推进依法治国的开局之年，是全面深化改革的关键之年，也是全面完成"十二五"规划的收官之年。住房城乡建设部城建档案工作办公室认真贯彻落实党的十八大、十八届三中、四中、五中全会精神，深入学习习近平总书记系列重要讲话，坚持以服务城乡规划、建设和管理工作为中心，不断加强城建档案管理体制机制建设，积极推进城建档案信息化建设，指导各地做好城乡建设档案管理工作。

【城建档案法制建设】 2015 年，上海市施行新版《建设工程档案验收认可办事指南》和《建设工程档案验收认可业务手册》，明确档案验收许可事项的标准化业务流程，规定审批依据、办理部门、市区分工、办理时限、申请资料、办理程序等内容，确保审批流程规范化、标准化。山西省组织制订工程建设地方标准《城市地下管线工程文件归档规范》，该规范是全国首部关于城市地下管线建设和普查工程归档和移交的地方标准。浙江省丽水市重新修订了《丽水城建档案管理办法》。安徽省为做好地下管线普查验收及保密工作，编制完成《安徽省地下管线勘测和数据标准》。湖北省对《湖北省城市建设档案管理办法》进行修改，调整了城建档案报送许可文件在施工审批过程的办理程序，增加了处罚条款及城建档案管理人员的职责等，并于2015年开始在全省实施。十堰市出台《十堰市地下管线管理办法》；鄂州出台《鄂州市地下管线工程档案管理办法》；大悟县出台《大悟县城乡建设档案管理规定》。西藏自治区拉萨市出台《拉萨市城乡建设档案管理办法》，4月1日正式施行。陕西省积极开展城市地下管线普查工作，印发了《陕西省城市地下管线普查工作指导手册》和《陕西省城市地下管线信息系统技术规范》，有效指导各地市开展地下管线普查，统一数据标准，实现信息共建共享和动态更新。青海省德令哈市制定《德令哈市城建档案管理条例(办法)》，进入上报审批阶段。

各地陆续印发、修订城建档案管理规范性文件，强化了城建档案管理程序，加强了对城建档案的监督管理，进一步确保城建档案报送验收统一的流程和标准。主要有：《天津市建设工程档案报送责任书》、《上海市建设工程档案验收认可程序及文书规定》、《浙江省建筑工程文件归档范围》、《浙江省道路工程文件归档范围》、《浙江省桥梁工程文件归档范围》、《浙江省地下管线工程文件进馆范围》、《浙江省关于进一步加强建设工程档案归集管理的通知》、《杭州市城建档案工作法律法规标准文件选编》、《杭州市建设工程档案移交100问》、《杭州市城建档案利用服务手册》、《安徽省住房城乡建设厅安徽省保密局关于做好城市地下管线普查保密工作的通知》、《铜陵市城乡建设档案管理办法》、《福建省城市地下管线信息数据库建库规范》、《福建省城市地下管线探测及信息化技术规程》、《厦门市建设工程文件归档整理规范》、《湖北省城镇地下管线信息系统建设管理技术导则》、《湖北省城镇地下管线信息系统技术规范》、《湖南省关于开展城市地下管线普查工作实施方案通知》、《湖南省关于进一步加强城建档案管理工作的通知》、《湖南省城市地下管线探测技术规范》、《湖南省城市地下管线信息系统技术规范》、《湖南省城市地下管线普查资料和工程文件归档与移交指南》、《湖南省建筑工程施工质量验收规范分项工程检验批样表及验收备案各类往来文函用表》、《湖南省关于开展城市地下管线普查工作实施方案通知》、《中山市关于加强地下管线工程规划管理工作规定(试行)》、《南宁市地下管线普查成果资料归档内容及要求》、《拉萨市城建档案归档指南》、《西安市地下管线建设和管理流程及工作制度》、《陕西省关于开展督查全省城市地下管线普查工作的通知》和《淮北市关于规范地下管线动态管理的通知》。

【城建档案执法检查工作】 城建档案执法检查工作操作难度大，任务艰巨，为确保城建档案各项法规制度落到实处，各地加大执法检查力度。河北省对井陉县、涞源县等14个县(市、区)的城建档案工作进行检查。浙江省对应交未交的档案开展清查，重点清查《浙江省城市建设档案管理办法》颁布后实施的建设项目，对照《建筑工程施工许可证》核发清单，逐项清查应该归档而尚未归档的房屋建筑和市政工程项目。对清查出来的历史遗留工程档案进行统计汇总、分析研究，对存在的问题进行分类梳理，提出针对性处置方案，确保历史遗留工程档案收集进馆，全省各地开展执法检查13次。湖北省各地对建设、施工单位档案管理人员是否持证上岗，建设工程竣工后是否按期向城建档案管理机构报送城建档案资料等行为进行督促检查，全年共下达责令整改通知书176份，成功催收51个工程档案资料。天津市、厦门市、南宁市、宿迁市、岳阳市、六盘水市等地通过建立联合执法监督机制，配合有关部门组成行政执法检查组开展城建档案工作执法检查。西安市对2011年至2012年已签订报送责任书但未按要求移交档案的单位开展梳理排查，并进行电话催报。西藏自治区结合全区重点工作进行档案执法检查，在检查中发现违法违规行为的，及时下发档案违法及整改通知单，要求各单位限时整改，并建立考核和执法建议反馈督办制度。

【建设工程竣工档案归集管理】 天津市统一验收标准，规范城建档案管理程序。上海市通过多种形式，将档案编制要求向建设单位进行提前告知和主动服务。浙江省抓住建设主体办理施工许可证环节，发放《工程档案管理告知书》，告知建设单位在工程档案管理中的主体责任，以及归档内容、质量、时间等方面要求；抓住竣工备案环节，将核验《建设工程竣工档案认可意见书》纳入工程竣工备案环节。通过网上业务咨询、门户网站上传教学片、在线业务培训、电话跟踪回访、现场上门指导、派专人驻场服务等多种形式，为建设单位顺利移交工程档案提供全方位服务。不断优化内部档案审核流程，完善业务管理系统，提高工程档案接收质量和速度。安徽省将城市建设工程档案验收纳入行政审批程序，编制权力运行流程图和服务指南，提升服务效能。山东省落实“两书一证”制度，将建设工程档案归集纳入城乡规划和工程建设管理程序。河南省推行《建设工程档案报送责任书》、《建设工程档案初验认可证》、《建设工程档案合格证》等制度，有效防止城建档案的流失。湖北省要求建设单位在办理施工许可证前须与城建档案管理机构签订建设工程档案报送责任书，在办理竣工验收备案前，向城建档案馆移交档案，取得《档案合格证》后再进行备案，为建设工程档案的归集奠定良好的基础。海南省对工程档案的接收进馆采取事前告知、过程跟踪指导、验收备案把关等制度，坚持提前介入，跟踪服务，认真做好建设工程竣工档案归集管理工作。陕西省以《工程质量治理两年行动方案》为契机，将城建档案管理纳入省建筑市场监督管理平台进行监管，动员省内各市区学习借鉴西安市和宝鸡市的归档管理模式，将城建档案接收纳入工程项目报建程序进行管理，进一步提高城建档案归档率。宁夏回族自治区将城建档案收集工作纳入建设工程行政管理程序，通过有针对性地参加重点工程和市政基础设施工程的项目验收及实地指导重大建设项目的竣工档案编制进馆，推进档案归集管理力度不断加强，城建档案的入库率不断提高。福建漳州市根据《建设工程文件归档规范》适时调整工程文件归档范围，减轻了企业的负担。南京、苏州、南通、镇江、淮安等市竣工验收备案的建设工程项目档案接收率达100％。江苏徐州市注重优化完善工程档案整理流程，理顺接收渠道，简化程序，提高了效率。连云港市大力推进城建档案业务指导工作，加强城建档案的业务培训，围绕城市重点建设工程、新开工项目，加大上门业务指导的力度。南宁市重点抓住好工程竣工验收环节，加强档案的检查与监督，发现问题及时提出整改意见，确保符合归档要求的竣工档案能及时进馆，把好档案质量关。

【城建档案馆舍、机构和人员培训情况】 为全面推进城建档案馆基础性工作，各地积极致力于加强机构建设、馆舍建设和人员队伍建设，各项工作取得一定成效。内蒙古自治区12个盟市、7个县级市均设立城建档案馆(室)，全区馆房面积近16000平方米。辽宁省省辖市城建管理机构帮助县、区陆续建立城建档案馆(室)，实现规范化、标准化管理。吉林省8个地级市均设立城建档案管理机构，41个县市中88％的县市建立城建档案馆(室)，长春、吉林、四平、通化、白城、松原地区已全部建馆。黑龙江省除大兴安岭地区外，12个城市均设立城建档案馆。安徽省亳州、阜阳、宿州等市用于城建档案管理信息化和馆舍建设的一次性投资不少于180万元，马鞍山市搬入新馆，阜阳、亳州市新馆也在建设中，淮南市新馆立项已获批准。江西省城建档案资金投入2660万元，其中政府财政投入1460万元、建设行政主管部门和其他渠道资金投入1200万元，新增馆舍面积2000多平方米。山东省17个设区市城建档案馆全部加挂城建档案管理处(办)牌子，淄博市设立副县级城建档案和地下管线管理处；82％的县(市)和相对独立的市辖区、开发区设立城建档案馆(室)，省、市、县三级城建档案管理机制基本形成。河南省除商丘、济源两市外，其余16个城市均成立城建档案馆。漯河、新乡、许昌、南阳、信阳等市建成新馆库。湖北省馆舍面积总计37000多平方米，举办“全省地下管线普查及信息系统建设培训班”和“城建声像档案专题片创作与评析”研修班；组织全省有关城建档案馆及专家对城建档案持证上岗教材进行修订，《城建档案专业基础知识》、《城建档案专业管理实务》和《城建档案法规标准选编》正式出版。陕西省城建档案管理机构共计84个，省、市级建馆(室)率100％，区(县)建馆(室)率66％，省、市、县三级城建档案管理体系已基本建立，全额拨款的馆(室)占90％以上，馆库面积共计1.62万平方米。湖南省长沙市、永州市启动新馆建设，郴州市投入100多万元，建设总面积达300平方米的“一站式”办事服务大厅，株洲市馆库面积7500平方米，张家界市争取200万元资金改造库房，库房面积达到1200平方米，娄底市新馆库面积达到3800平方米。广东省珠海市城建档案新馆总建筑面积达22975平方米，其中库房8675平方米；佛山市城建档案馆搬迁至位于佛山新城的档案中心，建筑面积约1.1万平方米，库房面积达到近6000平方米。陕西省榆林市、宝鸡市申请专项资金对档案库房和机房进行集中改造。宝鸡市为档案库房安装了安全保护智能化综合管理系统，实现馆库智能化管理。

天津市加强政策宣贯，现场指导和业务培训，推动区县馆开展工作。河北省、山西省、安徽省、江西省、广东省韶关市、青海省西宁市等地通过组织开展业务知识交流学习培训对新国家标准《建设工程文件归档规范》GB/T 50328—2014进行宣贯，邀请有关专家对《规范》作专题讲座进行解析，有效提高了城建档案工作人员的业务技能和管理水平。

上海市结合自身特点，开展日常专业知识培训、岗位轮换学习，进一步提升职工履职能力。江西省加强城建档案宣传沟通引导和业务指导帮扶，主动加强与市、县的沟通，帮助和指导市县积极创建规范化管理单位，开展业务技术指导，促进县级各单位工作的较快发展。陕西省举办城建档案资料员继续教育培训，现场讲授电子签章的使用流程，并向学员免费发放电子签章，同时要求各建设单位和施工企业在报送纸质档案的同时一并报送一套电子档案，电子档案上加盖电子签章保证其与纸质档案保持一致。辽宁省沈阳市、大连市组织召开所辖县(市)区城建档案工作会议，对各县(市)区城建档案工作进行指导和检查，提供政策和技术支持，还派专业人员进行业务指导。广东省中山市与中山市市政工程协会、市园林协会联合举办市政及园林工程档案管理培训班，并结合中山市建筑工程实际情况，创新思维，从坐等上门到主动联系参建单位，每月月底免费开展工程档案管理培训班。广西南宁市举办城建档案业务培训班，全市 77 个单位、城建档案管理人员 171 人参加培训，应建设单位邀请，多次在工地现场举行小型业务培训班。同时，选派职工参加档案管理、信息化技术、声像拍摄技术、公文写作等各类业务培训，并利用业余时间开展 InDesign CS6、PS、CAD、摄影等课程学习，职工业务素质有了较大提高。海南省海口市采取以会代训、以学代训等形式加强对县市城建档案工作人员的培训，提高工作人员的思想素质和业务水平。拉萨市先后派出 5 人次，到北京市和江苏省镇江市参加档案业务培训教育，并与镇江市城建档案馆签订《友好共建馆协议》，从人才支持到业务交流均建立沟通机制。

【重点工程档案管理】 北京市以重点工程为抓手，形成紧密配合的多方联动机制，确保轨道交通、首都机场、CBD 管委会、南水北调等重大项目竣工档案如期进馆，与市重大办、住建委联合制定老旧小区改造工程进馆档案要求，确保重点工程竣工档案进馆率达到 100%。天津市坚持服务先行，形成提前介入、依法管理、全程跟踪、积极催办的强化服务机制，保证重点工程建档业务的检查指导和验收与工程建设同步，确保重点工程档案接收进馆。上海市开展从制度建立、专题培训、组织协调、指导检查、整理编制到竣工验收全过程服务保障工作机制，使重点工程竣工档案质量、验收效率以及建设单位的满意度大大提升，初步建立 2014 年和 2015 年重大工程的基础信息数据。浙江省在档案登记备案阶段建立重点工程档案目录，并建立业务联系人制度，将重点工程项目负责人、联系电话和本馆业务联系人一一对应，对重点工程档案的“一对一”指导，时刻关注重点工程的进展情况，确保重点工程档案的编制和及时进馆，同时建立重点工程档案专题数据库。杭州市全年对重点建设项目开展业务指导和服务 148 人次。宁波市联合市档案局对轨道交通二号线一期工程重点工程竣工档案进行现场指导，工程档案专项验收与项目竣工时序同步推进。安徽省采取重大项目跟踪服务制度，加强对重点建设项目进展情况的掌握，确保重点工程竣工档案验收后及时移交。福州市对重点工程的建设、施工、监理单位人员进行现场培训和业务指导。湖北省城建档案管理人员按施工进度在重点工程开工前、施工中、竣工后等各个阶段对建设单位和施工单位相关人员进行业务指导。广东省广州市、珠海市、佛山市、韶关市、中山市、肇庆市等地加强对重点工程档案的监督、指导工作，通过网络平台解决企业疑难问题，提高城建档案的服务水平、收集质量和收集效率。重庆市派员帮助重点工程项目单位建立健全工程档案管理规章制度，协助做好工程进展过程中档案资料的收集与整理工作，主动邀请工程项目参建单位档案工作人员到馆内学习工程档案的收集、整理、管理与利用，为重点工程项目档案工作的开展奠定良好的专业基础。针对重点工程中的专业工程档案归档难问题，重庆市坚持问题导向、聚焦突破，积极主动靠前工作，联系协调相关主管部门和企事业单位，落实一大批专业工程档案的归档问题。海口市通过电话业务咨询、深入施工现场业务指导等多种形式，主动深入到重大工程项目施工现场进行档案业务指导。贵阳市、六盘水市、都匀市采用多种形式对重点工程进行业务指导与培训。

【数字声像档案管理】 北京市拓宽档案来源与渠道，通过征集方式补充城市雕塑档案、市政工程规划档案、历史照片档案等，通过跟踪拍摄保留了通州区潞城镇棚户区改造、大兴区新机场拆迁村、无障碍区县建设工作会和地下管线普查工作会等珍贵的城市建设影像档案资料，为抢救保护珍贵的馆藏老旧影片档案，实现影片档案的数字化管理，对拍摄年度从 1984 年至 1994 年间的 236 盘影片档案进行清洁保养，完成数字化导入及编目，共计 15.26 小时。天津市通过建档业务培训和指导服务，不断加大工程声像档案的指导服务力度，及时做好工程声像档案跟踪拍摄服务，加大工程声像档案的技术投入，为声像档案的拍摄制作提供保障。海南省积极收集和归档历史资料，认真落实城建声像档案跟踪服务。海口市注重对城市各个时期历史面貌的声像档案收集，围绕重点建设工程进行跟踪拍摄照片资料1300多张，录像资料300分钟；重点拍摄盐灶片区原貌和施工中的海口快速车道，拍摄海口市建筑工程安全会议，扫描骑楼老街相片83张，扫描老相片105张，保存了改革开放以前海口旧貌、建省时期海口大开发大建设场面、重点项目的开工竣工等馆藏数百盒影像资料和光盘，数万张图片资料。重庆市完成定点拍摄以及对特色地段、特殊建筑、旧城改造、道路改造、公租房项目的拍摄，照片2800余张、录像450分钟。陕西省延安市加大对市区重点建设工程声像档案的拍摄与制作，提高声像档案的利用价值。渭南市派专人对市政改造工程和重要建筑进行现场拍摄，制作专题片，为打造数字化档案馆做好准备。西安杨凌示范区加大照片档案征集抢救力度，采取定期拍摄、上门收集、有偿征集等办法，收集、保管重大活动、旧城风貌、城市建设、园区建设、重点项目等各类照片近2万张。杭州市全年共拍摄录像1463分钟、照片2189张，其中为省重点工程拍摄录像272分钟、照片767张；开展无人机航拍视频112分钟、照片306张。宁波市分3次航拍朝阳新村、徐戎社区、杭州湾等地，共拍摄照片23587张，视频10032分钟。制作专题性纪录片5部。南宁市围绕重点工程建设、城市风貌影像保存和新区建设过程跟踪记录等方面积极开展城建档案声像工作，不断深入挖掘声像档案资源，完善数字声像资料库，共拍摄火车东站及配套基础设施、轨道交通1、2、3号线等市政工程建设项目96次、城市记忆点57次，共拍摄图片23218张，视频2588分钟，接收房建声像档案148个，接收图片6234张，制作9部市政建设工程短片，4部专题片，开展无人机采集城市影像数据航拍工作，采集高清图片2440幅，视频259分钟。合肥市开发声像档案管理系统，实现合肥市轨道交通建设声像档案跟踪拍摄和及时移交。六安市依据《城建档案综合信息管理系统》完成声像档案入库，实现声像档案的规范管理。铜陵市完成声像软件开发的初步构架，拍摄城建照片9761张，拍摄城市雕塑、棚户区改造等重点工程视频210分钟。福州及时跟踪市里重要工程、会议的动向，认真做好摄像与照相工作，编辑成电视专题片提供利用。厦门馆采用无人机对重点工程和宜居环境建设、建筑产业化项目建设等重要城乡建设工作开展前后的面貌进行航拍。漳州馆审核接收343个单位工程声像档案。贵阳市采购无人机，开展市新建道路航拍工作，航拍图片9100张，视频40余分钟。凯里市要求工程项目在报建阶段提供工程开工平基前的原貌照片，开工后提供建中和建成后照片，通过全程监控，保证声像档案信息的完整性和原始性。都匀市安排人员深入施工现场，拍摄重点工程项目的建设、城区实景及旧貌等，收集声像档案相片2482张。宁夏回族自治区银川市组织专人进行影像资料的收集，拍摄大量反映城市发展变化以及棚户区改造、道路畅通等市重点建设工程的影像资料，在对城市拟改造区域抢拍的同时，加强改造中的建设项目影像资料的收集，拍摄影像资料3900多张。石嘴山市积极为新闻媒体提供新旧城市风貌和重大建设项目的图片资料，有效提高声像档案的利用价值。

【城建档案信息化建设】 为确保档案接收安全，方便提供档案利用，各地按照《全国城建档案信息化建设规划与实施纲要》要求，以贯彻落实《建设电子文件与电子档案管理规范》为契机，结合实际，把信息化建设作为提升城建档案管理水平的重要手段，积极推进城建档案信息化管理工作，普遍建立城建档案信息管理综合系统，建成档案目录数据库，实现计算机实时检索，馆藏档案数字化加工、信息著录、数据异地备份工作全面开展。北京市积极开展电子著录数据和纸质档案同步接收，实现“三个100%”目标，即新接收档案文件级著录达100%、规划审批档案数字化率保持100%、新进馆工程数字档案中可公开的政府许可信息数字化率达100%。天津市在完成行政办公自动化和业务办公自动化系统存储设备的更新与整体迁移和馆藏纸质档案数字化工作的基础上，完成档案工作科研课题“天津市规划业务电子文件自动归档与移交”的研究工作，围绕城建档案利用和信息化管理开展“城市规划档案管理顶层设计研究”的课题申报。山西省完善省城建档案信息管理平台，启动县级城建档案管理系统的研发工作，实行城建档案网上统计制度。内蒙古自治区部分地区安装了城建档案管理系统，实现计算机目录检索，从纸质档案转变为电子化管理。同时，建立内部管理系统，实现行政办公的网络化。辽宁省有10个城市建立馆内局域网，实现办公自动化。沈阳、大连、抚顺、锦州、营口、阜新、辽阳、铁岭、葫芦岛等市建立网站，实现档案信息资源的社会共享。14个省辖市和部分县级市馆藏档案全部实行计算机检索。沈阳市启动数字化档案馆建设，成功开发地理信息系统、档案预验收等业务的应用程序，配合相关单位完成“沈阳市地下空间项目管理系统”、“地下空间项目单位信用管理平台”的开发应用工作和“沈阳市房地产企业信用管理系统”。档案馆GIS系统已经开始上线运行，图文一体的档案管理环境、城市动态地图的建立，丰富了档案检索方式，提高了档案查全率、查准率。大连市率先进行城市建筑普查，并对普查成果全部进行数字化管理，同时城建档案地理信息查询管理系统由原先的工程项目竣工后录入信息，改为工程项目开工申请电子档案签章锁时进行定位和属性录入，大大提前了建设项目动态管理的时间。葫芦岛市强化电子档案数据中心基础设施平台建设，成立数字档案室，对接收进馆的档案目录数字化，完善馆藏各类档案基础数据库建设，推进馆藏档案管理、查阅利用的现代化。为推行建设工程电子文件归档，辽宁省各市举办电子文件归档培训班，讲解电子文件归档的意义和操作技能，邀请软件开发公司讲授电子档案编制的具体方法和计算机操作程序。针对电子签章、密码锁使用等具体问题为学员答疑解惑。沈阳、大连、阜新、辽阳、朝阳等市全面启动电子档案归档工作，建设单位在项目开工前办理工程报建手续的同时，领取档案制作软件，制作单位电子章和项目经理、监理工程师、档案员等类别的个人电子签章，保证电子档案的制作和接收，实现电子档案与纸质档案同步归档。上海市开展城市空间基础信息平台城建档案信息库建设；为提高城建档案查询效率，便于社会利用档案，开展了城建档案GIS查询系统升级工作；为提升档案验收工作效率和规范化催交，开展了城建档案验收审批系统升级开发工作，并与上海市网上政务大厅对接；为加强历史档案的抢救性保护，开展历史档案的数字化工作。江苏省基本建立城建档案信息管理系统，建成档案目录数据库，实现检索计算机化，全面启用村镇建设档案系统。南通、泰州、连云港等市将业务办公自动化与“数字馆”建设有机融合，全面提高现代化管理水平。

浙江省各地均完成馆藏档案目录数据库建设，实现馆藏档案自动化检索，各地都开展了城建档案数字化工作，数字内存达21.76T。杭州市完成馆藏地形板图电子化和航测底片扫描电子件合成工作，全面启动库存纸质档案数字化扫描，同步推进增量档案数字化接收工作，完成电子档案接收系统开发，并试点开展电子档案接收。丽水市开发完成离线版电子文件接收系统和数据校对整合系统，使扫描和查阅两套系统中的数据在自动校对后自动整合，减少了人为检查的差错率和低效率，确保档案双套制接收。安徽省完成地方标准《城建档案信息化建设标准》编制、报审工作。黄山、宣城、池州、马鞍山、宿州、阜阳、安庆、芜湖、六安、蚌埠、亳州、滁州等市完成城建档案管理系统升级或正在升级。“芜湖市建设工程资料在线同步跟踪管理系统”获华夏建设科技进步奖。该系统特点是“互联网(在线)＋竣工档案(纸质＋电子)”接收管理；全省有8个城市在系统升级时选取此种“互联网＋的方式”。芜湖市完成住房城乡建设部科技发展促进中心建设电子签章在城建档案管理中应用项目示范工作，重点解决矢量图竣工图用章和城建档案管理用章的方式，探索通过城建档案信息综合管理平台，将城建档案管理“收、管、用”的三个主要工作融为一体，架构起数字城建档案馆的管理体系。江西省各级城建档案管理机构全部购买或自主研发安装城建档案信息专用管理软件，已有13个城建档案馆(室)完成库藏档案数字化处理，10个城建档案馆建立开通网站或网页。山东省17设区市全部实现计算机目录检索，大部分城市已实现城建档案数字化管理。日照市率先投入使用“城建档案集成管理”和“综合地下管线信息管理”2个业务系统，建成建设工程信息、地下管线信息、声像档案等3个专题数据库，实现城建档案整理分类、著录扫描和检索利用信息化，并开通网上查询和利用服务。河南省郑州、漯河、安阳、信阳、周口、南阳等市引进多媒体城建档案数字化管理系统。漯河市实现档案存储数字化、检索自动化、利用网络化，建立起数字城建档案馆。湖北省全年投资560万元改善信息化软硬件环境，全省共计有37个城市城建档案馆使用了城建档案综合管理系统，形成从数据采集、录入、加工、管理、备份及利用的计算机管理模式。广东省各地加强城建档案管理系统的升级改造，推行电子印章试点应用工作，保障电子文件安全有效，加快城建档案信息化标准建设。广州市组织开发“广州市城乡建设档案监督、指导和业务管理系统”，建立全市规划管理档案系统规范化、智能化的管理体制，并实现规划管理业务类电子档案的在线归档与高效利用，满足建设工程项目并联审批工作的新要求，实现申报建设工程档案验收与建设工程电子档案在线接收、管理与利用的智能化管理平台，提升全市建设工程档案智能化管理水平，提升公共服务能力；实现广州城市规划、建设的图片、音频、视频档案的智能化管理，实现在线归档与利用。珠海市是住房城乡建设部指定的第一个全国推广电子印章的试点城市，重点解决电子文件转换问题和合署签章问题，根据GB/T 50328—2014升级建设工程电子文件归档系统，逐步应用电子签章技术，保障电子文件安全有效。佛山市上线试运行城建档案综合管理系统。中山市对城建档案管理系统进行更新升级。重庆市投入使用“城建档案检索查询系统”，启动“市、区(县)城建档案信息一体化平台”建设。陕西省协助住房城乡建设部科技发展促进中心举办“国家标准《建设工程文件归档规范》宣贯暨城建档案信息化技术交流会”，启动了电子签章试点应用工作。宝鸡、铜川、渭南、延安、榆林、汉中、商洛、杨凌示范区等市全面接收电子档案。宝鸡市将电子档案接收纳入工程档案专项验收和竣工备案等关键环节，确保电子档案顺利接收进馆。渭南市借助行政制约手段有力保障了城建档案管理软件和电子签章发放工作的顺利进行。铜川市、汉中市接收进馆档案电子化率达100%。西安市稳步推进电子档案工作，电子签章已纳入市建委2016年软件开发总体设计。长春市完成纸质档案、声像档案与电子档案同步接收管理系统的软件开发，建立计算机中的档案电子信息与档案实体实时的一一对应存储跟踪管理模式，逐步完善“档案信息管理系统”软件功能，基本做到城建档案从项目登记、业务指导、档案验收、接收、整理、分类、编目、著录到检索、利用、统计全过程数字化管理，新馆库的密集架采用智能化电子操控，极大方便档案查询以及利用。厦门市城建档案信息化(二期)项目于10月通过市经信局验收，建立市、区两级城建档案信息共享，初步建成全市城建档案目录中心和电子文件中心，数字城建档案管理系统逐步向岛外各区城建档案管理部门推广使用。福州市形成《福州市数字城建档案管理系统》项目可行性研究报告，通过专家评审。南宁市启用城建档案查询系统，实现了馆数字化档案信息与市规划局系统的实时共享。贵阳市完成“贵阳市城建档案信息管理系统”功能需求分析工作及新系统安装部署、数据迁移工作，并启动机房改造及馆区内局域网布线改造工作。遵义市开展“建设工程电子档案报送工作”和“建设工程声像档案编制报送工作”，接收33个工程的电子档案、40张光盘。凯里市印发《关于规范档案整理录入工作实施方案》，成立档案整理小组，实现档案信息化、电子化。都匀市开通市城建档案馆网站。拉萨市数字城建档案馆建设项目可行性研究报告通过自治区财政厅投资评审纳入2016年市级财政预算。西宁市对馆藏的建筑许可证存根和选址意见报审存根进行扫描，并全部录入档案管理软件的数据库中，实现电子阅读、电子复制。

各地积极做好重要城建档案数据信息的异地备份工作。北京市馆与重庆馆完成异地备份与加密备份。山西省与四川省共同推进两地异地备份工作，太原、大同、晋中、临汾、长治市完成与四川省对接城市的城建档案互备工作。内蒙古自治区积极开展数字档案异地备份工作。包头市和呼伦贝尔市开展数字档案异地互备工作，将地下管线档案数据进行近地备份，签订完成《城建档案数据异地备份保管协议书》。包头市与昆明市进行对接，并开展异地备份前期准备工作。吉林省与湖北省为异地备份省份。黑龙江省确定哈尔滨、齐齐哈尔、牡丹江、佳木斯、大庆和双鸭山等6城市为首批试点城市，齐齐哈尔市、牡丹江市、大庆市、双鸭山市等4城市已将首批光盘等资料备份到对口城市。江苏省辖市和部分县(市、区)完成馆藏档案电子数据异地备份工作，备份数据容量达175.65T。河南省有8个城市与黑龙江省对口城市签订互备协议，漯河市完成数据异地备份。厦门市与西安市实现重要电子档案定期异地互备。佛山市初步完成异地备份标准规范的起草意见收集、资料调研分析等工作。重庆市组织实施与市建设信息中心数据同城异址备份工作。

【城市地下管线工程档案管理】 按照《国务院办公厅关于加强城市地下管线建设管理的指导意见》(国办发〔2014〕27号)和《住房城乡建设部等部门关于开展城市地下管线普查工作的通知》(建城〔2014〕179号)要求，各地认真贯彻落实，地下管线工程档案管理工作逐步规范，地下管线工程档案管理与接收工作稳步推进。上海市加强与规划管理部门相互间的协调配合，在办理建设工程规划许可证的同时将工程档案归档内容和范围及时告知各管线单位，以确保地下管线工程档案资料的准确、完整，对54家管线单位894个项目进行了梳理，并对其中27家建设单位110个管线工程进行了书面催交。江西省城市地下管线工程档案归集率稳步提高为20%。广东省各地加强城市地下管线工程档案管理，完善地下管线管理工作制度，加强管线管理信息化建设。中山市加强地下管线工程规划管理、建立健全地下管线信息动态机制、保证地下管线安全运行，全年接收管线竣工测量成果96宗。珠海市升级建设工程电子文件归档系统，根据GB/T 50328—2014进行升级改造，优化流程、升级电子文件转换技术、逐步应用电子签章技术；加强地下管线档案的管理工作，积极推动《珠海市地下管线管理条例》实施，紧抓地下管线档案的接收工作，保证地下管线档案收集的及时、完整、准确。佛山市为加强地下管线档案的收集管理工作，召开“地下管线档案管理工作宣讲会”，使参会人员充分了解地下管线普查档案整理移交的各项细节，为佛山市地下管线普查资料顺利归档奠定了良好的基础。宁夏回族自治区结合地下管线普查工作与城市地下综合管廊建设，加强与管线管理部门和管线单位的协调配合，仔细分析了解地下管线资料现状，研究收集对策。要求管线单位在办理工程规划许可证的同时，必须与城建档案管理机构签订《管线工程档案报送责任书》，并将管线工程档案归档内容和范围及时告知各管线单位，以确保管线工程档案资料的准确、完整。同时，密切跟踪地下管线更新普查进程和城市基础地理信息系统开发建设进程，及时提供与城建档案信息管理系统相匹配的技术参数，以更好地实现信息平台的数据共享。山西省太原、长治、忻州市建立完善城市地下管线档案动态信息系统，与城市地下管线综合管理动态系统接口，及时更新信息，提供查询服务工作。福建厦门市积极督促管线权属单位开展地下管线竣工测量，做好管线工程档案的接收、管理和管线数据资料的动态更新工作，全年共接收管线权属单位移交的地下管线工程档案149余卷，更新各类地下管线数据970项523千米；逐步开展房建工程地下管线工程档案的收集管理工作，地下管线信息系统将逐步覆盖住宅小区和房屋建筑室外工程。贵州毕节市结合贯彻《建设工程质量管理条例》以及国家和省有关工程竣工验收备案、城建档案管理的规定，住房城乡建设局、规划局、城管局等部门建立联动机制，从规划审批、施工建设到竣工测量、竣工验收，对地下管线工程项目进行一体化的全程跟踪和业务指导。青海西宁市建立城市地下管线工程档案专业工作室；格尔木市开展对地下管线工程档案的收集、整理、归档等工作，基本完成归档任务。

【地下管线普查和信息化建设】 根据《国务院办公厅关于加强城市地下管线建设管理的指导意见》和《住房城乡建设部等部门关于开展城市地下管线普查工作的通知》要求，各省市着手实施地下管线基础信息普查工作，陆续制定地下管线建设管理相关的规定，成立相应机构，明确牵头部门及其职责。山西省太原、晋中、临汾、忻州等市积极参与地下管线普查工作，制定地下管线普查档案资料接收方案。内蒙古自治区20个设市城市都开展城市地下管线普查工作，普查对象主要是市区范围内的给水、排水(雨、污)、中水、燃气、热力、电力、通信、工业、有线电视等管线，已有15个城市完成管线普查，12个城市建立信息系统。辽宁省多地专门成立地下管线管理部门或设专人负责，上百次走访自来水、煤气、市政、供暖、网通、联通、铁通等相关管线产权单位，调查管线档案状况，指导地下管线档案归档工作。沈阳市以市建委文件形式向各管线权属单位下发城市地下工程竣工档案催缴通知，召开专题讨论会。大连市完成11个县市区、先导区地下管线普查工程调研和项目立项指导工作，多次到县市区管线普查施工现场进行工程指导检查。吉林省大部分地级市完成部分普查、测绘和建立地下管线数据库及现状分布图集工作。江苏省各地相继组织数据普查和建设动态管理信息平台。安徽省在全省范围内积极开展地下管线普查。合肥、亳州、蚌埠、滁州、马鞍山、芜湖、池州、安庆、黄山等市完成地下管线外业普查工作，当前正在进行信息系统建设。山东省全面开展地下管线和信息化工作，建立以管线档案归集和查询利用为核心的地下管线安全监控机制。15个设区市均建立综合信息管理系统，46%的县级市完成地下管线普查。日照、威海等市实现全市地下管线信息化管理全覆盖。德州市被住房城乡建设部确定为全国首个城市地下管线综合管理试点城市。湖北省召开“全省城市地下管线普查培训暨工作调度会”，要求全省36个城市按时完成普查工作，建立信息系统以及按要求移交地下管线普查成果资料和信息系统。同时，加大对地下管线普查工作的督查和业务指导工作，协调解决普查工作中成果移交及信息系统建设出现的困难和问题，多次组织专家深入基层和普查现场指导工作。荆州、潜江2市完成地下管线普查任务，普查成果数据及地下管线信息综合管理系统全部移交城建档案馆保管。海南省18个市县(不含三沙市)及洋浦经济开发区全面开展城市地下管线普查工作，均成立地下管线普查专门工作领导小组，制定普查工作方案，开展管线外业探测、地形图修测、管线泄漏探查工作。同时，开发完成“海南省地下管线综合管理信息系统(基础版)”。除三亚市、五指山市等个别市县自己开发信息系统外，其他地区均用基础版本进行数据录入工作，充分发挥资源共享作用。陕西省10个设区市、杨凌示范区和韩城市设立地下管线普查工作领导小组，各市均制定并上报普查工作实施方案。汉中市协调管线权属单位制定地下管线数据更新制度。榆林、延安两市已经建立地下管线综合管理信息系统，并完成城市地下管线基础信息普查；西安市、汉中市和铜川市完成综合管理信息系统招投标工作，正在进行基础信息普查。青海省各地城乡档案管理部门正在积极协调城市供水、排水、供热、供气、电力、电信、工业等地下管线相关部门，开展搜集地下管线现状分布图工作，城市地下管线普查工作。杭州市完成“杭州市综合地下管线共享平台应用示范系统”项目建设，通过对给水、排水、燃气、电力、电信、移动、联通、华数、管道共同沟九个专业子平台和萧山区、余杭区、富阳区、大江东产业集聚区四个区级子平台数据进行归集整合，打造全市统一的地下管线信息资源共享平台，牵头开展并完成包括涉密网络、保密机房在内的管线涉密信息系统建设，通过省信息安全测评中心的保密测评初审。2015年杭州市新增电力数据4110千米，华数数据1815千米。完成上水、管道煤气配套地下管线档案征集987个项目1041卷，及时著录纳入业务系统。地下管线竣工测量档案接收入库1149千米，累计完成地下管线普查数据的接收共计34499.9千米，并对接收的数据对照相应标准开展核对、反馈和入库工作，针对每种管线的数据情况形成“一图一表一报告”（即现状管线系统图、数据接收情况统计表、管线普查数据统计分析报告）。厦门市坚持开展成片开发区域的地下管线修补测工作，2015年度完成云顶路BRT沿线及厦门北站周边道路的地下管线修补测工作，共测绘地下管线379.17千米，相关成果已投入使用。株洲市建立城市地下管线工程档案管理信息公共服务平台，实现了地下管线工程档案数字化管理。贵阳市完成市中心城区（云岩、南明、小河）地下管线动态更新工作，更新地下管线数据105千米。凯里市在全州范围内开展地下管线普查及信息化建设。遵义市地下管线普查及信息化工作已进入招投标阶段。

（住房和城乡建设部城建档案工作办公室）

住房城乡建设稽查执法

【重点稽查执法】 2015年，围绕党中央、国务院关于城乡建设工作和国家新型城镇化战略部署，按照“稳定一个预期、深化三项工作、突破六个重点工作”要求，聚焦行业突出问题，加大监督检查力度，依法惩处违法行为，完善制度安排。年初，会同住房城乡建设部有关司印发《住房城乡建设部关于印发2015年重点稽查执法工作方案的通知》，部署全系统重点稽查执法工作，要求各地突出中央和住房城乡建设部改革发展重点任务的落实，盯紧重点事、重点问题和重点部门，提升监督检查效率和震慑效果，在稳增长、调结构、惠民生方面发挥重要作用。

住房城乡建设部稽查办公室代表部里参加了国务院重大政策措施贯彻落实情况督察；根据中纪委和中央党的群众路线教育实践活动领导小组统一部署，参与对城市公园内设置高档餐厅、会所督察等工作并赴北京、江苏、广东现场督办；参与国家信访局对上海、江苏、辽宁、浙江等地信访事项实地督查等专项检查，发现并促进了一批群众反映强烈、社会舆论关注、影响科学发展的行业突出问题得到整改。

积极协同住房城乡建设部各司局落实部专项检查任务。配合部城市建设司对66个景区开展国家级风景名胜区保护管理执法检查；参与对城市地下管线普查和综合管廊建设检查，推动城市综合管廊建设试点推进；参与园林城市和生态园林城市核查；配合部住房保障司对8个省份开展棚户区改造抽查和10个省份城镇保障性安居工程建设进度巡察；参与4次工程质量治理两年行动监督执法检查，对存在较重违法违规行为的项目下发执法建议书，并在新闻媒体通报曝光；参与工程造价管理改革任务落实情况、勘察设计质量和建筑节能与绿色建筑实施情况监督检查等。牵头对陕西、湖北、广东、重庆等10个省市的棚改、公租房建设情况和老楼危楼安全排查情况进行专项巡查，对发现的问题及时向部报告并向有关省厅反馈意见，督促其尽快落实整改。

各级住房城乡建设主管部门按照《住房和城乡建设部2015年重点稽查执法工作方案》，突出重点任务，完善制度机制，创新方式方法，加大执法力度，增强监督实效，据不完全统计，全系统共开展监督检查近10万次，针对发现的问题发出整改或执法文书32.4万余件，曝光典型案件1.3万余件，出台和完善各类政策制度3300余项，各项监督检查任务基本落实，取得积极成效。

开展房地产市场调控和监管监督检查，稳市场、去库存、保发展。据不完全统计，各地围绕房地产市场开展专项检查近7000次，出台和完善政策制度近360项，发出整改或执法文书1万余件，曝光典型案件140余件。

开展城镇保障性安居工程建设管理监督检查，促棚改、抓分配、推进度。重点督促地方提高棚改贷款资金使用效率、规范资金使用。据不完全统计，各地围绕保障性安居工程开展专项检查近2700次，出台和完善政策制度近420项，发出整改或执法文书近4400件，曝光典型案件近80件。

开展城乡规划实施监督检查，严管控、强问责、树权威。以城市总体规划强制性内容为重点，深入开展专项监督检查，维护了城乡规划的权威性严肃性，促进了地方政府依法行政。据不完全统计，各地围绕城乡规划开展专项检查近1.4万次，出台和完善政策制度近600项，发出整改或执法文书近5万件，曝光典型案件1200余件。

开展城市建设管理监督检查，惠民生、治歪风、保环境。按照中纪委和中央党的群众路线教育实践活动领导小组的部署，加大对公园中私人会所清理力度，督促各地加快遗留问题的解决，防止“会所中的歪风”反弹回潮。深入贯彻落实《风景名胜区条例》，切实履行监管职责，基本实现了225处国家级风景名胜区执法检查全覆盖。据不完全统计，各地围绕城市建设开展专项检查近1.5万次，出台和完善政策制度350余项，发出整改或执法文书近7.9万件，曝光典型案件6300余件。

开展建筑市场和工程质量安全监督检查，管市场、抓质量、促改革。按照《工程质量治理两年行动方案》部署开展监督执法检查。组织开展全国老楼危楼安全排查工作。据不完全统计，各地围绕建筑市场和工程质量安全开展专项检查近5万次，出台和完善政策制度550余项，发出整改通知或执法文书近15万件，曝光典型案件近4700件。

开展建筑节能监督检查，定指标、促热改、节能效。对全国建筑节能与绿色建筑行动实施情况进行检查，检查内容涵盖建筑节能、绿色建筑法规制度和标准执行情况、中央财政支持的各类示范项目完成情况等。据不完全统计，各地围绕建筑节能开展专项检查2000余次，出台和完善政策制度550余项，发出整改或执法文书2500余件，曝光典型案件4600余件。

开展住房公积金监督检查，防风险、促清收、用资金。将利用公积金贷款支持保障性住房建设情况和住房公积金涉险资金的清收作为检查重点。此外，还对各省市住房公积金使用效率进行督查，督促完善政策，改进工作方法，切实用足用好住房公积金。据不完全统计，年内各地围绕住房公积金缴存、使用和管理开展专项检查近千次，出台和完善政策制度110余项，发出整改或执法文书2800余件，曝光典型案件110余件。

开展工程建设强制性标准和造价实施监督检查，修定额、明清单、控造价。各地按照《住房城乡建设部关于进一步推进工程造价管理改革的指导意见》和《住房城乡建设部办公厅关于印发工程造价管理改革工作任务分工方案的通知》要求，积极推进工程造价管理改革，制定改革任务的具体实施方案，有力地保证各项任务的贯彻实施。据不完全统计，年内各地围绕工程建设强制性标准和造价实施开展专项检查2700余次，出台和完善政策制度330余项，发出整改或执法文书近1.4万件，曝光典型案件近270件。

开展村镇建设规划实施管理和农村危房改造监督检查，统城乡、查危改、重生态。重点对农村危房改造情况进行绩效评价，对农村生活垃圾治理情况进行现场核查，对中国传统村落的保护项目实施情况进行专项督查。据不完全统计，年内各地围绕村镇建设规划实施管理和农村危房改造开展专项检查近2900次，出台和完善政策制度220余项，发出整改或执法文书1万余件，曝光典型案件160余件。

【稽查执法体制机制建设】 2015年，分南、北片区召开“省、自治区、直辖市稽查执法工作研讨会”，交流工作经验，研究重点问题，部署推进全年工作。及时推广地方好的做法，在住房城乡建设部网站上发布地方工作动态29期。编印《城乡规划督察工作简报》32期，在《中国建设报》和《城乡建设》等业内主流媒体刊登新闻稿件8篇。按照“国家生态环境保护信息化工程”建设实施要求，开展稽查执法发现问题、查处问题和评估分析系统建设。积极参与“国家自然资源和地理空间基础信息库”二期工程建设，完善城乡规划督察卫星遥感监测系统。加强与部内相关司局的协作配合。重大案件会同相关司局集体研判。会同部建筑市场监管司制定加强建设工程企业事中事后监管工作方案，对建设工程企业资质进行抽查和复查，向建筑市场监管司反馈建设工程企业资质审核意见71批次，发现存在违法行为的企业10家和个人6人。

【受理举报】 2015年，住房城乡建设稽查办公室收到各类群众举报线索 3559 件。剔除已经涉法涉诉、信访终结、不属于住房城乡建设部职责范围和重复的举报，实际受理有效举报 1536 件。其中，信件举报 260 件，媒体和网络举报 1276 件。对于 1536 件有效举报，督办 434 件，转办 1102 件。河北、江苏、河南、四川、山东、辽宁、黑龙江 7 省举报较多，占举报总量的 50.3%。有效举报中，涉及房地产市场 480 件，占 31.3%；建筑市场 447 件，占 29.1%；城乡规划 259 件，占 16.7%；工程质量安全 142 件，占 9.3%；城镇保障性安居工程 97 件，占 6.3%；村镇建设 33 件，占 2.1%；城市建设 27 件，占 1.8%；住房公积金 24 件，占 1.6%；建筑节能、标准定额、风景名胜区和历史文化名城保护等其他领域举报 27 件，占 1.8%。

通过数据对比分析，主要反映了以下几方面问题：一是举报总量持续攀升。随着住房城乡建设事业的社会地位和影响力不断提升，广大群众的维权意识和关注度不断增强，举报量不断增长。2015 年，受理举报总量较 2014 年增长了 50.6%。其中，反映工程建设方面的内容增长了 73.3%，住房问题的举报增长了 47.6%，城乡规划建设管理方面增长了 25%。住房问题、违法建设、企业资质和个人资格违规以及工程质量安全问题依然是群众举报的重点。二是住房问题仍是群众最关注的问题。群众反映问题主要集中在房地产开发企业违规开发、监管部门不依法行政和保障性安居工程分配使用中的问题伤害弱势群体的切身利益等方面。三是违法建设破坏人居生态环境的问题仍未有效遏制。从群众举报反映的问题来看，法定规划的约束惩戒作用不强，各级主管部门仍未做到违法必究，执法必严，虽然部和地方下大气力整治违法建筑取得积极成效，但新增违法建设和破坏生态环境的问题仍然多发。四是涉及企业资质和个人执业资格方面的问题增幅较大，严重影响了建筑市场的公平竞争和健康发展。五是工程质量问题居高不下且处理难度大。地方主管部门监管力度不够，对质量问题的有关责任主体处罚过轻，遏制违法违规行为效果不明显；施工企业建筑市场行为仍不规范，工程转包、违法分包以及偷工减料等导致房屋质量下降的问题时有发生；监理职责难以落实到位。监理企业受制于甲方，监理费用低，监理人员配备不足，难以有效发挥监理作用。

据不完全统计，2015 年，全系统共受理群众举报 53.79 万件，立案 26.51 万件，结案 20.38 万件，罚没款总额 93.64 亿元，没收违法建筑、构筑物和其他设施 288.54 万平方米，拆除 53674.61 万平方米，对 5.08 万家企业和 16.76 万相关责任人进行了行政处罚，68 人受到刑事处罚，维护了市场秩序和群众合法权益。

直接组织查办领导批办的江苏中恒建设有限公司、湖南兴禹建设有限公司申报资质造假等案件，公开通报 8 起群众举报违法违规典型案例，并对有关省市的稽查执法工作予以表扬，进一步发挥稽查执法工作在规范市场秩序和维护群众合法权益的作用。结合当前群众举报易引发行政诉讼案的情况，制定《住房城乡建设部稽查办公室违法违规行为举报管理细则》，规范举报办理程序、标准和方式，强化督办件动态跟踪，促进群众举报问题妥善解决。完善稽查执法和案件处理情况统计工作，在全国县级以上城市试行按月报送案件处理情况和按季度报送违法违规典型案例，建立有效的预警机制，及时发现苗头性和倾向性问题。加强举报受理信息系统建设。全面推广应用“住房城乡建设领域违法违规举报系统”，实现与省级违法违规网上举报系统网络链接，进一步提高了举报受理效能。

【部派城乡规划督察】 2015 年，驻 103 个城市的 107 名督察员共向派驻城市发出督察文书 164 份，同时制止违法违规行为 1233 起，实现年初设定的督察成果翻番的目标。督察员全年共制止各类侵占城市公园、生态绿地进行开发建设的行为 427 起，保护了 1594 万平方米绿地；制止违规侵占河湖水系和城市基础设施用地行为 76 起，依法保护各类禁建区、限建区 202 万平方米；制止破坏历史街区和风景区的行为 64 起，涉及用地面积 882 万平方米。此外，督察员还提出加强和完善规划管理的建议 280 条，促进完善规划实施长效机制。针对一些城市规划编制审批滞后、规划实施法定依据缺乏等问题，督察员督促派驻城市加快规划编制审批进度；针对“控改总”导致总规强制性内容不能贯彻落实问题，督察员督促派驻城市开展控规落实总规情况的梳理工作。

根据部领导关于重视保护历史文化名城的指示，会同规划司在 49 个名城派驻城乡规划督察员的基础上，新增 20 个名城以部名义开展巡查。通过巡查，摸清 69 个城市名城保护工作的基本情况，了解名城、历史文化街区和历史建筑保护的现状，并对存在的问题逐一反馈要求整改，对派驻城市的历史文化名城保护工作起到推动和督促作用。

组织新任督察员进行初任培训，年初和年中组织全体督察员进行2次集中培训，并分别对督察工作进行总结和部署。通过城乡规划法规政策等专题讲座和典型案例交流，引导督察员把握工作重点，认真履职。开展督察员遴选工作，向社会广纳人才，遴选24名符合督察员条件作为候选人，为吐故纳新、优化督察员队伍结构做好人员储备。完善督察工作配套管理制度，保障督察员有序开展工作。

【利用遥感监测辅助城乡规划督察】 为了落实中央要求，发挥城乡规划的作用，住房城乡建设部不断完善城乡规划实施监督法规体系，建立利用卫星遥感监测等多种手段共同监督规划实施的工作机制，加大对重大重点案件的查处，进一步加强城乡规划实施监督工作。

挂牌督办案件的处理情况。为使遥感督察工作真正促进解决总体规划权威性和严肃性不足的问题，6月，部公开挂牌督办石家庄、邯郸、无锡、厦门、南昌、襄阳、贵阳、兰州、乌鲁木齐等9起城乡规划重大违法案件，要求有关省(区)住房城乡建设厅“依法查处违法行为，并追究有关单位和个人责任”。公开挂牌督办引起有关省（区）住房城乡建设厅和城市人民政府的高度重视，检讨问题，研究整改工作。通过查办9起案件，共没收或拆除违法建筑13.1万平方米，罚款3163.5万元，保护绿地83.6万平方米，38名责任人受到党纪政纪处分，维护了城乡规划的权威性、严肃性。

进一步明确重点图斑处理要求。以上9起挂牌督办案件是2014年119个重点图斑的缩影。按照部领导要求，所有的遥感督察重点图斑都要按照9个挂牌督办案件的标准进行处理，必须整改到位。即一要整改违法项目本身，消除对规划实施的不良影响，维护总规强制性内容的刚性；二要查处违法违规行为，惩戒违法行政责任主体，行政责任要追究到位。

严肃重点图斑查处工作，推进尚未查处到位的重点图斑工作，报送查处情况，切实发挥省级部门处理重点图斑工作的作用。落实城市规划主管部门对重点图斑查处工作的主体责任，按要求整改和处理问题。

【住房公积金督察】 在住房城乡建设部、财政部、国家发改委、人民银行、审计署、银监会六部门领导下，不断规范和完善住房公积金督察员管理和工作制度。将利用公积金贷款支持保障性住房建设资金回收，防范逾期风险作为对试点项目巡查的重点，组织督察员对93个城市进行4个批次巡查，对试点工作进行全程跟踪、实时监管和异常干预。加大对进入还款期的试点项目还款情况的巡查力度，督促有关试点城市落实还款资金来源，保证按时还本付息，避免形成新的涉险资金。已有20个城市完成试点工作。

对住房公积金历史遗留涉险资金清收工作常抓不懈。对清收难度大的城市，督察员采取实地督导、下发督查建议书、意见书等措施，不断加大清收工作力度。为落实全国加强住房公积金管理工作电视电话会议精神，组织相关省份督察员组分别参加四川、陕西、广东等8省的实地督查。详细了解地方住房公积金个人住房贷款政策、调节资金流动性情况、提取公积金支付房租政策、业务办理效率情况、廉政风险防控措施等，总结好的做法，指出存在的问题，并及时上报住房城乡建设部。

【队伍建设】 扎实开展“三严三实”专题教育。按要求制定专题教育方案，召开动员大会，支部书记及班子成员分别上了党课。组织召开全体党员参加的专题组织生活会，以“严以修身”为主题开展专题讨论。加强队伍的党性修养和廉政教育。继续巩固党的群众路线教育实践活动成果，促使全办人员牢固树立廉洁执法、公正执法意识。组织参加机关各种文体活动和“送温暖”及“为贫困母亲捐款”等公益活动，开展丰富多彩的妇女和青年活动。开展行业和内部培训。举办住房城乡建设稽查执法工作和群众举报受理和案件查办专题培训。组织遥感监测、部和省派城乡规划督察员及住房公积金督察员业务培训。结合实际，开展“住房城乡建设稽查执法统计分析制度研究”、“遥感督察工作数据统计分析及其信息化”、“建筑市场与工程质量安全百起案例研究”、“风景名胜区执法检查指标研究”和“城市总体规划强制性内容实施监督机制研究”5个课题研究，推动工作。

【地方稽查执法】 各省级稽查执法机构围绕中心，服务大局，认真抓好稽查执法工作，在保障人民权益，规范市场秩序和维护法律法规权威性方面发挥积极作用，也摸索了一些好的做法。如北京市住建委推进执法重心下移，建立“三位一体”安全质量监督执法模式，构建起以安全质量为核心的行业管理模式和信用管理体系。针对村镇违法建设案件查处难、执行难的问题，重庆市修订出台《主城区查处在建违法建筑工作规程》、《主城区查处存量违法建筑工作规程》等违法建筑整治工作配套制度，大力开展违法建筑整治工作。浙江、福建和海南大力开展“两违”综合治理、“三改一拆”专项行动和整治违法建筑“三年攻坚行动”，加大违法建设打击力度。河北省针对违反法定执法程序、违法案件查处不力等问题，组织对部分地市稽查执法工作进行巡查，并及时通报巡查情况，强化日常监督。针对系统内稽查执法工作中薄弱环节，对部分下级执法队伍建设、制度建立和行政处罚等工作进行重点督查。黑龙江省严格执行案件查办首问负责制，强化执法人员的责任意识。采取不定期巡查。对群众反映违法违规问题较多的城市，不定期开展明查和暗访，推动提高稽查执法效能。吉林省住房城乡建设厅与省检察院联合下发《关于在住房和城乡建设工作中加强协作配合的若干意见》，健全完善住房和城乡建设领域行政执法和刑事司法协作配合机制，充分发挥检察机关法律监督职能和住房城乡建设主管部门依法监管职能，促进依法行政。江苏省建立健全省住房城乡建设系统典型案例报送评价制度、稽查执法案件月报制度和定期分析报告制度，有效指导各地工作。陕西持续加大重点案件的责任追究力度，对问题较多、严重超标的市或区，提请省政府领导约谈市或区政府相关责任人，限期整改，并在媒体上曝光。开展建设行政执法案卷评查工作，以自查和抽查相结合方式，新疆维吾尔自治区对行政执法案件施行“一案一评”，及时发现和纠正行政处罚活动中存在的问题，强化了行政执法监督机制。

【地方城乡规划督察】 各省(自治区)城乡规划督察工作取得新进展。湖北省派驻了首批城乡规划督察员；山东省召开第三批城乡规划督察员派驻工作会议，新聘13名、续聘20名督察员，新增35个派驻县(市)，城乡规划督察实现省域市县全覆盖。截止到2015年底，全国共有21个省(自治区)将城乡规划督察制度写入该省的城乡规划条例中，12个省(自治区)专门发省政府文件建立城乡规划督察制度。安徽省在16个设区市已完成城乡规划督察员制度全覆盖的基础上，积极推进市向所辖县派出城乡规划督察员工作。马鞍山市、淮北市均向该市所辖县派出城乡规划督察员，率先形成实施城乡规划督察员制度的部、省、市三级联动，进一步健全城乡规划层级监督工作体系。

(住房和城乡建设部稽查办公室)

2015年住房城乡建设大事记

1月

15日　人力资源社会保障部、住房城乡建设部等10部门联合召开做好2015年春节前保障农民工工资支付工作视频会议，会议对做好春节前保障农民工工资支付工作进行了动员和部署。人力资源社会保障部部长尹蔚民、住房城乡建设部副部长王宁等领导作了重要讲话。

16日　住房城乡建设部副部长陈大卫会见英国外交大臣气候变化特别代表大卫·金爵士一行，就中国新型城镇化、绿色低碳城市发展、中英在可持续城市规划领域的合作等议题进行了交流。

20日　住房城乡建设部、财政部、人民银行联合印发《关于放宽提取住房公积金支付房租条件的通知》(建金〔2015〕19号)，主要包括五项内容：一是明确租房提取条件；二是规范房租提取额度；三是简化租房提取要件；四是提高提取审核效率；五是防范骗提套取行为。

同日　全国棚户区改造经验交流会在内蒙古包头市召开。住房城乡建设部部长陈政高在会上郑重推荐包头棚户区改造中形成的“北梁精神”，他强调，加快推进棚改，顺应了人民群众对改善居住条件的期待，对增加消费和投资、助力经济增长、改善城市面貌、提升城市竞争力具有重要意义。

同日住房城乡建设部公布第二批建设宜居小镇、宜居村庄示范名单(建村函〔2015〕12号)。

22日　为依法推进行政审批制度改革，住房城乡建设部决定修改《市政公用设施抗灾设防管理规定》等部门规章。包括《市政公用设施抗灾设防管理规定》、《房屋建筑工程抗震设防管理规定》、《建筑施工企业安全生产许可证管理规定》、《实施工程建设强制性标准监督规定》和《城市房屋便器水箱应用监督管理办法》。其中，除将“建设主管部门”、“城市建设行政主管部门”修改为“住房城乡建设主管部门”外，涉及到“建设部”的也均修改为“住房城乡建设部”。

同日　住房城乡建设部办公厅通报2014年12月全国建筑施工转包违法分包行为查处情况。

26～27日　住房城乡建设部第三督察组在广东省检查建筑施工安全生产和工程质量治理两年行动情况，并对中山市的3项在建工程进行了检查。

29～30日　住房城乡建设部第三督察组在广西壮族自治区进行督察。督察组要求，要特别重视市县的工程质量安全管理工作，加大监督检查力度，把质量安全责任落实到项目、班组、岗位和个人。

2月

6日　住房城乡建设部、财政部、中国人民银行联合印发《关于健全住房公积金信息披露制度的通知》(建金〔2015〕26号)，明确了责任主体，统一了披露方式，完善了披露内容，规范了披露时限，对违反披露规定逾期不改的，追究有关负责人和直接责任人的责任。

12日　住房和城乡建设部在云南省文山州召开新闻发布会，对文山“2·9”模板坍塌事故初步调查情况进行通报，并要求各地深刻吸取事故教训，切实加强建筑安全生产工作。

3月

1日　住房城乡建设部印发《建筑业企业资质管理规定》(中华人民共和国住房和城乡建设部令第22号)、《城镇污水排入排水管网许可管理办法》，即日起施行。

3日　住房城乡建设部印发《关于按照中国人民银行规定实施住房公积金存贷款利率调整的通知》(建金〔2015〕33号)，从2015年3月1日起，下调个人住房公积金存贷款利率。

4日　住房城乡建设部、国家安全监管总局印发关于《关于进一步加强玻璃幕墙安全防护工作的通知》(建标〔2015〕38号)，规定新建住宅、中小学校等不得在二层及以上采用玻璃幕墙；人员密集的商业中心、交通枢纽等作为出入口、人员通道的建筑，严禁采用全隐框玻璃幕墙。

住房城乡建设部、工商总局联合印发《关于印发建设工程设计合同示范文本的通知》(建市〔2015〕44号)。

6日　住房城乡建设部印发《建设单位项目负责人质量安全责任八项规定(试行)》等四个规定。

9日　住房城乡建设部印发《住房城乡建设质量安全事故和其他重大突发事件督办处理办法》(建法〔2015〕37号)。

11日　住房城乡建设部、国家发展改革委、财政部印发《关于做好2015年农村危房改造工作的通知》(建村〔2015〕40号)。

19日　住房城乡建设部印发《关于公布国家城市湿地公园的通知》(建城〔2015〕42号)。

20日　住房城乡建设部召开全国加强住房公积金管理电视电话会议。住房城乡建设部部长陈政高在对住房公积金管理工作作出重要部署时强调，住房公积金是重大的民生工程，对于改善中低收入家庭住房条件、促进房地产市场平稳健康发展具有重要意义，各地要进一步统一思想，提高认识，增强工作的主动性，加大工作力度，发掘住房公积金的巨大潜力，用好用足住房公积金。

24日　为做好改善农村人居环境相关工作，住房城乡建设部村镇建设司下发通知，面向社会公开遴选改善农村人居环境基础性系列研究课题承担单位。

24～25日　住房城乡建设部工程质量安全监管司在广西壮族自治区南宁市组织召开勘察设计质量监管工作座谈会，宣传贯彻《建筑工程勘察单位项目负责人质量安全责任七项规定(试行)》和《建筑工程设计单位项目负责人质量安全责任七项规定(试行)》，研究部署进一步推进工程质量治理两年行动工作。

25日　国土资源部和住房城乡建设部联合下发《关于优化2015年住房及用地供应结构促进房地产市场平稳健康发展的通知》(国土资发〔2015〕37号)。

26日　住房城乡建设部印发《关于加强建筑工人职业培训工作的指导意见》(建人〔2015〕43号)，要求五年实现全员培训持证上岗。

27日　为贯彻落实《国务院关于取消和调整一批行政审批项目等事项的决定》、切实加强职业资格设置和管理，住房城乡建设部办公厅下发通知，建筑保温工程项目经理等22项职业资格的评价、认定、发证等工作被叫停。

30日　住房城乡建设部印发《关于开展城市基础设施建设情况通报工作的通知》(建城〔2015〕45号)，将本地所有设市城市上一年度的城市基础设施建设情况进行汇总审核，于当年6月30日前上报，随文附《城市基础设施建设评价指标解释(试行)》。

按照国务院部署，各地政府和国务院有关部门积极开展高尔夫球场清理整治工作，取得阶段性成果。

4 月

2 日　住房城乡建设部印发《关于做好 2015 年住房保障工作的通知》(建保〔2015〕48 号)。要求确保完成年度目标任务，大力推进棚户区改造货币化安置，实行棚户区改造新开工项目台账管理等。

7 日　住房城乡建设部办公厅、科学技术部办公厅联合印发《关于公布国家智慧城市 2014 年度试点名单的通知》(建办科〔2015〕15 号)，确定北京市门头沟区等 84 个城市(区、县、镇)为国家智慧城市 2014 年度新增试点，河北省石家庄市正定县等 13 个城市(区、县)为扩大范围试点，航天恒星科技有限公司等单位承建的 41 个项目为国家智慧城市 2014 年度专项试点。

9～10 日　住房城乡建设部在广东省珠海市举办全国城市地下综合管廊规划建设培训班。住房城乡建设部部长陈政高出席培训班座谈会并作重要讲话。

9 日　住房城乡建设部办公厅等部门印发《关于公布第一批生活垃圾分类示范城市(区)的通知》(建办城〔2015〕19 号)，共有 26 个城市列为第一批生活垃圾分类示范城市(区)。

14 日　住房城乡建设部在河北省石家庄市组织召开新闻发布会，通报新乐“4・11”模板支架坍塌事故有关情况。

15～23 日　陈大卫率 6 人代表团赴肯尼亚参加联合国人居署第 25 届理事会会议并赴西班牙参加中国西班牙论坛第八次会议。

16 日　住房城乡建设部办公厅印发《加强风景名胜区安全管理工作的通知》(建办城〔2015〕18 号)，要求全面排查安全隐患，合理限制游客数量，制定安全应急预案，落实安全工作责任制。

20 日　住房城乡建设部副部长陆克华会见德国北威州州长汉内洛蕾・克拉夫特一行，就城市可持续发展、建筑节能等议题进行了交流。

23 日、25 日　住房城乡建设部会同国家开发银行分别在长春、南宁召开全国棚改片区工作会。住房城乡建设部部长陈政高主持会议并提出总体要求，住房城乡建设部副部长王宁、国家开发银行副行长张旭光出席会议，财政部、审计署有关负责人应邀参加会议。

25 日　中共中央国务院印发关于加快推进生态文明建设的意见，强调大力推进绿色城镇化。

28～29 日　住房城乡建设部稽查办、规划司、规划管理中心在广东省东莞市组织开展利用遥感监测辅助城乡规划督察工作专题培训班。

5 月

13 日　住房城乡建设部印发《关于中国人民银行规定实施住房公积金存贷款利率调整的通知》(建金〔2015〕63 号)。

14 日　海南省人民政府与住房城乡建设部在海口共同举办《海南省总体规划》专家研讨会，邀请国内外知名城乡规划专家学者为规划献计献策。住房城乡建设部部长陈政高、海南省省长刘赐贵出席会议并讲话。

16 日　第五次市长代表大会暨女市长分会第五次女市长代表大会在京召开。北京市市长王安顺当选市长协会会长，住房城乡建设部部长陈政高当选市长协会执行会长。

22 日　住房城乡建设部发布公告，批准《城市综合管廊工程技术规范》为国家标准，编号为 GB50838－2015。规范自 6 月 1 日起实施。原《城市综合管廊工程技术规范》GB50838－2012 同时废止。公告明确，规范中的“综合管廊工程建设应以综合管廊工程规划为依据”等 18 条规定为强制性条文，必须严格执行。

27 日　住房城乡建设部、国家发展改革委、财政部联合召开加强农村危房改造监管工作电视电话会议，要求各地加强农村危房改造资金监管。2015 年中央进一步加大支持力度，预算安排 315 亿元以上，比上年增加 85 亿元，支持扩大 100 万户改造规模。

28 日　住房城乡建设部在广西南宁举办全国海绵城市建设培训班。住房城乡建设部部长陈政高出席培训班座谈会并讲话，财政部、国家开发银行、水利部相关负责人参加座谈会。各地住房城乡建设主管部门的负责人，部分城市人民政府分管城市建设工作的副市长以及相关部门的负责人 530 余人参加了培训。

6 月

4 日　住房城乡建设部 国家发展改革委《关于批准发布〈流浪乞讨人员救助管理站建设标准〉的

通知》(建标〔2015〕77号)下发。

8日　住房城乡建设部、财政部、人民银行印发《全国住房公积金2014年年度报告》。报告全面披露了全国住房公积金管理运行情况，主要包括机构概况、业务运行情况、业务收支情况、增值收益分配情况、资产风险情况5个方面内容。

9日　贵州省遵义市一栋7层村民自建房整体垮塌。事故发生后，住房城乡建设部立即组成事故督查组赶赴现场调查了解事故有关情况。要求贵州省、遵义市和汇川区有关部门认真查清事故原因，深刻吸取事故教训，严厉打击违法建设行为，严肃查处事故责任人，加大危楼排查力度，对存在严重质量安全隐患的立即拆除，切实保障人民群众生命财产安全。

10日　工业和信息化部办公厅、住房城乡建设部办公厅发布《关于开展2015年光纤到户国家标准贯彻实施情况大检查工作的通知》，督促光纤到户工程建设各相关责任主体严格执行光纤到户国家标准，做好小区红线内通信管道等配套设施建设。

15日　住房城乡建设部《关于印发〈城市综合管廊工程投资估算指标〉(试行)的通知》(建标〔2015〕88号)下发。

16日　住房城乡建设部召开部分地区建筑安全生产工作汇报会，通报2015年以来全国房屋市政工程生产安全事故情况以及6月发生的3起较大事故情况。住房城乡建设部副部长易军在会上强调，各级住房城乡建设主管部门一定要切实增强责任感和紧迫感，以对人民高度负责的精神，真正做到带着感情、带着责任抓安全生产工作，坚决遏制事故频发势头，保障人民群众生命财产安全。

同日　为贯彻《2011～2015年建筑业信息化发展纲要的通知》和《住房城乡建设部关于推进建筑业发展和改革的若干意见》有关工作部署、推进建筑信息模型(简称“BIM”)的应用，住房城乡建设部印发《关于推进建筑信息模型应用的指导意见》。

17日　住房城乡建设部紧急召开全国老楼危楼安全排查电视电话会议，传达国务院领导同志重要批示精神，通报近期发生的老旧楼房垮塌事故情况，部署在全国范围内迅速开展老楼危楼安全隐患大排查、大整治活动。住房城乡建设部部长陈政高出席会议并讲话，副部长易军、王宁出席。

19日　住房城乡建设部副部长王宁在国务院政策吹风会上对进一步做好城镇棚户区和城乡危房改造及配套基础设施建设工作的有关政策措施做了介绍和解读，并回答了记者的提问。

同日　住房城乡建设部、国土资源部、公安部《关于坚决制止异地迁建传统建筑和依法打击盗卖构件行为的紧急通知》(建村〔2015〕90号)发布。

23日　住房城乡建设部、文化部、国家文物局、财政部、国土资源部、农业部和国家旅游局七部门联合下发《关于做好2015年中国传统村落保护工作的通知》(建村〔2015〕91号)。

24日　住房城乡建设部办公厅《关于印发2015年政府信息公开工作要点的通知》(建办厅函〔2015〕556号)发布。

29日　住房城乡建设部发出《关于按照中国人民银行规定实施住房公积金存贷款利率调整的通知》(建金〔2015〕94号)。

30日　经李克强总理签批，国务院印发《关于进一步做好城镇棚户区和城乡危房改造及配套基础设施建设有关工作的意见》，部署进一步做好城镇棚户区和城乡危房改造及配套基础设施建设工作，切实解决群众住房困难问题，有效促进经济增长。

7月

3日　住房城乡建设部办公厅等发布《关于对城市地下管线普查工作进行检查的通知》(建办城函〔2015〕599号)。

7日　住房城乡建设部在山东省济南市召开公租房分配入住现场会和棚改工作座谈会，副部长王宁部署全面推进2015年公租房分配入住和棚改工作，并就贯彻落实《国务院关于进一步做好城镇棚户区和城乡危房改造及配套基础设施建设有关工作的意见》提出要求。

10日　住房城乡建设部办公厅印发《关于印发海绵城市建设绩效评价与考核办法(试行)的通知》(建办城函〔2015〕635号)。

13日　住房城乡建设部、国家旅游局公布第三批全国特色景观旅游名镇名村示范名单。北京市门头沟区潭柘寺镇等337个镇、村榜上有名。

14日　住房城乡建设部印发《关于取消建筑智能化等4个工程设计与施工资质有关事项的通知》(建市〔2015〕102号)。

17日　住房城乡建设部村镇建设司副司长卢英方和住房城乡建设部住房保障司副巡视员刘霞在国策政策中国政府网在线访谈栏目谈进一步做好棚户

区改造等有关工作。

22日　住房城乡建设部《关于全国工程质量治理两年行动开展情况的通报》(建质函〔2015〕199号)下发。

25日　全国城市环卫保洁工作现场会在宁夏回族自治区中卫市召开。会上，住房城乡建设部部长陈政高要求，全国各个城市要行动起来，学习中卫市经验，清洁城市环境，创建美好家园。

27日　住房城乡建设部《关于印发〈绿色建筑评价技术细则〉的通知》(建科〔2015〕108号)下发。

同日　住房城乡建设部办公厅发布《关于做好2015年全国农村人居环境调查工作的通知》(建办村函〔2015〕698号)。

28日　国务院总理李克强主持召开国务院常务会议，部署推进城市地下综合管廊建设，增加公共产品供给、提高新型城镇化质量等工作。

31日　在国务院政策吹风会上，住房城乡建设部副部长陆克华、旅游局副局长吴文学介绍推进地下综合管廊建设及促进旅游消费和投资有关政策并答记者问。

8月

3日　住房城乡建设部参加国务院新闻办公室关于《无障碍环境建设条例》实施三周年新闻发布会。

5日　住房城乡建设部办公厅发出《关于开通12319短消息服务的通知》(建办精〔2015〕39号)。

10日　住房城乡建设部、文化部等七部门发布《关于公布2015年列入中央财政支持范围的中国传统村落名单的通知》(建村〔2015〕120号)。

18日，住房城乡建设部副部长、部安全生产管理委员会主任易军主持召开住房城乡建设部安全生产管理委员会全体会议。

20～21日　住房城乡建设部副部长易军率建筑市场监管司、质量安全监管司一行8人专程深入江西省，对深化建筑业改革发展工作进行实地调研。其间，江西省委书记强卫、省长鹿心社亲切会见易军一行，副省长郑为文陪同调研。

24日　2015年第三批全国工程质量治理两年行动监督执法检查启动，住房城乡建设部组织的3个检查组启程分赴辽宁、吉林、黑龙江、宁夏、青海、新疆6个省(自治区)监督抽查在建工程质量安全情况和市场行为。检查结束后，住房城乡建设部对检查发现的违法违规典型案例在全国进行通报。

27日　住房城乡建设部发布《关于按照中国人民银行规定实施住房公积金存贷款利率调整的通知》(建金〔2015〕126号)。

同日　住房城乡建设部、财政部、中国人民银行发布《关于调整住房公积金个人住房贷款购房最低首付款比例的通知》(建金〔2015〕128号)。

28日　住房城乡建设部、环境保护部《关于印发城市黑臭水体整治工作指南的通知》(建城〔2015〕130号)发布。

同日　住房城乡建设部印发《关于加强既有房屋使用安全管理工作的通知》(建质〔2015〕127号)。

31日　工业和信息化部、住房城乡建设部联合印发《促进绿色建材生产和应用行动方案》，推动建材工业稳增长、调结构、转方式、惠民生，更好地服务于新型城镇化和绿色建筑发展。

9月

1日　住房城乡建设部印发《城市停车设施规划导则》(建城〔2015〕129号)。

4日　住房和城乡建设部召开工程质量治理两年行动全国电视电话会议，传达、学习党中央、国务院领导关于抓好工程质量工作的重要批示，部署开展全国工程质量治理两年行动。

8日　住房和城乡建设部、工业和信息化部印发《关于加强城市通信基础设施规划的通知》(建规〔2015〕132号)。

9日　住房和城乡建设部办公厅等《关于全国城市地下管线普查工作进展情况的通报》(建办城〔2015〕43号)下发。

9～11日　第十四届中国国际住宅产业暨建筑工业化产品与设备博览会在中国国际展览中心(新馆)举行。副部长王宁出席开幕见面会并讲话。

11日　住房和城乡建设部发出通知，成立海绵城市建设技术指导专家委员会(建科〔2015〕133号)。

14日　住房城乡建设部召开党组中心组扩大会，围绕“严以律己，严守党的政治纪律和政治规矩”开展专题学习研讨。住房城乡建设部党组书记、部长陈政高主持会议并结合前一段的学习，谈了学习体会和认识，同时就践行“三严三实”、全面推动工作提出了要求。

15日　住房城乡建设部发布《关于住房公积金异地个人住房贷款有关操作问题的通知》(建金〔2015〕135号)。

17日　住房城乡建设部和陕西省人民政府共建西安建筑科技大学协议签字仪式在该校工科楼三楼会议室举行。副部长易军、陕西省副省长庄长兴分别代表住房城乡建设部、陕西省签署共建协议并讲话。

21日　住房城乡建设部印发《关于推动建筑市场统一开放若干规定的通知》（建市〔2015〕140号）。

22日　陈政高会见英国社区与地方政府事务部大臣格雷格·克拉克议员一行。双方就城市规划、城市群发展、房地产市场和绿色建筑等议题进行了交流。

同日　住房城乡建设部印发《关于加强城市停车设施管理的通知》（建城〔2015〕141号）。

25日　国务院新闻办公室举行推进城市停车场和电动汽车充电基础设施建设政策吹风会。副部长陆克华介绍了有关城市停车设施的规划、建设和管理及新能源汽车充电设施建设情况并回答了记者提问。

25日　由住房城乡建设部和湖北省人民政府共同主办的第十届中国（武汉）国际园林博览会在武汉隆重开幕。住房城乡建设部部长陈政高、湖北省省长王国生、武汉市委书记阮成发在开幕式上致辞，湖北省委书记李鸿忠出席，副省长曹广晶主持。

28日　住房和城乡建设部办公厅发布《关于印发〈房屋交易与产权管理工作导则〉的通知》（建办房〔2015〕45号）。

29日　住房城乡建设部、财政部、中国人民银行下发《关于切实提高住房公积金使用效率的通知》（建金〔2015〕150号）。

10月

9日　国新办举行推进海绵城市建设和简政放权有关政策例行吹风会。副部长陆克华介绍了海绵城市建设有关情况并回答了记者提问。

同日　住房城乡建设部下发通知明确，企业申请施工总承包特级资质，不再考核国家级工法、专利等指标；取消建筑工程施工总承包一级资质企业可承担单项合同额3000万元以上建筑工程、特级资质企业限承担施工单项合同额6000万元以上建筑工程的限制。

同日　住房城乡建设部办公厅发布《关于贯彻落实住房城乡建设行政复议办法的通知》（建办法〔2015〕48号）。

10日　全国棚户区改造工作电视电话会议在京召开。中共中央政治局常委、国务院副总理张高丽出席会议并讲话。会议认真学习贯彻习近平总书记在中央经济工作会议上关于棚户区、城中村更新改造的重要讲话精神，传达李克强总理关于加快棚户区改造的重要批示要求，对进一步做好棚户区改造工作作出部署。

16日　国务院办公厅印发《关于推进海绵城市建设的指导意见》，提出：通过海绵城市建设，最大限度地减少城市开发建设对生态环境的影响，将70%的降雨就地消纳和利用。到2020年，城市建成区20%以上的面积达到目标要求；到2030年，城市建成区80%以上的面积达到目标要求。

同日　部长陈政高会见联合国副秘书长、联合国人居署执行主任华安·克洛斯一行，双方就城镇化发展、“人居三”大会筹备工作以及加强在人居领域的合作等议题进行了交流。

17日　住房城乡建设部与财政部联合印发《关于进一步发挥住宅专项维修资金在老旧小区和电梯更新改造中支持作用的通知》（建办房〔2015〕52号）。

同日　住房城乡建设部在浙江省义乌市召开全国治理违法建筑工作现场会，学习推广浙江经验，部署全国治理违法建筑工作。陈政高出席会议并讲话。各省、自治区、直辖市住房城乡建设部门主要负责人和部分城市政府分管负责人约150人参加会议。

18日　副部长陆克华会见美国国家公园管理局副局长佩吉·奥黛尔一行。双方就风景名胜区管理和自然遗产保护等议题进行了交流。

19～26日　2015年全国工程质量治理两年行动监督执法第12检查组分别在浙江省、上海市进行了执法检查。对检查出来的质量安全和市场问题，检查组要求认真整改，举一反三，坚决消除工程质量安全隐患。

20日　住房城乡建设部风景名胜区管理办公室、世界自然遗产保护研究中心与联合国教科文组织驻华代表处在云南澄江联合举办纪念研讨会。会上，住房城乡建设部发布《中国世界自然遗产发展公报（1985—2015)》。

21日　住房城乡建设部办公厅印发《关于绿色建筑评价标识管理有关工作的通知》（建办科〔2015〕53号）。

22日　下午 全国政协在京召开第40次双周协商座谈会，围绕“规范城管执法行为”协商议政、建言献策。全国政协主席俞正声主持会议并讲话。

同日　住房和城乡建设部举行法律顾问聘任仪

式，聘请中国政法大学副校长马怀德教授、中国人民大学知识产权学院副院长王轶教授、中国人民大学宪法与行政法治研究中心主任莫于川教授、中国社科院公法研究中心副主任周汉华教授等 4 位专家任法律顾问。住房城乡建设部副部长倪虹出席仪式，为专家颁发聘书。

25 日　住房城乡建设部、宁夏回族自治区人民政府、国家开发银行、中国农业发展银行四方在北京共同签署战略合作协议，两行将为宁夏提供 370 亿元政策性贷款，推进宁夏城市综合管廊、海绵城市和美丽乡村建设。根据合作协议，国开行将分别提供 150 亿元、100 亿元贷款支持宁夏城市综合管廊、海绵城市建设。农发行将在宁夏相关县（市、区）投放总额不低于 120 亿元贷款，专项用于小城镇污水处理设施和管网建设等。

26 日　中华全国总工会、住房和城乡建设部致信广大环卫工人，表达崇高的敬意和亲切的慰问，向长期关心和支持环卫事业的社会各界人士和环卫工人亲属表示诚挚的感谢。

27 日　住房城乡建设部发布《按照中国人民银行规定实施住房公积金存贷款利率调整的通知》（建金〔2015〕168 号）。

同日　住房城乡建设部办公厅印发《关于工程勘察设计资质实行网上申报和审批的通知》（建办市〔2015〕54 号）。

28～29 日　为积极宣传贯彻国务院关于促进信息化发展的系列重要文件及住房城乡建设部《关于推进建筑信息模型应用的指导意见》等文件精神，住房城乡建设部工程质量安全监管司在云南省昆明市召开推动工程技术进步工作研讨会，交流推进数字化审图、勘察设计成果信息化交付与使用、勘察监管信息化等方面经验。上海、广东、云南等 20 余个省(市、区)住房城乡建设主管部门及部分勘察设计单位代表参会。

31 日　是日为第二届“世界城市日”。住房城乡建设部、上海市政府、联合国人居署在上海共同举办“2015 世界城市日论坛”。住房城乡建设部部长陈政高、上海市市长杨雄、联合国人居署项目司司长阿利乌尼·巴迪阿尼先生在开幕式上分别致辞。世界各国的城市管理者、规划设计者、相关领域知名专家学者共 300 余位嘉宾出席论坛。

11 月

2 日　副部长易军出席由住房城乡建设部、宁夏回族自治区人民政府、香港特区政府发展局共同举办的“2015 年内地与香港建筑论坛”并致开幕辞。

3 日　住房城乡建设部、中央农办等十部门印发《关于全面推进农村垃圾治理的指导意见》（建村〔2015〕170 号）。

4 日　由住房城乡建设部与欧洲经济发展一体化委员会(AEI)共同主办的 2015 中欧智慧城市峰会在上海举行。住房城乡建设部总工程师陈宜明，奥地利前副总理兼前交通、创新和技术部部长胡伯特·戈尔巴赫，欧盟委员会主席容克特派代表约翰内斯·哈恩等出席峰会并致辞。

5 日　第二次全国改善农村人居环境工作会议在广西桂林召开，国务院副总理汪洋出席会议并讲话。他强调，要认真贯彻十八届五中全会精神，全面落实党中央国务院的决策部署，按照全面建成小康社会的总体要求，扎实开展农村人居环境整治，加快改善农村生产生活条件，建设美丽宜居乡村，提高社会主义新农村建设水平。

6 日　住房城乡建设部《关于印发国家级风景名胜区管理评估和监督检查办法的通知》（建城〔2015〕175 号)发布。

9 日　住房城乡建设部印发《关于调整建筑业企业资质标准中净资产指标考核有关问题的通知》（建市〔2015〕177 号）。

10 日　1～10 月全国城镇保障性安居工程开工 747 万套，基本建成 688 万套 。均超额完成年度目标任务，完成投资 1.28 万亿元。其中，棚改开工 575 万套，占年度目标任务的 99%。

同日　部长陈政高会见德意志联邦环境、自然保护、建筑和核安全部部长芭芭拉·亨德里克斯一行。双方就建筑节能和低碳生态城市建设领域的合作等议题进行了交流，并签署《关于落实中德城镇化伙伴关系合作谅解备忘录》。

17 日　2014～2015 年度建设工程鲁班奖经验交流暨表彰大会召开。住房城乡建设部副部长易军强调，弘扬精益求精的鲁班精神，充分发挥精品工程示范作用，带动全行业发展与进步。

18 日　住房城乡建设部公布第一批田园建筑优秀作品入选名单(建村〔2015〕185 号)。

19 日　住房城乡建设部召开党组中心组学习研讨扩大会议，学习贯彻党的十八届五中全会精神，并按照“三严三实”专题教育第三专题要求，围绕“严以用权”进行学习研讨。

20 日　住房城乡建设部通报 2015 年国家级风景

名胜区执法检查结果。通报表扬了被评为优秀等级的15处风景名胜区，批评了被评为不达标等级的8处风景名胜区并责令限期整改。

24日　住房城乡建设部发布《关于改革创新、全面有效推进乡村规划工作的指导意见》（建村〔2015〕187号）。

25日　住房城乡建设部召开全国深入推进工程质量治理两年行动电视电话会议，总结两年行动开展情况，研究部署两年行动下一阶段工作。副部长易军出席会议并讲话。

同日　全国城市设计现场会暨全国城乡规划改革工作座谈会在深圳召开。副部长倪虹出席会议并讲话。各省（自治区）住房城乡建设厅，各直辖市、计划单列市、省会城市规划部门负责人，部派规划督察员代表等参加会议。

26日　国家发展改革委、住房城乡建设部印发《关于城市地下综合管廊实行有偿使用制度的指导意见》，指导各地价格、住房城乡建设主管部门遵循使市场在资源配置中起决定性作用和更好发挥政府作用的原则，建立健全城市地下综合管廊有偿使用制度，形成合理收费机制，调动社会资本投入积极性，促进城市地下综合管廊建设发展。

同日　住房城乡建设部发布《关于印发世界自然遗产、自然与文化双遗产申报和保护管理办法（试行）的通知》（建城〔2015〕190号）。

12月

3日　住房城乡建设部、中央农办等十部门发布《关于印发农村生活垃圾治理验收办法的通知》（建村〔2015〕195号）。

7日　住房城乡建设部印发《关于加强城市电动汽车充电设施规划建设工作的通知》（建规〔2015〕199号）。

8日　住房城乡建设部发布《城市轨道沿线地区规划设计导则》（建规函〔2015〕276号），促进轨道交通与城市协调发展。

10日　住房城乡建设部发布《关于调整工程设计综合资质中年度工程勘察设计营业收入指标考核有关问题的通知》（建市〔2015〕202号）。

同日　住房城乡建设部、国家开发银行发布《关于推进开发性金融支持海绵城市建设的通知》（建城〔2015〕208号）。

11日　住房和城乡建设部在成都召开全国风景名胜区执法检查工作总结会议。深入贯彻落实中央关于生态文明建设、“十三五”规划建议的有关要求，全面总结风景名胜区执法检查工作，解决突出问题，部署下一步工作。

21日　住房城乡建设部印发《关于公布2013～2014年度国家级工法的通知》（建质〔2015〕215号）。

25日　住房城乡建设部印发《建设工程定额管理办法》（建标〔2015〕230号）。

28日　全国住房城乡建设工作会议在京召开。部长陈政高全面总结了2015年住房城乡建设工作，对2016年工作任务作出部署。

30日　住房城乡建设部、中国农业发展银行下发《关于推进政策性金融支持海绵城市建设的通知》（建城〔2015〕240号）。要求地方各级住房城乡建设部门要把农发行作为重点合作银行，加强合作，最大限度发挥政策性金融的支持作用，切实提高信贷资金对海绵城市建设的支撑保障能力。

基础设施投资建设

全国公共文化设施建设

2015年，全国文化系统全面贯彻党的十八大和十八届三中、四中、五中全会精神，紧紧围绕“四个全面”战略布局，坚持社会主义先进文化前进方向，加大了对公共文化服务设施建设的投入力度，文化设施建设取得显著成效。

【加强文化设施建设，覆盖城乡的公共文化设施网络初步形成】 2015年，全国文化（文物）系统基本建设投资项目总数达到2041个，项目计划总投资达798.90亿元，比上年降低8.6%；计划施工面积（建筑面积）1530.83万平方米，比上年降低25.2%；本年完成投资额为108.13亿元，比上年降低5.9%。

全国竣工项目 621 个，竣工面积 204.77 万平方米。分类型看，有 158 个公共图书馆建设项目，占基建项目总数的 7.7%，全年竣工项目 28 个，竣工项目面积 28.15 万平方米；群众艺术馆、文化馆（站）建设项目 321 个，占 15.7%，全年竣工项目 157 个，竣工面积 25.41 万平方米；博物馆建设项目 291 个，占 14.3%，全年竣工项目 44 个，竣工面积 39.52 万平方米。分层级看，县级和乡镇级基建项目 1552 个，占全国项目总数的 76.0%，全年竣工项目 531 个，竣工项目面积 107.77 万平方米。

截至 2015 年末，全国共有公共图书馆 3139 个，文化馆 3315 个，文化站 40976 个，博物馆 3852 个，覆盖城乡的公共文化设施网络初步形成，基本实现“县县有图书馆、文化馆，乡乡有文化站”。

【地市级公共文化设施成效显著】 为进一步改善我国城市文化设施，切实解决地市级文化基础设施薄弱的问题，2012 年 1 月，文化部会同国家发展改革委、国家文物局正式印发《全国地市级公共文化设施建设规划》。截至 2015 年末，共安排中央预算内资金 22 亿元，对全国 270 个建设项目进行了补助。

据统计，截至 2015 年末，在纳入《全国地市级公共文化设施建设规划》的地市级公共图书馆、文化馆和博物馆建设项目中，已开工建设项目 217 个，总建筑面积 312.30 万平方米，平均每馆 14392 平方米，计划总投资 240.05 亿元，平均每馆 11062 万元，累计完成投资 107.52 亿元。

建成并投入使用的公共图书馆、文化馆，开展了大量的图书借阅、文艺创作、艺术培训等文化活动，有效地丰富了广大群众的精神文化需求，保障基层群众文化权益起到了重要的作用。

【非物质文化遗产保护利用设施建设有序推进】 为进一步加快我国非物质文化遗产保护设施建设力度，根据《国家“十二五”文化和自然遗产保护设施建设规划》，文化部会同国家发展改革委于 2014 年 1 月正式启动实施了国家级非物质文化遗产保护利用设施建设工作，从国家级非物质文化遗产代表性名录中选择具有较好社会效益和经济效益、具有典型示范意义的项目进行设施建设，推动非遗与经济社会发展的有机结合。截至 2015 年末，共安排中央预算内资金 3.63 亿元，对 50 个国家级非遗保护利用设施项目进行了补助。

【国家重大文化设施建设取得新进展】 党中央、国务院高度重视重大文化设施建设工作，其中国家美术馆、中国工艺美术馆（国家非物质文化遗产馆）、“平安故宫”工程、国家图书馆国家文献战略储备库等 4 项工程纳入国家“十三五”规划，各项工程取得不同程度进展。国家美术馆工程建筑设计方案在中央领导关心下，多次修改优化。中国工艺美术馆（国家非物质文化遗产馆）工程修改完善可行性研究报告。“平安故宫”工程加快推进，印发 2016 年重点工作任务；基础设施维修改造一期（试点）工程、地库改造工程分别编制完成初步设计概算及可行性研究报告；北院区项目的项目建议书已报送国务院审批。国家图书馆国家文献战略储备库工程完成项目建议书的批复，落实中央关于京津冀协同发展的战略部署，选址河北省承德县。中央歌剧院剧场工程总承包单位进场施工。中国国家画院扩建工程完成初步设计概算编制，选址地腾迁工作稳步实施。中国交响乐团翻扩建工程、中央芭蕾舞团业务用房扩建工程、中国歌剧舞剧院剧场工程等在项目选址、功能定位、规模和投资测算等方面取得了积极进展。文化部恭王府管理中心消防安防系统改造工程启动实施。

2015 年共完成新加坡、比利时布鲁塞尔、坦桑尼亚、新西兰、斐济 5 个文化中心的建设，顺利举行揭牌仪式，总建筑面积 1.43 万平方米。积极配合党和国家领导人的国事活动，11 月，国家主席习近平为新加坡文化中心揭牌；9 月，国务院副总理刘延东为布鲁塞尔文化中心揭牌。同时，推动中共六大会址修复、贝尔格莱德、斯德哥尔摩、哥本哈根文化中心的项目进展，落实罗马尼亚、匈牙利、希腊、保加利亚、荷兰、白俄罗斯等中心选址调研工作。

（文化部财务司）

环境保护

环境保护工程建设投资、资金利用等概况

【环境保护投资】 2015 年，国家用于环境保护方面的中央投资达到 819 亿元，重点支持环境基础设施建设、重点流域区域污染防治和环境监管能力建设等。其中，中央财政资金安排 471 亿元，支持城市管网建设、农村环境连片整治、水污染防治、大气污染防治、重金属污染防治等。

在国家用于环境保护方面的中央投资中，环境保护部参与分配和安排的投资 348 亿元。其中，中央排污费专项 20 亿元，农村节能减排资金 60 亿元，水污染防治专项 121.5 亿元，大气污染防治专项 106 亿元，重金属污染防治专项 36 亿元，中央本级环境

监管能力建设及运行项目2.5亿元，核与辐射安全监管技术研发基地建设项目2.3亿元。

【环境保护能力建设】 2015年，国家用于环境保护能力建设的资金共安排7.55亿元。其中，中央排污费安排2.78亿元，用于支持国家区域空气质量自动监测站建设、国家大气背景站建设、国家水质自动监测站建设、全国重点污染源监督数据管理与信息公共能力建设；部门预算安排2.22亿元，用于支持国家城市环境空气质量自动监测直管站运行、国控重点污染源监督性监测运行、国家水质自动监测站新建及更新扩展、环境统计业务系统升级、国控重点污染源自动监控运行管理、江河湖泊水环境监测采样及分析能力建设、全国环保影视编控系统建设、核安全监管技术支持系统项目、华南区域化学品测试和危险废物鉴别能力建设、环境保护规划技术支撑能力建设、国家环境敏感区遥感监查能力建设、上海合作组织环保系统共享平台建设(二期)、环境保护部公文印刷服务保障能力建设；中央预算内投资安排2.55亿元，用于支持核与辐射安全监管技术研发基地建设、华东环境保护督查中心办公综合楼建设、国家环境突发事件应急监测项目、环境监管能力建设、全国污染源监督性监测能力建设。

重点工程建设

2015年，环境保护部会同国家发展改革委、能源局联合印发《全面实施燃煤电厂超低排放和节能改造工作方案》、《加强大气污染治理重点城市煤炭消费总量控制工作方案》等文件。

到2020年，全国所有具备改造条件的燃煤电厂力争实现超低排放(即在基准氧含量6%的条件下，烟尘、二氧化硫、氮氧化物排放浓度分别不高于10、35、50毫克/立方米)。全国有条件的新建燃煤发电机组达到超低排放水平。加快现役燃煤发电机组超低排放改造步伐，将东部地区原计划2020年前完成的超低排放改造任务提前至2017年前总体完成；将对东部地区的要求逐步扩展至全国有条件地区，其中，中部地区力争在2018年前基本完成，西部地区在2020年前完成。全国新建燃煤发电项目原则上要采用60万千瓦及以上超临界机组，平均供电煤耗低于300克标准煤/千瓦时(以下简称克/千瓦时)，到2020年，现役燃煤发电机组改造后平均供电煤耗低于310克/千瓦时。对达到超低排放水平的燃煤发电机组给予电价补贴，2016年1月1日前已经并网运行的现役机组，对其统购上网电量每千瓦时加价1分钱；2016年1月1日后并网运行的新建机组，对其统购上网电量每千瓦时加价0.5分钱。

各地区、各部门加快出台相关配套政策，脱硫脱硝除尘工程建设、清洁能源替代、火电厂超低排放改造等工作力度明显加大。2015年，近1亿千瓦现役煤电机组脱硫设施实施增容改造，脱硫装机容量累计达8.9亿千瓦，占全国煤电总装机容量99%以上；新增脱硝机组1.4亿千瓦，脱硝装机容量累计达8.3亿千瓦，占全国煤电总装机容量的92%；1.6万平方米钢铁烧结机新增烟气脱硫设施，已脱硫烧结机面积累计达13.8万平方米，占全国烧结机总面积的88%；2.3亿吨新型干法水泥熟料生产线新建脱硝设施，脱硝水泥熟料产能累计达16亿吨，占全国新型干法总产能的92%；6.4万吨/日平板玻璃生产线新建脱硝设施，脱硝平板玻璃产能累计达10.6万吨/日，占全国总产能的57%。1.6亿千瓦煤电机组完成超低排放改造；各地煤改气工程新增用气量15亿立方米，替代原煤约300万吨。

2015年全国新增城镇(含建制镇、工业园区)污水日处理能力1096万吨、城镇污水再生水日利用能力338万吨，污水日处理能力累计达1.82亿吨；20542家畜禽规模养殖场完善废弃物处理和资源化利用设施，化学需氧量、氨氮去除效率分别提高6个和21个百分点。

环境法制建设

【深入开展新《环境保护法》实施年活动】 1月1日，新《环境保护法》开始实施。环境保护部深入开展新《环境保护法》实施年活动，以偷排、偷放等恶意违法排污行为和篡改、伪造监测数据等弄虚作假行为为重点，依法严厉查处环境违法行为。组织开展环境保护大检查，全国共检查企业158万家次，查处违法排污企业5.1万家、违法违规建设项目企业7.34万家。由单纯“督企”向综合“督政”转变，组织对33个城市开展综合督查，约谈16个市级政府主要负责人，推动解决一批突出环境问题。加强行政执法与刑事司法联动，首次联合公安部、最高检对两起案件启动联合挂牌督办，形成合力打击环境污染犯罪活动。扎实推进网格化环境监管，全国67%的地级市、60%的县区完成网格划分工作。积极开展新《环境保护法》执法解释工作，发布《关于〈环境保护法〉(2014修订)第六十一条适用有关问题的复函》，进一步确保新《环境保护法》正确贯彻实施。

【《大气污染防治法》完成修订工作】 8月29日，十二届全国人大常委会第十六次会议通过新修订的《大气污染防治法》(后文简称《新大气法》)，于2016年1月1日起施行。

《新大气法》将《大气污染防治行动计划》的长效措施巩固下来，以改善大气环境质量为目标，突出地方政府和企业这两个关键主体，推动地方政府切实履行改善本地区大气环境质量的主体责任，规定了限期达标、分级考核、行政约谈、区域限批、源头治理、控车减煤、点源面源结合、区域联防联控等一系列制度措施，进一步强化对地方政府的考核和监督，形成更为严密的监管体系。

《新大气法》还与新《环境保护法》相衔接，对大气污染违法行为加大了处罚力度。取消了现行法律中对造成大气污染事故企业事业单位罚款“最高不超过50万元”的封顶限额，同时增加了“按日计罚”的规定。

【发布5项部门规章】 2015年，环境保护部发布5项部门规章，同时积极配合司法机关，做好有关司法解释的调研、论证、制定工作。发布的5项部门规章为《建设项目环境影响评价分类管理名录》、《突发环境事件应急管理办法》、《环境保护公众参与办法》、《建设项目环境影响评价资质管理办法》和《建设项目环境影响后评价管理办法(试行)》。其中，《建设项目环境影响评价分类管理名录》和《建设项目环境影响评价资质管理办法》为修订现行规章，其余为首次发布。

修订后的《建设项目环境影响评价分类管理名录》主要对名录的分类表格部分进行调整，项目类别从195个增加到199个。修订后，编制报告书的项目相对减少，编制报告表、登记表的相对增加，部分项目由编制报告书或报告表变更为自行填报登记表，直接减轻了小、微企业的负担。

《突发环境事件应急管理办法》主要对环境风险控制、应急准备、应急处置、事后恢复、信息公开等方面提出要求，有助于从总体上加强环境应急管理工作，有效应对突发环境事件严峻形势，有力维护保障环境安全。

《环境保护公众参与办法》以新《环境保护法》第五章“信息公开和公众参与”为依据，采纳了《环境影响评价法》等多部现行法律、规章中的要求，明确规定环保部门可以通过征求意见、问卷调查、专家论证会、听证会等方式开展公众参与环境保护活动，另外还规定了公民举报破坏环境行为的举报途径，鼓励单位和个人依法参与环保公共事务，并适当予以奖励。

修订后的《建设项目环境影响评价资质管理办法》对资质申请条件、资质申请与审查程序、环评机构管理要求、监督检查等内容进行了调整和整合，以强化环保主管部门后续监管为手段，进一步营造公平、公正、开放的市场环境。

《建设项目环境影响后评价管理办法(试行)》共15条，主要对适用情形、责任主体、评价内容、时限方式、后评价机构等作出规定。同时还规定，对于建设单位或生产经营单位未开展或不落实后评价补救方案和改进措施的，环境保护主管部门可以责令其限期改正，并向社会公开其行为。

6月1日，最高人民法院发布《关于审理环境侵权责任纠纷案件适用法律若干问题的解释》。该司法解释既适用于环境民事公益诉讼，又适用于环境民事私益诉讼，规定两类诉讼共同适用的一般规则，对环境污染的责任认定、赔偿程序、审理程序作出规定，并重点规范了污染者如何承担责任等实体问题。该司法解释的出台，进一步建立健全了环境污染损害赔偿方面立法，对于维护国家和公众的环境权益具有重要意义。

“十二五”期间我国环境保护主要工作及成效

“十二五”以来，环境保护部认真贯彻落实党中央、国务院决策部署，主动服务稳增长促改革调结构惠民生大局，以大气、水、土壤污染治理为重点，着力解决突出环境问题，各项工作取得积极进展。

【加快推进环境治理】 国务院相继发布实施《大气污染防治行动计划》(以下称《大气十条》)和《水污染防治行动计划》(以下称《水十条》)，抓紧编制《土壤污染防治行动计划》。2015年，首批实施新环境空气质量标准的74个城市$PM_{2.5}$平均浓度同比下降14.1%，比2013年下降23.6%；地表水国控断面达到或好于Ⅲ类水质比例比2010年提高14.6个百分点，劣Ⅴ类水质比例下降6.8个百分点。全国化学需氧量、二氧化硫、氨氮、氮氧化物排放总量比2010年分别下降12.9%、18%、13%、18.6%，超额完成“十二五”规划目标。

【强化环境预防措施】 积极推进生态保护红线划定，6个省(市)基本完成划定工作。建立规划环评会商机制，加强规划环评与建设项目环评联动，推动规划环评落地。国家层面完成西部大开发、中部地区发展战略环评，启动京津冀、长三角、珠三角三大区域战略环评，开展360多项规划环评。环境保护部对150多个不符合条件的建设项目环评文件不予审批，涉及总投资7600多亿元。发布重点行业国家污染物排放(控制)标准46项，对重点地区重点行业执行更加严格的污染物特别排放限值，现行环保标准累计达1700多项。

【加大生态和农村环境保护力度】 成立中国生物多样性保护国家委员会，发布《中国生物多样性保护战略与行动计划(2011—2030年)》。完成全国生态环境十年(2000—2010年)变化调查评估。建成自然保护区2740个，总面积约占陆地国土面积的14.8%。深入开展生态文明建设示范区创建，全国已有16个省(区)开展生态省(区)建设，1000多个市(县)开展生态市(县)建设。“十二五”期间，中央财政安排农村环保专项资金275亿元，支持7.2万个村庄完成环境综合整治，1.2亿多农村人口直接受益。

【加强重点领域环境风险防控】 中央财政安排专项资金172亿元，支持重点区域实施重金属污染治理。全国堆存长达数十年甚至半个世纪的670万吨历史遗留铬渣处置完毕。严格核与辐射安全监管，运行核电机组、民用研究堆保持良好安全运行记录，在建核电机组建造质量受控，放射性同位素和射线装置实现100%许可证管理。2015年，全国共发生各类突发环境事件330起，同比下降三成；涉重金属突发环境事件从2010年的14起下降至2015年的2起；放射源事故发生率下降到万分之一以下的历史最好水平。

【完善环境政策法规体系】 中共中央、国务院印发《关于加快推进生态文明建设的意见》、《生态文明体制改革总体方案》，出台生态环境损害责任追究等配套文件，形成生态文明建设和体制改革“组合拳”。在河北省开展中央环境保护督察巡视试点。推进生态环境监测网络建设，分三步完成国家大气、水和土壤环境质量监测点位的建设和事权上收。深入开展排污权有偿使用与交易试点，累计交易额超过70亿元。以新修订的《环境保护法》和《大气污染防治法》为标志，环境保护的立法和执法取得明显进展。2015年，全国实施按日连续处罚、查封扣押、限产停产案件近8000件，移送行政拘留案件2079件，移送涉嫌环境污染犯罪案件1685件。

【深化环境保护宣传教育】 依托“6·5”世界环境日、世界地球日等纪念活动，强化生态环境保护宣传。公布空气、水环境质量等环境信息，发布重点排污企业和违法排污企业名单。出台《关于推进环境保护公众参与的指导意见》、《环境保护公众参与办法》。6月5日，开通“12369”环保微信举报平台。

(环境保护部规划财务司)

卫生计生基础设施建设

【《绿色医院建筑评价标准》正式颁布实施】 12月，住房和城乡建设部正式批准颁布《绿色医院建筑评价标准》(以下简称《标准》)，自2016年8月1日起施行。2012年住房和城乡建设部下达了《标准》编制计划。中国建筑科学研究院、住房和城乡建设部科技发展促进中心组织有关单位和专家成立了《标准》编制组，并于2013年11月完成征求意见稿，2014年1月完成送审稿，2015年2月完成报批稿。《标准》全文共分10章和1个附录，主要包含场地优化与土地合理利用、节能与能源利用、节水与水资源利用、节材与材料资源利用、室内空气质量、运行管理和创新。该《标准》在满足我国绿色建筑评价体系要求的基础上，统筹考虑了医院建筑能耗和安全性能要求高、医疗流程复杂、室内外环境要求严格、各功能房间用能用水差别较大等突出特点，提出了符合我国国情的绿色医院建筑评价技术标准，对进一步指导全国医院建设具有重要意义。

【委属(管)单位建设进展】 2015年，国家发展改革委共安排中央预算内基本建设投资8.1亿元支持委属(管)单位改善基础设施条件。在建项目包括国家卫生计生委科学技术研究所国家人类遗传资源中心和复旦大学附属华山医院临床医学中心等41项，总建筑面积317万平方米，总投资252亿元。项目总体建设进展顺利，工程质量良好。其中，中国医学科学院阜外医院扩建项目9月竣工投入使用，明显改善了医院的住院、手术等条件。(曲怡然)

【“十二五”卫生计生服务体系建设成效显著】 “十二五”期间，中央共安排投资1152亿元支持全国卫生计生服务机构基础设施建设。其中，县级医院1510所、中央投资237.7亿元，乡镇卫生院1.8万所、中央投资178.2亿元，乡镇卫生院周转宿舍4.4万套、中央投资22亿元，社区卫生服务机构163个、中央投资3亿元，村卫生室10.8万个、中央投资52.5亿元，精神卫生防治机构433个、中央投资71亿元，县级卫生监督机构2450个、中央投资40.2亿元，全科医生规范化培养基地599个、中央投资

95 亿元，农村急救机构 2486 个、中央投资 45.9 亿元，基层医疗卫生管理信息系统中央投资 44.3 亿元，农村巡回医疗车 250 辆、中央投资 1 亿元，食品安全风险监测能力项目 448 个、中央投资 13 亿元，地市级医院 255 所、中央投资 105 亿元，儿童医疗服务机构 402 个、中央投资 123.3 亿元，重大疾病防治设施 1918 个、中央投资 98 亿元，计划生育服务机构中央投资 22 亿元。随着项目陆续竣工投入使用，卫生计生机构服务条件明显改善，服务能力和水平显著提升。

【"十二五"基层医疗卫生机构优秀建筑遴选工作顺利完成】 为充分展现基层医疗卫生服务体系建设成果，更好地指导各地推进服务体系建设，国家卫生计生委规划与信息司于 2015 年 5 月启动优秀基层医疗卫生建筑遴选工作，经过机构自荐、省级评选、国家卫生计生委组织复审等，遴选出 44 所县级医院和 54 所乡镇卫生院的优秀建筑，并将这些优秀基层医疗卫生建筑汇编成册，为今后医疗卫生机构建设提供优秀典范。

（国家卫生和计划生育委员会规划和信息司）

信息通信业建设

信息通信业建设情况

【通信运营业固定资产投资及建设情况】 2015 年，通信运营业固定资产投资 4539.1 亿元，同比增长 13.7%，其中移动通信投资 2047.5 亿元，占全部投资的 45.1%，互联网及数据通信投资 716.8 亿元，占全部投资的 15.8%。全国新建光缆线路 441 万千米，光缆线路总长度达到 2487 万千米，同比增长 21.6%。新增固定互联网宽带接入端口 7320 万个，宽带接入端口数量达到 4.7 亿个，同比增长 18.3%，其中 FTTH/O 端口达到 2.69 亿个，占比由上年的 40.6%提升至 56.7%。新增移动通信基站 127.1 万个，总数达 466.8 万个，同比增长 37.4%，其中 4G 基站新增 92.2 万个，总数达到 177.1 万个，4G 网络覆盖质量在全球居前列。

【移动电话用户和固定宽带接入用户情况】 2015 年，全国移动电话用户净增 1964.5 万户，总数达 13.06 亿户，同比增长 1.5%，移动电话用户普及率达 95.5 部/百人。固定宽带接入用户净增 1289 万户，用户规模达 2.13 亿户，同比增长 6.4%，其中光纤用户突破 1 亿户，占宽带用户中的 56.1%，8M 以上、20M 以上宽带用户总数占宽带用户总数的比重分别达 69.9%、33.4%，用户向宽带化升级的趋势更加明显。

通信建设市场管理

【强化通信建设项目招投标管理】 工业和信息化部贯彻落实招标投标法律法规和规章制度，推行信息化监管，持续开展监督检查，加强新情况、新问题的研究，促进通信行业招标投标工作更加公开、公平、透明。

修订通信建设项目货物、施工等招标文件范本，规范招标文件的编制工作，督促企业细化招标采购工作流程，严格落实招投标相关制度；

完善"通信工程建设项目招标投标管理信息平台"（以下简称"管理平台"）各项功能，实现与基础电信企业集团公司采购交易平台的互联互通和信息共享，并将逐步实现与部分通信管理局的管理平台进行对接。加强管理平台的使用管理，各企业按规定通过管理平台做好招标公告发布、评标专家随机抽取、招标备案等工作，全年网上备案项目超过 1.4 万个，公开招标比例超过 99%。

加强监督检查力度，组织对四川、湖北等 8 个省和三家基础电信企业集团公司开展招投标专项检查，对检查情况进行通报，对存在的突出问题进行处罚。探索推进通信行业招投标诚信管理，对相关行业的诚信信息平台进行调研，起草形成《通信建设行业诚信行为信息管理办法》（征求意见稿），逐步推进通信行业诚信体系建设。

【加快推进光纤到户贯彻实施】 工业和信息化部与相关部门密切配合，以查促改，进一步规范光纤到户建设流程，切实提高光纤到户工程质量，光纤到户工作取得显著成效。各地市基本建立了验收备案和部门协同机制，开展光纤到户工程验收备案工作。组织编制光纤到户工程施工图审查指南、质量监督要点等配套文件，并开展宣贯培训，提高住宅建筑、设计、施工图审查工作质量。

强化实施监督，联合住房城乡建设部下发开展光纤到户检查工作通知，并对青海、山东等 8 个省开展联合检查，确保新建住宅光纤到户、平等接入和用户自由选择等强制性要求的落实。推进既有住宅光纤到户改造，编制《既有住宅光纤到户改造施工操作手册》，要求既有住宅光纤到户改造严格执行光纤到户国家标准。做好数据统计和信息上报，督促各地建立完善光纤到户工程项目信息的收集工作，对光纤到户情况进行整理分析和通报。

【加强通信建设工程质量监督】 强化质量监督检查力度，全年组织开展工程实体抽查项目超过3000项，并对天津、陕西等5个省(市)和三家基础电信企业集团公司开展了部省质量监督联合检查。下发2015年四个季度全国通信建设工程质量监督和安全生产情况季度通报，全年电信企业共申报工程质量监督项目约10万项，办理竣工验收备案项目超过2万项。

开展对工程中使用的材料和设备的质量抽检，对发现的不合格问题进行通报，要求企业加强对工程中使用材料和设备的质量把关。推动“通信行业规划建设管理信息系统质量监督系统”的应用，提高通信工程质量监督工作效率。组织召开全国质量监督座谈会，总结交流经验，提高质监人员业务水平。

【规范通信建设工程安全生产管理】 加强建章立制，印发《通信建设工程安全生产管理规定》和《工业和信息化部办公厅关于进一步加强通信建设安全生产工作的通知》，进一步强化落实安全生产责任、加强隐患排查治理。召开通信工程设计问题通报会，约谈工程设计中存在安全问题的13家设计单位，要求各单位对问题进行逐项整改并对相关责任人进行处罚。委托相关单位结合安全施工要点制作“通信线路工程施工作业安全生产教育片”，加强对施工企业从业人员的安全生产教育。

【做好通信工程建设标准定额的编制管理】 印发2015年通信工程建设国家标准编制计划3项和行业标准编制计划20项，发布出版4项通信工程建设国家标准和36项行业标准。完成17项重点通信工程建设标准的翻译出版工作，提升我国通信工程建设标准的国际化水平。

结合通信工程费用定额修编情况，组织开展通信建设工程预算定额和概预算编制方法的全面修订工作。积极开展强制性行业标准的清理评估工作，促进标准结构合理、内容科学。组织编制商业楼宇光纤到户建设标准，推进宽带网络建设，助力“宽带中国”战略的实施。

【加强通信基础设施规划建设管理】 深入贯彻落实《国务院关于加强城市基础设施建设的意见》，加强和改进城市通信基础设施规划建设管理工作。联合住房城乡建设部印发《关于加强城市通信基础设施规划的通知》，要求2016年底前，所有大城市、特大城市应完成通信基础设施专项规划编制工作。做好城市地下通信管线的普查工作，与住房城乡建设部联合开展地下管线普查落实工作的监督检查，督促各地加快做好管线普查工作，为统筹通信管线规划提供信息保障。

“十二五”期间通信建设主要工作及成效

【取得的成效】 “十二五”期间，信息通信业总体保持良好发展势头，信息通信基础设施不断完善，自主创新能力大幅提升。固定资产投资逐年提高，5年总投资达近2万亿元。光纤接入成为固定宽带主流接入技术，城市地区90%以上家庭具备光纤接入能力，行政村通光缆比例超过75%。建成全球最大4G网络，基本实现城市和县城连续覆盖，TD-LTE成为国际4G主流标准，形成完整产业链。新增7个国家级互联网骨干直联点，互联网架构得到显著优化。跨境陆地光缆连通11个陆上邻国和地区，国际海缆直接延伸到30多个国家和地区，建成8个区域性国际通信业务出入口局。节能技术普遍应用，新建大型数据中心PUE值普遍低于1.5，单位电信业务总量综合能耗下降39.7%。

【通信建设主要工作】 加强建章立制，修订印发《通信工程建设项目招标投标管理办法》(工信部27号令)、《通信建设工程安全生产管理规定》等文件，与住房城乡建设部联合印发《关于贯彻落实光纤到户国家标准的通知》及《关于加强城市通信基础设施规划的通知》，发布包括设计、施工、监理、抗震、共建共享、环境保护、安全生产操作规范等177项，形成较为完整的法规制度和建设标准体系，通信建设管理工作纳入有法可依、有章可循的法制化轨道。

强化招标投标监管工作，“通信工程建设项目招标投标管理信息平台”上线应用，要求所有依法必须招标的通信建设项目在该平台发布招标公告、公示中标候选人、随机抽取评标专家等，实现“互联网+”在招投标监管方面的应用，促进阳光采购；每年组织开展招投标专项检查，对检查的情况印发通报，督促企业整改；进一步完善招投标投诉处理机制，及时受理投诉并查处违法违规行为。

加强质量监督和安全生产工作，建设并完善通信建设工程质量监督和安全生产通报制度，开展部、省质量监督联合检查工作，对工程执行强制性建设标准以及参建企业的设计、施工质量和招投标情况进行检查，并按季度公布通信工程质量监督情况。

大力促进通信建设基础设施建设，积极贯彻落实光纤到户国家标准，联合住房城乡建设部开展光纤到户国家标准贯彻实施情况大检查，不断完善配套通信基础设施制度和标准，组织编制光纤到户工程施工图审查指南、既有住宅光纤到户改造操作手册、质量监督要点等配套文件，指导开展光纤到户工程实施。

（工业和信息化部信息通信发展司）

农业建设资金投入

2015年是全面深化改革的关键年，是稳增长调结构的紧要之年，也是全面完成“十二五”规划的收官之年。国家进一步加强现代农业重大基础设施建设，积极支持农业可持续发展，不断优化农业投资结构，加大项目监督管理力度，为推进传统农业向现代农业转变提供了有力支撑。

2015年农业建设投资

2015年，在国家发改委等部门大力支持下，农业部共参与安排中央预算内建设投资299.739亿元，主要用于农业综合生产能力建设、农业科技创新能力建设、农业公共服务能力条件建设、农业资源环境保护与利用条件建设、民生基础设施建设等五个方面的建设。

【农业综合生产能力建设】 农业综合生产能力建设198.3亿元。包括新增千亿斤粮食田间工程及农技服务体系141亿元，糖料蔗核心基地15亿元，国家现代农业示范区标准农田7亿元，海南冬季瓜菜生产基地1亿元，畜禽标准化规模养殖小区14亿元，海洋渔船更新改造15亿元，农垦天然橡胶基地1.3亿元，新疆棉花生产基地4亿元。

【农业科技创新能力建设】 农业科技创新能力建设12.7亿元。包括种植业种子工程5亿元，养殖业良种工程3亿元，农业科技创新能力条件建设4.7亿元。

【农业公共服务能力条件建设】 农业公共服务能力条件建设21.1482亿元。包括农产品质量安全检验检测体系8.03亿元，动物防疫体系0.7569亿元，渔政渔港工程5.7117亿元，农垦公益性项目(含政法基础设施)2.2亿元，部门自身建设4.4496亿元。

【农业资源环境保护与利用条件建设】 农业资源环境保护与利用条件建设42.853亿元。包括农村沼气工程20亿元，天然草原退牧还草工程20亿元，草原防火2.8亿元，农业湿地保护工程0.053亿元。

【民生基础设施建设】 民生基础设施建设24.7378元。包括垦区棚户区改造及配套基础设施建设19.2575亿元，血吸虫病农业综合治理2亿元，以船为家渔民上岸安居工程3.4803亿元。

“十二五”期间农业建设投资

“十二五”时期，中央进一步加大强农惠农力度，农业部参与落实的农业建设投资规模稳步增加，中央投资总额达到1459亿元，是“十一五”期间的1.74倍，为实现粮食生产“十二连增”、农民收入增长“十二连快”做出了重要贡献。

【“十二五”期间农业建设特点】 单体项目投资标准逐步提高，农业建设投资专项数量由“十二五”初期的30个减少到2015年的24个，单体项目最低规模由几十万元提高到500万元左右。

投资重点领域不断聚焦，中央农业建设投资更加聚焦农业综合生产能力、科技创新能力和公共服务能力建设三大领域。据初步统计，上述三大领域的投资比重由2011年的59%提升到2015年的71.7%。

投资区域布局日趋合理，中央农业建设投资进一步向粮食安全与生态安全保障区域倾斜，支持中西部地区和主产区建设投资比重分别达到全部投资的74%、64%。

【“十二五”期间农业建设投资成效】 农业建设投资力度不断加大，有力夯实了农业现代化的物质基础，为各项改革创新提供了载体与平台，取得明显成效。主要体现在以下方面：一是有效引导农业加快“调结构、补短板”。充分发挥中央投资在农业产业升级和结构调整中的引导带动作用，逐步补强农业基础设施短板。据初步统计，“十二五”期间，共建成标准农田6450万亩，创建规模养殖场3.84万个，更新和建造远洋渔船1196艘，为提高种养业现代化水平提供了基础条件。二是有力促进农业科技支撑能力稳定提升。围绕精准科学试验、高效数据处理、长期定位监测等工作，支持建设综合性重点实验室18个、专业性/区域性重点实验室107个，对111个农业科学观测站配套了田间工程、农业设施、物联网设备，为开展农业科研工作改善了物质条件。三是促进基层农业公共服务能力显著改善。全国28113个乡镇农技推广机构的基础设施条件得到有效改善，农产品质量抽检总体合格率常年维持在95%以上，病虫信息入户率可达85%以上，动物疫情传输率达100%，免疫密度达95%以上，年挽回粮食病虫害损失1200亿斤以上。四是农业资源保护与利用能力持续改善，通过围栏草场、补播退化草原等方式保护面积达到3.78亿亩，治理石漠化岩溶区440万亩，保护区内农业野生植物资源保护率达到95%、水生动植物资源保护率达到90%。五是垦区和渔民生产生活条件明显改善，改造垦区职工危房150万户，解决了以船为家渔民上岸安居54740户。

"十二五"以来农业建设管理的主要做法

五年来，农业部及各地方农业主管部门立足于发挥农业建设项目效益，着力强化规范管理，在规划编制、制度建设、机制规范、方式探索等方面不断创新项目建设管理机制，主要采取了以下做法。

【着力加强规划编制】 坚持规划先行，把规划作为安排投资的首要依据。五年来，农业部联合有关部门或自主编制了《全国农业科技创新能力条件建设规划(2012-2016年)》、《全国农产品质量安全检验检测体系建设规划(2011-2015年)》、《种子工程建设规划(2011-2015年)》等20个专项建设规划，分类明确各专项的建设任务、布局、标准等，为争取农业建设投资、具体项目的安排提供依据和约束。

【着力加强制度建设】 为适应简政放权新要求，针对项目管理中日益凸显的新情况新问题，在"一个办法四个规定"的基础上，加强研究、多方会商、反复论证，不断推出新的规章制度。先后印发了《农业部建设项目信息公开办法(试行)》、《农业部直属单位建设项目管理办法》和《农业部直属单位基本建设项目竣工验收管理办法》等文件。随着农业建设项目管理制度体系的不断完善，初步构建了一套覆盖项目申报、评审、批复、实施、竣工验收全过程的项目管理制度体系，实现了项目管理有据可依、有章可循。

【着力加强机制规范】 坚持把投资计划执行、管理制度落实、资金规范使用作为项目监管工作重点，常态化开展专项检查工作。针对多头监管、重复检查、尺度不一的情况，从制定方案入手，统筹安排监管任务，统一调配监管力量，协同推进监督检查，逐步构建"一横一纵"监管工作机制。横向上，提出年度监管任务，委托第三方权威机构承担项目检查的专家组织、现场检查、意见汇总、问题分析、报告提交等相关工作。纵向上，着力加强与地方省级农业系统发展计划部门沟通衔接，落实监管责任，在专项检查部署时明确省级抽查要求，努力形成监管合力。

【着力加强管理方式探索】 为不断提高项目监管效率，积极转变监管理念、创新监管方式，从关注事后监管逐步向加强事前培训、事中督导、事后监管相结合转变。在项目单位自查的基础上，每年省级核查30%的在建项目，农业部部级抽查10%的在建项目。并就发现的问题，及时提出整改意见，采取约谈和下发整改通知等形式，督促项目建设单位整改落实。同时，积极适应信息化发展要求，利用"农业建设项目信息管理系统"逐步实现项目审批、计划下达、实施管理等项目管理关键环节在线操作，管理效率得到有效提升。此外，还组织开展针对农业行政主管部门、项目建设单位法人、财务等人员的多形式、多层次的管理培训活动，着力提高项目管理人员素质。

（农业部发展计划司）

水利建设

【水利设施投资、资金利用等概况】 2015年共落实中央水利建设投资1685亿元、地方投资4137亿元，同比分别增长3.6%和27.1%；中央投资完成率达到95.9%，其中重大水利工程完成率98%，其他工程完成率94.8%，如期完成年度目标任务。

2015年，中央水利建设投资按工程类型划分，防洪工程投资567.48亿元，占33.7%；水资源工程投资1033.27亿元，占61.3%；水土保持及生态工程投资59.36亿元，占3.5%；专项工程投资25.11亿元，占1.5%。按项目所属区域划分，东部地区255.34亿元，占15.2%；中部地区699.36亿元，占41.5%；西部地区730.52亿元，占43.3%。

各地充分利用开发性金融、过桥贷款、抵押补充贷款、专项建设基金等金融支持水利政策，积极吸引社会资本参与水利建设，逐步建立了多元化的投入机制。全年金融机构实际发放水利项目贷款3236亿元，水利建设贷款余额9902亿元，利用专项过桥贷款378亿元，安排专项建设基金491亿元，大大缓解了水利建设的资金压力。国家发展改革委、财政部、水利部选择12个项目为第一批国家层面联系的社会资本参与重大水利工程建设运营试点项目，其中湖南莽山水库、广东韩江高陂水利枢纽等项目完成社会投资人招标，落实了项目投资经营主体。

【重点水利工程建设】 2015年新开工黄河宁蒙河段防洪治理、黑龙江阁山水库、河南前坪水库、广东高陂水利枢纽、河北引黄入冀补淀、湖北鄂北水资源配置、甘肃引洮供水二期、湖南涔天河水库扩建工程灌区等28项节水供水重大水利工程，新增投资规模1187亿元，超额完成《政府工作报告》确定的年度目标任务。172项节水供水重大水利工程已开工85项，在建工程投资规模保持在8000亿元以上。太湖流域水环境综合治理骨干引排工程中的走马塘拓浚延伸等7个项目和黄河下游近期防洪治理、河南河口村水库、江西峡江水利枢纽、云南牛栏江—滇池补水、青海引大济湟总干渠等工程建成并发挥效益；进一步治理淮河工程中的淮河入江水道整治、分淮入沂整治等7个项目和天津永定新河治理二期、广东省重点围堤加固、安徽淮水北调、青海湟水北干渠扶贫灌溉一期等工程基本完工；贵州黔中水利枢纽、新疆生产建设兵团肯斯瓦特水利枢纽等工程下闸蓄水；湖南涔天河水库扩建工程大坝填筑完成，安徽下浒山水库、江西浯溪口水利枢纽、河南出山店水利枢纽、新疆阿尔塔什水利枢纽等工程实现截流，广西大藤峡水利枢纽、西藏拉洛水利枢纽及配套灌区、黑龙江三江治理、荆江大堤综合整治、洞庭湖治理等工程加快建设。

2015年，解决了规划内及四省藏区等特殊困难地区6434万农村居民和学校师生饮水安全问题，超额完成《政府工作报告》提出的再解决6000万农村人口饮水安全问题的目标任务。完成41处大型灌区和40处大型灌排泵站更新改造任务，冬春农田水利建设再掀高潮，新增恢复有效灌溉面积2000多万亩，新增节水灌溉面积2000万亩以上，新增年节水能力50亿立方米，新增粮食综合生产能力100亿公斤。中小河流治理、病险水库水闸除险加固、山洪灾害防治、抗旱水源工程等薄弱环节建设取得新进展。105个水生态文明城市试点建设扎实推进。完成水土流失综合治理面积5.4万平方千米，治理小流域3000多条，实施坡耕地改造400多万亩。新增农村水电装机258万千瓦，农村水电总装机容量达到7583万千瓦，年发电量2351亿千瓦时。

【水利建设相关法规政策】 在加快水利建设方面，水利部印发《加快推进水利工程建设实施意见》，对年度投资计划执行总体目标、项目前期工作、投资计划下达、编制水利投资三年滚动规划、计划执行月调度、加强监督检查、延伸水利审计免疫系统、完善保障机制等方面作出总体安排并提出明确要求。印发《加快推进江河治理工程建设实施细则》和《加快推进农村水利工程建设实施细则》，对江河治理工程、农村水利工程的总体目标、前期工作、建设实施和监督检查等作出具体规定，促进工程顺利实施。修订印发《中央水利投资计划执行考核办法》，明确考核对象、考核内容、职责分工、考核方式、考核评分及结果应用等事项，规范中央水利投资计划管理，加快投资计划执行。

在水利工程建设管理方面，水利部印发《节水供水重大水利工程建设督导检查工作制度》，建立省级水行政主管部门经常性自查、流域机构全面检查、水利部重点抽查的三级督导检查工作机制，明确了督导检查目标、内容、分工、工作方式及相关要求。印发《关于加强中小型水利工程建设管理防范廉政风险的指导意见》，提出加强制度建设、加大执行力度、实行政企分开等十条措施，明确了加强组织实施的工作要求。

在水利工程建设管理体制改革方面，国家发展改革委、财政部、水利部联合印发《关于鼓励和引导社会资本参与重大水利工程建设运营的实施意见》，通过政府投资引导、财政补贴、价格机制、金融支持等政策措施，鼓励和引导社会资本投入参与重大水利工程建设运营。水利部印发《关于水利工程建设项目代建制管理的指导意见》，明确了水利工程建设项目代建制内涵和代建单位定位、条件及确定程序，对相关单位职责、代建项目资金管理和奖励、代建单位禁止性行为及违约责任等事项作出了规定。印发《水利建设市场信用评价管理暂行办法》，对水利建设市场主体信用评价原则、评价范围、评价标准、评价内容、评价程序、监督管理等事项作出了具体规定，规范信用评价工作，推进水利建设市场信用体系建设。

【“十二五”期间水利建设主要工作及成效】 “十二五”时期，在中央加大水利投入一系列政策措施的支持下，水利投资规模稳定增长，投资来源不断拓宽，投资结构不断优化。全国水利建设总投资超过2万亿元，是“十一五”年均投资的2.7倍。从投资来源看，中央财政资金、地方财政资金以及金融贷款和社会投入分别占44%、41%、15%。从投资方向看，防洪、水资源、水保生态、其他专项投入分别占30%、48%、8%和14%。中央水利建设投资大幅增加，中央安排投资达7486亿元，年均投资1497亿元，比“十一五”年均投资增加158%，其中，中央预算内固定资产投资3968亿元（含中央水利建设基金），中央财政专项资金3518亿元。中央水利投资重点向中西部、农村和贫困地区倾斜，用于中西部地区的比重达77%，用于民生水利建设的比重近62%。

重大水利工程建设全面提速，水资源调控能力大幅提升。全力推进172项节水供水重大水利工程建设，西江大藤峡、淮河出山店、陕西引汉济渭等工程开工建设，大江大河大湖治理加快实施，黑龙江、松花江、嫩江流域防洪治理全面启动，南水北调东中线一期工程建成通水，广东乐昌峡、江西峡江、西藏旁多以及辽宁大伙房输水二期、甘肃引洮一期等工程基本建成，现代水利工程体系进一步完善。滇桂黔石漠化片区扶贫攻坚、水利定点扶贫和对口帮扶、水利援疆援藏援青、水利移民等工作取得新进展。

农村饮水安全任务超额完成，民生水利发展惠及亿万群众。全面解决"十二五"规划2.98亿农村居民和4133万农村学校师生饮水安全问题，同步解决四省藏区等特殊困难地区规划外566万农村人口的饮水安全问题，农村集中式供水受益人口比例由2010年底的58%提高到2015年底的82%，农村自来水普及率达到76%，供水水质明显提高。完成5400座小(1)型、15891座重点小(2)型病险水库除险加固，基本完成25378座一般小(2)型病险水库除险加固，实施大中型病险水闸除险加固，开展156条主要支流和4500多条中小河流重要河段治理，建成2058个县级山洪灾害监测预警系统，防洪薄弱环节得到明显加强。

农田水利基础设施持续加强，粮食安全水利基础不断夯实。实施344处大型灌区、637处重点中型灌区和184处大型灌排泵站更新改造，新建东北三江平原等24处大型灌区，新增农田有效灌溉面积7500万亩、改善灌溉面积2.8亿亩。实施东北节水增粮、西北节水增效、华北节水压采、南方节水减排等区域规模化高效节水灌溉，发展高效节水灌溉面积1.2亿亩。小型农田水利重点县和项目县建设基本覆盖主要农牧业县。冬春农田水利建设蓬勃开展，"五小水利"工程建设加快推进，农田灌溉水有效利用系数提高到0.532，为全国粮食产量"十二连增"提供了有力支撑。

最严格水资源管理制度加快落实，水生态文明建设深入推进。水资源管理"三条红线"控制指标基本实现省市县三级行政区全覆盖，年度考核工作扎实开展。万元工业增加值用水量和万元GDP用水量分别从"十一五"末的90立方米、150立方米下降至61立方米和105立方米(2010年可比价)，全国175个重要饮用水水源地水质达到或优于Ⅲ类标准的占98.8%。启动水生态文明城市试点建设，开展华北等地下水严重超采区综合治理，黄河连续16年不断流，塔里木河、石羊河等流域生态功能逐步恢复。新增水土流失综合治理面积26万平方千米，新增农村水电装机1400万千瓦，建成719个国家级水利风景区。

(水利部建设与管理司)

铁路建设

概况

2015年，中国铁路总公司认真贯彻落实党中央、国务院关于加快铁路建设的决策部署，瞄准"两个8000以上"目标，坚持超前谋划，提早安排，合理配置建设资源，统筹组织实施在建项目、投产项目和新开工项目，保证了铁路建设任务有序均衡推进，圆满完成了年度铁路建设任务。

【年度投资任务全面完成】 全国铁路完成基本建设投资5925亿元，同比增长7.5%，完成新线铺轨5463.3千米、复线铺轨5089.2千米；合福铁路、长昆客专新晃西至贵阳北段、哈齐客专、沈丹客专、京津城际延伸线、吉图珲客专、宁安城际、成渝客专、海南西环铁路、云桂铁路南宁至百色段、张唐铁路、兰渝铁路广元至渭沱段等一批重大工程项目开通运营，新线投产里程再创历史新高，达到9531千米，其中高铁3306千米；新开工项目61个，比计划多开工1个，新增投资规模10088亿元。

【制度标准建设有序推进】 以健全完善总公司建设管理制度框架体系为目标，加快制定修订建设管理制度及相关措施，制定印发了基本制度《中国铁路总公司铁路建设管理办法》以及《铁路建设项目施工招标投标实施细则(试行)》、《铁路建设管理人员责任追究办法》、《铁路建设项目总价承包标准施工资格预审文件和施工招标文件补充文本》、《铁路建设项目工程总结管理办法》等17个管理文件。

围绕"构建和实施覆盖全面、系统完整的标准体系"的总体目标，突出体现建设标准的安全性、先进性和经济性，同时注重解决现场存在的突出问题，提高铁路运输品质，适应总公司发展和中国铁路"走出去"需要，科学有序推进标准体系建设，稳步提升建设标准的技术水平；制定修订铁路工程建设技术标准32项、标准设计8项30册，完成铁路工程定额测定研究项目10项，发布涵盖高速铁路站后工程多个专业的工程造价补充定额，组织完成14项工程建设标准英文版翻译工作。制定发布了路基、隧道、轨道极限状态设计暂行规范。开展高强钢筋应用试验，并根据试验结果编制发布了《铁路工程混凝土结构高强钢筋设计规定》。

【质量安全形势总体稳定】 下发年度铁路建设质量安全重点工作安排，明确全年质量安全管理重点，落实参建各方质量安全管理责任。坚持把质量安全摆在建设管理的核心位置，深入推进标准化管理，加强过程控制和监督检查，及时整改存在的问题，铁路建设工程质量总体稳定可控，杜绝了施工安全重大及以上事故。开展铁路建设转包、违法分包和“黑中介”专项检查清理活动，清理通过中介承揽工程，领导干部干预工程招投标，围标、串标和虚假招标，挂靠、借用资质投标等问题，进一步规范铁路建设市场秩序和参建各方建设行为。深化“打非治违”和专项整治安全大检查，深入推进以危险化学品和易燃易爆物品安全为重点的专项整治活动。开展春运、“两会”安全大检查，成立7个建设系统督导检查组，检查了69个项目、149个工点，发现并督促整改安全问题262个，确保了春运、“两会”期间铁路建设安全和稳定。

发生安全事故9起，其中较大事故1起，一般事故8起，同比减少14起(其中较大事故减少3起，一般事故减少11起)，安全情况明显好转。持续加大质量安全问题和事故的处罚力度，由于工程质量问题，有23家建设单位、2家设计单位、35家施工单位、33家监理单位、2家检测单位分别受到了暂停投标、不良行为认定、纳入信用评价、纳入考核、全路通报批评等处罚；因施工安全事故，有8家施工单位、5家监理单位受到了暂停投标的处罚。

【铁路工程建设加快推进】 召开铁路建设领导小组会议5次、建设协调周例会37个，协调督办解决重大问题83项；指导、督促建设单位攻克项目批复、方案稳定、征地拆迁、资金到位、外电引入等制约工程进展的难题。按照党中央、国务院关于加快铁路建设的要求，超前谋划、统筹兼顾，组织完成61个新开工项目招标工作，完成66个项目初步验收，4个项目具备国家验收条件，上报了国家验收申请。(综合处)

建设管理

按照确定的铁路建设管理制度体系框架及铁路建设管理制度修订工作方案，加快制度建设。制定印发了基本制度《中国铁路总公司铁路建设管理办法》。

【重要管理办法】 制定印发总公司铁路建设基本制度《中国铁路总公司铁路建设管理办法》，共分总则、建设程序、机构与职责、开工前期工作、招标投标管理、合同管理、质量安全管理、投资控制与资金管理、组织与协调、竣工验收管理、考核与奖惩、附则等12章。

修订印发总公司《铁路建设项目施工招标投标实施细则(试行)》，主要对评标办法选择方式、评标办法、评标委员会组成、监督管理、责任追究、标段划分标准等内容进行了修订。

修订印发总公司《铁路建设管理人员责任追究办法》，与修订后的施工招标投标实施细则配套。修订印发总公司《铁路建设项目总价承包标准施工资格预审文件和施工招标文件补充文本》。

制定印发《中国铁路总公司关于印发铁路建设项目工程质量创优规划编制指南的通知》、《铁路建设项目工程总结管理办法》、《铁路建设项目监理工作管理办法》、《铁路建设项目施工作业指导书编制办法》、《中国铁路总公司关于铁路建设实施阶段维护稳定工作的指导意见》、《中国铁路总公司关于进一步改进铁路建设项目招标投标工作的通知》和《中国铁路总公司关于在铁路建设领域开展行贿犯罪档案查询工作的通知》。

【信用评价】 根据《铁路建设项目施工企业信用评价办法》、《铁路建设项目监理企业信用评价办法》和《铁路建设项目勘察设计单位施工图评价办法》，继续开展信用评价活动，建设单位认真开展参建企业标准化管理绩效考评，根据考评结果实施信用评价加分，根据细化后的营业线抢险加分标准，及时上报抢险加分。2015年共公布铁路施工企业信用评价结果2期、铁路建设工程监理信用评价结果2期、勘察设计单位施工图考核结果2期。(建设管理处)

建设标准

以构建和实施总公司建设标准体系为目标，注重基础研究和应用转化，提高标准的科学性和可操作性，加快工程设计理念和设计方法的转换，全面推进标准制修订各项工作。

【规范标准】 积极推动铁路工程建设标准化管理，根据总公司建设标准体系构成及实施方案的要求，组织制定发布《铁路隧道监控量测技术规程》、《高速铁路通信工程施工技术规程》、《铁路工程施工组织设计规范》、《铁路建设项目现场管理规范》等32项标准；贯彻总公司关于加快向现代物流转型发展的战略部署，在广泛调研、深入研究和超前思考的基础上，精心组织相关单位编制完成了《铁路物流中心设计规范》、《铁路工业站港湾站设计规范》，为铁路发展全品类物流、提供全流程服务、开展全方位经营、实行全过程管理的现代物流奠定了技术支撑；为中国铁路“走出去”战略奠定基础，完成14项铁路工程建设标准的英文版翻译。

【造价标准】 根据铁路改革发展和铁路工程建设需要，集中力量完成既有线封锁线路施工降效测定与研究、高原地区费用标准测定与研究、大坡度铺轨架梁措施费用测定与研究、（钢管拱）外包混凝土定额测定、铁道隧道盾构法施工预算定额测定与分析、弹性支撑块式无砟轨道定额测定与分析等10项造价标准研究测定项目，为工程定额的补充完善奠定了基础。发布了涵盖高速铁路四电工程及声屏障等专业的《铁路工程通信、信号、电力、电力牵引供电、声屏障工程补充预算定额》。

【标准设计】 为统一设计标准、提高设计水平，组织编制并发布了时速350千米高速铁路无砟轨道预应力混凝土常用跨度连续梁系列通用参考图20册；为提高铁路旅客车站的人性化设计和实际需要，在广泛现场调研的基础上，编制并报批了旅客车站墙面暗装消火栓箱门图1册；编制发布了路基边坡防护、架空电力线路铁塔安装、道岔融雪装置安装、T梁预制场平面图等通用参考图共计9册。

【标准研究】 以夯实理论基础、强化技术支撑为目的，围绕标准制修订工作组织开展规范科研工作，深入研究并完成总公司科研项目18项：一是为重点设计规范做基础理论支持，完成了铁路桥涵极限状态法试设计方案研究、铁路抗震等级分类研究、铁路特殊土路基设计有关标准研究等项目；二是针对标准中的关键技术和技术难点展开攻关，完成了铁路大跨度桥梁气动参数研究、高速铁路电力谐波治理设计标准研究、铁路防雷及接地工程有关技术标准研究等课题；三是积极响应国家节能减排政策，完成铁路工程建设节能减排有关技术标准研究。

【极限状态转轨】 以基于可靠性理论的极限状态设计法为基础制定发布了《铁路路基极限状态法设计暂行规范》、《铁路轨道极限状态法设计暂行规范》、《铁路隧道极限状态法设计暂行规范》等3项设计规范，为总公司铁路工程建设标准创新发展奠定了技术基础。为进一步完善极限状态法设计规范的分项系数、设计参数，结合转轨工作总体要求，进一步推进路基、桥梁、隧道和轨道等专业的试设计工作，“铁路桥涵极限状态法试设计方案研究”通过专家评审，铁路桥涵试设计工作正式启动。同时组织开展了路基、隧道和轨道专业试设计方案研究。

【高强钢筋应用试验】 为贯彻落实国家产业政策，保证铁路建设项目顺利实施，充分发挥高强钢筋的技术经济性能，根据总公司领导重要指示精神，立项开展铁路工程应用高强钢筋试验工作。通过试验，提出了高强钢筋母材及闪光对焊、电弧焊、直螺纹三种连接接头的应力循环次数达1000万次的p-S-N曲线和疲劳抗力方程，并优化完善了钢筋混凝土结构裂缝宽度计算公式。相关成果于8月20日通过总公司组织的技术评审。根据高强钢筋试验成果，编制发布了《铁路工程混凝土结构高强钢筋设计规定》，以统一铁路高强钢筋应用技术要求，满足铁路工程建设需要，充分发挥高强钢筋的技术经济性。（技术标准处）

招标投标

全年基建大中型项目施工招标共149批次，中标价合计4372.2亿元。按计划完成蒙西—华中地区铁路煤运通道、济南—青岛客专、武汉—十堰铁路、商丘—合肥—杭州铁路、大同—张家口铁路、玉溪—磨憨铁路、郑州—万州铁路、北京—张家口铁路、合肥—安庆铁路、郑州—周口—阜阳铁路、青藏铁路格拉段扩能、弥勒—蒙自铁路、大理—临沧铁路、合浦—湛江铁路、叙永—毕节铁路、阿勒泰—富蕴—准东铁路等61个新开工项目招标工作。（工程管理处）

项目验收

【专项验收】 组织铁路局、建设单位完成66个项目专项验收工作。总公司、铁路局分别在高速、普速铁路项目初步验收前组织专项检查，指导和督促建设单位完成环境保护设施、水土保持设施、消防设施、工程档案、劳动卫生和安全设施、建设用地等专项验收。

【初步验收】 全年66个项目通过初步验收，其中：总公司组织完成合肥至福州铁路、郑州至焦作铁路、长沙至昆明铁路客运专线新晃西至贵阳北段、哈尔滨至齐齐哈尔铁路客运专线、沈阳至丹东铁路客运专线、京津城际轨道交通延伸线、吉林至珲春铁路、南京至安庆铁路、成都至重庆铁路客运专线、赣州至龙岩铁路扩能、金华至温州铁路扩能、海南西环铁路、东北东部铁路通道前阳至大连段(3个项目)、天津至保定铁路、云桂铁路南宁至百色段、郑州东至新郑机场城际铁路等18个高速铁路、城际铁路和规模较大的时速200千米客货共线铁路项目初步验收、安全评估；铁路局组织了滨绥铁路牡丹江至绥芬河段扩能、张家口至唐山铁路、额济纳至哈密铁路、锡林浩特至二连浩特铁路、北京站至北京西站地下直径线、宁西铁路增建二线、宁启铁路复线电化改造林场至南通段(3个项目)、深圳福田站及相关工程、兰渝铁路广元至渭沱段、兰州西至中川机场铁路、天水至平凉铁路等48个项目的初步验收、安全评估，以及全部项目静态、动态验收。

【国家验收】 总公司高度重视已开通项目的国家验收工作，在项目开办初期运营后，落实建设单位、铁路局在国家验收中的职责分工，重点抓好国有土地使用证办理，环境保护、水土保持、档案正式验收，资金到位和建设各方费用结算、财务竣工决算、安全保护区设立等工作，确定重点项目国家验收目标，制订详细的推进计划和具体措施。通辽枢纽扩能改造、和龙至南坪镇铁路、满洲里铁路国际货场、湘桂铁路黎塘至南宁段增建二线等4个项目具备国家验收条件，向国家发展改革委上报了国家验收申请。12月国家发改委、国家铁路局发布《铁路建设项目国家验收实施办法》(发改基础〔2015〕2830号)后，总公司组织各铁路局、建设单位对未完成国家验收的项目进行全面梳理，对照新的国家验收条件，逐项目落实、推进各项工作，力争尽早具备国家验收条件。(工程管理处)

质量安全

【强化管理基础】 抓体系建立运行。以系统管理理论为指导，以目标体系为引领，以责任体系、制度体系、方法体系为支持，积极构建以铁路建设项目为纽带，以建设单位为核心，以标准化管理为导向，权责明确、目标一致、方法科学、控制有力的质量管理体系，将“事事有流程、事事有标准、事事有责任人”要求和“技术标准、管理标准、作业标准”落到实处。抓制度责任落实。健全和完善建设单位质量安全责任制，强化责任的分解、传递和落实；落实施工单位工程质量安全主体责任，发挥其加强质量安全管理的主观能动性；落实参建人员质量终身负责制的要求，发生质量安全问题严肃追究相关人员责任。抓流程管理控制。按照“分级分层管理、整体协作运行”的思路，参建各方分别制定各自的质量安全管理工作流程，明确工作流程的牵头部门、参与部门，把责任层层分解落实到岗位。抓技术管理和人员培训。狠抓技术措施的落实，以技术的科学性、工艺的先进性来保证工程质量。做好人员培训工作，加大对不同岗位人员的培训力度，提升建设项目质量安全管理水平。抓常态化检查和红线管理。加大在建重点项目和开通项目的抽查频次和检查力度，组织开展既有线施工、高风险隧道施工、预防坍塌事故、季节性施工安全专项检查活动。严格落实“红线”管理要求，突破“红线”的坚决停工、严肃处理。抓考核评价和责任追究。按照总公司新修订的《铁路建设单位考核办法》、《铁路建设管理人员责任追究办法》，加强对建设单位和建设管理人员的考核，加大质量安全问题和事故的查处力度。

【开展专项检查清理】 为进一步加强铁路建设管理，强化铁路建设领域廉政建设，切实解决铁路建设中的转包、违法分包等问题，按照中央巡视组反馈意见要求，下发了中国铁路总公司《关于开展铁路建设工程转包、违法分包和“黑中介”专项检查清理活动的通知》，集中开展铁路建设转包、违法分包和“黑中介”专项检查清理活动。重点检查清理招标阶段通过中介承揽工程，领导干部干预工程招投标，围标、串标和虚假招标，挂靠、借用资质投标等问题，实施阶段通过“黑中介”中标工程、工程转包、违法分包等问题。通过开展专项检查清理活动，进一步规范铁路建设市场秩序和参建各方建设行为，有效遏制转包和违法分包问题，营造公开、公平、公正的铁路建设环境，保证工程质量，提高铁路工程依法建设水平。

【开展安全大检查】 深化“打非治违”和专项整治安全大检查。下发《关于建设系统全面开展安全生产大检查，深化“打非治违”和专项整治工作安排的通知》，8～12月底在铁路建设系统开展安全生产大检查，深入推进以危险化学品和易燃易爆物品安全为重点的专项整治活动。开展春运、“两会”安全大检查。总公司成立7个建设系统督导检查组，重点检查营业线和临近营业线施工安全、火工品管理、农民工工资发放和应急管理工作，检查69个项目、149个工点，发现并督促整改隧道安全步距超标、营业线施工防护不到位、材料回收不及时、跨线施工人行道口无人看护等安全问题262个，并协调和督促解决了衡茶吉铁路、合福闽赣段、沪昆客专江西段、宁安铁路等项目部分施工单位拖欠民工款、材料款等问题，确保了春运、“两会”期间铁路建设安全和稳定。

【加大处罚力度】 持续加大质量安全问题和事故的处罚力度，进一步促进参建各方责任落实。由于工程质量问题，有96家单位受到了暂停投标、不良行为认定、纳入信用评价、纳入考核、全路通报批评等处罚，其中建设单位23家、设计单位2家、施工单位35家、监理单位33家、检测单位2家。由于安全事故，有8家施工单位、5家监理单位受到了暂停投标的处罚。（质量安全管理处）

（中国铁路总公司建设管理部）

民航建设

2015年度民航工程建设投资、资金利用概况

2015年，民航全行业完成固定资产投资约769.3亿元，其中安排中央预算内投资约46.7亿元，民航发展基金约158.4亿元，重点保障安全、空管及中西部机场项目的实施。

2015年度重点工程建设

2015年民航全行业竣工建设项目207个，续建项目236个，新开工项目205个，开展前期工作项目216个。民航局确定的20个重点建设项目均顺利开展，其中，郑州新郑机场扩建、沈阳区域管制中心等计划竣工项目建成投运；北京新机场、浦东机场飞行区扩建、广州白云机场扩建、重庆江北机场扩建、武汉天河机场扩建、哈尔滨太平机场扩建、乌鲁木齐区域管制中心等7个续建项目按计划进行；7个计划开工项目中，青岛机场迁建、桂林两江机场扩建、长春龙嘉机场扩建、海口美兰机场扩建工程已经开工；开展前期研究工作3个项目中，成都新机场立项获批复，处于可研审批阶段，厦门机场迁建工程处于立项审批阶段，大连机场迁建工程尚未上报场址审查申请。

【郑州机场扩建工程】 11月24日至25日，民航中南地区管理局组织郑州新郑国际机场扩建工程行业验收。工程按满足2020年旅客吞吐量2900万人次、货邮吞吐量50万吨的目标设计。工程主要建设内容：新建长3600米、宽60米的第二跑道，新建33.2万平方米的T2航站楼、85个机位的站坪，配套建设综合交通中心和停车库、货运站、航食配餐中心、辅助生产、生活、办公和公用配套等设施。工程总投资149.28亿元。

【北京新机场工程】 加快推进北京新机场建设，完成新机场总体规划审查，协调北京市、河北省加快总体规划批复会签；先行批复航站区工程初步设计，航站区工程9月开工建设；协调北京市、河北省及铁路总公司，推进轨道交通换乘中心工程初步设计联合审批；批复空管工程初步设计，空管工程12月开工建设。工程按满足2025年旅客吞吐量7200万人次、货邮吞吐量200万吨的目标设计。工程主要建设内容：新建4条跑道、150个机位的客机坪、24个机位的货机坪、14个机位的维修机坪，新建70万平方米的航站楼、7.5万平方米的货运站、货运综合配套用房3.5万平方米、海关监管仓库7.4万平方米，建设空防安保训练中心、综合管理用房、旅客过夜用房等辅助生产生活设施，以及场内综合交通、消防救援及公用配套等设施。新建2座空管塔台、6.7万平方米空管业务用房、北京新终端管制中心、供油及航空公司基地设施。工程总投资799.8亿元。工程预计2019年竣工。

【广州白云机场扩建工程】 工程按满足2020年旅客吞吐量8000万人次、货邮吞吐量250万吨的目标设计。工程主要建设内容：新建长3800米、宽60米的第三跑道，新建62.4万平方米的2号航站楼、100个机位的站坪以及相关配套设施。工程总投资197.4亿元。工程于2012年8月开工，第三跑道已建成投运，2号航站楼及配套设施正在施工，预计2018年竣工。

【重庆江北机场扩建工程】 工程按满足2020年旅客吞吐量4500万人次、货邮吞吐量110万吨的目标设计。工程主要建设内容：新建长3800米、宽60米的第三跑道，新建53万平方米的T3A航站楼、79个机位的站坪、7.9万平方米的货运站，配套建设消防救援、辅助生产、生活、办公和公用配套等设施。工程总投资282.07亿元。工程于2013年4月开工，预计2016年竣工。

【武汉天河机场扩建工程】 工程按满足2020年旅客吞吐量3500万人次、货邮吞吐量44万吨的目标设计。工程主要建设内容：新建长3600米、宽60米的第二跑道，新建37万平方米的T3航站楼、60个机位的站坪，配套建设辅助生产、生活、办公和公用配套等设施。工程总投资152.75亿元。工程于

2013 年 5 月开工，预计 2016 年竣工。

【哈尔滨太平机场扩建工程】 工程按满足 2020 年旅客吞吐量 1800 万人次、货邮吞吐量 17.5 万吨的目标设计。工程主要建设内容：将现有跑道延长 400 米至 3600 米，新建 16 万平方米的 T2 航站楼、45 个机位的站坪，配套建设辅助生产、生活和公用配套等设施。工程总投资 45.28 亿元。工程于 2014 年 10 月开工，预计 2019 年竣工。

【长沙黄花机场扩建工程】 工程按满足 2020 年旅客吞吐量 3100 万人次、货邮吞吐量 32 万吨的目标设计。工程主要建设内容：新建长 3800 米、宽 60 米的第二跑道，配套建设滑行道和公用配套等设施。工程总投资 36.5 亿元。工程于 2013 年 12 月开工，预计 2016 年竣工。

【上海浦东机场飞行区扩建工程】 工程按满足 2020 年旅客吞吐量 8000 万人次、货邮吞吐量 570 万吨、飞机起降 65.3 万架次、试飞飞行量 920 架次的目标设计。工程主要建设内容：新建长 3400 米、宽 45 米的第五跑道、平行滑行道及助航灯光等配套设施。工程总投资 65.59 亿元。工程预计 2017 年竣工。

【青岛机场迁建工程】 工程按满足 2025 年旅客吞吐量 3500 万人次、货邮吞吐量 50 万吨的目标设计。工程主要建设内容：新建 2 条远距平行跑道，新建 47.8 万平方米的航站楼、171 个机位的站坪、7.68 万平方米的货运站、20 万平方米的停车楼及交通换乘中心，配套建设辅助生产、生活和公用配套等设施。工程总投资 332.72 亿元。工程于 2015 年 9 月开工，预计 2019 年建成投运。

【桂林两江机场扩建工程】 工程按满足 2025 年旅客吞吐量 1200 万人次、货邮吞吐量 9.5 万吨的目标设计。工程主要建设内容：新建 9.97 万平方米的 T2 航站楼、31 个机位的站坪，配套建设辅助生产、生活和公用配套等设施。工程总投资 30.8 亿元。工程于 2015 年 11 月开工，预计 2018 年建成投运。

【长春龙嘉机场扩建工程】 工程按满足 2025 年旅客吞吐量 1600 万人次、货邮吞吐量 20 万吨的目标设计。工程主要建设内容：新建第二平行滑行道，新建 12.8 万平方米的 T2 航站楼，配套建设辅助生产、生活和公用配套等设施。工程总投资 47.66 亿元。工程于 2015 年 10 月开工，预计 2019 年竣工。

【海口美兰机场扩建工程】 工程按满足 2025 年旅客吞吐量 3500 万人次、货邮吞吐量 40 万吨的目标设计。工程主要建设内容：新建长 3400 米、宽 60 米的第二跑道，新建 29.6 万平方米的 T2 航站楼、59 个机位的站坪，配套建设辅助生产、生活和公用配套等设施。工程总投资 138.38 亿元。工程于 2015 年 11 月奠基，预计 2019 年竣工。

机场法规规章及技术标准

【规章及技术标准发布】 发布《民用机场专用设备管理规定》、《民航基本建设技术性服务采购管理暂行办法》、《鸟击航空器事件的判定标准和报告程序》、《机场外来物损伤航空器轮胎的判定标准和报告程序》、《民用运输机场航班保障专用设备配置指南》、《民用机场专用设备检验机构认定办法》、《民用机场专用设备检验办法》、《跑道和滑行道助航灯具检测规范》等规范性文件和技术标准。

【规章及技术标准修订】 完成《民用运输机场航空燃油供应安全运营许可管理规定》的审定工作；报审《民用机场使用许可规定(修订稿)》、《民用机场运行安全管理规定(修订稿)》、《民用机场低能见度运行规则》和《通用机场管理规定》等规章；启动《绿色航站楼标准》、《民用机场绿色施工指南》的编制工作。

“十二五”期间民航建设主要工作及成效

“十二五”期间，我国机场建设和发展按照“以需求为导向、优化机场布局、加快运输机场建设、完善和提高机场保障能力”的目标，重点缓解大型机场的容量饱和问题，同时积极发展支线机场，机场建设取得显著成效。

“十二五”期间，民航全行业累计完成固定资产投资约 3307 亿元，共新增运输机场 35 个，改扩建机场近 100 个，使我国民用运输机场数量由“十一五”期末的 175 个增加至 210 个，增幅达 20%，运输机场密度达到每十万平方千米 2.1 个，比“十一五”期末提高 0.3 个。新增的机场基本为支线机场，大多分布在欠发达地区，这些机场的建成有效地改善了当地交通运输条件，促进了当地经济发展与社会的和谐稳定。同时，大型机场建设项目得到有效推进，完成昆明机场迁建及上海虹桥、上海浦东、广州白云、重庆江北、西安咸阳等机场扩建工程，北京新机场、青岛新机场等机场新建工程也相继开工，成都新机场、厦门机场迁建和大连机场迁建等项目的前期工作也已有序开展。我国民航基础设施保障能力持续提高，为民航业的快速发展奠定了坚实的基础。

（民航局机场司）

公路建设

【公路建设基本情况】 截至2015年年度，全国公路总里程达457.73万千米，比上年末增加11.34万千米，比“十一五”末增加了56.91万千米。公路密度达到47.68千米/百平方千米，比上年末提高1.18千米/百平方千米，比“十一五”末提高14.2%。

全国等级公路里程404.63万千米，比上年末增加14.55万千米，比“十一五”末增加了74.17万千米。等级公路占公路总里程的88.4%，比“十一五”末提高6个百分点。其中，二级及以上公路里程57.49万千米，占公路总里程的12.6%，比“十一五”末提高1.4个百分点。

全国高速公路里程12.35万千米，比上年末增加1.16万千米，比“十一五”末增加了4.94万千米，增幅达到66.7%。其中，国家高速公路总里程达到7.96万千米，比“十一五”末增加2.19万千米。全国高速公路车道里程54.84万千米，比“十一五”末增加21.98万千米。

全国农村公路总里程398.06万千米，比上年末增加9.90万千米，比“十一五”末增加了47.40万千米。

公路桥梁、隧道总量持续增加。全国公路桥梁达77.92万座、4592.77万米，比“十一五”末分别增加了18.4%和50.7%；其中特大桥梁达3894座、690.42万米。全国公路隧道14006处、1268.39万米，比“十一五”末分别增加了89.7%和147.6%；其中特长隧道达744处、329.98万米。

公路建设投资持续保持较快增长。2015年完成公路建设投资16513.30亿元，比上年增长6.8%，比“十一五”末增加了44.8%。高速公路建设完成投资7949.97亿元，比上年增长1.7%；“十二五”高速公路累计完成投资37728.29亿元，是“十五”投资完成额的1.7倍。

【重点项目建设】 2015年，交通运输部继续推进全国公路建设，高速公路网络日益完善，重点公路工程项目进展顺利。

二广高速公路联络线内蒙古乌兰浩特至扎兰屯段、京台高速公路福建建瓯歪闽侯段、济广高速公路广东揭西至博罗段、杭瑞高速公路贵州毕节至都格段等项目建成通车，京昆高速公路全线贯通。

湖北石首长江公路大桥、嘉鱼长江公路大桥、武汉青山长江公路大桥、福建厦门第二西通道工程、云南香格里拉至丽江高速公路、甘肃渭源至武都高速公路等项目初步设计通过交通运输部审批。港珠澳大桥、安徽芜湖长江二桥、望东长江公路大桥、四川雅康高速公路、汶马高速公路、京新高速内蒙古段等重点项目顺利推进。浙江三门湾大桥、台州湾大桥、丹锡高速公路内蒙古大阪至经棚段、青银高速公路山东青岛至济南改扩建工程、兰海高速公路贵州贵阳至遵义改扩建工程等项目开工建设。

【全面深化公路建设管理体制改革】 按照党的十八大、十八届三中全会提出的全面深化改革要求和交通运输部党组统一部署，全面深化公路建设管理体制改革，印发《交通运输部关于深化公路建设管理体制改革的若干意见》，以项目建设管理模式创新为切入点，推行代建制、设计施工总承包等模式；改革工程监理制度，强化政府监管，探索新型公路建设管理模式下工程质量、安全、投资、进度等的管理机制，进一步完善公路建设管理四项制度。

按照《交通运输部关于印发全面深化交通运输改革试点方案的通知》要求，组织江西、湖南、陕西三省开展公路建设管理体制改革试点工作。江西省依托都昌至九江高速公路等3个建设项目，试点自管模式、“代建＋监理一体化”模式、改进的传统管理模式、“房建工程设计＋施工监理一体化”模式等建设管理新模式；湖南省在南县至益阳高速公路等2个新开工项目上推行自管模式和监理制度改革试点；陕西省计划在宝鸡至坪坎高速公路等3个项目上开展自管模式、改进的传统管理模式和设计施工总承包管理模式试点。辽宁、安徽、海南、云南等省也按照改革意见的精神，制定相应的改革试点方案，结合建设项目因地制宜地开展改革试点。

【行业管理制度出台情况】 按照党中央关于依法治国的总体要求，完善公路建设法律法规体系，印发《公路建设项目代建管理办法》（交通运输部令2015年第3号），明确代建制适用范围、代建单位选择及代建合同、代建管理要求等内容；印发《公路工程设计施工总承包管理办法》（交通运输部令2015年第10号），明确了总承包单位选择及合同要求、总承包管理等内容；修订《公路建设市场管理办法》（交通运输部令2015年第11号），及时落实施工许可下放，确保相关工作的衔接。

【重点工程项目竣工验收】 交通运输部对湖北

荆岳长江公路大桥和陕西潼关至临潼高速公路改扩建工程进行竣工验收。

荆岳长江公路大桥是连接湖北、湖南两省的第一座长江大桥，项目全长 5.42 千米，其中长江大桥长 4303 米，采用主跨 816 米的双塔双索面混合梁斜拉桥方案建设。该项目的建成对于完善国家交通运输网，促进我国"中部崛起"，推动长江中下游经济社会发展，有着十分重大的意义。项目参建各方在设计施工过程中，完善了超大跨不对称混合料斜拉桥的设计理论，创新应用简单易行的钢箱梁斜拉桥全悬臂拼装施工工艺，研发大型混凝土箱梁高空预制拼装防裂新技术，建立特殊地质条件下大直径桩基础施工成套技术，既为大桥的顺利实施提供了技术保障，也为中国同类桥梁建造积累了宝贵的经验。

陕西省潼关(豫陕界)至临潼(靳家)高速公路改扩建工程位于陕西省渭南、西安两市，是连云港至霍尔果斯高速公路的重要部分，项目全长 116.261 千米，采用八车道高速公路标准改扩建。项目在设计和实施过程中，注重集约节约利用土地资源，强化施工期交通组织和安全保通，有效控制对沿线生态环境影响，加强对潼关古城墙遗址等重点文物保护区的保护，重点研究旧路面材料再生利用、路面拼接处理、变截面宽箱梁悬浇等新技术和新工艺，为区域高速公路改扩建工程项目积累了有益经验。

(交通运输部公路局)

水路工程建设投资与资金利用

2015 年，水运建设行业坚决贯彻落实党中央、国务院各项决策部署，以"四个全面"战略布局为统领，坚持稳中求进工作总基调，加快推进基础设施建设，实现了"十二五"圆满收官，为"十三五"开好局、起好步奠定了基础。

全年内河及沿海建设完成投资 1457.17 亿元。其中，内河建设完成投资 546.54 亿元。内河港口新建及改(扩)建码头泊位 161 个，新增吞吐能力 5079 万吨，其中万吨级及以上泊位新增吞吐能力 2981 万吨。全年新增及改善内河航道里程 932 千米。沿海建设完成投资 910.63 亿元。沿海港口新建及改(扩)建码头泊位 130 个，新增吞吐能力 42026 万吨，其中万吨级及以上泊位新增吞吐能力 30381 万吨。

水路工程建设

【内河航道】 根据《国务院关于依托黄金水道推动长江经济带发展的指导意见》(国发〔2014〕39 号)等文件要求，大力推进重点工程建设。长江南京以下 12.5 米深水航道一期工程竣工验收；长江中游荆江河段航道整治工程昌门溪至熊家洲段工程完成交工验收，投入试运行；长江中游宜昌至昌门溪河段航道整治一期工程、长江中游赤壁至潘家湾河段燕子窝水道航道整治工程、江西赣江新干航电枢纽工程、长江南京以下 12.5 米深水航道二期工程、长江中游鲤鱼山水道航道整治工程等已开工建设。

截至 2015 年底，全国内河航道通航里程 12.70 万千米，比上年末增加 721 千米。等级航道 6.63 万千米，占总里程 52.2%，提高 0.4 个百分点。其中，三级及以上航道 11545 千米，五级及以上航道 3.01 万千米，分别占总里程 9.1%和 23.7%，分别提高 0.5 个和 1.2 个百分点。

【港口】 沿海港口重点建设项目有序推进，宁波-舟山港梅山港区 6 号至 10 号集装箱码头工程、锦州港煤炭码头一期工程、防城港钢铁基地项目专用码头工程、宝钢广东湛江钢铁基地项目码头工程、日照港岚山港区 30 万吨级原油码头二期工程、大连港大窑湾港区四期工程等 17 个国家重点水运工程初步设计获得交通运输部批复。

截至 2015 年底，全国港口拥有生产用码头泊位 31259 个，其中沿海港口生产用码头泊位 5899 个，比上年末增加 65 个。全国港口拥有万吨级及以上泊位 2221 个，其中沿海港口万吨级及以上泊位 1807 个，比上年末增加 103 个。

水路工程建设相关法规、政策

【《中华人民共和国航道法》发布实施】 《中华人民共和国航道法》(简称《航道法》)，自 3 月 1 日起施行。《航道法》的发布实施，标志着我国航道事业进入一个新的法制化发展轨道。

《航道法》的出台，对于促进航道健康可持续发展、科学发展、安全发展，保障航道畅通和航行安全，维护社会各界依法使用航道的权益，充分发挥航道在构建综合交通运输体系中的基础性作用，促进国民经济全面协调可持续发展，谋划由东向西、由沿海向内河、沿大江大河和陆路交通干线梯度推进的区域发展新格局具有重要意义。

【推进水运标准化工作】 围绕服务“三大战略”实施和水运发展结构转型升级，大力推进行业标准编制，新发布《水运工程结构耐久性设计标准》、《港口与航道水文规范》、《水运工程水文观测规范》、《煤炭矿石码头粉尘控制设计规范》、《邮轮码头设计规范》、《水运工程混凝土结构实体检测技术规程》、《水运工程施工监理规范》，进一步强化水运工程建设耐久性、安全、质量、环保等方面的标准保障。积极推动《航道法》贯彻实施，新发布《长江干线通航标准》、《长江干线桥区和航道整治建筑物助航标志》等。根据特大型散货码头发展急需，及时组织编写，发布了《40万吨散货船的设计船型标准》。完善标准局部修订机制，发布《船闸总体设计规范》(JTJ305-2001)局部修订——船闸附属设施设计部分、《水运工程质量检验标准》JTS 257—2008 局部修订——航道整治工程质量检验部分。

推动水运标准“走出去”，组织开展标准翻译工作，完成《水运工程抗震设计规范》等10项标准的英文翻译稿。

【水运节能减排】 贯彻落实中央关于生态文明建设和“五位一体”发展的要求，印发了《船舶与港口污染防治专项行动实施方案(2015～2020年)》、《珠三角、长三角、环渤海(京津冀)水域船舶排放控制区实施方案》，明确了船舶与港口污染防治的主要任务和重点水域排放控制要求，树立了交通行业治理污染、减少排放的新形象。

印发《原油成品油码头油气回收试点工作实施方案》，完成码头油气回收、港口能效管理、靠港船舶使用岸电、水运行业应用LNG(第二批)试点项目的征集和筛选。针对靠港船舶使用岸电在技术经济、政策环境等方面存在的困难和问题，开展岸电使用情况的实地调研，征集相关意见和下一步工作的建议。对“十二五”期间水运节能减排工作进行系统总结，并对“十三五”有关工作进行布局。

【推动水运工程技术创新发展】 积极推进新技术在水运行业的应用，组织开展水运行业应用BIM技术专项调研。按照建设创新型国家要求，根据水运技术发展水平和需求，谋划“十三五”时期重大科技研发方向，完成《交通运输重大技术方向和技术政策》，将BIM技术、船舶与港口污染防控技术、高坝通航技术列为部重大技术方向。按照十二部委“老科学家学术成长资料采集工程”工作要求，组织完成2015年度水运工程工法评审，公布一级工法17项、二级工法7项。

“十二五”期间水路工程建设主要工作

【内河航道】 根据《全国内河航道与港口布局规划》、《交通运输“十二五”发展规划》等要求，全面推进“两横一纵两网十八线”内河高等级航道建设，“十二五”时期，内河航道建设全面加快，长江等内河航道治理成效显著。长江南京以下12.5米深水航道一期工程、长江中游荆江河段航道整治工程昌门溪至熊家洲段工程、右江航运建设那吉航运枢纽工程、西江航运干线桂平二线船闸工程、赣江石虎塘航电枢纽工程、引江济汉工程等一批项目建成；长江南京以下12.5米深水航道二期工程、京杭运河微山南至峄城段复线船闸工程、京杭运河浙江段三级航道整治工程、岷江犍为航电枢纽工程、湘江二级航道二期工程等项目实施进展顺利。

【港口】 “十二五”时期水运重点加强了沿海专业化码头建设，并在功能拓展、节能减排、行业管理等方面取得进展，总体保持了健康持续发展的良好态势，“十二五”规划提出的发展目标基本实现。沿海港口通过能力总体适应发展要求，港口大型化、专业化、现代化水平进一步提升；沿海港口市场化程度进一步提高，投资、经营主体继续呈现多元化发展；港口资源整合和跨区域投资合作加快推进；港口功能不断拓展，转型升级步伐加快，沿海港口的国际影响力和竞争力不断提升。

(交通运输部水运局)

西部开发重点工程建设

【西部支线机场建设】 四川泸州机场迁建项目总投资27.36亿元，完成投资12.13亿元。飞行区、民航办公区、航站楼等工程的土石方工程已完工，并已启动航站楼主体工程建设，预计2017年12月完工。四川巴中机场总投资14.91亿元，于2015年12月正式开工，完成投资4.49亿元。贵州仁怀机场总投资15.73亿元，于2014年开工建设，截至2015年底完成投资12.8亿元，预计2016年底前建成投运。云南沧源机场总投资15.56亿元，2013年11月开工建设，土石方及地基处理工程已竣工验收。云南澜沧机场总投资15.14亿元，2014年11月开工建设。陕西延安新机场总投资16.97亿元，其中中央预算内投资3.9亿元，民航发展基金4.32亿元，地方财政性资金8.75亿元。该工程涉及的飞行区岩土工程基本完成，累计完成投资11.2亿元。陕西安康新机场总投资14.45亿元，2015年12月开工建设，已启动飞行区高填方、膨胀土地基处理试验段及排洪涵洞施工，征地拆迁基本完成，累计完成投资6.11亿元。甘肃陇南机场总投资11.87亿元，累计完成投资8.22亿元。航站楼工程主体工程完成结构一层钢筋混凝土，附属工程完成特种车库和普通车库及货运车库的地基与基础和一层主体钢筋混凝土结构，综合管网及道路工程正在抓紧施工，跑道地基处理已基本完成。内蒙古乌兰察布机场总投资5.16亿元，项目于年内竣工，完成总投资5.16亿元。内蒙古扎兰屯机场总投资4.67亿元，截至年底，项目已竣工，完成总投资4.67亿元。

【四川雅安至康定公路】 总投资230.3亿元，于2014年4月20日开工建设，累计完成投资86亿元，占概算总投资的37.34%，其中使用国家资金完成投资32.91亿元。

【国道317线四川马尔康至俄尔雅塘段改建工程】 该项目的6.45千米试验段路基工程、路面工程、交安和绿化工程完工并交付验收，预计2016年底项目全部完工。

【四川南江红鱼洞水库及灌区工程】 工程总投资31.9亿元，已下达投资计划17.85亿元(中央投资11亿元，地方及项目单位投资6.85亿元)。项目已开工建设，累计完成投资13.47亿元。

【金沙江乌东德水电站】 2015年完成投资74.15亿元，累计完成投资236.14亿元。左岸拱肩槽开挖至高程885米、右岸拱肩槽开挖至高程875米；左、右岸地下电站主厂房大面已开挖到高程770米；左岸会河公路具备全线通车条件；右岸对外交通明线路基基本形成，主要桥梁打基沟大桥正进行墩身施工。

【大渡河双江口水电站】 2015年度完成投资2.28亿元，累计完成投资数38.45亿元。11月，双江口电站完成了河道截流。年内，电站初期导流洞过流，中期导流洞完工，电站发电进水口、竖井泄洪洞及出线场开挖完成。

【四川凉山州风电基地】 项目规划场址121个，总规模1048.6万千瓦。截至年底，完成投资28.25亿元，投产发电17座风电站，总投产装机容量79.1万千瓦；在建风电站30座，总装机容量220.8万千瓦。

【贵州六盘水至威宁(黔滇界)公路】 项目全长193千米，全线采用双向四车道高速公路标准建设，设计速度80千米/小时，总投资约233.2亿元。项目于年内开工建设，截至年底完成投资35.6亿元，计划2018年建成通车。

【云南铁路建设】 玉溪至磨憨铁路可研批复总投资516亿元，先期开工段于8月开工建设，年内累计完成投资24亿元。大理至临沧铁路可研批复总投资155.3亿元，12月全线开工建设，年内暂无实物工程量完成。弥勒至蒙自铁路，可研批复总投资92亿元，先期开工段12月开工建设，年内暂无实物工程量完成。

【云南澜沧江黄登、乌弄龙、观音岩水电站】 黄登水电站装机容量190万千瓦，工程动态总投资237.88亿元。2014年5月开工建设，累计完成投资124.37亿元。乌弄龙水电站装机容量99万千瓦，动态总投资121.32亿元。2014年9月开工建设，累计完成投资46.9亿元。观音岩水电站装机300万千瓦，动态总投资306.96亿元。计划2016年内全部机组投产发电。累计完成投资246.7亿元。

【中国石油云南1000万吨/年炼油项目】 项目优化调整为1300万吨/年，总投资230亿元，2013年1月开工建设，项目累计完成投资224.7亿元，项目主体工程总体进度完成99%。

【国道317线(西藏境)丁青至斜拉山公路整治改建工程】 项目全长110千米，于8月1日开工建设，总投资17.95亿元，截至年底累计完成投资5.21亿元，占总投资的29%。

【西藏拉洛水利枢纽及配套灌区工程】 工程枢纽坝址位于日喀则地区萨迦县境内，控制流域面积3366平方千米，是一座以灌溉、生态建设、兼顾发电和防洪，并为扶贫点建设创造条件等综合利用的大型控制性水利工程。工程于2014年6月开工建设，截至2015年底，已完成“三通一平”、枢纽临时工程等，枢纽主体工程、灌区总干渠、工程监理等项目招投标已基本完成，征地拆迁和移民安置工作正在开展，累计落实中央预算内投资17亿元，完成投资17亿元。

【陕西引汉济渭工程】 项目从陕南地区汉江上游调水到渭河流域关中地区，年调水15亿立方米，主要由黄金峡水利枢纽、三河口水利枢纽、秦岭输水隧洞三大部分组成，工程总投资191.25亿元。秦岭输水隧洞累计进尺55.02千米；三河口水利枢纽完成施工截流，中标施工单位进场作业；黄金峡水利枢纽下游施工大桥及1号道路工程、坝肩开挖及辅助道路等工程正在抓紧实施。累计完成投资84.03亿元。

【甘肃引洮供水二期工程】 工程于8月6日开工建设。工程批复总投资73.06亿元，已下达投资计划20亿元。工程主要建设内容为：新建总干渠1条长95.09千米，干渠6条、分干渠2条总长299.97千米，专用供水管线18条，总长176.47千米。

【酒泉至湖南±800千伏特高压直流输电线路工程(甘肃段)】 于6月开工建设。工程总投资261.86亿元，其中酒泉特高压直流输电工程甘肃段线路工程计划总投资55.66亿元。

(国家发展改革委员会西部开发司)

各 地 建 设

北 京 市

住房和城乡建设工作

建设工作概况

2015 年，北京市房屋累计施工面积 20009.1 万平方米，连续第四年超过两亿平方米。建筑业完成总产值 8437 亿元，同比增长 2.8%。新建商品房销售 1555 万平方米，同比增长 6.6%。房地产开发投资 4226 亿元，同比增长 8.1%，占全社会固定资产总投资的 52.9%，全年建设筹集保障房 10.8 万套，竣工 8.2 万套，圆满完成年度任务。共确定 200 项重点建设项目，完成投资 2154.51 亿元，新开工 48 项，实现竣工 16 项。

【住房保障】 在城市发展新区加大“全市统筹保障房”建设力度，东、西城两区房源缺口全部纳入统筹计划。不断完善公租房政策体系。狠抓建设品质管理和配套设施建设，实行设计方案专家审查制度，保障房、自住房全面推行全装修成品交房，新建保障房实现“实施绿色建筑行动和产业化建设”100%覆盖。继续推进住房保障立法，加快推进保障房配租配售，进一步简化公开摇号剩余房源分配程序，通过“先到先得”和“集体租赁”提高公租房配置效率。切实保护购房家庭合法权益。将城市危房改造和城中村改造纳入棚改工作；建立统贷统还的融资模式，授信规模达千亿元；优化集体土地棚改项目审批流程，实施国有土地一次性招标制度，动员中央单位积极参与，棚改工作全面取得进展。

【房地产市场】 继续贯彻落实国家房地产市场调控政策，支持和鼓励居民自住房改善性住房需求；严格执行限购和差别化的信贷税收政策，坚决抑制投机投资性需求。加强二手住房、房屋租赁市场监管服务，推进房屋租赁条例调研起草工作，加大房地产经纪机构违法行为查处和群租房治理力度。调整优化预售资金的支取，“放管结合”加强预售资金的监管。构建“首都房地产数据”综合发布模块，建立覆盖 100 万余条数据的住房使用和需求情况电子数据库。梳理交易登记业务流程，实现登记业务分离后两项业务有效衔接。

【房屋管理】 继续开展全市老旧小区综合整治、老楼危楼排查工作，加强汛前城镇房屋安全检查。对全市已超过 50 年的公共建筑进行逐一排查，由产权人根据鉴定结果采取加固、维修等措施后，重新界定使用期，保障房屋安全。继续狠抓普通地下室安全使用管理。继续做好物业管理、住房改革、落实私房政策、房屋登记等工作，全面开展物业服务补贴改革，切实做好不动产登记整合过渡期的相关工作。重点围绕棚户区改造、市行政副中心建设、世界园艺博览会建设等重点项目，完善征收拆迁政策体系，加强拆迁政策指导与协调。

【建筑市场监管和建筑业】 《北京市建设工程质量条例》正式出台。全面推进工程质量治理两年行动，严格落实工程质量终身责任承诺制，发布保障房工程预拌混凝土承包商名录，对保障房工程预拌混凝土生产质量实施驻厂监理。启动安全生产标准化考评工作，规范房屋建筑和市政基础设施工程施工安全监督工作，建立建筑起重机械租赁企业信用评价制度，强化建设工程施工现场节假日施工安全监督管理，大力推广体验式安全培训，在全系统开展安全生产大检查。

【绿色发展】 进一步加快建筑科技研发推广工作，推荐通州新城补报国家智慧城市试点，积极推进内装工业化装配式装修，开发并启用北京市绿色建筑评价标识申报系统、绿色建筑奖励资金申报系统，全面推进建筑节能工作，严格治理施工扬尘。

政策规章

【法规和规章】 2015 年，《北京市建设工程质量条例》由市人大常委会表决通过，实现市住房城乡建设委地方性法规零的突破。《北京市房屋租赁条例》进入调研起草阶段。《建筑材料使用管理规定》

在充分调研的基础上形成草案初稿，《轨道交通建设工程安全质量管理规定》，形成前期研究报告进入立项论证阶段。

【规范性文件】 围绕市住房城乡建设委建筑工程质量安全、住房保障等重点工作，加大对相关规范性文件起草制定指导和合法性审查的工作力度，全年共制发、《北京市建设工程质量终身责任承诺制实施办法》、《关于进一步加强保障性住房等住房物业服务管理工作的通知》、《关于做好建筑业企业资质管理工作有关意见的通知》等规范性文件25件，并全部按时报市政府法制办备案。

房地产业

【总体情况】 2015年，北京市资质证书有效期内的房地产开发企业共计2345家，其中一级企业76家、二级企业156家、三级企业127家、四级企业1444家、暂定级企业542家。年度新设立房地产开发企业444家。2015年，全市完成房地产投资4226.3亿元，同比增加8.1%，超额20.8%完成全年任务。全市房地产开发施工面积13095万平方米，同比下降4.4%，房地产开发企业土地购置面积为上年同期的58.1%，新开工面积总体减少。

【房地产项目质量安全管理】 起草《加强开发企业项目质量安全管理意见》等一系列配套文件，修订《开发企业违法违规处罚积分办法》。同时，以全市工程质量两年行动为契机，对全市10个区县的68个房地产项目进行现场执法检查，从检查结果看，开发企业落实质量管理责任总体情况良好，对不符合要求的开发企业均进行纠正。对项目质量安全管理成效显著的北京品牌中心，将其管理经验树为全市行业的优秀典型，在全系统内发文宣传，开展房地产开发企业在建设工程质量安全监管中的法律责任课题研究，为制定行业相关政策制度，督促开发企业依法履责提供理论依据；与市国土局会商，将房地产开发项目建设条件纳入土地招拍挂文件，作为开发企业取得土地使用权应履行的条款，其中项目质量和安全管理是建设条件的核心内容。

【深化开发项目全过程监控】 继续强化与市发展改革委、市规划委、市国土局的项目数据共享联动机制，定期收集国土局、发改、规划等部门的行政事项信息，为开发项目过程管理提供可靠支撑。在委内串联施工许可、预售等信息的基础上，将项目招标投标信息纳入监管系统，进一步丰富监管数据，实现开发项目的全过程管理。

【落实宏观调控政策】 结合北京市特点认真落实国家调控政策，鼓励支持自住和改善性住房需求。落实信贷税收政策，商业银行放松首套房贷认定标准，二套房贷首付比由七成降至五成；首套房公积金贷款实行“认房不认贷”，最低首付比降至两成，最高贷款额度提至120万元，二套房贷最低首付比降至三成；完善住房限购执行标准，因工作变动等合理原因导致未能连续缴纳社保，断缴时间不超过三个月的视同连续缴纳，免征营业税时限由五年减至两年。针对通州区域出现的市场过热势头，会同属地政府果断出台《关于加强通州区商品住房销售管理的通知》，有效稳定区域市场，服务于城市副中心建设和京津冀协同发展大局。2015年二季度以后住房市场表现活跃、销售回升，全年商品房销售面积同比增长6.6%，超出5%的全年计划，新建商品住房和二手住房共成交28.2万套，同比增加64.8%。

【改进房屋销售管理工作方式】 出台《北京市住房和城乡建设委员会 北京市公安局 关于进一步规范境外个人购买商品住房有关问题的通知》，精简外籍人在京购房手续，联网审核取代纸质证明。修订商品房屋买卖系列合同，规范商品房交易行为，切实保障买卖双方合法权益。会同市工商局组织行业专家、相关部门、企业、律师等多次座谈研讨，截至年底形成《北京市商品房预售合同》《北京市商品房现房买卖合同》《北京市自住型商品住房预售合同》示范文本(征求意见稿)。

【加强房屋租赁管理服务】 推进《北京市住房租赁条例》调研起草工作，形成分项调研报告9项，完成条例草案起草，并组织专家学者进行研讨。加强全市群租房治理。4月，召开全市违法群租房集中治理工作会议，5月，宣贯《关于继续深入推进违法群租房专项治理工作的实施方案》；8月，深入贯彻《住房城乡建设部关于加快培育和发展住房租赁市场的指导意见》，认真研究建立住房租赁信息政府服务平台、积极培育经营住房租赁的机构、支持房地产开发企业将其持有房源向社会出租等工作，密切关注“丁丁租房”、“爱屋吉屋”等互联网租赁平台，结合新的市场形态，逐步规范引导。住房租赁成交193.4万套、同比增加12.3%，平均租金63.8元/建筑平方米·月，租金均价同比涨幅4.5%，比上年增加0.5个百分点。

【规范房地产中介行业秩序】 已有61884名从业人员信息纳入信息库。促进房地产经纪行业秩序好转。贯彻落实《房地产经纪专业人员职业资格制度暂行规定》和《房地产经纪专业人员职业资格考试实施办法》，指导市房地产中介协会将经纪人员职业资格注册改为能力水平评价。在市住房城乡建设委网站设立“曝光台”，引导消费者择优弃劣。对北京市执业的房地产估价机构执业行为、资质情况进行检查，针对发现的问题做出 7 起警告行政处罚。全市备案房地产经纪机构 2924 家，分支机构 3568 家，同比分别增加 5.60%、2.97%，北京市房地产经纪人员注册管理工作自 10 月 12 日取消。全市房地产估价机构 158 家，房地产估价从业人近 5000 人，其中注册估价师 1235 人。

【房屋征收拆迁】 全年核发国有土地上房屋征收决定 13 个，征收房屋建筑面积 37 万平方米，涉及住宅 2540 户，住宅建筑面积 19 万平方米。截至年底，全市共启动房屋征收项目 69 个，涉及住宅 3.8 万余户，房屋征收项目整体签约率达 95%。集体土地上房屋拆迁规模同比提高，年内核发集体土地上房屋拆迁许可证 35 个，拆迁房屋建筑面积 391 万平方米，涉及住宅 5740 户(未分户)，住宅建筑面积 233 万平方米，同比分别增加 133%、177%、209%和 302%。

【房屋权属登记】 按照《国务院机构改革和职能转变方案》要求，以市国土局为牵头部门，协同市编办、市住房城乡建设委等相关部门，加快建立和实施不动产统一登记制度，先后于 7 月 2 日、7 月 13 日出台《北京市机构编制委员会办公室关于整合不动产登记职责的通知》《关于做好房屋交易与不动产登记工作衔接有关问题的通知》，确保不动产统一登记工作协调联动、稳妥实施。市住房城乡建设委切实做好不动产登记整合过渡期的相关工作，保证不动产登记职责整合工作顺利推进。年内 1 月 1 日至 7 月 15 日，全市国有土地上共办结房屋登记 492179 件、同比增长 16.4%，登记面积 12097.75 万平方米、同比增长 9.52%。继续推进集体土地上的房屋登记工作，全年共为 4 个项目办理初始登记。

【老旧房屋改造和房屋安全管理】 2015 年完成老旧房屋改造 1963 万平方米，超额 71%。按照住房城乡建设部要求，积极开展老楼危楼排查工作，各区对 1.8 万栋、108 万套老楼危楼进行安全排查。继续加强汛前城镇房屋安全检查，共检查房屋 5.3 亿平方米，占应查房屋的 90%，汛期做好巡查、抢险，实现全市城镇房屋安全度汛。着手对全市使用年限超过 50 年的公共建筑进行逐一排查，由产权人根据鉴定结果采取加固、维修等措施后，重新界定使用期。

【物业服务管理】 配合完成《北京市物业管理条例》预案调研工作，形成课题报告及条例草案初稿。全面开展物业服务补贴改革。组织综合、汛前、重点活动、春节前安全生产等专项检查。截至年底，全市取得《物业服务企业资质证书》的企业 2796 家，有物业服务项目 6821 个、新增 299 个，建筑面积 60347 万平方米，有业主委员会 1111 个，占物业管理项目数量的 16.2%。

住房保障

【完善保障性住房建设管理模式】 2015 年，发布《关于加快办理“十二五”期间保障性住房项目审批手续的通知》。北京市住房城乡建设委积极协调市规划委等单位简化保障性住房审批流程。同时，严格执行保障房设计方案审查制度，市住房城乡建设委会同规划部门组织专家对保障性住房项目设计方案和产业化实施方案进行评审，确保在有限的面积内实现舒适宜居。全年共组织设计方案专家评审会 26 次，审查项目 38 个，涉及房源约 5 万套、322 万平方米。此外，推进生活污水就地处理零排放，7 月发布《关于印发〈北京市保障性住房模块化户内中水集成系统应用技术导则(2015 年版)〉的通知》，11 月编写完成《北京市保障房生活污水就地处理达标排放技术研究报告》。

【完善申请审核机制】 住房保障平台实现与地税、公安、民政、房屋等系统实时联网，核查时限从 1 个月压缩到 1 周以内。信息比对核查前置到街道初审环节，将资格复核工作全面纳入系统管理。同时，有限制地放开“原申请家庭成员中的未婚子女”和“原申请家庭成员中夫妻一方离婚后与他人再婚组建新家庭”等情形下相关人员的保障房申请限制。此外，完善未成年人、精神残疾人申请政策。对于父母一方死亡，作为未成年子女监护人的另一方不具有北京市户籍的家庭，或者父母双方离婚，具有抚养权的父母一方不具有北京市户籍的家庭，可由具有北京市户籍的未成年子女作为保障性住房的申请人，抚养未成年子女的父母一方作为共同申请人申请住房保障，相关手续由监护人代为办理。精神残疾人按照北京市准入条件申请保障性住房，并由监护人代为办理相关手续，符合政策条件的纳入优先保障范围。

【完善租房货币补贴制度】 印发《关于完善公共租赁住房租金补贴政策的通知》，加大重残等 3 类家庭租金补贴力度，建立特殊困难家庭租金补贴机制。加大市场租房补贴力度。10 月，印发《关于市场租房补贴申请条件及市场租房补贴标准有关问题的通知》、《关于市场租房补贴申请、审核、发放有关问题的通知》。市场租房补贴政策实施后，保障家庭可根据就业、就医、子女上学等实际需求自行选择承租市场存量住房，政府按规定标准发放补贴。

【提升后期管理服务水平】 坚持使用监督、物业服务、社区管理“三位一体”管理模式。严肃查处骗租骗购、出租出借等违法违规行为，并加大曝光力度。新建商品住房配建项目中，商品房与保障房实施统一物业管理。6月，印发《关于进一步加强保障性住房等住房物业服务管理工作的通知》，明确新建保障性住房项目建设单位引进资质等级高、实力强的物业服务企业参与管理。市物业协会建立承接保障性住房项目物业服务企业名录，建设单位可直接委托名录中一级资质物业服务企业开展前期物业服务，或通过摇号方式选定其他物业服务企业。

【加强自住型商品房建设管理】 完善工作流程，加强网上申购、现场确认、公开摇号、选房、二次选房和公开销售各个工作环节管理，确保公开透明。2月，印发《关于明确自住型商品住房享受税收优惠有关问题的函》，支持开发企业按照政策规定销售自住房取得的收入，暂不预征土地增值税。完成14个项目的合同审查工作。

【完成保障性住房建设筹集任务】 2015年，北京市各类保障性住房完成投资824亿元，其中公共租赁房(含廉租房)73.6亿元，同比减少13.4%；经济适用房24.5亿元，同比减少33.2%，限价房303.4亿元，同比增长130.0%，棚户区改造安置房422.5亿元，同比增长9.6%。全年共建设筹集各类保障房10.8万套、基本建成8.15万套，分别完成年度建设计划的103%和102%。房源类型结构优化，加大公租房建设力度，新开工公共租赁住房(含廉租房)2万套，同比减少4.8%；新开工经适房0.2万套，同比减少60.0%，新开工限价房4.3万套，同比增长87.0%；新开工棚户区改造安置房4.3万套，同比减少17.3%。全年基本建成(竣工)8.2万套。从房源类型看，竣工公租房(含廉租房)1万套，经适房0.9万套，限价房0.8万套，棚户区改造安置房5.5万套。

【住房保障资格审核与配租配售情况】 2015年，全市保障性住房申请2万户，市级备案通过1.2万户，其中含三房轮候家庭申请并市级备案0.2万户，申请量同比下降31%，审核备案量同比下降46%。截至年底，全市各类保障性住房资格备案38万户，其中廉租住房2.6万户，经济适用房8.9万户，限价商品房20.2万户，公共租赁房6.3万户(不含“三房”轮候家庭5.6万户)。全年公开配租配售各类保障房7.8万套，其中经济适用房1.7万套、限价商品房4万套、公共租赁房(含廉租住房)2.1万套。廉租房租赁补贴新增429户，在保家庭累计10684户；公租房租赁补贴新增181户，在保家庭累计1389户。年内为享受补贴家庭发放廉租房租赁补贴10267.58万元，公租房租赁补贴8778.25万元。

【推进棚户区改造工作】 陆续出台棚户区改造项目认定条件、集体土地棚户区改造、项目一次性招标、定向安置房公共资源及社会管理费用补偿、货币化安置等相关配套政策。多方式筹集安置房，通过区县自筹、市属国有企业和在京央企自有用地建设、统筹集中建设等多种渠道，扩大核心区棚改定向安置房建设筹集规模。截至年底，分三批落实国有企业自有用地建设棚改安置房源6万套。积极推进政府购买棚改服务工作，丰台区制定下发了政府购买棚改服务办法，拟支持资金300亿元。全市全年棚户区改造完成6.02万户。此外，对历史文化街区平房院落修缮、直管公房交易及划转有关问题进行多次研究，共计搬迁腾退、修缮房屋7934户。

公积金管理

【机构设置】 截至2015年底，北京住房公积金管理中心(以下简称管理中心)设置中共中央直属机关、中央国家机关、北京铁路3个分中心；内设13个处室和工会；垂直管理20个分支机构(18个管理部和住房公积金贷款中心、结算中心)；下设北京住房公积金客户服务中心、北京市住房贷款担保中心、北京市住房贷款个人信用信息服务中心3个直属事业单位。

【住房公积金年度归集使用情况】 截至2015年底，北京地区建立住房公积金单位14万个、职工850.48万人，当年住房公积金缴存职工新增76.36万人。北京地区当年归集住房公积金1297.39亿元，提取920.62亿元，净增376.77亿元。累计归集7902.51亿元，提取5002.76亿元，余额2899.75亿元。北京地区当年发放住房公积金个人贷款10.14万笔、金额848.86亿元，回收金额228.98亿元，净增619.88亿元。累计发放住房公积金贷款85.55万笔、金额3918.13亿元，回收金额1426.44亿元，余额2491.69亿元。累计发放政策性贴息1.32万笔，贴息额度47.16亿元。累计发放支持保障性住房建设贷款35笔，金额276.28亿元。

【降低住房公积金贷款门槛】 2015年先后4次下调住房公积金贷款利率，调整住房套数认定标准，支持职工首套自住和改善性需求，明确向外省市住房公积金管理中心出具住房公积金缴存证明的受理原则和证明格式，铁路分中心与交通银行、建设银行京津冀三地分行系统对接，实现京津冀住房公积金服务一体化。

【利用公积金贷款支持保障性住房建设试点工作】 截至年底，北京地区累计发放支持保障性住房建设项目贷款35笔、金额276.28亿元，支持保障性住房建设8.27万套、总建筑面积约855.18万平方米。

【推进扩大银行延伸柜台试点】 截至年底，市公积金管理中心8个管理部已与工商银行、建设银行、交通银行、农业银行及招商银行合作开办住房公积金归集业务网点56个、柜台181个。

【完善信息公开和沟通反馈机制】 向社会公开披露《北京住房公积金2014年年度报告》，完成由"96155热线"向"12329热线"号码平稳过渡，实现对外公积金咨询业务统一受理，2015年全年受理热线电话人工咨询179万次，提供约511万人次自助语音服务，答复网上在线咨询留言2.4万条；加强与新华社等媒体合作，深化舆情预警管理。

【发布公积金管理政策】 3月1日、5月11日、6月28日、8月26日，分别印发《关于调整住房公积金存贷款利率的通知》，对住房公积金存贷款利率进行了调整；5月29日，印发《关于住房公积金个人贷款政策有关问题的通知》，首套自住住房贷款执行最低首付款比例20%、贷款最高额度120万元，第二套住房贷款执行最低首付款比例30%、贷款最高额度80万元，取消人均住房建筑面积限制，6月26日，印发《关于落实〈住建部 财政部 人民银行关于放宽提取住房公积金支付房租条件的通知〉的通知》，明确租房提取条件、规范租房提取额度、简化租房提取要件；9月11日，印发《关于调整住房公积金个人贷款最低首付款比例的通知》，明确第二套住房贷款最低首付款比例由30%降低至20%，10月24日，印发《关于调整住房公积金存款利率的通知》。

城市建设与市政公用事业

【全市新开工情况】 2015年，全市共办理施工许可2083项。其中房屋建设工程1028项，总规模为4361.67万平方米，同比下降18.75%，市政基础设施工程285项，合同价款138.06亿元，同比下降18.14%，装饰改造工程共770项，总规模为1246万平方米，同比下降41.84%。上述办理施工许可的房屋建设工程中，住宅项目总建筑面积1715.55万平方米，同比下降29.79%，其中商品住宅856.575万平方米，同比下降17.5%，政策性住房858.980万平方米，同比下降38.8%。

【重点工程建设情况】 年内，北京市共确定200项重点建设项目，完成投资2154.51亿元，占年度计划86.20%。其中，41项环境提升项目完成投资274.13亿元，48项市政基础设施建设项目完成投资286.71亿元，39项民生改善项目完成投资981.26亿元，56项"高精尖"产业培育项目完成投资267.17亿元，16项京津冀协同发展项目完成投资345.24亿元。新开工48项，实现竣工16项。2015年老旧小区综合整治等2项民生改善项目，惯性导航与测控产品产业化、密云区穆家峪镇华润希望小镇等2项"高精尖"产业项目。

工程建设标准定额

【完成城市轨道交通运营改造预算定额编制】 编制并发布《北京市城市轨道交通运营改造工程计价依据——预算定额》，自9月1日起执行。该定额填补我国城市轨道交通运营改造工程计价依据(预算定额)的空白，形成从工程建设到运营改造全过程的工程定额体系。

【组织修编概算定额和房修清单】 继续组织修编《北京市建设工程概算定额》和2009年《北京市房屋修缮工程工程量清单计价规范》DB11/T638-2009。概算定额修编按计划进行至消耗量解析计算阶段，房修清单修编完成报批稿修改、报批说明编写，并上报市质监局进行网上公示。

【筹划编制绿色建筑定额】 根据国务院办公厅和北京市人民政府办公厅通知要求，在对绿色建筑工程相关定额进行整理、归类和补充的基础上，9月，启动《北京市绿色建筑工程计价依据——预算定额》的编制工作。

【加强造价行业监管】 对179家造价咨询企业的资质进行实地核查，并从14个企业抽取14项成果文件，开展最高投标限价成果文件审查，涉及咨询标的额近5亿元，对未按要求在规定时限内报送《2014年工程造价咨询统计报表》的企业进行记分处理，并对情节严重的9家企业进行资质动态核查；受理造价咨询企业举报投诉事项3项；对国有资金涉及民生的重点建设项目——常营三期剩余地块公共租赁住房项目进行造价专项检查。

【发布工程造价信息】 2015年，完成《北京工程造价信息》纸质版1～12期的编辑出版工作，发行16.8万册，其中每期发布建筑、安装、市政、古建、园林绿化工程的建筑产品和设备的市场信息价格以及机械、模板、脚手架等市场租赁价格信息近13000余条，1～12期发布钢材、电线电缆等主要材料价格变化9700多条次，补充透水砖等建筑材料项目73条，发布相关建材信息33篇，通过调研、测算，补充12吨自卸汽车市场租赁价格。同时，完成《北京工程造价信息》电子版1～12期的编辑工作。

工程质量安全监管

【建设工程质量条例】 9月25日，《北京市建设工程质量条例》经北京市第十四届人民代表大会常务委员会第二十一次会议表决通过，10月13日正式发布，2016年1月1日起施行。该条例作为北京市第一部建设工程质量管理的地方性法规，重点强化落实建设单位工程质量主体责任，加强施工质量过程控制，严格关键环节质量验收，注重个人质量责任追究，充分发挥市场内部制约作用，推行工程质量保险制度，加大对违法行为的处罚力度。

【全面推进工程质量治理两年行动】 实施“5＋3”质量终身责任制度，百分百落实“两书一牌”制度。发布保障性住房工程预拌混凝土承包商名录，对保障房工程预拌混凝土生产质量实施驻厂监理，充分发挥监理对施工质量全过程的管控作用。健全工程质量检测监管平台的自动预警功能，增加7天混凝土见证检测项目，做到更早发现问题并得到及时处理。8、9月份，分别组织开展工程质量治理两年行动工程质量专项检查，并委托检测单位对墙体混凝土强度、悬挑板或楼板钢筋保护层厚度及间距、楼板厚度、钢筋力学性能及重量偏差等5项内容开展实体质量抽测。2015年，在住房和城乡建设部组织的全国工程质量安全大检查中，北京市名列前茅。

【强化保障性住房工程质量管理】 落实《对保障性安居工程预拌混凝土生产质量实施监理的通知(试行)》等管理规定，强调保障房工程质量预控措施，要求建设单位对预拌混凝土生产委托驻厂监理，监理单位必须从《保障性安居工程预拌混凝土生产质量驻厂监理单位名录》中选择；加大自住型商品住房工程重要建筑材料构配件的公示制度，组织开展保障房工程专项监督执法检查，重点对驻厂监理制度、预拌混凝土承包商名录管理办法等规范性文件的执行情况和工程实体质量情况进行检查。

【保障建设工程安全生产】 深刻汲取“12.29”重大生产安全责任事故教训，严肃查处每起生产安全事故的责任企业和责任人员，启动安全生产标准化考评工作，规范房屋建筑和市政基础设施工程施工安全监督工作，建立建筑起重机械租赁企业信用评价制度，强化建设工程施工现场节假日施工安全监督管理，大力推广体验式安全培训，在全系统开展安全生产大检查。2015年，全市监督在施单体工程最高达26647项，同比增长12%，其中轨道交通线路9条138千米。全市住房城乡建设系统共计发生房屋市政生产安全事故9起、死亡10人，事故起数和死亡人数与2014年同比分别下降52.6%和69.7%，未发生较大和重大事故，安全事故起数和死亡人数实现“双下降”。市安委会授予市住房城乡建设委“安全生产先进单位”、“安全生产工作突出成绩奖”、“安全生产工作管理创新奖”。

建筑市场

【建筑市场法规制度建设】 11月27日，市住房城乡建设委、市工商局联合印发《北京市房屋建筑和市政基础设施工程施工合同管理办法》，2016年1月1日起施行，《北京市房屋建筑和市政基础设施工程施工合同管理办法(试行)》同时废止。

【建筑市场执法】 按照《“北京市工程质量专项治理两年行动”转包违法分包等违法行为专项治理方案》要求。组织完成每四个月一次对市属在建、新建房屋工程和市政基础设施工程项目的全面检查和排查，每半年一次对各区县在施建设项目的督导抽查。共检查项目1352个，行政处罚54起，罚款300.81万元，对施工企业450项违法违规行为按动态监管记分标准记1147分(同比增长44%)，对开发企业30项违法行为记90分，对监理企业1项违法行为记2分。

【北京市企业外埠在施项目执法检查】 8月中旬和11月下旬，对北京市12家企业在四川、贵州、河北的14个项目进行质量、安全、合同履约、造价管理、人员资格、劳务用工及劳务费支付等多方面综合检查。

【建筑市场诚信体系建设】 开展《建筑市场信用制度应用研究》，深入研究未来诚信评价制度的应用，特别是由社会评级机构开展评价所需要的政策环境及市场环境。同时，召开《北京市地基基础工程专业承包企业及执业人员行为评价办法(试行)》实施动员大会和《北京岩土工程行业自律规约》签约大会，标志着市住房城乡建设委加强建筑业信用建设、探索以行业协会主导的专业承包市场行为评价办法的开始试行。

【完善施工合同纠纷调解机制】 遵循“北京市建设工程施工合同纠纷调解实施细则”开展人民调解工作。同时，成立施工合同监管工作小组，依照《北京市行政调解办法》，为有效应对施工合同纠纷问题，进一步加强施工合同履约过程监管，市住房城乡建设委成立施工合同监管工作小组。此外，协调处理施工合同纠纷等信访投诉案件。全年受理信访投诉举报案件 16 件，涉及争议金额 15933 万元，案件数量与 2014 年同期相比下降 5.5%，其中结算纠纷 13 件，违法违规投诉 3 件。受理市长 12345 非紧急求助中心转办件 25 起。

【外地来京建筑企业与建筑劳务管理】 发布 2014 年度外省市来京建筑施工企业资质监督及在京管理情况评价结果，其中优秀企业 72 家、合格企业 1067 家、基本合格企业 185 家、不合格企业 57 家，无备案业绩企业 836 家。根据年度评价结果，对“推荐劳务企业名单”进行动态调整，共有 330 家企业作为推荐使用劳务企业。截至年底，中央及外省市来京施工备案企业总量 2600 家(含外省市企业 2480 家)，实名制登记的劳务企业施工队长 17224 人，外省市来京工程监理企业总量 85 家，全市共办理劳务分包合同备案 10170 份，备案合同价款 306.06 亿元，备案人数 62.82 万人次(含施工总承包企业和专业承包企业直接用工 4.54 万人次)。

建筑节能与科技

【16 项建筑业新技术应用示范工程通过验收】 共组织验收北京市建筑业新技术应用示范工程 16 项，建筑面积共 1978594.38 万平方米，6 个项目新技术应用整体达到国内先进水平、10 个达到国内领先水平，形成北京市工法 20 余项。

【52 项工法通过北京市工法评审】 共有 120 余项工法申报北京市工法，78 项通过初审，最终《基坑钢管内支撑后拆除施工工法》、《地下工程外伸结构后做施工工法》、《可周转装配式重载型钢板临时施工道路施工工法》等 52 项工法通过专家会议评审。

【建筑科技研发推广工作】 新发布《绿色建筑施工规程》DB11/ 513-2015、《民用建筑节能现场检验标准》DB11/T 555-2015 等 18 项工程建设地方标准(施工验收与房屋管理部分)。全年完成《岩棉外墙外保温工程施工技术规程 》等 12 项行业标准和地方标准的宣贯工作。组织完成重点科技成果鉴定项目 79 项，其中地铁隧道大直径土压平衡盾构机研制及施工成套关键技术等 12 项达到国际领先水平、长距离套管内管道敷设施工技术等 31 项达到国际先进水平、泥水平衡顶管机在城市非开挖管线工程中的应用等 36 项达到国内领先水平。组织完成 2015 年市级科技计划绿色通道项目申报工作，《大型建筑工程智慧建造与运维关键技术研究与应用示范》重大科研课题在市科委完成立项。

【加强绿色建筑管理】 开发并启用北京市绿色建筑评价标识申报系统、绿色建筑奖励资金申报系统，实现标识项目评审和奖励资金申请网络申报、在线评审和项目系统化管理。截至年底，全市共有 164 个项目通过绿色建筑评价标识认证(设计标识 146 项，运行标识 18 项)，累计共有 1956 个项目、9250 万平方米的新建项目通过绿色建筑施工图审查达到一星级标准。北京汽车产业研发基地用房、中国国家博物馆改扩建工程等 11 个项目获得 2015 年度国家绿色建筑创新奖，获奖数居全国首位。5 个项目获得北京市绿色建筑标识项目奖励资金，奖励资金达 1594.7 万元。

【推进住宅产业化】 北京市建筑设计研究院有限公司获住房城乡建设部授予“国家住宅产业化基地”称号，成为首批“国家住宅产业化基地”设计企业之一。10 月，印发《关于在北京市保障性住房中实施全装修成品交房有关意见的通知》《关于实施保障性住房全装修成品交房若干规定的通知》，新建公共租赁住房、经济适用住房、限价商品住房、棚户区改造安置房及自住型商品住房将全面实施全装修成品交房。全市纳入实施产业化计划的保障房项目累计超过 1800 万平方米，超额完成“十二五”期间保障房实施产业化规模 1500 万平方米的目标。

【推进建筑节能工作】 4 月，“北京市大型公共建筑能耗比对及能效评价系统”顺利通过专家验收，9 月，“北京市建筑节能备案管理信息系统”正式上线运行。全年北京市民用建筑节能专项验收备案新增民用建筑 3008.65 万平方米，建筑节能设计审查备案新增执行 75% 节能设计标准的居住建筑面积 1274.31 万平方米。全市既有居住建筑抗震节能综合改造开工 1378.69 万平方米，占年度任务总量的 114.9%，完工 1240.45 万平方米，占年度任务总量的 103.4%。组织开展 2 次建筑节能专项检查，共抽检在施工程 97 项，总建筑面积 619.83 万平方米。

【施工扬尘治理取得成效】 加强对施工现场扬尘治理执法检查，全市在监工地 2712 个，达标率 96.7%。符合条件的全市建设工程施工现场，均安装了远程视频监控系统，1216 个工地、3500 余个摄像头联通效果良好。依法责令 33 家不符合要求的混凝土搅拌站停止生产(其中有 7 家站点已经拆除)。

建设人事教育工作

【人事管理工作】 全年组织完成 6 家参公单位 22 个职位、11 家规范以下事业单位 20 个岗位的公开招考和公务员遴选工作，先后办理干部核职 53

人，转任、调任19人，非北京生源应届毕业生落户申报6人。任免处级干部97人，其中提拔39人（交流提拔17人），平级交流46人，办理调离、退休手续12人，市住房城乡建设委共有工作人员1249人，局级领导14人，其中正局级3人、副局级11人，处级干部288人，其中正处级领导干部61人，正处级非领导职务干部66人，副处级领导干部103人，副处级非领导职务干部58人。

【干部教育培训】 贯彻落实《干部教育培训工作条例》和《2013～2017年全国干部教育培训规划》。组织全委处级以上干部、全体人事干部和参公以上单位干部共660多人参加了干部在线学习，组织局处级干部调训28人次，人均培训260学时，推动干部提高理论水平和业务能力。

【加强技术指导服务】 全年开展10期公益技术讲座，邀请30多位专家教授讲课，共有180多家单位，约3400名建筑行业技术人员参加。讲座内容涵盖建筑不同领域和工程技术，包括《建筑设计防火规范》GB50016要点讲解及工程案例、BIM技术在施工方案中的应用、住宅产业化应用技术等10个主题。

【开展建筑业职业培训与考核】 印发《关于做好北京市建筑工人职业培训工作的通知》，顺利启动北京市建筑工人职业培训工作。年内先后组织建筑企业主要负责人、项目负责人和专职安全员安全生产考核统考12次，共考核“三类人员”48990人次、合格36272人。组织职业技能鉴定考核，其中关键岗位专业管理人员考试6次，参加106774人、合格54591人；特种作业人员统考4次，参加9293人、合格7287人，工人职业技能岗位考核92次，参加10468人、合格8920人。

“十二五”时期住房城乡建设主要工作及成效

【住房保障】 “十二五”期间，北京市大力实施保障性安居工程，共计建设筹集保障性住房100.9万套，实现100万套的目标，基本解决已备案经济适用房、限价商品房轮候家庭住房困难。基本完成门头沟、丰台、通州、京煤集团等“五区八片”棚户区改造任务，2013～2015年棚改三年改造8万户目标任务已超额完成，共启动改造项目210余个，改善8.6万户家庭住房条件。共出台150多个与住房保障相关的政策文件，进一步健全住房保障工作体制机制，市区街三级组织管理体系运行平稳，区县住房保障组织机构进一步完善。

【重点工程建设】 “十二五”期间，共确定重点工程637项，计划投资10374.8亿元，完成投资8528.8亿元，占计划82.2%，完成年度计划及竣工项目438项。

【维护房地产市场秩序】 共推出自住房项目53个，上市自住房3万套。根据市场房价适时调整普通住房标准，积极配合税务、金融部门调整税收、贷款政策。着重加强二手住房、房屋租赁市场监管服务，推进房屋租赁条例调研起草工作，加大房地产经纪机构违法行为查处力度和群租房治理力度，在市住房城乡建设委官网设立“曝光台”，定期公布违规中介名单和投诉举报排名。

【房屋行政管理】 “十二五”期间，集中开展全市老旧小区综合整治，共完成6562万平方米，超额完成5850万平方米的整治任务，涉及楼栋1.37万栋，惠及居民81.9万户。全市（含企业）累计为129万余人发放住房补贴365亿元。共启动房屋征收项目64个，核发拆迁许可证155个，全市房屋征收签约总住宅户数33462户、签约率达93%，全市房屋拆迁5年累计签约住宅户数共51947户。

【建筑业与建筑市场管理】 “十二五”时期，建筑业累计完成总产值36740.7亿元、完成增加值4158.1亿元，分别为“十一五”时期的2.15倍、1.69倍。建设工程企业达10821家，其中建筑业企业9802家、建设工程服务企业（含工程监理企业、招标代理机构、造价咨询企业）1019家，建筑业从业人数58.6万人，与2010年从业人数规模基本相当。北京市施工面积年均达2.0亿平方米；共建成各类房屋建筑20883.8万平方米。

【工程质量与安全生产】 在安全生产方面，建立安全生产管理机制，加强法规和标准体系建设，规范安全生产工作，推进建筑施工安全管理标准化建设，加强安全生产宣传教育；严格安全生产许可证审批，严肃查处生产安全事故；狠抓施工扬尘治理，大力推行绿色文明施工，工程质量安全总体形势平稳。五年间共有21项工程获得国家建设工程鲁班奖，11项工程获中国土木工程詹天佑奖，25项工程获国家优质工程奖。表彰长城杯奖工程（结构）2040项、长城杯奖工程（竣工）310项。

【建设科技快速发展】 “十二五”期间，建筑科技研发推广工作进一步加快，北京市承担国家和市级技术研发课题100余项，组织科技成果鉴定项目177项，其中81项达到国际领先或国际先进水平。授权国家发明专利、实用新型专利、软件著作、国家级工法、北京市工法等自主知识产权1000余项。荣获国家科学技术奖10项，其中技术发明一等奖1

项、科技进步一等奖 1 项、技术发明二等奖及科技进步二等奖 8 项。稳步推进智慧城市试点工作，推荐通州新城补报国家智慧城市试点。科技成果彰显了北京科技创新中心作用，引领了城乡建设科技快速发展。同时，住宅产业化建设稳步推进。“十二五”期间，纳入实施住宅产业化计划的项目 265 个，累计规模超过 1800 万平方米，超额完成 1500 万平方米的计划目标，实现了新建保障性住房实施产业化建设全覆盖。积极推进内装工业化装配式装修，“全装配式”住宅实施规模 146 万平方米，居全国首位。

【建筑节能稳步推进】 开工建设节能 75%居住建筑面积 3565 万平方米，新建成节能公共建筑 7437 万平方米，节能建筑占比提高到 74.0%。公共建筑电耗限额管理处于全国领先水平，建立反映北京市公建逐月电耗特征的大数据平台，将 13237 栋 3000 平方米以上的公共建筑纳入电耗限额管理，管理覆盖面达到全市公共建筑总面积的 70%以上。完成农宅新建翻建、综合改造和节能改造共计 47.3 万户。

大事记

1月

9 日 郭金龙、李士祥、陈刚、洪峰等北京市领导围绕“深入贯彻落实习近平总书记系列重要讲话精神，疏解非首都核心功能，积极推进京津冀协同发展”主题到大兴区调研，视察农村、房屋拆迁腾退现场、产业园区实地。

22 日 北京市住房城乡建设委、市规划委联合发布《北京市建设工程质量终身责任承诺制实施办法》，该办法自 2015 年 2 月 1 日施行。

3月

3 日 住房城乡建设部质量安全监管司司长李如生、监督协调处处长张红梅等一行 4 人到北京市就轨道交通安全质量管理情况进行调研。

4 日 全市棚户区改造工作动员部署会召开。市委市政府决定，年内全面加快棚户区改造，确保完成 5.7 万户搬迁改造任务，推进 113 个棚改项目全面启动实施。

4月

7 日 经住房城乡建设部、科技部综合评审，北京市门头沟区、大兴区庞各庄镇、新首钢高端产业综合服务区、房山区良乡高教园区、西城区牛街街道入选国家智慧城市 2014 年度新增试点。

22 日 市法宣办、市住房城乡建设委共同举办“以案释法物业管理”主题宣讲活动启动仪式暨首场宣讲活动。全市 100 多家物业管理企业负责人、项目经理和一线法务人员等 200 余人参会。

28 日 市住房城乡建设委和市保障性住房建设投资中心网站公告登记参加通州光机电公租房项目“先到先得”的 161 户保障家庭名单，标志着北京市首次公租房“先到先得”申请登记工作顺利完成。

5月

5 日 郭金龙、王安顺、李士祥、陈刚、张工等市领导围绕“落实京津冀协同发展战略，推进非首都功能疏解”主题到西城区调研。市委书记郭金龙强调，要坚决贯彻中央精神，通过进一步解放思想、深化改革，破解非首都功能疏解中的难题，多种途径促进人口疏解、环境改善和风貌保护，努力实现城市和谐宜居和可持续发展。

13 日 位于朝阳区东五环的焦化厂安置房二期工程开工建设。该项目用于天坛周边简易楼住户的对接安置工作，共建设 30 万平方米 4160 套定向安置房，其中二期工程有 8 栋住宅 1881 套安置房。

14 日 北京市政府、蒙古乌兰巴托市政府联合主办乌兰巴托市棚户区改造项目投资洽谈会，乌兰巴托市议会主席德·巴特图拉格、北京市副市长陈刚、蒙古驻华大使策登扎布·苏赫巴特尔出席开幕式并致辞。

6月

1 日 境外个人在北京市购房可不再提交纸质《境外个人在境内居留状况证明》，直接向网签服务机构(开发企业、经纪机构、区县窗口)提供有效身份证明，通过联网审核方式申请购房资格审核。市住房城乡建设委同市公安局于 10 个工作日内进行审核，通过审核的境外个人即可办理网签手续。

7月

7 日 北京市核心区最大规模的简易楼成片改造项目——天坛周边简易楼腾退征收工作正式启动，征收范围包括天坛南里东区等 5 个区域的 57 栋简易楼，涉及 2597 个户籍家庭。

23 日 郭金龙、张工、张延昆、隋振江等市领导围绕“学习贯彻落实市委十一届七次全会精神，加快推进非首都功能疏解”主题到石景山区调研，视察西城区棚改、永定河环境治理、新首钢高端产业综合服务区、苹果园交通枢纽项目规划建设情况。

8月

14 日 北京市住房城乡建设委、通州区人民政府联合发布《关于加强通州区商品住房销售管理的通知》，决定加强通州区商品住房销售管理，合理抑制投机投资性购房需求，有效稳定区域市场，服务于城市副中心建设和京津冀协同发展大局。

9月

11日　北京市住房城乡建设委、财政局发布《关于完善公共租赁住房租金补贴政策的通知》。该政策是继2012年北京市开始实施公租房租金补贴制度之后，为解决低收入群体住房困难实施的又一项补贴制度，将惠及更多低收入人群。

14日　“2015年朝阳区老旧小区综合整治工程”启动，工程涉及21个街道、327.29万平方米。任务量占2015年老旧小区改造1170万平方米总任务量的30.5%，居全市首位。其中，供热计量和节能改造任务179.97万平方米，抗震节能综合改造147.32万平方米。

25日　北京市第十四届人民代表大会常务委员会第二十一次会议表决通过《北京市建设工程质量条例》。该条例是北京市第一部建设工程质量管理地方性法规，2016年1月1日起正式实施。

10月

12日　中央国家机关老旧小区综合整治和棚户区改造工作动员会召开，国务院副秘书长、国管局局长焦焕成和北京市副市长陈刚出席。

26日　市监督总站在北京新机场工程现场组织召开工程首次监督执法工作会。建设单位北京新机场建设指挥部、施工单位北京城建集团有限公司和监理单位北京华城建设监理有限公司主要负责人及相关专业人员参加会议。

11月

3日　副市长陈刚参观调研文保区“内盒房”改造示范房屋设计方案。内盒房是大栅栏更新计划的重要项目，使用特有预制复合板材，集成结构、保温、管线、门窗以及室内外装饰完成面，安装简易、快速。完成后能耗约为新建四合院的四分之一，造价约为修缮四合院的二分之一、新建四合院的五分之一。

5日　郭金龙、王安顺、李士祥、陈刚等市领导围绕“学习贯彻党的十八届五中全会精神，加快非首都功能疏解，推进市行政副中心建设”到通州区调研，实地察看棚户区拆迁腾退现场。

9日　2014～2015年度中国建设工程鲁班奖（国家优质工程）评选结果揭晓，北京雁栖湖国际会都（核心岛）会议中心和精品酒店工程、北京日出东方酒店等12个北京市项目获奖。自1987年鲁班奖设立以来，北京市共201项工程荣获“鲁班奖”。

12月

5日　北京市住房城乡建设委启动建设系统空气重污染橙色预警，要求全市行政区域范围内停止一切土石方、建筑拆除、混凝土浇筑、建筑垃圾和渣土运输、喷涂粉刷等施工作业；停驶所有建筑垃圾和渣土运输车、混凝土罐车、砂石运输车等重型车辆，并采取严格降尘措施。

16日　北京市首个国家级可再生能源建筑应用科技研发及产业化项目——吸收式热泵供暖技术产品研发及产业化项目通过验收。

21日　北京市轨道交通建设工程昌平线二期、14号线中段线路竣工。北京市轨道交通总里程达到554千米。

（北京市住房和城乡建设委员会）

城 市 规 划

概况

2015年，首都规划工作以习近平总书记视察北京工作时的讲话为标志，重新定位城市规划工作的目标、标准，集中力量开展城市总体规划编制工作，以治理“大城市病”为突破口，推动谋划新的城市成长坐标，着力引导首都城市平稳健康发展。

【落实城市战略定位】　以服务国家战略要求为重，落实“四个中心”的核心职能。2015年，提出实现人口资源环境、城市空间布局、服务保障能力与战略定位相适应的要求，初步划定生态红线和城市增长边界，实践和研究“多规合一”的基础工作、目标、工作方法和政策机制。把北京放在京津冀区域协同发展的大格局下，深化世界级城市群的空间布局。形成生产空间集约高效、生活空间宜居适度、生态空间山清水秀的用地结构。明确压缩生产空间规模，提高产业用地效益，适度提高居住用地及其配套用地比重，改善人居环境，大幅度扩大绿色生态空间，提高环境承载能力。坚持“开门编规划”。各委办局和各区共同研究，专家、市民广泛参与。市人大、市政协多次调研，提出10个方面90条意见建议。

【规划建设领域改革创新】　彰显历史文化名城“金名片”，提出强化两轴，突出首都核心职能保障，塑造水系与公共空间，加大环境与民生改善的老城修补的总体策略和重点工作。引导中心城形成功能与产业、规模与布局、居住与就业“三匹配”的格局。以创新示范为引领，编制北京城市副中心规划，创新规划理念，提出规划建设管理的目标和改革、示范要求，深入开展城乡建设用地减量规划，启动划定规划实施单元工作，提出“先供先摊”的土储成本核算方式，迈出城乡建设用地由增量发展向“减量提质”转型的关键一步。针对治理“大城市病”，构建以高铁、城际、区域快线和地铁“四网融合”的公共交通主干系统；编制实施轨道交通二期建设规划；梳理建立全市未按规划实施的次支路项目库；完成各类停车设施规划；积极推进煤改气、煤改电、新能源汽车等专项工作，完善城市防洪减灾体系规划，开展海绵城市规划设计，组织编制综合管廊布局规划，提高地下管线建设水平。确保“十二五”时期新增各类保障性住房100万套，并严把设计关，提高住宅设计质量。发挥查违治违统筹作用。

【改革行政审批制度】 将行政审批事项由41项优化压缩为33项，会同十多个部门建立“土地公开交易项目规划工作协调会”工作机制，会同相关部门共同研究“先照后证”审批改革程序，顺利推进21项试点工程。加强重点项目和关键工程规划服务保障。积极配合相关部门完善新机场总体规划。配合世园局完成《2019年北京世界园艺博览会行动纲要》编制工作，配合相关部门完成冬奥会场馆布局规划。把城乡规划设计行业和规划审批项目的违法现象一直控制在较低水平，避免大量社会公共资源的损失。完善法规和标准体系。组织起草地下空间、旧城平房区规划管理办法等法规。研究制定住宅设计规范、村庄规划编制技术指南等15项技术标准和图集，其中发布新标准7项，城乡规划标准化工作全国领先。加快推进地理国情普查、地下管网普查、地名普查等三大重点工作。举办保障房规划设计方案展、优秀建筑方案展、地铁设计方案展，进一步加强地名管理，积极发挥城建档案“存凭、留史、资政、育人”功能，加强城乡规划设计业务基础建设与学术交流，不断提升规划设计水平。（陈建军）

规划研究和规划编制

【城市总体规划实施政策机制】 市规划委会同市委、市政府研究室等部门完成《北京城市总体规划实施政策机制研究》。（李涛、张连轩）

【物流专项规划】 市规划委编制完成《北京市物流专项规划》。该规划更多从货品分类、物流业态类型和组织模式入手，将城市物流细分为消费领域服务型物流、生产及建筑领域服务型物流、维持城市运行的保障型物流和特殊类品物流四大类，进行两规合一的有益尝试。它是首次在北京市域层面对物流业态类型的精准把握和物流空间组织模式的总结性探索，有效填补全市物流设施规划方面的空白。（郭沁、段晓威）

【首都产业空间调整策略】 市规划委编制完成《新形势下首都产业空间调整策略研究——产业用地现状、规划利用情况调查及调整策略》。该课题是《北京城市总体规划修改》的支撑专题之一。（李秀伟）

【京沈高铁（顺义段）沿线城乡用地调整规划】 北京市规划委编制完成《京沈高铁（顺义段）沿线城乡用地调整规划研究》。该课题在系统梳理京沈高铁（顺义段）沿线地区城乡建设现状、相关规划要求及环境影响情况的基础上，结合对沿线新城、城镇、村庄地区的产业、人口的综合分析研究，提出不同发展模式下沿线地区城乡建设用地统筹调整思路。（李翔）

【首都国际机场周边地区提质增效规划】 市规划委编制的《首都国际机场周边地区提质增效规划研究》通过专家评审。该课题搭建并充分运用“多规融合”的规划技术整合平台以及多部门参与的交流协作平台。（杨春）

【规划实施单元运作机制及管理办法】 编制完成《北京市规划实施单元运作机制及管理办法》。该课题重点针对城乡结合部地区（主要包括第一、第二道绿隔地区）及外围村镇地区，深入研究规划实施制度环境建设、规划实施方案编制办法两方面内容，提出完善首都城乡建设与规划实施体系的具体政策建议与措施。（张尔薇）

【存量建设用地再利用】 编制完成《北京市存量建设用地再利用研究》。该课题紧密结合当前形势，对存量建设用地再利用的现状特征、实施模式、规划绩效及各重点存量类型的实施现状进行评估，并以土地再开发收益（经济收益与空间收益）分配为核心，从体系设计、规划原则、制度保障、分类引导四个层面，提出存量再利用策略。（许槟）

【新机场及周边区域总体规划】 编制完成《北京新机场周边区域总体规划》。该规划结合北京城市总体规划修改的落实和国家层面对于新机场临空经济区的具体要求，从区域宏观层面，提出新机场影响下城市南部地区未来发展的总体框架，以服务京津冀协同发展的国家战略，推动北京城市南北均衡发展，结合国家发改委相关规划，提出新机场临空经济区的规划范围、功能划分、用地布局和起步区建设，在新机场10千米半径范围内，深化落实临空经济区的开发边界和生态红线，建立综合性指标体系，指导临空经济起步区建设。（白劲宇）

【中心城控规管理方式转型及规划实施单元划分】 市规划委编制完成《北京中心城控规管理方式

转型及规划实施单元划分》。该课题客观评价中心城规划实施和动态维护机制开展多年来取得的实施成效，在对新时期、新形势下中心城控规管理机制再审视和再思考的基础上，首次提出"控规＋"的应对思路，即是在现有控规技术方案和管理机制上叠加新的要求，赋予新的含义，采取新的形式和技术手段，从而优化完善控规管控的"规则体系"，逐步建立可度量的规则、制度和标准体系，构建"面向实施的控规管理机制"。(吕海虹)

【轨道交通与沿线土地衔接规划(一期)】 市规划委编制完成《北京市轨道交通与沿线土地衔接规划(一期)》。该规划探索了轨道交通与沿线土地衔接规划的编制方法、内容和管理机制。针对新开工线路，从线路层面、站点层面、车辆段部分、规划通则四个层次开展规划研究，逐线、逐站、逐段开展规划设计和协调工作，既直接服务于工程建设方案，又突出工作的普适性和指导性，明确规划的规则与标准。(周乐)

【世园会·围栏区控制性详细规划】 市规划委编制完成《2019北京世园会·围栏区控制性详细规划》。该规划明确围栏区(503公顷)的空间布局与建设指标，并将问题前置，充分对接规划，缩短了规划周期。(郭婧)

【地下空间规划设计技术指南】 市规划委编制完成《北京市地下空间规划设计技术指南》。该指南以问题为导向，从规划管理的实际需求反向推导规划设计技术要求，从地下空间规划设计、管理的一线入手，系统梳理当前北京地下空间规划设计与管理的工作体制，明确在城市规划各阶段地下空间规划设计的具体任务。(刘立早)

【大运河北京引水段遗产保护深化研究】 市规划委编制完成《中国大运河北京引水段遗产保护深化研究》。该课题通过历史研究、案例对比与现状调研，深入挖掘北京段大运河引水价值，确定北京大运河引水段遗产构成，明确保护对象，对遗产进行详尽评估，划定保护区划，制定管理规定、保护措施与实施建议。(崔琪)

【"十三五"时期城乡环境建设规划】 编制完成《北京市"十三五"时期城乡环境建设规划》。该规划明确"十三五"时期首都城乡环境建设的指导思想、基本原则与规划目标；重点梳理"十三五"时期首都城乡环境建设的主要任务，包括大力推进市容环境、生态环境、设施环境和秩序环境建设，以及重点开展"三个区域""三项工程""五条线带"环境建设；提出机制体制方面的保障措施。(崔琪)

【京津冀历史文化遗产保护情况梳理和规划建议】 市规划委联合清华同衡规划设计研究院等三家单位共同编制完成《京津冀区域文化遗产保护情况梳理及规划建议》。该课题运用人文地理学方法，系统梳理区域自然地理特征与文化特性之间的相互关系，以城镇体系变迁为重点，探讨区域城镇如何从"相互关联、一体发展的城镇群"逐步演化为"以首都为核心、合理分工的都市圈"。以及"两大文明碰撞交融"、"城镇体系协同发展"、"皇家京畿文化塑造"、"近代文化技术繁荣发展"和"多元非物质文化聚集"五点核心文化价值。(顾旭东、刘健)

【工业遗产保护利用规划研究】 市规划委编制完成《北京市工业遗产保护利用规划研究》。该课题包括四部分内容：界定研究对象与范围，总结北京工业发展的地位与价值，明确登录标准，在既往研究基础上提出推荐名录，归纳保护利用及管理中存在的问题，提出建议。(李楠)

【旅游设施布局专项规划】 市规划委编制完成《北京市旅游设施布局专项规划》。该规划结合游客行为分析，总结出"旅游出行链"，并划分为吸引物和基础性服务设施两大层次，体现各要素的关联性及交通组织的重要性，确定旅游服务中心地、旅游交通廊道、旅游功能分区及生态管控分区构成的布局结构，构建全市最全面的旅游行业综合地理信息数据库。该规划是北京的首次编制，也是国内首例。(游鸿)

【传统村落保护发展规划设计指南】 市规划委作为主编单位编制完成《北京市传统村落保护发展规划设计指南》。该指南通过对北京市传统村落保护发展规划的编制、审批和实施情况进行调查，分别分析"重保护、轻发展"、"重发展、轻保护"和"保护中发展、发展中保护"等三种情况，研究传统村落保护发展工作中存在的关键问题，最终总结出编制北京市传统村落保护发展规划的基本原则和技术路线。(苏琛其)

【城市增长边界划定及实施管理研究】 市规划委编制完成的《北京市城市增长边界划定及实施管理研究》通过专家评审。结合《北京市生态红线划定和管理办法》等课题，形成一套共同认可的技术方案。同时，提出《北京市城市增长划定和实施管理办法》和《北京市城市增长边界划定技术标准》初稿。(杨明)

【生态红线划定与管理办法】 市规划委编制完成的《北京市生态红线划定和管理办法》通过专家评审。同时，在与"增长边界"课题开展多轮调研

校核工作后，研究最终形成全域空间管制规划方案，其中生态红线区面积占全市域面积比例为73%。（袁晓芳、杨明）

【海绵城市建设地表径流规划控制对策研究】 市规划委编制完成的《基于海绵城市建设的地表径流规划控制策略研究》通过专家评审。该课题定量分析北京市污染排放总量和径流污染贡献率，反推陆域污染物减排总量，实现“水陆对接”，以河道尾闾水质达标为刚性约束倒逼污染减排，制定规划控制策略，以分区控制单元为抓手，分解污染减排任务。研究将径流污染控制的要求纳入海绵城市建设的指标体系当中，形成完整的、具有北京特色的海绵城市建设指标体系。（杨明）

【综合管廊布局规划】 市规划委编制完成《北京市综合管廊布局规划》。该规划通过深入分析国内外综合管廊建设经验，提出北京市综合管廊规划的总体思路、目标和原则。以市政各专业需求为基础，采用多因素耦合分析法，提炼出北京市综合管廊总体布局，构建了中心城“一轴、两环、多点”和新城各具特点的干线综合管廊骨架。同时，按照近远期结合的原则，立足近期道路建设、重点功能区建设、土地一级开发和棚户区改造、轨道交通和旧城更新、架空线入地等五个方面，统筹确定了综合管廊近期建设项目和规模。（杨东方）

【“十三五”期间城市热力网发展建设规划】 市规划委编制完成《北京市“十三五”时期城市热力网发展建设规划》。该规划结合中央对首都发展的新要求，从加强供热行业精细化管理、用热安全与可靠供应、能源高效利用、区域协调发展四个方面，研究中心城传统热力网，海淀山后、通州运河核心区等新兴区域热力网，三河—通州、涿州—燕房跨省合作热力网以及电厂余热热力网，充分吸纳了供热行业管理部门和热力网运行企业的意见，并与北京市清洁空气行动计划、“十三五”能源专项规划紧密结合，提出了热力网发展原则、指导思想，明确了中心城热力网和区域锅炉房资源整合方案，第三热电厂、未来城、海淀山后地区和通州核心区等区域的大型热电联产项目热力网供热方案，北京市周边热电厂进京供热管线方案，以及城市供热精细化管理的有关政策建议。（杨东方）

【河湖及蓄滞洪区蓝线规划（三期）】 2015年，市规划委编制完成的《北京市河湖及蓄滞洪区蓝线规划（三期）》通过专家评审。该规划目标是划定通州、顺义、亦庄和延庆四座新城范围内的河湖及蓄滞洪区蓝线，在一期、二期的基础上逐步完成北京市河湖水域蓝线划定。（杨东方）

【城市规划需水预测方法及适用条件研究】 市规划委编制完成的《城市规划需水预测方法及适用条件研究》通过验收。该课题结合城乡规划编制方法中城市总体规划编制提供的要素指标，分析适用于城市总体规划的需水预测方法以及其适用条件。（杨东方）

【世园会水资源保障总体方案研究】 市规划委编制完成《世园会水资源保障总体方案研究》。该课题基于延庆县水资源开发利用情况调查评价和水资源本底条件的调查评价，结合工程措施确定可供水资源量，针对世园会的水资源缺口，提出用水保障的对策建议。（杨东方）

【公共移动通信基站站址布局专项规划】 市规划委编制完成《北京市公共移动通信基站站址布局专项规划》。该规划梳理北京市移动通信基站建设情况，预测未来移动通信基站的能力、规模，针对不同区域基站建设的原则和标准给予规划引导，提出实施建议。（杨东方）

【中心城城乡结合部污水治理规划方案及实施建议】 市规划委编制完成《中心城城乡结合部污水治理规划方案及实施建议》。该规划从污水干支线建设、截污管道建设、“最后一千米”连接工程、小型污水处理站改造与建设四个方面，提出了290项建设任务。（杨东方）

【区域快线网规划】 市规划委编制完成《北京区域快线网规划》。该规划在需求分析的基础上，规划近1000千米的区域快线网络。（茹祥辉、葛庆）

【新建轨道交通沿线土地综合利用专项规划和实施方案】 市规划委编制完成《北京市新建轨道交通沿线土地综合利用专项规划和实施方案》。该规划及方案确定了轨道、土地一体化规划建设的总体思路，完善了轨道交通的规划设计体系，建立了轨道交通一体化规划设计程序，以及相关规划管理部门的协作分工方案。（李亮）

【城市轨道交通第二期建设规划（2015～2021年）】 市规划委组织完善的《北京市城市轨道交通第二期建设规划（2015～2021年）》获国家发改委批复。（王晓淼）

【干线公路附属设施用地标准及布局规划研究】 市规划委编制完成《北京市干线公路附属设施用地标准及布局规划研究》。该课题有利于集约化使用土地，实现土地资源的可持续发展，并为今后各条干线公路配套设施的技术指标核定和用地选址提供依据。（李惟斌）

【公交橇装式LNG加气站建设规划】 市规划委编制完成《北京市公交橇装式LNG加气站建设规划》。该规划的橇装式LNG加气站属是新型的液化天然气加注装置，在满足相关规范要求的建设安全间距条件下，可设置在规划及现状使用的公交场站用地中，并随着将来公交场站的实际要求搬移。（刘欣）

【轨道交通远景线网规划研究】 市规划委编制完成《北京市轨道交通远景线网规划研究》。该课题结合当前北京城市和交通发展现状、京津冀协同发展规划、城市总体规划等，在既有轨道交通网络和建设规划的基础上，梳理了北京及周边高铁、城际铁路系统，提出了包括区域快线、地铁及地铁快线、中低运量等的轨道交通总体规划方案。（姚智胜）

【市域公交场站专项规划】 市规划委编制完成《北京市域公交场站专项规划》。该规划通过梳理现状公交场站建设中存在的问题和症结，结合既有规划成果和北京市及各新城的规划发展战略目标，并就公交场站的规划实施提出相应对策建议。（林静）

【道路代征用地对策及建议】 市规划委编制完成《关于“加快解决道路代征用地问题，推进城市道路规划实施”对策及建议》。针对问题与症结，通过多角度、多专业领域的经验分析，提出了破解代征道路用地问题的对策建议。（周嗣恩）

【通州区城市“绿线”一期划定项目】 市规划委联合通州区园林局等部门编制完成的《通州区城市“绿线”一期划定项目》通过专家评审。该课题完成通州区约600公顷城市绿地的“绿线”划定工作，明确“绿线”划定的技术要求和配套管理办法，首次在控制性详细规划阶段拟定了“绿线”划定条件，进行了坐标面积的测算，建立了“绿线”动态管理系统。（陈蓬勃）

【丽泽金融商务区市政基础设施建设实施规划】 市规划委编制完成《北京丽泽金融商务区市政基础设施建设实施规划》。该规划统筹协调了地下商业空间、地下环廊交通、路网交通和各市政专业工程的相互关系，完成地下商业空间一体化、综合管廊、交通枢纽和冷热同网等重点工程方案的论证。（陈蓬勃）

【中心城区重大问题规划实施要点】 市规划委编制完成《中心城区重大问题规划实施要点》。该课题坚持政策导向，围绕疏解功能和重组优化两个核心任务，从功能与布局、人口与空间、结构与秩序、环境与质量、政策与管理等五大方面进行研究，通过建立动态监测、精细管理和共管共治等机制推进规划管理转型。（顾旭东）

【中心城存量规划用地补充完善城市功能】 市规划委编制完成《中心城存量规划用地补充完善城市功能》。该课题会同各区县政府对中心城现状用地资源进行全面梳理，建立存量用地数据资源库。积极探索内涵式集约发展的有机更新路径。（顾旭东）

【中心城专业市场疏解后用地梳理与再规划研究】 市规划委编制完成《北京中心城专业市场疏解后用地梳理与再规划研究》。该课题通过对中心城范围内各类专业市场进行实地调研，分析归纳现状市场分布特征及形成历史原因，梳理出优先疏解的市场分布情况。以动物园、天意和大红门批发市场为例。（顾旭东）

【“十三五”时期历史文化名城保护发展规划】 市规划委会同市发改委编制完成《北京市“十三五”时期历史文化名城保护发展规划》。该规划结合“十二五”名城保护规划的实施情况和“十三五”名城保护发展的思路和重大项目建议，广泛征求市名城委办、各区县政府、各相关部门意见，初步形成“十三五”时期名城保护规划思路、主要目标、重点任务，并重点就政策机制改革和重大项目提出规划建议。（顾旭东、严坤）

【中心城高度控制规划方案】 市规划委编制完成《北京中心城高度控制规划方案》。该规划立足于城市自身特征和发展阶段，全面考量城市特色风貌、运行规律、认知体验等多方面建筑高度影响内容，建立从宏中观到中微观的“四级高度控制体系”，提出中心城基准高度的分区分级控制方法，为规划管理提供了决策依据。（吕海虹、王如昀）

【北部地区历史文化资源梳理研究】 市规划委编制完成《北京北部地区历史文化资源梳理研究》。该课题对北京北部燕山山脉涉及区县的历史文化资源进行摸底和梳理，提炼了北部地区的历史文化价值。（顾旭东）

【中心城区通风廊道研究】 市规划委编制完成《北京市中心城区通风廊道系统构建研究》。该课题规划了5条宽度500米以上的一级通风廊道，以及多条二级通风廊道，对科学合理开展中心城区规划建设、改善提高城市舒适度和生态宜居城市建设具有指导作用。（袁晓芳）

规划管理与城市景观

【规划许可】 2015年，共受理各类建设项目9399件，核发各类建设项目9333件。核发城镇建设规划用地许可总规模3789.46公顷(其中，建设用地

2863.62公顷)，规划建设许可规模5292.83万平方米，市政道路、管线规模146.36万延米。核发乡村建设规划许可规模110.18万平方米。(杜红艳)

【社会资本发展医疗养老文化创意产业实施细则】 市规划委编制完成《关于鼓励社会资本利用存量资源发展医疗、养老、文化创意产业的实施细则》。该细则是确保国家和全市深化投融资体制改革，鼓励和引导社会投资健康发展等相关政策落地系列措施之一。(顾旭东)

【首批历史文化街区申报入选】 市规划委会同市文物局和东、西城区政府，组织各方力量，完成全市中国历史文化街区申报工作，大栅栏、皇城、东四三条至八条历史文化街区入选首批中国历史文化街区。(顾旭东)

【新机场建设项目选址】 市规划委完成北京新机场建设项目相关选址工作。该场址位于永定河北岸，北京大兴区礼贤镇、榆垡镇和河北省廊坊市广阳区之间，总用地规模约16064903.801平方米。(张东才)

【环球主题公园工程】 市规划委完成4平方千米的环球主题公园项目供地条件审批手续。该主题公园为北京建设的首家国际一流特大型现代主题公园。(赵楠)

【苹果园交通枢纽选址】 市规划委完成苹果园交通枢纽选址。该枢纽位于地铁一号线苹果园站，为"十二五"时期北京重点建设的5个综合交通枢纽之一，是中心城西部一座集轨道交通(M1、M6号线西延、S1)、快速公交、常规公交于一体，多种交通方式相互衔接。(王冰一)

【地质灾害预警系统(二期)房山监测站选址】 市规划委核发北京地质灾害预警系统(二期)房山监测站选址意见书。该项目检测范围覆盖房山、丰台、石景山等区，是首都现代化城市综合防灾减灾体系的重要组成部分。(吕腾)

【地质灾害预警系统(二期)怀柔监测站选址】 市规划委核发北京地质灾害预警系统(二期)怀柔监测站选址意见书。该项目位于怀柔区琉璃庙镇琦峰茶村，总用地约4031.34平方米，是首都现代化城市综合防灾减灾体系的重要组成部分。(金真)

【北苑北综合交通枢纽选址】 市规划委完成北苑北综合交通枢纽选址。该交通枢纽位于昌平区立汤路西侧，建设用地面积约6.17公顷，总建筑规模约9.92万平方米。该枢纽建成后将服务于北京西北部、北部和东北部。(孙妍)

【第一道绿化隔离地区规划】 市规划委组织编制第一道绿化隔离南中轴区域"一乡一镇一场"(丰台区南苑乡、大兴区旧宫镇、南郊农场)的规划实施方案。该方案立足减地、减人、增绿的"两减一增"思路，并将朝阳区六个乡的试点经验，推广到丰台区南苑乡等。(边雪)

【首个棚户区改造项目启动】 市规划委批复了百万庄北里项目，为全市首个棚户区改造项目。该项目位于西城区三里河路与车公庄大街交叉口的东南侧，分为A、B、C、D四个地块，现状房屋建于19世纪60年代。(严坤)

【旧城建筑设计风貌控制图则】 市规划委编制完成《北京旧城建筑设计风貌控制图则》。该图则明确旧城内分区分级控制的原则，对不同区域建设项目的建筑体量、街宽比、色彩、形式、材质等提出基本要求，并运用于规划审批。(严坤)

【中央歌剧院剧场项目规划】 市规划委核发中央歌剧院剧场项目的规划许可证。该项目位于东二环东侧，建设用地面积约1.28公顷，总建筑规模6.49万平方米，是文化部直属国家级专业剧场，建成后将成为东二环的标志性建筑。(严坤)

【八达岭长城站工程规划】 八达岭长城站设计方案基本稳定。该站为新建京张铁路的中间站，位于八达岭滚天沟停车场下方新八达岭隧道内，为地下站，埋深达62米，工程条件复杂。车站采用"两台夹四线"形式布置，到发线有效长度为650米，旅客站台长度为450米，地下建筑面积为32036平方米，地面建筑为3500平方米。(邢冬梅)

【南部过境通道高速公路工程规划】 市规划委批复东南部过境通道高速公路(大兴区—通州区段)道路工程设计方案并核发选址意见书。该高速公路西起大兴区采育镇、经通州区永乐店镇、西集镇等村镇，跨潮白河后与河北段相接，道路全长约38千米，该道路按高速公路标准设计，设计速度为120千米/小时，机动车道三上三下，路基全宽34.5米，串联了河北省廊坊市、北京大兴区和通州区、廊坊市北三县等地区。(叶康军)

【新机场北线(京开高速—京台高速)高速公路工程规划】 市规划委批复新机场北线(京开高速—京台高速)高速公路工程设计方案并核发选址意见书。该高速公路道路全长约14.7千米，设计速度为120千米/小时，机动车道四上四下，路基全宽40米。(叶康军)

【城市雕塑创作营组织模式及案例研究】 市规委组织开展的《城市雕塑创作营组织模式及案例研究》通过专家验收。该课题主要收集了国内23

次单项、11个常态周期性和国外13次单项、22个常态周期性的雕塑创作营资料，并建立了一整套科学实用的雕塑创作营组织文件，为国内首次。(解学军)

【城市公共空间设计建设专项工作领导小组成立】 市规划委成立城市公共空间设计建设专项工作领导小组，并与市市政市容委建立联席会议制度，旨在落实城市精细化管理要求，指导各区县开展城市公共空间设计建设，提升城市品质，营造宜居的城市环境。(迟义宸)

【12件雕塑维修维护】 市规划委对北京国际雕塑公园《凤凰来仪》、《源》等12件雕塑作品组织了维修维护，并通过专家验收。(吴金宇)

【《独立自由勋章》雕塑落成】《独立自由勋章》雕塑在中国人民抗日战争纪念馆落成，习近平总书记为雕塑揭幕。该雕塑为锻铜材质，长4米，宽3.2米，前高0.27米，后高0.57米，总重1.5吨左右，以自由独立勋章为主体，底座镶嵌“1937.7.7”、“中国人民抗日战争全面爆发纪念地”中英文字样。(迟义宸)

【编制地铁公共艺术材料与工艺应用导则】 市规划委组织编写完成《地铁公共艺术材料与工艺应用导则》。该导则主要包括北京地铁公共艺术发展历程、地铁公共艺术材料与工艺的选用条件、地铁公共艺术材料和工艺应用范围、地铁公共艺术材料的检验标准、地铁公共艺术材料的分析研究，以及地铁公共艺术材料与工艺实际案例介绍等方面内容，是今后北京地铁公共艺术设计建设和材料选用的重要参考依据。(王亚琦)

工程设计与标准

【兴延高速公路工程】 市政总院完成兴延高速公路工程初步设计。该工程路线全长约42.204千米。道路等级为高速公路，设计车速市区平原段100千米/小时，北部山区段80千米/小时，整体路基28.5米(平原段)，分离式路基14米×2(山区段)，车道数为双向4车道加硬路肩(预留远期施划双向6车道条件)。(娄静)

【保障抗战胜利70周年纪念活动】 市政总院完成纪念抗日战争暨世界反法西斯战争胜利70周年阅兵安全保障工作。检测42条全长94千米市管道路，处理19处疏松病害；组织7个相关单位对阅兵沿线通道和桥梁检测、复核计算，以及长安街25座通道的实装荷载试验，综合评估其中151座桥梁通道，并对长安街的14座通道复测彩排、13座通道支护设计。(娄静)

【公共租赁住房内装设计模数协调标准】 市规划委发布《公共租赁住房内装设计模数协调标准》。该《标准》为推进北京市住宅产业化，提高公共租赁住房内装设计标准化程度，重点对公租房内装模数、模数协调原则、厨房、卫生间、储藏室的设计模数、厨房家具优先尺寸、卫生间配套设备、设施接口模数设计提出要求。(公维卿、白同宇)

【住宅全装修设计标准】 市规划委发布《住宅全装修设计标准》。该《标准》实现在住宅设计阶段，强调建筑设计和室内装修设计一体；明确健康人居环境指标，提出住宅装修的声、光、空气质量等各项技术要求，注重节能设计，提出住宅节能设计的各项基本要素。(公维卿、白同宇)

【公共建筑节能设计标准】 市规划委发布《公共建筑节能设计标准》(修订)。本次修订通过提高相关技术经济指标，完善综合节能保障措施，使全市新建、改扩建公共建筑外围护结构、供暖、通风、空调和照明的整体节能水平高于国家标准，综合节能水平达到同气候条件的发达国家先进水平。(乔莹、白同宇)

【居住区无障碍设计规程】 市规划委发布《北京市居住区无障碍设计规程》。该《规程》对居住区内道路、绿地、居住建筑的公共空间及配套公共设施的无障碍设计提出明确规定，明确要求建筑内设有电梯时，至少应设置一部无障碍电梯，要求新建居住区配套的停车场和车库要设置一定比例的无障碍停车位，并预留无障碍出入口。(公维卿、白同宇)

【地下管线探测技术规程】 市规划委发布《地下管线探测技术规程》。该《规程》补充三维表达。在管线调查、测量方法和地下管线系统建设中增加三维技术的应用，明确地下管线及附属建(构)筑物的三维结构和三维特征，完善三维建库要求；细化了新的探测技术方法。完善信息化及地下管廊相关内容，增加地下管线竣工测量、综合管线测量和信息化管理方面的新要求，推进信息资源获取、共享和利用。(乔莹)

【建筑防火涂料(板)工程设计、施工与验收规程】 市规划委发布《建筑防火涂料(板)工程设计、施工与验收规程》。该《规程》针对全市钢结构、混凝土结构建筑增长迅速，防火涂料技术在建筑中不断更新等问题，提出了具体的技术要求。(公维卿)

【城市地下联系隧道防火设计规范】 市规划委发布《城市地下联系隧道防火设计规范》。该《规范》对城市地下联系隧道合理分类，重点解决隧道中的疏散安全设计、消火栓系统及自动灭火系统、排烟方式及系统、火灾自动报警系统、照明设计等问题，是国内第一部规范城市地下联系隧道防火设计的标准。（乔莹）

【社区养老服务设施规划设计标准】 市规划委发布《社区养老服务设施规划设计标准》。该《标准》针对全市老龄人口数量显著增加、“9064”养老服务政策和相关养老服务设施规划政策落地难度大等问题，将关系到老年人安全、方便的规定设为强制性条文。明确提出二层(含二层)以上社区养老服务设施建筑应设无障碍电梯，并能满足担架的出入要求。明确要求新建社区级建设项目必须配建不少于800平方米的社区养老服务用房和不少于150平方米的室外活动场地。（公维卿）

【民用建筑通信及有线广播电视基础设施设计规范】 市规划委发布《民用建筑通信及有线广播电视基础设施设计规范》(修订)。该《规范》明确了全市民用建筑的通信、宽带、有线电视广播三网融合规划要求。（公维卿）

【装配式框架及框架—剪力墙结构设计规程】 市规划委发布《装配式框架及框架—剪力墙结构设计规程》。该《规程》解决了结构体系的设计计算方法和构件之间的装配式连接节点的可靠性、合理性两大关键问题。（乔莹）

【污染场地勘察规范】 市规划委发布《污染场地勘察规范》。该《规范》细化全市污染场地勘察工作流程，实现调查与测绘、勘探和采样、原位测试及试验、室内试验、数据评估与结果分析等环节的全流程管控，重点针对主要污染场提出了调查、勘探、监测和污染评估的具体方法。（公维卿）

【6本标准设计图集发布】 市规划委发布标准配套图集3本：《城市轨道交通工程设计规范配套图集》(PT—995)、《装配式剪力墙住宅建筑设计规程配套图集》(PT—970)、《装配式剪力墙住宅结构设计规程配套图集》(PT—1003)。发布北京市通用图集2本：《矿山法初期支护结构构造》(15BSZ3)、《雨水控制与利用工程(建筑与小区)》(15BS14)，指导性图集1本《北京市政策性住房建筑立面设计指导性图集》。（韩振梅）

【城市轨道交通工程通用标准设计体系】 市规划委开展北京城市轨道交通工程通用标准设计体系框架研究，总结轨道交通在建线路和运营线路设计和建设管理的经验，建立《北京市城市轨道交通通用标准设计体系》。（韩振梅）

【大兴国际机场涉迁村落历史原貌拍摄启动】 市城建档案馆启动新机场涉迁村落的抢拍工作，完成榆垡镇11个村村界范围内的住宅、非住宅及地上物的拍摄，总规模约为405.76万平方米，涉及住宅约为3042个院落；完成礼贤镇2个村村界范围内的住宅、非住宅及地上物的拍摄，规模为住宅面积28.13万平方米，约涉及439个院落。总共形成历史原貌照片1458张，视频资料98.4分钟。（王炜）

【名人故居档案展览研究】 市城建档案馆完成的《北京市名人故居档案展览研究》通过验收。研究成果主要包括五大部分：《北京市名人故居档案展览研究科研报告》、《北京市名人故居档案展览研究工作报告》，北京市名人故居档案实物展览方案设计、北京市名人故居档案网上展厅设计、典型名人故居卡片案例30套、名人故居档案图录设计案例32套。（王炜）

勘察·设计

【受理各类相关事项】 受理行政许可事项1246件；受理各类注册办理事项6600件；受理建设工程招投标项目约932项；为相关部门提供各类电子地形图数据约16452幅，各种比例尺地形图约4424幅，为专项工作提供影像图20444幅；完成房屋建筑施工图设计文件审查约1521项5661万平方米。（姜巍）

【3功能区获绿色生态示范区称号】 年内，市规划委组织开展北京市绿色生态示范区评选，中关村生命科学园、新首钢综合服务区、中关村翠湖科技园3个功能区获“北京市绿色生态示范区”称号。（姜巍）

【北京建设工程质量条例(勘察设计部分)】 市规划委的编制《北京建设工程质量条例》(勘察设计部分)通过审议，2016年1月1日起施行。（姜巍）

【注册建筑师职业道德监督评价办法实施细则】 市规划委发布《北京市注册建筑师职业道德监督评价办法实施细则(试行)》，并由北京市工程勘察设计行业协会负责监督评价的日常管理工作。（姜巍）

【雁栖湖国际会都(核心岛)会议中心项目】 该项目位于怀柔雁栖湖国际会都核心区雁栖湖半岛，为2014年北京APEC的核心会址。建筑与结构专业密切配合，使幕墙结构与主体结构形成了有机整体，保证出挑建筑效果的前提下，优化结构方案和构件截面，实现建筑效果。获北京市第十八届优秀工程设计一等奖。（姜巍）

【钓鱼台国宾馆国际会议中心(芳华苑)项目】 该项目位于钓鱼台国宾馆的东南角，建筑面积2.28

万平方米，地上2层，地下2层。建筑外形端庄大气，含蓄而高端。室内装修设计雅致、精巧、华丽，与建筑功能有良好的呼应。获北京市第十八届优秀工程设计一等奖。（姜巍）

【3项工程获省部级优秀工程奖最高奖】 年内，市测绘院完成的“北京市第一次水务普查空间数据采集生产及建库”、“数字房山地理空间框架”获中国地理信息产业协会优秀工程奖金奖，“通州新城1：500基础地形图航测工程”获北京市第十五届优秀工程勘察奖（工程勘察类）一等奖。（张京川）

【地下管线基础信息普查】 年内，市测绘院配合市地下管线普查办，完成地下管线基础信息普查首件区域生产和质量检验工作、城六区地下管线探测2384千米。（张京川）

【“数字城市”建设】 市测绘院完成的“数字中关村地理信息服务平台（智慧中关村一期）”、“数字丰台地理空间框架建设”通过验收，正式上线运行。（张京川）

【2勘察研究成果获北京科学技术奖】 市勘察院完成的“中心城区盾构长距离连续穿越长距敏感建筑物微扰动控制技术”成果和“非正规垃圾填埋场污染治理技术研究与示范”项目分获北京市科学技术奖二等奖和三等奖。（闫铁英）

【深基坑对轨道交通影响分析技术获金奖】 市勘察院完成的“深基坑工程对轨道交通工程影响分析技术”获中国移动杯第九届北京发明创新大赛金奖。（闫铁英）

【市政管线地下病害研究中心成立】 市科委批准认定市勘察院为“北京市道路与市政管线地下病害工程技术研究中心”依托单位。（闫铁英）

【1人获中国土木工程界最高荣誉奖】 全国工程勘察设计大师、市勘察院有限公司董事长沈小克获评中国土木工程界最高个人荣誉奖—茅以升科学技术奖土力学及岩土工程大奖，成为1993年以来全国获此殊荣的第15位工程科技人员。（闫铁英）

【老古城综合改造基坑支护工程】 市勘察院完成近年来最大规模的人工挖孔桩项目—石景山老古城综合改造基坑支护工程。该工程地处永定河洪冲积带，地基多为大粒径的砂卵石层，需做桩长16～19米的人工挖孔桩564根，安全施工难度大。（闫铁英）

【隧道断面测量尺装置获国家专利】 市勘察院研制成功的《隧道断面测量尺装置》获国家知识产权局实用新型专利证书。该成果应用于城市轨道交通工程测量领域内的圆形隧道断面测量，能够精确确定隧道的中心线位置，测量出隧道中心点的三维坐标及隧道断面的三维偏差。（闫铁英）

【京津冀地区土水污染修复研究通过验收】 市勘察院完成《土壤与地下水污染修复技术发展趋势与产业布局研究》通过市科委验收。该课题首次在国内建立产业技术发展路线图，提出北京市“十三五”时期土壤与地下水修复产业发展布局的建议。（闫铁英）

【“九三”大阅兵道路检测成果通过验收】 市勘察院完成的长安街地下管线周边土体病害检测成果通过了市市政市容委验收。共完成雷达测线工作量340余千米，管线探测面积54万余平方米以及对12家管线权属单位和路政部门的走访调查工作。（闫铁英）

【市优工程勘察设计奖评选软件通过验收】 市勘察院研制成功的“2015年北京市优秀工程勘察设计奖评选系统二期”项目通过市规划委验收。该系统实现北京市优秀工程勘察设计奖评选网上项目申报、评选管理、专家评审和多专业评选的整合。（闫铁英）

【岩土工程理论实践家出版】 为纪念新中国及北京市岩土工程勘察工作的奠基人、住房城乡建设部工程勘察大师张国霞，市勘察院主编的《岩土工程理论实践家》由中国建筑工业出版社出版发行。全书40.6万字，收录了反映张国霞大师家庭生活、工作业绩的大量照片及工程图件。（闫铁英）

【建筑地基基础勘察设计规范通过评审】 市勘察院与市建院联合编制的《北京地区建筑地基基础勘察设计规范》通过专家审查。该规范收纳近年来北京地区勘察设计的工程经验和研究成果，并与相关国家和行业标准的修订成果相协调，满足北京城市建设地域扩展和相应的复杂岩土工程条件的需求。（闫铁英）

地名变更

【地名命名、更名】 概况：2015年，北京市地名命名、更名、调整共计199个。按地名类别划分，道路和居住区名称184个，轨道交通车站名称15个。（杜红艳）

【奥林匹克塔标准地名】 市规划委通过国家体育总局协调国际奥委会，经国际奥委会主席巴赫提名，奥林匹克公园瞭望塔项目获名“北京奥林匹克塔”，并永久悬挂奥运五环标识。该项目位于奥林匹克公园中心区东北部，占地面积约7773平方米，由1主4辅共5个塔身组成，其中主塔高度246.8米，辅塔高度分别为 228 米、210 米、198 米和 186 米，主要功能包括展览展示、大型活动监控、城市高空旅游观光等。北京市成为继加拿大蒙特利尔后全球第二个获准永久悬挂奥运五环标识的城市。（李绮）

（北京市规划委员会）

城市建设

概况

2015 年，北京市市容环境工作以党的十八届四中全会精神为指导，以完成清洁空气行动计划任务为重点，以“世界反法西斯胜利 70 周年纪念活动”为契机，着力抓好环境卫生规划编制，着力加强道路清扫保洁作业、建筑垃圾综合管理和公共厕所服务和城乡环境卫生管理工作。制定下发《2015 年环境建设工作意见》，明确 568 项环境建设任务和 76 项市级重点项目，组织开展京哈铁路沿线、京沪铁路东城段等路段的环境整治。按照“网格化管理、板块式推进”的方式，完成 46 处重点区域环境综合提升工程。开展城六区 100 条背街小巷环境治理，对 391 个老旧小区实施环境综合整治提升。制定《全面推进农村生活垃圾治理工作的意见》及相关配套验收办法和标准。在市政基础设施建设和管理方面，天然气供应量 141.76 亿立方米，比上年增长 29.2%。截至 2015 年底，有居民燃气用户 894.8 万户，比上年末增长 4.66%，其中天然气家庭用户 588.76 万户，比上年增长 3.69%。燃气管线长度达到 21818 千米，比上年增长 6.04%。全年全市液化石油气销售量 36.38 万吨，比上年增长 20.2%。推进陕京四线、西六环路天然气管线建设、锅炉煤改燃气配套供气工程、农村地区送气下乡和天然气入村工程实施，加强城镇燃气管线占压隐患治理。启动采暖“暗补”变“明补”工作。全面完成远郊区县供热资源整合，以及中心城区四大燃气热电中心及配套供热管网建设，实施既有居住建筑供热计量改造，全市供热面积达到 7.8 亿平方米，中心城区基本实现供热无煤化，全市清洁能源供热比例达到 83%。全面完成“十二五”期间单位面积供热能耗下降 12%的规划目标。对长安街（建国门到复兴门）沿线 58 家单位进行景观照明现状调查和满意度评价，开展 30 条“有路无灯”道路照明建设。完成消除地下管线自身结构性隐患 3940 项、3702 千米。完成长安街（建国门到复兴门）城市道路设施二维码身份管理试点建设工作，加强城市公共空间设施管理，逐步提升市政公用事业服务能力。

城市建设

【568 项年度环境建设任务顺利完成】 年内，根据 2015 年环境建设工作意见，明确 568 项环境建设任务和 76 项市级重点项目。组织开展京哈、京沪铁路部分沿线和新开通轨道交通沿线环境整治；开展京沪等高快速路沿线环境整治。

【改善背街小巷环境】 按照“网格化管理、板块式推进”的方式，开展 46 处重点区域环境综合提升工程。开展城六区 100 条背街小巷环境治理，对 391 个老旧小区实施环境综合整治提升。

【规范生活垃圾异地处理补偿机制】 制定印发《北京市垃圾处理设施运行监管办法》；会同市财政局印发《关于进一步完善北京市生活垃圾异地处理环境补偿机制的通知》，提高异地处理基准费和经济补偿标准，进一步完善生活垃圾异地处理环境补偿机制。

【提升生活垃圾处理消纳能力】 全市生活垃圾焚烧、生化处理设施能力达到 1.48 万吨/日，首次突破 1 万吨/日，焚烧、生化处理比例达到 50%，生活垃圾无害化处理率达到 99.8%，其中城六区无害化处理率达到 100%，郊区县无害化处理率为 99.44%。全市生活垃圾产生量为 516.66 万吨，日均 2.12 万吨，较上年同期上涨 6.76%。全市共有生活垃圾处理设施 38 座，其中垃圾转运站 9 座（设计转运能力 8900 吨/日），焚烧厂 4 座（设计处理能力 5200 吨/日），填埋场 16 座（设计处理能力 12121 吨/日），堆肥厂 6 座（设计处理能力 4650 吨/日）。餐厨垃圾处理厂 3 座（设计处理能力 1000 吨/日）。

【提高餐厨垃圾收运处理能力】 重启建设阿苏卫循环经济园；顺义焚烧厂二期、延庆生活垃圾综合处理厂、朝阳高安屯二期、海淀大工村和南宫生活垃圾焚烧厂等一批设施投入试运行。东城区、西城区、朝阳区、丰台区、昌平区、通州区、房山区、平谷区、密云区等区积极推进餐厨垃圾专业收集运输，日清运量约达到 700 吨。建成 28 座餐厨垃圾就地处理站并投入试运行；完成董村餐厨垃圾处理厂一期、延庆餐厨垃圾处理厂建设，全市餐厨垃圾处理能力达到 1200 吨/日。确定 8 家餐厨废弃油脂收运企业，覆盖 1.4 万余家餐饮服务单位，组织建设 4 座餐厨废弃油脂预处理设施，预处理能力约达到 570 吨/日。组织开展 76 处非正规垃圾填埋场治理工作。

【巩固全市垃圾分类工作效果】 新增垃圾分类达标小区 363 个，全市居住小区垃圾分类达标率达到80%以上；东城区、海淀区开展积分奖励等试点，丰台区、石景山区、通州区、顺义区进行政府购买专业化服务，不断巩固已达标小区的分类效果。

【落实农村生活垃圾治理工作】 积极落实住房城乡建设部要求，制定《全面推进农村生活垃圾治理工作的意见》及相关配套验收办法和标准。北京市市政市容委根据市政府与各区县政府的相关规定，签订实现90%的行政村生活垃圾得到有效治理的责任书，并将此项工作纳入政府折子工程和美丽乡村建设考核的一项重要内容。加强农村地区环境卫生服务管理，42个重点小城镇、53个旅游景区周边环境卫生水平进一步提升。

【进一步提升公厕管理水平】 制定《北京市公厕建设规范》，完成153座旱厕改造。积极响应旅游厕所革命，修整公厕123座，城六区公厕密度超过国家标准，"固定公厕为主，沿街公厕开放为辅，移动公厕拾遗补缺"的公厕布置格局基本形成。

【继续营造干净整洁的卫生环境】 727条一级清扫保洁道路实现"一扫两保"作业标准，全部二级清扫保洁道路实现"一扫一保"作业标准，道路清扫保洁组合工艺覆盖率达到86%。日再生水冲洗道路使用量达到2.04万立方米，同比提升70%。尘土残存量监测结果每月对外公布。市级城市道路向社会购买服务面积提高5.5倍，达到1153.69万平方米。城六区6224条背街小巷环境卫生质量全部达标。继续加强垃圾露天焚烧、脏乱点整治力度，每季度生活垃圾脏乱点均控制在10处以内。

【着力提高建筑垃圾综合管理能力】 年内，联合印发《建筑垃圾综合管理循环利用考核评价办法》和《建筑垃圾运输企业监督管理办法》，确立联合督导、日常检查、信息数据共享工作机制。完成建筑垃圾运输管理专项督导检查64次，查处违规建筑垃圾车辆1832辆，查处、停工、约谈、整改违规工地393处。完成建筑垃圾车辆运输管理系统建设，办理建筑垃圾行政许可3144件，统计建筑垃圾消纳清运量3371.38万吨，实现8053辆建筑垃圾运输车运行轨迹监控和执法处罚信息共享。石景山建筑垃圾资源化处理设施投入运行，新增建筑垃圾资源化处理能力3000吨/日。

【深入推进网格化城市管理体系建设】 制定《关于进一步加强北京市网格化城市管理工作的意见》，初步建立利用网络和媒体将网格化管理问题逐步向社会公开工作机制。市级网格平台已与12个区实现对接，网格平台共立案327.6万余件，结案率91.37%。各区注重向纵深和特色化方向发展，丰台区、西城区、海淀区三区率先实现案件派发处理"微循环"，大大缩短办理流程；东城区实现热线、媒体、区长信箱等一口受理，朝阳区利用社区自治和公众参与开展智能化"门前三包"，大兴区重点推进"7个规范化"建设，密云县建立高位协调监督机制，网格化城市管理体系更加完善。

【京津冀环境建设协同发展初见成效】 谋划首都新机场垃圾处理设施建设，与张家口市合作组建"京张环卫公司"，联合推进固安县环卫综合服务项目；在环卫领域实现京冀两地协同共建。

【圆满完成重大活动中环境保障任务】 圆满完成"两会"、世锦赛、申办冬奥会、亚信论坛、抗战胜利70周年纪念活动等重大活动环境保障工作。特别是在抗战胜利70周年纪念活动保障工作中，充分发挥首都环境建设和地下管线综合协调管理的统筹作用，借势而为、因势利导、乘势而上，确定"四区、四环、十二线"环境保障重点区域，完成长安街及周边90万平方米建筑物外立面清洗粉饰和整治改造、17.7千米护栏更换、道路公共服务设施规范修葺任务，完成丰台区宛平城核心区及周边12条重点道路、昌平阅兵村及周边15条重点道路沿线环境整治工作，组织实施保障区域地下管线隐患排查治理和安全防护，做好各项应急抢险保障。阅兵营区和训练基地燃气、移动公厕、垃圾清运、清扫保洁服务全部到位，天安门地区、阅兵沿线和阅兵村实现如厕不排队工作目标，阅兵当天行进道路上的尘土残存量降至每平方米2克，实现受阅官兵分列式过后一尘不染。

【积极宣传重大活动中的环境保障工作】 围绕申办冬季奥运会、世界田径锦标赛、纪念反法西斯战争胜利70周年活动，拍摄制作首都环境建设检查、抗战70周年纪念活动首都环境保障等宣传片。围绕供气、供热、扫雪铲冰、城市环境建设、垃圾分类收运与处理等市民关注重点，组织报纸、新闻报道我委工作2500余条，市市政市容委官方微博发布微博信息12447条，解决市民提出的200多个问题，进一步推动北京市城市管理和首都环境建设各项工作的开展。

【开展"十三五"环境建设规划编制】 严格按照中央、市委市政府关于依法治国、生态文明建设、京津冀协同发展等系列指示精神，编制完成《北京市"十三五"时期首都城乡环境建设规划》、《北京市"十三五"时期市政市容发展规划》和9个专项规划。

【加大环境建设整治力度】 按照“专业考核与社会评价相结合、日常考核与专项检查、现场检查与专家评判相结合”方式，年内共组织12次环境建设月检查工作，检查组行驶总里程约2.4万千米，现场抽检点位1248个，整治达标1200处，整治达标率为96.15%。对于整治不达标和沿途发现的新问题，现场要求所在区加大整治力度。对市级环境问题专项治理、建筑垃圾综合管理、门前三包责任制、街面秩序检查四个方面采取专项检查、专项打分的方式，在落实门前三包责任制，推进建筑垃圾综合管理、小广告等环境秩序管理、督促街道乡镇落实属地管理责任等方面取得良好的效果。重点解决一批群众身边的环境问题，首都城市的环境品质大大提升。

【重拳整治违法建设行为】 拆除及配合拆除违法建设3.7万处，面积1333.2万平方米，同比上升14.9%，拆违量连续三年保持两位数增长，取缔小散低劣企业3799家，消除治安、安全隐患1.7万处，重点加大唐家岭等人口密集地区拆违力度，推动以拆促控、以拆促转。

【开展大气污染防治专项行动】 立案处罚施工工地、道路遗撒、露天烧烤、露天焚烧等违法行为1.1万起，罚款3982.6万元，会同住房城乡建设部门对情节严重的40家施工单位采取停标、记分处理，对122家施工单位全市通报批评，营造严管、严治的整治声势，空气重污染期间，及时启动应急预案，对中国动漫游戏城拆除工程、和义西里商业配套项目等拒不执行空气重污染应急措施的工地进行高限处罚，有力支持全市空气重污染应急工作。

【巩固非法小广告整治成果】 立案处罚8109起，同比上升147.8%，罚款539.6万元，同比上升89.5%，警示追呼电话号码19.5万个，同比上升163.7%，停机2万个，同比上升88.7%，实现目标不变、力度不减，整治成果不断巩固。

【“四公开一监督”考核办法扎实推进】 印发《北京市城市管理综合执法“四公开一监督”考核评价办法(试行)》，推动“四公开一监督”平台上线运行，同时加大市区两级联合督导力度，发送《监管通知单》5万件，同比上升96.3%，解决各类环境突出问题6.7万个，积极当好属地政府、管理部门的“腿”和“眼睛”。围绕做好申冬奥、田径世锦赛、市纪念活动等重大活动环境秩序保障，建立“边排查、边挂账、边整改、边验收”工作模式，解决环境秩序问题5635起，

【完成改革试点专项评估工作】 按照市城市管理体制改革专项小组安排，市城管执法局牵头对石景山区街面秩序和违法建设整治两项指标进行评估，完成《关于对石景山区城市管理体制改革试点专项评估的报告》，积极支持石景山区改革试点评估工作。

【深入开展城市执法体制改革调查研究】 完成《100个城市城管执法体制现状模式分析》、《全国部分城市城管执法情况调研》，会同中国政法大学完成《理顺首都城管执法体制提高城管执法和服务水平》课题研究，为领导决策提供丰富参考，《中共中央国务院关于深入推进城市执法体制改革改进城市管理工作的指导意见》吸收了北京经验做法和部分调研成果。

【完成城管执法条例草案】 城管立法作为地方性法规调研项目列入2015年市政府立法计划，市城管执法局紧抓发展机遇，围绕执法职责定位、机构设置、层级管理、协作机制、队伍保障等内容，起草《北京市城市管理综合执法条例(草案)》

【完善具有城管特色的“十抓”队伍建设体系】 通过“抓学习、抓讨论、抓问题、抓整改、抓督导、抓通报、抓纪律、抓典型、抓执法、抓宣传”，城管执法队伍的能力素质不断提高，2015年以来全系统获得“三八红旗手”、“五一劳动奖章”、北京市“人民满意的公务员”等市级荣誉90项，队伍形象持续向好。

市政公用事业

【陕京四线燃气工程北京段贯通】 完成陕京四线北京段杨树沟隧道、军都山隧道贯通的重点燃气工程建设工作。

【推进农村地区燃气下乡工程】 新增农村地区液化石油气用户13万户，农村地区液化石油气用户累计110万户，提前一年基本实现农村地区炊事气化。会同市新农办、市发改委、市财政局出台农村地区天然气入村试点支持政策，完成9个村的天然气入村试点工程，通气1846户。

【完善燃气行业标准化建设】 为加强燃气行业精细化管理，制定《城镇燃气管道翻转内衬法施工及验收规程》，修订《燃气输配工程设计施工验收技术规范》和《燃气供应单位安全评价》。同时，正在制订和修订《燃具连接用软管应用技术规程》、《燃气供应企业安全生产标准化评价规范》、《餐饮服务单位使用瓶装液化石油气安全条件》、《管道燃气用户安全巡检技术规程》、《小型液化天然气瓶组供气系统安装与运行技术规范》等地方标准。

【重视燃气安全应急管理工作】 完成《北京市燃气突发事件应急预案》修订工作；定期召开安全形势分析会，综合部署和推进安全生产、应急管理、消防、反恐、交通、防汛、烟花爆竹等各项安全生产工作；积极组织开展安全检查，排查治理市政市容设施隐患，及时消除即发性事故隐患252起，继续推进“燃气安全进社区”，现场组织处置城市公共设施突发事故42起。

【机关事业单位实施采暖“暗补”变“明补”政策】 根据2014年11月国务院机关事务管理局等5部门联合发布的《关于在京中央和国家机关职工住宅区物业管理和供热采暖改革的意见》及配套的《在京中央和国家机关职工住房采暖补贴办法》，启动“暗补改明补”工作，出台机关事业单位职工采暖补贴政策，补贴发放的范围包括各级党政机关、人大机关、政协机关，各级法院、检察院，各民主党派机关和工商联，各人民团体，所属人员经费由财政补助的事业单位，包含局级及以下在编在职职工和离退休职工。补贴不再按面积报销而是按职级发放。制定《北京市低保优抚和分散供养特困人员集中供热采暖补助暂行办法》，对14.6万户特困职工、低保户等进行帮扶救助。

【推进供热节能减排】 全市供热面积达到7.8亿平方米，完成140多座燃煤供热锅炉房清洁能源改造，清洁能源供热比例达到83%，中心城区基本实现供热无煤化。实施既有居住建筑供热计量改造1.3亿平方米，完成960个老旧小区的1800千米供热管网的更新改造，超额完成单位面积供热能耗下降12%的“十二五”规划目标。

【开展景观照明设施建设改造】 开展编制长安街景观照明提升改造规划，对长安街(建国门到复兴门)沿线58家单位进行景观照明现状调查和满意度评价，并征求提升改造意见建议，确定提升改造实施方案，明确各建筑景观照明控制指标。故宫区域与二环路沿线的景观照明水平继续提升，“两轴、三环、六线、十七区及滨水界面”的城市景观照明体系全面形成。新建航天桥景观照明设施和相关配电项目。组织开展广安门、复兴门、西直门、开阳桥景观照明设施消隐改造，提升照明品质。

【加强景观照明设施规范管理】 年内，起草制定《北京市道路照明和景观照明管理办法》、《城市景观照明技术规范》和《城市照明节能管理规程》等系列规范文件，对全市景观照明设施实行规范管理。落实市区两级政府管理职责。每季度聘请有关专家检查照明设施设备运行情况，及时通报检查结果，提出整改意见，并督促责任单位及时整改。

【开展无灯道路路灯建设】 开展30条“有路无灯”道路照明建设，所建道路亮灯率均高于住房城乡建设部规定要求。同时，按照新制定的统计标准，开展新一轮无灯道路摸底调查，据统计，截至9月，城六区无灯道路共计649条，301.9千米。其中，具备安装路灯条件的道路共计529条，今后将指导协调各区县解决辖区内无灯道路路灯建设。

【全面启动石油天然气管道保护】 按照《中华人民共和国石油天然气管道保护法》，与相关部门和单位建立对接机制，落实管道保护责任。建立泄洪区域石油天然气管道保护联动机制，配合开展油气输送管道隐患整治攻坚战，完成288处隐患整治任务，其中消除重大隐患13处，隐患整改率57.7%。

【加强地下管线运行综合协调管理】 北京市规划委员会在发挥行业和企业作用基础上，深化地下管线运行综合协调管理工作机制。建立全市地下管线基础信息统计体系，据统计，截至2015年底，全市地下管线总长达17万余千米。深化挖掘工程地下管线安全防护机制，发挥“北京市挖掘工程地下管线安全防护信息沟通服务平台”作为安全挖掘的纽带作用，便利于工程建设单位与管线单位建立联系，便利于掌握挖掘区域管线情况，近年来施工破坏事故数量呈下降趋势，受到国务院推进职能转变协调小组办公室的肯定并向全国推广。首次建立全市地下管线结构性隐患排查治理体系，制定《北京市地下管线自身结构性隐患排查治理工作管理规定》和《北京市城市地下管线自身结构性隐患排查管理工作导则》，引导行业和企业科学规范开展地下管线隐患排查治理工作，全市地下管线结构性隐患事故大幅下降。为减少“马路拉链”现象对社会的影响，探索“绿色消隐”机制，统筹促进年度地下管线消隐工程和道路大修工程同步实施。全年组织完成地下管线消隐工程3940项、3702千米，其中市级消隐工程533项、222千米，29项地下管线消隐工程与25条城市道路大修工程同步实施。建立井盖设施协调管理体系，年度井盖丢失率继续保持在1%以下，井盖案件处置完成率达到100%，进一步解决井盖周边破损、塌陷等与道路相关的问题，搭建城市道路范围检查井病害治理的长效工作机制，全年共治理检查井病害3.4万个。

【加强城市公共空间设施管理】 全年共治理报刊亭私加门扇、扩大面积、闲置占地、张贴海报等问题679处，整顿早餐车604座次，规范公交站牌629块、街牌等各类指示牌6653处。拆除闲置电话亭2146座，报刊亭21座，违规宣传栏、指示牌24处、违规早餐车14辆、闲置破损步行者导向牌24块。维修清洗报刊亭2713处、电话亭543座、供电类设施1168处、废物箱1141处、公交候车亭450处、座椅643处、街牌316处、邮筒79个、护栏73千米、存车架600余处。

【提升设施精细化管理水平】 年内在长安街实行城市道路服务设施二维码身份管理试点建设工作，用二维码身份给设施"上户口、办身份证"。颁布《城市道路公共服务设施二维码管理办法》，并对2007年制定的《北京市城市道路公共服务设施设置规范》进行修订和完善，印发《关于全市城市公共空间设施治理工作意见》，积极开展"三个空间"设施综合治理增加了设施种类，将原有的12种设施调整为城市道路相对固定9类20种公共服务设施。增加容貌标准。在严格要求设置条件的基础上，制定设施外观、材质、色彩等方面的标准，突出设施与环境相适宜的要求。增加管理要求。明确管理职责，规定管理标准，更名为《北京市城市道路公共服务设施设置与管理规范》，为日常管理工作提供依据。

【加大对燃气违法使用的查处力度】 会同市城管执法局规范、细化燃气行政执法标准，组织对部分燃气供应企业、餐饮用户的违法供用气行为进行查处；对燃气供应企业居民用户入户安全巡检工作进行年度社会调查评估。

（北京市城市管理委员会）

园林绿化美化建设

概况

2015年是"十二五"收官之年。五年来，首都广大干部群众围绕建设国际一流和谐宜居之都目标，全面提升城市、平原和山区三道绿色生态屏障功能，首都绿化美化建设呈现出持续、快速、健康发展的良好态势，为首都生态文明建设做出了突出贡献。森林覆盖率增加4.6个百分点，达到41.6%，林木绿化率增加了6个百分点，达到59%，城市绿化覆盖率增加了3个百分点，达到48%，人均公共绿地由15平方米提高到16平方米，生态服务总价值增加1357亿元，达到6938亿元。

【北京年宵花展】 2月4日至3月5日，举办以"鲜花扮靓美好生活"为主题的2015迎春年宵花展。通过组合盆栽大赛、蝴蝶兰、梅花、水仙花卉专项展览等系列活动的举办，弘扬花卉文化，丰富市民节日活动，促进花卉消费，满足人们精神文化需求，推动花卉产业发展。年宵花品种丰富，有蝴蝶兰、大花蕙兰、红掌、凤梨、竹芋、君子兰等观花植物，还包括蕨类、吊兰、多肉植物等观叶植物。该届年宵花展包含组合盆栽大赛，多肉植物、兰花、梅花、水仙、组合盆栽展出以及全市二十余家花卉市场的特色花事活动。

【重大义务植树活动】 4月3日，党和国家领导人习近平、李克强、张德江、俞正声、刘云山、王岐山、张高丽等到北京市朝阳区孙河乡植树点，同首都群众一起义务植树，习总书记强调："要坚持全国动员、全民动手植树造林，努力把建设美丽中国化为人民自觉行动"，激发首都广大人民群众绿化美化首都的热情，3月22日，中央军委副主席范长龙，中央军委副主席许其亮等，到大兴区魏善庄镇植树点参加义务植树劳动；3月29日，中共中央直属机关，中央国家机关各部委、单位和北京市155名部级领导干部，参加2015年共和国部长义务植树活动。

【举办第七届北京月季文化节】 5月18日至6月18日，在北京植物园、天坛公园、陶然亭公园、纳波湾园艺、繁华世金玫瑰谷、蔡家洼玫瑰情园和妙峰山森林公园、北京国际鲜花港八大会场同期举行。以"和平"作为主题花，纪念反法西斯胜利70周年，也弘扬月季和平、友谊的文化特征。与大兴区月季办联合举办倒计时一周年活动，为月季大会宣传预热。文化节为期32天，组织主题活动50余项，展出月季2000余个品种、325万株，展出面积466万平方米。接待游客140万人，收入330万元。

【北京市公布首批25家历史名园】 8月6日，北京历史名园评定依据1949年以前始建、北京市域范围内，曾在一定历史时期内或北京某一区域内，对城市变迁或文化艺术发展产生影响的园林；园林格局及园林要素至今尚存，具有可开放性。市园林绿化局公布颐和园、北海公园、景山公园、天坛公园、香山公园、中山公园、北京动物园、北京植物园、陶然亭公园、玉渊潭公园、紫竹院公园、圆明园遗址公园、劳动人民文化宫(太庙)、日坛公园、月坛公园、地坛公园、八大处公园、宁寿宫花园、故宫御花园、恭王府花园、醇亲王府花园(宋庆龄故居)、乐达仁宅园(郭沫若纪念馆)、淑春园、莲花池公园、什刹海公园。25家历史园林为北京市首批历史名园。

【筹备2016年世界月季洲际大会】 年内，2016

年世界月季洲际大会筹备有序开展，三个功能园区全部建成。其中月季品种园已完工，具备接待能力，月季主题园和月季文化园主体基本完工。会议中心、月季主题酒店、月季博物馆(文化交流中心)及室内展馆和“三主三次”六条配套路网建成，产业基地初具规模。

【开展“城乡手拉手、共建新农村”活动】 各区县继续多层面开展“城乡手拉手、共建新农村”活动，有70个中央、市属和区县属单位与70个村结成对子，通过提供绿化规划设计技术指导、提供绿化资金和苗木帮助、提供义务植树劳动支持、提供农产品销售市场信息、到新农村开展民俗旅游绿化，支援郊区村庄绿化美化建设，为改善农村村庄村容村貌、搭建农民增收致富新平台。共计提供扶持资金794.9万元，植树5.6万株。

【推进重点小城镇新农村绿化美化】 全市重点扶持小城镇绿化共6个，分别是门头沟区军庄镇、房山区南窖乡、顺义区赵全营镇、平谷区峪口镇、密云县石城镇、延庆县沈家营镇。完成绿化56.2公顷，栽植乔木4.5万株、花灌木54.1万株，地被4万平方米。各区县推荐参加园林小城镇创建活动共6个乡镇，分别是门头沟区军庄镇、房山区南窖乡、顺义区龙湾屯镇、怀柔区琉璃庙镇、密云县新城子镇和大城子镇。参加园林小城镇创建的镇共完成绿化111公顷，栽植乔木8.2万株、花灌木70.1万株，地被3.5万平方米。全市计划完成312个村566.67公顷的村庄绿化美化任务。共栽植乔木31.7万株、栽植灌木90.78万株、栽植地被82.82万平方米。

【公园景区提质增效】 全市城市注册公园达到355个，面积12859公顷，免费率达87%，年接待游客2.9亿人次。全市风景名胜区27处，森林公园31处，全市精品公园达104个，提前完成“十二五”规划确定的百个精品公园目标。

【行政副中心园林绿化规划】 按照市政府会议要求，结合通州现状指标、《通州区绿地系统规划》及《国家园林城市标准》等标准，会同通州区园林绿化局提出城市副中心园林绿化指标体系，制定通州园林绿化发展规划及园林绿化三年行动计划(2015～2017)，会同相关处室指导通州全面开展通州区行政副中心绿地系统规划研究和“十三五”规划制定等工作。

【湿地保护】 通州潮白河宋庄段、于家务等湿地恢复与建设，总面积140公顷。编制完成玉渊潭东北部湿地公园总体规划。平谷城北湿地公园施工75.33公顷，完成土方作业63万立方米，灌溉管线7000余米，栽植面积13.33公顷，栽植苗木5000余株，驳岸总计3000余立方米。完成房山佛子庄湿地保护小区和怀柔区喇叭沟门湿地保护小区建设，组织开展密云白马关河和安达木河等2处湿地保护小区建设，全市湿地保护小区数量达到7处。

【自然保护区建设】 开展汉石桥、松山以及百花山等自然保护区科普宣教示范建设。百花山国家级自然保护区与美国仙那度国家公园签署姊妹园区合作框架协议，双方将在资源保护、规划建设、科普宣传等领域加强交流合作，相互借鉴经验，共同提升管护能力，促进园区可持续发展。

【古树名木保护】 组织东城区、西城区、海淀区、石景山区等区县完成古树名木抢救复壮600余株。开展古树名木保护示范点建设项目，完成密云县和石景山区示范点选点，完成项目招投标工作，完成15处保护示范点建设。开展中南海内古树名木挂牌建档工作，初步完成外业调查工作，正在进行内业整理和档案建立。组织开展古树名木认养，全市设立33处古树名木认养点，提供侧柏、桧柏、国槐、银杏、皂角、古柏、楸树、榆树、枣树、油松10种古树589株。

【城市休闲公园建设】 2015年继续以服务市民休闲、改善区域生态环境为目标，推进城市休闲公园建设。新建丰台六里桥、通州台湖、顺义府前街等休闲公园共30处，新增绿化面积约158公顷。

【城市健康绿道建设】 完成温榆河绿道(顺义、朝阳段)、清河绿道、新凤河绿道、京密引水渠绿道、运潮减河绿道、北运河绿道、平谷新城绿道等7条绿道方案审批；玉河、小月河、京藏高速、亮马河、北小河等绿道设计方案通过专家评审，推进区县绿道规划编制和评审工作，有13区县完成绿道规划编制工作，其中11区县通过专家评审，4区县正式下发审查意见。编制完成《北京绿道体系交通衔接系统规划建设要求》、《北京市绿道管理办法》，分别从绿道建设、管护、运营、相关政策以及责任与监督等方面提出要求，为规范绿道建设与后期养护工作提供政策保障。

【居住区绿化美化】 全市完成新建居住区绿化30余处、老旧小区绿化改造25处境。全市完成屋顶绿化11万平方米、垂直绿化71.4千米。

【完成抗战争胜利70周年纪念活动环境保障】 完成《中国人民抗战胜利70周年纪念日绿化环境布置和保障工作方案》、《天安门城楼迎宾沿线环境布置和天安门广场布置管理台搭建及观礼人员建议方案》编制工作。完成长安街沿线绿地景观提升工程。

【国庆花卉布置】 北京市在抗日战争胜利 70 周年纪念活动花卉布置的基础上，通过变换主题、更换长势不良花材、加强花卉日常养护等方式，顺利完成国庆花卉布置与纪念活动花卉布置的有效衔接，营造出国庆节温馨靓丽的景观环境，体现出节约办节的宗旨。

【完成第十届中国(武汉)国际园林博览会北京园建设】 全面完成第十届中国(武汉)国际园林博览会北京园建设。武汉北京园占地 4600 平方米，建设内容包括歇山式两层楼四角单檐方亭、环形长廊、花艺、脸谱景墙、象征“南水北调”千山池和歇山楼前天影池，绿化种植包括乔木 144 株、造型灌木 143 株、竹类约 3900 株，木本和草本花卉 2000 平方米，各类精品和水生花卉 1400 盆。

大事记

1 月

7 日　北京市副市长林克庆调研全市园林绿化工作。

16 日　林克庆专题调研北京市非法侵占林(绿)地清理排查专项行动开展情况。

2 月

4 日　2015 北京年宵花展开幕。该届年宵花展包含组合盆栽大赛，多肉植物、兰花、梅花、水仙、组合盆栽展出以及全市二十余家花卉市场的特色花事活动。

7 日　市园林绿化局邀请来自科技部、财政部、商务部、国家林业局等单位的 20 多名国际合作领域专家为首都园林绿化国际科技合作建言献策。

10 日　北京市野生动物救护中心在全国 363 个申报基地中，荣获中国科学技术协会颁发的“2014 年度优秀全国科普教育基地”称号。

25 日　市园林绿化局荣获“2014 年度全市安全生产综合考核先进单位”称号。

27 日　首都绿化委员会召开第 34 次全体会议。北京市长、首都绿化委主任王安顺主持会议，并强调，各区县、各部门、各单位要立即行动起来，充分做好各项工作准备，迅速在全市掀起植树造林的新高潮。

3 月

4 日　林克庆到房山区调研第四届中国兰花大会筹备情况。

18 日　北京市平原造林工程建设总指挥夏占义到房山区长阳镇兰花大会周边、南水北调沿线、京昆高速沿线和永定河大兴段等地块实地检查 2015 年平原造林及林木养护管理工作。

19 日　中国纪念 2015 年国际森林日植树活动在大兴区永定河畔举行。国家林业局副局长张永利、刘东生、党组成员彭有冬、北京市副市长林克庆参加植树纪念活动。

30 日　北京市园林绿化国际合作项目管理办公室在北京市环境保护委员会扩大会议暨“首都环境保护奖”表彰大会上荣获“首都环境保护先进集体”。

4 月

3 日　党和国家领导人习近平、李克强、张德江、俞正声、刘云山、王岐山、张高丽等到北京市朝阳区孙河乡植树点参加首都义务植树活动。习近平总书记在参加首都义务植树劳动时强调：“植树造林是实现天蓝、地绿、水净的重要途径，是最普惠的民生工程。要坚持全国动员、全民动手植树造林，努力把建设美丽中国化为人民自觉行动”。

5 月

25 日　经北京市“科教旅游示范单位”评定委员会审核，八达岭国家森林公园被评为北京市首批“科教旅游示范单位”。

26 日　阿根廷总统府国家一体化国务秘书玛利亚·卡门·阿拉尔孔女士、驻华大使馆公使胡安·卡洛斯·帕斯先生等一行 6 人到市园林绿化局就园艺设备、园林景观设计、园林企业和行业协会等方面合作潜力进行广泛交流。

6 月

7～12 日，市园林绿化局、北京林学会、加拿大公园委员会共同签署“关于推动园林绿化科技创新的合作协议”。

8 日　北京市全面完成亚太经合组织(APEC)会议碳中和林造林工程。共计营造碳中和林 44.93 公顷。

17 日　《平原地区造林项目碳汇核算技术规程》通过北京市地方标准专家评审。

同日 联合国森林论坛秘书长索博拉到八达岭林场考察北京市森林文化建设及森林可持续经营情况。

19 日　UNDP 亚太区域中心中国事务主管拉孜娜·比尔格拉米女士到密云区实地考察“UNDP-澳门政府合作发起的可持续森林经营碳汇项目”。

26 日　市园林绿化局、北京花卉协会、延庆县共同主办的首届北京百合文化节在延庆世界葡萄博览园开幕。集中展出 237 个品种共 150 万粒百合花，总面积将达 66.67 公顷。

同日 第三届中国绿化博览会北京园顺利建成

并投入试运行。北京园在第三届中国绿化博览会中荣获优秀展园金奖、最优质量单项奖和最佳组织奖。

7 月

2 日　京津冀三省市在京共同研讨林业生态建设协同发展信息资源共享工作。

4 日　北京百花山国家级自然保护区与美国仙那度国家公园签署姊妹园区合作框架协议。美国内政部部长萨莉·朱厄尔、国家林业局副局长刘东升等领导参加签字仪式。

21 日　市园林绿化局召开落实《中共北京市委、北京市人民政府关于贯彻〈京津冀协同发展规划纲要〉的意见》新闻发布会。人民日报、新华社、中央电视台、北京日报、北京电视台等中央和市属 16 家主要媒体参加会议。

23 日　全市绿隔地区和“五河十路”绿色通道生态林用地及管护政策工作正式启动。

28 日　市园林绿化局、市公园管理中心、北京园林学会联合举办“2015 北京公园精细化管理论坛”。国务院参事刘秀晨、中国公园协会秘书长李存东等领导参加活动。

8 月

6 日　市园林绿化局公布颐和园、北海公园、景山公园、天坛公园等 25 家历史园林为北京市首批历史名园。

10 日　市园林绿化局启动中国人民抗日战争暨世界反法西斯战争胜利 70 周年纪念活动天安门广场、长安街沿线以及城市主要道路节点、广场等重点区域花卉布置工作，25 日正式完工。

18 日　第三届中国绿化博览会北京园正式开园。

24 日　北京市副市长林克庆带队调研第四届中国兰花大会筹备情况。

9 月

3 日　市政府党组成员夏占义应邀带队参加 2015 年中国—阿拉伯国家绿化博览会开幕式。北京园获得各方面高度认可和赞赏，荣获 2015 年中国—阿拉伯国家绿化博览会“展园综合奖”金奖，为组委会最高奖项。

15 日　中共中央政治局委员、国务院副总理、全国绿化委员会主任汪洋考察第三届中国绿化博览会室外展园北京园。国务院副秘书长江泽林等领导一同参加。

24 日　北京市政府党组成员夏占义到第十届中国(武汉)国际园林博览会北京园视察。25 日，第十届中国(武汉)国际园林博览会正式开幕。

10 月

10 日　市人大常委会副秘书长李福祥等 15 位人大代表对首都城乡生态环境建设进行集中视察。

13 日　世界月季联合会主席凯文·特里姆普一行考察 2016 年世界月季洲际大会筹备情况。中国花卉协会月季分会会长张佐双、世界月季联合会副主席赵世伟等领导陪同考察。

25 日　首届世界生态系统治理论坛在京开幕。来自 40 个国家和国际组织的官员、学者、企业家和非营利组织人员约 250 名代表出席该论坛。本次论坛至 10 月 28 日。

11 月

25 日　“北京市与莫斯科市结好 20 周年”植树纪念活动在朝阳公园举行。

同日 2015 年度国家级重点公益林管护工程全面完成。共组建 175 支专业施工队伍，1.2 万余人参与工程建设，完成林木抚育 0.83 万公顷。

12 月

30 日　市政府宣布全市百万亩平原造林工程建设任务全部完成。累计完成造林 105 万亩(7 万公顷)、植树 5400 多万株。

(北京市园林绿化局)

水务建设与管理

概况

2015 年，北京水务系统主动适应经济发展新常态，紧紧围绕落实首都城市战略定位、推进京津冀协同发展、有序疏解非首都功能，以水资源安全保障为中心，以供水安全、防洪排涝安全、水生态环境改善为主线，加快推进“六个根本性转变”，全面深化水务改革，全面推进依法治水，全面提高水安全保障能力，圆满完成“十二五”各项任务，有力保障首都经济社会持续健康发展。全市总用水量 38.2 亿立方米，万元 GDP 水耗较上年降低 4%，农业灌溉水有效利用系数达到 0.71，污水处理率 87%，再生水利用量 9.5 亿立方米。(刘琼)

【水资源概况】　全市平均降水量 583 毫米，比 2014 年降水量 439 毫米多 33%，与多年平均值 585 毫米基本持平。全市地表水资源量为 9.32 亿立方米，地下水资源量为 17.44 亿立方米，水资源总量为 26.76 亿立方米，比多年平均 37.39 亿立方米少 28%。全市入境水量为 4.49 亿立方米，比多年平均 21.08 亿立方米少 79%，出境水量为 14.32 亿立方米，比多年平均19.54亿立方米少27%。全市18座大、中型水库年末蓄水总量为16.23亿立方米，可利用来水量为4.34亿立方米(含南水北调输水0.53亿立方米)。全市平原区年末地下水平均埋深为25.75米，地下水位比2014年末下降0.09米，地下水储量相应减少0.5亿立方米，比1998年末减少71.1亿立方米，比1980年末减少94.8亿立方米，比1960年减少115.6亿。(刘琼)

【水资源开发利用】 全市总供水量38.2亿立方米，比2014年的37.5亿立方米增加0.7亿立方米。其中地表水为2.9亿立方米，占总供水量的8%，地下水18.2亿立方米，占总供水量的47%，再生水9.5亿立方米，占总供水量的25%，南水北调水7.6亿立方米，占总供水量的20%。全市总用水量为38.2亿立方米，比2014年增加0.7亿立方米。其中生活用水17.5亿立方米，占总用水量的46%，环境用水10.4亿立方米，占27%，工业用水3.8亿立方米，占10%，农业用水6.5亿立方米，占17%。(刘琼)

【节水型社会建设】 制定全面推进节水型社会建设的意见，制定并颁布实施高尔夫、滑雪场等4项取水定额；持续开展节水型单位建设和试点示范，实施社会单位和居民家庭高效节水器具换装工程；探索推进“细定地、严管井、上设施、增农艺、统收费、节有奖”的农业节水模式，在“两区一镇多园”开展试点，建设高效节水灌溉工程5万亩。(刘琼)

【污水处理和再生水利用】 建成昌平阳坊北区再生水厂主体工程并试运行，完成肖家河污水处理厂升级改造，基本建成中心城区清河第二、定福庄等再生水厂主体工程，全市污水处理率达到87%，其中中心城达到97%。全市污水排放总量为16.4亿立方米，污水处理量14.4亿立方米，污水处理率87.9%，其中，城六区污水处理率96.8%。全市利用再生水9.5亿立方米，河湖生态环境、园林绿化、市政杂用不断加大再生水用量，热电厂冷却用水全部使用再生水。(刘琼)

【水环境综合治理】 开展河湖生态环境综合整治行动，联合市政市容、环保、城管等部门加强河湖周边环境秩序监督执法。全市共清理河湖垃圾渣土4.2万立方米，打捞水面漂浮物6000立方米，治理污水口25个，河湖补水2亿立方米，查处私接乱排、倾倒垃圾的违法行为67起，为申办2022年冬奥会和世界反法西斯战争胜利70周年纪念活动营造整洁优美的河湖生态环境。(刘琼)

【水土保持】 全市山区坡地共产生地表径流6.28亿立方米，流失土壤391.5万吨，流失总氮1622.0吨，流失总磷88.1吨，流失COD_{Mn} 3554.3吨。山区各项坡地水土保持措施共涵养水量5050.2万立方米，减少土壤流失253.8万吨，减少总氮流失13.8吨，减少COD_{Mn}流失488.3吨。全市共审批生产建设项目水土保持方案255个，审批涉及生产建设项目水土保持方案的水影响评价文件417个，73个生产建设项目水土保持设施通过验收。(刘琼)

【生态清洁小流域建设】 以水源保护为中心，养山保水、进村治水、入川护水，构筑“生态修复、生态治理、生态保护”三道防线，将污水、垃圾、厕所、河道和村镇环境等纳入小流域综合治理内容，建设完成38条生态清洁小流域建设工程，治理水土流失面积400平方千米。截至2015年底，全市1085条小流域共实施了316条生态清洁小流域建设工程。(刘琼)

【防汛安全保障】 统筹推进中小河道第三、四阶段500千米治理任务，继续推进完成中心城区25座立交桥雨水泵站改造；完成西郊雨洪调蓄工程建设，新增蓄水能力700万立方米，提高对西山洪水的防御能力，推进“海绵城市”建设，完成150处雨洪利用工程。进一步完善防汛应急指挥体系，着力提升防汛决策指挥、预报预警、社会动员“三个能力”，汛期启动全市范围Ⅲ级响应1次、Ⅳ级响应12次，实现全市安全度汛，有力保障冬奥申办、世界田径锦标赛举办、纪念中国人民抗日战争暨世界反法西斯战争胜利70周年活动顺利进行。(刘琼)

【水务工程管理】 规范工程质量监督管理，印发《北京市水务局关于进一步加强质量监督注册管理工作的通知》，进一步明确工程质量监督手续的办理范围和程序。加强水利工程日常维护管理，加大市属水利工程日常维护资金投入，全面实行水工设施标准化维护管理。严格工程维护项目招标程序，引入第三方监理、造价咨询机构，加强工程维护项目监管。(刘琼)

【水务法规体系建设】 完成《北京市水土保持条例》立法工作。《条例》由北京市第十四届人民代表大会常务委员会第十九次会议于5月29日通过，自2016年1月1日起实施。启动《北京市水文管理办法》、《北京市城乡供水条例》等法规立项的前期调研、法律制度设计的基础性研究，做好立法项目储备。(刘琼)

【水行政执法】 组织开展河湖水环境、排水等专项行政执法活动，共制止违法水事行为3680起，立案查处427起，罚款620.39万元。其中市级查处违法水事案件116件，罚款189.84万元；各区查处违法水事案件311件，罚款430.55万元。坚持以“零容忍”的态度严肃查处污水、污泥违法排放等行为，维护了正常的水事秩序。（刘琼）

【水行政审批制度改革】 取消“水文、水资源调查评价机构乙级资质认定”和“水文、水资源调查评价机构甲级资质认定初审”2项行政许可，取消“水利工程建设监理单位资质初审”1项非行政审批方案已经报送市政府审改办，市级审批事项精简为21项。组织开展中介服务事项清理工作，促进涉水中介服务市场健康发展。（刘琼）

【水务改革发展】 全面推行水影响评价审查制度，制定出台《北京市建设项目水影响评价文件技术审查控制要素(试行)》、《建设项目节水设施方案审查办理指南(试行)》，进一步明确市和区分级管辖权限；严格实施水环境区域补偿制度，细化完善相关配套制度和实施细则；制定《北京市海淀区河湖管护体制机制创新实施方案》、《北京市门头沟区河湖管护体制机制创新实施方案》，探索推行河湖生态环境管理地方行政首长负责制。（刘琼）

（北京市水务局）

天 津 市

城乡规划建设管理

概况

2015年，天津市城乡规划工作贯彻落实市委市政府决策部署，按照“做好四类规划、强化五项管理、贯彻一个意见，提升三种能力，巩固五项成果”总体要求，全力推进重点规划编制，深化完善规划管理体制，依法进行规划管控和监督，为全市完成年度经济社会发展目标提供规划引导、支撑和保障。

【推动京津冀协同发展】 立足天津的比较优势，提出针对性较强的研究成果，配合住房城乡建设部完成京津冀城镇体系规划编制，为市委市政府贯彻落实《京津冀协同发展规划纲要》、制定“十三五”经济社会发展规划提供决策参考。以产业、交通为重点，积极推动成果的转化实施，编制“一区二十一园”空间布局方案以及航空物流园、中关村京津科技园、东疆二岛等承载平台规划，完成京唐、京滨城际方案并转化实施，为区域协同发展提供规划支持。

【开展重点规划编制】 根据市委市政府的决策部署，了解区县发展的迫切需要，梳理出96项重点规划编制项目，借助指挥部平台，推动形成全市各级领导直接管理城市的工作局面。围绕“三区一基地”的城市定位，注重“三规”衔接，对“十三五”期间重点建设项目做出合理布局和安排，科学谋划城市未来发展空间格局。开展重点地区规划设计，适应城市发展需要。围绕城市发展重点，提升中心城区控规和总体城市设计，完成中心商务区、海河湾新城、天化、天碱等滨海新区重点规划，编制外环沿线11个公园周边、陈塘科技商务区、西营门、一二号桥、光荣道等城市设计，开展海河中游及国家会展中心、候台公园、柳林公园、纪庄子污水厂及周边、海河沿线重点地块等项目规划策划，打造城市亮点，带动周边更大区域发展，焕发城市活力。深化载体功能规划，着力化解“大城市病”。从交通、生态、城市安全方面力求突破，编制市域铁路网规划，津蓟走廊规划实施建设。完成“十三五”造林绿化规划、环外郊野公园绿道联通策划。配合相关委办局推动公共服务、综合防灾、市政基础等9个专项规划的编制。开展地下管线综合规划和全市危化品仓库选址，在国内率先完成全市域范围地下管线普查及信息化建设。加强文化遗产保护，延续城市历史文脉。开展保护性建筑普查，深化14片历史文化街区、工业遗产、大运河等保护利用规划，完成劝业场、五大道、中心花园、解放北路等历史街区更新改造规划，制定并施行《乡村规划编制技术要求》、《乡村建筑设计导则》，结合农村宅基地改革试点开展蓟县村庄规划，为传承文脉、留住乡愁做出贡献。

【明晰管理权责】 出台《市规划局关于进一步加强城乡规划建设监督的实施意见》，修订建设项目核定用地、高层建筑规划布局及外檐形式等方面的管理要求。梳理全市不同区域的控规管理职责，确保规划依法实施到位。对30余项涉及规划管理的法规条款进行研究，规范审批程序和审批要件内容，特别是危化品项目的管理程序和要求。对市局处室职能进行整合优化。调整设立执法监督处，明确市区两级执法监察权责划分。成立公众参与处，统筹信访与信息公开、业务咨询、档案利用等工作，形成服务社会公众的整体合力，最大限度维护人民群众合法权益。

【提升管理质效】 实现 14 个事项，22 个子项的“一站式”集中现场审批。全年承办业务案件 11841 件次，规划审批建设用地 3217 公顷，建设总规模 4040 万平方米，确保 2015 年全市固定资产投入规模。保障重点工程建设。配合土地整理管理体制改革试点工作，完成近 50 宗地块的规划策划。编制 35 个棚户区改造安置房项目的策划方案，为重大油气管道实施、地铁建设、美丽天津工程以及教育、医疗项目搬迁改造等一批重点工程、民心工程提供高效服务，体现规划的执行力和保障力。

【夯实管理基础】 开展测绘地理信息“十三五”规划编制，完成第一次地理国情普查数据成果汇交。在京津冀地理国情监测、“美丽天津”建设等领域，利用普查成果开展智慧应用。完成环城四区地名普查，更新完善地名普查数据库。全力推动城市建设管理监管平台建设，汇集城建管理大数据并实施动态更新，完成“建设项目审批动态管理系统”等 6 个应用子系统的开发。充分发挥局技委会作用，加强“专家领衔”的审查机制。强化行业资质管理和科技项目管理，完成 39 项部、市两级科技项目立项申报工作，完成华夏建设科技奖、科技进步奖的申报，获科技进步二等奖 1 项，三等奖 2 项。

【出台 10 项措施 提升城市活力】 围绕老城区有机更新、混合利用土地、改善城市交通、畅通城市微循环体系、完善老旧社区配套等方面，开展微观规划研究与编制工作，提出 10 项针对性和操作性较强的措施，并在规划编制和管理中逐项贯彻落实，得到市委市政府的肯定。

【挖掘资源 完善便民设施】 对 237 个社区进行梳理，规划补建配套设施 12906 平方米。开展停车场近期建设选址方案研究，提出中心城区 33 块停车场用地。对全市 55 处边角地块和 100 余处可更新土地资源进行梳理，逐一提出规划意见，提升存量土地价值，完善公共服务设施。

【开展社会实践 促进理念转变】 结合“三严三实”专题教育，开展“规划与百姓生活”党性实践活动，广大党员干部以群众关心的问题为切入点，围绕交通出行、地下空间利用、配套服务设施补建、无障碍设施规划、教育资源配置以及乡村规划、工业园区配套等 10 多个主题，形成 16 项工作成果和多条意见建议。

【提升服务发展能力】 各规划（分）局切实加强研究能力，提高政策水平和谋划水平，为本地区经济社会发展出策献力。特别是在市重点规划编制工作中，发挥市局与区县政府间的桥梁纽带作用，得到各区县政府的肯定。五区县局按照中等城市的建设要求，开展新城城市设计以及对外交通、生态保护等专项规划的编制，引领打造京津冀城镇体系的重要节点。地下空间管理中心配合市局完成全市地下管线普查，参与研究的《城市地下管线管理条例》已被列入国家法制办明年立法计划。

【自身建设再上新台阶】 天津市规划局十分局全力配合市局开展业务案卷评查工作，并以此为契机，查找问题，积极整改。高新区规划处克服人员少、管理地域分散的困难，借助科技手段，实施重大项目轨迹管理，通过建立电子日志实现跟踪服务。各院、馆、中心狠练内功，加强自主创新能力，积极开拓市场，核心竞争力和综合实力等到了提升。建院克服严峻的市场形势，着力拓展服务领域，设计产值实现逆势增长。勘察院强化内部管理，制定并实施五年战略发展规划，以技术创新促多专业协同发展。城建档案馆完成区县城建历史档案的导入，开展馆藏纸质档案数字化，大力推进城建档案信息化建设。

规划业务管理

【规划管理机制建设】 组织开展城市更新、城市设计法制化、规划事业“十三五”规划等宏观课题研究，印发《市规划局关于和平区六个重点地区实施城市更新的指导意见》。形成《天津市城乡用地分类和代码》、《天津市城市建设用地分类和代码》，并与原标准进行对接。组织落实国务院稳增长促改革调结构惠民生防风险相关政策文件，共梳理出《国务院关于清理国务院部门非行政许可审批事项的通知》、《国务院关于严格控制新设行政许可的通知》等涉及市规划局工作的文件 9 个，并就文件落实情况进行自查。组织有关处室研究制定《市规划局关于重大项目实行开放式审查的通知》等文件。

【规划行政许可审批业务管理】 制定《关于十分局进驻同级行政许可中心工作方案》，作为行政审批制度改革指导文件印发各区县（分）局。组织相关处室编订《城乡规划业务管理指导手册》的范例编写，为开展全面修编工作做好基础准备。组织开展十分局局长座谈会，对基层存在的问题进行探讨和交流。组织开展全系统业务案卷评查工作，随机抽取各规划分局2014年度办理的规划业务案卷及五区县审批局2015年上半年办理的业务案卷195件，其中十分局120件，五区县75件。

【综合业务协调】 印发《天津市规划局2015年加快开放型经济发展服务月活动方案》、《市规划局关于进一步做好对外开放服务工作的通知》，多举措推进对外开放服务有关工作，组织开展专项问卷调查和政策宣传活动，不断完善企业服务工作长效机制。与市发改委、国土房管局专题研究新投资体制下有关规划审批工作。

【指令性任务管理】 根据《市规划局关于下达2015年指令性任务计划的通知》计划安排，2015年指令性任务计划共50大项，57小项，其中5项重点项目的任务书经局长业务会审议通过。2015年上半年下达临时任务18项，完成9项，并完成上半年经费拨付工作。为进一步加强指令性任务管理工作的严谨性和成果内容形式的规范化，修改完善《天津市规划局指令性任务管理规定》。

规划编制管理

【重点规划编制】 市规划指挥部在2015年圆满完成96项全市重点规划编制任务。包括城市总体规划、专项规划、交通规划、中心城区控规深化、近期重点建设项目规划、重点地区城市设计、保护规划等。形成一批旨在完善城市定位、增强载体功能、提升城市形象的规划项目储备。

【规划研究】 市规划局会同市气象局和市环保局等单位开展天津市城市通风廊道规划研究工作，研究工作以中观层面风环境为主，利用相关气象资料，结合城市用地布局，提出城市风道空间布局方案，同时通过数据观测，分析风道的实际效果和作用，提出布局优化意见和建议。

【“一控规两导则”编制管理】 中心城区突出严格管理，完成北部地区16个控规单元报批工作，加强控规和土地细分导则动态维护工作，开展控规管理网上审批系统的试运行，2015年共组织召开局长业务会(控规)27次、控规专题会40次，研究审查业务案件316件次。依据市政府审定的重点地区和重点项目规划策划，组织对控规进行落位，依法依规履行调整程序，全年共有45项控规调整向市政府报告。依法梳理全市不同区域的控规管理职责，加强对环外地区控规编制与管理的监督检查，共组织召开2次全市控规管理工作会、3次控规业务工作培训会，宣传贯彻国家和天津市关于控规编制与管理的有关政策、规定，出台《关于加强环外地区控规编制与管理有关要求的通知》。

【中心城区控规管理】 全力推进中心城区控规深化工作，制定详细的工作计划安排，组织对控规深化工作技术要点进行深化完善，将北部地区纳入规划编制范围，按行政区逐一进行核查、完善。已完成阶段性方案，并在市级层面与发展改革、商务、安全、人防、空管、水务、无线电、燃气、供热、电力、邮政等20余家委办局、专业局进行紧密结合，在区级层面征求区内各委办局意见，并按照意见对阶段性方案进行修改完善，保障控规深化编制工作的科学性。

【重点项目规划管理】 开展环外郊野公园绿道联通策划方案、天津市滨海旅游规划、和平区鞍山道沿线提升改造等重点项目编制工作，组织有关区县、设计单位形成工作团队，多次赴现场踏勘，以每周例会的形式研究规划方案，短时间内完成方案编制工作，并通过市政府审查。

【基础性规划管理】 组织召开规划、国土两局联席会议7次，研究解决问题60余项。牵头研究自贸试验区规划工作的试点意见，创新思想助力自贸试验区开展工作。配合市文化广播局继续推进天津市文化设施布局规划，并报市领导审查通过。对全市55处边角地块和物产集团100余处闲置土地资源进行梳理，逐一提出规划意见，有效节约利用土地资源，完善公共服务设施。配合市有关部门做好天津市加气站和充换电设施规划建设工作，为美丽天津、清新空气开展切实行动。完成市域轨道网上网，并及时更新维护。建立中心城区控规现状数据和存量用地动态维护系统，每半年动态更新数据，为规划编制提供基础数据支撑。支持完成解放南路地区国际医院、国际社区、天拖二期等重点项目规划调整工作。

建设项目规划管理

【用地策划管理】 通过带动周边区域发展、提升土地价值，保障城市可持续健康发展。组织开展医大老校区、总医院三期、中医药大学、体育学院及工业大学老校区策划方案编制工作，对河西区儿童医院现有用地建筑进行整体规划策划，解决停车位不足和医疗环境改善等问题。研究地铁4、10号线沿线车站地块策划方案，研究地铁7、11号线环内车辆段用地选址有关问题。配合市发改委、市建委开展土地整理管理体制改革试点工作，完成50余宗地块的规划策划工作，并配合完成《土地整理管理体制改革试点工作方案》。完成建设项目核定用地数据核查、建设用地规划动态管理系统数据运营维护等工作，开展天津市建设项目核定用地技术规程等规划分析研究工作。

【修详规编制管理】 继续组织完成老旧社区配套设施补建规划编制工作。按照利用新出让地块补建配套用房思路，完成9个地块老旧社区公共服务设施梳理及补建规划，为周边74个老旧社区补充居委会建筑面积7980平方米，进一步缓解老旧社区管理服务用房不足的矛盾。组织研究地铁4、10号线沿线场站地块规划，研究天津站交通枢纽配套公建和地下商业开发利用情况，协调中心城区公交首末站涉及的规划问题，协调利用世行贷款加快城市交通枢纽建设有关工作。完成建设工程规划动态管理系统数据运营维护、中心城区地下空间数据库维护、保障房项目规划建设数据维护、规划设计导则提升等规划数据维护工作，开展三维数字城市建设标准、建设工程放线测量技术报告标准、天津航空物流区规划设计导则、扬尘污染控制导则等规划分析研究工作。

【建筑设计管理】 组织开展新八大里地区景观设计、整体夜景灯光设计、地块外部公共部分与界内区域的景观、高程、地下空间衔接等工作，重点推敲建筑立面形式、建筑色彩、材质搭配、建筑细部设计等。服务全运村、全运会场馆的规划建设，严格把关建筑立面效果，积极推动实施建设，确保全运会期间展现美好形象。组织解放南路地区规划优化提升，组织审查都市绿洲和城市公园的规划投标方案和公交场站等规划设计方案，对静海血液病医院和糖尿病医院规划设计方案进行提升。

【管理措施】 全年累计对670个项目进行规划会审，共赴现场服务39次，现场解决问题81个。为提升城市活力，起草制订《天津市组团级社区便民行政超市规划设计要求》，提出新建居住组团均应设置便民行政超市，方便群众日常生活，起草制订《天津市城市次干道和支路商业建筑退线空间规划设计要求》，沿城市次干道和支路新建商业建筑时，应当将退线空间统一规划，合理安排人行通道、绿化景观、停车设施、街道家具等内容，方便城市沿街商业的交往。下发《市规划局印发建设项目督导督查会管理要求的通知》、《市规划局关于进一步加强建设工程规划许可证附图管理的通知》、《市规划局关于严格落实民用机场净空安全规定的通知》、《市规划局市国土房管局关于实行城市设计指引的通知》、《市规划局关于学习贯彻〈国务院关于加快发展体育产业促进体育消费的若干意见〉的通知》。

市政工程规划管理

【市政设施规划管理】 为“煤改燃”工程做好规划服务工作，组织完成全市6条燃气中压干线、36座锅炉房支线及25项升压扩能项目的规划方案审查及部分线路审批工作，完成2015年全部煤改燃建设项目。积极推动清水工程相关工作，按照工程总体计划，对全市7个合流制片区排水工程和25条道路雨污水混接点位项目规划方案进行审查和审批，同时超前启动2016年建设项目的规划前期工作，为项目建设提供规划保障，为实现美丽“一号工程”天津奠定坚实基础。

【地下管线普查与系统建立】 完成中心城区地下管线及危险品管线普查工作，建立地下管线三级动态信息系统。按照计划进度，此项工作于9月底如期完成。市域危险品完成约6200千米管线普查任务，掌握1355项场站数据。中心城区完成空白区范围4071千米管线补测，累计掌握中心城区地下管线约24800千米，掌握21872项场站数据。各区县完成约68500千米管线普查任务。总共掌握全市域范围9大类，共计85100千米地下管线数据。在已有基础上完善天津市地下管线信息动态管理系统，各区县分别建立区县地下管线信息管理系统，专业单位分别建立各自专业管线信息管理系统。市级系统和区县级系统基本做到管线数据标准的一致性。9月24日市普查办组织召开专家验收会对全市地下管线普查及信息化建设工作成果进行正式验收。

【专项规划编制】 为切实加强城市地下管线建设管理，保障城市安全运行，提高城市综合承载能力和城镇化发展质量，按照国务院办公厅发布《关于加强城市地下管线建设管理的指导意见》，对天津市中心城区供水、雨水、污水、电力、电信、燃气、供热等各专业地下管线进行系统规划和汇总综合，作为该地区地下管线建设规划的基本依据。2015年，通过现状调研、与各专业主管部门座谈、整理基础资料及查摆现状问题等，在现状地下管网基础上，依据城市总体规划，结合控规深化和修编，对各专业管线进行平面布局，最终形成中心城区管线综合规划成果。

【管理机制建设】 建立市政管线廊道提前管理机制。对高压电力线，油、气管线，给水水源管线等重要基础设施建设项目，在规划许可时改变以往只批复单条管线的做法，做到同类管线近远期统筹，不同管线同时兼顾，与道路、轨道、河道等规划充分结合，划定规划管线控制廊道，抄送相关区县进行严格控制。对已纳入规划廊道的规划管线直接批复建设工程设计方案，减少审批环节，提高工作效率，全力支持重点项目建设。

【业务案件审批】 2015年，天津市(不含滨海各功能区)共审批建设工程规划许可证845件，审批建设项目长度约1777.21千米。

道路交通规划管理

【专项规划编制】 做好市域铁路网规划研究工作。以京滨城际、京唐城际、津蓟铁路走廊、津石铁路等一系列研究为基础，组织编制天津市市域铁路网规划，该规划已经市重点规划编制指挥部原则通过，规划方案纳入城市总体规划深化和编制中的天津市铁路枢纽总图规划中。

【交通政策研究】 组织编制完成《2014年天津市城市交通发展年度报告》并上报市政府。编制《天津市道路空间详细设计指引》，立足城市道路交通功能与场所功能的协调，将研究视角从道路红线扩展到整个道路空间(即道路两侧建筑或防护绿地所围合的范围)，侧重从道路空间合理尺度、路侧空间品质提升和交通景观营造等角度，探寻基于多专业视角、三线(红线、绿线、建筑退线)融合的道路精细化规划设计方法。

【铁路项目规划管理】 京唐城际天津段规划方案报市政府并批复，履行规划审批手续中。京滨城际天津段规划方案经市政府常务会审议原则通过，配合市交通运输委深化北部新区站站址方案、优化武清段线路方案、细化机场站与机场延伸线线路方案报市领导审查。

【地铁项目规划管理】 在中心城区轨道网加密研究的基础上，对即将开工建设的轨道交通M7、M11号线规划设计方案进行深入研究，通过实地踏勘、走访沿线区政府，对轨道7、11号线提出规划建设方案，为核发前期规划选址审批手续奠定基础。

保护规划管理

【规划编制】 组织编制《天津市历史文化名城保护规划(2015～2030年)》，进一步挖掘体现地方特色的历史文化名镇名村和历史文化街区。组织制定《天津市历史文化名城保护规划实施行动计划(2015～2020年)》，明确五年内天津市名城保护的具体工作内容。并拟定第一批保护性建筑名录。开展天津市工业遗产保护与利用规划深化工作，凸显天津市工业历史文化特色。开展中心城区14片历史文化街区保护规划深化工作，提高规划的科学性和可实施性。组织开展重点地区规划策划，完成和平区五大道、解放北路和中心公园等历史文化街区更新改造规划，提升历史文化街区城市形象，完善地区城市功能，增强活力。

【重点建设项目规划】 推动重点项目实施建设。组织开展天津美院改扩建规划建筑设计方案国际征集工作，提升规划设计策划方案水平。组织开展河东区一热电地块规划设计策划方案优化工作。

【动态维护管理】 依法依规完成和平区兴安路小学、四平东道小学、先农二期、润兴里、五大道9号街坊、人民银行票据中心、大沽路25号地和合江路地块，河东区一热电地块以及西青区杨柳青镇元宝岛地块的保护规划调整工作。

【规划研究】 开展天津市镇村历史文化资源挖掘与保护利用研究，进一步挖掘天津市特色村镇及文化内涵，对天津市历史文化名镇名村进行分级评价。开展历史城区公共艺术规划建设研究，探索天津历史城区公共艺术的创作与设计思路以及实现公共艺术最新的材料和技术等问题。

【规章制度建设】 印发《市规划局关于印发天津市乡村规划编制技术要求(试行)和天津市乡村建筑设计导则的通知》至全市各涉农区县执行，统一村庄规划编制的内容和深度，引导乡村建筑风貌。印发《市规划局关于印发〈中心城区历史文化街区保护范围内建设项目审批要求〉的通知》，加强对历史文化街区规划管理。研究制定《天津市建设项目配建城市雕塑管理暂行规定》，提升天津市雕塑规划管理水平。

证后管理

【规划验收】 共对1487项建筑工程进行规划验收，涉及建筑规模约3546万平方米，共对183项市政工程进行规划验收，涉及建设规模约88万米。全年对已批准的建筑项目进行16431次检查，对市政项目进行6523次检查，监督建设项目实施情况，保证城市建设落实规划要求。

【管理机制】 坚持加强对各单位业务办理的指导、监督。开展证后管理业务案卷评查工作，提出整改建议，落实案卷整改。利用“一网通”业务平台，对区县(分)局每月抽查2个建设工程规划验收合格证核发件。协助市审批办做好区县规划验收业务的监督管理，形成部门合力。

地名管理

【地名法规】 加强地名法规制度建设，开展《天津市地名管理条例》修订的立法调研，并提出修订意见。通过调研学习兄弟城市经验，结合天津市地名管理工作现状，综合各方面反馈意见，向市政府提出废止《天津市地名商业冠名管理办法》的建议。

【环城四区地名普查】 已形成地名普查成果表21380个，地名标志表1622个，1：2000地名图2569幅，包含132754条信息点的普查成果数据库。在此基础上，组织召开市级普查成果审查会，形成审查意见并开始对普查成果进行整改完善。

【五区县地名普查工作】 全面启动五区县地名普查工作，以中心城区和环城四区地名普查工作经验和成功做法为基础，已完成成立普查组织机构、确定普查领导小组成员单位、组织召开普查工作推动会、制定普查实施方案、开展普查工作人员培训等前期筹备工作，并通过认真测算，对民政部下发的普查补充资金进行分配。

【地名普查成果延伸利用】 组织专业部门着手研究建立普查成果共享利用平台和地名普查数据库。组织相关领域专家、学者，充分利用地名普查积累的信息数据，研究地名图册、地名录、历史地名故事、地名文化丛书等编印出版工作。

城建档案管理

【区(县)城建档案管理】 召开区县城建档案工作会议，在总结工作的基础上对建章立制、依法治档、档案软硬件设施等方面存在的问题和薄弱环节提出要求，推动城建档案工作全面上水平。

【业务培训】 对重点工程制定专门服务方案和计划，不断完善重点工程服务督办机制，先后赴天(南)大新校区、海河教育园区二期工程、天津机场二期扩建项目、第二儿童医院等重点工程建设现场进行技术指导。

【档案执法】 配合局执法监察部门开展城建档案执法检查，重点对市内六区和环城四区2015年未办理档案认可证及档案预验收证明的项目进行确认，对206个超期未办理档案认可证项目进行执法督办。

【局机关档案管理】 全年为局系统提供档案利用278人次，调阅文书档案400余卷。接收局机关各部门移交档案资料共计584卷。整理归档2014年度文书档案227卷。组织历史档案著录412卷。根据《天津市机关档案评估标准》，做好档案室评估复检准备，顺利通过天津市机关档案工作一级单位复验。

法治建设

【文件制定】 2015年，天津市城乡规划法治建设取得新进展。立法方面，《天津市城市规划管理技术规定(修订)》和《天津市交通影响评价管理办法》列为2015年市政府规章调研项目，相关工作正在按计划开展；加强与市法制办沟通、协调，规范性文件制定、审核及备案工作稳步推进。

1.《市规划局关于高层建筑规划布局及外檐形式要求的通知》(2015年1月23日规法字〔2015〕20号)

2.《市规划局关于废止部分局发行政规范性文件的通知》(2015年3月16日规法字〔2015〕58号)

3.《市规划局关于执行国家建筑日照计算参数标准及确定日照分析范围意见的通知》(2015年3月31日规法字〔2015〕84号)

4.《天津市组团级社区便民行政超市规划设计要求》(2015年6月18日规法字〔2015〕268号)

5.《市规划局关于中心城区控制性详细规划深化工作的实施意见》(2015年7月21日规法字〔2015〕282号)

6.《天津市中心城区加密支路规划设计要求》(2015年7月21日规法字〔2015〕284号)

7.《天津市城市次干道和支路商业建筑退线空间规划设计要求》(2015年8月27日规法字〔2015〕325号)

执法监察

【机制建设】 起草《市规划局关于深化城乡规划执法监察有关工作职责的通知》，明确工作职责，加强业务监督。明确市区两级规划管理职责范围划分，优化证后管理业务流程，完成市级行政许可事项相关内容填报。

【违法建设查处】 不断加大建设项目跟踪检查力度，对于重大违法建设项目，强化检查和处罚工作力度。2015年全市共出动巡查人员9242人次，发现违法案件94起，其中63起移送相关部门，查处的属规划部门职能案件31起，共处罚款865.26万元。办理住建部稽查办转办群众举报案件8件(含督办案件1件)，受理群众向市规划局提出的举报共46件，均按期办结。

【行政复议 行政诉讼应诉工作】 2015年，市规划局受理行政复议案件37件，住房城乡建设部受理行政复议案件300件，市规划局应诉行政诉讼案件

459件。召开行政复议案件会审会12次，对35起案件进行研究。

科技工作

【技委会工作】 2015年召开5次规划局技委会，审议6个项目。完善专家库，及时补充专家库专家信息。

【科技管理】 组织专家对局级10个公开征集项目、14个自主研究项目开展进度检查、中期审查，按照合同要求完成结项验收工作。2015年获住房城乡建设部批准的科技项目立项4项，并按照合同时间节点开展项目进展检查，完成住房城乡建设部2016年科技项目8项、市科委科技项目15项、建交委科技项目13项、地方标准3项的申报工作，完成华夏建设科技奖、科技进步奖的申报，其中获科技进步二等奖1项，三等奖2项。受住房城乡建设部建筑节能与科技司的委托，组织专家对局系统承担的住建部项目进行结项验收工作4项。

【资质管理】 完成规划编制资质升级工作1项，限期整改单位资质审核3项。完成规划资质行政审批的权责划分。对6家规划编制资质单位开展调研工作。

调研工作

【概况】 2015年天津市重大课题研究在全市范围进行招标，规划局系统报送课题18项，其中共有7个课题中标，在全市各委办局中排名第一，创历史最好成绩。围绕当前城市规划建设中的重点、难点问题，先后开展重大市政工程规划管理体制、城市建筑创作方法、三规衔接以及规划管理体制等重大调研工作，研究成果为局领导决策提供了有力支撑，部分成果被市委、市政府和住房城乡建设部采纳转化。

信息化建设

【城市建设管理监管平台建设】 以“为服务决策、服务管理、实现建设、项目全过程监管”为总体目标，进行开发建设城市建设管理监管系统工作。该系统由全市15个委办局，各自构建的分节点组成，通过专网实现信息交互共享，在主节点形成信息资源池，涵盖城市建设、城市管理等领域，按照统一的交换标准，消除跨行业之间的数据隔离和不透明，做到有权限共享，为各委办局提供政务管理应用服务。系统第一阶段建设工作已经基本完成，已经开展试运行准备工作。系统已涵盖10个信息资源专题数据，49个功能模块，可实现城市建设基本情况、建设项目具体信息查询等功能，汇集城市建设管理领域700多万条的信息资源。

【“一网通”建设】 组织研究和完善“一网通”升级改造方案，多次组织技术专家进行论证，提出建设性的建议和意见。发挥“一网通”平台服务规划业务管理功能，深化“一网通”业务管控功能，开发实现“一网通”平台修详规指标自动核算，修详规电子印章防伪等功能，提高规划业务案件办理水平。

【地形图更新维护】 完成14个区县(宁河区、宝坻区已于2014年完成更新)约9500平方千米的1∶1万地形图更新入库。全市域1∶2000地形图更新维护，中心城区1∶2000地形图实时更新14批次共875幅；中心城区以外区域共完成521个单元约1.32万平方千米的外业修测及内业检查工作。完成“天地图·天津”节点数据建设，更新地理实体数据、电子地图数据、航空遥感影像和兴趣点数据。

【规划基础数据和业务数据建设】 开展中心城区变化区域面积统计(共计22平方千米)工作，完成和平区、河西区、红桥区、西青区、津南区及北辰区的变化区域三维模型制作。制定《地下建构筑物数据整理标准》，收集2013～2015年7月审批和竣工数据共计1759项，开展重点地区地下建筑调查，共调查道路10千米，获得单体地下建筑物数据71项。将2009年～2014年建设用地规划许可证的图形成果汇总形成建设用地规划许可图层。完成建设工程规划许可成果汇总，实现12634项许可证图形成果数据汇总、整理和入库。

【全市域机载激光雷达测量】 完成技术方案设计、费用标准调研、拟定招标文件等工作。由于抗日战争胜利70周年阅兵节日空中限制和雾霾天气等原因，未能按期进行2015年度航摄工作(约1000平方千米机载激光雷达航摄及数据制作)，拟顺延至2016年，并做好空域协调工作，提高保障力度，完成预定目标。

(天津市规划局)

城乡建设管理

法规建设

【公示权力清单 规范职权运行】 认真开展行政职权梳理工作，编制并上报《天津市建委权责梳理目录》和《行政职权权责梳理表》，初步确定行政职权236项，并对每项行政职权的名称、法定依据、实施机构、管理权限、运行流程、责任事项及监督方式等事项在天津机构编制网、天津建设网向社会公示。

【强化立法调研 严格审核备案】 开展《天津市燃气管理条例》后评估工作，并完成《天津市燃气管理条例》修改草案，完成《天津市房地产开发建设条例》起草工作，并向市人大进行立法论证汇报，完成《天津市建设工程勘察设计管理办法》立法调研报告和草案起草。组织清理委发规范性文件，初步梳理现行有效规范性文件188件。

【及时清理法规 维护法制统一性】 对需要清理的8部天津市政府规章，逐条逐项进行研究，确定继续有效5部，修改3部。清理以天津市政府和天津市政府办公厅名义发布文件31件，符合上位法继续执行20件，因阶段性任务完成宣布失效9件，因管理职能调整建议由相关单位提出清理意见2件。

（朱江）

房地产业概况

【房地产开发投资稳定增长】 天津市累计实现房地产开发投资1871.5亿元，同比增长10%，累计施工9182万平方米，同比下降1.2%，新开工2817万平方米，同比增长0.1%，竣工2904万平方米，同比持平。2015年天津市投资增幅高于全国增幅9个百分点。

【住宅开发建设比重较大】 年内新八大里、天拖、解放南路等住宅项目加快推进，河西区全运村、东丽区军粮城示范镇二期等一批建筑规模较大的大型住宅项目开工建设。2015年全市住宅项目累计开工面积1851万平方米，占全市房地产新开工面积的65.7%，公建项目新开工面积966万平方米，占全市房地产新开工面积的34.3%。

【商品住宅总体供需平衡】 天津市商品住宅库存总体处于合理区间，截至年底，天津市商品住宅已办理销售许可未售1342.6万平方米，按2015年1415.8万平方米的住宅销量测算，去化周期约11个月，总体供需基本平衡。

【建设用地成交下降幅度趋缓】 2015年以来开发企业购地意愿较上年有所提升，全年房地产开发建设用地成交1124.06公顷，同比下降11.6%，降幅较上年同期缩小11.1个百分点。其中，商品房建设用地出让面积794.73公顷，同比下降14.4%，降幅较上年同期缩小15.6个百分点，保障性住房建设用地供应面积329.33公顷，同比下降4.1%。

（王春英）

房地产宏观调控

【商品住宅价格保持平稳 销售量同比提升】 2015年天津市商品住宅平均价格9869元/平方米，同比增长12.7%，增幅较上年同期提升8.3个百分点，商品住宅销售面积1668.18万平方米，同比增长3.4%。

【保障房、普通商品房有效供应增加】 综合运用规划、计划等管理手段，引导支持企业开发建设中低价位、中小套型普通商品住房项目，基本满足百姓购房需求。

【落实差别化信贷 税收政策】 跟踪市场变化情况，动态调整相关政策，支持和鼓励自住、改善型购房需求。天津市新建商品住宅成交中，自住、改善型购房比重保持在90%以上。

【加强土地出让调控】 房地产建设用地供求基本平衡。探索确定了住房成交面积、可售面积、潜在供应面积(已供住房用地可形成的上市量)之间1：2：3控制目标，据此调整新增住房用地供应规模。有保有压，确定不同区域土地供应计划。

（王春英）

房地产开发企业管理

截至2015年底，天津市具有房地产开发资质的企业1532家，比上年底减少2.98%。按资质等级分：一级企业18家，占1.17%，二级企业83家，占5.42%，三级企业104家，占6.79%，四级企业1156家，占75.46%，暂定资质企业171家，占11.16%。按企业性质分：国有企业40家，占2.61%，集体企业5家，占0.33%，有限责任公司1363家，占88.97%，外资企业109家，占7.11%，股份制企业15家，占0.98%。

2015年房地产开发企业户均注册资金27834.65万元，同比提高6.87%，全年进津外地企业461家，注册资金896.14亿元，注册资金总量比上年增长6.93%。（王春英）

保障性住房建设

2015年，天津市建立跟踪服务机制，全力做好棚改工作，着力推进保障房、示范镇农民还迁房开发建设，尤其是针对影响大寺、双青新家园进展的难点问题，加大部门联合协调力度，推动住宅、配套公建、市政基础设施施工进度。对于尚未开工建设的项目，组织相关部门开辟绿色通道，实行一站式服务，并联审批，加快各项前期手续办理，圆满

完成全年新开3万套、竣工7.5万套的保障房建设任务。(王春英)

城乡建设概况

【建设规模保持平稳增长】 2015年，天津市落实保增长各项措施，不断加大市政交通和房地产开发建设投资。城建固定资产投资完成3553亿元，其中天津市城乡建设委员会直接组织完成2323亿元。全市累计在施面积1.27亿平方米。83项市重点工程建设顺利推进，中石化国家原油储备库、华泰汽车总部、天南大新校区等9项工程竣工。这些项目的建设将为完善城市功能、调整产业结构和服务改善民生发挥重要作用。

【综合交通建设成效显著】 机场、港口、铁路、地铁、高速、快速路“两港四路”建设全面提速。京津城际延伸线及于家堡交通枢纽于9月20日开通运行，实现北京至滨海新区1小时通达。津保铁路2015年底通车运营，进一步密切了京津冀联系，打通东北方向经天津通往西北、西南、华东、华南地区的高铁通道。西南环线铁路基本完工，北环铁路、南港铁路、新港北集装箱中心站、京津城际机场引入线加速推进，“十二五”实施的铁路12线600千米建设，进入全面收尾冲刺阶段，天津铁路枢纽地位进一步提高。

京津塘高速公路改造工程建成通车。京秦高速具备通车条件，唐廊高速、蓟汕联络线加快建设，天津对外交通辐射能力进一步增强，区域交通一体化初步显现。

地铁五条线、137千米同步建设。五、六号线70座场站中，44座完成主体结构，区间盾构施工稳步推进，2015年底六号线部分路段实现试运行。一号线东延工程12座场站实现盾构双线贯通。四号线南段、十号线南段启动建设，管线切改和园林绿化迁移工作正在组织推动。

【房地产开发建设平稳推进】 2015年，全市房地产新开工面积2817万平方米，累计施工面积9182万平方米，竣工面积2904万平方米。海河沿线、新八大里、解放南路地区、天拖等重点区域开发进入全面建设阶段，117大厦、周大福金融中心、万通大厦、运河文化中心等一批重大项目建设加快推进，商业项目、工业项目开发建设比重进一步提高。保障性安居工程建设稳步推进。总建筑面积85.13万平方米的西于庄还迁房项目于年底向居民提供选房入住，49栋7200套住房满足西于庄棚户区居民还迁需求。

【服务民生力度不断加大】 城建10个子项民心工程建设全面完成。中心城区52座燃煤供热锅炉房完成改燃并网，经过4年努力，147座锅炉房全部完成改造，实现中心城区无燃煤供热目标，每年可减少燃煤消耗357万吨，减少二氧化硫排放2.86万吨，减少氮氧化物排放1.57万吨。积极推进水气热旧管网改造，自来水户内旧管网改造完成8万户，集中供热旧管网改造完成100千米，燃气户内管改造完成1.2万户，居民用水、用气、用热安全得到进一步保障。推进华明千米、双港新家园等52项非经营性公建配套完善，全部建成并移交，实施属地常态化管理。连续三年实施农村危陋房屋改造，累计改造农村危房1.5万户。

【美丽天津建设持续用力】 全面实施施工扬尘、渣土治理、供热改燃、散煤替代、渣土卸地、视频监控、雨污分流改造7个专项治理。出台《建设工程施工扬尘管理规定》和《治理导则》，实现施工扬尘治理规范化、标准化。中心城区在建工地基本实现远程视频监控，24小时在线监测，超标报警。注重源头治理，强化渣土装运企业和运输车辆管理，全市1100部渣土运输车辆实施密闭改造，严格施工现场、规定时间线路和卸货地点“两点一线”全过程管控。

【安全城建扎实推进】 落实《安全天津建设纲要》，狠抓建设施工和供热、供气安全管理，努力打造安全城建。进一步强化主体责任，实施“5＋1”管理体系，增加执法监督监管，对薄弱环节和重大风险源，建立必查必管机制，确保监督到位，突出重点环节，实现“6＋2”环节管控，特别是针对基坑支护降水、土方开挖、模板支撑体系等6大类20个分步分项工程，形成操作监管闭合的管控体系，实现硬隔离。深入开展3个百日大检查和两年治理行动，狠抓建设工程质量安全和供热供气环节管控，确保稳定受控，百亿元产值伤亡低于全国平均水平。

【建筑市场发展持续规范】 积极引导建筑行业转型升级，加快推进建筑业发展和改革，全市特、一级总承包企业累计达到152家。2015年完成建筑业产值4488.90亿元，实现增加值742.33亿元，同比增长8.9%，继续保持较快增长速度。牵头组织全市建设工程招投标专项检查，严厉打击应招未招、先开工后补办手续等违法违规行为。加强建筑劳务市场监管，推行以实名制为基础的建筑业农民工三项管理制度，全市劳务用工管理的规范化、标准化和制度化水平进一步提高。建筑市场信用体系建设初步完成，建筑市场主体信用评价的法规体系得到不断完善。

（王锡超）

城乡建设规划

【燃气、供热专项规划】 结合天津市大气污染防治行动计划实施方案，积极组织有关部门开展《天津市供热规划(2014-2020 年)》、《天津市燃气热规划(2014-2020 年)》的修编工作，组织开展了两个规划的环评工作。

【地下综合管廊专项规划】 组织有关单位编制综合管廊专项规划，该规划结合地下空间开发利用、各类地下管线、道路交通等专项建设规划进行编制，已形成初稿。

【轨道交通建设规划】 会同天津市发改委等部门组织编制完成《天津市城市轨道交通建设规划(2015-2020 年)》。规划批复天津市 8 条城市轨道交通线路，总长约 228 千米。

（张雪菲）

风景名胜区建设管理

2015 年，盘山风景名胜区经营收入稳步增长，推动景区健康可持续发展。全年共接待游客 167 万人次，实现收入 1.05 亿元，同比分别增长 12%和 23%，再创历史新高。盘山景区先后被中国文物保护基金会评为最具价值文化旅游目的地景区，被国家旅游局评为首批“全国旅游价格信得过景区”，被天津市文明委评为“天津市文明单位”，被天津市物价局评为“天津市价格诚信单位”，被国家标准化管理委员会评为“全国服务业标准化试点单位”。

盘山风景名胜区累计投资 3400 万元，重点实施了 5 个项目。投资 400 万元，完成下盘水景观升级改造工程，实现从天成寺飞帛涧、云楼梨影至三盘暮雨水系全线贯通。投资 650 万元，完成临时停车场扩建提升、天成寺环线路建设、旅游观光车站建设、实景演出山体安全防护、重点游览路升级改造等基础设施建设工程。投资 250 万元，对全山重点游览路段进行绿化美化，对全山标识牌进行统一规范，完成正门区牌楼夜景灯光安装工程。投资 100 万元，完成景区电子售验票系统升级改造工程，在全山重点部位增设高清摄像头 58 个。引资 2000 万元，购置旅游客运车 48 部，并正式投入运营。（谢辉）

城市路网建设

2015 年，针对中心城区交通拥堵的现状，天津市继续开展瓶颈路段提升改造工程。完成小红星路、东河沿大街、胜景道、环宇道跨线桥、刘庄桥改造、海津大桥地坪段、资阳路、绥江道李港铁路卡口、雪莲路地道、天平桥下掉头车道等 10 处拥堵严重路段改造。改造工程的按期完工，有效地提升道路所在区域的交通通行能力，方便群众出行。

为进一步提升中心城区排水能力，防止大规模城市内涝等现象的发生，2015 年天津市共有 7 座雨水排水泵站完工，包括红桥南泵站、卫国道泵站、淮东路泵站、淮河道泵站、八一泵站、红塔寺泵站、杨桥泵站。建成后的泵站在当年汛期即发挥了重要作用，解决了地区积水现象，提高了整体防汛防涝能力。（贾强）

供热管理

2015 年，天津市供热工作以改燃并网和散煤治理两大民心工程为抓手，全市供热结构进一步优化，环境改善和节能减排成效显著，供热服务水平明显提升，行业机制改革稳步推进。全市集中供热面积已达到 3.73 亿平方米，涉及居民 310 万户。全市集中供热普及率 91%，中心城市住宅集中供热普及率 97.9%。热电联产、燃气和清洁能源比例达到 64.7%，燃煤锅炉下降到 35.3%。全市供热计量试验面积达到 1.27 亿平方米，继续保持全国领先地位。全市共有供热企业 240 家，其中，国有企业 110 家，民营企业 130 家，全行业职工共计 3 万多人(包括季节性临时用工)。

2015 年，全市共完成供热旧管网改造 240 千米、节能改造 109 万平方米、单户分环改造 114 万平方米，开工建设 10 座可再生综合能源站，完成城市家用散煤采暖治理 262.2 万平方米、5.28 万户。完成 52 座锅炉房、6170.25 万平方米改燃并网任务，中心城区实现集中供热无燃煤化，每年可减少燃煤消耗 357 万吨，减少二氧化硫排放 2.86 万吨，减少氮氧化物排放 1.57 万吨，为改善空气质量做出重要贡献。

11 月，首个省级供热行业微信公众平台“天津供热”正式建成上线。（吕绍文）

燃气管理

2015 年，天津市天然气供气总量 30.58 亿立方米，新增气量 0.24 亿立方米，比上年增长 0.8%，用气户 372 万户，新增 30 万户，增长 8.8%，燃气管线 19356 千米，新敷设 3060.5 千米，增长 18.8%，加气站达到 43 座，新建 8 座，增长

22.9%。实施燃气旧管网改造工程，外网改造100千米，户内管改造3万户。

启动《天津市燃气管理条例》的修订工作，完成《天津市安全生产防控网——燃气经营企业在线监测工作实施方案》及相关标准的制定，开展《天津市城镇燃气安全运行管控导则》的编制工作，完成《安全天津建设纲要(2015～2020)》“燃气部分”及《燃气设施建设及运营安全管理方案》的编写工作，制定燃气发展“十三五”规划的总体思路框架。

受理完成燃气企业经营许可及准销许可审核(审批)16家，受理完成新、扩建工程项目审核(审批)38个。开展2015年燃气行业操作层培训工作，启动燃气行业领导层和管理层培训教材的编制工作，并对56%的燃气企业操作层持证上岗情况进行检查。全年监督工程项目35项，施工现场质量安全抽查42次，下达整改通知书8份，提出整改意见26条，组织工程竣工验收9项，一次性验收通过率100%，未发生工程安全事故，开展液化石油气市场执法检查42次，行政处罚6起，对全市41家大型卖场的300余个摊位销售燃气燃烧器具的情况进行了检查，涉及品牌30余个。全年受理完成服务热线及各类投诉反映399件；积极参与供热改燃工程，改燃锅炉房41座，安装锅炉134台。(王斌)

再生水管网建设

2015年，天津市共计铺设再生水管网37千米，其中重点实施了解放南路地区、陈塘工业园、张家窝镇、中北镇、柳林地区及天钢地块开发项目配套道路再生水管网建设。截至2015年底，中心城区累计铺设再生水管网775千米，其中通水管网322千米。

再生水设施主要服务对象为：梅江等120个住宅小区冲厕及生活用水，建筑面积951.4万平方米，涉及居民9.05万户，天津宾馆等77个公建项目冲厕及绿化用水，东北郊热电厂、陈塘庄热电厂、杨柳青热电厂、无缝钢管公司、小海地供热站、体院北供热站、水晶城供热站、翠水园供热站、第六田园供热站等16个工业项目循环冷却及热网补充用水；堆山公园、体育公园、友谊南路、大沽南路、南开、津南环卫等沿线334.5万平方米绿化及环卫用水。(宋庆成)

地铁及枢纽建设

2015年，天津市轨道交通通车里程140千米，日均客流量85万人次。完成华苑轨道交通综合控制中心建设并组织联调联试。中心城区在建地铁项目5个，包括地铁5号线、6号线、4号线、10号线和1号线东延线，在建里程137千米、场站119座。其中：地铁6号线，共39座车站，1个车辆段。首开段(南运河至水上东路)车站主体完工，实现“洞通、轨通、电通”三通。车站装修完成80%，设备安装和单机调试基本完成。南段剩余13座车站中，7座已完成主体结构，1座进行主体结构施工，5座进行围护结构和土方开挖施工。区间盾构完成5%。地铁5号线，30座场站中23座完成主体结构，4座进行主体结构施工，3座进行土方开挖和桩基施工。27个区间隧道，11个区间双线贯通，2个区间单线贯通。地铁1号线东延线，10座车站主体完工，9个区间双线贯通。(师端平)

文化中心周边开发建设

文化中心周边地区规划范围东至解放南路，南至黑牛城道，西至友谊路、隆昌路、黄埔南路，北至大沽南路，规划总用地面积约2.41平方千米，分为东、北、南三部分，其中东地块(尖山八大里地区)，规划用地1.5平方千米，北地块规划用地0.48平方千米，南地块规划用地0.43平方千米。(刘彦涛)

12319城建服务热线

2015年，12319热线围绕美丽天津“一号工程”建设、旧楼区提升改造、节能改造等民生工程，以开展热线优质服务活动为契机，全面提升热线服务水平。

全年共受理信息87.7万件。全年督办重点疑难问题180件，现场勘察229次，召开现场会4次。承办供热、供水、文明施工、旧楼区改造、市政道桥等专项接听5次，受到群众好评。(郭盼军)

城建科技

2015年，组织完成《天津市建设科技发展“十三五”规划》的编制工作，发布《天津市城乡建设委员会2015年建设科技工作要点》和《2015年度天津市建设系统科学技术发展计划》，其中下达应用课题43项、软课题25项。

组织完成天津市建委和住建部科研课题成果鉴定和验收36项，获得国家专利5项。其中《天津文化中心大剧院钢结构施工技术》课题研究成果应用于天津市重点工程建设，并获得国家专利2项、市级工法2项，达到国际先进水平，《机场交通中心工程考虑承压含水层与非对称影响的超深基坑围护优化及环境影响控制》课题在天津首次开展了悬挂式地连墙深基坑在承压水条件下的回灌技术系统研究，取得3项专利技术。获住房城乡建设部华夏奖11项，天津市科学技术奖20项，其中《中央大道海河沉管隧道关键技术问题研究》获得科学技术进步一等奖，《天津市高速公路全寿命周期标准化关键技术研究》等5项课题获得科学技术进步二等奖，《装配式剪力墙结构技术集成》等14项课题获得科学技术进步三等奖。(师生)

建筑业概况

2015年，天津市各类建筑业企业有4078家，按承包类型划分：总承包类建筑业企业760家，占18.70%，专业承包类建筑业企业2321家，占56.73%，劳务分包类建筑业企业997家，占24.57%。按资质等级标准划分：具备施工总承包资质的有760家(特级资质8家，一级资质144家，二级资质256家，三级资质354家)，具备专业承包的有2321家(专业承包一级197家，专业承包二级591家，专业承包三级1434家，专业承包不分等级99家)，具备劳务分包资质企业997家。2015年，外埠建筑业企业进津登记备案2264家，其中特级企业174家，占7.69%。

天津市建筑业总产值继续保持稳步增长。全市建筑业总产值达到4488.90亿元，同比增长8.9%，实现增加值742.33亿元，同比增长8.5%。市属建筑业企业实现产值接近2372.26亿元，占建筑业总产值的52.8%。年产值达到百亿元以上的企业有6家，建筑业年产值达到10亿元以上的企业有91家。建筑业企业完成外埠建筑业产值1650.40亿元，同比增长12.8%。外地进津建筑业企业总产值1379.30亿元，同比增长17.6%。

全市具有建设工程执业资格总人数为73239人。具有注册建造师人数为43737人，其中一级建造师执业资格9956人，二级建造师执业资格27821人，临时建造师5960人。具有建设工程造价执业资格类的人数为23834人。其中获得国家造价工程师执业资格2500人，具有天津市造价员执业资格21334人。具有建设工程监理执业资格类的人数为5668人，其中获得国家监理工程师执业资格3100人，具有天津市监理工程师执业资格2568人。(王勇)

建筑市场管理

进一步规范建设市场经营秩序，强化事中事后监管。出台《关于进一步推动天津市建筑市场统一开放相关工作的通知》，废除外地进津备案压证制度，取消各区县制度壁垒，鼓励更多的优秀施工企业进入天津市场，杜绝恶性竞争的市场行为，筑牢事中事后监管的制度基础。加快执业人员信用评价办法研究，信用管理从企业向人员拓展，建立市区两级建筑市场信用评价管理体系，营造诚信褒奖和失信惩戒的环境，运用网络科技推广“一控、四监管”的模式，实现市场与现场联动、市区两级联管，强化市场事中事后管理水平提升。

印发《天津市建筑市场执法检查办法》，并建成天津市建筑市场执法监察工作平台，统一全市执法检查程序、检查内容和处罚标准，邀请住房城乡建设部专家就建筑市场违法违规行为认定标准进行讲解，提高执法监察人员素质水平。在深入开展工程质量治理两年行动过程中，市区两级建筑市场监察部门加强日常巡查，检查工程项目2857项次，企业2801家次，查处存在违法行为的项目330个，涉及企业507家次，共处罚款1086.17万元。营造依法打击建筑市场违法违规行为的强大声势，保障了建筑市场规范运行和建设项目质量安全。(王勇)

建筑市场信用体系建设

2015年，天津市建筑市场诚信体系建设有序推进。修订完善施工总承包企业信用评价指标体系，评价指标从23个观测点、112个数据采集点调整为75个观测点、205个数据采集点，信用评价更加全面科学，开展全市施工总承包企业信用等级评定，1205家企业参评，183家企业被评定为信用等级A类企业，357家企业被评定为B类企业，中国电子系统工程第四建设有限公司等5家企业被评定为D类企业。深入开展建筑业从业人员信用管理的研究，完成注册建造师信用评价办法初稿。理顺信用信息归集渠道，全年归集奖励、处罚和现场行为考核记录等9750条，为信用评价提供了坚实的数据基础。信用评价结果与招投标挂钩，全年施工总承包企业信用信息被招投标资信提取16515次，信用等级为A类和B类的企业在投标过程中加分9910次，中标项目2764项。落实信用惩戒制度，将连续两年被评为D级的华宸建设集团清出本地市场。全市建筑施工企业诚信意识不断提升。制定了劳务企业、监理企业和招标代理机构的诚信评价体系。(王勇)

工程质量管理

天津市坚持贯彻落实《建筑工程五方责任主体

项目负责人质量终身责任追究暂行办法》，新建项目开工前，五方主体项目负责人必须签订质量安全承诺书，工程竣工后标牌上墙，接受社会监督，无标识牌不予验收、不予备案。建立建设工程项目负责人质量终身责任信息档案，作为追究有关违法违规行为的依据，及时、准确地追溯责任人相关责任。严格材料管理，把监管重点放在结构性材料和功能性材料上，严格钢筋调直加工控制，严禁使用外加工钢筋，实行全市预拌混凝土企业混凝土质量信息化监管，坚持建筑材料监督封样抽测季度通报。强化工程验收，在竣工验收前，对地基、基础、主体、建筑节能实行分阶段验收，压实建设单位验收责任。（郑年栋）

工程安全管理

天津市制定《天津市建设工程施工前现状调查管理办法》。规定工程施工前，建设单位组织对工程周边建(构)筑物、管线、道路进行现状调查，进行影响评价并出具报告，据此完善施工方案，实施过程监控。针对地铁五、六号线进入联络通道建设高峰期，从完善联络通道专项管理体系等方面制定措施，并将处理程序和措施落实到一线作业人员。

制定《建筑施工起重机械、架设设施安装验收管理办法》，对建筑施工起重机械初始安装验收及后期的顶升(升节)、附着验收、架设设施的初始安装验收及后期的提升、下降验收都做出了具体规定。坚持对施工机械设备进行动态管理，对存在安全隐患和达到使用期限的5671台(套)设备实施了强制报废。

加强应急管理，印发《关于加强天津市建设工程突发事件应急工作的通知》、《建设工程突发事件应急抢险工作实施细则》和《天津市建设工程施工生产安全应急专家管理办法》，强化组织保障，对事件接报、先期响应、资源调配、消除救援阻碍、组织专家会商、监督实施、信息收集等应急处置环节进行了明确，从加强领导、严格值班制度、保障通信畅通、严格责任追究等方面提出了要求，组织开展了应急集结演练。

开展3个百日大检查，全市共检查工程建筑面积6573万平方米，预拌混凝土企业132家，下达责令暂停施工通知书17438份，责令暂停施工通知书1575份，提出整改意见3.73万条，对376起严重违规行为给予了经济处罚，经济处罚3880万，终止2家企业在区县参加投标的资格。（郑年栋）

建设项目融资与管理

【在市政公用交通领域积极推动政府和社会资本合作(PPP)模式】 会同财政局、发展改革委制定《天津市市政公用交通领域推广政府和社会资本合作(PPP)模式实施方案》，完成新梅江、新八大里、侯台风景区等重点开发区域5个PPP特许经营项目的招标工作，积极推动TOT公开招标方式转让已建成的张贵庄污水处理厂和污泥处置中心经营权。

【加强市级财政资金支撑】 通过发放地方债解决建设资金近20亿元，用于天津市重点路桥建设，为重点建设项目提供了有力的资金支撑。

【积极争取国家资金支持】 充分利用“两行一基金”政策，特别是发行专项建设基金支持项目资本金，争取专项建设基金47亿元，主要用于地铁项目，有效降低建设单位的融资成本。天津市利用世界银行第三批贷款1亿美元，用于公交优先、路网畅通改造、地铁接驳、公交场站及公共自行车系统示范工程等城市交通改善项目，已全面进入实施阶段。（张点点）

招投标管理

2015年，天津市累计完成招标项目监督备案6992项，中标金额1399.3亿元。其中，公开招标5581项，中标金额916.1亿元，邀请招标1411项，中标金额483.2亿元，施工招标备案2790项，中标金额1320.83亿元。实现合同备案5859项，合同金额1194.2亿元。

印发《天津市建设工程招标投标活动投诉处理办法》，明确投诉适用范围、投诉受理的情形、工作程序、各方主体的责任追究，有效打击了恶意投诉，提高了投诉处理效率。修订《天津市建设工程评标专家和评标专家库管理办法》，对评标专家库的组建、使用，评标专家的资格认定、入库、管理、培训及考核等内容进行了修订和补充。规范评标专家库的使用，加强了对评标专家的考核管理。贯彻落实《施工招标评标办法适用范围》，严格监督评标办法的选用，加大考核、检查力度，净化市场环境。开发计算机辅助评标系统，将招标文件和投标文件与系统对接，由评委操作计算机对投标文件进行打分，对投标人价格评审、分数汇总等复杂性、精确性计算由计算机来完成，并通过商务标辅助软件评审商务标报价合理性及单项报价工作。提高了评标的严谨性、公正性，减少了人为因素对评标的干扰。

2015年，对天津市2013年以来使用国有资金投资建设的市政基础设施、交通设施、农业、水利、教育、卫生等11个专业招投标情况进行了全面检查。共检查了4411个项目，发现存在问题的项目有374项，占总数的8.5%，对其中问题较为突出的项目进行追责。制定出台了《关于进一步加强财政资金建设项目和国有投资建设项目招投标监管工作的意见》，对应招未招、先开工后补办手续等违法违规行为起到了有力震慑作用。（黄学军）

文明施工管理

天津市制定《天津市建设工程扬尘治理导则》，对于市行政区域内的所有建筑工程、新建道路工程、地铁工程和铁路工程，详细规定了在不同施工阶段，工地需采取的围挡、苫盖、车辆冲洗、硬化、喷淋措施，并配有相应的图片进行说明。继续强化属地管理原则，并加强统计分析，形成分析报告，存在问题以任务单形式下达区县，按季度进行区县扬尘考核排名。

开展颗粒物在线监测，规定全市所有新建项目在开工前必须完成视频监控和扬尘监测设备的安装与调试，在施项目安装颗粒物在线监测设备。

2015年以来，天津市组织各区县支队开展3次全市范围的扬尘专项检查，共检查工程2569项，对检查出的问题下达责令整改通知书723份，责令暂停施工通知书103份，提出整改意见1056条，对102个项目，302个责任主体单位提出了通报批评，并将相关责任单位记入年度信誉体系。（郑年栋）

勘察设计

截至2015年底，天津市共有勘察设计企业350家，其中中央驻津企业34家、外资企业15家、民营企业196家，全行业具备甲级资质的企业共计178家，占总数的51%。截至2015年底，全市共有勘察设计从业人员4万余人，其中具备中、高级职称的专业技术人员2.32万人，占全行业的58%，勘察设计类注册人员4117人，占全行业的10.29%。天津市建筑设计院的张铮等23名中青年技术骨干当选为第二批“天津市工程勘察设计大师”。2015年评选出天津市“海河杯”优秀设计奖203项，获奖单位共计43家。在加强设计项目管理方面，全年组织完成30个政府投资类项目（含保障房）的初步设计审查和滨海新区文化中心等15个建筑工程和市政工程的抗震设防专项审查。在施工图审查管理工作方面，全年共计审查房屋建筑项目1150项，总建筑面积4200万平方米，同比增长27万平方米，增幅0.6%，其中审查绿色建筑项目105项，建筑面积950万平方米，同比增加了69项。全年共审查市政基础设施项目350项，总投资额823.52亿元，同比减少86项，减幅19.7%，总投资额增长461.65亿元，增幅128%。（康洁）

标准编制及管理

2015年，天津市下达工程建设地方标准编制计划40项，其中，《天津市综合管廊工程技术规范》、《天津市海绵城市建筑技术导则》和《天津市建设项目配建停车场（库）标准》列入编制计划。2015年，共颁布工程建设地方标准16项，其中新编标准7项，修订标准9项。在新编的标准中，《天津市绿色建筑材料评价技术导则》和《天津市绿色设备评价标准》的颁布标志着天津市成为我国首个制定绿色建材、设备评价标准并开展评价工作的城市。

部署开展工程建设地方标准复审工作，对《天津市地热回灌地面工程建设标准》、《天津市市政工程施工现场安全管理标准》和《天津市路灯设施建设运行技术标准》等2010年及以前共67项标准进行了复审。其中，确认继续有效的工程建设地方标准36项，予以修订和局部修订的工程建设地方标准25项，废止的工程建设地方标准6项

组织完成《ZS建筑用保温砂浆墙体保温系统应用技术规程》、《TL建筑保温砂浆保温系统应用技术规程》等10项工程建设企业标准备案工作。

坚持严格做好新颁布标准的宣贯工作，有针对性地进行技术培训，会同天津市建设工程技术研究所等单位组织开展《天津市公共建筑节能设计标准》（三步节能）、《天津市绿色建筑设计标准》等地方标准的宣贯工作，各区县相关技术人员1000多人参加了培训。（张栋）

建筑材料管理

2015年，完成《天津市建设工程材料使用监督管理规定》（征求意见稿）的编制工作，启动与该规定相配套的信息化监管平台“天津市建设工程材料使用信息监督管理系统”的开标、设计开发、系统测试工作。开展天津市2015年度建设领域“四新”技术工程应用专项检查，对8项“四新”技术、15项应用工程进行检查。“天津市建材业十三五发展规划”经专家研究论证通过，被列入2015年度天津市建设系统第二批科学技术发展计划。（冯忠波）

建筑机械设备管理

2015年，完成《天津市建筑施工起重机械和架

设设施安全监督管理规定》(征求意见稿)的编制工作。印发《建筑起重机械安装质量检验报告》，依据《建筑施工升降设备设施检验标准》，对天津市塔式起重机、施工升降机、龙门架及井架物料提升机、高处作业吊篮、附着式升降脚手架安装质量检验标准进行统一规范。

印发《关于建筑工程施工现场逐步淘汰龙门架及井架物料提升机的通知》，规定天津市不再办理龙门架及井架物料提升机的新购设备备案，现有的物料提升机继续使用直到报废年限，鼓励使用先进适用的新型齿轮齿条式货用施工升降机，进一步提高施工机械的安全生产水平。

加强事中事后监管，会同天津市质安总队、工程机械协会组织相关设备专家组成检查组，对静海、蓟县、宝坻、西青、津南、河东等区域部分在施工程的建筑起重机械安全使用情况开展专项检查活动。(冯忠波)

高速公路建设

2015年，天津市共建设高速公路项目10项(续建8项，新开工2项)，总长度209.6千米。其中，市区部分项目共计5个，全部为续建项目，总长度107千米，包括唐廊高速一期、京秦高速、蓟汕高速南北段、国家会展中心海河通道工程，全年完成投资85亿元。滨海新区建设项目共计5个，总长度102.6千米，其中续建项目3个，为西外环高速公路、津港高速公路二期、津汉高速(西外环—汉蔡路)，新开工项目2个，为津汉—海滨高速联络线、滨石高速公路。市区部分京秦高速竣工具备通车条件，实现通车里程30千米。(贾强)

铁路工程建设

2015年，天津市铁路建设累计完成投资60亿元。京津城际延伸线及于家堡交通枢纽、津保铁路建成开通运营。西南环线、南港铁路、进港三线和铁路集装箱中心站，以及天津机场线稳步推进。同时，开展了汉周联络线、豆双联络线以及京唐城际、京滨城际铁路的前期工作，京唐、京滨城际先期工程宝坻南站维修工区实现开工建设。

“十一五”、“十二五”期间，天津铁路规划建设13条线、5个大型枢纽站、5个中间站，分别是京津城际铁路、京沪高速铁路、京沪高铁至西站北联络线、津秦客运专线、天津西站至天津站地下直径线、京津城际天津站至于家堡站延伸线、京津城际机场引入线、津保铁路、蓟港铁路、大北环铁路、进港三线、西南环线、南港铁路13条线，天津站、天津西站、滨海站、天津机场站、于家堡站5个枢纽站，以及天津南站、杨村站、军粮城站、滨海北站、天津港北集装箱中心站5个中间站。十年间，铁路新建里程550千米。截至“十二五”末，13条线、5个大型枢纽站、5个中间站基本建成，为完善天津铁路枢纽功能起到了非常重要的作用，也为天津经济社会发展提供了良好的交通基础保障。(师端平)

港口建设

2015年，天津港累计完成基础设施建设投资65亿元。货物吞吐量达到5.4亿吨，集装箱吞吐量突破1400万标箱。天津市建成10万吨级大沽沙航道、南疆中部散货堆场工程、东疆港区北防波堤、东疆港区东部配套区商务中心工程，东疆自由贸易港区挂牌运营。东疆红酒展销中心项目主体完工、天津港圣瀚石化码头水工工程完工。积极推进天津港高沙岭港区10万吨级航道一期、天津港大港港区10万吨级航道、东疆二岛围堤、神华煤炭码头二期、临港经济区南部区域新兴建材产业基地通用码头等工程的建设。中国石化液化天然气码头、大港港区通用散货泊位一期工程开工建设。这些高等级的专业化码头和泊位建设，极大提高了天津港港口现代化、专业化水平，提高了天津港的综合竞争力，更为滨海新区和天津市的经济建设提供最有力的保障。(师端平)

重点开发项目进展情况

2015年，市重点开发项目工程建设指挥部推动35个重点开发项目(总建筑面积1119.1万平方米)工程建设。成立两个项目管理小组，对35个重点开发项目实行专人专项管理，通过抓前期、促进度、保安全、强管理，认真做好组织、协调、推动工作，各项目总体进展良好。7个项目已经或即将竣工，20个项目工程进度不断加快，有望2016年底竣工或实现外檐竣工，6个项目正在积极协调解决前期问题预计2016年开工，2个项目仍在加大协调力度。在推动工程建设进度的同时，确保高质量、高标准建设。努力使各重点开发项目都建成优质精品工程、绿色环保工程、安全无事故工程和文明施工示范工程。(周子扬)

重点工程完成情况

2015年，确定天津市重点建设项目83项，投资总规模9006.8亿元，当年安排投资1734.1亿元。包括：工业项目 24 项，能源和交通项目 15 项，基础设施和环保项目 15 项，农林水利和小城镇建设项目 4 项，社会事业 8 项，商贸旅游及其他项目 7 项，科技及现代服务业中小企业建设项目 10 项。83 项市重点建设项目中，比亚迪新能源大客车项目、天津大学新校区项目一期等 9 项竣工投入使用，北疆电厂二期等 57 项在施，中沙新材料（聚碳酸酯）项目、澄星重油综合利用项目等 17 项处于前期阶段。在施项目中，忠旺铝材项目、大众汽车 DQ 系列自动变速器等 22 项进行装修或设备安装，高档石油筛管制造项目、天津大西洋焊材工业基地等 31 项进行主体施工，太阳能热发电站高温集热管制造项目、北疆电厂二期等 4 项进行基础施工。（张曙光）

优质工程

2015 年，天津市各建设项目共获得 6 项鲁班奖、10 项国家优质工程、40 项海河杯金奖、296 项海河杯奖。

6 项鲁班奖分别是天津住宅集团建设工程总承包有限公司承建的民园体育场保护利用提升改造工程、天津三建建筑工程有限公司承建的新建天津市第二儿童医院、中国建筑第八工程局有限公司承建的天津滨海国际机场二期扩建工程 T2 航站楼、中铁十八局集团有限公司承建的天津市滨海新区中央大道海河隧道工程、天津天一建设集团有限公司承建的天津市蓟县人民医院迁址新建工程、中建五局第三建设有限公司承建的天津医科大学空港国际医院一期工程。

10 项国家优质工程分别为恒隆广场·天津、天津铁建大厦、天津万达中心酒店、天津空港经济区图书馆及档案馆、天津开发区科技发展中心（一期）工程、天津市北辰科技园区总公司商务中心、武清区文化中心、天津生态城中部片区经六路上跨蓟运河故道桥梁工程、天津国际联合轮胎橡胶有限公司异地搬迁、结构调整、产品提升、技术改造工程农业子午胎和斜交工程胎车间项目、临港重型装备研制基地海上多功能安装起吊平台（船）关键设备研制项目海工装备厂房及辅房工程。（郑年栋）

区县建设工程质量安全监督与考核

天津市制定 2015 年区县支队考核标准，推动区县在公共服务标准、计算机辅助执法、信息化管理、数据统计、文明工地评选等方面与天津市质安监管总队工作模式进行有效对接。坚持区县工作任务单、支队长联席会议制度，明确辖区责任和风险源点，及时掌握区县工作情况，对区县工作进行部署安排，摁实区县管理职责。对全市执法人员开展工地消防安全、临时用电、安全防护、混凝土质量、节能验收等 8 次专项培训，分两期开展全市执法人员同业评审考核，努力提升执法人员技术水平和执法能力。成立天津市滨海新区建设工程质量安全监督管理支队。（郑年栋）

建筑节能减排

【全面推行绿色建筑发展】 制定《天津市绿色建筑管理规定》，颁布实施《天津市绿色建筑设计标准》，推动民用建筑按绿色建筑标准 100%实施，全年开工建设 1600 万平方米，占同期建设比例 50%以上。

【提高新建建筑节能能效】 率先在全国推行居住建筑四步节能设计标准和公共建筑三步节能设计标准，进一步完善门窗标识管理工作，加强建筑节能工程事中、事后的监管，确保新建项目执行建筑节能标准率达到 100%。

【圆满完成既有居住建筑节能任务】 全年完成既有居住建筑节能改造 1370 万平方米，超额完成国家下达天津市 1000 万平方米改造任务。

【积极推行建筑用能管理】 组织制定医院、学校、商场、酒店四类公共建筑用能定额标准，为建筑用能基线管理提供技术支持。

【建立绿色建材和设备评价体系】 发布《天津市绿色建筑材料评价技术导则》和《天津市绿色建筑设备评价技术导则》，并发布《绿色建材管理办法》及《绿色建材实施细则》。明确了绿色建材和设备评价机构，为评价工作的开展创造条件。

【搭建信息平台】 搭建包括新建建筑节能管理、绿色建筑管理、课题标准管理等 12 个子系统建筑节能与科技信息平台。

（师生）

村镇建设

【农村危改】 完成农村危改 4589 户，制定 2015～2017 年农村危改计划，严格认定程序，在区县、乡镇、村开展发放明白卡、张贴宣传挂图、开展政策咨询、媒体宣传报道等活动。落实危改节能示范、抗震改造配套补助资金且抓好竣工验收和档案信息录入工作。

【制定天津市村庄规划编制技术标准】 加快编制建设活动较多以及迫切需要改善人居环境的村庄整治规划。组织开展蓟县村庄整治规划编制任务。

组织市县两级有关部门研究讨论规划方案，组织规划设计单位、高等院校的有关专家对试点村庄规划方案进行论证。组织村镇建设管理及规划设计人员参加住房城乡建设部组织的第二届村镇建设规划研讨会。

【天津市农村住房】 针对天津市农村住房缺乏正规的设计、建筑质量较差、功能不完善、居住条件差等特点，开展以整修房屋立面、增加节能保温措施、抗震加固和整治庭院环境为主的村庄居民点综合性提升改造。

【组织申报】 国家美丽宜居小镇、美丽宜居村庄示范，组织开展天津市美丽宜居村庄评选；推荐优秀村规民约，参加住建部对传统村落的督查、危改完成情况各省互查、配合审计署京津冀特派专员完成农村危改审计。

（张鹏）

（天津市城乡建设委员会）

国土资源和房屋管理

房地产市场管理

【概况】 2015年，天津市成交各类房屋2989.8万平方米、同比增长27.3%。其中：商品房成交1700.2万平方米、同比增长9.6%(新建商品住宅成交1582万平方米、同比增长16.4%)，新建商品住宅平均价格11105元/平方米，同比上涨14.2%；二手住宅成交1127.9万平方米、同比增长70.7%，二手住宅平均价格10603元/平方米，同比上涨9.2%。

【房地产市场调控】 积极推动金融部门落实住房信贷支持新政。3月，中国人民银行等部门发布个人住房贷款支持政策后，天津市国土房管局积极与人行天津分行沟通，督促公积金中心及各商业银行，对符合条件的居民家庭落实降低住房贷款首付比例和贷款利率的优惠政策。协调配合税务部门落实个人住房转让营业税优惠政策。国税总局出台“将个人转让住房免征营业税的期限由5年调整为2年”的优惠政策后，市国土房管局会同市地税局及时调整交易和纳税管理系统，对区县房地产交易部门进行核税指导，确保各区县在3月31日全部执行。继续深化落实全面取消购房限制的相关规定，对区县交易窗口做好政策指导。

【商品房销售许可审批】 按照天津市委、市政府要求，商品房销售许可审批实现市许可中心全过程“一站式”办理，既方便企业办事，又提高工作效率。2015年全市发放商品房销售许可证1111件、1948.38万平方米，同比分别下降10%、5.8%，按时办结率100%，企业回访满意率100%。

【房地产市场监管】 天津市房地产市场监管工作形成信息化、一体化、标准化的管理模式。升级改造房地产市场监管系统，提高信息化水平，修订《房地产市场监管工作规范》，制定《天津市房地产开发企业在售项目、房地产经纪机构信用等级分类监管规定》，让规范企业一路绿灯，违规企业处处受限。全面提升行业人员素质，共培训市区两级市场监管人员100余名，对2076名开发公司销售人员及984名代理机构销售人员开展继续教育。检查新建商品房在售项目9126次，房地产中介机构4231次，发现违法违规行为264次，全部整改合格。约谈开发企业7家，中介机构3家，对2起违法行为及时转行政执法部门进行处罚，保障了房地产市场健康发展。

【房地产中介管理】 依法办理房地产估价机构资质核准和估价人员资格许可。2015年，办理估价机构资质核准42件，其中资质升级1件，资质延续23件，资质变更15件，一级分支机构备案2件，资质注销1件，办理房地产估价师注册252件，其中初始注册20件，延续注册143件，变更注册84件，注销注册5件。

研发房地产中介管理与网签系统。主要包括机构网上备案和人员网上注册、房源网上核验发布、网上签约、信用档案网上公示、房地产中介机构经营业务动态监管等5项主要功能。规范房地产中介市场。指导区县房管局制定“一区一策”差别化推动方案，推动经纪机构落实“四统一”标准化管理，备案经纪机构数量提高55%。达到“四统一”标准的房地产经纪机构覆盖各区县，经纪机构更加规范。

调整存量住房交易计税基准价格。按照“点片结合、分类指导”的原则，对全市220个等价位区和728个单独指导小区的计税基准价格进行测算调整。制定发布《关于调整天津市2015年存量住宅交易计税基准价格的通知》，于3月1日起实施。

测算编制房屋租赁指导租金。结合各区县的区域发展情况和市场实际，测算并对外发布房屋租赁市场指导租金，为租赁双方提供了参考依据。《关于发布天津市2015年房屋租赁市场指导租金的通知》于6月份向社会发布。

【房地产交易资金监管】 房地产交易资金监管业务实现规范平稳运行继续保持零误差。2015年，天津市新建商品房项目新开立监管账户1127个，新增监管面积1776.27万平方米。应纳入监管的预售资金应缴尽缴，监管资金拨付做到应付尽付。完成房地产初始登记撤销监管账户1004个，解除监管资金85.92亿元，全市累计为126559套存量房屋、1159.39亿元交易资金提供监管服务，平均监管比例达到94%。

【建立资金监管外审机制】 通过改革创新建立监管资金第三方审计机制。制定《监管资金第三方审计机制暨年度房地产交易资金监管审计方案》，并根据方案按照规定程序邀请社会审计机构对两项监管制度实施情况进行审计和评估，做到内部审计与外部第三方审计有机结合，有利于资金监管机构防范职业风险，有助于“安全、规范、高效”既定目标的实现。

【创新完善预售资金监管方式】 按照“既守住底线，又在更大程度上让社会满意”的思路，从实际出发通过改革进一步完善新建商品房预售资金监管工作。主要创新点体现在：监管制度实施范围、监管资金划分、资金拨付节点、资金拨付额度、监管操作流程等方面的进行调整和完善上。

【房地产交易会】 2015年春季天津房地产交易会于6月6～10日在梅江会展中心成功举办。展区面积14355平方米，设展位364个。参展企业103家，其中房地产开发企业81家、中介机构8家、金融机构及新闻媒体14家。共推出参展项目105个，各类房屋488.6万平方米。累计成交各类房屋1469套、13.7平方米，超过12万群众观展。借助房交会平台，成功举办“房地产行业向移动互联网转型与升级研讨会”，来自房地产开发、中介、金融、媒体等单位共计70余人参会。

2015年天津秋季房地产交易会于10月29日至11月2日在梅江会展中心成功举办。展区面积14335平方米，设展位372个。

【第七届中国房地产科学发展(梅江)论坛】 全国最大的房地产论坛—第七届中国房地产科学发展(梅江)论坛于10月31日至11月1日在天津秋季房交会上召开。全国房地产企业、建筑部品企业、设计施工单位、科研机构的代表近1500人参会。论坛期间，进行了主题演讲，组织了“互联网＋房地产金融”、“互联网＋智慧住区、社区服务”、“互联网＋BIM技术与百年住宅”、“互联网＋产业链O2O”等四个分论坛活动，举办天津土地招商推介、江苏盐城市城南新区推介等活动。

房地权籍管理

【概况】 2015年，天津市不动产登记数量再创历史新高。全年办理各类不动产登记104万件，同比增长24.8%。其中，办理房地产抵押登记31.4万件、抵押金额5786.5亿元，同比分别增长27.1%、7.6%。切实解决登记疑难问题，协调解决领导督办、服务事项和企业反映事项等610件疑难登记问题，涉及约48.3万建筑平方米，支持国企兼并重组、融资等难题。持续提升规范化水平，进一步落实房地登记档案季度抽查制度，全年抽查房地登记档案5923卷，土地登记档案2603卷。

【不动产统一登记】 高标准完成全市不动产统一登记改革任务。按照国务院不动产登记改革部署，全面、平稳地完成了区县职责机构整合，起草《天津市不动产登记条例》，制定《天津市不动产登记操作规程(试行)》等20余个配套文件，全面启用不动产统一登记系统并稳定运行，实现登记机构、登记簿册、登记依据、信息平台“四统一”。11月30日，天津在全市范围内提前启动不动产统一登记，成为“率先在全域范围内提供全要素不动产统一登记服务的省级地区”。截至年底，全市共受理不动产登记申请12.96万件，完成审批11.73万件，核发不动产权证书和证明10.15万件，实现了不动产统一登记平稳过渡。

【集体土地使用权及其地上房屋确权登记发证工作】 全面启动集体土地使用权及地上房屋确权登记发证工作，并将该项工作列入天津市国土房管局58项重点工作和各区县的绩效考核目标。截至12月31日，全市共完成调查面积348.54平方千米，是年内应完成任务量的105.9%。

【房地权籍管理“十二五”综述】 “十二五”期间，天津市全市共办理各类登记约400万件，解决各类登记问题涉及土地面积约2590公顷，房屋建筑面积约85万平方米，高标准、全方位提前启动不动产统一登记，出色落实国家改革要求，落实登记人员考核上岗制度，实行登记档案定期检查制度，登记质量逐年提高，全面启动集体土地使用权及地上房屋确权登记发证工作。

住房保障

【概况】 2015年，天津市委、市政府连续第9年将住房保障工作列入20项民心工程，确定全年开工建设保障房3万套、基本建成7.5万套，新增租房补贴1万户的工作目标。在相关部门和各区县政府的共同努力下，全年开工建设保障房3.1万套，基本建成7.6万套，新增租房补贴1.2万户，圆满完成天津市与国家签订的责任目标和20项民心工程任务。

【推动保障性住房建设】 抓开工、保竣工。市政府将全年保障房开竣工目标分解到区县和部门，完善保障房建设协调机制，加快保障房项目开工审批、竣工验收等手续办理进度。抓配套、保入住。推动13个当年竣工项目的市政基础配套设施及非经营性公建建设，协调解决拆迁、市政配套、交通出行等方面的问题。加快大寺和双青两个新家园建设。

【调整住房保障政策】 经天津市政府同意，根据天津市国民经济发展和城镇居民人均收入增长实际情况，将廉租住房租房补贴收入准入条件从家庭人均月收入低于1260元调整到1380元，经济租赁房租房补贴收入准入条件从家庭人均月收入低于2400元调整到2640元。

印发《关于完善住房保障有关政策问题的通知》，对申请租房补贴家庭租赁备案、房屋认定及特殊单亲家庭申请承租公租房等问题进行明确。进一步完善退出机制，与市民政局组织对5.7万户享受租房补贴家庭开展收入、住房年审工作，培训各街镇住房保障及民政部门相关工作人员500余人，推动年审工作平稳进行。

【完善保障房项目配套】 通过完善市政配套设施、加快非经营性公建建设和移交使用、强化社区管理、规范物业服务、提升绿化景观、增设交通线路，进一步做好中心城区53个项目、608万平方米、9万套保障房配套工作，进一步提高项目居住品质、改善群众生活环境。推动4个项目非经营性公建开工建设，24项非经营性公建设施移交使用。18个具备条件项目成立业主大会，14个项目增设了健身器材，51个由物业企业管理的保障房项目全部实现规范化达标，其中33个项目达到优良水平。各保障房项目新种植乔灌木13.6万株、绿篱205万株，铺装2.4万平方米，环境面貌显著改观。8个项目周边公交线路、站点和车次得到调整优化，方便居民出行。

【规范住房保障管理】 加强工程质量监管。扩大工程质量巡查范围，全年共巡查330万平方米。对发现的质量问题，督促开发建设单位限期整改并全面复查。做好保障房项目管理。落实保障房项目物业管理服务财政补贴资金。与天津市市容园林委联合制定新建和在建保障房项目绿化建设管理工作意见、区内景观绿化导则，督促开发建设单位按要求落实。创新保障房信息管理模式。建设保障房项目管理系统，将全市保障房项目全部纳入信息化管理，通过链接供地、商品房管理、产权产籍系统，实现“人”“房”对接，实时查询管理。强化违规查处。全覆盖核查享受租房补贴家庭住房情况，对1535户违规家庭停发补贴，对涉及追缴补贴款的家庭纳入不良记录管理。组织开展保障房安全隐患排查整改工作。健全安全管理长效机制，落实各保障房项目安全工作负责人，对天津市370个保障房项目开展安全隐患排查，督促开发建设单位整改。

【加强公租房配租管理】 组织审核配租。推出渌水道、钢渣山等公租房项目入住新居。同时，有序开展2012年配租的3个项目0.3万户家庭续租工作。截至年底，通过新建及收购方式筹集公租房16.3万套，已配租近10万套。优化管理服务。通过实施规范化、标准化管理，完善租金收缴考核和绩效激励制度，促进租金收缴，租金收缴率达98.06%，比2014年提高1%。规范公租房项目修缮养护范围及标准，房屋维修及时率、完成率均达到100%。加强履约监管。对无故拒缴租金家庭，协调法院在立案、审理、执行中给予支持。

【做好住房公积金管理工作】 进一步完善住房公积金相关政策。印发《关于住房公积金贷款担保有关事宜的通知》，进一步减轻职工住房消费负担。印发《关于调整个人住房公积金(组合)贷款有关政策的通知》、《关于调整个人住房公积金(组合)贷款有关政策的通知》，加大住房公积金对住房消费的支持力度。印发《关于印发天津港“8.12”爆炸事故受灾职工个人住房公积金贷款支持政策通知》，支持受灾职工重新购买住房，减轻受灾职工还款压力。印发《关于规范共同购房提取住房公积金等有关政策的通知》，进一步规范天津市共同购房提取住房公积金业务。召开天津市住房公积金管委会会议，审议通过《2014年住房公积金归集使用情况及2015年归集使用计划》等6个文件。

【住房保障“十二五”综述】 “十二五”期间，天津市新建保障房50.5万套，比“十二五”住房保障规划提出的40万套建设目标超额完成10.5万套，新增租房补贴5万户。全市累计开工建设保障房74万套，发放租房补贴12.5万户，住房保障覆盖面达到30%以上。

既有房屋管理

【概况】 继续深化直管公房管理制度改革，开展老楼危楼安全集中排查和隐患整治工作，认真做好平改坡工程及公房维修，确保全市既有房屋住用安全。天津市城镇范围内共有既有房屋22.41万幢、4.26亿平方米。按照完损等级标准分类，其中完好房屋9.96万幢、2.77亿平方米，基本完好房屋

11.33万幢、1.37亿平方米，一般损坏房屋0.92万幢、1170.67万平方米，严重损坏房屋1624幢、85.4万平方米，危险房屋375幢、4.86万平方米。

【深化直管公产住房管理制度改革】 积极稳妥推进直管公房出售。天津市内六区直管公房累计出售121536户、627.44万平方米。天津市财政局联合下发《市国土房管局市财政局关于调整公有住房出售收入分配比例的通知》，自4月1日起，全市公有住房出售收入分配比例统一进行调整。从7月1日起，对公有住房出售价格进行调整，出售成本价提高20%，调为每建筑平方米1380元，朝向、地段调剂系数略作调整。做好市内六区直管公房管理单位转制和人员安置工作。原有55个房管站中，已有26个房管站进行整合，20个房管站转为公租房管理中心。

【完善既有房屋结构安全立法工作】 3月1日，《天津市危险房屋管理办法》颁布实施。组织召开全市房管系统政策培训会，通过天津市主要媒体进行广泛宣传。同时，推动建立危险房屋恢复性重建会商工作机制，对危险房屋恢复性重建的基本原则、范围、条件、实施主体等进行明确界定。

【开展老楼危楼安全排查和隐患整治】 从6月下旬至8月份，对天津市城镇范围内已建成交付使用(指依法建设或依法登记)的老旧房屋进行安全排查，共排查房屋7.97万幢1.3亿平方米，占存量的32%。召开全市老楼危楼安全隐患整治工作会议，迅速落实主体责任、监管责任和属地责任，采取有效措施，确保不发生安全责任事故。

【积极做好应急安全鉴定】 天津港"8.12"爆炸事故发生后，第一时间启动应急鉴定预案，成立工作领导小组，分批开展受损房屋安全鉴定工作，累计完成10所学校、2所幼儿园，共涉及39幢楼、1048户、32万平方米的应急鉴定任务，并组织相关专家对鉴定结论进行复核、论证，为受损房屋后续修缮、加固工作提供准确、可靠依据。

【认真做好直管公房维修工作】 天津市投入修缮资金1.5亿元，维修直管民用公房182.04万平方米。其中：屋面维修工程27.54万平方米，老旧下水管道改造工程20.41万平方米，外檐及阳台维修工程13.49万平方米，综合维修工程3.99万平方米，其他专项维修工程116.61万平方米。组织维修公用公房93.34万平方米。其中，市级公用公房49.38万平方米，区级公用公房43.96万平方米。开展市内六区直管公房结构危险点解危和阳台栏板加固维修工程，完成结构加固面积5.96万平方米，完成外挂板式阳台维修加固15067个、11.3万平方米。

历史风貌建筑保护

【概况】 2015年，天津市建立备选历史风貌建筑资料库，已有130幢建筑纳入备选库。加大历史风貌建筑保护监管力度。完成日常巡查12000余幢次，区县按月报送巡查报表。做好历史风貌建筑装饰装修审批工作，完成16幢1.9万平方米装饰装修方案审批，组织召开专家评审会议12次。历史风貌建筑各整理项目全年接待游客超过176万人次，同比增长44%。

【历史风貌建筑整修】 完成迎全运会五大道核心区48幢4.1万平方米历史风貌建筑外檐整修工程。完成30幢、5.7万平方米存在安全隐患历史风貌建筑的加固维修，其中28幢5.4万平方米的历史风貌建筑整修工程给予专项资金补贴。编制《历史风貌建筑外檐整修导则》，为解放北路和五大道地区四条道路(重庆道、常德道、大理道、睦南道)的历史风貌建筑外檐整修工程提供技术指导。做好重点项目建设运营，五大道试验区重点项目先农二期和润兴里项目开工建设，先农大院展览馆(马占山旧居)对外开放，成为五大道第一处以纪念抗日英雄为主题的展览馆，形成文化旅游新亮点。

【保护利用取得重大成效】 "天津历史风貌街区保护与利用"项目荣获"第十三届中国土木工程詹天佑奖"，这是全国范围内近代历史街区和建筑保护与利用类项目首次荣获该奖项，也是中国土木工程领域设立的最高奖项，表明天津市历史文化街区保护利用事业在保护理念、科技创新、运营管理等方面走在了全国前列，形成"天津特色"。庆王府荣获"2015年度中国最佳精品酒店"和"100家中国风景最美酒店"称号。民园西里连续四年荣获"中国文化创意产业最具特色的十大园区"称号并成功入选文化部《中国特色文化产业案例集》。天津市国土房管局参与研究的"十一五"国家科技支撑计划"既有建筑综合改造技术体系研究与工程示范"项目，获得2014年"中国城市规划设计研究院CAUPD杯"华夏建设科学技术奖一等奖。

【历史风貌建筑"十二五"综述】 扩大历史风貌建筑保护范围，完成第六批131幢历史风貌建筑的评审确认，天津历史风貌建筑扩充为877幢126万平方米，历史风貌建筑得到全面保护利用，形成"天津特色"。强化保护监管，查处各类违法案件152起，审批历史风貌建筑修缮和装饰装修设计、施工方案118件，均做到了事前审批、事中监管、事后检验，组织推动综合整修，推动100余幢存在安全隐患的历史风貌建筑加固维修工作。10万平方米历史风貌建筑和街区发挥出了综合效应，五大道、意式风情区、静园、庆王府、先农大院、民园西里等历史风貌建筑区文化商旅功能进一步提升，成为天津靓丽名片。

旧楼区综合提升改造

【概况】 按照天津市委、市政府部署，市国土房管局牵头，17个委局联合组成的市旧楼区提升改造指挥部，实施了散片旧楼区居住功能综合提升改造。该项工程列入全市二十项民心工程。自3月份启动，到9月底全面完工，共改造散片旧楼区846个、802万平方米，使12.2万户、30万居民直接受益。

【散片旧楼区居住功能得到综合提升】 此次综合提升改造范围，包括外环线以内，3幢楼以下(含3幢楼)、建成年代较早、房屋及配套设施设备老化、影响居民正常居住使用的散片旧楼区。整修项目参照成片旧楼区“更新一个箱、安装两道门、改造三根管、实现四个化、完善五功能”共46项内容组织实施，各区实行“一楼一方案”，有效解决设施设备老化、使用功能下降、外部环境脏乱、后期管养难到位等问题。总投资计划约为5.59亿元，按照市、区两级财政各50%比例承担。按照准备工作、全面开展、竣工验收三个阶段的工作安排，相关区政府具体组织实施，17个委局大力指导推动，3月份首批小区开工，5月底全部小区开工，8月底竣工验收、9月份完成移交等节点目标顺利完成。验收采取区政府组织全部小区验收、市旧楼区指挥部按照不低于30%的比例抽检。全部小区均验收合格，并确定了后期管理模式，移交给属地街道，由民政部门进行长效管理监管。

【旧楼区改造“十二五”综述】 中心城区旧楼区居住功能综合提升改造全面完成。累计改造2186个小区、6920万平方米，使113万户、340万居民直接受益。其中，2012年改造300个小区、1503万平方米，2013年改造480个小区、2012万平方米；2014年改造560个小区、2603万平方米，2015年改造散片旧楼区846个、802万平方米。通过综合提升改造，旧楼区面貌由“里”到“外”焕然一新，取得了政府主动投入民生赢得民心，群众赢得实惠提升生活质量的双赢成果。人民日报、中央电视台、新华社等中央媒体先后对天津旧楼区改造的经验做法进行了集中报道，产生良好的社会反响。

物业管理

【概况】 按照天津市委、市政府关于“美丽天津”建设总体部署和要求，以建设清洁社区为目标，以促进物业服务水平整体提升为重点，着力在完善法规制度、强化行业监管、推进诚信建设、开展达标创优等方面下功夫，取得初步成效。全市实施物业管理面积3.63亿平方米，其中住宅2.83亿平方米，非住宅0.8亿平方米，物业企业1415家，其中一级24家、二级95家、三级973个、三级暂定323个，从业人员17万余人，累计归集维修资金289.82亿元。

【物业管理政策进一步健全完善】 报请天津市政府转发《天津市物业服务企业退出项目管理办法》和《关于进一步加强天津市旧楼区提升改造后长效管理的意见》，与市发改委联合印发《天津市普通住宅小区物业管理服务收费管理办法》，出台《关于实施住宅小区物业服务等级化管理的意见》等11个配套办法。35个与《天津市物业管理条例》配套政策框架已经形成，基本实现了物业管理活动法律规范全覆盖。

【物业服务企业信用等级评定实现全覆盖】 通过企业自我评价、业主及业主委员会评价、街镇及居委会评价、市区行政主管部门评价以及行业专家评价等5方综合评定，推行物业企业信用等级年度评审制度，把物业企业区分为优秀、良好、合格、基本合格和不合格等五个信用。2015年对863家管理项目一年以上物业企业开展了信用等级评定全覆盖评定。信用良好以上企业占到考评企业的66%，较2014年提高20%。

【全面推行物业事务公开】 贯彻落实《关于建立物业服务事项公开公示制度的通知》，商品住宅小区设置物业服务意见箱、业主委员会建议箱，政策法规宣传栏、管理公约公开栏、小区事务公示栏，落实率99.52%。服务内容、服务标准、收费标准、机动车场地占用费等10项内容，全面公开公示，自觉接受社会监督。

【物业项目达标创优活动效果明显】 指导推动全市物业企业开展物业管理项目达标创优活动。评选出170个达标项目、55个优秀项目，并进行了公布表彰，在全行业发挥典型引路作用。

【物业费收缴难问题取得突破】 制定《关于破解物业管理服务费收缴难工作实施方案》，包括强化企业诚信监管与提供质价相符物业服务相结合、广泛宣传劝导与小区公开公示业主交费情况相结合等5

个方面，12项具体措施。同时，组织召开提高物业费收缴率经验交流会，取得显著成效。2015年，全市物业费收缴率达到83%，较2013年提高16%。

城市房屋征收(拆迁)

【依法实施房屋征拆】 全年各区县政府共做出房屋征收决定15个，涉及征收房屋27.4万平方米0.61万户，完成房屋征收(拆迁)58.7万平方米1.14万户，“十二五”期间累计完成房屋征收(拆迁)772万平方米，8.7万户。

【加快推进棚户区改造】 天津市政府办公厅印发《政府购买棚户区改造服务指导意见》，积极推进政府购买棚户区改造服务。完善棚户区改造补偿安置政策，加大货币化安置力度，加快安置房开工建设，确保群众得到妥善安置。制定并实施2015～2017年棚户区改造计划，南开区战备楼、河西区海地路、河东区六纬路等一批项目顺利启动。全年棚户区改造完成房屋征收(拆迁)40万平方米、1万户，“十二五”期间棚户区改造累计完成房屋征收(拆迁)474万平方米、4.6万户，有效改善群众居住条件。

法制建设

【积极推动地方性法规规章的制定】 完成《天津市不动产登记条例》的起草制定工作。2015年11月26日经市十六届人大常委会第22次会议第一次审议，使不动产登记制度纳入法治化轨道。组织完成9部地方法规、13部政府规章和115件政府文件的集中清理工作。通过清理，天津市政府公布废止政府规章1件、修改1件，废止政府文件2件。另向天津市人大法工委提出地方性法规修改建议共计51条。

【加强规范性文件的严格管理】 全面建立规范性文件统一立项、审查、审议、编号、公布、备案、编纂、清理的“八统一制度”，实行规范性文件网上审查、到期清理和在线查询，实现规范性文件的严格管理、动态清理和实时更新。住房城乡建设部、市政府多次给予表扬和肯定。完善规范性文件清理长效机制。全年清理督办110件，按时完成清理53件。

（天津市国土资源和房屋管理局）

城市管理·市容园林

概况

在天津市委、市政府的正确领导下，天津市市容和园林管理委员会上下认真学习习近平总书记系列重要讲话精神，全面贯彻落实中央和市委部署要求，紧紧围绕建设美丽天津，服务京津冀协同发展，着力推进市容环境综合整治，全面实施“绿化、美化、净化、亮化、细化”五大工程，全面加强党的建设，全面落实党风廉政建设主体责任，市容环境、园林绿化、城市管理、机关基层各项事业取得明显成效，许多工作实现了历史性突破，得到市委、市政府的充分肯定和社会各界的高度评价。

【园林绿化成果显著】 按照“生态大绿”的要求，建设提升绿化面积2743万平方米，完成计划量的137%，栽植树木612万株，充分发挥了园林绿化释氧固碳、增湿降温、滞尘防污的生态作用。园林绿化建设在美丽天津社情民意调查中满意度达94.8%，排名第一。高标准完成了津滨大道、铁东北路等14条入市道路124万平方米绿化改造，形成生态式、片林状的大绿效果，提升入市第一印象。高水平实施245条道路1395万平方米绿化建设，栽植乔灌木475万株，内外贯通道路绿廊基本成型。对中心城区244处街头裸露地、三角地、清拆地实施绿化，最大限度做到应绿尽绿，有效控制裸露地扬尘污染。对盐坨桥、宾悦桥等22座立交桥桥区105万平方米绿化进行改造，栽植乔灌木12.5万株，盐坨桥等一批桥区变公园。高水平建设富民公园、津静公园等29个公园，城市“绿肺”功能进一步增强。高质量提升月牙河、津河等4条二级河道沿岸绿化，形成水绿相依、交相辉映的城市绿带。提升新河里等104个社区绿化，新增林荫停车泊位8018个，进一步提升社区绿化品质和生活环境。

【城市照明全面提升】 精心实施城市夜景建设，全面加强城市照明管理，津城夜环境更具品质特色。按照“金色海河，流光岁月”设计定位，高质量完成天石舫至大光明桥海河夜景灯光2015升级版，美丽海河更具魅力。高水平完成中心城区主干道路25千米夜景灯光线建设，丰富层次，串点连线，结线成网，城市环境品质全面提升。对紫金山等10条主干道路、津河等3条河岸的路灯灯具进行更新改造，更新灯具光源7360盏，提升照明亮度30%。健全路灯设施维修维护机制，城市道路路灯开启率达到100%，路灯设施完好率达到98%。制定并实施《城市路灯照明实施标准化维护作业导则》，实现路灯照明设施的标准化养护和规范化管理，全面提升了路灯管理水平。

【环卫装备全面升级】 认真贯彻落实“美丽天津·一号工程”，全面实施“净化”工程，垃圾清扫、收运、处理实现全过程精细化管理，城市更加干净整洁。先后投入7.4亿元购置各类环卫作业车辆3475部，同时加强设备、装备养管和基地建设，和平区先行先试，建立了专门的环卫车辆检修保养中心，装备建设实现突破。机扫水洗实现质的跨越。坚持“标准化作业、台账式管理、全天候巡查、GPS定位、监督考核全覆盖”，实施“扫、冲、洗、吸、保”五字作业法，中心城区1274条道路4929万平方米实现机扫水洗全覆盖，中心城区702条379万平方米小街小路扫洗率达到90%。建立健全道路保洁作业规范标准，全面加大道路保洁力度，主干道路18小时保洁作业，次干道路14小时保洁作业，支路12小时保洁作业，形成天津环卫作业养管的新特色。扎实推进蓟县、宁河垃圾焚烧发电厂和静海生活垃圾综合处理厂建设，建成区生活垃圾无害化处理率达到96.8%，城市生活垃圾无害化处理继续走在全国前列。高标准改造公厕100座，维修维护三类以下公厕335座，改造提升老旧垃圾转运站20座，进一步改善如厕环境、缓解垃圾转运难的问题。全面开展环境卫生“大清整、大清扫、大扫除”，组织清扫居民社区、单位庭院6094个，加强238千米河道的清整和管理，实现垃圾日产日清，对1548个公交站亭、长途客运站等实施大清整，集中清理脏乱死角1476处，一批脏乱点位得到彻底治理。

【城市管理转型升级 管理效能全面提升】 推进城市管理的规范化、标准化、常态化、智能化、信息化、法治化，城市管理更加科学高效。集中治理沿街底商环境，针对部分沿街底商里空外卖、乱堆乱放、私设灯箱、破窗经营等行为，专项治理各类问题2.2万处，市内六区、环城四区门前三包责任制签订率达到100%。专项治理菜市场周边环境，严格落实管理责任，不断加大执法力度，累计完成161个菜市场周边环境治理，治理各类问题6058处，全面规范市场周边的环境秩序。认真抓好停车秩序专项治理，集中治理停车场226个，解决停车场周边乱圈乱占、环境脏乱等问题5780处，整治停车管理设施2230处、查处不规范停车3.4万起。对环内1206个施工工地、218个建筑工地渣土洒漏情况进行不间断检查，下达《责令限期改正通知书》321起，停工46处，处罚65起。扎实推进露天烧烤和占路经营治理，坚持疏堵结合、综合治理，累计治理露天烧烤3663处、占路经营10530处，和平区、河西区、河北区、津南区、武清区、宝坻区、蓟县基本实现了露天烧烤零存在。（刘腾）

行业发展规划

天津市市容园林行业第十三个五年规划的编制工作，基于贯彻落实天津市委、市政府关于加快建设美丽天津的部署和迎办2017年第13届全运会的要求，旨在全面提升市容环境、园林绿化和城市管理的外在形象和内在品质，实现市容市貌“美化、绿化、净化、亮化、细化”的规范化、标准化、常态化，历时一年左右时间编制完成并反复完善优化。

【编制工作历程】 深入学习规划编制相关规范和政策要求，组织专业部门及单位多次提供发展需求和思路，组织园林、环卫设计研究院所整合论证提炼规划发展思路，与规划、环保、林业等相关单位进行“十三五”规划沟通、座谈和交流，集中智慧、集思广益，汇总形成规划初稿，多次征求相关专业部门意见并反复修改完善优化。

为推进规划编制工作兼顾前瞻性和可操作性，规划工作先后组织全市16个区县，沟通建设、规划、城投等单位征集市容园林系统“十三五”重大项目，多次召开专题会议推动，深度研究筛选并建立完善市容园林系统规划大项目库，形成完整的行业规划发展体系。

【主要遵循原则】 规划编制遵照中共中央、国务院关于加快推进生态文明建设的意见，遵循住房城乡建设部“十三五”规划纲要意见要求，紧密围绕五大发展理念，以及建设美丽天津的总要求和迎办2017年第13届全运会的阶段性目标要求，坚持以人为本、生态优先、城乡统筹、改善民生、提质增效、协调发展。规划结合国家规范、市政府要求、群众普遍关注的民生问题，以及本行业实际和各专业特点，力求形成绿色发展、协调发展、创新发展、开放发展、共享发展的市容园林行业专项规划体系。

【核心内容要点】 按照规划编制的通用要求，规划的主要内容包括：“十二五”简要回顾，“十三五”面临的形势，“十三五”发展目标，重点举措及任务，以及保障措施。

规划到“十三五”期末，全市建成区绿化覆盖率、绿地率、人均公园绿地面积“三率”指标分别达到40%、35%、12平方米以上，建成国家园林城市。实现中心城区主干道路、重点地区、重点次支道路沿线建筑整饰美化提升。城市生活垃圾无害化处理率力争达到98%。城市建成区主干道路可机扫、水洗率达到100%，小街小路可清扫水洗达到100%，创建全国最整洁城市。实现“依法管理、智能管理、监督考核保障”三位一体的城市管理体系，推进城市管理规范化、标准化、动态化、常态化、信息化进程，进一步提升城市精细化管理水平。

【绿化工程】 全面推进天津植物园、野生动物园、外环公园连绵带“两园一带”建设。推进快速路东南环线生态绿廊、中心城区外环线内侧、双环快速、主干路、入市路等200千米城市绿道，300千米林荫步道，马场道、贵州路等150条道路垂直和立体绿化等重点项目建设。强化生态红线保护，拓展园林绿化新技术研发，加强园林养护装备建设，不断提升园林绿化养护管理精细化水平。

【美化工程】 以黑牛城道沿线建筑整修为示范，对76条214千米道路沿线建筑立面实施整饰美化提升，高标准整修红旗南路、解放南路等30条重点示范路，展示大气、清新、靓丽的城市街容。实施中心城区151条重点主干道路沿线两侧、30个重点地区果皮箱、座椅等城市家具全面更新，推进市容市貌环境整治延伸，实现中心城区城市道路沿线建筑立面美化全覆盖。同步建章立制夯实基础，着力实施精细化、规范化市容管理。

【净化工程】 中心城区建成两座现代化生活垃圾无害化处理场，建成蓟县、宁河等生活垃圾无害化处理设施。加强信息化监管平台建设，实现生活垃圾运输处理精细化、智能化管理。对双口、大韩庄等现有生活垃圾设施及外部环境提升改造。推进生活垃圾分类收集、运输、处置进程，示范推广餐厨垃圾就近就地无害化、资源化处置。全面推行“扫、吸、冲、洗、保”五步组合作业法，提高环卫装备整体作业效率和环保水平。创新建设理念，提升公厕保洁管理水平。推动环卫管理体制和制度创新。城市建成区主干道路可机扫、水洗率达到100%，小街小路可清扫水洗达到100%，创建全国最整洁城市。

【亮化工程】 夜景灯光提升改造坚持立体空间、错落有致、色彩协调，兼顾功能性照明“增亮”，景观性照明“添姿”。中心城区夜景灯光打造一轴、三心、四口、九点、九线为主体结构的天津市夜景灯光景观网络格局。提升改造路灯指挥管理监控中心，运用“互联网+”等先进技术，推进路灯科学化、智能化管理。对中心城区高压汞灯进行节能改造，不断提升路灯设施景观“靓度”和照明“亮度”，确保路灯照明设施整洁美观。认真贯彻落实路灯照明设施养护管理标准，实现规范化作业、标准化管理，提升路灯照明设施养护管理整体水平。

【细化工程】 按照《天津市城市管理规定》，深化、细化、优化管理细则，依法推进城市管理，积极创新监督考核机制。按照政府组织、属地管理、部门配合模式，推进环境秩序综合保障、数字智能智慧城市管理提级、环境秩序专项治理、执法装备建设等，不断提升城市管理精细化、规范化、科学化水平，努力实现每寸土地有人管、每个设施都管好、每个环节管到位。

规划编制工作力求以人为本、突出重点、以点带面、改善民生，严格按照规划编制申报程序不断深化、细化、优化、完善，积极吸纳专业部门意见，精心谋划和描绘美丽天津市容园林建设发展蓝图，旨在全面推进市容环境、园林绿化和城市管理各项工作任务优质足量如期完成，紧密围绕“五化”工程，努力实现市容环境、园林绿化、城市管理新的跨越，全力打造符合天津城市定位、独具天津特色的市容市貌升级版。

（王文杰）

市容市貌

2015年街容管理工作，按照建设美丽天津的总体部署和要求，以委年度工作要点为统领，以市容环境综合整治工作为契机，坚持高起点规划、高水平设计、高标准实施的原则，全面推进中心城区街容管理全面上水平，实施夜景灯光、城市照明改造提升工作，城市市容市貌管理水平得到显著提升。

【户外广告管理上台阶】 制定并下发《关于专项治理违法户外广告设施工作的实施意见》，明确12项专项治理任务，重点是治理未经许可违法户外广告设施、整改未按许可标准和要求设置的户外广告设施、治理擅自私改市容环境综合整治统一规范设置的商业牌匾和标识等。结合市容环境综合整治，开展大清洗、大清整、大扫除活动，组织开展专项治理违法户外广告设施工作，对中心城区151条道路、31个重点地区进行拉网式的排查，治理违法户外广告设施2162处，其中小型占地标识34处、路灯杆广告17处、围挡广告9处、窗贴招贴1917处、布标条幅117处、气球充气拱门8处、LED显示屏8处、墙体广告2处、墙体字3处、牌匾标识18处、刀牌5处、灯箱广告6处，楼顶单体字18处。按照全方位、全时空、全天候，无漏点、无死角、无盲区的工作目标，狠抓精细化管理，对中心城区151条主干道路和市容环境综合整治过道路的管理标准，分区域编制巡查路网，有效遏制各类违法户外广告设施的回潮和反弹。每月组织对市内六区、环城四区的街容管理综合考评，将考评时发现的问题现场通知参加联合考评的相关区限期治理列入考评内容，每季度组织对其他区县的街容管理综合考核，实现街容管理综合考评精细化、常态化、制度化。结合公益广告阶段性宣传重点，充分利用各类户外广告载体，组织户外公益广告的宣传工作。完成市委宣传部“梦娃系列图说我们的价值观”、市交管局“交通平安出行”、和平区“五大道宣传片”、市网络信息办公室“第二届国家网络安全宣传周”、“大学生艺术展”等主题的公益宣传活动。坚持景观协调、服务便民、突出品位、严格质量，精心制作果皮箱、座椅和报刊亭，全年共组织安装1534个果皮箱和594座马路座椅，更新设置525个报刊亭。更新后的马路家具，系列设置、颜色匹配、大气端庄、科技环保、舒适耐用，与周边环境相融，为美丽天津建设增添了新的亮点，广播、电视和网络媒体作报道。

【节日气氛布置】 元旦、五一、国庆节日期间，重点对68条主干道路和重点繁华地区进行了布置，插挂国旗7560余面，开启景观灯22万盏。按照“喜庆、祥和、勤俭”的原则，制定并下发《关于做好2015年春节期间节日气氛布置工作的通知》，完成了“一条线、两组团、八道路、八节点”灯光装饰道路和灯光节点建设工作，中心城区布置树挂串灯4.3万盏，灯光景点8处，中国节1284套。加强日常巡查，确保节日国旗插挂整洁有序、夜景灯光按时开启，灯光节点效果良好，为全市人民营造了欢乐祥和的节日氛围。

（滕占久）

市容环境综合整治

综合整治成效显著，市容市貌更加靓丽。按照“干净整洁、规范有序、大气靓丽”的要求，持续推进市容环境综合整治，高标准、立体化提升主干道路沿线环境，市容市貌更加靓丽。

【着力实施沿街建筑提升】 高标准完成黑牛城道和“双环四线”等87条道路沿线建筑立面整饬，整饰沿街建筑168.5万平方米，维修维护319栋沿街建筑屋顶28.8万平方米，修缮提升老虎窗3014个，确保建筑设施安全、外观整齐。

【实施桥梁设施提升】 整修更换快速路东南半环、西北半环、东纵、北横所有高架桥海豚柱14万个、护栏295千米，更换整饰16座桥梁隔音板2.3万平方米，维修整饰奉化、光华等海河上的5座桥梁8.3万平方米；对奥林匹克村、燕山路、大明道、环湖中路等人行天桥除锈油饰。

【实施道路整修提升】 提升快速路西北半环、友谊路和马场道等14条(段)道路，对东南半环(宾悦桥—昆仑路与外环线交口处)道路两侧无根侧石和可越式侧石进行维修更换，做到材质统一、根稳顺直、内牢外美。

【交通设施提升】 对主干道路交通设施进行清洗、整饰，清洁整饰交通标牌、交通流量监控装置和信号灯控制箱，施划更新交通标线51.7万延米，清洗交通护栏、隔离墩等设施，及时更换损坏设施，做到设置规范、完好无损。

【马路家具提升】 按照美观、大气、统一、规范的原则，对报刊亭、座椅等马路家具进行更新提升，更新中心城区报刊亭232个、果皮箱1534个、座椅594个，提升了城市景观品位和服务功能。

【支路环境提升】 按照“净、亮、绿、平、序”的标准，对全市1049条次支道路、社区周边2019处脏点、58174处乱点开展治理，有效解决了“服务群众最后一千米”的问题。

（刘腾）

环境卫生

2015年，围绕美丽天津建设，以开展全市市容市貌综合整治为契机，集中力量开展环境卫生专项治理，加大车辆装备力度，城市可机扫水洗道路实现了机扫率100%和水洗率100%的目标，次支道路及社区周边环境卫生也大幅提升。

【扎实开展环境卫生专项治理活动】 按照市容环境综合整治的部署，从3月12日开始，在全市开展为期40天的市容环境大清整、大清洗、大扫除专项行动，至4月15日环境卫生专项治理率先完成“一个全覆盖、五个100%”。即对中心城区1274条，4929万平方米的道路实行机扫水洗全覆盖，每日机扫水洗至少一次，中心城区847座公厕清洗率100%，12328个果皮箱、8141个垃圾箱桶清洗率100%，62个脏乱死角清整率100%，6094个居民社区清整率100%，40171户商户门前卫生清整率及门前卫生责任制签订率100%。做到从平面到立面、从道路到社区、从主干道路到支路的全覆盖，清除了积尘污染，达到大清洗干净见新，大清整整洁有序，大扫除彻底有效，城市面貌焕然一新。随后延伸开展次支道路和社区周边市容环境专项治理，清整48处脏乱点位，中心城区702条379万平方米小街小路进行彻底清扫、清洗和保洁，实现中心城区次支道路、社区周边道路机械或人工清扫、清洗、保洁全覆盖，进一步提高全市整体环卫作业质量水平。为做好长效管理，研究制定《中心城区次支道路和社区周边道路环境卫生质量标准规范(试行)》。

【中心城区道路机扫水洗实现全覆盖】 以“大清洗大清整大扫除”活动为契机，详细制定可机扫水洗作业明细，中心城区1274条道路4929万平方米全面实施机扫水洗全覆盖，按照“五项措施”要求，总结推广“五步组合作业法”，建立环卫作业基础管理台账，出台《天津市城市环境卫生及道路扬尘考核评分标准》，制订《天津市城市道路清扫保洁质量标准与作业规范》，圆满完成2015年天津市20项民心工程“中心城区可机扫水洗道路机扫率100%和水洗率100%”的任务。

【超额完成机扫水洗车辆购置任务】 按照2015年环卫装备建设的要求，2015年投入5.2亿元，招标采购机扫水洗车辆1089辆(洗路车344部、吸尘车131辆、洒水车70辆、机扫车360辆、高压洗地车184辆)，电动保洁车2032辆，超额完成2015年民心工程中“购置机扫水洗车辆1000部”的任务，并进行统一标识，形成独特的天津市容环卫系统作业车辆标识系列。提前完成黄标车淘汰任务并为机扫水洗全覆盖提供了有力的保障。为减轻对大气污染的影响，提高排放标准。按照市科委要求推广应用新能源环卫车214辆。1591部机扫水洗作业车辆全部安装了车载监控硬件设备，实现环境卫生信息化精细化管理，全市环境卫生管理实现了跨越式发展。全市现有环卫专用车辆共计4245辆，其中：垃圾运输车1332辆，洗路车673辆、大中型机扫车380辆、吸尘车216辆、高压洗地车264辆、洒水车388辆；除雪车70辆，吸粪车122辆，其他车辆800辆。

【道路扬尘控制】 按照国家环保部及美丽天津一号工程指挥部和《天津市重污染天气应急预案》要求，组织各区县市容环卫部门及时响应美丽天津·一号工程指挥部重污染天气预警13次，较好地完成了重污染天气机扫水洗应急保障任务。在外宾、中央领导、其他省市代表团来津访问考察及抗战胜利70周年纪念活动等期间，加大机扫水洗保洁力度，确保市容环境卫生时时干净、处处干净。自8月起，在对中心城区进行环卫业务专项考核的同时，增加道路扬尘的专项考核。重点突出机扫水洗覆盖情况和质量情况，同时将GPS监测的道路机扫水洗作业覆盖率和城市数字化平台提供的问题清单纳入考核范围，作为参考依据。

【冬季除雪措施科学有力】 结合除雪工作实际对《天津市除雪工作预案》进行修订，对市清雪指挥部办公室工作组设置进行调整，并对预警级别和分级指标等内容进行完善。同时按照预案要求，制定《关于做好2015年冬季除雪工作指导意见》，对冬季除雪工作提出了有针对性的具体指导意见。11月21日天津迎来冬季首场降雪，11月21～23日7时，全市普降大雪，局部暴雪，平均降水量8.0毫米。天津市市容和园林管理委员会作为市清雪指挥部管理平台，按照除雪预案要求，主动而为，沉着应对，先后适时下达5道作业令，组织指导各区县分指挥部和有关单位按照责任分工和标准要求及时启动除雪工作预案。

全市共有环卫公厕1367座；全市共有溶盐池29座；共有街道保洁队114个，清掏垃圾箱桶111345个，清掏垃圾窑门10593个，清扫保洁楼群甬路面积3149万平方米。

(李瑛)

废弃物管理

天津市市容园林委继续强化对生活垃圾收集、运输、处置全过程的监督管理，提高生活垃圾资源化利用无害化处理水平，积极稳妥地推进垃圾分类，开展餐厨垃圾资源化利用和无害化处理试点工作。

全市(含三县)城市生活垃圾清运量为247.8万吨，无害化处理量230.32万吨，无害化处理率92.95%。建成区生活垃圾清运量227.77万吨，无害化处理量223.21万吨，无害化处理率为98%。其中市内六区、环城四区生活垃圾清运量为159.72万吨，无害化处理155.16万吨，无害化处理率97.15%；滨海新区生活垃圾清运量为50.35万吨，无害化处理50.35万吨，无害化处理率100%，其他区县生活垃圾清运量为37.72万吨，无害化处理24.81万吨，无害化处理率65.8%。

为解决垃圾运输车辆的运输撒漏问题，市容园林委继续投入资金1.1亿多元，完成购置新型生活垃圾运输车辆285部，不仅极大提升垃圾运输车辆的装备水平，也彻底完成生活垃圾运输车辆“黄标”变“绿标”的任务。

继续稳妥推进生活垃圾分类工作，和平区、滨海新区中心生态城作为新、老城区分类示范点，各项工作稳步推进。2015年4月，滨海新区中新生态城被住房城乡建设部、发改委等五部委确定为第一批生活垃圾分类示范城市(区)之一。

5月，和平区餐厨垃圾处理试点被国家发改委、财政部、住房城乡建设部确定为第五批国家餐厨垃圾资源化利用和无害化处理试点城区之一，加上2011年津南区被列为第一批餐厨垃圾处理试点，至此，两种处理模式都上升为国家级试点，均获得中央政府部门的支持，将极大推动对餐厨垃圾处理模

式的有益探索。（朱延国）

园林绿化

按照“生态大绿”的要求，建设提升绿化面积2743万平方米，完成计划量的137%，充分发挥了园林绿化释氧固碳、增湿降温、滞尘防污的生态作用。园林绿化建设在美丽天津社情民意调查中满意度达94.8%，排名第一。

【入市绿化】 完成了铁东北路、友谊南路、大沽南路、卫津南路等14条入市道路绿化，绿化面积124万平方米。初步形成生态式、片林状、各种植物复式栽植的大绿效果。

【道路绿廊】 道路绿化完成了245条，提升面积1397万平方米。展现出大气、大绿、厚重的绿化效果。

【街心绿地更加丰富】 对中心城区244处街头裸露地、三角地、清拆地实施绿化，完成绿化提升195万平方米。最大限度做到应绿尽绿，有效控制裸露地扬尘污染。

【桥区绿化】 实施盐坨桥、宾悦桥等22座立交桥桥区绿化提升改造，完成绿化面积105万平方米绿化进行了改造，建成了盐坨桥等一批桥区公园。

【公园绿地】 坚持大绿、低碳、文化建园，高水平建设了富民公园、津静公园等29座公园，完成绿化新建提升面积398万平方米，城市“绿肺”功能进一步增强。

【沿河绿带】 高质量提升月牙河、津河等5条河道沿岸绿化，完成绿化提升91.2万平方米。增加绿化纵深和层次，串联绿化节点，形成水绿相依效果。

【社区绿化】 提升新河里等104个社区，完成绿化面积121.8万平方米，新增林荫停车泊位8018个，增加了绿荫空间，完善了社区环境。

【垂直绿化】 对宾水西道、成都道等55条道路实施垂直绿化，建设垂直绿化4.1万延米，丰富了津城绿化形式和效果。

【立体绿化】 通过设置植物景墙、围墙挂摆彩色植物等多种形式，高品质完成五大道、解放北路等地区立体绿化，城市绿化实现由平面布局向立体空间拓展。（张春暄）

园林养护

组织对市区重点道路的25万株行道树和绿地内560余万株乔木、花灌木和造型植物等植物进行修剪。按照《天津市防寒工作管理导则》搭建统一规范的防寒围挡49万延米，立体防寒设施9870个。（李志毅）

路灯照明管理

【开展市容环境综合整治路灯照明改造提升工作】 组织制定2015年路灯照明设施养护管理工作要点和建设美丽天津2015年市容环境综合整治路灯照明改造提升工作方案，对海河景观设施进行集中维护，更换景观灯灯带380米，更换投光灯、地埋灯等光源740只，更换镇流器、触发器等光源配件120个，敷设低压电缆、线缆720米。结合市容环境综合整治，开展大清洗、大清整、大扫除活动，重点对双环四线道路、主干道路设施开展巡查。去锈蚀旗箍975个、修补杆门、更换底座9497个，正灯杆、灯臂86基，处理铁线171基，撤灯杆4基，更换各类光源7360余只。补灯罩、灯具63套，清洗灯杆1720余基。检查室内站576余座，修补漏雨室内站90座，临时线入地79档。

【加强对路灯照明设施日常养护管理的监督、检查和考核】 按照《天津市城市照明管理规定》、《天津市城市管理考核实施意见》，围绕照明设施完好率、亮灯率和投诉服务满意度，认真查找路灯照明设施管理中存在的问题和薄弱环节，限期整改，保证路灯照明设施的完好率达到95%以上，亮灯率达到98%以上。

（滕占久）

夜景灯光设施建设管理

实施海河夜景灯光2015版提升工程和25千米城市夜景灯光线修复提升工程，精心打造海河夜景，完善城市夜景灯光线。修复提升建筑238栋、绿地3768平方米、围墙832延米、海河堤岸8135延米、桥梁9座，更换和新装灯具约8万盏，中心城区“一河四线”夜景体系得到显著提升和改善。（滕占久）

城市管理综合执法

按照《天津市街道综合执法暂行办法》的有关要求，各区县城管综合执法队伍在区县政府的直接领导下，全部完成综合执法人员下沉到各街镇的任务，街镇综合执法队伍依法履职，市容环境秩序有了极大改善。在新的体制机制下，市综合执法局组织全市综合执法队伍开展了治理占路摆卖、露天烧烤、非法广告、渣土运输撒漏、违法建设、机动三轮车违法占路经营等专项治理攻坚战，取得了显著成效。

【入市道路环境清整】 对津滨大道、大沽南路等 15 条入市道路及与之相交的干、支线道路违章棚亭、占路经营、乱堆乱放、各类圈占等进行彻底清整。共治理各类违章问题 7687 处。其中：市区治理 5018 处，环城四区治理 2669 处，有效改善了入市环境。

【沿街底商环境】 针对市内六区、环城四区 35973 户沿街底商的里空外卖、乱堆乱放、私设灯箱、破窗经营等行为开展了专项治理。共治理各类问题 30106 处。其中：治理市内六区沿街底商 23926 处，治理环城四区底商 6180 处。

【菜市场周边】 从年初开始对中心城区 161 个菜市场周边环境进行了全面检查，共发现问题 7203 处。其中：市内六区 136 个菜市场 6088 处，现已全部治理完毕。

【取缔露天烧烤】 按照市清新空气指挥部的统一部署，全面提升马路餐桌、露天烧烤的管理级别，对 904 个露天烧烤易反复点位展开持续不间断的专项治理，全年共治理各类违法行为共计 127416 处次，出动执法人员 34 万余人次，执法车辆 34 万余辆次，确保了中心城区 15 条入市道路、151 条主干道路、31 个重点地区、28 个结合部地区环境秩序始终保持良好状态。

【建立联动机制】 各区县综合执法队伍下大力抓了新建违法建设的查处工作，对新建违法建设行为做到早发现、早制止，确保了中心城区重点道路和重点地区无新建违法建设。同时，继续督办已立案的违法建设，看好管住，严防违法建设复工。主动与旧楼区提升改造工程指挥部沟通，采取违法建设不拆除不动工的办法，逐步拆除老旧违法建设。据不完全统计，全年共拆除各类违法建设 8059 处，约 15 万平方米。

【机动三轮车治理】 采取有力措施，切实加强对机动三轮车违法占路经营行为的管理。利用督察手段，提高对机动三轮车违法占路经营行为的治理标准和监管能力。全年累计查处三轮车违法行为 4300 起，批评教育 7000 人次。

【桥下空间整治】 在各区县人民政府组织下，各区县综合执法局主动配合，履行法定程序，不推诿、不懈怠，集中力量依法清除城市桥梁下空间各类违法行为，全力做好城市桥梁下空间日常市容环境管理工作。全年依法清除 274 座桥梁下空间各类违法占压 60606 平方米。

【运输撒漏专项治理】 为严格查处外环线以内渣土撒漏污染道路的违法行为，对市内 96 个建设出土工地、108 个拆迁等工地进行了执法检查。市局下达限期整改 38 起，立案处罚 76 起；各区县执法局共下达限期、责令限期改正通知书 966 起。

【执法工作】 组织各区县综合执法局开展了对非法占路兜售烟花爆竹、学校周边环境、餐厨垃圾、控烟专项执法、海河景观带和“六打六治”打非治违等专项治理行动，取得了良好的效果。

【保障任务】 高标准、高质量地组织完成“两节两会”、津洽会、中高考、亚洲女排锦标赛、国际儿童艺术节、大学生夏令营等各类重大活动和临时任务保障 58 次。

（施恩海）

数字化网格化城市管理

2015 年数字化城市管理工作紧紧围绕提升城市管理精细化、长效化管理水平，制定完善数字化城市管理系统提升改造方案，健全数字化管理问题处置机制，提高事部件问题处置效率，城市管理精细化水平有显著提升。

强化数字化平台监督考核，不断提高平台运行效率。抓好数字化城市管理运行情况日常监控，从信息采集、立案派遣、结案质量三个环节加强监督，保证数字化系统运行质量。全年上报问题 77.95 万件，立案派遣 71.83 万件，立案率 96%，应办结 71.83 万件，办结 65.92 万件，结案率 91.78%。完成对区级平台月考核 5 次，对市级巡查队考核 5 次，月通报 5 期。

2015 年，市政府办公厅对全市各级为民服务网络专线电话单位的 2014 年工作进行考核。

按照市政府“一个号码管服务”的精神，积极配合市审批办做好专线电话资源整合工作，做好话务员培训和思想工作。确保专线电话平稳整合到“88908890”便民服务专线，4 月份话务员全部平稳转到市审批大厅工作。并协调市审批办、市公安局等相关单位，将市容园林视频监控系统并入市审批大厅。

圆满完成 2015 年度数字化城市管理信息系统软硬件维护工作。建立天津市数字化城市管理平台软硬件日常维护检测台账，完成定期检测软件项目 6 项，共 752 次；完成硬件维护 12 项，完成不定期软件维护 17 次，保障了平台平稳运行。实现 26 个专业部门与市级平台的互联互通，扩展了平台网络连通范围。完成环卫作业车辆、清融雪车辆 GPS 与城市管理数字化平台的对接工作，为对作业时间、作业线路实时监控，实现动态管控提供技术保障，协助环卫处维护环卫车辆GPS监控系统2次，为各业务处室、各区数字化平台等相关部门做好信息技术支持。圆满完成天津市城市建设管理监管系统分节点建设及数据的组织上报工作。为进一步完善监管系统数据融合性，组织全市十六个区县市容园林委、环卫处、园林设施管理处、园林建设处、行政审批处、废管处、街容处共22个单位(部门)进行数据更新上报。完成对数字化城市管理系统部件基础数据更新数据上报，行政审批数据统计及空间化上报，环卫设施、公园统计、树木信息、苗圃信息更新数据统计及空间化共三大类更新数据的上报工作。实现与天津市大气污染防治网格化系统的网络对接工作及数据上报工作。作为分节点建设单位，组织相关处室环卫处、废管处按照清新空气分指挥部的要求，完成数字化平台、GPS车辆系统与大气污染网格化系统的网络对接，实现有关数据的自动推送上报功能，保障该项工作的有序进行。协助河东区数字化城市管理信息中心，对原有道路视频监控系统进行了提升改造，新建监控终端3台，视频监控摄像机点位15处，经协调，全部并入天津市公安技防网。协助各区级平台完成“城管通”升级工作。组织软硬件维护服务技术工程师对现有平台系统软硬件进行更新维护测试，协助和平区、河西区两个区级平台完成数字化城市管理信息系统“信息采集器”2G升级为4G，为北辰区新增40余部“信息采集器”完成系统登录配置。(王丽硕)

城市管理法制建设

2015年，天津市市容园林加强建设法治市容、法治园林、法治城管工作，完成《天津市生活垃圾》立法调研相关工作，《天津市户外广告设置管理规定》修订工作及《天津市城镇街道综合整修管理规定》(修订)调研工作，完成我委权责清单梳理等相关工作。组织完成政府规章、文件的清理工作，对涉及我委的10部政府规章开展系统、全面清理工作，梳理现有行政职权9项，其中行政许可类7项，行政征收类2项，明确每项权力“事前”、“事中”、“事后”职责。制定印发《市市容园林委关于加强法治市容、法治园林、法治城管建设实施意见》，进一步培养提升领导干部法治思维、法治意识。圆满完成市人大组织的市容园林方面地方性法规法律责任执行情况检查。充分发挥法律审核作用，对规范性文件起草制定、行政许可事项减少下放、中标合同及招投标文件等事项进行合法性审查，确保行政行为的合法有效。组织执法案卷评查，发现问题，堵塞漏洞，进一步规范执法程序。组织指导全委117名处级以上领导干部网上学法用法考试参加学法用法考核，以考促学，切实提高领导干部依据法律分析问题、解决问题的能力和水平。全面梳理总结全系统法制宣传教育实施情况，圆满完成“六五”普法检查验收工作。(李敬源)

市容设施建设

【建筑整修】 整修规范“双环四线”鞍山道、友谊路、昆仑路等18条道路，总长31千米，整修建筑326栋，改型整修面积1.1万平方米。整修后的街道实现了建筑设施安全、外观整齐，与周边环境和谐统一。

黑牛城道沿线建筑立面提升工程是2015年市容环境综合整治工作的重点项目。起止点为郁江桥至紫金桥，全长2.5千米，涉及建筑63栋，总施工面积50万平方米。

【环卫设施】 加强环内335座三类及以下公厕维修管理。主要是维修破损，恢复设施功能，清除环境脏乱、污染、有味、断水等问题，保持干净整洁无味。2015年完成市内六区335座公厕维修预算编制、申请资金计划工作，并全部向市总指挥部申请资金计划，市指挥部已下达维修公厕计划76座，完成71座公厕维修任务。高标准改造城市公厕100座。进一步完善城市公厕服务布局和功能，方便群众使用。2015年已上报建设方案80座、批复建设方案80座，施工图预算上报80座，资金计划申请上报80座。改造提升中心城区老旧垃圾转运站20座。更换规范全市公厕指示牌392个。

(魏瀛超)

城市管理监督考核

2015年天津市考核办按照市委、市政府关于加强天津城市精细化管理，提升城市管理水平，不断强化监督考核的要求，紧紧围绕建设美丽天津、创建全国最整洁城市的目标任务，开展城市管理考核工作。通过精细化、常态化和长效化的城市管理考核，基本实现每寸土地有人管、每件设施都管好、每个细节管到位。2015年全面贯彻落实《天津市城市管理规定》和《天津市城市管理考核办法》，不断改革创新考核方式方法，深化细化城市管理考核工作，突出强化属地管理和网格化管理，不断提升城市管理水平，先后制定出台《海河沿线专项考核实施办法》、《市容环境综合整治大清洗大清整大扫除专项考核方案》和《市市容园林委清融雪专项考核办法》等多部规范性文件。2015年全年始终坚持公开、公平、公正的考核原则，坚持多部门广泛参与和社会监督，通过采取日巡查、周抽查、月集中联查、季民调等方式，实现管理考核的全时空、全天候、全覆盖，着重对151条重点道路、31个重点地区、海河沿线和双环四线等加强考核监督，精准科学的核定综合考核成绩，考核结果每月10日在《天津日报》上公布。在此基础上，充分发挥“以奖代补”专项资金管理使用的指挥棒作用，充分调动各区县政府和相关市级职能部门管理城市的积极性和主动性，进一步发挥市考核办城市管理考核的高位监督作用，让广大市民群众充分感受到城市管理考核工作给天津市容市貌和市容环境带来的巨大变化。(康凯)

(天津市市容和园林管理委员会)

河 北 省

概况

2015年，河北省住房城乡建设工作圆满完成各项任务，实现“十二五”规划圆满收官。全省城镇化率达到51.33%、较上年提高2个百分点，县城建设成效显著，市容环境和承载能力大幅提升；《河北省空间布局规划》进一步明确了全省的空间发展战略；民生工程加快实施，群众居住条件进一步改善；全年完成市政基础设施投资2387亿元，同比增长25.2%，新增国家级园林城市10个、省级园林城市9个，环境更加宜居宜业；房地产市场基本稳定，建筑业总产值、增加值均实现增长，质量安全监管扎实有效，安全生产形势稳定向好，为全省经济社会发展提供了强大动力。

政策规章

【立法工作】《河北省城市地下管网条例》经省第十二届人民代表大会常务委员会第十五次会议通过，9月1日起正式施行，成为河北省首部关于城市地下管网方面的条例。对《河北省城乡规划条例》进行了全面修改，修改内容39条。《河北省城镇供水用水管理办法》于11月12日经河北省政府第66次常务会议通过，11月23日颁布，填补了河北省立法空白。严格规范性文件审查备案制度，全年共对67件规范性文件进行合法性审查，其中，《河北省住房城乡建设行政违法案件督办办法》、《河北省建筑工程招投标投诉和投诉处理办法》等6件经河北省政府法制办审查并备案。2015年省住房和城乡建设厅4个立法项目列入河北省人大、省政府立法计划，其中地方性法规2个、政府规章2个，另有2项列入立法调研计划。围绕行政处罚、行政审批、行政强制等重点内容，2015年对现行有效的11部地方性法规和23部政府规章及64件河北省政府规范性文件，进行全面评估和清理，提出的废止或者修改建议均被采纳。组织对截至2014年底颁发且有效的390件河北省住房城乡建设厅颁发的规范性文件进行全面清理，保留369件、废止21件，印发《河北省住房和城乡建设厅关于公布保留、修改和废止规范性文件的通知》(冀建法〔2015〕17号)，向社会公布。

【执法工作】 组织开展房地产开发建设违法行为专项整治，通过整治，全省房地产开发建设违法问题得到根本扭转，房地产市场秩序进一步规范。全年共受理各类案件317件，其中，直接查处43件，转办督办274件。对涉及违法建设、违法预售、违规变更规划、质量安全、违反建筑节能强制性标准等8个方面的50起典型违法案件进行公开曝光。印发《河北省住房城乡建设行业信用信息管理办法(试行)》，自4月1日起施行。

【简政放权】 进一步清理行政权力，对公布的权力清单再“瘦身”，通过取消、下放等措施，河北省住房城乡建设厅行政权力由469项精简至184项。按照行政许可、处罚、强制、确认、奖励、监督和其他等7大类，区分不同情况，重新编制并公布《行政权力流程图》。

房地产业

【概况】 2015年，全省房地产开发完成投资4285.3亿元，同比增长5.6%，其中商品住房完成投资3162.5亿元，同比增长5.1%；房地产新开工面积7219.8万平方米，同比下降12.4%，其中商品住宅新开工面积5543万平方米，同比下降12.9%；房地产施工面积30434.8万平方米，同比下降

3.8%，其中商品住宅施工面积23674.4万平方米，同比下降3.2%；房地产竣工面积4039.3万平方米，与2014年持平，其中商品住宅竣工面积3226.9万平方米，同比增长1.0%；商品房销售面积5854.7万平方米，同比增长2.6%，其中商品住宅销售面积5161.7万平方米，同比增长2.9%；商品房平均销售价格5759元/平方米，同比增长12.2%，其中商品住宅平均销售价格5530元/平方米，同比增长10.9%；商品房待售面积2180万平方米，同比增加6.7%，其中商品住宅待售面积1681.5万平方米，同比增长4.6%。

【房地产市场调控】 经河北省政府同意，8月31日，省住房和城乡建设厅、省国土资源厅联合印发《关于促进我省北京周边地区房地产市场平稳健康发展的通知》，加强房地产市场分类调控，规范房地产市场秩序，促进河北省北京周边地区房地产市场平稳健康发展。

【房地产市场监测】 建立房地产交易信息日报制度，5月11日正式启动交易信息日报工作。健全完善交易合同网签系统，印发《转发住房城乡建设部关于建立全国房地产交易信息日报制度的通知》，部署各地新建商品房、二手房买卖合同网签备案系统建设；组织召开新建商品房二手房交易合同网签系统建设推进会，就系统建设联网工作进行调度。

【房地产市场监管】 部署行业房地产开发资质检查工作，对发现的资质证书有效期届满、未在规定时间内提出延续申请的38家二级房地产开发企业的资质予以注销。各市、县对检查过程中发现的不符合原定资质条件或者有不良经营行为的1098家房地产开发企业，依法予以降级或者注销资质证书。

【物业管理】 召开物业管理座谈会暨物业管理专项治理调度会，对物业管理专项治理和物业服务标准和收费情况工作进行研究调度。印发《河北省住房和城乡建设厅关于对老旧居住小区情况调查的通知》，对全省老旧居住小区情况进行全面调查。开展全省优秀物业服务住宅小区(大厦、工业区)创建工作，46个项目验收合格被命名为2015年度全省物业服务优秀住宅小区(大厦、工业区)。

【房屋交易管理和登记】 会同河北省委组织部下发《关于转发〈关于建设领导干部个人有关事项报告房产信息查核报送系统的通知〉的通知》(冀建房〔2015〕13号)，对省级以下查核报送系统建设工作进行安排部署，9月1日前完成系统建设。推进县级房地产交易登记规范化管理工作，完成6县(市)房地产交易登记规范化管理单位验收工作，并对验收通过单位进行公示、通报。

住房保障

【概况】 2015年，河北省圆满完成国家下达的开工20万套、基本建成17万套的年度目标任务，城镇保障性安居工程覆盖率达到20%，城镇低收入住房困难家庭实现应保尽保。

【政策举措】 河北省政府办公厅印发《关于贯彻落实国务院国发〔2015〕37号文件精神任务分解方案》。10月12日，河北省人民政府办公厅印发《河北省城镇棚户区改造货币化安置管理办法》。转发住房城乡建设部《关于做好2015年住房保障工作和加快公共租赁住房分配入住的通知》，并提出落实意见。出台《河北省保障性住房分配退出管理规范操作指导细则(试行)》。12月8日，省住房和城乡建设厅与财政厅联合印发《河北省政府购买棚改服务管理办法》(冀建保〔2015〕15号)，明确政府购买棚改服务的范围、原则，购买主题、承接主体及购买内容，购买方式和程序，绩效评估与监督管理等内容。

【规划编制】 组织各地编制2015～2017年城镇棚户区改造实施方案、2018～2020年城镇棚户区改造规划以及2015～2017年棚改配套基础设施建设计划，省级规划编制工作同步启动。各地已完成各项规划编制工作，省级已完成规划(初稿)。启动“十三五”城镇保障性安居工程规划编制。

住房公积金管理

【概况】 截至12月底，全省累计缴存住房公积金2814.86亿元，缴存余额1353.46亿元。2015年，全省缴存住房公积金444.66亿元，同比增长28.64%。累计提取1461.4亿元，提取率51.92%。2015年，全省提取415.68亿元，同比增长86.47%，年度提取率93.48%，其中住房消费累提取占74.75%。全省累计发放贷款1474亿元，贷款余额1001.9亿元。年内，全省发放个人住房贷款304.28亿元，同比增长70.63%。全省住房公积金个贷率约为74.03%。全省结余资金约为337.88亿元。

【制度建设】 3月3日，印发《关于转发住房城乡建设部等三部门〈关于健全住房公积金信息披露制度的通知〉》(冀建金〔2015〕2号)，要求各市、各单位高度重视住房公积金信息披露工作，做到信息披露及时，数据准确完整，确保缴存职工的知情权，接受社会监督。出台《关于进一步加强和改进服务提高住房公积金使用效率的通知》（冀建金〔2015〕3号），明确贷款首付比例由30%降至20%，贷款最高额度全省统一提高至60万元；放宽物业费提取和共同生活的未婚子女购买住房提取父母住房公积金等提取条件；取消强制性机构担保收费；面向全国开展异地贷款，实现异地互认、贷款和转移接续；拓宽公积金融资渠道，开展向商业银行申请授信额度和质押贷款，缓解流动性压力。

【规范管理】 将住房公积金业务管理工作纳入省政府与各市政府住房保障目标责任书。每月向各市人民政府通报住房公积金使用情况。向社会公开披露省级和各市、各单位住房公积金年度报告。健全住房公积金统计工作，建立日报、周报、季报、年报制度，及时了解大额资金变动情况，掌握各地发展态势。

城乡规划

【京津冀协同发展】 配合住房城乡建设部编制完成京津冀城乡规划。积极参与河北省京津冀协同发展规划编制，配合有关部门推进北京新机场临空经济区、白洋淀科技城等重大承载功能平台规划建设相关工作。委托中国城市规划设计研究院编制《河北省空间布局规划（2015-2030年）》，围绕解决"精准定位、体系结构、底线划定、功能承接、规模控制、人口布局"等重大问题，进一步明确国家战略框架下河北空间发展战略。

【规划体系】 推进城镇体系规划修编工作，按照京津冀协同发展规划纲要和京津冀城乡规划要求，完成省域城镇体系规划纲要并报住房城乡建设部。开展设区市城市总体规划修编工作，由河北省政府审批的廊坊、沧州、承德、衡水、邢台5市总体规划修编全面启动；由国务院审批的石家庄、张家口、秦皇岛、唐山、保定、邯郸6个市对现行城市总体规划实施情况进行评估，开展总体规划修编前期基础工作。加快县（市）总体规划编制审批，各设区市进一步加快所辖县城乡总体规划编制和审批工作，全省119个县（市）城乡总体规划成果已经规划委员会审议或批复。推进市县"多规合一"试点工作，印发《河北省市县"多规合一"试点工作方案》，确定邢台市、定州市以及邢台市威县为"多规合一"试点市县，开展市、县空间规划改革试点，推动国民经济和社会发展规划、城市（乡）总体规划、土地利用总体规划、生态环境保护规划等"多规合一"。建立起省级市县"多规合一"试点工作联席会议制度。

【规划管理】 不断扩大遥感动态监测范围，强化规划实施行政监督力度，印发《关于加强总体规划遥感动态监测工作的通知》，动态监测工作的重点是省政府批准的总体规划和历史文化名城保护规划实施情况；在已实施动态监测的承德、廊坊、沧州、衡水、邢台、定州、辛集等7市的基础上，计划将新乐、晋州、迁安、遵化、三河、霸州、涿州、高碑店、安国、黄骅、任丘、泊头、河间、冀州、深州、沙河、南宫、武安18个县级市纳入动态监测范围，实现设市城市全覆盖。年底，完成省政府审批的承德、廊坊、沧州、衡水、邢台、邯郸5个设区市，以及定州、辛集等20个县级市的动态监测报告，并印发有关市进行核查。

强化建设用地规划管理。印发《河北省城市建设用地性质和容积率调整管理规定》、《关于贯彻落实〈河北省城市建设用地性质和容积率调整管理规定〉的通知》，进一步严格城市建设用地性质和容积率调整管理；印发《关于加强城乡规划许可证书管理工作的通知》，督导各地进一步提高规划管理水平，严格城乡规划"一书三证"的实施管理。印发《关于严格城市（乡）总体规划管理的通知》，从做好优化完善提升工作、严格履行总体规划报批程序、及时公布批准的总体规划、严格执行总体规划强制性内容等方面对各地提出明确要求。

提升规划管理技术水平。修订河北省市"一书三证"信息报送标准，研发并搭建全省城乡规划证书信息管理系统，谋划建设"河北历史文化名城名镇名村"网站。初步完成全省空间基础信息库搭建工作。

【历史文化名城保护】 组织专家审查《承德历史文化名城保护规划》并报河北省人民政府批准，开展全省历史文化名城名镇名村街区保护规划编制审批情况检查，名城保护规划实施行动计划制定和保护性建筑普查工作，以及全国历史文化名城、历史文化名镇名村、历史文化街区、历史建筑等基础信息采集工作。印发《关于推进历史文化名城保护规划编制工作的通知》，督导定州、赵县、涿州、宣化、大名加快历史文化名城保护规划编制工作。

城市建设

【概况】 2015年，全省城市市政基础设施投资完成2387亿元，同比增长25.2%，增幅较上年提高0.4个百分点。

【新型城镇化工作】 组织省级新型城镇化综合

试点申报工作，确定17个地区为省级新型城镇化综合试点地区，分别为：张家口市、衡水市、辛集市、迁安市、平泉县、任丘市、威县、安国市、涉县、易县、石家庄市鹿泉区铜冶镇、高碑店市白沟镇、怀安县左卫镇、卢龙县石门镇、霸州市胜芳镇、枣强县大营镇、隆尧县莲子镇。河北省威县、白沟镇进入国家第二批新型城镇化综合试点。2月7日，河北省城市建设投融资协会正式成立，是河北省内首个新型城镇化产业联盟组织，也是河北城镇化领域最大民间智库。

【海绵城市建设】 迁安市被确定为我国首批海绵城市建设试点城市之一，也是唯一入选的县级市。12月29日，河北省人民政府办公厅印发《关于推进海绵城市建设的实施意见》，确定到2030年全省海绵城市建设的目标，从8个方面对各地加强海绵城市建设提出具体要求。

【地下综合管廊建设】 11月11日，河北省人民政府办公厅印发《关于推进城市地下综合管廊建设的实施意见》，提出到2020年全省城市地下综合管廊建设的目标，并从7个方面对各地城市地下综合管廊建设提出具体要求。2015年，河北省建成城市地下综合管廊50千米，正定新区地下综合管廊建设项目被财政部列入国家首批《政府和社会资本合作示范项目名单》。

【黑臭水体整治】 10月12日，河北省住房和城乡建设厅印发《关于转发城市黑臭水体整治工作指南的通知》，明确各阶段黑臭水体整治工作目标和责任主体。

【供水用水】 《河北省城镇供水用水管理办法》经11月12日省人民政府第66次常务会议通过，11月23日以省人民政府令〔2015〕第8号公布，于2016年1月1日起施行。

【污水垃圾】 推进污水处理设施建设，城市和县城污水处理率分别达到89%和79%。邯郸市列入国家第一批生活垃圾分类示范城市，承德市列入国家餐厨废弃物收集、运输、处置试点城市。

【供热】 持续推进供热保障攻坚，大力发展热电联产集中供热，采用清洁能源和可再生能源供热，设区市集中供热普及率达到74%。

【园林城创建】 12月25日，河北省人民政府办公厅印发《关于同意沽源县等县(区)为省级园林县城(城区)的复函》，同意沽源县、蔚县、隆化县、望都县、顺平县、容城县、盐山县、故城县委河北省园林县城，承德市鹰手营子矿区为河北省园林城区。2016年1月18日，住房和城乡建设部印发《关于2015年国家生态园林城市、园林城市、县城和城镇的通报》，命名沧州市为国家园林城市，高邑县、滦南县、永年县、鸡泽县、南和县、滦平县、宽城满族自治县、肃宁县、固安县等9个县城为国家园林县城。

【城市绿化】 全年河北省城市新增绿地4923公顷，植树1282万株，新建公园119个、游园257个，提升改造公园125个。建成星级公园、游园、广场86座，省级园林式单位59个，省级园林式小区56个，省级园林式街道38条。新增城市绿地4040公顷，绿道绿廊390千米，总长突破1800千米。

【风景名胜区管理】 《河北省风景名胜区条例》于1月1日起实施。截至年底，全省共有2处国家自然遗产(磬锤峰、嶂石岩)，10处国家级风景名胜区和39处省级风景名胜区，总面积约7800平方千米，占全省国土总面积的4.18%。

【城市管理】 9月7日，省城镇化工作领导小组办公室批转印发《河北省“洁净城市”实施方案》，全面开展“洁净城市”创建，即从2015年开始，利用3年时间，按照“一年试点实施、二年局部推广、三年全面覆盖”的步骤，实现整齐、干净、有序的“洁净城市”目标。积极推进数字化城管平台建设，全省数字化城管平台达到104个。

【县城建设】 印发《2015年河北省县城建设工作实施方案》。研究起草《河北省县城建设三年攻坚行动实施方案》。5月27日，在承德市滦平县组织召开全省环首都县城建设座谈会；6月18日，在衡水市枣强县组织召开全省重点推进县县城建设现场会。

村镇规划建设

【村镇规划】 河北省住房和城乡建设厅印发《关于做好全省农村面貌改造提升行动9个片区总体规划的通知》，就做好河北省确定的白洋淀、正定古城等9个连片美丽乡村总体规划设计工作进行部署，一并将省住房城乡建设厅、省农村面貌改造提升行动领导小组办公室组织编制的《河北省农村面貌改造提升行动连片美丽乡村总体规划设计指引(试行)》印发至各市。年底，完成九大片区和3006个美丽乡村重点村规划设计任务。组织编制完成河北省冬奥沿线风貌景观总体规划、白洋淀区域空间发展战略规划、阜平县天生桥片区总体规划和骆驼湾村、顾家台村村庄规划。

【农村危房改造】 2月13日，省住房和城乡建设厅、省发展和改革委员会等五部门联合印发

《2015 年河北省农村面貌改造提升行动农村危房改造工作实施方案》。8 月 5 日，省住房城乡建设厅、省发展改革委、省财政厅三部门联合印发《关于做好 2015 年全省农村危房改造工作的通知》，明确全省 2015 年农村危房改造任务为 12.3 万户，其中建筑节能示范户 3 万户。年底，全省 12.3 万户农村危房改造任务全部完成，并一并展开后追加的 4.9 万户农房抗震改造任务。

【民居改造】 河北省住房和城乡建设厅组织有关规划设计单位、高校，分区域设计了不同类型、不同使用功能、特色比较鲜明的民居方案，并汇编成《河北省美丽乡村民居设计方案》。河北省住房和城乡建设厅会同中共河北省委农村工作部等部门联合印发《2015 年河北省农村面貌改造提升行动特色民居建设工作实施方案》、《2015 年在中心村建设和民居节能改造中大力推广应用"四新"的实施方案》，开展特色民居建设示范，推广应用新技术、新材料、新装备、新样式的"四新"特色民居，推进"四新"示范村、示范户。

【农村生活垃圾治理】 唐山市、邯郸市被选为全省整体推进农村生活垃圾治理典型。5 月 28 日，在邢台市组织召开全省农村生活垃圾治理现场培训会。12 月 28 日，河北省住房城乡建设厅等 11 个部门联合印发《关于全面推进农村垃圾治理的实施方案》，明确到 2020 年各阶段工作目标和具体任务。年内，河北省实施农村生活垃圾治理的村庄占比达到 54.6%。

【历史文化名镇名村和传统村落保护】 河北省住房和城乡建设厅、文化厅、文物局、旅游局、财政厅、省美丽乡村办等部门，分四组了解全省 48 个历史文化名镇名村及部分中国传统村落保护工程实施情况，对上半年工作情况进行督导，并对规划设计、保护工程实施进行现场指导。成立了河北省历史文化名镇名村与传统村落保护专家委员会。7 月 13 日，住房城乡建设部、国家旅游局下发第三批全国特色景观旅游名镇名村示范名单，河北省 11 个村镇成功入选，分别是唐山市滦县滦州镇、唐山市滦县响堂镇、唐山市滦县王店子镇、张家口市张北县张北镇、廊坊市霸州市胜芳镇、衡水市武强县周窝镇、唐山市滦县滦州镇滦州古城、秦皇岛市昌黎县十里铺乡西山场村、邢台市邢台县路罗镇英谈村、邢台市内丘县南寨乡神头村、保定市易县西陵镇凤凰台村。8 月 10 日，住房城乡建设部等七部门联合印发《关于公布 2015 年列入中央财政支持范围的中国传统村落名单的通知》，河北省共有 14 个中国传统村落榜上有名，分别是石家庄市井陉县南峪镇地都村，邯郸市武安市伯延镇伯延村、管陶乡朝阳沟村、冶陶镇安子岭村、冶陶镇固义村、冶陶镇冶陶村，邢台市沙河市白塔镇樊下曹村、刘石岗乡大坪村、刘石岗乡渐凹村，张家口市蔚县南留庄镇南留庄村、南留庄镇水东堡村、南留庄镇水西堡村、宋家庄镇上苏庄村、蔚县涌泉庄乡北方城村。

建筑业

【工程建设标准定额】 2015 年，共完成标准编制送审稿评审 29 项，标准设计送审稿评审 7 项，发布地方标准 22 项。《河北省建筑工程造价管理办法》自 1 月 1 日起施行，成为河北省第一部工程造价管理的政府规章。《河北省建设工程工期定额》自 1 月 1 日起实施，是省建设工程第一部工期定额。《城市轨道交通工程预算定额河北省消耗量定额和费用标准》自 2 月 1 日起执行，填补了河北省城市轨道交通计价依据空白。

【工程质量安全监督】 大力开展工程质量治理两年行动，全省组织开展 2 次综合巡查和 4 次暗访检查，通过下发整改通知书、实施行政处罚、约谈工程责任主体等形式，推动工程质量水平提升。7 月在国家工程质量治理两年行动监督执法检查中，廊坊市 6 项受检工程实体质量检测均合格，检查共 362 项，符合项 309 项，符合率 85.4%，得到住房城乡建设部肯定。保定市生态园等 4 项工程获得国家建筑工程鲁班奖，唐山市曹妃甸港区煤炭码头等 4 项工程获国家优质工程奖，258 项工程获省优质工程奖，218 项工程评定为省结构优质工程，全省工程质量总体处于受控状态。

安全生产方面，制定印发《河北省实施住房城乡建设部〈房屋建筑和市政基础设施工程施工安全监督规定〉办法(试行)》和《河北省关于推行建筑起重机械租赁、安装、拆卸、维修保养"一体化"管理的意见》，并在全省试行。制定印发《2015 年全省建筑施工安全生产专项整治方案》，组织各市开展以施工现场深基坑、高支模、起重机械设备、安全防护用品、施工防火等内容为重点的安全专项治理；分别于 5 月和 11 月组织开展春秋季全省建筑施工安全生产和扬尘治理大检查，做好特殊时期、极端天气、重点地域的安全防控和预警，分别制定印发《关于做好 2015 年春节和全国"两会"期间建筑施工安全生产工作的通知》、《关于做好汛期安全生产工作的通知》等文件。组织开展全省住房城乡建设系统夏季消防检查暨隐患排查整治活动、6月份全省住房城乡建设系统安全生产月宣传教育活动。9月16日，河北省住房城乡建设厅印发《河北省建筑施工扬尘防治新15条标准》。

【建筑市场】 据河北省统计局统计，2015年全省入统范围的资质等级内建筑业企业2485家，完成建筑业总产值5252.6亿元，同比降低6.6%；建筑业增加值1782亿元，同比增长4.6%，占全省GDP的5.9%；期末从业人员1304万人，同比增长14.25%；完成建筑施工面积35616.5万平方米，同比下降4.3%；建筑业营业税202.9亿元，同比增长15.24%。启用全省建筑市场监管系统和建筑业企业信用综合评价平台，省内外9442家建筑业企业参加建筑业企业综合信用评价。

建筑市场监管方面，建立起建筑市场"打非治违"常态化监督检查机制，对转包、违法分包、挂靠等违法违规行为保持高压打击的态势。4月，省住房和城乡建设厅将85家在2014年严重拖欠农民工工资的施工企业列入黑名单，对外地企业清出河北省建筑市场，本省企业停止投标资格。全省各市均出台农民工工资预储金实施细则。11月9日，省住房城乡建设厅等3部门联合印发《关于进一步规范房屋建筑和市政基础设施工程建设领域农民工工资预储金管理的通知》，推动全省农民工工资预储金管理制度落实，规范全省农民工工资预储金管理。

【建筑产业现代化】 河北省政府印发《关于推进住宅产业现代化的指导意见》(冀政发〔2015〕5号)，召开全省住宅产业现代化工作现场会。完成《河北省住宅产业现代化"十三五"发展规划》初稿编写工作。颁布实施《装配整体式混凝土剪力墙结构设计规程》等4部省工程建设标准。培育唐山德生防水、唐山海螺型材、秦皇岛阿尔法、河北建设集团、迁安大树木业、省建筑设计院等6个省级建筑产业现代化基地，推动10万平方米装配式混凝土结构住宅项目、17万平方米装配式混凝土结构公建项目、18万平方米钢结构住宅项目等一批试点示范项目开工建设。截至年内，全省已建成5个国家住宅产业化基地和14个省级基地，涵盖预制构件、建筑部品、新型墙材、装备制造生产等多个领域。

建筑节能与科技

【新建建筑节能】 2015年，新增建筑较好地执行建筑节能标准。节能建筑占城镇民用建筑总面积达40.37%。自2014年保定、唐山两市开始在市区新建居住建筑执行75%节能标准的基础上，2015年，廊坊、承德等市居住建筑陆续执行75%节能标准。全省城镇公共建筑实施65%节能标准。全省累计竣工被动式低能耗建筑6万平方米，在建和设计项目近40万平方米。

【绿色建筑】 2015年获得绿色建筑评价标识45个，建筑面积333.35万平方米。开工绿色建筑面积1053万平方米，占新建建筑比例为26.7%。全省累计获得绿色建筑评价标识183个，建筑面积1898.12万平方米，位居全国前列。秦皇岛、承德两市所有城镇，邯郸市县城以上民用建筑，全部执行绿色建筑标准；廊坊市政府投资建筑以及10万平方米以上住宅小区，一律按绿色建筑标准建设。

【既有居住建筑供热计量及节能改造】 2015年完成既有居住建筑供热计量及节能改造项目885万平方米。4月，唐山、承德两市荣获住房城乡建设部、世界银行、全球环境基金"中国供热改革与建筑节能项目"优秀示范城市称号。

【可再生能源建筑应用】 新增可再生能源建筑应用面积1713.84万平方米，占新建民用建筑面积的44.40%，超额完成43%的年度目标任务。国家级可再生能源建筑应用示范市、示范县(区)，基本完成示范建设内容。

【绿色建材】 印发《关于禁止使用实心黏土砖和黏土制品的通知》，禁止实心黏土砖和制品的工程应用；发布《河北省建筑工程材料设备推广、限制和禁止使用产品目录》，新增推广产品28种、限制产品13种、禁止使用产品20种，保障建筑工程质量安全。推广新型建材，新型建材应用率达到61.6%。

建设人事教育

【干部工作】 年内，省住房城乡建设厅选派13名干部到张北县东友村和郑油坊村、安新县庄子村和光淀村、阜平县骆驼湾村，分别开展定点扶贫和美丽乡村建设；选派7名干部到定州、宁晋、迁安住房城乡建设部门下基层锻炼；选派2名处级干部分别到邯郸市政府、易县政府挂职，完成1名处级干部到天津市住房城乡建设部门挂职届满考核、新选派1名处级干部到天津市挂职；安排2名北京市有关部门干部到河北省住房和城乡建设厅挂职。

【机构编制】 4月，省住房和城乡建设厅公布《责任清单》，共确定部门主要职责16项，细化具体责任事项115项；与相关部门有职责边界的管理事项14项；制定加强事中事后监管的制度措施29项；公共服务事项10项。着眼政府职能转变，经省编办研究批准，整合现有4个进驻外省市建筑队伍管理机构职能，将进京建管处、驻山西建管处、驻津建管处分别更名为河北省出省建筑队伍管理服务中心、河北省房地产和建筑市场监测研究中心、河北省村镇建设促进中心，从工作实际和需要着眼，核定更名后机构主要职责，规范机构经费形式和配置人员编制。

【培训工作】 年内，组织举办全省住建系统干部培训班21个，培训人员6993人次。每季度组织全省住建领域现场专业人员统一考核工作，开考岗位为施工员、质量员、机械员等15个岗位，8.4万多人参加考试。组织举办河北省第四届插花与园林绿化快速设计竞赛，3名选手被授予“河北省技术能手”称号，69名选手被授予“河北省建设行业技术能手”称号，40名各组前十名选手符合条件的晋升相应职业资格或工人技能等级。经河北省政府批准，公布取消监理师、监理员、档案员、建设行业专业管理人员考试、见证取样人员考核5项职业资格。

“十二五”期间住房城乡建设主要工作及成效

【概况】 “十二五”时期，特别是党的十八大以来，河北省住房城乡建设系统紧紧围绕稳增长、调结构、促改革、抓协同、治污染、惠民生，以推进新型城镇化为主线，以县城建设为着力点，坚持稳中求进、务实开拓，在服务中心和大局中开创各项工作新局面，较好地完成了“十二五”工作任务。

【政策规章】 先后出台《河北省城乡规划条例》等地方性法规3部，《河北省城镇住房保障办法(试行)》、《河北省供热用热办法》等政府规章9部。深化行政审批制度改革，数次对行政审批事项进行全面清理，对河北省住房城乡建设厅的180项历年取消事项、42项下放事项和33项行政审批事项进行重新核定。建立“零障碍”服务全程协办机制，推行行政审批服务大厅“一个窗口对外”、“即来即办”和“一站式”服务，建立“容缺预审预批”制度，制定“容缺预审预批目录”并向社会公布，实行即来即办。河北省住房城乡建设厅对实施的11个类别的行政权力进行了全面清理，保留行政权力186项并向社会公布，编制了《行政权力清单》和流程图。

【新型城镇化综合试点与城镇化】 石家庄、定州、张北入选国家第一批新型城镇化综合试点，威县、白沟镇入选国家第二批新型城镇化综合试点。张家口、衡水等2个设区市、8个县市和7个镇被确定为省级城镇化综合试点。成功申报石家庄等13个国家智慧城市试点(5个设区市、5个县市和3个区)，城市管理服务智慧化水平不断提升。

2015年常住人口城镇化率达到51.33%。积极拓展中心城市规模和发展空间，石家庄、唐山、保定、秦皇岛完成行政区划调整。全省市区人口超过300万人的大城市2个(新增石家庄和唐山)，100万～300万人的大城市4个(保定、邯郸，新增张家口、秦皇岛)，50万～100万人口的中等城市8个，20万人口以上的县城12个。

【城乡规划】 开展覆盖全域、规划期限至2030年的城乡总体规划编制工作，119个县(市)规划成果获批复或通过规委会审议。开展沿海地区、环首都地区和冀中南地区区域规划编制研究工作，沿海地区规划经省政府批准实施。设区市修编完善市域城乡统筹规划、中心城区空间发展战略规划。设区市实现控制性详细规划编制覆盖率100%。编制完成全省136个县(市)域镇村体系规划。组织9个连片美丽乡村总体规划设计、申奥沿线景观风貌规划设计，加强区域风貌管控。组织编制9000多个重点村美丽乡村建设规划。10000余个基层建设年活动帮扶村编制了村庄规划或村庄整治规划。48个历史文化名镇名村均编制了保护规划，已经省政府批复，并组织编制历史文化名镇名村核心保护范围修建性详细规划以及历史建筑修缮、基础设施改造、环境综合整治以及科学利用方案，形成较为完备的规划体系。实施历史文化名城保护工程。新增省级历史文化名城1座，达到12座，新增历史文化街区4片，达到17片。

以省政府令出台《河北省历史文化名城名镇名村保护办法》、《河北省城市控制性详细规划管理办法(试行)》，印发《河北省城市“五线”(红线、绿线、蓝线、紫线、黄线)管理规定》、《河北省城市建设用地性质和容积率调整管理规定》，加强规划实施管控。

【城乡建设】 大力推进城乡基础设施建设，全省基础设施建设水平大幅提升。与“十一五”末相比，全省公共供水能力增加23万吨/日，达到841万吨/日，设市城市与县城供水普及率分别达到99%和97%，其中县城供水普及率提高2个百分点；城市燃气普及率达到92%，县城燃气普及率提高18.26%，达到87.37%；集中供热面积从5亿平方米提高到7.5亿平方米；全省新增污水处理能力99.4万吨/日，城市和县城污水处理率分别达到

89%和79%；城镇生活垃圾无害化处理率从47%提高到85%；城市绿地率达到35.4%，提高14个百分点。开展地下管线普查和综合管理信息系统建设，建成地下综合管廊50余千米，正定新区地下综合管廊列入国家首批PPP模式试点项目。启动海绵城市建设，迁安市入选全国海绵城市试点。省级历史文化名镇名村数量达到48个，57个传统村落列入中国传统村落名录。

【城市管理】 积极推进数字化城管平台建设，全省数字化城管平台达到104个。开展以"治脏、治乱"为主要内容的城市环境容貌"脏乱"整治和以治违、治脏、治乱、提升园林绿化和城市管理水平为主要内容的"三治两提"综合整治工作，出台《河北省城市容貌标准》、《城市管理行政执法装备配备标准》等14项标准、《河北省城市户外广告设置导则》等7项服务导则，形成全覆盖、成系统、易操作的城市管理标准体系。制定《河北省"洁净城市"实施方案》，启动"洁净城市"创建活动。全省建筑施工现场环境卫生面貌明显好转，设市城市道路机械化清扫率达到60%，县城达到52%，道路扬尘得到有效控制。

【住房建设】 "十二五"期间，全省保障性安居工程住房共开工建设129.6万套(其中保障性住房60.1万套，棚户区改造69.5万套)，累计开工建设规模达到228.2万套，城镇保障性安居工程覆盖率达到20%，城镇低收入住房困难家庭实现应保尽保，中央下放煤矿棚户区、国有林业棚户区全部实施改造。农村危房改造扩展到所有的县(市、区)，改造农村危房68.2万户。颁布《河北省城镇住房保障办法(试行)》，研究出台10多个规范性文件，各地制定配套文件和细则100余件，建立起完善的政策规划保障体系。

【房地产业】 "十二五"期间，全省各地结合实际，认真落实国家各阶段房地产市场调控政策，开发规模、房价水平与经济社会发展需求、居民承受能力相适应，市场运行没有大起大落，总体保持平稳健康的发展态势。"十二五"期间，全省房地产开发完成投资17946.5亿元，新开工面积41331.9万平方米，竣工面积22553.8万平方米，商品房销售面积28283.1万平方米。

【建筑节能】 "十二五"末，全省城镇民用节能建筑累计达到4.49亿平方米，较"十一五"末增加2.79亿平方米；全省获得的绿色建筑评价标识，由"十一五"末的2个、建筑面积11.86万平方米，发展到2015年183个、建筑面积1898.12万平方米。全省既有居住建筑供热计量及节能改造面积累计达到9800多万平方米，占具备改造价值老旧住宅总量11676万平方米的84%以上；其中，"十二五"期间完成6660多万平方米。全省可再生能源建筑应用面积累计达1.81亿平方米，较"十一五"末的7222万平方米增加1.08亿平方米。太阳能、浅层地能、工业余热等应用方兴未艾，空气源热泵等应用初见成效。

【绿色建材】 连续举办三届"中国(高碑店)国际门窗幕墙博览会"、两次"全省建筑节能新技术新产品展览会"，发布两批《推广、限制和禁止使用建设工程材料设备产品目录》。启动绿色建材评价标识管理工作，推广应用150余项新材料、新产品，新型建材应用率达61.6%，较"十一五"末提高20个百分点。

【建筑业】 以工程质量治理两年行动为契机，建立了建筑市场"打非治违"常态化监督检查机制，对转包、挂靠、违法分包等行为保持高压打击的态势。应用建筑市场监管系统和建筑业企业信用综合评价平台。建成项目、企业、人员和信用"四位一体"数据库，省内外9442家建筑业企业参加综合信用评价。推动颁布《河北省农民工权益保障条例》，建立建筑劳务实名制和建筑领域农民工工资预储金制度，2015年被列为住房城乡建设部建筑劳务实名制推广试点省。依法处理严重拖欠农民工工资的企业，停止200余家施工企业投标资格。

【人才教育】 "十二五"以来，依托国家行政学院、全国市长培训中心、省委党校等培训机构，联合省委组织部共举办设区市、县(市)长培训班14个班次，培训领导干部1500多人次；举办住建系统干部培训班80多个班次，培训人员2万多人次。全省住房城乡建设行业专业人才队伍规模不断壮大，人才队伍结构不断优化，整体素质不断提高。建成执业注册管理系统和继续教育平台，推动网络继续教育，近8万人次参加继续教育，建设类执业资格注册人员总数达10万人，涵盖9大类、38个专业，形成门类齐全的执业师队伍。持续推进建筑工人队伍建设和高技能人才培养，建立115所建筑工人培训鉴定机构，覆盖全省11个设区市和部分县(市)。积极推动建筑工地农民工业余学校创建工作，共创建1135所农民工业余学校，累计培训农民工41.5万人。连续4年组织开展全省住建行业园艺职业技能大赛，组织推荐参加全国插花技能大赛，32人被授予"河北省技术能手"称号，345人被授予"河北省建设行业技术能手"称号，3人被授予"全国住建行业技术能手”称号，推动全省园林城市创建和城镇建设上水平工作。

大事记

1月

6日　全省住房和城乡建设工作会议在石家庄召开。会议传达贯彻全国住房城乡建设工作会议精神，总结2014年全省住房城乡建设工作，研究部署2015年工作。副省长姜德果对会议作出批示。省住房和城乡建设厅厅长朱正举作工作报告，副厅长梁军主持会议。会上，副厅长桑卫京宣读姜德果对会议的批示，传达全国住房城乡建设工作会议精神。省城镇建设上水平工作领导小组办公室副主任李贤明宣读2013～2014年度河北省人居环境奖、进步奖、示范奖和省级园林城市(县城、城区)名单。厅领导王舟、周全义、吴铁、王毅忠、于文学在主席台就座。

同日　全省城乡规划与村镇建设工作座谈会在石家庄召开。会议传达贯彻全国城市规划建设工作座谈会精神，总结2014年全省城乡规划和村镇建设工作，安排部署2015年重点工作。省住房和城乡建设厅总规划师吴铁出席会议并讲话。

同日 全省城市基础设施建设工作座谈会在石家庄召开，部署2016年工作重点。厅长朱正举、省城镇建设上水平工作领导小组办公室副主任李贤明出席会议并讲话。

12日　河北省第六届环境艺术设计大赛颁奖典礼在石家庄市规划馆圆满落幕。共有26人22幅作品分别获奖。

14日　省住房和城乡建设厅厅长朱正举到对口扶贫帮困的张北县郑油坊村，看望慰问贫困农户，向乡、村干部了解推进村集体事业发展以及带动群众脱贫的有关情况，并对驻村工作组进一步做好帮扶工作提出要求。

15日　省住房和城乡建设厅组织召开专题座谈会，贯彻落实住房城乡建设部《关于进一步推进工程造价管理改革的指导意见》、《工程造价管理改革工作任务分工方案》，解读《河北省建筑工程造价管理办法》，研究部署相关工作。副巡视员王毅忠出席会议并讲话。

16日　省住房城乡建设厅组织召开全省保障建筑领域农民工工资支付工作会议，总结2014年清欠工作，研究部署近期工作任务。副巡视员王毅忠出席会议并讲话。

27日　省住房和城乡建设厅召开2014年度机关总结表彰大会，宣读表彰决定，总结部署机关全面工作，并就机关党风廉政建设、精神文明建设提出要求。

3月

12日　省住房和城乡建设厅百余名干部职工来到河北政法职业学院林场参加义务植树活动。厅长朱正举，副厅长桑卫京，纪检组长、监察专员周全义参加植树活动。

17日下午　省住房和城乡建设厅召开厅党组中心组(扩大)全国“两会”精神专题学习大会，特邀中共河北省委党校党建教研部副主任、研究员李聚山，介绍全国“两会”会议概况、背景及主要内容，并重点解读李克强总理所作的政府工作报告。厅长朱正举结合行业工作实际，安排部署全省住房城乡建设重点工作。副厅长梁军主持集中学习。副厅长桑卫京传达全国“两会”精神。厅党组中心组成员、机关全体党员干部、厅属单位领导班子成员参加学习。

4月

1日　省住房和城乡建设厅召开2015年机关党建工作会议。总结交流2014年度厅机关党建工作，安排部署2015年工作。厅党组书记、厅长朱正举，党组副书记、副厅长梁军出席会议。纪检组长、监察专员周全义主持会议。

10日　全省城镇化工作领导小组会议在石家庄召开。会议就河北省推进新型城镇化工作进行总结，安排部署2015年工作。副省长姜德果出席会议并讲话。省城镇化工作办公室主任、省住房城乡建设厅厅长朱正举就全省推进新型城镇化工作情况进行通报。省政府副秘书长苏蕴山主持会议。

14日　省政府新闻办公室组织召开新闻发布会。省住房城乡建设厅副厅长王舟就《河北省人民政府关于推进住宅产业现代化的指导意见》进行解读，省工程设计大师孙贺臣回答记者提问。省委外宣局副局长王凤主持发布会。《河北省人民政府关于推进住宅产业现代化的指导意见》于3月3日正式印发。王舟在会上介绍了推进住宅产业现代化的政策背景、现实意义，河北省发展住宅产业现代化的基础条件，以及《意见》的主要内容。

17日　省住房城乡建设厅组织召开全省住建系统安全生产电视电话会议，通报2015年以来建筑施工安全事故情况，分析面临的安全生产形势，对下阶段安全生产工作进行部署。

21日　全省园林城市创建现场会在任丘召开。省住房和城乡建设厅厅长朱正举、省城镇建设上水平工作领导小组办公室副主任李贤明出席会议并讲话。任丘市在会上介绍创园经验。

5月

4日　省住房城乡建设厅组织机关及直属单位60余名青年干部职工开展“岗位作贡献 青春展风采”纪念五四运动96周年系列活动。

6日　河北省物业管理工作座谈会在石家庄召开。会议座谈全省物业管理专项治理活动开展情况及《河北省物业服务收费管理实施办法》实施情况，部署年内物业管理工作。省住房城乡建设厅副厅长王舟出席会议并讲话。

28日　全省农村生活垃圾治理现场培训会在邢台召开。会议组织学习邢台任县、山东昌邑和四川罗江县农村生活垃圾治理经验，深入推进全省农村生活垃圾治理工作。省住房城乡建设厅总规划师吴铁主持会议，并就全省农村生活垃圾治理工作进行部署。

6月

11日　根据河北省委《关于桑卫京梁军同志职务任免的通知》和省委组织部《关于于文学同志任职的通知》、省人力资源和社会保障厅《关于李贤明等同志任免职的通知》：桑卫京同志任省住房和城乡建设厅党组副书记；梁军同志任省住房和城乡建设厅巡视员，免去其省住房和城乡建设厅党组副书记、副厅长职务；李贤明同志任省住房和城乡建设厅副厅长；于文学同志任省住房和城乡建设厅党组成员、省城镇化工作领导小组办公室副主任(试用期一年)，免去其省住房和城乡建设厅副巡视员职务。因机构更名，省城镇建设三年上水平工作领导小组办公室副主任职务自然免除。

16日　全省“双百工程”工作调度会在秦皇岛北戴河区召开，会议组织学习北戴河区、滦县的做法和经验，对全省“双百工程”有关情况进行通报，并就下一步工作进行部署。省住房城乡建设厅总规划师吴铁出席会议并讲话。

24日　河北省国有土地上房屋征收培训班在石家庄举办。王舟出席培训班并讲话。

同日　河北奥体中心体育馆综合体工程施工现场召开绿色施工现场观摩会。全省各设区市以及直管县(市)的近300名会议代表，听取工程承建单位河北建工集团的经验介绍并观摩工程现场。梁军出席会议并讲话。

25日　全省塑料给排水(燃气)管道和塑料检查井产品现场推介会在廊坊召开，对全省塑料给排水(燃气)管道和塑料检查井产品推广工作进行部署。李贤明主持会议，省城镇化工作领导小组办公室副主任于文学出席会议并讲话。

7月

3日　全省城镇绿道绿廊建设现场会在石家庄召开。200多名会议代表实地观摩太平河绿道。

13日　省住房和城乡建设厅邀请日本藤田建设工程有限公司佐佐木仁博士，就日本装配式混凝土结构技术进行专题讲座。王舟会见佐佐木仁一行，并出席专题讲座。

17日　全省新建商品房二手房交易合同网签系统建设推进会在石家庄召开。会议交流各地新建商品房二手房交易合同网签系统建设联网工作进展情况，部署下步工作。王舟出席会议并讲话。

22～23日　河北省城镇化工作领导小组办公室组织举办的新型城镇化综合试点工作培训班在石家庄开课，指导试点地区综合试点工作方案的编制和实施。李贤明出席开班仪式并讲话。

27日　苏蕴山任河北省住房和城乡建设厅党组书记、厅长，朱正举不再担任省住房和城乡建设厅党组副书记、厅长职务。

29日　全省保障性安居工程工作调度会在石家庄召开。会议传达贯彻《国务院关于进一步做好城镇棚户区和城乡危房改造及配套基础设施建设有关工作的意见》、住房城乡建设部公租房分配入住现场会和棚户区工作座谈会会议精神，总结上半年全省保障性住房、棚户区改造工作，部署下一阶段工作任务。省保障性安居工程领导小组办公室主任、省住房城乡建设厅副厅长王舟出席会议并讲话。

8月

5日　河北省直工委研究决定，桑卫京任中共河北省住房和城乡建设厅直属机关委员会书记；免去梁军中共河北省住房和城乡建设厅直属机关委员会书记职务。

14、16、17日　省住房城乡建设厅党组理论学习中心组召开专题学习读书会。以“着眼京津冀协同发展全局，立足岗位，谋划新篇”为主题，通过集中辅导、分组学习讨论和集中交流发言的形式，重点就如何贯彻习近平总书记系列重要讲话精神，省委书记赵克志在省委常委扩大会议上讲话和在各地调研时的讲话精神进行深入探讨。

26日，“铭记历史，爱我中华”——省住房和城乡建设厅举办纪念抗日战争胜利70周年合唱歌曲比赛。苏蕴山、李贤明、周全义等厅领导观看比赛，并为获奖队伍颁奖。

28日　省政府新闻办召开新闻发布会，就《河北省城市地下管网条例》进行解读。李贤明介绍

《条例》并回答记者提问。新华社、人民日报、河北日报、河北电视台等 30 余家媒体记者参加会议。《河北省城市地下管网条例》于 5 月 29 日经省第十二届人民代表大会常务委员会第十五次会议通过，9 月 1 日起施行。

8 月 31 日至 9 月 1 日　在中国人民抗日战争暨世界反法西斯战争胜利 70 周年来临之际，苏蕴山带队对厅机关 8 名 1945 年 9 月 2 日前参加革命工作的离休干部进行走访慰问。

9 月

12～14 日　2015 京津冀城乡环卫新技术新设备新工艺博览会在廊坊国际会展中心盛大举行。该届博览会由河北省城市建设投融资协会、河北省市容环境卫生协会主办，廊坊市环境卫生管理局、河北省嘉联实业集团有限公司等单位具体承办。博览会以“城乡环卫，和谐人居”为主题，联动天津、北京、山西、河南、山东、内蒙古地，是京津冀地区环卫一体化首次高规格展会。

17 日　省住房和城乡建设厅组织机关老干部赴西柏坡开展“铭记历史 圆梦中华”老干部主题党日活动。

18 日　“京津冀协同发展城市群建筑设计联盟”成立大会在保定市召开。北京、天津、河北三地 14 家建筑设计单位代表齐聚一堂，共同见证联盟的诞生。北京市国资委、天津市规划局、河北省住房城乡建设厅以及保定市政府相关负责人出席大会。

同日　省住房和城乡建设厅召开全体干部会议，专题传达贯彻河北省委中心组学习会精神，并就当前各项工作进行再安排、再部署。苏蕴山主持会议并讲话。厅领导、两总师、机关全体公务员、驻石厅属单位班子成员参加会议。

20 日　瑞典艾瑞克森建筑事务所总裁、资深建筑师帕特里克在河北省建筑科技研发中心就城市规划和建筑设计进行讲座。桑卫京主持讲座。

22 日　省住房城乡建设厅组织召开电视电话会，对开展全省住建系统建筑工程施工扬尘防治专项行动进行动员部署。梁军出席会议并讲话。

23 日　全省燃气管理工作座谈会在石家庄召开。李贤明出席会议并讲话。

24 日　全省供热保障调度会在石家庄召开。会议要求全省各级各部门要抓好项目建设、提高安全管理意识，切实做好供热保障工作，确保如期、安全、优质供热。李贤明出席会议并讲话。

10 月

9 日　省住房和城乡建设厅召开“解放思想、抢抓机遇、奋发作为、协同发展”大讨论动员会，传达贯彻省直单位解放思想大讨论动员会精神，安排部署大讨论各项工作。苏蕴山在会上作重要讲话，桑卫京主持会议，并宣读省住房和城乡建设厅《“解放思想、抢抓机遇、奋发有为、协同发展”大讨论实施方案》。厅领导李贤明、王舟、周全义、吴铁、于文学、王毅忠出席会议。

14 日　全省建筑节能与绿色建筑观摩座谈会暨住宅产业现代化工作现场会在保定召开。副省长姜德果出席会议并讲话。苏蕴山、于文学出席会议。

23 日　省住房城乡建厅组织 40 多名干部职工到石家庄市植物园参加河北省委省直工委主办、省直工会举办的健步走活动。厅纪检组长、监察专员周全义参加此次活动。

29 日　省住房和城乡建设厅组织召开全省住建系统纪律审查业务工作研讨会。会议总结全省住建系统纪律审查工作开展情况，交流各地工作做法和经验，研究分析存在的问题，提出改进工作的意见建议，促进工作水平不断提升。周全义出席会议并讲话。

29～30 日　省住房和城乡建设厅党组中心组（扩大）组织开展理论学习研讨，特别邀请河北省委党校教授郭君铭作“思想大解放，推进大发展”专题辅导，并进行分组讨论。在厅党组中心组（扩大）理论学习集中交流研讨大会上，苏蕴山做总结讲话，厅领导桑卫京、李贤明、周全义、吴铁、于文学出席研讨会。李贤明、周全义及部分机关处室和厅属单位负责同志在会上分别结合自身思想工作实际和岗位职责，交流思想认识和学习体会。

11 月

4 日　省住房和城乡建设厅在石家庄组织召开全省建筑节能调度会，贯彻落实全省建筑节能与绿色建筑观摩座谈会暨住宅产业现代化工作现场会精神，听取各地工作进展情况，并对下一步重点工作进行部署。省城镇化工作领导小组办公室副主任于文学出席会议并讲话。

7 日　河北省第四届插花和园林绿化快速设计竞赛在石家庄森泰农业科技观光园开幕。竞赛由省住房和城乡建设厅、省人力资源和社会保障厅共同主办，产生一等奖 12 个，二等奖 24 个，三等奖 36 个；同时产生 6 个“河北省技术能手”和 64 个“河北省建设行业技术能手”。李贤明出席开幕式并讲话。

6 日　全省地下管线普查工作调度会在石家庄召开。会议要求各地加快地下管线普查和综合管理信息系统建设工作进度，确保按时完成任务。李贤明出席会议并讲话。

13日　河北省新型墙体材料(技术)下乡宣传千里行活动在容城县三贤文化广场拉开帷幕。于文学出席活动启动仪式并讲话。

同日，省住房和城乡建设厅组织召开学习贯彻党的十八届五中全会和省委八届十二次全会精神会议。苏蕴山传达省委八届十二次全会精神。桑卫京主持会议。厅领导李贤明、王舟、周全义、吴铁出席会议。

25日　全省深入推进工程质量治理两年行动电视电话会召开。会议要求全省各地迅速落实住房城乡建设部相关会议精神和工作部署，认真总结评估工程质量治理两年行动以来取得的成效和不足，继续扎实做好下阶段工作。梁军出席会议并讲话。

12月

4日　省住房和城乡建设厅组织处室单位工作人员参加“12.4”国家宪法日暨全国法制宣传日活动，发放法制宣传资料，接受群众现场咨询。

7日　河北省钢结构工程推广研讨会议在河北省建筑设计研究院有限公司召开。省市建设主管部门、工程设计单位、科研单位、大专院校、工程开发和施工企业等20多名专家及从业人员参加研讨。王舟出席会议。

10日　省住房城乡建设厅与中国农业发展银行河北省分行签署《全面推进棚户区改造和城乡建设投融资战略合作协议》(以下简称《协议》)。副省长姜德果，住房城乡建设部住房保障司副司长李晓龙，农业发展银行总行客户三部总经理李玉，省政府副秘书长康彦民，省住房城乡建设厅厅长苏蕴山，副厅长桑卫京、王舟，农业发展银行河北省分行行长王玉武，副行长李阁宗、宋振民出席签约仪式。

同日　省住房和城乡建设厅联合省财政厅召开全省创新融资体制机制推动政府购买棚改服务工作培训会议。会上，住房和城乡建设部住房保障司副司长李晓龙就做好保障性安居工程重点工作、落实相关政策等内容作重要讲话。国开行住宅金融事业部、农发行客户三部有关负责人结合实际案例对国家棚改政策及政府购买棚改服务政策流程进行详细解读。苏蕴山总结2015年全省保障性安居工程工作，对2016年工作进行部署。省财政厅有关负责人就政府购买棚改服务政策提出明确要求。

11日　全省新型墙体材料下乡宣传千里行活动(冀南片区)在任县举行，并同期举办培训会和展览会。王舟出席相关活动。全省新型墙体材料下乡宣传千里行活动从2015年11月开始，到2016年3月结束。活动共设5站，冀南片区为第二站，站点设在任县。

18日　省住房城乡建设厅党组中心组(扩大)开展专题理论学习集中辅导，邀请省委党校党建部副主任李聚山作“严以用权”专题辅导。厅党组副书记、副厅长桑卫京主持专题辅导，厅领导王舟、于文学出席专题辅导。

20日　太行山(嶂石岩地貌)世界遗产价值研讨会在石家庄召开。会议邀请北京大学世界遗产研究中心研究人员，住房和城乡建设部有关部门负责人，以及省内人文地理、历史文化、动植物、传统村落等方面的专家学者，深入挖掘嶂石岩地貌暨太行山的世界遗产价值，为开展申遗工作奠定基础。李贤明出席研讨会。与会专家学者充分肯定太行山(嶂石岩地貌)的自然和人文价值，并就申报世界遗产有关工作提出意见建议。

24日　全省物业管理现场会暨立法调研会在沧州召开。王舟出席会议并讲话。沧州市副市长袁志刚出席会议并致辞。会议贯彻学习《国务院办公厅关于加快发展生活性服务业促进消费结构升级的指导意见》、《住房和城乡建设部办公厅、财政部办公厅关于进一步发挥住宅专项维修资金在老旧小区改造和电梯更新改造中支持作用的通知》，并提出，2016年在全省开展物业管理提升年活动。

(河北省住房和城乡建设厅)

山 西 省

概况

2015年，山西省各级住房城乡建设部门和全系统广大干部职工，以党的十八届三中、四中、五中全会精神为指导，认真贯彻落实省委、省政府重大决策部署，运用法治思维，坚持改革创新，着力强化城乡规划、建设管理，大力推进改善城市人居环境、重点工程和保障性安居工程建设，进一步加强村镇建设、建筑业和房地产业发展、工程质量安全监管、建筑节能、住房公积金缴存等工作，全面落实党风廉政建设“两个责任”，推进“六权治本”，加快“六大发展”，推动住房城乡建设工作整体迈上新台阶，为实现山西省弊革风清、富民强省目标作出积极的贡献。

政策规章

【立法工作】《山西省国有土地上房屋征收与补偿条例》于9月24日在山西省第十二届人民代表大会常务委员会第二十二次会上通过，2016年1月1日起实施。《山西省城镇住房保障条例(草案)》通过省人大常委会二审，将待上位法出台、对接修改后再次提请审查。向省人大报送五年(2015～2020年度)立法规划，确定《山西省历史文化名城名镇名村保护条例》、《山西省传统村落保护发展管理办法》等为地方性法规、规章立法项目。完成《立法法》(修正案)、《住房公积金条例》、《住房城乡建设行政复议办法》等47件法律法规规章的修改工作。严格依法审查《关于将省外入晋建设工程企业纳入山西省建筑市场统一监管的通知》、《保障性住房物业管理办法》等5件规范性文件，并向省政府法制办报备。

【普法工作】 制定《山西省住房和城乡建设厅关于加快推进法治建设的实施办法》，部署行业法治建设工作。举办全省全系统行政诉讼法实务培训，聘请专业机构，加强法律顾问制度建设，深入推进依法行政。组织全系统深化开展“六五”普法依法治理验收自查工作。组织参加“依法行政宣传月”、“12·4”全国宪法宣传日等活动。编纂完成《住房城乡建设法律法规汇编》，并组织全系统学习落实。组织省直系统参加全国百家网站微信公众号“尊法学法守法用法”法律知识竞赛、第十二届全国法制动漫微电影作品征集展播、法制题材论文书画征集、新媒体创意大赛、法制宣传教育动漫形象设计、30周年征文等活动。组织全系统13000余人参加“全国住房城乡建设系统宪法和法律法规知识竞赛”，并获得个人优胜奖、竞赛单位组织奖和书面表扬单位三项第一。

【行政复议与应诉工作】 做好审理工作，办理行政复议案件14件，上年度结转案件2件。其中，结转案件2件中止；新收案件13件均已依法办结；代理山西省住房和城乡建设厅参加复议1件，复议机关维持了山西省住房和城乡建设厅具体行政行为。扎实做好行政应诉工作，办理行政诉讼案件5件，其中1件为劳动纠纷案，正在执行审查中；2件行政复议不予受理案经一审、二审，山西省住房和城乡建设厅胜诉；1件行政复议维持案，原告撤回诉讼；1件行政复议不作为案一审、二审山西省住房和城乡建设厅胜诉。

房地产业

【房地产市场运行】 2015年山西省完成开发房地产投资1495亿元，同比增长6.5%，占到固定资产投资的10.9%；实现增加值约639亿元，同比增长5.8%，占到GDP总量的5%，对经济发展的贡献率不断提高。特别是商品房销售情况稳定好转，销售面积增幅由负转正。

【房地产开发管理突出问题专项整治】 山西省住房城乡建设厅制定《关于进一步加强房地产开发项目监管的通知》、《关于加强房地产交易管理的通知》、《关于建立商品房销(预)售监督管理工作机制的通知》、《关于做好房地产行业涉嫌非法集资问题专项整治工作的通知》和《场馆物业服务标准》等文件，为加强房地产市场监管、促进房地产市场健康发展提供了制度保障。山西省各级房管部门精心组织，4月对房地产市场进行了明察暗访，5月对全省违规建设、违规销售房地产项目进行专项检查，9月组织开展了全省商品房买卖合同网签系统建设及交易资金监管情况专项检查和房地产估价管理工作检查。通过多次开展监督检查，查处一批违法违规项目，全省共查处房地产开发项目违法违规行为676件，涉及项目566个。

【稳定住房消费】 制定出台《关于健全完善住房保障和供应体系促进房地产市场健康发展的意见》，提出健全完善政府保障与市场配置并重的住房供应体系、加大公共租赁住房保障力度、提升住宅品质等政策措施，健全完善了符合山西省情的住房保障和供应体系，提升房地产业发展水平，促进房地产市场健康发展。

制定出台《关于2015年促进消费增长若干意见的措施》，提出积极培育电子商务平台企业、倡导绿色低碳消费、稳定住房消费等政策措施，有效发挥了消费对经济的拉动作用，促进了经济的健康稳定发展。制定出台《关于推进民营企业办理完善土地使用和房屋产权登记手续的通知》，提出创造更加宽松的用地环境、强化土地利用总体规划统筹管控、加大闲置低效利用土地盘活力度等政策措施，有力地促进了民营企业健康发展，切实推进民营企业办理完善土地使用和房屋产权登记手续。制定出台《关于加快解决国有土地上房屋权属登记遗留问题的意见》，有效促进了住房消费，稳定房地产市场。

【房地产企业监管】 开展2015年度房地产企业资质动态考核和信用评价工作。由山西省住房和城乡建设厅负责考评的427家企业中，房地产资质动态考核合格311家、基本合格106家，不合格10家；信用评价等级A级29家、B级388家、C级10家，已公告。培育房地产企业发展，2015年共培育一级企业10家，二级企业36家。

【物业管理】 全省共有物业服务企业2284家，一级物业服务企业20家，二级物业服务企业123家，三级(含暂定)物业服务企业2141家。行业年度经营总收入29.85亿元，年度纳税额1.7亿元。做好群众投诉举报案件的查办工作，建立住宅专项维修资金应急使用渠道。制定了《关于住宅专项维修资金应急使用有关事项的通知》。建立物业费弹性调价机制，与省物价局联合印发《关于规范物业服务收费管理的通知》，有力保障了物业服务各方的合法权益，维护了物业服务市场秩序。规范代收费行为，与国家能源山西监管办联合印发《关于规范居民小区供电行为的公告》，进一步规范物业服务企业代收费等行为。加强物业承接查验，为解决物业承接查验实施过程中物业企业不重视、建设单位不配合、实施环节不明晰等问题，制定《关于加强物业承接查验工作的通知》，加强承接查验工作，敦促建设单位提高工程质量、减少建设遗留问题、降低物业企业服务风险，有力地维护了业主的共同财产权益。

住房保障

【保障性安居工程建设】 城市居民居住条件进一步改善。在保障性安居工程建设方面，新开工城镇保障房26.19万套，其中棚改23.76万套；基本建成20.23万套，完成投资640.5亿元。“十二五”期间，保障性住房新开工146.07万套，完成规划任务的144.9%；建成102.45万套，完成投资2490亿元，城镇保障性住房覆盖面达到24%，比全国平均水平高出4个百分点，约350万城镇住房困难群众住进了新居。

【棚户区改造】 山西省认真贯彻落实中央棚改政策，由省政府办公厅印发《关于进一步做好城镇棚户区和城乡危房改造及配套基础设施建设有关工作的意见》，下发《关于编制2015～2017年城镇棚户区和城市危房改造及配套基础设施建设计划的通知》，全面落实棚户区改造政策，组织各市编制棚改及配套基础设施建设三年计划。切实加大棚改货币化安置力度。按照住房城乡建设部关于逐步提高棚改货币化安置比例的要求，山西省住房城乡建设厅联合发改、财政、国土、地税等部门印发《关于推进棚户区改造货币化安置工作的指导意见》，要求各市采取政府回购商品房安置、搭建平台组织群众购买商品房、纯货币化安置等方式，大力推进棚改货币化安置工作，以棚户区改造货币化安置带动房地产开发，以房地产开发拉动投资增长和经济发展。通过努力，2015年全省棚改货币化安置4.26万户，是2014年的9倍。全面启动政府购买棚改服务工作。研究起草《政府购买棚改服务管理办法(暂行)》，广泛征求意见，计划尽快修改完善后印发执行。同时，与国开行、农发行、各商业银行沟通协商多渠道争取贷款支持，采取政府购买棚改服务模式为4个城中村改造项目申请农发行贷款14亿元，已发放7亿元。

【山西省保障性安居工程投资有限公司正式组建】 为加快申请国开行棚改专项贷款，2014年9月，省政府批准成立山西省保障性安居工程投资有限公司(简称省安投公司)，负责承担国开行专项贷款的统一融资工作。2015年7月，省安投公司正式组建并开展业务工作，已申报国开总行批准第一批棚改贷款项目87个，贷款授信额度306亿元，到12月底已放贷96.68亿元。

【城中村改造】 城中村改造步伐进一步加快。认真落实山西省委书记王儒林和省长李小鹏的指示要求，切实加快城中村改造步伐。全省共开工改造城中村138个、7.93万户，一年的改造量是过去11年年均改造量的近5倍，改造后的城中村居民生产生活条件得到显著改善。太原市一年启动54个城中村整村拆迁，规模大、推进快，为全省树立了标杆。

公积金管理

【住房公积金监管】 山西省认真贯彻国家住房公积金政策，进一步提升住房公积金使用效率，发挥住房公积金促进消费、拉动市场、改善民生作用，圆满完成省政府确定的年度住房公积金管理“三个五”目标任务(存量资金减少50%，个贷率达到50%以上，个贷率在全国排名退出后五位)。截至年底，公积金存量资金减少、个贷额同比增长、个贷率增幅三项指标创全国第一，存量资金由年初的772.2亿元减少到230.5亿元，存量资金减少541.7亿元，减少比重为70.15%，完成全年目标任务123.8%，个贷率由年初 23.9%提高到 60.6%，个贷率在全国的排名提升了 5 位。山西省住房城乡建设厅会同省财政厅、人民银行出台《关于进一步发挥住房公积金支持缴存职工住房消费的指导意见》，进一步放宽住房公积金提取和贷款政策，促进资金使用。在山西日报、山西晚报集中整版宣传住房公积金缴存、提取使用政策，提高公积金政策社会知晓度。强化督促检查，实施住房公积金贷款发放、结余资金减少日报、周报和月报通报制度，督促检查各市目标任务完成 3 轮，对有关市政府和煤炭集团下达督办函 15 份。

城乡规划

【规划编制】 启动《山西省城镇体系规划》修编工作。为落实国家和省新型城镇化发展规划，山西省人民政府依法启动了《山西省城镇体系规划》修编工作。8 月组织省规委成员单位召开《山西省城镇体系规划》修编工作动员会，对修编工作进行安排部署，规划编制单位对全省 11 个市、30 多个省直部门、30 多个县进行调研，收集相关资料。完成《孝汾平介灵城镇组群规划(2014～2030)》初稿。组织编制《孝汾平介灵城镇组群规划(2014～2030)》，完成初步成果，并征求省规委成员单位意见，按照各单位反馈意见对规划进行修改完善。指导督促各市完成规划编制任务，组织完成太原、大同两市总体规划修编。提请山西省政府批复朔州市、霍州市城乡总体规划。对孝义市、河津市、介休市等城乡总体规划进行审查。继续加大控制性详细规划编制力度，完成年初确定的设区市、县级市和县城控规覆盖率分别达到 100%、50%和 40%的目标。按照国务院和省政府安排，开展城市地下管线综合规划编制，为城市基础设施建设提供科学依据。完成大同、介休历史文化名城保护规划报批，左云、浑源历史文化名城保护规划评审等工作。山西科技创新城规划编制工作方面，组织完成科技创新城核心区起步区控制性详细规划和 19 项专项规划编制，并于 2 月 27 日报请省政府批复。为适应科技城建设需要，10 月，组织对山西科技城控规进行补充和完善，并报请省政府同意，对科技城项目落地发挥了积极作用。

【规划编制“多规合一”】 积极探索县市“多规合一”空间规划方法，指导霍州、孝义、潞城、介休、河津等 5 市开展城乡总体规划编制试点。以县市为单元，以城乡规划为依托，做好与经济社会发展规划、土地利用规划、环境保护规划等的协调，统筹安排城乡居民点、产业园区、基础设施和公共服务设施，保护生态环境和历史文化遗产。“多规合一”规划的编制，改变了传统规划编制中各自为政、互相矛盾的状况，有利于形成发展一盘棋、建设一张图、管理一平台，提高了规划的科学性和建设项目审批的效率，为经济社会发展和城乡建设提供更好的服务。

【城市设计试点】 开展城市设计试点工作，起草《山西省城市设计技术导则》，指导运城市开展市本级整体城市设计，指导太原、大同、朔州、忻州、晋中、阳泉、吕梁等市分别开展钟楼片区、文瀛湖环湖区域、中心市区核心景观片区、雁门大道两侧地区、大西铁路晋中站核心区、阳泉生态新城、马茂庄片区重点片区城市设计试点工作。

【私人会所清理整治】 山西省住房城乡建设厅牵头完成私人会所清理整治工作，按照《中共中央办公厅国务院办公厅转发住房城乡建设部等部门〈关于严禁在历史建筑、公园等公共资源中设立私人会所的暂行规定〉的通知》精神和省委省政府工作部署，省住房和城乡建设厅牵头会同省文化、公安等 10 个厅局开展了“私人会所”清理整治工作。经调查摸底和督查，各市均未发现在历史建筑、公园等公共资源中设立私人会所。

【城乡规划专项整治】 2015 年，山西省组织开展城乡规划专项整治，制定下发《城乡规划专项整治工作方案》，对全省城乡规划专项整治工作作出安排部署。专项整治期间，全省共查处无规划许可的房地产项目 248 个，违反规划许可的房地产项目 79 个。结合专项整治，开展了规划许可抽查和控规编制摸底工作，对工作滞后的个别市县进行了约谈。通过专项整治，全省各市县控规编制实施工作得到加强，规划管理得到进一步规范。为加强城镇控规编制管理，制定下发《城镇控制性详细规划覆盖率统计规则》，建立控规编制情况统计制度，形成控规管理长效机制。为健全规划督察员制度，制定了《山西省规划督察员管理办法》；为进一步健全规划监管机制，制定《房地产项目规划监督管理规定》、《山西省城乡规划公开公示规定》

【规划审批】 坚持城乡规划依法审批，提高行政效率和质量。按照省政府第 76 次常务会议精神和《山西省人民政府关于印发山西省减轻企业负担促进工业稳定运行若干措施的通知》要求，为加大对工业企业等项目建设和经济发展的支持力度，方便企业和群众办事，缩短办事时间，提高审批效率，2015 年 4 月，山西省住房和城乡建设厅印发《关于下放部分建设项目选址审批权的通知》，将部分项目的选址审批权下放至设区市、扩权强县和转型综改试点县(市)城乡规划主管部门。为支持重点工程建设，山西省住房和城乡建设厅为太原至焦作城际铁路(山西段)、晋北-江苏南京±800kV特高压直流输电工程(山西段)、山煤河曲2×350MW低热值煤发电工程、平定乙二醇项目、新建阳泉北至昔阳大寨地方铁路工程等100个项目核发了选址意见书，为长治市三河一渠综合治理工程等6个项目办理了选址意见书延期手续，为金沙滩-大同(复线)输气管道工程和右玉-平鲁(七墩)输气管道工程办理了选址意见书变更手续。为加快山西省招商引资，山西省住房和城乡建设厅先后对8批次、2000多个招商引资项目完成规划审核，促进了山西省招商引资工作。

【历史文化名城保护】 为加强历史文化遗产保护，提请住房城乡建设部组织专家对大同历史文化名城保护规划进行成果审查，组织专家对左云、浑源历史文化名城保护规划进行成果审查。制定下发《关于加强保护性建筑保护工作的通知》，指导全省开展历史建筑认定、挂牌、建档工作。组织开展并完成了2015年历史文化名城、街区保护专项补助资金申报和下达工作，对全省8个项目进行补助，开展全省历史文化名城、街区专项补助资金使用情况督查和保护工作情况调研。组织开展全国历史文化名城、历史文化名镇名村、历史文化街区、历史建筑等基础信息采集工作。

城市建设与市政公用事业

【改善城市人居环境】 制定改善城市人居环境“三年规划纲要”和2015年行动计划，全面启动实施设施提升、城市安居、城中村改造、环境提质“四大工程”，完成投资2856.2亿元，城市面貌发生了新变化。

【城市市政基础设施建设】 市政基础设施承载能力进一步提升，新建和改造城市道路1486千米、各类市政管网8281千米，完成提标改造城镇污水处理厂30座，开工建设生活垃圾无害化处理场14座，市政基础设施水平显著提升。

【城市园林绿化建设】 城市生态环境进一步改善。新增城市绿化面积2519万平方米，完成年度目标任务的126%。洪洞、阳城、左权、昔阳、沁源被命名为国家园林县城，吕梁、临猗等10个市县被命名为省级园林城市(县城)。

【城市地下管线管理】 积极安排部署，报请省政府办公厅印发了《关于加强城市地下管线建设管理的实施意见》，召开全省城市地下管线建设管理工作会议，对全省城市地下管线建设管理工作进行安排部署，明确提出任务目标、工作要求和推进措施。科学指导推进，下发《转发〈住房城乡建设部等部门关于开展城市地下管线普查工作的通知〉的通知》，编制《城市地下管线普查、综合管理信息系统建设、地下管线综合规划编制工作指南》，召开全省地下管线建设管理工作培训班，科学指导各市推进工作。强化督促检查，建立地下管线月报和通报制度，联合五部门先后分两轮对22个设市城市工作进展情况进行督查，并下发通报，有力促进了各市工作推进。

【城市市政公用行业监管】 修订印发《山西省城市供水系统事故应急预案》等4个应急预案，指导各市不断完善应急预案，建立健全应急抢修抢险队伍和设施设备。下发《关于做好2015年安全生产工作的通知》、《关于深入开展建筑施工和城镇燃气安全生产专项检查的通知》等一系列文件，对安全生产工作进行全面部署。针对行业薄弱环节，全方位，多层次，不间断地开展市政运营安全生产大检查。将城镇燃气安全作为检查重点，整改治理一批安全隐患，确保城镇燃气安全运行。2015年累计排查出各类安全隐患3975项，已整改完成3860项，整改率达到97.1%，未整改完成的要求限期整改，有力促进市政运营安全生产。组织开展了为期一个月的汽车加气站摸底整治，重点整治违法违规建设、运营等问题。专项整治中，对未依法取得规划许可、施工许可或燃气经营许可的共计218座加气站，责令其停工、完善手续或停业整改；对不符合规划布局的21座加气站实施了取缔拆除。

【地下综合管廊建设】 山西省政府下发《关于推进城市地下综合管廊建设的实施意见》，召开全省城市地下综合管廊建设工作会议，对全省城市地下综合管廊建设工作进行安排部署，明确提出工作目标、主要任务和保障措施。开展试点工作，省住房城乡建设厅会同省财政厅在改善城市人居环境奖补资金中拿出2亿元，对城市地下综合管廊试点城市给予专项资金补助，起到示范带动作用。积极同国家开发银行山西省分行、中国农业发展银行山西省分行进行沟通协调，对开发性、政策性金融支持城市地下综合管廊建设提出具体措施，加大对地下综合管廊建设的金融支持力度。

村镇规划建设

【农村困难家庭危房改造】 2015年，山西省政府下达农村危房改造任务8.5万户，国家下达山西省任务 13 万户。为做好国家下达任务与省定任务的衔接，经报请省人民政府同意，由 2014 年度超额完成的 7.8 万户省定任务中，调整 4.5 万户任务至 2015 年国定任务。2015 年全省 13 万户农村危房改造任务已全部竣工，完成投资 38.76 亿元。10 月 14 日，国家开展城乡危房改造专项督查，山西省农村危房改造工作得到督查组的充分肯定。及时将任务分解到各市、县，制定《农村危房改造巡查工作方案》，每月由分管厅领导带队，选择一个地市的一个县进行重点巡查，效果显著。每月对各市进度整理分析，及时掌握工作进展，并按时向省农居办报送，对推进慢的市实地督导。及早向省财政厅提交年度资金分配计划，积极协调落实配套资金，3 月下达了全部补助资金，保障任务顺利推进。切实做好特困农户危房改造，下达了 1.7 万户特困农户危房改造任务，要求各地进一步加大资金整合力度，解决特困农户自筹资金困难的问题。做好节能示范，向全省发放《山西省农村住房围护结构节能技术实用手册(试行)》。

【农村住房抗震改建】 2015 年，完成大同、朔州、忻州 3 市 10 县农村住房抗震改建试点任务 1 万户，完成投资 10.94 亿元。印发《关于加快推进农村住房抗震改建实施方案》，通过上下联动、通力合作，为试点建设的有序展开、高效推进奠定了坚实基础；成立省农村住房抗震改建技术专家指导组，指导各试点市也成立了相应的机构，负责相关技术培训，实施试点现场技术指导，有效保障农村住房抗震改建试点工作顺利推进，有效解决实施过程中存在的技术问题；召开各市和 40 个相关县(市、区)住房城乡建设部门参加的全省农村危房改造和抗震改建工作推进会，结合住房城乡建设部要求，安排部署 40 个抗震烈度设防 8 度区和地震重点危险区县的农房抗震改造工作，提出改造的具体要求，进行改造技术培训和指导，组织参观小店区新型装配式农房展示；为保证公平公正，提出“确定试点、个人申请、评议公示、审查公示、县级核准、编制规划、制定方案、组织实施、施工监理、竣工验收、总结提高”十一步工作程序，要求各试点市县严格执行，做到公开透明。

【乡村清洁工程】 在抓好全省农村清扫保洁人员、车辆配置，农村积存垃圾清理和村容整饰的同时，重点开展了农村生活垃圾转运站、处置点建设。截至目前，全省完成乡村清洁工程投资 10.5 亿元，建设乡镇垃圾中转站 234 座，设置垃圾处置点 7355 处，累计配备农村清扫保洁员 9.4 万名、乡镇监管人员 1.5 万名、垃圾清运车辆 3.8 万辆，清除农村积存垃圾 419 万吨，有效改善了乡村面貌。

【古村镇保护】 重点推进 21 处国家级试点村保护工作。截至 2015 年底，21 处中国传统村落全部编制完成保护发展规划，中央专项资金全部下达县财政，25 个项目在建，6 个项目开展招投标，11 个项目开展前期准备；开展 10 处历史院落维修；完成 52 项保护规划编制和建档，年度任务顺利完成。与财政、环保等部门形成联动机制，定期组织召开会议，加强对 21 处中国传统村落保护的技术指导和督促协调，配合国家 7 部委工作组完成现场抽查；完成《山西省传统村落保护发展管理办法》的初稿编制、现场调研、专家研讨、征求意见等工作，并将草案及相关资料上报省政府，完善传统村落保护制度；组织有关院校编制《山西省古村镇保护规划编制要求》，探索古村镇保护规划编制的新方法、新理念，力求最大限度满足村民保护建设的需求；委托北京交通大学和省规划院深入 60 余个县实地调研，调查 300 余处村落，摸清这些村落的传统建筑、选址格局、非物质文化遗产以及人居环境现状并上报住房城乡建设部；向国家报送 64 处传统村落申请 2015 年中央补助资金，有 49 处通过住房城乡建设部审核，目前正在开展前期准备工作；组织太原理工大学、北京交通大学、省设计院等开展《山西省传统建筑认定标准》、《山西省传统建筑解析和传承》等项目研究，并将研究成果与实际工作相结合应用；与省政协、山西日报社、山西广播电视台等多家单位合作开展传统村落保护宣传，启动大型文献纪录片《晋乡》的拍摄，开辟《乡愁记忆》栏目，开展山西传统村落大型采访调研活动。

【村镇建设】 2015 年完成村庄规划编制研究试点启动任务 35 项，一般乡镇规划编制任务 11 项，采煤沉陷区治理搬入地乡镇规划编制 29 项。按照“五建设两整治”(哪些内容?)实施百镇建设工程，重点镇开工“五建设两整治项目”473 项，完成百镇建设投资 27.35 亿元，完成了年度任务。在各市申报基础上，召开项目对接会，审核 74 个基础设施建设项目，分 2 批下达了 19 个重点镇省级补助资金；实施百镇建设动态调整，将 6 个项目储备不足、推进迟缓的镇退出百镇名单，遴选增补 5 个发展潜力大、积极性高的建制镇，并报请省政府公布了调整结果；组织专家赴重点镇实地调研，对“十二五”百镇建设绩效进行全面评估，编写百镇建设工程评估报告；指导娘子关镇、巴公镇申报国家园林城镇，近日国家对两镇入选国家园林城镇进行了公示，指导 8 个镇、4个村完成国家小城镇宜居小镇、小区和全国特色景观旅游名镇名村的创建申报工作；组织省内外专家，对全省重点镇共108位负责人进行了村镇规划设计、传统村落保护、特色小城镇建设和农村人居环境改善等专题培训。

工程建设标准定额

【标准编制】 制定印发《2015年山西省工程建设地方标准规范制订、修订计划》，列入标准制定、修订计划的项目共20项。审定发布了《灌注桩后注浆技术规程》和《湿陷性黄土场地勘察及地基处理技术规范》等9项地方标准以及《山西省城市园林绿化养护管理估算指标》，作为《山西省建设工程计价依据》的补充。组织爆破行业专家对《山西省爆破工程预算定额及取费标准(试行)》进行审核，初稿已审定通过。起草《山西省国有资金投资建筑工程投标最高限价和竣工结算价备案管理办法(初稿)》，形成报批稿。

【标准实施与监督】 为贯彻落实住房城乡建设部和山西省有关加快高速宽带网络建设、促进信息消费的政策意见，印发《关于进一步做好2015年光纤到户推进工作的通知》，8月份，组织开展光纤到户国家标准贯彻实施情况大检查，并配合住房城乡建设部和工信部对山西省以及太原市、临汾市进行抽查。从检查情况看，新建住宅建设项目执行光纤到户国家标准基本达到100%。按照开展创建无障碍环境市、县检查验收工作的通知要求，在各市住房城乡建设管理部门、残疾人联合会等部门的检查验收基础上，推荐古交市、孝义市、怀仁县等6个县(市)为创建无障碍环境达标县(市)。

【工程造价咨询管理】 山西省住房城乡建设厅针对有升级意愿的造价咨询企业进行指导，扶持企业晋升资质等级，2015年共有5家企业取得住房城乡建设部的甲级资质。截至2015年底，山西省共有55家甲级工程造价咨询企业，占全省企业总数的23%。同时，严格工程造价咨询乙级企业资质审查，完成65家工程造价咨询企业的资质定级、延续审查工作。要求各市从企业的资质条件、从业情况和成果质量三方面对所属的造价咨询企业进行全面的年度考核。省厅对大同、长治等7个市的16家企业进行了抽查。全省参加动态考核企业总数220家，考核结果为合格156家，基本合格64家。

工程质量安全监督

【工程质量管理】 建立质量工作目标责任考核制度。按照年初下发的考核办法和年度考核指标，对各市质量工作进行量化考核，综合排名，对考核结果为D级的取消省厅评优评先资格。深入落实质量终身负责制。建立质量终身负责制月报制度，完成“工程质量责任永久性网络标牌”信息系统建设，进一步发挥社会监督作用。2015年，全省办理质量监督手续的2407项工程，全部按规定签订法定代表人授权书、质量责任承诺书，办理竣工验收手续的1083项工程，全部按规定设置了质量责任永久性标牌并建立质量信息档案。严格项目经理记分管理，对违反质量安全十项规定的89个项目经理进行记分。初步完成“项目经理记分信息管理系统”的开发工作，进一步提高监管的有效性和信息化水平。加大建筑材料质量管理，印发《关于加强全省预拌混凝土质量管理的通知》，从采购使用、企业生产、试验管控、现场施工、质量监督等环节强化混凝土的质量管理。加大监督执法检查力度。11月18日至12月11日，联合省质监局开展全省建筑施工现场主要建设工业产品质量专项监督抽查，对建筑用钢材、建筑施工用钢管扣件等4种重要建筑材料质量进行监督抽查，检验结果正在汇总当中。强化质量监督人员业务培训，对全省1099名监督员进行“两年行动”有关精神宣贯，并邀请中国建设监理协会副会长张元勃教授对《建筑工程施工质量验收统一标准》进行深度讲解。启动建筑产业现代化工作。赴浙江、湖南两省进行产业化调研，组织召开产业化发展座谈会，探索发展思路。引导鼓励企业不等不靠、先行先试，自主探索建筑产业化发展模式，目前，全省9家企业将建筑产业现代化列入公司发展重要日程，其中晋城铭基房地产示范项目进入实施阶段。

【建筑抗震防灾】 对“华润万象城”等36栋超限高层建筑工程抗震设防进行专项审查。完成《山西省超限高层建筑工程抗震设防专项审查项目汇编》。大力推广减隔震技术，全年有53栋建筑采用了减隔震技术。紧扣“科学减灾、依法应对”这一主题，通过展板、发放资料、举办讲座等多种形式参与各级政府组织的防灾减灾宣传活动，向社会普及抗震防灾知识。

【建筑安全生产管理】 积极构建安全生产长效机制。印发地方性标准《〈房屋建筑和市政基础设施工程施工安全监督工作规程〉格式文本》，进一步规范安全监督工作。继续开展预防建筑施工起重机械脚手架等坍塌事故专项整治。全省各级住房城乡建设主管部门共检查在建工程1905项，责令停工整改210项，暂扣安全生产许可证1家，责令停业整顿1

家，实施经济处罚27家，罚款476.4万元，曝光典型案例17起，发现存在5类危大工程隐患880项，全部整改到位。加大省级督查工作力度，全年省厅共开展交叉检查、春季复工检查、安全大检查、紧急大检查、大检查"回头看"等多种形式的安全生产检查5次，抽查建筑工地209个，下达停工整改通知书9份、执法建议书52份，发现安全隐患和问题827条，排查出重大隐患29个，全部整改到位。开展"安全生产月"活动。组织"安全生产咨询日活动"、安全质量标准化工地观摩会、省城建筑工地应急演练暨标准化工地现场观摩会等系列活动，发放各种宣传画报、手册5000余份。加强从业人员培训。围绕新《安全生产法》和住房城乡建设部建筑施工安全监督规定的贯彻落实，累计培训建筑施工安全监管人员1106名，建筑施工企业"三类人员"16896名，特种作业人员4769名。

【建筑施工标准化建设】 山西省住房城乡建设厅组织编制并出版《建筑工程安全资料填写范例与指南》，对各类安全表格进行示范填写，并归纳整理了填写指南，为企业提供规范性、实用性、可操作性的标准化参考。对349家二级及以上建筑施工企业进行了安全认证，从各市推荐的标准化工地中择优评选出165项"省级建筑安全标准化工地"。

建筑市场

【建筑业发展】 建筑业实现持续稳定发展，对经济发展的贡献率有了新提高。年内，山西省完成建筑业产值2931.3亿元；完成地税收入158.72亿元，占地税总收入的17.8%；实现增加值847.2亿元，同比增长5.2%，占GDP的比重为6.6%，对经济增长的贡献率进一步提升。编制完成2014年度山西省建筑业、勘察设计、监理、招标代理等行业统计分析报告。对统计数据进行分析研究，找出行业发展优势和不足，为制定政策提供依据。加强建筑业运行监测，每月进行分析研判，对重点市和重点企业进行监测，及时发现问题，分类指导。扶持培育骨干企业。认定31家企业为2015年度山西省骨干建筑业企业，其中10家企业为优秀骨干建筑业企业，在资质升级、招标投标、转型发展等方面予以重点支持，为企业快速发展搭建平台，创造环境。简政放权，服务企业，创优发展环境。将省厅审批的建设工程企业资质延续审查委托地市，简化审批流程、缩短审批时间，提高行政效率。取消入晋备案成立分公司、缴纳诚信保证金等要求，减轻企业负担，激发企业活力。取消监理服务收费专户管理和省级监理工程师、监理员考试，进一步规范监理市场。开展建筑业企业简单换证，确保企业平稳过渡。

【招投标专项整治活动】 针对建筑工程招投标环节存在的权力寻租、钱权交易等腐败问题，开展招投标专项整治活动。加强制度建设，印发《房屋建筑和市政工程标准施工资格预审文件》、《建筑工程招投标监督管理机构及人员考核管理办法》和《进一步规范建筑工程招投标活动的通知》，规范招投标程序，加强监督指导，对项目报建、投标报名、开标评标、标后监管等重点环节提出明确要求。改革招投标监管机制，印发《关于做好非国有资金投资房屋建筑和市政基础设施工程项目监管工作的通知》，将非国有资金投资建筑工程项目招投标监管由原来的全过程监督管理调整为事后备案管理，提高监管效能，进一步提升非国有资金使用效率。强化执纪问责，针对底数不清、监管不力的问题，印发《关于建立招投标工作月报制度的通知》，建立招投标月报制度，对招投标市场中存在的违法违规行为进行分类梳理，对问题项目的市场主体及相关责任人依法进行处罚，对监管不力的太原市、晋中市主管部门责任人进行约谈，责令整改。

【建筑市场监管】 加强对主管部门的监督指导，确保监管到位。严格落实《建筑市场监督执法检查制度》。按照"项目部自查、企业旬查、县月查、市季查和省督查"的要求加强对各级主管部门指导和企业市场行为的监管。各市每月上报监管情况，根据《建筑市场监管工作项目化管理表》进行打分，印发情况通报，实现监管工作的常态化、严格化、动态化、联动化，确保企业行为规范，工程受控运行。加强项目现场监管，开展建筑市场监督执法督查、建筑工程招投标和严厉打击建筑施工转包违法分包行为、拖欠工程款专项检查，进行4次督查，对存在违法违规行为的典型项目和单位进行通报批评，记不良行为一次。2015年以来，共检查项目2377项，发现违法行为的项目151项，共处罚款金额3016.56万元，没收违法所得金额10.23万元，停业整顿企业64家，吊销资质企业2家，限制投标资格企业60家，给予其他处理的企业42家。加强企业资质动态监管，完成2014年度动态考核。核定动态考核结论合格1044家，基本合格154家，不合格98家。

【诚信体系建设】 开发建立建筑市场监管信息系统，完成涵盖市场监管、项目管理、企业和人员信用信息管理等功能在内的山西省建筑市场管理信息系统，录入各类建设类企业基本信息4493条，注册执业类人员信息28372条，房屋建筑与市政公用工程项目各类信息267条，初步实现监管的联动化和信息化；拟定《山西省建设工程企业信用信息采集办法》，明确主管部门和企业信用信息管理权限，细分管理责任，为建筑市场监管与诚信一体化平台的运行提供保障；研究修订《山西省建筑业企业建筑市场诚信评价管理办法》，结合信息化监管工作要求，逐步实现网上审批、动态监管、信息公开、诚信评价一体的信息化管理新模式，进一步创新监管方式和方法。

【解决建筑领域突出问题】 畅通投诉举报渠道。在厅门户网站设置投诉举报邮箱，对群众反映强烈的问题重点查办。2015年共受理信访举报案件46件，其中拖欠工程款案件16件，招投标案件15件，其他信访案件15件。目前已办结39件，对问题责任人和责任单位给予警告、限期整改、停业整顿和罚款等处罚，其他未办结案件仍在积极处置中。积极做好省领导督办案件的协调处置。2件省领导督办件均为拖欠工程款案件。其中“王宏平反映运城市星河房地产新天地拖欠农民工工资和工程款问题”，经协调，信访人已签订不再上访承诺书。“太原市小店区北格镇张花村农民工陈学民反映山西应用科学技术学院拖欠其工程款等问题”，信访人起诉至法院，两案均已办结。开展拖欠工程款专项治理。针对拖欠工程款案件群众关注度高、社会影响较大等问题，开展拖欠工程款专项治理活动，印发《关于开展建筑工程领域拖欠工程款专项治理工作的通知》，在全省开展“横向到边，纵向到底”的地毯式排查，对排查出的矛盾纠纷建立台账，逐件登记、全面梳理，明确责任主体，定期上报，逐步建立拖欠工程款处置有效工作机制，实现从清欠到防欠的转变。

建筑节能与科技

【绿色建筑工作】 山西省住房城乡建设厅指导22个设市城市按照《关于开展绿色建筑集中示范区建设的通知》及建设《指南》编制专项规划，目前，太原、大同、朔州、晋中、晋城、临汾、运城、长治、潞城、汾阳11市基本完成，其他市正在编制之中。印发《关于加强政府投资的公益性工程和大型公共建筑执行绿色建筑标准的通知》、《关于印发〈绿色建筑设计专篇(居住、公共建筑示范)〉(试行)的通知》、《关于印发〈绿色保障性住房设计专篇(示范)〉(试行)的通知》、《山西省绿色建筑施工图审查要点》、《山西省绿色保障性住房施工图审查要点》等相关管理政策文件和技术管理文件，进一步加强了山西省绿色建设日常监督管理。2015年，各市新立项的政府投资类公益性工程、大型公共建筑强制执行了绿色建筑标准，新立项的保障性住房达到执行标准的比例要求。政府投资类公益性建筑164项、面积148.24万平方米，全部执行绿色建筑标准，执行率100%；大型公共建筑44项、面积474.03万平方米，全部执行绿色建筑标准，执行率100%；全省保障性住房执行绿色建筑标准280.54万平方米，执行率61.65%。太原市保障性住房面积138.73平方米，全部执行绿色建筑标准。2015年，全省新建建筑中执行绿色建筑标准项目共有1122万平方米，执行比例达26.05%。全省通过绿色建筑星级评价标识项目18项、200.01万平方米(一星级6项60.49万平方米、二星级12项139.52万平方米)。

【建筑节能】 既有居住房城乡建设筑节能改造：落实中央财政预拨奖励资金2.205亿元。指导太原市政府出台《太原市既有居住房城乡建设筑节能改造实施方案》，计划5年完成4000万平方米。指导大同市制定《大同市市区旧住宅区综合整治实施方案》，计划3年完成670万平方米。2015年实施改造项目776万平方米，开工面积765万平方米，完成年度目标任务。可再生能源建筑应用：深入开展了太阳能光热系统强制推广工作，规定全省城镇新设计的12层及以下的居住建筑、高层居住建筑的逆12层和有生活热水需求的公共建筑强制推广应用太阳能光热系统；大力推进可再生能源建筑应用示范市、县建设，并结合山西实际，重点开展工业余热、深层地热利用等项目示范。年内设计应用面积2070万平方米，占新建建筑比例达48.06%。新建建筑节能监管：2015年，山西省新建建筑全面依据《居住房城乡建设筑节能设计标准》DBJ04-242-2012和《公共建筑节能设计标准》DBJ04-241-2013执行65%节能标准，共发放新建建筑节能设计认定备案书3000余份，建筑面积4307万平方米，建筑节能设计认定备案率达到100%，设计阶段节能强制标准执行率100%。节能专项验收1200余项，面积1902万平方米，全部达到国家强制性建筑节能标准，验收阶段节能强制标准执行率100%。

【智慧城市】 山西省将智慧城市创建任务纳入省政府与相关试点城市政府的年度工作目标责任书，纳入省政府对各市政府考核机制，加强目标责任管理。省住房和城乡建设厅于9月进行了中期督查，并对进展情况进行通报。年内山西省共有国家智慧城市创建试点10个。其中，2015年新增大同市、忻州市和吕梁离石区，此三个城市已与住房城乡建设部、科技部和省住房城乡建设厅、科技厅共同签订《智慧城市创建任务书》，大同市完成《智慧大同顶层设计方案》，吕梁市离石区出台了项目招标实施方案。太原市、大同市城区、阳泉市、长治市、怀仁县、朔州市平鲁区、晋城市 7 个城市(县、区)按照与住房城乡建设部签订的任务书，结合总体规划，围绕创建智慧城市各项工作正在推进，共启动项目 25 个，主要包括城市公共信息平台和数据库、智慧城管、智慧交通、地下管线信息系统、智慧社区以及智慧教育、医疗等，其中太原市智慧公交项目已进行阶段性验收，智慧太原时空信息云平台建设研究列入国家 863 课题；阳泉智慧公交、智慧教育、智慧医疗取得阶段性成果。太原市、大同城区等智慧社区建设取得一定效益。

建设人事教育工作

【干部管理】 按照省委干部工作“三个一批”的要求，结合干部档案清理和“三龄两历一身份”审查、年度考核、廉政谈话等工作，初步建立厅管副处级以上干部廉政档案。做好领导干部个人事项报告工作，组织 121 名厅管处级领导干部进行个人有关事项填报，按照省委组织部和厅党组的安排部署，抽查了 14 名干部个人有关事项，对 10 名拟提拔调整的干部个人有关事项进行重点查核。加强因私出国(境)管理。强化在职及退休干部持有因私出国(境)证件统一管理，并对个人提出的出国(境)申请进行严格审批。

【教育培训】 建立健全建设领域职业标准统一考核评价工作体系。制定工作推进方案，研究出台实施细则，完善职业资格的培训体系和考核体系，建设集培训报名、考试安排、证书管理等 7 大模块的网络信息管理系统，并于年底通过住房城乡建设部验收。职业培训考核工作实现了制度化、标准化、信息化管理。选派各个层级的干部参加省委党校春季学期班次培训，分别组织 4 名处级干部和 2 名科级干部参加处级干部轮训班和中青年干部培训班，提升了干部的综合素养。举办第三期县(市)、重点乡镇城乡规划人员培训班，200 余人参加培训。协助新疆阜康市举办新型城镇化来并培训班，邀请省内知名专家进行授课，并安排实地参观考察，取得良好效果。

【职称评审】 认真审核研究、严格把关，推荐 7 人为山西省学术技术带头人候选人，1 人为国家百千万人才工程候选人，2 人申报留学人员科技活动项目择优资助经费。扎实做好年度建设工程专业中、高级职务任职资格评审的准备工作。年内全省共有 503 人参加了高级职务任职资格评审，为省住房和城乡建设厅高评委成立以来参加评审人数最多的一年，最终有 430 人通过，通过率为 86.2%，整个评审活动组织严密、把关严格，做到了公平、公正，得到评审专家和参评者的一致好评。

重点工程建设

积极开展“项目提质增效年”活动，坚持“六位一体”推进机制，采取重大项目挂牌推进、领导干部包联项目、进工地解难题等有效措施，项目储备、签约、落地、开工、建设、投产年度任务全面完成。项目储备完成投资 158038.3 亿元，占年度计划的 130.8%。项目签约，完成投资 23761.7 亿元，占年度计划的 132.0%。项目落地，完成投资 12436.3 亿元，占年度计划的 103.6%。项目开工，完成投资 10413.8 亿元，占年度计划的 104.1%。重点工程建设，完成投资 11269.4 亿元，占年度计划的 112.7%；其中省重点工程完成投资 3230.9 亿元，占年度计划的 96.2%。项目投产，完成投资 10301.6 亿元，占年度计划的 103.0%。“十二五”期间，省重点工程建设完成投资 19646.9 亿元，占到同期全省固定资产投资的 36.5%，建成投产 1477 个重大项目。

“十二五”期间住房城乡建设主要工作及成效

十二五期间，山西省各级住房城乡建设部门和全系统广大干部职工，认真贯彻落实省委、省政府重大决策部署，着力强化城乡规划、建设管理，大力推进改善城市人居环境、重点工程和保障性安居工程建设，进一步加强村镇建设、建筑业和房地产业发展、工程质量安全监管、建筑节能、住房公积金缴存等工作，推动住房城乡建设工作整体迈上新台阶。

编制“一核一圈三群”及 10 个城镇组群规划，20 个城市、32 个县城完成新一轮城镇总体规划，设区市控规覆盖率达到 100%、县级市和县城分别达到 50%和 40%。编制小城镇总体规划 759 项，重点镇近期建设规划 93 项，实用性村庄规划试点 35 项。规划编制与实施逐步走上法治化、规范化轨道。

城市供水普及率达到 97.65%，燃气普及率达到 88.62%，供热普及率达到 86.6%，污水处理率达到 87.2%，生活垃圾无害化处理率达到 83%，人均道路面积达到 13.66 平方米，城市建成区绿化覆盖率达到39.6%，绿地率达到34.5%，人均公园绿地面积达到11.5平方米，城镇综合承载能力和生态环境水平得到进一步提升。

保障性住房新开工146.07万套，完成规划任务的144.9%；建成102.45万套，完成投资2490亿元，城镇保障性住房覆盖面达到24%，比全国平均水平高出4个百分点，约350万城镇住房困难群众住进新居。完成农村危房改造45.5万户、农房抗震改建试点3万户，约160万农村困难群众住房条件得到显著改善。农村人均住房面积由2010年的28.69平方米增加到33.51平方米。

房地产开发完成投资约6008亿元，新开工商品房约1.83亿平方米，竣工商品房1.04亿平方米，有力地提升了城镇居民的住房水平。城镇人均住房面积由2010年的28.02平方米增加到31.96平方米。

建筑业总产值完成14062亿元，增加值实现3815.9亿元，占同期全省GDP累计值的5.4%，对山西省经济发展起到稳定的支撑作用。

新增节能50%以上建筑1.5亿平方米，强制推广绿色建筑2291万平方米，完成既有住房节能改造2400万平方米，新增可再生能源建筑应用面积6500万平方米，有效节约了能源资源，提升了建筑品质。

住房公积金新增缴存职工127.2万人，新增归集额1102.6亿元，年均增长10.5%；发放个人住房贷款426.6亿元，年均增长32.8%，个贷率提高了45.4个百分点，有力地支持了职工住房消费。

省重点工程建设完成投资19646.9亿元，占到同期全省固定资产投资的36.5%，建成投产1477个重大项目，为实现省委、省政府提出的“固定资产投资5年5万亿”奋斗目标作出重要贡献。

大事记

1月

11日　介休市入选国家新型城镇化综合试点地区。

23日　国务院安委会安全生产综合督查汇报反馈会在太原召开，山西省住房城乡建设厅总工程师张学锋参加。

2月

4日　大同市、忻州市、吕梁离石区三个试点在北京参加智慧城市2014年度试点现场答辩会，并获通过，副厅长李锦生参加。

13日　全省住房城乡建设暨党风廉政建设工作会议在太原召开，厅长李栋梁作工作报告。

3月

11日　《山西省园林城镇标准》发布实施。自2008年省级园林城镇暂定标准实施以来，各地积极开展省级园林城镇创建活动，建制镇绿化水平不断提高，园林城镇创建取得明显成效。为进一步适应城镇化发展要求，在总结近年园林城镇创建工作经验的基础上，山西省对暂定标准进行了修改完善，形成了《山西省园林城镇标准》，对绿地建设与管控、生态环境、市政设施、特色风貌、综合管理等方面作了相应规定。

18日　全省房地产开发管理突出问题专项整治动员部署会在太原召开。贯彻落实全省学习讨论落实活动专项整治工作部署会议精神，安排部署全省房地产开发管理突出问题专项整治任务。

25日～27日　山西省长李小鹏赴中南铁路、长治市进行调研，李栋梁参加。

4月

15日　山西省委书记王儒林在省住房城乡建设厅主持召开落实党风廉政建设“两个责任”调研汇报会，省纪委书记黄晓薇参加。

5月

26日　省住房城乡建设厅机关举行“三严三实”专题教育党课，李栋梁做党课报告。

6月

8日　山西“碛口宣言”十周年座谈会召开。为了促进全国范围内正在快速消逝的古村古镇的保护，2005年起草发布了《中国古村古镇保护与发展碛口宣言》（简称《碛口宣言》），《碛口宣言》的发布，是在中国经济社会的快速发展推动中国快速城镇化的形势下的产物，是在中国古村古镇面临快速损毁和急剧消亡的形势下的产物，因此，《碛口宣言》的发布，对快速城镇化背景下的中国古村古镇的保护与发展意识的培养，起到了及时的呼吁、唤醒和导向作用。

10日　山西改善人居环境行动计划出台。2015年山西省将从设施提升、城市安居、城中村改造和环境提质四个方面，确保2015年城市人居环境有明显改善。

7月

1日　山西省保障性安居工程投资有限公司成立，省委组织部宣布公司班子成员。

28日　王儒林赴太原市就城中村建设工作进行调研，李栋梁陪同。

同日《山西省国有土地上房屋征收与补偿条例》通过。《山西省国有土地上房屋征收与补偿条例》将于2016年1月1日起施行。《条例》明确规定，房屋征收应当先补偿、后搬迁；采取暴力、威胁等非法方式强拆，构成犯罪的，追究刑事责任。《条例》明确，采取暴力、威胁或者违反规定中断供水、供热、供气、供电和道路通行等非法方式迫使被征收人搬迁，造成损失的，依法承担赔偿责任，对直接负责的主管人员和其他责任人员，构成犯罪的，依法追究刑事责任。

8月

10日　李锦生在太原召开《山西省城镇体系规划》编撰工作动员会。

9月

2日　全省城中村改造现场推进会在太原召开。省委常委、常务副省长高建民出席会议并讲话，省委常委、市委书记吴政隆出席会议并致辞。市委副书记、市长耿彦波介绍城中村改造工作经验。会议组织与会代表现场观摩万柏林区后北屯村和晋源区木厂头村城中村改造项目，通报进展情况，总结交流经验，安排部署加快推进城中村改造工作。

28日　山西省住房城乡建设厅在太原与省建行签署战略合作协议，厅长李栋梁、副厅长郭燕平出席。

11月

17日　临汾新医院工程、太原并州饭店改扩建工程、山西省图书馆工程、山西马堡煤业封闭式储煤场、榆次北500千伏变电站等5项工程获中国建筑工程“鲁班奖”。

12月

14日　省长李小鹏在省政府主持研究审定“住房城乡建设部、省政府、农发行共同推进山西农村生活污水垃圾治理和改厕战略框架合作协议”，李栋梁参加。

24日　全省建筑业骨干企业座谈会在太原召开。

（山西省住房和城乡建设厅）

内蒙古自治区

概况

2015年，面对错综复杂的经济形势，在自治区党委、政府的坚强领导下，在各地区、各有关部门的大力支持下，内蒙古自治区住建系统圆满地完成各项工作任务。全面深化改革取得明显成效。城乡规划编制修订工作取得重要进展，城市建设水平全面提质；实现房地产业防风险、平稳发展。为稳增长、调结构做出重大贡献。在“惠民生”领域取得丰硕成果：保障房建设和棚户区改造任务创历史新高；超额完成“十个全覆盖”工作任务；安全生产监管不断加强；绿色城市建设力度持续加大。

政策法规

【出台地方性政府规章和规范性文件】　2015年1月7日，代自治区政府起草印发《内蒙古自治区人民政府办公厅关于加强城市地下管线规划建设管理的实施意见》。2015年3月17日，自治区人民政府第42次常务会议审议通过，以第210号自治区人民政府令颁布《内蒙古自治区城镇绿化管理办法》，自2015年5月1日起施行。2015年11月，自治区人大十二届常委会第19次会议通过《内蒙古自治区国有土地上房屋征收与补偿条例》。该地方性法规的通过被自治区党委宣传部、政法委、人大常委会办公厅、普法依法治理领导小组办公室、司法厅列入“2015年度内蒙古十大法治事件”。

住房保障

【保障性安居工程建设】　2015年全区保障性安居工程建设任务为：新开工28.45万套，基本建成16.34万套。其中：保障性住房新开工4.27万套，基本建成4.17万套；棚户区改造新开工24.19万套，基本建成12.17万套。截至2015年底，全区保障性安居工程开工28.5万套，开工率100.2%，基本建成19.3万套，建成率118.2%，完成投资588.8亿元。其中：保障性住房开工42.8万套，开工率100.3%，基本建成6.24万套，建成率149.7%，完成投资50.3亿元，各类棚户区改造开工24.2万户，开工率100.2%，基本建成13.1万套，建成率107.4%，完成投资538.5亿元。筹集公租房4.28万套，公租房分配入住率59.1%。

【棚户区改造投融资机制】　内蒙古自治区争取

中央补助资金85亿元，国家专项建设债券43亿元，自治区本级财政足额安排了9亿元配套资金，并都按要求及时分解下达各盟市，国家开发银行新增350亿元的贷款额度，与农业发展银行等金融机构加强洽谈合作，积极推进政府购买棚改服务工作；创新融资模式，积极尝试采用PPP模式加快棚户区改造，将赤峰市作为PPP模式改造试点，并引进中铁建房地产集团公司与赤峰市红山区政府合作开展棚户区改造；落实各项税费优惠政策，坚持“只予不取”的原则，在国家政策的框架内尽可能降低棚户区项目的建设成本。

【棚户区改造货币化安置】 5月22日，自治区政府出台《关于进一步促进房地产市场平稳健康发展的若干意见》，要求各盟市、旗县(市、区)根据本地区城镇化发展进程，综合考虑商品住宅、保障性住房实际需求，科学编制商品住宅及保障性住房发展规划及年度供应计划，重点是针对全区各地商品住宅存量较大的实际，采取直接购买商品住宅的形式，加大棚户区改造货币化安置力度，促进房地产合理开发。对于商品住房存量较大、消化周期较长的地区，公租房房源和棚户区、老旧小区改造安置房源的筹集，原则上以全部回购存量商品住房的方式解决，存量商品住房确实不能满足房源要求的，才可适当新建。自治区住房城乡建设在《转发住房城乡建设部关于做好2015年住房保障工作的通知》中，也明确要求各地结合实际，制定棚户区改造货币化安置的具体措施，特别是对存量商品住房较多的城市，要尽快出台棚户区改造货币化安置办法，通过政府组织棚改居民自主选购商品住房、政府购买存量商品住房作为安置房等形式，推动存量商品住房转为棚改安置房。各盟市也陆续出台了棚改货币化安置的具体措施。全区棚户区改造货币化安置达57.6%。达到了住房城乡建设部提出的“货币化安置比例原则上不低于50%”的目标要求。

【城中村摸底调查和城市危房改造计划】 6月底，按照国务院决定进一步强化城镇棚户区和城乡危房改造的精神及《住房和城乡建设部办公厅关于做好2016年城镇棚户区和城市危房改造计划工作的通知》，要求各盟市编制城镇棚户区和城市危房改造三年计划以及配套基础设施建设三年滚动计划。

【棚改购买服务】 2015年9月29日自治区政府召集盟市政府分管市长及自治区相关厅局和国开行内蒙古自治区分行等部门负责人在呼和浩特市召开全区棚改工作推进会议，部署开展棚改购买服务前期工作。2015年10月12-13日，召集全区各盟市、各旗县(市、区)棚户区改造相关负责人，在呼和浩特市举办全区棚改购买服务培训班。

【住房公积金监管】 出台《关于进一步提高住房公积金使用率和管理水平的通知》，下发《关于进一步落实提高住房公积金使用效率有关政策的通知》，扩大住房公积金的提取和贷款范围，提高住房公积金的贷款限额，降低住房公积金的提取和贷款门槛，推进住房公积金异地贷款。住房公积金使用效率同比提高约7个百分点。

2015年全区住房公积金实际缴存人数达193.55万人，比上年末增加6.62万人；缴存总额1668.76亿元，与上年末相比增长288.49亿元；个人提取总额678.89亿元，与上年末相比增长200.11亿元，增长41.79%；贷款余额609.94亿元，与上年末相比增长24.25%。

房地产市场

【房地产行业发展政策】 印发《内蒙古自治区人民政府关于进一步促进房地产市场平稳健康发展的若干意见》。按照合理调控用地供应和开发规模，支持居民购房、消化存量的原则，提出9大方面的政策措施，确保全区房地产市场运行平稳健康发展，防止房地产市场出现大的波动。

【房地产行业现状】 2015年，全区商品房建设项目复工率达到83%，商品住宅平均价格3939元。2015年，全区商品住宅库存首呈下降趋势，较上年下降4.2%。2015年全区完成房地产开发投资1081亿元，较上年同期减少投资290亿元，同比增长-21%。全区商品房屋施工面积13637万平方米，其中商品住房施工面积9210万平方米，较上年同期分别减少建筑面积2098万平方米和1565万平方米。全区商品房屋竣工面积1697万平方米，其中商品住宅竣工1281万平方米，较上年同期分别减少建筑面积315万平方米和215万平方米。全区商品房屋销售面积2369万平方米，其中商品住宅销售1945万平方米，较上年同期分别减少建筑面积88万平方米和51万平方米。

【物业管理】 出台《关于加强物业管理促进物业服务业发展的意见》，明确加强物业管理促进物业服务业发展的总体要求和目标任务。从2016年起，将物业管理工作纳入自治区对盟市年度目标考核，为提升物业服务能力和物业管理行业健康发展提供有力保障。自治区政府制定印发《内蒙古自治区物业管理服务规范年活动方案》，进一步提高物业服务质量和管理水平，提升物业行业整体素质，促进物业行业健康有序发展。与自治区司法厅联合印发《关于进一步加强内蒙古自治区物业纠纷人民调解工作的实施意见》，进一步发挥人民调解在预防、化解物业服务管理纠纷中的职能作用，及时解决物业服务管理纠纷，维护业主和物业服务企业合法权益。

【房屋征收】 与自治区高级人民法院联合制定《切实依法做好城市棚户区改造、旧城区改造、新型城镇化建设中国有土地上房屋征收与补偿工作的实施意见》，提出提供优质服务、开通“绿色通道”等九个方面的内容，为依法推进和保障全区城市棚户区改造、旧城区改造、城镇化建设等工作的顺利进行，依法保护被征收人的合法权益，营造和谐稳定的发展环境，规范国有土地上房屋征收与补偿申请司法强制执行工作和法院对该类案件的非诉审查工作，提供了重要的政策保障。2015 年 11 月 25 日，自治区第十二届人大常委公第 19 次会议通过《内蒙古自治区国有土地上房屋征收与补偿条例》。

【产权交易工作与登记管理】 在全区房地产开发和房地产中介公司开展非法集资问题专项整治工作。印发《关于开展全区房地产估价机构管理工作检查的通知》，并对部分一级资质机构和分支机构进行检查，将检查情况上报住房城乡建设部。按照《关于 2015 年度全国房地产估价师资格考试有关问题的通知》要求，组织实施 2015 年度全国房地产估价师资格考试，共 499 人参加考试。

【国家住宅产业化基地】 继续开展对乌海市、蒙西建设投资集团两个国家住宅产业化基地实施项目的督促、跟踪工作，确保了两个基地建设有实质性的发展变化。督促乌兰察布市完善相关政策措施，加快国家住宅产业化综合试点城市申报步伐，尽快获批挂牌。积极协调做好兴安盟内蒙古鑫泰建设集团申报国家住宅产业化基地工作。

城镇规划

【内蒙古自治区城镇体系规划】 经住房城乡建设部批复同意，开展《内蒙古自治区城镇体系规划（2015～2030 年）》（以下简称《规划》）的修编工作，经自治区政府常务会议审议通过并已提请自治区人大常委会第二十一次会议进行审议。《规划》中提出的“一核多中心、一带多轴线”的战略布局已列入自治区党委、政府《“十三五”规划建议》和《纲要》中。

【城镇规划编制与实施管理】 组织自治区专家对额尔古纳边境合作区、西乌旗物流园区等 5 个特定地区的总体规划进行论证。对巴彦淖尔市、二连浩特市等城市总体规划实施情况进行了评估。乌海市、巴彦淖尔市、乌兰察布市在完成总体规划实施情况评估工作的基础上，积极准备开展“十三五”期间的近期建设规划的编制。赴福建省厦门市就“三规合一”和城市设计等方面进行调研考察，向自治区政府提出全区“三规合一”实施方案。组织有关人员研究如何做好城市设计与控制性详细规划衔接的问题，拟出台编制导则或者实施办法。根据自治区党委、政府《关于推进新型城镇化的意见》的部署，积极推动区域一体化与协调发展，做好呼包鄂城市群规划、乌海及周边地区城镇规划实施；与自治区政府办公厅、政府研究室、发改委共同起草《关于推进乌海及周边城镇群一体化发展实施方案（送审稿）》。加快推进全区新一轮城镇控制性详细规划的编制，全区城镇控规平均覆盖率已达到 80% 以上。

【城市地下管线普查】 制定自治区开展城市地下管线普查工作方案，成立由自治区住房城乡建设厅、通信管理局、新闻出版广电局、安监局组成的自治区开展城市地下管线普查协调领导小组，对部分城市地下管线普查、地理信息系统的建立、地下管线规划管理、资料归档等方面进行了督查。7 月下旬，住房城乡建设部等 5 部委组成的联合督导组对呼和浩特市、包头市地下管线普查、综合管廊建设等开展情况进行了督查。包头市地下管线普查、信息系统、移动监察指挥中心已验收，综合管廊建设有序进行。在城市设计方面，包头市在新都市区、钢铁大街等区域、地段按照城市设计进行建设。

【自治区历史文化街区评定】 会同自治区文物局制定《内蒙古自治区历史文化街区认定办法》。5 月中旬组织召开呼和浩特市历史文化名城保护规划论证会，住房城乡建设部邀请专家和自治区有关专家对成果进行论证。

城市建设管理

【“城市建设管理年”与“生态宜居美丽县城”】 向自治区人民政府提交《内蒙古自治区住房和城乡建设厅关于自治区“城市建设管理年”活动的总结报告》，标志着“城市建设管理年”活动圆满结束。

经自治区人民政府同意，决定开展为期三年（2015～2017 年）的“生态宜居县城”活动。代自治区政府起草《内蒙古自治区人民政府关于加快推进生态宜居县城建设的意见》，2015 年 7 月 15 日印发。研究制订《内蒙古自治区生态宜居县城考评办法》，已于2015年7月15日印发。2015年7月下旬，自治区政府在呼伦贝尔市阿荣旗组织召开“全区小城镇建设现场会”，自治区政府确定阿荣旗、喀喇沁旗和伊金霍洛旗为首批“内蒙古自治区生态宜居县城示范旗县”。

【城镇基础设施项目建设】 建立全区城镇基础设施迎接自治区成立70年大庆重点项目库，入库项目共有129项，总投资785亿元。对全区城镇基础设施项目库进行动态更新，各盟市2016～2017年的城镇市政基础设施项目共有2264项，总投资1467亿元。对城镇基础设施PPP项目库进行实时更新，入库项目136个，总投资390亿元。2015年以来，开展深化基础设施投融资体制改革试点工作，确定扎兰屯市、敖汉旗、准格尔旗作为自治区开展县城深化基础设施投融资体制改革试点工作的试点市县，并与自治区发改委联合上报了试点工作方案。积极争取资金，支持各地城镇基础设施建设。

【城市地下综合管廊和海绵城市试点建设】 与财政厅联合开展2015年地下综合管廊试点城市和海绵城市建设试点城市的申报工作，包头市被列入2015年国家地下综合管廊试点城市。发文部署各盟市开展地下综合管廊规划编制工作，呼和浩特市、包头市、兴安盟、赤峰市、通辽市、锡林郭勒盟、乌兰察布市、巴彦淖尔市、鄂尔多斯市等城市的中心城区和部分旗县(市)都编制了地下综合管廊规划。全区已开工建设地下综合管廊30.94千米，计划投资25.28亿元；已建成28.4千米，包括呼和浩特市中心城区、包头市中心城区、兴安盟突泉县等，完成投资10.16亿元。其中，包头市城市地下综合管廊工程新都市区已建成8.8千米，包括投入运营的一期工程5.8千米，二期工程3千米。其中管线入廊长度6.3千米，入廊管线具体包括：110千伏线路4回入廊6.3千米，10千伏线路入廊16.6千米，直径600毫米供热管线一供一回入廊5.2千米，直径600毫米供水管线入廊2千米，直径300毫米供水管线入廊2.6千米。联通、移动、有线电视入廊3千米。北梁棚户腾空区地下综合管廊工程完成用地初审意见、规划意见、临时报建手续、节能评估登记、地质勘探等工作。该项目于2015年10月中旬开工(采用临时报建方式)，开挖沟槽1千米。

重点抓好呼和浩特市海绵型城市试点项目的建设与管理。积极指导科右前旗按照海绵城市建设理念对城镇部分设施进行改造。

【城镇风景园林绿化】 2015年8月，住房城乡建设部派出专家组，先后对自治区呼和浩特市、乌兰察布市、乌海市及扎兰屯市进行实地考察，检验创建国家园林城市成效，全区四个城市也成功创建国家园林城市，鄂尔多斯市伊金霍洛旗、乌审旗、鄂托克旗创建为国家园林县城。9～10月，自治区住房城乡建设厅组织专家组对符合条件的城市，县级及城镇进行验收考核，经综合现场考查和内业评审结果，最终命名呼伦贝尔市、乌兰浩特市、阿尔山市、丰镇市为自治区园林城市、五原县、托克托县、翁牛特旗、莫力达瓦旗为自治区园林县城，鄂尔多斯市伊金霍洛旗等4个镇为自治区园林城镇。

【城镇供水】 2015年，自治区启动盟市供水行业主管部门对所辖行政区域内城镇供水水质的督查工作，要求建立月报制度，每月上报包括旗县在内的公共供水出厂水的42项常规指标检测结果。对全区20个设市城市和17个旗县(2014年未检测地区)的公共供水厂出厂水、管网水进行水质督查，已完成取样检测工作，并将结果上报自治区政府。2015年6月8日至6月14日，住房城乡建设部对呼和浩特市、包头市、鄂尔多斯市、达拉特旗，三市一旗的城镇供水规范化管理考核工作。转发《住房城乡建设部 环境保护部关于印发城市黑臭水体整治工作指南的通知》，要求各盟市立即启动本地区城市建成区黑臭水体排查工作，编制黑臭水体整治计划，制定具体整治方案，并抓紧实施。呼和浩特市、包头市共排查11条黑臭水体。

【城镇供气】《转发内蒙古自治区安全生产委员会关于进一步落实自治区部署要求立即开展节前安全生产检查整改的紧急通知》，安排部署各盟市加大燃气安全监管力度。由12位厅级领导带领督察组，从8月21日到9月2日对全区12个盟市进行安全督察，对是否建立城镇燃气系统事故快报制度，是否建立健全城镇燃气系统应急救援体系等方面进行了随机检查。

【城市管理执法】 3月，下发《全区县级以上地方人民政府城管执法机构情况调查表》，分管副厅长带队，到呼和浩特市、包头市城管局进行调研、座谈。根据《自治区人民政府办公厅关于印发自治区依法行政专项组2015年重点工作责任分工方案的通知》要求，起草《加强基层城管队伍建设的意见》《城市管理综合行政执法试点城市工作方案》和《进一步理顺城管执法体制的工作方案》。

【人居环境奖及人居环境范例奖】 组织自治区人居环境范例奖工作领导小组会议，对2014年上报的科左后旗双合尔公园改造项目、扎赉诺尔煤矿棚户区搬迁改造项目等21个申报项目进行评审，决定授予“呼伦贝尔市扎兰屯市成吉思汗镇小城镇建设项目”等 11 个项目为 2014 年度内蒙古自治区人居环境范例奖。呼和浩特市成吉思汗公园生态节约型景观治理项目获得 2015 年中国人居环境范例奖。

村镇规划建设

【村镇规划】 全区 58 个旗县编制完成了县域村镇体系规划，完成率占旗县总数的 84%(69 个旗县，不包含市、区)。组织编制完成了全区村庄布局规划。250 个自治区级重点镇编制完成了镇域规划，占重点镇总数的 96.5%(259 个自治区级重点镇)。90 个一般建制镇编制完成了镇域规划，占一般建制镇总数的 39%(建制镇 488 个，其中重点镇 259 个，一般建制镇 229 个)。5934 个行政村编制完成了村庄规划，占全部行政村总数的 35.5%(11256 个行政村)。6 个历史文化名镇(村)和 24 个传统村落编制完成了保护发展专项规划。2015 年组织编制完成了 13 个自治区重点镇规划，2222 个行政村规划，12 个传统村落保护发展规划。

【村镇建设】 农村牧区危房改造。2015 年实施了 21.8 万户危房改造任务，下达中央补助资金 19.31 亿元，自治区补助资金 14.5 亿元。小城镇建设奖励。下达了 1.35 亿元用于近 190 个小城镇建设项目的以奖代补工作。2015 年下达 1500 万小城镇建设奖励资金对 28 个建设项目进行了以奖代补。重点镇：259 个镇通过新一轮评审列入了自治区级重点镇，其中，143 个镇列入了国家级重点镇。美丽宜居村镇示范：23 个镇(村)列入国家和自治区级美丽宜居村镇。特色景观旅游村镇：38 个镇(村)列入了国家和自治区级特色景观旅游名镇名村。历史文化名镇名村：6 个镇(村)列入了国家级历史文化名镇名村。传统村落：24 个村列入了中国传统村落名录，每村 300 万元中央补助资金已全部到位。2015 年自治区共有 3 个镇(村)列入国家级美丽宜居村镇示范名单，32 个镇(村)列入国家级特色景观旅游名镇，16 个村列入中国传统村落名录，每村 300 万元中央补助资金已全部落实。

建筑行业发展

【建筑业管理】 调整资质结构，扶持区内建筑业企业多元化发展，积极引导企业调整资质结构，在巩固传统房建、市政市场基础上，积极支持企业发展公路、水利、建筑智能化等资质类别，拓展多元化发展渠道，努力保持全区建筑业平稳健康发展。2015 年建筑业总产值完成 5241 亿元，实现增加值 1263 亿元，占 GDP7%。区内建筑业总产值完成 1123 亿元。全区现有特级资质企业 2 家，一级总承包资质企业 141 家，二级企业 618 家。一级注册建造师 4281 人，二级建造师 31818 人。自治区级标准化示范工地 197 项；鲁班奖 4 项，自治区工法 812 点。根据各盟市建设行政主管部门建筑安全事故快报统计，全区建筑安全发生死亡事故 11 起，死亡 15 人，未发生较大及以上安全生产事故，全区建筑施工安全生产形势总体平稳。初步形成了覆盖监督管理机构、建筑业企业、施工现场工建筑安全标准化考核体系

【工程质量治理两年行动】 严格落实建设工程五方责任主体项目负责人质量终身责任追究等制度，全区办理授权书、承诺书 4384 份，设立永久标牌 878 块，建立质量信用档案 556 份。开展全区施工现场关键岗位人员在岗考核工作。开展全区建筑市场和工程质量监督执法检查。全区在工程质量方面共检查 3971 次，检查项目 10110 个(其中自治区检查 2 次，检查项目 124 个)，在建筑市场方面共检查项目 9131 上，严厉打击转包、挂靠，进一步规范市场行为和质量行为，提升工程质量水平。

勘察设计与地方标准的编制

【住宅设计和施工图审查】 2015 年 5 月，印发《关于征集中小套型绿色产业化住宅设计的公告》，在全国范围内公开征集适合自治区实际的住宅设计作品，整体推动全区住宅绿色、产业化进程，切实提升住宅产品的质量和综合品质。共收到 44 家设计单位 578 个方案类型。有效发挥住宅设计的龙头作用，促进“四新”技术的转化，提高住宅的科技含量，积极推广精细化设计理念，实行建筑、结构、机电设备、室内装修一体化设计，实现绿色、产业化、装配式、部品部件、先进技术、先进理念的集成。

2014 年全区勘察设计行业完成施工图设计 4387 万平方米，施工图投资额 1706 亿元；全行业完成营业收入 72.3 亿元，人均营业收入 41 万元。截止 2014 年底，全行业共有从业人员 17615 人，勘察设计单位 284 家，其中甲级 48 家，乙级 127 家，丙级 109 家。全区共有 479 人参加了各自专业的注册。

【工程建设标准化工作】 组织编制及修订《绿色保障住房技术细则》、《绿色建筑设计标准》等 10 项自治区地方标准。组织修编《自治区房屋建筑和市政基础设施工程施工图设计文件审查要点》。该审查要点包括《工程勘察分册》、《建筑设计分册》、

《建筑结构分册》、《建筑给水排水、暖通空调分册》、《建筑电气分册》和《市政基础设施分册》六部分内容。对《ICF外墙外保温工程技术规程》进行了重新修订，更名为《EPS模块现浇混凝土系统技术规程》。

【抗震设防】 4月15日阿拉善左旗5.8级地震发生后，及时抽调专业技术人员组成危房排查鉴定专项工作组，赴阿拉善盟和乌海市开展震后危房排查鉴定工作。共排查受损建筑28个，排查鉴定建筑面积21.4万平方米。2015年上半年共完成内蒙古美术馆、呼和浩特市儿童探索博物馆等5个项目超限高层抗震设防专项审查工作，审查总建筑面积15.39万平方米。

建筑节能与科技

【节能改造】 新建建筑执行节能设计标准情况。2015年完成11个项目70万平方米的新建建筑能效测评工作，根据建筑节能专项检查和能效测评的情况，自治区城镇新建建筑设计阶段节能强制标准执行率基本达到100%，施工阶段节能强制性标准执行率达到98%以上。既有居住建筑供热计量及节能情况。2015年组织下达改造任务1554万平方米。组织完成2011年以来2976万平方米既有居住建筑节能改造楼宇的现场测评，并出具改造项目能效测评报告1008份。

【绿色建筑】 组织全区第十届绿色建筑与节能大会暨新技术新产品博览会。2015年有1个项目的设计方案通过自治区的绿色建筑评价标识专家委员会专家评审取得绿色建筑一星评价，有2个项目通过了三星级绿色建筑设计评价，1个项目通过了二星级绿色建筑运行阶段评价，以上项目均报住房城乡建设部备案通过。全区新建保障性住房、政府投资的公益性建筑和单体建筑面积超过2万平方米的大型公共建筑全部按照绿色建筑标准进行建设。

【建设工程新技术、新材料】 根据《内蒙古建筑市场管理条例》，对进入自治区建设市场的新材料(产品)进行检测登记，全年办理登记备案900项，有效地维护了建筑材料应用管理秩序。组织召开相关技术体系交流会，将“EPS”模块和“CL”建筑体系等保温与结构一体化技术体系作为自治区推广应用对象。

【国家智慧城市试点】 自治区共有五个国家智慧城市试点，分别是呼和浩特市、乌海市、鄂尔多斯市、呼伦贝尔市、包头市石拐区，现正在进行项目初期建设，其中鄂尔多斯市智慧城市顶层设计方案已编制完成，并通过专家评审。组织实施下一批国家智慧城市试点和智慧专项试点申报工作。

【住房和城乡建设部科学技术计划项目】 组织申报2014年住房和城乡建设部科学技术计划项目，其中呼和浩特规划一张图综合应用系统、基于BIM的鄂尔多斯市“智慧建设”信息管理平台、突泉县突泉镇综合管廊工程、突泉县突泉镇东方银座商住楼建设项目、政科类公建节能管理动力有效性研究、基于太阳能蓄热的沼气制备技术研究、内蒙古自治区建筑减碳技术应用示范及推广机制研究等7个项目获得部里批准立项。

大事记

1月

7日 报请自治区人民政府办公厅印发《关于进一步加强城市基础设施建设的通知》。

2月

12日 印发《内蒙古自治区园林城市申报与评审办法》《内蒙古自治区园林城市标准》。

19日 召开全区住房城乡建设暨保障性住房工作会议。

4月

21日 印发《内蒙古自治区房屋建筑和市政基础设施工程施工安全监督工作导则》《内蒙古自治区房屋建筑和市政基础设施工程施工安全标准化考评办法》。

28日 印发《内蒙古自治区建设工程招投标服务中心评示专家库及评标专家和管理办法》。

5月

19日至6月26日，组建三个执法督查小组，对全区12盟市房屋建筑和市政基础设施工程在建施工项目安全生产进行了执法督查，随机抽查了84项项目。

22日 印发《内蒙古自治区人民政府关于进一步促进房地产市场平稳健康发展的若干意见》。

6月

3日 通报表彰2014年度内蒙古自治区人居环境范例奖获奖项目。授予“呼和浩特市大青山野生动物园对生物多样性及生态环境保护项目”等11个项目为自治区人居环境范例奖。

8月

1日 同意批复《呼和浩特市东部新区规划》。

24日至9月2日，分别由厅领导带队，相关处室配合，组成12个督查组，对全区12个盟市建筑施工、市政公用设施运行和物业管理等领域安全生产情况进行全面执法督查，共随机抽查 88 项房屋建筑和市政基础设施工程项目。

9 月

1 日　同意批复阿拉善盟乌兰布和生态河产业示范区总体规划。

17 日　同意批复呼和浩特市地铁工程建设项目施工图审查单位。

29 日　批复《鄂尔多斯纳林河工业园区供热规划(2015～2030)》方案。

12 月

21 日　在全区开展房地产开发企业和房地产中介公司非法集资问题专项整治活动。

25 日　向自治区人民政府申请印发《内蒙古自治区人民政府办公厅关于加快推进全区地下综合管廊建设的实施意见》的请示。

28 日　向自治区信访局报送内蒙古自治区住房和城乡建设厅《分类处理信访投诉请求的主要法定途径及相关法律依据》的函。

（内蒙古自治区住房和城乡建设厅）

辽　宁　省

概况

2015 年，辽宁省住房和城乡建设系统在中共辽宁省委、辽宁省政府的正确领导下，在全省住房城乡建设系统的共同努力下，主动适应压力、战胜压力，取得一系列显著成绩。房地产市场出现积极变化，建筑业向做强转变，勘察设计市场不断规范，保障性安居工程建设任务圆满完成，供热水平进一步提高，住房公积金使用效率明显提高，新型城镇化逐步深入，宜居乡村建设全面推进，规划管理水平进一步提高，城市建设管理水平不断提升，建筑节能取得新进展，招投标电子化稳步推进，工程质量安全监管不断加强，等等。

政策法规

【立法工作】　2015 年，有 3 部地方性法规申请列入 2016 年立法计划。进一步增强政策出台前的法律意识，审核规范性文件 7 件。

【依法行政】　制定《依法行政 20 条规定》和《行政处罚程序规定(流程图)》，进一步规范行使职权程序，明确责任，确保在实施行政处罚时有章可循、有据可查。

【简政放权】　编制行政权责清单，继续加快推进简政放权工作。2015 年，共取消、下放、转移行政职权 32 项，其中行政审批 9 项。锦州市将原有近百项审批事项缩减到 20 项，消减各项前置审批要件超过 35%。

房地产业

【概况】　受多种因素影响，2015 年辽宁省房地产市场形势依然严峻，去库存成为主要任务。辽宁省政府先后出台“辽 9 条”、“辽 5 条”、“新 7 条”共 21 条措施，各市迅速落实，效果初步显现，全省商品房销售降幅逐步收窄，二手房交易明显回暖。2015 年，全省房地产开发投资 3558.6 亿元，占全社会固定资产投资的 20.2%；房地产业(含建筑业)税收 533.4 亿元，占全省地税收入的 35.4%。2011～2015 年，全省住宅竣工建筑面积 22887.7 万平方米，商品住宅销售面积 30711.4 万平方米。各市采取积极措施促进房地产销售，沈阳市积极贯彻落实省政府 21 条措施，商品房去库存效果明显。大连市结合实际，将普通商品住房认定标准提高到单套总价 300 万元，扩大购房优惠政策覆盖面。盘锦市积极筹集资金支持机关、事业单位职工购房，全年累计发放住房补贴 3370 万元。葫芦岛市创新工作方式，与淘宝网等知名网站合作，开展商品房网上销售。

住房保障

【概况】　2015 年，国家下达辽宁省保障性安居工程任务 21.13 万套，其中棚改开工 19.11 万套；基本建成任务 10 万套。截至 12 月底，全省完成保障性安居工程建设 23.9 万套，其中棚户区改造 21.4 万套，提前、超额完成国家任务，棚改货币化安置比例达到 70%，全国领先。在辽宁省财政厅、辽公投、国家开发银行辽宁省分行的共同努力下，争取开行贷款570亿元，发放394亿元，有效地支持棚改工作。沈阳市在推进公租房建设中，率先探索应用PPP模式。本溪市推行棚改货币化安置操作规范、效果明显，葫芦岛、沈阳、抚顺、大连、辽阳、阜新、营口、朝阳市棚改货币化安置比例较高。盘锦市完成棚改任务量超过全省四分之一，工作启动早、抓得实，为保障全省完成国家任务做出重要贡献。庄河市、大洼县率先推进政府购买棚改服务，争取开行、农发行贷款支持，成果显著。

【保障性住房的分配与后续管理】 不断完善“六公开一监督”分配工作制度，逐渐形成一整套申请、审核、轮候、分配工作流程，在分配上确保分配公平、公正公开。通过加强制度建设，确保分配公平，让社会理解，让群众满意。各地在抓进度、保质量、促竣工的同时，不断探索保障性住房小区的后续管理工作。已建成的保障性住房小区通过社会专业化、社区自助式、业主自治等形式的物业服务，及时维修和定期维修相结合的方式进行维修养护，确保让保障对象住得进、住得稳、住得好。

【积极探索创新型棚改货币化安置】 出台《关于进一步推进棚户区改造工作的意见》，明确提出要积极推广创新型货币化安置，坚持“分散化、货币化、市场化”，根据群众意愿，通过市场化筹集安置房源，政府组织团购、开发企业让利、棚改居民自主购买方式，促使棚改居民分散安置，各地还针对棚改货币化安置出台相应的文件，提出相应的工作措施，解决后续管理难题，消化市场待售商品房库存，拉动投资和消费。

住房公积金管理

【概况】 出台系列优惠政策，提高住房公积金使用效率，释放结余资金，拉动住房消费。2015年，全省公积金个贷率达82%左右，同比提高约13个百分点，超过全国平均水平。大连、沈阳、铁岭、阜新等市个贷率达到90%以上，超额完成全省预定目标。沈阳市公积金个人住房贷款达到113.1亿元，同比增长超过40%。大连市依托互联网、云计算和大数据，建立以客户为核心的业务办理流程，打造“互联网+公积金”模式。抚顺市加大对历史遗留涉险资金清收力度，清偿比例超过90%，确保公积金资金安全。

【提高住房公积金使用效率】 2015年3月，全国住房公积金电视电话会议召开后，国家高度重视住房公积金对住房消费的拉动作用，管理模式由过去监督、管理为主，向提高使用效率转变。辽宁省为贯彻落实国家宏观政策，在辽9条、辽5条、新7条中相应出台降低首付比例、提高贷款额度等近20条优惠政策，辽宁省住房和城乡建设厅出台《指导意见》，对有关政策进行细化，增强可操作性。省政府派出4个督察组，对各市政策落实情况、个贷率和结余资金进度完成情况进行督查，为完成年度个贷率目标提供有力保障。

【涉险资金清收】 2015年4月15日，住房和城乡建设部在辽宁省召开住房公积金涉险资金清收工作会议。为进一步加大清收力度，辽宁省住房和城乡建设厅分管厅长带队，对全省有涉险资金的大连市、抚顺市、辽阳市和省直中心进行专项督查。截至12月底，全省涉险资金余额由上年的2.68亿元降低至0.62亿元，减少涉险资金2.06亿元。

【信息披露】 按照住房城乡建设部、财政部、人民银行要求，制定辽宁省统一的年度报告披露模板，规范披露工作范围、内容、标准和口径。2015年5月份对全省2014年度报告进行披露。

城乡规划

【概况】 全面推进区域规划编制和总体规划审批，大力推进地下管线普查，建立“辽宁省重大项目选址规划管理信息平台”，开展省级历史文化街区审查，建立全省历史建筑名录，加强规划执法监察和规划编制单位资质管理。沈阳市结合“智慧沈阳”建设，探索大数据规划方法，开展规划信息化建设。大连市深化规划审批制度改革，简化审批流程，采取并联审批模式。盘锦市探索城市总体规划与各部门规划相衔接，减少多个规划的相差点，促进多规融合。

【规划编制审批工作】 区域规划方面：正式启动《辽宁省城镇体系规划》编制工作，组织编制《辽宁省城镇体系规划实施评估报告》，上报住房城乡建设部并获批；开展《辽宁省总体规划》编制筹备工作，起草《联合开展〈辽宁省总体规划〉编制工作的合作协议》及《〈辽宁省总体规划〉编制工作方案》；审查《沈抚新城总体规划》。城市总体规划方面：《沈阳市城市总体规划》上报国务院，组织召开厅际联席会议，审议通过大连市、鞍山市、抚顺市、营口市、盘锦市城市总体规划，组织召开纲要审查会，审查抚顺市、葫芦岛市城市总体规划纲要，组织召开规划实施评估报告审查会，审查通过庄河、开原及调兵山市城市总体规划实施评估报告。

【历史文化名城与历史文化街区保护工作】 组织沈阳市上报《沈阳市历史文化名城保护规划》；开

展省级历史文化街区审查，对沈阳市、大连市、鞍山市、营口市、朝阳市5市的8条历史文化街区进行评定，并已获省政府批准；组织各地建立历史建筑名录，各历史文化名城建立包括历史建筑的保护性建筑名录。

【规划编制单位资质核定及换证工作】 按照住房城乡建设部要求，完成全省10家规划编制单位完成资质整改及换证工作。

【规划执法检查工作】 检查规划审批及处罚卷宗270余卷，在建项目工地240余处；并处理信访、行政复议、投诉举报25件。

城市建设与市政公用事业

【概 况】 2015年，全省人均道路面积达到13.43平方米，人均公园绿地面积达到11.52平方米，建成区绿化覆盖率达到40.27%，生活垃圾无害化处理率达到95.05%，城市用水普及率达到98.72%，燃气普及率达到96.39%。沈阳市获批国家地下综合管廊试点。盘锦市坚持规划引领，全面实施水系、绿化、道路透水铺装等项目，积极推进海绵城市建设。大连市高标准实施园林绿化，数字化城管水平居全省前列，生活垃圾治理工作在全省处于领先地位。锦州市大力推进地下管网改造，加强机械化环卫作业，工作成效显著。

【基础设施建设】 总结“十二五”工作，编制完成《辽宁省城市建设“十三五”规划》。组织编制“十三五”期间地下综合管廊、环境卫生、绿地、水系、公共交通、城市步行和自行车交通等专项规划编制导则，指导各地高起点编制专项规划。推动地下综合管廊工作，会同财政厅推荐沈阳市申报成为国家地下综合管廊试点城市。印发了《关于推进城市地下综合管廊建设的实施意见》。

【城乡垃圾整治工作】 组织开展2015年度全省农村积存垃圾清洁月活动，召开全省电视电话会议，下发活动方案，进行现场检查和全省通报。组织编制完成大伙房水源保护区生活垃圾设施建设规划，并经专家和部门审查，上报省政府。指导盖州市万福镇加快生活垃圾收运体系建设，配合解决备受关注的大连饮用水源安全问题，并多次接受辽宁省人大代表的专题询问。

【城市园林绿化工作】 推进国家园林城市工作，配合住房城乡建设部对大连市开展复查并顺利通过。指导鞍山市申报国家园林城市并完成前期迎检工作。按照中央群众路线教育实践活动要求，清理整治辽宁省城市公园内私人会所。全省设市城市全部建成至少1个防灾避险公园。

【风景名胜区规划管理编制工作】 指导规划编制，凤凰山、青山沟、金石滩、医巫闾山4个风景区总规报住房城乡建设部，本溪水洞、鸭绿江、大连海滨—旅顺口3个风景区总规上报省政府。督促开展风景名胜区执法检查整改工作，分别对大连海滨—旅顺口、本溪水洞、鸭绿江、医巫闾山风景名胜区进行检查和指导，配合住房城乡建设部完成对国家级风景名胜区执法检查。

【推进公用事业发展】 组织开展供水规范化管理考核和水质检测，对本溪等11个市县规范化管理考核进行抽查；对全省67家供水企业的167座水厂出厂水、管网水水质情况进行了检测；组织2期200人的水质检测员培训。先后下发4个文件，利用6个月时间，对全省燃气安全隐患进行集中排查整治。指导沈阳、大连市实施煤改电试点工作。组织编制了《辽宁省城市排水防涝专项规划》，起草《辽宁省海绵城市建设实施指导意见》，指导丹东、铁岭等市编制海绵城市建设试点申报方案；对城镇排水许可管理证发放工作进行专项检查；会同辽宁省财政厅下拨2015年城市污水配套管网专项补助资金。指导大连市顺利通过国家节水型城市复查；75家被评为省级节水型企业(单位)和节水型小区(社区)。

【制度建设】 制定印发《辽宁省供热经营许可管理办法》，修订《辽宁省燃气经营许可管理实施办法》，下发《关于加强城市排水许可的通知》。编制《全省供水、供气“十三五”规划编制大纲》。制定印发《全省城市供水、供气、供热突发事件应急预案》，并要求各地制定相应预案。配合省物价部门制定《城市居民用水用气阶梯价格指导意见》，确定本溪市、葫芦岛市为试点市；制定省直机关事业单位采暖费暗补变明补实施方案。

【供热工作】 全省城市集中供热率达到94.7%，继续实施“拆小并大”，新改扩建热源厂86个，拆除小锅炉房207座、锅炉498台。沈阳市拆除小锅炉房150座，为历年之最，城市集中供热率和供热质量明显提高。上一个采暖期全省民心网有效诉求回复率达到99.92%，供热满意度平均值有所提升。

【“绿叶杯”竞赛活动】 会同辽宁省公安厅、卫生计生委、环保厅组成3个检查团，分别对14个省辖市、15个县(市)、15个乡(镇)进行了集中检查，检查结果报省政府通报并表彰，有效调动全省各地加大城镇基础设施建设、管理积极性。

村镇规划建设

【新型城镇化工作】 中共辽宁省委、辽宁省政府下发《辽宁省新型城镇化规划》，省直相关部门出台一系列促进农业转移人口市民化的政策措施，新民市、东港前阳镇获批新一轮国家新型城镇化试点，全省城镇化水平和质量不断提升。2015 年全省城镇化率达到 67.4%，较 2011 年提高 3.3 个百分点。城镇化率高于全国平均水平。大连市实施以城乡一体化为核心的“全域城市化”，提升中心镇综合承载能力，引导农民实现“就地城镇化”。城市搭建“三城一市镇”城市构架空间格局，建立农村产权流转交易平台。大洼县打造享老养生、休闲运动等业态新亮点，获批全国中小城市改革试点。

【宜居乡村建设全面展开】 继续实施“百千万”工程，辽宁省财政出资 4.95 亿元，支持 48 个乡镇和凌河流域 2000 个行政村基础设施建设。启动村内道路建设三年行动，完成农村危房改造 2.6 万户。传统村落保护工作取得新进展，8 个国家级传统村落获得国家专项资金支持。盘锦市在全市实施示范村、美丽村及镇区建设工程，累计投资近 40 亿元，实现宜居乡村规划覆盖率 100%、行政村主要道路沥青路面覆盖率 100%、村屯路灯安装率 100%，受益农民达 64 万人。本溪市结合发展生态旅游推进宜居乡村建设，全年完成投资 12.7 亿元。锦州市开展“宜居乡村建设年”活动，大力推进宜居示范村和达标村建设。

【传统村落保护工作】 传统村落保护工作取得新进展，已有的 8 个国家级传统村落共争取保护专项资金 2400 万元，2015 年新申报 82 个，建立省级传统村落和历史文化名镇、名村名录工作已全面启动。同时，受住房城乡建设部委托组织开展《中国传统建筑传承与解析（辽宁篇）》的编制工作。

工程建设标准定额

【建设工程计价定额工作】 落实国家《建设工程工程量清单计价规范》和《建筑工程施工发包与承包计价管理办法》等相关文件，组织编制 2015 年《辽宁省建设工程计价定额》，共计五个专业三个标准。开展新定额编制水平测试，征集全省各类工程近 150 个，编制完成了专用的定额测算软件，确保定额子目基价水平与市场一致，保证定额水平与市场及时跟进。编制了《辽宁省绿色建筑计价依据》（装配式和钢结构部分），于 11 月 1 日正式执行。

【标准编制工作】 2015 年，进一步加大标准设计力度，新（修）编辽标图 67 本，包括建筑、结构、水暖电五个专业的 15 系列省建筑标准设计图集，实现地方标准设计系列化。其中，根据国家住宅产业化发展战略而编制的《装配式钢筋混凝土叠合板》、《装配式预应力混凝土叠合板》、《装配式钢筋混凝土板式住宅楼梯》三本水平构件图集，为现代住宅产业标准化设计、工厂化生产、装配式施工，开辟了一条绿色通道。

【建设工程造价信息工作】 在全国率先实现政府购买信息服务，每月更新全省工程造价信息库 28 类 2000 多种材料价格，通过辽宁省建设工程造价管理总站网站向社会公布，测算建设工程的材料价格指数。同时绘制主要材料价格和材料价格指数走势图。

工程质量安全监督

【概况】 2015 年，全省建筑施工生产安全责任事故同比下降 50%，未发生 3 人以上较大事故，建筑施工百亿元产值死亡率为 0.27。强化责任管理，实行目标考核，严格市场准入，工程质量监督全覆盖，质量水平稳步提升。沈阳市推进施工现场标准化、智慧型绿色施工，国家“AAA”级安全文明标准化工地数量居全省首位。大连市积极推进质量安全监管信息化，不断完善诚信体系，对质量安全违法违规行为实施计分管理。丹东市全面推广扬尘防治自动化管理新技术，有效解决工地扬尘和路面污染问题。阜新市积极推进建筑施工安全监管信息化，开通建筑安全短信群发预警系统，有效控制和防范事故发生。朝阳市实施在建工程质量综合评价制度，有效提高工程质量。

【制度建设】 制定出台《辽宁省房屋建筑和市政基础设施工程安全监督规定》、《辽宁省房屋建筑和市政基础设施工程施工安全监督工作规程》、《辽宁省建筑施工安全监督机构和人员考核管理办法》和《辽宁省工程建设工法管理办法》等管理制度。

【市场准入管理工作】 强化安全生产许可动态监管，落实建筑施工安全生产标准化考评制度，将项目考评与企业考评挂钩，企业考评与安全许可证挂钩。2015 年，新颁发企业安全生产许可证 808 家，办理企业延期许可证 1099 家，颁发三类人员考核证书 38674 个，暂扣企业安全生产许可证 8 家。两项安全许可全部实现了网上申报、核实、审查、发证和档案管理。

【监督检查】 及时部署各市、县开展全省工程质量治理两年行动、落实施工方案专项行动等 4 类专项治理工作和“安全生产月”、“质量月”等活动，强化工程质量安全监管，确保每个项目都处于受控状态。督促检查企业严格履行法定责任和义务，实现“五落实五到位”。强化质量安全验收备案制度，住宅分户验收备案制度，质量保证金和安措费制度，工程质量保修监管制度，事故查处和责任追究等30多项规章制度的落实，有效控制施工安全事故的发生，减少工程质量投诉量，工程质量满意度和精品率明显提高。

建筑市场

【打击违法承发包】 落实住房城乡建设部工程质量治理两年行动相关工作，指导、督促各市开展专项检查和信息上报，辽宁省在查处数量、处罚金额等方面多次排在全国首位。两次迎接住房城乡建设部检查，其中建筑市场检查符合率位于全国前列。对第一轮省级抽查中存在违法行为的责任单位依法处理并发布《转包违法分包查处情况通报》，对违法行为公开曝光，查办转包等10余起案件。

【建筑市场执法检查】 实行差别化管理，对不认真查处、走过场的地区，重点抽查。将现场检查与业务交流相结合，开展地区间互检。共抽查9个城市，抽查工程36项，发现违法违规问题49项，其中违法发包8项，转包7项，违法分包8项，挂靠3项，出借资质3项，超资质施工3项，项目经理不履职9项，其他问题8项，下达《执法建议书》21份。

【施工许可监管】 继续下放12家施工许可发放单位，全省达143家。全省共核发施工许可3152项（截至20日），比上年同期减少12.6%，其中补办1559项，补办率49.5%。针对部分地区擅自增设许可要件，“搭车收费”、“搭车审批”等现象，下发通知规范施工许可管理工作，明确要求各地不得搭车收费，不得擅自增设许可条件，并布置开展专项排查工作。

【推动监理行业发展】 企业资质结构不断优化，新晋升甲级资质11家，甲级以上企业达144家，占企业总数的44.3%。改进动态核查方式，将频次由一年延至两年，重点加强对企业及总监履职情况的核查，重点打击擅自变更总监和监理人员，以及总监及监理人员履职不到位等行为，撤销22家不满足资质条件的企业资质。

【诚信体系建设】 根据住房城乡建设部关于四库建设和一体化工作平台的验收标准，制作“系统功能需求说明书”和“推进方案”，排定实施步骤和时间节点，多次召开系统建设协调会，组织相关部门与软件编写单位对接，完成一体化平台与各子系统改造工作、对接等工作。及时对不良行为进行曝光并在平台发布。

【外埠企业备案工作】 完善外埠企业入辽管理系统，实现自助申报、自动打印。全年办理入辽手续727项，对40家企业发放《绿色通道证明》。继续简化流程和要件，取消初审环节，取消分支机构的设立要求，取消代存证件。

建筑节能与科技

【新建建筑节能】 组织开展全省建筑节能工作专项检查，下发《关于推广应用建筑保温与结构一体化技术的通知》，组织编制居住建筑节能75%的设计标准。

【推进既有建筑节能改造】 争取国家既改任务2000万平方米获国家专项资金11亿元，全部完成改造任务。会同辽宁省财政厅下发《关于进一步加强既有居住建筑供热计量及节能改造项目和资金管理有关事项的通知》，组织有关专家对2011年至2014年的既改项目进行了验收。

【推动可再生能源建筑应用】 会同辽宁省财政厅对国家可再生能源示范市县的示范项目进行验收，组织开展19项可再生能源技术建筑应用课题研究。

【推广绿色建筑】 以辽宁省政府办公厅文件下发《辽宁省绿色建筑行动实施方案》，组织编制修订《绿色建筑评价标准》等4项地方标准，全省获得绿色建筑星级评价项目9项。

【公共建筑节能】 完成公共建筑能耗监测平台58栋工程项目建设，会同辽宁省财政厅、教育厅组织验收辽宁大学、沈阳大学的节约型校园监管平台项目。

【编制建设工程地方标准】 印发《2015年度辽宁省工程建设地方标准编制/修订计划》，会同辽宁省技术监督局审查了12项地方标准，对189项工程建设地方标准进行复审。

【推广新产品新技术】 为省内外155家单位的213项产品颁发辽宁省工程建设用产品推广证书。

【强化工程质量检测监督管理】 初步建成工程质量检测机构资质管理信息系统，开展全省检测工作监督检查和工程检测机构试验员培训工作。

【加大节能宣传】 承办全省节能宣传周和低碳日活动启动仪式，组织制作了300块宣传展板和150个展架。

【推进智慧城市建设】 下发《关于印发〈辽宁省促进智慧城市健康发展厅际协调工作制度及方案〉的通知》，协助中国城科会在沈阳举办智慧城市高峰论坛。

建设人事教育工作

【干部选拔任用和管理】 严格掌握干部选拔任用标准，切实遵守干部选拔任用程序，严格执行动议、民主推荐、考察、廉政核查、讨论决定、任职等程序，落实任前公示制度、任职试用期制度和任职谈话制度，不断加强干部队伍建设。年初以来，厅机关2人晋升副厅级职务，选任3名处长、3名副处长，晋升1名调研员、1名副调研员，向省委组织部推荐6名副厅级后备干部和2名副厅级中长期培养对象；交流16名干部；接收2名军转干部。厅直单位提拔3名正处级领导干部；对6个厅直单位8名主要负责人进行交流调整。选派1名干部到西藏那曲工作。公开招聘18名事业单位工作人员。厅机关10名同志下派到厅直事业单位进行挂职锻炼，选派2名处科级干部到县(区)、乡镇挂职锻炼。完成厅机关公务员和厅直单位领导班子2014年度考核工作。

【领导干部管理工作】 认真开展领导干部个人事项报告工作，针对中共辽宁省委巡视组提出的问题，全厅150名副处级以上干部全部按首次填报形式进行了重新填报。对40名领导干部进行重点核查和随机抽查，对核查中发现的问题进行调查处理。下发《省住房城乡建设厅公务员平时考核实施方案》，落实干部考察识别责任，有效避免干部民主推荐中的以票取人问题。对厅机关全体公务员和厅直单位副处级以上干部档案进行集中审核，特别对干部“三龄两历一身份”等重要信息进行认真审查。下发《关于进一步严格厅直机关党员干部因私出国(境)管理的通知》，严格实行因私出国证件申领登记备案和集中管理制度。

【教育培训】 进一步加大干部和各类别专业人员培训力度，组织33名干部参加中共辽宁省委组织部、辽宁省公务员局在国家行政学院、省委党校、清华大学、省行政学院等举办的培训，组织189名干部参加网上培训和答题。与组织部共同开展“新型城镇化规划管理专题培训班”。

【行业培训管理】 进一步规范建设领域各行业人员培训考核工作，逐步理顺并将实现全厅统一管理。特别是对建设领域现场专业人员按照“考培分离、以市场化为主导，以服务企业为根本”的原则，明确省、市建设主管部门的工作职责，理顺工作机制。全年共组织5万余人参加现场专业人员、工人技能和执业人员继续教育培训。

【人才管理】 加强技术人才管理，按照辽宁省人社厅规定的不超过50%通过率总体要求，严格执行评审标准，2015年共有432人晋升高、中、初级职称。在全省“百千万人才工程”评选中，住房城乡建设厅1人评选为“百人层次”人才、5人评选为“万人层次”人才。

“十二五”期间住房城乡建设主要工作及成效

“十二五”是辽宁省住房城乡建设事业发展速度较快、进步较大、质量较优的一个时期，全省住房城乡建设系统认真贯彻落实中央、省委、省政府战略部署，全面落实科学发展观，扎实工作、锐意进取，各项工作都取得新进展、实现新突破，为全省经济社会健康发展做出了重要贡献。主要体现在六个方面：保障性安居工程再创佳绩。到“十二五”期末，累计实施住房保障215万户，实现住房保障标准从“十一五”期末的人均10平方米扩大到人均13.5平方米，城镇居民住房保障覆盖面达到21%，超过“十二五”规划中提出的20%的任务指标。全省完成保障性安居工程任务129.25万套，超额完成国家下达给辽宁省125.15万套任务。其中，完成各类棚户区改造95.33万户；完成筹集建设各类保障性住房33.92万套。房地产业保持平稳健康发展。2011～2015年，全省住宅竣工建筑面积22887.7万平方米，商品住宅销售面积30711.4万平方米。2011～2015年商品房完成销售面积35352.6万平方米，超过“十一五”期间销售总量的52.8%；商品房销售均价年均涨幅4%。房地产市场规模持续增长，房价保持个位数增长，市场运行平稳。房地产业拉动建筑业、建材业、运输业、装修业、家电制造业、中介服务业等几十个相关产业增长，已经成为经济发展的支柱产业。新型城镇化逐步深入。“十二五”时期，辽宁省城镇化发展势头持续、快速，城镇化率居全国领先水平。城镇体系空间格局清晰，交通、电力等区域基础设施配套日趋完善，公共服务体系逐步健全，城镇综合承载力不断提高，城乡居民的居住条件和生活环境不断改善。在此期间，出台《中共辽宁省委 辽宁省人民政府关于推进新型城镇化的意见》，同时为指导全省新型城镇化实现科学发展，组织编制《辽宁省新型城镇化规划》(2015～2020年)，明确辽宁省未来推进新型城镇化的总体目标和主要任务，提出体制机制改革的主要方向和关键举措。2015年全省城镇化率达到67.4%，较2011年提高3.3个百分点。城镇化率高于全国平均水平。城市规划建设水平进一步提高。城市总体规划和各类专项规划不断完善，市政基础设施服务能力进一步增强，全省人均道路面积、人均公园绿地面积、建成区绿化覆盖率、用水和燃气普及率等重点指标较“十一五”都有大幅提升。宜居乡村建设全面展开。全省农村垃圾治理体系基本建立、保洁员队伍基本形成，行政村主要区域亮化基本完成，村内道路建设正在加快推进，农村污水处理、村屯绿化、改水改厕等都取得了阶段性成果。建筑业做大做强实现突破。2015 年，全省建筑业完成总产值 5413.7 亿元，比“十一五”末增长 15.4%；建筑业增加值完成 1881 亿元，比“十一五”末增长 58%。此外，全省勘察设计行业管理进一步规范，住房公积金进一步惠民，供热水平和质量逐步提高，建筑节能取得新进展，招投标电子化全面推进，质量安全监管水平不断提升等等。

大事记

1 月

20 日　住房城乡建设部在内蒙古包头市召开全国棚户区改造经验交流会，部长陈政高出席会议并讲话，副部长齐骥主持会议。陈政高肯定包头市的经验做法，强调进一步做好棚改工作的重要意义，提出了工作要求。齐骥通报“十二五”城镇保障性安居工程进展情况，并对 2015 年的工作进行部署。辽宁省住房和城乡建设厅厅长商向东参加会议，介绍辽宁省推进棚户区改造工作的做法和经验。

22 日　辽宁省政府召开春节前保障农民工工资工作会议，会议对做好春节前保障农民工工资支付工作进行了动员和部署，要求确保农民工工资按时发放，确保社会和谐稳定。辽宁省住房和城乡建设厅厅长商向东参加会议。

27 日　薛恒副省长主持召开关于进一步做好饮用水安全工作会议，辽宁省住房和城乡建设厅厅长商向东参加会议。

28 日　辽宁省住房和城乡建设厅总规划师刘明带队对大连市、营口市预防和治理农民工工资拖欠问题进行督查。

2 月

10 日　辽宁省农村工作电视电话会议在辽宁会馆举行。中共辽宁省委书记、省人大常委会主任王珉，省长李希出席会议并讲话。省政协主席夏德仁出席会议。辽宁省住房和城乡建设厅厅长商向东参加会议。

11 日　辽宁省人民省政府副省长薛恒到沈阳市部分公用事业单位走访慰问，看望一线员工，并向全省公用事业单位广大职工致以新春祝福。薛恒副省长在走访中强调，城市供水、供气、供热是重要的民生事业，倍受关注，各有关部门和单位要切实增强安全意识，严格执行各项安全规定，确保各项工作万无一失；要切实增强服务意识，落实好各项便民利民措施，让群众满意，确保全省人民过上一个平安、欢乐、祥和的春节。辽宁省住房和城乡建设厅厅长商向东、副厅长汪兴，沈阳市政府分管领导陪同走访。

27 日　住房城乡建设部陈政高部长听取辽宁省房地产市场运行情况并座谈，辽宁省住房和城乡建设厅厅长商向东对辽宁省房地产市场运行情况进行汇报。

3 月

5 日　辽宁省副省长赵化明听取住房城乡建设厅厅长商向东对全省宜居乡村和县城建设工作汇报。

20 日　住房城乡建设部召开全国电视电话会议，要求各地进一步加强住房公积金管理，提高资金使用效率。部长陈政高在对住房公积金管理工作作出重要部署时强调，住房公积金是重大的民生工程，对于改善中低收入家庭住房条件、促进房地产市场平稳健康发展具有重要意义，各地要进一步提高认识，统一思想，增强工作的主动性，加大工作力度，发掘住房公积金的巨大潜力，用好用足住房公积金。辽宁省住房和城乡建设厅厅长商向东参加会议。

24 日　《辽宁省关于制定国民经济和社会发展第十三个五年规划的建议》起草工作会议在沈阳召开。省委副书记许卫国，常务副省长周忠轩出席会议并讲话，省委秘书长谭作钧主持会议。会议要求全省各部门要准确把握编制“十三五”规划建议的总体要求，以党的十八大、十八届三中、四中全会和习近平总书记系列重要讲话精神为指导，以改革创新精神做好规划建议起草工作。辽宁省住房和城乡建设厅厅长商向东参加会议。

25 日　辽宁省政府召开全省服务业发展工作会议。省长李希出席会议并讲话，省委常委、常务副省长周忠轩主持会议。李希强调，要认真贯彻落实习近平总书记系列重要讲话精神，充分认识发展服务业的重要性和紧迫性，不断培育具有持续竞争力和支撑力的现代服务业产业体系，努力把全省服务业发展提高到新水平，为实现老工业基地全面振兴做出新的更大贡献。副省长邴志刚、赵化明、薛恒、刘强出席会议。辽宁省住房和城乡建设厅厅长商向东参加会议。

31日 辽宁省政府在锦州召开全省深化行政审批制度改革简政放权工作现场会。李希省长出席会议并讲话，常务副省长周忠轩主持会议。省长李希强调，要认真贯彻习近平总书记系列重要讲话和重要批示精神，全面落实党的十八届三中、四中全会部署，进一步推进深化改革、依法行政，着力解决制约老工业基地振兴发展的深层次体制机制问题，加快推进新一轮辽宁全面振兴。辽宁省住房和城乡建设厅厅长商向东参加会议。

4月

9日 住房城乡建设部在珠海市组织召开全国城市地下综合管廊规划建设培训班，邀请国内外著名专家对综合管廊的规划设计、建设标准、建设融资等方面进行全面系统的讲解，以进一步推动综合管廊在全国的科学规划和建设。住房城乡建设部部长陈政高出席培训班座谈会并讲话。辽宁省住房和城乡建设厅副厅长汪兴参加会议。

10日 辽宁省政府召开“全省宜居乡村建设专项工作电视电话会议”，副省长赵化明出席并讲话。会议部署全省农村积存垃圾清洁月和启动村内道路建

17日 辽宁省政府召开全省安全生产工作电视电话会议，总结工作，分析形势，部署二季度任务。省长、省安全生产委员会主任李希出席会议并讲话。会议强调要始终把人民群众的生命安全放在首位，进一步强化底线思维和红线意识，时刻绷紧安全生产这根弦，全力抓好安全生产工作。副省长刘强通报一季度全省安全生产情况。辽宁省住房和城乡建设厅厅长商向东参加会议。

23日 住房城乡建设部会同国家开发银行在长春召开全国棚改片区工作会。住房城乡建设部部长陈政高与主持会议并要求各地认清形势，千方百计完成580万套年度棚改任务。辽宁省住房和城乡建设厅厅长商向东参加会议。

27日 住房城乡建设部在南宁举办全国海绵城市建设培训班。部长陈政高出席培训班座谈会并讲话，对海绵城市建设工作提出五点要求。财政部、国家开发银行、水利部相关负责人参加座谈会。辽宁省住房和城乡建设厅厅长商向东参加会议。

6月

18日 辽宁省政府召开全省房地产工作电视电话会议，省政府出台进一步促进房地产市场平稳健康发展的5条政策措施，对全省房地产工作进行再动员、再部署，以统一思想，明确工作目标，落实地方政府的主体责任，努力保持全省房地产市场平稳健康发展。省委常委、常务副省长周忠轩，副省长薛恒出席会议并讲话。

7月

6日 辽宁省政府在辽宁人民会堂举办“十三五”规划专题报告会。辽宁省长陈求发主持会议并讲话，国家发展改革委原副主任徐宪平作专题报告。省政府班子成员，省政府各部门、各单位和各市政府主要负责人，以及省委政研室、省人大财经委、省政协经济委的负责同志参加会议。辽宁省住房和城乡建设厅厅长商向东参加会议。

9日 辽宁省政府在人民会堂召开全省房屋和燃气安全管理工作紧急电视电话会议，部署全省房屋和燃气安全工作。会议要求各单位、各部门要高度重视，落实好责任，做好全面排查，保障人民群众生命财产安全。

25日 全国城市环卫保洁工作现场会在中卫召开，推广学习中卫“以克论净·深度清洁”模式。住房和城乡建设部部长陈政高出席会议并讲话，自治区主席刘慧致辞。住房城乡建设部副部长陆克华主持会议并部署城市环卫保洁工作。辽宁省住房和城乡建设厅副厅长汪兴参加会议。

30日 辽宁省十二届人大常委会第二十次会议举行联组会议，对辽河流域治理和生态恢复工作情况开展专题询问。辽宁省住房和城乡建设厅厅长商向东参加会议并答询。

8月

10日 沈阳市召开宜居乡村建设工作会议。市长潘利国出席会议并讲话。辽宁省住房和城乡建设厅厅长商向东出席会议并讲话。

26日 全国房地产市场形势分析电视电话会议召开。会议对上半年全国房地产市场形势进行分析，总结近期全国房地产市场的发展形势，部署今后一段时期全国房地产市场条款、住房公积金管理等工作。

9月

7日 住房城乡建设部召开全国关于实施政府购买棚改服务工作会议，要求各省市要“因地制宜，抓紧摸清存量商品房底数，制定推进棚改货币化安置的指导意见和具体安置目标；完善相关政策措施，加快安置棚户区居民。”辽宁省住房和城乡建设厅副厅长潘学俊参加会议。

10月

10日 全国棚户区改造工作电视电话会议在京召开，会议认真学习贯彻习近平总书记在中央经济工作会议上关于棚户区、城中村更新改造的重要讲

话精神，传达李克强总理最近关于加快棚户区改造的重要批示要求，对进一步做好棚户区改造工作作出部署。

16日　辽宁省政府召开全省城市供暖电视电话会议，总结前段工作，分析当前形势，并对今冬明春供暖工作作出动员和部署。副省长薛恒出席会议并讲话。

28日　辽宁省住房和城乡建设厅厅长商向东陪同薛恒副省长视察鞍山市供热准备情况及棚户区改造工作。

11月

5日　第二次全国改善农村人居环境工作会议在广西恭城瑶族自治县召开，中共中央政治局委员、国务院副总理汪洋出席会议并讲话。他强调，要认真贯彻十八届五中全会精神，全面落实党中央国务院的决策部署，按照全面建成小康社会的总体要求，扎实开展农村人居环境整治，加快改善农村生产生活条件，建设美丽宜居乡村，提高社会主义新农村建设水平。辽宁省住房和城乡建设厅厅长商向东参加会议。

16日　辽宁省住房和城乡建设厅厅长商向东陪同薛恒副省长视察葫芦岛市供热准备情况及棚户区改造工作。

12月

23日　辽宁省政府召开全省环保违规建设项目清理整顿工作会议。在全省范围内开展环保违规建设项目清理整顿工作，对截至2014年12月31日，尚未取得环境影响评价批复文件的已建或在建项目进行集中清理整顿，力争到2016年7月，完成国务院确定的建设项目清理整顿任务。省长陈求发主持会议并讲话。副省长薛恒、刘强出席会议并讲话。辽宁省住房和城乡建设厅厅长商向东参加会议。

28日　全国住房和城乡建设工作会议在北京召开，住房城乡建设部部长陈政高全面总结了2015年住房城乡建设工作，对2016年工作任务作出部署。辽宁省住房和城乡建设厅厅长商向东参加会议。

（辽宁省住房和城乡建设厅）

吉　林　省

概况

2015年，吉林省保障性安居工程开工17.51万套，开工率100.28%，货币化安置占40.9%。城镇新增供热能力3405万平方米。二次供水改造工程超额完成年度任务。完成城市地下老旧管网改造2460千米。改造农村危房60397户。房地产市场下滑态势得到初步遏制。建筑业完成产值2216亿元。作为全国城市地下综合管廊建设试点省，15个城市开工路段25条、94.26千米，形成廊体24.75千米，完成投资33.47亿元。白城市成为国家首批16个海绵试点城市之一。

政策规章

城乡建设法规《吉林省房屋建筑和市政基础设施工程招标投标管理办法》已经省政府常务会讨论通过，即将颁布实施。《吉林省城镇燃气管理条例》、《吉林省城镇供热管理条例》、《吉林省建筑废弃物减排与资源化利用管理规定(草案)》、《吉林省城镇住房保障办法(草案)》完成起草、调研、论证工作。

对《梅河口市改革城市执法体制构建“大城管”格局的实施方案》(以下简称《实施方案》)，组织召开会议专题研究，同时还于11月17、18日分别召集全省50个市县城管和综合执法机构主管领导征求意见，并将有关意见和建议及时向省委深改办汇报。梅河口市的《实施方案》操作性强，具有创新性，与中央关于城管执法体制改革精神一致，也符合试点先行、分层推进、属地化管理、执法下沉的要求。

依法依规对建设厅保留的17项行政审批项目逐项进行梳理，提出清理意见，经过新一轮的清理，下放到市(州)1项，暂停1项，取消1项。

根据吉林省人民政府办公厅《关于进一步清理行政审批项目和建立省政府部门责任清单工作的通知》要求，历时3个多月的时间，对照已经公布的住房城乡建设厅权力清单，逐一厘清建设厅行政职权相对应的责任事项，明确本部门主要职责以及与相关部门的职责边界和公共服务事项，制定加强事中事后监管的制度措施。

行政复议工作有序进行，全年共受理行政复议案件16件，其中14件已审理完毕，另外2件正在审理过程中。新行政诉讼修订出台后，行政应诉案件较历年明显增多，共办理10起行政诉讼案件，全部胜诉。

房地产业

2015年，全省房地产开发投资完成900亿元，商品房销售1450万平方米，实现房地产税收180亿元，占吉林省地税收入的23%。房地产市场下滑态势得到初步遏制，筑底趋势逐步显现。

制定印发《吉林省人民政府办公厅关于积极支持住房消费促进房地产市场平稳健康发展的意见》，做好因城施策和分类调控工作。建立房地产市场交易数据日报制度，按月进行全省房地产市场形势分析，密切跟踪市场形势变化。到部分房地产企业和部分城市实地调研了解市场情况。采取“一对一、点对点”的方式，上、下半年两次听取各市县房地产市场运行情况报告。协调人民银行和金融机构，扩大享受首套房贷款政策范围、降低二套房首付款比例。2015年，全省共发放个人住房贷款406亿元，同比增长10%，增速比2014年同期提高3.7个百分点。

严格控制住房建设用地供应规模。对商品房库存量大、消化周期长的城市，减少或停止住宅用地供应规模，从源头控制住房开发建设规模。全省土地购置、房屋新开工面积同比分别下降17.3%和41.7%。吉林市、辽源市等城市停止商品住房项目用地供应。

全面梳理和规范开发交易程序和收费。对房地产开发、产权交易程序、要件及收费项目进行合法性审查，并下发文件优化房屋交易和产权流程，营造良好的房地产市场发展软环境。

以房地产开发项目为基本单位，建立土地购置、前期手续、建设进度、销售情况等进展情况监管统计制度。对房地产开发企业在开发建设中出现的违法违规行为，建立不良信息档案，与相关行业主管部门信息共享，依法依规予以处理。

出台物业维修资金管理和应急使用的指导意见。与吉林省财政厅和审计厅开展全省维修资金审计和整改工作。与省财政厅开展全省物业管理行业检查工作，聘请专家对吉林省部分城市物业管理工作进行考察。2015年全省城镇住宅小区专业化物业服务面积达到3亿平方米，新增1381万平方米，专业化物业管理覆盖率由73%提高到75%；2015年物业专项维修资金累计归集139.73亿元、累计使用5.24亿元，新增17.24亿元、使用4424万元。

开展全省房地产市场专项检查。采取交叉互检的方式，对各地房地产管理部门进行房地产市场调控工作专项检查，全面督促落实国家、省房地产市场调控政策。

开展网签系统研发，免费提供给各地使用，全面建立商品房买卖合同网签系统平台，实施房屋交易资金监管，保证交易安全。

推进个人住房信息系统建设。全面落实领导干部房产信息查核工作，完成380批次、4.5万人次的查核任务。与吉林省委组织部共同召开个人住房信息系统联网工作推进会，建设房产信息查核报送综合信息平台，全面完成个人住房信息系统完成软硬件部署工作，开展系统使用人员培训，查核报送系统已联网运行投入使用。

全面开展老楼危楼安全排查整治工作。全年共排查老楼危楼3.5万栋、1.15亿平方米、涉及居民近144.4万户，鉴定确认危险房屋437栋、87.32万平方米、涉及居民1.37万户，并采取相应整治措施。组织开展全省老旧小区和棚改小区管理情况普查。

不动产统一登记工作平稳推进。配合省国土厅贯彻国家政策，出台相关文件，协调省编办公室明确产权交易与登记职能划分问题。召开专题会议，及时纠正不动产登记整合中划转范围过大、职能不明确等行为。

住房保障

2015年，全省保障性安居工程实际开工17.51万套，开工率100.28%。其中，城市棚户区12.86万套，开工率107.2%，林业棚户区1.46万套，开工率100%，工矿棚户区1.7万套，开工率100%，国有垦区0.67万套，开工率100%，新增公共租赁住房0.82万套。完成新增公共租赁住房租赁补贴1.7万户，完成率113%。全年基本建成15.21万套，完成年度计划的115%。配合省发改委完成2013～2014年棚户区改造37万套，已全部开工建设。

3月25日，省政府召开全省住房保障和房地产工作会议部署年度工作任务。10月16日，省政府召开全省棚户区改造工作视频会议，进一步统一思想，落实责任，加快推进棚户区改造工作。代省政府起草《吉林省人民政府关于加快城镇棚户区和城乡危房改造及配套基础设施建设的实施意见》，已经省政府领导签批，即日下发。4月底，全省保障性安居工程任务计划、项目计划和基本建成计划任务下达各地。5 月上旬，建设厅组成 5 个组对全省所有市县进行实地督查，并通报督查情况，对开工较慢的市县进行约谈。9 月上旬，省政府组成 6 个督查组，采取“一对一”通报、约谈市县政府分管领导等形式督查督办，落实市县包保巡查制度。全年成立 3 个工作巡查组，通过定期、不定期巡查督办，加快推进项目建设进度，确保居民及时回迁入住。同时把审计发现问题整改纳入督查督办范围，加大对涉事市县的整改落实情况跟踪问效，确保整改工作落实到位。

省安居办制定下发《关于实施棚户区改造货币化安置的指导意见》，加快棚户区改造货币化安置工作，消化存量商品房。2015 年全省棚改货币化安置 5.26 万套，占年度棚户区改造任务的 31.6%。建设厅会同有关部门积极争取国家补助保障性安居工程资金 51.35 亿元，落实省级补助保障性安居工程资金 5.24 亿元。其中，国家保障性安居工程专项资金 19.67 亿元(含城市棚户区、公共租赁住房建设和租赁补贴)、国有工矿棚户区改造补助资金 2.21 亿元；保障性安居工程基础设施配套资金 26.59 亿元；省财政落实国有工矿棚户区改造 2.28 亿元。现已全部下拨。各地政府采取财政补贴、政策减免、市场化运作等方式积极筹措建设资金。同时，引导社会资金参与保障性安居工程建设，进一步拓宽资金来源渠道。同时，会同国土资源部门提前落实建设用地，做到计划单列，足额供应。

年初以来，在原贷款模式行不通的形势下，我们第一时间研究贷款融资的新办法，采取政府购买服务的模式启动棚改二期贷款，印发《关于利用开行贷款支持棚户区改造的实施方案》。坚持主体下移、单独授信的原则，以市县政府为主体，争取贷款资金，重点支持棚户区改造货币补偿安置和配套基础设施建设。截止 2015 年底，全省棚改二期贷款已有 11 个市县获得国开行棚改二期授信贷款 380 亿元，已发放 53.67 亿元，还有 10 个县市申请贷款 62.46 亿元正在国开行总行评审，基本解决了 2015 年棚改项目资金难题。

2015 年，住房和城乡建设部下达全省 2012 年底前公共租赁住房分配数量为 6.27 万套。为摸清底数，对历年来公租房分配入住情况进行拉网式摸底排查，梳理分析造成分配入住难的症结原因，排出分配入住时间表。为加快分配进度，我们把住建部规定的 2012 年底前开工的公租房项目 2015 年底前要完成 90%的比例提高到 100%，并建立台账，落实工作责任，实施销号管理。制定下发加快公租房分配入住的通知等文件，明确各地年度任务计划，实行目标考核，实施包保、督查、巡查和驻点督办督促各地加快分配入住，并规定未完成分配入住的市县，今后不予安排新建或者长期租赁公租房任务。截至年底，2012 年底前开工的公共租赁住房(含原廉租住房)共分配 60334 套。

住房公积金管理

2015 年归集 237.74 亿元，同比增加 19.21 亿元。累计归集总额 1592.84 亿元。2015 年发放贷款 176.26 亿元，同比增加 61.23 亿元；市场占有率 27.97%。累计贷款总额 905.26 亿元，贷款余额 592.66 亿元。全省个贷率 71.45%，比 2014 年底增加 8 个百分点。2015 年提取 157.41 亿元，同比增加 35.13 亿元。累计提取总额 763.41 亿元。累计结余资金 233 亿元，比 2014 年底降低 36 亿元。2015 年末实有缴存职工 193.4 万人；累计贷款 50.15 万笔，2015 年增加 6.07 万笔。

协调吉林省财政厅重新修订并下发《吉林省住房公积金管理工作考核办法》及《住房公积金管理工作考核细则》。建立个人住房贷款发放情况通报制度，5 月起对全省各中心个人住房贷款发放情况进行全省通报，并抄送各市州政府及各分中心主管部门，推动各地全面完成 2015 年住房公积金个人住房贷款率指标。配合国家巡查组，加大对吉林省利用住房公积金贷款支持保障性住房建设试点项目的专项检查力度，保证资金安全使用和及时回收。

会同省财政厅、中国人民银行长春中心支行联合印发《关于放宽住房公积金使用条件促进住房消费的意见》，降低首付款比例、提高可贷款额度、延长贷款期限，允许拥有 1 套住房尚未结清购房贷款的缴存职工家庭，无逾期贷款且有还款能力的，再次申请住房公积金贷款购买普通自住房，最低首付款比例不低于 40%；开展异地贷款、组合贷款、父母与子女互用互贷业务。允许首付款提取、租房提取，开展冲还贷业务。2015 年 1 至 11 月，全省归集 207.87 亿元，同比增加 12.15 亿元，贷款职工 5.31 万人，同比增加 1.108 万人，发放贷款 151.66 亿元，同比增加 51.09 亿元，提取 137.8 亿元，同比增加 29.76 亿元；租赁住房提取 5963 万元，同比增加 5364 万元。

6 月 15 日至 7 月 15 日，在吉林省开展住房公积金政策宣传活动。集中宣传国家、省住房公积金相关政策、法规；各地住房公积金归集、提取、贷款等制度规定(重点宣传近期贷款、提取出台的新规定）；各项业务办理流程、时限，各项服务承诺制度等内容。7月3日，吉林省暨吉林市住房公积金政策宣传仪式在吉林市举行。住建部住房公积金监管司张其光司长对我们的工作给予肯定："各地要学习借鉴吉林的经验，提高宣传工作的针对性、时效性和经常性，做到长流水、不断线。以展示公积金人的追求和奉献"。

截至2014年9月25日，全省6个城市共有涉险资金10489.54万元。我们积极采取措施加大清收工作力度，截至2015年11月10日，6个城市已彻底完成清收工作。住房公积金历史遗留涉险资金清收工作全部完成。

城乡规划

4月29日，省政府召开全省城市规划建设工作座谈会，深入贯彻落实全国城市规划建设工作座谈会精神和省委、省政府要求，研究部署全省城市规划建设重点工作。会议由省政府副秘书长赵彪主持，省委常委、常务副省长马俊清出席会议并作重要讲话。吉林省住房和城乡建设厅、发改委、财政厅、国土厅、环保厅、国开行等省直部门主要负责人，市(州)政府、长白山管委会分管领导，梅河口市、公主岭市政府主要领导，市(州)、长白山管委会建委(住房城乡建设局)、规划局、房地局、市政公用局主要负责同志参加座谈。会上，长春市、松原市、梅河口市、集安市等4个城市从城市地下管廊建设、城市规划、建设管理和历史文化保护等方面做交流发言。

编制《吉林省城市生态系统规划》。完成长春国家级城市新区规划方案初审和上报。配合住房和城乡建设部在吉林省召开哈长城市群规划编制工作座谈会。

开展通化等10个城市总体规划实施评估。完成白城等6个城市总规纲要论证和成果审查。参与地下综合管廊规划等多部专项规划审查。完成78项国家和省重大建设项目选址审批。完成全省开发区规划绩效考评。主办完成省人大建议和政协提案9件。完成省政府复查、复核及各类信访案件19件。完成《省规划条例释义》印发工作。

简政放权取消省级选址意见书审批部分前置要件。建立省级选址和规划编制资质申报网上审批系统。完成全国城乡规划行业统计报表信息录入、审核汇总和上报工作。完成国家首批城市地下空间规划建设试点任务。

开展历史文化名城名镇名村规划编制专项检查。完成长春市申报国家历史文化名城材料初审和上报。开展对4个整改类高尔夫球场专项整治。开展全省违法建筑治理调查摸底。

城市建设与市政公用事业

2015年，全面完成年度计划任务，其中完成撤并改造老旧散小二次供水设施2140座，改造陈旧管网4643千米；改造楼内老旧管线7245千米。

【城市地下综合管廊建设】 4月末，全省地下综合管廊建设工作正式启动实施。在各方面的支持下，出台《加快推进吉林省城市地下综合管廊建设的实施意见》，正在起草《吉林省管线入廊管理办法》、《吉林省管廊建设标准》、《吉林省管廊运营管理办法》和《吉林省管线入廊收费指导意见》等文件。为抢抓试点省机遇，各地按照省委、省政府决策部署，积极谋划工程建设，全省15个城市开工路段25条、94.26千米，已形成廊体24.75千米。

【海绵城市建设】 2015年，经过积极申报和争取，白城市成为国家首批海绵城市试点城市。白城市已经完成实施方案的制定，确定建设目标和任务，完成投资14亿元。除白城市外，长春、吉林、通化、松原、延吉等5个城市被列为省里的试点，各地的试点区域已经划定，正在编制实施方案。

【城市市政建设】 所有已判定危桥完成加固改造任务。全省城市道路长度8853千米，城市道路面积16826万平方米，其中人行道3382万平方米。人均城市道路面积14.3平方米。城市桥梁776座。其中，大桥及特大桥100座，立交桥138座。城市道路照明灯50万盏，安装城市道路照明灯道路长度5943千米，城市照明总用电量2.6亿千瓦时，城市照明装灯总功率7.98万千瓦。

【城市轨道交通】 全省有城市轻轨线路2条。线路长度47.17千米。其中，地面线19.63千米，地下长线4.6千米，高架线22.94千米。车站数量49个。其中，地面站19个，地下站6个，高架站24个。换乘站2个。配置车辆68辆。

【城市供水】 城市供水日综合生产能力653万立方米，其中地下水97万立方米。供水管道长度12155千米，年供水总量10.6亿立方米。售水量7.7亿立方米。其中，生产运营用水2.6亿立方米，公共服务用水1.7亿立方米，居民家庭用水3.1亿立方米。免费供水量0.15亿立方米。用水人口1096.8万人。供水漏损水量2.7亿立方米。城市供水人均日生活用水量122.27升，用水普及率93.64%。城市建成区供水管道密度8.6千米/平方千米。

城市节约用水计划用水户 6370 户，其中自备水 844 户。实际用水量 17.2 亿立方米，其中工业用水量 15.0 亿立方米。新水取用量 5.2 亿立方米，其中工业用水量 3.1 亿立方米。重复利用水量 11.9 亿立方米，其中工业用水量 11.9 亿立方米。节约用水量 1.4 亿立方米，其中工业用水量 1.2 亿立方米。节约用水重复利用率 69.45%，其中工业节约用水重复利用率 79.09%。节水投资总额 2748 万元。

【城市燃气】 城市人工煤制气日生产能力 8 万立方米，形成储气能力 8 万立方米，煤气供气管道长度 344 千米。煤气年供气总量 0.3 亿立方米。销售气量 0.3 亿立方米，其中居民家庭销量 0.2 万立方米。煤气损失量 0.01 亿立方米。用气人口 41 万人。

城市天然气储气能力 792 万立方米，供气管道长度 8414 千米，天然气供气总量 11.1 亿立方米。年销售天然气 10.8 亿立方米，其中居民家庭用气 3.3 亿立方米，集中供热，0.1 立方米，燃气汽车 2.3 亿立方米。天然气损耗量 0.3 亿立方米。居民家庭用气户数 233.6 万户，用气人口 676.7 万人。天然气汽车加气站 88 座。

城市液化石油气储气能力 1.9 万吨，供气管道长度 82 千米。液化石油气供气总量 15.7 万吨，年销售气量 15.7 万吨，其中居民家庭销售气量 9.1 万吨。液化石油气损耗量 0.05 万吨。居民家庭用气户数 112.6 万户，用气人口 365.2 万人。城市居民燃气普及率 92.46%。

【城市集中供热】 城市集中供热蒸汽供热能力 1402 吨/小时。其中，热电厂供热能力 1251 吨/小时，锅炉房供热能力 151 吨/小时。年蒸汽供热总量 827 万吉焦。其中，热电厂 708 万吉焦，锅炉房 119 万吉焦。蒸汽供热管道长度 723 千米。集中供热热水供热能力 4.2 万兆瓦。其中，热电厂供热能力 1.7 万兆瓦；锅炉房供热能力 2.5 万兆瓦。年热水供热总量 2.4 亿吉焦。其中，热电厂 1.2 亿吉焦；锅炉房 1.2 亿吉焦。热水供热管道长度 1.8 万千米。城市集中供热面积 4.7 亿平方米，其中住宅 3.4 亿平方米。

【城市排水和污水处理】 积极争取国家和省级各类专项资金的投入，建立省级污水处理在线监测和定期考核通报制度。2015 年，全省新增污水处理能力 69 万吨/日，新建污水管网 406 千米。城市排水管道长度 10318 千米。其中，污水管道长度 3798 千米，雨水管道长度 3949 千米，雨污合流管道长度 2571 千米。污水排放量 8.6 亿立方米。城市建成区排水管道密度 7.36 千米/平方千米。再生水日生产能力 30 万立方米，利用量 821 万立方米，管线长度 45 千米。

城市污水处理厂 38 座，其中二、三级处理厂 19 座。污水处理厂日处理能力 325.1 万立方米，其中二、三级处理厂处理能力 208.3 万立方米。污水处理厂年处理污水总量 7.7 亿立方米，其中二、三级处理厂处理量 5.4 亿立方米。干污泥产生量 12.2 万吨，干污泥无害化处置量 7.1 万吨。年运行费用 7 亿元。城市污水处理率 89.5%，污水处理厂集中处理率 88.83%。

【城市园林绿化】 通过开展“城市园林绿化品位提升”活动，各地突出特色，园林景观品质有很大提升，同时，以生态建设为载体，全面推动园林城创建工作。配合住房和城乡建设部完成对珲春市、集安市、镇赉县申报国家园林城市（县城）的实地考察和综合评审，并对 2012 年前被命名为省级园林城市（县城）的 12 个市县进行复查，以清理私人会所为契机，加强公园绿地保护。根据中央和国家关于对城市公园内私人会所高档餐馆等进行清理整治工作的相关要求，对全省城市公园中私人会所高档餐馆进行全面清理和整治。责令长春世界雕塑公园中的吉祥凯悦海参养生馆立即停业，整退城市公园内的各种租赁房屋，遏止侵占公园用地、在公园内搞违规和非法经营的行为，保证公园的公益性发展方向。全年新增城市绿地面积 1850 公顷；全年建设各类城市公园 26 个。

城市绿化覆盖面积 5.4 万公顷，其中建成区 5 万公顷。园林绿地面积 4.7 万公顷，其中建成区 4.5 万公顷。公园绿地面积 1.4 万公顷。公园 191 个，面积 0.67 万公顷。城市建成区绿化覆盖率 36.33%，建成区绿地率 32.63%，人均公园绿地面积 12.45 平方米。

【城市市容环境卫生】 延吉市、白山市、松原市、辽源市、通化市、德惠市焚烧发电项目均已开工建设。其中辽源市焚烧发电厂已经竣工，正在试运营阶段，白城市焚烧发电厂正在做前期准备工作。建设城市生活垃圾转运站 92 座，新增转运能力 2695 吨/日。

城市道路清扫保洁面积 1.69 亿平方米，其中机械化清扫保洁面积 0.8 亿平方米。生活垃圾年清运量 484 万吨，其中密闭车（箱）清运量 406 万吨。生活垃圾处理量 476 万吨。生活垃圾无害化日处理能力 13243 吨。其中，卫生填埋 8893 吨；焚烧 3850 吨。生活垃圾无害化年处理量 409 万吨。其中，卫生填埋 291 万吨，焚烧 108 万吨。生活垃圾处理场（厂）年运行费用 2.56 亿元。生活垃圾无害化处理率

84.44%。城市生活垃圾转运站771座，公共厕所3643座。城市市容环卫专用车辆设备总数6323辆。

【公用设施建设投资】 城市市政公用设施建设完成固定资产投资236.1亿元。其中，供水33.9亿元，燃气7.1亿元；集中供热15.8亿元，轨道交通72.2亿元，道路桥梁58.8亿元，排水19.7亿元，其中污水处理17.1亿元，园林绿化25.7亿元，市容环境卫生2.5亿元，地下综合管廊1.7亿元。全年新增固定资产149.95亿元。

村镇规划和建设

【村镇规划管理】 组织开展吉林省农村人居环境普查和信息系统申报工作，对录入率100%的14个市(县、区)通过"以奖代补"的方式进行补助，进一步了解掌握各地基础设施建设现状和动态，为投资决策提供依据。在数据库建立的基础上，完成《吉林省改善农村人居环境规划(2015～2020年)》编制、征求意见等工作。该规划已经省政府批准通过，报住房和城乡建设部备案，并下发全省遵照执行。启动《吉林省村镇体系规划》、《吉林省农村生活垃圾治理专项规划》、《吉林省农村生活污水治理专项规划》编制工作。同时，进一步加强对各地县(市)域镇村体系规划、镇总体规划和村庄规划编制工作的指导，下发《关于进一步加快村镇规划编制工作的通知》等一系列文件，进一步明确镇村规划编制重点，列出未按时上报规划的(县)市、国家级重点镇和重点村名单并提出明确要求。

【农村危房改造】 全省计划改造户数由4万户追加至5.7万户，并落实专项资金。制定并下发年度实施方案，分解下达指标任务，组织开展现状调查、监督检查、业务培训等工作，并积极配合国家审计署对农村危房改造项目进行审计。截止到11月末，全省已开工建设60786户，竣工59926户，完成投资约28.1亿元。

【农村生活垃圾治理】 开展以"八清、一禁止"为主要内容的春季农村环境集中整治工作。全省共清理垃圾堆371504个、粪堆127672个、柴草垛81954个、路障15283米、乱建建筑物34456平方米、残垣断壁35656米、野广告14054处、死畜禽4424只，基本实现整治区域全覆盖，农村环境卫生面貌明显得到改善。

【农村改水改厕】 借助习总书记来吉考察的东风，落实总书记提出"要来个'厕所革命'，让农村群众用上卫生的厕所"的要求，7月22日代省政府起草一封致李克强总理的信，提出决定在吉林省开展农村改水改厕工作的初步设想，恳请中央财政加大资金和政策支持力度。7月27日，住房城乡建设厅向蒋超良省长提出《关于实施吉林省农村室外旱厕改水厕有关情况的报告》，阐述吉林省农村供排水设施与厕所建设的现状和存在问题，提出下步工作思路、目标任务以及处理模式、工作路径、实施步骤、保障机制等初步设想，得到相关省领导重视和具体批示。首批确定的三个试点村，光东村、金达莱村和兴城村也分别与北控水务、中车集团、首创股份公司、北京尚德环保有限公司等企业签订改水改厕意向。

【改善农村人居环境】 以吉林省改善农村人居环境工作领导小组的名义下发《吉林省2015年改善农村人居环境实施方案》，明确12项重点任务和各相关部门职责分工。会同其他有关厅局分三组对全省改善农村人居环境工作联合开展了督导检查和调研，下发《吉林省改善农村人居环境工作领导小组关于全省改善农村人居环境工作督导检查和调研的情况通报》。向省政府提交《关于第二次全国改善农村人居环境工作会议情况及贯彻落实会议精神和工作建议的报告》，明确下一步工作安排，并提出工作建议。

【"特色旅游名镇(乡)名村、星级名店"评选认定】 与省旅游局共同组织开展全省特色旅游名镇(乡)名村和星级名店评选认定工作。共评选出"特色旅游名镇(乡)"10个，"特色旅游名村"20个，"星级名店"10家。

工程建设标准定额

【综合管廊】 根据吉林省人力资源和社会保障厅、省住房和城乡建设厅、省安全生产监督管理总局、省总工会《关于进一步做好建筑业工伤保险工作的实施意见》规定，对现行计价定额关于工伤保险费计取的规定进了调整。制定并下发《城市综合管廊工程造价管理的指导意见》，对城市综合管廊工程计价活动作出规定。同时，及时跟进，收集、测算管廊工程各种数据，为编制、补充、完善城市综合管廊工程计价定额作基础性的准备工作。

【工程造价】 测算并发布2015年上半年、下半年《吉林省建筑工程质量安全成本指标》和《2015年吉林省"暖房子"工程外围护结构指导价及质量安全成本参考价》，为确保建设工程质量和施工安全及"暖房子"工程建设提供支持和保障。定期发布人工、材料、机械台班市场价格(租赁价格)信息，指导建设各方招标投标和工程结算。

为规范工程造价咨询企业和工程造价从业人员执业行为，对全省工程造价咨询企业信用等级评价实行动态管理。

【职业培训】 编制《吉林省2015年度全国建设工程造价员考试培训教材》。完成吉林省2015年度全国建设工程造价员的考试等相关工作（土建、安装、装饰、市政、水暖、电气6个专业，5600余人报考）。

【工程建设】 完成《吉林省房屋修缮及抗震加固工程计价定额》的修编工作。为严厉打击建筑施工转包违法分包行为，吉林省2015年外埠施工企业改为按工程项目核定施工企业劳动保险费费率。2015年核定建筑施工企业劳动保险费费率省内企业1227户（其中：一级企业175户，二级及以下企业1052户），外埠企业240项。

【建筑工程质量监督】 结合开展工程质量治理两年行动，转发《关于开展工程质量治理两年行动万里行的通知》、《关于2015年全国住宅工程质量常见问题专项治理重点工作的通知》等文件、制定《关于严格落实建筑工程质量终身责任承诺制的通知》等文件。

推行质量终身责任“两书一牌”制度。建立月报制度，截止至2015年12月，补签授权书，承诺书2629项。新办理监督手续的工程3135项，已全部签署授权书，承诺书。办理竣工验收备案工程2514项，设立永久性标牌的工程2129项，建立质量信用档案的工程1137项。组织专家编写《住宅工程施工质量常见问题防控技术规程》，加强企业质保体系和项目质量管控能力建设，强化企业对工程项目的质量管理，提高工程质量水平。

积极推进城市地下综合管廊，提升质量管理水平。按照国家对城市综合管廊建设工作的部署和要求，制定《吉林省城市综合管廊建设技术导则（试行）》、《关于城市综合管廊工程质量管理的指导意见（试行）》。10月22日，在四平市召开城市地下综合管廊质量监督管理经验交流会议，取得良好的效果。

结合《建筑与市政工程施工现场专业人员职业标准》的规定，配合相关处室，完善施工技术管理人员培训系统，组织吉林省各地区施工技术管理人员培训。建立吉林省建设工程质量监督管理系统平台，对监理人员、检测人员理论知识方面采取网上报名、培训、考核的形式，减轻企业培训成本，提高监理人员、检测人员的业务水平。做好迎接国检工作，于2015年6月16日～7月5日，组织专家参加全省工程质量治理两年行动和施工现场标准化管理检查。

积极运作“暖房子”工程检测招投标工作，加强“暖房子”工程质量管理。通过省政府采购中心进行招投标的形式，确定检测机构中标单位，对“暖房子”工程进行抽检，抽测。配合省暖房办做好“暖房子”工程审计和督查、验收工作。

根据《吉林省建设工程监理企业信用评价管理规定》，全省216家建设监理企业2014年度信用等级评审，有26家企业被评定为A级、90家企业被评定为B级、58家企业被评定为C级、42家企业被评定为D级，对不同信用等级的工程监理企业按照规定实行差异化管理。同时，为加强吉林省建设工程质量检测的监督管理，规范工程质量检测市场秩序，于2015年10月中旬开始，组织开展全省建设工程质量检测机构专项检查。共检查123家检测机构，检查重点包括检测机构业务管理制度及质量体系运行情况、检测设备及人员配备情况和检测单位执业行为情况等内容，本次检查共下发了100份整改通知书，30份执法建议书。并提出相应的整改要求和处罚决定。

2015年共受理住房城乡建设部转办质量投诉案件3起，网上投诉案件11起，住房城乡建设厅信访办转办的核查、复查案件3起，现已全部办结。双辽市江山物流工程项目在2014年国检过程中被确定为典型案例，配合相关处室将调查处理情况上报到住房和城乡建设部有关部门。

共网上受理监理企业资质升级17户，延续51户，新设立14户。检测机构新设立2户，增项21户，延续27户。国家注册监理人员初始注册170人次，变更注册429人次，延续注册257人次，遗失补办12人次，注销注册12人次等。

【建筑市场】 全年完成建筑业产值2216亿元，实现增加值927亿元，占GDP比重达6.5%，实现税收118.9亿元，占地税收入的15.4%。

吉林省共有建筑业企业3875户，比“十一五”期末增长34%。其中：产值超50亿元企业2户，超20亿元企业14户，超10亿元企业35户，产值过亿元企业达409户。全省建筑业从业人员达94万人，比“十一五”期末增长34.3%，农民工占80%以上，已成为转移农村富余劳动力的重要渠道。

全省建造师注册人数2.82万人。全省一级、二级建造师考试通过人数分别达959人和4165人。建造师继续教育全面实现网络教学，共有1.35万人参加培训。

吉林省政府出台加快发展建筑支柱产业的意见，住房城乡建设厅出台规范建设单位市场行为的十项规定等一系列政策文件，强化对建设单位的监管，加快信用体系建设，建立“两场”联动机制，营造公平公正的发展环境。同时突破常规支持企业发展，建立省级30户重点扶持企业名录，实行一对一、点对点包保扶持，重点扶持企业优先参与国有资金投资项目投标，类似业绩不作否定条件。减轻企业负担。严格结算管理，审计机关的审计结论不作为结算依据。推行工程担保制度，各类保证金，优先采用担保机构担保或银行保函等，按照企业信用等级实行差异化费率。

开展工程质量治理两年行动。规范承发包市场，严厉打击违法发包、转包、违法分包挂靠等违法违规行为，落实建筑市场五方主体责任，加强工程质量安全事故调查处理力度。于6月、10月组织开展两次专项检查，依法对存在市场违规行为的责任单位和责任人员进行处罚。

10月组织业内专家对各市（州）申报的标准化管理示范工地进行考核评比，有104个项目通过评选获得2015年度省级标准化管理示范工地。创新施工现场人员培训考核机制，由集中组织培训转变为网上和工地培训考核，建立了教育培训系统。通过系统网上报名培训人员12.6万人。其中：施工现场管理人员5.2万人，技术工人7.4万人。

组织研发“吉林省建筑市场监管与诚信信息管理平台”，建立企业、人员、项目、诚信信息四大基础数据库和19个工作子系统，于12月3日通过住房城乡建设部组织的验收评估，实现部、省、市、县四级联网，信息共享、互联互通。

建筑节能科技

对全省7个地级城市和3个县级市的94栋公建能耗监测项目进行专项验收，完成国家下达的监测任务。开展公共建筑能效提升工程储备工作。积极向国家争取示范工程储备项目，全省有3个项目被列入国家示范储备。启动省级节约型校园节能监管体系建设示范工作。联合省财政厅、省教育厅开展省级节约型校园节能监管体系建设示范工作，共有6所高校被列入省级示范。

联合财政厅组织专家对2012～2014年度17个示范项目进行专项验收，示范面积63.1万平方米。组织开展国家级示范市县综合验收工作，已完成7个市县的验收，示范面积308.5万平方米。做好2015年省级可再生能源建筑应用示范项目申报工作。列入省级示范项目8个，示范面积41.8万平方米。

开展2015年智慧城市申报工作，推荐上报4个城市。组织申报2016年度住房和城乡建设部科学计划项目75项。

【绿色建筑体系】 全年完成绿色建筑面积1028万平方米，设计阶段评价标识项目53项，其中经评审报部备案的一星级绿建项目19项，二星级33项，报住房和城乡建设部评审的三星级项目1项。完成国家“十二五”确定的绿色建筑目标任务。

【建设人事教育工作】 认真开展机关及事业单位干部培训工作。组织制定2015年度教育培训计划。按照省委组织部、省人社厅、省公务员局、省委党校、省行政学院教育培训安排，组织厅机关及厅属单位参训。同时完成网络教育培训。规范注册类专业技术人员继续教育工作。积极开展专业管理和行业技能人员培训。先后赴重庆等地调研培训工作先进经验，研究部署培训考评分离工作。开展建设工程施工企业专业管理人员和行业技能人员网上培训。

大事记

3月

25日　省政府召开全省住房保障和房地产工作会议部署年度工作任务。

4月

25日　全省保障性安居工程任务计划、项目计划和基本建成计划任务下达各地。

6月

16日　全省工程质量治理两年行动和施工现场标准化管理检查开始并组织专家参加，一次持续到7月。

30日　全省地下综合管廊建设工作正式启动实施。

9月

11日　开展2015年智慧城市申报工作，推荐上报4个城市。组织申报2016年度住房和城乡建设部科学计划项目75项。

28日　开展历史文化名城、历史文化名镇名村、历史文化街区、历史建筑等基础信息采集工作。

10月

16日　省政府召开全省棚户区改造工作视频会议，进一步统一思想，落实责任，加快推进棚户区改造工作。

22日　在四平市召开城市地下综合管廊质量监督管理经验交流会议，取得良好的效果。

12月

3日　组织研发“吉林省建筑市场监管与诚信信息管理平台”，建立企业、人员、项目、诚信信息四大基础数据库和19个工作子系统通过住房城乡建设部组织的验收评估，实现部、省、市、县四级联网，信息共享、互联互通。

7～27日　对2015年“暖房子”工程进行综合验收。

（吉林省住房和城乡建设厅）

黑 龙 江 省

概况

2015年，在黑龙江省委省政府的坚强领导下，全省住房和城乡建设系统广大干部职工全面贯彻落实党的十八届三中、四中、五中全会、省委经济工作会议及全国建设工作会议精神，紧紧围绕实施“五大发展”规划战略，以深化住房城乡建设改革为动力，以转变发展方式、保障改善民生为主线，以建住房、强基础、改面貌、重管理为主要任务，积极应对全社会固定资产投资下滑和经济下行压力，保持昂扬向上的精神状态和扎实苦干的工作作风，坚定信心、迎难而上，攻坚克难、连续作战，全力推进中心工作和重点任务，圆满完成了各项目标任务，为全省经济社会更好更快发展做出积极贡献。

保障性安居工程建设取得新突破

全省保障性安居工程完成投资256亿元，开工22.4万套，开工率104.4%；基本建成17.8万套，完成货币化安置5.43万套，占全省棚改任务的27%，为年初计划的139%。四煤城采沉区棚改第一次实施全省统一施工招标和大宗材料集中采购，有效控制建设成本，节约近10亿元，保质保量完成了5.42万套开工任务。各级党委政府围绕目标任务，狠抓推进落实。省委省政府高度重视。省委召开2次常委会、省政府召开10多次常务会、专题会和协调会，听取情况汇报，研究政策措施。省政府先后召开3次直接到县(市)层面的推进大会，通报进展缓慢的市县和系统，并将通报结果报送省委组织部备案。筹融资渠道不断拓宽。争取国家保障性安居工程建设中央补助82.27亿元(国家75亿元采沉区棚改补助已到位24.3亿元)；安排省级财政补助4.7亿元；落实国开行棚改专项贷款额度650亿元；省政府在资金压力较大情况下，安排补助资金4.7亿元，借支20亿元用于启动征拆。创新政策举措。省里制定出台了《城镇保障性安居工程建设管理办法》、《棚户区改造安置房购买指导意见》和四煤城采沉区棚改《实施意见》、《施工招标方案》、《大宗建材集中采购方案》、《货币补偿安置工作指导意见》、《加强项目管理指导意见》等一系列意见和办法，各市县制定了相应的具体办法和实施细则，实行现场办公、并联审批，缩短手续办理时限，为顺利推进棚改提供了制度保障和政策支持。规范市场化运作机制。对四煤城采沉区棚改实施统一集中采购和施工招标，将钢材、水泥、预拌混凝土和砌块(多孔砖)纳入集中采购，通过竞争性谈判，控制建设成本。开展建筑规划设计和施工图等设计文件审查，实施招标代理机构、清单控制价制作和清单控制价审核“三分离”，发挥了市场机制的作用。大力实施货币化安置。按照国家打通“两房”通道、提高货币化安置比例的要求，坚持新建、购买和货币补偿三种安置渠道并举，加大购买和货币补偿安置力度，采取政府买完再分、先买后分、发票自购、“拿钱走人”等方式，通过公开招标、公开竞价、竞争性谈判等措施选择低于市场均价的房源。多措并举加快开工。针对有效施工期短、工程手续办理时限较长的实际，指导市县政府建立行政审批快速通道，打破部门间互为前置，实行现场办公、由串联变并联审批，优化工作流程，缩短了土地、规划、环评等手续办理时限。加强督导检查。全年组织开展4次全覆盖的督导检查，每次督查后省政府与住房和城乡建设厅对开工进展慢的市县进行约谈，并将督查情况在全省进行通报。住建厅建立了情况反馈制度，开工初期每月通报，施工旺季半月通报，施工期末攻坚阶段周通报。

农村泥草(危)房改造超额完成任务

全省农村泥草(危)房改造完成投资81.21亿元，其中，争取国家补助11.135亿元，省政府安排补助2亿元，改造农村泥草(危)房13万户。坚持因地制宜，分层施策。采取拆除新建、维修改造(穿衣戴帽)、公租房(幸福大院)、旧校舍改造成幸福大院等模式推进农村危房改造，全省开工建设“幸福大院”21个，解决356名特困群众住房问题。制定下发《农村住房建设最低要求》，提出农村危房改造11项技术标准；组织3次技术培训，重点讲解农村建房技术、危房改造方针政策；印制1.5万册《农村住房建设图集》和1万套《黑龙江省农村住房建设指导挂图》，免费发放到农村，供农民建房选用。坚持推广农村节能建筑技术，提倡使用复合墙体、外挂苯板、草砖草板、装配式、太阳能等多种节能建房技术，全省节能房比重达到95%以上。

城乡规划编制管理取得新进展

完成《黑龙江省城镇体系规划纲要》编制和上报工作；审查饶河县、依安县、拜泉县总体规划及鹤岗市城市总体规划；绥化市、安达市、七台河市城市总体规划局部调整获得省政府批复；安排资金2000万元，编制完成54个乡镇、88个村庄规划的规划编制和技术鉴定工作。“多规合一”稳步推进，哈尔滨市阿城区、同江市完成了试点规划编制工作，通过国家有关部委评审。加强城市设计工作，印发《关于开展城市设计工作的通知》，明确城市设计编制及审批要求。《黑龙江省历史文化建筑保护条例》经省人大常委会审议通过并公布，为全省历史文化建筑保护和利用提供了法律依据。强化市场管理，印发《关于进一步开放规划设计市场提高规划设计质量的通知》，禁止地方保护行为，营造公平竞争环境。

城市基础设施建设和管理水平不断提升

黑龙江省供热、供水、供气和垃圾、污水治理“三供两治”项目，开复工建设项目325项，完成投资127.93亿元，分别占年计划的104.5%和102.5%。升级改造净水厂28座，改造老旧供热管网1734.3千米，撤并小锅炉856台，县级以上城镇垃圾治理工程全部开工。新增日供水能力29万吨、集中供热面积5767万平方米、供气用户7.74万户、污水日处理能力22万吨、垃圾日处理能力2430吨。全省投入资金1.5亿元，购置清冰雪机械设备600余台套，13个地级市主次干道清冰雪机械化率达到93%，县城达到55%。强化城市管理，印发《关于在住建领域加快推进“互联网＋城市生活”行动的指导意见》、《黑龙江省城市网格化管理规定》；组织召开全省数字化城市管理工作推进视频会议，9个地级以上城市建立了数字化城市管理系统。

建设领域科技节能取得新成效

坚持将既有居住建筑节能改造与主街路综合改造、老旧小区改造相结合，大力推广政府主导、供热企业参与、合同能源管理和PPP等改造模式，采取通过中央补点、市县财政配点、供热企业投点、产权单位拿点、受益居民出点等办法多元化筹资，全省改造既有居住建筑1743万平方米，超额完成国家下达任务，近25余万户居民住上了暖房子。实现年节能33万吨标煤，减排二氧化碳81万吨，改造后的建筑冬季室内温度平均提高4～6摄氏度。加强绿色建筑规划设计专项审查，全省新建绿色建筑500余万平方米，11个项目获得国家绿色建筑设计标识。完成公共建筑节能监测平台建设，实现对200栋建筑能耗情况的实时监测，在超低能耗建筑领域处于国内领先水平。住宅产业化稳步推进，全省有23个项目被评为国家A级住宅，2个项目被评为国家康居示范工程，10个项目被评为国家广厦奖。

房地产市场调控效果逐步显现

积极应对房地产市场下行态势，坚持科学调控、分类调控，多措并举、综合施策。严格落实国家和省关于税收、棚改货币化安置、公积金贷款等各项政策措施，支持居民购买自住房和改善性住房贷款需求，首套普通住宅银行贷款最低首付比例降至20%，贷款利率下限为贷款基准利率的0.7倍；对拥有1套住房并已结清相应购房贷款的，执行首套房贷款政策；个人住房公积金贷款首付款比例由原来的30%调整为20%；推进公积金异地贷款，简化手续、优化服务流程，释放公积金政策潜力。打通保障房和商品房通道，省政府下发《棚户区改造安置房购买指导意见》，指导各地根据房地产市场状况、棚户区改造规划和棚改居民实际需求，合理调整新建计划，坚持建购并举、购买优先，加大以购买方式筹集房源的力度，将中小户型和符合标准的房源纳入回购房源，充分利用开行贷款，购买存量商品房用于回迁安置，积极消化库存，回购存量商品房4.45万套。培育和发展租赁市场，下发《关于加快培育和发展住房租赁市场的通知》，拓宽公共租赁住房房源渠道，盘活存量房源；支持房地产开发企业将存量房源投放到租赁市场，或转成租赁型的养老地产、旅游地产等；鼓励有条件的企业在新建项目中长期持有部分房源用于市场租赁，或与经营住房租赁的企业合作，建立开发与租赁一体化、专业化的运作模式。开展促销和营销活动，通过报纸、网络、电视等新闻媒体及时公正、客观报道房地产市场情况，加强舆论宣传，引导广大群众树立正确的住房消费观和合理的市场预期；各级房地产协会组织举办房展会、房产论坛，各地采取开发企业让利销售，房产、公积金、税务、银行等部门现场办公，提供优惠政策、减免相关费用等一系列措施，促进商品房销售。强化市场监管和服务，加强对房地产开发、商品房预售(销售)、二手房交易、中介服务的监管，建立健全市场信息发布、监测和风险预警机制，完善新建商品房和二手房网签、交易资金监管制度，公开发布市场供需、销售价格、可售房源、开发企业信用等信息，营造公开、透明的市场环境。简政放权，优化服务，取消了对房地产开发企业、物业服务企业和房地产估价机构的注册资本金和出资额的限制，企业实收资本不再作为资质申报条件，减少审批环节和要件、压缩审批时限，为房地产业发展创造优良环境。全年完成房地产开发投资992亿元，同比下降25.1%，占固定资产投资10%；商品房销售面积1997万平方米，同比下降19.4%，商品房销售额1027亿元，同比下降15%，降幅收窄，施工面积12410万平方米，同比下降12.7%，新开工面积2182万平方米，同比下降33.5%，完成房地产税收264亿元，同比下降5.1%，占地方税收32%，商品房均价5144元/平方米，同比增长5.3%。

建筑业稳步发展

015年底，全省建筑业企业6040家，其中总承包2323家，专业承包企业2727家，劳务分包企业990家，分别占企业总数的38.5%、45.1%和16.4%。总承包特级企业3家，总承包一级企业134家、二级企业832家，专业承包一级企业106家、二级企业677家，特一级企业所占比重为4.8%；注册建造师总数突破3万人，达到37656人，其中一级建造师6501人，二级建造师31155人，注册监理工程达到3599人，全省施工员、质检员、安全员等各类岗位技术人员总数达到14.9万，全行业从业工程技术人员10.8万人，从业人员总数达到49.1万。受经济下行、固定资产投资放缓等因素影响，完成建筑业总产值1675.1亿元，同比下降22.1%，实现增加值850.09亿元，同比增长1.9%，在拉动上下游相关产业发展上做出应有贡献。优化产业结构，积极引导和扶持建筑施工企业提档升级，鼓励各地培育本地区龙头骨干企业，基本实现一级总承包企业市(地)全覆盖。全面整顿市场秩序，推动工程质量治理两年行动向区县延伸，加强对县级治理行动的领导和监督，真正把治理行动延伸到区县、到基层、到项目参建各方，实现了“督查到县区，检查到现场，责任到主体”，全年督查13个市(地)、农垦总局、森工总局、绥芬河市、抚远市和30多个县市，查处各类违法违规项目63个，集中力量整治建筑市场乱象，排查在建项目3769项，抽检在建工程155项，下达整改通知单234份和执法建议书12份，加大清理拖欠工程款和农民工工资力度，共受理案件17起，涉及金额6000余万元。强化质量安全检查，安全生产事故起数和死亡人数同比下降46.7%和55.5%，安全生产继续保持良好态势。

城乡人居环境进一步改善

开展“四季”专项行动，大力实施环境秩序综合整治、主街路综合改造、城市路桥升级改造、绿化亮化等专项行动，加大力度清理街路两侧建筑物、电线杆、居民庭院、楼道内乱贴乱画、乱搭乱建、乱倒乱堆等现象，共清理乱贴乱画小广告30余万处、改牌匾等1200余块，坚决取缔严重影响道路功能和环境秩序的商贩聚集经营行为，共清理各类违章占道16.6万处次，取缔无证商贩11.3万人次、烧烤大排档1.1万处次。充分发挥12319平台的社会监督作用，共受理群众来电45000余件，办结率96%以上。城市道桥建设取得新进展，全省投资约120亿元，新建改造城市道路665条、680千米，新建桥梁45座，改造加固桥梁62座。加强城市中心区、老城区的园林绿化建设和改造提升，新增绿地面积500公顷，新建公园18个，29个设市城市新建或改建防灾避险公园31个，大庆市、同江市、黑河市被评为国家园林城市。全省综合改造城市老旧小区1372万平方米。积极改善农村人居环境，组织召开全省农村垃圾专项治理电视电话会议，加大治理农村垃圾宣传力度，大力开展农村垃圾专项治理工作。制定《黑龙江省村庄垃圾治理规划》，提出了“户分类、村收集、镇转运、县处理”、“户分类、村收集、镇转运”、“户分类、村收集”三种模式。全省有6684个行政村建立保洁队伍，占行政村总数的72.8%，保洁员人数达15751人，新增保洁车辆749台，增设垃圾箱13576个，县、乡镇、村共投入垃圾专项治理资金5.2亿元，清运处理垃圾240.8万吨。

各项改革取得积极进展

深化行政审批制度改革，加大行政审批事项清理力度，按照“多取消、审一次、真备案”的原则，对建设领域行政权力进行三轮清理，取消行政许可11项，下放行政权力61项，转变管理方式32项，厅机关保留的行政权力由原有的312项精简到153项，核减率达到50%以上。制定并公布了权力清单、责任清单和权力流程图，成立行政许可服务中心，搭建网上行政审批平台，对全厅所有行政审批事项实行统一受理和集中审批；取消专家审查和委员会审查环节，减少申报材料数量，缩减审批时限，优化审批流程，提高服务效能。组织召开系统“转行风、优环境、促发展”视频会议和相关行业专题会议，下发进一步规范房地产、建筑市场管理等系列文件，查办了一批重大典型案件，对269项违法违规案件进行了处罚，规范市场秩序，维护工程建设领域良好环境。积极推进市政基础设施市场化改革，印发《关于鼓励和引导社会资本参与市政基础设施建设运营的若干意见》，举办“推进全省市政基础设施市场化改革和操作实务培训班”，新录入全省市政基础设施项目库22个，公开推介34个市场化项目。全省“三供两治”项目通过市场化运作的达159项，占全部开工项目的49%。

作风建设和党风廉政建设不断加强

持续深入推进反“四风”转作风，认真开展“三严三实”专题教育，狠抓整改落实和专项整治，巩固拓展群众路线教育实践活动成果。举办“学传统、转作风、优环境、促发展”主题实践活动，进一步增强党员干部，特别是年轻党员干部弘扬传统、爱岗敬业、服务基层的意识。认真落实党风廉政建设责任制，围绕资金计划安排、行政审批、工程项目管理、人事财务管理等关键环节，完善工作流程，制定防控措施，杜绝腐败问题发生。组织参加《关注保障性住房建设》和《关注百姓“暖屋子”》专题行风热线，受理群众咨询和投诉371件，办结率达到95%以上。黑龙江省住房和城乡建设厅“全国文明单位”通过国家复检，住建系统66个部门获得全省保障性安居工程和农村泥草房改造先进集体，283名同志受到省委省政府表彰奖励，2位同志被授予全省“十佳公仆”称号，2位基层同志被评为“全省道德模范”。

（黑龙江省住房和城乡建设厅）

上 海 市

城乡建设与管理

概况

2015年，上海全年完成城市基础设施建设投资1425.08亿元，比上年增长34.8%。其中，电力建设投资129.36亿，比上年下降3.6%，交通运输建设投资759.23亿，比上年增加79.7%，邮电通信投资95.67亿，增加8.8%，公用事业投资66.73亿，比上年增加103.4%，市政建设投资374.10亿元，比上年下降1.5%。

重大工程建设全面完成，“十二五”规划的项目全部开工。2015年共安排调整市重大工程正式项目96个，完成投资1201亿元，为年度计划112%。其中，轨道交通、新兴产业、生态环保等项目超过投资计划15%以上。实现新开工项目23个，基本建成17个。按期完成市政府年度实事项目。全市共安排为民办实事项目10大项、23小项。按照“当年立项、当年完成”要求，全部完成计划目标。

全面推进重点区域建设。世博央企总部大楼全部封顶，虹桥商务区核心区基础设施基本建成，迪士尼项目一期及市政配套基本完成，前滩地区进入实质性开发阶段，黄浦江两岸功能开发和基础设施并重发展，临港地区基本形成汽车、大型船舶、航空等设备和零部件先进制造业基地。

加快道路交通项目建设。轨道交通11号线迪士尼段、12号线西段、13号线二期等投入运营，新增通车里程40千米，8号线三期、13号线三期、15号线、18号线等线路（段）实现开工。中环线浦东段、嘉闵高架南延伸、虹梅南路--金海路越江隧道等建成通车，沿江通道浦西段、S7公路、嘉闵高架南南延伸、普善路--万荣路--三泉路辟通等工程开工，北横通道、虹梅南路高架、沿江通道等抓紧建设。

大力推进生态环境和社会事业项目。黄浦江上游水源地闵奉支线、连通管、金泽水库等进入全面施工阶段，大泖港上游河道防洪工程、白龙港污水厂应急除臭等一批项目开工建设。复旦大学、上海大学等学校项目，第一人民医院、瑞金医院肿瘤质子中心、新虹桥国际医学中心等卫生项目，以及世博会博物馆、国际舞蹈中心等文体项目加快建设。另外，重点推进公共消防站点、中心城区排水系统等保障城市运营安全的“补短板”项目。

【城市管理】 制定《上海市城市更新办法》并于5月实施，探索“逆生长”模式下城市“有机更新”，启动17个城市更新试点，并取得阶段性成果。出台一批规划指导文件。年内，制定出台新市镇总体规划编制内容和成果规范、镇村规划编制指导意见、公共服务设施配置导则、新版郊野单元规划编制导则、保护村选点规划技术指引等文件。完成郊区保护村选点工作，启动历史文化名村和保护村规划试点工作。

【城市综合管理体制】 强化综合治理、协同联动和改革创新，探索优化城市综合管理体制机制，把管理的重心下沉到基层。城市网格化管理向纵深拓展，全市街镇网格化综合管理中心全面设立，部分区县建立村居工作站。实现网格化管理与“12345”热线的衔接联动，全市网格化立案数同比上升35%，结案率提高到98%。年内完成单独设立市城管执法局和16个区县城管执法局，初步构建“区属街管街用”和“镇属镇管镇用”的城管执法管理格局，城管执法效能明显提升。

全面推进重点区域环境综合整治。制定加强部分区域生态环境综合治理工作的实施意见，对第一批11个“五违”现象突出的脏乱差地块实施连片综合整治，部分区域整治任务提前完成。“特定区域”环境治理三年行动圆满收官，3164个区块治理任务全面完成。

继续保持治理顽症难题高压态势。继续开展无证建筑普查，全年拆除违法无证建筑1392万平方米，同比增加近40%，五年累计拆除超过3500万平方米。全年完成“群租”整治3.24万余户，其中年内新发现“群租”整治率达到99%。完成73个无序设摊集聚点的综合治理，设摊相关投诉率同比下降33%。加大建筑垃圾和工程渣土管理力度，把9家违规企业、450多辆渣土车清退出市场，渣土偷倒、乱倒率下降57%。开展桥孔违规占用专项整治，约1300孔桥孔的脏乱差现象明显改观。

制定并实施《关于加强上海市住宅小区综合治理工作的意见》及其三年行动计划。积极推动城市网格化管理和城管综合执法向住宅小区延伸。

【公用事业产销基本均衡】 全市自来水日供水能力1137万立方米，与上年持平。全年供水总量为31.22亿立方米，下降1.6%，售水总量为24.58亿立方米，比上年下降1.0%。全年全市用电量1405.55亿千瓦时，增长2.7%。年内全面实现城市管道燃气天然气化，至年末，全市家庭人工煤气用户0户，家庭液化气用户335.5万户，家庭天然气用户651.8万户。全年煤气销售0.54亿立方米，液化气42.4万吨，天然气89.3亿立方米。

全年新建绿地1190公顷，其中公园绿地515公顷，新增造林面积3241公顷，其中人工造林3241公顷。人均公园绿地面积达到7.6平方米，建成区绿化覆盖率达到38.5%，全市森林覆盖率达到15.0%。自然保护区达到4个，其中国家级自然保护区2个。

城市污水处理厂日处理能力达794.6万立方米，比上年末增长0.9%，城镇污水处理率达到91%，比上年提高1.2个百分点。全年清运生活垃圾789万吨，生活垃圾无害化处理率达到100%，比上年提高5个百分点，年内新增2020个垃圾分类收集处置场所，实现生活垃圾分类居住区覆盖家庭400万户，“绿色账户”激励机制覆盖105万户。

（南丁）

建筑业

【概况】 2015年，上海市建筑业产值5652.47亿元，比上年增长2.77%，工程勘察设计企业营业收入208.54亿元，工程监理企业营业收入72.69亿元。上海本地和外省市在沪建筑企业14525家，其中上海本地企业9513家，外省市企业5012家，从业人员约85万，其中管理技术人员23.5万人，注册执业人员9.8万人，作业工人约53万人。

针对建设工程招投标领域中存在的问题制定整改方案，全面落实6大项、12小项整改任务，取得明显成效，集中开展建筑市场打击转包挂靠等专项整治，全年检查项目266个、处罚企业354家、金额4300余万。深入开展工程质量治理两年行动，工程质量有明显提高，全年未发生质量事故，加强制度建设和严格监管，连续九年建筑安全事故持续下降，完善施工企业现场管理人员和农民工实名制系统，已覆盖工地2000多个、人员30多万。完成建设市场信息平台开发建设，基本实现市场审批、技术审查、现场监管、监督执法的全过程信息化。进一步简政放权，年内共取消、调整6项行政审批和评估事项，向区县下放4项行政审批事项。完成权力清单、责任清单的编制和发布。

【建筑业创新转型】 装配式建筑和住宅产业现代化发展迅速，被列为国家住宅产业现代化综合试点城市。政策效用持续发挥，全年落实装配式建筑610万平方米，连续两年同比实现翻番，产业链培育不断加快，全市预制构件产能达到500万平方米，同比增长2.5倍。绿色建筑发展和建筑节能工作持续推进，全市新获评绿色建筑面积同比上年翻一番，完成400万平方米公共建筑节能改造，全市绿色建筑面积累计达到4317万平方米。BIM技术应用推广力度不断加大，三年行动计划正式颁布实施，颁布出台《上海市推进建筑信息模型技术应用三年行动计划》、《上海市建筑信息模型技术应用指南》，形成从设计、施工到运行维护阶段(全过程)的BIM技术应用的数据和各应用环节的指导性文件，为试点和应用提供参考。据不完全统计，全市共有162个项目在设计或者施工阶段或者全过程应用了BIM技术。(南丁)

【规范招投标】 制定《上海市建设工程招投标监管整改工作方案》及《整改任务分工》，完成完善招投标管理体制、加强科技创新、推进信用体系建设、加强执法力度、加强队伍建设在内的6大项、12小项整改任务。修订《上海市房屋建筑和市政工程施工招标评标办法》，从施行情况来看，基本达到预期目标，评标过程中的人为因素被有效压缩，投标报价也日趋合理。出台《上海市建设工程评标专家库和评标专家管理办法》，进一步规范评标专家行为。组织开展评标专家招聘工作、招标代理专项检查工作，有效规范招投标市场各方主体行为。借鉴深圳经验，进一步运用科技手段、减少人为因素，加强制度刚性规范，通过“制度＋科技”提升招投标监管水平。(南丁)

【整治转包挂靠】 根据“工程质量治理”两年行动总体安排，重点针对建筑市场转包挂靠等行为进行集中专项整治。全面开展自查抽查。组织市区两级管理部门按照职责分工，对所管辖建筑工程项目启动集中排查，市区两级建设管理部门共计检查各类工程5287个/次，查处存在违法情形的项目266个，处罚企业354家，处罚金额约4300万元，有力震慑一批违法违规企业，整顿规范建筑市场秩序。

针对法律法规对转包、违法分包规定比较原则、执法中操作性不强等问题，会同有关单位研究起草转包挂靠等违法行为认定标准的文件，准确认定转包挂靠等违法行为。组织市区两级管理部门开展对转包违法分包行为查处认定的培训宣贯，共计培训管理人员及相关企业负责人3200多人。在5月和10月，分别组织全市范围督导检查，分6个督察组对专项整治情况督导检查，开具现场整改通知书60份，出具执法建议书28份，严厉查处一批违法违规企业和个人。(鲁超)

【推进BIM技术】 年内成立上海市建筑信息模型技术应用推广联席会议，出台《上海市推进建筑信息模型技术应用三年行动计划》、《上海市建筑信息模型技术应用指南》，形成从设计、施工到运行维护阶段(全过程)的BIM技术应用的数据和各应用环节的指导性文件，为试点和应用提供参考。启动基于BIM技术的设计联审平台的开发工作，开通推进BIM技术应用的“BIM沪动”政府门户网站，结合世界城市日活动举办上海市首届BIM技术国际高峰论坛。据不完全统计，全市共有162个项目在设计或者施工阶段或者全过程应用了BIM技术。(鲁超)

【绿色建筑材料的使用和推广】 为全面贯彻住房城乡建设部和工信部《促进绿色建材生产和应用行动方案》提出“到2018年，绿色建材应用占比稳步提高”的精神，上海加快推动绿色建材应用发展，组织开展了绿色建材推进机制研究，推动建筑废弃混凝土资源化利用。市住房城乡建设委联合相关部门发布《上海市建筑废弃混凝土资源化利用管理暂行规定》，要求在招投标文件中明确建筑废弃混凝土处置要求，落实废弃混凝土处置合同管理，要求施工单位分类堆放、及时清运。要求政府投资项目优先采用建筑废弃混凝土再生建材产品，将再生建材产品使用率列入工程项目评奖条件，鼓励非政府投资项目采用再生建材。全市7家建筑废弃混凝土资源化利用规模企业，合计资源化利用建筑废弃混凝土327.64万吨，其中约80%为再生骨料，可替代天然骨料用于生产混凝土，约20%为再生粉料，可用于生产墙体材料及作为路基材料使用。(建筑节能和建筑材料监管处)

【推进发展装配式建筑】 研究制定建筑工业化扶持政策。印发《关于进一步强化绿色建筑发展推进力度提升建筑性能的若干规定》，出台装配式建筑分阶段验收、提前预售的激励政策，进一步降低开发企业的财务和时间成本。修订《建筑节能扶持管理办法》，将装配式建筑纳入资金补贴范围。以土地出让为抓手，严格落实装配式建筑的两个强制比率和规模控制，开展全市装配式建筑任务落实情况检查，掌握装配式建筑推进情况。上海装配式建筑项目落地数量持续增长，市场已经初具规模。全年落实装配式建筑项目已达610万平方米，连续两年翻番，累计落实总量超过1000万平方米。

制定标准规范，强化装配式建筑事中事后监管，在报建、施工图审查、施工许可、验收等环节设置管理节点，确保相关技术指标落实到位。编制发布《装配式住宅性能评定技术标准》、《装配整体式混凝土住宅体系设计规程》、《装配式部品、构件图集》等，进一步完善装配式建筑的技术标准体系。强化了预制构件产品监管，发挥行业协会作用，开展构件生产企业和产品流向登记备案，研究预制构件芯片技术，推动构件产品使用的动态管理。上海装配式建筑项目的工业化水平不断提升，部分项目单体预制率已达80%。

积极培育产业链，成立上海建筑工业化产业技术创新联盟，涵盖开发、设计、施工、构件生产及科研单位，形成良好的互动平台。拍摄上海装配式建筑发展宣传片，召开绿色建筑和装配式建筑推进情况新闻发布会，通过电视、网络、报刊等多种媒体，广泛宣传上海装配式建筑推进政策、典型案例和先进经验，社会关注度持续升温。依托行业协会平台，举办装配式建筑政策、技术宣贯培训，培训人次达1000余名。2015年上海获评“国家住宅产业现代化综合试点城市”，装配式建筑市场需求不断释放，示范引领作用逐步显现。全市构件生产投资量持续增长，共建成自动流水线8条。截至2015年底，上海预制构件产能已达500万平方米，可满足上海装配式建筑建造需要。（建筑节能和建筑材料监管处）

【粉煤灰综合利用】 全市15家燃煤电厂粉煤灰排放407.15万吨，利用量405.98万吨，综合利用率99.71%，节约了堆放粉煤灰用地998亩。

粉煤灰综合利用的主要途径有墙体材料、水泥混合材、混凝土砂浆、筑路、回填和其他等六类。其中墙体材料2.82万吨，占0.69%；水泥混合材157.26万吨，占38.74 %，混凝土砂浆163.12万吨，占40.18 %，筑路67.69万吨，占16.67%，回填3.06万吨，占0.75%，其他12.03万吨，占2.96%。

2015年上海建设工程商品粉煤灰使用量为230万吨(含外省市)。经测算，这些粉煤灰用于混凝土和砂浆后，可替代水泥约190万吨(约150多万吨水泥熟料)，节约原材料成本约2.8亿元，可少消耗石灰石210万吨、黏土49万吨、标准煤25万吨，向大气少排放二氧化碳162万吨、二氧化硫0.32万吨、氮氧化物0.65万吨。节能、节材、节地和减排效果明显。（上海市建筑建材业市场管理总站）

【工业废渣、建筑垃圾为原料的新型建筑材料开发研究与应用】 2015年，全市11家燃煤电厂脱硫石膏总排放量88.37万吨，综合利用量87.13万吨，综合利用率98.60 %。

脱硫石膏综合利用主要途径有水泥辅料、石膏板及加气砌块、筑路、石膏砂浆、混凝土掺和料的添加剂等。其中水泥辅料35.78万吨，占41%；石膏板42.48万吨，占49%；其他占10%。（市建筑建材业市场管理总站）

【发展绿色建筑】 2015年起上海绿色建筑强制审图进入常态化，绿色建筑审图的建筑规模量超过3620.26万平方米。与此同时，申请获得绿色建筑标识的项目也出现历史新高。截至2015年底，全市累计获得绿色建筑标识的项目总数达到297项，建筑总面积2667万平方米。其中，2015年度绿色建筑标识项目达129项，占历年标识项目总数的43.4%，较2014年增长84%，年度标识项目的建筑面积超过1237万平方米，占历年标识建筑总面积的46.6%，较2014年增长79%。其中，一星级26项，二星级67项，三星级36项。全市共有12个项目获得绿色建筑创新奖，其中4个项目获得全国绿色建筑创新奖一等奖。（鲁超）

【区域化绿色建筑推进成效显著】 上海在8个低碳实践区、7个郊区新城、6个重点区域，积极推动绿色建筑规模化发展，取得初步成效。虹桥商务区核心区、南桥新城绿色生态城区获评“国家绿色生态示范城区”，国际旅游度假区通过国家绿色生态示范城区的评审工作。以虹桥商务区为代表的重点区域紧抓国家绿色生态城区示范的发展契机，设立专项绿色建筑制度，积极落实绿色建筑发展目标，获得卓有成效的建设成果。（鲁超）

【既有建筑节能改造】 在全国率先完成400万平方米公共建筑节能改造，并顺利通过住房城乡建设部节能改造示范城市任务目标验收，全面推广合同能源管理模式，开展国家机关和大型公建能源审计。上海把国家机关办公建筑和大型公共建筑节能监管体系建设作为推进建筑节能深入开展的重要手段。按“1+17+1”的模式构建“全市统一、分级管理、互联互通”的建筑能耗监测平台，为政府主管部门在节能领域的服务、管理、分析、决策提供重要支撑。上海市累计共有1288栋建筑已经完成能耗监测装置的安装并实现与市级平台的数据联网，覆盖建筑面积达5747万平方米。（鲁超）

【制定绿色建筑政策标准】 为推动绿色建筑和建筑节能快速发展，根据《上海市绿色建筑三年行动计划(2014～2016)》中提出的目标要求，上海在

2015年全面实施新建项目绿色建筑专项审图，组织编制《上海市公共建筑绿色设计施工图设计文件审查要点》和《上海市住宅建筑绿色设计施工图设计文件审查要点》，同时印发《上海市绿色建筑工程设计文件编制深度规定》、《关于绿色建筑设计文件中景观、全装修、玻璃幕墙等施工图审查要求的通知》、《关于进一步强化绿色建筑发展推进力度提升建筑性能的若干规定》等配套文件，全面提升绿色建筑把控力度。

落实第三方评价机制，印发《上海绿色建筑标识评价实施细则(暂行)》，引导绿色建筑认证逐渐从设计走向运行，搭建绿色建筑运行监管平台，保障绿色建筑运行实效。(高杰)

【开展“绿色建筑进校园”系列活动】 在学生和校园运营管理中宣传绿色建筑知识理念，树立节能环保的意识，推进节约型校园建设，由上海市住房和城乡建设管理委员会、上海市发展和改革委员会、上海市教育委员会主办，上海市绿色建筑协会和同济大学共同承办，开展了“上海市市民低碳行动——绿色建筑进校园”系列活动。(高杰)

【上海绿色建筑国际论坛】 5月7日，上海市绿色建筑协会举办上海绿色建筑国际论坛。论坛以“建筑工业化、建筑信息化、建筑绿色化”为主题，邀请七位来自美国、德国和国内的院士、专家开展专业交流。国内外近300名从事绿色建筑发展的企业代表参加此次论坛。与会者表示通过此次活动，了解国内外绿色建筑发展的先进理念、技术，以及绿色建筑的发展趋势，为企业今后开展绿色建筑工作提供指导。(高杰)

【华东地区绿色建筑基地活动】 依托华东绿色建筑基地，组织基地单位参加北京“第十一届国际绿色建筑与建筑节能大会暨新技术与产品博览会”，并在全国率先编制发布华东基地绿色建筑地图暨区域内绿色建筑优秀示范项目参观路线。通过对基地绿色建筑项目情况的详细介绍，帮助参观者合理安排参观路线，更为便捷地了解基地各单位绿色建筑项目特点，向社会各界展示华东地区绿色建筑示范项目和技术产品。截止到2015年底，基地共接待140余次，近1000名来自世界各地及国内各省市的相关政府部门、政府机构、科研院校、建筑行业相关企业的参观者来访参观。(高杰)

【开展绿色建筑培训宣贯】 为提升建筑行业对绿色建筑的认知度与专业程度，推动领域内新标准的实施，依托行业协会，举办形式多样的绿色建筑相关技术培训宣贯，增强行业内外对绿色建筑和相关技术、产品的认知和接受度，2015年共开展各类培训8次，培训人近2600人。(高杰)

【推进BIM技术应用】 上海市积极推进建筑信息模型技术(BIM)的应用，成立上海市建筑信息模型技术应用推广联席会议，负责组织制定BIM技术应用发展规划、实施计划和各项政策措施，协调推进BIM技术应用推广。成立上海建筑信息模型技术应用推广中心。

2015年在已有的政策体系基础上，制定并发布《上海市建筑信息模型技术应用指南(2015)》和《上海市推进建筑信息模型技术应用三年行动计划(2015～2017)》，出台标准、规范，推动BIM健康有序发展。开通政府推进BIM技术应用的“BIM沪动”门户网站。(南丁)

市政工程建设

2015年，上海市政建设完成投资374.10亿，比上年下降1.5%。年内中环线浦东(东段)建成通车，标志着中环线终于“画圆”闭环，虹梅南路——金海路越江隧道、黄浦江上游(横潦泾)塔城大桥、嘉闵高架(南延伸段)等一批市政项目建成投用；沿江通道浦西段、S7公路、嘉闵高架(南南延伸)、普善路—万荣路—三泉路辟通等工程相继开工，北横通道、虹梅南路高架、沿江通道等抓紧建设。

年内新建140千米、32条公交专用道，全市公交专用道达312.4千米。实现“十二五”规划目标。完成47座道路下立交工程性改造，利用高架桥柱新增40万平方米立体绿化。完成桥孔整治约1300孔，达到既定目标。结合大修工程，整治窨井盖2.6万，对无法开展大修工程的井盖项目转入专项整治。

实施大中修及整治项目55个，其中延安东路隧道、浙江路桥大修工程等45个大修项目年内竣工，G1501郊环高速公路大修工程等一批大修项目顺利进行。

进一步深化道路养护作业市场化改革，在搭建市场平台、培育市场主体以及加强市场管理等三大方面取得了阶段性成果，逐渐形成统一开放的大中修、日常养护市场。(南丁)

【轨道交通建设】 完成工程建设投资302亿元，11号线(迪士尼段)、12号线西段(七莘路站至曲阜路站)、13号线(长寿路站至世博大道站)建成通车，新增运营线路40千米。上海轨道交通运营线路达到15条(含磁浮线)，运营线路总长度617千米、运营车站366座，全年全路网共运送乘客30.6亿人次、日均839万人次，同比增长9%，占全市公共交通客运量(含出租车客运量)的比重由 2014 年的 43%上升至 46%，单日最高客流量达 1083 万人次(12 月 31 日)，创历史纪录新高，路网中 2 号线、1 号线和 8 号线的年客运量位居全路网运营线路的前三位。

在建的 128 千米工程项目稳步推进，8 号线三期、13 号线三期、15 号线、18 号线等项目顺利开工。(上海申通地铁集团有限公司)

【中环线全线建成通车】 12 月 28 日，中环线浦东东段(军工路越江隧道—高科中路)高架的锦绣路等 4 对匝道建成并开放交通，标志着历时 13 年建设的中环线终于画成了一个完整的圆。

中环线浦东东段北与军工路隧道相接，南在申江路、高科中路与中环高架路对接，全长 9.44 千米(南丁)

【浙江路桥大修竣工】 浙江路桥位于上海市区苏州河上，是中国仅存的几座鱼腹式简支梁钢桁架的百年老桥之一。4 月 18 日，浙江路桥正式封闭，开始移桥大修，桥身钢结构骨架被移到 100 米开外的场地"修旧如旧"。10 月 17 日，浙江路桥身从大修厂房移出，开始桥梁复位；次日，浙江路桥回归原位，可再使用 50 年。(南丁)

"十二五"规划完成概况

【概况】 "十二五"时期，上海坚持创新驱动发展、经济转型升级，充分发挥世博会后续效应，加快推进现代化基础设施建设，全面加大城市管理力度，努力改善生态环境，城市面貌和形象显著改善，城乡建设和城市管理水平迈上一个新台阶。

【现代化基础设施体系日趋完善】 "十二五"时期，枢纽型、功能性、网络化城市基础设施体系基本形成，为"四个中心"和现代化国际大都市建设奠定坚实的基础。重大基础设施建设投资超过 5860 亿元，开工建设 123 项重大工程，基本建成 91 项。上海港国际集装箱吞吐量保持世界第一。浦东机场第四跑道竣工运营，上海机场货邮吞吐量保持世界第三、国际旅客吞吐量占全国机场的三分之一以上。京沪高速铁路上海段建成通车。轨道交通运营线路达到 15 条，总长达到 617 千米(含磁悬浮)，轨道交通运营线路长度跃居世界第一。高速公路通车里程达到 826 千米。中心城区和郊区排水管网加快建设。青草沙和东风西沙水源地建成使用，形成两江并举、多源互补的水源供应格局。全面落实"一主多点"规划布局，老港固废综合利用基地内建成再生能源一期、综合填埋一期等，全市生活垃圾末端处置设计能力达到 27000 吨/日(含在建)。郊区重点新城基础设施建设快速发展，推进美丽乡村建设，城乡一体化水平显著提高。

【城市精细管理和城市综合管理】 "十二五"期间，大力推进依法治理，加强基层基础建设，城市管理向精细化、综合化、社会化迈出新步伐。世博会后市容环境治理成果得到巩固，一批城市管理通告规定得到固化。全市所有街镇均设立城市网格化综合管理中心，近半村居委探索建立工作站，初步形成全市"一张网"和市、区县、街镇三级管理格局。推动网格化管理向城市住宅小区和农村地区拓展，推进网格化管理与大联动、大联勤、"12345"市民服务热线的融合互动。全面开展建筑市场集中整治活动，系统开展城乡建设交通领域运行安全和生产安全梳理和研究。建设工程生产安全事故死亡事故起数及死亡人数同比"十一五"下降 41%，实现安全生产形势持续稳定好转。强化高层建筑、玻璃幕墙、地下空间、老旧公房、危险品运输、燃气管道以及大型交通枢纽等重点危险源的安全运行管理，完善应急预案体系，制定一批安全法规规章和规范性文件，完善相关标准规范。市、区两级城市维护公共财政保障机制基本建立，投入资金稳步增加，保障城市维护水平逐步提高。

【城乡建设管理体制机制不断完善】 "十二五"期间，聚焦城乡建设管理领域突出问题，以体制机制改革为抓手，不断提升城乡建设和管理水平。推进政府管理体制改革。市建设管理委和市交通委重组和分设，进一步加强上海城市综合管理和上海综合交通的管理职能。原市住房保障房屋管理局与市城乡建设管理委合并为市住房城乡建设管理委，进一步强化城市管理职能。同时加强城管执法机构建设，单独设立市城管执法局，做实市和区县城管执法局，健全公安对城管执法保障机制，推进城管执法重心下移、力量下沉，赋予街道、乡镇更大的执法管理权限，理顺城管执法体制机制，提升基层一线执法管理效能。市住房城乡建设管理委行政审批事项精简幅度近 70%。深化行业市场化改革，道路设施、绿化市容、排水与河道等养护作业市场化改革取得阶段性成效。修订《上海市建筑市场管理条例》，出台《关于进一步加强重大工程建设管理的实施意见》，进一步完善重大工程协调推进机制、加快重大工程前期审批、提升重大工程建设管理水平。

【科技创新和建设行业转型】 "十二五"期间，充分应用科技手段，城乡建设管理领域科技创新取得新进展。出台《上海市绿色建筑发展三年行动计划》，明确新建绿色建筑、既有建筑节能改造和装配式建筑的发展路径。全市累计落实绿色建筑总量达4317万平方米，二、三星级绿色建筑在标识项目总数中占比达78.7%，绿色建筑发展规模和质量均位居全国前列。建立“上海市国家机关办公建筑和大型公共建筑能耗监测系统”，已覆盖全市1207栋国家机关办公楼和大型公共建筑。累计完成既有公共建筑节能改造1056万平方米，并在全国率先完成400万平方米的节能改造重点示范城市任务，改造后平均单位建筑面积能耗可下降25.1%。全市累计落实装配式建筑超过1000万平方米，预制构件产能达到500万平方米，建筑工业化产业链初具雏形。2014年市政府出台《关于推进建筑信息模型技术应用的指导意见》，明确三年内上海推进建筑信息模型技术应用的时间表和路线图，完善政府监管模式。在上海中心、迪士尼等大型项目中，利用BIM技术提高了建设管理效率。浦东机场利用BIM技术改进机场运营管理的实践探索取得良好成效。BIM等技术在上海多条轨道交通线路、北横通道、周家嘴路越江隧道项目中都有广泛应用。

【城乡居民生活品质】 聚焦人民群众最关心、最直接的利益问题，加大住房保障、旧区改造、交通出行、生态环保等领域改善民生力度，取得显著进展。住房保障和旧区改造有力推进。形成廉租住房、共有产权保障房、公共租赁住房、征收安置房等“四位一体”、租售并举的住房保障体系，五年共新建筹措各类保障房预计约84万套，预计完成中心城区二级旧里以下房屋改造310万平方米，受益居民约12.6万户。启动35个“城中村”改造。公共交通体系加快建设。轨道交通网络化运营效率不断提高，公交线网加快调整，新开一批“最后一千米”线路。公共交通服务水平显著提升，全市公共交通日均客运量达1804万乘次。生态环境质量逐步改善。建成区绿化覆盖率达到38.5%，森林覆盖率达到15%。已实施五轮环保三年行动计划，正在启动实施第六轮环保三年行动计划，以苏州河为代表的全市河道基本消除黑臭，主要河道水质稳中趋好，全市城镇污水处理率超过90%，同时完成了12万农户生活污水处理设施改造，在约680个行政村实施了村庄改造工程。完成郊区供水集约化。

（南丁）

（上海市住房和城乡建设管理委员）

住房保障与房屋管理

房地产市场

【概况】 2015年，上海房地产市场运行总体平稳。全年房地产开发投资3468.94亿元，比上年增长8.2%，增幅较上年回落5.5个百分点，房地产开发投资占全社会固定资产投资比重达54.6%，比上年提高1.3个百分点。2015年新建商品住宅平均销售价格21501元/平方米。全年新建商品住房成交面积1386万平方米，同比增加59.3%，二手存量住房成交面积3036万平方米，同比增加108.7%。

【房地产管理】 在房地产业管理方面坚决贯彻国家房地产“3.30”新政，继续执行住房限购和差别化住房信贷、税收等调控政策，抑制投机投资性需求，同时提高住房公积金个人购房贷款额度上限，放宽提取公积金支付房租条件，支持居民自住和改善性住房需求。

年内新建筹措各类保障性住房和实施旧住房综合改造19.7万套，为年初计划目标的171%。研究完善共有产权保障住房管理制度，着力加强供后管理，推进住房保障信用体系建设及试点。廉租住房实现“应保尽保”，实物配租规模逐步扩大，历年累计受益家庭11万户。推进第五批次共有产权保障住房的申请、审核和供应，历年累计签约购房达6.6万户。全市公共租赁住房(含单位租赁房)累计供应房源8.8万套，签约出租7.45万套，入住约13.6万户。征收安置住房完成搭桥供应9.6万套。

【旧区改造】 中心城区完成成片二级旧里以下房屋改造65.9万平方米、受益居民3.3万户，分别为年初计划的120%和134%，过去五年旧区改造累计完成320万平方米、受益居民约13.6万户。36个“城中村”改造地块全面启动，28个地块已启动签约，其余8个地块正在进行征地手续办理等前期工作。全市共解决在外过渡动迁居民安置2.7万余户，超额完成预定目标。

【老旧住房改造】 全年开工实施各类旧住房修缮改造2300万平方米，过去五年累计实施各类旧住房修缮改造约7000万平方米，受益居民超过100万户。对全市老旧住房安全隐患开展复查，对存在安全隐患的老旧住房逐一制订整改方案，完成9.6万平方米危险房屋和112万平方米严重损坏房屋的处置整改。修订旧住房综合改造管理办法，对全市旧住房修缮改造工程实施标准化管理，全年修缮改造各类旧住房 1300 万平方米，其中纳入保障性安居工程的三类旧住房综合改造竣工 469 万平方米、受益居民 7.7 万户，超额完成年度签约目标。

大型居住社区 113 个外围配套项目累计建成 77 项，505 个内配套年度建设项目全面建成投用。

（南丁）

住房保障

【完善住房保障体系】 2015 年新建筹措各类保障性住房和实施旧住房综合改造约 19.7 万套、1512 万平方米，为全年计划(11.5 万套)的 171 %，基本建成各类保障性住房和旧住房综合改造 20.5 万套、1506 万平方米，为全年计划(10 万套)的 205%。加强保障性住房长效管理，相继开展共有产权保障住房政府规章、共有产权保障住房供后管理实施细则(试行)起草工作，委托第三方机构对共有产权保障住房政策及其实施情况开展调查评估，开展政策前瞻性研究，提高住房保障法制化水平和管理水平。

市政府办公厅正式转发七部门制订的《关于鼓励社会各类机构代理经租存量住房的指导意见(试行)》，推动公租房运营机构等社会机构代理经租房源用作公共租赁住房。进一步推进公共租赁住房、廉租住房并轨政策实施，督促区(县)完成廉租住房房源收储和住房保障机构存量房源资产注入工作，完善相关政策配套。

开展区县公共租赁住房运营机构业务考核工作。考核范围包括 2014 年度建设筹措房源和基本建成房源情况、供应房源配租情况、运营机构建设和资金使用情况等方面。评定结果及整改要求反馈各区县。深入开展公有住房租金调整课题研究，基本形成下一步公房租金调整及减免政策的工作目标、发展方向、关键内容、具体措施。完成住房保障准入标准动态调整课题研究，探索廉租住房、共有产权保障住房准入标准动态调整的条件并建立计算模型。开展“十二五”住房保障政策评估工作，为拟订“十三五”住房保障发展思路、目标任务和保障措施做好准备。(仇玉彬)

【廉租住房】 按照“应保尽保”原则，对符合条件的申请家庭及时开展审核和配租，同时逐步扩大实物配租规模。1～12 月份，全市新增租金配租签约家庭 5935 户，新增实物配租选房家庭 1050 户，历年累计廉租受益家庭已达 11 万户。(仇玉彬)

【共有产权保障住房(经济适用住房)】 2015 年累计受理(批次)3.04 万户，审核工作已经完成，符合准入条件的申请家庭约 2.7 万户，各区(县)陆续开展摇号排序工作，并启动全市面上的专场选房活动，历年累计签约购房 6.6 万户，预计至本批次结束累计签约购房户数将达 9 万户。(陈筠)

【公共租赁住房】 全市公共租赁住房(含单位租赁房)累计供应房源 87669 套(其中市筹公租房 12687 套、区筹公租房 8713 套)，已签约出租 74512 套(其中市筹公租房 11446 套、区筹公租房 7010 套)，入住 70614 套、约 13.6 万户，2015 年净增加签约出租 21087 套。(庞成梁)

【物业管理概况】 出台《上海市住宅小区综合管理联席会议制度和工作职责》及《住宅小区综合管理职责清单》，明确市政府相关部门、专业单位、区县政府在住宅小区综合管理中的职责及责任边界，推动政府管理、专业服务进小区。制定《上海市城市网格化综合管理标准》和《关于城市网格化管理向住宅小区覆盖延伸的实施方案》，建立管理部件、事件清单，明确处置程序和主体责任，推进网格化管理向住宅小区覆盖延伸。根据《三年行动计划》明确的具体目标任务和节点安排，2015 年已完成专项政策、文件 43 项，另有 5 项已形成初步方案。

【发挥居民自治和社区共治】 修订印发《管理规约》、《临时管理规约》、《业主大会议事规则》等示范文本，将违法搭建、擅自改变物业使用性质、损坏房屋承重结构、未按业主大会决定补建或者再次筹集专项维修资金、“群租”等五大类违法违规行为纳入市公共信用信息服务平台。

进一步消除老旧小区的安全隐患，年内完成 122 万户老旧居民住宅电能计量表前供电设施改造任务，完成 1200 余台老旧住宅电梯安全评估，完成 468 个小区积水点改造，占易积水小区的 70%左右，完成 3757 万平方米二次供水设施改造，完成 500 幢售后公房高层住宅增设消防设施，为 100 个住宅小区实施消防设施专项改造，加大拆除违法建筑力度，年内拆除小区内违法建筑 7917 处、40.65 万平方米，持续开展“群租”整治，年内累计整治群租 3.24 万户，静安等区开展“无群租小区”创建活动，全市挂牌“无群租小区”1307 个。基本解决住宅专项维修资金历史遗留问题，组织业委会成员及相关管理人员开展培训。(何炜东)

【规范物业管理】 加强物业服务行业监管，修订《上海市物业服务企业、项目经理诚信管理办法》、《上海市物业管理招投标管理办法》、《上海市物业服务企业资质管理规定》等文件，规范物业服务企业经营；应对物业服务市场价格放开，印发《关于实行物业服务收费市场化若干问题的通知》、

《关于实行酬金制计费模式若干问题的通知》，规范服务收费行为，引导推广酬金制物业服务计费模式，开展促进物业行业创新转型发展调研，形成调研报告和工作方案，引导物业服务企业开展延伸服务。(何炜东)

【增强综合治理】 制定印发了《上海市住宅小区综合管理联席会议制度和工作职责》、《上海市住宅小区综合管理工作考核办法及考核指标体系》，并落实工作人员，积极协调推进住宅小区综合管理工作，各区县均结合本地区实际，制定并印发区县层面的实施意见和行动计划及若干专项方案，积极推进住宅小区综合治理，制定《上海市城市网格化综合管理标准》和《关于城市网格化管理向住宅小区覆盖延伸的实施方案》，建立管理部件、事件清单，明确处置程序和主体责任，推进网格化管理向住宅小区覆盖延伸，同时，制定印发《住宅小区综合管理职责清单》。根据《三年行动计划》明确的具体目标任务和节点安排，2015年全年需完成的专项工作任务共48项，已完成专项政策、文件制定的43项，另有5项已形成初步方案，需三年内完成的相关专项工作也均已启动。(何炜东)

【整治"群租"】 2015年，全市累计整治"群租"约3.24万户，其中，2014年结余的9500多户"群租"存量于7月底前全部整治完成，2015年新发现"群租"增量约2.31万户，已整治2.28万户，整治率99%。其中，三分之二的区整治率达到100%。积极创建"无群租小区"。全市17个区、145个街镇、1307个住宅小区挂牌"无群租小区"，其中原闸北区367个、虹口区165个、徐汇区160个、浦东新区139个、宝山区114个、闵行区105个。稳步推进代理经租工作。1月，启动"群租"违法行为记录诚信工作。与市征信办联合发文，明确自6月1日起，被认定"群租"且逾期不整改的，将作为不良记录记入公共信用信息平台，并向社会提供公开查询。

2015年，拆除住宅小区内违法建筑7917处、40.65万平方米。(史旭)

【解决历年拖欠住房公共维修基金】 为推进解决住宅专项维修资金历史遗留问题，制定印发了《解决上海市住宅专项维修资金历史遗留问题的实施方案》，年内对2000年以后的售后房公共设施修缮基金基本补足，补充到位资金7.9亿；2000年以前拖欠的资金正在信息比对统计，其中，1996年6月10日至2000年1月1日期间缺失专项维修资金的127个商品住宅小区信息比对工作也已完成，应由开发企业缴纳的约1.37亿元，责成区县政府予以追缴，因企业破产、歇业无法追缴的，由区县政府落实资金予以补充。(史旭)

【旧区改造概况】 上海市中心城区拆除二级旧里以下房屋65.9万平方米、受益居民3.3万户，分别为年度计划119.8%、134.1%，郊区城镇旧区改造完成8.1万平方米、受益居民1189户，分别为年度计划135%、148.6%。"十二五"期间，中心城区共计完成二级旧里以下房屋改造约320万平方米、受益居民约13.6万户，完成"十二五"中心城区改造二级旧里以下房屋300万平方米的规划目标任务。

2015年共做出房屋征收决定38个，完成房屋征收补偿(含拆迁)单位306家、129536平方米，全市在征地块141个。全年共做出房屋补偿决定(含裁决)1349个，强迁169户，完成存量拆迁基地42个。全年房屋征收平稳有序。

年内9个旧改项目纳入旧改专项贷款统贷平台，获得国家开发银行"棚改"专项贷款授信额度支持，全年提款总额91.3亿元。贯彻落实国务院和住房和城乡建设部有关提高棚户区改造货币化安置比例的要求，全年货币化安置比例达到28.8%，比上年提高约11.8个百分点。(陈杰家)

【在外过渡动迁居民安置】 按照"2014～2017年解决在外过渡动迁居民安置实施计划"和承诺书，会同市相关部门和各区县、乡镇政府，解决动迁居民在外过渡安置问题。2015年共完成27329户(以动迁居民办好进户手续为标准)，为年度计划的107.7%，超额完成计划任务。(伍伏清)

【旧住房修缮改造】 上海市全年开工实施各类旧住房修缮改造工程2300万平方米，其中竣工1300万平方米。"十二五"期间，上海市推进实施各类旧住房修缮改造工程约7000万平方米，其中竣工5500万平方米，总投资超过50亿元，受益居民超过100万户。超额完成上海市住房发展"十二五"规划每年实施1000万平方米的目标任务。

重点推进纳入住房保障体系的旧住房综合改造任务的实施。2015年纳入住房保障体系的三类旧住房综合改造项目签约量为423万平方米，6.6万户，其中报住房城乡建设部任务目标为2.4万户(纳入国家和保障性安居工程和棚户区改造签约责任目标)。经过市、区两级房管部门的共同努力，全年最终实施469万平方米，受益居民7.7万户，超过签约目标任务。整个"十二五"实施三类改造项目共计1126.76万平方米，涉及受益居民200634户，达到20万户的"十二五"目标任务。

健全市、区住宅修缮管理机制，对《上海市旧住房综合改造管理暂行办法》进行修订，由上海市人民政府于1月批转下发《上海市旧住房综合改造管理办法》，为不成套旧住房的综合改造提供政策支撑。并出台一系列有针对性的配套政策文件，在全市旧住房修缮改造工程项目全面实施了标准化管理，通过实施“程序管理标准化、技术规范标准化、承发包管理标准化、施工现场管理标准化、群众工作标准化”来不断提升旧住房修缮改造工作的整体管理水平。（林英杰）

【开展旧房修缮改造内涵试点】 根据《上海市旧住房拆除重建项目实施办法(试行)》、《关于旧住房拆除重建试点项目建设管理审批的指导意见》等文件推进拆除重建试点工作。全市首批14个拆除重建试点项目按部就班地开展实施。会同市相关部门在徐汇、静安、长宁、虹口、嘉定5个区选择了7个项目开展结合旧住房修缮改造实施小区通信管线入地和环境提升试点工作。（姚文江）

【危旧房屋修缮处置】 根据上海市政府《关于加强上海市老旧住房安全隐患处置工作的实施意见》的要求，在2014年对全市1.73亿平方米老旧住房进行排查基础上，2015年继续开展复查，新发现109.77万平方米危险和严重损坏房屋，危险房屋处置形成“一房一方案”，严重损坏房屋处置形成“一小区一方案”。年内229处、9.6万平方米危险房屋的处置工作全部完成，严重损坏房屋的处置完成112万平方米，完成目标任务的128.4%。进一步完善向区县政府定期通报、建立台账清单、完成销项、处置工作督办考核等各项危旧房屋处置工作机制。（王永刚）

住房公积金

【公积金交缴】 2015年，上海市住房公积金实缴单位26.99万家，实缴职工714.36万人，缴存额880.96亿元，同比增长11.96%。净增单位5.98万家，净增职工51.52万人。截至年底，缴存总额6096.56亿元，缴存余额2822.57亿元，分别同比增长16.89%、15.11%。

【公积金提取】 住房公积金提取510.48亿元，占当年缴存额的57.95%，比上年同期增加1.12%。截至年底，提取总额3273.99亿元，同比增长18.47%。

【公积金贷款】 发放个人住房贷款19.96万笔1192.87亿元，同比增长64.28%、152.62%。回收个人住房贷款362.93亿元。当年因资产证券化转出个人住房贷款额71.86亿元。截至年底，上海市累计发放个人住房贷款215.50万笔5288.23亿元，贷款余额2770.08亿元，同比增长10.20%、29.13%、37.68%。个人住房贷款率为98.14%，比上年同期增加16.09%。

【支持保障性住房建设】 发放支持保障性住房建设项目贷款4.07亿元，应还贷款本金48.74亿元，实际回收贷款本金52.44亿元。截至2015年底，累计发放项目贷款92.61亿元，余额7.31亿元。截至年底，上海公积金资金运用率98.40%，比上年同期增加14.08%。

【成功发行首单个人住房公积金贷款资产支持证券】 按照住房城乡建设部、财政部和人民银行提出“有条件的城市应积极研究开展公积金贷款资产证券化业务”的精神，上海公积金管理中心积极探索以存量贷款发行个人住房贷款资产支持证券募集市场资金，推进住房公积金事业可持续发展。经住房城乡建设部和人民银行总行批准，12月8日，沪公积金2015年第一期个人住房贷款资产支持证券1号和2号成功完成发行，标志着中国首单银行间市场公开发行住房公积金资产支持证券的创新成功。此次发行总募集资金规模为69.63亿元，募集资金用于住房公积金个人住房贷款的再投放。

【调整贷款额度和年限】 4月15日起，调整上海市住房公积金贷款额度上限：购买首套自住住房和第二套改善型普通住房个人最高贷款额度由30万元调整至50万元，家庭最高贷款额度由60万元调整至100万元，缴交补充公积金的，个人最高贷款额度在50万元基础上增加10万元保持不变，家庭最高贷款额度在100万元基础上增加20万元保持不变。购买改善性第二套非普通商品房的，个人最高贷款额度由20万元调整至40万元，家庭最高贷款额度由40万元调整至80万元，缴交补充公积金的，个人最高贷款额度在40万元基础上增加10万元保持不变，家庭最高贷款额度在80万元基础上增加20万元保持不变。

同时，调整二手房公积金抵押贷款年限：低于5年(含)房龄的二手房的公积金抵押贷款，最长贷款年限仍为不超过30年，6年至19年房龄的二手房的公积金抵押贷款，最长贷款年限由不超过15年调整为35年与房龄之差，超过20年(含)以上房龄的二手房的公积金抵押贷款，最长贷款年限仍不得超过15年。

【调整住房公积金存贷款利率】 根据中国人民银行颁布的利率调整通知，当年个人住房公积金贷款利率经过四次调整后，五年期以上个人住房公积金贷款利率由4.25%调整至3.25%，五年期以下(含五年)个人住房公积金贷款利率由3.75%调整至2.75%。住房公积金存款利率经过五次调整后，上年结转的个人住房公积金存款利率由2.35%调整至1.10%，当年归集的个人住房公积金存款利率不变，仍为0.35%。

【调整2015年度住房公积金缴存基数和月缴存额上下限】 自7月1日起，上海市职工住房公积金的缴存基数由2013年月平均工资调整为2014年月平均工资。2015年度住房公积金月缴存额上限为2290元，城镇个体工商户及其雇用人员、自由职业者的住房公积金月缴存额上限为3924元。2015年度住房公积金按职工本人和单位各7%的缴存比例所对应的月缴存额下限为254元。城镇个体工商户及其雇用人员、自由职业者的住房公积金月缴存额下限参照此标准。2015年度职工本人和单位住房公积金缴存比例仍为各7%；补充住房公积金缴存比例仍为各1%至8%。

【推行“互联网+”服务模式】 推出“上海公积金”微信服务号，提供公积金账户、信息、网点客流等查询服务。推行网上汇补缴模式和基数调整，方便缴存单位足不出户办理公积金业务。继续推进ATM机提供职工自助查询公积金服务。已有建设银行、上海农商银行、浦发银行、上海银行、交通银行5家银行5000多台自助机具可提供公积金自助查询服务。改善网点服务环境。通过管理部搬迁及装修，管理部服务环境明显改善，网点接待能力明显增强，办事群众的感受度得到明显提升。

【推进信息公开】 年内编制发布《上海市住房公积金2014年年度报告》、《上海市售后公房维修资金2014年受托管理报告》、《2014年上海市公积金管理中心政府信息公开工作年度报告》等，推进重点领域信息公开。进一步拓宽依申请公开受理渠道，为申请人提供更便捷的服务。2015年9月，上海市公积金管理中心受理并处理《上海市住房公积金信息公开办法》实施以来首例公民提出的信息公开申请。

历史优秀建筑保护

8月17日，上海市人民政府“同意将新康大楼等426处建筑列为上海市第五批优秀历史建筑”。至此，上海优秀历史建筑累计已达1058处。

积极推进优秀历史建筑保护由点状、标志性建筑向成片成块保护发展，在全市分批探索开展整体性风貌保护工作。加强风貌保护立法研究，开展《上海市历史文化风貌区和优秀历史建筑保护条例》修订研究，形成优秀历史建筑“一图一表、图表合一”的管理文件。

依法强化优秀历史建筑修缮保护，制定《关于上海市房屋征收过程中进一步加强各类保护保留建筑管理的通知》，对征收过程中的保护管理提出了明确意见，落实征收地块上的保护管理责任，加强优秀历史建筑基础管理工作。在长宁、徐汇区开展优秀历史建筑普查和保护指南编制工作，开展保护修缮技术规程修订工作，在徐汇区开展历史建筑材料、构造和施工工艺工法研究，加强保护管理人员培训。推进居住类优秀历史建筑修缮。“十二五”期间，协调市财政落实市级财力补贴资金，推进全市40余万平方米居住类优秀历史建筑修缮；同步推进风貌区内各类保留居住类建筑的修缮。(南丁)

“十二五”规划完成概况

“十二五”时期，上海坚持“以居住为主、以市民消费为主、以普通商品住房为主”的原则，切实将推进住房保障、服务百姓安居作为上海住房发展的主线和首要任务。通过坚决贯彻落实各项调控措施，保持了房地产市场的平稳发展，不断探索和完善相关住房保障举措，基本形成了“四位一体”、租售并举的住房保障体系，通过加快旧区改造和旧住房综合改造，探索住宅小区综合治理机制，推进节能环保和住宅产业现代化等措施，有效改善了市民的居住条件。

【投资平稳增长 居住水平有所提高】 全市共完成住宅投资8004.17亿元，占全社会固定资产投资的比重为28.2%，比“十一五”时期增长约8个百分点。新建商品住宅销售面积为8872.24万平方米，年均增幅为3%，超额完成“十二五”规划纲要提出的目标。城镇居民人均居住面积由2010年的16.7平方米增加到2015年的18.1平方米，居民住宅成套率由2010年的96%略升至2015年的96.8%。

【贯彻落实各项调控措施 住房市场秩序明显改善】 严格执行住房限购措施、差别化的住房税收和信贷政策，抑制投资投机性购房，支持居民合理住房需求。通过加强对高价位商品住房销售方案的指导审核，强化房地产经纪人管理，加大“群租”治理力度，开展对部分个人住房征收房产税试点等措施，住房市场的调控和监管取得了积极成效。

【“四位一体”、租售并举的住房保障体系】 形成“分层次、多渠道、成系统、全覆盖”和由廉租住房、共有产权保障住房、公共租赁住房、征收安置房构成的“四位一体”、租售并举的住房保障体系。陆续出台和完善一系列配套政策文件，完善保障性住房房源建设筹措机制，稳步推进申请、供应、分配和供后管理机制建设，建立健全政策体系。根据上海实际，将成套改造、厨卫改造、屋面及相关设施改造纳入保障性安居工程范围，作为“四位一体”住房保障体系的重要补充。

扩大保障性住房受益面，较大缓解居民居住困难。逐步扩大住房保障政策覆盖面，先后 3 次调整廉租住房的收入和财产准入标准、4 次调整共有产权保障住房的准入标准，住房困难居民的居住条件得到了较大缓解。截至“十二五”末期，廉租住房历年累计受益家庭达 11 万户(其中，累计实物配租 8270 户)；共有产权保障住房累计签约购房约 6.6 万户；全市公共租赁住房(含单位租赁房)累计供应房源 8.77 万套，已签约出租 7.45 万套，惠及 13.6 万户家庭；全市共实现征收安置住房搭桥供应 42.76 万套(约 3542.85 万平方米)。

【旧区改造受益居民增加】 实施征收政策，健全管理手段和政策措施，旧区改造呈现新态势。在以中心城区二级旧里以下改造为重点的工作基础上，统筹开展郊区城镇旧区改造，继续推进郊区国有农场危旧房改造。“十二五”期间中心城区已改造二级旧里以下房屋 320 万平方米，受益居民约 13.6 万户。全市共有 36 个“城中村”地块批准改造方案。另外，完成农村低收入户危旧房改造约 7600 户。

【旧住房改造突出民生需求】 全市推进实施并完成以成套改造、平改坡综合改造、高(多)层综合整治、直管公房全项目为主的各类旧住房改造 5500 万平方米，受益家庭超过 100 万户。其中包括纳入保障性安居工程的三类旧住房综合改造工程约 1126.76 万平方米，受益居民约 20 万户。为确保公共安全，对 1.73 亿平方米老旧住房进行安全使用情况检查，建立老旧住房安全隐患处置工作制度。

【强化物业行业监管】 建立物业服务企业资质能上能下的监管机制，加强对物业服务企业和项目经理的日常监管。强化对招标代理机构和招投标评审专家的日常监督管理措施。不断探索加强住宅小区的综合管理，完善和优化指导监督业主大会、业主委员会的组建及日常运作的途径和方法，提升业主自我管理能力，积极培育社会中介服务机构参与社区物业管理事务。

制定住宅小区综合治理行动计划，明确发展方向。通过深入调研，明确“努力实现政府监管、市场调节、社会参与、居民自治四位一体和良性互动的小区综合治理格局”的发展思路，出台《关于加强上海住宅小区综合治理工作的意见》和《上海市加强住宅小区综合治理三年行动计划(2015～2017)》两个重要文件，为推进住宅小区综合治理提供政策保障。

【住宅产业现代化】 以土地供应环节为主要抓手，建立按供地面积比例推进制度。至“十二五”末，在全市供地面积总量中，落实装配整体式住宅的建筑面积比例不少于 50%，单体预制装配率不低于 40%，外环线以内地区全装修住宅建设比例达到 60%以上，其他地区在 30%以上。新建住宅全面实行建筑节能 65%标准，全面实施绿色星级建设目标。2015 年，上海成为“国家住宅产业现代化综合试点城市”。

健全住宅配套建设管理制度，满足居民生活需求。实行“以区为主、市区联动”的模式，加大了协调、建设的力度，适时调整有关标准，保证配套设施资金的来源。增加养老和文体设施等，满足中心城区居民对住宅配套的新需求。按照“同步规划、同步设计、同步建设、同步交付”的要求，不断推进保障性住房基地公共基础设施和社会事业设施的建设，基本满足已交付入住大型居住社区居民的生活需求。

【拓展公积金提取使用渠道】 累计向 66 万户家庭发放住房公积金个人购房贷款 2962 亿元，支持购房建筑面积 5517 万平方米。2015 年起取消房租占收入比限制，支持无房职工家庭通过租赁方式解决住房问题。研究放宽提取公积金支付物业费相关办法，会同相关部门研究制定通过全市统一的物业费平台实现转账支付。

多途径支持住房保障工作。累计发放共有产权保障住房个人公积金贷款 104 亿元，支持购房家庭 38450 户，约占全市共有产权保障住房全部个人贷款发放总量的 60%。积极探索利用结余资金贷款支持保障性住房项目贷款工作。

大事记

2 月

17 日　上海市副市长蒋卓庆召开市政府专题会议，研究落实座谈会精神专项工作方案和海绵城市建设试点申报工作。

4 月

16 日，住房城乡建设部《工程设计数字化成果交付与使用标准研究》课题在上海开题。该课题总结了上海“数字化审图”、“白图替代蓝图”试点工作经验，并要求在工程建设过程中加快推广。

22日　由原建设部副部长宋春华、住房城乡建设部住宅产业中心副主任文林峰带领的专家委员会对上海申报“国家住宅产业现代化综合试点城市”工作进行专题评审。

5月

7日　上海举办以“建筑绿色化、建筑工业化、建筑信息化”为主题的国际论坛，中国工程院缪昌文院士、美国斯坦福大学马丁·费舍尔教授等多位国内和国际知名专家，就绿色建筑发展的先进理念、成功案例、创新技术和前沿态势进行了友好交流。

6月

8日　上海市绿色建筑协会成立上海建筑信息模型技术应用推广中心。该中心以“政府为引导，市场为主导”，促进BIM技术的应用推广和发展。

7月

28日　由上海现代设计集团牵头、上海地产、上海建工、上海城建等七家上海建筑行业龙头企业共同发起成立了上海建筑工业化产业技术创新联盟，旨在通过有效融合行业资源，打通设计、制造、施工、装修一体化产业链，进一步促进建筑行业转型升级、提高装配式建筑的质量水平。

10月

9日 成立上海市住房和城乡建设管理委员会，整合划入原上海市城乡建设和管理委员会、上海市住房保障和房屋管理局的职责，原机构不再保留。

23～27日　住房城乡建设部稽查办“2015年全国工程质量治理两年行动”监督执法检查第十二检查组，就工程质量治理两年行动工作开展情况进行为期5天的督导检查。

29日　住房和城乡建设部建筑节能与科技司在沪召开“上海市公共建筑节能改造重点城市示范项目验收会”，上海完成73个节能改造示范项目，改造后400万平方米单位建筑面积平均等效电能耗下降25.1%，在全国范围内第一个达到住房和城乡建设部验收要求。会议肯定上海示范项目取得的成绩，并一致同意通过验收。

29日，上海公共建筑节能改造重点城市示范项目，通过住房城乡建设部验收。

11月

11日　上海举办“2015中国上海绿色建筑与建筑节能科技周”活动。活动包括国际绿色建筑与节能展览会和16个专业分论坛，涉及互联网+、绿色住宅产业、绿色运行、建筑节水技术等，旨在通过国内外科技成果展示，分享交流创新实践经验，引领绿色建筑和节能行业健康发展。

9～15日　应上海市援疆前方指挥部要求，市住房城乡建设委组织委相关处室和专家对第八批上海援疆的妇女儿童医院、体育中心和2个综合建筑“交钥匙”项目的工程质量进行了实地检查。

18日　“信息化·智能化——住宅发展新理念的探索与实践”专题论坛在沪举办。来自政府管理部门、高校科研机构、房地产开发企业、建筑设计企业等200余名业内人士参加本次论坛。

26～27日　住房城乡建设部建筑市场监管司来沪调研工程监理行业改革和发展情况。调研组走访福陆丹尼尔公司和必维国际检验集团两大国际工程咨询公司，听取部分监理企业和浦东新区建设管理部门对监理制度改革、调整强制监理范围、发挥监理作用、支持监理企业做优做强等方面的意见和建议。

12月

16日　上海市通过国家节水型城市复查考核。

（梁办）

（上海市住房和城乡建设委员会）

规划和国土资源管理

政策规章

【政策法规】　发布《关于修改〈上海市建设工程材料管理条例〉等12件地方性法规的决定》，对《上海市城乡规划条例》进行了修改，扩大了免于设计方案审查的范围。

对原《上海市城市详细规划编制审批办法》进行修订，名称更改为《上海市控制性详细规划制定办法》，9月7日经市政府第92次常务会议通过，于11月1日起实施。

【规范性文件】　根据市政府法制办关于规范性文件到期清理的有关要求，对《关于加强公寓式办公建筑规划管理工作的意见》、《关于严格控制上海市历史文化风貌区核心区保护范围内新建、扩建地下室规划管理的若干意见》、《上海市建设工程设计方案规划审批改革实施办法》等一批有效期届满的规范性文件进行了清理、修订，并重新发布。

制定《上海市制定控制性详细规划听取公众意见的规定》。对制定和修改控制性详细规划过程中听取公众意见的活动作规范，进一步保障了公众参与城乡规划的权利。

制定《上海市城乡规划违法建设行政处罚裁量

基准实施办法》。对未取得建设工程规划许可证和未按照建设工程规划许可证进行建设的违法行为区分尚可采取改正措施消除对规划实施影响的情形和无法采取改正措施消除对规划实施影响的情形，实施行政处罚做出明确的裁量基准规定。(章竞)

【实施不动产统一登记工作】 国务院《不动产登记暂行条例》印发后，按照登记机构、登记簿册、登记依据和信息平台"四个统一"的要求积极推进贯彻实施各项工作。7月，市编委下发《关于整合上海市不动产登记职责的通知》，明确在市规土局设立具有独立法人资格的市不动产登记局(正处级)作为全市不动产登记机构，对市、区县房地产交易中心和市、区县土地登记事务中心等部门进行整合，组建市、区县不动产登记事务中心。起草《上海市不动产登记技术规定(讨论稿)》、《上海市不动产登记业务规则(讨论稿)》以及不动产登记所需各类表单和格式文书，涵盖现有房屋、土地、农村土地、林地、海域等不动产登记种类。结合国家和登记簿册规范和登记依据要求，经过系统开发、测试和试运行，10月，不动产登记信息系统建设完成并具备全市同步上线条件。同时，还完成了不动产登记政策业务培训、权证印制招投标等相关工作。12月，市政府印发《关于做好上海市不动产统一登记有关工作的通知》明确不动产统一登记的相关重要事项。(章竞)

城乡规划

【完成新一轮上海市城市总体规划纲要】 2015年深入推进新一轮上海市城市总体规划纲要和初步成果编制。总规纲要编制工作已全面完成，8月24～26日住房城乡建设部在沪组织召开总体规划(2015～2040)纲要审查会，正式通过审查，并发送至各区县和委办局作为下阶段工作的依据。(章竞)

【完成上海市土地利用总体规划初步成果编制工作】 总体上与新一轮城市总体规划同步开展。根据"1+6"的前期研究专题框架，已形成土地利用总体规划前期研究专题成果，和新一轮土地利用总体规划大纲的阶段性成果，对战略目标、指标体系、空间分区、耕地保护、土地整治、保障机制等重点问题进行了深化研究。结合上海市新一轮城市总体规划和土地利用总体规划编制工作，率先启动永久基本农田、生态保护红线和城市开发边界等"新三线"的划示工作。(章竞)

【结合总规编制工作 健全规划管理体系】 适应转型发展要求，推动规划体系扁平化、高效化。全面推进全市规划管理体系的研究工作，形成了《关于上海市规划管理体系研究的工作方案》和《关于上海市规划管理体系初步研究的建议》，优化"多规合一"的空间规划体系。(章竞)

【推进新市镇规划 促进城乡一体化发展】 形成《新市镇总体规划暨土地利用总体规划编制技术要求及成果规范》和《新市镇总体规划暨土地利用总体规划编制和审批规程》。青浦区华新镇总体规划暨土地利用总体规划已获批。嘉定区江桥镇、松江区佘山镇、奉贤区青村镇总体规划基本形成上报成果，将进入报批阶段。同时，浦东新区新场镇、川沙新镇、高桥镇等10个历史文化名镇，全面启动新市镇总体规划和历史文化名镇保护规划的评估、研究和编制工作。(章竞)

【探索完善有上海特色的城市更新实施机制】 针对中心城区存在的城市能级不高、活力不足、历史风貌保护不够等问题，进一步研究制定《上海市城市更新实施办法》。强调以规划为引导。通过开展实施区域评估、制定更新计划和实施土地全生命周期管理等措施，聚焦产业转型发展和提升城市功能、品质与活力，突出公共利益优先，区域评估和统筹。避免单纯项目导向和更新地区碎片化，促进城市协调发展，共建共享的城市治理机制。积极推进公众参与，鼓励多方资源整合。建立企业、社会、政府等利益共享机制。为调动地方政府、企业两方面的积极性，在城市更新实施主体承担公益性责任前提下，允许原权利人按照规划调整土地用途，并将城市更新方式取得的土地出金返还区县政府，用于基础设施建设和城市环境改善。

【出台支持科技创新中心建设的规划土地政策】 制定出台《上海市加快推进具有全球影响力科技创新中心建设的规划土地政策实施办法(试行)》。鼓励支持产业园区平台建设发展，服务企业创新创业。完善园区配套设施建设，打造以人为本的产业社区。创新土地混合利用政策，鼓励产业融合发展。积极营造低成本创新创业环境。明确规划实施动态调整机制，提高运行效率。(章竞)

城市建设与市政公用事业

【世博后滩地区规划方案】 按照黄浦江两岸综合开发及世博地区发展要求，上海市规划国土资源局会同浦东新区政府、世博发展集团组织编制完成《世博会后滩地区后续利用结构规划》和首期启动的《世博会后滩地区低碳商务区控制性详细规划》，报送市政府审批。按照以人为本、可持续发展的理念，后滩地区将进一步突出和强化公共活动中心功能，营造具有高度开放特色、可举办公众盛会的活动节点，形成融商业商务、娱乐休闲和居住等功能为一体的绿色低碳公共活动区。（章竞）

【上海国际旅游度假区（迪士尼）】 为配合国际旅游度假区一期乐园的开园计划，按照度假区指挥部统一部署，2015 年重点开展北片区和西片区的规划研究和编制工作。北片区控详规划已完成任务书制定、公示和部门意见征询，下阶段将开展规委会审议，根据各方意见修改完善后，报市政府审批。西片区正在开展前期概念方案征集，下阶段将在方案征集的基础上，进一步完善控详规划规划研究报告，制定设计任务书。（章竞）

村镇规划建设

【郊野公园】 按照推进生态文明建设的要求，规划建设 22 个郊野公园。其中，首批试点建设嘉北、廊下、长兴、广富林、浦江、青西、松南 7 个郊野公园，规划总面积约 130 平方千米，正在实施的一期面积约 50 平方千米，一期内开园面积约 30.6 平方千米。（章竞）

【理顺郊区镇村规划管理体系】 制定发布《关于进一步加强上海市郊区镇村规划编制工作的指导意见》，明确未来镇村发展导向、规划体系及镇村规划编制重点。制定发布《上海市郊区镇村公共服务设施配置导则》，全面指导各项镇村规划编制和公共服务设施建设。完成《上海市新版郊野单元规划编制导则》，推进年度 31 个郊野单元规划编制。对全市村庄开展分类管理，制定发布《上海市区（县）保护村选点规划技术指引》，推进 9 个郊区县保护村选点工作。（章竞）

加强历史文化风貌保护 提升城市品质

【城市设计工作】 通过建立上海城市公共空间设计促进中心、开展上海城市“空间艺术季”活动、成立“城市设计联盟”平台、完善“地区规划师”制度等举措，为上海城市设计营造良好的共建、共享、共治的“生态环境”。已在重点发展地区全面开展城市设计，将城市设计要素纳入控详规划附加图则，实行土地带方案出让。

【历史文化风貌保护】 开展历史文化风貌保护保留对象与范围的扩大深化研究，新增近百个“风貌保护街坊”、20 条“风貌保护道路”、十余处“第五批优秀历史建筑”，形成了历史文化风貌区体系和由保留历史建筑、优秀历史建筑构成的历史建筑保护体系，开展《上海市优秀历史建筑保护技术规定》修订工作，形成优秀历史建筑“一图一表、图表合一”的管理文件。开展《上海市历史文化风貌区和优秀历史建筑保护条例》修订研究。坚持“保护与使用相结合”的原则，推进积极性保护。重点针对保护对象、资金筹措和管理体系等提出新要求。开展成片历史风貌保护区调研，推动风貌保护由点状、标志性建筑保护向成片成块整体保护发展。（章竞）

“十二五”期间住房城乡建设主要工作及成效

【概况】“十二五”时期，市规划国土资源局在市委、市政府正确领导下，围绕上海“创新驱动发展，经济转型升级”大局，聚焦规划国土资源领域重点瓶颈问题，以提质增效为目的，以改革创新为动力，着力强化规划引领作用，着力提高国土资源节约集约利用水平，着力提升行政服务效能，着力强化队伍凝聚力、创造力、执行力和影响力，全力开展新一轮城市总体规划编制、实施“五量调控”土地新政、建设全市统一的规划国土资源基础数据平台等一批对上海城市未来发展有长远影响的工作，进一步提升规划国土资源工作对全市经济社会发展的引领和保障作用。

【进一步强化规划引领作用】 创新理念，全面开展新一轮总体规划编制工作，市委、市政府于 2014 年 5 月 6 日召开第六次规划土地工作会议，正式启动新一轮总体规划编制工作。按照市主要领导规划建设用地“负增长”、通过土地利用方式转变倒逼城市发展模式转型的要求，坚持“开门做规划”，将“四个转变”的规划理念和“六个突出”的发展导向贯穿规划编制和实施全过程。“四个转变”，即从规模扩张型规划向资源环境紧约束条件下有边界的规划转变、从单纯以经济发展为中心的规划向以促进人的全面发展为中心的规划转变、从注重目标制定的技术性文件向注重规划实施的综合性公共政策转变、从编制完成就一成不变的静态式规划向基于过程控制的可维护的动态式规划转变，以规划转型引领城市转型，以土地资源利用方式转变带动经济发展方式转变。“六个更加突出”，即更加突出节约集约、低碳生态的绿色发展，更加突出以人为本、注重品质的创新发展，更加突出区域一体、城乡统筹的协同发展，更加突出海纳百川、包容并蓄的开放发展，更加突出风险可控、具有韧性的安全发展，更加突出市民幸福、社会有序的和谐发展。

同时，结合新一轮城市总规编制，上海作为第一批试点城市率先启动“新三线（永久基本农田、生态保护红线、城市开发边界）”划示工作，基本完成。划定永久基本农田，锁定上海未来农业生产空间。划定生态保护红线。按照“生态空间只增不减”要求，锁定上海未来生态空间基底。划定城市开发边界。落实规划建设用地“负增长”要求，锁定全市未来集中建设区范围。同时划定历史文化保护红线，锁定历史风貌保护对象范围。

【加快新城、新市镇规划 统筹城乡一体化发展】 积极参与 2014 年上海市委 2 号课题《推进城乡一体化发展研究》课题，结合新一轮城市总规编制，完善“中心城—新城—新市镇—小集镇—村庄”的城乡规划体系，按照“网络化、多中心、组团式、集约型”的区域空间发展模式，形成与长三角城镇群区域一体、协调发展的空间格局。着力提升“镇”的地位和职能，强化产城融合、公共服务、交通支持、环境改善和节约集约用地，发挥新市镇、小集镇对周边地区的服务和带动能力。

【加快推进重点地区规划 优化城市功能布局】 充分发挥规划引领作用，推动重点地区功能转型。积极推进桃浦转型发展地区规划建设。贯彻落实市主要领导“21 世纪城市发展理念”要求，突出产城深度融合，突出低碳绿色生态，突出人性化设计，把桃浦地区打造成上海创新发展示范区、中心城区新地标、产城融合新亮点。世博后滩地区结构规划和启动区控详规划、文化博览区城市设计方案等重要规划成果。加快推进国际旅游度假区规划。先后编制完成《上海国际旅游度假区结构规划》、《国际旅游度假区核心区过渡性开发规划实施方案》等。

【做好重要专项规划 提升城市服务能级】 完成大型居住社区规划。共规划两批 23 个大型居住社区，创新规划理念，以推动城市用地复合、加大支路网密度、缩减街坊面积、强调街道广场界面的规划控制为原则，创造公共生活丰富、街道界面尺度宜人的城市街区。开展全市轨道交通网络远景规划研究。规划至 2040 年轨道交通在区域公共交通中占主体地位，在中心城内、新城和中心城以及近沪城市之间、长三角城市和上海主要对外交通枢纽之间形成“45—60—90”轨道交通（含铁路）圈，进一步优化长三角区域城镇空间格局。编制上海市养老设施布局专项规划（2013～2020）。按照建成“五位一体”社会养老服务体系要求，以居家养老为基础、社区为依托、机构为支撑的养老服务格局为目标，明确规模总量、空间布局、设置标准等规划导向。制定多渠道提供土地资源、优先安排用地指标等相关实施配套保障政策。同时还完成上海市商业网点布局规划（2014～2020）、《上海市公共体育设施布局规划（2012～2020）》等，均已获市政府批准。

【加快城市有机更新 完善控规管理体系】 加快推进城市有机更新。针对上海进入存量开发阶段的背景，研究制订《上海市城市更新规划实施办法（试行）》，以提升城市功能、激发都市活力、改善人居环境、增强城市魅力为目标，探索引入市场资源，推动城市整体更新、有机更新。上海市政府于 5 月正式批转实施，已在中心城及闵行、宝山等 11 个区开展了 17 个项目试点。进一步完善控规管理体系。制定《关于完善上海市控详规划管理的指导意见》，修订《上海市控详规划编制审批办法》，规范控详规划编制与审批工作。研究创新控规编制方法。以自贸区为试点。

大事记

8 月

24～26 日　住房城乡建设部在沪组织召开总体规划（2015-2040）纲要审查会，正式通过审查。

11 月

1 日起实施《上海市控制性详细规划制定办法》。

（章竞）

（上海市规划和国土资源管理局）

绿 化 市 容

生态环境

【概况】 全面推进绿地、林地、湿地协调发展。全年新建绿地 1190 公顷（其中公园绿地 515 公顷），森林覆盖率达 15.03%，建成区绿化覆盖率达 38.5%，自然湿地保有率为 32.28%，全市“环、楔、廊、园、林”基本生态空间格局初步形成。

【生态环境建设成效明显】 外环生态专项腾地 50 公顷，迪士尼区域、前滩区域、虹桥商务区等重要地区绿地建设进展良好。推进郊野公园建设，研究制订建设导则和开园条件，金山廊下郊野公园成为上海首家开放的郊野公园。立体绿化完成 42 万平方米，其中屋顶绿化 29 万平方米，“万米绿墙”10 余万平方米，中心城高架桥柱绿化 1.3 万根。加大植树造林力度，农林水三年行动计划——高标准农田林网和河道防护林建设有效实施。积极推进金山化工区、浦东合庆镇、老港固废基地周边等地区防护林建设，建成西大盈港生态堤防、廊下镇农田林网等示范点。扎实推进湿地建设，崇明东滩生态修复项目一阶段围堤及涵闸等主体工程全面完成。

【生态资源保护成果显著】 全面推进森林资源一体化监测，组建互助式森林资源监测队伍，完成年度森林资源调查。落实森林资源保护责任，嘉定区代表全市通过国家林业局验收，成绩优秀，开展非法侵占林地清理排查及减少林地稽查专项行动，完成27项林业行政许可项目批后监管，查处各类林业行政违法案件15起。野生动物栖息地修复及极小种群物种恢复工作进展顺利，全市12块野生动物栖息地(约15000亩)修复效果明显。

【绿地品质持续优化】 推进27座老公园改造，其中淞南、金沙、枫溪等9座公园已经正式开放。完成林荫道“十二五”规划“三个100”目标，创建命名林荫道累计达到153条，改建提升累计达到164条，新建储备累计达到113条。加强行道树精细化管理，实施分类修剪。完成重大节日常态花卉景观布置10公顷。绿地植物群落调整优化68.3公顷。完成26个古树名木保护技措项目和古树示范点建设项目。

上海市是典型的河口湿地城市，湿地资源丰富，具有“三大、两快、一高”的特点。“三大”湿地资源总量相对较大，湿地总面积相当于上海市陆域面积的55.54%，比全国的湿地率(5.58%)高出近9倍。近海与海岸湿地占比较大。5大类湿地中，近海与海岸湿地面积占全市湿地面积总量的78.72%，远高于全国同类数据10.81%。湿地生态效益和经济效益对城市发展贡献巨大。“两块”湿地保护率增加较快。湿地保护率从22.4%增加到34.5%。人工湿地面积增加较快，近10年来上海市积极开展湿地建设，建立青草沙水库、滴水湖、崇明北湖等一批库塘湿地，人工湿地面积新增5329.9公顷，增加近18倍。“一高”是湿地生物多样性高。湿地是上海市生物多样性最丰富的区域，全市调查到湿地植物80科209属321种，调查到大型底栖动物144种，脊椎动物307种，其中湿地鸟类182种。

【“五一”花卉布置工作有序开展】 以低碳、节约的理念为主导，主要围绕人民广场、外滩、静安寺、徐家汇等9个重点区域和延安路、淮海路、肇嘉浜路-徐家汇路、世纪大道等10条重点道路，以及各区县行政中心、商业服务设施、旅游景点和部分重点公园等进行花卉景观布置，据统计，“五一”期间，全市共布置花坛花境约9万平方米，组合容器近1万组，灯杆花球600多组，主题花卉景点56个，单季用花量约500万盆。

【沪首个“绿道”慢行系统建成开放】 闵行区沪闵路绿道位于沪闵路东侧绿地，沿北横泾西岸从闵城路至六磊塘，总长约3.8千米，总面积约29.5万平方米，于1月初启动，6月底竣工，8月正式开放，是全市首个“绿道”慢行系统。该系统分为人行步道(1.2米)及自行车道(2.2米)两部分，中间以白线划分，将零散的养护便道串联、贯通，形成一体，有效优化沪闵公路绿地结构、提升绿地功能，缓解沪闵路公交压力，解决附近体育场馆不足的问题，有效满足附近居民休闲健身的需要和现代城市居民对绿色生态环境的需求。

【申城首个屋顶绿化贯标示范点开放】 作为2015年上海“市民绿化节”重要系列活动之一的立体绿化专场活动，“漕河泾开发区杯”2015上海立体绿化百佳评选活动，于7月18日在申城首个屋顶绿化示范点新漕河泾国际商务中心屋顶绿化上正式启动。

【开展立体绿化宣传培训】 举办3期立体绿化专题培训，为区县绿办及教育基建站的工作人员宣讲上海市立体绿化政策，参加培训人数达350余人，归纳总结近年立体绿化政策和技术相关内容，完成《立体绿化文件汇编》。组织开展2015年立体绿化百佳创建评选活动，在“绿博士”微信平台同步跟踪宣传，多家媒体同步跟踪宣传。

【设立“绿色上海专项基金”】 上海市绿化委员会与中国绿化基金会共同设立“绿色上海”专项基金，鼓励社会各界采用捐资的形式参与绿化建设，为市民绿化节的长远发展注入新的生机和活力。部分社会捐资已用于“环城绿带健康走”、“2015上海市民插花大赛”等活动中。

【参加第三届中国绿化博览会】 第三届中国绿化博览会由全国绿化委员会主办、天津市承办。上海展园以“上海无限园”为主题，在展园评比中荣获银奖，和最佳林业科技新成果应用奖。上海摩奇园林有限公司作为本届绿博会新技术新材料展示区参展企业荣获优秀奖，上海市绿化管理指导站陈志华等4人荣获先进工作者奖。

【市人大常委会表决通过《上海市人民代表大会常务委员会关于修改〈上海市绿化条例〉的决定》】 7月23日，市十四届人大常委会第二十二次会议表决通过《上海市人民代表大会常务委员会关于修改〈上海市绿化条例〉的决定》(以下简称《决定》)，将于2015年10月1日起正式施行。市人大常委会主任殷一璀主持会议。市绿化市容局副局长方岩列席会议并参加会后举行的新闻发布会。

【2015林荫道创建】 全市计划创建15条林荫

道，上报31条，最终确定22条（段）符合林荫道标准。加上已有的131条，上海市林荫道已经达到153条，已完成“十二五”规划“创建命名林荫道100条”的目标。

【公园主题活动丰富多彩】 成功举办上海（国际）花展、梅花节、樱花节、牡丹展、杜鹃花展、月季展、郁金香花展、爱鸟周等公园主题活动，形成市、区公园联合办展新模式，培育一批花展品牌。与上海人民广播电台交通广播合作，联合市区公园开展“与四季约会”、每周一公园传播互动活动。

【继续实施公园夏令延长开放】 全市75座公园夏令延长开放，延长开放时间自2015年7月1日起至2015年9月30日止。延长开放期间，倡导市民群众晚间游园采取散步、纳凉等相对安静的休闲方式。加强游园噪声控制，全市已有600余个团队签订了噪声控制规约，涉及人数超过3万。

【爱思公园、古藤公园、霍山公园完成整体改造】 6月1日，因受地铁四号线海伦路站建设影响、长期处于闭园状态的爱思儿童公园经过为期一年的闭园改造，恢复对市民开放。

12月，古藤园完成整体改造正式对游客开放。克服施工技术难点，做好古紫藤保护工作，在市古树专家指导下，通过对古紫藤彻底清理和修剪，清除枯枝、病枝，并对剪口进行消毒和封闭处理。同时，在园内增加6个品种、50多株紫藤以突出紫藤特色。修旧如旧，修缮建（构）筑物。充分考虑古典园林特点，在建筑小品、园路、廊、亭、水榭改造中，遵循修旧如旧、不破坏历史文化积淀的原则，增设视频监控等安全防护系统。

12月31日，具有近百年历史的霍山公园经过为期6个月改造恢复对市民开放。霍山公园始建于1918年，在第二次世界大战期间，曾经是在上海地区居住的犹太难民经常光顾、休闲聚会的场所。公园改造过程中注入更多的历史文化元素，突出“犹太纪念”的主题，注重传承历史。如改造和平纪念广场，设置和平之道。

生活垃圾

【概况】 深化生活垃圾“大分流、小分类”机制，加强源头管理和循环利用，继续强化“绿色账户”激励机制，完善积分兑换模式，试行垃圾定时定点收集，继续探索有效监管模式，提升源头分类质量，强化生活垃圾分类处置能力，加大现场运营监管力度。

【末端处置设施建设有序推进】 “一主多点”生活垃圾末端处置设施建设推进平稳，处置能力达到27000吨/日，无害化处理率达到100%。松江、奉贤、崇明、嘉定项目按计划实施，老港二期获得专项规划及项建批复。闵行、浦东作为国家餐厨废弃物资源化利用和无害化处理试点城区，相关项目有序推进。

【生活垃圾分类减量完成既定目标】 全市生活垃圾分类已覆盖400万户，“绿色账户”激励机制已覆盖105万户，超额完成2015年推进目标。人均生活垃圾末端处理量比2010年减少20%。静安区、松江区被确定为全国第一批“生活垃圾分类示范城市（区）”。

【农村生活垃圾管理全面推进】 在“上海市生活垃圾分类减量联席会议”中增设“上海市农村生活垃圾治理推进办公室”，主要负责全市农村生活垃圾管理的日常推进协调工作，办公室由市绿化市容局局长担任主任，环卫、建设，农业、环保、商务、财政、文明办、爱委会、妇联等9部门分管领导担任副主任。召开全市生活垃圾分类减量推进大会，市政府与9个郊区县分别签订了《任务责任书》。全面梳理农村生活垃圾收运处置体系，启动设施设备维修更新、陈年积存垃圾清除、临时垃圾堆放点取缔、村级河道保洁、湿垃圾处理设施建设和常态长效机制完善等项目，实施6大类28项销项式管理措施，圆满完成住房城乡建设部等10部门联合组织的农村生活垃圾治理检查验收。

【“绿色账户”推进平稳】 上海城投（集团）有限公司正式接手上海“绿色账户”，积极推进各项工作，圆满完成“绿色账户覆盖100万户，持卡用户80万户、活跃用户50万户”的年度工作目标。

【道路保洁和垃圾清运行业获评2013～2014年度上海市规范服务达标先进行业】 市建管委举行了上海建设管理行业精神文明建设工作会议，对2013-2014年度上海市规范服务达标先进行业进行了表彰，道路保洁和垃圾清运行业榜上有名。

【城市保洁水平提升】 “一路一策”全面推广。结合责任区管理制度落实、无序设摊治理等专项管理工作的推进，问题道路解决率达到60%，全市道路整洁优良率达到93%。业态复杂、污染严重、投放困难的沿街商铺路段1716条，试点路段推进到743条。会同市环保局、市住房城乡建设委等部门，梳理全市道路扬尘污染治理思路，制定扬尘监测方案和扬尘污染治理实施意见，初步建立好道路扬尘污染治理体系。修订突发事件应急预案，完善道路和公厕应急保障体系，成功经受住本年度台风、暴雨、雾霾等恶劣天气的考验。

【完善公厕管理服务】 优化公厕建设布局。以一、二类公厕为主，新建环卫公厕60座、改建482座。完善硬件设施配置。以中心城区和旅游区为重点，推进第三卫生间和残章间配建改建工作。推动社会公厕对外开放。印发《上海市绿化和市容管理局关于加强社会单位公共厕所设置和管理的若干意见》、《关于加强上海市窗口行业公厕管理服务提升窗口文明形象的通知》，促进社会公厕向市民、游客提供更优质的服务。

【开展"世界厕所日"系列宣传活动】 组织开展第二届"世界厕所日"主题宣传活动，打造"世界厕所日"宣传品牌，助推公厕文明行业创建。举办宣传口号、主题征文、摄影涂鸦作品等作品征集。开展"小城市，大文明"公厕摄影、"我心目中的未来公厕"中小学生涂鸦作品以及宣传口号征集等活动。

市容环境

【概况】 完善市容管理长效机制，注重提高街镇平台综合协调能力。坚持重点任务和整体提升两手抓，推进责任区制度建设和街镇创建，抓实街面市容管理，"点亮"重点景观区域，全面改善市容面貌，加强无序设摊等城市管理难题顽症综合治理，巩固扩大整治成效。

【市容市貌管理水平提升】 全力推进《市容环境卫生责任区管理办法》贯彻落实，建立健全责任区工作制度。开展"百千万"系列宣传培训活动，加强责任人自律自治、沿街中小商铺垃圾上门收集等工作方法创新，强化执法检查保障。基本完成"特定区域"市容环境治理三年行动计划，全市五个"特定区域"3164个单元面貌明显改观。环卫运输车辆"跑、冒、滴、漏"、垃圾箱房环境卫生专项整治行动、32条道路扬尘监控、水域保洁等工作收效明显。公厕管理水平稳步提升。完成"上海国际马拉松赛"、"抗战胜利70周年纪念活动"等重要活动市容保障任务，做好26个重要景观区域重要时段的市容保障工作。

【难题顽症得到有效治理】 取缔无序设摊聚集点73处(累计取缔129处，占总量的64.5%)，并将日常管理情况纳入区县、街镇网格化管理体系，确保可管可控；新建疏导点14处。协同市商务委等部门出台《上海市城市临时设摊集中疏导点指导意见》。组织开展"夜鹰"、"夏令热线"等专项行动，开展行政执法检查207.6万余次，教育劝阻设摊相对人194.5万余次，实施行政处罚11.4万余起。落实渣土运输行业交通安全责任制度，加大执法力度，主责交通事故下降，严重超载和偷乱倒明显减少。落实严管严惩，对304家运输单位进行诫勉谈话，对41家运输单位实施停业整顿，对9家运输单位实施市场退出。开展建筑渣土运输处置卸点付费机制试点。完成老港固废处置基地市级渣土应急托底消纳卸点建设，建立装修垃圾进入老港渣土消纳卸点处置的应急机制。修订出台新型渣土车标准。协同相关部门完成存量违法建筑普查，建立挂牌督办、定期通报、考核评价等制度，全年拆除违法建筑1392.04万平方米。

【完成"特定区域"治理三年行动计划任务】 是"特定区域"治理三年行动计划收尾年，经过三年整治，包括菜场、轨交站点、医院、学校和旧小区周边共3164个单元治理成效明显，特别是学校、医院及轨交站点出入口周边环境面貌得到较大改善，经第三方测评达到良好水平。

【市容环境卫生责任区管理工作有序推进】 2月27日，市政府新闻办举行市政府新闻发布会，市绿化和市容管理局、市政府法制办负责人介绍了即将施行的《上海市市容环境卫生责任区管理办法》主要内容以及下一阶段的工作安排。

2月28日，市绿化市容局在静安区废弃物流转中心举办了"《上海市市容环境卫生责任区管理办法》主题宣传活动"，市绿化市容局局长陆月星、市司法局局长郑善和、市建管委副主任邓建平、市文明办副主任宋慧、静安区人民政府副区长周海鹰、市司法局副局长陈春兰、市绿化市容局副局长鲁建平等部门领导出席，部分责任单位和责任人代表，城管执法人员、市容管理人员、志愿者代表约300人参加。

7月29日，市绿化和市容管理局局长陆月星、副局长鲁建平参加中国上海门户网站在线视频直播访谈节目，就《上海市市容环境卫生责任区管理办法》的发展历史、创新之处、责任主体、推进落实等情况，与主持人和网民进行了在线交流。

【市容环境卫生责任区管理工作成效明显】 自3月1日《上海市市容环境卫生责任区管理办法》正式实施以来，全市各级绿化市容管理部门和城管执法部门以及各街道(镇)积极行动，落实各项措施，认真推进《办法》的贯彻落实。全市围绕《办法》举办"百场主题宣传"，提高《办法》知晓率，完成了千余人次的各级管理人员培训，通过分级分类教育培训方式，引导各级管理人员和各相关行业自觉地将责任区制度融入行业管理工作中，对沿街中小商铺负责人开展“万名责任人培训”，进一步提高中小商铺负责人对责任区制度的了解和落实，在中心城区试点开展沿街商铺定时定点上门收集生活垃圾，各区积极探索创新责任人联系沟通制度，徐汇、长宁、普陀等区相继建立“一点一档”信息档案，责任区管理网站和微信平台，有效的整合各方面信息资源，提高了管理实效。

【上海市召开无序设摊综合治理工作推进大会】 4月27日下午，召开无序设摊综合治理工作推进会议，市城市无序设摊综合治理专项工作推进小组各成员单位、各区县人民政府分管领导，各区县绿化市容管理部门以及部分街镇负责人参加。会议由市绿化市容局局长陆月星主持，副市长蒋卓庆出席会议并讲话。会上，市绿化市容局和市商务委分别通报无序设摊综合治理工作推进情况和无序设摊聚集点周边食用农产品零售网络建设进展情况。虹口区人民政府、浦东新区人民政府和松江区方塔街道办事处在会上作了交流发言。

【加强户外广告管理】 健全违法户外广告查处机制，拆除违法户外广告设施1379块，实现拆除违法广告1000块以上、重要区域违法广告零增长的年度目标。采取管理部门督查和委托第三方巡查等多种方式，开展户外广告监督检查。全年共发现擅自设置、违规设置、画面破损、安全隐患等问题广告6255块(处/块/幅)，完成整改6241块(处/块/幅)，及时整改率达99.7%。

【加强户外广告、店招店牌安全管理】 开展户外广告、店招招牌安全大检查工作，共发放自查告知书17.6万份，发现并完成整改各类问题4500余处。防台防汛期间，发放安全告知书20多万份，加固、整改户外广告设施480余处，店招店牌6500余处，拆除有安全隐患的店招店牌20余块。

【有序推进景观照明建设与改造】 重视技术和艺术水平提升，指导长宁、静安两区结合区域道路整体改造工程完成沿线景观照明建设，推进虹口北外滩景观照明改造工程和嘉定环城湖沿岸照明一期建设工程。

【开展景观照明成果宣传】 市绿化和市容管理局会同上海市摄影家协会联合举办“上海夜景灯光摄影大赛”，大赛期间共收到535位摄影艺术家和摄影爱好者摄影作品3795件，经11多万市民参与互动和网络投票，共100幅作品入围，其中，一等奖作品2幅，二等奖作品3幅，三等奖作品4幅，佳作奖作品6幅。

城管执法

【概况】 进一步完善区(县)城管执法体制机制，加强建立健全资源整合、职责清晰、权责一致、权威高效的城管执法体制机制。增强队伍综合素质，提高工作能力，巩固执法成果，创新协同共治。

【区县城管执法体制改革基本完成】 16个区县城管执法局机构已单独设置，市级城管执法体制改革也已基本到位，执法力量进一步下沉街镇，15个区县城管执法局完成“三定”工作。不断健全工作机制，完善勤务模式，建立以增强实效为导向的勤务指挥、巡查管控和实效督查机制，适时将执法领域拓展至住宅小区、公园。强化联勤联动执法，加强联合执法，提升执法效果。修订《上海市城管执法行政处罚自由裁量基准》等配套文件。开展基层城管执法人员专项招录。

【加大队伍建设力度】 加强教育培训，举办16期培训班，2990人次参训。改进队伍作风，开展作风纪律教育整顿活动和“双十佳”评选表彰活动。建立全员培训工作机制，组织区局领导、中层干部、执法骨干、新进队员进行全员轮训。加强基础建设，创建4个标准化大队和13个规范化中队，制定《2015年上海市城管执法部门信息化建设和应用规定》，16个区县实现一般案件“网上办理”，推进“全市城管执法指挥中心”建设。加强执法监督，开展依法履职专项检查，探索“制度＋科技”城管执法监督机制，强化市、区县、街镇三级城管执法监督队伍建设。

【聚焦执法实效】 加大专项治理力度，深入开展乱设摊、违法建筑、偷乱倒渣土、违规户外广告、非法小广告、违反责任区管理规定等“六大专项治理行动”，全年依法查处占道设摊案件5.5万余起、违规运输处置渣土案件2600余起、违法小广告案件6900余起、违法户外广告案件620余起、违反责任区规定违法行为9300余起。强化为民服务能力，推出“开通24小时便民服务热线、固定岗车配备便民服务箱、成立城管执法社区工作室、协调季节性蔬果疏导点设置、建立政务公开微信平台”等五项便民服务，开展社会满意度测评及“绿色护考”、“校门清”、“排堵治噪”等专项行动，社会反响良好。

【上海市人大表决通过《上海市城市管理行政执法条例》修改决定】 6月18日，市十四届人大常委会第二十一次会议表决通过了关于修改《上海市城市管理行政执法条例》的决定。此次修订，对执法主体、执法权限、执法规范、执法协作、执法监督6方面内容作相应调整。执法主体方面，除原有的市和区、县城市管理行政执法部门外，还增加乡镇人民政府。执法权限方面，增加对露天仓库扬尘、裸露土地绿化或铺装、露天焚烧秸秆、枯枝落叶等产生烟尘的物质，以及露天焚烧沥青、油毡、橡胶、塑料、垃圾、皮革等产生有毒有害、恶臭或强烈异味气体的物质等不需要经过仪器测试即可判定的违法行为的行政处罚，以及区、县城管执法部门在开展重大执法行动时对街道、乡、镇城管执法机构的调动指挥权。执法规范方面，赋予城管执法部门以及乡、镇人民政府对违法事实清楚的非法物品没收、销毁、拍卖的权力。执法协作方面，明确区、县公安机关要配合本区域内城管执法机构开展行政执法工作。执法监督方面，进一步强化区、县城管执法部门对乡、镇城管执法机构及执法人员违法违纪行为的查处建议权，以及对街道、乡、镇城管执法工作的监督评议权。

【市城管执法局举办《上海市城市管理行政执法条例》培训】《上海市人民代表大会常务委员会关于修改〈上海市城市管理行政执法条例〉的决定》由上海市十四届人民代表大会常务委员会第二十一次会议于2015年6月18日表决通过，自7月15日起施行。

7月13日，市城管执法局举办《上海市城市管理行政执法条例》(以下简称《条例》)培训会议。培训由市城管执法局政策法规处主持，区县城管执法部门、自贸区城管执法大队、机场集团城管执法支队、乡、镇人民政府城管执法工作分管领导，区县城管执法部门法制科、勤务科科长，市相关行政管理部门分管领导和法制机构负责人等近200人参加了培训。培训邀请市人大常委会法工委立法一处的负责人，对立法背景和主要内容进行介绍，并结合市人大常委会委员们审议时所提的不同意见，对《条例》修改的主要内容进行重点讲解，取得较好的效果。

【举办“加强住宅小区城管执法工作集中宣传日暨为民服务五项实事项目启动仪式”】 5月28日，市城管执法局组织全市城管执法系统，开展“加强住宅小区城管执法工作集中宣传日”活动，并在闵行区古美街道举行了为民服务五项实事项目启动仪式，邀请城管志愿者、居委会工作人员以及其他各界代表参加，并进行社区工作室揭牌仪式。

全市共设置50余个活动宣传点，各个宣传点通过播放宣传视频、放置宣传展板、悬挂宣传横幅、发放宣传手册和宣传品、解答市民群众咨询等多种形式，深入宣传住宅小区城管执法工作的执法权限、工作机制和服务内容，进一步提高市民群众对城管执法工作的知晓度和支持率。

(上海市绿化和市容管理局)

江 苏 省

概况

2015年，江苏省住房城乡建设系统围绕“强富美高”新江苏建设目标，按照省委省政府的决策部署，扎实开展三严三实专题教育活动，开拓创新，拼搏实干，所有列入省委常委会工作要点和省政府十大重点百项考核指标的重点任务，以及住房城乡建设部下达的保障房建设、农村危房改造、农村生活垃圾专项治理、工程质量专项整治等目标任务全面完成。

政策规章

江苏省住房和城乡建设厅印发《江苏省建筑工程施工合同备案管理办法》，其中包括《江苏省建筑工程施工合同备案管理办法》和《建筑工程施工合同网上备案流程》。建筑工程施工合同网上备案流程已经形成。

房地产业

【概况】 2015年，围绕中央全面深化改革的总目标，按照习近平总书记对江苏工作提出的“强富美高”(经济强、百姓富、环境美、社会文明程度高)新要求，江苏省上下认真贯彻落实国家关于房地产市场调控的决策部署，努力做好稳定市场、规范秩序、防范风险等各项工作，促进房地产市场平稳健康发展。2015年，全省商品住宅销售面积同比增长19.13%，成交均价同比增长13.15%，高于全省CPI涨幅(1.7%)。总的看，2015年在国家和地方一系列支持和鼓励住房消费的政策措施支持下，江苏省房地产市场保持了较好的销售增长态势。

2015年，全省完成房地产开发投资完成额为8153.68亿元，占全省城镇固定资产投资的17.76%；全省房地产业地税收入完成1850.06亿元，同比增长7.21%，占地税收入总量的比重为32.16%。房地产业的发展，对全省拉动经济增长、推进城镇化进程、改善人民居住环境继续发挥着十分重要的作用。

【房屋概况】 截至年底，全省城市已登记的房屋建筑面积为34.35亿平方米，其中：住宅建筑面积为18.27亿平方米，在住宅中，私有(自有)住宅的建筑面积为15.49亿平方米，住宅的私有化率达84.81%，成套住宅套数1763万套，住宅成套率为93.22%，成套住宅建筑面积17.32亿平方米，套均面积96.54平方米。本年房屋减少面积为2032.30万平方米。

【房地产开发投资】 2015年，全省房地产开发投资共完成8153.68亿元，同比下降1.1%，占全国总量的8.5%，占城镇固定资产投资的17.76%，相对于2014年占比下降了0.2个百分点；投资增幅较城镇固定资产投资增幅低11.6个百分点。其中商品住宅投资6080.21亿元，同比增长2.6%，占全国比重达9.4%。

【商品房新开工、施工和竣工面积】 2015年，全省商品房新开工面积为11542.56万平方米，其中商品住宅为8819.98万平方米，同比分别下降18.8%和15.0%。商品房施工面积为58118.44万平方米，其中商品住宅为42315.98万平方米，同比分别增长0.8%和1.8%。全省商品房竣工面积为10296.96万平方米，其中商品住宅7930.21万平方米，同比分别增长7.0%和9.2%。

【商品房供应】 2015年，全省商品房和商品住宅累计批准预售面积分别为9884万平方米和7720万平方米，同比分别下降29.17%和28.45%。

全省省辖市市区商品房和商品住宅累计批准预售面积分别为6259万平方米和4795万平方米，同比分别下降25.31%和24.47%。

【商品房销售】 2015年，江苏省商品房和商品住宅累计登记销售面积分别为11255万平方米和9584万平方米，同比分别增长17.13%和19.13%。

全省省辖市市区商品房和商品住宅累计登记销售面积分别为6902万平方米和5975万平方米，同比分别增长23.33%和24.65%。

【商品住房供销结构】 2015年，从市场新增供应结构看，全省省辖市市区90平方米以下、90～120平方米的商品住宅分别占全部商品住宅供应量的20.96%、35.9%，占比分别较上年提高了1.55和0.17个百分点；120～144平方米户型、144平方米以上户型占比为30.33%、12.81%，占比分别较上年提高了2.72个、下降了4.44个百分点。

从市场销售结构看，全省省辖市市区90平方米以下、144平方米以上户型商品住宅分别占全部住宅销售量的19.21%、20.73%，占比分别较上年下降了0.41个百分点、提高了3.13个百分点；90～120平方米、120～144平方米户型占比为31.86%、28.2%，占比分别较上年下降了2.21和0.52个百分点。全省省辖市市区商品住宅累计供销比为0.8，较上年下降了0.51个百分点。从不同面积段的供销比看，90平方米以下、90～120平方米、120～144平方米、144平方米以上户型的供销比分别为0.84、0.85、0.78、0.61。

【商品房成交价格】 2015年，全省商品房和商品住宅成交均价分别为8188元/平方米和7979元/平方米，同比分别增长11.49%和13.15%；全省省辖市市区商品房和商品住宅成交均价分别为9314元/平方米和9005元/平方米，同比分别增长13.53%和14.56%。从市区商品住宅季度间成交均价同比变化情况来看，第一、二、三、四季度分别为-1.4%、12.71%、23.09%、17.54%，自第二季度开始成交均价同比由降转增。

【二手房市场】 2015年，全省省辖市市区二手房和二手住宅累计成交面积分别为3277万平方米和2886万平方米，同比分别增长42.2%和65.37%。二手房和二手住宅累计成交均价分别为9996元/平方米和9728元/平方米，同比分别增长23.88%和16.45%。

【房地产贷款】 12月末，全省房地产贷款余额为20572.69亿元，同比增长19.42%，占人民币各项贷款余额比重为25.3%；房地产贷款余额比年初增加3322.41亿元，其中：地产开发贷款余额为2170.46亿元，比年初增加了391.44亿元，余额同比增长22.2%；房产开发贷款余额为3999.44亿元，较年初增加158.31亿元，余额同比增长4.12%；个人住房贷款余额为13387.88亿元，比年初增加2701.05亿元，余额同比增长25.27%。1～12月，全省向276952户职工家庭发放住房公积金贷款972.09亿元，同比分别增长34.27%、56.34%。12

月末个贷比率为98.97%。全省住房公积金资金结余为25.95亿元。

【房屋征收(拆迁)】 2015年，全省共决定征收项目424个，同比上升7.34%；决定征收房屋面积1249.61万平方米、60871户，分别较上年下降25.43%、25.28%；其中，涉及住宅房屋面积830.08万平方米、58589户，分别较上年下降33.41%、24.88%。全省有3048户被拆迁住房困难户的住房条件，通过拆迁得到明显改善，其中3000户为低收入住房困难家庭。

住房保障

【保障性安居工程建设】 根据省政府确定的年度目标任务，2015年江苏省保障性安居工程任务是新开工26.6万套、基本建成28万套。经过全省各地的共同努力，实际新开工29.22万套、基本建成31.78万套，分别完成年度目标任务的109.85%、113.5%。提前落实年度建设用地。指导各地住房保障主管部门根据“十二五”住房保障规划，提前做好各年度保障性安居工程建设的项目储备，尽早将规划项目落实到具体地块；及时与土地主管部门协调，对涉及新增建设用地的，纳入年度土地供应计划，实行计划单列、提前申报、专地专供、优先安排制度。2015年，全省保障性安居工程新增建设用地计划10291亩，各地还通过调剂使用往年供应土地、盘活自有存量土地安排保障性安居工程建设用地，较好地保证了保障性安居工程建设的土地需求。加大资金筹措力度。指导各地根据年度目标任务提前测算资金需求，按照国家规定的资金渠道筹集保障性住房建设资金，研究制定住房保障专项资金管理办法，专户储存、专户管理，按项目拨付和监管资金。2015年省级财政预算安排5亿元，较好地发挥了省级专项资金的引导作用；合理安排保障性住房建设资金，全省各级财政性资金安排达到了153.58亿元。支持各地成立保障性住房投融资平台，通过银行贷款、发行债券、信托投资等多种方式，筹集金融资金，全年累计通过社会融资方式筹集资金542.01亿元，有力地保证保障性安居工程建设的资金需求。认真落实税费减免方面。认真执行国家有关规定，棚户区(危旧房)改造免征一切行政事业性收费和政府性基金。省物价局、财政厅、住房和城乡建设厅对江苏省各项行政事业性收费和政府性基金的名目进行梳理，对棚户区改造中电、气、水、通信网络等经营性收费，按照不高于80%的标准收取。加大金融信贷支持力度。据统计，截至2015年底，国家开发银行江苏分行和苏州分行共向江苏省棚户区城中村改造贷款授信2382亿元；实际发放贷款715.5亿元。

【住房保障体系建设】 大力推进住房救助。根据《江苏省社会救助办法》(省政府令第99号)规定，县级以上人民政府应当建立健全住房救助制度，对符合规定标准的住房困难的最低生活保障家庭、分散供养的特困人员给予住房救助。住房救助主要通过配租公共租赁住房、发放住房租赁补助等方式实施。截至2015年底，全省累计有3.3万户低保住房困难家庭享受公共租赁住房实物配租，有4.3万户低保住房困难家庭通过发放租赁补贴予以保障。积极拓展和优化保障性住房筹集渠道。支持住房市场供应比较充足的城市，优先通过社会化收储、发放货币补贴或直接收购方式筹集保障性住房。更加注重新建项目合理规划和选址，加快已建成项目公共服务设施配套，方便群众生活。加快公共租赁住房分配入住进度。为贯彻落实全国住房城乡建设工作会议精神，根据住房和城乡建设部对公共租赁住房分配入住实行目标管理的要求，专题印发《关于加强公共租赁住房分配入住工作的通知》、《关于进一步加强公共租赁住房分配入住工作的通知》，部署推动各地加快公租房分配入住。结合审计指出问题的整改，对部分公共租赁住房空置率较高的市县开展定向督促，累计发布5期公共租赁住房分配目标任务进度通报。截至2015年底，全省公共租赁住房分配入住新增量8.5875万套，总体进度处于全国领先。健全规范管理、分配和准入退出良性机制。指导各地科学设置和动态调整住房保障准入线标准，加快建立申请对象收入、财产审核认定联动机制。健全和改善退出机制，坚持保障对象年度审核、定期检查和举报查处机制。切实规范工作流程、加强信息公开，提升住房保障公信力，大力提升信息化管理水平。

【棚户区(危旧房)改造】 2015年全省计划棚户区(危旧房)改造新开工22.34万套(户)、基本建成16.926万套。通过各地的共同努力，全省完成棚户区(危旧房)改造新开工23.93万套(户)、基本建成19.09万套，分别完成年度目标的107.11%、112.76%。组织编制全省棚户区(危旧房)改造规划。根据《国务院关于进一步做好城镇棚户区和城乡危房改造及配套基础设施建设有关工作的意见》(国发[2015]37号)和住房和城乡建设部工作要求，按照稳增长、惠民生的总体要求，组织各市县编制完成了江苏省2015～2017年城镇棚户区、城中村改造及其配套基础设施建设计划。积极推进棚户区(危旧房)改造货币化安置。

江苏省委省政府《关于深入推进民生幸福工程的若干意见》明确要求，在棚户区(危旧房)改造中，统筹用好实物安置和货币补偿两种方式，加快促进存量商品房用作棚户区改造安置住房。省政府办公厅印发《关于加快推进棚户区(危旧房)改造货币化安置的意见》，提出各市、县棚户区(危旧房)改造货币化安置比例原则上不低于 50%。2015 年起，将棚户区改造货币化安置比例纳入对市县政府的安居工程进度通报中，着力促进各地提升货币化安置水平。在全年棚户区(危旧房)改造完成总量中，货币化安置比例由 2014 年的 35%提高到 2015 年的 55%。全面推动政府购买棚改服务。省政府办公厅印发《江苏省政府购买棚改服务管理办法(暂行)》，通过发挥市场机制作用，把棚户区改造相关服务事项按照一定的方式和程序，交由具备条件的社会力量和事业单位承担，并由政府根据合同约定向其支付费用。截至 2015 年底，以政府购买棚户区改造服务的方式，全省共获得国开行贷款授信 420 亿元，占全国总量的 22.5%。健全和规范国家政策性专项贷款使用机制，提高已授信资金的使用效率。全省投放国家开发银行棚户区(危旧房)改造贷款使用效率持续提升，农业发展银行从点到面有序展开对江苏省棚改的贷款支持，组建 1000 亿元江苏银行棚改基金，多层次多元化的棚改资金筹集和融资体系基本形成。

公积金管理

【缴存情况】 截至 2015 年底，全省实际缴存住房公积金的职工人数为 1014.04 万人，比上年增长 5.96%。全省当年缴存住房公积金 1160.09 亿元，比上年增长 11.56%，缴存余额为 3042.27 亿元。

【提取情况】 2015 年，全省住房公积金提取额为 793.34 亿元，占当年缴存额 1160.09 亿元的 68.39%。

【贷款情况】 2015 年，全省共向 27.70 万户职工家庭发放住房公积金贷款金额 972.09 亿元，住房公积金贷款余额为 3010.90 亿元。

【增值收益分配情况】 2015 年，全省住房公积金实现增值收益 85.51 亿元，提取个人贷款风险准备金 37.78 亿元；提取管理费用 6.16 亿元；提取保障房建设补充资金 41.57 亿元。

城乡规划部分

【《江苏省城镇体系规划(2015-2030)》】 7 月，经国务院同意，由住房和城乡建设部正式函复。规划提出“协调推进城镇化、区域发展差异化、建设模式集约化、城乡发展一体化”的新型城镇化道路，加快构建“一带二轴、三圈一极”(即沿江城市带、沿海城镇轴、沿东陇海城镇轴与南京、徐州、苏锡常三个都市圈、淮安增长极)的城镇化空间格局；到 2030 年，全省城镇化水平达到 80%左右，城镇人口约 7200 万人。

【《苏北苏中水乡地区城镇体系规划》】 苏北苏中水乡地区包括淮安市区、洪泽县、涟水县、盱眙县、金湖县，泗阳县、泗洪县，高邮市、宝应县，兴化市的行政辖区范围，土地面积 20045 平方千米，于 5 月启动规划编制工作。规划构建绿色城镇化示范区和生态经济试验示范区“双示范”的目标定位；以创新、协调、绿色、开放、共享为指导思想，提出了“蓝绿空间塑造、绿色富民发展、生态多元治理、区域协调联动”的发展策略；以多规融合、面向实施为导向，提出促进苏北苏中水乡地区发展的十项行动工程。

【城市总体规划编制与实施】 强化城市总体规划在法定空间规划体系中的基础作用和核心地位，起草新版江苏省城市总体规划修编要点，优化编制组织和审查程序，加强规划编制与实施管理的衔接，在增强规划严肃性的同时提高可操作性，以更好地适应经济社会发展实际。南京市、南通市、泰州市等城市向国务院上报城市总体规划成果，苏州市、徐州市、镇江市推进总体规划修改工作，连云港市、昆山市、高邮市、仪征市等城市推进总规修编工作，2015 年，扬州市、金坛市、靖江市、泰兴市、盐城市大丰区等城市总体规划正式获得批复。

【优化镇村布局规划】 科学合理的镇村布局规划是新农村建设的基础。按照“重点村”、“特色村”、“一般村”的自然村分类，以村为基础、以镇为单位、以县为统筹推进全省优化镇村布局规划工作，合理确定规划发展村庄，尽量在原有村庄形态和肌理上改善居民生产生活条件，引导公共资源配置、公共财政投向、基础设施建设和农民建房，促进城乡基本公共服务均等化。南京市、无锡市、常州市、镇江市、扬州市 5 市已于年内全部完成优化镇村布局规划备案工作，其他城市均已启动。

【历史文化名城名镇名村】 6 月，国务院批复同意将常州市列为国家历史文化名城，并新增 5 个中国历史文化街区。江苏省拥有 12 座国家历史文化名城、6 座省级历史文化名城，26 座中国历史文化名镇、6 座省级历史文化名镇，10 个中国历史文化名村、3个省级历史文化名村，1处省级历史文化保护区。历史文化名城名镇名村数量的增加，为加强江苏省历史文化保护工作创造有利条件。

【历史文化保护规划全覆盖】 全省所有历史文化名城、名镇、名村全部完成保护规划的编制工作，为历史文化名城、名镇、名村的积极保护、合理利用和科学发展提供依据。出版《城镇溯源乡愁记忆》全省历史文化名城名镇名村保护图册，系统展示全省历史文化遗存、保护工作和规划体系。组织编纂《乡愁何所寄——江苏历史文化名村保护规划汇编》，整体介绍和总结历史文化名村的规划思路和主要内容，全面展示全省历史文化名村的历史演变、文化遗存及其价值特色。

【全面推进地下管线规划工作】 扎实推进全省城市地下管线普查，至2015年底，全省已累计普查36万多千米，涵盖供水、排水、燃气、热力、电力、通信、广播电视、工业等十余种的城市地下管线，普查总面积超过1万多平方千米。研究制订《江苏省城市地下管线探测技术规程》与《江苏省城市地下管线数据标准》两部地方标准，分别对地下管线普查作业、数据建库的关键环节明确技术规范要求。在全国率先出台《江苏省城市地下管线综合规划编制导则(试行)》，明确城市地下管线综合规划编制的技术导则和成果要求。启动《江苏省市县级城市地下管线信息系统技术规范》研究与江苏省省级地下管线管理信息系统建设，均已形成初步成果。

【城乡规划信息系统建设】 推进规划管理信息化是规范城乡规划编制、提升科学决策水平、提高行政管理效能、加强规划实施监管的重要手段。2015年项目(Ⅰ期)的开发工作已完成，同步完成《城市总体规划成果数据标准》等8个数据标准、规范，系统相关标准化研究项目通过鉴定。加快数据库建设，已收录2001～2020年和2015～2030年两轮省域城镇体系规划成果，以及全省各市县的城市总体规划成果。

【规划管理和服务】 支持地方经济社会发展，在坚持规划原则、依法行政的前提下，认真做好各类开发区设立和重大项目选址的规划服务工作。共办理各类开发区、旅游度假区设立的规划审核事项46件。共核发交通、电力等省级以上重大基础设施和产业项目的选址意见书17件。

【促进规划行业发展】 组织江苏省建设系统优秀勘察设计城市规划项目专业评选，年内共评出85项，其中一等奖11项、二等奖27项、三等奖47项。通过评优发挥优秀项目的引导示范作用，鼓励全省规划编制技术创新，推动规划编制质量和水平提升。

村镇规划建设

【村镇建设概况】 2015年，全省有建制镇737个(不包括县城关镇和划入城市统计范围的镇，下同)，乡集镇64个，行政村14220个，村庄134468个。村镇总人口5401.36万人，其中暂住人口601.55万人。建制镇建成区面积2715.64平方千米，平均每个建制镇3.68平方千米；集镇建成区面积98.53平方千米，平均每个集镇建成区面积1.54平方千米。全省村镇市政公用设施建设投资351.79亿元。

【农村房屋建设】 2015年，全省村镇住宅竣工面积4954.36万平方米，实有住宅总建筑面积21.02亿平方米，村镇人均住宅建筑面积38.92平方米(含暂住人口，下同)。村镇公共建筑竣工面积779.16万平方米，其中混合结构建筑面积701.75万平方米，占新建公共建筑总面积的90.06%。村镇生产性建筑竣工面积达到2221.65万平方米，其中混合结构建筑面积2093.56万平方米，占新建生产建筑总面积的94.23%。

【村镇供水】 乡镇年供水总量14.78亿立方米，自来水受益人口1587.37万人，村庄用水普及率94.57%，乡镇供水管道长度5.92万千米，本年新增供水管道长度2499.38千米，乡镇排水管道长度2.25万千米，本年新增排水管道长度1487.64千米，年污水处理总量7.03亿立方米。

【村镇道路】 至年末，全省乡镇实有铺装道路长度3.97万千米、面积2.94亿平方米，小城镇镇区主街道基本达到硬化。

【村庄环境整治】 2014年以来，根据省政府与苏北五市人民政府签订的《2015年度村庄环境整治工作目标责任书》要求，着力推进苏北地区村庄环境整治工作。截至2015年底，全省已累计整治近19万个自然村，完成省定目标任务，建成1300多个“环境优美、生态宜居、设施配套、特色鲜明”的省级康居乡村，并先后组织对徐州市、盐城市、淮安市、连云港市、宿迁市五市村庄环境整治全域完成情况进行省级验收。通过村庄环境整治工作，极大地解决了农民群众反映最强烈、需求最迫切的生活垃圾、清洁家园、清理河塘、饮用水安全、交通出行、活动场所等实际需要。

【村庄生活污水治理】 按照习总书记视察江苏的指示精神和住房和城乡建设部的明确要求，积极稳步有序推进全国村庄生活污水治理试点省建设。组织开展《江苏省村庄生活污水污染物排放标准研究》、《江苏省村庄生活污水治理适宜技术及建设指南》等课题研究，推动签署部省行三方合作框架协议，并于12月在常熟市召开全国农村生活污水治理工作培训班。在扎实工作的基础上，江苏省确定城乡统筹、生态为本、循环利用、因村制宜、分类实施的治理理念；形成规划引导、试点先行、示范引路、政策支持、技术支撑、有序推进的工作路径，明确县级政府作为实施责任主体，强化部门联动、资源整合，采取一体化推进、规模化建设、专业化管护的实施方法，积极稳妥地推进村庄生活污水治理。在各地自愿申报的基础上，结合各地基础条件、内在动力需求、组织实施能力等情况，选择16个试点县(市、区)实施首批村庄生活污水治理试点县建设。截至2015年底，完成1082个规划发展村庄生活污水治理任务。

【村镇生活垃圾处理】 加快构建完善“组保洁、村收集、镇转运、县市处理”的城乡生活垃圾统筹处理体系，并结合村庄环境整治建立有制度、有标准、有队伍、有经费、有督查的长效管护机制。截至年底，全省基本实现建制镇垃圾中转站全覆盖，建有生活垃圾收集点的行政村达到96%以上，并通过住房和城乡建设部等十部门组织的首批农村生活垃圾治理入村现场考核。

【村镇园林绿化】 全省建制镇绿地面积5.76万公顷，其中公园绿地面积10068.45公顷，人均公园绿地面积6.34平方米，建成区绿化覆盖率为28.28%；集镇绿地面积1695.48公顷，其中公园绿地面积257.29公顷，建成区绿化覆盖率为26.19%，人均公园绿地面积5.06平方米。

【农村危房改造】 2015年，国家下达江苏省4.3万户危房改造任务。江苏省住房城乡建设厅、省发改委、省财政厅联合下发《关于印发〈江苏省2015年农村危房改造工作实施方案〉的通知》，确定2015年在全省10个省辖市、60个县(市、区)实施农村危房改造，其中翻建新建31787户(含抗震改造15100户)、修缮加固11213户。同时，全省优选11个危房相对集中的村庄进行危房改造示范建设，引导各地将农村危房改造与镇村规划和村庄环境整治相结合。截至10月底，分三批次下达农村危房改造中央及省级资金48375万元(其中中央补助资金32250万元，省级配套资金16125万元)。11月初，在泰州市举办全省农村危房改造专题培训。邀请住房和城乡建设部相关专家领导就农房建设管理等方面进行现场授课，各省辖市住房和城乡建设局村镇建设处处长、相关县(市、区)村镇建设分管局长、科长和乡镇负责人参加培训。培训班上还组织参会代表实地参观2014年江苏省危房改造示范村庄建设情况，交流经验。注重加强对农村危房改造实施进度和农户建房各环节监督指导，多次分组督查危房改造工程质量。截止到12月31日，全省2015年度农村危房改造任务基本完成。通过实施农村危房改造工程，有效解决部分农村困难群众住房困难问题，为农村困难群众实现“住有所居”创造条件，促进社会和谐，同时通过对有农村危房改造任务的村庄进行村庄环境整治，推动农村的生产生活条件改善和人居环境提升，带动农村建房投入和乡村适宜产业发展。

【小城镇规划建设】 为强化对苏北地区一般建制镇建设发展的引导，2015年继续加快推进苏北地区一般建制镇法定规划编制全覆盖，对苏北地区100个完成法定规划编制的一般小城镇安排省级专项资金进行奖补。为进一步提高江苏省小城镇综合规划建设水平，塑造城镇特色，2015年组织开展10个综合规划建设示范镇规划设计及实施。截至年底，综合规划建设示范镇规划设计及实施工作已确定具体项目内容，规划设计项目形成初步方案，实施项目正按计划有序推进。根据各地进展情况分批召开成果研讨会，从规划设计理念方法、示范实施内容、项目管理方式等方面探索小城镇规划建设的适宜路径和模式。着力实施苏北地区重点中心镇建设工程及临海城镇培育工程。2015年在2014年工作基础上，成立小城镇规划建设专家指导组和对口指导团队，制定《苏北地区重点中心镇建设工程验收标准》，加强对地方工作指导和跟踪督查力度，指导督促各地结合重点中心镇扎实推进项目实施，从空间布局优化、镇容镇貌改善、公共服务配套、绿化景观提升、地域文化传承、城镇规范管理等方面推进临海城镇建设发展。截至年底，已对完成建设整治任务的10个镇进行省级验收。

工程建设标准定额

【编制、发布绿色建筑工程计价定额】 为贯彻财政部和住房和城乡建设部《关于加快推动我国绿色建筑发展的实施意见》，为绿色建筑的推广提供计价依据，江苏省建设工程造价管理总站组织开展《绿色建筑造价和定额研究》课题研究工作，并于10月11日通过了省住房城乡建设厅组织的课题成果鉴定，鉴定专家一致认为课题研究达到国内先进水平。

在此基础上我站根据《江苏省绿色建筑设计标准》中的通用施工技术和施工工艺，组织编制并发布了《江苏省绿色建筑工程计价定额》，共7章117个定额子目，自2016年7月1日起执行。

【做好省管项目招标控制价备案和计价咨询服务工作】 2015年累计完成143个省管工程项目的招标控制价备案工作，招标控制价累计金额28.39亿元。对招标控制价中存在的问题责令纠正，对违反计价程序、不可竞争费率等项目要求重新修改后报送。同时日常做好定额解释和答疑、计价争议调解工作。全年累计接待来人600余次，来电3000余次。

【发布人工工资指导价】 根据人工工资动态调整的要求，定期组织对建筑市场劳务用工价格进行测算发布，2015年上半年、下半年各发布一次。2015年全省建筑市场总体用工价格平稳，人工工资指导价调增幅度约为3.6%。

【加强对工程造价咨询企业和从业人员的动态监管】 2015年，江苏省建设工程造价管理总站对10家不符合资质条件的咨询企业下发限期整改通知书，注销5家造价咨询企业资质；对5家咨询企业成立分支机构进行备案；陪同中价协、厅行政审批中心人员去无锡、常州、镇江3市核查3家申报甲级资质企业的社保和股权情况；配合行政审批中心做好甲级企业资质延续和企业诚信证明的开具工作。会同省造价协会完成了2012～2014年江苏省造价咨询企业信用评价工作。此次信用评价全省共有430家造价咨询企业及23家分支机构自愿申请参加，参评率达到70%左右，其中63家被评为AAAAA级企业、123家被评为AAAA级企业、192家被评为AAA级企业、75家被评为AA级企业。

【造价员资格考试】 2015年下半年，顺利完成全省15个考点62661名考生的报考、考试和阅卷工作。本次考试从报名通知、现场审核、考场安排到安全保密、考务保障、集中阅卷、考分复核等各个环节都做了认真的准备和周密的部署。

工程质量安全监督

【工程质量管理】 继续推进工程质量治理两年行动，全面落实建筑工程五方责任主体项目负责人质量终身责任。深入开展住宅工程质量常见问题专项治理，积极培育优质示范工程，组织现场观摩，总结治理措施，推广先进经验，充分发挥样板工程的引导示范作用。修订出台《江苏优质工程奖“扬子杯”评审办法》，明确“江苏优质工程奖”为行政奖励，整合评优类别，规范评审程序，提升优质工程含金量。加快推进建筑产业现代化工程质量监管体系构建，研究制定《装配式混凝土建筑工程质量监督管理要点》，加强装配式结构工程质量监督，保障建筑产业现代化发展。大力推行分类监管，突出抓好城市轨道交通、保障性安居工程等民生工程的质量安全监督管理。2015年，全省新增“鲁班奖”工程8项，国家优质工程奖工程11项，江苏省累计有204项工程获“鲁班奖”，199项获国家优质工程奖，工程建设质量水平全国领先。

【安全生产工作】 制定下发《全省建筑施工安全生产专项整治工作方案》，重点部署全省房屋建筑和市政基础设施工程安全监管工作。不断完善绿色文明施工长效机制，组织编写《江苏省建筑施工现场安全生产标准化检查标准》、《江苏省建筑工地扬尘控制管理办法》、《江苏省建筑工地扬尘防治标准》，做到建筑工地扬尘控制规范化、科学化，提高扬尘控制科学管理水平。创新设立安全总监制度，率先在全国范围建筑行业试行安全总监制度。加快推进监管信息化建设，持续对“江苏省建设工程项目现场监管信息系统”进行深层次开发运用，导入安全监管标准话用语和项目经理十项规定分值评定。全省实施定位项目14432个、人员55004名。对建筑安全生产事故进行曝光，开展事故企业人员强制培训。针对部分地区和个别施工企业事故高发势态，组织集体约谈，研究分析事故发生的原因和特点，总结事故经验和教训，提高事故预防和控制能力。2015年，发生建筑施工生产安全事故起事故和死亡人数分别下降25%和26%，实现“双下降”的目标，安全生产形势总体稳定可控。

人事教育

【有序组织专业人员岗位考核与复检换证】 2015年，有序组织江苏省住房和城乡建设领域专业人员岗位统一考核(省内、省外)共3场，总计应考279955人，其中省内第1次应考64590人、省外第1次应考635人，省内第2次应考103387人、省外第2次应考5198人，省内第3次应考103736人、省外第3次应考2409人。2015年度江苏省住房和城乡建设领域专业人员部分岗位继续教育和复检换证通过人数23845人次。

【积极开展建设领域各类考试考务工作】 2015年，组织开展江苏省工程招标代理人员岗位统一考试，应考1397人；江苏省质量检测人员统一考试2场，总计应考16921人；2015年度江苏省建设行业燃气具安装维修工统一考，应考1463人。

【平稳对接江苏省“三类人员”安全生产知识考试】 自7月江苏省建筑施工企业主要负责人、项目负责人和专职安全生产管理人员安全生产知识考试移交中心以来，共组织各市、县及驻外办事处考试6场，总计应考59525人，其中A类4350人、B类17608人、C类37567人。并且，就“三类人员”安全生产知识考试考务有关事项进行调整，实现考试系统的全面升级。

【加快建筑施工特种作业考评人员培训步伐】 为规范建筑施工特种作业考评人员从业标准，中心2015年组织考评人员培训班11场共515人参培，涉及“建筑架子工”、“桩机操作工”、“吊篮安装拆卸工”、“建筑电工”、“建筑起重机械司机(塔式起重机)”、“建筑起重机械司机(施工升降机)”、“建筑起重机械安装拆卸工(塔式起重机)”、“建筑起重机械司机(物料提升机)”、“附着式升降脚手架工”、“建筑混凝土泵操作工”、“建筑焊工”多个工种，共382人顺利取得考评员资格。

【多次召开全国题库工作会议】 2015年，全国题库工作组长会议、全国题库工作部署会议、全国题库终审会议相继召开，在全国率先建成了与部颁标准相匹配的双类型题库(机考题库和纸质试卷题库)，有力地保障江苏省住房和城乡建设领域专业人员考核评价工作的顺利实施。

“十二五”期间住房城乡建设主要工作及成效

“十二五”以来，江苏省住房城乡建设系统按照省委省政府决策部署，围绕推进新型城镇化和城乡发展一体化，组织实施以城乡规划引导、城镇功能品质提升、节约型城乡建设、城乡环境综合整治为主要内容的美好城乡建设行动，以更高标准抓好城乡规划统筹引领，更实举措改善城乡人居环境，更高效率办好建设领域民生实事，更大力度推动建设产业转型升级，全力服务全省经济社会的持续健康发展，各项工作取得新的进展，探索出一条具有江苏特点的城乡统筹、集约高效、低碳生态、和谐幸福的城乡建设发展道路。

【城乡规划的引领作用更加突出】 以“城乡规划引导计划”为抓手，进一步完善城乡规划体系，加强城乡规划管理，以高水平的规划引领新型城镇化和城乡发展一体化进程。新一轮的省域城镇体系规划已经国家批准，确定“协调推进城镇化，区域发展差别化，建设模式集约化，城乡发展一体化”的城镇化方针，明确“紧凑城市、开敞区域”的城乡空间格局以及三带三圈的城镇空间结构。所有城市、县(市)都已开展新一轮城市总体规划修编工作，城市总体规划的引领作用有效增强。编制完成《苏南现代化建设示范区城镇体系规划》、《苏南丘陵地区城镇体系规划》、《大运河风景路规划》、《古黄河风景路规划》等一系列区域性规划，积极探索江苏省不同区域的差别化、特色化城镇化发展模式和路径。认真贯彻落实《省政府办公厅关于优化镇村布局规划的指导意见》，按照“重点村”、“特色村”、“一般村”的自然村分类，以村为基础、以镇为单位、以县为统筹推进全省优化镇村布局规划工作，引导城乡基础设施建设和农民建房。按预定计划，苏州等11个试点地区和南京、无锡、常州、镇江、扬州及所辖县(市)已完成相关工作，其他地区也正在有条不紊推进中。积极推进综合规划建设示范镇规划设计及实施，进一步提高全省小城镇综合规划建设水平，塑造城镇特色。立足“加快苏北跨越发展实现全面小康”的战略任务，着力实施苏北地区重点中心镇建设工程及临海城镇培育工程，从空间布局优化、镇容镇貌改善、公共服务配套、绿化景观提升、地域文化传承、城镇规范管理等方面推进临海城镇建设发展。继续推进城市抗震防灾规划编制工作，至2015年底，江苏省已有11个省辖市、34个县(市)完成城市抗震防灾规划，编制完成率达79%。加大城市抗震防灾规划实施力度，不断增强城乡综合防灾能力。

【建设领域绿色发展成效明显】 大力提升建筑节能水平，全面发展绿色建筑。《江苏省绿色建筑发展条例》颁布实施，江苏省成为全国第一个以地方法规全面推进绿色建筑的省份，发布实施建筑节能65%的标准、绿色建筑设计标准等地方标准，在新建民用建筑中全面推行一星级绿色建筑标准。2015年，新增节能建筑1.2亿平方米，新增绿色建筑项目面积5140万平方米，同比增长122%。全省节能建筑超过14亿平方米，占城镇建筑的比例首次突破50%，每年节约标准煤约1160万吨；获得绿色建筑星级标识的项目超过千项，面积1.1亿平方米，节能建筑和绿色建筑规模均居全国首位。建筑产业规模连续登上新台阶，2011年以来建筑业保持稳定增长态势，年均增长18%以上，2014年产值突破2.6万亿元，2015年规模总量继续攀升，产值预计达到2.9亿元。建筑安全生产形势平稳，事故起数和死亡人数实现双下降。根据中央巡视组巡视反馈意见整改工作方案，认真履行主体责任，出台建设工程招投标相关办法，积极构建省、市、县一体化的建筑市场诚信平台。深入开展工程质量治理两年行动，下发《建筑工程五方责任主体项目负责人质量终身责任追究暂行办法的实施细则》，指导企业建立“建筑工程五方责任主体项目负责人质量终身责任信息档案”，进行综合执法检查，强化工程质量监管。有序推进建筑产业现代化各项工作，提请省政府出台推进建筑产业现代化的意见，召开全省建筑产业现代化现场推进及经验交流会、绿色建筑大会，确定6个建筑产业现代化示范城市、29个建筑产业现代化示范基地，初步形成一批具有一定规模、一定带动作用和一定增长速度的骨干企业，全省采用建筑产业现代化方式建造的项目面积稳步上升。

【历史文化保护和空间特色塑造取得积极进展】 积极构建历史文化名城、名镇、名村保护体系，注重构建从专项规划到详细规划的保护规划框架，依法组织历史文化名城、名镇、名村、历史文化街区的各类保护规划编制。江苏省已拥有国家历史文化名城12个、名镇26个，均居全国首位，苏州市被住房和城乡建设部命名为全国唯一的国家历史文化名城保护示范区，历史文化村落保护得到加强，国家级历史文化名村和传统村落数量逐年增加。“村庄环境整治苏南实践”获得2014年度“中国人居环境范例奖”，“江苏省村庄环境改善与复兴项目”被“亚洲银行东亚可持续发展知识分享中心”评为2014年度“最佳实践案例”。引导城市空间特色塑造，组织所有省辖市编制城市空间特色规划并推动实施，明确把城市的各类自然景观、历史文化和当代建造的特色资源，串联整合，形成城市特色空间体系，彰显城市文化特色。在推进城市空间特色体系规划从省辖市向县级市覆盖的同时，起草《关于加强城乡规划引导 提升城乡空间品质的指导意见》，研究编写《江苏省小城镇空间特色塑造指引》，指导各地提高城市设计水平，加强建筑和景观的特色风貌塑造。举办以“我们的街道”为主题的第二届建筑创意设计大赛，推动全社会对建筑文化的关注和审美素质的提高，并已成为全省“紫金奖”文化创意设计大赛最重要的专项竞赛。

【住有所居目标基本实现】 坚持住房保障与房地产市场两手抓，努力构建符合江苏省情特点的住房保障与供应体系。2015年，全省保障性安居工程基本建成31.8万套、新开工29.2万套。江苏省已超额完成“十二五”期间国家下达的任务，共实施保障性安居工程160万套，是“十二五”规划目标任务(135万套)的118.5%，共计约500万城镇居民的居住条件得到明显改善。大力推进棚户区(危旧房)改造，多渠道筹措改造资金，充分利用现有存量商品房，多方式筹集安置住房，2015年新开工20.54万套(户)，近三年累计实施改造超过60万套(户)，集中成片的重点棚户区改造任务基本完成。着力构建“系统化设计、制度化安排、规范化建设和长效化管理”的住房保障体系，全省城镇保障性住房覆盖率已达到20%以上，住房保障体系健全率达到88%。不断拓宽住房公积金制度覆盖范围，覆盖957万城镇职工，资金规模不断增加，累计缴存额超过6000亿元，提取使用和发放贷款总额7667亿元，受益居民家庭不断增多，共支持404.3万城镇职工改善居住条件，公积金利用率全国排名第一。开展专题研究，研究适老住区建设指标体系及相关标准，提请省政府办公厅印发《关于开展适宜养老住区建设试点示范工作的通知》，积极推进适老住区建设。认真贯彻落实国家和省稳定住房消费的政策举措，加密市场监测和研判，坚持分类指导，积极防范市场风险，实现房地产市场企稳回升。“十二五”时期全省房地产开发投资完成额超过3.5万亿元，累计销售商品住宅4.2亿平方米。2015年全省商品住房销售面积同比增长19.1%，去化期较上年底缩短4.9个月。按照国务院和省委、省政府要求，按时完成4.3万户农村危房改造和20个县(市、区)以船为家渔民上岸安居工程的年度目标任务。从总体上基本解决了住房供应总量不足的问题，基本解决了城镇低收入住房困难家庭的住房保障问题，城镇居民“住有所居”目标基本实现。

【城乡基础设施建设水平不断提高】 积极转变城市建设理念，积极启动推进地下综合管廊建设、海绵城市建设，苏州市成为全国首批10个地下综合管廊建设国家试点城市之一，镇江市成为全国首批16个海绵城市建设国家试点城市之一，先后以江苏省住房和城乡建设厅和省政府文件在全国率先出台海绵城市建设的指导意见。根据国务院和省政府工作要求，出台《江苏省城市地下管线探测技术规程》、《江苏省城市地下管线数据标准》、《江苏省城市地下管线综合规划编制导则》，指导各地认真推进城市地下管线普查、事故隐患排查和管线信息系统建设，不断完善管线专项和综合规划。大力推进以“水源达标、备用水源、深度处理、严密监测、预警应急”为主要内容的城市供水安全保障体系建设，实施全省实施供水水质提升工程，全省自来水深度处理能力占供水总能力的40%，全省93%以上的市、县建成第二水源、应急备用水源或实现水源互备，正在加快实现由“供合格水”向“供优质水”的转变。持续推进城乡统筹区域供水工程，全省区域供水乡镇覆盖率超过97%。“十二五”期间，全省新增城镇污水处理能力432万立方米/日，新增污水收集干管13750千米，运行监管水平明显提升。全力推进建制镇生活污水处理设施建设，建制镇污水处理设施覆盖率达90%。不断提高环卫行业发展质量和水平，在全国率先建立了“组保洁、村收集、镇转运、市县集中处理”的农村垃圾城乡统筹处理体系，生活垃圾无害化处理能力达5.4万吨/日，城市生活垃圾无害化处理率达到98%，镇村生活垃圾集中收运率超过80%。扬州市成为第五批国家餐厨废弃物资源化利用和无害化处理试点城市，共有5个城市成为试点城市。不断完善城市轨道交通设施，全省已有11条城市轨道交通线路投入运营，总里程338.7千米，仅次于特大城市北京和上海；另有在建线路9条，总里程326千米。

【城乡人居环境质量持续改善】 全力实施村庄环境整治行动，完成18万个自然村的整治任务，整治覆盖面已超过95%。着力实施美丽乡村建设示范，确定150个美丽乡村建设示范村庄，并明确重点抓好11个特色样板示范村庄。积极推进村庄生活污水治理，超过6000个村庄生活污水得到深度处理，太湖流域规划发展村庄生活污水处理设施覆盖率超过40%。加大中国传统村落保护力度，开展传统村落调查、建立省级传统村落名录、加强传统村落保护。积极推进“城镇环境综合整治931行动”，坚持“雪中送炭、不搞锦上添花”，着力解决城市环境薄弱地区和薄弱环节的问题，把城市环境综合整治与改善人居环境、增进民生幸福相结合，累计实施城市环境整治项目5.18万个。习近平总书记视察江苏时，充分肯定江苏省城乡环境整治工作，并明确要求我们“把城乡环境综合整治坚持不懈抓下去”。在总结拓展基础上，研究制定村庄环境整治提升行动计划和城市环境综合整治接续方案。成立全国第一家省级层面设立的城管局，推动各地建立健全城市管理协调机构，积极构建“大城管”格局。开展省优秀管理城市、城市管理示范路和城市管理示范社区创建，截至年底，6个城市被省政府命名为江苏省优秀管理城市，共创建86条江苏省城市管理示范路、85个江苏省城市管理示范社区，达到“以创建促建设、以建设促管理、以管理促规范、以规范促提升”的良好效果。加快推进数字化城管系统建设，全省55个城市中有50个建成运行数字化城管系统，另有5个城市正在实施提升改造。开展智慧防灾后台管理平台和前端手机软件防灾APP的研究开发，初步建立“智慧抗震防灾平台”。

同时，全系统行政审批制度改革、法制建设、党风廉政建设、精神文明建设等相关工作扎实推进，人才队伍建设得到加强，为全省住房城乡建设事业持续健康发展提供了有力保障。

（江苏省住房和城乡建设厅）

浙 江 省

概况

2015年，在浙江省委、省政府和住房和城乡建设部的领导下，浙江省住房城乡建设系统紧紧围绕贯彻落实习近平总书记提出的“干在实处永无止境、走在前列要谋新篇”的指示精神，抓谋划、抓落实、抓督查，全面完成年初确定的各项目标任务，全省住房城乡建设事业发展取得了新成效。一年来，新型城镇化战略深入实施，“三改一拆”强势推进，“五水共治”不断突破，“交通治堵”加快推进，人居环境不断改善，建设领域改革和产业转型不断深入，建设行业作风建设和整体形象不断提升，为全省经济社会发展做出了应有的贡献。2015年，浙江省住房和城乡建设厅被省政府评为目标责任制考核优秀单位。

政策规章

【地方性法规】 12月4日，《浙江省绿色建筑条例》经省十二届人大常委会第二十四次会议审议全票通过，于2016年5月1日起施行。条例在绿色建筑专项规划的制定、民用建筑节能评估审查制度的实施等方面做了更加具体和明确的规定。省建设厅配合省法制办做好《浙江省城市餐厨垃圾管理办法（草案）》修改、完善及提交省政府常务会议审议。

【规范性文件】 省建设厅制定下发《浙江省省

外建筑业企业和中介服务机构备案管理暂行办法》等8件规范性文件，均在省建设厅门户网站专栏向社会公开。

【执法指导】 省建设厅制定出台《关于深入推进全省住房城乡建设系统依法行政工作的指导意见》，明确省、市、县三级住房城乡建设部门依法行政的目标、任务和要求。

【审批制度改革】 全面清理浙江省住房城乡建设系统行政审批事项，取消全部非行政许可审批事项。按照“应进全进”原则，努力推进行政许可事项实现网上办理。“三类人员”任职资格核准、房地产开发企业、安全生产许可证核发等12个事项全面实现网上办理。截至2015年12月31日，共受理网上申报267906件，网上受理170287件，其中在办794件，办结169493件，办件量占全省政务服务网办件总量的74.33%，群众办件回访满意率达91%。开展建设系统政务办理百家联创“优秀服务窗口”活动，全面推行“统一内外文书、统一办事流程、统一申报表单、统一审批条件、统一示范文本、统一办事指南”暨“六统一”，有效推进政务办理简化、减量和提速增效。探索开展政务事项网上智慧办理，已在安全生产许可证核发、二级建造师注册等4个政务事项试点。与支付宝平台合作开发政务办理“电子保姆”，实现事项办理查询、预约、鉴证、到期提醒等功能，进一步方便企业和办事群众。

房地产业

【市场监管】 浙江省政府下发《关于促进全省经济平稳发展创新发展的若干意见》和《关于促进房地产市场平稳健康发展的通知》，将年度商品房销售面积列入对各设区市政府经济责任制考核重要内容，并先后召开5次全省性专题会议。同时，省建设厅会同有关部门指导督促各地做好目标任务落实、政策研究制定、货币化安置、实施购房补贴、把控土地供应、规范市场秩序、帮助企业解困，以及提高公积金贷款额度、进一步缩短贷款审批时限等工作，对湖州市、绍兴市和慈溪市、余姚市、诸暨市、上虞区、东阳市等重点市县进行调研和指导服务。各地各部门通过出台文件、调控供给、保障服务等多措并举，有力促进房地产市场企稳回升。

【运行情况】 销售创历史新高。全年全省商品房销售面积5985万平方米，同比增长28%。商品房销售额6299亿元，相当于2015年全省全社会商品零售总额(19785亿元)的31.8%。商品房销售面积创历史新高(往年最高为2009年5538万平方米)。价格逐月回升。商品住宅价格一季度各月环比下跌，4月开始环比连续8个月小幅上涨。12月份全省新建商品住宅销售价格同比上涨3.3%。投资基本持平。全年房地产开发完成投资7112亿元，与2014年基本持平。商品房存量回落。截至12月底，11个设区市市区新建商品房可售房源6571万平方米，较年初(6883万平方米)减少4.5%，按照过去近12个月的月均销售量测算，消化周期为20.2个月，较年初(28.7月)下降8.5个月；其中商品住宅可售房源3716万平方米(303969套)，较年初(4196万平方米)减少11.4%，按照过去近12个月的月均销售量测算，消化周期为13.5个月，较当年初(21.6月)下降8.1个月。行业贡献稳定。房地产业地税收入1043亿元，同比增长2%，占地税总收入的27.1%；房地产业增加值2316亿元，同比增长9.9%，占全省地区生产总值(42886亿元)的5.4%。2015年浙江省房地产市场呈现“销旺价稳、平稳向好”的态势，总体上房地产去库存工作走在全国前列。

【平台建设】 全省房地产监管分析平台以应用分析为导向，着力带动联网覆盖和质量提升，不断拓展平台应用功能。从5月份起，按照统一要求，建立包括各个城市的房地产市场信息日报制度，实现8个重要数据的按日上报。8月底前全面落实县(市)商品房网签业务系统的建设，完成阶段性考核目标。继续编写设区市商品房市场动态月报，增加了31个重点县(市)数据，省平台联网交换实时覆盖至所有90个县(市、区)。7月开始，按照省政府领导指示要求，建立由省建设、国土资源、地税、国税、统计、调查总队、人行、银监8部门有关处室负责人组成的房地产市场分析联系机制，每月互通信息，每季度召开分析会，按季度形成分析报告。省委组织部会同省建设厅下发《关于进一步推进房地产监管分析平台建设切实做好领导干部个人有关事项报告房产信息查核工作的实施意见》，有力地推动了各地房地产信息系统建设工作。累计核查各级领导干部房产信息50830人次。9月份，开展全省房地产信息平台建设及房屋交易资金监管专项检查。开通“浙江城市住房网”，建成“城市住房行业管理工作平台”及12329短信平台，畅通省与市、县(市、区)建设主管部门和服务对象之间的工作联系、监管服务等，进一步提高平台的公众服务水平。省房地产监管分析平台(二期)项目通过省级绩效评估，完成项目终验，平台(三期)实现项目初验。

【城镇危旧住宅治理改造】 全省城镇危旧住宅房屋治理改造工作由查漏补缺、动态监测全面转入综合治理改造。6月初，浙江省政府办公厅下发《关于全面推进城镇危旧住宅房屋治理改造工作的通知》，年底前又召开全省电视电话会议，明确2016年各项目标任务。省建设厅制定下发了年度城镇危旧住宅房屋治理改造工作要点，多次组织调研指导，召开工作会、督查会，并以省城乡住房工作委员会办公室名义按月通报治理改造工作进展情况。杭州市、宁波市、台州市、湖州市、绍兴市、金华市政府召开城镇危旧房综合治理工作推进会。宁波市委、市政府将成片危旧房列入城市棚户区改造范围，明确2015～2017年完成危旧房改造300万平方米，市政府专门成立了城市棚户改造领导小组，组建工作团队，主要领导、分管领导多次召开动员会、推进会，加强各项工作。在各市县政府和省级有关部门的重视支持下，形成全面推进危旧房治理、加强房屋使用安全的良好氛围。在2014年危旧房大排查基础上，各地开展查漏补缺工作，落实动态管理。6月初，按照部署要求，开展老楼危楼安全排查。8月份，又重点排查办公、商业、生产等非住宅房屋使用安全情况。全省登记在册城镇住宅房屋393308幢、8.24亿平方米。在进一步摸清底数、完善“一楼一档”的基础上，各地及时组织开展安全鉴定工作。截至2015年年底，全省完成丙类住宅房屋鉴定11473幢、984万平方米，分别占安全鉴定任务的45%和51%。其中，湖州市、金华市、舟山市3市已经完成全部鉴定任务，杭州市、绍兴市完成率已经超过90%。各地按照要求及时落实城镇危险住宅房屋治理改造工作三年行动专项规划和年度计划编制工作。杭州市下辖各县(市、区)，东阳市、三门县、仙居县、永嘉县、临海市、玉环县、越城区、温岭市、义乌市、兰溪市、椒江区、路桥区、武义县、天台县、上虞区、磐安县、永康市、象山县等，共31个县(市、区)已经完成专项规划和年度计划编制并报省政府备案。各地坚持边排查、边治理，着力消除一批老旧住宅房屋的安全隐患。到2015年年底，全省合计城镇危险住宅房屋解危1425幢、51.1万平方米，其中拆除改造146幢、6.2万平方米，维修加固的355幢、13.5万平方米，回购处置100幢、1.1万平方米。此外，杭州市、宁波市完成房屋使用安全管理条例修改工作。宁波市镇海区、海曙区启动城镇住房保险政策性工作，共有4506幢、970万平方米纳入住房保险。各地房屋使用安全鉴定备案机构46家。

【房地产交易】 房地产交易、物业服务业、征收拆迁、房地产估价、房屋租赁等工作稳步有序推进。理顺房地产交易管理职能。按照中央编办和省编委办有关统一不动产登记后住房城乡建设部门主要负责交易管理的有关规定，3月份，省建设厅在嘉兴和金华分片召开各市主管部门座谈会，研究职能界线和加强交易管理问题。2015年5月，下发《关于加强当前房屋交易与产权管理工作的通知》（建房发〔2015〕176号)，各地都尽力做好对接落实。同时开展房屋登记官考核合格证书续期换证工作，对全省需换证的229人进行资料核对、上报换证。

【物业服务】 为充分发挥人民调解工作在预防、化解物业管理纠纷中的作用，探索人民调解、行政调解、司法调解相互衔接的物业管理纠纷调解工作新模式，2015年12月，浙江省建设厅会同省司法厅联合下发《关于加强人民调解化解物业管理纠纷的指导意见》，并在余杭召开全省物业管理纠纷人民调解工作现场会，就全面推广物业管理纠纷人民调解机制，维护各方利益，进一步促进社会和谐与稳定进行工作部署。为进一步加强物业保修金管理，拟定《关于规范物业保修金退还等相关事项的通知(征求意见稿)》。结合《关于进一步发挥住宅专项维修资金在老旧小区和电梯更新改造中支持作用的通知》，结合浙江实际提出贯彻落实意见。加强行业监管，11月初对上海复瑞物业管理有限公司服务违规处理情况作全省通报。

【房屋征收】 以贯彻落实《浙江省国有土地上房屋征收与补偿条例》为契机，组织进一步深化实施国有土地上房屋征收阳光工程，加强阳光征收督查考核，组织开展信息管理系统建设，学习推广宁波等地先进经验，指导各地建立完善相关配套政策制度，并着力开展原有拆迁遗留项目清理工作。全年全省做出征收决定项目150个、303万平方米，完成征收项目67个、204万平方米，做出补偿决定254个，申请法院强制执行90件；61个拆迁遗留项目涉及10780户、121万平方米，其中未签约的剩下780户、11万平方米。

【房地产中介】 按照统一部署，督促指导各地加强房屋租赁管理工作。温州市等地深入房地产开发企业、房地产经纪机构调研，了解当前住房租赁市场现状、存在的问题，专题研究制定加快培育和发展租赁市场工作方案。绝大多数市、县在房地产信息网站上开辟租售房信息专栏，发布出租房源信息和住房租赁情况，并提供住房租赁相关政策文件和租赁合同示范文本，指导和规范居住房屋租赁合同的签订和履行，为租赁市场供需双方提供高效、准确、便捷的信息服务。租赁双方在交易平台和管理模块上共发布租赁信息83700余条。许多地方修改完善房地产经纪机构备案管理办法，使得房地产经纪机构备案率明显提高。全省在房管部门备案的房地产经纪机构有3500多家，从业人员10000余人。按照省委办公厅有关要求，以严格执法、制止群租等为重点，省建设厅下发《关于加强商品房屋租赁管理严肃依法查处违法违规行为的通知》。组织省估价师协会开展房地产估价报告质量抽查，上半年、下半年两次合计抽查了135家估价机构报告，其中合格的100篇，不合格为35篇，平均得分为66分。对照国家审计署审计发现部分地方房产测绘机构未按规定脱钩改制、中介服务存在垄断现象等问题，省建设厅下发《关于清理规范房地产市场中介机构有关问题的通知》，并督促湖州市、绍兴市、丽水市等地整改到位。

住房保障

【概况】 2015年，浙江省新开工各类保障性安居工程住房27.6万套，其中棚户区改造22.6万套；基本建成27万套；新增低收入家庭租赁补贴8329户，分别完成国家下达的年度任务的128%、120.5%、159.9%、225.1%。城镇住房保障受益覆盖率约23.2%，超额完成“十二五”城镇住房保障受益覆盖率达到20%的目标，并且已经达到国家新型城镇化发展规划所确定的“十三五”城镇住房保障受益覆盖率23%的目标。

【加快推进棚改】 认真贯彻落实《国务院关于进一步做好城镇棚户区和城乡危房改造及配套基础设施建设有关工作的意见》（国发〔2015〕37号），早谋划、早部署、早落实，圆满完成保障性安居工程目标任务。完成进度一直保持全国领先，到7月底就提前超额完成全年目标任务。10月10日国务院召开的全国棚改电视电话会议上，浙江省政府领导就开工进度快作典型发言。编制完成省、市、县三级《城镇棚户区和城乡危房改造及配套基础设施建设三年计划》；省建设厅会同省财政厅、省地税局出台《关于推进棚户区改造货币安置的指导意见》，对棚改货币安置项目可享受的资金补助、税收优惠、项目审批等作了进一步的明确；启动《浙江省政府购买棚改服务管理暂行办法》的制订工作。

【货币保障】 全力打通保障性住房与普通商品住房的通道，货币化安置和货币化保障取得新成效。严格控制新建安置住房项目，并切实采取优惠措施，引导被征求补偿对象选择货币化安置。1～12月，全省累计实施棚改货币化安置27728户，是2014年实施量的4.3倍。积极推进公共租赁住房货币化保障，并将公共租赁住房租赁补贴纳入省级专项资金补助范围。全年新增发放租赁补贴11105户，购买、长期租赁市场房源410套，有力地促进去库存和房地产市场健康稳定发展。

【分配入住】 努力加快公共租赁住房分配入住，分配入住比例达到规定要求。根据住房和城乡建设部要求，对2012年底前开工的公共租赁住房（含廉租住房）再一次进行全面梳理，将需要分配入住的任务数落实到260多个具体项目，逐个进行攻坚。并采取加快申请受理、降低准入门槛、转换过剩房源、积极推行预分配等方式，加快房源分配入住。全年新增分配公共租赁住房58169套，其中2012年底前开工的房源分配43796套，完成目标计划的111.7%。

【资金保障】 积极争取国家开发性金融支持，有力地推进棚户区改造工作。抢抓国家更大规模推进棚户区改造的大好机遇，积极与国家开发银行、农业发展银行对接，争取开发性金融支持。3月13日，浙江省级棚改融资平台正式组建完成并开始实质性运作。6月18日，首批进入平台融资的14个项目完成签约，截至2015年年底，包括金华市“二七新村”项目在内的11个项目获得国开行贷款78.9亿元。至此，加上先期已经组建的杭州、宁波两个融资平台，已经有3个融资平台承接国开行棚改专项贷款。截至2015年底，国家开发银行累计向全省棚改贷款项目授信1832亿元，发放贷款861亿元，其中2015年新增发放428亿元，位居全国前列。同时，通过政府购买棚改服务方式，获得农业发展银行棚改贷款授信136亿元，进一步加快全省棚户区改造步伐。

公积金管理

【概况】 2015年，浙江省住房公积金缴存稳步增长，贷款屡创新高，提取不断攀升，资金使用安全高效，各项业务指标均达到历史最高水平。截至年底，全省实缴职工542.3万人，缴存总额5762亿元；累计发放个人住房贷款136.7万笔、3747.6亿元，贷款余额2232.3亿元，占全省个人住房贷款余额（公积金贷款余额＋商业银行贷款余额）的19.2%；贷款率95.2%，连续16个月保持上升趋势，高于全国平均水平14.4个百分点，资金使用率98%，同比增长4.6个百分点。贷款逾期率为万分之一点三。全年全省净增缴存职工41.8万人，同比增长24.8%，完成年度目标的167.2%；归集住房公积金

887.3亿元，同比增长13.4%，完成年度目标的136.5%；提取住房公积金641.7亿元，同比增长31.1%，发放个人住房公积金贷款665亿元，同比增长53.7%，全省稳定住房消费1306.7亿元，同比增长39.2%，完成年度目标186.7%，公积金释放住房消费占全省住宅销售额15.4%；结余资金113亿元，同比下降64.5%。

【政策支持】 切实落实国家出台的放宽提取条件、降低提取门槛和首付比例、下调贷款利率、提高贷款额度、全面取消收费、推行全国、全省异地贷款等政策。全省所有城市均出台调整政策，通过适度调整贷款使用条件和额度，试行贷款额度浮动机制，对低收入职工和困难家庭实行保底贷款政策。特别是全省范围取消户籍所在地限制，推出住房公积金缴存异地互认、转移接续和异地贷款政策，进一步支持职工跨地区住房消费需求，为房地产市场的平稳健康发展提供有力的支持。

【长效机制】 全省8个城市实现全市范围统筹调剂资金，9个城市推出“公转商贴息”贷款，8个城市成功实施商业银行授信融资业务，用于解决住房公积金资金不足，有效消化和缩短缴存职工贷款轮候时间。完成全省住房公积金个人住房贷款资产证券化的课题研究，启动住房公积金个人住房贷款资产证券化业务试点，湖州市通过私募方式发行证券化资金2亿元，杭州、湖州市通过证券市场分别发行证券化资金5亿元、4亿元。同时，两城市又获住房城乡建设部和人民银行总行批复同意。浙江省成为全国首批在全国银行间市场发行住房公积金个人贷款支持证券的三个试点省、市之一。

【监督管理】 浙江省委、省政府将住房公积金参建人数净增长率，再次纳入对各市党政领导班子实绩考核体系。组织开展以提速增效为重点的年度专项行政监督检查和审计抽查，实施日报、周报和月通报制度，及时解决缴存职工反映强烈的问题。通过不断推进住房公积金“阳光工程”建设和廉政防控机制建设，形成以岗位为点、流程为线、制度为面的风险防控体系，统一协调配套的住房公积金长效机制体系已逐步健全。制定《浙江省住房公积金异地贷款管理办法》，完善《浙江省住房公积金监管应用系统数据标准》，起草全省统一的提取业务操作规范，促进全省住房公积金业务逐步标准化、规范化、统一化。及时落实《关于健全住房公积金信息披露制度的通知》，并向社会首次全面披露全省住房公积金年度报告，促进住房公积金管理信息公开和权力透明。

【信息化建设】 基础数据贯标初见成效，宁波通过住房城乡建设部组织的专家验收，成为全国第三家、省内首家“双贯标”单位，在宁波召开全国现场会并推广试点经验；台州市、衢州市基本完成“双贯标”有关工作。监管系统建设稳步发展，12家中心均已实现与全省公积金监管系统数据的联网及采集，初步实现对全省住房公积金业务数据的日常考核、动态监测、规范管理、统计分析和信息共享，全省住房公积金OA办公平台也已开通，提升全省住房公积金动态监管和信息化管理水平。“12329”短信平台已经建成。全省统一的“12329”短信服务在全国率先开通，所有城市中心(含大部分分中心)已开通运行。自3月29日运行以来已发送短信942.3万条。

城乡规划

【规划编制】 开展杭州市、宁波市、温州市、金华-义乌市四个都市区规划纲要修改完善工作，省建设厅重点指导各地加强都市区规划纲要与“十三五”规划的衔接，进一步落实“十三五”发展要求及重点项目。指导杭州市、宁波市、温州市、嘉兴市、台州市等市开展城市总体规划修改工作。3月18日国务院批复同意《宁波市城市总体规划(2006—2020)》。杭州、温州城市总体规划修改成果通过部级联席审查。住房城乡建设部批复同意台州市开展城市总体规划修改。指导乐清市、庆元县、三门县、余姚市等地推进县(市)域总体规划修改工作。组织开展县(市)域总体规划编制导则修订。

【“多规合一”试点】 按照住房和城乡建设部等国家四部委联合开展“多规合一”试点的工作部署，省建设厅指导嘉兴市、德清县做好“多规合一”试点工作，两地完成试点成果并上报住房和城乡建设部。指导杭州市做好城市开发边界划定国家试点工作。结合“多规合一”，加快推进全省城乡规划信息系统建设。

【地下空间】 组织开展《浙江省城市地下空间开发利用“十三五”规划》编制。确定杭州市、宁波市、金华市、丽水市开展城市地下空间开发利用试点。按照住房和城乡建设部等部委的部署要求，全面推进全省城市地下管线普查工作，并在温州召开现场推进会进行部署。研究制定《浙江省城市地下管线综合规划编制大纲》。

【历史文化资源保护】 省建设厅积极指导温州、龙泉申报国家历史文化名城工作，温州通过国家评估组评估。浙江省政府命名平阳为省历史文化名城，公布梅城镇等 8 个镇为省级历史文化名镇。推进保护规划编制审查、审批改革，在依法依规的前提下，简化程序，变省级部门联合会议审查为部门网上征求意见，省政府委托省政府办公厅定期批次审批，提高审批效率。按照住房城乡建设部的部署开展历史文化名城名镇名村、街区和历史建筑等基础信息采集。省建设厅部署开展历史文化名城保护规划实施行动计划编制工作。把历史建筑的保护纳入全省建设系统的年度考核，省政府明确提出三年保护 1 万幢历史建筑的目标要求，省建设厅指导宁波市、温州市、龙泉市、临海市等地历史建筑的普查、分级工作。

城市建设与市政公用事业

【“五水共治”】 在抓好“八个坚持推进”(坚持率先推进、统筹推进、综合推进、分类推进、项目推进、行政推进、合力推进、科技推进)的基础上，2015 年由省政府与各设区市政府签订《2015 年度城镇污水处理设施建设和运行管理目标责任书》，明确 2015 年的城镇污水处理设施建设改造目标，并将计划细化分解到每个责任单位。浙江省政府办公厅出台《关于切实加强城镇污水处理工作的通知》，建立城镇污水处理设施运行和管理长效机制，提出“提高处理能力、规范运营管理、增强要素保障、强化监督管理”等具体要求；省建设厅下发《关于下达全省建设系统 2015 年度“五水共治”目标任务的通知》，经省政府同意下发《关于下达 2015 年度全省“排涝水”“抓节水”工作目标任务的通知》(建城发〔2015〕120 号)明确各市年度目标任务，并分解落实到各县(市、区)，确保各地尽早制定完善年度实施计划；省建设厅联合省财政厅、物价局印发《浙江省污水处理费征收使用管理办法》，明确污水处理费的性质和征缴范围，规范污水处理费的征收和使用管理；联合省环保厅印发《浙江省城镇污水处理厂运行管理考核办法(试行)》，建立城镇污水处理厂运行管理考核机制。

治污水方面：到 2015 年底，浙江省共建成城镇污水处理厂 295 个(不含已关停和转工业污水处理厂的污水厂)，全省污水处理厂处理(含其他污水处理装置能力)累计处理总能力 1008.2 万立方米/日，其中县级以上 135 座，建制镇 160 座。共有 208 家城镇污水处理厂达到一级 A 排放标准(全省城镇生活污水处理厂 COD 去除量连续 8 年占全省 COD 去除总量的 70%以上)，全省城市污水处理率达到 91.33%。全省 639 个建制镇全部开工建设污水处理设施，继 2007 年率先在全国实现县县建有污水处理厂后，2015 年又成为全国第一个实现建制镇污水处理设施全覆盖的省。截至 2015 年底，全省建成直径 300 毫米及以上的污水管网近 3.5 万千米；共建设污泥处理处置设施 78 个，建成污泥处理能力 2.1 万吨/日。到 2015 年底，全省每个县都建有一个以上污泥集中处理设施，成为全国第一个实现县以上污泥集中处理设施全覆盖的省。

排涝水方面：全省综合整治城市河道已完成 103 条，完工年度目标 103%，新开城市河道已完成 11 条，完工年度目标 110%，建设雨水管网已完成 2014 千米，完成年度目标 168%，提标改造管网已完成 1700 千米，完成年度目标 170%，雨污分流改造管网已完成 1845 千米，完成年度目标 185%，清淤排水管网已完成 26849 千米，完成年度目标 224%，改造易涝积水点已完成 601 处，完成年度目标 299%，增加应急设备已完成 15.86 万立方米/小时，完成年度目标 159%，杭州市主城区城西留下片区排涝系统工程已完成投资 5615 万元，完成年度目标 234%，温州市鹿城城区片排涝改造项目已完成投资 4110 万元，完成年度目标 274%。

保供水方面：全省建设供水管网已完成 2794 千米，完成率 215%，改造供水管网已完成 1632 千米，完成年度目标 163%，新增供水能力任务 81 万吨/日，完成年度目标 101%；改造供水能力任务 39 万吨/日，完成年度目标 100%。

抓节水方面：全省建设屋顶集雨等雨水收集系统已完成 6765 处，完成年度目标 135%，改造节水器具已完成 15.36 万套，完成年度目标 192%，改造“一户一表”已完成 19.74 万户，完成年度目标 329%。

【交通治堵】 专用停车位方面：年度目标任务为 108500 个，完工 145258 个，完成年度任务的 134%。其中，舟山市、绍兴市、金华市分别完成 4176、3883、7630 个停车位，分别完成本市目标的 208%、194%、170%。公共停车位方面：年度目标任务为 13550 个，完工 17970 个，完成年度任务的 133%。其中，丽水市、湖州市、台州市分别完成 344、1112、1155 个公共停车位，分别完成本市目标的 229%、222%、192%。新建改造城市道路方面：年度目标任务为 123.6 千米，开工数和完工数分别为 148 千米和 138 千米，分别完成年度考核任务的 120%和 112%。其中，舟山市、台州市、衢州市分别完成 5.3 千米、12.05 千米、5.1 千米，分别完成本市目标任务的 132%、129%、128%。打通影响交通的断头路方面：年度目标任务为44条，开工数和完工数分别为46条和45条，分别完成年度考核任务的105%和102%。旧住宅小区停车位改造方面：年度目标任务为改造65个小区，新增5200个停车位，已开工改造101个小区，已完成93个小区、新增10205个停车位。按照改造小区数量计算，开工率和完成率分别为155%和143%；按照新增停车位数量计算，完成率为196%。人行过街设施方面：杭州市目标任务为18处，已完成18处，宁波市目标任务14处，已完成15处，温州目标任务为2处，已完成3处；金华市、舟山市、台州市建成1处，其他各市均开工1处。

【市容环卫管理】 加强处理设施监管。省建设厅配合中国城市环境卫生协会对杭州市、富阳市、余姚市、慈溪市、平湖市、桐乡市、义乌市、长兴县等8座生活垃圾流化床焚烧厂无害化管理情况进行现场综合评定及指导。截至2015年底，全省51座填埋场中有45座达到无害化Ⅱ级以上标准，43座焚烧及综合处理厂中有29座达到无害化A级以上标准。

积极推进垃圾分类。围绕浙江省政府垃圾分类年度实事项目目标，省建设厅下发《2015年浙江省城区生活垃圾分类工作实施方案》，明确生活垃圾分类原则、标准、目标、要求和相关重点指标等。5月举办垃圾分类设施设备展，11月召开全省设区市城区生活垃圾分类推进会，先后多次开展专项督查。杭州市率先出台《杭州市生活垃圾分类管理条例》。到12月底，全省11个设区市城区生活垃圾分类收集覆盖面均超过50%。

积极开展浙江省生活垃圾处理示范工程建设。5月份，杭州市正式入选全国首批生活垃圾分类示范城市，省建设厅联合省发改、环保等部门推荐绍兴市成为国家第四批餐厨废弃物资源化利用和无害化处理试点城市。10月份，在台州市举行浙江省第十九个环卫工人节庆祝表彰活动，对全省环卫工作先进个人和集体进行表彰。11月份，省建设厅会同省发改委、省财政厅下发《关于组织开展省级餐厨垃圾资源化综合利用和无害化处置试点工作的通知》。在杭州市天子岭循环经济产业园区内的“浙江省生活垃圾三化处理培训基地”开展6期培训。

加强完善制度建设。省建设厅完成《浙江省城市餐饮垃圾管理办法》草案；会同省发改委完成《浙江省生活垃圾无害化处理设施建设“十三五”规划草案》，结合浙江省“十三五”规划开展《浙江省生活垃圾分类五年行动规划》制订并完成调研稿。

【人居环境】 加强制度标准建设。2015年1月，经省政府同意，省建设厅出台《关于进一步推进城镇园林绿化事业持续健康发展的实施意见》，加强对全省城镇园林绿化工作的指导。4月，制定《浙江省城市建成区绿化覆盖率及绿地率调查技术规程（试行）》，为更好地掌握城市绿地实效提供技术支持。提出《浙江省深化城区“四边三化”行动实施计划》，并以省生态办名义印发各市执行。制定《浙江省城区优质综合公园、绿化美化示范路、街容示范街等评价标准及评分细则》（试行）》。

深入推进园林城市创建工作。温州市、龙泉市、临安市3个市和淳安县、新昌县、开化县、玉环县被住房和城乡建设部命名为国家园林城市（县城）。乐清市、天台县、仙居县和缙云县被省政府命名为省级园林城市。慈溪市周巷镇、嘉兴市油车港镇、嘉善县姚庄镇、临海市杜桥镇和温岭市泽国镇被省建设厅命名为省级园林镇。

积极推进绿道网建设工作。按照省委、省政府“万里绿道网”建设要求，6月份在淳安县召开“全省城镇绿道网建设工作会议”，加强交流，示范引领，加快全省绿道网建设。认真组织落实全省绿道网规划，到2015年底，全省共建成各级绿道网约3500千米。

积极推进专项行动开展专项检查。按照《浙江省绿色城镇建设评价体系》，完成“绿色城镇”行动考核验收工作。先后四次对全省城市公园内私人会所、高档餐馆和违规出租等情况进行检查和回头看，督促各地完成清理整顿，回归公园的公共服务属性。

积极做好人居环境（范例）奖等推荐工作。收到11个申报范例奖项目的申请，组织初审完善后推荐报送住房和城乡建设部。年内还推荐湖州市吴兴区西三漾湿地公园申报国家城市湿地公园。加快完善政策标准体系。报浙江省政府办公厅下发《浙江省城市扬尘和烟尘整治专项行动实施方案（2014—2017）》和《浙江省大气重污染城市建筑施工及道路扬尘控制专项应急行动方案（试行）》。制订《浙江省绿色城镇建设评价体系》，以浙江省生态办名义印发各市政府执行。发布《浙江省园林绿化工程施工规范》。

【城市安全运行】 浙江省建设厅组织开展全省市政公用行业安全管理检查工作，通过自查自改、城市间互查、省级督查等方式，确保城市供水、供气、桥梁、排涝等设施安全运行。强化城市供水水质安全，组织开展全省城市供水安全检查，发现和纠正城市供水行业存在的安全问题，并完善各项安全管理工作制度。强化城市燃气安全监管，下发《关于印发全省城镇燃气安全专项整治行动实施方案的通知》，组织开展全省城市燃气安全专项整治，消除安全隐患。强化城市桥梁安全运行，继续开展既有城市桥梁的安全评价，强化危桥的检测、加固和改造，加强对城市窨井盖的安全管理。做好城市防灾减灾，进一步建立部门联动、响应及时、处置高效的防汛、防台、防冻体系，完善应急预案，加强人才、技术和物资装备储备，确保一旦发生突发事件，能够依法、及时、科学、有效地加以处置。

【数字城管】 全面完成智慧城管省级平台一期，推进智慧城管省级平台二期建设。在浙江建设职业技术学院应用技术专业上建立“智慧城管”专业，成为全国高等院校培养智慧城管人才的第一家。全省11个设区市围绕“互联网＋城管”推进智慧城管建设，逐步进行各类项目的建设和运行。

村镇规划建设

【村镇规划】 2015年，浙江省率先在全国范围内建立健全具有浙江特色的“村庄布点规划—村庄规划—村庄设计—农房设计”四级规划设计体系。积极推进村庄规划、村庄设计、农房设计通用图集全面覆盖。截至2015年底，全省已基本实现2万余个规划保留村的规划全覆盖，启动实施552个中心村的村庄设计编制，全面修编完成各设区市和各县(市、区)的农房设计通用图集。狠抓规划设计落地试点建设，积极打造“浙派民居”，开展10个村庄规划设计试点实践和“6＋22＋X”农房设计落地试点实践(省级试点村6个，市级试点村原则上每市2个，县级试点村原则上每县(市、区)1个)以及2个村庄“两规合一”试点。

【美丽宜居示范工程】 2015年，浙江省新启动省级示范村试点建设185个，全部完成示范村建设规划编制修编工作，并开展“三拆三化”项目建设。启动第二批国家级美丽宜居示范村创建试点名单，全省共9个省级示范村列为国家级示范村创建试点。省建设厅会同省财政厅下达专项资金4500万元，每个村补助500万元。2015年共组织开展两轮美丽宜居示范村督查验收工作，年中对全省10个市75个试点村项目实施情况进行督查，其中优秀级村16个，合格级村55个，需进一步整改的村4个。年底对全省11个市共170个试点村进行省级验收。到2015年年底，全省已累计启动实施美丽宜居示范村国家级试点17个、省级试点747个，其中有448个村已完成试点建设任务并通过验收，累计完成投资102.78亿元。

【农村危房改造】 2015年国家下达浙江省危房改造任务1.7万户，中央资金投入1.275亿元，已全部完成任务。到2015年底，基本完成对低保标准(2007年)200％以内农村困难家庭的危房改造，有效改善全省困难群众居住条件。浙江省计划2013～2015年完成渔民上岸安居工程3005户，到2015年底，已全部完成指标任务和资金拨付。指导和督促各地加快推进农村危房现状调查，为下一步农村危房改造提供依据。指导和督促各地加快推进农村人居环境调查，调查率已达85％。

【传统村落保护】 大力开展传统村落申报。在前三批176个村列入中国传统村落名录的基础上，2015年精心组织576个村申报第四批中国传统村落名录。积极争取中央财政资金支持。2015年新增53个中国传统村落列入中央财政支持范围，全省获得中央财政补助的中国传统村落总量达108个，争取资金3.24亿元以上。

工程建设标准定额

【工程建设标准】 围绕实施“五水共治”，省建设厅编制发布全国首个《城镇防涝规划标准》；围绕新型建筑工业化，组织编制《高层钢结构住宅技术规程》和《工业化建筑评价导则》等10项工程建设地方标准和10项标准设计图集；围绕绿色建筑，编制发布《居住建筑节能设计标准》(2015版)、《屋面保温隔热工程技术规程》、《建筑太阳能光伏系统应用技术规程》和《居住建筑风环境和热环境设计标准》、《太阳能与空气能热泵热水系统设计及安装验收规范》，围绕民生热点发布实施《既有多层住宅加装电梯设计导则》、《浙江省宗教建筑规范》、《浙江省村庄设计导则》等。

【工程造价】 深化工程造价管理改革，制定《浙江省工程造价管理改革工作任务分工方案》。完善工程计价定额，审定通过《浙江省工业化建筑工程计价定额》，建立工业化建筑预制构件信息价动态发布机制；主编完成全国定额《房屋建筑与装饰工程消耗量定额》，编制《浙江省建设工程技术经济指标(2015版)》。加强造价管理，调整安全文明施工费计取规定，起草规范建设工程施工招标文件计价条款的指导意见，积极开展建筑业实施营改增后建设工程计价规则调整的调研，开展建设工程招标风险警戒值(招标控制价下降幅度值)发布工作。制定《浙江省建设工程造价技术指导服务工作方案》，全年造价行政调解、定额解释、合同咨询2000多件次。加强备案管理，全省受理招标控制价信息（备案）和施工合同备案各3500多项，造价近1500亿元。开展以工程量清单计价规范为核心的造价咨询成果质量检查，提升造价咨询成果质量。

工程质量安全监督

【工程质量】 深入推进工程质量治理两年行动，强化"两书一牌"三项制度。自8月份起，各市签署法定代表人授权书、工程质量终身责任承诺书的覆盖率达到100%，全省新办理竣工验收备案工程10270项，其中有9916项工程设立永久性标牌，覆盖率达96.6%，有9390项工程建立质量信用档案，覆盖率为91.4%。加强工程质量监督执法检查，全省共检查工程38311项，下发监督执法检查整改单27410份、行政处罚书616份，处罚有关单位536家，处罚有关人员397名，实施信用惩戒3036起，曝光违法违规典型案例33起，有效落实工程质量终身责任制。加强城市建筑工地扬尘治理，经省政府同意制定下发《浙江省城市建筑工地与道路扬尘管理办法》，严格落实建筑工地扬尘防治"六个100%"要求。成立扬尘治理工作领导小组，强化目标考核，完善奖惩机制，将工地扬尘治理工作纳入标准化工地等评优创先活动标准，并与企业信用建设挂钩。严格限期禁止现场搅拌混凝土和砂浆，推广预拌混凝土、预拌砂浆和预制构件。规范建设工程安全文明施工费计取，在安全文明施工费的基础上增加施工扬尘污染防治增加费、创安全文明施工标准化工地增加费，从计价依据来加强施工现场扬尘污染控制和治理。全力做好第二届世界互联网大会环境质量保障工作。加强工程质量监督，全年共监督房屋建筑工程27406个，总监督面积57277万平方米，竣工工程13585个，总竣工面积18483万平方米，共监督市政工程4298个，总投资额1358亿元，竣工工程1692个，竣工工程总投资额323亿元。加强对各级工程质量监督机构考核，杭州市建设工程质量安全监督总站等101家工程质量监督机构考核合格。加强工程创优工作，组织开展2015年度浙江省建设工程"钱江杯"奖（优质工程）评选活动，"绍兴县体育中心"等128项工程被评为"钱江杯"优质工程；绍兴市科技文化中心等8项工程被评为中国建设工程"鲁班奖"（国家优质工程），浙江浙能六横电厂新建工程被评为国家优质工程金质奖，湖州市第三人民医院整体迁建工程等13项工程被评为国家优质工程奖（其中，有2项省内工程由外省企业承建，2项省外工程由浙江省企业承建），创优数量继续走在全国前列。

建筑市场

【建筑业发展】 2015年，全省建筑业总产值23980亿元，同比增长5.8%，产值再创新高，增幅比全国高出3.5个百分点，浙江建筑业总产值占到全国总产值的13.3%；全年签订的合同额39440亿元，同比增长3.1%。其中，本年新签合同额21861亿元，同比下降2.2%；全年房屋建筑施工面积201542万平方米，同比下降0.2%，建筑业继续保持高位增长，主要经济指标继续保持全国前列。实现建筑业增加值2563亿元，同比增长4.8%，占全省GDP的6.0%；实现利税总额1284亿元，同比增长2.7%。其中，上缴税金686亿元，同比增长3.9%；其中贡献地税收入423.5亿元，占全省地税入库的11.7%，继续对地方财政作出贡献。全省平均从业人数783万人，同比增长4.9%，继续为转移农村富余劳动力、统筹城乡发展作贡献。

全省4个"建筑强市"和7个"建筑强县"集聚效应不断加强，区域竞争优势不断提高，引领带动作用日益突出。4个"建筑强市"共完成产值17899.13亿元，占到全省总产值的74.6%。其中，绍兴市完成约6583亿元，继续位居全国地级市前列；杭州市完成约4097亿元，宁波市完成约4055亿元，金华市完成约3162亿元。7个"建筑强县"共完成产值10614.8亿元，占全省总产值的44.3%。其中，东阳市完成约2229亿元，继续位居全国县级市前列；柯桥区完成约2025亿元，诸暨市完成约1820亿元，上虞区完成约1444亿元，萧山区完成约1194亿元，象山县完成约1160亿元，温岭市完成约740亿元。

浙江省委、省政府对建筑行业改革和发展高度重视。李强省长、袁家军常务副省长、熊建平副省长多次对建筑产业现代化和绿色建筑发展作出重要批示。李强省长和熊建平副省长分别考察新型建筑工业化和绿色建筑工作。《浙江省建筑产业现代化"十三五"规划》首次列入省政府29项省重点专项规划之一。7月份住房城乡建设部副部长易军专程到浙江调研建筑业改革发展工作，肯定浙江建筑业发展取得的成绩，支持浙江在工程总承包、建筑工业化、绿色建筑等工作的实践和探索。3月份，召开全省建筑业发展暨科技进步工作会议，部署建筑业改革发展工作。

【建筑工业化】 稳步推进新型建筑工业化发展。深入贯彻落实浙江省政府关于深化推进新型建筑工业化促进绿色建筑发展的实施意见，杭州市、宁波市、绍兴市、金华市、舟山市、台州市、丽水市等市政府先后出台进一步推进建筑工业化的政策文件。加强目标考核，省建设厅下达2015年建筑工业化目标责任制考核指标，全年共新开工建设新型建筑工业化建筑114万平方米，超额完成省政府下达的55万目标任务。其中，绍兴市建管局、杭州市建委、宁波市建委年度考核为优秀，舟山市建设局等3家单位考核为良好。新增建筑业工业基地10个，占地面积902.1亩(1公顷=15亩)，总投资22.55亿元。继续推进"1010工程"示范基地和示范项目建设，10个示范基地已完成投资额90.40亿元，进度达到60.26%，10个示范项目10个已完成建筑面积46.60万平方米，进度达到68.83%。组织成立由浙江大学建筑工程学院等12家单位共同发起、88家成员单位组成的浙江省新型建筑工业化产业联盟，加强全产业链各环节的集聚。浙江省建筑工业化工作得到肯定，并在全国电视电话会议上介绍经验。

建筑节能与科技

【绿色建筑】 省建设厅会同省发改委、省机关事务管理局制定实施《浙江省绿色建筑发展三年行动计划(2015—2017)》，并严格落实民用建筑节能评估和审查制度，全省建筑节能工作局面明显改观。已累计实施绿色建筑5782项，建筑面积2.7亿平方米，约占全国绿色建筑实施总量的20%，浙江省绿色建筑发展水平和规模处于全国领先位置。

【既有建筑节能改造】 结合"三改一拆"和"美丽宜居示范村建设"等重点工作，积极采用建筑外墙外保温、活动外遮阳、隔热屋面、太阳能、地源热泵等节能技术，稳妥推进既有建筑节能改造工作。全省已累计实施既有公共建筑节能改造146项、建筑面积243万平方米，累计实施既有居住建筑节能改造面积1548万平方米。

【可再生能源建筑应用】 开展可再生能源建筑一体化试点示范工作，制定实施《可再生能源建筑一体化应用试点示范工作实施方案》和《关于进一步加强可再生能源建筑一体化应用工作的通知》。新增可再生能源建筑应用面积1000万平方米。

【建筑节能监管体系】 全省国家机关办公建筑和大型公共建筑能耗监管平台已初步建成，实现556幢大型公共建筑能耗分项计量实时上传；浙江大学等七所高校还开展国家节约型校园建筑节能监管体系建设。

【绿色建筑联盟大会】 2015年10月份在绍兴举办了第五届夏热冬冷地区绿色建筑联盟大会，来自国内外院士、专家和全国19个省份的代表共600余人出席会议，得到与会专家和代表的高度评价。

【勘察设计管理信息化】 推进勘察设计管理信息化，全省勘察设计"四库一平台"建设进展顺利，已入库省内勘察设计企业1442家、注册技术人员10396人、非注册技术人员32120人，入库进浙省外勘察设计企业474家、注册技术人员5819人、非注册技术人员8895人。加快推进施工图审查联网运行工作，基本实现施工图审查项目网上送审。转发《关于推进建筑信息模型应用指导意见的通知》，明确BIM技术在建筑工程中应用的总体要求和应用重点，启动BIM技术推广应用工作，并在省勘察设计协会成立浙江省BIM技术应用分会。

【浙江省勘察设计大师】 根据《浙江省工程勘察设计大师推荐命名办法》和《浙江省工程勘察设计大师推荐命名实施细则》规定，启动第二届浙江省勘察设计大师推荐命名工作。

【农村文化礼堂设计竞赛】 省建设厅配合省委宣传部开展浙江省农村文化礼堂设计大赛，其中36件入围作品进行全省巡展，浙江省委常委葛慧君对此给予高度评价。

【建设科技奖励】 2015年浙江省建设科学技术奖共评出获奖项目29项，其中一等奖2项，二等奖12项，三等奖15项。另外，由省建设厅推荐申报的"高流变性软土地层地铁车站基坑修建关键技术"荣获浙江省科学技术进步二等奖。

建设人才教育工作

【干部队伍和班子建设】 做好省建设厅机关干部选拔任用、轮岗交流和直属单位领导班子建设工作。2015年，厅机关有6人进行岗位交流，其中1人交流到直属单位任职；厅机关和直属单位共有4人提拔任用。及时调整浙江省住房和城乡建设厅干部学校主要领导，充实浙江省建筑设计研究院领导班子。组织举办全省建设系统干部人事工作培训班，来自基层部门分管领导和组织人事(教育)处长共50余人参加培训。

【规范干部日常管理】 认真做好个人有关事项报告、出国(境)规范管理和干部档案核查工作。2015年，省建设厅共有113人报告个人有关事项，办理因私出国(境)审批132人次，因公出国(境)政审备案18人次。组织对157份干部档案进行全面、细致、严格审核。

【专业人才队伍建设】 积极做好"省151人才

工程”第三层次培养人选推荐选拔工作，指导帮助直属单位开展公开招聘，录用单位工作人员27名。调整充实全省建设工程专业高级工程师资格评审专家库，专家库成员从167名扩充到200名；组织开展全省建设工程专业高级工程师资格评审和直属单位中初级专业技术资格评审初定工作，全省3478人取得建设工程专业高级工程师资格，直属单位172人取得中初级专业技术资格。

【推进养老和薪酬改革】 扎实做好机关事业单位工资标准调整、机关事业单位养老保险制度改革和国有企业负责人薪酬制度改革相关工作。调整机关事业单位基本工资标准，增加离退休人员离退休费；核算养老保险和职业年金缴费基数，做好基础信息采集和补发清算工作；组织实施浙江省建筑科学设计研究院有限公司厅管干部薪酬改革前期调研、方案拟订、业绩考核办法制定等工作。

【加大教育培训工作统筹】 编制印发2015年度各类建设教育培训计划81项，考试计划6项。对已实施备案的培训单位中的22家进行培训质量评估检查。充实建设行业教育培训评估专家库，增补20名专家，进一步加强对培训和考试工作的宏观指导和统筹管理。

【干部教育培训】 举办美丽宜居示范村工程乡镇长培训班、全省住房公积金系统领导干部培训班、全省新型城市化局长培训班等。举办2014年度浙江省建设系统军队转业干部培训班，共计38人参加了培训。组织参加“浙江省领导干部网络学院省直机关分院”在线网络学习、参加法律知识考试。省建设厅机关相关人员参加中共浙江省委组织部、浙江省人力资源和社会保障厅在省委党校开展的各主体班次学习。

【专技人员知识更新】 指导浙江建设职业技术学院、浙江省城乡规划设计研究院先后举办赴澳大利亚、意大利两个出国境培训项目。指导浙江省建筑科学设计研究院有限公司和浙江省建筑节能中心举办绿色建筑发展专业技术人员高研班项目。协调指导直属单位、厅管社团开展注册职业资格人员的继续教育。

【专业人员培训考试】 全省160566人次参加现场专业人员岗位考试，74851人次参加三类人员考试，37877人次参加特种作业人员考试。组织研发“浙江省现场专业人员网络继续教育和登记管理系统”，组织开展2007年和2011年取证的现场专业人员继续教育工作，全省共有5.68万人参加网络继续教育并换发国家(省)新版岗位证书。积极推进考试方式改革，开展各地机考考点设置方式意向调研，指导推动杭州市、宁波市、东阳市等13个市(县)14个机考考点建设。下发《关于推动全省现场专业人员岗位考核评价机考工作的通知》、《浙江省现场专业人员计算机网络考试考务管理规定(试行)》、《浙江省现场专业人员计算机网络考试考点管理办法(试行)》和《现场专业人员岗位考核评价机考考点建设技术标准补充说明》等文件。

【建筑工人培训考核】 制订印发《关于加强建筑工人职业培训工作的通知》、《浙江省住房城乡建设行业建筑工人培训考核实施办法(试行)》、《浙江省建筑工人培训考核工作规程(试行)》和《关于2015年度浙江省建筑工人培训考核考务工作的通知》等文件，成立浙江省建设行业技能人员培训考核指导中心，明确市级管理机构、培训考核机构的设立标准及培训师资、考评员和督考员的资格条件，提出工作流程、标准和要求。组织研发浙江省建筑工人培训考核管理系统，成立编审委员会，对建筑业企业新资质换证涉及的20个重点职业(工种)，组织开展相关职业标准、培训教材和题库编写。设立企业培训考核机构120家、社会培训考核机构23家和社会培训机构22家。

【技能人才培训鉴定】 联合浙江省人力资源和社会保障厅、浙江省总工会先后举办精细木工、装饰镶贴工、管工、工程电气设备安装调试工、燃气具安装维修工、燃气管道调压工六个工种的职业技能竞赛，9名选手被浙江省总工会授予“浙江金蓝领”荣誉称号，9名选手被浙江省人力资源和社会保障厅授予“浙江省技术能手”荣誉称号，9名选手被授予“浙江省建设行业技术能手”荣誉称号。对三年有效期届满的考评员开展培训考核及换证工作。指导全省24家鉴定所规范开展鉴定工作，103805人次取得中高级证书。组织开展2015年全省建设行业技师、高级技师职业技能考评工作，共有1116人通过职业技能培训鉴定，分别取得相应高级技师(技师)职业资格证书。

“十二五”期间住房城乡建设主要工作及成效

“十二五”期间，浙江省住房城乡建设系统在省委、省政府和住房城乡建设部的正确领导下，围绕全面建成小康社会目标，深入贯彻“八八战略”，实施《浙江省住房和城乡建设事业发展“十二五”规划纲要》，推进新型城市化战略，住房城乡建设事业各项工作取得显著成效，有力推动全省经济社会平稳较快发展。

【新型城镇化战略深入推进】 “十二五”期间，浙江省委、省政府两次召开全省新型城镇化工作会议，出台《浙江省深入推进新型城市化纲要》、《浙江省新型城市化发展“十二五”规划》，住房城乡建设部与省政府签订《共同推进城乡建设转型综合示范区合作协议》，四大都市区加快发展，作为长三角城市群金南翼的地位逐步提升，省域中心城市发展势头良好，县域中心城市加快建设，美丽县城加快培育，中心镇发展改革蓬勃开展。2015年全省常住人口城市化率达65.8%，高出全国平均水平近10个百分点，全省城市建成区面积约3140.38平方千米。已有三批共6个镇和14个村庄列入全国美丽宜居小镇、村庄示范名单，居全国首位，已启动764个美丽宜居示范村试点，其中国家级17个，省级747个。

【城乡规划体系不断健全】 省域城镇体系规划、浙中城市群规划获批实施，四大都市区规划纲要编制完成，设区市城市总体规划修编加快推进，嘉兴、德清被列入住房和城乡建设部“多规合一”试点，新一轮县(市)域总体规划加快修编，控规与城市设计覆盖面扩大，中心镇与村庄规划体系不断完善，风景名胜区规划加快编制，部派省派城乡规划督察员实现对设区市和义乌市全覆盖。

【城乡住房保障成效显著】 开工建设各类保障性安居工程住房363.4万套，实现城镇低保标准两倍以下住房困难家庭廉租住房“应保尽保”。深入实施农村困难家庭危房改造工程，完成农村困难家庭危房改造27.4万户。住房公积金实缴职工542.3万人，缴存总额5762亿元，个人住房贷款率95.2%，高出全国平均水平14个百分点，资金使用率98%。

【城市建设管理加快提升】 县城以上城市供水综合生产能力达2091.06万立方米/日，污水处理厂处理总能力(含其他污水处理装置能力)1009万立方米/日，县城以上城市生活垃圾无害化处理能力达5.9万吨/日。县城以上道路长度25990.7千米，面积48040.99万平方米，人均城市道路面积18.53平方米。“数字城管”和“12319”并轨，14个市(区、镇)被列为国家智慧城市试点，嘉兴市被列为全国海绵城市试点。

【节能减排和生态建设扎实推进】 实施绿色建筑5273项，共2.4亿平方米，既有居住建筑节能改造1548万平方米，获国家绿色建筑评价标识197项。2015年城镇生活污水处理厂COD去除量达103.64万吨，连续7年占全省COD去除总量的70%以上。建成各类绿道网3500千米，城市(县城)建成区绿地率达36.59%，人均公园绿地面积13.2平方米，分别比2010年提高2.45个百分点和2.18平方米。已创建国家园林城市(县城、镇)41个，联合国人居(范例)奖4个，中国人居环境(范例)奖41个，国家节水型城市(县城)7个。杭州西湖、京杭大运河(浙江段)被列入世界遗产名录，省级以上风景名胜区59个，湖州市新列入国家历史文化名城。

【建设产业发展再上台阶】 房地产投资3万亿元，年均增长12.7%，占同期固定资产投资29.8%，房地产业增加值超过1万亿元，年均增长8.4%，商品房销售面积达2.3亿平方米。完成建筑业产值99088.8亿元，占全国12.5%以上，实现建筑业增加值10959.2亿元，占全省GDP5.5%以上，上缴税收2114亿元，其中省内部分占全省地方财政收入12%，拥有特级企业44家，新型建筑工业化基地已建成6599亩。共创鲁班奖41项，国优工程57项，建筑施工安全生产事故起数和死亡人数持续下降。

【依法行政工作切实加强】 省人大颁布《浙江省城乡规划条例》等法规，修订《浙江省建筑业管理条例》、《浙江省风景名胜区条例》等法规规章，在全国率先制定并实施《浙江省风景名胜区规划实施评估办法(试行)》和评估导则。行政审批加快优化，厅本级行政权力事项从906项消减到332项，厅非行政许可审批事项全部取消，行政复议按时办结率达100%。参与浙江政务服务网建设，网上受理11个事项、17万件，办件量占全省网办总量的74.33%，群众办件回访满意率达91%。强势推行“三改一拆”，拆除违法建筑面积4.75亿平方米，改造旧住宅区、城中村、旧厂区面积5.88亿平方米，住房城乡建设部以“全国学浙江、全力拆违章”为主题的全国违法建设专项治理现场会在浙江义乌召开。

【投融资改革有效探索】 省建设厅与省国开行、农业银行签署战略合作协议，共同推进新型城镇化发展和保障性安居工程建设，指导义乌市、嘉善县、海宁市列入国家基础设施投融资改革试点。推广政府与社会资本合作，杭州市文一路地下通道、诸暨浣东再生水厂、温州市瓯江口新区市政工程等项目顺利建设。引进世行贷款资金1亿美元，实施钱塘江流域小城镇环境综合治理项目。整合省级财政专项转移支付资金项目，强化市县统筹安排力度，推进资金管理信息公开。

大事记

1月

5日　省建设厅、省建管局赴杭州市、宁波市、金华市、丽水市进行全国工程质量治理两年行动检查。

16 日　省政府召开全省住房城乡建设工作电视电话会议、厅领导、各处室（中心、局）主要负责人参加。

19 日　省建设厅赴中天集团展开“学中天”活动，厅领导、各处室正、副处长、各中心主要负责人、省建管局领导班子参加了这次活动。

20 日　全省美丽县城试点工作座谈会在省城乡规划设计研究院召开，11 个试点县市结合自身实际作了交流发言。

2 月

6 日　全省住房公积金管理年度工作会议召开。副厅长应柏平总结 2014 年工作和部署 2015 年工作，副巡视员卓春雷、公积金监管处处长及公积金监管处全体人员参加会议。

11 日　全省城市建设管理工作座谈会召开，副厅长吴雪桦总结 2014 年工作和部署 2015 年工作，城建处处长及该处室全体人员参加。

27 日　副省长熊建平听取房地产工作汇报，副厅长应柏平、保障处、房产处、公积金监管处的处长参加了会议。

3 月

2 日　副省长熊建平赴住房和城乡建设部汇报浙江省房地产工作情况，厅长谈月明、副厅长应柏平及厅办公室和房产处负责人参加。

12 日　全省城市生活垃圾分类和污水处理年度目标管理工作座谈会召开，副厅长吴雪桦、城建处处长参加。

19 日　全省村镇建设工作座谈会在天台县街头镇后岸村召开，副厅长沈敏出席会议，村镇处全体人员参加会议。

24 日　全省建筑发展科技进步工作会议召开，谈月明厅长及副厅长赵克、党组成员张奕、厅科技处处长参加了会议。

26 日　召开四川、浙江两省住房和城乡建设厅座谈会，厅长谈月明、副厅长赵克、党组成员张奕及有关处室负责人参加。

27 日　省长李强听取特色小城镇工作情况汇报，谈月明厅长参加。

4 月

2 日　全省房地产市场工作座谈会召开，副厅长应柏平、厅房产处有关人员参加。

7 日　副省长熊建平走访《今日聚焦》和《治水拆违大查访》栏目组，厅长谈月明参加。

7 日　全省美丽县城工作试点座谈会在东阳市召开，总规划师顾浩参加会议，参加会议的还有规划处处长和省城市化发展研究中心主任。

8 日　副省长熊建平赴天台县调研县城建设和美丽宜居乡村建设，副厅长沈敏和村镇处处长参加。

10 日　全省住房城乡建设系统计财工作座谈会在桐庐召开，副厅长赵克及计财处处长参加会议。

14 日　全省住房城乡建设系统依法行政工作会议召开，副厅长沈敏、副巡视员楼冰和厅各处室负责人参加了会议。

14 日　住房和城乡建设部住房保障司副司长魏龙一行来浙江省调研公共租赁住房保障工作，副厅长应柏平、厅保障处处长参加。

23 日　省建设厅召开全厅干部职工大会，省委组织部部长跃敏宣布省委决定，钱建民任省住房和城乡建设厅党组书记。

24 日　省人大常委会第十九次会议，决定免去谈月明的浙江省住房和城乡建设厅厅长职务。决定任命钱建民为浙江省住房和城乡建设厅厅长。任命谈月明为浙江省人大环境与资源保护委员会副主任委员。

5 月

7 日　在桐庐召开全省城市住房专项工作会，副厅长应柏平及保障处处长、房产处处长参加。

18 日　副省长熊建平听取全省规划工作情况和全国违法建设专项治理现场会对接情况汇报，厅长钱建民、副厅长沈敏、总规划师顾浩、党组成员朱永斌及有关人员参加。

19 日　召开“三严三实”专题党课暨专题教育部署会议，省建设厅领导、厅机关全体干部、厅直属单位负责人参加会议。

20 日　副省长熊建平赴金华市调研，厅长钱建民、党组成员朱永斌及厅办公室主任陪同。

27 日　副省长熊建平作“三严三实”专项党课报告，厅机关全体人员、厅直属单位负责人参加。

6 月

2 日　副省长熊建平主持召开加强污水处理厂监管考核工作专题会议，厅长钱建民、副厅长吴雪桦参加。

8 日　厅长钱建民出席省商业有限公司举办的全省“三改一建”棚户区改造融资项目签约仪式暨新闻发布会。

9 日　住房和城乡建设部专项巡查组赴嘉兴市巡查保障性安居工程，副厅长应柏平、保障处处长、省建管局参加。

15日　省长李强赴富阳市调研"美丽宜居"村庄建设，厅长钱建民参加。

16日　全省住房城乡建设系统精神文明建设工作会议召开，副厅长赵克、机关党委专职副书记及厅机关有关人员参加。

17日　住房和城乡建设部召开全国工程质量治理两年行动暨老楼危楼安全排查电视电话会议，厅长钱建民、副厅长应柏平、党组成员张奕及有关处室主要负责人在浙江分会场参加会议。

18日　全省城镇绿道网建设工作会议在淳安县召开，厅长钱建民出席并讲话，副厅长吴雪桦、纪检组长周仲光及有关处室负责人和分管同志参加。

24日　省政府召开全省特色小镇规划建设工作现场推进会，总规划师顾浩参加。

30日　召开全省城镇污水处理厂运行管理工作视频会议，厅长钱建民出席会议并讲话，副厅长吴雪桦、纪检组长周仲光及有关处室主要负责人参加。

7月

13日　厅长钱建民、副厅长赵克、应柏平分别赴舟山市、台州市、绍兴市、查看第九号台风"灿鸿"受灾情况，有关处处长一起参加。

21日　省政协举办以"城镇污水处理设施建设与运行管理"为主题的第十二次"浙江政协民生论坛"厅长钱建民，副厅长吴雪桦参加。

21日　全省城市住房工作座谈会在宁海县召开，副厅长应柏平、保障处、房产处处长参加。

28日　召开全省"三改一拆"办公室会议暨"两路两侧"乱搭乱建、乱堆乱放专项整治部署推进会，厅长钱建民、党组成员朱斌参加。

29日　厅长钱建民听取贯彻落实省委书记夏宝龙、副省长熊建平对《国务院关于进一步做好城镇棚户区和城乡危旧房改造及配套基础设施建设有关工作的意见》批示精神工作汇报，副厅长应柏平及有关处室负责人参加。

30日　召开安徽—浙江建筑产业现代化及绿色建筑工作座谈会，副厅长应柏平、房产处处长、省建管局参加。

31日　召开全省农房设计工作座谈会，副厅长沈敏、总规划师顾浩及有关处室负责人参加。

8月

7日　副省长能建平听取全省危旧房治理工作汇报，厅长钱建民、副厅长应柏平及有关处室负责人参加。

14日　浙江省建设厅召开各市(建委)建设局、规划局负责人座谈会，厅领导和有关处室主要负责人参加了会议。

19日　全省美丽县城暨规划设计现场会在丽水市召开。副省长熊建平出席会议并讲话，厅长钱建民在会上发言，省政府副秘书长谢济建主持会议。副厅长沈敏、总规划师顾浩及有关处室负责人参加。

31日　全省住房城乡建设系统地方立法与行政应诉工作座谈会在杭州召开。本厅副巡视员楼冰出席会议并讲话。

9月

6日　厅长钱建民赴杭州国际博览中心建设项目、中南建设集团调研，党组成员张奕、办公室主任及省建管局有关人员参加。

24日　全省城市建设管理工作座谈会召开，副厅长吴雪桦和城建处处长及有关人员参加了会议。

10月

8日　省人大常委会副主任冯明带队赴舟山市督查"五水共治"，副巡视员卓春雷参加。

12日　省人大常委会副主任王永昌带队赴温州市、丽水市督查"五水共治"，副厅长沈敏参加。

13日　省人大常委会副主任毛光烈带队赴嘉兴市督查"五水共治"，副厅长吴雪桦参加。

15日　省人大常委会副主任姒健敏带队赴宁波市督查"五水共治"，党组成员张奕参加。

15日　浙江省住房和城乡建设厅在杭州召开全省风景名胜区工作交流会。会上，省纪委派驻厅纪检组组长周仲光就如何履行"一岗双职"，做好风景名胜区系统的党风廉政建设提出具体要求。厅总规划师顾浩在肯定成绩的同时对下一步工作提出了要求。

17日　住房和城乡建设部在义乌召开全国违法建筑治理工作现场会。会议总结浙江省违法建筑治理经验和做法，并要求各省(区、市)开展"学习浙江经验，治理违法建设行动。

19日　省人大常委会副主任姒健敏带队赴湖州市督查"五水共治"，副巡视员卓春雷参加。

24日　浙江省第十九个环卫工人节庆祝表彰大会在台州市椒江区召开，副省长熊建平出席会议并讲话。本厅厅长钱建民、副厅长吴雪桦、办公室主任和城建处处长参加。

11月

2日　全省设区市城区生活垃圾分类工作会议推进座谈会在杭州召开，厅长钱建民出席会议并讲话，副厅长吴雪桦主持会议，省委宣传部、省家办、省财政厅、省国土资源厅、省环保厅、省农业厅、省教育厅、省食安办等省级有关部门，全省各设区市政府副秘书长、各市建委(建设局)、环卫部门等负责人参加会议。

5 日　全省城市地下管线普查工作推进会在温州召开，总规划师顾浩、规划处、城建处有关人员参加。

6 日　浙江省第三届全省农村建筑工匠技能比武大赛在杭举办，副厅长沈敏参加并致辞，厅村镇处处长江胜利主持。

18 日　省政府在富阳召开推进村庄规划暨农房设计落地工作现场会，副省长熊建平出席会议并讲话，厅长钱建民部署工作，省政府办公厅副秘书长傅晓风主持会议，副厅长沈敏、总规划顾浩及有关处室的相关人员参加会议。

23 日　省委任命张清云同志为浙江省住房和城乡建设厅党组成员。

26 日　浙江省第 22 届房博会在杭州开展，厅长钱建民、副厅长应柏平参观了房博会。

27 日　浙江省人民政府浙政干〔2015〕49 号文任命张清云同志任浙江省住房和城乡建设厅副厅长。

12 月

4 日　浙江省第十二届人民代表大会常务委员会第二十四会议通过《浙江省绿色建筑条例》。

22 日　浙江省委组织部任命朱永斌同志为副厅级干部。

31 日　浙江省人民政府任命张奕同志为浙江省住房和城乡建设厅副厅长。

31 日　召开全省推进农村生活污水治理设施运行维护管理工作视频会议，厅长钱建民、副厅长沈敏及村镇处全体人员参加。

（浙江省住房和城乡建设厅）

安　徽　省

概况

2015 年，安徽省住房城乡建设系统积极应对经济下行压力，转变发展理念，坚持先行先试，强化项目推动，探索转型发展新路子，稳中有进、稳中有好，全面完成安徽省委省政府和国家住房城乡建设部交给的各项任务。全年新开工保障性安居工程 40.29 万套，其中棚户区改造 33.99 万套，完成农村危房改造 17.92 万户，新增、改造提升绿地面积 1.06 亿平方米，建成城市绿道 1150 千米，新建成污水处理厂 25 座、新增污水处理能力 42.65 万吨 /日，建成污水配套管网 1670 千米，建成生活垃圾焚烧设施 4 座、新增垃圾处理能力 8850 吨/日。全年完成城乡建设和房地产投资 5710 亿元，占全省固定资产投资 23.4%；缴纳税收 798.3 亿元，占全省地税收入 50.2%，为全省经济社会发展作出重要贡献。

截至 2015 年底，安徽省在全国率先启动并基本完成到 2030 年的城市和县城总体规划修编，寿县国家“多规合一”试点工作完成阶段性任务，合肥等 7 个省级“多规合一”试点积极推进。开展池州市海绵城市建设国家试点和 9 市 6 县省级试点，启动城市内涝点、黑臭水体普查整治。基本完成地下管线普查，启动城市综合管廊规划编制，组织实施一批试点项目。低碳绿色出行能力大幅提高，城市绿道和步道建设加快推进，9 个省辖市和 3 个县建成公共自行车系统，投入公共自行车 4 万余辆。城镇园林绿化提升行动成效明显，创建一批园林绿化精品示范工程，宿州市、蚌埠市、宣城市、宁国市 4 市和蒙城县、霍山县、利辛县、芜湖县 4 县成功创建国家园林城市(县城)。淮南市等市开展建筑垃圾资源化利用试点取得初步成效。集中多方力量推进城市基础设施领域 PPP 模式，全省已实施项目 31 个，池州市污水处理、安庆市城市道路、马鞍山市污水处理等 3 个项目入选财政部典型案例。部署市政公用行业转企改制试点，完善市政公用运营服务标准。新增亳州市、宿州市和定远县、太和县等 6 市(县)进入国家智慧城市试点，推进数字化城管平台建设，加强城建档案管理。积极完善棚改投融资机制，国开行发放棚改贷款 533.9 亿元，农发行授予棚改贷款额度 97.9 亿元；出台政府购买棚改服务管理办法。启动“城镇棚户区改造及配套基础设施建设三年计划”。全年归集住房公积金 519.9 亿元，同比增长 13.6%；发放住房公积金个人住房贷款 369.2 亿元，同比增长 55.8%；个人住房贷款率 89.9%，比年初提高10.7个百分点。全年成交商品房6228.2万平方米，同比增长0.4%。开展三年治理行动，着眼长效机制，制定达标验收标准和验收办法，55个县(市、区)通过省级验收，合肥市、宣城市实现市域农村生活垃圾治理全覆盖。开展首批28个绿色村庄示范试点。4个镇列入全国建制镇示范试点，18个镇2个村列入全国特色景观旅游名镇名村名录。111个中国传统村落保护规划全部编制完成。(曹丹勇)

政策法规

【概况】 2015年，安徽省住房和城乡建设厅深入贯彻落实党十八届四中、五中全会和习近平总书记系列重要讲话精神，围绕全省年度依法行政重点工作和建设事业中心工作，积极适应和主动应对法治工作发展面临的新形势新情况，扎实稳步全面推进各项建设法治工作，取得新进展新成效。

【制度建设】 以贯彻落实四中全会精神为引领，谋划法治工作注重全局。学习贯彻党的十八届四中全会《关于全面推进依法治国若干重大问题的决定》和安徽省委《关于全面推进依法治省的意见》，及时制定安徽省住房和城乡建设厅《关于全面推进依法治建的实施意见》。落实安徽省委《全面推进依法治省的意见》涉及安徽省住房和城乡建设厅的任务，完成《安徽省住房城乡建设系统全面推进依法治建"十三五"规划纲要》编制工作、印发《安徽省人民政府关于加强城乡规划管理的意见》。

【立法】 安徽省住房和城乡建设厅以急需先立为原则，推进立法工作注重管用。2015年，《安徽省物业管理条例(修改)》被列为安徽省人大常委会年度提请审议类立法项目，《安徽省建筑安全生产管理办法(修改)》被列为安徽省政府规章实施类立法项目，《安徽省农民住房建设管理办法》、《安徽省物业专项维修资金管理暂行办法(修改)》被列入安徽省政府规章论证类立法项目。

【科学决策】 安徽省住房和城乡建设厅大力推进科学民主依法决策。贯彻落实《安徽省人民政府关于进一步规范政府系统重大事项决策行为的意见》和安徽省住房和城乡建设厅《重大行政决策程序规定》，认真开展重要文件出台、深化行政审批制度改革、经济合同签订、政府采购、专项资金分配等事项的合法性审查工作。制定《法律顾问制度》，规范法律顾问的职责和聘任条件，以及参与建设厅重大决策的范围，促进法律顾问工作规范化开展。

【规范执法】 安徽省住房和城乡建设厅严格行政执法人员持证上岗和资格管理制度。会同省政府法制办组织2015年度全省建设行政执法人员资格认证统一考试。经考核及公示，共有2003人成绩合格，被授予执法资格。认真落实《关于建立行政处罚裁量基准制度的指导意见》，向社会公布全系统329项行政处罚自由裁量权基准及其配套实施办法，建立健全行政处罚裁量权基准制度。

【行政复议】 安徽省住房和城乡建设厅针对复杂疑难案件，坚持集体审议，全年共召开行政复议委员会4次。在全系统探索开展行政复议工作规范化示范点创建工作，确定5个示范点，促进复议工作规范化发展。2015年共收到行政复议申请158件，除1件告知申请人另行向有权机关提起复议外，受理157件。依法受理的157件中，依法审结150件、中止1件。

【学法普法】 围绕安徽省委、省政府提出的"法治观念明显增强、法治精神深入人心"的目标要求，认真落实住房城乡建设部《法制宣传教育第六个五年规划》和《法治安徽建设纲要(2011-2015年)》，制定全省住房城乡建设系统"六五"普法规划，印发法治宣传教育工作要点，按时开展年度工作总结和"六五"普法终期验收。(齐悦)

房地产业

【概况】 2015年，安徽省房地产开发投资4424.9亿元，同比增长2%，位居全国第八、中部地区第二，商品房销售面积6174.09万平方米，其中住宅5356.81万平方米，在全国排名第八，新开工面积7759.35万平方米，其中住宅5254.67万平方米，在全国排名第七，中部地区排名第二；商品住宅均价5067.1元/平方米，同比增长1%，增幅比全国平均增幅低8.1个百分点，比中部地区平均增幅低5.2个百分点。房地产业实现税收528.3亿元，占全省地税收入的33.2%。

按照中央关于化解房地产库存的要求，安徽省住房和城乡建设厅等12部门出台《关于促进房地产市场平稳健康发展的意见》，从加快棚户区改造进度、支持农业转移人口市民化、鼓励农民进城购房、优化商品房及用地供应结构、加强商品房市场监管等方面入手，积极推进棚改货币化安置，支持居民住房消费，努力消化商品房库存。建立房地产交易信息日报制度、新建商品房和二手房交易"网签"与交易资金监管制度，在确保交易安全的同时，进一步完善房地产数据统计手段和分析方法，及时了解市场动态变化。陈政高部长对安徽省的房地产市场调控工作予以充分肯定，认为安徽省对房地产市场形势分析细致、工作扎实、研究深入。

【房屋交易】 落实各项产权政策措施，防范商品房交易风险。按照《房屋交易与产权管理工作导则》规定的内容，指导各地做好不动产统一登记部分职能划转及后续衔接工作。严厉打击违法违规行为，切实规范房地产市场秩序。开展房地产非法集资情况排查和房地产估价行业管理工作检查，督促房地产相关企业守法经营、诚信经营，严厉打击侵害群众合法权益的违法违规行为。完善执法检查制度规范。共修订房地产系统行政处罚裁量权基准 63 项，建立房地产市场监管随机抽查事项清单，进一步规范执法人员监督检查的范围和执法尺度。

【物业管理】 2015 年，安徽省共有物业服务企业 3260 家，其中取得国家一级资质 63 家，二级资质 315 家。物业管理从业人员 20.5 万人。全省实施物业管理的项目 9202 个，管理面积 6.67 亿平方米，其中住宅项目 6086 个，管理面积 5.2 亿平方米。

启动对《安徽省物业管理条例》、《安徽省物业专项维修资金管理办法》的修订工作。出台《关于住宅小区物业收费有关问题的通知》，对成立业主大会和未成立业主大会的小区物业服务收费进一步明确细化，完善质价相符的物业管理价格机制。

【房屋征收】 2015 年，安徽省以国有土地上房屋征收与补偿信息公开为抓手，着力营造公开、公平、公正的房屋征收环境。制定信息公开工作方案，细化各级房屋征收部门需要重点公开的征收决定、补助奖励政策和标准、初步评估结果、补偿方案、补偿标准、补偿结果等内容。做好房屋征收网上公开，实现省市县信息公开联网。落实征收风险评估机制，征收前先排查不稳定因素，做好稳控工作并制定突发事件处置应急预案，积极探索更加有效的征收安置模式，不断改进和完善工作方法，通过大力推行棚户区改造货币化安置，引导棚户区居民到市场上自主购买商品住房，缩短安置周期。（许森）

住房保障

【概况】 2015 年，新开工保障性安居工程 40.29 万套，其中公租房 6.3 万套、棚户区改造 33.99 万套，基本建成 35.84 万套，新增分配入住 25.76 万套。

【推进力度】 2015 年，全省共争取中央各类保障性安居工程补助资金 103.3 亿元，省级财政安排 8.2 亿元，按照用地指标跟着建设计划走的要求，年初全省提前单列下达新增保障房建设用地计划指标 1.08 万亩（1 平方千米＝1500 亩），有力保障用地供应。

【棚改和货币化安置】 积极落实省政府提出的 2015 年各地货币化安置比例原则上不低于 40％的要求，会同省有关部门制定出台《关于促进房地产市场持续健康发展的意见》，指导各地通过发放购房券、政府搭桥等方式，积极推行货币化安置。各地在摸清本地区商品住房存量的前提下，结合实际制定出台棚改货币化安置工作目标和实施细则。其中，铜陵市、淮北市、安庆市等市实施“房票”安置、芜湖市通过发放“购房券”等，引导棚户区居民选择货币化安置购买商品住房。

【争取金融支持】 出台《安徽省棚户区改造国开行贷款发放及支付实施细则》，省棚改融资理事会通过举办培训班、实施帮扶调研等方式，帮助各地加快贷款发放和使用。截至 2015 年底，国开行累计发放棚改贷款 533.9 亿元，累计实现用款 272.8 亿元。积极与省农发行开展合作，共同签署《战略框架合作协议》，明确 2015～2017 年省农发行对安徽棚改提供 1000 亿元贷款支持。

【公租房】 出台《关于推进公共租赁房货币化保障指导意见》，指导各地结合住房市场供应现状，减少公租房新开工建设数量，通过市场收购或长期租赁方式筹集公租房房源。鼓励发放住房租赁补贴，对符合条件的保障对象，可通过发放住房租赁补贴方式支持其在市场上租赁住房。

【加强保障房分配管理】 将保障房分配入住指标纳入住房保障工作目标责任考核体系，对各市和省直管县政府进行考核，并加大督查调度力度。完善加快公租房分配入住的政策措施，大力开展保障房分配专项行动，建立公租房分配项目台账，督促各地采取任务倒排、问题倒查、责任倒逼机制，加强保障房分配入住。（袁倩）

住房公积金管理

【概况】 2015 年度，归集住房公积金 519.91 亿元，同比增长 13.64％；提取住房公积金 369.21 亿元，同比增长 26.06％；发放住房公积金个人住房贷款 376.89 亿元，同比增长 55.83％，个人住房贷款率 89.87％，比年初提高 10.65 个百分点；个人住房贷款逾期率 0.05‰，低于国家 1‰的控制标准，资金风险管理安全有效。

【管理机构】 全省共设 16 个设区城市住房公积金管理中心，5 个独立设置的分中心；安徽省住房和城乡建设厅、财政厅和中国人民银行合肥中心支行负责对全省住房公积金管理运行情况进行监督。

【完善政策】 积极贯彻住房城乡建设部"发挥住房公积金稳定房地产市场的支撑作用"的工作部署，指导各地及时调整政策，通过出台政策：缩短贷款缴存时限、降低首付比例、调增最高贷款额度、延长贷款期限、放宽提取条件等一系列措施，住房公积金使用效率大幅提升。2015年度，安徽省省住房公积金住房贡献率、个人住房贷款市场占有率、房地产市场贡献率分别为128%、22.5%、24%，住房公积金稳定房地产市场的支撑作用明显。

【征信系统】 印发《关于实施全省住房公积金管理中心与中国人民银行个人征信系统联网的通知》，通过全省各地住房公积金管理中心与人民银行个人征信系统联网，实现住房公积金管理中心在开展信贷业务时快速了解贷款申请人信用状况，提高发放个人贷款的效率，增强住房公积金风险防控能力。

【风险防控】 会同省财政厅、审计厅、人行合肥中心支行、银监局组成5个检查组，对全省16个住房公积金管理中心、5个行业分中心、省直分中心和部分县级管理管理部进行业务管理工作考核和廉政风险防控检查，并将考核结果和廉政风险防控检查结果在全省通报。（杨俊）

城市规划

【制度建设】 围绕健全法制、强化规划管理，积极争取省政府出台政策文件，省政府出台《关于加强城乡规划管理的意见》；以安徽省人民政府办公厅名义印发《关于开展省级"多规合一"试点工作的通知》；印发《安徽省城市空间特色规划编制导则》（试行）的通知；会同省人民防空办公室印发《关于加强城市地下空间暨人防工程综合利用规划管理工作的通知》。

【规划编制】 落实《安徽省城镇体系规划（2011—2030）》分区指导要求，推进了芜（湖）马（鞍山）、皖北、合肥都市圈、安池铜产业集中区等跨城镇体系规划编制报批工作；池州市、滁州市、宁国市等市城市总体规划经省政府批复实施，除国务院审批城市外，12个设区市到2030年总体规划已有9个经省政府批复实施，其他市相继进入审批程序；开展专项规划编制，会同省水利厅制定《安徽省水利重大设施空间布局规划》等；开展重大项目规划选址工作。

【多规合一】 指导寿县积极探索，试点中关于整合有关部门规划职能、推进机构改革内容为全国试点市县唯一开展的工作，在注重城乡统筹、落实国家战略等方面的突出特点，得到住房和城乡建设部充分肯定。在充分谋划的基础上，启动推进省级"多规合一"试点，指导合肥市等市开展省级"多规合一"试点。

【历史文化名城（村、镇）保护及监督管理】 启动并推进皖南区域性历史文化资源保护规划编制；安徽省住房和城乡建设厅、联合国教科文组织亚太地区世界遗产培训与研究中心、黄山市政府三方于2015年8月签署《关于文化遗产保护与城市可持续发展合作备忘录》，商定就"强化世界遗产保护"、"打造合作交流基地"、"加强专项研究合作"等开展合作。（江莹）

城市建设与市政公用事业

【概况】 到2015年底，全省城市人均道路面积20.8平方米，城市污水处理率96.68%，燃气普及率97.55%，用水普及率96.79%，生活垃圾无害化处理率99.55%，城市建成区绿地率37.16%，建成区绿化覆盖率41.16%，人均公园绿地面积13.37平方米。全省城市基础设施水平和人均拥有量超过全国平均水平，较好满足城市经济、社会发展和人民生活需求，为推动安徽省工业化、城镇化发展做出积极贡献。

【海绵城市】 印发《安徽省人民政府办公厅关于加快推进海绵城市建设的通知》，提出海绵城市建设目标要求，通过加强规划引领，坚持统筹推进，完成五年滚动规划和年度项目计划，建立多元化投融资机制，全面推进海绵城市建设。池州市成为全国16个海绵城市建设试点之一，确定合肥市、亳州市、蚌埠市、滁州市、芜湖市、宣城市、铜陵市、安市庆、黄山市9个城市，及芜湖县、南陵县、泾县、潜山县、全椒县、宿松县6个项目作为海绵城市建设先行先试示范城市、示范项目。印发《安徽省海绵城市规划技术导则—低影响开发雨水系统构建（试行）》和《安徽省海绵城市建设技术—雨水控制利用工程》等地方标准。组织编制《海绵城市建设技术手册》以及《海绵城市评价和考核验收标准》，贯穿海绵城市规划、建设、管理、考核全过程的政策体系和工作机制基本形成。

【市政公用事业改革】 推进市政公用事业管理体制机制改革试点。2015年1月，芜湖市基本完成市政、园林行业事改企改革试点，组建市政、园林集团公司，建立企业制度，全面实施市场化运营，形成芜湖市改革试点的调研报告并已上报省政府。

会同安徽省财政厅《关于印发〈推进政府和社会资本合作加快市政基础设施建设的实施方案〉的通知》，按照“建管分开、管办分离”的原则，积极推动自然垄断行业逐步实行特许经营，加快推进市政基础设施建设运营事业单位向独立核算、自主经营的企业化管理转变，建立现代企业制度和市场化运行机制。

【城市供水】 组织开展2015年度城镇供水水质检测工作。依据《地表水环境质量标准》GB 3838—2002、《地下水质量标准》GB/T 14848—93和《生活饮用水卫生标准》GB 5749—2006等标准、规范要求，安排安徽省城市供水水质监测网成员单位对16个省辖市和2个直管县的供水企业进行检测。

【燃气供应】 全省已有15个省辖市与31个县使用管输天然气，天然气消费总量和用气人口数稳步增长。

【市容环境】 大力开展县城规划建设管理提升行动。全面贯彻落实《安徽省人民政府关于进一步加强县城规划建设管理的实施意见》(皖政〔2014〕20号)精神，积极开展县城“三治三增三提升”活动，以“文明县城、卫生县城、园林县城”创建为抓手，深入推进规划提升、市容整洁、道路畅通、拆违控违、绿化提升、出口整治“六项行动”，坚持开展全面督查考评，县城环境面貌明显改观、集聚功能持续提升。

【垃圾处理】 建成合肥市生活垃圾焚烧厂二期，合肥市餐厨垃圾处理厂正式运行，铜陵市、淮北市餐厨垃圾处理厂已建成并将投入试运行。完成马鞍山市填埋气综合利用工程、宣城市夏渡垃圾处理场、铜陵市宝山生活垃圾填埋场及生态恢复工程、安庆市小汪家冲简易填埋场封场工程。

【垃圾资源化利用】 在淮南市、蚌埠市、宿州市开展建筑垃圾处置及再生资源化利用试点工作，完成淮南市建筑垃圾资源化利用项目场地及设施建设并投入生产运行。在铜陵市、合肥市、淮北市开展生活垃圾分类试点工作，铜陵市3200余户居民家庭参与，成效明显。

【城镇污水处理和配套管网】 全省新开工建设28座污水处理项目，其中利辛县污泥处置工程、蒙城县污泥处置工程、宿州市城南中水回用工程、凤台县污水厂二期、舒城县污水厂二期、广德县第二污水厂、潜山县污水厂二期7座污水处理设施基本完工。全省随道路新建和改建污水管网1670千米，完成省政府下达的1500千米目标任务111.33%。

【城市绿化】 以加快城市公园、道路、河道、单位(小区)绿化等为重点，以创建园林城市(县城、镇)和城镇园林绿化精品示范建设为重要抓手，开展城镇园林绿化提升行动，大幅增加城镇绿量，着力提升绿化品质。2015年完成新增、改造提升绿地面积1.056亿平方米，占年度目标任务的132%；完成绿道建设1150千米，占年度目标任务的115%。

【国家级风景名胜区建设】 指导齐山—平天湖、龙川风景名胜区按照国务院有关部门意见修改完善申报国家级风景名胜区资料。组织开展《齐云山国家级风景名胜区总体规划(修编)》、《巢湖国家级风景名胜区总体规划》、《太平湖风景名胜区总体规划》、《紫蓬山风景名胜区总体规划》、《凤凰山风景名胜区总体规划》和《琅琊山风景名胜区龙尾山景区详细规划》的编制工作。督促和指导相关国家级风景名胜区执法检查整改工作，指导琅琊山、巢湖、太极洞国家级风景名胜区按照住房和城乡建设部执法检查的意见，落实相关整改工作。

【基础设施PPP项目】 2015年，全省城市基础设施已完成社会资本合作伙伴选择的PPP项目有30个，总投资180.46亿元。项目涉及市政道路项目8个，总投资115.19亿元，污水处理项目6个，总投资32.47亿元，自来水项目2个，总投资8.1亿元；垃圾处理项目6个，总投资17.79亿元，生态园林和绿化项目8个，总投资6.91亿元。

印发《关于加强城市基础设施建设的实施意见》，组织推进城市新建主干道路、城市新区和各类园区地下管网综合管廊建设。合肥市启动地下综合管廊工程试点，其他城市因地制宜建设一批综合管廊项目。(叶宋铃)

村镇规划建设

【概况】 2015年全省村镇规划与建设各项工作不断提升，完成17.92万户农村危房改造工程任务，指导674个美好乡村中心村完成规划编制，并实施建设，55个县(市、区)农村生活垃圾治理省级达标验收，135个传统村落列入第二批省级传统村落名录，组织申报第四批中国传统村落，在4个镇开展全国建制镇示范试点。

【农村危房改造】 完成17.92万户农村危房改造，中央专项补助资金13.93亿元，省级配套补助资金4.47亿元，市县配套补助资金1.29亿。建立旬报送、月调度制度，对任务量大的市、县进行现场督查。修订印发《安徽省农村危房改造实施导则》，制订《安徽省农房建设技术规定》和《安徽省农房建设抗震技术导则》，并编制《安徽省农村危房改造三年行动计划》和《安徽省农村危房改造“十三五”规划》。

【农村生活垃圾治理】 印发《安徽省农村生活垃圾3年治理行动方案》、《安徽省农村生活垃圾治理验收标准(试行)》、《安徽省农村生活垃圾治理验收办法(试行)》、《全省农村生活垃圾3年治理分年度验收计划》，对全省105个县(市、区)逐一进行考核。

【美好乡村建设】 制订发布《安徽省村庄规划编制标准》，对全省规划设计人员以及有美好乡村任务的镇、村干部进行培训，共培训1800余人。完成2015年度674个中心村美好乡村规划评估工作，评估重点规划成果的规范性、工程项目的操作性、村庄风貌的乡土性等。

【传统村落保护】 组织开展第四批中国传统村落申报；会同有关部门公布第二批省级传统村落，135个村落列入名录。组织开展《安徽省传统建筑传承和发展》研究课题，编制完成《安徽省传统村落保护发展“十三五”规划》。

【绿色村庄试点】 开展绿色村庄试点，制定《安徽省绿色村庄示范指导性要求》，公布全省首批28个绿色村庄示范试点名单。会同省旅游局开展第三批安徽省特色景观旅游名镇名村示范，65个镇村列入省级第三批示范名单。

【小城镇建设】 按照“差异化、特色化、品质化”的思路，指导全国重点镇开展规划编制，实施道路、供水等基础设施和公共服务建设，住房城乡建设部会同国家财政厅、国家发改委推荐肥东县长临河镇、无为县高沟镇、潜山县源潭镇、谯城区古井镇列为全国建制镇示范试点。(吴胜亮)

标准定额与勘察设计

【概况】 突出城乡规划建设、城市基础设施、公用事业建设与管理、绿色建筑、建筑节能、建筑产业现代化、工程质量安全等重点，对34项标准和8项标准设计予以立项。共批准发布28项标准和11项标准设计，与2014年相比增加116%。编制发布《工程建设标准员职业标准(试行)》、《安徽省养老服务设施规划建设技术导则》、《安徽省海绵城市规划技术导则—低影响开发雨水系统构建(试行)》、《安徽省村庄规划编制标准》等重点地方标准，修订《安徽省保障性住房建设标准》。

【宣传和培训】 印发2015年度工程建设标准宣贯培训计划，并召开《安徽省村庄规划编制标准》、《回弹法检测泵送混凝土抗压强度技术规程》等安徽省工程建设地方标准宣贯会，会同省消防总队召开国家标准《建筑设计防火规范》宣贯培训会，全省近2000名管理机构和专业技术人员代表参加宣贯培训。

【标准员试点】 按照《安徽省工程建设标准员制度试点工作实施方案》，坚持标准引领、示范带动，以信息技术为支撑有序推进。组织编制并发布安徽省地方标准《工程建设标准员职业标准》。印发《关于开展安徽省工程建设标准员考核认定工作的通知》，组织专业人员参加住房城乡建设部组织的标准员师资培训。选择合肥等3市，东华工程科技股份有限公司等9家企业先期开展试点，初步建立了标准员工作机制和管理制度。

【养老服务设施规划建设】 按照省政府《关于加快发展养老服务业的实施意见》和安徽省住房和城乡建设厅《关于加强养老服务设施规划建设工作的通知》要求和分工，制定工作计划，细化工作目标，落实工作责任。组织编制并发布省地方标准《安徽省养老服务设施规划建设技术导则》，按照“居家养老为基础，社区养老为依托，机构养老为支撑”的原则，从规划、标准、建设、评估等方面明确工作措施和要求。

【国有资金投资项目工程造价管理】 进一步推进《安徽省建设工程造价管理条例》实施，组织召开宣贯培训会，举办专题讲座。制定落实配套措施，建成国有资金投资项目工程造价监管信息系统，加强“最高投标限价、合同、竣工结算文件”三备案管理，设立专户制度。组织开展《安徽省建设工程造价管理条例》和《安徽省工程造价管理改革工作任务方案》落实情况专项检查。通过“三备案”工作的开展落实，对全过程造价管理工作进行总结，形成科学、规范、高效的政府投资工程全过程造价管理经验，在全省予以推广。(黄峰)

工程质量安全监督

【概况】 2015年，安徽省住房城乡建设厅不断创新完善监管方式，以信息化监管、工程质量治理两年行动以及施工现场各类重大危险源专项治理为抓手，以保障性住房和城市轨道交通质量安全监管为重点，落实工程建设各方主体质量安全责任，以大数据为依托，全程留痕、让监管无死角，收到很好效果。

【建筑安全生产】 开展落实专项施工方案专项行动，会同省安全生产监督管理局开展落实专项施工方案督查活动。开展建设系统“铸安”行动，结合工程质量治理两年行动开展安全督查，省级督查共检查在建工程182项，下达执法建议书36份，暂扣企业安全生产许可证12家，暂停外省企业进皖备案3家，给17家企业、28名个人记安全生产不良行为记录1次。

【工程质量安全监管信用平台推广应用】 建立全省各市、区（县）安全监督机构应用监管通情况月通报制度和考核制度。将安全监管通使用情况和安全生产目标考核、安全监管分级分类处罚等方面挂钩，定期通报全省建筑施工安全监督管理情况。依托平台对在皖所有勘察设计单位、项目负责人等自动生成违反强条数量排名，对审查机构进行动态评分，实行施工图审查结果网上备案。

【施工图审查监管】 创新施工图审查监管，强化勘察设计质量源头管理。以图审为抓手，对涉及项目的勘察设计责任人、审查人员以及审查合格书、审查意见告知书等，实现全部业务留痕；运用图审大数据，形成勘察设计单位和责任人信用档案，对勘察设计质量状况实时预警；落实勘察设计企业主体责任，形成正向激励机制。

【工程质量治理两年行动】 落实五方主体项目负责人质量终身责任。建成全省统一的企业库、人员库、项目库、信用库和一个协同工作管理平台，全省"数据一个库、监管一张网、管理一条线"。省、市、县主管部门在同一个平台上办理业务，信息共用共享，实现跨层级、跨部门、跨地区联动管理，做到全覆盖、全应用。

【应急演练和应急管理】 针对重要节假日及冬季、汛期和高温等极端天气和安全生产易发事故，强化应急管理工作，完善应急预案，落实24小时值班制度和领导带班值班制度。（丁金颍）

建筑市场

【概 况】 2015年，安徽省建筑业总产值6769.21亿元，比2010年"翻一番"；实现建筑业增加值1698.92亿元，占全省GDP比重为7.72%；上缴地税269.76亿元，占全省地税收入的比重超过17%，同比增长13.8%。建筑业从业人员244.49万人，加之建筑劳务输出，全省建筑业从业人员实际超过450万人，是继制造业、服务业之后的第三大就业行业。

【促进建筑业转型升级加快发展】 完善促进安徽建筑业发展政策措施。加强建筑业发展调研，深入开展营改增、资质管理、工程保险、建筑合同履约保证保险制度、减轻企业负担、监理企业改革发展等方面调研，分析评估企业在实名制管理、关键岗位人员配备等落实情况，进一步完善建筑业改革发展措施；加强建筑业发展形势分析，印发《2014年度全省建筑施工企业发展情况内部通报》、《安徽省建筑业形势分析》、《安徽省工程监理行业分析报告》，为科学决策提供数据支持。

出台安徽省资质管理实施意见。根据《建筑业企业资质管理规定》，加强建筑业企业资质就位工作中注册、职称等人员事项委托市建委审批，进一步下放权限，简化程序，提高效率。加强银企合作。与省建行签订《安徽省住房城乡建设厅中国建设银行安徽省分行共同推进安徽省建筑业发展合作协议》，按照相互支持、合作共赢的原则，分别发挥各自管理优势和金融综合服务优势，为建筑业营造良好的投资环境、金融环境、市场环境，共同促进建筑业转型升级加快发展。推进"走出去"发展战略。强化"走出去"企业在资质升级、评先评优等方面扶持政策，重点支持骨干和优秀建筑企业，扩展对外承包工程，加大对外劳务合作，努力提高境外市场份额。安徽省拥有境外承包工程资格企业达到122家，完成境外工程产值25亿美元。

【诚信体系建设】 印发《安徽省建设工程监理企业信用评分内容和记分标准》等文件，完善工程建设企业信用综合评价体系。完善平台数据。对安徽省工程建设监管和信用管理平台企业库、人员库等信息进行核验，保障基础信息的完整性、真实性和及时性。做好省部建筑市场信息数据对接。在做好项目对接的基础上，加强二级建造师等人员对接，为实现数据信息互联互通、共用共享创造条件。

【"徽匠"建筑技能大赛】 2015年10月份在蚌埠市举办第九届"徽匠"建筑技能大赛，来自全省20支代表队的116名选手参加工程质量检测员和电焊工两个工种的决赛。经过激烈角逐，来自马鞍山市的刘军和省建工集团的刘军分别获得了电焊工比赛的一等奖和检测员比赛的一等奖。马鞍山市代表队获团体一等奖

【强化建筑农民工维权和维稳工作】 加强拖欠工资问题失信惩戒力度。根据《安徽省建筑市场信用信息管理办法》、《安徽省建筑市场信用综合评定内容和计分标准》，对拖欠建筑农民工工资行为列为建筑业各方责任主体及从业人员重大违法违规严重不良行为信息。并将建筑业企业项目不良行为信用评价结果运用于建设工程招投标，起到失信惩戒作

用，提高建筑业企业拖欠农民工工资的违法成本。（张晓燕）

建筑节能与科技

【概况】 安徽省地处暖温带过渡地区，全省为夏热冬冷地区，城乡既有建筑总量20.9亿平方米，其中城镇既有建筑面积12.8亿平方米。2015年，全省城镇新增建筑面积达7703.9万平方米，其中，新增居住建筑6007.1万平方米，新增公共建筑1696.8万平方米。安徽省建筑总能耗约3392.9万吨标准煤，约占社会总能耗的26.6%。全省节能标准设计执行率达到100%，施工执行率达到100%，共形成节能能力264.9万吨标准煤，其中居住建筑形成节能能力101.2万吨标准煤；公共建筑形成节能能力71.3万吨标准煤；可再生能源形成节能能力92.4万吨标准煤。

【绿色建筑】 按照“点上抓项目、面上抓城区、质上抓标识”的工作思路，落实目标责任考核制，推进绿色建筑规模化发展。积极贯彻落实《安徽省绿色建筑行动实施方案》，将绿色建筑行动目标完成情况和措施落实情况纳入各市政府节能目标责任评价考核体系。会同省发改委、省财政厅和省机关事务管理局等部门联合印发《关于在保障性住房和政府投资公共建筑全面推进绿色建筑行动的通知》，明确安徽省保障性住房和政府投资公共建筑全面执行绿色建筑标准。推进试点示范项目建设，引导一批绿色校园、绿色医院、绿色办公建筑等示范项目，重点推进公共机构建筑和政府投资的公益性建筑、保障性住房等开展示范建设，会同省财政厅评定25个省级绿色建筑项目开展示范，示范面积达297万平方米。引导各地按绿色生态、低冲击开发理念开展城市建设，推动全省绿色建筑规模化集中成片发展，阜阳市城南新区、安庆市东部新城等2个新区新增列入省级绿色生态城区建设试点，规划面积56平方千米，集中推广绿色建筑638万平方米。推进绿色建筑评价标识，40个项目通过住房城乡建设部绿色建筑星级评价标识。

【建筑产业现代化】 通过强化组织协调、培育市场实施主体、健全标准技术体系和狠抓试点项目建设，加快推进建筑产业现代化，初步形成了“省级层面指导、市级层面主导、企业为实施主体”的发展格局。强化组织保障，牵头建立省际联席会议制度，组建省级建筑产业现代化专家委员会，同时，将建筑产业现代化工作纳入各市政府节能目标责任评价考核体系和全省建筑节能专项检查内容。2015年，全省累计开展500万平方米建筑产业现代化试点项目建设。通过试点示范建设，逐步建立长效推广协调机制，健全扶持政策法规体系，创新监管模式，促进龙头企业培育和产业集聚。

【新建建筑节能】 强化年度全省建筑节能工作任务分解，严格目标责任制和考核制度，重点突出规划、设计、图审、施工、监理等各环节的建筑节能标准的落实，实现建筑节能标准实施全过程闭合管理。通过全省年度建筑节能专项检查，进一步强化县城和建制镇新建建筑工程督查，有效提升建筑节能工程的质量和安全。

【可再生能源建筑应用】 围绕推进浅层地热能建筑中规模化应用，开展国家、省级可再生能源示范城市（县、镇）中77个已实施的地热能建筑应用项目开展调研分析。会同省发改委、省财政厅、省国土资源厅联合印发实施《安徽省推进浅层地热能在建筑中规模化应用实施方案》。扎实推进7市10县4镇国家可再生能源建筑应用示范城市（县、镇）试点示范工作，各地通过推进示范项目建设、建立政策体系、完善配套能力和提升资金绩效等措施，因地制宜、稳步推进试点示范工作，为可再生能源在建筑中规模化应用积累宝贵的工作经验、探索有效的推广模式、发挥典型的示范效应。

【公共建筑节能】 以政府机关办公建筑和大型公共建筑为突破口，大力推进省级建筑能耗监管体系建设，进一步完善“安徽省公共建筑能耗监管平台”建设，搭建全省统一的“云平台”，积极推行“数据租赁”模式，破解运维难题，不断扩大接入建筑数量，丰富建筑类型，已陆续接入运行国家机关办公、高校、医院、企业等300多栋建筑并发挥节能效益。该模式也被住房城乡建设部列入2015年智慧城市试点中唯一“建筑节能与能源管理”领域的专项试点。

【既有建筑节能改造】 认真按照《安徽省“十二五”既有居住建筑节能改造规划》、《安徽省“十二五”既有居住建筑节能改造实施方案》，发挥中央改造补贴资金杠杆撬动作用，推动合肥市、池州市、铜陵市、滁州市等市结合旧城改造和老旧小区综合整治开展既有居住建筑试点示范改造，促进合同能源管理等节能服务机制在建筑节能领域的应用。

【建设科技进步】 通过国家科技支撑项目、科研开发项目、示范工程等，加快建筑节能关键技术、材料、产品研发和应用。指导国家智慧城市试点城市立足本地区自然条件、经济基础和功能定位，“一城一策”地制定发展规划和实施方案，建设各具特色的智慧城市。持续加大建设科技创新支持力度，组织51个项目列入省级建设科学技术计划目录；18个项目列入住房和城乡建设部科学技术计划项目，5个项目获得华夏建设科学技术奖。（程武剑）

建设人事教育工作

【三严三实”专题教育】 按照中央、省委的统一部署安排，结合专题教育特点及规律，细化并制定《安徽省住房城乡建设厅关于开展“三严三实”专题教育实施方案》、《安徽省住房城乡建设厅党组关于开展“三严三实”专题教育实施方案》、《省住房城乡建设厅开展强化责任担当、认真解决懒政怠政问题专项行动方案》等方案。

紧紧围绕“四个关键”动作，强力推进专题教育深入开展。厅领导压茬组织专题党课报告会10场次；组织专家辅导报告会7场次；深入开展专题研讨，组织党员干部150余人次走访学习，分批次组织处级以上干部研讨交流；广泛开展问“需”于民活动，开设网络意见收集窗口，开展基层一线调研活动，组织召开解决“安居难”问题座谈会，收集意见、建议14类96条。及时开展“回头看”活动，归纳梳理基层调研、网络收集、座谈会等意见建议，印发《省住房城乡建设厅“三严三实”调研收集意见建议整改落实责任分工》，建立整改任务清单，明确责任领导，牵头处室，目标要求，整改时限。

【严格规范培养选拔使用干部】 狠抓制度建设。修订《省住房城乡建设厅处级干部选拔任用工作办法》，印发《安徽省住房和城乡建设厅干部交流轮岗办法》，健全选人用人机制，加强干部培养锻炼和监督。注重干部选拔培养。根据省委组织统一部署，按照厅党组的决定，全年共从厅内部产生2名厅级干部分别交流至亳州市政府、安徽建筑大学任职，完成6名处级干部、8名科级干部的选拔任用工作。选派了2名同志赴基层挂职锻炼，选派6名干部赴西藏山南地区、新疆和田地区对口挂职。

【强化干部监督管理】 根据省委组织部有关文件要求，组织完成处级干部个人报告事项填报工作，以及信息录入、系统维护、保密管理、随机抽查核实和重点抽查核实等工作，全年共核实领导干部报告个人有关事项30人次。

【城镇化专题研讨班】 以城镇综合管理、城乡建设绿色发展、海绵城市建设、城镇基础设施建设PPP模式实践等内容为重点，在省委党校举办全省城乡规划建设专题研讨班，共培训来自全省各地68名县（市、区）党委或政府分管住房城乡建设工作的负责同志。

【“村镇规划员”培训】 2015年继续开展第七、第八两期“村镇规划员”培训班，共培训学员203名。增设调整有关课程，授课内容更贴近学员的工作需求，同时坚持课堂教学与现场教学并重的教学方法，组织学员开展多次交流，使学员们熟悉掌握从事规划建设管理工作所需的法律法规、政策规定和专业知识，为不断推进美好乡村建设提供人才保障。

【加大行业培训工作力度】 全面推进住房城乡建设领域专业人员职业标准实施。顺利通过住房城乡建设部专家组对安徽省职业标准实施工作进行的评估，从2015年开始，可以实施职业标准考核评价，核发住房城乡建设部监制的《住房和城乡建设领域专业人员岗位培训考核合格证书》，从而解决相关行业专业人员跨省流动和上岗执业的问题。（阮建松）

建设稽查

【概况】 2015年，安徽省建设稽查局共受理违法违规问题举报案件64件，其中部转49件，省纪委移交案件6件，建设厅其他处室转交6件，省建设稽查局直接受理3件。依法作出行政处罚的21件，其中罚款的18件，共处罚金人民币184.596万元，吊销有关个人证书1件。

【专项稽查】 扎实开展中国历史文化名村专项督查工作。全面摸清了省19个中国历史文化名村保护的现状和存在问题，及时向地方党委政府及有关部门反馈了督查意见、提出整改要求，各地都及时进行整改，为使中国历史文化名村得到更好保护做出积极贡献。

开展省级风景名胜区执法检查。组织涂山-白乳泉、天堂寨、敬亭山、西山四个省级风景名胜区进行实地检查，总结风景名胜区规划建设管理中的工作成效和经验，通过督查，提高省级风景名胜区争取申报国家级风景名胜区的意识和认识等。

参与省委、省政府开展的中央和省重大决策部署贯彻落实情况督查；参加全省县城规划建设管理督查；配合厅扬尘办赴芜湖、马鞍山开展建筑施工扬尘污染防治督查及《安徽省大气污染防治条例》宣讲工作；参与工程质量治理两年行动第二、第三次全面督查；对滁州、淮北市的2014年住房城乡建设系统大气污染防治行动实施情况复查考核和全省公租房建设分配专项督查。

【城乡规划督察】 拟定《安徽省城乡规划督察员管理办法》并报省政府办公厅。推动省辖市向县(市)派驻城乡规划督察员工作，推动省辖市向县(市)派驻城乡规划督察员，进一步充实全省城乡规划督察员队伍。建立城乡规划督察员制度，其中，淮北市、马鞍山市、淮南市3个市已向所辖县派驻城乡规划督察员，较好地落实省政府和省厅的有关要求。

【加强统计分析】 2015年省建设稽查局对2015年部转办、省纪委移交、厅及本局直接受理案件和建设厅其他处室移交的投诉举报案件进行研究分析，主要就举报案件反映的行业分布、地区分布、举报反映的主要问题及原因和案件办结情况等方面进行总结和分析，并在全省范围内进行通报。及时发现苗头性和倾向性问题，有针对性地开展稽查执法工作，有效预防和遏制违法违规行为的发生。认真筛选工程质量治理两年行动典型案件，2015年共报送20件典型案例，报送的数质量也是全国最好的。(张有祝)

大事记

1月

9日　省委常委、副省长陈树隆省长到住房城乡建设厅召开座谈，厅领导侯淅珉、李建、吴晓勤、陈爱民、吴桂和、仲亚平、曹剑、王必勇、宋直刚、陈扬年、陈幼年参加会议并汇报相关工作。

14日　全省住房城乡建设工作会议在合肥召开。会议传达全国城市规划建设工作座谈会、全国住房城乡建设工作会议精神。厅党组书记、厅长侯淅珉作《改革创新，转型提质，奋力开创住房城乡建设事业新局面》的讲话。

20日　安徽省住房和城乡建设厅会同省委组织部在安徽干部教育在线开设了“新型城镇化建设”专题班上线。

27日　安徽住房和城乡建设厅在马鞍山市召开加强城市特色塑造工作会议。侯淅珉到会并讲话。

2月

4日　厅党组书记、厅长侯淅珉主持召开党员领导干部民主生活会。省委第六督导组全体成员参加会议。

10日　省政府召开全省县城规划建设管理联席会议2015年第一次会议，侯淅珉参加会议。

13日　安徽省建设厅、铜陵市政府、徽商银行股份有限公司全面战略合作签约仪式举行。共同签订《安徽省住房和城乡建设厅 铜陵市人民政府 徽商银行股份有限公司PPP战略合作协议》。

3月

5～15日　全国人大代表、厅党组书记、厅长侯淅珉出席十二届全国人大三次会议。

19日　2015智能建筑行业发展高峰论坛在安徽合肥天鹅湖大酒店召开，侯淅珉及来自全国各地智能建筑行业的领导、知名专家、各企业代表参加此次会议。

4月

1日　《安徽省村庄规划编制标准》开始实施。

7日　住房城乡建设部办公厅、科学技术部办公厅公布国家智慧城市2014年度试点名单，滁州市、亳州市、宿州市、金寨县、定远县等5个城市(县)为国家智慧城市2014年度新增试点，太和县为阜阳市扩大范围试点，安徽省安泰科技股份有限公司申报的建筑节能与能源管理项目为国家智慧城市2014年度专项试点。

8日　安庆市城市外环北路PPP项目公开招投标成功实施，成为安徽省首个城市道路纯公益性PPP项目。

9日　池州市申报成为全国海绵城市试点城市。

16日　省政协召开的全省建筑产业现代化推进情况通报会，省政协副主席王秀芳出席会议并讲话，侯淅珉厅长向省直有关部门和政协委员通报建筑产业现代化工作的有关情况。

19日　安徽省首家“PPP”中心——“安徽省城市基础设施PPP中心”在省城建设计研究院挂牌成立。

20～23日　住房和城乡建设部城乡规划司委派调研组开展“十二五”历史文化名城名镇名村保护设施建设规划实施情况现场调。

21日　安徽省城市建设管理信息系统开始试运行。

5月

6日　安徽省首个城市道路类纯公益性PPP项目《安庆市外环北路PPP项目》举行签约仪式。

7日　建设厅组织召开安徽省工程建设标准化技术委员会成立会议，成立安徽省工程勘察与地基基础、建筑材料与节能、建筑结构3个标准化技术委员会。

10日　厅长侯淅珉参加全国城市节水宣传周活动合肥启动仪式。

12日　安徽省建设厅会同国家开发银行安徽省分行向住房城乡建设部和国家开发银行联合报送《安徽省有开行贷款需求的2015年棚改计划内项目

清单》，争取开行贷款新增额度 150 亿元支持安徽省 2015 年新开工棚户区改造项目。

15 日　安徽省住房城乡建设厅成立 6 个督查组，对全省 16 个市 2 个省直管县进行为期半个月的全省工程质量治理两年行动专项督查。

15 日　印发《安徽省住房城乡建设厅法律顾问制度》。

16 日　省住房和城乡建设厅与六安市人民政府共同签订《推进城乡建设绿色发展框架性合作协议》。

20 日　厅党组举行“三严三实”专题教育党课报告会。

23 日　组织开展全省住房城乡建设领域现场专业人员首次统一考试；印发《安徽省建筑工程施工许可证管理实施细则》，细则共 23 条，旨在加强对建筑活动的监督管理，进一步落实建筑工程质量终身责任，保证建筑工程质量和施工安全。

25 日　组织召开全省城市建设管理信息系统平台正式运行启动仪式暨专题培训会。

26 日～6 月 7 日　省政府县城规划建设管理工作 10 个督查考评组赴全省直辖 16 个省辖市及其下辖 62 个县（市）开展县城规划建设管理督查考评工作。

27 日　侯淅珉召开省国有资金投资建筑工程项目专项治理工作联席会议第一次会议。

6 月

9 日　安徽省委常委、副省长陈树隆在中国十七冶集团主持召开扶持建筑业特级企业发展座谈会

10 日　安徽省委常委、副省长陈树隆前往当涂县、和县、含山县实地调研县城规划建设管理等工作。

18 日～19 日　住房城乡建设部到皖开展 2015 年保障性安居工程巡查工作。副部长陆克华一行实地对蚌埠、合肥市棚户区改造和公共租赁住房项目进行了督查，并在合肥市召开了座谈会。省委常委、副省长陈树隆主持召开会议，侯淅珉汇报棚户区改造和公共租赁住房进展情况，并陪同实地督查。

24 日　省住房城乡建设厅、省发展改革委批准六安市为“安徽省节水型城市”。

26 日　省建设厅厅下发通知，要求各地制定加快培育和发展住房租赁市场的实施意见。

26 日　建设厅联合省发展改革委、省审计厅在合肥召开全省国有资金投资建筑工程项目专项治理工作推进会。侯淅珉厅长代表省专项治理工作联席会议作动员部署讲话。

7 月

9 日　安徽省建设厅印发《关于 2014 年度城镇园林绿化提升行动及精品示范工程建设情况的通报》，并在合肥召开全省绿色建筑行动实施推进会，部署在保障性住房和政府投资公共建筑中全面推进绿色建筑行动，解读宣贯新国标《绿色建筑评价标准》。

19 日～24 日　以中国风景名胜区协会副会长、住房和城乡建设部城建司原副巡视员曹南燕为组长的 2015 年国家级风景名胜区执法检查组对琅琊山、天柱山、齐云山国家级风景名胜区进行执法检查。

21 日　“安徽省创新城镇环境卫生 PPP 模式与综合治理实践论坛”在合肥举行 。

29 日　建设厅组织召开《安徽省海绵城市规划设计导则》、《安徽省海绵城市建设设计标准图集》技术审查会。

15 日　根据住房城乡建设部等五部门的部署，建设厅牵头省残联等省直五部门组成检查组，开展创建无障碍环境市县检查验收工作。

20 日　组织开展全省住房城乡建设系统 329 项建设行政处罚裁量权基准的制定工作，并向社会公布了《安徽省住房和城乡建设系统行政处罚裁量权基准》和《安徽省住房和城乡建设系统行政处罚裁量权实施办法（试行）》。

31 日　安徽省规委会会议审查通过合肥经济圈、皖北城镇群城镇体系规划及阜阳、明光、宁国城市总体规划。

8 月

8 日　省住房城乡建设厅与联合国教科文组织亚太地区世界遗产培训与研究中心、黄山市人民政府在黄山市签署关于文化遗产保护与城市可持续发展合作三方备忘录。

10 日　印发《关于开展海绵城市建设的指导意见》，启动安徽省 2015～2017 年城镇棚户区改造及配套基础设施建设三年计划编制工作。

19 日　安徽省建设厅与省国有资产运营公司举行了托管企业移交协议签字仪式，安徽省建设物资供应总公司正式移交省国有资产运营公司管理。

25 日　安徽省建设厅与有关部门联合印发《政府与社会资本合作加快城市公共停车场建设的指导意见》。

9 月

11 日　安徽省海绵城市建设研究中心成立。

12日～19日　住房城乡建设部城建司副司长章林伟带队的国家园林城市实地考察组对安徽省2014年度申报国家园林城市的宣城市、蚌埠市、宿州市、宁国市4市的“创建国家园林城市”工作进行现场考核。

14日　省政府第59次常务会审议通过《安徽省人民政府关于加强城乡规划管理的意见》草案。

22日　《滁州市城市总体规划(2012-2030年)》获省政府批复实施。

23日　《安池铜组群城市城镇体系规划(2015-2030年)》编制现场调研工作正式启动。

26日　日元贷款安徽省城市生活垃圾处理项目圆满完成。

10月

8日　省政府批复《宁国市城市总体规划(2012-2030年)》。

13日～17日　住房城乡建设部副部长易军率队到合肥、宿州等地督查城镇棚户区、农村危房改造以及城市基础设施建设工作，实地察看项目实施情况。省委常委、副省长陈树隆主持工作汇报会并陪同在合肥的督查，厅长侯淅珉，合肥市委常委、副市长周善武，宿州市委常委、副市长赵琳分别就全省和两市贯彻落实情况作专题工作汇报并陪同现场督查。

13日～14日　安徽省住房和城乡建设厅在蚌埠市成功举办第九届“徽匠”建筑技能大赛决赛。

15日～17日　以住房城乡建设部标准定额司副司长杨瑾峰为组长的国家创建无障碍环境示范市检查验收组来皖，对铜陵市创建无障碍环境示范市工作进行全面检查验收。

20日　首届全国风景名胜区佛教名山联盟工作会议在九华山召开。

19日，侯淅珉厅长、吴桂和副厅长携城建处(风景办)主要负责人赴池州市同住房城乡建设部原部长汪光焘、原副部长赵宝江及中国风景名胜区协会有关领导会谈交流风景名胜区的有关工作。

22日　省政府印发《关于加强城乡规划管理的意见》。省住房和城乡建设厅印发《关于推进公共租赁房货币化保障指导意见》。

26日　侯淅珉厅长、吴桂和副厅长携厅办公室、城建处(风景办)、建设建材工会、信息中心主要负责人赴合肥市慰问一线环卫工人。

30日　安徽省建设厅在合肥召开新闻发布会。就安徽省人民政府出台《关于加强城乡规划管理的意见》和安徽省人民政府办公厅《关于转发省住房城乡建设厅推进城乡建设绿色发展的意见》等文件进行新闻发布，侯淅珉厅长等厅领导出席会议。

11月

5日～6日　中法乡村文化遗产学术研讨会在黄山市召开。

20日　《安徽省历史文化名城名镇名村街区保护“十三五”规划》通过审查。

21日　《皖南区域性历史文化资源保护规划纲要》通过专家评审。

12月

2日　住房和城乡建设部住宅工程质量常见问题专项治理观摩会在安徽合肥召开。

6日　安徽省建设厅会同省财政厅联合印发《安徽省政府购买棚改服务管理办法》。

23日　厅召开党组中心组理论学习会议。

31日　厅党组召开2015年度专题民主生活会。侯淅珉主持召开厅党组中心组理论学习(扩大)会，传达学习了全省经济工作暨城市工作会议精神、全国住房城乡建设工作会议精神。

(安徽省住房和城乡建设厅)

福　建　省

概况

2015年，福建省住房和城乡建设系统突出规划引导，实施“美丽福建”和宜居环境建设行动和违法占地、违法建设等“两违”综合治理，出台稳定住房消费、加快棚户区改造、货币化安置等政策，实施建筑业龙头企业计划和建筑产业现代化试点，支持企业转型，从而推动房地产业和建筑业发展，各项任务有序推进，取得明显成效。

【城乡规划提升】 2015年，福建省基本完成《美丽福建·宜居环境建设总体规划》，福州市、晋江市和建瓯市城市总体规划分获国务院、省政府批准实施。出台《县(市)域城乡总体规划编制导则》等技术导则，各市县按照城乡总体规划思路开展新一轮总规修编。设市城市、县城控规覆盖率分别达80%和60%。出台《村庄风貌管控技术导则》，泉州市等市县完成景观风貌专项规划，福州市、厦门市完成地下空间规划。制定《试点市县“多规合一”编制技术导则》，厦门“多规合一”国家试点成果显现，在厦门召开全国现场会，漳州市、泉州市等12个城市省内试点均有进展。

【宜居环境建设】 2015年，福建省安排宜居环境建设项目5163个，完成投资1817亿元，占计划的117.5%。完成增投517亿元，占任务的117%。建成雨水、污水、供水和燃气管线、市政道路5442千米，新增城市停车位1.05万个。新增乡镇污水处理项目90个，新扩建垃圾无害化处理厂5座，建成乡镇压缩转运站110座。开工建设“三边三节点”项目185个，新增绿道1011千米，国家和省级园林县城8个。城市建成区绿地面积3560公顷，片林176片，立体绿化120处。

【“美丽乡村”建设】 2015年，福建省持续推进“美丽乡村”建设，1114个村庄得到初步整治和改善提升，43条“美丽乡村”景观带基本建成，2.2万栋“裸房”得到整治，新增或新建垃圾转运日处理能力3500吨、集中污水处理设施820个，硬化村道1250千米，绿化面积280万平方米，涌现出福鼎市赤溪村、厦门集美区碧溪等“美丽乡村”景观带等一批新的可复制可推广典型。

【“两违”综合治理】 2014年1月起福建省开展违法占地、违法建设等“两违”综合治理专项行动后，全省各地以查处“两违”和建立长效机制为重点，通过“百日攻坚”、“百日会战”等多种形式治理行动，不断扩大和巩固“两违”综合治理效果，维护土地管理和城乡规划建设秩序。2015年，新增违建基本得到遏制，全省新拆违建面积5120万平方米，腾出土地约6266.67公顷，完成年度拆违任务的171%。全省创建“无违建”示范县(市、区)13个，乡镇(街道)89个，村(居委会)977个。

【各城名镇名村保护】 名城名镇名村保护力度加大，2015年福州“三坊七巷”、泉州中市山路、厦门市鼓浪屿、漳州市台湾路、香港路等4处省级历史文化街区上升为第一批国家级历史文化街区。省政府批准建瓯名城、“三坊七巷”、上下杭和朱紫坊历史文化街区保护规划。完成10个重点扶持历史文化名镇名村和传统村落保护规划。成立传统村落与历史建设研究中心。开展三明市、南平市、龙岩市村级历史建筑、特色建筑、传统风貌区和城市古树名木普查，公布首批省级传统村落339个，城市(县城)一级古树名木1030株。评审认定省级特色景观旅游名镇(村)112个。

【房地产市场政策效应】 2015年，福建省完成房地产投资4469亿元，比降2.1%；商品房销售3818万平方米，比增1.4%，其中商品住房销售2999万平方米，比增8%；二手房交易1965万平方米，比增43.3%。房地产地税收入669.4亿元，占全省地税总收入38.6%。住房公积金新增提取额282亿元，比增34.3%，发放贷款76087户，315亿元，分别比增29.2%和51.1%，个贷使用率达97%。

【保障性安居工程建设】 2015年，福建省出台加快棚户区改造、货币化安置政策，全年开工14.3万套保障性安居工程，其中棚户区12.66万套，占国家计划的114.8%，基本建成16.6万套(其中棚户区10.06万套)，占国家计划的220.2%，棚户区改造货币化安置比例达23.31%(按户计算)。除福州市外，其他设区市保障房配置网上公开系统全面投入运行，公租房分配率达79.85%。

【建筑业发展情况】 2015年，福建省新增总承包特级资质企业一家，总承包和专业承包一级资质企业507家(项)、二级资质1883家(项)，主项二级以上(含二级)总承包和专业承包资质建筑业企业占全部企业数量的25.5%。截至2015年底，全省建筑业企业共7133家，其中总承包企业2837家，占39.8%；专业承包企业1613家，占22.6%；劳务分包企业822家，占11.5%；设计施工一体化企业1861家，占26.1%。全省产值10亿元以上的企业有177家，产值合计4507.51亿元，占全省产值59.3%，其中超100亿的企业5家(企业最高产值为188.72亿元)，50亿～100亿元的10家，20亿～50亿元的72家。重点骨干企业在拓展省外市场也有不俗表现，省外产值超过5亿元的136家，完成2081.85亿元，占全省省外产值74.8%，其中省外产值30亿元以上的12家，20亿～30亿元的19家，10亿～20亿元的46家。

【建筑市场现场监管】 2015年，福建省建设厅深入开展工程质量和队伍素质双提升行动，出台全面推行市政工程建设标准化管理实施意见，严厉打击转包、违法分包等行动。开展施工安全生产大检查，勘察设计质量专项治理，推进建机和模架一体化。出台双随机监管机制，建成应用以“三库五平台”为核心的建筑市场综合监管信息平台，试行施工企业信用综合评价成果纳入招投标评分项。建筑工程质量安全形势总体平稳，事故起数和死亡人数分别较上年下降11.1%和15.6%。

【自身建设】《福建省风景名胜区条例》、《福建省建设工程造价管理办法》出台实施。省建设厅公布“三项清单”，其中权力清单313项，责任清单414项，公共服务事项清单32项，简政放权力度加大，除转报住建部审批事项外，70%省级审批事项下放设区市、平潭综合试验区及自贸区实施，编制出台各类企业资质审查导则，审批时限压缩和材料精简分别达50%以上。办理行政复议案件78件。承办人大建议73件，政协提案64件。实施市县政府分管领导等培训项目35项，培训规划、管理、工匠等各类人员15万多名。出台《贯彻实施建设领域专业管理人员职业标准意见》，开展企业工人自行培训考核发证试点。举办建筑行业古建筑泥瓦工、架子工等岗位技能竞赛。全省新增土建类专业高级工程师1409名，各级各类注册师9000多名。组织开展全系统文明行业创建竞赛、“青年文号优质服务示范月”活动，涌现一批先进集体和个人，受省部级及以上表彰的集体95个、个人(项目)13名(个)。

【面临问题和困难】 规划建设管理水平有待提高，规划层次和品位不高，科学性、精细化不够，协调性、兼容性和约束性不强；基础设施建设欠账多，城市行路难、停车难问题日益突出，地下管网普查、更新改造慢，城市内涝尚未有效解决，垃圾分类推进仍有难度，城市管理粗放，城建投融资体制机制亟需改革；历史遗留违建处置推进缓慢。房地产投资后劲不足，结构性矛盾日趋凸显，市场分化日益加剧；房地产库存数量居高不下，各地去库存压力明显加大；养老、旅游等跨界地产有待进一步培育发展；住房保障机制还不适应新型城镇化发展需要，保障房后续管理有待加强；建筑业亟需加快改革提升，产业结构不合理，特级总承包企业偏少，企业过度集中房建领域；建筑产业现代化在领导、技术、人才上还没有形成有效推动力；工程建设主体责任落实不够到位，工程质量和安全生产形势依然严峻；建筑产业队伍整体素质不高，技能型人才比例偏低，传统特色工种人才紧缺。

政策规章

【住房和城乡建设立法】 2015年8月1日，《福建省风景名胜区条例》和《福建省建设工程造价管理办法》分别经福建省人大和省政府审议通过后正式施行。《福建省违法建筑查处条例》通过福建省人大一审，由省人大法工委开展调研修改；《福建省历史文化名城名镇名村保护条例(草案)》《福建省城市供水条例(草案)》报送福建省政府法制办，配合省政府法制办赴成都市、重庆市、厦门市、三明市等省内外地区开展城市供水条例立法调研。福建省建设厅与省人大环城委、省政府法制办沟通，将住建行业和城市管理执法实践中亟需立法的项目列入省人大、省政府“十三五”立法规划和2016年度立法计划，省建设厅政策法规处会同相关业务处室做好立法前期准备工作。

【规范性文件合法性审查】 2015年，福建省建设厅及时制定的10份规范性文件进行合法性审查，并向福建省政府法制办报送纸质和电子文件备案。与此同时，省建设厅牵头办理住房城乡建设部、省人大、省政府及省直有关部门立法、规范性文件征求意见修改工作，共办理书面反馈意见近200份。

【行业依法行政指导】 2015年，出台实施《贯彻落实〈中共中央关于全面推进依法治国若干重大问题的决定〉和省委实施意见工作方案》，以及《2015年推进依法行政工作要点》，结合行业特点对依法行政及治理工作进行全面部署和落实。做好福建省委、省政府2015年度重点领域改革、“三农”和生态文明体制改革、经济社会事业体制改革、简政放权改革、争取中央部委支持福建改革等各项政策落实和衔接工作，并认真落实反馈；启动省建设厅与省高院建立的“依法行政与行政审判良性互动”机制，结合行政强制法实施后“两违”治理中强制拆除等热点难点问题；依托省建设行业法制协会等社会团体，召集法院、行政机关、仲裁机构、行业专家开展PPP投资实务问题、建筑违法承发包、“两违”案件等专题研讨，加强相关业务指导；研究答复各级住房城乡建设行政主管部门行政执法中疑难问题的请示。

【规范权力运行】 履职涉及主要法律4部、法规20多部、规章100多部，清单编制工作任务繁重。经审定公布，权力清单313项、责任清单414项，公共服务事项32项，数量位居省直机关前列。为进一步做好“按清单履职”，在政务网开设“简政放权”专栏，在厅内网办公系统以“弹出窗口”形式，将责任清单按处室拆分提示，方便业务处室学习落实。

【行政复议与诉讼】 2015年，福建省住建系统复议案件数量居高不下。全年受理复议案件78件，相比2014年总体保持稳定。其中，维持56件，主动撤销8件，确认违法4件，下级主管部门自行撤销或者申请人自行撤回而终止复议5件，在办5件。复议案件主要集中在城乡规划、房屋产权登记、招投标投诉、政府信息公开等。行政处罚案件数量有所减少，全年共发出行政处罚告知书24份，作出处罚决定16份，相比2014年减少36%，主要涉及工程质量安全、建筑市场招投标等领域。应诉案件激增，省建设厅政策法规处全年共办理行政诉讼案件46件，相比2014年增加8.2倍。

【信用体系建设】 2015年，福建省建设厅根据省政府统一部署和厅信用体系建设工作方案，多次召开信用建设工作推动座谈会，截至12月底，建筑施工、工程造价、工程监理、房地产开发、物业管理、城市燃气、注册执业人员等行业或类别均制定出台信用标准和实施办法，其中施工企业信用评价系统投入使用，相关评价结果正式纳入房屋建筑施工招投标评分项目。

房地产业

【房地产业政策调整】 3月份组织起草并上报省政府研究出台《关于稳定住房消费支持刚性住房需求的若干意见》（即"闽七条"）；5月份，组织起草并上报省政府研究出台《关于推进住房保障方式转变和房屋征收货币化安置工作的指导意见》；7月份，鉴于上年《关于促进房地产市场平稳健康发展的若干意见》（"闽八条"）有关优惠政策有效期一年，至2015年7月31日届满，报经省政府同意，发函各市县区政府，明确"闽八条"继续执行。住房城乡建设部主要领导对福建适时调整公布房地产政策给予肯定。截至年底，全省完成房地产投资4518.5亿元，与2014年基本持平；全省销售商品房3818.2万平方米，同比增长1.5%。其中，商品住房销售2999.3万平方米，同比增长8%。全省二手房交易1965.1万平方米，同比增长43.3%。其中，二手住房交易1555.2万平方米，同比增长59.5%。

【房地产市场监管】 2015年，福建省房地产市场主要从三方面加强监管，即规范市场销售、企业批后动态监督和信用体系建设。在规范市场销售上，推行住房城乡建设部、工商总局印发的《商品房买卖合同示范文本》；推进各市县一手房和二手房交易实行网上签约备案；组织查处商品房销售违法违规行为。在批后动态监督上，根据情况，设置红色、黄色、绿色企业警示，实行差异化监管。组织制定了房地产企业、估价机构、经纪机构和物业服务企业信用综合评价办法，推进建立房地产开发、估价机构、经纪机构和物业服务等四类企业信用档案，将企业不良行为及时记入其信用档案，并予以公布。

【规范房屋征收】 福建省建设厅首先加强房屋征收实施单位管理，开展征收实施单位备案管理，组织征收实施单位工作人员培训，培训人员2000余人；组织举办征收实施单位负责人水平测试，494人通过测试；完善国有土地上房屋征收信息管理系统，促进房屋征收实施单位规范化管理。同时，组织开展和谐征迁示范项目创建，全省共创建和谐征迁示范项目27个，同比增长42.1%；组织做好房屋征收信访工作，对房屋征收敏感重点信访案件进行调研，协助、督促地方妥善化解矛盾；开展房屋征收信息公开情况检查，促进征收信息公开。

【物业服务】 2015年，福建省建设厅从政策扶持和管理示范项目创建两方面提升物业服务整体水平。研究扶持行业发展政策，根据国家和省政府新调整的《定价目录》，调整物业服务收费定价体制，将前期物业服务收费标准制定部门由物价部门调整为住建部门，并做好调整过程衔接；研究建立物业服务收费动态调整机制，组织开展《福建省物业管理条例》修订立法调研，完成条例修订稿起草工作。

住房保障

【棚户区改造】 截至2015年底，福建省保障性安居工程开工14.3万套，开工率114.8%，基本建成16.61万套，基本建成率220.18%，完成投资485.4亿元，为年度计划投资的193.6%。重点是推进棚户区改造（简称"棚改"），编制出2015～2017年棚改及配套基础设施建设三年计划，及"3个一亿人"城镇化福建省棚改实施方案，起草并由省政府出台《关于进一步做好城镇棚户区和城镇危房改造及配套基础设施建设工作的实施意见》（闽政〔2015〕57号），经省政府常务会议研究同意出台《关于推进住房保障方式转变和房屋征收货币化安置的指导意见》（闽建住〔2015〕9号）；全省棚改货币化安置2.9万套，占棚开工总量的23.31%；按照统一部署建立棚改项目台账和棚改进度半月报制度。全年新增集中成片棚户区改造重点项目20个，重点项目累计达到70个，完成年度投资143.31亿元，占年度计划的111.01%，开工建设安置房5.73万套。

【棚改融资】 2015年，福建省建设厅采取多项举措解决棚改融资难题。建立省建设厅、省财政厅、省国开行和省城投棚改贷款四方联席会议制度，就加快发放棚改贷款与省国开行联合签订备忘录；积极申报棚改“三统一”专项贷款，会同省国开行、省城投梳理贷款需求，落实项目对接，全省累计发放专项贷款583.6亿元；会同省财政厅、省国开行、省城投分别到7个设区市，就实行政府购买棚改服务、PPP开展融资集中对接，现场办公解决问题；建立政府购买机构服务半月报制度，起草《福建省政府购买棚户区改造服务管理办法》，并在龙岩市开展政府购买棚改服务试点，跟踪审批全过程，全省累计启动实施政府购买棚改服务34个，191.3亿元；全省共安排中央补助资金27.42亿元(其中国家发展改革委预算内投资8.96亿元，财政部专项补助资金18.46亿元)，省级资金2亿元；配合省发展改革委申报棚改专项建设基金，获专项建设基金19.09亿元。

公积金管理

【公积金监管】 2015年，福建省建设厅开展廉政风险防控工作现场检查；规范住房公积金管理，推进公积金缴存扩面和信息化建设。陆续出台多项住房公积金支持政策，加大住房公积金支持缴存职工购房力度，降低住房公积金贷款门槛，将连续缴存时限由一年缩短为半年，并允许凭异地缴存证明合并计算缴存时间；提高公积金最高贷款额度，如宁德市由40万元经两次提高到80万元。全省住房公积金新增缴存407亿元，同比增长13.34%；新增个贷发放额315亿元，同比增长51.09%；新增个贷发放户数7.61万户，同比增长29.22%；新增提取额282亿元，同比增长34.27%。至2015年底，全省住房公积金实缴人数326万人，缴存总额2543.63亿元，缴存余额1095.38亿元，累计提取额1448.25亿元，累计发放个人贷款767731户、1690.17亿元，个贷余额1062.59亿元，个贷使用率97.01%，逾期率0.0098%。

城乡规划

【规划编制】 福建省建设厅优化全省城乡规划编制体系。主要体现在以下方面：贯彻落实福建省城镇体系规划、新型城镇化规划，推动福州和厦漳泉(即厦门、漳州、泉州)两大都市区发展；加快城市总体规划(简称“总规”)编制，福州市总规7月获国务院批准实施，厦门市总规上报国务院，建瓯市总规获省政府批准实施；推进控制性详细规划(简称“控规”)编制，全省推进单元控规编制工作，设市城市控规覆盖率达80%以上，县城控规覆盖率达60%以上；结合城市“三边三节点”(即山边、路边、水边和城市中心节点、市民活动节点、交通枢纽节点)整治和提升，推进城市设计，塑造城市风貌；重点推进景观风貌、地下空间等专项规划编制实施，泉州、漳州、宁德等21个市县完成景观风貌专项规划编制，福州、厦门完成地下空间规划编制。此外，“美丽乡村”示范村规划编制，采取购买服务方式委托7家规划设计单位定期深入示范村帮助提升和完善规划。重点名镇名村保护规划编制，组织9场专题技术评审会。

【规划改革创新】 福建省建设厅在全国首创以省为单位编制宜居环境建设总体规划，指导全省各地宜居环境建设，基本完成《美丽福建宜居环境建设总体规划》编制成果。按照城乡总规思路，在全省各县市开展新一轮总规编修，推进城乡总规编制工作，至2015年底基本完成南安市、福鼎市、福清市、石狮市4个县市城乡总规编制。重点推进“多规合一”(即建立经济社会发展规划、城乡规划、土地利用规划和生态环境保护规划等统一的空间规划体系)试点。列入国家划定城市开展边界和“多规合一”试点城市的厦门市，工作成效在全国城市规划建设会议上得到国务院领导肯定，工作经验印发各地学习借鉴，住房和城乡建设部4月在厦门召开“多规合一”试点工作现场会。

【规划技术支撑】 2015年，福建省住房城乡建设厅为加强城乡规划技术支撑，制定技术标准，出台《省城乡养老服务设施规划及配置导则(试行)》，完成《县(市)城乡总体规划编制导则》《省试点城市“多规合一”技术导则》，修订《省城市规划管理技术规定》等一系列政策标准，为完善全省规划建设管理提供支持。提升规划质量，开展2015年度省级城市规划设计优秀项目评选，并推荐获一二等奖项目参加全国优秀项目评选。邀请部分获2013年度全国优秀规划设计一二等奖项目在本省交流。举办三期全省规划管理培训班，重点对“多规合一”、城市设计等内容进行培训，参训人员800多名。

【景观风貌保护和历史文化传承】 2015年，福建省建设厅开展历史文化名城、历史文化街区申报，支持厦门申报国家历史文化名城，4月份福州三坊七巷、泉州中山路、厦门鼓浪屿、漳州台湾路—香港路等4处省级历史文化街区被住房城乡建设部、国家文物局公布为第一批中国历史文化街区。完成历史建筑、特色建筑和传统风貌区普查，指导并督促各地开展认定和核定工作。开展滨海沙滩区域房地产开发项目摸底调查，加强滨海沙滩地区房地产项目规划审批。

【规划监督管理】 2015年，福建省建设厅发挥城乡规划督察员作用，加强规划实施的事前事中监管。部署开展全省城市控规编制实施情况和成果质量专项检查。启动省外城乡规划编制单位承担编制任务备案管理系统，出台《省城乡规划编制单位信用评价暂行办法》，加强全省规划信息化管理。

城市建设与市政公用事业

【宜居环境建设】 全省实施宜居环境建设项目5163个，完成投资1817亿元，是年计划的117%，超额完成省政府下达的城乡建设领域440亿元增投任务。各地宜居环境建设使城乡面貌得到改观，同时也涌现出一批示范典型。

【市政基础设施建设】 福建省全省新增建成雨水管网1064千米，污水管网1151千米，供水管网1128千米(新建718千米，改造410千米)，燃气管网1015千米，市政道路1084千米，绿道1011千米，地下综合管廊22千米，改造城市病患桥梁30座，新增城市公共停车位1.05万个，新增城市建成区绿地面积3563公顷，城市片林176片，立体绿化120处。“六江两溪”流域一千米和土楼保护区范围内新建成90个乡镇污水处理设施，166座乡镇垃圾压缩转运站。

【城市园林绿化】 全年完成18个公园、26条道路、45个重要节点、92个小区、86个单位绿化提升。全省新增建成区绿地面积约3560公顷，新增中心绿地228处、515公顷。同时，推进城市立体绿化、片林以及城市湿地公园建设，完成城市片林建设206处共350公顷，完成立体绿化170处；推进城市接壤地区湿地公园建设17个。

【景区设施建设】 推运完成清源山国家风景名胜区老君岩周边停车场等项目选址、龙崆洞省级风景名胜区主入口提升等11个风景名胜区“五有”设施建设。此外，对海坛、鼓山、佛子山、宝山、白云山、湄洲岛、灵通山等7处风景名胜区遥感监测图斑予以督促整改，组织专家赴建瓯市、永春县资源较好的区域指导省级风景名胜区申报工作。

城市管理

【城市综合管理试点】 持续推进城市综合管理试点工作。指导厦门市、漳州市、莆田市、长乐市和晋江市5个试点城市进一步完善试点工作方案，创新管理模式，明晰管理职责，落实网格化管理，下移管理重心。在晋江组织召开全省城市综合管理试点工作现场会，交流学习城市综合管理试点经验，形成城市综合管理试点工作阶段性成果。

【“两违”综合治理】 2015年，福建省建设厅继续对违法占地、违法建设“两违”行为开展综合治理专项行动，建立“一违一档”，掌握全省治理数据动态，分解下达年度拆除目标任务，省级财政安排“以奖代补”专项资金；全省统一组织开展“百日会战”行动，结合生态环境治理、“美丽乡村建设”等主题，以村居为单位，以乡镇街道牵头联合土地、城管等部门分片分组做好历史违建清查摸底，建档造册，结合新农村建设、农村房产确权登记，实行一村一策，《福建省违法建筑查处条例》经省人大常委会一审；创建“无违建”示范点。全年拆除违法建设面积5120万平方米，腾出土地约6266公顷，完成年度拆违任务的171%。全省创建“无违建”示范县(市、区)13个，乡镇(街道)89个，村(居)977个。全省“两违”综合治理的做法和成效得到住房城乡建设部部长肯定，并在全国会议上交流。

【渣土车安全整治】 持续推进渣土车管控平台建设应用，全省共摸排渣土车12356辆，安装卫星定位装置11655辆，安装率94.3%(其中设区市安装率100%。9个设区市、平潭综合实验区和45个县市建成管控平台，共录入平台企业343家，车辆10381辆，平台联合审批工地1385个，处置渣土6392.3万立方米。全省成立351家渣土运输企业。各地采取将建筑渣土处置情况列入施工合同备案审查标准化工地考核内容等方式强化监管，督促建设单位、施工单位依法发包渣土运输业务，落实净车出场设施等安全文明施工措施。全省建有固定消纳场72个，临时消纳场202个，中转站45个。对媒体曝光的私拉乱倒行为进行调查处理。

【信访工作】 2015年，福建省住房城乡建设厅共办理群众来信2296件，接待群众来访397批次共713人次；办理群众信访事项纯件数56件，其中经调解息诉息访12件，进入三级办理程序44件。“两节”“两会”等重要活动和节日期间，配合省人大、政协和信访局开展信访工作。先后组织厅领导及机关干部定点接访、视频接访、重点约访和带案下访等活动28次，接谈处置信访事项33件，化解矛盾纠纷，督促处理化解国家信访局集中转送和省领导批示信访件11件，督促基层行业主管部门妥善处理赴省进京上访、来厅缠访闹访等重点信访事项172件。推进“阳光信访”工作，将信访受理、办理、答复等环节纳入系统操作管理。

【执法队伍管理】 指导全省各管执法单位贯彻落实《福建省城管系统基层执法中队建设规范》，制定队伍建设实施办法和细则，建立健全队伍考核机制，促进基层城管执法机构建设正规化、制度化。2014～2015年度全省建设监察(城管执法)工作考评，通报表扬厦门市城市管理行政执法局等26家规范化建设单位。全省城管执法队伍编制人员7636人，占城市人口比例约0.318‰，实有在岗人员13516人(其中在编6542人)。组织城管执法业务骨干赴香港学习城市管理经验。

村镇规划建设

【“美丽乡村”建设】 继续推动“美丽乡村”建设，实施“千村整治、百村示范”工程，将省委、省政府这项为民办实事项目落到实处。组织申报村庄整治名单，确定整治村庄1114个，重点打造“美丽乡村”标范村108个，“美丽乡村”特色景观带43条。涌现出厦门市集美区张庄村、浦城县际岭村、福鼎市赤溪村、闽清县梅雄村等示范村，厦门市集美区碧溪、福安市武陵溪、松溪县溪东乡等“美丽乡村”景观带等一批新的可复制可推广典型。组织召开福鼎市赤溪村和政和县石圳村两场现场会，省政府领导和省住房城乡建设厅厅长、分管副厅长到会动员部署工作。

【历史文化名镇名村保护】 筛选确定宁德市蕉城区霍童镇、武夷山市五夫镇等10个重点扶持历史文化名镇名村名单；全年10个名镇名村组织实施保护和整治项目79个，完成投资2.14亿元，德化县上涌镇、明溪县夏阳乡御帘村等镇村保护整治成效明显。编制完成《福建省传统民居类型全集》。组织编制《福建古建筑定额》。此外，还组织申报第四批中国传统村落共498个村庄，并有永泰县嵩口镇月洲村等41个传统村落列入中央补助资金名单，取得中央补助资金1.23亿元。

【小城镇综合改革及其他工作】 组织开展45个省级小城镇综合改革试点镇考核评比，并公布评比结果。指导榜头镇、洋中镇、江口镇、安海镇等试点镇完善和提升规划，并组织专家技术评审。结合“美丽乡村”建设督查，组织编制《古建筑定额》《村庄风貌管控导则》《降低小城镇建设和居住成本指导意见》以及乡镇规划导则等，组织编制《福建省传统村落和历史建筑、特色建筑保护发展“十三五”规划》和《农村危房改造和人居环境改善“十三五”规划》，并形成初稿；组织编制20种农村建房方案图集，印发各地。

【农村住房建设】 拟定危房改造2020年前工作方案，并与省财政厅协调沟通省级配套补助资金。编印推广30种农房设计方案图集，供村民建房选用。筛选确定第十七批共36个省级村镇住宅试点小区，第十批共6个省级优秀村镇住宅小区。继续做好渔民上岸安居工程工作，协调落实省级配套资金。截至12月底，2015年1694户安居任务基本完成。

工程建设管理

【概况】 共发生建筑施工安全事故24起，死亡27人，未发生较大及以上事故，被省政府评为完成安全生产目标责任优良单位。

【建筑施工质量安全生产标准化】 出台《福建省建筑施工安全生产标准化考评实施细则》《全面推行市政工程建设标准化管理的实施意见》2015年全省共有104个项目评为省级标准化优良项目。

【建筑材料质量管控】 增加芯样、高强螺栓、钢材等3个检测项目试验数据自动采集和实时上传，实现所有工程检测报告实时采集上传、网上检索查询和二维码防伪。2015年，检测管理系统自动采集全省检测机构检(试)验报告237.97万份，其中报告结论不合格的3941份；自动采集全省预拌混凝土企业试验室检(试)验报告89.89万份，自动采集全省检测机构26256根基桩静载试验数据。网上公布77批不合格水泥、9批不合格钢筋。启用“福建省预拌沥青混合料和水泥稳定粒料质量动态远程监管平台”，全省安装完成33家，其中预拌沥青混合料拌合厂(站)18家，水泥稳定粒料拌合厂(站)15家。

【安全生产专项整治】 印发《关于加强建筑施工安全生产工作有关事项的通知》，细化提出外脚手架、建筑模板、建筑起重机械搭设(安装)及使用要求。各级主管部门检查施工项目3599个，发现属于整治行为的4590项，责令项目停工整改107个，实施处罚42起，罚款83.86万元。对不符合质量要求的拆除重新搭设。截至2015年底，全省共有建筑模架一体化企业41家、建机一体化企业134家，建筑模板和起重机械实现全年零死亡。

【施工扬尘整治】 2015年，省住房城乡建设厅总结推广福州市五城区施工扬尘集中整治工作经验，印发《关于在全省中心城区开展施工扬尘整治工作的通知》。对9个项目扬尘防治责任人进行约谈，18家单位被全省通报批评，6家施工企业、1家房屋征收企业及8名项目负责人被列入全省施工扬尘污染“黑名单”。

【老楼危楼安全排查整治】 福建省政府办公厅印发《关于印发全省老楼危楼安全排查整治工作方案的通知》，全面部署老楼危楼安全排查整治工作。

在2014年开展老楼危楼安全排查工作基础上，组织编制《福建省老楼危楼安全排查整治技术培训教材》，举办师资培训班，聘请长期从事房屋鉴定的资深专家进行授课，对120多名市、县(区)具体从事排查工作的技术骨干进行培训。全省共排查老楼危楼53.43万栋，疑似存在安全隐患房屋23.44万栋，经鉴定确认为危险房屋9.82万栋，整改加固4421栋，迁出或进行拆除新建、改建(扩建)14401栋，需整改加固4.82万栋，需拆除新建、改建(扩建)4.94万栋。

【监管方式改革创新】 修订《福建省建设工程质量安全动态监管办法》。各级监管部门共对6835个施工项目负责人给予违规记分18.866万分；对4088个项目总监给予违规记分10.704万分。将动态违规记分排名前列的企业列为必查对象，建立监管部门督查“回头看”机制，实现闭合监管。联合省发展改革委、财政厅出台《关于进一步落实福建省房屋建筑和市政基础设施工程“优质优价”政策的通知》，将优质工程增加费列入项目竣工结算。出台《关于建立建设工程责任主体质量安全黑名单制度的通知》，将质量安全管控差的责任主体列入黑名单，在网上设立“黑名单曝光台”向社会公开曝光。制定《关于实施“双随机”监管机制规范工程质量安全监督工作的通知》《实施动态监管记分指南》《实施“两个监督工作标准”指南》。

【监督检查执法】 各级监管部门针对质量问题发出责令改正通知单17913份，发现并督促改正质量问题53439条；针对安全问题发出责令改正通知单10525份，发现并督促改正安全问题25443条。抽查工程项目101个，发出各类改正通知书92份(其中全面停工10份、局部停工18份、督促改正64份)。建立督查工作台账。随机抽查10家建材类检测机构、12个正在进行基桩静载试验的工程项目，共发出督促改正通知单9份，2家检测弄虚作假的检测机构被列入黑名单，4家检测机构予以全省通报批评。

【信用评价体系建设】 实施施工企业质量安全文明施工行为评价，各级评价机构共对4311个工程项目(含年度内竣工和完工的工程项目)质量安全文明施工行为进行评价，全省平均评价率由一季度的31.7%上升至四季度的99.2%。并抽查12家质量安全文明行为评价机构，发出督促改正通知单8份，2家评价机构予以全省通报批评。

【安全宣教培训】 组织各地住房城乡建设主管部门开展“安全生产月”活动，组织编印《安全监督手册》《2014年福建省建筑施工企业事故案例汇编》《应急安全基本常识》等资料，制作并发放《建筑安全三字经》宣传扑克牌，向基层和企业赠送安全宣传资料6000余册。委托省质量安全协会安全专业委员会组织2014年发生建筑安全事故企业相关管理人员150人开展《企业安全生产责任体系五落实五到位》宣贯和防范建筑安全事故培训班。

【监督队伍建设】 制定《福建省建设工程质量安全监督机构及其监督人员考核管理办法》，开展监督机构和监督人员考核认定，28家监督机构因考核不合格被撤销监督机构资格。

建筑市场

【概况】 2015年，福建省建筑行业发展，推进建筑业龙头企业实施计划和建筑工业化进程；开展工程质量和队伍素质“双提升”行动，促进建筑业转型升级；开展施工企业信用综合评价工作并将评价成果运用于招投标，强化招投标监管，规范建筑市场秩序，建筑业竞争力增强。2015年，全省完成建筑行业产值8254.8亿元，比增10.3%，其中总承包和专业承包企业完成建筑施工产值7605.8亿元，比增13.7%；实现全社会建筑业增加值2268.86亿元，比增10.1%(按不变价计)，占全省GDP的8.7%。全省建筑业税收总收入238.89亿元，比增-1.9%，占全省地方税收总收入13.4%。全省房屋建筑施工面积59277.3万平方米，比增3.3%，其中新开工面积19474.6万平方米，比增-3.8%。全省新签工程施工合同额7638.8亿元，比增1.4%；施工合同额合计13325.6亿元，比增7.7%。“十二五”期间，福建省建筑业贯彻落实省政府《关于进一步支持发展壮大的十条措施的通知》，拓展省内外建筑市场，累计完成建筑业总产值2.8万亿元，年均增长21%，增幅位居全国前列；实现增加值9278亿元，占全省GDP的8.5%，年均增幅13.4%，高于全省平均水平的2.7个百分点。

【实施“龙头企业计划”】 2015年，全省建筑行业重点实施“龙头企业计划”，组织选定年度建筑业龙头企业。全年全省建筑业总产值7606亿元，比增13.7%，增加值占全省GDP的8.7%。百亿元产值企业5家，特级施工总承包企业继上年中建海峡建设发展有限公司之后，福建省第五建筑工程公司成为第五家。

【缓解企业流动资金压力】 2015年，省住房城乡建设厅采取放挤结合做法，减轻建筑业企业流动资金压力。协调人社厅等部门，三年内没有欠薪企业允许申请退缴已缴纳的农民工工资保证金，新工程项目不再缴存，切实减轻企业负担。全省10多亿元现金将逐步得到释放。会同省金融办、保监局出台《关于鼓励建筑业企业采取多形式履约保证金的通知》，发挥银行保涵、工程担保、建设工程保证保险等市场机制作用。

【发展总部经济】 分地区分层次开展重点骨干企业“营改增”政策解读和操作事务培训。开展建筑业总部经济建设用地调查摸底，对省内二级及以上资质建筑业企业进行调查摸底，共计350多家企业提出建设用地需求，约需用地866.66公顷。

【建筑工业化试点】 2015年，省住房城乡建设厅立足现实，有序推进建筑工业化试点工作。以省政府名义出台实施《关于推进建筑产业现代化试点的指导意见》，从2015年开始在6个试点城市率先开展建筑产业现代化试点。制定出台建筑工业化试点项目招投标指导意见等配套政策。

【建筑市场执法检查】 2015年，省住房城乡建设厅组织开展全省建筑市场执法大检查，全省共检查企业2.55万家(次)，查处存在违法行为案件45起，其中违法发包行为10起，工程转包行为7起，违法分包行为17起，挂靠及出借资质行为8起，超越资质范围或无资质承接业务行为3起，涉及企业43家和个人7人，共处以347万元处罚，限制3家企业投标资格，并将企业不良信息纳入信用扣分。

【建筑行业制度建设】 《福建省房屋建筑和市政基础设施工程标准施工招标文件(2015年版)》，调整完善现行实施的招投标规划性文件，提高招投标效率；出台《福建省工程设计直接委托和邀请招标实施细则》，对城市重要地段、重要景观区域大型工程，明确可采用直接委托和邀请招标工程项目的具体范围，激励设计大师领衔设计；出台《福建省市政基础设施工程设计招标投标管理若干规定》《福建省装配整体式结构设计导则》等规章制度。

【构建统一开放市场环境】 印发实施《关于推动全省建筑市场统一开放的通知》，取消省内外企业跨地区承接业务备案管理。对全省跨区承揽业务市场开放情况实施监督，对设立不合理条件限制或排斥外地企业承揽业务的责令限期整改，对拒不整改的市县区进行约谈、通报、招标人应当依法依规设置招标条款。

建筑节能与科技

【建筑节能】 严格执行《民用建筑节能条例》，新增节能建筑面积6365万平方米，发布建筑节能材料和产品备案项目65项。全省各地市自查100个项目，发出整改通知书54份；接受专项检查，重点检查了9个节能工程，2个节约型示范高校和一个节能测监平台，以及9个绿色建筑、4个可再生能源示范项目。福州市、厦门市、福建师范大学、集美大学列入2015年国家财政部、住房城乡建设部节能改造示范建设。累计完成居住建筑节能建筑面积26.52万平方米，总投资6234万元，利用中央奖励资金108万元。推进节约型高校示范建设，厦门大学、福州大学等6所示范高校累计完成建筑能耗统计558栋、建筑面积796.73万平方米，能源审计204栋、建筑面积148.9万平方米，能效公示163栋、建筑面积163万平方米，在线监测388栋、建筑面积242.5万平方米。

【绿色建筑】 获绿色建筑评价标识项目41个，建筑面积552.21万平方米；累计推广绿色建筑项目326个，建筑面积1974万平方米。深入贯彻绿色建筑行动实施方案，严格执行绿色建筑规划、设计专篇、施工图监管等三项基本制度。推进政府投资的公益性项目、大型公共建筑、保障性住房、10万平方米以上的住宅小区等四类项目全面执行绿色建筑标准。规定在2014年1月1日前立项、但在2015年10月1日以后报审的四类项目，从2015年10月1日起也应按绿色建筑标准进行图审。绿色建筑标准体系基本完善。组织编制建筑产业现代化标准、建筑围护结构节能通用图集、绿色建筑施工图审查要点、建筑废弃物资源化利用标准，进一步规范全省绿色建筑规划、设计、图审和施工。示范项目完工51个，完成投资460亿元。

【“智慧城市”试点】 2015年，福建省各试点“智慧城市”按照试点任务书要求和进度计划安排推进试点各项工作，成立以城市主要领导为组长、各相关部门参加的组织体系，细化完善“智慧城市”发展规划和实施方案，因地制宜设置重点项目，开展城市公共基础数据库和公共信息平台建设运营、投融资体系创新等。

【科技成果转化推广】 福建省共有9个项目获住房城乡建设部科学技术项目计划立项，组织完成31项省级建筑科技、绿色施工、建筑业新技术示范工程验收，完成10项科技成果评审，印发《关于加强和改进建筑业10项新技术应用示范工程管理的通知》。组织申报国家级施工工法30项，组织审定发布省级工法3批次141项，推广三维悬挑型钢屋架施工工法等先进施工工艺。组织省建筑设计院等70多家企事业单位共同成立福建省建筑信息模型(BIM)技术应用联盟，确定试点示范项目77个。

【标准化支撑作用】 2015年，省住房城乡建设厅制定《进一步加强工程建设地方标准管理办法》。同时，把标准化工作列入施工企业综合信用评价和建筑业龙头企业考核指标内容，引导企业加强提高标准化工作能力。福建省承担《建筑反射隔热涂料应用技术规程》《喷射混凝土应用技术规程》等2项国标、行标工作。

行政审批

【概况】 2015年，省住房城乡建设厅共办结各类审批服务事项39727件。其中，承诺件13590件，含各类资质1868件和个人执业资格11722件；即办件26137件，含各类资质4434件、个人执业资格14433件、出省证明及备案7270件，占70%；新增部批特级企业一家(即福建省第五建筑工程公司)。

【简政放权】 印发《关于委托下放行政审批服务事项通知》，将厅本级审批的大部分企业资质和对企业或个人的审批服务事项委托下放9个设区市及平潭综合实验区或县(市)建设行政主管部门实施，审批的企业资质类别减少近70%，个人来省厅办理业务量减少近80%。

【审批流程精简优化】 取消县(市)初审环节，由企业直接向省厅提出申请、提交材料，全流程审批时限减少为12个工作日，比原来压缩了50%。

【行政审批和公共服务网上办理】 行政审批和公共服务事项全部进驻省网上办事大厅，实现"线上"、"线下"办理的互联互通。截至2015年底，除使用信息系统的行政许可和公共服务事项因部信息系统无法改造对接外，其余均实现与省网上办事大厅效能监察系统对接并实时报送效能监察数据。

建设人事教育

【机构建设和编制管理】 贯彻落实省委、省政府《关于省直部门教育培训机构整合意见》《省直部门数据中心及信息中心整合实施方案》《控编减编意见》。全年完成调资352人次，组织申报年度绩效工资总量和2014年度绩效增量，绩效工资调控管理，进一步调动工作人员积极性。

【各类培训考核工作】 全年完成15万多人次培训。会同省委组织部在清华大学举办市县政府分管领导城乡规划建设管理研修班，培训人数72名。会同福建工程学院举办县、市建设行政主管部门领导岗位轮训，培训人数92名。全年共组织全省建设类从业人员培训考核发证和执业人员继续教育培训22.4万人次。制定《关于全面实行建设类从业人员岗位计算机考试加强考核发证巡查工作的通知》。全年共组织全省建设类从业人员考核10万人次。开展农村建筑工匠和特色工种培训考核，省财政安排专项补助资金260万元，组织开展农村工匠培训一万人和石雕工、木雕工等古建6个传统特色工种2000人。

【职称评审和执业注册管理】 2015年，省住房城乡建设建设厅受理1132名专业技术人员申报高级职称评审，评审通过808名，通过率71.38%。中级职称共有155人通过初审参评，评审通过113名，通过率72.9%。年组织实施二级建造师等执业资格考试21场13.6万人，新增各级各类注册师9480人，全省执业资格人员总数达到17.32万人。

"十二五"期间住房城乡建设主要工作及成效

【"十二五"规划目标实现情况】 "十二五"规划期间，实施城建项目2万余个，完成投资约1.3万亿元。整治村庄2600多个，打造"美丽乡村"景观带70余条，提升"三边三节点"420个，新建改造市政道路和各类管网2万多千米，建成绿道3000多千米，完成铁路公路沿线绿化整治2000多千米，在全国率先实现所有设市城市建成省级以上园林城市；城镇住房保障覆盖面达20.8%，城镇人均住房面积达40.7平方米；实现市县污水处理率达88%，生活垃圾无害化处理率达96.5%，超额完成"十二五"规划指标，房地产投资占全省同期固定资产投资总量的25%，建筑业增加值占全省GDP8.4%，两大产业缴纳税收占全省地税总额的50%以上，成为名副其实的支柱产业。五年间，建筑业累计完成总产值2.8万亿元，年均增长21%，增幅位居全国前列；实现增加值9278亿元，占全省GDP的8.5%，年均增幅13.4%，高于全省平均水平的2.7个百分点。"十二五"期间新增节能建筑面积37809万平方米，2015年新增节能建筑面积6365平方米。"十二五"期间，累计获得绿色建筑评价标识项目107个，建筑面积1586万平方米；累计推广绿色建筑项目474个，建筑面积3260.36万平方米。其中2015年就获得绿色建筑评价标识项目41个，建筑面积552.21万平方米；累计推广绿色建筑项目326个，建筑面积1974万平方米。全行业企业近万家、从业人员约250万人，其中施工、物业、环卫、燃气、市政道路、桥梁和园林绿化养护等工种吸纳大量就业人员，为农业人口转移、促进城镇化健康发展提供了就业保障。

大事记

1月

22日，省政府召开全省“两违”综合治理漳州现场会。副省长陈冬到会并做工作部署，省住房城乡建设厅厅长、省治违办主任龚友群在会上通报了2014年全省治违工作进展情况，省直相关部门、各县、市、区分管领导及治违办主任参加会议。

2月

12日　发布《福建省预制装配式混凝土结构技术规程》。适用于全省民用建筑非抗震设计及抗震设防烈度为6度至8度抗震设计的装配式混凝土结构的设计、施工及验收。

28日　省住房城乡建设厅厅长龚友群带领有关处室人员赴福州市规划设计研究院考察，该院创意设计产业楼是全省最高星级大型公建绿色建筑工程，采用了10多项绿色节能新技术、新产品，获住房城乡建设部授予的“绿色三星建筑”称号。

同日　为了做好新旧《建筑业企业资质标准》的衔接和准备工作，印发《近期建筑业企业资质管理有关事项的通知》。

3月

5日　组织编制并公布《福建省装配整体式结构设计导则》和《福建省装配整体式结构施工图审查要点》，加强建筑产业现代化技术指导，推动建筑产业现代化工作。

9日　开始梳理行政权力运行清单及公共服务事项清单，至20日结束。

12日　印发《关于全省住房城乡建设系统2015年推进依法行政工作要点》。

4月

1日　印发《福建省住房和城乡建设厅2015年深化权力运行网上公开试点工作方案》。

10日　住房城乡建设部在厦门召开市县“多规合一”试点工作现场会。副部长陈大卫、福建省委常委、厦门市委书记王蒙徽、副省长郑栅洁、厦门市市长裴金佳、中央财经领导小组办公室、国家发展改革委、国土资源部、环保部等代表出席会议。

20日　开始编制资质审查导则和责任清单，进一步统一全省各地资质审查工作标准，明确工作责任(至5月15日结束)。

30日　向省政府报送《福建省城市供水条例(送审稿)》。

5月

6日　以福建省政府名义出台实施《关于推进建筑产业现代化试点的指导意见》(闽政办［2015］68号)，在6个试点城市率先开展建筑产业现代化试点。

14日　出台允许台湾建筑专业人士在自贸试验区内设立建筑工程设计事务所和台湾建筑师在自贸区内开展业务的具体管理办法，推进对台先行先试，支持台湾地区建筑专业人士到自贸试验区投资兴业。

20日　省委副书记于伟国带队到福州市民服务中心考察工作，期间实地考察了福州市住房公积金管理中心城区管理部服务窗口，详细了解服务窗口设置、管理和运行情况后，对城区管理部工作予以肯定。

28日　《福建省风景名胜区条例》通过福建省第十二届人民代表大会常务委员会第十五次会议，5月29日福建省人民代表大会常务委员会公布。该《条例》分总则、设立、规划、保护、利用和管理、法律责任、附则7章58条。

6月

9日　省住房城乡建设厅在厦门市组织全省建筑产业现代化工作会议暨观摩会。为有序推进建筑工业化试点工作，以省政府名义出台实施《关于推进建筑业现代化试点的指导意见》，在6个试点城市率先开展建筑业现代化试点。

10日　印发《关于委托下放行政审批服务事项的通知》。

14日　财政部下达节能减排补助资金(第八批)通知，福建省福州市、厦门市、集美大学、福建师范大学分别入选国家公共建筑节能改造示范，并得到中央资金补助。

17日　《建省建设工程造价管理办法》通过福建省人民政府第四十二次常务会议，6月18日福建省人民政府令第一百六十四号公布。该《办法》分总则、建设工程计价依据、建设工程造价确定与控制、执(从)业管理、监督管理、法律责任、附则7章39条。

23日　省第五建筑工程公司晋升为房屋建筑工程施工总承包特级资质企业。至此，福建省建筑业特级资质企业达5家。

7月

1日　省行政审批制度改革工作小组办公室印发《关于公布省住房和城乡建设厅责任清单的通知》。

3日　举行“七一”表彰活动暨全省住建行业先进典型事迹报告会。

13日　会同省发展改革委等7个部门出台《关于支持工程建设领域企业转型发展七条措施的通

知》，支持本省龙头企业优先承接省内高大精尖工程项目。

20～21 日　省“多规合一”工作培训班在永泰县举办。泉州市副市长李建辉等 12 个试点市县政府分管领导，规划和建设局、发改委、国土局、环保局等部门领导、技术人员，以及部分非试点市县政府分管领导、规划和建设局主要负责人共 280 人参加培训。

21～23 日　福建省住房城乡建设厅、省总工会在惠安县联合举办全省建筑行业“光荣杯”古建泥瓦工岗位技能竞赛。来自 23 企业 69 名泥瓦工匠同台竞技，展示古建砖墙砌筑技艺。

8 月

1 日　《福建省风景名胜区条例》和《福建省建设工程造价管理办法》施行。

3 日　开始梳理材料清单，编制办事指南，进一步明确部、省、市各级资质申报流程（至 27 日结束）。

12 日　印发《关于实行住房公积金特殊政策有关问题的通知》，对来闽创业就业的台湾青年和中国（福建）自由贸易试验区引进的高层次人才执行公积金特殊优惠政策。

20 日　福建省城市综合管理试点工作现场会在泉州市晋江召开。厦门市、漳州市、莆田市等 5 个试点城市政府分管领导汇报工作进展和经验做法。省住房城乡建设厅厅长龚友群、副厅长吴建迅和省委编办、发展改革委等省直有关部门与会者现场考察晋江试点成效。

26 日　发文取消建筑节能材料和产品备案制度，规定凡是符合国家、行业和地方标准的建筑节能材料和产品都可在福建省建筑工程中使用，将根据全省技术发展情况不定期发布技术和产品推广目录。

27 日　转发关于推进建筑信息模型应用指导意见的通知，并结合本省实际，从发展技术联盟、加大技术交流、推进示范应用、发展骨干企业等方面提出具体推进措施。

9 月

8 日　由福建省委组织部、省住房城乡建设厅在清华大学联合举办全省城乡规划建设管理专题研修班，培训调训学员 72 名，其中县市政府分管领导 53 名，设区市规划局领导 10 名。研修班由清华大学的知名教授、住房城乡建设部司领导和中规院等业内专家学者授课。

10 日　省建筑设计研究院完成的福州世茂茶亭国际花园一俪园、厦门市城邦园林规划设计研究院有限公司合作完成的第六届中国（厦门）园博园公共园林设计、福建省城乡规划设计研究院合作完成的海峡西岸城市群协调发展规划等 3 个项目获第十四届全国优秀工程勘察设计银质奖。

15 日　印发《福建省绿色建筑适宜技术和产品推广目录》，经广泛征求意见和专家审定，结合本省实际，重点推广 10 大类 45 项技术和产品。

16 日　省住房城乡建设厅开展为期一个月的燃气安全生产大检查结束。这次督查 9 个设区市和平潭综合实验区，及 12 个县市，共 30 个燃气场站安全生产情况，发现隐患 156 条，责令存在重大安全隐患的两家企业停产整顿。

25 日　第十届中国国际园林博览会在武汉开幕。福州、厦门、泉州三市受邀参展，并分别建园，展园融入地域文化元素，彰显福建园林风采与魅力。

29 日　省建筑信息模型（BIM）技术应用联盟在福州成立。该联盟由福建省建筑设计研究院、中建海峡建筑发展有限公司共同发起，联合省内外 70 多家热心此项目应用的企业组建而成。

10 月

1 日　中国福州国际雕塑艺术展作品落成揭幕暨福州雕塑园揭牌仪式在福州花海公园举行。这届雕塑艺术展历时一年有余，期间得到世界各国各地区雕塑家支持，经评审组委会评审，共评出获奖作品 97 件，名列前 50 件的优秀作品被放大创作成足尺雕塑，于 9 月底安装落成于福州市闽江南岸。

15 日　开展建筑节能和绿色建筑监督检查，全省地市自查 100 个项目，发出整改通知书 54 份，抽查福州市、泉州市、三明市、南平市、漳州市 5 个市 25 个项目，对好的经验做法和存在问题进行了通报。

30 日　省住房城乡建设厅会同省金融办、保监局出台《关于鼓励建筑企业采取多形式履约保证金的通知》，发挥银行保函、工程担保、建设工程保证保险等市场机制作用，缓解建筑业企业流动资金压力，促进企业有效投资。

同日　《厦门经济特区燃气安全监管若干规定》由厦门市第十四届人大常委会第三十次会议通过，将从 2016 年 1 月 1 日起施行。

11 月

6 日　省住房城乡建设厅联合省经信委转发工业和信息化部、住房城乡建设部《促进绿色建材生产和应用行动方案》的通知。

11 日　行政执法资格考试改革后，首次组织住建系统行政执法资格专业考试工作。

18日　省住房城乡建设厅和省发展改革委、省科技厅联合举办2015年福建省智慧城市技术研讨会，住房城乡建设部科技司副司长郭理桥到会指导，浙江省杭州市、湖北省宜昌市等国内典型代表介绍智慧城市发展经验。

30日　印发《福建省住房和城乡建设厅办公室关于开展住房城乡建设系统宪法和法律法规知识竞赛主题活动的通知》。

12月

14日　出台《关于印发〈工程设计企业资质审查导则〉等10个审查导则的通知》，对工程设计、工程勘察、城乡规划编制、房地产开发、物业服务、房地产估价、城市园林绿化、工程监理、工程招标代理、工程造价等10个企业资质审查做了统一规定。

25日　印发实施《关于推动全省建筑市场统一开放的通知》（闽建筑［2015］35号），取消省内外企业跨地区承接业务备案管理，推动全省建筑市场统一开放。公布3批次共15家企业为“欠薪黑名单”。

同日　省漳州市、泉州市和莆田市被住建部等五部门作为“全国无障碍建设示范市（县）”予以表彰。

29日　省城市工作会议在福州召开。省委书记尤权主持会议并讲话，代省长于伟国做具体工作部署。于伟国说，城市工作要突出以人为本，坚持城市的核心是人。

30日　省第三届工程勘察设计大师评选揭晓，黄春风、任彧、曾志攀、夏昌、吴铭炳、唐颖、黄萍、刘金福等8人获得福建省工程勘察设计大师称号。至此，福建省共有戴一鸣等24人获此称号。

（福建省住房和城乡建设厅）

江　西　省

概况

2015年，江西省住房和城乡建设部门围绕中心，服务大局，攻坚克难，奋力拼搏，全面完成了各项目标任务。

【棚改和农村危房改造成绩突出】　抓好房屋征收和资金投入两个关键，大力推进棚改货币化安置，及时出台棚改货币化安置和公租房以购以租代建实施办法。加大融资力度，推动政府购买棚改服务，取得较好成效。全年开工建设保障性安居工程23.26万套，基本建成28.51万套，分别为目标任务的100%和178.2%，其中棚改开工16.54万套，棚改货币化安置率31.9%。高于全国平均水平3.9个百分点。完成农村危房改造31.2万户，是完成农村危房改造任务最多的一年。

5年来，累计投资2300亿元，完成保障性安居工程142.88万套，覆盖率达21.9%。累计改造农村危房86万户，城乡750万群众住房明显改善。

【力促房地产 建筑业稳定发展】　全面贯彻国家和省调控政策，继续实行分类调控、因地施策，下大力气推进棚改和公租房“两个货币化”，打通普通商品房和棚改、保障房通道，提高住房公积金个贷率，个贷率由62%提高到84%，增幅居全国前列。商品房销售从6月开始由负增长转为正增长。房地产开发完成投资、商品房新开工面积、销售面积、二手房交易面积、个人住房贷款规模、土地平均购置价格、商品房竣工面积、商品房销售价格等八项指标同比增长；房地产业地方税收、土地购置面积同比下降。2015年商品房销售量是近五年的销售峰值。五年来，全省累计完成房地产开发投资5800亿元，年均增长15.93%，房地产市场总体运行健康平稳，为稳增长作出了重要贡献。一大批建筑企业发展壮大。2015年新增特级企业3家、一级企业80家。至2015年底，特级企业和一级企业分别为6家和388家。积极融入“一带一路”国家战略，实施“走出去”战略，打响“江西建设”海外品牌。扎实推进工程质量治理两年行动，确保质量安全。2015年建筑业总产值4600亿元，增长12%，提前两年完成“十二五”任务，实现“三个翻番、三个突破”。

【推进绿色发展取得新突破】　突出抓好污水处理。投入40多亿元，启动对进水浓度、污水收集率较低的48个县市污水管网配套改造，44个县已开工建设。百强中心镇污水处理设施有32个镇已建成并运行。绿色建筑发展态势良好。新增绿色建筑面积

838 万平方米，超过前几年的总和。全省所有设区市全部进入国家园林城市行列，在全国率先实现了国家园林城市设区市全覆盖。开展风景名胜区整治提升活动，资源保护管理进一步加强。

【地下综合管廊和海绵城市建设取得新进展】 改变重地上、轻地下的建设理念，出台推进城市地下综合管廊的实施意见，举办培训班，规范建设，扎实推进。景德镇、南昌市建成地下综合管廊共 10.1 千米，实现了全省城市地下综合管廊建设的突破。萍乡市率先开展全省海绵城市建设，赣州、抚州、吉安、新余等市海绵城市建设的相关工作有序开展。

【城乡人居环境明显改善】 坚持科学规划的引领作用。《江西省城镇体系规划(2015～2030)》已批准实施。环鄱阳湖城市群规划、南昌大都市区规划已完成技术论证。村镇规划基本实现全覆盖，历史文化名镇名村、传统村落保护工作得到加强，美丽乡村、宜居小镇、宜居村庄建设稳步推进。抓好城乡生活垃圾处理。推进农村生活垃圾 5 年专项治理，开展存量垃圾集中整治，推动农村生活垃圾减量化、无害化处理。扎实推进城市家庭垃圾分类处理。按照“干干净净、漂漂亮亮、井然有序、和谐宜居”的城市管理新要求，开展城市市容环境专项治理，通过整治，城市乱扔乱倒、乱贴乱画、乱披乱挂、乱搭乱建、乱停乱放等现象基本杜绝，卫生环境、道路环境、生态环境、人居环境明显提升，居民文明指数、安全指数、幸福指数大幅提高，市容环境管理的长效机制基本建立。深入开展违法建筑治理，全省共拆除违法建筑 700 多万平方米。

【改革创新进一步深化】 推进鹰潭市、萍乡市、湖口县、于都县等“多规合一”试点，鹰潭市、樟树市国家新型城镇化试点。加快行政审批制度改革，完成“三单一网”建设任务，审批效率和服务水平进一步提高。创新棚改方式，推进政府购买服务，大力推行 PPP 模式。实行住房公积金个人贷款“一体化”。推进执法重心下移，由“花钱养人”向“花钱购买服务”转变。废止省外企业进赣省市县重复备案和保证金制度，优化建筑业发展环境。

法制建设

【扎实推进“三单一网”建设】 完成权力清单的编制和公布。按照“法无授权不可为，法定职责必须为”的要求，全面梳理行政权力 398 项，厅保留实施 173 项，下放市县属地管理 225 项，已全部向社会公布。完成责任清单的编制和公布。按照“有权必有责”，对江西省住房和城乡建设厅保留实施的 173 项行政权力和 18 项行政审批事项，依法依规设定责任岗位、责任事项和追责情形，已全部向社会公布。完成政务服务网的录入。已将涉及江西省住房和城乡建设厅的便民服务事项 45 项，权力清单 152 项、行政审批事项 18 项，责任清单 170 项全部纳入政务服务网，实行行政权力网上公开运行。

【不断深化行政审批制度改革】 完成非行政许可审批事项清理。取消非行政许可审批事项 1 项，调整为行政许可审批的事项 1 项，调整为内部管理的事项 4 项，调整为备案等其他权种的事项 2 项。取消行政许可审批事项 1 项，承接住房城乡建设部下放的行政许可审批事项 1 项。截至 2015 年 12 月，省住房和城乡建设厅保留实施的行政许可审批事项为 18 项。对取消、下放、衔接、调整的审批事项加强指导，督促相关主管部门做好衔接落实工作，防止管理脱节、审批无序。专门印发了《关于做好省政府取消和调整一批行政审批项目等事项衔接工作的通知》等文件。积极配合省审改办做好行政审批中介服务事项的清理工作。对保留的行政审批事项，实行流程再造、网上公布。简化程序、压缩时间、减少申报材料，力争环节最少、手续最简、时间最短、效率最高。网上公布办事指南和运行流程图，公开行政许可依据、条件、程序、材料目录、办理期限、办理机构等。江西省厅行政许可事项办结时限由法定 20 个工作日全部压缩到 9 个工作日，实际办结时限一般不超过 5 个工作日；企业行政许可变更、证书增补等事项基本实现 1 个工作日办结；省内企业出具出省介绍信和“三无”证明、诚信证明等事项实现随到随办。

【切实加强法规制度建设】 3 月 1 日，《江西省国有土地上房屋征收与补偿实施办法》已正式施行。11 月 30 日，省政府常务会议已通过《江西省民用建筑节能和推进绿色建筑发展办法》。加强与省人大和省政府法制办等有关部门的沟通协调，积极推动《江西省城市管理行政执法办法》等的立法步伐。简化企业备案制度。印发《关于进一步优化建筑市场环境的通知》，自 2015 年 5 月起，取消省外企业进赣省、市、县重复备案。已在办理进赣备案的，市县不得以任何形式、任何名义、设置门槛及限制条件，阻碍企业到当地开展生产经营活动。加强规范性文件的审查把关。完成了《关于在城市棚户区改造中鼓励货币化安置的实施办法》、《关于推进公共租赁住房以购以租代建的实施办法》、《江西省百强中心镇污水处理设施建设及工程运行实施方案》等规范性文件的审核修改工作。积极推进以江西省住房和城乡建设厅规名义制发的范性文件清理工作。

【积极推进全面深化改革工作】 按照省委、省政府全面深化改革的总体部署和任务分工，结合江西省住房和城乡建设厅工作职能和实际，根据《省委全面深化改革领导小组2015年工作要点》要求，落实责任分工，加强调度督导，积极协调推进各项改革任务的落实。及时向省委改革办和专项改革小组报送反馈意见、工作总结、工作动态和信息报表等。

【认真做好行政复议工作】 共收到行政复议申请7件，主要涉及城乡规划、政府信息公开等方面。经与相关设区市主管部门及当事人沟通协调，其中3件在立案前均已主动撤回。另外4件已受理，并全部在法定时间内办结，未发生一起行政复议人对复议决定提起诉讼的情况。对行政复议案件，坚持实地调查取证和开展行政调解，努力化解矛盾和纠纷。住房城乡建设部受理的，以省厅作为被申请人的行政复议案件2件。均根据相关规定，积极进行答辩。同时，严格执行住房建设部的行政复议决定。

【大力加强法治机关建设】 制定出台《江西省住房和城乡建设厅2015年法治政府建设工作计划》。为厅机关领导干部和有关处室征订相关法律法规书籍，提高领导干部的依法行政能力和水平。积极组织厅机关有关处室和厅直属有关单位办理行政执法证和执法监督证。积极开展城市管理执法体制和城市管理综合执法地方性法规或政府规章前期调研。

【高度重视法治宣传工作】 根据省委宣传部、省精神文明办、省法建办《关于进一步加强法治江西宣传工作的通知》要求，及时报送法治建设重点宣传选题。根据省委宣传部、省法建办的部署安排，积极开展省直单位负责人法治访谈活动，取得了良好的社会效果。积极组织住房城乡建设系统宪法和法律法规知识竞赛主题活动，荣获“住房城乡建设系统宪法和法律法规知识竞赛主题活动单位组织奖”。向住房城乡建设部报送了南昌市城市管理综合执法支队副支队长陶景海的事迹材料。陶景海的事迹材料已在住房城乡建设部门户网站刊登。广泛利用网络媒体进行法治宣传。截至2015年11月30日，在法治江西网等网络媒体发表信息宣传50余篇。

【努力提高法律服务和保障能力】 认真做好退办公文的办理工作，完成100余件退办公文办理工作，参加50余个法制协调会。加强厅制发公文的合法性审查，审查各类公文60余件。印发《江西省住房城乡建设系统行政处罚自由裁量权细化标准（试行）》，细化、量化行政处罚裁量标准，规范行政执法行为。对省厅实施的行政处罚案件严格审查把关，确保认定事实清楚、适用法律准确、履行程序到位、处罚内容适当。认真开展行政执法监督检查，贯彻落实法治江西建设的各项工作任务。

【切实加强党风廉政建设】 配合做好廉政巡查工作。根据厅党组的安排部署，精心组织，积极配合厅廉政巡查小组的巡查工作。对廉政巡查反馈意见，精心制定整改方案，并积极整改落实。通过廉政巡查，党员干部党风廉政建设和反腐败意识不断增强。加强廉政教育。坚持把政治纪律教育纳入党员干部教育活动中，作为日常思想教育和廉政教育的重要内容。认真组织党员干部学习关于廉政建设和反腐理论、文件和资料，学习党风廉政法规，观看反腐案例警示片等，全处党员干部遵章守纪、廉政自律，不搞小团体主义，无违法违纪行为发生。狠抓作风建设。签订党风廉政建设责任书，进一步强化首问负责制、主办负责制，把作风建设覆盖到每个岗位，延伸到每一个人。党员干部服务意识不断增强，行政效能大为提高。日常工作中，无“四风问题”发生，无“红包”问题出现。

建筑业与工程建设

【概况】 2015年，在经济下行压力持续增大，房地产市场形势严峻的情况下，全省建筑业呈现由高速发展转为中高速发展的态势，建筑企业生产经营情况总体稳定，建筑市场监管水平进一步提升，房屋和市政工程质量安全形势平稳。

2015年，全省共有各类建筑业企业5318家，其中特级企业6家，一级企业388家，二级企业1352家。全省各类建筑业企业共完成建筑业总产值4602.5亿元，比上年增长11.6%，建筑业总产值在全国排第十七位；社会建筑业增加值1500.6亿元，占全省生产总值的9.0%，按建筑业总产值计算的劳动生产率27.8万元/人，企业在省外完成的建筑业总产值1527.4亿元，比上年增长17.3%，全省对外承包工程累计完成营业额35亿美元，增长22.8%，总量居全国第十三位，中部地区第一位。全省房屋建筑施工面积达28895.4万平方米，比上年同期增长4.2%。其中房屋竣工面积14255.6万平方米，同比增长12%。全省完成建筑业总产值同比增幅高于全国平均增幅9.3%，但较上年同比下降达7.2%，为近5年最低。

【骨干建筑企业竞争力实现新提升】 全省骨干

建筑企业继续发挥行业排头兵作用，对全省建筑业总产值及建设工程管理水平的提升作出突出贡献。全年产值超 5 亿元以上的企业完成产值占全省建筑业总产值近 70%。新批江西中煤建设集团、中阳建设集团、发达控股集团等 3 家企业特级总承包资质，全省特级企业达到 6 家，较上年翻了一番，专业类别由单一房屋建筑扩展到市政、公路工程。

【创优创新取得成效】 2015 年共有 4 项工程获中国建筑工程鲁班奖，分别是：昌南建设集团承建的赣州银行金融大厦、中交第二航务工程局等承建的九江长江公路大桥、中鼎国际承建外省项目的大同煤矿集团同忻矿井工程、中煤集团承建的境外项目肯尼亚姆米尔斯镇供水扩建工程第六标段。是历年来获中国建筑工程鲁班奖(国家优质工程奖)最多的一年。推荐国家级工法 44 项，7 项获得通过。新批省级工法 20 项，全省建筑业新技术应用示范工程立项工程 31 项。

【信息化监管取得新突破】 按照统一全国建筑市场监管平台的部署，开发“江西省建筑市场监管与诚信信息一体化工作平台”，该平台集企业、人员、项目和诚信信息等 4 个数据库为一体，实现省、市、县(区)三级建设主管部门网上监管、网上办事，并实时与住房城乡建设部平台对接，于 12 月试运行。

【搭建“政银企”合作平台】 3 月，省住房城乡建设厅与中国建设银行江西省分行举行签订“推动全省建筑产业发展战略合作协议”仪式。协调招商银行南昌分行与全省骨干企业对接，充分发挥行业管理优势和建行金融综合服务优势，通过政策引导、融资推动、规范管理，营造良好的投资环境、金融环境、市场环境，共同促进全省建筑业快速发展。

【加强工程质量治理工作】 按照全国工程质量治理两年行动的统一部署，两次组织对市、县的两年行动执法检查，共抽查督查项目 121 个。全年省市县三级开展各类监督执法检查 1900 余次，检查工程 17000 多个，下发整改通知书和执法建议书 12000 余份，查处了一批违法发包、转包违法分包挂靠等行为。10 月，督查组对宜春市、袁州区、上高县三个市、区、县共 6 个房屋建筑工程进行执法检查。

城乡规划

【概况】 南昌市、赣州市、景德镇市、鹰潭市、萍乡市、上饶市、新余市、抚州市、井冈山市、贵溪市、乐平市、德兴市、瑞昌市 13 个市设立了一级规划局，九江市规划局升格为正处级单位。宜春市、吉安市、九江市、丰城市、樟树市、高安市、瑞金市、南康市 8 个市设立了一级规划建设局，吉安市设立了规划管理处，宜春市、高安市设立了规划管理办，修水县、武宁县、都昌县、德安县、上饶县、玉山县、广丰县、鄱阳县、婺源县、万年县、余干县、横峰县、铅山县、弋阳县、奉新县、东乡县、上栗县、永新县 18 个县设立规划局，南昌县、新建县、进贤县、安义县、湖口县、全南县、定南县、于都县、寻乌县、吉安县、新干县、吉水县、永丰县、泰和县、上高县 15 个规划建设局。11 个设区市均成立了城市规划委员会，由市委书记或市长担任主任，具体研究解决城市规划发展和建设的重大问题。同时各地普遍实行了城市规划专家技术审查制度，对事关城市规划、建设和发展的重大问题，注意广泛听取专家和社会各界的意见，科学决策、民主决策的意识进一步加强。全省有南昌市、景德镇市、赣州市、瑞金市 4 个国家历史文化名城，吉安市、井冈山市、九江市 3 个省级历史文化名城。

【全力推进新型城镇化健康有序发展】 至 2015 年 12 月，全省城镇化水平达到 51.62%，比上年提高 1.4%。组织开展两次全省新型城镇化发展情况督查。督促各地贯彻落实《关于完善城镇化发展体制机制提高城镇化发展质量的意见》和《江西省新型城镇化规划(2014～2020)》，加快研究制定配套政策和相关试点工作。制定完成江西省新型城镇化发展质量评价指标体系。开展全省新型城镇化情况调研，起草完成全省新型城镇化工作情况报告。制定完成《江西省关于贯彻落实国家发改委等 15 部委〈推进“三个一亿人”城镇化实施方案〉的实施意见》，并印发实施。会同省发改委开展省级新型城镇化综合试点工作，对试点市、县、镇赋予先行先试配套政策。加大对国家新型城镇化试点单位鹰潭市、樟树市的指导力度。

【推动重大城乡规划编制】 《江西省城镇体系规划(2015—2030)》经国务院同意由住房城乡建设部批复实施。加快推进重大跨区域规划编制，《环鄱阳湖城市群规划》《南昌大都市区规划》编制工作进展顺利，编制完成《昌九新区城镇总体规划符合性报告》，牵头完成《新宜萍城镇群发展战略规划》初稿，启动《信江河谷城镇群规划》编制，指导九江市、吉安市加快推进《九江都市区总体规划》《吉泰城镇群规划》编制。加强市县城市总体规划审查报批，完成景德镇市城市总体规划、井冈山城市总体规划报批工作，组织开展抚州市、上饶市、贵溪市、安福县城市总体规划实施评估，指导以上市、县开展城市总体规划修编工作，完成瑞金市、泰和县、寻乌县、武宁县、弋阳县、芦溪县等市、县总体规划纲要或成果技术审查。

【推动空间规划体制改革】 率先启动省域空间规划编制，加快推进全域空间“多规合一”，工作实施方案已经省政府印发实施。召开“多规合一”试点工作座谈会，制定出台《全省“多规合一”试点工作指导意见》，建立省住房城乡建设厅、省发改委、省国土厅、省环保厅4部门联席会议制度，在湖口县召开了现场推进会。全面推动城市设计工作，印发《关于加强全省城市设计工作的通知》，要求市、县政府高度重视城市设计工作，加强编制经费保障，制定工作方案，从法定城市规划城市设计专篇和重点区域专项城市设计两个层面，全面推动城市设计工作。

【加大城乡规划实施监管力度】 实施规划督察员制度，全年各地督察员向派驻地政府共计下发5份规划督察意见书，提出20余条整改建议，涉及规划管理体制、违法项目建设、风景区规划建设管理等问题，进一步强化了城乡规划实施的事前事中监督，并对全省设区市违规下放城乡规划管理权整改落实情况进行多次通报。加大违法项目查处力度，重点对萍乡市安源国际汽车展示中心项目违法建设进行了查处，多次向省政府报告违法项目整改落实情况。组织开展专项治理活动，开展全省城市总体规划“五线”实施情况的专项检查，对城市道路“红线”、绿地“绿线”、水体“蓝线”、历史文化保护“紫线”、公用设施“黄线”的执行情况进行全面排查。

【提高城乡规划管理水平】 加强历史文化名城保护，国务院批复同意瑞金市列为国家历史文化名城，省政府公布第一批18个历史文化街区名单，完成景德镇市历史文化名城保护规划审查和报批工作，组织开展全省第二批历史文化街区申报认定以及保护性建筑普查评定工作。加强重大项目规划选址技术审查，全力支持昌吉赣高铁、南昌轨道交通3号线等重大项目建设。全年共完成40个重大项目规划选址技术审查工作，核发了30个重大项目规划选址意见书。加强工业园区规划审查，完成湖口县、九江县、余干县、新建县、德安县、南康区等10余个县(市、区)工业园区扩区调区和省级工业园申报的规划符合性审查工作。加强控制性详细规划管理，加强控规备案工作，完成赣州、宜春等地4项控规备案，拟定《江西省控制性详细规划编制技术导则》，大力推动控规单元规划编制。

城市建设

【概况】 城市供水：全省城市供水日综合生产能力473.05万立方米，供水总量112574.42万立方米；设市城市用水普及率97.55%，县城用水普及率93.86 %；设市城市人均日生活用水量171.28升，县城人均日用水量116.77升。

【城市燃气】 全省燃气用户292.99万户，用气人口996.33万。液化石油气供气总量22.89亿吨，用气人口478.19万人；人工煤气供气总量2.5亿立方米，用气人口14.78万人，天然气供气总量7.36亿立方米，用气人口503.36万人；设市城市燃气普及率94.83%，县城燃气普及率85.78%。

【市政工程】 全省城市道路8185.16千米，面积17435.6万平方米，排水管道11982.75千米，城市路灯649981盏，设市城市人均道路面积16.60平方米，县城人均道路面积17.61平方米。

【园林绿化】 全省城市园林绿化覆盖面积57120.36公顷，园林绿地面积53240.97公顷，公园绿地面积14662.85公顷，公园356个，设市城市建成区绿化覆盖率44.09%，绿地率41.09%，人均公园绿地面积13.96平方米，县城建成区绿化覆盖率40.03%，绿地率36.44%，人均公园绿地面积14.02平方米。

【城建管理执法队伍】 全省各市、县均组建了城建监察(城管执法)支(大)队。南昌市设立了城市管理委员会(保留城市管理行政执法局的牌子)，宜春市、吉安市、上饶市3个城市设立了城市管理局，赣州市、九江市、新余市、抚州市、萍乡市、景德镇市、鹰潭市7个城市设立了城市管理行政执法局，其中赣州市、新余市、抚州市、萍乡市、鹰潭市增挂城市管理局的牌子。

【市容环卫】 全省城市环卫行业清扫保洁面积14019万平方米，机械化清扫面积5638万平方米，机械化清扫率40.2%，年清运生活垃圾329.27万吨，无害化垃圾填埋场17座，建有公共厕所1887座，其中三类以上公厕1509座；设市城市生活垃圾无害化处理率94.46%，县城生活垃圾无害化处理率66.57%。

【污水处理】 全省各市、县有105座污水处理厂，设计规模365.05万立方米/日。设市城市污水处理率87.74%，县城污水处理率81.19%。

【抓好城镇污水处理设施建设】 对贵溪市等6县(市)老城区污水管网建设进行调研并召开专题座

谈，制定对全省48个进水浓度较低和污水收集率较低的县(市)予以重点支持的工作方案。省政府召开全省污水管网建设和融资工作协调会，决定由省财政补助10亿元、国开行融资30多亿元重点支持推进48个县(市、区)污水管网建设。省政府召开全省污水管网建设和融资工作动员部署会议，省住房城乡建设厅代表省政府与48个重点支持的县(市、区)政府主要领导签订目标责任书，确定48个重点支持的县(市、区)建设项目804个，管网长度1823千米，总投资约43亿元。先后对部分县(市、区)污水管网建设情况进行督查，至2015年底，全省48个县(市、区)项目已开工建设。开展全省81个县(市、区)污水管网“十二五”规划建设情况督查，印发《全省县(市)污水管网“十二五”规划建设情况通报》。

【加强垃圾处理工作督查】 派专家对全省尚未建设垃圾无害化处理设施的8个县(市)进行指导和督查。召开全省垃圾处理工作现场会，要求各地认真落实“十二五”规划确定的县县具备无害化处理能力的目标，仅鄱阳县未开工。提高南昌市餐厨垃圾收集量，给59个大专院校、省直机关去函，要求支持配合餐厨垃圾收集工作。收集量由原来的60吨/日，增加到160吨/日。

【开展城市市容环境专项治理】 紧紧围绕“干干净净、漂漂亮亮、井然有序、和谐宜居”的城市管理目标，以专项整治为抓手，重点解决影响市容环境的脏乱差问题，创造和谐宜居的生活环境，为建设和谐秀美江西，实现与全国同步建设小康社会做出新贡献。出台《关于开展全省城市市容环境专项治理工作的意见》。组织设区市城管部门领导赴青海西宁市、宁夏中卫市对建筑垃圾管理和城市环卫保洁的成功经验进行学习考察。6月，在上饶市召开全省城乡生活垃圾专项治理现场推进会。9月，对11个设区市开展全省城市市容环境专项治理工作情况进行督查和暗访，并对各设区市的成效情况进行了通报和排名。

【推进海绵城市和地下综合管廊建设】 推荐萍乡市作为全省海绵城市建设试点城市，并列入国家建设试点城市。出台《关于在全省开展海绵城市建设工作的通知》。在景德镇市召开全省海绵城市建设和地下综合管廊建设培训班，参观景德镇市建成地下综合管廊现场，部署全省海绵城市建设和地下综合管廊建设工作。出台《关于推进城市地下综合管廊建设的实施意见》。会同省环保厅对城市黑臭水体整治工作进行了部署。

【加强园林城市创建和整治工作】 指导德安县、峡江县、分宜县、奉新县和上高县5个县以及分宜县双林镇完成了创建国家园林县城(城镇)申报材料上报工作，已通过专家评审和网上公示。配合完成对赣州国家园林城市的复查工作。印发《关于进一步做好城市公园私人会所整治有关工作的通知》，对全省各地各单位占用公共资源设立私人会所情况进行专项督查。组织南昌市、九江市、宜春市，3市参加第十届武汉(国际)国际园林博览会。

村镇规划与建设

【概况】 2015年，全省乡镇域总面积16.18万平方千米，建成区面积1711.63平方千米，村庄用地面积4907.11平方千米。有建制镇702个，乡570个，农场34个(不含城关镇和纳入城市统计范围的乡镇)，行政村16888个，自然村165107个。全省村镇总人口3888.3万人，其中小城镇镇区人口842.3万人，村庄人口3046.1万人。全省已建立镇(乡)级村镇规划建设管理机构1286个，配备工作人员4940人，其中专职人员2745人。2015年，全省村镇建设总投资546.3亿元，年度村镇住宅竣工建筑面积5032.4万平方米，年末村镇实有住宅建筑面积15.3亿平方米，人均住宅建筑面积40.7平方米。同时，村镇公用设施逐步完善，96.15%的建制镇、89.3%的集镇建有集中供水设施，小城镇自来水普及率67.9%。小城镇建成供水管道、排水管道、道路分别有15433千米、6156千米、14494千米，有公共厕所5558座，环卫车3260辆，公园绿地面积达10.33平方千米。

【抓好村镇规划建设管理】 印发《江西省村庄规划编制审批指导意见》《关于做好全省中心村布局选点和规划编制工作的通知》，指导各地因地制宜、分类编制村庄规划。加强村镇规划建设管理，督导落实省政府《关于切实加强农村住房建设管理的通知》及乡村建设规划许可办法。开展农民自建房设计施工管理专项调研，完成《关于进一步加强农村住房设计施工管理的指导意见》。争取到3个镇、4个村入选第二批全国宜居小镇、宜居村庄示范，入选数量分别列全国第一和第四。全省共有4个全国宜居小镇和4个宜居村庄。推荐8个镇、12个村申报2015年美丽宜居小镇、村庄。开展首批省级美丽宜居小镇、村庄示范工作。组织开展全省优秀村庄规划评选。累计共有1275个乡镇编制了总体规划，15255个行政村编制了村庄建设规划，乡镇总体规划和行政村建设规划覆盖率分别达97.6%和90.3%。

【启动百强中心镇污水处理设施建设】 省政府

全面启动全省百强中心镇镇区生活污水处理设施及配套管网建设。印发《百强中心镇污水处理设施建设实施方案》。省委农工部协调省财政安排1.92亿元资金专项用于支持百强中心镇污水处理设施建设推进。3月31日，省政府专题召开全省百强中心镇污水处理设施建设培训会议，全面部署相关工作。各地、各部门积极行动，组织编制项目方案，采取有力措施，全力推进百强中心镇污水处理项目建设。截至年底，全省有设施建设任务的115个百强中心镇全面启动，其中95个镇项目已开工建设，32个镇完成污水设施建设。

【全面完成农村危房改造工作任务】 组织开展全省农村房屋现状调查，全省农村地区有118万户农村危房需实施改造。组织开展全省2014年度农村危房改造省级验收暨绩效评价工作。完成农村危房改造31.2万户，及时拨付上级补助资金36.09亿元到县。争取国家对赣南等原中央苏区的倾斜。全年合计安排赣南等原中央苏区计划任务22.65万户，占全省任务总量的72.6%。落实涉农资金检查任务，按照全省统一部署，对往年农村危房改造资金使用情况进行核查，切实保障群众利益。组织编制《江西省农村危房改造三年(2015～2017年)计划》，计划三年实施83万户农村危房改造任务。每月底调度各地工作进度，并下发月度进度通报。

【推进全省农村生活垃圾专项治理】 起草《江西省农村生活垃圾专项治理工作方案》，并经省政府办公厅转发。制定出台《江西省农村生活垃圾专项治理考核验收认定办法》，由8部门联合下发。组织筹备全省城乡生活垃圾治理现场推进会。下发《关于做好当前农村生活垃圾专项治理有关工作的通知》，要求各地做好专项规划编制、建立推进机制、开展存量垃圾治理、进行督促检查。印发农村生活垃圾治理宣传海报，并布置张贴到每个行政村。对11个设区市及60个县(市、区)农村生活垃圾专项治理工作进行督导，并下发督导通报。下达农村生活垃圾治理专项补助资金2亿元，支持各地加快农村生活垃圾处理设施建设。

【传统村落保护工作成果丰硕】 督促各地完成保护规划的审查和报批工作，全省125个中国传统村落已有110个完成保护规划编制和传统村落档案制作工作，编制率88%。前四批84个历史文化名镇名村已基本完成保护规划的编制工作。全省18个中国传统村落列入2015年中央财政支持范围，推荐30个村补充申报2015年中央财政补助资金，待住房城乡建设部审核公布。召开全省传统村落保护工作推进会。组织开展第四批中国传统村落申报工作。组织已列入中央财政支持范围的传统村落保护项目实施情况自查和实地检查。印发《关于切实做好中国传统村落保护项目实施工作的通知》。印发《整合资金支持传统村落保护实施意见》，每年整合5个专项共计1亿元资金，支持传统村落保护实施和适度旅游开发利用。截至年底，2015年确定的20个传统村落的省级财政资金已经下达。

【对口帮扶工作成为样板】 上饶县花厅镇花厅村顺利通过江西省委组织部、省扶贫办检查验收。泰和县及螺溪镇藻苑村帮扶工作阶段性完成。对口支援民族乡村铅山县陈坊乡长寿畲族村成效显著。对口支援赣南等原中央苏区吉安县振兴发展工作进展顺利。将吉安县纳入全省“多规合一”试点县；支持17个村落列入中国传统村落名录，7个传统村落纳入第二批中央财政支持范围；将吉安县纳入集镇垃圾处理设施建设整县推进项目。下发《吉安县创建国家级风景名胜区工作方案》，力争将娑罗山景区、吉州窑景区、天祥公园景区、赣江沿岸风光带整合申报为国家级风景名胜区。“连心”活动及文明生态村帮建效果明显。2015年2月，乌泥镇被评为“全国文明村镇”。

房地产业

【概况】 2015年，全省房地产市场保持平稳健康发展态势，市场运行主要呈现“八升两降”的特点。房地产开发投资保持增长。1～12月份，江西省房地产开发完成投资1520.1亿元，同比增长14.9%，增幅高于全国13.9%，在中部六省排第一位。其中，住宅开发投资为1113.09亿元，同比增长14.5%；商品房新开工面积同比增长。1～12月份，全省商品房新开工面积3704.87万平方米，同比增长10.6%。其中，住宅新开工面积为2603.26万平方米，同比增长1.7%；土地平均购置价格同比增长。1～12月份，土地购置平均价格2716元/平方米(约181万元/亩)，同比增长8.9%；商品房销售面积同比增长。1～12月份，全省商品房销售面积3478.23万平方米，同比增长13.4%，增幅高于全国平均水平6.9个百分点，在中部六省排第二位。其中，商品住宅销售面积3145.83万平方米，同比增长13.4%；二手房交易面积同比增长。1～12月份，全省二手房交易面积1330.78万平方米，同比增长17.81%；其中二手住宅交易面积1129.96万平方米，同比增长24.04%；个人住房贷款规模同比增长。1～12月份，商业银行个人按揭贷款规模

447.99亿元，同比增长26.1%。住房公积金发放个人住房贷款280亿元，同比增长107.82%。个贷率达83.9%，比2014年末提高21个百分点；商品房销售价格略有增长。1～12月份，全省商品房综合销售价格5358元/平方米，同比增长0.91%；商品住宅综合销售价格5107元/平方米，同比增长0.82%；商品房竣工面积同比增长。1～12月份，全省商品房竣工面积1907.89万平方米，同比增长1.9%。其中，商品住宅竣工面积1531.36万平方米，同比增长1.3%。

房地产税收同比下降。1～12月份，全省房地产业地方税收411.5亿元，同比下降0.3%。房地产业地方税收占全省地税(1358亿元)收入的30.3%。土地购置面积同比下降。1～12月份，全省土地购置面积542.89万平方米，同比下降40.9%。土地成交价款147.48亿元，同比下降29.4%。

【加强房地产市场调控】 3月至10月，先后召开5次房地产市场工作会议，江西省住房和城乡建厅提出贯彻意见，并向省政府报送专项报告。加强房地产市场监测分析，每月完成房地产市场分析报告。及时转发国家出台的房地产调控政策，并督促各地贯彻落实。会同省地税局印发《关于居民家庭唯一住房和普通住房有关事项的通知》；印发《关于建立房地产交易信息日报制度的通知》。

【规范物业管理工作】 召开全省物业管理工作现场会，转发《吉安市中心城区住宅小区物业管理体制机制创新实施意见》，引导并督促市、县政府重视物业管理工作。会同省财政厅印发《江西省商品住宅专项维修资金管理规定》，规范全省住宅专项维修资金管理。

【推进城市棚户区改造】 会同省财政厅、省地税局印发《关于在城市棚户区改造中鼓励货币化安置的实施办法》。截至年底，全省城市棚户区改造货币化安置比例为32%，提高7%，高于全国平均水平。会同省国开行、省城投公司对市县棚改融资贷款申报材料进行集中联审。与国家开发银行签订的1000亿元，已授信677亿元，签订合同584.8亿元，累计实际发放419.8亿元，年内实际发放141.9亿元。与农业发展银行江西分行签订2015～2017年农业发展银行提供不低于800亿元授信额度的战略合作协议。每月对城市棚户区改造的进度进行调度，定期对棚改进度相对滞后的市、县开展督查，督查结果向省政府报告。2015年，国家下达全省城市棚户区改造目标任务为开工改造11.5万套(户)，全年共开工改造城市棚户区11.5万套(户)，完成国家计划任务的100%。

建设教育

【概况】 全省建设系统各类培训机构100余家，其中，建筑与市政施工企业现场专业技术人员(即关键岗位人员，简称“八大员”)培训机构有54家，三类人员、特种作业人员、造价员、招投标代理从业人员、检测员等各类培训、考核机构约60家。全年累计举办各类培训班近300期，完成各类人员培训考试约38余万人次，通过考试取得各类合格证书32万余人次。其中，建设领域施工现场专业技术人员全省统考及继续教育共14万余人次，生产一线操作技术人员职业技能岗位12万余人次，建筑施工企业“三类人员”发证47586人次，特种作业人员发证16960人，造价员考试合格发证12923人，招标代理从业人员考试合格发证1324人。

【认真完成领导干部教育培训】 组织开展厅直系统组织人事干部业务培训。厅直属各单位分管领导、人事科长、办公室主任共50余人参加了年度人事人才工作座谈暨业务知识培训会。完成了行业领导干部的专题研究班学习。2015年9月，在北京全国市长研修学院举办了一期“全面提升新型城镇化发展质量”专题研究班，60名分管城建工作县(市、区)长参加了研究班学习。

【“两院校”建设成绩斐然】 厅属江西建设职业学院及江西省城市建设高级技术院校（简称“两院校”）共培训应届毕业学生3600人次，取得中级以上职业资格证书2741人次。同时，学院还积极承担大量社会学员培训工作，培训社会学员4632人。校企合作培训成效显著。与地方政府和企业建立多种形式的合作关系，与省内、外202家企业建立了200余个实训基地合作关系，接待学生实训10071人次，为学生实习、就业提供方便和平台。此外，为企业培训员工1260人，受到企业高度评价。参加各类竞赛活动成绩突出。两院校组织学生积极参加全国大学生数学建模竞赛、全国高等院校学生斯维尔杯BIM系列软件建筑信息模型大赛、全国高等院校“广联达杯”工程项目管理沙盘模拟大赛、全国高等院校广联达软件算量大赛等，屡创佳绩，获得各类奖项125人次，其中，国家级一等奖1个、二等奖4个，江西省一等奖15个、二等奖14个、三等奖7个。

【建筑工人职业培训考核办法拟定】 组成联合调研组，先后在南昌召开全省建设系统关于建筑工人职业培训工作座谈会，在抚州市召开了建筑企业资质法人代表座谈会，并赴广西省住房和城乡建设厅进行调研考察，形成《江西省建筑工人培训考核办法(送审稿)》。

住房保障

【概况】 2015年，全省保障性安居工程目标任务为：新开工23.26万套(户)，基本建成16万套。截至12月31日，完成投资536.1亿元，开工23.26万套(户)，基本建成28.51万套，分别达目标任务的100%和178.2%，圆满完成国家下达江西省保障性安居工程建设任务。

“十二五”期间，全省保障性安居工程累计投资2300亿元，开工142.88万套，达目标任务(135.86万套)105.17%，全省城镇住房保障覆盖率达21.9%，高于国家“十二五”城镇住房保障覆盖20%目标要求，超额完成“十二五”规划目标任务。

2007年至2015年，全省累计建设公租房(含廉租住房、经济适用住房)88.13万套，竣工41.82万套，已分配入住40.46万套，为缓解中低收入家庭住房困难，满足住房困难群众的居住需求发挥了重要作用。

【目标责任落实早】 全省保障性安居工程目标任务列入省《政府工作报告》，纳入省政府对市、县科学发展综合考核评价内容。2月，省政府与设区市政府签订目标责任书，落实目标责任，这也是江西省连续9年签订保障性安居工程建设年度目标责任书。2015年3月，各设区市政府与所辖县(市)政府签订了目标责任书。

【调度督导力度大】 省住房城乡建设厅与省发改委、财政厅联合印发《关于下达2015年全省保障性安居工程建设工作计划的通知》，将保障性安居工程目标任务全部分解下达到各市、县，并明确工程进度要求。省政府先后召开工作推进会、约谈会，调度督导建设工作。厅领导带队加强实地督导，先后3次分赴56个市、县，帮助市、县排查影响进度原因，破解工作难题，督促工作进度。按照时间节点，省住房城乡建设厅和省林业厅、农垦办分别对2015年保障性安居工程新建项目开工和基本建成情况进行实地督查，督查结果专报省政府，并在主流媒体通报各地建设进度情况。

【土地资金落实到位】 全年争取中央财政保障性安居工程补助资金80亿元。省财政安排省级配套补助资金9.02亿元，并及时分解下拨市、县。安排8000万元奖励资金，对建设任务完成好的市县予以奖励。全年落实建设用地计划1.24万亩(1平方千米=1500亩)，为缓解各地资金紧张，加快工程建设发挥了积极作用。督促市、县狠抓审计问题整改措施落地、落实，同时要求各市、县举一反三，完善制度，依法依规开展住房保障各项工作。

【工程质量安全可控】 对保障性安居工程质量安全坚持省每半年、市每季度、县每月质量安全拉网式监督执法检查，做到“四个一律”：一律不留死角，一律不走过场，一律不留隐患，一律不留情面，对存在的质量安全隐患要求有关责任单位限期整改到位。大力推行“三个百分之百”工程质量安全监管措施，提高质量安全的工作效率和工作力度。在全国工程质量安全专项检查中，江西受检的保障性安居工程项目质量安全总体安全可控。

【政策措施不断完善】 出台《关于推进公共租赁住房以购以租代建的实施办法》和《关于推进公共租赁住房以购以租代建有关工作的通知》。明确公租房以购以租代建工作要求，打通公租房与商品房通道。与省财政厅印发《关于做好政府购买城镇棚户区改造服务工作的实施意见》，全面推行棚改融资政府购买棚改服务。吉安、赣州两市先行先试，积极开展了试点。省住房城乡建设厅及时召开政策宣贯会，解读政策，研究破解难题，指导各地加快推进公租房以购以租代建、棚改货币化安置和政府购买棚改服务工作。与省武警总队印发《关于做好驻地武警部队随军家属住房保障工作的通知》，切实加强驻赣武警部队随军家属住房保障工作。

【完成两个“三年计划”】 按照国务院国发[2015] 37号文件指示精神，经汇总各设区市上报情况并报省政府同意，确定全省2015～2017年棚改工作计划为50.14万套；2015～2017年实施棚改配套基础设施项目1226个，总投资约324亿元。省政府出台《关于进一步做好城镇棚户区改造和城乡危房改造及配套基础设施建设有关工作的实施意见》，进一步明确工作目标和推进措施。

勘察设计与建筑节能

【概况】 全省工程勘察设计单位共429家。其中甲级企业107家；从业人员34001人，其中技术人员22435人(高级职称人员5813人，中级职称人员9482人，初级职称人员7140人)；注册执业人员5083人，其中注册建筑师633人(一级267人，二级366人)，注册结构工程师620人(一级392人，二级228人)，注册土木工程师(岩土)172人。其他注册工程师3658人。2015年，全省勘察设计单位营业收入总额235.81亿元，增长4.02%，其中工程勘察收入13.96亿元，增长15.37%；完成工程设计收入33.55万元，增长−1.75%，营业税金及附加6.85亿元，增长38.95%。

全省累计有111项工程取得绿色建筑评价标识，总建筑面积1408.37万平方米。2015年共有60项工程通过取得绿色建筑评价标识，总建筑面积837.87万平方米。超额完成全年600万平方米目标任务。主要存在“四多四少”的现象：一是“省会城市多，其他地方少”。从分布情况看，绿色建筑主要集中在南昌(总量占比84%)，发展极不平衡。二是“设计阶段多，运营阶段少”。大部分绿色建筑还停留在设计阶段，获得标识的项目中90%以上是设计标识。三是“低星级多，高星级少”。绿色建筑中一星级占到80%以上，二星级以上绿色建筑在所有绿色建筑中占比约14%，综合运用绿色建筑技术项目较少。四是“强制推进多，激励政策少”。绿色建筑主要靠行政强制推动，缺乏财政资金等政策激励引导。年内鹰潭市、吉安市、抚州市南丰县、南昌市东湖区、南昌市高新区等5个市(县、区)入选住房城乡建设部、科学技术部公布的第三批国家智慧城市试点名单。萍乡市、南昌市红谷滩新区、新余市、樟树市、共青城市、婺源县、鹰潭市、吉安市、南昌市东湖区、南昌市高新区和南丰县11个市县区入选到国家创建智慧城市试点名单，南昌市红谷滩新区入选的城市公共信息平台及典型应用和城市网格化管理服务两项专项试点。2015年，推荐申报“公共建筑LCA评价方法研究”等4项科研课题和“高强高性能预应力混凝土板制作技术”等2项建筑产业现代化示范项目。“多规合一编制技术”“水泥基灌浆料在工程加固中的应用”等11个建设科技课题列入住房城乡建设厅科技项目。组织专家对“洪都中医院”等5项“十项新技术示范工程”实施技术评审与验收。完成建筑新技术推广项目37项。

【推进施工图审查信息化平台建设】 1月，新的施工图审查信息化监管系统平台正式启用，全省施工图审查机构对工程项目施工图审查意见数据信息全部录入系统，实现了施工图审查备案工作的电子化，施工图审查备案表网上自动生成打印。开展检查时，工程项目全部从网上数据库中抽取，监管方式得到了转变，工作效率得到了提高。

【加强建筑行业质量监管】 加大对注册执业人员的监管力度。对违反强条的人员进行强制性学习及测试，并对测试不达标的人进行依法处理。全省共有88人参加学习。暂停4人的图审资格及5人的执业资格，对12人进行通报批评。加大对勘察设计单位和施工图审查机构的监管力度。组织开展全省勘察设计质量安全检查，对严重违反工程建设强制性标准的11个项目的相关勘察设计单位、施工图审查机构进行通报批评。

【推行“六位一体”的监管模式】 全面推行勘察行业“六位一体”监管方式，即自律为先，抓勘察行业自律；见证为要，开展勘察外业见证；审查为基，落实勘察成果文件前置性审查；培训为源，狠抓工程勘察从业人员培训；督导为重，进行现场督导及检查；标准为本，加快勘察地方标准的编制。经过监管方式创新，提高了勘察专业人员的质量安全意识，工程勘察质量明显提高。

【加强对施工图审查机构管理】 严控施工图审查机构数量。多年来，全省施工图审查机构一直保持19家，通过控制数量，减小市场恶性竞争。严格施工图审查机构的标准，考核施工图审查机构注册人员的数量，对注册的审查人员数量不达标审查机构核发暂定资质。对有违反强条的人员进行强制性培训教育。

【抓好标准编制和实施工作】 抓好标准的科学编制工作。完成3个工程建设标准、5个标准图集的编制，完成江西省地方标准的复审工作。抓好标准的实施和监督检查工作。与省通信管理局就光纤到户国家标准的贯彻实施情况进行检查，检查范围覆盖11个设区市。

【立法工作取得重大突破】 11月30日，《江西省民用建筑节能和推进绿色建筑发展办法》于第53次省政府常务会上审定通过，12月16日，由省长鹿心社签发，2016年1月16日起在全省施行。实现了全省建筑节能和绿色建筑立法工作的重大突破。

【公共建筑节能有序推进】 省级公共建筑能耗监测平台建设完成，印发《江西省国家机关办公建筑和大型公共建筑能耗监测系统通信协议》。实现九江、新余等市(部分高校)能耗数据测试与省级平台对接。组织专家对江西师范大学节约型校园建筑节能监管平台项目进行验收，全省5所节约型校园示范院校共对420栋建筑进行实时监测。截至年底，全省可再生能源建筑示范面积2180.48平方米。

【开展建筑节能与绿色建筑专项检查】 在各设区市自查的基础上，组织8个检查组，共对11个设区市(11个县)66项工程进行抽查，对违反强制性标准的项目下达执法建议书。12月，住房城乡建设部建筑节能和绿色建筑检查组对南昌市、景德镇市、南昌县3地进行检查，对3地建筑节能和绿色建筑工作予以了肯定。

住房公积金管理

【概况】 江西省2015年归集住房公积金238.28亿元，同比增长14.73%，累计归集1321.81亿元，归集余额约769.80亿元，分别比上年同期增长23.18%和12.25%，实现当年提取164.74亿元，同比增长72.22%，2015年发放个人住房贷款298.93亿元，同比增长121.87%，累计发放个人住房贷款999.85亿元，贷款余额664.45亿元，个贷率为86.31%，比去年末提高了24.55个百分点，个贷逾期率为0.10‰。

2015年实现增值收益21.04亿元，提取风险准备金3.91亿元，累计风险准备金余额13.82亿；本年提取廉租住房建设补充资金14.74亿元，累计廉租资金总额达44.37亿。

【住房公积金个贷率提高成效显著】 先后召开全省住房公积金工作会、公积金业务推进会、提高个贷业务再推进会，住房公积金业务督导，要求各地加快住房公积金释放，满足缴存职工对个人住房贷款的需求，做到应贷尽贷，全面落实住房公积金各项新政。住房公积金个人住房贷款率86.31%，较上年8月提高27.03%，比上年末提高24.55%。全国住房公积金个贷率排名由第21位上升到第9位，结余资金减少50%。在全国电视电话会议上因个贷率提升幅度大受到表扬。

【住房公积金改革创新政策有新举措】 在充分调研和征求省直相关部门意见的基础上，出台《关于提高江西省住房公积金使用效率 促进住房消费的指导意见》，进一步明确要提高贷款额度，降低贷款门槛，简化提取要件等14条措施。为提高住房公积金使用效率，推进全省住房公积金异地购房贷款工作，促进缴存职工省内跨地区住房消费、改善居住水平，出台了《江西省住房公积金个人住房贷款省内"一体化"政策实施办法(试行)》。为落实改革措施，统一全省个人住房公积金贷款流程，规范住房公积金贷款行为，统一各地在住房公积金业务管理上的不同做法，出台了《江西省住房公积金个人住房贷款业务规程》，使住房公积金管理制度逐步规范化、标准化。

【住房公积金公开披露信息有新进展】 根据住房城乡建设部、财政部、人民银行《关于健全住房公积金信息披露制度的通知》要求，会同有关部门首次联合向社会披露了《江西省住房公积金2014年年度报告》，将全省住房公积金2014年发展情况向社会公布，接受社会监督。全省11个地市住房公积金年度报告也如期向社会公布。

【住房公积金项目贷款进展顺利】 上饶、九江两市共6个试点项目，批准贷款额度共7.36亿元，已发放58，324万元，为批准贷款额度的79.24%。已按期回收贷款本金1.42亿元，利息4，269.51万元。上饶市3个试点项目中，明淑花苑、天佑雅苑已交付使用，龙潭新苑已完成工程总量98%以上。九江市3个试点项目中，怡居苑(庐山大道一期)、怡和苑已交付使用，租户已陆续入住，怡居苑(庐山大道二期)已完成95%。配合住房城乡建设部住房公积金巡视组对两地试点项目进行了三次督查，住房公积金贷款支持保障房建设试点进展顺利，贷款资金使用安全，两地试点工作得到巡视组的认可。

【开展督查狠抓落实】 自2015年3月起，每月向城市人民政府和住房公积金中心发出住房公积金个人住房贷款发展情况通报，要求各地进一步加大工作力度，加快落实调整住房公积金提取和贷款政策，提高资金使用率，切实将住房公积金用好用足，充分发挥住房公积金支持住房消费和改善民生的作用；8月，省住房城乡建设厅组织4个督查组对全省各住房公积金管理中心个贷业务及落实相关政策情况进行专项督查，下发《关于住房公积金个贷业务专项督查情况的通报》。对住房公积金个贷率长期偏低、存量资金释放不明显的设区市住房公积金中心主要负责人进行约谈，并提出明确要求。

【住房公积金舆论宣传有新效果】 中国建设报、江西日报、江西卫视、新华网、央广网等主流媒体多层次多视角密集宣传报道公积金新政、关于提高全省住房公积金使用效率 促进住房消费的14条指导意见、江西省住房公积金个人住房贷款省内"一体化"政策等，收到"史上最宽松公积金政策"、"好消息！江西住房公积金异地贷款实现全开通"等正面点赞和老百姓跟帖欢迎。

大事记

1月

15日 住房城乡建设部在南昌召开全国城乡规划工作座谈会，副部长陈大卫到会讲话。会前，省长鹿心社和副省长郑为文分别会见陈大卫。受厅长陈平委托，副厅长曾绍平在会上作了题为《多措并举加大规划实施监管力度》经验介绍。

13日 国家保障性安居工程协调领导小组与省政府签订2015年住房保障工作目标责任书，确定开工保障房、棚户区改造共23万套(户)，基本建成16

万套(户)。副省长郑为文代表省政府在责任书上签字。

2月

25日 副省长郑为文赴萍乡市走访住房建设企业，看望一线职工，陈平厅长陪同。

3月

4日 副省长郑为文赴南昌、宜春调研百强中心镇污水处理设施建设工作，厅长陈平陪同。

24日 副省长郑为文出席省厅与建设银行江西省分行签署《推动全省建筑产业发展战略协议》仪式，启动政银企合作推动建筑产业发展工作并发表讲话。

29日 省长鹿心社调研浮梁县传统村落保护工作。陈平厅长陪同。

4月

2日 省长鹿心社、副省长郑为文听取环鄱阳湖生态城市群和南昌大都市区规划编制工作情况专题汇报。

7日 住房城市建设部、科技部第三批批复全国97个市、县(区)为2014年国家智慧城市试点名单，鹰潭市、吉安市、抚州市南丰县、南昌市东湖区、高新区入选。

9～10日 副省长郑为文赴宜春市靖安、樟树、丰城进行城镇化和民生工程调研，陈平厅长陪同。

17日 全省棚户区改造及房地产市场调控工作推进会在南昌召开。郑为文副省长讲话，陈平厅长通报全省棚户区改造和房地产市场运行情况。

5月

14日 副省长郑为文召开会议专题研究全省污水管网建设工作，吴昌平副厅长参加会议。

21日 副省长郑为文主持召开南昌县污水处理工作调度会，吴昌平副厅长参加会议。

6月

4日 副省长郑为文主持召开贯彻落实省政府《促进经济平稳健康发展的若干措施》专题座谈会，陈平厅长率分管厅领导及相关处室负责人参加，并汇报了房地产市场、保障房建设、棚户区改造、公积金释放及农村危旧房改造等方面具体措施。

24日 副省长郑为文主持召开了全省棚户区改造第二期项目融资工作协调会议。

19日 省直机关工委、省直机关文明委下发《关于表彰省直机关第十一届文明单位的决定》。厅机关和省建职院、省设计院、省规划院、省建科院、省招投标办(稽查办)、公积金中心、培训中心被评为省直机关第十一届文明单位。

7月

14日 省委书记强卫深入南昌市调研棚户区改造工作，陈平厅长陪同。

29～30日 全省住房城乡建设工作北部、南部片区推进会分别在南昌、吉安两市召开。郑为文出席并作重要讲话。

8月

5日 常务副省长莫建成主持召开省推进新型城镇化工作领导小组会。郑为文副省长出席会议。会议审议通过《全省新型城镇化工作情况报告》和推进“三个1亿人”城镇化的实施意见。

11日 国务院批复同意将瑞金市列为国家历史文化名城。

19～22日 住房城乡建设部副部长易军带队来调研建筑业改革与发展情况。调研期间，省委书记强卫、省长鹿心社分别会晤易军副部长一行。

9月

1日 省政府在南昌召开井冈山-北武夷山申报世界文化与自然遗产工作协调推进会。郑为文副省长主持会议并讲话，吉安市、上饶市政府介绍申遗工作进展情况，省直20个成员单位的负责同志作表态发言。

6日 鹿心社省长到省厅就“三单一网”建设情况进行调研。鹿省长对省厅“三单一网”建设、转变政府职能的创新举措给予充分肯定。

10月

8日 省长鹿心社在南昌参加省政府举行与中国建筑股份有限公司“十三五”战略合作框架协议签约仪式，陈平厅长出席。

12日～14日 省委书记强卫在赣州调研城镇化和保障性安居工程，陈平陪同。

27日～29日 住房城乡建设部副部长陆克华一行五人来赣视察调研，副省长郑为文出席座谈会并陪同考察。在赣期间，陆克华副部长深入南昌、鹰潭和景德镇市调研，对城市棚户区和城市建设等相关工作给予了充分肯定，并对做好下一步工作作出了重要指示。

10月 经省政府同意，省推进新型城镇化领导小组正式印发《贯彻国家发改委等15部委〈推进“三个一亿人”城镇化实施方案〉的实施意见》，这是推进“三个一亿人”城镇化的行动指南和政策文件，对全省新型城镇化发展具有重要指导作用。

11月

9日　省住房与城乡建设厅与省农发行举行棚户区改造战略合作协议签约仪式，省政府副省长郑为文到会讲话。省农发行将大力支持棚改，2015～2017三年内将提供授信额度不低于800亿元的贷款。

10日　省委书记强卫调研南昌市九龙湖新城建设情况，厅长陈平陪同。

12日　中央宣讲团成员、住房和城乡建设部部长、党组书记陈政高来宣讲党的十八届五中全会精神，并实地调研棚户区和旧城改造工作。对坚决贯彻落实五中全会精神和省委省政府的决策部署，着力抓好棚户区改造、农村危旧房改造、海绵城市和地下综合管廊建设等重点工作予以了充分肯定。

12月

16日，江西省人民政府省长鹿心社签发第217号省长令，公布了《江西省民用建筑节能和推进绿色建筑发展办法》，并于2016年1月16日正式施行。

（江西省住房和城乡建设厅）

山 东 省

概况

2015年，山东省住房城乡建设系统深入贯彻党的十八大和十八届三中、四中、五中全会精神，认真落实国家和省重大决策部署，积极作为，狠抓落实，迎难而上，奋力拼搏，全省住房城乡建设工作取得明显成效。房地产业、城市建设、村镇建设共完成投资8650亿元，占全省固定资产投资的18.2%；房地产业和建筑业缴纳税收1481亿元，同比增长7.8%，占全省地税收入的40.6%，对地税增收的贡献率达到36.8%。

【新型城镇化】　山东省委、省政府调整充实城镇化工作领导小组，组织实施六项行动，山东省住房城乡建设厅、发展改革委等15部门联合印发《促进700万左右农业转移人口和其他常住人口落户城镇实施方案》。深入开展城镇化试点，确定16个省级试点，4个城市和镇列入第二批国家综合试点，总量位居全国第一。各试点地区积极探索，青岛绿色城镇化、威海全域城镇化、德州“两区同建”等模式初见成效，走出各具特色的路子。截至2015年底，山东常住人口城镇化率57.01%，提高2个百分点，增速全国第一；户籍人口城镇化率47.5%，提高3.54个百分点。

【住房保障和房地产工作】　山东开工保障性安居工程54.7万套，基本建成33.7万套，分别完成年度任务的102%、144%，连续六年提前超额完成国家下达任务；棚户区改造货币化安置率29.2%，消化13万套存量商品房。落实国家房地产新政，因地制宜，分类调控，出台全国第一个省级房地产业转型升级方案；完成房地产开发投资5892亿元，销售商品房9727万平方米，实现销售额5408亿元，同比分别增长1.3%、6%、10.8%。提取住房公积金484亿元，向17万户家庭发放贷款507亿元，同比分别增长30%、37%。启动老旧住宅小区整治试点，威海40个项目已全部完成，淄博、潍坊完成90%以上。

【城乡规划建设管理】　山东省委、省政府下发《关于改进和完善城乡规划工作的意见》，省城镇体系规划已上报国务院，烟台市城市总体规划获国务院批复。积极推进“多规合一试点”，4个试点城市均形成规划成果。加快历史文化名城保护规划编制，开展历史优秀建筑普查。新派和续聘33名城乡规划督察员，在全国率先实现规划督察市县全覆盖，同步推进卫星遥感监测辅助规划督察，扎实做好违法图斑核实整改工作。设区城市实现国家园林城市全覆盖，两个城市、十个县获评国家园林城市，园林城市总量居全国第一；寿光成功创建生态园林城市；济南成为国家首批海绵城市建设试点。城市(县城)污水集中处理率达到95.5%，垃圾无害化处理率达到99.9%，均居全国前列。开展“和谐城管”创建活动，加快数字城管建设。推进建设扬尘治理，城区规模以上建筑工地基本落实扬尘治理措施。济宁制定了渣土运输“八统一、两规范”标准，临沂城区渣土车全部实行密闭改装，聊城实行交警牵头，有效规范渣土运输行为。代省政府制定《全省城市违法建设治理专项行动方案》，东营市开展拆违治乱二年行动，济南市实行拆违控违绩效考核，一月一通报，一月一排名，有效遏制违法建筑蔓延势头。深入推进建筑节能，完成既有建筑节能改造 2826 万平方米，建成节能建筑 9000 万平方米、太阳能光热一体化建筑 2800 万平方米，创建被动式超低能耗示范工程 11 个，规模数量均居全国首位。

【小城镇和新农村建设】 山东扎实开展“百镇建设示范行动”，示范镇完成固定资产投资 3982 亿元，实现地方财政收入 396 亿元，同比分别增长 11%、16%。累计开工建设农村新型社区 6490 个，3803 个已建成入住，受益群众 840 万人。大力改善农村人居环境，推进城乡环卫一体化，建成垃圾中转站 1806 个，配备农村保洁员 25 万人，山东首批通过国家农村生活垃圾治理验收评审。启动农村改厕工作，协调省财政每户补助资金 300 元，1645 个试点村庄、25.7 万户完成改厕。

【工程质量安全形势】 山东高度重视安全生产，持续开展明察暗访和包市督导，全省建筑安全事故起数、死亡人数同比分别下降 53.3%、23.5%，12 个设区城市实现零死亡。《山东半岛城市群及郯庐断裂带抗震防灾综合防御体系规划》通过评审，成为全国第一个区域性抗震规划。加大对重大建设工程勘察设计质量、工程建设投资等方面的监管，成立初步设计审查评审专家委员会和超限审查专家委员会。组织完成青岛胶州机场等 56 项初步设计审查和青岛海天大酒店等 24 项超限建筑工程抗震设防专项审查，提出优化建议 2500 余条，确保结构安全，节约项目投资。深入开展工程质量治理两年行动，在全国执法检查中施工质量安全符合率居全国第一。加快构建建筑市场诚信体系，建筑市场监管与诚信信息一体化平台建成运行，并通过验收。稳步推进建筑产业现代化，发布 3 项地方标准，启动 10 个城市、54 个生产基地、16 个工程项目试点；山东拥有国家级住宅产业化综合试点、基地数量均居全国第一。

【党建工作】 先后开展群众路线教育实践和“三严三实”专题教育活动。山东省住房和城乡建设厅机关和直属单位完成基层党组织换届，并召开第一次党员代表大会，选举产生新一届直属机关党委、纪委。强化廉政风险防控，公布行政权力清单和责任清单。全面推进依法行政，修订地方性法规 1 件，起草政府规章 2 件，制定部门规范性文件 9 件。系统内 70%以上行业主管部门荣获省级、市级文明单位称号，山东省住房和城乡建设厅和 7 个市级部门被评为全国文明单位。

新型城镇化

【召开山东省城镇化工作领导小组第三次全体会议】 6 月 2 日，召开山东省城镇化工作领导小组第三次全体会议，省委书记、省城镇化工作领导小组组长姜异康主持会议并讲话，省长、省城镇化工作领导小组组长郭树清讲话，会议讨论并原则通过《中共山东省委 山东省人民政府关于进一步深化和创新城乡规划工作的意见》。

【实施新型城镇化规划】 印发规划分工方案和年度工作重点。制定《〈山东省新型城镇化规划(2014—2020 年)〉分工方案》和《2015 年新型城镇化工作重点》，明确 100 项任务分工、25 项年度重点工作。出台拓宽农民工住房保障渠道的指导意见、农民工随迁子女接受义务教育后在流入地参加升学考试的政策措施、新型城镇化工作考核办法等政策文件，实施农民工职业技能提升计划、3 项 3 年行动计划，启动生态红线区域保护规划编制、地下综合管廊试点等工作。制定实施“六项行动计划”。制定印发人口市民化、产城融合、县域城镇化、绿色城镇、文化传承、设施建设等新型城镇化六项行动实施方案，明确行动目标、责任单位和工作措施。启动山东半岛城市群规划和城中村改造规划编制工作。形成半岛城市群规划初步成果，明确发展目标和定位，进一步优化布局和形态，着力强化基础设施互联互通和公共服务同城化，促进城市群网络化发展。科学编制城中村改造规划，摸清全省城中村数量、分布及形态，明确改造时序和模式，制定配套政策，促进 700 万城中村居民完全市民化。

【推进城镇化综合试点】 组织申报第二批国家新型城镇化综合试点。章丘市、龙口市、邹城市和临沂市兰山区义堂镇入选，国家级新型城镇化综合试点达到 8 个。公布省级城镇化综合试点地区名单。制定印发《山东省新型城镇化综合试点方案》，确定莱芜市、桓台县、滕州市等 9 个市、县和胶州市李哥庄镇、滕州市西岗镇等 7 个镇列为省级试点。加强资金支持。山东省财政列支 1.8 亿元试点补助经费，支持试点地区开展工作。

【强化考核督查】 城镇化率纳入科学发展综合考核。将“常住人口城镇化率及其增长幅度”指标纳入省对市科学发展综合考核。制定考核办法。研究提出全省推进新型城镇化工作考核办法，组织各市开展考核自查，形成考核报告。加强督导落实。山东省委深化改革领导小组办公室和省城镇化办公室，会同有关部门对试点推进情况进行专项督查。

山东省政府督查室，对各部门落实改进城镇化率统计工作专题会议情况进行督查，确保各项任务落到实处。

【加强政策研究】 深入研究改进城镇化率统计工作。山东省政府两次组织召开专题座谈会，对改进城镇化率统计工作进行研究部署，形成了两次省政府关于改进城镇化率统计工作专题会议纪要。开展专题研究。围绕新型城镇化规划实施、试点开展和体制机制创新，聘请研究机构，开展了四化同步发展模式与途径、城镇密集区协调发展机制、社会资本参与城镇基础设施建设模式与机制、人口管理服务创新等20项专题研究。深化户籍城镇化率有关问题研究。贯彻落实十八届五中全会精神，对加快提高山东户籍城镇化率有关问题进行深入研究，分析现状趋势、存在问题、增长潜力，提出对策建议。加强新型城镇化标准体系建设。制定3项智慧城市建设国家标准、16项城镇化建设领域的地方标准。

政策法规

【建设立法】 编制立法规划。提出“十三五”立法计划，其中地方法规10项，政府规章11项。积极推进行业立法。修订地方性法规1件，起草完成政府规章3件。加强规范性文件管理。审核规范性文件30件，实行“三统一”的9件。

【依法行政】 全面理清权力和责任事项。编制包括22项审批、182项处罚在内的246项权力清单。编制责任清单，明确67项责任，制定事中事后监管制度17个。积极推进行政审批改革。编制《服务手册》和《服务指南》，制定《推行行政审批网上办理的意见》。加强制度建设。下发《关于全面推进法治建设的意见》，对全系统法治建设和依法行政做出明确部署。加大普法力度。组织全系统法律知识竞赛活动，开展“六五”普法总结验收，组织参加各类普法培训20余次。开展建设执法检查。编制执法检查计划，先后组织开展勘察设计、工程质量、燃气热力、建筑节能、监理企业与注册监理师和房地产等专项执法检查，促进建设系统依法行政依法管理水平提升。

【行政复议应诉】 行政复议。全年收到复议申请80件，受理77件，审理办结76件。行政应诉。以山东省住房和城乡建设厅为被告诉讼案13件，已判决案件全部胜诉。法律咨询。累计提供法律咨询服务120余人次。

【调研工作】 科学制定调研计划。确定年度调研课题42个，形成高质量调研成果。开展调研工作。制定山东省政府新型城镇化蹲点调研方案，开展风景名胜区和治理违法建筑工作调研。调研成果质量高。在山东省政府优秀调研成果评选中，《改善农村人居环境调研报告》、《房地产业转型升级的调研报告》获一等奖、《县域城镇化模式与机制研究》获二等奖，另外还有两篇获三等奖，数量居省直部门第一。

房地产业

【稳定房地产市场】 认真贯彻落实国家房地产新政，制定《关于促进全省房地产市场平稳健康发展的意见》，提出落实信贷和税收政策、创新消化库存商品房、统筹优化住房供应、改进和加强市场监管等22条政策措施。2015年，山东商品房施工面积5.72亿平方米，竣工8278万平方米，同比分别增长4.9%、6.3%，增速高于全国平均水平3.6个、12.2个百分点；二手房成交面积2926万平方米、成交金额1264亿元，同比分别增长24.3%、32.6%，促进商品房销售和房地产税收增长。

【老旧小区整治改造和物业管理】 制定《关于推进全省老旧住宅小区整治改造和物业管理的意见》，确定用5年时间基本完成1995年前建成的老旧小区整治改造、实现物业管理全覆盖。山东省住房和城乡建设厅、省财政厅、机关事务局联合印发《山东省住宅专项维修资金管理办法》，改革资金使用模式，破解资金使用难题。召开全省物业管理工作会议，开展物业服务市场秩序专项整治年活动。

【房地产业转型升级】 制定《山东省房地产业转型升级实施方案》，提出以人为本促转型、适应需求调结构、激活消费去库存、完善配套解民忧、技术集成提品质、培育集团壮实力等措施，住房和城乡建设部以2015年33期《建设情况通报》向全国转发。

【配合不动产统一登记】 山东省政府办公厅出台《关于推进市县不动产登记职责和机构整合的意见》，确定房产主管部门负责房屋交易和产权管理。山东省住房和城乡建设厅制定《关于贯彻鲁政办字[2015]188号文件切实做好房屋交易和产权管理与不动产登记职责划分及衔接工作的通知》，依法依规细化自身职责，优化业务流程，确保职责不变、队伍不散、工作不乱。

住房保障

【创新住房保障推进机制】 2015年，山东开工保障性安居工程54.7万套，基本建成33.7万套，分别完成年度任务的102%、144%，其中，棚户区改造开工47.47万套。省市县层层签订目标责任书，将年度计划落实到1500多个项目，全部纳入台账管理，动态监管项目进展情况。建立约谈问责机制，将棚户区改造进展情况和公租房分配入住情况，列为山东省委、省政府重要工作通报事项。各市县将住房保障工作纳入考核指标体系，实施项目领导包靠制度，制定时间表和路线图，全程负责项目推进。

【加大住房保障政策支持】 山东省政府出台《关于贯彻国发〔2015〕37号文件加快推进城镇棚户区和城乡危房改造及配套基础设施建设的实施意见》，明确棚户区改造范围和支持政策。省政府召开专题会议，将可研批复、规划批复、环保批复、用地预审四项审批，代替"四证"作为放款条件，加快政策性贷款放款步伐。到2015年底，国开行累计承诺授信2100亿元，发放贷款867亿元；农发行累计审批贷款201亿元。

【推进棚户区改造货币化安置】 制定出台《关于加快推进棚户区改造货币化安置工作的指导意见》，引导群众选择货币化安置。制订鼓励货币化安置的政策性贷款扶持意见，对货币化安置量大的棚户区改造项目简化手续、优先贷款。

【加快公租房分配入住】 研究印发加快公租房分配入住的指导意见，降低准入门槛，放宽收入标准，把外来务工人员纳入保障范围，落实常态化受理和预分配等措施。山东公租房分配入住率达到89.2%，位居全国第二。7月7日，全国公租房分配入住现场会和棚改工作座谈会在济南召开，推广山东经验。

住房公积金

【扩大职工住房消费】 山东省政府办公厅印发《关于完善公积金管理体制扩大住房消费的指导意见》，从扩大提取范围、放宽贷款条件、推进异地贷款等方面进行创新。2015年，全省共向17.3万户家庭发放个人住房公积金贷款506.9亿元，同比增长37%，拉动住房消费965亿元；为职工提取住房公积金484.4亿元，同比增长29.6%。

【推进住房公积金归集扩面工作】 通过加强和规范行政执法、建立企业"黑名单"制度、将缴存住房公积金纳入劳动合同等手段，重点抓好规模以上非公企业缴存扩面工作，进一步加大进城务工人员缴存使用住房公积金工作力度，有力推进公积金制度的全面实施。2015年，全省住房公积金实缴职工800万人，同比增加23万人，共缴存住房公积金814.5亿元，同比增长17%，增幅高于上年同期7个百分点。

【提升服务水平】 印发《山东省12329住房公积金综合信息服务平台建设实施方案》，启动全省12329住房公积金综合信息服务平台建设，通过招标方式确定平台建设服务外包单位。各市进一步优化业务流程，减少业务办理环节，取消贷款保险、公证、强制性机构担保和新房评估等收费项目，开展逐月冲抵还贷和一次性冲抵还贷等业务，简化业务资料要件，缩短业务时限，为缴存职工提供便捷、高效服务。

【加大监管力度】 开展全省住房公积金廉政风险防控检查工作，全面梳理相关防控措施，完善内部管理制度，建立重大事项集体决策机制，实行责任追究，确保资金安全和规范运作。开展提高公积金使用效率专项督导，督导各市落实国家和省关于提取和使用方面的有关政策。实施贷款发放通报制度，每月通报各市个贷发放、结余资金变动、存款余额变动等情况。截至2015年底，山东省住房公积金个人贷款逾期余额1328万元，逾期率为0.07‰，远低于1.5‰的国家考核优秀标准，个贷风险控制良好。

城乡规划

【制定完善政策法规】 2015年7月8日，山东省委、省政府印发《关于进一步改进和完善城乡规划工作的意见》，围绕规划编制、实施、监管和体制机制建设等4个方面，提出17项有针对性的政策措施，明确今后一个时期城乡规划基本原则和工作目标。

【编制完成《山东省城镇体系规划》】 全面完成《山东省城镇体系规划(2011—2030年)》编制工作，为编制区域性规划和各级城镇总体规划、保护利用各类资源、统筹各项重大设施建设提供重要依据。

【优化完善规划体系】 积极推进城市总体规划修编审批工作。由国务院审批总体规划的11个城市，烟台市于9月份获国务院批复，济南市、青岛市、淄博市、枣庄市、东营市、潍坊市、临沂市7市通过住房和城乡建设部审查并报国务院待批，威海市、德州市总体规划成果已上报住房城乡建设部，由省政府审批总体规划的92个市县，安丘等32个市县经省政府同意开展规划期限至2030年的总体规划修编工作，莱芜市等6个市县通过成果审查。扎实开展各类专项规划和重点区域规划编制。开展城市停车设施、公共体育设施、通信基础设施等专项规划；相关城市分别开展《济南名泉保护总体规划》、《济莱协作区同城发展规划》、《青岛西海岸新区总体规划》等专项规划和重点区域规划。控制性详细规划覆盖率进一步提升。2015 年全省累计编制控规 210 项，新覆盖 335 平方千米，45 个设市城市控规覆盖率达 95%，58 个县城达 85%。

【积极推进试点工作】 建立山东省“多规合一”试点省直部门联席会议制度，确定滕州市、宁阳县、兰陵县、齐河县等 4 个县(市)为试点城市。4 个试点城市均编制完成“多规合一”城乡总体规划成果。省住房城乡建设厅会同省发改、国土、环保、交通等省直部门和有关专家，审查并通过四个试点城市编制的“多规合一”城乡总体规划成果，有效促进试点城市经济社会、城乡、土地、交通、环保等多个规划的衔接协调。建立山东省城市地下空间规划、建设和管理试点工作联席会议制度，确定青岛市、泰安市、滕州市，3 市为试点城市。

【加强历史文化遗产保护及设计人才培养】 加快推进 20 座国家和省级历史文化名城保护规划的编制审批工作。山东省政府批复曲阜名城保护规划，住房城乡建设部审查通过青岛、泰安 2 个国家名城保护规划，山东省住房和城乡建设厅、省文物局审查通过枣庄市、临沂市、滕州市、文登市、莒县等 5 个省级名城保护规划。开展全省历史文化名城、街区、历史优秀建筑等基础信息采集工作。山东省住房和城乡建设厅、省文物局公布省政府认定的 35 处省级历史文化街区基本情况和保护范围，部署开展保护规划编制工作。省财政安排资金 400 万元用于 372 处省级历史优秀建筑保护，普查、挂牌建档及信息化工作取得阶段性成果。

定期邀请世界建筑大师、国家和省建筑设计大师共同举办学术报告，举办两期山东建筑创作“大师讲堂”。组织举办建筑信息模型(BIM)设计经验交流会，加快推进 BIM、协同设计等技术应用。组织开展 2015 年度山东省优秀工程勘察设计评选活动，评出一等奖 89 项，二等奖 177 项，三等奖 268 项。会同中国建筑学会、威海市人民政府举办“城建集团杯·第八届中国威海国际建筑设计大奖赛”和“威海杯·2015 全国大学生建筑设计方案竞赛”。组织第四批全省工程勘察设计大师和第二届山东省杰出青年勘察设计师的推荐评审工作，评出 3 名工程勘察大师，12 名工程设计大师，50 名杰出青年勘察设计师。

城市建设与市政公用事业

【城市基础设施建设】 综合管廊和海绵城市建设全面展开。山东省政府印发《关于贯彻国办发〔2015〕61 号文件推进城市地下综合管廊建设的实施意见》和《关于贯彻国办发〔2015〕75 号推进海绵城市建设的实施意见》，组织综合管廊和海绵城市建设管理培训班，对住建系统分管领导进行现场培训。11 个地市累计建成综合管廊 208 千米，完成投资约 37.6 亿元。济南市海绵城市建设完成投资近 30 亿元。城市地下管线建设管理全面推进。山东省政府下发《关于贯彻落实国办发〔2014〕27 号文件加强城市地下管线建设管理的实施意见》。建立城市地下管线建设管理工作调度通报制度，开展全面督查，17 个设区市全部完成地下管线普查，并建立综合信息管理系统，45 个设市城市中，36 个已完成普查任务，占总数的 80%。完成市政公用管网改造 9315.7 千米，占任务量的 40.2%。地铁等交通设施建设取得重要进展。青岛地铁工程顺利推进，3 号线北段已正式运营，济南轨道交通 R1 线全面开工。积极推进城市公共自行车租赁系统建设，全省 34 个市、县(市、区)建有公共自行车系统，自行车总数 9.6 万辆。

【城乡环卫工作】 城乡环卫一体化实现全覆盖。全省农村保洁员、生活垃圾桶拥有率和垃圾及时清运率分别达到 98%、99%和 95.5%，全省 132 个县(市、区)全部达到省城乡环卫一体化全覆盖认定标准，实现城乡环卫一体化镇村全覆盖。全面推广深度保洁模式。制定印发《全省学习中卫经验清洁城市环境活动实施方案》，部署开展城市深度保洁示范路创建活动。召开全省城市环卫保洁暨城市管理为民服务现场会，观摩机械化联合作业保洁和清扫质量检测演示。在东营举办道路机械化清扫技能大比武，交流保洁作业经验，提升人员素质。加快餐厨废弃物处理设施建设。山东省政府将餐厨废弃物收运体系和处置设施建设纳入对各市政府食品安全目标责任考核，青岛项目已正式运行，济南市、淄博市、烟台市、潍坊市、济宁市、泰安市、日照市、临沂市、德州市、聊城市 10 市的项目建成正在调试，枣庄市、东营市、威海市、莱芜市、滨州市、菏泽市 6 市土建工程和主体设备安装基本完成。

【人居环境建设】 园林城市创建成果丰硕。枣庄市、滕州市两个国家园林城市、寿光市生态园林城市以及泗水县等 10 个园林县城，顺利通过住房城乡建设部验收。山东有国家园林城市 31 个，国家园林县城 22 个，省级园林城市(县城)22 个，国家园林城市数量居全国第一。城市污水垃圾处理设施运行保持良好态势。截止 2015 年底，全省共建成城市污水处理厂 299 座，形成污水处理能力 1310 万吨/日；共建成生活垃圾无害化处理场(厂)122 座，形成垃圾无害化处理能力 5.36 万吨/日；城市(县城)污水集中处理率达到 95.5%，垃圾无害化处理率保持在 99.9%以上，继续保持全国前列。建设扬尘治理扎实推进。坚持建设扬尘治理季通报制度，组织开展全省城市扬尘污染控制专项检查。组织开展 2015 年度裸露土地绿化示范项目评选，79 个示范项目被省厅公布为示范项目。98%的工地总数落实扬尘治理措施，96.5%的渣土车密闭化达标，2015 年内绿化裸露土地 3328.2 万平方米。加强公厕和环卫工人歇脚点建设。省建设厅会同省直相关部门分别印发通知，部署城市和风景名胜区公厕、环卫工人歇脚点建设管理工作。

【城市管理】 加快推进数字城管。制定下发工作通报，要求各地加快数字城管平台建设，提高运行管理水平，全省 59 个市、县(市)建成运行数字城管系统，27 个正在建设，分别占市县总数的 57.3%、26.2%。规范城管执法。召开全省城管执法为民服务现场会，推广临沂城管局等单位经验做法，指导各地强化城管为民理念，深化“和谐城管”创建活动。制定下发《关于进一步规范城管执法行为的通知》，明确规定城管执法中的“十个严禁”，提升城管队伍素质和服务水平，大力推进文明执法、规范执法。开展“三线”环境整治。会同省直 14 个部门，组织开展铁路、公路、河流沿线环境整治，解决一批影响“三线”环境的突出问题。向省委、省政府上报铁路沿线环境治理工作情况，姜异康书记、郭树清省长、龚正副书记、孙伟常务副省长、孙守刚宣传部长分别做重要批示。

【城市供水防汛】 强化水质安全监管。深入推进饮用水水质提升工程三年行动计划，加快有问题县城整改，经省供排水监测中心现场取样检测，绝大多数县已完成整改工作。制定《山东省城镇居民二次供水管理规定》，规范二次供水管理，解决水质保障最后一千米问题。开展黑臭水体排查工作。部署城市黑臭水体调查整治工作，各地在排查摸底的基础上，采用控源截污、内源治理、生态修复等技术，编制整治方案和实施计划。做好排水防涝工作。召开全省城市防汛工作电视会议，并对全省进行大检查。全省 17 个设区城市均建成了城市防汛应急指挥系统，全省 56 座下穿式城市立交桥安装了积水警示系统，可实时监测积水深度并在大屏幕显示。指导各地加快推广“三防”井盖、安装“防坠网”，济南市历下区在污水、排水检查井全部安装“城市井盖信息管理及自动报警系统”。

【城建行业管理】 搞好市政工程管理。组织开展市政工程质量安全管理、桥梁安全信息系统督查和青岛地铁质量安全检查，组织培训市政企业安全三类人员 5009 名，批准 76 项工法为省级市政工程工法，8 个项目获选 2014 年度全国市政金杯示范工程。下发《关于调整城市道路挖掘修复费标准的通知》，大幅提高现行收费标准，并对部分挖掘项目实行政策性加收。加强风景名胜区监管。处理博山风景名胜区违法违规问题，完成胶东半岛、青州市、淄博市博山区等国家级风景名胜区总体规划编制并上报，组织专家对蒙山、五莲山风景名胜区总体规划进行论证，启动省风景名胜区体系规划编制。抓好私人会所整治。山东省委办公厅、省政府办公厅转发建设厅等部门《关于贯彻〈严禁在历史建筑、公园等公共资源中设立私人会所的暂行规定〉的实施意见》，会同省有关部门加大私人会所整治力度，妥善解决遗留问题，省内公园绿地内的私人会所全部得到整治。

村镇规划建设

【小城镇示范建设】 坚持国家重点镇先行先试，山东 207 个小城镇入选国家重点镇，总量居全国第二位。积极推进建制镇示范试点镇建设，平度市南村镇等 6 镇被列为国家建制镇示范试点镇，制定《山东省建制镇示范试点工作实施方案》，加大政策指导和资金支持，试点镇建设步伐不断加快。扎实开展“百镇建设示范行动”，不断加强政策研究，赴浙江等地开展小城镇改革发展调研，研究制定关于开展全省“示范镇提升行动”加快小城镇改革发展的实施方案。

【农村人居环境】 山东省政府办公厅出台《关于贯彻国办发［2014］25 号文件改善农村人居环境的实施意见》，颁布《山东省改善农村人居环境规划(2015-2020 年)》，不断加强农村人居环境改善工作。把农村生活垃圾治理作为改善农村人居环境的突破口，不断加强村镇生活垃圾处理、清运设施建设和环境卫生整治，全省所有县(市、区)实现城乡环卫一体化村镇全覆盖。扎实推进村镇生活污水处理工作，不断扩大村镇污水处理覆盖面，提升处理水平。不断拓宽融资渠道，山东省政府、住房城乡建设部、农业发展银行签订的《全国农村生活污水治理和无害化卫生厕所改造试点省战略合作框架协议》，山东 807 个建制镇建有污水处理设施，占总数的 73.8%；3803 个建成并实际入住的农村新型社区全部建有污水处理设施。积极推进村容村貌综合整治，深入开展“乡村文明行动”和“生态文明乡村”建设，2015年新整治村庄11351个，目前山东全部村庄基本完成清理三大堆、村庄净化等整治任务，村容村貌焕然一新。全面启动农村无害化卫生厕所改造，山东省委办公厅、省政府办公厅出台《关于深入推进农村无害化卫生厕所改造实施意见》，建立省农村无害化卫生厕所改造工作联席会议制度，制定全省农村改厕三年工作计划，部署开展农村改厕试点工作。

【农村危房改造和农村新型社区建设】 严格落实“三最”(住房最危险、经济最贫困、最基本的住房安全)原则，不断优化补助标准，细化工作程序，完善政策措施，大力推进农村危房改造，制定《2015年山东农村危房改造实施方案》和《山东省2015～2017年农村危房改造实施方案》，2015年农村改造危房开工建设9.2万户，开工率100%；竣工8.556万户(其中，抗震改造竣工3.0060万户)，竣工率93%。注重提升农村新型社区建设水平，统筹推进路、水、电、气、暖、排污、环卫、通信等设施建设，不断完善社区综合配套服务，积极开展“农村新型示范社区”创建活动，2015年新建农村社区300个，创建示范社区100个。目前全省共建设农村新型社区6490个，已建成并入住3803个，农村新型社区集中供水率、燃气普及率、集中供热率分别为100%、90%、13%，受益群众达1400万人。

【特色村镇创建】 注重特色塑造，深入挖掘内涵，不断加大特色村镇建设力度，积极创建和申报特色景观旅游名镇名村、宜居小镇、宜居村庄等，2015年，全省有13个镇、1个村被评选为全国特色景观旅游名镇名村，2个镇、1个村被评选为全国宜居小镇、宜居村庄，同时，30个镇、89个村被评选为省级宜居小镇、宜居村庄，105个村被评为省级传统村落。2015年，山东各类特色镇村数量总计达到461个。

工程建设标准定额

【工程建设标准化管理】 标准化立法工作进展顺利。《山东省工程建设标准管理办法》已形成会签稿，并被列入2016年的一类立法计划。工程建设标准编制管理工作更加规范。组织编制建筑产业现代化方面的8项配套标准。对另外13项地方标准进行立项公示，备案发布了24项地方标准。无障碍环境市县创建工作成效显著，山东4个示范市县和7个达标市县顺利通过住房城乡建设部验收。

【建设工程造价管理】 大力推进工程计价依据的编制。山东建筑、安装、市政、园林等各类工程消耗量定额全部编制完成。编制发布装配式建筑工程补充定额，为建筑产业现代化工程项目提供计价基础。圆满完成山东承担的全国统一计价依据的编制任务。积极探索工程造价管理模式改革。在全省重点推进“三价备案”等制度建设，对工程造价计价行为实施有效指导和监管。

【工程造价咨询行业管理】 完成第三期的造价咨询行业信用等级评定工作，建立山东造价咨询单位诚信管理数据库。改革专家评审制度，将专家评审范围扩大至所有申请资质变动的工程造价咨询企业。坚持实地核查和信息公示制度，加强监管，严格造价咨询市场准入和清出。

【标准造价信息管理】 积极配合全省建筑市场监管和诚信信息一体化平台建设，完善和上报造价咨询企业和造价专业人员信息数据库。根据市场变化情况，及时调整定额人工、材料等价格信息，促进工程造价的合理确定和有效控制。

工程质量安全监督

【工程质量安全】 2015年全省建筑施工发生安全事故7起、死亡13人，同比分别下降53.3%和23.5%，是“十二五”以来形势最好的一年。全省获鲁班奖工程8项、国家优质工程奖21项，获省优质结构杯奖378项、“泰山杯”奖工程149项，工程质量问题群众投诉大幅下降。

【建筑市场监管与诚信信息一体化平台建成启用】 全省建筑市场监管与诚信信息一体化平台建成启用并通过验收，与住房和城乡建设部中央数据库和山东省政府电子政务平台顺利对接，全省建筑工程项目全流程实时上线监管服务，在利用大数据手段强化对市场主体服务监管、推动行业领域市场信用体系建设方面实现突破。截止2015年底，平台已有26796家企业、681816名从业人员、4932个工程项目入库，7872家企业注册并通过审核。

【建筑产业现代化】 加快推进建筑产业现代化，组织开展“建筑产业现代化工程检测技术研究”等6项攻关课题，部分课题已形成成果并转化应用。发布建筑(住宅)产业现代化推广应用技术公告。出版《装配式保障性住房户型优选图集》。发布装配整体式混凝土结构建筑工程补充定额。2015年累计落实9180万元财政资金支持建筑产业现代化，启动两批10个城市、54个生产基地、16个工程项目的试点工作，全省混凝土预制构件产能达470万立方米，新开工装配式建筑工程近 150 万平方米，试点工程项目中已有 8.69 万平方米建成投入使用。

建筑市场

【规范市场秩序】 全面清理跨地域审查备案和各类保证金等市场壁垒，严厉打击违法发包、转包、违法分包、挂靠等行为，处罚违法违规企业 248 家，个人 176 名，罚款 931.93 万元。开展全省工程监理企业资质和注册监理工程师资格动态核查，撤回并注销 46 家企业的监理资质，通报了 15 起典型案例。

【推进工程质量治理两年行动】 全面落实项目负责人质量终身责任制，下发《关于进一步贯彻落实建筑工程责任主体项目负责人质量终身责任制的通知》，严格落实“两书一牌”制度。全省共有 18424 项工程补签授权书、承诺书，18249 项新报监工程全部签订授权书、承诺书，“两书一牌”制度覆盖率达到 98.2%。

【建筑市场监管信息化建设】 编制完成《建筑市场监管信息化建设总体方案》、《诚信体系建设管理办法》和《数据结构代码标准》。全省建筑市场监管与诚信建设一体化平台取得重大进展，实现了部省市三级互联互通。

建筑节能与科技

【建筑节能】 在全国率先编制发布居住建筑节能设计标准(75%)，自 2016 年 1 月 1 日起正式实施。全省建成节能建筑 9000 万平方米，节能标准执行率 99.6%，发布实施绿色建筑设计规范，新增绿色建筑 6400 万平方米，其中标识项目 2024 万平方米；完成既有居住建筑节能改造 2826 万平方米，完成公共建筑节能改造 234.5 万平方米，建成太阳能光热一体化建筑 2949.7 万平方米。

【建设科技】 获住房城乡建设部科技计划项目 29 项、华夏建设科技奖 7 项、省科技计划项目 7 项、省科技进步奖 1 项，推广建设领域新技术新产品 32 项，办理建设工业产品备案 640 个。加快先进适用技术推广，相继发布《建筑节能推广使用、限制使用与禁止使用技术产品目录》、《山东省建筑(住宅)产业现代化推广应用技术体系》、《山东省装配整体式混凝土结构体系推广应用技术》公告，完善科技推广政策体系。

【试点示范创建】 评审确定 2015 年度省级绿色生态示范城区 9 个、绿色建筑示范项目 43 个、被动式超低能耗建筑试点示范 11 个、节约型高校(医院) 17 个、建筑产业现代化试点城市 5 个，将东平县蓄滞洪区移民安置工程列为农村墙材革新与建筑节能示范项目，首批 4 个绿色生态示范城区通过评估验收，共从省级建筑节能与绿色建筑发展专项资金、新型墙材专项基金中列支 5.1 亿元予以支持。启动首批 91 个省级绿色施工科技示范工程创建，推进工程建设环节节能减排。济南、青岛两市获批国家级公共建筑节能改造重点城市。扎实推进智慧城市创建，全省 10 市(县、区)获批国家第三批智慧城市试点，试点数量累计达 26 个，居全国首位。

建设人事教育工作

【干部选拔任用】 顺利完成了机关处长、调研员、副处长、副调研员、事业单位领导班子等 6 批次 107 名厅管干部调整工作，解决部分岗位长期空缺、干部结构老化等问题。调整后，处级干部平均年龄从 47.95 岁降到 45.16 岁，女处级干部占比由 10%提高到 16.9%，干部队伍年龄结构、知识结构明显优化。

【干部管理】 严格把关、规范运作，集中对干部档案进行专项审核。对干部“三龄二历一身份”等重要信息真实性存疑的，组织调查核实，按照上级组织部门规定，妥善进行处理，共完成 255 份专项档案审核。2015 年共对 65 名干部进行个人事项抽查和重点核查，无人因此终止选任程序。

【人事管理】 调整充实 8 个厅属事业单位领导班子，严格落实“管理岗位不得兼任专业技术职务”规定，明确管理岗位和专业技术岗位分设。完成省建筑标准服务中心组建工作。职称评审、工资福利、社会保险、人事统计等各项工作顺利完成，第一轮第一书记工作取得优异成绩，2015 年在 177 个省直派出单位中，山东省住房和城乡建设厅作为二十家优秀单位之一得到省委通报表扬。

【教育培训】 规范和加强全省建设领域现场专业人员岗位培训和考核评价工作，并顺利通过评估验收，获批核发全国统一的岗位培训考核合格证书。加强教育培训计划管理，印发 2015 年全省建设教育培训计划，统筹实施建设系统管理人员及各类注册执业师、专业技术人员、农民工等培训。重点组织开展了建筑节能、绿色建筑标准规范宣贯培训。

【劳动技能竞赛】 2015 年有 2289 家单位参加全省保障性安居工程建设劳动竞赛，参赛职工 14 余万人，参赛率达 100%，连续五年超额完成国家下达的建设任务。推选优秀施工单位和个人向全国总工会申报全国“五一劳动奖章”5 个，全国“五一劳动奖状”2 个，全国“工人先锋号”3 个。向山东省总工会推选省“富民兴鲁”劳动奖状4个、省“富民兴鲁”劳动奖章6个、省“工人先锋号”8个。组织4个行业6个工种的职业技能竞赛，参加各级选拔赛的职工人数达9300余人。其中有6名选手被授予“全国住建系统技术能手”称号。在全国燃气行业职业技能选拔赛中，取得团体总分第二名。

工程建设招标投标工作

【完善制度】 提请省政府办公厅出台《关于民营企业投资工业建筑项目由建设单位自主确定发包方式的通知》，积极推进非国有投资工程承发包交易改革。省厅出台的《山东省房屋建筑和市政工程施工招标评标办法》正式实施，各类评标办法得到优化，建立“评标公开、定性评审、评定分离”的评标定标制度。

【信息化建设】 《山东省建设工程招标投标监管系统》平稳运行，完成与全省建筑市场监管与诚信信息一体化平台的对接，全省工程招投标监管实现“一网运行，信息互通”，监管信息化水平进一步提升。

【评标专家管理】 省厅出台《山东省建设工程评标专家评标行为考核办法》，实施评标违法违规行为记分制度，对专家评标行为实行“一标一考核”。集资格管理、抽取使用和行为考核三大平台为一体的山东省建设工程评标专家管理信息系统全面启用。

【招标代理管理】 完成全省470余家招标代理机构的信用评价，对评价结果为D级的41家单位依法进行了通报处理。创新招标代理从业人员培训教育模式，实现招标代理从业人员的网络远程业务培训。

“十二五”期间住房城乡建设主要工作及成效

“十二五”时期，山东住房城乡建设系统深入贯彻落实国家和省重大决策部署，以实施新型城镇化战略为主线，以全面提升城乡规划建设管理水平为总抓手，深化改革，攻坚克难，奋发有为，勇于担当，圆满完成“十二五”规划目标任务，住房城乡建设工作地位和作用显著提升。2011～2015年，全省房地产业、城市建设和村镇建设累计完成投资3.9万亿元，比“十一五”翻了一番，占全省固定资产投资的21.4%；房地产业、建筑业增加值占国内生产总值的比重达到10%，缴纳税收5640亿元，占全省地税收入的35.1%，为经济社会发展做出积极贡献。

【新型城镇化建设】 政策机制不断健全。山东省委、省政府成立书记、省长任组长的城镇化工作领导小组，出台《关于加快推进新型城镇化的意见》、《山东省新型城镇化规划(2014-2020年)》。制定户籍、土地、投融资、就业创业、社会保障等配套政策文件。综合试点有序推进。创建国家新型城镇化综合试点8个，是全国数量最多的省份，组织开展16个省级城镇化试点。城镇布局明显优化。确立“一群一带双核六区”的城镇化空间布局，全省形成由7个大城市、12个中等城市、83个小城市和1115个建制镇构成的新型城镇化发展格局。城镇化质量水平加速提升。全省常住人口城镇化率达到57.01%，年均增长1.46个百分点，是“十一五”时期的1.8倍；户籍人口城镇化率达到47.5%，城镇化发展进入速度与质量同步提升的新阶段。

【城乡规划】 加快规划法规体系建设。制定实施《山东省城乡规划条例》，山东省委、省政府出台《关于改进和完善城乡规划工作的意见》。完善区域发展规划。编制实施黄河三角洲、省会城市群经济圈、西部经济隆起带发展规划，促进区域统筹协调发展。推进城乡规划全覆盖。省域城镇体系规划、城市总体规划均已通过省政府审查，城市、县城控制性详细规划覆盖率分别达到95%、85%；农村新型社区规划、改善农村人居环境规划经省政府批准实施，实现县域村镇体系规划、建制镇总体规划全覆盖。强化规划实施监管。自2013年起，省政府建立实施省派驻城乡规划督察员制度，出台省城乡规划督察工作规程、省城乡规划督察员管理办法，分三批向济宁市、日照市、莱芜市、聊城市、滨州市、菏泽市6市、章丘等86个县(市)派驻城乡规划督察员，同步开展卫星遥感辅助规划督察，在全国率先实现城乡规划督察和遥感监测市、县(市)全覆盖，同时，加大违法违规问责力度，依法规划、依规建设水平明显提高。

【城市承载能力和管理水平】 城市基础设施进一步完善。城市用水普及率、燃气普及率、集中供热普及率、污水处理厂集中处理率、生活垃圾无害化处理率、人均道路面积、人均公园绿地面积分别达到99.4%、97.7%、67%、95.5%、99.9%、25.1平方米、16.8平方米，均居全国前列。人居环境质量显著改善。4个城市获联合国人居奖，位居全国第一，8个城市获中国人居环境奖，位居全国第二，53个城市和县城创建国家园林城市(县城)，位居全国第一。城市管理效能不断提升。初步建立“服务、管理、执法”三位一体的大城管格局，60个城市和县城建成运行数字城管系统，创建国家智慧城市试点 26 个，居全国首位。

【小城镇和农村新型社区建设】 示范镇实力快速提升。扎实开展“百镇建设示范行动”，13 个镇地方财政收入过 5 亿元、32 个镇镇区人口过 5 万，207 个镇被列入全国重点镇，数量居全国第二位，部分小城镇已初具小城市形态。村镇基础设施不断完善。建制镇供水普及率、燃气普及率、人均道路面积分别达到 93.3%、67.7%、18.4 平方米，72%的建制镇和建成入住农村新型社区建有污水处理设施，“户集、村收、镇运、县处理”的农村生活垃圾处理体系全面建立，城乡环卫一体化实现镇村全覆盖。农村新型社区建设有序推进。累计开工建设农村新型社区 6490 个，建成并入住 3803 个，受益群众达 1400 万人。

【城乡居民住房】 城镇住房供给稳步增加。全省累计销售商品住房 4.2 亿平方米，比“十一五”增长 53.7%；城镇人均住房建筑面积从 2010 年的 32 平方米增加到 2015 年的 36.4 平方米。保障性安居工程深入推进。开工建设城镇保障性住房 188.6 万套（其中棚户区改造 120.5 万户），投资总额与保障户数为“十一五”的 2 倍，连续五年提前超额完成国家下达的建设任务，近 400 万城镇和国有工矿、林区、垦区棚户区居民“出棚进楼”、“出村进居”。农村住房建设与危房改造完成 400 万户，获全国农村危房改造绩效评价第一名。住房公积金覆盖面和影响力逐步扩大。缴存职工达到 790 万人，比“十一五”末增加 220 万人。“十二五”期间，全省缴存住房公积金 3098 亿元，提取住房公积金 1634 亿元，为 71.3 万户职工家庭发放公积金贷款 1856 亿元，分别比“十一五”期间增加 151.3%、199%、40.0%、130.8%，公积金支持职工改善住房条件的作用日益突出。

【房地产业和建筑业】 房地产业保持健康发展。认真落实国家房地产市场调控政策，房地产开发规模、房价水平与经济社会发展需求、居民承受能力基本适应。完成房地产开发投资 2.6 万亿元，是“十一五”的 2.5 倍，22 家省内房地产开发企业销售额过 10 亿元。房价收入比为 6.67，处于国际公认的 6-8 的合理区间内。物业服务企业近 8000 家，物业管理面积达 13 亿平方米，服务水平和质量明显提升。二是建筑业实力显著增强。完成建筑业总产值 4.07 万亿元，实现增加值 1.21 万亿元，年均增长 9.7%、8.5%。拥有特级资质建筑企业 16 家，一级企业 870 家，10 家企业施工年产值过百亿元，7 家企业进入全球最大国际工程承包商 250 强。三是建筑市场秩序明显好转。全省建设工程招标投标监管信息系统投入运行，应招标工程招标率和入场交易率均达到 100%。建筑市场监管与诚信信息一体化平台全面建成，实现了部、省、市、县四级和跨行业、跨地域的市场监管资源共享与信息互通。

【工程质量安全】 工程质量管理水平明显提高。保障性安居工程质量符合率 2013 年、2014 年连续两年居全国第一，创建鲁班奖 38 项、国优工程奖 76 项、全国建筑工程装饰奖 127 项，总量居全国前列。安全生产形势良好。以房屋建筑、市政工程和城市燃气等领域为重点，强化安全监督检查，建筑安全事故起数和死亡人数连续 5 年双下降。装配式建筑取得新进展。全省混凝土预制构件生产能力达到 470 万立方米，整体厨房、整体卫浴产能分别达到 218 万平方米、20 万套，开工装配式建筑 150 万平方米。全省有 1 个国家级住宅产业化综合试点城市、8 个国家级住宅产业化基地、183 个 A 级住宅性能认定项目、47 个国家康居示范小区，40 个项目获“广厦奖”，均居全国第一。

【建设领域节能减排】 建筑节能成效显著。在全国率先出台并执行居住建筑节能 75%新设计标准，建成节能建筑 4.1 亿平方米；建成太阳能光热建筑一体化项目 1.34 亿平方米，地源热泵建筑应用面积 3900 万平方米，太阳能光伏建筑应用系统装机容量 184 兆瓦；完成既有居住建筑供热计量及节能改造 1.2 亿平方米、公共建筑节能改造 1022 万平方米，连续 5 年超额完成国家下达的改造任务。绿色建筑发展步伐加快。推广绿色建筑 1.04 亿平方米，获得绿色建筑评价标识项目 4580 万平方米，创建国家级绿色生态示范城区 2 个、省级绿色生态示范城区 21 个，创建被动式超低能耗试点示范项目 18 个、面积 14 万平方米。建筑节能降耗取得明显成效。通过建筑节能与绿色建筑发展，累计形成节能潜力 2661 万吨标准煤，减排二氧化碳 6770 万吨、二氧化硫 53 万吨，节地 20 万亩，利废 8900 万吨，承担了全省 28%的节能量。建设扬尘治理和裸露土地绿化扎实推进。城区规模以上建筑工地基本落实了扬尘治理措施，累计绿化裸露土地 1.12 亿平方米。

【建设行业改革】 深化住房制度和公积金制度改革。实现公租房和廉租房并轨，进城务工人员全部纳入住房保障范围。出台农民工缴存使用公积金的意见，将农民工纳入住房公积金覆盖范围。开展保障房项目公积金贷款试点，发放公积金项目贷款 22.6 亿元。推进住房公积金异地贷款，实现省内住房公积金缴存异地互认和转移接续。14 个设区城市出台或实行住房公积金大病提取政策，累计提取4697人次、1.1亿元。加快行政权力制度改革。全面实施权力和责任清单制度，改革行政审批制度，下放、取消10项行政许可和非行政许可。出台建设系统行政处罚裁量基准，涉及335个处罚项目，行政执法更加规范。转变工程质量安全监管方式。积极推行建设工程参建各方主体项目负责人的质量责任终身制，实施“两书一牌”制度，建筑业百亿元增加值死亡率为0.42，远低于全国平均水平。加快勘察设计行业改革。全省勘察设计单位改企率达83%，企业数量比2010年增长30.5%，从业人员增长29.8%，企业营业收入年均增长22.6%，利税年均增长9.5%。行业科技水平明显提高，全省科技成果转让收入比2010年增长近六倍。全省优秀勘察设计奖共评出一等奖208项、二等奖422项、三等奖623项。获得全国勘察设计行业一等奖3项、二等奖13项、三等奖39项。1人入选国家工程设计大师，25人被评为省级勘察设计大师。推进市政公用事业改革。开展基础设施项目PPP试点，推进市政公用行业市场化，城市燃气、污水处理、垃圾处理、供热、供水等行业市场化水平分别达到100%、72%、47%、50%、21%。

【依法行政和作风建设】 依法行政全面推进。制定实施了7件地方性法规和省政府规章，出台125件部门规范性文件，颁布了120项工程建设标准。实施《山东省国有土地上房屋征收与补偿条例》，大幅度提高补偿标准，保障了被征收人的合法权益。农民工权益得到有效维护。创建农民工夜校1.4万所，培训农民工100余万人次，大力推进“一书两金一卡”制度实施。建立全省统一的清欠工作通报平台，积极稳妥做好建设领域农民工讨薪上访投诉，协调解决拖欠农民工工资100亿元。群众路线教育实践活动成效突出。针对查摆的问题，建立起17大类36项行业管理制度，山东省委巡视组整改任务全部落实。扎实开展“三严三实”专题教育，有效促进了党员干部工作作风转变。党风廉政建设进一步加强。严格落实党风廉政建设责任制，深入推进惩防体系、电子监察平台建设，强化廉政风险防控管理，有效规范了权力运行，促进政风行风改善。精神文明建设水平不断提升。省住房城乡建设厅和系统内7个单位获评全国文明单位，70%以上行业主管部门获评省级、市级文明单位，援川、援疆、援藏、“第一书记”包村帮扶工作成效显著，出色地完成了中央和省委、省政府交付的各项任务，树立住房城乡建设系统的良好形象。

大事记

1月

16日　住房和城乡建设部部长陈政高到山东调研棚户区改造和稳定房地产市场工作。

21日～22日　山东省城乡环卫一体化工作联席会议第二次会议在聊城冠县召开。

2月

3日　山东省住房城乡建设工作会议在济南举行。会议对全省美丽宜居小镇、村庄和全省住房城乡建设系统先进集体、先进个人进行了通报表彰，传达全国城市规划建设工作座谈会、全国住房城乡建设工作会议主要精神，宋军继厅长做工作报告。全省住房城乡建设系统主任(局长)座谈会在济南召开，省委常委、常务副省长孙伟出席会议并讲话。

28日　山东省住房和城乡建设厅、山东省财政厅、山东省民政厅、山东省机关事务管理局印发实施《山东省住宅专项维修资金管理办法》。

3月

30日～31日　全省乡村文明行动城乡环卫一体化工作现场推进会在聊城召开。省委常委、常务副省长孙伟，省委常委、宣传部长孙守刚出席会议并讲话。

4月

16日　省政府办公厅印发实施《关于贯彻落实国办发〔2014〕27号文件加强城市地下管线建设管理的实施意见》。

6月

2日　山东省城镇化工作领导小组召开第三次全体会议，省委书记、省城镇化工作领导小组组长姜异康主持会议并讲话，省委副书记、省长、省城镇化工作领导小组组长郭树清讲话，会议讨论通过《中共山东省委山东省人民政府关于进一步深化和创新城乡规划工作的意见》。

23日　山东省住房和城乡建设厅、山东省卫生和计划生育委员会、山东省物价局印发实施《山东省城镇居民二次供水管理规定》。

7月

7日　全国公租房分配入住现场会和棚改工作座谈会在济南召开。住房和城乡建设部副部长王宁、副省长夏耕出席会议并讲话。

8日　山东省委、山东省政府印发实施《关于改进和完善城乡规划工作的意见》。

20日　山东省住房和城乡建设厅、山东省发展和改革委员会、山东省财政厅、山东省民政厅、山东省公安厅、山东省司法厅、山东省人民政府国有资产监督管理委员会、山东省新闻出版广电局、山东省物价局、山东省通信管理局、国网山东省电力公司印发实施《关于推进全省老旧住宅小区整治改造和物业管理的意见》。

同日 山东省住房和城乡建设厅、山东省发展和改革委员会、山东省财政厅、山东省人民政府国有资产监督管理委员会印发实施《关于组织开展城镇和困难工矿区老旧住宅小区综合整治改造试点工作的通知》。

29 日　山东省政府召开全省第三批城乡规划督察员派驻工作会议，向 35 个市、县(市)派驻第三批城乡规划督察员，对派驻地城乡规划的编制、审批、修改、实施进行事前和事中监督。山东省派驻城乡规划督察员的市、县(市)达到 103 个，数量居全国首位。

8 月

6 日　山东省政府办公厅印发实施《关于完善公积金管理体制扩大住房消费的指导意见》。

7 日　山东省住房和城乡建设厅、山东省发展和改革委员会、山东省经济和信息化委员会、山东省国土资源厅、山东省财政厅、山东省民政厅、山东省教育厅、山东省卫生和计划生育委员会、山东省地方税务局、山东省工商行政管理局、山东省金融工作办公室、中国人民银行济南分行、中国银行业监督管理委员会山东监管局印发实施《关于促进全省房地产市场平稳健康发展的意见》。

19 日　山东省委组委组织部组织召开省住房城乡建设厅处以上干部大会，宋军继厅长与王玉志厅长进行交接。

20 日～21 日　住房城乡建设部组织专家在济南组织召开《山东省城镇体系规划(2011-2030 年)纲要》审查会议。

9 月

1 日　山东省政府办公厅印发实施《山东省房地产业转型升级实施方案》。

2 日　山东省住房和城乡建设厅、山东省机构编制委员会办公室、山东省发展和改革委员会、山东省教育厅、山东省公安厅、山东省民政厅、山东省财政厅、山东省人力资源和社会保障厅、山东省国土资源厅、山东省交通运输厅、山东省农业厅、山东省卫生和计划生育委员会、山东省环境保护厅、山东省统计局、中国人民银行济南分行印发实施《促进 700 万左右农业转移人口和其他常住人口落户城镇实施方案》。

6 日～26 日　李力书记带队赴澳大利亚参加新型城镇化培训班。

8 日　国务院办公厅印发《国务院办公厅关于批准烟台市城市总体规划的通知》(国办函〔2015〕92 号)，原则同意《烟台市城市总体规划(2011—2020 年)》。

14 日　郭树清省长、夏耕副省长、王随莲副省长、赵润田副省长到省住房城乡建设厅调研指导工作。

21 日　山东省住房和城乡建设厅巡视员万利国代表省政府，在省第十二届人民代表大会常务委员会第十六次会议上，报告全省住房城乡建设工作有关情况。

24 日　山东省十二届人大常委会第十六次会议闭幕，会上表决通过任命王玉志为山东省住房和城乡建设厅厅长。

25 日　王玉志厅长到平原看望第一书记，到德州督查安全生产工作。

29 日　省政府办公厅出台《关于民营企业投资工业建筑项目由建设单位自主确定发包方式的通知》，行政区域内，民营企业投资工业建筑项目不再强制采用招标投标方式进行发包，由建设单位自主确定承包方。

10 月

8 日　山东省政府印发实施《关于贯彻国发〔2015〕37 号文件加快推进城镇棚户区和城乡危房改造及配套基础设施建设的实施意见》。

19 日　山东省住房和城乡建设厅、山东省发展和改革委员会、山东省教育厅、山东省民政厅、山东省财政厅、山东省人力资源和社会保障厅、山东省国土资源厅、山东省审计厅、山东省地方税务局、山东省金融工作办公室、中国人民银行济南分行、中国银行业监督管理委员会山东监管局、国家开发银行山东省分行印发实施《关于加快棚户区改造货币化安置工作的指导意见》。

12 日　省政协人口资源环境委员会主任郑金兰一行来厅调研。

17 日　山东省住房城乡建设工作座谈会在济南召开，省委常委、常务副省长孙伟出席会议并讲话。

18 日～30 日　王玉志厅长赴英国参加合作共事高级研究班。

21 日～24 日　李力书记带队赴喀什看望慰问山东住房城乡建设系统援疆干部。

11 月

4 日～6 日　王玉志厅长赴桂林参加全国第二次

改善农村人居环境会议。

12日　住房和城乡建设部易军副部长到山东调研棚户区改造工作，省委常委、常务副省长孙伟汇报全省棚改工作情况。

16日　山东省委办公厅、山东省政府办公厅印发实施《关于深入推进农村改厕工作的实施意见》。

20日　华东六省一市住房和城乡建设厅厅长、建委主任座谈会在济南召开。

23日　王玉志厅长赴济宁曲阜参加全省信访工作会议。

27日　省政府办公厅印发《关于印发山东省省级公共资源交易平台整合建设方案的通知》，省建设工程招标投标管理办公室等单位整建制纳入。房屋和市政建设工程招标投标监管职能仍由省住房城乡建设厅工程建设处承担，在工程建设处加挂建设工程招标投标监督管理办公室牌子。

30日　在山东省第十二届人民代表大会常务委员会第十七次会议审议并通过《山东省城镇体系规划(2011-2030年)纲要》，印发《山东省十二届人大常委会第十七次会议关于〈山东省城镇体系规划(2011-2030年)(草案)〉的审议意见》。

12月

8日　山东省政府办公厅印发实施《关于贯彻国办发〔2015〕61号文件推进城市地下综合管廊建设的实施意见》。

10日　山东省政协副主席张传林带领视察组，到省住房城乡建设厅视察提案办理工作。

14日　山东省建筑市场监管与诚信信息一体化平台顺利通过住房城乡建设部验收，实现与全国建筑市场监管与诚信信息系统中央数据库对接。

18日　全省城镇化工作领导小组副组长王军民到省住房城乡建设厅，就学习贯彻党的十八届五中全会和省委十届十三次全体会议精神，以创新、协调、绿色、开放、共享理念推进城镇化工作进行调研。

30日　省委常委、常务副省长孙伟听取省住房城乡建设厅领导班子述职述廉报告。

31日　省政府向国务院报送《山东省人民政府关于山东省城镇体系(2015-2030年)的请示》。

(山东省住房和城乡建设厅)

河　南　省

概况

2015年，河南省住房城乡建设系统奋勇拼搏，狠抓落实，全面完成各项目标任务，实现“十二五”圆满收官。

【科学推进新型城镇化】　强化“一基本两牵动三保障”，出台“三个一批人”城镇化实施方案，实行城乡统一的户口登记制度，促进农业转移人口市民化。大力实施城市基础设施扩能增效工程，推进城市功能区连片开发，加强基础设施和公共服务设施建设，综合承载能力继续增强。产业集聚区、商务中心区、特色商业区支撑带动作用继续增加。加快城乡一体化示范区发展，推进美丽乡村建设，新建改建农村公路1.3万千米，改造危桥8万延米。至2015年底，全省城镇化率达46.85%，比上年提高1.65个百分点。

【房地产市场平稳健康发展】　为有效应对房地产市场下行态势，省政府在全国率先出台了促进房地产市场平稳健康发展的“豫16条”和促进农民进城购房扩大住房消费的意见两个政策文件，特别是促进农民进城购房的9条措施被住房城乡建设部列入扩大住房消费的储备政策。18个省辖(管)市和部分县(市)陆续出台鼓励农民进城购房的具体支持措施，全省新建商品房销售中农民购房比重达37%。加大住房公积金政策调整力度，周口、驻马店、商丘、信阳等市异地贷款已开放至全国范围。全省住房公积金个贷率达76.21%；全年支出810亿元，同比增长85.4%，占全省商品住宅销售额的24.5%；结余资金342亿元，较上年下降248亿元。全省房地产市场从4月开始持续回暖，并逐步向好，全年完成开发投资4818.93亿元，同比增长10.1%；商品房销售面积8556.34万平方米，同比增长8.6%。

【民生工程建设】　保障房建设、农村危房改造、污水垃圾处理设施建设等列入省委、省政府十大民生工程。全年共开工建设各类保障房48.5万套，基本建成34.82万套，分别完成年度任务的101.4%和

116%，完成投资 1101 亿元；分配公租房 27.95 万套，新增租赁补贴 1.13 万户。认真开展审计发现问题专项整治活动，完善保障性住房建设管理机制。省政府出台加强公共租赁住房管理的若干意见，启动公租房租售并举试点，探索采用政府购买棚改服务模式贷款 331.5 亿元。大力推进农村危房改造，争取中央补助资金 20.7 亿元，完成改造任务 26.2 万户，三门峡市、固始县完成了渔民上岸安居工作。完成 42 个污水处理厂提标改造工程，新增污水日处理能力 100 万吨、垃圾日处理能力 2000 吨。

【优化城乡空间布局】 为科学引导城乡规划建设，研究制定城乡一体化示范区规划建设导则、县级城市规划建设导则、中心镇规划建设导则、城市设计导则等一系列指导性文件。围绕构建“一极三圈八轴带”空间布局，开展“米”字型城镇密集带规划研究，郑州市基本完成城市开发边界划定试点工作，许昌市、信阳市、濮阳市、商丘市等市完成新一轮总体规划修编，安阳市城市总体规划获国务院批准，30 个县(市)编制完成总体规划，27 个试点县(市)编制完成新农村建设规划，109 个中心镇、112 个中心村规划示范引导点建设稳步推进。完成黄河、桐柏淮源、白云山等风景名胜区总体规划编制，配合住房城乡建设部完成风景名胜区执法检查任务。完成 19 个商务中心区和特色商业区规划调整，“两区”建成区面积达 33.3 平方千米，公共绿地面积、道路、自来水供水管道长度同比增长 20%以上。畅通绿色通道，自觉服务重点项目规划建设，促成大连万达集团与省政府开展战略合作，签订协议投资额 1200 亿元。

【城乡建设管理】 实施城镇基础设施扩能增效工程和重大专项，全省城市基础设施建设完成投资 2885 亿元，同比增长 23.9%。加强项目谋划和储备，城市基础设施项目库入库项目 3071 个，总投资 4302 亿元，144 个市政公用项目纳入全省 PPP 项目意向库，总投资 1800 亿元，其中 17 个项目正在推进实施，总投资 328 亿元。全省新建成南水北调配套水厂 20 座，新建、扩建燃气管网 1680 余千米、热力管网 1080 千米，完成河流生态廊道项目 26 个、城市生态水系建设项目 134 个。鹤壁市入选国家首批海绵城市试点，开封市、南阳市新获批国家智慧城市试点，郑东新区 CBD 副中心建成综合管廊项目干线管廊，漯河市、平顶山市、邓州市等 7 个市(县)完成全部 9 项市政基础设施专项规划编制。济源市荣获全省首例中国人居环境奖，开封市等 3 个市和滑县等 5 个县城获得国家园林城市(县城)命名，洛阳市数字化城市管理系统建设项目和信阳市平桥区郝堂村新农村建设项目被授予中国人居环境(范例)奖。省政府出台《关于进一步规范农村村民住宅建设的指导意见》，将农村住房纳入监管范围，9 个镇、35 个村列为全省美丽宜居乡村示范，一大批镇、村列入全国和省历史文化、特色景观旅游名镇名村和传统村落名录，争取中央传统村落项目补助资金 1.11 亿元。

【建筑业提质增效】 大力推进建筑业改革发展，出台加快建筑产业现代化的支持政策，因地制宜推动建筑产业化生产基地和示范工程建设，举办产销对接、重大项目对接等服务企业活动，全省建筑业总产值达 8047.65 亿元，增长 1.7%；增加值 2160.33 亿元，占全省 GDP 的 5.84%；林州市荣获“中国建筑之乡”称号，中铁盾构全球最大的矩形掘进机走出国门；新增 2 家特级总承包资质企业，11 项工程荣获鲁班奖，其中 3 项工程填补河南省境外鲁班奖工程空白。创新建筑市场监管方式。建立与全国联网的建筑市场信息化监管平台，深入开展工程质量治理两年行动，重点加强保障性安居工程、郑州新郑机场二期工程、黄河滩区迁建、郑州地铁等民生工程质量安全管控，全省建设工程质量安全形势基本平稳。加强工程勘察设计和标准定额管理，积极推动高性能混凝土和高强钢筋应用，新发布 6 项工程建设地方标准，完成现场标准员岗位设置国家试点。大力推进建筑垃圾资源化利用，省政府出台《加强城市建筑垃圾管理促进资源化利用的意见》，全面推广“许昌模式”，9 个省辖市和 3 个省直管县(市)建成建筑垃圾监管平台，建筑垃圾年资源化能力达到 3700 万吨，被确定为全国试点省。加快发展节能建筑和新型墙材，全年新增节能建筑 4836 万平方米，可再生能源建筑应用面积 832 万平方米，获得绿色建筑评价标识项目 45 个、700 多万平方米，既有居住建筑供热计量及节能改造 511.4 万平方米。县级以上城市中心城区全部实现“禁黏”，新型墙材应用比例保持在 98%以上。

【住房城乡建设依法行政】 全省住房城乡建设系统扎实推进依法行政，《河南省发展应用新型墙体材料条例》、《河南省房屋租赁管理办法》等颁布实施，省住房城乡建设厅依法办结行政复议 120 件，持续开展全省综合执法检查，有效维护全省住房城乡建设市场秩序。大力加强人才培养，举办全省城乡规划管理知识领导干部培训班，培训县(市、区)政府分管负责人和省辖市住房城乡建设主管部门负责人 60 人。

法治建设

【加强制度建设　推进依法行政和法制建设】《河南省发展应用新型墙体材料条例》、《河南省房屋租赁管理办法》已公布，《河南省城市集中供热管理办法》草案正式上报对住房城乡建设部、省人大和省政府等转来的62份法律、法规、规章征求意见进行研究答复，共提出修改意见150余条。制定完善《河南省住房和城乡建设厅行政规范性文件管理办法》、《河南省住房和城乡建设厅行政复议工作制度》、《河南省住房和城乡建设厅行政复议答复和行政应诉工作制度》等制度。

【加强服务型行政执法建设】 印发《全省住房城乡建设服务型行政执法"整体推进年"活动方案》，对全系统开展服务型行政执法工作进行了具体安排。选取10个单位作为全系统服务型行政执法示范点培育对象，进行重点培育指导。11月，对示范点进行检查验收。印发《关于建立全省住房城乡建设系统服务型行政执法建设整体推进督导体系的通知》，在省住房城乡建设厅门户网站首页建立全系统服务型行政执法建设整体推进督导平台，对各单位的工作进度及成效进行定期通报、督促检查、相互交流。

【强化执法监督　落实执法责任制】 组织有关人员对省住房城乡建设厅2012年4月24日发布的《河南省住房和城乡建设系统行政处罚裁量标准(试行)》进行修订，共涉及25部法律法规规章的70余项条款，结合违法情节、违法手段、违法后果等因素，进行240多项的细分，制定相应的裁量标准，并通过省政府法制办审核。

【做好行政复议和行政应诉】 认真办理行政复议和行政应诉案件。共接到行政复议申请143件。经审查，依法受理130件；不符合法定受案条件，决定不予受理的12件；告知申请人向有关行政复议机关提出行政复议申请的1件。加上上期结转11件，全年共办理行政复议案件141件。至2015年12月10日已办结86件，有55件仍在办理中。

【城管综合执法体制改革】 按照省委、省政府印发的《河南省有关部门贯彻落实党的十八届四中全会〈决定〉重要举措责任分工方案》，涉及省住房城乡建设厅牵头的责任事项主要有1项，即"理顺城管执法体制，加强城市管理综合执法机构建设，提高执法和服务水平。"为做好该项工作，组织人员赴四川省、江苏省、湖北省3省进行调研，在郑州市、许昌市、焦作市召开调研座谈会。对全省县级以上城管执法机构进行摸底调查。全省市县(区)城市管理执法局(或城市管理局)共有116个，设置模式分别为政府组成部门或政府组成部门直属机构，执法队伍共有160支。一线执法人员共由2.5万余人，其中正式人员1.8万余人，执法辅助人员近7000人。

建设综合执法监察

2015年，全省各级住房城乡建设主管部门和执法监察机构切实加大执法力度，为维护全省住房城乡建设市场秩序、促进住房城乡建设事业健康发展提供了强有力的执法保障。

【机构建设】 全省18个省(管)辖市的85家住房城乡建设主管部门和大多数县(区)都成立综合或专门执法监察队伍，全系统各级执法监察队伍总数超过300家，执法人员近3万名。省编办向全社会公布《河南省住房和城乡建设厅行政职权目录》，明确省住房城乡建设厅32项行政处罚职能、责任部门和流程图，厘清省与市县的执法边界。省人大出台《河南省发展应用新型墙体材料条例》和《进一步加强城乡规划监督管理工作的决定》。省人大常委会批准《郑州市人民代表大会常务委员会关于修改〈郑州市城乡规划管理条例〉的决定》，第一次以法规形式将违法建设现场停水、停电和实施快速强制拆除写入地方法规，为严厉打击违法建设提供了法规保障。

【执法水平不断提高】 组织编印《河南省住房和城乡建设执法监察规章制度汇编》、《行政处罚规范(试行)》、《文明执法规范(试行)》和《服务型执法温馨提示卡》模板，按行业修订星级队伍考核标准，在规划、建设、房地产行业加大严格执法程序、执法业务、卷宗质量考核分值权重，在城管、园林绿化和风景名胜区行业加大作风建设、执法礼仪、执法保障等方面考核分值。出台《违法违规行为举报管理实施办法》，向社会公布投诉举报电话，每月公布举报投诉案件办理进度和效果，全年全系统有4家单位被取消星级执法监察队伍称号。

【市场环境逐步规范】 先后督办查办许昌鄢陵县东方威尼斯二期违法建设、郑州红旗路134号院私自拆改承重结构、洛阳河洛文化村楼顶违章加盖、郑大四附院违规征收等一批重大违法违规案件。全系统共受理投诉举报26337件，立案20127件，结案18270件，罚没款总额4.1亿元，拆除违法建筑物261万平方米，行政处罚企业1725家，行政处罚个人47360人。

【执法形象不断改善】 全省各级执法机构积极

加强正面引导，力争把政策宣传好、解释好，把思想工作做好，让社会了解并理解执法工作的意义，收到较好效果。《人民日报》刊登《城管引入第三方商贩不用“躲猫猫”》，对郑州市金水区的工作进行正面报道。

【全省住房城乡建设工作会议】 2016年3月2日，全省住房城乡建设工作电视电话会议在郑州召开。会议旨在贯彻落实党的十八届三中、四中、五中全会精神，贯彻落实中央和省委城市工作会议以及全国住房城乡建设工作会议精神，认真传达郭庚茂书记、谢伏瞻省长的重要讲话精神，总结2015年及“十二五”全省住房城乡建设工作，安排部署“十三五”及2016年重点工作。厅党组书记、厅长裴志扬出席会议并作重要讲话。会议认真传达省委城市工作会议和郭庚茂书记、谢伏瞻省长重要讲话精神。为贯彻落实省委城市工作会议精神，裴志扬厅长对全省住房城乡建设工作进行全面总结，并对“十三五”及2016年重点工作进行安排部署。厅机关各处(室)、厅属各单位主要负责同志，各省辖市、省直管县(市)、郑州航空港经济综合实验区住房城乡建设主管部门主要负责同志，特级施工企业、部分房地产企业主要负责同志在主会场参加会议。各省辖市政府分管副秘书长、省直管县(市)政府分管副县(市)长，各省辖市、省直管县(市)住房城乡建设主管部门领导班子成员在分会场参加会议。

【全省首席员工评选】 2015年，省住房和城乡建设厅、省建设工会评选出10人为河南省住房城乡建设首席员工。即：平顶山燃气有限公司高级技师范素海、郑州华润燃气股份有限公司马超、康达环保(商丘)水务有限公司杨义、漯河市清源供水有限公司陈勇、安阳市水务集团公司刘素军、濮阳市园林绿化处王付民、郑州一建集团工程建设有限公司丁保华、漯河市建筑设计研究院李群才、郑州市人民公园张顺舟、郑州自来水投资控股有限公司史宝德。

城乡规划与建设

2015年，全省城乡规划重点强化城乡规划在新型城镇化发展的服务和引导作用，对风景名胜区进一步加大监管力度。

【新型城镇化】 开展河南省米字形快速通道城镇密集区空间发展研究，并结合住房城乡建设部的要求，配合《全国城镇体系规划》编制开展调查研究，并初步拟定2030年版《河南省城镇体系规划》编制工作方案。起草《河南省城乡一体化示范区规划建设导则》，并召开专家研讨会并上报省政府征求省直有关部门的意见。起草《河南省城市设计导则》，并将漯河市作为全省城市设计试点城市，开展城市设计编制和实施决策试点。起草《县级城市规划建设导则》。组织开展城市综合承载能力指标体系研究，形成《河南省城市综合承载能力评价指标体系初步方案》。

【积极推进城乡规划编制】 指导郑州市开展城市开发边界划定试点。组织国务院审批城市总体规划的安阳市、开封市、焦作市、平顶山市、南阳市等市按照住房城乡建设部要求对总体规划进行修改完善并重新上报，9月，国务院批准安阳市城市总体规划。指导郑州市、新乡市对城市总体规划实施情况进行评估。大力推进省直管县(市)总体规划编制。巩义市、永城市、邓州市、新蔡县、汝州市、固始县等直管县市的总体规划已修编完成。指导鹤壁市、信阳市、许昌市等市和淅川县、内乡县等县按照“多规合一、突出特色”的要求，开展新一轮总体规划的修编；濮阳市、鹤壁市、许昌市、信阳市等省辖市的新一轮城市总体规划完成修编并通过专家审查。指导三门峡市、兰考县等市、县深化完善总体规划。

【加强载体规划建设】 指导拟调整空间范围和布局的产业集聚区按照“五规合一”的要求修编完善产业集聚区总体发展规划。为解决部分“两区”在发展过程中遇到的空间受限、拆迁建设缓慢等实际问题，经两区联席办公室组织并报省政府同意，对部分“两区”的规划进行适当调整，完成了郑州、开封、南阳、驻马店等地区19个两区的规划调整。

【城市地下空间】 指导各试点城市按照《2015年度河南省城市地下空间使用维护管理试点工作专项方案》，着手开展试点工作总结和相关法规草案的起草。

【地下管网普查】 会同省直有关部门印发《河南省城市地下管线普查工作实施方案》和《普查工作指导手册》，全面启动城市地下管网普查。

【历史文化名城保护】 按照住房城乡建设部要求，开展并完成历史文化名城名镇名村历史文化街区历史建筑等基础信息采集。启动“十三五”历史文化名城保护规划编制。

【城乡规划实施管理】 省人大常委会审议通过《关于进一步加强城乡规划管理工作的决定》。配合住房城乡建设部稽查办，对郑州市、洛阳市、焦作市、安阳市、南阳市5市重点图斑进行督查。

【服务重点项目规划建设】 全省城乡规划部门

共完成省重点项目规划审批许可990个。

【城乡规划编制单位资质】 按照《城乡规划编制单位资质管理规定》要求，全年共受理31家城乡规划编制单位资质申报。共有25家通过资质核定，其中，乙级9家，丙级16家。

【风景名胜区监管】 全面提升风景名胜区管理水平。配合住房城乡建设部对嵩山风景名胜区天中寺建设情况进行调查，并对违法建设情况进行处理。继续推进风景名胜区规划编制。全省23个省级风景名胜区中，总体规划已经获得省政府批准并正在实施的有10个景区，已经评审待报省政府的有5个景区。持续加强风景名胜区安全管理。加大基础设施和服务设施建设。组织全省国家级风景名胜区申报"十三五"基础设施建设申报工作。

城市建设和市政公用基础设施建设

【重点民生工程】 全省城市基础设施建设完成投资2885亿元，同比增长23.9%。全省实施市政基础设施建设项目2118个，完成投资900.42亿元。省委、省政府十项重点民生工程确定的"42个污水处理厂提标改造工程，新增污水日处理能力100万吨、垃圾日处理能力2000吨"全面完成。全省南水北调受水区域规划的83座配套水厂，已建成42个，其中32个水厂已接用南水北调水源。郑州市地铁二号线1期主体工程完工，一号线2期工程进展顺利，5号线全面开工；郑东新区CBD副中心地下综合管廊项目主体完工。除周口市、漯河市、南阳市外，其他省辖市皆完成防灾避险公园建设任务，全省新建(改造)防灾避险公园75处，总面积达6000余公顷。

【城市基础设施扩能增效】 新增日供水能力80万吨，全省城市生活污水集中处理率达到91%，生活垃圾无害化处理率达到92.84%，污泥无害化集中处理处置率达80%以上，燃气普及率达到94%，道路网密度达到5.1千米/平方千米，人均道路面积达到12平方米，公共用水普及率达到93%，建成区绿地率达到34.25%，人均公园绿地面积达9.2平方米。

【污水垃圾运营】 全省建成运行的城市生活垃圾处理设施125座，建设规模为日处理生活垃圾3.47万吨，其中生活垃圾填埋场119座，生活垃圾综合处理厂2座，垃圾焚烧厂4座，全省累计处理生活垃圾1135.15万吨。全省正式投入运营的城市污水处理厂共185座，建成规模831.87万吨/日，平均负荷率88.3%，其中运行负荷率大于等于80%的污水处理厂有112个，全省城市污水处理厂累计处理水量26.57亿立方米，COD消减量65.99万吨。

【城市基础设施】 积极开展地下管线等各项基础设施普查，建立城市基础设施电子档案和地下基础设施信息系统。郑州市、洛阳市、三门峡市、平顶山市已完成综合交通、城市道路、公共交通、供水、排水防涝、燃气、供热、园林绿化、照明、市容环卫等基础设施专项规划和地下管线综合规划的编制(修编)。

【统筹地下管网】 开展地下综合管廊试点。郑东新区CBD副中心综合管廊一期干线管廊总长度约为3234.8米，支线管廊总长度约为1618米；干线管廊已建成2936.8米(其余298米受地铁站建设进度影响，无法施工)，总投资5.8亿元，其中土建工程建设费用为3.35亿元，已经完成工程建设投资3.05亿元。全省新建、扩建燃气管网1680余千米，完成投资17.1亿元，新建、扩建热力管网919.9千米，完成投资48.6亿元。16个省辖市新增供热面积2827.07万平方米，16个集中供热地区的新竣工建筑及完成供热计量改造的既有建筑基本实现按用热量计价收费。积极推进郑州市、开封市、洛阳市等10座热源"煤改气"工程建设，完成投资5.6亿元。

【数字化城市管理】 许昌市数字城管系统申报中国人居环境范例奖，洛阳市数字城管系统荣获"2014年中国地理信息产业优秀工程"金奖。

【园林城市创建】 截至年底，开封市、林州市、邓州市、清丰县、社旗县、伊川县、兰考县、滑县、武陟县、睢县获得国家园林城市和国家园林县城称号，巩义市北山口镇和巩义市新中镇获得国家园林城镇称号。济源市被住房城乡建设部授予中国人居环境奖。洛阳市数字化城市管理系统建设项目、信阳市平桥区五里店办事处郝堂村新农村建设项目被授予中国人居环境范例奖。

【市政工程质量管理】 2015年，全省市政工程管理成效显著。建立各级工程质量安全监管制度，对工程建设程序是否规范、招标投标、工程监理、质量安全监督、施工图审查和施工许可等进行动态监管。郑州市三环路快速化工程北三环BT1、BT2、BT3标段桥梁工程等45个项目为2015年度"河南市政工程金杯奖"；郑州市三环路快速化工程西三环BT2标段桥梁工程等105个项目为"河南省市政优良工程"；洛阳市秦岭路(中州路-渠北路)改造工程等45个项目为"河南省市政公用工程省级安全文明工地"。加强市政行业安全资格素质管理，开展全省安全生产许可证新申报、延期审核工作。共完成232家安全生产许可证新申报资料的审查，406家安全生产许可证延期资料的审查及和发证工作。加强培训教育，全面提升市政行业整体素质。对市政工程施工员、试验员、材料员、统计员、测量员进行了培训，全省有 250 余人参加了学习，并取得培训合格证和复检合格证。对全省市政施工企业主要负责人、项目负责人和专职安全员共计 4264 人进行有关安全生产政策法律法规、安全生产管理、安全生产技术继续教育培训。

村镇规划与建设

【概况】 2015 年，全省村镇建设进一步加快编制完善村庄规划，分类指导村庄建设，整治村庄环境，不断完善农村基础设施和公共服务设施，持续推进美丽宜居乡村建设。

【全面完成危房改造任务】 全年国家下达河南省危房改造任务 26.2 万户、补助资金 20.67 亿元。截至 2015 年底，开工 274314 户，已竣工 262838 户，农村困难群众住房条件明显改善。8 月，省住房城乡建设厅印发《河南省农村危房改造(砖混结构)抗震安全基本求》(试行)、《河南省以船为家渔民上岸安居工程实施方案》。

【编制完善村镇规划】 稳步推进全省 109 个中心镇、112 个中心村规划示范引导点建设，组织 27 个试点县(市)编制新农村建设规划，指导兰考县搞好县域全覆盖的规划编制工作先行试点，组织起草《河南省中心镇规划建设导则》。加强对乡村建设规划许可证的发放管理，印制新版《乡村建设规划许可证》，研发《河南省乡村建设规划许可管理系统》软件，规范《乡村建设规划许可证》的申领、编号、核发和保管工作。

【推动传统村落保护和特色乡村建设】 会同省直有关部门在全省开展第四次传统村落集中调查，公布河南省第三批传统村落名录，省级传统村落增加到 511 个。国家级传统村落增至 99 个，37 个传统村落获得中央财政补助资金 1.11 亿元。制订《河南省传统村落保护发展示范点工作实施方案》，选定新县丁李湾村等 12 个不同类型的传统村落，作为示范点先行先试。会同省直有关部门公布新密市大隗镇大隗村等 96 个村为第三批河南省传统村落名录。巩义市竹林镇、西峡县双龙镇、商城县达权店镇、固始县秀水办事处阳关村等 4 个镇村上榜全国第二批建设宜居小镇、村庄示范。登封市告成镇、栾川县石庙镇、汝阳县付店镇、郏县姚庄回族乡、舞钢市尹集镇、林州市石板岩乡、修武县岸上乡、南召县乔瑞镇、方城县二郎庙乡、新县田铺乡等 16 个镇村被公布为全国特色景观旅游名镇名村。

【美丽宜居乡村试点示范】 在地方申报的基础上，共确定 175 个镇(乡)、271 个村庄启动美丽宜居乡村建设试点。

住房保障与房地产业

【住房保障和保障性安居工程】 2015 年，国家下达河南省保障性住房和棚户区改造目标任务为 47.81 万套。其中，新增公租房 5.89 万套，棚户区改造安置房 41.92 万套。至 2015 年底，全省已开工各类保障房 48.5 万套，开工率 101.44%；基本建成 34.82 万套，建成率 116%。其中，公租房 5.94 万套，开工率 100.85%，棚户区 42.56 万套，开工率 101.53%。基本建成 34.82 万套，完成率 116%。公租房分配 27.95 万套，分配率 96.3%。新增租赁补贴 1.13 万户，完成率 96.58%。完成投资 1101 亿元。

【房地产开发】 2015 年，全年全省房地产开发市场总体运行平稳，房地产开发投资稳步增长、建设规模不断扩大，商品房销售市场稳中有升。房地产开发投资稳步增长。全年完成投资 4818.93 亿元，同比增长 10.1%，占全社会固定资产投资的 13.51%；其中，住宅 3529.15 亿元，增长 7.3%。房屋施工面积超 4 亿平方米。全年全省房屋施工面积 40994.4 万平方米，同比增长 5.5%。其中，住宅施工面积 31210.56 万平方米，增长 4.6%，占房屋施工面积的比重为 76.1%；全省房屋新开工面积 10974 万平方米，同比增长 3.7%。住宅新开工面积 8375 万平方米，增长 3.7%，占房屋施工面积的比重为 76.3%。房屋竣工面积 5390.32 万平方米，下降 26.4%；其中，住宅 4237.92 万平方米，下降 26.5%。商品房销售稳中有升。全年商品房销售面积为 8556.34 万平方米，同比增长 8.6%其中，商品住宅销售面积为 7645.84 万平方米，增长 9.1%，占商品房销售面积的比重为 89.4%；非住宅类商品房销售面积为 911 万平方米，增长 4.6%，占商品房销售面积的比重为 10.6%。到位资金增速加快，土地购置面积下降。全年全省房地产开发企业实际到位资金 5077 亿元，同比增长 8.3%。全省房地产开发企业土地购置面积 951 万平方米，同比下降 14.8%。商品房价格平稳增长。全年商品房销售价格 4611 元/平方米，同比上涨 5.6%。二手房累计成交面积 2173 万平方米，同比增长 33.6%，其中二手住宅累计成交面积 2007 万平方米，同比增长 38.5%。商品房“去库存”工作取得一定效果。至 2015 年底，全省已批准预售商品住房库存面积7480万平方米，增速从5月的42%降至12月的7.5%，库存快速上涨压力得到一定缓解。

【房地产市场管理】 2015年，全省房地产保持较快增长，企业竞争力整体提升，市场发展总体健康稳定。至2015年底，全省取得房地产开发企业资质证书的共8032家，其中一级资质企业57家，二级资质企业753家，三级资质企业1319家，四级资质企业1540家，暂定资质企业4363家，从业人员45万人，有职称人员为136749人。全年房地产业实现税收收入641.2亿元，占地方税收收入的34%。全省房地产市场从4月开始好转，5月～8月持续回升，开发投资、新建商品房销售面积均保持增长，房屋新开工面积和施工面积增速加快，待售面积略有减少，土地购置面积降幅较窄，商品房价格保持稳定，市场总体平稳，建立房地产市场信息日报制度。从5月11日起，18个省辖市和10个直管县全面实现向住房城乡建设部房地产市场信息日报平台报送每日新建商品房和存量房交易数据，初步建立日报、月报制度，建立完善市场监测分析和信息共享机制。大力推行新建商品房和库存房买卖合同网签制度，逐步实现网签业务系统全覆盖。认真做好房地产行业非法集资风险防范处置工作。制定房地产行业非法集资监管工作方案和管理办法。规划建设河南省房地产市场监管服务平台，完成“一个平台，八大系统”的建设，实现全省房地产数据的统一管理、共享服务。

【房地产交易与权属登记】 2015年，全省房地产交易市场平稳发展，房地产交易与产权管理进一步加强。全年商品房成交面积8067.33万平方米，同比增长27.19%，其中住宅7217.98万平方米、增长28.83%。二手房成交面积2144.21万平方米，同比增长32.62%，其中住宅1975.05万平方米、增长37.04%。《河南省房屋租赁管理办法》于7月1日起施行。建立房屋租赁登记备案制度，使房屋登记备案程序具体明确，积极推进房屋租赁信息服务平台建设，为租赁市场供需双方提供高效、准确、便捷的信息服务，提高行政效能，营造公开、公平、公正的市场环境。至2015年底，全省共有房地产估价机构290家，其中一级机构14家、二级机构62家、三级机构170家，暂定三级机构35家，分支机构9家。根据国务院《社会信用体系建设规划纲要(2014～2020年)》，启动房地产估价行业信用体系建设，建立了2001名注册和资格房地产估价师、9888名房地产经纪人和经纪人协理、282家房地产估价机构及518家经纪机构的信用档案，并向社会公示相关信息。根据信用档案的统计结果，实现对全省估价机构的营业收入、评估建筑面积、评估土地面积、评估总价值进行排名。

【城镇房屋征收管理】 2015年，全省积极完善房屋征收制度，规范操作规程，推进依法征收，城镇房屋征收管理成效显著。全年全省共做出房屋征收决定项目108个，涉及被征收人20433户，房屋建筑面积4825927.69平方米；完成征收项目53个，涉及被征收人8086户，建筑面积1788963.31平方米；做出补偿决定143个，涉及被征收人609户，建筑面积77473.49平方米，申请法院强势执行59件，涉及被征收人68户，建筑面积7145.37平方米。法院准予执行36件，涉及被征收人44户，建筑面积4450.74平方米。法院执行1件，建筑面积57.56平方米。法院裁定政府组织实施12件，建筑面积1522.56平方米；遗留拆迁项目34个，总户数14902户，未签协议3404户，总建筑面积2263112.7平方米，未签协议建筑面积446411.78平方米。

【物业管理】 至2015年底，全省共有物业企业6796家，其中一级企业50家，二级企业272家，三级及暂定资质企业6474家；管理项目11300个，管理面积达13亿平方米，从事物业服务人员达30余万人，组建业委会943个。开展全省老旧小区统计。根据统计，全省共有老旧居住小区12189个，房屋约137万套，占地面积约8768万平方米，总建筑面积13726万平方米。开展物业管理示范(优秀)项目创建。11月，对全省18个省辖(管)市、省直管县申报的64个物业管理项目组织实施了考评验收工作，48个项目分别获得2015年“省优”、“省示范”称号并授予了奖牌。规范物业管理。全省归集住宅专项维修资金200多亿元，累计批准使用维修资金6.61亿元，累计产生维修资金利息12.07亿元。排查各类老楼危楼10.68万栋，建筑面积1.66亿平方米，整治678栋，建筑面积57.9137万平方米。全省6家企业晋升2015中国物业管理综合实力百强。在中国物协组织举办的首届创新论坛上中国物协发布2015中国物业管理综合实力百强企业，河南省共有6家，“河南省物业管理师协会”被评为“2015优秀地方物业管理协会”。

住房公积金管理

【概况】 2015年，全省各级住房公积金管理部门综合施策，个贷率提升幅度、结余资金下降幅度再创新高，有效支持缴存职工的基本住房消费需求，为房地产市场平稳健康发展提供强有力支持。

【超额完成年度目标】 全年提取住房公积金403亿元，发放个人住房贷款407亿元，共计支出810亿元，同比增长85.35%，占全省房地产住宅销售额的比例达24.55%。至2015年底，全省发放住房公积金个人住房贷款49.04亿元，同比增长110.38%；全省住房公积金个人住房贷款总额1584亿元，贷款余额1101亿元，个人住房贷款率76.21%，较上年底增加18.57个百分点；结余资金342亿元，较上年底减少248亿元，下降42.03%。

【政策调控力度空前】 开拓“房租、物业、装修提取”、“组合贷款”、“异地贷款”等新业务，将部分符合条件的农民工、个体工商户、自由职业者等纳入公积金制度覆盖范围，为充分发挥住房公积金作用，促进房地产市场持续健康发展提供有力的政策支持。

【住房公积金管理取得实效】 全年发放项目贷款2.05亿元，回收2.03亿元，至2015年底，累计发放项目贷款10.58亿元，回收8.62亿元，13个项目中，已有10个项目按期结清，资金回收总体正常。一些地方暴露出的逾期风险问题，基本得到了及时解决。11月，省住房城乡建设厅、省财政厅、人行郑州中心支行印发《河南省住房公积金个人住房贷款管理办法(试行)》、《河南省住房公积金提取管理办法(试行)》，统一个贷、提取业务规范，填补全省公积金业务规范的空白。按照住房城乡建设部等三部委《关于健全住房公积金信息披露制度的通知》的要求，首次完成年度报告的对外公开披露工作。建立重大事项报告制度；利用审计系统加强监管，探索利用专业人才力量和常态化工作方式建立长效监管机制，完成平顶山地区三家管理机构的内审试点工作；强化内部廉政风险防控，加强资金流动性管理，强化逾期贷款管理，确保资金安全运行和规范管理。

【信息化服务能力全面增强】 郑州市、安阳市、焦作市、驻马店市等地升级改造公积金业务信息管理系统，以“靠制度规范、靠机器管人”形式实现风险防控的目标，最大限度地避免人为干预。焦作市、安阳市、驻马店市等地通过与银行进行实时数据通信，实现与银行资金的实时结算，极大提高业务办理效率。按照全省统一部署和要求，各地与省公积金数据容灾备份平台进行对接，郑州等17个中心实现信息系统和数据实时备份至省住房公积金数据容灾备份中心。按照“2017年底完成信息系统的双贯标”要求，制定上线工作计划，提前谋划，落实“双贯标”工作。驻马店市率先完成“双贯标”试点工作，实现了“三账合一”(业务账、财务账、银行资金账)、资金实时监控、财务自动对账等三大功能，为实现管理精细化、资金安全化和服务便捷化奠定了基础。

工程建设与建筑业

【概况】 2015年，全省建筑业围绕住房城乡建设中心工作，完善制度机制，多策并举推动建筑业发展，各项主要经济指标创历史新高。

【产业规模创历史新高】 全年完成建筑业总产值8047.65亿元，比上年增长1.7%。实现增加值2160.33亿元，比上年增长3.9%，占全省生产总值比重达5.84%，在国民经济各行业中列第4位。

【新签订施工合同额及在建房屋施工面积不断增长】 全省4684家总承包及专业承包企业签订的合同额14154.72亿元，比上年增长4.9%，其中新签合同额达8433.03亿元，增长4.2%。在建房屋施工面积达5.3亿平方米，比上年增长8.2%，其中本年新开工面积达2.4亿平方米，与上年基本持平。

【企业效益稳步增长】 全省总承包及专业承包建筑业企业实现利润341.0亿元，比上年下降13%，产值利润率为4.2%，较上年同期降低0.5个百分点，缴纳税金总额达281.24亿元，比上年下降4%，占全省税金收入的14.2%。

【建筑业队伍稳定增长】 全年全省具有建筑业资质的企业达13000家。从事建筑业活动的平均人数为279.8万人，同比增长8.7%。其中，工程技术人员达31.7万人，一级建造师达2万人。

【建筑业集中度进一步提高】 全省完成建筑业总产值超亿元以上企业1254家，产值达7126.74亿元，产值占比为88.6%，企业占比为26.8%。其中产值超百亿元的企业6家、产值达1309.13亿元，超50亿元的企业18家、产值达2077.21亿元，超10亿元的企业108家、产值达3841.04亿元，企业占比分别为1.3‰、3.8%和8.1%。18家总承包特级资质企业完成建筑业总产值1911.14亿元，比上年增长3.8%，占全省比重达23.7%，比上年提高0.4个百分点。二级资质企业4150家，企业占比为88.6%，共完成建筑业总产值3240.63亿元，占全省比重达40.3%。

【对外工程承包】 全年对外承包工程、劳务合作和设计咨询业务新签合同额43.35亿美元，同比增长2.5%；完成营业额48.31亿美元，增长2.6%；外派劳务70243人次，增长0.8%。

【工程招标投标情况】 全省监管范围内的房屋建筑和市政基础设施建设新建项目5922个，投资总额1566.5亿元。其中，政府投资和使用国有资金项目3988个，总投资额910.0亿元，公开招标率达98.0%，邀请招标率达2%；非国有资金投资项目1934个，投资额669.6亿元，招标率达25.9%，直接发包率达74.1%。

【工程招标代理情况】 全省共有工程建设项目招标代理机构237家，其中甲级77家、乙级137家、暂定级23家，从业人员2.5万人。全年共实现营业收入52.5亿元，实现利润5.4亿元，其中工程招标代理收入达1.05亿元。

【一大批重大工程建设项目建成投产】 全年亿元及以上固定资产投资在建项目11143个，完成投资24236.95亿元，比上年增长12.6%。全省铁路通车里程5205千米。高速公路通车里程6305千米，省全社会发电装机容量6743.6万千瓦，比上年末增长8.8%。

建筑市场管理

【概况】 2015年，全省进一步加强建筑市场监管力度，不断创新监管方式，简化工作程序，进一步提升建筑市场监管效能。

【建筑市场信息化监管平台】 制定《河南省建筑市场监管信息系统暨一体化工作平台管理办法(试行)》，实现企业、人员、项目、信用四大数据库连通，并与全国建筑市场监管及诚信信息系统实现互联互通，数据共享。

【提升建筑市场监管效能】 继续稳步推行工程担保制度，切实做好防范工程风险工作，增强建设市场主体自我约束和自我监督的能力，有效缓解占压施工企业流动资金问题，用经济、市场手段防范、解决拖欠难题。至2015年底，全省出具保函3955个，担保金额达63.16亿元，并对24个工程项目进行了保函代偿，代偿额达1202.92万元。

【加强资质资格管理】 按照国家简单换证要求，做好建筑企业资质换证工作。撤回17家监理企业和14家招标代理机构资质资格。

【做好人才队伍建设】 评选出高层次经营管理人才39名，高层次技术人才182名。完成二级建造师注册3.8万人，完成监理工程师注册1822人次，对15690名二级建造师进行继续教育。严厉查处建造师、监理工程师重复注册、挂证、伪造证书等违法违规行为，建立人员资格不良行为记录制度。

【认真做好建筑领域清欠工作】 全年全省建筑领域共接待各类投诉案4400余起，涉及金额约50.09亿，其中农民工工资约30亿，涉及人数约17万余人。其中省清欠办直接受理案件220余起，涉及农工工资7.34亿，进行电话督办1000余次，下发各类督办通知、拟处罚告单约40份。

【强化企业服务】 会同省工信委举办企业与省重大项目、绿色建材产销对接活动，共签约55个项目，合同额20.59亿元。与省政府重点项目建设办公室联合举办全省建筑业骨干企业与省重大项目对接活动。设立省住房城乡建设厅驻云南建管处，在外出地开展关键岗位专业人员、安全教育培训、二级建造师继续教育等培训工作，为出省企业提供上门服务。至2015年底，全省已有特级总承包资质企业18家。

【深入开展工程质量治理两年行动】 全省共开展执法检查2559次，检查在建项目12018项，涉及建设单位7277家、企业8245家，下发监督执法检查整改单3919份，下发行政处罚书161份，曝光违法违规典型案例21起，向住房城乡建设部报送典型案例7件，对建设单位和施工企业罚款金额821万元，停业整顿企业30家，限制投标资格的企业3家。

【工程建设监理】 2015年，全省工程监理行业的规模在不断扩大，企业经营效益稳步增长，工程监理能力水平和人员素质不断提升。全省共有工程监理企业408家，综合资质6家，甲级148家，占企业总数的36%；乙级148家，占企业总数的36%。工程监理从业人员4.86万人，其中注册监理工程师7628人，省专业监理工程师8000余人。全年工程监理企业承揽合同额274亿元，与上年相比基本持平。其中工程监理合同额59.5亿元，与上年相比增长10%；工程项目管理与咨询服务、工程招标代理、工程造价咨询及其他业务合同额152亿元，与上年相比基本持平。工程监理合同额占总业务量的21%。实现营业收入109亿元，与上年相比增长44%。其中，工程监理收入43亿元，与上年相比增长10%，占总营业收入的39%；工程项目管理与咨询服务、工程招标代理、工程造价咨询及其他收入27.2亿元，与上年相比减少75%。

【建设工程质量监管】 完成郑州机场二期工程、黄河滩区迁建、工程治理两年行动、保障性安居工程质量监管等重点工作。全省新注册工程7438项，建筑面积8013.75万平方米，在建工程37647项，建筑面积42852.18万平方米，竣工工程4396项，建筑面积5872.36万平方米。全省新开工工程监督覆盖率、受监工程主体结构合格率、竣工验收过程合格率、工程质量备案率均保持 100%。全省共有 92 项工程获“中州杯”，432 项工程获“结构杯”，推广省级新技术示范工程 110 项，创省级工法 115 项。

【推进工程质量专项治理活动】 9 月～12 月，在全省 18 个省辖(管)市组织开展工程质量治理宣贯暨施工质量标准化管理现场观摩活动，累计培训 6100 余人，参加观摩 9000 余人，观摩工程总建筑面积约 42 万平方米。6 月对开封、新乡和焦作 3 个沿黄市的在建工程和预拌混凝土生产企业进行随机暗访，10 月全省其他省辖市、省直管县(市)开展工程质量专项巡查活动。两次活动共抽查 92 项工程，9 家商品砼生产企业，共反馈检查意见 857 条，对发现有违法违规质量行为或者违反强制性标准条文的，下发不良行为记录告知书。3 月配合省政府保障性安居工程工作督查组，对漯河市、周口市、信阳市、驻马店市、鹿邑县、固始县和新蔡县 4 个省辖市和 3 个省直管县保障性安居工程建设情况进行督查。

【改进工程质量管理】 省质监总站管理的工程评优项目有河南省结构中州杯工程、保障性安居工程“安居奖”、住宅工程质量专项治理示范工程。10 月，开展全省保障性安居工程“安居奖”和全省住宅工程质量专项治理示范工程评选复查，有 33 项工程被评定为保障性安居工程“安居奖”获奖工程。对全省住宅工程质量专项治理示范工程复查评审，制订《河南省创建住宅工程质量专项治理示范工程评审管理办法》，复查涉及 17 个地市，1 个省直管县，受检工程 123 项，93 项工程为省住宅工程质量专项治理示范工程。全年共受理申报结构中州杯工程 648 项，建筑面积 2060 万平方米，郑州新郑国际机场二期扩建工程货运工程站等 432 项工程通过评审。

【省重点工程监督和质量投诉】 加大对省重点工程的监督服务力度，确保新郑国际机场二期和郑机城际铁路工程于 2015 年底前开通投运。加强对建设大厦等省直管工程的监督管理，省直管工程在建项目 9 项(不含机场二期工程)，全年共对在监工程下发整改通知书 76 份，提出质量问题 589 条。加强对黄河滩区移民迁建试点工程质量巡查和指导，3 次派人对封丘县、范县、兰考县黄河滩区居民迁建试点工程进行质量安全督导，对发现的问题及时督促整改，下发不良记录告知书，确保工程质量安全。全年共受理投诉案件 8 起，投诉处理率为 100%。先后组织专家赴现场处理了新郑华信学院投诉、督办住房城乡建设部转办的“河南省新郑市辛店镇阳光花园住户门质量投诉处理”案件、协助郑州市人民政府完成金水区西关虎屯新区“6.25”重大火灾事故的调查。

【提高质监系统人员素质】 依规完成对全省 18 个省辖(管)市、10 个直管县(市)及 4 个工程质量专业站的 133 个工程质量监督机构的 2000 多名质量监督人员的培训、考核；完成 8 期，共 2163 个商品混凝土生产企业从业人员继续教育工培训；7 期共 1830 人商品混凝土生产企业从业人员的新办证人员培训、考核及发证。

【企业资质审查】 省住房城乡建设厅行政审批大厅转办的延期 1 批 67 家检测机构的材料，组织专家进行审查，并上网公示。对新申报检测机构 11 家的材料组织专家进行审查。对商混企业的实验室关键岗位人员进行备案管理。按照《河南省预拌商品混凝土生产企业专项试验室管理办法》，完成对全省混凝土企业试验室进行能力确认工作。组织专家对安阳市、信阳市、开封市、许昌市、南阳市 5 个地市涉及到主体、地基的检测机构进行动态考核。

建筑施工安全管理

【概况】 2015 年，全省住房城乡建设系统积极改进安全监管方式，健全完善安全管理制度，实现事故起数和死亡人数双下降。

【强化督查】 组织开展了 4 次建筑施工安全暗查暗访，对全省 18 个省(管)辖市和 10 个省直管县建筑施工安全生产情况进行了暗查暗访，共抽查在建工程 77 项，下达整改通知书 75 份，不良行为记录告知书 70 份，监督执法建议书 12 份。

【隐患排查治理】 全省共检查在建工程 2555 项，查出各类事故隐患和问题 7852 项，责令停工整改工程 173 项，立案查处项目 46 个。各企业共自查一般安全隐患 55695 项，重大隐患 159 项，落实治理资金 49 万元。在落实危险性较大分部分项工程施工方案专项行动中，各企业共自查工程项目 10263 项，查出 5 类危险性较大分部分项工程隐患 1047 项。各级主管部门共组织检查 1833 次，查出 5 类危险性较大分部分项工程隐患 1178 项。组织开展全省预防起重机械、脚手架、基坑坍塌事故以及消防安全、城镇燃气、油气输送管道等安全专项整治。还针对直接监管的机场二期工程现场监督检查 190 余次，发现并整改各类安全隐患 1047 项。

【强化安全执法】 省住房城乡建设厅共暂扣企业安全生产许可证 8 家，暂扣个人安全生产考核证 3 人次；各级住房城乡建设主管部门检查工程项目 16071 项，组织对县区督查 250 次，查处非法经营建设等各类安全违法违规行为596起，责令整改12096项，责令停工135起，实施经济处罚1136余万元。对督导检查中发现的55起违法违规典型案例进行了全省通报，并在省住建厅网站公开曝光。对已结案事故责任单位责任人员做出了停止执业资格、吊销或暂扣安全生产许可证和安全考核合格证书、停业整顿等处理。对群众举报的郑州、开封等地建筑施工项目存在的安全隐患情况及时进行督察督办。

【健全完善安全生产诚信体系】 完成全省建筑市场信息化监管平台建设，开发《项目经理违法违规行为查询》、《项目经理和项目总监在建项目信息查询》、《外省企业进豫管理信息》等子系统，实现企业、人员、项目、信用四大数据库连通，强化对安全失信企业的联动管制，逐步建立"守信激励、失信惩戒"的建筑市场信用环境。

【安全生产标准化】 全年共有361项工程被评为河南省安全文明工地，82项工程项目获得中州平安杯奖，17项工程项目被评为国家建筑行业AAA级安全文明标准化诚信工地。

【建筑扬尘防治】 印发《2015年度城市扬尘综合治理专项工作方案》，争取扬尘治理省级财政专项资金7270万元，扶持9个重点城市建设施工扬尘监控平台，购置机械化清扫设备。重点加强对拆除工程、土方工程、垃圾清运等易产生扬尘污染的关键部位和环节的监管，全省各级主管部门共检查建筑工地2362项，发现扬尘污染问题7928条，下发整改通知书3477份，停工整改项目近200余项，对近100家责任单位负责人进行了约谈，实施财政扣款2840万元。

【科技支撑保障能力】 争取省财政专项资金1670万元对9个城市进行重点扶持，通过建设视频监控中心，加大对施工现场安全及文明施工的监控和管理。同时，加强对建筑起重机械设备的安全监控，继续推广塔机安全监控系统，通过在线实时监控和数据分析，确保塔机的安全运行。

【应急管理】 认真开展2015年防灾减灾日活动，加强防灾减灾知识宣传。强化应急预案实战演练，组织开展全省"应急演练周"活动。建立健全安全预警机制，强化自然灾害预警预报，提前发布险情、灾害预警信息，及时做好各项应急防范工作。

【勘察设计行业管理】 至2015年底，全省勘察设计企业总数达1066家，其中甲级184家、乙级654家、丙级211家、丁级和劳务类14家。全省勘察设计从业人员达7.4万余人，专业技术人员占总量的61%以上，各类注册人员1.2万余人，有4家单位跨入全国勘察设计综合实力百强行业。

【勘察设计市场管理更加规范】 印发《关于进一步规范勘察设计行为的通知》。继续深化行政审批制度改革，重点做好事中事后的监管，加强对勘察设计资质资格动态考核，严查企业资质和个人注册资格申报的虚假行为。继续开展企业诚信评估，进一步强化了企业诚信意识。

【行业管理信息化】 完成省勘察设计资质管理系统与省建筑市场监管与城乡信息一体化平台互联互通，并与住房城乡建设部建筑市场监管与城乡信息一体化平台实现对接。完成全省勘察设计企业、人员、项目等数据备案入库工作，将全省勘察设计企业数据信息与省、部联网，实现勘察设计企业资质网上申报。

【勘察设计行业信用体系】 全省工程勘察设计行业共开展"诚信单位"评估活动七批，共有230余家单位达到全省工程设计、勘察与岩土行业AAA级诚信单位标准；近70余家单位达到全省工程设计、勘察与岩土行业AA级诚信单位标准。同时对往年公布的AAA级诚信单位进行复审。

【勘察设计原创设计】 在全省勘察设计单位和大专院校、科研单位组织开展全省绿色保障房设计竞赛。共有省内外建筑设计单位、大专院校、科研单位等52家单位和个人参加，参赛项目达133个。最终，19个项目获一、二、三等及优秀奖。

【行业管理信息化】 5月，全省"四库一平台"建设通过住房城乡建设部验收，10月，组织全省各市、县主管部门、有关单位和专家进行系统应用培训，实现勘察设计行业"四库一平台"信息管理系统和与全省建筑市场监管信息系统暨一体化工作平台的全面对接。

【勘察设计质量管理】 在开展的2015年度施工图审查机构抽查过程中，施工图节能审查合格率达到了100%，公共建筑节能达到50%、居住建筑达到65%的节能标准。印发《河南省绿色建筑施工图设计文件审查技术要点(试行)》。全省施工图审查机构共36家，一类审查机构17家，二类审查机构19家。其中房屋建筑工程审查机构34家，市政基础设施审查机构2家。从业人员约620人。全年全省施工图审查机构共审查建筑工程项目18244项、总建筑面积2861018.61万平方米，总投资2068.3亿元；市政基础设施486项，总投资135.2亿元。修改、完善了《河南省成品住宅指导意见》。立项编制住宅《建筑构造做法》，成品住宅建筑《装配式住宅整体卫浴间、厨房、钢筋混凝土楼梯》(新编)两本标准设计图集。组织编制《河南省绿色建筑方案设计、施工图设计阶段审查要点》。11月23日，住房城乡建设部公布第十四届全国优秀工程勘察设计奖获奖项目，河南省的黄河勘测设计有限公司的黄河小浪底水利枢纽设计和中铁(洛阳)隧道勘测设计院有限公司的北京地铁5号线工程项目荣获金质奖，河南省信息咨询设计研究有限公司的中国联通湖北2009年WC-DMA网工程项目荣获银质奖。12月8日，公布首批田园建筑优秀作品名单，新县周河乡西河村粮油博物馆和村民活动中心获一等优秀作品，信阳市平桥区胡店乡居家养老服务中心获二等优秀作品，信阳市平桥区五里店办事处郝堂村"岸芷轩"茶室获三等优秀作品。

【建筑工程抗震管理】 检查执行《超限高层建筑工程抗震设防审查技术要点》审查情况，完善、补充河南省超限委员会工作机制，进一步规范了超限高层建筑工程抗震设防专项审查工作。严格执行国家新颁布的《建筑抗震设计规范》和工程建设强制性标准条文，形成从勘察设计、施工、工程竣工验收的全过程管理。积极推进房屋建筑工程减震隔震技术，并对15项超限高层建筑进行了抗震专项审查。提高抗震防灾和应急处置能力，根据住房城乡建设部、省政府和省住建厅《建设系统地震应急预案》的有关要求，制订出台《省住建厅地震应急预案》

工程建设标准定额和工程造价管理

【工程建设标准工作】 确定18项标准列入全年河南省工程建设地方标准编制计划，对参与标准编写的人员，进行标准化相关知识培训，全面提高全省工程建设标准的编制水平。服务"宽带中原"战略，出台《房屋建筑宽带网络设施技术标准》地方标准，结合国家光纤到户相关规范，开展标准培训、监督检查等一系列专项工作。结合全省情况，编列光纤到户标准培训计划，组织全省18个地市，10个省直县共设21个会场进行了宣贯培训，参加人数3800多人。开展创建无障碍环境市县工作。推荐上报郑州市、荥阳市、新郑市、鲁山县4市县为河南省无障碍环境示范市县。4市、县全部通过国家验收。出台《关于进一步加强施工现场标准实施监督工作的意见》，对标准员岗位设置全面推行奠定了基础；制定发布《施工现场从业人员管理标准》，明确标准员的岗位设置要求；编写和发布《施工现场标准员工作导则》，为规范施工现场标准员的管理和使用提供了依据。至2015年底，全省取得标准员岗位培训考核合格证书共4456人，合格师资130余人。

【工程定额和造价管理】 对以往工作进行重新梳理，全力推进《河南省建设工程造价管理办法》的立法。启动并稳步推进"河南省2015新定额"编制。建立河南省建筑工程造价专家库，"河南省建筑工程造价专家库"人员达121人。建立人工动态调整机制，定期发布人工费调整计价依据。紧密结合建设市场情况，收集实例工程，开展人工单价调研测算工作，定期发布全省建设工程"人工费指导价"、"工种信息价"、"实物工程量人工成本信息价"，满足建设工程人工费计价需要。

【强化工程造价咨询企业管理】 完成2014年度全省甲级、乙级、暂定乙级307家工程造价咨询单位统计报表的审核、汇总上报。组织相关专家完成河南省工程造价咨询企业建设工程造价咨询档案立卷标准工作。完成17家甲级工程造价咨询企业资质延续和18家乙级晋升甲级工程造价咨询企业资质的初审、10家申报暂定乙级工程造价咨询企业资质和20家暂定乙级转乙级工程造价咨询企业资质的审核、25家乙级工程造价咨询企业资质延续审核。完成34家工程造价咨询企业动态考核不合格的整改。

【注册造价工程师管理】 全省共有337名造价工程师参加初始注册，注册合格320名，9月～10月对未参加初始注册的人员分两批进行了补报，补报人员171人。对全年由住房城乡建设部公告批准的造价工程师注册执业资格人员发放了《造价工程师证书》、《继续教育证书》及印章。全省应有860人需办理延续注册，已有607人初审合格，报住房城乡建设部审批。办理867人的注册变更手续，其中外省调入67人，调出119人，省内变更681人，办理基本信息变更144人，重要信息变更19人。全省共安排4782名造价师进行继续教育，并对选修课30学时成绩合格人员办理了签章手续。对行政区域内注册造价工程师的注册、执业活动实施监督管理，在仿造证书、重复注册、伪造印章共查处三项违规、违纪现象。

【加大培训力度】 组织标准定额培训，推广应用保证建设工作质量，提高广大设计、施工人员按标准执行的自觉性。8月，组织全省省辖市、省直管县，郑州航空港高性能混凝土推广应用领导小组成员、标准化管理机构人员、质量监督机构人员及商品混凝土搅拌站人员参加的高性混凝土推广应用宣贯培训。12月，举办《混凝土结构设计规范》宣贯教育培训班，全省建设工程设计甲、乙级资质企业结构负责人，施工图审查机构技术负责人，相关科研究院(所)技术负责人共276人参加培训。

【造价信息工作】 编辑、发行“河南省工程造价信息”6期，约6000多册。制定“政府提供工程造价信息服务的内容”和“材料价格信息发布清单”。修改《河南省工程造价信息管理办法》。加强运行维护“河南省工程造价信息网”工作，保证网上信息平台平稳运行。

【新型墙体材料发展情况】 全省新型墙材产量达到420亿标砖，生产比例保持在94%以上；新型墙材建筑开工面积9860万平方米，新型墙材应用比例保持在98%以上。超额完成“禁黏”和“禁实”目标任务。在计划“禁实”50个乡镇的基础上增加了58个乡镇，均顺利通过验收，超额完成216%。至2015年底，全省18个省辖市、108个县(市)级以上城市全部实现“禁黏”。《河南省发展应用新型墙体材料条例》正式出台。组织开展加气混凝土砌块的质量抽检活动，委托河南省建科院工程检测有限公司、河南建院建筑材料检测有限公司对48家企业产品进行现场抽样检测，对于产品在密度、强度、抗冻性和导热系数方面不合格的8家企业进行通报。对于施工现场拉网式检查，杜绝假冒伪劣产品流入市场。专项基金引导作用充分发挥。省住房城乡建设厅、省财政厅对“禁黏”、“禁实”项目和单位进行了基金补贴，全年共拨付780万元，对24个“禁黏”县市和108个“禁实”乡镇进行扶持。省、市先后制定《砌块墙体自保温体系技术规程》、《装配整体式混凝土结构技术规程》等一系列规范和标准。省级专项基金先后拨付830万元扶持25个装备改造项目，推进机器换人，引领行业转型升级。各地也制定了相关扶持政策，加大科研和装备改造的力度。

【建筑节能与建设科技】 新建建筑节能标准执行率保持平稳。全年新增节能建筑面积超4836万平方米，新建建筑执行节能设计标准实施率达到99.27%；累计全省城镇建成节能建筑面积3.35亿平方米。既有建筑节能改造稳步推进。全年实施既改面积511.4万平方米。累计全省“十二五”完成改造面积2175.06万平方米。开展公共建筑能效提升工作示范，省住房城乡建设厅组织申报的2015年度公共建筑节能改造项目3个，建筑面积58.47万平方米，国家将支持资金701万元。省节能减排专项资金重点支持24个公共建筑节能改造项目，支持资金1.4亿元。新增可再生能源建筑应用面积832万平方米，应用比率约为35%。累计全省可再生能源建筑应用面积1.27亿平方米，获批的国家可再生能源建筑应用示范县示范任务完成量达105%以上。全年获得绿色建筑评价标识项目45个，700多万平方米；累计120个项目，1800多万平方米获得绿色建筑评价标识。修编发布新版《河南省绿色建筑评价标准》DBJ41/T109—2015，开发《河南省绿色建筑在线评价软件》，编制《河南省绿色建筑施工图设计文件技术审查要点》，开发《河南省绿色建筑评价审查软件》。在全国率先出台《关于推进保障性住房优先发展绿色建筑的实施意见》。全年省级节能减排专项建立资金重点奖励绿色建筑运行标识项目5200多万元，绿色低碳公共机构示范建筑节能改造专项资金2665万元，既有居住建筑节能改造专项奖补资金3000万元。完成2014年度1447栋机关办公建筑和191栋大型公共建筑能耗数据上报及省级监管平台建设完善，扩大监测范围，平台系统功能优化。成立河南省建设科技与产业化发展中心，组建技术联盟2个，培育并推荐省级工程技术研发中心和企业技术中心5个；落实产业基地1个，推广重点项目70余项。获住房城乡建设部绿色创新奖5项，省科技进步奖4项。

(林涵碧　李新怀　王　放)

大事记

1月

5日　位于郑州高新区的中铁隧道集团有限公司盾构及掘进技术国家重点实验室自主研发的“盾构电液测控方法与系统集成技术研究”成果，顺利通过了由河南省科技厅组织的鉴定。以中国工程院院士顾金才为首的专家组认定，该成果达到国际领先水平。

9日　河南省召开政府和社会资本合作示范项目座谈会，会上公布了经过省财政厅评审、初步筛选出的87个政府和社会资本合作模式(PPP)备选项目，投资规模1410.73亿元，涉及轨道交通、供水、供暖、污水处理、教育、医疗等多个领域。

21日　郑州航空港实验区首个统一整体开发的大型产业综合体项目—企业总部经济园正式开工建设，该工程项目计划总投资145亿元，总建筑面积300万平方米，计划分四期开发建设。

26日　由中铁工程装备集团依托国家“863、973”计划自主研制的“直径8.03米全断面岩石隧道掘进机”在郑州下线。该设备研制成功是中国高端装备制造领域的一项重大技术进步，标志着中国岩石隧道掘进机(简称TBM)技术已跻身世界第一方阵，将大大提升中国山岭隧道施工自动化、现代化水平。

2月

3日　为加强对建设工程质量检测的管理，印发

《河南省建设工程质量检测管理办法》，《办法》共28条，自2015年2月3日起施行。

12日 副省长李亚在安阳考察城市规划展示馆时强调，要科学指导各类规划合理衔接，努力处理好继承与保护、创新与发展的关系，在保护好古都历史风貌的前提下，不断加快现代化城市建设步伐。安阳是一座积淀深厚的历史文化名城，城区既有世界文化遗产—殷墟，又有河南省最大的钢铁基地—安钢，还有国家经济技术开发区和城乡一体化经济示范区。把安阳建设成一座既有历史风貌又有文化品位的现代化都市。

26日 为进一步落实建筑施工项目经理和项目总监质量安全责任，规范注册建造师担任项目经理、注册监理工程师担任项目总监的任职行为，印发《河南省规范项目经理和项目总监任职行为的若干规定(试行)》，《规定》共19条，自2015年5月1日起施行。

3月

23日 印发《河南省住房城乡建设领域违法违规行为举报管理实施办法》，《办法》共5章26条，自2015年3月23日起施行。

4月

7日 在财政部公示的全国首批“海绵城市”建设试点城市名单中，鹤壁市榜上有名。全国共有16个城市成为首批“海绵城市”建设试点市，鹤壁是此次河南省上榜的唯一城市。

14日 由河南二建集团发起的河南省博士后研发基地在新乡市正式挂牌，标志着河南二建集团作为河南省博士后研发基地建设单位，正式启动了博士后研发基地建设工作。河南二建集团先后通过与同济大学、华北水利水电大学、广州UB咨询公司、郑州大学、北京工业大学、合肥工业大学等高校、科研机构合作，加强了科技、教育与经济发展的结合，不仅提高了科技成果的转化率，也提高了自身整体的技术创新水平。

16日 住房和城乡建设部正式公布国家智慧城市试点名单，河南省开封市、南阳市上榜。至此，河南省国家智慧城市总数达11个。智慧城市是通过综合运用现代科学技术、统筹业务应用系统，加强城市规划、建设和管理的新模式。此次全国共有97个城市(区、县、镇)入选国家智慧城市。

4月22～23日 中共中央政治局常务、国务院副总理、国务院南水北调工程建设委员会主任张高丽到河南省调研南水北调工程建设管理有关工作，在南阳主持召开南水北调建设管理工作座谈会。22日，张高丽巡视了丹江口水库，察看现场提取的水样，了解库区水环境保护情况；深入到河南淅川县陶岔村实地考察南水北调中线渠首枢纽工程，察看大坝，了解并听取通水有关情况介绍；走进九重镇桦栎扒移民新村调研和看望村民。23日，在河南南阳召开南水北调工程建设管理工作座谈会，传达学习习近平总书记和李克强总理关于南水北调建设管理的重要指示批示精神，听取南水北调工程工作情况汇报，研究部署下一阶段工作。

28日 省住房和城乡建设厅、省发改委、省国土厅、省财政厅、省地方税务局、中国人民银行郑州中心支行、中国银行业监督管理委员会河南省监管局等7部门印发《关于促进房地产市场平衡健康发展的若干意见》，经省政府同意正式对外公布，旨在支持居民自住和改善性住房需求。促进全省房地产市场平稳健康发展。

5月

19日 建业住宅集团(中国)有限公司与华谊兄弟传媒股份有限公司签约，投资100多亿元，建设建业·华谊兄弟电影文化小镇项目。该项目位于中牟县绿博组团内的郑州国际文化创意产业园，项目总体规模约2000亩。

26日 河南省住房和城乡建设厅与河南省政府重点项目建设办公室在郑州联合举办河南省建筑业骨干企业与省重大项目对接活动，为100家建筑业骨干企业和97个省重大项目搭建全方位的合作平台。从2007年起，省住房城乡建设厅每3年确定100家骨干企业进行重点扶持，这100家骨干企业产值占全省建筑业总产值一半以上。建筑业是河南省的传统优势产业，全省共有建筑施工企业1万余家，其中特级总承包企业16家，特级企业数量居全国第4位。全省建筑业产值超百亿元的企业6家，超50亿元的企业17家，超10亿元的企业101家，超亿的企业1251家。

6月

2～3日 副省长李亚到巩义市，就《关于促进房地产市场平稳健康发展的若干意见》实施情况、保障房建设、城市基础设施建设等进行深入调研。通过理顺机制，加强专职队伍建设和利用先进技术，提升城市管理水平。要进一步加快保障房建设，促进房地产市场健康发展。

5日 为推动全省建筑产业现代化稳步发展，促进建筑业转型升级，印发《关于推进建筑产业现代化的指导意见》，《意见》明确提出了总体要求、重点任务、保障措施等。

8日 河南省政府办公厅印发《贯彻落实质量发展纲要2015年行动计划实施方案》，《方案》要求，2015年全省将全面实行工程质量终身责任书面承诺制、永久性标牌制度和信息档案制度，督促建设、勘察、设计、施工、监理五方主体项目负责人落实质量终身责任制。

11日 为加快建立和完善全省建筑市场监管与诚信信息基础数据库，保证全省建筑市场监管信息系统暨一体化工作平台建设质量，印发《河南省建筑市场监管信息系统暨一体化工作平台管理办法(试行)》，《办法》共6章22条，自2015年6月11日起施行。

23日 为推动全省建设行业科技创新、技术进步，引导发展绿色建筑，经省住房建设厅建设科技进步奖专家评审委员会评审且公示无异议，"彩色沥青路面材料设计施工养护及规范成套技术研究"等83个项目授予2015年度河南省建设科技进步奖，其中一等奖36项，二等奖29项，三等奖18项。置地·天中第一城(二期)、汇豪天下二期等2个工程获绿色建筑创新奖一等奖，长垣美景天诚高尚住宅小区、建业十八城一期等2个工程获得绿色建筑创新奖二等奖。

7月

1日 《河南省房屋租赁管理办法》正式实行，《办法》将城市、镇规划区内所有房屋租赁及其相关监督管理活动列入调整范围。为加强对房屋租赁市场的管理，《办法》明确了房屋租赁登记备案制度，对房屋租赁登记备案的办理期限、应当提交的材料、记载事项、变更登记等内容进行了规定。

7日 省住房和城乡建设厅发布由河南省建筑科学研究院有限公司、河南省散装水泥办公室修订的《预拌砂浆生产与应用技术规程》DBJ41/T078-2015已通过评审，批准为河南省工程建设地方标准，自2015年10月1日起在全省施行。原《预拌砂浆生产与应用技术规程》DBJ41/T078-2007同时废止。

10日 河南省政府印发《关于加强城市建筑垃圾管理促进资源化利用的意见》，《意见》要求，到2016年，省辖市城区建筑垃圾资源化利用率达40%；到2020年，县(市、区)建成建筑垃圾资源化利用设施，建筑垃圾资源化利用率达50%以上，省辖市建筑垃圾资源化利用率达70%以上。

17日 全省提升县级城市规划建设管理水平暨促进住房建设工作现场会在驻马店市泌阳县召开。在对泌阳县城市规划建设管理和住房建设工作给予充分肯定后，副省长李亚指出，要正确认识县级城市在科学推进新型城镇化中的承载带动作用，必须下大力气把这项工作抓紧抓好。要坚持规划引领，科学制定规划，强化城市设计，为城市建设管理提供科学依据。

30日 河南省十二届人大常委会第十五次会议批准《洛阳市古树名木保护条例》，《条例》共25条，自2015年12月1日起施行。《条例》首先界定了保护范围，古树是指树龄在100年以上的树木，名木是指稀有、珍贵树木，或者具有重要历史、文化、科学研究价值和纪念意义的树木。《条例》规定，禁止砍伐或擅自移植、非法买卖古树名木，否则除没收古树名木和违法所得外，还要处每株1万元以上5万元以下的罚款，造成死亡的处6万元以上10万元以下的罚款。

8月

3日 省住房城乡建设厅、省财政厅印发《关于加快推动我省住房建设绿色发展的实施意见》，《意见》规定，自2015年起，全省政府投资新立项的保障性住房项目全面执行绿色建筑标准。

10日 在国家标准化管理委员会批准的2015年第二批国家标准制修订中，位于郑州市高新区的盾构及掘进技术国家重点实验室再次成功获批编制一项国家标准。这项获批编制的国标全称为《全断面隧道掘进机再制造》，该标准规定了全断面隧道掘进机再制造的术语和定义、一般要求、整机及主要部件要求等内容。

20日 河南省政府召开全省保障性安居工程工作电视电话会议，通报全省保障性安居工程建设进展情况，安排部署下一步工作。副省长李亚出席会议并讲话。保障性安居工程建设事关稳增长、保态势、惠民生的大局。2015年，国家下达河南省保障性安居工程新开工任务47.81万套，全省各地共落实656个项目，4807万套。

25日 河南省总工会、省住房和城乡建设厅印发《河南省建筑业组建工会和发展会员工作实施方案》，《方案》规定，各省辖市、县(市、区)住房和城乡建设主管部门、直属单位，建筑(劳务)企业、工程项目要普遍建立工会组织，全省农民工普遍加入工会组织。

9月

1日 由安阳市政府、上海浦发银行郑州分行、中建七局共同发起设立的城市运营发展基金在安阳市举行组建仪式，这是河南省第一家由政府、银行、企业三方共同参与组建的城市运营发展基金，此举为了破解当前河南省地方政府PPP项目实施中融资难问题提供了范例。

16 日　为积极适应经济新常态，更好地促进房地产业平稳健康发展。漯河市政府印发《关于积极支持住房消费促进房地产市场健康发展的通知》，对购置面积 144 平方米以下新建商品住房的消费者实施补贴政策。其中，自《通知》印发之日起至 2016 年 2 月 29 日购房者，可申请财政补贴 200 元/平方米；2016 年 3 月 1 日至 2016 年 8 月 31 日，可申请补贴 100 元/平方米。

21 日　河南省建筑职工技能竞赛在郑州举行，全省共 24 支代表队 354 名选手参赛。副省长李亚宣布决赛开幕并讲话。省住房和城乡建设厅厅长裴志扬，省总工会党组书记、常务副主席李建庄，省住房和城乡建设厅副厅长张达等出席。

25 日　为加强行政规范性文件管理，推进依法行政，预防行政争议，印发《河南省住房和城乡建设厅行政规范性文件管理办法》，《办法》共 25 条，自 2015 年 9 月 25 日起施行。

26 日　河南省第十二届人大常委会第十六次会议表决通过了《河南省发展应用新型墙体材料条例》，《条例》共 30 条，自 2016 年 1 月 1 日起施行。这对全省墙材革新工作具有里程碑的意义，开启了依法行政的新时代。

10 月

4 日　郑州未来路下穿金水路隧道(政四街—燕南路段)通车，该工程长约 764.85 米，规划红线宽 60 米，双向 6 车道。下穿隧道段规划为双孔，单向机动车道净宽 8 米，非机动车道净宽 3.5 米，隧道敞开段两侧设置有辅道。

13 日～29 日　为推进工程质量治理两年行动扎实开展，推动全省建筑工程施工现场标准化管理，抽调有关专家，组成 5 个巡查组，对全省 14 个省辖市和 10 个省直管县(市)进行了工程质量专项巡查。共抽查在建工程项目 83 个，其中商品住宅 48 项、公共建筑 16 项、保障性住房 19 项，建筑面积共计 138.26 万平方米。

29 日　为加强对装修装饰工程质量的监督管理，印发《河南省建筑装修装饰工程质量监督管理程序》，并对工程质量监督登记、制定工程质量监督计划、实施过程监督、工程竣工验收监督、工程质量监督报告等九个方面作了明确规定。

30 日　郑州新郑机场至郑州南站城际铁路全线正式开工建设，郑新机场至郑州南站城际铁路是机场与郑州南站两大枢纽之间的联络线，也是衔接郑合高铁与郑太高铁，构建中国西北至东南铁路通道的重要组成部分。该项目全线长约 11 千米，设计时速 200 千米，新建郑州南站城际车场，总投资约 46 亿元，计划 4 年建成。

31 日　郑万铁路河南段工程建设动员会在平顶山市举行，郑万铁路是中国西南地区通往中原、华北、东北地区最便捷的快速客运主通道，途经河南、湖北、重庆三省市，线路全长 818.094 千米，估计总投资 1195 亿元，这条双线电气化高速铁路设计时速 350 千米，工期 4 年。河南段自郑州东站引出，途经开封市、许昌市、平顶山市、南阳市，至豫鄂省界，全长 350.825 千米，估算总投资 440 亿元。

11 月

2 日　为加强住房公积金个人住房贷款管理，规范贷款行为，防范贷款风险，省住房城乡建设厅、省财政厅、中国人民银行郑州中心支行印发《河南省住房公积金个人住房贷款管理办法(试行)》，《办法》共 8 章 35 条，自 2015 年 11 月 2 日起执行。

11 日　信阳明港机场军民合用项目开工建设，该机场是在原有空军明港机场上进行改建扩建。明港场站位于明港镇东北 8.5 千米处，是 1958 年 11 月建成的军用机场。机场总占地面积 5263.1 亩，其中外场占地面积 4088 亩，主跑道长为 2700 米，宽 50 米。

21 日　全省推进海绵城市建设座谈会在鹤壁召开。住房和城乡建设部、河南省住房和城乡建设厅、省发改委、省水利厅和全省 18 个辖市、10 个省直管县(市)相关部门负责同志以及中国城市科学研究会、中国城市规划设计研究院、北京建筑大学等研究机构的专家出席会议。

26 日　河南省十二届人大常委会第十七次会议通过《河南省辐射污染防治条例》，《条例》共 6 章 47 条，自 2016 年 3 月 1 日起施行。

27 日　国家发改委、住房和城乡建设部等 11 部委公布了第二批国家新型城镇化综合试点地区名单，河南省的濮阳市和长垣县入选。加上第一批入选的洛阳市、禹州市、新郑市和兰考县，全省国家新型城镇化综合试点已达 6 个。

12 月

7 日　中国工程院公布了 2015 年院士增选结果，郑州大学教授王复明当选为土木、水利与建筑工程学部院士。中国工程院院士是国家设立的工程科学技术方面的最高学术称号。

18 日　根据《河南省建设科技示范工程管理办法》，经过工程实践，达到应用覆盖标准，经专家评审，通过验收。正式命名洛阳市名优雅筑二期10号楼、11号楼，洛阳市中沟村城中村改造安置小区6号楼、11号楼等4项工程为河南省建设科技示范工程。

28日　中铁工程装备集团有限公司与山东大学共建“隧道与地下空间大数据科学中心”挂牌成立。双方强强联合，充分发挥各自行业领先优势，聚焦隧道与地下工程设计、勘察、建设和运营全生命周期的大数据、信息化、智能化和智慧化研究及应用实践，重点突出“TBM安全高效掘进智能控制”、“隧道不良地质超前预报”两大优势研究方向。兼顾“隧道施工过程信息化与可视化”、“数字和智慧隧道”等方向，双方力争将中心打造成为“国内第一、国际领先”的隧道和地下工程大数据研究机构，使合作双方成为具有重要国际影响的大数据研究和应用机构。

29日　河南省住房和城乡建设厅与河南城建学院战略合作协议签订仪式在郑州举行，双方将在打造行业培训基地、城市规划、研究制订行业发展规划、组建行业政产学研联盟、建设大数据研究平台等领域开展深度合作。

（河南省住房和城乡建设厅）

湖 北 省

概况

【城乡规划编制和实施管理】　积极推动《江汉运河生态文化旅游城镇带空间规划》等区域性规划编制，启动15个市(县)城市设计试点。采取“巡查与重点督查、遥感监测与挂牌督办”相结合的方式，对8个城市的城乡规划开展了督察。推进多规合一，在21个“四化同步”试点乡镇开展了全域规划试点。推行“阳光规划”，省级城乡规划督察已覆盖市、州。

【城镇基础设施建设和管理】　湖北省完成市政基础设施建设投资1615亿元，同比增长20%。新建(改造)城市道路660千米、供水排水管网2590千米、燃气管道1498千米，新增园林绿地920公顷。成功举办第十届中国国际园博会；10个城市(县城)通过国家园林城市(县城)考核验收，居全国第一、历年最多。武汉地铁累计建成投运4条线路123千米；全省首条BRT快速公交线在宜昌建成运营；武汉、十堰获批国家海绵城市、地下综合管廊试点，湖北省是全国五个“双试点”省份之一。全省城市供水、供气普及率和污水、垃圾处理率分别达98.8%、95%和90%、96%，均高于全国平均水平；人均道路和公园绿地面积分别达到16.6平方米和11.1平方米。农村垃圾治理取得实质性进展，处理率达60%。新创建命名宜居村庄200个，涌现出钟祥明灯、红安喻畈、孝南袁湖等一批可复制的典型样板。城管体制改革进一步深化，全省市县一级全部建立城市管理机构和执法队伍；城管考评机制进一步完善，所有市州城市全部建成数字化城管系统；以建筑工地扬尘为重点的城市扬尘治理得到加强。

【保障性住房建设管理和房地产市场调控】　2015年，全省实施保障性安居工程51.22万套(户)、基本建成38.05万套、分配入住20.69万套，均超年度责任目标。其中，实施棚改44.63万户，任务量居全国第二位、为湖北省历年之最。适时出台了去库存、去行政化等措施，加大棚改及公租房货币化安置力度。全省房地产投资、销量、售价、库存等综合指标优于中部、好于全国。

【加快转型升级 建筑业实现突破性发展】　建筑业转型发展步伐加快，建成3个产业化基地，开展示范项目30多万平方米；全年新增绿色建筑1037万平方米，可再生能源建筑应用1576万平方米，新增建筑节能能力80.29万吨标准煤，均超额完成责任目标。建筑业总产值达11038.48亿元，稳居中部第一；勘察设计营业收入过千亿元，位居全国第5位、稳居中部地区首位。一批行业龙头企业已发展成特色设计、工程承包、投资运营于一体的综合运营商。形成了中建三局、武汉桥建、钢构集群、定向爆破等享誉国内外的建筑品牌。工程质量治理两年行动扎实推进，工程安全“五方主体责任”进一步落实。

【积极争取各方支持】　住房城乡建设部与省政府签署新一轮部省合作协议，召开大别山片区扶贫攻坚推进会，20余个项目得到国家大力支持；牵头组织鄂湘赣三省住建领域务实合作，在推动省际公积金互认互贷、区域规划协调、建立统一开放的建筑市场等方面迈出实质性步伐；全年争取中央补助资金 189 亿元，争取国开行、农发行授信贷款 1097 亿元，均创历史新高。

房地产业

【概况】 2015 年，湖北省房地产市场总体运行平稳。房地产开发投资实现稳步增长，全省房地产开发投资 4249.23 亿元，同比增长 6.7%，增幅比全国、中部分别高 5.7 和 2.3 个百分点，占固定资产投资的 15%。房地产地税收入 600 亿元，同比增长 8.4%，占全省地税总收入的 32.3%。商品住房销售面积明显上升，全省商品住房销售面积 5896 万平方米，同比增长 21.5%。

【分类调控指导】 督促各地认真贯彻落实国家部委出台的房地产供地、信贷、税收等“新政”和《关于促进全省房地产市场平稳健康发展的若干意见》文件精神，各地根据实际情况，按照“一市一策、一县一策”的要求，采取应对措施，支持住房合理消费，改进住房供应方式。

【房地产市场监测】 5 月，全省全面实行房地产交易信息日报制度，切实做到房地产交易数据“当日报、全覆盖、数据准”；6 月 11 日，印发《关于完善全省房地产市场监测月报制度的通知》，进一步完善房地产市场监测月报制度，将 44 个县(区)纳入房地产市场监测系统覆盖范围，使月报主体由 36 个城市扩展到全省 80 个市、县(区)，即 12 个设区市、24 个非设区市、1 个林区、39 个县城和 4 个单独统计的市辖区，实现省、市、县市场监测三级联通。9 月 22 日，会同省统计局联合下发《关于做好全省房地产市场统计工作的通知》，提高统计数据质量；建立信息共享机制，开展联合督办。

【房地产市场监管】 开展稽查执法行动，2015 年，全省共开展房地产市场专项检查 386 次；查处违法违规案件 1622 件，曝光典型案例 30 件。针对房地产市场中存在的违法违规行为，及时查处并督促整改到位。同时加强体制机制建设和创新，全省共出台或完善有关政策制度 65 项。全省新建商品房预售资金监管覆盖率为 72%。针对房地产开发企业和房地产中介机构开展全省非法集资风险专项排查活动。开展房地产业涉企收费调研和清查工作，进一步强化收费目录清单管理，避免涉企乱收费现象发生。2015 年 6 月，制定《全省房地产交易市场专项整治方案》，在全省围绕房地产市场交易秩序、交易安全、交易服务等方面群众反映的突出问题开展房地产交易市场专项整治行动，制定商品房预售资金监管制度，建立新建商品房、存量房买卖合同网上备案系统，优化房地产交易服务流程。

【房地产管理信息化建设】 截至 2015 年底，全省城镇个人住房信息系统框架已基本建成，机房及网络工程项目已进入验收阶段，“一个中心、三个平台”建设目标初步完成。2015 年共完成领导干部房产信息查核 315 批次，共 59371 人，其中查核任务 228 批，27821 人；省委组织部查核任务 87 批，31550 人。2014 年共查核 4873 人次，2015 年查核任务是 2014 年的 12 倍。

【建立健全政策法规体系】 2015 年，出台实施《湖北省国有土地上房屋征收实施办法》；积极协助省政府法制办做好《湖北省物业管理条例(草案)》立法工作，会同省人大常委会和省政府法制办赴青海等多地开展调研活动；11 月 2 日，《湖北省物业管理条例(草案)》经省政府常务会议审议通过，并于 11 月 23 日提请省人大常委会一审；《湖北省房产测绘技术规程》作为地方标准，于 6 月份正式颁布施行，并开展相关培训；组织编制《湖北省房地产市场监管文件汇编》；修订《湖北省实施〈中华人民共和国城市房地产管理法〉办法》、《湖北省城市房地产开发经营管理办法》，完善商品房交付制度。

【物业服务】 按照《关于进一步发挥住宅专项维修资金在老旧小区和电梯更新改造中支持作用的通知》要求，认真抓好贯彻落实，规范住宅专项维修资金应急使用渠道，进一步发挥住房专项维修资金的作用，提高使用效率。2015 年 7 月，按照全国老楼危楼安全排查电视电话会议精神要求，“不漏一栋、不漏一户”，在全省开展老楼危楼安全隐患大排查、大整治行动。全省共排查房屋 93223 栋，建筑面积 7092.38 万平方米，其中疑似存在安全隐患房屋 32016 栋，建筑面积 1868.8 万平方米；经鉴定确认危房房屋 16478 栋，建筑面积 642.3 万平方米。对排查出的危楼，根据轻重缓急或维修加固、停止使用、拆除重建。

【信访及投诉处理工作】 2015 年，共办理与房地产相关的各类投诉信访 137 件。其中：12319 热线电话 76 件，履职尽责整改督办 18 件，市民有约 8 件，阳光信访系统 11 件，省厅信访办访件 3 件，政风行风热线反馈卡 31 件，办结率 100%。

住房保障

【全面超额完成住房保障目标任务】 2015 年是“十二五”规划的收官之年，全省以棚户区改造为主的保障性安居工程目标任务量达历年之最，其中：新开工棚户区改造住房和保障性住房48.45万套(其中棚户区改造住房42.02万套，居全国第二)；基本建成24.5万套；分配入住16.19万套；新增租赁补贴1.45万户。截至12月底，全省总体上已超额完成年度目标任务，已开工各类棚户区改造住房和保障性住房51.22万套，基本建成38.05万套，分配入住20.69万套，发放租赁补贴1.71万户，分别占目标任务的105.71%、155.31%、127.78%、117.78%。

【大力推进棚改货币化安置】 印发《关于推进棚户区改造货币化安置的指导意见》、《关于下达棚户区改造货币化安置目标任务的通知》。截至12月底，全省棚改货币化安置14.98万套，消化库存商品住房1764万平方米，占全省商品住房库存量的25%。宜昌市、荆州市通过搭建棚改安置商品房房源"网络"和"实体"双交易平台，提供1万多套商品房房源和优惠的房价供货币化安置对象选择。

【有效推进棚改融资工作】 印发《关于加快开行棚改专项贷款使用的通知》和《关于加快实施政府购买棚改服务切实解决棚改融资需求的通知》。积极争取农发行支持涉农棚改贷款试点落户湖北，及时与农发行省分行建立厅行合作机制，印发《关于抓紧做好棚户区改造农发行贷款工作的通知》，加强政策宣传，开展农发行贷款工作培训，熟练掌握政策，加快贷款申报。2015年，分别获国开行、农发行支持棚改项目金额656亿元和314.9亿元，发放423亿元和60余亿元；积极协调省政府与农发行签订《全面支持棚户区改造战略合作框架协议》，获得农发行2015～2017年三年时间1500亿元贷款支持。

【加强制度建设与创新】 在国家选择黄石市进行共有产权住房试点的基础上，选择宜昌市、秭归县、汉川市等城市作为省内共有产权住房试行城市，通过在棚户区改造安置房中实行共有产权方式，破解"政府想改贴不起，群众盼改买不起"的难题；通过在公租房中实行共有产权住房，切实解决城镇中低收入家庭、新就业职工和进城务工人员等群体的住房困。出台农民工住房文件。为加快推进新型城镇化进程，推动农民工市民化步伐，落实省政府工作报告中提出的"将农民工纳入住房保障体系"的要求，印发《关于解决农民工住房问题的指导意见》。出台《关于运用多种方式筹集公共租赁住房的指导意见》。

【科学编制三年规划】 按照国务院和住房城乡建设部相关要求，组织各地对城中村、城市危房、140个重点镇棚户区进行调查摸底，截止2015年底，湖北省尚有待改造棚户区125万户。在此基础上，省住房城乡建设厅组织各地科学编制了棚改三年计划，全省计划2015～2017年实施棚户区改造120万套左右，这一目标写进部省合作协议。

【加强督办检查工作】 为全面掌握全省住房保障工作进展情况，省住房城乡建设厅成立5个巡查调研组于4月、7月和10月对全省住房保障工作进行巡查调研，并重点对工作迟缓、新开工项目滞后的地区进行现场督办，分析工作滞后的原因，制订解决问题的办法。积极配合国务院棚改督察组、住房和城乡建设部巡查组、财政部专员办、省政府督察室对各地是否落实中央和省委省政府关于棚户区改造决策部署执行情况进行全面督办。

公积金管理

【概况】 截止2015年底，全省累计住房公积金缴存总额达到2797.06亿元，缴存余额1546.07亿元，贷款总额1866.93亿元，贷款余额1220.36亿元，全省个贷率达到79%，比2014年底提高11个百分点，2015年全省商品住宅销售总套数50.39万套，全省公积金贷款加提取支持购房套数25.65万套，占全省总套数的50.90%。

【大力提高资金使用率】 出台《省住房城乡住房城乡建设厅关于进一步提高住房公积金资金使用率的通知》，进一步放宽提取使用条件，提高贷款额度，延长贷款年限，放宽贷款条件，简化贷款流程，减少租房提取要件，全国首创公积金用于装修、交物业费、家庭代际互助。出台《关于开展住房公积金异地贷款业务的通知》，全面放开异地贷款业务，缴存职工在缴存地或购房地公积金中心均可申请异地购房贷款，同时要求各地房管局对异地贷款开设绿色通道，为缴存职工异地购房贷款提供方便快捷的购房合同备案、异地抵押登记和相关信息查询等服务。与湖南、江西开展"中三角"三省异地互认互贷。建立个贷月报、周报、日报通报制度，住房城乡建设部、省政府、住房城乡建设厅先后多次对资金使用情况进行专项督查，并对督查情况进行全省通报。

【积极推动非公企业缴存扩面】 与省总工会合作积极推动非公企业执行《湖北省集体合同条例》，建立住房公积金制度，并采取一系列措施，扩大制度覆盖面。开展住房公积金宣传日活动，营造应缴尽缴氛围。积极与省总工会、工商、社保、质监等部门建立信息共享机制，推动非公企业扩面建制。利用银企良好的合作关系，开展联合促缴。2015年

4月，省住房城乡建设厅联合省总工会在全省开展非公企业扩面建制调研，有效促进非公企业的建制扩面，全省非公企业缴存覆盖面达到20%。

【不断提升服务质量】 创新工作方式。联合湖北电视台拍摄住房公积金微电影宣传片，制作“服务之星”电子贺年日历，加强住房公积金政策宣传。对公积金办事流程进行梳理，简化办理程序，缩短办理周期。武汉中心出台《武汉住房公积金诚信黑名单管理办法》，将违法违规办理住房公积金业务的缴存单位、合作单位和职工个人的名单在住房公积金信息管理系统中进行专门注记，并按有关规定实施住房公积金业务限制及依法惩戒。

【全面深化改革创新】 大力发展“互联网＋住房公积金”，作为综合信息服务平台建设试点省份。全省已基本形成网上营业大厅、12329服务热线、营业网点、手机APP和短信“四位一体”的服务体系。在个贷率较高的城市，为防止出现资金流动性风险，试点开展住房公积金个人住房贷款资产证券化业务。武汉中心个贷率达到105%，为缓解资金流动性趋紧，积极开展住房公积金个人住房贷款资产证券化试点，先后募集资金11.55亿元。

【切实强化监管能力】 2015年1月，湖北省将22个中心(分中心)分成6个组，采取循环互查的方式，对各中心廉政风险防控情况、加强和改进服务工作情况和年度目标任务完成情况进行全面梳理检查。4月又专门召开会议，针对检查出的问题逐一提出整改要求、落实整改责任。推进信息公开。组织全省22个中心(分中心)参加信息披露工作培训会，3月又组织设区城市中心对中心本部及所属县(市、区)办事处进行信息披露培训，积极推动信息披露工作的开展。4月底，《湖北省住房公积金2014年年度报告》及各中心、分中心年度报告及时对外公布。同时，在湖北住房公积金网站和手机APP开辟信息披露专栏。

城乡规划

【规划引领】 黄石市城市总体规划顺利通过部级联席会和专家审查会；广水市、应城市等地的城乡总体规划通过省级审查。开展全省优秀规划设计成果评选工作，并推荐获得一、二等奖的作品参加全国优秀城乡规划设计评审。逐步完善规划编制体系。十堰市、襄阳市、咸宁市、恩施市等地加大专项规划编制力度，推动构建完备的公共服务设施网络。各地在加强法定规划编制的同时，积极开展规划研究工作，继武汉完成2049远景发展战略规划后，黄石市、十堰市也开展远景发展战略研究。

【打造阳光规划　保护生态资源】 努力打造“阳光规划”，初步形成了“专家规划、群众参与、政府把关”的工作格局。十堰市、宜昌市、咸宁市等地的规划编制公开公示率均达到100%，随州市、潜江市等市州批后公开率达到100%，武汉市众规平台运用新媒体形式。加强生态资源保护，提升城乡人居环境。武汉市制定《武汉市基本生态控制线管理条例》，开展六大生态绿楔控规导则编制。宜昌市被誉为全省推进城市绿色发展的样本和典范。

【注重文化传承】 省住房城乡建设厅与省文化厅联合开展“城乡建设与文化传承战略合作”。联合省文物局积极推进各地开展历史文化名城名镇名村街区保护规划编制及上报审批工作。贯彻落实《关于坚决制止破坏性行为，加强保护性建筑保护工作的通知》。开展城市设计研究与实践。编制完成《湖北省城市设计管理暂行办法》、《湖北省城市设计技术指引》草案，并在15个试点市(县)开展城市设计试点工作。积极应用荆楚派建筑风格研究成果。恩施土家族苗族自治州、仙桃市等地在村镇建设中，积极推广应用荆楚派建筑风格开展立面整治。

【推进城乡统筹】 应城市、丹江口市、团风县等市县依法编制城乡总体规划，加大城乡总体规划在市县域城乡一体化发展中的引导作用。加强村镇规划编制。荆门市围绕“两化”和“美丽乡村”工作，紧抓省级以上重点镇和各类试点示范镇规划编制，完成官垱镇“四化同步”规划、毛李镇全域规划。京山县获批省内唯一的住房城乡建设部县域村镇体系规划试点。荆州围绕“城乡一体化”发展战略，完成荆州区美丽乡村规划和多个乡镇的镇区单元控规。强化村镇规划管理。恩施、神农架等地积极探索村镇规划管理，加大规划编制指导督办力度。恩施州11个重点乡镇全部完成全域规划编制工作，神农架林区特色城镇化研究已完成初步成果。

【城乡规划实施和监督管理】 研究制定《湖北省市(县)城乡总体规划编制规程》、《修建性详细规划编制导则》。结合地方实际，对规划管理制度进行了修订和完善。研究拟订《进一步规范建设项目行政审批完善网上规划选址工作的意见》，配合省审改办、省发改委建立完善全省投资项目网上联合审批平台，优化选址意见书审批流程、提升审批效率，全年办理完成111个省级重大项目选址意见书。提升管理效能。襄阳市、黄冈市、咸宁市、仙桃市等地先后开展了“规划一张图”信息平台搭建工作，整合各类规划成果。

【城乡规划督察】 依托城乡规划中心开展遥感监测图斑提取工作，完成8个城市的疑似图斑提取，并组织督察员先后开展两轮实地督查。襄阳市、宜昌市等多个城市已启动市州对县级的城乡规划督查筹备工作。随州市、天门市等地强化了对乡镇规划的督查监管。

城市建设

【概况】 完成市政基础设施建设投资1615亿元，新建(改造)城市道路660千米、供水排水管网2590千米、燃气管道1498千米，新增园林绿地920公顷。成功举办第十届中国国际园博会；10个城市(县城)通过了国家园林城市(县城)考核验收，居全国第一、历年最多。

【海绵城市　地下综合管廊建设双试点】 省住房城乡建设厅联合相关部门精心组织，推荐武汉市、十堰市参加全国海绵城市建设试点和地下综合管廊试点角逐，经过多轮评审和答辩，武汉市、十堰市两市分别获得全国海绵城市和地下综合管廊建设试点，湖北省成为全国获得“双试点”的5个省份之一(另4个分别为江苏、福建、湖南、贵州)。贯彻落实国务院文件精神，研究起草并报请省政府及时出台《省人民政府办公厅关于加强城市地下管线建设管理的实施意见》，积极推进全省海绵城市和地下综合管廊建设。

【城镇供水地方立法】 《湖北省城镇供水条例》经省十二届人大常委会第15次会议通过，自2015年8月1日起开始施行，成为湖北省第一部规范城镇供水的地方性法规，尤其是对二次供水等实践中非常复杂的具体问题做出原则规定。

【举办园博会　获得国际奖项】 武汉市成功举办以“生态园博，绿色生活”为主题的第十届国际园博会，将百万吨垃圾山变身美丽花园，国内外117个展园交相辉映，极大改善当地居住环境，被誉为最“亲民”园博园。在第21届联合国气候大会上，武汉凭借对垃圾填埋场生态修复后建设园博园，获得“C40城市气候领袖群第三届城市奖”，这是湖北省城市在应对气候变化领域获得的第一个国际奖项。

【重大民生工程项目建设】 武汉投入运营4条地铁线，运营里程达到123.4千米，武汉三镇之间有更高效便捷的公共交通系统；宜昌建成首条BRT系统，贯穿三大主城区，全长23.9千米，设计每天客流量超50万人次。全省城市污水处理率超过90%，生活污水处理厂处理能力达到650万立方米/日。全省天然气用气量42.5亿立方米，液化石油气用气42万吨，城市燃气普及率达到96%。

村镇建设

【村镇规划】 指导和督促各地按照《城乡规划法》以及《传统村落保护发展规划编制基本要求》做好传统村落保护发展规划编制工作，全省已列入中国传统村落名录的89个村中已有50个村完成保护规划编制。加强规划引导，在武汉市新洲区旧街大雾山村等10个村庄开展宜居村庄提升和美丽乡村建设示范，在钟祥市客店镇明灯村等10个村庄开展“荆楚派”特色民居建设示范。

【村镇建设】 举办首届乡贤论坛，以乡情乡愁为纽带凝聚一批互联网、投资人、创业者、文化传播等企业和团体关心、帮助乡村发展，为乡村建设赢取更加广泛的社会支持。激发乡村内生动力，初步研究形成“群众为本、产业为用、生态为体、文化为魂”的“四位一体”乡村建设工作思路，结合宜居村庄示范项目评价，重点宣传推介钟祥市客店镇明灯村、孝南区陡岗镇袁湖村发动群众治理环境的经验。打造一批“投入少、成效好、可复制、能持续”的实用性示范项目，激发乡村建设活力，涌现钟祥明灯、红安喻畈、孝南袁湖等典型样板。全年新建成200个宜居村庄示范项目，共完成投资19.2亿元。十堰市丹江口市龙山镇等三镇一村被列为全国第二批建设宜居小镇、宜居村庄示范。

【农村生活垃圾治理】 通过在农村生活垃圾分类、收集、处理等不同层面开展试点，初步建立农村生活垃圾收运处理的技术支撑、组织管理、资金保障三大体系，60%的农村生活垃圾得到有效治理。全省县域生活垃圾治理规划编制率达到90%，农村保洁员9.44万名，已建成乡镇垃圾中转站515座，配置密封式、压缩式、勾臂式中转车2968台，机动收集车73333台，机动三轮车、电动收集车9258台，人力车和其他车辆51628台。

【农村生活污水治理】 25座乡镇污水厂有24座具备了正常运营条件。组织编制《湖北省村镇污水处理项目建设运营管理手册》。结合全省农村实际，编印单户型、多户型的微小型人工湿地设施建设简图。指导鄂州市开展全域生活污水处理试点，梁子湖区已组建PPP合作公司，共投入约1.5亿元用于污水处理设施建设，集镇建成3个污水处理厂，村庄已建成130套微动力污水处理设施和61套无动力污水处理设施。

【农村危房改造和渔民上岸】 2015年，全省共完成农村危房改造12.4万户。截至2015年底，全省已累计完成农村危房改造 62.6 万户。全省登记在册符合安置条件的以船为家渔民共 5062 户，已累计完成渔民上岸 3405 户。

城市管理

【深化管理体制机制创新】 成立 56 个城管执法局，其中武汉市、宜昌市成立城市管理委员会，强化综合协调职能，发挥"大城管"作用，全省上下基本形成"党委政府一把手亲自抓、相关职能部门配合抓、全社会共同抓城市管理"的良好格局。积极配合"理顺城管执法体制调研组"做好城管执法体制改革工作，调研组先后 3 次到武汉市、宜昌市等地现场调研。12 月 24 日，国务院印发《关于深入推进城市执法体制改革改进城市管理工作的指导意见》。

【推动城管立法进程】 在已完成《湖北省城市综合管理条例》草案初稿的基础上，进一步吸收消化兄弟省市立法经验，特别是省内首部城市综合管理法规——《武汉市城市综合管理条例》的成功经验，不断修订完善草案。指导宜昌市、襄阳市、荆门市、咸宁市等城市开展地方城管立法试点，全省大多城市将把城管立法放在第一位。

【改革城市管理检查考评】 省住房城乡建设厅印发《2015 年全省城市管理检查考评方案》，该方案修订完善省级检查考评办法和标准。由往年的"两暗一明"调整为"四暗一明"，暗访的比重由 60%增至 70%，在群众满意度测评的基础上增加驻地人大代表和政协委员满意度测评。

【推进数字化城管建设】 全省所有市(州)城市按部颁标准建成数字城管系统，10 个城市通过省级验收，其中荆门市数字城市管理建设项目获得了 2015 年"人居环境奖单项奖"。大冶市、阳新县、武穴市、宜都市等县市率先建成数字化城管系统并投入运行，其中武穴市通过省级验收，在全省县市起到了示范引路作用。

【城市生活垃圾无害化处理】 配合省发改委为全省 21 个垃圾处理项目争取近 1.68 亿元建设资金(中央 1.6247 亿元、省 0.055 亿元)。截至 2015 年底，全省城市生活垃圾无害化处理率达到 96%(其中设市城市 96.7%、县城 93.1%)。协同省发改委编制完成《湖北省城镇生活垃圾无害化处理设施建设规划(2016—2020)》草案。研究起草《湖北省餐厨废弃物管理办法》并报省政府审批；将餐厨废弃物处置工作纳入 2015 年城市管理检查考评标准。加快推进全国餐厨废弃物资源化利用和无害化处理试点工作，武汉市、宜昌市、襄阳市等城市 4 座处理设施建成试运行。宜昌市成为全国首批生活垃圾分类试点城市；十堰市获批全国第五批餐厨废弃物资源化利用和无害化处理试点城市。

【稽查执法】 全年共受理案件 70 件，其中稽查办查办件 43 件，转办件 11 件，遥感图斑 12 件，领导批办 4 件，未发生一起因调查处理不妥而引起的纠纷事件，转办和查办件的办结回复率达到 100%。5 月 21 日，正式建立并实施城乡规划督察制度。省住房城乡建设厅先后印发《湖北省城乡规划督察工作规程》、《利用遥感监测辅助城乡规划督察工作实施细则》、《省城乡规划督察员工作补助与差旅费报销规定》等文件，研究起草《湖北省城乡规划督察员管理办法》、《湖北省城乡规划督察员考核办法》等材料，编制《湖北省城乡规划督察工作手册》。组织实施两轮城乡规划集中巡查，重点督察 8 个设区城市，通过集中巡查先后查处了 24 个重点违规图斑，共发出 8 份整改通知书，15 份督察建议书，共拆除违法建筑 28900 平方米，还原绿地 108577 平方米，对 4 名直接责任人给予了政纪党纪处分。全省 17 个市(州)已全部制定城乡规划督察实施方案；黄冈、咸宁、十堰、仙桃、神农架等 8 个市(林区)已建立了本市规划督察专家库；武汉、咸宁、鄂州、神农架等 4 个市(林区)利用遥感监测开展了规划巡查。武汉市成立国土资源和规划督察机构，开展"一证三书"、"选址意见书"、"批后管理"等专项督查。

建筑业管理

【概况】 2015 年，全省建筑业保持了稳定发展，全省完成建筑业总产值 11038.48 亿元，同比增长 9.73%，增幅高于全国 7 个百分点，建筑业增加值首次突破 2000 亿元，继续位居中部第一、全国第三。

【建筑业转型发展】 中建三局承建全国 20 个省市区第一高楼；武汉建桥军团承接国内外千余座桥梁；钢构集群不断抢占建筑市场制高点，黄冈窑炉年均完成产值占全国总量的 80%以上，大冶园林古建和石首防水在全国同行市场均占 60%以上的份额。省住房城乡建设厅遴选 179 家地方建筑企业以及总部在鄂的中央企业作为重点培育和服务对象，在市场推介、资质审批、银企合作、评先评优等方面予以重点指导和扶持。同时大力支持中铁武汉电气化局、中建三局三公司等多家企业获得境外承包经营权。积极开展大别山四县市建筑业扶贫帮扶工作。"建筑之乡"新洲有 402 家建筑企业，其中特级企业

2家，一级企业56家，为首个建筑业产值过千亿的区县。

【工程质量】 全省持续开展的工程质量治理两年行动扎实推进，按照部、省《工程质量治理两年行动方案》要求，严格落实工程建设五方主体终身责任，先后4次对全省各地开展工程质量治理两年行动工作落实情况进行督查，对218个在建项目进行了联合监督执法检查，下达停工整改通知等执法文书38份。指导并督促企业签署"法定代表人授权书"、"工程质量责任终身承诺书"，"两书"新签署率达100%；原已开工补签率96.8%；新竣工项目永久性标牌设置率100%、质量信息档案移交率90.17%。进一步建立质量责任终身信息档案，全面落实工程项目质量终身责任制。全省全年监督工程项目20000余个，面积约2.3亿平方米，监督覆盖率100%。推进工程质量标准化管理国家级试点工作，已先后在武汉市、黄石市、宜昌市、襄阳市4个试点地区和中建三局、中天六建等一批企业分步实施试点。组织开展5次省级现场观摩。共完成10项示范工程的验收，获得国家级工法18项。全年获"鲁班奖"3项、"国家优质工程奖"4项。

【市场监管】 2015年，湖北省住房城乡建设厅先后出台《湖北省建筑市场"黑名单"管理暂行办法》，颁布《关于贯彻执行住房城乡建设部〈建筑业企业资质管理规定〉和〈建筑业企业资质管理规定和资质标准实施意见〉工作意见的通知》、《关于加快推进湖北省建筑市场监管信息化建设工作的通知》和《关于实行施工许可网上办理的通知》以及《关于推动全省建筑市场统一开放的通知》，取消备案管理，建成全省建筑市场监管与诚信信息一体化平台和企业、注册人员、工程项目、诚信行为4大数据库，通过专家组的评估验收。全省各级建管部门认真组织开展清欠工作隐患排查，在抽查的项目中拖欠工程款的项目259个，拖欠农民工工资的项目196个，合计拖欠金额298935.76万元。全省共清理拖欠工程款20多亿元，解决拖欠农民工工资11亿元。

【安全生产】 先后出台《关于进一步加强建筑工程安全生产管理强化主体责任追究的通知》和《关于加强建设工程高大模板支撑系统安全管理的通知》，按照"党政同责、一岗双责、齐抓共管"的要求。继续推进建筑起重机械"一体化"管理，鼓励引导企业申报"一体化"管理企业。全年组织各地开展以排查治理安全隐患为主要内容的建筑施工安全生产大检查4次，发现隐患2万多处，下发隐患整改通知单1875份，下达停工整改决定书224份。全年组织开展安全生产专项督查5次，抽查施工企业92家、在建项目236个，下达限期整改通知书33份，执法建议书35份。省住房城乡建设厅报请省政府印发《关于加强建筑施工扬尘防治工作的意见》，房屋建筑工程裸土的固化、覆盖或绿化率达90%以上，喷淋降尘设施得到推广使用。施工扬尘专项治理取得积极成效。并按处罚上限暂扣13家省内事故企业安全生产许可证，函告5家外省事故企业注册地主管部门实施扣证处罚。对检查发现问题的19个项目予以全省通报，将涉及的14家企业及10名个人列入安全生产不良记录，并在网上公示。全年共发生安全事故19起、死亡26人，同比分别下降17.4%、13.3%，完成省政府下达的责任目标。

【产业现代化】 确定武汉市先行试点示范，宜昌市、襄阳市等有一定基础的城市开展试点工作。省住房城乡建设厅与省质监局已联合发布实施《装配整体式混凝土剪力结构技术规程》，《钢结构叠合装配式建筑技术规程》已通过技术评审。完成《湖北省人民政府关于加快推进建筑产业现代化发展的意见》代拟稿的起草工作。出台《关于加快推进建筑产业现代化发展的意见》。全省已建成产业现代化基地3个，正在筹建2个，武汉首个绿色产业园获批国家级住宅产业化基地。全省已开工试点项目30多万平方米。

【建筑产业联盟】 2015年，湖北建筑产业联盟整合资源，联盟成员单位中建三局、中铁大桥局、葛洲坝集团、中交二航局、华新水泥、铁四院、中国一冶、中国十五冶等积极参与国际重大基础设施的投资和建设，共承建参建"一带一路"建设项目44项，引领行业外向度经济持续健康发展。神州建材、卓达新材料科技集团、中交二航局、湖北弘毅建设公司、武汉建工等多家企业大力倡导绿色设计和施工，促进建筑业与建材业相融合，带动住宅产业化基地与钢结构、构配件及部品等工业化基地建设。中建三局、中交二航局、中铁大桥局等多家建设企业与武钢、华新水泥签订战略合作框架协议，省建筑业行业协会钢结构分会与武钢江北、武船重工等多家企业建立战略合作伙伴关系，已有12家企业签订了框架合作协议，计划扩展合作达万吨级规模，葛洲坝集团在联盟已形成立体合作运行网。联盟积极引导企业参与地方重点基础设施项目、新型城镇化和新农村建设，在省内投资项目52个。联盟单位带头履行社会责任，提高企业核心竞争力。中建三局、一冶、山河集团、全洲扬子江公司获得2014～2015年度"鲁班奖"。

建筑节能与科技

【建筑节能】 湖北省新建建筑节能标准执行率逐年提高，截至2015年底，全省城镇新建建筑节能标准执行率设计阶段保持100％，施工阶段由“十一五”末的96.5％上升到99.0％。2015年，新增节能建筑5418.07万平方米，形成建筑节能能力80.29万吨标准煤，是年度计划(71万吨标煤)的113.08％。截至2015年12月，累计建成低能耗居住建筑6818.03万平方米，占“十二五”新增居住建筑总量的36.73％。

【绿色建筑】 落实《湖北省人民政府办公厅关于印发湖北省绿色建筑行动实施方案的通知》精神，省住房城乡建设厅会同省发展改革委、省财政厅组织开展2015年省级绿色生态城区示范、确定省级绿色生态城区示范创建项目6个，绿色建筑集中示范创建项目11个，高星级绿色建筑示范创建项目2个。从2015年3月起，在全省县以上城区实施《湖北省绿色建筑省级认定技术条件(试行)》。2015年，全省发展绿色建筑184项、建筑面积1037.89万平方米。其中，取得星级标识61项、建筑面积456.4万平方米，省级认定123项、建筑面积581.49万平方米。

【可再生能源建筑应用】 2015年2月，印发《武汉城市圈可再生能源建筑应用发展规划(2015～2020年)》，促进武汉城市圈集中连片推广可再生能源建筑应用。2015年，全省完成可再生能源建筑应用项目938项、建筑面积1576.8万平方米，是年度计划(1443万平方米)的109.3％。

【既有建筑节能改造】 省住房城乡建设厅指导各地制定实施《既有建筑节能改造实施方案》。2015年共实施节能改造310.91万平方米。其中既有公共建筑节能改造116.87万平方米，完成年度计划(64万平方米)的182.6％，既有居住建筑节能改造194.04万平方米，完成年度计划(160万平方米)的121.3％。

【公共建筑节能监管】 湖北省住房城乡建设厅会同有关部门组织实施《湖北省国家机关办公建筑和大型公共建筑能耗监测平台建设实施方案》，截至2015年，已建成湖北省和武汉市公共建筑节能监测平台，完成186栋公共建筑能耗监测设备安装，接入省级监测平台128栋。湖北经济学院国家节约型校园建设及监管平台通过省级验收并投入运行。

【绿色建材】 大力发展高强钢筋、高性能混凝土、低辐射镀膜玻璃、断桥隔热门窗、外遮阳系统等建材和部品，武汉春笋等18家“湖北省新型墙体材料产业基地”基本建成。“十二五”期间，全省新型墙材企业数量由1464家减少到946家，年产量由237.44亿块标砖增加到280.35亿块标砖。截至2015年12月，全省新型墙材产量占比达到86.4％，新型墙材应用率达到92.7％。推动散装水泥、预拌混凝土、预拌砂浆“三位一体”发展，全省散装水泥供应量由2010年的4200万吨提高到2015年的6560万吨，水泥散装率达到55％；预拌混凝土供应量由4000万立方米提高到6100万立方米，预拌砂浆供应量由18万吨提高到104万吨。

【建设科技】 有16个项目被列入住房和城乡部科学技术计划项目，72个项目被列入省建设科技计划项目，34个项目被列入省建筑节能示范工程；受理科技成果推广项目93项，组织科技成果鉴定33项，新产品论证1项，工法关键技术评审38项。

【智慧城市建设】 2015年，省住房城乡建设厅会同省科技厅积极推进武汉市、襄阳市、宜昌市、黄冈市、咸宁市、荆州市、仙桃市、洪湖市、麻城市、老河口市以及武汉市江岸区、蔡甸区、江夏区等十市三区国家智慧城市试点创建，并参与智慧湖北建设，提高行业信息化水平。

【防灾减灾】 省住房城乡建设厅组织仙桃市完成《仙桃市中心城区抗震设防专项规划》的编制评审，督促襄阳市、黄冈市、荆门市、恩施州、随州市等加快编制城市抗震防灾专项规划；组织开展超限高层建筑工程抗震设防专项审查12项，编制完成《湖北省住房城乡建设系统地震应急预案》。省住房城乡建设厅印发《2015年全省住建系统消防工作意见》；组织开展全省施工图审查落实消防责任专项整治行动，编制实施《湖北省住建系统夏季消防检查工作方案》；参与国务院对湖北省政府年度消防考核，并接受考核组对湖北省住房城乡建设厅的现场检查。省住房城乡建设厅结合“5.12防震减灾宣传活动周”、“10.13国际减灾日活动周”。

【无障碍环境建设】 湖北省住房城乡建设厅会同省民政厅、省残联、省老龄办加强无障碍环境建设。2015年，随州市、天门市、枣阳市、枝江市等4个市县荣获“全国无障碍建设示范市县”，荆州市、荆门市、鄂州市、孝感市、咸宁市、恩施州、仙桃市、潜江市、神农架林区、京山县、公安县、云梦县、随县等13个市县被授予“全国无障碍建设示范市县”。

“十二五”期间住房城乡建设主要工作及成效

“十二五”，在湖北省委省政府的坚强领导和高度重视下，践行“三维纲要”，积极适应经济发展新常态，抢抓机遇，开拓进取，全面完成了“十二五”规划目标任务。

【保障性安居工程惠及城乡人民群众700多万人】 实施保障房和棚改建设193万户，基本建成125.6万户，完成农村危房改造56.2万户，惠及逾700万城乡人民群众。“十二五”，湖北省房地产投资、销量、售价、库存等综合指标优于中部、好于全国平均水平。累计完成开发投资1.6万亿元，年均增幅21%，占固定资产投资的15.5%；商品房销售年均增幅14%，房产地税收入占地税总收入的35%；城镇居民人均住房面积从31平方米增至37平方米，多次受到表扬。

【城镇综合承载能力显著增强】 全省城镇化率由49.47%提高到56.6%，年均提高1.5个百分点。推出了县域镇域规划编制导则、村镇风貌与民居建筑参考图集、“荆楚派”建筑风格与城市设计技术指引等一批应用研究成果。着力打造黄梅小池、钟祥柴湖、恩施龙凤等一批口子镇、特色小城镇。策划实施100个功能性、基础性重大项目；启动城市综合管廊、海绵城市建设，湖北省是全国五个“双试点”省份之一；城市供水、供气普及率和污水、垃圾处理率分别达98.8%、95%和90%、96%，均高于全国平均水平；人均道路和公园绿地面积分别比“十一五”末增加2.1平方米、1.5平方米。大力实施“美丽家园·清洁城乡”三年行动，建成宜居村庄1000个，中法生态示范城项目落户湖北武汉。

【城市管理创新为全国提供经验】 以环境治脏、广告治乱、交通治堵等为主要内容的“城管革命”掀起热潮。住房城乡建设部、中编办为筹备中央城市工作会议，曾三次到湖北专题调研，对建立大城管体制、强化地方党政领导主体责任、推行城市管理网格化数字化市场化、建立以第三方评价和群众满意度测评为主的城管考评体系等做法，给予了高度评价。

【建筑业发展跻身全国万亿产业俱乐部】 总产值由“十一五”末的4300亿跃升到1.1万亿，年均增幅20%，位次从全国第九跃居第三。以产业集聚、合作共赢为主旨的“建筑业产业联盟”的组建，获评“中国建筑业十大新闻”。16家企业晋升国家特级企业，27家企业入选湖北省百强企业，形成了武汉桥建、黄冈窑炉、大冶园林古建等湖北建筑业“十大特色专业品牌”。全省创鲁班奖21项、国家优质工程奖26项、全国工程装饰奖78项。建筑节能、绿色建筑提前一年完成“十二五”规划目标。

【城建投融资呈现多方式多元化趋势】 五年累计争取中央补助资金658亿元，是“十一五”的7.34倍；加强与金融机构战略合作，获得国开行、农发行等金融机构贷款授信2195亿元；通过资产证券化、私募债等融资方式，吸纳社会资本860亿元。五年来，累计完成市政基础设施建设投资5546亿元，是“十一五”时期的3倍。

【建设领域各项改革深入推进】 共有产权住房建设、县域农村垃圾统筹治理、省域空间规划编制等6项改革纳入全国试点，市政公用事业市场化改革取得实质性进展，行政审批“三集中”改革考评位列省直机关前茅。厅领导班子2013年、2014年被评为优秀领导班子，厅机关连续三年获评目标考核优秀单位、连续四年获评“三抓一促”优秀单位，厅政务服务大厅上年被中央文明办、住房城乡建设部授予“全国青年文明号”称号。

大事记

1月

6日 省安监局副局长杨爱东率省安委会考核组一行对省住房城乡建设厅2014年度全省建设工程安全生产责任目标完成情况进行了考核。总工程师徐武建代表厅安委会汇报了有关情况。

7日 省住房城乡建设厅召开2015年厅安委会一次会议。厅长尹维真出席会议，总工程师徐武建主持会议，厅安委会全体成员参加会议。

7日～10日 住房城乡建设部分别委托广东省、吉林省住房城乡建设厅组成2个检查组，对湖北省申报建筑业特级资质的三家企业进行实地核查。副厅长赵俊，副巡视员梁晓群参加核查。

27日 省委常委、襄阳市委书记王君正一行来省住房城乡建设厅检查指导工作，并召开座谈会。襄阳市副市长朱慧介绍了有关工作情况。厅长尹维真代表厅党组作了表态发言。襄阳市人大常委会副主任谢豪斌，厅领导苗欣、金涛、童纯跃、赵俊、李斌、毕德立参加了会议。

28日 省总工会副主席胡碧辉一行来省住房城乡建设厅检查自查自评工作。厅副巡视员曲波出席会议。

28日～30日，以住房城乡建设部稽查办副主任朱长喜为组长的检查组一行对湖北省建筑施工安全生产和工程质量治理两年行动工作进行检查。总工程师徐武建汇报有关工作情况。

29日 黄石市委书记周先旺，市委副书记、市长董为民一行来省住房城乡建设厅对接住房和城乡建设工作。厅长尹维真主持会议，副厅长苗欣、金涛、赵俊，副巡视员李斌出席会议。黄石市副市长叶战平，市政府秘书长徐继祥参加会议。

2 月

5 日　副省长曹广晶来省住房城乡建设厅调研指导工作，听取 2014 年住房城乡建设工作和 2015 年工作安排汇报。省政府副秘书长王润涛主持会议。厅长尹维真代表厅党组作了工作汇报。厅领导出席会议。

同日　省人大常委会副主任王玲率人大城环委同志来省住房城乡建设厅调研工作。厅长尹维真，副厅长苗欣、金涛，副巡视员李斌出席会议。

6 日　湖北省农村生活垃圾治理工作电视电话会议在武汉召开。省委副书记张昌尔出席会议，副省长曹广晶主持会议。厅长尹维真代表省农村生活垃圾治理工作领导小组办公室通报了情况。

同日　湖北省地下综合管廊试点城市竞争性评审会在武汉召开。省财政厅副厅长洪流，省住房城乡建设厅副厅长金涛出席评审会并讲话。

12 日　湖北省城市规划建设工作座谈会在武汉召开。副省长曹广晶出席会议并讲话。省政府副秘书长王润涛主持会议。厅长尹维真传达了全国城市规划建设工作座谈会精神和湖北省贯彻落实会议精神的初步意见。全体厅领导参加会议。

13 日　副省长曹广晶赴武汉市调研重点工程建设项目情况。省政府副秘书长王润涛，厅领导尹维真、徐武建、金涛，武汉市副市长张光清陪同考察。

28 日　省住房城乡建设厅召开全体干部职工大会，传达省直机关“抓学习、抓作风、抓党建、促改革发展”活动动员大会精神。厅长尹维真作动员讲话。纪检组长朱建卿主持会议。

3 月

10 日　武汉市召开“城管革命”走进农村工作会，副厅长赵俊应邀出席。武汉市委副书记胡曙光，市政府副市长张光清出席会议，市政府副市长刘立勇主持会议。

31 日　厅长尹维真，总工程师、省建管局局长徐武建，副巡视员李斌会见加拿大驻上海总领事馆领事兼商务专员杰森·沃什(Jason Walsh)一行。厅长尹维真对杰森·沃什一行的到来表示欢迎，希望双方在绿色建筑、节能减排、规划设计、绿色材料等方面加强交流合作。

4 月

8 日　副省长曹广晶赴武汉市调研住房公积金管理工作。省政府副秘书长王润涛，厅长尹维真，副厅长赵俊，武汉市副市长张光清陪同调研。

同日　武汉市、十堰市分别荣获全国海绵城市和地下综合管廊试点城市。湖北省成为全国 5 个既获得海绵城市建设试点又获得地下综合管廊建设试点城市的省份之一。

21 日　住房和城乡建设部法规司副司长周韬一行来省住房城乡建设厅调研住房城乡建设稽查执法工作，并召开座谈会。副厅长杨世元出席会议。省建管局副巡视员兼城市管理(稽查执法)处处长毕德立主持会议。

29 日　省住房城乡建设厅召开第十六个党风廉政建设宣传教育月活动动员会。纪检组长朱建卿代表厅党组对宣教活动作了动员部署。厅领导，厅机关全体党员干部，厅直单位主要负责人参加了动员会。

5 月

7 日　省建设住房城乡建设厅举办党风廉政建设宣教月专题辅导报告会。副厅长赵俊主持会议。报告会特邀湖北省社会主义学院副院长桂汉良教授，作了题为《讲纪律、讲规矩是全面从严治党的治本之策》的专题辅导报告。厅领导，厅机关全体党员干部，厅直单位主要负责人参加了学习。

8 日　由文化部副部长杨志今任组长的国务院消防工作考核组来省住房城乡建设厅检查建设系统消防工作。省政府副秘书长王润涛主持汇报会。总工程师徐武建汇报了湖北省住建行业消防工作情况。省公安厅副厅长郭唐寅，省文化厅副厅长李耀华，省消防总队政委张忠勇，厅领导杨世元、毕德立参加会议。

11 日　湖北省首届“荆楚记忆·美丽乡愁”大赛开始面向全国征稿。

12 日　全省地下综合管廊和海绵城市建设工作培训暨座谈会在武汉召开。副厅长金涛出席会议并讲话。

21 日　全省城乡规划督察工作会议在武汉召开。会议的主要任务是全面动员部署湖北省城乡规划督察工作，聘任首批省级城乡规划督察员并进行岗前集中培训。副省长曹广晶，省政府副秘书长王润涛，住房城乡建设部稽查办主任王早生出席会议。厅长尹维真就贯彻落实会议精神提出要求。副厅长杨世元，总规划师童纯跃出席会议。

28 日　《湖北省城镇供水条例》由省十二届人大常委会第十五次会议顺利表决通过，并于 8 月 1 日起施行。会后，省人大常委会召开新闻发布会，省人大法制委员会副主任委员栾丽娜、省人大城环委副主任委员文成国、省住房城乡建设厅副厅长金涛、省人大法规工作室副主任付正中回答了记者提问。省委书记、省人大常委会主任李鸿忠指出，会议表决通过《湖北省城镇供水条例》，为规范全省城镇供水用水、鼓励节约用水、保障供水用水安全提供了法制保障。

6 月

3 日　省直机关工委副书记于春利、宣传部张勇部长一行，对省住房保障局申报创建 2013～2014 年度省直文明单位工作进行了考评。副厅长苗欣主持会议。

5 日　全省建设系统 2015 年履职尽责督促检查动员大会在武汉召开。厅长尹维真代表厅党组作了动员讲话。副厅长杨世元宣读了《全省住建系统 2015 年履职尽责督促检查实施方案》。厅领导徐武建、苗欣、梁晓群、曲波、李斌、毕德立出席会议。

11 日～12 日　全省美丽乡村建设暨农村生活垃圾治理现场会在钟祥市召开。副厅长赵俊出席会议。

15 日　省编办(省审改办)副主任饶志国一行到省住房城乡建设厅调研推行权力清单和责任清单制度工作。副厅长金涛，厅副巡视员曲波出席会议。

17 日　住房城乡建设部紧急召开全国老楼危楼安全排查电视电话会议，针对近期发生的老旧楼房垮塌事故情况，部署在全国范围内迅速开展老楼危楼安全隐患大排查、大整治活动。部长陈政高出席会议并讲话，副部长易军、王宁出席会议。总工程师兼省建管局局长徐武建，副厅长苗欣出席省分会场会议。

18 日　省级政府部门政务服务标准化建设研究座谈会在省住房城乡建设厅召开，就拟定的《省级政务服务建设标准框架(初稿)》进行讨论。副巡视员梁晓群出席座谈会。

24 日　荷兰荷隆美集团公司部总经理弗兰克·琼克一行来省住房城乡建设厅商谈合作事宜。厅长尹维真，副巡视员李斌出席会议。

7 月

1 日　湖北省住房城乡建设厅召开“四项专项整治”和“三项治理”任务部署会。副厅长杨世元、苗欣，副巡视员曲波、李斌，省建管局副巡视员毕德立出席会议。

4 日　总工程师兼省建管局局长徐武建一行到荆州市调研督导老楼危楼排查整治及建筑施工扬尘防治工作，并召开座谈会。

7 日　召开全省老楼危楼排查整治及建筑施工扬尘防治督查工作部署会议。8 日，6 个督查组分赴各市、州、林区开展督查工作。

9 日　总工程师兼省建管局局长徐武建一行到武汉市天河机场三期扩建工程督查施工扬尘防治工作。

同日　召开“三严三实”专题教育第二次专题党课辅导报告会。总工程师兼省建管局局长徐武建作了题为《秉承绿色发展理念，助推新型城镇化建设》专题辅导。厅机关全体干部、厅直单位主要负责同志参加了学习。

17 日　召开落实党风廉政建设主体责任工作推进会。厅长尹维真出席会议并讲话。厅领导，厅机关全体党员干部、厅直单位班子成员参加了会议。

21 日　副厅长苗欣一行到武汉市调研督导老楼危楼排查整治及在建保障性住房质量安全监管工作，并召开座谈会。

24 日　湖北省人大常委会副主任王建鸣率省人大代工委、法工委专程赴黄石，对省人大代表刘瑞芳在 2015 年省人代会提出的关于城管立法的第 232 号建议进行重点督办。副厅长杨世元汇报建议的办理情况和全省城市管理、执法及立法情况。

28 日～31 日　住房城乡建设部住房公积金监管司司长张其光一行来湖北省督查住房公积金政策落实情况，并召开督查集中座谈会。厅长尹维真出席会议，副厅长赵俊陪同督查。

8 月

4 日　省人大常委会副主任王玲一行来省住房城乡建设厅，听取崇阳县白霓镇浪口、小港村庄规划编制初步成果的汇报。厅长尹维真出席会议，总规划师童纯跃主持会议。

5 日　由省政府纠风办主办、楚天都市报承办的“市民有约·厅局长热线”活动举行第四场，厅长尹维真接听读者热线，并回答网友提问。

6 日　举行政务服务大厅“全国青年文明号”揭牌仪式。厅长尹维真出席仪式并代表厅党组讲话，副巡视员李斌出席仪式，副巡视员梁晓群主持仪式。

11 日　省政协重点提案《推进建筑产业现代化建设绿色生态湖北》办理工作座谈会在武汉召开。省政协副主席田玉科出席会议，省政协教科文卫体委专职副主任王利主持会议。总工程师兼省建管局局长徐武建参加会议并汇报了有关提案的办理情况。

17 日　全省住房城乡建设工作座谈会在武汉召开。厅长尹维真出席会议并讲话。厅领导出席会议。

19 日～24 日　全省海绵城市、地下综合管廊规划建设培训班在北京举办。厅长尹维真出席结业式并讲话。省委组织部副部长李建红主持结业式。住房城乡建设部干部学院副院长张庆风、向寒松，副厅长金涛，副巡视员李斌出席结业式。

20 日　中国海员建设工会主席丁小岗一行来调研保障性安居工程建设劳动竞赛工作，并召开座谈会。巡视员杨世元陪同调研。

26 日　副省长曹广晶赴武汉市现场检查建筑施工安全，要求施工单位提高警惕，绝不能放松安全生产。省政府副秘书长王润涛主持座谈会。厅长尹维真，总工程师兼省建管局局长徐武建陪同检查。

28 日　省住房城乡建设厅总工程师兼省建管局局长徐武建主持召开安全生产工作紧急会议，传达学习马凯副总理、王勇国务委员和李鸿忠书记、王国生省长对湖北省近期安全生产事故作出的重要指示批示精神，贯彻落实许克振、曾欣副省长在全省安全生产电视电话会议讲话要求，就系统安全生产工作进行再动员、再部署。

9 月

9 日　湘鄂赣长江中游城市群住房城乡建设合作联席会议在武汉召开。副省长曹广晶，省政府副秘书长王润涛出席协议签署仪式。湖北省住房城乡建设厅厅长尹维真，江西省住房城乡建设厅厅长陈平，湖南省住房城乡建设厅厅长蒋益民分别代表三省签署《长江中游城市群住房和城乡建设合作协议》。厅领导黄祥国、苗欣、金涛、赵俊、李斌、胡贵玉出席会议。

16 日　“绿色建造·筑梦未来”——武汉绿色建筑产业园奠基仪式、中建三局国家住宅产业化基地揭牌仪式、中建科技武汉有限公司 PC 制造厂投产仪式、中建·深港新城产业化项目首吊仪式在武汉阳逻经济开发区举行。副省长曹广晶，省政府副秘书长王润涛，厅长尹维真，武汉市副市长刘立勇，中国建筑工程总公司董事长官庆、副总裁刘锦章、市场与项目管理部总经理吴爱国，中建三局董事长陈华元等出席活动。

22～25 日　住房城乡建设部稽查办综合处处长韩煜一行来湖北省专项巡查老楼危楼排查整治工作。22 日，巡查组专门听取省住房城乡建设厅及武汉市、襄阳市、宜昌市、黄冈市老楼危楼排查整治工作情况汇报。总工程师兼省建管局长徐武建参加会议。

23 日　省政府与住房城乡建设部就共同推进湖北省住房城乡规划建设重点领域体制机制创新试点工作，在武汉签署合作协议。省委书记李鸿忠、省长王国生出席签约仪式，并会见住房城乡建设部部长陈政高一行。王国生、陈政高分别代表双方在协议上签字。副省长曹广晶主持签约仪式。副省长任振鹤，省政府秘书长王祥喜参加会见和签约。

23～24 日　全省棚户区改造及政府购买棚户区改造服务培训班在武汉举办。副厅长苗欣出席开班仪式并讲话。

24 日　住房城乡建设部部长陈政高在湖北红安主持召开大别山片区区域发展与扶贫攻坚部际联系会，挨个向红安各县市负责人询问相关扶贫项目的进展情况，并现场与各部门协商。国务院扶贫办副主任欧青平，副省长任振鹤出席会议。河南省委农村工作领导小组副组长、省政府党组成员赵顷霖，安徽省政府副秘书长、扶贫办主任刘永春参加了会议。

25 日　住房城乡建设部部长陈政高、省委书记李鸿忠、省长王国生等领导及市民代表共同启动“乘上飞翔的翅膀”开幕装置，第十届中国(武汉)国际园林博览会正式开幕。副省长曹广晶主持开幕式，省委常委、武汉市委书记阮成发致欢迎辞。中国风景园林学会理事长陈晓丽，中国公园协会会长陈蓁蓁，中国工程院院士孟兆祯、程泰宁，贵州省副省长慕德贵，广东省副省长许瑞生，北京市政府党组成员夏占义，武汉市领导万勇、吴超，省政府秘书长王祥喜等出席开幕式，并与市民一同参观。

10 月

12～16 日　住房城乡建设部副部长陆克华率第四督查组一行来鄂开展棚户区改造、农村危房改造、城市基础设施建设、推进健身设施配套建设等四个专项督查。16 日，督查组召开汇报会，副省长曹广晶，省政府副秘书长王润涛出席会议。厅长尹维真汇报湖北省相关工作情况。

15 日　俄罗斯萨马拉州住建部副部长米亚济托夫率领政府与工建企业代表团一行来访问，就与湖北省在经济适用住房建设、建材生产制造等方面开展合作进行了交流座谈。总规划师童纯跃会见并出席座谈会。

18～22 日　住房城乡建设部建筑市场监管司副司长熊士泊率检查组对湖北省工程质量治理两年行动及老楼危楼排查整治工作开展监督执法检查。总工程师兼省建管局局长徐武建参加会议并表态发言。

20 日　省政府法制办在武汉洪山礼堂召开立法听证会，就《湖北省物业管理条例》(草案)听取社会各界意见和建议。省政府法制办主任张绍明、省人大常委会副秘书长滕鑫曜出席。副巡视员兼政策法规处处长胡贵玉、房地产市场监管处负责同志介绍了《湖北省物业管理条例》的立法情况。

28日　中国建筑国际集团有限公司董事局主席兼行政总裁周勇一行来对接相关住建工作。厅长尹维真，副厅长金涛，副巡视员李斌出席会议。

11月

17日　罗田县委书记汪柏坤一行来对接住房城乡建设工作。副厅长黄祥国出席会议。罗田县委副书记、县长詹红运参加会议。

19日　住房城乡建设部市场司副司长张毅一行来湖北省验收评估建筑市场监管与诚信一体化平台工作。总工程师兼省建管局局长徐武建参加会议。

20日　湖北省委宣讲团成员曹阳教授以“创新发展理念，全面建成小康社会行动纲领”为题，为省建设厅党员干部深入解读党的十八届五中全会精神。厅长尹维真出席讲座并讲话。厅领导，厅机关全体干部、厅直单位主要负责同志参加了讲座。

25日　组织召开《行政审批标准化手册》专家评估会。副厅长赵俊出席评估会。专家组认为，《行政审批标准化手册》为湖北省第一部由省直机关制定的行政审批标准化手册，全面覆盖住房城乡建设行政审批的全过程，有效地反映行政审批的运行状态和结合，一致同意通过评估验收。

30日　举行新一届行政审批社会监督员聘任仪式暨座谈会。纪检组长朱建卿出席仪式并讲话。

12月

1日　全国农发行棚改贷款工作经验交流暨公租房分配入住工作年度总结会在宜昌召开，住房城乡建设部副部长王宁，省委常委、宜昌市委书记黄楚平等出席会议并讲话。副厅长苗欣在会上作交流发言。会议期间，厅长尹维真，副厅长苗欣，副巡视员李斌陪同王宁副部长调研了宜昌市九安城、松宜煤矿工矿安置房棚改工作。

4日　省政府办公厅和省政府法制办组成检查组来检查《湖北省行政规范性文件管理办法》落实情况，并召开座谈会。副厅长黄祥国，副巡视员兼政策法规处处长胡贵玉出席座谈会。

10日　西藏山南地区住建系统专业技术人才湖北研修班开班仪式在湖北城建职院培训中心举行。副巡视员兼人事处处长曲波出席仪式并向学员介绍了湖北经济社会发展和全省住建行业情况，指出了举办本次研修班的重要意义。

11日　湖北省住房公积金资金调剂融资机制暨综合服务平台试点建设专题会议在省住房城乡建设厅召开。厅长尹维真出席会议，副厅长赵俊主持会议。

17日　省纪委法规室主任胡爱民来作学习贯彻《中国共产党廉洁自律准则》和《中国共产党纪律处分条例》的辅导报告。厅长尹维真出席辅导报告会并讲话。全厅副处级以上党员干部参加了辅导报告学习。

22日　“湖北环保世纪行”第四次记者会在湖北省人大会议中心举行。省人大常委会副主任王玲、省人大城环委主任委员杨三爽出席会议，省人大城环委副主任委员文成国主持会议。副厅长黄祥国通报湖北省建筑施工扬尘治理相关情况，并与总工程师兼省建管局局长徐武建回答了记者提问。

（湖北省住房和城乡建设厅）

湖　南　省

概况

2015年，湖南省住房和城乡建设厅围绕中心、服务大局，坚持“三严三实”，主动适应新常态、把握新常态，大力推进“稳增长、调结构、促改革、惠民生、防风险”各项工作，成绩显著。新型城镇化试点工作全面铺开，全省选定5个地级市（城市群）、15个县市（新城）、28个建制镇开展试点，稳步推进全省新型城镇化。“两房两棚”建设成绩突出，保障性住房和各类棚户区改造开工51.83万套，开工率100%，已分配入住6.06万套，超过住房城乡建设部任务30.32%，争取国家农村危房改造任务20.8万户，较上年增加8.5万户，增长69.11%，渔民上岸安居工程开工率100%，竣工率93%，入住率72.75%。全省“两供两治”设施建设规划总投资680亿元，建设改造841个项目，年内累计完成投资405亿元，建成项目145个，开工在建项目326个。建筑业、房地产业平稳发展，全省前三季度完成建筑业总产值4402.88亿元，同比增长10.7%，实现建筑业增加值1187.06亿元，同比增长9.3%（可比价），对全省 GDP 增长的贡献率为 5.8%，工程质量一次竣工验收合格率达 99.8%，199 项工程获省优质工程奖，8 项工程获鲁班奖，创历史之最；完成房地产开发投资 2650 亿元，同比减少 8%；商品房销售面积 6000 万平方米，同比增长 11%，商品住宅均价 4100 元/平方米，同比下降 2.8%。智慧城市试点示范有新进展，共获批 3 个批次 19 个智慧城市示范创建。勘察设计行业进一步转型，省外和国外市场进一步拓展，全年营业收入 350 亿元，同比增长 13.57%。住房公积金事业进一步发展，全省实缴人数达 448.24 万人，归集总额达到 2200.63 亿元，个人住房贷款总额达到 1493.43 亿元。风景名胜区管理工作进一步加强，一批行业政策完成起草和审查工作。

住房保障

【概况】 2015 年，湖南省住房和城乡建设厅以改善群众住房条件为出发点和落脚点，积极适应经济新常态，加强组织领导、要素支撑、项目监管和工作创新，大力推进保障性安居工程建设，切实发挥稳增长、惠民生的积极作用，成效明显。全省计划开工建设保障性住房和各类棚户区改造 51.83 万套，新增租赁补贴 1.73 万户，为历年建设任务之最，居全国第二位。截至 12 月底，全省保障性住房和各类棚户区改造开工 51.83 万套，开工率 100%。其中，公共租赁住房 20.08 万套，城市棚户区改造 27.77 万套，国有工矿棚户区改造 1.39 万套，国有垦区棚户区改造 2.59 万套。基本建成 45.05 万套，竣工面积 2150.82 万平方米，其中往年续建结转 16.46 万套，完成直接投资 711.78 亿元。与上年相比，目标任务增加 9.26 万套、增长 21.75%，投资增加 277.31 亿元、增长 63.83%。保障性安居工程政策响应速度、分配入住进度、融资力度等均居全国前列，作法得到住房和城乡建设部充分肯定，并多次在全国会议做经验交流，两次被国务院办公厅典型推介。11 月 18 日，省政府在岳阳召开“两房两棚、两供两治”现场会，省长杜家毫对住房保障工作给予了高度评价。

【要素支撑】 湖南省进一步强化保障性住房建设和各类棚户区改造工作的要素支撑。政策上，主动适应经济新常态，对现有住房保障政策进行系统梳理，健全政策体系，出台《湖南省人民政府关于进一步做好城镇棚户区和城乡危房改造及配套基础设施建设有关工作的实施意见》、《湖南省人民政府办公厅关于大力推进棚户区改造货币化安置工作的指导意见》、《湖南省政府购买棚改服务暂行管理办法》、《保障性安居工程配套基础设施建设 2015 年中央预算内投资管理办法》、《棚户区改造利用国家开发银行贷款资金使用管理办法》、《关于切实加强城镇保障性安居工程建设管理工作的通知》、《城镇保障性安居工程示范项目管理办法》、《关于编制城镇棚户区和城市危房改造及配套基础设施建设三年行动计划项目库的通知》、《关于运用政府和社会资本合作模式推进公共租赁住房投资建设和运用管理的通知》、《湖南省保障性安居工程财政资金绩效评价实施细则》等一系列文件，进一步规范全省保障性安居工程资金使用、项目建设和后续管理等工作。项目审核上，建立动态项目库管理制度，按照“成熟一个申报一个、批准一个实施一个”的原则，随时受理审查市州申报的保障性安居工程项目，凡批准立项的保障性安居工程项目均纳入项目库动态管理，下一年度建设计划从项目库中遴选项目。进度控制上，建立项目建设节点完成监控制度，切实加强项目进度控制，将项目开工、基础建设、主体封顶、整体竣工验收时间落实到具体年月，定期通报。安全监管上，执行项目建设质量安全管理制度，强化落实五方责任主体项目负责人质量终身责任，督促各参建单位将所有保障性安居工程项目纳入全省建筑工程项目监管信息平台。后续管理上，全面升级省市联网的住房保障信息管理系统，实现保障房申报、备案、调整、形象进度考核、分配全过程管理的数字化、精细化、智慧化，填写统一的分配入住情况信息表，对保障性安居工程已分配入住对象的信息实行动态采集、实时录入，将保障对象情况落实到住户、具体到楼栋。建设资金上，坚持多方筹集资金，有效破解融资难题。一方面积极争取中央和省级财政资金补助，另一方面积极争取国开行、农发行等政策性银行的授信额度。全年中央和省级财政部门下达补助资金共计 204.67 亿元，国开行总行核准湖南省棚户区改造 794.54 亿元预授信核准，按项目建设进度全年发放贷款 241.71 亿元。审计整改上，强调问题导向，全省各市州对 2008 年四季度以来开工、竣工、分配的保障性住房和各类棚户区改造情况开展自查自纠，积极整改，提高工作规范性，促进各项政策落实到位。根据各类检查及审计情况，省住房和城乡建设厅调整部分地区建设资金约 2 亿元，约谈 3 个市（州）政府分管负责人及住房保障部门主要负责人，确保年度工作目标圆满完成。

【项目建设】 湖南省住房和城乡建设厅强调科学制定工作思路和有效发挥巡查效应，确保项目建设健康运行。认真研读、科学判断经济发展新常态和国家政策新导向，坚持项目建设核心地位，确定“一保一调、两控两考、三规三查、四奖四罚”的工作思路，即对低收入困难群体应保尽保，科学调整保障供应结构和供应方式，建立健全住房租赁市场，激活存量住房，促进住房市场结构有序调整，对项目建设和分配入住率目标任务进行控制和考核，规范保障性安居工程质量安全、分配入住、后续管理，并加大问题查处，从计划任务、资金分配(开行额度奖励)、媒体曝光(通报表彰)、约谈问责等方面进行奖罚。建立定期和随机督查制度，每月质量安全抽查不低于当地棚改任务数的30%，每季度实现全覆盖普查，报请省政府建立由省推进保障性安居工程联席会议成员单位负责人带队的集中督查机制，加强棚改实施情况督查。采取新建项目检查和历年项目随机抽查的工作方式，每次对抽检项目的具体情况、存在问题、处理结果进行登记备案，项目巡查人员签字负责，将问题落实到项目、责任落实到人。年内，共抽取42个县市区189个项目，下发《督查整改建议书》64份。

【棚户区改造】 2015年，湖南省住房和城乡建设厅认真落实国务院和住房城乡建设部决策部署，大力推进棚户区改造。按照省委省政府的统一部署，结合全省棚户区、城市危房和城中村摸底的情况，先后编制完成《湖南省住房保障“十二五”规划》、《湖南省棚户区(危旧房)改造规划(2013～2017年)》和《湖南省城镇棚户区和配套基础设施建设三年行动计划项目库》，全省提前1年完成住房保障“十二五”规划目标。运用激励机制，提高棚改货币化安置比例。省级专项补助和基础设施配套资金对货币安置比例大的项目予以倾斜奖励。各市州积极出台鼓励政策，引导群众选择货币化安置。长沙市对选择货币补偿并在市场上回购商品房或二手住房的棚改对象每户补贴15万元。株洲市对选择货币化安置且在市场上回购商品房的棚改对象给予5万元补贴，邵阳市对选择购房安置的棚改对象，拆迁面积在90平方米以内每户补助10万元，拆迁面积超过90平方米的，超出部分按每平方米500元补贴。

新型城镇化与城乡规划

【概况】 湖南省住房和城乡建设厅紧紧围绕省委省政府住房和城乡建设工作重点，突出规划改革创新，强化规划实施管理，推进全省新型城镇化试点工作，修订《〈城乡规划法〉实施办法》，着力提升规划的科学性、严肃性和权威性。

【推进新型城镇化】 湖南省住房和城乡建设厅着力推进新型城镇化。制定新型城镇化试点工作总体实施方案。由省委办公厅、省政府办公厅印发《湖南省新型城镇化试点工作总体实施方案》，选定5个地级市(城市群)、15个县市(新城)、28个建制镇开展试点工作，明确不同层级的试点地区主要任务及优惠政策。抓好试点地区工作方案和年度重大项目清单上报工作。由省推进新型城镇化工作领导小组办公室印发《关于报送新型城镇化试点地区工作方案及2015年度重大项目清单的通知》，对各地工作方案及项目清单进行初审。针对上报方案中普遍存在的问题，下发《关于修改完善新型城镇化试点地区工作方案及2015～2016年度重大项目清单的补充通知》。12月下旬，省推进新型城镇化工作领导小组办公室组织5个检查组，赴各试点地区开展试点工作专项检查。推进“三个1亿人”城镇化工作。贯彻落实国家发改委等15部门《关于印发〈推进“三个1亿人”城镇化实施方案〉的通知》精神，由省推进新型城镇化工作领导小组办公室牵头，组织15个省直部门赴长沙市、岳阳市、衡阳市、邵阳市、常德市、湘西自治州等地，调研促进农业转移人口和其他常住人口落户城镇、城镇棚户区和城中村改造、农业转移人口就近城镇化等问题，草拟《关于贯彻落实推进“三个1亿人”城镇化的实施意见》。加强与香港开展城市规划建设经验交流。6月3日，在香港举办新市镇规划建设座谈会，7月29日，在长沙举办香港城市规划及建设经验分享研讨会，11月22日～12月2日，参加国务院港澳办在香港举办的香港城市规划和发展专题学习。

【《湖南省实施〈城乡规划法〉办法》修订出台】 湖南省住房和城乡建设厅完成《湖南省实施〈城乡规划法〉办法》(以下简称《实施办法》)修订工作。《实施办法》修订工作启动于2014年上半年，2015年12月4日湖南省第十二届人大常委会第十九次会议审查通过，将于2016年5月1日正式实施。修订工作坚持“问题导向”和“目标导向”相结合，围绕破解城乡规划管理工作中存在的突出问题，重点完善城乡规划体系、上收部分规划审批权限、强化人大常委会监督作用、加强城市地下空间开发利用、加强违法建设防控和处置、建立城乡规划督察制度及城乡规划技术审查和行政审批分离制度、赋予乡镇人民政府规划管理权限等内容，进一步提升城乡规划法制化水平，提高规划的科学性、严肃性、权威性，发挥城乡规划对城乡建设和管理的引导作用。

【历史文化资源保护】 湖南省住房和城乡建设厅在规划制定和实施管理中，切实加强历史文化资源保护。指导和配合住房城乡建设部完成永州市国家历史文化名城验收工作，会同省文物局完成益阳市省级历史文化名城审查，完成《长沙市历史文化名城保护规划》审查，以及郴州市裕后街等3条历史文化街区、双峰县荷叶镇、三塘铺镇枫树山村等6个历史文化名镇、名村保护规划审查。完成全省国家和省级历史文化名城、历史文化名镇名村、历史文化街区、历史建筑基础信息采集，联合省发改委完成全国历史文化名城名镇名村“十三五”保护利用设施建设规划项目的中央投资申报工作。

房地产业监管

【概况】 2015年，湖南省住房和城乡建设厅坚决贯彻落实中央和省委、省政府决策部署，以“稳市场、去库存、抓创新、促发展”为工作重点，强化监管、主动作为，圆满完成房地产业监管各项工作任务。全年房地产开发投资2613.7亿元，占全省固定资产投资的10.1%，总量、增速在全国排名分别为第16位、第27位，商品房销售6363万平方米，同比增长17%，总量、增速在全国排名分别为第6位、第3位，建成住宅产业化企业基地13个，年产能达到1979万平方米，累计完成住宅产业化项目近1000万平方米，共曝光604家、降级23家存在不良行为的房地产企业，全省建筑行业转型升级不断加速，行业监管不断增强。

【房地产市场监管】 湖南省住房和城乡建设厅围绕房地产“去库存”工作，陆续推出强化市场监测监管、编制住房建设规划、推进棚改货币化安置、放宽公积金提取条件等措施，房地产市场呈现企稳回升态势，但总体呈现“销售热，开发冷”局面。房地产开发投资低迷。全年完成房地产开发投资2613.7亿元，占全省固定资产投资的10.1%，同比减少9.4%，增速同比回落19.1%，总量、增速在全国排名分别为第16位、第27位，在中部地区排名分别为第4位、第6位。商品房成交持续活跃。全年完成商品房销售6363万平方米，同比增长17%，总量创历史新高，增速同比提高25.6%，总量、增速在全国排名分别为第6位、第3位，在中部地区排名分别为第2位、第1位。商品房销售额2738.9亿元，同比增长19.1%，增速同比提高28.1%。新建商品住宅同比降幅收窄。商品住宅均价3974元/平方米，同比上涨3.8%。房价居中部六省第6位，居全国第28位，仅高于内蒙古、西藏和贵州省。市场供应持续减少。房地产用地供应5591公顷，同比减少4.1%。商品房施工面积28322.1万平方米，同比增长2.1%。商品房新开工面积6394.6万平方米，同比减少20.7%，总量、增速在全国排名分别为第10位、第22位，在中部地区排名分别为第4位、第6位。房地产贷款增长较快。房地产贷款年末余额5458.6亿元，占全部贷款的比重为22.5%，同比增长27.7%，高于全部贷款增速11.2%。房地产贷款较年初新增1182.6亿元，占全省新增贷款的34.4%。房地产税收收入增速回落。全年完成房地产税收663亿元，同比增长8%，增速同比回落4.3%。房地产业税收占地方收入26.4%，占税收总收入21.9%，占地方税收收入43.4%。

【行业转型升级】 湖南省住房和城乡建设厅加速推进建筑行业转型升级。全面贯彻落实《湖南省人民政府关于推进住宅产业化的指导意见》，利用长沙市入选“国家住宅产业现代化综合试点城市”契机，聚集远大住工、三一集团等20多家住宅产业链上下游企业，成立全国最大的住宅产业化促进会(联盟)，形成独具特色的住宅产业化“联盟＋园区＋项目”全产业链“湖南模式”，全力促进住宅产业化发展。

建筑业管理

【概况】 2015年，湖南省住房和城乡建设厅以科学发展观为指导，认真贯彻落实省委省政府“四化两型”战略部署和省委经济工作会议精神，坚持“稳中求进、改革创新”，以工程质量和安全生产为核心，扎实推进安全质量标准化、监督规范化和监管信息化，强化“打非治违”和专项整治，深入开展工程质量治理两年行动，加强建筑市场和施工现场联动，健全监督保证体系，着力转方式调结构，推动企业转型升级，加快多元化发展，拓展经营领域和市场，促进建筑业持续较快发展、行业和谐稳定。年内，全省建筑企业完成总产值6630.8亿元，同比增长10.1%；在省外完成产值2213.4亿元，同比增长9.6%，建筑业增加值1877.7亿元，同比增长7.3%，占全省GDP的6.5%。全省建筑业企业共6058家，其中特级企业12家(含中建五局、水电八局、中铁城建)、一级企业404家、二级企业1097家、三级企业3089家、无等级72家、劳务企业1384家。

【质量安全监管】 湖南省建筑行业质量安全形势继续稳定好转。强化施工现场人员到位。6月，修订、出台《湖南省建设工程施工项目部和现场监理部关键岗位人员配备管理办法》，进一步规范建筑工程施工项目部、现场监理部关键岗位人员配备和管理。强化企业安全认证。全省有220家特级企业和一级企业通过省级安全认证，861家二级企业和三级企业通过市级安全认证，累计创建省级示范工程2672个、示范工地5514项(次)。推进安全质量标准化建设。一些大型建筑施工企业逐渐改变盲目扩张规模行为，企业生产经营结构得到优化，项目管控能力得到加强。12月23日，湖南省住房和城乡建设厅在长沙市举办建筑工程质量安全标准化建设现场观摩会，示范标准，交流经验。推进监督规范化。在监督环节明确执法重点，对发生安全生产事故和存在违法违规行为的企业和个人，依法给予行政处罚和不良行为记录。前三季度共抽检项目107个，发现质量安全隐患1475条、市场不规范行为370项，建议下发隐患整改通知书60份、停工通知书60份，记录52家相关责任主体及54名相关责任人不良行为。强化企业差别化管理。对发生事故的企业除按规定暂扣其安全生产许可证外，对其所承建的工程项目实施重点监督。全年暂扣施工单位安全生产许可证7家，吊销安全生产考核B证、C证12本。督促地方政府重视。省住房和城乡建设厅向长沙市、岳阳市、永州市、郴州市等市下发专函，督办并跟踪落实监管责任。7月、12月，分别向13个市州市长、分管副市长致函，提出建议。强化建筑施工安全生产许可证管理。出台《湖南省住房和城乡建设厅关于进一步加强建筑施工安全生产许可证管理工作的通知》，进一步明确招投标监管、合同备案、安全生产许可证审查及延期换证、资质换证等内容。实行社会监督制度。出台《湖南省工程建设违法违规行为社会监督管理办法》，设立厅长信箱，明确专人处理安全生产社会举报信息，年内受理举报141起，核查、处理和回复率100%。强化监管信息应用。建立建筑市场和工程质量安全监管一体化平台，采取“分片包干”措施，安排专人每月巡查全省监管信息平台的录入情况，各地定期对本地区监管信息平台录入情况进行网格化的自查、自纠。监管信息平台的基础数据库与住建部建筑市场监管与诚信信息系统中央数据库实行实时互联互通。开发建设工程质量检测监管信息系统，实现全省工程质量检测数据自动采集、实时上传和在线监控，形成对全省检测机构资质、人员、设备、检测行为和信用的统一监管。扎实开展专项整治。落实施工总承包单位对建筑起重机械的安全管理责任，加强施工现场安全员、机械员和监理人员的履职情况检查，全省在建项目正在使用的建筑起重机械设备共12314台，11894台已办理产权备案，11721台已办理使用登记，落实施工总承包单位对钢管、扣件等原材料的进场验收责任，加强施工现场材料员的履职情况检查，下发《关于开展危险性较大的分部分项工程落实施工方案专项整治行动工作方案的通知》，强化施工现场安全管理，落实企业安全生产主体责任，确保危险性较大的分部分项工程按照规定编制专项施工方案及专家论证组织施工，防范事故发生，并要求各市州加大执法监督力度，制定《关于集中开展房屋建筑和市政基础设施工程安全生产专项执法行动方案》，明确集中执法行动的范围与重点、工作步骤、工作要求，集中开展房屋建筑和市政基础设施工程安全生产专项执法行动。年内，安全生产形势平稳可控，工程质量进一步提升。全省共发生安全事故11起、死亡15人，安全生产事故和死亡人数连续3年实现“双下降”，株洲市、张家界市、湘西自治州、娄底市、郴州市、永州市6个市州零死亡事故，连续7年被省委省政府评为“安全生产先进单位”。全省共有8项工程获鲁班奖(省内工程4项，省外工程4项)，68项工程获芙蓉奖，199项工程获省优质工程奖，工程质量一次竣工验收合格率达99.8%。

【建筑工程质量两年行动】 湖南省继续实施“建筑工程质量两年行动”。全面落实五方责任主体项目负责人质量终身责任制。全省新开工项目100%及时签署授权书、承诺书，新办理竣工验收备案的工程100%设立永久性标牌，100%建立质量信用档案。全年补签授权书、委托书的工程3842项，补签数量从1月份的1414项下降到11月份的93项，补签工作逐步趋于完成。严厉打击建筑施工“三包一挂”违法行为。1～11月全省共检查在建项目19112个(次)，有违法发包行为的项目116个，有转包行为的项目34个，有违法分包行为的项目47个，有挂靠行为的项目69个，有其他违法行为的项目542个。检查建设单位14355家，检查施工企业13993家，停业整顿企业33家，限制投标资格企业34家，处罚192家，罚款共计2180.95万元。健全监理机制。指导省监理协会出台《湖南省建设监理行业自律惩戒办法》和《湖南省建设工程监理行业自律委员会工作准则》，加强监理行业自律。8月，开展在建项目现场监理部关键岗位人员持证上岗专项整治，共抽查全省1024个项目、5176人(次)备案信息，认定上报80家(次)监理企业、9名总监理工程师的严重不良行为记录。

【建筑市场管理】 湖南省进一步加强建筑市场管理。深化“打非治违”专项行动。制定建筑施工“九打九治”打非治违工作方案，要求各市州对辖区内所有在建项目、重要设备设施实行纵向到底、横向到边的网格化排查。4月中旬，省住房和城乡建设厅分管领导带领相关处室负责人和有关专家组成督导组，直插施工现场，对岳阳市“驻点督导”。10月28日～29日，再次督导岳阳市打非治违工作，将岳阳市21个项目纳入质量安全监督机构监管，其他项目全部停工。下发《湖南省住房和城乡建设厅关于开展建筑施工安全生产大检查深化“打非治违”和专项整治工作暨第三季度建筑工程质量安全督查工作的通知》，在企业开展自查自纠的基础上，全省各级住房城乡建设主管部门加强检查督导，及时督促整改施工现场隐患，并邀请新闻媒体于10月底起，对各地区进行督查，对责任不落实、隐患整改不力、安全问题突出、存在违法违规行为的反面典型予以曝光。全省共查处非法违法施工行为的项目392个，纠正违法违规建设行为的工程项目362个，实施行政处罚工程项目268个，建设领域非法违法建设行为一定程度上得到遏制。全面清理和取消市场壁垒。

城市建设管理

【概况】 2015年，湖南省城市建设管理工作紧密围绕“稳增长、调结构、惠民生、防风险”政策部署，加快“两供两治”设施建设，提升城市综合承载能力，推行污水全面收集处理并达标排放，引导、鼓励园林城市创建，落实生态文明建设，保障城市生活供给，提升城市服务水平，成效显著。

【“两供两治”设施建设】 湖南省多措并举，强力推进“两供两治”设施建设。召开专题会议部署。6月、11月，省政府分别召开城镇污水处理设施建设调度会和“两房两棚”“两供两治”现场会。3月、9月，省住房和城乡建设厅两次召开调度会，通报情况、了解问题、部署工作。强化目标考核。将“两供两治”纳入省委省政府绩效评价、重点民生实事、小康社会及湘江保护与治理等专项考核，多管齐下推进设施建设。所有县以上城镇均已完成公共供水水质提升，共新增管输天然气用户43.2万户，县以上城镇污水处理率达到92.2%、生活垃圾无害化处理率达到99.2%，均已完成重点民生实事年度考核目标。多方筹措资金。全年争取中央城市建设资金17.2亿元，是上年的2倍，通过住房城乡建设部、财政部、发改委等部门，发布项目、贴息支持、价格改革、PPP项目推介等措施，推进政府和社会资本合作。加强项目建设指导。针对县市项目规模小、难以引进社会资本的实际困难，创新思路，指导地方采取“点上打捆、面上打包”模式，推广垃圾区域统筹处理模式。全省“两供两治”累计完成投资405亿元，约占规划总投资的60%，建成项目143个，开工在建项目415个，完工和开工项目占规划项目总数的66%。

【城市建设理念转型升级】 湖南省以海绵城市、地下综合管廊和地下管线普查为突破口，以点带面，切实推动城市建设理念转型升级。争取城市建设国家试点。省住房和城乡建设会同省财政厅、水利厅积极向上衔接，指导长沙市、常德市分别获批全国地下综合管廊和海绵型城市试点，成为全国5个既获得地下综廊又获得海绵城市试点的省份之一。争取省财政安全资金，启动“湘版”试点，组建全省地下综合管廊项目库，拟定省级地下综合管廊和海绵城市试点工作方案、海绵城市建设绩效评价与考核实施细则等配套政策。启动新中国成立以来首次全省范围内地下管线普查。印发《湖南省城市地下管线普查工作实施方案》，建立省直单位联席会议制度，全面部署地下管线普查、安全隐患排查及信息系统建设工作。启动地下管线普查，标志着城市建设从“重地上、轻地下”到“先地下、后地上”的重要转折。

【城市建设管理统筹】 湖南省加强城管立法，出台环卫工人权益保障政策，编制行业专项规划，推进城市建设管理统筹。开创全国首个省级层面城管立法。进一步加快《湖南省城市综合管理条例》立法进程，赴省内外14个城市开展调研，4次召开省直部门和专家论证会，2次在全省范围内公开征求意见，5次组织集中改稿，共修改70余版次。《条例》于9月通过省政府法制办审查，11月通过省人大常委会一审，预计将于2016年出台。首次以省政府名义出台政策保障环卫工人权益。举办第二十届全省环卫工人节庆祝活动，由省政府办公厅出台《关于切实改善环卫工人工作生活条件促进环卫事业健康持续发展的意见》，对环卫工人工资水平、居住条件、劳动保障等做出相关规定。编制完成5个行业专项规划。编制完成供水、排水与污水处理、燃气、市容环卫、园林绿化5个行业“十三五”专项规划，为“十三五”期间城市建设管理打好基础。

【城市人居环境改善】 湖南省继续构建生态文明新风貌，改善城市人居环境。推进园林绿化增量提质。以创园为抓手，指导宁乡县、汝城县、平江县等近30个市县创建园林城市和开展园林城市复查，组织参与第十届中国(武汉)国际园林博览会，编制省级园林绿化植物名录，并指导督促 29 个设市城市全面建成防灾避险公园，推动绿荫行动及污水厂、供水厂园林式单位建设。采取实地抽查方式，在全省开展公园会所专项整顿，发现问题及时督促整改。年内，全省新增国家园林城市 2 个，获全国人居环境范例奖 4 个。全面启动城市黑臭水体专项整治，转发住房和城乡建设部、环保部《城市黑臭水体整治工作指南》，召开全省城市黑臭水体整治工作会，有序推进黑臭水体排查整治工作。

【"气化湖南工程"建设】 湖南省住房和城乡建设厅扎实推进"气化湖南工程"。10 月，省"气化湖南工程"指挥部调整到省住房和城乡建设厅。省住房和城乡建设厅承接工作后，先后到省交通厅、株洲市发改委、湘投控股及 2 个平台公司开展现场调研，组织召开指挥部全体成员会议及醴炎支线、长浏支线建设专题协调会，明确指挥部成员和部门分工，健全三级指挥协调机构，制定 2016 年任务计划。

勘察设计

【概况】 2015 年，湖南省勘察设计行业紧紧围绕服务新型城镇化大局，着力开展新型城镇化重点领域系列标准设计图集建设，建筑信息模型技术应用指导，勘察设计行业转型升级，施工图审查制度改革，简政放权规范权力运行，勘察设计质量与市场监管等工作。

【新型城镇化标准设计图集体系建设】 湖南省住房和城乡建设厅加快推进新型城镇化重点领域系列标准图集编制工作，充分发挥标准图集对新型城镇化建设的技术普及和专业指导作用。在广泛调研的基础上，向副省长张剑飞专题汇报标准图集编制工作，并形成《新型城镇化重点领域标准图集编制省长办公会会议纪要》，完成海绵城市、地下综合管廊、装配式住宅、城市道路、城市标识、绿色建筑 6 个领域标准设计图集的编制工作，组织编写《湖南省(2015～2017)新型城镇化重点领域标准图集编制大纲》，下发《关于开展新型城镇化标准图集体系建设工作的通知》。

【建筑信息模型技术应用指导】 湖南省住房和城乡建设厅积极开展建筑信息模型(BIM)技术应用指导工作，推动勘察设计行业结构调整和创新驱动发展。组织召开全省 BIM 技术应用工作座谈会，专题研究建筑信息模型(BIM)技术应用问题，下发《关于开展建筑信息模型应用工作的指导意见》。

【勘察设计质量与市场监管】 湖南省住房和城乡建设厅加大勘察设计违法违规行为查处和曝光力度，规范勘察设计企业的质量和市场行为。查处工程建设项目责任主体违法违规行为。全省除接受住房和城乡建设部的年度建筑工程勘察设计质量监督执法检查外，3 次开展建筑工程勘察设计质量监督执法检查，共检查 131 个项目，查处未按工程建设强制性标准进行勘察设计行为 7 起、未按工程建设强制性标准进行施工图审查行为 6 起，2 家设计单位、1 家勘察单位、2 家审查机构、5 名勘察设计人员、6 名审查人员受到行政罚款处罚(罚款金额共计 40.35 万元)，4 家设计单位、4 家审查机构受到行政警告处分。

【勘察设计行业"十三五"规划编制】 湖南省住房和城乡建设厅会同省勘察设计协会和湖南中大设计院，在广泛调研和分析的基础上完成《湖南省勘察设计行业"十三五"发展规划》编制工作，为行业未来五年发展指明方向，同时为《全省住房城乡建设事业"十三五"发展规划》编制提供重要素材。

【简政放权】 湖南省住房和城乡建设厅在勘察设计管理方面进一步简政放权，规范权力运行。取消二级注册建筑师和二级注册结构工程师执业资格认定的行政许可，交由湖南省注册建筑管理委员会和湖南省勘察设计注册工程管理委员会统一管理。支持全省省直管县体制改革，在乙级及以下建设工程勘察、设计单位资质认定、以欺骗手段取得勘察设计资质证书承揽业务的处罚等事权上，赋予试点县(市)与市州相同的经济社会管理权限。通过与市州住房城乡建设主管部门和建设单位对接，全年 50%以上省管项目顺利实现审批权下放。

建筑节能与科技及标准化

【概况】 2015 年，湖南省建筑节能与科技及标准化工作以贯彻落实《湖南省民用建筑节能条例》、《湖南省绿色建筑行动实施方案》为主线，以新建建筑节能与绿色建筑发展为重点，充分发挥建设科技对行业发展的技术支撑和创新驱动作用，完善工程建设地方标准化管理，全面完成年度各项工作。

【新建建筑节能质量提升】 湖南省进一步强化建筑节能管理，提升新建建筑节能质量。完善新建建筑节能全过程闭合式管理，把工程项目全过程执行建筑节能强制性标准作为项目审批和质量监管的重要内容。组织更高能效标准研究，探索 65%的新建建筑节能标准的适用性，并在长沙市部分地区试点，为全省推广应用做准备。加强目标责任考核，年初省住房和城乡建设厅与14个市州签订《建筑节能与绿色建筑目标管理责任书》，年中和年末对市州执行建筑节能强制性标准与绿色建筑工作情况进行专项考核。加强节能材料管理，出台《全省建设工程施工现场节能材料（产品）抽检工作方案》，发布《湖南省住房和城乡建设厅关于征集建筑节能技术、工艺、材料、设备及承担建筑节能材料抽检工作检测机构的通知》，按照《湖南省建筑节能技术、工艺、材料、设备推广应用和限制禁止使用目录管理办法》征集、发布、推广4个批次共90多项建筑节能技术、工艺、材料和设备，并征集15家检测机构承担全省建设工程施工现场节能材料的抽检工作。全年检测机构共开展抽检工作2次，检测全省133个新建民用建筑工程使用的146项节能材料（产品）。新建建筑节能强制性标准执行率进一步提升，设计阶段强制性标准执行率达到100%，施工阶段强制性标准执行率全省设区城市达到99%，县市和建制镇达到95%以上。

【可再生能源建筑应用】 湖南省扎实推进可再生能源建筑应用。全面开展可再生能源建筑应用示范市（县、镇）验收工作。全省可再生能源建筑应用示范地区规模已达7市16县1镇，示范面积2171万平方米，获批补助资金6.06亿元，已完成和已落实的示范推广任务达2058.46万平方米，占示范任务面积的94.8%。其中，已完工项目折合面积1197万平方米，完工率55.1%；已开工项目折合面积685.8万平方米，开工率31.6%。常德市、岳阳市、永州市开展农村推进太阳能光热建筑应用试点工作，利用省级建筑节能专项资金，加强配套能力建设，示范规模达到1000户。

【公共建筑能耗统计与监管体系建设】 湖南省稳步推进公共建筑能耗统计和监管体系建设。推进能耗统计、能源评价分析。全省完成建筑基本信息统计3584栋，建筑面积5321.8万平方米，完成建筑能耗信息统计3176栋，建筑面积4368.55万平方米，完成270栋省市机关办公建筑、大型公共建筑和高校建筑的能源评价分析。推进公共建筑能耗监测平台建设。按照“1+14+1框架”，开展公共建筑节能监管体系建设示范。

【智慧城市试点示范】 湖南省积极推进智慧城市试点示范工作。积极组织第三批国家智慧城市试点申报，获批的祁阳县、安仁县、湘潭经济技术开发区、沅江市、常德市（含津市、澧县、汉寿县）、宜章县签订试点协议书，确定试点重点任务和考核目标。全省共获批3个批次19个智慧城市示范创建，湖南科创信息技术股份有限公司获批专项试点。成立省智慧城市专家库，涵盖政策、项目管理、城市规划、市政公用、绿色建筑、园林、水务、信息化、投资融资等多个专业，加强技术力量支撑，各地成立以党政负责人为领导小组组长、住建部门为牵头单位的工作机构，逐步完善顶层设计，积极推进智慧城市建设。

【建设科技支撑能力提升】 2015年湖南省级建设科学技术计划项目立项422项，其中省级工程建设新技术研发及软科学研究计划项目49项，工程建设地方标准制（修）订项目13项，市政公用科技示范工程项目2项，省级工程建设工法编制项目207项，省级建筑业企业技术中心创建项目1项，省级建筑业新技术应用示范工程创建项目36项，绿色建筑创建计划项目绿色建筑86项，绿色建筑技术应用示范工程5项，绿色建筑创建计划项目绿色施工示范工程23项，发布工程建设地方标准7项，发布省级工程建设工法158项，认定省建筑业新技术应用示范工程21项，完成14家建筑业企业技术中心的定期评价，完成绿色施工验收8项。常德市、郴州市、长沙县、永兴县获评“全国创建无障碍环境示范市县”。

【工程建设标准化管理】 湖南省进一步强化工程建设标准化管理。强化标准制定。全面梳理标准体系，严格复审2013年底以前发布实施的现行工程建设地方标准，确认继续有效的标准10项，废止9项，修订或局部修订4项。在此基础上，以新型城镇化、两型社会建设为主线，构建工程建设地方标准体系，促进标准内容界定更准确、标准之间关系更协调、标准体系结构更合理。大力推进重点领域标准编制，围绕新型城镇化“绿色、低碳、集约、智能”理念，加大绿色建筑、装配式建筑等重点领域标准的编制力度，发布《湖南省绿色建筑评价标准》、《装配式斜支撑节点钢框架结构技术规程》、《混凝土装配-现浇式剪力墙结构技术规程》、《建筑施工承插型键槽式钢管支架安全技术规程》等7项工程建设地方标准。加强标准实施监管。

村镇建设

【概况】 2015年，湖南省共有1079个建制镇，903个乡，镇乡级特殊区域30个，行政村4.2万个，村庄约15万个，总人口6257.39万人，其中乡镇人口1246.15万人，县以下地区城镇化率为19.9%。村镇住宅建筑总面积约22.06亿平方米，其中乡村住宅建筑面积约19.81亿平方米。完成农村危房改造8846户、特色民居改造4007栋，规范农村建房2265户，完成800个村整村推进工作，全省获批国家级特色景观旅游名镇名村13个、国家新型城镇化试点镇4个、国家宜居小镇村庄8个和省新型城镇化试点镇28个、全省首批“十大美丽乡镇”10个。至“十二五”末，全省乡镇建成污水管网3279千米，新增污水处理能力49.2万吨/日，达到“十二五”任务的174%和200%，省级以上安排乡镇生活污水项目资金共41662万元，全省对生活污水进行处理的行政村2500多个，建有生活垃圾收集点的行政村21663个，对生活垃圾集中处理的行政村16262个，全省共建成垃圾收集中转设施7512座，拥有环卫专用车辆8162台，完成3.95万个村调查，依此编制《湖南省改善农村人居环境规划》，全省农村人居环境极大改善。

【农村危房改造】 湖南省圆满完成农村危房改造任务。国家安排湖南省农村危房改造任务20.8万户，资金16.52亿元，其中农房抗震改造2.2万户、1.66亿元。开工212437户，竣工211894户，入住164555户，入住率79.11%。完成总投资226.5亿元，其中省级配套资金6.2075亿元，较上年增长55.28%。对全省198.53万户存量危房进行调查核实，核减无效录入28.18万户，在此基础上编制《湖南省农村危房改造规划》及3年计划，制定《湖南省农村危房改造整体推进技术导引》、《湖南省2015年农村危房改造实施方案》和《湖南省农村危房改造整体推进省级示范实施方案》，在武广高铁和沪昆高铁沿线各行政村、武陵源世界自然遗产保护区、崀山世界自然遗产保护区和宁乡县夏铎铺镇、株洲县淦田镇、韶山市大坪乡范围内开展省级示范，完成农村危房改造8846户，完成特色民居改造4007栋，规范农村建房2265户，拆除“乱、倒、违”建筑1895栋，完成投资约6.2亿元，带动相关投资约25亿元，开展茶陵县、炎陵县7000户农村土坯房专项改造，并完成800个村的整村推进工作，继续实施特困农户重点帮扶政策，加大差异化补助标准，要求县级政府在补助资金上“调结构、保重点”，优先支持分散供养的五保户、贫困残疾人家庭、伤残军人家庭和计划生育特殊困难家庭，重点帮扶对象各类补助资金合计达到每户4万元，省直对口扶贫村实行危改指标单列，共56个村0.3万户。

【农村建房规范化】 湖南省进一步规范农村建房工作。年内，收集500多个农村住宅设计方案，遴选100个优秀方案编印《农村住宅设计图集》，并免费送图下乡，推广的乡村田园建筑设计获住房城乡建设部一等奖和三等奖各1个，岳阳市、郴州市全面推动农民建房规范化工作取得初步成效。

【队伍建设】 湖南省大力提升村镇建设人才队伍素质。在省城建职业技术学院的支持下，稳步推进全省乡镇规划建设管理干部和农村建筑工匠两个“三年培训行动”，乡镇规划建设管理干部已培训3100多人，其中2015年培训1800多人。此外，各地积极组织各种形式的培训。全省共培训乡镇干部3141人、农村建筑工匠17429人。

住房公积金管理

【概况】 2015年，湖南省住房公积金管理部门深入贯彻落实国家和省住房公积金管理相关决策部署，积极调整住房公积金提取、贷款政策，优化业务流程，简化办事程序，提高资金利用率，加强风险防控建设，为房地产去库存和支持住房消费做出重要贡献。全省归集住房公积金379.25亿元，同比增长13.3%，新增缴存职工42.65万人，发放个人住房贷款309.42亿元，同比增长70.1%，个贷率达78.6%，同比提高8.9个百分点，住房公积金贷款市场占有率达22.2%，提取住房公积金228.25亿元，同比增长42.2%，实现增值收益32.82亿元，同比增长46.2%。

【住房公积金使用效率提升】 湖南省住房公积金管理部门提高住房公积金使用效率，全力支持职工住房消费。制定全省提高住房公积金使用效率目标任务，将目标任务分解到各市州管理中心，并将目标任务的完成情况纳入年度考核内容。全年共发放住房公积金个人贷款309.42亿元，同比增长70.1%，个贷率达78.6%，同比提高8.9%。全省共11.2万户家庭利用公积金贷款购房，住房公积金贷款余额占全省金融机构的比例达到22.1%，邵阳市、湘西自治州、益阳市和怀化市等地占比超过40%，个别城市甚至超过60%。全省共提取公积金228.25亿元，同比增长42.2%。全省年末结余资金240.48亿元，同比减少59.51亿元。

【住房公积金监管】 湖南省住房公积金管理部门着力加强住房公积金监管机制完善，监管水平进一步提高。加强内部管理。将规范业务管理、加强资金管理作为年度考核的重要内容，并细化到业务规范执行情况、银行账户开设情况、资金调动管理等十几个具体环节。优化考核机制。建立个贷逾期率按季度考核制度，防范个贷风险。进一步完善绩效考核制度，通过调整考核指标，督促市州管理中心合理控制个贷逾期率。完善监管机制。坚持年度审计制度，督促各管理中心对审计出的问题及时整改。完善政策合规性审查制度和重大事项集体决策机制。进一步推进信息公开制度，按要求披露全省及各市州住房公积金 2014 年度报告。加强廉政风险防控建设。开展住房公积金廉政风险防控检查，对未达到标准的管理中心与项目，督促及时整改。

世界遗产与风景名胜管理

【概况】 2015 年，湖南省积极推进风景名胜管理行业管理制度建设，扎实开展执法检查，有序推进生态文明风景名胜区试点，积极做好行业对外宣传，大力开展行业课题研究，取得较好成绩。年内启动 11 个省级风景名胜区遥感监测工作，组织完成对第一批生态文明风景名胜区试点验收工作，组织 6 省中国丹霞遗产地召开中国丹霞世界自然遗产专业保护委员会第五次工作会议，配合住房和城乡建设部专家组完成沩山等 10 处国家级风景名胜区保护管理执法检查，在本轮全国 225 处国家级执法检查中优良率达 55.6%，高出全国平均水平 12.8 个百分点，并在年底召开的全国风景名胜区执法检查工作会议上作典型发言。

【执法检查】 2015 年是住房城乡建设部开展本轮国家级风景名胜区执法检查工作的收官年，湖南省积极指导沩山等 10 处国家级风景名胜区迎接保护管理执法检查，检查组对湖南省风景名胜区整体管理水平予以高度评价。启动第一批 11 个省级风景名胜区遥感监测，并对风景名胜区内发现的违法建设、资源变化情况疑似图斑进行核查。

【生态文明风景名胜区试点】 湖南省组织完成第一批生态文明风景名胜区试点的验收工作。全省第一批生态文明风景名胜区试点验收参照《湖南省生态文明风景名胜区评价指标体系(试行)》相关标准，对风景资源保护、生态环境保护、科学文化推广、和谐社会保障、规划建设管理等方面逐项验收。岳麓山、沩山、昭山、仙庾岭等 4 处风景名胜区结合自身实际，分别在建设智慧景区、生态产业引导、环境监测、低碳游览组织等方面形成各自特色，为全省风景名胜区走生态文明发展道路树立楷模。

【课题研究】 湖南省依托省内高校和科研院所，围绕制约行业发展问题，开展《风景名胜区申报创建技术资料纲要》、《风景区规划评估管理办法》、《风景区露营地设计规范》等风景名胜保护管理行业课题研究。编辑《湖南省世界遗产与风景名胜区摩崖石刻楹联诗赋精选》，深度挖掘风景名胜区文化资源，年内完成作品征集和筛选工作。

建设教育

【概况】 2015 年，湖南省建设教育工作紧紧围绕“提高住房和城乡建设系统人员队伍素质和能力”目标，以培训教育为抓手，以提高服务能力和服务水平为目标，切实做到“四个提升”，即规范行业培训工作上有提升，创新行业教育培训活动上有提升，服务企业发展上有提升，指导建设教育培训工作、引导行业协会发展上有提升。全年组织各类培训，参训人员达 2.7 万人次，组织“八大员”远程网络考试，共有 11.1721 万岗次报考，7.911 万岗次合格，实施“八大员”继续教育改革，共有 2.6563 万名“八大员”参加继续教育“网培网考”，考试合格率 97.15%，经培训考核发放起重工(系列)合格证 4.3406 万本、架子工合格证 4039 本，参加土建工程专业初级和中级考试 1.8113 万人、合格 5884 人，评审通过土建工程专业高级职称 293 人，组织“安管人员”安全生产考试 2 次，参考人员达 2.34 万人。

【“三严三实”教育】 湖南省住房和城乡建设厅切实抓好干部“三严三实”教育。认真制定切实可行的工作方案，于 5 月 18 日组织召开“三严三实”专题教育党课暨动员大会，拉开专题教育的序幕。组织厅直机关按时间节点推进 3 次专题学习研讨，参会干部逐一发言，增强效果。起草“一进二访”活动方案，按照方案，厅直机关开展扶贫问苦活动 5 次，物质资助贫困户 29 户，协助 9 户贫困户纳入社会低保救助和五保对象，新建农村保障性住房 4 套，启动 5 户危房改造。

【规范培训教育工作】 湖南省住房和城乡建设厅进一步规范培训教育工作。年初制定相关培训方案，出台《湖南省住房和城乡建设厅办公室关于印发 2015 年培训计划的通知》，对厅机关、厅直单位、厅属协会、学会的培训工作进行统一部署和安排，注重宣传贯彻依法行政、党纪条例、政策规定和开展专业知识再教育，培训学习项目共 57 个。

【规范建设领域现场专业人员职业标准考核评价】 湖南省住房和城乡建设厅进一步规范住房和城乡建设领域现场专业人员(“八大员”)职业标准考核评价。全面部署“八大员”特别是劳务员的培训考核工作，全年组织“八大员”远程网络考试 3 次，全面换发全国统一证书。全省共有 11.1721 万岗次报考，7.911 万岗次合格，合格率 67.85%。全面改革和完善“八大员”继续教育形式，率先实施“网培网考”，减少工学矛盾和企业经济负担。全省共有2.6563万名“八大员”参加继续教育培训考试，考试合格率97.15%。

【规范建筑工人职业培训考核】 湖南省住房和城乡建设厅进一步规范建筑工人职业培训考核。加强和完善建筑施工特种作业人员技能培训考核管理，督查起重工培训机构建设和培训考核工作，研究制定架子工培训基地基本标准，编写建筑架子工培训大纲、教材，并建立考核题库。全省经培训考核发放起重工(系列)合格证4.3406万本、架子工合格证4039本。根据建筑工人职业培训的要求，出台《湖南省建筑工人职业培训工作实施方案》，认定全省建筑工人培训机构127家，并在长沙市、常德市、娄底市、郴州市对培训机构的师资和考评员进行培训，共培训考评员2100人，为建筑工人职业培训打下坚实基础。

【组织施工企业安管人员安全生产考试】 湖南省住房和城乡建设厅顺利完成施工企业安管人员安全生产考试。全年组织“安管人员”安全生产考试2次，参考人员达2.34万人。全省累计组织考核建筑施工企业主要负责人(A类)、项目负责人(B类)和专职安全生产管理人员(C类)安全生产考试达14.0307万人。

【服务企业发展】 湖南省住房和城乡建设厅加强与住房城乡建设部沟通联系，第一时间掌握相关政策规定，做到工作主动、及时、有效，推荐17项课题到上级部门立项，选拔4名专家参加由江苏省住房城乡建设厅承担的全国建设行业现场专业人员考核土建施工员、安全员、市政质量员、标准员试题库建设工作，为企业升级转型发展服务，在专业技术职务资格的专业设置方面开展改革调研，争取在原有7个专业的基础上，增设市政公用工程等专业，为企业开拓外埠市场提供人才和智力支持。

党风廉政建设

【概况】 2015年，湖南省各级城乡建设部门深入学习贯彻习近平总书记重要讲话精神和十八届中央纪委五次全会及十届省纪委第七次全会精神，坚持把纪律和规矩挺在前面，积极推进“两个责任”落实，不断深化作风建设，全面推进从严治党，党风廉政建设和反腐败工作取得显著成效。

【强化责任】 湖南省住房和城乡建设厅党组强化“五责”(明责、履责、督责、考责、问责)，压紧压实党风廉政建设。召开直属机关党风廉政建设工作会议，下发《2015年湖南省住房城乡建设系统党风廉政建设和反腐败工作要点》、《湖南省住房和城乡建设厅党组2015年党风廉政建设和反腐败工作责任目标分解》、《湖南省住房和城乡厅2015年党风廉政建设和反腐败工作任务分工意见》，将党风廉政建设和反腐败工作与住房城乡建设各项业务工作同部署、同落实、同检查、同考核。制定“两个责任”实施办法和责任追究办法，明确责任边界、应承担的责任及责任追究，通过问责倒逼责任落实，采取一对一约谈方式，对机关处室和厅直单位落实党风廉政建设主体责任情况进行监督检查，坚持问题导向，及时提醒打招呼。严格考核，依据厅党风廉政建设责任制检查考核实施办法，对厅直属单位落实党风廉政建设责任制情况进行考核。

【严明党纪】 湖南省住房和城乡建设厅强化纪律教育，坚持预防在前，防微杜渐。通过中心组学习、党纪讲座、知识竞赛、观看警示片等多种形式，教育党员干部敬畏法纪、遵规守矩。严格党内政治生活，从严从实开好民主生活会和组织生活会，使红脸出汗、咬耳扯袖成为工作常态。严格执行领导干部个人有关事项报告、婚丧喜庆事宜操办、红包礼金上交廉政账户等规定，发现问题，及时整改。开展“两供两治”“两房两棚”建设任务执行情况、新型城镇化引导资金使用情况监督检查，确保政令畅通。

【作风建设】 湖南省住房和城乡建设厅机关和各直属单位认真落实中央“八项规定”和省委“九项规定”，严把“四风”。加强日常工作管理，严格落实公务用车、公务接待、公款消费等各项规定，精简和规范办会、办文及各项检查活动，紧盯年节假期，通过下发通知严明纪律、短信提醒招呼、开展明察暗访等方式，严格落实《省住房和城乡建设厅加强作风建设监督检查的实施办法》，发现典型，点名道姓，公开曝光。同时，密切联系群众，维护和保障群众利益，开展城市公园“会所歪风”、城市“空心化”专项整治，开展农村危房改造对象确定和城镇保障性住房分配中的违规行为专项整治，取得较好成效。

【预防腐败】 湖南省住房和城乡建设厅将反腐倡廉教育纳入党组中心组专题学习内容，集中学习《习近平关于党风廉政建设和反腐败斗争论述摘编》、《中国共产党廉洁自律准则》、《中国共产党纪律处分条例》等廉政书籍，组织观看《高速路上的腐败陷阱》、《人生不能重来》等警示教育片，将《关于党和国家工作人员操办婚丧喜庆事宜的暂行规定》违反党风廉政建设的典型案例通报等放上内网，组织全厅干部学习，筑牢党员干部廉洁从政思想防线。同时，严格执行领导干部任前廉政谈话，并组织新任领导干部参加廉政培训。根据预防腐败制度建设的有关要求，对规范性文件进行制度廉洁性评估。

【严格执纪】 湖南省纪委驻省住房和城乡建设厅纪检组共收到来信来访和投诉举报 20 件，严格按五类标准规范处置，及时调查核实群众反映的问题线索，利用函询、谈话等方式，对倾向性问题及时提醒教育，苗头性问题及时警示，违纪问题及时处理，做到抓早抓小、动辄则咎。全年驻厅纪检组开展约谈、诫勉谈话等 20 余次。

【规范权力运行】 湖南省住房和城乡建设厅进一步规范权力运行。针对选人用人管人、行政审批、资金分配等腐败易发领域和环节，制定《湖南省住房和城乡建设厅关于选拔任用干部事先征求纪检监察部门意见的实施办法》、《湖南省住房和城乡建设厅重大事项集体决策规定》等制度，强化执行与监督，切实把权利关进制度的笼子。

精神文明建设

【思想政治建设】 湖南省住房和城乡建设厅持续加强思想政治建设。突出学习重点，打造思想政治建设高地。以学习贯彻党的十八届四中、五中全会和习近平总书记系列重要讲话精神为重点，开设 2 期党风廉政建设专题学习研讨班，将党纪条规列为必学内容，切实筑牢干部职工思想政治防线。丰富学习形式，确保思想政治工作成效。

【机关作风建设】 湖南省住房和城乡建设厅持续改进机关作风。拓展深化党的群众路线教育实践活动成果。制定《关于深化整改落实及巩固和扩展教育实践活动成果情况的实施办法》、《湖南省住房和城乡建设厅 2014 年度领导班子民主生活会整改方案》，做好厅直机关县以上党员领导干部民主生活会的组织协调工作，完成“会所歪风”等 3 个方面问题上下联动整治方案的制定实施。认真开展“三严三实”专题教育。组织厅直机关党组织书记讲“三严三实”专题党课，做好“严以修身”等 3 个专题的学习教育活动，深入开展“一进二访”专题活动，切实落实精准扶贫要求。大力推进反腐倡廉工作。将党风廉政建设纳入党组中心组学习，强化厅直机关各级党组织履行党风廉政建设主体责任，将廉政党课列为党组织书记讲党课的重要内容，在全国青年文明号、省级文明窗口等的推荐申报过程中，重视行业系统各级纪检监察部门的参与，强化对党风廉政建设情况的考察，严格执行“一票否决”制度。

信息化建设

【概况】 2015 年，湖南省住房和城乡建设厅信息化建设坚持以“服务机关、服务行业、服务群众”为宗旨，力抓全省城镇个人住房信息系统建设和一体化信息平台建设，稳步推进政务公开和政务服务，促进电子政务建设迈向新台阶，取得新成效。

【一体化信息平台建设】 湖南省住房和城乡建设厅着力推进一体化信息平台建设，破除住房和城乡建设行业信息化数据孤岛，实现行业资源整合、共享交换和协同办公，进一步提升政务服务能力。明确一体化平台统一建设、使用管理相分离、新旧系统分类整合逐步推进的工作思路。厅信息中心组织技术人员深入各处室和协会，认真开展摸底调查工作，又赴浙江省、广东省住建厅信息中心考察学习，在此基础上，拟定系统分三期建设，年内开展顶层设计方案编制。10 月，顶层设计方案编制通过专家评审。

【政务信息公开】 湖南省住房和城乡建设厅信息中心稳步推进网站政府信息公开和电子政务服务工作。认真贯彻落实政务公开制度，全面公布政府信息公开指南，及时更新政府信息公开目录和年报。开辟“湖南住建”政务微信公众号，在每个工作日推送最新领导动态，以及行业热点、重点、亮点，关注人数和阅读量稳步上升。印发《湖南省住房和城乡建设网管理办法》，建立信息联络员制度、政务公开目录制度、栏目分工负责制度、信息审核发布制度、信息更新监测通报制度，将厅网站各栏目的内容保障责任明确到处室和单位，确保信息公开及时、准确。

【电子政务服务】 湖南省住房和城乡建设厅行政审批事项全部进入《湖南省网上政务服务和电子监察系统》进行申报办理，系统对审批全过程进行电子监察。5 月上旬，省住房和城乡建设厅印发《关于正式启用网上政务服务和电子监察系统的通知》，从 5 月 21 日起 17 项行政审批事项全部实行网上办理，从 10 月起所有行政审批和服务事项全部实行网上办理。截至 12 月 17 日，累计受理行政审批事项 6.4709 万件，服务事项 14619 件，办结率达 98%。

（湖南省住房和城乡建设厅）

广 东 省

概况

2015年，广东省住房城乡建设系统适应经济发展新常态，推进新型城镇化建设，创建国家城乡规划建设体制改革试点省，建设低碳生态城市建设示范省，探索“广东绿色建设”模式，完善住房保障制度体系，加快建筑产业现代化，强化建设执法监察工作，探索城市管理和综合执法体制。

【统筹推进广东特色新型城镇化战略】 印发《中共广东省委 广东省人民政府关于促进新型城镇化发展的意见》。广东省住房城乡建设厅创新编制《广东省新型城镇化规划(2014-2020年)》、《珠江三角洲全域空间规划(2014-2020年)》，科学谋划新型城镇化和区域空间战略、政策路径、具体行动和重大项目。根据《广东省新型城镇化“2511”试点方案》，选择2个地级市、5个县(县级市、区)、10个建制镇作为新型城镇化综合试点，10类项目作为新型城镇化专项试点。基本形成珠三角地区率先发展、粤东和粤西地区稳步发展、粤北地区加快发展的区域城镇化格局。截至2015年末，全省常住人口城镇化率约68.7%，居全国前列，户籍人口城镇化率约46%，比“十一五”期末分别提高2.4和3.2个百分点。珠三角地区城镇化率超过84%，进入城镇化发展的成熟阶段。

【部省合作共同推进城乡规划建设体制改革】 2015年4月8日，住房和城乡建设部部长陈政高和广东省人民政府省长朱小丹在广州共同签署《住房和城乡建设部 广东省人民政府共同推进城乡规划建设体制改革试点省建设合作协议》，明确双方联合向国务院申报将广东省作为国家城乡规划建设体制改革试点省的合作目标，以及城乡规划、新型城镇化规划建设、绿色建设体系、住房制度、现代建造、行政管理等六大方面的改革内容，广东省成为国内首个通过部省合作方式推进城乡规划建设体制改革开展的省份。8月31日，住房和城乡建设部、广东省人民政府正式成立部省共同推进城乡规划建设体制改革试点省建设领导小组，在广州召开领导小组第一次会议。会议审议通过领导小组工作制度，明确领导小组及办公室、省直有关单位的工作职责和会议制度。广东省住房和城乡建设厅按照实现“一年见效，两年见好，三年见势”的总体目标，梳理出2015～2017年完成的改革成果，确定各项改革措施的时间节点，共包括91项工作任务，按照“全面启动、整体推进、重点突破”的原则，分3年完成。2015年完成条件较成熟的改革任务25项，并有51项任务取得阶段性成果。

【宜居城乡创建工作】 2015年，广东省深入开展宜居城乡创建活动，为新型城镇化发展提供高品质的空间支持，全年共创建512个宜居社区，14个宜居范例，40个宜居示范城镇、186个宜居示范村庄；珠海市横琴新区综合管廊建设项目、珠海市香洲区社区体育公园规划建设项目获2015年“中国人居环境范例奖”；珠海被评为国家园林城市。全省共建成城镇污水处理设施451座，日处理能力2284万吨；建成启用生活垃圾无害化处理场(厂)111座，无害化处理量8.17万吨/日；城镇生活垃圾无害化处理率91.2%，已基本建成或运营63个“一县一场(垃圾处理场)”，1049个乡镇全部建成“一镇一站”，约14万自然村已全部建成“一村一点”。2015年，全省农村危房改造已开工14.404万户，开工率为112.36%；已竣工13.1591万户，竣工率为102.65%。在全国率先部署开展地下管线综合管廊规划建设，全省已建地下综合管廊项目8个，总长度约88千米，在建项目11个，里程合计约45千米。

【住房保障和房地产市场调控】 2015年，广东省超额完成棚户区改造任务，全省新开工保障性住房65861套，棚户区改造87865套，基本建成保障性住房119137套，分别占年度任务的114.1%、104.7%、110%，完成投资287.6亿元。按照分类调控、因地制宜、因城施策的方针开展房地产市场调控，促进房地产市场平稳健康发展。2015年全省房地产和建筑业开发投资快速增长，位居全国第二，商品房销售面积、销售额位居全国第一，相关税收占省财政收入约30%。2015年底，全省城镇住房自有率79%，居民家庭人均住房面积超过31平方米。

【城乡规划督察和遥感督察】 省城乡规划督察

员全年共列席规划委员会和其他规划重要会议共 475 次，制止和纠正 39 起违法违规行为苗头，配合广东省住房和城乡建设厅查处一大批重大违反规划建设案件，直接作出行政罚款 3889 万元，拆除违法建筑面积 7.71 万平方米，14 人受到行政处分。省住房城乡建设厅组织督察员开展规划委员会规范运行、《城乡规划违法违纪行为处分办法》贯彻落实情况、历史建筑保护、建设工程规划批后监管、建设工程规划许可审批管理情况、年度规划督察评估等 6 个专项督察，全面、及时掌握各地规划管理工作的实际情况。省住房城乡建设厅建成省规划建设遥感监测执法系统，初步建立“天上看、地上查、网上管”的规划建设执法立体网络，实现利用遥感监测技术对全省规划实施情况的动态监测，提高规划督察的效率和质量。首次完成对省政府审批城市总规的 11 个城市中心城区、集中建成片区及撤县设区等地区(共 6125.04 平方千米)2014 年遥感监测比对和图斑提取工作，共提取确定疑似违法图斑 28628 个，经各地核查和省住房城乡建设厅审核认定，确定违法图斑 11481 个。(周娟)

政策规章

【《广东省城乡生活垃圾处理条例》颁布】 2015 年 9 月 25 日，《广东省城乡生活垃圾处理条例》经广东省第十二届人民代表大会常务委员会第二十次会议通过，自 2016 年 1 月 1 日起施行，是国内第一部针对垃圾分类，并将农村垃圾管理纳入其中的省级地方性法规。条例主要规范广东省城乡生活垃圾的分类、投放、清扫、收集、运输、处置等活动，从源头上减少垃圾终端处理量，加强生活垃圾处理设施的建设和资金的保障，提高生活垃圾无害化处理水平。

【行政处罚自由裁量权基准(工程建筑与建筑业类)及适用规则出台】 2015 年 1 月 7 日，广东省住房和城乡建设厅印发《广东省住房和城乡建设系统行政处罚自由裁量权基准(工程建设与建筑业类)》和《广东省住房和城乡建设系统行政处罚自由裁量权基准适用规则(工程建设与建筑业类)》，自 2015 年 7 月 1 日起施行。基准涉及广东省住房城乡建设系统的 40 部工程建设与建筑业类有行政处罚自由裁量权的法规、规章，共 383 个条款。

【住宅工程质量分户验收管理办法实施】 2015 年 1 月 22 日，《广东省住房和城乡建设厅关于住宅工程质量分户验收的管理办法》印发，自 2015 年 2 月 1 日起施行。办法对分户验收的制度、责任主体、内容、条件、程序、监督管理、违规处罚作出规定，通过在广东省全面实行住宅工程分户验收制度，规范住宅工程质量分户验收行为强化住宅工程参建各方质量意识，提高全省住宅工程质量水平。

【招标投标全过程信息公开管理规定发布】 2015 年 4 月 2 日，广东省住房和城乡建设厅印发《广东省房屋建筑和市政基础设施工程建设项目招标投标全过程信息公开管理规定(试行)》，自 2015 年 5 月 1 日起施行。规定通过加强对招标文件、投标文件、评标过程、评标结果和中标结果等信息公开力度，试行“定性评审、评定分离”的招投标改革措施，促进招标投标活动的公平、公正。

【建筑施工安全生产标准化评定工作实施细则施行】 2015 年 7 月 23 日，《广东省住房和城乡建设厅关于建筑施工安全生产标准化评定工作实施细则》印发，自 2015 年 9 月 1 日起施行。有效规范广东省建筑施工企业以及广东省行政区域内在建房屋建筑和市政基础设施工程项目的建筑施工安全生产标准化评定实施和管理工作。

【城乡规划建设遥感督察工作管理办法出台】 2015 年 11 月 9 日，经广东省人民政府同意，广东省住房和城乡建设厅印发并试行《广东省城乡规划建设遥感督察工作管理办法》。办法明确广东省城乡规划建设遥感监测的重点，建立违法图斑核查、挂牌督办和约谈等工作机制，通过规范广东省城乡规划建设遥感督察工作，加强对城乡规划建设情况的动态监测，提高规划管理信息化水平。(黎志成)

房地产业

【概况】 2015 年，广东省房地产开发投资 8538 亿元，比上年增长 11.8%，房地产开发投资占全社会固定资产投资的 28%。全省商品房销售面积 11383 万平方米，比上年增长 38.7%，其中商品住房销售面积 9939 万平方米，比上年增长 42.9%。全省商品房销售额 11358 亿元。商品房销售均价 9978 元/平方米，增长 7.4%，商品住房均价 9382 元/平方米，增长 10%。全省存量房销售面积 5347 万平方米，存量房销售额 4129 亿元，存量房均价 7722 元/平方米。2015 年全省商品房批准预售面积 11604 万平方米，商品房销售面积 11383 万平方米，供需基本平衡。截止 2015 年底，全省房地产库存规模为 14494 万平方米，房地产去库存周期 15 个月。2015 年全省房地产税收收入 1681 亿元，同比增长 5%；房地产税收占全省地税收入的 25%。全省新增房地产各项贷款 5242 亿元，占新增本外币各项贷款的 50%；房地产各项贷款余额 27578 亿元，占本外币各项贷款余额的 29%。房地产业增加值 4993 亿元，同比增长 11.4%，房地产业增加值占全省 GDP 的 7%。

【房地产市场调控】 广东省贯彻落实国家各项房地产市场调控政策，以促进房地产去库存为工作重点。进一步加强房地产市场监测分析，建立更加科学完善的房地产市场数据指标体系和房地产数据库。建立健全房地产各项指标数据的日报、月报以及舆情分析制度，为省委、省政府决策提供依据。

省住房城乡建设厅以加快房地产去库存为目标，探索打通保障房和商品房通道，规范二手房市场，发展住房租赁市场，引导和鼓励房地产企业跨界发展，加快并购重组进程等。2015 年 4 月，提出促进广东省房地产市场平稳健康发展的七条工作意见；6 月，省住房和乡建设厅会同省国土资源厅转发《国土资源部住房城乡建设部关于优化 2015 年住房及用地供应结构促进房地产市场平稳健康发展的通知》，指导商品房库存面积过大地区，适当减少商品房用地供应、调整住房套型结构；10 月，省住房城乡建设厅会同省发展改革委、商务厅、工商局、人民银行广州分行、国家外汇管理局广东分局等转发《住房城乡建设部等部门关于调整房地产市场外资准入和管理有关政策的通知》，放宽外资开发房地产和购买商品房的限制。

【房地产市场监管】 商品房预售制度改革试点。选取深圳市作为全省商品房预售制度改革试点城市。深圳市规划与国土资源委员会制定商品房预售制度改革试点工作方案，准备选取一块出让用地作为商品房现售试点。

2015 年 9 月至 11 月，分别开展两次房地产市场领域专项检查。开展房地产估价工作检查。重点检查房地产估价机构资质情况和依法开展业务情况、专职注册房地产估价师情况、估价档案管理情况、房地产估价报告情况等。对全省珠三角、粤东、粤西地区的八个城市共 40 家估价机构进行实地检查，并指导各机构对检查中发现的问题及时整改。开展房屋买卖合同网签和交易资金监管工作检查。全省 21 个地级市全部建立网上售房、网上签约及房地产预售资金监管制度，各市根据实际情况开展存量房交易资金监管工作，杜绝一房多售、重复抵押等损害购房人权益行为。

2015 年 4 月至 12 月，全省开展房地产领域不稳定问题专项治理。广东省住房和城乡建设厅制订《广东省房地产领域不稳定问题专项治理工作方案》。要求对所有在建、在售房地产开发项目和所有物业管理项目进行全面检查和治理，研究化解房地产领域不稳定问题。

【物业管理制度改革】 印发《广东省住房和城乡建设厅关于落实物业服务企业资质管理改革、加强行业自律的通知》，取消二级以下物业服务企业资质的行政许可，改革为物业服务行业自律。

【广东省城乡居民家庭人均住房面积达标率研究】 根据广东省全面建成小康社会的工作部署，针对 2014 年省统计局列出全省全面建成小康社会的十项短板指标之一的"人均面积达标率"。省住房城乡建设厅深入研究分析，调查 66 个住宅小区，9.2 万户居民的居住状况，研究制定《广东省城乡居民家庭人均住房面积达标率实现全面建成小康社会目标工作方案》和《广东率先全面建成小康社会城乡居民家庭人均住房面积达标率指标 2015 年度工作实施方案》，提出提高全省城乡居民家庭人均住房面积达标率的具体措施，包括加大农村住房建设和危房改造工作力度，加快产业转型升级、适当控制外来人口规模等，指导全省各市切实开展提高城乡居民家庭人均住房面积达标率工作。（汪沛）

住房保障

【概况】 至 2015 年底，全省新开工保障性住房 65861 套，棚户区改造 87865 套，基本建成保障性住房 119137 套，分别占年度任务的 114.1%、104.7%、110%，完成投资 287.6 亿元，全省保障性安居工程建设任务提前超额完成。2015 年，广东省共供应保障性安居工程用地约 522.47 万平方米，完成保障性安居工程建设资金投入 287.6 亿元；全省新开工保障性住房 65861 套，棚户区改造 87865 套，基本建成保障性住房 119137 套，分别占年度任务的 114.1%、104.7%、110%。随着大量保障性住房的建成交付使用。将全省公共租赁住房分配入住目标任务分解到各市、县，并纳入全省目标责任考核。同时，建立公共租赁住房分配入住台账，要求各地每月报送分配进展情况，动态监督管理。截至 2015 年底，全省 2015 年度累计分配入住公租房超过 9 万套。

【住房保障支持政策】 2015 年广东省保障性安居工程共获得中央和省级各类补助 28.88 亿元，其中国家财政补助资金 19.27 亿元，省级财政补助资金 9.53 亿元，拉动社会资金投入 178.9 亿元。2015 年，全省共完成保障性安居工程建设投资 287.6 亿元。广东省保障性安居工程成功申请四批国家建设专项基金，涉及金额合计 12.34 亿元。省住房城乡建设厅会同省国土资源厅等部门编制保障性住房建设和棚户区改造用地计划，实行新增用地计划指标单列，并由国土资源部直接核销，确保保障性安居工程的用地需要。各地采取多种途径解决用地来源，落实保障性安居工程建设用地，做到"应保尽保"。各地住房城乡建设系统继续健全完善项目审批"绿色通道"制度，确保项目按期开工建设。

【住房保障工作机制】 广东省政府与各地级以上市政府签订住房保障工作目标责任书，各地级以上市人民政府将任务逐级分解，并与区县人民政府签订责任书。各区县人民政府在3月底前将全部任务具体落实到196个项目。省住房城乡建设厅会同省国资委、省侨办等部门，多次开展专项督查或重点检查，加强棚户区改造项目分类指导和监管，督促各地加快建设进度。省住房城乡建设厅建立棚改动态监管机制，对棚户区改造新开工项目实行台账式管理。各地将棚户区改造项目的目标任务、签订征收补偿协议进展、新建安置房建设进度等情况，每周报送省棚户区改造台账系统。对进度缓慢的部门地市进行约谈。副省长许瑞生代表省政府对国有工矿棚改进展缓慢的4个市政府负责人进行约谈。

【保障性安居工程分配管理】 广东省住房和城乡建设厅将公共租赁住房分配入住作为年度重点工作，要求各地加快公共租赁住房分配入住，提高保障性住房小区后续运营管理水平。转发《住房城乡建设部办公厅关于加快公共租赁住房分配入住的通知》和《住房城乡建设部办公厅关于实行公共租赁住房分配入住目标管理的通知》，制定2015年各地新增分配入住公共租赁住房的目标任务。省住房城乡建设厅建立公共租赁住房分配入住台账，并逐月通报公租房分配入住进展情况。同时做好信息公开，动态监督管理。2015年全省累计分配入住公租房超过9万套。

【棚户区改造货币化安置】 省住房城乡建设厅组织起草《关于住房保障货币化改革指导意见》，通过完善公共租赁住房货币化补贴机制、大力推行棚户区改造货币化安置模式、探索共有产权住房保障模式等措施，推进全省住房保障货币化工作。2015年全省棚户区改造实现货币化安置数16000户，约占年度棚户区改造户数比例约为33.3%。

【棚户区改造投融资模式创新】 2015年3月底，广东省已将年度任务落实到具体项目中，并部署各地逐个项目进行摸底测算，确定全省棚户区改造的建设规模、投资总额、贷款需求、融资意向、融资模式等情况。省住房城乡建设厅对接国开行广东省分行和广东建鑫投融资发展有限公司（省融资平台），联合成立省棚户区改造融资专项工作小组。通过创新棚户区改造贷款投融资机制，探索运用政府购买服务等模式，引导社会资金进入棚户区改造领域，支持棚户区改造。组织起草《广东省政府购买棚户区改造服务管理办法》。作为全国首批采用政府采购棚改服务的地区之一，2015年全省棚户区改造项目融资共获得承诺贷款163亿元，并按照进度发放贷款53亿元。（林伟兵）

公积金管理

【概况】 广东省实际缴存职工人数为1361.54万人，实缴人数比2014年增加120.88万人。住房公积金覆盖率（期末实缴职工人数/期末应缴职工人数）为50.46%，比2014年增加4.25个百分点。全省缴存总额为9162.53亿元，比2014年增加1612.97亿元，增幅21.37%；缴存余额3637.73亿元，同比增长14.43%。个人贷款额与提取额持续增长。截止2015年底，全省住房公积金提取总额5524.80亿元，占住房公积金缴存总额的60.30%；全年提取额为1154.30亿元，比2014年增幅达26.41%，占当年缴存额的71.56%。提取总额占缴存总额的比例连续六年高于55%。全省个人住房公积金发放贷款总额为3744.51亿元，累计发放126.7万笔，增幅分别为25.33%，17.84%。全年发放个人贷款756.80亿元，19.18万笔，分别比2014年增长24.48%、22.17%。个人住房贷款余额为2575.23亿元，同比增长25.63%。个人住房贷款率为70.69%，比上年同期增加6个百分点。个人贷款逾期率为0.2‰。到2015年底，全省公积金结余资金从2014年的1121亿元下降至1057亿元，下降6个百分点，个贷率从64%提高到70%，增长6个百分点。

【住房公积金行业监督】 广东省住房和城乡建设厅对全省21个地级以上市住房公积金管理中心廉政风险防控工作开展情况进行全面检查。主要检查制度建设、流程优化和基础管理入手，检查廉政风险防控实施方案、预警措施及管理审批、资金运转等情况，并对检查情况进行通报。

【住房公积金服务】 广东省各地公积金中心以流程简化促服务优化。如深圳构建"四位一体"（柜台、网站、电话、自助终端等）的多元化服务渠道，在全国建立首家电话直接办理业务的远程服务平台；佛山在全国率先推出职工住房公积金存款补贴办法，增加缴存职工利息收入，盘活资金，更好地发挥公积金贷款互助作用；湛江中心服务窗口连续多年被

评为当地文明服务窗口。（张文宇）

城乡规划

【概况】 以提高城镇化发展水平为主线，加强城乡规划与管理。全面启动“十三五”近期建设规划的编制工作；东莞城市总体规划成果草案通过审查，佛山市控制性详细规划改革试点顺利推进；继续指导各地开展“三旧”改造规划修编工作，探索城市更新模式；落实《关于共建低碳生态城市合作框架协议》，推动低碳生态城市建设纳入新型城镇化和全面深化改革工作框架；结合绿道网建设，推动全省绿道网扩能增效；推进历史文化遗产保护，制定广东省历史建筑标志牌设立标准，开展“三旧”改造用地范围内历史文化遗产的普查，惠州市被国务院批准成为广东省第8座国家历史文化名城，中山市孙文西路被住房城乡建设部、国家文物局认定为中国历史文化街区；加强历史建筑保护，开展历史建筑普查宣传和培训班，积极修缮历史建筑；联合港澳编制《环珠江口宜居湾区建设重点行动计划》，成果在官方网站供公众查阅；组织广东省可持续发展与宜居城市规划培训班学员赴德国开展学习培训。

【推进城乡规划改革】 以广州市、四会市为试点的“三规合一”和“多规融合”取得明显的示范成效。广州市成立以市长为组长的“三规合一”领导小组，建立“三规合一”动态评估与联动修改工作机制。在总结广州市“三规合一”做法和经验的基础上，省政府颁布《广东省“三规合一”工作指南》，工作宣贯会，有力地推动全省“三规合一”和“多规融合”工作的开展。四会市编制完成“多规融合”规划成果，得到专家和住房和城乡建设部领导的充分肯定。广州市、深圳市等城市编制完成“十三五”近期建设规划初步成果，全省大部分城市启动“十三五”近期建设规划的编制。《绘就全省规划一张蓝图的实施方案》提请省政府审查，全省全面启动新一轮的城市编制、修编工作，并形成完整体系。东莞完成城市总体规划纲要专家审查，中山市城市总体规划已上报国务院审批，试点的规划成果基本达到“瘦身、法条化、数量化”的要求，实现“领导愿意看，百姓看得懂”，以及可检查可考核可监管的试点目标。佛山市按试点的要求，探索面向法定化的控规编制方法和内容创新，建立“分层编制、分类控制、动态维护”的控规编制和实施机制，适应市场经济发展的需要。针对不同地块不同的规划管理需求设定控规的内容体系，建立分内容分层次的控规审批和动态调整机制，体现规划技术性与政策性、刚性与弹性的区别。

【珠三角城际轨道TOD综合开发全面推进】 截至2015年底，广东省住房和城乡建设厅已完成珠三角城际轨道全部40个省市合作站场TOD综合开发规划的编制、审查及上报工作，其中35个站场的TOD综合开发规划已批复，2015年批复29个。组织召开广州市第一批城际轨道站点TOD综合开发规划技术审查。TOD综合开发工作共争取32642亩的省市合作开发用地规模，获取11亿元省级净收益资金，支持珠三角轨道交通的建设。

【继续推动低碳生态建设】 广东省住房和城乡建设厅继续落实《广东省人民政府 住房城乡建设部关于共建低碳生态城市建设示范省合作框架协议》，积极推动低碳生态城市示范省建设。进一步完善“碳规”体系，制定《广东省低碳生态城市建设政策机制研究》等一系列技术指引和规范。规范低碳生态城乡规划管理规程，以《中共中央国务院关于加快推进生态文明建设的意见》为指导，将城市低碳生态建设的目标、指标和行动计划等，分解到规划建设和管理的各关键环节。继续推进低碳生态示范项目的建设，珠海市被欧盟能源司和住房城乡建设部确定为中欧低碳生态城市综合试点，成为全国两个综合试点城市之一，试点项目包括城市紧凑发展规划、清洁能源利用等9大领域共27个项目。

【绿道“升级版”工作】 广东省住房和城乡建设厅以社区体育公园和郊野公园建设为重点，推动绿道网向绿色基础设施升级。继续指导各市推进完善绿道网络，印发《广东省绿道网建设2015年工作指导意见》。截止至2015年11月，全省绿道建设累计总里程超过12000千米，比2014年底增加500多千米，其中珠江三角洲总长超过8900千米，粤东西北总长超过3100千米。召开珠三角绿道现场观摩会，举办“广东绿道讲坛”（第二期）。

【三旧改造规划修编、城市更新模式探索】 广州市、东莞市、中山市、佛山市等市完成“三旧”改造规划修编，并经当地市人民政府批准后报广东省住房和城乡建设厅备案。加强城市更新的交流，与英国伦敦大学学者就城市更新开展协作与交流，筹备参加2016年3月在伦敦召开的国际城市更新学术会议。

【对外交流与合作】 联合香港发展局、澳门运输工务司编制完成《环珠江口宜居湾区建设重点行动计划》，并在官方网上公布供公众查询。与美国兰德公司合作完成《评估生活质量指标，深化大珠江三角洲地区的可持续发展》研究，召开《评估生活质量指标，深化大珠江三角洲地区的可持续发展》宣贯会。

【历史文化遗产保护】 广东省住房和城乡建设厅落实广东省政府《关于加强历史建筑保护的若干意见》，完成广东省历史建筑与传统村落保护专家委员会的筹备，制定广东省历史建筑标志牌设立标准。制定《城市更新、“三旧”改造中加强历史文化保护的政策》，完善历史文化遗产保护和活化利用的机制。完成佛山市、中山市历史文化名城保护规划的编制、审查和审批。加强历史建筑的保护，开展历史建筑普查宣传和培训班，联合省财政厅安排900万元用于广州白云山双溪别墅等5处历史建筑的修缮。（王丹）

城市建设与市政公用事业

【概况】 全省共建成城镇污水处理设施451座，日处理能力2284万吨，污水管网16866千米，雨污合流管网17741千米，城镇污水处理率85.5%；建成启用生活垃圾无害化处理场(厂)111座，无害化处理量8.17万吨/日；城镇生活垃圾无害化处理率91.2%，已基本建成或运营63个“一县一场(垃圾处理场)”，1049个乡镇全部建成“一镇一站”，约14万自然村已全部建成“一村一点”。广东省住房和城乡建设系统获“中国人居环境范例奖”2项、“广东省宜居环境范例奖”14项。新增“国家生态园林城市”1个。

【城市基础设施建设政策制定】 2013年9月，国务院出台《关于加强城市基础设施建设的意见》，2015年6月，广东省住房和城乡建设厅牵头起草并提请省人民政府办公厅印发《广东省人民政府关于加快推进城市基础设施建设的实施意见》，提出系统推进城市基础设施建设的总体要求，从城市基础设施建设专项规划、城市交通基础设施、城市地下管网建设管理、生活污水和垃圾处理设施建设、城市基础设施防灾避险功能、城市生态园林建设、城市信息化基础设施建设、绿色低碳城市基础设施建设，以及城市基础设施建设投融资、运营和管理等方面对全省城市基础设施建设提出具体目标和工作任务。

【粤东西北地区新一轮环保基础设施建设】 牵头组织150多人分赴粤东西北地区及江门市、惠州市、肇庆市等15个地级市开展生活垃圾及污水处理设施建设调研，按照“全面规划、全面覆盖、无一漏网”要求，编制完成《加快推进粤东西北地区新一轮生活垃圾和污水处理设施建设实施方案》，对项目的推进提出PPP模式建设及资金解决方案。2015年12月16日，经省政府批准同意，由省住房城乡建设厅牵头联合省委农办、发展和改革委员会、财政厅等8个省直部门印发实施。

【推广运用政府和社会资本合作(PPP)模式】 广东省住房和城乡建设厅抓试点创新建设，牵头组织并指导汕头市6座污水处理厂PPP项目、揭阳市9座污水处理厂PPP项目成功签约，其中汕头市PPP项目一期总规模13万立方米/日，总投资15.6亿元；揭阳市PPP项目总规模13.5万吨/日，管网总长度151.92千米，总投资约11.65亿元，引入国内污水处理行业实力强的专业化企业，逐步探索形成出可复制、可推广PPP模式的范例。组织编制《粤东西北地区新一轮生活垃圾和污水处理设施政府和社会资本合作(PPP)模式建设操作指引》，为粤东西北地区新一轮生活垃圾和污水处理设施采取PPP模式建设提供技术指引。

【城市地下管线和综合管廊建设】 2015年12月17日，为贯彻落实《住房城乡建设部等部门关于开展城市地下管线普查工作的通知》、《广东省人民政府办公厅关于加强城市地下管线建设管理的实施意见》。在广州举办全省城市地下管线普查和综合管廊建设交流培训班，各地级以上市及顺德区住房城乡建设、城管、规划、市政等主管部门负责同志参加培训。组织编制《广东省城市地下管线普查技术指引》，指导和督促各地开展城市地下管线普查工作，建立完善城市地下管线综合管理信息系统和专业管线信息系统，实行月报制度和季度通报制度，督促各市开展地下管线普查工作的进展。全省已建并投入运营的城市地下综合管廊项目8个，分别位于广州市、深圳市、珠海市、佛山市，总长度约88千米。

【城乡生活垃圾处理】 截至2015年底，全省69个“一县一垃圾处理厂(场)”项目中，63个已基本建成或投入运营，3个在建，3个未开工，1049个乡镇全部建成“一镇一站”，约14万自然村全部建成“一村一点”，城镇生活垃圾无害化处理率达90.06%，农村垃圾有效处理率达到78.28%，村庄保洁覆盖面达到94.93%，农村垃圾分类减量比例达26.45%，全省建成农村生活垃圾无害化处理场(厂)110座，日处理量7.4万吨。

【污水处理设施建设】 全省共建成污水处理设施451座，日处理能力2293万吨，污水管网长度16866千米，雨污合流管网长度17741千米，城镇污水处理率85.5%。

【城市园林绿化】 编制印发《广东省风景名胜区体系规划(2015-2030)》。完成对广州市白云山、从化温泉、深圳市梧桐山等风景名胜区的执法检查,以及对广州、深圳、汕头、佛山、惠州市城市公园会所的复查。11月,省住房和城乡建设厅组织编制并印发《广东省岭南园林建设指引》、《广东省立体绿化技术指引(试行)》,开展《低影响开发下的园林绿化和应用模式研究》。(梁季红)

村镇规划建设

【概况】 截至2015年底,全省纳入村镇建设统计报表范围的建制镇1036个,建成区面积329606.09平方千米,建成区户籍人口1186.84万人,建成区暂住人口381.34万人,总体规划覆盖率88.32%;行政村18113个,村庄规划覆盖率59.56%。广东省村镇住宅建筑总面积16.45亿平方米,其中:建制镇3.88亿平方米,人均住宅面积32.71平方米;村庄12.55亿平方米,人均住宅面积27.75平方米。全省建制镇公共建筑面积8499.10万平方米,生产性建筑15944.10万平方米;村庄公共建筑面积5327.61万平方米,生产性建筑13238.81万平方米。

【改善农村人居环境】 2015年6月30日,《广东省住房和城乡建设厅 中共广东省委农村工作办公室关于建立广东省改善农村人居环境工作部门联席会议制度的通知》印发,明确建立广东省改善农村人居环境工作部门联席会议制度。11月4日,省住房城乡建设厅会同省委农办印发《广东省改善农村人居环境工作分工实施方案》。8月31日,印发《广东省住房和城乡建设厅关于开展2015年农村人居环境调查的通知》,按照"一村一表"的原则,填写行政村人居环境信息表,并将有关信息录入全国农村人居环境信息系统。截至2015年底,全省基本完成农村人居环境信息调查和录入工作。

【农村危房改造】 2015年7月30日,广东省人民政府召开全省农村危房改造工作推进会,总结全省农村危房改造工作情况。9月10日,省住房城乡建设厅等部门联合印发《广东省2015年农村危房改造实施方案》,明确2015年全省农村危房改造任务为12.82万户。全省农村危房改造年度任务按期完成。7月~8月,省住房城乡建设厅印发《广东省农村危房改造工程建设技术指引(试行)》和《广东省农村危房改造工作指引(试行)》。9月,省住房城乡建设厅印发《广东省农村危房改造纸质档案资料(范本)》。

【村镇规划】 2015年12月28日,印发《广东省住房和城乡建设厅关于公布部省共同推进城乡规划建设体制改革试点省建设2015年村庄规划编制试点名单的通知》,明确广州市增城区增江街大埔围村等7个行政村、汕头市潮阳区金灶镇玉路行政村后泽自然村等29个自然村为村庄规划编制试点。

【村镇建设试点示范】 2015年3月18日,《广东省住房和城乡建设厅关于公布第四批广东省宜居示范城镇和宜居示范村庄名单的通报》,授予珠海市桂山镇等40个镇"广东省宜居示范城镇"称号、授予广州市花都区炭步镇藏书院村等186个村"广东省宜居示范村庄"称号。截至年底,全省共有广东省宜居示范城镇213个、广东省宜居示范村庄648个。5月25日,印发《中共广东省委农村工作办公室 广东省住房和城乡建设厅关于公布第二批广东省名镇名村名单的通知》,授予广州市南沙区万顷沙镇等25个镇"广东名镇"称号、授予广州市增城区莲塘村等428个村"广东名村"称号。截至年底,全省共有广东名镇62个、广东名村672个。按照《住房城乡建设部 国家旅游局关于公布第三批全国特色景观旅游名镇名村示范名单的通知》,授予广东省广州市增城区派潭镇等6个镇"全国特色景观旅游名镇示范"称号、授予广州市番禺区石楼镇大岭村等9个村"全国特色景观旅游名村示范"称号。至年底,全省共有全国特色景观旅游名镇示范13个、全国特色景观旅游名村示范12个。

【"三师"专业志愿者下乡活动】 2015年2月12日,广东省"规划师、建筑师、工程师"(简称"三师")下乡服务活动专业志愿者座谈会在佛山市顺德区北滘镇召开。11月3日,省住房城乡建设厅会同广东省工程勘察设计行业协会在广州举办《乡愁:关怀与唤醒——广东省"三师"专业志愿者下乡服务活动周年访谈录》图书首发暨"三师下乡"周年回顾活动,副省长许瑞生向参会代表赠送《访谈录》,颁发第三批"三师"下乡专业志愿者荣誉证书。(钟伟良)

工程建设标准定额

【工程建设标准】 发布实施《钢结构设计规程》、《预拌砂浆、混凝土及制品企业试验室管理规范》、《广东省绿色住区评价标准》、《公共建筑能耗限额编制方法》、《建筑防火及消防设施检测技术规程》等5部工程建设地方标准,发布《沥青路面就地热再生施工及验收规程》等33项工程建设标准制修订计划。

【工程造价咨询业】 广东省工程造价咨询业务收入 33.62 亿元，已完成工程造价咨询项目所涉及的工程造价总额 16411.88 亿元。广东省列为全国工程造价咨询企业信用评价试点省，全省 296 家工程造价咨询企业参加信用评价，经中价协终审评定，AAA 企业 68 家、AAA 企业 77 家、AA 企业 139 家、AA 企业 12 家。

【造价咨询企业资质动态核查】 广东省住房和城乡建设厅组织对 170 家工程造价咨询企业进行资质许可后动态核查。共抽查省内工程造价咨询企业 95 家，合格 87 家、资质证书已过期 6 家、不合格企业 1 家、已注销资质 1 家；抽查非当地工程造价咨询企业设立的分支机构 75 家，合格 70 家、不合格 2 家、正在办理注销手续 3 家。

【改进计价依据应用解释方式】 2015 年，广东省建设工程造价管理总站印发《广东省建设工程计价依据应用书面解释管理规定》，适应广东省建筑市场工程计价需要，改进计价依据应用解释方式，对市造价站解释有异议的或市造价站无法处理的由广东省建设工程造价管理总站处理，解释结果经审核后按信息公开要求向社会公开。（陈梓敏　罗黎静）

工程质量安全监督

【建设工程质量】 2015 年，广东省在监工程 27383 项，建筑工程总建筑面积 69305.18 万平方米，市政工程总长度 22517316.82 延米，新注册工程 12391 项，竣工验收合格工程 4898 项，其中，一次验收不合格，重新组织验收合格工程 9 项，一次通过验收合格率为 99.82%，已办理竣工验收备案工程 2475 项；全省质量监督机构发出整改通知书 6631 份，局部停工令 200 份，因质量原因实施行政处罚 33 宗。2015 年度，全省在监工程未发生质量事故。工程质量创优取得较好成绩，获 2015 年度“鲁班奖（国家优质工程）”8 项，获 2015 年度全国工程装饰奖 40 项，获 2015 年广东省建设工程金匠奖 48 项，获 2015 年广东省建设工程优质奖 95 项，获广东省优秀建筑装饰工程奖 210 项。

【施工安全生产】 2015 年，广东省住房城乡建设系统共发生房屋市政工程生产安全事故 20 起（2 起已结案，18 起尚未结案）、死亡 27 人，与 2014 年同期相比，生产安全责任事故起数增加 3 起，死亡人数增加 7 人，同比上升 35%。房屋市政工程施工生产安全责任事故死亡人数占省政府下达的安全生产控制指标（40 人）的 67.5%，全省绝大部分地区房屋市政工程质量安全形势保持稳定，一半以上地级市没有发生安全事故。

【工程质量安全监督执法检查】 广东省住房和城乡建设厅组织 21 个检查组，对全省各地在建房屋市政工程（湛江市除外）进行交叉检查，随机抽查广州市、深圳市各 8 个在建房屋市政工程，发出执法建议书 37 份和整改通知书 178 份，要求受检地区住房城乡建设行政主管部门对相关单位和相关责任人作出处理，并督促有关单位对建筑市场和工程质量安全存在的问题迅速整改落实。

【在建城市轨道交通工程质量安全检查】 广东省住房和城乡建设厅转发住房城乡建设部工程质量安全监管司《关于组织开展城市轨道交通工程质量安全监督检查工作的通知》，并于 2015 年 7 月组织督查组对广州市、深圳市、东莞市、佛山市四个地区在建城市轨道交通工程开展质量安全监督检查工作进行督查。通过监督检查，及时发现存在的问题，消除一批质量安全隐患。

【建筑施工安全生产检查及专项整治】 广东省住房和城乡建设厅组织开展上半年在建房屋市政工程安全生产大检查和下半年质量安全及工程质量治理两年行动交叉大检查。按照国务院安委办“五整治五落实”和住房城乡建设部的工作要求，组织开展施工方案专项行动，重点整治深基坑、土方（隧道）开挖、脚手架、模板支撑系统、建筑起重安装、吊装及拆卸 5 类危大工程的整治。做好 2015 年春节后复工及全国“两会”期间以及雷雨天气、汛期等恶劣气候条件下建筑施工安全生产管理工作。

【安全生产许可证审批】 2015 年，广东省共有 3484 家建筑施工企业新申请安全生产许可证或申请办理安全生产许可证延期，经审查予以许可和延期的有 2641 家，其中新申请 1157 家，延期 1484 家；不予许可的有 1205 家，通过率为 68.67%。同时，对 2 家提供虚假材料申请安全生产许可证的企业给予警告，一年内不得申请安全生产许可证的行政处罚。（林清华）

建筑市场

【深入开展工程质量治理两年行动】 2015 年1～5 月，广东省住房和城乡建设厅配合住房城乡建设部监督执法检查组对中山市、东莞市进行检查，检查在建项目 10 个，下达执法建议书的 5 份。6 月，省住房城乡建设厅组织对广州、深圳等 10 个地级以上市进行工程质量治理两年行动检查，检查在建项目 32 项，下达市场执法建议书 9 份。全省各市、县（区）区对在建项目检查 33173 次，对存在违法违规行为的 116 家企业及112名管理人员作出处罚并曝光。

【建成全省建筑市场监管与诚信信息平台】 2015年6月，广东省住房和城乡建设厅建成“全省建筑市场监管与诚信一体化平台”，并通过住房城乡建设部评估验收。平台包含四大基础数据库，即企业信息库、人员信息库、项目信息库和诚信信息库，收录省内建筑业企业信息20769条，进粤建筑业企业信息3799条，省内建筑业企业人员信息751702条，进粤建筑业企业人员信息99648条，工程建设项目信息7001条，施工许可证信息1832条，企业不良行为信息28条，人员不良行为信息63条。

【取消省外建筑企业和人员进粤备案】 2015年3月，印发《广东省住房和城乡建设厅关于取消省外建筑企业和人员进粤信息备案有关工作的通知》，2015年4月1日起，正式取消以往省外建筑企业和人员在广东承接业务首先需要进行入粤信息备案的手续，减轻进粤建筑企业和人员负担。

【推进全省招投标活动五公开】 广东省住房和城乡建设厅于2015年3月印发《广东省住房和城乡建设厅关于房屋建筑和市政基础设工程建设项目招标投标全过程信息公开的管理规定(试行)》。

【勘察设计咨询业】 2015年，全省工程勘察设计行业从业人员42.3万人，工程勘察设计企业3700多家，其中甲级设计单位501家，甲级勘察单位44家。全年广东工程勘察设计行业营业收入3599.8亿元，占全国13.3%，其中境外收入97.2亿，占营业收入的2.7%；工程勘察收入48.8亿元；工程设计收入346.3亿元；工程技术管理服务收入29.2亿元；工程总承包收入1164.7亿元；工程施工收入1932.7亿元。全省勘察新签合同67.7亿元，比上年增加7%；全省设计新签合同389.2亿元，比上年减少7%；工程勘察设计行业人均营业收入85万元，高于全国勘察设计行业平均水平。初步设计完成建筑面积134725万平方米，增加19%；施工图设计完成建筑面积201397万平方米，增加26%。

【勘察设计质量监督执法】 共抽查勘察设计项目512个，其中已审查项目228个，未审查项目284个。抽查项目总体上按照国家法律法规和工程建设强制性标准进行勘察设计，各方主体的勘察设计质量行为基本规范，平均每个已审项目存在0.08条违反强条情况，低于上年0.3条的水平。全省共发出整改通知书121份，执法建议书29份，对37家企业进行约谈，12家企业被当地诚信扣分并列入重点监管企业名单，14家企业被行政处罚，共罚款238.5万元。全省未接到因勘察设计原因引起的工程质量事故或投诉。

【完善质量标准和管理体系】 广东省住房和城乡建设厅组织编制《保障性住房建筑规程》等多项广东省建筑标准设计。广州市编制发布《广州市建筑工程初步设计技术审查要点》、《广州地区绿色建筑技术应用指引》等地方技术规范和指引，深圳市大力推行BIM技术并开展试点工程，编制《深圳市建筑工程BIM设计文件深度标准》和《关于加快推进深圳建设领域BIM技术应用的指导意见》。(陈思明)

建筑节能与科技

【建设行业大数据发展】 2015年，广东省住房和城乡建设厅推动开展行业大数据建设。重点开发“广东省规划建设遥感监测执法系统”、“广东省建筑市场监管与诚信信息一体化工作平台”、“广东省生态控制线地理信息平台”等省级信息系统。

【互联网十】 2015年9月23日，广东省人民政府办公厅印发《广东省“互联网＋”行动计划(2015-2020年)》，广东省住房和城乡建设厅负责其中的“互联网＋城市管理”、“互联网＋城乡规划”、“互联网＋绿色建设”、“互联网＋住房保障”等重点任务的实施。

【创建国家智慧城市试点】 印发《关于公布国家智慧城市2014年度试点名单的通知》，广东省河源市江东新区被列入“国家智慧城市2014年度试点名单”，至此，广东省先后三批共11个城市(城区、镇)被批准列入创建国家智慧城市试点。同时，广东省物联天下科技集团股份有限公司等一批企业被列入“国家智慧城市2014年度专项试点”。

【绿色建筑】 2015年，广东省新建建筑节能竣工验收执行率达到100%，新增节能建筑面积12220万平方米，完成既有建筑节能改造342万平方米，新增绿色建筑面积4313.24万平方米(其中设计标识面积3369.12万平方米，运行标识面积49.24万平方米，认定面积894.88万平方米)，绿色建筑面积位居全国前列。粤东西北地区未获得绿色建筑标识的地市实现零的突破，绿色建筑首次实现全省地级以上市全覆盖。全省新增太阳能光热应用建筑面积1047万平方米，新增太阳能光电建筑应用装机容量142兆瓦。梅州市、蕉岭县、揭西县积极推进国家级可再生能源建筑应用示范市、县建设工作，已竣工面积达610万平方米。通过加强督促各地落实建制镇以上城市规划区禁止使用实心黏土砖，完成国家第二批(鹤山市等6个县级市和广宁县等12个县城)“城市限粘”及“县城禁实”任务，新型墙材应用总量超过150亿块标准砖，超过全省墙体材料应用总量的97%，折合节约能源93万吨标准煤。全省建设管理机制和标准体系不断完善，省住房城乡建设厅出台《广东省绿色住区评价标准》，征集并发布第三批《广东省绿色低碳建筑技术与产品目录》；先后组织召开"广东绿色建设"研究讨论会、第一届广东省绿色建设发展论坛，并联合省建工集团成立广东省绿色建设发展研究中心，集思广益共同推进包括绿色基础设施、绿色建筑、绿色施工等在内的"广东绿色建设"体系研究工作。此外，深圳市发布《深圳市2015年度建设工程新技术推广应用目录》，东莞市出台《东莞市民用建筑空气源热泵热水系统应用技术导则》(试行)等，佛山南海万达广场等10个项目成功申报省建筑业新技术应用示范工程。(陈梓敏)

建设人事教育工作

【第十七期市长(书记)城建专题研究班】 2015年12月7日～11日，广东省住房和城乡建设厅联合省委组织部、省国土资源厅和省环境保护厅在珠海市举办第十七期市长(书记)城建专题研究班。参加培训的学员有各地级以上市和部分县级市市长(书记)、部分地级以上市辖区区长(书记)共41人。市长(书记)城建专题研究班围绕"城市建设改革与发展"主题，设置海上丝路文化遗产的再运用、城乡生活垃圾和污水处理设施建设实施方案解读、开展海绵城市建设创建生态水环境、城市地下综合管廊实践要点等10个专题课程。

【继续教育】 2015年，针对广东省各地市建筑专业技术人员分布状况，广东省住房和城乡建设厅委托省建设教育协会在5个片区举办14期高级技术研修班，共培训2252人。研修班以"新型城镇化规划"为主题，涉及本行业新知识、新技术、新规范等知识为主要内容，为全省建筑专业技术人员提供知识和业务上的更新、拓展。(李朝)

"十二五"期间住房城乡建设主要工作及成效

【城镇化发展水平稳步提升】 2012年9月，印发《促进粤东西北地区地级市城区扩容提质五年行动计划》，力促粤东西北地区地级市中心城区扩容提质。2013年3月，出台《广东省城镇化发展"十二五"规划》，谋划提出"十二五"时期城镇化发展的主要任务、重点工程。2014年6月，省委、省政府召开全省城镇化工作会议，印发《关于促进新型城镇化发展的意见》，进一步明确全省推进新型城镇化的工作思路、工作目标和工作任务。2015年4月和12月，分别印发《广东省新型城镇化"2511"试点方案》和试点名单，分类推进新型城镇化试点工作。珠三角地区优化发展和粤东西北地区振兴发展格局初步形成。截至2015年底，全省常住人口城镇化率68.7%，居全国前列，户籍人口城镇化率约46%，比"十一五"期末分别提高2.4和3.2个百分点，基本进入城镇化发展的成熟阶段。

【城乡规划引领作用增强】 广东省创新开展《广东省新型城镇化规划(2014—2020年)》和《珠江三角洲全域空间规划(2014—2020年)》编制工作，推进"广佛肇＋清远、云浮""深莞惠＋汕尾、河源""珠中江＋阳江"三大新型都市区的构建。广州"三规合一"工作经验在全国推广，肇庆四会市作为国家"多规融合"试点成效突显，东莞、佛山等开展城市总体规划、控制性详细规划的编制创新，珠三角城际轨道站场TOD综合开发规划等重要专项规划有序推进，为实现"一张蓝图干到底"提供有益经验。村镇规划编制质量和覆盖率不断提高，至2015年底，建制镇总体规划覆盖率约为88%，村庄规划覆盖率约为60%，广州市成为住房城乡建设部首个全国村庄规划编制和信息化建设试点城市。

【基础设施建设上新台阶】 印发《广东省人民政府关于加快推进城市基础设施建设的实施意见》、《广东省人民政府办公厅关于做好城市排水防涝设施建设工作的意见》、《关于进一步加强城市排水防涝建设工作的指导意见》、《加快推进粤东西北地区新一轮生活垃圾和污水处理设施建设实施方案》、《广东省人民政府办公厅关于加强城市地下管线建设管理的实施意见》等多个政策文件。全省城市人均道路面积约14.5平方米，自来水普及率97.26%，燃气普及率约97%，城镇污水处理率85.5%，城镇生活垃圾无害化处理率90.06%。至2015年底，全省农村生活垃圾有效处理率78.82%，农村生活垃圾分类减量率26.45%，基本建成或运营63个生活垃圾无害化处理场(厂)"一县一场"项目，1049个乡镇建成"一镇一站"，约14万个自然村建成"一村一点"。全省16个城市(区)编制完成城市排水防涝规划。

【绿色建设取得一定成效】 住房城乡建设部、广东省人民政府签订《关于共建低碳生态城市建设示范省合作框架协议》，广东成为首个以部省合作方式推进低碳生态城市建设的省。配套出台《广东省低碳生态城市建设规划编制指引》、《广东省绿色生态城区规划建设指引》、《广东省生态控制线划定工作指引》等文件，积极构建“碳规”体系。深圳光明新区、肇庆新区中央绿轴生态城被列为国家绿色生态示范城区。在全国率先部署生态控制线划定工作，截至2015年底，完成11个地级以上市生态控制线划定工作方案审查。全省累计建成绿道超过12000千米，基本形成贯通全省的绿道网络，荣获“迪拜国际改善居住环境最佳范例奖”全球百佳范例称号，被习近平总书记评价为“美丽中国、永续发展的局部细节”。“十二五”期间，全省累计绿色建筑评价标识项目656项，建筑面积6977万平方米，各地累计认定绿色建筑项目246项，面积1127万平方米，实现绿色建筑各地级市全覆盖。至2015年底，全省共有18个国家园林城市、3个国家园林城镇、7个省园林城市、7个省园林城镇，8个国家历史文化名城，16个省级历史文化名城，2218个省级宜居社区，213个宜居示范城镇、648个宜居示范村庄，26个项目获得“中国人居环境范例奖”，深圳市荣获“中国人居环境奖”，66个项目获得“广东省宜居环境范例奖”。

【住房保障能力不断提高】 “十二五”时期，全省新开工各类保障性安居工程住房(含租赁补贴)86.13万套，其中保障性住房61.45万套、棚户区改造21.28万套，新增发放租赁补贴4.66万户，基本建成各类保障性安居工程住房59.43万套，竣工34.77万套，完成农村危房改造56.82万户。房地产业平稳健康发展，全省房地产累计开发投资33346.89亿元，是“十一五”时期的2.4倍，每年占全社会固定资产投资比重稳定在28%以上，商品房销售面积累计46160.01万平方米，是“十一五”期间的1.5倍，全省实际缴存住房公积金职工人数突破1300万人，缴存总额9170亿元，提取总额5527亿元，贷款总额3745亿元，住房公积金覆盖率达46.21%。

【建筑业转型升级成效初显】 “十二五”期间完成建筑业企业总产值共计36436亿元，比“十一五”期间(17450.38亿元)翻一番，年均增长15.86%。建筑行业从业人员约211.07万人，比“十一五”期末(196.32万人)增长7.51%。全省建立5个“国家住宅产业化基地”，采用建筑产业现代化方式建成3个保障性安居工程和9个商品住宅项目。“十二五”期间发布31项广东省工程建设地方标准，完成1343项建设科技成果的鉴定工作，其中7项达到国际领先水平，82项达到国际先进水平，有效推动行业科技进步。

【依法行政能力不断加强】 先后颁布实施《广东省民用建筑节能条例》、《广东省城乡规划条例》、《广东省城乡生活垃圾处理条例》、《广东省城镇住房保障办法》、《广东省建设工程造价管理规定》等法规。推进行政审批制度改革，完成非行政许可的行政审批事项清理工作。构建规划督察制度体系，以“一个城市派驻一名督察员”的形式实现规划督察覆盖全省。率先建成省城乡规划建设遥感监测执法系统，实现利用遥感监测技术对全省规划实施情况的动态监测，出台《广东省城乡规划建设遥感督察工作管理办法》，建立“五个一”的遥感图斑核查处理机制。连续4年开展建材打假、打击住房城乡建设领域围标串标、查处违法建设等专项执法。广东省住房和城乡建设厅直接查处或重点督办东莞立沙安置区农民公寓围标串标案等重大典型案件，共做出行政罚款3890万元，26人被行政处分，17个人被判刑，震慑违法行为。

【住房城乡建设领域改革不断深化】 印发《广东省住房城乡建设事业深化改革的实施意见》，建立工作机制。2015年4月8日，住房和城乡建设部、广东省人民政府签署《共同推进城乡规划建设体制改革试点省建设合作协议》，全省住房城乡建设领域深化改革工作得到部省合作这一新平台的有力支撑。推动广东省在城乡规划、新型城镇化规划建设、绿色建设体系、住房制度、现代建造、行政管理等方面深化改革，将91项工作任务细化分解为3年完成。同时，将部省合作推进试点省建设纳入省委改革办工作要点，衔接省委改革工作。2015年应完成的26项和应取得阶段性成果的60项改革任务进展顺利，已基本完成，部省合作取得阶段性进展。(苏青云)

大事记

1月

7日 《广东省住房和城乡建设系统行政处罚自由裁量基准适用规则(工程建设与建筑业类)》和《广东省住房和城乡建设系统行政处罚自由裁量权基准(工程建设与建筑业类)》发布，自2015年7月1日起施行。

19日 广东省副省长许瑞生代表省政府与各地级以上市人民政府及佛山市顺德区人民政府签订2015年住房保障工作目标责任书。

22日 《广东省住房和城乡建设厅关于住宅工程质量分户验收的管理办法》印发，自2015年2月1日起施行。

2月

1～15日 根据广东省人民政府办公厅《广东省

住房保障工作目标责任考核办法》的要求，省住房城乡建设厅联合省直有关部门组成考核组，对各地完成 2014 年度住房保障目标责任情况进行考核。

6 日　广东省住房和城乡建设厅在深圳市组织召开珠江三角洲绿道现场观摩会，总结珠三角城市绿道规划建设和管理经验，谋划全省绿道网升级工作。

12 日　《广东建设年鉴》（2014 年卷）获第五届全国年鉴编纂出版质量综合特等奖、框架设计特等奖、条目编写一等奖、装帧设计特等奖等多个奖项。

13 日　广东省人民政府办公厅印发《广东省"三规合一"工作指南（试行）》，全国第一个由省级政府出台的"三规合一"工作指南。

3 月

12 日　广东省住房和城乡建设厅对惠州市博罗县中泰实业有限公司违反规划建设行为做出罚没 2224 万余元的行政处罚。该案是国内住房城乡建设系统中对违法建设行为处罚数额最大的案件。

13 日　《广东省城乡规划督察员绩效考核暂行办法》印发。

18 日　广东省住房和城乡建设厅召开省城乡规划督察员聘任暨规划督察工作会议，补充聘任 11 名省城乡规划督察员，省督察员规模达到 22 名，派遣到全省 21 个地级以上市和顺德区，实现"一个城市派遣一名督察员"。住房城乡建设部稽查办主任王早生和省住房城乡建设厅厅长王芃出席会议并讲话。

同日，《广东省住房和城乡建设厅关于公布第四批广东省宜居示范城镇和宜居示范村庄名单的通报》公布珠海市桂山镇等 40 个镇为"广东省宜居示范城镇"、广州市花都区炭步镇藏书院村等 186 个村为"广东省宜居示范村庄"。

19 日　《广东省住房和城乡建设厅关于取消省外建筑企业和人员进粤信息备案有关工作的通知》印发，正式取消原省外建筑企业和人员进粤信息备案工作。2015 年 4 月 1 日起，省外进粤建筑企业和人员只需在"进粤企业和人员诚信信息登记平台"录入相关信息，各地住房城乡建设主管部门不再要求省外进粤建筑企业和人员办理进入当地的备案手续。

31 日　《广东省住房和城乡建设厅关于公布 2014 年度广东省省级工法的通知》印发，公布 2014 年度省级工法 238 项。

4 月

2 日　《广东省住房和城乡建设厅关于房屋建筑和市政基础设施工程建设项目招标投标全过程信息公开的管理规定（试行）》印发，于 2015 年 5 月 1 日在全省实施。

同日，中共广东省委组织部粤组干〔2015〕270 号文通知，经研究同意：赏锦国任广东省建筑设计研究院党委副书记。

8 日　住房城乡建设部和广东省政府在广州签署《共同推进城乡规划建设体制改革试点省建设合作协议》。

15 日　广东省住房和城乡建设厅、国家开发银行广东省分行、广东建鑫投融资发展有限公司联合召开会议，联合成立省棚户区改造融资专项工作小组，共同推进棚户区改造融资工作。

17 日　广东省城乡规划设计研究院与华南理工大学合作成立的"广东省博士后创新实践基地"在省规划院揭牌。

20 日　《广东省住房和城乡建设厅落实〈住房和城乡建设部　广东省人民政府共同推进城乡规划建设体制改革试点省建设合作协议〉分工方案》印发。

24 日　广东省住房和城乡建设厅在广州组织召开广东省"三规合一"工作现场会，交流"三规合一"试点工作经验，研究部署加快全省"三规合一"工作。

30 日　广东省住房和城乡建设厅在广州组织召开《珠江三角洲全域规划》专家审查会，副省长许瑞生出席会议并致辞，住房城乡建设部总规划师唐凯作为评审专家出席会议。

同日，广东省人民政府批复同意珠三角城际轨道第二批佛山西站、狮山站、张槎站、北滘站、陈村站、狮山工业园站、云东海站共 7 个站场 TOD 综合开发规划成果。

5 月

20 日　广东省人力资源和社会保障厅通知，省人民政府批准：任命赏锦国为广东省建筑设计研究院院长。

21 日　广东省建筑设计研究院"广州报业文化中心"项目获加拿大"GRANDS PRIX DU DESIGN"设计大奖。

22 日　中共广东省委组织部粤组干〔2015〕425 号文通知，省委批准：郭壮狮任省住房和城乡建设厅副厅长，试用 1 年；吕洪清任省住房和城乡建设厅副巡视员。中共广东省委组织部通知，省委批准：华宏敏任省住房和城乡建设厅副巡视员。

6 月

4 日　《广东省人民政府关于加快推进城市基础

设施建设的实施意见》印发，统筹部署和指导全省城市基础设施建设，明确全省城市基础设施建设的目标、任务和保障措施，提高城市综合承载力和发展质量。

25 日　中共广东省委组织部通知，省委批准：李锡洪任省纪委、省监察厅派驻省住房和城乡建设厅正厅级纪检员、监察专员；黄先贵任省纪委、省监察厅派驻省住房和城乡建设厅纪检组组长、监察专员，试用 1 年。中共广东省委组织部通知，经研究同意：黄先贵任省住房和城乡建设厅党组成员。

29 日　广东省住房和城乡建设厅印发《落实部省共同推进城乡规划建设体制改革试点省建设合作协议 2015 年行动计划》。

30 日　《广东省住房和城乡建设厅 中共广东省委农村工作办公室关于建立广东省改善农村人居环境工作部门联席会议制度的通知》明确建立广东省改善农村人居环境工作部门联席会议制度，由广东省住房和城乡建设厅和省委农办共同牵头，省发展改革委等 11 个部门为成员单位。

7 月

5 日　《广东省住房和城乡建设厅关于落实物业服务企业资质管理改革、加强行业自律的通知》印发，取消二级以下物业服务企业资质的行政许可，实行物业服务行业自律。

6 日　广东省住房和城乡建设厅印发《广东省农村危房改造工程建设技术指引(试行)》，为农村危房改造工程规划选址、施工建设等提供技术指导。

7 日　东莞生态园控股有限公司办公楼等 6 个广东省项目获得 2015 年度全国绿色建筑创新奖。

13 日　广东省住房和城乡建设厅援藏项目西藏自治区住房和城乡建设厅电子政务平台通过西藏自治区住房和城乡建设厅验收并交付使用。

16 日　广东省地方标准《宜居社区建设评价》DB44T 1577—2015 颁布施行。

23 日　广东省住房和城乡建设厅政策研究中心在省城乡规划院揭牌。

30 日　广东省人民政府在广州召开全省农村危房改造工作推进会。省长朱小丹出席会议并讲话。省委常委、常务副省长徐少华，副省长邓海光出席会议。副省长许瑞生主持会议。

8 月

11 日　广东省住房和城乡建设厅印发《广东省城市地下管线普查工作指引》，指导全省城市地下管线普查工作。

25 日　“第一届广东省绿色建设发展论坛暨广东省绿色建设发展研究中心成立大会”在广东省建科院检测实验大楼举行。住房城乡建设部建筑节能与科技司司长杨榕、广东省住房和城乡建设厅厅长王芃、省建筑工程集团有限公司董事长丘小广出席论坛并致辞。论坛汇集国家和省权威的专家、学者，围绕“绿色建设、广东先行”这一主题，共同商议广东绿色建设发展战略。

26 日　广东省规划建设遥感监测执法系统一期项目完成验收，验收专家组认定该项目成果达到国内领先水平。副省长许瑞生肯定该项工作，认为该项目将遥感监测技术同规划建设执法有效结合，是“互联网+”落到实处的具体体现。

31 日　住房城乡建设部和广东省政府在广州召开部省共同推进城乡规划建设体制改革试点省建设第一次领导小组会议，住房城乡建设部副部长倪虹和广东省副省长许瑞生出席会议。

9 月

7 日　《佛山市历史文化名城保护规划(2011-2020 年)》获广东省人民政府批复实施。

10 日　是日至 9 月 30 日，广东省住房和城乡建设厅组织省城乡规划督察员对全省建设工程规划批后监督管理情况进行专项规划督察，督促各地明确批后监管责任主体，实现审批监管闭合。

15 日　广东省副省长许瑞生率省府办公厅、省住房城乡建设厅、国土资源厅、国资委、省委农办等部门有关负责同志到韶关市专题督查和调研棚户区和农村危房改造工作。

17 日　《中山市历史文化名城保护规划(2013-2020 年)》获广东省人民政府批复实施。

19 日　广东省住房和城乡建设厅指导举办以“智慧城市跨界融合——智慧空间，无限产业”为主题的“2015 中国(广州)智慧城市大会”。

25 日　《广东省城乡生活垃圾处理条例》经广东省第十二届人民代表大会常务委员会第二十次会议通过，自 2016 年 1 月 1 日起施行。

10 月

1 日　广东省散装水泥管理办公室主编的广东省标准《预拌砂浆、混凝土及制品企业试验室管理规范》开始实施，是国内首部适用于相关企业试验室技术和质量管理的专项标准。

4 日　第 22 号台风“彩虹”在广东省湛江市坡头区沿海地区登陆，市区市政道路及管道、路灯及灯饰、园林绿化及植被和市容环卫等市政基础设施遭受极其严重破坏。广东省住房和城乡建设厅派专人并组织专家赶赴灾区现场，协助湛江市有关部门救灾，并从珠三角各市调集专业车辆、设备、人员紧急支援湛江市开展救灾复产工作。

13日 《广东省住房和城乡建设厅关于建立城乡规划建设遥感图斑核查处理工作机制的通知》印发，要求各地建立“成立一个工作协调小组、组成一支联合执法队伍、制定一个工作流程、召开一次动员会、建立一案一档制度”的城乡规划建设遥感图斑核查处理工作机制。

同日 广东省住房和城乡建设厅印发《关于开展“十三五”近期建设规划制定工作的通知》，明确十三五近期建设规划的重点内容及编制任务要求，科学指导各地编制十三五近期建设规划。

21日 广东省副省长许瑞生在广州召开棚户区改造工作约谈会议，并代表省政府对广州、韶关、阳江、揭阳市政府负责人进行约谈。

11月

3日 广东省住房和城乡建设厅会同省工程勘察设计行业协会在广州举办《乡愁：关怀与唤醒——广东省“三师”专业志愿者下乡服务活动周年访谈录》图书首发暨“三师下乡”周年回顾活动，副省长许瑞生出席并讲话，向参会代表赠送《访谈录》，颁发第三批“三师”下乡专业志愿者荣誉证书。

4日 《广东省住房和城乡建设厅 中共广东省委农村工作办公室关于印发〈广东省改善农村人居环境工作分工实施方案〉的通知》提出广东省改善农村人居环境工作的指导思想、工作目标、工作原则、重点任务和保障措施。

6日 经广东省人民政府同意，省住房城乡建设厅印发《珠三角城际轨道站场TOD综合开发规划(第三批第一组)》，要求相关市落实省委、省人民政府关于加快推进珠三角城际轨道沿线综合开发的重要工作部署。

9日 《广东省城乡规划建设遥感督察工作管理办法》印发，明确城乡规划建设遥感督察工作的原则、监测重点、监测频率、工作程序、责任主体、成果研究应用以及通报、挂牌督办、约谈地方人民政府负责人、责任追究等内容。

11日～12日 住房城乡建设部副部长倪虹到广东调研城乡规划督察和规划改革工作，对广东省城乡规划督察工作给予肯定，提出要在全国推广广东省的专项督察工作经验。

18日 广东省住房和城乡建设厅在广州组织召开《评估生活质量指标，深化大珠江三角洲地区的可持续发展》成果宣贯会。美国兰德公司总裁高级顾问、高级首席研究员克诺谱曼以及中国业务顾问牟丹娉，本地技术合作单位北京大学深圳研究生院、广东省城乡规划设计研究院，各地级以上市住房和城乡建设、规划、房管、城管主管部门代表，广东省各甲级规划院和高校代表约200人参加会议。

27日 广东省住房和城乡建设厅组织省城乡规划督察员对全省进行2015年度建设工程规划许可审批管理情况规划督察评估。

12月

2日 广东省住房和城乡建设厅、省委农办、省发展改革委等9部门联合印发《加快推进粤东西北等地区新一轮生活垃圾和污水处理基础设施建设实施方案》，明确到2018年底粤东西北地区12个市全域以及珠三角的惠州、江门、肇庆3市县域共15个地级市的生活垃圾和污水处理设施建设的总体要求、目标任务、资金需求和解决方案以及支持保障措施。

4日 广东省宣布，全省共新开工各类棚户区改造87865户/套，占目标任务的104.7%，提前超额完成国家下达的年度目标任务。

21日 经广东省人民政府同意，《广东省住房和城乡建设厅关于公布广东省新型城镇化“2511”试点名单的通知》公布试点名单，将珠海、潮州市列为省新型城镇化地级市综合试点，将南雄市等5个县(市、区)列为省新型城镇化县(市、区)综合试点，将中山市小榄镇等10个镇列为省新型城镇化镇综合试点，将云浮市“一张蓝图”工程等20个项目列为省新型城镇化专项试点。

23日 广东省住房和城乡建设厅和省国土资源厅联合发出紧急通知，要求从即日起至2016年元旦前，全省各级住房城乡建设、国土资源、城市管理等主管部门要按照各自职能分工，对非煤矿山矿渣和建筑余泥渣土等堆放(排放)场、地质灾害易发场所等安全隐患进行排查整治。

24日 广东省住房和城乡建设厅联合省体育局部署对亚运会、大运会134座场馆范围内临时建筑物开展专项检查。

28日 广东省住房和城乡建设厅编印《广东省农村住宅设计方案图集》，免费发放至全省各地，为农村危房改造和农民建房提供参考。

28～29日 广东省住房和城乡建设厅工程师陈天翼、总经济师洪冰、总规划师李永洁分别带队，省人民政府督察室各派1人参加督查组对广州、佛山、东莞建筑余泥渣土等堆放(排放)场安全隐患大排查大整治工作情况进行督查。

29日 经广东省人民政府同意，东莞市莞城中兴路—大西路，兴贤里、象塔街、竹园、大雁塘5

条街区被认定为省历史文化街区。

30日　广东省住房和城乡建设厅门户网站(广东建设信息网政务版)列省直部门政府网站公共服务程度评测第一名，获最高奖项优秀网站和服务创新两项大奖，信息公开、便民服务、用户体验三项测评列居第一，“探索开展政务信息化工作的最佳途径”和“三库一平台”入选网站建设优秀案例。

31日　广东省住房和城乡建设厅完成广东省网上办事大厅2015年省直部门窗口建设任务，完成应进驻事项目录调整，实现与省主厅统一身份认证、数据对接以及手机版和内部电子监察等重要功能，应进驻的54个事项进驻率、网上办事深度率和网上办结率均达到100%。

(广东省住房和城乡建设厅)

广西壮族自治区

概况

2015年，广西住房城乡建系统认真贯彻落实中央和自治区的决策部署，强化城乡规划建设管理，加强住房保障和改善民生，积极推进改革创新，大力发展建设经济，广西住房城乡建设工作取得显著成效。

【农村人居环境建设创建新模式】　以“美丽广西”乡村建设活动为平台改善农村人居环境，农村垃圾收集处理实现基本覆盖，城乡风貌改造向乡土特色建设转型升级，创建560个绿色村屯，农村基础设施建设运营的市场导向改革启动，初步走出后发展欠发达地区改善农村人居环境的新路子。2015年11月，第二次全国改善农村人居环境工作会议在广西桂林恭城县胜利召开。

【棚户区改造实现新突破】　全区棚户区改造工作提前3个月超额完成国家下达的新开工、基本建成和分配入住3项指标任务，保障性住房和棚户区改造建设完成投资256.97亿元。争取国家开发银行棚户区改造贷款授信1325亿元，签订贷款合同金额831亿元，发放贷款金额491亿元，实际使用357亿元，使用率为72.70%。在全国棚户区改造工作会议上，广西作棚户区改造经验交流报告。2015年9月16日，中共中央政治局常委、国务院副总理张高丽在广西调研，实地考察南宁水街棚户区改造项目现场。

【新型城镇化建设注入新动力】　广西城镇化水平达47%，城镇承载力进一步增强；北部湾经济区等城镇群规划编制有序开展，330个市政公用设施专项规划获得批复。大县城战略启动，20个新型城镇化示范县建设初步展开，百镇建设示范成效初显。成功举办第六、七届广西园博会，南宁市成为首批国家生态园林城市，钦州市、玉林市、乐业县、平果县等市县成为国家园林城市或县城。

【市政设施建设开创新局面】　广西完成市政公用设施投资1750亿元，同比增长15.6%。南宁市被列为国家首批16个海绵城市建设试点市之一，5月28日住房城乡建设部在南宁召开全国海绵城市建设培训班。海绵城市建设开端良好，雨水收集利用示范工程、地下综合管廊规划建设起步，城镇污水及生活垃圾处理率超过85%。

【房地产市场创下新增幅】　广西房地产投资、销售和利用示范工程、地下综合管廊规划建设起步，城镇污水及生活垃圾处理率价格三大指标保持增长。广西完成房地产投资2205.37亿元，完成全年投资目标任务的110.3%。广西商品房销售面积3523.41万平方米，同比增长11.6%，增幅高于全国5.1个百分点，已连续18个月高于全国平均水平，同比增幅在全国排名第8位。房地产业各类税收占地税收入的29.1%。

【建筑产业发展取得新成效】　全年建筑业总产值达到2953.42亿元，增速比全国平均水平快10.9个百分点。2015年，广西建筑业3个项目获得鲁班奖、12个项目获得国家优质工程奖、13个项目获得全国建筑工程装饰奖、20个项目获得全国3A级安全文明标准化工地、18个工法获得国家级工法、30个QC小组获得全国建设工程优秀QC小组，所获国家级奖项数量再创新高。从事建筑业活动的平均人数达到81万人，一级建造师、二级建造师分别有6686人和51509人，分别比上一年增长32.79%和26.25%。

政策规章

广西壮族自治区人民政府印发《关于千方百计

做好稳增长工作的意见》，广西住房城乡建设厅会同自治区国土资源厅出台《关于保持广西房地产市场平稳健康发展的指导意见》，指导各地采取措施"去库存、促销售"。完成《广西民用建筑节能条例》和《广西违法建设查处条例》立法阶段性任务。依法办理行政复议案件，启动稽查执法改革措施，及时处理各类稽查执法案件，纠正违法违规和不当的行政执法行为。柳州市坚持一把手抓与部门协调联动，在大规模查违行动中未引发群体性行政诉讼与行政复议案件。信访维稳工作有序开展。对国务院下放或取消的行政审批事项，全部承接到位或取消，严格执行已公布的权力清单和责任清单。广西住房和城乡建设厅全年办理依申请公开政府信息330条，全部按时回复。办理19484项行政审批事项，总体提速31%，实现零差错、零超时、零投诉，群众评议满意率达100%。

房地产业

【房地产市场】 广西房地产市场总体平稳健康，房地产开发投资、商品房销售保持增长，房价稳中略升。全年房地产开发投资1909.09亿元，比上年增长3.8%，其中住宅投资1407.75亿元，增长8.9%。房地产开发企业房屋新开工面积3850.07万平方米，比上年下降7.0%，其中住宅新开工面积2793.57万平方米，下降5.6%。商品房销售额1747.77亿元，比上年增长14.1%，其中住宅销售额1459.43亿元，增长14.5%。房地产开发企业本年到位资金2339.29亿元，比上年下降3.0%。

【房地产市场调控】 南宁市、桂林市、梧州市、北海市等10市，相继出台保持房地产平稳健康发展的政策措施。桂林市、北海市等市对购买普通商品住房给予财政补贴、税费减免。积极拓宽商品房对外销售渠道，南宁市、北海市、贵港市、玉林市、百色市和崇左市等城市分别举办房地产博览会。北海市等市搭建房地产展销网络平台。全面推行住房公积金异地贷款业务，取消购房的提取和贷款的套数和地域限制，放开装修提取，放宽父母、子女住房消费互用公积金等，全年提取住房公积金200.76亿元，同比增长36.6%；个贷率达73.3%，同比提高7.46%。

住房保障

【保障性住房】 国家下达广西2015年保障性安居工程任务是新开工21.72万套。2015年年内实现新开工23.74万套，完成投资256.97亿元，基本建成11.48万套，分配入住13.23万套。积极探索农民工住房保障新路子，新增定向分配农民工公租房1.57万套，获得住房城乡建设部肯定。广西住房和城乡建设厅启动农民工公寓产业化试点工作，将柳州市本级莲花城片区保障性住房项目纳入试点，项目规划约700套公共租赁住房，均采用钢结构技术体系实施试点建设，定向供应农民工。2015年落实中央和自治区保障性安居工程补助资金74.62亿元，其中重要补助资金65.58亿元，自治区补助资金9.04亿元，较2014年补助资金增长32.6%。

【棚户区改造】 2015年自治区人民政府与各市签订年度住房保障工作目标责任书，并出台广西保障性安居工程实施方案，全年保障性安居工程目标任务按节点推进。棚户区(危旧房)改造目标任务为新开工18.13万套。全区各类棚户区改造新开工18.44万套，完成目标任务的101.72%。全区城市棚户区改造新开工16.66万套，完成目标任务的103.01%。完成投资161.9亿元，基本建成1.64万套，本年度新增分配入住7531套(户)。全区国有工矿棚户区改造新开工9326套，完成目标任务的125.86%，完成投资9.19亿元，基本建成1890套，本年度新增分配入住1343套(户)。全区垦区棚户区改造新开工1672套，100%完成目标任务，完成投资15914万元，基本建成2117套，本年度新增分配入住3322套(户)。区直单位危旧房改住房改造新开工4056套，南宁市直单位危旧房改住房新开工2738套。

【农村危房改造】 2015年国家下达广西农村危房改造任务29.7万户，同比增加78.9%，总量排全国第四位，改造量和补助资金创历史新高。通过制定倒排工期计划，强化过程控制，大力推进农村危房改造，年度任务按预期完成。累计完成投资182亿元，解决120多万农村贫困群众的安全住房需求，创历年新高。广西积极争取到中央补助资金23.115亿元，自治区配套23.115亿元，市、县两级落实配套资金9.557亿元。

公积金管理

【住房公积金归集】 全年新开户单位2917家，新开户职工25.79万人，净增单位1993家，净增职工12.07万人，归集住房公积金287.64亿元，比上年增长17.65%。累计归集住房公积金1788.04亿元，归集余额786.57亿元，分别比上年增长19.17%和12.42%。

【住房公积金使用】 全区住房公积金使用额达

367.08亿元，比上年增长39.79%。其中，住房公积金提取200.76亿元，增长36.63%。为6.43万户职工家庭发放个人住房公积金贷款166.12亿元，分别增长32.88%和44.46%。全区住房公积金累计提取额1001.47亿元，占缴存总额的56.01%，个人住房公积金贷款总额844.08亿元，贷款余额576.77亿元，个贷率达73.33%，同比提高7.46个百分点。

【住房公积金资金运作】 个人住房贷款年末逾期余额为0.23亿元，占贷款风险准备金余额的1.14%，逾期率0.41‰。贷款风险准备金余额20.50亿元，占贷款余额的3.55%。住房公积金业务实现增值收益20.15亿元，比上年增长48.87%，增值收益率2.71%，比上年同期提高0.63个百分点。

【调整和放宽住房公积金使用政策】 2015年4月29日印发《北部湾经济区住房公积金同城化贷款方案》，推进北部湾经济区住房公积金贷款同城化。6月4日，会同自治区财政厅、中国人民银行南宁中心支行下发《关于进一步加大住房公积金支持住房消费力度的通知》，取消购房提取的套数和地域限制，放开装修提取，允许二次贷款，降低首付比例和利率，延长贷款申请时间，开展商业贷款转公积金贷款和回原籍购房贷款业务等。10月22日，会同自治区财政厅、中国人民银行南宁中心支行联合转发《住房城乡建设部财政部中国人民银行关于切实提高住房公积金使用效率的通知》，提出清理和取消各种不合理的贷款限制，切实提高个人住房贷款实际额度，全面推行异地贷款业务，放开父母、子女住房消费互用住房公积金的限制等。

城乡规划

【规划编制】 北部湾经济区城镇群规划编制完成，组织编制新一轮广西城镇体系规划。防城港市全市建成区面积已达50.94平方千米，控规覆盖率达98%。因地制宜开展特色规划和专项规划编制，南宁市、柳州市开展轨道交通专项规划编制。各地开展地下综合管廊、海绵城市、市政专项规划及风景名胜区规划等编制。持续推进村镇规划集中行动，完成40个乡镇总体规划和控制性详细规划、84个传统村落和历史文化街区规划的编制。按照广西城镇体系规划的要求，组织编制北部湾经济区等4个城镇群规划。各地共有330个燃气、照明、环卫、节水、排水、供水、绿地系统等市政公用设施专项规划完成编制并获得批复。

【城市风貌建设】 广西完成城市设计178项。南宁市五象新区实现重点区域城市设计全覆盖，新区城市风貌和空间形态得到精细控制和有效引导；柳州市打造百里柳江百里画廊城市名片，梧州市苍海新区规划建设环城水系景观、湿地公园、休闲绿道等特色景观带。河池市新貌新风工程完成投资47.16亿元；桂林市、玉林市、贵港市开展城市风貌特色规划。

【乡土特色建设】 乡土特色建设示范见实效，扶持建设南广、贵广高铁和恭城县县城至莲花镇沿线约15325户房屋的乡土特色改造和融水苗族自治县、阳朔县、恭城瑶族自治县、巴马瑶族自治县、富川瑶族自治县5个乡土特色示范县及60个乡土特色建设示范村，传统村落保护发展工作科学有序，46个村落获中央补助资金1.38亿元，推荐276个村落申报国家级传统村落，名镇名村建设工作进展顺利。第三批14个广西特色名镇名村由自治区人民政府命名，11个镇村获评全国第三批特色景观旅游名镇名村，探索“腾屋新建”等传统村落保护发展模式，89个中国传统村落获得中央补助资金2.67亿元，组织276个村落申报第四批中国传统村落。

【实施大县城战略】 自治区出台《关于实施大县城战略提高县域城镇化发展水平的意见》，20个自治区新型城镇化示范县试点正式启动，101个百镇建设示范工程和27个少数民族乡建设项目有序推进，新涌现上林县、资源县等一批具有民族特色的城镇，崇左市大新县堪圩乡、龙州县水口镇等实施边境城镇化建设并取得阶段性进展。

【新型城镇化建设】 制定住房城乡建设部门新型城镇化配套政策文件，指导广西城镇化建设工作，百镇建设示范工程建设落到实处，年内培育建设第二批30个百镇建设示范工程，支持建设特色少数民族乡27个。

【乡村规划建设管理制度改革】 在永福县、田阳县等5个试点县探索建立地方政府与村委、村民代表大会、各类理事会的合作平台和工作机制，将乡村规划纳入村规民约，引导村民按规划建设乡村，试点地区的建筑风貌管控得到加强。367个乡镇、11个街道办完成规划建设、国土资源、环境保护、安全监督“四所合一”改革，梧州市、北海市、防城港市和崇左市完成市辖所有乡镇“四所合一”。南宁市实行农村住宅推荐户型奖励，年内完成8067户推荐户型建设，财政奖补1.97亿元。桂林市实施村民住宅规划管理办法。

城市建设与市政公用事业

【全面启动海绵城市试点建设】 制定《广西海

绵城市试点建设工作方案》，南宁市积极推进海绵基金设立，海绵城市建设示范区54.6平方千米，203个示范建设项目有序推进，开工建设9条、总长27.1千米的地下综合管廊；梧州市、北海涠洲岛等实施雨水收集利用示范工程。梧州市、北海市、贵港市、玉林市、河池市等市基本完成建成区地下管线普查工作，桂林市、北海市、宜州市等市地下管廊建设规划编制完成，柳州市、钦州市已开展项目前期工作。南宁市已开工建设佛子岭路、国凯大道等9条地下综合管廊，建设总长27.1千米，概算总投资约11.5亿元。

【污水垃圾处理】 实施污水处理设施建设百日行动，加强督查指导，促进项目建设。年内完成污水管网建设1917.1千米，占年度任务的114%，138个镇级污水处理设施建设基本建成。2015年广西建成城镇污水处理设施115座，生活污水日处理能力达391.6万吨。南宁市、柳州市等10个市建成污泥处理处置设施，完成城区污水直排口截污整治740个，占广西843个直排口截污任务量的87.8%。柳州市柳东新区将道路清扫保洁和生活垃圾收集清运服务打包推向市场的做法，上升为全国经验，在南丹县、恭城瑶族自治县等县开展“以克论净”环卫保洁模式试点；南宁市、柳州市、防城港市实行城市精细化管理考核。建成生活垃圾处理场82座，其中，填埋场72座，堆肥场1座，焚烧厂9座。

【市政设施建设】 “县县通天然气工程”建成市政管网3106千米，广西城市供水安全监测平台已建成，新建和改造城市供水管道超1000千米，新增供水能力超90万吨/日，城市水厂出厂水质基本达标。城市照明节能工作有新进展，广西城市道路照明使用绿色节能灯具比例约为65%。推进无障碍环境建设，新建、改扩建的居住小区、公共建筑、市政道路、公园、公共交通设施等无障碍设施建设率达100%，柳州市、梧州市和北流市获“十二五”全国无障碍环境建设示范市。

工程建设标准定额

【地方工程建设标准】 完成编制并发布《广西城镇污水处理厂污泥土地利用技术规范》《公共建筑节能检测标准》等12项地方标准，《广西低影响开发雨水控制及利用工程》等4项标准设计图集。批准《广西低影响开发雨水控制及利用工程设计规范》(试行)、《广西城市道路排水管道设计与施工技术规程》《广西市政综合管廊设计与施工技术指南》等27项地方标准的立项申请。

【工程定额】 编制完成并发布《广西安装工程消耗量定额》及其配套费用定额、《建设工程工程量计算规范(GB 50854～50862-2013)广西壮族自治区实施细则》，同时开展广西建设工程定额人工费及有关费率的调整工作。

【工程造价】 广西共有4家软件公司通过广西市政工程定额计价软件测评，3家公司通过广西安装工程定额计价软件测评。年内对工程造价咨询企业执业情况进行检查，全区共检查154家企业，其中外省驻桂企业24家。2015年全区有2193个项目完成网络报送，其中招标控制价1641份，合同价494份，结算价58份。

【勘察设计管理】 组织开展2015年度广西优秀工程勘察设计奖评选。开展棚户区改造及保障性住房勘察设计质量检查，对存在问题较多的施工图审查机构以通报批评。推进广西与香港的建筑业合作，与香港发展局签署《桂港建筑业合作意向协议》。推广应用高强钢筋，高强钢筋使用量占建筑用钢筋总量的94.6%。

工程质量安全监督

【轨道交通工程质量安全专项检查】 广西住房和城乡建设厅开展4次南宁市轨道交通工程质量安全检查，共抽查南宁市轨道交通工程1号线、2号线和3号线的18个标段，下发停工整改建议书2份，整改建议书16份，限期责令整改5家企业、通报批评4家企业。7月27日～30日，住房城乡建设部到南宁开展城市轨道交通工程质量安全检查，共抽查5个工程。检查取得在全国所有受检城市中排名第二名的好成绩。

【强化社会监督】在广西建设工程质量安全监督网上开辟“严管工程”栏目，每个月对各地上报的因存在重大质量安全隐患等工程质量安全违法违规行为而列入当地“严管工程”的项目进行曝光，该制度建立以来，共发布21次“严管工程”名单，累计曝光2660个项目。此外，还在广西建设工程质量安全监督网检查信息公开栏中，对检查中发现的现场管理混乱、质量安全状态差的工程进行曝光。2015年9月，组织区内质量安全监督机构在该栏目中公开曝光141个工程信息(含照片)。通过对典型照片的学习，提高一线监督人员、企业项目管理人员的工程监督管理水平、技术水平。

【完善建筑市场诚信体系】 广西建筑业企业诚信库已录入施工企业3190家、监理企业396家、招标代理单位252家、检测机构103家，发放广西建筑市场诚信卡 72351 张。各市及绝大部分县实现“开标刷卡、中标锁卡、有序解卡”；建成广西建筑市场监管与诚信信息一体化平台并通过验收，实现与住房城乡建设部数据库互联互通，以及自治区、市、县“一键登录、全程办事”。全年共创建“全国AAA级安全文明标准化诚信工地”20个。

【工程质量治理】 对各市县区实行全覆盖检查，共检查工程370个，发出整改建议书362份，对涉嫌违法行为的60个项目挂牌督办。印发《关于加强建筑施工企业总部管控能力的指导意见》，探索工程质量治理长效机制。南宁市建立政府监督评价、企业检验评定、公众参与评议、行业自律协调的工程治理模式，防城港市、玉林市对“严管工程”依法采取行政强制措施。112 个工程获“广西优质工程”奖，其中金奖8个，银奖104个。

【老楼危楼安全隐患排查】 各市开展老楼危楼安全隐患排查整治。据统计，广西直管公房共有15777 栋，认定为C级危险程度的 327 栋，面积12.29 万平方米；D级危险程度的 505 栋，面积11.99 万平方米，对此类房屋采取强行搬离、封存拆除、改造等措施。2015 年 8 月至 10 月，住房城乡建设部稽查办公室分别对防城港市、崇左市、百色市、南宁市 4 个设区市的老楼危楼安全排查整治工作情况进行督查。

建筑市场

【建筑业经济】 全年建筑业总产值达到 2953.42 亿元，增速达到 13.2%，增速排全国第 4 位，比全国平均水平快 10.9 个百分点，全年建筑业增加值1360.90 亿元，占广西 GDP 比重达到 8.1%，对经济增长的贡献率为 8.6%，实现利润 48.28 亿元，比上年下降 4.7%。实现税收 167.73 亿元，税收占广西地税收入 17.3%，支柱产业地位进一步凸显。南宁市建筑业产值首次超过 1000 亿元，钦州市建筑业产值增速连续 3 年排名广西第一位。

【产业结构优化】 截至 2015 年底，注册在广西的建筑施工企业共有 3317 家，比 2014 年增加了 320 家，工程监理企业 163 家，招标代理机构 126 家，工程质量检测机构 238 家。通过采取优化市场环境，放开非国有投资项目招标的限制，支持鼓励企业提质升级等措施，进一步扶持广西建筑业做大做强。年内有 18 家施工总承包企业二级升一级、16 家工程监理企业乙级升甲级，5 家招标代理机构乙级升甲级。

【建筑市场监管】 2015 年广西查处违法发包行为 17 起、转包行为 22 起、违法分包行为 21 起、挂靠行为 18 起、未办理施工许可即开工建设等其他违法行为 192 起，“三包一靠”建筑市场违法行为查处力度数次获得住房城乡建设部通报表扬。

【建筑市场检查】 广西住房和城乡建设厅共组织开展 4 次建筑市场和建筑工程质量安全层级监督检查、巡查，对 14 个设区市及 98 个县(市、区)进行100%全覆盖检查，共检查工程 370 个，挂牌督办案件 60 起、停止投标资格 121 家、停止执业资格 178 人、曝光典型案例 29 起、实施行政处罚处理 108 起。2015 年 9 月 8 日《中国建设报》头版头条报道广西加强建筑市场监管的经验做法。柳州市代表广西接受住房城乡建设部检查，建筑市场行为检查符合率在全国 30 个受检城市中排名第九位。

建筑节能与科技

【新建建筑节能】 广西新建建筑施工阶段强制性标准执行率达 98.5%，新增建筑节能 101 万吨标准煤。年内共有 14 个项目获国家绿色建筑评价标识。可再生能源建筑应用规模化推进，14 个可再生能源建筑应用示范城市完成建设任务。17 个可再生能源建筑应用示范市县完成应用面积 2360 万平方米，超额完成国家示范任务；百色市等新增为国家公共建筑节能改造示范。新增绿色建筑评价标识项目 67 项、947 万平方米，超过前 5 年总和。

【智慧城市建设】 南宁市、柳州市、桂林市、贵港市和柳州市鱼峰区等国家智慧城市试点取得阶段性成果，钦州市、玉林市和鹿寨县新入选国家智慧城市试点，形成“6 市 1 区 1 县”的智慧城市建设格局。柳州市和桂林市临桂新区入选中欧低碳生态城市专项试点。

【墙体材料革新】 广西推进墙改节能减排，21 个市完成“限黏”任务，68 个县城完成“禁实”任务，“禁实限黏”任务全面完成。新型墙体材料产业结构进一步优化，规模企业发展到 360 家，年生产规模 1 亿块折标准砖以上的墙材企业 50 家，培育建设 42 家新型墙材标杆示范企业工程。新墙材产量达1045 亿块标砖，占墙材总量的 65%，乡土砌块试点建筑启动并受到群众欢迎。依法关停落后窑炉企业307 家，淘汰 61.4 亿块标砖。

建设人事教育工作

【建设教育培训】 采取多种形式轮训住建系统领导干部，举办 4 期新型城镇化建设、村镇建设管理专题研修班，培训全系统干部 700 多人。行业教育培训、职业技能岗位培训与鉴定工作稳健发展。

【党风廉政和精神文明建设】 深入推进“两个责任”落实，贯彻落实八项规定，践行“三严三实”，全面落实监督执纪问责，严厉查处发生在群众身边的“四风”和腐败问题，强化对权力运行的监督，整体推进党风廉政建设和反腐败工作向纵深开展。深入开展“中国梦”教育，努力践行社会主义核心价值观，将“三个倡导”有机融入行业诚信体系建设，不断优化行业窗口服务，广泛开展“道德讲堂”和志愿者服务活动。

“十二五”期间住房城乡建设主要工作及成效

【经济建设】 “十二五”期间，全区逐年加大住房城乡建设领域固定资产投资力度全区住房城乡建设领域累计完成固定资产投资 16501.76 亿元，占全区固定资产投资的 26.5%，比“十一五”时期完成总量增长 2.8 倍。其中：房地产开发累计完成投资 8417.62 亿元，保障性住房建设累计完成投资 1148.24 亿元，城镇市政基础设施建设累计完成投资 6935.9 亿元。完成自治区每年下达住房城乡建设领域约占全区四分之一的固定资产投资任务，较好地促进全区经济社会的稳步发展。

【保障性安居工程】 “十二五”期间，全区共建设各类保障性住房和改造棚户区 117.65 万套，提前完成“十二五”规划目标，超过原规划 90 万套的 30.72%。累计基本建成 60.77 万套，累计完成投资 2237.17 亿元，解决 300 多万中低收入住房困难群众的居住问题，城镇居民住房保障覆盖面从 8%提高到 25%。其中，棚户区居民受益良多，全区完成棚户区改造 45 万户，累计完成投资 1480 亿元，140 多万棚户区群众住房条件得到改善。结合城市规划，统筹推进城市和工矿棚户区改造。集中成片国有工矿棚户区已基本消除。拆改并举，将城市棚户区改造工作与城市规划、文物保护等工作结合起来，对历史文化名城古镇实行原址改造。

从 2011 年开始，全区各级政府和各有关部门针对保障性住房管理出台一系列法规和规章，特别是 2013 年出台《广西壮族自治区保障性住房管理暂行办法》，全区成为全国率先出台保障性住房综合性管理法规的少数省区之一。此外，全区还相继出台《广西住房保障建设项目监管规程》、《广西住房保障资源配置监管规程》、《广西壮族自治区保障性住房建设标准》等多个涉及保障性住房管理、分配、资源调配的重要文件，初步形成以公共租赁住房和廉租住房为重点、以各类棚户区改造为支撑、以经济适用住房和限价商品住房为补充的覆盖城镇中低收入群体的住房保障体系。

2013 年，全区率先将绿色标准纳入各地保障性安居工程目标责任状。“十二五”期间，全区共有 19 个保障性住房项目执行一星级以上绿色标准，占全区 28 个执行绿色标准项目的 68%。以绿色建筑标准建设的保障性住房在全区绿色建筑中的占比居全国前列。

“十二五”以来，按照住房城乡建设部统一的规范和标准，依托自治区住房城乡建设厅电子政务系统平台资源，构建了覆盖自治区、市、县三级 130 多个住房城乡建设(住房保障)工作机构的业务网络体系。项目系统利用 GIS 平台的地理信息资源，借助“天地图·广西”提供的地理信息服务，即可快速定位项目所在的位置，全区成为全国住房保障信息化建设较完善的省区之一。

【城镇化建设】 全区城镇化水平达 47.06%，比 2010 年提高 7 个百分点，年均提高约 1.4 个百分点。“四群四带”城镇空间格局初步形成。完成桂中城镇群规划、桂贺旅游城镇带规划、西江干流城镇带规划编制工作，北部湾城镇群规划正在修改完善，已初步形成“四群四带”发展新格局，即：以南宁为核心的南(宁)北(海)钦(州)防(城港)城市群；以柳州市为中心的桂中城镇群。整合桂北城镇群和桂东北城镇带的旅游城镇资源，推动桂贺旅游带建设，以梧州市、玉林市、贵港市为中心的桂东南城镇群，以百色市、平果县为轴心的右江走廊城镇带；以河池市、宜州市为轴心的黔桂走廊城镇带；以崇左市、凭祥市为中心的桂西南城镇带。

深入实施广西城镇体系规划，加快北部湾城镇群规划、西江—珠江城镇带规划等规划编制。自 2011 年启动村镇规划集中行动以来，截至 2014 年底，累计编制建制镇总体规划 638 个，占建制镇总数的 98%，编制乡总体规划 340 个，占乡总数的 93.2%，编制行政村规划 11075 个，占行政村总数的 77.2%，编制自然村屯规划 44284 个，占村屯总数的 24.5%。以上规划的批准实施，在优化村镇用地布局、引导村镇有序发展、协调区域基础设施建设、减少重复投资和保护生态环境等方面发挥了积极作用。

稳步推进户籍管理制度改革工作，在南宁市、柳州市、凭祥市 3 个试点城市推行流动人口居住证工作制度，建立和完善企业及个体工商户信用分类监管制度，有序开展土地“征转分离”和农村土地综合整治试点，南宁市、柳州市、桂林市 3 个城市开展创业型城市创建工作，逐步建立面向城乡全体劳动者的就业服务体系和就业组织体系，城镇居民基本医疗保险和新型农村合作医疗参保率均在96%以上。

【城乡规划管理】 2010年，《广西壮族自治区城镇体系规划(2010～2020年)》经国务院同意，住房城乡建设部正式批复实施。南宁市、柳州市城市总体规划获得国务院批复，桂林市城市总体规划通过部际联席会议审查，各地城市、镇总体规划全面推进，控制性详细规划覆盖率显著提高。加强重大项目规划选址服务，将中马产业园、东兴重点开放开发试验区等建设项目纳入城市总体规划范围，确保重大项目顺利落地。做好城乡规划与旅游规划相衔接，科学指引旅游产业发展。桂林漓江风景名胜区总体规划获国务院批复实施，太平天国金田起义旧址红色旅游景区项目纳入桂平西山风景名胜区总体规划。有序开展广西园林园艺博览园建设，成功举办六届广西园林园艺博览会。

【城市基础设施建设】 全区城市道路总长度为12282千米，城市道路面积23860万平方米、人均道路面积14.95平方米，比2010年分别增加2290千米、6116万平方米、2.12平方米。城市桥梁共有1467座，较"十一五"末增加206座。城市轨道交通建设项目实现从无到有，南宁市在建轨道交通线2条，在建线路53.10千米。

【无障碍环境建设】 "十二五"期间，全区以柳州市、梧州市、北流市作为创建全国"十二五"无障碍环境示范市县，全区14个设区市无障碍环境建设成效明显，新建、扩建和改建的居住小区、公共建筑、市政道路、公园、公共交通设施等无障碍设施建设率已达100%，既有建筑无障碍设施改造率达60%以上。

【城市照明节能建设】 全区14个设区城市和74个县级城市共有道路照明灯99.6230万盏，比2010年增加了93.9990万盏，安装路灯的道路长度达到9576.35千米，比2010年增加了9141.35千米。节能灯具安装量占全区道路照明灯具安装量的65%。通过抓绿色照明示范试点，在梧州市、贵港市等地推行合同能源管理模式实施城市照明节能的改造，加快照明节能新技术、新产品的推广速度，各地逐步淘汰低效能照明产品。

【城市供水建设】 "十二五"期间，新建供水管网约2000千米，推动城市用水普及率增加3%，供水服务人口达到1700万，较2010年增加约490万。14个设区城市全部具备生活饮用水卫生标准42项以上检测能力，75个县(市)全部具备12项目检测能力。南宁市和北海市新获"国家节水型城市"称号。

【城市供气建设】 全区燃气总供应量达到6.08亿立方米(燃气供气总量为煤制气、天然气、液化石油气三种供气总量之和，其中液化石油气按0.42立方米/千克 折算)，城镇用气人口达1417.2万。全区实现14市27县开通城市管道天然气，全区建成天然气加气站17座，较2010年增加15座。2012年底，西气东输二线工程广西段建成通气，标志着全区结束了建区以来没有长输管道燃气的历史。2013年8月中缅天然气管道通气，实现全区长输天然气管道的多气源保障。全区城镇燃气行业持续保持安全运行。

【城镇污水垃圾处理及配套管网建设】 全区县级以上城市已建成并投入运营的污水处理厂共115个，建制镇建成138个镇级污水处理设施，全区城镇生活污水处理率达86.5%，超额完成"十二五"末85%的目标任务，"十二五"期间累计处理污水188.1亿吨，已完成污水配套管网建设1958千米，完成污水直排口截污775个。全区已建成并投入运营的生活垃圾处理场共82座。生活垃圾无害化处理率达到96.53%，比2010年67.24%提高29.3个百分点，均提前实现"十二五"规划设定的85%的目标。"十二五"期间，全区不断加大城市生活垃圾处理设施建设，推行城镇生活垃圾分类收集试点，组织开展县级生活垃圾填埋场无害化等级评定，城镇生活垃圾初步实现"无害化、减量化、资源化"的有效处置，县域生活垃圾的"村收镇运县处理"模式逐步成型，生活垃圾处理能力不断增强。此外，市政设施、小区及建筑雨水利用等排水防涝工程建设加快推进，城镇环境质量明显改善。

【城市园林绿化建设】 全区城市(县城)绿化覆盖面积112160.80公顷，全区城市(县城)建成区绿化覆盖率34.66%，全区城市(县城)园林绿地面积101175.90公顷、建成区绿地率达30.35%。公园绿地面积16580.60公顷、人均公园绿地面积达10.39平方米。南宁市、桂林市、柳州市、梧州市、北海市、百色市、北流市获得"国家园林城市"称号，凌云县、鹿寨县获得"国家园林县城"称号。成功举办七届广西园林园艺博览会，促进举办城市市容市貌明显改观、城市人居环境明显改善。广西桂林、环江以"中国南方喀斯特"二期申遗成功，实现全区世界自然遗产项目零的突破。桂林漓江风景名胜区总体规划获得国务院批复，桂平西山风景区总体规划已编制完成，并报国务院审批。花山风景名胜区总体规划纲要获审查通过；澄碧湖风景名胜区、南宁青秀山风景名胜区等完成了总体规划编制；龙脊风景名胜区三大景区重点村寨、东兴京岛风景名胜区完成了详细规划编制，资江—八角寨风景名胜区开展申报国家级风景名胜区相关工作。桂林漓江风景名胜区、花山风景名胜区通过国家开展的风景名胜区执法检查。

【村镇建设】 “十二五”以来，全区鹿寨县中渡镇、恭城瑶族自治县恭城镇、兴安县界首镇、八步区贺街镇等4个镇和灵川县江头村、兴安县榜上村、阳朔县旧县村、灌阳县月岭村、富川瑶族自治县福溪村等5个村被列入第六批中国历史文化名镇名村，全区的国家级历史文化名镇名村数量增至16个，有6镇16村被评为第二批广西历史文化名镇名村，历史文化名镇名村数量大幅增加。经组织专家审查，初步确定208个村落列入广西传统村落名录，其中89个分别入选第一、第二和第三批中国传统村落名录，并形成村落档案，完成了中国传统村落保护发展规划的编制。

【城乡风貌改造】 “十二五”期间，全区开展以城乡房屋外立面改造，完善农村基础设施和公共服务，改善农村生产生活条件，促进农村产业发展为主要内容的城乡风貌改造工程。共实施了六期工程改造，建设项目约1.5万个，覆盖98个县(市、区)、480个乡镇、3144个村，惠及约200万农民群众。完成村庄规划编制3100个，房屋外立面改造261771户，建设远教站点(远教影院或广场)489个、乡村学校少年宫(或未成年人校外活动中心)105个，村屯信息化改造及服务点建设429个，建设民族特色村寨11个，乡镇敬老院或五保村维修539个，建设通村公路约167千米，硬化村屯道路1113条，建设垃圾池1735个、小型分散式污水处理项目80个，农村饮水安全和农田水利建设166处，村屯绿化约1300个，建设沼气池和服务网点3078个，新农村建设示范和农业产业扶持约538个，建设村级公共服务中心69个、乡镇文化站28个、村级计生室(乡镇计生服务所)924个、新家庭文化屋499个、农家书屋286个、篮球场418个，建设乡村旅游示范点35个，特色养殖产业扶持15个，建设村级兽医室147个、县级商品配送中心63个。自2013年启动“美丽广西·清洁乡村”重大活动，全区累计开展集中清理整治行动125.913万次，参加集中清理整治行动人数3717.235万，清除垃圾1778.115万吨，农村生活垃圾治理率达93.16%。全区农村垃圾综合处理示范村屯计划建设2000个，已全部完成建设。配备乡村保洁员17.88万人。

全区初步构建由三个层级构成的农村垃圾处理体系，即：县城周边20千米半径范围的农村生活垃圾实行“村收镇运县处理”，偏远和交通不便地区实行“村收镇运片区处理”，以及农村垃圾实行就近就地处理的方式，同时积极探索农村垃圾处理的长效机制，使全区农村人居环境发生了翻天覆地的变化，村容村貌焕然一新。

【农村危房改造】 “十二五”以来，全区53个国定、区定扶贫开发工作重点县及石漠化片区特困县共完成农村危房改造72.14万户，占完成总量109.85万户的65.67%。全区完成农村分散供养的五保户、低保户、残疾人困难户的危房改造量超过28.29万户，占已完成总量109.85万户的25.75%，完成农村茅草树皮房、泥草房、土坯房、竹木房等改造量约58.5万户，占完成总量109.85万户的53.25%，全区15个少数民族自治县(包含享受同等待遇县)累计完成改造17.83万户，占已完成总量的16.23%，全区边境地区10县(包含同等待遇县)累计完成改造10.33万户，占完成总量109.85万户的9.4%。加强农村防火改造，有效遏制民族村寨重、特大火灾事故发生。“十二五”期间，全区共组织开展三期村寨防火改造工程，完成4市、14个县(区)、2237个村寨的防火改造任务，惠及群众21.21万户、100万多人。

【建筑节能】 “十二五”期间，广西共完成绿色建筑评审项目136个，完成新建绿色建筑1645.63万平方米，其中居住建筑项目63个，建筑面积1034.09万平方米，居住建筑项目中保障性住房项目占18个，建筑面积69.2万平方米。大型公共建筑项目73个，建筑面积611.54万平方米。建立建筑能耗监测平台，对113栋机关办公建筑和大型公共建筑实施建筑能耗动态监测，在4所院校开展了节约型校园建设试点。全区建筑节能实现节约标准煤334.5万吨，减少二氧化碳排放量825.7万吨，并形成持续节能减排能力。列入国家可再生能源建筑应用的17个示范市县基本完成示范项目建设任务，完成可再生能源建筑折合应用面积2360万平方米，太阳能光电建筑应用装机容量约17.13兆瓦。有56个项目通过绿色建筑星级评价，新增绿色建筑面积528万平方米。“禁实”、“限黏”等墙体材料革新工作成效突出，完成关停淘汰落后墙材生产企业约450家。全区6市1县1区列入国家智慧城市试点。

【房地产市场监管】 2011～2015年，房地产开发投资总量合计完成8417.62亿元，房地产开发投资在全区GDP占比保持在12%左右。全区商品房施工面积累计6.03亿平方米，竣工面积1.3亿平方米，商品房销售价格由2011年底的3789元/平方米上升到2015年底的4960元/平方米，年平均增长293元/平方米。“十二五”期间获得“国优”的项目有9个，获得“区优”的项目有127个，获优项目呈逐年递增趋势。物业服务行业服务水平进一步提高。自治区本级城镇个人住房信息系统已基本建成。住房公积金监管不断完善，资金运行保持良好状态，“十二五”全区累计归集住房公积金1099.94亿元，职工累计提取住房公积金670.51亿元，五年共为23.28万户职工家庭发放住房公积金贷款529.39亿元；“十二五”期间实现住房公积金增值收益达61.26亿元，同比增加41.74亿元，增长213.83%；南宁市、柳州市、百色市3市顺利开展住房公积金贷款支持保障性住房建设试点工作。

【建筑业】 “十二五”期间，广西建筑业累计完成总产值为11272.34亿元，为“十一五”时期的2.79倍，年平均增长率为19.3%，建筑业贡献率不断提高，已成为全区国民经济发展的重要支柱产业。大力推广应用高强钢筋，高强钢筋在建筑工程中的使用量已经达到建筑用钢筋总量的90%以上。大力开展建筑市场诚信体系建设，建成全区统一开放的建筑市场。大力推进电子化招标投标，严格招投标源头监管，不断提升全区房建市政工程招标投标的标准化、规范化、电子化水平。实施安全生产动态扣分管理制度，不断突出建筑施工重大危险源和县域工程质量安全监管，建筑施工安全生产持续加强，安全生产形势保持平稳。

【标准定额】 “十二五”期间，全区共组织编制了37项工程建设地方标准定额和标准设计图集，地方标准累计达80多项。完成了建筑行业主要专业《广西建筑工程消耗量定额》等五大定额编制，定额编制质量稳步提高，工程建设标准定额体系日趋完善。大力推广应用高强钢筋，高强钢筋在建筑工程中的使用量已经达到建筑用钢筋总量的90%以上，提前完成国家要求的到2015年底高强钢筋使用量达到65%以上的目标任务。积极贯彻实施工程量清单计价和光纤到户等国家标准。通过科学化、规范化、标准化的管理，为工程建设提供技术保障服务。

【工程勘察设计】 “十二五”期间，行业从业人员已超过27000人，工程勘察设计企业营业收入408.86亿元。同时，三维设计、协同设计技术得到应用，计算机辅助设计(CAD)、计算机辅助模拟(CAE)等新技术得到普遍使用和推广，行业队伍素质、经营规模、经济效益均得到大幅提升。

【行业信息化】 “十二五”期间，全区住房城乡建设行业改变过去各部门“自建、自用和自成体系”的建设模式，利用云计算技术实现资源融合与信息共享，实现跨系统的业务协同，建设行业统一数据共享交换平台。建成并推广应用了自治区住房城乡建设厅OA办公系统，实现了公文网上流转和移动办公，公文发送即时可达签收，减少工作程序，节约办公成本。启动“十二五”电子政务的重点建设项目“广西住房和城乡建设行业市场监管与决策支持信息化工程”项目建设，基本实现全区住房城乡建设系统区、市、县三级网上公文传输与交换，初步建成全系统统一的电子政务网络和办公平台。在厅门户网站上开设“网上办事大厅”，提供“一站式”“全天候”的便民服务。

大事记

1月

6日　河池市、崇左市、贺州市、东兴市、合山市、德保县、隆林县、田东县、靖西县、忻城县、蒙山县等11个市县被命名为广西园林城市。

11日　广西住房和城乡建设厅在南宁组织召开广西贯彻落实《全国城乡规划行业统计报表制度》培训学习会议。

12日　由广西住房和城乡建设厅牵头，联合区民政厅、区工信委、区残联、区老龄委召开无障碍设施建设联席单位工作会议，讨论部署如何做好广西“十二五”无障碍设施建设自查工作。

19日　由国家财政部、住房和城乡建设部、教育部组成的国家公共建筑节能核查组对广西公共建筑节能工作进行核查。广西住房和城乡建设厅以及广西建筑科学研究设计院、广西民族大学相关负责人参加了汇报会。

22日　广西壮族自治区人民政府在南宁召开全区住房城乡建设暨棚户区改造工作会议。广西壮族自治区副主席蓝天立出席并讲话。广西壮族自治区人民政府副秘书长黄武海主持会议。广西住房和城乡建设厅厅长严世明作全区住房城乡建设工作报告，副厅长、巡视员金昌宁布置全区棚户区改造工作。

23日　广西住房和城乡建设厅召开2014年度依法行政考核工作会议，接受自治区依法行政考核小组的现场考核。

29日　广西传统村落保护发展专家委员会第一次全体会议在南宁召开。广西住房和城乡建设厅副厅长吴伟权，自治区文化厅副巡视员谢日万，中国传统村落保护发展专家委员会工作组负责人、北京工业大学副教授李华东，广西传统村落保护发展专家委员会副主任委员覃彩銮、朱涛，以及广西传统村落保护发展专家委员会成员参加会议。

同日　由住房和城乡建设部建筑市场监管司副司长张毅带队的检查组到广西开展全国建筑市场行为工程质量安全和工程质量治理两年行动落实情况检查。

30 日　广西壮族自治区安全生产监督管理局总工程师操莹率自治区安委会安全生产考评组到广西住房和城乡建设厅考评安全生产工作情况。

2 月

2 日　自治区推进新型城镇化工作电视电话会议在南宁召开，自治区党委常委、自治区副主席蓝天立出席并讲话。

同日　由住房和城乡建设部人事司专业人才与培训处处长何志方率领的评估组一行 5 人到广西住房和城乡建设厅，就广西住房城乡建设领域现场专业人员职业标准统一工作进行评价评估。

9～10 日　广西住房和城乡建设厅城建处负责人带队到防城港市开展安全生产检查工作。检查组先后检查了东兴市水厂、中油华气管道燃气公司气库、家和公司液化石油气气库等企业的节前安全生产工作情况，听取市政部门关于市政桥梁安全检测及日常维护情况的报告。

10 日　广西住房和城乡建设厅召开领导班子 2014 年度考核测评会。厅长严世明主持会议，并代表厅领导班子向大会作 2014 年度工作总结报告和干部选拔任用工作报告。

12 日　全区可再生能源建筑应用示范市县验收办法培训会在南宁召开，会议邀请了住房和城乡建设部建筑节能与科技司建筑节能处胥小龙和可再生能源建筑应用项目管理办公室郭梁雨前来授课。

15 日　广西住房和城乡建设厅召开务实会，评审棚户区改造和保障房建设、乡土特色建设等重大专项工作方案。

28 日　2015 年全区住房公积金工作会议在南宁召开。

3 月

2 日　全区住房城乡建设系统应急指挥分中心视频会议系统建设推进会在南宁举行。

6 日　广西住房和城乡建设厅在南宁召开中央第一巡视组反馈意见整改落实督办工作会，副厅长吴伟权出席会议并作讲话。

9 日　广西住房和城乡建设厅组织召开《广西建筑产业现代化发展对策研究》课题研讨会，南宁市城乡建设委员会、广西建工集团有限责任公司、广西华蓝（设计）集团有限公司、广西大学土木建筑工程学院等一批区内建筑业专家参与研讨。

10 日　2015 年广西全区墙材革新工作会议在南宁召开。

12 日　2015 年全区建筑市场监管工作会议在南宁召开。

同日　广西住房和城乡建设厅组织召开 2015 年第一季度全区建筑施工安全生产形势分析会。

同日　广西住房和城乡建设厅组织召开工程质量治理两年行动推进会议。

17 日　广西住房和城乡建设厅联合广西壮族自治区发展和改革委员会、环保厅召开警示约谈会，对“十二五”后两年全区污水处理设施建设工作推进缓慢的有关市县进行警示约谈。

19 日　2015 年全区住建系统工会工作会议在南宁召开。广西住房和城乡建设厅副厅长、巡视员金昌宁、广西壮族自治区总工会经审会主任钟天录等出席会议。

24 日　住房和城乡建设部工程质量安全监管司在南宁召开勘察设计质量监管工作座谈会并进行调研。

同日　广西首个全区建筑施工铝合金模板技术现场观摩会在南宁举行，广西住房和城乡建设厅副厅长杨绿峰出席启动仪式并现场进行了观摩，南宁市副市长魏凤君出席启动仪式。

25 日　人社部工伤保险司副司长鲁士海、住房和城乡建设部质量安全司副司长曲琦率队到广西调研建筑业工伤保险工作，并组织广西住房和城乡建设厅、人社厅、安监局、总工会，相关市住建、人社主管部门及部分企业代表召开座谈。广西住房和城乡建设厅总工程师杨栋、自治区人力资源社会保障厅副厅长雷震参加了座谈。

27 日　南宁入选国家首批海绵城市建设试点城市。

30～31 日　广西壮族自治区副主席蓝天立到玉林市调研检查污水处理设施建设情况。广西壮族自治区人民政府副秘书长黄武海、广西住房和城乡建设厅厅长严世明等陪同检查。

31 日　全区 2015 年建设工程造价管理站长工作会议在南宁召开。

同日　广西全区工程建设标准定额管理工作会议在南宁召开。

4月

1日 全区城市规划工作会在南宁召开。广西住房和城乡建设厅副厅长封宁出席会议并讲话，规划处处长兰燕主持会议。全区各市县城乡规划行政主管部门负责人参加会议。

1～2日 广西住房和城乡建设厅在南丹县召开2015年广西村镇建设工作会议。

2日 广西住房和城乡建设厅举办《信访条例》和《政府信息公开条例》学习培训会。会议邀请了自治区信访局副局长严丽萍、自治区人民政府办公厅政务公开处处长肖顺平前来授课。

3日 住房城乡建设部、国家文物局公布广西壮族自治区北海市珠海路—沙脊街—中山路历史文化街区为第一批中国历史文化街区。

7日 住房城乡建设部和科技部公布了第三批国家智慧城市试点名单。钦州、玉林两市成为国家智慧城市新增试点。

10日 广西发展改革委办公室副主任周煦一行到广西住房和城乡建设厅调研信息化建设及推广应用等情况。

8日、10日 广西建筑安装工程劳动保险费管理办公室分别召开2015年建安劳保费调剂工作审计报告培训会和2015年广西建安劳保费调剂工作布置暨集中培训会。

14日 广西住房和城乡建设厅在南宁召开桂林、横县生活垃圾分类处理试点工作任务布置会议。

17日 广西住房城乡建设厅、国土资源厅联合下发了《保持全区房地产市场平稳健康发展的指导意见》。

23日 第七届广西园林园艺博览会园博园在崇左举行开工仪式。

25日 住房城乡建设部与国家开发银行在南宁召开全国棚户区改造工作片区会。

28日 2015年全区物业管理工作会议在南宁召开，会议总结2013年以来全区物业管理工作经验，表彰2013年度全区城市物业管理优秀住宅小区。

5月

6日 广西壮族自治区人民政府召开棚户区改造工作电视电话会议。

8日 广西住房和城乡建设厅邀约17个污水处理设施建设进展缓慢市县座谈。广西住房和城乡建设厅厅长严世明、副厅长封宁出席会议并讲话。

11日 广西住房和城乡建设厅召开网站普查暨网站内容工作保障会议，解读国务院办公厅开展第一次全国政府网站普查要求，并就广西住房城乡建设厅网栏目调整方案和信息公开保障细则征求意见。

12日 广西壮族自治区副主席蓝天立在南宁会见由住房城乡建设部总经济师、村镇建设司司长赵晖，中央农办一组副组长杨尚勤等一行9人组成的国家调研组，双方就改善农村人居环境工作交换意见。

同日 由住房城乡建设部总经济师、村镇建设司司长赵晖率队，由中央农办一组副组长杨尚勤，国家环境保护部副调研员马宇飞，农业部处长霍剑波，住房城乡建设部处长王旭东、主任科员鞠宇平和周文理，县镇办副主任方明，中规院规划师陈宇等为成员组成的国家调研组在南宁召开改善农村人居环境工作座谈会。座谈会由广西壮族自治区人民政府副秘书长黄武海主持。广西住房和城乡建设厅厅长严世明作专题发言。

20日 广西住房和城乡建设厅在柳州市召开全区工程质量治理两年行动工作推进会。

27日 住房城乡建设部联合国家发展改革委、财政部、审计总署在北京召开加强农村危房改造监管工作电视电话会议，广西住房和城乡建设厅副厅长吴伟权、审计厅副厅长陆斌、发展改革委副主任高旭在广西分会场出席会议。

同日 住房城乡建设部在北京召开当前村镇建设若干重点工作电视电话会议，总经济师赵晖就当前和下一阶段村镇建设的若干重点工作进行部署。广西住房和城乡建设厅副厅长吴伟权在广西分会场参加会议。

27日 广西壮族自治区人民政府与住房城乡建设部在南宁举行部区合作会商会，签订部区合作协议。广西壮族自治区主席陈武、住房城乡建设部部长陈政高出席会议并签署合作协议。

28日 住房城乡建设部在南宁召开全国海绵城市建设培训班。住房城乡建设部部长陈政高出席培训班座谈会并讲话，住房城乡建设部副部长陆克华主持会议。广西壮族自治区党委常委、自治区副主席蓝天立，财政部、国家开发银行、水利部等相关负责人参加座谈会。全国各省区住房城乡建设主管部门负责人、部分城市分管副市长以及相关部门的负责人530人参加了培训。

29日 广西住房和城乡建设厅在南宁召开全区住建系统依法行政工作会议。

27～31日住房城乡建设部部长陈政高到广西调研改善农村人居环境工作。

6月

11～12日 全区住建系统通讯员新闻宣传培训

基础班在三江侗族自治县举办。来自广西各市县住建系统行政管理部门、企事业单位约200名学员参加培训。

8日 广西住房和城乡建设厅在南宁组织召开《广西北流市隆盛镇总体规划(2012—2030)》厅际联席审查会。

12日 2015年全区住房和城乡建设系统精神文明建设工作座谈会在南宁召开。

16日 广西住房和城乡建设厅召开2015年度广西优秀工程勘察设计奖评选工作会议，正式启动2015年度广西优秀工程勘察设计奖(即第十五届广西优秀工程勘察奖、第十八届广西优秀工程设计奖、第十二届广西优秀工程建设标准设计奖和广西优秀工程勘察设计计算机软件奖)的评选工作。

同日 全区保障性安居工程建设劳动竞赛总结表彰暨重点工程建设劳动竞赛动员部署会在南宁召开。

17日 全区第二季度建筑施工安全生产形势分析会在百色召开。

同日 住房城乡建设部紧急召开全国老楼危楼安全排查电视电话会议，部署开展老楼危楼安全隐患大排查活动。广西住房和城乡建设厅在百色设立广西主会场，广西住房和城乡建设厅副厅长杨绿峰，厅建管处、法规处负责人及14个市(县)区住建部门负责人、部分质监站负责人参加会议。

同日 广西住房和城乡建设厅在百色召开全区建筑施工质量安全标准化现场观摩会暨建筑施工扬尘治理活动推进会，组织观摩鼎盛中央城一期项目现场，学习该项目安全标准化生产和扬尘治理先进经验。

18日 2015年全区住建系统教育人才暨职业技能岗位培训与鉴定工作会在南宁召开。住房城乡建设部人事司副巡视员陈付，广西住房和城乡建设厅副厅长、巡视员金昌宁出席会议并讲话。广西住房和城乡建设厅副巡视员、机关党委书记王小波主持会议。

19日 第六届广西园博会在梧州苍海新区开幕。本届园博会以“西江明珠·岭南新韵”为主题。广西壮族自治区党委常委、自治区副主席蓝天立宣布开幕，广西住房和城乡建设厅厅长严世明主持开幕式，梧州市委书记黄俊华出席，梧州市市长朱学庆致辞。

23日 广西住房和城乡建设厅在南宁召开全区棚户区改造项目收益债融资座谈会。

30日 广西壮族自治区住房和城乡建设厅在岑溪市举行全区旧住宅小区综合整治工作现场会。自治区住房和城乡建设厅副厅长、巡视员金昌宁，梧州市副市长赵越，岑溪市委常委、常务副市长罗阳灿参加现场会。

7月

3日 广西住房和城乡建设厅设计处、建管处、标定处、房产处、科技处、规划处、造价总站等多个部门联合在建设大厦举办首届全区建筑信息模型(BIM)技术交流会。

10日 湖南省住房和城乡建设信息中心主任颜和平一行6人来到广西住房和城乡建设厅，参观考察广西住房城乡建设系统信息化建设工作，并与广西住房和城乡建设信息中心进行座谈交流。

13日 广西宜州市刘三姐乡、融水苗族自治县香粉乡雨卜村等11个镇村被列为全国特色景观旅游名镇名村。

17日 广西壮族自治区住房和城乡建设厅副厅长杨绿峰率厅建筑市场监管处、质量安全监督总站等单位有关人员对南宁市轨道交通工程建设推进情况进行现场巡查。

22日 广西住房和城乡建设厅党风廉政建设工作座谈会召开。

22～24日 2015年全区住房城乡建设系统年中工会工作推进会暨业务培训班在柳州市三江县举行。

23日 广西壮族自治区人民政府在梧州市召开2015年全区保障性安居工程暨棚户区改造中期工作现场推进会。广西壮族自治区副主席蓝天立出席会议并讲话。广西壮族自治区人民政府副秘书长黄武海主持会议。广西住房和城乡建设厅厅长严世明通报2015年上半年全区保障性住房和棚户区改造工作进展情况。广西住房和城乡建设厅副厅长金昌宁参加会议。

24日 广西住房和城乡建设厅召开联系协会工作会议，会上传达了自治区有关会议精神，并就各协会开展党建工作、整治社会组织乱摊派工作、协会法人及离退休干部兼职清理工作以及协会脱钩“回头看”等工作进行了汇报和要求。副巡视员、机关党委书记王小波出席会议并讲话。

30日 广西壮族自治区党委书记、自治区人大常委会主任彭清华率队深入桂林检查“美丽广西·生态乡村”活动进展情况，并召开农村人居环境建设座谈会，研究部署下一阶段工作。

31日 全区上半年住房公积金运行分析会在南宁召开，会议对上半年公积金运行情况进行了分析，部分公积金中心在会上作经验交流。

8 月

7 日　广西住房和城乡建设厅副厅长吴伟权、环保厅副厅长蹇兴超在南宁会见了中国中车集团股份有限公司副总裁楼齐良一行，并与其围绕广西农村小型分散式污水处理问题进行了研究和讨论，并就相关合作事宜进行详细洽谈。

18 日　2015 年驻邕住建系统重点工程建设劳动竞赛座谈观摩活动在南宁国际会展中心改扩建项目部举行，进一步学习宣传《全区重点工程建设劳动竞赛实施方案》，分享交流各大重点工程建设劳动竞赛经验。自治区总工会副巡视员、劳动保护部部长陈元滚、保障工作部部长王志忠出席活动。

18 日　广西住房和城乡建设厅厅长、党组书记严世明，厅副巡视员、机关党委书记王小波率厅人教处、村镇处、计财处、机关党委、劳保办、乡村建设办等处室和单位负责人，赴天峨县定点扶贫点六排镇都隆村、云榜村，检查住房城乡建设厅定点扶贫验收有关项目完成情况，以及“十二五”扶贫开发整村推进各项任务完成情况。

30～31 日　广西住房和城乡建设厅举办建筑施工生产安全事故企业有关责任人专题培训班，近 300 名施工单位和监理单位相关人员参加培训学习。

31 日　广西建设工会、中建八局工会联合召开南宁国际会展中心改扩建工程劳动竞赛(第一阶段)总结表彰会，表彰项目建设过程中涌现出来的罗见新突击队等 8 个先进集体和郭伟等 42 名先进个人。广西住房和城乡建设厅副厅长杨绿峰，广西壮族自治区总工会副主席、党组成员廖志刚，南宁市副市长魏凤君，中建股份基础设施事业部党工委书记、副总经理翟志刚出席大会并为获奖集体和个人颁奖。

同日　广西壮族自治区人民政府在南宁举行全区城镇污水处理设施建设电视电话会。

9 月

1 日　广西住房和城乡建设厅和广西壮族自治区通信管理局在柳州市联合召开 2015 年广西推进光纤到户国家标准贯彻落实工作现场会。

同日　第六届广西园林园艺博览会总结大会暨会旗交接仪式在梧州举行。

7 日～8 日　住房和城乡建设部总经济师赵晖率由住房城乡建设部、中央农办、环保部、农业部及相关高校专家组成的调研组，到桂林市调研农村人居环境改善工作。广西壮族自治区党委副书记危朝安，广西住房和城乡建设厅厅长严世明、副厅长吴伟权等陪同调研。

10 日　广西住房和城乡建设厅副厅长杨绿峰率厅建筑市场监管处、区质量安全监督总站等单位有关人员前往玉林市开展建筑施工安全生产工作调研工作。

15 日　广西住房和城乡建设厅在南宁召开全区公共租赁住房分配入住工作约谈会，对 2015 年全区公共租赁住房分配入住工作滞后的市县相关负责人进行警示约谈。

16～18 日中共中央政治局常委、国务院副总理张高丽在广西调研。16 日，张高丽实地考察南宁水街棚户区改造项目现场。17 日，张高丽在南宁主持召开“十三五”规划编制工作座谈会。

17 日　住房和城乡建设部召开全国农村人居环境调查工作动员暨村庄人居环境培训电视电话会议，广西住房和城乡建设厅在广西分会场参加。会议对 2015 年全国农村人居环境调查工作进行了动员和部署，并就调查工作指标、信息录入进行讲解和培训。

22～24 日　广西住房和城乡建设厅党组成员、纪检组长黄汉荣到防城港市、钦州市开展“三严三实”专题调研。

24 日　全区建安劳保费统计调查和审计检查培训会在南宁召开。

29 日　广西园林园艺博览会组委会办公室于召开第八届广西园林园艺博览会园博园总体规划方案论证会。第八届广西园博会主题拟定为“五彩田园·八桂画卷”，园区将位于玉林市玉东新区南部。

10 月

12～13 日　由住房和城乡建设部标准定额司副司长杨瑾峰率队，全国无障碍城市建设检查组一行 5 人到广西北流检查创建无障碍环境示范市(县)建设工作。广西住房和城乡建设厅副厅长杨绿峰及相关部门领导陪同检查。

13 日　广西住房和城乡建设厅在百色市举办全区公共建筑节能改造培训班。培训班邀请住房和城乡建设部科技与产业化发展中心博士殷帅、天津大学副教授吕石磊、广西建科院副院长朱惠英 3 位专家授课。

16 日　广西住房和城乡建设厅举办政府采购培训工作专题培训班，邀请自治区财政厅政府采购监督管理处处长黄钢平进行现场授课和业务指导。

18～26 日　广西住房和城乡建设厅组织 7 个督查组分赴全区 14 市 27 个县(市、区)开展 2015 年度农村危房改造督查。

19～23 日　国家部委联合督查组由东南大学建筑研究所专家黄印武带队，一行三人到广西督查中国传统村落保护项目实施情况。

21～22 日　广西住房和城乡建设厅在南宁举办全区住建系统纪检监察业务培训班暨党风廉政建设座谈会，邀请广西壮族自治区纪委副书记韦冀群、自治区检察院职务犯罪预防局局长张坚、自治区党校教授黄彪作廉政建设专题讲座。

28 日　广西住房和城乡建设厅总工程师杨栋率领广西住房和城乡建设厅检查组及专家组一行来到南宁五象新区，开展全区建筑节能与绿色建筑建设进展情况专项检查活动。南宁市委常委、五象新区管委会常务副主任韦力平陪同检查。

11 月

2～4 日　广西住房和城乡建设厅在桂林市举办 2015 年第二期广西住建系统行政执法法律业务知识培训班。

4 日　广西住房和城乡建设厅在桂林市召开 2015 年全区住房城乡建设系统依法行政示范点现场交流会。

6 日　全区深入推进"美丽广西"乡村建设暨改善农村人居环境现场会在恭城瑶族自治县召开。会议传达学习贯彻第二次全国改善农村人居环境工作会议的部署要求和中共中央政治局委员、国务院副总理汪洋的重要讲话精神。广西壮族自治区主席陈武出席会议并讲话。自治区党委副书记危朝安主持会议。自治区党委常委、自治区副主席蓝天立宣读《关于表彰 2015 年度广西"绿色村屯"的决定》。广西军区副政委梁跃嘉、广西壮族自治区人民政府秘书长莫恭明出席会议。

10～14 日　广西住房和城乡建设厅在南宁举办为期 5 天的广西住建系统村镇建设与管理专题研修班。

11 日　广西壮族自治区法制办在广西住房和城乡建设厅召开《广西壮族自治区防控和查处违法建设条例》专家论证会。广西住房和城乡建设厅、国土厅、交通厅、环保厅、南宁市法制办、南宁市人大法制委等 14 个部门单位代表以及 17 名专家对条例相关条款和修订方案进行了充分研讨。自治区法制办副主任廖坚、广西壮族自治区人民政府参事陆瑞华、广西住房和城乡建设厅副厅长、巡视员金昌宁出席论证会。

16 日　广西住房和城乡建设厅在南宁召开农村生活污水治理试点县(市)与中国中车集团济南公司、北控水务集团广西公司、北京天洲环保科技有限公司、广西华绵投资有限公司等公司的项目对接工作准备会。全区首批选取 5 个县(市)开展农村生活污水治理全覆盖的试点示范。

18 日　住房和城乡建设部政府信息公开办副主任唐诚一行 4 人到广西住房和城乡建设厅调研信用体系建设和政务公开工作。

20 日　广西住房和城乡建设厅在南宁召开 2015 年村镇基础设施建设进度情况分析会。

24 日　2015 年全区住房和城乡建设领域非公企业和社会组织党组织书记示范培训班在南宁开班。

25 日　住房和城乡建设部召开全国深入推进工程质量治理两年行动电视电话会议，广西壮族自治区各设区市设分会场。

25～27 日　全区住建系统通讯员新闻宣传培训提高班在南宁举行，来自南宁、北海等 14 市、各行政机关、企事业单位约 200 名专、兼职通讯员参加了培训。

27 日　全区农危房改造工作电视电话会议在南宁召开。自治区人民政府副秘书长黄武海出席会议并作重要讲话，自治区住房和城乡建设厅厅长严世明通报了全区农危房改造 11 月工作进度。

12 月

1～2 日　2015 年全区村屯绿化活动现场经验交流会在南宁市召开，自治区乡村办常务副主任冯俊英、自治区林业厅副厅长韦纯良、自治区水库移民工作管理局副局长梁永文参加会议。

3～4 日　夏热冬暖地区绿色建筑技术论坛在南宁举行。广西住房和城乡建设厅副厅长杨绿峰出席会议并致辞，来自夏热冬暖地区的建设主管部门负责人、国内绿色建筑领域专家、学者和专业技术人员近 400 人参加会议。

11 日　第七届广西园林园艺博览会在崇左市隆重开幕并对外开放。

16 日　2015 年全区城市轨道交通工程现场观摩会暨第四季度全区建筑施工安全生产形势分析会在南宁召开。

21 日　广西住房和城乡建设厅召开全区住建系统年报统计工作布置会。

21～22 日　在南宁组织召开全区《绿色建筑评价标准》及《绿色建筑评价技术细则》宣贯培训班。

22 日　广西住房和城乡建设厅召开农村危房改造、村镇基础设施建设月度分析会。

同日　广西住房和城乡建设厅在南宁召开全区城镇保障性安居工程工作座谈会，广西住房和城乡建设厅厅长严世明出席会议并讲话。

25 日　住房和城乡建设部建筑市场监管司副司长张毅带领检查组就广西建筑市场监管与诚信信息

一体化平台进行检查验收。

25日　住房和城乡建设部住房保障司部分课题验收会在南宁举办，住房城乡建设部住房保障司副司长刘霞出席会议，广西住房和城乡建设厅副厅长、巡视员金昌宁在会上致辞。来自上海、重庆、陕西、江苏、四川、贵州等地住房保障部门的专家、学者参加评审会。

（广西壮族自治区住房和城乡建设厅）

海 南 省

概况

2015年是“十二五”的收官之年，面对经济发展新常态，在海南省委、省政府的正确领导下，在省直部门和各市县的大力支持帮助下，我们主动适应新常态，知难而进，奋力拼搏，圆满完成省委、省政府交给的各项工作任务。

【房地产业持续健康快速发展】　2015年省住房和城乡建设厅加大政策支持，围绕省政府确定的十二大产业，完成房地产业课题研究成果；加强政策研究和储备，省政府出台《关于促进房地产市场平稳健康发展的若干意见》等3个房地产指导性意见；加大宣传促销力度，充分借助省内外大型活动平台和媒体，广泛开展52场推介促销活动；加强市场监测，省政府建立省级房地产联席会议制度，加强房地产市场分析研究。全面实施新建商品房买卖合同网签和备案制，加强预售资金监管。全年全省房地产开发投资1704亿元，同比增长19%，增速排名全国第一；商品房施工面积8316.98万平方米，同比增长10.1%，增速排名全国第四；商品房销售面积1052万平方米，同比增长4.8%；商品房销售均价9339元，同比增长0.3%。

【大力推进新型城镇化建设】　坚持以人为本，统筹规划、建设、管理三大环节，统筹生产、生活、生态三大布局，全省住房城乡建设部门积极配合、协调有关部门加大新型城镇化户籍、土地、社保、资金和生态环保等改革。遵循省委领导提出的“科学规划先行，基础设施配套，特色产业支撑，公共服务保障，特色文化包装，绿色田园环抱，社会多元投资，创造营销品牌，吸引外来消费，农民当地就业”的原则推进海南特色的新型城镇化。修改完善《海南省新型城镇化规划（2014—2030）》和《关于推进海南特色新型城镇化健康发展的实施意见》、《海南省推进新型城镇化行动计划（2014—2020）》、《海南省推进新型城镇化工作监测评估办法（试行）》等文件；根据中共中央办公厅、国务院办公厅联合印发的《关于〈国家新型城镇化规划（2014—2020）〉主要目标和重点任务的分工方案》，制定《海南省新型城镇化规划（2014—2030）近期主要目标和重点任务的分工方案》，该《分工方案》明确了2015～2020年新型城镇化66项重点工作目标任务、时间节点和责任单位。制定并提请省政府印发实施《海南省促进农业转移人口和其他常住人口在城镇落户实施方案》、《海南省改造城镇棚户区和城中村实施方案》，建立由省政府办公厅总体协调、各对口部门对应牵头、其他部门参与配合的工作推进机制，坚决落实对国家新型城镇化确定的促进农业转移人口市民化和城镇棚户区改造等重点工作事项。落实中央城镇化工作会议和《国家新型城镇化规划》要求，抓好新型城镇化综合试点，全面推进儋州市、琼海市、文昌市和海口演丰镇等3市1镇成功获得国家新型城镇化试点；牵头组织开展省级新型城镇化试点，涌现出琼海“三不一就”的就地城镇化典范。在抓好国家级新型城镇化综合试点的基础上，切实推进新型城镇化省级试点工作，制定《海南省级新型城镇化综合试点工作方案》（下简称《省级试点方案》），全省各市县和农垦总局申报省级试点积极踊跃，已收到海口市、澄迈县、琼海市、万宁市、保亭黎族苗族自治县、昌江县、琼中黎族苗族自治县、屯昌县、五指山市九个市县和农垦总局的申报材料，待省政府批准后实施。

【建筑业管理显著加强】　修订完善《海南省建筑市场诚信评价管理办法（试行）》，制定监理企业、预拌混凝土企业诚信评分标准，形成建筑施工企业、造价咨询企业、监理企业、预拌混凝土四类企业，注册建造师、造价咨询企业从业人员等两类人员诚信评分标准，在日常执法监督检查中对企业和从业人员的良好行为与不良行为进行评分，开展诚信评价，将评价结果应用于建设工程全过程管理活动。评价办法和评分标准已经在全省各市县建设主管部门内部试行。为改变过去工程管理“重审批，轻监管”方式，强化“事中事后监管”，规范项目现场关键岗位人员管理，制定《海南省建筑工程施工项目部和现场监理部关键岗位人员配备和在岗履职管理办法(试行)》，明确关键岗位人员配备和在岗履职制度，落实施工单位和监理单位主体责任，确保建筑工程质量安全。严厉打击建筑市场违法发包、转包、挂靠、违法分包等建筑市场违法行为。直接查处建筑市场违法行为16起，其中违法发包4起，转包10起，违法分包1起，其他违法行为1起，罚款297.75万。更加注重重心下移，发挥属地管理职能，加强层级监督，帮助指导市县检查项目209个，下发整改建议书174份，执法建议书36份，将30个涉嫌违法的项目移交市县进行核查处理。

【环境综合整治和建筑节能成效显著】 城乡环境综合整治，事关经济发展和社会文明进步，事关群众利益，是建设国际旅游岛重要的基础工作。省城乡环境整治办公室印发《关于深入开展全省城乡环境卫生综合整治工作的通知》，省政府办公厅印发《海南省清洁城镇环境卫生行动方案》，并两次召开有关城乡环境综合整治工作电视电话会议。开展全省城乡环境综合整治工作季度督查。全省各市县践行“三严三实”真抓实干促发展，按照住房城乡建设部关于清洁城市环境卫生工作的有关要求，改善城镇面貌，提升城市形象，努力让本地居民和中外游客切实感受到海南干净整洁优美的人居环境。更新换代环卫清扫保洁设施设备，减轻工人劳动强度，“十二五”期间道路机械化清扫率由20%提高至30%。建筑节能与科技方面。推进太阳能热水系统建筑规模化应用，完成海南省太阳能热水系统建筑应用后评估，推进三亚市、文昌市、陵水黎族自治县等国家可再生能源建筑应用示范市县的实施工作。印发《海南省绿色生态小区评定管理办法(试行)》和《海南省绿色生态小区评价技术导则(试行)》，启动绿色生态小区评价工作，海口开维生态城、三亚万科森林度假公园以及万宁石梅山庄等3个项目被评定为海南省第一批绿色生态小区。

【落实党风廉政建设“两个责任”】 省住房和城乡建设厅党组与17个处室、7个直属单位签订党风廉政建设责任书，提出共性承诺和个性化承诺。制定《关于落实党风廉政建设党组主体责任和纪检组监督责任的实施意见》等系列制度性文件，加强党风廉政制度建设，划出纪律“红线”，明确行为底线。加强节假期间的明察暗访，形成震慑态势。对没有严格自律，出现问题的党员干部严肃批评，严肃处理，依照规定给予党纪和行政处分。坚决按相关规定清退车辆14台、工作人员17名。以马上办的态度抓好党风政风社会评价意见建议整改落实，对群众在热线节目中反映的问题做好件件有分工，事事有回应。通过既扎实规范，又温暖贴心的党建工作，有力推动中心工作的落实。

城乡规划

【城乡规划编制】 2015年，根据海南省委省政府“全省统一规划、整体布局”的要求，海南省“多规合一”工作于2月正式启动；4月，住房和城乡建设部与海南省签署协议部省合作编制《海南省总体规划》；5月，海南省委省政府印发《关于编制海南省总体规划推进全省“多规合一”工作的实施方案》，省、市县同步推进“多规合一”；6月，中央全面深化改革领导小组第十三次会议同意海南省域“多规合一”改革试点，并强调要牢固树立改革全局观，大胆探索，积极作为，发挥好试点对全局性改革的示范、突破、带动作用。编制完成《海南省总体规划(空间类2015—2030)》，并分别于12月1日、4日和17日经海南省“多规合一”工作领导小组第八次会议、海南省人民政府六届51次政府常务会议以及海南省委常委会审议通过。全省各市县“多规合一”基本完成总体规划初步成果编制工作。批准实施博鳌乐城国际医疗旅游先行区总体规划。评审通过三亚亚龙湾，陵水清水湾、土福湾，万宁神州半岛等多个旅游区的项目修建性详细规划。召开海南省城市设计与城乡风貌专家研讨会，研究探讨提升和规范海南省城市设计与城乡风貌工作。

【城乡规划管理】 在《海南省总体规划》编制过程中，海南省加快推进“多规合一”工作领导小组先后召开8次会议，召开各类专题研究会100多次，开展32项专题研究，推进海南省域“多规合一”改革试点工作。海南省政府召开3次《海南省总体规划》研讨会和征求意见座谈会，就海南省“多规合一”改革试点工作与国家有关职能部门进行沟通对接，争取指导与支持。2月25日，召开原海南省城乡规划委员会和原海南省旅游规划委员会合并后的海南省城乡规划委员会第一次会议，审议通过《海南省城乡规划建设委员会章程》、《海南省城乡规划建设委员会特聘专家管理办法》和《博鳌乐城国际医疗先行区总体规划修编(2014—2030)》。成功申报琼海市、文昌市和海口市演丰镇等第二批国家新型城镇化综合试点，并制定《海南省级新型城镇化综合试点工作方案》。核发文昌明月至茂山滨海旅游公路、文昌昌洒至明月滨海旅游公路、文昌茂山至山雅滨海旅游公路、文昌铺前大桥东延长线、博鳌机场进出场路工程建设项目等项目选址意见书。协助完成在美安科技新城、博鳌乐城国际医疗旅游先行区、海南生态软件园等三个园区最大限度简化行政审批事项改革工作。

城市基础设施建设

【垃圾处理】 在"十一五"期间垃圾处理设施建设实现县城以上全覆盖的基础上，2015年竣工扩建项目1座。截止2015年底全省累计建成21座垃圾处理设施，垃圾无害化处理设施能力达6620吨/日。累计建成垃圾转运站171座，处理能力为8975吨/日；在建转运站11座，处理能力为720吨/日。2015年全省完成垃圾处理设施投资4亿元，垃圾转运设施投资1.4亿元。全年城乡生活垃圾进场(厂)225.7万吨，2015年城乡垃圾无害化处理率为82.5%。开展全省生活垃圾处理设施运行管理评价考核。召开2015年垃圾处理设施省级财政资金项目竞争性评审会，通过对市县申报项目进行评分，最终分批下达省财资金共计1.195亿元，支持26个垃圾处理设施项目建设。

【公共照明】 2015年，全省城市(含县城镇，下同)新增市政路灯1.33万杆、2.12万盏，新增总功率2537千瓦。省住房乡建设厅开展全省公共照明设施智能监控系统及能耗监测平台一期建设工作，为绿色照明提供可靠的能耗监测和评价手段，实现节能指标的可核查和可追溯性。截止2015年底，全省城市市政路灯共有25.78万盏。

【园林绿化】 2015年，全省城市(县城)绿地面积达到15026.82公顷，新增293.55公顷，绿地率达到32.01%，绿化覆盖率达到36.16%，人均公园绿地面积达到12.10平方米。

【城镇燃气】 2015年，全省城镇液化石油气供气量约9万吨。城镇天然气供气量约3.9亿立方米，其中管道天然气供气量约1.7亿立方米(居民用户用气量占26%，工商用户用气量占74%)、车用天然气供气量约2.2亿立方米；天然气用户约53万户，其中居民用户约51万户、工商用户约2800户。新建城镇天然气管道264.69千米，其中，市政管道87.08千米、庭院管道175.42千米；累计建成天然气管道3139.9千米，其中，市政管道1375.75千米、庭院管道1767.15千米。全年新建燃气汽车加气站5座，累计建成投产加气站31座：全年新建天然气管道和燃气汽车加气站项目共投资2.6亿元，累计投资约16.3亿元。截至12月底，全省有海口市、三亚市、文昌市、琼海市、儋州市、万宁市、东方市、陵水黎族自治县、澄迈县、临高县、洋浦经济开发区11个市县和地区已通上管道天然气；海口，澄迈、文昌、琼海、万宁、三亚、东方、儋州、临高等9个市县建设有燃气汽车加气站。

【综合管廊和海绵城市建设】 2015年，海口市获批全国首批城市地下综合管廊试点城市，三亚市获批全国首个"双修""双城"试点城市。海口市计划三年建成43.24千米综合管廊，总投资约38亿，2015年海口市计划建设6条综合管廊试点项目，总长约11.1千米，总投资8.43亿元，已于2015年11月全线动工。三亚市2015年开工建设7.7千米城市地下综合管廊，总投资约4.5亿元。完成《海南省人民政府办公厅关于推进海绵城市建设的实施意见》(征求意见稿)，向各市县和省级机关征求意见。海绵城市建设启动试点示范工作，包括石梅山庄·水生活试点海绵小区和三亚市鹿回头广场升级改造工程。

村镇规划建设

【农村垃圾治理】 全省累计建成约8000个村庄垃圾收集点，安排保洁人员6916人，村级兼职保洁员15071人，农村生活垃圾治理覆盖面达到全省村庄的70%，主要乡镇道路、村庄出入口、村道、村庄公共活动场地及房前屋后的环境卫生状况有较明显改观，农民的环境卫生意识逐步增强，基本建立起"村收集、镇转运、县处理"的农村生活垃圾治理体系，工作机制不断完善，形成农村环境卫生治理的良好态势。

【特色风情小镇建设】 2015年通过全省开展小城镇专项资金分配竞争性评选，采取奖补结合方式，重点支持2个省级示范，奖励8个市县先进，共计10个特色风情小镇建设。海口市桂林洋特色风情小镇的街景立面改造、市政配套、园林绿化工程和污水管网贯通及清淤修复工程等四大工程已全面启动，完成投资额2240万元；屯昌乌坡特色风情小镇已完成立面改造样板段建设和道路平整工作，累计完成投资额3394万元。澄迈县瑞溪镇、琼海万泉镇和长坡镇、万宁龙滚镇及和乐镇、五指山水满乡、琼中上安乡、海口新坡镇等8个奖励的特色风情小镇基本建成。

【农村危房改造】 截至2015年12月底，全省开工 44309 户，开工率 100.7%（占 1.3 万户为民办实事任务的 340.8%），竣工 44100 户，竣工率 100.2%（占 1.3 万户为民办实事任务的 339.2%），开工户竣工户创历年之最，超额完成年度任务。

【农村建房报建】 2015 年海南省住房和城乡建设厅全面启动 22 个乡镇农村居民建房报建试点工作，因地制宜推行"一表一证"制度，简化业务流程，提高服务效能，把握重点管控内容，加强农房建设规划管理和风貌引导。

【美丽乡村建设和改善农村人居环境】 下发《海南省改善农村人居环境实施意见（2015—2020 年）》，对全省农村人居环境整治工作进行全面部署；在琼海市召开全省特色风情小镇和美丽乡村现场会；组织编制并下发《海南省美丽乡村规划建设技术导则》、《海南省改善农村人居环境总体规划》指导美丽乡村和改善农村人居环境工作；结合海南省村级公益事业建设"一事一议"财政奖补资金推动 41 个美丽乡村试点建设。

【传统村落保护力度加大】 目前全省已有 19 个村庄列入国家传统村落保护名录。2015 年加大申报力度，全省共有 53 个村庄列入第四批国家传统村落名录，待评审公示。

房地产业

【商品房建设】 2015 年，海南省房地产市场总体运行平稳。全年全省房地产开发投资完成 1704.00 亿元，同比增长 19%，其中住宅投资 1246.78 亿元，增长 11.1%，占房地产开发投资比重的 73.2%。商品房施工面积 8316.98 万平方米，同比增长 10.1%，其中住宅施工面积 6463.07 万平方米，同比增长 7.6%。商品房新开工面积 1644.72 万平方米，同比增长 3.9%，其中住宅新开工面积 1281.55 万平方米，同比增长 6.7%。

【商品房销售】 2015 年，全省积极策划、精心组织，开展形式多样的宣传促销活动，并取得良好效果。组织开展岛外房展会。2015 年全省各级政府共组织开展了 41 场岛外房展会，现场成交 1025 套、7.23 万平方米、5.19 亿元，意向登记客户约 4.1 万组。支持开展房地产宣传推介。支持人民日报海南分社、海南日报、海南广播电视总台、新华网等主流媒体开展房地产高峰论坛、旅游地产推介会、地产媒体峰会、旅游度假和养老地产推介展等 11 场房地产宣传推介活动。搭载开展房地产宣传。搭载全国书博会、环岛自行车赛、高尔夫球赛、欢乐节等各种大型活动平台，通过播放宣传片、发放宣传册、树立广告牌等方式，多方位多途径广泛开展房地产宣传。2015 年，海南省商品房销售面积 1052.28 万平方米，同比增长 4.8%，其中住宅销售面积 984.79 万平方米，同比增长 4.4%；商品房销售金额 982.75 亿元，同比增长 5.1%，其中住宅销售金额 908.60 亿元，同比增长 4.1%。纯商品房（不含保障房）销售面积 991.32 万平方米，同比增长 8.9%；纯商品房销售金额 958.42 亿元，同比增长 6.8%。

【房地产市场管理】 2015 年，海南省认真贯彻落实国家出台的住房税收、信贷、公积金等政策措施，并结合实际，出台鼓励住房消费的配套政策措施。年初，为应对房地产市场下行压力，促进房地产市场平稳健康发展，加强研究，制定有关储备政策。省政府办公厅印发《关于促进房地产市场平稳健康发展的若干意见》，提出鼓励境外机构和个人购房、省内居民购房入户、急需紧缺人才购房入户、提高住房公积金贷款额度等多项优惠政策，支持居民住房消费。省政府印发《关于促进房地产业转型发展的意见》，从明确思路目标、加强规划管控、把好土地闸门、加快结构调整、优化市场环境 5 个方面提出 18 条措施，加强房地产业发展引导和管控，促进房地产业提质增效、转型发展。为适当减少商品住宅增量，缓解商品住宅库存量较大的现状，省国土资源厅和省住房和城乡建设厅联合印发《关于加强年度商品住宅用地计划管理工作的通知》，从 2016 年开始实行年度商品住宅用地计划管理。为贯彻省政府文件要求，严格控制小户型商品住宅审批，提升产品品质，省住房和城乡建设厅印发《关于严格控制小户型商品住宅审批问题的通知》，停止审批 60 平方米（含）以下的小户型商品住宅。另外，按省政府工作要求，省住房和城乡建设厅开展"促进房地产业持续健康发展"的课题研讨，撰写题为《发展与国际旅游岛发展目标相适应的房地产业，促进房地产业持续健康发展——"十三五"海南房地产业发展专题研究报告》，对当前海南省房地产业发展背景形势、现状问题、地位作用进行分析，提出"十三五"房地产业发展的思路目标和对策建议，省政府专题会议原则通过该课题研究报告。根据住房和城乡建设部工作要求，建立商品房交易信息日报制度，由省住房和城乡建设厅每天汇总各市县商品房交易信息，及时上报住房城乡建设部。根据省政府工作要求，海南省住房和城乡建设厅不断加强房地产市场监测，定期向省政府报告全省房地产市场运行情况，做到周报数据、月报简报、季报小结、半年总结，为省政府准确把握市场形势、加强房地产市场宏观调控和精细化管理提供决策依据和参考。同时，为规范房地产市场制度，2015年省住房和城乡建设厅开展了3项房地产市场专项督查：开展房屋买卖合同网签系统建设及交易资金监管情况专项督查，对各市县新建商品房和二手房买卖合同网签系统建设和交易资金监管等情况进行督查；开展房地产估价管理工作专项督查，对各市县房地产估价行业法规制度落实、一级资质核准、估价机构执业、分支机构管理等情况进行检查；开展老楼危楼安全排查整治专项督查，对各市县老楼危楼排查工作落实、台账建立、安全隐患整治、房屋安全管理制度建设及落实等情况进行检查。

【国有土地上房屋征收管理】 为妥善处理群众上访信访问题，保障被征收群众合法权益，2015年省住房和城乡建设厅继续加大国有土地上房屋征收信访工作的督查处理力度，全年共接待来访群众5批次，转发信访件5件。2015年党风政风行风建设工作征求相关企业意见73份，热线节目投诉跟踪督办5市县，及时转变工作作风，加大解决力度，房屋征收与补偿工作中群众反映强烈的问题有了明显好转。

【物业管理】 2015年，为贯彻落实国务院《物业管理条例》和《海南经济特区物业管理条例》关于住宅小区供电抄表到户规定，规范新建住宅小区供配电设施建设，提升住宅小区供配电设施管理水平和抗风险能力，保障小区用电的安全性和可靠性，省住房和城乡建设厅编制《海南省新建住宅小区供配电设施建设技术规范》。该技术规范已于2015年10月1日发布，2015年11月1日起实施。

【保障性安居工程提前超额完成任务】 海南全省上下全力以赴推进城镇保障性住房建设管理和棚户区改造，提前一个月完成年度保障性安居工程建设计划任务，因而受到国务院督查表扬。全面完成保障性住房年度计划任务。2015年，国家和海南省签订的保障性安居工程目标任务为开工36342套，其中公租房3401套、城市棚户区改造24448户、国有工矿棚户区790户、垦区危房改造7703户；基本建成16433套。全省城镇保障性安居工程开工40264套，占计划的110.8%；基本建成2.81万套，已完成建成计划任务。分配入住2.57万户。落实城镇保障性安居工程建设资金133.6亿元，其中中央专项资金补助5.69亿元，省级财政配套2.69亿元，市县财政配套3.91亿元。完成投资130.9亿元(含续建项目)。全省基本建立了分层次、多渠道、广覆盖的城镇住房保障供应体系，实现城镇中等及中等偏下收入家庭住房保障的“无缝对接”。多措并举推进棚户区改造。积极谋划棚户区改造。省住房和城乡建设厅指导各市县认真贯彻《国务院关于进一步做好城镇棚户区和城乡危房改造及配套基础设施建设有关工作的意见》，抓住机遇，发挥市县政府的组织引导作用，充分利用土地、资金、税费减免等各项优惠政策，结合新型城镇化，积极组织实施棚户区改造，同步发挥助推经济实现持续健康发展和民生不断改善的积极效应。通过开展棚改和公租房专项巡查、全省项目投资与民生工作专项督查和投资项目“百日大会战”专项督查等系列督查工作，各市县倒排工期，对具备条件的项目集中力量分期分区推进。棚改新开工项目实行台账式管理，建立项目台账并实行半月报制度，及时掌握全省棚户区改造项目征收拆迁进展、安置住房建设进度、存在困难等情况，加强棚户区改造项目监管。出台《关于做好棚户区改造货币化安置工作的指导意见》，明确提出商品住房存量较大的市县，要结合当地房地产市场现状，减少集中新建安置房，将符合条件的存量普通商品住房转化为安置房源，打通商品房和棚户区改造安置房的通道；对已有住房保障而不需要安置住房的可直接给予货币补偿。最大限度让利于棚户区改造居民，让更多群众受益。继续加强工程质量安全管理。省住房和城乡建设厅组织专业技术人员，对全省保障性安居工程建设项目工程质量安全定期进行巡查，对发现的问题及时进行通报并督促整改。从巡查结果看，全省保障性安居工程质量处受控状态，安全生产基本稳定。加强基础和公共配套设施建设。各市县把加强和改善棚户区改造项目配套的道路、公共交通等市政基础设施和商业、教育、医疗卫生等公共服务设施作为重点工作，纳入年度计划优先安排，同步规划、建设和交付使用，改善居住环境，消除公共安全隐患。加强分配入住和后续管理。省住房和城乡建设厅强化对市县分配入住工作的指导监督。各市县政府进一步细化分配方案，调整各类保障性住房的准入标准，降低门槛，扩大保障范围，确保保障性住房项目尽快建成并及时分配入住。同时，健全准入标准、审核程序、动态管理和退出执行等制度。加强物业管理相关制度建设，提升小区的环境质量，建设和谐社区。

【住房公积金运营管理】 2015年，全省住房公积金事业平稳、快速发展。住房公积金高效运行，住房公积金缴存额大幅增长，住房消费类提取明显增加，住房公积金个人贷款稳步上升，贷款风险控制在较低水平，住房公积金增值收益快速增长，各项业务指标均超计划完成，增值收益业务指标创历史新高。全省缴存人数87.89万人，增加1.6万人，增长1.87%；覆盖率89.23%，达到全国平均水平；缴存住房公积金94.31亿元，增加14.77亿元，增长18.57%；有28.83万人提取住房公积金50.57亿元，增加9.83亿元，增长24.13%；发放个人贷款1.89万笔58.43亿元，增加1634笔11.18亿元，分别提高9.48和23.66个百分比；住房公积金实现增值收益5.4亿元，同比增加2.18亿元，增长10.69%；个贷逾期率为0.13‰，低于国家要求的1.5‰的控制标准。至2015年底，全省住房公积金累计缴存额491亿元，提取总额217.51亿元，缴存余额273.49亿元；个人贷款累计发放11.25万笔249.13亿元，个人贷款余额197.22亿元；住房公积金使用率84.55%、个贷率72.11%，分别提高3.45个和5.05个百分点。保障性住房试点项目贷款回收本金3000万元，累计发放3.74亿元，项目贷款余额3900万元。

建筑市场

【建筑业改革发展】 住房和城乡建设部出台新的建筑业企业资质标准和资质管理办法，减少建筑业企业的资质类别和级别，淡化企业资质，强化个人执业资格。海南省全面取消外省施工、监理、勘察设计、造价等建筑企业入琼备案，推动统一开放市场的构建。大力推进海南省房屋建筑工程全过程监管平台建设，与“四库一平台”进行对接，施工许可审批、竣工验收备案、诚信评价等信息化系统投入使用，信息化监管水平和能力不断提高。在国民经济新常态背景下，受宏观经济增速和固定资产投资双双下滑影响，海南省建筑业保持总体平稳、稳中有进的发展趋势。2015年共完成建筑业总产值278.63亿元，同比增长0.83%；建筑业增加值390.41亿元，同比增长7.62%。随着全国建筑市场的开放程度进一步提升，建筑业企业面临着新的挑战。

【工程质量管理】 2015年全省未出现较大质量事故，工程质量总体可控，顺利通过住房和城乡建设部质量安全国检、勘察设计国检及省级政府质量工作考核。质量精品工程不断涌现，2015年有“三亚海棠湾国际购物中心(一期)工程、乐成恭和苑老年公寓工程、国际养生度假中心产权式酒店2号栋工程”等3项工程获得中国建设工程“鲁班奖”，有“海口天利五星级酒店”等23项工程被评为省优质工程“绿岛杯”。

【工程施工安全】 为遏制安全事故发生，落实企业安全生产主体责任和属地监管责任，促进海南省建筑施工安全生产形势稳定好转，4月30日，省住房和城乡建设厅在海口市召开2015年全省建筑工程质量安全工作会议。会上通报近期建筑工地发生的几起安全事故，部署下一阶段安全生产工作。会后立即下发《关于进一步加强安全生产工作的通知》，要求市县建设主管部门深刻吸取事故教训，进一步强化底线思维和红线意识。为严厉打击层层转包挂靠、违法发包、违法分包等违法违规行为，规范建筑市场秩序，提高工程建设各方主体安全意识，落实安全责任，强化责任追究，4月14日～30日，省住房和城乡建设厅采取“四不两直”随机抽查方式，开展全省建筑工程质量安全检查和市场行为执法检查。共抽查在建项目61个，其中保障性住房项目28个，累计下发《建设工程质量安全执法建议书》52份，对检查发现的11起违法违规项目进行了全省通报。5月11日至15日，省住房和城乡建设厅对儋州市在建住宅工程(以保障性安居工程为主)进行检查。5月17日至20日，住房和城乡建设部2015年全国建设工程质量监督执法检查组，在儋州市随机抽查6个保障性安居工程项目，下发3份执法建议书，对6个项目存在的质量安全和市场问题共提出186条反馈意见。针对反馈意见，海南省住房和城乡建设厅立即派出督办小组，责成相关责任单位按检查要求认真整改，并整改情况上报。6月4日，住房和城乡建设厅针对近两个月海口市建筑工地连续发生事故实际，对海口市住建局下发《房屋市政工程生产安全事故查处督办通知书》，并抄送各市县住建局。6月10日，印发《关于开展“安全生产月”专项督查的通知》，并于6月底至7月初对市县安全生产月活动开展情况进行督查，重点督查发生事故的海口、万宁等市县。2015年全省房屋建筑市政工程领域共发生3起安全生产事故，死亡5人。全省建设工程没有发生较大工程质量安全事故，安全生产总体形势处于可控状态。海南省住房和城乡建设厅从2010～2015年连续6年被省政府考核为安全生产先进单位。

【建筑市场管理】 2015年继续加强建筑市场管理。为完善建筑市场法规体系，规范建筑市场秩序，保障建筑市场正常运行，为海南省建筑行实行全过程信息监管提供法律支持，已完成《海南省建筑工程管理条例》初稿工作，计划作为明年立法项目报送省政府。为规范建筑工程预拌混凝土和预制构件生产使用管理，保障建筑工程质量安全，制定完成

《海南省预拌混凝土及预制构件生产使用管理办法(试行)》，对预拌混凝土企业和分站的建立程序进行规范，禁止项目现场擅自搭建预拌混凝土设备自拌混凝土，同时对施工单位、监理单位违法使用预拌混凝土的行为作出明确的处理措施。为加强项目现场管理人员的考核管理，在绝大部分省市仅对项目人员配备作出要求的情况下，同时对人员的在岗履职提出要求，制定出台《海南省建筑工程施工项目部和现场监理部关键岗位人员配备和在岗履职管理办法(试行)》。

【施工企业实现特级资质零突破】 经住房城乡建设部严格评审，海建股份公司获批房屋建筑工程总承包特级资质。这是首家获住房城乡建设部批准的房屋建筑工程总承包特级资质的本土建筑企业，实现施工企业特级资质零的突破。

【开展打击转包违法分包大检查和工程质量治理两年行动】 为进一步落实住房和城乡建设部《工程质量治理两年行动方案》工作部署，全省各市县住房城乡建设主管部门对1608个在建项目开展打击转包违法分包大检查和工程质量治理两年行动。截至2015年12月，全省各级部门共排查建筑工程项目4786个次，基本实现在建项目全覆盖，涉及3415家建设单位，3515家施工单位。此次建筑施工领域打非治违与质量治理行动，是近年来检查覆盖面最广、派出执法队伍最多、查处力度最大、社会震慑最强的专项行动，一方面突出重心下移，更加注重落实市县属地监管责任，使市县行政处罚实现从无到有的突破；另一方面加大对层层转包行为的惩处措施，通过采取对转包企业处以罚款、要求涉案企业在琼项目全部停工整改、记不良行为记录并约谈企业法人和项目负责人等严厉手段，从工程承发包环节“树本清源”，打击层层转包行为，减少因转包行为造成的偷工减料质量安全隐患等因素，保障建筑施工质量安全，使建筑市场秩序得到进一步规范。

【推进建筑市场诚信体系建设】 制定出台《建设工程监理企业诚信评分标准》、《预拌混凝土企业诚信评分标准》，诚信评价覆盖范围进一步扩大，从上年的施工、造价咨询企业拓展到施工、监理、造价咨询、预拌混凝土四类企业，把企业和从业人员的良好行为和不良行为进行量化评分，在日常执法监督检查中对企业和从业人员进行诚信评价，将评价结果应用于建设工程全过程管理活动。召开全省建筑市场诚信评价体系建设暨房屋建筑工程全过程监管平台运行工作推进会，要求各市县从2015年11月起至2016年6月30日，用半年多时间试行建筑市场诚信评价，对施工、监理、造价咨询、预拌混凝土企业和相关从业人员进行良好行为和不良行为记录。

【加强农民工工资监管】 监督指导各市县从2014年12月起启用信息平台核发施工许可，企业不上传农民工工资保证金缴纳凭证至信息平台不予发放施工许可，通过信息化手段实现过程监管与留痕，保障农民工工资保证金缴纳到位。安排专人负责，将农民工工资支付纳入建筑市场执法检查内容，加大执法检查力度。与人力资源与社会保障厅联合开展三亚市农民工工资支付及市场行为检查，赴三亚市、保亭黎族苗族自治县、五指山市三市县开展农民工工资专项检查，妥善解决部分项目严重拖欠农民工工资问题，对项目施工单位恶意拖欠农民工工资行为暂停其在海南省参加招投标活动6个月，形成农民工工资支付与市场行为监管有效协调联动。

【工法评选】 2015年，根据《海南省工程建设工法评选办法》，海南省住房和城乡建设厅组织专家对申报2015年省级工法进行评审，有“大型混凝土墙体胶合板模板免钻孔支拆施工工法”等35项工法被评为海南省“省级工法”。

【招标投标市场管理】 2015年，为进一步规范海南省招投标活动，通过加强对招投标代理机构及其从业人员诚信管理，提升招标代理行业的水平，促进建筑市场的健康发展，出台了《海南省建设工程招标代理机构及从业人员信用管理办法(试行)》，于2016年6月1日起施行。为加强招标控制价的监管，遏制政府投资工程低价中标高价结算及阴阳合同的情况和三边工程，于2015年12月出台《海南省房屋建筑和市政工程招标控制价管理办法》。对2014年底招标代理机构检查工作中不合格的招标代理机构进行了复查，并对复查结果做出处理。全年依法受理并妥善处理招标投标投诉案件12件。

勘察设计

【勘察设计质量管理】 为进一步落实住房城乡建设部《工程质量治理两年行动方案》工作部署，按《建筑工程五方责任主体项目负责人质量终身责任追究暂行办法》要求，9月省住房和城乡建设厅组织开展2015年全省建筑工程勘察设计质量检查，以住宅工程和学校、医院等公共建筑工程为检查重点，全面落实项目负责人质量终身责任，同时突出工程质量常见问题治理，从房屋建筑工程勘察设计质量等常见问题入手，狠抓工程质量突出问题治理，严格执行标准规范，全面提升工程质量安全水平。

【工程抗震】 2015年共组织23项超限工程抗震设防专项审查，通过审查进一步优化项目的工程抗震设防能力。为提高勘察设计水平，6月26日，省住房和城乡建设厅召开《超限高层建筑工程抗震设防专项审查技术要点》宣讲暨减隔震技术设计应用交流活动，参加人员约200人，重点研究超限高层建筑勘察设计中存在的突出问题以及减隔震技术推广应用的情况。为进一步落实国家抗震防灾政策，指导各市县开展和推进抗震防灾工作，提高城乡抗震防灾能力水平，组织编制《海南省城乡建设抗震防灾发展规划纲要》（2015—2020），并积极开展宣贯活动。

建设节能与科技

【建筑节能】 2015年，海南省继续做好建筑节能工作。开展全省2015年度建筑节能专项检查，共抽查124个项目，涉及建筑总面积约608万平方米。包括60个项目的施工图设计文件、64个项目施工现场和64份建筑节能工程质量监督文件档案，下发《建设工程质量安全检查告知书》28份，通报批评5个项目涉及的相关建设、设计、施工、监理等责任主体，并将检查情况通报全省。开展2014年度民用建筑能耗统计、审计和公示工作，共完成全省1425栋建筑的能耗统计、70栋建筑的能源审计和公示工作。推动海南省公共建筑节能监管体系建设，印发《海南省公共建筑能耗监测系统技术导则》，建成“海南省公共建筑能耗监测平台”，完成三亚市公共建筑能耗监测平台试点项目建设，完成三亚市13栋建筑的能耗分项计量装置的安装和数据采集传输工作，启动100栋“海南省建筑能耗分项计量安装项目”的实施安装工作。继续推进太阳能热水系统建筑规模化应用，完成海南省太阳能热水系统建筑应用后评估，继续推进三亚市、文昌市、陵水黎族自治县等国家可再生能源建筑应用示范市县的实施工作。

【绿色建筑行动】 完成“十二五”新建绿色建筑550万平方米的目标任务。截至2015年底，海南省共有绿色建筑项目168个、建筑面积606万平方米，其中绿色建筑强制推广项目151个、建筑面积412万平方米，星级绿色建筑标识项目17个、建筑面积194万平方米。印发《海南省绿色生态小区评定管理办法（试行）》和《海南省绿色生态小区评价技术导则（试行）》，启动绿色生态小区评价工作，海口开维生态城、三亚万科森林度假公园以及万宁石梅山庄等3个项目被评定为海南省第一批绿色生态小区。印发《海南省绿色建筑设计基本规程（试行）》等八个文件，初步建立针对绿色建筑强制推广项目的全过程管理体系。

【施工图审查】 增加施工图审查中介机构，提高施工图审查效率，确定海南省建筑设计院等15家现有甲级资质的勘察设计单位为海南省新增施工图设计文件审查机构（其中勘察6家、房屋建筑6家、市政基础设施3家），并对新增施工图审查机构开展相关业务培训，施工图审查市场化格局基本形成；指导完善施工图审查信息平台，强化审查环节的过程留痕，提高工作效率，提升质量管理能力和服务水平。实施施工图联合审查，海南省住房和城乡建设厅起草《海南省建设工程项目施工图设计文件联合审查暂行办法》（代拟稿）报省政府。做好海南城建业施工图审查中心（及海南大地建业勘察审查中心）与海南省住房和城乡建设厅脱钩改制事项。

【建筑产业现代化】 省住房和城乡建设厅起草《关于促进建筑产业现代化发展的指导意见（代拟稿）》报省政府。积极支持海建集团建筑工业化示范项目推进工作，争取将海建集团建筑产业PC项目等5类建筑工业化产业项目纳入省重点低碳产业项目和住房城乡建设部2016年建筑产业现代化示范项目（部品生产类）。扶持指导海建、台湾TCK、北新建材、冀东、卓达等企业的产业化基地和项目建设。

【科研项目及智慧城市】 完成“海南省装配式低层轻钢结构体系住宅研究”等课题研究工作，并将“海南省总体规划（2015-2030）”等6个科研项目材料上报住房和城乡建设部，争取列入2016年住房城乡建设部科技计划项目。对万宁市政府2014年度创建智慧城市试点工作情况进行检查，指导智慧城市推进工作。

建设政策法规

【普法工作有序开展】 按照上级有关部署和要求，扎实推进法制宣传教育工作，并取得较好的成效。举办依法行政知识竞赛。2015年3月初，举办依法行政知识竞赛。通过采用抢答、问答、判断、法制小品等多种题型，海南省住房和城乡建设厅机关各处室及下属单位共有6支代表队参加比赛，较好地激发全厅干部职工学法的热情。圆满完成“六五”普法迎检工作。2015年7月，省普法依法领导小组对省住房和城乡建设厅“六五”普法进行全面检查督导，并予以充分肯定。开展法制宣传月活动。根据省委宣传部、省司法厅、省普治办关于开展2015年法治宣传月系列宣传活动的决策部署，2015

年12月，在厅网站及厅微信公众号开展了相应宣传活动。同时，向青年职工开展一次读书活动。通过向青年职工征集书目、赠送政策法规书籍等，支持和鼓励青年职工学法、守法、用法。

【依法做好行政复议及行政应诉工作】 针对近年来，特别是新版《行政复议法》颁布实施以来，行政复议案件数量明显增多，办案要求明显提高，省住房和城乡建设厅十分重视发挥行政复议作为行政层级监督手段的重要作用，认真履行复议职责，精心办案。2015年，省住房和城乡建设厅共受理并在法定期限内审结行政复议案件24件(含上年转结1件)，纠正一批违法或不当的具体行政行为，规范执法部门的执法行为，维护行政管理相对人的合法权益。坚持做好协调和疏导工作，着力化解行政争议，提前化解或让当事人选择其他方式解决10起可能引发行政复议的案件。精心准备，积极承办行政诉讼应诉工作，全年行政诉讼案件共计4件。其中3件行政诉讼案件胜诉，另1件尚未审结。

【法核工作严格把关】 严格按照“三定”方案的要求，积极承担有关规范性文件、有关通知通报、有关合同文本的合法性审核工作，以事实和法律作为法核的唯一客观标准，严格把好关口。全年完成法律审核文件共计454件，完成《海南省住房和城乡建设厅关于印发海南省工程建设地方标准〈海南省市政道路设施养护维修标准(试行)〉的通知》等12件规范性文件的备案工作。

【立法工作稳步推进】 坚持早计划、早部署，增强工作的主动性和前瞻性。2015年初，拟定并印发全厅2015年度立法工作方案，统筹协调各业务处室有序推进立法工作。修订后的《海南省城镇园林绿化条例》已于2015年8月1日起施行，《海南经济特区建筑工程管理条例》、《海南省城乡规划条例》(修订)已报送省人大列入2016年立法计划。

【制度建设取得新进展】 为进一步规范行政行为，维护良好的秩序，降低行政风险，海南省住房和城乡建设厅大力加强制度建设。编制完成《海南住房城乡建设行政处罚格式文书及使用说明》，进一步规范全省住房城乡建设系统的行政处罚行为。建立健全行政执法相关制度。对行政许可事项流程图、行政处罚事项流程图、行政检查事项流程图进行梳理；对权力清单(19项行政处罚)和2013年以来取消及下放的行政事项进行梳理；对重大执法决定法制审核、执法全过程记录、执法公示制度等进行补充完善；对住建系统504项行政处罚自由裁量标准进行细化和修订。制定有关制度和标准，开展年度行政执法案卷评查工作，形成案卷评查机制。

建设执法稽查

【建设行业稽查执法】 2015年，安徽省住房和城乡建设厅印发《2015年重点稽查执法工作实施方案》，明确年度重点稽查执法工作，强化对各市县城乡规划、城市建设、村镇建设、房地产市场、建筑市场和工程质量安全等方面的监督检查，及时发现和纠正违法违规行为，维护建筑市场秩序，促进住房和城乡建设事业科学健康发展。

【整治违法建筑工作】 2015年，省住房和城乡建设厅起草并经省政府印发《海南省整治违法建筑三年攻坚行动方案》，在全省范围内开展整治违法建筑“三年攻坚行动”；经省政府同意成立省整治违法建筑三年攻坚行动领导小组，组建整违办公室，统一组织、协调推进全省整治违法建筑工作；构建举报“一张网”、查处“一张网”、“监督一张网”和整违信息平台，建立多维度、常态化的监管机制；加大宣传，强化舆论监督；召开三亚现场会，总结推广先进经验；疏堵结合，推进违建分类处置等长效机制建设；全年全省拆除违法建筑870万平方米，有效遏制违法建筑蔓延趋势，整治违法建筑工作取得阶段性成效。

【查处违法违规案件】 2015年，省住房和城乡建设厅开通住房城乡建设领域违法违规行为网上举报，建立省、市县两级违法建筑电话、网络、微信、短信、邮箱、信访六种举报方式，进一步落实案件查办、转办、督办机制，认真做好案件稽查工作。全年共受理各类投诉举报143件，查处违法违规案件65件，涉及城乡规划、建筑市场、工程质量安全等领域。通过对违法违规案件的查处，有效震慑违法违规行为。

【城乡规划督察】 2015年，海南省住房城乡建设厅开展了琼中县、乐东县、昌江县等五县规划督察，并已完成临高县、澄迈县规划督察工作，对两县规划实施和管理工作提出15项意见和建议，形成督察报告呈报省政府，并督促两县整改落实；跟踪督促陵水黎族自治县、定安县落实规划督察发现问题的整改工作，组织省城乡规划督察员开展回访检查，确保整改落到实处。落实住房和城乡建设部利用遥感监测辅助城乡规划督察工作属地管理责任，督促海口、三亚两市做好问题图斑核实查处工作，共核查变化图斑433个，确认违法建设图斑99个，查处违法建设69宗。

【全省建设系统行政执法人员培训考试】 2015

年4月举办了全省建设系统行政执法人员建设专业法律法规知识考试，全省建设、规划、城管、环卫、园林等单位约286人通过培训考试，进一步加强全省住房城乡建设系统执法队伍建设，提高行政执法人员法律知识水平和业务能力，更好地维护人民群众合法权益。

建设系统行政审批

【建设行业行政审批概况】 2015年，省住房和城乡建设厅受理行政许可审批2562件，办结2617件，平均承诺天数13天，实际平均办结天数4天，提前办结率97.44%，按时办结率100%。

【编制权力清单和责任清单】 为贯彻落实党的十八届三中、四中全会精神，深入推进机构改革，加快转变政府职能，强化权力运行制约监督，省住房和城乡建设厅抓住"清权、简权、制权、晒权"四个关键环节，编制《海南省住房和城乡建设厅权力清单和责任清单》，其中权力清单共85项，责任清单共66项，并经省政府审议通过，公布实施。权力清单和责任清单的编制明确全厅的权责边界，是全厅今后工作的行为准则，切实做到"政府权力进清单、清单之外无权力"。

【建设行业审批制度改革】 海南省住房和城乡建设厅继续深化行政审批制度改革，秉持"以人为本"的服务理念，优化审批流程，创新审批方式。清理审批前置条件，并取消部分虽有法律依据、但与资质申报没有实质性关联的材料。创新行政审批方式，大力推行网上审批和资质电子化申报与评审，企业可以通过互联网或窗口两种方式进行申报，除按要求提供电子版的资质申请表外，不再提供其他纸质材料，让企业足不出户即可进行资质申报工作，减轻企业负担和社会成本，提高行政审批效率。

【建设行业审批简政放权】 继续做好清理、取消行政审批事项工作，加大行政审批下放力度。2015年，省住房和城乡建设厅全面清理行政管理服务事项，取消了"省外城市园林绿化企业入琼分支机构备案"等8项行政管理服务事项，非行政许可审批事项一律取消。取消"建筑施工企业主要负责人、项目负责人和专职安全生产管理人员安全生产考核合格证核准(初始、延续、变更)"和"设计施工一体化企业资质核准"2项行政许可事项，停止实施"物业服务企业二级及以下资质"1项行政许可事项，并将"房地产开发企业四级资质核准、延期核准"、"燃气燃烧器具安装、维修企业资质初始、延续核准"、"施工总承包资质序列三级资质(不含铁路、通信工程施工总承包三级资质)"、"专业承包资质序列三级资质(不含铁路方面专业承包资质)"等4项行政许可事项下放至各市县建设行政主管部门。通过简政放权，省住房和城乡建设厅的行政许可事项由26大项76子项精简为15大项33子项，按大项精简了42.31%，按子项精简了56.58%。

【加强监管，规范资质审批工作】 2015年，省住房和城乡建设厅深入开展基层业务交流，加强对各市县行政审批行为的规划指导和协调监管，提高各市县行政审批人员业务水平。制定出台《海南省住房和城乡建设厅关于进一步规范全省建设工程项目规划报建、施工许可等行政审批事项的通知》，从而进一步改进服务作风、规范运行机制、优化审批流程、推进信息公开、加强监督检查、强化责任追究等方面工作的指导力度，重点解决在规划报建和施工许可审批方面存在的问题，全面推进和加强住房城乡建设行政审批工作。分批次开展了市县行政审批业务跟班学习活动，做好下放事项的衔接工作，提高各市县建设行政审批人员业务能力和工作水平。

建设人才教育培训

【智力扶持中西部市县】 2015年，继续实施《海南省建设规划人才智力扶持中西部市县实施方案》，联合省委组织部、省人社厅启动第五期扶持计划，从厅机关和海口市、三亚市选派19名建设行政管理干部和专业技术骨干到中西部市县建设行政主管部门服务锻炼，其中10名挂职任副局长，9名进行定点服务指导；相应从中西部市县选派11名建设行政管理干部和专业技术骨干到厅机关和海口市、三亚市建设行政主管部门跟班学习锻炼。

【住建系统干部培训】 2015年，严格落实公务员在线学习任务，组织机关公务员和直属单位参公人员170余人参加在线学习，系统学习习近平总书记重要讲话精神、干部选拔任用工作政策法规、群众路线教育活动、社会主义核心价值观等课程，收到了良好效果。统筹协调各处室、直属单位举办建设法律法规、工程质量安全、城乡规划建设管理、建筑市场监管等各类业务培训班30期，培训3364人次，对加强全省住建系统干部履职能力，提高执政水平起到了一定的作用。

【组织开展"三严三实"专题教育】 在厅机关、直属单位处级以上干部中开展"三严三实"专题教育，以"严以修身"、"严以用权"、"严以律己"、"严守党的政治纪律和政治规矩"为专题，分别召开四次厅党组中心组扩大会议，厅党组书记、厅长丁式江同志给厅机关、直属单位处级以上干部讲党课，教育广大干部要充分认识中央全面从严治党的决心，把思想和行动统一到中央和省委精神上来，严守党的政治纪律和政治规矩，切实把“三严三实”专题教育贯彻于日常工作中，用专题教育的成效来推动工作开展，用工作成果来衡量专题教育的成效。部分厅领导、处级领导干部还在研讨会上作为代表进行交流发言，进一步深化思想认识。深入开展先进典型教育，组织观看学习专题片《乐东之变》，教育全体处级以上干部要紧紧围绕省委、省政府重大战略部署，深入学习乐东直面矛盾、敢于碰硬的务实作风和经验做法，立足基层、面向基层、服务基层，积极扛起住房城乡建设部门的责任担当。深入开展反面典型警示教育，在厅党组书记、厅长丁式江的带领下，组织厅机关全体干部以及直属单位中层以上干部130余人到省反腐倡廉警示教育基地(海口监狱)参观学习。在厅机关举办“珍惜岗位，依法行政，远离职务犯罪”、“播撒中华文化种子，扎下守规矩的根”专题讲座，分别邀请省反贪局副局长刘亚铭、省司法厅原副厅长、省监狱管理局原局长张发莅临授课。组织全体处级以上干部进一步查摆个人“不严不实”问题的具体表现，建立问题台账，明确存在问题、整改措施、整改时限等，并结合专题教育活动撰写学习心得体会，进一步加深思想认识。制定了《厅党组落实“三重一大”制度议事规则》，规定凡涉及本厅重大事项决策、重要人事任免、重大项目安排和大额度资金使用事项必须由厅党组研究决定，规范领导班子决策行为，提高决策的科学化、法制化、规范化水平，促进依法行政和廉政建设。

【学历教育】 积极同省教育厅开展合作，举办建筑工程类专业中等职业学历教育实验班，依托省机电工程学校、省交通学校和省三亚高级技工学校，面向社会招收应届初、高中毕业生和同等学力的社会青年，培养掌握建筑工程基本理论和知识，具备建筑工程施工技术和工程管理能力的中职人才。截至2015年底，三所学校已毕业1875人，有2058人在读，得到了企业和应届初、高中毕业生的欢迎。积极支持哈尔滨工程大学海南函授站对海南省在职人员进行学历教育，截至2015年底共有2717人毕业获得本科、专科毕业证书，共有1085人在读。

【专业技术人才培养】 全省各类建设培训单位共举办各类企事业单位专业技术人员继续教育培训班118期、3万多人次，举办各类施工现场专业人员培训72期、2万人次，对专业技术干部知识更新、开阔视野、启发创新起到一定的促进作用。认真落实《海南省住房和城乡建设领域现场专业人员职业标准实施办法》抓好施工现场专业人员培训考试工作，挑选经验丰富的专家全封闭式命题，共有2万余人报名参加施工现场专业人员培训和考试，对考试合格的施工员、质量员、资料员、材料员、劳务员、标准员、机械员核发《住房和城乡建设领域专业人员岗位培训考核合格证书》，对其他岗位合格人员核发《建设企事业单位专业管理人员岗位证书》，共核发证书9920人。抓好技能鉴定工作，对经过培训并考核鉴定合格的技工，及时核发《职业技能岗位证书》，全年共有9780人报名参加培训和鉴定，通过鉴定的有9000人。抓好执业资格考试工作，组织开展一级建造师、二级建造师、监理工程师、房地产估价师、造价工程师等执业资格考试，分别有5410人、8012人、528人、115人、1576人报名参加考试。抓好施工现场专业人员培训考试，共核发证书9920本。组织开展执业资格考试，共有15641人报名参加考试。组织开展职称评审工作，共有1213人晋升专业技术资格，其中正高级3人，副高级106人，中级600人，初级504人。

“十二五”期间住房城乡建设主要工作及成效

过去的五年，是全省建设系统支持经济社会发展力度最大的五年。全省房地产开发投资完成5882亿元，年均20%以上高速增长，是“十一五”的5倍，占固定资产投资比例保持在40%以上；销售面积5067万平方米，是“十一五”的2.3倍；建筑业增加值1603亿元，较“十一五”增长168%，占GDP的比重平均达10%。房地产和建筑业为扩大投资、拉动经济增长做出了重要贡献。

去的五年，是全省住建系统推进民生事业建设力度空前的五年。全省城镇住房保障供应体系基本建立，共开工城镇保障性住房29.62万套，建成和分配入住24万套，受益群众达80多万人；全省完成农村危房和水库移民危房改造17.7万户，受益农民达80多万人。全省林区、水库移民危房改造已全部完成。

过去的五年，是全省住建系统赢得国家部委支持力度最大的五年。三亚市成为全国首个“双修”、“双城”综合试点城市，海口入选综合管廊试点，农村危房改造指标逐年追加，建筑工程全过程信息监管平台成为全国唯一省级试点。海建集团成功升为特级，实现施工总承包特级企业“零突破”，全省8

个项目获国家“鲁班奖”，9项工法被评为国家级工法，抗震减灾等工作得到住房和城乡建设部技术指导。五年来，全省住建系统获得中央财政资金支持70多亿元。

还有机关党建、工青妇、扶贫、信访、精神文明、信息化、招投标、人才、培训等工作均出色完成了任务。特别值得一提的是，在抗击“威马逊”台风等抢险救灾、灾后恢复重建工作中，广大住建系统企业在自身受灾的情况下，踊跃捐款捐物，彰显企业的爱心和社会责任感。

“十二五”取得的成绩令人振奋，积累的经验弥足珍贵。这是省委、省政府高度重视、正确领导的结果；是各市县党委政府、省直有关厅局大力支持、积极配合的结果；是全省住建系统牢记职责、勤奋工作的结果。

（海南省住房和城乡建设厅）

重 庆 市

城乡建设

概况

2015年是重庆市城乡建设工作扎实、富有成效的一年，城乡建设工作紧紧围绕“科学发展、富民兴渝”总任务，主动适应经济发展新常态，统筹“稳增长、促改革、调结构、惠民生”，深入实施五大功能区发展和新型城镇化战略，顺利完成各项目标任务。特别是党的十八大召开以来，城乡建设系统进一步牢固树立“讲政治、顾大局、守纪律”的思想意识，担当重任、砥砺奋进，推动城乡建设各项工作取得新突破、迈上新台阶，为全市改革发展稳定各项事业发挥了骨干支撑和基础保障作用。

建筑业

2015年，面对复杂严峻的宏观形势，重庆市建筑业主动适应经济发展新常态，努力开拓国内外市场，强化经营管理，加快结构调整，不断提升质量安全管理水平，建筑业总产值突破6000亿大关，继续保持了缓中趋稳、稳中向好的发展态势。

【建筑业产值增长放缓】 2015年，全市完成建筑业总产值6256.94亿元，同比增长12.7%，增速较上年回落4.7个百分点；实现建筑业增加值1514.3亿元，同比增长14.8%，增速较上年上升0.4个百分点。建筑业增加值占重庆市地区生产总值(GDP)比重达9.6%，较上年下降0.2个百分点，拉动经济增长1.3个百分点。重庆市建筑业总产值居全国第十一位、西部第二位，占比分别为3.5%、18.3%，总产值增速高于全国10.4个百分点、高于西部地区6.2个百分点。

【行业发展整体维持薄利】 2015年，全市建筑企业新签合同金额5176.70亿元，同比下降0.5%；上年结转合同金额4685.62亿元，同比增长14.7%，较上年回落7.0个百分点。累计签订和执行合同金额9862.32亿元，同比增长6.2%，较上年回落1.0个百分点。全市建筑企业新开工建筑面积14069.18万平方米，比上年减少455.15万平方米，同比下降3.1%，较上年回落10.4个百分点。截至年底，全市本地8246家建筑业企业中产值过亿元的企业数量显著增加，新增98家，达到975家，占比11.82%。其中产值过30亿元的企业23家，比上年增加1家。亿元以上企业完成建筑业产值5830.00亿元，同比增长14.4%，占全市建筑业产值比重达到93.2%。优势企业规模得到壮大、竞争力得到增强、产业集中度得到提升，但行业发展仍然不平衡，产能过剩问题仍然突出，“僵尸企业”、“空壳企业”仍然很多，部分企业生存发展压力仍然很大。据住房和城乡建设部统计，2015年重庆市334家一级及以上资质施工企业，实现营业收入2404.91亿元、同比下降0.9%，实现利润85.11亿元，同比下降6.1%，企业平均利润率为3.53%，行业维持整体薄利。

【行业结构逐步优化】 2015年，随着经济结构的深入调整、转型和升级，重庆市建筑行业结构也在调整中实现快速发展和逐步优化，其中优势企业积极响应，资质等级稳步提升，人员素质持续提高，综合实力不断增强，形成以总承包为龙头，以专业承包依托，以劳务分包为基础的三层次承包服务关系和建筑行业结构，行业结构中房屋建筑、公路、铁路、水利、电力和冶金等几十个专业相互配套、门类齐全。2015年中冶建工集团有限公司取得冶炼特级资质，至此重庆市有3家特级企业4项特级资质。全年新增一级建筑施工企业49家、同比增长48.5%，新增甲级监理、甲级造价咨询、甲级招标代理13家、同比增长30%。严格清出机制，注销63家本地企业资质，注销18家企业单项资质。截至2015年底，全市一级及以上资质的建筑施工总承包和专业承包企业456家、占本地建筑施工企业总数的5.53%，全年完成建筑业产值2921.85亿元，占全市建筑业总产值的46.7%；新签合同金额2408.23亿元，占全市新签合同金额的46.5%。其中3家施工总承包特级资质企业，全年完成产值194.24亿元、占一级及以上企业产值的6.6%，新签订合同金额271.98亿元，占一级及以上企业新签订合同金额的11.3%。

【民营企业快速发展】截止到2015年底，全市非公有制建筑企业8105家，同比增长1.54%，占全市施工企业总数98.3%；非公有制建筑企业完成建筑业产值4586.85亿元、占全市建筑业总产值的73.31%，同比增长了9.15%，增速较上年回落13.65个百分点。非公有制企业快速发展，积极参与重庆市重点工程项目建设，2015年全市中标总金额排名前20强的施工企业中，民营企业有3家、占比15%，中标金额38.71亿元、占前20强企业中标总金额的比重为14.45%；全市施工企业中标项目总数排名前20强的企业中，民营企业有7家、占比35%，中标项目个数48个、占前20强企业中标总数的比重为27.12%。非公有制企业的发展潜力得到释放，竞争力有所增强。

【建筑市场平稳有序】 市场开放度不断提高。随着建筑市场统一开放工作的不断深入，外地企业积极进入重庆市建筑市场，激发市场活力。特别是万盛通用机场、重庆珞璜铁路综合物流中心、重庆江北国际机场专用快速路、寸滩长江大桥、轨道交通五号线十号线、重庆西站综合交通枢纽工程、北京现代汽车重庆基地等重点项目开工以来，吸引大量铁路、公路、桥梁、水利等专业的外地高资质企业涌入重庆市建筑市场。2015年，共有1685家外地建筑施工企业（特级160家、一级1052家）、103家外地监理企业、84家外地造价咨询企业、54家外地招标代理机构入重庆市承揽业务或生产经营，外地企业数量同比增长21.2%。外地建筑企业新中标（或新承接）重庆市工程项目3039项、同比增长14.9%，中标金额2627.49亿元、同比增长17.9%，建筑面积6223.47万平方米、同比增长8.5%。市外高资质企业入渝，带来先进技术和管理经验，拓宽融资渠道、优化融资模式，吸引更多社会资本以及民间资本参与全市重点项目建设，有效带动重庆市建筑业整体水平的提升。与此同时，重庆市企业也积极开拓市外、境外建筑市场，全年共有821家本地企业出重庆市中标，外出中标企业数量同比增长24.6%，中标工程1302个、同比减少8.9%，中标金额784.03亿元、同比减少23.2%，建筑面积3173.43万平方米、同比减少9.2%。2015年重庆市向市内外建筑业提供农村富余劳动力182万人，其中：为本市建筑业提供劳动力99万人，为市外建筑业提供劳动力83万人；重庆市建筑业共吸纳建筑劳务人员152万人，其中：本市农民工99万人、本市非农民工37万人、外来农民工16万人。全市净输出劳动力67万人。重庆市一级及以上资质建筑施工企业从业人员64.47万人。2015年重庆市建筑原材料价格明显下降，以钢材为代表的主要建筑材料呈较大比例下降。建筑市场人工工资小幅波动，同比上涨3.62%。

【市场监管不断完善】 建筑施工企业诚信综合评价体系自运行以来，2015年实现新突破，全面完成企业通常行为评价标准修订，新增5类主要专业类奖项，增加法院、工商、税务等部门认定的不良行为，实现社会信用信息的综合联动利用。年内完成6轮评价，涉及评价建筑施工企业3131家、房屋市政项目6674个，采集企业通常行为信息7091条、企业现场行为信息57915条，共有960个房屋市政项目运用诚信综合评价招投标评分并公示，没有发生一起违法违规的投诉举报。6月18日，重庆市建筑市场监管与诚信一体化工作平台通过住房和城乡建设部验收，实现住房城乡建设部和重庆市建筑市场与诚信信息的实时互联互通，动态记录工程项目各方主体的市场、现场行为，完成建筑市场“数据一个库、监管一张网、管理一条线”的工作目标。诚信评价体系的运行，在创新监管、保障质量安全、促进企业自律等方面取得显著成效，有效提升建筑行业整体发展水平。《中国经济导报》、《重庆新闻联播》、《重庆日报》、《重庆晚报》、《阳光重庆》等媒体进行报道，得到重庆市领导的高度评价与认可。

深入开展工程招标投标突出问题专项整治，不断细化招投标关键环节监管，优化完善电子招投标程序，进一步加大国有投资建设工程施工招投标监管力度，加强招标代理机构从业人员管理，规范招标代理机构行为。严厉打击围标串标。2015年，全市发包房屋建筑和市政基础设施工程项目5132个

（含勘察设计、施工、监理及材料设备招标等）、同比减少 2.53%，工程造价 1645.53 亿元、同比减少 6.30%。其中：公开招标 3203 个、工程造价 725.33 亿元，占比 62.41%和 44.08%；邀请招标 434 个、工程造价 149.08 亿元，占比 8.46%和 9.06%；直接发包 1495 个、工程造价 771.12 亿元，占比 29.13%和 46.86%。发包项目中，国有资金项目 3687 个，同比增加 7.12%，工程造价 886.99 亿元、同比增加 4.21%；非国有资金 1445 个、同比减少 20.74%，工程造价 758.54 亿元、同比减少 16.18%。全年市管项目发包 94 个(国有资金 79 个、非国有资金 15 个)，工程造价 85.02 亿元(国有资金 71.68 亿元、非国有资金 13.34 亿元)。其中，公开招标 67 个(国有资金)、邀请招标 7 个(国有资金 6 个、非国有资金 1 个)、直接发包 20 个(国有资金 8 个、非国有资金 12 个)。

继续加强市工程建设招标投标交易中心建设，健全信息化管理制度和安全保障机制；积极应对公共资源平台改革，努力发掘新交易量增长点；稳步推进电子招投标，加强招投标重点环节监管，促进招投标监管工作的规范统一，房屋市政项目电子招投标系统全面建成，房屋市政工程电子化招投标率达到 90%以上，搭建起向区县纵深推广、向市级各类专业工程横向覆盖的全市统一开放电子招投标体系，成功运用“互联网+”完成 3 例异地远程评标，实现全市评标专家资源共享。全年在市工程建设招标投标交易中心完成交易项目 3100 个、同比增长 0.5%，交易额 1572.76 亿元、同比增长 2.6%。其中：房屋与市政工程 1471 个、同比减少 28.33%，交易额 865.45 亿元、同比减少 17.84%，专业工程 814 个、同比减少 10.84%，交易额 215.26 亿元、同比减少 55.18%，勘察设计、监理及采购等 815 个、同比增长 11.8%，交易额 492.06 亿元、同比增长 19.10%。

精简审批流程，压缩服务时限，积极配合市级网上行政审批试点运行，修改施工许可服务指南，积极参与设备调试，并做好实施网上行政审批的各项准备工作。全年办理房屋建筑和市政基础设施项目施工许可 3452 项、同比减少 11.3%，建筑面积 9846.03 万平方米、同比减少 10.0%，工程造价 1659.41 亿元、同比减少 2.3%。全年办理竣工验收备案项目 2905 个、同比增长 16.4%，建筑面积 9403.25 万平方米、同比增长 23.5%，工程造价 1413.76 亿元、同比增长 28.4%。房屋建筑和市政基础设施在建项目 8390 个、同比增长 0.31%，建筑面积 29509.33 万平方米、同比增长 1.93%，工程造价 4795.35 亿元、同比增长 1.56%。

结合工程质量治理两年行动，严厉查处建筑施工违法发包、转包、违法分包及挂靠行为，检查工程项目 8675 个次，其中：有违法发包行为的项目 24 个、有转包行为的项目 9 个、有违法分包行为的项目 68 个、有挂靠行为的项目 33 个、有其他违法行为的项目 362 个，检查建设单位 7333 家次，其中：有违法发包行为的单位 20 家、有其他违法行为的单位 335 家；检查施工企业 7604 家次，其中：有转包行为的企业 6 家、有违法分包行为的企业 68 家、有挂靠行为的企业 20 家、有出借资质行为的企业 3 家、有其他违法行为的企业 153 家，查处有违法行为的个人 335 人，共罚款 824.59 万元，其中：对企业罚款 799.57 万元，对个人罚款 25.02 万元。

2015 年，面对清欠维稳严峻形势，市区两级城乡建委主管部门坚持抓重点、抓关键、抓薄弱环节，逐级落实责任，层层传递压力，落实月排查、月报告、月分析制度，强化拖欠预警研判，避免因处置不力而引发群访、集访等突发事件。全年处置拖欠工程款及农民工工资投诉 465 批次，解决拖欠工程款 10.54 亿元(含农民工工资 8.22 亿元)、涉及农民工 4.42 万人次。同时加大惩处力度，对发生拖欠问题的责任企业纳入清欠不良行为“黑名单”予以全市通报，在诚信综合评价中扣分，并在其资质升级、年度复核、评优评先、农民工工资保障金减免等方面实行“一票否决”。全年通报并纳入清欠不良行为记录责任主体 47 个。

【质量安全形势稳定可控】 建设工程实体质量总体受控，地基基础和主体结构安全，质量常见问题呈下降趋势，全年无较大及以上质量事故发生。2015 年荣获：国家建设工程鲁班奖 4 项、国家市政金杯奖 5 项，重庆市巴渝杯 50 项、重庆市优质结构奖 116 项、重庆市市政金杯奖 27 项。企业申报市级工法评审 160 部，评审通过 113 部，培育国家级工法 30 部，评审通过 10 部。截至 2015 年底，全市在监房屋和市政基础设施工程项目 10842 项(市管项目 608 项)。按照全口径统计，全年共发生各类建筑安全事故 100 起、死亡 105 人，较上年事故起数少 1 起、下降 1.0%，死亡人数少 5 人、下降 4.5%。荣获全市安全生产考核先进单位。

【十大商务集聚区和十大城市功能开发项目有序推进】 2015 年，十大商务集聚区和十大城市功能开发项目建设稳步推进，江北嘴、悦来新城和中央公园、化龙桥等片区初显形象和初具规模，其他各片区也在高标准规划、高起点建设、高效能推进。十大商务集聚区全年完成投资429.1亿元，开工674万平方米，完工432.5万平方米。截至年底，十大商务集聚区累计完成投资2102.2亿元，实际开工总量3213.3万平方米，累计完成建设量1901.1万平方米；十大城市功能开发项目全年完成投资164.8亿元，实际开工197.2万平方米，完工164.6万平方米。截至2015年底，十大城市功能开发项目累计完成投资450.48亿元，实际开工总量618.2万平方米，累计完成建设量286.2万平方米。（建筑管理处　张钢铁）

【城建资金统筹】 2015年，城市基础设施PPP投融资体制改革加快试点，“两桥一隧”项目顺利推进，预计引进社会资本110亿元，有效缓解财政资金压力。其中，曾家岩大桥获财政部PPP合作示范项目。

【重点工程建设】 市级重点工程年度完成投资从2010年的1932亿元预计增长到2015年的4046亿元。重庆大剧院、中央公园、重庆国博中心等300个项目相继建成投用，促进地区经济发展，引导资源合理配置。

十大商务集聚区累计完成投资2102亿元。江北嘴、悦来新城、化龙桥等片区成为城市新地标。十大城市功能开发项目累计完成投资450亿元。弹子石CBD总部、龙溪新光天地等项目加快推进，区域发展带动作用初步显现。

【城市道路建设】 2015年，全市新增城市道路2462千米，达到9195千米。主城区新增城市道路1154千米，达到4054千米，新增跨江大桥4座、特大穿山隧道3座、道路立交28座、人行天桥和地通道168座(条)。主城区路网密度达到6.07千米/平方千米。

【轨道交通建设】 2015年，重庆市轨道交通建成通车183千米。总通车里程由19千米增至202千米，相当于每天2万班次公交车运力，日均客运量182万乘次，改善了市民出行条件，优化城市投资环境。

房地产业

2015，全市房地产开发完成投资3751.28亿元，同比增长3.3%，占年度目标任务3000亿元的125.0%，占全市固定资产投资15480.33亿元的24.2%。全市房地产业实现增加值847.72亿元，同比增长5.5%，占地区生产总值(GDP)的5.5%，拉动经济增长0.3个百分点。

全市商品房施工面积28985.67万平方米，同比增长1.3%；商品房竣工面积4630.29万平方米，同比增长24.5%。商品房新开工面积5810.85万平方米，同比下降7.1%。

全市商品房销售面积5381.37万平方米，同比增长5.5%，其中住宅销售面积4477.71万平方米，同比增长1.2%。销售额2952.21亿元，同比增长4.9%。全市房地产企业总计3169家。一级53家，二级717家，三级601家，四级49家，暂定1749家。

2015年，房地产市场在高库存的压力下，开发投资持续下滑，但在中央以及地方各类利好政策支撑下，市场销售呈现回升企稳的态势，新开工面积降幅逐渐收窄。开发办年度建设工作目标数量3000亿元，实际完成3751.28亿元，为目标的125%。（曾诚）

【住房建设】 截至年底，全市开工公租房4145.76万平方米、63.4万套，基本建成2997.6万平方米、46.5万套，有效缓解城市经济困难群众住房问题，加快两江新区、茶园新区、西永保税区等新城区产城融合的进度。

完成城市棚户区(危旧房)改造1331.8万平方米、煤矿棚户区改造65.6万平方米、农村危房改造64万户。实施改造后，群众住房面积大为增加，累计惠及约340万人。

全市城市棚户区改造累计获得国开行专项贷款授信350.4亿元，2015年实际到位资金126亿元，使用率97%。争取到国开行和农发行的专项建设基金11.89亿元。2015年，重点推行货币化安置，比例达82.8%，远高于全国28%的平均水平。2010年以来累计改造城市棚户区(危旧房)15.2万户，消化住房存量约700万平方米，为房地产业“去库存”发挥积极作用。

勘察设计业

2015年，全市勘察设计行业营业收入合计408.5亿元，比上年增加25.7亿元，增长6.7%。其中：勘察收入21.2亿元，减少1.2 %，设计收入83.5亿元，增长0.6%，工程承包收入141.1亿元，减少17.8%。全市勘察设计行业利润总额34.6亿元，增长35.9%，全市勘察设计人员人均营业收入92.3万元，增长1.1%，位居全国前列。

截至2015年底，全市共有工程勘察设计企业430家。其中，具有勘察资质的单位54家(甲级16家，乙级24家，丙级14家)，具有设计资质的单位

374家(甲级134家，乙级162家，丙级78家)，具有设计与施工一体化资质的企业38家(壹级12家，贰级20家，叁级6家)，另有勘察劳务类企业15家。施工图审查机构21家，其中：一类机构18家，二类机构3家，全市全年共新增甲级资质28个，拥有甲级资质的企业比例已达36.6%，资质结构日趋合理，位居西部前列。全市勘察设计行业从业人员44362人，专业技术人员29734人，其中：高级职称人员7186人，中级职称人员11787人，全市勘察设计注册师人数4252人，注册师占专业技术人员比例达14.3%，位居直辖市第一。

【勘察设计市场管理】 严格资质审查，把好市场准入关。在实行专家“背靠背”三次审查，行政管理人员重点核查社保和业绩，审查结果网上公示的“三审一查一公示”的基础上，增加对企业办公场地的现场核实环节，有效抑制“空壳企业”、“挂靠设计”等违法违规行为，全市勘察设计企业数量下降至430家。与此同时，助推优秀企业升级增项，根据资质初审意见尽快完善资质条件。全年通过资质初审的企业比例不到40%，而经重庆市建委上报住房城乡建设部终审的通过比例却达85.7%，高出全国平均水平20个百分点，排名西部第一。勘察设计企业资质已覆盖除民航、海洋外的工程建设所有领域。完成勘察企业资质换证，调整行业结构。按照建设部统一部署，提高勘察企业准入门槛，通过资质换证提升行业集中度。换证后，全市勘察企业(含劳务类企业)共减少20家，缩减比例达18%，新升级甲级勘察企业2家，甲级勘察企业比例从换证前的25%上升至换证后的37%，提高12个百分点，相反的，乙、丙级勘察企业比例分别下降3.1和8.3个百分点。

大力开展行业动态抽查，着力加强事中事后监管。全年共抽查各类建设工程107个、涉及企业76家(占全市勘察设计企业总数的11%)，纠正违反工程建设强制性条文68条，一般性条文2113条。共有37家企业、56名从业人员因违规行为被全市通报批评，15家外地企业被清出重庆市场，7名施工图审查人员因为把关不严被停止审查资格。根据动态抽查结果，对单位和个人实行诚信记录管理，违规行为面向社会公开曝光，并与企业资质升级增项、注册师执业等直接挂钩，动态抽查已对质量违规行为构成强大的制约力量。市场环境的改善树立了正规企业的信心。截至年底，全市已有317家市外企业办理入市备案，同比增加10%，市外企业已占到全市勘察设计企业总数的43%，创历史新高。全国百强企业中已有59家、十强中已有8家入市承接业务，全年市外企业在渝签订合同金额约25亿元，同比增加25%。

【勘察设计质量管理】 按照两年治理行动的要求，建设工程在申报初步设计审批时，必须提交建设单位、勘察单位、设计单位法人代表对项目负责人的授权书以及项目相关勘察设计人员的质量终身责任承诺书，否则不予接件。该项制度在全市贯彻推行。按照《关于改进和完善初步设计审批管理的意见》要求，严格实行项目负责人现场讲图、程序性审查与技术审查并重、审查意见限期回复、施工图阶段编制专篇对初步设计审查意见落实情况进行说明等六项制度，规范审查行为，严肃审查纪律。2015年以来，先后对中国海诚工程科技股份有限公司等5家单位及相关责任人予以通报批评，对重庆市设计院、重庆市勘测院等15家单位予以公开表扬，并录入重庆市勘察设计诚信档案。按照重庆市建委《关于加强建设工程勘察设计文件签章管理的通知》等要求，对勘察设计人员签名笔迹进行核查，确保在勘察设计文件上的签名、在数据库中备案的签名以及人员到会现场签名三者一致，从而保证勘察设计人员身份的真实性。2015年，受理的215件初步设计审批均在法定时间内办结，纠正违反强制性标准条文237条、其他条文3924条。

【优秀设计项目评选】 2015年，全市勘察设计企业共取得全国优秀工程勘察设计行业奖24个，其中一等奖5个，二等奖5个，三等奖14个。在2015年度重庆市优秀工程勘察设计奖评选中，对申报的104个项目分成建筑工程、市政与公路工程等9个类别，共评选出优秀勘察设计项目63项，其中：一等奖14项、二等奖24项、三等奖25项。(周长安)

建筑科技教育

【建筑产业现代化】 成立推进建筑产业现代化专项工作组。壮大重庆市建筑产业现代化联盟，推动建筑产业现代化系列标准编制、工程试点示范和技术集成创新。开展建筑产业现代化12项地方标准和11项图集的编制工作。发布实施装配式混凝土住宅设计、施工与质量验收、构件生产、信息化管理等6项地方标准和装配式混凝土住宅楼梯1项图集。会同市财政局出台《重庆市建筑产业现代化示范工程项目补助资金管理办法》。推进示范项目建设。发布实施《装配式住宅部品标准》，印发《重庆市住宅部品认定管理办法(试行)》，开展2批共计17个部品认定。依托建筑产业现代化联盟和专家委员会，强化对区县建筑产业现代化工作的指导和支持。组织编制建筑产业现代化宣传片和科普知识手册，建立微信公共平台，利用重庆电视台、“阳光重庆”、报纸、网络等媒体，以及全市科技活动周等活动进行宣传推广和知识普及；举办建筑产业现代化各类技术研讨会、标准宣贯培训会，培训相关从业人员2500余人次。

【科技创新与标准化】 组织申报住房城乡建设部科技项目及工程建设标准实施指导监督项目10项，下达建筑产业现代化、智慧城市、海绵城市等市级建设科技计划项目及示范66项；完成科技成果35项，获国家专利100余项，获重庆市科学技术进步奖一等奖2项，二等奖1项，三等奖5项，鉴定关键技术89项。下达工程建设地方标准编制计划23项，发布工程建设地方标准21项，备案企业标准17项，推动工程建设地方标准制订修订100余项，发布国内首部《民用建筑电动汽车充电设备配套设施设计规范》。支持开展海绵城市、生态文明建设和调结构、促转型等领域专项研究，科研经费向行业企业和示范工程倾斜，82%的资金投入示范工程和重大专项研究，引导企业投入科技创新资金1.3亿元。发布《重庆市建设领域创新型企业评价标准》，初步构建建设领域创新型企业评价制度。发布《重庆市建设领域禁止限制使用落后技术通告(第八号)》和《重庆市建设领域推广应用新技术公告(第二号)》，禁止限制现场浇筑楼梯工艺等12项落后技术，推广应用装配式混凝土结构等16项新技术，认定建设新技术17项。培育建立30万吨干混砂浆产业化基地1家、1万吨焊接箍筋产业化基地1家、现代化建筑钢筋加工配送企业4家；举办高强钢筋和钢筋加工配送应用技术培训会及建筑钢筋加工配送整体技术解决方案设计竞赛等。

【智慧城市试点】 渝中区成功获批重庆市第五个国家智慧城市试点，会同市科委完成万州区、江津区、合川区国家智慧城市试点申报省级评审，并推荐上报住房城乡建设部和科技部。国家智慧城市试点建设有序推进，两江新区智慧新城整体开发、永川区智慧城市PPP模式、渝中区区域卫生信息平台、江北区智慧商圈、南岸区智慧小区和智慧城市体验中心等项目取得成效。推进两江新区智慧城市公共信息平台、南岸区智慧小区云服务平台、渝中区智慧楼宇建设关键技术集成开发与示范应用、永川区智慧监管综合平台开发与应用、市城乡建设行业智慧政务平台建设、智慧城市城乡建设领域标准体系等专项试点工作。发布实施《重庆市智慧小区建设技术要点(试行)》，推进智慧小区建设。

【教育培训】 全年共组织三次施工专业人员统一考试，核发证书6.9万人次；完成建筑工人技能鉴定发证11.2万人次，其中高级工以上等级5000余人次。印发《关于加快推进施工现场标准员岗位设置工作的通知》，积极推进标准员岗位设置与责任落实；完成标准员培训3000余人次，组织实施41家施工现场标准员岗位设置示范企业和56个示范工程建设。组织编制发布《重庆市房屋建筑与市政基础设施工程现场施工专业人员考试大纲》。标准员、劳务员、试验员、机械员等4个岗位实现信息化考试。开发完成建设部委托的全国住房城乡建设领域专业人员岗位证书查询系统，组织开发重庆市建设岗位教育培训管理系统。会同市人社局印发《关于建立重庆市建设行业技能竞赛制度的通知》，推进技能竞赛常态化、规范化、标准化。我委推荐的黄可全等三名建筑工人荣获全国住房城乡建设行业技术能手称号。开展针对全市18个扶贫区县832名建卡贫困户以及2231名建设类“双证制”院校贫困学生的建设行业扶贫培训工作，对参培对象做到培训免费、考核鉴定免费和发证免费。

【建设信息化】 按照《重庆市建设领域信息化标准体系》的要求，不断完善信息化标准体系。完成《BIM技术应用》、《智慧重庆公共信息平台技术研究与应用》、《工程项目管理信息系统》等课题研究。完成勘察设计综合信息平台二期、重点工程建设综合信息系统以及主城区城市棚户区改造房源信息平台建设，完成“重庆市城乡建委数据交换管理平台”的开发，为信息资源整合提供技术保障。完成行业信息资源综合服务平台原型建设，实现行业基础数据的动态查询，以及企业、人员、项目等核心数据库的关联查询。

【建筑节能建设】 2015年，全市城镇新建民用建筑节能强制性标准执行率达到100%。绿色建筑技术标准和产业支撑体系基本健全，新增绿色建筑近3100万平方米，推动建设可再生能源建筑应用项目900余万平方米，完成公共建筑节能改造420余万平方米。

重庆市“十二五”建设工作成果

【市级中心镇建设】 “十二五”期间，重庆市城乡建委认真贯彻落实《重庆市人民政府关于加快中心镇建设的意见》和《中共重庆市委 重庆市人民政府关于推进新型城镇化的若干意见》精神，按照“突出重点、兼顾一般、分类指导、科学发展”的思路，以 110 个市级中心镇为重点，通过发挥其示范引领和辐射带动作用，促进全市小城镇的持续健康发展。

2011～2015 年，按照“缺什么建什么”原则，以“561 工程”建设为主要内容，即：“五个一”，建好一个综合性市民健身活动广场、一条绕镇公路（过境道路改道）、一个水质达标的自来水厂（站）、一个污水无害化处理系统、一个垃圾无害化收运处理系统；“六个有”，有一个镇级卫生服务体系、一所福利院或敬老院、一个公共文化活动中心、一个农产品交易市场、一个品牌连锁超市、一个汽车客运站；“一条特色商业街”。累计下达 24.073 亿元专项补助资金，安排实施 585 个中心镇建设项目，90％的中心镇已实现“561 工程”全覆盖，为其他小城镇提供可以借鉴的示范。此外，市级中心镇的辐射带动作用开始显现，与周边 500 余个小城镇组合形成多个小城镇集群，一大批优质学校、医院诊所、商贸超市、文化娱乐等设施向中心镇集中，也促进产业、资金、劳动力向中心镇转移。

【农村危房改造】 “十二五”期间，市城乡建委认真贯彻落实住房城乡建设部和市委、市政府安排部署，坚持“最贫困群众、最危险房屋、最基本住房”的原则，以分散供养五保户、低保户、贫困残疾人家庭和其他贫困户为主要对象，以农村 D 级、C 级危房为主要目标，通过拆除重建、维修加固的方式帮助贫困群众建设最基本的安全住房。

【农民新村建设】 “十二五”期间，市城乡建委认真贯彻落实市委、市政府安排部署，结合农村危房改造、高山生态扶贫搬迁、农村土地整治等项目，以推进城市基础设施向农村延伸、公共服务向农村覆盖为抓手，同步配套“六通”、“六有”，即通道路、供电、给水、排水、广播电视和通信，有小广场、便民商业网点、医务室、垃圾收运点、农家书屋、幼儿园，建设集中、宽敞、舒适、方便的农民新村示范点。

（重庆市城乡建设委员会）

城乡规划

规划编制

【法定城乡规划全覆盖工作】 按照重庆市政府办公厅印发《法定城乡规划全覆盖工作计划》，2015 年市域层面 4 项规划获得市政府批复，5 项规划完成审查进入报批程序，11 项规划形成规划方案；主城区层面 4 项规划获得市政府批复，2 项规划完成审查进入报批程序，22 项规划已形成规划方案。主城各区及两江新区编制完成 126 项区级专业专项规划，并纳入市级规划统筹。主城以外，10 个区县完成城乡总规编制，5 个区县完成城市总规修改，远郊区县城控规覆盖率提升到 84％，30 个远郊区县（含万盛经开区）编制完成 270 项专业专项规划。编制完成 118 个镇规划、34 个乡规划，全市所有镇乡规划基本实现全覆盖；编制完成 442 个村规划，覆盖率达到 10％以上。

【重大规划编制研究】 按照重庆市“一区两群”城镇空间布局，完成渝东北城镇群规划、渝东南城镇群规划编制，落实“面上保护、点上开发”要求。编制重庆市近期建设规划，推进全市国民经济和社会发展“十三五”规划各项任务目标在空间上的落地。开展“一带一路”和长江经济带对外开放战略和区域发展重大战略的规划应对等一批战略研究。

【历史文化保护与利用规划】 《重庆市历史文化名城保护规划》、《重庆市传统风貌保护利用规划》获市政府批准，建立“三层七类”历史文化空间保护体系。完成重庆市历史文化名城保护规划、20 个历史文化名镇保护规划编制。编制重点传统风貌区的恢复实施方案，开展慈云寺—米市街—龙门浩、十八梯、湖广会馆及东水门、木洞等 4 个传统风貌街区及丰盛历史文化名镇保护与恢复前期工作。

【美丽山水城市规划】 深化重庆市主城区美丽山水城市规划，分区落实山系、水系、绿系规划控制线，加强自然山水保护，规划一批郊野公园、文化公园、大型城市公园、组团级公园、社区公园。完成“四山”生态旅游休闲游憩专项规划，优化禁建区、重点管控区和一般管控区范围，在加强生态保护前提下，提升游憩和养生养老功能。开展市域生态功能红线、湿地系统、森林公园系统等规划，充实完善市域生态保护体系。

【重要交通规划编制】 完成重庆市主城区综合交通规划评估及优化，开展内环快速路改善方案、内环以内十字通道规划研究、内外环之间高快速连接通道优化等规划，着力解决好都市功能核心区内拥堵问题，并进一步加强都市功能核心区与都市功能拓展区、城市发展新区的联系。编制《主城区公共停车场专项规划》，完善静态交通体系。

【群众身边规划编制】 开展重庆市主城区街道社区综合服务中心布点规划，统筹街道社区基本生活和公共服务功能，构建“10 分钟社区生活服务圈、20 分钟街道公共服务圈”。积极推进社会福利及殡葬设施、中小学及幼儿园、公共文化设施、体育设施、医疗卫生设施、邮政快递设施、应急避难设施、公共停车设施以及水电气信等20余项公共服务设施规划编制，开展棚户区改造、老旧居民区电梯改造等40余项规划研究，着力从规划上解决出行难、停车难、如厕难、过街难、就医难、入学难、游憩难等群众关心的问题。

城乡规划管理

【规划改革创新】 推进重庆市主城区“多规合一”试点，重庆市政府办公厅印发试点方案。完成主城区范围内260平方千米城乡总规与土地利用总规不一致建设用地比对，推动城乡规划与生态红线、湿地控制线、绿地控制线、水系控制线等相关边界对接。建立规划领域诚信管理体制，对执行城乡规划和法律法规中的不诚信信息进行登记，并向社会公布。推进规划管理体制改革，形成完善全市城乡规划管理体制机制方案。

【城市空间形态管控】 重庆市政府办公厅印发主城区城市空间形态管理办法，将主城区分为特别、重点、一般三类区域进行分类管控，将建设项目方案征集、多方案比选等要求纳入规划条件，将桥梁等重大基础设施形态设计纳入方案设计招标条件。开展主城重要地段、重要地块城市设计，完成中央公园周边地块、盘龙新城等约40平方千米用地的城市设计编制工作。开展商圈城市设计体系研究，主动参与项目策划和方案优化，提升解放碑、观音桥、南坪商圈品质。

【城市历史文脉保护】 制定重庆市历史文化资源信息库工作方案和建设方案，完成主城区市级以上文保单位、抗战遗址定点定位数据建库。推进《重庆市历史文化名城名镇名村保护条例》、《重庆市传统风貌区和传统风貌建筑保护与利用办法》起草工作，出台《坚决制止破坏行为加强保护性建筑保护工作的通知》。磁器口历史文化街区成功入选第一批中国历史文化街区。

【规划审批流程优化】 完成行政权力清单梳理，明确审批许可类行政权力和非审批许可类行政权力。加强与协办审批部门沟通协调，优化并联审批程序，提高审批效率。2015年，重庆市核发建设项目选址3695.7公顷，用地规划许可9347.87公顷，建筑方案审查1.35亿平方米，建筑工程规划许可1.12亿平方米，规划竣工核实1.03亿平方米。

【区县规划水平提高】 完善对区县重大规划及重点项目指导的各项机制，建立首席规划师顾问团队，2015年开展集体咨询350余次，参与600余项重大项目研究。指导区县开展40余项重要地区城市设计，提升区县城市品质。完成村规划集体建设用地控制规定、避暑休闲地产选址和配套设施规划指导意见、村规划编制技术导则等编制及修订。积极指导村规划编制试点，秀山县大寨村规划获评全国村庄规划示范。

规划法治建设

【规划法规体系建设】 《重庆市城乡规划条例》、《重庆历史文化名城名镇名村保护条例》纳入市人大立法预备计划，已完成立法调研和修订条文起草工作，为纳入立法计划奠定基础。积极开展《重庆市城市规划管理技术规定》、《进一步加强控制性详细规划修改等规划管理工作的通知》等政府规章和规范性文件修订论证工作。出台《关于进一步加强市政基础设施规划管理的通知》、《关于进一步加强城市地下管线规划建设管理的通知》、《工业园区及工业项目规划管理办法》等一批市政府规范性文件。

【主城区违法建筑整治】 强力推进重庆市政府282号令实施，大力推进主城区违法建筑整治，建立完善新增违法建筑快速发现制止机制，开展存量违法建筑有序整治，坚持整治拆除与环境改善相结合，基本实现新增违法建设有效遏制，存量违法建筑逐步减少的目标。主城区全年发现、制止新增违法建筑32.8万平方米；整治存量442.58万平方米，其中，拆除440.47万平方米，处没收违法收入2.11万平方米，罚款1.87亿元；完成316个指定小区集中成片整治任务和48件市级挂牌督办项目。

【规划考核督察工作】 完善重庆市规划考核督察机制，市委、市政府将规划工作纳入全市区县经济社会发展实绩考核，有力地推进区县规划工作。进一步加强对区县规划工作的考核督察，主城区重点是违法建筑检查发现率、新增消除率，以及规划编制完成率，远郊区县突出有规划、有人管、依法管，重点对规划编制完成率、规划管理覆盖率和依法管理情况进行考核督察。

大事记

1月

8日　重庆市委书记孙政才主持召开市规划委员会第2次会议。

12日　重庆市规划建设管理及民防园林工作会召开。

29日　重庆市建市以来首个法定历史文化名城保护专项规划——《重庆市历史文化名城保护规划》获市政府批复，3月23日正式印发实施。

29日　重庆市政府第79次常务会议审议通过《重庆市綦江区城乡总体规划—綦江片区分册》。

2月

1日　中新第三个政府间合作项目联合考察组参观重庆市规划展览馆。

27日　重庆市政府第82次常务会议审议通过《重庆市名镇名村保护管理办法》。

3月

18日　2015年重庆新型城镇化论坛举办。

同日　重庆市政府第83次常务会议审议通过《重庆市避暑休闲地产规划(2014-2020年)》。

25日　重庆市政府第84次常务会议审议通过《潼南县城乡总体规划》。

5月

26日　"2015年区县首席规划师工作会暨2015年第一次区县首席规划师沙龙"举办。

6月

5日　中国城市规划学会副理事长兼秘书长石楠率队赴重庆市规划局开展"规划西部行——重庆城市规划师培训活动"。

24日　重庆市规划展览馆更新工作完结，面向市民正式开放。

7月

2日　重庆市政府第95次常务会审议通过《重庆市历史文化资源信息库建设工作方案》。

3日　《重庆市工业园区及工业项目规划管理办法》印发实施。

6日　重庆市规划局支援队赴西藏昌都市对接规划援助工作。

23日　重庆市政府第96次常务会议审议通过《重庆市主城区美丽山水城市规划》。

8月

6日　重庆市政府第101次常务会议审议通过《重庆市主城区城市空间形态规划管理办法》。

9月

6日　重庆市规划局机关完成搬迁，正式搬迁到大竹林新址办公。

22日～24日　重庆市规划局首次举办"五大功能区域发展战略——市民规划讲堂"。

10月

13日　中国城市规划协会规划展示专业委员会年会在渝召开。

14日　《重庆市城乡规划和测绘地方标准体系(2015年版)》印发实施。

29日　"数字万州"地理空间框架建设成果发布与推广仪式举行。

11月

12日　重庆市政府第109次常务会审议通过《主城区综合交通规划评估及优化的工作方案》。

19日　重庆市政府第110次常务会议审议通过《重庆市主城区重大功能设施用地预研预控规划》。

（重庆市规划局）

房地产业与保障性住房建设

房地产市场

【概况】　2015年，重庆市立足经济发展新常态，认真贯彻落实国家房地产调控政策和要求，全市商品房成交4548万平方米，创历史新高，其中商品住房成交3725万平方米，量价保持基本稳定。

【房地产市场调控】　2015年，面对房地产市场下行、分化加剧的复杂态势，重庆市遵循"控增量、稳市场，消存量、促消费，稳预期、防风险"调控思路，因势利导，精确调控，相机调控，先后出台"14＋8"的房地产促进政策。

将优化土地供应作为调控的关键，合理安排区域供地规模、结构和节奏，坚持净地、熟地出让，全年共出让经营性用地5.44万亩、同比减少14.2%，单位地价同比增长7.8%；全市土地出让价款财政入库1553亿元。房地产业引进外资16.34亿美元。

顺应住房消费个性化、差异化趋势，支持避暑休闲、养老、文化等跨界地产发展。出台全国首个避暑休闲地产规划，全市避暑休闲在建项目达到54个、规模980万平方米。推进万达"1＋N"文旅项目，提升多区域商业地产品质。推动"互联网＋"智慧社区建设，新龙湖、金科、大正等9家物业企业跻身全国百强。

按照新型城镇化以人为本的要求，加强保障性房源整合，基本停止新建安置房，鼓励土地房屋征收住房货币化安置，全市已累计购买127万平方米商品房作为安置房，货币化安置率达到80%以上，统筹安排了5.3万套公租房用于住房安置。

针对企业困难精准施策，实施分宗办证、取消征地管理费、减半征收土地抵押登记费和非住宅转让手续费、免收同一投资主体企业内部房屋转让手续费等支持政策，协调相关部门落实金融、财税等支持政策，鼓励引导企业兼并重组和项目并购，有效增强房地产企业抗风险能力。

积极发挥住房公积金政策性金融和资金撬动作用，及时调整贷款政策，加大贴息贷款力度，全年发放公积金贷款157亿元、同比增加11%，公积金贷款覆盖楼盘达到837个，撬动255万平方米住房消费。提取公积金174亿元，79%用于住房消费。

【房地产市场监管】 加强预售方案备案审查。重点审查集中商业、酒店、车库、旅游休闲地产等类型房屋的销售方式，指导企业规范经营，严禁违法违规销售；加强项目销售信息和报媒、网络舆情的收集跟踪，及时纠正苗头性、倾向性问题。切实加强商品房预售资金监管。重点加强购房款进入监管账户情况跟踪监督，确保购房款及时足额进入监管账户；配合市城乡建委做好预售资金使用情况的跟踪掌握和分析研判，防止企业挪用资金行为；全年未出现因预售资金监管不到位引发的矛盾纠纷。开展市场专项执法检查。印发《关于切实加强当前房地产市场监管工作严格落实监管责任的通知》和《关于切实加强房地产市场执法检查严格落实监管责任的通知》，重点加强售后返租、擅自分零销售、无证预售、一房两卖等违法违规销售行为监管；会同市城乡建委、市规划局召开全市房地产市场监管工作电视电话会议，全面部署市场监管工作。加大违规行为执法查处力度。通过房地产信息网络、举报投诉电话、现场巡查等措施，全年主城区共查处各类违法违规案件82件。

【房地产开发】 2015年，重庆市完成房地产投资3751亿元，同比增长3.3%，较2014年同期回落17.2个百分点；其中商品住宅完成投资2390亿元，同比下降2.5%，较2014年同期回落22.4个百分点。全市房屋施工面积28986万平方米，同比增长1.3%，新开工面积5811万平方米，同比下降7.1%，竣工面积4630万平方米，同比上升24.5%。其中，住宅施工面积19390万平方米，同比下降4.4%，住宅新开工面积3669万平方米，同比下降14.2%，住宅竣工面积3186万平方米，同比上升15.0%。

【商品住房交易】 2015年，全市共成交商品住房3725万平方米，同比增加0.8%。其中，主城区成交1724万平方米，同比下降2.4%，远郊区县成交2001万平方米，同比增长3.8%。全市商品住房建筑面积均价5252元/平方米，同比下降1.9%，其中主城区6629元/平方米，同比上涨1.6%，远郊区县4066元/平方米，同比下降5.1%。

【二手住房交易】 2015年，全市和主城区分别成交1351和706万平方米，同比分别上升9.4%和32.2%；成交建筑面积均价分别为3379和4183元/平方米，同比分别上涨9.4%和4.8%。

【房地产交易会】 春交会于4月16～19日在南坪国际会展中心举行。4天累计成交各类房屋11 275套，91.1万平方米(建筑面积)，成交金额58.7亿元，较2014年秋交会分别增加142.1%、125.2%、126.9%。其中商品住房成交3467套，33.3万平方米(建筑面积)，22.5亿元，较2014年秋交会分别增加32.0%、32.5%、36.0%，成交建筑面积均价6773元/平方米，上涨2.6%。在成交的商品住房中，高层商品住房2940套，建筑面积26.1万平方米，建筑面积均价6310元/平方米；高档低密度住宅124套，建筑面积2.4万平方米，建筑面积均价9677元/平方米，多层花园洋房275套，建筑面积3.7万平方米，建筑面积均价7815元/平方米，装修房128套，建筑面积1.1万平方米，建筑面积均价7872元/平方米，二手住宅2277套，20.8万平方米，成交金额8.6亿元，建筑面积均价4161元/平方米。

秋交会于10月15～18日在南坪国际会展中心举行。4天累计成交各类房屋5841套，50.2万平方米(建筑面积)，成交金额31.6亿元，较春交会分别减少48.2%、44.9%、46.1%。其中商品住房成交2273套，22.2万平方米(建筑面积)，14.23亿元，比春交会分别减少34.4%、33.2%、36.8%。在商品住房中，高层商品住房成交1865套，建筑面积16.4万平方米，建筑面积均价5918元/平方米，高档低密度住宅117套，建筑面积2.3万平方米，建筑面积均价9008元/平方米，多层花园洋房238套，建筑面积2.9万平方米，建筑面积均价6688元/平方米，装修房53套，建筑面积0.6万平方米，建筑面积均价8431元/平方米，二手住房1340套，建筑面积12.1万平方米，成交金额5.2亿元，建筑面积均价4301元/平方米。

房地产管理

【房屋征收管理】 依法有序实施国有土地上房屋征收。全市全年下达征收决定136个，涉及2.13万户、208万平方米，实际完成征收1.95万户、162万平方米，平均签约率达91.5%，下达补偿决定273件，法院实际执行60件，强制执行率为2.8‰。积极推进重点项目进度。进一步加强专项督查和协调，全年完成铁路、轨道、城市道路建设等市级重点工程项目征收1.03万户、148.38万平方米，平均签约率达96%，55个重点项目中31个项目已全部完成，其余项目正在按征收程序有序推进。稳妥推进拆迁扫尾工作。全市全年完成拆迁扫尾1125户，9.9万平方米，剩余拆迁扫尾项目61个，涉及户数0.28万户、30万平方米，剩余拆迁量占原拆迁总量的2%，推动行政调解和依法裁决并行实施，全年共受理行政裁决192件，经调解和裁决158户已达成协议并接受安置，强制执行34件。探索征收制度改革。积极推进征收立法论证；结合棚户区改造工作要求，探索实施居民自治征收，在南岸、九龙坡、渝北等区开展"自治征收"工作试点，成效较好，积极推行房屋征收货币化安置，通过货币补助奖励政策和购买商品房作安置房源等措施，有力促进房地产市场去库存。

【房地产权属登记管理】 2015年，重庆市国土房管局以服务民生为导向，以规范管理、改革创新为抓手，有序推进全市房地产权属登记管理工作。主动适应新常态发展要求，针对企业困难实施免收同一投资主体企业内部房屋转让手续费等支持政策，切实减轻企业负担。扎实推进不动产统一登记制度改革。围绕不动产登记机构、簿册、依据和信息平台"四统一"要求，于2015年10月23日完成全市不动产登记职责机构整合，顺利通过国家督察；严格按国家标准统一不动产登记簿册，规范权证印制；不动产登记地方性法规和相关制度规范研究有序推进，基本满足登记需要；自主开发重庆市不动产登记系统并投入使用。

截至2015年底，重庆市所有区县实现颁发新证、停发旧证，全年共计颁发新证约5万本。全年共计办理各类城镇土地房屋登记222.3万件，同比增长11%，其中发证213.9万本。集中解决全市群众15.72万户、1539.02万平方米房屋办证遗留问题。

【物业管理】 深入开展物业服务主题活动。推进物业服务企业"四公开"：物业服务合同公开、报事维修服务规范及完成时限承诺公开、履约述职报告及承诺公开、项目收支情况公开，推进业委会"三公开"：业主委员会成员基本信息及联系方式公开、业主委员会成员物业费缴纳情况公开、业主委员会成员工作经费收支情况及承诺公开。推进"互联网＋"在物业管理中的深入应用，促进行业转型升级。新龙湖物业"千丁互联"、新东原物业"东驿站"、天骄物业"小A帮"、金科物业"金科云"等APP及微信公众号投入使用，提供如公开服务承诺、报事报修、智能开门、房屋租赁等服务，促进小区邻里社交、企业与业主互动平台建成。完善重庆市物业管理机制建设。开展《〈重庆市物业管理条例〉实施细则》调研论证工作；《重庆市物业服务收费管理办法》发布并试点；协助相关部门出台《电梯安全管理办法》、《房屋建筑工程质量保修规程》。分类化解物业小区矛盾纠纷。全年共排查物业小区突出矛盾165件，其中完全化解163件，基本化解转为日常监管2件。有效提升区县主管部门业务能力，累计培训600余人次。

【房地产中介服务】 截至年底，全市共有房地产经纪机构597家，其中A级资质64家，B级81家，C级452家，分支机构共计1240家；房地产评估机构118家，其中：一级机构11家、二级机构65家、三级（及暂定）机构34家、驻渝分支机构8家、注册房地产估价师1095人。物业管理企业2 391家，管理项目9561个，管理面积7.16亿平方米，其中：一级企业83家，二级企业347家，三级企业1968家。

保障性住房建设与改革

【保障性安居工程建设】 2015年，全市实际新开工保障性住房和各类棚户区改造住房4.2套，完成国家下达的4万套开工目标任务的105%；基本建成保障性住房和各类棚户区改造住房10.1万套，完成国家下达8.3万套基本建成目标任务的122%。

【公租房建设和配租情况】 截至年底，全市累计开工建设公租房4475万平方米、69.22万套，竣工备案1488万平方米、24.5万套，筹集建设资金1409亿元，分配入住21.4万户、58万人，收取公租房租金24.3亿元。当年新增竣工备案95万平方米、1.9万套，新筹建设资金32亿元，新增配租入住3.2万户、8.6万人，收取公租房租金9.1亿元。

建立工程维修第三方审核、应急维修和电梯维修全包等机制，累计维修12.9万条，完成率为95%。推行实施集体租赁，有效服务产业发展，南岸物联网基地等200余家企业集体租房5017套。志愿服务整合各方资源，专业社工6家、志愿队伍76支、注册志愿者1.9万名、特色项目150个。

【住房保障制度改革】 总结和固化重庆市公租房"公建公有、建管分离、不限户籍、摇号配租、先租后售、条块结合、属地管理"的实践经验，《重庆市公共租赁住房管理办法》经市政府第113次常务会审议通过，待报请市委审定后实施。会同市发展改革、财政、民政等部门联合下发《关于做好公共租赁住房和廉租住房并轨运行管理工作的通知》，在全市范围内全面推行公租房和廉租房并轨运行，并轨运行后两种住房实行统一管理，根据保障对象的支付能力实行差别化租金，全市通过并轨方式累计保障3.2万户家庭。从2015年起原则上不再审批新建安置房项目，鼓励区县通过货币补偿或购买存量住房安置被征收群众。加强公租房制度改革。推进资源整合，5.3万套公租房与安置房整合使用；推进“公租房互联网＋”，完成管理信息系统开发并有效运用；公租房物业服务规范地方标准通过评审并报国家备案。有序推进住房制度改革办公室工作。全年共办理99个市级单位的职工住房补贴，惠及职工0.38万人，累计已有547个市级机关事业单位及中央和外地驻渝单位职工办理了住房补贴，惠及职工6.4万人；拟定国企职工住房剥离移交方案并报送重庆市政府；南岸区、渝中区、九龙坡区、沙坪坝区等4个区的直管公房下划工作启动。

住房公积金监管

【缴存情况】 全市缴存单位3.37万个，同比增长7.17%，缴存职工280.94万人，同比增长6.32%，缴存额267.39亿元，同比增长15.45%，缴存余额667.86亿元。

【公积金管理】 2015年，全年实现增值收益19.81亿元，同比增长51.11%。全市累计归集其他房改资金298.07亿元，使用267.79亿元，使用率达90%，累计建立房改房公共维修基金27.63亿元，住房维修使用利息2.72亿元，解决了91万户、4500多万平方米房改房的维修改造。全市住房补贴实施单位累计超过2100家，享受补贴人员19.5万人，归集补贴资金43.28亿元(市级42.04亿元，区县1.24亿元)。

加强风险防控和内外监督，有效保障资金安全。加强贷款风险防控管理，个贷逾期率控制在0.35‰以内，低于国家的控制标准(1.5‰)。开展外部违规行为稽核，发现社会单位及个人骗提公积金45起，追回骗提资金340万元。制定出台《重庆市住房公积金行政执法操作规范》，理顺执法工作机制，全年执法维权213件、立案查处22件、涉及5000余职工、补缴公积金近2亿元。

【公积金贷款支持住房消费】 加大个贷投放、规范提取使用，努力用足用活公积金，全力保障职工购房消费需求。全年使用资金330.37亿元(含贴息贷款54.78亿元)。加大个贷投放力度。2015年实际发放个贷156.85亿元，同比增长10.28%，个贷余额657.50亿元，个贷率88.55%(若含贴息贷款，个贷率98.45%)，及时调整贷款政策，2015年下半年个贷发放量较上半年增长54%，更多职工享受到公积金个贷政策优惠。有效配置和科学管理贷款额度，保障楼盘公积金贷款需求。2015年下半年全市公积金贷款楼盘增至837家(较2014年增加494家)，基本覆盖全市主要楼盘。发挥公积金政策性金融引导作用。联合5大国有商业银行和担保公司参展秋季房交会，设置“住房金融服务专区”，推出五大住房金融惠民举措。有效保障职工正常提取使用需求，全年61.94万人次提取公积金173.52亿元，提取额同比增长18.93%，提取额的77%(共计133亿元)用于住房消费。

大事记

3月

9日　重庆市国土房管局、市发展改革委、市财政局、市民政局联合下发《关于做好公共租赁住房和廉租住房并轨运行管理工作的通知》，明确在全市范围内推进并规范公租房和廉租房并轨运行工作。

26～27日　住建部住房保障司司长曹金彪率调研组一行来重庆市调研保障性安居工程，充分肯定重庆在探索住房保障体系方面取得的成绩。

6月

12日　中国指数研究院发布《2015中国物业服务百强企业研究报告》，重庆市新龙湖、金科、天骄等多家物业服务企业入围全国百强，重庆物业管理连续四次荣登中国指数研究院物业星级服务榜首。

24～26日　住房和城乡建设部稽查办副主任朱长喜带队到重庆市国土房管局开展棚户区改造和公租房建设分配工作专项检查。巡查组对重庆市在探索建立以公租房为核心的住房保障体系给予充分肯定。

30日　重庆市国土房管局与市规划局正式启动数据共享交换工作。

7月

25日　重庆市国土房管局印发《重庆市志·国土资源和房屋管理志》编纂工作方案，全面启动志书编纂工作。

10月

10日　国家发改委主任徐绍史在重庆市政府黄奇帆市长、欧顺清秘书长的陪同下，赴民心佳园公租房小区调研，徐绍史主任充分肯定了重庆公租房建设管理工作。

11月

4日　中央政治局委员、中央书记处书记，中央宣传部部长刘奇葆在重庆市委书记孙政才等的陪同下，到重庆市北部新区康庄美地公租房社区调研，对公租房建设管理及社区公共文化服务体系建设给予充分肯定。

10日　重庆市人大常委会副主任杨庆育率人大城环委及部分人大代表一行调研全市物业管理情况。

12月

23日　住房和城乡建设部住房保障司副司长刘霞到渝调研住房保障工作，充分肯定了重庆市公租房改革，对地票改革助推农民工住房保障给予积极评价。

（重庆市国土资源和房屋管理局）

四　川　省

概况

2015年，四川省住房城乡建设系统顺应经济发展新常态，扎实推进新型城镇化、城乡环境综合治理、百万安居工程和百个小城镇建设等各项重点工作。

【新型城镇化有力推进】　出台《四川省新型城镇化规划(2014～2020年)》和“三个一亿人”的相关配套实施意见。完成省域城镇体系规划和四大城市群规划编制工作，新版天府新区总体规划批准实施，县(市)域“多规合一”规划进入实施平台建设阶段。

【城市基础设施建设步伐加快】　实施“城市基础设施建设年行动”，城镇基础设施建设完成投资1500亿元，增长20%，拉动全省经济增长0.3个百分点。建成地下综合管廊33.25千米，遂宁市国家海绵城市试点进展顺利。命名1处国家城市湿地公园和6处省重点公园，成功创建5个省级园林城市(县城)，3个新申报国家级园林城市(县城)通过验收。

【“百万安居工程建设行动”成效突出】　全省改造危旧房棚户区和建设保障性住房35.2万套(其中改造棚户区30万户)，竣工25.4万套，完成投资754亿元，向农民工定向供应公共租赁住房1万余套。全年实施棚改货币化安置11.88万户，货币化安置比例达到49.5%，消化库存商品住房9.5万套，占全省商品住房销售量的17%左右。改造农村危房32万户，占省政府下达目标任务的213%，完成投资约200亿元。

【“百镇建设行动”深入实施】　开展“百镇建设行动”综合评估。300个试点镇完成建设投资120亿元，带动全省小城镇完成基础设施建设投资230亿元，就近就地吸纳转移农业人口30万人。全省小城镇吸纳转移农业人口共50万人。

【房地产市场企稳回升总体向好】　全年完成开发投资4813亿元，同比增长9.9%，比全国平均水平高8.9个百分点；缴纳地税728亿元，占全省地税总收入33.7%；全省商品房销售面积7671万平方米，增长7.4%，比全国平均水平高0.9个百分点。截至2015年底，四川省商品住房库存7960万平方米，可售周期11.3个月。全省公积金新增缴存655亿元，提取476亿元，贷款522亿元，个贷率由年初64.63%增长到80.7%，全年释放资金997.7亿元，结余资金由年初562.8亿元下降到350.5亿元。

【建筑业稳中有进加快发展】　在国内经济下行压力持续加大的形势下，建筑业保持平稳健康发展的良好态势。全年实现建筑业总产值8768.2亿元，同比增长8.7%，实现省外建筑业产值1824.6亿元，同比增长5.3%，占建筑业总产值比20.8%，完成增加值2326亿元，同比增长9%，缴纳地税378.5亿元，同比增长7.7%，占全省地税总收入的17.5%。

法制建设

【政策法规文件】　配合四川省人大制定出台《四川省人大常委会关于制止和查处违法建设的决定》，《四川省世界遗产保护条例》(修订)已三审通过；《四川省燃气管理条例》(修订)已提请省人大常委会一审。配合省政府修订完成《四川省城乡规划督察办法》。2015年全厅共制定发布行政规范性文件9件，均报送江西省政府备案，全部合法有效。共审查市、州规范性文件备案12件，市、州重大行政处罚备案21件。批复市、州行政执法问题请示共31

件、其他企事业单位咨询函件16件。

【行政审批制度改革】 逐项编制了省、市、县三级审批项目的服务指南。开通网上预审功能，省、市、县审批部门可同步进行审查。资质申请经当地主管部门初审同意后，网上提交到省厅后台直接进入审查程序。

【三个清单制定】 制定行政权力清单。厅级行政权力314项，省、市、县三级行政权力1640项，成都市专有行政权力24项。分别制定了行政权力责任清单。制定行政权力运行流程清单，对市场准入负面清单进行了探讨研究。

【行政处罚裁量权规范】 根据省政府行政执法裁量权标准，修订出台省住房城乡建设厅行政处罚裁量权规定和行政处罚事项裁量标准。

【依法行政方式创新】 何健厅长与各处室及直属单位主要负责人签订依法行政责任书。征集筛选全系统行政许可、行政强制、行政处罚典型案例，用行政执法典型案例指导依法行政，并向省政府报送典型案例6件。

【监察执法】 据不完全统计，截至2015年12月31日，全省对1920家企业和1199名个人实施行政处罚，共处罚款金额13773万余元，拆除违法建筑物278万余平方米，没收违法建筑物14.9万平方米。共接收各类投诉和转办交办案件168件；依法不予立案或不受理30件，正在办理16件。直接立案调查28件，已结案20件，共处罚18个单位和2名个人，罚款134.2525万元。芦山灾后重建项目专项执法检查。共计查处违法企业29家，罚款1193万余元。

【行政复议和行政应诉】 全年共收到行政复议申请54件，其中受理48件，办结45件。作为被复议申请人2件，行政应诉31件，法院维持14件，原告撤诉11件，未发生败诉情况。

房地产业

【市场运行】 商品房销售面积增速攀升至近两年的高点，待售面积增速环比明显回落。但房地产开发完成投资、商品房施工面积和土地购置费用增速等指标环比持续下行，新开工、竣工面积降幅环比扩大，税收收入下降。

【供应市场】 全省房地产开发完成投资4813.03亿元，同比增长9.9%，较上年同期回落3.8个百分点。房屋施工面积38981.36万平方米，同比增长6.8%，较上年同期回落6.7个百分点，新开工面积为9587.21万平方米，同比下降15.4%，降幅较上年同期扩大26.9个百分点，商品房竣工面积为4545.71万平方米，同比下降14.8%，降幅较上年同期扩大19.2个百分点。

【销售市场】 2015年四川省商品房销售面积为7671.20万平方米，同比增长7.4%，增幅较上年同期上升9.7个百分点。二手住宅销售面积2701.35万平方米，同比增长2.2%。销售均价同比、环比均下降，表现为总体平稳、小幅波动走势，地区分化特点趋于明显。全年全省商品房销售均价为5475元/平方米，较上年同期（5597元/平方米）下降2.2%。眉山市出台政策支持农民工购房，在鼓励政策实施期间，商品房销售面积、金额增长幅度均在50%以上，农民进城购房比例达80%。住房城乡建设部在眉山召开全国现场会，推广“眉山经验”。

【政策效应】 全年全省公积金个贷率由1月初的64.6%提升到12月底的80.1%，结余资金由563亿元减少到350亿元。财政部门按金融机构实际发放符合条件贷款金额的6%，对金融机构给予一次性补助，各地结合实际制定了支持居民购房财政补贴政策，给予每平方米200～300元的补贴。

【检查督促】 省政府连续召开棚改和房地产市场四大片区会，先后派出20个督查组到各地实施专项督查评估，对推进不力的6个地区采取罚点球的方式督促整改。

【货币化安置】 把2015年凡未开工建设的棚户区危旧房项目，一律调整为实行货币安置，并推广内江市等地货币化安置经验，要求各地货币化安置比例达到40%。截至2015年12月底，全省实施货币化安置11.88万户，完成目标任务的123.8%，货币化率49.5%，消化商品房库存9.5万套，占全年商品房销售量的17%左右。

【既有建筑增设电梯及改造】 2015年5月25日，住房城乡建设厅会同省质量技术监督局、省公安厅联合出台《关于印发〈四川省既有建筑电梯增设指导意见〉的通知》。将达州市和自贡市作为第一批试点城市，并争取省财政补助资金5000万元。6月29日，省住房城乡建设厅召开全省既有建筑电梯增设及改造工作推进会。

行业基础性工作

【农村产权制度改革】 2月27日印发《四川省农村住房登记发证工作指导意见》，基本建立完善农村房屋所有权确权颁证的各项流程和制度。配合省农工委等部门下发了《关于开展农村产权抵押融资试点工作的意见》，在宜宾县等10个县开展了农村房屋产权抵押试点。

【领导干部个人房产信息查核工作】 5月12日，会同中共四川省委组织部下发《关于建设领导干部个人有关事项报告房产信息查核报送系统的通知》，并召开了全省查询工作推进会。截止2015年底，已建成与住房城乡建设部连接的部级纵向报送系统，与省委组织部连接的横向报送系统。共完成查询165批，查询总人数9697人。

住房保障

【概况】 继续实施“百万安居工程建设行动”，以货币化安置为重点积极推进棚改工作，全年各项工作圆满完成。全年建设项目105万套，危旧房棚户区改造和保障性住房开工35.2万套，完成目标任务的100.57%，基本建成棚户区改造安置房和保障性住房31.48万套，完成目标任务的162.2%，竣工25.41万套，完成目标任务的162.7%，供应农民工公共租赁住房1.04万套，完成目标任务的103.6%。但受资金、棚改安置方式调整等因素影响，全省危旧房棚户区改造项目在推进过程中进度放缓，低于全国平均水平，更低于全省2014年同期进度。此外房地产业进入调整期，大量商品住房滞销积压。

【法制建设】 编制《四川省危旧房棚户区改造规划(2013～2020年)》《四川省改造约500万人居住的城镇危旧房棚户区实施意见》，代省政府办公厅拟定《加强农民工住房保障工作指导意见》。

【棚改货币化安置】 创造性地在全国率先推进棚改货币化安置，将货币化安置作为全省棚改工作的中心任务。协调国家开发银行取消了棚改贷款支持货币化安置比例限制，督导市县出台货币化安置政策措施。2015年直接投入400亿元实施货币化安置11.88万户，货币化安置规模是2014年的3.3倍，货币化安置比例达到49.5%；消化商品房库存9.5万套，占全省商品住房销售量的17%左右。

【住房保障和供应体系建设】 基本实现公共租赁住房建设分配管理并轨，初步建立起统一的公共租赁住房保障制度。按照统一部署，德阳市、遂宁市等试点城市制定的试点方案及工作措施已经省政府审议，待修改完善后将全面启动实施。逐步构建由公共租赁住房、共有产权住房和商品住房构成的住房保障和供应体系。

【芦山地震灾后城镇住房重建】 将灾后城镇住房恢复重建规划融入新型城镇化规划优化完善，既解决受灾居民住房困难问题，又提高城镇综合承载能力，促进灾区城镇提质升级发展。2015年底，经审定的3.5万套(其中雅安市33696套)城镇重建住房按期完工，继2014年农房重建完成后。

公积金管理

【概况】 2015年，全省新增缴存公积金655.02亿元，同比增加67.29亿元，占目标任务1.31%，缴存余额达1821.75亿元。新增个贷521.86亿元，同比增长249.22亿元，占目标任务261%，个贷余额达1456.36亿元。新增提取475.86亿元，同比增长156.56亿元。有17.47万户通过住房公积金贷款解决住房问题改善住房条件，住房公积金贷款消化商品房库存1995.44平方米，占同期商品房销售的26%。

【法制建设】 2015年5月，按照《四川省人民政府办公厅关于印发健全住房保障和供应体系专项改革方案的通知》要求，报请省政府出台了《进一步扩大住房公积金制度覆盖面的指导意见》。

【信息披露】 全省21个市州公积金中心除个别市州外，于2015年3月底前在当地主流媒体首次披露公积金2014年年度报告，全省住房公积金汇总信息于2015年4月底前在省政府、住房城乡建设厅官方网站上披露。

【标准宣贯】 省住房城乡建设厅于2015年初印发《四川省贯彻落实住房公积金基础数据标准实施方案》的通知，明确提出全省贯标工作要在2年内分两批完成贯标工作的目标。截止2015年底，全省已有11个中心(分中心)通过了部省贯标验收。特别是自贡市、阿坝州等中心不仅完成了贯标工作，通过了验收，还受到表扬。

【试点工作】 全省共有成都市、攀枝花市、德阳市、南充市4个试点城市，获准利用住房公积金贷款支持保障性住房建设试点工作(简称试点工作)。调整后试点项目有43个，贷款额度为32.69亿元。截至2015年12月底，按期累计回收本金、利息分别是18.09亿元、2.69亿元，本金回收过半。实现到期回收率保持在100%，完成主体施工项目近100%，工程项目到期交付使用率保持在100%，确保没有发生逾期、没有发生工程质量事故、没有发生违规违纪问题。

【规范管理】 2015年，省住房城乡建设厅向成都、遂宁分别发出纠正违规缴存住房公积金的通知，向凉山州发出纠正违规分配公积金增值收益的通知，3个市州均落实整改，并向省住房城乡建设厅报送了整改报告。同时，还督促成都公积金中心采取调账和资产公开拍卖的办法，完成全省最后一笔历史遗留涉险资金 74.35 万元的清收工作。

城乡规划

【法制建设】 出台《关于规范城乡规划评审工作的通知》《城市设计导则》《国家和省级重点建设项目选址意见书办理规程》等规范性文件，并对城乡规划专家库和专家工作规程进行梳理。

【新型城镇化】 出台《四川省新型城镇化发展评价指标体系》《四川省推进“三个 1 亿人”城镇化实施方案》《四川省新型城镇化责任分工方案》《四川省加快推进新型城镇化工作考核办法(2015～2020 年)》《四川省 2015 年加快推进新型城镇化重点工作实施方案》。

【检查指导】 组织领导小组各成员单位，对全省 21 个市(州)开展 2015 年新型城镇化工作进行了考核。并对市(州)加快推进新型城镇化工作提出了指导意见。全省城镇化率提高 1.4 个百分点，户籍人口城镇化率提高 1.3 个百分点，新增建成区面积 112 平方千米，改造危旧房棚户区和建设保障性住房 35.2 万套，其中改造棚户区 30 万户。

【综合试点】 指导第一批国家新型城镇化综合试点城市泸州市和阆中市推动新型城镇化试点等工作。泸州市取得地方政府置换债券 60.24 亿元、停车场建设项目收益债 20 亿元，在第四批国家专项建设基金投放中获得补充资本金贴息贷款 6.89 亿元，取得试点挂钩单列土地指标 66.67 公顷；阆中市获国家专项建设基金投放中获得补充资本金贴息贷款 3.77 亿元。评选上报第二批国家新型城镇化试点城市，成都市、绵阳市、眉山市列入第二批国家新型城镇化综合试点城市。

【规划编制】 中共四川省委、省政府编制《四川省新型城镇化规划》。正式批准实施新版天府新区总体规划。第一批中江、南江“多规合一”规划已由省政府批准实施。第二批 8 个“多规合一”试点县中，西充县等 6 个已形成规划送审成果。成都市、巴中市城市地下空间规划已经编制完成。

【规划管理】 完成 40 多个规划和规划评估报告、300 多个选址申请项目的审查审批。

城市建设管理与市政公用设施

【概况】 制定四川省城市基础设施三年建设方案(2015～2017)，启动实施“城市基础设施建设年行动”。全省城市(县城)市政公用设施建设完成投资 1181.61 亿元，同比增加 150.99 亿元，增长 13.35%。

【法制建设】 完成《燃气管理条例》修订和《城镇地下管线规划建设管理办法》《餐厨垃圾处理管理办法》草拟上报工作，编制印发《镇(乡)污水站(厂)建设和运行管理技术指南》(试行)。

【海绵城市建设】 草拟《四川省人民政府关于推进海绵城市建设的意见》，分级(城市、县城和小城镇)分区(新区和旧城)分类(6 类项目)明确海绵城市建设任务。组织各地积极申报全国海绵城市建设试点城市，遂宁市被列为全国首批海绵城市试点。截至 2015 年 12 月，遂宁市开工在建项目 44 个、竣工 31 个，完成投资 4.5 亿元。鼓励并指导成都市、自贡市、泸州市等城市推行低影响开发技术，重点推进城市新区海绵城市建设。

【城市新区开发建设】 突出抓好天府新区、9 个区域中心城市和重点县城新区建设，省级财政安排专项资金 10 亿元，重点支持新区道路桥梁、园林绿化等 80 个市政项目建设。全省完成新区基础设施建设投资 550 亿元，超年度目标 22.2%；新增建成区面积 112 平方千米，比年度目标高出 12%。

【城市地下综合管廊】 省政府出台《关于全面开展城市地下综合管廊建设工作的实施意见》，会同省发改委，积极争取国家综合管廊建设专项债券，成都市、自贡市、广安市 3 市 5 个项目共取的国家专项债券 4 亿元。全年全省已建成综合管廊 33.25 千米，在建 30.64 千米，完成投资 15.48 亿元。

【城市综合交通设施】 组织对绵阳市和宜宾市城市轨道线网规划进行了技术审查。2015 年成都地铁开通运营 6 个项目共 88 千米，新建项目 4 个，在建项目 12 个，全年完成投资 207.4 亿元。加强步行和自行车交通系统建设，内江市、南充市、雅安市、眉山市、阆中市 5 个城市国家示范工程项目进展顺利。到 2015 年底，全省建成区人均道路面积达到 12.3 平方米，比 2014 年增长 0.1 个平方米。

【污水垃圾收集处理设施】 新建污水处理厂 193 座、新增污水日处理量 62 万吨，在建污水处理厂项目 34 个。到 2015 年 12 月，全省设市城市生活污水处理率达到 85.4%，县城达 68%。绵阳市被确定为全国供水应急能力建设试点城市。全省新增城市垃圾无害化处理能力 1337 吨/日，新增收集转运能力 200 吨/日，垃圾无害化处理率达到 87.5%。

【体制改革】 出台《管道燃气企业供气区域审批办事指南》、《城镇供水排水企业运行评估考核办事指南》。大力推进市政公用行业供水供气阶梯价格改革，印发全省阶梯水价和气价的指导意见并于 2015 年 1 月全面实施。

【行业管理】 及时制发普查工作方案和3个技术导则，部分城市已开始了地下管线数据库和综合管理信息系统的建设。广元市和广汉市成功申报全国示范城市。南充市成功申报全国第五批试点城市，自贡市、攀枝花市等13个省级试点城市取得良好成效。2015年完成节水用水量671万立方米。成都市、绵阳市顺利通过国家节水型城市复查。加强城市黑臭水体排查。加强城市桥梁管理，安排3个工作组深入21个市(州)指导城市桥梁安全检测、普查和危桥加固改造，建立基础数据库，完成了《全省城市桥梁检测、普查和危桥加固改造报告》。

【安全监管】 开展城镇燃气等市政公用行业安全生产专项排查整治工作。厅领导带队对广元市、绵阳市和德阳市等地进行了城市汛前排水防涝和防汛检查督查。现场指导和协调广元市等城市嘉陵江锑污染应急处置。针对泸州市合江县城区垃圾填埋场发生垃圾渗滤液溢流事件，及时下发紧急通知，指导各地对全省生活垃圾处理设施进行拉网式排查。

【体制机制改革】 指导32个设市城市健全城市综合管理协调督办机制，统筹整合城管、工商、环保、交通等执法力量，规范城管从业人员行为。推进城市管理行政处罚网上运行试点。年底在43个省级部门政风行风测评中上升了5名。

【环境优化美化】 启动实施“学习中卫经验，清洁城市环境”活动，出台《实施方案》，成都市、攀枝花市等市全省率先开展。开展“洁净美好家园，创建宜居四川”活动，指导各地积极开展2015年“世界城市日”活动，积极开展人居环境项目规划建设和人居环境范例奖申报工作，郫县沱江河综合整治等2个项目获得中国人居环境范例奖。2015年全省设区城市大气可吸入颗粒物(PM10)浓度为86.4毫克/立方米，比2014年同期下降5.5个百分点，完成目标任务。

村镇规划建设管理

【“百镇建设行动”】 2015年，300个镇全年完成基础设施建设投资120亿元，带动全省小城镇完成基础设施建设投资230亿元，就近吸纳转移农业人口30万人，带动全省小城镇吸纳人口50万人。启动实施第三批“百镇建设行动”。全面完成了第三批100个镇的总体规划。认真抓好省政府《关于推进新型城镇化的八条措施》的贯彻落实，落实建设用地指标1447万平方米。建立了“百镇建设行动”基础设施建设项目库，开展项目建设专项督查，对使用专项资金和推进项目差的进行约谈。将“百镇建设行动”纳入新型城镇化工作目标，会同省级相关部门对相关政策落实情况进行督查。根据工业镇、商贸镇和旅游镇的不同特点，先后举办了5期“百镇建设行动”培训班，培训镇长(书记)和管理干部600人。

【“百万安居工程建设行动”农房建设】 统筹抓好藏区新居、彝家新寨、巴山新居和乌蒙新村建设，大力推动农村危房改造，全年完成投资约200亿元，实施农房建设35万户，其中农村危房改造32万户，为年度目标任务的2.13倍。确定了15万户的年度目标任务，省级财政安排了5.1亿元配套资金。四川省改造任务为32万户农村危房改造，超出年度目标17万户。着手编制“十三五”农村危房改造规划。积极推进农房建设抗震设防。会同村镇中心开展“城乡住房建设一体化管理研究”课题，将农房建设纳入监管范围。草拟《四川省农房建设管理办法》，提交给省法制办。推进农房抗震设防改造，争取国家财政资金4亿多，用于约5万户农房抗震设防改造。会同标办编印了农房质量安全和抗震设防挂图及手册。组织完成《康定地震灾后城乡住房恢复重建专项规划》编制，指导甘孜州住建局制定出台《康定“11.22”地震灾后农村住房重建和加固技术指南》《地震灾后重建农房施工图集》，配合人教处组织“科学重建”专题培训，指导甘孜州开展了农村建筑工匠培训。会同房管处制定出台了《四川省农房确权登记指导意见》。积极会同相关部门开展推进农房产权流转试点和农房地震保险制度试点工作。

【幸福美丽新村】 2015年完成幸福美丽新村规划编制约5000个，完成新村基础设施建设投资约150亿元，农村生活垃圾治理率先通过国家验收，改善农村人居环境的经验在全国第二次农村人居环境现场会上作了交流发言。会同标准定额处抓紧制定《四川省村规划标准》。编制《四川省改善农村人居环境规划》，已印发各地执行。积极推进“旧村改造行动”。按照全省幸福美丽新村“五大行动”责任分工，牵头制定了《实施“旧村改造行动”工作方案(2015～2020年)》。

【农村生活垃圾治理】 在全省掀起了以完善农村生活垃圾治理“五有”为重点的垃圾治理行动，全省90%以上的村庄生活垃圾得到有效治理。

工程建设标准定额

【标准编制】 到2015年12月，四川省现行工程建设标准数量达到93项，初步形成四川省工程建设标准体系。

【实施评价】 开展四川省第一次地方标准实施评价工作，对《砌块墙体自保温技术规程》《四川省居住建筑节能设计标准》等地方标准的实施状况、实施效果进行科学评价，并提出改进建议意见。

【施工现场标准员设置】 制定《四川省房屋建筑与市政工程施工现场标准员岗位设置工作实施方案》，选择4个试点城市、5个试点企业先行先试，并对成都建工集团标准员试点工作进行了检查和指导。

【监督检查】 先后组织召开海绵城市等市政公用设施地方标准制定专题座谈会、全省工程建设标准化工作座谈会等。根据住房城乡建设部等部门联合下发的《关于创建无障碍环境市县检查验收工作安排的通知》。向住房城乡建设部标准定额司上报四川省创建无障碍环境市县工作的总结报告。

工程质量安全监督

【概况】 截至2015年底，全省共监督在建房屋建筑和市政工程18289个，面积39723.87万平方米，竣工工程8010个，面积13286.07万平方米，全省房屋建筑和市政工程报监项目质量监督到位率100%，工程质量竣工验收合格率100%，2015年共发生工程生产安全事故8起，死亡13人，其中较大事故2起，死亡7人，生产安全事故起数和死亡人数控制在省政府下达的指标范围内，未发生重特大质量安全事故。已有87个工程入选天府杯，尚有16个工程仍在评审程序中，预计全年入选天府杯工程将超过100个，省结构优质工程167个，超额39%，省标化工地125个，超额4%，全国AAA级安全文明标准化工地13个，超额8%。

【督促检查】 开展工程质量治理两年行动督查，抽调勘察、设计、施工、监理方面专家组成17个督查组，共检查项目118个，涉及检查内容7192项。下发执法建议书88份，下发巡查通报19期，处罚326家企业，曝光违法违规典型案例146起，持续保持对违法违规行为“零容忍”的高压态势。

【质量终身责任制】 全面落实建筑工程五方责任主体项目负责人质量终身责任制，严格落实“两书一牌”和信息档案制度。全省签署法定代表人授权书、工程质量终身责任承诺书的工程覆盖率98.6%，竣工工程设立永久性标牌覆盖率为94.6%，建立质量信用档案覆盖率为83.9%。

【质量检测鉴定】 出台《四川省建设工程检测监督管理实施细则》、《关于进一步加强房屋建筑工程和市政基础设施工程实行见证取样和送检工作管理的通知》等文件，积极探索运用“互联网+”等信息化手段，不断提高监管效能。天府新区创新研发“检测报告二维码”防伪标识，有效防范虚假检测报告。全省共受理工程质量投诉773件，办结率98.7%。

【创优扶优】 以贯彻落实《四川省人民政府关于促进建筑业转型升级加快发展的意见》为契机，促成出台《四川省住房和城乡建设厅 四川省发展和改革委员会关于建设工程实施“优质优价”的指导意见》。

【法制建设】 出台《四川省房屋建筑和市政基础设施工程施工安全监督实施细则》、《四川省建筑施工企业主要负责人、项目负责人和专职安全生产管理人员安全生产考核管理实施细则》等规章制度。

【隐患排查治理】 开展安全隐患“大排查大整治”“打非治违”专项检查，全省共排查出各类隐患21715处，对5175个在建工程项目发出整改通知书，对314个项目发出停工整改通知书。省厅组织11个检查组，由厅领导带队，对全省21个市、州建设系统安全隐患“大排查大整治”活动进行督查。共抽查70个在建施工项目，发现安全隐患130余处，下发整改通知书15份，责令停工整改通知书2份。

【专项整治】 以深基坑、脚手架、模板支撑体系、起重机械为重点，开展危险性较大的分部分项工程落实施工方案专项行动的项目3814个，企业自查出隐患2642项，自查自纠率100%。全省共组织检查组908次，检查工程项目2959个，检查出隐患972个，责令停工整改项目109个，罚款1888.09万元。

【标准化建设】 召开了全省建筑施工安全生产标准化现场观摩会，21个市州都精心组织召开了安全文明标准化工地观摩会。2015年，共培训考核“三类人员”48000人，特种作业人员10500人。

【工程监理】 结合两年行动，开展工程质量常见问题监理控制、在建项目的监理工作质量督查、从业人员执业证书清理自查、雅安灾后重建监理工作质量等专项检查，切实督促监理履职到位。全年对20个市州进行了督查，共巡查1553个项目，合格率98%，不合格率2%。

建筑市场

【概况】 2015年，全省房屋竣工面积居全国第4位，竣工产值总量、房屋施工新开工面积居全国第5位。完成建筑业总产值8768.2亿元，全年同比增长8.7%，全省建筑业总产值排西部第一、全国第六，较 2014 年上升一位，总量占全国比重较上年同期提高 0.3 个百分点，增速居全国第九位，高出全国平均水平 6.4 个百分点，呈现缓中趋稳态势，总产值增速比上年回落 3.2 个百分点。完成省外产值 1824.58 亿元，同比增长 5.3%。实现建筑业增加值 2325.6 亿元，同比增长 9.0%。建筑业缴纳地税 378.5 亿元，比 2014 年同期增长 7.7%，占地税总收入的 17.5%。

【安排部署】 出台《促进建筑业转型升级加快发展重点工作责任分工方案》，制定下发《2015 年加快建筑业发展重点工作实施方案》，印发《2015 年加快建筑业发展目标任务分解表》，对 2015 年 9000 亿元建筑业总产值、新增就业岗位 16 万个和八项重点工作目标任务进行了分解，编制《2014 年四川建筑业发展报告》，2014 年全省建筑业主要经济指标位居全国第七名，上升一位，西部省份第一。

【资质升级】 制定《2015 年建筑业企业资质升级指导工作方案》，建立《2015 年重点培训指导企业名录》，帮助指导优势企业提升资质。截至 2015 年 12 月，全省建筑业企业共 16776 家，其中葛洲坝二公司取得水利水电特级资质，特级资质企业总数达到 12 家，新增一级施工总承包企业 92 家，勘察设计甲级企业 21 家，专业承包一级企业 16 家，工程监理甲级企业 16 家。

【建筑产业现代化】 制订《2015 年加快建筑业发展重点工作实施方案》，发布《四川省装配整体式住宅建筑设计规程》，编制完成《四川省装配式混凝土结构施工与质量验收规程》。2015 年 3 月何健厅长和谭新亚副厅长带队赴江苏、浙江两省考察学习推进建筑产业现代化发展的经验，同时考察了浙江宝业集团、精工钢构集团等企业，与江苏、浙江还分别签订了《关于进一步加强两省建筑业领域交流与合作的框架协议》。

【试点工作】 对乐山市等地开展工作调研，召开当地建设行政主管部门和部分企业座谈会，实地考察产业化基地建设，决定将成都市、乐山市、广安市作为推进建筑产业现代化试点市。4 月份省住房城乡建设厅谭新亚副厅长、殷时奎总工程师组织召开三个试点市推进工作会。听取三个试点市建设行政主管部门和成都建工集团、中新房华构住工、北新建材负责人就产业现代化推进情况、基地建设情况、工程应用情况汇报。三是试点工作扎实推进。

【科技进步】 修订《四川省工程建设工法管理办法》，组织工程建设工法评审和新技术应用示范工程认定及成果评审。通过省级工法 297 个、国家级施工工法 13 项，7 个工程项目通过四川省建筑业新技术应用示范成果验收，20 项工程通过了鲁班奖和国家优质工程奖的评审，100 个工程项目获得“天府杯”奖。

【市场整顿】 3 月 20 日、4 月 29 日分别召开全省工程质量治理两年行动质量安全和市场管理半年专题总结和工作推进会议。活动开展以来，全省共排查建筑工程项目 26901 个，涉及 20309 家建设单位，24105 家施工企业。在查处存在违法行为的 815 个项目中，存在违法发包行为的项目 28 个，存在转包行为的项目 67 个，存在违法分包行为的项目 28 个，存在挂靠行为的项目 52 个，存在其他各类市场违法行为的项目 640 个。

【检查监督】 印发《四川省住房和城乡建设厅关于公布 2015 年度建筑施工企业重点监督复查名单的通知》，对重庆市渝万建设集团有限公司四川分公司等 467 家有严重违法违规或资质严重不达标企业实行重点监督复查，发布《关于吊销未办理和已失效〈安全生产许可证〉建筑业企业资质证书的通告》，对四川长城建筑劳务有限公司等 664 家企业的施工资质证书予以吊销，发布《四川省住房和城乡建设厅关于 2015 年元旦春节期间全省建设领域拖欠工程款和农民工工资情况的通报》，对中太建设集团股份有限公司等 42 家存在拖欠工程款或农民工工资问题的企业予以全省通报，并记入不良行为记录。直接接待和处理上访 82 件，涉及 244 人，金额 18300 万元，其中涉藏案件一件。

【行政执法】 查处有违法行为的建设单位 260 家；有违法行为的施工企业 872 家，其中有转包行为的企业 76 家，有违法分包行为的企业 38 家，有挂靠行为的企业 56 家，有出借资质行为的企业 15 家，有其他违法行为的企业 687 家。其中给予停业整顿企业 29 家，给予限制投标资格企业 27 家，给予通报批评、诚信扣分等其他处理的企业 357 家，给予通报批评、诚信扣分等其他处理的个人 118 人，罚款总额 4496.368 万元。

【质量安全保证体系建设】 大力推进质量安全生产保证体系建设。全省房屋建筑和市政工程报建项目质量监督到位率 100%，工程质量合格率 100%，一般生产安全事故起数和死亡人数控制在省政府下达的指标范围内，未发生重特大质量安全事故。

【诚信体系建设】 建立省外入川企业诚信档案，增加五方责任主体项目负责人信息的网上管理，实现建设类企业业绩网上登记管理功能。各级住房城乡建设主管部门运用四川省建筑市场和工程质量安全监管一体化工作平台，办理工程项目选址意见书223件、用地规划许可407件、工程规划许可604件、合同备案3938件、质量监督448件、安全监督343件、施工许可3914件等业务，动态记录了全省工程项目各方主体市场和现场行为，并通过厅门户网站向社会发布上述信息。

【省政府投资项目代建管理】 2015年，省代建项目共13个，其中已完成项目建设并已移交或准备移交的项目共4个。总建筑面积378725.68平方米，总投资35.57328亿元。

【精品工程打造】 制订《四川省省级代建项目建设资金管理、审批、支付和现场签证、工程变更管理办法》。确保省级代建项目的现场签证、工程变更程序合法合规，资料齐全，整个项目投资可控，凡新接收代建项目，建议审计部门从初始阶段即开始介入。工程项目主要环节全过程接受职能部门和社会各方的监督和审计。

【代建市场行为规范】 实施定期检查和不定期抽查相结合的管理办法，加大对项目管理公司的管理力度，建立有效的行业管理机制，培育健康规范的代建市场。截至2015年12月，全省建设工程项目管理企业共计173家，建设工程项目管理从业人员达到6000多人。其中一等工程项目管理企业80家，二等工程项目管理企业37家，三等工程项目管理企业56家。

【对外建筑劳务管理】 2015年，四川省成建制输出建筑劳务约123万人，实现建筑劳务收入约205亿元，分别完成全年目标任务(成建制输出建筑劳务120万人，实现建筑劳务收入180亿元)的102.5%和113.9%。

【驻外企业监管】 根据当地管理规定协助做好对驻地川籍企业的行业监管，进一步摸清驻地川籍企业实际情况，帮助企业更快融入当地市场承接工程、参加培训、评优评奖。截至12月15日，为外出到厅未设驻外机构省市区的企业办理出川手续1143家(次)。通过驻外机构进驻各省市区的建筑业企业1374家(次)，成建制输出劳务人数31.75万人，实现建筑劳务收入83.24亿元。培训各类人员741人，配合当地主管部门对项目进行质量安全检查231次，召开座谈会、劳务推介会、洽谈会33次，推荐川籍企业参与当地建设主管部门评优评奖36家(次)。

【对外交流合作】 何健厅长、谭新亚副厅长等厅领导亲自带队赴江苏省、浙江省、新疆维吾尔自治区等地调研川籍企业在当地发展情况，实地走访企业施工现场，与企业代表开展交流座谈。积极与相关省份建设行政部门协商友好合作具体事宜，促成省住建厅与江苏、浙江、新疆住房城乡建设厅及重庆市住房城乡建设委签订友好合作框架协议。

【建设工程招标投标管理】 制定《四川省建设工程招标投标管理总站招标备案和监督管理办法》，实行招标文件备案与开、评标监督分离制度。制定《四川省建设工程招标投标管理总站招标投标活动投诉处理管理办法》。编制并发布工程建设地方标准《四川省工程建设项目招标代理操作规程》。出台《关于启用四川省工程建设项目招标代理从业人员从业印章的通知》等配套措施，实行招标代理专职技术人员执业印章制度。正式启动《四川省房屋建筑和市政基础设施工程勘察、设计招标标准招标文件》《四川省房屋建筑和市政基础设施工程监理招标标准招标文件》的编制工作。

【市场监管】 组织起草《四川省工程建设项目招标代理机构动态核查工作实施细则》，并建立招标代理机构动态核查制度。2015年对全省297家招标代理机构进行了动态核查。资格条件核查企业297家，做到全覆盖，市场行为核查涉及企业134家，抽查招标代理项目335个。全年收到投诉共37件，符合受理条件的7件，受理率100%，处理上级及其他部门转办的招标违法违规案件、地方行政主管部门有关招标投标事项的请示等7件；处理省政府政务服务和公共资源交易服务中心反映的评标过程异常情况1件。2015年完成招标文件备案项目标段数600余个，总投资3000万元以下的省属项目已按"《四川省人民政府关于进一步规范国家投资工程建设项目招标投标工作的意见》"规定下放至市(州)建设行政主管部门监管；开评标现场监督110余次，7月安装电子政务系统后，重点项目现场监督，一般项目通过电子监控平台进行监督。改变原有的全部采用资格后审和基本采用经评审的最低投标价法的"一刀切"模式，对工程技术复杂、有特殊要求的项目施工招标可采用资格预审和综合评估法。重新制定《省外招标代理机构入川承揽业务办事指南》。2015年共办理省外入川招标代理机构入川验证登记64家。

【调查研究】 针对《四川省关于对使用标准施工招标文件的进一步要求》等文件颁布实施以来出现的问题和工作实际，于6月9日组织部分招标人、投标人、评标专家、招标代理机构代表召开了座谈会，认真听取意见，拟就其中不合理、与现实脱节的部分向有关部门提出修改建议意见。3月向各市州建设行政主管部门下发了《关于房屋建筑和市政基础设施招标投标监管机构设置及履职情况调查的通知》。

【建设工程造价管理】 会同省发改委组织开发投标报价辅助评标软件。发布地方标准《四川省建设工程造价电子数据标准》，编制完成装配式建筑、海绵城市、保温节能等绿色建筑定额及城市雕塑定额共188个。申请编制《工程造价指标指数采集与发布标准》。圆满完成部委托的《通用安装工程消耗量》第七册部分章节编制任务，参加全国《建筑安装工程工期定额》的修订工作，协助西藏住房城乡建设厅编制西藏16定额。

【市场监管】 通过动态核查和差别化监管方式加强对造价咨询企业监管。2015年对101家造价咨询企业进行了动态核查，合格66家，基本合格3家，对32家企业发出了整改通知书，30家整改合格，2家整改不合格。简化造价咨询企业入川验证登记手续，2015年办理入川验证登记89家。建立造价咨询企业和造价人员信用档案，并公开信用信息。严厉打击定额侵权盗版行为。移送执法部门行政处罚两家书店并在网上予以通报。通过统一网络平台向社会免费发布工程造价信息电子版。会同省发改委联合印发《关于建设工程实施"优质优价"的指导意见》。在芦山4.20灾后重建、康定11.22灾后重建中，主动为当地政府提供指标指数、合同签订、造价确定、造价调整、政策培训、下派干部等服务。接受造价咨询、处理计价纠纷2000多起，涉及争议金额超出15亿元。开展过程结算试点。

【业务指导】 在造价行业举办信息化对造价行业影响讲座，推动、引导造价咨询企业在项目中使用BIM技术进行项目管理。培育新的业务模式，引导造价企业开展全过程造价管理、PPP模式下造价管理、造价信息服务和大数据服务和企业兼并重组以及部分实力强的企业兼并生存困难的小企业、造价咨询企业与设计单位重组、部分造价咨询企业与会计师事务所合并。降低取消涉企收费，取消造价师注册费和印章费、造价纠纷咨询费等费用。展开违规注册执业专项清理，规范执业资格注册。约谈部分观念转变不到位纪律意识不强职工。

【散装水泥】 2015年，全省水泥总产量14040.70万吨，较2014年减少540.30万吨，降幅达3.71%，累计推广使用散装水泥7040万吨，较2014年减少105万吨，降幅达1.47%，水泥散装率达到50.14%，较2014年提高1.1个百分点。

【预拌混凝土】 截至2015年12月份，全省预拌混凝土企业达到370家，全年累计使用预拌混凝土8000万立方米，因发展预拌混凝土使用散装水泥2729.38万吨。

【预拌砂浆】 引领行业在"新常态"下开展技术创新，实现转型升级。截至2015年12月，全省18个城市建有预拌砂浆生产线，备案企业63家，生产能力2340万吨，产能较上年增加210万吨，增幅9.86%，累计推广使用预拌砂浆569.53万吨(普通干混砂浆515万吨，普通湿拌砂浆31.16万立方米)，产用量较上年增加1.95万吨。

【农村推散】 力提升农村散装水泥发展短板。商务部流通业发展司李嘉健处长来川调研农村推散工作，对威远水泥企业直供直销模式给予了高度评价。开展农村推散工作专项检查，实地督查了部分县(市)《"十二五"后期加快农村散装水泥发展工作方案》落实情况。截止2015年底，全省农村累计使用散装水泥2358万吨，较上年增加46万吨，增幅为1.99%；散装水泥使用率达到28%，较上年上升2个百分点。

【行业监管】 按照《四川省散装水泥工作绩效考核办法》，具体制定了《2015年散装水泥工作绩效考核分解表》。提高征收管理水平。全年省财政下达专项资金补助1966.07万元。加大行政执法力度。全省散装水泥行政执法工作达到了对新开工项目检查率100%，对违规行为处罚率60%以上的要求。

勘察设计与科技

【法制建设】 出台《四川省绿色建筑设计标准》、《四川省绿色建材评价技术导则》、《四川省绿色建材评价技术细则》、《四川省绿色建筑设计施工图审查技术要点》、《四川省绿色建筑评价机构管理实施办法》等相关政策，绿色建筑相关政策、标准逐步完善，会同四川省经信委联合发布了《四川省绿色建材行动方案》、《四川省首批绿色建筑技术和产品目录》、"四川省新型墙材目录"、《加气混凝土应用技术规程》等地方标准。

【勘察设计】 "三新"应用与转型升级，继续推广以设计为龙头的项目总承包模式，促进企业经营模式转型升级；成达公司、中建西南院、成都建材院、四川电力设计咨询有限公司等单位总包业务持续增长。电子十一院和山鼎建筑设计公司在创业板成功上市；抓住国家"一带一路"战略发展机遇，加快实施企业"走出去"战略。中铁二院工程集团有限公司成功中标俄罗斯高铁项目，首次实现我国高铁技术跨出国门，走向海外。

【市场监管与信息化管理平台】 发出《关于加

强工程勘察现场作业质量管理工作的通知》《关于实施四川省勘察设计成果通过信息平台报送及签名签章格式管理的通知》，对违反强条的勘察设计企业和施工图审查机构违规行为进行通报处理。全年抽查施工图审查机26家，抽检项目26个，整改企业5家，撤回资质证书3份。加强动态核查。现场抽查企业86家，通报批评企业33家，责令整改并约谈企业法人12家。北京龙安华诚设计有限公司严重违规被处予两年内不予受理入川验证登记；全面启用“四川省勘察设计行业管理信息系统”办理勘察设计相关业务。按季度对施工图审查机构一审不合格申报情况进行通报。

【建设工程抗震设防管理】 贯彻落实《四川省建设工程抗御地震灾害管理办法》等法规规定，把抗震设防监管贯穿于工程选址、规划、勘察、设计、施工、监理、竣工验收全过程。进一步强化和巩固施工图阶段的抗震设防报审及抗震设防审查专项制度。加强超限高层建筑抗震设防专项审查工作。全面贯彻住房城乡建设部《超限高层建筑工程抗震设防专项审查技术要点(2015)》、《四川省抗震设防超限高层建筑工程界定标准》。借鉴经过强震考验的芦山县人民医院门诊综合楼隔震建筑成功经验，要求芦山、康定地震灾区和地震高烈度区积极推广抗震性能优、绿色节能和实用性强的“四新”技术。

【震前应急准备与防灾抗灾、应急救灾】 发出《关于落实有关防灾抗灾、应急救灾工作系列部署要求的紧急通知》，全面部署开展老楼危楼和建筑施工现场灾害风险隐患排查整治，城镇市政公用设施安全隐患拉网排查，城市应急避难场所的规划和建设以及综合防灾、应急演练等八方面的工作，统筹常态防灾减灾和非常态应急救灾的有机统一。

【康定地震灾区灾后重建】 科学指导灾后重建。发出《关于康定6.3级地震灾后恢复重建抗震设防标准有关执行事项的通知》，明确了灾后重建的抗震设防标准；要求重建项目严格执行调整提高后的抗震标准。赴康定开展培训服务，召集灾区建设主管部门、建设单位、勘察设计单位等进行座谈，发出《关于做好康定“11·22”地震灾后重建规划、勘察设计相关工作建议的函》，组织技术力量积极参与援建。

【建筑节能】 既有居住建筑节能改造任务超额完成，完成攀枝花市盐边县验收工作。墙材革新工作稳步推进，出台《关于在全省民用建筑工程中推广应用非浆料类建筑保温隔热材料的通知》。结合“限黏禁实”工作任务，推动全省63个试点县按进度完成任务。将泸州市作为首批省级绿色建材产业化示范基地。积极动员企业申报绿色建筑标识，已完成获得标识的数量增加到60个，总建筑面积783.48万平方米(其中一星项目40个，580万平方米，二星项目14个，160.17万平方米，三星项目6个，43.31万平方米)。

【科学技术】 依托勘察设计协会举办BIM设计大赛、BIM技术交流、BIM技术应用培训等活动，进一步推动BIM技术在全省勘察设计行业的推广应用；全年全省科技进步奖省住房城乡建设厅共有21个项目参与评审，最终8个项目获奖，其中一等奖2项，二等奖1项，三等奖5项。获奖数量和含金量均取得了突破性成果。中建西南设计院的“大跨度铝合金单层网壳结构关键技术研究与应用”项目、中铁二十三局的“钢管混凝土格构墩曲线桁架梁桥综合施工技术研究”项目获得省科技进步一等奖。

【智慧城市建设】 做好智慧城市申报，完成了第三批“国家智慧城市”试点申报工作，全省共7个城市入围，印发《四川省智慧社区建设指南(试行)》，明确建设重点，建立了评估体系。推进智慧社区试点，完成了十个省级智慧社区的申报评审工作并签订了《智慧社区创建任务书》，与省通信管理局联合发布了《关于全面落实新建住宅建筑光纤到户的通知》。

世界遗产管理

【资源调查评估】 2015年，木里大寺自然与文化遗产等5处列入四川省级遗产，同时推荐旺苍米仓山申报国家级自然与文化遗产。截至2015年12月，全省共计世界遗产5处、国家遗产7处，省级遗产16处，已初步建立起四川省自然与文化遗产保护的梯次格局体系。

【保护规划编制】 完成《四川大熊猫栖息地世界自然遗产保护规划(修编)》的初审，征求相关市(州)、县(市、区)和各领域专家的意见和建议，编制单位正进一步修改完善。

【蜀道申遗】 蜀道世界自然与文化遗产申报工作正式启动。与申报协调组成员单位一起组织完成了蜀道自然与文化遗产的资源调查，确定申遗名称和范围，完成《蜀道世界自然与文化遗产预备清单》编制。在2015年第39届世界遗产大会上被成功列入世界自然与文化遗产申报预备名单。蜀道申遗提名地范围的广元市、巴中市、成都市等相关申遗点游客人数大幅增加。

【灾后恢复重建指导】 加强对四川大熊猫栖息

地世界自然遗产 4.20 灾后恢复重建工作的指导。完成宝兴、芦山、天全、邛崃灾后重建项目——世界遗产保护监测站建设实施方案的技术审查。截至 2015 年 12 月，4 个县(市)保护监测站建设已完成站房基建和部分监测设备的采购任务。

【监督管理】 严格按照《保护世界文化和自然遗产公约》《四川省世界遗产保护条例》以及相关法律法规的要求，逐步规范世界遗产保护管理。2015 年 9 月、10 月分别召开了全省世界遗产保护管理工作会和片区座谈会，针对绿色和平组织反映的四川大熊猫栖息地世界自然遗产森林采伐、中国经营报反映的都江堰圣兴电站、党外人士反映的贡嘎山泉华滩等相关问题，提出解决问题的办法和建议意见，及时有效地化解矛盾。

风景名胜区和城市园林

【法制建设】 在修订出台省级园林城市和园林县城新标准的基础上，制定印发《四川省园林镇(乡)标准》、《四川省园林村标准(试行)》《四川省城市绿地系统规划编制导则》《四川省城市湿地公园设计导则》等园林绿化标准和技术规范。

【资源保护管理】 完成最后一批 6 个国家级风景名胜区保护管理现场检查，全省 14 处国家级风景名胜区有 6 处评为优秀等级，但有 2 处列入濒危名单；对全部 75 个省级风景名胜区做出等次考评，针对存在的问题逐一提出整改意见后通报并督促整改。同时，继续推进四川省泸沽湖、达古冰山—卡龙沟和米苍山大峡谷申报国家级风景名胜区审查报批工作，新完成朱德故里一琳琅山申报国家级风景名胜区资源调查评估和规划大纲编制，并组织专家对凉山州等有条件的地区开展申报省级风景名胜区资源调查评估。

【风景园林规划编制】 全面推进全省市、县城绿地系统规划编制和国家、省级风景名胜区规划编制，省住房城乡建设厅安排规划专项补助资金支持 23 个市、县园林绿化规划和 30 个风景名胜区规划，组织专家完成了遂宁市绿地系统规划评审，做好龙门山、李白故里、龙泉花果山、老君山、锦屏等 12 个风景名胜区总体规划和叠溪—松坪沟等一批风景名胜区详细规划审查报批工作。截至 2015 年 12 月，全省 44 个园林城市(县城)全部编制完成了绿地系统规划。积极组织开展全省风景名胜区和城市园林绿化“十三五”规划编制。

【风景园林项目建设】 推动城镇湿地公园、山体公园、防灾公园和绿道绿廊、道路绿化等重点园林项目建设，全年省住房城乡建设厅安排城市新区基础设施专项补助资金支持地方 22 个重点园林绿化项目建设，带动地方园林项目投资 14 亿多元，命名眉山东坡湿地公园等第二批 6 个省重点公园，其中阆中古城湿地公园被住房城乡建设部命名为国家城市湿地公园。省住房城乡建设厅组织专家完成了峨眉山风景区服务区项目方案设计和二郎山风景区焦山索道项目选址论证等 25 个风景区建设项目审查。

【风景名胜区】 完成仪陇朱德故里申报国家级风景名胜区的相关基础资料准备工作和 4 个省级风景名胜区报批工作。

【园林城市建设】 报请省政府命名宜宾市、沐川县、米易县、洪雅县和邻水县 5 个市县为四川省园林城市(县城)，完成阆中市、郫县、北川县 3 个市县创建国家园林城市(县城)申报工作，并组织专家对资阳市、绵竹市、剑阁县、青神县和兴文县等 5 个市县创建工作进行了现场指导，全省地级以上城市全面开展园林城市创建。成功举办全省首届川派盆景艺术展览；组织四川省成都市、泸州市、自贡市、绵阳市 4 个园林城市积极参加了第十届中国(武汉)国际园林博览会。

【基础研究】 完成省生态文明改革重点课题《四川省风景名胜区、世界遗产地和城市公园生态补偿机制》研究报告，并向住房城乡建设部提交委托承担的《城市公园绿地防灾避险规划导则》国家课题研究成果。

住房城乡建设档案管理

【概况】 起草制定《关于进一步加强城建档案工作的意见》、《四川省建设工程电子档案管理办法》、《四川省城建档案工作规范化管理办法》、《关于加强城镇地下管线工程档案管理的意见》。先后深入多城市市城建档案管理部门以及多个施工单位现场，对城建档案工作组织领导、机构设置、场馆建设、档案归集管理、从业人员培训管理等课题进行专题调研。政府划拨了 40 多万元专款开展城建档案数字化建设。

【业务培训】 全年共组织举办行业相关专业从业人员培训班 13 期，2441 人参加了培训。其中举办城建档案人员培训班 6 期，参训人员 1230 人，举办“建筑企业新资质就位”和“营业税改增值税”专项培训班 8 期，参训人员 1211 人。同时，为建设行业企业免费培训相关专业技术人员 100 多人。重点培训城建档案专业基础知识、城建档案管理新规范、行业新标准新规范以及行业技术管理先进经验等内容。并为新学员办理了《四川省城建档案资料员培训合格证书》。

【学术交流】 2015年7月，组织开展一次城建档案学术交流活动。本次共收到论文50篇。评出优秀论文40篇，进行通报表扬。省住房城乡建设厅办公室和省城乡建设信息学会联合编印了《2015年城建档案优秀论文选编》印发各地。

住房城乡建设人事教育工作

【干部管理】 修订完善《四川省住房和城乡建设厅处级领导干部选拔任用办法(试行)》，制定下发《关于进一步加强机关事业单位工作人员管理的通知》。认真开展公务员年度考核，一批优秀公务员受到嘉奖。完成市(州)领导干部城建规划专题培训，共计约培训300人。认真组织开展领导干部个人持有因私出国(境)证件清理，严肃处理个别干部违规问题。

【社团管理】 促使省建筑业协会、省房地产业协会、省建设人才促进会和成都大熊猫繁育研究基金会新一届领导班子调整到位。首次对省建筑业协会等5家社团法人进行离任审计，及时将审计发现问题和整改建议上报厅党组。按时完成厅属26家社团的年检工作。

【职业制度】 牵头起草《关于加强建筑工人职业技能培训的实施意见》，明确企业作为工人培训的主体，开拓建筑工人技能培训的新路。为建立健全全省建筑工程系列职称评价体系创造条件，组织编写《四川省建设工程专业技术职务评价标准》。清理并取消主要由一些行业协会设置的16项建设类职业资格。为严格建设执业资格报名审查工作，印发有关文件，并召开了专题会议。

【康定“11.22”地震灾后重建智力支援】 及时组织10名援建人才到甘孜州，开展援建工作。组织康定地震灾后重建管理和技术人员专题培训，甘孜州，州、县两级领导和有关专业人员120余人参训。省政府副秘书长陈越良到会讲话。

“十二五”期间住房城乡建设主要工作及成效

【新型城镇化扎实推进】 坚持以人的城镇化为核心，正走出一条形态适宜、产城融合、城乡一体、集约高效的城镇化新路。形成了由1个特大城市、3个大城市、8个中等城市、141个小城市和1531个小城镇构成的省域城镇体系。四大城市群加快发展，新增绵阳市、南充市、泸州市3个百万人口大城市，全省常住人口城镇化率达到47.7%，比“十一五”末增长约7.5个百分点，年均增长1.5个百分点，比全国年均增长水平高0.24个百分点，户籍人口城镇化率达到30.7%。

【城市综合承载力明显提升】 全省完成城市(县城)市政公用设施建设投资4656亿元，较“十一五”增长147%，新区基础设施建设投入1800亿元，新增建成区面积625平方千米，城市建成区面积达到3600平方千米，人均道路面积12.3平方米，新增公园绿地面积120平方千米，人均公园绿地面积10平方米以上；改造老旧供水供气管网8300余千米，自来水普及率、燃气普及率、生活污水处理率和垃圾无害化处理率分别达到96.2%、86%、85.3%和87.5%。成都市建成运营地铁88千米。16个设区城市、22个县(市、区)建成数字城管平台。启动了绵阳市、乐山市等13个国家智慧城市试点工作。

【城乡居民住房条件显著改善】 全省累计完成房地产开发投资19132亿元，比“十一五”增长156%，商品房销售面积3.5亿平方米，比“十一五”增长41%，累计交纳地方税收3187亿元，比“十一五”增长203%，占全省地方税收总收入的32.4%。实施“百万安居工程建设行动”，改造危旧房棚户区和建设保障性住房173.7万套，比“十一五”增长266%，累计完成投资2628亿元。实施棚改货币化安置超过17万户。争取国开行棚改专项贷款1110亿元。实施“农民工住房保障行动”，定向提供公共租赁住房6万余套，20万农民工享受到住房保障。统筹实施农村危房改造133.1万户，超额完成国家下达目标任务。住房公积金缴存人数517.1万人，增长37.7%，缴存总额3771亿元，增长291%，220多万户中低收入家庭使用公积金改善了居住条件。全省城镇居民人均住宅建筑面积约36.61平方米，比2010年增加5.87平方米。

【建筑业不断做大做强】 全省累计完成建筑业总产值35793亿元，年均增长15.86%，比“十一五”增长153.9%，累计完成建筑业增加值9927亿元，年均递增10.96%，比“十一五”增长120.6%，占全省GDP比重连续保持在7%以上，累计缴纳地税总额1513.6亿元，占全省地税收入连续保持在14%以上，建筑业从业人员突破500万人，其中80%左右是农村转移劳动力，五年成建制输出建筑劳务近600万人，产业结构加快调整，新增特级企业3家、施工总承包一级和勘察设计甲级企业339家，施工专业承包一级236家。

【保障性住房体系基本建立】 启动实施“百万

安居工程建设行动”，5年共改造危旧房棚户区和建设保障性住房173.7万套(户)，比“十一五”增长266%(其中危旧房棚户区改造增长382%)。围绕“人的城镇化”核心，融资创新驱动，制定了《四川省危旧房棚户区改造项目国家开发银行专项贷款管理办法》等政策文件，建立金融支持保障性安居工程建设情况监测制度。在全国率先推进棚改货币化安置，共实施超过17万户，消化库存商品房超过13万套，“十二五”住房保障目标任务胜利收官。

【“百镇建设行动”持续推进】 与四大城市群融合布局，以21个省级重点镇带动示范，三批共实施300个镇的建设。2015年全省试点镇投资额是120亿，带动全省小城镇完成基础设施建设投资是230亿元。就近吸纳转移农业人口30万人，带动全省小城镇吸纳转移农业人口是50万人。培育工业镇95个、商贸镇107个、旅游镇98个，小城镇建设不断提档升级。277个镇列入国家重点镇，数量居全国首位。

【地方工程建设标准定额体系初步建立】 全省工程建设标准体系分为工程勘察测量与地基基础、建筑工程设计、建筑工程施工、建筑节能与绿色建筑、市政工程设计和市容环境卫生工程设计6个部分，9月中旬召开了《四川省工程建设标准体系》发布会。按照住房城乡建设部的统一部署，“十二五”期间两次对四川省工程建设地方标准进行了复审，及时废止无效过期标准，修订技术向前发展了的标准。并与省质监局、省发改委联合印发了《关于贯彻落实国家新型城镇化标准体系建设指导意见的实施意见》。

【城乡人居环境不断优化】 中共四川省委、省政府命名18个“环境优美示范城市”、64个“环境优美示范县城”、400个“环境优美示范乡(镇)”、5000个“环境优美示范村庄”。84个村落列入中国传统村落目录。2015年全省农村生活垃圾收集处理率超过90%，率先通过国家验收。创建国家和省级园林城市(县城、镇、村)59个，米仓山等3处风景名胜地申报国家级风景名胜区通过验收，剑门蜀道列入世界遗产名录预备清单。5处世界遗产、15处国家级风景名胜区、75处省级风景名胜区遍布全省各地。

【芦山灾后恢复重建胜利完成】 创新推行灾后恢复重建“五总”工作机制，全力推进芦山地震城乡住房重建和城镇体系重建。农房重建在全国率先打破“城乡二元”体制，城乡住房重建已全面完成，抗震设防得到落实，质量安全可控，兑现中共四川省委、省政府向社会做出的庄严承诺。

【政风行风建设不断加强】 扎实开展党的群众路线教育实践活动、“三严三实”专题教育和庸懒散浮拖专项治理，深入推进学习型机关建设、“走基层”、正风肃纪等一系列活动，人民群众的满意度逐年提高。省住房城乡建设厅被命名为“省级机关文明单位”。

大事记

1月

16日　全省推进新型城镇化工作会议在成都举行。副省长黄彦蓉主持会议，住房城乡建设厅厅长何健通报2014年全省推进新型城镇化工作情况、安排2015年新型城镇化工作。自贡市、泸州市等地分别作城镇基础设施建设、促进建筑业转型升级、小城镇建设、危旧房棚户区改造货币化安置以及户籍制度改革等交流发言。

20日　四川省住房城乡建设工作会议在成都举行。住房城乡建设厅厅长何健出席并讲话，副厅长谭新亚宣读《关于表彰2014年度住房城乡建设工作目标绩效考核先进单位通报》，省纪委驻厅纪检组组长石钢作党风廉政建设工作报告，厅机关党委书记刘恒作精神文明建设工作报告。

2月

4日　雅安市召开城乡住房和城镇体系重建暨新型城镇化工作会。

4日　雅安市委、市政府和住房城乡建设厅在芦山县金花路安居房项目工地现场召开全市城房重建工作推进现场会。

17日　全省危旧房棚户区改造工作现场会暨促进房地产市场健康发展工作会议(川东北片区)在巴中召开。副省长黄彦蓉出席会议并讲话，省政府副秘书长王七章主持会议。

22日～26日　国家六部门住房公积金督察员督查组一行5人，贯彻落实住房和城乡建设部、财政部、中国人民银行关于发展住房公积金个人住房贷款业务的通知、财政部、中国人民银行、住房和城乡建设部关于放宽提取住房公积金支付房租条件的通知和中国人民银行、住房城乡建设部、中国银监会《关于个人住房贷款政策有关问题的通知》文件和3月20日全国加强住房公积金管理工作电视电话会议要求的情况进行了检查。

27日～29日　全国数字化城市管理工作培训班在成都举行，住房城乡建设厅副厅长于桂出席并致辞。530余名来自各省市自治区住房城乡建设、城市管理主管部门和单位的同志参加培训会。

29日　4·20地震极重灾区-芦山县飞仙关镇、南场镇规划设计专家咨询会召开，住房城乡建设厅总规划师邱建主持。

5月

5日　住房城乡建设厅与加拿大不列颠哥伦比亚省政府林业发展投资处中国区召开座谈会，交流探讨传统与现代木结构的工艺、特点及现代木结构在全省建设发展中的应用范围及应用方式。

13日　住房城乡建设厅厅长何健与重庆市城乡建设委员会主任程志毅一行座谈交流，共同签订《四川省住房和城乡建设厅 重庆市城乡建设委员会加强川渝两地建设领域合作备忘录》。

12日～14日　住房城乡建设厅在康定举办"11.22"地震灾后重建培训会。住房城乡建设厅副巡视员文技军，城乡规划处、勘察设计与科学处、住房保障处，省建设工程质量安全监督总站、省建设科技发展中心和四川建院土木工程系负责同志分别授课。

18日　省委、省政府在成都举行四川省科学技术奖励大会，住房城乡建设厅负责的工程建设、建材专业组共9个项目荣获2014年度四川省科技进步奖。其中西南交通大学完成的"相变储能技术研究及其在建筑节能与飞行器热安全领域的应用"项目获一等奖，住房城乡建设厅信息中心开发建设并运行的"四川省工程建设领域项目信息公开和诚信体系管理信息平台"项目获二等奖，中国建筑西南勘察设计研究院有限公司等完成的"红层软岩大直径素混凝土置换桩复合地基设计理论及应用研究"等7个项目获三等奖。

20日　2015年全省川派盆景展开幕式在成都百花潭公园举行，中国风景园林学会副理事长兼秘书长陈重致辞，住房城乡建设厅副厅长杨光宣布盆景展开幕并为川派盆景展揭幕，成都市林业和园林管理局副局长罗叶讲话，四川省风景园林协会会长李文泉宣读获奖名单。

26～27日　全省加快推进新型城镇化战略暨规划理念转型升级培训班在成都举行。住房城乡建设厅总规划师邱建出席并传达中央和省委新型城镇化会议精神，江苏省城市规划设计院西部区域总站执行总裁唐历敏、省编研中心主任高黄根、成都规划设计研究院副院长张惜秒、西南交通大学教授林青、中国规划设计研究院重庆分院院长刘继华、住房城乡建设厅政策法规处副处长吕波先后讲授课。各市州住房城乡建设主管部门相关负责同志参加培训。

6月

11日　住房城乡建设部《住房城乡建设行政复议办法》立法座谈会在成都召开。住房城乡建设部政策法规司副巡视员刘昕主持并作总结，四川省住房和城乡建设厅副厅长王卫南出席并致辞。来自北京、上海、天津、新疆等16个省、市、自治区建设行政主管部门法制机构负责人参加会议。

25日　住房城乡建设厅召开海绵城市等市政公用设施地方标准制定专题座谈会，就制定海绵城市、地下综合管廊、市政道桥等市政公用设施建设及管理方面的地方标准，听取市政设计、施工和运营维护等单位的意见和建议。

29日　三峡大厦申报国家优质工程验收会在成都举行。省人大原副主任张宗源、住房城乡建设厅副厅长谭新亚、省建筑业协会会长刘丹陵出席并讲话，国家优质工程复查组组长刘亚菲主持，三峡大厦施工单位——中建三局副总经理李勇汇报三峡大厦施工情况。

8月

26日　住房城乡建设厅参加全国房地产市场形势分析电视电话会议，厅长何健、副厅长樊晟出席会议。内江市副市长周勇在会上作全面推进棚改货币化安置工作情况先进典型发言。

28日　住房城乡建设部《住房公积金提取业务规范》编制工作会在成都公积金中心召开。住房公积金监管司副司长王胜军、综合处处长黄海群、政策处处长潘伟等出席会议。四川省住房和城乡建设厅、上海、重庆、广州、武汉、兵团、成都公积金中心有关负责同志参加会议。

28日　全省"百镇建设行动"现场会在成都召开。副省长黄彦蓉出席会议并讲话，住房城乡建设厅厅长何健、财政厅副厅长陈书平、国土资源厅副厅长毕胜部署工作。

9月

1日　阿坝州住房公积金管理中心贯彻落实《住房公积金基础数据标准》和接入住房公积金银行结算数据应用系统标准(简称贯标工作)，通过住房城乡建设部和住房城乡建设厅的检查验收，成为全国民族地区第一个贯标单位。

8日　副省长黄彦蓉主持召开省加快推进新型城镇化工作领导小组会议，总结四川省2015年新型城镇化重点工作和配套改革推进情况，研究部署下步工作。

11日　四川省住房和城乡建设厅在阆中市召开全省国家级风景名胜区工作座谈会，住房城乡建设部城建司副司长章林伟、住房城乡建设厅副厅长杨光出席并讲话，章林伟指出风景名胜区在十三五期间的发展目标，为四川的风景名胜事业指明了方向。杨光强调，四川风景名胜区作为旅游的重要载体，为推动地方经济和旅游业发展发挥了重大作用，做出积极贡献。

11日　全国风景名胜区执法检查工作总结会议在蓉召开，住房城乡建设部副部长陆克华、四川省政府副秘书长陈越良讲话，住房城乡建设厅厅长何健出席会议，住房城乡建设部城建司司长张小宏主持会议，四川省住房城乡建设厅副厅长杨光等作风景名胜区管理工作经验交流发言。

15日　住房城乡建设厅厅长何健陪同副省长黄彦蓉调研资阳市新型城镇化建设。调研组先后在四川天府新区资阳片区实地调研三岔湖旅游项目规划建设及资阳市九曲河综合整治工程、滨江路堤景观带、雁江区中和镇等规划建设情况。

16日　省政府城市新区建设工作现场会在遂宁召开，住房城乡建设厅厅长何健通报了全省城市新区建设推进情况，副省长黄彦蓉充分肯定了“十二五”期间全省城市新区建设的突出成绩。

12月

3日　四川省第十二届人民代表大会常务委员会第十九次会议通过了《四川省世界遗产保护条例修订案》

18日　四川省在自贡市召开四川省住房公积金贯标工作现场会。“自贡模式”科学合理的数据体系、信息资源的高效利用等受到与会人员的肯定。住房城乡建设部住房公积金监管司专家组组长崔国盛出席会议并讲话。

22日　住房城乡建设部、环境保护部、农业部、全国爱卫办等10部委共同举办的四川省农村生活垃圾治理验收会在丹棱县召开。四川省在设施设备、治理技术、保洁队伍、监管制度、资金保障等5个方面全部达到农村生活垃圾治理验收要求，成为全国首个通过农村生活垃圾治理验收的省份。

27日　全省城市工作专题会议在成都举行，省委常委、秘书长吴靖平主持，省委常委、常务副省长王宁出席，副省长黄彦蓉讲话，住房城乡建设厅厅长何健通报城市规划建设管理工作情况。

（四川省住房和城乡建设厅）

贵　州　省

概况

【山地特色新型城镇化】　完成贵州山地特色新型城镇化示范区工作方案编制，经省政府常务会议审议通过；完成安顺市、都匀市国家新型城镇化综合试点实施方案编制，全面开展贵安新区、播州区、湄潭县、玉屏县综合试点实施方案编制；同步开展新型城镇化省级试点，完成息烽等9个试点县、扎佐等9个试点镇实施方案编制。贵安新区海绵城市试点、六盘水城市地下综合管廊试点启动建设；在仁怀等11个市县开展环卫保洁综合整治试点。

【城乡规划管理】　国家批复实施《贵州省城镇体系规划(2015—2030)》，省政府批复六盘水等4个市县、思南等5个经开区总体规划。完成贵广、沪昆高铁沿线城镇规划调整发展研究，印发规范市(州)城镇体系规划、城市(县城)总体规划上报成果规定。印发《“多规融合”改革指导意见(试行)》，都匀等11个“多规融合”省级试点有序开展。

【住房供应体系】　印发公积金省内异地住房贷款指导意见，个贷率95.9%。商品房销售3559.81万平方米，完成房地产投资2205.09亿元。实施城镇保障性安居工程50.22万套，任务量居全国第三、西部第一，基本建成22.82万套，2012年底前开工建设的公租房(含廉住房)分配入住31.4万套，完成率94.92%。改造农村危房35万户、建成小康房2.5万户。

【城镇综合承载力】　印发城市基础设施领域政府与社会资本合作(PPP)指导意见和海绵城市、城市地下综合管廊建设技术导则。列入财政部、省级财政PPP示范的5个、7个项目全部开工。出台风景区建设项目选址指导意见。城建投资完成1680亿元；燃气普及率和污水、垃圾处理率分别达70.69%、89.94%、84.69%。100个示范小城镇和100个城市综合体建设加快。在全国率先以镇为单位开展全面小康监测，以旧州镇＋浪塘村为典范的1个示范小城镇带动周边多个村庄联动发展的“1＋N”模式普遍应用。100个示范小城镇完成投资521亿元，建成“8＋X”项目655个；100个城市综合体完成项目投资312.9亿元，建成主导功能建筑175个，投入运营主导功能建筑105个。

【农村人居环境】 编制《贵州省改善农村人居环境规划(2015～2020年)》、《贵州省农村垃圾治理规划》、《贵州省农村生活垃圾实施方案》。建立农村危房改造和小康房建设一户一档工作台账和调度机制。编制完成传统村落保护发展技术指南、制定传统村落三年行动计划，发布10个省级示范性中国传统村落名录。

【新型建筑业发】 印发《贵州省建筑业发展规划(2015～2020年)》、《关于重点扶持100个建筑业骨干企业加快发展的意见》等扶持政策。排查老楼危楼安全隐患354.43万栋；列入全国建筑业企业资质网上申报和审批试点，贵州省建筑市场监管与诚信信息一体化工作平台建成运行；房屋建筑和市政工程安全生产实现“双降”。

政策规章

【地方性法规】《贵州省民用建筑节能条例》7月31日经贵州省人大常委会审议通过，10月1日实施。《贵州省传统村落保护条例(草案)》、《贵州省城市园林绿化条例(草案)》、《贵州省城市供水和节约用水管理条例(草案)》列入立法项目，《贵州省城市排水管理条例(草案)》列入立法调研项目。参与《贵州省湿地保护条例》、《贵州省电梯安全监督管理办法》等草案咨询论证会30余次。

【规范性文件】《贵州省建筑工程最高投标限价备案暂行办法》、《贵州省建筑工程竣工结算文件备案管理暂行办法》、《贵州省住房城乡建设行业教育培训管理办法》、《贵州省建设类教育培训机构评估管理办法》、《贵州省住房和城乡建设厅关于全省建设领域现场专业人员培训考核工作实施方案》等规范性文件报省政府法制办备案。废止《贵州省建筑安装工程劳动保险费用管理办法》、《关于印发〈贵州省建设企事业单位专业管理人员岗位证书管理实施细则〉及培训教学计划的通知》和《关于印发〈贵州省住房和城乡建设领域现场专业人员岗位培训工作实施意见(试行)的通知》。

【依法行政】 出台《贵州省住房城乡建设系统2015年依法行政工作要点》、《贵州省和住房城乡建设厅2015年推进简政放权放管结合职能转变工作分工表》。推行行政审批受理单制度，对收件事项现场出具受理单，办事企业或人员凭据受理单领取证书或退件。实行办理时限承诺制，编制服务指南，完善审查工作细则。行政审批事项平均办理时限在法定时限基础上压缩50%，网上审批实行“超时默认”。梳理清查行政事业性收费，取消“建设企事业单位专业管理人员岗位培训(含证书费)”等收费项目，调低施工图设计文件审查收费标准。5月17日至22日，在贵州警官职业学院举办2015年度全省城市管理行政执法骨干培训班，对各市(州)、县(市、区、特区)城管局分管城管执法工作的负责人、城管执法支(大)队正、副队长共120名执法骨干人员开展执法业务培训。

房地产业

【开发投资】 房地产开发完成投资2205.09亿元，比上年增长0.8%，增速比上年回落11.8个百分点，增速在全国和西部地区分别排第19位和第7位。全年房地产开发投资占贵州省固定资产投资(500万元口径)的比重为20.7%。

【到位资金】 资金来源2248.27亿元，比上年下降3.8%。其中，国内贷款220.3亿元，比上年下降9.2%，自筹资金898.35亿元，下降6.9%，其他资金来源1128.77亿元，增长0.3%；利用外资0.85亿元。房地产开发企业土地购置费118.2亿元，比上年下降15.8%；购置土地面积601.2万平方米，下降35.8%，土地成交价款83.75亿元，下降24.6%。

【施工面积】 房屋施工面积20877.67万平方米，比上年增长2.5%。其中，住宅施工面积13592.65万平方米，比上年下降1.5%。房屋新开工面积4206.12万平方米，比上年下降8.9%。

【商品房销售】 房地产开发企业商品房销售面积3559.81万平方米，比上年增长12%，增速比上年高5.1个百分点。商品房销售面积增速分别高于全国、西部地区5.5、8.6个百分点，在全国和西部地区分别排第7位和第1位。房地产开发企业商品房销售额1571.68亿元，比上年增长14.7%，增速比上年高7.4个百分点。

住房保障

【城镇保障性安居工程】 实施城镇保障性安居工程50.22万套(户)，其中，公租房15.28万套、各类棚户区改造34.94万户；基本建成17.02万套，新开工任务量居全国第三、西部第一。3月，贵州省住房和城乡建设厅印发《关于开展城镇保障性安居工程建设项目示范整体推进配套体育设施建设工作的通知》，2015年起，各地每年各选1个县(市、区、特区)作为整体推进示范点，各示范县(市、区、特区)在相对比较集中的城镇保障性安居工程建设项目中整体配套实施3～5个全民健身路径工程。4月，印发《关于转发做好2016年城镇棚户区和城市危房改造计划工作的通知》，对2016年项目库建设和项目申报工作作出安排。10月，贵州省政府办公厅印发《关于做好政府购买棚户区改造服务工作的实施意见》、《关于做好棚户区改造货币化安置工作的实施意见》，贵州省政府在安顺市召开全省棚改货币化安置暨政府购买棚改服务工作推进会，贵州省住房和城乡建设厅会同省财政厅、国家开发银行贵州省分行对棚改货币化安置和政府购买棚改服务工作进行系统培训。12月，贵州省政府以安顺市西秀区为主会场，其他市(州、管委会)为分会场召开全省2016年棚户区改造项目集中动工现场会。全年争取国家各类补助资金176.25亿元，资金总量全国第一，占全国总量2180亿元的8.08%，较上年同比增长16.26%。国家安排贵州省城市棚户区改造(含配套基础设施建设)75.29亿元。贵州省利用PPP模式建设和运营公共租赁住房及配套基础设施建设7个。

【农村危房改造】 国家下达贵州省农村危房改造任务28.7万户(含3.7万户抗震改造户)，下达中央补助资金24.075亿元，贵州改造完成农村危房35万户，下达省级补助资金8.75亿元，要求市县配套8.75亿元。印发《贵州省四在农家·美丽乡村—小康房行动计划2015年度实施方案》，建成小康房2.5万户，组织各市(州)开展小康房建设示范点创建。

住房公积金

【住房公积金缴存】 全年实缴单位33255家，实缴职工210.18万人，当年新开户单位2751家，新开户职工19.73万人，净增单位2045家，净增职工8.52万人，缴存217.00亿元，同比增长16.12%。截至2015年底，缴存总额1105.87亿元，缴存余额605.63亿元，分别同比增长24.41%、12.69%。

【住房公积金提取】 全年住房公积金提取总额为148.82亿元，提取占当年缴存额比率68.58%，比上年同期增加19.79个百分点。截至2015年底，提取总额500.24亿元，同比增长42.35%。

【住房公积金贷款】 全年共发放个人住房贷款7.67万笔203.56亿元，同比增长44.50%、63.67%。回收个人住房贷款53.25亿元。截至2015年底，累计发放个人住房贷款45.32万笔818.31亿元，贷款余额580.82亿元，同比增长20.39%、33.11%、34.92%。个人住房贷款率为95.9%，比上年同期增加15.8个百分点。截至2015年底，全省结余资金(住房公积金专户)存款31.82亿元。其中，活期4.33亿元，1年以内定期(含)7.65亿元，1年以上定期1.44亿元，其他(协议、协定、通知存款等)18.4亿元。截至2015年底，资金运用率97.47%，比上年同期增加14.91个百分点。

【住房公积金监管】 贵州省住房和城乡建设厅印发《关于进一步提高住房公积金使用效率的指导意见》、《关于开展住房公积金省内异地住房贷款的指导意见》。

城乡规划

【规划编制】 《贵州省城镇体系规划(2015—2030)》经国务院同意，由住房城乡建设部批准实施。贵州省政府批复实施清镇市、六盘水市、盘县、双龙航空港经济区总体规划，批复实施水城县、思南县、习水县、凤冈经济开发区、万山区等5个经济开发区总体规划。指导安顺市、凯里市—麻江县、都匀市等开展城市总体规划修改，完成贵广、沪昆两条高铁沿线城镇规划调整研究。完成大方县、织金县、石阡县3个省级历史文化名城保护规划和正安县安场镇、遵义县沙滩村、荔波县懂蒙村3个省级历史文化名镇名村保护规划审查，指导遵义市、镇远县2个国家历史文化名城保护规划修改，指导黔南布依族苗族自治州福泉市、遵义市道真仡佬族苗族自治县洛龙古镇、凤冈县玛瑙村3个历史文化名城名镇名村保护规划编制。

【规划管理】 出台《贵州省“多规融合”改革指导意见(试行)》，印发《关于规范贵州省市(州)城镇体系规划上报成果的规定》、《关于规范贵州省城市(县城)总体规划上报成果的规定》。核发重大建设项目和跨区域建设项目规划选址意见书13件。出台风景名胜区区建设项目选址指导意见。

【规划督察】 制定《贵州省城乡规划督察员办公室章程》。印发《规划督察建议书》、《规划督察意见书》6份，重点针对城市规划编制和历史文化名城、名镇、名村保护提出督察意见。监测图斑共计639宗。

城市建设与市政公用事业

【城建投资】 城建投资完成1680亿元。印发城市基础设施领域政府与社会资本合作(PPP)指导意见和海绵城市、城市地下综合管廊建设技术导则。贵安新区和六盘水市分别获国家海绵城市和城市地下综合管廊试点项目。列入财政部、省级财政 PPP 示范的 5 个、7 个项目开工。6 月中旬在贵阳举办全省建设领域 PPP 项目海绵城市及城市地下综合管廊建设专题培训班，参培人员共计 620 人。

【市政设施】 全省城市（县城）建成区面积 1458.83 平方千米，人口密度平均每平方千米 2426 人，人均日生活用水量 135.17 升，用水普及率 91.62%，燃气普及率 70.69%，建成区供水管道密度 10.45 千米/平方千米，建成区排水管网密度 6.53 千米/平方千米，污水处理率 89.94%，垃圾无害化处理率 84.69%，人均城市道路面积 10.86 平方米，人均公园绿地面积 9.61 平方米，建成区绿化覆盖率 28.15%、绿地率 25.21%。

村镇规划建设

【村镇建设】 建制镇规划编制投入 8312 万元，建制镇建成区现状用地面积 108777 公顷，乡 32427 公顷，村庄（自然村）434763 公顷。建制镇房屋竣工建筑面积 1568 万平方米，实有房屋建筑面积 16965 万平方米；建设投资 3127219 万元。建制镇新增供水管道 1085 千米，新增排水管道 610 千米，新增铺装道路 972 千米，用水普及率 78.86%，污水处理厂 64 个，生活垃圾清运量 140 万吨。

【传统村落】 建立省住房城乡建设厅、省文化厅、省财政厅、省文物局"四厅局"联系协调机制。督促指导以县为单位编制项目实施总体方案、以村为单位编制单体项目实施方案和项目明细表，规范核心区内日常建设活动。印发《关于加强传统村落完整性保护工作的紧急通知》，制定《传统村落保护发展技术指南》，发布《贵州省传统村落名录》，会同省文化厅、省文物局、省环保厅印发《关于做好中国传统村落保护有关工作的实施意见》。省财政设立 5000 万元专项扶持资金，补助传统村落保护规划编制经费和消防设施建设，制定《传统村落项目资金整合方案》、《贵州传统村落保护发展三年行动计划》，整合村镇垃圾无害化处理设施建设、示范小城镇建设"1+N"模式、"四在农家·美丽乡村"等项目资金对传统村落予以倾斜。组建 51 人省级传统村落保护发展专家工作组，各市（州）、县比照成立专家组。开展 10 个省级示范性传统村落集中打造示范。

【农村人居环境】 与吴良镛院士领衔的清华大学建筑与城市研究所签署"四在农家·美丽乡村"人居环境整治项目合作备忘录，共同研究和探索贵州村庄人居环境改善的模式、路径和方法，在安顺市西秀区旧州镇浪塘村、镇宁县黄果树镇石头寨村开展合作试点，统筹开展小康房建设和人居环境治理。

工程标准与建设科技

【工程地方标准】 印发《关于下达 2015 年工程建设地方标准修编任务的通知》。下达《贵州省种植屋面冷却应用规程》、《空气源热泵系统节能监测规范》、《贵州自然通风建筑导则》、《建筑施工直插盘扣式模板支架安全技术规范》等 7 部工程建设地方标准编制任务并组织编制。发布《贵州省城镇燃气用二甲醚应用技术标准》等 5 部工程建设地方标准。下发《关于印发 2015 年贵州省工程建设标准宣贯培训工作计划的通知》，举办《混凝土结构工程施工质量验收规范》等相关标准宣贯培训。

【建筑节能与科技】 完成 52 个建筑节能技术与产品备案。对建设领域新技术 7 个产品颁发推广证书。组织绿色建筑评价标识项目评审会，共对 46 个项目进行评审并上报住房城乡建设部备案及公示公告，建筑面积 940 万平方米。印发《关于开展全省节能门窗和幕墙行业企业现状调查工作的通知》，开展现状调查摸底。与省财政厅联合印发《关于组织申报 2015 年省级可再生能源建筑示范补助资金项目的通知》，函商省财政厅分配补助资金。

工程质量安全监督

【质量安全监管】 印发《贵州省住房城乡建设系统安全生产党政同责一岗双责齐抓共管实施办法》、《贵州省建筑施工起重机械安装使用十条规定》、《省住房城乡建设厅关于建筑施工项目经理质量安全违法违规行为记分管理规定的实施意见》等文件。印发《贵州省建筑业发展规范（2015—2020）》和《2015 年建筑业工作重点》。印发《关于进一步大力推进贵州省建筑施工企业安全生产标准化建设的通知》，全省 300 余家建筑工程总承包企业通过安全标准化考核，其中二级以上企业全部达标。继续深入开展工程质量治理两年行动，纳入 2015 年质量目标考核，建立专人月报制。印发《关于开展贵州省建筑施工质量安全生产大检查方案的通知》，组成 3 个督查组开展全省建筑工程施工质量安全大检查。下发《关于印发 2015 年建筑施工安全生产及工程质量治理两年行动监督执法检查计划的通知》，从省内重点扶持 100 个建筑骨干企业中抽取专家共组成 12 个检查小组。

【优质工程和安全文明施工工地】 贵州建工集团第四建筑工程有限责任公司承建的贵州财经学院花溪新校区建设工程图书馆项目，中铁二局第一工程有限公司承建的思南乌江大桥项目获 2014～2015 年度中国建设工程鲁班奖。评定 2015 年度贵州省“黄果树杯”优质施工工程 21 项。评定贵州省建筑安全文明施工样板工地 74 个。

【老楼危楼大排查大整治】 印发《贵州省老楼危楼安全隐患大排查大整治工作方案》，建立省级联席会议制度，制定《贵州省城镇房屋结构安全排查技术导则》。各市(州)政府制定工作方案，成立领导机构，开展全面排查，建立危险房屋档案，县级政府对辖区内有反映的城市危险房屋进行 100%复查。采取主动巡查、对群众反映有隐患的房屋全部复查等方式，全省共排查房屋 354.43 万栋(建筑面积 6.27 亿平方米，涉及 490.47 万户)；共排查出疑似 C、D 级危险房屋 23.2 万栋(建筑面积 2431.16 万平方米)，其中，城市房屋 8482 栋(建筑面积 239.26 万平方米)，建筑面积占疑似 C、D 级危险房屋总面积的 10.2%(占全省城市既有登记房屋的 0.53%)，农村房屋 22.35 万栋(建筑面积 2135.17 万平方米)，建筑面积占疑似 C、D 级危险房屋总面积的 89.8%。对排查出的危险房屋按一楼一档、一户一档要求建立档案，并以通告、通知等方式告知房屋产权人(使用人)督促整改。全省加固、迁出、拆除危险房屋 18.87 万栋，建筑面积 2055.29 万平方米。对一时难以整治的危险房屋采取警示和隔离措施，制定整治方案和计划。

建筑行业发展

【推进措施】 贵州省将新型建筑建材业作为全省“五大新兴产业”推动发展，全省 9 个市(州)分别制定加快建筑业发展的实施意见。出台《贵州省建筑业发展规划(2015—2020)》、《关于重点扶持 100 个建筑业骨干企业加快发展的意见》。贵州省列入全国建筑业企业资质网上申报和审批系统试点。

【行业发展】 一级资质企业 59 家，比上年增加 2 家，二级资质企业 266 家，增加 33 家。全省资质以上建筑业企业建筑业总产值 1947.74 亿元，在全国排第 24 位，占全国建筑业总产值比重为 1.1%，全年建筑业总产值增速高于同期全国水平 16.4 个百分点。全省资质以上总专包建筑业企业在外省完成产值 419.30 亿元，占全部建筑业总产值 21.5%，比上年提高 5.3 个百分点，达到近五年最高水平。全省资质以上总专包建筑业企业签订合同额 4128.43 亿元，比上年增长 21.8%。全省资质以上总专包建筑业企业实现主营业务收入 1815.44 亿元，比上年增长 19.0%，利润总额 39.08 亿元，比上年增长 11.4%，税金总额 75.21 亿元，比上年增长 19.1%。全省建筑工程产值占全部建筑业总产值比重 88.9%，比上年提高 1.3 个百分点，安装工程产值占全部建筑业总产值比重为 6.3%，比上年下降 0.3 个百分点，其他产值占全部建筑业总产值比重 4.8%，比上年下降 1 个百分点。

建设人事教育

【机构变化】 设置城镇化处和贵州省城镇化发展中心，城镇化处为厅机关新增内设处室，城镇化发展中心为厅属正县级公益一类事业单位，撤销贵州省省级政府投资工程项目代建中心。省编委办批复贵州省建筑科学研究检测中心加挂贵州省绿色建筑与科技发展中心牌子。

【人才工作】 8 月，印发《贵州省住房城乡建设行业教育培训管理办法(试行)》，按照“简政放权、放管结合、政社分开、优化服务”原则，实行“考培分离”，取消 8 项职业资格许可和认定事项。会同省教育厅举办《2015 年贵州省职业院校建筑技能大赛暨全国职业技能大赛》。分别与同济大学、浙江大学联合举办《2015 年新型城镇化与城乡规划管理干部培训班》。

“十二五”期间住房城乡建设主要工作及成效

【国家新型城镇化示范试点】 “十二五”时期，贵州省常住人口城镇化率提高 8.19 个百分点，达到 42.01%，年均增加 1.64 个百分点。贵州山地特色新型城镇化示范区获国家发展改革委批准设立，是全国唯一的新型城镇化整省推进示范点，安顺市、都匀市与贵安新区、播州区、玉屏县、湄潭县先后列入国家新型城镇化综合试点。

【多层次住房供应扎实推进】 累计实施城镇保障性安居工程 172.43 万套，累计改造农村危房 262.48 万户，建成小康房 5 万户。“十二五”期间，房地产投资完成 8676.38 亿元，是“十一五”时期的 5.2 倍。

【重点平台建设取得成效】 100 个示范小城镇累计完成投资 1060 亿元，建成“8＋X”项目 3000 余个。100 个城市综合体累计完成项目投资 843.9 亿元，建成主导功能建筑 247 个，投入运营主导功能建筑 148 个。

【城镇建设水平】 贵阳市等 11 个智慧城市、贵安新区海绵城市、六盘水城市地下综合管廊获国家试点，“十二五”期间完成城建投资6464.12亿元。

【建筑业发展】 2015年建筑业总产值、增加值完成1947.74亿元、832.55亿元，“十二五”期间年均增长25.7%、19.0%。

【世界自然遗产申报】 荔波喀斯特、赤水丹霞山地貌、施秉喀斯特列入世界自然遗产，梵净山列入世界自然遗产预备清单。

【争取资金支持】 争取中央资金827.86亿元，较“十一五”时期增长921.8%。与国开行贵州省分行等12家金融机构签订政银合作协议，落地2656.01亿元；公积金支持保障性住房建设贷款14.32亿元；示范小城镇、城市综合体招商引资到位1597亿元、918亿元。

大事记

1月

7日　召开《毕节市城镇体系规划(2013—2030年)》技术审查会。

9日　召开国家审计署驻昆明特派员办事处2014年度贵州省城镇保障性安居工程工作审计座谈会。

20日　参加全国棚户区改造经验交流会。

26日　召开研究新型建筑建材业发展专题会议。

2月

2日　召开全省房地产和农村危房改造工作座谈会。

10日　获省安委会2014年度安全生产工作目标考核优秀等次。

13日　召开全省城乡规划工作座谈会。

3月

2日　《住房城乡建设部关于公布第一批小城镇宜居小区示范名单的通知》(建村〔2015〕29号)公布第一批小城镇宜居小区示范名单、全国共8个，贵州省安顺市黄果树风景名胜区黄果树镇半边街小区列入。

10日　研究贵州省住房城乡建设系统“十三五”规划编制。

26日　开展贵州省住房城乡建设系统民生工程自查自纠工作督查。

31日　召开《铜仁万山夜郎谷风景名胜区总体规划(2015—2030年)》评审会。

4月

7日　参加贵州省加快全面小康建设调研座谈会。

16日　参加省政府研究威宁草海综合治理专题会议。

17日　研究安排《贵州省山地特色新型城镇化规划(2015—2020年)》修改和《贵州申报国家新型城镇化综合试验区建设实施方案》起草。

21日　研究《贵州省山地特色新型城镇化实施方案》编制。

5月

6日　转发《贵州省人民政府关于加强传统村落保护发展的指导意见》。

12日　传达《贵州省人民政府办公厅关于加强城市地下管线建设管理的实施意见》精神。

19日　召开传统村落保护和发展工作座谈会。

21日　开展涉农资金检查。

26日　参加2015年贵阳国际大数据产业博览会暨全球大数据时代贵阳峰会。

6月

3日　研究申报贵州山地特色新型城镇化示范区及增报第二批国家新型城镇化综合试点。

4日　参加2015年中国(贵州)—韩国友好周绿色城市开发合作洽谈会。

9日　参加全省不动产统一登记工作电视电话会议。

11日　评审《贵州省改善农村人居环境规划》编制。

25日　开展贵阳市国家节水型城市专家复查考核。

27～28日　承办生态文明贵阳国际论坛2015年年会“生态城市和固体废弃物资源化利用”和“发现城市之美—绿色新型城镇化研讨会”两个主题论坛。

7月

2日　开展安全隐患大排查大整治督查。

16日　承办召开全省加快新型建筑建材业发展推进大会。

24日　参加住房城乡建设部召开的全国城市环卫保洁工作现场会和省域空间规划(“多规合一”)试点工作座谈会。

27日　承办召开促进100个城市综合体健康发展推进大会。

28日　承办召开全省保障房农危房房地产市场工作推进会议。

31日　召开研究全省老旧危楼安全隐患排查及建筑业信息化工作专题会议。

8月

5日　与瑞士中方代表商谈“茅台—中瑞友好小

镇”有关事宜。

6 日　开展安全生产隐患大排查大整治督导。

12 日　召开贵州省“两高”沿线城镇规划调整相关研究中期成果汇报会。

25 日　组织召开 100 个示范小城镇、100 个城市综合体招商引资专题会。

26 日　开展《贵州省传统村落保护发展条例（初稿）》审查。

9 月

1 日　组织召开老楼危楼排查整治工作推进会。

2 日　100 个示范小城镇、100 个城市综合体招商引资项目签约。

11 日　开展百日会战重点推进省级项目现场督查。

17 日　开展贵州省国家智慧城市试点顶层设计方案评审。

18 日　承办召开全省新型建筑建材业建筑工业化推进大会。

19～20 日　参加 2015 中国城市规划年会。

21 日　承办召开全省第四届小城镇建设发展大会。

22 日　召开 2015 年贵州省 10 个示范性传统村落评选会。

10 月

8 日　承办召开全省棚改货币化安置暨政府购买棚改服务工作推进会。

15 日　召开全省住房城乡建设行业“大教培”工作推进会。

22 日　召开全省农村危房改造工作座谈会。

30 日　向住房城乡建设部检查验收组汇报贵州省建筑市场监管与诚信信息一体化工作平台建设情况。

11 月

3 日　组织开展 100 个示范小城镇、100 个城市综合建设地毯式检查。

5 日　参加第二次全国改善农村人居环境工作会议。

25 日　召开研究 2015 年经济指标预计完成情况和 2016 年经济预期目标有关工作会议。

12 月

3 日　召开贵阳至南宁高速铁路对荔波樟江风景名胜区和荔波世界自然遗产地影响报告论证协调会。

7 日　参加贵州省大扶贫战略行动推进大会。

8 日　召开《贵州省住房城乡建设事业“十三五”规划纲要》评审会。

10～11 日　在西秀区检查同步小康驻村工作。

18 日　召开全省新型墙体材料专项基金征收使用管理工作会。

（贵州省住房和城乡建设厅）

云　南　省

概况

2015 年，云南省住房城乡建设系统坚持以习近平总书记系列讲话和考察云南重要讲话精神为指导，认真贯彻落实云南省委、云南省人民政府的决策部署和年初住房城乡建设工作会议确定的目标任务，各方面工作都取得重大进展，圆满完成年度各项工作任务。

【城乡规划管理水平】　云南省人民政府召开全省城乡规划工作会议，成立由陈豪省长任主任、丁绍祥副省长任副主任的城乡规划委员会，突出问题导向，高位推动城乡规划体制机制改革。召开全省“多规合一”现场推进会，高效推进“多规合一”试点工作，大理市国家级“多规合一”试点取得丰硕成果，受到住房城乡建设部的高度评价。圆满承办第二届全国村镇规划理论与实践研讨会暨第一届田园建筑研讨会，并组织开展全省美丽宜居村寨规划建设培训，在全省掀起村寨规划建设“大会战”的高潮。

【城镇保障性安居工程建设】　云南省人民政府先后两次召开全省城镇棚户区改造现场推进会。2015 国家下达云南省 17.42 万户棚户区改造任务 100%开工，基本建成城镇保障性安居工程 28.69 万套，完成投资 355.6 亿元，分配公共租赁住房 21.8 万套，圆满完成国家下达的年度目标任务。

【农村危房改造及地震安居工程建设】　省委、

云南省人民政府召开全省农村危房改造和抗震安居工程建设启动大会，成立由省委钟勉副书记任组长、丁绍祥副省长任常务副组长的农村危房改造和抗震安居工程建设工作领导小组，高位推动农村危房改造和抗震安居工程。2015 年争取国家计划任务 46 万户、中央补助资金 38.2 亿元，省级配套补助资金 19.09 亿元，发放贷款 53.1 亿元，建成农村危房改造和抗震安居工程 50 万户，完成投资 500 亿元以上(按户均投入 10 万元以上测算)，超额完成国家下达的年度目标任务。

【抗震防震和恢复重建工作】 充分发挥住房城乡建设系统地震应急抢险“三支队伍”作用。先后完成彝良县、鲁甸县、景谷傣族彝族自治县等地震灾区应急抢险，共抽调专家和工程技术人员 600 余人次，累计完成民房和学校、医院、党政机关、企事业单位等公用建筑的房屋鉴定 465 万平方米，抢修市政供水管网 87 千米，组织搭建活动板房 18.2 万平方米。加大统筹协调力度，全力以赴推进地震灾区恢复重建。截至 2015 年底，鲁甸县、景谷县地震灾区民房修复加固已全部完成，民房重建已全部开工，竣工率分别达 99.36%、100%。两个灾区其他重建项目分别开工 1068 个、774 个，分别完工是 294 个、385 个。加快推进独克宗古城火灾灾后恢复重建工作。加大减隔震技术的推广应用，“十二五”时期全省应用减隔震技术工程项目 1157 项、1635 栋、1339 万平方米。

【城乡人居环境】 根据《云南省人民政府关于开展城乡人居环境提升行动的意见》按照“一年起步、三年见效、五年变样”的目标，编制《云南省改善农村人居环境规划》和《云南省农村垃圾治理工作实施方案》，不断加大城乡基础设施建设力度，完善城乡公共服务体系，促进人与自然和谐发展。联合省环境保护厅对全省运行的 144 座城镇污水处理厂建立“每月一会商、每月一通报、每月一约谈、每月一督查”的工作机制，按月对“管网建设、运行负荷率、COD 进水浓度”3 项指标排名结果进行通报，联合对 138 座污水处理厂进行等级考核评定，向全省通报并向社会公开考核结果，促进城镇污水处理厂规范运营管理，完成投资 1.9 亿元，新建污水配套管网 1273 千米，完成率 116%。截至 2015 年底，全省已建成城镇污水处理厂 155 座，进入国家住房城乡建设部信息系统和环境保护部在线监测系统的污水处理厂 144 座，投入运行 142 座，设备调试安装 2 座，投入运行率 98.6%。根据《住房和城乡建设部关于全国城镇污水处理设施 2015 年第四季度建设和运行情况的通报》，云南省综合排名为全国第 11 名，较第三季度上升 2 位，同比 2014 年第四季度上升 7 位。昆明市排名全国 36 个大中城市第 8 位，较第三季度上升 3 位，同比 2014 年第四季度上升 2 位。按照财政部公布的首批 30 个 PPP 示范项目，会同省财政厅、省发展改革委积极探索城镇污水生活垃圾处理设施建设 PPP 模式，研究制定特许经营、价格调控、资金补助、筹资融资等方面的支持措施，采取打捆方式引入第三方对县城和建制镇“一水两污”项目进行整体式设计、模块化建设、一体化运营，积极构建多元化建设运营管理的新模式。在红河州建水县、弥勒市、石屏县 3 个县(市)启动实施的先期试点取得较好的成绩，为全省建立 PPP 投融资模式探索路子。全省开工建设 17 座垃圾渗滤液处理设施，新建和改造城市供水管网 1644.41 千米，新建城市燃气管网 1200 千米，新建城市地下综合管廊 25.88 千米，建制镇 282 个“一水两污”项目加快推进，圆满完成国家下达的 COD 和氨氮削减目标任务。扎实做好国家建设专项基金争取工作，2015 年初～2016 年初，5 批共争取 96.18 亿元，其中城镇棚户区改造 52 个项目争取 59.53 亿元，城市地下综合管廊 7 个项目争取 5.56 亿元，供排水 99 个项目争取 23.69 亿元，“一水两污”12 个项目争取 7.4 亿元。扎实抓好事关民生的城市供水、排水、污水生活垃圾处理、城乡环境综合整治、公共厕所建设、绿化美化亮化等重点工程，加快旧城区改造，推进新城区建设，完善市政基础设施，提升城市整体形象，全省建成区绿化覆盖面积 6.03 万公顷、绿化覆盖率达 34.1%，人均公园绿地面积 9.45 平方米，新创建国家级园林城市 6 个、园林县城 7 个、园林城镇 1 个和省级园林城市(县城)24 个。昆明市通过湖滨“四退三还”和流域生态建设，2014 年、2015 年，滇池流域水污染防治顺利通过国家考核。昆明轨道交通 1、2 号线，南绕城高速公路，南连接线下穿飞虎大道等建成通车，缓解了交通拥堵和停车难等问题，红河州建水-石屏县被国家列入唯一的中国传统村落集中连片保护示范区，澄江化石地、红河哈尼梯田分别列入世界自然遗产、文化景观遗产，石林、玉龙雪山、三江并流风景名胜区被评为国家优秀景区，普洱野生茶林暨古茶园列入国家自然与文化双遗产预备名录，个旧市园林绿化及生态建设，昆明市文明街历史街区保护、莲花池公园环境整治、地下管线信息系统、盘龙江整治，丽江市古城历史文化遗产保护，易门县生态环境获得中国人居环境范例奖。

【房地产业】 先后出台《关于促进房地产业平稳

健康可持续发展的指导意见》、《关于做好棚户区改造货币化安置工作的指导意见》等一系列政策性文件，积极探索研究去库存、稳市场、惠民生的具体措施，加强对重大房地产开发项目的政策扶持和市场营销指导。2015 年，全省商品房销售面积达 3145 万平方米，房地产开发投资完成 2669 亿元，城镇居民人均住房建筑面积达 37 平方米，切实加大棚户区改造货币化安置力度，2015 年占比达到 27.46%，对去库存发挥了积极作用。完善住房公积金监管机制，放宽住房公积金提取、贷款、使用条件，大力促进住房消费，全省住房公积金归集总额达 2146 亿元，归集余额达 1330 亿元，累计发放个人贷款达 1330 亿元，资金安全可控。

【建筑业】 认真贯彻落实云南省人民政府《关于促进建筑建材房地产业持续健康发展的意见》，2015 年完成建筑业产值 3268.93 亿元、同比增长 7%，建筑业增加值 1574.48 亿元、同比增长 13.3%，建筑业增加值占全省 GDP 比重 11.5%，实现利润 60 亿元、同比增长 10.3%。出台《关于加快发展钢结构建筑的指导意见》，大力推进钢结构建筑应用和建筑产业化，完成钢结构建筑面积 130 万平方米，用钢量 12 万吨，创造产值 19 亿元。出台《关于有序放开施工图审查市场工作的通知》，加快推动施工图审查制度改革，有序放开施工图审查市场，新增施工图审查机构 19 家，提高施工图审查效率，有力促进重大投资项目的落地，完成施工图审查建筑面积 3.26 亿平方米，勘察设计行业累计完成营业收入 890 亿元。

【建设工程勘察设计质量和水平】 编制并颁布《云南省 2013 版建设工程造价依据》和 48 项云南省工程建设地方标准，持续加强高强钢筋的推广应用，多次受到国家有关部委表彰。2015 年共发生建筑生产安全事故 15 起、死亡 23 人，比 2014 年分别下降 34.78%、20.69%，建设工程质量可控。全省累计获得全国优秀勘察设计奖 43 项、建筑工程鲁班奖 5 项、国优工程 20 项，有 333 项工程获“省优质工程奖”。

【建筑科技与绿色建筑工作】 出台《关于大力发展低能耗建筑和绿色建筑的实施意见》、《云南省民用建筑节能设计标准》、《云南省绿色建筑评价标准》等一系列政策、标准和规范，实现低能耗建筑和绿色建筑从无到有的发展。积极推行低能耗建筑和绿色建筑审批制度，新开工房屋建筑工程施工图节能审查执行率达 100%，竣工验收阶段执行建筑节能设计标准比例达 96%，全省共有 5 市 4 县先后列入国家可再生能源建筑应用示范，示范面积达 1583 万平方米，1 个产研化项目、10 个光电项目列入国家示范，光热应用面积 1733 万平方米，光热应用建筑面积 3151 万平方米，光电装机容量 9430 万千瓦；共有 37 个项目获评绿色建筑，累计面积达 591.73 万平方米。积极开展绿色建筑评价标识申报和绿色建筑技术与产品申报工作，全省 20 个建筑项目通过申报获得了绿色建筑评价标识。昆明市五华区、蒙自市、弥勒市、文山市、大理市和玉溪市先后被列入国家智慧城市试点。

【依法行政工作】 印发《关于深入推进依法行政加快建设法治政府行动方案的通知》，根据《关于全面清理行政执法职权职责的通知》，梳理出云南省住房和城乡建设厅行政执法主体职权职责清理清单。云南省住房和城乡建设厅受理行政复议案件 6 件。其中，维持具体行政行为 1 件，驳回复议请求 1 件，撤销具体行政行为 1 件，延期审理 3 件。结案的 3 件案件做到了“案结事了，定纷止争”

房地产业

【概况】 截至 2015 年底，云南省房地产开发企业达到 3696 家，从业人员近 12 万人，物业管理企业 1743 家，从业人员 22 万余人，房地产估价机构 166 家，从业人员 4000 多人。

【房地产业开发投资】 全省房地产开发投资完成 2669.01 亿元，同比下降 6.2%。房地产开发投资完成额居于全省六大重点行业首位，对全省规模以上固定资产投资（13069.40 亿元）的支撑率达 20.4%。

【主要城市房价调控成果】 商品房价格运行趋稳，云南省重点城市商品住房价格基本保持稳定，且房价水平基本与城市发展情况相适应。根据 1～12 月国家统计局调查发布的全国 70 个大中城市房价指数显示，昆明市和大理市同比下降，降幅逐步缩小，环比在波动调整中趋稳运行。其中：12 月份新建商品住宅价格，昆明市环比上涨 0.1%、大理市下降 0.1%；昆明市和大理市均同比下降 2.6%。商品房待售面积增速放缓，全省已竣工商品房待售面积达到 1948.59 万平方米，同比增长 36.6%。与全年高位 10 月末的情况相比，已竣工商品房待售面积减少 173.81 万平方米，增速回落 28.9 个百分点。其中：已竣工商品住宅待售面积达到 1220.54 万平方米，同比增长 32.8%。与 10 月末的情况相比，已竣工商品住宅待售面积减少 139.81 万平方米，增速回落 25.6 个百分点。去库存工作取得初步阶段性成效。

房地产信贷保持增长，截至2015年末，全省房地产贷款余额3883.41亿元、同比增长20.6%，其中：房产开发贷款余额1166.18亿元、同比增长32.1%；全省个人住房贷款余额2047.16亿元、同比增长17.0%，全年金融机构累计发放了14.21万笔个人住房贷款，发放金额553.37亿元，较上年分别增加了2.05万笔和117.94亿元，其中首套房贷款

【房地产信贷保持增长】 全省房地产贷款余额3883.41亿元、同比增长20.6%，其中：房产开发贷款余额1166.18亿元、同比增长32.1%；全省个人住房贷款余额2047.16亿元、同比增长17.0%，全年金融机构累计发放了14.21万笔个人住房贷款，发放金额553.37亿元，较上年分别增加了2.05万笔和117.94亿元，其中首套房贷款笔数占比达94.8%。笔数占比达94.8%。

【物业服务】 相继出台《关于印发〈云南省平安小区创建活动方案〉的通知》、《关于建立小区矛盾纠纷调处机制的意见》、《云南省住房和城乡建设厅关于加强城镇小区公共配套设施建设的指导意见》和《云南省住房和城乡建设厅关于进一步加强和规范城镇小区住宅专项维修资金管理的实施意见》等多项配套政策，通过建立健全制度，规范物业服务行业经营秩序。全省具有一级资质服务企业15家、二级资质企业78家。发挥优秀物业管理项目示范带动作用，2015年评选云南省物业管理示范住宅小区（大厦、工业园区）项目11个。开展各州（市）物业服务企业间的学习交流，组织全省物管人员到全国物业一级龙头企业龙湖物业参观学习。

【房地产交易与权属登记规范化管理】 房屋买卖合同网签系统建设顺利推进，4月29日，云南省住房和城乡建设厅召开全省建立房地产交易信息日报制度推进会，明确全省网签系统建设工作目标，下发《云南云南省住房和城乡建设厅关于加快推进全省新建商品房和二手房买卖合同网签系统建设工作的通知》。截至2015年底，全省有73个县（市、区）完成商品房网签系统建设并投入使用，有40个县（市、区）完成网签系统建设，有15个县（市、区）网签系统建设正在进行中。全省有24个县（市、区）完成二手房网签系统建设并投入使用，有49个县（市、区）完成网签系统建设准备投入使用，有55个县（市、区）网签系统建设正在进行中。

【国有土地上房屋征收工作】 云南省住房和城乡建设厅牵头组织完成并报云南省人民政府出台《云南省国有土地上房屋征收与补偿办法》，于2015年3月1日起施行。认真组织全省国有土地上房屋征收与补偿人员培训，及时办理涉及国有土地上房屋征收与补偿工作的信访事项，切实做好征收（拆迁）矛盾纠纷化解工作，有效维护社会稳定。

【房地产中介机构管理】 规范房地产估价行业市场秩序，云南省住房和城乡建设厅会同省房地产业协会估价分会开展房地产估价管理工作及房地产估价机构执业质量的检查活动，共派出6个检查组分赴全省9个重点州（市）对56家房地产估价机构进行了现场抽查，重点检查管理部门工作开展、机构符合资质等级条件、注册房地产估价师执业及签估价报告、内部管理及估价报告质量控制、业务承揽和收费、信用档案上报、执行房地产估价技术标准和规范和估价档案管理等情况。

【行业协会】 全年协同省房协办举办房地产行业4类7个专业20多个培训班，培训人员近万人。指导房地产协会以《云地产》杂志为平台，及时发布国家及有关房地产主管部门的最新政策法规，深入分析解读。

保障性住房建设

【概况】 云南省各州（市）按照住房城乡建设部和云南省人民政府下达的任务，及时将各类城镇保障性住房建设任务分解下达到各县（市、区）。采取各种措施督促各地建立“绿色通道”，保质保量完成年度工作目标。截至2015年底，全省城镇保障性安居工程开工21.4万套、开工率101.67%，其中棚户区改造开工17.76万户、开工率为101.92%，全省城镇保障性安居工程基本建成28.69万套（含2014年结转的8.48万套），占国家下达计划数18.5296万套的154.82%，完成投资355.6亿元（其中，棚户区改造完成投资244.42亿元）。

【城镇保障性安居工程建设资金筹集】 共争取中央补助资金62.26亿元，省级财政安排补助资金10.53亿元，获得国家开发银行棚户区改造项目承诺贷款并签订合同1141.48亿元（含软贷款103.74亿元）。截至2015年底，累计发放贷款397.35亿元，其中，2015年发放贷款256.35亿元。

【棚户区改造任务】 云南省各类棚户区改造17.4238万套（户）。截至年底各类棚户区改造开工17.7576万户，开工率为101.92%，棚改完成投资244.71亿元。云南省人民政府制定下发《云南省人民政府关于进一步做好城镇棚户区和城市危房改造及配套基础设施建设有关工作的实施意见》，要求完善配套设施和公共服务项目，加快推进城市老旧小区改造试点工作，积极推进棚户区改造货币化安置，

推动政府购买棚户区改造服务，推广政府与社会资本合作模式实施棚户区改造，支持构建多元化棚户区改造实施主体，加快项目放款及建设进度。云南省人民政府办公厅下发《云南省人民政府办公厅关于做好棚户区改造货币化安置工作的指导意见》。云南省住房和城乡建设厅会同相关部门和银行，采取集中办公、并联审批，开辟"绿色通道"，限时办结审批事项，会同云南省人民政府督察室、金融机构派出多个督查、巡查组对全省项目进度、资金使用、工程质量、配套设施建设等进行全方位检查，加大对进展缓慢州市的通报、约谈、问责力度，严格督促审计发现问题整改，确保按时按质按量完成各年度目标任务。

【强化公共租赁住房分配】 截至2015年底，共建设公共租赁住房96.50万套(其中廉租房38.86万套，公租房57.64万套)，已竣工公共租赁住房53.12万套(其中廉租房28.94万套，公租房24.18万套)，已分配公共租赁住房47.82万套(其中廉租房27.41万套，公租房20.41万套)。全年发放租赁补贴10.51万户、配租公共租赁住房15.61万套，有效解决206万住房困难群众的住房问题。

【公共租赁住房管理工作加快推进】 针对云南省公共租赁住房建设数量大和分配入住难的实际，制定下发《云南省住房和城乡建设厅关于印发云南省推进公共租赁住房分配管理运营工作试点方案的通知》，从放宽准入条件、完善配套设施、提高分配效率、完善租赁政策、创新运营管理等方面作出具体规定，简化申请审核程序，提高分配效率，降低准入门槛，将包括农业转移人口在内的更多住房困难群体纳入住房保障范围，充分发挥公共租赁住房保障效益。

【加强住房保障档案规范化管理】 从机构建设、库房建设、制度建设、档案归集、使用管理等方面进一步对住房保障档案作规范。截至2015年底，全省各州(市)政府所在地的县(市、区)均建立了标准化档案室，其余县(市、区)90%以上设立了住房保障档案管理专用库房，档案管理人员到位，归档建档较好，为住房保障管理工作迈上新台阶奠定了坚实基础。

【公共租赁住房小区管理力度加大】 将公共租赁住房小区纳入属地社区管理服务范围，社会管理服务职能部门、社会组织积极支持和参与公共租赁住房小区管理服务。积极推进政府基本公共服务、商业便民利民服务和居民支援互助服务等向公共租赁住房小区延伸，提高了公共租赁住房小区物业服务和管理水平。

【有序开展住房保障信息公开工作】 在原有住房保障信息公开规定的基础上，制定下发《云南省住房和城乡建设厅关于进一步做好住房保障信息公开工作的通知》，要求各地、各有关部门高度重视住房保障信息公开工作，切实加强组织领导，建立健全信息公开长效机制，确保公共租赁住房建设分配在阳光下运行。

住房公积金监管

【概况】 2015年，云南省各州(市)住房公积金管理中心坚持以党的群众路线教育活动精神为指导，认真贯彻落实全国和云南省住房城乡建设工作会议精神，在创新管理机制、完善管理制度、加大管理力度等方面做了大量艰苦细致的工作，住房公积金管理工作逐步走上制度化、规范化、信息化的轨道，发展势头良好。截至2015年底，全省公积金个贷率达72.8%，同比上升11.59%；个贷总额1358.4亿元，同比上升22.56 %，个贷余额735.9亿元，同比上升 22.56 %，结余资金 272 亿元，同比下降12.74%。文山市、西双版纳傣族自治州、丽江市、德宏傣族景颇族自治州、楚雄彝族自治州中心的个贷率达到80%以上，德宏中心个贷率同比增长76.21%，保山市、曲靖市、临沧市、昆明市、昭通市中心个贷率同比增长都在10%以上。全省住房公积金缴存职工227万人，归集总额达2109亿元，同比增长17.91%，归集余额1010.83亿元，同比增长11.17%。全省共支持92万户职工家庭解决住房困难问题，累计提取增值收益50.95亿元用于支持廉租住房建设。

【放宽住房公积金提取使用条件】 云南省住房和城乡建设厅等三部门印发《关于放宽提取住房公积金支付房租条件的通知》和《关于允许住房公积金缴存职工提取住房公积金支付物业管理费的通知》，允许职工提取住房公积金支付房租、物管费。

【降低贷款首付比例】 云南省住房和城乡建设厅等三部门印发《关于调整住房公积金个人住房贷款购房最低首付款比例的通知》，对拥有一套住房并已结清相应购房贷款的居民家庭，再次申请住房公积金贷款购房的，最低首付比例由30%降低至20%。

【稳步推进信息化建设】 云南云南省住房和城乡建设厅认真开展"双贯标"工作。丽江市中心率先启动银行结算数据应用系统接入工作，并于12月10日开始正式运行。综合服务平台及12329短信平台建设稳步推进，7月，确定昆明市公积金管理中心试点建设12329短信平台建设，昆明市中心已逐步开通部分服务渠道。结合《住房城乡建设部关于加快建设住房公积金综合服务平台的通知》精神，昆明市中心已经开展住房公积金综合服务平台建设前期准备工作，将12329手机短信平台纳入综合服务平台统一建设。

【积极支持保障房建设工作】 玉溪市住房公积金支持保障房项目建设共发放了贷款3亿元。截至2015年底，累计实现了贷款利息收入3483万元，按计划收回本金1300万元，贷款余额28700万元。2015年按计划收回贷款本金850万元，利息1015万元。保障房项目工程建设已全部竣工并分配入住。

城乡规划

【召开全省城乡规划工作会议】 9月1日，云南省人民政府在昆明召开全省城乡规划工作会议。陈豪省长作重要讲话，强调规划在城乡建设和云南发展中的重要性，精准剖析当前全省城乡规划工作中存在的问题和困难，提出推动全省城乡规划发展的一系列新部署、新要求，为全面深入推进新型城镇化建设提供强有力的规划支撑。

【提升城乡规划统筹管理效能】 2015年7月，省人民政府办公厅印发《关于成立云南省城乡规划委员会的通知》，决定成立云南省城乡规划委员会，由陈豪省长担任主任，丁绍祥副省长担任副主任，下设省城乡规划委员会办公室在云南省住房和城乡建设厅，承担省城乡规划委员会日常工作。办公室主任由云南省住房和城乡建设厅主要负责人兼任。省级发展改革、国土资源、环境保护、交通运输、林业等20个部门负责人为成员。

【建立健全云南省空间规划体系】 按照十八届五中全会精神，启动全省空间规划编制工作。从更高层面、更长时间、更大范围确定全省发展定位和战略，统一各部门发展目标和指标体系，统筹战略空间布局，对城乡空间、产业发展、基础设施建设、生态环境保护等重大事项做出统筹安排。启动全省规划管理信息平台建设，纵向到县，横向连通部门，统一建设全省城乡规划业务系统，全面对接政务服务平台，实现各类规划要素在一个平台上联动共享和规划建设全过程动态监控。

【"多规合一"试点加快推进】 云南省住房和城乡建设厅会同省发展改革委、省国土资源厅、省环境保护厅联合下发《关于印发〈云南省"四规合一"试点县市区及指导单位名单〉和〈云南省"四规合一"专家审查委员会名单〉的通知》，由4厅委分别负责5～6个试点县市区规划编制工作的检查指导。修改完善《云南省县(市)域"多规合一"试点工作技术导则》，积极推进全省城市地下综合管廊规划建设。全省23个试点县(市、区)正科学有序推进"多规合一"工作。

【历史文化名城(镇村街)和传统村落保护工作不断加强】 全省历史文化名城名镇名村名街83个，其中：国家级名城6个、中国历史文化名镇7个、中国历史文化名村9个、中国历史文化街区1个、省级名城9个、省级名镇18个、省级历史文化名村29个、省级历史文化名街4个。编制完成《云南省历史文化名城名镇名村名街保护体系规划》，为全省历史文化资源的保护提供了整体性的规划支撑依据。加快推进历史文化名城(镇村街)保护规划和保护详细规划的编制和实施，编制并审批完成保护规划及保护详细规划近100个，核心保护区面积共约5158公顷。

【全省首批城市规划示范试点工作有序推进】 按照云南省人民政府主要领导指示要求，云南省住房和城乡建设厅于2015年9月中旬启动全省城市规划示范试点申报遴选工作，2015年12月正式下发文件，确定昆明市晋宁县、曲靖市中心城区、玉溪市中心城区、保山市、腾冲市、楚雄州大姚县、红河州弥勒市、普洱市西盟县、大理州大理市、德宏州瑞丽市、迪庆州维西县10个县(市)开展首批省级城市规划示范试点城市工作。

【研究起草一系列重要文件】 代拟的《云南省人民政府关于科学开展"四规合一"试点工作的指导意见》、《云南省人民政府关于0进一步加强城乡规划工作的意见》、《云南省城市地下空间开发利用管理办法》《云南省县(市)域"多规合一"试点工作技术导则》等一系列文件以云南省人民政府或云南省人民政府办公厅名义发布，为"十三五"时期全省城乡规划工作指明了方向、奠定基础。

城市建设与市政公用事业

【污水处理厂配套管网建设和运营管理顺利推进】 2015年云南省新建污水管网1273.313千米，完成年度任务(1098.2千米)的115%，完成投资19.09亿元。累计建成污水处理厂154座，进入住房城乡建设部信息系统和环境保护部在线监测系统的144座，投入运行污水处理厂142座，设备调试安装2座，投入运行率98%，污水总处理能力增加到326.77万吨/日，各县城均具备污水处理能力，运行负荷率平均达82.52%，COD进水浓度平均达

231.07mg/L，全省城镇污水处理率为85%，全省再生水利用率达26%。

【生活垃圾无害化处理设施建设和运营管理加快推进】 在住房城乡建设部第四季度通报中，云南省排名全国第11名，昆明市排名全国36个大中城市第8名，圆满完成2015年和“十二五”期间水污染物总量减排任务。截至2015年底，全省累计共建成生活垃圾处理场128座，建成渗滤液处理设施48座；新建餐厨垃圾处理设施1座，新增规模为50吨/日。完成城市生活垃圾填埋场无害化等级评定和年度复查工作，全省现有Ⅰ级无害化处理填埋场5座、Ⅱ级无害化处理填埋场89座，县城生活垃圾无害化处理率为85%，生活垃圾无害化处理达到15903吨/日。4月，昆明市被国家5部委确定为全国第一批共26个生活垃圾分类示范城市(区)之一。

【城市地下综合管廊建设成效显著】 云南省人民政府先后于6月、10月召开全省“四规合一”试点暨城市地下综合管廊规划建设会、全省城市地下综合管廊和海绵城市建设推进暨投融资接洽会，进一步贯彻落实国家和省关于综合管廊和海绵城市建设要求，加快推进政府和社会资本合作模式，全面推进全省城市地下综合管廊规划建设。截至年底，全省累计建成城市综合管廊100.68千米，完成投资52.7亿元，其中2015年新建综合管廊25.88千米，完成投资16亿元。

【城镇天然气置换工作进展良好】 截至2015年底，昆明市已完成五华区、西山区、官渡区、呈贡区、经开区、高新区36个置换片区共计40.39万户居民用户、351户商业用户、31户工业用户的天然气置换。全省总用气量为0.35亿立方米，其中：城镇燃气用量为2066万立方米，工业用管道气1422万立方米。中缅天然气干支管道沿线8个州(市)中昆明市、曲靖市、玉溪市、保山市4个州、市已实现城市用气，德宏州、大理州、楚雄州、丽江市4个州、市尚未实现城市用气。全省批准建设加气站111座，正式投入运营32座，正在建设16座，开展前期工作63座，新建城市燃气管网1200千米，6个州(市)开始通气用气，城镇燃气普及率达66%。

【积极开展城市供水节水工作】 2013～2015年，全省共完成107个县城出厂水、管网水的水样采集和检测。组织专家拟订《云南省城市(镇)二次供水管理办法》，规范二次供水管理，全面保障城市供水安全。截至2015年底，云南省已经成功创建昆明市、安宁市、丽江市3个国家节水型城市，并于6月完成对昆明市国家节水型城市复查；玉溪市于10月成功创建云南省节水型城市。

【认真开展城市园林绿化工作】 对全省范围内的公园私人会所情况进行彻底清查；对设市城市的已建和拟建防灾避险公园进行全面统计。全省建成区绿地面积5.36万公顷，绿地率30.37%，绿化覆盖率34.10%，人均公园绿地面积9.45平方米。新增7家城市园林绿化一级资质企业。继续推进全省园林单位(小区)创建及评选，命名双江县民政局等195家单位为“云南省园林单位”，双江县铁厂廉租住房等68个居住小区为“云南省园林小区”。

【海绵城市建设有效推进】 云南省住房和城乡建设厅会同省财政厅、省水利厅，组织指导昆明市、保山市、曲靖市、玉溪市和丽江市积极做好“海绵城市”全国试点申报工作。10月30日，云南省住房和城乡建设厅、省财政厅集中各州(市)人民政府、滇中新区管委会分管领导，住房城乡建设、规划、财政、水利等局局长，邀请中央驻滇和省内相关投融资企业18家单位，召开全省城市地下综合管廊和海绵城市建设投融资接洽会，有效推进了海绵城市建设工作。截至2015年底，全省海绵城市建设建成面积共计53.05平方千米。

【城市人居环境提升行动深入开展】 以创建全国园林城市、节水城市为抓手，不断完善城市基础设施建设和运营管理、改善城乡人居生态环境。各地深入开展“昆明城市影响力提升行动”、“区域中心城市功能优化行动”“中小城市面貌改善行动”、“乡镇环境整治行动”、“村庄环境美化行动”、“国门形象提升行动”、“保障性安居工程攻坚行动”、“文化传承和居民文明素质提升行动”。昆明市保障性住房信息系统平台建设项目、红河州蒙自市空气环境治理项目、红河州弥勒市西三镇可邑村特色民居保护建设项目获得“中国人居环境范例奖”命名。

村镇建设

【农村危房改造及地震安居工程建设概况】 出台《关于加快推进全省农村危房改造和抗震安居工程建设的意见》，编制《云南省农村危房改造和抗震安居工程建设规划(2015-2019年)》，明确用5年时间每年实施农村危房改造50万户。省委、云南省人民政府召开了全省农村危房改造和抗震安居工程建设启动大会，成立由钟勉副书记任组长、绍祥副省长任常务副组长的农村危房改造和抗震安居工程建设工作领导小组。2015年争取国家计划任务46万户，实际开工、竣工均达到50万户以上，中央补助资金38.2亿元，省级配套补助资金19.09亿元，发放贷款53.1亿元，完成投资500亿元以上，超额完成国家下达的年度目标任务。“十二五”时期，共争取中央补助资金116.99亿元，省级配套补助资金61.52亿元，实施农村危房改造和抗震安居工程拆除重建147.3万户，660多万农村居民住房条件得到较大改善。经过改造的农村民居经受住了彝良、鲁甸、景谷等地震的考验。

【传统村落保护发展工作有序推进】 云南省共有817个传统村落申报第四批中国传统村落，截至年底，已有502个传统村落列入中国传统村落名录，占2555个中国传统村落总数的19.6%，数量居全国第一，完成318个中国传统村落的档案建立、保护发展规划编制，206个传统村落争取到中央财政补助资金6.18亿元，成立云南省村镇规划建设管理专家委员会，会同省委农办、省民族宗教、财政、国土资源、环保、农业、文化、旅游等10个省级部门建立省级联席会议制度，研究制定《云南省传统村落市政设施项目建设技术导则》，确定每个村的省、州(市)、县(市、区)、乡(镇)、村的“五级”保护责任人及职责。

【全省规划建设示范村寨工作顺利启动】 按照《云南省人民政府关于进一步加强城乡规划工作的意见》，9月全面启动省级规划建设示范村寨工作，确定2015年全省500个省级规划建设示范村寨名单，制定下发《云南省省级规划建设示范村村庄规划编制技术要点》，及时组织10家省内外知名规划编制单位完成了示范村寨规划编制及审查，争取到国家开发银行2015～2019年每年提供10亿元贷款，连续5年为云南省提供50亿元的贷款支持，专项用于农村危房改造和抗震安居工程配套基础设施建设，每年补助500个村，每个村补助200万元。

【乡镇市政基础设施建设有序推进】 全面梳理全省各县域(镇、乡)“一水两污”体系规划，按照“因地制宜、分类推进”工作思路，积极指导各地开展市场化运作，加快搭建地方投融资平台。2015年下达282个建制镇“一水两污”项目，安排省级补助资金3.8亿元，截至2015年底，开工297个(其中竣工88个，在建209个)，累计完成投资20亿元。

【全面改善农村人居环境】 编制《云南省改善农村人居环境规划(2015-2020年)》，11月10日，召开全省美丽宜居乡村建设工作现场推进会，总结交流全省新农村建设情况，明确要以点带面，扎实推进，努力把美丽宜居乡村建设提高到一个新水平，石屏县、大理市、腾冲县、澄江县4个县(市)被评为国家农村污水治理示范县，会同省委农办等9个部门以建立完善各级保洁制度、完善垃圾收运及处理设施、建立多层级考核评价机制为重点，编制《云南省农村生活垃圾治理实施方案》。

【加强重点小城镇示范创建工作力度】 保山市隆阳区潞江镇被评为国家第3批美丽宜居小镇，大理州漾濞县苍山西镇光明村、丽江市永胜县期纳镇清水村被评为国家第3批美丽宜居村庄，丽江市玉龙纳西族自治县石鼓镇、普洱市镇沅彝族哈尼族拉祜族自治县九甲镇、楚雄彝族自治州大姚县石羊镇、红河哈尼族彝族自治州红河县迤萨镇、普洱市宁洱哈尼族彝族自治县同心镇那柯里村、临沧市沧源佤族自治县勐角傣族彝族拉祜族乡翁丁村、文山壮族苗族自治州广南县坝美镇者歪村委会坝美村小组、大理白族自治州宾川县平川镇朱苦拉村、大理白族自治州鹤庆县草海镇新华村共9个村镇被列入第3批全国特色景观旅游名镇名村示范名单。

抗震防震

【鲁甸6.5级、景谷6.6级地震灾后恢复重建】 编制《鲁甸6.5级地震灾区城乡布局专项规划》、《鲁甸6.5级地震灾后恢复重建房屋建筑和市政基础设施工程质量安全监督管理办法》和龙头山、火德红、苞谷垴3个集镇规划，制定《灾后恢复重建工作指挥部综合协调组工作方案》、《地震灾后恢复重建工作方案》、《地震灾后恢复重建项目工程质量安全监督检查工作方案》、《地震灾后恢复重建驻场指导工作方案》等一系列规划方案。成立以厅主要领导为组长的恢复重建工作领导小组，在鲁甸、景谷地震恢复重建以来每月派出工作组驻场指导服务，每季度派出工作组对恢复重建项目工程质量安全进行检查的基础上，2015年9月进一步加大工作力度，牵头组织12个省级部门组成工作组常驻鲁甸灾区，抽调10个业务处(室)的业务骨干组成驻场督导组常驻鲁甸地震灾区。截至2015年底，鲁甸地震灾区民房修复177860户已全部完成，民房重建80868户基本完成，规划调整后除居民住房建设外其他1886个重建项目开工1068个，占56.63%，其中完工294个，占15.59%，818个正在开展前期工作。景谷地震灾区民房修复81803户，民房重建27846户已全部完成，其他2258个重建项目开工774个，占34.28%，其中完工385个，占17.05%，1484个正在开展前期工作。受灾群众全部得到妥善安置，灾区民房、公共设施和村容村貌焕然一新，广大受灾群众生产生活逐渐步入正轨，生活条件得到明显改善。

【昌宁5.1级地震】 2015年10月30日19时26

分，云南省保山市昌宁县(北纬 25.1 度，东经 99.5 度)发生 5.1 级地震，震源深度 10 千米。地震发生后，云南省住房和城乡建设厅立即启动Ⅲ级响应，及时安排部署住房城乡建设系统抗震救灾各项工作，派出工作组第一时间赶赴地震灾区调查了解灾情，及时下拨 3000 平方米活动板房并组织调运、场平、勘测等搭建准备工作，要求保山市住房城乡系统按照本级地震应急预案开展相关工作，地震应急“三支队伍”专家技术人员对重灾区的教育、卫生、党政办公和民用房屋建筑的震损情况开展应急评估。地震造成保山市昌宁县、隆阳区与大理州永平县 3 县共 8 个乡镇不同程度受灾，直接经济总损失 24200 万元。保山市政府为责任主体开展地震灾后恢复重建。

【沧源 5.5 级地震】 2015 年 3 月 1 日 18 时 24 分，云南省临沧市沧源佤族自治县(北纬 23.5 度，东经 98.9 度)发生 5.5 级地震，震源深度 11 千米。地震发生后，省委李纪恒书记、云南省人民政府陈豪省长先后就抗震救灾工作作出重要批示。云南省住房和城乡建设厅立即启动Ⅲ级响应，及时安排部署住房城乡建设系统抗震救灾各项工作，派出工作组第一时间赶赴地震灾区调查了解灾情，地震应急“三支队伍”专家技术人员完成地震灾区内所有教育项目的应急评估工作，共评估教育项目 199 项，完成 283 个单体建筑 121551 平方米和其他 69 个单体公共建筑的应急评估。地震造成临沧市耿马县、沧源县、镇康县 3 县 10 个乡镇 50 人受伤，直接经济损失 83760 万元。临沧市政府为责任主体开展地震灾后恢复重建。

【减隔震技术推广应用】 将《云南省减隔震建筑工程促进规定》列入云南云南省人民政府规章一档制订计划，截至年底，已基本成稿，并组织 2 次调研，召开 1 次部门座谈会和 3 次修改论证会。2015 年初安排“隔震建筑专用标识地方标准”等 8 个减隔震课题的研究。省内 8 度及以上抗震设防区符合适用条件的中小学校舍、医院用房等，继续严格采用减隔震技术。2015 年全省应用减隔震技术的工程项目 217 项、262 栋(隔震 196 项 235 栋、减震 21 项 27 栋)373.17 万平方米。

工程质量安全监督

【工程质量安全工作有新成效】 云南省共有 2 个工程获得鲁班奖、2 个工程获国家优质工程奖、10 个项目获国家 AAA 级安全文明标准化工地称号、64 个工程获省级优质工程奖，创建省级建筑施工安全生产标准化工地 103 个。全年共发生房屋市政工程生产安全事故 15 起(其中较大事故 1 起)、死亡 23 人，与 2014 年同期相比，事故起数减少 11 起、下降 42.3%，死亡人数减少 6 人、下降 20.69%，未发生工程质量事故。

【强化工程质量安全工作组织领导】 召开文山州“2·09”事故现场安全警示会暨 2015 年度全省建筑工程质量安全监管工作会议，分析事故原因，总结事故教训，部署工作任务，与州(市)住房城乡建设局签订 2015 年度建筑行业安全生产目标责任状。召开住宅工程质量常见问题专项治理工作现场观摩会，推广工作经验，部署专项治理工作。云南省住房和城乡建设厅先后召开 4 次厅务工作会议。

【健全工程质量安全制度体系】 编制下发《云南省建筑施工项目经理质量安全违法违规行为记分认定指南》，配套建成“云南省建筑施工项目经理质量安全违法违规行为记分上报系统”网络管理平台。完成“云南建设工程质量检测监管信息系统”研发工作，5 个示范点单位投入运行，并通过省科技厅组织验收，在玉溪全市和部分地区开始推广使用。制定下发《云南省房屋建筑和市政工程质量安全事故应急预案》，依托云南建工、十四冶、西交等单位建立 5 支应急队伍。

【加大工程质量安全培训考核力度】 组织 275 家省属建筑施工企业、23 家省属甲级监理企业负责人进行安全生产集中培训考核，与 48 家重点建筑施工企业签订 2015 年度建筑行业安全生产目标责任状。组织全省 1000 余名建设工程安全监督人员进行了 2 期法规及技术标准培训。开展建筑施工企业专职安全员、塔式起重机司机和司索信号工培训，共培训人员 5917 人次，发证 4170 万本，组织继续教育考核 1 万人。

【加大工程质量安全督查检查力度】 预防坍塌事故专项检查、落实施工方案专项行动等 8 项工程质量安全隐患排查整治工作，云南省住房和城乡建设厅组织专项检查 27 次，覆盖 16 个州(市)和滇中新区，下发执法建议书 13 份、整改通知书 15 份。对昆明市、昭通市、曲靖市等 7 个重点地区开展工程质量安全检查共 36 次。对玉溪市安全生产工作情况进行了 8 次督查。对临沧市、怒江傈僳族自治州、迪庆藏族自治州、大理白族自治州、楚雄彝族自治州等 5 个州(市)进行消防安全督导检查。

【强化灾后恢复重建工程质量安全监管】 按照鲁甸地震灾后恢复重建检查方案要求，分别于 3 月、6 月、9 月对昭通市、曲靖市和鲁甸县、永善县、巧家县、会泽县、昭阳区地震灾后恢复重建项目工程质量安全情况开展季度检查和指导，下发反馈意见3份、执法建议书1份、隐患整改通知书4份。

【下放安全生产许可证管理权限】 只保留云南建工集团有限公司、中国有色金属工业第十四冶金建设公司、西南交通建设集团股份有限公司(包括以上公司下属建筑施工企业)和中央驻滇建筑施工企业，其他省级批准的、省工商注册的建筑施工企业安全生产许可证，由企业所在地州(市)级住房城乡建设主管部门管理。

【加强安全生产标准化建设】 制定下发《云南省住房和城乡建设厅关于开展建筑施工安全标准化考评工作的实施意见》和《云南省住房和城乡建设厅关于2015年省级建筑施工安全生产标准化工地创建工作的通知》。2015年共创建省级安全生产标准化工地103个。

【高度重视安全生产事故】 对5家发生安全生产事故企业进行了暂扣安全生产许可证处罚，向广东省住房和城乡建设厅通报1起事故情况，并抄报住房和城乡建设部，建议对省外入滇事故企业按规定进行处罚。对涉及5起房屋市政安全生产事故的州(市)、县(区)住房城乡建设局分管安全负责人，建设单位项目负责人，施工、监理企业法人和事故工地项目经理、总监理工程师等共计44人进行了建筑安全事故约谈。

【召开文山州“2·09”事故现场安全警示会暨2015年度全省建筑工程质量安全监管工作会议】 3月12日，省住房和城乡建设厅在文山市召开文山州“2·09”事故现场安全警示会暨2015年度全省建筑工程质量安全监管工作会议。与16个州(市)及滇中产业新区签订安全生产责任状。16个州(市)、滇中产业新区和文山州所辖8个县(市)住房城乡建设部门分管负责人共140人参会。

建筑业与工程建设

【概况】 按照《住房城乡建设部建筑市场监管工作要点》工作部署，以完善建筑市场监管和解决制约行业发展的突出问题为重点，深化行政审批改革，转变市场监管方式，促进云南省建筑行业持续健康发展。

【建筑业支柱产业地位日益突显】 全省完成建筑业产值3268.93亿元，同比增长7%，建筑业增加值为1574.48亿元，同比增长13.3%。建筑业占全省GDP 11.8%，建筑业总量保持增进态势，建筑业在全省GDP占比逐年上升。

【全省工程质量治理两年行动扎实开展】 全省共有2598个项目补签授权书、承诺书，5322个项目新办理质量监督手续，其中已签署授权书、承诺书的工程5041个，新办理竣工验收备案的工程3022个，其中设立永久性标牌的工程2489个，建立质量信用档案的工程1807个。开展各类专项及综合监督执法检查6785次，检查(抽查)在建工程项目(标段)26737个，下发监督执法检查整改通知单7811份，下发行政处罚书238份，处罚单位207个，处罚人员114人，实施信用惩戒40起，处罚单位29个，处罚人员38人，共查处了456起项目经理违法违规行为。

【建筑业企业新资质标准培训及证书换证工作有序推进】 云南省住房和城乡建设厅于2015年9月19日在昆明召开云南省建筑业企业资质换证及新资质标准培训会议。会议深入学习《建筑业企业资质标准》。厅机关有关处室负责人、各州(市)住房城乡建设局相关负责人和相关工作人员以及施工总承包特、一级企业、部分专业承包一级企业的代表共300余人参加会议。通过培训，全省建设行业进一步掌握了新版《建筑业企业资质标准》和换证系统的操作流程。

【召开建筑市场监管工作电视电话会议】 2015年4月16日，云南省2015年度建筑市场监管工作会议在昆明召开，会议总结2014年度全省建筑市场监管工作，明确2015年度工作任务和目标，与各州(市)签订2015年度建筑业暨工程质量治理两年行动目标任务责任书。各州(市)住房城乡建设局和滇产业新区建设管理局分管领导、建管科(处、站)长(处长、站长)、质量监督管理站站长，以及省属特、一级施工总承包和综合、甲级监理企业负责人共145人参加了会议。

【加强建筑业人才队伍建设】 按照住房城乡建设部关于印发《建筑业企业资质标准》的通知和《建筑业企业资质管理规定和资质标准实施意见》的相关要求。全年共开展二级建造师培训16200人次，开设各类培训班350班次(其中：管理岗272班次、特殊工种28班次、普通工种50班次)，共培训49737人次。

【勘察设计行业有序发展】 全省共有勘察设计单位654家，其中甲级资质单位84家、乙级资质单位251、其他为丙、丁级单位。勘察设计行业营业额209.5亿元，从业人员35753人，行业人均产值58.6万元。

【健全完善勘察设计制度】 印发《云南省住房和城乡建设厅关于加快发展钢结构的指导意见》，成为全国首个专门制定加快发展钢结构建筑指导意见的省份。出台《云南省住房和城乡建设厅关于有序放开施工图审查市场工作的通知》使全省施工图审查机构从原有的17家增加到36家。

【加强勘察设计资质管理】 向住房城乡建设部上报20家企业资质升级或增项业务，现公示同意共12家单位(5家建筑工程甲级、1家公路乙级、2家电力甲级，1家勘察甲级、1家装饰甲级、2家消防甲级)。全年共办理省外入滇勘察设计单位365家，完成了项目备案手续696项，签订勘察设计合同额14.53亿。

【加大勘察设计技术支持力度】 组织编制出版《云南省钢框架结构农村民房标准设计图集(昭通分册)》和《云南省农村钢结构民居建筑工程技术导则(试行)》。组织编制完成《云南省民用建筑节能设计系列标准图集》中的"温和地区居住与公共建筑节能构造-外门窗与幕墙"和"温和地区居住与公共建筑节能构造-屋面"图集。组织编制"云南省岩土勘察规范"和"云南省地基处理规范"。加快推进全省建设工程施工图数字化审查系统建设，实现施工图审查网上报件、网上选定审图机构、网上审查、网上审图备案，成功试点勘察、设计单位电子出图章，降低行政成本，建立健全企业库、项目库和过程控制库，形成人员、企业、项目、项目运行全程联动管理，进一步提高勘察设计行业管理效率。成立全省BIM技术联盟，以点带面分步骤有序推动BIM技术应用的普及和深化。

【加大勘察设计人才培养力度】 5月，举办第9期注册建筑师、第7期注册结构工程师、第3期注册土木工程师(岩土)及省内工程勘察单位项目负责人(考核)等继续教育培训班，共计1604人接受继续教育。7月31日，开展全省新增施工图审查人员资格考试，共有669人参加考试，考试分建筑、结构、给排水、电气、暖通、岩土、道路、桥梁、燃气、轨道10个专业进行。认真开展工程勘察单位描述员、司钻员培训考核工作，共培训10期，其中描述员4期、司钻员6期，有2153人参加培训。描述员考核通过764人，通过率为82%，司钻员考核通过1078人，通过率为88%。

【加大勘察设计奖励扶持力度】 组织完成2014年度全省优秀工程勘察设计奖评选工作。评出优秀勘察设计一等奖24个、二等奖53个、三等奖72个，其中有2个项目获全国优秀工程勘察设计行业一等奖。

建筑节能与科技

【新建建筑节能管理】 印发《关于大力发展低能耗建筑和绿色建筑实施意见的通知》。组织云南农业大学、昆明医科大学、曲靖师范学院、云南师范大学、大理学院附属医院、楚雄州人民医院、昆明市第一人民医院北市区医院和昆明市中医医院呈贡新区医院等8个项目申报住房城乡建设部公共建筑能效提升工程示范项目。

【节能监管体系建设】 组织编制《云南省民用建筑能耗在线监测系统建设技术导则》为在线监测系统建设提供技术指导，印发《关于全省国家机关办公建筑和大型公共建筑上传能耗监测数据的通知》要求各州市按要求落实建筑能耗在线监测工作，共有14栋建筑实现建筑能耗在线监测和数据传输。

【可再生能源建筑应用】 昆明市、曲靖市、普洱市、宣威市、砚山县和瑞丽市等6个示范市县组织开展自检自验，基本达到验收要求，加强示范市县配套能力建设。昆明市、曲靖市和玉溪市等3个示范市出台相关政策文件，为规范和推广太阳能建筑应用提供制度保障，组织召开全省可再生能源建筑应用示范验收评估分析会议。

【绿色建筑评价标识】 2015年，全省共有20个项目获得绿色建筑评价标识(均为设计标识)，申报面积240.67万平方米。从建筑类型来看，公共建筑9个、申报面积54.55万平方米，居住建筑11个、申报面积186.12万平方米。从建筑等级来看，一星级4个、申报面积21.48万平方米，二星级10个、申报面积126.01万平方米，三星级6个、申报面积93.18万平方米，修订《云南省绿色建筑评价标准》。

【绿色建筑强制推广】 按照《绿色建筑行动方案》《关于大力发展低能耗建筑和绿色建筑实施意见的通知》的要求，政府投资的国家机关、学校、医院、博物馆、科技馆、体育馆等建筑，昆明市保障性住房，以及单体建筑面积超过2万平方米的大型公共建筑，自2014年起全面执行绿色建筑标准。2015年，全省强制执行绿色建筑标准并通过施工图审查的项目共3562个、面积5862万平方米。

【绿色建筑技术产品】 全省发布云南省绿色建筑技术与产品推广目录，2015年共有2个产品入编目录，按照住房城乡建设部和工业和信息化部《绿色建材评价标识管理办法实施细则》和《绿色建材评价技术导则(试行)》的要求，着手开展绿色建材评价制度建立、评价机构确定、专家委员会组建、技术导则编制等相关工作。

【智慧城市试点建设】 指导玉溪市、大理市和文山市通过住房城乡建设部和科学技术部组织的部级终审，并于4月正式列入第三批国家试点，指导玉溪市、大理市和文山市编制完成国家智慧城市试点创建任务书，明确创建任务和期限，组织全省智慧城市试点城市参加了智慧城市规划建设管理培训班和“互联网+”建设智慧城市座谈会。

【科技计划项目申报】 积极开展建设科技进步工作，组织有关单位申报2015年度住房城乡建设部科学技术计划，全省共有14个项目列入了2015年度住房城乡建设部科学技术计划。

风景名胜区管理和世界遗产保护工作

【云南省风景名胜区概况】 全省有世界自然、文化遗产5个，国家级风景名胜区12个，省级风景名胜区54个。风景名胜区与自然遗产地总面积约3万平方千米，约占国土面积的7.8%。基本覆盖全省以及滇西北、滇西南地区绝大多数重要的自然与文化遗产资源。

【宣传学习风景名胜区法规】 2015年，云南省开展国务院《风景名胜区条例》、《云南省风景名胜区条例》的宣传培训工作，相关州（市）、县（市、区）主管部门、风景名胜区管理机构和风景名胜区区内企业参加培训。10月13日至16日，组织全省风景名胜区主管部门、管理机构48人参加住房和城乡建设部组织的国家级风景名胜区执法管理培训。

【风景名胜区执法检查】 7月，配合住房和城乡建设部完成对云南省国家级风景名胜区的执法检查工作。三江并流国家级风景名胜区被评为优秀风景名胜区。

【风景名胜区总体规划】 云南省人民政府批准《双柏白竹山—鄂嘉省级风景名胜区总体规划》、《元谋省级风景名胜区总体规划》、《永仁方山省级风景名胜区总体规划》和《剑川剑湖省级风景名胜区总体规划》，云南省住房和城乡建设厅组织编制《玉龙雪山国家级风景名胜区总体规划修编》、《瑞丽江—大盈江国家级风景名胜区修改》经省人民政府同意后上报国务院待批。

【风景名胜区详细规划】 住房城乡建设部分别批准《西双版纳国家级风景名胜区勐罕景区东片区详细规划》、《西双版纳风景名胜区傣族园详细规划》、《三江并流风景名胜区哈巴雪山景区详细规划》，云南省住房和城乡建设厅组织编制《昆明滇池风景名胜区西山景区详细规划》、《石林国家级风景名胜区乃古石林景区详细规划》、《西双版纳风景名胜区基诺山景点详细规划》、《西双版纳风景名胜区曼听公园景点详细规划》并上报住房城乡建设部审批。

建设人事教育工作

【干部任用】 落实选人用人制度，严格干部选拔任用原则、标准和程序，严把动议、民主推荐、考察、讨论决定、任职“五个关口”，树立了正确的选人用人导向，营造了风清气正的良好氛围。

【干部管理】 通过公开方式招录公务员2名，从基层调入2名工作人员。采取上派和下派挂职、选派新农村建设指导员等方式，安排11名干部到住房城乡建设部和基层锻炼，完成省住房城乡建设和厅属单位215人干部人事档案专项审核工作，对机关事业单位工作人员被采取强制措施和受处分处罚后资待遇处理情况进行自纠自查，对厅属20家事业单位受处分人员薪级工资晋升情况进行检查，无违规情况存在。

【执行领导干部个人有关事项报告制度】 按省委组织部要求，副处级以上领导干部报告个人有关事宜实行应报尽报，并按10%的比例对报告情况进行了抽查核实，对核实中填报不实的人员进行面谈并责令写出书面情况报告。

【干部考核】 全年共考核公务员和参照公务员法管理人员173名，其中：考核为优秀等次34名，称职等次133名，不确定等次6名，共考核事业单位工作人员432名，其中，考核为优秀等次57名，合格等次375名。

【法人年检】 完成厅属18家事业单位的法人年检。

【劳动保障管理】 为44名职务变动、调动、退休、死亡人员办理工资和抚恤，为656人晋升工资，为3074人调整基本工资标准及增加离退休费的核算、审批、兑现及在职人员养老金测算，为7名企业军转干部发放生活补贴，为11人核拨了政府特殊津贴，完成20家厅属单位“吃空饷”问题清理核查，无“吃空饷”人员。

【军转干部安置】 落实云南省军队转业干部工作领导小组2015年军队转业干部安置计划，接收安置3名转业干部。

【职称评审】 全年分3批次受理8036人次的职称申报、专家评审，有6886人获得各类职称，其中：高级职称1252人，中级职称3486人，初级职称

2148人。

【教育培训】 全年共培训各级各类人员332人次。组织196名干部参加了自主选学和干部在线学习，积极开展行业培训，全年共培训建筑行业技能人才5.24万人次。

【行政审批制度改革】 共梳理出行政职权6类共计289项，行政职权对应的责任事项共计2105项，追责情形共计2158项，清理行政审批中介服务机构，并把保留的中介服务报送到中介超市，方便群众办理业务，清理职业资格，及时落实国家已取消的职业资格项目，完善后续管理工作。

大事记

2月

10日 住房城乡建设部稽查办在昆明组织召开上海、重庆、江苏等13家省级稽查执法机构负责人参加的工作座谈会(南片)。会议由住房和城乡建设部稽查办公室副主任俞滨洋主持，云南省住房和城乡建设厅王云昌副厅长致辞，住房和城乡建设部稽查办公室主任王早生、副主任朱长喜出席会议并讲话。会议对2014年稽查执法工作进行总结，充分肯定全系统在查处违法违规行为、规范市场秩序等方面取得的成绩。对2015年工作进行部署。

3月

1日 云南省临沧市沧源佤族自治县(北纬23.5度，东经98.9度)发生5.5级地震，震源深度11千米。云南省住房和城乡建设厅立即启动Ⅲ级响应，派出工作组第一时间赶赴地震灾区调查了解灾情。

12日 云南省住房和城乡建设厅召开文山州“2·09”事故现场安全警示会暨2015年度全省建筑工程质量安全监管工作会议，分析事故原因，总结事故教训，部署工作任务，与州(市)住房城乡建设局签订2015年度建筑行业安全生产目标责任状。

4月

16日 云南省2015年度建筑市场监管工作会议在昆明召开，与各州(市)签订了2015年度建筑业暨工程质量治理两年行动目标任务责任书。

6月

4日 《云南省城镇体系规划》(2015～2030年)经国务院批准，由住房城乡建设部批复实施，有力提升省级层面加大对州(市)新型城镇化建设的规划服务效能。

14日 云南省委、云南省人民政府在大理召开了全省“四规合一”试点暨城市地下综合管廊规划建设工作现场会议，丁绍祥副省长出席会议并讲话，积极推进全省城市地下综合管廊规划建设。

25日 云南省委副书记、省长陈豪到省住房和城乡建设厅调研。陈豪省长听取云南省住房和城乡建设厅工作汇报，就相关问题与大家交流，切实把城乡建设作为百年大计、千年大计，把改善城乡居民住房条件摆在优先位置，全面加快城市棚户区改造和农村危房改造及抗震安居工程建设，促进房地产业健康发展，推进新型城镇化建设，加快城乡一体化发展。

7月

8日 云南省人民政府丁绍祥副省长一行在云南省住房和城乡建设厅调研贯彻落实《国务院关于进一步做好城镇棚户区和城乡危房改造及配套基础设施建设有关工作的意见》(国发〔2015〕37号)精神情况，并主持召开专题会议研究部署下一步推进城镇棚户区改造和农村危房改造工作的相关工作。

15日 云南省上半年工作汇报暨园区建设会议在保山召开。

21日 云南省委、云南省人民政府在北京与国家住房和城乡建设部举行工作座谈。住房城乡建设部部长陈政高主持座谈会，省委书记李纪恒、省长陈豪出席并讲话。李纪恒代表省委、云南省人民政府感谢住房城乡建设部长期以来给予云南各方面的支持和帮助，希望住房城乡建设部在农村危房改造和抗震安居工程、城镇保障性安居工程、传统村落保护发展、地下综合管廊和海绵城市试点、建筑业发展等方面给予云南大力支持。

29日 云南省人民政府办公厅印发《关于成立云南省城乡规划委员会的通知》，决定成立云南省城乡规划委员会，由陈豪省长担任主任，丁绍祥副省长担任副主任，下设省城乡规划委员会办公室在云南省住房和城乡建设厅，承担省城乡规划委员会日常工作。

31日 云南省住房和城乡建设厅开展全省新增施工图审查人员资格考试，共有669人参加考试，考试分建筑、结构、给排水、电气、暖通、岩土、道路、桥梁、燃气、轨道10个专业进行。

8月

20日 云南全省城镇保障性安居工程建设现场会暨全省农村危房改造和抗震安居工程建设工作座谈会在玉溪市召开。云南省人民政府副省长丁绍祥出席会议并讲话。会议指出，2015年上半年，全省城镇保障性安居工程推进情况良好，开工进度基本达到要求。

30日 云南省委、云南省人民政府在普洱市西盟佤族自治县召开全省农村危房改造和抗震安居工程启动大会，让农村困难群众住上“保命房”“安居房”、过上好日子，为云南省与全国同步全面建成小康社会奠定坚实的基础。

9 月

1 日　云南省人民政府在昆明召开全省城乡规划工作会议。陈豪省长作了重要讲话，强调规划在城乡建设和云南发展中的重要性，提出了推动全省城乡规划发展的一系列新部署、新要求，为全面深入推进新型城镇化建设提供强有力的规划支撑。

7 日　国务院批复同意设立云南滇中新区。云南滇中新区位于昆明市主城区东西两侧，是滇中产业聚集区的核心区域，初期规划范围包括安宁市、嵩明县和官渡区部分区域，面积约 482 平方千米。

14 日　云南省委书记李纪恒深入鲁甸 6.5 级地震灾后恢复重建现场，督促检查恢复重建工作。他强调，省恢复重建指挥部、灾区各级党委政府和省直有关部门一定要把思想和行动统一到党中央、国务院和省委、云南省人民政府的决策部署上来，以最周密的组织、最严格的责任、最细致的措施、最坚决的执行，把《鲁甸地震灾后恢复重建总体规划》确定的各项工作部署抓实抓细抓到位，确保鲁甸地震灾后恢复重建工作尽快取得新突破。

18 日　云南省委书记李纪恒在昆明会见 住房和城乡建设部部长陈政高一行。李纪恒对陈政高一行到云南调研指导工作表示欢迎，对住房城乡建设部关心和支持云南经济社会发展和住房城乡建设工作，特别是对鲁甸 6.5 级地震抗震救灾和恢复重建工作、农村危房改造及抗震安居工程等给予的指导和帮助表示感谢。

10 月

28～29 日　住房和城乡建设部在昆明召开“部分地区推动工程技术进步工作研讨会”。住房城乡建设部工程质量安全监管司巡视员尚春明、技术处处长贾抒、云南省住房和城乡建设厅总经济师马苏红、勘察设计处处长周建平出席会议，来自全国三十余个省、自治区、直辖市住房和城乡建设厅和建设单位的负责人 60 余人参加会议。

30 日　云南省住房和城乡建设厅、省财政厅集中各州(市)人民政府、滇中新区管委会分管领导，住房城乡建设、规划、财政、水利等局局长，邀请中央驻滇和省内相关投融资企业 18 家单位，召开全省城市地下综合管廊和海绵城市建设投融资接洽会，有效推进了海绵城市建设工作。

同日　云南省保山市昌宁县(北纬 25.1 度，东经 99.5 度)发生 5.1 级地震，震源深度 10 千米。地震发生后，云南省住房和城乡建设厅立即启动Ⅲ级响应，派出工作组第一时间赶赴地震灾区调查了解灾情，及时下拨 3000 平方米活动板房并组织调运、场平、勘测等搭建准备工作。

11 月

10 日　召开云南省美丽宜居乡村建设工作现场推进会，总结交流全省新农村建设情况，明确要以点带面，扎实推进，努力把美丽宜居乡村建设提高到一个新水平。

12 日　云南省农村危房改造和抗震安居工程暨棚户区改造现场推进会在陆良县召开。会议通报了全省农村危房和棚户区改造工作情况，分析存在的问题。

12 月

2 日　云南省委副书记、省长陈豪在云南建工集团调研时强调，要深入学习贯彻党的十八届五中全会精神，坚持五大发展理念，勇于挑担子、敢啃“硬骨头”，提升企业核心竞争力，为推动全省跨越发展做出更大贡献。

6 日　云南省委副书记、省长陈豪到昭通检查督导鲁甸地震灾区灾后恢复重建工作，强调要深入学习贯彻党的十八届五中全会精神，牢记习近平总书记的嘱托和全省各族人民群众的厚望，奋力夺取鲁甸地震灾区恢复重建的全面胜利。

9～10 日　中国共产党云南省第九届委员会第十二次全体会议，于 2015 年 12 月 9～10 日在昆明举行。省委书记李纪恒作重要讲话。全会认真学习贯彻党的十八届五中全会特别是习近平总书记重要讲话精神，听取和讨论李纪恒受省委常委会委托所作的工作报告，审议通过《中共云南省委关于制定国民经济和社会发展第十三个五年规划的建议》。李纪恒就《建议(讨论稿)》向全会作说明。

(云南省住房和城乡建设厅)

西藏自治区

概况

2015 年，在党中央的亲切关怀和全国人民大力支援，西藏自治区党委政府的坚强领导下，西藏自治区住房城乡建设厅深入学习宣传贯彻习近平总书记系列重要讲话精神，深入学习宣传贯彻十八届三中、四中、五中全会精神，深入学习宣传贯彻中央第六次西藏工作座谈会精神，以“三严三实”教育实践活动为契机，狠抓年初既定的各项目标任务的落实，各项工作进展顺利，取得较好成绩。

保障性住房建设情况

【保障性住房建设】 西藏自治区保障性住房计划为 3.38 万套(户)，新增租赁住房补贴家庭 679 户，计划投资 22.67 亿元。其中：计划新建、改建公共租赁住房 1.9 万套，改造城镇棚户区 1.2 万户，改造林区(场)棚户区(危旧房)2529 户，改造国有垦区危房 256 户。2015 年计划项目已全部开工。

【乡镇周转房建设】 全自治区乡镇干部职工周转房建设项目总套数为 3.2 万套，总建筑面积约 160 万平方米，总投资 52.65 亿元，实现所有乡镇全覆盖。截至 2015 年 12 月底，自治区乡镇干部职工周转房项目开工 669 个，开工套数 31056 套，完成投资 35.11 亿元。其中，471 个乡镇、15187 套周转房项目主体工程基本建成，105 个乡镇、3371 套周转房项目竣工。

城乡建设情况

【新型城镇化】 抓好“十二五”城镇基础设施项目收尾总结工作和建成后的运行管理工作，确保按期保质保量地完成“十二五”规划项目建设任务。积极推进《西藏自治区“十三五”城镇污水处理及再生利用设施建设专项规划》、《西藏自治区“十三五”城镇生活垃圾无害化处理设施建设专项规划》等专项规划编制工作。在此基础上，进一步完善“十三五”城镇基础设施建设项目规划，扎实推进“十三五”规划项目前期工作。制定《西藏自治区城镇生活垃圾无害化处理设施建设与运营管理办法》和《西藏自治区城镇生活垃圾无害化处理设施建设与运行监督考核办法(试行)》。积极推进地下管线、综合管廊、海绵城市建设管理各项工作。制定《西藏自治区燃气经营许可管理暂行办法》，督导地方加快推进燃气经营许可证换、核发工作，积极筹备全区燃气从业人员专业培训、考核工作。

【村镇建设】 完成全区农村危房现状调查结果核实工作，统计上报 2015 年农房抗震改造需求计划。成功申报日喀则市桑珠孜区入选全国农村污水治理示范县。积极组织开展农村人居环境信息采集和录入工作。截至 2015 年 12 月底，全自治区共录入行政村 2160 个，向录入工作抓得较好的 16 个县发放奖励补助经费。

【特色小城镇示范点建设】 制定《西藏自治区人民政府办公厅关于印发西藏自治区特色小城镇示范点建设工作实施方案》，牵头组建特色小城镇示范点建设工作办公室，并督促各地按要求成立工作专班。制定《特色小城镇建设规划编制要求》、《特色小城镇示范点建设专项资金管理办法》、《特色小城镇示范点建设考核评价办法》等一系列规范性文件。全自治区 20 个特色小城镇示范点中，完成总体规划编制 19 个、详细规划 18 个、城市设计编制 15 个、建设规划编制 12 个。杰德秀镇特色小城镇示范点项目已开工建设。

城乡规划管理情况

【地、县城镇总体规划修改】 2015 年完成林芝市、普兰县等 6 个城市总体规划审批，桑日县、尼玛县、类乌齐县等 23 个县总体规划正在修改。

【建设项目选址意见书核发】 2015 年共办理完成 70 余个建设项目选址意见书核发工作，服务自治区重大项目、重点工程建设，确保西藏自治区“十二五”规划项目顺利实施。

【《“4・25”地震灾后恢复重建村镇规划编制指导意见》】 为充分发挥村镇规划对灾区恢复重建工作的指导协调作用，推进灾区科学有序、扎实稳步做好恢复重建工作，按照自治区党委、政府关于“4・25”地震灾后恢复重建工作的部署和要求，组织专业技术人员编制《“4·25”地震灾后恢复重建村镇规划编制指导意见》。

房地产业发展情况

【房地产企业】 2015年，全区共有房地产企业278家，其中：开发企业150家、物业服务企业107家、房地产经纪机构9家、房地产评估机构12家，房地产企业数量尤其是物业服务企业数量，较2014年底有明显增加，反映出西藏自治区房地产市场逐渐由房地产开发交易市场向物业服务市场转型发展。

【房地产开发项目】 2015年，全区房地产开发项目117个(其中新开工项目45个，较2014年增加8个)，房地产开发计划总投资313.8亿元，计划开发土地面积467.7万平方米，计划开发商品房建筑面积821万平方米，全区已批准销售且在售房地产开发建筑总面积646.06万平方米，完成商品房销售面积329.56万平方米，占已批准待售商品房建筑面积的51%，实现商品房销售额168.02亿元。

建筑业发展情况

【建筑市场监管】 2015年共完成符合审批条件的企业资质共计223家，其中资质延续80家、资质升级39家、新办企业67家、资质增项42家。

【建筑市场优化】 为方便企业网络备案，专门制作建筑企业网上备案服务流程图，在办事大厅主要位置上墙公布。牵头修订印发《西藏自治区农牧民建筑施工队伍管理办法》，为逐步建立农牧民增收长效机制发挥积极作用。加大了对企业人员的培训力度，截至2015年12月底，举办施工员、质量员、材料员、安全生产管理人员、机械员等各类培训班33期，培训学员11233人次，超出年初培训计划5233人次。

【建筑市场动态】 充分利用现代化信息手段，加强对资质资格的动态监管，全面推行建筑企业网上备案服务，严肃查处企业资质和个人注册资格申报弄虚作假行为。西藏自治区建筑市场监管与诚信信息管理平台已与住房城乡建设部平台全面对接，初步形成建筑业守信激励和失信惩戒的信用机制，基本实现“数据一个库、监管一张网、管理一条线”的信息化管理目标，此项工作西藏已走在全国前列。同时，加强对招标市场的动态监管，全面推行电子化招投标平台，有效促进建筑市场规范运行。

工程质量安全监管

【规章制度建设】 出台《西藏自治区建设工程安全生产管理条例》、《西藏自治区房屋建筑和市政基础设施工程质量管理(暂行)办法》、《西藏自治区房屋建筑和市政基础设施工程安全防护文明施工措施费使用管理暂行办法》等，进一步夯实房屋建筑和市政基础设施工程质量安全工作的制度基础。

【工程质量治理两年行动】 根据工程质量治理两年行动工作部署和要求，严格贯彻落实工程质量终身责任制，严厉打击违法发包、转包、非法分包和挂靠等市场违法违规行为，突出抓好典型案例这个重点，敢于碰硬，敢于担当，敢于处理棘手问题，保持“打非治违”的高压态势。2015年，全区建筑工程签订质量终身责任承诺书1393项，设置永久性标牌265项。共开展检查965次，其中自治区级检查12次，地(市)、县开展953次，检查工程项目4525次，企业3163次，个人13人次。查处违法行为项目98项，企业233家，处罚金额370余万元。

【法制宣传教育】 举办24期施工企业负责人突发事件应急管理培训，累计培训企业主要负责人和安全管理人员达6000余人次，切实提高一线从事危险作业的职工群众安全防范意识。

深入推进党建工作

西藏自治区住房城乡建设厅紧紧围绕服务大局、建设队伍这个中心，以机关党建规范化建设为重点，努力推进党建工作走在前、作表率。深入开展学习型党组织建设。充分利用业余党校，分专题邀请专家举办学习讲座，组织丰富多样的文体活动，党员干部的理论素养不断提高，对党的信仰不断强化。大力开展党建规范化工作。进一步完善党务工作规范化流程，上级部门对我们坚持不懈围绕中心抓党建、抓好党建助推发展各项工作给予高度评价，党组织的战斗力得到明显增强。平安建设稳步推进。加强日常管理和安全督导，在重大活动、重要节点特别强调部署平安工作，采取措施、排查隐患，在住房和城乡建设厅系统上下的共同努力下，确保系统内的绝对安全稳定。深入推进党风廉政建设。稳步推进惩防体系建设，源头治理力度不断强化，党员干部自律意识明显增强；认真加强监督检查，确保上级重大决策部署在厅系统的全面落实，积极推进廉政风险防控管理，改革资质审批制度，纠正行业不正之风，党风廉政建设和反腐败工作取得明显成效。深入推进作风建设。进一步加强调查研究，制定出台一系列符合行业实际、针对性很强的政策措施，对行业发展发挥了很好的指导作用，进一步加强督促检查，对目标责任制和区党委、政府交办的重点工作进行集中督查，收到良好的效果，干部职工的作风不断转变，为群众服务的意识和能力不断提高。

（西藏自治区住房和城乡建设厅）

陕 西 省

概况

2015年，陕西省住房和城乡建设系统按照“突出两项重点、推进三项提升、深化四项工作、促进五个转变”（突出住房保障和县域城镇建设两项重点工作，推进城乡规划与设计、城镇基础设施和城乡洁净工程三项工作进一步提升，深化建筑业转型升级、工程质量专项治理、建筑节能和改革创新四项工作进入新阶段）。“十二五”各项任务圆满收官，保障性安居工程建设保持全国领先，房地产业保持平稳健康发展，城乡规划管控工作取得突破。城市建设管理水平不断提升，污水处理全国排名进入前五名。省级重点示范镇和文化旅游名镇建设示范引领效应明显，建筑业为经济社会发展做出积极贡献。省住房城乡建设厅被陕西省委、省政府评为2015年度目标责任考核“优秀单位”。

政策规章

【概况】 省住房和城乡建设厅持续保持“全省依法行政示范单位”称号，并获得住房城乡建设部“2015年住房城乡建设系统宪法和法律法规知识竞赛”组织奖。

【行政审批改革】 清理下放行政审批权，取消、下放行政审批事项14项，保留16项，取消、下放比例达47%。2015版行政许可事项目录经省政府审定后，以公告方式将行政许可事项的办理流程图、办理规程等公布在“陕西建设网”上。按照“合法、便民”的原则，依法对便民服务台823项资质申办要件进行精简。

【权力责任清单】 梳理出47项公共服务事项、375项权力清单。375项权力清单中行政许可16项、行政处罚258项、行政征收2项、行政给付1项、行政检查49项、行政确认5项、行政奖励5项，其他类39项；258项行政处罚中的155项由市县住房城乡建设部门监管。通过西安市房地产开发审批改革试点工作，西安市政府已发文将涉及房地产审批的200余枚印章精简至64枚。

【行业立法】 确定2016年立法项目，向省政府法制办报送2016年立法计划。持续推进《陕西省建筑节能条例》、《陕西省城市管理条例》和《陕西省控制性详细规划管理办法》立法进程，向省人大财经委和省政府法制办报送《关于报送〈陕西省建筑节能条例(修订草稿)〉工作进展及立法修订说明的函》。做好《陕西省建设科技成果推广应用办法》的颁布实施工作；与省残联共同完成《陕西省实施〈无障碍环境建设条例〉办法》的修订。5月28日，陕西省第十二届人大常委会第十九次会议通过对《陕西省建筑市场管理条例》作出修改。向省人大法工委、财经委上报《陕西省城市地下管线管理条例》、《陕西省建筑保护条例》、《陕西省城市公共空间管理条例》执行情况报告，对涉及其他省级部门的34项法规草案提出修改意见。

【文件合法性审查】 省住房和城乡建设厅对机关业务处室提交的8份文件进行合法性审查。其中：建管办提交的《陕西省房屋建筑和市政基础设施工程施工监理招标投标办法》、《陕西省建筑业企业优秀项目经理评选办法》，房产处提交的《关于房地产暂定资质实行分级管理的批复》，科技处提交的《陕西省住房和城乡建设科技计划项目管理办法》，公积金处提交的《陕西省住房和城乡建设厅与长安银行股份有限公司合作协议》，规划处提交的《签订关中城市群河新区总体规划和沿黄城镇带规划合同》，便民中心提交的《关于规范企业资质和个人职业资格材料申报工作的通知》、《关于一体化资质企业申请换证有关问题的请示》等。

【建设科技成果推广】 经省政府常务会审议通过，以省政府令第181号颁布实施《陕西省建设科技成果推广应用办法》（以下简称《办法》），自5月1日起施行。4月28日，召开新闻发布会。《办法》共30条，对建设科技成果推广应用的原则、内容、程序、保障措施、违法责任追究等内容作了详细规定。

【应诉机制】 全年收到并依法办理20件行政复议案件，应诉4起行政诉讼案件，3件初审全部胜诉。

房地产业

【概 况】 2015年，全省房地产开发投资2705.47亿元，同比增长1.32%；商品房销售面积3583.34万平方米，同比增长18.3%。房地产市场呈现投资有所增长、销售回落，销售企稳回暖、稳中有升，价格基本稳定、稳中有降的运行态势。开展房地产市场物业管理和广告专项治理整顿，多举措提升住宅品质，完善住房管理信息化建设，物业管理水平不断提升。城镇居民年末人均住房建筑面积31.3平方米，农村居民年末人均住房建筑面积42.6平方米。

【政策措施】 贯彻落实住房城乡建设部5月22日、7月17日、8月26日三次全国房地产市场电视电话会议精神。5月27日，省政府召开全省房地产市场平稳健康发展座谈会，副省长庄长兴要求各地、各部门树立坚定促进和保持房地产市场平稳健康发展的信心，共同推进全省房地产市场平稳健康发展。8月份，省住房城乡建设厅召开全省各设区市一对一座谈会，对各市(区)进行逐一研究，制定应对措施，一事一策，促进房地产市场平稳健康发展。

【房地产广告治理】 6月17日，省住房城乡建设厅会同省工商局下发《关于进一步加强房地产广告管理的通知》，在全省开展为期三个月的“房地产市场广告专项治理”活动，对广播电视台、报纸、期刊、互联网和固定印刷品等媒体发布的房地产广告，特别是户外电子显示屏、电梯、楼宇、高速路、过街天桥、车体、建筑围栏等房地产广告进行一次全面检查和清理。

【物业管理整顿】 省住房城乡建设厅印发《全省物业管理专项治理整顿实施方案》，从2015年9月15日至2016年3月15日，在全省开展物业管理专项治理整顿活动。各设区市利用人流密集场所，开展形式多样的政策宣传，深入各小区了解群众的反映，对物业管理部门进行检查。

保障性住房

【概况】 2015年，新增保障性安居工程48.48万套，基本建成53.6万套，新增发放租赁补贴2.06万户，完成投资885.7亿元，基本建成量居全国第一，新开工量全国第五，新增发放租赁补贴户数居全国第二。棚户区改造开工28.8752万户(套)，其中货币化安置13.6368万户(套)，货币化安置比率为47.22%。

【政策措施】 3月18日，省政府办公厅转发省住房城乡建设厅、财政厅联合制定的《陕西省保障性住房建设管理工作奖励暂行办法》。6月初，省住房城乡建设厅、发改委等6部门出台《关于加快推进棚户区改造货币化安置的实施意见》，要求各设区市、县政府高度重视棚户区改造货币化安置工作，制订切实可行的措施，确保货币化安置率达到40%以上。同时，省住房城乡建设厅、发改委等13部门联合发出通知，从2015年起，在全省规模以上保障性住房小区开展“和谐社区·幸福家园”活动。

【提高入住率】 2月28日，省政府召开全省保障性住房和棚户区改造电视电话会议，副省长庄长兴要求各设区市改变服务态度，降低门槛，延长办理时间，提高审核效率，做到项目竣工验收与保障对象拿到钥匙“无缝连接”。与省发改委、财政厅下拨配套基础设施补助资金57亿元。

【土地资金支持】 土地审批继续坚持绿色通道，一次性下达24887.2亩土地指标，保障建设需求，争取国家资金130.46亿元，协调省财政厅安排保障性安居工程省级配套预算资金25.19亿元，并督促市县将资金尽快落实到具体项目。截至12月底，已下达155.6亿元，中省补助资金全部下达完毕。国开行棚改贷款预授信额度1418亿元，已签订合同191个，合同金额793.9亿元。农发行陕西分行棚改项目预授信额度200亿元，已审核项目15个、111.47亿元，已签订借款合同11个，合同金额106.66亿元。

【质量安全督查考核】 全省对在建保障性住房质量安全督查9次，督查119项工程项目、156个单位工程、建筑面积334.22万平方米，下发《执法建议书》36份；各设区市共检查1702个工程项目、4949个单位工程、建筑面积11954.38万平方米，下发《纠正违法行为通知书》152份。

【棚户区改造】 4月26日，省政府印发《关于进一步加强棚户区改造工作的通知》。6月份(核对发文时间)，省住房城乡建设厅、发改委等6部门共同出台《关于加快推进棚户区改造货币化安置的实施意见》，完善货币化安置措施，确保货币化安置率达到40%以上。印发《部分省市棚户区改造货币化安置政策文件汇编》，建立项目库、棚改项目台账，每周上报棚户区改造工作。将棚改货币化安置率达到

40%的要求列入省市目标责任考核，作为审查项目的必备指标之一。

【火车站北广场改造】 5月6日，西安火车站北广场棚户区改造工程正式启动，改造范围西至西安车辆段家属院西围墙，南到陇海铁路线，北至自强东路，东到太华南路，总面积近42万平方米。

【和谐社区·幸福家园创建】 6月10日，省住房城乡建设厅、发改委等13部门联合发出通知，合力推进全省规模以上保障性住房小区开展“和谐社区·幸福家园”创建工作。通知明确“和谐社区·幸福家园”创建目标、创建标准以及13个部门的职责分工。2015、2016、2017年各县(市、区)保障房小区创建“和谐社区·幸福家园”目标分别为10%、30%、50%。深入开展“和谐社区·幸福家园”创建工作，有效推进货币化安置，实现“住得起、稳得住、有尊严”的“安居”目标。共创建“和谐社区·幸福家园”小区127个。

【表彰奖励】 省政府表彰奖励2015年度全省保障性安居工程建设先进单位和先进个人。宝鸡市获得一等奖，奖励资金5000万元。授予省发改委、财政厅、住房城乡建设厅、国土资源厅、审计厅、陕西省保障性住房建设工程有限公司、国开行陕西分行、农发行陕西分行为2015年全省保障性安居工程建设工作先进单位；授予张逊等55名同志2015年全省保障性安居工程建设先进个人。

公积金管理

【概况】 2015年，全省住房公积金系统认真贯彻落实住房城乡建设部等三部委《关于发展住房公积金个人贷款业务的通知》和《关于放宽提取住房公积金支付房租条件的通知》精神。全年缴存331.59亿元，实缴单位48099家，实缴职工390.86万人，当年新开户单位2256家，新开户职工26.65万人，同比增长18.86%，缴存总额2016.51亿元，同比增长22.55%，缴存余额889.09亿元，同比减少5.15%，提取总额为396.18亿元，同比增长179.18%，提取占当年缴存额的比率119.48%，比上年同期增加68.61个百分点，全年共发放个人住房贷款7.01万笔186.57亿元，同比增长50.11%、67.58%，全年发放支持保障性住房建设项目贷款18.55亿元，累计发放项目贷款79.75亿元，项目贷款余额46.55亿元。

【政策措施】 先后下发《关于住房公积金个人住房异地贷款有关问题的通知》、《关于进一步放宽住房公积金使用条件支持职工住房消费的意见》。全省10个设区市和杨凌示范区之间实现通贷，凡在缴存地住房公积金管理中心及分中心连续正常缴存住房公积金6个月(含)以上，且账户状态正常的职工，在省内缴存地所辖范围以外购买自住普通商品住房时，均可向购房地住房公积金管理中心申请办理个人住房公积金异地住房贷款。放宽住房公积金提取的条件和范围，降低首付和二套自住住房贷款首付比例，适度提高贷款额度，贷款年限延长至职工法定退休年限后5年，最长不超过30年。

【管理督察】 3月31日，省住房城乡建设厅召开住房公积金管理中心主任座谈会。全省11个住房公积金管理中心都成立住房公积金廉政风险防控工作领导小组，管理中心年度工作报告在当地媒体上公开。4月份，全省开展住房公积金督察，纠正公积金超标、超比例缴存单位12075个，涉及职工40多万人，责令撤销未经公积金管委会批准的委托银行账户2个。

城乡规划

【概况】 提请住房城乡建设部牵头启动《关中—天水城市群规划》编制。积极推进城市开发边界划定和“多规合一”试点，富平县“多规合一”取得阶段性成果，开展省级历史文化名街评定，建立完善城乡规划督察制度和队伍，深入推进卫星遥感监测辅助城乡规划督察工作，在西部省(区)率先实施卫星遥感监测。

【规划管控】 加快推进《陕西省控制性详细规划管理办法》立法工作，配套制定控制性详细规划编制导则。印发《关于加强城市居住区规划建设的通知》，从“强规范、扩绿地、增设施、优功能”等方面优化提升居住区品质。拟定《加强城乡风貌特色管理工作指导意见》及相关技术导则。加强建设项目规划选址初审，审查煤炭、电力、化工、铁路、管线、清洁能源等75个重大项目。

【多规合一试点】 富平县被列入国家四部委开展市县“多规合一”试点以来，试点工作取得了阶段性成果。县域空间发展战略“全域管控、三级布局、五区统筹、七线控制、风貌塑造”的“一张蓝图”。“一个信息管理平台”提升管理水平，探索在数字化城管、智慧城市、地下管线、公众参与和“互联网+”等方面的多元化应用，构筑复合型应用平台。“一套管理机制”缩短审批时限，推动并联审批工作创新，变“被动式”“串联式”审批为“主动式”“并联式”服务。

【城市开发边界划定】 开展城市开发边界划定

是为节约、集约利用土地，防止城市“摊大饼”、防止城市无限蔓延。西安市被住房城乡建设部确定为国家“城市开发边界划定”试点市。榆林市、汉中市、宝鸡市等9个省级城市开发边界试点成果通过专家审查，西安市城市开发边界成果上报国家部委。

【镇村规划】 贯彻实施省政府《关于全面改善村庄人居环境持续推进美丽乡村建设的意见》，对22个试点镇县域村庄布局规划和39个中心村建设规划进行审查，并汇编美丽乡村建设规划资料，展现各试点镇规划成果。加强村庄规划技术指导，完成全省镇村和新型农村社区规划大纲。

【规划督察】 省政府召开全省城乡规划督察工作座谈会，将规划督察由规划主管部门牵头上升为由政府统筹组织，规划、住建、综合执法等部门联动执法。5月份，对城市居住区规划建设标准和执行情况进行专项督察，抽查西安市、宝鸡市、榆林市、汉中市4个城市276个项目。9～10月份，结合首期遥感监测图斑核查，又对其他城市27个居住区规划建设进行检查，督促市区纠正城市居住区规划建设容积率过大、绿地率过低、配套公建不足、超强度开发等问题。向各市区政府下发督察建议书12份。利用卫星遥感对各设区市完成2期检测，涉及城市规划强制性内容图斑589个，核查疑似图斑285个，还对2014年度确定的92个重点图斑进行跟踪督察。

城市建设与市政公用事业

【概况】 陕西省设西安市、铜川市、宝鸡市、咸阳市、渭南市等10个省辖市和西咸新区、杨凌农业高新技术产业示范区、计划单列市韩城以及兴平市、华阴市2个县级市。城区面积2102.20平方千米，城区人口837.49万人，城区暂住人口46.82万人，建成区面积1016.26平方千米，用水普及率97.07%，燃气普及率95.37%，建成区供水管道7724千米，人均城市道路面积15.76平方米，建成区排水管道7692千米，人均公园绿地面积12.66平方米，建成区绿地率34.54%。全面开展地下综合管廊和海绵城市建设，开展创建园林城市活动，强化城市综合管理，城镇公共服务功能逐步完善。全省城镇污水、垃圾处理率分别达83.2%、85.4%，较上年同期均增长1.1%，污水处理全国排名位于前5名，城镇三年公厕建设任务超额完成，创建省级生态园林城市(县城)5个，国家生态园林城市1个，国家园林县城(城镇)11个，获得国家海绵城市建设试点城市1个，全省园林县城覆盖率达到87%。

【政策措施】 6月26日，省住房城乡建设厅会同省发改委等4部门联合下发《关于加强城镇污水处理设施建设和运营监管的通知》，到2015年底，西安市主城区实现污水全收集全处理，其他设市城市污水处理率达到85%以上，县城污水处理率平均达到80%以上；西安市污泥无害化处理处置率达到80%，水泥窑协同焚烧污泥处置率达到30%以上，其他设市城市污泥无害化处理处置率达到70%，县城污泥无害化处理处置率达到30%。所有市、县完成城镇排水管网普查，编制完成排水管网建设和改造专项规划。7月22日，省住房城乡建设厅、发改委下发《关于开展污泥处置设施建设试点工作的通知》，选择西安市、宝鸡市两地开展“污泥低温炭化循环利用”试点，每个试点城市给予1300万元资金支持。

【城镇污水垃圾监管】 分解下达各市城镇污水生活垃圾处理年度考核任务，按月进行通报，全年下达通报11期。6月15日，下发《关于全面开展城镇排水与污水处理检查暨2015年全省城镇污水处理设施规范化运行管理考核的通知》。

【园林城市创建】 印发《2015年全省创建园林城市工作方案》，组织专家对26个申报城市(县城)开展技术调研，推荐和指导申报国家生态园林城市、国家园林县城、国家级园林镇。住房城乡建设部命名宝鸡市为2015年国家生态园林城市，命名眉县、合阳县等10个县为2015年国家园林县城，命名宝鸡市周原镇为2015年国家园林镇。

【公厕建设】 12月份，对全省城镇三年公厕建设管理情况进行全面考核，授予15个单位为“2013～2015年全省城镇公厕建设管理先进单位”称号，并给予奖励。全省建成公厕4137座，公厕三年建设任务圆满收官。

【城市精细化管理】 1月26日，下发《关于开展城市地下管线普查工作的通知》，全面查清城市范围内的地下管线现状，获取准确的管线数据，明确管线责任单位。3月18日，召开全省城建档案工作会议，推进全省城建档案信息化建设。9月份，对全省数字化城管平台建设情况进行实地检查。10月15日，下发《关于开展全省城镇市政基础设施调查摸底的通知》，对全省各设区市、县城的市政基础设施现状以及2016～2020年的建设计划进行摸底调查。全年分5批培训城管执法人员200人次。

【环境卫生整治】 下发《关于在全省城镇开展环境卫生综合治理活动的安排意见》，整治活动为时三年，以“三提升”“二整治”“一完善”为主要内容。到2015年底，各市(区)、县制定出3年城镇环境卫生综合整治活动方案，西安市莲湖区城市环卫保洁工作经验得到住房城乡建设部的推广。

【地下管廊建设】 10月12日，省住房城乡建设厅下发《关于做好城市地下综合管廊专项规划编制和项目储备工作的通知》，按照“先规划、后建设”的原则，在城市地下管线普查的基础上，编制当地地下综合管廊建设专项规划，建立地下综合管廊建设项目储备库，明确5年项目滚动规划和年度建设计划。11月26日，省住房城乡建设厅、财政厅联合下发《关于开展地下综合管廊建设省级试点工作的通知》，选择2个市(区)作为综合管廊建设省级试点城市，省财政对地下综合管廊试点城市每年给予3000万元资金补助，连续三年。12月14日，转发住房城乡建设部、国家开发银行《关于推进开发性金融支持城市地下综合管廊建设的通知》以及住房城乡建设部、中国农业发展银行《关于推进政策性金融支持城市地下综合管廊建设的通知》。12月22日至28日，对13个市(区)地下管廊专项规划进行技术评审，使各设区市综合管廊建设项目顺利进入全国项目库。

【海绵城市建设】 4月，西咸新区沣西新城被批准为全国首批海绵城市建设试点区，这是西北地区唯一入选的城市。5月26日，中共中央政治局委员、国务院副总理汪洋在陕西省省长娄勤俭、西咸新区党工委书记兼管委会常务副主任王军陪同下，实地调研西咸新区沣西新城“海绵城市”建设情况。汪洋副总理说：“把雨水利用好是一件功德无量的事情。西咸新区作为国家级新区，海绵城市建设的做法，是新型城镇化建设的创新探索，尤其在北方地区有很强的示范意义，引领未来城市发展的方向。”7月28日，省住房城乡建设厅转发住房城乡建设部《关于印发海绵城市建设绩效评价与考核办法(试行)的通知》。10月下旬，省政府召开全省地下综合管廊和海绵城市建设工作推进会，11月26日，省住房城乡建设厅联合省财政厅、水利厅下发《关于开展海绵城市建设省级试点工作的通知》，选择2个市(区)作为海绵城市建设省级试点城市，省财政对海绵城市建设省级试点城市每年给予2000万元资金补助，连续三年。

【西安地铁】 西安地铁1号线二期工程于11月26日开工，从西安后卫寨站延伸到咸阳森林公园站，全长6.1千米，整条线路计划2019年建成通车。西安地铁3号线全长39.9千米，设车站26座，地铁3号线呈半环形走向，东北方向连接西安国际港务区，西南方向经高新区延伸至鱼化寨，是西安市轨道交通线网规划的骨架网线。地铁4号线是一条南北向骨干线路，南起航天基地，北至西安北客站，全长35.2千米。

【供水节水】 7月28日，省十二届人大常委会第二十一次会议审议《陕西省地下水管理条例(草案)》。严格限制承压水开采，实行地下水开采“双控”制度，破坏检测设施将处5000元以下罚款等。修订完善《陕西省用水器材办证程序》、《陕西省城市节约用水指导中心服务承诺制》等，在陕西建设网上公布2015年用水器材确认登记产品，不定期对建材市场进行抽查。截至12月底，办理《陕西省用水器材确认登记书》132项，年度审查587项。建立以西安检测站为中心，其他9市和杨凌监测站为二级站的城市供水水质监测情报网。

【无障碍环境建设】 2月26日，省政府第3次常务会议通过《陕西省实施〈无障碍环境建设条例〉办法》(以下简称《实施办法》)，5月1日起正式施行。从社会责任、无障碍设施建设、无障碍信息交流、无障碍社区服务等方面对陕西省的无障碍环境建设和管理做出具体规定。11月4日，下发《关于进一步加强全省无障碍环境建设的通知》，要求各设区市规划主管部门将无障碍环境建设纳入城乡规划、详细规划及相关专项规划当中。

【QC小组活动】 中国市政协会表彰2015年度全国市政工程建设优秀QC小组，陕西有24个小组受到表彰，其中一等奖6个，二等奖7个，三等奖4个，优秀奖7个。

村镇规划建设

【概况】 全省共有乡镇1010个，其中建制镇987个、乡23个、行政村19874个，镇域户籍人口2274万人，乡域户籍人口24万人，村庄户籍人口2149万人。全省城镇化率为53.92%。35个省级重点示范镇全年完成投资109.72亿元，占目标任务的137.2%，31个文化旅游名镇完成投资35.97亿元，占目标任务的119.9%，全省开工建设新型农村社区1039个，基本建成1002个；争取国家部委下达全省农村危房改造任务12.7万户。4个县被列入国家农村污水治理示范县创建试点，4个村列入中央资金支持范围，6个镇被列入第三批全国特色景观旅游名镇名村示范；渭南市富平县淡村镇总体规划获住房城乡建设部2014年全国镇规划示范名单。

【小城镇建设】 8月12日，省政府召开全省城乡规划暨小城镇建设工作座谈会，对上半年“两镇”建设目标任务进行考核。11月13日，建立省级文化旅游名镇专家库，成立名镇规划、文物保护、文化旅游、仿古建设4个专家组，首批确定入库专家108名。咸阳市永寿县永平镇、咸阳市彬县太峪镇、咸阳市武功县武功镇、榆林市绥德县名州镇、安康市岚皋县花里镇、安康市旬阳县蜀河镇6镇被列入第三批全国特色景观旅游名镇名村示范名单。35个重点示范镇和31个文化旅游名镇顺利完成“十二五”规划目标。

【新型农村社区】 确定省、市、县分级包抓机制，建立了1039个新型农村社区台账，跟踪建设进度，加快21个省级试点建设。截至年底，全省开工建设新型农村社区1039个，近500万农民生产和生活条件明显改善。

【建制镇示范试点】 6月份，下发《陕西省建制镇示范试点工作实施方案》，选择3个镇为全省首批示范试点建制镇，试点期限是2014年12月至2017年12月。11月27日，西咸新区、韩城被列入国家新型城镇化综合试点。西咸新区坚持“两条腿走路”推进人口城镇化。新区城市规划区域内的农民就地城镇化，放宽落户政策，推进各类人才和外来农业转移人口落户新区。韩城市则以打造区域性中心城市为目标。

【农村危房改造】 制定全省2015年农村危房改造实施方案，会同省发改委、财政厅在3月、8月，分两批实际下达13.2万户。编制《全省农村危房改造政策明白卡》、《农村危房改造节能技术指南》，印发12000册，免费发放到各地。6月3日，召开全省农村危房改造暨村镇工作座谈会，省住房和城乡建设厅副厅长韩一兵就如何抓好传统村落保护、农村垃圾治理、新型农村社区等村镇建设工作进行安排部署。截至年底，全年开工12.65万户，开工率99.66%，竣工10.39万户，竣工率82.13%。

【农村人居环境整治】 8月26日，下发《关于加快全省农村生活垃圾治理工作的通知》，开展陈年垃圾清理行动，重点整治路边、河边、坑塘沟渠等地方堆弃的生活垃圾。并按照“户分类、村收集、乡镇转运、县处理”的方式，纳入城镇垃圾处理系统。省住房和城乡建设厅选择西安市长安区子午街办台沟村等22个村庄创建陕西省农村生活垃圾治理示范村，并给予每村20万元资金支持。眉县、大荔县、西乡县、安康市汉滨区4个县区被住房城乡建设部确定为农村生活污水治理示范县(市、区)。

【传统村落保护】 4个村被列入中央资金支持范围，向国家申报122个第四批中国传统村落申报资料。3月10日，蓝田县石船沟村等171个村被列入第一批省级传统村落名录。对有传统建筑、传统格局、非物质文化遗产丰富的村落开展调查，特别是少数民族地区、空白地区、边远地区，开展传统村落再调查，建立“一村一档”。

【表彰奖励】 省政府表彰2015年度全省小城镇建设先进镇，对排名前11位的重点示范镇和前10位的文化旅游名镇各奖励100万元。省政府采取“以奖代补”的形式，按照年度综合考核排名，将年初预留奖补的资金对31个重点示范镇分5类进行发放。

勘察设计和标准定额

【概况】 全省勘察设计行业实现提质增效发展，推进勘察设计行业做大做专，完成产值521.3亿元，努力提升勘察设计行业监管能力和设计水平，编制完成地方标准15项，加快企业转型、开辟新市场。有勘察设计资质企业819家。

【政策措施】 5月22日，省住房城乡建设厅印发《关于进一步推进全省勘察设计行业加快发展的指导意见》，引导工程勘察设计企业实施改企转制，要求5年内全面完成市、县所属勘察、设计单位事改企工作。11月9日至10日，召开了全省勘察设计行业创新发展大会。

【资质管理】 2015年全省共有13家企业取得甲级资质。从2014年底开始到2015年6月对旧版《工程勘察资质证书》进行审查和换证，完成133家勘察企业的审查和换证工作。

【行业标准】 编制涵盖建筑产业现代化、城乡防灾减灾救灾、轨道交通建设、工程质量安全等方面的工程建设地方标准15项。省住房城乡建设厅、省质量技术监督局发布《装配式复合墙结构技术规程》等11项陕西省工程建设标准，发布《装饰混凝土构件选用图集一(GRC普通装饰构件)》等4项推广应用标准设计。开展国家标准《住宅区和住宅建筑内光纤到户通信设施工程设计规范》(GB 0846—2012)和国家建筑标准设计图集《住宅小区建筑电气设计与施工》(12DX603)光纤到户相关内容的宣贯和培训。

【行业管理】 与信息中心开发完成“陕西省勘察设计行业管理信息平台”，出台《关于加强工程建设标准化发展的实施意见》，编制《陕西省工程勘察设计行业“十三五”发展规划》《陕西省抗震防灾“十三五”规划》初稿。编制并发布《全省绿色建筑施工图设计文件技术审查要点》，9月25日、10月23日，两次对全省施工图审查机构技术人员进行培训。开展韩城断裂带两侧各10千米范围内农村居民抗震性能普查，涉及渭南市的合阳县、澄城县、大荔县、蒲城县，韩城市的34个镇、611个行政村。12月23日，下发《陕西省工程勘察设计大师评选办法》，首届陕西省勘察设计大师评选工作正式启动。

【创先评优】 第十四届全国优秀工程勘察设计奖获奖名单，陕西省勘察设计企业参与设计的15个工程项目获奖，金质奖5项，银质奖10项。省住房城乡建设厅公布2015年陕西省优秀工程勘察设计奖评选结果，284个项目获奖。

【QC小组活动】 中国勘察设计协会表彰2015年度国家工程建设(勘察设计)优秀QC小组，陕西有22个小组、2个单位、3名个人获奖。获优秀QC小组一等奖2个，二等奖12个，三等奖8个，获质量管理小组活动优秀企业2个，获质量管理小组活动优秀推进者3名。同时，59个QC小组获陕西省优秀QC小组成果奖，其中一等奖21个、二等奖20个、三等奖18个。

工程质量安全监督

【概况】 发生安全生产事故5起，死亡9人。8项工程入选中国建设工程(国家优质工程)"鲁班奖"，2项工程被评为国家优质工程金质奖，27项工程被评为国家优质工程银质奖，5个企业获得2015年全国建筑业AAA级信用企业，49项工程被评为2015年度陕西省建设工程长安杯奖，评审通过123项省级工法，获2013～2014年度国家级工法10项，246项工程被命名为2015年省级文明工地。

【工程质量治理两年行动】 4月份，下发《3月建筑施工转包违法分包行为查处情况的通报》，61个项目存在各类市场违法行为，有违法行为的建设单位44家、施工企业38家、违法个人24人。各设区市住房城乡建设主管部门对存在违法行为的企业和人员，采取停工整改、罚款、清出市场等一系列行政处罚或行政管理措施。3月～6月，开展城市轨道交通工程质量安全生产专项监督检查。9月、11月，对各设区市建筑施工隐患排查治理和工程质量治理两年行动情况进行督导检查，抽查在建项目58个、建筑面积290万平方米，下发执法建议书10份。工程质量治理先后3次受到住房城乡建设部的表彰。

【安全生产专项治理】 5月13日，省住房城乡建设厅转发省安全生产委员会办公室《关于下发〈全省安全生产监管"铁拳执法行动"工作方案〉的通知》。4月21日，下发《开展危险性较大的分部分项工程落实施工方案专项行动实施方案》。8月17日，召开专题会议，认真汲取山阳"8·12"灾害事件和天津港"8·12"瑞海公司重大火灾爆炸事故的沉痛教训。8月下旬至9月上旬，全省建设行业开展安全生产大检查，12大领域成为检查的重点。截至2015年底，全省共开展执法行动2605起，查处非法违法行为1838起，下发停工通知单342份，下发整改通知单2498份，罚款638.5万元，排查施工企业4001家，排查一般隐患9939项，已整改9744项，整改率98%。

【扬尘污染防治】 持续抓好《陕西省建筑施工扬尘治理行动方案》和《建筑施工扬尘治理措施16条》。省住房和城乡建设厅全年对建筑施工扬尘治理进行4次检查，检查工程项目30个，对扬尘防治不到位的6个工地在全省进行通报批评，并在媒体曝光，对扬尘防治较好的10个项目进行通报表扬。

【创优评先】 中国建筑业协会公布"2014～2015年度中国建设工程鲁班奖(国家优质工程)第二批入选工程"名单，陕西承建、参建的8项工程项目(含境外1项)名列其中。中国施工企业管理协会公布"2014～2015年度国家优质工程奖"名单中，陕西承建、参建的29个工程项目名列其中，国家优质工程金质奖2项，银质奖27项。中国建筑金属结构协会第一批公布的"2015～2016年度中国钢结构金奖"，陕西有2个工程获此荣誉。中国建筑业协会表彰的首届中国建设工程BIM大赛成果奖名单，陕西有9个项目成果获奖，其中：BIM成果展示项目获三等奖2个；BIM技术应用项目获单项一等奖2个，BIM应用项目获单项二等奖2个，BIM技术土建应用获单项三等奖3个。中国建筑业协会公布的"2015年全国建筑业AAA级信用企业"，陕西有5个企业。

【文明工地】 分两批授予246个工程项目为"2015年度省级文明工地"称号。11月12日，召开全省第十九次文明施工现场观摩会，表彰10个文明施工现场。

【QC小组活动】 国家工程建设质量奖审定委员会表彰的"2015年全国工程建设优秀QC小组"成果奖，陕西有40个小组受到表彰。其中一等奖2个、二等奖30个、三等奖8个。

建筑市场

【概况】 全年完成建筑业总产值4752.61亿元，同比增长4.3%，实现增加值1787.18亿元，同比增长8.6%，增加值占全省GDP9.8%，外向度超过30%，全年新增特级资质企业3家、4项，一级资质企业44家，建筑业从业人员达到127万人，其中农民工占80%左右。

【政策引导】 先后出台《关于在工程建设领域推行银行保函和工程信用担保的通知》、《陕西省建筑施工企业农民工工资支付办法》、《建筑业强县考评办法》、《陕西省房屋建筑和市政基础设施工程施工监理招投标办法》、《关于推进全省建筑业信息化平台建设的通知》、《关于推进陕西省建筑企业"走出去"的意见》等配套政策文件，加快建筑企业转型，鼓励建筑企业"走出去"。

【"红黑榜"】 先后印发三批次《关于建筑企业优良业绩和不良行为的通报》。3月18日，首次发布的建筑企业优良业绩和不良行为的"红黑榜"，其中优良信息863条、不良行为信息455条。信用信息的良好行为、不良行为发布期限为3年，从认定之日起计算，超过3年转为档案保存。

【信用体系建设】 10月23日，省住房城乡建设厅召开全省建筑业信息化平台建设推进会，部署全省建筑业信息化平台建设工作，加大信息征集和信息资源整合。企业、人员、项目、信用"四库"。全省入库企业7903家、各类职业人员71.3万人、项目7244个，1089条信用信息进入系统平台。

【劳保统筹】 全年收缴劳保费28亿元，圆满完成年度目标任务。省政府工作部门权力清单和责任清单，将建筑业劳保费用统筹管理列入省级部门行政职权，明确劳保费用收缴、拨付和监督检查工作。

【工程监理】 全省建设监理企业438个，从业人员3.5万人，全年完成营业收入32亿元。8月13日，省住房城乡建设厅下发文件，取消陕西省监理工程师作为职业资格的认定，并停止监理工程师从业人员资格认定工作。在过渡期内，陕西省监理工程师可继续从事监理工作。2015年，陕西通过全国注册监理工程师职业资格考试480人。10月12日，新修订的《陕西省房屋建筑和市政基础设施工程施工监理招标投标办法》公布，2015年11月1日起施行，有效期至2020年10月31日，共6章、61条。

【工程造价】 编制全国统一《房屋建筑与装饰工程消耗量定额》、《通用安装工程消耗定额》相关章节，接待调解造价纠纷2105件次。组织开展2015年度全省工程造价咨询企业营业收入排序前20名活动。

【建筑装饰】 截至2015年底，完成总产值1575亿元，同比增长5%。32个工程项目获2015年陕西省建筑装饰(公共建筑装饰类)优质工程奖，7个工程项目获2015年陕西省建筑装饰(建筑幕墙类)优质工程奖。

【对外承包工程】 全年对外承包工程完成营业额22.04亿美元，同比增长23.3%；新签合同额32.89亿美元，同比增长181.4%；对外承包工程项下派出6664人，期末8488人，较上年同期分别增加377人和546人。

【稽查执法】 完成住房城乡建设部交办案件22件，受理网上举报案件102件、信件举报2件，配合省纪委对秦岭北麓202栋违法建筑的调查处理及责任追究研判工作。督办工程质量治理违法违规案件19件、侵占"三区四线"违法违规案件92起，对11起整改不力的城乡违法违规典型案件提请省政府通报。

建筑节能与科技

【概况】 省政府颁布《陕西省建设科技成果推广应用办法》。新增绿色建筑项目113个、1543.88万平方米，完成既有居住建筑供热计量与节能改造面积132.3万平方米，创建省级绿色生态城区2个、省级建筑产业现代化基地1个，获国家、省部级科学技术奖16项，中国建设工程施工技术创新成果奖5项，省建设新技术示范项目68项。

【绿色建筑】 以评价标识为抓手推动绿色建筑项目建设。全年新增绿色建筑评价标识项目113个，新增绿色建筑面积1543.88万平方米，绿色建筑占新建建筑比例为29.41%。评审确定省级绿色生态居住小区1个。9月2日，下发《关于印发〈陕西省绿色生态城区指标体系(试行)〉的通知》，突出城乡建设绿色发展、生态保护的基础上，注重与国家绿色生态城区示范、园林生态城市建设、海绵城市建设以及城市地下综合管廊建设等工作与要求的衔接，设置8个类别、23种类、60项指标。西咸新区沣西新城开展绿色建筑、水资源与水系统的专项试点，成为"中欧低碳生态城市合作项目"的10个之一，榆林市空港生态区作为中芬低碳生态城市示范区正式启动。

【科技创新】 省住房城乡建设厅印发《陕西省住房城乡建设科技计划项目管理办法》，9月1日起实施。组织实施住房城乡建设部科学计划项目立项23个，确定陕西省建设科技项目51个，其中23个被列入财政支持，28个被列为计划管理项目。68项工程通过验收被列为2015年度"陕西省建设新技术示范工程"，其中3项达到省内领先水平，16项达到省内先进水平，49项验收达标。

【建筑产业现代化】 省住房城乡建设厅与西安市城乡建设委员会、西安建工(集团)有限责任公司共同签订《陕西省建筑产业现代化基地实施责任书》。8月18日，召开全省建筑产业现代化工作推进会，西安市建委交流推进建筑产业现代化工作做法及政策，对建筑产业现代化工程技术标准和工程管理机制保障进行研讨，参观“兴盛家园”和“万科燕园”2个项目和西安建构实业有限公司装配式PC构件生产线。

【新型墙体材料】 印发《关于加强新型墙体材料和建筑节能产品使用管理工作的通知》，要求2～3年内逐步建成全省统一的新型墙体材料和建筑节能产品信用管理体系。对5个新农村节能示范项目进行政策扶持，补助资金243万元。全年认定新型墙体材料产品33个。3家企业被全国墙材革新工作委员会评为“全国新型墙体材料节能减排示范企业”，陕西建新环保科技发展有限公司被评为“全国建筑废弃物资源化利用示范基地”。

【创先评优】 西安建筑科技大学土木学院白国良教授团队完成的“钢—混凝土组合结构与混合结构体系关键技术及其工程应用”项目获2015年度国家科技进步二等奖，全省住建系统3个项目获2015年度陕西省科学技术一等奖，5个项目获二等奖，5个项目获三等奖；西安建筑科技大学等单位完成的型钢高强高性能混凝土结构的基本性能及设计计算理论研究项目获住房城乡建设部2015年华夏建设科学技术二等奖，陕西吉瑞工程技术有限公司等单位完成的集成式附着升降脚手架(JZJT-01型)项目被列为住房城乡建设部2015年建设行业科技成果评估项目目录，5个项目获中国建筑业协会2015年中国建设工程施工技术创新成果三等奖，68个项目被评为2015年度陕西省建设新技术示范项目。

建设人事教育工作

【概况】 2015年，全省住建系统建设人事教育工作以目标责任考核为抓手，结合“三严三实”专题教育，狠抓干部队伍和人才队伍建设，出台全省建筑工人职业培训相关政策，完成事业单位整合机构精简编制规范管理工作方案，加强干部履职专题讲座和培训，严格规范社团建设和管理。

【干部队伍建设】 对4名干部进行轮岗交流，8名处级干部试用期满转正；推荐2名干部赴住房城乡建设部挂职锻炼，接收安排2名地市住建系统人员到厅机关挂职锻炼，确定扶贫第一书记和驻村干部人选，事业单位完成岗位设置、人员聘岗，实行机构编制实名制管理，厅机关96人和厅直单位343人完成了初次录入，全年受理职称评审450人，其中高级105人、中级192人、初级153人。

【教育培训】 举办6期干部履职专题讲座和5期机关处室调研成果报告交流会，机关全体公务员、厅直单位主要负责人和部分地市住建系统相关人员参加。6名厅领导参加省委组织部举办的学习贯彻习总书记来陕视察重要讲话及全面推进法治陕西建设研讨班，54名干部参加省上举办的各类培训。编印的《全省新设街道办党政主要负责人培训授课讲义及相关法规文件汇编》发放到全省街道办。先后举办12期专业技术人员继续教育培训班，培训人员2259人。

【社团管理】 制定《厅管行业协会与行政机关脱钩工作实施方案》。截至2015年底，厅管行业协会全部完成脱钩，所有机关在职干部辞去兼任职务。对符合条件继续兼职的离退休领导干部，完善备案资料，按规定进行报批。

【职业培训】 5月29日，印发《关于加强建筑工人职业培训工作的实施意见》。截至12月底，全年集中组织4次全省住建领域现场专业人员岗位培训考试，参加考试人员12.3万人次；分33批对17980名现场专业人员继续教育进行考核。

【技能鉴定】 完善各类职业技能人员考核考试题库建设，制定职业技能人员考核鉴定工作程序，对新申报的培训考核机构进行考察评估。会同省人社厅职业技能中心对256名申请考评人员进行了培训和考核，179名人员通过考核。全年6209名职业技能人员进行职业技能考核鉴定。

【技能大赛】 9月19日至23日，组织代表队参加“燃气杯”第三届全国燃气行业职业技能竞赛。西安秦华天然气公司张炜获大赛“安装维修工”二等奖，宝鸡中燃公司魏军营获得“管道调压工”三等奖，均获得住房城乡建设部颁发的全国燃气行业“技术能手”称号。孙高強、朱锦程、杨卫轩、田炜等4位选手获得全国燃气行业职业技能竞赛荣誉称号，陈兴财获得国家“最佳裁判员”奖，吕锡胜、杨鸿斌、任鑫获得国家“优秀裁判员”奖，陕西省获得“优秀组织”奖。

“十二五”期间住房和城乡建设主要工作及成效

“十二五”期间，省住房城乡建设厅在省委省政府的领导下，提出“保持一个领先、突出三个重点、推动四个提升”工作思路，全面完成了“十二五”确定的各项任务，连续四年被授予年度目标责任考核“优秀单位”。

【保障性住房】 全省保障性安居工程累计开工242.83万套，累计完成投资3838.41亿元，解决

236.15万户困难群众的住房问题，圆满完成“十二五”确定的210万套任务。各项考核指标连续四年保持全国先进水平，实现“四个率先”：率先在全国提出保障面达到23%的目标，率先在全国开展“两房”并轨试点，率先在全国开展“和谐社区·幸福家园”创建，率先与国开行合作推进棚改，编制完成了2013～2017年棚户区改造规划和2015～2017年国有企业棚户区改造规划。

【房地产业】 全省房地产业保持平稳健康发展态势。房地产开发投资和销售平均增长度缓于“十一五”前的发展速度，但总体规模仍然呈扩大趋势。“十二五”时期，全省房地产投资达9952.86亿元，为“十一五”时期的2.7倍，年均增长15.3%。全省商品房销售面积14883.48万平方米，商品房销售额7734.72亿元，分别为“十一五”时期的1.7倍、2.8倍。

【城乡规划】 启动省域城镇体系规划、关天城市群规划和沿黄城镇带规划，提出建设黄河国家公园，完成关中城市群核心区总体规划第二阶段工作。推进开发边界划定和“多规合一”试点，全省“一核、两轴、两带、三走廊、四极”的城镇体系格局基本形成。建立城乡规划督察制度和队伍，建立健全城市规划遥感动态信息监测系统，在西部省(区)率先实施卫星遥感监测。

【小城镇建设】 通过实施重点示范镇和文化旅游名镇“双镇”建设。城镇化率达到53.92%。35个省级重点示范镇取得阶段性成果，累计完成投资479.12亿元，镇区面积扩大68.9平方千米，各重点示范镇相继建成一批新型工业园区、现代农业园区、文化旅游园区及现代物流园区，吸引企业990余家，提供就业岗位47.73万个，吸纳进镇人口51.5万人，“五年达标建成”任务圆满完成。各市政府相继确定119个市级重点镇。31个文化旅游名镇累计完成投资81.91亿元，创建4A级景区8个、3A级景区10个，实现旅游人数3117.86万人次，旅游收入达到127.84亿元，实现“三年出形象”目标。全面启动农村生活垃圾治理五年专项行动，4个县列入国家农村污水治理示范县创建试点，1039个新型农村社区建设成效明显，128个镇跻身国家重点镇，30个村落被评为中国传统村落，171个村落列入省级传统村落名录。

【建筑业】 出台《关于推进建筑业转型升级加快改革发展的指导意见》，全省累计完成建筑业总产值2.04万亿元，连续5年实现增加值占GDP的比重8.5%以上。建筑业从业人员年平均达106万人，其中农民工占80%左右，居各行业用工之首。全省共有建筑施工企业7903家，其中特级资质企业9家、一级总承包资质企业284家、一级专业承包资质企业占到469家。全省勘察设计行业累计完成总产值2258亿元，勘察设计企业达819家，从业人员6.87万人，有中国工程院院士2人、全国勘察设计大师27人。获得“鲁班奖”工程30项；获得国家工法32项、省级工法422项；创建省级文明工地1214个；授予227项工程“长安杯”。

【城镇人居环境】 出台《加强城市基础设施建设及鼓励社会参与城市基础设施建设的实施意见》，全省建成运行城镇污水处理厂118座、垃圾处理场96座，污水处理率达到83.2%，垃圾处理率达到85.4%，在全国城镇污水处理设施建设和运行综合考核一直位于前5名。全省公园119个，公园面积5649公顷，城市人均公园绿地面积12.66平方米，三年公厕建设任务超额完成，创建国家生态城市1个、园林城市3个、园林县城18个、省级园林(生态园林)城市(县城)60个，全省园林县城覆盖率达到87%；全面开展地下综合管廊和海绵城市建设，西咸新区成为全国海绵城市建设试点之一。

【建筑节能与科技】 出台《陕西省建设科技成果推广应用办法》，成为国内建设科技成果推广的第一部省级法规；34项建设科技成果获得陕西省科学技术奖(一等奖4项、二等奖17项、三等奖13项)，79个项目列为住房城乡建设部科技研发与示范项目。获得绿色建筑评价标识项目230个，总建筑面积2854.83万平方米，5个城市列为住房城乡建设部智慧城市试点示范，西安浐灞生态城被列为国家绿色生态示范城市，榆林市空港生态区成为全国首批中芬低碳生态城市合作三个试点城区之一；西咸新区沣西新城获批国家“中欧低碳生态城市合作项目专项试点示范城市”之一，5个县被住房城乡建设部、财政部列为可再生能源建筑应用示范县，推广应用建筑规模301万平方米，宝鸡市、咸阳市等地成为可再生能源建筑应用省级推广示范市县，推广应用建筑规模达174.4万平方米。推广示范太阳能光热、地热能利用技术涉及项目294万平方米。居住建筑供热计量及节能改造完成117个，共计966.96万平方米。

大事记

1月

13日　省住房城乡建设厅副巡视员魏龙、住房保障处副处长罗鹏飞做客陕西省政府网《在线访谈》，就百姓关心的保障房建设问题为广大网友进行解读。

22 日　省住房城乡建设厅召开全省住房城乡建设工作会议，传达学习全国城市规划建设工作座谈会、全国住房城乡建设工作会议精神和庄长兴副省长在调研时的讲话，总结 2014 年工作，安排部署 2015 年任务。省住房城乡建设厅党组书记、厅长杨冠军作工作报告。商洛市、延安市、咸阳市、汉中市、安康市住建行政主管部门和石泉县政府、合阳县政府进行大会发言。

27 日　海绵城市建设国际研讨会暨中国海绵城市建设(LID)技术创新联盟成立大会在西咸新区沣西新城召开。全国政协人口资源环境委员会副主任委员、住房城乡建设部原副部长、中国城市科学研究会理事长仇保兴发表主题演讲。美国华盛顿州西雅图市共用事业管理局高级环境工程专家、美国环境工程师协会(Low Impact Development Modeling)委员会主席、美国环境工程师协会都市水资源研究委员会常委、LID 模型委员会主席佘年，新加坡 CPG 集团副总裁陈绍彦等 10 多位专家作了研讨发言。

2 月

15 日　省人社厅、住房城乡建设厅、安监局、总工会联合《转发人社部住房城乡建设部安监总局全国总工会〈关于进一步做好建筑业工伤保险工作意见〉的通知》，要求陕西境内所有建筑企业(含省外在陕西境内承建建设项目的所有建筑施工企业)都应参加工伤保险，以维护建筑业职工工伤保障权益。

3 月

16 日　印发《2015 年工程质量安全工作要点》，确定三项重点目标，即：扎实推进工程质量治理两年行动，严格落实质量终身责任；加强监管方式改革创新，确保建筑安全生产形势稳定好转，强化常态化扬尘治理，确保建筑施工扬尘得到有效控制。

17 日　全省建筑节能与墙体材料改革办公室主任座谈会在西安召开，省住房城乡建设厅党组成员、总工程师高小平出席会议并讲话。会议确定 2015 年全省建筑节能与墙改工作的总体思路，西安市城乡建设委员会、安康市住建局等单位作了会议发言，西安市、宝鸡市等设区市，杨凌示范区、西咸新区负责人参加会议。

24 日　全省首家省级建筑产业现代化基地在临潼挂牌，该基地由西安建工(集团)有限责任公司建设。

27 日　省住房城乡建设厅举办处级以上干部学习贯彻习近平总书记来陕视察重要讲话全面推进法治陕西建设研讨班，副厅长郑建钢做动员讲话。研讨班 4 月 10 日结束。

4 月

2 日　省住房城乡建设厅和省金融工作办公室联合下发《关于在工程建设领域推行银行保函和工程信用担保的通知》，在工程建设领域推行银行保函或工程信用担保制度。

8 日　全省保障性安居工程和重点示范镇建设领导小组会议召开，副省长庄长兴主持会议并讲话。会议讨论研究 2014 年度全省保障性安居工程和重点示范镇、文化旅游名镇考核表彰事宜，安排部署 2015 年小城镇建设、保障性安居工程特别是棚户区改造工作。全省保障性安居工程和重点示范镇建设两个领导小组成员单位负责人参加会议。

10 日　西咸新区沣西新城被批准为 2015 年全国海绵城市建设试点城市，这是西北地区首个入选城市。

27 日～28 日　住房城乡建设部建筑市场监管司吴慧娟司长、张毅副司长等一行 6 人来陕围绕“健全建筑市场监管制度、提高从业人员素质、建筑施工组织实施方式改革、减轻建筑业企业负担、建筑企业深化改革”进行专题调研。

5 月

8 日　由省政府、何梁何利基金会、中国科学院紫金山天文台共同主办，中国建筑西北设计研究院承办的“张锦秋星”命名仪式暨“承继与创新”建筑学术报告会在西安大明宫遗址丹凤门举行。国际小行星中心命名委员会批准，将国际编号为 210232 号的小行星正式命名为“张锦秋星”。

14～15 日　全国住房城乡建设系统文明办主任座谈会暨培育和践行社会主义核心价值观推进会在西安举行。会议总结了 2014 年全国住建系统精神文明建设工作取得的成绩和进展，安排部署了 2015 年精神文明建设工作。

20 日　省住房城乡建设厅举办全省建筑施工现场关键岗位管理推进和建筑业企业新资质标准宣贯会，对全省建筑施工现场关键岗位实名制管理工作进行动员部署，郑建钢副厅长参加会议并讲话。

22 日　印发《关于进一步推进全省勘察设计行业加快发展的指导意见》。

29 日　厅印发《关于加强建筑工人职业培训工作的实施意见》，进一步强化提高建筑工人素质和技能水平。

同日　由省城乡规划设计研究院、省城乡规划协会主办的“2015 陕西城乡规划论坛”在西安举行。本次论坛以“园林走进生活”为主题。省住房城乡建设厅总工程师高小平出席论坛并在开幕式上致辞。全省规划、园林、绿化主管部门，园林协会会员单位，园林行业专家、学者200余人参加了论坛。

6月

20日　省住房城乡建设厅和省工商局下发文件，从6月20日起，在全省范围内开展为期三个月的房地产市场广告专项治理活动，整顿和规范房地产广告发布秩序。

29日　省长娄勤俭主持召开住建项目建设推进会，省住房城乡建设厅杨冠军厅长汇报全省保障性住房、棚户区改造和城市基础设施建设情况。娄勤俭强调，要按照“四化同步”的要求统筹推进保障性住房、棚户区改造和城市基础设施建设。常务副省长姚引良、副省长庄长兴出席会议，省政府秘书长陈国强，省政府副秘书长胡保存、张光进等参加会议。

7月

13日　住房城乡建设部、国家旅游局公布第三批全国特色景观旅游名镇名村示范名单，陕西咸阳市永寿县永平镇、彬县太峪镇、武功县武功镇、榆林市绥德县名州镇、安康市岚皋县花里镇、旬阳县蜀河镇6镇名列其中。

15日　住房城乡建设部质量安全监管司副司长王英姿率队的全国工程质量治理两年行动监督执法第8检查组来陕督导检查，在安康市召开汇报会，省住房城乡建设厅副厅长郑建钢出席会议。

28日　省住房城乡建设厅印发《转发住房城乡建设部〈关于印发海绵城市建设绩效评价与考核办法(试行)〉的通知》，要求各设区市在推进海绵城市建设中贯彻执行。

8月

6日　省住房城乡建设厅公布2015年度陕西省建设工程长安杯奖(省优质工程)评选结果，授予亚华国际酒店等49项工程为“2015年度陕西省建设工程长安杯奖(省优质工程)”称号。

12日　省政府在渭南召开全省城乡规划暨小城镇建设工作座谈会。会上印发副省长庄长兴的书面讲话，省住房城乡建设厅厅长杨冠军传达省政府主要领导主持召开的关于加快推进重点示范镇、文化旅游名镇项目建设会议精神，通报了全省城乡规划及小城镇建设情况。

13日　省住房城乡建设厅、省质监局联合下发《关于加强工程建设标准化发展的实施意见》，多项措施推动全省工程建设标准化工作。

17日　省住房城乡建设厅下发《关于开展建筑施工安全生产大检查深化“打非治违”和专项整治工作的通知》，要求有效防范和减少生产安全事故发生。

9月

2日　省住房城乡建设厅印发《陕西省绿色生态城区指标体系(试行)》的通知。

15日　省住房城乡建设厅印发《全省物业管理专项治理整顿实施方案》的通知，在全省开展物业管理专项治理整顿活动。

16～17日　住房城乡建设部副部长易军一行来陕调研建筑业改革发展工作。省长娄勤俭会见易军副部长及其随行人员，副省长庄长兴、省政府副秘书长胡保存参加部分调研活动，省住房城乡建设厅厅长杨冠军陪同调研。

17日　省政府与住房城乡建设部在西安正式签署共建西安建筑科技大学协议。住房城乡建设部副部长易军、副省长庄长兴分别代表住房城乡建设部、陕西省政府签署共建协议。

29日　省住房城乡建设厅和国开行陕西分行共同举办政府购买棚改服务培训班，省住房城乡建设厅党组书记、厅长杨冠军和国开行陕西分行党委书记、行长黄俊参加开班仪式并讲话。

同日　国务院正式批复设立安康高新技术产业开发区，这是秦巴山区唯一的国家高新区。

10月

8日　省住房城乡建设厅编印的《陕西城乡建设统计年鉴2014》下发各市、县(区)。《年鉴》首次对2014年全省城乡建设情况进行了对比分析，发布《陕西省城乡建设统计概述》；首次单独收录全省35个重点示范镇、31个文化旅游名镇、18个省上跟踪考核的市级重点镇建设统计年报数据。

12日　省住房城乡建设厅印发《陕西省房屋建筑和市政基础设施工程施工监理招标投标办法》，进一步规范全省房屋建筑和市政基础设施工程施工、监理招标投标活动。

15日　省政府召开全省棚户区改造工作电视电话会议，副省长庄长兴出席会议并讲话。胡保存副秘书长主持会议。省住房城乡建设厅杨冠军厅长总结了前三季度全省棚改和保障性住房工作进展情况，对下一步抓好棚改和保障性安居工程建设提出具体要求。

19～20日　住房城乡建设部副部长王宁一行来陕调研棚改及住房公积金管理工作。副省长庄长兴参加调研座谈，省住房城乡建设厅厅长杨冠军陪同调研。调研组深入宝鸡市金河尚居保障房小区和东仁堡棚户区改造项目，听取有关情况的汇报后，王宁对陕西保障性安居工程建设，特别是棚户区改造工作的创新探索和取得的成效给予充分肯定。

22日～25日　在澳门威尼斯人金光会展中心举行的2015澳门国际设计联展暨第二届“金莲花”杯国际设计大师邀请赛上，中建西北院总建筑师张锦秋院士荣获“设计中国杰出贡献奖”。

27日　省政府在西咸新区召开全省城市地下综合管廊和海绵城市建设工作推进会，副省长庄长兴出席会议并讲话。与会代表现场观摩西咸新区城市地下综合管廊和海绵城市建设成果和经验。

11月

4日　省住房城乡建设厅下发《关于进一步加强全省无障碍环境建设的通知》，贯彻落实《陕西省实施〈无障碍环境建设条例〉办法》。

6日　中建西北院规划景观所设计的“嘉峪关市中华龙文化景区景观设计”项目获中国建筑学会、国际园林景观规划设计行业协会颁发的第五届国际园林景观规划设计大赛公园类“年度十佳景观设计奖”。

17日　住房城乡建设部稽查办副主任朱长喜率检查组来陕检查工程造价管理改革任务落实情况，听取西安市工程造价管理改革情况，与省内设计、施工、造价领域的企业代表进行了座谈。

18日　国家发改委、住房城乡建设部等11个部门联合印发《关于公布第二批59个国家新型城镇化综合试点地区名单的通知》，陕西省西咸新区、韩城市名列其中。

24日　第二轮《陕西省志·建设志》通过了陕西省地方志编纂委员会的终审。省地方志编纂委员会副主任、省地方志办公室主任王锦春，省住房城乡建设厅副厅长张阳参加终审会议并讲话。省地方志办公室副主任吴玉莲主持会议。

26日　省住房城乡建设厅、财政厅下发《关于开展地下综合管廊建设省级试点工作的通知》，选择2个市(区)作为综合管廊建设省级试点城市。

同日　省住房城乡建设厅、财政厅、水利厅下发《关于开展海绵城市建设省级试点工作的通知》，选择2个市(区)作为海绵城市建设省级试点城市。

27日　国家发改委公布的第二批国家新型城镇化综合试点地区名单，陕西省西咸新区、韩城市在列。

12月

3日　省住房城乡建设厅公布2015年陕西省优秀工程勘察设计奖评选结果，284个项目获奖。第十八次优秀工程设计(建筑类)一等奖18项、二等奖16项、三等奖28项，优秀工程设计(市政类)一等奖11项、二等奖14项、三等奖20项，优秀园林景观专项设计一等奖1项、二等奖1项、三等奖1项；第十二次工程建设优秀标准设计一等奖4项、二等奖2项、三等奖3项，第十六次优秀工程勘察一等奖15项、二等奖19项、三等奖24项；第十七次优秀工程设计(工业类)一等奖26项、二等奖32项、三等奖36项，第十二届工程勘察设计计算机优秀软件一等奖3项、二等奖5项、三等奖5项。

21日　住房城乡建设部公布2013～2014年度国家级工法404项，陕西有10项工法名列其中。

同日　中铁第一勘察设计院陕西铁道工程勘察有限公司测量工张斌、中铁二十局四公司铁路电力运输分公司电力机车司机长刘正林获“陕西省第五届十大杰出工人”称号。

24～25日　省住房城乡建设厅召开全省建设系统新闻宣传工作座谈会暨通讯员培训会。《中国建设报》社社长翟建、省住房城乡建设厅副厅长张阳出席会议并讲话。截至年底，全省建设系统在《中国建设报》《陕西日报》等媒体上发表稿件539篇，政府网转载稿件120篇，陕西广播电视台播出新闻106条。

29日　省建筑业协会召开全省“争创鲁班奖”座谈会。总结全省“鲁班奖”获奖情况，通报2014～2015年鲁班奖获奖单位，部分获奖单位作了交流发言。省住房城乡建设厅副厅长郑建钢参加会议并讲话。

（陕西省住房和城乡建设厅）

甘肃省

住房保障

【保障性安居工程建设】　2015年，国家下达甘肃省棚户区改造和保障性住房建设计划：新开工棚户区改造住房和保障性住房15.7796万套(户)，基本建成6.0968万套，新增租赁补贴发放1.9156万户。截至12月底，全省实施棚户区改造和开工建设保障性住房15.7796万套(户)、开工率为100%，基本建成棚改安置住房和保障性住房8.88万套、基本建成任务完成率为145.6%，发放住房租赁补贴7.87万户、21.59万人、资金1.395亿元(其中新增发放住房租赁补贴1.9849万户，占年度计划的103.6%户)。完成投资328.26亿元，占年度计划总投资的100.2%。全省争取落实2015年棚户区改造和保障房建设中央及省级补助资金70.71亿元，其中中央补助资金60.12亿元、省级补助资金10.59亿元。

【保障性安居工程组织实施】 2015年，省委省政府继续把保障房建设和棚户区改造纳入为民办实事项目进行督办考核。制定出台《甘肃省人民政府关于加快城镇棚户区改造及配套基础设施建设的实施意见》，提出把国家对棚改(城乡危房改造)基础配套设施建设政策与全省历史文化名城、名镇、名村保护传承相结合，与新型城镇化建设相结合，与国家正在实施的城市综合管廊改造建设、海绵城市建设政策相结合，与住房公积金贷款支持保障房建设项目试点城市政策相结合。出台《甘肃省人民政府关于促进房地产业持续稳定健康发展的意见》，明确经济新常态下棚户区改造对促进全省房地产业持续健康发展的作用。印发《棚户区改造货币化安置实施意见》，加大棚改货币化安置。全年全省货币化安置4.87万户，货币化安置率为41.88%。出台《关于进一步做好中央在甘企业、省属国有企业棚户区改造的指导意见》。足额落实国开行甘肃省分行对省级平台棚改贷款350亿元的授信额度，为全省加快推进棚改提供有力支持。针对全省各地在项目建设中存在的困难，协调国开行甘肃省分行进一步放宽贷款申报条件，准予以“四函”(立项意见函、环评预审函、土地预审函、规划复函)代替“四证”(国有土地使用证、建设用地规划许可证、建设工程规划许可证、建设工程施工许可证)的方式申请项目贷款；调整棚改项目贷款资金使用的灵活性，提高资金的使用效率。印发《关于加强全省城镇保障性安居工程建设风险防控的通知》，及时防范和避免重大风险发生。配合住房和城乡建设部派驻甘肃督查组先后10次对各地项目建设进行督查。对各地2012年以来中央和省级补助资金使用、监管和结余情况进行专项督查。建立全省保障性安居工程信息系统和住房保障电子档案库。

【住房公积金管理】 截至12月底，全省住房公积金缴存余额705.95亿元，同比增长10.75%，个人贷款余额407.33亿元，同比增长44.69%；个贷率为57.70%，同比提高13.53个百分点；住房公积金使用率为75.83%，同比提高10.19个百分点。全省当年新增缴存额193.71亿元，同比增长11.17%；发放个人住房贷款183.34亿元、6.67万笔，同比分别增长67.87%、32.86%，累计提取廉租(公租)住房建设补充资金25亿元。

2015年，省政府与14个市州政府分别签订住房保障目标责任书，将住房公积金缴存、贷款、使用水平和安全风险等主要指标作为考核内容列入住房保障目标考核管理。截至12月底，全省住房公积金年度个贷发放额、个贷率任务均超额提前完成全年计划目标，有25个区县提高缴存比例，缴存比例在10%以上的县市区达到82个。5月，省政府出台《甘肃省人民政府关于促进房地产业持续稳定健康发展的意见》，要求充分发挥住房公积金的作用。各市州及时出台住房公积金“新政”，提高贷款额度，延长贷款年限；进一步降低首付比例，取消贷款中间费用，全面推进异地贷款，放宽租房提取条件，探索住房公积金统筹调剂使用。为切实加强住房公积金廉政风险防范工作，开展全省公积金廉政风险防控检查工作，将住房公积金列入全省审计计划安排。截至12月底，全省住房公积金个人住房贷款逾期额574.4万元，逾期率为0.14‰，低于国家规定的风险控制线1.5‰。按照全国实行住房公积金基础数据统一标准以及开通银行结算系统接入工作的总体要求，在天水、陇南等4个公积金管理中心开展试点工作。截至12月底，全省利用住房公积金贷款支持保障性住房建设试点项目申请贷款额度17.75亿元，已发放贷款14.28亿元，已回收贷款8.79亿元，项目贷款余额5.49亿元，发挥住房公积金制度在住房保障中的重要作用。建设12329住房公积金服务热线，覆盖全省14个市州和9个行业分中心。为落实《关于健全住房公积金信息披露制度的通知》要求，14个市州通过政府网站、住房公积金中心网站、新闻媒体、报刊等渠道按期向社会披露住房公积金年度报告，发布全省住房公积金“新政”运行效果。在不断转变服务方式，提高服务质量的同时，通过强化住房公积金目标落实的主体责任，实行住房公积金贷款日报、周报、按月分析通报制度，组织督查等措施，丰富管理手段，加大监管力度。

房地产业

2015年，全省房地产开发投资768亿元，同比增长6.46%，高于全国增速5.46个百分点，房地产开发施工面积8586.18万平方米，同比增长

12.09%，高于全国增速10.79个百分点，房地产开发新开工面积2312.65万平方米，同比增长12.79%，高于全国增速26.79个百分点；房地产开发竣工面积962.24万平方米，同比增长18.32%，高于全国增速25.22个百分点，商品房销售面积1434.96万平方米，同比增长8.26%，高于全国增速1.76个百分点。

【市场监管】 5月24日，省政府出台《甘肃省人民政府关于促进房地产业持续稳定健康发展的意见》。各市州按照《甘肃省住房和城乡建设厅关于对全省房地产市场督查调研的通知》要求，从加大全省房地产领域重点开发项目建设、加强棚户区改造和保障房项目及配套设施投资拉动房地产业发展、引导住房消费和促进经济增长作用几个方面组织进行自查。建立房地产交易日报制度，实现每日按时报送新建商品房、二手房当日成交数据。按要求完成上报《房屋登记情况》、《房屋概况》、《国有土地上房屋征收情况》、《住宅专项维修资金情况》4张年报表。每月月初和月末，分别汇总完成行业内上报的和统计部门提供的房地产统计数据并形成分析报告。建立重点房地产开发项目半月报制度，为进一步做好重点房地产开发项目服务监测，全面、及时、准确掌握房地产市场动态及变化趋势奠定基础。印发《关于开展防范打击非法集资专项行动工作的通知》，在全省开展非法集资风险的排查活动。

【国有土地上房屋征收与补偿】 起草《甘肃省国有土地上房屋征收与补偿条例》（草案征求意见稿）。根据《住房和城乡建设部关于推进国有土地上房屋征收与补偿信息系统建设的指导意见》，研究制定《甘肃省国有土地上房屋征收与补偿信息系统建设实施方案》，并于2015年5月7日印发全省施行。

【物业管理】 截至2015年底，全省物业服务企业1979家、物业管理从业人员64967人、服务项目5567个、管理面积19211.19万平方米。其中，住宅项目3747个，管理面积17572.48万平方米(5万平方米以上的住宅小区1247个，管理面积6423.78万平方米)，办公楼项目1176个，管理面积993.38万平方米，商品营业用房项目320个，管理面积847.27万平方米；工业仓储用房项目47个，管理面积241.42万平方米，其他项目167个，管理面积412.73万平方米。

根据住房和城乡建设部通知要求，向各市州印发《甘肃省住房和城乡建设厅关于开展全省住宅专项维修资金普查的通知》。

城市规划

【规划编制】 7月10日，《甘肃省城镇体系规划(2013—2020)》成果通过省政府第86次常务会议审查。印发《甘肃省新型城镇化试点“多规合一”课题研究和规划标准体系编制》(试行)。17个“多规合一”试点县市中敦煌市、玉门市、高台县、永昌县、华亭县、静宁县、康县7个先行先试“多规合一”试点县市规划成果已编制完成。兰州市第四版城市总体规划经国务院批复实施。敦煌市、平凉市总体规划经省人民政府批复实施。武威市、白银市城市总体规划纲要已通过省上审查。定西市、天水市、玉门市、临夏市正在开展新一版总体规划纲要编制工作。庆阳市启动新一轮总体规划修编的前期工作。《敦煌历史文化名城保护规划(2013-2030年)》经省政府批准实施。天水市、武威市历史文化名城保护规划报住房和城乡建设部审查。完成酒泉市、灵台县、灵台县朝那镇、静宁县界石铺镇继红村保护规划审查。公布张掖市甘州区文庙巷等4个街区为第一批甘肃省历史文化街区。向住房和城乡建设部报送3个国家级历史文化名城、3个中国历史文化名镇的项目申报材料。开展历史文化名城保护规划实施行动计划制定和保护性建筑的普查、信息填报工作。对《敦煌市城市总体规划(2013—2030)》进行局部调整优化并与《敦煌市“多规合一”总体规划(2015—2030)》衔接，调整后的《敦煌市城市总体规划(2013—2030)》已经省政府批准实施。《敦煌市“多规合一”总体规划(2015—2030)》成果已报送住房和城乡建设部。做好“敦煌大剧院”项目选址及“文博会”有关项目用地布局优化等工作。开展《甘肃省省域城镇风貌体系研究》，组织编制《甘肃省城镇风貌指南》和《甘肃省城镇风貌规划编制导则》并印发实施。

【规划管理】 完成25个县城的总体规划和57项城市控制性详细规划的备案工作。对2012年印发的《甘肃省建设项目选址规划管理办法》进行修订并重新印发。全年共核发建设项目选址意见书59项，完成金昌市、高台县等20个开发区(工业集中区)发展规划与城乡规划符合性审查并出具审查意见。

【新型城镇化试点工作】 1月22日，召开全省推进新型城镇化试点工作会议，对试点工作进行安排部署。组织对2014年度新型城镇化试点工作情况进行考核评价。建立2015年试点县镇重点工作和重点项目库。8月20日，召开全省新型城镇化试点工作座谈会。11月27日，召开全省推进新型城镇化试点工作领导小组扩大会议。加强试点工作宣传力度，编辑两期《试点工作动态》，通过甘肃日报对试点工作进行宣传报道。加大在试点县镇实施棚户区改造等保障性住房建设、城乡危房改造及配套基础设施建设、海绵城市建设、城市综合管廊建设、交通体系建设及公共基础设施建设力度。截至2015年底，全省新型城镇化试点县、镇共申报项目4107个，涉及总投资7102.6亿元。

建筑业

【建筑市场服务与管理】 5月7日，印发《关于转发住房和城乡建设部〈建筑业企业资质管理规定〉及〈建筑业企业资质管理规定和资质标准实施意见〉的通知》。为做好全省建筑业企业资质换证工作，组织对《建筑业企业资质管理规定》和《建筑业企业资质管理规定和资质标准实施意见》进行宣贯和培训，截止到12月31日，共换发新版资质证书349家。为实现全国建筑市场监管互联互通，采用住房和城乡建设部数据标准，按照“四库一平台”的建设模式，推进企业、注册人员、工程项目三大基础数据库和企业诚信信息的关联整合，督促各市州完善项目数据库。7月2日通过省级建筑市场监管与诚信一体化工作平台验收，实现部、省建筑市场监管与诚信信息实时互联互通。起草全省建筑市场诚信体系评价办法。贯彻落实住房和城乡建设部关于加强省外企业管理的要求，进一步加强对在市、州注册的建筑业企业资质动态监管。根据住房和城乡建设部《关于加强建设工程企业资质申报业绩核查工作的通知》要求及协查通知，共核查外省企业在甘肃省施工的工程业绩8项。

2015年，甘肃路桥建设集团有限公司升为公路工程总承包特级资质，至此甘肃省特级资质施工企业共有3家。截至年底，全省共有建筑业企业3129家，其中施工总承包企业1162家、专业承包企业1632家、劳务分包企业335家，从业人员90万人。全年建筑业总产值完成4550亿元、建筑业增加值完成703.88亿元，占全省GDP的10.3%，建筑业在全省国民经济中的支柱产业作用更加突出。

工程建设

【工程建设管理】 2015年，共办结施工许可申请15项，办理竣工验收备案4项；受理监理企业升级、增项45家，受理工程监理企业申报甲级资质9家，完成135家监理企业信息审核、22家次监理企业信息变更申请、123家次省外监理企业进甘备案，核准检测机构资质28家、预拌混凝土专项试验资质83家、建筑施工企业安全生产许可证321家、安全生产考核合格证书11022人，核准工程质量检测机构资质延期48家，预拌混凝土公司专项试验室资质延期87家、建筑安全生产许可证延期361家、安全生产考核合格证书延期8108人，核准监理企业资质延期19家，审核变更建筑施工企业安全生产考核合格证187家、安全生产考核合格证书2935人，对参加2014年全省建设工程质量安全监督人员上岗培训考核合格的465人发放监督员岗位合格证书，对全省99家监督机构进行考核、通报。对全省建设工程质量检测从业人员进行上岗考核和延期复核；对甘肃建投装备制造有限公司特种作业人员进行试点考核，下发《甘肃省建设工程安全质量监督管理局关于公布2015年第一批建筑施工特种作业人员培训机构名单的通知》。2014至2015年度，甘肃省共获鲁班奖3项，分别为甘肃会展中心建筑群项目五星级酒店工程、5000吨/年 镍及镍合金板带材—冷轧热轧车间、红色南梁革命纪念园。完成2015年飞天奖项目的评审工作，对41项飞天奖工程和6项飞天金奖工程予以公布并颁奖。

省住房和城乡建设厅参与协调解决宝兰客专、中川铁路、干武二线、天平铁路、兰合铁路、敦格铁路涉及的拆迁问题，参与完成兰新第二双线涉及的酒钢大草滩水源地迁建方案和费用的审核，协调解决兰渝铁路桃树坪隧道上方住户过渡及桃树坪小学过渡安置问题和宝兰客专涉及的集中安置点“三通一平”工作，参加了省政府组织的全省重大项目督查工作和“6873”重大项目推进工作。

【工程安全质量监督】 2015年，全省共监督房屋建筑及市政基础设施工程11781项、总建筑面积11626.9万平方米，市政工程长度1204千米，工程总造价2987.2亿元，竣工工程2584项(一次性竣工验收合格率为100%)。全年全省共开展各类专项及综合监督执法检查2527次、17215项工程，下发整改通知书3057份、局部停工通知书1060份，实施行政处罚83起，曝光违法违规案例100余起。开展飞行检查303次、3684项工程。严格执行书面承诺制、永久性标牌制、质量信息档案制三项制度。全省新办理质量监督手续工程4173项，其中签署授权书、承诺书的工程3674项，补签授权书、承诺书的工程2015项，新办理竣工验收备案的工程1694项(其中设立永久性标牌的工程1353项，建立质量信息档案的工程1086项)。对147家检测机构的钢筋(含焊件与机械连接)力学性能检验、混凝土试块抗压强度检测进行数据上传监控，上传检测报告 916063 份。全年全省未发生重大及以上建筑施工安全事故，建筑施工安全事故死亡人数 14 人，比 2014 年下降 7%。

制定住房城乡建设领域全面排查安全隐患实施方案、住房城乡建设系统开展落实危险性较大分部分项工程安全管理措施专项行动实施方案、全省房屋建筑和市政基础设施工程施工安全质量大检查和"六打六治"专项行动方案并对市州落实情况进行了抽查。对重大工程建设、轨道交通建设、保障性住房建设、农村危旧房改造、应急事故处置方面的安全质量工作进行安排部署。1 月 9 日召开全省住房和城乡建设系统质量安全工作电视电话会议，在全省范围内开展全省建筑施工冬季安全生产大检查活动。1 月 21 日印发《住房城乡建设领域全面排查安全隐患实施方案》，开展住房城乡建设领域安全隐患全面排查。3 月 13 日召开全省建设工程质量安全监管工作会议，对开展工程质量治理两年行动进行再部署、再动员，与各市州签订安全目标责任书。3 月 13 日组织召开建筑信息模型(BIM)技术应用讲座。4 月至 12 月，开展住房城乡建设系统落实危险性较大的分部分项工程安全管理措施专项行动，各级质量监督机构对 5517 项工程危险性较大分部分项工程进行检查。4 月 8 日至 22 日，对全省工程质量治理两年行动开展实施情况及建筑工程施工安全进行督查，共抽查工程项目 70 个，发出整改通知书 37 份、执法建议书 24 份。7 月 1 日至 3 日，配合住房和城乡建设部轨道交通工程质量安全检查组对兰州市轨道交通 1 号线一期工程 3 个工区进行检查。7 月 16 日和 12 月 29 日，分别组织召开全省建筑工程质量安全监管信息系统研讨会，对基本建成的监管信息系统从计划实现的目标、系统编制设计的依据、系统的主要功能、系统的建设模式以及系统现场应用 5 个方面进行讨论交流，对各市州质量安全监督机构建设本地平台时间以及与省级监管平台互联互通的时间提出具体要求。8 月 10 日召开全省建设系统安全生产工作电视电话会议，安排部署全省住房和城乡建设系统安全生产工作。9 月下旬至 10 月中旬，组织各市州互查，共检查在建工程 101 项、总建筑面积 188.67 万平方米、造价 32.1 亿元。11 月 17 日至 12 月 7 日，对全省工程质量检测机构及预拌混凝土企业进行专项检查。12 月 17 日至 24 日对岷县漳县 6.6 级地震灾后重建公共建筑及市政设施工程进行抽查。12 月 29 日召开全省建筑工程施工安全质量异地大检查总结会。指导督促各地适时开展各类在建工程施工安全生产应急演练工作。推进建筑面积超过 2 万平方米或投资超过 3000 万元的房屋建筑工地、轨道交通建设、城市桥梁、隧道等重点工地、重大工程视频监控系统的建设工作。制定印发《甘肃省建筑施工安全生产标准化考评实施细则(暂行)》、《甘肃省住房和城乡建设厅关于进一步加强建筑施工附着式升降脚手架安全管理的通知》、《甘肃省住房和城乡建设厅关于加强建筑项目施工中扬尘污染防治工作的通知》、《关于启用甘肃省建筑工程质量试验检测常用表格的通知》、《甘肃省发展和改革委员会关于建设工程质量试验检测标准的批复》等 84 份与质量安全相关的规范性文件和通知；起草《甘肃省建设工程质量和安全生产管理条例》、《甘肃省工程建设工法管理办法》、《甘肃省建筑工程施工资料管理规程》、《甘肃省房屋建筑和市政基础设施工程质量安全管理"十三五"规划》。

【工程招标投标管理】 2015 年由省招标办监管进入省公共资源交易平台的招标工程 258 标段次，工程中标总价 72.5 亿元。其中依法公开招标工程 240 标段次，工程总造价 69 亿元；依法邀请招标工程 18 标段次，工程总造价 3.5 亿元。印发《甘肃省住房和城乡建设厅关于进一步明确非国有资金投资工程建设项目发包方式的通知》。组织完成《建设工程计算机辅助评标系统-资格审查评审系统》的研发，从 2015 年 5 月 1 日起施行。组织完成《甘肃省房屋建筑和市政基础设施工程标准勘察招标文件》、《甘肃省房屋建筑和市政基础设施工程标准设计招标文件》、《甘肃省房屋建筑和市政基础设施工程标准监理招标文件》、《甘肃省房屋建筑和市政基础设施工程标准电梯采购与安装招标文件》的软件开发，从 2015 年 6 月 1 日起全部施行电子化申报。组织研发资格预审、勘察、设计、电梯、监理项目的电子招标投标系统，从 2015 年 8 月 1 日起正式施行，自此甘肃省房屋建筑和市政基础设施工程的招标投标全部实现无纸化电子化招标投标。修订印发《甘肃省房屋建筑和市政基础设施工程招标投标资格审查管理办法》，从 2015 年 12 月 1 日起施行。审核办理了 79 家招标代理机构资格申报、核查、审定、发证工作，其中申报初始暂定级 20 家、暂定级升乙级 7 家、乙级资格延续 38 家、乙级升甲级 8 家(住房和城乡建设部已核准 6 家)、代理机构资格证书变更 14 家。截至年底，全省招标代理机构共 150 家，其中甲级 13 家、乙级 75 家、暂定级 62 家。征集房屋建筑和市政基础设施工程评标专家 1300 人，其中新申报专家 718 人，复审专家 582 人。

【工程造价监管】 编制完成《甘肃省建筑安装

工程概算定额》、《甘肃省建筑安装工程概算费用定额》及配套的地区基价测算、报批、发布工作。完成《甘肃省农村建筑工程预算定额》编制方案。根据住房和城乡建设部2015年重点稽查执法工作方案要求，对2013年定额和2013国家工程量清单规范执行情况开展督查调研。按照住房和城乡建设部统一计划，编制完成《房屋建筑与装饰工程消耗量定额》木结构工程和保温、隔热、防腐工程两章。完成造价人员初始登记、继续教育登记、变更共5420人次。完成甘肃省建筑职业技术学院2015应届毕业生造价员考试共534人。完成2015年度甘肃省造价工程师、全国造价员资格考试共5736人。完成2015年度甘肃省136家工程造价咨询企业执业诚信评价活动，评出优秀企业28家、良好企业61家、合格企业44家。举办甘肃省工程造价咨询企业《中价协信用评价办法及信息化管理系统应用》研讨会，推进省甲级工程造价咨询企业与中价协信用评价体系平台顺利对接。完成2014年度工程造价咨询企业统计报表审核报送工作共130家；完成核查、组织评审、初次申请、资质延续、升级造价咨询企业18家，完成外省造价咨询企业分支机构备案及单项业务备案共7家。完成甘肃省工程造价执业印章审批共4批108家。完成咨询企业名称、注册资本金及股东变更8家。开通甘肃省2015年度工程造价执业人员网上继续教育课程。完成甘肃省建筑业企业规费标准核定，颁发《甘肃省建设工程费用标准证书》1385家、颁发外省入甘建筑业企业参加投标的《甘肃省建设工程费用标准证书(临时)》1018家、核定外省入甘建筑业企业承揽工程项目规费标准并颁发相应《甘肃省建设工程费用标准证书(外省入甘)》108项。根据《建设工程工程量清单计价规范》和《甘肃省建设工程工程量清单招标控制价管理办法》规定进行招标控制价备查40项。完成2015年度人、材、机市场价格信息采集发布工作。完成2015年度人工成本信息、住宅成本信息采集上报工作。完成2015年度全省各市州建设工程指标指数生成发布工作。完成《甘肃工程造价管理》、《甘肃工程造价信息》出版发行。

【省级政府投资项目代建】 2015年，组织实施和延续施工的在建项目共8项，总投资11.03亿元，当年累计完成投资4.4亿元。先后制定出台了省级政府投资代建项目《合同示范文本》、《合同管理办法》、《工程款审批支付程序》、《审计配合办法》、《工程移交管理办法》、《后期保修管理办法》。组织召开了全省第一次“政府投资项目代建管理座谈暨项目管理知识培训会”。

城市建设

【基础设施建设】 2015年，全省完成市政公用设施建设固定资产投资350亿元。全省16个设市城市人均道路面积15.3平方米，较2014年增长1.28平方米；用水普及率为94.95%，较2014年增长0.95%，污水处理率达到85%，较2014年增长5%，城市生活垃圾无害化处理率达到62.6%(兰州达到90%以上)，较2014年增长了16%，城市燃气普及率为83.48%，较2014年增长3.26%，人均公园绿地面积12.79平方米，较2014年增长1.03平方米。全省65个县城人均道路面积12.67平方米，较2014年增长0.28平方米，用水普及率为89.83%，较2014年增长0.74%，污水处理率为61.39%，较2014年增长20.75%，生活垃圾无害化处理率为60.87%，较2014年增长3.87%，燃气普及率为52.99%，较2014年增长4.19%，人均公园绿地面积6.92平方米，与2014年持平。全省设市城市(县城)共建设污水处理厂92座，其中已建成运行的88座、已建成试运行的2座、在建的2座，共建设城市(县城)生活垃圾无害化处理厂90座，其中已建成运行的84座、在建的6座。运营与在建的污水处理厂和垃圾处理厂已全部覆盖16个设市城市和65个县城。全省共有国家园林城市4个、国家园林县城5个、国家城市湿地公园2个；甘肃园林城市10个、甘肃园林县城16个、甘肃园林城区1个，国家级风景名胜区3处(麦积山、崆峒山、鸣沙山—月牙泉)、省级风景名胜区21处。2015年，嘉峪关市、玉门市、高台县荣获国家园林城市、园林县城荣誉称号。

【城市管理】 出台《关于加快全省污水处理设施建设工作实施方案》、《关于进一步加强全省城市供水水质管理的通知》、《关于创新全省城镇市政基础设施投融资机制鼓励社会投资的实施意见》、《甘肃省人民政府办公厅关于加快推进全省城市地下综合管廊建设的实施意见》、《甘肃省人民政府办公厅关于加快推进海绵城市建设的实施意见》、《2015年甘肃省建设系统国家循环经济示范区目标任务建设工作方案》。以城镇供水、水质监测、燃气管理、道路桥梁为重点，加强城镇市政公用设施安全运行监管。加强城市供水日常监督检查，组织开展全省城镇供水规范化管理考核实施情况检查，下发《甘肃省住房和城乡建设厅关于转发住房城乡建设部〈燃气经营许可管理办法〉和〈燃气经营企业从业人员专业培训考核管理办法〉的通知》，在全省开展燃气经营企业从业人员培训考核；制定《关于加快全省污水处理设施建设工作实施方案》，进一步加快推进全省污水处理设施建设工作，印发《关于印发〈甘肃省城市生活垃圾处理管理办法〉等三个文件的通知》，组织专家对全省6个生活垃圾无害化填埋场进行省级无害化等级评定，经过评审，麦积区、红古区海石湾镇、康县、皋兰县、永登县生活垃圾处理无害化处理场达到无害化标准。白银市进入全国首批10个地下综合管廊试点城市行列。为贯彻落实《国务院办公厅关于推进城市地下综合管廊建设的指导意见》，出台《甘肃省人民政府办公厅关于加快推进全省城市地下综合管廊建设的实施意见》。为贯彻落实《国务院办公厅关于推进海绵型城市建设的指导意见》，出台《甘肃省人民政府办公厅关于加快推进海绵城市建设的实施意见》。2月，制定《甘肃省城市地下管线普查工作实施细则》，全面普查城市范围内的供水、排水、燃气、热力、电力、通信、广播电视、工业等管线及其附属设施以及各类综合管廊，为全面推进全省城市地下管线建设管理工作提供了基础保障。6月，开展全省建设领域循环经济暨城市基础设施建设重点工作执法督查。7月3日，在平凉市召开全省城市基础设施建设推进暨现场观摩交流会。9月，转发《城市黑臭水体整治工作指南》，组织全省地级城市开展黑臭水体排查、整治。经过排查，全省共有黑臭水体17条(兰州市7条、平凉市4条、张掖市4条、天水市2条)，兰州市、平凉市、天水市、张掖市已将排查出的黑臭水体名单上报至《全国城市黑臭水体整治监管平台》，并制定相关的整治计划。组织专家对兰州市、天水市的轨道交通项目进行了技术审查。

村镇建设

【村镇规划编制】 制定印发《关于做好2015年村镇规划编制工作的通知》，要求各地启动建制镇控制性详细规划编制；启动村庄规划编制，核查县域村庄布局规划的编制情况，在2015年村镇规划建设专项经费中安排补助资金2100余万元，用于部分县(市、区)建制镇控制性详细规划、村庄布局规划和美丽示范村村庄建设规划的编制。全省镇乡总体规划实现全覆盖，村庄规划覆盖率达到85%，142个国家重点镇中有87个完成了控制性详细规划编制，55个正在编制，384个建制镇中(不含城关镇)，有191个完成了控制性详细规划编制，193个正在编制，82个县(市、区)已经完成县域村庄布局规划编制，4个正在编制。2015年的150个美丽示范村规划全部编制完成。按照全省新型城镇化试点工作的总体安排，以32个新型城镇化试点镇的控制性详细规划、风貌改造规划和“多规合一”规划编制作为重点，每个试点镇安排编制经费50万元。

【村镇建设管理】 2015年，共推荐10镇1村申报第三批全国特色景观旅游名镇名村，列入住房和城乡建设部审查的有9镇1村，有9个传统村落共争取中央补助资金2700万元，对各地遴选上报的83个行政村、76个非物质文化遗产的档案资料进行审查，并上报住房和城乡建设部申报第四批中国传统村落，组织申报第二批全国美丽宜居小镇6个、美丽宜居村庄10个。启动《甘肃省传统民居分类谱系》、《甘肃省传统村落概览》、《中国传统建筑解析与传承—甘肃篇》的编纂工作。组织完成村镇建设统计年报的审核上报工作。

【农村危房改造】 2015年，全省共完成农村危房改造21.8万户(超额完成省政府确定的14万户的目标任务)，争取中央补助资金19.25亿元(较2014年增加6.8亿元)、省级财政补助资金6.54亿元，截至年底全部竣工，完成投资170.04亿元。

先后组织召开全省农村危房改造工作会议、农房抗震设防现场会、革命老区和民族地区两个片区工作推进会、城乡危房改造及配套基础设施建设工作推进会。按照精准扶贫工作要求，在危改计划安排上重点支持贫困地区，优先解决革命老区，兼顾民族地区。共安排58个贫困县18.7万户，占年度计划的85.8%，安排17个插花县2.72万户，占年度计划的12.5%，安排庆阳市、平凉市和会宁县革命老区7.4万户，占全省21.8万户的33.9%，占革命老区精准扶贫建档立卡14.9万贫困危房户的49.7%，安排民族地区4.56万户，占全省21.8万户的20.9%，占全省民族地区精准扶贫建档立卡12.3万贫困危房户的37%。组织开展农村危房核查核实，并与精准扶贫大数据平台衔接，确保精准锁定危改对象。研究制订危房改造分市州、分年度实施计划。下发《甘肃省农村危房改造实施精准扶贫的意见》，按照精准扶贫“1+17”实施方案要求，将自筹资金有困难的贫困危改户纳入了精准扶贫小额贷款范围。组织开展全省精准扶贫农村危房改造工作督查，对各地政策宣传、方案制定、建档立卡、责任落实以及工作进展情况进行了全面督查。印发《甘肃省农村危房改造工程质量管理规定》、《农村危房改造最低建设要求》、《农村危房改造抗震安全基本要求》；严格执行“一申二评三核四批”的危改对象认定程序，实行三级审批，三榜公示，对补助资金实行专账管理、专款专用，以“一折通”方式由县级财政直接发放给补助对象，确保危改资金安全。

建筑节能与科技

【绿色建筑与建筑节能】 1月，印发《关于2014年全省绿色建筑任务完成情况的通报和2015年绿色建筑工作的安排》。5月，印发《关于全省绿色建筑工作情况的通报》，对没有绿色建筑项目的5个市州予以通报批评。7月，印发《甘肃省发展和改革委员会 甘肃省住房和城乡建设厅关于开展全省绿色建筑摸底统计工作的通知》，对全省应执行绿色建筑标准的新建建筑进行摸底统计。8月，组织开展全省绿色建筑工作专项检查，印发《关于全省绿色建筑工作情况专项检查的通报》。全年完成绿色建筑面积550万平方米，较2014年增长2.5倍。截至年底，已发布适宜本省气候条件、建筑特点的《绿色居住建筑设计标准》、《绿色公共建筑设计标准》、《绿色建筑施工与验收规范》等8本地方标准，绿色建筑地方技术标准支撑体系已初步建立。组织开展绿色建筑评价标识工作，全年有36个项目获得绿色建筑评价标识，其中甘肃省科学院自然能源研究所的“联合国工发组织国际太阳能中心科研教学综合楼”项目获得绿色建筑二星级运行标识。

2015年，新建建筑设计阶段执行建筑节能强制性标准比例达到100%、施工阶段执行建筑节能强制性标准比例达到98.41%。1月，接受财政部、住房和城乡建设部对甘肃省省级公共建筑能耗监测平台和高校节能监管平台的核查。3月，向兰州市、酒泉市、嘉峪关市、张掖市、金昌市、平凉市6市分解下达国家下达甘肃省的2015年既有居住建筑供热计量及节能改造任务320万平方米，拨付国家奖励资金12320万元、省级配套资金4500万元，11月采暖期前已全部完成相应任务。组织开展2014年既有居住建筑供热计量及节能改造项目验收工作，验收合格面积364万平方米。4月，召开全省可再生能源建筑应用示范市县工作会议，督促各示范市县加快进度，做好整体验收准备。6月～8月，先后对天水市、永靖县、宕昌县示范项目进行现场督查。6月中旬，开展“节能宣传周”活动。6月，召开甘肃省高校节能监管平台示范工作会议。7月，印发《关于加快省级建筑能耗动态监测平台工作进度的通知》，督促省级建筑能耗动态监测平台加快建设进度，当年设在甘肃土木工程科学研究院的省级平台数据中心已建成运行。8月，印发《关于印发〈甘肃省“十二五”建设领域节能量计算方法〉及开展“十二五”建设领域节能量计算工作的通知》。9月召开全省“十二五”建设领域节能量计算工作专题会议，督促各市州做好“十二五”建设领域节能量计算和报送工作。完成2014年度民用建筑能耗和节能信息统计及网上报送，共统计建筑物5629栋楼，总建筑面积3037.58万平方米。11月，接受住房和城乡建设部对兰州市、张掖市及榆中县建筑节能和绿色建筑工作的实地检查。

【建设科技】 根据《住房和城乡建设部科学技术计划项目管理办法》，完成验收（鉴定）建设科技项目或示范工程40项。有3项建设科技成果获得2015年甘肃省科技进步奖，有1项建设科技成果获得2015年甘肃省专利奖。

【教育培训】 为保障《建筑业企业资质管理规定》和《资质标准实施意见》政策顺利实施，印发《关于落实〈建筑业企业资质管理规定〉过渡期内建筑业企业现场专业管理人员教育培训有关问题的通知》。为逐步完善建设行业教育培训管理政策，制定《甘肃省住房和城乡建设厅系统教育培训考核管理办法（试行）》和《甘肃省住房城乡建设领域现场专业人员职业标准实施办法》（暂行）。

2015年，完成造价工程师网络教育472人次、全省注册规划师继续教育126人次、岩土工程师继续教育196人次、结构师继续教育650人次；完成各类执业资格考试报名54504人次，其中一级建造师考试报名资格审查通过人数19712人、二级建造师考试报名资格审查通过人数28209人，实际审核上传资料人数超过7万人次，完成执业资格人员注册申报12466人次、核发各类证书和印章共计24467人次。

【智慧城市】 兰州市、陇南市、敦煌市的智慧城市试点创建工作案例分两批入选住房和城乡建设部编印的《智慧地推进新型城镇化发展——智慧城市创建案例》。4月，天水市、张掖市获批国家智慧城市试点。8月，在陇南市召开了2015年甘肃省智慧城市试点创建工作交流会议。

【勘察设计】 组织完成兰州盛达金城广场（206米超高层建筑群）等17个项目的超限高层抗震设防专项审查工作。全年全省隔震设计项目达到70多项。编制适合甘肃省农宅特点的《农村房屋结构抗震技术指南》并开展技术培训。6月，组织对全省勘察设计质量进行专项检查，检查项目31个，其中公共建筑项目12个、住宅项目16个（含保障性住房项目5个）、市政基础设施项目3个。对违反工程建设强制性标准的勘察单位、设计单位和施工图审查机构及相关从业人员进行全省通报批评和行政处罚。7

月，在兰州召开重大建设项目设计工作推进会，要求各单位为省市重大项目建设做好技术服务工作。对勘察设计质量管理中存在问题的16家勘察设计单位的企业负责人(其中外省进甘勘察设计单位11家)进行约谈。印发《甘肃省住房和城乡建设厅关于政府投资项目初步设计等审批工作有关事项的通知》，承接政府投资项目初步设计审查职能。组织编制印发《甘肃省建筑工程施工图设计文件审查要点》，并于10月开始施行。组织年度优秀勘察设计奖的评选，对全省申报的105项评优项目进行评审，评选出一等奖3项、二等奖15项、三等奖23项。截至年底，全省有勘察设计单位236家，其中甲级44家、乙级79家、丙级113家，专项设计单位74家，其中甲级16家、乙级53家、丙级5家，全省共有勘察设计从业人员18729人。2015年，全省勘察设计行业营业收入93.28亿元，人均营业收入49.81万元；全省共完成施工图审查项目6036个，总投资额2767亿元，其中建筑工程5360个，总建筑面积6503万平方米，投资额2386亿元，市政基础项目676个，投资额381亿元。

【工程建设标准管理】 围绕城乡规划与市政基础设施建设、地下空间综合利用、绿色生态低碳、建筑产业化、建筑结构安全、工程质量保障、新型城镇化建设等重点工作，对近50项申请立项项目进行了审查，安排《建筑基础隔震技术规范》、《轻型钢结构设计规范》、《双向螺旋挤土灌注桩技术规程》、《建筑工程绿色施工评价标准》、《公共建筑能耗监测系统技术规程》等30项编制计划。对《建筑基础隔震技术规范》、《轻型钢结构设计规范》、《双向螺旋挤土灌注桩技术规程》等20个项目召开编制启动会。完成《非储压式超细干粉灭火装置系统技术规程》、《路面废旧料冷再生应用技术规程》、《预应力混凝土管桩技术规程》、《机械缠绕整体型玻璃钢常压容器》等14项标准和标准设计的审查、报批、备案。组织专家完成住房和城乡建设部标准定额司安排的《行业取水定额及计算方法》、《残疾人就业服务机构建设标准》、《农村综合服务社建设标准》、《妇幼保健机构建设标准》、《综合社会福利院建设标准》、《博物馆建设标准》、《预拌混凝土绿色生产评价标示管理办法(试行)》、《粮食仓库建设标准》、《城市社区应急避难场所建设标准》、《农村敬老院建设标准》等10本法规、建设标准和标准设计的意见征询工作。组织人员参加建筑和市政工程施工现场标准员培训与认证师资力量培训班。编制《农村房屋结构抗震技术指南》。加强村镇无障碍环境建设，推进已建设施无障碍改造和老年人无障碍设施建设，制定印发《甘肃省创建无障碍环境市县检查验收工作实施方案》；在各地自查的基础上，对兰州市、金昌市、平凉市进行审核，金昌市创建无障碍环境示范城市通过国家验收，编制《家庭无障碍标准设计》。根据《关于开展2015年光纤到户国家标准贯彻实施情况大检查工作的通知》要求，对兰州市、武威市、平凉市、定西市和永登县、古浪县、静宁县、陇西县19项商品住宅和保障性住宅项目进行检查。与西安建筑科技大学合作，开展以低层冷弯薄壁型钢房屋为主体，结合建筑太阳能利用一体化与屋面雨水收集回用等技术综合应用的农村新型房屋体系研究。

法制建设

【立法工作】 对《住房城乡建设行政复议办法(征求意见稿)》、《甘肃省非物质文化遗产条例》、《敦煌历史文化名城保护条例》等73件立法草案进行审查、修改。修订、发布《甘肃省住房和城乡建设厅行政处罚自由裁量权标准》、《甘肃省城市生活垃圾处理管理办法》、《甘肃省城市餐厨废弃物处理管理办法》、《甘肃省城市建筑垃圾处理管理办法》。清理拟废止的地方性法规1件(《甘肃省城市房屋拆迁管理办法》)、拟修改的地方性法规2件(《甘肃省建筑市场管理条例》、《甘肃省建设工程质量监督管理规定》)、继续有效的地方性法规5件(《甘肃省风景名胜区条例》、《甘肃省建设工程勘察设计管理条例》等)、继续有效的政府规章6件(《甘肃省城市市容和环境卫生管理办法》、《甘肃省建设项目规划许可办法》等)。

【执法工作】 全年应诉、行政诉讼3件，受理行政复议案8件，审结6件，调解、劝退复议案件19件。组织进行了第四轮行政执法人员换证培训考核工作。

【普法工作】 省住房和城乡建设厅通过“六五”普法验收。提供有关建设法律法规咨询服务事项70多人次。在住房和城乡建设部举办的“全国建设系统宪法法律知识竞赛”中，省住房和城乡建设厅组织全省建设系统5500余人参赛，获得全国建设系统优秀组织奖。行政审批改革和依法行政工作：经省政府常务会议审议通过，省住房和城乡建设厅的181项权责清单(其中行政许可14项、行政处罚106项、行政确认9项、行政奖励2项、行政监督1项、其他行政权力49项)和11项公共服务事项在“甘肃政务服务网”阳光政务栏目正式公布。

建设稽查执法

2015年，省住房和城乡建设厅共受理案件79件(办结40件)，对6家单位和2名个人实施了行政处罚，收缴罚没金177.7万元，全省各地共受理案件1096件(办结1087件)，对425家企业和295名个人实施行政处罚，罚没金额7635.22万元，拆除违法建筑物、构筑物20.05万平方米。6月，对全省房地产市场进行了督察执法。7月，对全省市政基础设施运营和污水管网进行了专项执法检查，对全省保障房建设情况进行督察。

【城乡规划督察】 根据省政府《关于对全省城乡规划工作进行督查的通知》要求，4月至9月，对天水市、平凉市、白银市、敦煌市城乡规划的制定、实施、修改和监督检查工作的开展情况，以及2014年规划督察问题的整改情况进行巡视督察。查阅城市总体规划4项、控制性详细规划43项、专项规划48项、近期建设规划1项、市域县城总体规划10项、乡镇总体规划4项，检查规划实施项目101项、规划建设行政执法案卷58件，实地巡察城市总体规划确定的中心城区建设用地范围、城市中心城区“三区”城市“四线”的落实情况、历史文化街区4处，文物保护单位8处，受理投诉举报8项。通过卫星遥感影像监测数据比对对城乡规划实施情况进行监控，提取变化图斑887个，差异图斑324个。

“十二五”期间住房城乡建设主要工作及成效

【城乡规划体系与城镇化试点】 制定出台《甘肃省建设项目规划许可办法》、《甘肃省城乡规划条例》、《甘肃省城乡规划制定管理办法》等制度政策，完善城乡规划管理体系。同时自2011年开始，省政府把规划编制完成情况纳入了省政府对地方政府工作责任考核内容。城乡规划管理能力不断提高。城乡规划管理机构日趋健全，除甘南藏族自治州外其他13个市州均设立规划局，全省65个县中有30个县设立了规划局。首次在全省启动城乡规划督察，对省政府批准城市总体规划的15个城市的规划执行情况严格督查。启动《甘肃省城镇体系规划》编制工作，编制完成《甘肃省编制城镇风貌规划指南》、《历史文化名城名镇传承创新保护利用规划》、《华夏文明传承创新区建设历史文化名城名镇名村保护利用板块分方案实施意见》。全省16个设市城市均启动新一轮城市总体规划修编工作。以省域城镇风貌塑造为抓手，历史文化名城名镇名村保护利用为重点，积极开展华夏文明传承创新区建设有关工作。全省新型城镇化建设试点工作有序推进。甘肃省政府确定从2014年开始，在全省17个市(县)、30个镇(乡)推进新型城镇化3年期试点工作。2014年，全省试点县、镇常住人口城镇化率提高超过2个百分点，户籍人口城镇化率增提高超过1.5个百分点，带动全省城镇化率提高了1.55个百分点，达到41.68%，试点成效初步显现。

【“十二五”住房保障规划任务超额完成】 “十二五”期间，根据《甘肃省“十二五”城镇住房规划》，全省规划新开工建设保障性住房和实施棚户区改造住房共60.51万套，全省实际新开工建设各类保障性住房和实施棚户区改造81.64万套(户)，争取和落实中央和省级补助资金309.56亿元，其中中央补助资金249.35亿元、省级补助资金60.21亿元。低收入居民住房水平明显提升。

【城镇基础设施建设不断加强】 “十二五”期间，甘肃省城镇基础设施建设预计完成固定资产投资1552亿元，是“十一五”期间完成投资总额的3.3倍。全省16个设市城市道路人均道路面积15.3平方米，比“十一五”期末增长25.41%，用水普及率94.95%，比“十一五”期末增长3.69%，污水处理率达到85%，比“十一五”期末增长35.8%，城市生活垃圾无害化处理率达到62.6%(全省除兰州外达到90%以上)，比“十一五”期末增长64.95%，城市燃气普及率83.48%，比“十一五”期末增长12.37%，人均公园绿地面积12.79平方米，比“十一五”期末增长57.51%。全省65个县城道路人均道路面积12.67平方米，比“十一五”期末增长19.75%，用水普及率89.83%，比“十一五”期末增长7.96%，污水处理率61.39%，比“十一五”期末增长616.34%，生活垃圾无害化处理率60.87%，比“十一五”期末增长524.31%，燃气普及率52.99%，比“十一五”期末增长34.02%，人均公园绿地面积6.92平方米，比“十一五”期末增长44.17%。

【村镇建设和农村危房改造】 “十二五”期间，全省村镇建设预计完成投资1207.64亿元，比“十一五”增长170.03%。全省实现建制镇和集镇总体规划覆盖率达到100%。全省先后有142个建制镇被列为全国重点镇，2个镇被列为国家城镇化试点镇，7个镇被列为全国历史文化名镇，10个镇被列为全国特色景观旅游名镇。“十二五”期间，全省重点建设100个省级重点镇和32个省级城镇化试点镇，一些毗邻城镇的农村，依靠城镇的辐射和带动效应，已率先实现城乡一体化。“十二五”期间，共实施农村危房改造102.8万户，中央和省级财政累计投入补助资金103.83亿元(中央财政补助资金73.42亿元，省级配套补助资金30.41亿元)。

【房地产市场】 2011年，针对房价出现过快上涨的局势，根据国务院有关要求，出台关于遏制部分城市房价过快上涨的有关文件，采取一系列措施维持市场基本稳定。2012年，按照国家“不松动、不加码”的原则，防止房地产市场的大起大落。2013年，认真总结研究近三年全省房地产调控情况，既全面贯彻国家调控要求，也有效促进全省房地产市场的平稳健康发展。2014年，加强分类指导，防止出现住房供求失衡，取得良好成效。同时，全力改进物业服务模式和管理体制，以机构建设为重点促进征收有序推进，各项工作取得良好成效。

【住房公积金】 截至2015年底，以个人住房贷款为重点，大力推动缴存职工住房消费。全省住房公积金缴存总额和余额分别为1208.23亿元和705.95亿元，全省实缴职工人数187.18万人，个人贷款余额407.33亿元，个贷率57.7%，较2010年底提高23.62个百分点，累计向53.72万户职工发放673.82亿元个人贷款，全省累计有15.18万户职工提取502.28亿元。以用好用活政策为牵引，为支持保障性住房建设发挥重要作用。截至2015年底，全省争取利用住房公积金支持保障性住房建设试点城市4个(兰州、天水、白银、金昌)，争取试点项目贷款17.75亿元，已发放贷款14.28亿元。以规范缴存为突破，“控高提低”工作成效明显。截至2015年底，全省有44个县市区提高了住房公积金缴存比例，平均提高2%。

【建筑业】 “十二五”的5年，全省建筑业总产值累计完成17950亿元，总产值年平均增长14%，建筑业完成增加值2933.05亿元，比“十一五”增加1553.05亿元。全省建筑业企业由“十一五”末的2393家增加到3117家。建筑业从事劳务的农民达到70万人，占建筑业从业人数的81%，建筑业吸纳农村富余劳动力约占全省农村进城务工人员总数的三分之一。《甘肃省建筑市场管理条例》等政策法规的出台，以及建设领域的工程质量2年专项治理行动，促进建筑业健康有序发展。勘察设计行业发展良好，行业布局不断优化，水平不断提升，行业监管措施进一步优化。进一步落实“党政同责、一岗双责、齐抓共管”的安全生产工作管理模式，建立隐患排查治理体系和安全预防控制体系，扎实开展安全隐患排查治理、安全大检查和落实施工方案、“六打六治”专项行动，深入开展工程质量治理两年行动，严防建设工程安全事故发生，全省工程质量安全总体可控。

【建筑节　智慧城市】 “十二五”期间，全省预计完成既有居住建筑供热计量及节能改造任务1491万平方米，超“十二五”原定改造任务的18%，是“十一五”改造面积的4.2倍。5年来，国家累计下达甘肃省既有居住建筑供热计量及节能改造中央奖励资金56384万元，省级财政累计下达补助资金16500万元。新建建筑施工阶段执行建筑节能强制性标准比例达到97%的省政府考核目标圆满完成。启动公共建筑能耗监测平台建设。截至2015年10月底，全省已取得绿色建筑评价标识的项目34个，建筑面积249.16万平方米。可再生能源建筑应用示范、民用建筑能耗统计等工作均顺利开展。“十二五”期间，全省共有7个城市先后获批国家智慧城市试点。

【灾后重建】 甘肃省住房和城乡建设厅在舟曲特大山洪泥石流地质灾害灾后重建中共承担10项重建任务，总投资89269.8万元，圆满完成任务并节余建设资金15561.43万元，在东乡滑坡、岷漳地震、碌曲地震、景泰地震、临洮地震等灾害发生后，按要求开展建筑灾害调查、应急评估鉴定、灾后恢复重建等工作，并圆满完成任务。

大事记

1月

22日　全省住房城乡建设工作会议暨新型城镇化试点工作推进会议在兰州召开。

2月

12日　全省2015年棚户区改造工作会议在兰州召开。

3月

11日　全省建设行政执法暨城乡规划督察工作会议在兰州召开。

13日　全省建设工程质量安全监管工作会议在兰州召开。

4月

7～8日　住房和城乡建设部组织召开专家审查会，讨论并原则审查通过《甘肃省城镇体系规划(2013-2030)》成果。

10日　白银市列入国家首批地下综合管廊建设试点城市。

15日　全省农村危房改造精准扶贫工作会议在兰州召开。

5月

8日　全省农村抗震安居住房建设工作会议在天水市清水县召开。

7月

3日　全省城市基础设施建设推进暨现场观摩交流会在平凉市召开。

21日　甘肃省建筑业职工职业"钢筋工"技能大赛决赛圆满结束。

8月

20日　全省新型城镇化试点工作座谈会在兰州召开。

21日　全省城镇棚户区和城乡危房改造及配套基础设施建设推进会在兰州召开。

25日　2015年甘肃省智慧城市试点创建工作交流会议在陇南市召开。

9月

1～2日　甘肃省住房和城乡建设厅对全省获得第一批中央财政支持的4个传统村落(胡家大庄村、河口村、连城村、城河村)进行专项督查。

10日　全省民族地区精准扶贫农村危房改造工作推进座谈会在临夏州召开。

10月

11～14日　国务院专项督查组对甘肃省棚户区改造工作进行督查。

18～20日　住房和城乡建设部2015年度建筑节能与绿色建筑行动实施情况第四检查组来甘肃省检查。

12月

18日　省住房和城乡建设厅在中国城市规划设计研究院组织召开《敦煌市"多规合一"总体规划(2015-2030)》论证会。

29日　全省建筑工程施工安全质量异地大检查总结会在兰州召开。

(甘肃省住房和城乡建设厅)

青 海 省

概况

2015年，青海住房城乡建设厅被省委、省政府授予"2014年度绩效考核争取国家部委资金优胜奖"，被省委评为"2015年度党风廉政建设优秀领导班子""2013～2014年度绩效考核优秀领导班子"，被青海省委办公厅、青海省人民政府办公厅评为"2015年度全省党委系统和政府系统信息工作先进单位"，被青海省人民政府办公厅评为"2014年度全省信访系统先进集体"，青海艺术中心被住房和城乡建设部评为"2014～2015年度中国建设工程鲁班奖"(国家优质工程)，青海省监狱管理局应急指挥中心备勤楼等8项工程被中国建筑业协会评为"国家级AAA安全文明标准化工地"。

城乡规划

"十二五"时期，青海省城镇化进程不断加快，"四区两带"城镇体系和空间布局基本成型，城镇数量从"十一五"末的129个发展到140个。城镇化率达50.3%，较"十一五"提高5.58个百分点。《青海省城镇体系规划(2015～2030年)》、《西宁市城市总体规划(2001～2020年)》获国务院批准。青海省城市建设用地控制性详细规划覆盖率达80%，州府和县城所在地达到60%，设市城市修建性详细规划基本做到建设项目全覆盖。完成39个县域村庄体系规划和3099个村庄规划编制工作，村庄规划覆盖率达74.4%。

2015年，省政府首次召开全省城镇规划建设管理工作会议，对今后一个时期全省城镇规划建设管理工作进行全面部署。拟定《关于加快城市设计工作的指导意见》。出台《青海省实施城乡规划督察员制度办法(试行)》，对全省城乡规划实施管理情况进行监督检查。编制完成《东部城市群城镇体系规划》《东部城市群城乡一体化规划》和67.6平方千米的城镇控制性详细规划。修编完成共和县、刚察县等10个城镇总体规划。持续规范管理制度，严格落实建设项目办理首问责任制、限时办结制、一次性告知制和投诉受理制，进一步规范审批流程，有效保证了城乡规划的科学性和可操作性。向海南、海北、海西州和海东市派驻省级城乡规划督察员，对西宁市开展2次违法图斑查处工作，依法惩处违法干预和随意修改规划的行为，切实保障规划的严肃性。

城镇基础设施建设

“十二五”期间，青海省城镇建成区面积达到361平方千米，较“十一五”末增长29%。青海省城镇人均道路面积、公共供水普及率、燃气普及率、污水处理率、生活垃圾无害化处理率，较“十一五”分别提高19.4%、4.4%、23.4%、55.8%和47.5%。印发《关于加快推进城镇基础设施建设的意见》《关于进一步加强城镇管理工作的若干意见》《关于加强城镇地下管线建设管理工作的意见》等指导性文件，为推进城镇建设管理工作提供了政策支撑。进一步强化城镇精细化管理，设市城市和大部分县成立了城镇管理机构。西宁市被列入首批国家城市生活垃圾分类示范城市。格尔木市、贵德县、共和县被列入国家智慧城市2014年度试点市县。西宁市、平安区、共和县、大柴旦行委被评为国家无障碍环境建设达标市县。

2015年，城市道路改扩建、污水处理、地下综合管廊等一批“补短板”工程启动实施，部分已建成并投入运行。青海省建成52座污水处理厂，实现省十二次党代会提出的“县县建有污水处理厂”的目标。完成1.15万千米地下管线普查工作。海东市建设地下综合管廊15千米，完成投资4.4亿元。西宁市建成150公顷海湖湿地公园，为促进海绵型城市建设积累了经验。积极推广宁夏中卫“以克论净”经验，印发了《关于开展清洁城镇环境卫生行动的意见》。设市和大部分县城成立城镇管理机构，明确职责，配备相应人员和执法专业队伍，建立完善法规制度体系，进一步规范城镇管理行为。加强城镇供水、燃气、排水防涝、污水处理等市政公用设施运营管理。西宁市积极优化城镇交通体系，推进公共交通优先发展，完善交通基础设施，加强城镇交通智能化平台建设。

城镇保障性安居工程

“十二五”期间，落实财政补助资金203.9亿元，开工建设各类保障性住房44.42万套，基本建成30.8万套，入住17.53万套，完成“十二五”约束性指标的145%。公共租赁住房占青海省城镇人口户数的比重达27%，超出国家“十二五”末达到20%的目标。保障方式已由单一的廉租住房扩展到经济适用房、公共租赁房、限价商品房和棚户区改造。住房保障覆盖面已从最低收入家庭扩大到中低收入家庭以及新就业职工和外来务工人员等群体，逐步建立了分层次、多元化的住房保障政策体系。

2015年，青海省城镇保障性住房和棚户区改造实际开工8.52万套，基本建成4.75万套，入住3.83万套，分别完成年度目标任务的100.3%、118%和122%。落实财政补助资金38.79亿元，国开行棚改贷款129.9亿元，农发行贷款2.97亿元。积极打通保障房和商品房通道，完成货币化安置11297户，其中：货币补偿5349户，消化存量商品房5948套(约53.53万平方米)，消化面积达存量商品住房总面积的7.6%。对纳入2015年项目计划的城镇保障性住房和棚户区改造项目设立编制修建性详细规划或实施方案的前置条件，编制完成《青海省2015～2017年城市棚户区改造实施方案(三年行动计划)》，将任务分解到年度，落实到市县，明确到具体项目和建设地块。在与国家签订目标责任的基础上，连续4年自我加压，将入住指标作为地方政府目标责任考核内容。同时，连续3年提前启动下一年度部分棚户区改造项目，增加项目投资。严格执行保障性住房政策、程序、房源、对象、过程、结果、投诉处理“七公开”制度，坚持人大代表、政协委员、纪检监察部门及新闻媒体全程参与保障性住房分配工作，广泛接受社会监督。完善公共租赁住房分配管理办法，放宽准入条件，降低了申请门槛。

村镇建设

“十二五”期间，实施农牧区住房建设50.2万户，为“十二五”约束性指标的100.46%，建设面积3767.25万平方米。农村人均居住面积达29.2平方米，较“十一五”末增加了5.42平方米。先后安排1428个村庄，推进“百企联百村”“党政军企共建”和“高原美丽乡村”示范建设。为600个高原美丽乡村累计安排结对共建单位1976个，完成投资51.08亿元。在“1.21”门源地震中，农房“零倒塌”，正是得益于农房建设的有力推进。

2015年，青海省农村住房建设实际开工6.71万户，开工面积476万平方米，开工率103.29%；竣工6.7万户，竣工率99.75%。落实财政补助资金13.05亿元，完成投资54.58亿元。编制完成《青海省高原美丽乡村建设总体规划》，为300个建设村安排住房建设任务1.9906万户，安排道路硬化工程710千米，69个建设村完成饮水安全工程，118个建设村实施电力设施升级改造，配置各类垃圾清运车274台，垃圾箱(斗)8566个，清理村内陈年垃圾近7万立方米，清理河道、沟渠近60千米，农牧区人居环境得到有效改善。青海住房城乡建设厅充分发挥省高原美丽乡村建设领导小组办公室职能，先后组织开展现场观摩、工作督查和年终考核验收等工作，督促各地建全领导机构，制定实施方案，履行主体责任。指导农户采取增设抗震柱、梁等措施，确保住房结构安全。鼓励农户安装节能门窗，建设阳光暖廊，提高住房节能水平。制定印发《关于进一步加强全省乡镇规划建设管理工作的意见》，督促各地配备乡镇建设管理员，部分地区设立乡村规划监督员岗位，进一步完善了乡镇建设管理制度。充分利用全国扩大农村危房改造试点农户档案管理信息系统，不断加大登记录入、档案归档力度，农村住房建设农户档案已全部建立，录入系统 62441 户，录入率达 93.3%，完成国家目标任务的 104%。

房地产业

“十二五”期间，青海省房地产开发完成投资 1226.36 亿元，年均增长 25.4%，较“十一五”增长 312%。房地产开发投资占全社会固定资产投资的比重达 10.27%。青海省商品房新开工面积 3645.28 万平方米，较“十一五”增长 83.29%。青海省商品房销售面积 1812.81 万平方米，较“十一五”增长 97.05%，商品房销售额 799.35 亿元，较“十一五”增长 241%。青海省城镇居民人均住房建筑面积由“十一五”末的 27.8 平方米提高到 33 平方米，城镇户均住房达到 1.15 套。

2015 年，青海省政府出台《关于促进房地产市场平稳健康发展的实施意见》，从七个方面提出 20 条政策措施。《青海省物业管理条例》于 2015 年 7 月 1 日起正式实施。全省房地产开发完成投资 336 亿元，同比增长 9%。开展物业服务企业规范化管理考核，优秀率 2.9%，合格率 79.4%，将 6 家评定不合格的企业资质等级由二级降为三级。评选新华联家园等 13 个管理规范、服务到位、社会公信力好的物业管理示范住宅小区。督导各地实行商品房网上签约，全年办理网上签约、合同备案 13245 份。分 175 次核查上报 5926 人次领导干部的房产信息。继续推行住宅性能认定工作，“绿地公馆”等 17 个项目通过住宅性能 2A 级预审。完成国有土地上房屋征收项目 46 个，涉及 5500 户，征收面积达 66.6 万平方米。同时，建成运行覆盖省、市（州）、县（区）三级国有土地上房屋征收与补偿信息系统，增强征收工作的透明度。开展老楼危楼安全排查整治工作，共排查房屋 4261 幢、1528 万平方米，整改加固 58 幢、13 万平方米。会同省高法、省发改委等 12 个部门，下发《青海省房地产开发企业信用评价管理办法（试行）》，营造诚实守信的市场环境。

建筑业

“十二五”期间，青海省建筑业增加值实现 1186 亿元，占青海省地区生产总值的 11.48%，建筑业实现税收 214 亿元。完成工程勘察设计产值 53 亿元，是“十一五”的 1.5 倍。3 项工程获中国建筑工程“鲁班奖”，5 个项目获国家级装饰奖，2 个项目获全国优秀工程勘察设计行业奖，32 项工程获国家“AAA 级安全文明标准化诚信工地”称号，102 项工程获省“江河源杯”优质工程奖。

2015 年，建筑业增加值达到 313.8 亿元，占青海省地区生产总值的 12.94%。青海省建筑业企业在外省完成总产值约 147 亿元，同比增长 22% 。扎实开展工程质量治理两年行动，共检查项目 1629 个，下达执法建议书 30 份，对 92 个违法违规项目做出 500 余万元的行政罚款处罚，并分两批对 26 个典型案例在媒体上进行曝光。通过放手发展民营企业，鼓励调增资质、晋升等级等方式，青海省内建筑业企业达 748 家，初步形成了以总承包为龙头、专业承包为依托、劳务分包为辅助的行业体系。全年共审查政府投资项目初步设计 703 项，总建筑面积 547.53 万平方米，道路及桥梁 294.57 千米，各类管网 1156.86 千米，工程总概算为 317.1 亿元。集中检察勘察设计项目 52 个，涉及勘察设计单位 42 家、建筑工程施工图审查机构 10 家，下发整改通知书 28 份，对 6 家勘察设计单位及项目负责人做出行政处罚罚款 25.25 万元。

建筑节能与科技

“十二五”期间，完成既有居住建筑供热计量及节能改造任务 1030 万平方米，20 个建筑项目获得绿色建筑标识，10 个县全面建设完成可再生能源建筑应用示范项目，通过实施建筑节能和绿色建筑项目，折合节约标准煤 592.35 万吨，减少二氧化碳、二氧化硫排放 1411.1 万吨和 5.3 吨，实现综合经济效益近 50 亿元。实施省级农牧区被动式太阳能暖房 13050 套，示范面积约 130.5 万平方米，年均节约标准煤 2 万吨，减少用能支出 1300 万元。发布 33 项工程建设地方标准，加大新产品、新工艺、新材料、新技术推广应用力度，着力提升建筑节能和绿色建筑科技水平。

2015 年，发布《青海省绿色建筑设计标准》等 5 项工程建设地方标准，编制完成《青海省通用安装工程消耗量定额与基价》等 4 部专业计价定额，制定《青海省被动式太阳能采暖技术标准》等绿色建筑标准。实施建筑节能既改项目 130 万平方米，完成投资 4.16 亿元。推进公共建筑能效提升示范工程，下达补助资金 5792 万元。落实绿色建筑和太阳能利用示范项目补助资金 2000 万元，其中，1273.3 万元用于“高原美丽乡村”建设太阳能暖房(1448 户)和太阳能路灯项目(809 盏)。“三馆”建设项目等 6 个示范工程获得 2015 年绿色建筑标识，示范面积 48.3 万平方米，落实省级财政绿色建筑补助资金 726.7 万元。散装水泥供应量达 774 万吨，散装率达 51%；预拌混凝土使用量达 726 万立方米，配送农村散装水泥 4.92 万吨。

公积金管理

2015 年，青海省正常缴存住房公积金职工 43.47 万人，归集住房公积金 71.43 亿元，同比减少 0.47%，累计归集住房公积金 476.23 亿元，住房公积金提取 54.86 亿元，同比增长 21%，累计提取住房公积金 235.47 亿元，发放住房公积金个人贷款 14400 笔，计 39.78 亿元，同比增长 19.82%，累计发放住房公积金贷款 250.21 亿元，贷款余额 99.80 亿元，个贷率 41.45%。全省住房公积金业务收入 8 亿元，同比减少 3.1%，业务支出 5.26 亿元，同比减低 16.76%。当年产生增值收益 2.75 亿元，提取廉租房(公共租赁住房)补充资金 9681 万元。总体上看，青海省住房公积金运行平稳，安全可控。

可可西里申遗工作

先后 4 次赴可可西里开展实地资源调查工作，已编制完成申遗文本、保护管理规划和资源调查报告，调研起草了《青海可可西里自然遗产地保护条例(送审稿)》，同步开展申遗地环境综合整治和保护管理设施建设工作，青海可可西里申遗地已成功列入中国政府申报世界自然遗产正式项目。新批准设立 15 处省级风景名胜区。《青海湖国家级风景名胜区总体规划》获国务院批准。编制完成大通老爷山、都兰天峻山等省级风景名胜区总体规划。青海省 4 镇 5 村被评为全国特色景观旅游名镇名村。

依法行政

会同省人大常委会法工委、省政府法制办加快立法进程，相继出台地方性法规《青海省物业管理条例》及政府规章《青海省建设工程勘察设计管理办法》。编制完成青海省住房和城乡建设厅权力清单、责任清单及行政权力运行流程图，确定行政权力共 296 项，其中，行政审批事项 12 项，行政处罚 235 项，行政奖励 2 项，行政收费 2 项，行政给付 5 项，行政监督检查 22 项，其他权力 18 项，并在青海省政府和青海省住房和城乡建设厅门户网站公开发布。编制完成随机抽查事项清单，确定建筑市场监督检查、房地产开发企业监督检查等 19 项随机抽查事项。下放部分施工许可证审批权限，取消 2 项非行政审批事项，将燃气经营许可证核发、从事城市生活垃圾经营性清扫、收集、运输、处理服务审批(均已下放)前置审批变更为后置审批。印发《青海省住房和城乡建设系统行政审批问责办法》，加强对厅机关行政审批事中事后监管和已下放行政审批项目的监管。加快推行网上行政审批系统建设，全面启用建设类企业资质和安全生产许可网上审批系统，勘察、设计、施工(包括送变电工程专业承包企业资质)、监理企业、招标代理机构、建设工程检测机构新申请资质以及资质变更、升级、增项均通过“青海省建筑市场监管和信用信息系统”办理。认真办理行政审批申请事项，全年共受理行政审批申请事项 237 件，办结 234 件，办结率达 98.7%。推进部门预决算、“三公”经费、行政经费、民生工程的政府信息公开，提高政府信息公开率。扎实推进建设领域稽查执法工作，全年开展专项稽查执法工作 10 次，查处违法违规案件 26 件。认真做好“六五”普法和“十二五”依法治理工作考核验收工作，向青海省考核组汇报了青海省住房和城乡建设系统“六五”普法和“十二五”时期依法治理工作开展情况，提供了备查资料。

建设人事教育

坚持科学正确的用人导向，严格按照《党政领导干部选拔任用工作条例》和有关规定，改进民主推荐、民主测评和考察方法，严把推荐提名、酝酿沟通、组织考察和讨论决定关，大力选拔思想过硬、善于创新、敢抓敢管、勇于负责的干部，坚持德才兼备、以德为先的用人标准，提高选人用人的公信度。先后提任处级干部 5 名、科级干部 16 名，调整交流轮岗处级干部 4 名、科以下干部 6 名。做到了各地域、各民族、不同性别、不同经历的干部在选拔任用上一视同仁，激发了干部的生机和活力。加强教育培训管理工作，先后选派 21 名干部参加了公务员初任相关培训，派遣 3 名干部出国培训。同时，针对青海省建设行业人才队伍状况，加强行业专业人员培训，全年共培训建筑施工企业主要负责人、项目负责人和专职安全生产管理人员 2915 人，施工员等专业技术岗位培训 2061 人，特种作业人员 717 人；各类继续教育 1627 人。

大事记

1月

13日　青海省政府与国家保障性安居工程协调小组签订《2015年住房保障工作目标责任书》，明确2015年住房保障工作任务。2015年新建城镇保障性住房、棚户区改造共8.5万套(户)。其中，新建公共租赁住房2.05万户套，城市棚户区改造6.31万套(户)，国有工矿(含煤矿)棚户区改造0.14万套(户)，基本建成4.02万套(户)，新增廉租住房租赁补贴0.5万户。

20日　青海省城镇规划建设管理工作会议召开。会议强调要把握以人为本、四化同步、科学布局、绿色发展、传承文化的方向，坚持城乡互动、区域协调、创新体制、集约发展、体现特色的原则，在新型城镇化发展规划引领下，紧紧抓住城镇规划建设管理这个关键环节，举纲带目，全面提升新型城镇化建设质量和水平，引领带动青海省经济社会持续健康发展、各族人民生活水平不断提升。

26日　青海省城乡住房建设领导小组办公室印发《关于2014年城镇住房保障工作情况的通报》，对2014年青海省城镇保障性住房建设和棚户区改造目标任务开工、基本建成、入住完成年度目标任务情况进行通报。

28日　青海省住房城乡建设工作会议在西宁召开。会议全面总结2014年青海省住房城乡建设工作，并安排部署2015年工作。会议围绕“深化行业改革 坚持依法行政”的总体思路，以改善人居环境为核心，要求突出抓好住房城乡建设、市政基础设施建设和管理、行业市场监管三大任务，推动青海省住房城乡建设事业平稳健康发展。

2月

2日　《青海省绿色建筑设计标准》(DB/T1340-2015)发布执行。该标准总结了近年来青海省绿色建筑评价的实践经验和研究成果，开展多项专题研究，广泛征求了有关方面意见。修订后的新标准改变了以往指标项数评选法，按照指标权重分类别，采取打分的方式进行评选，增加了星级绿色建筑评审的合理性，同时新标准进一步增加了星级评定的难度。

3日　按照“规范、高效、便民、公开”的原则，青海省住房和城乡建设厅制定印发《青海省住房和城乡建设系统行政审批问责办法》，加强厅机关行政审批事中事后监管工作。

12日　青海省住房和城乡建设厅组织召开推进高原美丽乡村建设电视电话会议，各市州设分会场，共300余人参加会议。会议总结2014年高原美丽乡村建设工作，并安排部署2015年高原美丽乡村建设工作，表彰了2015年省级结对共建工作成绩突出单位。

26日　为进一步发挥住房公积金制度作用，提高资金使用效率，促进个人住房消费，青海省住房和城乡建设厅青海省财政厅中国人民银行西宁中心支行印发《关于进一步提高住房公积金使用效率的通知》，合理确定贷款条件、适当放宽贷款标准、建立浮动贷款额度制度、发展异地贷款和二手房贷款业务、取消贷款中间费用、改进住房公积金提取、放宽提取住房公积金支付房租的条件和进一步提高服务质量。

3月

2日　青海省城乡住房建设领导小组办公室印发《2015年全省城镇住房保障工作要点的通知》，重点要抓好落实责任，确保完成年度目标任务、加大力度，继续推进各类棚户区改造、强化措施，加强保障性住房运营管理、加强调研，科学编制“十三五”规划强化监督，做好廉政风险防控和年终考核工作。

26日　青海省住房和城乡建设厅和青海省质量技术监督局发布通告，批准由西安建筑科技大学、西北工业大学主编的《青海绿色建筑评价标准》(DB/T1340-2015)为地方标准。该标准的出台进一步规范了青海省绿色建筑初步设计、施工图设计文件编制和审查工作，指导设计人员开展绿色建筑设计，确保绿色建筑设计质量，进一步推动青海省绿色建筑发展。

27日　青海省第十二届人民代表大会常务委员会第十八次会议审议通过《青海省物业管理条例》，自2015年7月1日起实施，《青海省物业管理条例》共8章92条，是青海省条文最多，篇幅最长的法规，确立了一系列重要物业管理制度，对物业管理区域与相关配置、业主大会及业主委员会、前期物业管理、物业管理服务、物业的使用和维护等方面作了明确规定，并设置了相应的法律责任。

4月

3日　青海省住房和城乡建设厅印发《关于颁布青海省建筑标准设计〈TH-200纤维复合墙保温隔热系统构造通用图集〉的通知》，该图集由青海省规划设计研究院主编，自2015年5月1日起施行。

7日　青海省住房和城乡建设厅组织开展了青海

省智慧城市试点评审、申报工作。指导格尔木市、海南州共和县、贵德县、贵南县编制了智慧城市试点工作方案。青海省格尔木市、海南州贵德县、海南州共和县列入智慧城市试点名单。

29 日　青海省住房和城乡建设厅会同青海省建筑节能协会在青海建筑职业技术学院举办《青海省绿色建筑设计标准》、《青海省绿色建筑评价标准》培训班。各市州建设主管部门负责人和相关设计单位、施工单位的技术人员共计 200 余人参加了培训。

30 日　青海省人民政府办公厅印发《关于推进全省建筑业改革发展的指导意见》。明确提出建筑业增加值年均增长 8%以上的发展目标，并从深化建筑业行业改革、推进建筑业转型升级、提升企业创新发展能力、规范建筑市场秩序、优化行业发展环境等 5 个方面提出 25 条推进建筑业改革发展的意见措施。

5 月

8 日　青海省住房和城乡建设厅会同青海省发展改革委等 13 家单位印发《青海省房地产开发企业信用评价管理办法(试行)》，从信用信息采集、信用信息发布、信用等级评定、信用信息使用、监管管理等方面详细明确了房地产开发企业信用评价管理事项，该办法的出台，对进一步提高房地产开发企业资质审批的事后监管效能，创新监管方式，强化协同监管，由传统的“重审批轻监管”向“宽准入严监管”转变，将发挥积极影响。

11 日　青海省人民政府办公厅印发《关于加快推进城镇供热计量改革工作的意见》。该意见出台将进一步促进城镇供热事业健康发展，提高民用建筑供热计量管理水平。

19 日　青海省住房和城乡建设厅下发《青海省住房和城乡建设厅关于改革非国有资金投资房屋建筑和市政基础设施工程项目发包方式的通知》，对青海省行政区域内全部使用非国有资金投资的房屋建筑和市政基础设施工程项目，决定自 2016 年 6 月 1 日起，由项目建设单位自主决定是否进行招标。

22 日　在海东市乐都丽水湾低能耗项目示范点，青海省住房和城乡建设厅举办青海省科技活动周暨建筑节能应用技术现场观摩会。会议观摩了被动式超低能耗示范项目施工节点样板房建设，参观了省内外 30 家生产企业的新技术、新工艺、新产品、新材料展示，邀请 5 名专家就建筑节能技术应用、因地制宜建设被动式超低能耗建筑、乐都区丽水湾小区被动式超低能耗居住建筑国家示范项目技术、被动房外墙保温系统技术和门窗系统技术等课题进行了讲授。

29 日　青海省住房和城乡建设厅印发《青海省住房和城乡建设厅 2015 年深入推进依法行政加快建设法治政府工作要点》及工作任务台账，从加强组织领导和机制保障、依法全面履行职能、建立健全依法决策机制、提高制度建设质量、深化行政执法体制改革、强化行政权力制约和监督、推进政务公开等方面提出了加强依法行政及法治政府建设的要求。

6 月

1 日　为贯彻落实全国、全省安全生产工作部署，青海省住房和城乡建设厅印发《青海省 2015 年住房城乡建设系统“安全生产月”活动实施方案》，面向社会公众和从业人员集中宣传了安全生产方针政策、法律法规和知识常识。

同日　“青海省房屋建筑和市政基础设施工程施工图设计文件审查信息管理系统”正式上线运行，实现了全省施工图审查及备案的网上报送、业务办理、信息统计发布、统一监管等功能，促进青海省勘察、设计质量监管工作的转型升级。

17 日　青海省住房和城乡建设厅组织举办“青海省智慧城市建设论坛”，为青海省建设智慧城市献言献策。与会专家学者分别以《城市规划与智慧城市》、《智慧城市建设：以创新公共服务为切入点》、《智慧城市与城镇功能提升》、《智慧城市定义、国家政策导向和典型案例》为主题进行演讲。

18 日　青海省人民政府印发《关于促进房地产市场平稳健康发展的实施意见》。从正确把握房地产发展新态势、积极引导住房消费、合理安排商品房及其用地供应规模、不断改善居住环境、优化市场发展环境、营造有利舆论氛围 7 个方面推出 20 条措施，鼓励和支持居民的自住和改善性住房需求，突出强调按照市场规律，更多地运用信贷、税收等经济手段调节市场，明确政府改善市场环境、规范市场秩序、促进市场平稳健康发展的职责，对青海省房地产业和宏观经济的发展产生了积极的推动作用。

26 日　青海省住房和城乡建设厅在青海建筑职业技术学院举办《青海省物业管理条例》宣贯培训班，县级以上住房城乡建设(房产)行政管理部门和物业服务企业负责人 300 余人参加培训。

7 月

30～31 日　青海省住房城乡建设厅组织各市、县征收行政主管部门、征收实施单位及房地产价格评估机构的 180 余人举办了国有土地上房屋征收与补偿信息系统操作培训班。征收与补偿信息系统的建立，为青海省今后开展国有土地上房屋征收与补偿工作提供了便利，进一步规范了征收双方的行为，增强了征收工作的透明度。

8月

11日　青海省推进高原美丽乡村建设领导小组在海北州门源县召开了2015年全省高原美丽乡村建设现场观摩会，会议结合2015年度中期绩效考核工作，对海北州门源县示范点进行了现场观摩，通报上半年青海省高原美丽乡村建设工作情况，并进行工作经验交流，省委、省政府领导对2015年高原美丽乡村建设工作进一步提出工作要求。省委王建军副书记、省政府张建民副省长出席会议，各市(州)、县政府主管领导，各地推进高原美丽乡村建设牵头部门负责同志，省推进高原美丽乡村建设领导小组成员单位负责同志及省直有关单位主要负责同志参加会议。

28日　青海省住房和城乡建设厅召开《2015年青海省散装水泥技术改造及设施、设备建设项目评审会》，审查了28个水泥、预拌混凝土、农牧区散装配送网(点)企业项目，发放项目补助资金585万，带动行业投资3.1亿元。

9月

6日　青海省住房和城乡建设厅下发《关于推进全省工程造价管理改革工作的实施意见》，进一步深化青海省工程造价管理改革，规范建设市场各方主体计价行为，提升工程造价公共服务水平。

9日　青海省住房和城乡建设厅印发《关于开展城镇供水规范化管理考核的通知》，组织开展了青海省城镇供水规范化管理考核工作。

12日　青海省住房和城乡建设厅在省委党校举办了全省建设系统稽查执法和行政复议培训，全省行政执法人员二百余人参加培训，进一步提高行政人员执法能力。

15日　青海省房地产信息系统通过青海省发展改革委验收。各地房地产主管部门利用信息系统开始办理房产登记业务、商品房预售许可、合同网上备案等业务。2015年，青海省共有32个县(不含西宁市、格尔木市)利用房屋登记系统办理房屋登记业务，发放各类权证14442份；通过信息系统办理网上签约和合同网上备案业务13245份。初步实现市(州)、县以及全省房地产开发企业、物业服务企业、房地产评估机构联网，达到了业务一体化、管理一体化、资源一体化的目的。

10月

29日　青海省住房和城乡建设厅与农发行青海省分行就棚户区改造、城市地下综合管廊、农村人居环境建设等方面签订《全面支持青海省城乡人居环境建设项目战略合作框架协议》。为贯彻落实《国务院关于进一步做好城镇棚户区和城乡危房改造及配套基础设施建设有关工作的意见》(国发(2015)37号)精神，充分发挥农发行开发性金融对住房城乡建设事业的支持作用，进一步加快住房城乡建设事业发展。

30日　青海省住房和城乡建设厅组织召开了全省城镇市政基础设施工作座谈会和西宁城东区数字化城市管理现场观摩会，就数字城管建设和顶层设计进行了业务交流。

11月

2日　根据《青海省机构编制委员会关于设立青海省保障性住房管理中心的批复》，撤销青海省散装水泥办公室，设立公益一类正县级事业单位青海省保障性住房管理中心。根据《青海省机构编制委员会关于设立青海省住房和城乡建设厅稽查办公室的批复》，撤销青海省建筑市场管理办公室，设立正县级事业单位青海省住房和城乡建设厅稽查办公室。根据《青海省机构编制委员会关于设立青海省世界遗产管理办公室的批复》，设立正县级事业单位青海省世界遗产管理办公室。

8日　青海省申报世界遗产工作领导小组组织世界保护自然联盟(IUCN)专家、申遗文本及附件编制单位、相关省级部门及玉树州政府在西宁召开了世界保护自然联盟(IUCN)专家赴青海可可西里提名遗产地考察座谈会。会议听取了世界保护自然联盟(IUCN)专家对这次考察工作的反馈意见，研究讨论当前工作存在的困难和问题，安排部署下一步重点工作。住房和城乡建设部城建司领导应邀参会，并做重要讲话。

9日　青海省住房和城乡建设厅分别与国开行青海省分行、中发行青海省分行签订了《全面支持城市基础设施建设项目战略合作框架协议》、《全面支持青海省城乡人居环境建设项目战略合作框架协议》，全力支持海绵城市、城市地下综合管廊和市政公用基础设施建设。

13日　为进一步加强青海省冬期施工质量安全生产工作，有效防范和减少质量安全事故发生，青海省住房和城乡建设厅制定下发《关于进一步加强冬期建筑施工质量安全生产工作的通知》。

16日　为保证城乡规划有效实施，促进城乡建设健康有序发展，经青海省人民政府同意，青海省人民政府办公厅印发了《青海省实施城乡规划督察员制度办法(试行)》。进一步加强城乡规划的编制、审批、实施管理工作进行事前和事中监督。

24日　经国务院同意，住房和城乡建设部审批通过《青海省城镇体系规划(2015～2030年)》。该《规划》是统筹省域城镇布局、保护利用各类资源、综合配置区域基础设施和公共服务设施的法定规划，是实现全省城镇、交通、生态保护、重大基础设施空间一张图的基础，是指导青海省城镇空间布局的法定依据。

12月

9日　青海省人民政府印发《关于青海省公共租赁住房共有产权管理办法的通知》。《青海省公共租赁住房共有产权管理办法》明确：保障对象可按照建设成本价分批购买公租房产权，实行共有产权，亦可一次性购买取得公租房有限产权。办法自2016年1月8日起施行。

11日　青海省住房和城乡建设厅和青海省财政厅联合印发《青海省建筑安装工程费用项目组成及计算规则的通知》，对青海省建筑安装工程费用项目组成及计算规则进行规范。

13日　经国务院同意，住房和城乡建设部审批通过了《西宁市城市总体规划(2001～2020年)(2015年修订)》。规划提出要合理控制城市规模，到2020年，西宁中心城区常住人口控制在143万人以内，城市建设用地控制在140平方千米以内。

14日　青海省住房和城乡建设厅发布《西宁市海绵城市建设设计导则(试行)》《西宁市海绵城市建设设计导则——低影响开发雨水设施图集(试行)》。

22日　住房和城乡建设部与青海省人民政府在北京举行《共同推进青海省住房城乡建设事业健康发展合作协议》签署仪式。进一步深化部省战略合作，围绕区域协同、城乡统筹、转变方式、绿色低碳、注重民生、完善功能、提升水平方面，着力转变城乡发展模式，共同推进青海省住房城乡建设事业健康发展。

24日　青海省人民政府办公厅印发《关于开展清洁城镇环境卫生行动的意见》。进一步推进青海省生态文明建设，改善城镇人居环境？提高居民生活质量，构建环境友好型社会？

29日　经国务院同意，住房和城乡建设部审批通过了《青海湖风景名胜区总体规划(2015～2025年)》。界定风景区范围为7577.84平方千米，核心景区面积为4635.61平方千米。

31日　青海省住房和城乡建设厅下发《关于执行〈公共建筑节能设计标准〉(GB 50189—2015)的通知》，自2015年10月1日起实施，原国家标准《公共建筑节能设计标准》(GB 50189—2005)和《公共建筑节能设计标准青海省实施细则》(DB 63/617—2007)同时废止。

(青海省住房和城乡建设厅)

宁夏回族自治区

概况

2015年，宁夏回族自治区住房城乡建设系统以推进新型城镇化为主线，以加快住房城乡规划建设管理运营转型升级为主攻方向，深入实施规划引领、提质扩容、城乡安居、美丽乡村、绿色建筑、质量安全“六大工程”，积极应对房地产和建筑业下行态势，着力寻找培育新的经济增长点，推动住房城乡建设平稳健康发展，圆满完成“十二五”各项目标任务。规划引领作用凸显。编制宁夏城镇体系、六盘山地区清水河城镇产业带、大银川都市区、宁夏村庄布局及37个美丽小城镇、155个美丽村庄规划编制，重点城区控制性详规覆盖率达到100%。城镇建设提质扩容。统筹实施新型城镇化重点项目412个，建设26个市民休闲森林公园，完成既有建筑供热计量改造506万平方米、老旧住宅小区改造600万平方米，关停燃煤锅炉504台。全区城镇化率提高1个百分点以上。城乡统筹步伐加快。开工建设美丽小城镇22个、美丽村庄123个，完成投资26.08亿元，推动主干道路大整治大绿化向农村延伸，启动农村生活污水治理工作。城市管理效益提升。中卫市“以克论净、深度保洁”模式在全区推行，成功召开全国环卫保洁工作现场会，“中卫经验”推向全国。银川市、石嘴山市、中卫市、吴忠市智慧城市建设加快推进。全面推行“大城管”运行机制，建成银川市滨河新区“大数据”中心等数字化城市管理平台。住房保障惠泽民生。实施各类保障性安居工程9.48万套(户)，整村推进危窑危房改造8.02万户。完成房地产开发投资633.63亿元，住房公积金缴存总额508.46亿元。建筑产业转型发展。培育建立3个自治区级建筑产业化基地，全年完成建筑产值524.53亿元，实现建筑业增加值399.98亿元，占国民生产总值的13.7%。全面执行居住建筑65%节能标准，实施可再生能源建筑应用示范项目19项，实施绿色建筑100万平方米。法治建设扎实推进。修订燃气管理条例，出台工程建设标准化管理办法，制定《贯彻落实自治区法治政府建设指标体系(试行)工作方案》，加快建筑管理、城市园林绿化等立法进程。党风廉政有效落实。围绕工程质量安全、干部廉洁从政“两个底线”，积极推进“两个责任”落实，严格执行《党政领导干部选拔任用工作条例》，连续三年在自治区党委组织部干部选拔任用测评(干部“一报告两评议”)中名列自治区厅局第一名。荣获自治区机关效能目标管理考核一等奖。

政策法规

【概况】 进一步健全完善住房城乡建设法规体系，修订《自治区燃气管理条例》，对《自治区城市园林绿化管理条例》部分条款进行修正，废止《自治区建筑工程劳动保险费管理办法》，在全国率先出台《宁夏回族自治区工程建设标准化管理办法》。加强政策研究，报请自治区人民政府出台《促进房地产市场健康发展的若干意见》，会同6部门联合印发《关于做好棚户区改造货币安置工作的指导意见》，为全区消化存量商品住房155万平方米、实现棚改货币化安置27.3%的目标奠定了坚实基础。会同11部门联合印发《公共租赁住房建设分配入住管理暂行办法》，填补“两房”并轨后公租房管理的空白。联合工商局印发《公共租赁住房合同(示范文本)》，进一步规范公租房分配入住和退出行为。会同7部门联合印发《关于开展共有产权住房供应工作的指导意见》，为推行公租房租售并举、深化保障房制度改革指明方向。

城乡规划

【概况】 坚持以宁夏空间发展战略规划为统领，开展宁夏城镇体系、六盘山地区清水河城镇产业带、大银川都市区、宁夏村庄布局及美丽小城镇、美丽村庄规划编制，开展市县城市总体规划实施评估，指导银川市编制历史文化名城保护规划。加强城市设计，会同规委办加快研究制定五个地级市“六边”控制导则等技术规范，指导市县开展重点区域控制性详细规划及城市特色风貌研究，重点城区控制性详规覆盖率达到100%。加大规划管控，制定宁夏城市(城乡)总体规划修改和审查工作规则，出台规范城市控制性详细规划备案和乡村建设规划许可工作细则，落实城乡规划违法违纪行为处分办法，建立规划专项稽查和规划评估制度，进一步提高管理水平。加快推进规划改革，宁夏被列为住房城乡建设部全国“多规合一”省级试点。制定市县城乡总体规划编制导则，深化“三规合一”及“多规融合”成果，完善平罗县、中宁县、盐池县、彭阳县试点成果。

【“多规合一”省级试点】 结合《宁夏回族自治区“三规合一”及“多规融合”工作成果审查技术细则》，在对18个市县城市总体规划实施评估的基础上，通过开展人口与建设用地规模、产业发展、生态保护、基础设施建设四个专题研究，算好人口与用地、产业、生态四笔账，在一张图上划定城镇建设用地增长边界和建设用地规模控制线等六条控制线，界定生产、生活、生态空间边界。按照住房城乡建设部《关于开展县(市)城乡总体规划暨“三规合一”试点工作的通知》，在平罗县、中宁县、盐池县、彭阳县开展的“三规合一”与县域城乡总体规划编制试点，出台《宁夏回族自治区市县城乡总体规划编制导则(试行)》，探索以县城行政管辖区为规划范围，整合县域城镇体系规划、村庄布局规划、城镇、乡总体规划，统一编制覆盖全域的城乡总体规划，减少城乡规划编制层次，在建设用地安排、规划控制界线划定、重点项目选址等方面与土地利用总体规划以及交通、水利、环保等专项规划进行充分对接，实现一张蓝图管到底。此项工作得到住房城乡建设部高度认可，于8月在中卫市召开省域空间规划(“多规合一”)试点工作座谈会，确定宁夏为全国“多规合一”省级试点。

【空间规划编制体系】 深入贯彻落实《空间发展战略规划》，加快构建系统科学的空间规划体系。完成《宁夏城镇体系规划(2014—2030年)》、《六盘山地区·清水河城镇产业带总体规划(2014—2030年)》、《银川都市区总体规划(2014—2030年)》、《宁夏村庄布局规划(2014—2030年)》编制工作。

【城乡规划监督管理】 严格执行《城乡规划法》及《城乡规划违法违纪行为处分办法》，对各市落实宁夏空间战略规划、城市总体规划强制性内容、经营性用地控制性详细规划的执行情况，村庄建设规划许可情况进行检查指导，及时发现和纠正规划执行过程中的违法行为，维护规划的权威性和严肃性。及时补充完善配套法规、规章，建立《宁夏空间发展战略规划条例》、《宁夏实施〈城乡规划法〉办法》贯彻落实定期报告、专项督查机制，制定《城乡总体规划修改和审查规则》、《城市控制性详细规划备案管理办法》，进一步规范规划管理行为，强化规划管控。

新型城镇化建设

【概况】 积极稳妥推进新型城镇化，常住人口城镇化率达到55.23%，比上年提高1.62个百分点，户籍人口城镇化率达到44.48%，比上年提高0.44个百分点。

【户籍制度改革】 全面放开石嘴山市、吴忠市、固原市、中卫市市区，以及县级市市区和建制镇落户限制，合理放宽银川市城区落户条件。5个地级市制定具体的户籍制度改革实施方案，细化以稳定就业和合法居住为基本条件的落户政策和子女亲属随迁政策标准，研究建立居住证制度和以居住证为载体的基本公共服务提供机制。自治区政府制定《关于进一步做好为农民工服务工作的实施意见》、《社会保险“五险合一”经办体制改革方案》等文件，推进农业转移人口市民化等相关工作。

【两带建设】 深入推进沿黄城市带建设，着力构建沿黄城市带发展大格局，实施城镇基础设施、综合交通、生态环境、公共服务等区域性重大项目252个，完成投资420亿元。编制实施《清水河城镇产业带总体规划(2014-2030)》，自治区财政连续第五年投入20亿元专项资金支持清水河城镇产业带建设，实施固原市旧城改造暨文化产业城、生态文化园、彭阳县彭青公路及百里绿色长廊、同心县企业孵化园等重点项目160个，完成投资110亿元。

【城镇化试点】 认真开展固原市国家新型城镇化综合试点(第一批)，完成综合试点方案，着力构建以市区为中心的4个县城、10个特色小城镇，100个中心村为重点的“1411”城镇化发展格局，推进“多规融合”、城镇基础设施建设、投融资体制改革、农村土地制度改革、“扩权强镇”等重点工作。全面推进农业转移人口市民化。实施60个重大基础设施项目，组织宁东镇、平罗县成功申报国家新型城镇化综合扩大试点(第二批)。组织石嘴山市、吴忠市成功申报中小城市综合改革试点，推进创新产业和城市融合发展机制、创新多元化投融资机制、健全土地要素流动机制促进土地集约节约利用、创新公共服务供给机制、改革城市管理体制等重点工作，着力培育和发展宜居宜业中小城市。

【投融资体制改革】 加强PPP模式研究和推广应用，积极推进城镇化领域政府和社会资本合作。组织实施银川市城市供水、污水垃圾处理等一批PPP项目。组织灵武市、永宁县、隆德县成功申报国家深化县城基础设施投融资体制改革试点，推进相关改革工作。自治区政府与住房城乡建设部、国家开发银行、中国农业发展银行分别签订部区合作协议、综合管廊建设协议、海绵城市建设协议、农村污水治理协议。

房地产业

【概况】 全区注册房地产开发企业805家，房地产评估机构31家。全年完成房地产开发投资633.64亿元，同比下降3.2%，其中住宅投资396.68亿元，同比下降3.6%。商品房屋施工面积7045.68万平方米，同比增长0.4%，其中住宅施工面积4550.38万平方米，同比下降1.6%。全区房地产开发新开工面积1391万平方米，同比下降32.3%，其中住宅863.7万平方米，同比下降38.1%。全区新建商品房销售面积839.2万平方米，同比下降25.7%，待售面积1207.15万平方米，同比增长24.8%。

【房地产市场调控】 自治区人民政府制定印发《关于促进房地产市场平稳健康发展的若干意见》，坚持因地制宜、分类施策原则，以去库存、促销售、保增长为目标，从合理确定住房建设和住房用地供应总量、完善住房供应体系、大力发展租赁和二手房两个市场、支持房地产融资和住房消费、优化市场发展环境等5个方面提出16条意见。住房城乡建设厅印发《关于进一步加强房地产市场监督管理工作的通知》，建立房地产交易日报和房地产市场月报分析制度，要求各地进一步加强房地产市场监督检查、重点加大商品房预售行为、房屋交付、预售资金等监管力度，特别要加强对有风险隐患的重点企业的监督检查，防范市场风险。开展全区房地产市场进行专项检查，共受理投诉举报案件185件，办结175件，对存在问题的36件进行调查处理，进一步规范了房地产市场秩序。

【诚信体系建设】 自治区住房城乡建设厅联合国土资源厅、地税局、人民银行等8部门审核发布2014年度房地产企业信誉等级评定结果，共评定AA级企业76家、A级企业375家、B级企业78家，并向社会公布评定结果。组织开展全区房地产企业履社会责任评价工作，重点对2014年度完成房地产开发投资1.5亿万元以上的开发企业进行试点评价，共有83家房地产开发企业参加评价，共评出优秀等次(★★★级)企业47家，良好等次(★★级)企业36家。

【老旧住宅小区整治改造】 截至2015年底，全区已完成640个老旧住宅小区综合整治改造，改造面积1600万平方米，占全部老旧住宅小区总量的60%左右，投资约26个亿，惠及20余万群众，老旧住宅小区整体功能和居住环境有显著提升。2015年，自治区住房城乡建设厅会同自治区财政厅依据《宁夏回族自治区老旧住宅小区整治改造考核验收办法(暂行)》，下达奖补资金3000万元，有力推进改造工作。

【物业服务管理】 根据自治区人民政府《关于进一步规范物业服务管理促进物业行业健康发展的意见》，自治区住房城乡建设厅会同自治区物价局制定印发《关于加强自治区物业服务收费管理工作的通知》，实行物业服务双轨制收费机制，商品住房、非住宅，以及接受业主委托开展特约服务等其他物业服务和住宅小区停车收费实行市场调节价；保障性安居工程、农民安置住宅小区、老旧住宅小区物业服务继续实行政府指导价。鼓励推行酬金制物业服务计费方式，进一步完善物业服务计价和收费方式，形成质量与价格联动的市场机制，提升物业服务水平。组织开展全区物业服务示范项目和优秀物业服务企业创建评审活动，评选出全区物业服务示范住宅小区16个、物业服务示范公共建筑7个、优秀物业服务企业22家。指导银川市和石嘴山市积极推行物业管理工作重心下移试点，将原由市级负责的物业服务企业资质审批、住宅专项维修资金收缴、物业服务招投标、纠纷调处等事项下放至市辖区和街道办事处(镇政府)管理，进一步明确物业管理工作中各级政府和部门的职责，提高了办事效率。

住房保障

【概况】 全区共开工建设保障性安居工程9.4808万套(户)，占年度计划的103.6%，完成投资122.6亿元，占年度计划的163.5%。基本建成8.9915万套，占年度计划的119.9%。公共租赁住房累计实物配租11.1802万套，占年度计划的90.7%，超出国家下达的90%的入住率目标。

【棚户区改造】 截止2015年底，争取中央保障性安居工程专项补助资金31.413亿元，协调自治区财政厅落实公共租赁住房补助资金2.4533亿元，获得国开行棚户区改造政策性贷款授信485.48亿元，签订贷款合同377.58亿元，其中2015年度新争取贷款额度53.53亿元。会同自治区多部门制定印发《关于做好棚户区改造货币安置工作的指导意见》，为加快棚户区改造、推动保障性住房和商品住房相互衔接、融合发展提供政策支撑。各市、县(区)政府搭台，企业跟进，让利于民，采取“以房换房、以地换房、以房换钱”多种方式，棚改货币化安置棚改居民3.75万户，消化存量商品住房14887套。全区棚改货币化安置率达27.95%，青铜峡市棚改货币化安置率达到100%。

【共有产权住房】 自治区住房城乡建设厅联合发展改革委、财政厅、民政厅、国土资源厅、地税局、人民银行银川中心支行等部门出台《关于开展共有产权住房供应工作的指导意见》，提出开展共有产权住房供应工作的思路和措施，明确保障性住房租售并举的原则要求。银川市、固原市、中宁县、彭阳县等市、县正在制定完善政策措施，积极推动保障性住房共有产权管理工作。

【保障性安居工程制度】 自治区住房城乡建设厅联合发展改革委、财政厅、国土资源厅等11个部门印发《宁夏回族自治区公共租赁住房建设分配入住管理暂行办法》，联合自治区工商行政管理局印发《公共租赁住房合同(示范文本)》，统一规范公租房管理活动，明确公租房分配入住标准，对扩大公租房覆盖面、加快公租房分配入住具有积极推动作用。

【公租房台账管理和销号制度】 制定印发《关于对保障性安居工程项目实行台账式管理的通知》和《关于加快公共租赁住房分配入住的通知》，对棚户区改造和保障性住房建设及入住情况统一实行台账式管理模式，并把制度执行落实情况作为规范化管理基本内容纳入考核体系。坚持把公共租赁住房入住率纳入年度目标任务，实行项目报告销号制，督促各市、县(区)对往年开工的项目统筹安排，加快水、电、路、气等配套基础设施和公共服务设施建设，确保建成一个、入住一个、销号一个。

公积金管理

【概况】 截至2015年底，全区住房公积金实缴人数达54.5万人，累计归集住房公积金508.5亿元，提取住房公积金282.4亿元，向20.6万户职工家庭发放住房公积金个人贷款319.1亿元，住房公积金个贷率达64.8%，使用率达84.3%。2015年，全区归集住房公积金78.3亿元，同比增长10.4%；住房公积金提取 54.6 亿元，同比增长 9.4%；发放住房公积金个人贷款 55 亿元，同比增长 10%。

【监督管理机构】 在 5 个地级市设立住房公积金管理中心，共有工作人员 294 人，实行市、县“统一决策、统一管理、统一制度、统一核算”的垂直管理模式，住房公积金制度覆盖各市县。除中卫市住房公积金管理中心、固原市住房公积金管理中心为全额事业单位外，银川住房公积金管理中心、石嘴山市住房公积金管理中心、吴忠住房公积金管理中心为自收自支事业单位。

【公积金支持住房消费】 自治区住房城乡建设厅会同自治区财政厅、人民银行银川支行出台《关于进一步调整全区住房公积金提取及贷款业务办法的通知》，从扩大租房提取范围、延长购房提取年限、放宽直系亲属之间使用条件等 8 个方面调整住房公积金使用政策，并督促各中心严格贯彻执行住房城乡建设《关于切实提高住房公积金使用效率的通知》等文件，充分发挥住房公积金制度作用，加大对职工合理住房消费的支持力度。

【信息平台建设】 继续加强全区 12329 住房公积金服务热线的监督指导，在全国率先开通全区统一的 12329 住房公积金短消息服务。住房城乡建设部在银川召开全国住房公积金综合服务平台课题研讨会，宁夏被确定为住房公积金综合服务平台建设试点省份。成立全区住房公积金信息化督导组和研讨组，召开平台建设讨论会，制定实施方案，落实建设资金，加快推进住房公积金综合服务平台建设。截至 2015 年底，已完成数据交换系统的搭建与测试，开发工作有序推进。自治区住房资金管理中心、固原市住房公积金管理中心系统平台已建成并投入使用。

【廉政风险防控】 各市住房公积金管理中心继续完善廉政风险防控机制，严格落实责任制度和考核制度，杜绝挤占、挪用住房公积金和变相违规使用住房公积金行为，坚决打击骗支骗贷行为，加大对逾期贷款的催收力度，重点抓好住房公积金银行账户的监督管理，实时监控资金流向，确保住房公积金资金安全运行。4 月、11 月，自治区住房和城乡建设厅两次组织开展全区住房公积金廉政风险防控管理专项检查。

【住房公积金制度宣传】 对全区住房公积金机构概况、业务运行、财务数据、资产风险、社会经济效益及住房公积金政策规定调整、业务办理和服务措施变化等重大事项汇总形成年度报告，并向社会披露，提升行业管理的透明度与公信力。组建宁夏住房公积金通讯员队伍，不断加大宣传力度，通过报纸、电视、门户网站等主流媒体进行宣传的同时，利用 12329 服务热线和短信平台、邮寄对账单、住房公积金宣传日、微信公众号等形式广泛宣传。自治区住房资金管理中心开发住房公积金手机 APP，进一步丰富宣传手段，方便缴存职工。

【支持保障性住房建设试点】 积极在银川市推行住房公积金支持保障性安居工程建设试点，第二批 3 个试点项目已发放贷款 4.3 亿元，占计划贷款总额 5.9 亿元的 73%，有力地支持保障房建设。

城市建设与市政公用事业

【概况】 完成城市基础设施建设固定资产投资 47 亿元，同比增长 3.1%。全区人均城市道路面积达到 24.49 平方米，城市集中供水普及率达到 93.4%以上，城市污水处理率达到 88.97%，中水回用率达到 22%，城市生活垃圾无害化处理率达到 89.01%以上，燃气普及率达到 81.68%。全面开展城市地下管线普查，启动城市供水和污水处理规范化管理，推进城市地下综合管廊和海绵城市建设，园林城市(县城)、节水型城市等城市品牌创建取得新进展。

【城市建设“十三五”规划】 在总结分析“十二五”城市建设经验基础上，会同有关厅局编制完成宁夏城市基础设施建设“十三五”规划、宁夏污水处理设施建设“十三五”规划、宁夏生活垃圾无害化处理设施“十三五”规划、宁夏节水型社会建设“十三五”规划，起草《宁夏回族自治区关于加强基础设施建设的实施意见》，对全区“十三五”期间各项基础设施建设进行统筹部署。

【城市精细化管理】 在全区推行中卫市“机械化清扫+人工保洁”环卫保洁模式，加强道路扬尘治理，逐步实现城乡环境卫生管理的精细化、制度化和长效化。成功举办全国城市环卫保洁工作现场会，中卫市“以克论净、深度保洁”环卫管理模式受到住房城乡建设部充分肯定，在全国掀起学习中卫环境卫生精细化管理模式热潮。深入开展主干道路大整治大绿化工程，全区城乡环境卫生质量得到显著提升。全面开展城市管理综合执法情况调研，起草《深入推进城市执法体制改革改进城市管理工作的实施意见》，为推动城市管理执法体制改革奠定坚实基础。加强数字化城管建设，银川市、石嘴山市大武口区数字化城管平台运转正常，灵武市、平罗县数字化城管平台投入试运行，吴忠市、固原市、中卫市数字化城管平台稳步推进，通过现代化手段为城市管理提质增效。

【城市地下管线建设管理】 制定印发《城市地下管线普查工作实施方案》、《宁夏回族自治区城市地下管线普查工作指导手册》、《宁夏回族自治区城市地下管线信息系统技术规范》等文件，督促指导各地全面开展城市地下管线普查，建立地下管线综合信息系统。各市县根据发展建设需要，有序开展城市供水、供热、燃气、综合交通、停车设施等专项规划编制。积极稳妥推进城市地下综合管廊和海绵城市建设，自治区政府与住房城乡建设部、国家开发银行签订合作框架协议，银川市、吴忠市、固原市等城市和宁东开发区编制完成地下综合管廊建设规划和五年滚动实施计划，固原市编制完成海绵城市建设专项规划。完成《宁夏回族自治区燃气管理条例》修订，会同自治区物价局制定出台《宁夏回族自治区城市集中供热定价成本监审办法(试行)》，为重点领域安全运行管理和行业发展提供法制保障。组织参加全国“燃气杯”职业技能大赛活动，获得优秀组织奖和燃气具安装工团体铜奖，总成绩在全国排第11名。

【市政公用设施管理】 加强对市县管理部门工作的监督检查，开展全区城市供水规范化管理考核和城市供水水质全指标检测，开展城市污水处理规范化管理检查评定和城市排水防涝设施安全全查，制定《宁夏回族自治区污水处理厂规范化管理检查评分办法(试行)》，银川市第三污水厂、石嘴山市第一污水厂完成扩容改造，隆德县、同心县污水处理厂进展顺利，将12座污水厂列入提标改造计划，占全区需提标改造污水处理厂的65%。银川市正式启动垃圾分类试点，银川市、石嘴山市、吴忠市餐厨垃圾资源化无害化试点项目进展顺利，银川市和中卫市沙坡头区步行和自行车系统示范项目建设加快推进，灵武市、永宁县、隆德县获批国家基础设施投融资改革试点县城，石嘴山市、青铜峡市、永宁县获批国家循环经济示范城市。

【城市生态园林建设】 石嘴山市、平罗县荣获国家园林城市(县城)称号，银川市通过国家节水型城市复检，石嘴山市获得自治区节水型城市称号。指导地方政府加快推进城市黑臭水体整治工作，完成城市建成区黑臭水体排查，并向社会公布。会同林业厅制定出台《宁夏市民休闲森林公园建设技术指导意见》，指导各地启动26个市民休闲森林公园建设，完成5个市民休闲森林公园建设和验收。加强对风景名胜区规划建设和保护管理指导，开展全区风景名胜区执法检查，须弥山石窟国家级风景名胜区顺利通过住房城乡部检查。截止2015年底，全区人均公园绿地面积达到17.22平方米，城市建成区绿化覆盖率37.03%，绿地率34.5%。

村镇规划建设

【概况】 按照《宁夏美丽乡村建设实施方案》要求，全面提升村镇建设水平，全年共开工建设美丽小城镇22个，美丽村庄123个，改造农村危窑危房80196户，硬化道路334千米，绿化面积827961平方米，给排水管道长度268千米，清理垃圾41986吨，完成投资761013.4万元，农村群众生产生活条件明显提升。

【美丽乡村建设】 贯彻落实国务院第二次改善农村人居环境工作会议精神，把改善农村基础设施和公共服务配套条件作为主攻方向，以美丽小城镇、美丽村庄项目建设为载体，继续抓好规划引领、农房改造、收入倍增、基础配套、环境整治、生态建设、服务提升、文明创建八大工程，全年高标准高质量建设美丽乡村项目145个，完成投资31.98亿元。

【农村危房危窑改造】 2015年国家下达自治区农村危房改造任务8万户(其中贫困地区5.3万户)，补助资金7.18亿元，比上年增加5.7万户、5.18亿元。到2015年末，全区农村危窑危房改造开工80196户，完成投资441155万元。从住房城乡建设厅、国土资源厅、交通运输厅、扶贫办等部门抽调21名干部和工程技术人员组成督导组，派驻各县(区)专门督导美丽乡村建设和农村危窑危房改造工作，开展政策宣传，负责技术指导，把控工程质量。编制发放《农村危房改造技术导则》和《农村住宅抗震技术要点图解手册》，印发宣传手册3万份。加强对村镇规划建设管理员业务培训，聘请专家和技术人员送政策、技术下基层，抓好农村工匠技术培训。

【传统村落和特色名镇名村申报】 积极开展传统村落和国家级特色景观旅游名镇名村申报工作，中卫市沙坡头区南长滩村、北长滩村、隆德县红崖村、梁堡村被列入中国传统村落名录。银川市兴庆区掌政镇强家庙村被列为全国建设宜居村庄示范。银川市兴庆区掌政镇、银川市西夏区镇北堡镇、吴忠市青铜峡市的青铜峡镇和峡口镇、固原市泾源县的泾河源镇和六盘山镇、中卫市沙坡头区迎水桥镇、吴忠市利通区东塔寺乡穆民新村、固原市隆德县城关镇杨店村、中卫市沙坡头区迎水桥镇北长滩村、中卫市沙坡头区香山乡南长滩村被列入全国特色景观旅游名镇名村示范。

【农村环境整治和污水处理】 9月16日在泾源县召开宁夏农村环境卫生综合整治现场会，总结推广泾源县开展城乡统筹、推进“大环卫、大整治、大巡查”、实施全域环境卫生整治及农村垃圾治理的经验做法，对全区农村环境卫生综合整治工作全面部署。落实住房城乡建设部、自治区人民政府、中国农业发展银行共同签署的“部区行”合作框架协议，引入建设融资、企业运营管理、政府购买服务等新模式，与中车集团、首创集团、北控水务等企业合作推进农村生活污水治理及改厕工程，2015年在青铜峡市、贺兰县、利通区开展试点示范。

建筑市场与质量安全监督

【概况】 全区共有建筑施工企业1351家(另有外地进宁企业1547家)，工程监理企业60家，工程检测机构82家，工程招标代理机构63家，勘察设计企业169家，工程造价企业67家，园林绿化企业302家。全区监督建筑工程14826项，建筑面积10015万平方米，其中新开工工程2108项，建筑面积1516万平方米。竣工备案2308项，建筑面积1196万平方米。完成建筑业总产值524.53亿元，同比下降16.9%，实现建筑业增加值399.98亿元，同比增加8.6%，占全区GDP比重达13.7%。

【工程质量治理两年行动】 认真组织开展工程质量治理两年行动，将2015年确定为全区建设工程质量安全年，实施“两提升、五整治、一规范”八大专项治理行动，严格依法行政，严厉打击违法违规行为，推动工程质量治理两年行动持续深入开展，全区建设领域工程质量形势稳定且持续向好，违法违规行为得到有效遏制，建筑市场秩序进一步规范有序，全区工程建设管理水平得到明显提升。

【安全生产】 按照住房城乡建设部和自治区安委会统一部署，认真贯彻落实《自治区安全生产行政责任规定》、《2015年度全区安全生产十大专项整治行动方案》、《自治区公共安全保障工程实施方案》等要求，狠抓房屋建筑、市政工程安全生产，确保建设领域安全生产形势总体稳定受控。事故起数和死亡人数分别比上年同期下降44.4%和42.9%。

【宗教场所隐患排查】 按照自治区党委、政府安排部署，自治区党委统战部会同自治区民委(宗教局)、住房城乡建设厅、国土资源厅、安监局、消防总队在全区组织开展宗教活动场所安全隐患排查工作。自治区政府批转五部门制定的《关于进一步加强自治区宗教活动场所建设安全管理工作意见的通知》，明确宗教活动场所的新建、改建、扩建等建设行为，自治区住房城乡建设厅组织编制《宗教活动场所施工质量安全指导手册》，将宗教活动场所的工程建设纳入建设工程质量安全监管范围。组织编制1000册《宁夏宗教活动场所建设指导图册》，按照川区和南部山区不同的地质条件，分砖木结构、砖混结构、框架结构三种形式，设计16种不同风格类型和300～800平方米的清真寺建筑方案。

【安全文明标准化工地和鲁班奖】 2015年，全区共有7个工程项目获得国家“AAA级安全文明标准化工地”称号，42项工程被评为自治区“建安杯”安全文明标准化示范工程，112个工地获得自治区级安全文明标准化工地称号。宁夏建工集团承建的宁夏贺兰山体育场工程获得2014～2015年度中国建设工程鲁班奖。

【建设工程招投标管理】 制定《规范房屋建筑和市政工程项目招投标管理办法》和《工程建设项目评标办法》，推行限额以下项目随机抽取中标人办法，技术标实行“暗标评审”，对招标代理机构进行比选，实行电子招投标等新措施，有效遏制人为干预招投标和评委打“人情分”等问题，营造招投标公平竞争环境。按照住房城乡建设部《关于推进建筑业发展和改革的若干意见》，放开非国有投资项目招投标监管，由建设单位决定是否进行招标发包；制定“层级竞争”和“分灶吃饭”政策，限定不同资质等级企业工程承包范围。加强招投标稽查执法和标后监管力度，做好招投标市场与施工现场“两场联动”执法检查工作，对违法发包、资质挂靠、串通投标等行为及时认定和查处，形成严厉打击招投标违法违规行为的态势，促进招投标活动有序开展。

【建筑市场诚信体系建设】 2015年5月，自治区按国家统一标准与住房城乡建设部联网，完成宁夏建筑业诚信平台和建筑企业数据库、从业人员数据库、工程项目数据库建设，实现全区“数据一个库、监管一张网、管理一条线”的信息化管理目标。将招投标环节企业诚信评价分值提高到总分值的15%，鼓励诚信度高、市场管理规范的企业在招投标中优先中标。

【稽查执法】 全区住房城乡建设系统共受理查办各类案件754件，立案查处51件，结案433件，共处罚金1136.29万元，拆除违法建筑8.83万平方米，行政处罚企业315家，行政处罚个人82人，有力地打击了违法违规行为，规范建筑市场秩序，维护法律法规的权威。

建筑节能与科技

【概况】 积极转变建造方式，全面执行居住建筑65%节能标准，实施可再生能源建筑应用示范项目19项，建设绿色建筑100万平方米，新增节能建筑540万平方米，实施既有居住建筑节能改造506万平方米，培育建筑产业现代化基地6个，全区新型墙体材料产量达到34.56亿块标砖。

【建筑节能】 推进新建建筑节能标准提标扩面，印发《关于全面执行居住建筑65%节能标准的通知》，自2015年1月1日起，全面实施65%节能标准，银川市开展75%建筑节能标准试点示范工作，示范面积6.2万平方米。全区实施既有居住建筑供热计量及节能改造506万平方米，惠及5万户居民，改造包括室内供热系统计量及温度调控改造、热源和供热管网热平衡改造、建筑围护结构节能改造等内容。印发《加快推进全区国家机关办公建筑和大型公共建筑能耗监测系统建设实施方案》，完成宁夏国家机关办公建筑和大型公共建筑能耗监管平台建设第一阶段任务，实现在线监测建筑50栋，为全区既有公共建筑能源审计、节能改造、能效管理等工作的健康有序开展奠定了基础。

【绿色建筑】 自治区多部门联合印发《关于在政府投资公益性建筑及大型公共建筑建设中全面推进绿色建筑行动的实施意见》，自2015年1月1日起，在全区新建政府机关办公建筑、政府投资的公益性建筑以及单体面积2万平方米以上的大型公共建筑和银川地区保障性住房建设中全面推进绿色建造标准，全年实施绿色建筑100万平方米。积极开展绿色建筑评价标识工作，吴忠市水岸康桥小区通过绿色建筑评价设计标识评审。

【智慧城市】 进一步加快智慧城市建设步伐，银川市、石嘴山市、吴忠市和永宁县、大武口区积极开展智慧城市试点创建，银川市智慧城市建设取得突出成效，得到住房城乡建设部充分肯定，将智慧城市“银川模式”收录为国家案例，银川市在全国“智慧城市创建案例研讨会”上作经验交流发言。李克强总理在国务院经济工作会议上评价银川智慧政务平台“既是简政放权，又是信息化支撑”。

【新型墙体材料】 城市限黏、县城禁实全力推进，新型墙材推广应用进一步巩固，全区新型墙体材料产量达34.56亿块标砖，占墙材总量的78%，建设工程应用比例达87%，节约土地5693亩、节约标准煤21.39万吨、利用工业废物410万吨、减少二氧化碳排放53.33万吨。

【标准定额】 2015年12月8日，自治区人民政府颁布《宁夏回族自治区工程建设标准化管理办法》，标志着自治区工程建设标准化工作步入法治化轨道，宁夏成为全国首个通过立法推进工程建设标准化的省区。全面贯彻落实国家建设工程造价管理改革任务，发布《关于推进自治区工程造价管理改革的实施意见》，进一步简政放权，取消施工企业取费类别资质管理制度，调整工程类别确认管理制度，着力构建市场决定工程造价的工作机制。

【建筑产业现代化】 培育建筑产业化基地取得成效，宁夏凤凰城智能制造有限公司、宁夏北方精工钢结构实业有限公司、宁夏银晨太阳能科技有限公司等6家企业被列为自治区建筑产业现代化基地，带动全区建筑产业化发展。实施西吉县保障性住房CL结构体系、宁港信息中心装配式钢结构体系等建筑产业化工程，积极推行保障性住房项目全装修，全装修面积达到64万多平方米，主要集中在公寓和保障性公共租赁住房。

“十二五”期间住房城乡建设主要工作及成效

【概况】 “十二五”时期，全区住房和城乡建设系统积极应对经济下行压力和人民群众改善民生的强烈需求，认真贯彻落实国家各项宏观调控政策，以推进新型城镇化为主线，大力加强城乡规划、建设、管理及工程建设管理，全面启动保障性安居工程，不断整顿和规范建筑市场及房地产市场，加快美丽乡村建设，各项事业取得了显著成绩。

【城镇建设规划】 开展规划顶层设计。按照把宁夏作为一个城市规划建设的思路，率先在全国以省域为单位编制《宁夏空间发展战略规划》，统揽经济社会发展、土地利用、城乡建设等各级各类规划，并由人大制定颁布《宁夏空间发展战略规划条例》。建立科学规划体系。以《宁夏空间发展战略规划》为统领，坚持把以人为本、尊重自然、传承历史、绿色低碳等先进规划理念融入规划全过程，全面开展全区城镇体系规划、各市县城市总体规划等已有规划的实施评估和修编，完成大银川都市区规划、清水河城镇产业带规划、村庄布局规划等区域性、专业性规划编制，扩大控制性详细规划覆盖面，开展100个小城镇、上千个村庄规划，提高了规划科学性、系统性和可操作性。逐步深化规划管理改革。全面启动市县“多规合一”试点工作，强化全区规划统筹协调管理，实行重大规划项目由自治区、市、县层级审批，延伸配备村镇规划建设管理员，强化村镇规划建设管理业务培训，实行规划全域监管。四是强化规划执行落实。制定出台《自治区实施〈城乡规划法〉办法》，建立规划公开公示、责任追究等制度，成立建设稽查中心，加大城乡规划执法监督检查力度，维护规划的严肃性和权威性。

【城镇面貌】 “十二五”期间，全区加快推进城镇化步伐，城镇建设取得较大进步。科学谋划城镇发展，着力优化空间布局。按照集群发展的态势，着力推动大银川都市圈，促进城镇向沿黄城市带、清水河城镇产业带和太中银、银宁盐两条交通干线城镇发展轴空间集聚，带动全区大中小城市和小城镇协调发展。加大城镇基础设施建设力度。“十二五”期间，全区完成城市市政公用基础设施固定资产投资340亿元，年均增长17.8％。到2015年底，城市的公共供水普及率达到95％，污水处理率达到88％，城市垃圾无害化处理率达到94.87％，全区城市、县城生活垃圾日处理能力增加了2006吨/日，增加比例达到39％。银川市、石嘴山市、吴忠市等城市启动餐厨垃圾资源化处理工作，银川市生活垃圾焚烧发电项目建成并投入使用。通过垃圾处理设施的建设，有效缓解垃圾围城现象。城市供气普及率由82.82％增加到83.72％，县城的供气普及率由65.67％增加到66.96％。供热面积较2011年也有大幅度提高。全区城市(县城)供热站600个，已建成CNG加气站约90座。城市人均道路面积和人均公园绿地面积都达到18平方米以上。城市建设特色开始凸显。全区建成一批有规模、有特色、有示范引导作用的城市，积极开展吴忠市、银川市、石嘴山市、永宁县智慧城市建设试点，按照建设美丽宁夏、促进生态文明的目标要求，银川市、石嘴山市、吴忠市、中卫市、青铜峡市、灵武市、贺兰县、平罗县、盐池县、彭阳县、隆德县都获得国家园林城市(县城)称号。这一时期，是自治区城镇基础设施增长最快、幅度最大、成效最明显、居民感受最实在的发展时期。

【民生保障】 城镇住房保障制度取得突破性进展。城镇住房保障制度取得突破性进展，市场配置与政府保障相结合的城镇住房制度初步形成。住房保障制度基本建立，政策支持力度不断加大，管理制度逐步健全，大规模保障性安居工程建设进展顺利。

坚持市场调节和政府保障相协调、相促进，着力解决城乡居民住房问题。切实加大住房保障。全区实施保障性安居工程建设43.24万套(户)，占计划总数的170.5％，超额完成计划的目标任务。其中：筹集廉租住房3.8万套，经济适用住房2.92万套，公共租赁住房10.01万套，限价商品房0.63万套，实施城市棚户区改造19.77万户，国有工矿棚户区改造1.61万户，国有林场危旧房改造0.42万户，国有垦区危旧房改造1.73万户，中央下放地方煤矿棚户区改造2.35万户。有效解决中低收入家庭的住房困难，圆了130万群众住房梦。保障性安居工程建设进展顺利，各项配套政策不断完善，公租房与廉租房实现并轨运行，租售并举、共有产权等制度正在积极探索。公积金支持住房消费效果明显。累计归集住房公积金508.5亿元，缴存职工54.5万人，发放个人住房贷款总额319.1亿元，个贷率达到64.8％，累计提取282.4亿元，累计实现增值收益17.2亿元，有效扩大了住房消费。住房公积金“12329”服务热线建设走在全国前列，住房城乡建设部在自治区召开现场会推广宁夏做法。

【美丽乡村】 村镇规划建设管理工作打开新局面。先后实施塞上农民新居、幸福村庄、美丽乡村等一系列建设工程，累计建成新村365个，综合整治旧村1880个，建设改造小城镇69个，农村人居环境得到很大改观。村镇规划建设管理不断创新。2014年，自治区组织、编制、住房城乡建设部门协调配合在全区各乡镇设置了村镇规划建设管理机构，建立专门的村镇规划建设管理员队伍，对200多名规划管理人员进行系统培训，实现村镇规划建设管理全域覆盖。加快美丽乡村建设。自治区党委办公厅、人民政府办公厅印发《宁夏美丽乡村建设实施方案》的通知，实施规划引领、农房改造、收入倍增、基础配套、环境整治、生态建设、服务提升、文明创建“八大工程”，加快建设交通节点型、旅游度假型、加工制造型、资源开发型、商贸流通型等各具特色的重点镇42个，打造田园美、村庄美、生活美、风尚美的美丽村庄200个，全面完善水、电、路、气、污水、垃圾处理等基础设施，促进产业、人口向小城镇和中心村集聚。加快危窑危房改造。进一步加大投入，以整村推进为主要方式，加快农村危房危窑改造步伐，“十二五”期间，共完成农村危窑危房改造28.7万户。四是统筹城乡一体化管理。推动城市基础设施向农村延伸、公共服务向农村覆盖，健全村庄基础设施和公共服务设施运行维护长效管理制度，推行“村收集、镇(乡)运输、县处理”等生活垃圾处理模式，全区60%的县区建立了城乡一体发展的体制机制。

【“绿色建筑行动”】 绿色建筑规模不断扩大。大力发展绿色建筑。2015年1月1日起，自治区内新建的国家机关办公建筑、政府投资的学校、医院、博物馆、科技馆、体育馆等满足社会公共需要的公益性建筑，单体建筑面积超过两万平方米的机场、车站、宾馆、饭店、商场、写字楼等大型公共建筑项目及银川市城区集中统建的保障性住房项目，全面执行绿色建筑标准。加大绿色建材推广力度，编制发布绿色建材产品技术推广目录，推进工业固体废弃物资源化利用和新型墙体材料应用，组织开展绿色农房示范和农村危房节能改造试点建设，推广应用建筑节能、可再生能源、生物质能技术。加强建筑节能工作。完成既有居住建筑供热计量及节能改造1300万平方米，全区新型墙体材料产量达到33.5亿标块，建筑节能和新型墙材工作实现节能31.8万吨标煤，自治区列入国家第一批省级示范地区，银川市、吴忠市先后在2010年和2011年被评为可再生能源建筑应用示范城市。提升建筑节能标准，全区建筑全面执行65%节能标准，银川市开展75%节能标准试点示范。大规模实施既有居住建筑供热计量及节能改造，同步实施供热计量收费。

【建筑业】 快速发展，建筑质量安全管理得以强化。完成建筑业总产值2592亿元，建筑业增加值占全区GDP比重超过10%，建筑业在拉动经济增长、解决社会就业、提高人民群众生活质量、增加财政收入等方面发挥的重要作用，全社会近50%以上固定资产投资要通过建筑业才能形成新的生产能力或使用价值。优化建筑产业结构。积极引导建筑企业产业升级，扶持发展做大做强，重点打造建筑业龙头企业，提升建筑业企业竞争力。“十二五”末全区建筑业企业1187家，比“十一五”增加316家。宁夏建工集团有限公司成为全区首家取得国家房屋建筑工程施工总承包特级资质企业，填补了全区建筑企业在这一领域的空白。全区拥有施工总承包一级企业28家，较“十一五”末增加14家。全区工程监理企业数量从“十一五”末的50家增加到66家，其中甲级资质企业数量由6家发展到18家。工程质量安全治理工作效果明显。深入开展工程质量治理的各类专项活动，落实建设、勘察、设计、施工、监理五方主体项目负责人质量终身责任制，加大对违法违规行为的打击力度，开展标准化工地观摩会和施工安全应急演练活动，企业落实主体责任的主动性得到进一步增强，工程质量安全管理水平得到有效提升，全区建筑领域连续16年未发生重大生产安全事故。市场监管与诚信平台建成使用。2015年5月28日，宁夏建筑市场监管与诚信平台通过住房城乡建设部的验收评估，成为全国第18个实现部省建筑市场监管与诚信信息实时互联互通的省区之一，实现与部中央数据库的互联互通。宁夏建筑市场监管与诚信平台主要包括宁夏回族自治区工程建设企业、注册人员、工程项目、诚信信息四大基础数据库，已对982家区内建筑业企业，1303家外省进宁企业进行登记录入与信用评价；录入并评价的执业类人员13753人，职称类人员16143人，资格类人员51450人。收录企业诚信行为良好业绩12096条，不良业绩682条，初步形成建筑业守信激励和失信惩戒的信用机制。

【房地产】 对经济增长发挥重要支撑作用。2015年末，全区城镇居民人均住房建筑面积达到30.99平方米，比2010年增加了1.89平方米。“十二五”期间，全区累计完成房地产开发投资2563.47亿元，年均增长18.98%，房地产开发投资占全社会城镇固定资产投资比重达19.87%；直接或间接带动相关行业实现10253.88亿元的总产出，带动社会消费5511.46亿元。房地产市场和房地产业的平稳发展，对自治区经济增长起到了重要支撑作用。

【法律法规】 依法执政水平提升。“十二五”期间，完成立法项目8件，其中：提请自治区人大制定地方性法规5件，提请自治区政府出台政府规章3件。重点推动出台《宁夏空间发展战略规划条例》，修订出台《宁夏回族自治区实施〈中华人民共和国城乡规划法〉办法》、《宁夏回族自治区供热条例》、《宁夏回族自治区物业管理条例》、《宁夏回族自治区燃气管理条例》4部地方性法规。推动出台《宁夏回族自治区新型墙体材料推广应用管理规定》、《宁夏回族自治区实施〈国有土地上房屋征收与补偿条例〉办法》、《宁夏回族自治区工程建设标准化管理办法》3部政府规章。

（宁夏回族自治区住房和城乡建设厅）

新疆维吾尔自治区

概况

【城乡规划编制管理】 2015年，开展城市规划遥感动态监测试点工作，提取和分析试点城市遥感变化图斑261个，图斑面积751.29公顷。发现涉及城市规划强制性内容变化图斑51个，面积267.13公顷，督促地州规划主管部门核查和处理疑似违反总规强制性内容图斑，并组织人员实地查看试点城市涉及强制性内容的建设项目，提出查处整改要求。聘任9位城乡规划督察员，分3个督察组采用常驻结合巡查督察方式，督察全疆24个设市城市。编制完成《自治区新型城镇化发展研究》、《奎独乌区域城镇协调发展规划》。20多个规划项目获全国优秀城乡规划设计奖，其中《新疆城镇体系规划》获一等奖。全区城乡规划编制基本实现全覆盖。

【重点民生工程实施】 新疆开工建设安居富民工程30.5万户，竣工30.35万户，占年度计划101.67%。新疆安居富民工程连续5年在全国农村危房改造绩效评价中名列前茅，已建成的农村安居房在2011～2015年20多次5级以上地震中无一损毁。保障性安居工程新建项目27.44万套，占年度计划101.25%。新建、续建项目基本建成21.44万套，占年度基本建成计划的135.7%。

【城乡环境综合整治】 城市(县城)用供水普及率97.1696.5%、污水集中处理率84.6779%、生活垃圾无害化处理率66.476741%、燃气普及率92.929097%，新增集中供热总面积3.58117亿平方米。全区新建节能建筑1.5亿平方米，完成既有居住建筑供热计量及节能改造7934万平方米，建成可再生能源建筑应用项目1400万平方米，建成绿色生态城区1个，16个项目获绿色建筑标识。城市(县城)建成区绿化覆盖率35.32368%，人均公园绿地11.351074平方米，有国家园林城市2412个，19个项目获“中国人居环境范例奖”。有国家历史文化名城5个、名镇3个、名村4个，国家级街区2个，全国特色景观旅游名镇(村)11个，15个村庄被列入中国传统村落名录，37个镇(村)被列入国家宜居小镇(村庄)示范名单，2个建制镇被列为国家新型城镇化示范试点镇。国家级风景名胜区5处，自治区级风景名胜区20处，“新疆天山”被正式列入世界自然遗产名录，实现新疆世界自然遗产“零”的突破。加强城市精细化管理，7个城市被列入国家智慧城市试点名单。有效专项治理150多个乡镇和1700多个行政村的生活垃圾，村容村貌发生新的变化。

【建筑业发展】 新疆建筑业总产值2304.07亿元，比上年下降1.2%。加强工程质量安全监督检查，全区工程质量、安全监督覆盖率100%，工程质量和安全生产管理水平显著提高，全区1项工程获国家“鲁班奖”、“詹天佑奖”，55项工程获自治区“天山奖”，1项工程获自治区优秀工程勘察设计奖，20项市政工程获自治区市政工程“金杯奖”，12个施工现场达到国家“AAA”级安全文明工地标准，230个施工现场达到自治区级安全文明工地标准。

【房地产市场发展】 房地产开发投资完成998.88亿元，比上年下降1.6%。实现商品房销售面积1825.18万平方米、销售额849.18亿元，比上年增长0.50%和1%。2015年底，全区住房公积金实缴职工人数169.47万人，较上年增加0.32万人，增幅0.19%，住房公积金缴存总额1700.81亿元，缴存余额764.11亿元，较上年底增长19.11%和7.97%。提取总额936.7亿元，发放个人住房贷款951.94亿元，较上年底增长30.04%和23.86%，个人贷款率72.81%，较上年增加8.87个百分点，累计利用住房公积金贷款44.05亿元、增值收益34.56亿元支持保障性住房建设。

【行业专项治理】 实地核查2007～2013年任务落实和资金使用、新建项目开工情况，下发5个地州及所属市县核查问题督办函8份、整改通知单3份，复查喀什、和田等地州整改落实情况。检查考核各地2015年度城镇住房保障工作落实情况。查处违法建设60.9万平方米，其中：改正面积2.97万平方米，拆除违法建筑总面积13.46万平方米，正在整改44.47万平方米，要求整改和查处违规项目20个，挂牌督办逾期不报或处理不到位市县。抽查项目55个，查看施工现场37个、施工图21个，下发部分项目设计文件仍用过期作废设计标准、无标准设计、计算书不准确，设计变更未经当地施工图审查机构复审、施工质量不达标、部分项目无外墙保温材料及门窗的见证抽样单和检验报告，部分项目采用不符合标准要求的材料，影响工程质量等问题整改建议书7份。开展自治区工程质量治理两年行动，抽查保障性住房建设、棚户区改造、安居富民公共建筑等项目70项，下发整改通知书70份，执法建议书9份。各地定期开展拉网式安全质量执法检查652次，抽查工程项目9127项，下发安全质量监督执法检查整改通知单3370份，下发行政处罚书295份，处罚单位231个，处罚人员162名，实施信用惩戒118起，处罚单位70个、人员83名，向社会曝光违法违规案例218起。全面加强自治区建设工程监理、工程勘察设计市场监管，专项执法检查勘察设计市场行为400多家，抽检工程700多项，下发执法建议书29份。

政策规章

【法规建设】 提请自治区人大常委会修订自治区实施《城乡规划法》办法，取消建设用地规划许可核准程序，下放部分选址意见书审批权限，规范建设工程规划许可核发条件。提请自治区人民政府制定发布实施《自治区民用建筑供热节能管理办法》，推进供热体制改革节能改造，从规划、设计、施工、竣工验收等各环节加强供热节能管理，明确节能建筑采暖计费方式。制定《自治区城乡规划公示办法》、《自治区城镇燃气经营许可办法》、《自治区工程建设领域信用体系建设办法》、《自治区实施城乡规划行政处罚和行政强制规定》、《自治区建筑工程社会保险费调剂补助办法》、《自治区建筑企业工法管理办法》等65件规范性文件。修改《自治区居住房屋改变用途管理办法》草案。清理2012年以前发布的规范性文件92件。

【行政执法】 自治区住房和城乡建设厅首次评查全区建设行政执法案卷，评查2012年1月1日至2015年12月31日各地州(市)行政处罚案卷。检查行政执法案件实体、程序以及有关监督检查记录、证据材料和执法文书的立卷归档等有关内容，被检查案卷施行“一案一评”，全区上报行政处罚案卷315件，抽查评比32件，其中90分以上案卷25件，占评查总数78.1%，80～89分案卷2件，占评查总数的6.2%，60～79分案卷4件，占评查总数的12.5%，60分以下案卷1件，占评查总数3.1%。

2015年，收到住房和城乡建设部转办案件6件，办结3件。受理举报投诉80件，结案举报属实71件，自治区本级立案调查违法违规问题26件，转往地州市处理34件(30件已办结)，比上年增长1.3倍，群众投诉举报处理率100%。全年下达行政处罚决定书22份，处罚金额226.19万元。

【行政复议】 2015年，自治区住房和城乡建设厅收到行政复议申请27件。受理19件。受理19起案件中，撤销15件，经法律释明和调解，撤诉3件，驳回1件，中止审理1件。不予受理7件。完成3件行政复议案件的答辩工作和49件行政诉讼案件的应诉工作。

房地产业

【房地产开发经营】 新疆列入统计部门统计范围的房地产开发企业1855家，房地产开发投资完成998.88亿元，比上年下降1.6%。其中住房开发投资为603.66亿元，下降2.1%，办公楼投资58.66亿元，下降4.4%，商业营业用房投资266.97亿元，下降0.1%，其他(教育、医疗、工业用房等)投资69.59亿元，下降0.4%。商品房屋施工面积11465.44万平方米，增加176.97万平方米，其中新开工面积2994.75万平方米，下降283.45万平方米。商品房屋竣工面积1608.58万平方米，减少477.5万平方米，其中住宅竣工面积1206.44万平方米，减少387.83万平方米。实现商品房屋销售面积1825.18万平方米，增加9.3万平方米，其中销售住宅面积1536.49万平方米，下降4.76万平方米。全区商品房屋待售面积1136.62万平方米，增加147.81万平方米，其中住宅待售面积701.45万平方米，增加57.47万平方米。

【房地产交易博览会】 2015年7月3日至6日，自治区住房和城乡建设厅、乌鲁木齐市建设委员会在新疆国际会展中心举办2015年新疆(乌鲁木齐)夏季房地产交易博览会。参展企业70家，参展楼盘101个，参展项目总面积约600万平方米。8月8日至12日，自治区住房和城乡建设厅会同伊犁州在伊宁市、奎屯市举办2015年新疆(伊犁)夏季房地产交易博览会。成交商品房3440套，总交易金额17.14亿元，总成交面积40.84万平方米。其中，商业用房1251套，成交金额8.12亿元，成交面积15.49万平方米，商品住宅2189套，成交金额9.02亿元，成交面积25.35万平方米，伊宁市商品房1975套，成交金额10.21亿元，成交面积24.27万平方米，奎屯市商品房1216套，成交金额5.54亿元，成交面积12.36万平方米。

【老旧居住小区调查】 截至2015年8月12日，

新疆有2000年以前建成老旧居住小区2670个，总户数445015户，占地面积3272.95万平方米，建筑面积4282.4万平方米，已实施综合改造老旧居住小区357个，改造小区总建筑面积286.3万平方米。

【自治区物业管理示范小区】 自治区住房和城乡建设厅评验并公示25个2015年度自治区物业管理示范住宅小区(大厦)。乌鲁木齐市神华城等20个小区被确定为2015年度自治区物业管理示范住宅小区。乌鲁木齐市浦罂大厦等5个大厦被确定为2015年度自治区物业管理示范大厦。

住房保障

【保障性安居工程】 印发《关于进一步做好2015年城镇住房保障工作的通知》，6月16日，召开自治区住房保障信息系统(一期)项目验收会议，在全区开展保障性安居工程核查和信息系统培训工作。国家下达新疆城镇保障性安居工程新建(筹集)27.1万套、基本建成15.8万套。开工建设27.44万套，为年度计划的101.27%，基本建成21.94万套，为年度计划的138.86%，累计完成投资278.94亿元。公共租赁住房建设任务15.1万套，实际开工15.43万套，开工率102.2%，完成投资109.7亿元。

【棚户区改造】 自治区住房和城乡建设厅印发《新疆棚户区(危旧房)改造规划(2014～2020)》、《关于进一步加快推进自治区棚户区改造工作的通知》，制定《关于做好政府购买城镇棚户区改造服务工作的指导意见》，举办自治区政府购买棚改服务工作培训班。国家下达各类棚户区改造任务11.99万户，其中城市棚户区改造9.31万户，国有工矿棚户区改造0.27万户，国有林区棚户区改造0.17万户，国有垦区危房改造 2.24万户，完成投资169.23亿元。各类棚户区改造开工12.01万户，其中：城市棚户区改造9.71万套，国有工矿棚户区改造0.13万套，国有林区棚户区改造0.02万套，国有垦区危房改造2.15万套，各类棚户区改造基本建成5.90万套，其中：城市棚户区改造4.45万套，国有工矿棚户区改造0.14万套，国有林区棚户区改造0.007万套，国有垦区危房改造1.3万套。

公积金管理

【概况】 新疆归集住房公积金272.83亿元，累计归集总额1700.81亿元，比年初增长19.11%。累计为职工购建房等原因支取住房公积金936.7亿元，住房公积金归集余额764.11亿元，增加56.38亿元。

【公积金贷款】 全区累计为68.09万户职工发放个人住房公积金贷款951.94亿元，比年初增加183.35亿元，个人住房公积金贷款余额556.33亿元，个人贷款余额占缴存余额的比例72.81%。累计提取廉租住房建设补充资金34.56亿元，已划转交财政部门22.24亿元。

累计归集住房资金105.75亿元，其中住房资金102.33亿元、住房维修基金3.42亿元。审批使用住房资金7.63亿元(新建住房7.27亿元，住房维修0.06亿元，退房0.3亿元)。住房资金余额7.32亿元(维修资金1.56亿元，售房及集资款5.76亿元)。

城乡规划

【概况】 昌吉州城镇体系规划、博尔塔拉蒙古自治州城镇体系规划、喀什地区城镇体系规划、和田地区城镇体系规划、吐鲁番市城市总体规划、克拉玛依市城市总体规划、伊泰伊犁工业园区总体规划经自治区人民政府批准实施。完成石河子等6个城市总体规划，阿克苏纺织工业城总体规划、红山嘴口岸等13个口岸、开发区总体规划的审查审批工作，完成乌鲁木齐市城市总体规划修改论证、哈密地区城镇体系规划的修改意见和哈密市、塔克什肯口岸等5个城市、口岸园区总体规划的修编认定工作。完成《奎独乌区域协调发展规划》规划方案。基本完成《喀什—阿图什城镇组群协调发展规划》方案。完成《城市总体规划评估和审查工作规则》起草工作，规范城镇体系规划和城市总体规划审查审批流程。编制完成12个地州域城镇体系规划、24个设市城市、68个县、785个乡镇(场)总体规划、8839个村庄规划。城市(县城)控制性详细规划覆盖率85.65%，全区城乡规划编制基本实现全覆盖。全区城镇化率47.23%。

【历史文化名城、名镇、名村建设】 2015年3月17日，自治区人民政府批准，奇台县、莎车县为自治区历史文化名城。新疆有国家级历史文化名城5个(喀什市、吐鲁番市、特克斯县、伊宁市、库车县)，国家级历史文化名镇3个(鄯善县鲁克沁镇、霍城县惠远镇、富蕴县可可托海镇)，国家级历史文化名村4个(鄯善县吐峪沟麻扎村、哈密市回城乡阿勒屯村、哈密市五堡乡博斯坦村、特克斯县喀拉达拉乡琼库什台村)，自治区历史文化名城4个(巴里坤县、吉木萨尔县、奇台县、莎车县)。

【两街区入选历史文化街区】 2015年4月3日，住房城乡建设部与文物局公布全国首批30个中国历史文化街区，新疆的库车县热斯坦和伊宁市前进街榜上有名。

【历史文化名城、名镇、名村、街区、建筑保护】 2015年4月19日至23日，自治区住房和城乡建设厅重点抽查区内3个国家历史文化名城、2个国家历史文化名镇、4个中国历史文化名村和4个自治区历史文化名城保护情况。对吉木萨尔县2处历史建筑被居民擅自拆毁而灭失，鄯善县麻扎村2处历史建筑未及时修缮而倒塌；伊宁市历史文化街区内历史建筑的修缮保护不力，哈密市阿勒屯村、吐鲁番市回城老街街区核心保护范围内部分民宅采用瓷砖或具有现代建筑色彩的材料装饰，建筑擅自加层，破坏传统格局历史风貌，特克斯县县城内部分建筑的布局造型、体量、高度、色彩与历史文化名城的历史风貌不相协调，琼库什台村新建学校和卫生所建筑风格与村落历史风貌不相协调，部分居民的屋顶采用彩钢、石棉瓦等现代建筑材料建造，破坏村落的历史风貌等问题提出工作要求。2015年，组织专家现场指导乌恰县康苏镇申报自治区历史文化名镇。专项检查历史文化名城名镇名村街区保护工作。通过查阅资料、座谈了解和实地查看等方式专项检查伊犁州、哈密地区、吐鲁番地区、昌吉州历史文化名城名镇名村街区保护工作，重点检查历史文化名城名镇名村街区保护的学习宣传、保护规划编制、街区和建筑保护及补助资金使用情况。下发《关于自治区历史文化名城名镇名村街区保护工作检查情况的通报》。

【优秀城乡规划设计奖】 乌鲁木齐市老城区改造提升整体规划等8个项目获一等奖，阿克苏市—温宿县同城化规划(2013—2030)等25个项目获二等奖，巴里坤县总体规划(2012—2030)等29个项目获三等奖，江南王子·闲来小镇修建性详细规划等13个项目获表扬奖。

【城乡规划督察员】 2015年5月11日，自治区住房和城乡建设厅在乌鲁木齐市召开2015年自治区派驻城乡规划督察员派遣会。聘任9名自治区城乡规划督察员，分三组派驻开展工作，常驻伊宁市等9个城市，同时巡查奎屯市等15个城市。

【城市设计试点】 2015年3月16至23日，自治区住房和城乡建设厅巡视员甫拉提·乌马尔、总规划师马天宇，上海市规划设计研究院王嘉漉、同济城市规划设计研究院赵兆和新土地规划设计研究院李江宏等区内外专家调研和技术指导伊宁市、库尔勒市、铁门关市、布尔津县、昌吉市、乌鲁木齐市等6个试点县市城市设计试点项目。

城市建设与市政公用事业

【城建固定资产投资】 2015年，新疆19个设市城市、66个县城市政公用设施建设完成固定资产投资3750220万元。其中设市城市完成3205563万元。按投资行业分：供水完成357808万元，集中供热363580万元，燃气153170万元，轨道交通4340万元，道路桥梁1894122万元，排水367957万元，园林绿化405604万元，环境卫生88118万元，地下综合管廊884万元，其他115521万元。2015年新增固定资产3562555万元。

【城市供水】 新疆设市城市、县城新增供水综合生产能力10.39万立方米/日，新增供水管道697.59千米。综合生产能力682.82万立方米/日，供水管道总长14632.57千米，年供水总量103030.57万立方米，用水人口996.59万人，用水普及率97.16%，人均日生活用水150.66升。其中设市城市综合生产能力462.89万立方米/日，供水管道长8046.89千米，年供水总量79006.56万立方米，用水人口658.54万人，用水普及率99.08%，人均日生活用水167.7升。县城综合生产能力219.93万立方米/日，供水管道6585.68千米，年供水总量24024.01万立方米，用水人口338.05万人，用水普及率93.65%，人均日生活用水117.46升。

【城市集中供热】 新疆设市城市、县城新增集中供热能力蒸汽40吨/小时、热水4961兆瓦。累计供热能力蒸汽780吨/小时、热水38666兆瓦，集中供热管道11799.31千米。年供热总量蒸汽292.34万吉焦，热水18780.55万吉焦。集中供热面积35863.85万平方米，其中住宅25055.13万平方米。设市城市累计供热能力蒸汽660吨/小时，热水28944.02兆瓦，年供热总量蒸汽255.34万吉焦，热水14134.29万吉焦，集中供热管道8631.03千米，集中供热面积27498.71万平方米，其中住宅19418.04万平方米。全区县城供热能力蒸汽120吨/小时，热水9722.37兆瓦，年供热总量蒸汽37万吉焦，热水4565.4万吉焦，集中供热管道3191.24千米，集中供热面积8365.14万平方米，其中住宅5637.09万平方米。

【城市燃气】 新疆设市城市、县城新增天然气管道1032.26千米，新增天然气储气能力59.56万立方米。全区累计天然气储气能力787.01万立方米，天然气管道14936.35千米，年天然气供气总量504120.14万立方米，用气人口815.38万人。人工煤气管道60.5千米，人工煤气生产能力46万立方米/日，储气能力2万立方米，年供气总量1752万立方米，用气人口5万人。液化石油气储气能力11106.8吨，供气管道76.02千米，年供气总量89720.99吨，用气人口132.71万人。全区燃气普及率92.92%。拥有天然气汽车加气站386座、液化气汽车加气站28座。其中设市城市天然气储气能力285.5万立方米，供气管道11526.13千米，供气总量416973.48万立方米，用气人口597.45万人，人工煤气生产供应全在设市城市内，液化石油气储气能力4678吨，供气管道74.61千米，年供气总量58144.16吨，用气人口48.79万人，设市城市燃气普及率97.98%。县城天然气供气管道3410.22千米，天然气储气能力501.51万立方米，供气总量87146.66万立方米，用气人口217.93万人；液化石油气储气能力6428.8吨，年供气总量31576.83吨，用气人口83.92万人，燃气普及率83.62%。

【首个城建行业工作室】 2015年1月5日，昌吉市第二批高层次人才工作室评选揭晓，昌吉市住房和城乡建设局推荐申报的城建行业高层次人才工作室，被昌吉市委、市人民政府命名为“马贵东供热供排水技术创新高层次人才工作室”。时为新疆首个城建行业工作室。

【城市道路桥梁】 2015年，新疆设市城市、县城新建扩建道路477千米，新建扩建道路面积885.48万平方米，新增桥梁15座。全区累计道路长10155.27千米，道路面积18168.74万平方米，人均拥有道路面积17.71平方米。拥有桥梁773座(立交桥68座)，路灯762838盏。其中设市城市道路6139.4千米，道路面积10956.64万平方米，人均拥有道路面积16.48平方米，桥梁457座，路灯490106盏。县城道路4015.87千米，道路面积7212.1万平方米，人均拥有道路面积19.98平方米，桥梁316座，路灯272732盏。

【城市桥梁检测加固改造】 2015年，全区城市桥梁352座，其中已检测桥梁273座，检测率77.6%，危桥12座，改造加固危桥6座，加固率50%。各地编制桥梁安全应急预案，并对重要桥梁、大型桥梁单独编制应急预案。全区未发生城市桥梁坍塌等事故。

【20个项目获新疆市政金杯示范工程】 2015年9月2日，新疆市政工程协会表彰克拉玛依河东段准噶尔桥-阿山桥改造工程等20个项目为2015年度“新疆市政金杯示范工程”。

【大跨度钢管拱桥开建】 2015年4月8日，乌鲁木齐县规划建设局开工建设乌鲁木齐县水板大桥。水板大桥位于乌鲁木齐县南旅基地内的冬运会场馆速滑馆西南侧，东西侧分别与水西沟镇闸滩村、板房沟乡七宫村相连，全长约2千米，大桥两侧引道长11787.2米，采用城市主干道标准设计，双向四车道，两侧人行道各宽3米。拱桥最高点距地面约50米，并设计有观景台。总造价约1.4亿元。时为新疆首座飞燕式钢管拱桥。

【城市排水】 新疆设市城市、县城新增排水管道750.98千米，新增污水处理能力13万立方米/日，污水排放量74601万立方米，有排水管道9602.55千米，排水管道密度5.7千米/平方千米。有污水处理厂85座，达到二、三级处理的67座，污水处理能力262.1万立方米/日，年污水处理总量60472万立方米，污水处理率84.67%。其中设市城市污水排放量56880万立方米，有排水管道5655.26千米，排水管道密度5.43千米/平方千米，有污水处理厂33座，达到二、三级处理的25座，总污水处理能力200.3万立方米/日，年污水处理总量49739万立方米，污水处理率87.45%。县城污水排放量17721万立方米，有排水管道3947.29千米，排水管道密度6.15千米/平方千米，有污水处理厂52座，达到二、三级处理的42座，总污水处理能力59.6万立方米/日，年污水处理总量13429万立方米，污水处理率75.78%。

【排水管网】 99个市县(区)对照城市排水防涝工作考核标准自查评分。90分以上有28个市县(区)，80～90分46个市县(区)，70～80分21个市县(区)，60～70分4个市县。乌鲁木齐市实施排水防涝专项规划，克拉玛依市正在报批阶段。截至年底，全区建成排水管网约1.3万9602.55千米，全区建成排水管网钢筋砼管材敷设长度约占总量40%～50%，使用寿命及抗腐蚀年限10～15年。全区排水管网覆盖率81.25%。

【城市园林绿化】 2015年，新疆设市城市、县城新增园林绿地面积3062.87公顷。设市城市、县城绿化覆盖面积82189.56公顷，建成区绿化覆盖面积59454.04公顷，园林绿地面积76062.7公顷，建成区园林绿地面积54479.74公顷，公园绿地面积11646.11公顷，拥有公园305个，公园面积6660.56公顷，人均公园绿地11.35平方米，比上年增长6%，建成区绿化覆盖率35.32%，建成区绿地率32.36%。其中设市城市绿化覆盖面积60073.73公顷，建成区绿化覆盖面积39394.76公顷，绿地面积56054.14公顷，建成区园林绿地面积36148.48公顷，公园绿地面积7730.68公顷，拥有公园148个，公园面积4106.37公顷，人均公园绿地11.63平方米，建成区绿化覆盖率37.86%，建成区绿地率34.74%。县城绿化覆盖面积22115.83公顷，建成区绿化覆盖面积 20059.28 公顷，园林绿地面积 20008.56 公顷，建成区绿地面积 18331.26 公顷，公园绿地面积 3915.43 公顷，拥有公园 157 个，公园面积 2554.19 公顷，人均公园绿地 10.85 平方米，建成区绿化覆盖率 31.2%，建成区绿地率 28.52%。

【2 市 3 县获国家园林城市、县城】 2015 年 12 月，住房和城乡建设部评审 46 个国家园林城市、78 个国家园林县城。新疆阜康市、博乐市获国家园林城市，呼图壁县、吉木萨尔县、和静县获国家园林县城。截至年底，有国家园林城市 12 个，国家园林县城 12 个。

【1 项目获中国人居环境范例奖】 2015 年，住房和城乡建设部公示 31 个项目 2015 年中国人居环境范例奖。新疆泽普县生态保护及城市绿化项目获 2015 年中国人居环境范例奖。截至年底，有中国人居环境范例奖 19 个，中国人居环境奖 1 个，迪拜国际改善人居环境最佳范例奖 1 个。

【风景名胜区管理】 2015 年 3 月 20 日，自治区住房和城乡建设厅通报全区 16 处自治区级风景名胜区 2014 年自治区级风景名胜区执法检查结果，克拉玛依魔鬼城、水磨沟风景名胜区、怪石峪风景名胜区等 8 处风景名胜区为达标等级，责令限期整改特克斯喀拉峻草原、天山神木园风景名胜区等 8 处不达标风景名胜区。11 月 20 日，住房城乡建设部通报基本达标的新疆罗布人村寨风景名胜区，要求整改管理机构虚设、职能薄弱、基础设施和公共服务设施相对滞后、环境卫生条件较差等问题。2015 年，天山天池、赛里木湖在全国 225 个景区中被评为优秀，其他 3 个景区均为达标。截至 2015 年底，新疆共有 25 处风景名胜区，其中：国家级风景名胜区 5 处，自治区级风景名胜区 20 处。

【申报世界自然遗产】 2015 年 6 月 28 日，第 39 届世界遗产大会在德国波恩召开，新疆雅丹地貌被列入世界遗产预备清单。完成巴音布鲁克、博格达片区《遗产地片区保护规划》编制和初步审查工作。组织中科院生地所专家检查评估新疆天山自然遗产地生态环境和禁限牧情况。现场检查巴音布鲁克遗产地旅游、牧民定居等建设项目，叫停核心区内违规建设项目，要求限期拆除。

【城市环境卫生】 2015 年，新疆设市城市、县城道路清扫保洁面积 19637 万平方米，市容环卫专用车辆设备总数 6235 辆，实现机械化道路清扫保洁面积 8511 万平方米，机械清扫率 43.34%，生活垃圾年清运量 565.84 万吨，生活垃圾处理量 534.33 万吨，处理率 94.43%，拥有无害化垃圾处理厂 45 座，无害化处理能力 11035 吨/日，无害化处理总量 376.14 万吨，粪便清运量 3.41 万吨，有公共厕所 3517 座，达到三级以上 2216 座。其中设市城市道路清扫保洁面积 12708 万平方米，市容环卫专用车辆设备总数 5034 辆，实现机械化道路清扫保洁面积 5428 万平方米，机械清扫率 42.71%，生活垃圾年清运量 349.11 万吨，生活垃圾处理量 335.82 万吨，处理率 96.2%，拥有无害化垃圾处理厂 18 座，日无害化处理能力 8627 吨，无害化处理总量 298.38 万吨，粪便清运量 0.06 万吨，有公共厕所 2308 座，达到三级以上 1613 座。县城道路清扫保洁面积 6929 万平方米，市容环卫专用车辆设备总数 1201 辆，实现机械化道路清扫保洁面积 3083 万平方米，机械清扫率 44.49%；生活垃圾年清运量 216.74 万吨，生活垃圾处理量 198.51 万吨，处理率 91.59%，粪便清运量 3.35 万吨，有公共厕所 1209 座，达到三级以上 603 座。

村镇规划建设

【村镇规划】 新疆有县城(区)以外的建制镇 252 个，乡(乡政府所在地)579 个。行政村 8680 个，全区村镇总人口 1338.55 万人，其中独立建制镇人口 99.84 万人、乡人口 131.34 万人、镇乡级特殊区域 14.2 万人、村庄人口 1093.17 万人。建制镇建成区面积 32154.66 公顷，乡建成区面积 44628.94 公顷，村庄现状用地面积 315759.54 公顷。

全区累计编制建制镇总体规划 198 个，占全部建制镇的 99.5%；乡 538 个，占全部乡的 99.4%，编制村庄规划的行政村 8094 个，占全部行政村的 93.25%。全区乡镇建立村镇建设管理机构 615 个，配备村镇建设管理人员 1610 人，其中专职管理人员 978 人。

【村镇建设投资】 新疆村镇建设投资总额 221.05 亿元，其中住宅建设投资 166.99 亿元，占投资总额的 75.54%；公共建筑投资 21.91 亿元，占投资总额的 9.91%；生产性建筑投资 3.95 亿元，占投资总额的 1.78%，市政公用设施投资 28.19 亿元，占投资总额的 12.75%。

【村镇房屋建设】 新疆村镇竣工住宅建筑面积 1894.16 万平方米，年末实有村镇住宅总建筑面积 32570.01 万平方米。竣工公共建筑面积 157.32 万平方米，年末实有公共建筑面积 4628.41 万平方米。竣工生产性建筑面积 44.67 万平方米，年末实有生产性建筑面积 2336.55 万平方米。建制镇、集镇、村庄人均住宅建筑面积分别为 29.37 平方米、25.5

平方米、24.94 平方米。

【村镇市政公用设施】 新疆村镇有公共供水设施 1133 个，其中建制镇 311 个，乡(集镇)724 个，镇乡级特殊区域 98 个。独立建制镇、集镇和村庄用水普及率分别是 85.82%、79.72%、77.69%。全区村镇道路 9046.44 千米，道路面积 5528.3 万平方米。全区独立建制镇绿化覆盖面积 4670.08 公顷，绿地面积 3302.61 公顷，公园绿地面积 138.24 公顷，人均公园绿地面积 1.66 平方米。乡绿化覆盖面积 7374.04 公顷，绿地面积 5165.55 公顷，公园绿地面积 177.31 公顷，人均公园绿地面积 1.43 平方米。有污水处理厂 13 个，污水处理装置 29 个，排水管道长度 1205.77 千米，年污水处理总量 342.93 万立方米，有环卫专用车辆 1002 辆，年清运垃圾 40.95 万吨，有公共厕所 1967 座，集中供水的行政村 6945 个，占全部行政村的 80.01%，有生活垃圾收集点的行政村 3324 个，占全部行政村的 38.29%，对生活垃圾进行处理的行政村 2085 个，占全部行政村的 24.02%。

【中国传统村落名录】 2015 年 3 月 25 日，自治区住房和城乡建设厅、文化厅、文物局、财政厅、国土资源厅、农业厅、旅游局转发住房和城乡建设部等部门第三批列入中国传统村落名录的村落。木垒县的照壁山乡河坝沿村，西吉尔镇水磨沟村、屯庄子村，英格堡乡街街子村、马场窝子村、英格堡村、月亮地村；民丰县萨勒吾则克乡喀帕克阿斯干村等 8 个村入选第三批中国传统村落名录。

【8 镇 1 村获全国特色景观旅游名镇名村示范】 2015 年 7 月 13 日，经专家评审，住房城乡建设部、旅游局公布第三批 337 个全国特色景观旅游名镇名村示范。新疆的木垒县西吉尔镇、布尔津县冲乎尔镇、布尔津县禾木哈纳斯蒙古民族乡禾木村 3 个镇、村。新疆生产建设兵团的第五师 84 团托里镇、第六师五家渠市 103 团蔡家湖镇、第八师石河子市 150 团西古城镇、第十师北屯市 187 团丰庆镇、第十二师西山农场烽火台小镇、第十三师黄田农场庙尔沟镇 6 个镇榜上有名。

【安居富民工程】 2015 年，专项巡查 6 次，随机抽检验收农户 860 户，下发工程建设情况通报 8 期，现场指导、解决、落实，约谈发现突出问题的党政主要领导，巡查范围覆盖 80%乡镇和 60%的行政村，工程质量验收合格率 100%。全区各地累计投入工程建设资金 225.84 亿元。其中：中央建房补助资金 32.3 亿元(建房补助资金 31.5 亿元，建筑节能示范及边境一线补助资金 0.8 亿元)、自治区建房补助资金 27 亿元、对口援疆省市援助 19.96 亿元、地州(市)和县市(区)筹措 4.05 亿元、农民自筹 136.18 亿元、银行贷款 6.35 亿元。经受住 2011 年～2015 年 20 多次 5 级以上地震的考验，特别是在新源-和静"6·6"级地震、于田 7.3 级强烈地震和皮山 6.5 级破坏性地震中，新建安居富民房完好无损。

【2 作品入选田园建筑优秀作品】 2015 年 11 月 18 日，住房城乡建设部公布第一批田园建筑一等优秀作品 12 项，二等优秀作品 27 项，三等优秀作品 41 项。乌鲁木齐市达坂城区阿克苏乡阿克苏村的农房入选二等优秀作品，库车县比西巴格镇库库什二村的买买提·托合提宅入选三等优秀作品

工程建设标准定额

【概况】 完成《新疆工程造价管理》《新疆工程造价市场信息》编辑发行工作，平均更新 1400 多条。完成乌鲁木齐地区建设工程(建筑安装、装饰、市政工程、仿古建筑及园林工程、房屋修缮工程)综合价格信息的采集、测算、发布工作，乌鲁木齐地区建筑实物工程量与工种人工成本信息收集、分析、编制工作。编制完成 2014 下半年《保障性住房工程造价技术经济指标》《安居富民工程造价技术经济指标》和 2015 年上半年保障性住房(13 个地区)、安居富民工程(11 个地区)技术经济指数指标。编制完成安居富民工程抗震设防烈度 6 度及保障性住房抗震设防烈度 8.5 度基础预算。2015 年，完成招标控制价备案 126 项，54.91 亿；完成合同备案 125 项，58.53 亿，其中施工合同 74 项，监理合同 51 项。受理竣工结算备案 4 项、18823.47 万元。

【工程标准编制】 批准发布《生活消防箱泵一体化泵站选用与安装》、《建设工程文件归档技术规程》、《硬质酚醛泡沫板薄抹灰外墙外保温工程技术规程》、《城市设计技术规程》、《建设工程合同备案管理规范》为自治区工程建设标准。批准《地下水地源热泵系统设计图集》、《防火门、窗及卷帘》为自治区工程建设标准设计。批准《超薄石材保温装饰一体板(带肋)系统构造》、《自保温混凝土复合砌块墙体构造》为自治区推荐性应用标准设计。自治区住房和城乡建设厅、自治区发展和改革委员会发布《新疆维吾尔自治区园林绿化工程计价依据》(包括：新疆维吾尔自治区园林绿化工程消耗量定额、新疆维吾尔自治区园林绿化工程消耗量定额乌鲁木齐地区单位估价表、新疆维吾尔自治区园林绿化工程费用定额)。截至年底，新疆有工程建设地方标准 56 项。

【无障碍环境市县创建】 自治区住房和城乡建

设厅会同自治区经信委、民政厅、残联和老龄办核查6地州市无障碍环境市县创建工作，并验收布尔津县创建全国无障碍环境示范县市。12月25日，经住房和城乡建设部、工业和信息化部、民政部、中国残疾人联合会、全国老龄工作委员会办公室等5部委审核，命名布尔津县为全国无障碍建设示范市县。

【住房城乡建设部调研城市轨道交通建设】 2015年11月1日至2日，住房城乡建设部调研组调研乌鲁木齐城市轨道交通建设投资控制与造价管理工作。乌鲁木齐市发改委、轨道办及造价咨询、施工、监理等单位从乌鲁木齐市轨道交通建设管理费、运营筹备费、联合试运转费等方面与调研组交流《城市轨道交通工程设计概预算编制办法》存在问题、需修编内容及建议。调研组调研中铁隆工集团有限公司一号线13标段数字化监控中心和上海(楼盘)隧道工程股份有限公司盾构机施工现场。

工程质量安全监督

【概况】 自治区住房和城乡建设厅制定《自治区工程质量治理两年行动方案》、《自治区建设工程质量督查制度》，印发《关于全面推行质量终身责任书面承诺和永久性标牌制度的通知》、《关于开展自治区房屋建筑工程质量样板引路工作的通知》、《关于进一步落实建筑施工项目经理质量安全违法违规行为记分制度的通知》、《关于实行自治区建设工程企业从业人员实名制数据入库的通知》。鼓励和扶持符合条件企业积极申请资质升级，勘察设计、监理甲级、施工总包一级企业数量，比上年增长3%、14%、18%。编制《砖墙与型钢组合构件抗震加固技术规程》和《装配式剪力墙结构体系技术规程》。乌鲁木齐市建委编制《建筑工程项目质量标准化管理评价标准》，组织建筑工程项目质量管理标准化创建试点项目10个，建筑面积70057平方米，推进质量标准化建设工作，颁布实施《新疆住宅工程质量常见问题专项治理技术措施》，开展工法申报工作，有自治区级工法148项，其中7项获国家级工法，1项工程获国家优质工程“鲁班奖”。

【工程质量监督】 2015年6月24日至7月31日，自治区住房和城乡建设厅综合执法检查各地、州(市)在建工程的建筑市场行为、勘察设计和施工质量以及建筑安全生产，督查建设工程质量治理两年行动落实和开展建设工程自查自纠情况，抽查38个县(市、区)、157个在建工程项目，建筑面积222.07万平方米。下发部分建设项目不按基本建设程序施工、施工资料不全、责任落实不到位、施工图审查不严等问题执法建议书9份、整改通知书70份。2015年，各级住房和城乡建设主管部门开展质量安全执法检查1491次，检查项目12085项。监督工程7494项，建筑面积合计55163069平方米，建设单位组织竣工验收合格工程5299项，建筑面积43118698平方米，工程竣工验收合格率100%，通过竣工验收备案工程4162项，建筑面积26750258平方米，竣工验收总体备案率81.5%。

新办理质量监督手续工程4798项，其中签署授权书、承诺书4742项，占98.8%，新办理竣工验收备案工程1883项，其中设立永久性标牌1798项，占95.5%，建立质量信用档案1653项，占87.8%。全区房屋建筑工程签发整改通知书7595份，签发局部停工书1386份，行政处罚440个，处罚金额755.28万元，全区市政基础设施工程签发整改通知书435份，签发局部停工书61份，行政处罚5个，处罚金额8万元。下发整改通知单5243份，下发行政处罚书392份，处罚单位314家、人员349名，实施信用惩戒161起，惩戒单位101家、人员141名，曝光违法违规案例218起，暂停多名记满12分的项目经理执业资格。

【考核工程质量监督机构】 各级工程质量监督机构112个(不含兵团)，监督人员1070人，其中高级职称200人，占18.7%；中级职称281人，占26.3%；初级职称255人，占23.8%。审查申请成立工程质量检测机构17家、到期延续24家和增加检测项目10家，备案审查外省检测机构进疆备案4家。截至年底，全区有109家检测机构、检测从业人员1809人登记入库。

【老楼危楼安全排查】 全疆排查老楼危楼23894栋、903.2万平方米，查出疑似存在安全隐患房屋14284栋、414.66万平方米，经鉴定危房2882栋、189.05万平方米，其中整体危险需要拆除(D级)1442栋、94.59万平方米；局部危险需加固(C级)1440栋、94.46万平方米。累计拆除危房909栋、45.28万平方米，加固998栋、212.97万平方米。

【1工法获2013～2014年度国家级工法】 2015年12月21日，住房和城乡建设部公布404项2013～2014年度国家级工法。新疆石油工程建设有限责任公司李卫国、杨建强、沈亚超、冉东、刘锐完成的大型储罐自动焊焊接施工工法获2013～2014年度国家级工法。

【新疆双子塔工程】 2015年10月30日，中国建筑工程总公司新疆建工浇筑乌鲁木齐绿地中心258

米双子塔 A 座 B 座基础筏板工程。此次基础筏板浇筑工程一次性连续浇筑 24000 立方混凝土、连续浇筑基础筏板面积约 5000 平方米、基础筏板平均厚度约 4 米，最厚处 10.2 米、基础筏板重 52000 吨，创新疆基础筏板混凝土一次性用量、连续浇筑基础筏板面积、单体建筑基础筏板厚度、建筑基础筏板重量之最。时为新疆最高双子塔。

【1 工程入选中国建设工程鲁班奖】 2015 年 11 月 5 日，中国建筑业协会公布 2014～2015 年度中国建设工程鲁班奖(国家优质工程)第二批 104 家入选工程。新疆维吾尔自治区人民医院门诊、病房综合楼名列其中。截至年底，新疆累计获得国家鲁班奖 26 项。

【1 项目获中国建设工程施工技术创新成果奖】 2015 年 5 月 11 日，中国建筑业协会颁发“装配整体式剪力墙结构工业化住宅综合技术研究与应用”等 73 项中国建设工程施工技术创新成果奖。新疆永升建设集团有限公司完成的大型异形建筑结构工程施工关键技术的研究与应用获三等奖。

【安全生产】 2015 年，新疆发生一般建筑施工安全生产事故 18 起，死亡 21 人，无较大事故，事故起数比上年上升 38.5%，死亡人数上升 5%。建筑施工安全生产事故类别主要是高处坠落、物体打击、触电、坍塌、车辆伤害和机械伤害。其中高处坠落事故 10 起，死亡 13 人，物体打击事故 4 起，死亡 4 人，触电事故、坍塌事故、车辆伤害和机械伤害各 1 起，各死亡 1 人。2011 年～2015 年，全区共发生建筑施工伤亡事故 75 起，死亡 97 人。其中，一般事故 70 起，死亡 80 人，较大事故 5 起，死亡 17 人。

【督查建筑施工安全】 各地开展专项行动在建工程项目 8941 个，行动开展覆盖率 79%，企业自查危险重大工程隐患 2781 项，整改率 100%。共开展检查 1825 次，检查施工项目 5464 项，查出危险重大工程隐患 1842 项，经济处罚 129 次，处罚金额 145 万元，阶段总结通报 79 次，媒体宣传 17 次，曝光案例 20 起。暂扣 15 家疆内建筑施工企业安全生产许可证，限制外省进疆建筑施工企业招投标 21 家。各地开展安全生产大检查、“打非治违”和专项整治，排查 2192 个具有危险性较大分部分项工程项目，查出隐患 1420 处，责令停工整改较大隐患项目 45 个，整改率 100%。一般隐患整改 1347 项，整改率 98%。自治区住房和城乡建设厅通过自治区人民政府 2015 年度安全生产目标管理考核。

【抗震防灾】 2015 年 7 月 3 日，皮山县境内发生里氏 6.5 级地震。自治区住房城乡建设厅在震后几小时安排第一批专家赶赴灾区先行开展前期工作。同时成立由厅党组成员、总工程师贾亚利担任队长、副巡视员贺亮担任副队长，自治区住房城乡建设系统相关人员及设计、施工、工程监理等专家 100 多人(其中住房城乡建设厅抗震救灾工作队 65 人)抗震救灾工作队，12 个工作组，投入震后危房应急排查评估工作。排查城镇房屋住宅 14731 户、70928 间、1217209 平方米，排查学校、医院、办公楼等公共建筑项目 132 个、5498 间、221527 平方米，排查城镇基础设施项目 8 个，管网 35 千米，发现安全隐患 29 处。自治区住房城乡建设厅修订《自治区住房城乡建设厅地震应急预案》。编制《新疆维吾尔自治区隔震技术应用导则(试行)》，举办“减隔震技术设计应用”培训班，培训和宣贯全疆设计单位 200 多人。

【应急管理】 自治区住房和城乡建设厅印发《2015 年住房城乡建设系统应急管理工作要点》、《关于加强住房城乡建设系统应急管理工作的指导意见》。组织专家召开应急预案研讨会，修订《自治区住房城乡建设厅工程建设突发事故应急预案》、《自治区住房城乡建设厅地震应急预案》。出台《自治区城镇集中供热、燃气、供水突发事故应急预案》。

建筑市场

【概况】 自治区住房城乡建设厅制定《自治区工程建设领域信用管理办法》、《自治区建设工程企业信用评价内容和评分标准》。完成《新疆维吾尔自治区关于推进建筑业发展和改革意见》报自治区人民政府审批。采用网上申报、网上审核等信息化管理手段，帮助 3325 家施工、勘察设计、监理企业资质完成申请事项，办理注册监理工程师、注册建造师、注册建筑师等人员资格类事项 21013 人次，办理区外建设业工程企业(含施工、监理、勘察设计、园林绿化企业)进疆备案手续 3154 家。扶持符合条件企业积极申请资质升级，监理甲级、施工总包一级企业数量比上年分别增长 14%、18%。建筑业吸纳就业人员 80 万，占全部法人单位从业人员 8%。

【建筑企业经营】 2015 年，新疆 14 个地州市包括外省进疆建筑业企业纳入建筑业统计报表直报企业数据库建筑企业 5418 家，其中区内建筑业企业 2748 家，外省建筑业企业 2670 家。新疆列入统计部门统计范围的 1256 家等级建筑施工企业完成建筑业总产值 2304.07 亿元，全年房屋建筑施工面积 12233.29 万平方米，其中新开工面积 5583.87 万平方米。房屋建筑竣工面积 5247.3 万平方米，其中住宅 3369.64 万平方米、厂房及建筑物用房 236.09 万平方米、办公用房340.2万平方米、商业、居民服务业用房560.8万平方米、文化、体育娱乐用房65.86万平方米、科研、教育、医疗用房331.59万平方米，仓库57.8万平方米，其他285.22万平方米。企业期末从业人数72.19万人，计算劳动生产率的平均人数79.42万人，按建筑业总产值计算的劳动生产率为290120元/人。2015年，建筑企业总收入2312.72亿元，其中工程结算收入2279.68亿元，实现利税总额122.95亿元(利润总额49.19亿元)。有亏损企业371家，亏损额72572万元。

【1工法获工程施工技术创新成果奖】 2015年5月11日，中国建筑业协会经首届中国建设工程施工技术创新成果奖评选，决定表彰"仿古檐头木制杆件与混凝土结构连接技术"等71项施工技术完成单位。

【勘察设计】 2015年8月24日至9月22日，自治区住房和城乡建设厅执法检查全区勘察设计市场359家企业、718项工程项目。下发市场行为不规范、未按规定完成信息实名制登记入库、违反规定签订工程勘察、设计合同，工程勘察报告、施工图纸中套签、代签等问题企业整改通知书39家，建议立案调查10项，下发执法建议书22份。2015年，新疆有367家勘察设计单位，其中甲级78家、乙级196家、丙级92家、丁级1家。纳入统计报表报送范围的自治区勘察设计企业349家，占全区勘察设计单位总数的95.09%。全区勘察设计企业营业收入135.4亿元，比上年下降30.72%，其中工程勘察收入9.6亿元，增长1.42%，工程设计收入39.3亿元，增长3.03%。营业成本122.7亿元，下降6.6%。

【全国优秀工程勘察设计奖】 2015年，中国勘察设计协会评选2015年度全国优秀工程勘察设计优秀工程勘察奖、优秀建筑工程设计奖、优秀市政公用工程设计项目奖、优秀园林景观项目奖、优秀标准设计项目奖、优秀计算机软件项目奖、优秀电气建筑项目奖。

【7个勘察设计QC小组、2单位、3人获国家工程建设优秀QC小组、优秀企业、优秀推进者】 2015年7月16日，中国勘察设计协会经国家工程建设(勘察设计)QC(质量管理)小组评审委员会评定，表彰2015年度国家工程建设(勘察设计)优秀质量管理小组、质量管理小组活动优秀企业和优秀推进者。

【建设工程招标投标】 印发《关于落实招标代理机构项目负责人、经办人制度的通知》，修订《建筑工程施工评标规则》。调研塔城地区、伊犁州、博尔塔拉州"新疆建设工程电子招标投标系统"使用情况，初步完成与建筑市场监管平台数据对接。专项治理招标代理机构市场行为，抽查2个地州、19家代理机构，处罚从业人员不到位，档案资料管理、招标代理合同签订不规范，招标文件编制不严谨等问题的招标代理机构、分支机构。接受招投标投诉案件27起，驳回1起，受理26起，转办处理16起，办结率100%。完成工程招标10296项，比上年下降8.9%，中标总造价956.86亿元，下降29.3%。自治区本级完成招标工程214项，比上年下降19.85%，中标总造价99.51亿元，增长9.63%。2011年～2015年，全区累计完成工程招标48880项，中标总金额5149.4亿元。

【建筑行业社保统筹】 2015年，新疆收取建筑行业建筑工程社保统筹费25.41亿元，较上年减少0.64亿元。自治区建筑行业建筑工程社保统筹部门拨付社保费15.8亿元，其中向新疆建筑施工企业拨付劳保费11.78亿元、外省建筑企业3.55亿元、生产建设兵团和专业厅局企业0.47亿元。安排全区53家缴纳基本养老保险费困难的建筑企业补贴资金7199.69万元。发放20世纪60年代精简下放人员生活补助费207.606万元。

【城市地下综合管廊建设】 建成使用克拉玛依市油建北路地下综合管廊、克拉玛依市油田公司生产科研区块综合管廊，基本建成乌鲁木齐高铁片区核心区综合管廊工程，全长约4.3千米。地下综合管廊884万元。

建筑节能与科技

【建设科技成果推广】 2015年，新疆经专家优选论证，共推广建筑节能、节水、可再生能源、清洁能源应用、绿色建材、新型墙材、信息化等新技术59项。组织课题研究7项。组织建立新技术应用示范工程计划项目17项，建筑面积66.7万平方米，其中3项列为国家2015年示范工程计划项目。

【建设科技成果推广项目名录】 公布44项新疆住房和城乡建设行业2015年科技成果推广项目。即薄层砌筑砂浆应用技术、薄层抹面砂浆应用技术、TB-A混凝土阻锈防腐剂应用技术、TB-CSA抗裂防水剂应用技术、TB-CSA防腐性抗裂防水剂应用技术等。

【新建节能建筑】 2015年，自治区住房城乡建设厅、公安消防总队出台《关于加强高层商住楼消防设计和安全防范的意见》。编制《寒冷地区居住建筑节能75%设计标准》，启动国家《公共建筑节能

65%设计标准》实施细则编制工作。全区新建节能建筑约3000万平方米，累计建成节能建筑约2.6亿平方米。建筑节能标准执行率100%，乌鲁木齐市、克拉玛依市率先执行居住建筑节能75%的标准。

【既有建筑供热计量及节能改造】 2015年，住房城乡建设部核准，新疆计划完成既有居住建筑供热计量及节能改造753.77万平方米，自治区住房城乡建设厅协同财政厅拨付国家首期2015年既有建筑节能改造资金25297.35万元，2014年既有居住建筑节能部分30%奖励资金8083.61万元，合计33380.96万元。确保国家计划内既改项目开工率和竣工率100%。全区实际完成既有建筑节能改造753.77万平方米，累计完成改造9069.77万平方米。

【国家机关办公建筑和大型公共建筑节能运行监管体系建设】 2015年，进一步完善自治区本级及乌鲁木齐市、克拉玛依市、库尔勒市国家机关办公建筑和大型公共建筑能耗监测平台功能，加强硬件建设和运营维护。实现自治区和试点城市之间的数据传输，全区纳入在线监测公共建筑130栋，建筑面积136万平方米。

【可再生能源建筑应用】 2015年，全区建成可再生能源建筑应用项目100万平方米，累计建成2000万平方米。自治区住房城乡建设厅、财政厅组织专家验收通过库尔勒市、伊宁市、乌苏市12个国家批准的可再生能源建筑应用农村地区县级示范项目和自治区级示范2个项目。

【绿色建筑】 自治区住房城乡建设厅印发《新疆绿色建筑设计要求和审查要点》。开展《新疆绿色建筑设计标准》、《新疆绿色建筑施工质量验收规程》和《新疆绿色建筑评价标准》编制工作。全区建成绿色建筑100万平方米，累计建成绿色生态城区1个、绿色建筑项目(小区)44个，建筑面积568.06万平方米。乌鲁木齐万达广场投资有限公司申报的乌鲁木齐经开万达文华酒店获国家2015年度绿色建筑1星级评价标识。累计获得绿色建筑评价标识项目(小区)16个、建筑面积325.53万平方米。

【1项目获全国绿色建筑创新奖】 2015年7月7日，经审定，住房城乡建设部公布63个项目2015年度全国绿色建筑创新奖。乌鲁木齐华源·博雅馨园获2015年度全国绿色建筑创新奖二等奖。

【智慧城市建设】 昌吉市、石河子市、五家渠市、富蕴县名列其中。2015年，列入国家智慧城市试点的奎屯、库尔勒、克拉玛依、伊宁、乌鲁木齐5个城市完成国家要求创建情况自评价报告。乌鲁木齐、克拉玛依、昌吉市开展智慧城管建设，伊宁市开展市级医院智能医院试点，库尔勒市开展智慧社区建设。

【建筑产业现代化】 起草《关于加快推进建筑产业现代化的指导意见》、《关于成立自治区住建厅建筑产业现代化领导小组的通知》，筹备成立建筑产业现代化企业联盟，试点建筑产业现代化示范工作。

建设人事教育工作

【建设职工教育培训】 自治区建设职工教育培训制定《培训工作管理办法》，完成各类培训考核15万多人/次，其中完成专业技术管理人员岗位培训16000人，完成岗位专业管理人员继续教育培训41000人，完成施工企业"三类人员"安全考试11036人/次，完成建设职业技能培训65000人。依托新疆建筑工程质量检测中心完成各类试验检测人员上岗培训2878人/次，继续教育2041人。完成应届毕业生5241人/次。短期培训全疆工程造价管理人员3366人、全疆建筑专业一级注册建造师继续教育培训6000人、注册岩土(结构)等工程师752人，冬季项目经理换证163人。

【全国工程建设系统职业技能竞赛】 2015年5月11日至17日，中国工程建设焊接协会、人力资源社会保障部中国就业培训技术指导中心在慈溪市举办第十二届全国工程建设系统职业技能竞赛。

【3单位入选全国文明单位】 2015年2月28日，中央精神文明建设指导委员会表彰第四届2242个全国文明单位。乌鲁木齐市建设委员会、克拉玛依市建设局、乌鲁木齐西城物业管理有限公司榜上有名。

【齐骥出席乌鲁木齐全国住房和城乡建设系统对口支援新疆工作会议】 2015年1月26日，第四次全国住房和城乡建设系统对口支援新疆工作会议在乌鲁木齐召开，住房城乡建设部副部长齐骥出席19个省市对口支援新疆工作会议。

"十二五"期间住房城乡建设主要工作及成效

【概况】 "十二五"期间，各县公共服务设施和市政基础设施进一步完善，截至2015年底，县城用供水普及率93.6596.5%、污水集中处理率65.9679%，生活垃圾无害化处理率35.8867.41%，县城建成区绿化覆盖率31.236.8%，人均公园绿地面积10.8510.74平方米。城市(县城)新增集中供热面积3.581.17亿平方米。有国家园林县城12个，自治区园林县城32个。累计新建节能建筑1.5亿平方米，较"十一五"增长32.7%，完成既有居住建筑供热计量及节能改造7934万平方米，建成可再生能源建筑应用项目1400万平方米，分别是“十一五”的6.42倍和2.3倍，建成绿色生态城区1个，16个项目获绿色建筑标识。城市(县城)建成区绿化覆盖率35.3234.79%，人均公园绿地11.3511.12平方米，有国家园林城市12个，19个项目获“中国人居环境范例奖”，分别较“十一五”末增加12个和10个。有国家历史文化名城5个、名镇3个、名村4个，全国特色景观旅游名镇(村)11个，15个村庄被列入中国传统村落名录，3个镇(村)被列入国家宜居小镇(村庄)示范名单，2个建制镇被列为国家新型城镇化示范试点镇。国家级风景名胜区5处，“新疆天山”被正式列入世界自然遗产名录，实现新疆世界自然遗产“零”的突破。加强城市精细化管理，7个城市被列入国家智慧城市试点名单。专项治理150多个乡镇和1700多个行政村农村的生活垃圾，村容村貌发生新的变化。

【政策法规】 “十二五”期间，发布实施《新疆城镇体系规划》、《自治区推进新型城镇化行动计划》，编制完成《自治区新型城镇化发展研究》、《奎独乌区域城镇协调发展规划》。全面启动城乡规划信息化建设工作，基本完成自治区城乡规划管理信息系统一期开发建设，正式开通自治区城乡规划信息网(外网)，基本完成自治区数字规划(内网)的规划成果电子档案和数据入库工作。全面推行“阳光规划”，自治区住房和城乡建设厅每年专项检查城乡规划执法、历史文化名城名镇名村保护等工作。特克斯县、库车县被命名为国家历史文化名城，巴里坤县、吉木萨尔县、奇台县、莎车县被命名为自治区历史文化名城。2010年，自治区人民政府成立城乡规划工作专家顾问组，聘请全国知名专家现场指导全疆14个地、州、市的50多个市县城乡规划工作。出版发行《推进新疆新型城镇化发展—城乡规划专题》一书，印制《自治区城乡规划专家顾问组实地调研与咨询建议汇总》。城乡规划督察员巡查范围覆盖24个设市城市。全区21个县城单独成立城乡规划管理局，多层次举办城乡规划建设管理等方面培训，五年来，共培训5624人次，其中，县处级以上领导干部1276人次、村镇助理员912人次、规划编制单位和管理人员3436人次。累计投入资金15.24亿元，完成12个地州域城镇体系规划、24个城市、68个县城、785个乡镇总体规划和8839个村庄规划编制(修编)，基本实现城乡规划全覆盖。

【安居富民工程】 累计投入资金1212.4亿元，开工建设156.73万户、竣工153.62万户，于田、皮山地震灾后农房重建任务全面完成，近600万农牧民入住新居，超额完成国家下达的150万户建房任务，连续4年在全国农村危房改造绩效评价中名列前茅，已建成农村安居房先后经受20多次5级以上破坏性地震考验、无一损毁。2015年10月19日～23日，中国国际工程咨询公司全面评估新疆“十二五”期间安居富民工程建设情况，评估和田地区、伊犁州的10个县(市)、25个乡(镇)和30多个行政村，通过专题考察、与农牧民交流、随机入户抽查、发放调查问卷、召开座谈会等方式综合评估，听取自治区住房城乡建设厅汇报新疆安居富民工程建设整体情况。评估组专家一致认为新疆安居富民工程建设“各项措施到位、房屋质量安全、干群关系融洽、农民得到实惠、群众满意度高、工作成效显著、远超内地省市”。

【城镇保障性安居工程】 累计投入资金1558.56亿元，开工建设143.83万套，基本建成115.01万套，230多万城镇居民迁入新居，城镇住房保障覆盖率25%，较“十一五”末提高近16个百分点，高于全国平均水平近5个百分点。危房重建累计投入资金72.75亿元，完成校安、医安工程12968个，中小学D级任务。喀什老城区危旧房改造累计投入资金43.46亿元，完成43178户，喀什老城区已打造成为国家5A级旅游景区。

【建筑业】 全区各类房屋建筑工程67153项，建筑总面积5.51亿平方米，房屋建筑工程施工面积从2011年的1.1亿平方米增加到2015年的1.95亿平方米，累计监督市政基础设施工程5298项，工程造价1049.19亿元。累计派出专家500多人次，抽查近1200个工程项目，建筑面积1400多万平方米，累计下发整改通知书440份，执法建议书82份。组织开展建筑施工和燃气安全隐患排查治理，开发并应用建设工程安全生产隐患排查整治信息系统，采取多种手段逐一督促整改排查出的41000多项安全隐患，整改覆盖率98%以上。严把施工企业和施工项目安全生产条件关口，暂扣发生事故或降低安全生产条件企业安全生产许可证74家，建议所在地住房城乡建设主管部门查处不具备安全生产条件疆外企业38家，同时限制在新疆承揽新的建设任务。开展安全质量达标，编制完成《自治区建筑施工安全生产标准化图集》等规范，鼓励创建优质工程和标准化工地，有8项工程获“鲁班奖”，1项工程获詹天佑奖，262项工程获自治区“天山奖”，338项工程获自治区优秀工程勘察设计奖，78项市政工程获自治区市政工程“金杯奖”，59个施工现场达到国家“AAA”级安全文明工地标准，1890个施工现场达到自治区级安全文明工地标准，14 项工法获批为国家级施工工法，组织 35 次优质工程和标准化工地的观摩，样板引路工作稳步推进。

组织开展建筑施工企业“三类人员”安全继续教育培训 18000 多人次，安全警示教育约谈 550 人次，安全监理人员培训 7200 多人次，共计 5 万多人次接受各类安全生产培训。

【房地产】 开发完成投资 3961.85 亿元，实现税收 658 亿元，人均住房建筑面积由“十一五”末的 26.02 平方米增加到 30.7 平方米。住宅综合品质明显提升，建立住宅产业化基地 1 个，7 个项目获国家“广厦奖”，7 个项目通过国家 2A 级住宅性能认定。住房公积金截至 2015 年底，缴存总额 1700.81 亿元、累计发放个人住房公积金贷款 951.94 亿元，分别是“十一五”末的 2.84 倍和 3.39 倍，个人住房公积金贷款率 72%，较“十一五”末提高 23.04 个百分点；累计安排资金 77.68 亿元支持保障性住房建设。城市交通和环境改善等一批基础设施项目累计投入资金 1860 亿元建成运营，开工建设乌鲁木齐市轨道交通，支撑城镇发展。

【公共服务设施和市政基础】 “十二五”期间，各县公共服务设施和市政基础设施进一步完善，截至 2015 年底，县城供水普及率 96.5%，污水集中处理率 79%，生活垃圾无害化处理率 67.41%，县城建成区绿化覆盖率 36.8%，人均公园绿地面积 10.74 平方米。城市(县城)新增集中供热面积 1.17 亿平方米。有国家园林县城 12 个，自治区园林县城 32 个。累计新建节能建筑 1.5 亿平方米，较“十一五”增长 32.7%，完成既有居住建筑供热计量及节能改造 7934 万平方米，建成可再生能源建筑应用项目 1400 万平方米，分别是“十一五”的 6.42 倍和 2.3 倍，建成绿色生态城区 1 个，16 个项目获绿色建筑标识。城市(县城)建成区绿化覆盖率 34.79%，人均公园绿地 11.12 平方米，有国家园林城市 12 个，19 个项目获“中国人居环境范例奖”，分别较“十一五”末增加 12 个和 10 个。有国家历史文化名城 5 个、名镇 3 个、名村 4 个，全国特色景观旅游名镇(村)11 个，15 个村庄被列入中国传统村落名录，3 个镇(村)被列入国家宜居小镇(村庄)示范名单，2 个建制镇被列为国家新型城镇化示范试点镇。国家级风景名胜区 5 处，“新疆天山”被正式列入世界自然遗产名录，实现新疆世界自然遗产“零”的突破。加强城市精细化管理，7 个城市被列入国家智慧城市试点名单。专项治理 150 多个乡镇和 1700 多个行政村农村的生活垃圾，村容村貌发生新的变化。

大事记

1 月

8 日～16 日　自治区建设职工教育培训中心专项检查全区 18 个教育培训机构冬季岗位培训工作。

19 日　昌吉州规划局在昌吉市召开昌吉州八县两市城乡规划信息化系统一期项目现场验收会。

25 日　自治区住房城乡建设厅召开 2015 年度自治区建设工程质量安全工作会议暨住房城乡建设系统安委会第一次电视电话会议。

30 日　住房城乡建设部公布第一批 50 个 2015 年度绿色建筑评价标识项目。新疆华源实业(集团)有限公司申报的五家渠华源・贝鸟语城获 2015 年度绿色建筑 2 星级评价标识。

2 月

1 日　自治区人民政府批准实施《新疆维吾尔自治区风景名胜区资源保护和利用规划》，时为全国少数几个编制该规划的省区之一。

6～18 日　自治区住房和城乡建设厅慰问各地、州、市特困环卫职工，国家、自治区和地、州、市表彰的部分市容环卫劳模(先进个人)，工作在一线的少数民族、女性和年龄较大的职工。慰问环卫劳模和特困职工 120 名。

3 月

5～6 日　自治区住房和城乡建设厅核查库尔勒纺织服装工业城 2014 年建设及 2015 年计划新开工项目，建议整改建设规划方案不完善、中小纺织服装企业货款难、相关优惠政策未落实到位等主要问题。

11 日　住房城乡建设部公布第二批 122 个 2015 年度绿色建筑评价标识项目。乌鲁木齐万达广场投资有限公司申报的乌鲁木齐经开万达文华酒店获 2015 年度绿色建筑 1 星级评价标识。

26 日　自治区住房和城乡建设厅组织召开二期城乡规划信息化项目方案论证会。住房和城乡建设部科技司和信息中心、中国测绘院、规划院、科学院、科技建设集团、新疆电子政务办、测绘院、新疆大学软件学院、乌鲁木齐规划信息中心等规划信息化区内外专家参加论证会。

27 日　新疆维吾尔自治区第十二届人民代表大会常务委员会第十四次会议通过修改新疆维吾尔自治区实施《中华人民共和国城乡规划法》办法。

4 月

2 日　自治区住房和城乡建设厅重新修订印发《新疆维吾尔自治区实施〈工程建设工法管理办法〉

细则》，原《新疆维吾尔自治区实施〈工程建设工法管理办法〉细则》同时废止。

7～16 日　自治区住房和城乡建设厅专项检查各地住房公积金廉政风险防控工作。累计梳理风险点 980 多个，确定廉政风险隐患，制定具体防控措施。

13 日　自治区房地产估价师与房地产经纪人专业委员会通报 2015 年度自治区房地产评估机构估价报告抽查情况。全区 113 家评估机构提交的 210 份房地产估价报告，评审分数 60 分（含）以上的 179 份，占总报告份数 85.24%，60 分以下 31 份，占总报告份数 14.76%。

5 月

11 日　自治区住房和城乡建设厅在乌鲁木齐市召开 2015 年城乡规划督察员派遣会及规划管理工作座谈会。

17 日　第十二届全国工程建设系统职业技能竞赛组织委员会、中国工程建设焊接协会表彰第十二届全国工程建设系统职业技能竞赛获奖单位和个人。中建新疆安装高级技工学校获冷作钣金工团体奖、个人奖。

22 日　核查库尔勒纺织工业城重点项目建设情况。

6 月

8 日　自治区城市建设档案馆召开全区城建档案工作座谈会暨数字城建档案示范馆交流会。

11～12 日　调研阿克苏纺织工业城污水处理项目。

14 日　自治区住房和城乡建设厅同意新疆蓝图勘察设计图审查中心等 19 家施工图审查机构资格认定。

15 日　住房城乡建设部召开新闻发布会，通报 9 起违反城乡规划典型案例。其中乌鲁木齐市违反城市总体规划强制性内容，核发新疆农业大学职工集资房项目《建设工程规划许可证》，擅自将 39882 平方米公园绿地变更为居住用地。

26 日　召开自治区城镇保障性安居工程核查电视电话会议。

7 月

7 日　自治区住房和城乡建设厅会同住房和城乡建设部派驻城乡规划督察员，督促落实乌鲁木齐市规划局新疆农业大学职工集资建房项目违法建设整改情况，责令乌鲁木齐市规划局立即停止，并依法查处、追究有关单位和人员责任。

10 日　新疆城乡规划信息网正式启用。

21 日　自治区住房和城乡建设厅召开 2015 年自治区住房城乡建设行业安委会第二次会议。

8 月

3～22 日　自治区住房和城乡建设厅组织开展工程监理企业互检互查工作。抽查 18 市 32 县（区）123 家（次）监理企业监理的 197 个工程项目，下发整改通知书 45 份。

18 日　住房城乡建设部公布第八批 166 个 2015 年度绿色建筑评价标识项目。新疆北新蕴丰房地产开发有限公司申报的新疆北新集团大厦获 2015 年度绿色建筑 2 星级评价标识。

21 日　自治区住房和城乡建设厅在乌鲁木齐召开全区住房公积金工作座谈会。全区 14 个地、州、市住房公积金管理中心及 4 个分中心负责同志汇报交流上半年本地住房公积金管理运行情况。

同日　住房城乡建设部公布 2015 年第一批 104 家物业服务一级资质企业名单。新疆城建物业有限责任公司、克拉玛依市绿亚物业服务有限责任公司、克拉玛依荣康物业有限责任公司名列其中。

25 日　自治区住房和城乡建设厅、自治区旅游局转发住房城乡建设部、国家旅游局第三批全国特色景观旅游名镇名村示范名单。木垒县西吉尔镇，布尔津县冲乎尔镇、禾木哈纳斯蒙古族乡禾木村名列其中。

27～31 日　住房城乡建设部第 11 检查组督查新疆工程质量治理两年行动工作情况，抽查克拉玛依市 6 项在建工程（4 项保障性安居工程、2 项公共建筑）、建筑面积 10 万多平方米。下发克拉玛依工程教育基地图文信息中心工程和美居花园保障性住房工程（B-04-01 地块）违法违规行为执法建议书。

30 日　自治区主席雪克来提・扎克尔签署新疆维吾尔自治区人民政府令，《新疆维吾尔自治区民用建筑供热节能办法》8 月 27 日经自治区第十二届人民政府第 26 次常务会议讨论通过，10 月 1 日起施行。

9 月

15～17 日，核查库尔勒纺织服装城列入自治区《发展纺织服装产业带动就业 2015 年行动方案》项目建设情况。

17 日　自治区住房和城乡建设厅召开 2015 年自治区住房城乡建设行业安委会第三次会议。

10 月

9 日　住房城乡建设部公布第十批 189 个 2015 年度绿色建筑评价标识项目。阜阳市人民医院、广州市建筑科学研究院新技术开发中心有限公司、华东建筑设计研究院有限公司申报的阜阳市人民医院城南新区一期工程，新疆昊辰建筑规划设计研究院有限公司、新疆浩锦投资有限公司申报的昌吉锦辰国际产业孵化基地(高层综合楼)获2015年度绿色建筑2星级评价标识。

14～17日　自治区住房和城乡建设厅督查新疆生产建设兵团一师阿拉尔市及其3个团场、八师石河子市及其3个团场棚户区改造和农村安居工程建设情况。督查新疆生产建设兵团贯彻落实体育设施规划建设情况。

19日　自治区住房和城乡建设厅在乌鲁木齐市召开实施自治区建设工程项目信息登记入库工作会议，会议确定伊犁州、巴音郭楞州、昌吉州、哈密地区、石河子市试点建设工程项目信息登记入库，实现建设工程项目全国统一编码。

26日　经自治区住房城乡建设厅和住房城乡建设部审核，乌鲁木齐市2015年生活垃圾无害化处理率95.8%。

22～27日　自治区通信管理局、住房和城乡建设厅、兵团建设局联合检查阿勒泰市、克拉玛依市、博乐市以及兵团双河市和北屯市光纤到户国家标准和自治区地方标准贯彻实施情况。

28日　自治区住房和城乡建设厅研究决定从各地房地产行政主管部门和房产测绘机构选定专家，成立自治区房屋权属管理测绘成果专家认定委员会。

29日　中国建筑设计研究院考察昌吉州新疆大剧院、昌吉国家农业博览园、昌吉市规划展馆、滨湖河中央公园和文博中心等项目，了解昌吉州新型城镇化建设。双方对接《昌吉州各县市多规合一试点工作》、《住房城乡建设部综合管廊和海绵城市试点》、《昌吉州“一路一带战略”实施专题研究》等合作领域。

11月

8～20日　自治区住房和城乡建设厅检查全区公积金新政落实情况，实地督促检查个贷率低于70%的地州市。

9日　中国建筑业协会决定向2014～2015年度200家中国建设工程鲁班奖(国家优质工程)获奖工程的承建单位授予鲁班金像、荣誉奖牌和证书，向参建单位授予荣誉奖牌和证书。

20～21日　自治区住房城乡建设厅召开全区建设工程质量监督工作座谈会。会议邀请专家讲解装配式建筑及3D打印建筑技术应用，BIM技术在新疆大剧院的应用案例，介绍新疆建设云平台质量监督管理信息平台软件情况。观摩新疆七星建设股份公司装配式建筑施工现场和新疆天一建工施工的乌鲁木齐市一中分校区样板工程。

26日　中国风景园林学会授予241名2015年度中国风景园林学会优秀项目经理。新疆大漠生态有限责任公司工程师吴林科、新疆绿友园林技术开发有限公司助理工程师郑淼、克拉玛依市独山子区城市建设开发有限责任公司助理工程师吴东榜上有名。

12月

16日　“自治区建筑市场监管与信用管理一体化工作平台”通过住房城乡建设部评估验收，实现与住房城乡建设部建筑市场监管与诚信信息实时互联互通。

21～24日　督查库尔勒市、尉犁县2015年发展纺织服装产业带动就业工作开展和2016年推进工作目标及任务情况，通过听取汇报、查阅资料、现场查看和会议座谈等方式了解纺织服装产业带动就业工作开展情况。

（新疆维吾尔自治区住房和城乡建设厅）

新疆生产建设兵团

概况

兵团各师级认真落实《关于开展兵团城镇化提升年活动的意见》，全面深入开展城镇化提升年活动，城镇化质量明显提升。设市建镇工作积极推进，四师可克达拉市、41团草湖镇正式挂牌，十四师拟设昆玉市已报国务院，兵团城市达到8个，建制镇6个，城镇布局更加完善。预计兵团城镇化率达到65%以上，城镇化发展模式由注重速度型向速度和质量并重转变。产业结构调整为22：45：33，改变以农业经济为主导的经济形态。规划管理进一步加强，完成兵团新型城镇化发展“十三五”规划编制，组织二师铁门关、六师芳草湖农场开展兵团推进新型城镇化“三规融合”试点工作。加快对各类规划修编工作，强化管理确保规划有效实施。积极推动城镇特色风貌塑造工作，组织各师19个城镇开展特色风貌塑造试点，工作取得初步成效。重点支持新（扩）建城市（区）和团场城镇基础设施建设项目15个，下达补助资金共计3.1亿元，向其他城镇下达中央财政补助建设21.1亿元，用于水、热、气、路等管网和设施建设，补助40个团场1600万元，提高环卫工作装备水平，促进城镇化均衡发展。启动兵团房产管理集中式服务平台建设，逐步提升房产交易管理信息化和数字化水平。总结推广典型经验，物业服务市场化、专业化程度进一步提高。

【住房保障安居工程】 兵团认真贯彻国家实施保障性安居工程的决策部署，紧紧围绕与国家签订的目标任务，通过及时下达工作计划、提前做好项目准备、举行项目开工启动仪式、组织住房建设检查、召开会议、实行月度通报、加强现场检查和督办、开展目标责任考核等多种手段、多种措施，顺利完成年初与国家签订的城镇保障性安居工程17万户开工和6.6万户基本建成任务。其中：公共租赁住房6.5万户，实施棚户区改造10.5万户。另计发放租赁补贴0.6万户。截至11月25日，2015年新建保障性住房开工6.5万户，实施城镇棚户区改造10.5万户，开工率达到100%，续建及新建项目基本建成6.79万户，实际发放租赁补贴0.98万户。2015年城镇保障性安居工程完成投资113.4亿元。通过实施保障性住房建设和棚户区改造，一批规划布局合理、建筑造型美观的住宅小区陆续建成，职工住房条件和城镇面貌不断改善，兵团的凝聚力、向心力不断增强。

【开展团场城镇环境综合整治工作】 兵团建设局制定印发《关于深入开展城镇环境综合整治行动的通知》，以集中整治环境面貌、完善设施功能、健全长效管护机制为工作重点，开展为期一年的城镇环境综合整治行动，各师团市政市容监察、城建（环境）执法等部门及时制定实施方案，积极行动，围绕公共环境卫生、居住小区、道路街面、集贸市场、棚户区和违章建筑五个方面采取措施重点进行专项集中整治，同时进一步健全完善长效管理机制，加强日常管控维护，积极倡导文明生活方式，脏乱差现象得到扭转，城镇综合环境和整体面貌得到有效改善。

【全面完成农村安居工程建设任务】 兵团积极争取中央财政补助资金8.075亿元5.5万户农村安居工程建设任务，改造建设团场连队5.6万户住房，完成总投资近16亿元，政策覆盖14个师及兵直149个团场（单位），广大连队职工群众的住房在面积、安全、功能、节能等方面达到了安居的目标，有力地支持了保障性安居工程体系建设，加快连队居住区生产生活条件改善。

【提升市政公用事业管理和服务水平】 完成柴、煤改气1000万元补助资金发放工作，为全兵团2.5万户困难职工家庭发放燃气补贴，降低困难群体生活成本，推广清洁能源使用。继续加强团场市政公用设施建设，向40个团场下达环卫设施建设经费1600万元，配置生活垃圾清运、道路清扫保洁、清雪等环卫车辆51台套，进一步提升市政公用设施服务水平，推动团场人居环境改善。制定出台《新疆兵团城镇燃气经营许可管理办法（试行）》，加强城镇民用天然气行业管理，依据管理办法严把准入关，加快站点管网等设施建设，为兵团城镇居民提供管道、瓶装燃气供应服务，积极推动"气化兵团"工作。建立健全兵团城镇污水排放许可制度，进一步加强城镇排水与污水处理管理，保障城镇排水与污水处理设施安全运行。

【全面深化城镇市政设施和公用事业改革】 2015年兵团建设局积极推动社会资本参与城镇市政设施建设和公用事业经营服务，制定出台《新疆生产建设兵团城镇市政设施和公用事业特许经营管理办法（试行）》，建立并完善城镇建设管理制度，扩大建设项目融资渠道，规范特许经营活动，维护特许经营者的合法权益，保障公共利益和公共安全，促进兵团城镇化质量提升。

【创新城镇建设管理内容】 兵团建设局积极申报国家智慧城市和地下综合管廊建设试点，其中石河子市、五家渠市被列为国家级智慧城市创建单位，并按照实施方案完成城市公共信息平台、基础数据库、建筑节能监管以及智慧交通、社区、城管等重点项目方案设计，2016年全面实施。石河子市、铁门关市开展地下综合管廊建设试点，石河子市编制专项规划和三年实施方案，拟建设22千米地下综合管廊，已完成方案设计和入廊协议签订工作，铁门关市规划城市环形综合管廊一期8.9千米，2015年已开工，并完成6千米土建和部分管线安装工程。通过智慧城市和地下综合管廊建设，兵团城镇建设管理内容不断丰富完善，城镇化质量进一步提升。

【兵团大型公共建筑动态能耗监测平台项目二期建设启动】 兵团建设局联合兵团财务局、兵团管理局，共同推进兵团大型公共建筑动态能耗监测平台项目二期建设，确定二期建设实施目标，制定相应项目实施计划。预计 2016 年完成 200 栋兵团大型公共建筑的监测设备安装，并纳入统计平台。提高兵团对大新公共建筑的能耗监管，大幅度降低能耗总量。

【兵团既有建筑改造实施情况及资金拔付情况】 兵团完成既有建筑改造 155 万平方米，提高人民群众的居住条件，房屋节能水平，受到广泛好评。2015 年中央拨付既有建筑改造奖励资金已经按照比例全部下发，其中 2011 年 782 万元，2012 年 7314 万元，2013 年 9948 万元，2014 年 8948 万元。2016 年计划完成既有建筑改造 180 万平方米，进一步扩大改造范围，提高居民居住条件。（赵仲洋）

【建筑市场监管】 兵团建设局按照住房城乡建设部统一部署，深入开展工程质量治理两年行动，严厉打击建筑工程违法发包、违法分包、转包及挂靠行为，开展两次现场监督检查活动，建立建筑施工转包、违法分包等行为查处月报制度。抓好资质管理工作，加强对建筑业企业和人员从业行为管理，完成 404 家外部中介企业备案，为近 30 家企业办理了换证审核、近 20 家企业办理了资质设立、升级等手续。截至 12 月 31 日，全系统共检查（排查）工程项目 11330 个（次），涉及建设单位 2006 家（次）、施工单位 1417 家（次），共排查出 285 个项目存在各类建筑市场违法行为，查处有违法行为的建设单位 25 家，查处有违法行为的施工企业 96 家。各师建设主管部门对存在违法行为的企业和人员，分别采取停工整顿、罚款、限制投标资格等一系列行政处罚及行政管理措施，违反基本建设程序等违法行为多发势头得到有效遏制，诚信体系逐步建立，建筑市场秩序得到进一步规范。

建筑业

【经济指标】 兵团等级以上建筑业法人企业共签订合同额 1830 亿元，比上年同期增长 8.7%。其中上年结转 584 亿元，本期新签 1246 亿元。“走出去”战略成效显著，兵团外部工程合同额 719 亿元，占总合同额的 39.3%。等级以上建筑业法人企业共完成建筑业总产值 1247 亿元，比上年同期增长 14.3%。等级以上建筑施工企业房屋建筑施工面积 6488 万平方米，比上年降低 11.2%，本年新开工面积 4073 万平方米，比上年增长 19.2%，房屋建筑竣工面积 3106 万平方米，比上年降低 22%。等级建筑企业自有设备净值 24 亿元，自有施工机械总功率 99 万千瓦，比上年增长 16.5%，人均自有技术装备率 6211 元/人，自有动力装备率 2.56 千瓦/人。

【财务指标】 兵团等级以上建筑施工企业资产合计 760 亿元，负债合计 646 亿元，资产负债率 85%。全社会建筑业增加值 295 亿元，比上年增长 14.8%，占全兵团生产总值的 15.1%，等级以上建筑施工企业实现利润 13.7 亿元，产值利润率 1.1%。

【建筑企业综合排名】 兵团各师建筑业产值排名前三的是：第十一师（建工师）289 亿元、第八师 188 亿元、第一师 174 亿元。兵团各施工企业建筑业产值排名前三名的是新疆北方建设集团有限公司 86 亿元、新疆塔里木建筑安装工程（集团）有限责任公司 66 亿元、新疆北新路桥集团股份有限公司 57 亿元。

房地产市场

【概况】 各市房地产市场开发规模、销售规模、价格趋于平稳，五家渠市青湖开发区、石河子市温州国际建材城等大型商贸综合体开发项目投资大、规模大、进展迅速，成为房地产开发亮点。

【五家渠市】 全年新建商品房 52 万平方米，其中住宅 16 万平方米，1434 套。住宅销售均价 3700 元每平方米，价格与上年基本持平。商业销售价格按区位不同从 5800 元每平方米至 2 万元每平方米不等。商品房空置面积 44 万平方米，其中住宅 28 万平方米，2500 套。五家渠市青湖经济开发区规划建设了商贸物流园区，已有润泰国际汽车城、金科家居世博汇、地王企业总部、君豪皮革城等多个项目全面开工建设，总投资 320 亿元，总建筑面积 750 万平方米。全部项目建成后，将形成 4 万人就业、5 万人居住的大型现代化商业城市综合体，将形成高增值、强辐射、广就业的现代服务业产业集聚区，着力打造成为立足乌昌一体化地区、面向全疆、放眼全国和中亚的重要现代服务业核心区。

【石河子市】 全年新建商品房 35.88 万平方米，2817 套；其中住宅 19.85 万平方米，住宅 1919 套，较 2014 年相比下降 20%左右。成交均价每平方米 5160 元保持平稳，个别楼盘小幅上涨。商品房空置面积 169.8 万平方米，13063 套；其中住宅 102.59 万平方米，7755 套。石河子温州国际商城是为北疆量身打造的现代化综合商贸采购基地。该项目总投资 20 亿元，项目总占地面积 600 余亩，总建筑面积约 66 万平方米。该项目一、二期共 17 万平方米已全部建成并投入运营，已引进商户 500 多家，其中一线品牌200多个。在全国经济下行压力增大的情况下，一期经营一年来，销售额持续增加，已达8亿元，二期招商率达98%。整个项目建成后，将成为西北第一建材家居商贸综合体，兵团和北疆规模最大的商贸综合体。

【阿拉尔市】 全年新建商品房5.18万平方米，539套；其中住宅1.02万平方米，住宅96套，较2014年相比下降70%左右。商品房成交均价每平方4300元，其中住宅每平方米2997元保持了平稳。商品房空置面积18.5万平方米，2055套，其中住宅11.39万平方米，1265套。

【图木舒克市】 房地产市场受总体经济社会发展和保障性住房建设的影响，开发规模和销售价格总体偏低且长期持续平稳。2015年累计完成销售面积3.65万平方米，累计成交套数378套；其中住宅销售面积2.1万平方米，208套；每平方米均价2205元，住宅1855元。商品房空置面积22.32万平方米，2105套；其中住宅11.13万平方米，1834套。

【其他新建城市】 北屯市五年来共开发商品房4342套，销售2916套，空置892套。铁门关、双河等新建城市房地产开发还未形成一定规模。

【老楼危楼安全排查工作】 兵团建设局认真贯彻全国老楼危楼安全排查电视电话会议精神，进一步做好老楼危楼安全排查整治工作，根据住房城乡建设部办公厅《关于开展老楼危楼安全排查整治专项巡查工作的通知》开展巡查工作的要求，明确排查范围、排查内容，要求各师建设局要结合实际情况，制定具体排查方案，对本地区检查情况进行认真总结，查找存在的问题并提出相应的对策措施。认真统计汇总各师上报的数据，填报好《老楼危楼安全排查工作月报表》上报住房城乡建设部。2015年全兵团共排查房屋3444栋、13.26万间、803万平方米，经排查后尚待鉴定的疑似危险房屋1919栋、5.09万间、388万平方米。

【建设项目管理】 2015年4月制定《新疆生产建设兵团建设工程初步设计审批管理办法》，为进一步加强建设项目管理，做好初步设计审查审批工作提供依据。2015年7月编制完成《关于进一步加强房屋建筑和市政基础设施工程招投标监督管理工作的通知》，规范监管程序保障工程建设各方主体的合法权益。

【地震管理】 进一步健全和完善地震应急管理机制，加强与国家、自治区地震部门和兵团防灾减灾主管部门的协同配合。按照地震应急规程，先后处置“1.10”阿图什市5.0级地震、“2.22”沙湾县5.0级地震、“6.25”托克逊县5.4级地震、“7.3”皮山县6.5级4次5.0级以上地震应急管理工作。

2015年7月3日09时07分，在新疆皮山县发生MS6.5级地震，地震发生后，按照自治区地震应急响应级别，启动地震应急Ⅱ级响应，会同兵团相关部门成立地震救援工作领导小组，前往受地震影响的师指导开展地震应急救援和灾害调查评估工作，编制《第十四师皮山农场“7·3”地震灾后重建工作实施方案》，明确灾后重建工作的目标、各部门职责以及灾后重建工作的推进步骤，确保科学、高效、有序推进皮山农场“7·3”地震灾后重建工作。

【行政审批】 兵团建设局加强制度建设，制定下发《2015年行政审批专项改革工作方案》，进一步推进建设环保系统职能转变和简政放权。继续推行AB岗位制度，落实“一门进出”制度，研究制定行政审批事项“退件单”制度，建立行政审批专用章使用管理制度。积极推进网上审批试点，已将12项行政审批事项同步在网上试行办理，提升行政审批工作效率。结合开展行业现场检查，对各师主管部门行政审批和职能转变工作进行监督指导，检查下放事项的承接情况，避免出现工作脱节和缺位。开展审批事项办件、批件的登记统计，定期反馈窗口即办件事项清单，在部门政务门户网站及时登录发布审批信息。按照兵团审改办工作部署，进一步梳理行政审批权责清单。全年共办理审批服务事项622件，其中承诺件251件，即办件371件，在兵团行政服务中心对部门服务窗口的四个季度问卷调查中，均被评价为“满意”。

【建设稽查执法工作】 兵团建设局认真贯彻兵团建设环保工作会议精神，结合住房城乡建设部工作部署和有关要求，围绕本部门年度中心任务和工作要点，认真开展各项工作，研究制定《兵团建设局2015年重点稽查执法工作方案》，统筹谋划和部署实施兵团建设领域各项监督检查工作，严肃查处违法违规行为，维护兵团建设领域市场秩序。认真调查、处理及督办由国家、兵团转来的信访事项和举报案件。开展兵团建设稽查执法工作情况调研，了解和掌握各师建设稽查执法工作开展情况，加强对建设稽查执法工作的监督和指导。认真完成建设稽查执法案件处理情况月报和典型案例上报工作，了解行业动态，及时发现苗头性和倾向性问题，发挥典型案例对规范市场秩序的警示震慑作用。在住房城乡建设部稽查办大力支持和直接指导帮助下，部门政务门户网站首页安装了住房城乡建设领域违法违规网上举报系统，畅通职工群众对兵团建设领域违法违规行为的举报渠道。

【荣获2015年度兵团防火安全先进单位称号】 2015年兵团建设局认真落实监管责任，杜绝建筑施工火灾事故，经兵团防火委办公室综合考核、审定通过，荣获2015年度防火工作先进单位称号。

【开展警示约谈】 2015年5月、8月，针对综合执法检查工作中发现的突出问题，对14家存在问题多的企业和60余名企业负责人进行警示约谈，对部分师、企业质量安全工作存在的突出问题的单位和个人进行通报批评。进一步督促通报批评的单位和个人认真查找质量安全管理中存在的不足和漏洞，落实责任，加强管理，努力扭转不利局面。

【文明工地创建】 兵团共有8项工程荣获国家"AAA级安全文明标准化诚信工地"称号，130个项工程荣获兵团"安全文明工地"称号。

【优质工程创建】 2015年，兵团有2项工程分别获得"国家优质工程"称号，50个工程项目荣获兵团优质工程(昆仑杯)称号。

【质量专项治理两年行动】 兵团建设局深入开展工程质量治理两年行动，强化工程质量终身责任承诺书、法人授权书和竣工工程永久标识牌等"两书一牌"制度的执行。2015年所有新建工程"两书一牌"制度执行率100%，补做2012年以后竣工的工程永久标牌三千余块，共查处工程建设五方主体违法行为85起，处罚金额400余万元。

【安全生产标准化工作】 兵团建设局狠抓安全标准化的执行，探索新的管理模式和新方法，将标准化管理只偏重施工现场场容场貌的现状转变为文明施工和标准化安全防护并重，不断提高施工现场安全隐患预判、预防、预控能力，最大限度减少施工现场质量安全问题的发生。

【住宅工程质量通病专项治理活动】 兵团建设局严格分部分项工程和施工工艺质量控制，强化原材料进厂检验和商品混凝土质量把关及高强钢筋应用等关键环节的质量监管。组织针对检测机构、施工企业试验室、商砼公司的专项检查，通报批评一批工作质量差的检测机构，工程质量常见问题得到治理。

【开展"质量月"、"安全生产月"活动】 根据住房城乡建设部和兵团有关工作要求，围绕主题，开展宣传咨询日活动、标准化观摩、安全技术讲座与培训、技能比武、应急演练和质量安全检查等活动。兵团建设局共开展咨询日活动600多场，参加人数22000余人，共开设培训班26场次，培训总人数为2978人，开展安全生产专项执法检查和安全隐患排查治理行动，共排查治理一般隐患4000条。

【交流学习】 培育优良施工现场，组织标准化施工现场观摩学习活动。2015年兵团建设局共组织兵团各师、各相关部门、企业开展观摩活动10余场，积极推广切实可行的质量安全管理经验。

【抗震救灾】 "7.3"地震发生后，兵团建设局第一时间赶赴皮山地震灾区，参加抗震救灾工作，及时组织抽调设计、科研、检测、施工、监理等工程技术人员七十余人分别对皮山农场11个连队的665户倒塌房屋和929户严重受损房屋进行核查、摸排，按照"一户一档"的要求，完成了近1500户受损房屋的核查工作。

【生产安全事故】 2015年11月6日，兵团第七师奎屯天北新区生产基地工艺厂房室外排水沟开完清槽过程中，发生管沟壁坍塌，造成作业人员被埋，致4人死亡。事故发生后兵团建设局同安监局、监察局、工会等有关单位和同志组成事故调查组，对事故成因进行了调查，确定事故性质，提出防范措施和整改意见和报告。

【住房公积金管理】 全兵团共有3907个单位建立了住房公积金制度，住房公积金个人账户数为27.64万户，住房公积金累计归集总额为145.41亿元，余额84.05亿元，2015年度新增归集额为26.71亿元，同比增长16%，完成年度计划的134%。累计为3.75万户家庭发放住房个人贷款47.55亿元，贷款余额24.46亿元，2015年为3775户家庭发放住房公积金个人贷款8.87亿元，同比增长31%，完成年度计划的148%，个贷率29%，逾期率为零，贷款风险准备金充足率为3.3%。累计为12万缴存职工提取住房公积金61.36亿元，2015年提取住房公积金13.55亿元，同比增长14%，完成年度计划的136%。2015年住房公积金实现增值收益2.92亿元，增值收益率为3.5%。"十二五"期间，全兵团共归集住房公积金96.8亿元，发放住房公积金个人贷款32.6亿元，项目贷款3.94亿元，提取住房公积金46.6亿元，实现增值收益5.1亿元。

（新疆生产建设兵团建设局）

大 连 市

概况

2015年，全市建设交通系统在市委、市政府的正确领导下，以深入开展市委“加大城市建设与管理力度”专项调研开局，高起点、高标准谋划。以深入贯彻市委、市政府《关于加强城市建设与管理的意见》为主线，高质量、高强度推进，城市规划、建设与管理的各项工作都取得了重大突破，得到了市委、市人大、市政府、市政协领导以及社会各界和广大人民群众的充分肯定。

政策规章

【政府文件】 《大连市人民政府关于印发大连市城市道路和地下管线工程管理暂行办法的通知》、《大连市人民政府关于印发大连市公共租赁住房管理办法的通知》、《大连市人民政府关于表彰在地铁1、2号线工程建设中做出突出贡献单位和个人的决定》、《大连市人民政府关于印发大连市政府部门权责清单动态管理办法的通知》、《大连市人民政府关于推进建筑产业现代化的实施意见》、《大连市人民政府关于废弃矿山综合整治工作的指导意见》、《大连市人民政府关于进一步推进城市智慧化建设工作的意见》、《大连市人民政府关于印发大连市主体功能区规划(2014～2020)的通知》、《大连市人民政府关于印发2015年推进简政放权放管结合转变政府职能工作方案的通知》、《大连市人民政府关于加快停车行业发展的实施意见》

【办公厅文件】 《大连市人民政府办公厅关于印发大连市网格化环境监管体系建设实施方案的通知》、《大连市人民政府办公厅关于印发大连市经济适用住房回购及收回暂行办法的通知》、《大连市人民政府办公厅关于加强城市地下综合管廊建设管理的实施意见》、《大连市人民政府办公厅关于印发大连市开展“关注燃气安全，创建平安家庭”活动方案的通知》、《大连市人民政府办公厅关于加快推进我市天然气利用工作的指导意见》、《大连市人民政府办公厅关于进一步优化全市建设工程项目审批流程的指导意见》、《大连市人民政府办公厅关于全面推进绿色建筑发展的实施意见》、《大连市人民政府办公厅关于印发大连市2015年度地质灾害防治方案的通知》、《大连市人民政府办公厅关于印发2015年大连市土地储备计划的通知》、《大连市人民政府办公厅关于促进房地产市场平稳健康发展的若干意见》、《大连市人民政府办公厅关于印发大连市城市道路检查井设施管理办法的通知》。

【规范性文件】 《关于印发大连市建筑施工项目经理质量安全违法违规行为记分实施细则(试行)的通知》。

房地产业

【概况】 2015年，全市商品房销售637.3万平方米、569.1亿元，同比分别下降14.6%、17.3%，降幅较2014年年底分别收窄24.3个百分点、14.6个百分点。二手房累计成交484.1万平方米、374.6亿元，同比分别增长23.3%、37.4%。全市房地产用地出让255.1公顷、50.2亿元，同比分别下降40.7%、60.6%。房地产开发投资897.5亿元，同比下降37.2%，房屋施工面积4911.5万平方米，同比下降21.8%，新开工面积607.8万平方米，同比下降50.3%。

【市场调控】 2015年，大连市全方位、多角度支持刚性和改善性住房需求，出台《大连市人民政府办公厅关于促进房地产市场平稳健康发展的若干意见》，从棚改、收购商品房作为安置房、公积金、财税、普通商品住房标准、住房用地供应等方面提出十二条具体政策措施。省政府“辽五条”和“新七条”下发后，10月16日，又转发了省政府新出台的十二条措施。随后又下发《大连市人民政府办公厅关于调整享受税收优惠政策普通商品住房标准的通知》。协调组织春季、夏季、秋季3次全市性房交会及东港商务区、高新园区、金州新区等7次区域性特色房交会，在大连北站、沈阳华府商城举办长期精品楼盘展会，累计接待观展群众近70万人次，成交196.4万平方米、207.4亿元。夏季、秋季、东港三次房交会市级财政奖励资金约1210万元。继续实施新建商品房项目配建租赁住房政策，将中(不包括东港商务区）、西、沙三区配建比例调低至5%，甘井子区在地铁口半径一千米以内的项目配建10%，其余项目暂不配建。截至2015年底，全市18个建设项目签订了租赁住房配建协议，共安排建设租赁住房25.5万平方米、约3550套。

住房保障

【持续推进保障性安居工程建设】 获国家开发银行融资贷款项目33个、融资额156亿元。完成棚户区改造1.2万套，新增公租房补贴家庭5000户。出台《大连市解决引进人才住房办法》、《大连市解决引进人才住房实施细则》，将高层次人才、产业发展急需紧缺人才以及新就业或自主创业的高校毕业生纳入人才住房保障范围。修订公租房管理办法，将大专毕业生和外来务工人员纳入住房保障范围，对孤寡老人、劳模、生活困难的残疾人等群体优先保障，城镇户籍家庭住房保障覆盖率达到21%。

【持续推进住房维修“一二三”工程】 分别维修弃管楼院10.38万平方米，无主弃管房实现了应修尽修。维修老旧住宅311栋、高层住宅电梯315部。将原市内四区国土房屋分局的物业科人员连同相关职能，整建制划转到各区城建局。全市物业管理纠纷调解委员会和办公室挂牌运行，区级物业管理纠纷调解委员会和调解中心全面建立。

公积金管理

【概况】 放宽个贷和提取政策，破解流动性紧张难题，打造互联网+公积金模式。2015年归集住房公积金193.4亿元，同比增长13.3%；发放住房公积金个贷3.86万户、136.33亿元，同比增长29.6%；实现增值收益15.28亿元，同比增长63.6%，提取廉租资金11.81亿元，同比增长64.3%。

城乡规划

【推进各类规划有效衔接】 提出了“多规融合”的工作方案，确定以城乡规划作为“多规融合”的基础，升级改造“大连市地理信息公共平台”。积极推进“多规融合”的空间框架平台建设——开展了林地、自然保护区、森林公园、城市绿线、蓝线、水源地、湿地、地质危险区、基本农田保护区等生态控制线的划定工作。

【实施规划统一管理】 采取“市局+分局”模式，积极推进甘井子区规划局整体划转为市规划局直属机构，对旅顺口区、金州新区、保税区、高新园区、长兴岛经济区、花园口经济区、普湾新区等7个规划分局实行双重领导改革。成立了城市规划“一张图”工作组，先后对2008年以来的《大连市城市总体规划》、《近郊区总体规划》、《控制性详细规划》和各类专项规划，以及2013年以来核发的选址意见书、规划条件、建设用地和建设工程规划许可证等档案资料进行信息化录入。引进知名专业机构参与“一张图”的平台搭建和局内试运行。

【加强测绘地理信息管理】 积极推进测绘地理信息管理机构建设。拓展“数字大连地理空间框架”功能，对政务专网版、“天地图·大连”互联网版和决策版地理信息公共平台进行完善。启动智慧城市时空信息云平台建设试点工作。

城市建设与市政公用事业

【概况】 大连市安排城市基础设施建设项目175个，总投资1978亿元，其中市政府投资150亿元。至2015年末，实际实施项目144个，完成投资294亿元，其中市政府投资143亿元；完成项目62个，完成投资58亿元，其中市政府投资24亿元。

【轨道交通建设】 地铁1号线二期工程于10月30日正式实现试运营，地铁2号线一期工程于5月22日正式实现试运营。地铁1、2号线二期工程全长23.1千米贯通18.26千米，15座车站中14座车站主体结构完成。金普城际铁路延伸线工程和快轨3号线扩能改造工程前期工作基本完成。地铁4号线前期工作13项专项报告编制完成8项，地铁5号线前期工作16项专项报告编制完成10项，地铁7号线前期工作13项专项报告编制完成3项。

【城市道路建设、维修与管理】 组织实施道路桥梁交通基础设施建设工程12项。其中，南部滨海大道东端桥隧建设工程、华东路交松江路、西北路（迎客广场）人行天桥建设工程、梭鱼湾周边道路建设改造工程、地铁2号线一期周边港湾车站建设工程、泉水地区道路维修综合改造工程及100条街巷路维修工程完工。疏港路拓宽改造工程、景山街改造工程、自由河桥维修改造工程、北大桥维修改造工程、地铁1号线一期和地铁1、2号线二期车站周边港湾车站建设工程启动。“七纵七横”城市道路桥梁交通体系建设持续稳步进行，城市道路桥梁网络功能不断提升和完善。

【公路建设】 2015年，计划实施县级以上普通公路工程共计49项589.1千米（含跨年度工程）。其中当年计划完工350千米。工程实施中，在克服动迁难、工期紧、战线长等诸多困难下，实际完成路面工程419.25千米，比年初计划超额完成69.25千米。庄河庄茧线37.181千米、普兰店熊城线28.408千米等一批跨年度工程提前1年竣工通车，收到了很好的经济和社会效益。省政府重点督办项目环岛公路广鹿岛段22.07千米路基路面工程全部完工，为拉动海岛旅游观光、促进长山群岛旅游度假区建设发挥了积极作用。庄河鹤大线青堆子至小沟段20.55千米创建省局通道精品工程，项目主体质量过硬、附属设施到位、外观形象良好，考评位居全省第一，受到省公路局通报表彰。此外，还完成普通公路险桥改造工程26座1960.79延米，采用路面温拌、热再生、就地冷再生、硫黄沥青等新技术、新工艺、新材料共计6项50.2千米。

【公共服务设施建设】 大连体育中心媒体中心、运动员训练基地、半地下停车场的收尾、调试完成，并进行以上场馆的竣工验收工作。体育中心场馆及配套开发用地总占地面积为468万平方米，已完成动迁面积总计449万平方米，其中已完成征地面积总计195万平方米。累计投资162亿元，其中场馆建设投资55亿元，征地动迁投资15亿元，配套建设投资92亿元。2015年，体育中心共承接大小赛事29个1200场次，接待驻训团队15个6400人，举办大型活动、演唱会56个，接待观众总计55万人次，接待健身市民总计28万人次，实现运营“零事故”。

【商务区建设】 东港商务区完成年度投资7亿元。输电管廊(人防隧道)竣工验收。新机场沿岸商务区完成“起步区”产业规划。完成控制性详细规划优化、综合管廊规划编制、综合服务中心方案批复。累计完成投资74.2亿元，完成23户企业动迁，50万平方米的回迁楼主体工程封顶。启动了92万平方米的大连渤海明珠城收储工作，生态科技创新岛、陆域基础设施项目PPP合作开发取得较大进展，与普洛斯电商物流园、国际智慧物流港、综合服务中心、国际学校、文化创意产业园等多个项目达成投资意向，并获得国开行、农发行棚户区和城镇化改造贷款50亿元支持。

【生态宜居城市建设】 2015年，大连市市区环境空气质量优良天数为270天，空气中首要污染物主要是臭氧和细颗粒物(PM2.5)、可吸入颗粒物(PM10)，空气质量指数一级(优)、二级(良)天数分别为50天和220天。主要集中式饮用水水源碧流河、英那河水源地水质达标率为100%，碧流河、英那河、大沙河、登沙河、庄河、复州河6条主要河流以Ⅱ类水质为主。大连市区域环境噪声均值为52.9分贝，各区市县均值范围为49.6～55.3分贝。全面完成化学需氧量、氨氮、二氧化硫和氮氧化物四项主要污染物减排任务。开展大气环境综合整治，完成蓝天工程目标责任书项目51个。完成2005年前注册的6092台营运黄标车淘汰工作，完成2.54万辆黄标车及老旧车辆淘汰工作。实施废弃矿山综合整治，全面推进甘井子后盐废弃矿山综合整治和鞍钢石灰石矿新老矿区闭矿工作，恢复治理生产矿山地质环境52公顷。大连市辖区渤海临岸国家级斑海豹保护区规划顺利通过国务院专家组评审。全市涉农区、市、县全部达到省级生态示范区建设标准，3个乡镇获得省级生态乡镇命名，35个行政村获得省级生态村命名，33个乡镇申报国家级生态乡镇全部通过省级预审，长海县通过环境保护部国家级生态县预审。完成了涉及9个区市县(先导区)、74个乡镇(街道)、598个行政村(2012～2014年度)农村环境连片整治项目实施方案编制申报审核并通过国家级审核。

【城市建设“五个一”工程】 2015年，大连市完成城市建设“五个一”工程项目127个，总投资15.9亿元。其中，改造旧城区项目5个，拆迁(整治)面积17.36万平方米，投资5.2亿元，新建市民健身场所11个，面积10.74万平方米，投资1.7亿元，改造集贸市场13个，面积7.7万平方米，投资1.9亿元，整治路街及两侧建筑立面17条，长度31.81千米，投资5.2亿元，新建公共停车场81座，停车泊位20611个，投资1.9亿元。

【暖房子工程】 2015年，大连市暖房子工程(既有居住建筑节能改造)计划改造300万平方米老旧住宅。改造内容包括建筑保温系统改造：对建筑的屋面、外墙、楼梯间进行节能改造；供热改造：进行分户改造，安装计量装置，小区环境整治：小区绿化、道路铺装、污水管线维修、休闲器材安装等。至2015年末，实施保温系统、供热系统改造和小区环境整治，总投资10.55亿元，涉及老旧住宅建筑1007栋，建筑面积300.7万平方米，惠及家庭4.92万户。改造后，老旧住宅室内温度普遍提高3～5摄氏度，社区老旧楼院、单体建筑物外立面、沿街公建房、门头房商铺牌匾美观、整洁、统一。

【星海湾金融商务区建设】 总体规划招商的30个项目中，商务区18个招商项目建成17个，仅剩CIC国际中心酒店1个项目在建，金融城12个招商项目建成5个，余下7个项目全部开工建设。入驻星海湾金融城及周边地区的各类金融机构已达150家，金融从业人员3000人。大商所的快速发展也带动了星海湾金融城成为区域性金融中心的建设进程。2015年大商所商品期货成交量11.2亿手、交易额42

万亿元，交易量跃升为全球第一，综合排名上升至全球第8位。大商所投资建设的期货大厦吸引了97家金融机构入驻，仅交易所日均沉淀资金达297亿元。

【公用事业联合收费】 2015年，大连市公用事业联合收费处代收水费用户94.9万户，比上年增加3.9万户，代收电费用户99.9万户，比上年增加3.4万户，代收燃气费(含煤气费和管道液化气费)用户59.3万户，比上年增加1万户，代收采暖费用户30.2万户，比上年减少5.2万户，代收物业费用户4.8万户，比上年增加0.1万户，代收房租费用户6.6万户，比上年减少0.2万户。全年代收费总金额20.44亿元，比上年减少1.13亿元。其中，代收水费1.96亿元，比上年增加1100万元，代收电费9.32亿元，比上年减少700万元，代收燃气费2.50亿元，比上年减少400万元，代收采暖费5.17亿元，比上年减少1.31亿元，代收物业费1318万元，比上年减少5万元，其他代收费(含房租、城市垃圾费)1.36亿元，比上年增加900万元。水电气等主要代收费项目实收率达98%。年内，收费系统升级改造任务全面完成，所有网点实现全月异地实时缴费，新开通了“银联在线”和微信两种电子化缴费方式，其中“大连市联合收费处”微信公众号自9月份开通以来，关注用户已达20万户以上，微信缴纳水电费已经累计达20余万笔；开始启动网点五年建设规划工作，完成了收费网点五年布局规划报告，目标建成覆盖城区、全年无休的便民服务网络体系，形成以电子渠道缴费为主，网点缴费为辅的联合收费管理新格局。

【城市供气】 2015年，大连市有人工煤气用户82.4万户，其中年内新增5296户；地下煤气管网总长2167千米，其中年内新增24.8千米。大连燃气集团人工煤气供应总量2.86亿立方米，与上年相比供应总量持平，日最高供气量120万立方米，比上年减少6.9万立方米，日平均供气量89.3万立方米，比上年增加0.9万立方米。全年改造地下旧煤气管网1.4千米、1150个旧煤气支线。全市取得燃气(液化石油气、天然气)经营许可证的企业220家。液化石油气、天然气管线总长457千米。液化石油气、天然气用户113.5万户，其中管道液化石油气用户18万户，管道天然气用户15.5万户，瓶装液化石油气用户80万户。全市管道液化石油气、天然气年供气量3.68万吨，其中液化石油气年供气量2.24万吨，天然气年供气量1.42万吨；日均供气量100.8吨。

【城市供热】 2015年，大连市市内四区及高新技术产业园区有供热单位103家；供热总建筑面积14395万平方米，其中住宅供热面积10295万平方米，非住宅供热面积4100万平方米。其中，城市集中供热面积14196万平方米，分散锅炉房供热面积199万米方米。城市集中供热面积中，热电联产供热面积5903平方米，区域锅炉房供热面积8293万平方米。全市有供热厂(站)771座，其中热电厂8座(企业自备热电厂2座)，区域锅炉房113座，分散锅炉房37座，二次换热站628座；供热主次管网总长度4658千米。城市集中供热普及率96.9%，城市住宅供热普及率99.88%，供热质量满意率98.87%，用户投诉处理及时率99%以上。2015～2016供热期，为应对极寒天气，保证供热质量，市、区供热办会同新闻媒体累计出动5000余人次组织200余次检查，其中，集中120余次联合大检查重点突击检查各供热站点夜间供热运行情况，各街道、社区供热专干在本辖区内分片包干，采取“保姆式”监督、定期检查、随机抽查、明察暗访等措施全力保障严寒期供热服务质量。依照省、市《条例》相关规定，要求40吨以上区域锅炉房必须实行24小时连续供热，其他采用分散锅炉房间歇式供热的，每天锅炉供热运行时间不得少于16小时，并在新闻媒体公布实行连续供热单位站点，接受社会监督。下发《关于建设供热信息管理平台的通知》文件，按照近远结合、统筹兼顾的原则阶段性的完成全市所有锅炉房、供热站点远程监控装置的安装工作，实时在线监测供热运行情况。2015年，供热基础设施建设计划完成市政府赋予的为民办实事的新增供热面积300万平方米，实际完成334万平方米，实现集中供热面积300万平方米。拆炉并网锅炉房19座，拆除锅炉22台。完成老旧管网改造412千米。完成既有居住建筑供热计量改造330万平方米。保证城市困难群体居民的冬季采暖。2014～2015年度，市内五区符合采暖费补贴条件的低保户9698户，补贴资金1321.58万元，其他困难居民家庭5024户，补贴资金557.91万元；两类困难家庭共14722户，补贴资金1879.49万元。2015年10月底全部发放到位。2015～2016年度供热期，对困难群体的补贴认证工作已经展开，全部保障正常供热。年内，大连市集中供热办公室、大连金州新区供热管理办公室、大连市旅顺口区房产局、瓦房店市城乡规划建设局、庄河市城乡建设局等5家单位被省住房城乡建设厅评为供热管理先进单位，大连市热电集团公司、华能国家电力股份有限公司大连电厂、大连泉水新技术工程有限公司、中国石油大连石化公司矿区服务事业部、大连经济技术开发区供热有限公司、大连市金普热电有限公司、大连裕丰供热集团有限责任公司、大连旅顺宜和供热有限公司、大连虎滩供暖工程有限公司、大连大发电供热有限公司、大连庄河环海热电有限公司等11家供热单位被省住建厅、民心网评为优秀供热企业。

【园林绿化】 建成186千米绿道健身网，完成联华公园、劳动公园荟芳园改造，启动白云雁水健身公园改造，高品质建设胜利路沿线6处街边精品绿地，精致恢复11处地铁车站周边绿地，在机场、码头等区域增设15处立体花卉。中心城区栽植乔木13万株、模纹14万平方米、耐阴植被6万平方米，城市绿地新增92万平方米，城市绿化覆盖率增至44.9%。

【环境卫生】 实施网格化环境监管制度，出台《大连市加强环境监管执法责任分工方案》、起草《大连市水污染防治行动计划实施方案》。大连湾、梭鱼湾和泉水河二期污水处理厂建设已确定项目法人，中心城区生活垃圾焚烧发电厂(二期)项目完成实施方案初稿编制，春柳河一期升级改造、马栏河污水处理厂一期脱氮、傅家庄等5座污水处理厂提标改造、中心城区餐厨垃圾处理厂、大魏家综合物料生态处置中心、城市中心区建筑垃圾综合处理厂、南松路和泉水生活垃圾压缩转运站项目前期工作正在全力推进。

村镇规划建设

按照《关于加快宜居乡村建设推进全域城市化的实施意见》，2015年大连市建设示范乡镇6个、示范村60个、达标乡镇16个、达标村173个。北三市、长海县共完成4个示范乡镇、64个示范村、11个达标乡镇和155个达标村的宜居村镇规划编制工作。对于完成规划编制工作的乡镇和行政村，每个乡镇补助规划编制费10万元，每个村规划编制费补助8.4万元，每个村补助测绘费3.2万元。全年全市共拨付宜居乡村规划编制、地形测绘和专家评审补助资金2775万元。农村危房改造工作方面，会同市财政局、市民政局制定了《2015年大连市农村危房改造方案》。改造危房3241户，其中C级危房2800户，D级危房441户，含节能示范户52户(2012、2013年省住建厅下达的危房改造目标)。按照《2015年大连市农村危房改造实施方案》规定：补助范围内的D级危房改造补助标准为6.5万元/户(其中中央补助1万元/户，市级补助4万元/户，县市区配套1.5万元/户)，在此基础上节能示范户补助标准增加0.25万元/户(中央财政补助)，C级危房改造补助标准为0.5万元/户(中央财政补助)。危房鉴定费用标准为500元/户(市财政补助)。全年共向普兰店区、瓦房店市、庄河市、花园口经济区申请中央补助资金1854万元，拨付市级配套补助资金1879万元。年内，继续在“北三市”及长海县推进县城基础设施建设“三个一”工程(1个垃圾处理体系、1个污水处理体系、1个供热体系)。至年末，完成垃圾处理项目4个、污水处理项目8个、供热项目4个，总投资2.9亿元。

工程建设标准定额

2015年，大连市有工程造价咨询企业55家，其中甲级企业24家，乙级企业31家；营业收入3.1亿元，从业人员1.4万人，占辽宁省的25%，其中注册造价工程师1150人，造价员7786人(一级1510人，二级1445人，三级4831人)。全市36家企业(甲级23家，乙级13家)参加辽宁省2015年度工程造价咨询企业信用评价，21家企业(甲级19家，乙级2家)获评AAA级企业，13家企业(甲级4家，乙级9家)获评AA级企业，2家企业(均为乙级)获评A级企业。大连市工程造价管理协会完成造价工程师初始、变更和延续注册350人，完成造价员资格考试、变更等4580人次，受理辽宁省施工企业规费计取标准申报材料1001份，办理工程类别确认97项。加强建设工程合同备案管理，完成建设工程合同备案1304份，涉及工程造价额331.6亿元，完成工程担保合同备案672份，担保价款395.65亿元；建设工程委托监理合同备案612份，涉及投资额282亿元，建设工程勘察、设计合同备案980份，行政处罚未及时办理施工合同备案的项目工程60项，工程造价1.57亿元。加强建设工程标准管理，完成工程竣工结算书备案69项，竣工结算价款113亿元。加强工程造价信息管理，发布工程造价信息160万余条。

工程质量安全监督

【建设工程质量监督管理】 2015年，大连市城乡建设委员会监督在建房屋建筑单位工程11594项，建筑面积8335.7万平方米；监督地铁工程单位工程313项，车站建筑面积58.05万平方米，区间段长度5.28万米，附属配套工程面积33.84万平方米。全面实施《大连市工程质量治理两年行动实施方案》，组织对违法行为认定查处办法的业务培训，组织开展全市工程质量治理两年行动督导检查两次，检查892项工程，建筑面积2363.6万平方米，下发责令改正通知书321份；严格落实五方责任主体项目负责人质量终身责任，全市新办理监督手续工程1916项，均已签署授权书和承诺书，累计2302项工程补签了授权书和承诺书；办理竣工验收备案的工程2194项，均设置了永久性标牌，建立了质量信用档案；累计查处上报54项违法工程、罚款614万、对34个项目经理实施了记分处理。加强建设工程质量日常监管，重点监督责任主体的工程质量行为、涉及结构安全的关键工序和关键部位、易产生渗漏和透寒而影响使用功能的部位等常见质量问题，监督抽查工程473项次，下发责令改正通知书131份，重点控制建筑用钢筋、砂和混凝土等进场材料质量，抽检混凝土(砂浆、预制构件)生产企业用砂151次、施工现场用砂55次、砼拌合物88次、砼结构实物取样2次，抽查钢筋422批，清退不合格钢筋174吨，重点控制既有居住建筑节能改造项目(暖房子工程)质量，监督在建既有居住建筑节能改造工程所涉及的楼房590栋178.1万平方米，抽查外墙保温工程所涉及的楼房109栋，责令改正抽检中发现的问题；重点监督地基基础和主体结构验收、建筑节能验收、住宅分户验收、地铁单位工程验收、竣工验收，责令改正检查中发现的质量问题。开展冬期施工工程质量专项检查、结构工程质量专项检查、钢结构工程质量专项检查、幕墙工程质量专项检查、住宅工程质量常见问题防治专项检查、地铁工程质量专项检查、建筑工程安全及工程质量联合检查，共检查单位工程1308项，建筑面积2534.56万平方米，下达责令改正通知书191份，其中停工整改通知书7份，抽查区市县(先导区)单位工程69项，下达督办整改通知书49份。组织大连市东港区B04地块(大连绿地中心)、大连冰山集团大连开关厂搬迁改造(春柳公园)等项目的专家论证会6次，先后组织免费培训12次，培训质检员、监理员、地铁参建人员约2800人次。加强工程质量投诉管理，全年受理电话、来访等工程质量投诉311件，比上年下降21.9%，办结311件，办结率100%，合理诉求处理满意率100%，受理网络投诉、咨询658余条，办结率100%。

【建设工程监理行业管理】 2015年，大连市有建设工程监理企业56家，其中综合资质企业1家，甲级37家，乙级18家，有专业资质139个，其中综合资质1个，甲级资质68个，乙级资质68个，丙级资质2个，有监理工程师、监理员2798名，其中国家注册监理工程师1466人，省监理工程师1154人，省监理员178人。开展全市优秀监理工程师信誉榜活动，评选优秀监理工程师214人，授予其中192人信誉星级。

【建设工程检测管理】 2015年，大连市有建设工程质量对外检测机构50家，检测资质160个，对内检测试验室118家，检测资质147个；检测人员2672人。大连市城乡建设委员会全年组织抽查建设工程检测试验报告517份，数据准确率100%，抽查混凝土出厂质量203次，合格率100%。开展全市检测机构(试验室)专项检查，检查检测机构107家，下发责令整改通知书18份，下发督办整改通知书3份。开展冬季混凝土生产企业检查，检查企业18家，下发督办整改通知书2份。完成801名检测人员岗位证书换证材料审查、上报和证书发放。加强建设工程质检员培训、定级、变更、资质审验和日常管理，培训质检员1059人，其中取得岗位证书857人，年度审验合格质检员4602人。至年末，全市有质检员5353人，其中土建专业3065人，给排水与暖通专业992人，电气专业1208人，其他专业88人。

【房屋建筑工程竣工验收备案管理】 2015年，大连市城乡建设委员会竣工验收备案房屋建筑单位工程2194项，建筑面积1353.4万平方米。对备案材料实行验收、备案两个部门同时审核，以减少审核时间，提高行政效率，起草《大连市房屋建筑工程竣工验收阶段实施细则》。在最短时间完成相关手续。建立大连市工程竣工验收备案管理网络集群，与各相关部门信息交流278条，回答各类问题126条。制作2015年电子备案档案。将2014年竣工验收备案管理工作专项检查情况具体问题书面告知各备案管理部门。

【建筑施工安全监督】 2015年，大连市建筑施工领域发生生产安全事故1起，死亡1人，建筑施工百亿元产值死亡率0.07，低于全省建筑施工百亿元产值死亡率1.9的指标。大连市城乡建设委员会建设工程安全监督管理站全年组织全市性建筑施工安全生产大检查和专项整治活动9次，抽查建筑施工现场543个，发现问题和隐患1459项，下达安全隐患责令整改通知书467份，全部整改完毕。开展建筑工地环境综合治理，检查施工现场89个、地铁工程施工现场12个，责令更换密目网近3000片、破损围挡2500延米。开展建筑工地安全质量标准化“示范工地”评比创建活动，恒隆广场、东港区A04地块B区项目等6个建筑施工现场被中国建筑业协会评为AAA级安全质量标准化示范工地，大连医科大学附属第一医院项目、华北路1号宗地改造等28个建筑施工现场被辽宁省住房和城乡建设厅评为辽宁省安全质量标准化示范工地。加强建筑施工企业及其“三类人员”(企业负责人、项目负责人、专职安全管理员)和特种作业人员的安全生产考核证书的管理，办理建筑施工企业安全生产许可证198个，重新核发安全生产许可证537个，组织进行“三类人员”和特种作业人员的申报、培训、考核、发证工作，3216人初次取得安全生产考核证书，4561人取得延期安全生产考核证书，2325人取得特种作业人员操作资格证书。开展全市建设系统2015年安全生产目标管理考核，中山区、沙河口区、甘井子区、金州新区、高新园区被评为大连市建筑行业安全生产目标考核优秀单位。大连市城乡建设委员会被辽宁省住房和城乡建设厅评为2015年全省建筑行业安全生产目标管理先进单位。

建筑市场

【概况】 2015年，大连市有资质建筑业企业2475家。特级企业5家，一级企业148家，二级企业436家，三级及不分等级企业1358家，劳务企业528家，主项资质为总承包企业786家，专业承包企业1161家，劳务分包企业528家。全年新增资质建筑业企业186家，注销100家。全市有资质房地产企业1106家，其中一级企业12家，二级企业30家，三级企业345家，四级企业9家，暂定资质企业710家。全年新增资质房地产企业94家，注销36家。全市有注册建造师18901人，其中一级建造师3771人，二级建造师15130人。全市资质以上建筑企业总产值1461.9亿元，比上年下降30%，金州新区、庄河市、沙河口区3个区市县建筑业产值均超200亿元；全市资质以上建筑企业纳税56.8亿元，占全市地税收入的12.55%。大连市城乡建设委员会行政审批窗口全年受理行政许可740项，办结740项；受理工程合同等备案5106项，全部办结；收缴新型墙体材料专项基金和散装水泥专项基金5705万元。

【建设工程招投标管理】 2015年，大连市建筑工程领域完成建设工程招标项目2563项，比上年下降27.70%；招标总额272.65亿元，比上年下降44.76%。其中，市内四区招标项目746项，下降34.68%；招标额135.89亿元，下降32.58%。大连市建设工程交易中心完成入场建设工程招投标项目1143项，比上年下降25%；入场交易额185.4亿元，比上年下降27%。建设工程招投标主要业务实现网上办理，全市(包含市内四区和各县市区，以下全市皆为此意)完成电子化招投标项目总计1046项，其中市内四区完成电子化招投标项目566项，市内四区的建筑工程施工及监理项目均已实现电子化招投标，市内四区建设工程招标项目中标价与预算控制价相比，节省财政性资金4.36亿元。全市网上招标项目备案2369项，发布招标公告2523条；招标文件备案3141项，发布中标公示2770条；项目负责人网上锁定1646人次；中标结果备案2766项，核发中标通知书2659项。全市有建设工程招标代理机构67家，其中甲级17家，乙级26家，暂定级24家。大连市建设工程评标专家库(仅是各区市县，市内四区项目在发改委抽取)累计抽取专家1718项7731人次。

【建设工程勘察设计行业管理】 2015年，大连市有工程勘察设计单位140家。按类别分，勘察单位20家，设计单位(含专项设计、设计施工一体化)116家，勘察设计双资质单位4家；按级别分，甲级资质单位77家，乙级资质59家，丙级资质3家，劳务资质1家。全市有施工图审查机构8家，全部为一类审查机构。全市勘察设计行业营业额99.3亿元，比上年下降5%。至年末，全市审批建设工程初步设计39项，审查建筑边坡工程方案设计48项，建设工程施工图设计审查备案490项，备案建筑面积964.84万平方米，建设工程勘察文件审查备案487项。

【建筑工程施工许可管理】 全市发放施工许可证523份，建筑面积1447.7万平方米，合同额243.7亿元。其中，市建委发放(市内四区)113份，建筑面积582.3万平方米，合同额107.4亿元，县(市)区发放410份，建筑面积865.4万平方米，合同额136.3亿元。

【建设行业执法检查】 2015年，大连市城乡建设委员会建设执法监察支队检查市内四区建设工程355个，重点检查开发建设单位、施工企业、监理企业、勘察设计企业的资格证书、中标通知书、施工图设计文件审查报告、建筑工程施工许可证、施工起重机械检测合格报告、施工技术档案、监理合同、工程监理管理文件等27个要件和施工现场建筑工程安全防护、脚手架、起重机械设备、落实临时用电验收制度、安全达标、安全防护用品用具使用管理、文明施工等情况，立案347件，下达行政处罚决定书345份，收缴罚款近3683万元。对15个区市县、先导区开展建设工程联合执法检查，重点检查履行法定基本建设程序、建设项目执业人员的执业资格、建设工程质量、工程安全生产、建筑节能、施工图设计文件审查、施工企业挂靠、工程施工合同备案、施工许可、招标投标等，共检查工程68个，建筑面积近196万平方米，下达不良行为先行告知书20份、违章通知书35份。

【建设工程劳保费用管理】 2015年，大连市建设工程劳动保险费用管理办公室收缴建筑行业劳动保险费8.14亿元，其中追缴劳动保险费2.49亿元；拨付劳动保险费6.51亿元，其中拨付基本部分6.24亿元，拨付农民工工伤、医疗“两险”补助0.27亿元，229家建筑业企业16.2万人受益。2007～2015年，全市参加工伤、医疗“两险”农民工人数累计542万人次，58.9万人受益。组织进行《大连市建设工程劳动保险费拨付监督管理规定》、《大连市建筑业从业人员实名制管理办法》及《大连市建设工程劳动保险费用管理办法》立法(修订)。

【城建档案管理】 2015年，大连市城市建设档案馆接待查档人员及电话咨询3860人次，调卷4290卷，复印文字26430张，图纸2820张。现场指导42个工程项目96次，签订责任书42份，接收进馆工程项目竣工档案107项，发放建设工程竣工档案初验合格证101个。接收整理城市建设档案2.73万卷。完成120项建设工程项目的电子档案的制作。

【建设行政审批制度改革】 加强对城市建设管理的领导，完成《关于成立大连市城市建设管理领导小组的通知》、《大连市城市建设管理领导小组议事规则》的起草等准备工作。结合市容环境综合整治，初步构筑起城市管理指挥、考核、监管和执法体系。下放审批和管理权限。将原市城建局承担的“设置宣传栏(板)、标语牌、霓虹灯、画廊、橱窗门面(含牌匾)等设施，占用1公顷以下城市绿地、移植及砍伐100株以下城市树木的行政审批和行政许可，以及跨区域重大环卫基础设施以外的公厕、环卫职工休息点、垃圾站(点)等环卫公共设施建设管理，全部下放到各区城建主管部门。建设、交通系统的行政审批和便民服务项目均实行“一个窗口受理、一个印章审批、一个流程办理”。市建委依托“建设市场综合管理平台”，由以往的24个审批程序、77个工作日、企业申报材料126件次，减少为15个审批程序、23个工作日、企业申报材料63件次。市国土房屋局将审批要件由15个减少为10个，审批时限由原有30天缩短为16天。市城建局将行政审批事项由原来的6项、16个子项压缩到5项、14个子项。市规划局优化审批流程，起草和编制了《大连市规划局并联审批工作说明》、《建设项目审批流程图(规划版)》和《大连市规划局并联审批工作方案》。市环保局修订环评文件分级审批管理规定，将部分市级审批权限下放给国家级新区环保部门，为区域发展提供了良好服务。出台《大连市推进不动产统一登记工作方案》，完成不动产登记职责整合、管理机构和经办机构的设立。以旅顺口区为试点开展城乡地籍信息整合工作，统一数据标准、基础、管理平台、管理机制，加快建立涵盖农村集体土地、国有土地城乡一体的地籍管理数据库，地籍信息整合成果已通过国土部验收。积极配合全军房地产清查整改试点工作，市国土房屋局、规划局、城管执法局、交通局和建委会同各相关部门，为部队的178个整改项目提供支持，分别在沈阳军区、辽宁省相关会议上介绍经验，全军还在大连市召开现场会推广“大连经验”。市城建局对星海湾大桥和莲花山隧道实施了市场化管护，采取EMC模式完成石门山隧道照明节能改造。中心城区绿化养护市场化改革加快推进，完成绿化数据表格设计、养护管理经费定额核定以及90%的绿化养护任务量和绿地养护管理等级核定。实施以市政道路为主线，将排水、照明、环卫、树木、绿地等设施与沿线市容市貌等相关内容，全部纳入管护范畴的“一体化”管修方式。先后维修、养护道路1591条次，疏通排水管道12万米，维修和更换检查井盖3033个，修缮路灯(杆体、灯具)4380套、垃圾和果皮箱1.4万个。

【城市管理执法体制改革】 将原市城管执法局所属的5个执法分局，分别划归给市内四区和高新区管理；将原行使的城市规划管理行政执法和行政处罚权，分别划归给市规划局和高新园区规划建设局。市城建局切实履行“建管办”和“考核办”双重职能，实施“源头部署、过程跟进、督查督办、效能考核、结果问责”全程管理模式。分阶段编制《加强市容环境治理工作实施方案》等整治方案4个，制发市容环境整治通报41期，组织综合考核2次、专项考核12次、常态考核48次，督办整改占道烧烤、违章停车、卫生死角等城市顽疾12万处。市城管行政执法局认真履行执法的综合管理、统筹协调、监督检查、教育培训、考核评价等管理职能。在主流媒体发稿800多篇，发出执法通告、倡议书、宣传单6万多份，开展“百千万市容文明使者在行动”等各类活动。强化督查考评，在环境综合整治行动中每天派出8个督查组昼夜督查整治，制发督查专报64期、督查各区整改市容问题3500多个。市规划局制定了《关于拆除违法建筑专项整治工作安排意见》，积极受理民心网、民意网、公众交流平台和来信来访投诉。市交通局开展了为期4个月的交通环境综合整治活动，整治范围覆盖全市城市公交、长途客运、轨道交通、出租汽车、道路货运、机动车维修、公路管理、驾驶员培训、交通工程建设、交通重点部位10个行业和领域。市内四区和高新区结合城市环境综合整治，充分发挥各相关部门的职能作用和各街道的属地综合协调作用。在城市环境综合整治中，全市共出动执法人员22万余人次、执法车辆5.7万台次。取缔无证运营车辆8.2万辆，消除沿街堆放杂物6000多车，香炉礁马路市场等多个群众反映强烈的环境顽疾被清除。先后收到市民表扬信1210封、锦旗112面，并得到兄弟城市和国内外嘉宾的普遍赞扬。市国土房屋局积极配合国家土地督察沈阳局开展例行督察、审核督察、节约集约用地及不动产登记等专项督察。对土地卫片执法检查发现并立案查处的684宗违法违规用地行为，现已全部结案。先后通过媒体公开曝光并查处9起典型案件，对11起违法违规案件进行挂牌督办。

建筑节能与科技

【建筑节能管理】 2015年，大连市居住建筑和公共建筑节能设计全部执行辽宁省《居住建筑节能设计标准》和《公共建筑节能设计标准》中规定的节能65%的标准。全年全市新型墙体材料年产量29亿标准块，占墙体材料总量的81.2%，建设工程新型墙体材料使用率达82%。大连市城乡建设委员会继续实施既有居住建筑节能改造，全年改造1007栋，建筑面积300.7万平方米，惠及家庭49220户。全市燃煤电厂排放粉煤灰249.6万吨，综合利用216.7万吨，利用率为87%，其中水泥生产利用46.9万吨，商品混凝土(生产)利用103.3万吨，墙体材料(生产)利用10万吨，外运35万吨。全市使用散装水泥533.1万吨，散装率71.24%。全市使用预拌砂浆26.9万吨。组织大连市建筑产业现代化示范工程建设，金州万科城项目总建筑面积5万平方米，预制率达到56%。

【建设科技项目推广利用】 2015年，大连市获住房和城乡建设部绿色建筑评价标识的建设项目5个，总建筑面积50.2万平方米。其中，富丽华北、长江路南、致富街西、天津街东地块改造项目和大连市规划展览中心项目由大连市评审已获得住房城乡建设部一星级绿色建筑设计评价标识；大连市公共资源交易市场项目获绿色建筑三星级设计标识；大连市七贤岭南部疗养区原辽化、石化疗养院南区地块获绿色建筑一星级设计标识。大连国际会议中心获得2015年度全国绿色建筑创新奖二等奖。全市获住房和城乡建设部绿色建筑评价标识建设项目累计24个，总建筑面积263万平方米。大连市政府办公厅出台《大连市关于全面推进绿色建筑发展的实施意见》，大连市城乡建设委员会编制《大连市绿色建筑评价技术导则》。召开大连市绿色建筑工作及《大连市绿色建筑评价技术导则》宣贯会，加快大连市绿色建筑推进工作。国家园林城市复查工作，涉及34个委办局，拍摄汇报宣传片《大连市国家园林城市复查工作汇报》，圆满完成了迎检工作并通过国家复查。组织申报2015年住房和城乡建设部科学技术计划项目12项，其中“累积环境影响视角下改善地表透水性的技术方法研究”等4个项目获立项。组织申报2015年大连市建设科技项目68项，其中30个项目获立项。组织墙体保温材料、理石挂件和防水材料推广会3次。

建设人事教育工作

【概况】 2015年，按照辽宁省住房和城乡建设厅《关于全省住房和城乡建设领域现场专业人员考核工作的实施意见》(辽住建〔2015〕104号)和《关于全省建筑工人职业培训考核工作的实施意见》(辽住建〔2015〕105号)文件要求，全面开展建设领域专业人员和建筑工人职业技能培训工作，共培训建设领域八大员12604人，建筑工人职业技能培训6221人。

“十二五”期间住房城乡建设主要工作及成效

【重大基础设施建设取得历史性突破】 五年来，大连市相继开工建设了哈大高铁、丹大高铁和大连北站，地铁1、2号线和大连至旅顺202路快轨延伸线、金州新区至普湾新区快轨线，振连路、渤海大道、南部滨海大道等城市快速路以及胜利路、东北路立交桥、西部通道立交桥等城市快速路拓宽改造，长兴岛疏港高速、皮口至炮台高速、庄河至盖州高速、大连湾疏港高速等高速公路，大连机场三期改扩建和大连新机场，大连国际会议中心、大连市体育中心、大连市民健身中心、体育新城卫生中心等体育、文化、卫生设施，东港商务区、梭鱼湾商务区和新机场沿岸商务区等一系列重大项目，搭建起大连现代化国际城市建设的基础框架。2014年10月，在安徽召开的全国城市基础设施建设经验交流会，向全国总结推广了大连市的经验做法。

【民生工程建设得到前所未有的提升】 五年来，在每年政府为民办实事项目中，城建系统承担的数量大体占到半数以上。开发改造旧城区、新建停车场和健身场所、改造集贸市场和提升路街环境的城市建设的“五个一”工程，累计完成项目706个、完成投资161亿元。城市住宅供暖普及率达到99.8%，城市燃气普及率达到99%以上。2014年启动的“一二三”住房维修工程计划，计划在1年内完成450部存在安全隐患的高层住宅电梯维修，2年内基本完成38万平方米弃管楼院维修改造，3年内完成3500栋(不包括政府其他老、旧住宅维修整治改造计划)。结合森林防火通道、市民登山路径建设和山上看大连活动，先后因地制宜建成179千米特色绿道。2013年启动的“暖房子”工程(既有居住建筑节能改造)，累计改造老旧建筑2214栋、684万平方米，惠及11.08万户家庭。

【生态环境建设得到前所未有的侧重】 五年来，万元GDP综合能耗累计下降8%，单位工业增加值综合能耗年均降低4.6%，环境质量优良率保持在95%以上。全社会年造林绿化投入连续三年超过100亿元，林木绿化覆盖率达到50%。拆除分散锅炉房254座、锅炉312台，城市集中供热率新增了6.8个百分点、达到96.8%。中心城区污水处理率达到95%，生活垃圾无害化处理率和污泥处理率达到100%。以BOT方式建设的城市中心区生活垃圾焚烧厂为东北首例，国内规模最大、技术含量最高、建设速度最快的现代化垃圾焚烧发电厂。积极开展雨水资源利用，收到良好经济社会效益。海洋生态环境与资源保护取得新进展。2013年9月，省政府在大连召开了全省城建环保工作现场会，向全省总结和推广的探索与实践。

【城市管理得到前所未有的加强】 五年来，城市管理通过建立健全考核机构、细化完善考核办法和拓展考核范围。坚持以制度规范、以创新牵引、以载体助推，不断提升城市公用设施完好率。积极推进市政管理信息平台、城市道路综合检测探测平台建设，路灯单灯监控系统和园林病虫害生物防治、预测预报及信息化查询系统建成投入运行。在重点桥梁墩柱和部分路街路灯杆体推广使用新型防黏贴涂料和新型防贴画贴膜，兼具保护和防止野广告功能。在道路维修工程中采用新型隐形铰链式防沉降井盖，有效缓解了因井盖下沉造成的行车颠簸。按照“严禁区、严控区、控制区”的城市管理分类，坚持属地化治理与集中性整治相结合，各种违反城管法律法规行为的发生率得到有效控制。通过政府购买服务对中心城区的环境卫生清扫保洁工作进行体制改革和机制创新，实现了“管干分离”，建立“以事核费、以费养事”的经费保障体系，不仅拓展作业范围和内容，作业水平和质量也大为提高。所有的环卫作业车辆、废弃油脂运输车辆都安装了车载GPS设备并纳入GPS监管系统管理，中心城区环卫作业机扫率为60%、洗扫率为50%。2015年7月，住房城乡建设部在宁夏回族自治区中卫市召开“全国城市环卫保洁工作现场会”，向全国总结和推广了大连市经验。

【对经济的基础性支撑作用有了前所未有的增强】 五年来，大连城市建设投资累计达到1831亿元，比“十一五”增长了110%。房地产业累计完成房地产开发投资6541亿元、销售面积4592万平方米、销售额3862亿元、实现税收822.05亿元，分别比“十一五”增长了153%、－1.2%、38%和86.9%。建筑业产值每年以近20%的速度增长，从2012年起连续三年超2000亿元，累计完成9581.19亿元，比“十一五”增长了131%，实现税收369亿元，比“十一五”增长了137%。房地产和建筑业的合计地税收入为1191.05亿元，占到全市地税总收入的42.2%。

大事记

1月

6日　肖盛峰代市长听取2015年市城建基础设施项目情况。

2月

10日　市建委2015年工作会议召开，总结2014年工作，部署2015年主要任务。

27日　市人大常委会听取市政府建设交通系统2015年城市重点基础设施项目安排。

3月

5日　肖盛峰市长听取建设系统重点项目进展情况汇报。

20日　市政协听取市政府建设交通系统2015年城市重点基础设施项目安排。

24日　市委常委(扩大)会议听取市政府建设交通系统2015年城市重点基础设施项目安排。

4月

8日　住房城乡建设部稽查办副主任俞滨洋率国家园林城市复查组一行5人听取大连市政府整改工作汇报。

9日　住房城乡建设部稽查办副主任俞滨洋率国家园林城市复查组一行5人对大连市政府整改工作复查情况进行意见反馈。

5月

5日　市人大听取市建委大连市加快停车行业发展实施意见汇报。

5日 市政协听取市建委大连市加快停车行业发展实施意见汇报。

6日 市十五届人民政府第三十四次常务会议审议通过大连市加快停车行业发展实施意见。

7日 市委十一届第113次市委常务会议审议通过大连市加快停车行业发展实施意见。

6月

23日 肖盛峰市长听取城市建设交通系统社会化投资项目(PPP)情况汇报。

30日 市政府第三十六次常务会审议通过《政府部门权责清单》《市政府取消、下放一批行政职权项目目录》。

7月

1日 华能大连热电厂项目举行项目开工启动仪式。

1日 肖盛峰市长视察行政服务中心新大楼。

9日 住房城乡建设部副部长陆克华一行4人调研大连既有居住建筑节能改造(暖房子工程)及住房维修计划"一二三"工程。

8月

26日 市政府第三十九次常务会议审议通过《关于进一步推进城市智慧化建设工作的实施意见》、《大连市关于推进建筑产业现代化的实施意见》。

27日 市委十一届第126次常委会议审议通过《关于进一步推进城市智慧化建设工作的意见》、《大连新机场航站楼建筑方案及航站区规划候选方案》。

9月

24日 住房城乡建设部副部长倪虹到大连市建委进行工作调研听取大连市建委行政审批、建筑市场监管平台建设及运行情况和大连市地下管网普查及成果(地下管网系统演示)运用工作情况。

24日 市政府第四十一次常务会，审议通过《大连市市容管理条例(草案)》。

28日 省政府"绿叶杯"办公室听取大连市政府"绿叶杯"工作情况汇报。

10月

22日 市政府召开大连市城市供热、除雪和森林防火工作会议，部署2016年城市供热、除雪和森林防火工作。

28日 市人大常委会视察建设交通系统重大基础设施建设及民生工程项目。

11月

11日 市政府第四十三次常务会议审议通过《大连市城市道路和地下管网工程管理暂行办法》。

12日 市委书记唐军调研西岗区站北广场立体停车场、泉水锅炉房供热、联华公园建设、隆佳源农贸市场、大发热电供热客服中心、沙河口区"暖房子"、气象山市民健身绿道建设等民生工程项目。

13日 全省推进城市地下管网普查工作会议召开，通报全省城市地下管网普查工作进展情况，交流地下普查工作经验，部署地下管网普查推进情况。

25日 肖盛峰市长听取建设交通系统《2016年城建重点基础设施投资项目安排》情况汇报。

30日 肖盛峰市长调研全市2015年民生工程情况。

12月

1日 市政府第四十四次常务会议，审议通过《大连市经济适用住房回购及收回暂行办法》。

30日 大连站北公共停车场举行设备试运行启动仪式。

(大连市城乡建设委员会)

青 岛 市

概况

2015年，青岛市城乡建设委员会根据市委、市政府的部署，以党的十八届三中、四中、五中全会精神为指引，以统筹推进城乡建设为主题，深入开展调结构稳增长抓落实现场推进活动，大力实施创新驱动发展战略，聚焦重点不放松，狠抓落实不懈怠，开拓创新不停步，顺利完成了各项工作任务。全年完成城乡建设完成投资2004亿元，实现地税收入258.2亿元，占全市地税总收入的38%。

建筑业

【概况】 2015年，全市完成建筑业产值1486亿元，同比(下同)增长12.6%，实现增加值486.83亿元，增长8.9%，施工面积13082万平方米，增长3.5%，竣工面积2223万平方米，下降8.5%，新开工面积3827万平方米，增长13.9%。截至2015年底，全市共有建筑业施工企业1226家。其中，总承包企业338家、专业承包企业464家、劳务企业424家。

【建筑市场管理】 围绕青岛“创新之城、创业之都、创客之岛”行动部署，通过推行微信管理平台，实现建筑施工现场监督调度“现场直播”、隐患整改“阳光运行”、信息沟通“无缝对接”，有效督促各方主体及时落实监管责任。全面提升服务效能，制定出台《加快推进已获土地项目服务工作方案》，打破常规、重塑流程，促进建设工程项目早开工、快建设、速投产，对海信广场扩建、华润万象城、邮轮母港等重点项目安排专人跟踪服务，实施“过程验收”，帮助解决实体质量和技术资料等方面的问题132条。扶持企业对接国家“一带一路”战略，建立企业信息资源共享交流平台，实现企业开拓海外市场的市场信息、开拓经验、人才技术、渠道网络等资源的共享。建立监理企业投诉举报制度，研发投诉举报系统，进一步强化监理企业在施工现场的管控作用。加强工程建设标准造价管理，全年采集整理各类建筑工程材料价格39000余条，完善补充相关建材价格8600余条，组织编制《公共建筑水族展示系统亚克力板材应用技术规程》并申报地方标准，指导青岛地铁集团等企业申报地方标准，充实完善工程建设标准体系，为青岛市工程建设活动提供技术支撑和保证，编制印发《青岛市建设工程典型项目造价数据册》，并在全省率先发布市政工程造价指标。2015年，青岛市5家企业获评中国建筑企业500强，3家企业成功上市，9家企业获得建筑装饰行业科技示范工程和科技创新成果大奖。

【信用体系建设】 深入贯彻落实国务院《社会信用体系建设规划纲要(2014～2020年)》和《青岛市社会信用体系建设工作方案》等文件精神，以国家信用示范城市创建试点为载体，以工程项目建设过程监管为核心，建立健全建筑市场监管与诚信信息一体化平台，将建筑、市政工程建设过程审批监管信息全部纳入平台，并率先实现与省级平台的数据对接。自9月份投入使用以来，系统内已采集企业信息8918条，人员信息146504人，通过项目建设审批监管过程形成房屋建筑、市政工程项目信息1017个，统计审批受理办件数3808件，办结2616件。

【工程质量管理】 深入开展工程质量治理两年行动，坚持专项检查、拉网排查与日常巡查相结合，严厉打击违法发包、违法分包、转包和挂靠等行为，获得山东省住房城乡建设厅督导检查组的高度评价。强化检测及预拌混凝土(砂浆)“两个行业”管理，将工程质量检测机构列为第六方责任主体，全面落实企业负责人质量终身责任制。加强质量投诉处理工作，将质量投诉与市场主体信用考核挂钩，全年有效投诉271起，处结率100%。创新研发工程质量动漫交底技术模块，采用动漫技术将工程的重要部位和关键节点拆分成数个工序单元，分层次、按顺序进行组装演示，使技术交底更加直观生动、简明易懂。研发二维码检测报告防伪系统，对全市检测机构进行升级改造，通过手机APP软件实现快速识别真伪检测报告。开展精品工程亮点做法征集活动，共征集和推广470项有创新性和实用性的技术成果，有效促进建筑施工降低成本、保障安全、提高质量和提升效率。2015年，青岛市3项工程荣获国家建设工程“鲁班奖”、7项工程荣获国家优质工程奖、17项工程荣获省“泰山杯”奖、52项工程荣获省优质结构工程奖、83项工程荣获省新技术应用示范工程、280项工法获得山东省省级工法。

【安全生产管理】 继续坚持“对安全隐患零容忍”的原则，以最严格的教育、最彻底的排查、最严厉的处罚，继续保持安全生产管理的高压态势。严格落实企业领导和安全机构现场检查制度，真正将安全生产的压力传递到施工一线。实行安全生产监管“实名制”，在建筑工程工地建立监管公示牌制度，明确监管责任，公开监管信息。开展不打招呼应急演练，提高施工单位应对事故抢险、汛期大风、大雨等自然灾害的能力。创新“互联网＋安全监管”新模式，在全市大力推行具备远程、可视特点的移动视频监控系统。进一步加大领导带队和日常检查力度，开展钢管扣件、起重机械安拆、脚手架及模板支撑体系等专项整治，全年检查工地1万余个次，排查隐患5万余条，扣除企业4389分、个人6366分，罚款500余万元。进一步加强扬尘治理力度，对扬尘防治内容和标准进行规范，明确各建设、施工、监理单位的责任和任务。全力做好卫生城市复审迎检工作，连续开展三轮拉网大检查，采取“四不两直”和假日不间断巡查方式，对各项目围挡、公益广告设置、场地硬化、洗车设施及生活垃圾清运情况进行督查，并定期“回头看”，持续巩固创卫成果。2015年，青岛市10个建筑项目被列为山东省绿色施工科技示范工程，12项工程获得山东省建筑施工安全文明示范工地称号，40项工程获得山东省建筑施工安全文明优良工地称号，47项工程获得山东省建筑施工安全文明小区称号。

房地产业

【概况】 2015年，青岛市积极贯彻落实国家、省出台的一系列房地产市场调控政策，有力促进青岛市房地产市场平稳健康发展，青岛市房地产市场，在多轮宽松利好政策的刺激下，企稳回升。

【房地产开发投资增速加快】 2015年全市房地产开发完成投资1122亿元，同比增长0.4%，虽然增幅低于2014年(同比增长6.6%)6.2个百分点，但较上半年7.6%的负增长，明显回升。

【房屋新开工面积略有下降】 全市各类房屋施工面积8971.2万平方米、竣工面积1523.4万平方米，同比分别上升9.8%和34.1%。各类房屋新开工面积1962万平方米，同比下降4%。

【新建房屋销售面积创历史新高】 全市新建房屋销售面积1418.6万平方米，销售额1262.9亿元，同比分别增长21.9%和30.1%。

【房屋销售价格指数持续回落】 根据国家统计局发布的2015年12月份70个大中城市住宅销售价格指数，青岛市新建住宅价格指数同比下降2.2%，环比上升0.3%，分别在全国70个城市排名47和23位。

【房地产业贡献率保持稳定】 全市房地产实现地税收入210.6亿元，同比增长1.1%，占全市地税收入的29.2%。房地产实现地税收入自上半年的下降17.5%重回上升通道。

棚户区改造

【概况】 棚户区改造是重大的民生工程和发展工程，是改善民生的“托底工程”。2015年，青岛市加大棚户区改造力度，积极实施货币化补偿和异地安置政策，共完成棚改3.6万户，同比增加了64%，总体货币化安置率达到了41%，其中主城区7000余户达到91%。

【全面完成纳入国家和省棚改任务】 纳入国家和省棚户区改造项目计划开工82个项目，涉及居民36393户，计划基本建成棚户区改造项目15个，计划建成安置住房13500套。82个计划开工棚改项目按时完成年度开工任务，15个基本建成棚改项目建成安置住房13902套，8个项目实现居民回迁，涉及6502户。

【超额完成纳入市办实事棚改任务】 2015年纳入青岛市政府实事项目的棚户区改造项目计划启动21个项目、涉及居民15000万户，已实际启动棚改15747户，占计划的105%，已签订征收补偿协议14873户，超额完成年度目标任务。

建筑节能

【概况】 2015年，青岛市新建节能建筑2080万平方米，完成306万平方米既有居住建筑节能改造，共完成262万平方米绿色建筑评价标识项目，完工可再生能源建筑应用示范项目205万平方米，在本年度全国建筑节能大检查中名列前茅。

【开展既有建筑节能改造】 按国家和省政府要求，“十二五”期间，对具备节能改造价值的老旧住宅，青岛市至少要改造40%以上，到“十三五”末，要全部完成。青岛市城乡建设委制定“先改造，后奖励”的市场化运作机制，并以市政府办公厅名义出台《关于加快推进既有居住建筑节能改造及供热计量工作的通知》文件，吸引供热单位、能源服务公司投资节能改造。青岛市城乡建设委联合青岛市国土资源和房屋管理局、青岛市财政局出台《既有居住建筑节能改造工程项目管理暂行办法》。全年按市场化运作模式完成既有居住建筑节能改造306万平方米，争取国家奖励及市财政配套资金约2.2亿元，改善约3.2万余户居民住房和生活条件。

青岛市被住房城乡建设部、财政部列为国家公共建筑节能改造重点示范城市，获得国家资金支持资金6400万元，当年完成50万平方米的公共建筑节能改造。通过将大型公建能耗监测工作纳入节能专项验收，全年新增建筑能耗监测项目101栋，山东科技大学等5所节约型校园全部建设完成。

【大力推广绿色建筑】 青岛市新增绿色建筑262万平方米，其中位于中德生态园的德国企业中心项目，获得国家三星级绿色建筑标识和德国DGNB金奖，云鼎国际项目获得国家三星级绿色建筑标识和绿色建筑创新奖。开展被动房技术研究，争取住房城乡建设部支持，引导中德生态园规划建设0.5平方千米被动房示范区。

在市城乡建设委大力支持下，由中国被动式超低能耗绿色建筑联盟牵头主办的“2015年全国被动式超低能耗建筑大会暨第二届被动式超低能耗绿色建筑技术国际研讨会”(简称“全国低能耗大会”)在青岛黄海饭店成功召开。会议邀请来自国内外相关领域嘉宾500人左右。青岛中德生态园、莱西市建筑总公司、科瑞新型环保材料有限公司获得大会颁发的特别贡献奖。

全国第一个“国际二代学校”——宁夏路小学

中德技术合作公共建筑节能示范项目通过住房城乡建设部验收。住房城乡建设部、教育部、国家卫计委在青岛市召开中德技术合作公共建筑(中小学校和医院)节能项目总结会，住房城乡建设部建筑节能与科技司副司长韩爱兴、教育部、国家卫计委有关领导出席会议并讲话，对青岛市在项目实施过程中的做法及取得的成果给予肯定。

【推广可再生能源建筑应用】 可充分发挥国家可再生能源建筑应用示范市的优势，规模化推进可再生能源建筑应用。青岛市被住房城乡建设部和欧盟列为中欧低碳生态城市合作项目专项试点城市，在高新区开展清洁能源利用、水资源与水系统等专项试点。青岛市可再生能源建筑应用工作快速发展，全年完工可再生能源建筑应用建筑 205 万平方米。

工程勘察设计业

【概况】 全市共有勘察设计单位 237 家，行业全年完成合同额 140.47 亿元，同比增长－5%，行业缴税额 7.97 亿元，同比增长 16%。与上年同期数据相比，勘察设计行业 2015 年总体呈现同比略降的发展走势，说明全行业受宏观经济形势不确定性因素较多、固定投资规模增速趋缓、房地产业持续调整等的影响，勘察项目、设计项目、其他项目(工程总承包、工程技术管理等)的完成业务量都有一定幅度的减少，也暴露出青岛市工程勘察设计行业可持续发展能力仍需进一步提高，亟待加快推进转型升级的问题。

【深入推进行业诚信体系建设 全面维护健康规范的市场秩序】 2015 年，勘察设计行业管理在持续做好市场专项检查、严格动态监管的基础上，全面施行新的勘察设计单位和从业人员诚信考核管理办法，整合完善企业、人员、项目三大数据库，通过信息化管理手段，强化执业行为的动态监管及诚信评价结果的综合应用，有效促进行业企业和从业人员守法经营、诚信执业，行业诚信建设逐步完善，市场环境持续优化。

【不断强化行政服务能力建设 积极构建开放有序的勘察设计市场】 进一步简化对外地入青企业的管理手续，吸引更多优秀企业规范有序参与市场竞争，增强市场活力，积极引进和培育施工图审查机构，满足青岛建设项目施工图审查的需要，制定出台调整非国有资金投资建设项目勘察、设计招投标的工作办法，进一步简化审批程序，大幅加快房屋建筑和市政基础设施工程前期工作进度，有效促进建设项目早开工、早建成、早投产。

【积极搭建企业发展平台 大力引导行业发展核心竞争力】 积极贯彻实施山东省住房和城乡建设厅提出的“建大院、出大师、创大作”的工作要求，积极鼓励勘察设计单位资源优化整合，拓展业务范围，提高企业核心竞争力，积极推动建筑创作繁荣与技术创新，编制完成并颁布实施《青岛市住宅工程设计常见问题防治技术导则》，组织编制《海绵型建筑与小区建设技术指南及图集》，广泛组织开展勘察设计标准规范技术培训，策划组织第三季“走近大师”及“建筑设计高峰论坛”系列活动，邀请国际国内著名设计大师开展学术交流，在行业内积极探索推进人才战略，2015 年青岛市首次举办“勘察设计行业人才政策宣讲及人力资源管理培训会”，引导企业充分解读和运用现行政策，提升管理水平，科学制定发展规划。

园林绿化

【概况】 城市园林绿化工作坚持“因地制宜、适地适绿、提升品质、经济实用”原则，注重从明确责任、细化标准、加强调度等方面积极推进城市裸露土地绿化工作，累计完成裸露土地绿化 91 处、绿化面积 140.68 公顷，栽植乔灌木 264.07 万株，地被 53.65 万平方米。组织完成四零一医院开放项目、92330 部队绿化工程和文化公园整治工程和第十届中国(武汉)国际园林博览会“青岛园”项目建设，完成住房城乡建设部对青岛市国家园林城市复查迎检工作。

【积极推进市本级组织实施的园林绿化建设项目】 作为青岛市第一个海绵城市绿地建设试点，组织实施四零一医院院墙开放项目。海绵城市绿地建设亮点是：设置植草沟 2100 米；安装喷头、喷嘴等 288 套，雨量控制器、模块、遥控器、微型气象站 5 台，各类阀体、阀箱等 85 套，雨水收集池和过滤蓄水池各 1 处，本项目雨水收集和利用率高达 85%。作为双拥项目，实施 92330 部队绿化提升工程。项目亮点是全部实施隔盐碱及地形塑造，完成土方工程 5 万立方米，栽植各类植物 24.5 万株。完成文化公园景观综合整治工程。项目亮点是兼顾公园景观和保证市民健身场地的要求，硬质铺装采用透水混凝土，树穴采用树篦子等生态做法，园区生态和景观效果明显提升。作为精品工程，高标准完成第十届中国(武汉)国际园林博览会“青岛园”项目建设。青岛展园以享誉全球的青岛啤酒为设计主题，提取与啤酒文化相关元素，结合植物花卉、雕塑小品、景观灯等景观设施，向世界展示青岛的品牌文化与青岛人民的热情。9月底，市政府领导和建委领导参加开幕式，住房城乡建设部专家组织检查，青岛园受到好评。攻坚克难，积极协调市南区和市北区，正式启动太平山房屋征收工作。

【调度推进桥下空间整治和道路绿篱整治项目建设】 2015年青岛市政府实施桥下空间整治和道路绿篱整治项目建设，各区为实施主体，青岛建委负责调度推进、技术指导和考核督查。为做好技术指导工作，编制下发《青岛市立交桥桥下空间利用导则》和《青岛市人行道绿化分隔带技术导则》。全年共完成道路绿篱整治项目共计完成146条道路，新建设绿篱长度14.5万延长米。完成16处桥下空间整治任务，绿化面积5.7万平方米。

【深入开展城市裸露土地绿化工作】 为落实山东省住房城乡建设厅部署年内实现裸露土地绿化全覆盖的目标任务：组织摸底排查基础上，建立台账，实施销号管理。加强考核，实现长效管理。对计划内裸露地块，采取周报信息、月督查、季考核措施予以落实，对新增裸露地块，采取日常巡查、下发督办单及回访复查措施落实。全市完成裸露土地绿化91处、绿化面积140.68公顷，栽植乔灌木264.1万株，地被53.7万平方米。

（青岛市城乡建设委员会）

宁 波 市

概况

2015年，经济形势错综复杂，宁波市住房城乡建设系统在市委市政府的坚强领导下，坚持以“三严三实”为标尺、以民生问题为导向、以服务大局为己任，知难而进、奋力拼搏，较好地完成年度各项目标任务，实现“十二五”的圆满收官。

【危旧房屋综合治理取得明显成效】 抢抓国家大力推进棚户区改造的有利时机，心往一处想、劲往一处使，全力争取国开行等国家政策性资金的支持。全市共获得国开行授信915亿元，签订借款合同643亿元，累计放款302亿元，各项指标在全国所有城市中名列前茅。同时，在各地各部门的合力推动下，以棚改促危改工作加快实施，全市共启动棚改项目77个、涉及改造户数3.69万户、面积347.47万平方米，其中危改项目56个、涉及户数2.53万户、面积164.17万平方米。全年完成危改面积101.3万平方米，超额完成市政府下达的年度目标任务，备受群众关心关注的江东徐戎、奉化居敬等区块改造有实质性进展。一年来，我们怀着强烈的责任心和事业心，在各级党委、政府的大力支持下，全面摸清城镇危旧房屋底数，组建三级安全监管队伍，初步形成常态化网格化巡查机制和应急处置机制，基本做到每幢危旧房屋“日常有巡查、隐患有记录、应急有预案、责任有落实”。在此基础上，坚持因地制宜、多措并举，全力推进危房解危工作，全市共完成城镇危房解危234幢、建筑面积15.54万平方米，其中住宅168幢、建筑面积10.81万平方米。我们依托各方资源优势、发挥各级党员干部的聪明才智，积极开展工作创新，危旧房综合治理能力有进一步加强。如江东区在徐戎危旧房改造项目中实施“一线工作法”，创造2588户居民在规定期限内99.4％的高签约率，江北区探索“自主＋竞争”模式，在孔浦试点的3个区块中全部实现100％签约，镇海大胆探索“政保合作模式”，在国内率先推出城镇居民住房综合保险，海曙区采取“保险＋房屋安全动态监测”模式，进一步拓展了保险服务内容。宁波市城镇危旧房屋综合治理方面的成功经验得到国务院李克强总理、张高丽副总理以及住房城乡建设部、省政府领导的充分肯定。

【房地产市场实现企稳回升】 面对房地产市场下行、库存高企的严峻形势，适时出台加大征迁力度、推进住房保障和棚改货币化、市场采购保障性安居工程房源、实施购房补贴和人才住房政策、加大公积金支持等八条新政，有效激活了市场需求，加快库存去化速度。全市完成商品房销售面积1007万平方米，同比增长38.7％，商品住宅消化周期从年初的26个月下降到18个月，中心城区从21个月下降到13个月。出台提高住房公积金最高贷款额度、降低购房首付款比例、“公转商”贴息贷款、异地贷款业务等一系列政策措施，全力支持住房消费。全市共发放职工个人住房贷款152.5亿元，同比增长 75.5%，其中普通公积金贷款 103.5 亿元，公转商贴息贷款 49 亿元。此外，还大力推进住房保障工作，全市新建成各类保障性安居工程 32458 套，交付入住 17766 套，新增保障中低收入住房困难家庭 8863 户，各项指标均超额完成省、市政府下达的年度目标任务。

【城乡基础设施有进一步完善】 中心城区路桥建设步伐明显加快，全年累计完成投资 105 亿元，新江桥、杭甬高速互通立交、机场快速干道永达路连接线等一大批项目建成通车，三官堂大桥、环城南路东段等一大批项目开工建设，澄浪桥、东苑立交、机场路北延快速化改造等一大批项目加快推进。同时，新增公交专用道 24 千米，打通“断头路”10 条，新辟专用停车位 2.6 万个以上，其中公共停车位 2526 个，有效缓解市民“出行难、停车难”问题。中心城区形象品质明显改观，中山路综合整治工程完成半幅道路改造，姚江东岸(解放桥—新江桥)建成开放，解放桥至姚江大桥段和绿岛公园建设有序推进，姚江南岸滨江休闲带、滨江大道一期、三江口公园等工程前期进展顺利，滨江大道 7815 工厂搬迁工作取得实质性进展。深入推进“五水共治”工作，象山鹤浦镇污水处理厂基本建成，全市新增污水管网 250 千米，镇级污水处理设施在全市范围内实现全覆盖，城镇污水处理能力进一步提升。此外，成功创建省级农房改造建设示范村 27 个，为农村品质提升发挥了示范引领作用。与此同时，各县(市)区住建部门也都在当地党委、政府的科学谋划下，有力推进城市基础设施建设和功能品质提升。

【建筑业发展迈上新台阶】 针对严峻的宏观经济形势，想尽一切办法助力建筑业逆势发展，全市建筑业总产值实现新的突破，达到 4055 亿元，同比增长 9.2%，建筑业增加值占全市 GDP 比重保持在 6%左右，建筑业对经济社会贡献率稳中有升。同时，积极培育本地建筑业企业做大做强，全市共有特级企业 7 家、一级企业 203 家、上市企业 5 家。全面启动实施新型建筑工业化战略，全年培育新型建筑工业化基地 2 个、新开工建筑工业化项目面积 26 万平方米。同时，加快推进绿色建筑规模化发展，全年通过绿色建筑评价标识认证项目 12 个、总建筑面积 97.8 万平方米，新建项目绿色建筑预评估项目 66 个、总建筑面积 667 万平方米。共获得“鲁班奖”1 项、国家优质工程奖 2 项、“钱江杯”19 项。不断强化安全生产责任制落实，加大隐患排查治理力度，全市发生死亡事故起数和死亡人数分别比上年下降 54.5%和 58.3%，建筑施工安全生产形势稳中趋好。

房地产业

【房地产成交较为活跃】 根据市统计局数据，2015 年全市销售商品房 1007 万平方米，比年度历史最高销售量还多出 192 万平方米，同比增长 38.7%，其中住宅 846.9 万平方米，同比增长 42.3%，市区销售商品房 633.45 万平方米，同比增长 38.1%，其中住宅 509.9 万平方米，同比增长 40.7%。根据市房产市场管理中心网签数据，2015 年全市二手房成交 589 万平方米，同比增长 67%，其中住宅 534.07 万平方米，同比增长 73.26%，市区二手房成交 367.6 万平方米，同比增长 73.29%，其中住宅 340.86 万平方米，同比增长 78.59%。

【房地产投资保持平稳】 2015 年全市完成房地产投资 1228 亿元，同比下降 7.5%。从历年情况看，2015 年房地产投资继续保持高位，总体平稳。

【住房成交价格总体稳定】 根据国家城调队数据，2015 年 1～11 月新建商品住宅价格有 8 个月环比上涨、4 个月同比上涨，其中 2015 年 11 月新建商品住宅价格环比上涨 0.6%，上涨幅度排名居全国 70 个大中城市第 9 位，同比上涨 2.9%，上涨幅度排名居第 9 位，二手住宅价格有 7 个月环比上涨、3 个月同比上涨，其中 2015 年 11 月二手住宅价格环比上涨 0.7%，上涨幅度排名居第 5 位，同比上涨 1.5%，上涨幅度排名居第 17 位。根据市房产市场管理中心网签数据，2015 年全市商品住宅成交均价为 11817 元/平方米，同比上涨 0.3%，二手住宅成交均价为 8210 元/平方米，同比上涨 3.39%。市区商品住宅成交均价为 13381 元/平方米，同比上涨 1.23%，二手住宅成交均价为 9497 元/平方米，同比上涨 2.47%。

【商品房消化周期明显缩短】 全市商品房消化周期为 26.92 个月，比 2014 年底缩短 8.48 个月，其中市区为 23.44 个月，比 2014 年底缩短 10.11 个月。全市商品住房消化周期为 18.43 个月，比 2014 年底缩短 7.97 个月，其中市区为 13.45 个月，比 2014 年底缩短 8.08 个月。

【市场系统性风险逐渐降低】 经调查，全市停工或“烂尾”的房地产楼盘有 28 个，约 250 万平方米。随着房地产去库存化工作的推动和市场的回暖，经过处置，部分项目已有望近期复工。同时，2015 年下半年以来，未再新增房地产停工或“烂尾”楼盘。总体上看，房地产市场系统性风险已基本消除，大部分困难企业正在走向良性发展。

住房保障

【概况】 2015年全市已启动棚户区改造项目77个，累计完成投资289.4亿元，其中危旧房改造项目56个、启动改造面积164.17万平方米，完成改造面积101万平方米。全市新开工棚改安置房(含货币化安置)36736套，为市政府下达的年度目标任务的118%。

【完善政策体系 工作实施依法有据】 主动加强与市级相关部门的沟通协调，从工作实际出发，调研出台相关政策规定，形成从成片危旧房改造、棚改货币化安置、危旧房改造补助专项资金管理、政府购买棚改服务、房源要素保障、到督查考核等涵盖广泛、较为完善的政策体系，为棚改项目的顺利实施提供强有力的政策支撑。

【破解融资难题 信贷资金保障有力】 在国开行实施政府购买服务棚改融资新政后，及时做出工作调整，迅速将棚户区改造列入政府采购目录，完善政府采购程序等配套政策，并积极指导各地按照相关程序抓紧确定购买主体和承接主体，全力保障棚改项目资金需求。共有60个棚改项目获得国开行授信，授信金额915.2亿元(其中危改项目22个，授信金额316.6亿元)，已放款项目42个，累计放款302.09亿元，均在全国城市中名列前茅。有15个项目正在与农发行对接，拟申请授信179亿元，其他商业银行获得棚改项目融资65.8亿元，基本形成以国开行为主体、各家金融机构共同参与的多渠道棚改融资格局，棚改项目资金需求得到有力保障。

【公共租赁住房分配管理】 会同市三区住房保障部门做好公共租赁住房和廉租住房并轨运行后的保障性住房分配工作，积极探索实施多部门联合清查清退等处置方式，成功清退长期欠租且房源闲置、违规转租的7户住户，租金收缴率基本稳定在98%以上。同时，加强公租房租赁信息管理，进一步修改完善“住房保障信息系统”内的保障变更功能，组织三区住房保障部门及和塘雅苑小区租赁物业服务企业开展操作培训，对“宁波市公共租赁住房配后服务管理信息系统”进行升级，调整完善与银行、公积金中心的数据交换接口。加强公租房租赁档案管理，完成2393户租赁管理“一户一档”资料的重新整理工作，在小区现场建立市保障中心“租赁住户档案室”。着力打造公租房管理的“宁波特色”。

【新保障性住房】 研究起草《关于创新保障性住房提供方式的指导意见》、《宁波市保障性住房政府采购办法(试行)》，为政府采购等方式筹集保障性住房建立政策储备。以“和雅之家”邻里服务站为研究对象，完成《集聚社区正能量 创新公租房小区公益服务模式》课题；完成《积极探索公共租赁住房PPP模式》的研究。同时，根据省厅新调整住房保障计划和进度统计月度报表，及棚改工作实际，认真组织各县(市)区住房保障和棚改部门进行统计培训，并按时做好住房保障、棚改工作的报表上报、项目台账整理及浙江省住房保障监管系统审核等工作。按照信息公开相关要求，做好中心网站及市政府阳光工程网保障性住房信息公开栏目的内容更新和系统维护工作。中心通过建委政务信息报送系统、中心门户网站，主动公开工作、党务等动态信息138条(篇)，通过宁波文明网发布信息8条(篇)。

【审批职能】 2015年市本级共审批老职工一次性住房补贴单位178家，988人，金额1994万元，审批新职工按月住房公积金补贴单位244家，3409人，金额4447万元，审批单位住房基金使用44笔，金额258.88万元，审批市级单位直管公房出售122套，建筑面积4531平方米，出售金额295.64万元，共审核批复5家单位职工住房货币补贴实施方案，审核出具市区职工住房情况核查证明1032人次。

公积金管理

【业务指标】 全市新增缴存职工28.50万人，净增75269人，净增长率为9.16%，提前完成省定4.8万人净增目标的156.81%，缴存人数达到96.50万人，其中，市本级新增缴存职工15.11万人，净增27435人，净增长率为7.55%，缴存人数达到42.02万人。全市归集住房公积金156.39亿元，同比增长11.49%，完成年度计划的110.69%，历年累计归集1012.63亿元，归集余额为382.48亿元。其中，市本级归集住房公积金67.78亿元，同比增长12.23%，完成年度计划的109.32%，历年累计归集434.80亿元，归集余额为169.42亿元。全市提取额达到117.91亿元，完成年度计划的124.11%，同比增长27.50%，历年累计提取630.15亿元，其中，市本级提取额达到51.67亿元，完成年度计划123.02%，同比增长28.67%，历年累计提取265.37亿元。

【建制扩面】 借助行政推力，推动企业建缴。将住房公积金扩面任务纳入市政府2015年度住房保障目标任务考核内容；组织专项检查，指导督促单位建立住房公积金制度，共新增缴存单位312家，补缴职工7962人，认真核对拟上市公司有关用工情况，对缴存人数和基数不足的单位要求限期补缴，共审核拟上市公司191家，审核职工31255人，认真做好年度验审工作，仅市本级上年就对9528家单位进行了年度验审，年审率达98%。开展部门联动，实行动态管理。进一步加强与市总工会、市人社局、市质监局等部门的合作，做好数据比对，摸清底数，动态掌握全市应建未建单位及职工情况，找准扩面工作突破点，提高扩面精细化管理水平。市本级上年通过对缴存人数与社保人数不符的单位跟踪督查，督促1100家单位建立住房公积金制度，新增职工一万五千余人人。发挥银行优势，助推扩面成效。进一步完善受托银行住房公积金扩面工作考核办法，将扩面实效和银行存款有效挂钩。鼓励受托银行发挥自身与企业联系紧密的优势，重点选择法规意识较强的大企业和经济效益较好的民营企业作为突破口，以点带面，逐步推开。2015年，市本级六家承办银行共扩面3928人。

【优化政策】 降低住房公积金提取门槛。进一步放宽租房提取住房公积金条件，在摸清资金状况，加强工作调研基础上，出台《宁波市租房提取住房公积金管理办法》，细化租房提取办法，简化租房提取要件，提高提取审核效率，为群众多样化住房消费需求提供支持。抓好政策执行落地工作。自2014年下半年以来，调整限购、出台鼓励人才购房以及缩短缴存时限、完善首套房政策等惠民新政，申请贷款职工明显增加，中心在向商业银行申贷筹资发放住房公积金贷款的同时，组织工作人员加班加点，并召开分中心督查会议，要求加快贷款审批和放款速度，力求做到应贷尽贷、应提尽提，切实把好事办好、实事办实，保证惠民政策落地不走样。

【风险防控】 体系健全完善。突出监管重点、规范业务办理、完善监督体系，切实把资金安全和风险防范作为重中之重工作来抓。健全资金监管机制。规范窗口业务办理。建立信息化防控体系。

工程质量安全监管

【建筑施工安全生产和文明施工】 明确目标任务、强化责任落实。研究拟订下发《2015年度宁波市房屋建筑工程安全生产监管要点》，并且召开全市建筑工程安全生产工作会议，部署2015年全市建筑工程安全生产工作，并与各县(市)区建筑行业的分管局长签订安全生产目标管理责任书。

【强化管理创新 着力构建长效机制】 积极探索房屋建筑工程安全生产事故防控的有效途径，全面提高管理的组织协调能力、风险防控能力和科学治理能力，建立和完善安全监管长效机制。

【专项整治】 深入开展安全隐患排查治理。开展建筑施工“打非治违”专项工作。开展建筑消防安全专项整治。开展全市房屋建筑工程安全生产大检查。开展建筑施工吊篮安全专项整治行动。吸取“8.12”天津港特大火灾爆炸事故教训，开展全市建筑系统安全生产大检查深化“打非治违”和专项整治行动，建委领导分七个督查组，督查62个房屋建筑工程，共计建筑面积327万平方米，发现隐患931条，签发7份停工通知书和55份整改通知书。

【应急管理 事故查处】 把加强突发事件应急处理工作机制的完善作为做好应急管理工作的首要任务，成立以郑世海主任为组长、各副主任为副组长的市住建委应急工作领导小组，各县(市)区、管委会住房和城乡建设行政主管部门、委直属单位也成立应急工作组织机构。在年初与各部门、各直属单位签订的安全生产责任书中，均把应急管理作为考核内容，并明确应急组织机构的组成、应急预案演练的数量等量化指标，有效地促进建设系统安全生产应急工作组织机构的建立和完善。各地主管部门结合安全生产月活动组织开展应急演练，各地组织应急演练12场次，并督促企业及工程项目部开展应急救援演练，提高各级部门、企业对事故应急处置水平，提高职工自救能力。进一步规范和严格生产安全事故报告和调查处理程序、时限和内容，强化事故追究。

【教育培训】 开展特种作业人员、监理人员、三类人员安全生产继续教育的继续教育和培训考核，全年，特种作业人员培训6954人，安全生产管理人员培训30144人，监理培训1564人，执法人员培训301人。进一步完善民工学校的培训模式，把事故案例、现场危险源识别和防护救护知识作为安全教育的重点，通过集中授课、宣传教育片播放、黑板报、宣传图板等方式全方位、持续强化安全生产警示教育，确保安全生产上岗培训真正得到落实，切实增强一线作业人员的安全意识，务工人员培训205220人。结合开展“安全生产月”活动，举办被重点监管单位负责人培训班，培训人数165人，组织对全市安监管人员进行安全监管执法培训，培训人数145人，全市各级主管部门、施工、监理企业采用各种形式广泛进行安全生产宣传。通过“安康杯”竞赛等活动，大力倡导“关注安全、关爱生命”的安全文化，营造全社会共同重视建筑安全生产的良好氛围。

【文明施工】 制定印发《关于2015年宁波市房屋建筑“文明施工”提升行动的实施意见》，进一步深化“文明施工”提升行动的各项要求，继续深化施工工地环境整治行动、安全生产文明施工标准化建设提升行动、安全生产文明施工“树标杆、学标杆”示范行动等三大行动。开展扬尘综合整治专项行动。制定印发《2015 年宁波市房屋建筑工地扬尘综合整治专项行动实施方案的通知》，做到八个 100%。据统计，各级住房城乡建设部门全年共监督抽查建筑工地 1024 个，从检查情况看，全市大部分建筑工地的现场围挡设置、施工道路硬化、建筑材料遮盖、出场车辆冲洗、作业洒水压尘等扬尘控制措施基本到位。

【建筑施工质量和工程质量治理两年行动】 扎实推进“质优宁波”建设，进一步强化质量强市工作。认真贯彻落实强市办下达的年度目标任务，制定年度质量强市工作要点，将各项工作任务分解落实。积极配合强市办对各县（市）区质量强市工作进行考核验收，并对 2015 年质量强市考核标准进行修改完善。督促建筑业企业积极申报“卓越绩效管理模式导入”，积极争创政府质量奖。新开工新型建筑工业化项目建筑面积 26 万平方米，已经超额完成省住建厅下达的 15 万平方米目标任务。制定出台《关于加快推进新型工业化的若干意见》政策性文件。工程质量治理专项行动是住建部在全国开展的旨在强化五方主体责任，规范建筑市场管理，全面提升建设工程质量的专项行动。认真贯切实落实《建筑法》、《建设工程质量管理条例》和相关法律法规、规范标准，狠抓各方主体质量责任的落实，突出抓好以保障性安居工程为重点的质量监管。

【房屋安全鉴定及防治工作】 全市完成所有已交付使用的 6.11 万幢、建筑面积 1.37 亿平方米城镇住宅房屋信息建档工作，其中四级房屋 2755 幢/368 万平方米、C 级房屋 371 幢/51.67 万平方米、D 级房屋 159 幢/14.95 万平方米。6 月份对各县（市）区房屋巡查信息建档动态情况及建档中存在的问题进行了一对一的通报，10 月份向王市长书面提交“关于全市城镇住宅房屋安全常态化网格化巡查及信息建档情况的汇报”，王市长做出重要批示。江东、海曙、江北、镇海、北仑、余姚、慈溪、象山、东钱湖地等已落实专项资金，对存在较大安全隐患房屋以及经鉴定为 C、D 级危险房屋。为落实城镇住宅房屋使用应急管理工作，依据《突发事件应对法》、《城市危险房屋管理规定》、《宁波市城市房屋使用安全管理条例》等法律法规有关规定，8 月份起草由市政府印发《关于做好宁波市城镇住宅房屋使用应急管理工作的指导意见》。要求各地建立健全重点防控房屋安全突发事件应急管理工作体系，制定应急预案，对重点防控房屋编制“一房一案”的应急撤离执行方案。

【安全鉴定】 经统计，2015 年 1 月至 10 月全市共鉴定房屋 791 幢、建筑面积 58.40 万平方米，其中鉴定为 C、D 级的城镇危房 300 幢、建筑面积 13.74 万平方米。

【危房解危】 2015 年 1 月至 10 月全市已完成城镇危房解危 234 幢、建筑面积 15.54 万平方米（其中住宅 168 幢、建筑面积 10.81 万平方米）。按照市政府年度考核目标任务，2015 年度全市应完成城镇危房解危建筑面积 12.5 万平方米以上，现完成率为 124%。

【城镇危旧房综合治理】 6 月 12 日下午市政府召开“全市城镇危旧房综合治理工作推进会”，会上郑主任作城镇危旧房综合治理工作报告，全体观看镇海区汇报房屋安全网格化巡查机制情况宣传片，4 个县（市）区代表进行交流发言，最后王仁洲副市长作重要讲话。会议的召开将有力推动房屋安全日常巡查机制和成片危旧房改造工作的落实。

【全国电视电话会议】 6 月 17 日住房城乡建设部紧急召开全国老楼危楼安全排查电视电话会议，通报事故情况，部署下步工作。为切实贯彻落实中央领导指示精神和全国电视电话会议工作部署，结合当前危旧房屋综合治理工作现状，草拟《关于加强宁波市危旧房安全大排查大整治工作的通知》，7 月 7 日市政府办公厅已印发《关于进一步加强危旧房安全大排查大整治工作的通知》。

【危旧房防汛】 按照上级有关防台要求以及《防汛抗台应急预案》有关规定，做好危旧房督促指导工作。督促各地切实落实常态化网格化监管制度，对隐患严重的危旧房屋落实加固措施，并配合属地政府做好居住人员撤离转移工作，督促各地设立 24 小时房屋安全热线值班电话，应急处置台汛期间房屋安全问题，发现问题及时汇报妥善处置，通过市住建委网站、短信等现代化信息途径，强调要对 C、D 级危房必须做好居住人员撤离疏散工作。

建筑市场

【概况】 全市完成建筑业总产值 4055.4 亿元，同比增长约 9.2%。

【建筑业转型升级】 组织开展建筑业“十三五”发展规划编制工作，总结“十二五”发展成绩和存在问题，提出新时期建筑业发展目标任务。组织开展 2014 年宁波市建筑业经济运行情况分析，草拟

2015年建筑业和新型建筑工业化发展工作目标责任分解，并征求各地各部门的修改意见。组织召开建筑业改革发展工作座谈会，分析交流2015年一季度建筑业发展情况，讨论推进新型建筑工业化、信用体系建设等工作，部署下一阶段主要工作。草拟《关于加快宁波市建筑业深化改革转型发展的意见》，进一步转变建筑业发展方式，优化产业结构和发展环境，推动全市建筑业转型升级发展。组织开展工程总承包和项目管理课题研究，制定工程总承包和项目管理试点实施方案，并落实了首批17家工程总承包试点企业、5个工程总承包试点项目、16家项目管理试点企业和17个项目管理试点项目。举办项目管理和工程总承包培训班，深化建设项目管理体制改革，提高工程建设管理水平。转发住房城乡建设部《关于推进建筑信息模型应用的指导意见》，分阶段、有步骤地推进BIM技术应用能力建设。开展建设工程综合保险试点工作，完善建设工程担保制度，积极通过保险机制减轻建筑企业负担。根据住房城乡建设部省住房城乡建设厅相关文件要求，制定建筑业企业资质管理和资质标准培训和资质换证工作实施方案，做好建筑业企业资质换证相关工作。

【新型建筑工业化】 将新型建筑工业化列入建筑业“十三五”发展规划，并编制新型建筑工业化具体发展规划。代市政府草拟了《关于加快推进新型建筑工业化的若干意见》报市政府办公厅印发，同时会同发改、国土、规划、质监、审管办等部门制订《新型建筑工业化项目建设实施意见(试行)》报市政府办公厅批转，将新建筑工业化工作目标责任分解到各县(市)区政府、管委会和市级有关部门，同时编制了新型建筑工业化推进工作方案，建立目标责任考核机制和工作推进机制。会同科技处组织编制《宁波市住宅工业化标准体系图集》和《宁波市新型建筑工业化建筑技术导则》，初步建立标准技术。印发《关于组织申报2015年宁波市新型建筑工业化项目和基地的通知》，公布新型建筑工业化首批7个示范基地，对现有新型建筑工业化项目和基地进行摸底了解。会同市住房保障中心就应家保障房四个标段的项目采用预制楼梯，作为先期试点。市城建档案馆迁建工程、宁海县老车站保障性住房和江东区宁丰2-1地块决定实施新型建筑工业化，推动新型建筑工业化试点示范项目建设。完成建筑工业化总建筑面积约20万平方米。将新型建筑工业化技术应用纳入企业信用评价体系中进行加分，并牵头组织落实新墙材专项基金和散装水泥专项资金返退等政策，为推进新型建筑工业化发展提供政策保障。组织有关企业和单位共100多人次参加全国性的新型建筑工业化技术培训和各类交流大会，并且编制工业化相关专刊简报与文件汇编。承办工业化项目示范项目现场会，为新型建筑工业化的推进营造良好氛围。

【建筑业人才】 拟制《关于加快宁波市建筑业人才队伍建设的意见》，加快推进建筑行业人才队伍建设，进一步优化人才环境。组织开展2014年度宁波市建筑业人才培育经费补贴申报，做好人才服务工作，共对117家建筑业类企业进行人才培育、引进经费补贴，补贴金额达75.3万元。借武汉大学学生就业指导与服务中心来甬调研契机，组织部分建筑业企业参加座谈，并邀请武汉大学领导实地走访两家建筑业企业，推动校企合作，同时，继续同市人才服务中心合作，提前与相关院校对接，为下一步赴外地高校人才招聘作铺垫，积极引进外地优秀建筑业人才。配合省住房城乡建设厅开展《浙江省建设领域人才队伍建设和科技发展“十三五”规划》前期调研。

【提升企业综合竞争力】 组织举办建筑业特级资质申报辅导培训班，对近五年内拟申报建筑业特级资质的9家一级总承包企业进行辅导培训，草拟了2015年度建筑业人才培训方案，搭建高效人才服务平台。联合市经信委组织开展2015年省级建设行业企业技术中心申报、宁波市级建设行业企业技术中心认定和评价工作，提高企业科技创新实力。进一步发挥建筑业企业家联合会作用，成立联合会首届理事会，选取5名企业家为理事会成员，负责联合会各项活动的策划推进等，促进企业交流合作，实现共同发展。联合市金融办，组织开展建筑业类企业上市辅导培训活动，促进企业快速健康发展，进一步推动建筑业转型升级。

【建筑业“走出去”】 下发《关于进一步推进在各地成立宁波商会建筑业分会工作的通知》，加快推进各地成立宁波商会建筑业分会，助推建筑业“走出去”发展。部分设计、施工、监理、咨询代理单位依托贵州宁波商会建筑业商会平台联合成立“股份制联合公司”，加快开拓贵州省建筑市场。组织开展2014年度建筑业“走出去”发展先进企业和先进个人评选活动，对74家先进企业、40位先进个人进行表彰，发挥先进典型的示范带动作用，促进企业加快市场拓展步伐。

【建筑市场信用体系建设】 实施建筑施工、工程监理、招标代理、勘察设计等单位及相关从业人员信用评价和应用的基础上，全面推进实施施工图审查、工程质量检测、能评机构等单位及相关从业人员的信用评价及应用，逐步完善工程建设领域各方主体的信用评价体系。结合行业发展需求，草拟《关于进一步完善宁波市建筑市场信用体系建设的通知》，对信用评价模型、信用评价标准等进行适当调整，并对《工程勘察设计企业信用评价标准》中的部分条款和评价原则进行了修改，使其更加具有可操作性。先后下发《关于认真做好建筑市场监管与诚信信息一体化平台相关工作的通知》、《关于做好浙江省建筑市场监管与诚信信息平台建设有关工作的通知》，要求各地建设行政主管部门及建筑业企业及时准确、上报相关信息，并组织1500多家建筑业类企业、40余位建设行政主管部门相关负责人参加全省建筑市场信息化建设工作培训。

【建筑市场监督管理】 结合工程质量治理两年行动实施方案要求，各级管理部门按照职责对全市在建项目进行全面排查和督查，重点检查建设单位的违法发包和施工单位的转包、违法分包、挂靠等违法行为。共检查工程项目1140项，涉及建设单位731家，施工企业789家，检查出具整改通知书420份，签发停工整改通知86份，并计入宁波市建筑市场信用信息系统。其中，查处建筑市场违法发包、转包、挂靠、违法分包等违法行为，做出处罚决定14起，罚款金额224.476万元。草拟了《宁波市建筑市场违法违规行为行政管理措施自由裁量权细化标准》，对建筑业市场存在的违法违规行为进行细化裁量，进一步规范建筑业市场秩序。草拟《关于进一步加强建筑市场监管的通知》及《关于进一步规范宁波市外建筑业类企业进甬管理工作的通知》，建设统一规范、开放有序建筑市场秩序。继续推进勘察设计“企业库、注册人员和技术人员库、工程业绩库、诚信库”，推进全省工程勘察设计“四库一平台”信息系统建设，组织勘察设计企业进行基本信息、注册人员和技术人员信息入库工作培训，提升行政效能。

【工程招投标】 配合市法制办制定《宁波市招投标管理办法》，对建设工程招投标现状及存在问题进行梳理，并提出具体意见和建议。建设完成“宁波市建设工程招投标监管与服务系统”，将勘察设计、监理、施工等各阶段招标纳入系统，提高招投标工作的规范化、信息化程度。

建筑节能与科技

【概况】 2015年全市共有66个项目，667万平方米的建筑达到绿建一星及以上标准。其中通过绿色建筑评价标识认证的项目共计12项，总建筑面积达97.8万平方米。

【节能目标推进】 积极参加市节能办组织的节能工作会议，每季度与市级主要涉能部门交流节能经验与工作进展。出台《宁波市太阳能热水系统与建筑一体化工程建设管理技术细则》、《宁波市地源热泵系统建筑应用技术导则》等可再生能源与建筑一体化的节能政策。在市财政支持下，发布《关于下达2015年建筑节能项目计划及资金的通知》，安排728万元节能专项经费，用于市行政服务中心太阳能光伏、市住建委大厦立体绿化与雨水收集等项目。

【实时监测平台】 按照国家与浙江省能耗分项计量规定，专门组织召县市区建设主管部门培训会议，学习国家、省市关于能耗分析计量建设工作的强制性条款规定，同时组织编写《宁波市国家办公建筑与大型公共建筑能耗白皮书》。为进一步检验各单位能耗分项计量落实情况，组织审图机构统计自2014年以来符合能耗分项计量强制性条文规定的项目清单，分解到各县市区对项目实施进度进行跟踪，实时对建筑主体结顶项目进行能耗计量系统落实情况进行检查。2015年10月，《宁波市公共建筑能耗监测平台建设实施方案》正式出台，完善能耗监测示范项目补助制度。出台的《关于实施可再生能源建筑应用示范项目能效监测的通知》，对12个大型公共建筑项目通过资金补助，起到对全市能耗监测系统建设的示范引领作用。

【节能产品推广】 发布《关于征集宁波市绿色建筑适宜技术体系及推广目录的通知》，面向全国征集适合宁波地区推广的民用建筑节能新技术、新工艺、新设备、新材料、新产品，在节能、节水、节材、节地和环境保护等方面建立具备经济、可靠、安全、成熟的产品目录。

【行业节能规划】 制定行业“十三五”节能规划和年度节能计划方案，分阶段实施建筑节能与建设科技十三五发展规划，6月，组织规划编制人员向分管领导汇报规划撰写提纲，9月，组织召开《宁波市建筑节能与绿色建筑“十三五”发展规划》(初稿)与《宁波市建设科技“十三五”发展规划》(初稿)阶段性成果研讨会。规划深入剖析当前阻碍宁波市绿色建筑规模化推进的体制机制、技术产品、产业支撑等方面的问题，结合今后国家和省市建筑节能和绿色建筑发展的新形势和新要求，提出切实可行的发展规划路径和保障措施。

【可再生能源能效测评】 1月份，顺利完成可再生能源示范市能效测评与能耗监测招标项目，并召开可再生能源示范市验收工作技术交底会议，专家对示范市验收提出相应的建议。随后相继出台《关于实施可再生能源建筑应用示范项目能效监测的通知》、《关于加快完成宁波市可再生能源建筑应用示范市验收工作的通知》等指导验收工作的具体流程，并组织县市区建设主管部门开展示范市验收工作培训，迄今 32 个示范项目已通过验收，78 个项目已完成能效测评。

【国际节能补助】 1月份召开“全球环境基金赠款项目”—《宁波低碳城市建筑节能和可再生能源应用》2014 年度工作总结与 2015 年度工作计划会议，完成新一年的工作部署，并分别于 2 月和 3 月完成宁波市规划院等单位承担的《宁波低碳城区规划》，宁波大学承担的《夏热冬冷地区既有建筑节能适宜性技术研究》，宁波工程学院承担的《大型商用建筑能效对标体系》中期验收工作。组织编写的《宁波市国家办公建筑与大型公共建筑能耗白皮书》完成征求意见并发布，初步建立国家机关与大型公建的能效限额标准体系建设。

【建筑节能专项检查】 10 月，为做好省建设厅关于在全省范围内开展建筑节能与勘察设计工作综合检查迎检工作，宁波市住建委专门下发《关于开展 2015 年度全市建筑节能与勘察设计工作综合检查的通知》，要求县市区进行自查，并成立相关部门组成的专家组，制定检查工作计划，采用打分排名的方式，边查、边究，重点对各县（市）区建设主管部门在勘察设计工作的监督管理情况、在甬各勘察单位市场行为、新建保障性住房勘察设计质量情况、建设工程无障碍设计情况进行抽检。12 月，又圆满完成住房城乡建设部建筑节能专项检查工作。住房城乡建设部科技司针对宁波第六医院的卓越节能效果，在上海专门组织会议召开经验交流会议。

【建筑节能标准细则】 利用高校、科研院所力量，组织一系列建筑节能课题研究，如：《宁波市地表水地源热泵系统适应性评估方法研究》、《太阳能-地源热泵自平衡综合应用技术研究》、《规模化推进绿色建筑发展策略》等，探讨宁波地理气候条件下的建筑节能适宜政策，形成若干成果，并以标准细则的形式发布，主要有：《宁波市地源热泵系统建筑应用技术导则（试行）》、《宁波市绿色建筑评价细则》、《宁波市既有玻璃幕墙安全检查及整治技术导则（试行）》、《太阳能与建筑一体化工程建设管理实施细则》、《宁波立体绿化实施细则》、《宁波市住宅建筑工业化标准体系图集》等。

【节能宣传】 3 月，组织勘察设计行业和节能评估机构参加在北京举办的第 11 届国际绿色建筑与建筑节能论坛，学习国内国际城市在绿色建筑与节能方面的先进经验。4 月，组织同济大学、中国建筑科学研究院的专家在海逸大酒店召开既有建筑节能改造论坛，全市建设行业各相关部门参加了会议，共同探讨国内外先进的节能管理先进技术。5 月，组织第二批绿色建筑专家库培训工作，增补绿色建筑评审专家 131 名，扩充人才储备。6～7 月在象山、余姚、江东三地组织开展宣贯会，来自全市建设行业的 556 人参加了宣贯会，有效地提高建筑从业人员的节能法规意识。11 月，组织宁波市绿色建筑专家库成员，召开新版《绿色建筑评价标准》GB50378—2014 培训。12 月，与宁波市卫生局在上海参加宁波市第六医院节能改造经验交流会。

政策规章

2015 年出台《宁波市城市房屋使用安全管理条例（修订）》（2016 年 1 月 1 日起施行）、《宁波市民用建筑节能管理办法（修改）》（市长令第 216 号　2015 年 3 月 1 日起施行）。

规范性文件（共 11 件）：《实施宁波市国有土地上房屋征收与补偿办法的若干意见》、《关于贯彻实施宁波市市区国有土地上房屋征收补偿若干规定有关问》、《宁波市房屋征收房地产价格评估专家委员会工作规程》、《关于进一步规范宁波市外建筑业类企业进甬管理工作的》、《关于废止部分行政规范性文件》、《宁波市城管局关于修改部分建筑市场信用评价相关文件》、《宁波市房屋建筑和市政基础设施工程“平安工地”创建工作实施办法（试行）》、《宁波市新型墙体材料应用管理规定》、《关于商品房屋竣工交付向买受人提供房屋结构设计文件》、《宁波市房屋安全鉴定市场管理办法》、《宁波市经营性房屋安全鉴定机构信用评价标准（试行）》。

“十二五”期间住房城乡建设主要工作及成效

【概况】 “十二五”时期，在市委、市政府的正确领导下，宁波市城乡建设以科学发展观为指导，以“构筑现代都市、提升城市品质”为主线，以加强基础设施建设为重点，积极实施“六个加快”战略和“双驱动四治理”决策部署，扎实推进经济社会转型发展“三年行动计划”，结合城市布局，完善城市功能，优化城市形象，提升城市品质，在提升城市交通效能、改善城乡人居条件、增强城市供防能力、缩小城乡建设差距、推进建筑行业转型发展、提升住建管理信息化水平等方面取得显著成绩。

【现代都市格】 履行现代都市战略部署，会同市级相关部门和县(市)区政府合力攻坚，大力推进现代都市建设。围绕“50100工程”，持续推进中心城区功能提升行动、南北两翼区块开发行动、城乡联动发展行动、综合交通网络构建行动、城乡环境更新改造行动、城镇管理水平升级行动。一大批重大项目建成投用或加快推进，一大批重点区块加快开发，“一核两翼多节点”的现代都市格局初步形成。

【城市路网】 促进交通效能的大幅提升。紧扣“城市交通拥堵治理行动方案”的步骤安排，以城市快速路系统建设和优化城市路网结构为重点，加快构筑现代都市综合交通体系，加强区域联系，实现从“平面化交通时代”向“立体化交通”时代的跨越。按照“连续成网、便捷接驳、相互分离、环境提升”原则，完善交通接驳网和慢行休闲网。以创建“公交都市”为目标，加强轨道交通、中运量公交、常规公交、公共自行车等交通方式的无缝衔接。2011年～2015年，中心城区共建成快速路43.5千米，初步形成快速路骨架网络，新增城市道路237千米，打通断头路80条，新建跨江大型桥梁4座，主城区建成立体过街设施2座，改造交通拥堵点20余处，新增专用停车位18万个，公交分担率从2011年的20%左右提高到30.4%，行车难、停车难问题得到有效缓解。

【住房供应体】 居民居住条件持续改善。住房供应体系日趋完善，住房管理体制机制日趋健全，住房保障体系基本形成。2011～2015年全市房地产累计完成投资5340亿元，商品房累计新开工面积7565万平方米，累计销售面积3543万平方米。“十二五”期间，全市建成保障性住房346.4万平方米、48753套，交付入住270.3万平方米、41150套，11万多户中低收入住房困难家庭通过多种途径得到了保障，通过老小区整治、宜居示范小区创建，27.8万户家庭的居住条件得到改善，通过非成套房改造、城中村改造和其他拆迁改造，完成旧住宅区改造安置11.2万户。市六区城镇人均住房建筑面积达34.32平方米。住房公积金制度更加健全，使用方式更加灵活，2011～2015年全市住房公积金累计提取397.93亿元，累计发放个人公积金贷款364.23亿元。物业服务水平显著提升，全市共有物业服务企业442家，从业人员6万余人，管理项目2400余个、面积近21000万平方米，服务居民80余万户，110个物业服务项目先后被评为国家级、省级物业管理示范住宅小区(大厦)。

【棚改危改】 扎实推进，工作成效列全国前茅。高度重视危旧房对人民生命和财产的威胁，坚持一手抓常态化监管，一手抓成片危旧房改造。全面摸清城镇危旧房底数，组建三级安全监管队伍，基本构建起了专人负责、定期寻查的机制，形成房屋安全隐患及时发现、上报以及应急处置的机制。多方式、多途径加快危房解危。特别是加强与国开行、农发行等金融机构的合作，积极争取金融机构对棚改项目的资金支持，国开行棚改贷款授信和使用金额在全国名列前茅。全市共启动棚改项目77个，完成投资289.4亿元，其中，危旧房改造项目56个、164.17万平方米，完成危旧房改造面积101.3万平方米，新开工安置房(含货币化安置)36736套。

【生态环境】 建设力度加大，城乡人居环境显著优化。以提高城市综合竞争力、塑造和凸显“滨水生态宜居、历史文化名城”为目标，中心城区园林绿地系统加快优化升级。完成老三区6条道路“一路一品”绿化升级改造，继续推进“三江六岸”滨江休闲带工程建设，初步形成具有宁波特色的城市绿化体系。完成南塘老街等特色街区的改造提升，实施100条背街小巷整治工程。实施历史文化名城名镇名村保护3年专项行动，开展濒危历史建筑的保护与修缮。推进镇级污水处理设施建设，全市镇级污水处理设施实现全覆盖。大力推进省级农房改造建设示范村工作，为农村品质提升发挥示范作用。

【建筑行业】 全市建筑业总产值从2011年的1935.6亿元增加到2015年的约4055.4亿元，年均增幅达到23.8%，建筑业总产值全省排名第三，建筑业增加值占全市GDP的比重保持6%。2015年在省外完成建筑业产值约1958亿元，完成境外承包工程营业额5.1亿美元。2015年全市建筑业本地市场占有率达68%。全市共有30多项工程获得国家级优质工程奖，270多项工程获得省级优质工程奖。全市建筑业产值超百亿的企业有5家，产值超过50亿元的企业13家，产值超过10亿元的企业65家。建筑节能日益重视，绿色建筑政策法规体系基本形成，绿色建筑标准体系不断完善，绿色建筑项目逐步增加。2015年底全市获得绿色建筑标识项目36个，建筑面积289.54万平方米。象山县大目湾低碳生态新城等3个生态城区启动建设。

【信息化推进】 信息化基础设施初具规模，网络交换、主机服务器、数据存储、信息安全等软硬件基础设施基本到位，初步建立内、外安全隔离的运行网络，并实现与市电子政务网络的互联。业务信息系统全面支撑业务运营，建有公共服务门户网站，设置多个业务管理系统，初步形成以“城建”和“住房”两条核心业务职能的树状信息系统结构。数据交互利用实现起步，实现与多个相关部门的数据共享。信息化统筹建设已成共识，制定一系列信息化建设管理文件，编制信息化顶层设计方案，明确“城建”、“房产”、“信用”三大信息系统建设主线，强化信息化组织领导和项目统筹建设管理。

大事记

1月

9 日　副市长王仁洲到市城管局调研。海曙、江东、江北、鄞州区政府以及市发改委、市住房城乡建设委、市规划局、市财政局等单位相关负责人参与调研活动。

13 日　市住房城乡建设委主任郑世海带领处室相关专家赴慈溪和杭州湾新区进行建筑领域安全生产督查。

同日　市住房城乡建设委副主任诸国平一行赴蒲家地块视察安全生产工作。在现场查看蒲家地块保障性住房建设情况后，并听取施工、监理及相关负责人对各工程进展的汇报，并对项目实施过程中遇到的问题提出针对性建议。

同日　市住房城乡建设委副巡视员沈祥苗召集全市各县(市)区房屋维修主管部门领导以及职能科室负责人，召开全市房屋维修管理工作座谈会。

14 日　副市长王仁洲视察澄浪桥及接线工程。市住房城乡建设委杨馥源副主任陪同检查。

15 日　市住房城乡建设委召开新闻媒体恳谈会，就如何进一步做好住房城乡建设新闻宣传工作进行深入探讨。宁波日报、宁波晚报、东南商报、现代金报、钱江晚报、都市快报、宁波电视台、宁波电台、中国宁波网、凤凰网宁波站等市级媒体跑线记者出席会议。会议由市住房城乡建设委党工委副书记居爱康主持。

同日　市住房城乡建设委副主任陈明乐带队检查机场快速干道永达路连接线工程。

13～15 日　市住房城乡建设委副主任陆东晓率有关处室一行赴宁海县、奉化市、慈溪市等地开展 2014 年度法治建设考评工作。

20 日　市住房城乡建设委主任郑世海实地考察宁波市较大的供砂企业江甬公司，并与 8 家供砂企业负责人进行座谈。

23 日　市住房城乡建设委主任郑世海一行专程到余姚梁弄贺溪村，与村班子开展座谈，并走访慰问结对帮扶困难群众，送上新年祝福。

2月

2～3 日　市住房城乡建设委党工委副书记居爱康一行来到宁海县深甽镇开展走亲连心活动。

9 日　市住房城乡建设委召开老干部年度工作通报会。市住房城乡建设委党委书记、主任郑世海向机关离退休老同志通报了市 2014 年度住房城乡建设情况。

同日　市党风廉政建设责任制检查组向市规划局反馈检查情况，市规划局班子成员及部分处室负责人听取反馈意见。

10 日　市住房城乡建设委召开全市住房和城乡建设工作会议，市住建委主任郑世海做工作报告，副市长王仁洲出席会议并作重要讲话。会议由市政府副秘书长倪炜主持。

同日　市住房城乡建设委副主任杨馥源带领有关处室以及检查专家等相关人员，对东外环路周边房屋建筑工程施工现场扬尘整治情况以及春节前建筑工地安全生产工作情况进行了督查，并抽查了东部新城邱隘安置房浅水湾以东 1#、2#地块工程Ⅱ标段。

12 日　宁波市召开全市住房保障和房地产管理工作座谈会。市住建委副主任诸国平作会议发言。

13 日　为深入推进住房城乡建设系统预防职务犯罪工作，筑牢领导干部“拒贪腐、永不沾”的思想防线，市检察院、市住房城乡建设委联合召开住建系统预防职务犯罪警示教育会议。市住建委主任郑世海、市检察院检察长沈海东出席并发表讲话，驻市住建委纪检组组长沈美凤同志主持，县、市区、管委会检察院、住房城乡建设行政主管部门、市住建委机关处室及委属单位负责人参加。

16 日　市住建委组织召开成片危旧住宅区改造征收政策问题座谈会。市政府副秘书长、市棚改办主任倪炜出席会议并讲话，市住建委副主任、市棚改办副主任陆东晓主持会议。

28 日　市中山路综合整治工作指挥部组织召开中山路综合整治工程建设推进专题会议。会议就工程总体推进计划(2015～2016 年)和 2015 年工程实施计划、精细化管理、工程施工期间轨道安全保护及各有关单位工作任务、工作要求和职责分工等问题进行了专题研究、部署。市中山路副总指挥、市住房城乡建设委副主任陈明乐参加此会议。

3月

3 日　市住房城乡建委主任郑世海参加全省浙商回归工作推进大会。

4日　市住房城乡建委主任郑世海参加“宁波论坛”报告会。

5日　市住房城乡建委主任郑世海、副主任陈明乐向王仁洲副市长汇报2015年重点城建项目情况。

6日　市住房城乡建委副书记、副主任叶继松参加市委督查工作领导小组扩大会议。

10日　市住房城乡建设委组织召开座谈会，向市政协离退休老干部介绍全市棚户区改造工作情况。市住建委副主任、市棚改办副主任陆东晓从全市棚改工作的总体情况，前阶段主要工作，棚改存在的困难和问题，下步工作打算以及棚改政策等方面向老干部们做详细介绍，并现场听取老干部们的意见建议。

12日　市住房城乡建设委组织开展工程总承包和项目管理培训加快推进工程总承包和项目管理试点工作。市住建委副主任杨馥源简要介绍举办本次培训班的目的和重要意义，并从建设(业主)单位项目建设、行业发展和企业发展等三个层面阐述推行工程总承包和项目管理的优点。

13日　进一步深化依法行政理念，提高住房城乡建设委依法行政能力，推进“法治型机关”建设，市住建委召开“宁波建设论坛报告会”。本次建设论坛报告会邀请到市法制办主任、党组书记张利兆作题为“法治政府建设的目标与途径”的报告。市住建委机关全体工作人员、委属单位中层以上干部参加了会议。

14日　市住房城乡建设委主任郑世海到中山路综合整治指挥部调研工作，听取工程推进情况、存在问题和下阶段工作计划，并对有关工作进行部署。

17日　为深入贯彻党的十八届三中、四中全会以及中央、省、市纪委全会精神，市住房城乡建设委召开党风廉政建设工作会议。市住房城乡建设委主任郑世海与城建处、保障处、审批处、前期办、档案馆五个处室(单位)代表签订党风廉政建设责任书。会议总结回顾2014年住建委系统党风廉政建设和反腐败工作，部署2015年重点工作任务。

18日　《宁波市国有土地上房屋与征收补偿办法》出台，2015年征收工作也即将展开，市住建委副主任陆东晓带队到慈溪、宁海两地调研。

25日　市住房城乡建设委召开宁波市物业和房屋管理工作会议。会议由市住房城乡建设委副巡视员沈祥苗主持。

26日　市住房城乡建设委召开2015年度宁波市建筑施工安全生产工作会议。市住房城乡建设委主任郑世海、副书记屠爱康，副主任杨馥源等参加会议。

27日　全市住房和城乡建设系统党建工作会议召开。市住房城乡建设委党工委副书记屠爱康同志作题为《适应新常态，实现新作为，努力推进党建工作再上新台阶》的工作报告。并全面总结回顾2014年党建工作开展情况。

31日　副市长王仁洲来到东部新城市民广场、生态走廊项目施工现场视察建设进展。市政府副秘书长倪炜，市住建委副主任陆东晓，东部新城指挥部党委书记、总指挥张极星、党委副书记、副总指挥唐海华等单位负责人陪同视察。

4月

1日　市住房城乡建设委组长沈美凤与有关处室负责人一行来到象山县住房城乡建设局，就纪检监察工作情况进行了实地调研，并提出相关工作建议和要求。

13日　2015年度国有土地上房屋征收工作会议顺利召开，会议旨在贯彻落实宁波市住房城乡建设工作会议精神，总结上年房屋征收工作经验，专题部署征收任务，动员全市上下进一步统一思想、凝心聚力、克难攻坚，确保“阳光征收”横向到边、纵向到底全方位发展。市住房城乡建设委副主任陆东晓出席会议。

15日　市住房城乡建设委机关党委组织全体机关党员到宁波市和丰创意广场，开展基层党组织生活日活动。市住房城乡建设委党委班子成员都参加活动。

16日　为规范物业服务行业管理工作，提升物业服务水平，改善居民居住环境，推进文明城市建设，市住房城乡建设委邀请住房和城乡建设部房地产市场监管司物业管理处处长陈伟作题为《物业管理发展趋势及社区居委会、业主委员会、物业公司三者关系》的专题讲座。讲座由市住建委副巡视员沈祥苗主持。

22日　市住房城乡建设委组织开展“五一”节前安全生产督查。市住房城乡建设委副主任杨馥源带领有关专家到鄞奉片启动区西侧3#地块进行安全生产督查。

23日　为进一步推进“六廉”工作落到实处，积极适应党风廉政建设和反腐败工作“三转”新形势、新常态，加强住房城乡建设委属各单位纪检监察工作的交流沟通，市住房城乡建设委召开委属单位纪检监察工作座谈会。市住房城乡建设委纪检组组长沈美凤主持会议。

29日　宁波市城乡规划委员会第四次会议在市

规划局召开，重点审议《宁波市鄞江镇历史文化名镇保护规划》等四项规划。会议由市长、市规委会主任卢子跃主持并作总结讲话。

30日　市住房城乡建设委主任郑世海、副主任杨馥源带领处室相关人员，以“不定点、直进工地”的方式分别对中海江东宁丰1＃地块工程和鄞奉片区东部启动区2-14＃、15＃地块Ⅱ标段工程进行节前安全生产工作督查。

5月

4日　市政府副市长王仁洲视察机场快速干道永达路连接线工程，市住房城乡建设委主任郑世海陪同参加。

8日　宁波市政协副主席徐明夫带领政协人资环和城建委暨科技界别一组委员15人到慈溪视察城市建筑渣土淤泥综合利用情况。市住房城乡建设委副主任杨馥源陪同调研。

12日　市住房城乡建设委主任郑世海对海砂禁采禁用赴市散装水泥和地材处进行调研。

13日　市住房城乡建设委就人大、政协关于群租治理建议、提案邀请相关的人大代表、政协委员参加集体面商座谈会。会议由市住建委主任郑世海主持。

20日　市住房城乡建设委与中节能建筑节能有限公司举行合作洽谈，总工程师夏海明等参加洽谈。

26日　为贯彻落实中共宁波市委《关于认真学习贯彻党的十八届四中全会精神全面深化法治宁波建设的决定》、《宁波市人民政府关于加快建设法治政府的意见》，深入推进全市住房城乡建设系统依法行政，市住建委印发《关于深入推进全市住房城乡建设系统依法行政的实施意见》。

27日　为加快以成片危旧住宅为重点的棚户区改造工作，市住房城乡建设委主任郑世海带领市棚改办一行赴北仑指导督查。

28日　市住房城乡建设委召开“三严三实”专题党课暨专题教育部署会，传达学习中央和省市委开展“三严三实”专题教育会议精神，全面部署市住建委开展“三严三实”专题教育工作。市住房城乡建设委党委书记、主任郑世海给机关全体人员和委属单位中层以上领导干部上“三严三实”专题党课。

29日　宁波市建筑施工标准化管理“树标杆、学标杆”活动暨全市建筑施工现场安全事故应急、响应处置演练观摩会在宁波戎家2＃地块Ⅱ标段工地召开。市文明办副主任邓晓东、市安监局副局长许清辉分别作重要讲话，市住建委副主任杨馥源对下阶段工作提出三点要求。

6月

3日　市棚改办组织召开全市棚改融资项目进度及用款工作部署会。市住房城乡建设委主任郑世海出席会议并讲话。

4日　市住房城乡建设委副巡视员沈祥苗赴宁海力洋村、许民村调研传统村落白蚁危害情况。

18日　市住房城乡建设委副巡员沈祥苗一行莅鄞州区樟村镇李家坑村，走访此古村落的调查现场，并听取有关这次调查工作的汇报。

23日　市住房城乡建设委主任郑世海参加全市经济运行监测联席会议。

7月

3日　市住房城乡建设委主任郑世海赴宁波普利凯建筑科技有限公司调研考察新型建筑工业化基地。

10日　9号台风“灿鸿”来临前，市住房城乡建设委成立8个防汛防台安全督查组，对全市房屋建筑施工、市政工程建设、治堵工地、拆迁工地、城镇危旧房屋、住宅小区等防汛防台重点工作落实情况进行督查。市住房城乡建设委主任郑世海带队对海曙区和江东区的宁波报业传媒大厦、恒一商业广场等5个工程项目施工现场的防汛防台工作落实情况进行督查和检查。

15日　市住房城乡建设委召开党员干部大会，主任郑世海作“忆党史、学党章、强党性”专题教育党课。

24日　住房城乡建设部会同省建设厅联合组织召开《宁波历史文化名城保护规划》专家审查会。市政府副市长王仁洲出席会议并发表致辞。市规划局局长王丽萍、总规划师袁朝晖，市住房城乡建设委等参加本次审查会。省建设厅规划处副处长虞建华主持会议。

30日　市住房城乡建设委副主任陈明乐赴机场快速干道永达路连接线工程（夏禹路）看望慰问一线管理人员。

31日　为进一步提高廉政文化教育的经常性、有效性、针对性，深入贯彻执行市纪委增强党风廉政教育的相关要求，驻市住房城乡建设委纪检组组织驻在部门第一批干部职工近150人参观市廉政教育基地，接受警示教育。

8月

6日　市住房城乡建设委召开“三严三实”专题教育学习研讨会，全面分析开展“三严三实”专题教育进展情况，对下阶段专题教育进行了部署，7位处级干部谈了“严以修身”学习体会。市住房城乡建设委党委副书记、副主任诸国平主持会议并讲话。

11日　为深入贯彻落实省、市纪委关于纪检监察系统抓好党章党规党纪学习的相关要求，唤醒党章意识，落实监督责任，进一步提高委系统纪检监察业务水平，加强纪检监察干部理论素养，市住房城乡建设委召开“学党章、谈体会”纪检监察学习会。驻住房城乡建设委纪检组组长沈美凤结合学习党章就落实监督责任讲话。

12日　市住房城乡建设委主任郑世海带领相关处室一行人来高新区调研物业管理工作，并实地参观了高新区绿城·绿园小区。

19日　为部署开展践行“三严三实、精准服务企业”，促进建筑业企业稳定发展，市住房城乡建设委召开建筑企业发展工作座谈会。市住房城乡建设委副主任杨馥源出席会议。

20日　市住房城乡建设委召开“宁波建设论坛”报告会。本次建设论坛报告会邀请到市安全生产监督管理局副书记、副局长刘平作《法律是治国之重器良法是善治之前提—新〈安全生产法〉学习与思考》主题讲座。

25日　市住房城乡建设委召开纪念抗战胜利70周年暨“三严三实”专题座谈会，市住房城乡建设委党委副书记、副主任诸国平作重要讲话。

26日　市住房城乡建设委召开全市住房城乡建设系统迎接浙江省城市文明程度指数测评体系检查工作会议，各县(市)区、园区管委会建设行政主管部门分管领导与负责建设和物业管理部门的负责人，委属各单位，机关相关处(室)等单位、部门的负责人参加了会议。市住房城乡建设委党委副书记副主任诸国平等出席了会议。

9月

2日　在抗日战争胜利70周年纪念日前夕，市住房城乡建设委副书记、副主任诸国平带队，走访慰问市住房城乡建设委机关抗战老干部王战胜同志。

5日　市住房城乡建设委第一督查组总工沈浩对宁波市江东区、海曙区的宁波商会、宁波中心、公交场站、军分区干休所共4个工程项目的文明施工情况进行督查。

10日　市住房城乡建设委副书记、副主任诸国平组织召开“三严三实”房地产企业座谈会。

15日　市住房城乡建设委主任郑世海到市散装水泥和地材调研指导工作

23日　市住房城乡建设委主任郑世海视察机场快速干道永达路连接线工程(夏禹路)。

30日　受“杜鹃”台风严重影响，市住房城乡建设委主任郑世海第一时间带队视察在建重点工程“三江六岸”滨江休闲带姚江东岸(解放桥-新江桥段)工程现场并听取防台工作及工程受损情况的汇报。

10月

10日　市住房城乡建设委总工沈浩带队专题调研宁波市新型建筑工业化试点企业、浙江省新型建筑工业化示范基地——宁波普利凯建筑科技有限公司的生产基地。

12日　为深刻认识和准确把握当前宏观经济运行态势，切实提升市住房城乡建设委在经济新常态下，谋划住房城乡建设事业发展战略的能力，市住房城乡建设委召开“宁波建设论坛报告会”，本次建设论坛报告会由市住房城乡建设委和市物业维修资金专委会联合邀请浙江大学管理学博士柳宏志先生作“宏观经济形势分析及政策解读”专题讲座。市住房城乡建设委中心组成员，机关全体工作人员等近200人参加会议。

14日　市住房城乡建设委纪检组组长沈美凤一行到中山路指挥部调研中山路综合整治及党风廉政建设工作。

20日　市住房城乡建设委召开“三严三实”专题二学习研讨会，全面分析市住房城乡建设委开展“三严三实”专题教育进展情况，对下阶段专题教育进行部署，2位局级领导和7位处级干部谈了“严以律已”学习体会。市住房城乡建设委党委副书记、副主任诸国平主持会议并讲话。

21日　市住房城乡建设委总工沈浩带领处室相关负责人，与市人社局就企业欠薪处置工作进行了对接和交流。

23日　市住房城乡建设委举行“弘扬清廉之风推进创先争优”廉政故事演讲比赛。市住建委系统十六家单位推荐的16名选手登台演讲，100余名干部职工参加了演讲比赛大会。

27日　市住房城乡建设委召开住建系统职务犯罪预防宣讲会，邀请市检察院副检察长沈海东作职务犯罪预防宣讲，住建委系统共190余人参加。

11月

3日　市住房城乡建设委召开中心组(扩大)理论学习会，传达学习党的十八届五中全会精神、《中国共产党廉洁自律准则》、《中国共产党纪律处分条例》，研究部署贯彻落实工作。市住房城乡建设委党委书记、主任郑世海主持会议、传达五中全会精神并讲话。

6日　副市长王仁洲在市政府副秘书长、市城管局李谦局长及市环保局、市规划局、市住房城乡建设委分管负责人的陪同下调研垃圾分类工作。

16日　为大力推动房屋安全鉴定工作，促进房屋安全鉴定市场规范、有序发展，市住房城乡建设委组织召开全市房屋安全鉴定工作会议。市住房城乡建设委陆东晓副主任参加会议。

20日　市住房城乡建设委召开“宁波建设论坛”报告会。本次建设论坛报告会邀请宁波市委党校党史党建调研部主任刘彦昌教授作《坚持〈准则〉高线守住〈条例〉底线》专题辅导。市住房城乡建设委机关各处室、各委属单位中层以上干部参加了会议。

12月

1日　市住房城乡建设委副主任夏海明到宁波市墙管办调研农村新墙材推广应用进展情况。

2日　宁波市本级2015年保障性安居工程跟踪审计进点会议召开。市住房城乡建设委主任郑世海、指挥部总指挥张极星及市审计局局长陈佳强出席会议并讲话。

7日　市政府副市长王仁洲在市政府副秘书长汤思敏、市住房城乡建设委副主任陈明乐陪同下，视察澄浪桥及连接线工程现场。

11日　市住房城乡建设委主任郑世海一行赴气象路小学视察，听取建设单位项目负责人对项目建设情况和扬尘整治、现场安全管理相关工作的介绍，重点对施工现场进行检查，就存在问题和下步工作提出了具体的意见建议。

17日　市住房城乡建设委主任郑世海专题检查、指导宁波城市地下综合管廊建设工作和指导宁波海绵城市创建工作。

18日　市住房城乡建设委党委副书记、副主任诸国平带领第二检查组，落实2015年党风廉政责任情况进行检查。

16～18日　住房城乡建设部浙江规划督察组2015年度工作会议召开。市政府副秘书长汤思敏和市规划局局长王丽萍分别就城乡规划管理工作和遥感督察重点图斑的处理情况进行了汇报。

（宁波市住房和城乡建设委员）

厦　门　市

建筑业

【概况】　厦门市新成立建筑业企业33家，其中总承包25家，专业承包5家，劳务分包3家。截至年末有建筑业企业946家，其中施工总承包301家，专业承包283家，设计施工一体化211家，劳务分包151家。建筑业企业由二级升一级的有19家企业21项资质，由三级升二级的有26家企业30项资质。2015年共审核852家建筑业企业38328名拟承接任务的从业人员信息。非本市注册在厦备案的企业有171家，其中140家审核通过并办结。注册地在厦门的企业完成建筑业总产值1106.86亿元，比2014年881.92亿元增长25.5%，全市建筑业产值的增幅全省第一名，其中在省外完成产值263.12亿元，同比增长9.3%。

厦门市在建工程项目1157项，建筑面积4573万平方米，总造价1138亿元。全市229个项目通过厦门市结构优质工程评价，190个项目通过鼓浪杯奖的评审，14个项目通过“闽江杯”省优评审会评审，1个项目获评“国家优质工程奖”。

当年，全市在建工地累计发生一般安全生产责任事故2起，死亡3人，非安全生产责任事故3起，死亡3人，责任事故死亡人数相比控制指标下降66%，全市在建工地未发生较大及以上安全生产事故，未发生亡人火灾事故。

【信用体系建设】　2015年1月27日，厦门市建设局下发《关于开展2014年度建筑市场信用监管评价有关事项的通知》，部署2014年度信用评价工作。共有518家企业提交的信用监管评价申报材料，其中344家为施工总承包企业(本市为226家)，174家为专业承包企业(本市为157家)。经评价，施工总承包企业中，绿色(A级以上)39家，蓝色(BBB、BB+)197家，黄色(BB－、B)：93家，红色(CCC、CC、C)：67家。专业承包企业：绿色(A级以上)12家，蓝色(BBB、BB+)122家，黄色(BB－、B)44家，红色(CCC、CC、C)26家。

【工程招标投标管理】　厦门市建设工程招标投标管理办公室受理建设工程报建1012项，总投资

2376.97亿元，建筑面积1998.51万平方米，其中施工采用公开招标发包的762项，可采用公开招标或邀请招标的105项，由发包人直接委托的418项。

全市施工招投标揭标881项，其中公开招标735项，邀请招标146项。总建筑面积1388.98万平方米，预算总价682.82亿元，招标控制总价618.00亿元，中标总价587.29亿元，降低造价30.71亿元，造价降低率4.97%，中标工期比定额工期缩短8.44%。招标人自行招标85项，占9.65%，委托招标代理机构代理招标796项，占90.35%。

设计招投标揭标总数201项，其中公开招标159项，邀请招标42项。投资总额1080.26亿元，中标总价11.63亿元。

勘察招投标揭标总数104项，其中公开招标82项，邀请招标22项，投资总额1055.01亿元。

监理招投标揭标总数224项，其中公开招标183项，邀请招标41项。投资总额505.66亿元，中标总价5.94亿元。

材料设备招标投标揭标48项，招标控制价27.36亿元，总中标价25.28亿元，降低造价2.08亿元，造价降低率7.6%。

【工程担保试点】 厦门市有10家工程担保公司通过备案，厦门市建设工程造价管理站共受理各类保函收件1087件，续保收件1件，涉及合同金额413.4亿元，总担保金额77.61亿元，风险准备金额1870万元，其中专业担保公司开具的保函544件，担保金额35.06亿元，占总担保金额的45.17%，银行开具的保函543件，担保金额42.55亿元，占总担保金额的54.83%。共受理各类保函取件936件。

【促进建筑业发展】 厦门市出台《厦门市人民政府关于促进建筑业加快发展若干意见》。从积极推进建筑业产业结构调整、加快推动建筑业发展方式转变、加快推进建筑工业化进程、积极发展建筑业总部经济、大力支持企业“走出去”发展、实施鼓励企业争创精品工程政策、大力推进建筑业科技创新和技术进步、切实加强高素质人才队伍建设、实施积极金融财税扶持政策、推进完善建筑业企业诚信档案建设等12个方面促进厦门市建筑业加快发展，优化产业结构。厦门市建设局加大力度积极引进有实力的建筑业企业，制定出台《厦门市建设局关于鼓励市外建筑业企业迁入厦门市及鼓励本市建筑业企业增产增收若干措施》，从信用等级、人员使用、业绩认定等方面扶持企业，鼓励企业迁入厦门市。全年共有16家施工总承包企业迁入厦门市，其中14家为施工总承包一级企业，其中有5家属于央企在厦设立的子公司或区域总部。全市建筑业产值的增幅从2015年初的负增长上升到两位数的增长，增幅排名从年初全省最后一名上升到全省第一名。

【建筑劳务管理】 2015年厦门市有建筑劳务分包企业151家，全年完成建筑劳务分包产值107.9亿元，建筑一线生产作业人员24.52万人。开展建筑农民工岗前培训和技能提升培训。全市共完成近8600名建筑农民工岗前培训和技能提升培训，建筑技术工人职业技能鉴定合格人数1238人，其中初级工15人，中级工1030人，高级工193人。共完成建筑技术工人企业自行培训考核发证1063人。经省住房城乡建设厅批准，厦门市共有24家建筑企业的农民工业余学校获得全省建筑技术工人岗位自行培训考核发证试点企业资格。

【清欠工程款】 厦门市清理建设领域拖欠工程款办公室受理施工企业、项目部、工人的电话咨询321次(含少部分投诉件)，接待来访咨询、投诉836人次，与市信访、劳动监察等部门配合处理各项工程欠薪纠纷23起，涉及471多人。涉及拖欠工程款金额3361.45万元(企业自报数额)，已协调解决28件，实际解决被拖欠工程款2606.6万元，发放农民工工资1028.56万元。

【工程交易平台管理】 厦门市建设工程交易中心完成795项进入市工程交易中心场所交易项目的招投标管理服务，进场投标29350家。全市进场交易项目共1439项，总投标家数50328家。7月，中国招标投标协会公布首批电子招标投标交易平台试点名单，厦门市建设工程电子招投标交易平台成功入选，成为福建省唯一一家入选的交易中心所属交易平台。

【建设工程质量安全巡查】 厦门市建设局坚持工程质量安全生产巡查、监管警示和约谈制度，制定《厦门市建筑市场主体不良行为评价档次操作标准(质安部分)》，巡查工程1689项/次，发出责令整改通知书1455份，排查一般安全隐患5260条/次，通报批评参建单位437家/次，540家企业被记不良行记录，集体约谈巡查中被记不良行为的企业负责人41人次643人，1408名建造师记13745分，1275名总监理工程师记8761分，有效提高参建企业对工程质量安全管理主体责任的履职意识。

【轨道交通工程质量安全监管】 厦门市建设工程质量安全监督站严格执行现行有关质量安全技术标准规范、督促厦门轨道交通工程标准化施工，并为工程建设提供高效的监督服务，为保障轨道交通1号线一期工程和2号线1标段工程建设的安全生产认真履责到位。全年对轨道交通工程存在的质量与安全文明施工问题共发出责令整改通知书109份，取样检测27组，约谈各参建单位21次(12月份未约谈)，对存在严重质量安全问题整改不到位、不及时或管理不到位企业，纳入市建设局统一诚信平台给予施工、监理记不良行为记录各21次，给予建设单位记不良行为记录4次，给予建机一体化企业不良行为记录2次。共对施工企业违规扣分处理231.5分(32次)，项目经理给予违规扣分处理263.5分(62次)，对监理企业违规扣分处理172.5分(27次)，项目总监给予违规扣分处理208分(62次)。

【建筑材料管理】 厦门市建设局公布2批建设工程材料备案名录64件，其中外加剂30件、水泥9件、掺和料11件、铝合金型材4钟、钢筋3件、墙体材料1件、防水材料2件、其他材料5件。完成门窗幕墙工程监督检查登记260项，其中门窗工程监督检查登记152项，总面积685549平方米，幕墙工程监督检查登记108项，总面积675390平方米。公布全市玻璃幕墙服务期满10年及以上需要鉴定的项目名单，并发函督促其安全鉴定。组织4批建筑节能产品和新型墙体材料认定，其中建筑节能产品81种和新型墙体材料39种。在厦门的6个辖区内巩固了完全禁止生产和使用黏土砖。全年办理墙改基金征收项目数共295项，征收墙改基金总金额11626.4万元，办结返退墙改项目数223项，办理墙改基金返退总金额5860万元。全年新墙材(非黏土墙材)建筑竣工面积为820万平方米，新开工总建筑面积953万平方米。促进辖区内新型墙体材料的革新与应用迅速发展。2月初召开混凝土绿色生产经验交流现场会，年底对全市23家预拌商品混凝土搅拌企业绿色生产管理实施结果进行评价。

【建筑节能管理】 厦门市获批全国公共建筑节能改造重点城市，中央财政下达厦门市节能减排补助资金6000万元，用于公共建筑的节能改造。厦门市计划分3年完成300万平方米公共建筑节能改造，实现改造节能率20%以上。厦门市完成国家机关办公建筑和大中型公共建筑能耗统计402栋和6区7街道建筑能耗统计14937栋，完成建筑能源审计131栋，完成公共建筑能耗监测75栋，并建成建筑节能监测数据中心，为建筑节能改造提供有力保障。

厦门市建设局办理民用建筑设计方案节能审查项目92件，完成居住建筑节能设计审查备案381项，建筑面积396万平方米，公共建筑节能设计审查备案576项，建筑面积686万平方米，办理民用建筑节能专项验收备案项目685个，备案面积911.8万平方米，对违反强制性条文规定的52个建设项目，不予办理备案手续并责令其整改，完成大型公共建筑和大型居住小区的能效测评项目76项，503.8万平方米。

【可再生能源应用】 《厦门经济特区生态文明建设条例》正式施行，《条例》第四十二条规定：有集中热水供应需求的公共建筑，具备太阳能集热条件的，应当使用太阳能集中供热系统，实现供热系统与建筑一体化。第六十八条规定：有集中热水供应需求且具备太阳能集热条件的公共建筑，未采用太阳能集中供热系统的，由建设行政主管部门责令建设单位改正，并处每平方米十元以上三十元以下的罚款。通过立法强制执行太阳能热水建筑应用，在国内尚属鲜见。厦门市实施的太阳能建筑一体化应用约272.45万平方米，其中国家已下达财政资金补助示范项目4个，补助资金2197.225万元，示范面积达到84.107万平方米，可再生能源建筑应用初步形成规模化效应。

【绿色建筑】 厦门市获得绿色建筑评价标识项目15项，总建筑面积202.46万平方米，其中三星级1项，二星级5项，一星级9项。

“十二五”期间，厦门市累计获得绿色建筑评价标识的项目有31项，总建筑面积557万平方米，另有3个项目获得美国LEED—CS金级预认证。厦门后溪花园、滨海保障性住房、公园东路地块安置房和洋唐居住区B13地块等4个项目绿色建筑获得绿色建筑评价标识，建筑面积55万平方米，率先在全省实施绿色保障性住房全覆盖。

【建筑产业化】 厦门市成立市推进新型建筑工业化领导小组，负责统筹规划、指导协调、督促开展，共同推进新型建筑工业化发展。6月10日，福建省住房城乡建设厅在厦门召开全省首次建筑产业现代化座谈会及现场观摩会，会议邀请省人大、省发改等多个省直部门、各地市建设主管部门及相关代表共180多人参加。会议总结全省建筑产业现代化阶段性成果，部署下阶段工作，推动全省建筑产业现代化进程，也提升厦门市建筑业的影响力。

8月中旬，厦门市建筑产业现代化首个预制装配式混凝土结构(PC)试点项目——海沧生物医药园区4#中试通用厂房项目完成竣工预验收，对推进厦门市建筑产业现代化发展起到积极的探索、研究意义。

勘察设计

【概况】 厦门市建设行业完成建设工程施工图设计1322项，其中，建筑工程474项，市政工程

137项，勘察工程486项，专项工程225项。有195家工程设计单位、48家勘察单位在厦门开展勘察设计业务，共完成建筑设计面积1842万平方米。

厦门市建设局制定建设工程设计方案异地评标办法，与杭州、宁波工程交易中心建立设计方案异地评标联系，全年共有9个建筑工程设计招标项目采用异地评标方式完成评审（其中评审在深圳市3个，宁波市1个，福州市5个）。

【优秀设计项目】 在福建省优秀工程勘察设计奖评选中，厦门市共24个项目荣获各分项奖，其中一等奖3项，二等奖12项，三等奖9项。

厦门合道工程设计集团有限公司设计的福隆大厦荣获结构专业一等奖，福隆大厦地上23层，地下3层，总建筑面积40418平方米，采用框架核心筒剪力墙结构，厦门合道工程设计集团有限公司设计的厦门工人体育馆附属设施（四期）酒店综合楼用房获电气专业一等奖，厦门地质工程勘察院完成的厦门城市地质调查项目获工程勘察一等奖。

【抗震防灾】 厦门市建设局加强建筑工程抗震设防的监管。按照《中华人民共和国防震减灾法》（主席令第7号），抓好新建、改建、扩建的建筑工程项目的抗震设防管理，要求所有在建工程项目必须达到国家抗震设防标准，施工图设计文件经审查机构审查合格后方可实施。修订并发布《厦门市建设系统地震应急预案》，修订《厦门市建设工程抗震管理办法》。

厦门市组织检查全市建设工程施工图设计抗震设防标准的执行情况，总体情况良好。持续推动建筑的抗震加固。持续推广和研究建设工程抗震加固技术。有12栋公共建筑采用橡胶支座隔震建筑技术：湖里区湖里中学北校区3栋教学楼，东渡小学辅助教学楼，湖里区实验幼儿园教学楼，湖里火炬幼儿园教学楼，厦门市新圩卫生院医技楼（五层2508平方米，首层柱顶隔震），厦门同安森林公安派出所（五层，2208平方米，首层柱顶隔震），厦门同安公安分局训练教学楼（7层，5770平方米，首层柱顶隔震+基础隔震+滑移支座），加州花园幼儿园，塘边幼儿园。

【推动台湾建筑师在自贸区内开展相关业务】 2015年5月，福建省住房和城乡建设厅发布《关于做好台湾建筑师在中国（福建）自由贸易试验区内开展业务活动有关工作的通知》、《关于做好台湾专业人士在中国（福建）自由贸易试验区内设立的建筑工程设计事务所申请资质有关工作的通知》和《关于取得大陆注册结构工程师等3类执业资格的台湾地区专业人士在中国（福建）自由贸易试验区注册执业管理工作的通知》等相关文件，允许台湾专业人士在中国（福建）自由贸易试验区内开展业务。根据文件精神，为推进中国（福建）自由贸易试验区厦门片区工作，厦门市建设局制定《台湾建筑师在中国（福建）自由贸易试验区内开展业务申请办事指南》和《台湾专业人士在中国（福建）自由贸易试验区内设立建筑工程设计事务所资质申请初审办事指南》，推动台湾建筑师在自贸区内开展相关业务。

城市建设

【概况】 厦门市建设局开展“四边三节点”整治提升及城市景观综合整治项目14个，年度计划投资6.23亿元，实际完成投资9.31亿元，占年度投资的149%。加快推进城市道路景观改造和道路立面改造提升，加强城市节水工作，开展园林绿化行业管理，指导开展地下空间利用以及城建档案管理等工作。大力推进公共停车场建设，新建停车场项目3个，续建停车场2个，推动市、区两级策划项目30个，完善停车场建设管理配套制度，推进停车场信息化管理工作和电子支付系统建设。

2015年，厦门市城乡基础设施建设项目计划投资341.9亿元，实际完成投资373.8亿元，完成计划109.3%，排名全省第二。

【城市景观整治】 海沧区海沧湾内湖公园景观提升工程、厦门站改扩建项目列入省级“三边三节点”重点整治项目，整治成效明显，环境效益显著提升，探索出一套以“三边三节点”整治提升周边土地价值，持续释放环境质量“红利”的整治思路。

思明区马拉松赛道沿线景观整治，重点围绕骑楼建筑和海洋文化，突出地域风貌特色和居民舒适性要求，凸显绿色节能、海绵城市理念，打造“人性化城市”。思明、湖里两区已在前期完成的道路景观综合整治基础上，由主干道向支路延伸，由老城区向新城区延伸，岛外四区也在建成核心区全面开展主要道路景观综合整治，初步显现连线成网的道路景观整治格局。

【城市节水管理】 市建设局对全市6616个用水户（表）下达并执行2015年计划用水指标，对162家申请增加用水指标的单位进行现场核查。完成水平衡测试考核145家，通过查漏堵漏日和采取节水改造措施取得日均节水15937吨。开展节水技术培训，培训考核用水单位管水员159人。完成老旧小区居民家庭水箱便器2000套节水配件改造工作。

【园林绿化企业管理】 厦门本地有资质城市园

林绿化企业228家，其中一级资质企业19家，二级资质企业45家，三级资质企业164家。2015年完成总产值839683.84万元，其中省外产值161758.21万元，利润总额39983.48万元。2015年非本市注册园林绿化企业有103家，完成产值64165.21万元，利润总额3320.09万元。

对35家新申请三级园林绿化资质的企业进行现场勘察，对9家申请晋升二级资质的园林绿化施工企业申报资料进行辅导及现场勘察，对3家晋升一级园林绿化资质、6家申请一级园林绿化施工企业资质延续资料进行核验，办理84家非本市注册园林绿化企业资质信息登记延续，办理新申请的27家非本市注册园林绿化企业入厦信息登记。

为进一步规范厦门市园林绿化工程项目人员管理，加强园林绿化工程施工质量及安全管理，提升工程质量安全水平，引导园林绿化市场健康有序发展，结合本市实际情况，经法制局同意，出台《厦门市建设局关于园林绿化工程施工管理人员配备标准要求的通知》，统一园林绿化项目招投标人员配备方面条件，保障招投标参与人的合法权益，减轻企业的负担，体现了公平、公正、公开的原则，规范了厦门市园林绿化行业市场公平竞争秩序。

【公共停车场建设管理】 按照“适度满足基本车位，从紧控制出行车位”原则，编制《厦门市停车场建设发展规划》，解决停车难问题。拟制《关于开展违法停车管理和执法工作方案》，查处违章停车，规范停车行为。出台《关于全市停车场停车信息实行联网管理的通知》，建设停车信息系统，实现全市停车信息管控。出台《关于对城市道路停车泊位及行政事业单位收费停车场实行非现金收费的通知》，全面推行非现金支付，在全国率先实现各家银行的银联卡拍卡支付功能。推动双十中学枋湖校区、万寿路南侧公共停车场、马山安置房小区停车场、火车站及湖东社区停车场项目建设，其中火车站西停车楼，总车位608个完工，投入使用。研究一批策划项目的初步选址意见，其中14个项目基本明确项目初步选址意见。探索政府和社会资本合作的PPP模式，并以南湖公园地下停车库为试点。建设停车信息系统，至年底已上线149个公共停车场，提供45505个车位信息，供社会公众查询。

【城乡基础设施建设】 厦门市城乡基础设施建设项目计划投资341.9亿元，实际完成投资373.8亿元，完成计划109.3%，排名全省第二。交通提升工程完成116.2亿元，完成计划107%。厦门新机场项目完成投资41亿，完成计划的103.83 %，完成填海造地工程3平方千米，纳泥区地基处理。能源提升工程完成投资45.3亿元，完成计划106.3%。厦门柔性直流科技示范工程主体基本完工，厦门输配电工程220千伏部分线路竣工。市政提升工程完成投资135.8亿元，完成计划109.9%。厦门轨道交通1号全速推进，11个车站主体结构、11个区间洞通完工。水利提升工程完成投资24.06亿元，完成计划104%。莲花水库主坝、副坝基本建成，马銮海堤开口改造工程投入试运行。信息提升工程完成投资22.56亿元，完成计划87.4%。“i厦门”一站式惠民服务平台、“i停车”APP等运行良好。环保提升工程完成投资23.2亿元，完成计划174.4%。厦门瑞科际生活垃圾资源再生示范工程主体工程基本完工。美丽乡村建设完成投资7.4亿元，完成计划137%。建设完成同安汀溪镇堤内村等6个美丽乡村示范村、54个美丽乡村一般村，打造出集美碧溪等3条美丽乡村景观带。

【重点项目建设】 厦门市重点在建项目251项，项目总投资6923亿元，年度计划投资约941亿元。其中：工业项目52项，年度投资计划207亿元，服务业项目99项，年度投资计划260亿元，社会事业项目31项，年度投资计划36亿元，道路交通等城乡基础设施项目57项，年度投资计划95亿元，新城项目4项，年度投资计划235亿元。10月15日，厦门市贯彻落实“美丽厦门”战略规划，调整2015年市重点项目。增补2015年市重点项目9项，总投资约67.23亿元，年度计划投资约11.91亿元。调减2015年市重点项目2项，总投资11.67亿元，年度计划投资1.28亿元。调整8个市重点项目年度投资计划。其中：调增3个市重点项目年度计划投资，共增加4.9亿元，调减5个市重点项目年度计划投资，共减少7.05亿元。经调整后，2015年年度厦门市重点项目由原来的251项调整为258项(增加7项)，年度计划投资由941亿元增补为946亿元。全年重点项目完成投资1161亿元(比2014年度增加135亿，同比增长13%)，完成年度投资计划的123%，超额完成投资215亿元。

厦门市重点办通过制定完善工作机制，有效推动重点项目建设。制定出台《厦门市重点建设项目管理暂行办法》、《厦门市市级政府投资重点建设项目代建制管理暂行办法》及4项配套制度，进一步完善重点项目管理和代建管理的工作机制，促进各方主体积极主动履约履职。实施挂牌督办制度。厦门市政府对12个重点项目实行挂牌督办制度，厦门市发改、建设、国土、国资等部门加大督办协调力度，大部分项目取得重大突破。灌新路、海翔大道集美段、北站北广场、西气东输同安段、东部固废市政配套等5个项目可以摘牌，其他项目也在加快推进。积极创新工作举措。开展“多规合一”流程再造，进一步简化优化审批手续，分段办理工程规划许可证，加快前期工作进度。实施容缺办理施工许可办法及联合竣工验收管理暂行办法，制定进一步加快推进项目开工建设和切实扩大有效投资的若干措施。简化资金拨付流程，快速拨付建设资金和土地房屋征收备用金。建立市区联席会议和跨部门对接协调机制，加快推进项目建设。各建设(代建)单位推行工程投资、质量、安全、工期目标“四大控制”，加强项目管理。

村镇建设

【概况】 厦门市积极贯彻落实省政府关于宜居环境建设行动的工作部署，安排宜居环境建设行动项目229项，年度计划总投资66.07亿元，实际完成投资90.72亿元，完成年度计划投资的137.30%。着力抓好美丽乡村、完整社区、“三边三节点”(即山边、路边、水边，城市中心节点、市民活动节点、交通枢纽节点)、棚户区改造、城市公共停车场、“五千工程”(燃气管网、雨水管网、污水管网、供水管网、城市道路全省每年各建设1000千米)、农村生活污水分散式治理、农村生活垃圾集中治理等工作。快速推进宜居环境建设和扩大有效投资工作，两项工作均提前2个月完成省里下达全市任务指标，在全省(10个地市区，含平潭开发区)中双双排名第一，城乡承载力、城乡宜居度进一步提升和拓展。

突出片区示范效应。全市宜居环境建设注重在原有基础上进行深度挖掘，将不同类型的项目进行有机结合，形成规模效应。在2014年省级优秀美丽乡村景观带——大曦山美丽乡村景观带建设的基础上，对过芸溪流域沿线村庄进行重新梳理、定位，挖掘、筹划、整合生态资源、历史文化资源、社会产业资源，按照“社区+景区”的方式，以“一村一主题、一区一风格”为原则建设精品村，形成集种植、观光、休闲、农家乐、民宿为一体的美丽乡村景观片区。注重多方整合、实现片区提升。

促进农村经济发展。充分发挥农村生态资源、特色文化等优势，推进美丽乡村建设。通过挖掘区域特色，结合“一村一品”，打造特色农业、特色旅游等产业，培育果园苗圃、茶园菜地、乡村休闲、观光旅游等新型项目，拓宽农村就业创业渠道，拓宽农村创业就业渠道，促进农民增收。

快速提升城市品质。通过城镇“三边三节点”、城市公共停车场、完整社区建设，进一步优化功能布局、改善提升城市基础设施及公共服务设施水平，通过城市道路、公共自行车系统、绿道网建设，改善市民出行，实现快与慢的有机统一。

改善流域生态环境。发挥市、区两级相关部门的作用，形成合力，在试点工作的基础上，推进流域治理工作向纵深发展，改善流域的生态环境。

培育共同缔造精神。建立市筹划、区统筹、镇组织、村主体的组织体系和相应的激励政策，借助“以奖代补”项目建设为载体，形成区、镇、村的良性竞争，实现政府引导、群众参与的“决策共谋、发展共建、建设共管、成果共享”的美丽厦门共同缔造良好局面。

【美丽乡村建设】 厦门市开展60个村的美丽乡村建设和4条美丽乡村景观带建设，其中美丽宜居乡村(美丽乡村示范村)12个、重点整治村21个、基本整治村26个，年度计划投资19115万元，实际完成投资21553万元，完成年度投资113%。硬化村道长度39.8千米、硬化村道面积18.2万平方米、新增乡村绿化面积8.6万平方米，完成233栋裸房整治、整治建筑面积4.1万平方米。6个省级美丽乡村示范村建设，实际完成投资4161万元，完成年度投资180%。2015年4月10日，福建省财政厅、福建省住房城乡建设厅评选10条优秀的美丽乡村景观带，厦门海沧区东孚镇大曦山美丽乡村景观带获得300万元奖励资金，2015年5月8日，福建省住房城乡建设厅通报厦门市过坂村、军营村等14个村为示范典型村庄。

【分散式污水治理】 厦门市建设局制定并下发《厦门市农村分散式污水治理工作实施方案》，进一步细化工作内容，对污水的收集、预处理、设施工艺的选择等提出技术要求，并对建设机制和管理机制等提出工作要求。全年共安排农村生活污水分散式治理项目417个自然村，已完工12个、在建347个、前期58个。下达市级“以奖代补”资金共计3.5796亿元，其中，集美区0.4699亿元，海沧区0.3867亿元，同安区1.7426亿元，翔安区0.9803亿元。

构建农村分散式污水治理的机制体制，按照市筹划、区实施的原则，组织实施并完成12个项目。海沧区的过芸溪流域小流域综合治理试点和集美区的许溪小流域综合治理试点工作，成为全市生活污水治理工作的典范引。2015年所有分散式处理设施都采用有动力式的工艺，排放标准较往年有较大的提高。经处理后出水能达到《城镇污水处理厂污染物排放标准》GB18918-2002中的一级A标准；一级B标准或地方一级标准；二级标准。

【农村生活垃圾治理】 厦门市制定《厦门市农村生活垃圾三年提升专项行动实施方案》，进一步细化目标任务，对全市农村生活垃圾密闭收集和上户收集试点工作提出明确要求。根据市政府的统一安排，分别于4月、10月开展全市农村生活垃圾治理集中统一行动。同时，联合市考评委通过明察暗访、随机抽查、集中督查等方式，对村容村貌和环境卫生管理考评做出安排。完善农村生活垃圾治理机制体制。明确全市农村垃圾治理任务目标，逐年加大农村生活垃圾治理的资金投入，建立起市、区、镇(街)、村和个人共担的资金分级承担模式。2015年市级财政资金安排3000万元用于农村生活垃圾治理、乡镇、村庄环卫基础设施建设和垃圾收集、转运过程的补助。各区财政共投入资金近2亿元用于农村生活垃圾治理。

房地产开发

【概况】 厦门市房地产开发总投资额继续保持增长态势，全市房地产开发完成总投资774.07亿元，同比增长9.9%，其中，建安投资完成476.85亿元，同比增长3.24%，占总投资的61.6%，土地购置费完成297.22亿元，同比增长22.7%，占总投资的38.4%。在房地产完成投资的物业类型中，住宅完成投资458.69亿元，同比增长19.3%，占总投资的59.26%，办公楼完成投资105.37亿元占总投资的13.61%，同比增长13.8%；商业营业用房完成投资79.36亿元占总投资的10.25%，同比增长0%，其他用房完成投资130.64亿元占总投资的16.88%，同比增长－11.4%。

新开工面积下降幅度较大。全市商品房新开工面积592.47万平方米，同比增长－19.9%。按类型来看，住宅新开工面积280.39万平方米，同比增长－7.8%，占总新开工面积的47.33%，办公楼新开工面积110.76万平方米，同比增长－26%，占总新开工面积的18.69%，商业营业用房新开工面积56.36万平方米，同比增长－35.5%，占总新开工面积的9.51%，其他用房新开工面积144.96万平方米，同比增长－26.9%，占总新开工面积的24.47%。按区域分：岛内商品房新开工面积为98.91万平方米占总新开工面积16.69%，岛外商品房新开工面积为493.56万平方米占总新开工面积83.31%。

商品房竣工面积呈现下降趋势。全市商品房竣工面积446.65万平方米，同比增长－23.7%。按类型来看，其中住宅竣工面积274.17万平方米，同比增长－21.6%，占总竣工面积的61.38%，办公楼竣工面积45.63万平方米，同比增长－22%，占总竣工面积的10.22%，商业营业用房竣工面积23.93万平方米，同比增长－36.3%，占总竣工面积的5.36%，其他用房竣工面积102.93万平方米，同比增长－26.4%，占总竣工面积的23.04%。按区域来看，其中岛内商品房竣工面积为158.14万平方米，占总竣工面积35.41%，岛外商品房竣工面积288.51万平方米，占总竣工面积的64.59%。

在建施工面积同比略有增长。全市商品房施工面积4333.83万平方米，同比增长2.7%。全装修房的推行延长了项目的建设周期，因此，虽然新开工面积出现负增长，但施工面积仍保持略有增长。按类型来看，住宅施工面积2137.3万平方米，同比增长－6%，占总施工面积的49.32%，办公楼757.06万平方米，同比增长36%，占总施工面积的17.47%，商业营业用房404.03万平方米，同比增长7.5%，占总施工面积的9.32%，其他用房1035.45万平方米，同比增长2.2%，占总施工面积的23.89%。按区域来看，岛内商品房施工面积1404.42万平方米，占总施工面积32.41%，岛外商品房施工面积2929.41万平方米，占总施工面积的67.59%。

【房产地企业资质检查】 厦门市建设局组织开展全市260家应检房地产开发企业的资质检查工作，其中一级资质企业14家，二级资质企业28家，三级资质企业30家，四级资质企业188家。

【第十二届中国厦门人居环境展示会】 11月13至15日，由厦门市人民政府和福建省住房和城乡建设厅共同主办的第十二届中国厦门人居环境展示会暨中国(厦门)国际建筑节能博览会在厦门国际会展中心举办。此届人居展围绕“节约办会·创新发展”的原则，以“美丽厦门·宜居名城”为主题，由人居环境馆、建筑节能馆、海西精品楼盘项目馆3部分构成，集中展示厦门市城市建设、城市转型的努力和成就，普及推广厦门市开展国家海绵城市、地下综合管廊试点城市建设的新理念、新做法、新进展等内容。参展单位200家，展示面积达6万平方米，参观人居展和参加各项活动的嘉宾和观众约35万人次，是历年来公共展区面积最大、互动活动最多、内容最丰富的一届展会。

物业管理

【概况】 2015年，厦门市有物业管理资质企业343家，其中一级资质企业22家，二级资质企业33家，三级资质企业234家，暂定资质企业54家。实施物业管理小区1613个，物业管理总建筑面积1.09亿平方米，全市住宅小区物业管理覆盖率70%。全市物业服务企业营业收入总额32.07亿元，上缴税收总额2.24亿元，企业利润总额2.11亿元。

【物业企业和从业人员管理】 厦门市建设局联合市物业管理协会举办物业管理从业人员上岗证取证培训3期931人，继续教育培训2期793人。制定出台《厦门市物业管理若干规定实施细则》，印发《关于加强业主大会和业主委员会自治工作的通知》，并出台加强停车管理等物业相关配套文件。

【老旧小区改造】 厦门市组织完成19个市级老旧小区整治。按照"群众意愿较强、参与度高，市政配套设施历史欠账多，本市老居民比例高，近期有望完成改造"的基本原则，在全市390个老旧小区中，先行选择思明区、湖里区的海洋新村、金鼎社区、神山三航小区、先锋营小区、阳台山、玉荷里盈翠里小区等6个老旧小区(涉及4661户)，实施"市级筹划、区级统筹、街道组织、社区主体、群众参与"的分工协作机制，开展试点改造提升工作。

试点工作完成投资6866万元，取得阶段性成效。市政设施配套逐步完善。5个小区实现了管道燃气入户，6个小区解决了用水用电问题，并将电信、移动、联通、有线电视等管线进行缆化，实现光纤铺设到户，为推进老旧小区三网融合和智慧社区打下基础。小区环境改善初见成效。根据居民意愿，因地制宜对小区房前屋后绿化美化、围墙和大门、停车管理系统、环卫设施、区间道路、消防设施设备、监控系统、路灯等进行了改造提升建筑本体得到基本修缮。维修楼道屋面、改造楼道走道照明、完善小区房屋单元的门岗设施和对讲系统、美化房屋墙面立面等。运行管理机制逐步健全。试点项目均相应成立业主委员会或业主自治小组，建立自治管理制度。湖里区金鼎社区计划统筹各业主单位整合为一个大物业管理区域，实行"菜单式"服务和差异性管理。群众满意度显著提升。超90%以上群众对改造后的效果满意，以小区整治为抓手，以共同缔造过程为历练，营造社区和谐温馨氛围，小区居民的精神面貌大幅提升，许多群众还成为"共同缔造"的义务宣传员、讲解员。

【既有住宅增设电梯】 厦门市出台《厦门市既有住宅增设电梯指导意见》(以下简称"指导意见")。《指导意见》明确，既有住宅增设电梯要经该梯号(幢)房屋专有部分占该梯号(幢)建筑物总面积三分之二以上的业主且占总人数三分之二以上的业主同意，还应当满足城市规划、建筑结构安全、消防间距及安全疏散、防盗安全等要求。《指导意见》延续原有财政补贴政策，补贴范围和标准不变，补贴时间延长，申请程序作了调整。补贴范围为商品房除外，已按照《指导意见》规定实施并竣工验收合格的电梯。补贴标准为，停靠6个楼层的一部电梯给予财政补贴22万元，每增减一个停靠楼层相应增减补贴0.5万元人民币。补贴时间延长为，在2010年11月18日～2017年12月31日期间已开工，并于2018年6月30日前报送申请资料的增设电梯项目。申请补贴程序调整为，电梯竣工验收合格后，实施主体根据增设电梯《建设工程规划许可证》、《建筑工程施工许可证》、竣工验收合格证明文件、房屋权属证明文件等材料一次性向住宅所在区建设行政主管部门申请补贴。

保障性安居工程

【概况】 省政府下达给厦门市保障性安居工程建设任务5000套，基本建成7000套/间。截至年底，全市保障性安居工程已开工5107套，占年度建设任务的102.14%，基本建成7290套，占年度基本建成任务的104.1%，累计完成投资26.38亿元。

【保障房执行绿色建筑标准】 市建设局积极推动保障性安居工程执行绿色建筑标准，所有新开工项目在设计招标时明确要求按照海绵城市要求进行设计，执行绿色建筑标准并取得绿建一星标识。截至2015年底，洋唐居住区3个住宅地块获得二星级绿色建筑(设计标识)，后溪花园、滨海公寓获得一星级绿色建筑(设计标识)。

【保障房试点海绵城市建设】 洋唐居住区保障性安居工程列入2015年海绵城市建设试点项目。按照海绵城市建设要求，市建设局结合小区周边市政配套情况，在项目建设中采取"渗、滞、蓄、净、用、排"等多种措施，配套建设中水处理站，增加雨水湿地建设内容。

【棚户区改造】 厦门市积极争取棚户区改造国家配套资金支持，获得国家棚改专项建设基金2.11125亿元(其中农发行1.24125亿元，国开行0.87亿元)，以增资入股形式用于棚改项目(购买或新建安置房)，获得中央棚改专项补助资金0.2亿元，用于海沧东屿村旧村改造项目。11月份，获国开行新增核准贷款额度 129.9 亿元。

截至 2015 年底，厦门市棚户区改造项目累计获国开行总行核准棚改贷款 245.36 亿元，其中已签订合同 115.43 亿元，累计实现放款 22 亿元。

2015 年，厦门市棚户区改造项目主要有海沧港区旧村改造项目和东屿村旧村改造项目一期。海沧港区旧村改造项目位于海沧南部港区片区，具体包括石甲头、温厝、青礁、后井、鼓楼等村。片区旧村总改造用地面积约 117.6 万平方米，涉及户数约 743 户，约 2597 人。安置方式采取就近为主的模式，安置房源有临港新城二期 A 地块，计划建设 1852 套安置房。东屿村旧村改造项目一期位于海沧新城片区内，具体为东屿村。片区旧村总改造用地面积约 87.92 万平方米，涉及户数约 630 户，约 2205 人。安置方式采取就近为主的模式，安置房源有东坑安居房，计划建设 1574 套安置房。

【完善住房保障体系】 综合考量之前多类型的保障性住房的申请、分配、退出、使用监管等相关规定，召开多场相关部门和行政管理相对人座谈会，两次向社会公开征求意见，向市人大法委、城建委、市法制局、市民政局、市公安局、各区政府等 25 家单位征求意见，研究制定《厦门市社会保障性住房管理条例实施办法》（以下简称《实施办法》）。《实施办法》经市政府 91 次常务会审议通过，10 月 12 日由市府办印发实施，该办法细化申请条件，完善具体规定，具有较强的可操作性。《实施办法》从申请家庭户籍、住房困难标准、收入标准、资产标准四方面明确社会保障性住房的申请条件。

《实施办法》出台后，厦门市建设局研究出台《厦门本市户籍家庭住房困难标准、住房保障面积标准和家庭收入（资产）标准》，根据 2014 年度城镇居民人均可支配收入等数据，《标准》保持原有的住房困难面积标准和保障面积标准，将家庭收入（资产）标准分为申请社会保障性住房的家庭收入（资产）标准和申请社会保障性住房不同档次租金补助的家庭收入标准。新标准降低保障性住房申请门槛，其中申请量较大的 2～3 人户的家庭年收入标准由 5 万调整为 8 万，调整后的标准更符合社会平均工资标准及物价水平。

【房源使用管理】 厦门市建设局结合《厦门市社会保障性住房管理条例实施办法》的制定，完善保障性住房相关监管工作制度，进一步重申和明确市、区、街、社区及物业关于监管工作的职责及具体操作办法，加大对违规行为的惩处力度，并建立申请家庭诚信档案制度，通过完善制度引导和规范保障性住房的监管。建立保障性住房违规行为重点监管制度，将 2014 年下半年以来排查发现的违规行为重点监管名单，有针对性地集中力量加强巡查跟踪，劝导和督促，确保发现的每一起违规行为整改落到实处。创新机制提升保障性住房小区物业管理水平。通过改革原有的物业公司的选聘方式，扩大物业企业选聘范围，试点引进高水平的物业管理公司，引进保障房小区物业服务竞争机制，提升物业总体管理水平。

市住房保障管理中心共发出保障性住房违规使用整改告知书 79 份，责令违规装修、占用通道整改 23 户，因申请人死亡原因清退收回房屋共 24 套，约谈收入超标并转其他科室按规定办理 32 户，通过协查房产清退 18 套，对列入重点名单 350 户进行重点巡查监管，年底移除 141 户，剩余 209 户持续进行重点监管，协调小区精神病扰人、养狗、打麻将扰人等信访问题 135 次。

【保障房小区设备维修维护】 市住房保障管理中心根据实际情况调整小区维修维护工作思路，强调物业服务企业在小区公共维修的主要管理责任，逐步将小区部分公共部位、共用设施设备的维修、更新、改造交由物业单位组织实施。在涉及小区公共安全的设施设备引入第三方检查及监测，确保设备安全稳定的运行，及时发现及消除安全隐患。细化三大系统维保管理，建立维保考核制度，由物业服务企业按季度对维保单位的维保质量进行考核，确保维保单位按合同履行维保责任，并根据考核结果支付维保费用。提前介入项目物业管理和承接查验工作，采取分片区、定专人的中心与物业一对一业务指导和工作监督的责任制工作模式，顺利推进包括后溪花园、滨海公寓、海新阳光公寓、洋唐居住区等新建项目的前期物业承接管理工作，组织相关物业管理单位提前进驻，对新建项目开展接收查验，查验内容包括小区共用部位、共用设施设备查验及房屋分户验收，并从使用管理角度提出需提升改造的内容，有效促进项目存在问题充分暴露并有效整改，有利项目顺利交付及减少后续质量投诉。

全年组织完成房屋维修约 5400 件，小区公共部位维修约 330 件，下达项目任务书 4 件，主要是 2014 年及 2015 年配租配售房源的交房维修，完成付款审批 22 件，共计付款约 271 万元，其中房屋维修及小区公共部位维修、提升、改造等费用 174 万元，公共部位易耗品采购费用 1 万元，维修单位租赁房包干维修及承包服务费用 96 万元。完成电梯、消防、智能化、二次供水零星维修约 16500 起，全年支出各系统维保费 308 万元，维修配件费约 280 万元。

执法稽查

【概况】 整合各业务处室办的检查、督查、考核工作，印发 2015 年专项检查工作计划，明确各个专项检查的时间、内容、方式，有计划、有步骤、有重点地开展执法检查和工作督导。拓展案源，严格执法，依法查处违法违规行为，进一步理顺行政执法机制和程序，提高办案效率和质量。

【行政处罚】 根据有关规定，结合办案实践，提出办案改进措施并组织开展试点，克服职责不清、程序繁杂、效率偏低等问题。全年实施行政处罚 12 件，罚款 27.3 万元。

【信访投诉】 认真执行信访工作有关规定，努力将平安和谐创建和业务管理服务紧密结合，加强建设领域矛盾纠纷的快速反应能力，及时有效解决群众反响强烈的热点、难点问题，努力维护和谐稳定。抓实信访工作基础环节。依法、妥善办理信访工作，做好信访记录和台账，确保每件信访投诉案件按期办理，并在规定时限内向信访当事人反馈办理结果，对当事人意见进行后续跟踪，确保不出现重复信访，认真扎实运用“福建省信访信息系统”，进一步推进信访事项的规范办理和具体问题的实地解决。加强信访情况梳理通报。建立和实施信访工作情况月度通报制度，梳理、汇总并通报月度信访热点和突出信访事项，推进动态跟踪和办理督促。完善信访工作主体管理。本着方便群众和提高效率的原则，进一步理顺和物业管理投诉的区级渠道，绝大部分物业管理投诉依法转向各区。

局机关信访投诉受理 5360 件，办结 5352 件，办结率 99.85%。从来源渠道看，包括：市长专线转办 1010 件，局机关网站受理咨询、建议共 3690 件，市信访局、省建设厅等其他部门转办 116 件，局信访投诉中心受理共 544 件，包括接待来访 104 批 257 人次、接受来信 20 件、接听来电 420 件。从涉及内容看，涉及保障房的咨询、建议、投诉等信访事项共 3222 件；涉及房地产与物业管理的信访事项共 554 件，涉及工程质量安全的信访事项共 181 件，涉及拖欠工程款的信访事项共 136 件，涉及老旧宅加装电梯政策咨询的信访事项共 123 件。

【综治维稳】 进一步强化综治维稳能力。以落实市委市政府两办印发的社会稳定风险评估实施意见和实施细则为主线，切实从源头上杜绝、减少涉稳矛盾纠纷，提高局系统综治维稳能力和效果。进一步夯实综治维稳工作。组织协调推动局系统各单位做好综治维稳相关工作，全年安全生产处于受控状态，清欠工作有效开展，应急管理得以加强和落实，局系统未发生严重影响社会安定稳定事件。

进一步做好 110 联动工作。强化矛盾纠纷解决能力。把 110 社会联动工作和业务管理服务紧密结合，以服务民生、保障安全、构建和谐为重点，突出加强建设领域矛盾纠纷的快速反应能力，及时有效解决群众反响强烈的热点、难点问题。积极落实各项工作联动措施。设立总值班室，实行 24 小时昼夜值班和热线畅通，做到有警必接、接警必出、有险必抢、有难必帮，有效落实组织领导、岗位责任、人员装备、工作措施、规章制度、物资保障等，提高 110 社会联动服务水平和工作效率。延伸强化应急抢险队伍力量。质量安全监督站主动与 110 指挥中心对接，完善应对安全事故应急处置措施，迅速应对和排除险情，及时消除隐患，其他局属事业单位均成立了 110 联动工作领导小组，明确各级人员抢险应急工作职责，积极调配值班抢险人员，着力增强专业抢险技术力量和专业化队伍建设。

政策法规

【概况】 厦门市建设局完成 15 部法规规章项目的立法调研、起草、清理工作以及 17 份各级规范性文件的审查、报审、沟通解释和 46 件法律、法规、规章及相关文件的征求意见反馈工作，结合简政放权、放管结合、优化服务，完成“三张清单”和行政权力运行图的编制工作，并全部对外公布，做好 1 起行政应诉、4 起行政复议答辩等涉法事务工作，年底顺利通过市依法治市办组织的六五普法检查验收以及市法制局“依法行政示范单位”复评考核，予以保留该项荣誉称号，获住房城乡建设部“住房和城乡建设系统宪法和法律法规知识竞赛单位组织奖”。

【立法工作】 在厦门市政府立法计划项目中，厦门市建设局为主实施 3 项。《厦门市人民政府关于修改〈厦门市建筑废土管理办法〉的决定》，12 月 7 日市人民政府第 97 次常务会议通过，自 2016 年 3 月 1 日起施行，《厦门经济特区建筑条例》修订的立法后评估项目；《厦门新型建筑工业化管理办法》立法课题调研工作。

根据立法法的要求，完成对为主实施的 11 项政府规章和配合实施的 1 项政府规章的清理工作，以《厦门市人民政府关于废止和修改部分市政府规章的决定》12 月 17 日市人民政府第 97 次常务会议通过。

【规范性文件制定】 颁布实施10份规范性文件：《厦门市建设局关于园林绿化工程施工管理人员配备标准要求的通知》、《厦门市建设局厦门市规划委员会厦门市国土资源与房产管理局厦门市质量技术监督局厦门市财政局关于印发厦门市城市计有住宅增设电梯指导意见的通知》、《厦门市建设局关于加强物业管理区域机动车辆停放管理的通知》、《厦门市建设局关于明确既有住宅增设电梯施工许可等相关手续办理事宜的通知》、《厦门市建设局 厦门市财政局关于明确城市既有住宅增设电梯财政补贴相关事宜的通知》、《厦门市建设局关于进一步完善住宅楼信报箱(群)建设管理工作的通知》、《厦门市建设局关于加强建设项目节水“三同时”相关工作的通知》、《厦门市绿色建筑财政奖励暂行管理办法》、《厦门市建设局关于厦门市停车场停车信息实行联网规定的通知》、《厦门市建筑市场“黑名单”管理暂行办法》。

【行政复议和执法监督】 作为被告的行政诉讼案件1起、作为行政复议被申请人的行政复议案件4起。1起诉讼案件，人民法院驳回的原告的起诉。4起复议案件，厦门市政府和福建省住房城乡建设厅均维持厦门市建设局作出的具体行政行为。

【法制宣传教育培训】 完成46名执法人员的《厦门市行政执法证》到期的注册换证工作，组织局系统31人参加市行政执法证注册考试，15人参加申领执法证考试，100%考试合格，取得执法资格。

11月，在厦门经济管理学院举办为期2天的建设系统的建设专业法律知识培训班，培训人数近100人。并组织未取得行政执法证件的人员进行严格的闭卷考试。

印刷建设与管理政策法规汇编(2014年版)230本，汇编国家、省、市有关法律法规规章，以及建设部、省建设厅及市建设局的政策性、规范性文件等。

【立法保障行政审批制度改革工作成果】 在深化行政审批制度改革工作中，重视将立法工作与之衔接，认真做好与行政审批制度改革相配套的相关地方法规、政府规章和规范性文件的清理工作，以及配套的规范性文件的制定工作，同步清理取消下放行政审批事项设定依据，及时巩固行政审批制度改革成果，防止“边减边增”、“明减暗增”。

清理过程中，对与权力清单不符或冲突矛盾的规章条文一律废止或修改。例如原“非本市建筑企业资质备案”事项，在《厦门市经济特区建筑条例》和《厦门市建筑市场管理若干暂行规定》中均有规定。建议结合该备案事项已变更为“建筑业企业信息登记”事项，同步修改相应法规规章条款。

注重考量行政审批工作的实效，不断在行政管理中完善审批模式，将行政审批工作的经验及时通过完善立法提升。厦门市建筑废土立法实施16年，办理建筑废土处置申报及核准许可3100余家工地，取得一定成效。随着厦门市社会经济和城市建设的发展，建筑废土产生量大幅增长，原有单一的建筑废土核准许可和事后监管措施已不能适应形势发展。为确保厦门市建筑废土运输市场良性健康发展、培育渣土运输市场主体、促进行业整合以及“规模化、集约化”经营，加强建筑废土管理，创新和完善建筑废土处置相关核准和监管制度。修订《厦门市建筑废土管理办法》，进一步完善建筑废土处置核准的条件和加大事中、事后监管的力度，对建筑废土运输的企业及车辆按照与建设工程需求相适应、适度竞争的原则，实行总量控制。

【规范权力运行】 按照《关于印发厦门市推行市级行政权力清单制度实施方案的通知》要求，积极做好行政权力清理、推行行政权力清单制度工作，成立由部门负责人担任组长的局行政权力清单清理和行政审批制度改革工作领导小组，印发清理方案明确提出清理工作的目标要求、主要任务、实施步骤及工作要求。经厦门市委、市政府审核确认，保留市本级行政权力291项，市本级行政权力中，实行属地管理(含部分属地)111项，冻结权力行使0项。其中，行政审批7项(许可7项、非行政许可0项)、行政确认1项(建设工程档案认可)、行政处罚223项、行政监督检查45项、行政奖励8项、其他4项(后增列3项)以及省级委托及下放事项3项。厦门市建设局已正式发文向社会公示该清单。对已公布的权力清单中存在行政处罚个别事项名称近似、内容部分重复的情况，为避免混淆，方便群众区别，提出调整权力清单事项的具体要求，按程序报请市审改办研究审核确定后，将调整后的权力清单以《厦门市建设局关于调整行政权力清单事项的通知》重新予以公布。

【公共服务清单执行情况】 根据《关于进一步梳理公共服务事项的通知》要求，以《关于公布市级行政审批及公共服务事项目录清单的通知》为基础，结合行政权力清理结果，梳理完善公共服务事项，经市审改办《关于公布市级公共服务事项目录清单的通知》审核确认48项。

【责任清单执行情况】 按照《厦门市行政审批制度改革工作领导小组办公室转发省审改办关于进

一步做好市、县(区)政府部门责任清单工作的通知》的部署要求，将公共服务事项、行政权力事项结合局“三定”规定等情况，一并纳入局责任清单编制范围，对局主要职责进行进一步细化，明确本部门责任事项388项，涉及多部门监管责任事项4项，并以《厦门市建设局关于公布责任清单的通知》向社会公布。

【权力运行流程图制定情况】 向社会公布(《厦门市建设局关于公布行政权力事项运行流程图的通知》)，方便公民、法人和其他组织办事，接受社会监督。同时将进一步强化部门责任，落实责任分工，完善协作配合机制，确保取得实效。

大事记

1月

1日　厦门市“多规合一”审批流程及审批平台全面运行。

18日　厦门市政管廊投资管理有限公司正式揭牌成立，该公司主要负责厦门市综合管廊的统一规划、建设和经营管理。

30日　厦门市建设局开展节前安全生产大检查及安全生产督查，重点检查工地的安全生产状况、渣土车运营情况、施工围挡整改情况以及扬尘污染整治措施落实情况。

2月

3日　厦门市科技中学翔安校区项目日前通过专家评审，获得“一星级”绿色建筑设计评价标识，成为厦门市第一个执行绿色建筑标准的校园项目。

2月

1日　厦门市重点建设项目办公室调整到厦门市建设局，由厦门市建设局履行重点项目建设协调职责。

同日　以厦门市城市建设档案馆为主编制的《福建省城市地下管线探测与信息化技术规程》和《福建省城市地下管线信息数据库建库规范》正式实施。

26日　厦门市建设工程交易中心作为福建省唯一一家入围电子招标投标交易平台国家试点候选单位，派员参加中国招标投标协会召开的试点候选单位座谈会。

31日　《厦门市既有住宅增设电梯指导意见》正式发布。

4月

8日　国家地下综合管廊试点城市竞争性评审工作在北京举行，厦门市顺利通过评审和专家答辩，成为首批地下综合管廊试点城市之一。

10日　福建省住房城乡建设厅评选出“2014年宜居环境建设示范县(市、区)”及“2014年美丽乡村特色景观带”，海沧区及东孚镇大曦山美丽乡村景观带分获殊荣，累计获省级奖励资金500万元。

16日　厦门市成立市推进新型建筑工业化领导小组，下设办公室，挂靠在建设局，负责统筹规划、指导协调、督促开展，共同推进厦门市新型建筑工业化发展。

23日　中国勘察设计协会施工图审查分会第一届理事会第三次全体会议在厦门白鹭洲酒店召开。

5月

4～5日　国务院法制办和住房城乡建设部抗震办来厦门进行《建设工程抗震管理条例》立法调研，召开座谈会，厦门市地震局、本市施工图审查机构及部分设计院结构专业技术人员参加，并参观湖里中学、湖里区实验幼儿园教学楼采用橡胶支座隔震建筑技术的应用。

10～16日　厦门开展以“建设海绵城市，促进生态文明”为主题的节约用水宣传周活动。

15日　厦门市公共停车场信息平台投入试运行。

30日　厦门市成立渣土行业协会，选举第一届理事会成员，发布《厦门市建筑渣土行业规范运输倡议书》。

6月

4～5日　厦门市建设局举办地铁1号线园博苑站—杏锦路站区间的盾构施工样板工程现场观摩会。

10日　福建省首次建筑产业现代化座谈会及现场观摩会放在厦门举行，会议邀请省人大、省发改等多个省直部门、各地市建设主管部门及相关代表共180多人参加。

7月

3日　厦门市启动岛外溪流截污纳管改造工程，力争实现流域城镇生产、生活污水和农村生活污水全处理，三年投资18亿整治九大溪流。

16日　中国招标投标协会公布全国首批电子招标投标交易平台试点名单，厦门市建设工程电子招投标交易平台入选其中。

20～21日　由福建省住房城乡建设厅主办、厦门市建设局协办的“厦工盾构机观摩和交流会”在厦门举行。

27日　国家地下管线普查工作检查组来厦检查厦门市城市地下管线普查工作，肯定厦门市地下管线普查工作完成较早，指出厦门市管线信息系统先进、安全、实用，在城市地下三维空间方面开发理念新，希望继续实践探索形成可推广经验。

28 日　福建省宜居办常务副主任、省住房城乡建设厅副厅长王胜熙一行到厦门市调研宜居环境建设工作，对厦门市建设积极性及城市公共设施、美丽乡村建设增投项目表示肯定，并提出要求。

8 月

2 日　国家生态市建设考核验收汇报反馈会在厦门举行，厦门市顺利通过国家生态市考核验收，成为福建省首个通过验收的城市，也是全国第二个通过验收的副省级城市。

17 日《厦门市人民政府关于促进建筑业加快发展的若干意见》经厦门市政府第 87 次常务会议研究通过，由市府办印发实施。

9 月

7～10 日　厦门市住房保障管理中心组织开展第七批保障性商品房后溪花园房源集中配售工作，由此拉开 2014 年存量保障性住房已选期房配租配售相关工作的序幕。

17 日　"中德绿色建筑国际合作论坛"在厦门举行。

20 日　厦门市建设局在中山路开展"无车日"宣传活动，引起市民的热烈反响。

24 日　厦门市住房保障管理中心组织办理第 30 批保障性租赁房 156 户待选申请户选房工作。

10 月

12 日《厦门市社会保障性住房管理条例实施办法》经厦门市政府 91 次常务会审议通过，由市府办印发实施。

16 日　厦门市建设局发布 2015 年保障性租赁房第一批和第二批轮候分配方案。

22 日　住房和城乡建设部王宁副部长、建筑节能与科技司杨榕司长等巡查组一行，到厦门检查建筑产业现代化工作。在听取建筑产业现代化情况汇报、视察产业化生产基地、实地查看预制装配施工现场后，王宁副部长对厦门市建筑产业现代化工作给予充分肯定，并就下一步工作提出四点要求。

25 日　厦门市发布《厦门市重点建设项目管理暂行办法》、《厦门市市级政府投资重点建设项目代建制管理暂行办法及配套管理细则》。

11 月

5 日　厦门市建设局印发关于全市停车场停车信息实行联网管理的通知。

10 日　厦门市 2015 年第一批保障性租赁房意向登记公开摇号活动在建设大厦 3 楼举行。

12 月

2 日　厦门市印发《厦门市物业管理若干规定实施细则》。

16 日　厦门市建设局组织市政开发总公司参加福建省政府和社会资本合作(PPP)项目上海推介会。

17 日　厦门市政府第 97 次常务会议研究通过关于修改《厦门市建筑废土管理办法》的决定。

29 日　厦门市 2015 年第二批保障性租赁房意向登记公开摇号活动在建设大厦 3 楼举行。

30 日　厦门市建设局制定出台《关于鼓励市外建筑业企业迁入厦门市及鼓励本市建筑业企业增产增收若干措施(试行)》，从信用等级、人员使用、业绩认定等方面扶持企业，鼓励企业迁入厦门市。

(厦门市住房和城乡建设厅)

深　圳　市

城市规划管理

【城市规划】　深圳市规划和国土资源委员会(市海洋局)(以下简称市规划国土委)加快构建与存量土地开发相适应的新型规划管理制度，加强城市总体规划、土地利用总体规划的衔接，不断深化深莞惠区域合作，扎实推进交通、市政等各项基础设施专题研究，有效保障城市规划编制和落实。

宏观规划与计划 2015 年，市规划国土委积极开展"两规合一"工作，进一步充分挖掘用地潜力，调整出尽可能多的空间，深入推进城市规划和土地利用总体规划的高度融合，优化完善工作机制，提高行政效率，重点支撑近两年重点项目、民生项目、解决历史遗留问题。通过对全市范围的两规协调衔接，初步清理挖掘出超过 20 公顷潜力用地片区共 27 片。有序推进土地总规个案调整，上报一批中心城区有条件建设区报国土资源部审批项目，涉及中心城区四区的学校、医院、道路市政、居住等26个项目，共计41.20公顷，有效解决中心城区一批重大项目、民生基础配套设施规划调整需求。定期开展片区土地总规个案调整工作，审议通过28项调整方案。进一步完善和简化土地规划调整个案程序，提高工作效率。

区域规划与合作 2015年，市规划国土委与福田区政府共同完成市委市政府重点课题“加快推进河套及周边地区开发的规划”调研和成果编制工作，推进深莞惠规划合作，加强三市城市总体规划等宏观层面的衔接，配合完成三市党政领导小组会议的准备和沟通工作，实现城市功能的相互侧重，强化东莞长安新城与深圳的对接，建构形成深莞惠区域整体的空间结构，开展援建新疆喀什规划编制工作，在完成《喀什市城市总体规划(2010—2030)》全部成果并获新疆维吾尔自治区批复的基础上，进一步深化喀什深圳城、深圳工业园规划的编制引导。

【法定图则】 深圳市已获批的法定图则共计235项，其中2015年审批通过6项。截至2015年12月，完成法定图则局部调整事项99项，其中，新建或扩建学校、医院、养老设施等公共服务设施共52处，调整或新增道路用地和市政、供应设施共30处；工业、商业、居住用地新增建筑面积共396.5万平方米。2015年，推进大空港地区启动区涉及的〔海上田园风光及周边地区〕和〔福永西片区〕2项法定图则的编制，年底已完成公示意见处理，通过审批后将为大空港地区开展重大基础设施如国际会展中心、三跑道等建设等提供规划依据。

【交通规划】《深圳市轨道交通规划》、《深圳市干线道路网规划修编》通过深圳市城市规划委员会审议。提前协调住房城乡建设部，顺利、高效完成《深圳市城市轨道交通近期建设规划调整(2011-2016)》审查工作，为实现市委市政府确定的2015年新开工建设100千米轨道线路的目标奠定了坚实基础。完成《深港莞惠跨界交通调查》和深圳交通仿真二期项目，基本完成赣深客专(深圳段)、平南铁路改造和深惠城际线(深圳段)交通详细规划，大空港地区市政交通详规已完成初步成果。除规划编制工作，市规划国土委积极关注各类交通数据调查，在《深港莞惠跨界交通调查》中，完成涉及8个口岸、23个枢纽(客运站、火车站、机场)的跨界调查，并在香港举行的深港莞惠四地交通调查会议上介绍项目主要成果，重点开展《深圳市各类用地(建筑)交通出行特征调查及研究》，共完成230多个不同类型建筑物的交通出行特征调查。

【市政规划】《深圳市成品油管道布局规划》、《深圳市天然气高压管网规划》通过深圳市城市规划委员会审议。《深圳市排水(雨水)防涝综合规划》通过市政府审议，深圳市水厂整合与水源调配优化规划、境外水源研究等工作已完成初步成果，按照国家和省市要求，牵头编制《深圳市海绵城市建设工作方案》。印发《深圳市地下管线普查工作方案》，稳步推进全市地下管线综合管理系统的建设工作。开展《深圳市综合管廊专项总体规划》及《深圳市综合管廊工程技术规程》的编制工作。为保证市政府在年底完成推广应用新能源汽车2.5万辆(电动公交车3600辆)的目标任务，牵头完成14块电动公交车充电设施临时用地选址。

【城市与建筑设计】《深圳湾超级总部基地开发模式研究》经市政府审议通过，为基地量身定做更为精细化、弹性化、组合化的土地开发机制提供了依据，积极配合中信证券、地铁红树湾项目、天音总部大厦以及联泰地块的规划设计条件，开展土地出让工作。协调后海总部基地立体交通系统的规划实施，完成中心区的新地标——水晶岛建设项目的规划设计和挂牌条件研究并上报市政府，积极推进福田区农科中心片区香蜜公园规划的协调、调整和审批工作，组织开展深圳市国际会展中心规划设计条件研究、概念方案国际咨询等工作，完成深圳市城市规划临时展厅的施工布展工作。拟定全市建设工程方案设计招投标重点管控的具体范围，组织编写《深圳市超限高层建筑工程抗震设计可行性论证指南》，成为深圳市设计单位超限抗震设计的重要参考。组织开展2015深港城市/建筑双城双年展(深圳)工作，举办2015公共雕塑展览。

【地名管理及历史文化保护】 市规划国土委完成地名普查二期工程及检查验收工作，通过利用出租屋管理信息补充居民点类地名中的人口信息5100余条，结合地名审批信息补充居民点240个，核对完善居民点位置和名称等信息2000余条，有效地保证了数据质量，全市共调查了11大类、35小类、4.65万个地名点，采集3.26万条地名基本信息和4.65万条地名属性信息，较好地完成全国第二次地名普查工作任务，该项工作及应用工程被国家评为“2015中国地理信息产业优秀工程(金奖)”。完成《深圳市现状道路桥梁名称梳理规划(次干路以下)》梳理工作，为解决多年以来累积的道路桥梁无名、重名、名称不规范等问题，2014年10月《深圳市现状道路桥梁(次干路以下等级)名称梳理规划(草案)》

完成，该项工作从 2013 年 5 月开始，最终成果 2015 年 5 月底上报市政府审批，并于 7 月 9 日由市政府批准实施，从根本上解决道路桥梁不规范问题。完成《深圳市地名管理信息系统》开发研究工作，较好地规范地名管理的业务办理流程、提高审批效率，为公众提供便利的服务。组织开展深圳市历史风貌区和历史建筑的专项调查、评估以及保护行动规划的编制工作，彻底摸查全市范围内各级各类历史风貌区和历史建筑资源，全面开展分级分类评估工作，并提出工作指引，对分布在全市范围内能够反映深圳历史文化和地方特色的历史风貌区和历史建筑进行保护。

“三旧”改造 2015 年，在城市更新方面，全市审批 4 批次 75 项更新单元计划项目，涉及用地面积 696 公顷。结合计划审批情况，及时对标图建库进行调校。已审批通过城市更新单元规划 38 项，涉及拆除用地面积约 300 公顷，土地贡献约 98 公顷，规划总开发建设用地面积约 199 公顷，总建筑面积 1139 万平方米，其中保障性住房约 50 万平方米，创新型产业用房约 45 万平方米。通过更新单元也规划落实中小学校 19 所、幼儿园 27 所、社区健康服务中心 22 处、公交首末站 26 处及其他配套设施一批。在土地整备方面，编制《2015 年度土地整备计划》（包括 2015 年度房屋征收计划），安排土地整备项目 14 个，房屋征收项目 47 个，完成土地整备 15.3 平方千米，完成“十二五”土地整备既定目标。大力推进大空港新城、深圳北站商务区、国际低碳城等重点片区的土地整备，开展华谊兄弟文化创意产业园、国际农产品物流园等重大项目的土地整备，优先保障 200 千伏横岗输变电工程、坪山聚龙医院、南科大和深大新校区等一大批公共基础设施和民生工程用地需求，为经济社会发展奠定了基础。

房地产市场管理

【房地产市场】 全年房地产市场总体上市量价齐升。一季度延续上年四季度的回暖形势，二季度市场则比较火热，三季度有所降温并出现回调，第四季度市场继续升温。市规划国土委以推行深化改革计划为主线，全面贯彻落实国家宏观调控政策，大力推行以诚信清单建设为重点的新型市场监管机制，加快推进停车位管理立法工作，重点研究编制“十三五”住房建设规划。

【市场调控】 贯彻落实国家房地产新政，积极推动房地产市场稳定健康发展。协调落实《国土资源部、住房城乡建设部关于优化 2015 年住房及用地供应结构促进房地产市场平稳健康发展的通知》精神，采取措施积极支持和引导自住和改善性住房需求。首先，协调市地税局落实执行营业税免征期“5 年改 2 年”的政策，其次，会同人民银行深圳市中心支行与相关商业银行深入沟通，提出了银发 98 号文有关购房首付和贷款利率的执行建议。此外，经市政府批准，于 2015 年 9 月调整享受优惠政策的普通住房标准，使更多住房享受个人所得税、契税和营业税等的减免优惠，降低了刚需购房成本，满足合理住房需求和扩大住房消费。

【行业监管】 规划国土委加快推进房地产行业诚信清单建设，全面整合房地产市场监管资源，探索建立以“诚信清单”为基础的分类管理模式，完善守信激励和失信惩戒的监管机制。进一步强化事中事后监管，建立制度化、规范化、常态化的监管机制，针对企业和个人的诚信状态实施分类监管，减少对诚信企业和个人的日常监管频次，加强对预警和失信企业和个人的日常监管力度。组织开展房地产领域不稳定问题专项治理工作，制定《关于开展房地产领域不稳定问题专项治理工作的通知》，明确专项治理的工作重点、工作步骤和工作时间，建立房地产领域不稳定问题工作台账，开展专项检查工作，查处违法违规行为等多个途径，对开发企业是否存在“日光盘”虚假宣传和捂盘惜售等问题进行专项检查，对群众多次投诉、举报的房地产开发企业和房地产项目进行重点检查，针对其中存在的问题立即予以纠正或责令整改，进一步净化了市场经营秩序，获得省住房城乡建设厅检查工作组对开展房地产领域不稳定问题专项治理工作的满意评价。顺利完成本年度房地产开发、经纪、估价行业年度检查工作。2015 年度年检合格的房地产开发企业 769 家，年检不合格的开发企业 7 家，45 家开发企业未按时参加年检，年检合格的房地产经纪机构及分支机构 1750 家，其中经纪机构 300 家，分支机构 1450 家，年检合格的估价机构 51 家，比上年度增加 3 家。全力推进问题楼盘处置，妥善解决历史遗留问题。截至 2015 年 11 月，全市 52 个问题楼盘中，已解决的问题楼盘有 49 个，剩下的 3 个正在加快处理中。3 个尚未解决的问题楼盘中，其中富豪花园已经启动司法破产程序，邦达花园在南山区政府的牵头下也已经提出了、具体的推进实施方案，已取得突破性进展。

【房地产开发】 全力落实房地产开发投资任务，确保宏观经济稳定发展。牵头制定了《关于分解落实 2015 年度房地产开发投资计划任务工作方案》，将2015年度房地产开发投资任务分解落实到土地出让、规划许可审批、城市更新项目、闲置土地处置、土地整备和房屋征收等各业务环节，并已纳入绩效考核督察督办，加快房地产项目审批和投资落地进度，及时分析和处置有关情况，2015年计划完成房地产开发投资1197亿元，全年全市房地产累计开发投资完成额为1331.03亿元，完成计划的111.2%，较2014年增长24.5%，再次超额完成任务，该项支出预计对全市GDP的拉动作用约占10%。

【房地产一级市场】 针对房地产市场供需两旺、商品住房销售库存周期缩短、住房供应面临压力的情况，通过开通绿色通道主动服务，加快商品住房批准预售进入市场的速度，在政策利好等综合作用下，全年商品房批准预售928.12万平方米、86973套，较2014年增长26.8%，其中商品住宅批准预售703.73万平方米、68013套，较2014年上升27.7%。

【房地产市场】 全市新建商品房成交836.3万平方米、82666套，较2014年增长70.5%。其中，新建商品住宅成交665.87万平方米、66445套，较2014年增长65.2%，创2007年以来最高水平，二手房成交1138.6万平方米、135783套，较2014年增长114.6%。其中，二手住宅成交1030万平方米，为历史第二高位，较2014年增长124.2%。

【住房计划】 市政府与市规划国土委签订保障性安居工程建设工作目标责任书，市规划国土委认真落实保障性安居工程建设任务。2015年，共落实本年度新筹集保障性安居工程4.5万套任务，完成新供应20公顷保障性安居工程用地的选址和初审，并实现新开工保障性安居工程项目3.1万套，新开工套数超过省政府下达的任务。据统计，全市2011年至2014年实际新供应保障性安居工程建设用地约155公顷，完成“十二五”规划的年度供应要求，其中存量用地占比逐年上升，通过城市更新、拆迁安置、产业园区配建等渠道获得用地的项目占比逐年增加。

具有突出特色的其他重要工作

【扎实推进行政管理制度改革】 市规划国土委进一步精简行政职能，根据市政府统一要求，完成第一批25项职权的精简调整，正在推进第二批57项职权的精简调整，积极配合罗湖区城市更新试点，全面调整小梅沙片区规划土地行政职权。差别化设置公共项目科，将城市基础设施和公共服务设施的全流程审批服务集中在一个科室，实现“一个口子进出”，压缩审批链条和时限。全链条优化12项政府投资重大民生工程审批服务，实施内部审批的并联办理和四个“一次性”机制(一次性提出项目办理的“一揽子”方案，一次性提出需委员会相关业务处室支持协调的事项，一次性进行技术论证和专家评审工作，一次性开展有关公开征求意见和公示公告工作)。全面精简河道治理类工程审批流程，改变河道治理类工程的传统审批模式，大大提高审批效率。优化文教体卫等公共服务设施前期服务，实行批次选址，减少前置环节，出台加快中小学建设的指导意见，放宽审批内容。此外，为加快政府职能转变、进一步推进减政放权，构建科学高效、规范透明、多元参与、合作共治的规划国土治理体系，市规划国土委2015年10月开始，从精简行政职权事项、深化重点领域改革、再造业务决策流程等方面全面推进体制机制改革各项工作，在市委改革办的指导下，于2016年1月形成《全面深化规划国土体制机制改革方案》，并于1月底报送市委改革办，待市委市政府审议。

【深港城市建筑双城双年展】 为推动深圳建筑设计的进一步繁荣，深圳市规划和国土资源委员会创建一个推动深圳与国际建筑设计界交流的平台，至今已成功举办六届的深港城市建筑双城双年展(以下简称双城双年展)。2015年12月4日，第六届双城双年展正式开幕，展览持续至2016年2月28日。这是以城市、城市化为固定主题的国际双年展，展览关注城市规划与城市设计、建筑、公共空间与公共艺术等领域，已成为国际知名的展览品牌。“深港双年展”坚持以国际标准，参展作品均来自于国内、国际一流的建筑师和设计师，其影响力正在日益扩大，从业界的反映看，已经达到国际水准。本届双城双年展以“城市原点”为主题，以重塑城市与家园、打造美好未来世界为主旨，倡导对建筑、城市的现状再利用、再思考和再想象，通过设计重塑人们的日常生活。分为社交城市、3D拼贴城市、珠三角2.0、激进城市化四大主展区，倡导对建筑、城市设计现状的重新思考、重新想象、重新利用、重新建构。本届双城双年展以深圳市蛇口区大成面粉厂改造工程为平台，来自国内外的设计师对城市旧厂区更新改造、城市空间利用优化的思考和想象融入面粉厂改造设计工程中，引人深思。在国家及地区馆里，观众可通过不同建筑表现形式感受到来自遥远国度的城市建筑魅力。

(深圳市规划和国土资源委员会(市海洋局))

城市建设

【概况】 深圳市位于广东省中部珠江口东岸，与香港特别行政区一水之隔，1979年11月设立地级市，1980年设置经济特区。1981年，深圳市升格为副省级市。1988年，国务院批准深圳市在国家计划中实行单列。市区面积1996.85平方千米。2015年全市年末常住人口1137.89万人，比上年末增加60万人，增长5.6%。其中户籍人口354.99万人，占常住人口比重31.2%，非户籍人口782.90万人，占比重68.8%。全年生产总值17502.99亿元，比上年增长8.9%，固定资产投资3298.31亿元，比上年增长21.4%，其中房地产开发投资1331.03亿元，比上年增长24.5%。深圳市按照"五位一体"总体布局和"四个全面"战略布局，围绕建设现代化国际化创新型城市目标，突出质量引领、创新驱动、绿色低碳，着力提升城市功能。加快建设交通基础设施，轨道交通6、8、10号线等7个项目动工，在建线路总长211千米，福田地下轨道交通枢纽建成使用。深圳机场实现24小时通关，新开国际航线5条。深中通道、坂银通道等开工建设。拆除二线关口，实施16个二线关口交通优化和127个拥堵道路改善工程。加快推进环境优化工程。完成26项环境基础设施提升改造。制定实施总投资816.5亿元的治水提质五年计划。新建成污水管网335千米、新开工724千米。完成深圳湾水域14个排污口整治，开工建设6.6千米滨海休闲带西段工程。与东莞市联合启动茅洲河全流域治理。完成妈湾电厂深度脱硫除尘改造。全面推广使用国Ⅴ柴油，推进港口货柜车清洁能源改造和岸电设施建设。推行生活垃圾减量分类管理。东部湾区(盐田区、大鹏新区)列入第二批国家生态文明先行示范区。加快优化发展空间。开展建设用地清退。出台严查严控违法建设决定，拆除违法建筑153.6万平方米，下半年违法建筑零增长。深入推进城市更新和土地整备，城市更新供应土地2.6平方千米，整备释放土地15.3平方千米。

深圳城市建设存在问题：土地、水等资源约束趋紧，要素成本上升较快，对特区长远发展构成严重制约。如何全面、稳定地建成优质精品工程还有待加强。原特区内外发展不协调、不平衡问题依然存在，违法建筑量大面广，城市管理精细化水平不高。部分河流和海域水质污染还比较严重，污水管网欠账较多，重大环保设施落地难，环境治理任重道远。(张致富)

【城市规划】 初步清理挖掘出超过20公顷潜力用地片区共27片。有序推进土地总规个案调整，上报一批中心城区有条件建设区报国土资源部审批项目，涉及中心城区四区的学校、医院、道路市政、居住等26个项目，共计41.20公顷，有效解决中心城区一批重大项目、民生基础配套设施规划调整需求。定期开展片区土地总规个案调整工作，审议通过28项调整方案。

【区域规划与合作】 推进深莞惠规划合作，加强三市城市总体规划等宏观层面的衔接，配合完成三市党政领导小组会议的准备和沟通工作，实现城市功能的相互侧重，强化东莞长安新城与深圳的对接，建构形成深莞惠区域整体的空间结构，开展援建新疆喀什规划编制工作，在完成《喀什市城市总体规划(2010-2030)》全部成果并获新疆维吾尔自治区批复的基础上，进一步深化喀什深圳城、深圳工业园规划的编制引导。

【法定图则】 深圳市已获批的法定图则共计235项，其中2015年审批通过6项。完成法定图则局部调整事项99项，其中，新建或扩建学校、医院、养老设施等公共服务设施共52处，调整或新增道路用地和市政、供应设施共30处，工业、商业、居住用地新增建筑面积共396.5万平方米。推进大空港地区启动区涉及的(海上田园风光及周边地区)和(福永西片区)2项法定图则的编制，年底已完成公示意见处理。

【交通规划】 《深圳市轨道交通规划》(2012版)、《深圳市干线道路网规划修编》通过深圳市城市规划委员会审议。提前协调住房和城乡建设部，顺利、高效完成《深圳市城市轨道交通近期建设规划调整(2011-2016)》审查工作。完成《深港莞惠跨界交通调查》和深圳交通仿真二期项目，基本完成赣深客专(深圳段)、平南铁路改造和深惠城际线(深圳段)交通详细规划，大空港地区市政交通详规已完成初步成果。除规划编制工作，完成涉及8个口岸、23个枢纽(客运站、火车站、机场)的跨界调查，并在香港举行的深港莞惠四地交通调查会议上介绍项目主要成果，重点开展《深圳市各类用地(建筑)交通出行特征调查及研究》，共完成230多个不同类型建筑物的交通出行特征调查。

【市政规划】 《深圳市成品油管道布局规划》、《深圳市天然气高压管网规划》通过深圳市城市规划委员会审议。《深圳市排水(雨水)防涝综合规划》通过市政府审议，深圳市水厂整合与水源调配优化规划、境外水源研究等工作已完成初步成果。印发《深圳市地下管线普查工作方案》，稳步推进全市地下管线综合管理系统的建设工作。为保证市政府在年底完成推广应用新能源汽车2.5万辆(电动公交车3600辆)的目标任务，牵头完成14块电动公交车充电设施临时用地选址。

【城市与建筑设计】 《深圳湾超级总部基地开发模式研究》经市政府审议通过，积极配合中信证券、地铁红树湾项目、天音总部大厦以及联泰地块的规划设计条件，开展土地出让工作。协调后海总部基地立体交通系统的规划实施，完成中心区的新地标——水晶岛建设项目的规划设计和挂牌条件研究并上报市政府，组织开展深圳市国际会展中心规划设计条件研究、概念方案国际咨询等工作，完成深圳市城市规划临时展厅的施工布展工作。组织编写《深圳市超限高层建筑工程抗震设计可行性论证指南》，组织开展2015深港城市/建筑双城双年展(深圳)工作，举办2015公共雕塑展览。

【地名管理及历史文化保护】 完成地名普查二期工程及检查验收工作。该项工作及应用工程被国家评为"2015中国地理信息产业优秀工程(金奖)"。完成《深圳市现状道路桥梁名称梳理规划(次干路以下)》梳理工作，为解决多年以来累积的道路桥梁无名、重名、名称不规范等问题。2014年10月《深圳市现状道路桥梁(次干路以下等级)名称梳理规划(草案)》完成。完成《深圳市地名管理信息系统》开发研究工作。组织开展深圳市历史风貌区和历史建筑的专项调查、评估以及保护行动规划的编制工作，彻底摸查全市范围内各级各类历史风貌区和历史建筑资源，对分布在全市范围内能够反映深圳历史文化和地方特色的历史风貌区和历史建筑进行保护。

【"三旧"改造】 在城市更新方面，全市审批4批次75项更新单元计划项目，涉及用地面积696公顷。结合计划审批情况，及时对标图建库进行调校。已审批通过城市更新单元规划38项，涉及拆除用地面积约300公顷，土地贡献约98公顷，规划总开发建设用地面积约199公顷，总建筑面积1139万平方米，其中保障性住房约50万平方米，创新型产业用房约45万平方米。通过更新单元也规划落实中小学校19所、幼儿园27所、社区健康服务中心22处、公交首末站26处及其他配套设施一批。在土地整备方面，编制《2015年度土地整备计划》(包括2015年度房屋征收计划)，安排土地整备项目14个，房屋征收项目47个，完成土地整备15.3平方千米，完成"十二五"土地整备既定目标。大力推进大空港新城、深圳北站商务区、国际低碳城等重点片区的土地整备，开展华谊兄弟文化创意产业园、国际农产品物流园等重大项目的土地整备，优先保障200千伏横岗输变电工程、坪山聚龙医院、南科大和深大新校区等一大批公共基础设施和民生工程用地需求，为经济社会发展奠定基础。

城市基础设施建设与管理

【垃圾焚烧厂建设】 多年悬而未决的东部环保电厂、老虎坑三期、妈湾生态园三大垃圾焚烧厂的建设项目已经落地，正在按计划推进。盐田垃圾焚烧厂整体改造提升方案也已完成。随着这几大垃圾焚烧厂的建设和改造工作的实施，困扰的"垃圾围城"问题有望得到重大缓解。

【垃圾治理】 全面推广垃圾密闭化收运模式，下决心整治垃圾收运过程中的二次污染，生活垃圾密闭化率显著提高。龙岗区餐厨垃圾无害化处理及资源化利用设施基本建成，盐田区餐厨垃圾物联网监管系统平台于2015年5月正式通过验收。2015年1月至10月，全市生活垃圾日均处理量15805吨，全市垃圾填埋场臭气投诉总数较上年同期减少50%，6座垃圾焚烧发电厂发电72612万度，2座垃圾填埋场填埋气发电6497万度。

【垃圾分类减量】 2015年，深圳市垃圾分类和减量工作从试点转入全市全面推行。特别是在资源回收、源头减量和分类体系建设等方面进行了积极探索，全市共有706个物业小区开展3000多场"资源回收日"活动，国内首个O2O分类回收平台"回收哥"正式上线，聘请王石等首批15位推广宣传大使，营造了垃圾分类减量的良好氛围。

【创建国家卫生城市】 深圳市顺利通过国家卫生城市和25个国家卫生镇的复审确认。

【建设公园之城】 加快建设"公园之城"。完成67个社区公园建设，4个市属公园的改造提升，全市各类公园总数达到911个。重点打造特色化公园和提升公园服务品质，初步形成全市公园"一园一特色"，"自然公园—城市公园—社区公园"三级公园服务体系进一步完善。同时，成功举办第十届公园文化节，为市民提供高品位的公园文化大餐。

【绿化精细化管理】 完成"道路广场花卉布置、道路绿化建设经费标准、园林绿化树种选择指引"等6类城市绿化标准编制，并在福田区等6个区组织108家企业开展绿化管养精细化试点，为全市全面推广绿化管养精细化积累了经验。完成《深圳市绿地系统规划(2004—2020)》修编和全市城市绿化资源普查。

【绿道和立体绿化建设】 2015年，进一步完善绿道服务网络，全市已经建设联通公共目的地 277 个，建成“深圳湾滨海骑行”、“梧桐山休闲健身”、“盐田梅沙观海”等一批精品绿道。同时，出台立体绿化建设和管理技术标准，指导和推动各区打造立体绿化示范与样板，鼓励建筑物业主自行开展屋顶绿化改造，全市共完成立体绿化项目 75 个。

【森林资源保护】 深圳市城市管理局加挂“深圳市林业局”的牌子，全市林业生态保护进入了新的发展阶段。深圳市森林面积 8.29 万公顷，森林覆盖率 41.52%，森林活立木蓄积量 332 万立方米，建成区绿化覆盖率 45.1%，生态公益林总面积 47748.5 公顷，人均公共绿地面积达 16.91 平方米，各类公园总数 911 个。全市共抚育生态景观林带里程 365.05 千米、面积 85980.15 亩，约有 58.4 万人参加义务植树活动，折算种植树木 180.34 万多株。

【林地和林政管理】 深圳市严格执行占用征收林地定额管理和林地用途管制制度，2015 年深圳通过省林业厅审核的项目 35 个，涉及林地面积 419.1178 公顷，严格控制未批先用、少批多用林地现象，有力保障重大民生和基础设施项目使用林地需求。同时，深圳市还严厉打击非法侵占林地违法犯罪行为，全面加强森林防火，共查处各类涉林案件 36 宗，全年没有发生重特大森林火灾和人员伤亡事故，森林火灾受害率为 0.1‰，有力维护林业生态安全。

【自然生态教育】 深圳市大力开展自然保护和自然生态教育，建成并开放野生动物科普馆，坝光银叶树湿地园进入施工阶段，启动红树林湿地博物馆的规划建设，和 NGO 开展自然教育合作，创建 4 个自然教育中心和一批自然学校。同时，扎实推进第 19 届国际植物学大会筹备工作。

【市容环境综合执法】 全力治理市容秩序“顽疾”，打响综合执法攻坚战。从 2015 年 9 月份开始，建立全市统一的“执法行动周”，举全市城管执法之力，对市民反映突出的私宰生猪、黑煤气、市容环境脏乱差、垃圾运输洒漏、城市“六乱”等问题，实行统一行动、集中整治。全市开展整治统一行动 1060 次，出动执法人员 31488 人次，立案 754 宗，结案 729 宗，市容环境明显好转。

【街道家具整治】 严格街道家具整治，全面规范街面秩序。深圳全市共有街道家具 14 类 35 种，设置主体各自为政，导致街道家具五花八门、挤占公共空间，影响市容形象。2015 年，重点开展街道家具的规范化整治，完成了街面报刊亭、电话亭、早餐车等 10 大类的街道家具第一阶段整治工作，全市共拆除、更新各类破旧设施 5417 处(个)，所有废弃的电话亭、屋顶天线得到拆除或规范。

【城中村环境整治】 深圳市印发了城中村整治“五化”工作指引，明确各区、各街道城中村“示范点”创建任务，对完成情况分批组织验收。集中解决原特区外市政道路“有路无灯，有灯不亮”问题，新建、扩建和改建的城市道路装灯率达到 100%。同时，继续改革市容环境综合考核制度。

【智慧城管建设】 大力推动“数字城管”向“智慧城管”转型升级，初步形成“两个平台”、“六个系统”的智慧城管建设框架，完成“美丽深圳”公众互动服务平台的建立，为市民提供全天候智能化城管服务。平台运行以来，关注人数不断增多，累积举报城市管理案件 3000 余宗，受到市民群众好评。

【关爱环卫工人活动】 发起组织“关爱环卫工人”活动，全市 600 多所学校的 200 多万学生，17000 多家企业的 600 多万员工，以及市、区、街道各级干部职工积极参加为环卫工人献爱心行动。社会各界捐款资金达 2800 万元，成立为环卫工人排忧解难的“美丽深圳公益基金”，得到社会各界的好评。

【大气质量提升行动】 “蓝天工程”超额完成年度目标，通过全面限行、严厉查处、经济补贴综合手段淘汰黄标车 12.56 万辆。在全国率先开展汽修行业水性漆改造、建筑业禁用油性涂料和非道路移动机械污染治理，594 家重点企业完成 VOC 整治，62 台锅炉完成清洁能源改造，新建 7 个泊位的岸电设施，619 个艘次船舶转用低硫燃油，有力推动船舶污染区域联治，持续推进扬尘污染专项整治，自然降尘值同比降低 15%。

【治水提质全面启动】 推动出台深圳治水提质行动计划，制定《深圳市 2015 年南粤水更清行动计划》和淡水河、石马河、茅洲河的污染整治实施方案，统筹推进跨界河流治理。完成 2014 年淡水河、石马河污染整治考核和茅洲河第三方评估考核，取得较好名次。完成全市非法养殖清理工作，清理非法养殖点 400 余处，畜禽 9.8 万头，乱搭建 26.8 万平方米。开展深圳湾排污口调查，优化监测点位，组织实施综合治理，深圳湾及蛇口片区海域水质明显改善，主要污染指标较上年下降 28.1%。完成饮用水源保护区划调整，扎实推进“雨季行动”，减少了汛期水库面源污染。

【燃气供应与保障】 新建燃气管道 165.5 千米，其中原特区外完成 140 千米，完成率 150.5%，管网覆盖率达到72.5%，比2014年提升5个百分点。新增管道天然气用户12万户，其中老旧住宅区和城中村管道天然气改造4.4万户。组织2次安全大检查，共出去检查人员210人次，检查燃气场站49个，发现安全隐患85个，下发燃气安全隐患整改通知书7份。全年累计排查出天然气高压管线安全隐患25项，其中，较大安全隐患23项，一般隐患2项，已完成整改21项，整改率84%。关停清水河、东角头的4家燃气储配站，彻底消除城市风险隐患。

【环境经济政策成效显著】 继续推进排污权交易规则制订、数据库建设等基础工作，深化环境污染责任保险政策，2015年全市新保和续保企业313家，保额4.8亿元，保费905万，位居全省之首。落实绿色信贷政策，向金融机构报送企业环境违法信息及环保信用等级信息共1200条，银行业累计退出环境违法、黄牌和红牌企业授信35户，涉及贷款102.32亿元。

【环境科研创新成果】 立项环境科研课题40项，安排科研经费2936.2万元，15个项目获广东省环保科技奖，创历届获奖数目之最。获得发明、实用新型专利各1项，新申请专利3项。“国家环境保护饮用水水源地管理技术重点实验室”和“深圳市饮用水水源地安全保障重点实验室”通过验收。完成福田中心区交通噪声地图绘制和管理系统开发。

（赵建林）

【住房和建设工作】 深圳市在保障房建设分配管理、工程质量和公共安全、民生改善等方面取得了较好的成绩。全年保障性住房开工1.76万套，竣工2.13万套，供应2.14万套，全市建筑业总产值约2237.99亿元，物业管理服务业营业收入391.6亿元，燃气业年营业务年收入172.47亿元，勘察设计业年营业收入1617.43亿元(含附营)。

【住房保障】 保障性安居工程　开工保障性安居工程项目17647套，完成年度开工任务117%，其中市本级实际开工5653套，完成目标任务的161%，竣工21251套，完成年度竣工任务141%，其中市本级竣工11369套，完成目标任务的210%，供应21417套，完成年度供应任务119%。顺利出台并平稳实施经济适用住房取得完全产权和上市交易政策。组织各区启动历史遗留住房租售工作，共租售约2000套住房。轮候申请审核模式持续优化，在册轮候人总数达8.7万余户。完成龙海家园、和悦居等3个项目约24484.61平方米配套商业项目的公开竞价整体招租。

【人才安居工程】 发布《深圳市人才安居重点企事业单位遴选条件及名录(2015年)》，纳入重点企事业单位共6431家。面向香港大学深圳医院、南方科技大学等市级人才安居重点企事业单位定向配租公租房6086套，定向配售安居型商品房1826套，圆满完成了原高、中、初级人才租房补贴发放的收尾工作，完成4批次领军人才住房补贴受理和发放工作，市区两级共发放人才补贴约4.8亿元，其中市本级约3.97亿元。在安居型商品房配售项目中实行领军人才“单独排序、优先选房”的配售规则，截至2015年12月31日，52户领军人才提交安居型商品房申请，其中45户领军人才已成功选房。

【住房公积金】 新增开户单位30623户，新增开户个人130.94万人，新增归集资金380.73亿元，分别完成目标任务的278.39%、119.04%和102.9%，新增提取住房公积金469.15万笔，提取金额约204.42亿元，同比分别增长35.84%和25.92%，发放公积金贷款246.12亿元，完成计划的189.32%，住房公积金贷款个贷率达52.91%，相比2014年底提高了16.92个百分点，2015年当年个贷率达122.20%，共释放结余资金39.15亿元。

工程质量管理

全年工程质量基本可控，未发生较大以上安全事故。制定《深圳市建设工程质量五年提升计划之两年治理行动实施方案》，严格落实建设工程质量终身责任制。印发《深圳市住房和建设局关于加强深基坑工程和降水工程管理工作的紧急通知》，有针对性弥补法规空缺，对桩锚支护结构及人工挖孔桩的设计和施工采用更严格的控制措施。组织开展各类质量安全专项检查48次，积极开展工程质量巡查抽检和监督抽检，不断加强保障性住房综合检测和专项检查。高新西产业配套保障房工程等4个项目获得鲁班奖，广深港客运专线广深段工程等6个项目获得国家优质工程奖。9项工程获广东省建设工程金匠奖，15项工程获广东省优质工程奖。新开工并在市局报建的项目共计522项，全部开展了质量监督介入，质量监督覆盖率达到100%。全年共受理质量安全信访投诉案件522单，其中12345投诉263单，完成率100%。

绿色建筑与建筑工业化

绿色建筑与建筑节能减排工作继续稳居全国前列。新增节能建筑面积超过1993万平方米，新增绿色评价标识项目112个，新增绿色建筑面积1137万平方米。太阳能热水建筑应用面积规模超过1500万平方米、太阳能光电装机容量 46.8 兆瓦。建成投入使用的建筑废弃物综合利用项目由 5 个增加至 6 个，建筑废弃物综合处理能力由 520 万吨提升至 620 万吨，全年共处理建筑废弃物约 500 万吨。新增 6 个建筑工业化示范基地和 1 个示范项目，华阳国际成为全国首家被授予“国家住宅产业化基地”的设计型企业。

建筑业

【建筑业发展】 全市建筑业总产值自年初累计完成约 2237.99 亿元，上年同期为 2194.74 亿元，同比增长 1.97%。建筑业增加值自年初累计完成 479.72 亿元，上年同期为 466.12 亿元，按可比价计增长 3.9%。建筑业增加值占本地 GDP 的比重约为 2.7%，上年同期为 2.9%，同比减少 0.2 个百分点。企业在省外完成的建筑业产值为 980.54 亿元，上年同期为 1012.60 亿元，同比减少 3.17%(以上初步汇总数据由市统计局提供)。

【建筑市场建设】 有形建筑市场建设，招投标交易规模有所增长，2015 年全市建设工程招标和直接发包项目共计 4648 项，总造价 2226.91 亿元，其中：施工类 2365 项，工程总造价 2119.22 亿元，监理类 491 项，监理费 19.48 亿元；勘察设计、货物采购、服务及其他 1792 项，工程总造价 88.21 亿元，对建设工程招投标进行监管共节约国有资金约 227.35 亿元。

【建筑市场监管与服务】 深入开展工程建设领域突出问题专项治理，组织开展全市企业动态核查工作，加强企业资质、个人注册资格的动态监管，加强市场与现场联动。严厉打击各种违法违规行为，全年共计完成行政处罚 10 单，对查实存在违法违规的招标投标活动坚决予以查处。加强劳务工欠薪预防处置，落实总包责任，加强制度建设，加强属地管理。全年市、区列入检查项目共 1150 个，抽查 303 个，各企业自查 859 个。积极解决劳资纠纷案件 500 宗，办结率 100%，涉及人员约 1210 人次，涉及金额 4000 余万元。开展建筑业施工企业诚信体系建设，探索第三方评估和引入征信机构共享诚信信息。全年开展阶段评价 2 次。

【工程招投标制度改革】 发布《关于建设工程招标投标改革的若干规定》。实行定性评审、评定分离，落实招标人负责制。提出简化招标措施，有利于加快招标投进程，提高固定资产投资效率。简化了批准事项，压缩工作时限，提高招投标效率。分类规范招投标活动，实现精细化管理。明确了政府采购和建设工程的界线。依法处理工程招投标投诉，共受理投诉 76 件。其中：施工监理类 35 件，货物与服务类 33 件，勘察设计类 4 件，其他类 4 件。

【社会管理和公共服务】 新增 100 个绿色物业管理试点项目，累计达 345 个项目开展绿色物业管理试点；新增 80 个“智慧社区”试点项目，累计达 162 个项目开展智慧社区建设试点；配合推进新能源汽车充电桩设施建设工作，在停车场内配合建设了 1 万 6 千多个充电设施。选取罗湖区 3 个小区开展业主大会法人登记试点。在福田区天然居小区运行全国第一个官方性质的市级物业管理微信服务平台。确定桃源居等 10 个小区作为业主自管维修资金试点小区。

【光明滑坡事故救援】 “12・20”滑坡事故发生后，深圳市住房和建设局立即启动应急预案，组织工程抢险和燃气抢险队伍前往事故现场抢险救援。从局机关及事业单位、各区局抽调 122 名干部分成 10 个工作组，24 小时连续奋战，全力抢险。会同武警等单位和企业汇集成 176 家参战队伍 5683 人昼夜实施救援。统筹调配投入大型工程机械设备 2628 台套，召集 100 多名岩土、结构等方面的专家成立专家组参与指导救援工作。仅用 20 多天，运出土方量约 280 万方，会同消防部门救出 1 名幸存者。

简政放权

成立行政许可与服务处，将全局分散的审批、服务职能统一划入，包括窗口服务、真正实现“并联式”集中审批，承接工程建设、建筑业企业及人员管理审批及服务事项 39 项。对外公布行政审批和社会服务事项共计 172 子项，废止(含申请废止)24 子项，转移各协会和区级行政部门 15 子项，合并 2 子项，行政许可和非行政许可事项仅剩 18 子项。完善网上审批系统，持续推进全局 174 项审批服务事项网上办理，其中实现 104 个事项网上申报，55 个事项结果公示，37 个结果信息对外共享。行政许可事项 100%达到三级办理深度，网上办结率近 90%，服务事项逾 90%实现网上办理。实行“政府搭台、企业唱戏”安居型商品房配售新模式，配售周期从原来的 74 天压缩至 42 天。

依法行政

组织召开 8 次局疑难案件审查委员会，共作出行政处罚决定 100 宗，罚没入库金额 11，268，442.56 元。其中，在深大西丽校区桩基工程质量事故案中，对主要责任人员魏某林移交公安机关追究刑事责任，实现建设工程质量安全领域执法的突破；查处9起施工破坏城市燃气中压输送管道事故，累计罚款38.7万元，涉及25家建设、施工和监理单位；对涉嫌通过弄虚作假骗购保障性住房、改变保障性住房用途、违法出借保障房的10户家庭启动了行政处罚程序，罚款50万元，收回各类保障房37套；针对公租房违法违约行为，发出《解除租赁合同通知书》53份、律师函189份，提起民事诉讼或仲裁102宗。组织应对行政复议44宗，由我局受理并审结复议案件3宗。行政诉讼72宗，其中胜诉35宗，待判决22宗，确认违法或撤销行政行为15宗。

【信息化建设】 与腾讯公司签署基于“互联网+”的战略合作框架协议，全面创建“智慧住建”公共服务应用模式。以微信公众号和微信“城市服务”为入口，搭建深圳智能住建信息服务平台，已上线业务包括公积金查询、住房保障轮候公示信息查询以及结果查询。新增上线建设工程项目登记系统、经济适用房取得完全产权及上市交易信息系统等5个系统。推进门户网站移动化、多终端化。（贺波）

【深圳河湾治污初见成效】 建立半月报制度，组织完成深圳湾14个排污口整治，减少入湾污水11万吨/日，贯通深圳河湾截排二期工程隧洞，整体完成工程形象进度93%，建成福田污水处理厂两条生产线，开展深圳河北岸84个排水口排污情况排查整治，基本完成布吉河综合整治工程一标、二标施工，完成福田河沿河截污系统完善等水质改善工程，深圳湾污水直排现象明显改观，布吉河、福田河等水质明显改善。

【污水管网建设】 强化目标管理和协调督办，全市新建成335千米污水管网，同比增长34.5%，新开工724千米污水管网，创历年新高。创建排水达标小区266个，完成年度计划130%。巡检污水处理厂1200余次，抽检污水水样指标12800个，督促清疏排水管网3414.4千米，全年污水处理量16.24亿吨、COD消减量41.19万吨、氨氮消减量3.61万吨、污泥处理量111.68万吨，同比分别增加6.3%、16.1%、10.0%、6.7%。

【污泥处理处置】 合理设定配额优化污水处理厂污泥调配，加强处理处置能力储备，采取巡检、第三方驻场、转移联单、建设在线监管系统等措施，加强污泥运输处理处置各环节监管，确立“源头减量+综合利用”为主的技术新路线，建成投用横岭污泥处理设施，实现全市污泥安全处理处置。完成311个入河排污口整治。《高污染城市河流综合治理技术集成创新研究及示范》获2015年度大禹水利科学技术二等奖。

【内涝积水问题初步缓解】 完成268个防洪排涝应急工程项目，整治内涝点219个，取得预期效果；建成投用三防预警指挥系统和市民报灾APP平台，设置332处积水警示标识，成立由排水、交警、城管、消防等专业人员组成的道路积水联合处置队，配齐应急物资设备，提前布防待命，后汛期内涝积水现象明显好转。

【推进“海绵城市”建设】 形成推进全市海绵城市建设水务工作实施方案，明确目标任务，在国内率先出台《低影响开发雨水综合利用技术规范》地方标准，提出“海绵城市、立体治水”策略，推进以低影响开发为核心的“柔水”行动，全面落实“海绵城市”建设水务工作各项要求；以技术规范形式提出“绿地下凹率”、“调蓄模数”等城市生态水土保持量化控制指标。

【水源供水工程体系】 全市小型水库除险加固工作基本完成，坝光支线、甲子塘至松岗管线等工程基本建成，公明供水调蓄、清林径引水调蓄、鹅颈水库扩容、铜锣径水库扩建、东涌水库工程建设任务超额完成，盐田、坂雪岗、鹅光等支线工程顺利推进。完成铁长支线、平湖支线、茜坑水库至相关水厂输水管改造工程等项目前期工作，启动北部、石松等输水管线改造加固研究。新开工优质饮用水入户工程100个、创建优质饮用水达标小区34个。启动横岗再生水厂及配套管网PPP模式市场化运作前期研究。

【防洪排涝工程体系】 完成东部海堤重建一期工程建设，大沙河中下游整治工程完工验收，沙井片区排涝工程、大浪河、樟坑径河整治工程基本完工，茅洲河干流中上游段整治工程完成92%工程量，深圳河四期工程完成60%工程量，茅洲河界河段、君子布河等跨界河流整治全面提速，新开工建设排涝河、黄沙河等15条河流综合整治工程，共和涌等4项整治工程具备开工条件，坪山河干流、石岩河等76条干支流整治项目前期工作进入不同阶段。

【供水保障】 全年用水总量19.90亿立方米，同比增长2.89%，工业用水同比略降，居民用水增长明显，全市水量供应充足，全年未出现缺水事件；监测水源供水各类水样14000多个，重点水源地水质达标率达到100%，自来水水质综合合格率维持在99%以上高水平。

【率先全面应用 BIM 技术】 发布全国首个政府公共工程 BIM 应用“实施纲要”及“管理标准”，所有项目的设计以及 19 个项目施工阶段采用 BIM 应用，实现监督工作的实时、高效、全覆盖，有效地预防工程建设领域腐败。其中，孙逸仙心血管医院迁址新建项目 BIM 咨询获首届中国建设工程 BIM 大赛二等奖。（张致富）

（深圳市住房和城乡建设局）

法　　规

国务院关于修改《建设工程勘察设计管理条例》的决定

中华人民共和国国务院令第 662 号

现公布《国务院关于修改〈建设工程勘察设计管理条例〉的决定》，自公布之日起施行。

总　理　李克强

2015 年 6 月 12 日

国务院关于修改《建设工程勘察设计管理条例》的决定

国务院决定对《建设工程勘察设计管理条例》作如下修改：

增加一条，作为第四十条："违反本条例规定，勘察、设计单位未依据项目批准文件，城乡规划及专业规划，国家规定的建设工程勘察、设计深度要求编制建设工程勘察、设计文件的，责令限期改正；逾期不改正的，处 10 万元以上 30 万元以下的罚款；造成工程质量事故或者环境污染和生态破坏的，责令停业整顿，降低资质等级；情节严重的，吊销资质证书；造成损失的，依法承担赔偿责任。"

此外，将第二十五条第一款中的"城市规划"修改为"城乡规划"，并对条文顺序作相应调整。

本决定自公布之日起施行。

《建设工程勘察设计管理条例》根据本决定作相应修改，重新公布。

建设工程勘察设计管理条例

（2000 年 9 月 25 日中华人民共和国国务院令第 293 号公布　根据 2015 年 6 月 12 日《国务院关于修改〈建设工程勘察设计管理条例〉的决定》修订）

第一章　总则

第一条　为了加强对建设工程勘察、设计活动的管理，保证建设工程勘察、设计质量，保护人民生命和财产安全，制定本条例。

第二条　从事建设工程勘察、设计活动，必须遵守本条例。

本条例所称建设工程勘察，是指根据建设工程的要求，查明、分析、评价建设场地的地质地理环境特征和岩土工程条件，编制建设工程勘察文件的活动。

本条例所称建设工程设计，是指根据建设工程的要求，对建设工程所需的技术、经济、资源、环境等条件进行综合分析、论证，编制建设工程设计文件的活动。

第三条　建设工程勘察、设计应当与社会、经济发展水平相适应，做到经济效益、社会效益和环境效益相统一。

第四条　从事建设工程勘察、设计活动，应当坚持先勘察、后设计、再施工的原则。

第五条　县级以上人民政府建设行政主管部门和交通、水利等有关部门应当依照本条例的规定，加强对建设工程勘察、设计活动的监督管理。

建设工程勘察、设计单位必须依法进行建设工程勘察、设计，严格执行工程建设强制性标准，并对建设工程勘察、设计的质量负责。

第六条　国家鼓励在建设工程勘察、设计活动中采用先进技术、先进工艺、先进设备、新型材料和现代管理方法。

第二章　资质资格管理

第七条　国家对从事建设工程勘察、设计活动的单位，实行资质管理制度。具体办法由国务院建设行政主管部门商国务院有关部门制定。

第八条　建设工程勘察、设计单位应当在其资质等级许可的范围内承揽建设工程勘察、设计业务。

禁止建设工程勘察、设计单位超越其资质等级许可的范围或者以其他建设工程勘察、设计单位的名义承揽建设工程勘察、设计业务。禁止建设工程勘察、设计单位允许其他单位或者个人以本单位的名义承揽建设工程勘察、设计业务。

第九条　国家对从事建设工程勘察、设计活动的专业技术人员，实行执业资格注册管理制度。

未经注册的建设工程勘察、设计人员，不得以注册执业人员的名义从事建设工程勘察、设计活动。

第十条　建设工程勘察、设计注册执业人员和其他专业技术人员只能受聘于一个建设工程勘察、设计单位；未受聘于建设工程勘察、设计单位的，不得从事建设工程的勘察、设计活动。

第十一条　建设工程勘察、设计单位资质证书和执业人员注册证书，由国务院建设行政主管部门统一制作。

第三章　建设工程勘察设计发包与承包

第十二条　建设工程勘察、设计发包依法实行招标发包或者直接发包。

第十三条　建设工程勘察、设计应当依照《中华人民共和国招标投标法》的规定，实行招标发包。

第十四条　建设工程勘察、设计方案评标，应当以投标人的业绩、信誉和勘察、设计人员的能力以及勘察、设计方案的优劣为依据，进行综合评定。

第十五条　建设工程勘察、设计的招标人应当在评标委员会推荐的候选方案中确定中标方案。但是，建设工程勘察、设计的招标人认为评标委员会推荐的候选方案不能最大限度满足招标文件规定的要求的，应当依法重新招标。

第十六条　下列建设工程的勘察、设计，经有关主管部门批准，可以直接发包：

（一）采用特定的专利或者专有技术的；

（二）建筑艺术造型有特殊要求的；

（三）国务院规定的其他建设工程的勘察、设计。

第十七条　发包方不得将建设工程勘察、设计业务发包给不具有相应勘察、设计资质等级的建设工程勘察、设计单位。

第十八条　发包方可以将整个建设工程的勘察、设计发包给一个勘察、设计单位；也可以将建设工程的勘察、设计分别发包给几个勘察、设计单位。

第十九条　除建设工程主体部分的勘察、设计外，经发包方书面同意，承包方可以将建设工程其他部分的勘察、设计再分包给其他具有相应资质等级的建设工程勘察、设计单位。

第二十条　建设工程勘察、设计单位不得将所承揽的建设工程勘察、设计转包。

第二十一条　承包方必须在建设工程勘察、设计资质证书规定的资质等级和业务范围内承揽建设工程的勘察、设计业务。

第二十二条　建设工程勘察、设计的发包方与承包方，应当执行国家规定的建设工程勘察、设计程序。

第二十三条　建设工程勘察、设计的发包方与承包方应当签订建设工程勘察、设计合同。

第二十四条　建设工程勘察、设计发包方与承包方应当执行国家有关建设工程勘察费、设计费的管理规定。

第四章　建设工程勘察设计文件的编制与实施

第二十五条　编制建设工程勘察、设计文件，应当以下列规定为依据：

（一）项目批准文件；

（二）城乡规划；

（三）工程建设强制性标准；

（四）国家规定的建设工程勘察、设计深度要求。

铁路、交通、水利等专业建设工程，还应当以专业规划的要求为依据。

第二十六条　编制建设工程勘察文件，应当真实、准确，满足建设工程规划、选址、设计、岩土治理和施工的需要。

编制方案设计文件，应当满足编制初步设计文件和控制概算的需要。

编制初步设计文件，应当满足编制施工招标文件、主要设备材料订货和编制施工图设计文件的需要。

编制施工图设计文件，应当满足设备材料采购、非标准设备制作和施工的需要，并注明建设工程合理使用年限。

第二十七条　设计文件中选用的材料、构配件、设备，应当注明其规格、型号、性能等技术指标，其质量要求必须符合国家规定的标准。

除有特殊要求的建筑材料、专用设备和工艺生产线等外，设计单位不得指定生产厂、供应商。

第二十八条　建设单位、施工单位、监理单位不得修改建设工程勘察、设计文件；确需修改建设工程勘察、设计文件的，应当由原建设工程勘察、设计单位修改。经原建设工程勘察、设计单位书面同意，建设单位也可以委托其他具有相应资质的建设工程勘察、设计单位修改。修改单位对修改的勘察、设计文件承担相应责任。

施工单位、监理单位发现建设工程勘察、设计文件不符合工程建设强制性标准、合同约定的质量要求的，应当报告建设单位，建设单位有权要求建设工程勘察、设计单位对建设工程勘察、设计文件进行补充、修改。

建设工程勘察、设计文件内容需要作重大修改的，建设单位应当报经原审批机关批准后，方可修改。

第二十九条 建设工程勘察、设计文件中规定采用的新技术、新材料，可能影响建设工程质量和安全，又没有国家技术标准的，应当由国家认可的检测机构进行试验、论证，出具检测报告，并经国务院有关部门或者省、自治区、直辖市人民政府有关部门组织的建设工程技术专家委员会审定后，方可使用。

第三十条 建设工程勘察、设计单位应当在建设工程施工前，向施工单位和监理单位说明建设工程勘察、设计意图，解释建设工程勘察、设计文件。

建设工程勘察、设计单位应当及时解决施工中出现的勘察、设计问题。

第五章 监督管理

第三十一条 国务院建设行政主管部门对全国的建设工程勘察、设计活动实施统一监督管理。国务院铁路、交通、水利等有关部门按照国务院规定的职责分工，负责对全国的有关专业建设工程勘察、设计活动的监督管理。

县级以上地方人民政府建设行政主管部门对本行政区域内的建设工程勘察、设计活动实施监督管理。县级以上地方人民政府交通、水利等有关部门在各自的职责范围内，负责对本行政区域内的有关专业建设工程勘察、设计活动的监督管理。

第三十二条 建设工程勘察、设计单位在建设工程勘察、设计资质证书规定的业务范围内跨部门、跨地区承揽勘察、设计业务的，有关地方人民政府及其所属部门不得设置障碍，不得违反国家规定收取任何费用。

第三十三条 县级以上人民政府建设行政主管部门或者交通、水利等有关部门应当对施工图设计文件中涉及公共利益、公众安全、工程建设强制性标准的内容进行审查。

施工图设计文件未经审查批准的，不得使用。

第三十四条 任何单位和个人对建设工程勘察、设计活动中的违法行为都有权检举、控告、投诉。

第六章 罚 则

第三十五条 违反本条例第八条规定的，责令停止违法行为，处合同约定的勘察费、设计费1倍以上2倍以下的罚款，有违法所得的，予以没收；可以责令停业整顿，降低资质等级；情节严重的，吊销资质证书。

未取得资质证书承揽工程的，予以取缔，依照前款规定处以罚款；有违法所得的，予以没收。

以欺骗手段取得资质证书承揽工程的，吊销资质证书，依照本条第一款规定处以罚款；有违法所得的，予以没收。

第三十六条 违反本条例规定，未经注册，擅自以注册建设工程勘察、设计人员的名义从事建设工程勘察、设计活动的，责令停止违法行为，没收违法所得，处违法所得2倍以上5倍以下罚款；给他人造成损失的，依法承担赔偿责任。

第三十七条 违反本条例规定，建设工程勘察、设计注册执业人员和其他专业技术人员未受聘于一个建设工程勘察、设计单位或者同时受聘于两个以上建设工程勘察、设计单位，从事建设工程勘察、设计活动的，责令停止违法行为，没收违法所得，处违法所得2倍以上5倍以下的罚款；情节严重的，可以责令停止执行业务或者吊销资格证书；给他人造成损失的，依法承担赔偿责任。

第三十八条 违反本条例规定，发包方将建设工程勘察、设计业务发包给不具有相应资质等级的建设工程勘察、设计单位的，责令改正，处50万元以上100万元以下的罚款。

第三十九条 违反本条例规定，建设工程勘察、设计单位将所承揽的建设工程勘察、设计转包的，责令改正，没收违法所得，处合同约定的勘察费、设计费25%以上50%以下的罚款，可以责令停业整顿，降低资质等级；情节严重的，吊销资质证书。

第四十条 违反本条例规定，勘察、设计单位未依据项目批准文件，城乡规划及专业规划，国家规定的建设工程勘察、设计深度要求编制建设工程勘察、设计文件的，责令限期改正；逾期不改正的，处10万元以上30万元以下的罚款；造成工程质量事故或者环境污染和生态破坏的，责令停业整顿，降低资质等级；情节严重的，吊销资质证书；造成损失的，依法承担赔偿责任。

第四十一条 违反本条例规定，有下列行为之一的，依照《建设工程质量管理条例》第六十三条的规定给予处罚：

（一）勘察单位未按照工程建设强制性标准进行勘察的；

（二）设计单位未根据勘察成果文件进行工程设计的；

（三）设计单位指定建筑材料、建筑构配件的生产厂、供应商的；

（四）设计单位未按照工程建设强制性标准进行设计的。

第四十二条　本条例规定的责令停业整顿、降低资质等级和吊销资质证书、资格证书的行政处罚，由颁发资质证书、资格证书的机关决定；其他行政处罚，由建设行政主管部门或者其他有关部门依据法定职权范围决定。

依照本条例规定被吊销资质证书的，由工商行政管理部门吊销其营业执照。

第四十三条　国家机关工作人员在建设工程勘察、设计活动的监督管理工作中玩忽职守、滥用职权、徇私舞弊，构成犯罪的，依法追究刑事责任；尚不构成犯罪的，依法给予行政处分。

第七章　附则

第四十四条　抢险救灾及其他临时性建筑和农民自建两层以下住宅的勘察、设计活动，不适用本条例。

第四十五条　军事建设工程勘察、设计的管理，按照中央军事委员会的有关规定执行。

第四十六条　本条例自公布之日起施行。

城镇污水排入排水管网许可管理办法

中华人民共和国住房和城乡建设部令第21号

《城镇污水排入排水管网许可管理办法》已经第20次部常务会议审议通过，现予发布，自2015年3月1日起施行。

住房城乡建设部部长　陈政高

2015年1月22日

城镇污水排入排水管网许可管理办法

第一章　总则

第一条　为了加强对污水排入城镇排水管网的管理，保障城镇排水与污水处理设施安全运行，防治城镇水污染，根据《中华人民共和国行政许可法》、《城镇排水与污水处理条例》等法律法规，制定本办法。

第二条　在中华人民共和国境内申请污水排入排水管网许可(以下称排水许可)，对从事工业、建筑、餐饮、医疗等活动的企业事业单位、个体工商户(以下称排水户)向城镇排水设施排放污水的活动实施监督管理，适用本办法。

第三条　国务院住房城乡建设主管部门负责全国排水许可工作的指导监督。

省、自治区人民政府住房城乡建设主管部门负责本行政区域内排水许可工作的指导监督。

直辖市、市、县人民政府城镇排水与污水处理主管部门(以下简称城镇排水主管部门)负责本行政区域内排水许可证书的颁发和监督管理。城镇排水主管部门可以委托专门机构承担排水许可审核管理的具体工作。

第四条　城镇排水设施覆盖范围内的排水户应当按照国家有关规定，将污水排入城镇排水设施。排水户向城镇排水设施排放污水，应当按照本办法的规定，申请领取排水许可证。未取得排水许可证，排水户不得向城镇排水设施排放污水。城镇居民排放生活污水不需要申请领取排水许可证。

在雨水、污水分流排放的地区，不得将污水排入雨水管网。

第五条 城镇排水主管部门会同环境保护主管部门依法确定并向社会公布列入重点排污单位名录的排水户。

第二章 许可申请与审查

第六条 排水户向所在地城镇排水主管部门申请领取排水许可证。城镇排水主管部门应当自受理申请之日起20日内作出决定。

集中管理的建筑或者单位内有多个排水户的，可以由产权单位或者其委托的物业服务企业统一申请领取排水许可证，并由领证单位对排水户的排水行为负责。

各类施工作业需要排水的，由建设单位申请领取排水许可证。

第七条 申请领取排水许可证，应当如实提交下列材料：

（一）排水许可申请表；

（二）排水户内部排水管网、专用检测井、污水排放口位置和口径的图纸及说明等材料；

（三）按规定建设污水预处理设施的有关材料；

（四）排水隐蔽工程竣工报告；

（五）排水许可申请受理之日前一个月内由具有计量认证资质的水质检测机构出具的排水水质、水量检测报告；拟排放污水的排水户提交水质、水量预测报告；

（六）列入重点排污单位名录的排水户应当提供已安装的主要水污染物排放自动监测设备有关材料；

（七）法律、法规规定的其他材料。

第八条 符合以下条件的，由城镇排水主管部门核发排水许可证：

（一）污水排放口的设置符合城镇排水与污水处理规划的要求；

（二）排放污水的水质符合国家或者地方的污水排入城镇下水道水质标准等有关标准；

（三）按照国家有关规定建设相应的预处理设施；

（四）按照国家有关规定在排放口设置便于采样和水量计量的专用检测井和计量设备；列入重点排污单位名录的排水户已安装主要水污染物排放自动监测设备；

（五）法律、法规规定的其他条件。

施工作业需排水的，建设单位应当已修建预处理设施，且排水符合本条第一款第二项规定的标准。

第九条 排水许可证的有效期为5年。

因施工作业需要向城镇排水设施排水的，排水许可证的有效期，由城镇排水主管部门根据排水状况确定，但不得超过施工期限。

第十条 排水许可证有效期满需要继续排放污水的，排水户应当在有效期届满30日前，向城镇排水主管部门提出申请。城镇排水主管部门应当在有效期届满前作出是否准予延续的决定。准予延续的，有效期延续5年。

排水户在排水许可证有效期内，严格按照许可内容排放污水，且未发生违反本办法规定行为的，有效期届满30日前，排水户可提出延期申请，经原许可机关同意，可不再进行审查，排水许可证有效期延期5年。

第十一条 在排水许可证的有效期内，排水口数量和位置、排水量、污染物项目或者浓度等排水许可内容变更的，排水户应当按照本办法规定，重新申请领取排水许可证。

排水户名称、法定代表人等其他事项变更的，排水户应当在工商登记变更后30日内向城镇排水主管部门申请办理变更。

第三章 管理和监督

第十二条 排水户应当按照排水许可证确定的排水类别、总量、时限、排放口位置和数量、排放的污染物项目和浓度等要求排放污水。

第十三条 排水户不得有下列危及城镇排水设施安全的行为：

（一）向城镇排水设施排放、倾倒剧毒、易燃易爆物质、腐蚀性废液和废渣、有害气体和烹饪油烟等；

（二）堵塞城镇排水设施或者向城镇排水设施内排放、倾倒垃圾、渣土、施工泥浆、油脂、污泥等易堵塞物；

（三）擅自拆卸、移动和穿凿城镇排水设施；

（四）擅自向城镇排水设施加压排放污水。

第十四条 排水户因发生事故或者其他突发事件，排放的污水可能危及城镇排水与污水处理设施安全运行的，应当立即停止排放，采取措施消除危害，并按规定及时向城镇排水主管部门等有关部门报告。

第十五条 城镇排水主管部门应当加强对排水户的排放口设置、连接管网、预处理设施和水质、水量监测设施建设和运行的指导和监督。

第十六条 城镇排水主管部门应当将排水许可材料按户整理归档，对排水户档案实行信息化管理。

第十七条 城镇排水主管部门委托的具有计量认证资质的排水监测机构应当定期对排水户排放污

水的水质、水量进行监测，建立排水监测档案。排水户应当接受监测，如实提供有关资料。

列入重点排污单位名录的排水户，应当依法安装并保证水污染物排放自动监测设备正常运行。

列入重点排污单位名录的排水户安装的水污染物排放自动监测设备，应当与环境保护主管部门的监控设备联网。环境保护主管部门应当将监测数据与城镇排水主管部门实时共享。对未与环境保护主管部门的监控设备联网，城镇排水主管部门已进行自动监测的，可以将监测数据与环境保护主管部门共享。

第十八条　城镇排水主管部门应当依照法律法规和本办法的规定，对排水户排放污水的情况实施监督检查。实施监督检查时，有权采取下列措施：

（一）进入现场开展检查、监测；

（二）要求被监督检查的排水户出示排水许可证；

（三）查阅、复制有关文件和材料；

（四）要求被监督检查的单位和个人就有关问题做出说明；

（五）依法采取禁止排水户向城镇排水设施排放污水等措施，纠正违反有关法律、法规和本办法规定的行为。

被监督检查的单位和个人应当予以配合，不得妨碍和阻挠依法进行的监督检查活动。

第十九条　城镇排水主管部门委托的专门机构，可以开展排水许可审查、档案管理、监督指导排水户排水行为等工作，并协助城镇排水主管部门对排水许可实施监督管理。

第二十条　有下列情形之一的，许可机关或者其上级行政机关，根据利害关系人的请求或者依据职权，可以撤销排水许可：

（一）城镇排水主管部门工作人员滥用职权、玩忽职守作出准予排水许可决定的；

（二）超越法定职权作出准予排水许可决定的；

（三）违反法定程序作出准予排水许可决定的；

（四）对不符合许可条件的申请人作出准予排水许可决定的；

（五）依法可以撤销排水许可的其他情形。

排水户以欺骗、贿赂等不正当手段取得排水许可的，应当予以撤销。

第二十一条　有下列情形之一的，城镇排水主管部门应当依法办理排水许可的注销手续：

（一）排水户依法终止的；

（二）排水许可依法被撤销、撤回，或者排水许可证被吊销的；

（三）排水许可证有效期满且未延续许可的；

（四）法律、法规规定的应当注销排水许可的其他情形。

第二十二条　城镇排水主管部门应当按照国家有关规定将监督检查的情况向社会公开。

城镇排水主管部门及其委托的专门机构、排水监测机构的工作人员对知悉的被监督检查单位和个人的技术和商业秘密负有保密义务。

第二十三条　城镇排水主管部门实施排水许可不得收费。

城镇排水主管部门实施排水许可所需经费，应当列入城镇排水主管部门的预算，由本级财政予以保障，按照批准的预算予以核拨。

第四章　法律责任

第二十四条　城镇排水主管部门有下列情形之一的，由其上级行政机关或者监察机关责令改正，对直接负责的主管人员和其他直接责任人员依法给予处分；构成犯罪的，依法追究刑事责任：

（一）对不符合本规定条件的申请人准予排水许可的；

（二）对符合本规定条件的申请人不予核发排水许可证或者不在法定期限内作出准予许可决定的；

（三）利用职务上的便利，收受他人财物或者谋取其他利益的；

（四）泄露被监督检查单位和个人的技术或者商业秘密的；

（五）不依法履行监督管理职责或者监督不力，造成严重后果的。

第二十五条　违反本办法规定，在城镇排水与污水处理设施覆盖范围内，未按照国家有关规定将污水排入城镇排水设施，或者在雨水、污水分流地区将污水排入雨水管网的，由城镇排水主管部门责令改正，给予警告；逾期不改正或者造成严重后果的，对单位处10万元以上20万元以下罚款；对个人处2万元以上10万元以下罚款，造成损失的，依法承担赔偿责任。

第二十六条　违反本办法规定，排水户未取得排水许可，向城镇排水设施排放污水的，由城镇排水主管部门责令停止违法行为，限期采取治理措施，补办排水许可证，可以处50万元以下罚款；对列入重点排污单位名录的排水户，可以处30万元以上50万元以下罚款；造成损失的，依法承担赔偿责任；构成犯罪的，依法追究刑事责任。

第二十七条　排水户未按照排水许可证的要求，向城镇排水设施排放污水的，由城镇排水主管部门责令停止违法行为，限期改正，可以处5万元以下罚款；造成严重后果的，吊销排水许可证，并处5万元以上50万元以下罚款，对列入重点排污单位名录的排水户，处30万元以上50万元以下罚款，并将有关情况通知同级环境保护主管部门，可以向社会予以通报；造成损失的，依法承担赔偿责任；构成犯罪的，依法追究刑事责任。

第二十八条 排水户名称、法定代表人等其他事项变更，未按本办法规定及时向城镇排水主管部门申请办理变更的，由城镇排水主管部门责令改正，可以处3万元以下罚款。

第二十九条 排水户以欺骗、贿赂等不正当手段取得排水许可的，可以处3万元以下罚款；造成损失的，依法承担赔偿责任；构成犯罪的，依法追究刑事责任。

第三十条 违反本办法规定，排水户因发生事故或者其他突发事件，排放的污水可能危及城镇排水与污水处理设施安全运行，没有立即停止排放，未采取措施消除危害，或者并未按规定及时向城镇排水主管部门等有关部门报告的，城镇排水主管部门可以处3万元以下罚款。

第三十一条 违反本办法规定，从事危及城镇排水设施安全的活动的，由城镇排水主管部门责令停止违法行为，限期恢复原状或者采取其他补救措施，并给予警告；逾期不采取补救措施或者造成严重后果的，对单位处10万元以上30万元以下罚款，对个人处2万元以上10万元以下罚款；造成损失的，依法承担赔偿责任；构成犯罪的，依法追究刑事责任。

第三十二条 排水户违反本办法规定，拒不接受水质、水量监测或者妨碍、阻挠城镇排水主管部门依法监督检查的，由城镇排水主管部门给予警告；情节严重的，处3万元以下罚款。

第五章 附则

第三十三条 排水许可证由国务院住房城乡建设主管部门制定格式，由省、自治区人民政府住房城乡建设主管部门和直辖市人民政府城镇排水主管部门组织印制。

排水许可申请表由国务院住房城乡建设主管部门制定推荐格式，直辖市、市、县人民政府城镇排水主管部门可参照印制。

第三十四条 本办法自2015年3月1日起施行。《城市排水许可管理办法》（建设部令第152号）同时废止。

建筑业企业资质管理规定

中华人民共和国住房和城乡建设部令第22号

《建筑业企业资质管理规定》已经第20次部常务会议审议通过，现予发布，自2015年3月1日起施行。

住房城乡建设部部长 陈政高

2015年1月22日

建筑业企业资质管理规定

第一章 总则

第一条 为了加强对建筑活动的监督管理，维护公共利益和规范建筑市场秩序，保证建设工程质量安全，促进建筑业的健康发展，根据《中华人民共和国建筑法》、《中华人民共和国行政许可法》、《建设工程质量管理条例》、《建设工程安全生产管理条例》等法律、行政法规，制定本规定。

第二条 在中华人民共和国境内申请建筑业企业资质，实施对建筑业企业资质监督管理，适用本规定。

本规定所称建筑业企业，是指从事土木工程、建筑工程、线路管道设备安装工程的新建、扩建、改建等施工活动的企业。

第三条　企业应当按照其拥有的资产、主要人员、已完成的工程业绩和技术装备等条件申请建筑业企业资质，经审查合格，取得建筑业企业资质证书后，方可在资质许可的范围内从事建筑施工活动。

第四条　国务院住房城乡建设主管部门负责全国建筑业企业资质的统一监督管理。国务院交通运输、水利、工业信息化等有关部门配合国务院住房城乡建设主管部门实施相关资质类别建筑业企业资质的管理工作。

省、自治区、直辖市人民政府住房城乡建设主管部门负责本行政区域内建筑业企业资质的统一监督管理。省、自治区、直辖市人民政府交通运输、水利、通信等有关部门配合同级住房城乡建设主管部门实施本行政区域内相关资质类别建筑业企业资质的管理工作。

第五条　建筑业企业资质分为施工总承包资质、专业承包资质、施工劳务资质三个序列。

施工总承包资质、专业承包资质按照工程性质和技术特点分别划分为若干资质类别，各资质类别按照规定的条件划分为若干资质等级。施工劳务资质不分类别与等级。

第六条　建筑业企业资质标准和取得相应资质的企业可以承担工程的具体范围，由国务院住房城乡建设主管部门会同国务院有关部门制定。

第七条　国家鼓励取得施工总承包资质的企业拥有全资或者控股的劳务企业。

建筑业企业应当加强技术创新和人员培训，使用先进的建造技术、建筑材料，开展绿色施工。

第二章　申请与许可

第八条　企业可以申请一项或多项建筑业企业资质。

企业首次申请或增项申请资质，应当申请最低等级资质。

第九条　下列建筑业企业资质，由国务院住房城乡建设主管部门许可：

（一）施工总承包资质序列特级资质、一级资质及铁路工程施工总承包二级资质；

（二）专业承包资质序列公路、水运、水利、铁路、民航方面的专业承包一级资质及铁路、民航方面的专业承包二级资质；涉及多个专业的专业承包一级资质。

第十条　下列建筑业企业资质，由企业工商注册所在地省、自治区、直辖市人民政府住房城乡建设主管部门许可：

（一）施工总承包资质序列二级资质及铁路、通信工程施工总承包三级资质；

（二）专业承包资质序列一级资质(不含公路、水运、水利、铁路、民航方面的专业承包一级资质及涉及多个专业的专业承包一级资质)；

（三）专业承包资质序列二级资质(不含铁路、民航方面的专业承包二级资质)；铁路方面专业承包三级资质；特种工程专业承包资质。

第十一条　下列建筑业企业资质，由企业工商注册所在地设区的市人民政府住房城乡建设主管部门许可：

（一）施工总承包资质序列三级资质(不含铁路、通信工程施工总承包三级资质)；

（二）专业承包资质序列三级资质(不含铁路方面专业承包资质)及预拌混凝土、模板脚手架专业承包资质；

（三）施工劳务资质；

（四）燃气燃烧器具安装、维修企业资质。

第十二条　申请本规定第九条所列资质的，应当向企业工商注册所在地省、自治区、直辖市人民政府住房城乡建设主管部门提出申请。其中，国务院国有资产管理部门直接监管的建筑企业及其下属一层级的企业，可以由国务院国有资产管理部门直接监管的建筑企业向国务院住房城乡建设主管部门提出申请。

省、自治区、直辖市人民政府住房城乡建设主管部门应当自受理申请之日起20个工作日内初审完毕，并将初审意见和申请材料报国务院住房城乡建设主管部门。

国务院住房城乡建设主管部门应当自省、自治区、直辖市人民政府住房城乡建设主管部门受理申请材料之日起60个工作日内完成审查，公示审查意见，公示时间为10个工作日。其中，涉及公路、水运、水利、通信、铁路、民航等方面资质的，由国务院住房城乡建设主管部门会同国务院有关部门审查。

第十三条　本规定第十条规定的资质许可程序由省、自治区、直辖市人民政府住房城乡建设主管部门依法确定，并向社会公布。

本规定第十一条规定的资质许可程序由设区的市级人民政府住房城乡建设主管部门依法确定，并向社会公布。

第十四条　企业申请建筑业企业资质，应当提交以下材料：

（一）建筑业企业资质申请表及相应的电子文档；

（二）企业营业执照正副本复印件；

（三）企业章程复印件；

（四）企业资产证明文件复印件；

（五）企业主要人员证明文件复印件；

（六）企业资质标准要求的技术装备的相应证明文件复印件；

（七）企业安全生产条件有关材料复印件；

（八）按照国家有关规定应提交的其他材料。

第十五条 企业申请建筑业企业资质，应当如实提交有关申请材料。资质许可机关收到申请材料后，应当按照《中华人民共和国行政许可法》的规定办理受理手续。

第十六条 资质许可机关应当及时将资质许可决定向社会公开，并为公众查询提供便利。

第十七条 建筑业企业资质证书分为正本和副本，由国务院住房城乡建设主管部门统一印制，正、副本具备同等法律效力。资质证书有效期为5年。

第三章 延续与变更

第十八条 建筑业企业资质证书有效期届满，企业继续从事建筑施工活动的，应当于资质证书有效期届满3个月前，向原资质许可机关提出延续申请。

资质许可机关应当在建筑业企业资质证书有效期届满前做出是否准予延续的决定；逾期未做出决定的，视为准予延续。

第十九条 企业在建筑业企业资质证书有效期内名称、地址、注册资本、法定代表人等发生变更的，应当在工商部门办理变更手续后1个月内办理资质证书变更手续。

第二十条 由国务院住房城乡建设主管部门颁发的建筑业企业资质证书的变更，企业应当向企业工商注册所在地省、自治区、直辖市人民政府住房城乡建设主管部门提出变更申请，省、自治区、直辖市人民政府住房城乡建设主管部门应当自受理申请之日起2日内将有关变更证明材料报国务院住房城乡建设主管部门，由国务院住房城乡建设主管部门在2日内办理变更手续。

前款规定以外的资质证书的变更，由企业工商注册所在地的省、自治区、直辖市人民政府住房城乡建设主管部门或者设区的市人民政府住房城乡建设主管部门依法另行规定。变更结果应当在资质证书变更后15日内，报国务院住房城乡建设主管部门备案。

涉及公路、水运、水利、通信、铁路、民航等方面的建筑业企业资质证书的变更，办理变更手续的住房城乡建设主管部门应当将建筑业企业资质证书变更情况告知同级有关部门。

第二十一条 企业发生合并、分立、重组以及改制等事项，需承继原建筑业企业资质的，应当申请重新核定建筑业企业资质等级。

第二十二条 企业需更换、遗失补办建筑业企业资质证书的，应当持建筑业企业资质证书更换、遗失补办申请等材料向资质许可机关申请办理。资质许可机关应当在2个工作日内办理完毕。

企业遗失建筑业企业资质证书的，在申请补办前应当在公众媒体上刊登遗失声明。

第二十三条 企业申请建筑业企业资质升级、资质增项，在申请之日起前一年至资质许可决定作出前，有下列情形之一的，资质许可机关不予批准其建筑业企业资质升级申请和增项申请：

（一）超越本企业资质等级或以其他企业的名义承揽工程，或允许其他企业或个人以本企业的名义承揽工程的；

（二）与建设单位或企业之间相互串通投标，或以行贿等不正当手段谋取中标的；

（三）未取得施工许可证擅自施工的；

（四）将承包的工程转包或违法分包的；

（五）违反国家工程建设强制性标准施工的；

（六）恶意拖欠分包企业工程款或者劳务人员工资的；

（七）隐瞒或谎报、拖延报告工程质量安全事故，破坏事故现场、阻碍对事故调查的；

（八）按照国家法律、法规和标准规定需要持证上岗的现场管理人员和技术工种作业人员未取得证书上岗的；

（九）未依法履行工程质量保修义务或拖延履行保修义务的；

（十）伪造、变造、倒卖、出租、出借或者以其他形式非法转让建筑业企业资质证书的；

（十一）发生过较大以上质量安全事故或者发生过两起以上一般质量安全事故的；

（十二）其他违反法律、法规的行为。

第四章 监督管理

第二十四条 县级以上人民政府住房城乡建设主管部门和其他有关部门应当依照有关法律、法规和本规定，加强对企业取得建筑业企业资质后是否满足资质标准和市场行为的监督管理。

上级住房城乡建设主管部门应当加强对下级住房城乡建设主管部门资质管理工作的监督检查，及时纠正建筑业企业资质管理中的违法行为。

第二十五条　住房城乡建设主管部门、其他有关部门的监督检查人员履行监督检查职责时，有权采取下列措施：

（一）要求被检查企业提供建筑业企业资质证书、企业有关人员的注册执业证书、职称证书、岗位证书和考核或者培训合格证书，有关施工业务的文档，有关质量管理、安全生产管理、合同管理、档案管理、财务管理等企业内部管理制度的文件；

（二）进入被检查企业进行检查，查阅相关资料；

（三）纠正违反有关法律、法规和本规定及有关规范和标准的行为。

监督检查人员应当将监督检查情况和处理结果予以记录，由监督检查人员和被检查企业的有关人员签字确认后归档。

第二十六条　住房城乡建设主管部门、其他有关部门的监督检查人员在实施监督检查时，应当出示证件，并要有两名以上人员参加。

监督检查人员应当为被检查企业保守商业秘密，不得索取或者收受企业的财物，不得谋取其他利益。

有关企业和个人对依法进行的监督检查应当协助与配合，不得拒绝或者阻挠。

监督检查机关应当将监督检查的处理结果向社会公布。

第二十七条　企业违法从事建筑活动的，违法行为发生地的县级以上地方人民政府住房城乡建设主管部门或者其他有关部门应当依法查处，并将违法事实、处理结果或者处理建议及时告知该建筑业企业资质的许可机关。

对取得国务院住房城乡建设主管部门颁发的建筑业企业资质证书的企业需要处以停业整顿、降低资质等级、吊销资质证书行政处罚的，县级以上地方人民政府住房城乡建设主管部门或者其他有关部门，应当通过省、自治区、直辖市人民政府住房城乡建设主管部门或者国务院有关部门，将违法事实、处理建议及时报送国务院住房城乡建设主管部门。

第二十八条　取得建筑业企业资质证书的企业，应当保持资产、主要人员、技术装备等方面满足相应建筑业企业资质标准要求的条件。

企业不再符合相应建筑业企业资质标准要求条件的，县级以上地方人民政府住房城乡建设主管部门、其他有关部门，应当责令其限期改正并向社会公告，整改期限最长不超过3个月；企业整改期间不得申请建筑业企业资质的升级、增项，不能承揽新的工程；逾期仍未达到建筑业企业资质标准要求条件的，资质许可机关可以撤回其建筑业企业资质证书。

被撤回建筑业企业资质证书的企业，可以在资质被撤回后3个月内，向资质许可机关提出核定低于原等级同类别资质的申请。

第二十九条　有下列情形之一的，资质许可机关应当撤销建筑业企业资质：

（一）资质许可机关工作人员滥用职权、玩忽职守准予资质许可的；

（二）超越法定职权准予资质许可的；

（三）违反法定程序准予资质许可的；

（四）对不符合资质标准条件的申请企业准予资质许可的；

（五）依法可以撤销资质许可的其他情形。

以欺骗、贿赂等不正当手段取得资质许可的，应当予以撤销。

第三十条　有下列情形之一的，资质许可机关应当依法注销建筑业企业资质，并向社会公布其建筑业企业资质证书作废，企业应当及时将建筑业企业资质证书交回资质许可机关：

（一）资质证书有效期届满，未依法申请延续的；

（二）企业依法终止的；

（三）资质证书依法被撤回、撤销或吊销的；

（四）企业提出注销申请的；

（五）法律、法规规定的应当注销建筑业企业资质的其他情形。

第三十一条　有关部门应当将监督检查情况和处理意见及时告知资质许可机关。资质许可机关应当将涉及有关公路、水运、水利、通信、铁路、民航等方面的建筑业企业资质许可被撤回、撤销、吊销和注销的情况告知同级有关部门。

第三十二条　资质许可机关应当建立、健全建筑业企业信用档案管理制度。建筑业企业信用档案应当包括企业基本情况、资质、业绩、工程质量和安全、合同履约、社会投诉和违法行为等情况。

企业的信用档案信息按照有关规定向社会公开。

取得建筑业企业资质的企业应当按照有关规定，向资质许可机关提供真实、准确、完整的企业信用档案信息。

第三十三条　县级以上地方人民政府住房城乡建设主管部门或其他有关部门依法给予企业行政处罚的，应当将行政处罚决定以及给予行政处罚的事实、理由和依据，通过省、自治区、直辖市人民政府住房城乡建设主管部门或者国务院有关部门报国务院住房城乡建设主管部门备案。

第三十四条 资质许可机关应当推行建筑业企业资质许可电子化，建立建筑业企业资质管理信息系统。

第五章 法律责任

第三十五条 申请企业隐瞒有关真实情况或者提供虚假材料申请建筑业企业资质的，资质许可机关不予许可，并给予警告，申请企业在1年内不得再次申请建筑业企业资质。

第三十六条 企业以欺骗、贿赂等不正当手段取得建筑业企业资质的，由原资质许可机关予以撤销；由县级以上地方人民政府住房城乡建设主管部门或者其他有关部门给予警告，并处3万元的罚款；申请企业3年内不得再次申请建筑业企业资质。

第三十七条 企业有本规定第二十三条行为之一，《中华人民共和国建筑法》、《建设工程质量管理条例》和其他有关法律、法规对处罚机关和处罚方式有规定的，依照法律、法规的规定执行；法律、法规未作规定的，由县级以上地方人民政府住房城乡建设主管部门或者其他有关部门给予警告，责令改正，并处1万元以上3万元以下的罚款。

第三十八条 企业未按照本规定及时办理建筑业企业资质证书变更手续的，由县级以上地方人民政府住房城乡建设主管部门责令限期办理；逾期不办理的，可处以1000元以上1万元以下的罚款。

第三十九条 企业在接受监督检查时，不如实提供有关材料，或者拒绝、阻碍监督检查的，由县级以上地方人民政府住房城乡建设主管部门责令限期改正，并可以处3万元以下罚款。

第四十条 企业未按照本规定要求提供企业信用档案信息的，由县级以上地方人民政府住房城乡建设主管部门或者其他有关部门给予警告，责令限期改正；逾期未改正的，可处以1000元以上1万元以下的罚款。

第四十一条 县级以上人民政府住房城乡建设主管部门及其工作人员，违反本规定，有下列情形之一的，由其上级行政机关或者监察机关责令改正；对直接负责的主管人员和其他直接责任人员，依法给予行政处分；直接负责的主管人员和其他直接责任人员构成犯罪的，依法追究刑事责任：

（一）对不符合资质标准规定条件的申请企业准予资质许可的；

（二）对符合受理条件的申请企业不予受理或者未在法定期限内初审完毕的；

（三）对符合资质标准规定条件的申请企业不予许可或者不在法定期限内准予资质许可的；

（四）发现违反本规定规定的行为不予查处，或者接到举报后不依法处理的；

（五）在企业资质许可和监督管理中，利用职务上的便利，收受他人财物或者其他好处，以及有其他违法行为的。

第六章 附则

第四十二条 本规定自2015年3月1日起施行。2007年6月26日建设部颁布的《建筑业企业资质管理规定》（建设部令第159号）同时废止。

基础设施和公用事业特许经营管理办法

中华人民共和国国家发展和改革委员会 中华人民共和国财政部 中华人民共和国住房和城乡建设部 中华人民共和国交通运输部 中华人民共和国水利部 中国人民银行令第25号

《基础设施和公用事业特许经营管理办法》业经国务院同意，现予以发布，自2015年6月1日起施行。

国家发展改革委主任：徐绍史
财政部部长：楼继伟
住房城乡建设部部长：陈政高
交通运输部部长：杨传堂
水利部部长：陈 雷
人民银行行长：周小川
2015年4月25日

基础设施和公用事业特许经营管理办法

第一章　总则

第一条　为鼓励和引导社会资本参与基础设施和公用事业建设运营，提高公共服务质量和效率，保护特许经营者合法权益，保障社会公共利益和公共安全，促进经济社会持续健康发展，制定本办法。

第二条　中华人民共和国境内的能源、交通运输、水利、环境保护、市政工程等基础设施和公用事业领域的特许经营活动，适用本办法。

第三条　本办法所称基础设施和公用事业特许经营，是指政府采用竞争方式依法授权中华人民共和国境内外的法人或者其他组织，通过协议明确权利义务和风险分担，约定其在一定期限和范围内投资建设运营基础设施和公用事业并获得收益，提供公共产品或者公共服务。

第四条　基础设施和公用事业特许经营应当坚持公开、公平、公正，保护各方信赖利益，并遵循以下原则：

（一）发挥社会资本融资、专业、技术和管理优势，提高公共服务质量效率；

（二）转变政府职能，强化政府与社会资本协商合作；

（三）保护社会资本合法权益，保证特许经营持续性和稳定性；

（四）兼顾经营性和公益性平衡，维护公共利益。

第五条　基础设施和公用事业特许经营可以采取以下方式：

（一）在一定期限内，政府授予特许经营者投资新建或改扩建、运营基础设施和公用事业，期限届满移交政府；

（二）在一定期限内，政府授予特许经营者投资新建或改扩建、拥有并运营基础设施和公用事业，期限届满移交政府；

（三）特许经营者投资新建或改扩建基础设施和公用事业并移交政府后，由政府授予其在一定期限内运营；

（四）国家规定的其他方式。

第六条　基础设施和公用事业特许经营期限应当根据行业特点、所提供公共产品或服务需求、项目生命周期、投资回收期等综合因素确定，最长不超过30年。对于投资规模大、回报周期长的基础设施和公用事业特许经营项目（以下简称特许经营项目）可以由政府或者其授权部门与特许经营者根据项目实际情况，约定超过前款规定的特许经营期限。

第七条　国务院发展改革、财政、国土、环保、住房城乡建设、交通运输、水利、能源金融、安全监管等有关部门按照各自职责，负责相关领域基础设施和公用事业特许经营规章、政策制定和监督管理工作。县级以上地方人民政府发展改革、财政、国土、环保、住房城乡建设、交通运输、水利、价格、能源、金融监管等有关部门职责分工，负责有关特许经营项目实施和监督管理工作。

第八条　县级以上地方人民政府应当建立各有关部门参加的基础设施和公用事业特许经营部门协调机制，负责统筹有关政策措施，并组织协调特许经营项目实施和监督管理工作。

第二章　特许经营协议订立

第九条　县级以上人民政府有关行业主管部门或政府授权部门（以下简称项目提出部门）可以根据经济社会发展需求，以及有关法人和其他组织提出的特许经营项目建议等，提出特许经营项目实施方案。特许经营项目应当符合国民经济和社会发展总体规划、主体功能区规划、区域规划、环境保护规划和安全生产规划等专项规划、土地利用规划、城乡规划、中期财政规划等，并且建设运营标准和监管要求明确。项目提出部门应当保证特许经营项目的完整性和连续性。

第十条　特许经营项目实施方案应当包括以下内容：

（一）项目名称；

（二）项目实施机构；

（三）项目建设规模、投资总额、实施进度，以及提供公共产品或公共服务的标准等基本经济技术指标；

（四）投资回报、价格及其测算；

（五）可行性分析，即降低全生命周期成本和提高公共服务质量效率的分析估算等；

（六）特许经营协议框架草案及特许经营期限；

（七）特许经营者应当具备的条件及选择方式；

（八）政府承诺和保障；

（九）特许经营期限届满后资产处置方式；

（十）应当明确的其他事项。

第十一条　项目提出部门可以委托具有相应能

力和经验的方机构，开展特许经营可行性评估，完善特许经营项目实施方案。需要政府提供可行性缺口补助或者开展物有所值评估的，由财政部门负责开展相关工作。具体办法由国务院财政部门另行制定。

第十二条 特许经营可行性评估应当主要包括以下内容：

（一）特许经营项目全生命周期成本、技术路线和工程方案的合理性，可能的融资方式、融资规模、资金成本，所提供公共服务的质量效率，建设运营标准和监管要求等；

（二）相关领域市场发育程度，市场主体建设运营能力状况和参与意愿；

（三）用户付费项目公众支付意愿和能力评估。

第十三条 项目提出部门依托本级人民政府根据本办法第八条规定建立的部门协调机制，会同发展改革、财政、城乡规划、国土、环保、水利等有关部门对特许经营项目实施方案进行审查。经审查认为实施方案可行的，各部门应当根据职责分别出具书面审查意见。

项目提出部门综合各部门书面审查意见，报本级人民政府或其授权部门审定特许经营项目实施方案。

第十四条 县级以上人民政府应当授权有关部门或单位作为实施机构负责特许经营项目有关实施工作，并明确具体授权范围。

第十五条 实施机构根据经审定的特许经营项目实施方案，应当通过招标、竞争性谈判等竞争方式选择特许经营者。特许经营项目建设运营标准和监管要求明确、有关领域市场竞争比较充分的，应当通过招标方式选择特许经营者。

第十六条 实施机构应当在招标或谈判文件中载明是否要求成立特许经营项目公司。

第十七条 实施机构应当公平择优选择具有相应管理经验、专业能力、融资实力以及信用状况良好的法人或者其他组织作为特许经营者。鼓励金融机构与参与竞争的法人或其他组织共同制定投融资方案。特许经营者选择应当符合内外资准入等有关法律、行政法规规定。依法选定的特许经营者，应当向社会公示。

第十八条 实施机构应当与依法选定的特许经营者签订特许经营协议。需要成立项目公司的，实施机构应当与依法选定的投资人签订初步协议，约定其在规定期限内注册成立项目公司，并与项目公司签订特许经营协议。

特许经营协议应当主要包括以下内容：

（一）项目名称、内容；

（二）特许经营方式、区域、范围和期限；

（三）项目公司的经营范围、注册资本、股东出资方式、出资比例、股权转让等；

（四）所提供产品或者服务的数量、质量和标准；

（五）设施权属，以及相应的维护和更新改造；

（六）监测评估；

（七）投融资期限和方式；

（八）收益取得方式，价格和收费标准的确定方法以及调整程序；

（九）履约担保；

（十）特许经营期内的风险分担；

（十一）政府承诺和保障；

（十二）应急预案和临时接管预案；

（十三）特许经营期限届满后，项目及资产移交方式、程序和要求等；

（十四）变更、提前终止及补偿；

（十五）违约责任；

（十六）争议解决方式；

（十七）需要明确的其他事项。

第十九条 特许经营协议根据有关法律、行政法规和国家规定，可以约定特许经营者通过向用户收费等方式取得收益。向用户收费不足以覆盖特许经营建设、运营成本及合理收益的，可由政府提供可行性缺口补助，包括政府授予特许经营项目相关的其他开发经营权益。

第二十条 特许经营协议应当明确价格或收费的确定和调整机制。特许经营项目价格或收费应当依据相关法律、行政法规规定和特许经营协议约定予以确定和调整。

第二十一条 政府可以在特许经营协议中就防止不必要的同类竞争性项目建设、必要合理的财政补贴、有关配套公共服务和基础设施的提供等内容作出承诺，但不得承诺固定投资回报和其他法律、行政法规禁止的事项。

第二十二条 特许经营者根据特许经营协议，需要依法办理规划选址、用地和项目核准或审批等手续的，有关部门在进行审核时，应当简化审核内容，优化办理流程，缩短办理时限，对于本部门根据本办法第十三条出具书面审查意见已经明确的事项，不再作重复审查。实施机构应当协助特许经营者办理相关手续。

第二十三条 国家鼓励金融机构为特许经营项目提供财务顾问、融资顾问、银团贷款等金融服务。

政策性、开发性金融机构可以给予特许经营项目差异化信贷支持，对符合条件的项目，贷款期限最长可达30年。探索利用特许经营项目预期收益质押贷款，支持利用相关收益作为还款来源。

第二十四条　国家鼓励通过设立产业基金等形式入股提供特许经营项目资本金。鼓励特许经营项目公司进行结构化融资，发行项目收益票据和资产支持票据等。国家鼓励特许经营项目采用成立私募基金，引入战略投资者，发行企业债券、项目收益债券、公司债券、非金融企业债务融资工具等方式拓宽投融资渠道。

第二十五条　县级以上人民政府有关部门可以探索与金融机构设立基础设施和公用事业特许经营引导基金，并通过投资补助、财政补贴、贷款贴息等方式，支持有关特许经营项目建设运营。

第三章　特许经营协议履行

第二十六条　特许经营协议各方当事人应当遵循诚实信用原则，按照约定全面履行义务。除法律、行政法规另有规定外，实施机构和特许经营者任何一方不履行特许经营协议约定义务或者履行义务不符合约定要求的，应当根据协议继续履行、采取补救措施或者赔偿损失。

第二十七条　依法保护特许经营者合法权益。任何单位或者个人不得违反法律、行政法规和本办法规定，干涉特许经营者合法经营活动。

第二十八条　特许经营者应当根据特许经营协议，执行有关特许经营项目投融资安排，确保相应资金或资金来源落实。

第二十九条　特许经营项目涉及新建或改扩建有关基础设施和公用事业的，应当符合城乡规划、土地管理、环境保护、质量管理、安全生产等有关法律、行政法规规定的建设条件和建设标准。

第三十条　特许经营者应当根据有关法律、行政法规、标准规范和特许经营协议，提供优质、持续、高效、安全的公共产品或者公共服务。

第三十一条　特许经营者应当按照技术规范，定期对特许经营项目设施进行检修和保养，保证设施运转正常及经营期限届满后资产按规定进行移交。

第三十二条　特许经营者对涉及国家安全的事项负有保密义务，并应当建立和落实相应保密管理制度。实施机构、有关部门及其工作人员对在特许经营活动和监督管理工作中知悉的特许经营者商业秘密负有保密义务。

第三十三条　实施机构和特许经营者应当对特许经营项目建设、运营、维修、保养过程中有关资料，按照有关规定进行归档保存。

第三十四条　实施机构应当按照特许经营协议严格履行有关义务，为特许经营者建设运营特许经营项目提供便利和支持，提高公共服务水平。行政区划调整，政府换届、部门调整和负责人变更，不得影响特许经营协议履行。

第三十五条　需要政府提供可行性缺口补助的特许经营项目，应当严格按照预算法规定，综合考虑政府财政承受能力和债务风险状况，合理确定财政付费总额和分年度数额，并与政府年度预算和中期财政规划相衔接，确保资金拨付需要。

第三十六条　因法律、行政法规修改，或者政策调整损害特许经营者预期利益，或者根据公共利益需要，要求特许经营者提供协议约定以外的产品或服务的，应当给予特许经营者相应补偿。

第四章　特许经营协议变更和终止

第三十七条　在特许经营协议有效期内，协议内容确需变更的，协议当事人应当在协商一致基础上签订补充协议。如协议可能对特许经营项目的存续债务产生重大影响的，应当事先征求债权人同意。特许经营项目涉及直接融资行为的，应当及时做好相关信息披露。特许经营期限届满后确有必要延长的，按照有关规定经充分评估论证，协商一致并报批准后，可以延长。

第三十八条　在特许经营期限内，因特许经营协议一方严重违约或不可抗力等原因，导致特许经营者无法继续履行协议约定义务，或者出现特许经营协议约定的提前终止协议情形的，在与债权人协商一致后，可以提前终止协议。特许经营协议提前终止的，政府应当收回特许经营项目，并根据实际情况和协议约定给予原特许经营者相应补偿。

第三十九条　特许经营期限届满终止或提前终止的，协议当事人应当按照特许经营协议约定，以及有关法律、行政法规和规定办理有关设施、资料、档案等的性能测试、评估、移交、接管、验收等手续。

第四十条　特许经营期限届满终止或者提前终止，对该基础设施和公用事业继续采用特许经营方式的，实施机构应当根据本办法规定重新选择特许经营者。因特许经营期限届满重新选择特许经营者的，在同等条件下，原特许经营者优先获得特许经营。新的特许经营者选定之前，实施机构和原特许经营者应当制定预案，保障公共产品或公共服务的持续稳定提供。

第五章　监督管理和公共利益保障

第四十一条　县级以上人民政府有关部门应当根据各自职责，对特许经营者执行法律、行政法规、行业标准、产品或服务技术规范，以及其他有关监管要求进行监督管理，并依法加强成本监督审查。县级以上审计机关应当依法对特许经营活动进行审计。

第四十二条　县级以上人民政府及其有关部门应当根据法律、行政法规和国务院决定保留的行政审批项目对特许经营进行监督管理，不得以实施特许经营为名违法增设行政审批项目或审批环节。

第四十三条　实施机构应当根据特许经营协议，定期对特许经营项目建设运营情况进行监测分析，会同有关部门进行绩效评价，并建立根据绩效评价结果、按照特许经营协议约定对价格或财政补贴进行调整的机制，保障所提供公共产品或公共服务的质量和效率。实施机构应当将社会公众意见作为监测分析和绩效评价的重要内容。

第四十四条　社会公众有权对特许经营活动进行监督，向有关监管部门投诉，或者向实施机构和特许经营者提出意见建议。

第四十五条　县级以上人民政府应当将特许经营有关政策措施、特许经营部门协调机制组成以及职责等信息向社会公开。实施机构和特许经营者应当将特许经营项目实施方案、特许经营者选择、特许经营协议及其变更或终止、项目建设运营、所提供公共服务标准、监测分析和绩效评价、经过审计的上年度财务报表等有关信息按规定向社会公开。特许经营者应当公开有关会计数据、财务核算和其他有关财务指标，并依法接受年度财务审计。

第四十六条　特许经营者应当对特许经营协议约定服务区域内所有用户普遍地、无歧视地提供公共产品或公共服务，不得对新增用户实行差别待遇。

第四十七条　实施机构和特许经营者应当制定突发事件应急预案，按规定报有关部门。突发事件发生后，及时启动应急预案，保障公共产品或公共服务的正常提供。

第四十八条　特许经营者因不可抗力等原因确实无法继续履行特许经营协议的，实施机构应当采取措施，保证持续稳定提供公共产品或公共服务。

第六章　争议解决

第四十九条　实施机构和特许经营者就特许经营协议履行发生争议的，应当协商解决。协商达成一致的，应当签订补充协议并遵照执行。

第五十条　实施机构和特许经营者就特许经营协议中的专业技术问题发生争议的，可以共同聘请专家或第三方机构进行调解。调解达成一致的，应当签订补充协议并遵照执行。

第五十一条　特许经营者认为行政机关作出的具体行政行为侵犯其合法权益的，有陈述、申辩的权利，并可以依法提起行政复议或者行政诉讼。

第五十二条　特许经营协议存续期间发生争议，当事各方在争议解决过程中，应当继续履行特许经营协议义务，保证公共产品或公共服务的持续性和稳定性。

第七章　法律责任

第五十三条　特许经营者违反法律、行政法规和国家强制性标准，严重危害公共利益，或者造成重大质量、安全事故或者突发环境事件的，有关部门应当责令限期改正并依法予以行政处罚；拒不改正、情节严重的，可以终止特许经营协议；构成犯罪的，依法追究刑事责任。

第五十四条　以欺骗、贿赂等不正当手段取得特许经营项目的，应当依法收回特许经营项目，向社会公开。

第五十五条　实施机构、有关行政主管部门及其工作人员不履行法定职责、干预特许经营者正常经营活动、徇私舞弊、滥用职权、玩忽职守的，依法给予行政处分；构成犯罪的，依法追究刑事责任。

第五十六条　县级以上人民政府有关部门应当对特许经营者及其从业人员的不良行为建立信用记录，纳入全国统一的信用信息共享交换平台。对严重违法失信行为依法予以曝光，并会同有关部门实施联合惩戒。

第八章　附则

第五十七条　基础设施和公用事业特许经营涉及国家安全审查的，按照国家有关规定执行。

第五十八条　法律、行政法规对基础设施和公用事业特许经营另有规定的，从其规定。本办法实施之前依法已经订立特许经营协议的，按照协议约定执行。

第五十九条　本办法由国务院发展改革部门会同有关部门负责解释。

第六十条　本办法自 2015 年 6 月 1 日起施行。

住房城乡建设行政复议办法

中华人民共和国住房和城乡建设部令第 25 号

《住房城乡建设行政复议办法》已经第 24 次部常务会议审议通过，现予发布，自 2015 年 11 月 1 日起施行。

住房城乡建设部部长　陈政高

2015 年 9 月 7 日

住房城乡建设行政复议办法

第一章　总则

第一条　为规范住房城乡建设行政复议工作，防止和纠正违法或者不当的行政行为，保护公民、法人和其他组织的合法权益，根据《中华人民共和国行政复议法》和《中华人民共和国行政复议法实施条例》等相关规定，制定本办法。

第二条　公民、法人和其他组织(以下统称申请人)依法向住房城乡建设行政复议机关申请行政复议，住房城乡建设行政复议机关(以下简称行政复议机关)开展行政复议工作，适用本办法。

第三条　行政复议机关应当认真履行行政复议职责，遵循合法、公正、公开、及时、便民的原则，坚持有错必纠，保障法律、法规和规章的正确实施。

行政复议机关应当依照有关规定配备专职行政复议人员，为行政复议工作提供必要的物质和经费保障。

第四条　行政复议机关负责法制工作的机构作为行政复议机构，办理行政复议有关事项，履行下列职责：

(一) 受理行政复议申请；

(二) 向有关组织和人员调查取证，查阅文件和资料，组织行政复议听证；

(三) 通知第三人参加行政复议；

(四) 主持行政复议调解，审查行政复议和解协议；

(五) 审查申请行政复议的行政行为是否合法与适当，提出处理建议，拟订行政复议决定；

(六) 法律、法规、规章规定的其他职责。

第五条　行政复议机关可以根据行政复议工作的需要，设立行政复议委员会，其主要职责是：

(一) 制定行政复议工作的规则、程序；

(二) 对重大、复杂、疑难的行政复议案件提出处理意见；

(三) 对行政复议涉及的有权处理的规范性文件的审查提出处理意见；

(四) 其他需要决定的重大行政复议事项。

第六条　专职行政复议人员应当具备与履行行政复议职责相适应的品行、专业知识和业务能力，定期参加业务培训。

第七条　国务院住房城乡建设主管部门对全国住房城乡建设行政复议工作进行指导。

县级以上地方人民政府住房城乡建设主管部门对本行政区域内的住房城乡建设行政复议工作进行指导。

第八条　各级行政复议机关应当定期总结行政复议工作，对在行政复议工作中做出显著成绩的单位和个人，依照有关规定给予表彰和奖励。

第二章　行政复议申请

第九条　有下列情形之一的，申请人可以依法向住房城乡建设行政复议机关提出行政复议申请：

(一) 不服县级以上人民政府住房城乡建设主管部门作出的警告，罚款，没收违法所得，没收违法建筑物、构筑物和其他设施，责令停业整顿，责令停止执业，降低资质等级，吊销资质证书，吊销执业资格证书和其他许可证、执照等行政处罚的；

（二）不服县级以上人民政府住房城乡建设主管部门作出的限期拆除决定和强制拆除违法建筑物、构筑物、设施以及其他住房城乡建设相关行政强制行为的；

（三）不服县级以上人民政府住房城乡建设主管部门作出的行政许可决定以及行政许可的变更、延续、中止、撤销、撤回和注销决定的；

（四）向县级以上人民政府住房城乡建设主管部门申请履行法律、法规和规章规定的法定职责，但认为县级以上人民政府住房城乡建设主管部门没有依法履行的；

（五）认为县级以上人民政府住房城乡建设主管部门违法要求履行其他义务的；

（六）认为县级以上人民政府住房城乡建设主管部门的其他具体行政行为侵犯其合法权益的。

第十条 有下列情形之一的，申请人提出行政复议申请，行政复议机关不予受理：

（一）不服县级以上人民政府住房城乡建设主管部门作出的行政处分、人事任免有关决定，或者认为住房城乡建设主管部门应当履行但未依法履行有关行政处分、人事任免职责的；

（二）不服县级以上人民政府住房城乡建设主管部门对有权处理的信访事项，根据《信访条例》作出的处理意见、复查意见、复核意见和不再受理决定的；

（三）不服县级以上人民政府住房城乡建设主管部门制定的规范性文件，以及作出的行政调解行为、行政和解行为、行政复议决定的；

（四）以行政复议申请名义，向行政复议机关提出批评、意见、建议、控告、检举、投诉，以及其他信访请求的；

（五）申请人已就同一事项先向其他有权受理的行政复议机关提出行政复议申请的，或者人民法院已就该事项立案登记的；

（六）被复议的行政行为已为其他生效法律文书的效力所羁束的；

（七）法律、法规规定的不应纳入行政复议范围的其他情形。

第十一条 申请人书面申请行政复议的，可以采取当面递交、邮寄等方式，向行政复议机关提交行政复议申请书及有关材料；书面申请确有困难的，可以口头申请，由行政复议机关记入笔录，经由申请人核实后签名或者盖章确认。有条件的行政复议机关，可以提供行政复议网上申请的有关服务。

申请人不服县级以上人民政府住房城乡建设主管部门作出的两个及两个以上行政行为的，应当分别提出行政复议申请。

第十二条 申请人以书面方式申请行政复议的，应当提交行政复议申请书正本副本各一份。复议申请书应当载明下列内容：

（一）申请人姓名或者名称、地址；

（二）被申请人的名称、地址；

（三）行政复议请求；

（四）主要事实和理由（包括知道行政行为的时间）；

（五）提出行政复议申请的日期。

复议申请书应当由申请人或者申请人的法定代表人签字或者盖章，并附有必要的证据。申请人为自然人的，应当提交身份证件复印件；申请人为法人或者其他组织的，应当提交有效营业执照或者其他有效证件的复印件、法定代表人身份证明等。申请人授权委托人代为申请的，应当提交申请人与委托人的合法身份证明和授权委托书。

第十三条 申请人认为行政行为侵犯其合法权益的，可以自知道或者应当知道该行政行为之日起60日内提出行政复议申请；但是法律规定的申请期限超过60日的除外。因不可抗力或者其他正当理由耽误法定申请期限的，申请期限自障碍消除之日起继续计算。

申请人认为行政机关不履行法定职责的，可以在法律、法规、规章规定的履行期限届满后，按照前款规定提出行政复议申请；法律、法规、规章没有规定履行期限的，可以自向行政机关提出申请满60日后，按照前款规定提出行政复议申请。

对涉及不动产的行政行为从作出之日起超过20年、其他行政行为从作出之日起超过5年申请行政复议的，行政复议机关不予受理。

第十四条 有下列情形之一的，申请人应当提供相应的证明材料：

（一）认为被申请人行政不作为的，应当提供曾经要求被申请人履行法定职责而被申请人未履行的证明材料；

（二）行政复议申请超出本办法第十三条规定的行政复议申请期限的，应当提供因不可抗力或者其他正当理由耽误法定申请期限的证明材料；

（三）提出行政赔偿请求的，应当提供受行政行为侵害而造成损害的证明材料；

（四）法律、法规和规章规定需要申请人提供证明材料的其他情形。

第十五条　与行政行为有利害关系的其他公民、法人或者其他组织以书面形式提出申请，经行政复议机关审查同意，可以作为第三人参加行政复议。

行政复议机关认为必要时，也可以通知与行政行为有利害关系的其他公民、法人或者其他组织作为第三人参加行政复议。

第三人不参加行政复议的，不影响行政复议审查。

第十六条　申请人、被申请人、第三人可以委托一至两人作为复议代理人。下列人员可以被委托为复议代理人：

（一）律师、基层法律服务工作者；

（二）申请人、第三人的近亲属或者工作人员；

（三）申请人、第三人所在社区、单位及有关社会团体推荐的公民。

申请人、被申请人、第三人委托代理人参加行政复议的，应当向行政复议机关提交由委托人签字或者盖章的委托书，委托书应当载明委托事项和具体权限；解除或者变更委托的，应当书面通知行政复议机关。

第三章　行政复议受理

第十七条　行政复议机关收到行政复议申请后，应当在5日内进行审查，对不符合本办法第十八条规定的行政复议申请，决定不予受理，并书面告知申请人；对不属于本机关受理的行政复议申请，应当告知申请人向有关行政复议机关提出。

除前款规定外，行政复议申请自行政复议机构收到之日起即为受理。

第十八条　行政复议机关对符合下列条件的行政复议申请，应当予以受理：

（一）有明确的申请人和符合规定的被申请人；

（二）申请人与行政行为有利害关系；

（三）有具体的行政复议请求和理由；

（四）在法定申请期限内提出；

（五）属于本办法规定的行政复议范围；

（六）属于收到行政复议申请的行政复议机构的职责范围；

（七）申请人尚未就同一事项向其他有权受理的行政复议机关提出行政复议申请，人民法院尚未就申请人同一事项立案登记的；

（八）符合法律、法规规定的其他条件。

第十九条　行政复议申请材料不齐全或者表述不清楚的，行政复议机构可以自收到该行政复议申请之日起5日内书面通知申请人补正。补正通知书应当载明下列事项：

（一）行政复议申请书中需要补充、说明、修改的具体内容；

（二）需要补正的材料、证据；

（三）合理的补正期限；

（四）逾期未补正的法律后果。

申请人应当按照补正通知书要求提交补正材料。申请人无正当理由逾期不补正的，视为放弃行政复议申请。申请人超过补正通知书载明的补正期限补正，或者补正材料不符合补正通知书要求的，行政复议机关可以不予受理其行政复议申请。

补正申请材料所用时间不计入行政复议审理期限。

第二十条　行政复议机关应当自行政复议申请受理之日起7日内，向被申请人发出答复通知书，并将行政复议申请书副本或者行政复议申请笔录复印件发送被申请人。被申请人应当自收到答复通知书之日起10日内，提出书面答复。

第二十一条　被申请人的书面答复应当载明以下内容：

（一）被申请人的基本情况；

（二）作出行政行为的过程和相关情况；

（三）作出行政行为的事实依据和有关证据材料；

（四）对申请人提出的事实和理由进行答辩；

（五）作出行政行为所依据的法律、法规、规章和规范性文件；

（六）作出答复的时间。

第四章　行政复议审查

第二十二条　行政复议案件原则上采取书面审查的办法。行政复议机关认为必要，或者申请人提出听证要求经行政复议机关同意的，可以采取听证的方式审查。听证所需时间不计入行政复议审理期限。

行政复议机关决定举行听证的，应当于举行听证5日前将举行听证的时间、地点、具体要求等事项，通知申请人、被申请人和第三人。申请人超过5人的，应当推选1至5名代表参加听证。申请人无正当理由不参加听证或者未经许可中途退出听证的，视为自动放弃听证权利，听证程序终止；第三人不参加听证的，不影响听证的举行；被申请人必须参加听证。

行政复议机关认为必要的，可以实地调查核实。被调查单位和人员应当予以配合，不得拒绝或者阻挠。

第二十三条 两个及两个以上的复议申请人不服县级以上人民政府住房城乡建设主管部门作出的一个行政行为或者基本相同的多个行政行为，向行政复议机关分别提起多件行政复议申请的，行政复议机关可以合并审理。

第二十四条 在行政复议中，被申请人应当对其作出的行政行为承担举证责任，对其提交的证据材料应当分类编号，对证据材料的来源、证明对象和内容作简要说明。

第二十五条 行政复议机关审查行政复议案件，应当以证据证明的案件事实为依据。定案证据应当具有合法性、真实性和关联性。

第二十六条 行政复议机关应当对被申请人作出的行政行为的下列事项进行审查：

（一）是否具有相应的法定职责；

（二）主要事实是否清楚，证据是否确凿；

（三）适用依据是否正确；

（四）是否符合法定程序；

（五）是否超越或者滥用职权；

（六）是否存在明显不当。

第二十七条 行政复议机关对申请人认为被申请人不履行法定职责的行政复议案件，应当审查下列事项：

（一）申请人是否曾经要求被申请人履行法定职责；

（二）被申请人是否具有法律、法规或者规章明确规定的具体法定职责；

（三）被申请人是否明确表示拒绝履行或者不予答复；

（四）是否超过法定履行期限；

（五）被申请人提出不能在法定期限内履行或者不能及时履行的理由是否正当。

第二十八条 行政复议决定作出前，申请人可以撤回行政复议申请。

申请人撤回行政复议申请的，不得再以同一事实和理由提出行政复议申请。但是，申请人能够证明撤回行政复议申请违背其真实意思表示的除外。

第二十九条 行政复议机关中止、恢复行政复议案件的审理，或者终止行政复议的，应当书面通知申请人、被申请人和第三人。

第五章 行政复议决定

第三十条 行政行为认定事实清楚，证据确凿，适用依据正确，程序合法，内容适当的，行政复议机关应当决定维持。

第三十一条 行政行为有下列情形之一的，行政复议机关应当决定撤销：

（一）主要事实不清，证据不足的；

（二）适用依据错误的；

（三）违反法定程序的；

（四）超越或者滥用职权的；

（五）行政行为明显不当的。

第三十二条 行政行为有下列情形之一的，行政复议机关可以决定变更该行政行为：

（一）认定事实清楚，证据确凿，程序合法，但是明显不当或者适用依据错误的；

（二）认定事实不清，证据不足，经行政复议程序审理查明事实清楚，证据确凿的。

第三十三条 有下列情形之一的，行政复议机关应当决定驳回行政复议申请：

（一）申请人认为被申请人不履行法定职责申请行政复议，行政复议机关受理后发现被申请人没有相应法定职责或者在受理前已经履行法定职责的；

（二）行政复议机关受理行政复议申请后，发现该行政复议申请不属于本办法规定的行政复议受案范围或者不符合受理条件的；

（三）被复议的行政行为，已为人民法院或者行政复议机关作出的生效法律文书的效力所羁束的；

（四）法律、法规和规章规定的其他情形。

第三十四条 有下列情形之一的，行政复议机关应当决定被申请人在一定期限内履行法定职责：

（一）属于被申请人的法定职责，被申请人明确表示拒绝履行或者不予答复的；

（二）属于被申请人的法定职责，并有法定履行期限，被申请人无正当理由逾期未履行或者未予答复的；

（三）属于被申请人的法定职责，没有履行期限规定，被申请人自收到申请满 60 日起无正当理由未履行或者未予答复的。

前款规定的法定职责，是指县级以上人民政府住房城乡建设主管部门根据法律、法规或者规章的明确规定，在接到申请人的履责申请后应当履行的职责。

第三十五条 行政行为有下列情形之一的，行政复议机关应当确认违法，但不撤销或者变更行政行为：

（一）行政行为依法应当撤销或者变更，但撤销或者变更该行政行为将会给国家利益、社会公共利益造成重大损害的；

（二）行政行为程序轻微违法，但对申请人权利不产生实际影响的；

（三）被申请人不履行法定职责或者拖延履行法定职责，判令履行没有意义的；

（四）行政行为违法，但不具有可撤销、变更内容的；

（五）法律、法规和规章规定的其他情形。

第三十六条　被申请人在复议期间改变原行政行为的，应当书面告知行政复议机关。

被申请人改变原行政行为，申请人撤回行政复议申请的，行政复议机关准予撤回的，行政复议终止；申请人不撤回行政复议申请的，行政复议机关经审查认为原行政行为违法的，应当作出确认其违法的行政复议决定；认为原行政行为合法的，应当驳回行政复议申请。

第三十七条　行政复议机关决定撤销行政行为，可以责令被申请人在一定期限内重新作出行政行为。重新作出行政行为的期限自《行政复议决定书》送达之日起最长不超过 60 日，法律、法规、规章另有规定的除外。

行政复议机关确认行政行为违法的，可以责令被申请人采取相应的补救措施。

申请人对行政机关重新作出的行政行为不服，可以依法申请行政复议或者提起行政诉讼。

第三十八条　行政复议机关在申请人的行政复议请求范围内，不得作出对申请人更为不利的行政复议决定。但利害关系人同为申请人，且行政复议请求相反的除外。

第三十九条　申请人与被申请人在行政复议决定作出前，依法自愿达成和解的，由申请人按照本办法规定向行政复议机关撤回行政复议申请。和解内容不得损害国家利益、社会公共利益和他人合法权益。

第四十条　有下列情形之一的，行政复议机关可以按照自愿、合法的原则进行调解：

（一）申请人对行政机关行使法律、法规规定的自由裁量权作出的行政行为不服申请行政复议的；

（二）当事人之间的行政赔偿或者行政补偿纠纷。

经调解达成协议的，行政复议机关应当制作行政复议调解书。行政复议调解书经双方当事人签字，即具有法律效力。调解未达成协议或者调解书送达前一方反悔的，行政复议机关应当及时作出行政复议决定。

第四十一条　行政复议文书有笔误的，行政复议机关可以对笔误进行更正。

第四十二条　申请人、第三人在行政复议期间以及行政复议决定作出之日起 90 日内，可以向行政复议机关申请查阅被申请人提出的书面答复、作出行政行为的证据、依据和其他有关材料，除涉及国家秘密、商业秘密或者个人隐私外，行政复议机关不得拒绝。查阅应当依照下列程序办理：

（一）申请人、第三人应当至少提前 5 日向行政复议机关预约时间；

（二）查阅时，申请人、第三人应当出示身份证件，行政复议机关工作人员应当在场；

（三）申请人、第三人不得涂改、毁损、拆换、取走、增添查阅材料；未经复议机关同意，不得进行复印、翻拍、翻录。

申请人、第三人通过政府信息公开方式，向县级以上人民政府住房城乡建设部门申请公开被申请人提出的书面答复、作出行政行为的证据、依据和其他有关材料的，县级以上人民政府住房城乡建设部门可以告知申请人、第三人按照前款规定申请查阅。

申请人、第三人以外的其他人，或者申请人、第三人超过规定期限申请查阅被申请人提出的书面答复、作出行政行为的证据、依据和其他有关材料的，行政复议机关可以不予提供查阅。

第四十三条　行政复议机关应当推进信息化建设，研究开发行政复议信息系统，逐步实现行政复议办公自动化和行政复议档案电子化。

第四十四条　行政复议案件审查结束后，行政复议机关应当及时将案卷进行整理归档。

第六章　行政复议监督

第四十五条　被申请人应当履行行政复议决定。被申请人不履行或者无正当理由拖延履行行政复议决定的，作出复议决定的行政复议机关可以责令其在规定期限内履行。

第四十六条　被责令重新作出行政行为的，被申请人不得以同一事实和理由作出与原行政行为相同或者基本相同的行政行为，但因违反法定程序被责令重新作出行政行为的除外。

第四十七条　行政复议期间行政复议机关发现被申请人或者其他下级行政机关有下列情形之一的，可以制作行政复议意见书；有关机关应当自收到行政复议意见书之日起 60 日内将纠正相关行政违法行为或者做好善后工作的情况报告行政复议机关：

（一）具体行政行为有违法或者不当情形，导致被撤销、变更或者确认违法的；

（二）行政机关不依法履行法定职责，存在不作为的；

（三）具体行政行为存在瑕疵或者其他问题的；

（四）具体行政行为依据的规范性文件存在问题的；

（五）行政机关在行政管理中存在问题和制度漏洞的；

（六）行政机关需要做好相关善后工作的；

（七）其他需要制作行政复议意见书的。

行政复议期间，行政复议机构发现法律、法规、规章实施中带有普遍性的问题，可以制作行政复议建议书，向有关机关提出完善制度和改进行政执法的建议。

第四十八条 国务院住房城乡建设主管部门可以对县级以上地方人民政府住房城乡建设主管部门的行政复议工作和制度执行情况进行监督检查。

省、自治区、直辖市人民政府住房城乡建设主管部门可以通过定期检查、抽查等方式，对本行政区域内行政复议工作和制度执行情况进行监督检查。

不履行行政复议决定，或者在收到行政复议意见书之日起60日内未将纠正相关行政违法行为的情况报告行政复议机关的，行政复议机关可以通报批评。

第四十九条 行政复议工作、行政复议决定的执行情况纳入县级以上地方人民政府住房城乡建设主管部门依法行政的考核范围。

第五十条 行政复议机关应当建立行政复议案件统计制度，并按规定向上级行政复议主管部门报送本行政区的行政复议情况。

第七章 附则

第五十一条 本办法所称“涉及不动产的行政行为”，是指直接发生设立、变更、转让和消灭不动产物权效力的行政行为。

第五十二条 行政复议机关可以使用行政复议专用章。行政复议专用章用于办理行政复议事项，与行政复议机关印章具有同等效力。

第五十三条 行政复议文书直接送达的，复议申请人在送达回证上的签收日期为送达日期。行政复议文书邮寄送达的，邮寄地址为复议申请人在行政复议申请书中写明的地址，送达日期为复议申请人收到邮件的日期。因复议申请人自己提供的地址不准确、地址变更未及时告知行政复议机关、复议申请人本人或者其指定的代收人拒绝签收以及逾期签收，导致行政复议文书被国家邮政机构退回的，文书退回之日视为送达之日。

行政复议文书送达第三人的，适用前款规定。

第五十四条 期间开始之日不计算在期间内。期间届满的最后一日是节假日的，以节假日后的第一日为期间届满的日期。

本办法关于行政复议期间有关“5日”、“7日”的规定是指工作日，不含节假日和当日。

第五十五条 外国人、无国籍人、外国组织在中华人民共和国境内向行政复议机关申请行政复议，参照适用本办法。

第五十六条 本办法未规定事项，依照《中华人民共和国行政复议法》和《中华人民共和国行政复议法实施条例》的规定执行。

第五十七条 本办法自2015年11月1日起实施。

国家级风景名胜区规划编制审批办法

中华人民共和国住房和城乡建设部令第26号

《国家级风景名胜区规划编制审批办法》已经第24次部常务会议审议通过，现予发布，自2015年12月1日起施行。

住房城乡建设部部长　陈政高

2015年9月14日

国家级风景名胜区规划编制审批办法

第一条　为了规范国家级风景名胜区规划的编制和审批，根据《中华人民共和国城乡规划法》、《风景名胜区条例》等法律、行政法规，制定本办法。

第二条　国家级风景名胜区规划的编制和审批，适用本办法。

第三条　经批准的国家级风景名胜区规划是国家级风景名胜区保护、利用和管理的依据。风景名胜区管理机构以及县级以上地方人民政府住房城乡建设主管部门不得违反国家级风景名胜区规划审批各类建设活动。

国家级风景名胜区规划未经批准的，不得在国家级风景名胜区内进行建设活动。

第四条　编制国家级风景名胜区规划，应当坚持保护优先、开发服从保护的原则，突出风景名胜资源的自然特性、文化内涵和地方特色，实现风景名胜资源的永续利用。

第五条　国家级风景名胜区规划分为总体规划和详细规划。

第六条　省、自治区人民政府住房城乡建设主管部门和直辖市人民政府风景名胜区主管部门(以下简称风景名胜区规划组织编制机关)，负责组织国家级风景名胜区所在地市、县人民政府和风景名胜区管理机构等开展国家级风景名胜区规划编制工作。

第七条　编制国家级风景名胜区总体规划应当由具有甲级资质的城乡规划编制单位承担。

编制国家级风景名胜区详细规划应当由同时具有乙级以上城乡规划编制单位资质和风景园林工程设计专项资质的单位承担。

第八条　编制国家级风景名胜区规划应当遵守国家有关技术规范和标准，采用符合国家有关规定的基础资料。

第九条　编制国家级风景名胜区总体规划，应当进行科学论证，并广泛征求有关部门、专家和公众意见；必要时，可以举行听证。

第十条　国家级风景名胜区总体规划应当包括下列内容：

(一) 界定风景名胜区和核心景区的范围边界，根据需要划定外围保护地带；

(二) 明确风景名胜资源的类型和特色，评价资源价值和等级；

(三) 确定风景名胜区的性质和定位；

(四) 提出风景名胜区保护与发展目标，确定风景名胜区的游客容量、建设用地控制规模、旅游床位控制规模等；

(五) 确定功能分区，提出基础设施、游览服务、风景游赏、居民点的空间布局；

(六) 划定分级保护范围，提出分级保护规定；明确禁止建设和限制建设的范围，提出开发利用强度控制要求；提出重要风景名胜资源专项保护措施和生态环境保护控制要求；

(七) 确定重大建设项目布局；提出建设行为引导控制和景观风貌管控要求；确定需要编制详细规划的区域，提出详细规划编制应当遵从的重要控制指标或者要求；

(八) 编制游赏、设施、居民点协调、相关规划协调等专项规划。

第十一条　国家级风景名胜区总体规划应当自国家级风景名胜区批准设立之日起2年内编制完成。总体规划的规划期一般为20年。

第十二条　编制国家级风景名胜区详细规划应当符合国家级风景名胜区总体规划。总体规划确定的主要入口区、游览服务设施相对集中区等涉及较多建设活动的区域应当编制详细规划。

国家级风景名胜区详细规划应当包括下列内容：

(一) 明确规划范围和规划区域的定位，分析总体规划相关要求；

(二) 确定规划目标，提出发展控制规模；

(三) 评价规划范围的资源、环境和用地条件，确定规划布局和建设用地的范围边界；

(四) 提出建设用地范围内各地块的建筑限高、建筑密度、容积率、绿地率、给排水与水环境等控制指标及建筑形式、体量、风貌、色彩等设计要求；明确重要项目选址、布局、规模、高度等建设控制要求，对重要建(构)筑物的景观视线影响进行分析，提出设计方案引导措施；

(五) 编制综合设施、游赏组织、居民点建设引导、土地利用协调等专项规划。

第十三条　编制国家级风景名胜区规划，不得在核心景区内安排下列项目、设施或者建筑物：

(一) 索道、缆车、铁路、水库、高等级公路等重大建设工程项目；

(二) 宾馆、招待所、培训中心、疗养院等住宿疗养设施；

（三）大型文化、体育和游乐设施；

（四）其他与核心景区资源、生态和景观保护无关的项目、设施或者建筑物。

第十四条 国家级风景名胜区规划成果应当包括规划文本、规划图纸、规划说明书、基础资料汇编、遥感影像图，以书面和电子文件两种形式表达。

征求意见及意见采纳的情况、专题论证材料、专家评审意见、公示情况等，应当纳入基础资料汇编。

第十五条 编制国家级风景名胜区总体规划，确需对经审定的风景名胜区范围进行较大调整或者安排索道、缆车等重大建设工程项目的，风景名胜区规划组织编制机关应当组织专家进行专题论证，形成专题论证材料。

第十六条 国家级风景名胜区规划编制完成后，风景名胜区规划组织编制机关应当组织专家进行评审。评审专家应当包括 3 名以上国务院住房城乡建设主管部门的风景园林专家委员会成员。

第十七条 国家级风景名胜区规划报送审批前，风景名胜区规划组织编制机关和风景名胜区管理机构应当依法将规划草案予以公示；公示时间不得少于 30 日。

第十八条 国家级风景名胜区总体规划由省、自治区、直辖市人民政府报国务院审批。

国家级风景名胜区详细规划由风景名胜区规划组织编制机关报国务院住房城乡建设主管部门审批。

第十九条 国家级风景名胜区总体规划审批前，国务院住房城乡建设主管部门应当按照国务院要求，组织专家对规划进行审查，征求国务院有关部门意见后，提出审查意见报国务院。

第二十条 风景名胜区规划组织编制机关和风景名胜区管理机构应当将经批准的国家级风景名胜区规划及时向社会公布，并为公众查阅提供便利。法律、行政法规规定不得公开的内容除外。

第二十一条 经批准的国家级风景名胜区规划不得擅自修改。确需对经批准的国家级风景名胜区总体规划中的风景名胜区范围、性质、保护目标、生态资源保护措施、重大建设项目布局、开发利用强度以及风景名胜区的功能结构、空间布局、游客容量进行修改的，应当报原审批机关批准；对其他内容进行修改的，应当报原审批机关备案。

国家级风景名胜区详细规划确需修改的，应当报原审批机关批准。

第二十二条 编制城市、镇规划，规划范围与国家级风景名胜区存在交叉或者重合的，应当将国家级风景名胜区总体规划中的保护要求纳入城市、镇规划。编制乡规划和村庄规划，规划范围与国家级风景名胜区存在交叉或者重合的，应当符合国家级风景名胜区总体规划。

国家级风景名胜区外围保护地带内的城乡建设和发展，应当与国家级风景名胜区总体规划的要求相协调。

第二十三条 任何单位和个人都应当遵守经批准的国家级风景名胜区规划，服从规划管理，并有权就涉及其利害关系的建设活动是否符合国家级风景名胜区规划的要求向风景名胜区管理机构查询。

任何单位和个人都有权向风景名胜区管理机构举报或者控告违反国家级风景名胜区规划的行为。

第二十四条 风景名胜区规划组织编制机关应当至少每 5 年组织专家对规划实施情况进行一次评估。评估报告应当及时报国务院住房城乡建设主管部门。

国家级风景名胜区总体规划的规划期届满前 2 年，风景名胜区规划组织编制机关应当对规划进行评估，作出是否重新编制规划的决定。在新规划批准前，原规划继续有效。

第二十五条 违反本办法规定，风景名胜区规划组织编制机关或者风景名胜区管理机构有下列行为之一的，由上级地方人民政府或者主管部门责令改正，并依法对直接负责的主管人员和其他直接责任人员给予处分：

（一）未组织编制国家级风景名胜区规划的；

（二）未按照法定程序组织编制国家级风景名胜区规划的；

（三）批准设立之日起 2 年内未编制完成国家级风景名胜区总体规划的；

（四）擅自修改国家级风景名胜区规划的；

（五）未将批准的国家级风景名胜区规划予以公布的。

第二十六条 违反本办法规定，风景名胜区管理机构以及县级以上地方人民政府住房城乡建设主管部门违反国家级风景名胜区规划批准建设活动的，应当依法对直接负责的主管人员和其他直接责任人员给予处分。

第二十七条 本办法自 2015 年 12 月 1 日起施行。

数据统计与分析

2015 年城乡建设统计分析

2015 年城市（城区）建设

【概况】 2015 年年末，全国设市城市 656 个，增加 3 个，其中，直辖市 4 个，地级市 291 个，县级市 361 个。据对 655 个城市和 1 个特殊区域统计汇总，城市城区户籍人口 3.94 亿人，暂住人口 0.66 亿人，建成区面积 5.21 万平方千米。

［说明］

城市（城区）包括：市本级（1）街道办事处所辖地域；（2）城市公共设施、居住设施和市政公用设施等连接到的其他镇（乡）地域；（3）常住人口在 3000 人以上独立的工矿区、开发区、科研单位、大专院校等特殊区域。

城市（城区）部分统计了 655 个城市、1 个特殊区域。其中，黑龙江省双城市由市改区，仍按城市单独统计；陕西省杨凌区按城市统计；另外一个城市，即黑龙江省东宁县撤县改市，仍按县城统计，没有按城市统计。

【城市市政公用设施固定资产投资】 2015 年完成城市市政公用设施固定资产投资 16204.44 亿元，比上年减少 0.25%，占同期全社会固定资产投资总额的 2.88%。其中，道路桥梁、轨道交通、园林绿化投资分列前三位，分别占城市市政公用设施固定资产投资的 45.75%、22.88%和 9.84%。全国城市市政公用设施建设固定资产投资的具体行业分布如图 1 所示。

［说明］

城区市政公用设施固定资产投资统计口径为计划总投资在 5 万元以上的市政公用设施项目，不含住宅及其他方面的投资。

全国城市市政公用设施投资新增固定资产 10257.04 亿元，固定资产投资交付使用率 63.30%。主要新增生产能力（或效益）是：供水日综合生产能力 561.34 万立方米，天然气储气能力 1473.07 万立方米，集中供热蒸汽能力 4336 吨/小时，热水能力 22668 兆瓦，道路长度 1.03 万千米，排水管道长度 4.75 万千米，城市污水处理厂日处理能力 885.9 万立方米，城市生活垃圾无害化日处理能力 2.54 万吨。

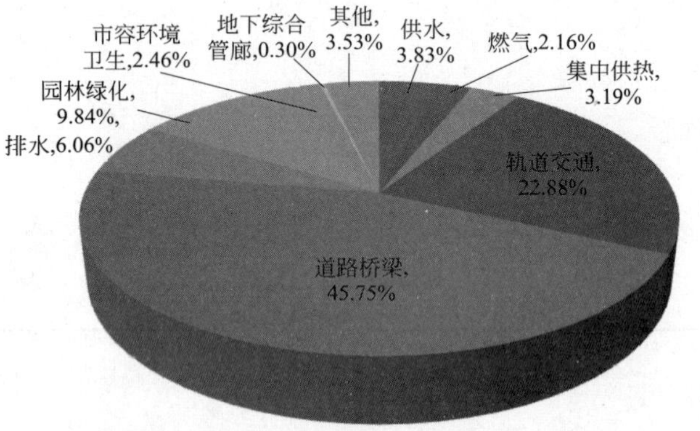

图 1 全国城市市政公用设施建设固定资产投资的行业分布

2015 年按资金来源分城市市政公用设施建设固定资产投资合计 16570.74 亿元，比上年增加 516.71 亿元。其中，本年资金来源 15275.76 亿元，上年末结余资金 1294.97 亿元。本年资金来源的具体构成，如图 2 所示。

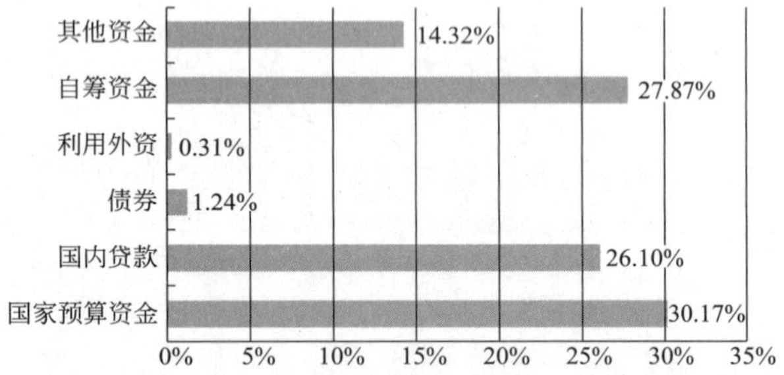

图 2 2015 年城市市政设施建设固定资产投资本年资金来源的具体构成

【城市供水和节水】 2015 年年末，城市供水综合生产能力达到 2.97 亿立方米/日，比上年增长 3.5%，其中，公共供水能力 2.31 亿立方米/日，比上年增长 4.5%。供水管道长度 71.0 万千米，比上年增长 4.9%。2015 年，年供水总量 560.5 亿立方米，其中，生产运营用水 162.4 亿立方米，公共服务用水 77.1 亿立方米，居民家庭用水 208.9 亿立方米。用水人口 4.51 亿人，人均日生活用水量 174.5 升，用水普及率 98.07%，比上年增加 0.43 个百分点。2015 年，城市节约用水 40.3 亿立方米，节水措施总投资23.1亿元。

【城市燃气】 2015年，人工煤气供气总量47.1亿立方米，天然气供气总量1040.8亿立方米，液化石油气供气总量1039.2万吨，分别比上年减少15.8%、增长7.9%、减少4.0%。人工煤气供气管道长度2.1万千米，天然气供气管道长度49.8万千米，液化石油气供气管道长度0.9万千米，分别比上年减少26.7%、增长14.6%、减少18.0%。用气人口4.38亿人，燃气普及率95.30%，比上年增加0.73个百分点。

【城市集中供热】 2015年年末，城市蒸汽供热能力8.1万吨/小时，比上年减少4.7%，热水供热能力47.3万兆瓦，比上年增长5.7%，供热管道20.4万千米，比上年增长9.2%，集中供热面积67.2亿平方米，比上年增长10.0%。

【城市轨道交通】 2015年年末，全国有24个城市建成轨道交通，线路长度3069千米，比上年增长13.1%，车站数2008个，其中换乘站441个，配置车辆数16524辆。全国38个城市在建轨道交通，线路长度3994千米，比上年增长32.9%，车站数2547个，其中换乘站680个。

［说明］

轨道交通包括地铁、轻轨、单轨、有轨和磁悬浮等5种类型。截至2015年底，在国务院已批复轨道交通建设规划的39个城市中，除太原、呼和浩特、无锡、南通等4个城市外，已经全部开始建设或建成轨道交通线路。未含在39个城市名单中的昆山市、温州市、肇庆市等3个城市的上海地铁11号线北段昆山路段、温州市域铁路S1线、佛肇城际铁路城区内线路也按城市轨道交通统计在内。

【城市道路桥梁】 2015年年末，城市道路长度36.5万千米，比上年增长3.6%，道路面积71.8亿平方米，比上年增长5.1%，其中人行道面积15.8亿平方米。人均城市道路面积15.60平方米，比上年增加0.26平方米。

【城市排水与污水处理】 2015年年末，全国城市共有污水处理厂1943座，比上年增加136座，污水厂日处理能力14028万立方米，比上年增长7.2%，排水管道长度54.0万千米，比上年增长5.6%。城市年污水处理总量428.8亿立方米，城市污水处理率91.90%，比上年增加1.72个百分点，其中污水处理厂集中处理率87.97%，比上年增加2.03个百分点。城市再生水日生产能力2317万立方米，再生水利用量44.5亿立方米。

【城市园林绿化】 2015年年末，城市建成区绿化覆盖面积210.5万公顷，比上年增长4.4%，建成区绿化覆盖率40.12%，比上年降低0.1个百分点；建成区绿地面积190.8万公顷，比上年增长4.8%，建成区绿地率36.36%，比上年增加0.07个百分点；公园绿地面积61.4万公顷，比上年增长5.4%，人均公园绿地面积13.35平方米，比上年增加0.27平方米。

【国家级风景名胜区】 2015年年末，全国共有225处国家级风景名胜区，风景名胜区面积11.1万平方千米，可游览面积4.4万平方千米，全年接待游人8.4亿人次。国家投入70.3亿元用于风景名胜区的维护和建设。

【城市市容环境卫生】 2015年年末，全国城市道路清扫保洁(覆盖)面积73.0亿平方米，其中机械清扫面积40.6亿平方米，机械清扫率55.5%。全年清运生活垃圾、粪便2.06亿吨，比上年增长6.0%。全国城市共有生活垃圾无害化处理场(厂)890座，比上年增加72座，日处理能力57.7万吨，处理量1.80亿吨，城市生活垃圾无害化处理率94.10%，比上年增加2.31个百分点。

【2010～2015年全国城市建设的基本情况】

2010～2015年全国城市建设的基本情况见表1。

2010～2015年全国城市建设的基本情况 　　**表1**

类别	指标	年份					
		2010	2011	2012	2013	2014	2015
概况	城市数(个)	657	657	657	658	653	656
	＃直辖市(个)	4	4	4	4	4	4
	＃地级市(个)	283	283	284	286	288	291
	＃县级市(个)	370	370	369	368	361	361
	城区人口(亿人)	3.54	3.54	3.70	3.77	3.86	3.94
	城区暂住人口(亿人)	0.41	0.55	0.52	0.56	0.60	0.66
	建成区面积(平方千米)	40058	43603	45566	47855	49773	52102
	城市建设用地面积(平方千米)	39758	41861	45751	47109	49983	51584

续表

类别	指标		2010	2011	2012	2013	2014	2015
投资	市政公用设施固定资产年投资总额(亿元)		13363.9	13934.3	15296.4	16349.8	16245.0	16204.4
城市供水和节水	年供水总量(亿平方米)		507.9	513.4	523.0	537.3	546.7	560.5
	供水管道长度(万千米)		54.0	57.4	59.2	64.6	67.7	71.0
	用水普及率(%)		96.68	97.04	97.16	97.56	97.64	98.07
城市燃气	人工煤气年供应量(亿立方米)		279.9	84.7	77.0	62.8	56.0	47.1
	天然气年供应量(亿立方米)		487.6	678.8	795.0	901.0	964.4	1040.8
	液化石油气年供应量(万吨)		1268.0	1165.8	1114.8	1109.7	1082.8	1039.2
	供气管道长度(万千米)		30.9	34.9	38.9	43.2	47.5	52.8
	燃气普及率(%)		92.04	92.41	93.15	94.25	94.57	95.30
城市集中供热	供热能力	蒸汽(万吨/小时)	10.5	8.5	8.6	8.4	8.5	8.1
		热水(万兆瓦)	31.6	33.9	36.5	40.4	44.7	47.3
	管道长度	蒸汽(万千米)	1.5	1.3	1.3	1.2	1.2	1.2
		热水(万千米)	12.4	13.4	14.7	16.6	17.5	19.3
	集中供热面积(亿平方米)		43.6	47.4	51.8	57.2	61.1	67.2
城市轨道交通	建成轨道交通的城市个数(个)		12	12	16	16	22	24
	建成轨道交通线路长度(千米)		1429	1672	2006	2213	2715	3069
	正在建设轨道交通的城市个数(个)		28	28	29	35	36	38
	正在建设轨道交通线路长度(千米)		1741	1891	2060	2760	3004	3994
城市道路桥梁	城市道路长度(万千米)		29.4	30.9	32.7	33.6	35.2	36.5
	城市道路面积(亿平方米)		52.1	56.2	60.7	64.4	68.3	71.8
	城市桥梁(座)		52548	53386	57601	59530	61863	64512
城市排水与污水处理	污水年排放量(亿立方米)		378.7	403.7	416.8	427.5	445.3	466.6
	排水管道长度(万千米)		37.0	41.4	43.9	46.5	51.1	54.0
	城市污水处理厂座数(座)		1444	1588	1670	1736	1807	1943
	城市污水处理厂处理能力(万立方米/日)		10436	11303	11733	12454	13087	14028
	城市污水日处理能力(万立方米)		13392.9	13304.1	13692.9	14652.7	15123.5	16065.4
	城市污水处理率(%)		82.31	83.63	87.30	89.34	90.18	91.90
	再生水日生产能力(万立方米)		1082	1389	1453	1761	2065	2317
	再生水利用量(亿立方米)		33.7	26.8	32.1	35.4	36.3	44.5
城市园林绿化	建成区绿化覆盖面积(万公顷)		161.2	255.4	181.2	190.7	201.7	210.5
	建成区绿地面积(万公顷)		144.4	224.3	163.5	171.9	182.0	190.8
	建成区绿化覆盖率(%)		38.6	39.2	39.6	39.7	40.22	40.12
	建成区绿地率(%)		34.5	35.3	35.7	35.78	36.29	36.36
	人均公园绿地面积(平方米)		11.18	11.80	12.30	12.64	13.08	13.35
	公园个数(个)		9955	10780	11604	12401	13074	13834
	公园面积(万公顷)		25.8	28.6	30.6	33.0	36.8	38.4
风景名胜区	年末国家级风景名胜区个数(个)		208	208	227	225	225	225

续表

类别	指标	年份					
		2010	2011	2012	2013	2014	2015
城市市容环境卫生	清扫保洁面积(万平方米)	485033	630545	573507	646014	676093	730333
	生活垃圾清运量(万吨)	15805	16395	17081	17238	17860	19142
	粪便年清运量(万吨)	1951	1963	1812	1682	1552	1437

(住房和城乡建设部计划财务与外事司、哈尔滨工业大学)

2015年县城建设

【概况】 2015年年末，全国共有县1568个，减少28个。据对1553个县，以及7个新撤销县、14个特殊区域和149个新疆生产建设兵团师团部驻地统计汇总，县城户籍人口1.40亿人，暂住人口0.16亿人，建成区面积2.00万平方千米。

[说明]

县城包括：(1)县政府驻地的镇、乡(城关镇)或街道办事处地域；(2)县城公共设施、居住设施等连接到的其他镇(乡)地域；(3)县域内常住人口在3000人以上独立的工矿区、开发区、科研单位、大专院校等特殊区域。

县城部分统计了1553个县，另有7个新撤销县、14个特殊区域以及149个新疆生产建设兵团师团部驻地也统计在内。

15个县没有统计，包括河北省邯郸县、邢台县、宣化县、沧县，山西省泽州县，辽宁省抚顺县、盘山县、铁岭县、朝阳县，河南省许昌县、安阳县，新疆维吾尔自治区乌鲁木齐县、和田县13个县，因与所在城市市县同城，数据含在所在城市报表中，没有单独统计；上海市崇明县因与城市分不开，数据含在城市报表中，没有单独统计；福建省金门县暂无数据资料。

黑龙江省东宁县、安徽省铜陵县、湖南省望城县、广西壮族自治区武鸣县、四川省双流县、云南省江川县、陕西省横山县7个县，2015年撤销县，改区或改市，仍按县城统计，没有统计在城市(城区)部分。

14个特殊区域包括河北省曹妃甸区，黑龙江省加格达奇区，江西省庐山风景区，湖南省南岳区、大通湖区、洪江区，海南省洋浦开发区，云南省昆明阳宗海风景名胜区、昆明倘甸产业园区和昆明轿子山旅游开发区，青海省海北州府西海镇、茫崖行委、大柴旦行委、冷湖行委，宁夏回族自治区红寺堡开发区。

【县城市政公用设施固定资产投资】 2015年，完成县城市政公用设施固定资产投资3099.8亿元，比上年减少13.2%。全国县城市政公用设施建设固定资产投资的行业分布如图3所示，其中：道路桥梁、园林绿化、排水分别占县城市政公用设施固定资产投资的53.68、15.51%和8.57%。

[说明]

县城的市政公用设施固定资产投资统计口径为计划总投资在5万元以上的市政公用设施项目，不含住宅及其他方面的投资。

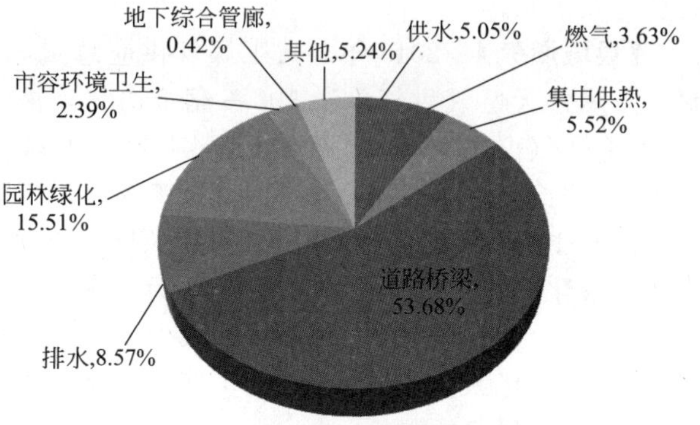

图3 2015年全国县城市政公用设施建设固定资产投资的行业分布

2015年按资金来源分县城市政公用设施建设固定资产投资合计3011.17亿元，比上年减少18.41%。其中，本年资金来源2958.35亿元，上年末结余资金52.82亿元。本年资金来源的具体构成，如图4所示。

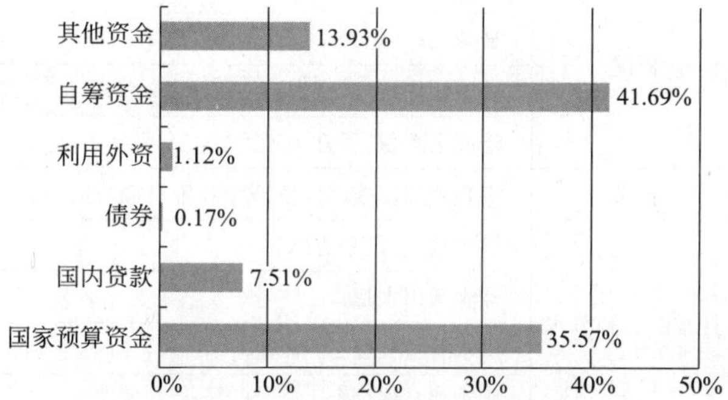

图4 2015年全国县城市政公用设施建设固定资产投资本年资金来源的分布

全国县城市政公用设施投资新增固定资产2772.55亿元，固定资产投资交付使用率为89.44%。主要新增生产能力(或效益)是：供水日综合生产能力206.93万立方米，天然气储气能力563.88万立方米，集中供热蒸汽能力1185吨/小时，热水能力6966兆瓦，道路长度6649.61千米，排水管道长度1.19万千米，污水处理厂日处理能力173.3万立方米，生活垃圾无害化日处理能力6022吨。

【县城供水和节水】 2015年年末，县城供水综合生产能力达到0.58亿立方米/日，比上年增长6.1%，其中，公共供水能力0.48亿立方米/日，比上年增长4.3%。供水管道长度21.5万千米，比上年增长5.5%。2015年，全年供水总量106.9亿立方米，其中生产运营用水27.2亿立方米，公共服务用水11.7亿立方米，居民家庭用水49.1亿立方米。用水人口1.40亿人，用水普及率89.96%，比上年增加1.07个百分点，人均日生活用水量119.43升。2015年，县城节约用水3.2亿立方米，节水措施总投资3.8亿元。

【县城燃气】 2015年，人工煤气供应总量8.2亿立方米，天然气供气总量102.6亿立方米，液化石油气供气总量230.0万吨，分别比上年减少3.2%、增长10.8%、减少2.3%。人工煤气供气管道长度0.14万千米，天然气供气管道长度10.65万千米，液化石油气供气管道长度0.21万千米，分别比上年减少10.8%、增长19.8%、减少18.5%。用气人口1.19亿人，燃气普及率75.90%，比上年增加2.66个百分点。

【县城集中供热】 2015年年末，蒸汽供热能力1.4万吨/小时，比上年增加5.1%，热水供热能力12.6万兆瓦，比上年减少2.8%，供热管道4.6万千米，比上年增长5.4%，集中供热面积12.3亿平方米，比上年增长7.8%。

【县城道路桥梁】 2015年年末，县城道路长度13.4万千米，比上年增长2.4%，道路面积24.9亿平方米，比上年增长3.6%，其中人行道面积6.2亿平方米，人均城市道路面积15.98平方米，比上年增加0.59平方米。

【县城排水与污水处理】 2015年年末，全国县城共有污水处理厂1599座，比上年增加44座，污水厂日处理能力2999万立方米，比上年增长4.1%，排水管道长度16.8万千米，比上年增长4.8%。县城全年污水处理总量78.9亿立方米，污水处理率85.22%，比上年增加3.10个百分点，其中污水处理厂集中处理率83.46%，比上年增加3.27个百分点。

【县城园林绿化】 2015年年末，县城建成区绿化覆盖面积61.7万公顷，比上年增长2.9%，建成区绿化覆盖率30.78%，比上年增加0.98个百分点；建成区绿地面积54.2万公顷，比上年增长4.2%，建成区绿地率27.05%，比上年增加1.17个百分点；公园绿地面积16.4万公顷，比上年增长5.4%，人均公园绿地面积10.47平方米，比上年增加0.56平方米。

【县城市容环境卫生】 2015年年末，全国县城道路清扫保洁面积23.7亿平方米，其中机械清扫面积10.3亿平方米，机械清扫率43.5%。全年清运生活垃圾、粪便0.71亿吨，比上年减少0.6%。全国县城共有生活垃圾无害化处理场(厂)1187座，比上年增加58座，日处理能力18.1万吨，处理量0.53亿吨，县城生活垃圾无害化处理率79.04%，比上年增加7.44个百分点。

【2010～2015年全国县城建设的基本情况】 2010～2015年全国县城建设的基本情况见表2。

2010～2015年全国县城建设的基本情况 **表2**

类别	指标	年份					
		2010	2011	2012	2013	2014	2015
概况	县数(个)	1633	1627	1624	1613	1596	1568
	县城人口(亿人)	1.26	1.29	1.34	1.37	1.40	1.40
	县城暂住人口(亿人)	0.12	0.14	0.15	0.16	0.16	0.16
	建成区面积(平方千米)	16585	17376	18740	19503	20111	20043
投资	市政公用设施固定资产年投资总额(亿元)	2570	2860	3466	3833.7	3572.9	3099.8
县城供水和节水	供水总量(亿平方米)	92.6	97.7	102.0	103.9	106.3	106.9
	#生活用水量	51.3	42.9	45.4	47.0	48.3	49.1
	供水管道长度(万千米)	16.0	17.3	18.6	19.4	20.4	21.5
	用水普及率(%)	85.14	86.09	86.94	88.14	88.89	89.96

续表

类别	指标	年份					
		2010	2011	2012	2013	2014	2015
县城燃气	人工煤气供应总量(亿立方米)	4.1	9.5	8.6	7.7	8.5	8.2
	天然气供应总量(亿立方米)	40.0	53.9	70.1	81.6	92.6	102.6
	液化石油气供应总量(万吨)	218.5	242.2	256.9	241.1	235.3	230.0
	供气管道长度(万千米)	4.67	5.65	7.07	8.07	9.29	10.99
	燃气普及率(%)	64.89	66.52	68.50	70.91	73.24	75.90
县城集中供热	供热面积(亿平方米)	6.09	7.81	9.05	10.33	11.42	12.31
	蒸汽供热能力(万吨/小时)	1.51	1.47	1.39	1.33	1.30	1.37
	热水供热能力(万兆瓦)	6.89	8.13	9.73	10.75	12.94	12.58
	蒸汽管道长度(万千米)	0.18	0.17	0.20	0.29	0.27	0.33
	热水管道长度(万千米)	2.37	2.86	2.19	3.72	4.12	4.30
县城道路桥梁	道路长度(万千米)	10.59	10.86	11.80	12.52	13.04	13.35
	道路面积(亿平方米)	17.60	19.24	21.02	22.69	24.08	24.95
	人均道路面积(平方米)	12.7	13.4	14.1	14.86	15.39	15.98
县城排水与污水处理	污水排放量(亿立方米)	72.0	79.5	64.2	88.1	90.47	92.65
	污水处理厂座数(座)	1052	1303	1416	1504	1555	1599
	污水处理厂处理能力(万立方米/日)	2040	2409	2623	2691	2882	2999
	污水处理率(%)	60.12	70.41	75.24	78.47	82.12	85.22
	排水管道长度(万千米)	10.9	12.2	13.7	14.9	16.03	16.79
县城园林绿化	建成区绿化覆盖面积(万公顷)	41.3	46.6	52.0	56.7	59.93	61.69
	建成区园林绿地面积(万公顷)	33.0	38.6	43.7	48.3	52.05	54.22
	建成区绿化覆盖率(%)	24.9	26.8	27.7	29.06	29.80	30.78
	建成区绿地率(%)	19.9	22.2	23.3	24.76	25.88	27.05
	人均公园绿地面积(平方米)	7.7	8.5	9.0	9.47	9.91	10.47
县城市容环境卫生	生活垃圾年清运量(万吨)	8085	6743	6838	6505	6657	6655
	粪便年清运量(万吨)	759	751	649	552	532	489

（住房和城乡建设部计划财务与外事司　哈尔滨工业大学）

2015 年村镇建设

【概况】 2015 年末，全国共有建制镇 20515 个，乡(苏木、民族乡、民族苏木)11315 个。据 17848 个建制镇、11478 个乡(苏木、民族乡、民族苏木)、643 个镇乡级特殊区域和 264.46 万个自然村(其中村民委员会所在地 54.21 万个)统计汇总 [9]，村镇户籍总人口 9.57 亿。其中，建制镇建成区 1.6 亿，占村镇总人口的 16.73%；乡建成区 0.29 亿，占村镇总人口的 3.02%；镇乡级特殊区域建成区 0.03 亿，占村镇总人口的 0.33%；村庄 7.65 亿，占村镇总人口的 79.92%。

[说明]

村镇包括：(1)城区(县城)范围外的建制镇、乡以及具有乡镇政府职能的特殊区域(农场、林场、牧场、渔场、团场、工矿区等)的建成区；(2)全国的村庄。

乡包括乡、民族乡、苏木、民族苏木。村镇部分除建制镇和乡外，还统计了行政级别相当于乡镇级的特殊区域。

统计建制镇(乡)和村庄与实有个数不一致，原因一是西藏 140 个镇、544 个乡缺报；二是县政府驻地的建制镇(乡)纳入县城统计范围，不再重复统计；三是按统计范围的划分规定，部分位于城区(县城)的建制镇(乡)纳入城区(县城)统计，不再重复统计；四是部分省(区、市)的个别乡新改建制镇或建制镇新改街道，仍按原行政区划统计。

2015 年末，全国建制镇建成区面积 390.8 万公顷，平均每个建制镇建成区占地219公顷，人口密度4899人/平方千米(含暂住人口)；乡建成区70.0万公顷，平均每个乡建成区占地61公顷，人口密度4419人/平方千米(含暂住人口)；镇乡级特殊区域建成区9.4万公顷，平均每个镇乡级特殊区域建成区占地146公顷，人口密度3906人/平方千米(含暂住人口)。

【规划管理】 2015年末，全国已编制总体规划的建制镇16798个，占所统计建制镇总数的94.1%，其中本年编制1452个；已编制总体规划的乡9030个，占所统计乡总数的78.7%，其中本年编制666个；已编制总体规划的镇乡级特殊区域479个，占所统计镇乡级特殊区域总数的74.5%，其中本年编制32个；已编制村庄规划的行政村328162个，占所统计行政村总数的60.5%，其中本年编制20216个。2015年全国村镇规划编制投入达32.25亿元。

【建设投资】 2015年，全国村镇建设总投入15672.65亿元。按地域分，建制镇建成区6781.36亿元，乡建成区558.82亿元，镇乡级特殊区域建成区129.11亿元，村庄8203.36亿元，分别占总投入的43.27%、3.57%、0.82%、52.34%。按用途分，房屋建设投入11944.74亿元，市政公用设施建设投入3727.92亿元，分别占总投入的76.21%、23.79%。

在房屋建设投入中，住宅建设投入8785.06亿元，公共建筑投入1309.56亿元，生产性建筑投入1850.13亿元，分别占房屋建设投入的73.55%、10.96%、15.49%。

在市政公用设施建设投入中，供水投入433.58亿元，道路桥梁投入1589.18亿元，分别占市政公用设施建设总投入的11.63%和42.63%。

【房屋建设】 2015年，全国村镇房屋竣工建筑面积11.36亿平方米，其中住宅8.56亿平方米，公共建筑1.13亿平方米，生产性建筑1.68亿平方米。2015年末，全国村镇实有房屋建筑面积381.02亿平方米，其中住宅320.68亿平方米，公共建筑24.49亿平方米，生产性建筑35.86亿平方米，分别占84.2%、6.4%、9.4%。

2015年末，全国村镇人均住宅建筑面积33.52平方米。其中，建制镇建成区人均住宅建筑面积34.61平方米，乡建成区人均住宅建筑面积31.17平方米，镇乡级特殊区域建成区人均住宅建筑面积34.33平方米，村庄人均住宅建筑面积33.37平方米。

【公用设施建设】 在建制镇、乡和镇乡级特殊区域建成区内，年末实有供水管道长度57.64万千米，排水管道长度18.17万千米，排水暗渠长度9.43万千米，铺装道路长度42.54万千米，铺装道路面积29.13亿平方米，公共厕所15.39万座。

2015年末，建制镇建成区用水普及率83.79%，人均日生活用水量98.69升，燃气普及率48.7%，人均道路面积12.8平方米，排水管道暗渠密度6.17千米/平方千米，人均公园绿地面积2.45平方米。乡建成区用水普及率70.37%，人均日生活用水量84.32升，燃气普及率21.4%，人均道路面积13.1平方米，排水管道暗渠密度4.18千米/平方千米，人均公园绿地面积1.10平方米。镇乡级特殊区域建成区用水普及率89.86%，人均日生活用水量82.80升，燃气普及率52.3%，人均道路面积16.29平方米，排水管道暗渠密度6.00千米/平方千米，人均公园绿地面积3.03平方米。

2015年末，全国65.6%的行政村有集中供水，11.4%的行政村对生活污水进行了处理，62.2%的行政村对生活垃圾进行处理。

【2010～2015年全国村镇建设的基本情况】 2010～2015年全国村镇建设的基本情况见表3。

2010～2015年全国村镇建设的基本情况 **表3**

类别	指标		年份					
			2010	2011	2012	2013	2014	2015
概况	村镇户籍人口（亿人）	总人口	9.43	9.42	9.45	9.48	9.52	9.57
		建制镇建成区	1.39	1.44	1.48	1.52	1.56	1.60
		乡建成区	0.32	0.31	0.31	0.31	0.30	0.29
		镇乡级特殊区域建成区	0.03	0.03	0.03	0.03	0.03	0.03
		村庄	7.69	7.64	7.63	7.62	7.63	7.65
	村镇建成区面积和村庄现状用地面积（万公顷）	建制镇建成区	317.9	338.6	371.4	369.0	379.5	390.8
		乡建成区	75.1	74.2	79.5	73.7	72.2	70.0
		镇乡级特殊区域建成区	10.4	9.3	10.1	10.7	10.5	9.4
		村庄现状用地	1399.2	1373.8	1409.0	1394.3	1394.1	1401.3

续表

类别	指标	年份					
		2010	2011	2012	2013	2014	2015
房屋建设	年末实有房屋建筑面积(亿平方米)	355.52	360.29	367.39	373.69	378.05	381.02
	其中：住宅	298.48	302.89	308.00	313.31	317.75	320.68
	本年竣工房屋建筑面积(亿平方米)	9.74	10.07	11.23	11.84	11.56	11.36
	其中：住宅	6.71	7.03	7.67	8.57	8.53	8.56

（住房和城乡建设部计划财务与外事司　哈尔滨工业大学）

2015 年城乡建设统计分省数据

2015 年城市(城区)建设分省数据

【2015 年城市市政公用设施水平分省数据】　2015 年城市市政公用设施水平分省数据见表 4。

2015 年城市市政公用设施水平分省数据　**表 4**

地区名称	人口密度（人/平方千米）	人均日生活用水量（升）	用水普及率（%）	燃气普及率（%）	建成区供水管道密度（千米/平方千米）	人均城市道路面积（平方米）	建成区排水管道密度（千米/平方千米）
上年	2419	173.73	97.64	94.57	13.60	15.34	10.27
全国	2399	174.46	98.07	95.30	13.63	15.60	10.36
北京	1541	183.81	100.00	100.00	19.72	7.62	11.08
天津	3492	119.58	100.00	100.00	18.77	16.02	22.07
河北	2646	119.13	99.56	98.81	8.46	18.65	8.72
山西	3920	112.44	98.85	97.31	9.54	13.52	7.00
内蒙古	1629	106.71	98.47	94.09	7.52	22.61	10.24
辽宁	1590	135.50	98.84	94.76	15.54	13.43	6.94
吉林	3193	122.27	93.64	92.46	8.69	14.52	7.38
黑龙江	5504	116.34	97.20	86.61	8.10	13.14	5.84
上海	3809	190.19	100.00	100.00	36.43	4.27	16.94
江苏	2034	210.66	99.83	99.56	18.76	24.42	16.72
浙江	1914	196.18	99.95	99.91	21.79	18.12	14.75
安徽	2458	168.90	98.79	97.55	12.38	20.82	12.67
福建	2704	176.93	99.55	98.56	11.31	13.8	9.44
江西	4822	171.28	97.55	94.83	12.06	16.6	9.25
山东	1452	138.47	99.95	99.37	10.61	25.82	11.32
河南	5155	111.07	93.10	86.02	8.52	12.06	8.18
湖北	2430	205.32	98.83	94.49	13.92	16.15	10.49
湖南	3261	207.79	97.30	92.28	13.60	14.27	8.39

续表

地区名称	人口密度(人/平方千米)	人均日生活用水量(升)	用水普及率(%)	燃气普及率(%)	建成区供水管道密度(千米/平方千米)	人均城市道路面积(平方米)	建成区排水管道密度(千米/平方千米)
广东	3060	248.95	98.46	97.60	17.74	13.6	9.51
广西	1823	255.65	97.50	94.46	13.30	16.28	8.30
海南	2045	263.78	98.64	97.77	12.28	17.37	11.23
重庆	1904	151.97	96.87	95.34	11.32	12.05	9.75
四川	1902	204.13	93.05	92.46	13.17	13.63	9.86
贵州	2396	163.78	95.43	84.06	12.38	11.22	7.47
云南	2943	132.77	97.33	76.79	9.98	14.23	10.83
西藏	1750	403.62	88.06	79.98	9.66	24.98	9.84
陕西	4031	155.71	97.12	94.73	7.52	15.67	7.48
甘肃	4049	132.00	97.28	85.77	6.74	15.18	6.66
青海	2692	168.76	99.06	85.96	12.64	10.63	8.59
宁夏	1336	171.67	96.40	87.26	5.18	22.52	3.53
新疆	2557	170.55	98.81	97.63	7.87	17.69	5.52

地区名称	污水处理率(%)	污水处理厂集中处理率	人均公园绿地面积(平方米)	建成区绿化覆盖率(%)	建成区绿地率(%)	生活垃圾处理率(%)	生活垃圾无害化处理率
上年	90.18	85.94	13.08	40.22	36.29	96.43	91.79
全国	91.90	87.97	13.35	40.12	36.36	97.95	94.10
北京	88.41	85.92	16.00	48.40	45.79	99.80	78.75
天津	91.54	90.70	10.13	36.38	32.08	92.74	92.74
河北	95.34	93.89	14.18	41.15	37.51	97.56	96.01
山西	89.20	88.34	11.61	40.13	35.69	97.17	97.17
内蒙古	93.14	93.14	19.28	39.18	36.23	97.95	97.72
辽宁	93.08	90.50	11.52	40.26	37.58	97.84	95.23
吉林	90.38	89.71	12.51	36.06	32.66	98.33	84.70
黑龙江	84.41	68.73	11.98	35.82	32.68	87.61	78.24
上海	92.85	92.21	7.62	38.50	34.00	100.00	100.00
江苏	93.92	80.37	14.55	42.83	39.47	100.00	100.00
浙江	91.95	88.60	13.19	40.58	36.68	100.00	99.22
安徽	96.68	91.80	13.37	41.16	37.16	99.55	99.55
福建	89.47	87.45	12.98	42.97	39.32	99.19	99.19
江西	87.74	86.63	13.96	44.09	41.09	99.94	94.46
山东	95.77	95.67	17.36	42.25	38.43	100.00	100.00
河南	93.57	93.11	10.16	37.69	33.29	95.99	95.99
湖北	93.41	90.12	11.01	37.47	32.83	98.33	91.51
湖南	92.74	86.22	9.99	39.69	35.67	99.80	99.80
广东	93.65	93.25	17.40	41.43	37.32	97.63	91.56
广西	90.02	67.75	11.60	37.60	32.88	98.65	98.65

续表

地区名称	污水处理率（%）	污水处理厂集中处理率	人均公园绿地面积（平方米）	建成区绿化覆盖率（%）	建成区绿地率（%）	生活垃圾处理率（%）	生活垃圾无害化处理率
海南	74.24	74.24	12.96	37.70	33.63	99.84	99.84
重庆	94.78	93.50	16.99	40.30	37.38	99.03	98.60
四川	88.52	82.46	11.96	38.65	34.56	97.28	96.79
贵州	95.17	95.17	12.94	35.88	33.26	93.81	93.81
云南	91.03	89.50	10.57	37.27	33.59	97.38	90.03
西藏	19.07	19.07	11.65	42.61	35.98	12.66	
陕西	91.55	91.52	12.57	40.57	34.38	98.02	98.02
甘肃	89.62	80.04	12.23	30.20	27.18	99.36	64.24
青海	59.98	59.98	10.48	29.79	28.22	96.19	87.18
宁夏	93.05	80.85	18.11	37.88	36.34	89.92	89.92
新疆	83.39	82.05	11.50	37.47	34.09	95.92	80.88

【2015年城市人口和建设用地分省数据】 2015年城市人口和建设用地分省数据见表5。

2015年城市人口和建设用地分省数据 **表5**

面积单位：平方千米

人口单位：万　人

地区名称	市区面积	市区人口	市区暂住人口	城区面积	城区人口	城区暂住人口	建成区面积	本年征用土地面积	耕地
上年	1986564.87	71493.69	9217.38	184098.59	38576.50	5951.54	49772.63	1475.88	671.65
全国	2076198.12	73283.58	10050.35	191775.54	39437.84	6561.52	52102.31	1548.53	707.86
北京	16410.00	2170.5		12187.00	1877.7		1401.01	8.73	2.43
天津	10170.53	941.23	297.36	2506.11	676.84	198.40	885.43	22.95	10.82
河北	36475.58	3097.81	217.14	6398.70	1575.07	118.08	1944.42	38.54	16.64
山西	28748.21	1644.67	152.46	2837.08	1017.56	94.57	1123.46	24.84	15.15
内蒙古	147096.24	980.02	212.18	5372.72	687.75	187.71	1225.21	19.57	11.55
辽宁	65707.40	3033.13	198.61	14316.30	2109.28	167.70	2461.95	67.87	41.21
吉林	106564.14	1983.00	141.73	3668.37	1058.08	113.29	1399.07	34.37	25.41
黑龙江	185863.78	2226.36	128.61	2578.26	1310.58	108.38	1772.24	14.66	6.76
上海	6340.50	2415.27		6340.50	2415.27		998.75	24.52	12.43
江苏	65667.23	5578.15	857.14	15110.50	2745.30	328.56	4189.17	141.26	70.49
浙江	54391.16	3365.92	1325.38	11326.51	1547.58	620.46	2590.74	99.58	52.81
安徽	38396.52	2441.66	374.85	6059.40	1172.58	316.64	1926.36	114.14	64.32
福建	46370.93	2082.15	689.73	4368.15	869.77	311.46	1413.54	100.22	25.23
江西	36038.17	1851.20	146.78	2178.89	945.00	105.64	1295.65	53.07	28.98
山东	87185.22	5701.26	477.59	21567.91	2880.07	250.60	4609.32	86.39	39.09
河南	45200.51	4151.65	511.11	4810.01	2038.81	440.87	2503.08	46.85	24.71
湖北	87042.71	4040.40	361.07	8114.59	1719.90	252.17	2197.00	83.99	41.33
湖南	48802.77	2628.83	172.70	4582.33	1362.09	132.43	1572.52	52.63	11.64

续表

地区名称	市区面积	市区人口	市区暂住人口	城区面积	城区人口	城区暂住人口	建成区面积	本年征用土地面积	
									耕地
广东	94462.46	7799.77	1943.71	16825.74	3758.88	1390.12	5633.19	138.68	44.92
广西	62622.60	2140.36	217.11	5728.04	848.35	195.83	1275.16	74.77	28.12
海南	17397.15	597.80	93.80	1427.88	212.48	79.47	337.81	7.84	1.11
重庆	34518.66	2137.00	367.64	7026.55	1032.63	305.32	1329.45	85.36	41.39
四川	79353.20	3691.23	393.54	10777.66	1797.09	252.66	2281.64	49.45	23.19
贵州	25445.60	1071.71	151.52	2679.97	529.39	112.65	789.06	21.05	10.73
云南	76086.49	1502.24	126.29	3029.44	798.76	92.91	1060.14	18.82	9.31
西藏	27517.15	55.80	39.60	432.60	40.45	35.26	144.52	5.05	2.5
陕西	32831.10	1612.83	80.21	2311.70	883.04	48.84	1073.36	31.11	11.21
甘肃	87361.07	886.59	145.48	1569.92	521.79	113.87	834.39	31.90	21.73
青海	166367.50	222.05	21.83	688.15	166.86	18.39	194.26	6.68	0.2
宁夏	22931.43	340.15	55.30	2119.18	235.47	47.68	455.05	5.95	4.77
新疆	236832.11	892.84	149.88	2835.38	603.42	121.56	1185.36	37.69	7.68

地区名称	城市建设用地面积								
	合计	居住用地	公共管理与公共服务设施用地	商业服务业设施用地	工业用地	物流仓储用地	道路交通设施用地	公共设施用地	绿地与广场用地
上年	1986564.87	71493.69	9217.38	184098.59	38576.50	5951.54	49772.63	1475.88	671.65
全国	2076198.12	73283.58	10050.35	191775.54	39437.84	6561.52	52102.31	1548.53	707.86
北京	16410.00	2170.5		12187.00	1877.7		1401.01	8.73	2.43
天津	10170.53	941.23	297.36	2506.11	676.84	198.40	885.43	22.95	10.82
河北	36475.58	3097.81	217.14	6398.70	1575.07	118.08	1944.42	38.54	16.64
山西	28748.21	1644.67	152.46	2837.08	1017.56	94.57	1123.46	24.84	15.15
内蒙古	147096.24	980.02	212.18	5372.72	687.75	187.71	1225.21	19.57	11.55
辽宁	65707.40	3033.13	198.61	14316.30	2109.28	167.70	2461.95	67.87	41.21
吉林	106564.14	1983.00	141.73	3668.37	1058.08	113.29	1399.07	34.37	25.41
黑龙江	185863.78	2226.36	128.61	2578.26	1310.58	108.38	1772.24	14.66	6.76
上海	6340.50	2415.27		6340.50	2415.27		998.75	24.52	12.43
江苏	65667.23	5578.15	857.14	15110.50	2745.30	328.56	4189.17	141.26	70.49
浙江	54391.16	3365.92	1325.38	11326.51	1547.58	620.46	2590.74	99.58	52.81
安徽	38396.52	2441.66	374.85	6059.40	1172.58	316.64	1926.36	114.14	64.32
福建	46370.93	2082.15	689.73	4368.15	869.77	311.46	1413.54	100.22	25.23
江西	36038.17	1851.20	146.78	2178.89	945.00	105.64	1295.65	53.07	28.98
山东	87185.22	5701.26	477.59	21567.91	2880.07	250.60	4609.32	86.39	39.09
河南	45200.51	4151.65	511.11	4810.01	2038.81	440.87	2503.08	46.85	24.71
湖北	87042.71	4040.40	361.07	8114.59	1719.90	252.17	2197.00	83.99	41.33
湖南	48802.77	2628.83	172.70	4582.33	1362.09	132.43	1572.52	52.63	11.64
广东	94462.46	7799.77	1943.71	16825.74	3758.88	1390.12	5633.19	138.68	44.92
广西	62622.60	2140.36	217.11	5728.04	848.35	195.83	1275.16	74.77	28.12
海南	17397.15	597.80	93.80	1427.88	212.48	79.47	337.81	7.84	1.11

续表

地区名称	城市建设用地面积								
	合计	居住用地	公共管理与公共服务设施用地	商业服务业设施用地	工业用地	物流仓储用地	道路交通设施用地	公共设施用地	绿地与广场用地
重庆	34518.66	2137.00	367.64	7026.55	1032.63	305.32	1329.45	85.36	41.39
四川	79353.20	3691.23	393.54	10777.66	1797.09	252.66	2281.64	49.45	23.19
贵州	25445.60	1071.71	151.52	2679.97	529.39	112.65	789.06	21.05	10.73
云南	76086.49	1502.24	126.29	3029.44	798.76	92.91	1060.14	18.82	9.31
西藏	27517.15	55.80	39.60	432.60	40.45	35.26	144.52	5.05	2.5
陕西	32831.10	1612.83	80.21	2311.70	883.04	48.84	1073.36	31.11	11.21
甘肃	87361.07	886.59	145.48	1569.92	521.79	113.87	834.39	31.90	21.73
青海	166367.50	222.05	21.83	688.15	166.86	18.39	194.26	6.68	0.2
宁夏	22931.43	340.15	55.30	2119.18	235.47	47.68	455.05	5.95	4.77
新疆	236832.11	892.84	149.88	2835.38	603.42	121.56	1185.36	37.69	7.68

【2015 年城市市政公用设施建设维护管理财政性资金收支分省数据】 2015 年城市市政公用设施建设维护管理财政性资金收支分省数据见表 6、表 7。

2015 年城市市政公用设施建设维护管理财政性资金收入分省数据 **表 6**

计量单位：万元

地区名称	合计	中央预算资金	省级预算资金	市财政资金								其他财政资金
				合计	城市维护建设税	城市公用事业附加	城市基础设施配套费	国有土地使用权出让收入	市政公用设施有偿使用费	污水处理费	垃圾处理费	
上年	138005449	2119735	2645941	124152663	17843612	1819986	10418170	74515103	4476920	2204995	694024	9087110
全国	139732658	3132417	4616060	122331710	17378238	2048466	9299150	68907494	4274660	2484595	793540	9652471
北京												
天津	2206103	23149	22660	1785910	333232		278175	885176				374384
河北	3936578	45009	141391	3722808	618111	98247	155031	2016625	141390	60935	9921	27370
山西	2431823	3882	3871	2392594	244651	23348	116169	1328324	50734	18044	18837	31476
内蒙古	2081355	25227	28302	1656721	187652	17408	209517	269104	17896	11751	6065	371105
辽宁	4726607	131978	62948	4467913	947238	151024	242901	1965787	72628	60935	11342	63768
吉林	1685380	71842	90587	1507279	478579	18077	214119	684808	36367	10595	6355	15672
黑龙江	1530215	113193	71628	1188769	411685	18362	88176	336753	34307	21534	5217	156625
上海	3657873	19965		3635320		277074	8975	535293	30000			2588
江苏	17545425	113644	126915	16586837	2453305	208348	837679	10068527	512407	386525	109550	718029
浙江	8761243	105714	96875	7253546	885450	72718	172460	4246882	389077	312894	40344	1305108
安徽	7915597	86829	38285	7618674	674800	59538	351825	5633122	138536	102005	30216	171809
福建	6735656	14162	24014	6676159	707889	61776	114199	5417085	144523	105435	28839	21321
江西	4875877	632936	213934	3947949	228932	20433	745803	2304128	65028	48787	6696	81058
山东	10534867	54450	30536	10018059	1376123	190486	1395285	5924841	255694	177393	59188	431822
河南	2553620	56126	2724	2191903	450329	86965	441133	729258	111913	78498	15595	302867
湖北	5886705	49680	42559	5186024	710345	87202	183380	2926831	261462	126726	62338	608442
湖南	3468328	125882	38062	3198448	864522	50655	415681	1481133	107624	82182	22617	105936

续表

地区名称	合计	中央预算资金	省级预算资金	市财政资金								其他财政资金
				合计	城市维护建设税	城市公用事业附加	城市基础设施配套费	国有土地使用权出让收入	市政公用设施有偿使用费	污水处理费	垃圾处理费	
广东	14880108	9046	20203	14421122	2518498	325310	858982	9386411	596129	385724	185444	429737
广西	5248781	127605	75843	4814512	319638	55827	123091	3703726	121883	94694	22203	230821
海南	1295332	7358	37838	1201997	133461	3753	170254	514515	41651	28044	11651	48139
重庆	5384683	41849	1880642	3418231	371117	41363	590993	1841547	53118	25173	25167	43961
四川	7613624	47504	637464	4528310	832864	53283	471417	1745719	207369	103586	40319	2400346
贵州	1967186	237269	94371	1630310	303641	13723	39935	650468	45828	40245	4239	5236
云南	2137330	306249	237901	1557494	290618	2706	207561	805541	96510	86398	8963	35686
西藏	608748	322401	174452	111257	20024	80	8998	17700	1058	160	446	638
陕西	5893677	120008	129151	4110144	374949	21448	538953	1720028	585851	47025	34831	1534374
甘肃	570054	74072	74325	392334	71681	2009	85797	145129	43378	31033	5938	29323
青海	664297	78834	194629	389234	137503	62160	6170	117513	60491	6958	5159	1600
宁夏	551251	2929	15359	519570	51224	8855	21665	128931	12048	10355	1692	13393
新疆	2384335	83625	8591	2202282	380177	16288	204826	1376589	39760	20961	14368	89837

注：北京市数据未报送。

2015年城市市政公用设施建设维护管理财政性资金支出分省数据 **表7**

计量单位：万元

地区名称	合计	城乡社区规划与管理	市政公用行业市场监管	市政公用设施建设维护与管理	风景名胜区规划与保护	其他
上年	106589135	5597658	3068185	66648757	805435	30469100
全国	108850060	5621287	1595198	73387490	1252299	26993786
北京						
天津	2283693			2279386		4307
河北	1980683	56933	82930	1637367	9626	193827
山西	2183414	97122	19426	1976809	8262	81795
内蒙古	1729153	66341	11876	1069767	724	580445
辽宁	3246034	168993	61580	2802905	6668	205888
吉林	1173123	343391	17374	706414	30525	75419
黑龙江	1454195	31536	22414	1074753	3468	322024
上海	1281899			219581		1062318
江苏	11364807	1528735	150392	6961333	672352	2051995
浙江	6525407	84163	39283	5461099	12148	928714
安徽	7138710	189673	46178	6707977	33374	161508
福建	5992877	295015	30771	2626786	22165	3018140
江西	4094343	624369	46105	1279075	85809	2058985
山东	6363538	169047	121418	5672413	73802	326858
河南	2219983	153429	73876	1664707	14537	313434
湖北	5750513	538138	66650	4683436	48533	413756

续表

地区名称	合计	城乡社区规划与管理	市政公用行业市场监管	市政公用设施建设维护与管理	风景名胜区规划与保护	其他
湖南	3392782	117658	118659	2271051	26869	858545
广东	11421946	408651	57730	6701361	38474	4215730
广西	5045918	64795	24608	2799061	6978	2150476
海南	1154630	81594	65120	201819	18	806079
重庆	5099675	65884	9599	4059817	9568	954807
四川	5343109	198263	182658	1647109	33713	3281366
贵州	247842	42004	19145	129044	756	56893
云南	1638290	49809	12012	393786	23830	1158853
西藏	62845	1135	510	2775	49664	8761
陕西	7108004	44627	57397	5971170	11130	1023680
甘肃	517791	22463	65543	250793	10636	168356
青海	650757	20366	151417	478876	98	
宁夏	467400	106546	5210	333274	660	21710
新疆	1916699	50607	35317	1323746	17912	489117

注：北京市数据未报送。

【2015年城市市政公用设施建设固定资产投资分省数据】 2015年城市市政公用设施建设固定资产投资分省数据见表8。

2015年城市市政公用设施建设固定资产投资分省数据 **表8**

计量单位：万元

地区名称	本年投资完成合计	供水	燃气	集中供热	轨道交通	道路桥梁	排水			
								污水处理	污泥处置	再生水利用
上年	162450334	4752595	4159612	5754469	32211964	76438824	8999973	3049316	227583	993150
全国	162044401	6199335	3504671	5168328	37071463	74140045	9826842	3785039	188623	1340923
北京	10215405	569714	280908	397765	3559098	1460356	1489182	138960	41547	1015118
天津	4548928	17683	363637	11761	1240588	2208205	164808	49725	9684	9404
河北	3738577	130175	132275	495832	660019	1538339	201583	44581		2850
山西	2375634	109651	62658	547565		1203984	245324	195218		407
内蒙古	4989745	311513	204297	554270		2063927	378320	129787	6342	24203
辽宁	3148514	180863	93507	474938	809092	1216988	84271	28203	80	
吉林	2377965	339170	71552	158395	722844	588301	197636	170617		
黑龙江	1790461	77272	67883	523843	164804	596479	132143	102515	99	7239
上海	6583404	455936	144078		2959246	1731030	84236	25974	9463	
江苏	14853651	424910	246037	350	4120230	5978148	1233404	447964	47176	22770
浙江	9376203	331623	184223	2115	2510178	4677155	653121	398782	17009	3722
安徽	6324122	173678	158247	55164	582264	3340719	466515	148069	1522	4680
福建	6485406	435599	101746		984429	3524341	302962	185884	646	
江西	4874121	104708	39997		491755	3219824	191042	93690	1475	
山东	8610951	290861	245872	929793	1194009	3093927	692349	170653	9044	3668
河南	4606411	150949	129078	284885	958167	2096765	244412	135990	1200	9724

续表

地区名称	本年投资完成合计	供水	燃气	集中供热	轨道交通	道路桥梁	排水			
								污水处理	污泥处置	再生水利用
湖北	10827794	328605	109387		3112908	5251137	511357	262993	500	
湖南	7261671	218300	62026		1614384	3832413	454725	285308	25010	
广东	8496440	74290	117418		4371904	3034333	253136	177237		735
广西	5762041	147395	86374		949096	3491588	387012	122966	4483	
海南	1091047	22054	5152			875903	62408	18990		4513
重庆	6524147	204551	141110		2275772	3146054	58782	26367		1098
四川	7360790	342683	114080		1963654	3574396	269771	128496		
贵州	5528630	46499	32203	4468	688752	4074884	207214	58547	5843	3600
云南	2636462	56995	8277		806770	1090327	124968	26562		3700
西藏	208258	4925				110203	51327	42625		
陕西	3759642	74720	123684	138830		2736904	153874	86766	3000	10330
甘肃	3093449	205805	31081	220814	331500	1889317	139324	43653	4500	9764
青海	648225	18632	19329	500		494729	36579	8502		
宁夏	338736	7912	3852	72563		77463	15806	392		
新疆	3607571	341664	124703	294477		1921906	339251	29023		203398

地区名称	园林绿化	市容环境卫生		地下综合管廊	其他	本年新增固定资产
			垃圾处理			
上年	18175758	4948436	1305897		7008703	106559938
全国	15946541	3980393	1569834	491405	5715378	102570410
北京	996539	669182	161681		792661	3275026
天津	259163	14869	1813		268214	2199016
河北	302232	104103	12071	66934	107085	2848573
山西	143721	45731	20620		17000	2109369
内蒙古	1248593	174420	10551	54393	12	4266219
辽宁	171034	69955	26175	3500	44366	1927006
吉林	257406	24961	1229	17700		1498963
黑龙江	58141	120896	76212	49000		1410809
上海	574111	285577	280802		349190	399803
江苏	2219972	506206	227094	2050	122344	14450222
浙江	728576	210375	46079		78837	7121697
安徽	1329214	165838	87915	800	51683	4115453
福建	511158	89560	34524	18467	517144	2794024
江西	490477	100327	18100	7053	228938	4472737
山东	1293530	320802	153209	43515	506293	6847832
河南	654183	61069	3030		26903	3725710
湖北	631924	116729	12510	23150	742597	10459941
湖南	582928	163517	67973	6000	327378	3254763
广东	127455	181566	104169	23114	313224	1220513
广西	642129	54397	28916	4050		2489033

续表

地区名称	园林绿化	市容环境卫生		地下综合管廊	其他	本年新增固定资产
			垃圾处理			
海南	112304	13226	1982			518458
重庆	598251	33305	13708		66322	4086323
四川	431576	79921	50358	25996	558713	4429091
贵州	294829	30682	18603		149099	1832959
云南	214697	16697	3888	55712	262019	1655954
西藏	4900	13060	13060		23843	13471
陕西	346312	130008	36064	55310		3055094
甘肃	177664	64491	51046	31961	1492	1904784
青海	39506	35230	1740	2700	1020	638046
宁夏	150794	998	556		9348	343998
新疆	353222	82695	4156		149653	3205523

【2015年城市市政公用设施建设固定资产投资资金来源分省数据】 2015年城市市政公用设施建设固定资产投资资金来源分省数据见表9。

2015年城市市政公用设施建设固定资产投资资金来源分省数据 **表9**

计量单位：万元

地区名称	本年实际到位资金合计	上年末结余资金	本年资金来源										各项应付款
			小计	国家预算资金		国内贷款	债券	利用外资		自筹资金		其他资金	
					中央预算资金				外商直接投资		单位自有资金		
上年	160540316	9540222	151000094	42374381	1022194	43831131	960257	420267	122362	42946595	7258298	20467463	16499340
全国	165707374	12949744	152757630	46084600	2020619	39863161	1890914	465923	122667	42580254	7807748	21872778	20834390
北京	11433787	2731440	8702347	3833445	82661	1520035	148	13627		1155267	781955	2179825	2410095
天津	4677478	91548	4585930	354559	32249	3273738				726271	91028	231362	1275107
河北	3087790	189377	2898413	466620	22256	131006	23920	3345		1866714	129079	406808	80467
山西	2178237	1713	2176524	673420		32000	13469			431233	104814	1026402	346391
内蒙古	5246637	70417	5176220	1009312	6388	837054		56922		3026027	334753	246905	1187506
辽宁	3014546	129753	2884793	1318386	27623	769895	500	28417	8500	623728	216718	143867	469267
吉林	2539548	410589	2128959	272338	31602	548249	7236			701701	73283	599435	469401
黑龙江	1904930	165470	1739460	418823	95620	223538	23976	6013	2800	773672	168847	293438	150687
上海	5740997	884402	4856595	2406624	24662	767898		29084		1072486	275544	580503	1739152
江苏	15448348	1066482	14381866	2742682	34070	5170301	574172	27586	19586	5194993	1345967	672132	890504
浙江	9628071	847242	8780829	2947580	32789	1703376	69995	2038	938	3446848	400566	610992	619252
安徽	5908587	154247	5754340	4091485	22248	496491	3600	33914		623485	192488	505365	692976
福建	5966347	342848	5623499	2258710	7946	1021952	25600	2462	2462	879657	49595	1435118	409652
江西	6442947	1289046	5153901	1581476	70759	559807	360000	11950	7100	548928	31274	2091740	260660
山东	8176255	421164	7755091	4025938	8640	493728	7965	69479	17451	2180574	294817	977407	1060498
河南	4632048	189852	4442196	3553924	15154	299634		595		569898	123465	18145	80966
湖北	6849065	18754	6830311	322736	40049	4716264	4200	9253		1120994	39011	656864	129272

续表

地区名称	本年实际到位资金合计	上年末结余资金	本年资金来源										各项应付款
			小计	国家预算资金	中央预算资金	国内贷款	债券	利用外资	外商直接投资	自筹资金	单位自有资金	其他资金	
湖南	7917530	40908	7876622	1782778	955221	1242449	21800	55920	53420	2821729	842572	1951946	206552
广东	8374861	630327	7744534	1962443	66150	481538	95443			2932169	238853	2272941	398975
广西	6013239	225702	5787537	902335	30129	1984688	9729	16021		2604269	644250	270495	1962193
海南	886940	128440	758500	68178	9138	423775	4633	540		52817	5503	208557	60746
重庆	5964976	248043	5716933	3450911		1122942				726821	170757	416259	1280516
四川	6919139	367072	6552067	1343099	153588	1661118	57888	5983		1718194	267320	1765785	933549
贵州	13324991	1655200	11669791	842599	4060	6127446	200978	8600	8600	3625355	175773	864813	1909977
云南	1777169	151823	1625346	76584	15800	264666	10340	30227		604811	17454	638718	601146
西藏	80044	697	79347	56841	6000					22506			
陕西	4245437	401498	3843939	2103882	7750	838394	2700	16700		746337	320936	135926	134973
甘肃	3107519	26743	3080776	192316	28715	1480773	371320	12928		932103	103251	91336	606140
青海	708449	50250	658199	279323	78834	343622	1302			33952	1086		73884
宁夏	266303	6609	259694	39837	6497	9872		15978		174063	4445	19944	167906
新疆	3245159	12088	3233071	705416	104021	1316912		8341	1810	642652	362344	559750	225980

2015年县城建设分省数据

【2015年县城市政公用设施水平分省数据】 2015年县城市政公用设施水平分省数据见表10。

2015年县城市政公用设施水平分省数据 **表10**

地区名称	人口密度（人/平方千米）	人均日生活用水量（升）	用水普及率（%）	燃气普及率（%）	建成区供水管道密度（千米/平方千米）	人均城市道路面积（平方米）	建成区排水管道密度（千米/平方千米）
上年	1958	118.23	88.89	73.24	10.12	15.39	7.97
全国	2076	119.43	89.96	75.90	10.71	15.98	8.38
天津	2055	106.91	100.00	100.00	22.44	20.01	9.76
河北	2356	111.73	96.79	88.41	8.67	21.67	7.53
山西	3430	83.94	97.42	76.08	11.53	14.81	8.88
内蒙古	906	77.55	94.19	81.25	10.07	25.04	7.29
辽宁	1541	96.24	86.30	70.92	12.66	11.28	5.99
吉林	2903	107.07	76.37	73.16	11.14	9.74	6.50
黑龙江	2767	83.78	80.80	49.66	9.80	12.23	5.57
江苏	1930	134.91	99.48	99.06	16.03	19.23	12.32
浙江	882	172.04	99.96	98.68	24.61	20.60	15.17
安徽	1711	124.43	92.44	84.29	11.95	19.86	10.78
福建	2408	167.30	97.76	96.68	11.95	14.07	10.36
江西	4631	116.77	93.86	85.78	10.36	17.61	9.60
山东	1257	126.87	97.25	92.28	7.66	22.69	9.66

续表

地区名称	人口密度（人/平方千米）	人均日生活用水量（升）	用水普及率（%）	燃气普及率（%）	建成区供水管道密度（千米/平方千米）	人均城市道路面积（平方米）	建成区排水管道密度（千米/平方千米）
河南	2473	115.04	70.99	48.56	6.32	14.01	7.67
湖北	3156	132.83	91.08	83.51	8.90	16.33	7.34
湖南	4217	130.40	88.11	75.69	11.47	12.77	9.33
广东	1778	155.48	88.15	85.11	17.34	10.48	6.52
广西	2413	155.66	90.42	78.08	10.82	13.49	9.42
海南	3102	165.20	95.33	90.40	8.17	20.59	4.96
重庆	2207	102.81	94.82	90.97	13.17	8.62	12.72
四川	1260	136.92	86.09	76.45	12.98	10.63	7.97
贵州	2463	98.48	87.66	55.23	8.17	10.46	5.43
云南	3899	108.88	89.81	46.55	12.97	12.69	10.17
西藏	1966	205.98	55.65	29.74	3.84	13.35	2.76
陕西	3932	86.32	89.59	75.07	6.87	12.98	6.66
甘肃	4959	64.82	91.11	56.13	8.48	13.04	6.18
青海	1942	101.93	95.35	49.55	9.76	16.19	6.00
宁夏	3059	96.70	94.16	71.52	8.21	30.21	6.45
新疆	3110	117.46	93.65	83.62	10.24	19.98	6.14
新疆兵团	2162	142.81	89.57	61.58	12.98	29.58	6.01

地区名称	污水处理率（%）		人均公园绿地面积（平方米）	建成区绿化覆盖率（%）	建成区绿地率（%）	生活垃圾处理率（%）	
		污水处理厂集中处理率					生活垃圾无害化处理率
上年	82.12	80.19	9.91	29.80	25.88	85.66	71.60
全国	85.22	83.46	10.47	30.78	27.05	89.66	79.04
天津	96.21	96.21	15.43	45.95	40.26	100.00	100.00
河北	93.71	93.66	11.43	35.49	31.44	95.00	90.65
山西	88.71	88.71	11.25	37.93	33.35	70.07	64.81
内蒙古	90.60	90.60	19.51	32.97	30.10	95.73	93.79
辽宁	93.28	93.28	8.99	18.11	16.09	84.69	52.02
吉林	80.32	80.32	8.15	24.53	19.96	82.04	71.73
黑龙江	85.35	85.35	10.27	20.42	16.80	49.34	25.12
江苏	82.38	78.27	11.99	41.11	38.31	100.00	96.84
浙江	87.74	84.85	13.24	39.75	36.14	100.00	99.45
安徽	92.00	90.90	10.94	33.37	29.10	96.14	83.31
福建	85.46	85.24	13.83	42.15	38.89	93.33	88.30
江西	81.19	80.83	14.02	40.03	36.44	99.33	66.57
山东	95.10	95.04	14.92	38.19	33.33	99.62	99.62
河南	86.10	86.10	6.85	20.32	17.08	83.44	83.44
湖北	82.62	77.50	9.49	26.62	23.77	83.69	61.24
湖南	90.75	87.61	9.02	35.33	30.72	98.49	98.49

续表

地区名称	污水处理率（%）	污水处理厂集中处理率	人均公园绿地面积（平方米）	建成区绿化覆盖率（%）	建成区绿地率（%）	生活垃圾处理率（%）	生活垃圾无害化处理率
广东	83.53	78.51	11.66	33.07	30.60	83.93	74.78
广西	85.90	81.59	8.10	28.96	25.46	97.17	95.35
海南	61.37	61.37	8.81	32.19	27.87	99.39	99.39
重庆	95.13	95.13	11.46	38.27	34.62	99.83	99.83
四川	70.48	67.44	9.04	30.63	26.44	88.56	82.10
贵州	77.84	77.84	5.76	19.04	15.71	75.44	74.19
云南	76.22	76.02	8.34	29.31	25.78	95.43	77.62
西藏			5.21	5.23	4.63	19.48	
陕西	84.12	84.12	9.24	30.58	26.25	93.38	90.63
甘肃	76.88	76.88	7.48	17.43	14.13	94.72	69.62
青海	47.25	47.25	3.85	13.94	9.59	93.15	63.52
宁夏	71.16	53.24	14.70	34.90	30.40	86.32	51.35
新疆	75.78	65.96	10.85	31.20	28.52	91.58	35.88
新疆兵团	62.21	59.50	5.29	14.82	10.25	56.44	1.03

注：本表各项人均指标除人均日生活用水量外，均以城区人口和城区暂住人口合计为分母计算。

【2015 年县城人口和建设用地分省数据】 2015 年县城人口和建设用地分省数据见表 11。

2015 年县城人口和建设用地分省数据 **表 11**

面积单位：平方千米

人口单位：万 人

地区名称	县域面积	县域人口	县域暂住人口	县城面积	县城人口	县城暂住人口	建成区面积	本年征用土地面积	耕地
上年	7758181.25	74251.70	3119.20	79946.39	14037.29	1614.86	20111.25	883.44	362.89
全国	7654262.33	68793.34	3110.26	75204.21	14017.10	1598.14	20043.07	904.32	393.39
天津	1589.74	85.66	1.5	77.17	14.96	0.9	30.65	3.95	0.97
河北	145651.97	4309.79	200.88	4458.71	954.23	96.36	1533.47	116.70	79.93
山西	127699.00	2071.40	80.83	1824.78	578.38	47.58	698.22	16.02	2.88
内蒙古	1050507.89	1541.24	119.52	5857.25	466.16	64.23	966.82	13.93	4.18
辽宁	83992.71	1239.97	36.99	1784.85	253.45	21.55	358.52	6.69	2.19
吉林	86558.28	748.61	24.96	662.18	182.36	9.87	230.18	4.89	0.52
黑龙江	251170.03	1480.36	33.93	1389.33	362.72	21.74	580.68	10.31	4.96
江苏	35579.40	2121.34	46.09	2798.17	512.37	27.79	667.83	35.32	21.40
浙江	50220.58	1504.75	231.96	4812.33	348.47	76.21	549.64	33.45	18.49
安徽	100934.70	4549.66	166.35	5206.86	794.10	96.71	1182.73	93.26	30.76
福建	77863.72	1773.69	134.75	1634.12	339.77	53.71	460.80	44.70	12.80
江西	132343.91	3100.09	99.15	1821.20	780.91	62.51	983.36	53.43	14.92
山东	71118.67	4120.46	104.90	8035.57	946.64	63.79	1483.95	49.83	15.87
河南	120748.33	7068.48	227.93	5676.34	1283.24	120.69	1638.76	30.09	15.39
湖北	99097.16	2256.05	98.73	1479.02	415.39	51.42	555.63	15.15	5.94

续表

地区名称	县域面积	县域人口	县域暂住人口	县城面积	县城人口	县城暂住人口	建成区面积	本年征用土地面积	
									耕地
湖南	164546.00	4759.06	258.29	2473.61	894.88	148.19	1080.84	50.25	13.17
广东	77328.99	2195.41	98.36	2621.06	427.57	38.45	476.49	16.65	2.12
广西	174211.59	3387.59	88.15	2286.54	497.01	54.83	659.27	24.24	10.04
海南	17417.16	313.21	22.40	245.91	69.76	6.52	131.58	3.82	0.81
重庆	47883.17	1260.04	77.17	1156.36	209.02	46.21	199.70	19.48	11.39
四川	413823.43	5488.04	249.74	9598.07	1078.82	130.78	1332.18	62.09	33.39
贵州	150796.91	3253.56	125.45	2253.63	496.20	58.85	669.77	48.06	21.75
云南	311737.24	3342.85	146.38	1601.44	546.35	78.13	711.89	34.61	17.43
西藏	1205568.32	262.59	44.82	265.58	37.86	14.36	168.38	14.90	9.40
陕西	172793.20	2411.09	104.27	1545.24	533.27	74.35	716.15	12.88	6.23
甘肃	371869.02	1856.23	98.90	762.40	329.97	48.14	462.81	14.28	8.60
青海	549157.02	398.23	29.25	569.53	96.29	14.29	181.05	3.57	1.43
宁夏	39501.23	330.08	19.52	314.12	83.89	12.21	175.17	7.73	3.94
新疆	1461755.43	1355.07	107.55	1160.86	324.40	36.59	642.85	52.21	17.92
新疆兵团	60797.53	208.74	31.54	831.98	158.66	21.18	513.70	11.83	4.57

地区名称	城市建设用地面积								
	合计	居住用地	公共管理与公共服务设施用地	商业服务业设施用地	工业用地	物流仓储用地	道路交通设施用地	公共设施用地	绿地与广场用地
上年	18693.95	6462.14	1853.33	1423.50	2565.38	635.92	2240.95	997.49	2515.24
全国	18718.37	6316.84	1832.29	1407.54	2536.69	642.97	2474.99	974.46	2532.59
天津	30.43	14.96	3.01	2.01	2.55	0.59	5.13	0.93	1.25
河北	1518.36	482.87	136.35	114.06	235.43	66.13	210.64	52.16	220.72
山西	640.74	237.50	65.79	35.41	48.82	15.91	102.74	30.32	104.25
内蒙古	880.38	296.67	87.60	62.88	84.19	27.43	154.01	43.70	123.90
辽宁	321.15	138.19	21.83	20.82	50.96	8.18	27.66	20.62	32.89
吉林	218.32	89.83	17.79	15.93	30.19	11.28	26.77	7.79	18.74
黑龙江	522.88	225.89	41.39	36.05	70.72	22.53	67.23	21.76	37.31
江苏	647.23	218.77	57.74	49.03	128.76	17.59	65.44	32.18	77.72
浙江	572.1	177.34	49.94	34.64	129.85	17.12	63.36	27.82	72.03
安徽	1136.16	338.76	89.78	85.02	198.19	44.17	158.83	55.54	165.87
福建	436.44	150.86	38.64	31.53	63.15	12.85	63.02	18.50	57.89
江西	938.42	286.68	88.23	74.42	149.50	29.86	141.36	43.68	124.69
山东	1405.33	424.00	127.23	104.75	285.85	42.92	140.28	63.21	217.09
河南	1530.22	493.04	149.06	114.96	194.39	53.33	246.80	84.56	194.08
湖北	508.43	153.86	57.93	42.06	64.15	16.01	82.30	28.24	63.88
湖南	986.60	315.64	111.61	83.12	126.41	43.52	100.18	75.50	130.62
广东	474.48	167.34	53.83	45.44	53.46	17.51	48.66	30.97	57.27
广西	613.88	210.79	54.69	39.13	89.39	19.74	99.34	26.81	73.99
海南	127.42	29.87	10.04	6.81	27.40	5.54	25.41	4.39	17.96

续表

地区名称	城市建设用地面积								
	合计	居住用地	公共管理与公共服务设施用地	商业服务业设施用地	工业用地	物流仓储用地	道路交通设施用地	公共设施用地	绿地与广场用地
重庆	185.27	62.03	14.76	11.75	20.85	3.40	26.55	10.92	35.01
四川	1244.75	405.38	123.57	95.93	170.65	48.63	145.14	69.79	185.66
贵州	612.13	234.12	68.60	49.50	52.60	23.71	67.08	40.17	76.35
云南	647.28	230.80	81.82	48.74	53.54	16.38	95.53	34.42	86.05
西藏	138.72	52.33	21.02	14.62	9.92	3.39	18.04	8.73	10.67
陕西	656.76	217.07	55.51	45.97	50.27	15.92	95.69	38.39	137.94
甘肃	416.07	152.90	56.22	32.75	30.73	12.99	51.21	29.97	49.30
青海	136.10	51.37	19.44	10.54	13.25	4.63	10.9	10.97	15.00
宁夏	157.07	61.77	17.77	13.83	12.74	1.27	23.83	8.70	17.16
新疆	578.00	235.04	59.10	44.80	54.16	23.10	64.20	25.89	71.71
新疆兵团	437.25	161.17	52.00	41.04	34.62	17.34	47.66	27.83	55.59

【2015年县城维护建设资金(财政性资金)收支分省数据】 2015年县城市政公用设施建设维护管理财政性资金收支分省数据见表12、表13。

2015年县城市政公用设施建设维护管理财政性资金收入分省数据 **表12**

计量单位：万元

地区名称	合计	中央预算资金	省级预算资金	县城财政资金								其他财政资金
				合计	城市维护建设税	城市公用事业附加	城市基础设施配套费	国有土地使用权出让收入	市政公用设施有偿使用费			
										污水处理费	垃圾处理费	
上年	42036116	2469729	1649773	36611837	2984908	488213	2078299	19775318	780042	448877	191514	1304777
全国	36400093	2199425	1464014	31373032	2818465	479671	2030657	15843148	809782	459931	205871	1363622
天津	13724			13724	3382							
河北	2274488	33475	16395	2065671	247172	56406	65713	1112517	56101	34935	11896	158947
山西	545346	26019	11080	502988	111442	12810	59421	119303	10524	6524	2751	5259
内蒙古	1374025	50836	52755	1161154	145645	7374	49789	297974	16280	9487	5370	109280
辽宁	376313	3710	14963	357640	35005	2168	51748	230187	6020	2744	322	
吉林	263130	14146	7210	235549	59515	3911	17412	79121	2199	1448	541	6225
黑龙江	419483	44007	20762	346563	40601	3558	29834	113137	4637	3706	136	8151
江苏	1362291	22454	11616	1293114	240990	32536	66264	448186	37494	22061	12878	35107
浙江	1295964	14775	29936	1240427	187806	12125	65782	553510	57353	40900	11878	10826
安徽	4459659	179600	27449	4006694	163043	18116	270220	2279633	42737	24723	8868	245916
福建	1007953	59324	57640	879141	82514	19692	48985	540263	45710	24380	12965	11848
江西	4312916	56710	77860	4052997	159974	22340	56363	2122960	44231	23805	5690	125349
山东	2408749	23349	22449	2319780	256524	47950	188244	1583189	67237	45608	16945	43171
河南	1468623	21698	16837	1429938	100776	27225	137935	886486	45537	25078	12945	150
湖北	692805	34465	27596	610948	55684	4744	40063	284251	23901	14608	7574	19796
湖南	2389952	99384	69692	2023689	143152	21521	56490	1542718	63191	31145	16328	197187

续表

地区名称	合计	中央预算资金	省级预算资金	县城财政资金								其他财政资金
				合计	城市维护建设税	城市公用事业附加	城市基础设施配套费	国有土地使用权出让收入	市政公用设施有偿使用费	污水处理费	垃圾处理费	
广东	650249	2930	16299	622505	57635	24594	45997	427467	21702	14855	6627	8515
广西	785235	33734	82469	665684	66765	10893	47148	300723	49625	31221	14547	3348
海南	475618	1702	27336	446503	56145	2346	48651	297923	3115	1641	1410	77
重庆	393013	39358	10868	339174	35247	1994	142024	116444	11964	5782	4664	3613
四川	2883095	181927	366272	2201126	117635	18698	184296	1126715	40533	26873	10738	133770
贵州	1582045	108440	51838	1405067	86745	19713	25885	693572	25381	11888	7545	16700
云南	702646	104495	54044	515457	76327	12521	67308	185936	34465	20954	10307	28650
西藏	366795	274068	44368	47906	24346	746	6916	2281	260	15	144	453
陕西	1572264	191948	121288	1192825	121876	35176	68803	167537	54631	20283	10052	66203
甘肃	446278	82124	39328	311770	36292	4848	24056	85908	11987	5599	3899	13056
青海	212536	99442	24078	88621	14289	3195	3111	49832	4058	1756	2144	395
宁夏	504102	40354	85893	375855	22420	6446	33102	49460	1595	988	589	2000
新疆	679324	105235	40582	456695	56482	22978	56572	131351	19849	5599	4769	76812
新疆兵团	481472	249716	35111	163827	13036	23047	72525	14564	7465	1325	1349	32818

2015 年县城市政公用设施建设维护管理财政性资金支出分省数据　　表 13

计量单位：万元

地区名称	合计	城乡社区规划与管理	市政公用行业市场监管	市政公用设施建设维护与管理	风景名胜区规划与保护	其他
上年	29798372	1922456	1327331	20854054	566619	5127912
全国	27900620	1839878	1046339	18833668	546229	5634506
天津	13724			13724		
河北	1679458	142916	14743	1037348	23959	460492
山西	577177	15783	25621	442260	6108	87405
内蒙古	1199653	31498	27136	1020780	50	120189
辽宁	237419	21858	18919	164122	322	32198
吉林	188537	20799	8360	145062	4024	10292
黑龙江	402902	30125	20637	311533	208	40399
江苏	1155735	124070	39979	633181	102847	255658
浙江	975819	53164	12188	771730	22417	116320
安徽	2794103	61681	51289	2407431	24678	249024
福建	1048864	69722	16653	865618	17459	79412
江西	2159857	237856	145561	1321558	76726	378156
山东	1648244	45685	124669	1049442	22753	405695
河南	1329307	109007	49792	1008687	33233	128588
湖北	692447	38215	12669	526940	5277	109346

续表

地区名称	合计	城乡社区规划与管理	市政公用行业市场监管	市政公用设施建设维护与管理	风景名胜区规划与保护	其他
湖南	2163217	173837	54505	1205729	45140	684006
广东	330830	23205	11045	143988	2040	150552
广西	767392	47256	22933	623810	8471	64922
海南	497128	15601	13360	180943	2579	284645
重庆	389926	7410	1627	368690	2354	9845
四川	1981851	213657	95771	860051	48690	763682
贵州	762477	59758	63941	517790	42253	78735
云南	456807	29521	38095	292478	10894	85819
西藏	37238	4705	1468	27537	1857	1671
陕西	2360842	114556	102949	1845256	22876	275205
甘肃	440823	12136	13286	287807	8533	119061
青海	209084	11662	40220	156754	408	40
宁夏	613747	57449	30	145509		410759
新疆	545596	38454	13583	319794	5468	168297
新疆兵团	240416	28292	5310	138116	4605	64093

【2015年县城市政公用设施建设固定资产投资分省数据】 2015年县城市政公用设施建设固定资产投资分省数据见表14。

2015年县城市政公用设施建设固定资产投资分省数据　　表14

计量单位：万元

地区名称	本年投资完成合计	供水	燃气	集中供热	道路桥梁	排水			
							污水处理	污泥处置	再生水利用
上年	35729133	1725907	1580801	1876027	19083910	2960572	1329065	19599	63387
全国	30998145	1564039	1126463	1709695	16639049	2658058	1084762	12316	48642
天津	8400								
河北	1723627	143565	88099	287986	522465	130553	50344	701	1126
山西	1024220	54008	58520	191285	452609	108167	42935	1000	2905
内蒙古	2030593	86026	61859	309722	754479	142575	35872	1121	13549
辽宁	177168	11663	13140	48523	49172	16921	8336		
吉林	151628	34600	2217	20995	51694	16021	6721		2700
黑龙江	406852	36616	23590	178561	83103	40088	24232	520	
江苏	575643	40787	14659		218913	89849	27310		
浙江	1124597	83860	26636		521137	193158	96973	400	6
安徽	3265510	167221	110310	10000	1950056	268879	99020		1589
福建	1440105	66696	33655		920879	105926	39481	600	
江西	2521525	106304	100271		1191175	196733	79405	125	
山东	1386646	59710	89453	143236	433903	165719	61470	2983	7169
河南	1223605	81070	53584	81622	545122	159796	59632	1284	9880
湖北	692385	31065	26969		500437	41528	15284		

续表

地区名称	本年投资完成合计	供水	燃气	集中供热	道路桥梁	排水			
							污水处理	污泥处置	再生水利用
湖南	1374065	110215	55436		903696	160184	84407	275	
广东	191778	855	8746		151465	8022	1980	86	
广西	989157	39216	29315		634898	159940	41666	463	
海南	85997	37300	200		37589	3156	3156		
重庆	437106	16457	20340		301372	28302	380		
四川	3900813	68621	40879	2795	3007522	110886	64836	1058	
贵州	1715732	53472	55285		1336896	102262	75348		
云南	1227773	34281	32460		748785	96158	38316		6647
西藏	38265	8110			15633	1744	150		
陕西	1557830	61996	81475	188149	689295	155426	41432	1700	580
甘肃	493500	39078	35729	34036	246299	30450	23927		2491
青海	170465	8961	13000	19905	83265	35588	25581		
宁夏	165155	1485	11328	37741	51794	12015	6622		
新疆	544657	39351	36644	100061	153990	62540	27683		
新疆兵团	353348	41450	2664	55078	81406	15472	2263		

地区名称	园林绿化	市容环境卫生		地下综合管廊	其他	本年新增固定资产
			垃圾处理			
上年	5209527	973584	359842		2318805	28219711
全国	4807826	739533	316466	129439	1624043	27725498
天津	8400					8400
河北	374398	63827	33656	17800	94934	1429982
山西	103324	50902	30792	205	5200	854087
内蒙古	613035	52795	11267	2300	7802	1864107
辽宁	30840	6909	5472			155653
吉林	22476	3625	1280			139915
黑龙江	15359	29535	21253			392193
江苏	201410	9345	680		680	574942
浙江	162625	35229	7718	17084	84868	931577
安徽	641027	42172	10678	45000	30845	3125342
福建	227304	21736	15098	44620	19289	1118786
江西	383928	68441	37399		474673	2417776
山东	324448	45424	34979		124753	1299248
河南	245334	19731	10114		37346	1225121
湖北	66889	20015	2487		5482	642629
湖南	113452	21098	2956		9984	971896
广东	7269	3344	1408		12077	151007
广西	112537	13251	8495			771924
海南	1622	6130	5180			84543
重庆	62092	5743	685	2000	800	461016

续表

地区名称	园林绿化	市容环境卫生		地下综合管廊	其他	本年新增固定资产
			垃圾处理			
四川	263788	20240	7768		386082	3719131
贵州	103217	46533	23106		18067	1478947
云南	163102	43727	11480		109260	963217
西藏	1569	4443	2880		6766	9137
陕西	313400	67659	13330	430		1328749
甘肃	83446	6089	2570		18373	461670
青海	1982	7764	769			170153
宁夏	37381	8439	5308		4972	162955
新疆	96099	7964	3476		48008	514713
新疆兵团	26073	7423	4182		123782	296682

【2015 年县城市政公用设施建设固定资产投资资金来源分省数据】 2015 年县城市政公用设施建设固定资产投资资金来源分省数据见表 15。

2015 年县城市政公用设施建设固定资产投资资金来源分省数据 **表 15**

计量单位：万元

地区名称	合计	上年末结余资金	本年资金来源										各项应付款
			小计	国家预算资金		国内贷款	债券	利用外资		自筹资金		其他资金	
					中央预算资金				外商直接投资		单位自有资金		
上年	36903858	631512	36272346	10803025	1117773	3154923	41329	232976	25991	17677039	1768281	4363054	3538296
全国	30111692	528183	29583509	10524054	1216812	2221932	50942	330923	211021	12333313	1617033	4122345	3847780
天津	8400		8400	2788		3300				2312			
河北	1785621	43750	1741871	308103	21151	16439		11000	8000	871943	177462	534386	185396
山西	821548	1098	820450	294466	1652	1280		6415		437046	59167	81243	249460
内蒙古	1920132	940	1919192	342302	23600					1415641	12908	161249	232262
辽宁	165891		165891	57552	660	2662		3942		91273	11727	10462	25189
吉林	149129		149129	73299	24346	5614	3000			62081	4120	5135	24565
黑龙江	414010	12365	401645	104543	23197	1472	5911			211829	40396	77890	24041
江苏	576810	6116	570694	106136	10974	103778		7000		329722	39591	24058	163388
浙江	1070027	25999	1044028	276077	1896	198279		2477	2477	560173	70311	7022	95363
安徽	3131610	99408	3032202	2123604	50607	213742				547317	202215	147539	366205
福建	1708572	24402	1684170	815295	34535	7215		5000		709917	53110	146743	74538
江西	2513161	34955	2478206	578478	108563	42594	19694	55049	18210	1358428	60279	423963	579181
山东	1325557	9164	1316393	656138	44371	9000		18033	6500	544934	138597	88288	82497
河南	1203531	3220	1200311	915929	15763	10070				268870	73708	5442	33022
湖北	633889	3764	630125	141797	22929	16800		1550	1550	348788	53598	121190	126582
湖南	1343052	10078	1332974	143611	24110	146200	7700	9215	9215	780248	71792	246000	92910
广东	162953	350	162603	94920	81944	3500	6261			50796	1770	7126	5179
广西	1006341	1604	1004737	366380	28293	57522	1150			526878	15012	52807	39051

续表

地区名称	合计	上年末结余资金	本年资金来源										各项应付款
			小计	国家预算资金	中央预算资金	国内贷款	债券	利用外资	外商直接投资	自筹资金	单位自有资金	其他资金	
海南	92079	1496	90583	3124	1027	388				68021		19050	
重庆	433435	3865	429570	279961	31439	104700				44769	9850	140	20389
四川	3696455	76449	3620006	765570	185602	997974	1840	23216	1000	485096	117671	1346310	209801
贵州	1688979	17670	1671309	132198	12349	101815		171015	153265	1123909	207961	142372	287326
云南	928375	94659	833716	127345	37141	35963		5640	3640	476870	23657	187898	451831
西藏	35658		35658	28592	9983					3107		3959	4130
陕西	1552594	10783	1541811	1184835	61870	14350				242156	15769	100470	69648
甘肃	503192	9858	493334	94875	41156	102188				221386	20498	74885	131639
青海	172215	1130	171085	140095	82529	10532				20103		355	3283
宁夏	136218	2376	133842	39174	16260	430	1500	6844	6844	82177	3600	3717	88491
新疆	533870	23285	510585	118236	50138	13040	3886	4207		286116	30405	85100	120669
新疆兵团	398388	9399	388989	208631	168727	1085		320	320	161407	101859	17546	61744

2015 年村镇建设分省数据

【2015 年建制镇市政公用设施水平分省数据】 2015 年建制镇市政公用设施水平分省数据见表 16。

2015 年建制镇市政公用设施水平分省数据 **表 16**

地区名称	人口密度（人/平方千米）	人均日生活用水量（升）	用水普及率（%）	燃气普及率（%）	人均城市道路面积（平方米）	排水管道暗渠密度（千米/平方千米）
上年	4937	98.68	82.77	47.77	12.63	5.94
全国	4899	98.69	83.79	48.71	12.79	6.17
北京	3734	107.82	81.93	51.42	15.05	5.89
天津	4455	89.64	93.48	70.45	14.37	5.75
河北	4245	71.40	81.28	38.39	10.08	2.71
山西	4964	74.44	87.42	16.12	12.45	4.95
内蒙古	3160	72.09	65.51	17.07	14.02	2.47
辽宁	3614	91.16	74.17	32.32	13.36	4.39
吉林	3815	79.89	73.72	21.15	10.75	2.05
黑龙江	3659	67.07	83.90	18.59	15.99	2.46
上海	4950	143.34	94.21	87.27	9.91	4.59
江苏	5846	104.63	96.90	88.53	17.94	10.98
浙江	5016	128.18	81.35	53.08	13.73	7.92
安徽	4765	101.82	72.01	43.35	11.85	7.34
福建	5695	118.12	89.85	68.77	13.60	6.64
江西	4938	96.39	69.05	33.28	10.50	5.65

续表

地区名称	人口密度（人/平方千米）	人均日生活用水量（升）	用水普及率（%）	燃气普及率（%）	人均城市道路面积（平方米）	排水管道暗渠密度（千米/平方千米）
山东	4710	77.11	93.28	67.65	18.40	8.34
河南	5521	83.76	75.93	9.20	11.49	4.98
湖北	4834	99.59	87.29	44.02	10.72	6.14
湖南	4955	104.43	74.72	36.54	9.49	4.85
广东	4758	127.88	88.10	66.15	14.22	6.74
广西	6960	104.01	88.35	70.98	11.27	8.38
海南	3701	99.66	81.37	72.11	13.25	5.47
重庆	6778	95.24	90.41	62.52	5.94	6.70
四川	5230	94.54	81.56	50.77	10.34	6.09
贵州	4837	94.75	78.86	11.63	10.89	4.71
云南	5731	91.79	88.58	12.42	9.00	5.51
陕西	5038	63.85	75.22	16.62	9.37	5.01
甘肃	4120	55.79	73.60	5.36	12.55	3.27
青海	3854	65.96	73.74	20.08	8.36	2.31
宁夏	3589	73.92	75.37	33.41	13.46	6.67
新疆	3105	78.19	85.82	14.86	19.93	2.77

地区名称	污水处理率（%）	污水处理厂集中处理率	人均公园绿地面积（平方米）	绿化覆盖率（%）	绿地率（%）	生活垃圾处理率（%）	无害化处理率
上年			2.39	15.90	8.96		
全国	50.95	41.57	2.45	16.63	9.36	83.85	44.99
北京	58.00	47.00	6.08	20.66	13.98	96.74	83.09
天津	56.19	53.87	0.95	19.11	7.73	89.96	29.47
河北	28.14	21.56	0.40	9.93	4.60	31.94	6.93
山西	13.10	4.43	0.71	19.95	7.74	31.64	2.13
内蒙古	46.11	40.81	1.33	10.42	5.33	56.34	2.72
辽宁	40.71	32.08	0.62	13.85	3.77	56.84	8.68
吉林	24.54	23.18	0.53	7.09	2.12	54.54	9.53
黑龙江	14.87	14.87	1.24	5.50	2.55	2.42	
上海	89.78	73.57	2.12	16.56	11.40	98.89	87.38
江苏	67.14	60.15	6.34	28.28	21.21	98.59	82.21
浙江	64.52	47.23	2.27	15.87	10.17	97.39	76.84
安徽	36.53	26.19	2.37	19.31	11.13	79	39.85
福建	42.37	30.12	7.47	26.10	16.49	94.94	51.55
江西	32.00	22.80	1.35	9.83	5.40	84.07	31.36
山东	64.90	51.14	5.78	27.43	17.68	97.96	91.35
河南	32.08	25.61	1.35	21.56	4.46	78.85	9.24
湖北	30.49	26.69	0.94	15.49	8.27	88.95	36.36

续表

地区名称	污水处理率（%）	污水处理厂集中处理率	人均公园绿地面积（平方米）	绿化覆盖率（%）	绿地率（%）	生活垃圾处理率（%）	无害化处理率
湖南	30.32	18.98	1.71	23.59	11.62	73.94	21.88
广东	73.47	66.44	2.46	13.68	8.55	95.5	51.61
广西	16.33	12.94	0.41	9.86	4.07	92.82	4.43
海南	11.71	5.24	1.81	18.88	10.88	83.97	21.84
重庆	51.82	39.91	0.21	7.76	4.34	85.93	41.13
四川	14.97	12.23	0.69	8.26	3.98	90.26	32.41
贵州	23.78	13.21	0.32	10.71	3.77	80.55	12.83
云南	9.69	7.32	0.60	5.92	3.62	63.24	13.21
陕西	9.96	5.15	0.73	6.05	3.84	46.83	3.33
甘肃	20.67	16.05	0.58	6.87	3.23	52.29	1.61
青海	0.01		2.25	10.88	8.15	57.11	6.73
宁夏	60.06	50.33	0.54	8.34	4.79	70.17	13.75
新疆	34.89	29.45	1.38	14.52	10.27	61.44	0.62

【2015 年建制镇基本情况分省数据】 2015 年　建制镇基本情况分省数据见表 17。

2015 年建制镇基本情况分省数据　　表 17

地区名称	建制镇个数（个）	建成区面积（公顷）	建成区户籍人口（万人）	建成区暂住人口（万人）	规划建设管理					
					设有村镇建设管理机构的个数（个）	村镇建设管理人员（人）	专职人员	有总体规划的建制镇个数（个）	本年编制	本年规划编制投入（万元）
上年	17653	3794572	15617.13	3115.35	15	82576	52069	16417	1561	282582
全国	17848	3907590	16007.39	3134.30	16772	84246	53395	16798	1452	255370
北京	118	33501	82.58	42.51	117	1254	699	107	2	1276
天津	111	28598	95.93	31.47	111	702	428	99	6	1907
河北	847	152735	556.16	92.14	768	2436	1714	749	57	4068
山西	472	56479	247.87	32.47	382	757	345	405	19	2160
内蒙古	432	95829	267.66	35.18	397	1843	1262	395	69	13903
辽宁	617	99498	324.33	35.31	616	1791	1246	562	39	1907
吉林	397	84910	285.72	38.25	394	1072	770	315	18	971
黑龙江	431	83580	289.29	16.55	425	967	636	380	11	204
上海	103	129610	291.57	350.02	102	1202	783	86	11	3831
江苏	737	271564	1292.12	295.49	736	7677	5363	732	144	27687
浙江	604	234898	787.10	391.10	590	5273	3201	588	74	25641
安徽	837	224331	957.87	111.16	735	3378	2155	805	112	9459
福建	532	127834	587.07	140.92	519	1896	1318	522	28	7994
江西	702	129131	576.43	61.23	699	3028	1692	694	80	5654
山东	1096	394877	1591.97	267.73	1094	8364	5461	1089	99	27250
河南	928	214638	1074.43	110.55	922	6548	3804	890	47	11078

续表

地区名称	建制镇个数（个）	建成区面积（公顷）	建成区户籍人口（万人）	建成区暂住人口（万人）	规划建设管理					
					设有村镇建设管理机构的个数（个）	村镇建设管理人员（人）	专职人员	有总体规划的建制镇个数（个）	本年编制	本年规划编制投入（万元）
湖北	757	229350	1002.27	106.35	743	4724	2878	741	43	21237
湖南	1019	198328	862.14	120.52	940	5552	3169	942	62	19299
广东	1036	329606	1186.84	381.34	975	7824	4825	915	58	14204
广西	669	80847	522.48	40.24	668	2422	1850	655	52	6286
海南	158	34305	106.10	20.84	157	470	345	157	10	3621
重庆	566	73100	437.82	57.62	550	2370	1725	559	74	4386
四川	1654	186732	817.72	158.89	1505	4216	2772	1543	165	16920
贵州	673	108777	475.36	50.77	645	1995	1327	636	78	8312
云南	584	72937	383.50	34.47	557	1969	1246	564	19	3948
陕西	940	117018	536.87	52.66	748	2502	1240	856	35	5804
甘肃	449	51562	188.12	24.30	353	1190	645	444	25	3474
青海	102	13984	44.40	9.49	80	105	60	97	5	602
宁夏	78	16877	52.38	8.20	72	216	101	73	5	1850
新疆	199	32155	83.31	16.53	172	503	335	198	5	437

【2015年建制镇建设投资分省数据】 2015年　建制镇建设投资分省数据见表18。

2015年建制镇建设投资分省数据 **表18**

计量单位：万元

地区名称	合计	房屋				
		小计	房地产开发	住宅	公共建筑	生产性建筑
上年	71721740	55092929	18055895	35502547	7321547	12268887
全国	67813592	51354937	17753069	33729542	6799359	10826073
北京	847668	622395	302979	416591	148590	57214
天津	1362609	1116268	316750	882368	73067	160834
河北	1008304	824147	275787	553596	92384	178169
山西	351721	230527	19589	141689	46568	42270
内蒙古	684033	354741	73512	230734	89190	34817
辽宁	714746	489734	269737	354803	65927	69005
吉林	661913	539183	298184	402778	37917	98489
黑龙江	205076	102071	10992	59962	19398	22710
上海	5662223	5068031	2171174	3651457	342104	1074470
江苏	9035085	7153511	2769514	4698761	813171	1641583
浙江	6366515	4870392	1627311	2565779	649079	1655537
安徽	2639168	2068749	453020	1372606	243319	452829
福建	2522839	1957892	830865	1327355	230469	400068
江西	1515394	933411	316092	623218	203633	106559

续表

地区名称	合计	房屋				
		小计	房地产开发	住宅	公共建筑	生产性建筑
山东	9466110	6920993	1776417	3496400	1197354	2227238
河南	1908029	1626457	213113	1169217	181676	275563
湖北	2466199	1836315	554733	1264447	229715	342160
湖南	2441312	1829060	421094	1184352	309421	335291
广东	5442210	4510982	2200671	3364119	399161	747709
广西	905690	677359	72226	500859	129273	47232
海南	493906	280434	64327	173926	54612	51894
重庆	840775	627223	204033	479131	70603	77489
四川	3386363	2108252	788842	1649188	186026	273037
贵州	3127214	1590631	510563	1051667	292470	246493
云南	784013	634736	147160	475341	118671	40725
陕西	1319468	946264	245533	681140	155307	109820
甘肃	681406	590206	369772	226874	327782	35551
青海	113183	84056	4600	65425	14593	4038
宁夏	614327	554114	424961	510824	35693	7597
新疆	246093	206803	19518	154935	42186	9682

地区名称	市政公用投资										
	小计	供水	燃气	集中供热	道路桥梁	排水	污水处理	园林绿化	环境卫生	垃圾处理	其他
上年	16628921	1440263	597190	402808	6733842	2374073	1259950	1765345	1316548	602104	1999319
全国	16458749	1529819	624251	416548	6519552	2256825	1264627	1767135	1455440	700120	1889591
北京	225273	14073	15632	8884	72658	15310	2319	48005	27040	6297	23674
天津	246343	15519	6926	25643	61268	34364	8876	53913	15033	6531	33679
河北	184165	19918	6840	17246	52359	39925	21684	16220	24390	15282	7291
山西	121196	10096	15465	29765	20912	8895	2834	14898	12839	4768	8329
内蒙古	329293	17702	8165	33768	144175	21414	12299	75777	15317	5637	12975
辽宁	225013	27834	12740	34801	65819	13240	5179	30333	22297	10989	17962
吉林	122730	32408	2472	13059	40933	5966	1544	10780	6894	3024	10215
黑龙江	103008	6442	8	9933	35454	8889	2275	6445	10232	789	25604
上海	594192	62460	59607		237871	69837	33662	43518	71529	36118	49369
江苏	1881575	143613	68717	11142	600770	276686	156067	284445	183680	84957	312527
浙江	1496129	108834	37500		514387	376187	271348	161459	146225	70355	151551
安徽	570420	85810	8252	153	240048	63077	18295	63218	62015	29796	47853
福建	564946	58418	6495		233441	77044	34691	77379	51256	27204	60913
江西	581990	60698	7195		255391	48243	18974	39615	28932	15071	141945
山东	2545128	212568	148684	198439	767733	294840	161702	394345	251962	118428	276578
河南	281572	41628	16570	1287	110490	40687	10519	22966	31319	12956	16655
湖北	629891	67586	18941		278335	108997	49566	54883	49350	22665	51848

续表

地区名称	市政公用投资										
	小计	供水	燃气	集中供热	道路桥梁	排水	污水处理	园林绿化	环境卫生	垃圾处理	其他
湖南	612262	95439	16874		254156	84778	38051	43880	49932	25229	67234
广东	931229	79313	19303		327343	213388	139479	81604	153786	84477	56524
广西	228331	18674	196		83139	84028	63096	9743	21340	14005	11216
海南	213473	70690	11359		84688	12511	5637	15344	11787	4395	7098
重庆	213557	26898	19134		71493	30798	20753	17254	26097	13633	21903
四川	1278126	120055	74937		632529	159163	97960	68807	84625	38808	138040
贵州	1536589	51058	5227	2002	1072124	76525	54204	58584	29633	15180	241455
云南	149280	24621	6368		65084	22049	11270	8441	12239	7563	10487
陕西	373207	34457	22945	8620	124195	37969	8605	38295	35668	15666	71090
甘肃	91201	6292	856	8602	38925	18871	9537	3572	5581	2959	8525
青海	29128	3060	2148	239	6818	3533		10178	2888	1997	266
宁夏	60215	5044	2391	8780	15913	6410	2734	9462	6800	2286	5419
新疆	39287	8611	2304	4185	11101	3201	1467	3772	4754	3055	1366

【2015 年建制镇建设财政性资金投资分省数据】 2015 年建制镇建设财政性资金投资分省数据见表 19。

2015 年建制镇建设财政性资金投资分省数据 **表 19**

计量单位：万元

地区名称	财政性资金投资合计	中央预算资金	省级预算资金	地级预算资金	县级预算资金	镇(乡)本级预算资金
上年	11085594	603087	1018521	615989	2409544	6438544
全国	11749891	694912	1062248	687771	2711552	6593500
北京	146025	201	23820	14745	53502	53758
天津	165312		2860	344	23449	138660
河北	35768	11896	8214	2144	6915	6608
山西	13892	1277	5034	2114	2812	2664
内蒙古	80968	18196	30999	7038	19854	4891
辽宁	81830	9817	16717	11326	11930	32043
吉林	72783	14420	21540	1102	14496	21226
黑龙江	18150	11370	1615		3204	1961
上海	1735842	2315	44866	54151	490537	1143974
江苏	2351723	21186	64883	22553	224038	2019062
浙江	888647	14099	55010	39134	232445	547963
安徽	381886	40539	47782	14817	155737	123014
福建	216459	17615	18882	18209	52516	109237
江西	282380	26166	119172	10418	47705	78920
山东	1808057	39641	173140	88871	259228	1247182
河南	95950	22851	13799	6684	22335	30279
湖北	328028	27833	26310	17679	146501	109706

续表

地区名称	财政性资金投资合计	中央预算资金	省级预算资金	地级预算资金	县级预算资金	镇(乡)本级预算资金
湖南	227866	28419	14480	31369	80128	73471
广东	801888	14384	27051	42938	126635	590884
广西	199058	40485	84727	22901	46304	4646
海南	60505	5481	11228	3138	26225	14436
重庆	155115	22050	46789	9905	46375	30003
四川	430163	50405	55021	91031	190103	43605
贵州	528472	56866	30992	105882	208790	125942
云南	136337	56668	25031	15794	25123	13724
陕西	237621	56625	57735	47374	63044	12848
甘肃	60168	31708	9292	3294	14100	1784
青海	28606	17782	6802	1680	1294	1052
宁夏	134447	17333	8794	201	103620	4501
新疆	45945	17284	9663	935	12607	5456

【2015 年乡市政公用设施水平分省数据】 2015 年乡市政公用设施水平分省数据见表 20。

2015 年乡市政公用设施水平分省数据 **表 20**

地区名称	人口密度（人/平方千米）	人均日生活用水量（升）	用水普及率（%）	燃气普及率（%）	人均道路面积（平方米）	排水管道暗渠密度（千米/平方千米）
上年	4428	83.08	69.26	20.32	12.63	3.83
全国	4419	84.32	70.37	21.38	13.11	4.18
北京	2909	111.02	79.45	13.36	16.89	6.04
天津	3161	93.83	95.13	36.68	10.72	3.82
河北	3889	68.45	68.06	23.17	11.50	2.51
山西	4460	64.36	81.92	10.26	12.48	3.59
内蒙古	2531	60.66	55.06	11.32	16.33	1.26
辽宁	3765	85.22	47.84	15.76	15.48	3.32
吉林	3124	78.94	50.55	11.80	14.45	1.53
黑龙江	3145	66.46	76.44	9.81	21.69	1.53
上海	3274	142.11	99.96	99.96	17.59	12.61
江苏	5165	103.01	96.09	83.85	17.36	9.97
浙江	4508	115.30	78.82	45.48	16.16	8.74
安徽	4533	97.93	63.43	37.97	12.55	5.51
福建	6544	109.98	88.48	64.18	14.64	7.79
江西	4894	93.36	64.91	30.91	12.48	6.80
山东	4073	79.53	86.59	48.64	21.24	7.95
河南	5863	79.45	68.52	5.11	12.46	5.04
湖北	4380	98.30	82.76	29.65	11.30	5.11
湖南	4020	98.78	57.12	26.75	10.34	3.51

续表

地区名称	人口密度（人/平方千米）	人均日生活用水量（升）	用水普及率（%）	燃气普及率（%）	人均道路面积（平方米）	排水管道暗渠密度（千米/平方千米）
广东	3754	125.14	81.19	53.09	14.94	8.22
广西	7161	96.98	84.58	58.16	10.95	6.89
海南	2226	80.96	95.63	77.16	19.01	2.35
重庆	5680	81.54	80.05	29.44	10.32	8.60
四川	4336	79.89	64.18	22.54	10.06	3.88
贵州	4607	84.35	79.45	6.19	11.24	3.77
云南	5204	92.77	83.91	9.53	10.98	5.83
陕西	5435	48.30	66.31		10.27	3.85
甘肃	3724	57.45	52.07	3.10	14.61	2.99
青海	5060	64.47	42.02		11.72	1.97
宁夏	3847	67.69	76.84	20.49	16.94	4.67
新疆	2943	78.37	79.71	5.37	24.49	1.04

地区名称	污水处理率（%）	污水处理厂集中处理率	人均公园绿地面积（平方米）	绿化覆盖率（%）	绿地率（%）	生活垃圾处理率（%）	无害化处理率
上年			1.07	12.98	5.5		
全国	11.46	5.42	1.10	13.6	5.84	63.95	15.82
北京	85.45	53.96	1.72	31.98	12.96	84.8	40.93
天津			0.02	27.72	0.38	92.92	
河北	1.45	0.01	0.43	9.47	3.64	28.89	4.31
山西			1.19	19.58	7.88	31.23	0.23
内蒙古			0.46	7.26	3.76	50.92	3.3
辽宁	11.74	4.86	0.43	13.96	2.47	43.76	6.27
吉林	4.55		0.42	5.97	2.55	61.24	7.99
黑龙江			0.57	5.82	2.61	0.8	0.44
上海	56.92	53.85	10.59	37.5	28.55	100	100
江苏	27.26	22.46	5.06	26.19	17.21	95.94	77.66
浙江	44.05	12.13	1.39	10.38	6.09	89.2	48.75
安徽	21.25	12.18	3.08	19.5	11.26	75.77	35.92
福建	25.26	12.82	7.28	27.23	15.62	95.23	48.42
江西	12.75	6.06	0.81	11.05	6.06	79.97	23.37
山东	7.83	3.38	1.65	19.52	7.8	96.57	92.68
河南	13.09	3.52	0.95	22.45	4.67	74.15	7.68
湖北	8.78	4.49	1.24	11.27	5.7	87.5	32.1
湖南	17.30	10.76	1.19	19.24	8.98	65.8	14.31
广东	99.80		0.39	17.6	3.72	92.6	33.33
广西	3.71	3.51	0.31	10.39	5.76	86.17	4.47
海南			0.74	29	15.59	83.64	

续表

地区名称	污水处理率（%）	污水处理厂集中处理率	人均公园绿地面积（平方米）	绿化覆盖率（%）	绿地率（%）	生活垃圾处理率（%）	无害化处理率
重庆	11.23	5.93	0.17	8.4	4.52	67.59	12.5
四川	10.53	7.02	0.06	6.82	1.84	77.69	14.84
贵州	5.98	0.66	0.47	9.93	4.52	75.99	10.65
云南	2.83	0.43	0.30	5.59	3.02	57.67	2.87
陕西	7.86	7.86	0.01	5.29	3.42	22.46	
甘肃	3.99	1.05	0.34	8.56	3.28	42.29	3.24
青海				6.47	2.57	12.04	
宁夏	38.48	26.38	0.37	10.85	4.84	64.8	15.98
新疆	5.32	4.48	1.35	16.52	11.57	46.99	0.36

【2015年乡基本情况分省数据】 2015年乡基　本情况分省数据见表21。

2015年乡基本情况分省数据　　**表21**

地区名称	乡个数（个）	建成区面积（公顷）	建成区户籍人口（万人）	建成区暂住人口（万人）	规划建设管理					
					设有村镇建设管理机构的个数（个）	村镇建设管理人员（人）	专职人员	有总体规划的乡个数（个）	本年编制	本年规划编制投入（万元）
上年	11871	722320	2980.07	218.59	15	23227	14291	9060	761	68879
全国	11478	700031	2888.64	205.12	8969	22677	14377	9030	666	65576
北京	15	978	2.19	0.65	14	78	46	13	1	10
天津	6	1061	3.10	0.26	6	20	11	3		
河北	870	65189	245.09	8.45	696	1770	1256	645	63	3094
山西	621	29687	122.10	10.31	449	858	507	370	3	785
内蒙古	245	20632	48.59	3.63	193	558	324	190	44	6065
辽宁	226	13029	46.83	2.23	226	359	290	193	4	310
吉林	169	13761	39.59	3.39	164	313	234	89	1	191
黑龙江	385	28667	84.92	5.23	382	554	395	325	8	262
上海	2	165	0.44	0.10	2	26	19			60
江苏	64	9853	48.02	2.87	64	326	244	64	6	741
浙江	259	13223	53.24	6.37	213	523	326	212	18	2674
安徽	308	32961	140.38	9.02	255	743	472	261	41	2724
福建	277	14884	91.91	5.48	263	562	370	272	7	1799
江西	570	39493	181.15	12.15	556	1781	996	555	73	2255
山东	75	9368	35.42	2.74	68	316	203	72	6	604
河南	762	85539	468.70	32.85	760	4013	2676	709	32	4741
湖北	167	22282	89.26	8.34	159	578	354	159	13	1156
湖南	859	60363	222.99	19.69	635	1896	1071	653	55	7787
广东	13	1109	3.78	0.38	13	52	36	11	2	2
广西	344	12773	87.50	3.97	326	517	426	322	10	4715

续表

地区名称	乡个数（个）	建成区面积（公顷）	建成区户籍人口（万人）	建成区暂住人口（万人）	规划建设管理					
					设有村镇建设管理机构的个数（个）	村镇建设管理人员（人）	专职人员	有总体规划的乡个数（个）	本年编制	本年规划编制投入（万元）
海南	21	827	1.71	0.13	21	40	24	21		90
重庆	202	6248	32.08	3.41	174	431	318	197	55	1573
四川	2385	67147	265.06	26.06	1317	2108	1211	1346	110	7496
贵州	478	32427	138.36	11.04	451	851	584	436	36	5059
云南	584	31120	152.66	9.28	498	1134	767	551	30	5859
陕西	24	1290	6.35	0.66	12	20	11	13		125
甘肃	688	29725	104.09	6.59	451	959	467	591	25	3673
青海	225	5766	27.78	1.40	132	162	92	132	14	868
宁夏	93	5835	21.62	0.83	86	149	88	87	3	428
新疆	541	44629	123.72	7.64	383	980	559	538	6	429

【2015 年乡建设投资分省数据】 2015 年乡建　设投资分省数据见表 22。

2015 年乡建设投资分省数据 **表 22**

计量单位：万元

地区名称	合计	房屋				
		小计	房地产开发	住宅	公共建筑	生产性建筑
上年	6708036	5387774	443882	3324256	1387850	675699
全国	5588161	4246740	371669	2848067	929584	469146
北京	42761	40340	39000	40290	50	
天津	1757	1200		250	950	
河北	245789	193619	5247	103309	31705	58613
山西	201364	172121	2575	86575	47863	37683
内蒙古	143121	83508	10093	47612	22834	13062
辽宁	58394	36426	11390	20000	7695	8731
吉林	41009	28074	5982	19109	7813	1152
黑龙江	87224	52496	1550	30721	9865	11911
上海	1013	126		126		
江苏	179576	149689	53455	110309	16269	23111
浙江	204535	128449	26961	97712	25469	5268
安徽	256540	189537	8396	116660	43437	29444
福建	213866	141654	7500	98566	30836	12250
江西	367467	262808	17695	186680	49441	26690
山东	156469	122550	15113	67585	27686	27280
河南	580640	471875	41551	342704	73890	55283
湖北	253288	203465	26343	128426	51017	24022
湖南	448582	339433	8095	215853	76005	47595

续表

地区名称	合计	房屋				
		小计	房地产开发	住宅	公共建筑	生产性建筑
广东	10420	7956	2000	7367	389	200
广西	151322	120265	932	83947	34780	1540
海南	8370	6600	375	3415	3185	
重庆	77116	55397	2716	41906	9395	4095
四川	596435	434587	30739	340736	84741	9111
贵州	352711	278232	28551	177099	72735	28402
云南	297179	241212	15216	168730	62768	9717
陕西	22336	20541		18962	1006	573
甘肃	195906	151811	4223	87527	40060	24232
青海	46177	42325		27821	11997	2507
宁夏	71564	54950	3105	27882	26240	828
新疆	275230	215494	2866	150188	59463	5846

地区名称	市政公用投资										
	小计	供水	燃气	集中供热	道路桥梁	排水	污水处理	园林绿化	环境卫生	垃圾处理	其他
上年	1320327	187033	30329	23642	507094	148876	43579	135526	144648	58694	143447
全国	1341503	191701	28798	25268	512100	161204	53879	130101	162775	72956	129818
北京	2421	81	90	200	864	384	3	226	390	166	186
天津	557	15			10	260	50	67	180	70	25
河北	52177	7955	907	2133	16310	5547	37	3412	7463	4695	8476
山西	29247	5145	937	1080	6740	2160	164	6253	5657	1845	1284
内蒙古	59615	4670	100	1812	31400	4135	140	8886	4431	1541	4186
辽宁	21969	3898	69	2381	6988	1142	561	2860	2694	1406	1937
吉林	12937	1878	111	1189	5484	216	10	887	1752	857	1419
黑龙江	34735	2102		993	13670	2243	30	3508	4920	369	7306
上海	887								347	175	540
江苏	29886	3906	283		8468	5126	2089	4217	4331	1931	3557
浙江	76091	7365	214		28796	19038	14060	8361	7252	3402	5067
安徽	67002	12319	1330		23229	6220	1055	6816	11139	5550	5959
福建	72216	7406	397		31803	8803	3610	9329	9827	5646	4654
江西	104662	13279	2090		43284	14136	1544	11856	10585	5529	9458
山东	33919	3074	512	1441	7923	9321	7485	4262	5799	2303	1589
河南	108770	19037	2020	793	42151	12098	1592	10593	13325	4559	8778
湖北	49822	9022	1794		21044	5350	1518	4677	4360	2346	3583
湖南	109157	18797	1215		40890	10686	2681	14317	14216	7155	9062
广东	2464	395	10		1115	74		257	534	449	79
广西	31058	4278	6		12818	3743	949	2514	4943	3305	2769
海南	1770	264			469	108		422	306	77	200

续表

地区名称	市政公用投资										
	小计	供水	燃气	集中供热	道路桥梁	排水		园林绿化	环境卫生		其他
							污水处理			垃圾处理	
重庆	21720	3400	2093		6333	2995	1561	1493	2791	1549	2620
四川	161853	21381	12187		56272	21113	7056	6346	22059	7427	22531
贵州	74477	9954	461	463	34174	9285	4468	6318	6155	2867	7679
云南	55967	11195	272		25601	5031	1345	3878	3978	2370	6028
陕西	1795	145	80	200	278	69		295	241	25	487
甘肃	44108	5617	16	5296	16869	4785	213	2825	4097	2014	4627
青海	3856	978			1047	756	1	307	604	329	164
宁夏	16616	2630	304	2921	3333	2295	676	1752	3036	1110	352
新疆	59749	11515	1300	4366	24737	4085	981	3167	5363	1889	5216

【2015 年乡建设财政性资金投资分省数据】 2015 年乡建设财政性资金投资分省数据见表 23。

2015 年乡建设财政性资金投资分省数据 **表 23**

计量单位：万元

	财政性资金投资合计	中央预算资金	省级预算资金	地级预算资金	县级预算资金	镇(乡)本级预算资金
上年	760742	179634	127333	64892	219390	169546
全国	661222	170688	142713	38861	187128	121908
北京	1070		4	760	193	113
天津	120				20	100
河北	19787	7782	5119	1515	4164	1219
山西	7482	764	1457	1135	1489	2641
内蒙古	29699	3383	8392	5719	11916	292
辽宁	6614	582	1218	893	2033	1887
吉林	9533	2255	1619	14	3933	1714
黑龙江	3795	618	471		1629	1080
上海	987				100	887
江苏	13063	514	1003	740	1575	9231
浙江	24601	348	5194	637	10571	7851
安徽	30010	5305	6491	910	7945	9361
福建	29436	3280	6888	2717	9053	7499
江西	32174	4362	4760	1350	9716	11985
山东	22400	2282	3679	323	3474	12642
河南	26637	6882	5833	837	4362	8727
湖北	35653	5803	10372	832	14829	3817
湖南	45974	8922	4504	3711	15311	13530
广东	418		68	33	203	114
广西	32645	6413	13915	2085	9019	1216
海南	4682				4637	45
重庆	15110	2752	3430	1194	5430	2306

续表

	财政性资金投资合计	中央预算资金	省级预算资金	地级预算资金	县级预算资金	镇(乡)本级预算资金
四川	55380	22150	6824	1228	21220	3964
贵州	37702	10730	5075	3335	10503	8061
云南	41345	13294	10878	4386	9101	3686
陕西	3808	3170	2	77	343	217
甘肃	30556	18151	4247	1403	5140	1628
青海	11420	5428	3281	216	591	1910
宁夏	13674	6512	5905	388	644	225
新疆	75447	29006	22084	2423	17984	3960

【2015 年镇乡级特殊区域市政公用设施水平分省数据】 2015 年镇乡级特殊区域市政公用设施水平分省数据见表 24。

2015 年镇乡级特殊区域市政公用设施水平分省数据　　表 24

地区名称	人口密度（人/平方千米）	人均日生活用水量（升）	用水普及率（%）	燃气普及率（%）	人均道路面积（平方米）	排水管道暗渠密度（千米/平方千米）
上年	3661	82.76	86.95	50.29	15.95	5.25
全国	3906	82.80	89.86	52.32	16.29	6.00
河北	2882	65.33	78.13	48.35	15.10	3.76
山西	4319	90.51	86.39	1.33	9.81	2.59
内蒙古	1821	64.81	60.42	9.94	17.73	2.30
辽宁	3899	107.09	76.87	26.66	15.42	4.51
吉林	4222	89.73	66.90	4.32	12.86	1.82
黑龙江	4267	73.87	96.86	48.47	13.95	6.45
上海	2992	84.83	100.00	100.06	27.31	6.06
江苏	4789	112.10	97.64	87.19	16.20	10.02
浙江	4622	95.96	31.62	26.22	18.14	8.48
安徽	4948	89.86	82.65	41.28	13.85	9.70
福建	5943	79.55	68.07	65.25	19.86	6.43
江西	4436	82.33	55.56	49.88	8.36	4.74
山东	2548	52.85	94.88	88.47	129.53	28.79
河南	5453	51.08	34.80		10.70	1.45
湖北	3722	104.73	90.99	60.34	15.51	6.73
湖南	5212	96.77	69.44	36.17	12.06	5.64
广东	2312	126.11	92.32	61.56	16.01	3.47
广西	6126	109.21	96.50	80.16	16.37	22.77
海南	3772	121.43	84.03	75.38	12.38	4.01
云南	3582	92.33	82.14	19.50	17.18	2.08
甘肃	3604	100.32	99.77	57.80	17.92	7.50
宁夏	3915	87.12	65.65	25.66	13.87	3.65
新疆	3075	75.99	83.45	27.89	22.69	1.66
新疆兵团	3539	87.43	87.25	46.34	11.92	3.28

续表

地区名称	污水处理率(%)	污水处理厂集中处理率	人均公园绿地面积(平方米)	绿化覆盖率(%)	绿地率(%)	生活垃圾处理率(%)	无害化处理率
上年			3.15	24.33	12.35		
全国	40.75	29.25	3.03	24.32	13.84	50.4	13.96
河北	0.12	0.12	0.04	4.2	1.24	4.53	
山西			0.80	19.81	10.54		
内蒙古			0.25	9.37	3.46	40.78	
辽宁	42.86	28.57	0.37	6.76	2.89	47.51	
吉林			0.43	8.61	2.37	14.29	
黑龙江	62.09	60.67	3.77	32.54	18.64	25.16	1.23
上海	100.00	62.86	2.06	15.37	11.91	100	100
江苏	37.28	27.23	4.54	26.75	21.66	99.33	30.87
浙江	21.63	21.48		10.26	5.45	78.38	
安徽	3.04	3.04	2.71	19.98	9.68	63.64	27.92
福建	11.17	6.77	3.95	22.86	17.02	97.81	22.4
江西			1.44	8.96	6.29	83.33	9.8
山东	81.40	65.44	17.02	16.91	13.75	98.63	98.63
河南			3.19	21.55	2.09	85	
湖北	2.37	2.17	0.83	20.27	9.66	91.57	9.58
湖南	10.13		1.52	31.4	19.6	72.97	5.41
广东	1.83	1.83	0.83	35.71	2.11	100	94.36
广西			0.29	19.24	8.75	78.57	
海南	10.56	10.47	2.31	18.32	11.72	90.28	2.49
云南			0.84	2.37	1.22	73.61	
甘肃	100.00	100.00		29.79	19.08	50	
宁夏	8.01	5.45	2.85	15.01	5.19	37.93	
新疆	4.34	1.45	1.85	16.58	11.8	56.68	
新疆兵团	24.75	19.63	0.61	10.11	4.69	56.52	

【2015 年镇乡级特殊区域基本情况分省数据】 2015 年镇乡级特殊区域基本情况分省数据见表 25。

2015 年镇乡级特殊区域基本情况分省数据 **表 25**

地区名称	镇乡级特殊区域个数(个)	建成区面积(公顷)	建成区户籍人口(万人)	建成区暂住人口(万人)	规划建设管理					
					设有村镇建设管理机构的个数(个)	村镇建设管理人员(人)	专职人员	有总体规划的镇乡级特殊区域个数(个)	本年编制	本年规划编制投入(万元)
上年	679	105118	335.66	49.18	15	2284	1476	491	35	3220
全国	643	93627	318.31	47.43	524	2194	1424	479	32	1532
河北	29	2476	6.64	0.50	18	44	38	19	2	3
山西	3	175	0.68	0.08	2	2				
内蒙古	30	2210	3.50	0.53	22	2	40	26	5	274

续表

地区名称	镇乡级特殊区域个数（个）	建成区面积（公顷）	建成区户籍人口（万人）	建成区暂住人口（万人）	规划建设管理					
					设有村镇建设管理机构的个数（个）	村镇建设管理人员（人）	专职人员	有总体规划的镇乡级特殊区域个数（个）	本年编制	本年规划编制投入（万元）
辽宁	29	1453	5.50	0.17	28	44	31	20	1	1
吉林	8	494	1.80	0.28	8	11	10	5		
黑龙江	181	46348	179.83	17.92	157	781	597	145	14	199
上海	3	6684	8.97	11.03	2	6	4	3	1	35
江苏	10	1121	4.66	0.71	7	19	12	9		
浙江	3	479	0.68	1.53	2	12	1	3		
安徽	25	2472	11.37	0.86	20	245	139	19	1	75
福建	9	792	2.56	2.15	8	13	8	9		100
江西	34	2539	10.50	0.77	31	131	57	26	2	18
山东	4	1633	3.50	0.66	4	17	13	4	1	25
河南	5	316	1.52	0.20	5	16	11	4		
湖北	37	3790	12.75	1.35	35	199	106	35	1	114
湖南	28	700	3.50	0.14	20	45	26	15	1	89
广东	13	2151	4.79	0.18	10	36	14	7		18
广西	4	149	0.84	0.07	4	6	1	3		12
海南	53	8792	28.70	4.47	40	204	82	33	1	380
云南	23	1217	3.94	0.42	15	76	65	10		
甘肃	2	24	0.09		2	3	2	1		
宁夏	18	1613	5.18	1.13	15	55	35	13	2	189
新疆	79	4617	12.52	1.68	60	127	84	60		
新疆兵团	13	1384	4.30	0.60	9	50	48	10		

【2015 年镇乡级特殊区域建设投资分省数据】 2015 年镇乡级特殊区域建设投资分省数据见表 26。

2015 年镇乡级特殊区域建设投资分省数据 **表 26**

计量单位：万元

地区名称	合计	房屋				
		小计	房地产开发	住宅	公共建筑	生产性建筑
上年	1708460	1305792	527861	938874	82842	284076
全国	1291073	1001668	335134	686384	62321	252963
河北	25781	20797		10806	1067	8924
山西	254	223		117	56	50
内蒙古	21580	10923	2400	5292	3284	2.47
辽宁	14466	10998	730	8649	144	2205
吉林	1211	1021		331	690	
黑龙江	493189	347232	191062	323109	14888	9235
上海	357241	334227	98420	165219	5990	163018

续表

地区名称	合计	房屋				
		小计	房地产开发	住宅	公共建筑	生产性建筑
江苏	11293	8292	840	4899	60	3333
浙江	559	232		232		
安徽	21250	17797	1600	14082	1422	2293
福建	12980	9027		5085	1590	2352
江西	19813	13427	900	5137	2576	5714
山东	58396	53291	11250	15750	4763	32778
河南	1111	788		677	60	51
湖北	51885	39149	4343	27907	5936	5306
湖南	10315	7764	150	4490	2167	1107
广东	19595	7187		5260	1014	913
广西	14227	5438	90	474	174	4790
海南	66451	47026	5016	37530	7649	1847
云南	2652	1611		1262	200	149
甘肃	23					
宁夏	24572	20995	15151	19999	928	68
新疆	31692	24832	3182	18561	5399	872
新疆兵团	30537	19391		11516	2264	5611

地区名称	市政公用投资										
	小计	供水	燃气	集中供热	道路桥梁	排水	污水处理	园林绿化	环境卫生	垃圾处理	其他
上年	402668	52840	9121	62018	123222	36673	7953	46092	20684	6493	52018
全国	289405	25469	3331	48299	82330	32244	14369	26006	21212	7709	50514
河北	4984	1494	9	461	1976	166		296	525	290	57
山西	31							20	11	5	
内蒙古	10657	800		594	6094	511	300	1593	527	389	538
辽宁	3468	149	5	1112	1044	54		187	388	258	529
吉林	190	8		16	152			5	9		
黑龙江	145957	13716	300	44038	22716	22671	10953	10832	9929	2554	21755
上海	23014	166	771		11686	1503	120	5138	2250	1000	1500
江苏	3001	801	15		1295	70	50	205	235	120	380
浙江	327				203	2		16	91	14	15
安徽	3453	759	270		1047	244	20	603	308	135	222
福建	3953	265	4		2438	446	80	367	266	138	167
江西	6386	618	1		2937	280	70	1531	570	270	449
山东	5105	185	45	20	2116	182	87	532	1140	810	885
河南	323	55			188	5		21	54	19	
湖北	12736	778	70		7377	664	233	884	1316	416	1647
湖南	2551	536			919	179	10	258	312	102	347

续表

地区名称	市政公用投资										
	小计	供水	燃气	集中供热	道路桥梁	排水	污水处理	园林绿化	环境卫生	垃圾处理	其他
广东	12408	189	3		447	1358	522	496	278	163	9637
广西	8789	617			6256	1785	1732	13	78	34	40
海南	19425	1557	736		2993	917	136	1453	1371	414	10398
云南	1041	21			821	54		25	26	26	94
甘肃	23	1		1				5	16	12	
宁夏	3577	626	102	332	1309	442	32	109	477	264	180
新疆	6860	1204		510	2258	365	24	796	945	258	782
新疆兵团	11146	924	1000	1215	6058	346		621	90	18	892

【2015年镇乡级特殊区域建设财政性资金投资分省数据】 2015年镇乡级特殊区域建设财政性资金投资分省数据见表27。

2015年镇乡级特殊区域建设财政性资金投资分省数据 **表27**

计量单位：万元

地区名称	财政性资金投资合计	中央预算资金	省级预算资金	地级预算资金	县级预算资金	镇(乡)本级预算资金
上年	302878	74603	20464	3348	42676	161787
全国	191453	48785	12185	1930	17833	110722
河北	2652	1473	363	2	15.05	103
山西						
内蒙古	1884	582	560	78	154	509
辽宁	1611	83	641	50	79	759
吉林	33			33		2.47
黑龙江	100853	26723	1057		6919	66158
上海	6595			100		6495
江苏	4346					4346
浙江						
安徽	6329	1850	580	423	816	2660
福建	4866	15	81	30	3330	1410
江西	4760	586	1188	20	33	2933
山东	3776				100	3676
河南						
湖北	2607	38		224	891	1453
湖南	556		100		88	368
广东	246	201	4		5	36
广西	9259	3	3	28	244	8982
海南	15496	2739	3257	222	3858	5420
云南	709	451	256			2
甘肃	6				4	2
宁夏	1130	186	509	300	15	120
新疆	9910	3662	3586	420	586	1654
新疆兵团	13829	10193				3636

【2015 年村庄人口及面积分省数据】 2015 年 村庄人口及面积分省数据见表 28。

2015 年村庄人口及面积分省数据 **表 28**

地区名称	村庄现状用地面积(公顷)	行政村个数(个)	自然村个数(个)	村庄户籍人口(万人)	村庄暂住人口(万人)
上年	13941179	546699	2701828	76292.90	2807.29
全国	14013369	542080	2644620	76461.46	2763.13
北京	93619	3726	4950	332.76	213.89
天津	59597	2960	2973	243.52	26.64
河北	877405	42258	62590	4372.81	47.09
山西	380304	27469	45125	1950.37	54.02
内蒙古	290966	10904	44924	1325.50	53.04
辽宁	463788	10500	48474	1748.09	33.35
吉林	396234	9029	38240	1342.58	31.78
黑龙江	486609	9113	35206	1696.77	32.94
上海	88227	1568	24461	281.84	304.30
江苏	716408	14220	134468	3459.67	303.19
浙江	370881	22565	87403	2155.35	367.43
安徽	666738	14284	194615	4397.00	56.25
福建	261709	12875	65651	1876.32	105.48
江西	490712	16782	165107	2988.02	58.07
山东	1106813	64361	87945	5119.62	114.32
河南	992905	45998	187482	6572.13	84.76
湖北	531956	24635	144878	3325.47	51.93
湖南	935374	38380	140416	4368.31	76.55
广东	912100	18113	153638	4522.04	396.21
广西	527872	14311	180832	3998.49	38.84
海南	119173	3543	19799	534.29	17.12
重庆	223172	8550	64597	2000.08	35.58
四川	869411	44988	301436	5826.29	75.58
贵州	434764	14724	78682	2725.93	31.66
云南	527326	13407	136826	3377.14	50.30
陕西	373968	19839	71271	2149.38	29.38
甘肃	348828	16087	85931	1865.97	18.53
青海	56867	4142	7167	361.13	8.15
宁夏	69022	2336	12696	388.04	11.07
新疆	315760	8680	15025	1067.92	25.28
新疆兵团	24859	1733	1812	88.63	10.40

【2015 年村庄建设投资分省数据】 2015 年村 庄建设投资分省数据见表 29。

2015 年村庄建设投资分省数据 **表 29**

计量单位：万元

地区名称	合计	房屋				
		小计		住宅	公共建筑	生产性建筑
			房地产开发			
上年	80876049	63803546	3625179	50202794	4713114	8887638
全国	82033639	62844062	3364497	50586604	5304320	6953138
北京	1574171	840430	422635	736182	64644	39604
天津	307657	190899	62420	147281	17536	26082
河北	2200605	1774991	110036	1333520	124886	316585
山西	1335469	1087064	16401	763202	206236	117626
内蒙古	2228046	1218742	1403	973002	142064	103676
辽宁	769283	398753	34034	268325	39321	91107
吉林	609924	407624	4340	315848	26005	65771
黑龙江	1154793	900360		830558	16803	52999
上海	457017	246747		171874	15753	59120
江苏	4767321	3162886	267799	1803437	292474	1066975
浙江	4965252	3340362	286443	2426161	315355	598846
安徽	3183588	2419845	192232	1951487	227879	240479
福建	2918939	2402180	175119	1454260	572522	375398
江西	3559384	3038489	30530	2692817	181282	164390
山东	8379542	6049097	670759	3963395	838753	1246949
河南	2998255	2470615	67980	1978397	193521	298697
湖北	4438818	3440467	46777	2944969	160456	335042
湖南	3637601	2956938	54011	2352754	300931	303253
广东	4371120	3624923	330609	2861858	226183	536882
广西	3806940	3407919	16230	3220097	125959	61863
海南	683788	531208	9765	482374	29369	19465
重庆	1398432	951104	7241	840019	59581	51504
四川	5398549	3968492	56216	3670507	164207	133778
贵州	3492032	2612947	101229	2161767	253924	197256
云南	6341567	5452143	70144	5072375	261973	117795
陕西	1828821	1434818	64684	1235383	108399	91036
甘肃	2146833	1827529	153705	1572080	131659	123790
青海	690182	618502	5612	540374	47895	30233
宁夏	537351	444716	69647	374539	32694	37483
新疆	1657550	1481541	12399	1346306	112123	23112
新疆兵团	194809	141731	24097	101456	13933	26342

地区名称	市政公用设施										其他
	小计	供水	燃气	集中供热	道路桥梁	排水		园林绿化	环境卫生		
							污水处理			垃圾处理	
上年	17072503	2378715	365672	177164	8085638	1803375	637741	1267646	1699539	631980	1294754
全国	19189577	2588845	445510	173078	8777837	2156382	936007	1622655	2056847	883774	1368423
北京	733741	22385	20910	5365	66728	73273	4000	414635	108440	23985	22005

续表

地区名称	市政公用设施										
	小计	供水	燃气	集中供热	道路桥梁	排水	污水处理	园林绿化	环境卫生	垃圾处理	其他
天津	116758	8667	1396	5468	31796	11491	2091	13608	35013	10942	9319
河北	425614	57049	10191	7511	171236	70034	5583	29611	66842	40560	13140
山西	248405	26913	20530	19912	76568	15820	304	38906	39920	13799	9836
内蒙古	1009304	104528	850	16213	670037	16653	315	44702	97335	38743	58986
辽宁	370530	49808	16856	5330	197167	20538	3404	14761	47935	23269	18135
吉林	202300	34545	1128	6682	119445	10243	867	5871	17008	6449	7378
黑龙江	254433	31085	15	3963	138756	14975	2073	9594	18441	1810	37604
上海	210270	19431	1268		83296	20396	11567	23013	19509	5299	43357
江苏	1604435	265116	19645		588120	194148	88938	173548	250621	86363	113237
浙江	1624890	176196	19100		374207	683824	550709	118069	155743	70465	97751
安徽	763743	121270	15626		350583	87251	23999	55733	73015	35836	60265
福建	516759	72685	5665		241258	57597	22663	46275	66210	36674	27069
江西	520895	79604	2678		235154	53926	7461	37632	55557	28514	56344
山东	2330445	298503	99460	85793	840070	205744	54232	238591	366350	170082	195934
河南	527640	123390	4318	3210	260994	42823	7601	26449	39825	13747	26631
湖北	998351	116176	13381		611596	83862	12334	47465	59358	24650	66513
湖南	680663	135785	5348		322357	50491	6517	39897	72114	34798	54671
广东	746197	86226	13558		349092	82902	39060	54844	119451	62215	40124
广西	399021	53800	3577		227791	34539	13138	11870	50125	30863	17319
海南	152580	20708	2975		80286	9458	766	12683	20614	8188	5856
重庆	447328	75274	20575		248890	31405	7633	13127	30994	14925	27063
四川	1430057	171074	103260		780290	98634	28758	58157	92828	39373	125814
贵州	879085	110901	9657	105	576856	42652	9676	26086	24097	11317	88731
云南	889424	120259	5021		569708	64918	22406	16759	38067	18684	74692
陕西	394003	62269	7481	2957	188117	34142	3547	25770	49339	12705	23928
甘肃	319304	75361	15447	1121	168156	18234	724	5877	15388	6876	19720
青海	71680	15031	160	857	38979	5565	46	1069	3837	1628	6182
宁夏	92635	15577	938	878	44242	9798	2053	6306	7308	3639	7588
新疆	176009	34530	1935	3468	100917	8240	3152	7985	10632	5108	8302
新疆兵团	53078	4699	2561	4245	25145	2806	390	3762	4931	2268	4929

【2015 年村庄建设财政性资金投资分省数据】 2015 年村庄建设财政性资金投资分省数据见表 30。

2015 年乡建设财政性资金投资分省数据 **表 30**

计量单位：万元

地区名称	财政性资金投资合计	中央预算资金	省级预算资金	地级预算资金	县级预算资金	镇(乡)本级预算资金
上年	8819012	1685730	1355879	634944	2221266	2921193
全国	10982890	2589128	1901869	884432	2756361	2851100
北京	121993	51	10033	5166	76633	30110

续表

地区名称	财政性资金投资合计	中央预算资金	省级预算资金	地级预算资金	县级预算资金	镇(乡)本级预算资金
天津	66134	245	6963	1037	14777	43112
河北	125283	42215	35158	7466	29766	10678
山西	54541	15768	16132	7340	11999	3302
内蒙古	507111	146831	170413	72059	110665	7143
辽宁	178943	22524	54085	34627	34404	33303
吉林	116335	38257	37699	4474	18037	17868
黑龙江	139546	86334	20121		12165	20926
上海	224598	1563	18223	17251	80468	107093
江苏	1146905	15496	55720	19830	365372	690487
浙江	721049	11315	79425	32631	283979	313699
安徽	400125	80331	66620	40426	101693	111055
福建	354737	33414	47862	74660	85924	112877
江西	238476	75150	46772	22681	43489	50384
山东	1216002	38197	97137	56944	386680	637044
河南	118432	54258	20276	8295	14910	20693
湖北	227829	45599	28637	13336	86706	53551
湖南	162317	35432	18193	17159	46832	44701
广东	345458	17850	57132	57329	74311	138836
广西	679831	232534	256543	63781	107349	19624
海南	131469	16379	19068	10810	70207	15005
重庆	302451	77030	69070	42883	72913	40555
四川	537810	128241	69360	55136	228520	56553
贵州	355033	105951	48101	18923	102135	79923
云南	946284	594370	160350	49006	104232	38326
陕西	182462	51036	31396	29371	49481	21178
甘肃	274394	138925	64823	21594	43915	5137
青海	263517	86691	97041	5294	20536	53955
宁夏	192416	54136	47139	77256	9060	4825
新疆	589143	311344	150112	13226	62495	51966
新疆兵团	62266	31661	2265	4441	6708	17191

2015 年建筑业发展统计分析

2015 年全国建筑业基本情况

2015 年，面对国内经济下行压力加大、投资增长乏力的复杂局面，建筑业深入贯彻落实党的十八大和十八届三中、四中、五中全会精神，全面深化改革，加快转型升级，积极推进建筑产业现代化，攻坚克难，开拓进取，整体发展稳中有进。全国建筑业企业(指具有资质等级的总承包和专业承包建筑业企业，不含劳务分包建筑业企业，下同)完成建筑业总产值 180757.47 亿元，增长 2.29%；完成竣工产值 110115.93 亿元，增长 9.33%；房屋施工面积达到 124.26 亿平方米，下降 0.58%；房屋竣工面积达到 42.08 亿平方米，下降 0.60%；签订合同额 338001.42 亿元，增长 4.48%；实现利润 6508 亿元，增长 1.57%。截至 2015 年底，全国有施工活动的建筑业企业 80911 个，减少 0.28%；从业人数 5003.40 万人，增长 10.28%；按建筑业总产值计算的劳动生产率为 323733 元/人，增长 1.92%。

【建筑业增加值增速略低于国内生产总值增速 支柱产业地位稳固】 经初步核算，2015 年全年国内生产总值 676708 亿元，比上年增长 6.9%。全年全社会建筑业实现增加值 46456 亿元，比上年增长 6.8%，增速低于国内生产总值增速 0.1 个百分点，自 2009 年以来首次低于国内生产总值增速(见图 5)。

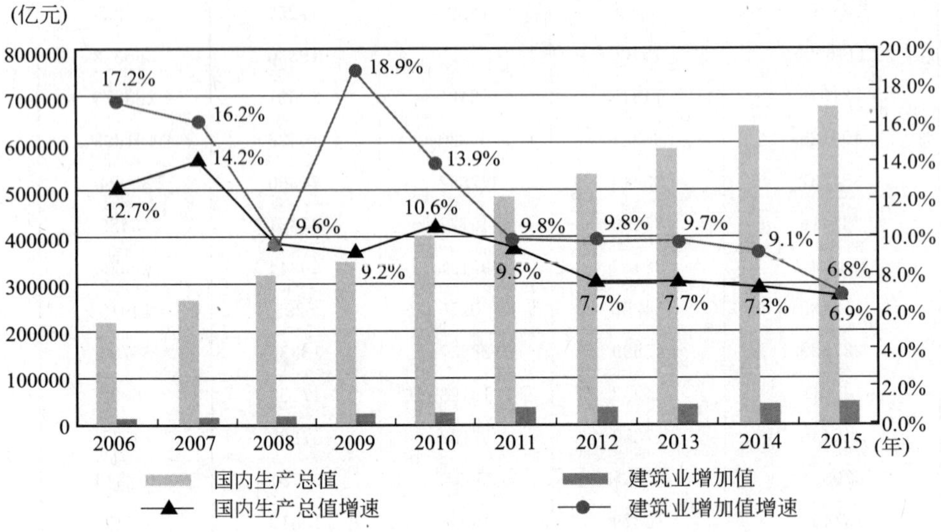

图 5　2006-2015 年国内生产总值、建筑业增加值及增速

2006 年以来，建筑业增加值占国内生产总值的比重始终保持在 5.7%以上。2015 年虽然比上年回落了 0.22 个百分点，但仍然达到了 6.86%的高点，与 2013 年持平(见图 6)，建筑业的国民经济支柱产业地位稳固。

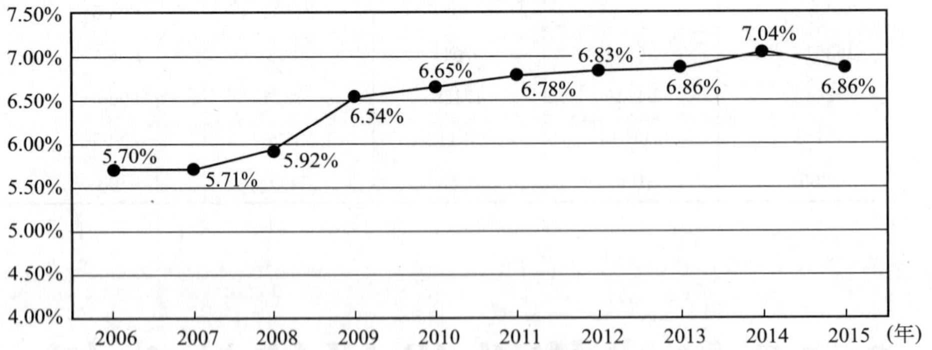

图 6　2006-2015 年建筑业增加值占国内生产总值比重

【建筑业固定资产投资增速出现较大幅度下降 总产值增速持续放缓】 2015 年，全社会固定资产投资(不含农户，下同)551590 亿元，比上年增长 10.0%，增速连续 6 年下降(见图 7)。建筑业固定资产投资 4895 亿元，比上年增长 10.20%，占全社会固定资产投资的 0.89%。建筑业固定资产投资增速出现较大幅度的下降，2015 年比上年下降了 15.60 个百分点(见图 8)。

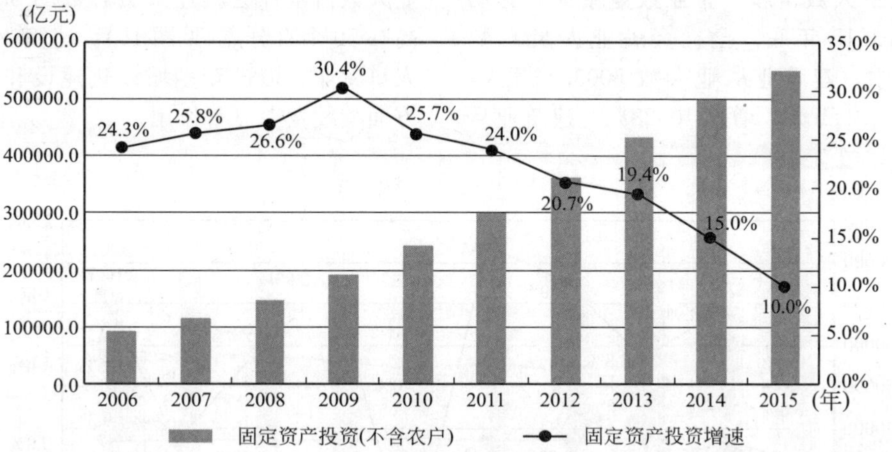

图 7 2006-2015 年全社会固定资产投资(不含农户)及增速

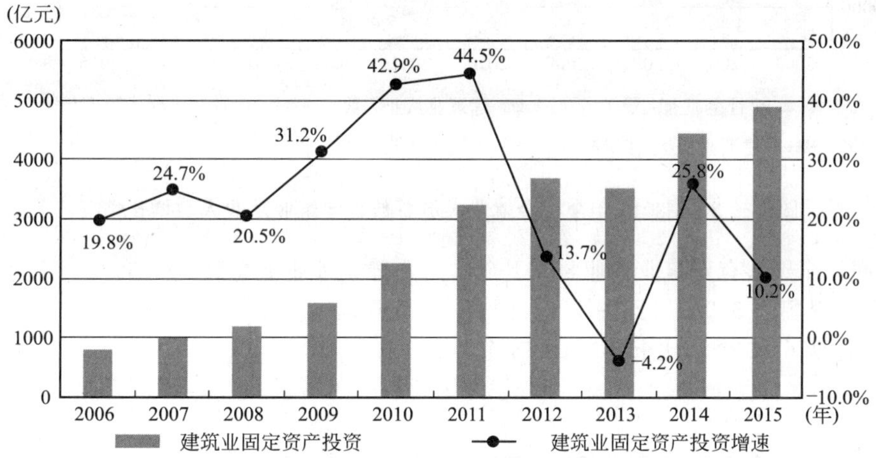

图 8 2006-2015 年建筑业固定资产投资及增速

2006 年以来，随着我国建筑业企业生产和经营规模的不断扩大，建筑业总产值持续增长，2015 年达到 180757.47 亿元。但建筑业总产值在经过 2006 年至 2011 年连续 6 年超过 20%的高速增长后，增速持续下降。2015 年增速仅为 2.3%，下行趋势显著（见图 9）。

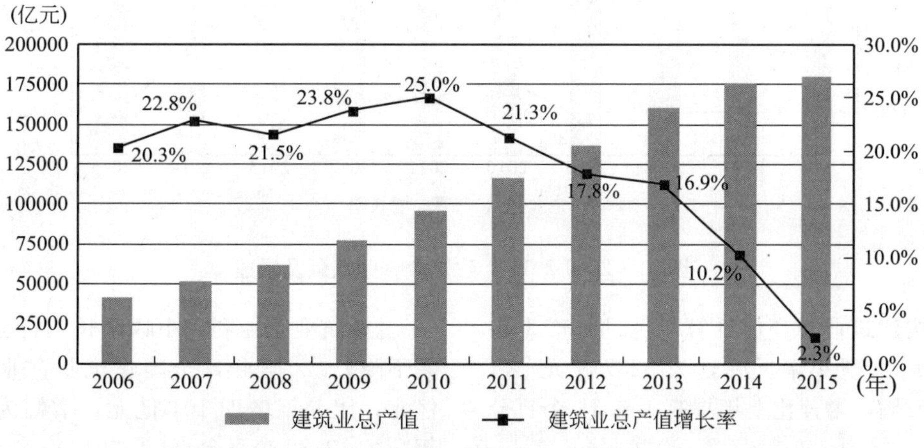

图 9 2006-2015 年全国建筑业总产值及增速

【建筑业从业人数增加　企业数量减少　劳动生产率反弹】 2015 年底，全社会就业人员总数 77451 万人，其中，建筑业从业人数 5003.4 万人，比上年末增加 466.4 万人，增长 10.28%。建筑业从业人数占全社会就业人员总数的 6.46%，比上年提高 0.59 个百分点(见图 10)。建筑业在吸纳农村转移人口就业、推进新型城镇化建设和维护社会稳定等方面继续发挥显著作用。

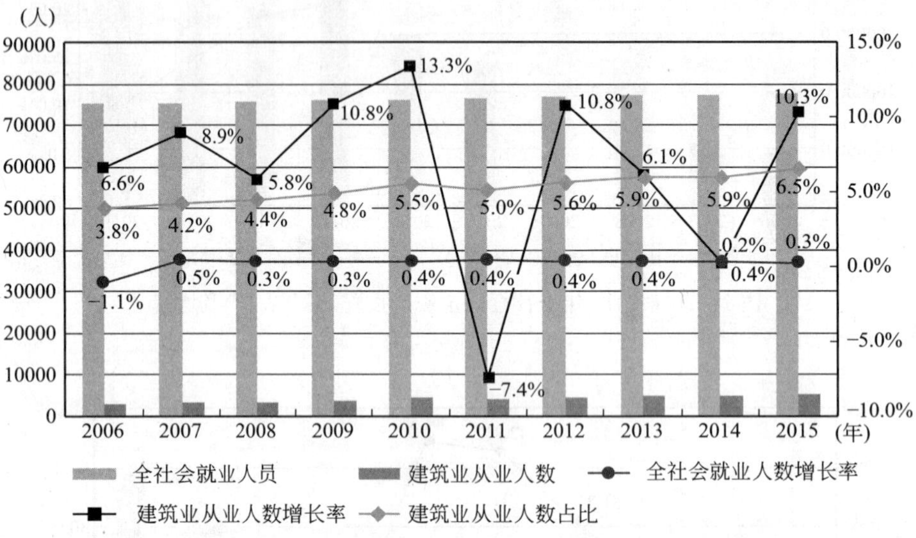

图 10　2006-2015 年全社会就业人员总数、建筑业从业人数增长情况

截至 2015 年底，全国共有建筑业企业 80911 个，比上年减少 230 个，降幅为 0.28%(见图 11)。国有及国有控股建筑业企业 6789 个，比上年减少 68 个，占建筑业企业总数的 8.39%，比上年下降了 0.06 个百分点。

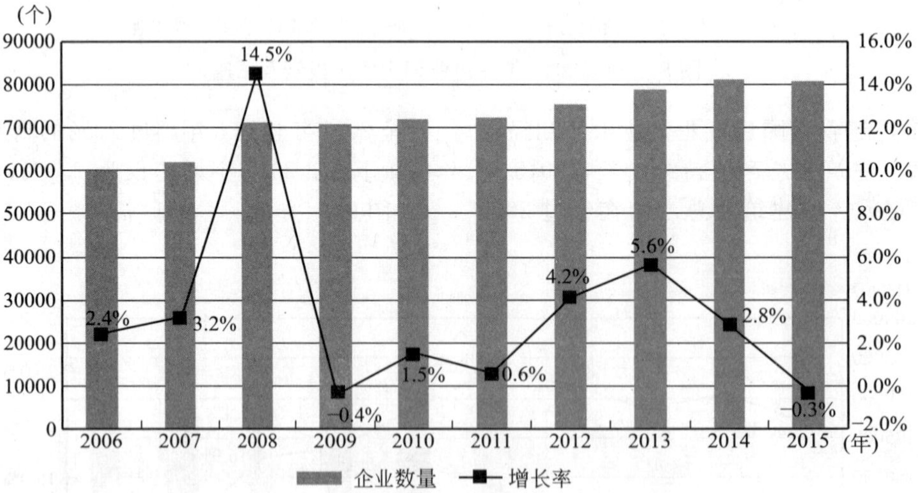

图 11　2006-2015 年建筑业企业数量及增速

2015 年，按建筑业总产值计算的劳动生产率在连续两年下滑后出现小幅反弹，为 323733 元/人，比上年增长 1.92%，增速比上年提高了 4.14 个百分点(见图 12)。

【建筑业企业利润小幅增长　行业产值利润率小幅下降】 2015 年，全国建筑业企业实现利润 6508 亿元，比上年增加 101 亿元，增幅为 1.57%，比上年减少 13.35 个百分点(见图 13)。

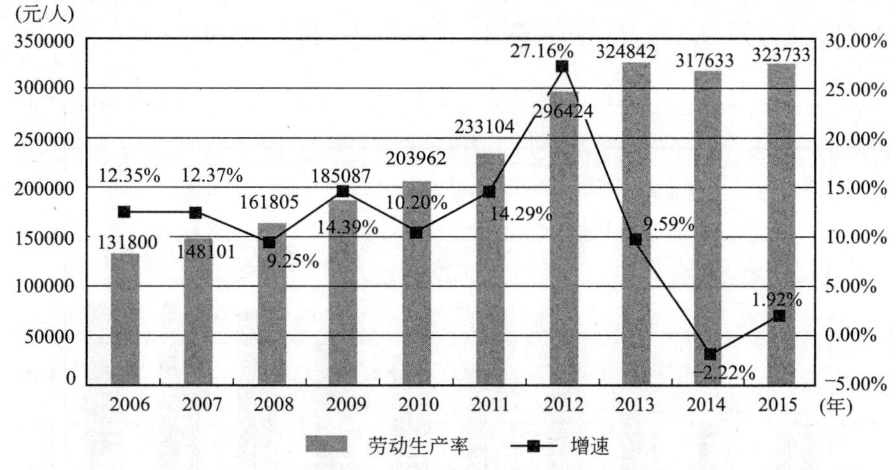

图 12　2006-2015 年按建筑业总产值计算的建筑业劳动生产率及增速

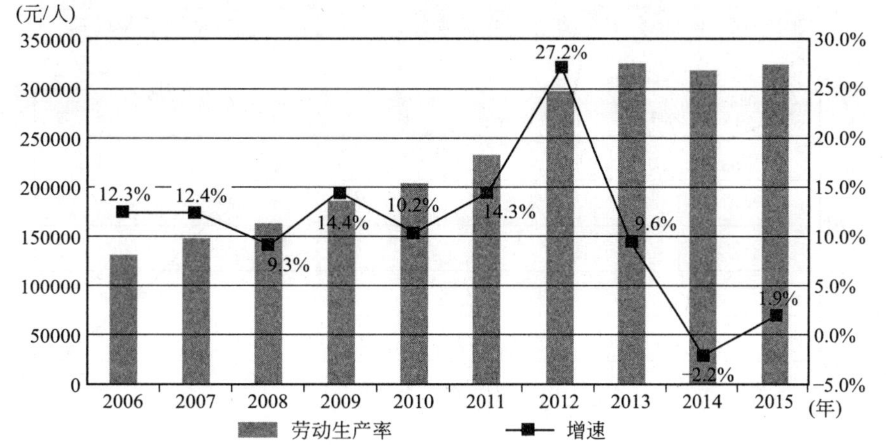

图 13　2006-2015 年全国建筑业企业利润总额及增速

近 10 年来，建筑业产值利润率(利润总额与总产值之比)一直曲折徘徊在 3.5%左右。2015 年，建筑业产值利润率在上年出现较大幅度上升的基础上小幅下降，达到 3.60%，比上年降低了 0.03 个百分点(见图 14)。

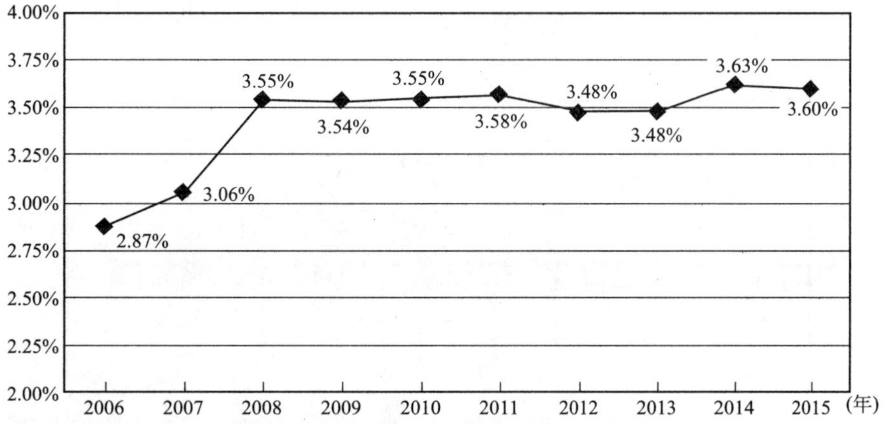

图 14　2006-2015 年建筑业产值利润率

【建筑业企业签订合同总额增速下降　新签合同额出现负增长】 2015 年，全国建筑业企业签订合同总额 338001.42 亿元，比上年增长 4.49%，增速连续 5 年下降。其中，本年新签合同额 184401.54 亿元，比上年下降 0.12%，增速较上年降低 5.71 个百分点(见图 15)。本年新签合同额占签订合同总额比例为 54.56%，比上年下降了 2.52 个百分点，连续两年呈下降态势(见图 16)。

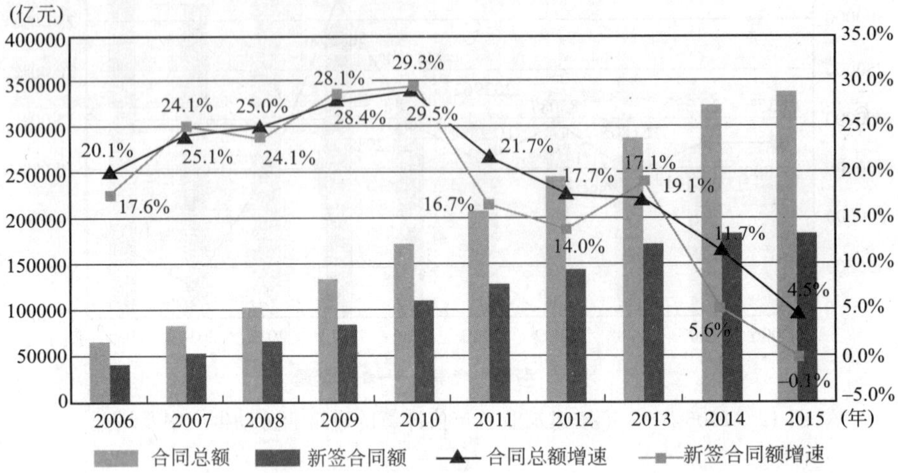

图 15　2006-2015 年全国建筑业企业签订合同总额、新签合同额及增速

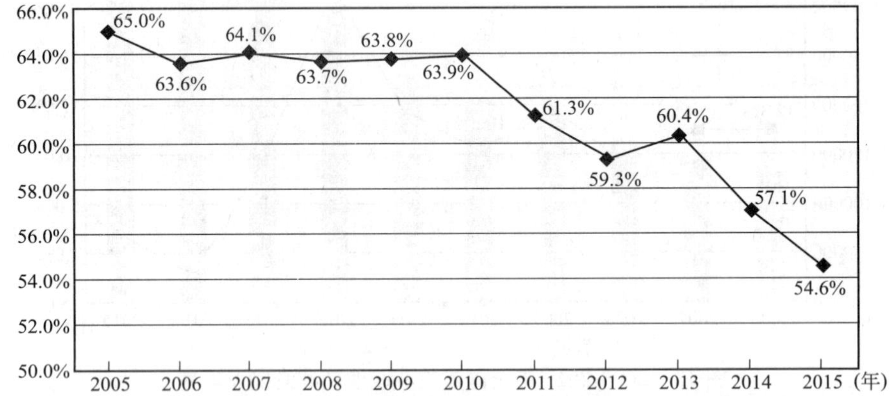

图 16　2006-2015 年全国建筑业企业新签合同额占合同总额比例

【房屋施工面积、竣工面积增速连续四年下降　住宅房屋占竣工面积近七成　实行投标承包工程所占比例下降】 2015 年，全国建筑业企业房屋施工面积 124.26 亿平方米，比上年降低 0.58%；竣工面积 42.08 亿平方米，比上年降低 0.61%。两项指标增速均连续 4 年下降(见图 17)。

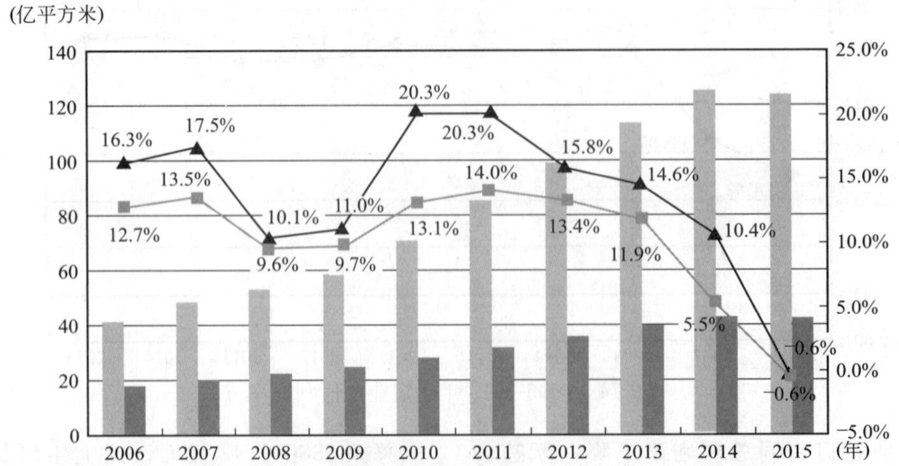

图 17　2006-2015 年建筑业企业房屋施工面积、竣工面积及增速

从全国建筑业企业房屋竣工面积构成情况看，住宅房屋竣工面积占绝大比重，为67.50%；厂房及建筑物竣工面积占12.49%；商业及服务用房屋竣工面积、办公用房屋竣工面积分别占6.83%和5.52%；其他种类房屋竣工面积占比均在5%以下(见图18)。

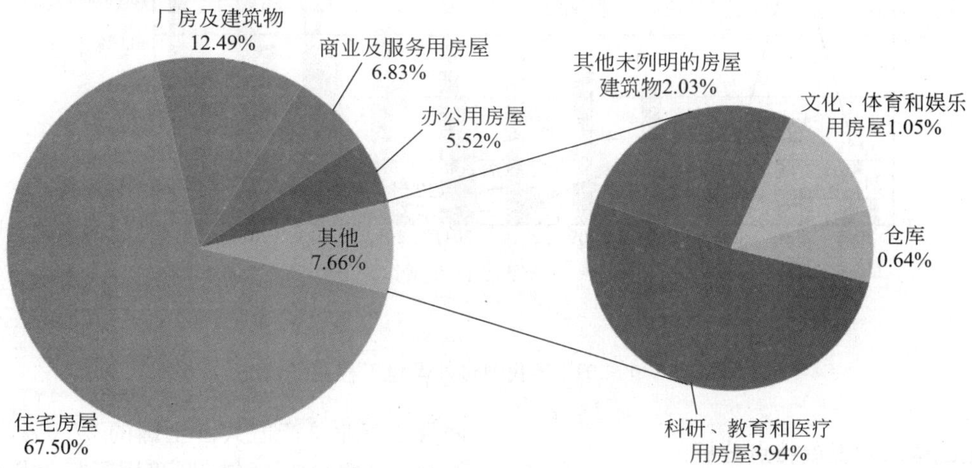

图18　2015年全国建筑业企业房屋竣工面积构成

全年房屋施工面积中，实行投标承包的房屋施工面积96.9亿平方米，占全国房屋施工总面积的比重为78.0%，比上年降低了2.5个百分点，在上年出现反弹的情况下再次下降(见图19)。

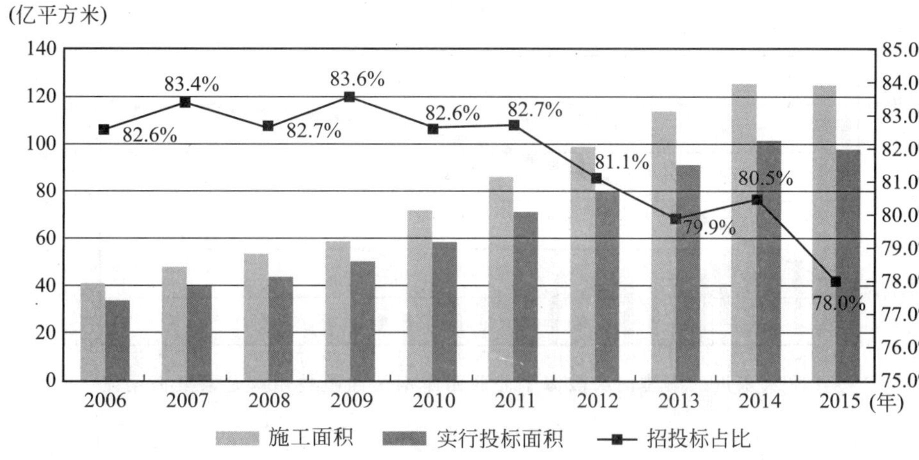

图19　2006-2015年房屋施工面积、实行投标承包面积及其占比

在城镇保障性安居工程方面，2015年，全国城镇保障性安居工程计划新开工740万套(其中各类棚改580万套)，基本建成480万套。截至12月底，已开工783万套，基本建成772万套，均超额完成年度目标任务，完成投资1.54万亿元。其中，棚改开工601万套，占年度目标任务的104%。

【对外承包工程完成营业额增速回升 新签合同额增速小幅下降　我国企业对外承包工程竞争力增强】 2015年，我国对外承包工程业务完成营业额1540.7亿美元，增长8.2%，增速比上年提高4.4个百分点。新签合同额2100.7亿美元，增长9.5%，增速较上年下降了2.2个百分点(见图20)。

2015年，我国对外劳务合作派出各类劳务人员53万人，较上年同期减少3.2万人，同比下降5.7%。其中承包工程项下派出25.3万人，劳务合作项下派出27.7万人。2015年末在外各类劳务人员102.7万人，较上年同期增加2.1万人。

(住房和城乡建设部计划财务与外事司　中国建筑业协会)

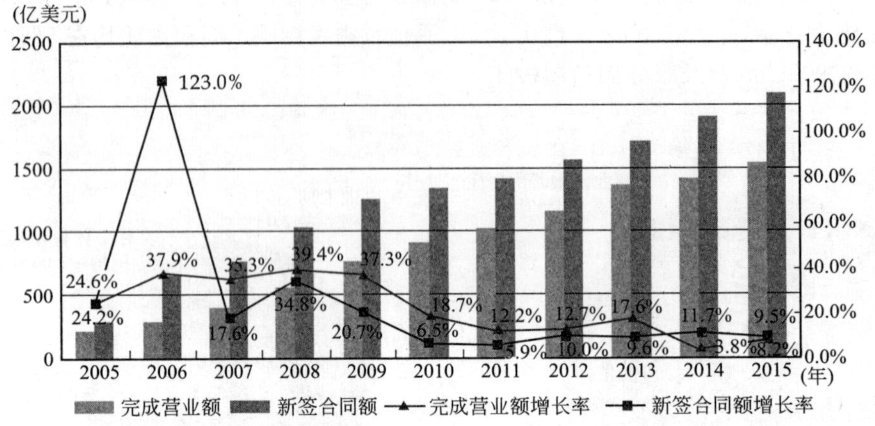

图 20　2006-2015 年我国对外承包工程业务情况

2015 年全国建筑业发展特点分析

【江、浙两省建筑业总产值雄踞行业龙头　西藏增速大幅提高】 2015 年，江苏、浙江两省依然领跑全国各地区建筑业，建筑业总产值继续双双超过 2 万亿元，分别达到 24785.81 亿元、23980.59 亿元，两省建筑业总产值共占全国的 27.0%，比上年提高了 0.3 个百分点，进一步巩固了行业龙头地位。

除江、浙两省外，总产值超过 7000 亿元的还有湖北、山东、广东、四川、北京、河南和福建 7 个地区，上述 9 省市完成的建筑业总产值占全国建筑业总产值的 61.1%，占比与上年相当(见图 21)。

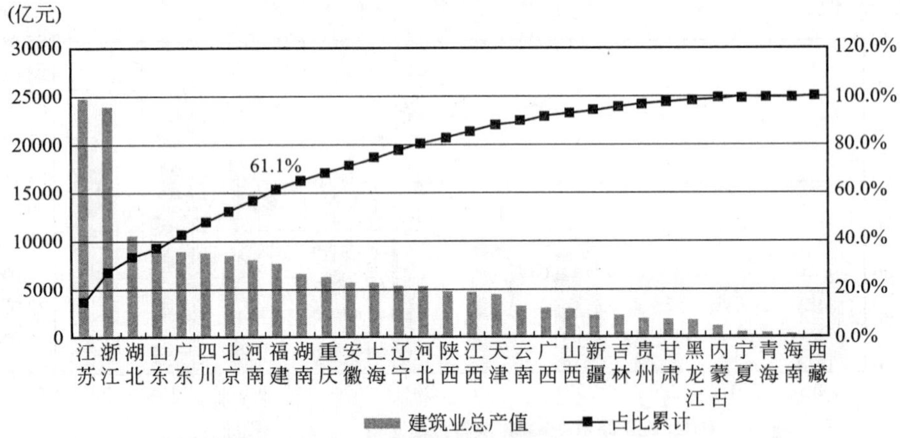

图 21　2015 年全国各地区建筑业总产值排序

从各地区建筑业总产值增长情况看，除西藏、云南、海南外，有 28 个地区增速不同幅度地低于上年，增速总体趋缓。西藏以 50.1%的增幅位居第一，远高于上年的－5.0%；贵州以 18.7%的增幅位居第二，比上年的 18.9%下降了 0.2 个百分点；福建以 13.7%的增幅位居第三，比上年的 22.5%下降了个 8.8 百分点。辽宁、黑龙江、内蒙古、宁夏、吉林、河北、山西、青海、新疆 9 个地区出现负增长，其中，辽宁、黑龙江出现了超出 20%的负增长(见图 22)。

【新签合同额增速大幅下降　半数地区出现负增长】 2015 年，全国建筑业企业新签合同额 184401.54 亿元，比上年下降 0.12%，增幅较上年降低了 5.71 个百分点。浙江、江苏两省建筑业企业新签合同额继续占据前两位，分别达到 21866.61 亿元、20769.00 亿元，占各自签订合同额总量的 55.43%、55.83%，但总量均为负增长，分别比上年降低了 2.22%和 5.44%。新签合同额超过 7000 亿元的还有湖北、北京、广东、四川、山东、河南、上海、福建和湖南等 9 个地区(见图 23)。新签合同额增速较快的地区是西藏、四川、贵州、湖北、陕西，分别增长 69.05%、18.87%、14.59%、13.54%、12.48%。有 15 个地区新签合同额出现负增长，其中辽宁、黑龙江负增长高达20%以上，宁夏、内蒙古、吉林负增长也超过了10%。

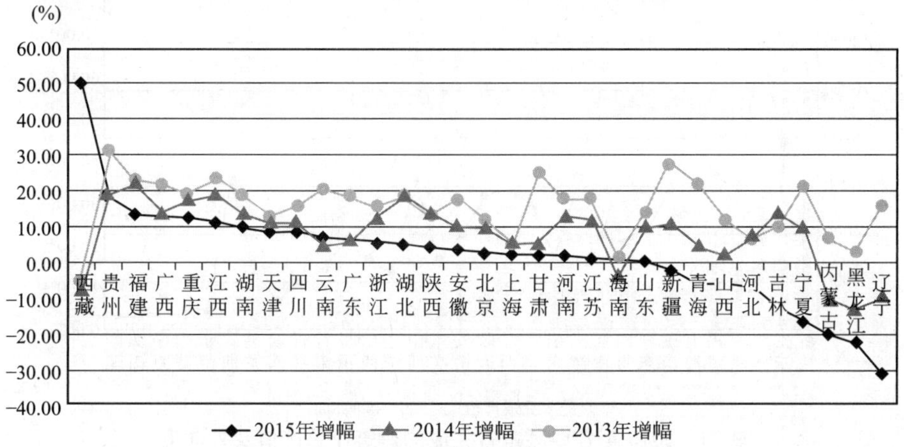

图22　2013～2015年各地区建筑业总产值增速

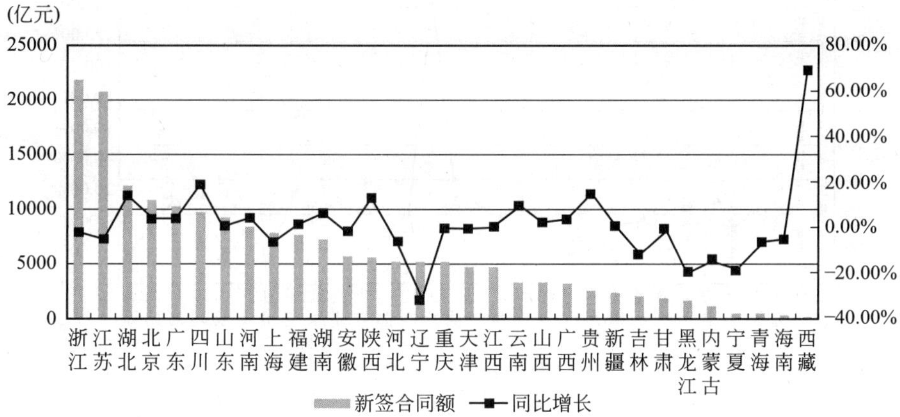

图23　2015年各地区建筑业企业新签合同额及增速

【各地区跨省完成建筑业产值持续增长但增速放缓　三分之一地区对外拓展能力下降】　2015年，各地区跨省完成的建筑业产值60203.54亿元，比上年增长5.1%，增速同比下降9个百分点。跨省完成建筑业产值占全国建筑业总产值的33.3%，比上年提高0.9个百分点。

跨省完成的建筑业产值排名前两位的仍然是浙江和江苏，分别为12204.7亿元、11004.84亿元。两省跨省产值之和占全部跨省产值的比重为38.6%。北京、湖北、福建、上海、湖南和广东6省市，跨省完成的建筑业产值均超过2000亿元。

从外向度(即本地区在外省完成的建筑业产值占本地区建筑业总产值的比例)来看，各地区外向度的排名总体格局未发生太大变化，但部分地区外向度数值波动较大。排在前三位的地区与上年相同，仍然是北京、浙江、上海，分别为68.01%、50.89%和47.82%。外向度超过30%的还有江苏、天津、福建、青海、山西、湖北、湖南、江西、陕西等9个省市。有10个地区的外向度出现下降，其中，内蒙古、西藏、海南3个省区的降幅超过80%，辽宁、黑龙江、吉林、河北、山东的降幅超过了40%(见图24)。

【多数地区从业人数增加　部分地区劳动生产率降低】　2015年，全国建筑业从业人数超过百万的地区共16个，比上年增加1个。浙江、江苏依然是从业人数大省，人数分别达到783.62万人、752.48万人。山东、福建、四川、湖北、河南、湖南等6省从业人数均超过200万人，分别为300.14万人、294.81万人、273.63万人、261.46万人、259.51万人、209.86万人。与上年相比，18个地区的从业人数增加，其中，增加人数最多的是浙江，增加58.02万人；13个地区的从业人数减少，其中，江苏、广东两省减少的人数均超过50万人。从业人数增幅最大的是天津，达到140.96%；降幅最大的是广东，下降了25.8%(见图25)。

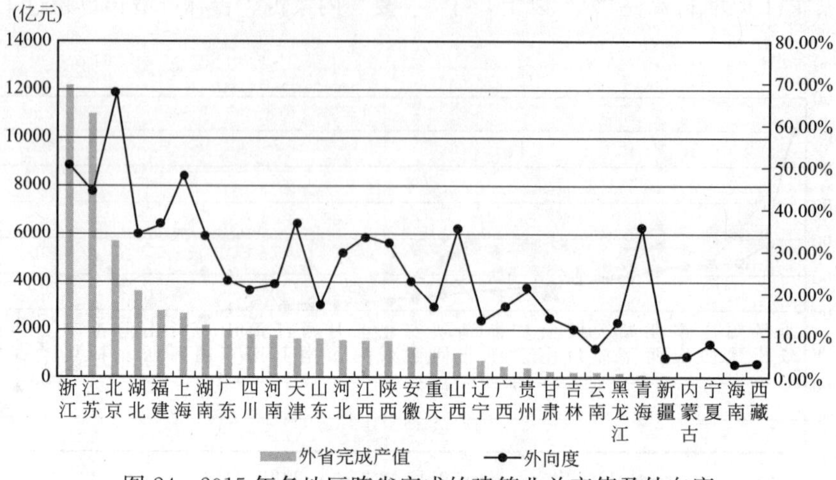

图 24 2015 年各地区跨省完成的建筑业总产值及外向度

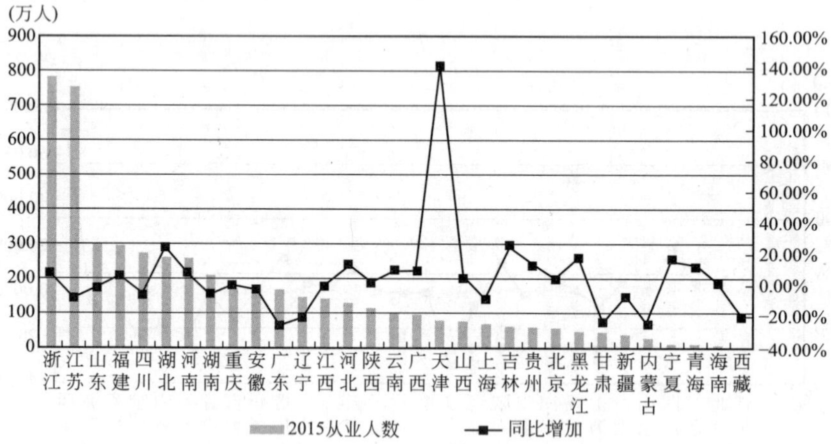

图 25 2015 年各地区建筑业从业人数及其增长情况

2015 年，按建筑业总产值计算的劳动生产率有 9 个地区有所降低，比上年减少了 10 个。劳动生产率排序前三位的地区与上年相同，仍然是北京、天津、湖北。北京自 2012 年来连续 4 年领跑全国，2015 年继续保持在第一位，劳动生产率为 519350 元/人，比上年增长 1.77%。天津排名第二，为 495814 元/人，比上年提高 21.86%。湖北排名第三，为 454961 元/人，比上年下降 6.67%(见图 26)。

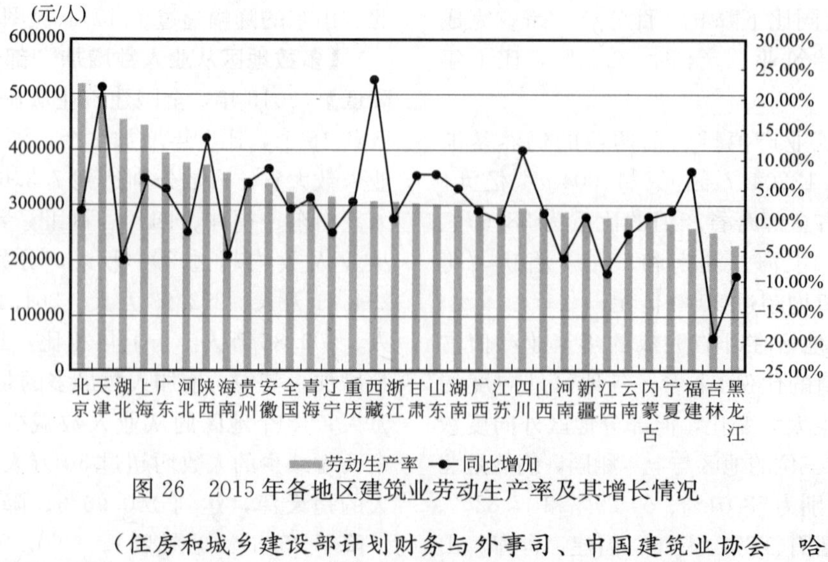

图 26 2015 年各地区建筑业劳动生产率及其增长情况

（住房和城乡建设部计划财务与外事司、中国建筑业协会 哈尔滨工业大学）

2015年建筑业特级、一级资质企业基本情况分析

住房和城乡建设部汇总的7815个特级、一级资质建筑业企业，2015年主要指标完成情况及其占全部资质以上企业的比重见表31。

特级、一级资质企业2014年主要指标完成情况及其占全部资质以上企业的比重　　表31

指标名称	全部资质以上企业			特级、一级资质企业			
	2015年指标值	比上年增长	增幅(%)	2015年指标值	比上年增长	增幅(%)	占全部资质以上企业的比重(%)
建筑业总产值(亿元)	180757.47	4044.05	2.29	107536	3176	3.04	59.49
房屋建筑施工面积(万平方米)	1242569.91	−7256.44	−0.58	813945	36233	4.66	65.50
房屋建筑竣工面积(万平方米)	420802.60	−2554.7	−0.61	240404	9790	4.25	57.13
新签工程承包合同额(亿元)	184401.54	−281.77	−0.15	117616	−4	0.00	63.78
营业收入(亿元)				98642	1998	2.07	
利润总额(亿元)	6508.00	100.87	1.57	3146	46	1.48	48.34
应收工程款(亿元)				22485	2747	13.92	

(一)按专业类别分析

【有8个类别的特级、一级施工总承包企业和21个类别的专业承包企业建筑业总产值呈现增长，4个类别的特级、一级施工总承包企业和27个类别的专业承包企业建筑业总产值呈现负增长】 2015年，12个类别5656家特级、一级施工总承包企业共完成建筑业总产值99487.66亿元。其中，建筑业总产值排在前四位的专业类别仍然是房屋建筑工程、公路工程、市政公用工程和铁路工程，分别达到67020.93亿元、7744.47亿元、7197.47亿元和6069.66亿元(见表32)。这4个专业类别特级、一级施工总承包企业完成的建筑业总产值之和占到所有12个类别特级、一级施工总承包企业建筑业总产值的比重为88.48%(见图27)。

2015年各类特级、一级施工总承包企业建筑总产值情况　　表32

专业分类	建筑业总产值(万元)		同比增长(%)
	2015年	2014年	
合　计	994876617	960952816	3.53
房屋建筑工程	670209322	648074987	3.42
公路工程	77444676	73800915	4.94
铁路工程	60696615	61795013	−1.78
港口与航道工程	16105648	13721340	17.38
水利水电工程	26259322	25281871	3.87
电力工程	11814496	11243415	5.08
矿山工程	7125928	7621369	−6.50
冶炼工程	17741058	18249354	−2.79
化工石油工程	15354112	18778459	−18.24
市政公用工程	71974663	63186662	13.91
通信工程	4378634	4294239	1.97
机电安装工程	15772143	14905192	5.82

在12个类别的特级、一级施工总承包企业中，有8个专业类别的企业建筑业总产值增长，但除港口与航道工程、市政公用工程和公路工程3个专业类别的企业外，增幅均低于上年，其中机电安装工程和通信工程类企业增幅分别比上年下降了36.02和25.79个百分点。建筑业总产值增幅前三位是港

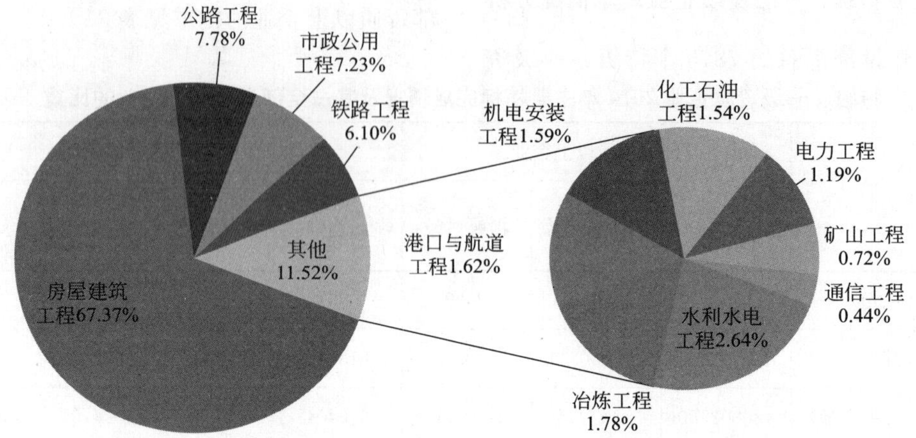

图 27　12 个类别特级、一级施工总承包企业建筑业总产值构成

口与航道工程、市政公用工程和机电安装工程类企业，分别为 17.38%、13.91%和 5.82%。有 4 个专业类别的企业建筑业总产值出现负增长，其中，化工石油工程类企业总产值增长率排名垫底，由上年的 0.9%转而出现负增长，为－18.24%，增幅下降了 19.16 个百分点(见图 28)。

在 48 个类别的专业承包企业中，体育场地设施工程、铁路电气化工程、核工程、电子工程、水工建筑物基础处理工程和水工金属结构制作与安装工程的专业承包企业建筑业总产值增长较快，增长率均超过了 27%。各专业承包企业中，建筑业总产值出现下降的专业由上年的 15 个增加到 27 个。下降最多的是特种专业工程，下降 68.06%(见表 33)。

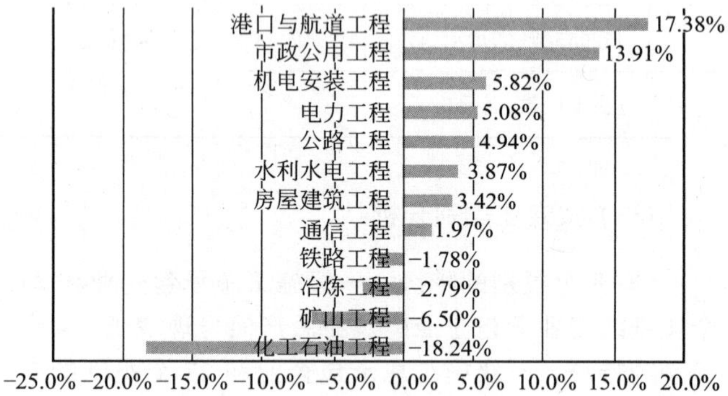

图 28　2015 年各类特级、一级施工总承包企业建筑业总产值增速排序

按专业类别分类的一级专业承包企业总产值对比表　　表 33

指标 / 专业分类		建筑业总产值(万元) 2015 年	2014 年	同比增长(%)
48 个专业类别合计		80483892	82652118	－2.62
增长较快的专业类别	体育场地设施工程	18853	10644	77.12
	铁路电气化工程	759065	560581	35.41
	核工程	39752	29793	33.43
	电子工程	625570	480243	30.26
	水工建筑物基础处理工程	96416	74696	29.08
	水工金属结构制作与安装工程	3357	2643	27.01
负增长较大的专业类别	起重设备安装工程	129978	227720	－42.92
	管道工程	131363	252785	－48.03
	河湖整治工程	12731	30415	－58.14
	港口与海岸工程	36209	90347	－59.92
	特种专业工程	6979	21852	－68.06

【有7个类别的特级、一级施工总承包企业和21个类别的专业承包企业新签合同额增长，5个类别的特级、一级施工总承包企业和27个类别的专业承包企业新签合同额出现负增长】 2015年，12个类别特级、一级施工总承包企业共新签合同额110037.82亿元。其中新签合同额排在前四位的是房屋建筑工程、铁路工程、公路工程和市政公用工程，分别达到70653.73亿元、9076.82亿元、7654.35亿元和7002.66亿元(参见表34)。这4个类别新签合同额之和占所有12个类别新签合同的比重为85.78%(见图29)。

2015年，12个类别特级、一级施工总承包企业中，有7个专业类别的新签合同额继续保持增长，5个出现负增长。其中，铁路工程类企业新签合同额在上年负增长的情况下大幅增长，增幅达到28.13%；其次是港口与航道工程和公路工程，其增幅均超过了14%。化工石油工程和通信工程类企业新签合同额增幅分别出现了超过20%的负增长，其中

2015年各类特、一级施工总承包企业

新签工程承包合同额对比表　　表34

	新签工程承包合同额(万元)		
	2015年	2014年	同比增长(%)
合　计	1100378186	1092684613	0.70
房屋建筑工程	706537330	732320299	−3.52
公路工程	76543476	66729977	14.71
铁路工程	90768208	70840329	28.13
港口与航道工程	24609359	21078903	16.75
水利水电工程	39413243	36506685	7.96
电力工程	16060290	15278735	5.12
矿山工程	6610390	7931136	−16.65
冶炼工程	31445498	31202966	0.78
化工石油工程	17090609	22291834	−23.33
市政公用工程	70026644	66021503	6.07
通信工程	4148060	5309756	−21.88
机电安装工程	17125079	17172490	−0.28

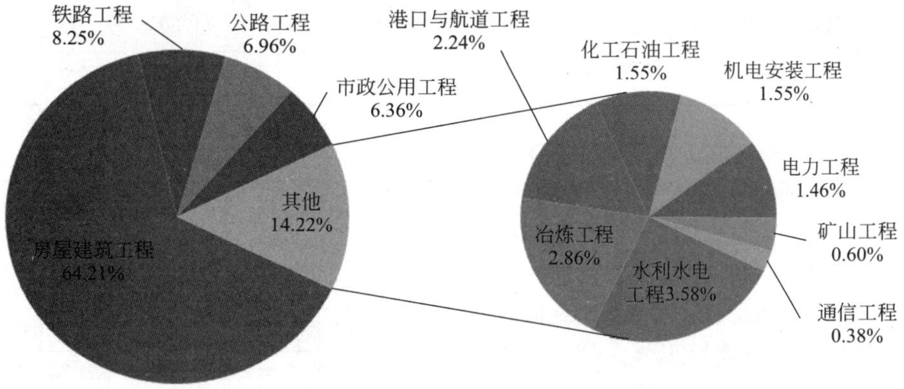

图29　12个类别特级、一级施工总承包企业新签工程承包合同额构成

通信工程在上年增长29.26%的情况下，2015年出现了较大幅度的负增长，增幅比上年降低了51.14个百分点(见图30)。

在48个类别的专业承包企业中，有21个类别的专业承包企业新签合同额增长，27个类别的专业承包企业新签合同额出现负增长。水利水电机电设备安装工程、堤防工程、机场空管及航站楼弱电系统工程专业承包企业新签合同额增幅较高，均超过100%。新签合同额降幅较大的专业是海洋石油工程和港口与海岸工程，降幅均超过70%(见表35)。

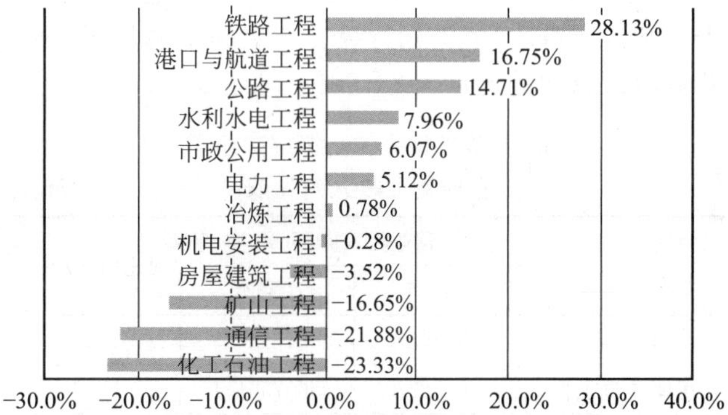

图30　2015年各类特级、一级施工总承包企业新签合同额增速排序

按专业类别分类的一级专业承包企业新签合同额对比表 **表 35**

专业分类＼指标		新签工程承包合同额(万元)		
		2015 年	2014 年	同比增长(%)
48 个专业类别合计		75781131	83517745	−9.26
增长较快的专业类别	水利水电机电设备安装工程	559098	206516	170.73
	堤防工程	342961	134593	154.81
	机场空管及航站楼弱电系统工程	49676	22300	122.76
	铁路电气化工程	832769	555586	49.89
	铁路电务工程	2703679	1881228	43.72
	水工建筑物基础处理工程	124445	86696	43.54
	航道工程	439960	308604	42.56
负增长较大的专业类别	隧道工程	51652	105920	−51.23
	金属门窗工程	188105	401551	−53.16
	土石方工程	665269	1851389	−64.07
	特种专业工程	6979	21852	−68.06
	港口与海岸工程	52183	175055	−70.19
	海洋石油工程	953180	4631415	−79.42

【有 8 个类别的特级、一级施工总承包企业和 26 个类别的专业承包企业营业收入增长，4 个类别的特级、一级施工总承包企业和 22 个类别的专业承包企业营业收入出现负增长】 2015 年，12 个类别特级、一级施工总承包企业完成营业收入 90367.96 亿元。营业收入排在前四位的是房屋建筑工程、公路工程、市政公用工程、铁路工程，分别为 56642.89 亿元、7640.71 亿元、6589.18 亿元、6438.78 亿元(见表 36)。这个 4 个类别特、一级施工总承包企业营业收入之和占所有 12 个类别特级、一级施工总承包企业营业收入总和的比重为 85.56%(见图 31)。

2015 年各类特级、一级施工总承包企业营业收入对比表 **表 36**

	营业收入(万元)		同比增长(%)
	2015 年	2014 年	
合　计	903679570	881712035	2.49
房屋建筑工程	566428920	560736141	1.02
公路工程	76407114	71053634	7.53
铁路工程	64387829	62318098	3.32
港口与航道工程	18973889	15554178	21.99

续表

	营业收入(万元)		同比增长(%)
	2015 年	2014 年	
水利水电工程	29721973	27262930	9.02
电力工程	17040814	15506735	9.89
矿山工程	6915321	7821551	−11.59
冶炼工程	20528555	20834481	−1.47
化工石油工程	17554879	21707079	−19.13
市政公用工程	65891756	59335844	11.05
通信工程	4440514	4518284	−1.72
机电安装工程	15388006	15063080	2.16

2015 年，在各类特级、一级施工总承包企业中，有 8 个继续保持增长，4 个出现负增长。增长最快的专业是港口与航道工程和市政公用工程，分别增长 21.99%和 11.05%。化工石油工程和矿山工程专业下降幅度最大，分别下降 19.13%和 11.59%(见图 32)。

在 48 个专业承包工程类别中，核工程、铁路电气化工程、水工建筑物基础处理工程和电信工程营业收入比上年有较大增长，增幅均超过 20%。有 22 个专业的施工企业营业收入下降，比上年增加了 5

个。下降最多的专业是特种专业工程，降幅达到 91.08%(见表 37)。

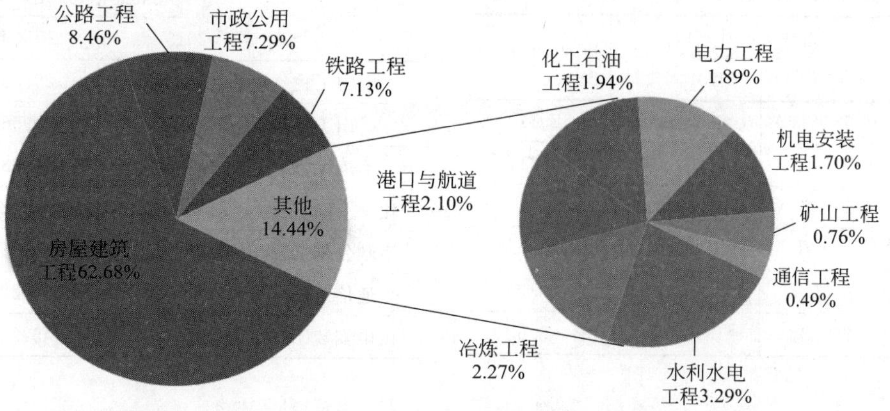

图 31 12 个类别特级、一级施工总承包企业营业收入构成

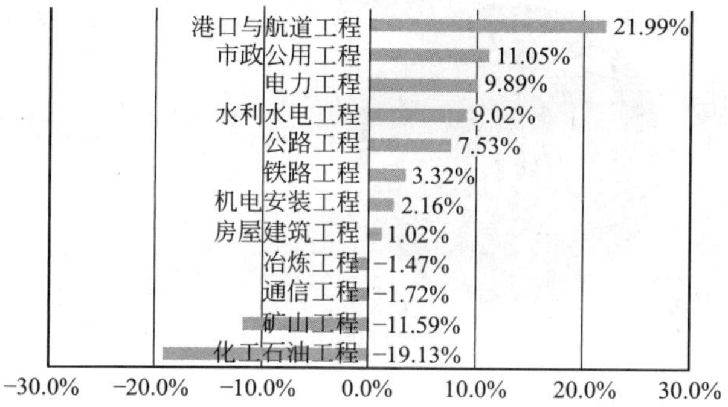

图 32 2015 年各类特级、一级施工总承包企业营业收入增速排序

【在 12 个类别的特级、一级施工总承包企业和 48 个类别的专业承包企业中，效益增降的类别各占一半，铁路工程、电力工程和通信工程施工总承包企业利润总额增幅较大，矿山工程施工总承包企业利润总额下降显著】 2015 年，12 个类别特级、一级施工总承包企业共实现利润总额 2768.55 亿元。其中利润总额排在前四位的是房屋建筑工程、公路工程、市政公用工程、铁路工程，分别为 1829.59 亿元、220.56 亿元、210.69 亿元、133.70 亿元(参见表 38)。这 4 个类别特级、一级施工总承包企业利润总额之和占所有 12 类特级、一级施工总承包企业利润总和的比重为 86.49%(见图 33)。

按专业类别分类的一级专业承包企业营业收入对比表 **表 37**

专业分类＼指标		企业总收入(万元) 2015 年	企业总收入(万元) 2014 年	同比增长(%)
48 个专业类别合计		82742891	84730783	-2.35
增长较快的专业类别	核工程	40116	29983	33.80
	铁路电气化工程	738958	558924	32.21
	水工建筑物基础处理工程	94000	76236	23.30
	电信工程	1658959	1362651	21.74
	电子工程	1080803	905028	19.42
	机场空管及航站楼弱电系统工程	33542	28599	17.28
负增长较大的专业类别	炉窑工程	45349	65990	-31.28
	附着升降脚手架	26716	40534	-34.09
	电梯安装工程	1686655	2593310	-34.96
	港口与海岸工程	52779	81300	-35.08
	起重设备安装工程	188618	327051	-42.33
	特种专业工程	17152	192222	-91.08

2015 年各类特级、一级施工总承包企业利润总额对比表　　表 38

	利润总额(万元)		同比增长(%)
	2015 年	2014 年	
合　计	27685453	26929045	2.81
房屋建筑工程	18295903	17882104	2.31
公路工程	2205565	2007810	9.85
铁路工程	1337001	1070417	24.90
港口与航道工程	765653	783350	−2.26
水利水电工程	775758	848938	−8.62
电力工程	345781	297565	16.20
矿山工程	173671	209962	−17.28
冶炼工程	481364	516634	−6.83
化工石油工程	618541	642025	−3.66
市政公用工程	2106879	2077732	1.40
通信工程	157338	140221	12.21
机电安装工程	421999	452287	−6.70

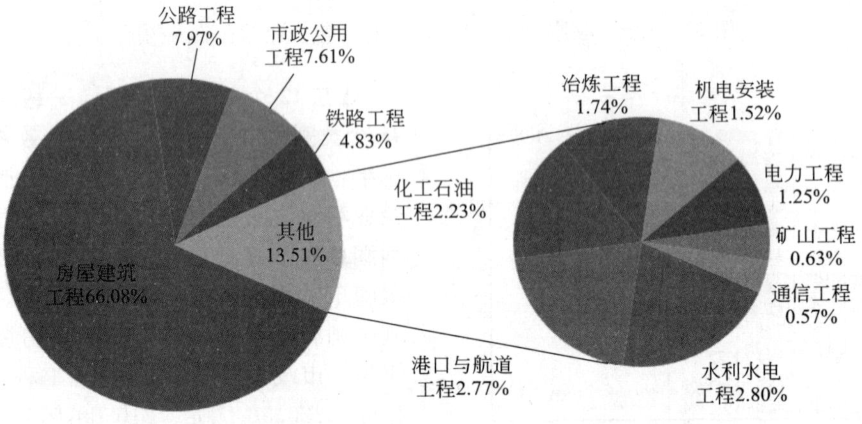

图 33　12 个类别特级、一级施工总承包企业利润总额构成

2015 年，在各类特级、一级施工总承包企业中，有 6 个专业类别的利润总额继续保持增长，6 个出现负增长。利润总额增长最快的是铁路工程施工总承包企业，增长 24.9%。其次是电力工程和通信工程施工总承包企业，分别增长 16.2%和 12.21%。矿山工程总承包企业在上年出现 14.7%的降幅后继续下降，降幅达 17.28%(见图 34)。

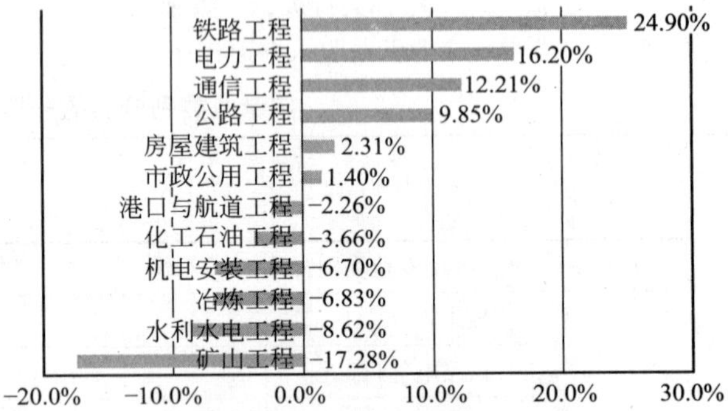

图 34　2015 年各类特级、一级施工总承包企业利润总额增长率排序

在 48 个专业承包工程类别中，化工石油设备管道安装工程类企业利润总额实现扭亏为盈，增幅达 476.91%，机场空管及航站楼弱电系统工程、火电设备安装工程、冶炼机电设备安装工程、建筑防水工程类企业利润总额比上年有较大增长，增幅均超过 100%。有 24 个专业的施工企业利润总额下降，其中，特种专业工程类施工企业由少量盈利转为大幅亏损，降幅高达 1233.33%(见表 39)。

按专业类别分类的一级专业承包企业利润总额对比表　　表 39

指标 专业分类		利润总额(万元)		同比增长(%)
		2015 年	2014 年	
48 个专业类别合计		3778629	4069766	−7.15
增长较快的专业类别	化工石油设备管道安装工程	6121	−1624	476.91
	机场空管及航站楼弱电系统工程	4346	893	386.67
	火电设备安装工程	12215	3401	259.16

续表

专业分类 \ 指标		利润总额(万元) 2015年	2014年	同比增长(%)
增长较快的专业类别	冶炼机电设备安装工程	78076	24132	223.54
	建筑防水工程	8139	3882	109.66
负增长较大的专业类别	无损检测工程	3801	6971	−45.47
	起重设备安装工程	7108	13713	−48.17
	土石方工程	46282	95945	−51.76
	河湖整治工程	779	3012	−74.14
	电梯安装工程	55614	278957	−80.06
	特种专业工程	−3207	283	−1233.22

【企业应收工程款增速仍然较高，房屋建筑工程总承包企业应收工程款问题依然严重】 各类特级、一级施工总承包企业中，有11个专业类别的应收工程款继续保持增长，1个出现负增长。水利水电类企业应收工程款增速排名第一，增幅达25.77%。港口与航道工程、电力工程和机电安装工程总承包企业应收工程款增速也较高，均在20%以上。通信工程总承包企业应收工程款有较大改善，由上年位居第二的36.45%大幅降低到−16.38%(见图35)。

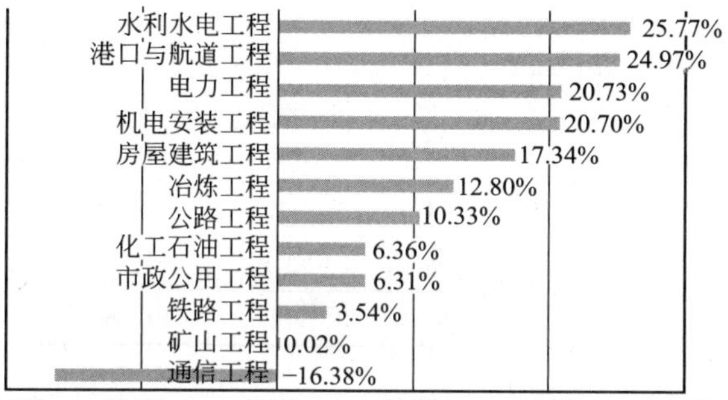

图35 2015年各类特级、一级施工总承包企业应收工程款增速排序

从应收工程款额度上看，房屋建筑工程总承包企业应收工程款12000.56亿元，占12个类别的特级、一级总承包企业应收工程款总额的59.73%，排名第一。市政公用工程、公路工程、铁路工程总承包企业应收工程款额度均达1300亿元以上，应引起重视(见图36)。

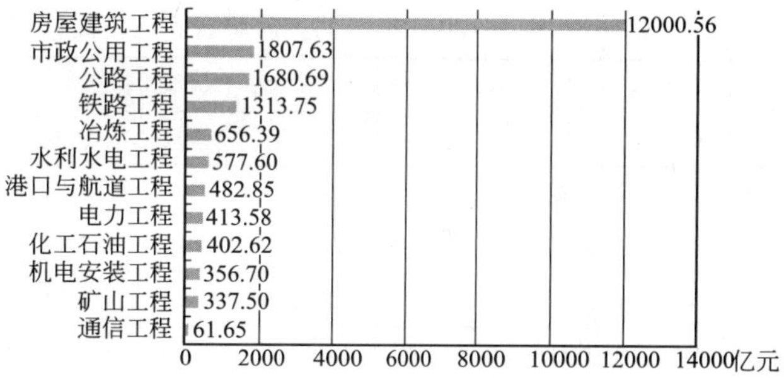

图36 2015年各类特、一级施工总承包企业应收工程款排序

在48个类别的专业承包企业中，应收工程款增长较快的是电梯安装工程和土石方工程专业承包企业，分别增长了203.94%和113.76%。降幅最大的是公路路基工程和水利水电机电设备安装工程专业承包企业，分别下降66.41%和58.26%(见表40)。

按专业类别分类的一级专业承包企业应收工程款对比表 **表40**

专业分类 \ 指标		应收工程款(万元) 2015年	2014年	同比增长(%)
48个专业类别合计		23929810	21636467	10.60
增长较快的专业类别	电梯安装工程	132379	43554	203.94
	土石方工程	745228	348631	113.76
	特种专业工程	8232	4314	90.82
	水工建筑物基础处理工程	22893	12937	76.96
	火电设备安装工程	125017	71984	73.67

续表

专业分类 \ 指标		应收工程款(万元) 2015年	2014年	同比增长(%)
负增长较大的专业类别	港口与海岸工程	28710	48060	−40.26
	河湖整治工程	14574	25785	−43.48
	环保工程专业	101317	196719	−48.50
	水利水电机电设备安装工程	14614	35009	−58.26
	公路路基工程	44660	132967	−66.41

(二) 按企业资质等级分析

从7815家企业2015年各项主要指标的占比情况看，施工总承包特级、施工总承包一级和专业承包一级的排列位次完全相同，均为第2、1、3位。从各项指标的增长情况看，施工总承包特级企业新签工程承包合同额、营业收入、房屋建筑施工面积、利润总额的增幅均高于施工总承包一级和专业承包一级企业，其行业龙头作用比较突出。施工总承包一级企业2015年建筑业总产值和房屋建筑竣工面积的增幅上升到第1位，其他指标的增幅均处于施工总承包特级企业和专业承包一级企业之间，企业发展状况稳中有进，但其应收工程款也上升到第1位，值得警惕。专业承包一级企业2015年各项指标的增幅均低于施工总承包特级企业和施工总承包一级企业，建筑业总产值、营业收入、房屋建筑施工面积、房屋建筑竣工面积和利润总额都出现了负增长，应当在开拓市场方面进一步加大力度(见表41)。

2015年不同资质等级企业主要指标增长及占全部资质以上企业的比重情况　　表41

指标	施工总承包特级			施工总承包一级			专业承包一级		
	2015年	增幅(%)	占比(%)	2015年	增幅(%)	占比(%)	2015年	增幅(%)	占比(%)
新签工程承包合同额(亿元)	38644	3.86	32.86	71394	−0.92	60.70	7578	−9.27	6.44
建筑业总产值(亿元)	30124	3.13	28.01	69364	3.70	64.50	8048	−2.63	7.48
营业收入(亿元)	28221	3.16	28.61	62147	2.19	63.00	8274	−2.35	8.39
房屋建筑施工面积(万平方米)	263037	6.29	32.32	533573	4.51	65.55	17335	−11.82	2.13
房屋建筑竣工面积(万平方米)	58629	−0.62	24.39	172404	7.68	71.71	9371	−18.58	3.90
利润总额(亿元)	897	10.60	28.51	1871	−0.58	59.47	378	−7.13	12.02
应收工程款(亿元)	5412	13.84	24.07	14679	14.50	65.29	2393	10.58	10.64

(三) 按企业管理关系分析

从企业管理关系分析，7815家特级、一级企业中，省市主管的企业占91.96%，部门和中央单位主管企业(简称央企)数量占比为8.04%。从主要指标观察，省市主管企业全部指标所占比重均高于央企数量所占比重。省市主管企业新签工程承包合同额、建筑业总产值、营业收入房屋建筑施工面积、房屋建筑竣工面积和利润总额分别为央企的1.88倍、2.86倍、2.29倍、4.94倍、11.03倍和2.54倍。同时，省市主管企业的应收工程款数额为央企的2.37倍，工程款拖欠问题比较严重。从各项主要指标的增长情况来看，省市主管企业新签工程承包合同额、利润总额出现(见表42)。

省市主管、部门和中央单位主管企业主要指标占比情况　　表42

指标	省市主管企业			部门和中央主管企业		
	2015年	增幅(%)	占比(%)	2015年	增幅(%)	占比(%)
新签工程承包合同额(亿元)	76743	−4.21	65.25	40873	8.99	34.75
建筑业总产值(亿元)	79668	3.15	74.08	27868	3.90	30.42
营业收入(亿元)	68634	1.29	69.58	30008	3.90	30.42
房屋建筑施工面积(万平方米)	676804	3.80	83.15	137141	9.12	16.85

续表

指标	省市主管企业			部门和中央主管企业		
	2015年	增幅(%)	占比(%)	2015年	增幅(%)	占比(%)
房屋建筑竣工面积(万平方米)	220416	3.80	83.15	19987	9.12	16.85
利润总额(亿元)	2257	−2.51	71.72	890	13.38	28.28
应收工程款(亿元)	15814	13.39	70.33	6670	15.16	29.67

(四)按企业注册地区分析

从大的区域分析，全国57.71%的特级、一级企业集中在东部地区，其所有指标所占比重均高于企业数量所占比重，区域领先优势明显。17.18%的特级、一级企业注册在西部，除应收工程款指标外，其各项指标所占比重均低于企业数量所占比重，区域发展仍比较落后。中部地区特级、一级企业占全国总量的25.11%，其各项主要指标所占比重在21%～26%之间，基本上与该地区的企业数量、发展程度相匹配。从各项指标的增长情况看，前5项指标，东部地区除房屋建筑竣工面积和利润总额增幅高于中部地区外，其他指标增幅均低于中部地区。西部地区除新签工程承包合同额、建筑业总产值增幅高于东部地区，房屋建筑竣工面积增幅高于东部和中部地区外，其他指标增幅均低于东部和中部地区。应收工程款指标，东部地区增幅最高，应引起注意，西部和中部地区增幅分别居第二、第三位(见表43)。

东、中、西地区企业主要指标的占比情况　　表43

指标	东部地区			中部地区			西部地区		
	2015年	增幅(%)	占比(%)	2015年	增幅(%)	占比(%)	2015年	增幅(%)	占比(%)
建筑业总产值(亿元)	66371	2.81	61.72	25435	3.30	23.65	15730	3.61	14.63
新签工程承包合同额(亿元)	69130	−2.89	58.78	30216	6.42	25.69	18270	1.27	15.53
营业收入(亿元)	59095	1.63	59.91	24669	5.81	25.01	14879	−1.98	15.08
利润总额(亿元)	2006	3.35	63.74	786	0.26	24.98	355	−5.33	11.28
应收工程款(亿元)	13128	16.32	58.39	5218	7.72	23.21	4139	14.72	18.41
房屋建筑施工面积(万平方米)	539134	5.33	66.24	171088	5.80	21.02	103722	−0.43	12.74
房屋建筑竣工面积(万平方米)	151386	4.26	62.97	56270	−0.87	23.41	32747	14.32	13.62

就全国31个省、市、自治区的情况分析：

【新签工程承包合同额出现负增长，17个地区特级、一级企业新签工程承包合同额出现负增长】 2015年，各地区特级、一级建筑业企业新签工程承包合同额比上年下降4.21%，增速较上年降低10.21个百分点。云南增幅最大，达到34.94%。宁夏增幅位列第二，达到28.06。增幅达到或超过10%的地区还有黑龙江、广西、甘肃和海南，增幅分别为13.24%、12.62%、10.7%和10%；17个地区的新签合同额呈现不同程度的下降。其中，青海下降程度最大，降幅为34.71%。贵州、辽宁的降幅也超过了30%。

【福建特级、一级企业建筑业总产值增速较高，甘肃特级、一级企业营业收入较大幅度增长】 2015年，各地区特级、一级企业建筑业总产值比上年增长3.15，增速较上年下降了8.35个百分点。福建增速位居第一，达17.66%。云南、江西和广西的增速超过10%，分别为15.59%、14.36%和12.64%。13个地区的建筑业总产值出现下降。其中贵州、内蒙古、辽宁和宁夏的降幅超过20%，分别下降了28.42%、26.55%、25.94%和21.72%。

2015年，各地区特级、一级企业营业收入比上年增长1.29%，增速较上年降低了8.71个百分点。甘肃以25.05%的营业收入增幅位居第一，营业收入增幅较大的地区还有江西、安徽、福建和云南，分别达到21.70%、17.63%、17.06%和16.50%。15个地区企业的营业收入出现负增长，其中内蒙古、四川、辽宁和青海的营业收入降幅超过或接近20%，分别下降了26.10%、24.05%、22.68%和19.78%。

【云南特级、一级企业房屋建筑施工面积增幅领先，广西特级、一级企业房屋建筑竣工面积增幅优势明显】 2015年，各地区特级、一级企业房屋建筑施工面积增长3.80%，比上年降低了2.4个百分点。

云南以16.71%的增速位居第一。河南、天津、贵州和江苏的增速都在15%以上，分别为16.47%、16.14%、15.43%和15.40%。16个地区的特级、一级企业房屋建筑施工面积出现下降，其中，黑龙江、宁夏、辽宁和内蒙古的降幅超过15%，分别下降了26.52%、20.43%、18.90%和17.92%。

2015年，各地区特级、一级企业房屋建筑竣工面积增长2.85 %，比上年降低了3.85个百分点。广西以42.99%的增速稳居第一位。天津、青海、陕西、海南和云南的增速都在20%以上，分别为34.91%、26.09%、25.18%、23.70%和20.00%。13个地区的房屋建筑竣工面积出现不同程度的下降，其中河南、山东、吉林和辽宁的降幅均超过了10%，分别为16.86%、15.09%、13.37%和10.16%。

【各地区特级、一级企业利润总额增幅差异显著】 2015年，各地区特级、一级建筑业企业利润总额下降2.52%，较上年降低了12.22个百分点。利润总额增幅较大的地区是云南、贵州和上海，分别增长95.92%、62.70%和40.50%。17个地区的利润总额出现不同程度的下降。其中，辽宁、内蒙古、河南、山西和四川的降幅较大，分别为55.19%、35.81%、29.70%、28.09%和26.91%。

【多数地区特级、一级企业应收工程款仍保持较大增幅】 2015年，各地区特级、一级企业应收工程款增长13.39%，较上年降低5.91个百分点。在全国30个地区(不包括西藏)中，只有宁夏、湖北、内蒙古、青海、黑龙江、辽宁、河北7个地区出现了应收工程款下降，降幅分别为26.25%、6.75%、5.20%、4.65%、4.60%、1.68%和0.30%；其余23个地区的应收工程款均出现增长，增长幅度超过20%的有广东、云南、贵州、新疆、上海、陕西、河南和江苏8个地区，分别增长了44.16%、38.93%、34.91%、33.53%、29.92%、25.40%、24.93%和20.25%，反映企业应收工程款问题仍然严重。

(五) 按企业登记注册类型分析

从7815家特级、一级企业的有关数据来看，不同登记注册类型企业主要指标的构成情况如表44所示。

不同登记注册类型企业主要指标的占比情况 表44

登记注册类型	企业数量		新签工程承包合同额		建筑业总产值		营业收入		房屋建筑施工面积		房屋建筑竣工面积		利润总额		应收工程款	
	占比(%)	位次	占比(%)	位次	占比(%)	位次	占比(%)	位次	占比(%)	位次	占比(%)	位次	占比(%)	位次	占比(%)	位次
国有企业	11.50	2	21.26	2	17.04	2	19.75	2	18.51	2	11.60	2	15.47	2	20.76	2
集体企业	1.60	3	1.06	4	1.28	3	1.05	4	1.83	3	2.14	3	0.88	4	0.72	4
私营企业	0.15	7	0.12	6	0.07	6	0.06	6	0.07	6	0.11	6	0.06	6	0.13	6
有限责任公司	84.89	1	75.62	1	79.99	1	77.29	1	77.59	1	84.69	1	81.15	1	75.94	1
外商投资企业	0.91	4	1.49	3	1.17	4	1.37	3	1.59	4	1.11	4	2.04	3	1.95	3
港澳台商投资企业	0.77	5	0.42	5	0.38	5	0.42	5	0.38	5	0.26	5	0.36	5	0.47	5
其他企业	0.18	6	0.04	7	0.06	7	0.05	7	0.03	7	0.08	7	0.04	7	0.03	7

2015年，有限责任类特级、一级企业数量最多，占汇总的特级、一级企业数量的84.89%；其各项主要指标所占比重均为最大，在75%以上。

国有特级、一级企业数量位居第二，占汇总的特级、一级企业数量的11.50%；其各项主要指标所占比重也均排在第二位，除房屋建筑竣工面积所占比重为11.60%外，其余数值均在15%以上。

集体所有制特级、一级企业数量位居第三，占汇总的特级、一级企业数量的1.60%；其各项主要指标所占比重排在第三或第四位，数值从0.72%到2.14%不等。

外商投资特级、一级企业数量位居第四，占汇总的特级、一级企业数量的0.91%；其各项主要指标所占比重也全部排在第三或第四位，数值从0.91%到2.04%不等。

港澳台商投资特级、一级企业数量位居第五，占汇总的特级、一级企业数量的0.77%；其各项主要指标所占比重排在第五位，数值从0.26%到0.77%不等。

私营和其他建筑业特级、一级企业数量较少，分别占0.15%和0.18%，其各项主要指标所占比重均排在后两位。

不同登记注册类型企业主要指标的增长情况如表45所示。

不同登记注册类型企业主要指标的增长情况　　表45

登记注册类型	企业数量		新签工程承包合同额		建筑业总产值		营业收入		房屋建筑施工面积		房屋建筑竣工面积		利润总额		应收工程款	
	增幅(%)	位次	增幅(%)	位次	增幅(%)	位次	增幅(%)	位次	增幅(%)	位次	增幅(%)	位次	增幅(%)	位次	增幅(%)	位次
国有企业	−0.77	3	−4.05	3	0.00	6	1.25	5	15.84	2	10.46	5	6.23	2	14.83	5
集体企业	0.16	2	−15.68	7	5.21	3	−1.79	6	−2.14	5	18.12	4	−21.40	5	4.73	7
私营企业	−24.39	7	65.39	1	−5.03	7	22.42	1	46.44	1	25.60	2	−42.30	7	22.72	4
有限责任公司	10.33	1	1.60	2	3.66	4	2.46	4	2.38	4	2.96	6	1.93	3	13.41	6
外商投资企业	−6.27	5	−6.56	4	2.78	5	−6.16	7	10.39	3	18.57	3	−24.79	6	26.01	2
港澳台商投资企业	−4.40	4	−8.29	5	8.67	2	3.80	3	−2.81	6	−1.24	7	−2.36	4	23.47	3
其他企业	−11.79	6	−14.86	6	10.49	1	13.35	2	−4.31	7	34.46	1	15.06	1	31.96	1

2015年，国有企业企业数量为负增长，增幅排在第三位；房屋建筑施工面积和利润总额增幅排在第二位；新签工程承包合同额为负增长，增幅排在第三位；营业收入、房屋建筑竣工面积和应收工程款增幅排在第五位；建筑业总产值增幅排在第六位。

集体企业企业数量增幅排在第二位；建筑业总产值增幅排在第三位；房屋建筑竣工面积增幅排在第四位；房屋建筑施工面积和利润总额均为负增长，增幅排在第五位；营业收入为负增长，增幅排在第六位；新签工程承包合同额为负增长，增幅排在第七位；应收工程款增幅排在第七位。

私营企业企业数量为负增长，增幅排在第七位；新签工程承包合同额、营业收入和房屋建筑施工面积增幅排在第一位；房屋建筑竣工面积增幅排在第二位；应收工程款增幅均排在第四位；建筑业总产值、利润总额均为负增长，增幅均排在第七位。

有限责任类企业企业数量增幅排在第一位；新签工程承包合同额增幅排在第二位；利润总额增幅排在第三位；建筑业总产值、营业收入、房屋建筑施工面积增幅排在第四位；房屋建筑竣工面积、应收工程款增幅均排在第六位。

外商投资企业企业数量为负增长，增幅排在第五位；应收工程款增幅排在第二位；房屋建筑施工面积和房屋建筑竣工面积增幅均排在第三位；新签工程承包合同额增幅排在第四位；建筑业总产值增幅排在第五位；利润总额增幅排在第六位；营业收入增幅排在第七位。

港澳台商投资企业企业数量为负增长，增幅排在第四位；建筑业总产值增幅排在第二位；营业收入和应收工程款增幅均排在第三位；利润总额为负增长，增幅排在第四位；新签工程承包合同额为负增长，增幅排在第五位；房屋建筑施工面积和房屋建筑竣工面积均为负增长，增幅分别排在第六位和第七位。

其他企业企业数量为负增长，增幅排在第六位；建筑业总产值、房屋建筑竣工面积、利润总额和应收工程款增幅均排在第一位；营业收入增幅排在第二位；新签工程承包合同额和房屋建筑施工面积均为负增长，增幅分别排在第六位和第七位。

（住房和城乡建设部计划财务与外事司、中国建筑业协会）

2015年建设工程监理行业基本情况

【建设工程监理企业企业的分布情况】 2015年全国共有7433个建设工程监理企业参加了统计，与上年相比增长2.12%。其中，综合资质企业127个，增长9.48%；甲级资质企业3249个，增长6.25%；乙级资质企业2860个，增长4.23%；丙级资质企业1188个，减少10.94%；事务所资质企业9个，减少66.67%。具体分布如表46～表48所示。

2015年全国建设工程监理企业按地区分布情况　　表46

地区名称	北京	天津	河北	山西	内蒙古	辽宁	吉林	黑龙江	上海	江苏	浙江	安徽	福建	江西	山东	河南
企业个数	302	89	317	234	167	307	188	228	185	705	428	279	274	155	523	311
地区名称	湖北	湖南	广东	广西	海南	重庆	四川	贵州	云南	西藏	陕西	甘肃	青海	宁夏	新疆	合计
企业个数	251	231	492	163	49	99	362	113	146	3	438	171	64	61	98	7433

2015 年全国建设工程监理企业按工商登记类型分布情况 **表 47**

工商登记类型	国有企业	集体企业	股份合作	有限责任	股份有限	私营企业	其他类型
企业个数	607	46	49	4031	675	1952	73

2015 年全国建设工程监理企业按地区分布情况 **表 48**

资质类别	综合资质	房屋建筑工程	冶炼工程	矿山工程	化工、石油工程	水利水电工程	电力工程	农林工程
企业个数	127	6121	28	31	145	77	277	23
资质类别	铁路工程	公路工程	港口与航道工程	航天航空工程	通信工程	市政公用工程	机电安装工程	事务所资质
企业个数	54	27	9	7	12	483	3	9

注：本统计涉及专业资质工程类别的统计数据，均按主营业务划分。

【建设工程监理企业从业人员情况】 2015 年年末工程监理企业从业人员 945829 人，与上年相比增长 0.42%。其中，正式聘用人员 688436 人，占年末从业人员总数的 72.79%；临时聘用人员 257393 人，占年末从业人员总数的 27.21%；工程监理从业人员为 698805 人，占年末从业总数的 73.88%。

2015 年年末工程监理企业专业技术人员 819906 人，与上年相比减少 1.47%。其中，高级职称人员 122825 人，中级职称人员 359231 人，初级职称人员 205445 人，其他人员 132405 人。专业技术人员占年末从业人员总数的 86.64%。

2015 年年末工程监理企业注册执业人员为 223346 人，与上年相比增长 10.64%。其中，注册监理工程师为 149327 人，与上年相比增长 8.67%，占总注册人数的 66.86%；其他注册执业人员为 74019 人，占总注册人数的 33.14%。

【建设工程监理企业业务承揽情况】 2015 年工程监理企业承揽合同额 2846.74 亿元，与上年相比增长 16.9%。其中工程监理合同额 1255.56 亿元，与上年相比减少 1.85%；工程勘察设计、工程项目管理与咨询服务、工程招标代理、工程造价咨询及其他业务合同额 1591.18 亿元，与上年相比增长 37.64%。工程监理合同额占总业务量的 44.11%。

【建设工程监理企业财务收入情况】 2015 年工程监理企业全年营业收入 2474.94 亿元，与上年相比增长 11.43%。其中工程监理收入 1001.92 亿元，与上年相比增长 3.98%；工程勘察设计、工程项目管理与咨询服务、工程招标代理、工程造价咨询及其他业务收入 1473.02 亿元，与上年相比增长 17.14%。工程监理收入占总营业收入的 40.48%。其中 11 个企业工程监理收入突破 3 亿元，33 个企业工程监理收入超过 2 亿元，131 个企业工程监理收入超过 1 亿元，工程监理收入过亿元的企业个数与上年持平。

（住房和城乡建设部建筑市场监管司）

2015 年工程建设项目招标代理机构基本情况

【工程招标代理机构的分布情况】 2015 年度参加统计的全国工程招标代理机构共 6102 个，比上年增长 2.55%。按照资格等级划分，甲级机构 1787 个，比上年增长 8.3%；乙级机构 2789 个，比上年下降 2.24%；暂定级机构 1526 个，比上年增长 5.46%。按照企业登记注册类型划分，国有企业和国有独资公司共 246 个，股份有限公司和其他有限责任公司共 3174 个，私营企业 2561 个，港澳台投资企业 5 个，外商投资企业 3 个，其他企业 113 个。具体分布见表 49、表 50。

2015 年全国工程招标代理机构地区分布情况 **表 49**

地区名称	北京	天津	河北	山西	内蒙古	辽宁	吉林	黑龙江	上海	江苏	浙江	安徽	福建	江西	山东	河南
企业个数	239	78	255	169	172	258	174	137	132	514	387	257	166	180	460	237
地区名称	湖北	湖南	广东	广西	海南	重庆	四川	贵州	云南	西藏	陕西	甘肃	青海	宁夏	新疆	合计
企业个数	239	176	436	126	34	141	282	109	187	5	198	128	32	60	134	6102

【工程招标代理机构的人员情况】 2015 年年末工程招标代理机构从业人员合计 549568 人，比上年增长 2.61%。其中，正式聘用人员 497452 人，占年末从业人员总数的 90.52%；临时工作人员 52116 人，占年末从业人员总数的 9.48%。

2015 年年末工程招标代理机构正式聘用人员中

2015 年全国工程招标代理机构拥有资质数量情况　　表 50

资质数量	具有单一招标代理机构资格的企业	具有两个及两个以上资质的企业
企业个数	1479	4623

专业技术人员合计 436399 人，比上年增长 3.13%。其中，高级职称人员 73735 人，中级职称 195227 人，初级职称 101240 人，其他人员 66197 人。专业技术人员占年末正式聘用人员总数的 87.73%。

2015 年年末工程招标代理机构正式聘用人员中注册执业人员合计 112816 人，比上年增长 7.93%。其中，注册造价工程师 53448 人，占总注册人数的 47.38%；注册建筑师 1265 人，占总注册人数的 1.12%；注册工程师 425 人，占总注册人数的 0.38%；注册建造师 19235 人，占总注册人数的 17.05%；注册监理工程师 36213 人，占总注册人数的 32.10%；其他注册执业人员 2230 人，占总注册人数的 2%。从统计报表情况看，94.7%的工程招标代理机构的注册造价工程师数量能够满足企业资格标准要求，其中，97%的甲级工程招标代理机构的注册造价工程师数量能够满足企业资格标准要求。

【工程招标代理机构的业务情况】 2015 年度工程招标代理机构工程招标代理中标金额 82684.65 亿元，比上年下降 0.93%。其中，房屋建筑和市政基础设施工程招标代理中标金额 64822.70 亿元，占工程招标代理中标金额的 78.4%；招标人为政府和国有企事业单位工程招标代理中标金额 58634.30 亿元，占工程招标代理中标金额的 70.91%。

2015 年度工程招标代理机构承揽合同约定酬金合计 1386.54 亿元，比上年下降 1.58%。其中，工程招标代理承揽合同约定酬金为 218.42 亿元，占总承揽合同约定酬金的 15.75%；工程监理承揽合同约定酬金为 382.54 亿元；工程造价咨询承揽合同约定酬金为 228.23 亿元；项目管理与咨询服务承揽合同约定酬金为 171.33 亿元；其他业务承揽合同约定酬金为 386.03 亿元。

【工程招标代理机构的财务情况】 2015 年度工程招标代理机构的营业收入总额为 2562.74 亿元，比上年增长 1.27%。其中，工程招标代理收入 265.14 亿元，占营业收入总额的 10.35%；工程监理收入 394.94 亿元，工程造价咨询收入 285.49 亿元，工程项目管理与咨询服务收入 222.38 亿元，其他收入 1394.79 亿元。

2015 年度工程招标代理机构的营业成本合计 1827.71 亿元，营业税金及附加合计 55.33 亿元，营业利润合计 342.44 亿元，利润总额合计 304.73 亿元，所得税合计 53.80 亿元，负债合计 4789.27 亿元，所有者权益合计 3011.73 亿元。

【工程招标代理机构工程招标代理收入前 100 名情况】 工程招标代理机构工程招标代理收入前 100 名情况如表 51 所示。其中，从资质等级来看，甲级机构 63 个，乙级机构 22 个，暂定级 15 个。

2015 年度工程招标代理机构工程招标代理收入前 100 名排序　　表 51

序号	企业名称	工程招标代理收入(万元)	资质等级	年末从业人员合计(人)
1	中国机械设备工程股份有限公司	2075736	甲级	58
2	中国核电工程有限公司	1450488.38	甲级	6278
3	中广核工程有限公司	1402562	甲级	4861
4	中国机械进出口(集团)有限公司	1365217.76	甲级	2179
5	中国建设银行股份有限公司江西省分行	838843.33	乙级	29
6	中国航空规划设计研究总院有限公司	799287	甲级	1734
7	中国技术进出口总公司	620783	甲级	413
8	铁道第三勘察设计院集团有限公司	522103	暂定级	5105
9	中冶京诚工程技术有限公司	473746.3	甲级	1407
10	中铁第一勘察设计院集团有限公司	458245	甲级	2062
11	中交第一公路勘察设计研究院有限公司	415703	暂定级	2854
12	中国联合工程公司	411313.17	乙级	2163
13	国电龙源电力技术工程有限责任公司	339977.06	甲级	199

续表

序号	企业名称	工程招标代理收入（万元）	资质等级	年末从业人员合计（人）
14	中国仪器进出口（集团）公司	307875.1	暂定级	493
15	中铁工程设计咨询集团有限公司	256015	暂定级	2476
16	四川电力设计咨询有限责任公司	206502.3	乙级	514
17	中冶华天工程技术有限公司	196913	乙级	860
18	上海国际招标有限公司	173953.83	甲级	86
19	内蒙古桓镁招标代理有限公司	171338	甲级	41
20	北京国际贸易公司	155567	甲级	133
21	中交第二航务工程勘察设计院有限公司	147337	暂定级	787
22	中国恩菲工程技术有限公司	146631.9	乙级	1228
23	国网物资有限公司	138240.34	甲级	164
24	华信咨询设计研究院有限公司	130660.52	暂定级	1630
25	北京国电华北电力工程有限公司	115229	乙级	82
26	中核新能核工业工程有限责任公司	109717	暂定级	737
27	北京市市政工程设计研究总院有限公司	109090	暂定级	1281
28	国信招标集团股份有限公司	104333.37	甲级	139
29	北京国际电气工程有限责任公司	89889.81	甲级	122
30	公诚管理咨询有限公司	88833.74	甲级	2901
31	中国瑞林工程技术有限公司	87674.24	甲级	1122
32	江苏省交通规划设计院股份有限公司	85263.66	甲级	2748
33	上海建科工程咨询有限公司	83498.24	甲级	3820
34	中水珠江规划勘测设计有限公司	76625.5	甲级	632
35	上海现代建筑设计集团工程建设咨询有限公司	73254.03	甲级	474
36	中国轻工业广州工程有限公司	68355	暂定级	379
37	中国建筑西北设计研究院有限公司	65811	甲级	1256
38	北京中寰工程项目管理有限公司	64810.4	甲级	236
39	中咨工程建设监理公司	60064.46	甲级	3866
40	中国国际工程咨询公司	57887	甲级	453
41	中国电能成套设备有限公司	57436.19	甲级	67
42	煤炭工业郑州设计研究院股份有限公司	57303.3	乙级	585
43	浙江江南工程管理股份有限公司	55677	甲级	2075
44	广西壮族自治区交通规划勘察设计研究院	51779.45	乙级	599
45	贵州电力设计研究院	49009	乙级	714
46	上海斯耐迪工程咨询有限公司	47210.96	乙级	607
47	中招国际招标有限公司	46881.85	甲级	205
48	蚌埠玻璃工业设计研究院	46690	乙级	315
49	广东省交通规划设计研究院股份有限公司	42381	甲级	536
50	河南省城乡规划设计研究总院有限公司	41305	乙级	512
51	广东达安项目管理股份有限公司	39587.8	甲级	2527
52	江苏建科建设监理有限公司	37293.72	甲级	1643

续表

序号	企业名称	工程招标代理收入(万元)	资质等级	年末从业人员合计(人)
53	四川省交通运输厅交通勘察设计研究院	37262.1	暂定级	691
54	中煤邯郸设计工程有限责任公司	37109	暂定级	422
55	上海东方投资监理有限公司	37015.05	甲级	442
56	中国中轻国际工程有限公司	36178.77	乙级	682
57	中国神华国际工程有限公司	35875.37	甲级	93
58	中航技国际经贸发展有限公司	35629	甲级	73
59	中技国际招标有限公司	35291.51	甲级	129
60	浙江五洲工程项目管理有限公司	34861.17	甲级	1311
61	上海沪港建设咨询有限公司	34326	甲级	352
62	中国建筑设计咨询有限公司	32714.6	甲级	416
63	上海市建设工程监理咨询有限公司	32522.63	甲级	1990
64	济南市市政工程设计研究院(集团)有限责任公司	31779.8	暂定级	498
65	江苏省宏源电力建设监理有限公司	31774	甲级	786
66	黄河水电物资有限公司	31220	乙级	73
67	四川省城市建设工程监理有限公司	31113.33	乙级	792
68	山东诚信工程建设监理有限公司	30099.33	甲级	941
69	广州宏达工程顾问有限公司	30008.24	甲级	1154
70	新疆新能物流有限责任公司	29843.2	乙级	127
71	华杰工程咨询有限公司	29784.34	甲级	164
72	湖北正信电力工程咨询有限公司	29780.48	甲级	90
73	弋阳县信实建设工程技术咨询有限公司	29426.94	乙级	28
74	乌鲁木齐铁建工程咨询有限公司	29126.61	甲级	726
75	郑州中兴工程监理有限公司	29116.42	乙级	1146
76	中经国际招标集团有限公司	28964.81	甲级	532
77	四川电力工程建设监理有限责任公司	28446	暂定级	189
78	深圳市深水水务咨询有限公司	27063.71	甲级	511
79	上海市工程建设咨询监理有限公司	26555.25	甲级	1337
80	华汇工程设计集团股份有限公司	26191	暂定级	703
81	水利部新疆维吾尔自治区水利水电勘测设计研究院	25833.76	甲级	750
82	重庆国际投资咨询集团有限公司	24569	甲级	287
83	重庆联盛建设项目管理有限公司	24527.99	甲级	1074
84	四川康立项目管理有限责任公司	24344.5	乙级	1035
85	国网浙江浙电招标咨询有限公司	24313.3	甲级	32
86	四川元丰建设项目管理有限公司	24156.6	乙级	2056
87	江阳建设集团有限公司	24150.29	乙级	1642
88	成都衡泰工程管理有限责任公司	23943.96	甲级	1219
89	华北电力物资总公司	23770.71	乙级	66
90	上海容基工程项目管理有限公司	23001	甲级	246
91	上海三凯建设管理咨询有限公司	22916.32	甲级	1253

续表

序号	企业名称	工程招标代理收入(万元)	资质等级	年末从业人员合计(人)
92	河南立新监理咨询有限公司	22571	甲级	1179
93	北京煜金桥通信建设监理咨询有限责任公司	21824	暂定级	735
94	达华工程管理(集团)有限公司	21343.77	甲级	770
95	北京双圆工程咨询监理有限公司	21325.86	甲级	1082
96	国义招标股份有限公司	21228.49	甲级	132
97	深圳高速工程顾问有限公司	20933	甲级	546
98	华春建设工程项目管理有限责任公司	20878.37	甲级	204
99	浙江华东工程咨询有限公司	20750	甲级	774
100	上海建浩工程顾问有限公司	20248.07	甲级	866

（住房和城乡建设部建筑市场监管司）

2015 年工程勘察设计企业基本情况

【企业总体情况】 2015 年全国共有 20480 个工程勘察设计企业参加了统计，与上年相比增长 6.3%，其中，工程勘察企业 1822 个，占企业总数 8.9%；工程设计企业 14982 个，占企业总数 73.2%；工程设计与施工一体化企业 3676 个，占企业总数 17.9%。

【从业人员情况】 2015 年工程勘察设计行业年末从业人员 304.3 万人，与上年相比增长 21.6%。年末专业技术人员 137.1 万人，其中，具有高级职称人员 32.1 万人，占从业人员总数的 10.6%；具有中级职称人员 51.4 万人，占从业人员总数的 16.9%。年末取得注册执业资格人员累计 30.1 万人次，占年末从业人员总数的 9.9%。

【业务完成情况】 工程勘察完成合同额合计 648.1 亿元，与上年相比减少 6.8%。工程设计完成合同额合计 3058.4 亿元，与上年相比减少 14.0%。

工程总承包完成合同额合计 12826.7 亿元，与上年相比增加 6.7%。工程技术管理服务完成合同额合计 483.3 亿元，与上年相比减少 6.6%，其中，工程咨询完成合同额 178.9 亿元，与上年相比减少 1.1%。境外工程完成合同额合计 1255.1 亿元，与上年相比增加 27.6%。

【财务情况】 2015 年全国工程勘察设计企业营业收入总计 27089.0 亿元，与上年相比增加 8.6%，其中，工程勘察收入 743.4 亿元，占营业收入的 2.7%；工程设计收入 3365.3 亿元，占营业收入的 12.4%；工程总承包收入 9498.9 亿元，占营业收入的 35.1%；工程技术管理服务收入 377.5 亿元，占营业收入的 1.4%。

工程勘察设计企业全年利润总额 1623.9 亿元，与上年相比增加 9.4%；应交所得税 303.4 亿元，与上年相比增加 13.5%；企业净利润 1320.5 亿元，与上年相比增加 8.6%。

【科技活动状况】 2015 年工程勘察设计行业科技活动费用支出总额为 526.4 亿元，与上年相比减少 22.3%；企业累计拥有专利 93885 项，与上年相比增加 33.2%；企业累计拥有专有技术 26798 项，与上年相比减少 18.2%。

（住房和城乡建设部建筑市场监管司）

2015 年房屋市政工程生产安全事故情况通报

【总体情况】 2015 年，全国共发生房屋市政工程生产安全事故 442 起、死亡 554 人，比上年同期事故起数减少 80 起、死亡人数减少 94 人(见图 37、图 38)，同比分别下降 15.33%和 14.51%。

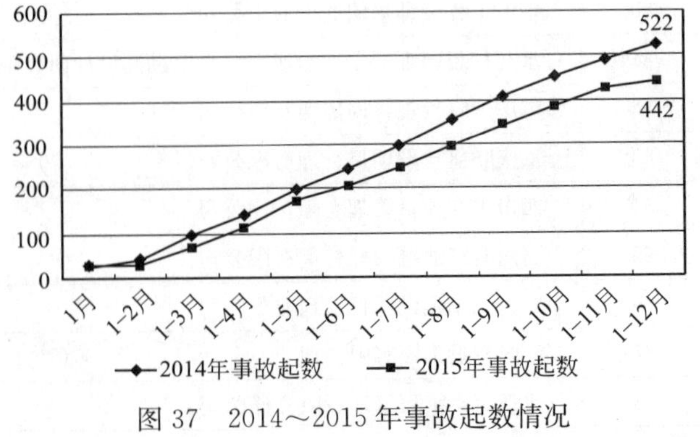

图 37　2014～2015 年事故起数情况

2015 年，各地住房城乡建设主管部门迟报事故的现象较为突出，442 起事故迟报超过 20 天的有 129

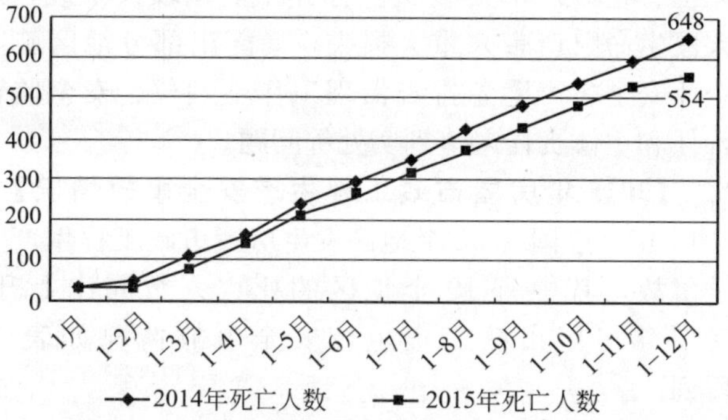

图 38　2014～2015 年事故死亡人数情况

起，占事故总数的 29.2%；22 起较大事故在规定时限内(7 小时)上报的有 7 起，仅占较大事故总数的 31.9%。事故报送工作滞后，严重影响事故应急处置和安全形势的研判，需引起各地高度重视。

【较大及以上事故情况】 2015 年，全国共发生房屋市政工程生产安全较大事故 22 起、死亡 85 人，比上年同期事故起数减少 7 起、死亡人数减少 20 人(参见图 39、图 40)，同比分别下降 24.14% 和 19.05%，未发生重大及以上事故。

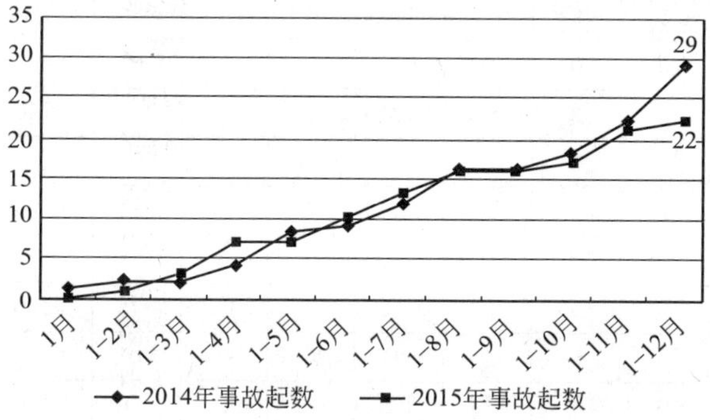

图 39　2014～2015 年较大及以上事故起数情况

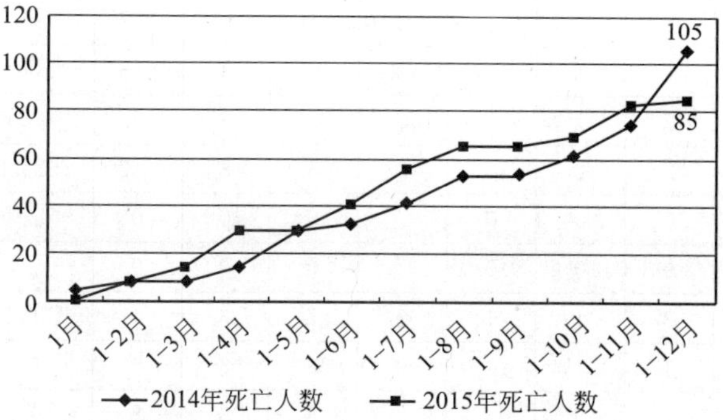

图 40　2014～2015 年较大及以上事故死亡人数情况

【事故类型情况】 2015 年，房屋市政工程生产安全事故按照类型划分，高处坠落事故 235 起，物体打击事故 66 起，坍塌事故 59 起，起重伤害事故 32 起，机械伤害、触电、车辆伤害、中毒和窒息等其他事故 50 起。不同事故类型所占比例情况如图 41 所示。

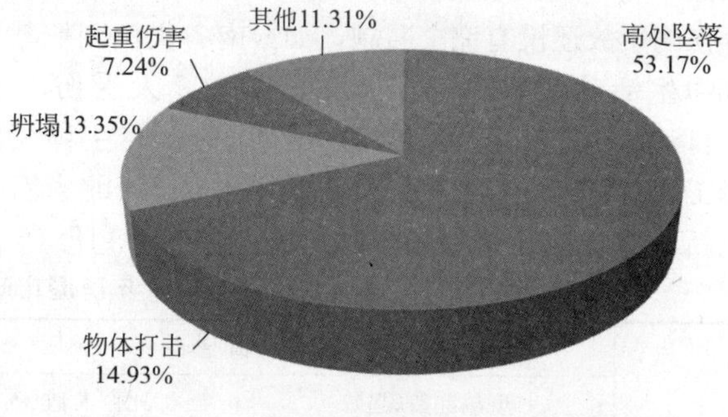

图 41　2015 年不同事故类型所占比例情况

2015 年，共发生 22 起较大事故，其中土方坍塌事故 8 起，死亡 25 人；模板支撑体系坍塌事故 6 起，死亡 32 人；起重机械伤害事故 4 起，死亡 15 人；钢结构坍塌事故 1 起，死亡 4 人；外脚手架坍塌事故 1 起，死亡 3 人；气体中毒事故 1 起，死亡 3 人；吊篮坠落事故 1 起，死亡 3 人。不同较大事故类型事故起数和死亡人数所占比例情况分别如图 42 和图 43 所示。

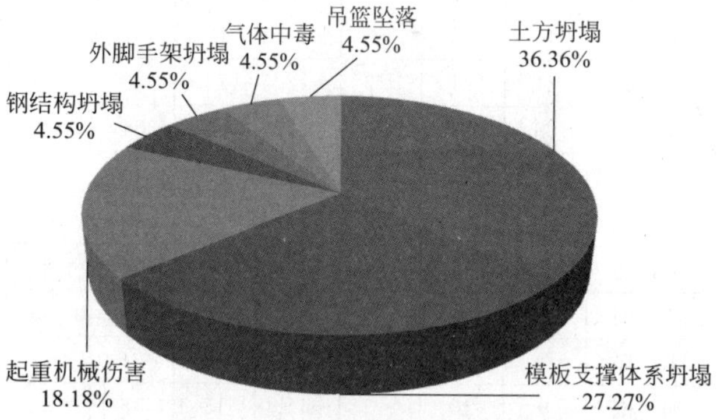

图 42　2015 年不同较大事故类型事故起数所占比例情况

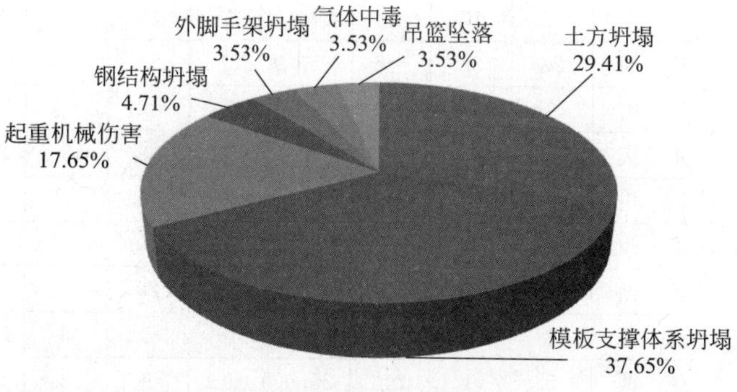

图 43　2015 年不同较大事故类型死亡人数所占比例情况

【形势综述】 2015 年，全国房屋市政工程安全生产形势总体平稳，事故起数和死亡人数比上年均有所下降，有17个地区事故起数和死亡人数同比下降，有15个地区未发生较大事故。但安全生产形势依然不容乐观，较大事故时有发生，特别是造成群死群伤的事故还没有完全遏制，如云南省文山州职教园区学生活动中心“2·9”（8人死亡、7人受伤）、西藏自治区林芝市巴宜区鲁朗小镇中区项目主体及配套工程“7·5”（8人死亡、5人受伤）、河北省石家庄新乐市金地建材市场13号商业楼“4·11”（5人死亡、4人受伤）等模板支撑体系坍塌较大事故，给人民生命财产带来重大损失，暴露出部分地区施工企业安全生产隐患排查治理工作不到位、安全监管责任和主体责任未落到实处等问题。

【2015年房屋市政工程生产安全事故情况】 2015年，全国有32个地区发生房屋市政工程生产安全事故，其中有10个地区的死亡人数同比上升。2015年房屋市政工程生产安全事故情况如表52所列。

2015年房屋市政工程生产安全事故情况 **表52**

地区	总体情况								较大及以上事故情况							
	事故起数（起）				死亡人数（人）				事故起数（起）				死亡人数（人）			
	2015	2014	同期比（%）		2015	2014	同期比（%）		2015	2014	同期比（%）		2015	2014	同期比（%）	
合计	442	522	−80	−15.33	554	648	−94	−14.51	22	29	−7	−24.14	85	105	−20	−19.05
北京	9	18	−9	−50.0	10	32	−22	−68.8	0	2	−2	−100.0	0	15	−15	−100.0
天津	8	10	−2	−20.0	11	11	0	0	1	0	1	/	4	0	4	/
河北	9	6	3	50.0	15	6	9	150.0	1	0	1	/	5	0	5	/
山西	3	3	0	0	4	5	−1	−20.0	0	1	−1	−100.0	0	3	−3	−100.0
内蒙古	11	10	1	10.0	15	13	2	15.4	0	0	0	/	0	0	0	/
辽宁	10	15	−5	−33.3	11	20	−9	−45.0	0	2	−2	−100.0	0	6	−6	−100.0
吉林	7	9	−2	−22.2	7	9	−2	−22.2	0	0	0	/	0	0	0	/
黑龙江	16	22	−6	−27.3	18	32	−14	−43.8	0	3	−3	−100.0	0	9	−9	−100.0
上海	21	24	−3	−12.5	23	26	−3	−11.5	0	0	0	/	0	0	0	/
江苏	53	73	−20	−27.4	60	84	−24	−28.6	2	3	−1	−33.3	6	10	−4	−40.0
浙江	31	39	−8	−20.5	35	41	−6	−14.6	0	0	0	/	0	0	0	/
安徽	23	27	−4	−14.8	25	30	−5	−16.7	0	1	−1	−100.0	0	3	−3	−100.0
福建	20	17	3	17.6	23	21	2	9.5	0	0	0	/	0	0	0	/
江西	8	8	0	0	9	14	−5	−35.7	0	1	−1	−100.0	0	6	−6	−100.0
山东	7	19	−12	−63.2	13	21	−8	−38.1	1	1	0	0	4	3	1	33.3
河南	9	10	−1	−10.0	15	18	−3	−16.7	1	2	−1	−50.0	3	8	−5	−62.5
湖北	18	22	−4	−18.2	25	28	−3	−10.7	1	2	−1	−50.0	4	6	−2	−33.3
湖南	8	14	−6	−42.9	10	18	−8	−44.4	0	1	−1	−100.0	0	3	−3	−100.0
广东	22	17	5	29.4	29	20	9	45.0	2	1	1	100.0	8	3	5	166.7
广西	23	28	−5	−17.9	27	36	−9	−25.0	2	2	0	0	6	8	−2	−25.0
海南	3	6	−3	−50.0	5	6	−1	−16.7	0	0	0	/	0	0	0	/
重庆	43	33	10	30.3	43	35	8	22.9	0	0	0	/	0	0	0	/
四川	4	13	−9	−69.2	9	15	−6	−40.0	2	1	1	100.0	7	3	4	133.3
贵州	6	13	−7	−53.8	10	19	−9	−47.4	1	1	0	0	3	3	0	0
云南	15	25	−10	−40.0	23	28	−5	−17.9	1	0	1	/	8	0	8	/
西藏	3	3	0	0	10	4	6	150.0	1	0	1	/	8	0	8	/
陕西	5	4	1	25.0	9	6	3	50.0	2	0	2	/	6	0	6	/
甘肃	12	9	3	33.3	14	11	3	27.3	1	0	1	/	3	0	3	/
青海	10	9	1	11.1	12	11	1	9.1	1	1	0	0	3	3	0	0

续表

地区	总体情况								较大及以上事故情况							
	事故起数(起)				死亡人数(人)				事故起数(起)				死亡人数(人)			
	2015	2014	同期比(%)		2015	2014	同期比(%)		2015	2014	同期比(%)		2015	2014	同期比(%)	
宁夏	5	4	1	25.0	8	9	−1	−11.1	1	2	−1	−50.0	3	6	−3	−50.0
新疆	19	12	7	58.3	22	19	3	15.8	0	2	−2	−100.0	0	7	−7	−100.0
新疆兵团	1	0	1	/	4	0	4	/	1	0	1	/	4	0	4	/

注：按各地死亡人数同期比增幅降序排列

【2015年房屋市政工程生产安全较大及以上事故情况】 2015年，全国有17个地区发生房屋市政工程生产安全较大事故。其中广东、四川、江苏、广西、陕西各发生2起，云南、西藏、河北、天津、山东、新疆生产建设兵团、湖北、河南、贵州、甘肃、青海、宁夏各发生1起。2015年房屋市政工程生产安全较大及以上事故情况如表53所列。

2015年房屋市政工程生产安全较大及以上事故情况 **表53**

序号	事故名称	死亡人数	建设单位	施工单位	法定代表人	项目经理	监理单位	法定代表人	项目总监
1	云南省文山州职教园区学生活动中心“2·9”事故	8	文山永通房地产开发有限责任公司	云南顺佰泰建筑工程有限公司	张廷合	张怀龙	云南监协工程咨询有限公司	唐嘉钧	普学金
2	西藏自治区林芝市巴宜区鲁朗小镇中区项目主体及配套工程“7·5”事故	8	林芝恒大旅游发展有限公司	中国中铁二局集团有限公司	邓元发	赵小路	广东建设工程监理有限公司	刘诚	何大海
3	河北省石家庄新乐市金地建材市场13号商业楼“4·11”事故	5	新乐市金地装饰建材有限公司	无	无	无	无	无	无
4	山东省潍坊市峡山生态经济开发区潍坊实验中学演艺中心“4·30”事故	4	潍坊益园置业有限公司	昌乐县永安建筑工程有限公司	赵瑞涛	王剑刚	潍坊市天元工程建设监理有限公司	于西德	王宗群
5	广东省东莞市麻涌镇深粮物流有限公司粮食仓储及码头配套工程“6·7”事故	4	东莞市深粮物流有限公司	甘肃省第二安装工程公司	庞忠	刘斗	广东安业建设工程顾问有限公司	陈广良	董超强
6	天津市宁河县经济开发区物联成物流有限公司仓储物流工程“6·12”事故	4	天津物联成物流有限公司	天津久缘建设工程集团有限公司	王永宝	不详	天津天一建设工程监理咨询公司	蔡俊英	郑骑
7	广东省广州市增城区索菲亚定制家居项目行政楼工程“7·19”事故	4	索菲亚家居股份有限公司	广东诺厦建设工程有限公司	陈观来	李科	广州穗峰建设工程监理有限公司	蔡建原	杨筱忠
8	湖北省武汉市美好公馆农利村K5地块工程“8·21”事故	4	武汉市泰宇商贸有限公司	中建三局第二建设工程有限责任公司	罗宏	不详	湖北大成建设监理有限公司	郭家美	不详
9	四川省成都市世龙公馆1—4号楼及地下室工程“10·5”事故	4	成都世龙实业有限公司	中国华西企业股份有限公司	杨斌	雷庆文	四川三信建设监理咨询有限公司	李成州	王卫华

续表

序号	事故名称	死亡人数	建设单位	施工单位	法定代表人	项目经理	监理单位	法定代表人	项目总监
10	新疆生产建设兵团第七师天北新区生产基地工艺厂房“11·6”事故	4	新疆天北城市投资有限公司	奎屯广厦建筑安装有限责任公司	包明智	曹继平	无	无	无
11	陕西省西咸新区空港新城第一大道工程“3·16”事故	3	陕西省西咸新区空港新城开发建设集团有限公司	陕西华山路桥工程有限公司	刘世稳	方晓明	陕西天一建设项目管理有限公司	王正	杨红刚
12	广西壮族自治区南宁市江南区标准厂房3号楼“3·26”事故	3	南宁市富宁投资发展有限责任公司	广西建工集团第一建筑工程有限责任公司	钟逢颂	岑宏	广西恒基建设工程咨询有限公司	黄俊才	莫其定
13	青海省西宁市第四污水处理厂配套污水管网工程多巴高原体育训练基地兴起路段“4·5”事故	3	西宁市排水公司	青海省土木建筑实业有限公司	王建设	张思成	青海省国宏监理有限公司	李北宁	李青旭
14	陕西省延安市志丹县双河乡移民搬迁小区及公租房挡土墙工程“4·29”事故	3	志丹县双河乡人民政府	延安市保安建筑工程有限公司	周喜荣	高小平	延安鑫祺工程监理有限责任公司	王萤	雷周平
15	河南省郑州市龙翔二街DN600给水管道过东风渠工程“6·12”事故	3	郑州市自来水投资控股有限公司	郑州市自来水工程公司	李玉峰	郭志凯	河南绿洲工程监理有限公司	陈瑜	时万峰
16	甘肃省张掖市甘州区滨河新区肃南裕苑34号商住楼工程“7·2”事故	3	肃南县裕苑房地产开发有限责任公司	张掖市东升路桥工程建设有限公司	梁志成	马伟	甘肃恒安建设监理咨询有限责任公司	吕文军	康国林
17	广西壮族自治区玉林市玉容路非机动车道及人行道改造工程“8·12”事故	3	玉林市玉东新区建设投资有限公司	广西大业建设集团有限公司	龙海盛	黄增禄	达华工程管理(集团)有限公司	杜永林	王利萍
18	江苏省南京市溧水区幸福佳苑二标段6号楼外墙装饰工程“8·17”事故	3	南京溧水中山保障建设有限公司	南京苏舜建筑安装工程有限公司	邵明忠	胡伟	南京工大建设监理咨询有限公司	袁发顺	周阿荣
19	江苏省苏州市吴中区水岸清华高层二期工程“11·8”事故	3	苏州锦派置业有限公司	江苏成章建设集团有限公司	峁阿庆	陈国刚	苏州市永安工程建设监理有限公司	周林根	衡永
20	宁夏回族自治区中卫市海原县育才小区工地附属工程“11·9”事故	3	银川众一集团房地产开发有限公司	银川城建集团工程有限公司	曹光兴	王大毅	宁夏昊源监理咨询有限公司	商立民	史建华
21	四川省广元市苍溪县广明如意城工程“11·18”事故	3	苍溪广明置业有限责任公司	四川阆中远大建筑有限公司	吴凡	吴远杰	四川鑫森工程项目管理有限公司	魏昌行	余世坤
22	贵州省贵阳市南明区铁路枢纽赖头冲安置工程“12·23”事故	3	贵阳市南明暹达国有资产投资经营有限公司	贵州建工集团有限公司	陈世华	郑客华	深圳市恒浩建工程项目管理有限公司	刘君	张振鹿

（住房和城乡建设部质量安全司　哈尔滨工业大学）

2015年我国对外承包工程业务完成额前100家企业和新签合同额前50家企业

【2015年我国对外承包工程业务完成营业额前100家企业】 根据国家商务部的有关统计分析报告，2015年我国对外承包工程业务完成营业额前100家企业如表54所列。

2015年我国对外承包工程业务完成营业额前50家企业　表54

序号	企业名称	完成营业额（万美元）
1	华为技术有限公司	1733841
2	中国建筑工程总公司	872771
3	中国水电建设集团国际工程有限公司	638298
4	中国港湾工程有限责任公司	411236
5	中国路桥工程有限责任公司	377203
6	中国葛洲坝集团股份有限公司	261947
7	中国铁建股份有限公司	223757
8	中国机械设备工程股份有限公司	207814
9	中国土木工程集团有限公司	205137
10	中国石油天然气管道局	163291
11	中国水利电力对外公司	150764
12	中信建设有限责任公司	147555
13	青建集团股份公司	140575
14	中国石油集团长城钻探工程有限公司	136324
15	中国水利水电第十四工程局有限公司	123870
16	上海振华重工(集团)股份有限公司	121244
17	中铁国际集团有限公司	118931
18	中国石油工程建设公司	118873
19	中国水利水电第八工程局有限公司	112376
20	特变电工股份有限公司	107528
21	中国交通建设股份有限公司	107182
22	哈尔滨电气国际工程有限责任公司	102863
23	中工国际工程股份有限公司	101643
24	山东电力建设第三工程公司	100824
25	中石化炼化工程(集团)股份有限公司	93069
26	大庆石油管理局	92730
27	中交第四航务工程局有限公司	86272
28	中国石油集团东方地球物理勘探有限责任公司	85396
29	上海电力建设有限责任公司	85188
30	中交第一公路工程局有限公司	85083
31	中国水利水电第十工程局有限公司	82897
32	山东电力基本建设总公司	80517
33	中地海外集团有限公司	79402
34	中铁二局集团有限公司	76590
35	中国中铁股份有限公司	76262
36	国家电网公司	72482
37	中国电力工程有限公司	71883
38	天津水泥工业设计研究院有限公司	71376
39	中国江西国际经济技术合作公司	71243
40	威海国际经济技术合作股份有限公司	71053
41	上海贝尔股份有限公司	67769
42	中国中原对外工程有限公司	66517
43	中交第二公路工程局有限公司	65679
44	中国技术进出口总公司	64767
45	中国石油集团渤海钻探工程有限公司	64278
46	北方国际合作股份有限公司	64267
47	中国大唐集团科技工程有限公司	63519
48	浙江省建设投资集团有限公司	61392
49	中国寰球工程公司	61163
50	上海电气集团股份有限公司	61084
51	中交第二航务工程局有限公司	58850
52	中国石化工程建设有限公司	57792
53	中国中材国际工程股份有限公司	57660

续表

序号	企业名称	完成营业额（万美元）
54	中兴通讯股份有限公司	57391
55	中石化中原石油工程有限公司	57261
56	中国成达工程有限公司	56366
57	上海建工集团股份有限公司	55381
58	江西中煤建设集团有限公司	54888
59	中国地质工程集团公司	54674
60	中国有色金属建设股份有限公司	54530
61	中国河南国际合作集团有限公司	54126
62	中鼎国际工程有限责任公司	53956
63	中国一冶集团有限公司	53715
64	中国建筑第五工程局有限公司	53146
65	江苏省建筑工程集团有限公司	51969
66	中国电力技术装备有限公司	51456
67	中国水利水电第五工程局有限公司	51455
68	安徽建工集团有限公司	50919
69	中国能源建设集团东北电力第一工程有限公司	50635
70	中国水利水电第七工程局有限公司	50434
71	中国江苏国际经济技术合作集团有限公司	49787
72	新疆生产建设兵团建设工程(集团)有限责任公司	47907
73	中国水利水电第十三工程局有限公司	47756
74	东方电气股份有限公司	47029
75	中石化上海工程有限公司	46765
76	北京建工集团有限责任公司	45481
77	安徽省外经建设(集团)有限公司	44747
78	上海隧道工程股份有限公司	43990
79	中海油田服务股份有限公司	43366
80	中铁七局集团有限公司	43299
81	中国十七冶集团有限公司	42202
82	中国水利水电第十六工程局有限公司	41664
83	江苏南通三建集团有限公司	41605
84	沈阳远大铝业工程有限公司	41002
85	广州江河幕墙系统工程有限公司	40339

续表

序号	企业名称	完成营业额（万美元）
86	中交第一航务工程局有限公司	39349
87	中国航空技术国际工程有限公司	38937
88	中铁建工集团有限公司	38775
89	中材建设有限公司	38228
90	浙江省东阳第三建筑工程有限公司	37669
91	中国山东对外经济技术合作集团有限公司	35210
92	中国冶金科工集团有限公司	34910
93	中国十五冶金建设集团有限公司	34643
94	惠生工程(中国)有限公司	34507
95	中国能源建设集团天津电力建设有限公司	34137
96	中建材集团进出口公司	33797
97	泛华建设集团有限公司	33773
98	江苏中信建设集团有限公司	33769
99	湖南省建筑工程集团总公司	33700
100	中铁十局集团有限公司	33231

（哈尔滨工业大学）

【2015年我国对外承包工程业务新签合同额前50家企业】 根据国家商务部的有关统计分析报告，2015年我国对外承包工程业务新签合同额前50家企业如表55所列。

2015年我国对外承包工程业务新签合同额前50家企业 **表55**

序号	企业名称	新签合同额（万美元）
1	华为技术有限公司	1822872
2	中国建筑工程总公司	1767475
3	中国铁建股份有限公司	1683227
4	中国水电建设集团国际工程有限公司	1273086
5	中国港湾工程有限责任公司	1038197
6	中国葛洲坝集团股份有限公司	1014568
7	中国土木工程集团有限公司	755500
8	中国交通建设股份有限公司	740520
9	中国路桥工程有限责任公司	403220
10	中国铁建国际集团有限公司	290035

续表

序号	企业名称	新签合同额（万美元）
11	中国机械设备工程股份有限公司	289711
12	中铁国际集团有限公司	287036
13	中国电力技术装备有限公司	270892
14	中国石化工程建设有限公司	247900
15	中国石油工程建设公司	238597
16	山东电力工程咨询院有限公司	214400
17	上海电力建设有限责任公司	209963
18	山东电力建设第三工程公司	205885
19	东方电气股份有限公司	204698
20	上海电气输配电工程成套有限公司	189320
21	上海振华重工(集团)股份有限公司	167179
22	中国能源工程有限公司	166800
23	中国石油集团长城钻探工程有限公司	162861
24	浙江省建设投资集团有限公司	151572
25	中信建设有限责任公司	149728
26	中国中材国际工程股份有限公司	149464
27	中国石油天然气管道局	142407
28	中国建材国际工程集团有限公司	129746
29	中国江西国际经济技术合作公司	128203
30	哈尔滨电气国际工程有限责任公司	125321
31	中工国际工程股份有限公司	121886
32	中国石油集团东方地球物理勘探有限责任公司	118739
33	北京四达时代软件技术股份有限公司	113850
34	新疆生产建设兵团建设工程(集团)有限责任公司	110602
35	中国水利电力对外公司	110218
36	中国万宝工程公司	103044
37	中交第一公路工程局有限公司	101728
38	中国成达工程有限公司	90566
39	大庆石油管理局	87974
40	中国冶金科工集团有限公司	85085
41	威海国际经济技术合作股份有限公司	84828
42	江西中煤建设集团有限公司	84214
43	天津水泥工业设计研究院有限公司	81712
44	中国甘肃国际经济技术合作总公司	81063

续表

序号	企业名称	新签合同额（万美元）
45	中国电建集团华东勘测设计研究院有限公司	80878
46	江苏永鼎泰富工程有限公司	79908
47	上海贝尔股份有限公司	78508
48	中兴通讯股份有限公司	77778
49	北京城建集团有限责任公司	75875
50	许继集团国际工程有限公司	75000
51	上海电气集团股份有限公司	74836
52	中国水电工程顾问集团有限公司	74448
53	中铁二局集团有限公司	72495
54	中国技术进出口总公司	71462
55	北方重工集团有限公司	70940
56	中国机械进出口(集团)有限公司	70112
57	山东电力基本建设总公司	69600
58	中国地质工程集团公司	67680
59	江西江联国际工程有限公司	65083
60	中铁四局集团有限公司	64811
61	中国能源建设集团东北电力第一工程有限公司	64807
62	华山国际工程公司	64507
63	中国电建集团昆明勘测设计研究院有限公司	63211
64	中成进出口股份有限公司	63100
65	中地海外集团有限公司	63001
66	中铁七局集团有限公司	62466
67	中铁建设集团有限公司	62443
68	中国河南国际合作集团有限公司	62440
69	湖南省建筑工程集团总公司	62250
70	上海建工集团股份有限公司	62143
71	中国能源建设集团广东省电力设计研究院有限公司	62000
72	中材建设有限公司	61589
73	中国石油集团渤海钻探工程有限公司	56345
74	中石化中原石油工程有限公司	55514
75	山东高速集团有限公司	55078
76	海尔集团电器产业有限公司	53455

续表

序号	企业名称	新签合同额（万美元）
77	青建集团股份公司	52192
78	东方日升新能源股份有限公司	50000
79	江苏省建筑工程集团有限公司	49693
80	中铁建工集团有限公司	45574
81	中石化南京工程有限公司	44800
82	中铁一局集团有限公司	44432
83	中海油田服务股份有限公司	43366
84	中国十七冶集团有限公司	42455
85	中建港务建设有限公司	42173
86	中国电力工程有限公司	40959
87	华中电力国际经贸有限责任公司	40788
88	龙信建设集团有限公司	39470
89	中国联合工程公司	36822

续表

序号	企业名称	新签合同额（万美元）
90	安徽省外经建设(集团)有限公司	36145
91	中国成套设备进出口(集团)总公司	36128
92	中国二十冶集团有限公司	35907
93	浙江省东阳第三建筑工程有限公司	35413
94	南车青岛四方机车车辆股份有限公司	35400
95	北方国际合作股份有限公司	35118
96	四川宏华国际科贸有限公司	34680
97	中国电建集团中南勘测设计研究院有限公司	34570
98	新疆炼化建设集团有限公司	34408
99	番禺珠江钢管有限公司	33359
100	浪潮集团有限公司	32992

（哈尔滨工业大学）

2015 年全国房地产市场运行分析

2015 年全国房地产开发情况

根据国家统计局发布的有关数据，2015 年我国房地产市场开发情况如下：

【房地产开发投资完成情况】 2015 年，全国房地产开发投资 95979 亿元，比上年名义增长 1.0%（扣除价格因素实际增长 2.8%）。其中，住宅投资 64595 亿元，增长 0.4%，增速回落 0.3 个百分点。住宅投资占房地产开发投资的比重为 67.3%。2015 年全国房地产开发投资增速呈持续回落状态，如图 44 所示。

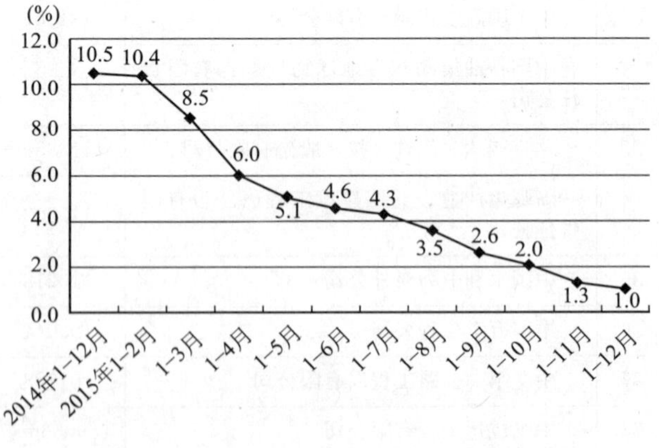

图 44　2015 年全国房地产开发投资增速

分地区来看，2015 年东部地区[1]房地产开发投资 49673 亿元，比上年增长 4.3%；中部地区投资 19122 亿元，增长 4.4%，增速回落 0.2 个百分点；西部地区投资 21709 亿元，增长 1.3%，增速提高 0.2 个百分点；东北地区投资 5475 亿元，下降 28.5%，降幅扩大 0.6 个百分点。

（注 [1]：地区划分标准首次变动，国家统计局据此对 1～11 月份东、中、西部增速进行了调整。东部地区包括北京、天津、河北、上海、江苏、浙江、福建、山东、广东、海南 10 个省(市)；中部地区包括山西、安徽、江西、河南、湖北、湖南 6 个省；西部地区包括内蒙古、广西、重庆、四川、贵州、云南、西藏、陕西、甘肃、青海、宁夏、新疆 12 个省(市、自治区)；东北地区包括辽宁、吉林、黑龙江 3 个省。下文同。）。具体如表 56 所示。

2015 年分地区房地产开发投资情况 **表 56**

地 区	投资额（亿元）		比上年增长（%）	
		住 宅		住 宅
全国总计	95979	64595	1.0	0.4
一、东部地区	49673	33050	4.3	4.5
二、中部地区	19122	13413	4.4	4.2
三、西部地区	21709	14199	1.3	−0.9
四、东北地区	5475	3933	−28.5	−28.8

数据来源：国家统计局

【房屋供给情况】 2015 年，房地产开发企业房屋施工面积 735693 万平方米，比上年增长 1.3%。其中，住宅施工面积 511570 万平方米，下降 0.7%。房屋新开工面积 154454 万平方米，下降 14.0%，降幅收窄 0.7 个百分点。其中，住宅新开工面积 106651 万平方米，下降 14.6%。房屋竣工面积 100039 万平方米，下降 6.9%，降幅扩大 3.4 个百分点。其中，住宅竣工面积 73777 万平方米，下降 8.8%。

2015 年、2014 年全国房地产开发企业施工面积、新开工面积和竣工面积逐月情况，如表 57 所示。

2015 年、2014 年全国房地产开发企业施工、新开工和竣工面积逐月情况 **表 57**

月份	2015 年						2014 年					
	施工面积（亿平方米）	增长（%）	新开工面积（亿平方米）	增长（%）	竣工面积（亿平方米）	增长（%）	施工面积（亿平方米）	增长（%）	新开工面积（亿平方米）	增长（%）	竣工面积（亿平方米）	增长（%）
1～2	570097	7.6	13744	−17.7	10815	−12.9	529593	16.3	16693	−27.4	12418	−8.2
1～3	584018	6.8	23724	−18.4	16994	−8.2	547030	14.2	29090	−25.2	18520	−4.9
1～4	599580	6.2	35756	−17.3	21210	−10.5	564782	12.8	43234	−22.1	23685	−0.3
1～5	616903	5.3	50305	−16	26611	−13.3	586081	12	59912	−18.6	30700	6.8
1～6	637563	4.3	67479	−15.8	32941	−13.8	611406	11.3	80126	−16.4	38215	8.1
1～7	654172	3.4	81731	−16.8	37833	−13.1	632685	11.3	98232	−12.8	43524	4.5
1～8	669360	2.5	95182	−16.8	42475	−14.6	652953	11.5	114382	−10.5	49759	6.7
1～9	693652	3	114814	−12.6	50967	−9.8	673230	11.5	131411	−9.3	56504	7.2
1～10	707805	2.3	127086	−13.9	61201	−4.2	692132	12.3	147661	−5.5	63889	7.6
1～11	723990	1.8	140569	−14.7	72413	−3.5	711307	10.1	164705	−9	75063	8.1
1～12	735693	1.3	154454	−14	100039	−6.9	726482	9.2	179592	−10.7	107459	5.9

数据来源：国家统计局

2015 年，房地产开发企业土地购置面积 22811 万平方米，比上年下降 31.7%，降幅比 1～11 月份收窄 1.4 个百分点；土地成交价款 7622 亿元，下降 23.9%，降幅收窄 2.1 个百分点。2015 年全国房地产开发企业土地购置面积增速，如图 45 所示。

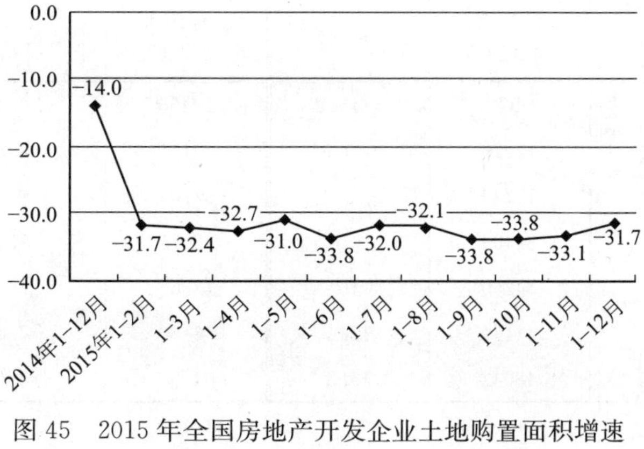

图 45 2015 年全国房地产开发企业土地购置面积增速

2015年商品房销售和待售情况

2015年，商品房销售面积128495万平方米，比上年增长6.5%，增速比1～11月份回落0.9个百分点。其中，住宅销售面积增长6.9%，办公楼销售面积增长16.2%，商业营业用房销售面积增长1.9%。商品房销售额87281亿元，增长14.4%，增速回落1.2个百分点。其中，住宅销售额增长16.6%，办公楼销售额增长26.9%，商业营业用房销售额下降0.7%。2015年全国商品房销售面积及销售额增速，如图46所示。

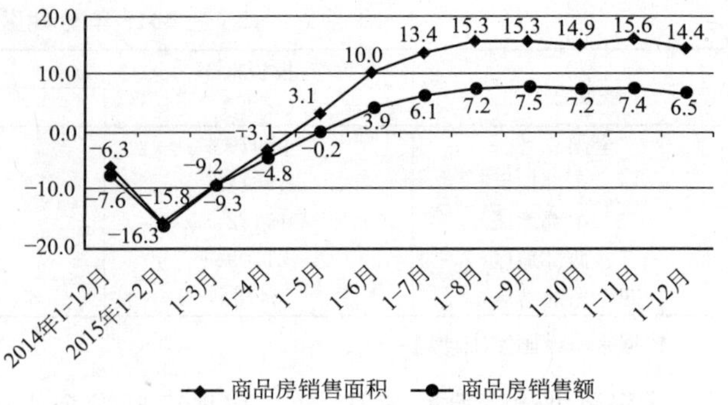

图46　2015年全国商品房销售面积及销售额增速

分地区来看，东部地区商品房销售面积55509万平方米，比上年增长13.3%；销售额49888亿元，增长23.1%，增速回落2个百分点。中部地区商品房销售面积32409万平方米，增长8.9%，增速回落1.4个百分点；销售额16355亿元，增长12.5%，增速回落1.1个百分点。西部地区商品房销售面积33173万平方米，增长3.4%，增速回落0.4个百分点；销售额16939亿元，增长5.0%，增速回落0.5个百分点。东北地区商品房销售面积7405万平方米，下降24.5%，降幅扩大0.2个百分点；销售额4099亿元，下降19.8%。如表58所示。

2015年分地区房地产销售情况　　**表58**

地　区	商品房销售面积		商品房销售额	
	绝对数(万平方米)	比上年增长(%)	绝对数(亿元)	比上年增长(%)
全国总计	128495	6.5	87281	14.4
东部地区	55509	13.3	49888	23.1
中部地区	32409	8.9	16355	12.5
西部地区	33173	3.4	16939	5.0
东北地区	7405	−24.5	4099	−19.8

注：此表中数据因四舍五入的原因，存在总计与分项合计不等的情况。

数据来源：国家统计局

2015年末，商品房待售面积71853万平方米，比11月末增加2217万平方米。其中，住宅待售面积增加1155万平方米，办公楼待售面积增加128万平方米，商业营业用房待售面积增加458万平方米。

2015年、2014年全年商品房销售面积和销售额逐月情况，如表59所示。

2015年、2014年全国商品房销售面积、销售额　　**表59**

月份	2015年				2014年			
	商品房销售面积(万平方米)	增长(%)	商品房销售额(亿元)	增长(%)	商品房销售面积(万平方米)	增长(%)	商品房销售额(亿元)	增长(%)
1～2	8764	−16.3	5972	−15.8	10466	−0.1	7090	−3.7
1～3	18254	−9.2	12023	−9.3	20111	−3.8	13263	−5.2
1～4	26385	−4.8	17739	−3.1	27709	−6.9	18307	−7.8
1～5	35996	−0.2	24409	3.1	36070	−7.8	23674	−8.5
1～6	50264	3.9	34259	10	48365	−6	31133	−6.7
1～7	59914	6.1	41171	13.4	56480	−7.6	36315	−8.2
1～8	69675	7.2	48042	15.3	64987	−8.3	41661	−8.9

续表

月份	2015 年				2014 年			
	商品房销售面积(万平方米)	增长(%)	商品房销售额(亿元)	增长(%)	商品房销售面积(万平方米)	增长(%)	商品房销售额(亿元)	增长(%)
1~9	82908	7.5	56745	15.3	77132	−8.6	49227	−8.9
1~10	94898	7.2	64790	14.9	88494	−7.8	56385	−7.9
1~11	109253	7.4	74522	15.6	101717	−8.2	64481	−7.8
1~12	128495	6.5	87281	14.4	120649	−7.6	76292	−6.3

数据来源：国家统计局

2015 年全国房地产开发资金来源结构分析

2015 年，房地产开发企业到位资金 125203 亿元，比上年增长 2.6%。2015 年全国房地产开发企业本年到位资金增速，如图 47 所示。

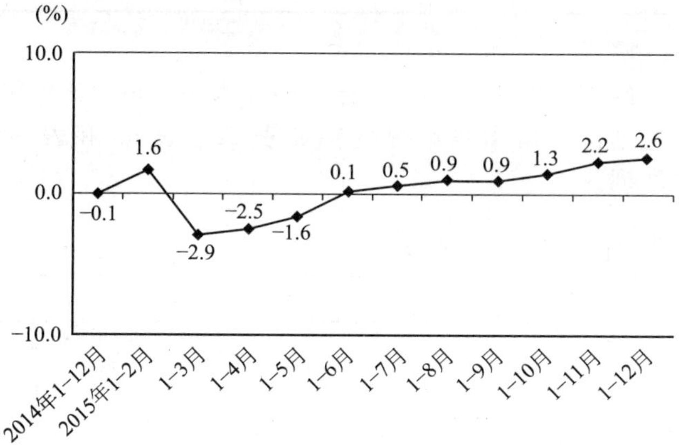

图 47　2015 年全国房地产开发企业本年到位资金增速

【国内贷款比重小幅下降】 2015 年，全国房地产开发企业本年到位资金来源于国内贷款 20214 亿元，同比下降 4.8%，增幅比 2014 年降低 12.8 个百分点；占全年到位资金总和的 16.1%，比上年同期下降了 1.3 个百分点。

【利用外资金额大幅降低】 2015 年，全国房地产开发企业本年到位资金来源于利用外资 297 亿元，同比下降 53.6%，增幅比 2014 年大幅降低了 73.3 个百分点。全年房地产企业利用外资资金仅占全年到位资金的 0.2%。

【自筹资金比重小幅下降】 2015 年，全国房地产开发企业本年到位资金来源于自筹资金为 49038 亿元，同比下降 2.7%，增幅比 2014 年降低 9.0 个百分点。全年房地产开发自筹资金占全年到位资金的 39.2%，比上年同期下降了 2.1 个百分点。

【其他来源资金大幅增加】 2015 年，全国房地产开发企业本年到位资金来源于其他资金 55655 亿元，同比增长 12.0%，增速比 2014 年增加 20.8 个百分点。全年房地产开发其他资金占全年到位资金的 44.5%，比上年同期增加了 3.8 个百分点。其中，购房者定金及预付款资金 32520 亿元，同比增长 7.5%，增幅比 2014 年提高 19.9 个百分点，定金及预付款资金占房地产开发企业本年到位资金的 26.0%，比上年同期增加了 1.2 个百分点；个人按揭贷款 16662 亿元，同比增长 21.9%，增幅比 2014 年增加 24.5 个百分点，占房地产开发企业到位资金的 13.3%，比上年同期增加了 2.1 个百分点。

2015 年全国房地产开发资金来源结构逐月情况，如表 60。

2015 年全国房地产开发资金来源结构逐月情况(单位：亿元)　　**表 60**

月份	房地产开发资金合计	国内贷款	利用外资	自筹资金	其他资金		
						定金及预付款	个人按揭贷款
1~2	21613	4942	86	9023	7563	4438	2161
1~3	27892	5845	93	11214	10739	6260	3194
1~4	36279	7341	108	14386	14444	8461	4327
1~5	45966	8740	150	18389	18688	10973	5575
1~6	58948	10831	179	23844	24095	14121	7163
1~7	69301	12515	185	27761	28840	16965	8608
1~8	79742	13956	204	31797	33785	19774	10118
1~9	90653	15701	229	36285	38437	22526	11567

续表

月份	房地产开发资金合计	国内贷款	利用外资	自筹资金	其他资金		
						定金及预付款	个人按揭贷款
1～10	101566	17097	242	40538	43690	25458	13059
1～11	112563	18628	258	44648	49029	28538	14714
1～12	125203	20214	297	49038	55655	32520	16662
2014 年	121991	21243	639	50420	49690	30238	13665

数据来源：国家统计局

2015 年全国房地产开发景气指数

2015 年全国房地产开发景气指数如表 61 所示。

2015 年全国房地产开发景气指数 **表 61**

指数类别	月份										
	1～2	1～3	1～4	1～5	1～6	1～7	1～8	1～9	1～10	1～11	1～12
国房景气指数	93.77	93.11	92.56	92.43	92.63	93.03	93.46	93.4	93.34	93.35	93.34
较上月增幅	−0.16	−0.66	−0.55	−0.13	0.2	0.4	0.43	−0.06	−0.06	0.01	−0.01

数据来源：国家统计局

70 个大中城市住宅销售价格变动情况

【新建住宅销售价格情况】 根据国家统计局公布的月度数据，2015 年全国 70 个大中城市的新建住宅销售价格指数情况分别如表 62、表 63 和表 64 所列。

2015 年 70 个大中城市新建住宅销售价格指数环比数据 **表 62**

城市	1月	2月	3月	4月	5月	6月	7月	8月	9月	10月	11月	12月
北京	99.9	99.8	100.3	100.7	101.1	101.3	101.1	101.1	100.9	100.6	100.8	100.4
天津	99.8	99.9	100.1	100.1	100.2	100.4	100.2	100.2	100.5	100.3	100.4	100.8
石家庄	99.9	99.6	100.3	100.3	100.1	100.1	100.4	100.5	100.3	99.8	100.2	100.1
太原	99.7	99.7	100.2	100.1	100.2	100.1	100.3	100.1	100.4	100.2	100.3	100.1
呼和浩特	99.6	99.2	99.8	99.5	99.7	100	99.9	100	100	99.3	100.1	100.1
沈阳	99.6	99.6	99.8	100	99.8	100.5	100.2	100.3	99.8	99.6	100	99.9
大连	99.4	99.6	99.7	100.1	100	100.4	100.2	100	99.7	99.3	99.9	99.9
长春	99.8	99.7	99.9	99.5	99.7	99.9	100.1	100.2	99.9	99.8	99.8	99.9
哈尔滨	99.4	99.6	99.7	100.1	100	100.1	100.3	99.7	100.2	100.3	99.9	100.2
上海	100	99.9	100	100.6	102.2	102	101.6	101.3	101.6	101.8	101.6	101.9
南京	100	99.8	100.2	100.2	100.3	100.4	100.8	100.9	100.5	101	101.1	100.9
杭州	99.7	99.7	99.6	100.4	100.5	101.3	100.8	100.6	100.6	100.6	100.6	101.1
宁波	99.8	99.7	99.9	100.2	100.6	100.5	100.7	100.5	100.4	100.3	100.5	100.3
合肥	99.8	99.7	99.8	100	100.1	100.1	100.4	100	100	100.4	100.5	100.5
福州	99.5	99.3	100	99.9	100	100.4	100.2	100.1	100.3	100.3	100.9	101
厦门	99.9	99.9	100.2	100.2	100.1	100.3	100.4	100.6	100.9	101.3	101.2	101.3
南昌	100	99.4	99.8	100	100.2	100.2	100	100.2	100.4	100.4	100.4	100.6
济南	99.7	99.8	99.8	100	100.3	100.1	99.8	100.2	100.2	100.4	100.2	100.3
青岛	99.4	99.3	99.4	99.7	99.9	100.1	100.2	100	99.9	99.9	99.8	100.3
郑州	99.7	99.8	100.2	99.8	100	100.5	100.4	100.6	100.4	100.6	100.2	100.4

续表

城　　市	1月	2月	3月	4月	5月	6月	7月	8月	9月	10月	11月	12月
武　　汉	99.9	100	100.2	100.3	100.1	100.3	100.4	100.7	100.6	100.3	100.6	100.7
长　　沙	99.7	99.6	100	100	99.8	100	100.1	99.9	100.2	100	100	100.5
广　　州	100	99.8	99.9	100.4	101.4	101.5	101.2	100.9	101.4	100.8	100.6	100.7
深　　圳	100.3	100.2	100.7	101.8	106.6	107.1	106.2	105.1	104	101.2	102.9	103.2
南　　宁	99.7	99.5	100.2	100.3	100	100.4	100	100.4	100.1	100.5	100.4	100.3
海　　口	99.5	99.4	100	99.6	99.8	99.9	100	100.4	100.2	100	99.8	100.2
重　　庆	99.6	99.4	99.7	99.8	99.9	100.1	100.3	100.1	100.1	100	99.9	100.4
成　　都	99.7	99.6	99.4	99.9	100.1	100.2	100.5	100.3	100.1	100.1	100.5	100.2
贵　　阳	99.7	99.6	100.2	99.8	99.8	100.1	100.2	100.3	100.1	99.7	99.9	99.8
昆　　明	99.8	99.7	99.9	99.7	99.8	100	99.7	99.6	99.8	100	99.9	100.1
西　　安	99.5	99.6	99.9	99.7	100	100	100.2	100.2	100.2	100.4	100.2	100.2
兰　　州	99.6	99.6	99.9	99.4	99.8	99.6	99.8	100	100.5	100	100	100.2
西　　宁	99.2	99.5	99.9	99.8	99.6	99.5	99.3	99.8	100	99.7	100.1	99.6
银　　川	99.7	99.5	99.5	99.5	99.6	99.8	99.5	99.8	100.1	99.7	100.1	99.7
乌鲁木齐	99.6	99.7	99.6	99.7	99.8	99.9	100	99.7	100	99.8	100.2	99.8
唐　　山	99.3	99.7	99.6	99.8	99.4	100	100	99.8	100	99.9	99.9	99.8
秦皇岛	99.3	99.5	99.6	99.3	99.8	99.8	99.8	99.9	99.8	99.9	100.2	100
包　　头	98.9	99.1	100	99.8	99.8	99.8	99.7	100	99.8	99.8	99.9	100
丹　　东	98.4	99.3	99.7	99.6	99.8	99.7	99.9	99.5	99.9	99.7	100	99.1
锦　　州	99.1	98.9	100	99.5	99.6	99.8	99.4	99.7	99.8	99.8	99.6	99.7
吉　　林	99.6	99.4	99.9	99.8	99.7	99.9	100.1	99.9	99.7	99.9	99.8	99.6
牡丹江	99.6	99.8	99.8	99.8	100	100	99.8	99.5	100	99.8	99.9	99.8
无　　锡	99.4	99.7	99.8	99.9	100.1	100	99.8	100	100.1	99.9	100.2	99.7
扬　　州	99.4	99.6	99.9	99.9	99.7	99.9	100	100.1	100	100.2	100	100.4
徐　　州	99.6	99.6	100.1	100.2	100	99.8	100	100.1	100.2	100	100	99.9
温　　州	99.4	99.4	99.8	100.6	100.2	100.4	100.2	100.2	100.3	100.2	100.4	100.5
金　　华	99.6	99.4	99.7	100.4	100.3	100.2	100.1	100.4	100.3	100.4	100.3	100.4
蚌　　埠	99.5	99.3	99.2	99.7	99.8	99.7	99.4	99.7	99.6	100.3	99.8	99.7
安　　庆	99.8	99.6	100	99.9	100	99.9	100.5	99.7	99.9	99.9	99.9	99.9
泉　　州	98.4	99.4	99.9	99.8	99.9	99.8	99.9	100	100	100.3	100	100.2
九　　江	99	99.6	99.8	99.8	100.3	99.7	100	99.9	99.6	99.7	99.9	100.3
赣　　州	100.2	100.1	99.7	99.9	99.6	99.8	100.2	100.7	99.3	99.6	99.8	100.4
烟　　台	99.4	99.5	99.8	99.9	99.8	99.8	99.9	99.8	100.1	99.7	100.3	100.2
济　　宁	99.8	99.7	99.6	99.7	99.6	99.9	99.4	99.5	100.1	99.7	99.8	99.8
洛　　阳	99.4	99.4	99.8	99.6	99.9	100	99.9	100	99.9	99.9	99.8	99.8
平顶山	99.4	99.7	99.8	99.8	99.7	99.9	100	100.1	100.4	100	99.9	100.2
宜　　昌	99.8	99.9	99.7	99.5	99.8	99.6	99.7	100.1	100.3	99.9	100.4	99.6
襄　　阳	99.7	99.1	99.8	99.5	99.9	99.6	99.7	99.5	99.8	99.4	99.8	100
岳　　阳	99.8	99.6	100	99.8	99.8	99.7	99.8	99.8	99.8	99.4	100	100
常　　德	99.2	99.3	100	99.4	99.7	99.7	99.8	99.9	100.1	99.9	100.2	99.4

续表

城　市	1月	2月	3月	4月	5月	6月	7月	8月	9月	10月	11月	12月
惠　州	99.7	99.2	99.1	99.3	99.6	99.6	99.8	100.4	100.6	100.2	100.2	99.9
湛　江	99.6	98.7	99.4	99.5	99.6	99.7	99.4	99.6	100	99.8	100	99.7
韶　关	99.3	99.4	99.6	99.5	99.7	99.8	99.6	99.7	99.6	100	100.5	100.2
桂　林	99.6	99.2	99.6	99.8	99.8	100	99.9	100	99.6	100	99.9	99.7
北　海	99.2	99.7	99.8	99.6	99.8	99.9	100	100.5	100.4	99.5	99.9	100.3
三　亚	99.5	99.8	99.9	99.8	99.8	99.9	100.2	100.3	100	100	99.7	100.5
泸　州	99.4	100	99.8	99.4	99.7	99.7	99.9	99.8	100.9	100.2	99.8	100
南　充	99.6	99.7	99.4	99.7	99.5	99.7	99.6	99.8	99.7	99.9	99.9	99.7
遵　义	99.2	99.6	99.6	99.6	99.9	99.7	99.9	100.2	99.8	99.9	99.8	99.9
大　理	99.6	99.5	99.8	99.5	99.8	100	99.9	99.7	100.1	99.7	100	99.9

数据来源：国家统计局

2015 年 70 个大中城市新建住宅销售价格指数同比数据　　　　**表 63**

城　市	1月	2月	3月	4月	5月	6月	7月	8月	9月	10月	11月	12月
北　京	96.8	96.4	96.3	96.8	97.7	98.9	101	103	104.7	106.5	107.7	108.3
天　津	96.4	96	95.9	95.9	96.1	96.9	97.8	99	100.3	101.3	102.1	103.1
石家庄	96.1	95.3	95.3	95.5	96.3	96.4	97.6	99.2	100.5	101	101.5	101.7
太　原	95.3	94.7	94.7	94.7	94.8	95.2	96.9	98.1	99.5	100.2	100.9	101.4
呼和浩特	94.1	92.8	92.7	92.2	91.9	91.8	92.6	94.1	95.3	95.5	96.5	97.5
沈　阳	91.6	90.8	90.3	90.2	90.4	91.6	93.5	95.3	96.2	97.1	98.2	99.1
大　连	92.8	92.1	91.5	91.5	91.5	91.9	93.3	94.8	95.5	96.1	97.3	98.2
长　春	95.6	95	94.5	93.8	93.4	93.9	94.8	95.8	96.9	97.4	97.8	98.3
哈尔滨	95.3	94.9	94.4	94.5	94.5	94.5	95.5	96	97.1	98.6	98.9	99.5
上　海	95.8	95.3	95	95.3	97.7	100.3	103.1	105.6	108.3	110.9	113.1	115.5
南　京	97.6	97.2	97	96.8	97	97.8	99.3	101.3	102.6	104	105.2	106.3
杭　州	89.9	89.6	89.2	90.1	91.8	94.6	97.7	100.3	102	103	104.1	105.6
宁　波	94.1	93.6	93.5	93.7	94.9	96.9	98.9	100.1	100.9	101.7	102.7	103.4
合　肥	97.6	96.9	96.5	96.3	96.5	97	98	98.6	99.7	100.2	100.7	101.3
福　州	93.5	92.5	92.1	92	92	93	94.7	95.9	97.9	99.2	100.6	101.8
厦　门	100.8	100	99.6	99.4	99.4	99.5	99.8	100.1	101.1	102.9	104.5	106.4
南　昌	94.6	93.8	93.5	93.5	93.9	94.5	95.4	96.9	98.3	99.9	100.7	101.6
济　南	95.3	94.7	94.1	94	94.7	95.4	96.4	97.9	98.8	99.6	100.2	100.8
青　岛	92.7	91.7	91.1	90.7	90.6	91.2	92.5	93.4	94.7	95.9	96.7	97.8
郑　州	99.3	98.7	98.5	98.2	97.9	98.4	98.9	99.9	101.2	101.9	102.2	102.7
武　汉	95.5	95.2	95	95.1	95.3	96	98	100.3	101.8	102.5	103.5	104.3
长　沙	92.4	91.6	91.4	91.2	91.4	92.2	93.6	95	96.2	97.5	98.4	99.5
广　州	94.6	94	93.6	93.9	95.2	97.3	99.7	102	104.9	107	108.1	109.1
深　圳	98.7	98.6	99.1	100.7	107.5	115.7	123.6	131.3	137.6	139.9	143.9	146.8
南　宁	94.9	94.1	94.1	94.3	94.2	95.2	96.3	97.8	99.2	100.1	100.8	101.7
海　口	94.4	93.8	94	93.6	93.7	94.2	95	95.9	97	97.9	98	98.9

续表

城　市	1月	2月	3月	4月	5月	6月	7月	8月	9月	10月	11月	12月
重　庆	94	93.2	92.6	92.3	92.3	93.1	94.2	95.5	97.2	97.9	98.3	99
成　都	94.5	93.7	92.9	92.7	93.1	93.8	95.3	96.7	97.9	99.1	100.2	100.6
贵　阳	96.8	96.2	96.3	95.8	95.5	95.4	96	97.6	98.3	98.8	99	99.2
昆　明	95.4	94.9	94.7	94.3	94.1	94.5	95	95.6	96.3	96.8	97.3	97.9
西　安	95.7	95	94.6	94	94.2	94.2	95	96.4	97.5	98.4	99.3	100
兰　州	96.5	95.9	95.7	95	95	95.4	95.8	96.1	97	97.7	98.1	98.4
西　宁	96.2	95.5	95.1	94.7	94.3	93.7	93	94	95	95.7	96.1	96
银　川	96.3	95.5	94.7	94	93.7	93.3	93.6	94.9	95.4	95.6	96.7	96.6
乌鲁木齐	95.5	94.8	94	93.7	93.6	93.9	94.5	95.6	96.3	96.7	97.6	98
唐　山	95.9	95.7	95.3	95	95	95	95.2	95.9	96.5	97.6	97.6	97.4
秦皇岛	94.4	93.7	93.4	92.6	92.6	92.8	93.3	94.1	94.8	96.2	96.8	97
包　头	93.5	92.7	92.6	92.3	92.4	92.7	93.4	94.8	95.4	95.8	96.4	96.9
丹　东	92.1	91.4	91	90.6	90.4	90.7	91.2	91.4	92.9	93.8	95.1	94.7
锦　州	93	91.6	91.4	90.9	91.1	91.6	91.2	92	93.1	94.2	94.7	95
吉　林	95.2	94.6	94.4	94.1	94.3	94.7	95.3	95.9	97.1	97.5	97.6	97.4
牡丹江	96.9	96.7	96.5	96.2	96.2	96.3	96.1	96.6	97	97.4	97.5	97.9
无　锡	95.1	94.7	94.5	94.5	95.3	96.1	96.4	97.1	97.7	98	98.8	98.7
扬　州	94.1	93.5	93	92.9	92.8	93	94.6	96.1	96.8	98.1	98.4	99
徐　州	95.4	94.8	94.7	94.9	95.5	95.7	95.8	97.3	98.3	98.8	99.5	99.6
温　州	96.4	96	96	96.7	96.9	97.6	97.8	98	98.9	99.9	100.8	101.7
金　华	94.4	93.5	93.1	93.9	94.7	95.4	96.3	98.3	99.2	100.1	100.6	101.4
蚌　埠	93.6	92.7	91.8	91.5	91.6	91.8	91.8	92.3	93.8	95.3	95.8	95.9
安　庆	93.9	93.6	93.6	93.7	93.9	94.1	95.3	96	97.2	97.9	98.7	99
泉　州	92.3	91.2	91.1	90.9	90.9	91.6	92.7	93.6	94.9	95.9	97	97.6
九　江	94.5	94.1	93.7	93.4	93.9	94.3	95	95.7	96.5	96.7	96.9	97.5
赣　州	94.1	94	93.6	93.8	93.6	94.2	95.4	97.3	98.2	98.6	99	99.4
烟　台	94.2	93.4	93	92.6	92.5	92.7	93.3	94.6	95.6	96.1	97.2	98.2
济　宁	96.4	96.1	95.7	95.4	94.8	95.1	94.9	95.3	96.2	96.4	96.6	96.7
洛　阳	94.8	93.8	93.4	93	92.8	93.9	94.6	95.6	96.3	96.7	97	97.4
平顶山	95.1	94.6	94.2	93.8	93.6	94	95.2	96	97.1	97.7	98.4	99
宜　昌	94.7	94.4	94.2	93.7	93.6	94	94.7	95.6	96.6	97	98.2	98.4
襄　阳	94.5	93.4	92.9	92.3	92.6	93	93.9	94.5	95.1	95	95.5	96
岳　阳	97.3	96.8	96.5	96.3	96	95.7	96	96.6	96.9	96.7	97.3	97.6
常　德	95.5	94.4	94.2	93.4	93.5	93.7	94.4	95.3	96.1	96.5	97	96.7
惠　州	94	92.8	91.7	91.5	91.2	91.2	91.8	93.7	95.4	96.6	97.2	97.7
湛　江	94.2	92.6	91.6	91.1	90.6	90.2	90.3	91.4	92.6	93.5	94.4	95
韶　关	92	91.4	91.1	90.6	90.8	91.2	92.4	93.3	94	95.1	96.3	97
桂　林	92	91.1	90.6	90.3	90.1	90.9	92	93.2	94.6	95.5	96.7	97.3
北　海	94.6	94.1	93.6	93.1	92.9	93.3	93.7	95.5	97	97.4	98.2	98.6
三　亚	95.1	94.7	94.2	93.8	93.6	93.6	96	96.8	97.2	97.8	98.1	99.2

续表

城市	1月	2月	3月	4月	5月	6月	7月	8月	9月	10月	11月	12月
泸州	92.3	92.1	91.6	90.9	90.5	90.9	92.4	93.6	96.2	97	97.2	98.5
南充	94.1	93.4	92.5	92.2	91.7	91.8	92.4	93.4	94.2	95.5	96.1	96.3
遵义	95.9	95.2	94.7	94.2	94.2	94.2	94.8	96	96.4	96.8	97.1	97.1
大理	96.3	95.8	95.7	95.1	94.8	94.7	94.6	95.4	96	96.6	97.2	97.6

数据来源：国家统计局

2015年70个大中城市新建住宅销售价格指数定基数据 **表64**

城市	1月	2月	3月	4月	5月	6月	7月	8月	9月	10月	11月	12月
北京	117.6	117.4	117.7	118.5	119.8	121.3	122.6	123.9	125.1	125.9	126.9	127.4
天津	108.3	108.3	108.4	108.5	108.8	109.2	109.4	109.6	110.2	110.5	111	111.9
石家庄	115.7	115.3	115.7	116.1	116.2	116.4	116.8	117.4	117.7	117.5	117.8	117.9
太原	110.2	109.9	110.1	110.3	110.5	110.6	110.9	111	111.4	111.6	111.9	112
呼和浩特	108.5	107.6	107.4	106.9	106.6	106.7	106.6	106.6	106.6	105.9	106	106.2
沈阳	110.1	109.6	109.4	109.4	109.2	109.8	110	110.3	110.1	109.6	109.6	109.5
大连	109.5	109	108.7	108.8	108.8	109.3	109.5	109.5	109.2	108.4	108.3	108.2
长春	108.7	108.4	108.3	107.7	107.3	107.2	107.4	107.7	107.6	107.4	107.2	107.1
哈尔滨	109.1	108.7	108.3	108.5	108.5	108.6	109	108.6	108.8	109.2	109.1	109.2
上海	115.8	115.6	115.6	116.3	118.9	121.3	123.3	124.9	126.9	129.2	131.3	133.8
南京	110.5	110.3	110.5	110.8	111.1	111.5	112.3	113.4	114	115.1	116.4	117.5
杭州	92.1	91.7	91.3	91.7	92.2	93.3	94.1	94.7	95.2	95.7	96.3	97.4
宁波	94.4	94.1	94	94.2	94.7	95.3	95.9	96.4	96.8	97.1	97.6	97.9
合肥	110.7	110.4	110.1	110.1	110.3	110.4	110.8	110.8	110.8	111.2	111.8	112.3
福州	112.2	111.4	111.4	111.2	111.2	111.7	111.9	112	112.3	112.7	113.7	114.8
厦门	126.2	126.1	126.4	126.7	126.8	127.1	127.6	128.3	129.6	131.2	132.7	134.5
南昌	111.9	111.2	111	111	111.2	111.4	111.4	111.6	112.1	112.6	113	113.7
济南	108.2	108	107.8	107.8	108.1	108.2	108	108.3	108.5	108.9	109.1	109.4
青岛	102.3	101.6	101	100.7	100.5	100.6	100.8	100.8	100.7	100.6	100.4	100.7
郑州	119.9	119.6	119.8	119.6	119.7	120.2	120.8	121.5	122	122.7	122.9	123.4
武汉	111.1	111.1	111.3	111.6	111.7	112.1	112.5	113.3	114	114.4	115.1	116
长沙	113.3	112.9	112.8	112.8	112.5	112.6	112.6	112.5	112.7	112.7	112.7	113.2
广州	122	121.8	121.6	122.2	123.9	125.8	127.3	128.5	130.4	131.4	132.1	133
深圳	123.9	124.2	125	127.3	135.6	145.3	154.4	162.2	168.7	170.7	175.6	181.2
南宁	106.8	106.4	106.6	106.9	106.9	107.3	107.3	107.7	107.8	108.3	108.7	109
海口	98.3	97.7	97.8	97.3	97.1	97.1	97.1	97.5	97.7	97.7	97.5	97.7
重庆	107.5	106.9	106.5	106.3	106.2	106.2	106.5	106.6	106.7	106.6	106.5	107
成都	107.7	107.3	106.7	106.6	106.7	106.9	107.5	107.8	107.9	108	108.5	108.7
贵阳	110.1	109.7	109.8	109.6	109.4	109.5	109.7	110.1	110.2	109.9	109.7	109.5
昆明	109.1	108.7	108.6	108.3	108.1	108	107.7	107.3	107	107.1	106.9	107
西安	111.1	110.6	110.5	110.2	110.1	110.1	110.3	110.6	110.8	111.3	111.5	111.7
兰州	112	111.6	111.4	110.8	110.5	110	109.8	109.9	110.4	110.4	110.5	110.7
西宁	116.7	116.2	116	115.8	115.3	114.8	114	113.7	113.7	113.3	113.4	112.9
银川	110.5	109.9	109.3	108.8	108.4	108.1	107.6	107.4	107.5	107.2	107.4	107

续表

城　市	1月	2月	3月	4月	5月	6月	7月	8月	9月	10月	11月	12月
乌鲁木齐	118.6	118.3	117.9	117.5	117.3	117.1	117.1	116.8	116.8	116.6	116.9	116.7
唐　山	99.4	99.1	98.8	98.6	98	98.1	98.1	97.9	97.9	97.8	97.7	97.5
秦皇岛	108.9	108.4	108	107.3	107	106.9	106.6	106.6	106.3	106.3	106.5	106.5
包　头	105.7	104.7	104.8	104.6	104.4	104.2	103.8	103.9	103.7	103.5	103.4	103.4
丹　东	108.7	107.9	107.6	107.2	106.9	106.6	106.6	106	106	105.6	105.6	104.7
锦　州	108.5	107.3	107.4	106.8	106.4	106.2	105.5	105.2	105	104.8	104.3	104
吉　林	109.8	109.1	109	108.7	108.4	108.3	108.5	108.4	108.1	108	107.8	107.4
牡丹江	109.8	109.6	109.4	109.2	109.1	109.2	109	108.5	108.5	108.2	108.2	107.9
无　锡	102.1	101.8	101.6	101.5	101.6	101.6	101.4	101.4	101.5	101.4	101.6	101.3
扬　州	105.3	104.9	104.8	104.7	104.5	104.4	104.3	104.4	104.4	104.6	104.5	104.9
徐　州	108.2	107.8	107.9	108.1	108	107.8	107.8	108	108.3	108.3	108.3	108.2
温　州	77	76.6	76.5	76.9	77.1	77.4	77.6	77.7	78	78.1	78.4	78.8
金　华	98.5	97.9	97.7	98.1	98.4	98.5	98.6	99	99.2	99.7	99.9	100.3
蚌　埠	101.8	101	100.2	99.9	99.7	99.4	98.9	98.6	98.2	98.5	98.3	98
安　庆	103	102.6	102.6	102.5	102.5	102.4	102.9	102.6	102.5	102.4	102.3	102.2
泉　州	100.3	99.7	99.6	99.5	99.4	99.2	99.1	99.1	99.1	99.4	99.4	99.5
九　江	104	103.5	103.4	103.1	103.4	103.2	103.2	103.1	102.6	102.3	102.1	102.4
赣　州	108.2	108.3	108	107.9	107.5	107.3	107.6	108.3	107.5	107.1	106.9	107.3
烟　台	105.9	105.4	105.2	105	104.8	104.6	104.5	104.2	104.3	104.1	104.4	104.6
济　宁	109.5	109.1	108.7	108.3	107.9	107.8	107.2	106.7	106.8	106.5	106.2	106
洛　阳	110.6	109.9	109.7	109.2	109.1	109.1	109	109	108.9	108.8	108.6	108.4
平顶山	109.4	109.1	108.8	108.6	108.3	108.2	108.2	108.3	108.8	108.8	108.7	108.9
宜　昌	109.2	109.1	108.7	108.2	108	107.6	107.3	107.4	107.8	107.7	108.1	107.7
襄　阳	109.1	108.2	108	107.4	107.3	106.9	106.6	106.1	105.9	105.2	105	105.1
岳　阳	111.3	110.9	110.9	110.7	110.5	110.2	110	109.8	109.6	108.9	109	108.9
常　德	107.8	107	107	106.4	106.1	105.8	105.6	105.4	105.6	105.5	105.7	105.1
惠　州	107.8	106.9	106	105.2	104.8	104.4	104.3	104.6	105.3	105.5	105.7	105.6
湛　江	111.2	109.7	109	108.5	108	107.7	107	106.5	106.6	106.3	106.3	106
韶　关	104.6	104	103.6	103.1	102.7	102.6	102.2	101.9	101.5	101.4	102	102.1
桂　林	109.6	108.7	108.3	108.1	107.9	107.9	107.8	107.8	107.4	107.4	107.3	107
北　海	106.3	106	105.7	105.3	105.1	104.9	104.9	105.4	105.9	105.4	105.3	105.5
三　亚	101.5	101.3	101.2	100.9	100.7	100.7	100.8	101.1	101.1	101.1	100.8	101.2
泸　州	105	105	104.8	104.2	103.8	103.5	103.4	103.2	104.1	104.3	104	104.1
南　充	105.9	105.6	105	104.7	104.2	103.9	103.5	103.3	102.9	102.8	102.7	102.5
遵　义	108.9	108.4	108	107.6	107.5	107.2	107.1	107.3	107.1	107	106.8	106.7
大　理	103.3	102.8	102.6	102.1	101.9	101.9	101.8	101.5	101.6	101.3	101.3	101.2

数据来源：国家统计局

【新建商品住宅销售价格情况】 根据国家统计局公布的月度数据，2015 年全国 70 个大中城市的新建商品住宅销售价格指数情况分别如表 65、表 66 和表 67 所列。

2015 年 70 个大中城市新建商品住宅销售价格指数环比数据　　表 65

城　市	1月	2月	3月	4月	5月	6月	7月	8月	9月	10月	11月	12月
北　京	99.9	99.7	100.3	100.8	101.4	101.6	101.4	101.3	101.1	100.8	101	100.5

续表

城　市	1月	2月	3月	4月	5月	6月	7月	8月	9月	10月	11月	12月
天　津	99.7	99.9	100.2	100.1	100.2	100.4	100.2	100.3	100.5	100.3	100.5	100.9
石家庄	99.9	99.6	100.4	100.3	100.1	100.2	100.4	100.5	100.3	99.8	100.2	100.1
太　原	99.7	99.7	100.2	100.1	100.2	100.1	100.3	100.1	100.4	100.2	100.3	100.1
呼和浩特	99.6	99.1	99.8	99.5	99.7	100	99.9	100	100	99.3	100.1	100.1
沈　阳	99.6	99.5	99.8	100	99.8	100.5	100.2	100.3	99.8	99.6	100	99.9
大　连	99.4	99.6	99.7	100.1	100	100.4	100.2	100	99.7	99.3	99.9	99.9
长　春	99.8	99.7	99.8	99.5	99.6	99.9	100.2	100.3	99.9	99.8	99.8	99.9
哈尔滨	99.3	99.5	99.7	100.2	100	100.1	100.3	99.7	100.2	100.3	99.9	100.2
上　海	100	99.9	100	100.7	102.6	102.4	101.9	101.6	101.9	102.1	101.9	102.1
南　京	100	99.7	100.2	100.3	100.4	100.5	101	101.2	100.7	101.3	101.4	101.2
杭　州	99.7	99.6	99.5	100.4	100.6	101.3	100.9	100.7	100.6	100.6	100.7	101.2
宁　波	99.8	99.7	99.9	100.2	100.7	100.6	100.7	100.6	100.4	100.3	100.6	100.3
合　肥	99.8	99.7	99.7	100	100.1	100.1	100.4	99.9	100	100.4	100.6	100.5
福　州	99.5	99.3	100	99.9	100	100.4	100.2	100.1	100.3	100.3	100.9	101
厦　门	99.9	99.9	100.3	100.2	100.1	100.3	100.4	100.6	101	101.3	101.2	101.3
南　昌	100	99.3	99.8	99.9	100.2	100.2	100	100.2	100.4	100.4	100.4	100.7
济　南	99.7	99.8	99.8	100	100.3	100.1	99.8	100.2	100.2	100.4	100.2	100.3
青　岛	99.3	99.2	99.4	99.7	99.8	100.1	100.2	100	99.9	99.9	99.8	100.3
郑　州	99.7	99.8	100.2	99.8	100	100.5	100.4	100.6	100.4	100.6	100.2	100.4
武　汉	99.9	100	100.2	100.3	100.1	100.3	100.4	100.8	100.7	100.3	100.7	100.8
长　沙	99.7	99.6	99.9	100	99.8	100	100.1	99.9	100.2	100	100	100.5
广　州	100	99.8	99.9	100.4	101.4	101.6	101.2	100.9	101.4	100.8	100.6	100.7
深　圳	100.3	100.2	100.7	101.8	106.7	107.2	106.3	105.2	104	101.2	102.9	103.2
南　宁	99.6	99.5	100.2	100.3	100	100.4	100	100.4	100.1	100.5	100.4	100.3
海　口	99.5	99.4	100	99.5	99.8	99.9	100	100.4	100.2	100	99.8	100.2
重　庆	99.6	99.4	99.7	99.8	99.9	100.1	100.3	100.1	100.1	100	99.9	100.4
成　都	99.7	99.6	99.4	99.9	100.1	100.2	100.5	100.3	100.1	100.1	100.5	100.2
贵　阳	99.7	99.6	100.2	99.8	99.8	100.1	100.2	100.4	100.1	99.7	99.8	99.8
昆　明	99.7	99.6	99.8	99.7	99.8	99.9	99.7	99.5	99.7	100	99.8	100.1
西　安	99.4	99.5	99.9	99.7	99.9	100	100.2	100.3	100.2	100.4	100.2	100.2
兰　州	99.5	99.6	99.9	99.4	99.8	99.5	99.8	100	100.5	100	100	100.2
西　宁	99.2	99.5	99.9	99.8	99.6	99.5	99.3	99.8	100	99.7	100.1	99.6
银　川	99.7	99.4	99.4	99.5	99.6	99.7	99.5	99.8	100.1	99.7	100.2	99.6
乌鲁木齐	99.6	99.7	99.6	99.7	99.8	99.9	100	99.7	100	99.8	100.2	99.8
唐　山	99.3	99.7	99.6	99.8	99.4	100	100	99.8	100	99.9	99.9	99.7
秦皇岛	99.2	99.5	99.6	99.3	99.7	99.8	99.7	99.9	99.8	99.9	100.2	100
包　头	98.7	99	100	99.7	99.8	99.7	99.6	100	99.8	99.8	99.9	100
丹　东	98.4	99.3	99.7	99.6	99.8	99.7	99.9	99.5	99.9	99.7	100	99.1
锦　州	99.1	98.9	100	99.5	99.6	99.8	99.4	99.7	99.8	99.8	99.6	99.7
吉　林	99.6	99.3	99.9	99.8	99.7	99.9	100.1	99.9	99.7	99.9	99.8	99.6

续表

城　市	1月	2月	3月	4月	5月	6月	7月	8月	9月	10月	11月	12月
牡丹江	99.6	99.7	99.8	99.8	100	100	99.8	99.5	100	99.8	99.9	99.8
无　锡	99.3	99.7	99.8	99.9	100.1	100	99.8	100	100.1	99.9	100.2	99.7
扬　州	99.4	99.6	99.9	99.9	99.7	99.9	100	100.1	100	100.2	100	100.4
徐　州	99.6	99.5	100.1	100.2	99.9	99.8	100	100.2	100.3	100	100	99.9
温　州	99.3	99.4	99.8	100.7	100.2	100.4	100.3	100.2	100.4	100.2	100.4	100.5
金　华	99.6	99.4	99.7	100.4	100.3	100.2	100.1	100.4	100.3	100.4	100.3	100.4
蚌　埠	99.5	99.2	99.2	99.7	99.8	99.7	99.4	99.7	99.6	100.3	99.8	99.7
安　庆	99.8	99.6	100	99.9	100	99.9	100.5	99.7	99.9	99.9	99.9	99.9
泉　州	98.3	99.4	99.9	99.8	99.9	99.8	99.9	100	100	100.3	100	100.2
九　江	98.9	99.6	99.8	99.7	100.3	99.7	100	99.9	99.5	99.7	99.9	100.3
赣　州	100.2	100.1	99.7	99.9	99.6	99.8	100.2	100.7	99.3	99.6	99.8	100.4
烟　台	99.4	99.5	99.8	99.9	99.8	99.8	99.9	99.8	100.1	99.7	100.3	100.2
济　宁	99.8	99.6	99.6	99.7	99.6	99.9	99.4	99.5	100.1	99.7	99.8	99.8
洛　阳	99.4	99.4	99.8	99.6	99.9	100	99.9	100	99.9	99.9	99.8	99.8
平顶山	99.4	99.7	99.7	99.8	99.7	99.9	100	100.1	100.4	100	99.9	100.2
宜　昌	99.8	99.9	99.7	99.5	99.8	99.6	99.7	100.1	100.3	99.9	100.4	99.6
襄　阳	99.7	99.1	99.8	99.5	99.9	99.6	99.7	99.5	99.8	99.3	99.8	100
岳　阳	99.6	99.3	100	99.7	99.6	99.5	99.6	99.7	99.7	99	100	99.9
常　德	99.2	99.3	100	99.4	99.7	99.7	99.8	99.9	100.1	99.9	100.2	99.4
惠　州	99.7	99.2	99.1	99.3	99.6	99.6	99.8	100.4	100.6	100.2	100.2	99.9
湛　江	99.6	98.7	99.4	99.5	99.6	99.7	99.4	99.6	100	99.8	100	99.7
韶　关	99.3	99.4	99.6	99.5	99.7	99.8	99.6	99.7	99.6	100	100.5	100.2
桂　林	99.6	99.2	99.6	99.8	99.8	100	99.9	100	99.5	100	99.9	99.7
北　海	99.2	99.7	99.8	99.6	99.8	99.9	100	100.5	100.4	99.5	99.9	100.3
三　亚	99.5	99.8	99.9	99.8	99.8	99.9	100.2	100.3	100	100	99.7	100.5
泸　州	99.3	100	99.8	99.4	99.7	99.6	99.9	99.8	100.9	100.2	99.8	100
南　充	99.6	99.7	99.4	99.7	99.5	99.7	99.6	99.8	99.7	99.9	99.9	99.7
遵　义	99.1	99.5	99.6	99.5	99.9	99.7	99.8	100.2	99.8	99.9	99.8	99.9
大　理	99.5	99.5	99.8	99.5	99.8	100	99.9	99.6	100.2	99.7	100	99.9

数据来源：国家统计局

2015年70个大中城市新建商品住宅销售价格指数同比数据 **表66**

城　市	1月	2月	3月	4月	5月	6月	7月	8月	9月	10月	11月	12月
北　京	96	95.5	95.3	96	97.1	98.6	101.2	103.7	105.9	108.1	109.6	110.4
天　津	95.9	95.4	95.3	95.3	95.5	96.5	97.5	98.8	100.3	101.4	102.2	103.4
石家庄	96	95.2	95.2	95.5	96.2	96.3	97.5	99.2	100.6	101	101.5	101.7
太　原	95.2	94.6	94.5	94.6	94.6	95.1	96.8	98	99.5	100.2	100.9	101.5
呼和浩特	93.9	92.6	92.5	92	91.7	91.5	92.4	94	95.1	95.3	96.4	97.4
沈　阳	91.6	90.8	90.2	90.1	90.3	91.6	93.4	95.2	96.2	97.1	98.2	99.1
大　连	92.7	92.1	91.4	91.4	91.4	91.8	93.3	94.7	95.4	96	97.2	98.2

续表

城　市	1月	2月	3月	4月	5月	6月	7月	8月	9月	10月	11月	12月
长　春	95.5	94.9	94.3	93.6	93.3	93.8	94.6	95.7	96.9	97.4	97.8	98.2
哈尔滨	95.1	94.6	94.1	94.3	94.3	94.3	95.3	95.8	96.9	98.5	98.8	99.4
上　海	95.1	94.5	94.1	94.5	97.2	100.2	103.6	106.5	109.7	112.7	115.4	118.2
南　京	96.9	96.4	96	95.9	96	97	99	101.5	103.2	105.1	106.5	107.9
杭　州	89.5	89.2	88.8	89.7	91.5	94.4	97.6	100.3	102.1	103.2	104.3	105.8
宁　波	93.8	93.2	93.1	93.4	94.6	96.7	98.8	100.1	101	101.8	102.9	103.6
合　肥	97.4	96.6	96.2	96	96.2	96.7	97.8	98.5	99.6	100.2	100.7	101.4
福　州	93.4	92.4	92	91.9	91.9	92.9	94.6	95.8	97.9	99.2	100.6	101.8
厦　门	100.8	100	99.6	99.4	99.3	99.5	99.7	100.1	101.1	102.9	104.6	106.5
南　昌	94.4	93.5	93.2	93.2	93.6	94.3	95.1	96.7	98.2	99.9	100.7	101.7
济　南	95.3	94.7	94.1	94	94.7	95.4	96.4	97.9	98.8	99.6	100.2	100.8
青　岛	92.3	91.3	90.7	90.3	90.2	90.8	92.1	93.1	94.4	95.7	96.5	97.6
郑　州	99.3	98.7	98.4	98.2	97.9	98.4	98.8	99.9	101.3	101.9	102.3	102.7
武　汉	95.3	95	94.7	94.9	95	95.8	97.9	100.3	101.8	102.6	103.7	104.5
长　沙	92.3	91.5	91.3	91.1	91.3	92.1	93.6	94.9	96.1	97.5	98.4	99.5
广　州	94.6	93.9	93.5	93.8	95.2	97.2	99.7	102	104.9	107.1	108.2	109.2
深　圳	98.6	98.6	99.1	100.7	107.7	115.9	124	131.8	138.3	140.5	144.6	147.5
南　宁	94.8	94	93.9	94.2	94	95.1	96.2	97.7	99.2	100.1	100.8	101.7
海　口	94.3	93.7	93.9	93.5	93.5	94	94.9	95.8	96.9	97.8	98	98.8
重　庆	93.9	93.1	92.5	92.2	92.2	93	94.1	95.4	97.2	97.9	98.3	99
成　都	94.5	93.6	92.9	92.6	93.1	93.8	95.2	96.7	97.9	99.1	100.2	100.6
贵　阳	96.5	95.8	95.9	95.4	95	94.9	95.6	97.3	98.1	98.6	98.9	99.1
昆　明	94.6	94	93.7	93.2	92.9	93.4	94	94.7	95.5	96.1	96.6	97.4
西　安	95.2	94.4	94	93.4	93.6	93.6	94.4	96	97.1	98.2	99.2	99.9
兰　州	96.5	95.8	95.6	94.9	95	95.3	95.7	96	97	97.7	98	98.4
西　宁	96.2	95.5	95.1	94.7	94.3	93.7	93	94	95	95.7	96.1	96
银　川	96	95.2	94.3	93.6	93.2	92.8	93.2	94.5	95.1	95.3	96.4	96.3
乌鲁木齐	95.5	94.8	93.9	93.6	93.6	93.9	94.5	95.6	96.3	96.7	97.6	98
唐　山	95.6	95.3	94.9	94.6	94.5	94.6	94.8	95.6	96.2	97.4	97.4	97.2
秦皇岛	93.8	93.1	92.7	91.9	91.9	92.1	92.6	93.5	94.3	95.8	96.5	96.7
包　头	92.5	91.5	91.3	91	91.1	91.4	92.3	93.9	94.5	95	95.8	96.3
丹　东	92	91.3	90.9	90.5	90.3	90.6	91.1	91.3	92.8	93.8	95	94.7
锦　州	93	91.6	91.4	90.9	91.1	91.6	91.2	92	93.1	94.2	94.7	95
吉　林	95	94.4	94.1	93.8	94	94.5	95.1	95.7	96.9	97.4	97.5	97.3
牡丹江	96.8	96.7	96.5	96.2	96.2	96.2	96	96.6	97	97.4	97.5	97.8
无　锡	94.3	93.7	93.5	93.6	94.5	95.4	95.8	96.6	97.3	97.7	98.6	98.5
扬　州	93.9	93.2	92.8	92.6	92.5	92.7	94.4	96	96.7	98	98.3	99
徐　州	95.2	94.5	94.5	94.6	95.3	95.5	95.6	97.2	98.2	98.7	99.4	99.5
温　州	96.1	95.7	95.7	96.4	96.6	97.4	97.7	97.9	98.8	99.9	100.8	101.8
金　华	94.4	93.4	93.1	93.8	94.6	95.4	96.3	98.3	99.2	100.1	100.6	101.4

续表

城　市	1月	2月	3月	4月	5月	6月	7月	8月	9月	10月	11月	12月
蚌　埠	93.4	92.5	91.6	91.3	91.4	91.6	91.6	92.2	93.6	95.2	95.7	95.8
安　庆	93.5	93.3	93.3	93.3	93.6	93.8	95	95.8	97.1	97.7	98.6	99
泉　州	92	90.8	90.6	90.4	90.4	91.2	92.3	93.3	94.7	95.7	96.9	97.5
九　江	94.2	93.8	93.4	93.1	93.6	94	94.8	95.5	96.3	96.6	96.7	97.4
赣　州	94.1	93.9	93.6	93.8	93.6	94.2	95.4	97.3	98.2	98.6	99	99.4
烟　台	94.1	93.3	92.9	92.5	92.3	92.6	93.2	94.5	95.5	96	97.2	98.1
济　宁	96.3	96	95.6	95.2	94.7	94.9	94.8	95.2	96.1	96.3	96.5	96.6
洛　阳	94.8	93.7	93.3	92.9	92.7	93.8	94.5	95.5	96.2	96.7	96.9	97.4
平顶山	95	94.5	94.1	93.7	93.5	94	95.1	96	97	97.7	98.3	99
宜　昌	94.6	94.3	94.1	93.6	93.5	93.9	94.6	95.5	96.5	97	98.2	98.4
襄　阳	94.4	93.3	92.9	92.2	92.5	92.9	93.8	94.4	95	94.9	95.5	95.9
岳　阳	95.6	94.6	94.2	93.8	93.4	92.9	93.3	94.2	94.7	94.4	95.3	95.8
常　德	95.4	94.3	94.1	93.3	93.4	93.6	94.4	95.2	96	96.5	97	96.6
惠　州	94	92.8	91.6	91.4	91.2	91.2	91.8	93.7	95.4	96.6	97.2	97.7
湛　江	94.2	92.6	91.6	91.1	90.6	90.2	90.3	91.4	92.6	93.5	94.4	95
韶　关	91.8	91.2	90.9	90.4	90.5	91	92.2	93.2	93.8	95	96.2	96.9
桂　林	91.9	90.9	90.4	90.2	89.9	90.7	91.8	93.1	94.5	95.4	96.7	97.2
北　海	94.5	94	93.6	93.1	92.9	93.2	93.7	95.5	97	97.4	98.2	98.5
三　亚	95.1	94.6	94.1	93.8	93.5	93.6	96	96.8	97.2	97.8	98.1	99.2
泸　州	92.1	91.8	91.3	90.6	90.2	90.6	92.2	93.3	96	96.9	97.1	98.5
南　充	94.1	93.3	92.5	92.1	91.6	91.7	92.3	93.3	94.1	95.4	96.1	96.3
遵　义	95.4	94.7	94.1	93.6	93.5	93.5	94.1	95.5	95.9	96.4	96.7	96.7
大　理	95.9	95.4	95.2	94.5	94.3	94.2	94.1	94.9	95.6	96.2	96.9	97.4

数据来源：国家统计局

2015年70个大中城市新建商品住宅销售价格指数定基数据　　**表67**

城　市	1月	2月	3月	4月	5月	6月	7月	8月	9月	10月	11月	12月
北　京	122.6	122.3	122.7	123.7	125.4	127.4	129.2	130.9	132.4	133.4	134.8	135.5
天　津	109.3	109.3	109.4	109.6	109.8	110.3	110.5	110.8	111.4	111.8	112.3	113.3
石家庄	116.1	115.7	116.1	116.5	116.6	116.7	117.2	117.8	118.1	117.9	118.2	118.3
太　原	110.6	110.3	110.5	110.7	110.9	111	111.3	111.4	111.8	112.1	112.4	112.5
呼和浩特	108.8	107.8	107.7	107.1	106.8	106.9	106.8	106.8	106.8	106.1	106.2	106.3
沈　阳	110.6	110.1	109.9	109.9	109.7	110.3	110.5	110.8	110.6	110.1	110.1	110
大　连	109.5	109.1	108.8	108.8	108.9	109.4	109.6	109.5	109.2	108.5	108.3	108.2
长　春	109	108.7	108.5	108	107.6	107.5	107.6	107.9	107.8	107.6	107.4	107.3
哈尔滨	109.6	109	108.7	108.8	108.8	109	109.3	109	109.2	109.6	109.5	109.7
上　海	118.8	118.6	118.6	119.5	122.5	125.4	127.8	129.8	132.3	135	137.6	140.5
南　京	113.8	113.5	113.7	114	114.4	115	116.1	117.5	118.3	119.8	121.4	122.8
杭　州	91.7	91.4	90.9	91.3	91.8	93	93.8	94.4	95	95.5	96.1	97.3
宁　波	94.1	93.8	93.7	93.8	94.4	95	95.6	96.2	96.6	96.9	97.4	97.7

续表

城　市	1月	2月	3月	4月	5月	6月	7月	8月	9月	10月	11月	12月
合　肥	111.5	111.1	110.9	110.9	111	111.2	111.6	111.6	111.6	112	112.7	113.3
福　州	112.4	111.6	111.6	111.4	111.4	111.8	112.1	112.2	112.5	112.9	113.9	115
厦　门	126.9	126.8	127.1	127.4	127.5	127.9	128.4	129.1	130.3	132	133.6	135.4
南　昌	112.3	111.6	111.4	111.3	111.5	111.8	111.8	112	112.5	113	113.5	114.2
济　南	108.2	108	107.8	107.8	108.1	108.2	108	108.3	108.5	108.9	109.1	109.4
青　岛	102.4	101.6	101	100.7	100.5	100.6	100.8	100.8	100.7	100.6	100.4	100.7
郑　州	120.4	120.1	120.3	120.1	120.2	120.8	121.3	122	122.5	123.3	123.5	124
武　汉	111.6	111.7	111.9	112.2	112.3	112.7	113.1	114	114.7	115.1	115.9	116.8
长　沙	113.5	113	112.9	112.9	112.7	112.7	112.8	112.6	112.8	112.8	112.8	113.3
广　州	122.2	122	121.9	122.4	124.2	126.1	127.7	128.9	130.7	131.8	132.5	133.4
深　圳	124.4	124.7	125.5	127.8	136.3	146.2	155.5	163.5	170.1	172.1	177.2	182.9
南　宁	107	106.5	106.8	107.1	107.1	107.5	107.5	107.9	107.9	108.5	108.9	109.2
海　口	98.2	97.6	97.7	97.2	97	96.9	97	97.4	97.6	97.6	97.4	97.6
重　庆	107.7	107	106.6	106.4	106.3	106.4	106.7	106.7	106.8	106.7	106.6	107.1
成　都	107.7	107.3	106.7	106.6	106.8	107	107.5	107.8	107.9	108	108.5	108.7
贵　阳	110.8	110.3	110.5	110.3	110	110.2	110.4	110.8	110.9	110.6	110.4	110.1
昆　明	110.1	109.7	109.5	109.1	108.8	108.8	108.4	107.9	107.6	107.6	107.4	107.5
西　安	112.1	111.6	111.4	111.1	111	111	111.2	111.5	111.8	112.3	112.5	112.7
兰　州	112.2	111.8	111.6	111	110.7	110.2	110	110.1	110.6	110.6	110.7	110.9
西　宁	116.7	116.2	116	115.8	115.3	114.8	114	113.7	113.7	113.3	113.4	112.9
银　川	111.2	110.6	109.9	109.4	108.9	108.6	108.1	107.9	108	107.7	107.8	107.4
乌鲁木齐	118.8	118.4	118	117.6	117.4	117.3	117.3	117	116.9	116.7	117	116.8
唐　山	99.3	99	98.6	98.4	97.8	97.9	97.9	97.7	97.6	97.6	97.5	97.2
秦皇岛	109.9	109.3	108.9	108.1	107.8	107.6	107.4	107.3	107	107	107.2	107.2
包　头	106	104.9	105	104.7	104.4	104.2	103.8	103.9	103.7	103.5	103.4	103.4
丹　东	108.7	107.9	107.6	107.2	107	106.6	106.6	106	106	105.6	105.6	104.7
锦　州	108.5	107.3	107.4	106.8	106.4	106.2	105.5	105.2	105	104.8	104.3	104
吉　林	110.2	109.5	109.3	109.1	108.8	108.7	108.8	108.7	108.4	108.3	108.1	107.6
牡丹江	109.9	109.6	109.5	109.3	109.2	109.2	109	108.5	108.5	108.3	108.2	108
无　锡	102.1	101.8	101.6	101.5	101.6	101.6	101.4	101.4	101.5	101.4	101.6	101.3
扬　州	105.5	105	104.9	104.9	104.5	104.4	104.4	104.5	104.5	104.7	104.6	105
徐　州	108.7	108.2	108.3	108.5	108.4	108.2	108.2	108.4	108.7	108.7	108.7	108.6
温　州	75.6	75.2	75.1	75.6	75.7	76	76.2	76.4	76.7	76.8	77.1	77.6
金　华	98.5	97.9	97.7	98.1	98.4	98.5	98.6	99	99.2	99.7	99.9	100.3
蚌　埠	101.8	101.1	100.2	99.9	99.7	99.4	98.8	98.5	98.2	98.5	98.3	98
安　庆	103	102.6	102.6	102.5	102.5	102.4	102.9	102.6	102.5	102.4	102.3	102.2
泉　州	100.3	99.7	99.6	99.4	99.3	99.2	99	99.1	99.1	99.4	99.3	99.5
九　江	104.1	103.7	103.5	103.3	103.6	103.3	103.3	103.2	102.7	102.4	102.2	102.5
赣　州	108.2	108.4	108	108	107.6	107.4	107.6	108.4	107.6	107.2	107	107.4
烟　台	106	105.5	105.3	105.1	104.9	104.7	104.5	104.3	104.4	104.1	104.4	104.7

续表

城　　市	1月	2月	3月	4月	5月	6月	7月	8月	9月	10月	11月	12月
济　　宁	109.8	109.4	108.9	108.6	108.1	108	107.4	106.9	107	106.7	106.4	106.2
洛　　阳	110.8	110.1	109.9	109.4	109.2	109.2	109.1	109.1	109	108.9	108.7	108.5
平顶山	109.5	109.2	109	108.7	108.4	108.3	108.3	108.4	108.9	108.9	108.9	109
宜　　昌	109.4	109.2	108.9	108.3	108.1	107.7	107.4	107.5	107.9	107.8	108.2	107.8
襄　　阳	109.2	108.2	108	107.5	107.3	106.9	106.6	106.1	105.9	105.2	105	105.1
岳　　阳	114.6	113.8	113.8	113.5	113.1	112.6	112.1	111.7	111.4	110.3	110.3	110.2
常　　德	107.9	107.1	107.1	106.5	106.2	105.9	105.6	105.5	105.7	105.6	105.7	105.1
惠　　州	107.8	106.9	106	105.2	104.8	104.4	104.3	104.6	105.3	105.5	105.7	105.6
湛　　江	111.2	109.7	109	108.5	108	107.7	107	106.5	106.6	106.3	106.3	106
韶　　关	104.7	104.1	103.7	103.1	102.8	102.6	102.2	101.9	101.5	101.5	102	102.2
桂　　林	109.8	108.9	108.5	108.3	108	108.1	108	108	107.5	107.5	107.4	107.1
北　　海	106.3	106	105.8	105.3	105.1	104.9	104.9	105.4	105.9	105.4	105.3	105.5
三　　亚	101.5	101.3	101.2	100.9	100.7	100.7	100.8	101.1	101.1	101.1	100.8	101.2
泸　　州	105.1	105.1	104.9	104.3	103.9	103.5	103.4	103.2	104.2	104.3	104.1	104.1
南　　充	106	105.7	105.1	104.8	104.3	103.9	103.5	103.3	103	102.9	102.8	102.5
遵　　义	109.9	109.4	109	108.4	108.4	108	107.9	108.1	107.9	107.8	107.5	107.4
大　　理	103.4	102.9	102.7	102.1	101.9	101.9	101.8	101.5	101.6	101.3	101.3	101.2

数据来源：国家统计局

【二手住宅销售价格情况】 根据国家统计局公布的月度数据，2015年全国70个大中城市的二手住宅销售价格指数情况分别如表68、表69和表70所列。

2015年70个大中城市二手住宅销售价格指数环比数据　　**表68**

城　　市	1月	2月	3月	4月	5月	6月	7月	8月	9月	10月	11月	12月
北　　京	100	99.9	100.5	102.1	104.3	102.3	102.6	102	101.4	101.1	101.4	101.7
天　　津	99.7	99.7	100.1	100.3	100.6	100.6	100.5	100.6	100.5	100.2	100.6	100.4
石家庄	100.2	100	100.1	100.1	100.2	100.3	100.3	99.9	99.8	100.1	100.2	100.1
太　　原	99.7	99.6	100	100	100.2	100.5	100.3	100.3	100	100.1	100.3	100.3
呼和浩特	99.8	99.8	100	99.8	100	100.1	100	100.2	99.9	100	100.1	100
沈　　阳	99.8	99.7	99.9	100.1	100.4	100.4	100.2	100	100	99.9	100.2	100.4
大　　连	99.8	99.7	100	100.3	100.3	100.6	99.9	99.9	99.8	99.9	99.8	99.5
长　　春	99.7	99.6	99.7	99.8	100.2	100.7	100.6	100.2	100.1	100	99.9	99.9
哈尔滨	99.8	99.4	99.4	99.7	100.2	100.9	101	100.3	99.8	100.2	100.2	100.1
上　　海	100.3	100.1	100	100.6	102.2	101.2	101.6	101.1	101	100.8	101	101.2
南　　京	100.1	100	100.5	100.6	100.2	100.7	100.7	100.5	101	100.3	100.8	100.9
杭　　州	99.7	99.8	99.9	100.2	100.3	100.7	100.6	100.5	100.4	100.2	100.7	101
宁　　波	99.7	99.6	99.9	100	100.2	100.4	100.6	100.4	100.4	100.2	100.7	100.7
合　　肥	99.3	99.5	100.1	101.3	100.1	100.6	100.1	100.4	100.7	100.4	100.4	100.6
福　　州	99.6	99.4	99.9	100.3	100.5	100.4	100.4	100.1	100.2	100.3	100.6	100.5
厦　　门	99.4	99.3	99.6	100.2	100.3	100.2	100.5	100.8	100.7	100.7	100.9	101.1
南　　昌	99.7	99.1	100.3	100.6	100.4	100.5	100.5	100.4	100.3	99.9	100.5	100.3

续表

城　市	1月	2月	3月	4月	5月	6月	7月	8月	9月	10月	11月	12月
济　南	99.8	99.6	99.8	100	100	100.3	100.5	100.3	100	100.2	100.4	100.3
青　岛	99.5	99.4	99.7	100	100.1	100.3	100.4	100.2	100.1	100.1	100	100.1
郑　州	100	100	100	100.2	100.1	100.2	100.3	100	100.2	100.5	100.5	100.7
武　汉	100.1	99.9	99.8	100.1	100.2	100.5	100.6	100.6	100.4	100.3	100.5	100.7
长　沙	99.9	99.7	99.8	99.9	100.2	100	100.3	100.2	100	100.1	100.3	100.2
广　州	99.8	99.7	100	101.1	102.3	101.8	101.3	101	101.2	101.1	100.7	101
深　圳	100.6	100.3	100.5	102.4	106.3	106.9	105.3	104.4	103.3	101	101.9	103.3
南　宁	99.8	99.6	100.9	100.2	101.1	100.7	100.5	100.2	100.1	100.4	100.5	100.1
海　口	99.2	99.1	99.8	99.4	99.4	99.7	99.6	99.8	99.9	99.9	100.2	100
重　庆	99.6	99.7	100	100.1	100.3	100.4	100.3	100.2	100.2	99.8	100	100.1
成　都	99.5	99.6	99.9	99.8	99.5	100.4	100.3	100.2	100.2	99.9	100.3	99.7
贵　阳	99.7	99.8	100	100.1	99.9	100.1	100.2	100.1	100	100.1	100.2	100.1
昆　明	99.2	99	99.9	99.5	100.3	101	99.5	99.7	100.1	100	100.5	100.2
西　安	99	99.2	99.4	99.5	99.8	99.8	99.7	99.9	99.6	99.8	99.6	99.5
兰　州	99.7	99.9	99.9	99.8	100	99.8	99.9	99.9	100.2	99.9	100.2	99.9
西　宁	100	99.9	100.1	99.9	99.9	100.2	100.2	100.2	100.1	100.1	100	99.9
银　川	99.6	99.7	99.7	99.8	99.9	99.9	99.8	99.9	100	99.9	99.7	99.9
乌鲁木齐	99.8	99.6	99.9	100.3	100.8	100.9	100.6	100.2	100.2	100.3	100.3	100.1
唐　山	99.6	99.6	99.5	99.7	99.9	100	100	100.1	99.9	100	100	99.9
秦皇岛	99.6	99.7	99.7	99.8	99.7	99.6	99.9	100	99.9	99.8	99.8	99.7
包　头	99.3	99.2	99.5	100	100.2	100.1	100	100	99.9	99.9	99.3	99.8
丹　东	99.4	99.5	99.7	99.8	99.9	99.9	100	99.9	99.8	99.9	100	100
锦　州	99.1	98.8	99.4	99.6	99.2	99.2	99	98.8	99.4	99.5	99.5	99.6
吉　林	99.6	99.4	99.9	99.9	100.1	100.1	100	100.2	100.1	100.1	99.9	99.8
牡丹江	98.1	99.5	99.7	101.4	99.1	100	99.6	100.3	100.4	100.1	100.2	100
无　锡	99.6	99.9	99.4	99.9	100.3	99.9	100.2	100	100	100.1	100	99.8
扬　州	99.7	99.6	99.9	100	99.9	100.2	100	100.3	100	100.2	100.1	100
徐　州	99.5	99.4	99.9	99.9	99.8	100	100	99.7	100.1	100	100.2	100.1
温　州	99.3	99.2	99.5	100.4	100.4	100.6	100.4	100.6	100.4	100.2	100.4	100.2
金　华	99.9	99.6	99.9	99.9	100.1	100.2	100.3	100.1	100.2	100.2	100.2	99.9
蚌　埠	99.6	99.4	99.5	99.6	99.8	99.8	99.9	99.9	99.8	99.8	99.9	99.5
安　庆	99.7	99.9	99.8	99.8	99.1	99.6	100.1	100.1	100	99.9	100.2	99.8
泉　州	99.6	99.8	99.9	99.9	99.8	100	100	100	100.1	100.1	100	99.9
九　江	99.6	100	100.1	100.3	100.4	100.3	99.9	100.3	100.3	100.1	100.2	100.2
赣　州	99.7	100.2	99.8	100	99.9	100	100.2	100.6	100.1	99.8	99.8	100.4
烟　台	99.5	99.6	99.5	99.8	99.9	99.9	100	100	100.1	100	100	99.9
济　宁	99.5	99.4	99.6	99.8	99.8	99.9	99.9	100.2	100	99.9	99.9	100.1
洛　阳	99.5	99.7	99.6	99.8	99.8	99.9	100	100	100.1	100	99.9	99.9
平顶山	99.6	99.5	99.8	99.9	99.9	99.8	100	100.1	99.9	100	99.8	99.9
宜　昌	99.6	99.7	99.8	100	100	100.1	100.2	100.2	100.4	100.1	100.1	100.2

续表

城　市	1月	2月	3月	4月	5月	6月	7月	8月	9月	10月	11月	12月
襄　阳	99.7	99.3	100.2	99.9	100.4	100.2	99.7	99.8	100.3	99.7	99.9	100
岳　阳	99.6	99.5	99.9	99.9	100	99.9	99.9	100	100	99.9	100	100
常　德	99.5	99.6	100	99.9	100.1	100.1	99.9	100.1	100	100.1	100	100.3
惠　州	99.4	99.3	99.6	99.6	99.7	99.9	100.1	100	100.3	100.3	100.3	100.4
湛　江	99.6	99.2	99.4	99.5	99.7	99.5	99.5	99.7	99.8	99.9	100	99.9
韶　关	99.6	99.7	99.9	100.8	99.9	100.5	100.3	100.3	99.9	99.9	100	99.6
桂　林	99.3	99.1	99.3	99.6	99.7	100	100	99.9	99.9	99.8	100	99.8
北　海	99.3	99.5	100	100.4	100.4	100.3	100.5	100.3	100.5	100.4	100.3	100.2
三　亚	99.7	99.9	99.9	99.8	99.8	99.9	100	100.5	100.3	100.7	100.1	100
泸　州	100.1	100.1	100.2	100.3	100.3	100.2	100.5	100.3	100.2	100.2	100.3	100.1
南　充	99.7	100.1	99.8	100.1	100.1	99.9	99.9	100	100	100.3	100	100.1
遵　义	99.7	99.6	99.7	100.1	99.9	100	100.4	99.7	99.4	99.1	99.6	99.9
大　理	99.6	99.5	99.4	99	99.7	99.8	99.8	99.9	99.5	100	99.8	100

数据来源：国家统计局

2015 年 70 个大中城市二手住宅销售价格指数同比数据　　表 69

城　市	1月	2月	3月	4月	5月	6月	7月	8月	9月	10月	11月	12月
北　京	96	95.9	96.2	98.4	103.5	107.2	110.9	114.1	117.3	118.4	119.1	120.8
天　津	97.2	96.7	96.4	96.2	96.5	97	98.4	100	101.5	101.9	103.1	103.8
石家庄	98.1	97.8	97.8	97.7	97.9	98.1	98.6	99	99.9	100.7	101.1	101.4
太　原	96.2	95.5	95.4	95.1	95.2	95.6	97	97.9	99	100.1	100.7	101.2
呼和浩特	95.2	95	95.2	95.2	95.3	95.7	96.4	97.3	98	98.9	99.5	99.8
沈　阳	97.1	96.5	96.2	96.2	96.5	97.1	98.8	99.4	100.3	100.2	100.6	101.1
大　连	95.1	94.6	94.4	94.7	95.2	96.1	97.2	97.9	98.6	99.4	99.7	99.5
长　春	95.5	94.9	94.2	94	94.4	95.2	96.1	97.2	98.5	99.4	99.8	100.2
哈尔滨	95.9	95	94.4	93.9	94	94.9	95.8	96.8	97.5	98.6	100.6	101
上　海	98.4	97.9	97.6	98.2	100.6	102.5	105	106.9	108.8	109.7	110.8	111.7
南　京	98.1	98	98	98.1	98	98.9	100.5	101.6	103.7	104.6	105.3	106.3
杭　州	94.6	94.8	94.8	95.7	96.4	97.9	99.5	100.6	101.7	101.6	102.4	103.7
宁　波	93.5	93.1	93.1	93.3	93.8	94.8	96.3	97.6	98.9	100.2	101.5	102.8
合　肥	97.4	96.6	96	96.5	96.6	97.7	98.7	99	100.5	102	102.7	103.6
福　州	94.8	93.8	93.8	94.2	95.2	96.2	97.6	98.3	99.5	100.6	101.5	102.3
厦　门	100.2	98.4	97.5	97.3	97.1	97.5	98	98.7	99.9	101.4	102.3	103.8
南　昌	96.1	95.2	95.3	95.5	95.9	96.8	98.1	99.4	100.9	101.7	102.5	102.5
济　南	94.9	94.3	94.1	94.2	94.4	95	96.4	97.2	98.2	99.2	100.2	101.3
青　岛	94.2	93.5	93.2	93.4	93.7	94.3	95.5	96.4	97.5	98.6	99.3	99.7
郑　州	100.2	99.5	98.7	98.5	98.3	98.5	98.9	99.5	100.6	101.8	102.3	102.7
武　汉	95.8	95.5	95.1	95.2	95.6	96.4	98.1	99.4	100.8	101.9	102.9	103.8
长　沙	96.8	96.2	95.8	95.4	95.4	95.4	96.9	97.7	98.8	99.6	100.2	100.7
广　州	97.2	96.6	96.5	96.9	99.1	101.2	103.6	106.1	108.7	109.9	110.7	111.7

续表

城　市	1月	2月	3月	4月	5月	6月	7月	8月	9月	10月	11月	12月
深　圳	101.5	101	100.4	102.8	109.1	117.3	124.3	130.3	135.5	136.8	138.9	142.6
南　宁	95.3	95.1	95.6	95.4	97.3	98	99.5	100.8	103	104	103.2	104.2
海　口	94.2	93.5	93.4	92.9	92.4	92.6	92.8	93.5	94.3	95	95.4	96.2
重　庆	95.1	94.6	94.6	94.6	95.1	95.9	97	98.1	99.4	100.1	100.5	100.6
成　都	95.1	94.7	94.3	94.3	93.8	94.6	96.1	97.1	98.4	99	99.4	99.3
贵　阳	97.6	97.2	97.1	97.1	96.8	96.8	97.4	97.8	98.7	99.6	100.2	100.3
昆　明	94.2	93.8	93.2	92.2	92.4	93.4	94.1	94.8	95.9	96.9	98	98.9
西　安	93.5	93	92.4	92	91.9	92	92.5	93.5	94.1	94.6	94.8	94.8
兰　州	96.2	96.2	96.1	95.7	95.8	95.7	96	96.7	98	98.5	99.1	99.2
西　宁	97.5	97.2	97.3	97.2	97.2	97.3	97.4	98.1	99.1	99.9	99.8	100.5
银　川	96.2	95.5	94.9	94.4	94.1	93.9	94.2	95.1	96.3	97.1	97.2	97.9
乌鲁木齐	98.4	97.7	97.2	97.2	97.6	98.4	99.4	99.6	100.8	102.3	102.8	102.9
唐　山	96.8	96.5	96.1	95.9	95.9	96.3	96.3	96.5	97.1	97.9	98.4	98.4
秦皇岛	93.8	93.3	93.2	93	93.4	93.8	94.8	95.8	96.5	97.3	97.5	97.3
包　头	94.3	93.5	93	92.9	93.3	94	95.2	95.7	96.6	97.6	97.4	97.4
丹　东	93.1	92.6	92.4	92.2	92.3	92.6	93.2	94	94.7	95.9	96.7	97.7
锦　州	93.3	92.1	91.5	91.1	90.6	90.2	90	89.8	89.8	90.5	90.6	91.4
吉　林	94.4	93.9	94	94	94.4	95	95.7	96.6	97.2	98.5	99.2	99.2
牡丹江	86.1	85.8	86.5	87.6	87.2	88.6	89	90.6	92.8	94.6	96.7	98.5
无　锡	95.8	95.6	95.1	95.1	95.6	95.9	96.7	97.5	98.2	99	99.2	99.2
扬　州	97.3	96.9	96.8	97	97	97	97.1	98.1	98.7	99.5	99.8	99.9
徐　州	95.9	95.4	95.3	95.1	95	95.3	95.5	96.2	97	98.1	98.6	98.7
温　州	91.6	91.7	91.8	92.8	93.9	95.6	97.1	98.2	99	99.8	100.9	101.6
金　华	93.2	92.9	93.6	93.7	94	94.8	95.9	97	98.4	99.6	100.3	100.5
蚌　埠	94.7	93.5	92.5	91.8	91.5	91.7	92.3	93.4	94.2	95.5	96.3	96.5
安　庆	95.3	95.2	95.1	95	94.4	94.4	94.9	96	96.8	97.6	98.2	98.1
泉　州	94.5	94.2	94.1	94	93.7	94.2	95.3	96.4	97.4	98.5	99	99.1
九　江	95.5	95.7	95.9	96.1	96.7	97.3	97.9	99	100	101.1	101.7	101.7
赣　州	93.9	94.2	94.5	94.6	94.7	95.1	96.4	98.2	99.3	100.3	100.1	100.3
烟　台	93.9	93.5	93	92.6	92.5	92.7	93.6	94.7	95.7	96.8	97.6	98.1
济　宁	95.2	94.6	94.2	94.1	93.9	94.1	94.8	96	96.7	97.4	97.7	98.1
洛　阳	96.8	96	95	94.3	93.8	93.5	94.4	95.4	96.4	97.3	97.9	98.1
平顶山	95.9	95.1	94.5	94.2	94	93.8	94.9	96	96.7	97.4	97.7	98.2
宜　昌	95.3	94.8	94.4	94.5	94.6	94.9	96	97	98	99.3	100	100.4
襄　阳	94.9	94.1	94.1	94.1	94.7	95.2	95.7	96.6	98	98.5	98.7	99.2
岳　阳	96.2	95.5	95.2	95	94.8	94.8	95.4	96.4	97.3	98	98.5	98.6
常　德	96.7	96.1	96.1	95.9	96	96.1	96.5	97.3	98.1	98.8	99.1	99.5
惠　州	95.2	94.4	93.7	93.1	92.5	92.8	94.2	95.1	96.3	97.5	98.1	99.1
湛　江	95.5	94.6	94	93.5	93.2	92.9	93.1	93.4	94	94.8	95.4	95.7
韶　关	93.2	92.8	92.7	93.5	93.2	94.3	95.7	96.6	98.2	99.6	100.1	100.3

续表

城　　市	1月	2月	3月	4月	5月	6月	7月	8月	9月	10月	11月	12月
桂　林	94.2	93.5	92.7	92.6	92.4	92.3	93	93.6	94.5	95.6	95.9	96.4
北　海	93.2	92.7	92.7	93	93.6	94.2	95.4	96.9	98.5	100	101	102.2
三　亚	97.2	97	96.8	96.6	96.6	96.5	97.2	98.1	98.9	100.4	100.4	100.7
泸　州	96.4	96.1	95.9	95.9	96.1	96.7	98.1	99.1	100.3	102.1	102.6	102.8
南　充	95.1	95	94.8	94.8	95	95.1	95.7	96.6	97.8	99.3	99.8	100
遵　义	98.1	97.5	97.1	97.1	97	97	98	97.7	97.9	97.7	97.2	97.2
大　理	94.1	94.1	93.6	92.9	93.3	93.3	93.6	93.7	93.9	94.4	94.6	96.1

数据来源：国家统计局

2015年70个大中城市二手住宅销售价格指数定基数据　　　　表70

城　　市	1月	2月	3月	4月	5月	6月	7月	8月	9月	10月	11月	12月
北　京	115.3	115.2	115.8	118.2	123.3	126.1	129.4	131.9	133.7	135.2	137.1	139.4
天　津	104.2	103.9	104	104.4	104.9	105.5	106	106.6	107.1	107.3	108	108.5
石家庄	99.1	99.1	99.2	99.3	99.5	99.7	100	100	99.8	99.9	100.2	100.3
太　原	111.3	110.8	110.8	110.8	111	111.5	111.8	112.1	112.2	112.3	112.6	112.9
呼和浩特	102.8	102.6	102.6	102.5	102.5	102.6	102.6	102.8	102.7	102.7	102.8	102.8
沈　阳	106.8	106.5	106.4	106.6	107	107.4	107.6	107.6	107.6	107.5	107.7	108.1
大　连	102.6	102.4	102.4	102.7	102.9	103.5	103.4	103.3	103.1	103	102.8	102.4
长　春	100.8	100.4	100.1	99.8	100.1	100.7	101.3	101.5	101.6	101.6	101.5	101.4
哈尔滨	99.4	98.9	98.3	98	98.2	99	100	100.3	100.1	100.3	100.5	100.6
上　海	114.9	115	115	115.7	118.2	119.6	121.5	122.8	124.1	125.1	126.3	127.9
南　京	103.5	103.6	104	104.6	104.8	105.5	106.2	106.7	107.8	108.1	109	110
杭　州	92.5	92.3	92.2	92.4	92.6	93.2	93.7	94.2	94.5	94.7	95.3	96.2
宁　波	90.1	89.8	89.7	89.7	89.9	90.2	90.8	91.2	91.5	91.8	92.4	93
合　肥	103.9	103.5	103.6	104.9	105	105.7	105.8	106.1	106.9	107.3	107.7	108.4
福　州	99.4	98.8	98.8	99.1	99.6	100	100.4	100.4	100.6	100.9	101.5	102
厦　门	111.2	110.4	110	110.2	110.5	110.7	111.2	112	112.9	113.7	114.8	116.1
南　昌	102.5	101.6	102	102.5	103	103.4	104	104.4	104.7	104.6	105.1	105.4
济　南	100.9	100.5	100.3	100.3	100.4	100.6	101.1	101.4	101.5	101.7	102	102.4
青　岛	97.7	97.2	96.9	96.9	97	97.2	97.6	97.7	97.8	97.9	97.9	97.9
郑　州	111.8	111.8	111.9	112.1	112.2	112.4	112.8	112.7	112.9	113.5	114.1	114.9
武　汉	106.5	106.5	106.3	106.4	106.6	107.2	107.8	108.4	108.8	109.2	109.7	110.5
长　沙	104.8	104.5	104.3	104.2	104.5	104.5	104.8	105	105	105.1	105.4	105.6
广　州	116.8	116.5	116.5	117.8	120.5	122.7	124.3	125.6	127	128.4	129.3	130.7
深　圳	123.2	123.6	124.2	127.2	135.3	144.6	152.3	158.9	164.1	165.7	168.9	174.5
南　宁	101.7	101.4	102.3	102.5	103.7	104.4	105	105.2	105.2	105.6	106.1	106.2
海　口	89.9	89.1	88.9	88.4	87.8	87.6	87.3	87.1	87	86.9	87.1	87.1
重　庆	100.2	99.9	99.9	100	100.3	100.6	101	101.2	101.4	101.1	101.2	101.2

续表

城　市	1月	2月	3月	4月	5月	6月	7月	8月	9月	10月	11月	12月
成　都	99.5	99.1	99	98.8	98.3	98.7	99	99.1	99.3	99.3	99.5	99.3
贵　阳	116.1	115.9	116	116	116	116.1	116.2	116.4	116.4	116.5	116.7	116.8
昆　明	108.5	107.5	107.4	106.9	107.2	108.3	107.7	107.4	107.5	107.5	108	108.2
西　安	99.4	98.6	98	97.5	97.3	97	96.7	96.6	96.3	96.1	95.7	95.2
兰　州	97.4	97.3	97.2	97	97	96.8	96.8	96.7	96.8	96.8	97	96.8
西　宁	109.7	109.6	109.8	109.7	109.6	109.8	110	110.2	110.3	110.4	110.4	110.3
银　川	107.1	106.8	106.4	106.2	106.1	106	105.8	105.8	105.7	105.7	105.4	105.3
乌鲁木齐	110.9	110.5	110.4	110.7	111.6	112.5	113.2	113.3	113.5	113.9	114.2	114.3
唐　山	101.3	100.9	100.4	100.2	100.1	100.1	100.1	100.2	100.2	100.2	100.2	100.1
秦皇岛	97	96.7	96.4	96.3	96	95.6	95.5	95.4	95.3	95.1	95	94.7
包　头	97.5	96.7	96.2	96.2	96.4	96.6	96.5	96.5	96.4	96.3	95.7	95.5
丹　东	99	98.5	98.3	98.1	98	97.8	97.8	97.7	97.5	97.4	97.3	97.3
锦　州	95.3	94.2	93.6	93.3	92.5	91.8	90.8	89.8	89.2	88.8	88.3	87.9
吉　林	99.5	99	98.9	98.8	98.9	99	99	99.2	99.3	99.5	99.4	99.2
牡丹江	88.4	87.9	87.7	88.9	88.1	88.1	87.7	88	88.4	88.5	88.7	88.7
无　锡	103.1	103.1	102.4	102.3	102.6	102.5	102.6	102.6	102.7	102.8	102.8	102.7
扬　州	99.5	99.1	99	99.1	99	99.2	99.2	99.5	99.5	99.7	99.7	99.7
徐　州	95.9	95.4	95.3	95.2	95	95	95	94.8	94.9	94.9	95.1	95.1
温　州	74.5	73.9	73.5	73.8	74.2	74.6	74.9	75.3	75.6	75.8	76	76.2
金　华	92	91.6	91.6	91.5	91.6	91.8	92.1	92.2	92.4	92.5	92.7	92.6
蚌　埠	102.4	101.8	101.3	100.9	100.7	100.5	100.4	100.3	100.1	99.9	99.8	99.2
安　庆	96.4	96.4	96.1	95.9	95.1	94.8	94.9	94.9	94.9	94.9	95.1	94.9
泉　州	94.6	94.5	94.3	94.3	94.1	94.1	94.1	94.1	94.2	94.3	94.3	94.2
九　江	100.1	100.1	100.1	100.4	100.8	101.1	101.1	101.4	101.7	101.8	102	102.2
赣　州	94.9	95.1	94.9	94.8	94.7	94.7	94.9	95.4	95.4	95.3	95.1	95.5
烟　台	98.1	97.7	97.3	97	97	96.9	96.9	96.8	96.9	96.9	96.8	96.7
济　宁	103.5	102.8	102.4	102.3	102.1	101.9	101.8	102.1	102.1	101.9	101.9	102
洛　阳	108.3	108	107.6	107.3	107.1	106.9	107	107	107.1	107.1	107	106.8
平顶山	106.8	106.3	106.1	105.9	105.8	105.6	105.6	105.7	105.5	105.5	105.3	105.2
宜　昌	103.6	103.3	103.1	103.1	103.2	103.3	103.5	103.7	104	104.1	104.2	104.4
襄　阳	109.7	108.9	109.2	109.1	109.6	109.8	109.5	109.3	109.5	109.3	109.1	109.2
岳　阳	110.4	109.9	109.7	109.7	109.6	109.6	109.5	109.5	109.4	109.3	109.4	109.3
常　德	110.6	110.2	110.1	110	110.1	110.1	110	110.1	110.1	110.2	110.2	110.5
惠　州	106.1	105.4	105	104.6	104.3	104.2	104.4	104.4	104.7	104.9	105.2	105.7
湛　江	106.4	105.6	104.9	104.4	104.1	103.6	103.1	102.7	102.5	102.4	102.4	102.3
韶　关	102.2	101.9	101.7	102.6	102.4	102.9	103.2	103.6	103.5	103.3	103.3	102.9
桂　林	100.2	99.4	98.7	98.3	98	98	98	97.8	97.7	97.5	97.5	97.4

续表

城市	1月	2月	3月	4月	5月	6月	7月	8月	9月	10月	11月	12月
北海	101	100.6	100.6	101	101.4	101.7	102.1	102.4	103	103.4	103.7	103.9
三亚	93.7	93.6	93.4	93.3	93.1	93	93.1	93.6	93.8	94.4	94.5	94.5
泸州	101.5	101.6	101.8	102.1	102.4	102.6	103.1	103.4	103.6	103.9	104.2	104.3
南充	101.3	101.3	101.2	101.3	101.4	101.3	101.2	101.2	101.2	101.5	101.5	101.6
遵义	109.8	109.4	109.1	109.2	109.1	109.2	109.6	109.3	108.6	107.6	107.2	107
大理	99.2	98.7	98.1	97.2	96.9	96.7	96.5	96.4	95.9	95.9	95.7	95.7

数据来源：国家统计局

部属单位、社团及部分央企

住房和城乡建设部科技与产业化发展中心（住宅产业化促进中心）

【建筑节能工作】 2015 年，住房和城乡建设部科技与产业化发展中心(住宅产业化促进中心)完成“高效节能型太阳能光伏屋顶和幕墙系统技术研究”、“典型公共机构能源管理关键技术标准研究与应用示范”和“中美超低能耗建筑技术合作研究与示范”等建筑节能领域“十二五”期间相关课题研究，确定中美清洁能源联合研究中心(简称 CERC)2.0 项目研究内容并组织完成和落实 CERC2.0 项目建议书编制和申报工作，开展《外墙外保温工程技术规程》行业标准和《建筑节能基本术语标准》国家标准编制工作。开展中美清洁能源联合研究中心建筑节能合作项目管理、建筑能效测评标识管理、中国建筑节能协会太阳能建筑一体化专业委员会、中国建筑节能协会建筑节能服务专业委员会等辅助管理工作。

【民用建筑能耗统计】 各省市完成统计并上报的 2014 年度国家机关办公建筑、大型公共建筑的能耗信息的数量为 23000 余栋，与上一年度统计数量相比基本保持稳定。在此基础上，深入开展统计数据分析工作，完成《2014 年度民用建筑能耗统计数据分析报告》，完成《民用建筑能耗统计报表制度》、“民用建筑能耗统计工作人员手册”、“民用建筑能耗统计数据报送系统”的修订。

【公共建筑节能示范】 起草完成公共建筑节能工作专项核查方案，组织开展公共建筑节能专项核查，汇总形成《公共建筑节能工作进展报告》。协助住房城乡建设部建筑节能与科技司组织开展节约型校园、节约型医院和节约型机关单位示范的组织管理工作。2015 年共批复 19 个节约型校园建设试点、17 个节约型医院试点和 1 个节约型机关试点，完成中央民族大学等 10 所节约型校园建设试点验收工作。完成《医院建筑节能监测平台建设验收规范》、《科研院所节能监测体系建设与管理技术导则》的编制工作。开展公共建筑节能监管体系建设的管理、研究和公共建筑节能改造示范工作。

【可再生能源建筑应用及既有建筑节能改造项目管理】 开展既有居住建筑节能改造项目验收备案、资金核算工作，太阳能光电建筑应用示范项目清算后续工作，可再生能源建筑应用示范市县等项目验收工作，以及建立较为完善的“可再生能源建筑应用项目管理平台”和“既有居住建筑节能改造项目管理平台”等项目管理工作。

【被动式低能耗建筑技术研究与技术服务】 承担“适用我国不同气候区的被动式低能耗建筑技术研究与示范”国家国际科技合作项目，完成“高厚度保温板防火实验”方案，“建筑结构与设备一体化被动房及其建造方法”专利的申请，“被动式房屋示范工程总结报告”等研究工作，完成河北省和黑龙江省的《被动式低能耗居住建筑节能设计标准》、青岛市《被动式低能耗居住建筑节能设计导则》以及国家建筑标准设计图集严寒寒冷地区《被动式节能建筑构造》等标准的编写工作。

完成内蒙古阿尔山、大连博朗等多个被动式节能房技术方案咨询、能效计算、设计培训、施工培训、质量检查等方面的技术服务工作。为河北省建筑科学研究院研发中心楼、山东潍坊的“未来之家”和日照市新型建材住宅示范区 27 号住宅楼等已完成被动房建设的单位颁发了质量认证证书。

【涉老设施技术与标准研究】 开展《社区老年人活动中心建设标准》研究，完成《涉老设施关键技术和标准体系研究》，开展 2 个绿色适老住区试点项目的试评工作以及相关技术服务工作。

【绿色建筑政策与技术研究】 围绕绿色建筑的政策机制与评价技术，开展国家标准《绿色饭店评价标准》等绿色建筑相关标准编制工作，承担“绿色建筑规划设计集成技术应用效能评价”、“绿色建筑综合性能指标水平研究”、“绿色建筑实施效果评价指标研究”等“十二五”国家科技支撑计划课题(子课题)的研究工作，开展 EF 项目《强制推行绿色建筑制度的实施方案研究(第二阶段)》等绿色建筑相关政策机制研究工作。

【绿色建筑标识评审工作】 开展 24 批绿色建筑标识评价共计 125 个项目(其中包括组织评价 6 个天津地标三星和 31 个上海地标三星项目)。总建筑面积 1312.27 万平方米，其中一星级 12 个、三星级

112个，其中住宅类17个、公建类106个、工业建筑类2个，其中设计标识109个、运行标识16个。

为适应向第三方评价机构的转变，2015年，调整绿色建筑评价标识工作的流程和要求，并及时编制并印发《绿色建筑评价管理办法》。尝试其他业务渠道的拓展，编写《金融机构推动绿色建筑发展的可行性研究报告》、《绿色建筑评价标识市场化改革与监管方案(草案)》等。此外升级绿色建筑评价标识门户网站和绿色建筑评价标识申报系统，以适应大数据时代下的绿色建筑发展需求。

【绿色建材评价标识管理工作】 贯彻落实《促进绿色建材生产和应用行动方案》、《绿色建材评价标识管理办法》，组织开展《绿色建材评价标识管理办法实施细则》和《绿色建材评价技术导则(试行)》的编制和发布工作，制定砌体材料、保温材料、预拌混凝土、建筑节能玻璃、陶瓷砖、卫生陶瓷和预拌砂浆等7类建材产品的评价技术要求，建立评价指标体系，搭建全国绿色建材评价标识管理信息平台。

【建筑(住宅)产业现代化相关工作】 2015年，开展《绿色保障性住房产业化发展现状、问题及对策》、《保障性住房产业化成套技术集成研究》等建筑(住宅)产业化相关课题研究20余项，编制《国家住宅产业现代化综合试点(示范)城市“十三五”发展规划》，推进试点城市建设，培育试点城市，助推产业化发展，上海、长沙、广安成为住宅产业现代化试点城市，同时在青岛、潍坊、乌兰察布、海门等城市积极开展培育工作。

【保障性住房建设材料部品采购信息平台】 对保障性住房建设材料部品采购信息平台框架进行调整，依托平台建立“宜居中国住宅产业化绿色发展联盟”、“国家绿色建材库”专项内容，完善平台各项工作，同时加强对会员单位的服务工作，组织各类交流会和论坛，帮助平台企业开展供需对接。

【房地产市场数据监控分析工作】 适应调控新要求，及时完成房地产市场形势分析月报、季报、年报。积极参加房地产市场调研，开展《关于近年来房地产市场供需关系的分析》等7项专题研究。配合住房城乡建设部房地产市场监管司建立房地产市场交易信息日报制度和行业发展信息周报制度。参与全国商品房供应情况调查和房地产调控政策研究与贯彻落实工作。

【建筑信息化技术研究与转化应用】 修订《建设工程文件归档整理规范》和《建设电子文件与电子档案管理规范》，开展《城市综合地下管线信息系统技术规范》和住房城乡建设部科学计划项目“基于信息技术(BIM)的绿色建筑部品数据平台构建与应用研究”等课题研究工作，依托全国建设行业电子认证平台开展电子认证推广应用工作，开展住房和城乡建设产品BIM大型数据库上线运行及产品入库工作。

【国家康居示范工程】 新立项国家康居示范工程项目12项，分别分布黑龙江省、山西省、山东省、新疆维吾尔自治区、河北省、内蒙古自治区等地，验收示范工程项目7项。新立项与验收项目中，建筑节能65%以上、太阳能光热光电技术、水资源利用、新型工业化建筑体系、工业化全装修等新技术应用成为示范工程的普遍要求，实施的项目基本上都成为当地住宅建设的样板工程，对引导省地节能环保型住宅及绿色建筑发展起到积极示范带动作用。

【国家住宅产业化基地】 编制完成《国家住宅产业化基地“十三五”发展规划及评价标准》，建立国家住宅产业化基地技术创新联盟专家委员会，开展系列交流活动，组织专家对三一集团有限公司、深圳市华阳国际工程设计有限公司等10个企业申报国家住宅产业化基地进行论证，其中6家企业已获住房城乡建设部正式批准为国家住宅产业化基地。

【老旧小区有机更新】 参加老旧小区有机更新研究工作。研究编制《老旧居住小区基本情况与有机更新研究报告》以及抗震加固、节能改造、加装电梯、资金测算等专题报告和调研报告，组织编制《老旧小区有机更新技术导则》。

【城市生态修复、绿色生态城区技术服务】 协助住房城乡建设部开展《城市生态评估与修复导则》的研究，完成财政部、世界银行、全球环境基金“中国经济改革促进和能力加强项目”(TCC)子项目“促进城市生态修复”申报书的编制等城市生态修复工作，完成《绿色生态城区专项规划技术导则》、《推广海绵型建筑与小区》建设方案等绿色生态城区技术服务工作。开展西安国际社区绿色生态城区、山西朔州市新型城镇化规划研究等绿色生态城区技术咨询服务，以及福州市规划院办公楼三星级设计标识、南京凯尚超低能耗绿色建筑、河南菩禧绿色建筑等绿色建筑技术咨询服务。

【海绵城市建设咨询服务工作】 组织编制《海绵城市建设先进适用技术与产品目录(第一批)》，开展《海绵城市建设实施手册》、《国外海绵城市建设典型案例》编制工作。承担国家第一批海绵城市建设试点城市中迁安市、鹤壁市、武汉市、嘉兴市、镇江市、厦门市6个城市的联络工作，及时调研实施进展情况，编制试点城市工作动态简报，为嘉兴市、厦门市、成都市等城市开展海绵城市建设提供技术咨询和技术服务。

【国家重大水专项执行管理工作】 配合住房城乡建设部建筑节能与科技司管理“城市水体污染控制与水环境综合整治技术研究与示范”和“饮用水安全保障技术研究与示范”两个主题，加强立项、执行、资金和成果扩散各环节管理，完善工作制度，规范工作程序，形成了水专项全过程管理模式，提高了管理效能。

【科技成果评估和推广项目评审】 完成90项建设行业科技成果评估，其中：达到国际先进水平8项，达到国内领先水平58项，达到国内先进水平24项。受理推广项目申报161项，分四批组织专家评审，评选出全国建设行业推广项目128项。

【住宅性能认定工作】 开展《住宅性能评定技术标准》等相关标准研究，完成54个住宅性能认定项目的预审和24个项目的终审工作。

【康居认证工作】 下属北京康居认证中心新增认证企业45家，比2014年增加19家。全年共完成工厂审查118家，其中初次审查11家，到期换证审查18家，年度中期审查89家。

【第十四届中国住博会】 9月9～11日，“第十四届中国国际住宅产业暨建筑工业化产品与设备博览会”在北京中国国际展览中心(新馆)隆重举行。展会面积近3万平方米，汇集400余家企业参展，展位近1000个。3天展期共吸引近4万余人到会参观，再度成为国内住宅产业领域极具影响力的年度盛会。展会“以明日之家为引领，促进创新转型发展”为主题，突出国际性、科技性和专业性，集中展示节能、节地、节水、节材、环保等产业化成套集成技术与部品。共推出中国明日之家2015示范区、城市和房地产项目展区、国家住宅产业化基地成果展区、被动房住宅配套产品展示区、国家绿色建材部品展示区、国际住宅技术与产品展示区、太阳能技术与产品区和城市公共艺术与人居环境区共计八大特色展区。从不同角度展示节能、节地、节水、节材、环保等产业化成套技术与部品，介绍国内外住宅产业现代化、建筑工业化的最新成果、全新理念及文化内涵，全面诠释面向未来的住宅发展趋势。

【“华夏建设科学技术奖”评审工作】 “华夏建设科学技术奖”共受理申报项目292项，经形式审查符合参评条件的271项。经过专业组和评审委员会两级评审，并经华夏建设科学技术奖励委员会审定，本年度共评出获奖项目116项，其中一等奖13项，二等奖27项，三等奖76项。(赵建平、林涌)

(住房和城乡建设部科技与产业化发展中心
(住宅产业化促进中心))

住房和城乡建设部人力资源开发中心

【《国家职业分类大典》修订工作】 2015年，受住房和城乡建设部人事司(以下简称部人事司)委托，住房和城乡建设部人力资源开发中心(以下简称中心)完成《国家职业分类大典》(住房城乡建设行业职业部分)最后阶段修改、征求意见等工作。在修订工作过程中，组织专家对《国家职业分类大典》(以下简称《大典》)职业体系征求意见5次，对职业描述修改5次，组织专家到人力资源和社会保障部讨论修改职业内容4次，修订范围涉及住房城乡建设行业48个职业，69个工种。《大典》于7月正式颁布并出版发行。

【住房城乡建设行业职业体系建设】 组织完成建筑企业现场施工类主要职业(工种)目录。梳理住房城乡建设行业职业(工种)目录及标准等情况，结合《大典》职业(工种)目录进行整理，通过咨询相关专家并召开讨论会，完成建筑企业现场施工类主要职业(工种)目录，对其中古建筑传统施工领域原有的9个工种进行合并，与《大典》中5个古建筑传统工种名称相统一。组织新职业(工种)申报工作。指导相关单位开展新职业申报立项所需的职业调查、撰写可行性报告，完成新工种“弱电工”设立的论证审核工作。确定住房城乡建设行业职业技能标准(以下简称职业技能标准)编制首批职业(工种)。通过梳理《大典》中住房城乡建设行业相关职业，进行筛选分类，以实地走访和电话沟通等形式，联系相关单位和专家进行职业技能标准修编可行性论证，最终确定首批编制职业技能标准的8个工种，分别是古建筑传统木工、古建筑传统瓦工、古建筑传统石工、古建筑传统油工、古建筑传统彩画工、弱电工、模板工、建筑门窗安装工。

【住房城乡建设行业职业技能标准编制修订工作】 为指导各地做好住房城乡建设行业从业人员培训工作，统一培训标准，提升培训质量，受部人事司委托，组织开展8个职业技能标准的编制修订工作。参考部人事司审核通过的建筑施工企业人员5个职业技能标准送审稿文本，通过研究分析，编写住房城乡建设行业职业技能标准工作流程和技术规程，指导和规范职业技能标准编写工作。根据职业技能标准编写要求，走访相关单位，联系行业专家、经过几轮筛选，确定8个职业技能标准51位编写专家和26位审核专家，完成专家信息采集，形成职业技能标准编写、审核专家库。根据职业技能标准编写项目要求，起草并签订8个职业技能标准编写的项目合同书。组织召开职业技能标准编写启动会，讨论制定整体工作方案并明确时间进度安排及各工种编写工作方案。针对职业技能标准编写过程中遇到的大纲体例、等级划分等问题，咨询主管部门和行业专家，确定编写意见，指导各编写组完成8个工种的职业技能标准大纲。

受住房和城乡建设部住房公积金监管司委托，完成《住房公积金管理人员职业标准(初稿)》两次修改审核，形成送审稿并赴厦门、常州实地征求意见。

受部人事司委托，组织行业专家对建筑装饰装修、建筑工程施工、建筑工程安装、园林行业以及白蚁防治工等5大类、39个工种的职业技能标准进行统稿，完成近32万字的文稿审核。

【行业职业技能培训鉴定年度数据上报统计工作】 根据《住房和城乡建设部关于加强建设行业从业人员职业培训工作的指导意见》，组织开发包括行业从业人员职业技能培训考核信息、证书信息和职业技能培训考核机构信息等数据的上报、查询和统计分析等功能的行业从业人员培训管理信息平台，为部人事司统计汇总2015年各省职业技能培训与鉴定工作和农民工业余学校工作情况提供服务。

【2015年专业技术职务任职资格评审工作】 为提高职称评审工作效率，认真总结多年来职称评审工作经验，创新工作方法，自主开发专家评委网上评审信息系统和评审结果网上查询系统。正高职称评审正式应用网上评审信息系统，减轻专家评委的工作量，提高工作效率。2015年申报总人数2385人，评审通过1900人(高级699人，中级971人，初级230人)。

【经济师(建筑经济、房地产经济两个专业)命题大纲修订工作】 配合部人事司和人力资源社会保障部人事考试中心组织专家做好经济师(建筑经济、房地产经济两个专业)命题大纲修订工作，拟定会议通知和相关安排，组织专家参加初审、终审命题会议，认真细致做好试卷校对及保密工作。

【完成部司局委托的培训项目和行业培训工作】 共举办各类管理和专业技术人员培训班12期，培训学员3083名。

为贯彻落实全国城市环卫保洁工作现场会精神，全面推进“学习中卫经验　清洁城市环境”活动，受部城市建设司委托，在宁夏中卫举办“城市环卫保洁培训班”，来自全国29个省、自治区、直辖市及兵团的城市环卫保洁相关负责同志和工作人员参加培训。通过现场观摩环卫新模式演示活动，使参加培训的学员对“以克论净”有更为直观的认识。

为推动统计基础工作的制度化、规范化和标准化水平，提高统计数据的质量，受部计划财务与外事司委托，在四川成都举办2期(城镇县城部分、村镇部分)“城乡建设统计培训班”，来自全国16个省、自治区、直辖市的城乡建设统计工作人员参加培训。

为进一步做好传统村落保护项目实施工作，推动行业相关管理和技术人才队伍建设，提高传统村落保护项目实施水平，在福建厦门举办“传统村落保护项目实施培训班”，来自全国26个省、自治区、直辖市的从事传统村落保护工作的负责同志和工作人员参加培训。

围绕行业关注的热点、重点问题，举办“政府和社会资本合作项目实务操作培训班”、“绿色节能与能效优化策略培训班”和“绿色数据中心技术发展培训班”。

为帮助注册监理工程师提高执业水平，完成规定的继续教育，举办4期“注册监理工程师继续教育培训班”。

(住房和城乡建设部人力资源开发中心)

住房和城乡建设部执业资格注册中心

【执业资格考试工作】 根据国务院取消和调整部分行政审批事项的有关决定和全国人大常务委员会关于修改《中华人民共和国城乡规划法》的决定，2015 年停止物业管理师执业资格考试工作，暂停一级注册建筑师和注册城市规划师执业资格考试工作。

受财政部和国家发改委有关收费项目改革影响，2015 年未能按计划组织勘察设计注册工程师执业资格考试。

组织完成一级建造师执业资格全国统一考试的命题、阅卷工作，完成二级建造师执业资格考试的命题工作。共有 139 万人报名参加一级建造师考试，170 万人报名参加二级建造师考试。

【执业资格注册工作】 2 月起停止物业管理师注册工作，5 月起暂停注册城市规划师初始注册(登记)工作。继续开展一级注册建筑师、一级注册结构工程师、注册土木工程师(岩土)、注册公用设备工程师、注册电气工程师、注册化工工程师、一级建造师、注册城市规划师(非初始类)等 8 个专业执业资格注册工作。全年共完成 15 万余人次的各类注册工作，各专业累计注册人数达到 66.4 万人，具体情况见表 1。

2015 年度各专业执业资格注册情况统计表　表 1

专业	到 2015 年底累计注册人数	2015 年完成注册总人次
一级注册建筑师	32501	16231
一级注册结构工程师	45718	13306
注册土木工程师(岩土)	15873	6860
注册公用设备工程师	24934	6953
注册电气工程师	18290	5854
注册化工工程师	5667	1144
注册城市规划师	18532	4951
一级建造师	476580	94356
物业管理师	26000	2851
合计	664095	152506

【改进执业资格注册审查工作】 贯彻落实国务院和住房城乡建设部有关规范行政审批行为、改进行政审批工作的精神，不断改进执业资格注册审查工作。进一步加快注册审查进度，提高注册审批效率，编撰一级注册建筑师、勘察设计注册工程师和一级建造师注册审批事项服务指南，进一步规范注册审批行为，进一步完善注册管理信息系统，为注册人员提供更加全面的查询服务，探索电子化审查审批新模式，提出电子化注册管理工作方案。

【国际交流与合作工作】 组团参加第十八届日韩中注册建筑师组织交流会。同时作为下届会议主办方，完成确定主办城市等相关工作，组织开展英国结构工程师学会正会员资格申请人推荐和测试工作，41 人通过测试取得了英国结构工程师学会正会员资格。截至 2015 年，全国共有 148 名一级注册结构工程师取得了该学会正会员资格。

【继续教育工作】 针对国务院《关于第一批清理规范 89 项国务院部门行政审批中介服务事项的决定》的要求，组织勘察设计注册工程师、一级建造师继续教育专题调研，并向主管部门提出改革建议。

【研究工作】 受住房城乡建设部人事司委托，承担一级注册结构工程师考试改革相关研究工作，编制完成《关于通过土木工程专业评估高校毕业生减免一级注册结构工程师基础考试(上午段：公共基础)的实施方案》，开展一级注册结构工程师职业实践标准课题研究，编制《一级注册结构工程师职业实践标准(草案)》，并于年底通过专家组验收。

【推进勘察设计注册工程师制度建设】 协助住房城乡建设部建筑市场监管司，协调化工、公用设备、电气三个专业管理委员会启动执业筹备工作，水利水电、港口与航道、环保三个专业管理委员会启动注册及执业的筹备工作。

经批准，印发勘察设计注册工程师《考试大纲修订工作管理办法》、《专家组成员管理办法》和《考试试题错误问题的处理办法》，加强各专业管理委员会的考试管理工作。

（住房和城乡建设部执业资格注册中心）

中国建筑工业出版社(中国城市出版社)

【各方面工作扎实推进　取得良好经营业绩】 2015年，中国建筑工业出版社(以下简称“建工社”)社干部职工按照《建工出版社今后几年发展思路》和《建工出版社“十二五”发展规划纲要》的总要求，紧紧围绕年初制定的各项任务目标，扎实工作，团结奋进，圆满完成各项工作任务，取得良好的经营业绩。建工社各图书中心累计申报批准选题2119种，新书发稿1445种，发稿字数5.7亿字，出书品种3683种，其中新书1413种，重印书2270种，共计1851.25万册，同比增长3.74%，出版码洋8.68亿元，同比增长2.36%，回款实洋5亿元，同比增长23.15%，实现图书销售收入(不含流转税)4.4亿元，同比增长15.48%，净利润总额6563万元，资产总额10.24亿元，同比增长18.11%。城市社各图书中心累计申报批准选题73种，新书发稿64种，出书品种130种，其中新书45种，重印书85种，出版码洋4700万元。

【推动重大项目出版　加强编辑制度建设】 建工社和中国城市出版社(以下简称“城市社”)各图书中心按照立足专业、拓展相关、发展关联业务的发展思路，围绕住房和城乡建设工作的重点，组织策划一批双效益好的选题，《中国传统建筑解析与传承》等25种图书申报国家“十三五”重点出版规划。在编、印、发等有关部门的密切配合下，考试用书、教材、标准规范三大板块总体平稳运行，一、二级建造师等考试用书版块全年出版码洋3.16亿元，高校、高职、中职教材和各类培训教材大幅增长，全年出版码洋2.41亿元，标准规范和规范汇编全年出版码洋0.66亿元。《建筑设计资料集(第三版)》等出版社品牌图书修订工作得到进一步推进。《中国古建筑丛书》、《建筑与市政工程施工现场专业人员职业标准培训教材》等一批学术著作和应用图书的出版，得到作者和读者的好评，一般图书板块平稳增长。“走出去”重点图书《中国精致建筑100》、《新城区战略与路径》等项目陆续出版。

进一步加强改进编辑工作管理，全面落实社《学术著作出版基金管理办法》、《指令性图书管理规定》。出台《出版物选题管理办法》、《图书中心管理办法》、《编辑管理办法》等有关编辑工作的管理办法，并陆续制定相应的实施细则。注重挖掘出版资源，与多个高等院校、科研机构签订战略合作协议。

【创新出版管理　确保图书质量】 积极开展生产工艺创新，全面实施新书CTP印刷。全面推广小印数和按需印刷。继续推进胶片数字化工作。二级建造师图书增加防伪溯源码系统服务功能。通过有效组织，确保重点图书、教材、加急图书按时出版。图书市优质品率41.22%，突破历史新高。在新闻出版广电总局开展的2015年“出版3·15”监督抽查活动中，被抽查的《建筑构造与识图》等5种共124册图书质量全部合格。举办建工社第十七届出版物质量展，展示近三年来的出版成果，评选优秀、警示问题，取得良好的效果。

【加强数字出版　推进转型升级】 数字化转型升级项目顺利通过验收，完成“中国传统木构建筑营造技艺数据资源库与信息服务平台”等多个项目的申报工作，“工程建设标准规范数字化服务平台”等项目共获得国家各类资金支持3304万元。启动“基于CNONIX标准的ERP系统升级改造及客户端开发工程”等重大项目，制定项目实施方案并推进落实。切实推进复合出版，完成重点数字产品《建筑施工手册电子书》的设计、加工工作，进一步加强教材配套课件的建设工作。全年实现网站销售收入1970万元。建工社被授予“CNONIX标准应用示范单位”、“国家数字复合出版系统工程试点单位”、“专业数字内容资源知识服务模式试点单位”。

【加强营销宣传和渠道建设　落实驻地代表制度】 制定出台《营销宣传工作管理办法》、《规范市场和打盗维权管理办法》、《分社管理办法》、《京外工作室管理办法》等。继续维护好代理连锁发行系统，在建造师考试用书和重点专业图书的销售方面起到重要作用，新华书店系统销售平稳增长。开通代理连锁系统和新华书店的QQ营销群，实现社店及时交流。参加30多场全国级和地区性馆配会，进一步打通馆配流通渠道。积极推进网络销售，在天猫等电商平台，实现建工社图书的自主销售。做好微信宣传，开发微店，实现微信的销售功能。继续推进教材整体营销，举办5场教材营销推广活动。召开代理连锁系统成立20周年暨2015年发行工作会议、2015年度新华书店系统发行工作会议、首届线上销售商发行工作会议。落实驻地代表制度，在北京、上海等八省市招聘驻地代表23人并正式上岗，在当地的图书营销推广、信息采集、打盗维权等方面发挥了积极作用。

【设立专门机构　加强打盗维权】 2015年，成立法律事务部(打盗维权办公室)，开展打盗专项行动，先后赴浙江等地进行图书市场巡查，查处一批销售盗版建工图书的实体书店和培训机构，全年共查扣各类盗版建工社图书共计5.44万册，盗版图书码洋273万元。通过公安机关查处山东聊城鲁西图书城盗版案等3起大案，刑拘3人。继续加强对淘宝网等网络销售盗版的监控和查处力度，删除各类侵权链接9000多个，关闭淘宝网店1400余家，关闭天猫网店59家，追回赔偿53万元。查处几家出版社侵犯建工社图书著作权的案件，获得经济赔偿25万元。

【深化机构改革　完善干部聘任制度】 建工社修订《中层干部聘任规定》，进行机构调整，内设机构由原来的22个变为25个，对17个岗位进行了竞聘，共有41人次参加竞聘，17个岗位全部由竞聘产生。各部门开始新的聘期，签订三年任期目标责任书。城市社完成机构调整和中层干部的续聘、竞聘工作，明确8个部门的负责人。通过干部聘任制度改革，充分调动员工的积极性，激发出员工的活力，促进干部的年轻化，增强出版社的凝聚力。

【推动分配制度改革　促进可持续发展】 制定并出台《收入考核分配办法(试行)》、《岗位工资考核分配办法(试行)》、《效益工资分配办法(试行)》，在兼顾公平的基础上，更加强调责、权、利的统一，更加注重效率优先，对部门实行目标责任管理，建立浮动工资制，进一步强化收入分配的激励作用，充分调动员工的积极性，促进可持续发展。根据新的岗位工资考核分配办法，完成岗位档次和岗位工资系数的套改工作。

【加强党建工作　推进企业文化建设】 通过组织社党委中心组集中学习(扩大)会议、中层干部专题培训等多种形式，组织党员干部学习贯彻党的十八届五中全会精神，深入学习习近平总书记系列重要讲话精神。组织“三严三实”专题教育。深入开展党风党纪宣传教育，制定《2015年中国建筑工业出版社党风廉政工作要点》。加强领导干部学习，制作和下发《党员干部理论学习本》，并制定理论学习计划。以纪念中国人民抗日战争暨世界反法西斯战争胜利70周年和建党94周年为契机，组织开展多种形式的主题党日活动和纪念活动。加强精神文明建设，努力培育良好的企业文化，形成良好的社风，荣获2012～2014年度“首都文明单位”荣誉称号。进一步加强对工、青、妇组织的领导，在青年员工中开展“我为社‘十三五’发展建言献策”活动，组织开展多种群众性文化活动，努力做好老干部工作，努力营造良好的企业发展环境。

【落实两社合并　推进融合发展】 根据住房城乡建设部党组的要求，本着务实、稳妥的原则，充分兼顾到中国建筑工业出版社和中国城市出版社两社的实际情况和职工利益，制定建工社和城市社“合并重组方案”和“机构重组方案”，充分发挥两社的特点和已有的资源优势，进一步融合发展。完成办公室搬迁工作。城市社职工参加建工社主办的编辑业务培训、抗战胜利70周年平北抗战纪念馆参观活动等。两社共同举办城市文化专家研讨会，共同策划《城市文化系列丛书》，共同推出《城市规划、建设、管理类图书目录》，共同开展营销活动。

(中国建筑工业出版社(中国城市出版社))

中国城市科学研究会

服务创新型国家和社会建设

2015年，中国城市科学研究会(以下简称“城科会”)紧密围绕国家和地方重大科技需求和战略部署，推动建立产学研相结合的技术创新体系。城科会下属各专业委员会及技术研究中心发挥人才资源聚集、技术创新先行的引领作用，积极承接国家重大科技专项攻关及创新研究工作：组织开展国家社科基金重大项目马克思主义理论研究和建设工程2015年度重大项目—生态文明背景下的绿色城镇化研究，开展“十二五”国家科技支撑计划“智慧城市管理公共信息平台关键技术研究与应用示范”项目研究，完成智慧城市管理公共信息平台研究开发及规模应用示范、面向城市管理的地理信息数据仓库建设关键技术研究及应用示范、城市停车诱导和泊位管理便民服务系统与应用示范、城市居民时空行为分析关键技术与智慧出行服务应用示范、智慧社区服务管理创新关键技术研究与应用示范、公共住房公平分配数字化管理技术与应用示范、智慧街道关键技术集成与应用示范等7个课题的验收，国家科技支撑计划“智慧城镇综合管理技术集成与应用示范”开题获批。

开展“城市内涝预警与雨水径流综合管控平台研究与示范—镇江示范”课题，“地表空间特征识别和数字解析技术研究”子课题、“城市供水智能化平台与城市公共信息服务集成技术研究”子课题、“基于遥感数据的水体水质评估研究”子课题以及住房和城乡建设部水专项信息管理系统开发和维护工作。

完成“十二五”国家科技支撑计划子课题“绿色建筑评价标准与绿色商场建筑评价标准研究”“绿色建筑标识项目评价指标性能研究”的主要研究任务和全部考核指标。

组织开展“十二五”绿色建筑规划预评估与诊断技术研究课题，组织专家对示范工程——无锡中瑞低碳生态城和深圳湾科技生态园示范工程进行现场专项检查。

开展国家“十二五”科技支撑项目“绿色建筑标准体系与不同气候区不同类型建筑标准规范研究”和“绿色建筑评价指标体系与综合评价方法研究”两课题的研究工作。

同时，积极开展建筑碳排放计算研究及案例分析。对澳大利亚、日本等国家，中国香港等地区的建筑碳排放计算经验进行调研，探索建筑碳排放计算关键环节，为建立我国建筑碳排放计算方法提供借鉴。

决策咨询

【向国家领导建言献策】 城科会理事长仇保兴撰写“简政放权需要创新监督机制”、“深度城镇化——“十三五”期间的若干政策建议”、“我国下半年经济工作的几点建议”、“建议‘召开全国城市工作会议和企业家表彰大会’”、“地方政府视角的政策建议”、“对TPP的因应之策”等6篇报告报国务院总理李克强，均获李克强总理批示。

【为中央经济决策服务】 12月2日下午，国务院总理李克强主持召开经济工作专家座谈会，理事长仇保兴参加座谈会，并从消化房地产库存的角度提出对供给侧改革的意见建议。

【围绕住房和城乡建设部中心工作　组织开展有关课题研究工作】 组织完成建筑节能与科学技术司课题“中德建筑节能领域激励政策比较研究”项目，借鉴德国在此方面的先进经验，并从法律保障体系、规范标准体系、经济激励体系三大方面梳理德国建筑节能领域发展的相关激励政策，启动“建筑工业化项目”相关课题的研发工作，针对“装配式混凝土结构施工关键技术研究”等五个方面组建研究团队，继续推进建筑节能与科学技术司课题研究工作，“办公类绿色建筑性能评价方法及实例研究”在后评估研究的基础上，对已建成运行的办公类绿色建筑进行考察，对其全寿命周期进行综合分析研究。建立包括“绿色办公建筑运营管理评估方法”和“绿色办公建筑使用效果评估方法”的办公类绿色建筑性能评价体系，并提出不同星级办公类绿色建筑技术集成及技术导则。

组织开展特色小城镇案例、政策和评价标准研究、田园建筑优秀实例与村规民约评审组织、农村危房现状调查结果核实、中国小城镇和村庄建设发展报告(2015)、农村危房改造中建筑风貌管控指南、中央财政支持中国传统村落保护发展项目专项督查、中国传统村落保护发展中长期规划纲要、分省建筑风格与元素调查、分析、汇集、编写牵头组织、村镇生活垃圾污水治理“十三五”规划编制前期工作研究研究工作等多个项目。

完成部城乡规划司《生态城市规划技术导则》研究项目，旨在探索衔接中国生态城市宏观政策与具体规划实践，构建生态城市建设实践措施的科学的、具可操作性的导则指南，为后续配套机制和保障体系的出台奠定坚实的技术基础。

【面向城市政府　为城市的生态城市规划、建设、管理与可持续发展提供思路与政策指引】 项目主要涵盖城市发展规划建设与评价指标体系、生态城市规划方法研究及规划实践等领域。项目包括：《阿尔山中芬生态城生态规划》、《珠海市建设国际宜居城市指标体系研究》、《怀来县燕山文化新城生态规划》、《南京市红花—机场地区海绵城市专项规划》等咨询类项目。完成北京市绿色生态示范区指标体系评价导则，完成北京市绿色生态示范区指标体系实施与评价。

城科会建设

【积极筹备　推进换届工作】 做好换届工作流

程安排及任务分工，做好理事、常务理事推荐、推选工作，召开换届筹备工作组工作会议，讨论并形成换届工作方案，根据常务理事意见，修改完善换届方案，并上报中国科协，根据已酝酿的理事会负责人选方案，督促按相关要求填报拟任负责人推荐表、登记表，对涉及到有关审批事项的人员(中组部管、地方党政机会组织部门)协调有关组织批件工作。

【召开五届八次理事工作会议】 会议总结一年来的主要工作进展，汇报拟成立机构的情况，审议中国城市科学研究会院士推选组织实施方案，研究城科会年度工作计划及重点工作部署。

仇保兴对下一阶段的工作重点指示：即将召开城市工作会议对未来的城市规划、建设带来巨大机遇，要更好的利用本次城市工作会议所释放的红利，做好相应的知识技术储备。中央深化改革领导小组第十二次会议通过《中国科协所属城科会有序承接政府转移职能扩大试点工作实施方案》。会议指出中国科协所属城科会有序承接政府转移职能扩大试点工作，作为下属城科会，要抓住机遇，积极开拓争取承接相关职能转移，在综合管廊示范城市评选标准、海绵城市分级的标准、地下管网试点城市、城市黑臭河道治理分级标准及考核检查、智慧城市试点、美丽乡村等方面作好基础性工作。需要重点关注的几项工作，如城市的网格化管理，数字化城管、城市的黑臭河治理工作、PPP 模式、城市的综合管廊建设、国家新型城镇化试点工作等可重点关注，要组建跨学科、行业的联盟，推动技术创新和理论革新。

学术期刊

《城市发展研究》正常出刊 12 期 224 篇，2015 年度对城市文化、历史遗产等能够彰显城市理念、保持民族自信和文化传承的文章进行了精心的栏目组织，对传统栏目(城镇化、城乡统筹、城市规划、城市经济、土地利用、区域研究等)继续保持高度关注的同时，抓住城市科学研究的重点和热点问题，特别关注“京津冀协同发展”、“多规合一”、“智慧城市”、“旧城更新”、“深度城镇化”、“城镇群空间结构”等问题。

《城市发展研究》杂志获得 2015 年度的人大复印报刊资料重要来源期刊证书，中国人文社会科学综合评价 AMI 核心期刊证书，RCCSE 中国核心学术期刊 A 刊证书(排名由 2013 年的 12 位前进至 2015 年的第 9 位)，中国学术期刊影响因子年报统计刊源证书，继续入选最具国际影响力优秀期刊榜。一篇文章获得 2015 年金经昌城市规划论文二等奖，一篇获得提名奖。

此外本年度开通城市发展研究微信公众平台，利用新媒体扩大期刊影响力。

学科发展研究

精心组织，编写完成 5 本学科年度报告。

《绿色建筑 2015》：全面系统总结我国绿色建筑的研究成果与实践经验，指导我国绿色建筑的规划、设计、建设、评价、使用及维护，在更大范围内推动绿色建筑发展与实践。

《中国城市规划发展报告(2014～2015)》：以“生态智慧，一带一路，绿色发展”为报告的内涵基础。紧密联系现阶段我国城市规划工作的重点领域和焦点、热点问题，分为综合篇、技术篇和管理篇三个部分，汇总一年来国内有关新型城镇化、城市规划技术和城市规划管理等方面的优秀理论与实践研究成果，分层次、多维度分析推进新型城镇化健康发展的模式与政策、区域协同发展与城市规划改革策略，探讨“三规合一”与多规融合的政策，城市发展边界与用地规划条件管控、弹性城市规划、存量与减量规划、智慧城市、控制性详细规划制度建设，以期对各地城市规划管理制度建设和城市规划技术创新和应用有积极的参考价值。

《中国低碳生态城市发展报告 2015》：结合城镇化的历程以及一带一路的机遇与挑战，分析城市转型发展的路径、城乡融合方法，梳理生态文明语境下的低碳生态城市发展模式，客观展现中国特色新型城镇化的深化。通过技术集成与案例应用，从生态导向的城乡规划、生态诊断、绿色交通、能源管理、水资源管理、既有建筑改造等 11 个方面全方位地探讨低碳生态技术在新型城镇化建设中的应用，重点把握与信息化、绿色化建设相关的低碳技术。关注 8 个绿色生态示范城市(区)的低碳生态城市总体建设与技术政策的最新进展，以及 27 个新申请的绿色生态示范区规划案例。

组织编写《中国城市交通规划发展报告 2014》：对城市交通规划在理念、技术和政策三个方面开展积极的探索，重点关注新型城镇化与城市交通的发展、城市交通与空间布局、城际与区域交通以及公共交通规划、多模式交通的转换与交通枢纽、城市非机动化交通、停车规划与管理、交通需求与管理等多个议题，为城市交通规划开启新的视野和方向。

《中国小城镇和村庄建设发展报告 2014～2015》：

系统总结我国小城镇和村庄的发展情况和存在的问题。按照综合、建设、规划和管理四个层面收录大量的优秀文章和实践经验，共计36篇，并对2014～2015年我国村镇规划建设领域发生的重大事件、中央领导讲话摘要、以及相关政策法规的索引进行汇编。

国际学术会议

全年共主办三次大型国际学术交流大会(国际绿色建筑与建筑节能大会暨新技术与产品博览会、城市发展与规划国际论坛、中国城镇水务发展国际研讨会与技术设备博览会)，作为城科会学术活动的精品项目，在国内外、行业内外已形成较大的社会反响与学术影响力，三次会议与会人数计4000余人次，会议交流论文篇数约600篇，参与演讲的嘉宾及学者约700人次：

第十一届国际绿色建筑与建筑节能大会暨新技术与产品博览会：3月24～25日在北京国际会议中心召开。研讨会期间，国内外建设系统政府机构、科研院所和企业代表齐聚一堂，共同交流绿色建筑与建筑节能的最新科技成果、发展趋势、成功案例。“国际绿色建筑与建筑节能新技术与产品博览会”同期召开，展示内容涉及建筑节能、生态环保、智能建筑、绿色照明、绿色施工、绿色房地产新型绿色建材等方面的新技术与产品。

2015城市发展与规划大会：7月22～23日在广州市举办，大会以“生态智慧·一带一路·绿色发展”为主题，围绕国内外城市规划与可持续发展、新型城镇化与城市发展模式转型、智慧城市、数字化城市管理、生态城市、绿色交通、生态环境建设、绿色建筑社区、低碳生态城市的规划与设计、碳减排技术、清洁能源与生态城市建设实践、城市总体规划先进案例与控制性详规编制办法、历史文化名城保护与更新、海绵城市、生态城市的水系统规划与水生态修复、城市综合管廊、地下管线规划建设、城市创新理论与实践、“三规合一”实施与管理、国际航空枢纽周边地区规划建设、高铁经济带发展理论与实践、自贸试验区和城市新区的发展与建设、国际滨水城市发展与滨水区规划等相关议题进行专题学术研讨。来自国内外的政府官员、专家学者、国际组织和企业代表围绕主题进行深入讨论，共同探讨生态智慧文明思路和城市绿色发展举措，为促进新型城镇化建设搭建良好的交流合作平台。

2015中国城镇水务大会：11月4～5日在广东珠海召开。大会以“贯彻水十条，修复水生态，推进水文明”为主题，围绕海绵城市、智慧水务；供水设施、净水工艺、水质达标与二次供水的技术与案例，城市黑臭河水体、污水污泥的综合处理，再生水、非传统水源的利用与漏损控制，水系统规划与水景观设计、水环境保护与水生态修复的技术及理念等专题展开研讨和交流，并同期举办给排水新技术与设备博览会。

两岸交流

经住房和城乡建设部批准，于苏州召开第二十二届海峡两岸城市发展研讨会，两岸专家学者聚集苏州，围绕“新型城镇化：理想与实践”主题展开对话与交流，共同探索城市发展中所面临的各种现实问题的解决之道，为引导城镇化健康发展提供了宝贵经验。会议分4个场次，即“城乡发展、制度创新”、“空间发展、模式实践”、“智慧城乡、统筹发展”和“弹性城市、韧性发展”展开广泛深入的研讨。两岸学者纷纷发表真知灼见。

参与政府间国际合作项目的研究工作

2015年围绕生态城市、小城镇、绿色建筑等领域开展了系列国际合作项目。其中中欧、中美、中德、中英、中芬、中加等国际合作务实推进。

在欧盟方面，主要承担中欧低碳生态城市合作项目(Europe-China Eco Cities Link，简称EC-LINK)的项目管理工作。项目遴选2个综合试点城市(珠海、洛阳)及8个专项试点城市和新区(威海市、常州市、桂林市、合肥市、柳州市、青岛市、株洲市、西咸新区)，针对包括紧凑城市发展、绿色建筑、绿色交通、清洁能源利用、水资源与水系统、固废处理、旧城更新与历史文化、投融资机制、绿色产业等九大专项领域进行合作。

与德国能源署签订战略合作谅解备忘录，双方就在中国推进生态城市工作达成一致意见，在此框架下，中德双方与淮安市、吉林市、江油市等8个城市签署三方合作协议，并签署规划合同，共同推进8个城市建设中德合作框架下的生态城市典范。

根据“中芬国际合作项目”的要求，制定中芬生态城市试点申报的流程和要求，积极推进对榆林、阿尔山、南京等试点城市的规划咨询工作。

开展相关国际学术交流及合作

重视国内外多学科、跨领域、互动式的合作交流，积极与国际著名智库、相关科研机构在碳减排、绿色生态城市策略发展模型、绿色建筑、绿色能源、智慧城市等方面开展交流与合作。

数字城市工程研究中心搭建高层科技交流平台，分别邀请世界地理联合会主席来中心访问并做“基于金砖四国和一带一路的视野看待欧洲和世界的前景”的学术报告。

生态城市研究专业委员与荷兰代尔夫特大学签订合作备忘录。与中方共同完成低碳生态城区 PPP 模式和产业投融资等研究课题。

与国际可持续发展建筑环境组织(IISBE)交流活动。邀请执行董事进行学术交流活动，共同探讨协同区域与可持续小城区、智能电网、可持续建筑评价体系、气候变化与碳排放应对等议题。

完成相关国际科技合作研究项目、基金研究项目

绿色建筑研究中心承担北京市 GEF 科研项目“绿色建筑标识认证信息化平台建设”课题研究工作，建立绿色建筑标识评价管理系统、绿色建筑运行数据报送系统、绿色建材技术目录、绿色建筑案例地图、MIS 管理系统五个内容。同时承担 GIZ 中德绿色建筑专家培训教材修改的工作，包括国内绿色建筑的发展、政策、实施案例、德国绿色建筑技术分析中德绿色建筑理念与技术对比等。

完成能源基金会年度可持续研究项目。开展“十三五”规划编制理念方法研究工作。在新型城镇化发展战略的宏观指导下，“十三五”规划将从规划编制的理念、方法和制度等多个方面进行探索。项目将从在区域规划层面，重视集聚和协同发展，着重研究区域城镇群一体化发展战略和政策、综合交通体系和区域生态安全格局、城市总体规划和控制性详细规划相关内容。

承接政府转移职能

【科技评价】 城科会下属绿色建筑研究中心继续推进绿色建筑标识评价工作，2015 年，共举行 31 次绿色建筑标识评审会议，其中 14 次绿色建筑设计标识评审会议、5 次绿色建筑标识评审会议、3 次绿色工业建筑设计标识评审会议、4 次绿色工业建筑标识评审会议，共进行 21 次绿色建筑标识在线评审。2015 整个年度共完成 332 个绿色建筑项目评审，其中民用建筑 160 个、在线评审 163 个、工业建筑 9 个。

【技术、行业标准(规范)制定】 绿色建筑研究中心积极参与并完成《绿色建筑评价标准(香港版)》、《绿色建筑评价标准(澳门版)》的编制修订工作，相关标准在香港、澳门地区进行推广实施，参与绿色建筑专项标准《既有建筑绿色改造评价标准》的编写，负责其中“给水排水”章节的条文编写，并参与其《实施指南》中条文、专题论述和案例介绍部分的撰写。《既有建筑绿色改造评价标准》正式颁布。参与绿色建筑专项标准《绿色商店建筑评价标准》的条文编写，及其《实施指南》中条文和案例介绍部分的撰写。《绿色商店建筑评价标准》正式颁布。参加部标准定额司承担的绿色建筑标准体系研究课题，并承担国家标准与地方标准的对比研究、绿色建筑发展现状与配套政策研究两部分内容，撰写的绿色建筑发展历程研究报告，涵盖政策、标准、市场、技术等多个方面。

绿色建筑专业委员会本年度发布城科会标准《绿色小城镇评价标准》，主要用于指导绿色小城镇的建设和评价工作。编写国家标准《绿色校园评价标准》，召开三次工作会。主编国家标准《绿色生态城区评价标准》，即将完成标准送审稿。

数字城市工程研究中心承接部城市建设司委托项目“数字化城市管理相关标准研究”项目，项目同步获批为中国科协所属城科会承接政府职能转移扩大试点项目。实施过程中强化与相关部门、地方城市管理部门之间合作关系的纽带，积极探索城科会编制团体标准的模式与方法。

县镇工作部积极对接住房和城乡建设部村镇司重点工作，推进绿色智慧小城镇管理与评价、农村生活垃圾处理、乡村数字博物馆等潜在承担政府转移职能项目的前期工作。

智慧城市专项试点管理工作

配合住房城乡建设部科技司推进智慧城市试点示范创建和组织评定工作，数字工程中心先后组织召开“智慧城市 2014 年度专项试点综合评审会”、“智慧城市 2014 年度试点现场答辩会”、“智慧城市专项试点座谈会”，并配合撰写发布《国家智慧城市试点 2014 年度工作总结报告》，《国家智慧城市专项试点暂行管理办法(征求意见稿)》等文件。

协助推进智慧城市试点实施工作，协助组织召开智慧城市试点综合评审等。辅助进行专项试点(企业是申报主体)相关的一些组织工作。城市试点和专项试点结合，以期发挥市场主体的积极能动作用，以城市公共信息平台、城市网格化管理服务、智慧社区等智慧城市重点业务应用为突破口，推动智慧城市专项领域的企业技术发展和建设运营模式创新。

信息化建设

充分重视信息化建设，借力互联网+，对城科会现有的网站建设进行信息改造。要求所有二级组织的现有网站均要与城科会官网实现有效链接，部门的核心成员履历、研究成果上线，同时现有的网站要及时更新信息内容，保持访问的活跃度，利用网络平台宣传团队、技术优势。

利用现代信息手段，各部门、专业委员会建立微信工作平台、微信群进行工作信息的发布，部分条件成熟的机构建立微信公众号、定期推送相关学术动态、学术观点等。通过内容的优化提升、平台组织形式的创新不断强化公众平台在行业内影响力，争取在现有专业类受众基础上逐步扩大为基础类受众，增强机构的引领带头作用，同时，充分利用互联网+时代下新媒体的传播渠道，逐步发展为国内有影响有深度的自媒体群，在微信公众平台的开发基础上，发掘新的互联网服务方式。2015 年度对于城科会下属部门的微信公众平台进行内部测评工作，从订阅量、原创文章及首发学术内文章数量、互动及反馈情况等几个维度对城科会部门运营的公众号进行了评测，评出前三名并给予相应的奖励。

会员服务

加强对于城科会会员的组织管理基础性工作，针对会员管理的相关制度文件进行重新修订，通过分支机构、中心推荐有关单位达 500 余家。对于个人会员、团体会员设置不同类型及等级，根据相应的会员级别提供相应的服务细化内容。会同财务管理处制定会员分级管理及会费收缴标准制度，拟于换届代表大会提请审议。

科普活动

【全国大学生、高中生绿色建筑知识竞赛】 采用网站竞赛方式，由学生在网上注册，限时答题，来自上海现代建筑设计集团、同济大学、浙江大学、南京工业大学、重庆大学、中国建筑工程总公司、北京城建设计总院、天津市建筑设计院等单位的专家团队，准备了宣讲材料和知识竞赛题库。共计有 215 名学生注册参加竞赛，其中 118 名获得优和良的成绩。参加竞赛的学生绝大多数是在校大学生。

【全国青年绿色建筑夏令营】 8 月 15～21 日，在江苏南京和浙江长兴成功举办“全国青年绿色建筑夏令营”。来自重庆大学、浙江大学城市学院、安徽建筑大学等 11 所高校和浙江省大田中学，在夏令营的组织方、承办方和协办方的共同努力下，为营员同学们精心安排参观绿色建筑标识项目、专业科普知识展示和相关生产企业，邀请国家级专家授课，以及绿色建筑设计策划和宣传作品评议等实践活动，在娱乐和实践中掌握更多绿色建筑知识和绿色生态理念。

【全国青少年绿色科普教育巡回课堂——作地球绿色使者】 联合地方绿色建筑机构和有关单位，在全国各地组织巡回课堂活动，面向大、中、小学生，传授有关绿色、生态和低碳的科学技术知识。组织专家针对中小学生的特点，编写浅显易懂的授课内容。在深圳大学、重庆大学、同济大学、江苏城乡建设职业学院、桂林理工大学和深圳大学分别举办巡回课堂活动，邀请专家授课，通过课堂活动的举办，拓展学生的知识面，让青少年及时了解国内外最新的政策法规和技术方面的知识，活动先后在六省市组织了 8 场活动，有近 2000 名师生参加。

【依托绿色建筑基地　推进地区性绿色建筑科普工作】 华东基地提出借助上海建立全球科技创新中心的契机，以基地为平台，形成绿色建筑产业链，合力助推华东地区绿色建筑工作，2015 年编制并发布《华东地区绿色建筑地图》，详细介绍基地绿色建筑示范项目信息，帮助参观者合理规范参观路线，更加便捷地了解基地绿色建筑项目特点，向社会各界展示华东地区绿色建筑示范项目和技术产品。

西南地区绿色建筑基地在重庆市建委的支持下，专门召开基地工作研讨会，除基地成员单位外，邀请云南、贵州、四川、湖北等地的相关单位，共同探讨基地的建设规划，组织成员单位到北京，与北京清华同衡规划设计研究院有限公司、清华大学建筑设计研究院有限公司及清华大学林波荣教授，在城乡规划、风景园林、绿色建筑等方面的技术研究及工程项目实践，开展深入的调研交流活动。西南地区绿色建筑基地发布首批 6 个绿色建筑示范工程的相关信息，宣传绿色建筑示范项目，供业内参观学习。

北方基地以中新天津生态城为基础，进行认真的技术梳理和总结，选出 12 个有特色的绿色建筑示范项目，编制了相关技术信息文集，规划了参观路线。筹建 800 平方米绿色建筑展厅，展示绿色建筑技术与产品及绿色施工、绿建运营效果等。

南方基地以深圳市低碳城为基地，利用现有厂房进行的绿色改造项目和集装箱居住建筑群成为示范项目展示中心，接待参观 4.6 万人次。碳监测平台和建筑节能检测中心在建设中，将为地区和行业的绿色建筑和建筑节能发展服务。

（中国城市科学研究会）

中国建筑学会

【服务创新型国家和社会建设】 2015年，“梁思成建筑奖”评选被中国科协继续列为承能工作试点项目。经请示中国科协、住房城乡建设部有关部门和听取学会相关专家意见，并与国际建协沟通后，中国建筑学会(以下简称“学会”)拟将梁思成建筑奖评选国际化，在保证奖项水平和评选工作总体框架不变的情况下，对“梁思成建筑奖评选条例”相关内容进行修改。在2015年开展一系列奖项评审工作。

修订《中国建筑学会科普教育工作委员会管理办法》、《中国建筑学会科普教育基地认定办法》两项制度并初步形成讨论稿。继续开展2015年度科普基地申报工作。积极开展实地调研，努力挖掘潜在社会资源来满足广大社会公众的科普需求。拟定并印发科普基地申报相关文件并主动与相关部门进行沟通。2015年申报科普基地的单位共计25家，该项工作正在组织申报与评审中。全年针对不同层面的技术人员的需求举办了各专业相关新规范、新标准的培训。举办培训班32个，参加培训人员978人次。

【学会建设】 经报中国科协和住房城乡建设部批准，并经过理事会投票表决，理事长变更为修龙。

全年新增个人会员151名，新增团体会员6家，编辑会讯28期，总发行6000余份。2015年认定137人成为资深会员。开展的会员之家微信平台发布各类专业信息近1300条，浏览量达12000多人，主要是会员和业内人士。

网站发表或转载近16万篇文章，40个专题，715多资深会员内容全部上线，继续完善《中国当代著名建筑师》微刊。网站全球排名进入11万名，2014年末排名12万名，比2014年排名上升1万余名，继2014年之后，网站SEO继续进入百度新闻源。

【学会能力提升计划】 与中国科协签订“学会创新和服务能力提升工程——优秀科技社团建设”项目合同书。按照中国科协全面深化改革实施方案要求，积极围绕提高学会服务创新、服务社会和政府、服务广大建筑科技工作者以及自我发展的能力开展工作，逐步完善学会治理结构、健全运行机制，建立健全适应政社分开和新常态形势要求的组织体制和工作机制。强化学会运作能力、增强学会生机和活力，促进学会全面持续发展。

【学术期刊】 学会及直属分会公开出版和内部发行的刊物16种，全年累计发行60余万册。其中《建筑学报》获得国家新闻出版广电总局信息中心颁发的“2015期刊数字影响100强”。

2010年青海玉树藏族自治州发生强烈地震。此次灾后重建是人类在高海拔的生命禁区开展的最大规模的建设活动，学会担负起相关的组织协调工作。2015年，重点工程相继竣工，《建筑学报》负责编辑出版《玉树灾后重建重点工程建筑设计》一书(中英文版本)，以全面梳理和反映青海玉树灾后重建的设计成果，对此次工作是一个总结。入选作品为中国建筑学会牵头组织设计的玉树灾后重建的玉树行政中心、康巴艺术中心、玉树州博物馆、格萨尔广场、玉树州游客服务中心、玉树地震遗址纪念馆、文成公主纪念馆、结古镇康巴风情街等9项重点工程。

【学科发展研究】 响应中国科协“培育若干具有一定影响力的团体标准制定机构，开展团体标准研制”等有关精神，积极探索学会开展团体标准化工作的模式，编制一些具有特色的团体标准。7月，“团体标准《混凝土用镍铁渣微粉》的制定”研究项目由中国科协正式立项，计划于2016年初完成结题。

【决策咨询】 受敦煌市人民政府委托，在中国建筑设计研究院组织召开《敦煌市城乡风貌规划及重点地段城市设计》成果评审会。规划编制单位对设计成果进行汇报，与会专家经审阅、讨论和评议，通过《敦煌市城乡风貌规划及重点地段城市设计》成果。

受平顶山市人民政府委托，在平顶山博物馆组织召开平顶山市商务中心区鹰城中心建筑方案评审会。与会专家踏勘现场，并听取项目情况介绍和建筑师方案汇报，最后经专家讨论并投票，确定方案排序。

受海南中海三帮友房地产开发公司委托，组织三亚世界手工艺国际交流中心概念规划设计方案征集工作。邀请中国建筑科学研究院，清华大学建筑设计、同济大学建筑设计院、天津华汇工程建筑设计有限公司等国内知名设计机构参与设计。分别于9月和11月进行方案项目的中期评议和最终评审，经专家讨论并投票，确定最终方案。

【国际学术会议】 2月12～13日，国际建筑师协会第126次理事会在法国巴黎举行。国际建协第四区理事、国际建协职业实践委员会联席主席、清华大学建筑学院院长庄惟敏参加此次会议。

5月2～7日，应“堪培拉协议秘书处”（美国NAAB)的邀请，中国建筑教育代表团赴美国波士顿市参加《堪培拉协议》第五次工作会议。代表团成员为：全国高等学校建筑学专业教育评估委员会主任、清华大学建筑学院教授朱文一、住房城乡建设部人事司调研员高延伟、中国建筑学会国际部副主任王晓京。

6月15～22日，中国建筑学会代表团一行4人赴英国参加英国皇家建筑师学会国际峰会，并赴法国与国际建筑师协会进行交流。代表团成员为：中国建筑学会副理事长兼秘书长周畅、天津大学建筑学院副教授赵劲松、哈尔滨工业大学建筑设计研究院副总建筑师李啸冰、学会国际部副主任王晓京。

8月，选派天津大学建筑学院孔宇航教授代表中国参与堪培拉协议视察小组，与韩国代表一同赴澳大利亚塔斯马尼亚大学建筑学院进行建筑学专业教育评估视察。

11月4～10日，国际建协第127次理事会在秘鲁举行，常务副秘书长张百平出席会议。会上，张百平向国际建协理事会成员介绍“梁思成建筑奖”国际化的具体安排。

11月10～16日，由泰国建筑师学会主办的“亚洲建协第36届理事会和第18次论坛”在泰国大城府举行，论坛的主题为“过去的未来”，学会副秘书长顾勇新、吴薇出席会议。另外，清华大学建筑学院院长庄惟敏代表学会参加国际建协第四区会议，清华大学建筑学院朱文一教授参加亚洲建协建筑教育委员会会议，清华大学建筑设计研究院咨询所所长张维参加执业实践委员会会议，中信建筑设计研究总院有限公司副院长肖伟参加绿色可持续建筑委员会。

【国内主要学术会议】 经何梁何利基金评选委员会推荐，中国科学院紫金山天文台申请，国际小行星中心命名委员会批准，把国际编号为210232号的小行星，正式命名为“张锦秋星”。5月8日在西安举办“张锦秋星”命名仪式，并同期举行“继承与创新”学术座谈会。

11月1～3日，由住房和城乡建设部、宁夏回族自治区人民政府、香港特别行政区政府发展局共同主办的“2015年内地与香港建筑论坛”在宁夏银川举行，主题为“一带一路　合作共赢”，副理事长周畅出席会议。作为大会协办单位，推荐北京市建筑设计研究院执行总建筑师邵伟平在会议上做学术报告，周畅参与会议讨论。

5月22日，在南京博物院召开南京博物院改扩建工程学术交流会。此次会议由中国建筑学会主办，中联筑境建筑设计有限公司、南京博物院承办，20多位业内专家学者参会。会议围绕如何传承建筑的历史文化，延续南京博物院的场所精神，以及博物馆建筑的发展趋势等展开座谈交流。

【国际组织任职】 庄惟敏任国际建筑师协会理事、国际建筑师协会职业实践委员会联席主任，张百平任国际建筑师协会副理事，刘克成任国际建筑师协会遗产委员会联席主任。

【国际交往】 2015年，协会开展丰富的国际交往活动，共接待来访团组六个，组织出境团组八个，主要国际活动有：

副理事长兼秘书长周畅会见在北京访问的美国建筑师学会主席伊丽莎白·楚·里希特一行3人。两会领导回顾中美建筑师交流合作的历史，互相交流在建筑教育、执业注册、继续教育等方面的信息，对下一阶段的合作进行了展望。两会领导还续签中美两会《关于建筑师职业主义的合作谅解备忘录》。

11月3日，英国福斯特建筑师事务所合伙人何礼迅、Jon Bell拜访学会，周畅、王晓京参加会见。

2月1～7日，中英工作坊中方院校(哈尔滨工业大学、天津大学、大连理工大学、内蒙古工业大学、沈阳建筑大学、吉林建筑大学)师生共29人赴英国对英国高等建筑院校进行访问。代表团老师组考察曼彻斯特大学、曼彻斯特城市大学、诺丁汉大学、西英格兰大学和普利茅斯大学。学生组分别参加曼彻斯特大学、西英格兰大学及普利茅斯大学进行教学课程实践交流。

6月1～5日，学会代表团一行6人赴朝鲜“开展建筑科技发展交流”友好访问。

【科普活动】 充分利用学会现有资源以科普基地为展示平台，依托现有博物馆、大学校园、各建筑设计院及科研院所、建筑行业的龙头企业以及高科技示范区等科普设施及场馆，调动社会力量共同参与，面向大专院校学生、中学学生及社会公众，在不同地区和城市开展一系列科普活动。

中国建筑学会科普讲堂：作为中国建筑学会科普工作的重要活动之一，中国建筑科普讲堂活动于5月正式启动。中国建筑科普讲堂为大众了解中国建筑行业，为行业了解多元产业提供了一个开放与多元并重的广阔平台。与此同时，为学会各科普基地之间搭建一个交流与合作的桥梁，并协助和促进各科普基地开展科普工作。

中国建筑科普讲堂成功举办两次活动，分别于5月24日在北京交通大学科学会堂，7月4日在西南交通大学建筑馆成功举办，邀请到包括院士、材料大师、新锐青年建筑师在内的10位行业学者担任主讲嘉宾，每期活动参会人数约为100～120人左右。

“中国建筑梦·中国好建筑”科普主题论坛：为深入贯彻落实十八大提出的全面推进生态文明建设，发展和繁荣中国建筑文化，倡导绿色建筑、新型城镇化、生态文明，树立文化自觉与自信，经过精心筹备，4月23日“中国建筑梦·中国好建筑”科普主题活动在广州华南理工大学何镜堂院士工作室隆重举行，来自城市规划、建设部门、设计公司及建筑装饰企业的百余名代表参加了此次活动。“中国建筑梦·中国好建筑”科普主题活动以“发展和繁荣中国建筑文化、普及和传播建筑科普知识”为主旨，致力于提升中国本土建筑设计师的影响力，推动各地区建筑的交流与合作。

【表彰举荐优秀科技工作者】 中国建筑学会2014年正式设立中国建筑学会科技进步奖。根据《中国建筑学会科技进步奖评选办法》，经个人申报、中国建筑学会各专业分会初评及中国建筑学会科技进步奖评选专家委员会终评，2014年度中国建筑学会科技进步奖评选工作圆满结束。本届共评选出中国建筑学会科技进步奖一等奖获奖项目24项。评选结果在3月10～17日进行公示，于12月发放获奖证书。

【会员服务】 全年出版会讯28期，累计发行6000册，共30万字。继续完善会员之家微信平台发布各类专业信息近300条，浏览量达120000多人，主要是会员和业内人士。

（中国建筑学会）

中国土木工程学会

【概况】 2015年，中国土木工程学会(以下简称“学会”)深入贯彻落实党的十八大、十八届三中、四中、五中全会和中央经济工作会议以及习近平总书记系列重要讲话精神，认真落实中国科协第八届全国委员会第七次会议上的要求，在中国科协、住房城乡建设部、交通运输部、中国铁路总公司的指导与支持下，在各分支机构、地方学会、广大会员和科技工作者的热情支持和积极参与下，继续把引领土木工程技术发展、推进土木工程领域科技创新作为中心工作，紧紧围绕土木工程建设发展中的热点、难点问题及关键技术，积极开展学术交流、人才培养、科技奖励、承接政府转移职能、国际合作、科普培训、编辑出版、组织建设等工作，取得较好的成绩。

【参与承接政府转移职能工作】 在学会领导的高度重视和亲自带领下，学会积极主动承接政府转移职能，在团体标准研制、科技奖励与人才推荐、科技评估、资质评鉴等方面做出一些开创性的工作。

2015年学会被列入国家团体标准研制试点单位。为做好团体标准的编制工作，学会对“标准与出版工作委员会”进行调整改选，专门设立秘书处，充实标准委员会专家和工作人员力量，制定和完善标委会工作条例、管理办法、工作流程、编写要点等管理文件，规范学会标准管理工作。学会从申报的30余项团体标准立项申请中，组织专家评审出以“互联网＋土木工程”为代表的13项团体标准作为首批编制项目，内容涵盖建筑信息化、轨道交通、路桥、隧道、结构新材料、地基基础等诸多领域。13项标准均开题，其中2项2015年完成送审稿。

按照中国科协的要求，制定《中国土木工程学会推选院士候选人工作实施细则(试行)》和《中国土木工程学会2015年推选院士候选人工作方案》，成立“推选院士候选人工作小组”、“推选专家委员会”、“材料审核小组”。评审工作坚持公开、公正、公平的原则，认真完成2015年的推评工作。受中国科协委托，承担中国青年科技奖的推荐工作。这一奖项是中共中央组织部、人事部、中国科协共同设立并实施的面向广大青年科技工作者的奖项，2015年学会推荐3名候选人。受科技部委托，承担科技部2015年“创新人才推进计划”之“中青年科技创新领军人才”候选人的组织推荐工作，推荐3名中青年科技创新领军人才候选人，其中两人获得答辩资格。受教育部委托，组织推荐2015年度教育部青年科学奖候选人1位，按时完成材料报送推荐工作。

绿色施工科技示范工程属于住房和城乡建设部科学计划项目中的绿色施工类，由住房和城乡建设部建筑节能与科技司负责统一管理。总工程师工作委员会受住房和城乡建设部委托，与相关单位一起共同负责绿色施工科技示范工程的日常组织和监督管理工作。从立项评审、中期检查、项目验收等各个阶段制定详细的实施细则和评价指标，指导项目评估工作。实施细则和评价指标正式纳入住房城乡建设部项目管理系统执行。为实现示范工程技术成果的推广应用，研究制定绿色施工领域技术公告、推广应用目录、技术指南，促进成果推广，使示范工程求真务实起到辐射带动作用。

燃气分会经国家质检总局授权，组织燃气行业的广大科技人员，开展燃气行业以及石化、冶金、规划、交通、化工等行业的压力管道设计、制造单位的企业资质鉴定评审认证工作。燃气分会还组织专家，针对燃气行业的相关标准规范以及评审工作开展大量的培训工作，取得较好的效果。

【学术活动】 学会及所属专业分会、专业委员会共举办学术会议70余次，参会人数达1.4万人次，出版论文集20余种，提交论文2000余篇。

11月19～20日，在北京成功举办《互联互通 合作共赢——“一带一路”土木工程国际论坛》，来自中国、美国、英国、加拿大等10多个国家和地区的400多位专家和工程技术人员参会。与会的各国学术组织代表共同签署《国际土木工程科技发展与合作倡议书》。学会举办2015(第四届)土木工程安全与防灾学术论坛、第二届城市防洪国际论坛、2015年土木工程院士知名专家系列讲座暨第六届全国研究生暑期学校等学术交流活动。

10月22～23日，防护工程分会在北京组织召开“2015全国毁伤评估技术学术研讨会”。全国94家相关单位共计300多名代表参会，会议共收到参会单位专家提交论文270余篇。防护分会各专委会还召开电磁防护与电磁兼容技术研讨会、雷暴电荷结构学术会议、第四届全军国防工程智能化技术研讨会以及专委会年会等会议。

11月16～17日，防震减灾工程技术推广委员会在广州举办第九届全国减震控制学术会议，来自国内外近百家单位的280多名专家、学者及工程技术人员参加了会议。会议探讨了隔震减震与控制技术的具体研究与应用，针对我国隔震减震与控制技术的未来发展提出思考、反省与建议。

10月8～10日，燃气分会在深圳举办2015中国燃气运营与安全研讨会。与会代表近400人，探讨各大燃气集团燃气信息化的成功经验和燃气标准。燃气分会各专委会还举办燃气调压器年会暨技术论坛、互联网＋燃气助力智慧城市发展、智能型瓶装安全调压器技术研讨会、第七届中国国际壁挂炉产业高峰论坛暨2015中国壁挂炉行业经销代理商年会以及各专委会年会。

7月16日，港口分会在厦门举办自动化集装箱码头应用技术交流会。来自行业内设计、科研、营运和管理单位的代表共计120余人参加会议。会议论文集收录来自水运行业内设计施工企业、科研机构和高等院校的各类专业论文80余篇。

11月20～22日，工程防火技术分会在大连召开第一届消防给水及灭火设施学术会议。参会代表近170人，会议论文集收录论文16篇。会议回顾我国及国际消防给水及灭火设施的技术发展历程，给出未来的发展方向，论文交流介绍当前国际及我国工程防火技术的应用情况。

1月27～28日，城市公共交通分会在武汉举办纯电动在线充公交车推广经验交流会。与会专家就中国纯电动在线充公交车的推广与应用情况进行讨论。公交分会还举办第五届全球新能源汽车大会、新能源公共汽车发展高峰论坛、第四届(2015)混合动力和电动汽车技术高峰会议、集中润滑技术应用及发展趋势论坛、第三届(2015)“宇通杯”全国公交驾驶员节能技术大赛等相关学术活动。

4月23～24日，城市轨道交通技术工作委员会在天津举办2015中国(天津)区域轨道交通发展及装备关键技术论坛暨第24届地铁学术交流会，共300余人参加会议。会议紧密结合国家实施京津冀一体化协同发展的重大战略，从区域轨道交通发展与规划、区域轨道交通建设、区域轨道交通设计、市域轨道交通技术、互联互通技术与国际经验、平台案例和国际经验等六个方面探讨区域轨道交通发展及装备关键技术。分会还召开城市复杂地质条件下盾构掘进专家研讨会、京津冀轨道交通一体化与土地利用协调发展决策咨询高层论坛、2015 轨道交通发展与环控技术创新高峰论坛等学术会议。

8 月 7～9 日，混凝土与预应力混凝土分会在银川召开第六届全国特种混凝土技术(高性能混凝土专题)学术交流会，380 余人参加会议。分会还主办第十二届全国建设工程无损检测技术学术交流会、第十七届全国混凝土及预应力混凝土学术会议暨第十三届预应力学术交流会、2015 年纤维混凝土论坛等学术交流活动。

11 月 19～20 日，计算机应用分会在上海召开第五届工程建设计算机应用创新论坛，会议主要围绕大数据等新一代信息技术对工程建设和管理的影响和推动，行业的应对措施等进行了交流，参会代表 200 余人。

7 月 28～30 日，桥梁及结构工程分会主办在重庆召开第十四届全国实验力学学术会议。来自全国 100 多所高校和科研院所的逾 400 名代表参加会议。专业委员会还召开空间结构在大型航站楼建设应用中的关键技术专题研讨会、第十七届全国结构风工程学术会议等学术会议。

9 月 25 日，市政工程分会在上海召开城市地下交通空间技术研讨会。150 多名从事地下空间规划、设计、科研、建设、运营管理的专家学者和众多中青年科技工作者参加会议。市政工程分会还举办混凝土桥梁实用精细化分析和配筋设计讲座、“钢结构加工制造技术研究”参观交流活动、浙江路桥施工现场参观交流专题活动、宁波梅山春晓大桥和大榭二桥施工现场参观交流专题活动、桥梁新材料、新技术运用的交流研讨会、中国工博会科技论坛——互联网+土木工程技术研讨会等学术交流活动。

4 月 10～11 日，水工业分会在北京召开第五届中国水业院士论坛暨水安全管理与合理利用高峰论坛，来自全国水行业的 6 位院士和 1000 多位会议代表参加了会议。水工业分会各专业委员会还分别召开了相关的年会。

7 月 25～26 日，隧道及地下工程分会在安徽滁州召开运营安全与节能环保的隧道及地下空间暨交通基础设施建设第六届全国学术研讨会，会议探讨隧道及地下空间的防灾、环保新技术，隧道及地下工程的通风节能新技术，隧道及地下工程的照明节能新技术，城市地下空间的规划、设计与管理，交通基础设施建设中的防灾、节能与环保新技术等方面的内容。专委会还召开 TBM 掘进刀具技术研讨会、2015 绿色生态隧道建设与管理论坛以及专委会年会等学术交流活动。

2015 年，土力学及岩土工程分会主办和协办 11 次会议，其中 9 次全国性学术会议，超过 4300 人次参加了学术交流。学会会议包括：第三届岩土本构关系高层论坛、第十二届全国土力学及岩土工程学术大会主题报告和特邀报告论坛、第十二届全国土力学及岩土工程学术大会、城市地下空间开发利用前沿论坛、第十二届全国桩基工程学术会议、第四届岩土本构关系高层论坛、海洋风电基础工程学术论坛、第九届全国青年岩土力学与工程会议、第 27 届全国土工测试学术研讨会。其中在上海召开的中国土木工程学会第十二届全国土力学及岩土工程学术大会的代表人数超过 2000 人。

9 月 18～20 日，工程质量分会在济南召开首届全国工程质量检测鉴定加固学术交流会，来自全国 19 个省市自治区的 200 多人参加了会议，会议共收到论文 150 篇。

6 月 13～14 日，住宅工程指导工作委员会在深圳召开全国住宅产业化发展高峰论坛，来自全国各地的 500 余名代表参加了会议。会议分析研讨住宅产业化各个环节发展所面临的问题，探讨住宅产业化的未来方向。住宅委员会还举办中国(国际)养老产业发展暨适老建筑与设施科技论坛、2015 中国土木工程詹天佑奖优秀住宅小区技术交流暨国际工业化住宅设计与建造峰会等学术活动。

3 月 24～25 日，总工程师工作委员会在北京召开第十一届国际绿色建筑与建筑节能大会暨新技术与产品博览会，论坛向全世界展示绿色施工的最新成果、发展趋势和成功案例。

【课题研究工作】 继续组织开展“十二五”国家科技支撑计划课题——“软土地下空间开发工程安全与环境控制”的研究。2015 年课题研究工作按计划进展顺利，5 月和 11 月分别召开两次课题研讨会、6 月参加项目工作会议。参与主编的行业标准《人工碎卵石复合砂应用技术规程》1 月 5 日正式发布，于 8 月 1 日起实施。学会还参与由中国标准化学会承担的住房城乡建设部“团体标准培育和发展政策研究课题”。

各专业分会及专业委员会也积极开展课题研究工作。有 9 个分会和专业委员会参与标准规范的编制与修订、相关课题研究等近 30 项。

【对外交流】 学会下发《加强外事管理工作的通知》，进一步强调外事组织纪律。2015 年加强与有关国际以及国家学术组织的联系。从各种渠道搜集整理 100 多个国家的学术组织联系方式，并重点与

30多个国家的学术组织进行的联系，为今后与相关国家的进一步交流和沟通奠定基础。学会改变以往与已经加入的7个国际学术组织的联系方式，总会直接与相关的国际学术组织秘书处联系并向相关的分会转达国际学术组织的学术活动安排。

开展更广泛的国际交流与合作：支持了第三届阿拉伯国家隧道峰会与展览会、2016香港优秀建筑大奖等，学会还受邀成为亚太城市建设实务论坛的区域主办单位。学会还委托专家积极参与有关国际学术组织的各项学术活动。

各分会积极组织专家参加众多国际学术交流活动。防护工程分会参加第七届亚太环境电磁学学术会议、中国微米纳米技术学会主办的第十七届学术年会暨第六届国际会议，工程风险与保险分会举办了TBM掘进刀具技术研讨会、第六届中日隧道安全与风险研讨会，混凝土与预应力混凝土分会参加第12届纤维复合材料增强混凝土结构国际会议暨2015亚太FRP结构国际会议、第二届中国国际复合材料科技大会，市政分会主办2015年城市防洪排涝国际论坛、中日土壤污染修复技术交流会，隧道分会主办2015年海峡两岸隧道及地下工程技术研讨会，土力学分会主办岩土工程国际知名专家论坛、第6届亚太地区非饱和土学术会议、第8届环境土工大会、第6届中日岩土工程研讨会；燃气分会参加了第26届世界燃气大会(WGC2015)和IGU理事会议。

接待英国土木工程师学会前主席代表团，英国土木工程师学会香港分会代表团、青年代表团共计38人次的来访。共同探讨学会与各方今后的合作与交流情况。

工程风险与保险分会接待来自澳大利亚、美国、新加坡的6为专家的来访并进行技术交流，土力学分会邀请2014和2015太沙基讲座和郎肯讲座的报告人来访交流。

经部外事司批准，推荐燃气分会副理事长李雅兰积极参与国际燃气联盟2021～2024年任期主席的竞选，并开展相关的竞选工作。向中国科协推荐国际民间科技组织后备专家20人，向中国科协推荐世界工程师会中国代表1人。港口分会理事长吴澎被推荐为国际航运学会内河航运技术委员会首位中国委员，是为数不多的亚洲代表之一。推荐的隧道分会副秘书长严金秀开始竞选国际隧道学会副主席职务。

隧道分会推荐的"高效快速检测隧道衬砌结构状态车载探地雷达新技术"项目获得国际隧道学会2015年年度技术创新奖，也是获得该奖项的唯一项目。此外，广深港高速铁路福田站及相关工程、中铁四院、中铁隧道集团、青年专家刘浩分别荣获年度重大工程提名奖、工程管理提名奖、年度承包商提名奖、青年工程师提名奖。此外，推荐的南京大胜关长江大桥和厦门高铁北站获得国际桥梁与结构工程学会杰出结构奖，还向国际桥协推荐2016年的参选项目。

【出版发行】 2015年度《土木工程学报》按时、保质完成12期正刊的编辑出版工作，发表稿件206篇。结合第十二届全国土力学及岩土工程学术大会，出版2期增刊，发表土力学方面的优秀论文共计118篇。《学报》每期发行1700余册，国外发行10余册，对学报理事单位、学报编委、学报作者、学会团体会员及部分有突出贡献的个人会员免费赠送2000余册。《土木工程学报》荣获新闻出版广电总局颁发的"百强报刊"称号，并获得首批学术期刊认定A类，同时还获得中国科协精品科技期刊资助项目。《土木工程学报》8月召开编委会会议，对2016年工作进行规划，提出设立院士大师论坛栏目，逐步落实。《土木工程学报》检索指标逐年稳步上升。

为促进土木工程新技术推广应用，学会出版《土木工程应用技术》系列丛书。同时，在学会网站开辟《土木工程应用技术》板块，实现期刊出版后在线阅读。

各分会除按时出版有关刊物外，还编辑出版或参与编撰了《防护工程》、《减震技术通讯》、《现代城市公共交通企业概论》、《公共汽车节能驾驶技术》、《2012～2013中国建筑防水年鉴》等书籍。这些活动将行业研究成果或工程经验编辑整理出版发行，为促进土木工程科技进步做出积极努力。

【表彰奖励与人才举荐】 11月5日，在北京组织召开第十三届詹天佑奖评审大会，共有14个专业组的共计38项工程入选第十三届詹天佑奖。获得2015年第十三届中国土木工程詹天佑奖的工程有：北京国际会都APEC项目核心岛工程和北京金雁饭店重建工程、深圳京基100大厦、2014青岛世界园艺博览会场馆工程、凤凰国际传媒中心、大连国际会议中心、鄂尔多斯机场改扩建工程新航站楼工程、北京谷泉会议中心客房楼及附属设施工程、甘肃会展中心建筑群项目等38个项目。

按照科技部核准下发的2015年度国家科技奖推荐指标，经从詹天佑奖历届获奖工程中遴选，推荐2015年度国家科技进步奖候选项目一项：由天津大学郑刚教授主持完成的"深大长基坑安全精细控制与节约型基坑支护新技术及应用"，国家技术发明奖候选项目一项：由南京工业大学刘伟庆教授主持完成的“大型桥梁复合材料防撞系统关键技术及应用”。其中天津大学郑刚教授主持完成的项目获得2015年度国家科技进步二等奖。

受科技部委托，7月，协助国家科技奖励工作办公室组织开展2015年度国家科技进步奖土木建筑组和2015年度国家技术发明奖工程建设组初评通过项目的行业咨询工作。

詹天佑奖住宅小区金奖评选表彰活动是作为詹天佑奖住宅小区专业组的初评，由学会住宅工程指导工作委员会负责组织开展。11月6～8日，住宅指导委员会在北京表彰获得2015年中国土木工程詹天佑奖优秀住宅项目及参建单位。

学会向中国科协推荐两院院士候选人8人，向住房城乡建设部推荐“科技部国家科技专家库专家”34位。此外，学会还完成2015年度教育部青年科学奖候选人推荐、科技部“2015中青年科技创新领军人才”候选人推评、2015年第14届中国青年科技奖的组织推荐、第十一届光华科技奖推荐、中国科协高层次人才库推荐等相关工作。

【科普培训】 学会围绕土木工程领域新技术新规范以及超大型在建工程难点技术等方面的问题，保证了科普培训质量。举办APEC核心工程和北京谷泉会议中心创新技术交流暨现场观摩会、地铁设计规范培训、港珠澳大桥现场观摩技术交流培训等培训讲座共计11次，培训700余人次。此外，防护工程分会、市政分会、隧道分会、工程风险与保险研究分会等分会还结合各自的工作特点开展了有针对性的技术培训，取得较好的效果，如“伪装技术及发展前沿”宣贯讲座、“战场复杂电磁环境对信息化武器装备的影响”宣贯讲座、BIM技术学习交流、“地铁工程风险管控与预警”专题讲座、防水技术讲座等。

【组织建设】 11月2日召开九届四次理事会通讯会议，就“一带一路”土木工程国际论坛会议主题事项以通讯方式征求学会各位理事的意见，会议主题审议通过，5月15日召开九届五次常务理事会通讯会议，就标准与出版工作委员会委员人选以通讯方式征求学会各位常务理事的意见，学会标准工作委员会委员名单审议通过，7月3日召开九届六次常务理事会通讯会议，各分支机构为进一步加强组织建设，也定期召开理事会议。

学会通过简报、网站、邮件等渠道，为团体会员和个人会员及土木行业技术人员提供高质量的服务。2015年，新加入团体会员37个，个人会员近200人。各专业分会也加强了会员服务工作。防震减灾工程技术推广委员会加大网站的建设和维护工作，工程风险与保险研究分会开展工程风险网络培训系统的开发，混凝土分会根据企业需求开展研发工作并提供咨询服务，计算机应用分会、质量分会和桥梁分会开通和更新了网站，招投标分会加大“分会”网站信息量，便于会员单位及时掌握和了解全国同行业相关信息，更好地服务于会员单位。

学会于2015年对学会学术工作委员会、学会标准与出版工作委员会进行调整改选，制定并完善相关工作条例，落实具体负责人和负责日常管理工作的秘书处人员。学会组织召开学会标准工作会议、2015年第一批学会标准编制工作会议、学会学术工作会议、学会年会筹备等工作会议。

（中国土木工程学会）

中国风景园林学会

【概况】 2015年，中国风景园林学会（以下简称“学会”）继续推进风景园林师执业制度筹备工作，在初步编制完成考试大纲和部分教材的基础上，再次修订风景园林师职业制度指导委员会（建议稿）和指导委员会办公室名单（建议稿），与国家人力资源和社会保障部、住房和城乡建设部等部门进行汇报沟通，将根据国家政策调整情况适时推进后续工作。

学会承接的全国科学技术名词审定委员会风景园林学名词审定工作取得阶段性成果。对2014年完成的《风景园林学名词（初稿）》进行完善、补充和查重。8月23日，在北京召开审定委员会第一次审定会议，确定调整原则和要求，并分组对书稿进行修改。

学会继续与中国园林博物馆合作，举办“中国优秀风景园林规划设计获奖作品展”，展出2015年度获“中国风景园林学会优秀规划设计奖”的优秀作品共91个，集中展示近两年中我国风景园林规划设计领域的发展成就和优秀项目。

【学会建设】 3月，学会在北京召开五届四次常务理事会议，传达并学习中国科协八届全委会七次会议精神，讨论并通过《中国风景园林学会2014年工作总结和2015年工作计划》，听取中国风景园林学会2015年会方案。会议审议并通过增补天津园林学会理事长、城市绿化专业委员会主任郭喜东为学会常务理事。会上，还对加强分支机构管理等进行讨论。10月，在北京召开第五届第三次理事会议暨五届五次常务理事会议，审议通过《中国风景园林学会十三五事业发展规划》，审议通过增补强健为学会副理事长，听取学会2015年度工作汇报、学会2015年度评奖工作汇报和学会2015年会筹备工作汇报，并就常务理事、理事和部分分支机构负责人员增补和变更进行讨论。

2015年4月，按照章程和《分支机构管理办法》的要求，学会指导花卉盆景赏石分会进行换届工作，陈昌任主任委员(理事长)。为推进生态园林城市工作，7月，学会组建成立“生态园林城市建设研究会”。10月，学会在北京召开了全国部分省级风景园林学(协)会理事长联谊会，就组建“地方工作委员会”进行讨论。10月，学会企业工作委员会在京召开工作座谈会，就风景园林行业管理相关问题进行讨论，并呼吁住房和城乡建设部对“城市园林绿化企业资质”取消后的行业建设和企业发展予以重视和指导。

学会吸收单位会员125家，个人会员1019人。截至2015年底，累计完成中国科协统一换证登记的单位会员达921个，个人会员7508人。

会参加了民政部组织的社会组织评估，先后进行网上申报、纸质材料报送，接受专家组实地考核等环节，最终被民政部评定为3A等级。通过评估，对学会以往工作进行梳理，发现一些差距和不足，秘书处也针对存在问题拟定整改措施。

【学术期刊】 学刊《中国园林》在业界的影响力稳中有升。12月，在北京举办《中国园林》创刊30周年座谈会，40余位业界知名人士参加座谈，回顾刊物30年的发展历程，讨论当前办刊面临的形势和问题，对未来刊物发展和办刊机构的建设提出若干建议。

【决策咨询】 学会受住房和城乡建设部城市建设司委托，开展生态园林城市创建专题调研，并提交《关于尽快启动“国家生态园林城市”审核命名工作的建议报告》、《国家生态园林城市创建工作调研报告》，分析现有标准考核评价指标体系存在问题，提出完善建议。7月，学会组织成立“生态园林城市建设研究会”，配合住房和城乡建设部完成生态园林城市建设过程中的理论与实践的研究及培训指导工作，为省、市提供地方所需的专业咨询服务。

【学术会议】 5月16～17日，学会教育工作委员会和北京林业大学共同主办，在北京举办世界风景园林师高峰讲坛，风景园林行业教育、科研、实践及行业媒体代表等800人参加会议，400人通过视频转播全程观看讲坛全过程。讲坛的主题为“风景园林的多样性”，来自不同国家和地区的16位业内一流专家学者、设计师和媒体主编，结合自身所研究领域，对在全球化背景下，风景园林多样性的内涵和外延进行交流和探讨，提出若干见解和意见。

2015年，学会分支机构共举办各类专业论坛18个，较2014年数量有大幅增加。1月，园林工程分会在宁波召开面向“优秀项目经理”的技术讲座。5月，规划设计分会在杭州举办“第16届中国风景园林规划设计交流会”。6月，园林植物专业委员会在北京举办“风景园林植物与人居环境建设论坛”。同月，植物保护专业委员会在漠河举办“第二十四次学术研讨会”。7月，城市绿化专业委员会在北京召开学术年会。9月，教育工作委员会在重庆举办“风景园林教育年会”。10月，菊花分会在开封召开“新常态下探索中国菊花节会发展新模式座谈会”。12月，风景名胜区专业委员会在安顺召开年会暨“风景名胜区村镇发展与资源保护”研讨会。

【国际交往】 6月，学会组团参加在俄罗斯圣彼得堡召开的第52届国际风景园林师联合会(IFLA)世界大会，并对俄罗斯圣彼得堡等部分城市的风景园林进行考察。会上，代表团与现任IFLA主席凯瑟琳·摩尔面见并做交流。

【科普活动】 学会继续举办“风景园林月”系列学术科普活动，主题为“风景园林在身边”。活动内容包括：在北方工业大学、浙江农林大学、四川音乐学院举办的3场主题学术报告会，在北京植物园、北京清华同衡规划设计研究院举办的“说园”和“大学生走进企业”两个沙龙活动、优秀风景园林项目网络展览和川派盆景展览。作为“风景园林月”活动的一项内容，继续举办主题为“寻景—发现·纪录·感悟”中国风景园林主题摄影作品比赛，面向全国风景园林工作者和社会公众征集优秀的风景园林摄影作品，并进行优秀作品评选。除学会开展的活动外，北京、上海、成都等城市也举办不同形式的活动。

【表彰举荐优秀科技工作者】 2015年，学会继续开展“中国风景园林学会奖”相关奖项评选，评出终身成就奖6人，科技进步奖21项、优秀管理奖54个、优秀规划设计项目114项、优秀园林工程229项。终身成就奖获得者为任春秀、刘管平、吴劲章、陈威、周在春和檀馨6人。获科技进步一等奖的科技成果为“应对空气PM2.5污染的北京绿化造林关键技术研究与示范”、“中国园林博物馆展陈系统和相关技术的研究与应用”、“城镇绿地生态建设综合技术研究与示范工程建设”和“玉簪新品种的选育、繁殖和应用技术研究”。

【会员服务】 学会会员服务的内容和方式有所增加。学会与《中国建设报》合作，在风景园林版开辟女风景园林师专栏，刊登六位学会女风景园林师的专题文章。利用学会官网平台，开设会员风采专栏，宣传会员活动，展示会员风采。根据中国科协会员日活动安排，12月，学会在武汉举办第七届会员日活动，140多名会员代表参加活动，围绕“风景园林企业在海绵城市建设中的机遇与挑战”相关话题，进行沟通、交流和探讨。

【中国风景园林学会2015年会】 10月31至11月2日，中国风景园林学会2015年会在北京举办，会议由中国风景园林学会主办，北京林业大学园林学院、北京园林学会、中国园林博物馆、中国城市规划设计研究院、中国城市建设研究院共同承办。

会议主题为“全球化背景下的本土风景园林”，1600余位国内外专家、学者、在校学生参会。国际风景园林师联合会（IFLA）会长特别代表致辞，住房和城乡建设部城建司副司长章林伟和中国科学技术协会学会学术部副部长范唯到会并讲话。学会理事长陈晓丽主持开幕式。

会议进行8个主旨报告。孟兆祯以“人民呼唤青山绿水”为题，阐述山水在中国古代生活中的作用及其文化意义，强调保护青山绿水在当今的重要性，风景园林应通过切实的设计和营造，使山更青，水更绿，造福世代。崔恺以“融入风景的建筑”为题，阐述风景与建筑的关系和对本土建筑设计的理解，结合具体案例，阐述融入、消隐、分形等8个本土建筑设计策略。马克平以“生物多样性与风景园林”为题，阐述当前生物多样性的现状和问题，生物多样性保护的框架体系等，指出风景区、城市绿地和公园等在生物保护中的重要作用。强调以“北京市建设集雨型绿地的研究与实践”为题，阐述北京市在集雨型绿地建设方面的政策、研究、实践成果和技术难点，分析集雨型绿地纳入海绵城市建设的可行性，并从政策、管理、标准、研究等角度，提出若干建议。张松以“传统村落的整体性保护”为题，阐述乡村的形式，国外传统村落保护理论的演进与我国传统村落保护的现状和问题，强调乡村保护是生态文明建设的重要内容。象伟宁以“如何做（更）有智慧的规划景观：规划师的生态智慧与角色定位”为题，引用生态蒙昧和生态智慧两个概念并结合案例解释生态智慧的行为，指出在生态智慧和生态蒙昧的博弈当中，规划师要推崇“温故知新，转昧成智，知行合一”。车伍以“从流域关系看风景园林对海绵城市的支撑作用”为题，介绍当前海绵城市建设的形势、要点和目标等，指出流域水文关系是决定城市雨洪问题的原因，调蓄是海绵城市建设的核心。王向荣以“自然与文化视野下的中国本土风景园林”为题，强调中国自然景观的多样性及其在城市化进程中面临的威胁，指出维护中国风景园林独特性的基础与途径主要为景观的保护、修复与创造，呼吁风景园林师作为中国风景园林多样性最重要的保护者和实践者。

会议设“绿色基础设施”、“城市风景园林”、“乡村风景园林”和“工程与管理”4个分会场，交流55个学术报告，内容涉及当前生态建设形势、风景园林学科和行业发展、风景园林多样性、中国风景园林特色保持和传承等，呼应会议主题。会议还组织青年沙龙，12位青年学者在沙龙中发言，分享各自的研究成果。

在年会闭幕式上颁发中国风景园林学会2015年会优秀论文奖、2015中国风景园林学会大学生设计竞赛奖和2015年度中国风景园林学会奖等奖项。

此届年会收到投稿论文近500篇，收录99篇，出版《中国风景园林学会2015年会论文集》，并评出优秀论文17篇，包括一等奖1篇，二等奖2篇，三等奖3篇，佳作奖11篇。

年会同期举办大学生设计竞赛，设本科生和研究生两个组。竞赛收到有效参赛作品共计146份，评出获奖作品33份，其中，本科组一等奖1名，二等奖3名，三等奖6名，研究生组一等奖1名，二等

奖2名，三等奖2名，鼓励奖7名。（中国风景园林协会）

中国市长协会

概况

中国市长协会第五次全国市长代表大会暨女市长分会第五次女市长代表大会于2015年5月16日在京召开。全国近200个城市的市长参会，与会人员共计600余人。此次市长代表大会，形成以北京市市长王安顺为会长，住房和城乡建设部陈政高部长为执行会长，住房和城乡建设部原副部长齐骥为驻会副会长、上海市副市长赵雯为副会长等22位副会长的新一届领导机构。大会还通过《章程》修改、《调整会费收支办法》等相关决议。

围绕城市热点、难点问题举办专题研讨会

2015年除全国市长代表大会，协会还积极参与主办、协办和支持各种有益城市发展及具有积极社会影响的活动。

【主办会议及活动】 成功召开“2015中国智慧城市年会”。9月份，在广西南宁举办2015首届中国—东盟市长论坛。来自中国和东盟国家的150余名市长、专家学者、企业代表等共聚南宁，围绕“‘一带一路’——区域互联互通，城市合作共赢”这一主题展开讨论交流。并就分享各自成就和机遇，携手推进中国—东盟城市间合作达成“南宁共识”。9月底，在福州市举行(第十一届)泛珠三角区域省会城市市长论坛的第二轮合作。就加强泛珠区域城市合作、把握“一带一路”机遇发展等主题进行深入交流，10月，在上海作为联合国首次“世界城市日”系列活动之一，与上海市健康产业发展促进协会和世界城市日事务协调中心联合主办“2015国际健康城市论坛”，10月，与新华社《瞭望东方周刊》在人民大会堂共同举办“2015(第九届)中国最具幸福感城市推选活动发布会”。

主办了6月的“2015中国信息技术新趋势论坛”、7月的2015“宽带中国”网络建设与提速降费研讨会等系列活动。

积极开展国际交往活动

6月29日至7月25日，由中国市长协会、美国保尔森基金会、清华大学建筑学院和芝加哥大学格拉姆学院共同主办，浙江省委组织部承办的新型城市化建设专题研究班，在清华大学和美国芝加哥、波特兰、旧金山等城市进行为期四周的专题学习研究。研究班在美期间，与美国前财长、保尔森基金会主席亨利·保尔森先生进行多次互动，并参加其主持的芝加哥、洛杉矶、梅萨、迈阿密四位前市长座谈会，就城市治理、经济转型等进行面对面交流，8月31日至9月20日，由中国市长协会、清华大学和丹麦科技大学共同主办，广东省委组织部承办的“可持续城市发展”专题研讨班。代表团在清华大学环境学院学习一周，后赴丹麦科技大学学习，并实地考察哥本哈根和奥胡斯等城市，10月17日至11月1日，继续执行中组部中高级管理干部境外项目，“经济结构转型和城市建设管理专题研究班”。研究班在北京大学进行三天预培训后，赴德国开展为期14天的学习考察活动。重点就经济结构转型、科技创新、可再生能源、城镇化、城市发展规划、交通规划、智慧城市等方面学习交流。

加强与城市的沟通联络工作

由于各城市政府换届调整，很多市长、联络员也随之变化。为了更好地掌握各城市领导变动情况，做好网上会员名录统计工作，定期、反复地对全国设市城市领导变动情况进行更新整理工作。

开展女市长分会的有关活动

【召开中国市长协会女市长分会第五次全国女市长代表大会】 5月16日，在召开中国市长协会第五次市长代表大会的同时召开第五次全国女市长代表大会。中国市长协会专职副会长、女市长分

会执行会长陶斯亮作中国市长协会第四届理事会暨女市长分会第四届理事会工作报告。上海市副市长赵雯当选中国市长协会女市长分会第五届理事会会长。

【积极参与公益慈善活动】 8月10～21日，由中国市长协会作为主办方之一的“斯达克—世界从此欢声笑语”在赤峰、宁夏开展为期十天的贫困听障患者救助活动。共救助6789人。

【举办第十六期全国女市长研究班】 11月21～27日，中国市长协会女市长分会在上海中国浦东干部学院举办“第十六期全国女市长研究班”。来自21个省(自治区、直辖市)的36位女市长参加培训。课程设计针对女性领导者，学习的方式丰富多彩，讲座配合基层社区的现场教学，还有应对媒体和危机处置的情景模拟，样样紧贴实际，处处聚集难点热点，对提升女性领导力有实际的指导意义。其次，中国浦东干部学院先进的教学理念和严格的管理模式，让女市长们感受到最前沿的科技信息，接受最权威的专家授道。

继续做好《中国市长》会刊的编辑出版工作

2015年会刊重点报道《“互联网＋”浪潮下看城市发展》、《城市，大旅游时代的准备》、《“理”们的思考，政府的作为》以及《10＋1＞11，城城对话》等等。坚持每月一期的“市长访谈”栏目，让刊物保持实践的“热度”。逐步深化“专家视点”栏目。同时对协会主办或者参与举办的各项重大活动进行宣传报道工作。如协会第五次市长代表大会、联络员会议、城市咨询委活动、幸福城市评选、沪台健康论坛、中国——东盟市长论坛，以及各种市长培训班等，较好地发挥交流经验、沟通信息的桥梁和纽带作用，赢得有关城市市长和协会领导的好评。

继续做好《中国城市发展报告》和《中国城市状况报告》的研究出版工作

【《中国城市发展报告2014》】 由中国市长协会主办的《中国城市发展报告(2014)》于2015年8月由中国城市出版社出版发行。《报告》自2002年起开始编写，历经十三载。坚持作为“中国城市编年史”的基本定位，通过客观地记载、分析全国各类城市的年度最新发展，为城市决策者、管理者、研究者和社会各界提供参考。其社会影响力不断提升，成为国内城市发展研究领域中具有影响力的出版物之一。

【《中国城市状况报告》】 继《中国城市状况报告》前三卷出版后，开始《中国城市状况报告(2016～2017)》的准备工作

加强信息服务与咨询接待服务工作

【信息服务】 协会网站完成改版工作，协会网站开辟专题报道和舆情栏目。完成“城市旅游”和“城市轨道交通”两个专题的报道，截止到2015年11月刊登专题文章12篇并持续更新中。微信平台开通，定期刊发文章并配合网站更新。

【为城市义务咨询】 6月份，应河南省南阳市、湖北省十堰市人民政府邀请，咨询委赴南阳、十堰开展咨询调研活动。老市长们对南阳、十堰的发展给予充分的肯定，同时对南阳的城市交通发展规划、地下管线的协调管理以及如何提高城市运行效率和完善城市服务功能、加强社会管理和民生建设、完成经济结构调整等方面提出了建议。

加强协会内部管理

【“三严三实”】 按照住房城乡建设部党组关于《“三严三实”专题教育实施方案》要求，结合学会实际，制订详细的计划安排，按步骤落实各项工作，按计划认真组织学习讨论，从而提高了党员干部的认识，领会活动的主旨精神和内涵，为协会秘书处今后高效、务实、节俭、创造性地开展工作打下了很好的基础。

【管理制度】 为进一步完善协会管理工作，建立规范科学的长效管理机制，协会秘书处在原有的规章制度基础上按照国家有关政策要求，并结合中国市长协会在实际工作中的适用性和可行性，出台了新修订的《中国市长协会管理制度》。

【工作要求】 按照民政部开展对2015年度全国性社会组织评估工作要求，中国市长协会积极认真地准备参评材料。本次参评活动，不仅是对协会工作的一次梳理回顾和总结，也是对协会规范管理的一次有利促进。中国市长协会将做好参评准备工作，为进一步提升协会工作质量，给城市和市长们搭建好更高的服务平台做出我们不懈的努力。

(中国市长协会)

中国房地产业协会

概况

2015年是中国全面深化改革之年，也是稳增长调结构的紧要之年，中国房地产业协会主动适应经济发展新常态，深入贯彻中央经济工作会议、中央城市工作会议对房地产工作的新要求，在服务会员上水平、服务行业有推动、服务政府有作为的基础上，加强信息、金融、技术、法律服务，在全体会员和秘书处、分支机构全体职工的共同努力下，实现中国房地产业协会和中国房地产研究会的合并，各项工作都取得进展，被民政部评为“全国先进社会组织”。

两会合并　整合资源　强强联合　发挥更大优势

【中国房地产业协会与中国房地产研究会合并为“中国房地产业协会”】 为适应国家关于行业协会商会改革发展的总体要求，创新运行机制，激发内在活力和发展动力，进一步整合资源，提升行业服务功能，充分发挥行业协会在经济发展新常态中的独特优势和应有作用，更好地为企业、行业、政府服务，经住房城乡建设部党组同意，中国房地产业协会召开七届一次常务理事会，中国房地产研究会召开六届一次常务理事会，分别提出合并动议。

9月20日，中国房地产业协会七届二次会员代表大会、中国房地产研究会六届二次会员大会在北京召开。两会全体会员本着“平稳过渡、理清资产、程序规范、提高效率”的原则，分别审议通过“中国房地产业协会与中国房地产研究会合并的一系列决议。两会合并后，统一名称为“中国房地产业协会”。同日，中国房地产业协会召开第七届第三次会员代表大会，住房城乡建设部副部长王宁参加大会并讲话，中国房地产业协会会长刘志峰作“新起点、新征程、新跨越”的大会工作报告，标志着中国房地产业协会踏上新征程。

两会合并是循序渐进的过程。2010年，中国房地产业协会秘书处与中国房地产研究会秘书处合署办公，整合资源，发挥优势，为两会合并奠定各方面基础。两会合并，壮大会员队伍，充实领导机构，实现强强联合，这是贯彻中央关于行业协会改革的创新实践，是房地产行业的一件大事。

大力开展品牌活动，扩大社会影响力

【举办第七届中国房地产科学发展(梅江)论坛】 10月30日至11月1日，中国房地产业协会在天津举办以“互联网＋房地产——思维、动力、价值”为主题的第七届中国房地产科学发展(梅江)论坛。论坛期间，有14位房地产行业主管部门领导、专家、企业家在主论坛发表演讲，美国经济趋势基金会会长、《第三次工业革命》作者里夫金先生通过视频演讲并与参会代表互动。有22位来自国内外的专家、企业家分别在互联网＋房地产金融、互联网＋智慧住区、互联网＋BIM技术与百年住宅、互联网＋产业链四个分论坛上发表演讲。这届论坛适应形势，主题鲜明，内容丰富，形式多样，规模较大，总体效果好。论坛期间还举行“百年住宅示范项目第二批试点”签约仪式。

【积极推进信用评价工作】 6月11日，中国房地产业协会在北京召开“2015年房地产行业信用建设论坛暨房地产信用企业颁牌仪式”。会议期间通报信用评价工作进展情况，地方协会和企业代表介绍各地开展信用评价工作的情况并交流经验，向85家获评信用等级A级以上企业颁发匾牌和证书，并公布“房地产开发企业自律公约”、“房地产从业人员职业道德准则”。共有12个省(区、市)的66家企业参加评价，引入的社会第三方评价机构对参评企业上报材料进行审核和实地核查，提交初评结果。信用评价工作开展5年来，评出A级以上信用企业247家，社会反响良好。

【培育“广厦奖”候选项目】 中国房地产业协会十分重视“广厦奖”评选工作。2015年是候选年，主要工作是组织各地评选机构推荐候选项目，从项目规划设计阶段开始，经过专家的指导和培育，达到“广厦奖”评选标准，为2016年评选“广厦奖”打基础。专家指导和培育候选项目，对扩大“广厦奖”影响力，提高项目质量和企业知名度，增强企业的品牌意识和信誉意识具有积极意义。共有11个省(区、市)评选机构推荐33个候选项目。

积极开展课题研究，为行业提供专业服务

【加强课题研究，为政府、行业、会员提供决策服务】 中国房地产业协会和中国房地产研究会合并后，加强研究功能。2015 年申报并经住房城乡建设部批准科技立项的课题有 3 项，分别是法律事务专业委员会申报的“智慧城市基础空间信息系统研究”、老年住区委员会申报的“养老住区室内装修设计标准研究”和商业和旅游地产专业委员会申报的“旅游小镇分类与评价标准研究”，其中住宅技术委员会承担的“我国建筑工业化体系现状”和“中外住宅建筑部品对比”课题，特别“我国建筑工业化体系现状”课题，参与专家多，调研深入，数据资料翔实，受到住房城乡建设部领导重视，小城镇开发专业委员会承担的“中国现阶段城镇综合开发运营法律体系研究”、经营管理专业委员会承担的“房地产项目综合效益评价体系研究”撰写课题报告，申请验收，房地产市场与住房保障研究分会、法律事务专业委员会、住宅技术委员会等单位共同承接了五项研究课题，小城镇开发专业委员会与北京建筑大学联合承担住房城乡建设部村镇建设司“改善农村人居环境——农村住房建设和使用情况调查”课题研究。

积极开展对外交流合作，为会员“走出去”服务

【加强对外协作　提供会员服务】 中国房地产业协会执行、签署对外合作协议 65 个，其中完成 28 个。中国房地产业协会还成立“中国房地产海外投融资服务平台”，为会员单位“走出去”提供有效服务，组织会员企业于 4 月份赴美国参加“美国亚裔房地产业协会全球峰会”并考察房地产项目，与优联国际投资管理集团签署战略合作协议，推介我国“一带一路”战略在东南亚地区的重要项目——柬埔寨七星海旅游度假特区建设项目，与深圳市深讯数据科技服务公司签署战略合作协议，为会员企业提供大数据技术服务，帮助会员企业实现“互联网+房地产”，与中粮信托公司、上海凯思达股份投资公司、华仁世纪集团公司共同出资成立“中瑞澳银资产管理有限公司”。

【参加国际性活动　增进国际交流】 4 月 16～20 日，中国房地产业协会副会长兼秘书长冯俊率团赴菲律宾参加第 19 届世界不动产联盟亚太地区秘书长峰会，介绍中国房地产市场发展情况，并与菲律宾有关部门就城市规划、城市建设、投融资合作等议题进行交流。5 月 21～30 日，中国房地产业协会会长刘志峰率团赴日本、马来西亚，分别参加 2015 日本国际地产投资交易会、第 66 届世界不动产联盟年会。在日本国际地产投资交易会上，代表团考察住宅产业化和百年住宅项目，与日本国土交通省、日中建筑住宅产业协会等部门进行交流，在马来西亚世界不动产联盟年会上，刘志峰发表演讲，并与马来西亚住房管理部门进行了交流。中国房地产业协会接待来自美国、英国、加拿大、印尼、新加坡、澳大利亚、韩国等国家和地区的政府部门、行业协会和相关企业来访近 20 次，就房地产金融、住房保障体系、房地产市场投资政策等诸多领域进行交流，并安排考察会员企业的房地产项目。

分支机构合并调整，深入基层开展活动

【两会合并　分支机构适当调整】 两会合并后，中国房地产业协会将 21 个分支机构整合为 17 个，同时，4 个分支机构的名称由专业委员会改为研究分会，提升协会的行业研究能力。

【成立“中房协调解中心”】 为贯彻中央依法治国，加快推进司法体制改革的有关精神，充分发挥行业协会在纠纷调解中的基础性、专业性优势，9 月 20 日，经中国房地产业协会七届三次会员代表大会审议通过，中国房地产业协会成立“中房协调解中心”。房地产纠纷在经济纠纷中占有一定比重，数量多、金额大，现行的司法、仲裁程序既面临案件多的巨大压力，也因程序复杂致使纠纷解决时效性比较差。民间调解是司法体制改革的一项重要内容，成立“调解中心”，进一步提升为会员服务的能力，改善企业法律纠纷的解决环境，提高行业运行效率。“调解中心”的成立，将进一步为会员提供法律服务。

【积极开展活动　取得显著成绩】 2015 年，中国房地产业协会各分支机构开展调查研究，制定、推广行业标准，发布行业报告，组织专业论坛，工作有声有色。房地产市场与住房保障研究分会召开“宏观经济形势与房地产发展趋势研讨会暨第三届三亚房地产高峰论坛”，住房公积金和担保研究分会开辟公积金政策宣传和理论实践研讨平台，在《中国建设报》开辟住房公积金专版，房地产产权交易和测量研究分会参与《房屋交易与产权管理工作导则》的拟订，并受住房城乡建设部房地产市场监管司委托开展培训。房屋征收和拆迁研究分会配合房地产市场监管司起草《国有土地上房屋征收补偿协议示范文本》(征求意见稿)，城市开发专业委员会召开两次房地产市场形势报告会暨全国一级资质房地产

开发企业座谈会，同期还分别召开广东、河南、重庆、天津四省市企业座谈会，了解一线情况，反映企业呼声，法律事务专业委员会完成筹备组建“中房协调解中心”的任务，并积极推进工作，产业协作专业委员会同中国石材协会向住房城乡建设部申报《天然石材规格化产品行业标准》，住宅技术委员会积极推广新理念、新技术、新产品，召开“2015年中国房地产技术创新大会”，金融专业委员会召开了房地产金融论坛，发布“房地产金融2015年度报告”，人居环境委员会召开“第八届中国人居环境高峰论坛”，与辽宁盘锦大洼县人民政府签订“共建示范战略合作协议”，房地产流通服务委员会开展行业诚信建设活动，组织会员进行诚信建设工作交流，住宅设施委员会主持修编《住宅厨房和卫生间排烟(气)道制品》标准，通过住房城乡建设部标准定额司专家会评审，评为国内领先水平，商业和旅游地产专业委员会发布“中国旅游地产发展报告2014～2015”，每季度发布“中国商务写字楼指数”，小城镇开发专业委员会在会员间开展房地产企业小城镇建设发展情况问卷调查活动，老年住区委员会举办“中国老年住区百城(企业)联动计划暨养老e智库”启动仪式，经营管理专业委员会召开“房地产经营管理创新大会”，发布《2015年度房地产开发企业经营管理蓝皮书》。

测评工作影响力增强，采购平台形成行业品牌

【“三大测评活动”在行业中的影响力持续扩大】 3月24日，中国房地产业协会、中国房地产测评中心在北京发布“2015中国房地产500强测评成果”，5月28日，在香港发布“2015中国房地产上市公司测评成果”，9月8日，在重庆发布“2015中国房地产品牌价值测评成果”。

【“中房网”积极开展协会宣传工作】 通过策划专题和原创报道，保持在业内有声，利用新媒体加大对测评活动的宣传和推广。

【“采购平台”发展壮大，形成品牌】 “采购平台”运营四年来，在业内形成较大影响力，赢得产业链上下游的认可。为进一步拓展业务，提高竞争力，2015年5月，以“采购平台”为依托注册成立“中房研协优采信息技术有限公司”。2015年注册用户达5万多家，全年签约2548万元。(胡安东　张真)

（中国房地产协会）

中国勘察设计协会

【课题研究】 2015年，中国勘察设计协会(以下简称“协会”)编撰《工程勘察设计行业年度发展研究报告(2014～2015)》组织30多位专家调研、采集与分析有关资料数据形成初稿，经审议、修订于12月印刷成册完成课题，按常规发送住房城乡建设部市场司、协会会员单位和同业协会。本报告由主报告、数据分析和专题报告共三篇八章及两个附录组成，以经济新常态下创新发展为主线，分析行业发展外部环境、发展新动力和企业发展核心要素，探寻行业改革路径与发展机遇。

按照协会编制《工程勘察设计行业“十三五”信息化工作指导意见》的部署，信息化推进工作委员会组织调研，协调业内45名信息技术专家编制初稿，经协会秘书处整理的征求意见稿在BIM设计大赛专家评审会、信息化工作年会上分别征集业内外专家和企业信息技术负责人意见，为定稿铺垫基础。

建筑设计分会组织企业调研完成研究课题《中国建筑设计行业年度发展研究报告(2014～2015)》，编制《关于建筑设计单位深化体制改革的指导意见》就新常态下建筑设计面临的问题与挑战提出应对的思路与办法。

工程勘察与岩土分会组织问卷调研编写的《工程勘察与岩土行业体制改革专题调研分析报告》提出了改革的对策和建议，组织安全生产危险源专题调研发布《岩土工程行业安全生产危险源调研报告》，并举办工程现场观摩活动。

【完成政府部门交办事项】 协会接受住房城乡建设部有关司委托，适时完成2015版《工程设计合同(示范文本)》修改与完善的工作，按要求完成《全国工程勘察设计大师评选与管理办法》、《建筑工程设计招标投标管理办法》、《建设工程勘察合同示范文本》、《关于深化建筑业改革促进行业发展的若干意见》等4个文件的征集意见并提交书面报告，完成《城市轨道交通工程施工图设计文件技术审查要点》和《装配式混凝土结构建筑工程施工图设计文件技术审查要点》的编制，对交办的国家统计局修订《国民经济行业分类》工作，提交业内专家意见的书面报告。

人民防空与地下空间分会参与《人民防空法》及相关法规文件起草与修订，抗震防灾分会参加起草《建筑工程抗震管理条例》，建设项目管理和工程总承包分会组织《建设项目工程总承包管理规范》(国标)的修订。

按照商务部国际经济合作事务局推荐“马尔代夫跨海大桥”援外EPC项目评标专家的要求，协会委托建设项目管理和工程总承包分会组织具有工程经验企业推荐专家65人。

【营造“创优争先”氛围】 协会例行的全国优秀工程勘察设计行业奖(简称“行业优”)2015年评选，规定综合工程、专项工程两大类17个奖项。按照推动技术创新、提高质量效益、应用科技成果、落实基本国策宗旨，修订评选办法，为确保程序规范、提高效率，对评优信息管理系统做功能优化和完善。参评的工程项目先后经企业申报、专业初评、综合评审，将拟入选优秀的项目在协会官网公示，广泛听取反馈意见。评优结果将由理事长工作会议最终审定。

组织《创新杯》大赛促进行业信息化水平持续提升。第六届创新杯建筑信息模型(BIM)设计大赛，160家单位的315个作品参赛，数量比上届增加40%，水平明显提高，经初评、网评和终评评选出建筑设计、工程协同等8类66个获奖作品和最佳BIM应用企业11家。首届创新杯数字化工厂(DF)设计大赛，对征集的参赛作品组织了初评、终评评选出工厂设计、配管设计等获奖作品24个和最佳DF应用企业10家。

开展从事项目管理和总承包企业完成合同额年度排序活动，促进业务模式顺应市场、提质增效和塑造品牌。协会授权建设项目管理和工程总承包分会会同相关同业协会对企业自主申报数据进行审核、汇总和复核，按2015年工程项目管理、工程总承包、专项承包、岩土工程治理等四项合同额大小分别排序，由协会发布排序结果。

协会分支机构开展具有特色的创优活动。抗震防灾分会组织“2015年度全国工程勘察设计行业优秀抗震防灾专业奖”评选，园林和景观设计分会开展首届“计成奖”评选，民营设计企业分会收集资料建立数学模型，评选出“2015十大民营设计企业”和住宅、商业等7大类专业领先企业，建筑电气工程设计分会牵头主办全国“智能建筑电气行业年度优秀品牌”评选，评出2015供配电等7大领域优秀品牌企业及6个专项最佳企业，工程智能设计分会联合《智能建筑与智慧城市》杂志举办“第十届中国市场智能建筑十大品牌”评选，评出综合布线、智能家居等11大类的102个奖项，建筑环境与设备分会完成“第一届全国建筑环境与设备专业青年设计师工程设计大奖赛”评审，启动了第二届“金叶轮奖”设计大赛工作，工程勘察与岩土分会开展了企业信息化建设水平的评价，以量化指标衡量19家勘察参评单位信息化建设现状水平，探索了推进信息化的机制，按照《企业文化建设先进评选办法》组织首届活动，评出先进单位30家、先进工作者20名、优秀论文26篇，质量管理工作委员会组织2015年度国家工程建设(勘察设计)优秀QC小组评选，评出优秀205个，并从一等奖中选出10个小组推荐给中国质量协会表彰，传统建筑分会启动了中华建筑文化奖评选筹备工作，施工图审查分会开展先进单位和先进个人评选活动的推荐工作基本结束，准备综合评议。

协会组织科技创新工作委员会就设立行业的科技进步奖可行性和必要性进行调研论证，并就协会科学技术奖奖励办法(草案)征求了业内意见。

【开展多层次研讨交流】 协会信息化工作2015年会主题定为“推进信息技术应用　加速勘察设计现代化”，信息化推进工作委员会接受委托12月在广州举办，企业信息化工作负责人和信息技术专家200余人到会。年会总结《“十二五”工程勘察设计行业信息化工作指导意见》实施情况，进行企业工作成果和经验交流，邀请国内外技术专家就云计算、互联网+、大数据以及工程全生命周期管理等作专题演讲。

建设项目管理和工程总承包分会于9月召开主题为“新机遇·新挑战·新发展”工程项目管理大会，9家总承包企业交流了提高项目管理水平做法及体会，在8月联合中国石油和化工勘察设计协会召开“企业走出去发展研讨会”，围绕石化行业“一带一路”背景下发展机遇与挑战专题研讨。建筑设计分会举办“新常态下企业提升竞争力与可持续发展战略研讨会”就本行业企业深化改革、创新发展举措，适应新常态、开创新局面思路组织交流。市政工程设计分会召开宣讲《中国市政设计行业BIM实施指南(2015版)》为主线的“2015年行业信息技术交流会”从多个角度对BIM技术应用进行了讨论，12月举办“创新·变革·发展”为主题的改制市政设计院高层研讨会。工程勘察与岩土分会牵头于11月召开第七届岩土工程实录交流会，对岩土工程10多年发展进行综述、归纳和分析，针对热点、难点和发展方向深入探讨。民营设计分会和工程勘察与岩土分会合作举办“企业改革与创新发展”研讨会，9月举办主题为“危机·转机·生机”的民营设计企业发展论坛，邀请业内外专家到会探讨经济转型期民企发展问题。建筑环境与设备分会1月举办“全国辐射供冷供暖技术交流会”，围绕辐射供冷、供暖末端相关技术进行交流，6月与《暖通空调》杂志社联合举办“全国变频空调技术论坛”，11月以“传承·创新·务实·发展”主题召开第六届技术交流大会，来自各地的设计、科研、教学单位和设备制造企业500余名代表出席了会议。建筑电气工程设计分会先后举办2015电气新规范及前沿技术高峰论坛、第四届建筑电气与智能化节能技术发展论坛两项专业活动，深入探讨了建筑电气新规范、先进技术应用及发展前景等课题。工程智能设计分会举办“跨界融合与智慧分享”高峰论坛和“2015智能建筑技术创新与应用融合论坛”，分别围绕智慧城市、绿色建筑、大数据以及智能化新技术与“跨界融合”进行探讨。质量管理工作委员会利用优秀QC小组成果的发布，举办了工作创优经验交流会，为引导企业追求卓越工程质量和管理质量，与中国质量协会合作启动《勘察设计质量信得过企业评价准则》的制订。

【配合编制“十三五”规划】 2015年协会对拟报送住房城乡建设部的《工程勘察设计行业2016～2020年发展纲要》再次举办专家研讨会和函征业内细分行业专家意见进一步修改完善文稿，完成报送稿任务。

协会参与《建筑业发展“十三五”规划》的编制，认真履行领导小组和工作小组成员职责，安排专人负责具体工作、参加研讨，组织勘察设计专家就规划框架和内容研读讨论，并汇总意见建议做了及时反馈。

协会抗震防灾分会参与《城乡建设防灾减灾“十三五”规划》编制工作。

【培训工作】 协会培训部工作面向业内企业、服务队伍建设，2015年开设行业培训课题18个。开班政策法规类8期约700人参训，技术规范类34期近2000人参训，税务筹划类2期300余人参训。

为配合住房城乡建设部工程质量治理两年行动，强化管理和技术人员质量安全意识，提高履责能力，协会委托质量管理工作委员会举办“勘察单位、设计单位项目负责人培训班”全面系统讲解住建部新颁布的工程质量相关法规政策，详尽分析常见、多发质量问题，200余人参训，为使QC小组活动健康、持久开展，工作委员会组编《勘察设计质量管理小组基础教程》，举办QC小组活动诊断师考评班。

分支机构培训工作主要还有：抗震防灾分会进行了城乡建设抗震防灾技术培训，人民防空与地下空间分会举办人防工程建设监理培训，工程智能设计分会开办《综合布线系统工程设计标准》等多个新标准规范培训，施工图审查分会就城市轨道交通、装配式混凝土结构建筑两种工程施工图设计文件《审查要点》组织多期宣贯。

【为企业提供服务】 协会组织了北京仲裁委员会委托的《同仁堂健康药业亦庄工程》初步设计文件编制深度和实际工作量及相应设计费的鉴定工作，客观地提交鉴定报告。

按照商务部外援司要求，协会及时转发了商务部《关于2015年度对外援助项目实施企业资格招标有关事宜的公告》，并多种方式督促相关企业关注，积极提供信息服务。

协会法律事务部2015年为业内企业法律咨询服务百余次，仲裁案十件，追回企业应得设计费300多万元。

【诚信自律建设工作】 由工程勘察与岩土分会负责的本行业诚信评估工作，完成第二批79家诚信单位的复评和第一批279家诚信单位的复审及企业所在地同业协会(省级)签章工作。

经协调研究，建筑设计分会将本行业诚信单位证书有效年限延长一年，以保证筹划后续工作需要的时间。

人民防空与地下空间分会按照国家人防办要求制订《人民防空建设企业诚信评价办法(试行)》及实施细则等文件，确定四川、广东为试点开展企业诚信评价工作。

【行业宣传】 4月协会召开2015年度工程勘察设计行业宣传工作会议，各地通讯员及部分同业协会领导出席会议。会议总结2014年度宣传工作，表彰16名优秀通讯员，部署年度工作。

协会官网2015全年采用通讯员稿件108条，访问量达194万次。人民防空与地下空间分会的《中国人民防空网站》宣传报道国家人防工作重大活动，着力信息交流，全年发稿2267篇，点击量176.9万人次。

协会期刊各司其职发挥作用。《中国勘察设计》围绕国家、住房城乡建设部和协会的中心工作组织报道，践行政策性、指导性和学术性的工作定位，《工程建设与设计》和《智能建筑与智慧城市》突出专业性，聚焦科技进步。由分支机构主办的《建筑设计管理》坚持服务行业、服务会员办刊，内容、形式更贴近现实，《勘察设计质量与管理》杂志配合工程质量治理行动，政策宣传、技术宣讲、经验交流全面到位。

2015年协会成立30周年。按照“简朴、有记忆”的方针，以举办首届全国勘察设计行业摄影大赛为纪念活动。参赛的91个单位501人2348幅作品覆盖18个行业和29个省市自治区。特邀摄影家协会主席王瑶、《摄影世界》主编吴笛为评委会正副主任，评选出人物、工程建设等五大类获奖作品60件和优秀组织奖22个。

【协会自身建设】 筹备协会换届进行第六届理事会会员单位、理事单位(理事)、常务理事单位(常务理事)的确认，召开第五届理事长工作会议研究新任正副理事长人选提名，完善第五届理事会工作总结报告，报民政部核准第六届协会章程等工作。

加强分支机构管理工作，主要是：协会领导成员出席分工联系的分支机构会议，评价其工作、听取对协会意见，指导实施年度工作计划，对换届或新成立的分支机构申明协会规章制度，引导规范开展业务，分支机构确需调整或新增工作部门凡符合《工作条例》规定则予以审定。协会工作执行力增强。

协会秘书处主要工作：完成年度全国勘察设计同业协会秘书长工作会议和理事长工作会议的文件筹备及会务工作，加强了会费收取工作，收取额较上年度提高12.20%，完成年度财务审计(合规)、社团年检(合格)工作，完成建设年鉴和建筑业年鉴的撰稿。

【“十二五”期间主要工作及成效】 认真贯彻党的十七大、十八大精神，遵循《章程》，健全规章制度，切实履行“提供服务、反映诉求、规范行为”职能，着力行业改革和创新发展。

做好政府参谋助手，协会主持或参与完成《关于进一步促进工程勘察设计行业技术进步的若干意见》等4个拟出台文件、《建设项目工程总承包管理规范》等8项规范标准，接受委托对征求意见的《建筑工程设计招标投标管理办法》等8个专题提交了书面报告。积极建言献策。

推动改善市场环境，向住房城乡建设部市场司提交勘察设计市场存在干扰公平竞争问题及解决办法的调研报告反映诉求，多数意见在政策文件中被原则上采纳。发挥维护市场秩序作用。

贯彻党和国家“加快社会信用体系建设”精神，修订《全国工程勘察设计单位诚信评估办法》，加强诚信单位动态管理，重申行业自律公约和从业职业道德要求，强调树立社会主义核心价值观。推进行业自律建设。

致力行业改革创新，五次召开全行业以创新为主题大会，倡导科技和管理创新“两轮”驱动发展，引领企业走质量效益型之路向生产性服务业高端迈进，举办企业“抱团取暖”消化过剩产能专题会探讨合作创新、生产服务业与制造业有机融合。五年来，工程公司队伍日趋壮大，总承包工程领域延展，中小企业营造“专精特”优势，竞争力凸显，一些企业上市或联盟，整合资源实力提升，企业家、科技带头人队伍成长，人才结构趋于优化。2014年全行业科技活动费用支出、科技成果转让收入分别是2010年的309.6%、230%，企业拥有专利、专有技术分别增加46009项、17710项；2014年全行业企业完成合同额1.78万亿元，营业收入2.72万亿元，利润总额2058.7亿元，分别比2010年增长93.3%、184.4%和165.6%。

提升协会工作效能，搭建“平台”有序开展工作。以“获奖优秀工程项目推介平台”发挥典型优秀工程项目示范作用，为企业工程创优提供借鉴，五年推介各类优秀工程570余个。以“信息化建设推进平台”推动应用先进信息技术提升生产力，组织IT新产品、新系统展示及体验活动，五年举办6届创新杯设计大赛督导企业信息化建设。以“国际工程信息交流平台”组织“走出去”的企业、邀请跨国公司高管交流海外工程经验，五年专题交流会4次，近百家会员单位参加出访交流、调研活动。

五年来，协会着重队伍、制度和能力建设，增强秘书处执行力，新组建4个分支机构增加团体会员582家、个人会员181人，提高服务效能。2014年民政部考察评估认定协会为4A级社会组织。

（中国勘察设计协会）

中国建筑业协会

【概况】 2015年，中国建筑业协会(以下简称“中建协”)深入贯彻落实党的十八大和十八届三中、四中、五中全会精神，紧紧围绕住房城乡建设部中心工作，在各地区建筑业协会、有关行业建设协会和广大会员企业的大力支持下，认真履行“提供服务、反映诉求、规范行为”三项职能，积极推动行业持续健康发展。

【召开第六次会员代表大会】 7月21日，中建协在北京召开第六次会员代表大会和六届一次理事会。住房城乡建设部副部长易军、王宁出席会议，易军代表住房城乡建设部讲话，人事司、建筑市场监管司、工程质量安全监管司、建筑节能与科技司、标准定额司、机关党委、办公厅等司局负责人出席会议。中建协第五届理事会会长郑一军出席会议并讲话，副会长兼秘书长吴涛代表第五届理事会向大会做工作报告。大会通过第五届理事会工作报告和财务报告、《中国建筑业协会章程(修改稿)》、《中国建筑业协会会费管理办法》等文件，选举产生第六届理事会理事、常务理事，选举王铁宏为新一届协会会长，吴涛、尤京等27人为协会副会长，吴涛兼任秘书长，通过李蓬等5人为副秘书长。聘请史殿臣等8人为顾问。

【召开会长会议】 中建协六届一次会长会议于7月21日召开，王铁宏会长主持会议。住房城乡建设部建筑市场监管司副司长张毅、工程质量安全监管司副司长尚春明出席会议并讲话。会议通报协会2015年下半年的工作要点。10月23日召开中建协六届二次会长会议，王铁宏会长主持会议。会议审定2014～2015年度第二批鲁班奖评审结果，审议协会2016年度的工作安排。

【召开2014～2015年度中国建设工程鲁班奖(国家优质工程)经验交流暨表彰大会】 11月17日，2014～2015年度中国建设工程鲁班奖(国家优质工程)经验交流暨表彰大会在北京钓鱼台国宾馆召开。住房城乡建设部副部长易军、原副部长郑一军，中国建筑业协会会长王铁宏，住房城乡建设部工程质量安全监管司、建筑市场监管司、建筑节能与科技司、标准定额司和北京市住房城乡建设委员会的负责同志出席会议。王铁宏会长主持会议。大会向北京雁栖湖国际会都会议中心、天津图书馆等200项获奖工程的承建单位颁发鲁班金像，并表彰31项2014～2015年度中国建设工程鲁班奖(境外工程)。

【召开第14届中国国际工程项目管理峰会暨全国建筑业企业优秀项目经理经验交流会】 10月11～12日，第14届中国国际工程项目管理峰会暨全国建筑业企业优秀项目经理经验交流会在石家庄召开。十届全国人大环资委主任毛如柏，全国政协常委、人口资源环境委员会副主任张基尧，住房城乡建设部副部长易军，中国建筑业协会会长王铁宏出席会议。易军副部长就认真贯彻落实国务院《关于创新重点领域投融资机制鼓励社会投资的指导意见》、进一步推进PPP模式、不断促进我国工程建设项目组织实施方式改革、积极引导建筑业企业以投资带动工程总承包、继续提升工程项目管理创新水平做了重要讲话。会议由中国建筑业协会副会长兼秘书长吴涛主持。大会向获奖单位和个人颁发奖牌和证书，公布第14届中国国际杰出项目经理名单。

【深入开展行业调研】 2015年，受住房城乡建设部有关业务司委托，中建协深入开展《减轻建筑业企业负担研究》、《提高从业人员素质研究》、《建筑业劳务用工问题研究》、《建筑施工企业信息化建设标准前期研究》等课题研究工作。中建协工程质量监督分会会同有关单位共同承担《建立工程质量监督执法体制机制的研究》、《建设工程质量检测机构诚信体系研究》课题任务。同时，中建协还针对住房城乡建设部《建筑业发展“十三五”规划》、《关于深化建筑业改革促进行业发展的若干意见》、《建筑产业现代化国家建筑标准设计体系》、《工程建设标准涉及专利的管理办法》等重要文件的征求意见稿研究提出修改意见。

中建协历时两年完成《“十一五”以来建筑业科技进步与管理创新研究》。继续开展中国建筑业企业社会责任调研，编写《中国建筑业企业社会责任评价标准》、《中国建筑业企业社会责任融入指南》、《中国建筑业企业社会责任初级读本》。组织副会长、常务理事单位和各地区、各行业建筑业(建设)协会围绕行业热点难点问题开展调研，收到的调研报告在协会刊物和网站上登载，并选择一些有代表性的报告呈报建设行政主管部门，提出政策建议。

2015年，受住房城乡建设部委托，中建协开展《建筑产业和行业分类标准研究》工作，并与有关协会共同开展《团体标准培育和发展政策研究》工作，形成《建设系统培育发展工程建设团体标准的指导意见》。参照《工程建设国家标准管理办法》和《工程建设行业标准管理办法》，起草《建筑业行业标准管理办法》。

【积极反映行业诉求】 继2014年12月联合11家行业建设协会和6家中央企业联名向国务院呈报建筑业营业税改征增值税有关问题的报告，并引起国务院领导同志高度重视后，针对财政部、国家税务总局提出的“营改增”措施，中建协2015年3月再次召集11家有关行业建设协会和6家中央企业座谈，会后向国务院有关领导同志呈报专题报告，反映“营改增”的有关问题，并得到国务院领导同志批复，使“营改增”问题的解决有阶段性成果。

继2013年向全国人大法工委申请对“以审计结果作为工程竣工结算依据”地方性法规进行立法审查之后，2015年再次向法工委提交申请，并按照法工委要求补报企业案例，进一步说明该法规给施工企业造成的经济损失，引起法工委的高度重视。中建协还按照全国人大法工委的要求，召开座谈会，对《中华人民共和国大气污染防治法(修订草案)》进行认真研讨，并起草修改意见，上报全国人大法工委。

中建协于2015年12月份向国家发改委递交报告，建议采取必要措施规范保证金，以降低企业成本，提高企业运营质量和效率。具体建议包括：废除质量保证金，取消安全保证金、信用保证金、文明施工保证金、施工进度保证金等各种没有法律依据的保证金，建议规定投标保证金和履约保证金可采用银行保函的形式，创新农民工工资保证金的收缴和管理方式，避免重复交纳，并根据企业诚信度实行差别化交纳。

中建协从9月开始连续4次向发改委提交材料，并参加发改委组织的座谈会，反映建筑业发展形势，提出解决行业突出问题的政策建议。协会认为，受固定资产投资增速放缓、房地产开发投资下滑等因素影响，建筑业出现了效益下滑、应收工程款居高不下、新签工程承包合同额下降等问题，严重影响行业的良性发展。为适应经济发展新常态，着力提高建筑业运行质量和效率，切实减轻企业负担，建议进一步规范工程项目招投标，进一步规范各种保证金，采取切实措施解决拖欠工程款问题，对建筑业营改增采取一些过渡性政策，以保证企业的实际税负不增加。

【推进工程质量安全水平提高】 中建协将质量安全工作作为协会核心工作，通过开展创建精品工程等各类活动，引导企业增强质量安全意识，自觉建立健全质量安全保障体系，着力提高工程建设质量安全管理水平。完成2014～2015年度第二批中国建设工程鲁班奖与2015年度境外工程鲁班奖评选工作。为进一步规范鲁班奖评选工作，中建协规定从2015年开始，鲁班奖复查工作经费，包括工作人员在复查期间的食宿费及省际交通费，全部由协会自行承担。这是鲁班奖评选工作的重大改革，进一步保证鲁班奖评选工作的客观公正，也彰显协会锐意改革、大力推动廉政建设的决心。

2015年，按照住房城乡建设部“工程质量治理两年行动万里行”工作要求，中建协组织有关媒体赴全国7省、直辖市14个建筑业企业承建的工程项目进行调研采访，并将受访企业开展两年行动取得的成效和经验在协会工作简报、会刊和网站以及《中国建设报》、《建筑时报》上宣传报道。同时，中建协还先后召开贯彻落实两年行动方案座谈会、推进两年行动典型经验交流会，树立正面典型。

中建协工程建设质量管理分会积极推进QC小组活动，并举办2015年全国工程建设优秀QC小组活动成果交流会。

【推动科技进步与管理创新】 为促进建筑业企业科技进步与管理创新，建立完善行业科技创新激励机制，中建协设立中国建设工程施工技术创新成果奖，鼓励在科技创新活动中做出突出贡献的建筑业企业和个人。在2015年召开的全国建筑业施工技术创新成果暨国家级工法推广应用经验交流会上，中建协表彰首届技术创新成果奖获奖单位和个人，并向荣获一等奖的单位颁发奖金20万元。经中建协第六次会员代表大会审议通过，设立中国建设工程施工技术创新成果奖专项基金，以保证奖金有稳定的来源，可以长期发挥激励作用。

受住房城乡建设部委托，中建协开展2013～2014年度国家级工法申报前期工作，对特级资质企业现有的国家级工法数量进行统计分析，对2013～2014年国家级工法1313项申报资料汇总整理与核对，完成评审会筹备工作，编制《2011～2012年度国家级工法汇编》。与中国海员建设工会全国委员会共同开展全国建设(开发)单位和工程项目节能减排达标竞赛活动，引导企业加强节能减排，推动建筑业实现低碳发展。中建协绿色施工分会开展第五批全国建筑业绿色施工示范工程申报立项和第三批、第四批绿色示范工程的过程检查工作。

中建协举办中国建设工程BIM大赛收到申报项目532项，经评审，确定“南京青奥城(会议中心)工程BIM技术应用”等283项入选。开展建筑业企业信息化建设案例征集活动，经评审，从127项申报项目中确定特优案例17项、优秀案例58项，编印《全国建筑业企业信息化建设特优案例集》，召开“互联网+建筑业”研讨暨全国建筑业企业信息化建设经验交流会。

中建协举办“建设工程混凝土新技术交流与现场观摩会”，就现代混凝土技术的发展、高性能混凝土推广应用政策解读与技术问题、BIM技术在混凝土建筑施工过程中的应用等内容做交流，召开装配式建筑新技术应用经验交流与3D打印建筑观摩会，组织观摩上海中心大厦和3D打印应用实例工程，开展全国建筑业优秀论文征集评选活动，总结和推广建筑业先进施工技术和管理创新成果。

【行业诚信体系和企业品牌建设】 中建协开展的AAA级信用企业评价和双百强企业评价等行业评价确认工作，为推动企业树立诚信意识和品牌意识发挥了积极作用。2015年，中建协完成2015年度AAA级信用企业评价工作，同时对前几批AAA级信用企业进行动态管理，对2013年度全国建筑业AAA级信用企业进行复审，完成2014年度中国建筑业双百强企业评价工作，编辑出版《2014年度中国建筑业双百强企业研究报告》，统计分析优秀企业的经营数据，总结推广企业先进管理经验，发挥双百强企业的示范引领作用。

中建协建筑安全分会开展2015年度AAA级安全文明标准化工地评价工作，中建协机械管理与设备租赁分会对31家企业进行跨省级地区、跨行业建筑施工机械租赁行业确认。

【行业培训】 共组织75家培训机构开展建造师继续教育必修课、选修课，培训人数达173901人，培训人数占应培训人数的87%。受住房城乡建设部委托，中建协再次组织开展“全国建筑业企业创建农民工业余学校示范项目部”推荐活动，57个项目部被确定为“2014～2015年度全国建筑业企业创建农民工业余学校示范项目部”。

举办6期工程质量标准规范宣贯及质量常见问题防治专题培训班，来自全国各地工程质量监督机构和建筑施工企业的质量技术、管理人员共5400余人参加培训。举办建筑施工安全标准规范宣贯培训班，邀请主要编制专家结合施工安全管理实际，全面系统讲解有关标准规范。中建协工程项目管理委员会举办新疆建筑业企业“贯彻落实《工程质量治理两年行动方案》提升建设工程质量”公益培训班。

【建筑业统计与信息宣传】 中建协同住房城乡建设部计划财务与外事司完成《2014年建筑业发展统计分析》，对2014年建筑业发展状况进行深入全面的分析。中建协统计专业委员会每月进行特级、一级建筑业企业统计数据的审核、整理、汇总、分析及编印工作，为各级建设主管部门提供及时准确的统计分析资料。

中建协编辑出版12期协会会刊《中国建筑业》，出版《中国建筑业年鉴(2014卷)》，编印《中国建筑业协会2014年年报》，做好协会网站管理工作。继续加强与有关媒体的联系沟通，积极开展对外宣传工作，及时将协会的重要工作和重大活动在媒体上宣传报道。此外，中建协还举办第五届全国建筑行业信息传媒工作竞赛和第二届建筑业摄影比赛。

【对外交流】 中建协组织企业代表团赴斯里兰卡、新加坡，对我国企业承建的工程项目进行实地检查和调研，取得预期效果，接待英国皇家特许建造学会来访团，就两会今后如何开展更具体更紧密的合作进行深入探讨，并就更新两会之间的协议进行商谈。

【履行社会责任】 中建协在2013年按照住房城乡建设部部署，承担大别山片区安徽、河南、湖北省9县市的建筑扶贫帮扶工作。3年来，举办5期建筑劳务管理培训班，召开3次“县域建筑经济发展经验交流会”和5次扶贫工作座谈会，4次搭台开展对口帮扶洽谈，用工双方签署合作意向书16份，达成合作建立劳务基地的协议。扶贫工作开阔9县市发展建筑劳务经济、脱贫致富奔小康的思路，帮助其扩大建筑劳务输出、创建劳务基地，为帮扶工作打下基础。

2015年，“联合国工业发展组织中国建筑业企业社会责任项目2015年年度工作会议”在中建协召开，联合国工业发展组织项目总监杰罗姆(JEROME)先生、项目首席社会责任国际专家弗洛里安·贝拉尼克先生、项目协调员马健、商务部中国国际经济技术交流中心项英玲及项目组成员参加会议。会上，项目办公室成员汇报2015年工作总结和2016年的工作计划草案，确定2016年的工作安排。

“六一”儿童节前，中建协派代表赴四川省广元市利州区荣山镇花园小学慰问全体师生，进行捐资助学。

【加强协会自身建设】 中建协在民政部开展的全国社团评估中再次获得5A级社团荣誉。协会把此次评估作为难得的学习和自查机会，对照新的5A级标准进一步完善了秘书处建设。

为进一步规范分支机构人事、财务、业务工作，中建协制定实施《分支机构人事管理实施细则》、《分支机构财务管理实施细则》和《分支机构业务管理实施细则》。调整分支机构设置，新设立建筑史志和企业文化分会，指导质量监督分会、安全分会、材料分会、混凝土分会等分支机构完成换届。

【党建工作】 中建协召开反腐倡廉“两会”精神传达学习会，会议传达学习有关文件精神。召开“三严三实”专题教育党风廉政建设工作会议，传达住房城乡建设部“三严三实”专题教育启动大会、党风廉政建设工作会议精神，部署协会“三严三实”专题教育工作，对进一步加强党风廉政建设提出要求，各分支机构向协会签署《2015年党风廉政建设主体责任书》。召开总支部党员大会，进行换届选举。会议通过《第四届总支委员会工作报告》和《党费收缴情况的报告》，选举产生第五届总支委员会委员。

【重要会议与活动】

1月19日，中建协在北京召开《中华人民共和国大气污染防治法(修订草案)》征求意见座谈会。

1月20日，中建协召开2014年度秘书处工作总结会。副会长徐义屏、副会长兼秘书长吴涛出席会议并讲话。会议听取秘书处各部门对2014年工作总结和2015年工作计划的汇报。

3月5日，中建协在北京召开推进工程质量治理两年行动典型经验交流会。

3月17日，民政部社会组织评估专家组到中建协进行实地考察。副会长徐义屏、副会长兼秘书长吴涛、各副秘书长、秘书处各部门及部分分支机构负责人参加汇报会。

4月17日，中建协召开反腐倡廉“两会”精神传达学习会。

4月26日，中建协在深圳召开“工程质量治理两年行动万里行”2015年工作部署座谈会。

4月27～28日，中建协在深圳召开全国建筑业企业创精品工程经验交流会。

4月28日，中建协在太原召开2015年《中国建筑业年鉴》编委会扩大会议，表彰2014年度优秀撰稿单位、优秀撰稿人。

5月9～11日，由中建协和中国建筑科学研究院主办的“建设工程混凝土新技术交流与现场观摩会”在南京召开。

5月14日，中建协召开“三严三实”专题教育党风廉政建设工作会议。

6月10日，中建协在北京召开全国建筑业施工技术创新成果暨国家级工法推广应用经验交流会，会议表彰首届中国建设工程施工技术创新成果获奖单位和个人。

6月16～17日，中建协在山东曲阜举办鲁班奖工程项目经理高级研修班。

7月21日，中建协在北京召开第六次会员代表大会和六届一次理事会。同日，召开中建协六届一次会长会议。

8月18日，2014～2015年度第二批中国建设工程鲁班奖(国家优质工程)复查工作启动会在北京召开。

8月26日，中建协在大连召开全国建筑行业信息传媒工作经验交流会。

9月14日，第43届世界技能大赛中国建设行业代表队总结表彰会在北京召开，住房城乡建设部副部长易军出席会议并讲话。

10月11～12日，第14届中国国际工程项目管理峰会暨全国建筑业企业优秀项目经理经验交流会在石家庄召开。

10月20～21日，中建协在上海召开装配式建筑新技术应用经验交流与3D打印建筑观摩会。

10月23日，中建协六届二次会长会议在北京召开。

10月28日，由中建协主办的“互联网＋建筑业”研讨暨全国建筑业企业信息化建设经验交流会在武汉召开。

12月1～2日，由中建协主办的首届中国建设工程BIM大赛综评会议在北京召开。

12月8日，英国皇家特许建造学会(CIOB)一行7人访问中建协。

12月14日，“联合国工业发展组织中国建筑业企业社会责任项目2015年年度工作会议”在中建协召开。

(中国建筑业协会)

中国安装协会

【概况】 2015年，是国家全面深化改革的关键之年，国家经济进入稳定发展新常态，增速放缓，结构优化升级，经济发展动力从主要依靠要素驱动转向主要依靠创新驱动。这一年，对安装行业来说是艰难的一年，总体需求减少、竞争更加激烈，市场萎缩逐步显现，这些都困扰着安装企业。中国安装协会（以下简称："协会"）按照适应新常态、把握新常态、引领新常态的工作思路，坚持服务宗旨，转变服务模式，突出服务重点，创新协会工作。协会秘书处及分支机构认真贯彻落实理事会制定的各项任务，较好地完成全年的各项工作。

【民主办会机制更加深化】 2015年4月份，协会召开六届二次会长(扩大)会议，协会副会长，各省、市安装协会(分会)的秘书长，各地区联络组组长参加会议。协会通过扩大会议参会人员范围、增设提案程序等措施，提高会议参与的广泛性和代表性，增强会议内容的针对性和实效性。会议听取秘书处的工作报告，研究确定提交协会六届三次理事(扩大)会议审议的各项提案。会议还就筹备协会成立30周年纪念活动、筹办职业技能竞赛、推进"中国安装行业综合服务平台"、"机电绿色运管平台"建设等重点工作进行讨论。

六届三次理事(扩大)会议审议通过副会长兼秘书长杨存成代表秘书处做的题为《抓住新机遇、立足新起点、谋划新思路、实现新发展》的工作报告，并对协会的工作给予充分的肯定。会议批准45家企业的入会申请，审议通过关于增选协会理事、常务理事的提案；变更协会副会长的提案，《中国安装协会分支机构管理办法》的提案，《中国安装工程优质奖(中国安装之星)评选办法》的提案；以及关于接受王治安同志辞去中国安装协会会长职务请求的提案。

8月份，协会在哈尔滨召开中国安装协会秘书长、联络员、通讯员联席会议。会议通报协会上半年的工作，听取大家对协会工作的建议和意见。根据代表们的建议，会议邀请专家讲解新的建筑业企业资质标准出台后，安装企业在资质就位等方面会遇到的问题和解决办法。会前，协会在会员单位中开展"全国安装企业优秀报刊评选活动"，活动得到会员单位的积极响应，经过专家评审，44份企业报刊被评为2015年全国安装企业优秀报刊。其中，20份报刊荣获"全国安装企业报刊精品奖"，24份报刊荣获"全国安装企业报刊优秀奖"。

【调查研究方式更加灵活多样】 2015年，协会围绕行业发展中的热点、难点问题，及时、深入地开展调查研究，倾听企业呼声，认真听取和分析各方面意见，及时反映企业诉求、及时总结好的经验，争取专家学者和政府的指导。同时，协会改变工作作风，采取各种行之有效的方式开展调查研究工作。有些是利用参加会议或活动的机会去企业调研；有些是通过地方协会组织当地企业召开座谈会调研，有些是根据协会开展某项工作的需要进行调研，有些是针对具体活动采取问卷调查、网络调查、抽样调查、专家调查、统计调查或征询意见等。从这些调研中，协会了解到会员企业发展现状、企业生产经营情况、企业转型升级、企业科技创新、海外安装工程、企业资质就位、"营改增"对安装企业的影响、产业现代化、服务多元化、产业链上伸下延、转变生产经营方式等企业关注的问题，企业取得的成绩和遇到的问题等。针对大家提出的一些困惑和问题，协会在认真整理后，通过各种渠道与政府有关部门沟通、反映。2015年，协会继续开展2013～2014年度安装企业生产经营情况调查，认真进行汇总、统计和分析。这次共有119家企业参加生产经营情况调查，高于往年。

【服务内容更加多样实在】 协会积极组织以重大工程建设项目为载体的科技观摩活动，推广先进技术，促进科技成果向生产力转化。共举办培训班、观摩会4期。通过不断地摸索，从确定研讨交流内容、选聘主讲专家、选定交流地点、提供会议资料、以及围绕活动搭建交流学习平台等都形成了完整的体系，为更好服务会员单位积累重要的工作经验，进一步提升协会的服务职能。同时，协会积极为企业科技创新、成果转化等提供技术咨询、技术鉴定等服务。协会组织专家对江苏启安建设集团有限公司和杭州诺德软件有限公司共同完成的"大中型石油化工工程管道安装信息化管理软件新技术研发及应用"，中建三局集团有限公司总承包公司、镇江奇佩支吊架有限公司和华东理工大学共同完成的“超高层民用建筑中承压大型管道新型安装技术的研究与应用”“装配式综合管线支撑系统集成应用”几项科技成果进行了鉴定。只有不断地密切与会员单位的联系，加强联络，强化服务，协会工作才能体现出活力和动力，才能获得会员单位的认可，从而扩大协会社会声誉，增强协会吸引力。

【两个奖项的评选工作更加规范与完善】 开展2015～2016 年度中国安装工程优质奖(中国安装之星)第一批评选活动。2015 年，协会根据形势的发展变化，按照更科学、更合理的要求对《中国安装工程优质奖(中国安装之星)评选办法》进行修订和完善，使评选活动更加符合安装行业实际，更好地体现国家的有关技术政策和相关规定，为提高安装行业工程质量水平发挥更大的作用。协会认真贯彻住房城乡建设部“工程质量治理两年行动”，通过举办各种形式的活动，如培训、交流、观摩、编辑创优指导书籍等，促进企业提高质量安全意识，提高工程质量管理水平。2015 年，经企业申报、秘书处初审、工程复查组复查、评审委员会评审，共有 110 项工程获奖。2015 年的申报工作施行了网上申报，方便企业申报和协会在线审查，提高工作效率，提升协会服务水平和信息化管理水平。协会坚持质量第一、优中选优的原则，在总结以往工程复查经验的基础上，结合《安装工程创优策划与指导》，增加各专业工程复查重点关注项目供复查专家参考。

开展 2014～2015 年度中国安装协会科学技术进步奖评选活动。在本届中国安装协会科学技术进步奖的评选中，协会修改完善《中国安装协会科学技术进步奖评选办法》，在“技术开发与应用类项目”中增加了“实用技术推广项目”的单独评选，增设“中国安装协会科学技术进步奖优秀成果奖”。主要奖励有广泛推广应用价值，社会经济效益显著的实用技术推广项目。共有 74 个项目获奖。其中一等奖 5 项、二等奖金 12 项、三等奖品 37 项、优秀成果奖 20 项。74 个获奖项目代表当前中国安装行业和机电工程建设领域科技创新技术水平。

2015 年 11 月 27 日，科技进步奖颁奖大会与中国安装协会成立 30 周年纪念大会同期举行，会议向 74 个获奖项目的 90 家单位颁发了奖牌和证书，一等奖和二等奖的获奖项目分别荣获 38000 元和 10000 元的奖金。此次一等奖的奖金从上届的 10000 元上调到 38000 元，奖金总额从上届的 14.5 万元上升至 31 万元。是“中国安装协会科学技术奖专项基金”发挥作用。基金的设立，为促进中国安装协会科学技术进步奖评选活动可持续发展提供了有力的支持和保障，进一步激发了广大安装企业和科技工作者推进技术进步的积极性。

根据国务院《关于取消和下放一批行政审批项目等事项的决定》的相关规定，今后各社会力量设立的科技奖励，将由国家科学技术奖励工作办公室委托第三方进行全面的评价研究。协会高度重视这项工作，积极做好第三方评价的各项准备工作，按要求报送自中国安装协会科学技术进步奖评选活动开展以来的全部资料，12 月 8 日，协会接受中国科学技术信息研究所的评价，进行了现场答辩，获得满意的评价结果。

【两项创新工作取得新突破】 组建“中国安装行业综合服务平台”。平台一方面以中国安装协会会员为主，组建中国安装设备材料采购联盟，建立统一的权威性互联网物资集中采购信息服务平台，使得安装企业可以获得采购的便捷服务及团购优惠价格，从而降低企业成本，提高经济效益。另一方面运用现代金融专业服务(包括短中期项目融资、应收账款回收保理、设备融资租赁、闲置资金理财)等金融工具，解决安装企业资金不足和运营压力的老大难问题。项目组组织编制“组建中安协综合服务平台项目建议书”，完成“中安汇金投资控股股份公司”在中国工商总局域名查询与备案，70%左右的注册资金得到确认，通过这项工作的开展，会员单位对协会能够想办法，为企业谋发展、办实事给予高度评价。

在行业内积极推进“机电绿色运管平台”建设。由无锡市工业设备安装公司研究和实施的“机电绿色运管平台”项目，是融合 BIM 技术、计算机技术、物联网技术以及监控技术设施，实现机电设备全生命周期管理的远程运行监控管理系统。通过系统的建设与应用，充分发挥机电安装企业在机电项目后期机电设备运行维护工作中的经验和技术优势，促进安装企业将服务范围逐步延伸到机电设备运行维修、维护、运营、改造等多个环节，延伸服务链，对机电安装行业的创新转型发展具有促进作用。协会组织专家在无锡市召开《机电绿色运管平台—基于物联网的机电设备运行远程监控管理系统》项目可行性报告评审会。会后，协会向住房城乡建设部提交项目的立项申请，同时，在行业内积极推进“机电绿色运管平台”建设，为安装企业的转型升级提供新的发展之路。

【注册建造师继续教育方式不断完善】 作为一级注册建造师(机电工程)继续教育工作的牵头单位，

协会主要工作包括编写选修课教材、编制课程安排、认定学时充抵、培训专职授课教师、确认培训信息及证书发放、实行动态监管等。2015年，全国18所培训学校共举办培训班26期，发放培训证书3010人。自2012～2015年，共有27所培训学校办班，累计举办培训班300多期，发放继续教育合格证书46138份。2015年征订教材3000套，自2012～2015年累积征订教材59000套。协会积极探索选修课的网络教育方式，并于2014年2月开播，截至2015年底，共有2656人参加网络培训，合格人数2648人。2015年7月，协会向住房城乡建设部申请在全国开展选修课网络培训，得到批准。10月份，发出关于建造师继续教育管理工作改革方案，协会及时召开建造师继续教育管理工作座谈会，认真学习领会文件精神，研究落实方案的措施及下一步工作，并根据部里要求，暂停培训学校及网络学校课程，将有关情况及时通知培训单位和建造师。自2004年起至今的11个年度，协会作为全国一、二级建造师执业资格考试牵头单位，组织业内专家参与了机电工程专业建造师执业资格考试命题和阅卷工作。2015年，协会又向住房城乡建设部注册中心推荐一、二级建造师执业资格考试命题、阅卷专家，并组织修编新一轮的机电工程专业一级注册建造师执业资格考试用书。2015年，协会组织业内专家编写《超高层建筑机电工程施工技术与管理》《机电工程常用规范理解与应用》《机电工程创优策划与指导》三本书，由中国建筑工业出版社出版发行。

【沟通宣传手段更加丰富多彩】 协会坚持“传承、创新”，沟通宣传工作取得了明显成效。对内，积极加强与副会长单位、会员单位沟通联系。协会《安装》杂志围绕杂志的定位，制定调改措施，紧跟安装行业发展形势，提供行业科技动态信息，加大为行业、为企业的服务力度。协会还与《中国建设报》等行业权威媒体建立良好的联系和互动平台，在行业宣传、交流研讨、经验共享等方面开展合作，使协会对外宣传能力得到较大提升。同时，秘书处还紧紧抓住互联网发展趋势，利用微信平台向会员单位传送信息，提高协会工作有效性、时效性和针对性。

【协会成立30周年纪念活动鼓舞人心】 中国安装协会成立于1985年，2015年是协会成立30周年华诞。2015年11月27日，中国安装协会在江苏省宜兴市召开成立30周年纪念大会。会议表彰在中国安装协会30年的发展历程中，为安装协会作出突出贡献的业内老领导、老专家、企业家、科技工作者、联络员、通讯员及协会工作者，向他们颁发荣誉证书。会议期间举办“中国安装协会成立30周年全国安装行业摄影大赛”获奖作品展，并对获奖单位及个人进行表彰。会议发布《中国安装协会三十年》纪念文集，展示安装协会和安装行业30年的光辉历程，颂扬安装行业30年辉煌成就，总结了协会30年取得的成绩及经验。

【行业高层论坛影响力逐步显现】 纪念协会成立30周年大会期间，举办安装行业高层论坛，论坛以“推动安装行业创新发展”为主题，紧紧围绕国家形势政策，结合行业热点进行演讲，为安装行业的发展提供了新思路。紧紧围绕党的十八届五中全会提出的创新、发展的核心思想，结合新常态、互联网、产业转型等新热点概念，分享企业的先进做法与宝贵经验。论坛编撰《2015安装行业发展高层论坛论文集》，收录44篇与论坛主题相关的优秀论文，部分论文分析精准，颇具深度。

【赢得政府支持】 协会参加住房城乡建设部建筑市场监管司组织召开的《建筑业“十三五”发展规划》编制工作会议，会后，按照《建筑业“十三五”发展规划编制工作方案及分工》，组织编写《安装行业“十三五”时期主要任务》，提出安装行业“十三五”规划的基本思路，报送到住房城乡建设部。协会根据要求，对住房城乡建设部编制的《建筑业“十三五”发展规划提纲》征求意见稿进行认真的学习和讨论，并提出建议。2015年底，协会认真学习并组织讨论《建筑业发展“十三五”规划（征求意见稿）》，参加住房城乡建设部建筑业发展“十三五”规划编制专题座谈会，并提出协会的建议。另，协会根据住房城乡建设部计划财务与外事司的要求，组织业内专家对《国民经济行业分类》（修订征求意见稿）进行座谈，对安装行业分类修订的内容，提出协会的意见，上报给住房城乡建设部计划财务与外事司，为政府部门开展《国民经济行业分类》的修订工作提供参考依据。

【分支机构工作成效更加突出】 2015年，标准化工作委员会（以下简称“标准委”）结合行业标准化环境不断提升和新需求，紧密依托会员单位，以标准化工作为载体，充分发挥企业在技术创新和标准化工作中的主体地位，积极为企业搭建标准化技术平台。同时，继续加强组织建设，优化标准委组成结构，发挥标准委作用，搭建多方参与平台。5月份，标准委在北京召开主任（扩大）会议，对《中国安装协会标准管理办法》（草稿）和协会首个标准《建筑机电工程BIM构件库技术标准》（报批稿）进行认真地讨论，并对标准委的网站建设、协会标准的编制、标准培训、标准委财务管理及下一步工作进行研究。会议决定进一步加强与有关单位和企业的合作，加快对协会技术标准的研制，促进科技成果转化。9月份，协会首个标准《建筑机电工程常用BIM构件库技术标准》正式出版发行，受到业内专家高度评价，提高了标准委在业内的知名度和影响力。12月份，行业标准《通风管道技术规程》(JGJ141)(修订送审稿)通过专家组审查。

2015年，智能化与消防工程分会在认真学习住房城乡建设部《关于加强住房城乡建设行业职业技能竞赛组织管理工作的通知》后，及时组织分会副会长与专家召开会议，研究举办职业技能竞赛的可行性。分会在极短的日子里，组建筹备小组，准备申报所需的一系列资料，以中国安装协会的名义，向住房城乡建设部和人社部提出“举办2015年中国技能大赛——全国住房城乡建设行业‘松大杯’智能楼宇职业技能竞赛”的申请，在得到住房城乡建设部和人社部批准后，智能化与消防工程分会作为承办单位，积极开展工作，争取到很多企业、大专院校的支持。华北、华东、华中、安徽、广州、深圳等六大赛区的企业职工和大专院校的在校学生积极报名参赛，认真参加培训，参赛选手达到397人。经过两个多月六大赛区的初赛，有80名选手进入决赛。获得决赛前三名的选手，被授予“全国技术能手”称号。这项工作的开展，开拓协会和分会为行业服务的新途径。

2015年，通风空调分会继续围绕行业内技术发展热点、难点，组织专家和技术人员积极开展交流活动，传播新技术成果，推动专业人员知识更新，促进行业健康持续发展。9月份，在苏州市召开了年会，分会会员、专家和部分厂商共64位代表参加会议。会议发布由通风空调分会主编、中国建筑工业出版社出版的《通风与空调工程施工技术实例(第2集)》，实例包括绿色施工与环境保护、工艺技术、洁净空调、节能技术、噪声控制、试验调试等实用技术。

(中国安装协会)

中国建筑金属结构协会

【协会发文】 1月15日，中国建筑金属结构协会(以下简称“协会”)向住房和城乡建设部报送《模板脚手架行业主要问题及对策》。21日向住房和城乡建设部报送《钢结构住宅产业化研究的报告》。23日对参与国家《绿色建筑评价标准》修订的钢结构企业予以表彰。28日批准内蒙古亿利塑业有限责任公司为“钙锌环保聚氯乙烯型材产业化示范基地”。

2月3日，协会发文《关于表彰开展征文竞赛活动获奖者的决定》(参与24人，收到竞赛征文26篇，评出二等奖2名、三等奖3名、鼓励奖19名)。

3月2日，协会授予河北省孟村回族自治县宋庄子乡“中国扣件之乡”荣誉称号。11日发出《关于聘请曾志攀四位同志为中国建筑金属结构协会专家的通知》；向住房城乡建设部报送《关于模板脚手架管理人员和技术工人培训考评工作的报告》

4月3日，协会发文《关于对钢结构行业50强企业的通报》、《关于对授予“2014年度中国建筑钢结构诚信企业”的通报》、《关于表彰2014年度房屋建筑工程施工总承包试点工作推进先进企业的通报》、《关于表彰2014年度社会扶贫工作先进企业和先进个人的通报》、《关于授予2014年度建筑金属屋(墙)面十强企业的决定》、《关于授予靳佳佳、周国梁等24位同志为2014年“全国建筑钢结构行业优秀车间主任”的决定》、《关于授予陈瑞、温军等35位同志为2014年“全国钢结构行业协会优秀工作者”的决定》、《关于授予徐春祥、王晓波等32位同志为2014年“全国钢结构行业优秀企业家”的决定》。

5月11日，发出《关于在建筑门窗行业开展企业资格评定加强行业自律的通知》、《关于同意湖南湘联节能科技股份有限公司为“中国电动卷帘门窗及建筑遮阳科技产业化基地”》。

7月1日，协会发出《关于建立建筑门窗行业管理工作专家组暨推荐专家人选的通知》。13日发出《关于筹备成立舒适家居分会的通知》。

8月16日，自动门电动门分会批准青岛拉斐特智能装备科技有限公司为“全国冷链物流工业快速门生产示范基地”。27日协会上报《拟在推进建筑产业现代化的章节中对钢结构建筑的推广工作纳入编写内容的报告》。

9月10日，协会发出《关于征集中国建筑钢结构博物馆馆藏实物的通知》。17日发出《关于成立新型墙体板材专业委员会(筹)的通知》。28日上报《关于取消新的钢结构专业一级承包资质工程范围承揽下限的建议》、《关于组织“第二批建筑钢结构企业施工总承包资格试点”的申请》。

10月9日，协会发出《关于核准山东锦城钢结构有限责任公司等3家企业工程设计与施工资格的决定》。20日上报《关于房屋建筑总承包一级资质(限钢结构主体)换证工作的请示》。

12月5日，协会发出《关于中窗认证检测技术服务(北京)有限公司增资扩股的决定》。15日发出《关于同意命名漳州市为“中国门机之都”的批复》。

【理事会】 中国建筑金属结构协会第十届理事会第三次会议于3月17日在广州召开。会议选举产生新会长，增补副会长、常务理事和理事。刘哲秘书长作两年来协会工作报告。全国政协委员、西安建筑科技大学副校长郝际平教授当选新一任协会会长。出席本次会议的理事应到622人、实到480人，符合章程规定，选举有效。

【服务政府】 2012年协助住房和城乡建设部进行钢结构建筑推广应用的产业政策研究和相关文件的起草工作，课题《钢结构住宅产业化推进研究》于2014年12月通过验收。该课题2015年12月20日中国生产力学会授予“2015年度全国优秀生产力理论与实践成果杰出贡献一等奖”。

协会在参与国家标准《工业化建筑评价标准》的起草工作时，提议将钢结构作为一个单独的类别独立体现。通过有理有据的资料，证明钢结构主体结构可以达到全预制，使更多的人认知钢结构的梁、柱本身即为预制构件的事实，并且将这些内容列入《工业化建筑评价标准》的正文及条文说明中，这更加有利于将钢结构建筑纳入建筑工业化推广和应用的范畴。

2015年协会参与主管部门的工作：《国家职业大典》的修编、“建筑业发展十三五规划”的研究与起草、“国民经济分类标准”的修订、“标准体制改革方案”的起草与研究。

扣件委员会受住房和城乡建设部标准管理部门的委派，派员参加了共计7项国家及行业标准审查工作：《建筑施工升降设备设施检验标准》、《建筑施工脚手架安全技术统一标准》、《悬挂式竖井施工规程》、《租赁模板脚手架维修保养技术规范》、《施工升降机安全使用规程》、《组合钢模板》、《锅炉炉膛检修平台》。

【标准编制】 钢门窗编制标准：3月在京启动行标《建筑用钢门窗型材》。5月在上海启动标准图集《彩板门窗型材图集》。3月18日在广州组织了《伸缩门》、《平开/推拉门》、《栏杆机》三项电动门标准的宣贯会等。

铝门窗幕墙委员会编制标准：主编《建筑幕墙抗震性能振动台试验方法》，参编标准《铝合金门窗》等。

塑料门窗委员会编制标准：《建筑塑料门窗型材用未增塑聚氯乙烯共混料》标准于2015年5月1日正式实施，《塑料门窗及型材功能结构尺寸》于2015年5月完成报批工作，《塑料门窗设计及组装技术规程》于2015年完成报批工作，将于2016年发布实施等。

采暖散热器委员会编制标准：2015年新启动《铸铁采暖散热器》、《钢制板型散热器》、《铝制柱翼型散热器》、《钢管散热器》的修订工作，完成《铜管对流散热器》、《铜铝复合柱翼型散热器》的报批工作，国标《钢铝复合散热器》发布，于2016年2月1日正式实施。

建筑钢结构分会主编或参编标准：《金属夹芯板应用技术规程》于6月29日在京启动，《建筑装饰用不锈钢焊接管材》、《绿色建筑标准评价标准》、《工业化建筑评价标准》正编制；新审报标准《钢结构住宅技术规程》。

建筑光电应用委员会编制标准：《建筑光伏系统技术导则》于10月通过审查。《建筑用光伏遮阳构件通用技术条件》于11月13日正式发布。

建筑配套件委员会编制标准：历时五年时间编制的《建筑门窗配套件应用技术导则》RISN-TG019-2015正式出版发行。新制订的国标《建筑门窗五金件通用要求》进入报批阶段。修编的行标《建筑门窗五金件合页(铰链)》完成征求意见。正在修订的行标有：建筑门窗用通风器、传动机构用执手、传动锁闭器、滑撑、撑挡、滑轮、单点锁闭器、旋压执手、插销、多点锁闭器。

模板脚手架委员会编制标准：国标《铝合金模板》，于11月底完成征求意见稿。

扣件委员会参加国标、行标制修订：《建筑塑料复合模板工程技术规程》、《承插型盘扣式钢管支架构件》、《建筑施工宜发事故防治安全规程》、《建筑施工模板脚手架检验安全规程》、《建筑施工碗扣式钢管脚手架安全技术规程》、《建筑工程大模板技术规程》、《擦窗机》、《擦窗机安装工程质量验收规程》。

给水排水设备分会编制修订标准：《建筑同层排水工程技术规程》、《城镇给水用铁制阀门通用技术要求》、《给水排水用蝶阀》、《蝶形缓闭止回阀》、《分体先导式减压稳压阀》、《给水排水用直埋闸阀》等标准。申报的《供水管道复合式高速排气进气阀》、《内衬不锈钢复合钢管》、《建筑金属管道工程技术规程》获批。

喷泉水景委员会编制标准：完成了行业标准《喷泉水景工程技术规程》，完成了行业标准《喷泉喷头》报批稿，CECS 标准《高压冷雾工程技术规程》完成送审稿。

辐射供暖供冷委员会编制标准：启动《辐射供暖用混水装置应用技术规程》。

建筑遮阳分会编制标准：4 月 17 日在上海召开编制《建筑遮阳行业企业资格登记》标准座谈会。

【加强行业自律】 为加强行业自律，规范行业行为，提高行业整体素质。协会联合相关行业协会于5月制定了《建筑门窗企业行业资格管理办法》及有关配套文件，共同开展这项工作，8 月 24 日在京召开了“全国建筑门窗行业秘书长工作联席会议”，会上宣布了 30 家地方协会为首批全国建筑门窗行业自律管理成员单位；还对参加此次会议的建筑门窗管理专职人员进行了培训。

12 月 25 日协会发布第一批建筑门窗行业企业资格名单公告。建筑门窗企业资格名单：建筑门窗制造一级有 65 家，钢质门制造一级 15 家，木质门制造一级 1 家，建筑门窗安装一级 66 家，钢质门安装一级 15 家，木质门安装一级 1 家，建筑门窗制造二级 10 家，钢质门制造二级 4 家，建筑门窗安装二级 8 家，钢质门安装二级 2 家，建筑门窗制造三级 3 家，钢质门制造三级 8 家，建筑门窗安装三级 5 家，钢质门安装三级 10 家。

建筑钢结构分会延续了自 2013 年开始的金属屋(墙)面企业资质、资格管理工作，完成了 12 家企业的审核、发证以及 30 家企业的换证工作。截至 12 月底，全国有近百家企业取得不同等级的资格证书。据统计，自 2013 年 9 月起，全国约 200 个金属围护工程把建筑钢结构分会颁发的“金属屋(墙)面企业资质”作为招投标条件之一，如重庆江北国际机场新建 T3A 航站楼金属屋面工程、江苏大剧院屋面及外部装饰工程、昆明滇池国际会展中心、吉林市人民大剧院金属屋面工程、福州海峡奥体中心、中国西部国际博览城会展中心、郑州新郑国际机场二期扩建工程、广州白云国际机场扩建工程二号航站楼屋面工程等，对金属围护行业的健康发展、确保工程质量及维护业主合法利益都起到了积极的作用。有 80 多家企业获得行业 5A 级信誉。

喷泉水景委员会制定建成项目运行、维护和管理的工作标准，规范运营行为，提高运营水平，有效延长项目的使用寿命。8 月组织喷泉水景行业优质工程奖评选活动。

【规范行业行为】 为建立公平公正的模板脚手架市场秩序，维护模架企业合法权益，开展模板脚手架产品指导价格目录课题研究，参与企业 10 家，召开三次专题会议，年底完成初稿。

2015 年度继续开展“建筑用硅酮结构密封胶”和“硬质塑料隔热条”产品质量年检工作，密封胶行业认定的企业 94 家，产品共 204 种。通过硬质塑料隔热条行业认定的企业共有 5 家。

采暖散热器委员会组织业内专家和优秀企业共同编制的《采暖散热器工程采购合同》和《采暖散热器零售合同》推荐文本，于 12 月 3 日常务委员会上会发布。

为规范模板脚手架工程活动、减少模板脚手架工程事故，组织编写 17 本模板脚手架工程施工手册系列丛书，于 12 月 14 日在京召开终审会。

为帮助模板脚手架工程企业顺利实现资质就位，组织编制 21 本《建筑施工现场管理人员岗位培训教材》，该套教材增加动漫脚本。

辐射供暖供冷委员会，决定推动“行业标识”工作，即由行业协会制定一套完善的产品质量审核办法，对通过审核的产品，由协会授权企业在该产品上使用“行业标识”作为行业协会的质量控制手段。11 月在浙江诸暨召开“分集水器产品抽检与行业标识推广动员会”和“中国地暖管道发展论坛”就推广行业标识工作广泛征求了意见建议，并于 12 月 17 日在京举行启动仪式。

《建筑门窗制作与安装—自动门篇》完成印刷稿；《建筑门窗制作与安装—电动门窗篇》年初启动，预计年底完成初稿。《建筑门窗制作与安装—钢质门篇》包含钢窗和钢门，钢窗部分完稿。钢质门部分编写过程中将把钢窗内容融合到一起。《建筑门窗制作与安装—木质门篇》2016 年年初启动。

12 月 9 日建筑钢结构分会与相关单位在新疆乌鲁木齐市共同主办“加快发展钢结构建筑座谈会暨

钢结构住宅体系应用技术观摩交流会”。钢结构建筑行业专家以及来自13个省市的知名企业代表200余人参加会议。国内知名专家学者和企业代表分别在会上作专题发言。

建筑门窗配套件产品推荐工作：2015年共有16家企业申报的49个产品最终被评为推荐产品。

模板脚手架委员会拟开展模架体系团体标准编制工作，在模架标准体系目录中的22项落实承担单位。

建筑遮阳分会启动《中国建筑遮阳现状与发展对策》课题研究。于6月，考察华南地区6家企业，8月考察华北地区4家企业，两次考察活动收集南北不同纬度地区遮阳解决方案以及遮阳标准数据，了解南北两地遮阳行业的发展情况，为之后撰写研究报告打下较为夯实的理论数据基础。

【联合与协作】 为贯彻落实《住房和城乡建设部关于加强建筑工人职业培训工作的指导意见》文件精神，提高建筑产业工人的素质和技能水平，保证建筑工程质量和安全生产。中国建筑金属结构协会先后认定辽宁省建筑金属结构协会、江苏省钢结构混凝土协会为“建筑钢结构行业培训基地”，还与中兴业太阳能共同成立“中建金协珠海培训基地”。此举，拓展了与地方协会、大型企业协同合作，共同发展的空间，实现培训工作优势互补，资源共享。

协会和全联房地产商会于1月20日举办“第三届中国房地产部品采购联盟新春联谊交流会”，共有约110位房地产和门窗幕墙企业代表出席了会议。

5月15日在山东潍坊组织召开第五次“中国建筑金属结构协会与全国地方门窗幕墙行业协会联谊交流会”，有29个省、市协会负责人参加会议。会议共同探讨、交流了门窗幕墙行业发展形势，分析行业存在和需要解决的问题，研究促进行业健康持续发展的办法和措施；介绍了门窗行业资格登记工作情况及建筑系统门窗阶段性总结。

6月25日给水排水设备分会与中国城镇供水排水协会设备材料委管道物资部共同在天津召开钢塑管行业年会暨大口径涂塑钢管研讨会。参会代表200余人。

7月在北京组织召开“钢结构行业协会恳谈会”，来自全国及港澳地区等17家行业协会的领导出席了座谈会，与会者就全国建筑钢结构行业管理与服务战略合作交换意见。本着利益共享、协作交流、共同提高的原则，与会者达成一致意见，协会将与地方协会、港澳地区协会实行会员单位共同认定、双方专家的共同认可，培训教育的信息共享并相互认可，向当地政府的推荐的“中国钢结构金奖”工程、金属屋墙面设计施工企业资格共同认可以及行业标准的管理、诚信企业的管理等达成合作协议。

9月15日协会和房地产业协会在杭州共同举办了“2015年转型发展高峰论坛”。论坛吸引了杭州及其周边江、浙、沪地区的建筑设计、房产、门窗幕墙及配套材料企业等近350人参加。论坛围绕“由中国制造到中国创造的转型”这一主题，进行了多层面、多角度、多方式的沟通。十余家媒体对论坛进行了报道。

【媒体宣传】 协会从2013年开始编辑出版《中国建筑金属结构协会年鉴》，出版两卷，在保持基本框架的前提下，新增“标准规范”、“要闻速记”、“调研考察”、“业务开拓”、“交流座谈”、“科技研讨”、“行业观点”、“专家言论”、“企业视角”和“专利汇编”等栏目。

《中国建筑金属结构》杂志的原创文章、新增的栏目内容更加充实，不仅“论坛”这个栏目形成刊物的基本风格，报道和访谈等也成为杂志的亮点。“论坛”栏目通过对会议演讲者发言记录，转换成精彩文字，凝聚报告人的思考和智慧。杂志继续尝试转型，实现传统纸媒与互联网的结合。

协会官网从协助后台管理的筑龙网二级域名中剥离并重新注册一级域名，经过改版，日点击率最高为2500余次。

2015年全年，《中国建设报》就建筑钢结构分会开展的各项工作分别用38篇文章(3.8万字)、20张图片进行报道。

建筑钢结构分会官网在2015年原创报道104篇动态新闻、3478篇企业新闻、技术论文等，网站的日均访问量达12602次，年均访问量约460万次。

塑料门窗委员会，6月及10月和《建设科技》杂志合作，分别定制了门窗及遮阳专刊、被动式门窗专刊，与广联达建材网合作，在中国塑料门窗网开通了建材信息专区，可同步即时更新。

定期出版电子期刊《钢构中国》以及每天通过《钢构中国》微信公众号发布建筑钢结构分会的动态新闻、企业的动态新闻。《钢构中国》杂志累计出版8期，刊登各类文章共计229篇，总字数超过27万字。截至2015年年底，《钢构中国》微信公众号共发布626条信息，粉丝数量达到1094人。

4月在建筑钢结构行业年会期间，邀请20余家主流媒体参加了新闻发布会，通过新闻记者与行业骨干企业的主要负责人面对面交流，扩大了钢结构建筑的影响力。会后，《人民日报》、《上海电视台》、《经济日报》、《中国建设报》、《中国房地产报》等媒体对年会盛况均予以详细报道，上海《宝山电视台》还专门制作了新闻专题片在黄金时段播放。

中国地暖网，2015年度再次升级改版，增加针对业主的板块，"我要装地暖和地暖报修"等栏目，更加丰富了网站版面，同时也吸引一大批业主在线下订单和咨询。

【协会新成立部门】 3月25日建筑遮阳分会成立大会在上海召开，会议宣读并通过遮阳分会工作条例，遮阳分会第一届会长、副会长、监事长、秘书长任职名单。会前共有52家单位申请并加入分会。

协会于4月22日独资创立"中窗认证检测技术服务(北京)有限公司"，注册资金300万元。

采暖散热器委员会、辐射供暖供冷委员会于6月4日联合提交"关于组建舒适家居分会"的申请，7月13日协会发文批准筹备成立—中国建筑金属结构协会舒适家居分会。7月15日在杭州召开第一次筹备会。会上，70位代表讨论了舒适家居分会成立的意义和发展方向以及职能。9月23日在上海召开第二次筹备工作会议。会上，60多位代表讨论《章程》、《专家管理办法》、《副会长产生办法》等，计划于2016年北京展会期间成立。

8月28日在上海召开第二届全国建筑幕墙顾问公司座谈会。会议通过《全国建筑幕墙顾问行业联盟章程(草案)》，宣布成立"全国建筑幕墙顾问行业联盟"，决定制定《建筑幕墙顾问行业服务指导手册》和《全国建筑幕墙工程咨询服务工作指南》。参会代表120名。

钢结构分会经过调研和行业呼声，于9月17日成立"新型墙体板材委员会筹备组"，力争解决钢结构住宅中的"三板体系"问题。10月份，对生产钢结构建筑配套板材的企业进行摸底调研，计划2016年成立"钢结构住宅配套'三板'暨墙材专业委员会"。

协会与法国建筑科学技术中心CSTB合作，决定开展系统门窗认证检测业务。以100%控股的中窗公司同CSTB100%控股的CSTB发展公司合资的方式在中国北京创建中外合资企业"中欧门窗质量认证中心(北京)有限公司"。并于11月10日在上海举办合资合同草签仪式。

（中国建筑金属结构协会）

中国建设监理协会

【概况】 2015年，中国建设监理协会认真落实党的十八大和十八届三中、四中全会精神，紧密围绕住房和城乡建设部建设工作中心和建设监理行业实际开展协会工作，带领广大会员单位深入开展工程质量治理两年行动，贯彻落实总监理工程师质量安全六项规定，配合政府主管部门开展监理行业改革与发展研究，加强监理行业诚信体系建设，指导企业公平竞争，维护行业权益和市场秩序，促进监理企业科学发展等方面出一些有益工作。

【响应号召　积极部署　协助政府做好行业管理】 继续推进住房城乡建设部工程质量治理两年行动方案的贯彻落实工作。利用中国建设监理协会网和《中国建设监理与咨询》连续出版物及时反映报道"两年行动"开展情况，对住房城乡建设部制订的总监理工程师质量安全六项规定，通过下发文件、召开会议等形式积极宣贯，把总监理工程师质量安全六项规定落实到企业、落实到项目。

为贯彻全国住房城乡建设工作会议精神，2015年3月协会在北京召开全国监理协会秘书长会议。会议交流地方协会工作经验，总结落实工程质量治理两年行动情况，部署配合行政主管部门做好监理管理制度改革、推进行业诚信体系建设和行业自律、改进监理工程师注册与继续教育、加强行业理论研究、加大行业宣传引导企业文化建设等六方面工作，下发《中国建设监理协会2015年工作要点》和《监理人员职业道德行为准则(试行)》。

【重视研究　强化交流　推动行业健康发展】 成立专委会，推进行业发展课题研究工作。2015年3月，协会在深圳召开“中国设监理协会专家委员会成立大会”，表决通过专家委员会领导机构和组成人员及机构设置。专家委员会设有三个专家组，即：专家委员会下设理论研究与技术进步、行业自律与法律咨询、教育与考试三个专家组，现有行业专家115人。各专家组根据行业发展需求提出2015年研究课题，分别是教育与考试专家组的“监理人员培训指导意见研究”，理论研究与技术进步专家组的“房屋建筑工程项目监理机构及工作标准”和“项目综合咨询管理及监理行业发展方向”，行业自律与法律咨询专家组的《监理企业诚信标准》，各课题工作组正按计划组织实施。

应对监理服务价格市场化新形势，推进工程监理与项目管理一体化服务。2015年7月协会在长春组织召开“建设工程项目管理经验交流会”，来自各地(部门)监理协会和监理企业代表400人参加会议，会长郭允冲就提高企业综合素质和推进监理行业改革发展作重要讲话。香港皇家特许测量师学会等11位行业专家作专题演讲。会议分析当前监理企业面临的机遇与挑战，交流外资与境外项目管理经验，探讨先进的项目管理方法，圆满完成各项议程，会议赢得会人员一致好评。

开展多种形式调查研究，向政府反映行业情况。协会秘书处通过参加各协会组织的有关会议，不失时机开展调研工作，倾听会员呼声，了解行业问题。9月，根据部建筑市场监管司要求，以问卷形式通过北京市、天津市建设监理协会和中国交通建设监理协会及中国铁道建设监理专业委员会，分别对房屋建筑、市政公用、公路和铁路四类专业工程的监理定位、业务来源、招标情况等八个方面内容进行调查，有关调查情况及时向主管部门做反馈。10月份，根据部建筑市场监管司要求，又组织部分专家委员会成员，会同广东省、湖北省、陕西省建设监理协会和上海市建设工程监理咨询有限公司及武汉华胜工程建设科技有限公司等数家单位，就“工程监理行业地位和服务内容发展趋势”进行调研工作，按照调研内容要求，协会撰写《工程监理行业地位和服务内容发展趋势研究报告》，如实反映当前工程监理地位偏移、监理内容变化、监理连带安全责任、监理价格市场化竞争加剧等诸多问题，调研报告通过具体案例和数据分析，较为客观地反映当前监理行业现状，提出促进监理行业发展若干意见和建议。

【周密组织　精心安排　做好监理工程师考试和继续教育工作】 监理工程师考试和继续教育工作是协会的重要工作之一。2015年，协会协助人社部人事考试中心做好监理工程师考试工作。在广泛听取各方意见的基础上，不断改进和提高试题质量，出色完成出题审题工作和主观题阅卷工作。总体来看，试题内容与监理实际工作结合得更加紧密，实用性更强，试题设计受到有关机构、社会和考生的好评，没有发生考题质量和泄密事故。参加监理工程师考试57973人，合格17906人，合格率30.89%。

在注册监理工程师继续教育方面，为提高网络继续教育质量，协会加强对网络继续教育的规范管理，启用新的注册监理工程师网络继续教育平台，完成新旧网站的转换，调整网络继续教育管理模式。在2014年布置修订网络继续教育课件的基础上，于2015年1月召开继续教育课件验收会，对原有课件进行修改更新。有35家地方或行业管理机构申请参加网络继续教育，开通34家，2015年1至12月，共有45835人报名参加网络学习。

另外，协会正在组织专家开始准备编制培训大纲和培训教材，努力做好监理人员岗位培训工作的管理工作。

【密切配合　提高效率　做好执业资格注册工作】 2015年，为配合住房城乡建设部行政主管部门审批制度改革，协会起草《注册监理工程师审批事项服务指南》、《注册监理工程师注册审批服务规范》等，对监理工程师注册程序进行规范。为配合政府主管部门对变更注册和注销注册管理权限改革，协会起草《关于将广东省内的变更注册和注销注册审批权下放至广东省主管部门的对接办法》，按照部建筑市场监管司安排，正在与广东省注册中心进行交接。通过制定这些文件，使执业资格注册工作有规可循、有据可依。

同时，协会努力提高执业资格注册工作效率。1月～12月，共受理执业资格注册申请59524件(人)，其中：初始注册18771件(人)，变更注册22340件(人)，延续注册16597件(人)，遗失补办665件(人)，注销注册1151件(人)。经初审五项共计合格57031(件)人。

【紧跟形势　注重实效　做好工程监理费市场化指导】《国家发展改革委关于进一步放开建设项目专业服务价格的通知》颁布后，协会密切关注价格放开后的监理收费变化和市场竞争形势，多次与政府主管部门沟通，并到各地进行调研，在征求副会长和部分专家意见的基础上，起草《关于指导监理企业规范价格行为、维护市场秩序的通知》，经会长会议审议，下发至地方监理协会和行业专业委员会。该通知提出工程监理企业可根据市场供求、项目复杂程度、监理服务内容、企业管理成本等因素，确定监理价格，地方协会和行业专业委员会可建立工程监理服务价格收集和发布机制，对成交的监理项目、服务内容、监理价格信息或监理项目、监理人员服务价格信息进行采集公布，为社会提供工程监理服务价格信息。该文下发后，有的地方和行业协会根据成交项目监理服务价格，制订本地区或本行业监理取费试行规则，有的地方协会拟发布成交监理取费价格信息，对行业应对监理服务价格市场化起到一定的指导作用。

【提供信息　强化宣传　办好《中国建设监理与咨询》】《中国建设监理与咨询》赢得行业较高评价。2014 年底协会与建工出版社合创的《中国建设监理与咨询》与广大会员及行业各界见面，内容设有政策法规、行业动态、人物专访、监理论坛、项目管理与咨询、创新与研究、企业文化、人才培养等多个栏目，对监理企业及行业发展起到了较强的宣传引导作用，赢得行业较高评价。为提高刊物质量，更好发挥其应有功能，2015 年 4 月协会召开《中国建设监理与咨询》通联会，通报编委会工作情况，研究确定下一步宣传方向和主要栏目内容。在地方协会和行业协会的帮助下，又补充 28 名通讯员，健全通讯员队伍。

出版物发展态势良好，各地方协会和监理企业积极订阅，上半年征订量达 3250 册，另免费赠送团体会员和单位会员 1200 余册，印刷总数 4800 册。该出版物创办后，发行 5 期，普遍反映较好，投稿质量愈来愈高，社会关注越来越大，发展前景呈现良好趋势。

【树立改革意识　加强自身建设　促进行业管理与国际接轨】 完善规章制度，改进人员结构。协会在住房城乡建设部和民政部的指导和监督下，进一步补充和完善协会内部各项管理制度，规范文件、档案等管理工作。根据秘书处人员结构状况，先后招聘六名具有大学本科学历和一定工作经验的年轻同志，提高协会秘书处服务能力。

加强分支机构管理，提高分会服务能力。2015 年初组织召开分支机构工作会议，对 5 个分支机构上年度工作总结和新年度工作计划及费用预算等提出相关要求，规范对分支机构的管理，分支机构工作有效开展。

石油天然气分会协助中国石油集团工程建设分公司起草《中国石油监理企业承诺书》，强化石油监理行业自律。水电分会应国网新源控股有限公司的委托，组织会员企业为项目建设单位提供咨询服务，完成《抽水蓄能电站工程施工监理规范》和《抽水蓄能电站工程项目质量验收与评定标准》的编制工作，并于 2015 年由国网新源控股有限公司正式颁布执行。化工分会积极组织开展专业技术、管理方面的培训讲座，提高化工监理队伍员工的素质。机械分会召开“监理企业管理创新研讨会”，交流企业经营管理、人力资源管理、技术质量管理等方面的创新经验。船舶分会在推进船舶监理行业信用体系建设，引导企业诚信经营方面取得一定成绩。

参照国际惯例，设立个人会员。为适应市场化改革，强化个人资格管理，完善自律机制建设，逐步实现个人资格管理与国际接轨，协会在原有团体会员、单位会员的基础上，拟建立个人会员制度。2015 年 6 月在哈尔滨组织召开的中国建设监理协会会长工作会，审议讨论《中国建设监理协会个人会员管理办法》和《个人会员会费标准和缴费办法》，获原则同意。根据会长会议要求，2015 年 8 月协会在贵阳市召开全国监理协会秘书长工作会，会议对个人会员制度的建立作进一步说明和讨论并得到会议认同，拟提请本次会员代表大会审议。会长郭允冲高度重视个人会员制度建设，亲临会议，提出明确要求。

做好会员接纳，调整协会理事。2015 年接纳单位会员 31 家，团体会员 3 家。本次理事会讨论接纳单位会员 31 家，团体会员 1 家，变更和增补常务理事 9 名，变更和增补理事 24 名。

【团结协作　创新服务　共促行业健康发展】 协会与地方、行业协会团结协作，相互支持，在行业调研、经验交流等方面做了些有益工作。同时地方、行业协会在创新工作思路，推进监理行业健康发展方面也取得了较大成绩，成为各协会工作的亮点。

山西省建设监理协会组织《规范》知识竞赛、会员送温暖活动、诚信建设“大家”评“大家”、“明察暗访”促监理，编印《建设监理实务新解 500 问》、刊发《工程质量治理专报》和表彰“20 强企业”，制定颁发《山西省建设监理计费规则》等，赢得各方面赞誉。

北京市建设监理协会成立“北京市建设监理协会创新研究院”，在政策咨询、技术标准、监理手段和方法创新等方面取得多项成果，汇编成册向行业发布，得到广泛好评。

江苏省建设监理协会《工程监理工作质量考评和信息系统研究》课题成果显著。“工程监理保险责任”方面的实践探讨，走在行业前列，全新的“工程监理综合保险”一经推出，受到各监理企业热烈欢迎。

监理与招投标咨询行业协会、中国电力监理专业委员会等，在理行业诚信评价体系建设，行业自律监管，监理从业人员绩效考核方面有着较为成熟的经验。

电力监理专委会组织113家会员单位全部签订《会员承诺书》，承诺自觉遵守行业自律等行业管理规则，共同塑造公平、有序的市场竞争秩序。

北京交通大学经济管理学院工程管理系、北京方圆工程监理有限公司、京兴国际工程管理公司、上海市建设工程监理有限公司、上海同济工程咨询有限公司、重庆联盛建设项目管理有限公司、江苏建科建设监理有限公司、浙江江南工程管理股份有限公司、武汉华胜工程建设科技有限公司等理事单位，长期给予中建监协工作有力支持，在行业调查、课题研究、撰写报告、教育考试、组织会议、经验交流和推进行业建设发展等方面做出了有益贡献。

中国建设监理协会分别组织召开数次不同内容和规模的会议，得到浙江省建设工程监理管理协会、云南省建设监理协会、深圳市监理工程师协会、吉林省建设监理协会和贵州省建设监理协会的强有力支持，落实场地、接送站、印刷资料、代表报到、后勤保障等，协助协会做了大量的会务工作，为会议圆满召开做出显著贡献。

2015年协会在住房城乡建设部、民政部指导下，在各省市、专业部门协会和广大会员单位支持下，取得可喜成绩，推进行业协会建设与发展。

（中国监理协会）

中国建筑装饰协会

【行业规模】 2015年全国建筑装饰行业完成工程总产值3.4万亿元，比2014年增加了2300亿元，增长幅度为7%，比2014年回落了2.3个百分点。其中公共建筑装修装饰全年完成工程总产值1.74万亿元，比2014年增长了920亿元，增长幅度为5.6%；住宅装修装饰全年完成工程总产值1.66万亿元，比2014年增加了1500亿元，增长幅度为9.2%。实现建筑业增加值1.81万亿元左右，增长幅度7.5%左右；人均劳动生产率20.9万元/人，增长幅度为10.63%。全行业企业总数为13.5万家，比2014年减少了3.67%。

“十三五”期间，全国建筑装饰行业完成工程总产值由2010年的2.1万亿元，提高了3.4万亿元，总量增长了61.9%，年平均增长速度为10%左右。其中公共建筑装修装饰完成工程总产值由2010年的1.1万亿元提高到1.74万亿元，总量增长了58.18%，年平均增长速度为9.5%左右；住宅装修装饰工程总产值由2010年的9500亿元提高到1.66万亿元、总量增长了74.74%，年平均增长速度为11%左右。实现建筑业增加值由2010年1.16万亿元，增加到1.81万亿元，总量增长了56%，年平均增长速度为9.2%左右。人均劳动生产率由2010年的14万元/人，提高到20.9万元/人，整体提高了49.29%。全行业企业总数由2010年的15万家下降到13.5万家，下降幅度为11.11%。

【贯彻落实国家相关政策】 根据《国务院关于取消和调整一批行政审批项目等事项的决定》、住房城乡建设部办公厅《关于落实国务院取消相关职业资格决定的通知》等国家有关简政放权、放管结合、优化服务的改革政策，中国建筑装饰协会认真贯彻落实，6月15日发出《关于取消相关职业资格决定的通知》。

取消的相关职业资格共21个：装饰(住宅)监理(师)、装饰项目经理、建筑保温工程项目经理、地面供暖工程项目经理、建筑防水工程项目经理、古建园林工程项目经理、装饰材料管理师、装饰资料管理师、装饰施工管理师、装饰质量管理师、民族(古)建筑维护师(初、中、高级)、民族(古)建筑修缮师(初、中、高级)、室内建筑师、幕墙设计师、建筑装饰设计师(初、中、高级，含室内陈设、家具与厨卫、幕墙设计)、建筑表现制作师(初、中级)、中国古建营造师(初、中、高级)、民族建筑设计师

(初、中、高级)、景观设计师、房地产置业法律顾问(咨询师，一、二级)、装饰行业工人技能培训(木工、图裱、镶贴、幕墙制作、幕墙安装、金属、装饰水电等七工种，初、中级)。

【完成有关委托工作】 中国建筑装饰协会认真完成住房城乡建设部有关部门委托的二部行业发展年鉴的撰稿工作：住房城乡建设部建筑市场监管司、工程质量安全监管司与中国建筑业协会共同组织的《中国建筑业年鉴》(1984 年创刊，26 卷)，负责撰写“建筑装饰行业”和“中国建筑装饰协会”二个条目。住房城乡建设部办公厅主办的《中国建设年鉴》(1998 年创刊，18 卷)，负责撰写“中国建筑装饰协会”条目。中国建筑装饰协会历届秘书长担任年鉴编委。

根据国家统计局 10 月 21 日《关于开展〈国民经济行业分类〉修订工作的通知》的要求，中国建筑装饰协会 11 月 25 日上报了《关于建筑装饰行业分类修订的调研报告》，建议建筑装饰业细分为公共建筑装饰、住宅装饰和建筑幕墙三个行业。

【年度协会工作例会】 中国建筑装饰协会决定自 2015 年开始将年度理事会与常务理事会二会合一，6 月 3 日在南京举行了七届六次理事会暨七届五次常务理事会，大会由会长李秉仁主持，副会长兼秘书长刘晓一做工作报告。增补了田思明、庄其铮、胡正富为副会长。七届理事会共有副会长 36 位：刘晓一(法定代表人、兼秘书长)、(按姓氏笔画为序)丁欣欣、丁域庆、王冶、王显、冯林、卢彩金、叶大岳、叶远西、叶德才、田思明、刘海云、朱兴良、庄其铮、吴晞、李杰峰、李介平、陈丽(女)、陈新、陈晓东、何宁、汤瑞兴、姜德义、姜旭、张京跃、胡正富、赵平、郭忠山、高建林、徐荣、黄健之、崔宣博、魏光。

同时调整、增补了理事、常务理事，共有理事 477 人，常务理事 363 人。调整了会费收取标准(元/年)(普通会员 3000 元、个人会员 1000 元，理事单位 1 万元，名誉副会长、常务理事单位 3 万元，副会长单位 10 万元)。新成立了绿色建筑分会、家居软装分会(后更名为软装陈设分会)、信息与科技委员会、建筑装饰研究会等分支机构，推动了协会工作的深化。

【中国建筑工程装饰奖】 根据 2010 年 1 月 8 日国务院纠正行业不正之风办公室《关于评比达标表彰保留项目的通知》，中国建筑装饰协会 8 月 4 日发出通知，将原“全国建筑工程装饰奖”更名为“中国建筑工程装饰奖”(始自 2011 年，15 年)。同时决定，自 2014 年开始，分年度组织实施，两年一并表彰，2015 年以后申报过程和评审过程不再收取任何费用。12 月 28 日公布《2015～2016 年度中国建筑工程装饰奖第一批入选工程》，共 877 项，其中，公共建筑装饰类 499 项、公共建筑装饰设计类 133 项、建筑幕墙类 245 项。同日向业内征集“中国建筑工程装饰奖·奖杯设计方案”。

【行业百强评价】 中国建筑装饰行业百强评价办公室 12 月 15 日会同中华建筑报、中装新网、中国建筑装饰装修杂志共同发出《2014 年中国建筑装饰行业百强企业公示》(始自 2003 年，11 年)，前两名是苏州金螳螂建筑装饰股份有限公司、浙江亚厦装饰股份有限公司。

中国幕墙工程网 12 月 24 日公布《2014 年度中国建筑幕墙行业百强企业》(始自 2005 年，9 年)，沈阳远大铝业集团有限公司、江河创建集团股份有限公司分获前两名。

【行业信用评价】 中国建筑装饰协会在商务部信用办公室和国资委协会联系办公室(原国务院整顿规范市场经济秩序领导小组办公室)的指导下，开展建筑装饰行业信用评价(始自 2009 年，6 年)。根据关于“严格建立对被评价企业的动态管理制度，每年复评”的要求，中国建筑装饰协会 2 月 15 日发布“2014 年度(第二批)全国建筑装饰行业信用评价年度复评的公告”，通过的企业共 30 家且均为 AAA 级。

根据 2013 年施行的《建筑装饰行业工程类企业信用评价标准》和《建筑装饰材料供应商信用评价标准》，中国建筑装饰协会 6 月 18 日公布了“2014 年(第二批)全国建筑装饰行业信用评价公告”，共 140 家，其中 AAA 级 134 家、AA 级 4 家、A 级 2 家。“2014 年(第二批)全国建筑装饰行业合格供应商”4 家，其中 AAA 级 3 家、AA 级 1 家。

7 月 31 日发出“2015 年度(第一批)全国建筑装饰行业信用评价年度复评公告”，通过年审的企业共 181 家，其中 AAA 级 175 家、AA 级 6 家、申请升级 7 家、停止 3 家。11 月 3 日发出“2015 年度(第一批)全国建筑装饰行业信用评价公告”，共 257 家，其中 AAA 级 239 家、晋升 AAA 级 6 家、AA 级 11 家、A 级 1 家。

【装饰行业团体 CBDA 标准】 住房城乡建设部标准定额司 1 月 13 日在京举行“2015 年工程建设标准编制工作会议”，根据 2014 年 12 月 26 日《关于印发 2015 年工程建设标准规范制订、修订计划的通知》，中国建筑装饰协会申报由 2015 年住房城乡建设部立项的 2 项标准(与深圳市建筑装饰(集团)有限公司共同主编的工程建设标准《建筑装饰装修工程成品保护技术规程》、与深圳广田装饰集团股份有限公司共同主编的建工产品行业标准《轻质砂浆》)的主编参会。

根据住房城乡建设部办公厅3月13日《关于征集2016年工程建设标准修订项目的通知》中关于"对量大面广的推荐性专用标准，原则上由各社会组织制定和发布"的要求，中国建筑装饰协会5月28日上报住房城乡建设部标准定额司申请立项标准2项。

【家装行业服务】 为适应家装行业发展和市场需求，中国建筑装饰协会2月23日公布了《住宅装饰装修设计施工企业资质管理办法(试行)》。中国建筑装饰协会住宅装饰装修分会6月7日在青岛召开了"全国住宅装饰装修行业秘书长工作扩大会议暨'帮微扶小'企业战略合作洽谈会"，颁发了全国建筑工程装饰奖(住宅类)奖杯和证书。8月7日在上海召开了"庆祝中国建筑装饰协会成立30周年全国住宅装饰装修行业表彰大会暨新常态新思路新模式新增长全产业链创新企业交流会"，表彰了一批明星标杆企业、功勋人物、优秀女企业家、优秀项目经理、资深设计师、先进协会、优秀协会工作者。

【互联网+】 2015年行业内大企业以互联网相互融合的思维模式，利用互联网等微电子新技术，在创建新的住宅装修装饰工程运作模式上取得突破。苏州金螳螂建筑装饰股份公司的"金螳螂一家"、浙江亚厦建筑装饰股份公司的"蘑菇+"、深圳广田建筑装饰股份公司的"过家家"、深圳洪涛建筑装饰股份公司的"优装美家"等家装电商平台都在2015年成功上线运作。各地也有一些企业利用互联网整合材料采购、施工力量、管理资源创立了一批地区内的家庭装修电子商务平台。

【幕墙行业服务】 中国建筑装饰协会幕墙工程委员会4月24日在合肥召开年度例行的"全国建筑装饰协会幕墙委员会秘书长工作会"，20多个省市区的相关负责人与会，研究布置2015年幕墙行业发展和协会工作。由中国建筑装饰协会幕墙工程委员会主办、北京中铁装饰工程有限公司承办的全国首次"高铁站房幕墙工程现场观摩暨技术交流会"10月25～29日分别在合肥和贵阳举行。

【完善协会内设组织机构】 中国建筑装饰协会成立一个中心、三个分支机构和二个分支机构的内设部门。4月28日在深圳召开了"建筑装饰研究会(原中国建筑装饰协会研究院)成立大会"，聘请研究会副会长、客座研究员，制订研究会发展规划、2015年研究课题。8月14日在京成立了"建筑装饰研究会学术委员会"。为了提升地产精装工程质量，实现地产精装产业化，5月1日开始筹建地产精装修分会。

6月23日成立了"职业技能认证中心"，主要任务是在人社部和住房城乡建设部的政策指导下，制定并完善建筑装饰行业各职业技能水平评价标准及管理规范，编制各职业技能培训教学大纲及组织考核认证。7月7日信息与科技委员会(原信息咨询委员会10月14日更名)成立了"互联网+创新专家组"，聘请从事互联网、电子商务、金融投资等有关方面的专家。

【表彰年度行业先进】 为落实《工程质量治理两年行动方案》，提升装饰工程质量，中国建筑装饰协会年度表彰二方面行业先进：8月18日公布《关于表彰2015年全国建筑装饰行业优秀项目经理的决定》，共1776人，同日发出《关于对2015年全国建筑装饰行业"科技示范工程"和"科技创新成果"表彰的决定》，以推动建筑装饰行业创业创新。

【提高行业发展质量】 中国建筑装饰协会与中国建设劳动学会4月16日在京召开"建筑装饰企业职业技能培训研讨会"，中国建设劳动学会同时举行了建筑装饰分会理事会。

同业社团还有中国建筑金属结构协会门窗幕墙委员会、中国建筑学会室内设计分会、中国室内装饰协会、全国工商联家具装饰业商会、中国民族研究会装饰工程委员会、幕墙工程委员会、全国卫生产业企业协会绿色建筑设计装饰分会等。民政部掌握的"离岸社团"、"山寨社团"有中国建筑装饰行业协会、中国装饰业协会。

中国建筑装饰协会与中华建筑报社11月17日在京共同召开"2015年创精品工程经验交流会暨二次走进金螳螂创优工程诺金酒店观摩会"。12月8日公告"2015年第六届中国国际空间环境艺术设计大赛(筑巢奖)获奖作品"，共征集作品10062件，经评审的获奖作品830件(获奖率8.2%)，其中专业十二类731件。

【授予区域名牌称号】 广东星艺装饰集团股份有限公司有江西省武林县员工10多万人，带动并造就了武林县装饰之乡，为此，中国建筑装饰协会1月4日授予武林县"山水武林，装饰之乡"称号。浙江省嘉兴市秀洲区王店镇有集成装饰(吊顶)企业上千家，年均增长速度40%，注册商标2000多件，省名牌4个，省著名商标5件，为此，中国建筑装饰协会7月3日做出"关于授予王店镇'中国集成装饰

(吊顶)名镇’的批复”。

【行业转型】 2015年共有7家建筑装饰企业在主板登陆资本市场；据不完全统计，有23家企业在新三板挂牌交易，是上市和挂牌装饰企业最多的一年。

协会开展了建筑装饰行业科技创新成果应用退税的相关业务工作。在建筑装饰工程技术合同认定、创新成果应用退税申报等方面向会员企业提供专业化服务。此项工作由信息与科技委员会具体承办。

【专业会议】 2015年协会组织召开了新资质标准与管理规定宣贯会、专家研修班、绿色医院建设高峰论坛暨绿色医院星级评审要求与政府补助申请流程培训班、“互联网＋”建筑装饰行业高峰论坛、建筑幕墙领导企业沙龙、中国国际建筑装饰设计艺术作品展和交流活动、民族卫浴中国行、建材家居行业发展大会、建筑装饰精品工程观摩交流等专业会议。

（中国建筑装饰协会）

中国工程建设标准化协会

【概况】 2015年是全面深化改革的关键之年，是全面推进依法治国的开局之年。面对新形势、新任务，中国工程建设标准化协会(以下简称“协会”)全面贯彻落实党的十八大，十八大三中、四中、五中全会精神，坚持围绕中心、服务大局的指导思想，紧紧抓住政府职能转变和标准化改革重要机遇，主动适应标准化工作和协会工作新常态，以提高协会整体能力和综合实力为主题，以加强协会自身建设为主线，以协会标准试点工作为抓手，求真务实，开拓创新，团结协作，各项工作取得新的进展。

【组织举办第二届中国工程建设标准化高峰论坛】 2015年11月，协会联合其他有关单位在广州举办2015第二届中国工程建设标准化高峰论坛。论坛期间，邀请相关领域30多位知名专家和学者，采取主论坛与分论坛相结合的方式，以“聚力标准改革、服务四个全面”为主题，围绕工程建设标准化改革、建筑产业化、绿色建筑、海绵城市建设、养老服务设施建设，以及“一带一路”战略和“互联网＋”等工程建设标准化领域前沿和行业热点，从不同层面、不同角度进行主题演讲和研讨交流。来自各有关行业和地方工程建设标准化机构，协会各分支机构，协会各理事、常务理事，2015中国工程建设标准化年度人物与2015年低碳环保标杆企业代表，高峰论坛获奖论文作者，以及其他有关单位代表共计370名代表出席本届论坛。

为配合论坛的举办，期刊编辑部组织开展工程建设标准化高峰论坛暨杂志创刊30周年有奖征文活动，以及工程建设标准化年度人物及低碳环保标杆企业征集活动，编辑出版《第二届工程建设标准化高峰论坛论文集》。论坛期间，对获奖论文、年度人物和标杆企业进行表彰。高峰论坛的成功举办，有效提升协会的社会影响和行业形象。

【积极开展协会标准制订工作】 随着国家标准体制改革步伐加快，协会标准工作面临新形势、新机遇和新挑战。在技术标准部和各分支机构共同努力下，协会标准制订工作取得显著成绩，无论是批准发布数量还是计划项目数量都创造历史最好水平。以国家政策为导向，以节约资源和保护环境、保证质量安全为核心，以新产品、新技术、新材料、新工艺为主线，分两批下达《绿色建筑竣工验收标准》、《城市综合管廊运营管理标准》等协会标准制订、修订计划项目共计98项。批准发布《不锈钢结构技术规程》、《太阳能光伏发电系统与建筑一体化技术规程》等40项协会标准。全面梳理协会标准在编项目。2015年，共有33项正式启动，60余项征求意见，23项召开审查会，6项标准正在报批。在办公室、技术标准部、图书公司三方配合下，完成39本协会标准的出版印刷工作。

【组织开展各类工程建设标准宣贯培训】 教育培训部积极改进培训方式，努力拓展合作领域，围绕新标准的颁布实施，积极推动标准的宣传和贯彻工作。组织完成标准定额司下达的包括《建筑设计防火规范》、《混凝土结构工程施工质量验收规范》、《绿色建筑评价标准》《建筑工程绿色施工规范》、《城镇内涝防治技术规范》在内的5项标准规范的宣贯培训。与协会有关分支机构及其他单位合作，完成包括《城市综合管廊工程技术规范》、《石油库设计规范》、《建筑业企业资质标准》、《建设工程文件归档规范》等近20项新版标准的宣贯培训班和技术研讨会。教育培训部坚持精心组织、严格选题、精选师资、认真服务的指导思想，最大限度地保证每期培训班的教学质量，为提高工程技术人员专业素质，保证建筑工程质量，为国家标准、行业标准的实施以及我国工程建设标准化做出贡献。

【积极开展标准化咨询服务】 咨询服务部在做大做强产品推荐工作的同时，不断创新工作思路，拓展服务领域，围绕行业热点和企业需求，积极组织开展绿色建筑节能产品推广工作及相关技术研讨和交流活动，有效开创咨询服务工作新局面。2015年，共完成200余项《工程建设产品推荐证书》和《绿色建筑节能推荐产品证书》的颁发工作，举办三期绿色建筑与节能保温相关的大型研讨及专项推广活动，还举办二期新型建筑工业化及BIM技术深度应用与管理实践专题研讨会。

【努力办好协会期刊和网站】 《工程建设标准化》杂志是协会对外工作的重要窗口和宣传阵地。为把杂志办好、办实，2015年，协会继续推进一系列改革措施。继续深化杂志自身改革。进一步调整栏目设置，充实栏目内容，优化排版设计和印刷装帧，页码从72页增加到80页，杂志的综合性、专业性、时效性、实用性有很大提高。继续加强杂志自身建设。做大做实杂志理事会，经过2年发展，杂志理事单位发展到100余家。通讯员、联络员队伍逐步发展壮大，地方联络站也发展到7家。组织举办杂志创刊30周年庆典大会。共有140余名代表参加会议。为配合庆典活动的举办，期刊编辑部编辑出版杂志创刊30周年专刊，组织制作30周年检索光盘，录制杂志30周年纪念视频。加强协会网站及微信公众平台建设。在办好《工程建设标准化》的同时，协会也进一步整合内部资源，加快推进传统媒体与新媒体的相互融合，经过期刊编辑部努力，协会网站排名从年初的30万跃升到23万。协会微信公众平台及杂志微信公众平台关注人数近万人。

【不断扩大各类标准资料发行服务】 协会书店作为工程建设标准的重要发行渠道，经过多年发展，经营的图书种类越来越多，涵盖包括产品标准、英文版标准、标准图集在内的各类标准和资料，以及其他与工程建设有关的图书资料。协会书店通过集体订购、门市销售、在线销售等方式，全年共发售各类标准图书31余万册。

【努力做好主管部门委托交办的工作】 参与完成部标准定额司组织的开展“关于深化工程建设标准化工作改革的意见”课题研究和方案起草工作。开展《社团标准培育发展政策研究》。组织召开两次工作会议，撰写完成了课题研究报告初稿，起草完成《关于培育和发展工程建设团体标准的指导意见(草案)》。开展《施工现场标准员管理及信息系统研究》。2014年以来，先后召开五次工作会议，撰写完成课题研究最终报告，起草完成《关于加强施工现场标准员管理工作的指导意见》(讨论稿)。此外，还参加由部标准定额司、人事司组织的标准员岗位设置试点工作调研活动，协助完成调研报告撰写工作。组织开展工程建设标准英文版的翻译工作。完成《建筑设计防火规范》、《建筑地基基础工程施工规范》、《混凝土结构工程施工质量验收规范》、《绿色建筑评价标准》、《砌体结构工程施工规范》5项标准规范的翻译审核工作。

【协会自身建设取得积极进展】 加强秘书处自身建设。组织修订协会经济目标责任管理办法，修订完善协会考勤请假管理制度，通过推行考勤打卡制度，进一步规范劳动纪律管理。同时，根据协会工作及发展需要，引进年轻同志，协会职工的年轻化、专业化水平有一定提高。加强分支机构组织建设。针对社会团体分支机构登记制度改革，修订印发《协会分支机构管理办法》。建立分支机构考核工作常态化机制。经综合评定，授予混凝土结构专业委员会等12个分支机构为“2014年度协会优秀分支机构”，授予杨学兵等19名同志为“2013年度协会先进工作者”荣誉称号，并在上年7月召开的协会分支机构工作会议上，对以上机构和人员进行大会表彰。分支机构建设工作得到有序推进，批准设立了绿色建筑与生态城区专业委员会、养老服务设施专业委员会和标准员工作委员会三个分支机构。

【加强工程建设标准化国际交流与合作】 为适应经济全球化发展需要，加快实施工程建设标准的国际化战略，提升工程建设标准的国际化水平，扩大工程建设标准的国际交流与合作，经住房城乡建设部批准，9月，应加拿大标准协会集团(CSA)与美国国际建筑规范委员会(ICC)的邀请，协会派代表团先后对加拿大、美国进行访问。双方交流中国工程建设标准化协会和加拿大标准协会的基本情况，探讨在标准制订、评估认证、技术交流、版权互换等领域的合作愿景，就建立两协会间的全面战略合作关系达成广泛共识。在此基础上，共同签署《中国工程建设标准化协会和加拿大标准协会集团合作备忘录》。访美期间，协会代表团应邀出席由美国国际规范委员会(ICC)举办的2015年ICC年会。此外，双方代表参加围桌会谈，回顾2014年CECS与ICC签署合作备忘录以来的交流成果，对进一步落实备忘录的各项内容进行深入交谈，达成多项合作共识。

（中国工程建设标准化协会）

中国建设工程造价管理协会

【概况】 中国建设工程造价管理协会(以下简称"中价协")理事会围绕行业改革与发展、法制建设、计价依据的完善、诚信体系建设、行业自律、会员服务及信息化建设等做大量创新性的尝试与努力。

【配合政府主管部门深化改革 积极完成部交办任务】 全面贯彻落实《关于深化工程造价管理改革的指导意见》，在36项任务措施中，由中价协牵头实施的共有16项，涵盖协会各项主要工作。同时，按照住房城乡建设部对《指导意见》的统一宣传部署，利用中价协主办的《工程造价管理》期刊、门户网站和微信平台等一切宣传力量，通过开设改革专栏，发布各地区各行业改革工作动态，对重点任务措施和行业、企业在深化改革中的先进经验、做法进行系统宣传。《工程造价管理》期刊全年共约稿15篇，所约稿件涉及行业内12个专业课题，作为改革专题的重点贯穿全年，以此帮助专业人士厘清改革发展的大势，推进行业改革。

简政放权，深化行政审批制度改革，是党中央对深化行政体制改革提出的明确要求。改革完善职业资格制度，是推动职业资格制度健康发展的必然要求。2015年人社部拟取消造价员资格，进一步规范造价专业人员职业资格管理，这项举措虽符合国务院转变政府职能和简政放权的精神，但也要充分估计取消已有百万造价员资格的复杂性，以及可能引发的社会问题。为此，中价协研究提出造价员职业资格取消后的后续工作方案，通过完善造价工程师执业资格制度，调整和优化等级设置、报考条件、专业划分等内容，健全人才培养机制，为职业资格改革平稳推进做好衔接和过渡工作。

协助住房城乡建设部稳步推进《工程造价咨询企业管理办法》修订工作，适应新形势下对咨询企业管理的需要。对涉及工程造价咨询企业资质标准、审批程序、管理制度、监督手段等条款中的内容，进行梳理分析。并按照部领导的指示，针对"双60%"、所有制形式等重点问题进行专题研究，听取多方意见，反复研究对策措施，现将办法修订报批稿报送部法规司。

受标准定额司委托，完成工程造价行业2014年度统计和造价工程师执业资格考试、考务管理及造价咨询企业资质、造价工程师注册等日常管理工作。改革造价工程师考试《建设工程造价案例分析》科目的评卷方式，提高主观试题评卷工作质量和效率，改进电子化审批流程和管理系统，简化资质资格申请程序和材料要求，减轻企业负担，进一步提高办事效率。截至12月中旬，累计完成331家工程造价咨询企业甲级资质申报材料和44家甲级资质企业延续及变更材料的审核工作，并对抽取的36家申报甲级资质企业进行实地核查，完成造价工程师初始注册10115人、续期注册8750人，受理变更注册、暂停执业和注销注册共计3376人次。

【稳步推进诚信体系建设　引导行业自律】 为贯彻落实国务院、住房城乡建设部关于社会信用体系建设的工作部署，加快推进工程造价咨询行业信用体系建设，受标准定额司委托，研究制订《工程造价行业信用信息管理办法》，建立工程造价咨询企业和个人信用档案，明确信用档案的内容，规定良好和不良行为的具体标准，建立查询、披露和使用制度。搭建全国统一的工程造价咨询行业信用信息平台，增加业绩信息、信用信息的采集、加工和发布功能，形成信用档案信息。

中价协获批商务部和国资委第十二批行业信用评价参与单位，并完成相关制度建设。5月6日，在江西省南昌市组织召开工程造价咨询企业信用评价试点工作会议，作为试点单位的江西省建设工程造价管理局和协会、天津市建设工程造价和招投标管理协会、广东省建设工程造价管理总站和协会的主要领导及信评工作负责人等出席会议，此次会议的顺利召开标志着信用评价试点工作的序幕正式拉开。

会后各试点单位按照《信用评价试点工作实施方案(试行)》的统一要求，加快信用评价试点工作进度，精心筹备，统一思想，积极宣传信评工作。各试点省(市)企业参评率均在80%左右，为即将面向全国工程造价咨询企业开展的信用评价工作打下坚实的基础。

为完善行业自律制度建设，制订《会员执业违规行为惩戒暂行办法》，明确惩戒的具体程序和标准，配套相关惩戒细则，使办法更具可操作性，制订《造价工程师职业道德守则》、《造价咨询企业执业行为准则》及《工程造价行业行为规范》，上述三个文件均将相继形成送审稿。

【加强人才队伍建设 适应改革发展要求】 将工程造价行业人才培养当作行业发展的大事来抓，不断提高人才队伍整体素质，培养行业发展需要的应用型、管理型和研究型人才，推动行业人才的发展和壮大，是中价协的核心任务之一。2015年6月25日，为做好国务院关于清理规范行政审批中介服务事项的落实工作，加快配套改革和相关制度建设。中价协组织召开全国造价工程师继续教育与专业人员培养工作会议，就《关于改进造价工程师继续教育形式的五点意见》向参会代表进行宣讲，决定充分发挥行业和社会力量参与造价工程师继续教育工作，扩大继续教育形式和认可范围。

为推动工程造价咨询企业提升核心竞争力，促进企业做好核心人才培养工作，7月28日至31日在北京召开工程造价咨询企业核心人才培训与交流会议。来自各省、自治区、直辖市及有关部门工程造价咨询企业法定代表人或技术负责人近240人报名参会。通过培训落实工程造价行业人才发展战略，培养与行业发展相适应的人才队伍，达到推动企业多元化发展，提升工程造价咨询成果文件质量，促进企业人才培养的目的，也通过此举创新行业高端人才培养的新模式。

10月31日，由中价协、住房城乡建设部高等学校工程管理和工程造价学科专业指导委员会主办的首届全国高等院校工程造价技能及创新竞赛，在江苏徐州(高职组)和天津(本科组)成功举办。共有来自全国170所院校500余名选手、300余名指导老师参加竞赛活动。竞赛以“政府指导，行业主办，学赛结合，面向未来”为宗旨，引导学校积极开展应用型人才的培养，促进工程造价实践教学，加强校企之间的合作与交流。两个赛区经过一天的激烈角逐，一批专业知识扎实、造价技能精湛、学有所长的技术能手脱颖而出，展示运用工程造价理论知识和方法解决工程量计算实际问题的能力，展现组织管理、团队协作、创新思维的职业素养。

另外，为全面提升管理机构后备干部和业务骨干的专业水平，推动工程造价管理事业的持续发展，由协会承办、天津理工大学管理学院协办的第二期工程造价管理机构技术骨干培训，于10月19日在天津理工大学管理学院正式开课，来自全国近30个省、自治区住房城乡建设厅，直辖市建委等工程造价管理部门的近百名学员参加了培训。为使工程造价管理部门、行业组织和相关企业更好地理解和执行新标准，中价协针对国标《建设工程造价咨询规范》和《工程造价咨询合同(示范文本)》开展多场次的宣贯会议，前后共计培训专业人员3000多名。

为发挥行业领军人才的示范带头和人才培养等方面的作用，根据协会章程及《中国建设工程造价管理协会个人会员管理办法(试行)》等有关文件规定，中价协开展首批资深会员的认定工作。经过评定专家委员会对申报人员资料、资格和条件等情况的认真审核，有236人成为中价协首批资深会员，在此基础上，将在2015年底前开展第二批资深会员的认定工作。

【开展专项规划及课题研究 完善相关标准规范】 在顺利完成工程造价行业“十二五”规划编制的基础上，中价协又承担起《工程造价行业“十三五”规划》的编制任务。为科学制订工程造价“十三五”规划，准确把握“十三五”时期发展环境的新变化和发展阶段的新特征，编制组以《关于深化工程造价管理改革的指导意见》为纲领，立足于当前、立足于现实，结合行业发展态势、绿色建筑发展、建筑业转型升级以及一路一带战略等，做好顶层设计，对工程造价行业今后五年的指导思想、发展战略和工作任务提出合理规划，力争使规划更具有科学性、前瞻性、指导性和可操作性。将为科学指导工程造价行业在“十三五”期间持续健康发展奠定良好基础。

发布《工程造价咨询服务行业发展报告》，系统反映我国工程造价咨询行业的发展历程和现状，侧重经济运行的监测和分析，为行业发展、政府和企业决策提供可靠依据，成为行业内外人员了解工程造价咨询行业发展的重要资料。为创新行业协会管理和服务方式，开展“注册造价工程师行业自律管理研究”课题，重点围绕如何做好与注册造价工程师行政许可制度改革的衔接，创新行业协会管理新模式，提出注册造价工程师行业自律管理新机制、新模式，并给出可操作、可实现的对策和建议，以进一步推动注册造价工程师行业自律改革顺利开展。按照与国际工程计价趋同、与财务制度和施工企业成本管理趋近的战略，启动“工程造价费用构成研究”课题，全面梳理工程造价的费用构成，建立符合市场经济的工程计价模式。

另外，为适应人才发展战略需要，启动“工程造价专业人才发展战略”研究课题，为适应行业监管需要，研究制订《造价员从业行为监管办法》，为适应工程造价咨询新形势的需要，建立工程造价纠纷调解机制和工程造价咨询执业保险制度，为适应BIM技术对项目集成管理与投资控制的影响，提出“基于BIM技术的集成项目交付(IPD)模式及投资控制体系与应用研究”，为适应新常态下行业转型升级对高校工程管理专业学科、专业建设发展可能带来的影响，参与编制《高等学校工程造价本科指导性专业规范》(2015年版)。

在对工程造价管理体系和工程造价咨询标准体系开展研究的基础上，开展工程造价管理标准体系研究，夯实业务技术基础。与此同时，行业标准规范得到进一步完善。全年共编制或修订国家标准四项，翻译国家标准一项，修编行业标准三项。其中国标《建设工程造价咨询规范》正式出版，并于11月1日起在全国正式施行，《建设工程造价鉴定规范》、《建设项目结算编审规范》均形成送审稿，2002版《工程造价咨询合同(示范文本)》的修订完成，并发布实施。与香港工料测量师协会共同完成2013版《工程量清单计价规范》英文译本的翻译工作。完成对2007版《建设项目工程投资估算编审规程》和《建设项目工程设计概算编审规程》的修订，2009版《建设项目全过程造价咨询规程》的修订工作启动。此外，重新修订《建筑工程建筑面积计算规范图解》，并协助标准定额研究所完成新版《全国统一通用安装工程消耗量标准(定额)》计12册的编制，并于10月份印制发行。

【加强信息化建设 用信息化推动行业发展】 2014年完成的“工程造价信息化战略研究”课题，构建我国工程造价信息化建设战略的总体框架，明确工程造价信息化建设的总体部署，为行业信息化建设提供理论基础。为提高行业信息化整体应用水平，提升企业管理效率，减轻企业数据上报负担，减少信息系统的重复开发建设，避免资源浪费，中价协整合行业内外力量，做出积极探索，组织开发基于云端的工程造价咨询企业资源管理系统(ERP)。该系统以实现造价咨询企业的基本信息管理(企业、个人、项目、档案)和信用评价系统(企业资质、个人资格)的集成为最基本功能，同时可渗入管理者的管理思想，实现企业内部的任务分配、咨询产品过程管理、成果管理等，到以规范业务管理为核心的多种信息集成，涵盖企业成果资源化、合同管理、业务流程管理、绩效统计、成本管控等各种业务板块。

工程造价信息服务平台筹建工作取得突破性进展，主要业务板块的初步设计基本完成。为避免打破已形成平衡的造价信息发布体系，信息平台定位为服务会员的主要工具之一，且在材价信息的发布范围上做出相应界定，发布决定工程造价外延部分的建筑材料价格信息。该平台将采取由材料供应商发起，信息服务商加工，平台及时发布、会员免费查看和分享的数据流转运营模式，确保平台数据链条生态可持续。

继续发挥期刊学术理论指导和宣传推广作用，紧密结合行业发展形势，利用协会期刊、网站和微信平台等媒介加强对行业政策、法律法规、热点和难点问题研究的宣传力度。《工程造价管理》期刊2015年重点刊登建设工程造价管理体制改革、工程量清单计价、全过程与全生命周期造价管理、工程总承包与造价控制、价值工程在工程计价中的运用、招标投标与合同管理、工程的计价风险与风险转移等当前行业热点问题，得到广大读者和行业人士的积极反应，协会网站及时、准确发布更多的行业资讯，全年共发布信息418条，微信公众平台上线至今10个月，关注人数接近2万人，策划“工程造价管理改革”、“造价术语”、“造价基础知识”、“G101图集”等专题栏目，向会员推送工程造价行业相关新闻资讯、工程造价管理和工程技术等相关知识，深得工程造价专业人士喜爱。

【创新服务形式 提高会员服务质量】 服务会员是协会各项工作的中心，以往中价协提供的服务形式趋于平淡，服务手段略显单一，服务效果不够显著。为此，于年初对开展的服务项目进行梳理和归纳，罗列出10个类别28个具体项目，并对原会员管理办法做了修改，制订会员服务导则，为会员提供差别化、个性化的服务。通过上述努力，使会员服务工作更有针对性，服务内容更加灵活多样，吸引会员广泛关注。

6月4～6日，第三届企业家高层论坛如期在渝举行。全国各地200余名企业代表出席此次论坛。此届论坛的主题是“新常态、新思路、新发展”。从长春到杭州再到重庆，中价协企业家高层论坛始终秉持着开放、自由、交流、合作的精神，将促进行业企业高层的思想交流、资源整合、业务合作、增进友谊作为论坛的基本宗旨，发展到今天已经成为行业内各企业探讨合作，谋求发展的重要的年度聚会。

应部分造价咨询企业的提议，为促进企业间深度交流，提高专业人才业务能力，提升行业整体素质，促进工程造价咨询行业共同发展，中价协组织的第一期“企业开放日”活动吸引全国各地的造价咨询企业负责人共计150余人，分别参加上海申元工程投资咨询有限公司、上海第一测量师事务所有限公司、江苏捷宏工程咨询有限责任公司、信永中和(北京)国际工程咨询管理公司等企业的开放日活动。上述开放企业针对此次活动进行精心的安排和准备，活动中大家毫无保留的交流和探讨，各个会场均气氛热烈，取得很好的效果。在这里对上述企业的开放和合作共赢精神表示感谢。同时也希望更多的企业加入到开放企业行列中来。

为开拓会员对信息化认识的深度和广度，借召开工程造价信息化战略研究成果发布及研讨会之机，就做好工程造价信息化的顶层设计，BIM、大数据等现代信息技术对工程造价管理的影响等进行研讨，以适应信息化带来的观念更新和方法路径的创新与演变。为研究如何应对“互联网＋”、大数据等信息技术对本行业带来的机遇和挑战，促进行业信息化建设，委托独立的专业咨询机构针对“互联网＋”、大数据等给本行业带来的信息安全问题进行研究和风险分析。应会员单位对工程造价咨询服务收费的有关诉求，为保证工程造价咨询成果质量，减少企业恶性竞争，维护委托方权益，促进工程造价咨询行业的健康发展，发布“关于规范工程造价咨询服务收费的五点意见”。此外，全年累计向会员单位发放免费继续教育学习编号16000个，赠送工程造价管理杂志每期4300余册全年6期共赠送26000余册，行业发展报告、造价咨询工期标准、工程造价咨询合同示范文本等专业资料各1715册。

天津滨海新区“8·12特大爆炸事故”发生后，协会心系天津滨海新区咨询企业，多次询问企业受损和员工伤亡情况，并通过天津市建设工程造价和招投标管理协会转达关切和慰问，鼓励受灾企业积极自救。9月6日，徐惠琴理事长率队专程赴天津慰问滨海新区咨询企业，了解企业损失、员工受伤情况、积极自救和全力配合滨海新区政府开展灾后定损、评估工作等具体情况，高度赞赏他们在开展自救的同时不忘自己的社会责任，积极参与志愿服务、全力协助滨海新区政府开展灾后定损、评估等专业服务的义举，并对积极响应由天津市建设工程造价和招投标管理协会发起的“为灾后重建提供无偿定损测量服务公益活动”倡议的咨询企业和其在非常时期发挥的关键作用给予充分肯定。

【加强国际交流与合作　提升国际地位】 2015年6月16日至17日，在美国华盛顿国际货币基金组织(IMF)大厦，来自世界各地的30多个专业机构代表济济一堂，旨在倡导建立工料测量领域的国际通用标准。通过建立通行的国际标准，统一对成本、工程分类和测量术语的理解，促进投资项目的可比性、一致性、利于统计和标杆管理。会议当天，包括中价协在内的全球30多个国家专业组织代表在联盟成立申明上签字。

根据《内地与香港建立更紧密经贸关系的安排》(CEPA)的精神，从2005年起，中价协受原建设部委托与香港测量师学会开展内地造价工程师与香港测量师的资格互认工作。为继续做好后续工作，经双方商定，在2005年签订的“互认协议”的基础上继续签订“互认补充协议”，签字仪式于10月15日在北京举行。本次“互认补充协议”的签订，对双方下一步继续推进互认工作及做好后续管理工作奠定基础，同时也为两地的专业人才流动提供更多的机会和学习的平台。

【做好秘书处自身建设 加强协会间交流】 2015年1月中价协秘书处为更好的适应理事会业务发展，优化业务流程，提升行业服务和管理水平，对部门机构和职能进行业务调整，并向社会公开选聘3名年轻同志进入秘书处工作，使秘书处更多地呈现出年轻化、专业化的特点。在6月18日召开的中价协理事长办公会议中，会议听取关于秘书处薪酬福利情况的汇报，并对内部制度建设、活动宣传、会员服务等多项工作提出建设性意见。

2015年7月8日，中国建设工程造价管理协会社团工作会议在贵阳召开。各省、直辖市造价管理协会主要负责人及财务负责人出席会议。与会代表认真听取住房城乡建设部机关党委刘平星副书记关于“确实履行中央八项规定，加强党风廉政制度建设”的重要讲话、华北电力大学人文学院陈建国副教授关于“国家治理现代化与行业协会发展改革”的讲解及中价协有关财务制度的介绍。会议要求各级协会要坚决贯彻中央八项规定精神，遵守党的政治纪律，建立完善的社团组织制度。在去行政化的政策下，各级协会应当认清未来的改革方向，以会员服务为根本出发点，持续推进各项工作的开展。会议期间，参会代表纷纷对社团制度建设、财务规范、改革难点、发展方向等方面内容进行热烈的讨论，为社团建设工作的发展提出良好的建议。

在做好自身建设的同时，秘书处积极组织职工参加学习培训。1月9日下午，就移动互联网应用举办专题讲座，深入了解移动互联网时代的技术发展以及对传统产业的变革和实际应用案例，使秘书处职工主动把握信息技术发展，适应变革展开应用，提高自身服务水平，更好地为行业服务。在清明小长假前夕，协会党支部根据中组部、住房城乡建设部机关党委有关指示精神，对各省、自治区、直辖市造价管理协会、中价协各专业委员会及造价咨询企业党建工作进行摸底，基于时间紧、任务重，利用节假日时间顺利完成工程造价行业党建资料汇编工作，并上报部机关党委。5月13日下午，协会党支部向秘书处全体党员传达部党组对“三严三实”专题教育活动的总体要求以及主要的方法措施，启动协会“三严三实”专题教育活动。该活动通过联系实际工作对党员的素质提出要求，包括业务素质、政治素质和文化素质的关系及如何提升的办法，给全体党员上生动丰富的专题教育课。切实增强在新形势下做好协会工作的责任感和使命感，巩固党的群众路线实践活动成果，强化作风建设和队伍建设，使协会秘书处的精神风貌焕然一新。

（中国建设工程造价管理协会）

中国建设教育协会

【协会常务理事会议】 中国建设教育协会于1月24日在北京召开五届二次常务理事会议。共有47位常务理事或其委托的代表出席会议，5位专业委员会秘书长应邀列席了会议。会议共进行了四项议题：

1. 常务理事听取2014年工作总结和讨论2015年工作计划。

2. 个分支机构交流2014年工作和2015年工作计划。

3. 讨论《中国建设教育协会分支机构管理办法》（讨论稿）。

4. 增补和调整秘书处副秘书长人选和分支机构理事人选。

会议由秘书长朱光主持。理事长刘杰代表协会秘书处项大会报告协会2014年的工作和2015年的工作安排。

10月召开了五届三次常务理事会议，这次会议采用通讯的方式进行。会议的主要内容是向各位常务理事通报协会秘书处和各专业委员会、地方协会的工作进展情况并交流信息。

【协会专业委员会工作】 高等教育委员会，2015年专业委员会主任和秘书长都已变更，在这期间，他们积极协助秘书处举办主题为“新常态下高等建筑教育发展”论坛暨第二届中国高等建筑教育高峰论坛。召开高教专业委员会年会，编辑完成每年一本的论文集。积极参与协会开展的BIM培训，课题立项、评审等活动。

高职教育委员会，积极参与协会组织的BIM专家委员会的活动和《中国建设教育发展报告》的起草工作，完成教育教学课题的选题推荐、立项申报、成果评奖等工作。协助秘书处举办主题为“改革、实践、创新、创业”的高职院校书记校长论坛。与此同时，高职委还召开第四次常委扩大会和年全委会，组织首届全国高等职业院校教师建筑施工类课程信息化技能竞赛，开展了建筑专业、结构专业BIM技术应用培训活动。

中职教育委员会，在2015年合并召开第三届第二次全体会议和各分会年会暨“立德树人”主题论坛。会议紧密联系会员单位，发挥区域优势，开展研讨和经验交流等活动，增进校际友谊，对会员单位具有很强的吸引力，提高了协会的凝聚力。中职委在自主开展活动的同时，还积极配合协会的工作。如：二级机构的审计、教育教学课题立项和评审、召开专家评审工作会，完成论文和课件的初评和申报工作。他们还积极为《中国建设教育》杂志提供中职委获奖论文，充实会刊的稿源。

继续教育委员会，创新思路，开拓进取，紧紧围绕提高行业继续教育水平开展相关工作，努力开创专委会工作新局面。重点对行业继续教育存在的突出问题开展调查研究，探讨制定建设行业继续教育实施的标准和指南。组织申报的住房城乡建设部课题“建筑产业现代化背景下施工现场专业人员能力提升研究”成功通过立项。组织行业专家编写20本关于建筑与市政工程施工现场专业人员继续教育的教材。协助协会秘书处组织和参与《中国建设教育发展报告》的编写工作。

技工专业委员会，在推进职业教育、输送技能人才、社会人才培训和职业技能鉴定等方面取得不俗的成绩。充分利用《建设技校报》这个平台，宣传协会各项工作，促进技校同仁相互交流，展现“技校人”的风采。为促进教学研究改革和学术交流，组织开展论文和课件评选活动，并将优秀论文全部刊登在《建设技校报》上，充分发挥优秀论文的交流促进作用和鼓励表彰作用。专委会还在专业建设、课程设置、教学教法、文化氛围等方面与建筑行业市场对接，与企业对接，把“新工业、新材料、新设备、新技术”带入学校，促进产教融合、校企合作，增强学生的就业能力、创业能力。2015年12月组织召开六届三次会议。

培训机构工作委员会，多次组织会员单位学习国家及行业相关政策，走访部分省市的行政主管部门、注册中心、建筑企业和会员单位，充分听取各方的意见和建议，重点研究信息化技术在职业教育培训中的应用。在充分调研的基础上，启动一些行业急需的培训项目的前期工作，编写成熟项目的配套教材、录制视频课件。在广大会员的共同努力下，“职业能力”培训项目在山东、海南等地取得较好效果。

机械教育专业委员会，2015年机械教育专业委员会在培训和继续教育方面都上一个新台阶。为使培训更具针对性，他们在技工技能、行业服务现状、从业要求、各单位及学员需求等方面开展基础调研，在管理、技术、操作、服务等环节为从业人员的技能提升和职业规划提供特色服务。他们把开展培训业务提到“落实职业教育法”、“提高建设机械行业从业人员素质”的高度来认识，树立“培训机构即行业服务机构”的理念，打开专业委员会工作上升的空间。在发展会员方面，做大量工作，效果显著。

建筑企业专业委员会，在开展培训、编写教材、研讨会、论坛、参与协会编写《发展报告》等方面都做大量工作。特别是在协会指导下，联合中建管理学院、学尔森国际教育集团，经过一年多的努力，出版发行《建筑企业人力资源管理实务》和《建筑企业人力资源管理实务操作手册》两本书。这两本书针对当前建筑企业在人力资源管理方面存在的问题和挑战，从促进企业转型升级、做大做强的角度，摆问题、找原因、提对策。两本书内容全面详实、通俗易懂，既有前沿理论，又有实际案例，具有很强的针对性、实用性和可操作性。

院校德育专业委员会，在北京召开“建设院校德育工作专委会常委扩大会议”、在沈阳建筑大学召开“建设院校德育工作经验交流会”、在天津举办“全国建设院校德育工作干部及骨干教师培训班”。开展2015年度德育科研课题立项申报和2013--2014年度优秀教育教学科研成果评选的征集工作。2015年还对专委会领导机构组成人员进行了调整和补充，平衡了各类学校在机构中的影响和作用。

房地产专业委员会，在主要领导不到位、会员活动不利的情况下，一直坚持工作。努力落实协会秘书处的各项工作要求，在培训形势不利、效益下滑情况下，积极开展培训工作。特别是在分支机构证书到期，为争取保留银行账户做了大量的工作。

公交专业委员会，在主要领导退休的情况下，坚持工作，为维持专业委员会的工作运转做了努力。

【协会科研工作】 科研立项，协会广泛开展了教育教学科研课题的立项工作，为使协会立项课题能够紧密结合会员单位的工作实际和发展需求，真正达到推进教育教学改革，促进学术研究和交流，为建设教育事业服务的目的，立项前协会向各专业委员会、地方建设教育协会和会员单位下发《关于征集2015年度教育教学科研课题立项指南的通知》，为扎实开展2015年度教育教学科研课题申报工作奠定良好的基础。立项课题内容涉及行业人才培养模式综合改革、专业和实践创新基地建设、课程和教材建设、企业职业教育培训、学生成长成才研究、学科竞赛、信息化建设等多个方面。各专业委员会认真组织完成课题的申报和推荐工作，会员单位踊跃参加，本年度教育教学科研课题立项共171项。

教育教学科研成果评优，2015年为做好教育教学科研成果评选工作，研究部下发通知，对评选范围、评选标准和程序以及参评材料的要求等都做出明确规定，并且通过各会员单位、专业委员会以及地方建设教育协会进行广泛的宣传发动和成果的征集推选。最后收到参评教育教学科研成果100份，论文408篇，经过专家认真慎重及反复审核，评出各种奖项54个。这次评选流程清晰、把关严格，会员单位积极性高、工作认真。为充分发挥获奖作品的作用，激励广大教育工作者积极参与教育教学科研活动，将获奖优秀作品以专刊的形式在会刊《中国建设教育》上予以发表。

编写《中国建设教育发展报告》，为反映我国建设教育在贯彻《国家中长期教育改革和发展规划纲要(2010-2020年)》、《国务院关于加快发展现代职业教育的决定》过程中取得的成绩和存在的问题，准确把握建设教育的发展趋势，对提高建设教育质量提供基础资料，协会决定与中国建筑工业出版社共同组织编写《中国建设教育发展报告(2015)》(简称《发展报告》)，具体工作由研究部组织落实。聘请来自高等学校、高中等职业院校、技工学校、企业、地方建设教育协会等不同领域且长期从事建设教育工作的10余位专家学者担任编委，聘请哈尔滨工业大学王要武教授担任主编。年内组织召开两次编写工作会议，第一本《发展报告》初稿完成。

编制“十三五”规划，为贯彻《国家中长期教育改革发展规划纲要》和国家“十三五”发展规划精神，协会把制定协会发展的“十三五”规划作为一项重要工作来抓。为使“十三五”规划既紧密联系实际又具有科学的前瞻性和挑战性，秘书处广泛听取各专业委员会和地方建设教育协会等方面意见，研究制定规划方案，多次召开会议研究修改，并交常务理事会议审议。

【协会主题活动】 书记、校(院)长论坛，2015年8月20日至21日在江苏省常州市举行第七届全国建设类高职院校书记、院长论坛。本届论坛的主题是“改革．实践．创新．创业”，来自全国38所高职院校和有关单位的78位代表出席。教育部职成司高职高专处林宇处长、住房城乡建设部人事司专培处何志方处长亲临指导并做重要讲话，朱光副理事长在开幕式上作重要讲话。论坛还邀请资深教育评估专家、教育部高职院校人才培养工作评估研究课题组组长杨应崧教授做专题报告。9所院校的书记校长作了交流发言。

10月26日至27日，第十一届全国建筑类高校书记、校(院)长论坛在数苏州科技学院举行，本届论坛的主题是“新常态下高等建筑教育发展”，来自全国28家单位的72位代表出席。住房城乡建设部人事司专培处高延伟副处长亲临指导并做重要讲话。12所院校的书记和校长围绕“高校综合改革及‘十三五’发展规划编制、深入推进内涵式发展、探索新常态下的发展模式”等问题进行交流发言。

10月，举办了第八届“广联达杯”全国高等院校工程算量大赛和第六届全国高等院校工程项目管理沙盘模拟大赛，参加总决赛的院校达到340多所。

6月开始举办全国第二届建筑类微课比赛，共收集本科类课件80件，高职类课件188件，中职类课件77件，最终的评审将于2016年2月进行。

历时10个月的第六届全国高等院校斯维尔杯BIM系列软件建筑信息模型大赛于2015年5月结束，全国有380所院校2700支团队参赛，覆盖全国所有省份及香港地区。

首届BIM应用技能网络大赛在3月～7月顺利举行，这项赛事以更贴近BIM应用实际的方式，为学生搭建一个展示BIM应用技能作品的平台，共有147所院校，323份作品参加评比。

7月初承办第七届全国职业院校技能大赛中职组建设职业技能比赛的建筑装饰、楼宇自动化安装与调试等赛事，赛事涉及范围广，在全国乃至所属省市产生很大影响。

7月29日～8月6日，协会主办以“激情、沟通、超越”为主题的第六届全国高等院校建设类专业优秀大学生夏令营活动，来自全国92家高校的93位建设类专业优秀大学生以及来自台湾的6位建设类专业优秀大学生代表齐聚北京。

在为期9天的夏令营活动期间，开展丰富多彩的交流活动：其中包括拓展训练，观看升旗仪式，瞻仰人民英雄纪念碑，参观故宫、长城等古建筑，国家博物馆、鸟巢等现代标志性建筑。学习建筑信息化产业的相关前沿技术，拓展视野。参观北京市示范施工工地“天坛医院改建”现场，体验建筑信息化给施工带来的新变化。此次夏令营还邀请到清华大学马智亮教授、北京建筑大学田林教授、广联达研究院副院长刘刚先生等业内知名专家围绕建筑信息化技术发展、古建筑知识等问题与同学们进行座谈和交流。期间还开展两岸学生交流演说活动。

【协会培训工作】 建筑与市政工程施工现场专业人员培训，在地方建设教育协会、建筑企业人力资源工作委员会、房地产人力资源工作委员会、培训机构工作委员会及会员单位的共同努力下，建筑与市政工程施工现场专业人员培训项目得到更多房地产开发企业、建筑施工企业的认可，全年培训人数超过13万人，增长幅度在60%以上。2015年开发“防腐保温施工技术”、“混凝土质量管理师”、“广电监理工程师”3个培训新项目，填补行业空白，成为相关人员上岗的凭证，以及地方行政主管部门对相关企业资质审查的重要依据。

短期培训项目，由于建设行业大环境的变化，使得短期培训的培训班次数和总人数都有一定程度的减少，幅度超过30%。在这种情况下，协会紧紧围绕住房城乡建设部的重点工作，开发相关的短期培训项目，特别是“《海绵城市建设技术指南》培训班、新版《建筑业企业资质标准》宣贯培训班”等项目，受到行政主管部门、企业和参培学员的一致好评。协会还修改《中国建设教育协会合作培训管理办法》中的部分条款，完善短训班的管理资料，加强监督检查力度。

开发新的培训项目，与环保部环境评价中心建立初步合作关系，拟在建设工程环境保护、绿色施工技术等方面开展系列培训，与北京电信集团合作开发网络教育平台，录制协会职业培训项目和一级建造师考前培训的部分课件，采用网络＋面授的培训方式进行授课。该方式的具体特点是，网络教育完成基础知识学习任务，集中面授解决重点、难点复习任务。这种形式获得参培学员的认可，为大规模开展“网络＋面授”培训打下良好基础。

编写职业培训考试题库，为推进行业职业培训信息化水平，协会还与中国建筑工业出版社、北京建筑大学、北京交通大学、清华大学、部分地方建设教育协会等多家单位合作编写新版的职业培训考试题库，共涉及14个专业，完成新版试题数量超过3000道，累计试题超过2万道。经过各地建设行政主管部门和学员的使用，反馈效果较好。

稳步推进职业教育国际合作，2015年6月，协会与德国国际发展基金会和汉斯·赛德尔基金会合作，在北京市举办为期6天的汽车维修专业师资培训班，内容包括：自动启停技术、油电混合技术、纯电动技术和自动驾驶技术。2015年11月，与江苏省建设教育协会、德国汉斯·赛德尔基金会共同在南京市举办为期3天的建筑类专业师资培训班，内容包括：人居自然环境设计、建筑智能化、建筑工业化。两期培训班均由德方专家授课，课堂模拟德国职业教育教学方式进行，受到参培学员的好评。为进一步推进协会与国外相关机构合作积累经验。

【BIM考评推广工作全面展开】 为落实住房城乡建设部《关于推进建筑信息模型应用的指导意见》及《住房城乡建设部关于推进建筑业发展和改革的若干意见》的相关要求，协会根据自身特点及优势，组织全国知名专家学者、企业总工程师等相关人员研究编制《全国BIM应用技能考评大纲》，得到主管部门的肯定。在此基础上，与地方建设教育协会和专业委员会以及相关企业共同举办10场全国师资培训，累计培训全国各会员单位教师1500余人次。组织全国BIM应用技能比赛3场，累计参赛院校795所，参赛学生3万余人次。组织部分单位针对BIM应用技能考评工作开展试考工作，充分验证考评工作组织流程、考题专业性、阅卷公正性，为2016年开展全国考评工作奠定基础。

【协会刊物编辑工作】《中国建设教育》杂志共出版刊物6期，其中专刊两期。在全面迅速反映行业发展，交流教育教学、教育管理、科技成果、精神文明与文化建设的经验，促进会员单位不断发展进步，连接主管部门和会员单位方面做出贡献。为使会刊健康发展，更好地为会员服务，2015年协会加强对办刊工作的领导，理事长刘杰任编委会主任，秘书长朱光任主编。同时为加强编辑环节的力量，建立三级编辑审稿制度，还制定《排版标准》，修订《管理制度》，使办刊工作在规范化道路上又迈进一步，为提高刊物质量奠定基础。

【地方协会联席会议】 3月，在苏州组织召开第十三次地方建设教育协会联席会议，就国家对社团改革问题进行研究探讨。会上，各地方协会就本省的社团组织改革、机构改革进行交流。大家认为：在国家大力推进社会组织改革的新形势下，各地的社会组织机构改革正在进行和急剧变化中，各地政府在对本地社团组织的设置、配备、要求等方面都在结合本地区情况和现状进行考量，作为改革主题的协会，要积极行动，找准点，站好位，把改革作为机遇和动力，把协会做稳，做好。

【组织建设及财务工作】 2015年各专业委员会对理事会主要成员都进行不同程度的调整、变更和增加。在发展会员方面也有一些突破，全年发展会员近100个。协会共有会员单位为875个。建设机械委员会、高职委员会、继续教育委员会等几个专业委员会在发展会员方面成绩显著。

协会每年都聘请专业人员对财务工作进行审计。2015年又增加一次住房城乡建设部审计署的专项审计。协会的账目清楚，操作规范，顺利通过审计。

（中国建设教育协会）

中国建筑工程总公司

概况

中国建筑工程总公司(以下简称中建总公司或中国建筑)正式组建于 1982 年，是中国专业化发展最久、市场化经营最早、一体化程度最高、全球排名第一的投资建设集团，也是建筑领域唯一一家由中央直接管理的国有重要骨干企业。中建总公司主要以上市企业——中国建筑股份有限公司(简称中建股份，股票代码 601668.SH)为平台开展经营管理活动。

中国建筑的经营业绩遍布国内及海外一百多个国家和地区，涉及工程建设、投资开发、勘察设计等多个领域。

工程建设方面，中国建筑是世界最大的工程承包商，代表着中国房建领域的最高水平，业务范围涉及城市建设的全部领域与项目建设的每个环节。伴随改革开放大潮，中国建筑在国内建造许多记录，印证时代变迁、铭刻经济文化发展的经典地标，在公共建筑、酒店、科教、体育、人居、医疗、使馆、工业、国防军事等房建领域与城市轨道交通、高铁、特大型桥梁、高速公路、城市综合管廊、港口与航道、电力、矿山、冶金、石油化工、飞机场等基础设施领域完成众多经典工程。中国建筑国内施工项目平均体量超 6 亿元，全国超过 90%的 300 米以上超高层以及众多技术含量高、结构形式复杂的建筑均由中国建筑承建。

投资开发方面，中国建筑是中国最具实力的投资商之一，全集团年度投资额约 2000 亿元，主要投资方向为房地产开发、基础设施建设、城镇综合建设等领域。公司强化内部资源整合与业务协同，打造“规划设计、投资开发、基础设施建设、房屋建筑工程”等“四位一体”的商业模式，为城市建设提供全领域、全过程、全要素的一揽子服务。中国建筑已先后与数十个省市签署战略合作协议。中国建筑拥有“中海地产”、“中建地产”两大地产子品牌，其中中海地产盈利能力多年来始终处于中国房地产企业领先地位，品牌价值连续十二年居行业之首。

勘察设计方面，中国建筑是中国最大的建筑设计、城市规划、工程勘察、市政公用工程设计的综合企业集团之一，完成一大批具有民族特色和时代特征的优秀建筑设计作品，在机场、酒店、体育建筑、博览建筑、古建筑、超高层等领域居国内领先地位。中国建筑拥有建筑工程设计、市政工程设计、工程勘察与岩土等领域的专业技术人员近万人，高端专业人才总量居行业前列，并在设计原创、科技创新、标准规范等方面为行业的发展做出重要贡献。

主要指标

2015 年，面对复杂多变的国内外经济环境与行业下行的巨大压力，在党中央、国务院以及国资委的正确领导下，中国建筑继续保持健康快速的发展势头，主要经济指标再创新高。全年新签合同额 16740 亿元，同比增长 8.9%，完成营业收入 8808 亿元，同比增长 10.1%，实现利润总额 478 亿元，同比增长 10.1%。在国务院国资委管理的中央企业中，中国建筑营业收入排名第 4 位，利润总额排名第 6 位，在中央同类建筑企业中，营业收入、利润总额均居榜首。获得标普、穆迪、惠誉等国际三大评级机构信用评级 A 级，为全球建筑行业最高信用评级。

“十二五”期间，中国建筑完成从传统国有企业向现代公众公司的历史性蜕变，业绩实现跨越式增长，企业综合竞争力显著增强，“十二五”总体战略规划目标圆满实现。相比 2010 年，中国建筑 2015 年新签合同额、营业收入、利润总额、资产总额、所有者权益分别增长了 1.1 倍、1.3 倍、1.4 倍、1.6 倍和 1.3 倍，“世界 500 强”排名从 187 位跃升至 37 位，稳居全球投资建设集团之首，相当于用五年的时间再造一个中国建筑。

房建业务

2015 年，中国建筑房建业务新签合同额 11759 亿元，同比增长 2.7%，实现逆势上涨。中国建筑持续坚持“三大”(大市场、大业主、大项目)市场营销策略，通过深化高端营销，战略客户累计已达 114 家，大客户提供合同额占到六成，10 亿元以上特大项目 309 个，大项目合同额占比近六成，在超高层领域优势明显，除平安大厦续签了南塔外，全年还新签沈阳宝能环球中心、重庆来福士等8个300米以上超高层项目，大市场更趋集中，华东、华南、华中三大区域合同额占比达六成以上。中国建筑加强项目履约，紧跟市场投资导向，在教育、医疗、工业厂房等领域的增速均在20%以上。

基础设施业务

2015年，中国建筑紧抓“一带一路”、“京津冀协同发展”和“长江经济带”三大国家战略提供的巨大市场机遇，通过高端对接、资本运作、融投资拉动等，基础设施业务新签合同额首次突破3000亿元，同比增长26.7%。其中，京津冀、长江经济带地区新签基础设施合同额分别为198亿元、1146亿元，同比分别增长8.8%、16.2%。拓展项目领域取得突破，全年轨道交通项目新签合同额303亿元，同比增长1.4倍，国内新建10万平方米以上机场航站楼有80%以上由中国建筑承建。2015年决策批准实施基础设施投资项目52个，带动1631亿元施工总承包合同额，平均每个项目带动总承包合同额超过30亿元。陆续中标武汉四环线全线、深圳地铁9号线西延线、汉十高铁、济青高铁、长沙地铁4号线、5号线等一批重大基础设施项目。

海外业务

截至2015年底，中国建筑已累计在129个国家或地区承建了近6000项工程，涵盖房屋建筑、制造、能源、交通、水利、工业、石化、危险物处理、电讯、排污/垃圾处理等多个专业领域，其中一大批已成为当地标志性、代表性建筑，并有多个项目凭借质量高、难度大、技术新、绿色环保等方面的优势获得国内外大奖，赢得所在国家政府和民众的高度认可。

2015年中国建筑海外业务新签合同额1119亿元人民币，首次突破千亿级大关，同比增长42.2%。已进入“一带一路”沿线43个国家市场，新签项目合同额67亿美元。签约合同额28.9亿美元的巴基斯坦卡拉奇—拉合尔高速公路项目等一批重大项目，标志着中国建筑“一带一路”战略推进取得重大实质性成果。公司所属各工程局、设计院及专业公司全年新签海外合同额282亿元人民币，同比增长1.2倍。在保持北非、美国、中东、南洋等传统优势市场持续增长的同时，中国建筑成功进入英国、德国、埃塞俄比亚、新西兰等新市场，海外布局进一步完善。2015年中国建筑排名世界225家最大国际承包商的第17位。

房地产业务

中国建筑紧密把握政策与市场的机会窗口，加大去化力度，2015年实现销售额1550亿元，销售面积1344万平方米，同比增长均超过30%。地产业务周转速度不断加快，2015年周转天数为858天，同比减少140天，在国内房地产行业处于领先地位。完成直营地产与中海地产整合，中海地产在欧美国家进行海外拓展。局院地产发展良好，提高去化率，回款明显加快。在多个城市开展保障房开发建设，新开工面积约326万平方米，2015年内实现竣工面积约81万平方米，同比增长1.1倍。

勘察设计业务

中建设计集团在2015年ENR全球150家顶尖设计公司中排名第44位，较2014年提升3位。面对“新常态”，中国建筑所属各设计院积极应对，紧跟国家投资导向，打造各自特色亮点，中标成都新机场总体规划及航站楼方案设计、陕西省十大标志性文化建设项目中的七项等一批标志性工程。同时加强设计业务海外市场开拓，中标牙买加度假酒店、缅甸仰光康巴小镇等项目，新签海外合同额1.1亿元，实现快速增长。

科技管理

2015年中国建筑获得国家科学技术奖一等奖1项、二等奖2项，科技研发立项项目(课题)57个。获得鲁班奖23项(其中海外工程获奖4项)，获得国家优质工程40项，获得中国土木工程詹天佑奖7项，其中美国纽约亚历山大汉密尔顿大桥及附属高架匝道桥改扩建项目成为詹天佑奖历史上港澳地区以外首个获奖的海外工程项目。获得华夏科技奖13项，获评国家级工法33项，年度专利授权2723项。不断提升成果转化力度，“中国建筑千米级摩天大楼建造技术研究”形成系列原创科技成果，巩固企业在房建领域的领先地位，在绿色建筑、BIM技术、建筑工业化三大重点研发方向取得重要成果。

投资业务

中国建筑不断完善投资管控体系，严格投资项目评审，做好投资项目过程监控、后评价和风险防控举措，充分发挥投资推动公司产业结构调整和转型升级的积极作用。2015年中国建筑完成投资额1564亿元，完成年度预算的86.3%，同比增长3.3%，实现投资回款1713亿元，完成年度预算的

113.4%，同比增长24.3%，投资收支比109.5%，较2014年同期增长18.5个百分点。投资及投资带动承包业务实现的利润占比已经超过60%。

创新业务

中国建筑成立中建科技、中建水务环保和中建电子商务，分别聚焦建筑工业化、海绵城市、电子商务三个产业领域，2015年已在上海、武汉等地投资兴建7个建筑工业化产业基地，在施建筑工业化项目54个。大力推进临建房屋标准化及产业化，集成房屋已完成92个项目、4700多个模块。

在产融结合方面，2015年中国建筑先后成立中建资本、中建基金、中建资本（香港）三个金融平台载体，依托中建基金搭建总对总产业基金合作框架，对企业发展逐步形成有效支撑。与甘肃省合作发起设立规模1000亿元的丝路交通发展基金，参与设立首都水环境治理技术创新及产业发展基金，支持企业转型升级。

在集中采购方面，2015年中建集采平台完成采购额3679亿元，新增商品混凝土、周转料具等10个集采品类。"海外项目国内平台采购"模式已全面落地，驻外机构或项目均已开通集采平台并实施采购。集中采购被国务院国资委称为"中建模式"并在中央企业中推广。

党建工作

截至2015年底，中国建筑新设立党组织285个，新设立党的工作部门155个，调整充实专兼职党务工作人员793名。同时，将项目作为基层党建的基础和重点，积极创新工作载体，创造出受到中组部和国务院国资委充分肯定的"三联建"（联建党支部、工会联合会、联建团支部）、"三号联创"（在项目上将党员先锋号、工人先锋号、青年文明号创建有机结合）、海外党建做法等鲜活经验。稳步推进企业（项目）负责人"党政一肩挑"，进一步促进了党务与经营的融合，积极开展党建工作标准化建设，提升党建工作科学化水平。

"三严三实"专题教育

按照中央统一部署，中国建筑在总部和各二、三级单位深入开展"三严三实"专题教育，以专题学习研讨、领导干部上党课、"三严三实"专题民主生活会等"关键动作"为载体，确保专题教育的质量和效果。在专题学习研讨方面，认真做好中央规定的三个专题学习研讨，并结合企业实际增加其他专题学习研讨，确保专题教育围绕中心、融入中心、服务中心，在领导干部上党课方面，全系统领导干部讲党课近五千人次，涵盖公司总部、海外项目、车间班组、外联队伍等机构和人群，在"三严三实"专题民主生活会方面，中国建筑党组召开年度党组专题民主生活会，聚焦主题，查找问题，并形成整改清单，各子企业也分别召开专题民主生活会，助推企业更好更快发展。

人才与干部队伍

截至2015年底，中国建筑在岗员工241474人，拥有中级以上专业技术职务人员4.96万人，占员工总数的20.5%，拥有一级注册建造师15997人、一级建筑师722人、注册结构工程师714人、注册造价工程师1343人。

中国建筑出台专门措施，进一步规范完善领导人员选拔任用程序、班子配备职数和领导干部退出等方面的管理标准。严肃领导干部选人用人纪律，通过专项检查和整改落实等手段加强监督管理，认真开展领导干部个人有关事项报告抽查核实以及干部人事档案的专项审核工作。加大领导干部轮岗交流的工作力度。优化人才培训体系，加强培训工作的引导，加强培训工作针对性，打造精品培训项目，持续扩大培训覆盖面。深入推进薪酬制度改革，完善激励约束机制，坚持以"市场与业绩"为导向，稳妥推进二级单位负责人薪酬改革和优化，工资总额精细化、规范化管理取得初步成效。

社会责任

2015年，中国建筑对外捐赠总额4800万元，其中以中建总公司名义向定点扶贫地区捐助789.78万元，开展志愿者活动超过3500场次，累计志愿服务时间超过10万小时。加强环境管理，2015年环保总投入3678万元，新建项目环评通过率100%。中国建筑在建设开发过程中，注意保护当地历史文化遗迹，在较为贫困落后的地区，扶持当地教育事业，投资捐赠希望小学，提高当地文化水平，2015年向教育文化体育事业捐赠共计2734万元。

在重大灾害发生时，如深圳市光明新区凤凰社区渣土场滑坡泥石流灾害、天津港"8·12"瑞海公司危险品仓库特别重大火灾爆炸事故等，中国建筑积极利用自身专业优势和经验，不计成本，投入大量人力、机械，为灾区抢险救援、重建等工作贡献力量，获得社会各界高度评价。

中国建筑积极创造就业机会，2015年带领150

万劳务人员共建小康社会，共享企业发展成果。中建美国公司、中建越南分公司等海外机构积极雇佣当地人才，加大管理团队中所在国员工的比例，并尽可能雇佣本地劳工，通过培训等方式培养当地专业人才与项目一同成长。

代表性项目简介

【杭州国际博览中心项目】 杭州国际博览中心是杭州国际奥体博览中心的启动项目，位于杭州奥体博览中心用地内东北角地块，总用地面积19公顷。

杭州奥体博览城是杭州市实现“构筑大都市，建设新天堂”宏伟目标的重要组成部分。杭州国际博览中心项目作为奥体博览城核心区重点建设项目，将在钱塘江南岸形成以体育、会展功能为主，集商务、旅游、休闲、文化、居住功能于一体的综合区域，能举办国内外大型专业会展和综合性展览的现代化国际博览中心，是杭州滨江新城和钱塘江南岸的“新地标”，是提高杭州市民生活品质的“民心工程”。

【赣州北斗产业园项目】 该项目位于江西赣州，合同金额59亿元，总建筑面积238万平方米，包括研发中心、产业孵化中心、办公楼、厂房、行政服务、金融服务、配套住宅、车库等，建成后将成为集北斗卫星导航产品检测论证、北斗芯片及其应用软件的开发、北斗卫星导航的技术研究与运营等为一体的综合产业园，并成为我国北斗导航系统最大研发基地。

【深圳市轨道交通9号线项目】 该项目采用“融资＋设计施工总承包”及“地铁工程＋沿线物业开发”模式，合同金额153亿元，全长25.38千米，共设车站22座，车辆段一座，停车场一座，主变电站2座。整条线全部为地下线路，是中国建筑首次承接的地铁全线，并在国内地铁领域首次应用盾构管片预埋滑槽技术施工。其中9号线大剧院站——鹿丹村站区间下穿已建成的小区，需切除137根桩基，创国内最高切桩记录。

【巴基斯坦卡拉奇—拉合尔高速公路(苏库尔—木尔坦段)项目】 项目合同金额29亿美元(折合人民币约185亿元)，全长392千米，设计时速120千米/小时，是巴基斯坦最大的交通基础设施项目，也是“一带一路”重点开局工程之一。中巴两国政府高度重视，将其列为中巴经济走廊“早期收获项目”。

该项目南起巴基斯坦第一大城市卡拉奇，途径第二大城市拉合尔，北至西北边境重镇白沙瓦，纵贯巴基斯坦最大的两个经济强省，建成后将极大改善巴国交通状况，不仅可直接带动沿线经济社会发展，也将惠及巴国所有地区。同时，该项目也将为中巴互联互通发挥积极作用。

（中国建筑工程总公司）

中国铁路工程总公司

概况

中国铁路工程总公司(China Railway Engineering Corporation，缩写CREC)是集勘察设计、施工安装、房地产开发、工业制造、科研咨询、工程监理、资本经营、金融信托、资源开发和外经外贸于一体的多功能、特大型企业集团，总部设在北京。中国铁路工程总公司具有住房和城乡建设部批准的铁路工程施工总承包特级资质、公路工程施工总承包一级资质、市政公用工程施工总承包一级资质以及桥梁工程、隧道工程、公路路面、公路路基工程专业承包一级资质，城市轨道交通工程专业承包资质，拥有中华人民共和国对外经济合作经营资格证书和进出口企业资格证书。2000年通过质量管理体系认证，同时获得英国皇家UKAS证书。2003年通过环境管理体系和职业健康安全管理体系认证。2004年通过香港品质保证局质量/环保/安全综合管理体系认证，并获得国际资格证书。

中国铁路工程总公司的前身是1950年3月成立的铁道部工程总局和设计总局，后变更为铁道部基本建设总局。1989年7月，铁道部撤销基本建设总局，组建中国铁路工程总公司。2000年9月，与铁道部“脱钩”，整体移交中央大型企业工作委员会管理。2003年4月归属国务院国资委管理。2006年11

月，成为首批国有独资企业董事会试点企业。2007年9月12日，独家发起设立中国中铁股份有限公司（以下简称中国中铁），并于2007年12月3日和12月7日，分别在上海证券交易所和香港联合交易所挂牌上市。

作为全球最大建筑工程承包商之一，自2006年起，连续十年进入世界企业500强，2015年排名世界企业500强第71位，排名全球250家最大工程承包商首位，排名全球250家最大国际承包商第23位，排名中国企业500强第11位。

中国中铁是中国铁路工程总公司经营业务的运营主体，拥有下属40余家子、分公司和其他项目机构，主要分布在全国除台湾省以外的各省、市、自治区，并在60多个国家和地区设有公司办事处、代表处和项目部等境外机构。主要子企业有中铁一局、二局、三局、四局、五局、六局、七局、八局、九局、十局、大桥局、隧道、电气化局、武汉电气化局、建工、港航局、航空港、上海局等18家施工企业集团，中铁二院、六院、设计咨询、大桥院、科研院和华铁咨询等6家勘察设计科研企业，中铁山桥、宝桥、科工、装备等4家工业制造企业，以及中铁国际、中铁置业、资源、信托、财务、物贸和交通投资、建设投资、城市发展投资、投资集团、昆明投资、贵州旅游文化发展公司等10余家国际业务、房地产、矿产、金融、投资管理公司。中铁宏达资产管理中心为中国铁路工程总公司成立的具有法人资格的全民所有制企业，负责管理学校、医院、主辅分离资产等未进入上市范围的机构和资产。

作为科技部、国务院国资委和中华全国总工会授予的全国首批“创新型企业”，公司拥有“高速铁路建造技术国家工程实验室”、“盾构及掘进技术国家重点实验室”和“桥梁结构健康与安全国家重点实验室”3个国家级实验室、7个博士后科研工作站、58家经国家认可的检测实验中心、11个经国家认定的技术中心和36个省部认定的技术中心。先后荣获国家科技进步和发明奖103项，其中特等奖5项、一等奖14项，获省部级科技进步奖2379项，中国土木工程詹天佑奖97项，拥有有效专利4956项，其中发明专利1292项，参与编写国家及行业标准627项。

公司是中国最大的铁路工程机械设备和零部件制造商之一，是全球最大的道岔制造商、中国最大的盾构机生产商，中国唯一一家获准生产高锰钢焊接辙叉的研发制造商以及中国桥梁钢结构的领先制造企业。

截至2015年底，公司职工总数为282264人，其中在岗职工242736人，管理人员108448人。中级职称及以上专业技术人员74888人，高级专业技术人才20190人，其中：教授级高级工程师1462人，高级工程师13833人，高级会计师1259人，高级经济师1385人。现有中国工程院院士2名、国家级突出贡献专家11名、国家勘测设计大师5名、新世纪百千万人才工程国家级人选11人，中国青年科技奖2人，詹天佑奖获得者74名，茅以升铁道工程师奖62名，享受国务院政府特殊津贴专家人员312名。

主要指标

2015年，中国铁路工程总公司新签合同额9581.5亿元，其中国内完成8896.5亿元，海外完成685亿元。企业营业额7109.6亿元，其中国内完成6728.5亿元，海外完成381.1亿元。

截至2015年底，中国铁路工程总公司的资产总额7326.7亿元，同比增长6.90%。其中，流动资产5，461.9亿元，同比增长7.8%，流动资产占资产总额79.7%。负债总额5，702.0亿元，其中带息负债1，798.6亿元。

改革发展

2015年，中国中铁坚持“归口管理、集中采购、统一储备、统一结算”的改革方向，按照“管采分离”和“一个主管领导、一个主管部门、一个统一管理体系、一个统一管理平台”的总体要求，成立股份公司采购管理部，对全公司集中采购和物资管理履行组织管理协调职能。同时，中铁国际吸收合并中海外，中海外作为中铁国际的子公司进行管理，实现集团化、集约化、规模化和专业化发展，努力打造中国中铁海外经营旗舰。为进一步优化工业制造板块资源配置，通过资本市场做大做强做优工业制造板块，启动工业制造板块重组与中铁二局资产置换上市工作(简称“宏盛项目”)，各项工作按计划顺利推进。针对企业法人公司数量多、分布面广，管理链条长、发展参差不齐等现状，按照“突出主业、加强内控、缩短链条、提高质量”的工作原则，先后下发《公司总部及二、三级企业机构设置和员工总量管理办法》、《关于清理整合三级及以下各类企业以及严格新设企业审批有关问题的通知》。

重大项目

2015年，中国中铁参建全球首条环岛高铁海南西环铁路、合(肥)福(州)高铁、郑(州)焦(作)城际铁路、拉日铁路、吉图珲客运专线开通运营。承建的埃塞俄比亚首都轻轨项目一期商业运营开通。中铁大桥局承建的国内首座山区钢箱梁悬索桥——普立特大桥钢箱梁合龙。中铁港航局承建的世界最大跨度混凝土拱桥——沪昆高铁北盘江特大桥胜利合龙。中铁大桥院设计的世界最大跨度重载铁路桥梁——蒙华铁路荆州长江公铁特大桥顺利实现主跨钢梁合龙。中铁大桥院设计、中铁科工承制的的世界最长玻璃桥面人行桥——张家界大峡谷玻璃桥成功合龙。

2015年，中国中铁参建的亚洲最大交通单体项目——京新高速公路临白段项目开工建设，中标长沙空港城建设及综合开发PPP项目。中铁二院与俄罗斯铁路快速干线股份公司(为俄罗斯铁路公司的子公司)签署《高速铁路干线“莫斯科－喀山－叶卡捷琳堡”莫斯科－喀山段工程勘测、区域土地测量设计和建筑用设计文件编制的作业合同》，中国中铁以BT＋PPP模式取得呼和浩特市轨道交通1号线一期工程(金海工业园区—白塔)建设项目。

2015年，公司工程质量创优工作成效显著，共有11项工程获鲁班奖，13项工程获国家优质工程奖。59项科技成果达到国际先进水平，荣获国家科技进步奖2项、授权发明专利336项，国家级工法21项。(企业年报)

走向海外

2015年，中国中铁继续贯彻中央“走出去”方针，全面提高国际化经营水平，积极建立“大战略、大旗舰、大布局”海外经营平台，撤销国际业务部，成立国际事业部，有针对性地对全公司海外经营业务和大项目运作进行管理。对所属中海外与中铁国际实施战略重组。强化“品牌化、区域化、属地化、混合化”管理，构建了海外业务新经营格局。2015年，全年实现海外新签合同总额109.7168亿美元，完成营业额60.3178亿美元，海外业务总体占比约5%。

截至2015年12月，股份公司全系统外经员工有7780人，其中，国内人员有1860人，派往境外工作的职工总数5920人，国内外派劳务7974人，雇佣当地人员44044人。股份公司全系统境外在建工程项目和设计项目以及产品加工总数419个，其中，境外在建工程项目342个，在建项目合同总额303.5106亿美元，在建项目剩余合同总额151.4848亿美元，国际业务涉及68个国家和地区。

2015年，中国中铁在境外68个国家设有境外机构开展业务，其中与“一带一路”相关的重点追踪项目主要是东南亚、南亚、中亚、西亚以及中东欧地区。

重大项目开发

【概况】 2015年，中国中铁加大与国家有关部委、各中资企业和金融机构的沟通联系和协调配合，在坚持长期经营精耕细作基础上，投入了大量的人力物力，全面抓好重大项目开发。

【中老铁路项目】 全长419千米，总投资约70亿美元。2015年11月13日，中老两国政府签署了中老铁路合作协定。12月2日，中老双方在老挝万象举行项目开工暨奠基仪式。中国中铁是项目主要发起单位和投资方之一，出资额占中方联合体25%，预计将在该项目工程建设中获得较大份额。

【中泰铁路项目】 全长867千米，预算约123亿美元。2015年12月3日，两国政府签署框架文件，于12月19日举行启动仪式。项目共分4段，中国中铁负责实施其中的耿奎—呵叻(134千米)、呵叻—廊开(351千米)两段工程。全线线上工程总投资约200亿人民币，中方联合体资本金占40%，中国中铁资本金占中方联合体33%。

【印尼雅万高铁项目】 雅万高铁项目规划线路全长约152.3千米，总投资约57亿美元。2015年10月16日，印尼—中国高速铁路公司合资协议在雅加达正式签署。2016年1月21日举行开工仪式。项目土建部分约占60%，未来承包份额在中国中铁、中国水电之间根据具体出资比例分劈，四电工程部分约占23%，未来承包份额在中国中铁、中国通号间根据具体出资比例分劈。

【匈塞铁路项目】 线路全长350千米，项目总投资约186.18亿人民币。2015年11月24日在中东欧16＋1会议上，签署政府间正式协议，中国铁路总公司、中国中铁和匈牙利铁路公司作为项目总承包商进行项目总包管理。中国中铁参与开发的匈牙利段，造价约99.86亿人民币，正线长度约160千米。

【莫斯科至喀山高速铁路项目】 总投资约为300亿美元，联营体中标高铁项目设计合同，合同金额200亿卢布。

【德黑兰至伊斯法罕高铁项目】 项目全长375千米，运营速度300千米/小时，总造价444亿人民币，项目分A(136亿)、B(308亿)两部分。伊方签发合同A首期生效部分(40亿)预付款6亿人民币支付令，德伊高铁项目正式生效。

【马来西亚南部铁路项目】 马来西亚南部铁路线路全长 191.14 千米，项目总投资约为 165 亿人民币(25.78 亿美元)。中国铁建、中国中铁和中国交建按照 4：3：3 比例组成中方联合体参与该项目。

【美国西部快线项目】 美国西部快线全长 380 千米，总投资估算约 127 亿美元(约 812.8 亿人民币)。中方联营体将与美方共同组建项目合资公司，中国中铁持股占中方联营体 24%，是中方联营体的第二大股东(处于追踪谈判阶段)。

重大创新

2015 年，中国中铁承担国务院国资委中央科技创新管理专项工作计划中的“中央建筑工程企业创新模式研究”课题，是中央建筑企业中唯一承担中央科技创新管理专项工作计划课题的单位。

2015 年，高速铁路建造技术国家工程实验室和盾构及掘进技术国家重点实验室研究工作有序开展，在队伍建设、科学研究及学术交流等方面取得了较好成绩。国家科技部正式批准中铁大桥局建设桥梁结构健康与安全国家重点实验室。

2015 年，组织开展隧道凿岩台车的研制工作，制定下发隧道凿岩台车研制技术条件，对台车研制大纲和设计进行了审查。中铁四局、中铁科研院研制的“轮胎自行式两臂凿岩台车”装配完成并发送现场进行工业性试验；中铁五局、中铁科工研制的“模块化门式多功能凿岩台车”完成场内组装调试并进行工业性试验。“大跨度桥梁设计与施工”等 18 项成果达到国际领先水平，“铁路路基突发灾害自动监测及预警”等 59 项成果达到国际先进水平。

2015 年，下达专利计划 723 项，其中发明专利 315 项，涵盖桥梁、隧道及地下工程、线路路基、房建、四电和机械制造等专业；下达工法计划 668 项，其中国家级工法 33 项，知识产权数量和质量进一步提升。2015 年，公司荣获国家科技进步奖 2 项(其中一等奖 1 项)，获省部级科技成果奖 104 项(未包括总公司奖)，获授权专利 1039 项，其中发明专利 336 项，国家级工法公示 21 项，获省部级工法 270 项。

2015 年，全公司新开科研项目 1520 项，研发费 54.54 亿元，其中股份公司直接管理的课题 217 项，列入股份公司科开计划由所属各单位管理的课题 1303 项。组织对达到验收条件的科研课题进行了课题结题验收，有 25 项重大课题、68 项重点课题和 107 项引导课题通过了结题验收。通过各级科技成果鉴定评审或验收 582 项，其中通过省部级鉴定评审 58 项，104 项科技成果获省部级科技进步奖。

党建工作

2015 年，全公司各级党组织认真贯彻中央和国资委党委的部署和要求，不断加强和改进党建思想政治工作，充分发挥企业政治优势，为企业持续稳定发展提供了坚强有力的政治保证。公司党委在石家庄党校举办了基层党组织书记培训班，所属 42 家单位的 89 名组工干部及基层党支部书记参加了培训。公司所属 36 家二级单位共举办 48 次培训班，对 2600 余名基层党务干部和党支部书记进行了系统培训。按照中央和国资委党委要求，公司党委对学习贯彻落实《中国共产党廉洁自律准则》和《中国共产党纪律处分条例》进行部署和安排，组织所属 42 家二级单位、600 多家三级单位、4200 多个工程项目部开展学习宣传两项法规活动，掀起学习宣传两项法规的热潮。

围绕党委主体责任，抓“五查”整改。总部机关 24 个党支部分别形成书面自查报告，87 名部门副职以上人员填写个人自查情况《承诺书》。公司所属 42 家二级单位党委集中开展“五查”，形成自查自纠工作报告，查出“五个方面”存在的突出问题 450 多个。为推动“五查”整改落实工作深入推进，公司党委要求全公司副处级以上领导干部对查摆出的具体问题做出书面承诺，实行签字背书。全公司 42 家二级企业党组织、近 600 名局级领导干部、7800 多名处级领导干部签字背书，查摆“五个方面”存在的突出问题 784 个，制订整改措施 2400 多条，立行立改问题 520 个。

“三严三实”专题教育。深入开展“三严三实”专题教育，是全公司各级党组织的重大政治任务。公司党委制定下发《中国中铁关于开展“三严三实”专题教育实施方案》，对公司领导班子、总部机关及所属二级单位专题教育做出安排。集中购买 1300 本《优秀领导干部先进事迹选编》、《领导干部违纪违法典型案例警示录》，及时配发给总部机关全体党员和所属单位班子成员作为专题教育学习资料，召开中国中铁“三严三实”专题教育工作会议并全面启动全公司专题教育。公司所属各单位各级党委书记为广大党员上专题党课 800 多场(次)，开展专题学习研讨 2500 多次。公司党委作为唯一一家央企向中组部调研组和国资委领导汇报了公司“三严三实”专题教育情况，受到上级领导的高度评价。

公司党委印发《关于进一步加强项目党建和现场思想政治工作的意见》，明确股份公司党委、二级单位党委、三级单位党委、工程项目党组织等 4 个管理层级的责任分工，具体细化工程项目部党组织8项职责，明确了按照工程项目规模大小配备专职党群干部标准。

公司党委对所属各单位贯彻落实《关于在全面深化企业改革新形势下进一步加强和改进党建思想政治工作的指导意见》、《中国中铁党员领导干部民主生活会细则》、《中国中铁工程项目部党群工作协理员管理办法》等三个文件的情况进行了督促检查，国资委党建工作局检查组对公司发展党员工作情况进行了抽查，对公司党建工作给予充分肯定。

信息化建设

2015年，公司加强信息化顶层设计，全面梳理评估公司业务现状和信息化需求，着手论证编制《2015-2020年公司信息化规划》，制定并完善《信息化大平台建设方案》、《重点业务系统设计和规划报告》等重要文件，组织修订《计算机网络安全管理规定》、《IT应用系统建设技术条件和标准》等7项制度办法，为企业下一阶段信息化发展指明了方向。

公司全力推进成本管理系统V2.0版本、设备管理系统、科技管理系统、工程项目综合管理系统和成本系统融合开发工作，业务部门和信息化部门全程监管系统设计和研发工作，保证系统开发质量。

公司组织开展网站建设绩效评估工作，完成二级单位企业专线带宽的升级改造工作，为资金、财务、成本、OA等24套应用系统400余套设备，提供高效稳定的运行环境和网络传输条件。

公司不断扩大信息化基础平台应用部署范围，全公司域用户数达到5.46万、邮件用户5.78万个，全年累计收发电子邮件142万封。不断深化高清视频会议系统应用，所属单位高清视频会议覆盖范围逐步扩大到三级单位和重点项目部，全年共完成全局性视频会议35场次，总计参会6.2万人次。

公司强化网络信息安全，启动企业网络信息安全体系建设项目，搭建1个信息安全综合管理平台、2套管理机制，制定了18项安全管理规定，完成了24套信息系统风险评估及资产梳理，网络安全策略的梳理和优化，开展总部核心信息系统等级保护备案工作，指导所属单位积极落实各项信息安全要求和病毒防控措施。公司还组织开展中国中铁数字认证CREC-CA升级国密算法工作，企业数字认证中心加密算法水平大幅提升，满足了国家密码办、公安部的信息安全管理要求。

履行社会责任

2015年，全公司进一步加强社会责任管理工作。制定下发《中国中铁履行社会责任指导意见》，明确履行10个方面社会责任的主要内容。2015年，全公司共参与抢险救灾300余次，投入人员近2万人次、设备3500多台套、投入资金近5000万元，共组建志愿服务队950多支，投入志愿服务2.6万多人次，开展志愿服务活动2000多次，认真开展定点扶贫工作，湖南汝城、桂东和山西保德县进行扶贫立项调研，先后投入300多万元用于改善当地学习教育和生活条件，全年共捐资助学750多万元，帮扶学生近8000人，支持教育机构资金近3000万元，其他公益慈善事业投入超过9000万元。

（中国铁路工程总公司）

中国铁建股份有限公司

【概况】 中国铁建股份有限公司（中文简称中国铁建，英文简称CRCC）的前身是组建于1948年7月的中国人民解放军铁道兵，1984年集体转业，改称铁道部工程指挥部，1989年，中国铁道建筑总公司成立，2000年9月先后划归中央企业工作委员会和国务院国有资产管理委员会管理，2007年11月5日，由中国铁道建筑总公司独家发起成立中国铁建股份有限公司，于2008年3月10日、13日分别在上海证券交易所（A股，代码601186）和香港联合证券交易所（H股，代码1186）上市。

截至2015年底，中国铁建下辖中国土木工程集团有限公司，中铁十一、十二局集团有限公司，中国铁建大桥工程局集团有限公司，中铁十四至二十五局集团有限公司、中铁建设集团有限公司、中国铁建电气化局集团有限公司、中国铁建港航局集团有限公司、中国铁建房地产集团有限公司，中铁第

一、第四、第五勘察设计院集团有限公司，中铁上海设计院集团有限公司、中铁物资集团有限公司、中国铁建高新装备股份有限公司、中国铁建重工集团有限公司、中国铁建国际集团有限公司、中铁城建集团有限公司、中国铁建投资集团有限公司、中国铁建财务有限公司、诚合保险经纪有限公司、中铁建商务管理有限公司、重庆铁发遂渝高速公路有限公司、北京培训中心(党校)35家二级子公司和单位，三级法人企业372家，其中工程公司166家。在职员工254366人。其中，管理人才52472人，占20.63%，专业技术人员111418人，占43.8%，技能人才90476人，占35.57%。拥有中国工程院院士1名、国家勘察设计大师6名、“百千万人才工程”国家级人选11名、中国青年科技奖获得者1名、享受国务院特殊津贴的专家244名。

资产总额6960.96亿元。机械动力设备104919台(套)，总功率948.4万千瓦，技术装备率7.66万元/人，动力装备率35.87千瓦/人。公司业务涵盖工程承包、勘察设计咨询、工业制造、房地产开发、物流与物资贸易及其他业务等，具有科研、规划、勘察、设计、施工、监理、维护、运营和投融资等完善的行业产业链。在高原铁路、高速铁路、高速公路、桥梁、隧道和城市轨道交通工程设计及建设领域，确立行业领导地位。自20世纪80年代以来，中国铁建在工程承包、勘察设计咨询等领域获得国家级奖项593项。其中，国家科技进步奖91项，国家勘察设计“四优”奖93项，中国土木工程詹天佑奖73项，中国建设工程鲁班奖104项，国家优质工程奖237项。累计拥有专利5125项、获国家级工法292项。

中国铁建经营范围遍及全国31个省、自治区、直辖市和香港、澳门特别行政区，以及世界92个国家和地区。连续11年入选《财富》杂志“世界500强”，2015年排名第79位；连续20年入选美国《工程新闻记录》(ENR)杂志“全球250家最大承包商”，2015年排名第3位，连续14年入选“中国企业500强”，2015年排名第13位。

【主要财务指标完成情况】 2015年，中国铁建实现营业收入6005.39亿元，比2014年增长1.22%。其中，工程承包业务完成营业收入5193.13亿元，增长1.36%，勘察设计咨询业务完成营业收入100.8亿元，增长11.89%，工业制造完成营业收入146.88亿元，增长23.4%，房地产开发业务完成营业收入286.71亿元，增长14.95%，物流与物资贸易及其他业务完成营业收入469.3亿元，下降14.95%，完成海外营业收入276.38亿元，增长16.99%。实现利润总额171.13亿元，净利润133.74亿元。资产总额6960.96亿元，负债总额5672.77亿元，所有者权益1288.19亿元。截至年底，货币资金余额1219.34亿元，增长23.91%。

【生产经营】 2015年，中国铁建深入推进经营机制改革与市场布局调整，工程经营领域进一步拓宽，海外经营、资本运营、房地产经营取得较大进展，装备水平、机械化能力显著增强，全年新签合同额9487.59亿元，同比增长14.62%。其中，新签海外合同额862.89亿元，占新签合同总额的9.09%。

先后承揽蒙华铁路、商合杭铁路、珠三角城际铁路，深圳、南宁、青岛、昆明地铁，黑山铁路修复改造、巴基斯坦卡拉奇高速公路、安巴圣约翰港等规模大、品质高的标志性项目。

克服在建项目规模大、重难点工程多、环境复杂等困难，强化前期预控与施工生产组织，强化现场管理与重难点攻关，全年完成总产值6314.1亿元，同比增长1.3%，完成隧道1216折合千米、桥梁1402折合千米、正线铺轨5997千米、站线铺轨1096千米、公路2698千米、通信线路1.9万条千米、供电线路1.2万千米、轻轨地铁239.5千米、房屋竣工面积739万平方米、土石方10.6亿立方米，生产盾构设备20台(套)、大型养路设备338标准台(套)、铁路道岔2407组。合福、哈齐铁路客运专线，沪昆高速铁路、北京地铁昌平线、青岛地铁2号线、长沙磁浮铁路、安哥拉本格拉铁路、埃塞吉布提铁路等重难点项目建成通车，中天山隧道、六盘山隧道、桃树坪隧道、大茶山隧道等高风险隧道项目实现贯通。

【企业管理】 坚持以发展质量和效益为中心，聚焦降本增效的关键环节，加强清收清欠、“二次经营”、项目责任成本管理、亏损项目整治、资源集中管控、全面预算管理、“营改增”应对和财务共享中心建设等工作，管控效果与管理效能稳步改善。截至年底，“两金”(企业应收款占用的资金和存货占用的资金)在资产总额中的占比较2014年下降3.4个百分点，管理费用(扣除研发费用)与营业收入的比例较2014年下降0.5个百分点，实现变更索赔额842.4亿元，同比增长14.1%，亏损项目减亏31.9亿元，60个项目实现扭亏为盈，工程项目平均综合收益率同比提高0.5个百分点，中国铁建财务公司全口径日均资金集中度达到41.2%，同比提升8.4个百分点，中铁物资集团公司集中采购率和设备采购中内部产品占有率分别达到88.6%、42.5%。

持续强化法律合规工作，积极开展规章制度“立、改、废”，大力加强法律纠纷案件处置，“四项法律合规审核”(即规章制度、经济合同、重要决策、授权委托书的法律审核)率达到100%。新取得特级资质10项，其中房屋建筑6项、市政2项、公路2项，中铁十四局集团公司成为全国第3家“三特级”企业，中国铁建系统“双特级”企业增至10家。

【改革发展】 国内方面：出台进一步完善区域经营建设的意见，赋予各集团公司更大的区域经营自主权，坚持重点布局与全面覆盖相结合，组建中铁建海峡建设集团有限公司、中铁建南方建设投资有限公司，新设或改设中国铁建华中、京津冀、西南、西北、重庆、广东、山东区域经营机构，中国铁建本级经营网络基本覆盖全国，整合国内内部资源，将北京铁城建设监理有限责任公司整体划转到中铁第五勘察设计院集团有限公司。

海外方面：顺应形势变化，将中铁建中非建设有限公司并入中国土木工程集团有限公司，进一步优化外经资源配置；出台境外业务管理工作指导意见，改进外经工作基本体制和管理机制。

【产融结合成效显著】 中国铁建抓住国家投融资体制改革和基建市场商业模式变革带来的机遇，加大力度，强化协同，多措并举，先后签约芜湖过江隧道、南宁邕宁水利枢纽、成都地铁5号线、都德简高速、兴延高速、渝黔高速扩能、南大泸高速、黔石高速等投融资项目，投资总规模1223亿元。加强与金融机构的合作，创新融资模式，开辟融资渠道，在A股大盘震荡的不利情况下完成增发，获得权益资金近100亿元，所属子公司昆明中铁大型养路机械集团有限公司改制为中国铁建高新装备股份有限公司，并成功在香港联合交易所上市，金融保险产业继续壮大，获批组建金融租赁公司，利用国家优惠政策，争取到国家发展和改革委员会基础设施建设专项基金10.4亿元，取得政策性银行优惠贷款186亿元，有效发挥“铁建蓝海”的作用，成功运作北京旧宫房地产开发等3个项目，加强与中国农业银行的战略合作，获得2000亿元综合授信额度，并共同出资设立铁建成长产业基金，开辟新的融资渠道。

【技术创新】 2015年，中国铁建继续坚持以市场为导向，以提高自主创新能力和核心竞争力为重点，进一步完善产学研相结合的创新体系，突出抓好科技创新平台、科研人才队伍、科技研发投入等关键环节，开发了系列具有自主知识产权的主导产品和关键技术。全年投入科技经费1001020万元。其中，外部资助10417万元，股份公司投入科技经费11211万元。新增国家级科技创新平台4家，获批组建轨道交通工程信息化国家重点实验室，实现国家重点实验室零的突破。截至2015年底，中国铁建拥有国家级技术创新平台17个、省级企业技术中心72个、院士专家工作站1个、博士后科研工作站8个。

在继续保持高速铁路、高原铁路、长大隧道设计与修建技术等领先优势的同时，磁悬浮轨道交通、大型铁路养护机械设备、盾构的设计与制造、超高层建筑等方面，取得重大突破。参建的南京长江隧道、天津市滨海新区中央大道海河隧道、厦门北站、武汉天兴洲公铁两用长江大桥正桥工程、北京地铁9号线、南京地铁10号线穿越长江盾构隧道工程、北京轨道交通亦庄线7项工程获第13届中国土木工程詹天佑奖。全年获国家科技进步奖2项，其中特等奖1项，首次获得国家技术发明奖1项，获省部级科技进步奖101项、省部级以上勘察设计咨询奖191项，新增国家级工法26项、授权专利1300件，世界首台永磁同步驱动盾构机成功下线，自主研制的国产首台大直径铁路盾构机和双护盾硬岩TBM填补国内空白。

【工程创优】 2015年，中国铁建获中国建设工程鲁班奖9项，国家优质工程金质奖1项、银质奖23项。其中，参建的天津市滨海新区中央大道海河隧道工程、上海保利大剧院、青岛市重庆路快速路工程、九江长江公路大桥、三亚海棠湾国际购物中心(一期)、新建向莆铁路青云山隧道、郑州东站、中国石油科研成果转化基地项目、澳门关闸边检大楼建造及扩建工程获2015年度中国建设工程鲁班奖，参建的南京长江隧道工程获国家优质工程金质奖，参建的华能大理五子坡(一、二、三期)148.5兆瓦风电工程、山西龙源神池继阳山150兆瓦风电工程、1600工程、新建铁路广深港客运专线广深段工程、新建向莆铁路淘金山隧道、新建铁路天津至秦皇岛客运专线宁车沽永定新河特大桥、新建广州至珠海城际轨道交通工程西江特大桥、新建重庆至利川铁路黄草山隧道、新建铁路石家庄至武汉客运专线湖北段综合工程、新建铁路哈尔滨至大连客运专线四电系统集成通信信号系统工程、京沪高铁南京南站枢纽工程、灵山高速公路抢风岭隧道、国道216线五彩湾至大黄山公路工程、南水北调丹江口库区郧县汉江公路二桥、重庆鱼洞长江大桥、天津生态城中部片区经六路上跨蓟运河故道桥梁工程、深圳南坪快速路(二期)工程(新屋隧道-西丽货场段)、丽都饭店改扩建工程、天津铁建大厦、建发·宝湖湾二期工程、武汉保利文化广场、连云港港疏港航道整治工程、上海金山铁路改建工程获国家优质工程银质奖。

【国内工程】 2015 年中国铁建系统完成施工产值 5148.3 亿元，合同金额大于 5000 万元的在建工程有 2988 项，其中铁路工程 752 项、公路工程 581 项、市政工程 273 项、城市轨道交通工程 472 项、房屋建筑工程 696 项、水利工程 104 项、电力工程(含水电工程)17 项、机场工程 5 项、港口与航道工程 33 项、矿山工程 34 项、地质灾害治理工程 1 项、其他类别工程 20 项。国内在建重点工程有 35 项。其中，铁路工程 16 项：沪昆高速铁路长昆段、哈齐铁路客运专线、合福铁路客运专线、成渝铁路客运专线、兰渝铁路、重庆铁路枢纽 BT 项目、郑徐铁路客运专线、西成铁路客运专线、成兰铁路、敦格铁路、石济铁路客运专线、宝兰铁路客运专线、京沈铁路客运专线、成贵铁路、杭黄铁路、九景衢铁路；公路工程 4 项：麻柳湾至昭通高速公路、江门至罗定高速公路、潮州至惠州高速公路、简阳至蒲江高速公路；市政工程 6 项：重庆火车北站综合交通枢纽工程、贵州多彩贵州城、镇江新区基础设施 BT 项目、南昌市象湖隧道工程、呼和浩特西北线快速路工程、长沙磁浮工程项目。城市轨道交通 4 项：北京地铁、青岛地铁 2 号线、厦门地铁 1 号线、兰州地铁；水利工程 1 项：山西中部引黄工程；房建工程 3 项：广西九洲国际、贵州茅台酒厂扩建工程、福建福清清利嘉中心，综合工程 1 项：新疆伊吾县白石湖煤矿露天剥离工程。年内，中国铁建系统承建的南疆铁路中天山隧道、青兰高速公路六盘山隧道、港珠澳大桥拱北隧道、青海省道 309 线长拉山隧道、沪昆铁路客运专线大独山隧道、天平铁路关山隧道、广深港高速铁路深港隧道、引汉济渭工程秦岭隧洞、谷竹高速公路青峰隧道、渝万铁路分水镇隧道、宝兰铁路客运专线渭河隧道、西城高速铁路老安山隧道贯通；织毕铁路架盖河特大桥主跨合龙；包西铁路鄂尔多斯火车站站房工程、柳州南编组站扩能改造工程、西咸新区空港新城临空物流商务中心 A 区(一期)项目、吉林市人民大剧院工程竣工，合福、宁安高速铁路，哈齐、吉图珲、成渝铁路客运专线，额哈铁路、滨海快速铁路丹大快速铁路、敦格铁路、金温铁路、赣龙铁路、兰渝铁路广元至重庆段、宁西铁路 2 线，郑机、郑焦城际铁路，长沙磁浮铁路开通运营。

【海外经营】 截至 2015 年底，中国铁建系统在世界 92 个国家和地区设有境外机构或拥有项目。其中，亚洲国家及地区 32 个，非洲国家 36 个，欧洲国家 7 个，大洋洲国家 6 个，美洲国家 11 个。主要在建项目：沙特内政部安全总部发展项目、安哥拉本格拉铁路大修项目、尼日利亚铁路现代化项目拉各斯至伊巴丹段项目、巴基斯坦卡拉奇至拉合尔高速公路第三段—拉合尔至阿卜杜哈基姆 EPC 项目、埃塞俄比亚—吉布提铁路项目、阿尔及利亚贝佳亚港口到东西高速公路 100 千米连接线项目、孟加拉达卡高架高速公路项目、尼日利亚拉各斯巴达格瑞高速公路项目、尼日利亚铁路现代化项目阿布贾至卡杜纳段项目、尼日利亚阿布贾城市铁路项目、阿尔及利亚 55 千米铁路项目、玻利维亚鲁雷纳瓦克—里韦拉尔塔公路项目、沙特麦麦高铁工程、格鲁吉亚现代化铁路项目、马来西亚四季酒店项目、新加坡轨道项目大士西延长线。全年新签对外承包工程合同 144.93 亿美元，对外承包工程项目完成营业额 43.61 亿美元。

【房地产开发】 中国铁建是 16 家以房地产开发为主业的中央企业之一，逐步形成以北京、上海、广州为核心，以环渤海、长三角、珠三角和西南区域为支柱的房地产业绩支撑体系。截至 2015 年底，房地产业务进入国内 48 个城市，持有开发项目 136 个，规划总建筑面积约 4280 万平方米。根据克而瑞信息集团(CRIC)联合中国房地产测评中心联合发布的《2015 年度中国房地产企业销售 TOP100》排行榜，中国铁建 2015 年度房地产销售金额在全国房地产企业中排名第 19 位，房地产销售面积在全国房地产企业中排名第 18 位，跻身行业 TOP20 强。

【工业制造】 2015 年，中国铁建通过优化配置、政策扶持、增加投入等手段加大结构调整力度，有效促进工业制造产业快速发展，截至年底，拥有中国铁建高新装备有限公司、中国铁建重工集团有限公司、中铁十一局集团汉江重工有限公司、中铁十六局集团建工机械有限公司、中铁十八局集团泵业有限公司、中铁十八局机械有限公司、中铁二十局集团西安工程机械有限公司、中国铁建电气化局集团轨道交通器材有限公司、中国铁建电气化局集团康远新材料有限公司、中国铁建电气化局集团西安电气化制品有限公司、中国铁建电气化局集团科技公司、北京铁五院工程机械有限公司 12 家工业企业。其中中国铁建高新装备有限公司和中铁十六局集团建工机械有限公司分别在北京、河北曹妃甸新建第二产业基地，各项建设工作年内全面启动。2015年，中国铁建系统完成工业总产值109.34亿元，新签合同额117.93亿元，实现利润4.26亿元。

中国铁建具有大型养路机械、盾构(TBM)、铁路铺轨设备、高速铁路运架提设备、起重机械、矿山设备、压实设备、电气化施工设备、高速道岔及弹条扣件、铁路工务器材及接触网导线十大核心技术和500余种产品。其中，大型养路机械设计制造能力亚洲第一、世界第二，国内市场占有率80%以上，长距离大坡度煤矿斜井TBM填补国内空白，流动式高速铁路运架一体机技术国际领先，铁路道岔研制水平国内领先，市场占有率35%以上，高速铁路接触网导线达国内领先水平，拖式振动压路机国内市场占有率60%。

【物流与物资贸易】 截至2015年底，中国铁建拥有遍布国内各大重要城市和物流节点城市的70余个区域性经营网点、133万平方米的物流场地、4万余延长米铁路专用线、32550立方米成品油储存能力，通过完善高效的物流信息化、区域化、市场化服务体系，提供一体化流通服务，并着力推动物流业务转型升级，已发展成为中国铁路总公司两家钢轨服务代理商之一，中国第二大铁路物资供应商，全国最大的工程物流系统服务商。所属中铁物资集团有限公司2015年在中国物流与采购联合会评选的“中国物流企业50强排名”中位列第6位。

（中国铁建股份有限公司）

中国电力建设集团有限公司

概况

中国电力建设集团有限公司(以下简称中国电建)是经国务院批准，于2011年年底在中国水利水电建设集团公司、中国水电工程顾问集团公司和国家电网公司、中国南方电网有限责任公司所属的14个省(市、区)电力勘测设计、工程、装备制造企业基础上组建的国有独资公司。

中国电建是提供水利电力工程及基础设施投融资、规划设计、工程施工、装备制造、运营管理为一体的综合性建设集团，主营业务为建筑工程(含勘测、规划、设计和工程承包)，电力、水利(水务)及其他资源开发与经营，房地产开发与经营，相关装备制造与租赁。此外，受国家有关部委委托，承担了国家水电、风电、太阳能等清洁能源和新能源的规划、审查等职能。集团电力建设(规划、设计、施工等)能力和业绩位居全球行业第一。

中国电建注册资本金300亿元，员工20万人。截至2015年底，公司资产总额5010.31亿元，实现营业收入2838.07亿元、实现利润115.68亿元。

改革发展情况

【概况】 2015年，公司在世界500强企业和中国企业500强排名中，分别位列第253位和第46位，较上年分别提升60位、11位，首次以中国电建名义参与全球250强总承包企业和全球150强设计企业排名，分别位列第7位和第3位，全球三大信用评级机构给予公司“A-”或“A3”长期主体信用评级，荣获中国证券“2015年中国最受投资者尊重的上市公司”、香港《大公报》中国证券金紫荆奖之“最佳上市公司”等奖项。

【年度经营任务全面完成】 2015年，公司全年实现营业收入2838.07亿元，同比增长7.1%；实现利润总额115.68亿元，同比增长5.01%；新签合同4450亿元，同比增长13.2%；年末资产总额达到5010.31亿元，同比增长21.26%；合同存量8193.21亿元，同比增长21.1%。实现经济增加值23.89亿元；资产负债率81.74%；全员劳动生产率达到142.6万元/人·年，同比增长11.9%。

【产业结构与经营布局不断优化】 通过不断巩固传统业务市场，加速相关多元化市场布局，公司业务结构和产业布局不断优化，发展基础不断稳固。

各子企业围绕主业开展相关多元化调整，横向拓宽业务领域、纵向深耕市场空间，实现非传统业务的快速发展。全年非传统业务新签合同1343.72亿元，同比增长23.5%，占比30.3%；完成营业收入752.32亿元，同比增长1.9%，占比26.5%。非传统业务市场空间持续扩大，市场竞争能力持续提升。

在稳定公司利润来源的同时，有效发挥了产业结构调整转型的积极作用。全年实现利润 20.1 亿元，同比增长 28.9%，其中，电力项目实现利润 9.4 亿元。公司控股运营装机规模突破 1000 万千瓦，权益装机规模 840.67 万千瓦。房地产业务全年实现销售额 205.48 亿元，实现营业收入 128.58 亿元，实现利润 13.18 亿元。

财务公司、水环境治理公司、建筑集团、产业基金公司、海投香港公司、航空港建设公司、水务环保等一批新业务公司成立，公司新增长点、新增长极、新增长带加快形成。

【国际业务平稳有序发展】 全年新签合同 1593.45 亿元，占比 35.7%，同比增长 16.6%，完成营业收入 722 亿元，占比 25.4%，同比增长 13%，实现利润 37.28 亿元，占比 32.2%，公司国际竞争力进一步增强。

紧跟国家“一带一路”战略，重点推动了中巴经济走廊和亚洲铁路互联互通一揽子项目，巴基斯坦卡西姆港应急燃煤电站、中老铁路、雅万高铁项目顺利开工。公司在 101 个国家设有 160 个驻外机构，在 116 个国家执行勘测设计咨询、工程承包、装备与贸易供货等合同 1863 项，在建项目合同总金额 6958.9 亿元人民币。

公司与子企业组成联营体模式签订合同额 11.3 亿美元的菲律宾超临界燃煤电站项目，协助融资＋EPC 模式中标合同额 17.17 亿美元的孟加拉国萨拉姆燃煤电站项目和合同额 15.66 亿美元的赞比亚下凯富峡水电站项目，小比例参股＋协助融资＋EPC 模式中标合同额 5.5 亿美元的津巴布韦旺吉电站扩机项目，以 EPC 模式中标巴西美丽山±800 千伏特高压项目三个标段，这是拉美第一条、全球第四条±800 千伏特高压输变电线路。

采取“一项目、一对策”的方式制定实施方案，取得明显成效。强化海外投资带动作用，全年海外新增投资 41.23 亿元，带动海外工程总承包比例占到 6%，海外投资与工程承包的协同效应显现。德国 TLT 公司接管后实现良性可持续发展。

【经营质量继续提升】 端营销引领作用显著。加强与政府、企业及金融机构的对接，统筹协调区域市场开发，推动一大批重大项目落地。全年共签署 17 项战略合作协议，重点对接云南省、西藏自治区、深圳市、成都市、武汉市、济南市等地方政府及铁路总公司、中关村发展集团、西藏开投等相关央地企业，实质性推动深圳市、成都市、武汉市、长沙市、哈尔滨市地铁及玉溪高速公路等项目。

产业链一体化能力得到加强。全年以 BOT、EPC、FEPC、PPP 等模式承揽的较大规模项目金额达 2500 亿元，大型项目包括合同额 268 亿元的中山至开平高速公路 BOT 项目、合同额 143 亿元的杭州大江东产业集聚区基础设施 PPP 项目。全年以工程总承包方式新签合同 1700 亿元。电力勘测设计、工程、装备制造企业主动延伸自身传统优势或依托公司实力积极营销属地化、区域化的基础设施市场，取得积极成效。

顺利通过中国银监会批复成立财务公司，公司金融业务已初具雏形。强化资金集约化管理，深化银企合作，公司授信额度达到 7070.8 亿元。通过统借统还、调剂资金等手段节约各类财务费用 4.06 亿元。各子企业在公司的部署下积极开展金融创新，全年实现权益类融资 142 亿元，同比增幅近 4 倍，直接融资占对外融资总额超过 20%，有效降低融资成本。

治理减亏清欠等工作增加效益。公司全年设备物资集中采购总额达 530.7 亿元，集采率达到 73.5%，投资与建设项目集中招标金额达到 380 亿元，设备采购成本、招标项目成本同比大幅下降。

【体制机制改革深入推进】 瞄准业务结构和区域布局优化目标，实施贵州电建一公司与贵州电建二公司、河南院与海南院、上海装备公司与海南设备厂等 6 组 12 家子企业的重组整合。公司直接管理的子企业数量从成立时的 105 户减少到 84 户。对扭亏无望的子企业实施歇业、退出，吉林电建职工分流安置、在建项目接管等工作平稳推进。

全面推进厂办大集体改革和清理规范关联企业工作，重点对改革进展慢、任务重的单位进行调研督导。全年完成了 47 户厂办大集体改革，清理规范 68 户关联企业。

【基础管理水平持续提高】 法律审核已覆盖公司重要决策、改革改制、经营管理等各个领域，法律管理与中心工作的融合更加紧密，专业支撑价值进一步显现。风险管理与内部控制工作更加扎实有效。对非洲、欧洲、东南亚地区的项目进行审计调研，完成 13 家子企业的领导干部任期经济责任审计。全年累计开展效能监察 419 项，提出整改意见 2158 条，对规范管理、堵塞漏洞起到促进作用。

公司参与的京沪高铁项目荣获国家科技进步特等奖，是公司在非传统业务科技领域取得的最高荣誉，溪洛渡拱坝智能化建设关键技术荣获国家科技进步二等奖，特高边坡工程施工关键技术研究与应用、超深埋隧洞高水压大流量涌水处理技术、南水北调引水工程关键施工技术研究与应用等82项科技成果达到国际领先或国际先进水平。全年获得国家科技进步奖2项、国家级工法25项、省部级科技进步奖208项，获得授权专利1655项。公司系统高新技术企业58家，国家级和省级研发平台达到5家和47家。

全年事故起数、伤亡人数同比分别下降27%和36%，自然灾害事故大幅减少。工程项目验收优良率、境外工程一次验收合格率等指标明显提升，全年共获得鲁班奖4项，其中境外鲁班奖3项，国家优质工程金奖2项，国家优质工程奖4项。

加大对核心人才和转型升级新业务人才的引进和培养力度，实施领军人才队伍与院士培养工作。积极运用选人用人工作"大数据"分析要求。

公司集中采购平台、工程招标平台及具有公司自主知识产权的项目管理信息系统(PRP)建成并投入使用。采用"互联网+能源工程"模式的电建云启动建设，公司信息化基础设施建设进一步加快。

【党群工作水平不断加强】 精心策划组织"三严三实"专题教育，坚持严格标准、问题导向、务求实效，扎实推进不严不实问题整改。精神文明"三创建"、"最美电建人"等活动取得良好效果。海外企业文化管理、对外宣传等工作获得中宣部、国务院国资委等表彰。

组织参加全国电力职工技术成果奖、电力行业企业管理创新优秀成果评选等多项全国技能大赛，并取得良好成绩。

中国电建国际重大工程承包和投融资项目

【摩洛哥光热项目】 5月8日，集团公司签订摩洛哥努奥二期和三期太阳能聚热发电独立电站项目EPC合同。该项目位于摩洛哥东南部瓦尔扎扎特市努奥太阳能发电园区，其中二期装机容量为200兆瓦，采用抛物线槽式太阳能聚热发电技术，三期装机150兆瓦，采用塔式太阳能聚热发电技术，是世界上规划规模最大的塔式太阳能聚热电站项目。这项目总投资为20亿美元的独立电站项目由摩洛哥太阳能管理局、沙特水电公司和西班牙SENER公司共同出资建设，由中国电建集团与西班牙SENER公司联合体EPC总承包。

【阿根廷阿劳科风电项目】 9月17日，中国电建水电顾问与阿根廷拉里奥哈省属阿劳科公共公司签署阿根廷阿劳科风电项目EPC总承包合同，合同金额为3.57亿美元。项目装机104兆瓦，包括2个52兆瓦的风电场和1条110千米的送出线路。该项目获得阿根廷主权担保。

【中国电建国际重大投融资项目】 截至年底，中国电建在境外16个国家实施投资项目33个，其中正式投产运营项目6个，在建项目7个，前期工作20个。2015年新增境外固定资产投资总额41.23亿元，历年累计完成投资总额150.95亿元，其中跨国并购投资总额8.25亿元，固定资产投资总额142.70亿元。

科技发展与创新

2015年，中国电建建立和完善技术创新机制，加大研究开发投入，提高自主创新能力。获得国家级科技进步奖2项，省部级科技进步奖214项，其中公司参建的京沪高速铁路工程荣获2015年国家科学技术进步奖特等奖。年内集团共有87个科技项目获电力建设科学技术进步奖、31项成果获全国电力职工技术成果奖、3项科技成果获中国岩石力学与工程学会科学技术奖。

中国电建重点科技项目（6项）

【京沪高速铁路施工关键技术】 依托京沪高速铁路、南广等高速铁路项目，中国电建集团联合行业相关科研院校开展"京沪高速铁路施工关键技术"专项研究，取得专利31项、国家级工法5项、省部级工法60项、44项课题研究成果、77项各级科技进步奖，发表科技论文272篇。荣获2015年度国家科学技术进步特等奖及"第十二届全国土木工程詹天佑奖"大奖，并入选"改革开放35年百项经典暨精品工程"。

【中国电建"300米级溪洛渡拱坝智能化建设关键技术"】 荣获2015年国家科技进步二等奖。溪洛渡水电站装机容量1386万千瓦，是中国第二、世界第三大水电站，拱坝坝身泄洪流量及泄洪功率、地震设防标准、地下厂房洞室群规模均居世界特高拱坝之首，对安全要求极高。中国电建成都勘测设计院通过深入分析特高拱坝的工作性态、作用机理，研究特高拱坝在实际地震作用下的响应过程，分析特高拱坝面临的施工技术难题，系统建立特高拱坝建设关键技术相关的理论方法，并结合工程实际情况，建立合理的控制标准。从理论、方法、关键技术到成套装备形成了完备的智能化建设体系，取得了一系列原创成果，开创智能高拱坝建设之先河，实现"无缝大坝"的建设目标。主要技术成果在向家坝、白鹤滩、乌东德、藏木等工程推广应用，并获得2015年国家科技进步二等奖。

【特高边坡工程施工关键技术研究与应用】 该

项目形成包括双聚能预裂爆破技术、复杂地质条件下大吨位百米级深长锚索快速锚固成套新技术、高压水冲洗置换技术、水泥基黏度时变性浆液/自密实砂浆/高渗透性环氧浆液等新型灌浆材料等多项新技术，配套研制一批控挖爆破机具、造孔机具、降尘除尘装备，以及长锚索自动下索装置/张拉自动监控系统、边坡施工预警预控管理系统等软件，最终形成国家和行业标准3项，获得发明专利10项、实用新型专利33项、国家级工法4项。研究成果在小湾、锦屏一级、溪洛渡、巴贡等国内外多个大型水电工程特高边坡中成功应用。

【新一代智能变电站设计关键技术】 该项目系统开展整体集成设计、变电站设备集成化、装配式土建结构、基于物联网的远程运维技术等研究，提出新一代智能变电站的模块划分原则等全套设计方案，以及有源电子互感器抗暂态过电压等配套措施，提高变电站的集成度，实现智能变电站二次系统直接，解决暂态过电压对电子互感器的干扰问题。相关研究成果纳入14项国家、行业和国家电网标准，获得发明专利2项、实用新型专利6项。该成果在福建上杭龙翔220千伏变电站等工程中得到应用，全面提升了我国智能变电站整体设计水平与整体性能。经专家鉴定，研究成果总体达到国际领先水平。

【风光储电站系统设计技术研究与应用】 该项目提出满足平滑风光出力波动、跟踪计划出力和削峰填谷的大型风光储电站容量配比方法，提出风光储系统站内集电网络的优化布置方法，并提出配套监控、保护配置、消防、安全、采暖和给排水等专题设计原则，形成大型风光储电站成套设计体系，分布式微网系统方面，提出分布式风光储微网系统的容量配置优化方法及控制策略，研究制定七种典型系统的并网方案，形成分布式风光储微网系统的一体化设计技术。该项形成多项发明和实用新型专利，成果在依托工程中成功应用，经济社会效益显著。经专家鉴定，研究成果总体达到国际先进水平，其中大型风光储电站设计技术居于国际领先水平。

【中国电建承担的国家863计划——海上风电课题通过科技部验收】 1月23日，中国电建所属水电顾问集团承担的863计划先进能源技术领域“海上风电场建设关键技术研究”主题项目“海上风资源、海况及地质勘测测量技术研究”课题顺利通过科技部高技术中心专家组验收。该课题以大唐莱州湾海上风电场项目为研究对象，建立海上风资源测量、海洋水文和环境条件测量示范平台，解决存在于海上风电场工程勘测、设计、建设等关键技术难题。此课题的完成将推动中国海上风电场的建设步伐，并进一步促进国内风电机组制造、设计、施工、运营行业的整体技术发展，为我国风电场大规模建设奠定坚实的基础。

（中国电力建设集团有限公司）

中国有色矿业集团有限公司

2015年度经济指标情况

【2015年度经济指标完成情况】 截至2015年底，中国有色矿业集团有限公司(以下简称“集团公司”)资产总额达到1255.35亿元，同比增长4.5%，全年累计生产主要有色金属产品156.31万吨，同比下降4.6%，实现营业收入1708.66亿元，同比下降8.9%，全年经营活动产生现金净流入51.01亿元，同比增加84.2%，应收账款、存货占用资金同比下降4.3%，整体财务状况保持稳健态势。

从主要经济指标来看，“十一五”末资产总额、营业收入、有色金属产量分别为528亿元、455亿元和51.8万吨，截至2015年底，集团公司资产总额、营业收入、有色金属产量分别为1255亿元、1709亿元和156.31万吨，分别是“十一五”末的2.38倍、3.76倍和3.02倍。

2015年7月22日，财富中文网与全球同步发布了最新的《财富》世界500强排行榜。中国有色集团继2013年首次上榜(位列482位)之后，连续第三年跻身“世界500强”，位列390位。较2014年上升8位。集团公司成功跻身“国家创新型企业”和世界500强企业行列。

【建筑指标变动趋势及主要影响因素】 受全球经济放缓，工程承包市场低迷影响，对工程承包板块业务产生较大不利影响，集团公司所属建筑工程类企业外拓市场，内挖潜力，盈利能力有所提升，2015年，工程承包市场萎缩、竞争加剧，各工程类企业加快在建项目的实施进度，大力提高优质工程，争得业主认可和好评，同时致力巩固和拓展传统市场，积极开发新兴市场，发挥自身品牌优势，不断优化业务结构，狠抓工程质量促进承包业务稳步提升。建筑工程业务全年累计新签合同额98.87亿元，其中国外工程合同额27.28亿元。工程承包业务收入为117.52亿元人民币，同比增长11.9%，占汇总营业收入比例为6.9%，工程业务毛利14.63%，同比上升12.5%，工程业务毛利率12.4%，同比上升0.1个百分点。2015年，在国内工程承包市场大幅萎缩、竞争加剧的不利环境下，集团公司努力发挥品牌优势，国内工程项目平稳增长，同时，在实施“走出去”战略中，充分发挥在国际工程承包领域的传统优势和品牌效应，依托在手项目不断加强业务拓展，沿“一带一路”国家国外工程总承包同比有较快增长。

建筑工程业务板块新签合同额2015年出现大幅下降，主要是经济放缓及国际承包市场萎缩所致，而2015年均营业收入和毛利出现同比增长，主要原因是集团公司在国内、国际工程承包市场急剧竞争的环境下，依托在手项目不断加强业务拓展，同时充分挖掘和开拓国外建筑工程市场，通过巩固传统市场、开发新兴市场，增强合同履约能力，加快在建项目的实施进度等措施不断优化业务结构，在国内、国际两个市场中站稳脚跟，挖潜增效提升工程业务盈利和项目管理水平，确保工程承包业务走出低谷，稳健发展。

企业基本情况

【概况】 2015年，世界经济深度调整，国内经济增速下调，有色行业产能过剩、供过于求的矛盾愈发凸显，价格下跌至历史低位，有色企业陷入全行业亏损。面对异常严峻的宏观经济形势和行业亏损态势，集团公司加强组织领导，严格落实责任，带领各出资企业凝心聚力、攻坚克难，多措并举保增长。

【重点企业】 中色股份积极践行“一带一路”和国际产能合作战略，国际工程承包业务收入和毛利分别同比增长超过80%和60%。承建的哈铜巴夏库项目被哈萨克斯坦总统纳扎尔巴耶夫授予国家级最佳工业项目金鹰质量大奖，主要经济指标逆势增长，成为集团公司提质增效的“领头羊”。中国十五冶荣获“全国优秀施工企业”称号，同时稳步推进产业结构调整，矿业等新产业营业额占比达40%，初步形成新的产业支柱。与近300家中央企业及其子企业取得联系，为下一步打开市场奠定一定基础。经过努力，全年共承接国内外13个亿元以上大项目，同时新开发保利集团、中国诚通、中船重工、特变电工等几大新客户。鑫诚监理进一步提升项目管理能力，监理的8项工程获得部级优质工程奖。铜冶炼公司克服硫酸价格下跌、增值税拖期返还、结算货币大幅贬值等困难，积极开拓硫酸市场，加大对当地政府的公关力度，减少税收占款和汇兑损失，不断优化生产组织，艾萨炉多项指标均达到历史最好水平，继续保持较好的经济效益。中色奥博特面对空调厂商加大去库存力度、铜管需求锐减的严峻形势，积极采取“稳大保重点，抓大不放小”的营销策略，市场开拓成效显著，位居美的、格力全部供货商的第一、第二位，成为国内铜深加工领域的标杆企业。湿法公司面对电力短缺等不利因素，在逆境面前开辟新路，精心统筹、合理调度位于赞比亚和刚果(金)的3个冶炼厂的生产，确保采选与冶炼的有效衔接，阴极铜产量同比增长超过30%。中色镍业通过优化生产工艺，实现电炉炉况长期稳定的重大突破，吨镍生产成本同比下降近2000美元，在镍价极度低迷和产品限售的情况下仍能保持盈利，全年实现利润过亿元。大冶有色全年实现营业收入创历史新高，所属的鑫鹰环保科技公司成功在“新三板”挂牌，资本运营和结构调整取得积极进展。

【改革与发展】 2015年，集团公司主动适应国内经济“新常态”和有色行业周期性调整的大趋势，贯彻落实《中共中央、国务院关于深化国有企业改革的指导意见》，加快处置低效无效资产，改善产业结构，本着“有进有退、进退有序”的原则，扎实稳妥地推进结构调整。以“瘦体强身、剪去病枝、轻装上阵”为目的，积极稳妥地推进低效无效资产处置，为摆脱低效无效资产的拖累，尽快实现扭亏脱困争取条件。进一步优化主业结构，主动收缩一批收益低、周期长、质量差的业务，三大主业整体质量有所改善，结构更趋均衡合理。盘活存量资产，去库存效果明显。2015年底的存货金额同比减少了4.98亿元，产成品存货同比减少9.1亿元，降幅分别达到2.4%和14.1%，有效释放运营资金。推进重点项目，优化产业布局。将国际市场特别是中南部非洲地区作为优化资源配置、提质增效的主战场，利用矿业低谷时期，与有关方面签署重大项目的合作备忘录，该项目建成后有望成为集团公司在中南部非洲最大的资源开发项目，对集团公司未来发展将形成强劲的支撑。坚持管理强企，不断夯实发展根基。进一步树立“基于形势看问题、遵循规律办企业”的改革发展理念，初步形成“调结构、抓资源、做强做优做大，控风险、强管理、依法依规治企”的战略共识。积极开展“十三五”发展规划编制工作，为改革发展提供战略指引。着力加强对在建项目的设计方案、招投标、建设网络计划、竣工决算和验收等环节的管控，逐步开展项目后评价，提高建设项目管理效果。坚持科技创新，着力增强内生动力。推进科技创新支撑体系和平台建设，集团公司系统总结并示范推广海外资源开发产学研联合攻关的组织及管理模式，首次荣获中国产学研合作创新成果二等奖，科技项目申报与验收进展顺利，集团公司及出资企业申报省部级及以上科技项目 84 项，获批项目 39 项，获得经费 1847 万元，科技成果获得多项奖励，集团公司获授权专利 169 项，其中发明专利 62 项，制定国家和行业标准 23 项。2015 年度集团公司及出资企业共有 16 项科技成果获中国有色金属工业科技进步奖，其中：一等奖 3 项、二等奖 9 项、三等奖 4 项。

在建筑业方面，集团公司牢牢把握“一带一路”建设的战略契机，发挥“走出去”战略排头兵作用，加大境外工程承包业务开发力度，把国内建筑市场的能力过剩积极向海外市场转型发展，同时借助海外发展成熟的国家和区域据点企业的辐射和带动效应，充分发挥公司在“一带一路”沿线国家优先布局的战略优势，在巩固传统市场的基础上，加大新市场开拓，重点开拓潜力大、国别风险小的新兴市场，适时进入发达国家市场。公司将着力培育和策划新的境外大型项目，有效拓展国际建筑工程的业务范围、品种和类型。

建筑工程企业积极开拓国内国外两个市场，项目管理水平和工程质量不断提升。中国十五冶秉承“铁军”精神，充分挖掘国内建筑工程市场，积极开拓海外市场。经过不懈努力，中国十五冶全年共承接国内外亿元以上大项目 13 个，同时借船出海，发挥老客户良好合作优势，与大客户共同走出去开拓工程承包市场取得良好效果。中色股份在美国《工程新闻纪录》(ENR)上名列第 171 名，较 2014 年大幅提升 73 位。同时工程承包规模、利润增长迅速，项目国别丰富，形成中东地区、中北亚地区，中南非洲地区以及中国周边地区几大主要市场区域，所涉行业广泛，工程承包跨出有色金属行业，涉及化工业、民用建筑、供水工程等领域，工程承包规格提升，中色股份在巴夏库和阿克托盖大项目上实施 P6 管理，业务水平再上一个新台阶。

“一带一路”各重大项目情况

【概况】 重点项目稳步推进，发展后劲不断增强。“十二五”以来，集团公司先后完成缅甸达贡山镍矿、中色卢安夏穆利亚希湿法项目、铜冶炼公司二期矿产项目、刚果(金)马本德项目等境外重点项目建设，积极打造“走出去”新的支撑点。同时，完成大冶有色矿山扩能改造项目、中色奥博特压延铜箔项目等国内重点项目建设，形成一批推动企业持续发展的增长点，努力把集团公司的项目优势、资源优势转化成为经济优势、发展优势，为企业的发展积蓄后劲。

【缅甸达贡山镍矿项目】 该项目为镍矿山采选—火法冶炼联合项目，由所属企业中色镍业有限公司投资开发建设，是国家“十一五”时期重点对外投资项目，是中缅两国合作的第一个大型矿业开发项目。项目年产镍铁含镍金属量约 2.2 万吨，投资总额超 10 亿美元，于 2009 年 1 月开工建设，2010 年 12 月输电线路完成施工并一次性送电成功。2012 年 10 月 1 号生产线投产。2013 年 12 月全面竣工投产。运营情况良好。

【蒙古国图木尔廷敖包锌矿】 该项目为矿山采选项目，由集团公司控股的中国有色金属建设股份有限公司(以下简称中色股份)与蒙古 Metalimpex 有限公司合资成立蒙古鑫都矿业有限公司共同开发，中方持股 51%，蒙方持股 49%。项目设计能力为年采选矿石 30 万吨，2015 年产锌精矿 6.6 万吨(含锌 3.3 万吨)，于 2003 年 10 月开工，2005 年 8 月建成投产，产品全部运回国内，被时任中国国家主席胡锦涛和蒙古时任总统恩赫巴亚尔称为“中蒙合作的典范”，是蒙古国“十强”企业。项目运营情况良好。

【塔吉克斯坦帕鲁特金矿项目】 该项目为金矿山采选—冶炼联合项目，由英国上市的集团公司子公司中色国际控股的科瑞索资源股份有限公司投资开发建设，采矿规模 4000 吨/日，达产期平均年产成品金 3.41 吨，总投资 30769 万美元，其黄金冶炼厂投料试生产，并于 2015 年 12 月生产出了第一批金锭。

【哈萨克铜业公司巴夏库铜矿选厂项目】 集团公司所属企业中色股份向哈萨克铜业公司提供设备材料供货、设备安装、土建施工等工程承包服务，建设哈萨克铜业公司位于巴夏库的铜矿选厂项目。巴夏库铜矿硫化矿选厂处理矿石能力为 2500 万吨/年、粘土矿选厂处理矿石能力为 500 万吨/年，共计 3000 万吨/年，服务年限不少于 40 年。

（中国有色矿业集团有限公司）

附　　录

示范名录

2015年国家生态园林城市、园林城市、县城和城镇命名名单（按行政区划排序）

一、国家生态园林城市(共7个)

徐州市、苏州市、昆山市、寿光市、珠海市、南宁市、宝鸡市

二、国家园林城市(共46个)

河北沧州市

内蒙古呼和浩特市、乌海市、扎兰屯市、乌兰察布市

辽宁鞍山市

吉林集安市、珲春市

黑龙江大庆市、同江市、黑河市

江苏新沂市、东台市、大丰市、扬中市、靖江市

浙江临安市、温州市、龙泉市

安徽蚌埠市、宿州市、宣城市、宁国市

山东枣庄市、滕州市

河南开封市、林州市、邓州市

湖北大冶市、孝感市、应城市、松滋市、黄冈市、赤壁市、潜江市、天门市

广西钦州市、玉林市

四川阆中市

云南曲靖市、大理市

甘肃嘉峪关市、玉门市

宁夏石嘴山市

新疆阜康市、博乐市

三、国家园林县城(共78个)

河北高邑县、滦南县、永年县、鸡泽县、南和县、滦平县、宽城满族自治县、肃宁县、固安县

山西沁源县、阳城县、左权县、昔阳县、洪洞县

内蒙古鄂托克旗、乌审旗、伊金霍洛旗

吉林镇赉县

江苏泗阳县

浙江淳安县、新昌县、开化县、玉环县

安徽芜湖县、霍山县、蒙城县、利辛县

福建永春县

江西德安县、分宜县、峡江县、奉新县、上高县

山东高青县、垦利县、昌乐县、泗水县、沂南县、兰陵县、东阿县、高唐县、单县、巨野县

河南兰考县、伊川县、滑县、武陟县、清丰县、社旗县、睢县

湖北远安县、公安县

湖南平江县、汝城县

广西平果县、乐业县

重庆丰都县、忠县、巫溪县、秀山土家族苗族自治县

四川郫县、北川羌族自治县

云南腾冲县

陕西眉县、合阳县、黄龙县、黄陵县、镇巴县、佛坪县、神木县、汉阴县、石泉县、平利县

甘肃高台县

宁夏平罗县

新疆呼图壁县、吉木萨尔县、和静县

四、国家园林城镇(共11个)

山西娘子关镇、巴公镇

江苏薛家镇、碧溪镇、南丰镇、千灯镇、菱塘回族乡

江西双林镇

河南新中镇、小关镇

陕西周原镇

（来源：住房城乡建设部《关于2015年国家生态园林城市、园林城市、县城和城镇的通报》建城〔2016〕16号）

第一批中国历史文化街区名单

1. 北京市皇城历史文化街区
2. 北京市大栅栏历史文化街区
3. 北京市东四三条至八条历史文化街区
4. 天津市五大道历史文化街区
5. 吉林省长春市第一汽车制造厂历史文化街区
6. 黑龙江省齐齐哈尔市昂昂溪区罗西亚大街历史文化街区
7. 上海市外滩历史文化街区
8. 江苏省南京市梅园新村历史文化街区
9. 江苏省南京市颐和路历史文化街区
10. 江苏省苏州市平江历史文化街区
11. 江苏省苏州市山塘街历史文化街区
12. 江苏省扬州市南河下历史文化街区
13. 浙江省杭州市中山中路历史文化街区
14. 浙江省龙泉市西街历史文化街区
15. 浙江省兰溪市天福山历史文化街区
16. 浙江省绍兴市蕺山(书圣故里)历史文化街区
17. 安徽省黄山市屯溪区屯溪老街历史文化街区
18. 福建省福州市三坊七巷历史文化街区
19. 福建省泉州市中山路历史文化街区
20. 福建省厦门市鼓浪屿历史文化街区
21. 福建省漳州市台湾路-香港路历史文化街区
22. 湖北省武汉市江汉路及中山大道历史文化街区
23. 湖南省永州市柳子街历史文化街区
24. 广东省中山市孙文西历史文化街区
25. 广西壮族自治区北海市珠海路-沙脊街-中山路历史文化街区
26. 重庆市沙坪坝区磁器口历史文化街区
27. 四川省阆中市华光楼历史文化街区
28. 云南省石屏县古城区历史文化街区
29. 新疆维吾尔自治区库车县热斯坦历史文化街区
30. 新疆维吾尔自治区伊宁市前进街历史文化街区

(来源：住房城乡建设部　国家文物局《关于公布第一批中国历史文化街区的通知》建规〔2015〕51号)

国家城市湿地公园

山西省孝义市胜溪湖城市湿地公园
黑龙江省五大连池火山城市湿地公园
浙江省湖州市吴兴西山漾城市湿地公园
四川省阆中古城湿地公园为国家城市湿地公园

(来源：住房城乡建设部《关于公布国家城市湿地公园的通知》建城〔2015〕42号)

第三批美丽宜居小镇、美丽宜居村庄示范名单

美丽宜居小镇示范(42个)：

北京市延庆区千家店镇
天津市蓟县穿芳峪镇
内蒙古自治区阿拉善盟阿拉善右旗巴丹吉林镇
辽宁省盘锦市大洼县赵圈河镇
吉林省通化市辉南县金川镇
黑龙江省牡丹江市东宁县道河镇
上海市奉贤区庄行镇
上海市浦东新区唐镇
江苏省苏州市吴江区震泽镇
江苏省盐城市东台市安丰镇
江苏省淮安市洪泽县老子山镇
浙江省嘉兴市桐乡市乌镇镇
浙江省湖州市德清县莫干山镇
浙江省衢州市江山市廿八都镇
安徽省宣城市泾县桃花潭镇

安徽省黄山市歙县深渡镇
安徽省池州市石台县七都镇
福建省泉州市永春县岵山镇
江西省宜春市袁州区温汤镇
江西省宜春市高安市华林山镇
山东省威海市乳山市海阳所镇
山东省青岛市胶州市李哥庄镇
河南省南阳市方城县拐河镇
湖北省黄冈市罗田县九资河镇
湖北省随州市随县长岗镇
湖南省郴州市资兴市黄草镇
湖南省衡阳市珠晖区茶山坳镇
湖南省长沙市望城区乔口镇
广东省广州市增城区派潭镇
广西壮族自治区崇左市大新县硕龙镇
广西壮族自治区桂林市龙胜各族自治县龙脊镇
海南省琼海市万泉镇
重庆市涪陵区武陵山乡
四川省绵阳市三台县芦溪镇
四川省广元市朝天区羊木镇
贵州省安顺市西秀区旧州镇
云南省保山市隆阳区潞江镇
陕西省汉中市洋县华阳镇
陕西省汉中市镇巴县杨家河镇
陕西省延安市宝塔区枣园镇
青海省海南藏族自治州贵德县河阴镇
新疆维吾尔自治区伊犁哈萨克自治州伊宁市巴彦岱镇

美丽宜居村庄示范(79个)：

北京市门头沟区妙峰山镇炭厂村
北京市顺义区龙湾屯镇柳庄户村
天津市蓟县下营镇郭家沟村
天津市宁河县岳龙镇小闫村
天津市宝坻区八门城镇欢喜庄村
天津市蓟县穿芳峪镇小穿芳峪村
天津市宝坻区八门城镇东走线窝村
天津市宝坻区黄庄镇小辛码头村
河北省唐山市迁安市大五里乡山叶口村
河北省石家庄市栾城区柳林屯乡柳林屯村
山西省晋城市高平市石末乡侯庄村
内蒙古自治区通辽市科尔沁左翼中旗花吐古拉镇浩日彦艾勒嘎查
辽宁省朝阳市建平县万寿街道小平房村
辽宁省本溪市桓仁满族自治县雅河乡湾湾川村
辽宁省鞍山市立山区大孤山镇上石桥村
吉林省白城市镇赉县坦途镇特力村
黑龙江省牡丹江市宁安市渤海镇梁家村
黑龙江省绥化市安达市青肯泡乡农义村
上海市青浦区朱家角镇张马村
江苏省南京市江宁区江宁街道牌坊村
江苏省苏州市常熟市虞山镇梦兰村
江苏省无锡市宜兴市湖㳇镇张阳村
江苏省常州市溧阳市溧城镇八字桥村
江苏省镇江市丹阳市开发区建山村
浙江省杭州市余杭区径山镇径山村
浙江省湖州市安吉县昌硕街道双一村
浙江省湖州市南浔区和孚镇荻港村
浙江省绍兴市新昌县镜岭镇外婆坑村
浙江省杭州市桐庐县分水镇新龙村
浙江省衢州市江山市大陈乡大陈村
安徽省铜陵市铜陵县胥坝乡群心村
安徽省芜湖市繁昌县孙村镇中分村
安徽省芜湖市芜湖县陶辛镇后沙村
福建省泉州市永春县岵山镇茂霞村
福建省宁德市福安市溪潭镇廉村
福建省宁德市蕉城区霍童镇邑坂村
福建省三明市永安市曹远镇霞鹤村
江西省新余市渝水区良山镇下保村
江西省吉安市青原区富田镇匡家村
江西省抚州市黎川县华山场洲湖村
江西省南昌市南昌县三江镇三江前后万村
山东省济南市历城区西营镇藕池村
河南省开封市金明区水稻乡孙庄村
湖北省黄石市大冶市金湖街道办上冯村
湖北省随州市广水市武胜关镇桃源村
湖北省宜昌市远安县嫘祖镇金桥村
湖北省孝感市汉川市马鞍乡黄龙村
湖南省湘西州花垣县排碧乡十八洞村
湖南省长沙市望城区白箬铺镇光明村
湖南省怀化市芷江侗族自治县水宽乡拾担村
湖南省怀化市会同县高椅乡高椅村
湖南省娄底市新化县水车镇正龙村
广东省清远市佛冈县龙山镇上岳村
广东省惠州市惠城区三栋镇鹿颈村
广西壮族自治区桂林市恭城瑶族自治县莲花镇竹山村
广西壮族自治区桂林市平乐县沙子镇渡河村
广西壮族自治区贺州市富川瑶族自治县福利镇茅厂屋村
广西壮族自治区南宁市西乡塘区石埠街道忠

良村

广西壮族自治区桂林市龙胜各族自治县泗水乡周家村

重庆市城口县东安镇兴田村

重庆市永川区何埂镇丰乐村

四川省甘孜藏族自治州丹巴县聂呷乡甲居一村

四川省阿坝藏族羌族自治州理县桃坪乡桃坪村

四川省凉山彝族自治州冕宁县复兴镇建设村

贵州省安顺市西秀区旧州镇浪塘村

贵州省黔南布依族苗族自治州三都水族自治县都江镇怎雷村

贵州省黔东南苗族侗族自治州黎平县茅贡乡地扪村

贵州省安顺市西秀区七眼桥镇云山屯村

云南省大理州漾濞县苍山西镇光明村

云南省丽江市永胜县期纳镇清水村

陕西省商洛市柞水县营盘镇朱家湾村

陕西省榆林市佳县坑镇赤牛坬村

陕西省安康市平利县城关镇龙头村

陕西省汉中市西乡县沙河镇枣园村

青海省海南藏族自治州贵德县河阴镇杏花村

青海省黄南藏族自治州同仁县扎毛乡扎毛村

新疆维吾尔自治区吐鲁番市高昌区亚尔镇亚尔村

新疆维吾尔自治区伊犁哈萨克自治州尼勒克县乌拉斯台乡乌拉斯台村

新疆维吾尔自治区巴音郭楞蒙古自治州焉耆县七个星镇霍拉山村

（来源：住房城乡建设部《关于公布第三批美丽宜居小镇、美丽宜居村庄示范名单的通知》建村〔2016〕13号）

获奖名单

2015年中国人居环境奖获奖名单

（一）综合奖

1. 江苏省常州市
2. 江苏省宿迁市
3. 河南省济源市

（二）范例奖

1. 上海市嘉定区新城核心区生态系统规划建设项目
2. 上海市徐汇区滨江工业旧址改建公共开放空间项目
3. 江苏省南京市滨江带建设工程
4. 江苏省南京市高淳区桠溪国际慢城建设项目
5. 江苏省徐州市九里湖采煤塌陷区生态修复项目
6. 江苏省太仓市浏河镇特色小城镇建设项目
7. 浙江省海宁市住房保障体系建设项目
8. 浙江省宁波市粪便无害化处理及资源化利用项目
9. 浙江省绍兴市供水管网漏损控制项目
10. 浙江省绍兴市规范建筑泥浆管理利用项目
11. 浙江省湖州市三大综合性公园建设项目
12. 浙江省龙泉市“中国青瓷小镇”建设项目
13. 浙江省仙居县永安溪绿道建设项目
14. 福建省漳州市西环城路景观整治提升暨绿道建设工程
15. 山东省济南市山体生态修复暨山体公园建设项目
16. 山东省青岛市高实馨城公共租赁住房项目
17. 山东省青岛市环卫物流园建设项目
18. 山东省济宁市农村环境综合整治项目
19. 河南省洛阳市数字化城市管理系统建设项目
20. 河南省信阳市平桥区五里店办事处郝堂村新农村建设项目
21. 湖北省荆门市数字化城市管理项目
22. 广东省珠海市横琴新区综合管廊建设项目

23. 广东省珠海市香洲区社区体育公园规划建设项目

24. 重庆市巫溪县大宁古城旧城改造项目

25. 四川省宜宾市全域数字化城市管理项目

26. 四川省郫县沱江河综合整治项目

27. 云南省昆明市城市公园雨水处理及资源化利用项目

28. 云南省昆明市中心城区综合交通体系规划项目

29. 云南省昆明市数字化城市管理模式创新项目

30. 新疆维吾尔自治区泽普县生态保护及城市绿化项目

31. 内蒙古自治区呼和浩特市成吉思汗公园生态节约型景观治理项目

（来源：住房城乡建设部《关于2015年中国人居环境奖获奖名单的通报》建城〔2016〕1号）

2014～2015年度中国建设工程鲁班奖（境外工程）获奖工程名单

（排名不分先后）

序号	工程名称	承建单位	参建单位
1	赞比亚卢萨卡体育场	上海建工集团股份有限公司	
2	加纳国家社保大楼工程	华山国际工程公司	
3	拉斯海马谢赫利发特护医院	中国建筑股份有限公司	
4	毛里求斯SSR国际机场扩建项目	中国建筑股份有限公司	国都建设(集团)有限公司
5	阿尔及利亚特莱姆森万丽酒店	中国建筑股份有限公司	
6	老挝万象亚欧峰会大酒店	云南建工集团有限公司	
7	阿尔及利亚奥兰省法院	中鼎国际工程有限责任公司	
8	新加坡馨风阁住宅工程	青建集团股份公司	
9	国基理想城(PROJECTO INTAKA)项目一期	河南国基建设集团有限公司	河南国基装饰工程有限公司
10	大湄公河次区域南北经济走廊国际交通工程项目(会晒—清孔)	中铁五局(集团)有限公司	
11	斯里兰卡机场高速公路工程	中国二十冶集团有限公司	
12	赞比亚谦比希铜矿西矿体开拓基建工程	金诚信矿业管理股份有限公司	
13	伊拉克艾哈代布油田地面建设EPCC项目	中国石油工程建设公司	
14	斯里兰卡汉班托塔港发展项目一期工程	中国港湾工程有限责任公司	中交第四航务工程局有限公司 中交四航局第二工程有限公司
15	阿曼萨拉拉“五拖二”445MW燃气蒸汽联合循环机组工程	山东电力建设第三工程公司	
16	泰国友农实业有限公司乌泰他尼府日榨甘蔗12000吨及日回熔糖700吨新糖厂	广西建工集团第一安装有限公司	
17	香港启德1A第一、第二期公屋发展项目	中国建筑工程(香港)有限公司	
18	博茨瓦纳大学450床位教学医院	正太集团有限公司	
19	澳门关闸边检大楼建造及扩建工程	中国土木工程(澳门)有限公司	新高艺工程有限公司 殷理基集团有限公司
20	加纳共和国UPSA大学学生公寓楼项目	华山国际工程公司	
21	明斯克北京饭店工程	北京住总集团有限责任公司	北京住总第四开发建设有限公司 北京住总装饰有限责任公司

续表

序号	工程名称	承建单位	参建单位
22	越南胡志明市维斯塔(The Vista)工程	中国建筑股份有限公司	中建二局安装工程有限公司
23	赞比亚国家公务员住房(银憩花园)项目一期工程	河南国基建设集团有限公司	河南省豫南园林绿化有限责任公司
24	新加坡美登苑住宅工程	青建集团股份公司	
25	酋长路升级改造工程二期/一阶段	中国建筑股份有限公司	
26	毛里塔尼亚努瓦迪布新矿石码头工程	中国水电建设集团港航建设有限公司	
27	斯里兰卡汉班托塔国际机场发展项目	中国港湾工程有限责任公司	中交第四航务工程局有限公司 中交第三工程局有限公司
28	白俄罗斯别列佐夫电站项目	中国机械设备工程股份有限公司 川铁国际经济技术合作有限公司 河北省电力建设第一工程公司	
29	斯里兰卡普特拉姆二期2×300MW燃煤电站工程	河南第一火电建设公司	
30	老挝东泰钾盐矿验证工程	中国恩菲工程技术有限公司 金诚信矿业管理股份有限公司 云南建工集团有限公司	
31	姆米尔斯供水扩建工程第六标段	江西中煤建设集团有限公司	

(中国建筑业协会提供)

第十四届全国优秀工程勘察设计奖金质奖获奖项目名单

(51项)

序号	项目名称	项目主要参加单位	项目主要参加人员
1	国家体育场岩土工程勘察、水文地质勘察及基础设计分析咨询	北京市勘察设计研究院有限公司	张在明　沈小克　周宏磊　唐建华　孙保卫　李　立　沈　滨　孙长斌　李根义　于　玮　李　军　韩　煊　冯红超　陈爱新　王慧玲
2	上海环球金融中心岩土工程勘察、监测及基坑降水设计施工	上海岩土工程勘察设计研究院有限公司	顾国荣　张晓沪　许丽萍　陈　晖　罗建军　黄永进　褚伟洪　袁雅康　莫群欢　姚天强　褚平进　魏建华　孙　莉　张国强　陈　波
3	石太客运专线太行山越岭地区工程地质勘察	铁道第三勘察设计院集团有限公司	许再良　王俊峰　赵建峰　李志华　徐永明　李国和　荆志东　甄庆廷　韩会勋　姜贤平　孙海富　陈则连　赵凤林　唐文军　王子武
4	1000kV晋东南一南阳一荆门特高压交流试验示范工程输电线路岩土工程勘测	中国电力工程顾问集团公司 华北电力设计院工程有限公司 中南电力设计院 华东电力设计院 东北电力设计院 西北电力设计院 西南电力设计院	于　刚　梁政平　高文龙　余铁稳　曹卫东　陆武萍　邵　峰　宋金志　王中平　李振华　江兆云　湛　川　别传炎　周序明　闻久成
5	西安财经学院新校区一期工程岩土工程勘察、试坑浸水试验及复合载体夯扩桩静载试验	机械工业勘察设计研究院	张　炜　夏玉云　张苏民　王国梁　石怀清　张继文　戚长军　吕雪漫　张玉守　胡双节　高术孝　张本俊　刘雅众　周　兰　党立平

续表

序号	项目名称	项目主要参加单位	项目主要参加人员
6	深圳港铜鼓航道、西部港区公共航道工程及大铲湾港区（一期）工程	深圳市勘察测绘院有限公司	张文华 丘建金 张先亮 聂云华 周清和 万国治 张 波 谢昭宇 陈安平 覃志毅 蔡学文 李继民 王 硕 易宙子 李爱国
7	黄河小浪底水利枢纽工程地质勘测	黄河勘测规划设计有限公司	李清波 路新景 赵 颇 马国彦 周益民 乔来禄 董遵德 杨炳炎 李明俊 王登科 葛 勇 王宝成 郭玉松 易学文 刘建周
8	南水北调中线十线工程施工控制网测量	长江勘测规划设计研究有限责任公司	杨爱明 汪易森 严建国 郑征宇 姜本海 丁 涛 杨成宏 陆望明 周传松 王志平 邓小川 李国义 赵风雷 吴尚科 姜文斌
9	平朔煤炭工业公司安家岭露天煤矿	中煤国际工程集团沈阳设计研究院	李慧智 马培忠 高仁义 孙 晓 张占彪 邵 珂 关家祥 郑友毅 师恩奎 黄劲松 张福思 王山立 齐 颖 徐永胜 张玉珍
10	上海外高桥第三发电厂工程	华东电力设计院	陈胜明 赵 虎 陈仁杰 袁 因 林 磊 叶勇健 于梦军 张 熠 侯新建 陶黎峰 丁 珞 陈 斌 陈 健 冯丽敏 林 涛
11	1000kV 晋东南—南阳—荆门特高压交流试验示范工程	中国电力工程顾问集团公司 华北电力设计院工程有限公司 中南电力设计院 华东电力设计院 东北电力设计院 西北电力设计院 西南电力设计院	汪建平 于 刚 吴 云 梁政平 孙寿广 彭开军 俞 正 周大吉 李宝金 李勇伟 薛更新 高 选 倪 敏 张国良 吴建生
12	通辽发电厂三期工程	东北电力设计院	郭晓克 吕祥涛 詹 扬 肖 峰 杨晓杰 张秀颜 杨 眉 王海鹤 袁 泉 刘 杉 惠 超 崔占忠 王树昌 侯淑莲 石志奎
13	岭澳核电站一期工程设计	中国核电工程有限公司 广东省电力设计研究院	唐红键 刘 巍 彭雪平 杨传德 罗必雄 邢馥吏 陆文定 姜 宏 朱 明 张吉富 朱光涛 张超琦 黄艳君 陈 功 刘 辉
14	黄河小浪底水利枢纽设计	黄河勘测规划设计有限公司	林秀山 沈凤生 景来红 罗义生 高广淳 潘家铨 杨法玉 徐复新 涂启华 刘善美 金树训 刘贻笔 牛广尧 王庆明 王晓峰
15	贵州北盘江光照水电站工程设计	中国水电顾问集团贵阳勘测设计研究院	陈能平 龙起煌 王洪军 雷声军 韦晓明 梁锐锋 熊 军 兰春杰 陈毅峰 王志强 卢昆华 王 勇 严 军 张爱萍 刘 欣
16	沧州大化年产 5 万吨 TDI 项目	赛鼎工程有限公司	闫少伟 张俊杰 李改英 陆宏玮 田怀成 贾保忠 刘 敏 王 威 端木瑾 王彩霞 田晓钧 霍红伟 杨富荣 王月玲 李朝伟
17	青海盐湖工业集团股份有限公司 100 万吨/年氯化钾项目	中蓝连海设计研究院（原化工部连云港设计研究院） 化工部长沙设计研究院 青海盐湖工业集团股份有限公司	李小松 范忠华 刘小力 李灿先 陆立勇 李浩放 童阳春 童鸿频 孙亚非 廖鹏飞 赵得元 陈 文 鲁 伟 黄 龙 蔡珍友
18	中国石化海南炼油化工有限公司 800 万吨/年炼油工程	中国石化工程建设公司	刘家明 孙丽丽 赵伟凡 郑立军 马庚宇 袁毅夫 吴 雷 李 浩 苏 洪 张迎凯 叶向东 张 勇 蹇江海 刘永芳 丘 平

续表

序号	项目名称	项目主要参加单位	项目主要参加人员
19	苏里格气田苏10井区 $10\times10^8 m^3/a$ 天然气田地面建设工程	中油辽河工程有限公司	裴红 刘文伟 刘伟 郭振 邓裕明 张志勇 秦万成 王荧光 吴刚 薛峰 秦芳晨 陈慧丽 杨显峰 李金龙 吴峰卫
20	京津城际铁路总体设计	铁道第三勘察设计院集团有限公司 中铁电气化勘测设计研究院有限公司 北京全路通信信号研究设计院有限公司	孙树礼 范建国 王洪宇 康学东 沈建明 闫红亮 牛凤鸣 张文建 崔维孝 何永冕 苏伟 吴炳章 陆红群
21	铜陵至黄山高速公路	安徽省交通规划设计研究院	王吉双 徐宏光 陈修和 毛洪强 陈为成 李静 张胜 杨传永 洪春林 叶林海 王华 刘长平 王飞 杨友安 杨善红
22	苏通长江公路大桥工程设计	中交公路规划设计院有限公司 江苏省交通规划设计院有限公司 同济大学建筑设计研究院(集团)有限公司	张喜刚 袁洪 陈艾荣 裴岷山 戴捷 徐麟 吴国民 徐利平 孔海霞 金卫兵 朱斌 高衡 李正 周彦锋 华新
23	浙江省仙居至缙云高速公路苍岭隧道工程	浙江省交通规划设计研究院	吴德兴 李伟平 杨健 高翔 王文星 郭霄 郑国平 田伟 董天兵 贺建光 王一斌 谢关云 施铁峰 饶学平 蔡彬峰
24	上海国际航运中心洋山深水港区三期工程	中交第三航务工程勘察设计院有限公司	程泽坤 王大刚 黄明毅 方君华 刘家才 刘广红 顾祥奎 金明华 朱林祥 于传见 张峰 张健 姚建新 朱虎成 杨旭东
25	安徽华茂纺织股份有限公司精品紧密纺技术改造项目	安徽省纺织工业设计院	窦本良 吴兵 盛银凤 陈继友 薛木根 谷晓岚 张雪影 詹灵芝 倪俊龙 黄雷 伏欣 吴神兵 于明 黎虎 张程
26	滁州安邦聚合高科有限公司聚酯工程	中国纺织工业设计院	周华堂 王全光 郇武才 王岗 常崇智 付刚 谭燕 毕云龙 张晓敏 黄水明 李宏儒 张韬 庄文平 郭军华 孙为健
27	河北燕赵水泥有限公司4000t/d级新型干法熟料生产线	天津水泥工业设计研究院有限公司	宋寿顺 王芳协 王万生 尹志成 赵东岚 曹汉红 赵苗跃 刘国强 刘箴 张万昌 付金凤 廖正彪 于恩禄 邢登伦 张殿辉
28	成都京东方光电科技有限公司第4、5代薄膜晶体管液晶显示器件(TFT－LCD)项目	世源科技工程有限公司	黄文胜 张航科 廖国期 肖红梅 王凌旭 孙美君 李中原 陈巍 钟景华 刘书兴 李志伟 孙华成 孔学军 张秀芬 樊湘红
29	中国联通GSM网2G\3G互操作升级工程	中讯邮电咨询设计院有限公司	迟永生 王题 孔力 马红兵 谢鹰 吕振通 任国旭 南作用 张明 严峻 张屹荥 陈一飞 刘扬 操明立 刘景涛
30	上海环球金融中心	华东建筑设计研究院有限公司	沈迪 党杰 汪大绥 袁兴方 周建龙 胡仰耆 叶大法 温伯银 金大算 王学良 田建强 刘毅 尹尼 黄辰赟 李洋
31	常州市体育会展中心	中国建筑西南设计研究院有限公司	黎佗芬 冯远 刘斌 黎亮 蒋玉辉 孙浩 刘宜丰 王立维 黎晓 熊小军 刘毅平 叶凌 刘敏 杨宁平 沈华荣

续表

序号	项目名称	项目主要参加单位	项目主要参加人员
32	浦东国际机场二期工程 T2 航站楼	华东建筑设计研究院有限公司	郭建祥 高文艳 刘晴云 陆 燕 周 健 邵民杰 徐 扬 吴文芳 王宜玮 黎 岩 付小飞 张耀康 瞿 迅 马海渊 薛 磊
33	侵华日军南京大屠杀遇难同胞纪念馆扩建工程	华南理工大学建筑设计研究院	何镜堂 倪 阳 刘宇波 林 毅 晏 忠 何小欣 麦子睿 郑 炎 姜 帆 包 莹 舒 鑫 吴中平 方小丹 赖洪涛 江 毅
34	广东科学中心	中南建筑设计院股份有限公司	袁培煌 李 钫 李 霆 张行彪 邱文航 刘 均 李宏胜 李四祥 陈 兴 邓 斌 涂正纯 熊 江 汪 隽 马友才 王春香
35	国家大剧院	北京市建筑设计研究院	姜 维 张秀国 潘子凌 刘季康 张 徐 孙敏生 刘文镔 张 野 李永振 徐竑雷 柯加林 温燕波 张建功 魏 冬
36	重庆市主城区天然气系统改扩建工程头塘天然气储配站工程	中国市政工程华北设计研究总院	李颜强 李建勋 黄 葵 陈 立 袁树明 罗予红 刘明涛 董 宁 张 凯 吴志荣 周启芹 石兰权 曹桂芝 吕 彦 董汉良
37	北京地铁 5 号线工程	北京城建设计研究总院有限责任公司 中铁电气化勘测设计研究院 北京全路通信信号研究设计院 北京市市政工程设计研究总院 中铁大桥勘测设计院有限公司 中铁第一勘察设计院集团有限公司 铁道部第二勘测设计院 铁道部第三勘测设计院 中铁(洛阳)隧道勘测设计院有限公司 总参工程兵第四设计研究院 第二炮兵工程设计研究院	杨秀仁 刘书斌 张继菁 王奕然 陈 曦 宋敏华 张 磊 黄美群 李金龙 李文波 宋 毅 任 静 李 敏 白雪莲 齐反三
38	上海白龙港城市污水处理厂升级改造及扩建工程	上海市政工程设计研究总院(集团)有限公司	张 辰 张 欣 陈 军 张 毅 王 敏 李 滨 王锡清 杜 炯 彭春强 甘晓莉 朱国梁 袁 弘 万 英 凌 跃 许 音
39	北京市轨道交通首都机场线工程	北京市市政工程设计研究总院 北京城建设计研究总院有限责任公司 北京电铁通信信号勘测设计院有限公司 中铁电气化勘测设计研究院有限公司 中铁工程设计咨询集团有限公司 中铁隧道勘测设计院有限公司	余 乐 易建伟 翁 红 李妙迪 冯燕宁 方恒堃 赵兴华 曾向荣 郑 聪 卢桂英 曾广坤 李 辉 徐 亮 王 宁 许 欣
40	新江湾城公共绿地(一期)工程	上海市园林设计院有限公司	庄 伟 秦启宪 朱祥明 钱成裕 茹雯美 江东敏 许 曼 应旦阳 周乐燕 忻 苹 范善华 黄慈一 李 婧
41	汶川地震灾后恢复重建城镇体系规划、汶川地震灾后恢复重建农村建设规划	中国城市规划设计研究院 中国建筑设计研究院 四川省城乡规划设计研究院 甘肃省城乡规划设计研究院 陕西省城乡规划设计研究院	李晓江 尹 强 赵 辉 张 莉 方 明 邱 建 高 潮 樊 晟 冯新刚 朱思诚 高宜程 束晨阳

续表

序号	项目名称	项目主要参加单位	项目主要参加人员
42	中国2010年上海世博会规划（总体规划、控制性详细规划、专项规划研究）	上海市城市规划设计研究院 上海同济城市规划设计研究院 上海现代建筑设计（集团）有限公司	吴志强 徐毅松 沈 迪 叶贵勋 苏功洲 周 俭 顾 军 苏运升 卢 柯 俞 静 李东君 夏南凯 李 锴 易伟忠 应慧芳
43	8561工程	第二炮兵工程设计研究院	
44	9034工程	总后建筑设计研究院	
45	沈阳鼓风机（集团）股份有限公司战略重组易地改造项目	机械工业第二设计研究院	赵拥军 蒋 峻 曾友林 路锦程 余季鸣 高 华 赵小林 喻兴娟 甘军明 蔡建平 章煜君 吴浩亮 黄晓耘 陈耀武 胡少波
46	中船长兴岛造船基地一期工程	中船第九设计研究院工程有限公司	姜乃锋 顾宣峗 陈 浩 张铁干 俞凌云 周 磊 张庆刚 顾倩燕 倪建公 蔡 健 王天龙 陈立新 王培康 李德华 滕晓斌
47	首钢京唐1#5500m^{3}高炉工程设计	北京首钢国际工程技术有限公司	张福明 钱世崇 彭月芬 何 巍 张 建 毛庆武 苏 维 袁文兵 梅丛华 陈玉敏 文 彬 王兆村 唐安萍 李洪光 郑传和
48	首钢冷轧薄板生产线工程设计	中冶南方工程技术有限公司	张哲英 张子强 王 伟 陈敬成 叶 春 吴建生 田发禹 禹 哲 张国民 黄 灏 叶青波 邓志刚 董双明 边志明 郑常桂
49	宝钢集团上海浦东钢铁厂有限公司搬迁工程宽厚板轧机工程设计	中冶京诚工程技术有限公司	韩国瑞 王乃光 蒋一冰 曹建宁 李春生 刘和平 杨庆丰 苏 洸 王 薇 王大真 吉年丰 孙衍法 韩 文 徐顺志 张 旻
50	《民用建筑电气设计与施工》上、中、下三册	中国建筑设计研究院 中国建筑标准设计研究院 中铁工程设计咨询集团有限公司 中国航空规划建设发展有限公司 机械工业第一设计研究院 五洲工程设计研究院 全国工程建设标准设计强电专业专家委员会 中国纺织工业设计院	李俊民 王向东 付胜权 张 青 陶 炜 焦鹤勇 崔福涛 孙 兰 徐玲献 王素英
51	基于规范化设计的流程在线管理系统	内蒙古电力勘测设计院	刘 丰 孙海泉 冯德刚 杨承国 侯学东 韩 昆

注 “第十四届全国优秀工程勘察设计奖”在评选过程中名称为“2010年度全国优秀工程勘察设计奖”。

（来源：《住房城乡建设部关于公布第十四届全国优秀工程勘察设计奖的公告》 2015年9月10日）

北京市城市管理委员会正式挂牌

2016 年 7 月 28 日上午，原“北京市市政市容管理委员会”正式更名为“北京市城市管理委员会（以下简称北京市城市管理委）”的挂牌仪式隆重举行。

北京市城市管理委首任主任孙新军同志表示，新机构的成立是北京市委市政府立足全局、立足长远作出的重大决策，也是落实习近平总书记重要讲话和中央城市工作会议精神，全面深化城市管理体制改革的重要举措，标志着北京市综合管理与专业管理相结合、一委主管、多部门共同履行城市管理职责的格局已经形成。面对北京市委市政府的信任与希望、人民群众的重托与期盼，作为明确担负主责的城市管理主管部门，深知任务艰巨、责任重大，但一定不辱使命、勇敢担当，充分发挥主管部门作用。明确城市管理的工作方向，把握和尊重首都城市发展规律，紧盯难题，确保管理成效。深化服务保障，关注群众的实际感受与获得感，不断提升城市管理水平，推动首都城市管理工作迈上新台阶。北京市城市管理委首任党组书记宋连娣同志也表示，坚决拥护市委市政府的重大决策，全力推进首都城市管理体制改革创新，要以身作则，打造一支忠诚、廉洁、奉献、担当的领导班子和干部队伍，为城市管理的各项工作提供坚实的政治、组织和纪律保障。不负众望、不辱使命。共同致力于保障城市管理和城乡环境建设协调、有序、高效运行。

北京市副市长张建东和北京市城市管理委员会首任主任孙新军揭牌

北京市城市管理委员会首届领导班子成员，从左到右依次为谢国民、张春贵、贾明雁、李如刚、柴文忠、宋连娣、孙新军、吴亚梅、韩利、高翔、李楠、蒋志辉、赵功

砥砺前行绘蓝图

——2015 年宁夏回族自治区住房城乡建设工作成绩斐然

2015 年，宁夏回族自治区住房城乡建设系统以推进新型城镇化为主线，以加快住房城乡规划建设管理运营转型升级为主攻方向，深入实施规划引领、提质扩容、城乡安居、美丽乡村、绿色建筑、质量安全“六大工程”，积极应对房地产和建筑业下行态势，着力寻找培育新的经济增长点，推动住房城乡建设平稳健康发展，圆满完成“十二五”各项目标任务。

2015 年 10 月 25 日，宁夏回族自治区党委书记李建华（右三）、政府主席刘慧（右二）会见住房城乡建设部部长陈政高（左三）等。

规划引领作用凸显

编制宁夏城镇体系、六盘山地区清水河城镇产业带、大银川都市区、宁夏村庄布局及 37 个美丽小城镇、155 个美丽村庄规划编制，重点城区控制性详规覆盖率达到 100%。

城镇建设提质扩容

统筹实施城市供水、污水处理、道路整治、特色街区和老旧管网改造等新型城镇化重点项目 412 个，建设 26 个市民休闲森林公园，完成既有建筑供热计量改造 506 万平方米、老旧住宅小区改造 600 万平方米，关停燃煤锅炉 504 台，启动全区 18 个城市 622 平方千米范围内地下管线普查。

住房保障惠泽民生

争取中央补助资金 31.413 亿元，协调国开行贷款 53.53 亿元，开工建设保障性安居工程 9.48 万套（户），改善了 30 万多名群众的住房条件。入住公共租赁住房 9.75 万套。全区棚户区改造货币化安置比率达到 25.4%。

宁夏贺兰山体育场荣获国家优质工程鲁班奖

石嘴山市成功创建国家园林城市

城乡统筹步伐加快

协调19个部门涉农项目41个，捆绑资金41.6亿元，开工建设美丽小城镇22个、美丽村庄123个，完成投资26.08亿元。

建筑产业转型发展

培育建立3个自治区级建筑产业化基地，全年完成建筑产值524.53亿元，实现建筑业增加值399.98亿元，占国民生产总值的13.7%。全面执行居住建筑65%节能标准，实施可再生能源建筑应用示范项目19项，实施绿色建筑100万平方米。

改革活力持续释放

取消38项资质初审、1项行政许可和4项外省企业进宁备案，将安全生许可证调整为二级审核，减少2项审批要件，下放19项审批权限，晋升国家甲级资质企业超过过去两年总和。

（宁夏回族自治区住房城乡建设厅 供稿）

2015年7月25日，全国城市环卫保洁现场会在宁夏中卫市召开，100多个城市到宁学习“以克论净”环卫保洁模式。

海南省建筑设计研究院

第四届全国文明单位

近年来，海南省建筑设计研究院坚持以精神文明建设为导向，不断加强企业文化建设，提高员工素质，强化社会担当，促进了企业的跨越式发展，实现了物质文明和精神文明建设双丰收，实现了从专业型设计院向综合型设计院转型，成为海南省建筑设计行业综合技术力量强、业绩规模大的“三甲”（规划甲级、建筑甲级、勘察甲级）设计单位。2012年以来，先后被授予“全国城乡建设系统先进集体”、“全国工程勘察设计先进企业”、“全国勘察设计行业创新型优秀企业”、“诚信单位”；多年获得注册地海口市工商局授予的“守合同重信用单位”。

一、抓文明促和谐，打造一流企业气质

海南省建筑设计研究院坚持向文明建设要战斗力，以文明促和谐，以和谐促发展，不断提升企业气质。一是加强学习型党组织建设。号召党员开展学习型党组织创建活动，建立了学习室、阅览室，成立了读书会，定期推荐学习书目，经常开展读书活动。二是开展经常性文体活动。该院投资20余万元，建设职工健身中心，成立了足球队、篮球队、羽毛球队、乒乓球队、瑜伽会等团体，成立了读书、摄影、书法等协会，定期开展活动。通过开展形式丰富多彩的文体活动，丰富职工文化生活，形成健康文明的生活方式，解决职工身体亚健康问题，促进单位和谐与文明进步。三是关爱职工，凝心聚力。该院以“润物细无声”的方式关爱职工，增强企业凝聚力。多年来，每逢传统节日和法定节日，根据假日特点组织职工活动。四是开设道德讲堂，升华思想境界。该院把干部职工的道德建设作为立院兴院的重要保障，常抓不懈，充分发挥道德讲堂作用，定期邀请社会知名人士作报告，请海南省道德模范交流体会，请该院先进典型现身说法，让干部职工在教育中潜移默化，受到熏陶，在全院形成了“爱学习、知荣耻、重诚信、建和谐”的良好风气。五是开展经常性志愿服务活动。该院完善志愿者组织，开展“美化环境、扮靓海口”活动。组织干部职工长期开展学雷锋活动，每年都要走上街头为群众宣传建筑技术与法规，答疑解惑，组织青年职工无偿献血，深入孤儿院和敬老院，帮扶弱势群众。2010年以来，该院对口扶贫临高皇桐村，免费为村庄做规划设计、道路设计、桥梁设计，整合改造村中破旧房屋，累计捐款捐物30万元，出资购买村里出产的农副产品，从根本上帮助村庄实现了脱贫致富。

二、重诚信求品质，争创行业一流业绩

海南省建筑设计研究院视诚信为本，以顾客满意为宗旨，将员工个人理想与单位事业发展融合在一起，以“我们的企业、我们的事业”作为企业核心理念，始终把质量管理置于首位，严格执行国家法律法规，认真执行员工守则，创造一流业绩。2011～2016年，该院承担的陵水体育馆项目、海南省建筑设计院办公楼项目获全国优秀工程勘察设计奖建筑工程三等奖，1个项目获得海南省优秀工程勘察设计（建筑工程）一等奖、4个项目获二等奖、8个项目获三等奖，以及1个项目获得海南省优秀城乡规划设计（村镇规划类）一等奖、1个项目获三等奖。都是严抓质量结出的丰硕成果。

三、讲奉献勇担当，国际旅游岛建设挑大梁

海南省建筑设计研究院坚守企业精神，牢记社会责任，奉献担当，主动作为。2008年，派8人在汶川地震重灾区参加灾后重建70余天，圆满完成任务；2014年，“威马逊”台风来袭，40余名员工参加一线救灾，完成5600户居民房屋灾后评估及排查；积极参加海南省村庄规划工作，在资金长期不到位的情况下，不讲条件、不讲价钱、不计成本，承担1700个村庄的规划任务。

5年来，通过海南省建筑设计研究院对精神文明建设的常抓不懈，实现了物质文明建设与精神文明建设的双丰收。

办公楼

办公场所

五四青年节拔河比赛

（以上信息及数据均由海南省建筑设计研究院提供）

北京中体建筑工程设计有限公司

CHINA SPORTS ARCHITECTURAL ENGINEERING & DESIGN CO., LTD.

北京中体建筑工程设计有限公司（以下简称“中体设计”）是国家体育总局所属企业,具有建筑行业（建筑工程）工程设计甲级资质、对外承包工程资格。于2003年通过ISO9001质量认证,并于2011年获得了由北京工程勘察设计行业协会颁发的诚信证书。公司主要从事体育建筑（体育场、馆、池及配套设施，体育休闲娱乐设施）和民用建筑的设计、咨询业务。其中，体育工艺专业设计代表国内的较高水准。中体设计与国际上各体育协会及中国建筑学会体育建筑专业委员会、中国场馆协会、相关主管单位保持着密切的交流和联系，掌握国内外体育建筑动态，并对体育建筑工艺有着深入研究，是体育建筑行业综合性、指导性的甲级设计、研究、咨询机构。

中体设计前身为原国家体委援外办，长期以来，在行业主管部门的领导下，在体育建筑领域做了大量工作，积累了丰富的设计、咨询、施工和管理经验，使中体设计在体育建筑设计、咨询领域形成了一定的地位和影响力。

近几年，中体设计主要完成了拉萨教育城综合体育馆、福建平潭综合实验区垒球场、2015年苏州第53届世乒赛场馆改造、青海多巴(尖扎)国家高原体育训练基地多功能训练馆等建筑工程设计；完成曲阜市奥林匹克体育中心体育馆、武汉光谷国际网球中心工程、峨眉山城市中心综合项目综合场馆、援萨摩亚体育场维修改造工程、珠海网球中心工程、马来西亚拉庆苏丹依布拉欣体育场工程的体育工艺及智能化工程设计；2013年至2015年，公司顺利完成第八届全国城市运动会（后更名为第一届全国青年运动会）15个场馆从设计、招标、施工、验收、运行全过程的体育专项技术顾问咨询服务，实行了新的服务模式。

微信公众号：中体设计

作品展示

福州海峡奥体中心体育场

中体建筑工程设计有限公司

China Sports Architectural Engineering Design Co., Ltd

拉萨教育城综合体育馆

中体建筑工程设计有限公司

China Sports Architectural Engineering Design Co., Ltd

平潭综合实验区垒球场

中体建筑工程设计有限公司

China Sports Architectural Engineering Design Co., Ltd

青海多巴(尖扎)国家高原体育训练基地—多巴多功能训练馆

中体建筑工程设计有限公司

China Sports Architectural Engineering Design Co., Ltd

青海多巴(尖扎)国家高原体育训练基地—尖扎多功能训练馆

中体建筑工程设计有限公司

China Sports Architectural Engineering Design Co., Ltd

苏州2015世界乒乓球锦标赛场馆改造工程设计

中体建筑工程设计有限公司

China Sports Architectural Engineering Design Co., Ltd

（以上信息及数据均由北京中体建筑工程设计有限公司提供）

公司地址：北京市东城区天坛东路50号网联大厦604 | 联系电话：010-67116889 | 网 址：www.ztjz.net | 公司负责人：王道正 总经理

以下信息及数据均由上海市房地产科学研究院提供

上海市房地产科学研究院

上海市房地产科学研究院（以下简称“房科院”）成立于1975年，是上海市住房和城乡建设管理委员会直属事业单位，是国内房地产行业中创立较早、涵盖房地产经济管理和房屋工程技术的公益类综合科研机构。经过40多年的建设与发展，形成了一支科研力量雄厚的专业技术队伍，单位建设及文明单位创建取得丰硕的成果。截止到2015年底，完成400多项科研项目，荣获多项各级政府授予的科技奖项，拥有29项国家专利（ZL201520517362.8、ZL201520512008.6、ZL201520742922.X……）。房科院先后荣获全国文明单位、上海市文明单位、上海市平安示范单位、全国房屋安全鉴定先进单位等荣誉称号，院属房屋质量检测班组荣获上海市模范集体称号。

房科院将继续以引领行业科技创新为己任，以服务政府、服务行业、服务社会为宗旨，锐意进取，追求卓越，努力为行业健康可持续发展作出新贡献。

绵阳水务集团三水源公司鸟瞰

（以下信息及数据均由绵阳市水务（集团）有限公司提供）

绵阳市水务（集团）有限公司

全国文明单位

绵阳水务集团系四川省绵阳市国资委所属绵阳市投资控股（集团）有限公司的全资子公司，始建于1966年，2000年8月由绵阳市自来水总公司更名为绵阳市水务（集团）有限公司。

绵阳水务集团城市供水服务热线

作为城市要素保障的市政公用企业，绵阳水务集团把行风建设和文明创建当作生存发展的必修课，并形成了“甘当水牛，不当水霸”的服务思想，提炼出“水善利万物”的经营理念。1992年以来，先后获得市级、省级文明单位、全国建设系统精神文明建设先进单位荣誉。

2006年以来，绵阳水务集团以保障和改善民生为本，以服从和服务社会为先，努力培育和践行社会主义核心价值观，将争创全国文明单位作为文明建设的奋斗目标，矢志不移。通过技术引领带动供水基础建设提速发展；担负国企责任，构建安全、优质、可靠的供水保障体系；抢抓机遇，实现供排水和城乡供水一体化产业拓展。

绵阳水务集团供水调度中心

2015年建成全国文明单位以来，绵阳水务集团以改革创新添动力，以务实发展增活力，将巩固文明建设成果作为企业健康发展的重要载体，坚持不懈。通过深入贯彻党的群众路线，创新理念，切实解决服务群众“最后一公里”难题；持续发力，推进企业由生产型向服务型转变，不断提升服务质量和水平。

跨入新的历史阶段，绵阳水务集团为适应新的水务市场竞争，服务中国科技城和幸福美丽绵阳建设，积极探索和推进城区供水资源优化整合，依靠科技强筋壮骨，实施企业做强做优做大发展战略；强化企业党建工作，全面深化集团改革，进一步推进两个文明建设，充分发挥在绵阳城市供排水基础设施建设中的主力军作用，在促进城市供排水和环保事业规模化、集约化经营和可持续发展之路上继续前进。

新疆华源集团

新疆华源投资集团有限公司(简称“新疆华源集团”)是集房地产、生物制药、城市供热、建安施工、物业管理、幼儿教育等多领域于一体的大型民营企业集团，先后荣获“全国五一劳动奖状”、“全国双强百佳党组织”、“全国双爱双评先进企业”、“中国优秀民营企业”、“开发建设新疆奖”等百余项国家、省部荣誉。

集团董事长李俊参加自治区劳模座谈会

在李俊董事长的带领下，新疆华源集团20多年坚持走住宅产业化道路，2012年被确定为国家住宅产业化示范基地。连续荣获七届“广厦奖”及三届“中国土木工程詹天佑奖”，在新疆率先获得国家绿色建筑评价标识，并拥有绿色建筑评价标识小区4个。目前新疆华源集团申报住宅绿色建筑示范面积394万平方米，居全国前列。

中国房地产业协会会长刘志峰莅临小区调研指导工作

根据国家住宅产业化基地建设标准，形成国家绿色、康居示范工程管理体系和技术标准，以技术集成和技术创新来实现住宅产品的升级，2001年实现建筑节能50%，比自治区执行建筑节能标准提前了3年，2002年实现建筑节能65%，比自治区执行建筑节能标准提前了7年。能够成熟运用太阳能与建筑一体化、中水回用、生物垃圾降解、光电转换等核心技术。已建成的绿色建筑示范小区，每年减少二氧化碳排放10万吨，节电2800万千瓦时，节水55万吨；垃圾分类及降解技术每年处理有机垃圾1533吨，形成的规模和经济效益居国内领先地位。其中华源·圣地欣城小区配套的光伏发电站供应了7万平方米的公共照明，截至2016年10月已发电160万千瓦时。2014年，取得了企业管理现代化创新成果，华源住宅产业化已经走在行业前列。

2012年12月华源集团
正式成为西北地区首个“国家住宅产业化基地”

新疆华源集团在住宅产业化基础上，走多元化发展道路，集团旗下的新疆银朵兰维药股份有限公司是新疆第一家通过国家新版

银朵兰维药生产车间双效浓缩设备

华源热力IDH智能热网监控平台

GMP标准认证的国家高新技术企业，2014年12月于新三板挂牌上市。拥有“复方一枝蒿颗粒”、“尿通卡克乃其片”2个拳头产品，实施完成科技项目69项，拥有商标注册证25个，专利19个（ZL200510089264.X、ZL201020547465.6、ZL201430427162.4、ZL201530492233.3……），建成中草药种植基地100万平方米。乌鲁木齐华源热力股份有限公司供暖面积1300万平方米，在燃煤供热领域实现了国内先进的污染物排放标准，即二氧化硫排放指标低于10毫克每立方米、烟尘排放指标低于20毫克每立方米；2012年“煤改气”后，氮氧化物排放浓度低于60毫克每立方米，刷新燃气锅炉污染物排放指标纪录。2016年，华源热力达坂城区承建试点实施集中供热清洁能源项目，实现了“气电互补”的供热方式进行供暖，对城市集中供热模式变革起到积极的示范作用。

集团旗下的房地产关联产业建安施工、物业管理和幼儿教育是住宅产业深入推进战略转型核心。其中新城建筑公司、华源物业公司均为国家一级资质，新城建筑连续五届荣获全国建设工程优秀项目管理成果奖，拥有8名优秀项目经理；华源物业是利用ISO14001环境管理体系、ISO9001质量管理体系管理绿色建筑小区的企业，管理面积600余万平方米，所管理的多个小区被评为“全国物业管理示范住宅小区”，荣获“行业突出贡献奖”；华源金太阳幼教公司共设五所品牌幼儿园，在册幼儿1800余名，注重幼儿营养膳食均衡和智力、心灵启迪，形成了“吃喝玩乐”特色教育模式。

李俊董事长和幼儿园孩子们一起过儿童节

国家绿色示范工程、“广厦奖”获奖项目华源·贝鸟语城实景

华源集团连续荣获“广厦奖”

国家康居绿色示范工程华源·圣地欣城小区实景

（以上信息及数据均由新疆华源投资集团有限公司提供）